기독교문서선교회 (Christian Literature Center: 약칭 CLC)는 1941년 영국 콜체스터에서 켄 아담스에 의해 시작되었으며 국제 본부는 미국 필라델피아에 있습니다. 국제 CLC는 59개 나라에서 180개의 본부를 두고, 약 650여 명의 선교사들이 이동 도서차량 40대를 이용하여 문서 보급에 힘쓰고 있으며 이메일 주문을 통해 130여 국으로 책을 공급하고 있습니다. 한국 CLC는 청교도적 복음주의 신학과 신앙 서적을 출판하는 문서선교기관으로서, 한 영혼이라도 구원되길 소망하면서 주님이 오시는 그날까지 최선을 다할 것입니다.

추천사 1

공 성 철 박사
대전신학대학교 역사 신학 교수

현대는 다양성으로 대변되는 시대다. 삶의 각 분야가 대등한 가치를 가지고 자기 독자성을 주장하고, 같은 분야 안에서도 각각 세분화된 전문 분야는 인접 분야마저도 문외한으로 만들어 버리는 시대이다. 심지어 전통적 가치관이 자기 소리를 잃은 것은 물론, '우리'라는 공통 분모도 없을 만큼 개인이 만물의 척도가 된 극단적 개인주의 시대이다.

현대 신학(modern theology)이라고 말한다면, 이는 신학에 어떤 제한도 두지 않는다는 것을 의미한다. 그래서 현대 신학은 학문, 교회, 타종교 그리고 사회와 환경이라는 상황까지 자기의 과제로 삼는다. 현대라는 공통 분모가 있어 현대 신학이라고 묶을 수 있을 뿐이지, 내용을 보면 다양해서 이 시대의 신학을 제시하려는 것은 아니다. 그래서 현대 신학을 한 묶음으로 제시하려는 자를 당혹하게 만들기도 한다. 그러나 이 당혹감은 학문뿐만 아니라, 교회와 사회까지 자신과 관계시키는 신학이 가진 힘에서 온 것이다.

"온 세상이 신학, 곧 하나님을 말한다"(*Totus mundus est theologia*).

이 경구는 "만물이 그분께로부터 나온다"는 말씀을 달리 표현한 것뿐이다. 현대 신학의 다양함은 신학의 자기 실현이요, 하나님을 대할 때 오는 놀라움은 신학의 자기 발견이다.

현대 신학, 아니 신학은 다양성에서 머물 때 신학이 아니다. 하나의 유기체를 이루지 않으면 안된다. 왜냐하면, "지체는 다양하나 몸은 하나"(고전12:12)이기 때문이다. 극단적 개인주의 시대 동시에 에큐메니컬 시대인 현대에, 이 책은 현대 신학의 다양성을 정확하게 보며 그것을 하나로 묶어야 하는 신학의 직무를 수행하고 있다. 한 신학자가 수많은 현대 신학과 신학자들을 모두 섭렵해 정리하는 일은 분명한 한계를 가진다. 편집자이자 캠브리지대학교 교수인 데이비드 F. 포드(David F. Ford)는 35명의 세계적 신학 동역자의 눈과 역량을 빌려 이 한계를 극복하려고 했다. 동시에 여러 신학자의 관점을 하나로 묶는 분명한 동기와 목적을 서언에서 제시하고 있다.

또한, 아직도 미완성의 영역들, 진행 속에 있는 시대의 한계 그리고 한 권의 책이 가지는 한계를 분명하게 보며, 앞으로의 과제도 잊지 않고 제시한다. 용어 해설을 수록하는 세밀한 배려도 보인다.

편집자의 소망대로, 이 책은 독자에게 신학의 내용과 역동성을 적합하게 사고하도록 돕는다. 더 나아가 원전 연구를 준비하고, 연구에 대한 깊은 성찰을 돕는 참고서 역할까지 한다. 그러므로 신학의 긴 여정을 준비하고, 방향을 설정하는 신학생에게 도움이 되리라 믿는다.

추천사 2

양 찬 호 박사
웨스트민스터신학대학교원대학교 조직 신학 부교수

『현대 신학자 연구』는 이미 제3판까지 출판된 저서로, 많은 학자와 신학생 그리고 일반 성도에게까지 읽히고 논의된 책인데, 한국어로 번역, 출판되어 기쁘고 감사하게 생각한다. 이 책의 가장 큰 특징은 현대 신학 분야의 다양함과 신학적 사고를 풍성하게 제시함으로 독자들에게 폭넓은 신학의 세계를 펼쳐 보인다. 이 책을 보면 누구나 예외 없이 방대한 내용 때문에 놀라게 될 것이다. 그리고 신학 연구 범위는 제한이 없음을 알 수 있을 것이다.

하나님이 창조한 세상 모든 것은 하나님의 말씀으로 된 것이다. 우리는 이 모든 세계의 영역을 신학적으로 바라보고 평가하며, 올바른 세상을 위해 기여할 수 있는 신학을 제시해야 할 의무가 있다. 이런 목표를 총 8부에 걸쳐서 42개 장으로 세분화해 각각의 현대 신학의 사상을 펼친다. 특별히 흥미로운 점은 총 42가지의 현대 신학 분야를 각 분야의 전문가가 진취적으로 논의하고 있다는 점이다.

이 책을 접하는 독자는 현대 신학이라는 소용돌이에 휩쓸려 떠다니는 일은 없을 것이다. 단지, 현대 신학의 범위와 방법들의 방대함이 주는 의미처럼, 현실의 모든 영역이 신학의 영역임을 확고히 하는 기회가 될 것이며, 세상 가운데 성도의 삶이 어떠해야 하는지 명확히 알게 될 것이다. 다시 한번 이 책이 번역, 출판되어 모든 성도들에게 읽혀짐에 기쁘고 감사하다.

추천사 3

이 경 직 박사
백석대학교 조직 신학 교수

신학을 공부할 때, 특히 현대 신학을 공부할 때 수많은 신학 사상과 사조와 신학자의 이름 앞에서 주눅들기 쉽다. 또한, 자신이 속한 교회가 지니는 신앙고백에 기초하는 신학이 무엇인지, 이 신학이 다른 신학 흐름과 어떤 점에서 같고, 어떤 점에서 다른지를 파악하는 일도 쉽지 않다. 자신이 고백하는 신앙고백 전통이 신학의 전체 흐름 가운데 어떤 위치를 차지하는지, 왜 이런 전통이 의미 있게 되었는지 아는 일도 쉽지 않다.

『현대 신학자 연구』는 20세기 신학을 주도한 신학자들과 신학 사상들을 전체적인 틀 가운데 간략하지만, 핵심적으로 소개하고 있다. 그리고 21세기 신학이 다루어야 할 12개 핵심 주제를 던짐으로, 21세기 신학이 다루어야 할 과제도 제시한다.

제1부, 20세기 주요한 신학자들을 소개한다.
제2부, 20세기 다양한 신학이 유럽과 미국의 현대성에 대해 신학적으로 책임 있게 응답한 결과임을 보여 준다.
제3부와 제4부, 그러한 신학이 과학, 기도, 실천과 어떤 관계를 맺는지를 밝혀 준다.
제5부, 각 지역의 특수한 상황에 대한 응답으로서의 신학을 특수 신학이라는 이름 아래 다룬다.
제6부, 다양한 신학 입장을 지닌 교단 사이의 연합 문제를 다룬다.
제7부, 유대교, 이슬람, 불교 등 타 종교와의 관계를 다룬다.
제8부, 전통적 문자만이 아니라, 음악, 영화 그리고 시각예술 등도 신학의 매체로 사용할 수 있는 가능성을 다룬다.
에필로그, 21세기 신학이 주로 다루어야 하는 주제를 제시한다.

이 책은 한 저자의 작품이 아니다. 서로 다른 저자가 서로 다른 주제를 다루었기에, 저자들 사이의 입장 차이가 이 책의 통일성을 해칠 수도 있다. 하지만 각 장이 전문적이고 세부적인 논의로 들어가지 않고 개괄 차원에 머물기 때문에 한 권의 책으로서의 통일성은 어느 정도 유지된다.

저자들도 서문에서 밝혔듯이, 이 책을 순서대로 읽지 않고 관심이 가는 주제부터 읽는 것도 좋은 독서법이 될 것이다. 이 책은 다양한 저자들의 시각을 현대 신학의 다양한 흐름을 반영하는 신학자들 연구를 통해 소개해 준다는 점에서 매우 유익한 책이다. 김남국, 김완종, 박찬호, 최승근은 모두 성실한 번역자로 정평이 나 있다. 한국 교회와 신학을 위한 역자들의 노고에 깊이 감사드리며 일독을 권한다.

추천사 4

이 승 구 박사
합동신학대학원대학교 조직 신학 교수

데이비드 F. 포드 교수가 편집해 낸 『현대 신학자 연구』는 좋은 기획 의도를 가지고 편집된 책이다. 현대 신학자들에 대해 각각의 전문가에게 의뢰했고, 그렇게 모인 논문을 통해 현대 신학 전반을 소개하고 있기 때문이다. 이 책은 '오늘'이라는 시간을 사는 영미 신학자들이 '현대'의 입장에서 신학을 구체적으로 어떻게 보고 판단하는지를 알 수 있게 한다. 물론, 신학자들이 가진 신학적 성향 때문에 각 저자들의 평가가 다 옳다고 할 수는 없다.

이 책을 통해 얻을 수 있는 유익은 다음과 같다.

첫째, 각각의 신학자가 과연 무슨 주장을 하고 있는지를 알 수 있다.
둘째, 각각의 신학자에 대해 저자들은 어떻게 평가 하는지를 볼 수 있다.
셋째, 각각의 신학자를 평가하는 저자의 성향을 살펴볼 수 있다.

독자들이 해야 하는 질문은 다음과 같다.
가장 바른 성경적 입장은 무엇인가?
성경적 입장에서 현대 신학적 관점을 어떻게 판단해야 하는가?
이 질문에 답하기 위해서는 일단 이 책을 읽어야 한다. 많은 분이 이 책을 읽으며 현대 신학을 이해하고 바르게 평가할 수 있기를 바란다.

현대 신학자 연구
(현대 기독교 신학 개론)

The Modern Theologians:
An Introduction to Christian Theology since 1918(3rd Edition)
Editor by David F. Ford and Rachel Muers
Translated by NamKook Kim, WanJong Kim, ChanHo Park, Seung-geun Choi

Copyright © 2005 by David F. Ford and Rachel Muers
Originally published in English under the title
The Modern Theologians:
An Introduction to Christian Theology since 1918(3rd Edition)
Authorised translation from the English language edition published by John Wiley & Sons Limited.
Responsibility for the accuracy of the translation rests solely with Christian Literature Center Publisher
and is not the responsibility of John Wiley & Sons Limited.
No part of this book may be reproduced in any form without the written permission
of the original copyright holder, John Wiley & Sons Limited.
All rights reserved.

Korean Edition Copyright © 2022 by Christian Literature Center, Seoul, Korea.

현대 신학자 연구

2022년 2월 20일 초판 발행

편 집 자	데이비드 F. 포드, 레이첼 무어스
옮 긴 이	김남국, 김완종, 박찬호, 최승근
편 집	이경옥
디 자 인	박성준
펴 낸 곳	(사)기독교문서선교회
등 록	제16-25호(1980.1.18.)
주 소	서울특별시 서초구 방배로 68
전 화	02-586-8761~3(본사) 031-942-8761(영업부)
팩 스	02-523-0131(본사) 031-942-8763(영업부)
이 메 일	clckor@gmail.com
홈페이지	www.clcbook.com
송금계좌	기업은행 073-000308-04-020 (사)기독교문서선교회 W
일련번호	2022 - 7

ISBN 978-89-341-2391-0 (93230)

This Korean edition was published by Christian Literature Center in 2022 by arrangement with John Wiley & Sons Limited through KCC(Korea Copyright Center lnc.), Seoul.
이 한국어판 저작권은 (주)한국저작권센터를 통해 John Wiley & Sons Limited와(과) 독점 계약한 (사)기독교문서선교회가 소유합니다. 신저작권법에 의해 한국 내에서 보호를 받는 저작물이므로 무단 전재와 무단 복제를 금합니다.

현대 신학자 연구

The Modern Theologians :
An Introduction to Christian Theology since 1918(3rd Edition)

데이비드 F. 포드, 레이첼 무어스 편집
김남국, 김완종, 박찬호, 최승근 옮김

CLC

차례

추천사 ... 1

    공 성 철 박사 | 대전신학대학교 역사 신학 교수
    양 찬 호 박사 | 웨스트민스터신학대학교원대학교 조직 신학 부교수
    이 경 직 박사 | 백석대학교 조직 신학 교수
    이 승 구 박사 | 합동신학대학원대학교 조직 신학 교수

편집자 서문 | 데이비드 F. 포드(David F. Ford), 레이첼 무어스(Rachel Muers) ... 11
감사의 글 | 데이비드 F. 포드(David F. Ford) ... 15
기고자 소개 ... 17
역자 소개 ... 30
현대 기독교 신학 개요 | 데이비드 F. 포드(David F. Ford) ... 32

제1부 20세기의 신학자 ... 53

    제1장 칼 바르트(Karl Barth) | 대니얼 W. 하디(Daniel W. Hardy) ... 56
    제2장 디트리히 본회퍼(Dietrich Bonhoeffer) | 웨인 윗슨 플로이드(Wayne Whitson Floyd) ... 88
    제3장 폴 틸리히(Paul Tillich) | 데이비드 H. 켈시(David H. Kelsey) ... 116
    제4장 앙리 드 뤼박(Henry de Lubac) | 존 밀뱅크(John Milbank) ... 137
    제5장 칼 라너(Karl Rahner) | 카렌 킬비(Karen Kilby) ... 160
    제6장 한스 우르스 폰 발타자르(Hans Urs von Balthasar) | 벤 쿠아시(Ben Quash) ... 179

제2부 유럽과 미국의 현대성에 대한 신학적 응답 ... 205

    제7장 독일-볼프하르트 판넨베르크 | 크리스토프 슈베벨(Christoph Schwöbel) ... 208
    제8장 위르겐 몰트만 | 리처드 보캄(Richard Bauckham) ... 234
    제9장 영국-토마스 F. 토렌스 | 다니엘 하디(Daniel W. Hardy) ... 257
    제10장 영국 성공회 신학 | 피터 세드윅(Peter Sedgwick) ... 280
    제11장 미국-리처드 니버 | 스탠리 하우어워스(Stanley Hauerwas) ... 304
    제12장 라인홀트 니버 | 윌리엄 웨름홉스키(William Werpehowski) ... 314

제13장 수정주의자들과 자유주의자들 | 제임스 J. 버클리 (James J. Buckley) 333
제14장 현시대의 장면: 전통의 재평가-탈자유주의 | 제임스 포도르 (James Fodor) 358
제15장 바르트 이후 조직 신학: 융엘, 젠슨, 건톤 | 존 웹스터 (John Webster) 389
제16장 제2차 바티칸 공의회 이후 로마 가톨릭 신학 | 폴 D. 머레이 (Paul D. Murray) 413
제17장 본문 진리, 의미: 성경 해석 | 안토니 C. 티슬턴 (Anthony C. Thiselton) 445
제18장 철학 신학 | 인콜프 U. 달퍼스 (Ingolf U. Dalferth) 473
제19장 포스트모던 신학 | 그레이엄 워드 (Graham Ward) 498

제3부 신학과 과학 526

제20장 신학과 물리과학 | 필립 클레이튼(Philip Clayton) 528
제21장 신학과 생물학 | 실리아 딘 드럼몬드(Celia Deane Drummond) 550
제22장 신학과 사회과학 | 리처드 로버츠(Richard Roberts) 571

제4부 신학과 기도, 실천 599

제23장 신학과 영성 | 마크 맥킨토쉬 (Mark McIntosh) 601
제24장 목회 신학과 실천 신학 | 스테판 패티슨(Stephen Pattison), 고든 린치(Gordon Lynch) 628

제5부 특수 신학 655

제25장 페미니즘과 성(Gender) 그리고 신학 | 라헬 뮤어스(Rachel Muers) 658
제26장 흑인 해방 신학 | 드와이트 N. 홉킨스(Dwight N. Hopkins) 686
제27장 라틴 아메리카 해방 신학 | 레베카 S. 춉(Rebecca S. Chopp), 에트나 레이건(Ethna Regan) 712
제28장 아프리카 신학 | 티니코 삼 말루리키(Tinyiko Sam maluleke) 735
제29장 남아시아 신학들 | 펠릭스 월프레드(Felix Wilfred) 760
제30장 동아시아의 상황 신학 | 아키 이 지정(Archie Chi Chung Lee) 784
제31장 탈식민지적인(postcolonial) 성경 해석 | R. S. 수기르타라야(R. S. Sugirtharajah) 808

제6부 범세계적 참여 836

제32장 에큐메니컬(Ecumenical) 신학 | 메리 테너(Mary Tanner) 838
제33장 동방 정교회 신학 | 로완 윌리엄스(Rowan Williams) 862
제34장 오순절과 은사 신학 | 엘른 엔더슨(Allan Anderson) 888
제35장 복음주의 신학 | 데이비드 F. 웰즈(David F. Wells) 916

제7부 종파 간 신학   936

제36장 종교 신학 | 가빈 드코스타(Gavin D' Costa)   938
제37장 유대주의와 기독교 신학 | 피터 옥스(Peter Ochs)   966
제38장 이슬람과 기독교 신학 | 아타올라 싯디쿠이(Ataullah Siddiqui)   995
제39장 불교와 기독교 신학 | 폴 O. 잉그램(Paul O. Ingram)   1024

제8부 신학과 다양한 미디어   1056

제40장 신학과 시각예술 | 존 W. 드 그뤼시(John W. de Gruchy)   1057
제41장 신학과 음악 | 제레미 S. 벡비(Jeremy S. Begbie)   1076
제42장 신학과 영화 | 졸리온 미쉘(Jolyon Mitchell)   1101

에필로그: 21세기의 기독교 신학을 위한 열두 주제 | 데이비드 F. 포드(David F. Ford)   1133

용어 해설   1135

편집자 서문

데이비드 F. 포드(David F. Ford)
레이첼 무어스(Rachel Muers)

이 책의 주요 목적은 제1차 세계대전(1914-18) 이래로 가장 선도적 기독교 신학자들의 사상과 신학적 움직임을 소개하는 것이다.

여기에는 두 가지 선정 기준이 있었다.

첫째, 신학자들이 광범위한 신학적 주제를 놓고 건설적 집필을 했는가이다.

둘째, 현재까지, 특히 대학교와 신학교의 고등 교육 분야 사람들을 통해 연구되고 있는가 하는 것이다. 더불어, '자질과 중요도'라는 논란의 여지가 있는 조건이 있었다. 어떤 경우 이 조건은 신학자들을 포함하는 일에 결정적이었다.

기고자 대부분이 유럽이나 북미에 기반을 둔 다양한 단체와 교단, 국가를 배경으로 가지고 있다. 이들은 현대 신학에 건설적으로 참여하고 있으며, 그들의 목적은 자신의 주제에 학문적 해석을 창출하는 것은 물론, 각 상황에 맞는 더욱 진취적이고 신학적인 대화를 활성화하는 것이다. 따라서 그 목표는 부분적으로 '역사 신학'이었지만, 또한 이 분야의 실천가들과 연계한 토론이었다. 우리는 이 방대한 분야를 모든 각도에서 살피는 노력이 불가능하다는 점과 이를 제대로 다루기 위한 노력으로 우리가 선택한 방식에 한계가 있다는 점을 분명히 자각해 왔다.

각 장은 독자들이 신학자나 신학적 움직임에 적합한 방식으로 생각하도록 돕는 동시에 대화와 논쟁을 촉진하도록 했다. 이런 일이 적절히 일어나게 하는 유일한 방법은 신학자들의 글을 자세히 연구하는 것이다. 이것이 바로 독자들에게 이 글을 소개하는 목적이다. 따라서 이 책에서 의도한 사용 목적은 무엇보다 텍스트 연구를 준비하고 수행하며, 깨달음을 얻는 데 도움을 주는 것이다.

그러나 이런 신학 전부를 읽을 수 있는 사람은 거의 없을 것이다. 따라서 이 책의 2차적 목적은 어느 사람이 읽은 것을 넘어 그 분야의 나머지 부분도 다소 파악할 수 있도록 돕는 것이다.

대부분 기고자가 따른 공통된 형식은 서론, 조사, [어떤 신학의 주요 사안이나 특정 운동들의 특정 구성원에 집중한] 내용, 그 내용에 관한 논쟁, 그 신학의 영향력에 대한 평가, 업적, 미래의 의제, 간략한 참고 문헌이다.

그러나 기고자들에게는 자신의 주제에 맞춰 이 형식을 자유롭게 조정할 수 있도록 했다. 이에 덧붙여, 책의 각 부마다 간략한 서론이 있다. 책의 마지막 부분에는 이 분야로 들어가는 학생들이 아직 접해 보지 못했을 핵심 단어와 표현의 용어 해설이 있다.

신학자들과 운동들을 부(part)와 절(section)로 분류하는 것에 너무 큰 의미를 부여하지 말아야 했다. 이런 분류가 쉽지 않았다. 다른 분류 방법들도 장점이 있기 때문이다. 그리고 이 책의 초판과 제2판을 읽은 학생들은 바뀐 것을 눈치챌 것이다. 우리의 짧은 서론은 선택된 신학자들을 간략히 설명하고자 시도했지만, 최우선의 관심은 다른 신학자들이 이해한 각 신학의 특수성에 있다.

제1부, 20세기 고전으로 여기는 여섯 명의 신학자, 곧 바르트(Barth), 본회퍼(Bonhoeffer), 틸리히(Tillich), 드 뤼박(de Lubac), 라너(Rahner), 발타자르(Balthasar)에 초점을 맞춘다(불트만도 이곳에 포함되어야 하지만, 성경적 해석이라는 제목이 붙은 제17장에서 논의된다). 선택된 사람 중 현재 생존한 사람은 없고, 3명은 개신교, 3명은 로마 가톨릭, 드 뤼박을 제외한 다른 모든 사람은 독일어를 사용하는 유럽 출신이다(독일인 3명, 스위스인 2명). 서론에서 설명되듯 학술적 신학에서 독일어 전통은 그 모든 문제와 특성 때문에 19세기와 20세기 현대 신학에서 가장 지속적이고 집중적 관여의 예시가 된다.

따라서 이 책에서 주목을 받을 가치가 있다. 그 전통을 아는 것은 신학의 현대성과 종교의 주요 쟁점을 다루기 위한 다양한 전형적 시도와 익숙해지는 것이다. 그것이 절대 모든 것을 포괄하지 않지만, 기독교 신학이 근대의 학문, 사회, 교회 그리고 대단히 충격적 사건과 지적 관계를 갖는 의미를 소개함으로 독일어 전통을 교육적으로 최고의 단일 전통으로 만든 다양성, 일관성, 천재적 사상가들을 갖는 것이다.

제2부, "유럽과 미국의 현대성에 대한 신학적 응답"은 유럽과 미국의 신학이 근대 독일어 전통의 영향력을 얼마나 깊게 계속 받고 있는지 보여 준다. 이에 더해, 영국과 미국 [그리고 여기서 다루지 않은 네덜란드, 스칸디나비아 같은 다른 지역]에 뿌리를 둔 매우 다른 전통을 포함할 뿐만 아니라, 21세기 초반의 많은 토론에서 언급한 새로운 신학적 시도를 포함한다. 이 판(제3판)에 실린 두 가지 혁신적 내용은 철학 신학과 제2차 바티칸 공의회 이후 로마 가톨릭 신학에 대한 권위 있는 설명이다.

제3부, 최근의 전개들, 특히 생물학이 끼친 엄청난 영향력에 비추어 자연과학과 신학의 관계에 관한 논의를 확장한다.

제4부, "신학과 기도, 실천"은 완전히 새로운 부분으로, 영성과 목회 실천에 대한 큰 관심과 신학이 학문적 환경에서 이것들과 관계하는 것에 관한 성숙도를 고찰한다.

제5부, "특수 신학"은 우리 시대에서 가장 심오하며 논란의 중심에 있는 인종, 성별, 제국주의, 해방운동과 같은 몇몇 주제와 라틴 아메리카, 아프리카, 아시아에 대해 제2판보다 좀 더 포괄적으로 살펴본다. 그 지역들에서 발전한 독특한 신학들은 매우 다양한 민족, 문화, 종교와 긴밀히 연관되어 있지만, 종종 자신들의 지역적 맥락을 벗어난 학문적 토론에서는 두각을 나타내지 않는다.

제6부, "범세계적 참여"(Global Engagement)는 20세기에 많은 교회 간의 관계를 변화시킨 '에큐메니컬 신학'을 살펴본다. 그리고 기독교의 가장 큰 세 가지 분파인 동방 정교회, 오순절파, 복음주의에서 일어나는 사상을 살펴본다. 역사상 아마 가장 큰 종교 운동이 되어 온 오순절파는 제3판에서 처음으로 소개된다.

제7부, "종파 간 신학" 역시 제2판이 다루지 않은 유대교, 이슬람, 불교를 포함한다. 21세기의 평화가 그 무엇보다 종교 간(그리고 불가분하게 종교와 세속적 힘 사이) 관계에 달려 있다는 사실은 틀림없다. 하지만 이런 영역에서 신학적 참여는 여전히 '초기 단계'라는 느낌이 있다.

제8부, "신학과 다양한 미디어"에 영화를 추가했다. 현재 매체의 폭넓은 중대성과 강렬한 신학적 토론을 촉진하는 영화 역량의 상징으로 전 세계적으로 논란이 된 "패션 오브 크라이스트"(The passion of Christ)가 포함되었다.

이 42개 장을 연구하면서, 우리는 기독교 신학의 세계적 범주, 종종 분열까지 이르는 다양성, 주요 기독교, 다른 종교, 세속적 운동에 동반되거나 도전하거나 그 속으로 섞여 들어간 방대한 지적 에너지를 살펴볼 수 있다. 그러나 우리는 지면의 한계 때문에 다루어야 할 가치가 있는 신학들을 생략할 수밖에 없었다. 풍부한 신학적 전통을 가진 지역들을 제외했다. '신학' 연구의 범위는 제한이 없다. 우리는 생물학, 영성, 이슬람, 불교, 영화를 추가했으나, 이 외에도 관심 있는 연구의 범위는 심리학, 정보 기술, 경제학, 경영, 사회인류학, 의학, 교육, 범죄학, 건축을 포함해 훨씬 더 넓다.

우리는 이 책이 앞선 초판과 제2판을 보완했기를 소망한다. 그 변화는 대부분 독자들의 의견과 더 넓은 범주를 요청하는 교과 과정을 이끄는 동료 학자들의 의견에 대한 반응이다.

우리는 제2판 사용자 중 블랙웰(Blackwell)이 진행한 설문 조사에 응답한 분들에 감사한다. 제2판이 익숙한 분들을 위해 가장 큰 차이점(위에서 언급한 내용을 포함해)은 다음과 같다.

새로운 장 : 드 뤼박, T. F. 토랜스(T. F. Torrance), 성공회 신학, H. 리처드 니버, 라인홀트 니버, 바르트 이후 조직 신학, 제2차 바티칸 공의회 이후의 로마 가톨릭 신학, 철학 신학, 신학과 생물학, 신학과 영성, 목회 신학, 페미니즘과 성(Gender) 그리고 신학, 남아시아 신학, 탈식민지적인 성경 해석, 오순절 신학, 이슬람과 기독교 신학, 불교와 기독교 신학

신학과 영화에 관한 새로운 장(일부는 초판과 제2판에서 다른 방법으로 다루어졌던 주제들) : 바르트, 본회퍼, 라너, 후기 해방 신학, 신학과 물리학, 흑인 신학, 아프리카 신학, 에큐메니컬 신학.

신학과 시각예술에 관한 이전 장들의 새로운 저자들 : 불트만(제17장을 보라), 융엘(제15장을 보라), 프랑스 신학(제4장을 보라), 쉴레벡(제16장을 보라), 큉(제16장을 보라), 영국 신학(제9장, 제10장, 제14장, 제15장, 제16장, 제18장, 제19장 그리고 제3부, 제4부, 제5부, 제6부, 제7부, 제8부를 보라), 미국의 윤리 신학(제11장, 제12장, 제14장을 보라), 미국의 흑인, 히스패닉/라틴 아메리카, 북미 원주민 신학(제25장, 제26장을 보라), 미국의 여성 신학(제25장, 제26장을 보라), 아시아 신학(제29장, 제30장을 보라), 선교 신학(제34장, 제35장을 보라), 초 지역적 여성 신학(제25장을 보라).

제목과 저자가 여전히 같거나 유사한 많은 장은 제2판 이후로 상당한 개정을 거쳤다. 마지막으로 에필로그에서 결국 21세기 기독교 신학을 위한 선언문(menifesto)이 된 일부 논문을 감히 제공한다.

2004년 9월

감사의 글

데이비드 F. 포드(David F. Ford)

이 책의 세 번째 개정판은 동료 편집인인 레이첼 무어스(Rachel Muers)와 작업했기에 즐거움은 말할 수 없이 컸고 작업량은 많이 줄었다. 나는 그녀가 쏟은 많은 시간뿐 아니라, 방대한 이 책의 다양한 측면을 살펴보고, 무엇보다 지혜로운 조언과 판단력을 제시해 준 것에 매우 감사한다. 그녀는 제3판의 시작부터 함께 했다. 그녀의 시각으로 『현대 신학자 연구』(The Modern Theologians)를 살펴보고, 특히 각 기고문, 특히 그녀의 논문을 놓고 토론하는 것은 늘 흥분되는 일이었다.

이 외에도 많은 사람이 제3판에 도움을 주었다. 우선은 모든 기고자다. 제42장이 실제로 작성되었다는 것은 놀라운 일이었다. 이 일이 바쁜 그들에게 굉장한 부담이었을 것이다. 그들이 집필한 글의 수준에 가장 감사하고, 간혹 편집인들이 많은 부분을 수정해 달라고 했는데도 한결같이 보여 준 인내에 감사한다.

벤 풀포드(Ben Fulford)는 거의 완벽한 용어 해설(glossary)의 수정과 개정 작업을 해 주었다. 스스로 이전 기고문을 수정할 수 없었던 기고자들과 협업해 준 이들에게 특별한 감사의 말을 전한다.

에트나 리건(Ethna Regan), A. M. 올친(A. M. Allchin), 피터 C. 부테네프(Peter C. Boutenoff). 레베카 하킨(Rebecca Harkin), 로라 배리(Laura Barry), 소피 깁슨(Sophie Gibson), 블랙웰(Blackwell)의 여러 동역자는 계속 우리를 도왔고, 질문에 신속히 답했다. 대단히 흥미로운 이 분야의 많은 동료와 귀중한 대화를 했다. 도린 쿤즈(Doreen Kunze)는 케임브리지 신학과 교수실에서 항상 기쁘게 도움을 주었다. 그리고 나의 아내 데보라(Deborah), 나의 어머니 필리스 포드(Phyllis Ford), 댄 하디(Dan Hardy)와 페린 하디(Perrin Hardy), 나의 형제 알란 포드(Alan Ford), 벤 쿠아시(Ben Quash) 그리고 마이클 오시아드헤일(Micheal O'Siadhail), 가족과 친구들에 대한 고마움은 점점 커져만 간다.

초판은 나와 많은 이에게 스승이자 친구인 한스 W. 프레이(Hans W. Frei)를 기리기 위해 헌정되었다. 제2판은 나의 친구이자 공동 저자이며, 오랜 동료인 버밍엄대학교(University of Birmingham)의 신학 교수 프랜시스 영(Frances Young)과 에드워드 캐드버리(Edward Cadbury Professor)에게 헌정되었다.

이 제3판을 준비하는 과정 중 토랜스에 대한 장을 기고하기로 했던 콜린 건튼(Colin Gunton)이 갑자기 세상을 떠났다. 콜린이 영국의 여러 세대의 신학자에게 그리고 점점 해외에서도 어떤 의미인지 충분히 평가하기는 어렵다.

존 웹스터(John Webster)는 콜린이 사망할 당시 이미 이 제3판의 제15장을 집필 중이었는데, 그 장에서 건튼의 연구가 논의되고 상당한 업적이 인정되었다. 토랜스에 대한 장은 나의 친구이자, 장인이며, 많은 집필과 다른 활동의 동역자인 댄 하디에게 맡겨졌다. 댄은 수십 년 동안 콜린의 친구였으며, 『현대 신학자 연구』(*The Modern Theologians*)의 모든 판에 폭넓게 이바지했다.

초판은 댄이 고안하고, 후에 버밍엄대학교에서 나와 함께 가르쳤던 현대 신학 사상이라는 수업의 영향을 크게 받았다. 따라서 제3판을 콜린 건튼과 댄 하디에게 헌정하는 것이 매우 적절하다고 생각한다.

기고자 소개

알렌 앤더슨(Allan Anderson)

버밍엄대학교(University of Birmingham)의 신학부에서 오순절학 부교수로 재직하고 있다. 그는 사우스아프리카대학교(University of South Africa)에서 신학 박사 학위(Ph. D.)를 취득했고, 그곳에서 오순절(은사주의) 사역자와 신학 교육가로 23년간 사역했다. 그는 아프리카 오순절주의와 독자주의(Independentism)에 관한 많은 논문과 다섯 권의 책을 저술했고, 세계 오순절주의에 대한 두 권의 책도 편집했다. 그가 최근에 출판한 책은 『아프리카 종교개혁』(*African Reformation*)(2001)과 『오순절주의 개론』(*An Introduction to Pentecostalism*)(2004)이다.

리처드 보컴(Richard Bauckham)

세인트앤드류대학교(University of St. Andrews)의 신약학 교수, 왈드로우 주교(Bishop Wardlaw) 석좌교수이다. 그는 영국에서 태어나 교육받았다. 그의 저서로 『몰트만: 형성되고 있는 메시아 신학』(*Moltmann: Messianic Theology in the Making*)(1987), 『정치와 성경: 성경을 어떻게 정치적으로 읽을 것인가』(*The Bible in Politics: How to Read the Bible Politically*)(1990), 『위르겐 몰트만 신학』(*The Theology of Jürgen Moltmann*)(1995), 『하나님과 자유의 위기: 성경적, 현대적 관점』(*God and the Crisis of Freedom: Biblical and Contemporary Perspectives*)(2002), 『성경과 선교: 포스트모던 세계에서의 기독교 증언』(*Bible and Mission: Christian Witness in a Postmodern World*)(2003), 트레버 하트와 공저한 『헛된 희망: 새 천년을 맞이하는 기독교 종말론』(*Hope against Hope: Christian Eschatology at the Turn of the Millennium*)(1999) 등이 있다.

제리미 S. 벡비(Jeremy S. Begbie)

케임브리지 소재 리들리 홀(Ridley Hall)의 부학장, 세인트앤드류대학교의 명예교수, 케임브리지대학교 신학부 강사이다. 그는 국제적 리서치 프로젝트인 "예술을 통한 신학"(Theology Through the Arts)을 총괄하고 있다. 그의 출판물에는 『하나님의 목적에서 음악』(*Music in God's Purposes*)(1988), 『창조물의 찬양: 예술의 신학에 대해』(*Voicing Creation's Praise: Towards a Theology of the Arts*)(1991), 『신학, 음악, 시간』(*Theology,*

Music and Time)(2000), 편집한 『깊이 측정: 예술을 통한 신학』(*Sounding the Depths: Theology Through the Arts*)(2002)이 포함되어 있다.

레베카 S. 촙(Rebecca S. Chopp)

콜게이트대학교(Colgate University)의 총장이다. 이전에는 예일신학교(Yale Divinity School)에서 학장으로 봉직했고, 에모리(Emory)와 시카고에서 신학을 가르쳤다. 그녀는 '미국 종교 학회'(American Academy of Religion)의 전 회장이다. 그녀의 저서로 『구원의 사역: 신학 교육의 페미니스트적 실천』(*Saving Work: Feminist Practices of Theological Education*)(1995), 『말할 수 있는 능력: 페미니즘, 언어, 하나님』(*The Power to Speak: Feminism, Language, God*)(1989), 『고난의 프락시스: 해방 신학과 정치 신학의 해석』(*The Praxis of Suffering: An Interpretation of Liberation and Political Theologies*)(1986)이 있다.

필립 클레이턴(Philip Clayton)

클레어몬트신학대학원(Claremont School of Theology)의 신학 교수이자 클레어몬트 대학교원(Claremont Graduate University)의 철학과 종교학 교수이다. 그는 예일대학교에서 철학과 종교학으로 신학 박사(Ph.D.) 학위를 취득했고, 뮌헨대학교와 하버드 신학교에서 초빙교수직을 맡고 있다. 그는 『현대 사상이 제기하는 하나님에 관한 문제』(*The Problem of God in Modern Thought*)(2000), 『하나님과 현대 과학』(*Contemporary Science*)(1998), 『진화와 윤리』(*Evolution and Ethics*)(2004), 『우리는 누구 안에서 살고 움직이고 존재하는가?』(*In Whom We Live and Move and Have Our Being*)(2004), 『과학과 영적 요구』(*Science and the Spiritual Quest*)(2002), 『영의 출현』(*The Emergence of Spirit*)(2004) 등 모두 12권의 책을 쓰고 편집했다.

잉올프 U. 달퍼스(Ingolf U. Dalferth)

'취리히 종교해석학, 철학 연구소'(Institute for Hermeneutics and Philosophy of Religion in Zurich)의 소장으로 그곳에서 조직 신학과 종교철학을 가르친다. 그는 튀빙겐, 에든버러, 비엔나, 케임브리지에서 교육받았다. 그의 저작물에는 『십자가에 못 박힌 자의 부활: 그리스도론에 관해』(*Der auferweckte Gekreuzigte: Zur Grammatik der Christologie*)(1994), 『해석된 현재: 시간의 경험 속에서 하나님에 대한 인식』(*Gedeutete Gegenwart: Zur Wahrnehmung Gottes in den Erfahrungen der Zeit*)(1997), 『신학과 철학』(*Theology and Philosophy*)(2002), 『가능성에 대한 실제: 해석학적 종교철학』(*Die Wirklichkeit des Möglichen: Hermeneutische Religionsphilosophie*)(2003)이 있다.

개빈 디코스타(Gavin D'Costa)

브리스톨대학교(University of Bristol)의 신학, 종교학부의 부교수이자 학과장이다. 그는 버밍엄대학교와 케임브리지대학교에서 교육을 받은 로마 가톨릭교도다. 그의 저서로 『신학과 종교 다원주의』(Theology and Religious Pluralism)(1986), 『종교들과 삼위일체의 만남』(The Meeting of Religions and the Trinity)(2000), 『삼위일체의 성 감별』(Sexing the Trinity)(2000), 『세속 사회에서 신학이 갖는 힘』(The Virtue of Theology in a Secular Society)(2004)이 있다. 그는 종교 간 대화에 참여하고 있고 '잉글랜드와 웨일스 가톨릭 주교회'(Catholic Bishops of England and Wales)의 고문이며 '교황청 종교 간 대화평의회'(Pontifical Commission for Interreligious Dialogue)의 자문위원이다.

실리아 딘-드러몬드(Celia Deane-Drummond)

식물학자로 여러 탐구에 참여하고 가르치다가 맨체스터대학교(Manchester University)에서 신학을 공부했다. 현재는 체스터칼리지(Chester College)에서 신학과 생물학 교수로 봉직하고 있다. 그녀의 저서로 『신학과 생태학 핸드북』(A Handbook in Theology and Ecology)(1996), 『신학과 생명공학: 새로운 과학의 함의』(Theology and Biotechnology: Implications for a New Science)(1997), 『지혜를 통한 창조: 신학과 신생물학』(Creation Through Wisdom: Theology and the New Biology)(2000), 『오늘날의 생물학과 신학: 경계선들에 관한 탐구』(Biology and Theology Today: Exploring the Boundaries)(2001), 『자연의 윤리』(The Ethics of Nature)(2003)가 있다.

웨인 위트슨 플로이드(Wayne Whitson Floyd)

영문판 디트리히 본회퍼(Dietrich Bonhoeffer) 전집의 편집장이자 프로젝트 디렉터다. 그는 펜실베이니아 주 해리스버그에 소재한 성 스티븐주교좌성당(Cathedral Church of St. Stephen)의 신학 자문(Canon Theologian)이었고, 후에 '성공회 신학과 영성 센터'(Anglican Center for Theology and Spirituality)의 설립자이자 소장으로 일했다. 그는 디트리히 본회퍼 전집의 두 권, 『행위와 존재』(Act and Being)와 『옥중 서간』(Letters and Papers from Prison)을 편집한 것 외에 『타자의 신학과 변증법: 본회퍼와 아도르노의 저서에 관해』(Theology and the Dialectics of Otherness: On Reading Bonhoeffer and Adorno)(1988), 『디트리히 본회퍼의 지혜와 증언』(The Wisdom and Witness of Dietrich Bonhoeffer)(2000)을 저술했고, (찰스 마쉬)와 함께 『책임에 대한 신학과 실제: 디트리히 본회퍼에 대한 소고들』(Theology and the Practice of Responsibility: Essays on Dietrich Bonhoeffer)(1994)을 편집했다.

제임스 포더(James Fodor)

성 보나벤처대학교(St. Bonaventure University)의 윤리 신학 부교수이다. 그는 『기독교 해석학: 폴 리쾨르와 신학의 재고』(Christian Hermeneutics: Paul Ricoeur and the Refiguring of Theology)(1995)의 저자이자 신학 잡지 「현대 신학」(Modern Theology)의 공동 편집인이다.

데이비드 F. 포드(David F. Ford)

케임브리지대학교 신학부의 흠정 담당 강의교수(Regius Professor)다. 그는 『신학: 간추린 개론』(Theology: A Very Short Introduction)(2000), 『자아와 구원: 변화되는 과정』(Self and Salvation: Being Transformed)(1999), 『생활의 형성』(The Shape of Living)(1997), 『고린도후서의 의미와 진리』(Meaning and Truth in 2 Corinthians)(1988, 프란시스 M. 영과 공저), 『환희의 노래: 찬양의 신학』(Jubilate: Theology in Praise)(1984, 대니얼 W. 하디와 공저), 『바르트와 하나님의 이야기: 교회 교의학에 나타난 칼 바르트의 성경 내러티브와 신학 방법론』(Barth and God's Story: Biblical Narrative and the Theological Method of Karl Barth in the Church Dogmatics)(1981)의 저자이다. 그는 또한 케임브리지 종교 간 프로그램(Cambridge Interfaith Programme)을 총괄하고, 「현대 신학」과 「스코틀랜드 신학 저널」(Scottish Journal of Theology) 등을 포함한 여러 저널의 편집 위원이다.

존 W. 드 그뤼시(John W. de Gruchy)

남아프리카와 미국에서 교육을 받았고 케이프타운대학교(University of Cape Town)에서 30년간 가르쳤다. 그곳에서 그는 기독교학의 제1대 로버트 셀비 테일러(Robert Selby Taylor) 학과장이었다. 그는 「남아프리카 신학 저널」(Journal of Theology for Southern Africa)을 만들었다. 그가 저술한 많은 책 중에 『기독교, 예술, 변화: 정의 투쟁에서의 신학적 미학』(Christianity, Art and Transformation: Theological Aesthetics in the Struggle for Justice)(2001), 『화해: 정의의 회복』(Reconciliation: Restoring Justice) (2003), 『상황과 위기에서의 신학과 사역: 남아프리카 관점』(Theology and Ministry in Context and Crisis: A South African Perspective)(1987) 그리고 랄프 K. 부스텐버그와 공동으로 편집한 『신학적 대화: 현대 종교 사상에 끼친 예술과 인문학, 과학의 영향』(Theology in Dialogue: The Impact of the Arts, Humanities and Science on Contemporary Religious Thought)(2002)이 있다.

대니얼 W. 하디(Daniel W. Hardy)

케임브리지대학교 신학부의 선임교수이다. 그는 더럼대학교 반밀더트(Van Mildert)신학교 교수와 프린스턴대학교 신학 연구소를 담당했다. 그의 저서로 『하나님이 세상을 다루시는 방식들: 기독교 신앙에 대한 생각과 실천』(*God's Ways With the World: Thinking and Practicing Christian Faith*)(1996), 『교회 찾기: 성공회주의의 역동적 진리』(*Finding the Church: The Dynamic Truth of Anglicanism*)(2001), 데이비드 F. 포드와 공저한 『환희의 노래: 찬양의 신학』(*Jubilate: Theology in Praise*)(1984)이 있다.

스탠리 하우어워스(Stanley Hauerwas)

듀크대학교(Duke University)신학 윤리학의 길버트 T. 로우(Gilbert T. Rowe) 석좌교수이다. 그의 많은 출판물 중에 『평화의 나라: 기독교 윤리학 입문서』(*The Peaceable Kingdom: A Primer in Christian Ethics*)(2003), 『인격과 그리스도인의 삶: 신학 윤리에 관한 연구』(*Character and the Christian Life: A Study in Theological Ethics*)(1994), 『진리로 성화시키기: 본보기가 되는 거룩함』(*Sanctify Them in the Truth: Holiness Exemplified*)(1998). 그가 2000-1년에 했던 기포드(Gifford) 강의는 『우주의 결을 따라』(*With the Grain of the Universe*)(2001)로 출간되었다.

드와이트 N. 홉킨스(Dwight N. Hopkins)

시카고대학교(University of Chicago) 신학부의 신학 교수로, 유니온신학교에서 신학 박사(Ph.D.) 학위를 받았고, 케이프타운대학교에서 두 번째 신학 박사 학위를 취득했다. 그의 연구물에는 『우리 발에 맞는 신발: 흑인 구성 신학의 근원』(*Shoes That Fit Our Feet: Sources for a Constructive Black Theology*)(1994), 『아래로, 위로, 너머로: 노예 종교와 흑인 신학』(*Down, Up and Over: Slave Religion and Black Theology*)(2000), 『흑인 해방 신학 개론』(*Introducing Black Theology of Liberation*)(1999), 『감정과 이지: 흑인 신학의 과거, 현재, 미래』(*Heart and Head: Black Theology Past, Present and Future*)(2003), 『인간이라는 것에 관해: 흑인 신학이 보는 문화, 자아, 인종』(*On Being Human: Black Theology Looks at Culture, Self, and Race*)(2004)이 포함된다.

폴 O. 잉그람(Paul O. Ingram)

퍼시픽루터란대학교(Pacific Lutheran University)의 종교학 교수이다. 그는 일본 종교 역사, 불교와 기독교의 대화에 초점을 맞추며 여러 책을 출판했다. 그의 최근 저서들에는 『현대 불교와 기독교의 대화』(*The Modern Buddhist-Christian Dialogue*)(1988)와

『황소와 씨름: 종교 경험의 신학』(Wrestling With the Ox: A Theology of Religious Experience)(1997)이 있다. 그는 현재 종교 간 대화와 자연과학 연구에 집중하고 있다.

데이비드 H. 켈시(David H. Kelsey)

예일신학교의 루터 와이글(Luther Weigle)신학 교수이다. 그는 해버포드(Haverford)와 예일에서 철학과 신학을 공부했다. 그의 저서로 『폴 틸리히 신학의 구조』(The Fabric of Paul Tillich's Theology)(1967), 『최근 신학에서의 성경 사용』(The Uses of Scripture in Recent Theology)(1975), 『아테네와 베를린 사이에서: 신학 교육 논쟁』(Between Athens and Berlin: The Theological Education Debate)(1993)이 있다.

카렌 킬비(Karen Kilby)

노팅엄대학교(University of Nottingham)의 조직 신학 강사이다. 그녀는 예일에서 신학을 공부했고 세인트 앤드류와 버밍엄에서 가르치고 있다. 그녀는 『칼 라너: 신학과 철학』(Karl Rahner: Theology and Philosophy)(2004)과 『칼 라너』(Karl Rahner)(1987)를 저술했고, 조직 신학 분야에서 많은 논문과 논평을 썼다.

아치 치 청 리(Archie Chi Chung Lee)

홍콩 중문대학교(Chinese University of Hong Kong)의 문화, 종교학부의 교수이다. 그가 관심을 두는 연구 분야는 히브리 성경과 아시아 기독교다. 그는 이 분야와 비교 원문해석학과 중국 고전에 관한 다양한 책을 저술했다. 그의 출판물에는 중국어로 쓰인 『담론과 정체성: 히브리 메길라에 대한 연구』(Discourse and Identity: A Study of the Hebrew Megilloth)가 있다. 그는 『글로벌 성경 주석』(Global Bible Commentary)의 부편집장 중 하나다.

고든 린치(Gordon Lynch)

버밍엄대학교 신학부의 실천 신학 강사이다. 그가 최근에 저술한 책으로 『종교 이후: "X-세대"와 의미 탐구』(After Religion: "Generation X" and the Search for Meaning)(2002)와 『목회 돌봄과 상담』(Pastoral Care and Counselling)(2002)이 있다. 그는 현재 실천 신학과 대중 문화의 관계에 관해 연구하고 있다.

마크 A. 매킨토시(Mark A. McIntosh)

시카고 로욜라대학교(Loyola University Chicago)의 신학 부교수이자 성공회 사제이다. 그는 현재 '성공회 주교의회'(House of Bishops of the Episcopal Church)의 사제와 수좌 주교와 대주교의 신학 자문으로 섬기고 있다. 그는 예일과 옥스퍼드, 시카고대학교에서 역사와 신학으로 학위들을 취득했고, 신학과 영성의 상호 작용에 관해 여러 책을 저술했다. 최근에 저술한 것들로『진리의 분별: 지식의 영성과 신학』(Discerning Truth: The Spirituality and Theology of Knowledge)(2004)과『기독교 신학에 대한 블랙웰 안내서』(The Blackwell Guide to Christian Theology)(2006)가 있다.

티니이코 샘 말룰레케(Tinyiko Sam Maluleke)

남아프리카의 프리토리아대학교(Pretoria-based University)의 선교학과 조직 신학부에서 흑인, 아프리카 신학 학과장을 맡고 있다. 그는 현재 같은 대학교에서 인문과학대학의 부학장으로 섬기고 있다. 그는 아프리카 연구, 선교학, 아프리카 신학, 흑인 신학 분야에서 다양한 책에 포함된 많은 글과 과학 논문을 썼다. 그는 '아프리카교회 컨퍼런스'(All Africa Conference of Churches), '세계교회협의회'(World Council of Churches), '남아프리카 교회협의회'(South African Council of Churches)의 신학 자문이자 연설자이다. 현재 '남아프리카 선교학회'(Southern Africa Missiological Society)의 서기로 섬기고 있다.

존 밀뱅크(John Milbank)

노팅엄대학교의 종교학, 정치학, 윤리학 교수이다. 그는 랭커스터, 케임브리지, 버지니아대학교에서 가르쳤다. 그의 저서들에는『신학과 사회 이론: 세속 이성을 넘어서』(Theology and Social Theory: Beyond Secular Reason)(1990),『낯설게 만들어진 말』(The Word Made Strange)(1997),『화해된 존재: 존재론과 용서』(Being Reconciled: Ontology and Pardon)(2002), 그리고 그레이엄 워드와 편집한『급진적 정통 신학: 새로운 신학』(Radical Orthodoxy: A New Theology)(1999)이 있다.

졸연 미첼(Jolyon Mitchell)

에든버러대학교(Edinburgh University), 뉴대학교(New College)의 부교수이며, 케임브리지대학교, 클레어 홀(Clare Hall)의 종신회원이다. 그는 케임브리지, 더럼, 에든버러대학교에서 교육을 받았다. 그는『보이게 말하기: 라디오와 설교의 르네상스』(Visually Speaking: Radio and the Renaissance of Preaching)(1999)의 저자이며,『중재하는 종

교: 미디어, 종교, 문화에서 대화』(*Mediating Religion: Conversations in Media, Religion and Culture*)(2003)의 공동 편집자이다. 그는 BBC 월드 서비스의 프로듀서이자 저널리스트였고, 현재 『미디어와 기독교 윤리』(*Media and Christian Ethics*)를 저술하고 있다.

레이첼 무어스(Rachel Muers)

엑스터대학교(University of Exeter)의 신학 강사이다. 그는 케임브리지에서 공부했고, 거튼대학교(Girton College)의 리서치 펠로우십을 갖고 있다. 그녀는 『하나님의 침묵 지키기: 커뮤니케이션의 신학적 윤리에 대해』(*Keeping God's Silence: Towards a Theological Ethics of Communication*)(2004)와 여성 신학과 신학 윤리에 대해 여러 논문과 논평을 썼다.

폴 D. 머레이(Paul D. Murray)

더럼대학교의 조직 신학 강사이다. 그는 세인트커스버트신학교(St. Cuthbert's Seminary), 어소대학교(Ushaw College), 더럼, 뉴맨대학교(Newman College), 버밍엄에서 가르쳤고, '리버풀 대교구 목회형성부'(Department of Pastoral Formation of the Archdiocese of Liverpool)에서 성인 기독교 교육가로 일했다. 그는 『실용주의자 관점으로 본 이성과 진리, 신학』(*Reason, Truth and Theology in Pragmatist Perspective*)(2004)과 과학과 신학과 철학 신학의 영역에서 여러 논문과 글을 저술했다.

피터 오크스(Peter Ochs)

버지니아대학교의 현대 유대교학 에드거 브론프먼(Edgar Bronfman) 교수이자 원문 추론 학회(Society for Textual Reasoning), 성경 추론 학회(Society for Scriptural Reasoning), 아브라함 자녀 협회(Children of Abraham Institute)의 공동 설립자다. 그는 "다브루 이멧"(Dabru Emet, 그리스도인과 기독교에 대한 유대적 진술)과 『유대교 관점에서 본 기독교』(*Christianity in Jewish Terms*)(2002)의 공동 저자이자 편집자였다. 그의 저서로 『성경의 퍼스, 프래그머티즘, 논리』(*Peirce, Pragmatism and the Logic of Scripture*)(1998), (로버트 깁스와 공저한) 『계시 이후의 추론: 포스트모던 유대 철학에서 대화』(*Reasoning after Revelation: Dialogues in Postmodern Jewish Philosophy*)(1998), 낸시 리벤과 편집한 『원문 추론』(*Textual Reasonings*)(2002)이 있다.

스티븐 패티슨(Stephen Pattison)

카디프대학교(Cardiff University)의 종교, 신학대학교의 학장이다. 그리고 오픈대학교(Open University)의 보건사회복지대학교의 부교수였다. 케임브리지, 에든버러, 버밍엄, 오픈대학교에서 교육받았다. 그는 『목회 돌봄과 해방 신학』(Pastoral Care and Liberation Theology)(1997), 『매니저들의 신앙』(The Faith of the Managers)(1997), 『목회 돌봄에 대한 비평』(A Critique of Pastoral Care)(2000), 『수치: 이론, 치료, 신학』(Shame: Theory, Therapy, Theology)(2000)을 저술했고, 다른 이들과 함께 『블랙웰 목회, 실천 신학 교재』(The Blackwell Reader in Pastoral and Practical Theology)(2000)와 『전문직의 가치』(Values in Professional Practice)(2004)를 편집했다.

벤 쿠아시(Ben Quash)

케임브리지대학교 신학부의 피터하우스(Peter house) 학장이자 선임 연구원이고 기독교 신학을 가르친다. 그는 튀빙겐대학교(University of Tübingen)의 객원 교수이다. 그는 『근대성의 끝에 있는 발타자르』(Balthasar at the End of Modernity)(1999)를 루시 가드너와 함께 저술한 공동 저자이다. 그의 저서로 존 C. 맥도웰과 편집한 『바르트와 대화』(Conversing With Barth)(2004), 데이비드 모스, 에드워드 T. 오크스와 편집한 『한스 우르스 폰 발타자르에 대한 케임브리지 안내서』(The Cambridge Companion to Hans Urs von Balthasar)(2004), 제레미 벡비와 편집한 『깊이 측정: 예술을 통한 신학』(Sounding the Depths: Theology Through the Arts)(2002)이 있다.

에트나 리건(Ethna Regan)

트리니다드 소재 웨스트인디스대학교(University of the West Indies)의 신학 교수이다. 그리고 '포트오브스페인 크레도 정의 재단'(Credo Foundation for Justice in Port of Spain)의 의장이다. 그녀는 아일랜드에서 출생했고, 더블린, 포드햄대학교(Fordham University), 케임브리지대학교에서 교육받았다. '거룩한 신앙 수녀회'(Holy Faith Sisters)의 수녀인 그녀는 사모아와 캐리비안에서 사역했다.

리처드 H. 로버츠(Richard H. Roberts)

랭커스터대학교의 종교학 은퇴 교수이며 스털링대학교(University of Stirling)의 종교학 명예교수이다. 그는 랭커스터, 케임브리지, 에든버러, 튀빙겐대학교에서 공부했다. 그는 세인트앤드류대학교의 신학부 교수였고, 랭커스터대학교 종교학 학과장이었다. 그는 칼 바르트(Karl Barth), 에른스트 블로흐(Ernst Bloch), 수사학과 학제 간 연구, 종교와 자본주의의 변화, 시간과 가치, 현대 자연 종교, 모던/포스트모던 모체에서 공간과 시간에 관한 책들을 저술하거나 편집했다. 그의 가장 최근 저서는 『종교, 신학, 인문과학』(*Religion, Theology and the Human Sciences*)(2002)이다.

크리스토프 슈베벨(Christoph Schwöbel)

튀빙겐대학교의 조직 신학과 종교철학 교수, 해석학 연구소의 디렉터다. 그는 독일에서 출생해 교육받았고, 런던킹스대학교(King's College London), 킬대학교(University of Kiel), 하이델베르크대학교(University of Heidelberg)에서 교수를 역임했다. 하이델베르크대학교에서 에큐메니즘연구소의 디렉터였다. 그는 『마틴 라데』(*Martin Rade*)(1980), 『하나님, 행위, 계시』(*God, Action, and Revelation*)(1992), 『관계 속에서의 하나님』(*Gott in Beziehung*)(2002), 『다원주의에서의 기독교 신앙』(*Christlicher Glaube im Pluralismus*)(2003)의 저자이다.

피터 세지윅(Peter Sedgwick)

웨일스의 란다프에 있는 성마이클대학교(St. Michael's College)의 학장이다. 2004년까지 그는 '영국 국교 사회 문제 부서를 위한 사법 제도'(Criminal Justice for the Church of England Public Affairs Unit)의 정책관이었다. 그는 이전에 헐대학교와 버밍엄대학교에서 현대 신학과 기독교 윤리를 가르쳤다. 그는 케임브리지대학교에서 신학과 역사로 학위들을 취득했고, 더럼대학교에서 성공회 역사 신학으로 박사 학위를 받았다. 그는 사회 윤리 분야에서 많은 연구를 했다. 그는 앤드류 브리튼과 공저한 『경제 이론과 기독교 신앙』(*Economic Theory and Christian Belief*)(2003), 『시장 경제와 기독교 윤리』(*The Market Economy and Christian Ethics*)(1999), 『기업 문화』(*The Enterprise Culture*)(1992)를 저술했고, 『사법 제도의 미래』(*The Future of Criminal Justice*)(2002), 『도시 안의 하나님』(*God in the City*)(1996)을 C. 존스와, 『영광의 무게: 해방 신학의 미래』(*The Weight of Glory: The Future of Liberal Theology*)(1992)를 D. W. 하디와 편집했다.

아타울라 시디퀴(Ataullah Siddiqui)

레스터 소재 이슬람재단(Islamic Foundation)의 선임 연구원, 마켓필드 고등 교육 기관(Markfield Institute of Higher Education)의 부 감독이다. 그는 레스터대학교의 종교 역사와 정치 다원주의 센터(Centre for the History of Religious and Political Pluralism)의 객원 연구원이자 「엔카운터스: 문화 간 관점 저널」(*Encounters: Journal of Inter-Cultural Perspectives*)의 공동 편집인이다. 그의 출판물에는 『21세기의 그리스도인과 무슬림의 대화』

(*Christian-Muslim Dialogue in the Twentieth Century*)(1997), 이스말리 라지 알 파루퀴(Ismail Raji Al Faruqi)의 논문 모음집 『이슬람과 다른 신앙들』(*Islam and Other Faiths*)(1998), 그리고 공동 편집서 『영연방의 그리스도인들과 모슬렘들: 미래에서의 역동적 역할』(*Christians and Muslims in the Commonwealth: A Dynamic Role in the Future*)(2001)이 있다.

R. S. 수기르타라자(R. S. Sugirtharajah)

버밍엄대학교의 성경해석학 교수이다. 그는 스리랑카에서 출생해 방갈로르와 버밍엄에서 교육받았다. 그의 저서로 『탈 식민적 재설정: 성경을 읽고 신학을 행하는 대안적 방법』(*Postcolonial Reconfigurations: An Alternative Way of Reading the Bible and Doing Theology*)(2003), 『탈 식민적 비평과 성경적 해석』(*Postcolonial Criticism and Biblical Interpretation*)(2002), 『성경과 제3세계: 식민지 이전, 식민지, 식민지 이후의 조우들』(*The Bible and the Third World: Precolonial, Colonial and Postcolonial Encounters*)(2001)이 있다.

메리 태너(Mary Tanner)

헐대학교와 브리스톨대학교, 케임브리지의 웨스트콧 홀에서 20년 동안 히브리어와 구약을 가르쳤다. 그녀는 1982년에 '영국 성공회 총회의 선교와 일치위원회'(Board for Mission and Unity of the General Synod of the Church of England)에 간부로 들어갔고, 그 위원회가 나뉘었을 때 '기독교 일치협의회'(Council for Christian Unity)의 제1대 서기가 되었다. '세계교회협의회'의 '신앙과 질서 위원회'에서 일했고, 1991년부터 1998년까지 사회자를 역임했다. 그녀는 '국제 성공회·로마 가톨릭위원회'(International Anglican-Roman Catholic Commission)에서 일했고, 현재 '세례 교회 협의회'에서 세운 '정교회 관계 특별위원회'(Special Commission on Orthodox Relations)의 일원이다.

앤소니 C. 티슬턴(Anthony C. Thiselton)

노팅엄대학교의 기독교 신학 명예교수이며, 체스터대학교의 연구 교수이다. 그리고 레스터 주교좌성당과 사우스웰 성직자(Southwell Minster)의 신학 자문이다. 그는 셰필드대학교(University of Sheffield)에서 신학 박사(Ph.D.) 학위를 취득했고, 더럼과 캔터베리 대주교로부터 명예박사 학위를 받았다. 그는 70편이 넘는 논문과 책을 출판했는데, 그 중 『고린도전서: 헬라어 원문 주석』(*The First Epistle to the Corinthians: A Commentary on the Greek Text*)(2000), 『하나님과 포스트모던 자아의 해석』(*Interpreting God and the Postmodern Self*)(1995), 『해석학의 새로운 지평』(*New Horizons in Hermeneutics*)(1992),

『두 개의 지평』(*The Two Horizons*)(1980)이 있다.

그레이엄 워드(Graham Ward)

맨체스터대학교(University of Manchester)의 상황 신학과 교수이다. 그는 케임브리지대학교의 피터 하우스 학장이었다. 그의 저서로『신학과 현대 비평 이론』(*Theology and Contemporary Critical Theory*)(1996),『하나님의 도시들』(*Cities of God*)(2000),『참된 종교』(*True Religion*)(2002)가 있다. 그는『포스트모던 신학에 대한 블랙웰 안내서』(*Blackwell Companion to Postmodern Theology*)(2001)를 편집했다. 그는 잡지「문학과 신학」(*Literature and Theology*)의 편집장이다.

존 웹스터(John Webster)

애버딘대학교(University of Aberdeen)의 조직 신학 교수이다. 그는『바르트의 화해의 윤리』(*Barth's Ethics of Reconciliation*)(1995),『바르트의 윤리 신학』(*Barth's Moral Theology*)(1998),『바르트』(*Barth*)(2000)의 저자이다. 그리고 그는『칼 바르트에 대한 케임브리지 안내서』(*The Cambridge Companion to Karl Barth*)(2000)를 편집했다. 보다 최근에는『말씀과 교회』(*Word and Church*)(2001),『거룩』(*Holiness*)(2002),『성경』(*Holy Scripture*)(2003)을 저술했다.

데이비드 F. 웰스(David F. Wells)

매사추세츠 소재 고든콘웰신학대학교(Gordon-Conwell Theological Seminary)의 역사, 조직 신학 앤드류 머치(Andrew Mutch) 석좌 교수이다. 그는 짐바브웨인 로디지'아에서 태어났고, 케이프타운대학교, 런던대학교, 맨체스터대학교에서 교육받았다. 그리고 예일에서 박사 후 과정을 밟았다. 그의 저서로『그리스도의 인격: 성육신에 관한 성경적, 역사적 분석』(*The Person of Christ: A Biblical and Historical Analysis of the Incarnation*)(1984),『신학 실종: 도대체 복음주의 신학에 무슨 일이 일어났는가?』(*No Place for Truth: Or, Whatever Happened to Evangelical Theology?*)(1993),『황무지의 하나님: 꿈을 잃은 세상에서 진리의 실제』(*God in the Wasteland: The Reality of Truth in a World of Fading Dreams*)(1994),『위대하신 그리스도: 포스트모던 세계의 그리스도』(*Above All Earthly Pow'rs: Christ in a Postmodern World*)(2004)가 있다.

윌리엄 웨어프하우스키(William Werpehowski)

빌라노바대학교(Villanova University)의 기독교 윤리학 교수이자 빌라노바의 '평화와 정의 교육 센터'(Center for Peace and Justice Education)의 감독이다. 그는 프린스턴과 예일에서 신학과 종교 윤리학을 공부했다. 그는 『미국 개신교 윤리와 H. 리처드 니버의 유산』(*American Protestant Ethics and the Legacy of H. Richard Niebuhr*)(2003)을 출판했다.

펠릭스 윌프레드(Felix Wilfred)

첸나이 소재 마드라스대학교(University of Madras)의 기독교학부 교수이자 학과장이다. 그는 '인도 신학 학회'(Indian Theological Association)의 회장이고, '바티칸 국제 신학 위원회'(Vatican's International Theological Commission)의 회원이다. 그리고 공의회 이사회의 일원이다. 그의 저서로 『성전을 떠나라: 인간 자유를 향한 인도의 길』(*Leave the Temple: Indian Paths to Human Liberation*)(1992), 『겐지 강 강기슭에서: 상황 신학 행하기』(*On the Banks of Ganges: Doing Contextual Theology*)(2002), 『안정적 토대 저편에: 인도 신학의 여정』(*Beyond Settled Foundations: The Journey of Indian Theology*)(1993)이 있다.

로완 윌리엄스(Rowan Williams)

캔터베리의 대주교다. 웨일스에서 출생한 그는 케임브리지와 옥스퍼드에서 신학을 공부했다. 그는 옥스퍼드신학교의 레이디 마가렛 교수였고, 케임브리지의 클레어대학교의 학장이었다. 그는 2000년에 웨일스의 대주교, 2002년에는 캔터베리의 대주교가 되었다. '영국 학사원'(British Academy)의 특별 회원인 그는 많은 책을 저술했다. 그의 책에는 『아리우스: 이단과 전통』(*Arius: Heresy and Tradition*)(2001), 『세르게이 불가코프』(*Sergei Bulgakov*)(1999), 『기독교 신학에 관해』(*On Christian Theology*)(2000)가 있다.

역자 소개

김남국
충남대학교에서 영어영문학을 공부하고, 합동신학대학원대학교에서 교역학 석사(M. Div) 학위, 백석대학교에서 기독교철학으로 석사(Th.M.)와 박사(Ph.D.) 학위를 받았다. 현재 여러 대학교에서 교양 과목을 가르치고 있으며, 평소 개혁주의 신학과 기독교 철학 그리고 인문학 분야에 큰 관심을 갖고 연구와 번역을 병행하고 있다. 현재 서울 방학동에 위치한 한샘교회를 섬기고 있다.

김완종
학부에서 신학과 영문학을 공부하고, 연세대학교 대학원에서 서양 철학으로 석사(M. A.)와 박사(Ph.D.)를 받았으며, 현재 숭실대와 여러 대학에서 강의하고 있다. 역서로 앨빈 플랜팅가의 『신, 자유, 악』(*God, Freedom, and Evil*, 공역, SFC, 2014), 존 D. 카푸토의 『철학과 신학』(*Philosophy and Theology*, CLC, 2016)과 논문으로 "이성은 구속이 필요한가?"(2016), "데카르트 신 존재증명의 의의"(2017) 등이 있다.

박찬호
서울대학교에서 철학을 공부하고, 총신대학교 신학대학원에서 교역학 석사(M.Div.)를, 칼빈신학교와 풀러신학교에서 철학과 조직 신학으로 석사(Th.M.)와 박사(Ph.D.) 학위를 받았다. 웨스트민스터신학대학원대학교 조직 신학 교수로 학생들을 가르쳤고 총장으로도 역임했다. 현재는 백석대학교 기독교학부 교수로 신학대학원에서 조직 신학과 현대 신학을 가르치고 있다.

저서로는 『판넨베르크 신학비판』(웨스트민스터 출판부, 2003), 『칼 헨리: 복음주의 신학의 대변자』(살림출판사, 2006), 『성경과 하나님, 그리고 인간』(도서출판 솔로몬 2009), 『신학과 과학, 그리고 영성』(도서출판 대서, 2010), 『주의 성령을 거두지 마옵소서』(킹덤북스, 2011), 『개신교는 가톨릭을 이길 수 있을까?』(CLC, 2017), 『칼뱅의 「기독교 강요」 읽기』(세창미디어, 2018) 등이 있다.

역서로는 로날드 내쉬의 『현대의 철학적 신론』(*The concept of god*, 살림, 2003)과 올리버 버스웰의 『조직 신학』(*A Systematic Theology of Christian Religion*, 공역, 웨스트민스터출

판부, 2005), 밀라드 에릭슨의 『기독교신앙과 포스트모더니즘』(*Waiting for the Land: the story line of the Pentateuch*, CLC, 2012), 그레고리 A. 보이드와 폴 R. 에디가 공저한 『복음주의 신학 논쟁』(CLC, 2014), 윌리암 뎀스키가 편집한 『기독교를 위한 변론』(*Evidence for God*, 새물결플러스, 2016), 켈리 케이픽과 브루스 맥코맥이 편집한 『현대 신학 지형도』(*Mapping Modern Theology*, 새물결플러스, 2016) 등이 있다.

최승근

워싱턴대학교에서 기계공학을 공부하고, 풀러신학대학원에서 교역학 석사(M.Div.) 학위를 받고, 예배학으로 박사(Ph.D.) 학위를 받았다. 현재 웨스트민스터신학대학원대학교에서 예배학, 설교학 교수로 활동하고 있다.

저서로는 『예배』(두란노, 2015)가 있고, 역서로 토드 E. 존슨이 편집한 『21세기 예배와 사역』(*The Conviction of Things not Seen*, CLC, 2019), 데이비드 데이의 『성육신적 설교와 커뮤니케이션』(*Embodying the Word: A Preacher's Guide*, CLC, 2018), 에드워드 폴리의 『예배와 성찬식의 역사』(*From Age To Age*, CLC, 2017), 김세윤의 『그 사람의 아들 하나님의 아들』("*The 'Son of Man'" as the Son of God*, 두란노, 2012)이 있다. 그리고 공동 역서로는 보니 J. 밀러-맥리모어가 편집한 『실천 신학 연구』(*The Wiley-Blackwell Companion to Practical Theology*, CLC, 2019), 윌리엄 H. 윌리먼의 『예배가 목회다』(*Worship as Pastoral Care*, 새세대, 2017)가 있다.

현대 기독교 신학 개요

데이비드 F. 포드(David F. Ford)

1918년 이후 기독교 신학은 심대한 변화를 겪어 왔다. 이런 변화의 내용은 단순히 다양한 접근 방식과 그로부터 도출되는 결론에 그치지 않고, 신학과 현대성이란 무엇이며, 기독교의 본질은 무엇인가라는 물음, 나아가 이런 문제 영역 가운데 어떤 물음에 우선권을 두어야 하는가에 관한 근본적인 견해 차이의 문제이기도 했다. 이런 사실로 인해 현대 신학을 개관하는 일이 쉽지 않다.

또한, 현대 신학자들 가운데 많은 사람이 아직 살아 있고, 새로운 연구를 발표하고 있으며, 현대 신학 운동 중 일부는 아직 완숙한 단계에 도달해 있지 못하기 때문에 이 일은 더욱 어려운 것이다. 이 개요는 종합적인 그림을 제시하기보다는 현대 신학에 관한 충분한 배경 설명과 전반적 이해를 제공함으로 현대 신학을 처음 접하는 독자들이 현대 신학을 이해하는 길의 방향을 잡을 수 있도록 해 준다.

또한, 어느 정도 기본 이해를 갖춘 독자들에게는 현대 신학에 관한 이해를 심화시킬 수 있도록 그 발판을 마련해 준다. 에필로그는 21세기 기독교 신학에 관한 전망을 제공한다.

1, 현대 기독교 신학의 주제는 무엇인가?

유럽의 중세 시대와 19세기 말 사이에 중대한 사건이 많이 일어났고, 생활과 사상에서 변화가 많았다. 이런 사건과 변화들은 대개 유럽에서 발단되었지만, 그 결과는 전 세계로 파급되었다. 이 가운데 르네상스와 종교개혁, 아메리카 대륙의 식민지화, 계몽주의, 미국 혁명과 프랑스 혁명, 민족주의의 발흥, 산업 혁명, 자연과학과 기술, 의학, 인문학의 발달은 그 의미가 중대하다. 아울러 관료주의, 입헌민주주의, 새로운 전쟁 수단과 통신 수단, 대중 교육과 대중 보건 정책 그리고 예술, 철학, 종교에서의 새로운 운동으로 인한 충격이 동시다발적으로 일어났다.

신학자들은 이처럼 혁신적이고 충격적인 시기를 통해 사회, 교회, 학문 기관의 구성원이 되었고, 그들의 신학은 불가불 이런 시대의 현실에 영향을 받아 왔다.

그런 발전을 고려함으로써, 비록 고려의 목적이 그런 발전을 무시하거나 비판하거나 아니면 되돌리기 위한 것에 있다고 해도 그들의 신학은 최소한 의미에서 현대 신학이다.

어떤 사람은 과거의 신학을 반복하고 싶을지도 모른다. 그러나 그것은 불가능한 일이다. 상황이 변했기 때문에 오늘날 실제로 전달되고 이해되는 것이 본래의 의미와는 전혀 다를 수도 있기 때문이다. 그러나 기독교 신학은 언제나 과거와의 일정한 연속성을 필요로 하기 때문에 어떻게 하면 과거를 단순히 반복하지 않으면서 적절한 연속성을 살릴 수 있느냐 하는 것이 문제다.

신학 내용과 방법에서 현대성이 갖는 의미는 무엇인가?
현대성을 바르게 평가하고 대응하는 데 있어 기독교의 의의는 무엇인가?
십자가 사건과 단절된 종교가 현대성의 새로움과 혼란에 대처할 수 있는 창의적인 방법을 제시해 준다는 것이 과연 가능할 것인가?

해석이나 해석학 영역에 널리 퍼져 있는 이 같은 질문은 기독교와 신학의 본질에 관한 다른 질문들과도 얽혀 있다. 이 책에 등장하는 신학자들도 이 질문들을 다루었다. 따라서 그들이 사용했던 주요 논의 전략 가운데 몇 가지를 기술해 보는 것은 도움이 될 것이다.

다섯 가지 신학 유형이 점으로 찍혀 있는 선을 상상해 보자.[1]

첫 번째 유형은 선의 한쪽 끝에 전통 신학이나 유형의 기독교를 반복하고자 하는 유형이다. 이 유형은 모든 현실을 자기 자신의 관점에 바라보고, 현실의 다른 측면이나 최근 몇 세기 동안 일어난 일들의 중요성을 인정하려 하지 않는다.

다섯 번째 유형은 선의 다른 한쪽 끝에 위치하며, 몇몇 현대 세속 철학이나 세계관에 절대적 우선권을 부여한다. 기독교는 이 유형의 기준에 맞을 때 타당할 뿐이다. 기독교 신앙과 기독교적 의식을 구성하고 있는 부분들이 참되고 용납할 만한 것으로 생각될 수 있다 해도, 그에 대한 궁극적인 평가는 기독교적 이해의 외부에 존재하며, 기독교적 이해보다 우월한 기준에 따라 이루어진다고 본다.

---

1   뒤이은 유형 분류 체계는 Hans W. Frei의 연구, *Types of Christian Theology*에 근거하지만, 그 유형은 그가 사용한 것과 달리 번호를 매긴다. 프라이(Frei)의 유형 분류 체계에 대한 간략한 설명과 논의를 위해 나의 논평을 보라. "On Being eologically Hospitable to Jesus Christ: Hans Frei's Achievement", in *Journal of Theological Studies* NS 46 (October 1995), 532-46.

이런 극단적인 두 유형은 이 책에서 다루지 않았다. 왜냐하면, 첫 번째 유형은 이 책에서 의도된 바의 현대성을 결여하고, 다섯 번째 유형은 기독교적이라고 할 수 없기 때문이다.

이에 따라 그 중간에 있는 세 가지 유형이 남게 된다.

두 번째 유형은 기독교 공동체의 자기 진술(self-description)에 우위를 두는데(물론, 논란의 여지가 없지 않다), 캔터베리의 안셀름Anselm of Canterbury이 제창한 "이해를 추구하는 신앙"이라는 표어로 그 특징을 요약할 수 있을 것이다. 이는 기독교 정체성이 최우선이며, 여타의 모든 현실을 해석할 때 이를 고려해야 한다고 역설한다. 또한, 기독교 자체도 거듭해서 재음미되어야 하고, 신학은 기독교의 합리적 이해를 위해 현대성의 요구에 진지하게 대응해야 한다고 역설한다.

칼 바르트(Karl Barth)는 이런 접근법의 대표적 선두 주자라 할 것이다. 이런 정형화로 그의 신학을 완전히 설명할 수는 없다. 다른 신학자를 분류하려는 시도 역시 이와 마찬가지다.

다니엘 W. 하디(Daniel W. Hardy)는 이 신학의 발달과 내용을 기술하고, 다른 주도적 신학자들의 연구에서 이 신학의 주목할 만한 결실을 찾아낸다(제1장).

이 유형에 속하는 다른 신학자는 본회퍼(Bonhoefer, 어떤 이들은 그의 마지막 서신들과 논문들을 반박한다), 드 뤼박(de Lubac), 발타자르(Balthasar), 토랜스(Torrance), 맥키논(McKinnon), 램지(Ramsey), 윌리엄스(Williams), 후기 자유주의자들(postliberals), 융겔(Jüngel), 건튼(Gunton), 젠슨(Jenson), 요한 바오로 2세(John Paul II), 라쉬(Lash), 제19장에 나오는 보수적 포스트모더니즘주의자(postmoderns)로 불린 사람들, 에큐메니컬 신학, 동방 정교회 신학, 복음주의 신학, 오순절 신학이 있다. 피터 오크스(Pete Ochs)는 이 유형이 특별히 유대교와 유대교 신학에 어떻게 관련되는지 분석한다(제37장).

세 번째 유형은 정확히 이 선의 한가운데 위치한다. 이 유형은 "상관관계(correlation)의 신학"이다. 전통적 기독교 신앙과 이해를 현대성과 대화하게 함으로써 양자를 다양한 방식으로 서로 관련시킨다. 그러나 기독교와 현대성을 아우르는 모종의 통합, 요컨대 현대 사회를 기독교 진영 내부로 포섭하려 하거나 구체적인 현대적 정황에서 기독교를 현대 용어로 재진술하려고 하지 않는다.

고전적 현대성의 대표자인 폴 틸리히(Paul Tillich)에게 이는 현대의 삶과 사상 가운데 제기된 근본적 질문들을 기독교의 핵심 상징들에 대한 해석을 통해 개진한 답변과 서로 연관되는 형태를 띤다.

해체와 다원주의 시대에 상관관계 방법은 열린 대화를 지속시켜 나가는 하나의 방법으로 매력적이다. 이 방법은 대부분 신학의 구성요소가 되어 있으며, 쉴레벡(Schillebeeckx), 큉(Küng), 제5부에서 "개별화"(particularizing)로 분류한 신학 중 일부 그리고 수정주의자라고 불린 많은 북미 사람에게 특히 중요하다. 제13장의 제임스 버클리(James Buckly)는 수정주의자를 "현대 철학, 문화, 사회적 실천과의 대화를 통해 기독교 실천과 가르침을 형성하는 데에 헌신한" 사람들이라고 정의한다.

네 번째 유형은 기독교와 현대성을 이해와 통합하는 방법으로 특정한(대개 하나 이상의) 현대 철학이나 현대성의 개념적 성격 혹은 문제들을 이용한다. 기독교와 현대성 양자에 대해 공정성을 기하고자 하는데, 이를 위한 최선의 방법은 현대 어법이나 관심사에 입각해 기독교를 일관되게 재해석하는 것이라고 여긴다.

이 유형에 속하는 신학자들은 판넨베르크(Pannenberg), 버클리(Buckley)가 자유주의자라고 묘사한 사람들, 그리고 젠더 이슈(issues of gender), 인종, 정치적 해방, 지역적 상황 또는 역사적 경험을 결정적 통합요소로 제시하는 개별화 신학의 대표자들이다. 실존주의를 신약성경 해석의 핵심 열쇠로 활용하는 루돌프 불트만(Rudolf Bultmann, 제17장) 역시 여기에 속한다.

이런 분류는 주요 신학의 총체적 모습과 부합되기에는 지나치게 단순한 면이 있지만, 기독교와 현대성의 상호작용이라는 핵심적이고 불가피한 문제와 관련해 몇 가지 중요한 가능성들의 윤곽을 그려보는 데는 보탬이 된다. 그뿐만 아니라 어떤 한 가지 유형이 지배적으로 나타나지 않는 신학자들이 있다는 점을 발견하게 해 준다.

칼 라너(Karl Rahner, 제5장)는 그의 여러 대표 저서에서 특정한 철학적 인류학을 채택함으로 네 번째 유형에 속하는 것처럼 보이지만 영락없는 다원주의자이다. 카렌 킬비(Karen Kilby)가 라너에게 했던 것처럼 한 신학자의 명성이나 평판이 그 신학자에 대한 부적할한 유형화를 방지해 주는 것은 대단히 의미심장한 일일 수 있다. 특정한 신학이 어느 한 가지 유형에 잘 맞는 것처럼 보일 경우 그 유형이 좀처럼 적용되지 않는 측면들을 분별하려는 특별한 노력이 있어야 한다. 크리스토프 슈베벨(Christoph Schwöbel)이 판넨베르크에 대해 기술하면서 이 일을 수행했다(제7장).

한스 프레이(Hans Frei)는 나의 이 유형 분류 체계를 발전시켰고, 지적, 미학적 차원에서 다섯 가지 유형에 다 참여하면서 자신은 두 번째와 세 번째 유형 사이에서 신학을 하고 있다고 보았다.

이를 통해 우리는 결국 중요한 문제들에 관한 수많은 근본적 차이점, 나아가 신학함의 총체적 방식에 관한 차이점들이 이 유형들을 초월한다는 사실을 보게 된다.

이는 예를 들어, 기독교 실천이나 결단에 적용되고, 아울러 인간의 자유, 하나님의 역사, 교회 형성과 그밖의 많은 개념에 적용된다. 어떤 유형을 강화하고 상대화하는 한 가지 방법은 그것을 다른 유형들과 비교하고 대조하는 것이다.

이 책에서는 매우 흥미로운 범위의 유형 분류 체계가 사용된다(예를 들어, 제16, 18, 19, 20, 22, 25, 28, 32, 35장, 제7, 8부를 보라). 그러나 내용의 주제에 관여하는 일을 대체하는 것은 없고, 종종 중요한 문제들과의 씨름 속에서 유형 배치에 관한, 다소 형식적이고 추상적 관심은 특정한 지적, 영적, 실천적 여정의 모험 속으로 흡수된다.

2. 현대 신학의 핵심 논제

1918년 이후의 신학에서 주로 다뤄진 논제는 무엇인가?

다음의 다섯 가지 영역은 특징적인 것들, 즉 과거로부터 이어져 내려온 교리 문제의 지속적 중요성, 신학을 통합하는 방법상의 문제, 과거의 복원과 비평, 19세기가 지니는 남다른 의미 그리고 일정한 상황과 이해 문제에 의한 제반 신학의 규정에 대한 논구이다.

1) 조직 신학 논제

조직 신학, 기독교 교의학, 교의 신학 혹은 구성 신학 등으로 다양하게 지칭되는 전통적 주제들은 하나님과 계시, 예정(또는 선택), 창조와 섭리, 인간, 죄와 악, 예수 그리스도, 그리스도의 속죄(구속 또는 구원), 성령(또는 은혜)과 기독교적 삶(칭의, 성화, 소명, 윤리, 정치를 포함), 교회, 선교, 성례전, 종말론이다. 이런 교리들(또는 신조들)은 창조 이전부터 역사의 완성 이후에 걸쳐 있는 기독교의 이야기 속에 등장하는 주요 사건과 논제들을 집약해 놓은 것으로 볼 수 있다. 이 교리들은 현대 신학에서도 여전히 중요하다. 따라서 한 신학자가 매우 상이한 이론적 토대를 가지고 있을 때 이런 교리들로부터 제기되는 문제들에 대답하지 않으면 안 된다.

그런 논제들 가운데 현대로 접어들면서 부각된 몇 가지 특징적인 강조점이 존재해 왔다. 적어도 1960년대에 이르기까지 20세기 신학 사상가들의 공헌은 신론(특히 삼위일체, 고난과 하나님의 관계에 대한 대한 새로운 이해)과 계시론(예를 들어, 바르트, 틸리히, 라너, 판넨베르크, 불트만이 제시한 색다른 접근), 역사 속 예수 그리스도와 역사 안에서의 구원(앞의 두 주제와 밀접하게 연결), 인간론, 종말론에서 두드러지게 나타났다.

종말론은 특별히 언급할 가치가 있다. 20세기는 신약성경의 종말론의 중요성이 재발견되면서 시작되었다. 세속적 종말론(진보, 사회주의 혁명, 제국, 인종의 종말론)이 이 시기에 막대한 영향을 끼쳤지만, 주류 기독교는 그 근원에 내재되어 있는 종말론적 차원을 대체로 간과했다. 부분적으로는 세속적 대안들과 제1차 세계대전을 통해 나타난 유럽의 문화적, 사회적 위기에 따른 압박으로 이런 사실이 널리 인식되면서 주류 기독교는 새로운 관점에 따라 기독교 전반에 걸쳐 사유하기 시작했다. 매우 다양한 종말론, 종말론적 질문의 불가피성이 19세기 신학과 비교해 20세기 신학의 뚜렷한 특징이다.

최근의 상황을 일반화하거나 그에 대해 어떤 적절한 전망을 갖는다는 것은 점점 더 어려운 일이 되어 가고 있다. 확실히 죄와 악에 대한 그 어떤 안일한 인식(특히 나치에 의한 유태인 대학살, 소련의 강제 노동 수용소, 히로시마 원폭)이 최근 신학에서는 바로잡히고 있다. 오순절 운동이 확신됨에 따라 신생 교회뿐만 아니라 전통적 교단에서 성령 또한 주요 화제가 되었다. 이 운동을 주관성과 직접 체험에 대한 현대의 전형적 몰입 현상으로 치부하려는 사람들이 있기는 하지만 말이다.

기독교적 삶과 교회도 실천(praxis)과 공동체에 대한 강조와 더불어 갈수록 그 관심을 더해 왔다. 그리고 창조와 생태 문제들에 초점이 맞춰지면서 종말론에 대한 초기의 관심은 다소 퇴색되었다.

이 제3판에 추가된 일부 내용은 최근 교리적 관심, 즉 젠슨, 건튼, 요한 바오로 2세, 철학 신학, 신학과 영성, 목회 신학, 오순절파 신학에 대한 자신들만의 이야기를 들려준다.

2) 통합

한 신학자가 어떻게 이렇게 다양한 주제를 서로 연관지어 다룰 수 있을까?

한 가지 방법(위에서 기술한 두 번째 유형에 따라)은 기독교가 그 자체로 내적 통일성을 지니고 있다고 보는 것이다. 모든 교리는 기독 교리에 관한 지적 서술이다. 따라서 린드백Lindbeck)은 교리를 하나의 언어나 문화가 어떻게 서로 연결되어 있는지를 보여 주는 기본 문법이나 규칙들에 비유한다(제14장). 이 작업을 통해 그는 기독교 공동체를 기독교 신학의 본거지(바르트의 『교회 교의학』(Church Dogmatics)을 참조하라)로 상정하고, 나아가 기독교의 독자적 정체성이 그 무엇보다 우선됨을 주장한다.

신학이 이런 접근으로 통합되는 길은 보통 성경이나 몇몇 핵심 교리와 같은, 기독교 전통에 내재해 있는 그 무언가를 통해서이다. 다른 세계관 및 원리들이 논의되고 그 나름대로 이바지할 수 있는 점도 발견될 수 있지만, 그것이 대등하거나 우월할 수는 없다.

또 다른 신학자들(상관관계를 논하는 세 번째와 일부 현대 개념이나 관심을 중심으로 통합하는 네 번째 유형)은 현대성과의 통합을 더 중요하게 여길 뿐만 아니라, 심지어 그것이 현대 신학의 본질이라고 간주한다. 이들의 전형적인 관심사는 신학의 합리성과 학문성이 충족될 수 있다는 것을 보여 주려는 데 있다(제3부에서 개략적으로 설명되는 판넨베르크, 수정론자들, 신학과 과학에 관한 논쟁에 참여하는 많은 참여자를 보라).

더불어 다른 학문들에 필적할 만한 신학 방법을 고안해 내거나 현대 철학(제18장의 철학 신학에 대한 댈퍼스의 연구를 보라), 현대 문제(억압, 젠더 이슈, 인종, 핵전쟁, 생태학, 종교 간 관계)와 관련해 기독교를 재해석함으로써 기독교 신앙의 적절성을 확인하는 것이다.

전반적으로 이런 신학자들은 기독교의 정체성과 현대성과의 연관성 사이에 존재하는 긴장을 드러낸다. 국제적, 제도적 차원에서 이것은 20세기 에큐메니컬 신학에서 가장 공적으로 극화되었으며, '세계교회협의회'(World Council of Churches)의 "신앙과 직제" 그리고 "생활과 사업"이라는 두 가지 주안점으로 구체화되기에 이르렀다.

그러나 20세기에 들어 세계 각지에서 교인 수가 수억 명 증가했고, 이 점에서 정체성과 연관성 간의 긴장이 자주 극단에 이르곤 했다. 아프리카, 아시아, 오순절파의 많은 신학이 이를 분명하게 보여 준다.

3) 과거 복원과 비평

현대의 주요한 특징 한 가지는 역사에 대한 관심이다. 역사에 대한 강조는 변화와 혁신에 대한 의식이 더욱 강화되었음을 의미한다. 이렇게 된 데에는 새로운 연구방법과 역사적 신빙성에 관한 새로운 기준이라는 도구들이 존재했다.

이런 것들은 그 규모가 방대해진 역사 연구와 아울러 신학에 가장 극명한 효력을 나타냈다. 성경(특히 제17장, 제31장을 보라)과 그 외의 다른 기독교 유산이 재검토되었고, 전통적 견해들이 도전을 받기도 했다. 그러나 그것은 포괄적인 문제의 일면에 지나지 않았다.

현대의 역사의식은 의미가 변화하는 상황과 밀접하게 결부되어 있다는 사실 및 오늘날 우리가 과거를 이해하려 할 때 우리 자신 또한 수많은 요소에 의해 제한된다는 사실을 인정한다.

'사실과 부합하는' 해석에 대한 완전한 기획은 가능한가?

이를 시도하는 것은 기독교 신학자에게 불가피한 것으로 여겨져 왔다. 그렇게 하지 않을 수 없는 가장 근본적인 이유는 기독교가(기독교만 그런 것은 아니다) 일정한 형태로 존재하는 과거의 권위와 무관하게 존립할 수 없기 때문이다. 따라서 흔히 해석학이라 일컬어지는, 해석의 기술과 이론에 대한 지대한 관심이 생겨났다(제17장).

우리는 어떤 방식으로 해석학적 순환 곧 과거 이해에 있어 우리 자신이 세워 놓은 가정과 관심 그리고 우리가 몰두해 있는 것에 입각해 결론을 이끌어 내기가 쉽다는 문제에 대처해 나가는가?

복음서와 같은 한 본문의 의미나 진실성은 필연적으로 그것의 역사적 사실성과 결부되어 있는가?

실제(reality)와 관련된 언어 및 자아에 관해 매우 광범위한 질문들(비유, 서사, 개관성, 주관성에 대한 상당한 반성적 사유가 존재해 왔다), 그리고 장르, 저자의 의도, 철학, 문학 비평, 사회학, 심리학, 비교종교학, 역사와 같은 학문의 상대적 역할에 대한 다른 질문들이 있다. 기독교의 과거 가운데 상당 부분이 대체로 복원할 만한 가치가 있다고 보는 사람들과 그로부터 해방이 필요함을 역설하는 "의심의 해석"(hermeneutic of suspicion)을 그 방법으로 사용하는 사람들 사이에 의견의 대립이 일기도 한다.

의혹과 의심 그리고 급진적 비판이라는 주제는 권위와 신빙성에 대한 논쟁을 가장 첨예하게 야기하면서 현대적 사유 속에 지속적으로 존재해 왔다. 많은 사람에게 신학이라고 하는 바로 그 학문이 이 모든 것에 직면해 와해되었고, 그것의 지적 통일성을 잃고 말았다. 그로 인해 이 책에서 다루어진 신학자들 대부분이 사상 유례가 없을 만큼 파괴적이고 세련될 뿐만 아니라 광범위하게 만연해 있는 기독교와 신학 이 양자에 대한 부정에 직면해 기독교의 회복에 힘썼던 것이다. 이는 적어도 서구와 서구의 영향을 받은 곳에서의 상황이다.

그러나 라틴 아메리카의 해방 신학(제27장)과 같은 몇몇 신학은 신학적 관심과 상황을 재규정함으로써 해방의 실천에 이바지하는 일이 회의와 불가지론, 무신론 그리고 현대 서구의 지적 세계와 대결하는 일보다 우위를 점하게 하는 데 힘쓰고 있다.

이에 더해(그리고 때로는 마르크스에게 있어서처럼 의심이라는 근본 전략을 수반한 채) 무수한 비판을 받은 창조로부터 역사의 완성에까지 이르는 전통적인 기독교의 사화에 대한 대안으로서 제시된 총체적 역사상 도전이 있었다.

기독교 신학은 새롭게 갱신된 근본적인 역사의 개념을 필요로 하는가?

판넨베르크와 라너는 아마도 그렇다고 대답하겠지만, 불트만은 그런 생각이 위험한 신화적 발상이라고 생각할 것이며, 다른 많은 사람도 여러 가지 단서를 달고자 할 것이다.

지금까지 언급한 모든 문제는 현대 신학의 중추적 관심사인 '신앙과 역사의 관계'와 관련된 여러 가지 국면들로 이해될 수 있다. 신앙과 역사의 관계는 유럽의 개신교 신학에 있어 바르트와 불트만을 구분하는 근본적인 문제다. 판넨베르크와 몰트만 같은 그들의 계승자들이 그들의 신학에서 무언가 미진한 것을 발견했을 때도 그 핵심은 역시 이 문제였다. 이 문제는 대다수의 영국 신학과 북미 신학 그리고 복음주의 신학에서도 마찬가지로 지배적 관심사가 되어 왔으며, 신학적인 새로운 수많은 도전 또한 그들 나름의 방식으로 이 문제에 초점을 맞추고 있다.

신앙과 역사에 관한 현대적 사유의 함축성이 가장 뚜렷하게 강조되는 곳은 아마도 로마가톨릭 신학일 것이다. 이는 20세기의 3/4분기 이후에나 로마가톨릭 신학자들이 공식적 반대 없이 현대 역사적 방법을 사용할 수 있었기 때문이다. 그 때문에 제2차 세계대전 이래 새로운 방법을 익히고 재해석하고 논쟁하는 열띤 시기가 있었다. 이것은 역사가 아닌 철학이 교리의 주된 동반자가 되는 전통으로부터 시작해 "근원으로 회귀"(ressourcement)와 해석학을 거쳐 신앙과 역사에 관한 19-20세기의 중심 주제였던 '예수 그리스도'에 대한 방대하고도 논쟁적인 논의로 이어졌던 쉴레벡의 학문적 여정 가운데 상징적으로 나타난다.

4) 19세기: 창조성과 위기

한 신학자가 과거를 복원하거나 비평함에 있어 특정한 시기나 특정 신학이 공헌한 바에 특별한 지위를 부여하는 일이 빈번하게 벌어진다. 때로는 신학자가 이런 방식에 사로잡혀 있으며, 그 신학자의 신학에 침투되어 있는 전거를 담은 본문들과 논쟁들에 빠져 있다고 말하는 편이 더 옳을지도 모른다. 성경은 대부분 이런 방식으로 다뤄지고 있는데, 교부 시대에는 이런 방식이 일반화되어 있어서 그 정도가 특히 더 심했다.

현대로 접어들기 이전 시기에 참고할 만한 것이 두 가지 있다면, 그것은 중세 신학과 종교개혁이다. 특정한 시대와 전통 그리고 신학은 서로 미묘한 방식으로 상호간에 활기를 띠게 하기 때문에 그것들이 서로에게 미치는 영향력의 범위에 선을 긋는다는 것은 많은 경우 섣부른 일이다. 그러나 신학하는 사람이 그와 더불어 가장 가치 있는 대화를 나눌 수 있다고 생각되는 사람을 이해하는 일은 여전히 중요하다.

그러나 1918년 이후의 신학이 현대적이라는 말은 무슨 의미인지를 이해함에 있어 가장 유용한 시기는 19세기다(여기서 나는 19세기를 1918년까지로 확장할 것이다).

19세기는 현대의 여러 논제가 사상 처음으로 광범위하게 문제시된 세기이며, 그 논제들에 대해 기독교가 제시한 주요한 응답들의 대부분이 논구된 시기이기도 하다.

따라서 20세기 신학자들의 주요 대화 상대가 그들 자신의 시대를 제외한다면, 19세기 인물들이나 그 당시에 형성된 사상운동들이기 십상이란 사실은 그리 놀라운 일이 못된다. 대개 신학이 물론 다른 시대에 많은 빚을 지고 있다고 하지만, 다른 시대를 이해하는 데 있어 19세기적 사유의 철학적, 역사적 습성은 일반적으로 심대한 영향력을 끼치게 되는 것이다.

예를 들어, 바르트는 그가 19세기 신학의 특징이라고 파악했던 많은 것과 결별하고자 했지만 19세기 신학에 빠져 있었다. 그래서 그는 19세기 신학과의 관련 속에서 이해되어야 한다.

19세기를 간과하면 흔히 19세기에 규명되었거나 철저하게 논의된 문제들에 대한 논구를 열심히 반복하는 대가를 치르게 되며, 또 대부분의 20세기 신학자들은 이 사실을 알고 있다. 따라서 이 책에서 19세기를 개관하는 일은 의미 있는 일이 될 것이다. 앞서 제시된 19세기에 대한 간략한 언급에 이어, 이 방면에서의 유능한 두 가지 저서를 통해 19세기에 대한 본 논의가 최상의 방식으로 더 자세히 개진될 수 있을 것 같다. 하나는 클로드 웰치(Claude Welch)의 책이고, 다른 하나는 니니언 스마트(Ninian Smart)와 와 몇 명의 공저자가 저술한 책이다.[2]

19세기 사상에는 20세기 신학자들과 관련해 특별히 음미해 보아야 할 세 가지 주안점이 있다.

첫째, 인식과 합리성에 대한 새로운 사고, 그에 따른 신학에 대한 재인식의 필요성이다. 이에 대해 칸트(Kant), 슐라이어마허(Schleiermacher), 헤겔(Hegel)을 통해 다룰 것이다.

둘째, 종교에 대한 비판적, 역사적 연구 방법의 적용과 결부된 새로운 역사의식의 발전이다. 이 부분은 헤겔과 슈트라우스(Strauss)를 통해 살펴볼 것이다.

---

2 C. Welch, *Protestant Thought in the Nineteenth Century*, and N. Smart et al., *Nineteenth Century Religious Thought in the West*.

셋째, 종교에 대한 대안적 해석의 도전이다. 이는 포이어바흐(Feuerbach), 마르크스(Marx), 뒤르켐(Durkheim)에서 볼 수 있다. 이런 해석의 중간쯤에는 키르케고르의 다소 애매한 인물(the awkward gure of Kierkegaard)이 나오고, 마지막에는 트뢸치(Troeltsch)를 통해 모든 문제가 종합된다.

임마누엘 칸트(Immanuel Kant, 1724-1804)는 19세기가 시작될 무렵에 사망했지만, 19세기를 18세기, 특히 18세기의 합리주의 전통과 연관지었던 중요한 인물이다. 그는 인식에 대해, 특히 인식의 대상과 상호작용하는 인식 주체로서의 인간에 대해 설명했다. 그에 따를 때, '자연 신학'과 '계시' 양자가 내세우는 인식의 가능성에 대한 주장은 기각된다. 칸트는 인식을 부정하는 대신 실천적이고 도덕적인 것으로서의 신앙을 주창했지만, 그 신앙은 그다지 종교적이진 않았다.

여기서 중심은 자유의 개념이었다. 자유의 존재 여부는 "순수 이성"에 의해 증명될 수 없지만, 인간의 행위와 도덕성을 이해하기 위해 자유를 요청하는 것은 합리적이다. 이것이 "실천 이성"의 영역이며, 칸트는 이 실천 이성을 통해 자유의 합리성뿐만 아니라 하나님의 불멸성의 합리성을 주장했다.

칸트의 중요한 저술인 『이성의 한계 안에서의 종교』(*Religion Within the Limits of Reason Alone*)[3]는 종교에 대한 철저한 "도덕적 해명"이다. 자신의 철학에 부합하도록 기독교를 재단하는 그의 모습은 앞에서 기술한 신학의 다섯 번째 유형의 좋은 예시이다.

그러나 결정적으로 칸트는 유신론자였고, 모든 인식이나 경험을 초월해 있으면서 우리의 도덕적 의무감을 통해 매개되는 '무제약' 또는 '절대적' 존재로서의 엄격한 하나님 개념을 지니고 있었다. 우리는 칸트에게서 사실(순수 이성)과 가치(실천 이성)를 구분하는 현대 성향에 가장 큰 영향력을 행사했던 진술을 보게 된다. 또한, 수많은 현대 신학자들에게 전형적으로 나타나는 바, 특별히 자유를 중심으로 하는 기독교의 실천적이거나 윤리적인 함의에 대한 강조를 보게 된다.

때때로 이런 함의는 만남과 결단에 대한 실존주의의 관심에서 나타나는 바와 같이 개인적 자유와 상호주관성에 초점을 맞춰 개진된다. 몰트만과 해방 신학과 같은 경우, 실천성은 사회적, 정치적 형태를 띠는데, 이것은 역사와 사회에 대한 후기 칸트학파의 사유로부터 많은 영향을 받은 것이다.

---

3 Immanuel Kant, *Religion within the Limits of Reason Alone*, rst published 1793.

종교에 있어 윤리성, 실천성 그리고 상호주관성에 대한 칸트의 역설이 무슨 이유로 계속 관심을 끌어 왔는가를 되짚어 볼 필요가 있다. 부분적으로 그것은 칸트가 많은 신학자와 마찬가지로 신학과 하나님 사이의 역동적인 상호작용 관계에 의해 성립되는 루터적 신앙 속에 뿌리를 두고 있기 때문이다. 후대인들에게 있어서도 칸트의 이론은 신학에 대해서뿐만 아니라 가치와 윤리 그리고 인간관계 전 영역에 대해 현대가 제기한 치명적인 위협들에 맞서 호소력 있는 답변을 제시해 주었다.

그 위협들이란 대부분 19세기 말엽 슈트라우스(비판적역사학), 포이어바흐(철학), 마르크스(정치학과 경제학), 뒤르켐과 베버(사회학), 프레이저(비교종교학), 윌리엄 제임스(William James, 심리학), 다윈(Darwin, 진화생물학), 니체(철학)와 같은 인물들에 의해 축조된, 종교와 도덕과 인간에 대한 자연주의적이며 기타 "환원주의적인" 해석들의 도전이었다.

이런 해석들은 수다한 20세기의 교양 있는 서구인들이 지니고 있는 종교에 대한 "상식"을 형성하는 데 결정적인 영향을 끼쳤다. 여기에 맞서 자유와 실천의 영역이 어떤 "객관적" 설명으로도 환원될 수 없다는 칸트의 주장은 신학자들에게 기독교 및 기독교를 표현하는 매개 수단의 차원을 넘어서서 보편적인 호소력을 드러내는 그 무언가를 제공해 주었던 것이다.

칸트의 윤리적 해석은 19세기 초 헤겔과 슐라이어마허의 도전을 받았다. 그들은 기독교와 신학을 파악하는 두 가지 주요한 대안적 방식으로 도전했다.

슐라이어마허는 일반적으로 19세기가 낳은 탁월한 신학자로 간주된다. 그가 이룩한 신학적 성과의 근저에는 종교에 대한 재인식이 놓여 있다. 그에게 있어 종교란 근본적으로 도덕이나 신념(인식)이 아니라 직접적 자기의식이나 신에 대한 절대적 의존 감정이다. 따라서 신앙의 뿌리는 도덕과 인식 이전의 것이다. 그 때문에 종교적 의식은 매우 다양하게 인식되고 표현되기는 할지언정, 모든 사람에게 공통적으로 존재한다.

칸트의 경우에는 하나님(절대자나 무제약적 존재)이 우리의 도덕적 의무감을 통해 존재하는 반면, 슐라이어마허의 경우 하나님은 우리의 전 존재를 사로잡는 직접적인 역동적 관계 속에서 존재한다. 기독교는 예수 그리스도와 그분을 믿는 신앙공동체를 통해 형성된 이 하나님 의식의 특수한 형태다.

이런 해석은 감정이나 의식과 같은 주관적 영역 내에 그 자체의 전일성을 지니고 있으면서도, 여전히 재음미될 수 있고, 신학 속에서 지적으로 논의될 수 있으며, 또한 실천적인 삶 자체를 훈육할 수 있는 종교를 바라보는 관점이었다. 그것은 모든 기독교 교리를 새롭게 표현할 수 있는 하나의 언어를 제공해 주었다.

『기독교 신앙』(The Christian Faith)은 슐라이어마허에게 있어 절정을 이루는 작품으로, 신학을 다른 학문들과 연관짓는 신학적 방법을 제공하면서 예수 그리스도와 그를 믿는 신앙인들의 경험을 주된 논거로 해 신앙의 내용을 천착하고 있는 책이다.[4]

슐라이어마허의 영향력은 대단했다. 그는 하나님에 대한 의식의 역동성에 뿌리를 두고 있는 종교의 타당성에 대해 힘 있게 진술한 현대 해석학의 선구자였다. 또한, 미학이 신학에서 차지하는 중요성을 역설했고, 종교적 언어에 대한 비판과 더불어 세계에 대한 하나님의 관계에 관해 "불간섭주의자"(noninterventionist)의 해명을 제시했다. 아울러 신학적 기획 전체의 재건을 그는 제안했는데, 이는 그가 봉직했던 새로운 베를린대학교(University of Berlin)에서 부분적으로 구현되었다. 그는 교회에서 그리고 문화적, 정치적 공적 생애에서도 현대성과 기독교 신앙의 활기차고 유효한 통합을 상징했다. 그를 통해 이 모든 것은 종교개혁과 개신교의 복음주의적 전통 간의 연속성 가운데 존재하는 것으로 비쳐졌다.

제1차 세계대전 이후의 20세기는 슐라이어마허에 대한 반동과 더불어 시작되었다. 이 반동은 바르트의 주도 하에 진행되었지만, 바르트는 그의 위대함을 한결같이 인정했다. 슐라이어마허는 신앙과 현대성을 서로 연관짓거나 통합하고자 했던 이들, 그 가운데서도 특히 인간의 내면에서 접촉점(예를 들면, 틸리히의 "궁극적 관심")을 찾았던 이들의 시조였다. 그는 수정주의와 자유주의의 모든 기획들에 대해 중요한 창조적 후원자이기는 했지만, 그 자신은 언제나 단순한 범주들을 벗어나 있는 사람이다. 그에 대한 해석에 따를 때, 그는 앞에서 사용된 분류법상 세 번째 유형과 네 번째 유형 사이를 오가는 것처럼 보인다.

19세기 초 칸트에게 온 두 번째 주요한 도전은 헤겔에게서 비롯되었다. 헤겔은 칸트와 슐라이어마허가 합리성에 대한 부적절한 생각을 가지고 있다는 이유로 둘 모두를 비판했다. 그 두 사람은 하나님(절대자 혹은 무제약자)의 개념을 충분히 논급하지 않은 채 내버려두었다.

헤겔은 역사 내의 변증법적 과정을 통해 자기 자신을 실현하는, 이성적이고 역동적으로 파악되는 절대자 이해를 담은 하나의 체계를 전개했다.

그는 삼위일체를 최상의 실재(supreme reality)로 간주해, 그 속에서 하나님은 자기 자신을 분화하여 예수 그리스도로 현실화한 후, 고난을 받고 죽음으로써 마침내 성령 안에서 모든 것의 궁극적 화해를 실현한다고 보았다. 헤겔의 체계는 이렇듯

---

[4] Kan Friedrich Schleiermacher, *The Christian Faith* (Edinburgh, 1928; New York, 1948).

발전과 갈등으로 차 있는 역사를 아우르는 변증법적 논리를 지니고 있었다. 그는 (이 체계를 통해) 종교를 포함한 역사 전체를 조망함으로써 진화 과정 중에 있는 삶과 사회 그리고 종교의 기본적 형태를 보여 주고자 했다.

또한, 헤겔은 자기 자신을 한 사람의 기독교인으로, 곧 삼위일체와 창조, 타락, 성육신, 화해 그리고 성령에 관한 기본 교리의 진리를 회복시키는 루터적 철학자로 간주했다. 그에게 있어 기독교는 절대적 형식으로 표현된 종교였다. 그러나 그 내용을 능가할 수는 없다고 해도, 철학은 진리로서의 기독교에 대한, 더 적절한 개념적 표현으로 기독교를 다른 모든 진리와 결합시킬 수 있는 것이었다.

실재를 이해함에 있어 더 역사적이고 과정 중심적인 방식으로 전향되었던 19세기적 변화는 헤겔의 영향이 매우 컸다. 칸트는 자아를 다른 실재와 분리했지만, 헤겔은 주관성과 객관성의 포괄적이면서도 역사적인 통합을 제안했다. 여기에서는 이성뿐만 아니라 논리조차도 역동적인 형태를 띠었으며, 하나님 인식에 있어 이론이성에 가해졌던 칸트의 제한 또한 극복되었다. 헤겔은 하나님과 하나님의 세계와 맺는 관계에 대한 관념을 과감하게 재인식했다(이것은 종종 '범재신론'의 한 유형으로 묘사되곤 한다). 그는 종교가 아니라 진리의 문제를 최상위 논제로 자리매김했고, 핵심 교리들에 대한 합리적이고 역사적인 재음미를 촉진시켰다.

헤겔을 가장 깊이 있게 천착했던 20세기 신학자들은 기독교 사상가로서의 헤겔에 관해 상당히 모호한 태도를 가진 것으로 비쳐지곤 했다. 이런 사실은 여러 가지 면에서 바르트, 융겔, 라너, 판넨베르크, 발타자르, 큉에서 드러난다. 그 한 가지 이유는 헤겔을 우리의 유형과 연관지을 수 있는 한, 헤겔이 슐라이어마허와 마찬가지로 그에 대한 해석에 따라 서로 다른 유형 사이를 오가고 있기 때문이다.

그러나 헤겔의 경우, 그에 대한 해석은 네 번째와 다섯 번째 유형 사이에 존재하고 있다. 어떤 이들은 그가 시의적절하게 기독교의 현대적 개념을 제공하고 있다고 보는데, 또 다른 이들은 그가 비기독교적 언어 위에 구축된 그의 체계 속에서 기독교를 흡수했다고 생각한다. 그러나 그는 논제를 설정하거나 특정한 문제들에 관한 그의 공헌(바르트, 라너, 판넨베르크, 몰트만이 삼위일체 안에서 역사의 완성을 파악하는 방식; 라너가 융겔과 몰트만에서 하나님의 죽음, 현실을 합리적인 것으로 단언하는 방식; 발타자르의 서사시, 서정시, 드라마 장르; 판넨베르크의 합리성과 보편 역사에 대한 개념; 큉의 성육신에 대한 접근)을 통해 여전히 신학 논쟁을 야기한다.

이에 더해, 헤겔에 의해 유발된 반작용들은 19세기의 나머지 기간을 지나 우리 시대에까지 계속 이어지고 있다. 가장 열정적인 사람 가운데 한 명인 덴마크인 쇠렌 키르케고르(Dane Søren Kierkegaard, 1813-58)는 생존 당시 사실상 거의 주목을 받지 못한 채 살아갔지만, 20세기 초 실존주의를 통해 급격한 영향을 미치기 시작했고, 특히 바르트와 불트만 그리고 틸리히에게는 큰 영향을 미쳤다. 키르케고르는 특히 헤겔이 실존하고 결단하는 개인을 고려하지 못했다는 점을 비판하면서 헤겔의 이성적 통합을 거부하고, 이성적 정당화나 역사적 정당화에 의존하지 않는 근본적인 기독교적 주체성 개념을 제시했다.

우리는 어떤 중립적이거나 모든 것에 우선하는 관점을 가지지 않은 채 인생을 살아간다. 우리는 여러 가지 결단에 맞닥뜨려 우리가 옳다는 아무런 보장 없이 선택을 하지 않으면 안 된다. 우리는 그런 결단을 통해 성립되며 결단을 통해 달라진다. 모든 윤리적, 종교적 실존은 그처럼 자기연관적이고 자기형성적인 방식으로 이루어지는 것이다.

복음은 우리로 하여금 모든 것 가운데 가장 근본적인 결정에 마주서게 하며, 그로써 우리를 깊이 시험하고 우리로 하여금 십자가라는 역설적인 길을 걷도록 도전한다. 여기에서 키르케고르는 칸트의 실천적 측면을 상술하면서 거기에 더 순순한 기독교적 내용을 부여한다. 그는 이성과 신앙의 관계 방식에 대한 칸트와 헤겔의 견해를 부정하고, 성육신과 십자가의 역설적 실재가 근본적인 신앙의 비약을 이끌어 낸다고 보았다.

더 전형적인 19세기의 특징은, 경험적 연구에 대해 이념이나 개념에 우위를 두었던 헤겔의 경향은 거부되었지만, 역사에 역점을 두었던 헤겔의 입장이 발전을 보았다는 것이다. 이 점에 있어서 다비드 프리드리히 슈트라우스(David Friedrich Strauss, 1808-74)는 가장 논란이 되는 인물이었다. 그는 역사비평을 예수의 생애를 설명하는 데 적용해 그가 "신화적"(즉, 역사적 설명의 형태를 띤 종교적 관념들)이라고 불렀던 것들을 대거 발견해 냈고, 예수에 관해서는 믿을 만한 사실적 정보가 거의 없다는 결론을 내렸다.

신앙의 그리스도와 연관되어 있는 역사적 예수의 문제는 바야흐로 확고부동한 신학적 논제였다. 19세기의 남은 기간 동안 역사 연구는 수많은 발전을 보게 되었고, 이것은 20세기, 특히 교리사 분야와 (더 광범위하게는) 역사 신학(탁월한 인물로는 페르디난드 크리스티안 바우어, 아돌프 폰 하르낙)의 근본 배경을 일부 담당하고 있다. 그러나 이 분야의 논쟁 중심에는 이 책에서 다루어진 많은 신학자에게 유증되어 온 예수라는 인물이 여전히 남아 있다.

19세기 중반 이후에 독일, 영국, 미국 그리고 다른 여러 지역에서 정통 기독교를 재음미하고 이를 회복시키려는 시도가 수없이 이루어졌다. 그 시도들 가운데 상당 부분은 대체로 특정 교회나 전통(예를 들어, 성경 근본주의, 앵글로 가톨릭주의, 다양한 유형의 고백교회 등) 안에서 지금까지도 영향을 미치고 있다. 이 시기는 또한 루트비히 포이어바흐Ludwig Feuerbach, 1804-72)에 의해 제기된 바와 같은 종교에 대한 새로운 비판이 전개되기 시작한 때이기도 했다.

역사학, 문학, 철학, 지질학, 생물학, 물리학, 심리학, 사회학, 정치학, 경제학 그리고 비교종교학 등의 학문을 통해 종교가 면밀히 연구됨에 따라 시간이 갈수록 그런 비판은 더욱 증가되었다. 앞에서도 언급한 것처럼 이런 비판은 1918년 이후 서구 기독교 내부에 중대한 지적, 문화적 위기를 야기하는 데 일조하게 되었지만, 신학자들은 다양한 방식으로 이런 문제에 대처했다. 그래서 그와 관련한 비판적 대화가 19세기 말에서부터 20세기에 걸쳐 형성된 신학들을 일관하는 주된 흐름이 되었던 것이다.

예를 들면, 본회퍼는 사회학을, 틸리히는 사회주의와 심층심리학 그리고 그 외 많은 분야를, 발타자르는 미학과 드라마를, 판넨베르크와 몰트만과 큉 그리고 트레이시는 거의 모든 영역을, 테야르 드 샤르댕과 과정 사상은 진화생물학을, 몰트만과 해방 신학은 마르크스주의를, 토랜스와 제3부에서 논의된 인물들은 자연과학, 생명과학, 인문과학을, 포스트모던 신학은 니체를 그리고 종교 신학은 비교종교학을 대화의 상대자로 삼았다.

끝으로, 19세기와 20세기 모두에 걸쳐 있는 사람으로 에른스트 트뢸치(Ernst Troeltsch, 1865-1923)가 있는데, 그는 다방면으로 19세기를 개관했던, 20세기를 위해 필수불가결한 배경이 되는 인물이다. 트뢸치는 종교개혁이 아니라 계몽주의를 현대의 기원으로 보았으며, 포괄적인 역사의식의 성장을 19세기에 이루어진 중대한 발전으로 꼽았다. 그리하여 그는 슐라이어마허의 신학과 칸트, 헤겔의 철학과 더불어 끊임없이 대화를 이어 나가면서도, 그들 모두가 좀 더 철저한 역사적 방법을 통해 비판을 받아야 할 필요가 있다고 생각했다.

트뢸치는 19세기의 종교와 사회학의 역사에 심취해 있었고, 그로부터 야기된 난제들, 예를 들어, 기독교의 절대성, 신앙의 그리스도 안에서 역사적 예수가 차지하는 역할, 그리고 모든 종교가 지니고 있는, 사회적 맥락과 역사적 맥락과의 불가분성 등과 씨름했다. 그는 결국 복잡하고도 비판적인 하나의 적극적 입장에 도달했다. 이를 통해, 그는 종교에 대한 자연주의적이고 환원주의적인 해석에 반대했고, 여러 가지 상황과 상호작용했던 수많은 시간을 통해 형성된 기독교의 독자적 가치를 강조하면서 그런 가치들을 20세기의 유럽 사회에 새롭고 창조적인 형태로 구현할 것을 요청했다. 또한, 기독교와 현대성 모두의 불명확성을 역설했다.

제1차 세계대전 이후, 변증법적 신학자들, 그 가운데 특히 바르트와 같은 사람들은 신학이 인간의 경험과 역사 그리고 종교에서 하나님으로 옮겨 가고자 할 때 도달하게 되는 곤경을 보여 주면서 트뢸치의 주요한 학문적 성과를 부정적인 것으로 보는 경향이 있었다.

그러나 트뢸치의 영향은 지속적으로 이어져 왔다. 그 영향은 성경에 대한 역사비평적, 사회적 접근, 역사적 양식과 세계 종교를 다루는 틸리히의 후기 방법, 지속적으로 비판적이었던 판넨베르크의 역사적 신학 개념, 다원주의 사회에서 실천적, 사회적으로 깨어 있는 신학을 안출해 내려는 북미의 시도, 지역적 맥락을 신학함 속에서 충분히 반영하려는 광범위한 움직임, 그리고 기독교의 유일무이성에 관한 종교 신학의 논의들에서 나타난다.

1918년 이후 신학자들에게 영향을 미친 19세기에 대한 이상의 설명은 대체로 독일과 독일 언어와 철학의 영향을 받은 신학에 초점이 맞춰져 있다. 이는 독일의 전통이 많은 한계를 가지고 있지만, 이미 정의된 바와 같은 현대 신학의 탐험에 가담한 가장 신빙성 있고 강력한 본보기이자 인식과 합리성, 역사의식 그리고 종교에 관한 대안적 설명들과 같은 현대의 전형적인 문제들을 역사적으로 소개하는 가장 직접적인 길이기 때문이다.

20세기의 마지막 이십 년 동안 나타난 괄목할 만한 발전은 다른 언어, 특히 영어와 스페인어로 이루어진 신학의 창의성과 생산성에 있다. 21세기가 시작되면서 독일 신학 전통은 지난 두 세기 동안 이룬 업적을 유지할 수 있을 것인가에 대한 중대한 도전에 직면해 있다.

5) 상황과 이해

19세기와 20세기의 역사적, 사회학적 통찰들은 신학자들로 하여금 신학이 수행되고 있는 상황과 신학의 궁극적 수혜 대상 그리 수행 주체를 좀 더 세밀하게 고려하도록 자극하고 있다. 관념의 역사로는 충분하지 않다. 신학은 오랜 세월 동안 신학을 형성하는 데 도움을 주었던 다양한 세력과 사건들과의 관련 속에서 검토될 필요가 있다.

유태인 대학살이나 강제 노동 수용소처럼 20세기를 규정짓는 일들이 거듭되었다. 사상 유례없는 규모로 전쟁에서 우리와 다를 바 없는 사람들이 대량 학살되었다, 러시아와 중국과 이란에서 혁명이 일어났고, 새로이 탈식민지 사회가 출현했으며, 소비에트와 유럽의 공산주의가 붕괴되었고, 대중매체와 다양한 종류의 기업, 기술, 과학이 보급되었으며, 지역과 세계 간, 특히 경제와 문화 간에는 전대미문의 상호작용이 이루어졌다.

파시즘과 인종차별, 성차별에 대한 투쟁과 생태계의 위기, 그리고 작업과 학문, 제도의 급격한 팽창이 이루어졌고, 종교상으로는 오순절 운동과 기독교 및 종교 상호 간의 협력 운동, '세계교회협의회', 제2차 바티칸공의회, 이슬람과 기독교의 확산(특히 아프리카에서), 주요 세계 종교들 밖에서 벌어진 새로운 종교 운동들, '기초 공동체'의 증가, 기독교 교회의 예전 개혁, 그리고 성경의 새로운 번역이 이루어졌다.

비록 이 중 대다수가 많은 부분 암시적으로만 나타날 뿐이거나 혹은 더 명시적인 인식을 필요로 한다는 점에서 신학자들에 의해 간과되고 있다 하더라도, 이 책에서 다루어진 신학들을 특징 짓고 있는 것이다.

좀 더 협소하게는 신학이 창출되는 사회적, 제도적 상황의 중요성이 존재한다. 관련 논문들은 말할 것도 없고, 위에서 언급한 19세기 신학 전부와 이 책에서 다루어진 신학의 대부분은 대학이나 (그보다 작은 규모라면) 신학교에서 쓰였다. 따라서 이것들은 상처의 한 세기를 통해 주목할 만큼 안정을 유지해 왔던 유럽 대륙과 영국 그리고 미국에 중심을 두고 있는, 학문적이고 대체로 중간 계층 이상이 되는 '상류 문화'에서 익숙한 것들이다.

기독교 신학의 주된 긴장 가운데 하나는 이 폭넓은 학문적 문화와 그것이 기독교 공동체와 맺고 있는 관계 사이에 존재해 왔다. 그 긴장은 성직자의 전문화가 가중되면서 첨예화되었다. 독일어권 국가에서는 강단 신학과 목회자 양성이 오랫동안 국가의 재정으로 운영되는 대학 내에서 통합되어 왔다. 그 결과 신학은 여타의 학문들과 나란히 하나의 학문 분과로 육성되었을 뿐만 아니라 성직의 수요 또한 충족시켜 왔다. 양자는 빈번하게 충돌을 일으키고 있으며, 신학적으로 그 충돌의 결과는 역사의 예수(학문적 강조)와 신앙의 그리스도(목회상의 필요)에 관한 논쟁으로 상징되고 있다.[5]

미국에서는 교회와 국가의 분리로 인해 신학이 더욱 배타적으로 신학교와 신학 대학에 제한되었다. 그 결과 신학은 목사의 직에 한정되기에 이르렀다.

이로 인해 '신학'과 '종교적 담론'이 왕왕 서로 다른 기관을 통해 양극화되는 경향이 생겼다. 아울러 이런 현상은 종교가 널리 신봉되고 영향력을 행사하면서도 신학은 전문화된 직업적 학문으로 간주되는 경향이 있는, 그리고 학계와 더 광범위한 문화계 내에서 주변 자리를 차지하고 있는 현재의 상황에도 하나의 원인으로 작용했다.

---

5   Hans W. Frei, *Types of Christian Theology*와 비교하라.

영국의 많은 대학교에서는 종종 신학대학원 제도를 두고 "신학과 종교 연구"라는 학과를 운영한다. 이는 독일의 고백 모델과 미국의 양극화 사이에 있는 또 다른 세 번째 형태로의 발전이다.

신학의 주변화 현상은 정도의 차이가 있지만, 영국과 독일 그리고 그 외 지역에서 일어나고 있다. 이 현상은 이 책에서 다루어진 대부분의 신학 전통들에 대해 한 가지 문제를 제기한다.

광범위한 학문적 환경과 더불어 신학의 학문적 주변화 현상을 전제할 때, 신학은 어떤 유형의 학문 분과인가?

이와 관련된 다른 어려운 질문들이 이어진다.

신학은 종교 공동체와 그 공동체의 성직상의 훈련 및 비판적이고 건설적인 사고를 위한 필요와 어떤 관계를 맺고 있는가?

신학은 특정 집단이나 문화, 계급, 종교, 혹은 성직자들의 필요를 충족시키기 위해 신학 자체의 '관념적' 경향을 어떻게 처리해야 하는가?

신학은 급진적이든, 중도적이든, 보수적이든, 실질적인 사회정치적 문제에 좀 더 깊이 관여함으로써 자신의 학문적 헌신을 포기하거나 절충하거나 완성해야 하는가?

그런 문제를 바라보는 또 하나의 방법은 신학이 자신의 세 가지 주요 '대중'(publics), 곧 학계, 교회, 사회와 어떤 관계를 맺고 있는가를 묻는 것이다.[6] 이 책의 주제가 된 신학자들의 대부분은 세 영역 전부의 일원이었지만, 그 가운데 주로 학계와 교회의 두 영역을 대상으로 이야기하는 데 역점을 두고 있다.

그러나 많은 사람이(특히 제5부의 개별화 신학에서) 사회를 대상으로 이야기하고 사회를 변화시키는 데 많은 주의를 기울일 목적으로 이 부분을 문제시하고 있다.

그러나 그런 조망은 이 세 대중이 지니고 있는 주요한 현대의 특성들을 파악함으로써 좀 더 세련화될 필요가 있다. 학계는 더욱 다원화되고 자기비판적으로 변화했고, 동시에(특히 서구에서) 단기적이고 직접적인 방식으로 경제에 기여해야 한다는 압력에 더욱 종속되어 있다. 서로 다른 학문에 적합한 방법이 다원화되고 타학문에 의해 자기 자신의 관념적 성격을 더 많이 의식함에 따라, 신학의 주변화에 기여했던 자신만만한 실증주의와 세속주의가 얼마간 그 기반을 상실했다. 다른 한편으로,

---

6 David Tracy, *The Analogical Imagination*, ch. 1.

경제적, 정치적 압력이 인문학과 자연과학의 수많은 분과를 주변으로 내몰았다.

주류 교회에 속해 있는 대중에 관해 말하면, 특히 자유주의적이고 급진적인 명분 아래 집단적인 사회정치적 논쟁과 참여가 금세기에 있었다. 그중 주요한 두 가지 사례로, 세계교회협의회와 제2차 바티칸공의회 이후의 로마가톨릭교를 꼽을 수 있다. 이런 상황에서 한 '교회'의 신학자가 사회적, 정치적 문제들과 씨름하지 않고 기독교 사상의 중심부를 다룬다는 것은 더욱 어려워졌다.

'대중' 곧 세계 각지의 사회에서 종교 문제나 종교 문제에 준하는 문제들이 (종종 비극적으로) 부각되었고, 그 결과 온전하게 종교를 사유화하거나 외부와 차단한 채 종교의 공적 의미를 축소시킨다는 것이 쉽지 않은 일이 되어 버렸다.

한 사회에서 종교와 세속의 상호 관계는 큰 관심을 불러일으켜 왔다. 종교 전통에 동일시하거나 참여하는 사람들이나 그렇지 않은 사람들 모두 세상은 종교적이면서 세속적이라는 점, 따라서 21세기에 세계의 번영은 종교와 세속의 힘이 공생하는 법을 배우는 데 달려 있다는 사실을 점점 더 인식하게 되었다. 이런 이유와 또 다른 여러 이유로 종교들 안에서 그리고 종교들 간 종교에 대한 양질의 공개적 담론이 필요하다는 주장은 더욱 쉽게 할 수 있게 되었다.

이 책에서 다룬 신학자들은 그런 논의를 제공하고자 한다. 그들은 1918년 이후 기독교의 선두에 서서 일해 왔고, 신학의 역사를 형성하는 데 기여해 왔다. 그들은 20세기 기독교 사상에 관한 '종교적 담론'과 아울러 그들을 학문적으로 따르고자 하는 사람들, 그리고 신학자라고 주장하지 않으면서 하나님과 하나님의 목적과의 연관성 속에서 의미, 진리, 실천, 아름다움에 대해 사유하는 사람들의 본보기이자 동반자이다.

이 책에서 다루어진 논의의 범위가 불충분한 것은 사실이다. 그러나 무형적이기 때문에 생략된 내용까지 포함한다면 신학의 범위는 사실상 훨씬 더 넓다는 것을 기억해야 할 것이다. 방대한 양의 신학이 저술을 별로 하지 않았거나 저술 자체를 하지 않은 사람들에 의해 수행된다. 한 생애의 신학적 지혜는 기도, 정치, 가정생활, 고난에 대한 대처, 가르침이나 다른 활동들을 통해 기록 없이 전달되기도 한다.

이런 신학은 여기서 직접 다룰 수 없다. 그러나 이 책의 신학자들에게 가장 큰 영향을 미친 두 전통의 근원에는 저술이라고는 남기지 않은 소크라테스와 예수가 서 있다는 사실을 기억하는 것이 이 책 전체의 균형을 잃지 않는 데 도움이 될 것이다.

참고 문헌

1차 자료

Cunliffe-Jones, H., *A History of Christian Doctrine* (Edinburgh, 1978).

Frei, H. W., *Types of Christian Theology*, ed. George Hunsinger and William C. Placher (New Haven, CT, 1992).

Gunton, C. (ed.), *The Cambridge Companion to Christian Doctrine* (Cambridge, 1997).

Heron, A. I. C., *A Century of Protestant Theology* (Cambridge, 1980).

Hodgson, and King. R. H., *Christian Theology: An Introduction to its Traditions and Tasks* (London, 1983).

Kelsey, D. H., *Between Athens and Jerusalem: The Theological Education Debate* (Grand Rapids, MI, 1993).

Küng, H., *Great Christian Thinkers* (London, 1994).

Pelikan, J., *The Christian Tradition: A History of the Development of Doctrine*, 5 vols. (Chicago, 1989).

Schoof, T. M., *A Survey of Catholic Theology 1800–1970* (New York, 1970).

Smart, N., Clayton, J., Katz, S., and Sherry, (eds.), *Nineteenth Century Religious Thought in the West*, 3 vols. (Cambridge, 1985).

Soskice, J. M. and Lipton, D. (eds.), *Feminism and Theology* (Oxford, 2003).

Welch, C., *Protestant Thought in the Nineteenth Century*, 2 vols. (New Haven, CT, 1972–85).

2차 자료

Bediako, K., *Christianity in Africa: The Renewal of a Non-Western Religion* (Maryknoll, NY, 1995).

Feuerbach, L., *The Essence of Christianity* (New York, 1957).

Ford, D. F., *Theology: A Very Short Introduction* (Oxford, 2000).

Gunton, C., *The Christian Faith* (Oxford, 2001). Kant, I., *Religion within the Limits of Reason Alone* (New York, 1960).

Lindbeck, G., *The Nature of Doctrine: Religion and Theology in a Postliberal Age* (Philadelphia, PA, 1994).

Lonergan, B., *Method in Theology* (New York, 1972).

Moltmann, J., *Theology Today* (London, 1988).

Parsons, S. (ed.), *The Cambridge Companion to Feminist Theology* (Cambridge, 2002).

Schleiermacher, F., *Brief Outline on the Study of Theology* (Richmond, 1966) [first published 1810; 2nd ed. 1830].

Song, C. S., *Third-Eye Theology: Theology in Formation in Asian Setting* (Maryknoll, NY, 1979).

Sykes, S. W., *The Identity of Christianity* (London, 1984).

Tracy, D., *The Analogical Imagination* (London, 1982).

Troeltsch, E., *Protestantism and Progress: The Significance of Protestantism for the Rise of the Modern World* (Philadelphia, PA, 1986).

제1부
20세기의 신학자

제1장 칼 바르트(Karl Barth)
  대니얼 W. 하디(Daniel W. Hardy)

제2장 디트리히 본회퍼(Dietrich Bonhoeffer)
  웨인 윗슨 플로이드(Wayne Whitson Floyd)

제3장 폴 틸리히(Paul Tillich)
  데이비드 H. 켈시(David H. Kelsey)

제4장 앙리 드 뤼박(Henry de Lubac)
  존 밀뱅크(John Milbank)

제5장 칼 라너(Karl Rahner)
  카렌 킬비(Karen Kilby)

제6장 한스 우르스 폰 발타자르(Hans Urs von Balthasar)
  벤 쿠아시(Ben Quash)

제1부
20세기의 신학자

제1차 세계대전은 유럽 사회와 문화에 엄청난 위기를 가져왔다. 이런 상황에서 칼 바르트(Kar Barth)는 『로마서』(The Epistle to the Romans)를 저술하고, 변증 신학을 논하며 현대 신학을 전체적으로 재고하는 시도를 했다. 대니얼 W. 하디(Daniel W. Hardy)는 바르트의 방대한 저서 『교회 교의학』(Church Dogmatics)을 중심으로 그의 신학을 설명하고, 그에 대한 여러 신학자의 다양한 반응을 기술하며 관련된 질문들을 제기한다.

바르트는 20세기의 저명한 신학자 목록에 당연히 올라가는 이름이다. 디트리히 본회퍼(Dietrich Bonhoeffer)는 바르트 생애의 절반도 채 살지 못했다. 그는 49년 인생 중 거의 12년을 나치에 저항하며 보냈고, 신학 작업을 대학교 밖에서 단편적으로 했다. 그러나 17권으로 구성된 그의 선집은 그가 얼마나 큰 업적을 이루었는지 보여 준다. 본회퍼 선집의 영문판 편집자인 웨인 윗슨 플로이드(Wayne Whitson Floyd)는 본회퍼가 고전의 지위에 올라서게 된 이유뿐 아니라 오늘날 그가 끼친 영향력을 알려 준다.

히틀러가 통치하는 독일에서 탈출해 미국으로 온 폴 틸리히(Paul Tillich)는 제2차 세계대전이 끝난 후 미국에서 가장 유명해진 신학자일 것이다. 데이비드 H. 켈시(David H. Kelsey)는 틸리히가 평생에 걸쳐 쏟은 기독교와 문화에 대한 관심과 그 둘을 유연하게 드러내며 창의적으로 연결했던 그의 방법론을 설명한다. 그는 세 권으로 된 틸리히의 『조직 신학』(Systematic Theology)에 나타나는 개념적 일관성과 그 안에 담긴 중심 내용을 설명한다. 틸리히는 사후에 명성을 잃었지만, 그의 신학은 상호 관계 신학의 '세 번째 유형'으로 불리면서 20세기의 저명한 신학자로 중요한 위치를 차지한다. 이렇게 그의 저서는 현재 새롭게 인정받고 있다.

앙리 드 뤼박(Henry de Lubac)은 이 책에서 선택된 저명한 신학자들 중 독특하다. 그의 가장 중요한 업적이 역사 신학에 관한 것이기 때문이다. 드 뤼박의 모든 저서를 전부 다루지는 못했지만, 존 밀뱅크(John Milbank)는 드 뤼박이 자연과 은혜, 하나님의 비전에 관해 예언자적으로 제기한 아주 중요한 질문들을 파악하고, 그의 방대한 연구의 역사적 형태들이 오늘날 주요 사안들과 어떻게 관련되는지를 입증함으로써 그의 신학적 통찰력을 드러낸다. 드 뤼박은 우리가 선택한 신학자들 중 가장 덜 알려진 인물일지 모르지만, 밀뱅크는 이런 평가에 도전한다.

칼 라너(Karl Rahner) 역시 사후에 그 평판이, 특히 로마 가톨릭교회에서 나빠진 신학자이다. 그 이유 중 하나인, 교황 요한 바오로 2세의 영향을 받은 가톨릭 신학과 관련된 이유를 이 책의 제2부 제16장에서 설명한다. 카렌 킬비(Karen Kilby)는 사람들이 라너를 너무도 쉽게 무시하게 만드는 그의 신학의 여러 측면, 특히 철학과 신학의 관계를 정확하게 해석하는 것에 집중했다.

그녀는 라너의 폭넓은 연구 범위와 다양성 그리고 가치를 재발견하고, 그와 동시에 몇 가지 어려운 질문도 제기한다.

교황 요한 바오로 2세가 가장 총애했던 신학자 중 하나인 한스 우르스 폰 발타자르(Hans Urs von Balthasar)의 연구는 그가 죽은 후에 인정을 받게 되었다. 벤 쿠아시(Ben Quash)는 그의 엄청난 업적을 개략적으로 설명할 뿐 아니라 그에 대한 비판을 소개한다.

저명한 신학자들의 저서들은 반복해서 읽을 때 유익하다. 이 책의 다른 부분을 살펴보면, 이 여섯 명의 신학자가 얼마나 많은 영향을 끼치고 있는지 알 수 있을 것이다.

제1부는 21세기 신학자들이 씨름할 수밖에 없는 20세기 신학자들을 선택하고자 했던 편집자들의 노력을 보여 준다.

제2부에서 다룬 유럽과 미국의 신학에 이들은 모두 예상하듯이 영향력을 끼치고 있다.

제3부에서 다룬 신학과 과학에는 그리 큰 영향력을 끼치지 않았다(그러나 본회퍼가 신학과 사회과학에 끼친 영향력을 기억하라).

제4부에서 논의된 범세계적 참여에도 (에큐메니컬 신학을 제외하고는) 대부분 큰 영향력을 끼치지는 못했다. 제4부에서 다뤄진 많은 개별화 신학(particularizing theologies)은 이 여섯 명의 신학자를 비판했고, 그들의 한계에 주의를 기울였다. 그러나 이는 그들이 피할 수 없는 한계이자 독특성이다.

제1장

칼 바르트(Karl Barth)

대니얼 W. 하디(Daniel W. Hardy)

1. 서론

칼 바르트(Karl Barth)는 종교개혁 이후 개신교 신학에서 가장 중요한 인물 가운데 한 사람이다. 한 세기 전에 등장한 프리드리히 슐라이어마허(Friedrich Schleiermacher)보다 중요하게 여겨지는 것 같다. 그의 영향력은 개신교 신학의 전통 너머까지 미친다. 19-20세기 신학계에서 바르트만큼 기독교 신학을 강하게 회복시킨 사람은 없다.

바르트는 처음에 계몽주의에서 시작된 '현대 신학'에 깊이 몰두했었다. 하지만 20세기 초, 신학이 변화함에 따라 그는 중추적 인물이 되었다. 그는 '신학의 대상'(theological object)이라는 중대한 근거를 발견하고, 이것으로 이전 시대에 대응했다. 그리고 신학의 대상을 계속해서 새로운 방식으로 다루면서 기독교 신학을 포괄적으로 설명하고자 했는데, 이는 그의 주요 업적이 되었다. 그의 연구는 여러 단계를 걸쳐서 진행되었다. 먼저 그는 급진적 수정을 요구했다.

그다음에는 앞으로 나아갔고, 최종적으로 기독교 신앙의 범위를 놀랄 정도로 상세하게 설명했다. 이 설명은 진리를 알고자 했던 그의 끊임없는 분투를 보여 줬다. 한편으로는 날카롭고, 다른 한편으로는 포괄적인 그의 연구는 기독교 신학이 지금 어떠해야 하는지에 관한 생각에 전환을 가져왔다. 바르트 신학은 그 중요성에 걸맞게 다양한 비판을 받아 왔다. 그러나 많은 경우 그러한 비판들은 '오늘날 필요로 하는 추가적 연구'는 하지 않으면서 그를 해석하는 데 만족하고 있다.[1] 어느 경우든 바르트가 직접 저술한 연구물을 읽는 게 낫다.

---

1 Karl Barth, *Letters 1961-1968*, Grand Rapids, MI: William B. Eerdmans, 1981, p.203.

그의 저서들은 신앙과 삶의 모든 영역을 살피면서 아주 진지하게 다뤄져야 한다. 그렇다고 이의를 제기할 수 없다거나, 제기하면 안 된다는 뜻이 아니다. 또한, 바르트가 사용한 특정한 개념과 단어들을 통해 그가 관심을 그토록 가졌던 '신학의 대상', 신과 인간 사이의 역동적 관계를 상기할 수 있어야 하며, 그가 이것을 충분하게 혹은 적절하게 파악했는지를 질문할 정도가 되어야 한다.

신학의 대상을 찾는 바로 그 작업은 바르트와 독자가 서로를 확인해 봐야 한다는 것을 전제한다. 따라서 우리는 여기서 이런 상호 확인의 근거가 되어야 하는 바르트 신학의 핵심적 측면들을 간략하게 설명하면서, 비평적 평가가 어느 방향으로 나아가야 하는지에 대해 제안할 것이다.

2. 생애

개혁 신학의 두 왕조인 사토리우스(Sartorius)와 바르트(Barth)를 계승하는 바르트는 요한 프리드리히 바르트(Johann Friedrich Barth)의 맏아들이다. 요한 프리드리히 바르트는 그의 교단에서 보수파에 속하는 목사이자 설립된 지 10년이 된 스위스 바젤 소재의 설교자대학교(College of Preachers)의 강사였다. 나중에 그는 베른대학교(University of Berne)에서 초대교회사와 현대교회사를 가르치는 교수가 되었다. 기독교 신앙을 강하게 확신하는 환경 속에서 자라고 교육받은 바르트는 독일의 일류 대학교들에서 철학과 신학을 배웠다.

바르트는 아버지의 영향을 받아 당시 일반적이었던 자유주의 신학을 포기했다. 그는 베른에서 공부를 시작했지만, 곧 베를린과 튀빙겐, 마르부르크로 가서 당시에 가장 많은 영향력을 끼치고 있던 학자들, 곧 아돌프 폰 하르낙(Adolf von Harnack), 율리우스 카프탄(Julius Kaftan), 헤르만 궁켈(Hermann Gunkel), 빌헬름 헤르만(Wilhelm Herrmann), 아돌프 슐래터(Adolf Schlatter) 밑에서 공부했다. 그의 아버지는 실증 신학(positive theology)에 전념했다.

그러나 청년 바르트는 기독교 종교 역사를 신의 인간 경험과 연관시키는 신학의 '현대 학파'(modern school)의 제자가 되었다. 그는 기독교를 임마누엘 칸트(Immanuel Kant)의 철학과 여러 관념주의, 그리고 현대적 역사 연구에 맞추고자 했던 많은 사람 중 하나가 되었다. 폰 하르낙의 그늘 밑에서, 이것은 쉽지 않은 조합이었으며, 신앙의 진리가 역사 연구에 완전히 좌우되도록 만들곤 했다.

그러나 바르트는 평생 역사 비평의 도구들로 연구했지만, 단지 '문헌'의 신비가 아니라 '주제'의 신비 앞에 서 있음으로써 그것을 뛰어넘고자 했다. 그는 신앙의 내적 확실성을 윤리적 삶의 규범으로 여기는 자유주의적인 빌헬름 헤르만을 따랐다.

바르트는 1908년에 목사 고시를 치른 후, 베른뮌스터교회(Bern Münster church)에서 목사 안수를 받고, 주라산맥(Jura Mountains)에서 목사로 잠시 사역했다. 그 후 마르부르크(Marburg)에서 마틴 라데(Martin Rade)와 함께 지내면서 그 유명한 「기독교 세계」(Die Christliche Welt)의 부편집자로 1년 동안 일했다. 그다음에 제네바에서 부목사로 2년 동안 섬겼고, 그곳에서 에큐메니컬 운동의 지도자들을 처음으로 만났다. 그의 아내가 된 넬리 호프만(Nelly Hoffmann)을 만난 곳도 제네바였다(그들은 딸 하나와 아들 넷을 두었다).

1911년 7월에 그는 취리히에서 가까운 농업, 산업 지역인 자펜빌(Safenwil)에서 10년간 목사로 일했다. 그의 친구이자 신학적 동반자인 에드워드 투르나이젠(Eduard Thurneysen)이 근처에 있었다.

바르트는 그곳에서 노동자들의 비참한 상황을 접하고 그들에게 복음을 설교해야겠다는 책임감을 느꼈다. 그러나 그의 신학은 그 일에 역부족임을 드러냈다. 노동자 운동에 깊이 관여한 (라가츠와 쿠터가 이끌던) 종교적인 사회민주당(Social Democratic Party)에 가입한 바르트는 제1차 세계대전이 발발했을 때 그의 스승들이 전쟁을 일으킨 독일 황제를 지지하는 모습을 보고 큰 충격을 받았다. 그는 자신이 배웠던 신학이 얼마나 형편없는지를 알게 되었다.

그리고 그 신학이 결국엔 유럽을 분열시킨 유럽의 '세련된' 이데올로기와 거의 다를 바 없다는 것을 깨닫게 되었다. 그래서 그는 배워왔던 신학과 단절했다. 하나님 나라와 사회적 행동(social action)을 쉽게 연결 짓는 것을 거부했다.

이제 하나님 나라에 대한 '신학적으로 현실적인' 소망이 그의 사상의 중심이 되었다. 새로운 신학적 기초를 찾는 일이 시급했다. 그래서 그는 역사 비평을 사용하고자 했지만, 그것을 살피면서 성경에 기록된 하나님의 말씀이 그에게 새로워길 원했고, 당시의 문화에 물들도록 내버려 두지는 않기를 바랐다.

그 이후 몇 년간 표면적인 이야기는 여러 측면을 말해 주지만 복잡하지는 않다. 그러나 그 의의에 대해선 많은 논쟁이 있다. 그 이야기는 두 가지 매우 중요한 요소를 갖고 있다. 바로 신학적 요소와 정치적 요소이다. 이 둘은 모두 그의 인생에서 중요하지만 여기서 우리는 신학적 요소만 살펴볼 것이다.

그가 많은 강의와 논문,[2] 그리고 베른에서 1919년에 처음으로 출간되고 저명한 뮌헨출판사를 통해 더욱 널리 퍼지게 된 『로마서』(Commentary on Romans)를 통해 보여 준 신학에 대한 저항은 그를 유명하게 만들었다. 1921년 10월에 괴팅겐(Göttingen)대학교는 유명해진 그를 개혁 신학(Reformed theology)의 명예교수로 초빙했다.

바르트가 주창한 "변증법적 신학"(dialectical theology)에 동조하는 그룹은 「시대 사이」(Zwischen den Zeiten)라는 저널도 창간했다. 바르트, 에드워드 투르나이젠, 프리드리히 고가르텐(Friedrich Gogarten), 크리스천카이저출판사(Christian Kaiser Verlag)의 게오르크 메르츠(Georg Merz)가 그 저널의 편집위원들이었다.

바르트는 고등 과정의 신학을 배우지 않고 괴팅겐으로 갔기 때문에, 개혁주의 신앙고백, 교리, 교회생활을 가르칠 충분한 준비가 되어 있지 않았다. 그는 이전에 잘 읽지 않았던 여러 인물에 대해 집중적으로 연구하기 시작했다.

특별히 칼빈과 츠빙글리, 슐라이어마허, 포이어바흐, 안셀름, 아퀴나스에 집중했다. 벅찬 연구였지만 이를 통해 바르트는 앞으로 그의 신학적 특징이 되는 신학적 전통에 관여하는 일련의 방식들, 즉 제삼자(third party)로 성경을 연구하는 방식을 확장하기 시작했다. 그가 교의학 연구를 본격적으로 시작한 곳도 괴팅겐이었는데, 그는 개혁주의 전통을 변증법적으로 다시 읽었다. 그는 결함이 있는 신학을 해체하고 그것을 더 나은 것으로 대체하고자 하는 꾸준한 노력을 시작했다.[3]

그는 1925년에 뮌스터(Münster)에서 교의학과 신약학 교수가 되었다. 거기서 그는 철학과 가톨릭교를 깊이 연구했다. 바르트는 그곳에서 앞으로 여러 권으로 된 『교회 교의학』(Church Dogmatics)이 될 원고를 집필하기 시작했지만, 1927년이 되어서야 제1권이 발간되었다. 1928년에는 윤리에 관한 강의도 여러 번 했다.[4] 1930년, 서방이 불황과 사회정치적 위기에 빠져 있을 때 그는 본(Bonn)에서 조직 신학 학과장이 되었고, 많은 학생이 몰려들었다. 「시대 사이」와 관련된 이들과 의견이 갈수록 일치하지 않게 되어 결국엔 저널 출간이 중단되었지만, 그의 강의는 뮌스터에서 했던 방식으로 계속되었다.

---

2 그의 강의와 논문들은 *The Word of God and the Word of Man*, trans. Douglas Horton, New York: Harper & Brothers, 1957에 실려 있다.

3 Karl Barth, *The Göttingen Dogmatics*, trans. Geoffrey W. Bromiley, Grand Rapids MI: William B. Eerdmans, 1991.

4 바르트는 그 강의 자료들이 출판되는 것을 원치 않았다. 그러나 그 자료들은 후에 *Ethics*, ed. Dietrich Braun, 1973, 1978, trans. Geoffrey W. Bromiley, Edinburgh: T. & T. Clark, 1981로 출간되었다.

히틀러의 정책이 담고 있는 모든 함의가 1930년대 초에 분명해졌을 때, 신학적 곤경에 대해 '주제의 핵심'으로 가자는 그의 정치적이기도 했던 입장과 주장은 널리 알려지게 되었다. 바르트는 히틀러 정책에 동화된 독일 교회를 강하게 반대하는 고백 교회(Confessing Church)의 신학 선언(Theological Declaration) 초안 대부분을 작성했다.

결국, 그는 히틀러에 대한 절대적 충성의 맹세를 거부했다는 이유로 징계를 받아 면직되었다. 그는 자신의 면직에 대해 항소했다. 독일에서 그의 책을 출판하는 일은 금지되었다. 그는 바젤(Basel)의 학과장으로 초빙되었다.

거기서 그는 자신의 대표작인 『교회 교의학』을 저술했고, 신학계와 사회에 적극적으로 참여했다. 1962년에 바르트는 학생들을 만나는 장이며, 이전의 모든 연구를 상세하게 논하는 통로이자, 그의 연구에 '중요한 추진력'이었던 교직에서 물러났다. 그는 미국으로 여행을 떠났다. 그러나 그 후 병원에 얼마간 입원하게 되었다. 더욱이 그의 전체 프로젝트 내내 가까운 동료였던 샤로테 폰 키르쉬바움(Charlotte von Kirschbuam)의 도움도 이제는 받지 못했다. 그녀 역시 병들었기 때문이다. 그는 1968년에 사망하기 전까지 건강이 허락하는 한 활발하게 활동했다.

3. 내용: 바르트의 대표작

바르트는 자신의 저작물이 몇 개의 중요한 단계를 거쳤다는 사실을 인정했다. 각 단계는 특별히 중요한 저서로 마무리되었다.

① 초기: 『로마서』(*Commentary on Romans*, 1919) 초판까지.
② 변증법적 신학: 『교의학 개요』(*Christian Dogmatics in Outline*, 1927)까지.
③ 교의학: 『교회 교의학』(*Church Dogmatics*)(제4권, 전체 제13부, 마지막 권은 미완성).

바르트의 업적에서 나타나는 연속성과 불연속은 많은 관심을 끌었다. 특히 로마 가톨릭 신학자인 한스 우르스 폰 발타자르(Hans Urs von Balthasar)[5]는 바르트가 변증법적 신학에서 유비적 신학(analogical theology)으로 옮겨갔다고 말했다.

---

5 Hans Urs von Balthasar, *The Theology of Karl Barth*, trans. John Drury, New York: Holt, Rinehart, and Winston, 1971.

바르트 신학에서 변증법이 우위를 잃은 적은 없다고 말하는 정도면 충분하다. 그러나 바르트는 그의 신학적 현실성(actualism)을 통해 특정한 교의학의 모든 기초도 찾았다. 그는 하나님과 인류의 변증법적 관계 속에서 신학의 가능성을 봤다. 즉, 하나님과 인류는 하나님 말씀의 실현인 예수 그리스도, 곧 유비에 대한 전통적인 관점이 아니라 성령의 은혜에 따른 믿음으로 받는 그분을 통해 연합된 것이다.

1) 초기: 『로마서』(1919)까지

1919년 판 『로마서』에서 듣게 되는 것은 모든 신학을 하나님의 실재에서 시작하라는, 바울 서신을 신중하게 의역해 표현한 외침이다. "인간 개개인의 지적 활동과는 별도로, 그리고 그러한 활동에 앞서 그 자체로 완전하고 온전한"[6] 하나님의 실재는 세상의 실재와 변증법적으로 구별된다.

"세상은 계속 세상이지만, 하나님은 하나님이시다."

이 외침은 종교를 포함한 역사, 사상, 가치, 관계 등 세속적 인간의 모든 면에서 하나님의 주권을 분명하고 확실한 실재로 여기고 복종하라는 요구이다.

그러나 신학의 대상이 세상과 뚜렷하게 구별된다면, 이 두 실재는 어떻게 관계를 맺게 된 것일까?

제시된 답은 '신적 결정'을 통해 두 실재가 특정한 역사적 사건, 즉 예수 그리스도와 그의 십자가에서 나타난 하나님의 우주적 화해의 행위 가운데서 만났다는 것이다. 거기서 세상은 새롭게 만들어졌고 하나님의 통치가 시작되었다. 거기서 하나님의 역사 속 행동은 고증 작업이 아니라 참여와 개인적인 지식을 통해 접근하듯이 그렇게 실현된다.

2) 변증법적 신학: 『교의학 개요』(1927)까지

1919년 판 『로마서』에서 표현된 외침은 제1차 세계대전의 공포, 1917년의 볼셰비키 혁명, 걷잡을 수 없는 인플레이션, 정치적 불안, 전쟁 기간 그 이후의 트라우마로 황폐해진 생활로 혼란과 공허함과 실망에 빠진 세대의 상상력을 사로잡았다. 그러나 『로마서』가 신학적으로 완전하진 않았다. 그래서 바르트는 괴팅겐으로 떠나기 전인 1920년 말과 1921년 중반 사이에 『로마서』의 개정 작업을 다시 시작했다.

---

6   McCormack, 129.

그가 제기한 주요 질문은 다음과 같았다.[7]

하나님은 어떻게 여전히 계시의 '주체'이시면서, 자신을 인간이 통제하도록 함으로써 하나님이길 멈추어, 인간에게 자신을 끊임없이 알리실 수 있는 것인가?[8]

그리고 바르트의 표현 방식들은 당시의 위기 상황을 거의 그대로 반영해 분노가 담긴 간접적이고 역설적인 화법으로 달라졌다. 그러나 하나님과 인간 사이의 완전한 관계에 대한 실제는 그대로 남아 있었다. 그 관계는 역사적 인간을 위한 결정적 은혜의 사건인 그리스도를 통해 맺어졌다. 인간은 성령에 의해 그 은혜를 받을 수 있게 된 것이다.[9] 그 사건은 '궁극적이고, 불가피한 위기'(KRISIS)에 처한 인간에게 발생한다. 그분의 심판과 약속에 따른 유일한 생명이 있다. 이 생명은 죽음으로 특징 지어지는데, 바로 영생의 소망인 그리스도의 죽음을 통해서다.[10]

이 관점은 성경 본문들을 살펴볼 때 충분히 이해될 수는 있었지만, 철학과 신학, 특히 영원과 시간 사이의 관계와 종말론의 위치에 대한 중요한 질문들도 불러일으켰다. 바르트는 예수 그리스도라는 역사적 인물 속에서 하나님의 영원한 행동을 새롭게 보게 되었다. 이런 이유로 그는 하나님의 자기 계시 행위와 역사를 혼동하지 않기 위해 종말론을 '비역사화'했다.[11] 바르트의 주요 사안은 쇠렌 키르케고르(Søren Kierkegaard)의 '시간과 영원 사이', 인간 영역과 하나님 영역 사이의 "영원한 질적 차이"(infinite qualitative distinction)였다.[12]

바르트의 사상에서 이런 '변증법적' 측면은 기독교 신앙의 유일한 근거가 거룩한 하나님과 죄 많은 인류, 창조주와 피조물, 계시와 종교, 복음과 교회, 신성한 역사와 세속적인 역사 사이의 차이, 즉 각각의 경우에서 예수 그리스도 안에서 하나님의 아낌없는 은혜와 그 은혜를 거부해 결국엔 심판을 받는 것 사이의 차이에 있다.

---

[7] 1922년에 출간되었다. 에드윈 호스킨스(Edwyn Hoskyns)는 이 책의 제6판을 영어로 번역했다. 영어 번역판은 1933년에 출판되었다.

[8] McCormack, 207.

[9] "영(Spirit)은 영원한 결단으로 인간을 위한 하나님의 결단이고, 하나님을 위한 인간의 결단이다. 영은 인간이 하나님을 기쁘시게 하고, 인간이 하나님을 향해 갖는 선이다. 영은 그리스도께 속하고, 그분의 물음에 있기에 그의 대답 안에 있는 것이다. 그분의 죄 안에 있기에 그분의 의에 있는 것이다. 그분의 '아니요' 안에 있기에 그분의 '예' 안에 있는 것이고, 그분의 죽음 안에 있기에 그분의 생명에 있는 것이다. 영은 실존적 의미다. 영은 의미를 창조한다." Karl Barth, *The Epistle to the Romans*, 6th edn., trans. Edwyn C. Hoskyns, Oxford: Oxford University Press, 1933, 283.

[10] Karl Barth, *The Epistle to the Romans*, 6th edn., trans. Edwyn C. Hoskyns, 512.

[11] 바울, 프란츠 오버벡(Franz Overbeck), 플라톤, 칸트에 관련된 쇠렌 키르케고르와 특히 도스토옙스키(Dostoyevsky)의 일부 저서.

[12] Karl Barth, *Commentary on the Epistle to the Romans*, preface to the second edition, 10.

그와 동시에 바르트는 '변증법적 방법'을 그것과 관련된 19세기의 관념론(idealism)에서 떼어내기 위해 애썼다. 윤리적, 신학적 고찰에서 비롯된 그의 변증법적 개념은 특별했다.

바르트는 괴팅겐에 도착해 자신이 성경만이 아니라 개혁주의 전통의 역사,[13] 정교회 신학, 스콜라 신학, 교부 신학에도 관여해야 한다는 사실을 알게 되었을 때, 교회를 섬기는 학문, '교회의 학문'으로 신학을 보기 시작했다. 그리고 한결같은 신학적 해설의 가치를 이해하게 되었다.

그 결과, 바르트는 세 번의 주기에 걸쳐 괴팅겐에서, 나중에는 뮌스터와 본에서 교의학에 대해 강의하고 글을 쓰게 되었다. 바르트의 교의학은 실제적 설교와 윤리 실천에서 분리된(영어권 국가에서 흔한 방식이었던) 이론적 학문이 아니었다. 그의 교의학은 교회 생활 속에서 참된 믿음과 참된 삶을 세우는 학문이었다.[14] 이것이 바르트 교의학의 논리였다.

그러나 신학은 계속해서 그 비전을 수정하고, 정정하고, 개선하고, 발전시켜야 했다. 그런 의미에서 바르트는 가장 좋은 것을 실험하고, 오랜 전통에 새로이 참여할 수 있었다.

바르트 교의학의 첫 번째 주기에서, 변증법은 하나님의 은닉과 소통의 긴장을 유지하면서 내내 계속한다. 그러나 이제 중심점은 그런 변증법이 아니라 그리스도론이다. 여기에 성육신하신 중재자를 '영원한 질적 차이' '안에'(within), 하나님과 인류 사이에, 감추어진 하나님과 드러나신 하나님 안에 위치하는 중요한 전진이 있다.

이해할 수 없는 것과 이해할 수 있는 것의 변증법이 집중되는 그리스도 안에서 신성과 인성의 연합은 바르트를 (그의 이전 작품을 방해했던) 영원과 시간의 변증법으로부터 해방했고, 하나님과 창조물의 모든 관계의 원형이 되었다. 이런 움직임은 중요했다. 바르트의 초기 신학이 보였던 급진성은 남아 있었다.

그러나 이제 교의학이 시작되었다. 그것은 현시점을 위한 교의학의 모든 정보와 함의를 알려 주면서 예수 그리스도와 그분의 사역을 더욱 잘 논의할 수 있게 했다.

---

[13] 그의 강의들은 Karl Barth, *The Theology of the Reformed Confessions 1923*, trans. Darrell L. Guder and Judith J. Guder, Louisville, KY: Westminster John Knox Press, 2002로 출간되었다.

[14] 그것에는 "신조의 근거가 되고 신조가 반드시 따라야 하는 하나님의 말씀 외에는 절대적 가정이" 없었다. Karl Barth, *The Göttingen Dogmatics: Instruction in the Christian Religion*, ed. Hannelotte Reiffen, trans. Geoffrey W. Bromiley, Grand Rapids, MI: William B. Eerdmans, 1991, Vol. 1, 13.

바르트는 로마 가톨릭이 우세했던 도시인 뮌스터의 작은 개신교 신학교에서 교수로 있던 짧은 시간 동안, 신자유주의 대신에 가톨릭주의와 집중적으로 대화했다. 가톨릭적 환경 속에서 바르트는 자신이 같은 실재들, 즉 교의학과 교회를 이전과는 다른 가톨릭의 준거 틀 안에서 다루고 있다는 사실을 발견했다.

쟁점은 다음과 같다.

> 그리스도의 직접적 권위와 교회에 부여된 그분의 중재적 권한 사이에서 만들어지게 될 … 차이[였다].[15]

유비에 대한 개념도 중요한 쟁점이었다. 그가 이해했던 가톨릭교도들에 따르면, 하나님의 창조는 창조물에 하나님과의 관계를 세우고 살피는 능력을 부여했다. 따라서 자신을 "위를 향해 열린 [존재라고 해석하고], 자기 이해의 나침판 안에서만"[16] 하나님이 계시된다고 이해했다.

그러나 바르트는 다르게 이해했다. 만일 창조된 실재가 하나님의 실재와는 완전히 다르지만 하나님의 사랑 때문에 바로 옆에 있는 실재로 하나님께 받아들여진다면, 창조되지 않은 것은 하나님의 사랑과 선물의 "두 번째 기적"으로 창조물과 '관계를 맺으시는' 하나님을 통하지 않고서는 창조물에 계시 될 수도 속할 수도 없다. 바르트의 유비는 가톨릭교도들이 당시 받아들인 유비와 같은 것이 아니다. 그의 유비는 늘 인간이 갖는 하나님과의 관계라는 은혜의 선물을 하나님이 새롭게 하신 것에서 파생된 개념이었다.

1) 교의학과 『교회 교의학』

(1) 새로운 시작?

바르트는 1930년 3월에 본에 도착했을 때까지 앞으로의 연구 양식을 상당한 면에서 확립했다. 그러나 많은 사람이 그의 새로운 시작은 안셀름에 관한 그의 책이라고 주장한다. 그는 1926년에 안셀름에 대해 가르쳤고, 1927년에 출간된 『교의학 개요』에서 안셀름에 관해 기술했다.

---

15 Karl Barth, "Church and Theology" in *Theology and Church: Shorter Writings 1920-1928*, Munich 1928, trans. Louise Pettibone Smith, London: SCM Press, 1962, 295.

16 Karl Barth, *The Holy Ghost and the Christian Life* (1929), trans. R. Birch Hoyle, London: Frederick Muller, 1938, 15.

그러나 1930년의 세미나에서 안셀름을 다시 다뤘다. 그가 특히 관심을 가졌던 사안은 인간의 이성이 하나님의 실재와의 관계 속에서 어떻게 기능하는가 하는 것이었다. 바르트에게 따르면, 안셀름에게 '인텔리게레'(intelligere, 지성)는 신앙에 의해 요구되고, 신앙의 '라티오'(ratio, 이성)가 나타날 때 기쁨을 낳는다. 더 나아가 '인텔리게레'가 추구하고 찾는 이 이성은 본질적으로 '우틸리타스'(utilitas, 유용함)만 아니라 … '풀크리투도'(pulchritudo, 아름다움)를 지닌다.[17] 따라서 이성을 찾는 원천은 신앙 그 자체 안에 있다.

믿음(인간의 하나님을 향한 분투가 아니라 안으로의 분투, 그리고 하나님의 존재 방식에의 '생명력 있는 참여')은 '인텔리게레'에 대한 욕망을 가져온다. 우리는 이성적으로 신앙 안에서 무엇이 일어났는지를 인식하면서, 신앙 안에서(in)/신앙을 추구하며(after) 생각해야 한다.[18] 안셀름에 관한 이 책에서 바르트는 그의 초기 작품을 인식에 대한 주요 쟁점들과 철학의 심장부까지 확장한다.

그동안, 그는 이전의 시도(『교의학 개요』)를 멈추고 새로운 프로젝트, 『교회 교의학』에 착수했다. 전자를 완성하려는 시도 속에서, 후자는 형태를 갖추기 시작했다. 이것은 같은 프로젝트가 아니었으며, 새로운 연구가 진행될수록 큰 비중을 차지했다. 거기엔 연속성뿐만이 아니라 변화도 있었다. 성경, 역사 신학, 교의학, 윤리학을 통합하는 그 프로젝트에 바르트는 자신의 남은 인생을 쏟아부었지만, 완성하지 못했다.

(2) 『교회 교의학』에 다가가기

우리는 『교회 교의학』의 내용을 좀 더 자세히 살펴보기 전에 그 책의 몇 가지 독특한 특징에 주목할 필요가 있다.

첫 번째 특징은 이 책의 설명 방식이다. 각 권은 세 단계로 설명된다.

① [굵은 글씨로 인쇄된] 교조적 논지들 또는 전제들.
② [보통 글씨로 인쇄된] 교조적 설명.
③ "성경-신학적 전제들, 내 진술의 역사-교조적이고 논쟁적인 관련성"[19]에 집중하는 "작은 글씨로 된 삽입 부분들".

---

17 Karl Barth, *Anselm: Fides Quaerens Intellectum,* 2nd edn. 1958, trans. Ian W. Robertson, London: SCM Press, 1960, p.15.
18 비교. McCormack, 425.
19 Karl Barth, *Church Dogmatics,* Edinburgh: T. & T. Clark, 1936-77, ET of *Kirchliche Dogmatik,* 1932-1970, I/1, xii. 다음부터는 'CD'로 약기.

실제로 그 단계들은 쉽게 나뉘지 않는다. 첫 번째 것을 이해하기 위해서는 두 번째 것에 대해 숙고해야 한다. 그리고 세 번째 것을 다룰 때 철저한 주의를 기울이라고 요구한다. 성경과 역사 교리 학생들에게는 마지막 것이 가장 구체적이고 흥미롭다. 그러나 이것들을 작은 글씨로 표시했다는 것은 교조적 진술을 좋아는 하지만 경시한다는 경향을 보여 준다.

『교회 교의학』은 매우 길고 포괄적이다. 그리고 일부 사람이 말하듯이 본문은 '강철' 같다. 그것은 '나머지 우리를 괴롭히고 위로하는' 경향이 있다(한스 프라이). 바르트는 너무 많은 단어를 사용하고 주제에 대해 빙빙 돌려서 말한다고 종종 평가받지만, 그의 문체는 간결하고 독자의 완전한 집중을 요구한다.

하나님의 말씀, 하나님, 창조, 화해(구속에 대한 교리는 저술되지 않았다)라는 네 가지 주요 교리로 나뉘었음에도, 『교회 교의학』은 전체적으로 이어진다. 장들에 연속적으로 번호가 매겨져 있다(I부터 XI까지). 나중 장들은 이전 장들에서 암시적이었던 것들을 밝혀 낸다. 그러나 또한 앞에 나온 내용을 크게 확장하고, 때로는 균형에 변화를 준다. 예를 들어, 제4권은 하나님의 화해 사역에서 그리스도의 인성에 더 큰 관심을 두면서, 앞 권들에서 보여 주었던 하나님에 대한 배타적 선입견을 바꾼다.[20]

『교회 교의학』은 주목할 만한 신랄함을 유지한다. 『교회 교의학』은 하나님의 행동에 대한 모든 것이 강한 우연성으로 특징지어진다. 그러나 하나님이 하시는 일에서 완전한 일관성도 발견한다. 두 가지 되풀이되는 개념이 이 우연성을 뒷받침한다.[21]

① 인간과의 능동적이고 실제적인 관계성 안에서의 하나님으로서, 하나님이 되려는 하나님의 행동의 '현실성', 하나님을 위한 것이든, 인간을 위한 것이든, 하나님은 자신 안에서 그리고 인간을 위해서, 그분의 자유와 사랑 안에서, 이

---

[20] 이것은 1956년의 한 강의에서 나타났다. "40년 전에 우리를 강하게 압박했던 건 하나님의 인간성이 아니라 하나님의 '신성', 즉 인간과 세계와의 관계에서 절대적으로 유일무이하고, 압도적으로 고결하고, 멀리 있고, 낯설고, 전적으로 다른 하나님의 신성이었다. … 그때 하나님의 '인간성'은 중심부에서 주변부로 움직인다." "그러나 이 모든 것이 아무리 의미 있고 중요했다고 할지라도, 어느 정도는 엄격하고 야만적으로 말해졌다. 더 나아가 적어도 다른 편의 주장에 따르면, 부분적으로 이단적이었다." "The Humanity of God", trans. John Newton Thomas in Karl Barth, *The Humanity of God*, Richmond, VI: John Knox Press, 1960, 38, 43.

[21] 그는 그것들을 "주제"(motif)라고 칭했는데, 이에 대해선 Hunsinger, *How to Read Karl Barth*, ch. 1에서 잘 묘사되었지만, 여기서처럼 정리되어 있지는 않다.

런 것들을 존재나 관계의 '상태'로 묘사하는 좀 더 '고정된' 개념들과는 다른 존재로서 주권을 갖고 계신다.
② "성경 전체 문맥에서 특정한 본문과 변화하는 순간의 특정한 상황 사이의 중간 공간에서 매 순간 그 내용이 발견되어야 하는"[22] 선포의 '특수성'.

그 통일성에서 『교회 교의학』은 '매우 역동적이고, 끝없이 놀랍고, 몹시 신비롭다.'[23] 바르트는 그가 사랑하는 모차르트처럼 주제와 관련된 상호 작용을 사랑할 뿐 아니라 특정한 주제들에 집중한다. 그러면서 "나선형으로 끊임없이 앞으로 나아가는 신학적 완전체 내에서"[24] 그것들을 새롭게 결합하고 대치시킨다. 앞으로 보게 되겠지만, 입구 지점은 단 하나다. 그러나 그 지점은 모든 것으로 우리를 이끈다. 신학의 과제는 그와 같이 체계화를 사용하는 게 아니라 '가능한 한 여러 각도에서 그것의 전체성에 위대한 결정체를 구성하는 상호 연결망을 세심하게 기술하는' 것이다.
다음과 같은 일관성이 있다.

① 하나님의 행위에 의존하고 있지만, 신학 언어는 유비적으로 사용된다. 신학 언어는 그 대상을 확실하고 자기 관여적으로(self-involvingly) 가리킨다. 충분한 확실성을 가지고, 문자적으로나 표현적으로 사용하지 않는다. 그리고 역사처럼 광범위한 맥락에서 사실이나 신화와는 구분되는 것으로 내러티브와 전설을 형성한다.
② '체계적 신학'(scientific theology)에 적합하게 하나님의 창조물과의 관계에서 하나님의 자기 계시는 '객관적 실재'로, 믿음으로 지식을 얻게 한다. 그 계시 밖에 있는 것은 '실재하지 않는 것'일 뿐이다.
③ 예수 그리스도의 중재로 인한 하나님과 인간의 만남은 개인적인 것으로 예수를 인간들의 주관성에 깊이 결속시켜 그들을 예수 안에 연합시키고 그들로 삼위 하나님의 친밀성을 공유할 수 있게 만든다.

신랄함과 일관성은 모두 『교회 교의학』에서 작용하는 패턴에 나타난다.

---

22 CD I/1, 79.
23 CD I/1, 29.
24 Hunsinger, 28.

① 거기엔 믿음을 위한 참된 지식과 근거가 있다. 그러나 그것들은 하나님의 '은혜'에 의존하는 '신앙에서' 파생된다.

② 또 다른 존재론적 단계에서는 신앙에 주어지는 것의 '작용 조건'(operative condition)이 무엇인지를 묻는 반복되는 질문이 있다.
무엇이 이 실체(actuality)를 실제로 만드는가?
바르트는 꼭 그런 것은 아니지만, 하나님에 의해 실제화'된다고' 말한다. 궁극적으로 다른 방식이 아니라 이 방식을 선택하신 하나님의 자유 때문이다. 모든 실체는 궁극적으로 그 자유에 근거한 그들의 가능성을 발견한다.[25]

③ 여기에 변증법이 있는 것처럼 보인다. '자연적인' 것은 '하나님의' 것과 구분되고 심지어는 반대되지만, 그것은 다른 것과 실제로 연관될 수 있는 조건을 허락하는 하나님의 자유로운 은혜로 말미암아 초월된다. '자연'과 '은혜'는 변증법적으로 반대된다. 그러나 삼위 하나님에 의해 실제화되는 둘의 관계는 이런 반대를 뛰어넘는다.

(3) 교의학의 논리

바르트는 시작부터 인간이나 교회가 아니라, 교회생활의 중심으로 여겨지는 것, 곧 선포에 초점을 맞췄다. 그 목적은 '작용 조건'을 확인하는 것으로 그것에 의해 선포는 다른 것, 즉 설교되고, 쓰이고, 계시되는 하나님의 말씀에서 입증되는 '하나님의 말씀'과 구분되는 선포다(또는 교회는 교회다).

우리는 그렇게 발견된 하나님의 말씀이 자신의 작용 조건을 갖고 있고, 그로 인해 그것이 인간을 향해 하나님이 '실제로 하시는 말씀'이라는 것을 발견한다. 그리고 그것을 위한 '작용 조건' 또한 발견된다. 이런 일련의 '작용 조건'이 『교회 교의학』의 핵심이다. 교의학은 간증과 예식과는 구분되는 신학적 학문으로 주장의 각 단계에서 '작용 조건'이 제대로 기능하는지를 알아보기 위해서는 교회가 자기 점검을 해야 한다. 달리 표현하면, 교의학은 인간의 언어와 개념의 합의를 그것의 작용 조건으로 점검하는 것이다. 둘의 합의로 진리를 밝혀내는 것이 신학의 과제다.

그러나 인간의 언어를 위한 '작용 조건'이 (점검에 적절한 것으로서) 하나님의 말씀, 하나님의 언어, 하나님의 자기 계시 등과 다르다면 말해지는 것이 무엇이든 간

---

25 Hunsinger, 58. 같은 것이 『교회 교의학』의 모든 단계에서 발견될 수 있다. 각각의 경우에서, 우리는 근접한 것에서 그것에 현실성(actuality)을 부여하는 무언가로 나아간다. 그러나 우리는 또한 이런 '무언가'를 넘어 그것이 무엇인지를 만드는 것으로, 그리고 궁극적으로 하나님처럼 행하는 이 하나님의 존재 안에서 모든 결정의 근원으로 나아간다.

에 그것은 인간의 언어나 개념일 뿐이고 신학적 관점에서 진리가 아니다.

여기서 우리는 『교회 교의학』 전체의 패턴을 살펴보고자 한다. 패턴은 일련의 변증법적 통일성처럼 보인다. 그것이 만일 인간의 실천이나 개념 이상이라면, 각 경우의 '하위'는 '상위'의 작용 조건에 기초해야만 한다. 그렇지 않으면, 그것의 하나님과의 관계는 바르트가 로마서 주석에서 그토록 열정적으로 말했던 것처럼 '멀어지게' 된다.

그러나 만일 그것이 그렇게 확인된 작용 조건에 기초한다면, 그것은 참으로 하나님, 즉 자유롭게 예수 그리스도가 되시고, 예수 그리스도 안에서 자신을 계시하시는 하나님이 말씀하시는 것이다. 우리는 이 점을 염두에 두고 『교회 교의학』의 다른 권들의 주제들 안에 있는 일련의 연결들을 살펴볼 필요가 있다.

4. 『교회 교의학』

『교회 교의학』은 친숙한 청중에게 자의식적으로 말을 건다. 그들은 하나님의 일과 그들의 삶과 행동의 유대감에 무관심한 이들로 **교회의 교리에 절대 관심을 기울이지 않는다.**[26] 그 '유대감'을 다시 세우는 것이 주요 쟁점이고 바르트는 그것을 특별한 방식으로 시작한다.

1) 제1권: 하나님의 말씀에 관한 교의

(1) 서론: 교의학과 서문의 과제와 위치

교회에서 인간의 언어를 선포로 만드는 것은 질문이다. 따라서 그 연관성(connection)을 시험하는 것(선포의 기준, 즉 계시로 선포를 점검하는 것)이 교리학의 과제다. 교리학은 그 자체로 '긍정적이고, 고무적이고 교화적인 설명을 주고자 추구할 수 없다'(바르트의 접근법은 '비판들'에서 '지식'을 지식으로, '선'을 선으로 만드는 것을 찾고자 했던 칸트의 철저한 연구와 비슷하다).

---

[26] CD I/1, xii.

(2) 제1장: 기준으로서의 하나님의 말씀

인간의 언어와 삶을 '실제로 선포와 교회'로 만드는 작용 조건은 '하나님의 말씀'이다. 이것은 하나님에 대한 인간의 양면 가치(ambivalence)와 대조(opposition) 안에서 작동하는 것이다.

그리고 사람들을 깨우고 분리해, "하나님 자신이 그분의 대사의 입을 통해 왕처럼 말씀하시는"[27] 교회로 모은다. 바르트는 교회생활의 특징인 세 가지 형태에서 이 '작용 조건'을 찾고자 한다. 설교에서 "'하나님의 말씀'은 (실제화하는) 사건으로, 이를 통해 선포는 진정한 선포가 된다."[28]

과거의 계시를 미래로 전달하는 기록된 말씀에서 성경은 이렇다.

① 기억에 규범적이다(그것은 플라톤의 '아남네시스'를 차단한다).
② 왜냐하면, "선지자적이고 사도적 말씀은 교회에서 유효한 모든 말에 필요한 규칙"[29]이기 때문이다.
③ 계시된 하나님의 말씀으로 교회를 소환해 권한을 부여하기 때문이다. 성경은 '사건이다. 그리고 … 사건으로만 이해되어야 한다 … 이 사건에서 성경은 하나님의 말씀이다.' 성경은 그런 하나님의 계시로 보이지 않지만, 과거의 계시를 돕는다. 중요한 계시가 되기 위해 성경은 '하나님의 행위 때문에 말씀이 계시 되는 사건'이 일어나는 장소가 되어야만 한다.[30]

따라서 세 가지, 곧 설교되고 기록되고 계시된 것들의 통일성은 '작용 조건', 즉 그것들을 통해 하나님의 말씀이 발생하는 사건에 기초한다. 이런 식으로 볼 때 그것들은 '객관적으로' 하나의 주체, 즉 아버지와 아들과 성령으로서의 삼위일체 하나님에게만 있다. 따라서 그것들을 기술하는 것은 바르트 교의학의 위대한 업적 중 하나다. 그러므로 모든 것은 인간을 향한 하나님의 언어인 하나님의 말씀에 기초한다.

이 말씀의 본성이 '자연적' 혹은 '역사적'으로 나타났을지도 모르지만, '이것은 하나님 자신이 우리에게 끊임없이 새롭게 말씀하심으로' 우리를 만나시지만, 인간이 알 수 있는 방식을 취하진 않는다. 신적 말씀(divine telling)은 언제나 제일 중요하다. 하나님의 아들에 체화된 그 말씀은 합리적이고 개인적인 사건으로 하나

---

[27] CD I/1, 52.
[28] CD I/1, 94.
[29] CD I/1, 104.
[30] CD I/1, 113.

의 이성과 인격이 인간의 이성과 인격과 소통하면서, 인간을 자율적 자기 언급에서 벗어나게 하고 창조주와 창조물의 관계가 새롭게 되는 들음과 순종을 요구하는 언어다.

그러나 말씀 안에서 하나님의 행위는 항상 그 자체일 뿐만 아니라 그것이 들려지고, 선포되고, 순종되는 시간에 특별하다. 따라서 그것은 거기서 '우발적으로 동시대적'이고 결정적이다.[31]

이것은 누구의 결정적 행위인가?

그것은 변함없이 하나님의 행위다. 그 하나님은 철학자들의 하나님이 아니라 하나님의 자아 개념에 따른 하나님으로, 그 무엇과도 비교할 수 없다. 그리고 세상에 성육신한 은혜의 말씀이시며, 근본적으로 신비이시다. 하나님이 말씀을 통해 자신을 계시하실 때, 우리는 그분의 감추어짐을 인정해야만 한다.

그런 의미에서, 하나님의 말씀을 위한 근거는 그 자체일 뿐이다.

> 하나님의 말씀은 그 어디도 아닌 하나님의 말씀 안에서만 알 수 있다.[32]

따라서 인간이 어떻게 그 말씀을 아는지 물어볼 수 없고, 우리는 단순히 그것을 추정하지 않는다. 우리는 우리 자신으로부터 돌아서서 그것을 지향하게 될 때, 그것을 인정함으로써만 그것을 안다. 하나님의 말씀으로 신앙, 즉 지식을 가능하게 하는 신앙이 실행되는 곳에 '아날로지아 피데이'(analogia fidei, '신앙의 유비')가 있다.

마찬가지로 우리가 그 말씀을 언급할 때, 그 말씀은 이 언급을 실제로 만든다. 그리고 그렇게 함으로써 우리의 하나님에 대한 말과 인간 존재 모두를 '이마고 데이'(imago dei, '하나님의 형상')로 결정하고 새롭게 한다. 그 외에는 하나님을 말하거나 진정으로 존재하는 방법이 없다.

교의학에 의해 시행되는 기준이 있는데, 인간의 선포나 관계들과 그것들이 선포와 교회라는 것을 말해 주는 계시 사이의 연관성과 합의를 시험한다. 명확한 독립 기준으로서 활동적 하나님의 말씀을 대체할 수 있는 것은 아무것도 없다.

그것은 단순한 관념이 아니고, 다른 기준 아래 포괄될 수 없고, 입증될 수 없다. 그것은 (로마 가톨릭교회의 교의학과 달리) 신조를 만들지 않는다. 그러나 그것은 교회

---

31 CD I/1, 145.
32 CD I/1, 222.

와 '실제로 만나는' 말씀이고, 말씀과 교회 안에서의 그러한 만남으로 그것들의 계시와의 연관성이 시험을 받는다. 이런 방식으로 교의학은 선포와 교회와 성경에서 입증한 말씀의 계시와의 합의를 발견함으로써 체계적(scientific)이 된다. 대안, 곧 인본주의적 신학이나 오늘날의 종교학은 타락한 것으로 여겨야 한다.

(3) 제2장: 하나님의 계시

① 삼위일체 하나님

하나님의 계시에서 하나님 말씀의 작동 원리는 하나님 자체다. 그리고 성경은 그렇게 계시가 된 그 하나님이 주(Lord)이시고, 계시자(Revealer)와 계시(Revelation), 계시됨(Revealedness)으로 구분되지만 완전한 통일성을 갖고 계신다고 나타낸다. 당시에 일반적이었던 경험적이고 역사적인 접근법들과는 달리, 바르트는 삼위일체를 가장 중요하게 여긴다. 성부는 우리 존재의 주이시고(창조주), 성자는 그분을 향한 적의에서 우리를 해방하신 주이시며(화해자), 성령은 우리의 하나님께 반응하도록 우리를 해방하신다.

왜 그렇게 복잡한 작용 조건이어야 하는가?

하나님의 주권의 충만은 세 가지 측면에서 성경에서 증언되지만, 하나님 안에서 선행해 존재하고, 우리의 존재와 화해, 자유 안에서 하나님과 우리의 관계에서 너무나 분명하기 때문이다.

② 말씀의 성육신

여기서 바르트는 하나님이 신의 시간과 인간의 시간이 만날 때, 그리고 계시의 신비 속에서 인간을 향해 어떻게 자유롭게 움직이시는지를 기술한다. 그는 하나님의 말씀이 예수 그리스도 안에서 인간이 되고, 그 때문에 인간이 하나님의 말씀이 되는 사건의 실체(현실성)와 하나님의 계시를 동일시한다. 여기서 예수 그리스도는 객관적 가능성(objective possibility)을 제공하는 계시의 객관적 실체(objective reality)이다.

이것은 "계시가 역사가 되지만 역사가 계시가 되지는 않는다는 것을 분명히 나타내야 한다는"[33] 하나님 계시의 현세적 특수성(temporal particularity)을 내포한다. 하나님의 시간과 우리의 시간은 예수 그리스도의 사건에서 성취되는데, 거기서 구약성경의 기대와 신약성경의 기억은 '시대들 가운데' 성취된 시간 안에서 만난다. 그

---

[33] CD I/2, 58.

래도 이것은 우리를 그리스도의 신비의 핵심에 이르게 한다. 예수 그리스도는 '정말로 하나님이고 정말로 인간이시다.' 그분은 크리스마스의 기적에서 드러나는 계시의 '필연적인' 신비를 묘사하는 교의(dogma)이시다.

③ 성령의 부어짐

초점은 성령의 은사들, 그 은사들을 방해하는 '종교적' 방식들, 그리고 하나님의 자녀의 진정한 삶은 무엇인가를 고찰하면서 성령 안에서의 삶으로 이동한다. 성령의 부어짐은 계시의 '주관적 실체'(subjective reality)로서 말씀의 지식을 위해 우리를 '확실히' 깨우치고, 우리가 하나님을 위한 진정한 자유 안에서 누가 될 수 있는지에 대한 자유를 주며, 대안 곧 (모두 불신앙으로 이끄는) 자율적이고 종교적인 능력, 경험과 활동을 뒤집는다. 그 결과 인간은 그리스도 안에서 시작된 교회에서 하나님의 자녀로서 살 수 있게 된다. 따라서 이 교회는 체화된다.

그 교회의 목적은 그리스도를 위해 사는 것이다. 그 교회의 공동의 삶은 성육신하신 말씀에 의존한다. 그러므로 교회는 신적이고, 영원하며, 비가시적인 동시에 인간적이고, 현세적이고, 가시적이다. 여기서 인간은 지식, 사랑, 찬양의 하나님과 적절한 관계를 맺는다. 그리고 여기에 "예수 그리스도의 이름을 선포하라는 명령을 받아 전념하는"[34] 현실성(actuality)인 유일한 '종교'가 있다.

(4) 제3장: 성경

여기서 쟁점은 하나님의 말씀이 교회의 자유를 위한 유일한 권위와 기초로서 교회를 위해 어떻게 일하는가에 대한 것이다. 하나님의 말씀은 예전에 모세, 선지자들, 전도자들, 사도들에게 말씀하셨던 하나님 자체이기 때문에, 그분은 지금 그들이 기록한 말씀을 통해 교회의 주로서 성령을 통해 말씀하신다. 그래서 기록된 말씀은 신적 계시에 대해 증언하고 증언할 것이다. 교회는 성경에 있는 말씀에 순종할 때만 권위를 갖는다. 성경은 또한 간접적이고 상대적이고 공식적이긴 하지만 교회의 자유를 제공하고 제한한다.

(5) 제4장: 교회의 선포

하나님 자신이 그리스도의 교회의 선포를 통한 하나님의 말씀 안에서 말씀하실 때 교회는 하나님에 대해 말해야 하는 명령을 받는다. 교회가 명령을 수행할 때 하

---

[34] CD I/2, 359.

나님 자신이 그분의 증인들을 통해 자신의 계시를 선포하신다. 그리고 이 선포가 성경적 증언을 확증하고 말씀에 순종할 때 그 선포는 순전한 교리다. 교의학은 교회가 진정으로 듣고 가르치는 수단이다.

2) 제2권: 하나님에 관한 교의

1930년대, 나치즘의 폭력적 시대에 저술된 한 권의 책에서 바르트는 하나님이 어떻게 '우리를 위한' 하나님이신지에 대해 초점을 맞춘다.

> 하나님이 값없이 주시는 은혜는 그분의 가장 내적이고 본질적인 본성 안에 계신 하나님 자체, 존재하시는 그대로의 하나님이시다.[35]

이것은 하나님의 실체는 하나님의 존재에 대한 독자적 증명이 아니라, 그분 자신의 은혜로운 자기 결정(self-determination)과 자기 증명(self-demonstration)을 통해 알려진다는 사실을 인정한다. 하나님은 '우리를 위한 결정'과 우리 존재의 조건으로 자신을 '결정하면서' 그분 자신을 위해 언약의 동반자인 인간을 선택하고, 창조하고, 구원하고, 영화롭게 하신다. 하나님에 대한 이런 교의는 '신적 통치와 기독교 인문주의 모두를 다룬 고전적 논의다.'[36]

(1) 제5장: 하나님에 대한 지식

하나님의 객관적 실체와 인간 주체(human subject)와 관련된 문제를 해결하고자 하는 다른 인류학적 시도들과는 달리, 바르트는 하나님에 대한 지식은 (아마도가 아니라 실제로, 독자적 인식론을 통해가 아니라 하나님의 행위로) 말씀과 성령 안에서 성취되는 계시에서 나온다고 주장한다. 이 지식의 '작용 조건'은 성령에 의해 하나님의 말씀 안에서 진리로 알려진 하나님의 진리 안에 있다. 그 안에서 인간은 독립적으로가 아닌 우리의 방식들이 하나님의 은혜로 받아들여짐으로써만 하나님의 진리에 참여한다(이것이 바로 바르트와 에밀 브루너를 갈라놓는 유명한 지점이다). 이 성취는 (우리가 말할 수 있듯이) 매우 실제적이다. 하나님의 존재에 근거하기 때문이다.

---

35 Karl Barth, "The Proclamation of God's Free Grace" in *God Here and Now*, trans. Paul M. van Buren, London: Routledge, 2003, 36ff.
36 John Webster, *Karl Barth*, London: Continuum, 2000, 76ff.

(2) 제6장: 하나님의 실체

우리는 하나님 계시의 행위로 하나님이 누구신지를 알게 된다. 하나님은 사랑 안에서 우리와의 교제를 추구하고 창조하신다.

우리가 없어도 그분은 그분 안에서 성부와 성자와 성령으로서 이런 삶을 자유롭게 사신다. 그분은 자유롭게 사랑하시면서 자신만의 수많은 탁월성(바르트가 '속성'보다 선호하는 단어)의 풍요 속에서 완전하게 사시기 때문이다. 여기서 하나님의 두 가지 주요한 특성을 잘 묘사한다. 하나님은 은혜롭고 거룩한 사랑이시고, 그렇게 되실 수 있는 자유에 있어서 변함없고 영원하시다.

(3) 제7장: 하나님의 선택

바르트는 칼빈의 예정론에 대한 개념을 다시 발전시켰는데, 때때로 그의 가장 위대한 업적이라고 불린다. 그는 하나님이 자유롭게 관계성을 갖는 방식에 대해 논한다. 하나님은 자유롭게 사랑하시는 하나님으로서 자신을 자유롭게 '결정하신다'. 예수 그리스도를 앎으로써, 우리는 '선택하시는 하나님'과 '선택된 인간'을 발견하는데, 바로 거기서 하나님은 인간을 예정하시며 그분 자신을 예정하신다.

이것은 죄악 된 인류를 위해 자신을, 자신을 위해 죄악 된 인류를 자유롭게 결정하시고, 그 때문에 인간으로부터 거절당하시고, 그분의 영광에 참여하도록 인간을 선택하신 하나님의 '영원하고, 자유롭고, 변함없는 은혜'의 증거가 된다. 증인 공동체의 선택은 이것으로부터 비롯된다. 이것으로부터 모든 거절은 예수 그리스도에 의해 무효가 되고, 모든 구성원은 온 세상에 증언하는 자로서 선택된다. 이런 상황 속에서, 우리는 하나님의 주장, 결정, 심판에서 비롯된 신적 명령으로서 윤리를 이해한다.

(4) 제8장: 하나님의 명령

여기서 인간을 위해 하나님이 그들을 선택하신 의미들이 제시된다. 하나님은 은혜로 우리를 구하시려고 우리와 관계를 맺으신다. 그리고 우리의 시작이자 목표인 하나님의 결정 안에서 사는 순종을 우리에게 요구하신다. 그리고 그리스도의 죽음으로 인해, 우리를 의롭다 선언하시고, 하나님의 주권 아래에서 영원히 살도록 우리를 구원하신다.

3) 제3권: 창조에 관한 교의

창조에 관한 대부분의 현재 신학 연구와는 달리, 바르트의 접근법은 계시된 하나님의 말씀을 통해 알려진 것에 초점을 맞춘다. 하나님의 편에서 창조는 그분의 생명과 영광을 공유하도록 하는 뚜렷한 실체를 창조하고 구하는 것이다.

인간의 편에서 창조는 은혜 안에서 존재하는 것이다. 둘은 모두 구속의 완성을 기대한다.

(1) 제9장: 창조의 사역

인간의 자기 설명이나 다른 기술과 학문의 통찰이 아니라, 오직 예수 그리스도 안에서의 신적 자기 증거에 반응하는 믿음에 의해, 사람들은 그들의 존재와 형태의 원천을 발견한다. 믿음으로 그들은 하나님이 창조주이시고 세상이 창조되었다는 것을 안다. 그리고 이 믿음은 성령을 통한 예수에 대한 지식(예수 안에서 실현된 창조주와 피조물의 통일성[unity]과 그분에 의해 중재된 생명, 그리고 그분 안에서 발견된 선함)에서 나온다.

이것은 (보이지도 설명되지도 않고, 전설로 표현되는 역사를 가진) 창조의 의미와 언약의 역사 속에서 행해진 창조의 선함을 결합한다. 이 언약으로 인간과 하나님의 교제는 예수 그리스도 안에서 그 시작과 중심과 절정을 갖는다. 언약의 역사는 창조의 목표이고, 창조는 그 시작이다. 그래서 우리는 창조주의 사역을 유익으로 여긴다. 그 유익은 선함을 위해 피조성(creatureliness)의 한계 내에서 실현된다.

(2) 제10장: 창조의 사역

인간은 하나님의 말씀을 통해 하나님과의 관계가 드러나는 피조물로서 중심적인 위치를 갖는다. 이것은 어떤 특정한 우주론을 생성하는 것이 아니라 창조와 언약을, '자연'과 개인의 책임과 그 이행을 밀접하게 연결한다. 우리는 인간 예수 그리스도 안에서[37] 창조된 인간이 하나님에 의해 선택되고, 책임을 부여받고, 그 책임을 완수할 수 있는 존재라는 사실을 안다. 인간이 된다는 것은 하나님과 함께하는 것이고, 그리스도의 영광은 그분이 진정한 피조물이면서 '하나님을 완전하게 섬기신다'[38]는 데 있다. 따라서 인간은 공존적 인간(co-humanity), 구체적 만남 안에 있는 존재, 타자들을 위한 존재, 이중성 안에 있는 단일성으로 여겨진다.

---

37 CD III/2, 68.
38 CD III/2, 64.

바르트는 디트리히 본회퍼(Dietrich Bonhoeffer)에게서 배운 바대로 인간의 피조성을 남자와 여자의 만남으로 묘사한다. 그 만남에서 인간은 창조주와의 유사성과 창조주 안에서의 소망을 배운다. 그리고 성령을 통해, 인간들은 몸과 분리될 수 없는 통일성 안에서 주체들과 영혼들로서 그들 자신을 이해한다.

그리고 인간들은 그들의 창조주, 언약의 동반자, 현세적 삶의 소망인 영원하신 하나님에 의해 항상 제한되는 인생을 산다.

(3) 제11장: 창조주와 피조물

바르트는 창조와 언약, '자연'과 '역사'를 관련시키면서 어떻게 언약의 역사가 '신적 섭리의 통치'[39] 안에서 '외적 이유'를 갖는지 보여 준다. 그의 책에서 가장 독창적 부분에서 바르트는 창조된 존재들의 '역사' 속에서 신적 통치와 관련된 질문들을 상정한다. 창조주는 완전한 은혜의 섭리로 그 역사를 돌보신다.

창조주의 의지는 언약의 역사 속에서 성취되고 예수 그리스도 안에서 완성된다. 이런 돌보심은 하나님의 주권처럼 포용하고, 보존하고, 동행하고, 통치한다. 그리고 창조는 자신의 힘으로가 아니라, 하나님의 자유로운 사랑으로 인해 '텔로스'(telos, 목적)와 성품(character)을 받는다. 하나님이 기뻐하시는 개별적 존재(particular existence) 안에 있는 모든 것도 하나님의 명령을 받는다.

> 일반적으로 그리고 구체적으로 하나님 자신이 피조물을 위해 그 목표들을 정하신다. 그 목표는 피조물이 실제로 획득하고 … 궁극적으로 하나님의 뜻을 실현하게 될 것이다.[40]

그러나 여기서 중대한 문제가 발생한다. 하나님의 세상 통치에 대한 피조물의 내재적 반대와 저항, 무(nothingness)라고 일컬어지는 이질적 요인(alien factor)의 침입이다.

『교회 교의학』의 가장 중요한 부분 중 한 곳에서 바르트는 무의 '존재적 특성'을 하나님의 은혜에 대한 거부와 저항에서 발생하는 악으로, 악과 인간의 죄를 (그리스도의 부활과 재림으로부터 돌이켜 볼 때) 과거가 된 은혜의 상실로 묘사한다.[41] 이런 통찰력

---

[39] CD III/3, 7.
[40] CD III/3, 167.
[41] CD III/3, 353.

은 하나님 나라의 예수 그리스도 안에 있는 하나님 주권의 궁극성, 거기로부터 하나님이 세상에서 일하실 때 그분과 함께 오는 '순전한 증인들'(천사들)을 하나님에 대해 증언하고 악의 세력을 이기는 자들과 함께 파송하신다는 바르트의 재주장에 반영되어 있다.

(4) 제12장: 창조주 하나님의 명령

제3권 전체에 걸쳐서 바르트는 창조와 언약, 자연과 섭리의 역사에 관심을 기울인다. 그리고 이제 그는 그것들의 윤리적 상대들, 앞에서 논의된 영역(만남, 생명, 제한)에서의 명령과 자유로 향한다. 하나님처럼 창조된 존재는 섭리 행위다.

> 참 하나님은 행동, 선한 행동으로 특징지어지는 것처럼, 참 인간은 행동, 선한 행동으로 특징지어진다.[42]

특정한 결정이나 상황이 아니라, 일반적인 형태, 영역, 윤리와의 관계에 대한 논의에서, 기독교 선포 시 하나님의 말씀은 인간 행동에서의 선을 하나님의 은혜로운 명령 형태로 취한다는 사실을 발견한다. 그 안에서 인간은 구체적으로 행동하게 된다. 하나님의 명령과 인간의 행동은 모두 '역사적으로 연결되고', 다른 요소들을 갖는다.

그러나 삼위일체 하나님은 예수 그리스도 안에서 이미 행동을 피조적으로 성화시키신 창조주와 명령자로서 인간을 만나신다. 따라서 숙고해야 할 사안은 책임에 대한 하나님의 요구가 하나님 앞에서의 인간의 자유(안식일의 예배, 자유와 기쁨 안에서 그리고 고백과 간청으로), 교제 안에서 인간의 자유(가족과 이웃이 서로를 긍정하고, 존중하고, 즐거워한다), 생명을 위한 자유(동료 인간들을 의지하라는 부름)를 통해 어떻게 실행되는가에 대한 것이다. 모든 경우에서 질문은 사람들이 창조주와 주로서 하나님이 인간을 위해 정하신 목적, 현세적 한계, 소명, 특권 내에서 모든 생명을 어떻게 존중하고 보호해야 하는가에 관한 것이다.

4) 제4권: 화해에 관한 기독교 교의

이제 바르트는 화해에 특유한 하나님 말씀의 역학 관계로 방향을 돌린다. 그는

---
[42] CD III/4, 3.

『교회 교의학』 I/2에서 시작한 그리스도론을 전개한다. 하지만 지금은 예수 그리스도의 인격과 직무와 방식, 죄, 심판, 칭의, 성화, 소명, 공동체, 우리의 자리에서 "먼 나라로 들어가시는" 아들의 역학 관계 안에 있는 개인, 그분의 귀향, 그분의 통일성을 하나의 '역사적' 내러티브에 통합한다.

그것은 지성적이며 존재론적인 의미로서의 기독론을 보여 주는데, 그 안에서 예수 그리스도는 수치 속에서 신성을, 찬미 속에서 인성을, 중재자로서의 자기 계시 안에서 '신-인간'의 통일성을 보이신다. 이처럼 그것은 이전의 것들을 놀랍도록 개괄하며 개정했고, 『교회 교의학』의 대안적 접근을 많은 독자에게 제공했다.

'바르트는 자신의 하나님에 대한 이전의 과학적이고 분석적이고 삼위일체적인 설명을 그리스도의 수치와 죽기까지의 순종을 하나님 존재 안에서의 움직임으로 확인함으로써 강화한다.'

이를 통해 그의 관념화된 신유일론(abstract theonomism)적 초기 경향을 신인간론으로 수정한다.[43] 이 안에서 옛 교의적 주제들이 재구성되고 개선된다.

(1) 제13장 : 주제, 문제들, 연구

여기서는 '기독교 메시지의 핵심' 다음에 '참 하나님, 참 인간', 그리고 (그 둘의 통일성 안에서) 우리 속죄의 보증인이신 예수 그리스도에 대한 지식이 제시된다. 예수 그리스도 안에서 하나님의 신실하심의 자유로운 행위는 다음을 '포함한다'.

① 스스로 타락한 인간에 대한 지식(교만, 나태, 거짓).
② 화해에 관한 지식(칭의, 성화, 소명).
③ 성령의 역사에 대한 지식(공동체의 모임, 세움, 보냄).
④ 예수 그리스도 안에 있는 그리스도인들의 존재(믿음, 사랑, 소망 안에서).

이런 것들로 인한 움직임은 다음 세 개의 장에서 제시된다.

(2) 제14장 : 예수 그리스도, 종이신 주

참 하나님인 예수 그리스도의 움직임, 즉 인간을 화해되도록 만든 움직임이 여기서 보이기 시작한다. 하나님의 엄위 안에서 영원하신 아버지의 영원하신 아들은 죄인의 형제가 되기 위해 자신을 바치고 수치를 당하시고, 우리에 대한 배상으로 아

---

43 Jüngel, 46.

버지에 의해 올려지려고 그 죄인의 자리에서 죽으며 자신을 심판하심으로써, 우리를 위해 순종하셨다. 이 안에서 죄인인 인간이 어떤 상황에 있는지, 인간이 어떻게 의롭게 되는지, 성령에 의해 인간이 새로운 공동체 안에서 어떻게 깨어나고 모이게 되는지가 보인다.

(3) 제15장 : 예수 그리스도, 주이신 종

따라서 인류를 섬기기 위해 낮아지신 하나님의 아들은 또한 주, 즉 다른 모든 인간을 위해 그들의 대표이자 구세주, 성령 안에서 신적 명령의 내용으로 하나님의 존재, 생명, 주권에 완전히 참여하시는 새롭고 진정한 왕적 인간(royal man)이 되기 위해 높여지신다. 이것은 다른 측면들, 곧 인간의 죄(자유의 거부와 비참할 만큼 자기 고립적 존재), 구원(언약의 동반자라는 새로운 형태의 존재, 자각과 회심), 그리고 이 땅에서 그리스도의 역사적 몸으로서 기독교가 세상에서 활기를 띠고 그리스도인들이 증언할 수 있게도 만드는 성령의 역사를 드러낸다.

(4) 제16장

성경에서 볼 수 있듯이 방금 묘사된 움직임은 예수 그리스도를 듣고, 믿고, 끝까지 순종해야 하는 하나님의 말씀으로 입증한다. 그 움직임들은 하나님의 약속이 예수 그리스도의 부활 안에서 인간을 만났을 때의 결과들이다.

이처럼 그것들은 인간의 죄(인간은 잘못된 자기 주장, 왜곡, 필연적 멸망 안에 갇혀 있다는 것), 구원(그리스도인에 대한 예수 그리스도 안에서의 진리와 새로운 지위에 대한 적극적 지식을 일깨우는 창조적 소명, 하나님과의 교제, 선지자적 증거와 섬김), 소망의 공동체의 일원으로 만드시는 성령의 역사(예수 그리스도 안에서 실현되는 하나님의 계시와 뜻을 완성하는 재림에 대한 기대)에 대한 그 이상의 측면을 제시한다. 따라서 이 권에서 우리는 삼중의 움직임을 보게 되는데, 각 움직임은 서로 다른 주제들과 양면들을 수반한다.

① 하나님과 인간, 참된 증인인 예수 그리스도의 '인격'. 그분의 제사장, 왕, 선지자로서의 '직무', 자기를 비우시고, 높임을 받으시고, 빛이신 분으로서의 '방식'.
② 교만과 타락, 나태와 곤궁, 거짓과 정죄로서의 '인간의 죄'. 심판과 칭의, 명령과 성화, 약속과 소명으로서의 '구원'.
③ '공동체' 안에서의 모음, 세움, 보냄으로서의, 그리고 '개인' 안에서 믿음과 소망과 사랑으로서의 '성령의 역사'.

요약하면, 예수 그리스도는 결국엔 죽음에 이르게 하는 인간의 변증법적 자기 거리 두기(self-distancing)를 따르신다. 그러나 그렇게 하심으로써 그것을 뒤집어 사람들을 하나님 안에서 소생시키신다.

(5) 제4권의 미완성 부분 : 그리스도인의 삶

바르트는 이 부분에서 '신적 역사와 은혜의 말씀에 대한 인간의 자유롭고 적극적인 답'을 보여 주고, 신적 선물에 대한 기억이 그리스도인의 삶을 어떻게 가능하게 만드는지를 설명하고자 했다. 이 안에서, 교회 안에 그러한 기억을 수행하는 세례, 기도, 주의 만찬과 같은 수단들은 매우 중요하다.

바르트는 이런 수단들을 하나님의 일과 인간의 일로 제시하고자 했다. 세례에 대한 남아 있는 미완성 부분은 지금 실제화된 하나님 나라의 우선성을 강조하는 데 있어 독특하다. 그 안에서 은혜로우신 하나님의 자유만이 인간을 진정으로 변화시킨다. 이전에는 아니었던 존재가 되고 하나님께 신실하려고 자유롭게 되는 신적 심판에 의한 진정한 변화는 '인간 스스로가 가장 적절한 주체성 안에서 낯선 사람으로서서 있는 것을 그만두고 … 모든 것이 그를 위해 특별히 준비된 장소로 다가가 들어가는' 곳에서만 완성된다. 여기서 하나님의 자유 안에서의 그분의 능력은 (예수 그리스도의 역사 안에서, 그리고 성령에 의해) 사람을 하나님의 은혜에 활발하게 참여할 수 있도록 만든다. 이 '성령의 세례'는 어떤 사람이 기독교 공동체와 함께 하는 공동 고백 속에서 기독교의 물세례를 요구받을 때 그리스도인의 삶을 시작하는 전형이 된다. 물세례는 성령을 통해 미래의 것(future thing)으로 향하게 된다. 따라서 바르트는 세례의 '성례전적인' 관점을 버리고 명확한 대안을 제공한다.

5. 논쟁

바르트의 평생에 걸친 연구는 세상에 정통 기독교 신앙의 견고한 위치를 세우는 것이었다. 세상에서 기독교 신앙은 주변화되어 있었고, 그 결과 세상은 심각하게 타락해 있었다. 이 '세상'은 최근에 생긴 것이 아니었다. 그것은 현재뿐 아니라 전체 기독교 역사에서 발견되는 체제 전복적 성향들을 포함했는데, 바르트는 그중 많은 것을 『교회 교의학』에서 다루었다. 이런 성향들은 신학의 환원주의적 방식에 대한 대응들로 여겨졌다. 바르트가 교육받았고, 당시 사람 중 일부가 주창했던 접근법들로, 칸트철학, 헤겔 철학, 슐라이어마허, 폰 하르낙 등을 결합한 것이었다.

바르트는 주로 역사와 철학을 조합하여 머리가 많은 이 괴물과 싸웠다. 이 괴물은 예나 지금이나 실제적 위협이었다. 오늘날에 일반적으로 만들어진 전제들 안에 남아 있다. 그러나 바르트는 겁을 먹지 않았다. 하나님의 자기 계시의 실체를 추적하는 것이 가능하다고 여겼기 때문이다.

그의 업적 중 대부분이 '심층 분석'이라고 불릴 수 있는 것, 즉 역사, 현대 신학의 장단점을 밝혀내는 데 사용했던 것과 개혁주의 기독교의 비평적 재구성론을 결합할 수 있었던 그의 능력에 기인한다.

그에 비해, 20세기의 다른 신학자들은 대부분 둘 중 어느 한쪽을 시도하는 데 매우 제한된 것처럼 보였다. 그가 역사적 분석과 재구성을 밀접하게 결합한 것은 다른 입장들의 가치에 대한 그의 판결이 그가 그것들을 판단하기 위해 사용한 건설적 입장과 직접 관련이 있다는 것을 의미한다.

하나에 어떤 문제가 있다면, 다른 것에도 문제가 있을 것이다. 그는 『교회 교의학』 앞부분에서 교의학은 교회와 교회의 선포를 확인해야 한다고 서술한다. 그리고 그는 이런 비평적 작업을 자주 반복한다. 하지만 그는 기독교 신학의 내용을 재구성하기도 한다.

우리가 지금 신학에서 하는 일에 그 둘이 어떻게 관련되어 있는가?

대체로 오늘날 많은 그리스도인이 기독교 신학의 중심적 측면을 다루는 그의 방식에 대개 동의한다. 그러나 하나님을 어떻게 알게 되는가에 대한 바르트 자신의 결론은 그러한 지식이 발생한다고 많은 사람이 가정하는 방식들보다 분명하고 설득력이 있다.

다르게 말하면, 그는 하나님의 진리가 그 자신을 하나님의 은혜로 인한 믿음을 통해 알게 되는 하나님 말씀의 순수하고 강력한 사건으로 제시한다는 사실을 발견하는데, 그것은 하나님과 창조, 화해에 대한 우리의 이해에 있어 매우 중요하다.

최근의 개념들은 덜 정확하고 훨씬 더 온화하다. 신앙은 '경험'과 같고, 신학은 의미에 대한 인간의 염려와 같다. 바르트 신학의 주요한 교훈 중 하나는 그와 같은 신앙의 요구와 창조되고 구속된 모든 존재와 활동에 대해 그것이 함축하는 의미의 범위 안에서 계속해서 보여 주는 날카로운 통찰력에 있다. 그것은 좀 더 온화하고 덜 신중하게 생각된 대안들을 위해 회피되어서는 안 된다.

그러나 바르트는 수월한 동반자가 아니다. 그는 하나님의 말씀에 공생하고 인간의 경험을 체계화하는 것에 저항한다. 그리고 그는 하나님의 말씀이 모든 인간의 삶과 이해에 규범적이라고 생각한다.

이것은 우리에게 즉각적으로 그의 신학에 대한 주요 쟁점을 보여 준다. 바르트 신학의 기초는 세상에서 하나님이 스스로 주도하신 인간과의 관계, 즉 하나님의 말씀 안에서의 하나님의 적극적 자기 계시로, 바르트는 이를 사용해 성경을 해석한다. 그리고 하나님과 세상과 인간에 대한 모든 것들이 이를 통해 알려진다.

이것은 삼위일체 하나님이 내외적으로 아들 안에서 선택하시는 하나님이자 선택받는 인간, 창조주이자 언약의 동반자, 섭리하시고 화해하시는 분이 되기 위해 인간을 구속하고 영화롭게 하는 완전한 외적 움직임에 이르기까지 그분 자신이 되기 위해서 선택하신 특정한 행위로, 다른 모든 것은 이것에 좌우된다. 그것을 현실성(actualism)이라고 쉽게 표현할 수 있지만, 바르트의 경우 이것은 일반적 철학적 상황이 아니라 '하나님의 주권적 행위'이시다.

하나님과 세상과의 관계를 이해하는 이런 방식에는 많은 장점이 있다. 특히 (현대적인) 명확성과 불연속성에서 그것은 하나님의 정체성을 그분의 관계(상호 주관적 행동)로 이해하며 하나님을 확인하는 특별한 방식이다.[44]

주(Lord)의 확고한 정체성을 이스라엘의 확인과 예수의 '나는 –이다'를 통해 제시하는 복잡한 성경의 증언이 하나님과 그분의 다른 모든 것과의 관계를 해석하는 바르트의 방식에 의해 충분히 이해되었는지는 분명치 않다. 그것은 예수 그리스도 안에서 하나님 말씀과의 직접적 연관성, 진리이고 선한 것의 확립, 그리고 진리이거나 선한 모든 것을 실제로 통제하는 일을 포함하는, 모든 문제에 대한 하나님의 선택의 주권적 자유를 완전히 인정하기 때문에 매력적이다.

그러나 그것은, 바르트가 후기에 (그리고 제한적으로) 이것들을 용납했음에도, 역사적이고 복합적이고 특정적이고 신비적으로 남아 있는 것을 지나치게 명확하게 한 것일지도 모른다. 그러한 방식은 또한 신학이 우리를 위해 옳고 그른 행위의 기준이 선택되고, 그에 따라 선택해야 하는 결정의 중요한 순간에 초점을 맞추도록 한다. 적어도 『교회 교의학』의 후반부에서 바르트는 이런 것들이 하나님 말씀의 우발적 동시성(contingent contemporaneity)처럼 일반적이며, 인간과 그들이 처한 상황의 특수성을 손상하지 않는다는 점을 분명히 한다. 그러나 하나님의 선택들은 결정적이고, 따라서 우리의 선택들도 그래야 한다고 강조한다. 그리고 이것은 우리로 모든 것이 그러한 결정적 방식들로 만들어지는지를 질문하도록 강요한다.

그 질문에 대한 답은 때로는 그렇다, 때로는 아니다가 되는 것 같다. 바르트조차도 중요한 결정들이 이뤄지는 요지에 초점을 맞추고, 우리는 우리의 삶 역시 중요

---

44 여기에는 현대 후기-칸트학파 관념론의 함축적 의미가 담겨 있을 수 있다(예, 크로체[Croce]와 젠틸레[Gentile]).

한 점에서 결정적이어야만 한다는 것을 쉽게 상상할 수 있다. 이것이 우리가 살아가는 수많은 작은 방식들에 그렇게 도움이 되는지는 잘 모르겠다. 아마도 그것들은 초월적 존재에게는 적합할 것이다.

그것들이 삶의 내재적 복합성에도 적합한가?

그러한 사안들은 인간의 말과 행동이 관련되는 곳에서는 매우 어려워진다.

첫째, 하나님의 말씀에서 분명히 나타나는 하나님의 목적의 순수성은 교의적 기준으로 사용될 때 어떻게 성경과 교회, 선포에서 실제로 발견되는가?

그것은 우리가 '성경' 안에서 말씀만이 아니라 명확한 교리적 기준과 진술을 찾는 권한을 부여하는가?

그것은 성경과 교리를 병합하는, 즉 교리는 성경에서 내적 논리적 양식을 찾고, 성경은 교리적 요점에 대한 아마도 매우 암시적 예가 되도록 하는 위험을 초래한다.

성경은 계시에 대한 우연성과 기억에 대한 규범적 매개체로서의 위치를 유지하면서 교리와 좀 더 신중하게 구분되어야 하지 않는가?

둘째, '교회'에 관한 한, 그러한 순수성은 하나님과 만나면서 끊임없이 새로워질 때조차도 사람들이 '바깥' 세상에 선포해야 하는 곳에서부터 그들을 교회로 모으고 분리하는 일에서 가장 잘 나타나지 않는가?

아니면 본회퍼가 이해했듯이, 교회의 경계선들이 불분명하지 않은가?

그래서 교회의 사회적 현실에서 계시가 일반적 사회적 현실과 명확하게 구별되지 않는 것은 아닌가?

셋째, 선포의 순수성을 이처럼 강력하게 강조하는 것은 그것이 발생하는 사건들이 거의 소멸할 때까지 그 위치를 고수하는 것인가?

그 결과는 설교 된 말씀을 비성례전화(de-saramentalize)하는 것이다. 『교회 교의학』의 전반부에서 전개된 삼위일체 개념에 비슷한 질문들이 있다. 먼저, 바르트의 '말씀의 순수한 신학'은 삼위일체를 보호한다. 그러나 '수직적인' 통일성으로서 구분해 그렇게 한다. 따라서 계시가 되는 하나님은 계시자, 계시, 계시됨으로 완전하게 구분되지만 완전하게 통일되는 주이시다.

하나님과 창조를 다루는 부분들을 따르는 매우 풍성한 설명들조차도 하나님이 우리 존재의 주, 그분을 향한 우리의 적개심으로부터 우리를 해방하시는 주, 우리로 반응하도록 하시는 주로 여겨지는 세상에서 하나님의 일을 '요약한' 위치에 삼위일체를 놓아둔다. 그리고 바르트가 그러한 '수직적인' 논리의 제약에서 가장 자유로워 보이는 곳(제4권)에서조차도 그가 하나님의 화해 사역에서 발견한 '나선형의' 상하형 통일성은 그러한 사고가 남아 있음을 계속해서 보여 준다.

그는 분명하게 역사적인 것, 즉 언약의 역사, 섭리, 화해를 다룰 때, 역사 그 자체가 이런 논리를 수정하도록 완전히 허용한 적이 있는가?

그는 그가 통상적으로 인정받는 것보다 그 방향으로 훨씬 더 멀리 나아간다. 그리고 창조된 존재의 특수성을 훨씬 더 충분하게 인정한다. 그러나 거기에서도 하나님은 주로 창조된 존재의 성품과 질서, '텔로스'(telos, 목적)를 정하신다고 여겨지는데, 그러한 모습은 하나님 나라에서 예수 그리스도께서 소유하신 주권으로 충만하게 표현된다.

그러나 이것이 하나님으로 인간들의 역사와 투쟁에 온전히 참여하실 수 있도록 하는가?

아니면 그것은 인간 상황의 특수한(공간적, 시간적) 사항들에 하나님의 완전한 개입을 허용하기에는 너무나도 일반적 형태를 가진 하나님의 말씀을 바르트에게 남기는가?

다시 말해, 바르트가 '진리의 역사'로 방향을 바꾼 제4권에서도 그것은 앞에서 언급되었듯이 하나님의 결정적 사역에 포함되고, 역사는 작은 역할을 감당한다. (예를 들어 융엘에 의해) 가끔 제안되듯이, 근본적 문제는 바르트 신학이 그 신랄함과 범위와 탁월함 때문에 오늘날 복잡한 요구에 맞추는 몇 가지 구조적 가정에 의해 크게 제한될지도 모른다는 것일 수도 있다. 그렇다고 기독교 신학의 척도로서 바르트 신학의 지속적인 중요성을 부인하는 것은 아니다.

6. 영향, 업적, 의제

바르트의 영향력은 그의 생전, 그 이후의 신학 역사와 사실상 같다고 할 정도로 광범위하다. 그의 연구는 방법론에서 매우 단호하고 범위에서는 매우 포괄적이기 때문에 우리는 그와 같은 접근법을 사용하는 사람들, 다른 방식으로 그와 논쟁하는 사람들, 그의 준거 틀 내외에서 그가 관심을 가졌던 주제들을 확장하는 사람들과 계속해서 만난다. 그는 20세기 기독교 신학의 지위를 재편성하고 강화했기 때문에 항상 다른 사람들에게 시작점이 된다. 그렇더라도 우리는 그가 끼친 영향의 특정한 유형들과 그의 영향을 받은 다양한 사람들을 개략적으로 확인할 수 있다.

오늘날 신학을 탐구하고, 해석하고 확인하기 위해 그가 구축한 준거 틀을 거의 그대로 사용하는 이들이 있다(예, 브루스 맥코맥). 다른 이들은 그의 준거 틀 내에는 있지만, 바르트가 직접 관심을 두지 않았던 영역으로까지 확장한다(예, 토마스 토랜스).

바르트 신학에 유의미한 측면에서 동의하는 사람들이 있다. 그들은 바르트가 했던 연구의 의의를 확대하고자 다른 준거 틀을 사용해 그를 공정하게 다룬다(예, 디트리히 본회퍼, 도널드 매키넌). 다른 사람들은 그의 준거 틀로부터 비판적으로 벗어나서 그의 관심사를 다른 것들로 바꾼다(예, 볼프하르트 펜넨베르크).

그러나 이런 개요는 바르트의 광범위한 영향력을 충분하게 평가하고 있지 않다. 만일 우리가 교의 신학을 연구하는 오늘날의 방식들을 살펴보면, 특정한 주제, 곧 계시, 그리스도론, 삼위일체, 창조, 악, 구속을 다룬 바르트의 방식들이 그 이후의 논의에서 체계적 연구로 암암리에 받아들여지고 있다는 것을 보게 된다. 어떤 의미에서 바르트를 이렇게 단편적으로 사용하는 것은 그의 신학에 대한 철저한 이해에서 비롯된 것이 아니다. 그러나 다른 의미에서 그것은 이후의 신학에서 바르트 신학이 중요하다는 사실을 증명한다.

그러나 만일 우리가 넓은 의미에서 오늘날 신학에서 바르트가 차지하는 위치를 고려하면, 그의 신학이 이제는 '전통적 교리'로 칭해질 수 있는 특정한 선택에 대한 중요한 예로 여겨지면서, 그것을 다시 세우고, 통합하고, 강화하는 법을 보여 주고 있다는 사실을 발견한다. 우리가 보았듯이, 바르트는 신학의 규범적 지위를 확고히 함으로써 이것을 행하는데, 그 신학의 내용과 방법은 뒤섞여 있고, 그것의 인식론은 예수 그리스도 안에서, 즉 세상 창조와 구속 그리고 그로부터 종결될 수 있는 모든 것 안에서 스스로 삼위일체가 되시는 하나님을 계시하는 하나님의 말씀을 통해 계시가 되는 사건의 현실성에 근거한다.

그러나 오늘날 바르트의 연구는 그가 확립했고, (적응하는 것을 매우 어렵게 만드는) 형태의 놀랄 만한 순수성을 통해 입증했던 한계(parameters) 내에서 성취될 수 있는 것에 대한 '전통적 교리'를 훌륭하게 연구한 열정적이고, 풍성하고, 자극적인 예로 여겨지는 것 같다. 그것을 제안하는 것조차도 바르트의 접근법이 가진 우발성을 인정하는 것이다. 단순히 그것은 하나님의 행위 여하에 달린 것(그의 주장대로 달려야 하는 것)이 아니라 그 방법과 내용에서도 하나님 나라의 궁극적 외부수행(ultimate outworking) 여하에도 달려 있다. 만일 그렇다면, 바르트 신학이 가져오는 확실성은 비록 매우 제한된 형태일지라도 역사적, 종말론적 준거 틀로 변형되는데, 그 준거 틀과 그것이 가진 모든 특성은 새로운 연구를 위해 개방되어야 할 것이다.

그러나 우리가 살펴봤듯이, 그의 신학에서 방법과 내용이 한데 뒤섞여 있어 이것을 매우 어렵게 만든다. 그것은 그것 자체의 역사적 우발성을 인정하지 않으려고 한다. 아마도 이것이 바르트가 자주 자신을 새롭게 발견했던 이유이며, 바르트를 해석하는 많은 사람이 그를 이해하기 위해 '전통적 교리'를 계속해서 선택하는 이유일지 모른다.

참고 문헌

1차 자료
Anselm: Fides Quaerens Intellectum (London, 1960).
Church Dogmatics (Edinburgh, 1936-69).
Protestant Theology in the Nineteenth Century (London 1952, 1972).
God Here and Now (New York, 1964).
The Word of God and the Word of Man (New York, 1957).
The Epistle to the Romans (London, 1933).
The German Church Conflict (London, 1965).
Wolfgang Amadeus Mozart (Grand Rapids, MI, 1986).

2차 자료
Busch, Eberhard, *Karl Barth: His Life from Letters and Autobiographical Texts* (London, 1976).
Ford, David F., *Barth and God's Story* (Frankfurt, 1981).
Hunsinger, George, *How to Read Karl Barth: The Shape of His Theology* (New York, 1991).
Jehle, Frank, *Ever Against the Stream: The Politics of Karl Barth, 1906-1968* (Grand Rapids, MI, 2002).
Jenson, Robert W., *God After God* (New York, 1969).
Jüngel, Eberhard, *Karl Barth: A Theological Legacy* (Philadelphia, PA, 1986).

McCormack, Bruce L., *Karl Barth's Critically Realistic Dialectical Theology: Its Genesis and Development* (Oxford, 1995).
Torrance, Thomas F., *Karl Barth, Biblical and Evangelical Theologian* (Edinburgh, 1990).

제2장

디트리히 본회퍼(Dietrich Bonhoeffer)

웨인 윗슨 플로이드(Wayne Whitson Floyd)

1. 서론

디트리히 본회퍼(Dietrich Bonhoeffer)는 오랜 시간 동안 신학적 대화의 상대로 여겨지고 있다. 그는 현대 신학의 전형으로 칭송을 받아 왔다. 그러나 구식이 되어 가고 있다는 조롱도 받아 왔다. 포스트모던 시대가 시작된지 꽤 지났음에도 그의 목소리는 여전히 시대에 뒤처진 근대성의 수렁에 절망적으로 빠져 있기 때문이다.

골수 자유주의자들, 반동적인 보수주의자들, 가톨릭교도들과 개신교도들, 유럽과 미국의 주류, 개발도상국의 해방을 외치는 목소리들은 모두 그에게서 그들 자신의 신학적 책임에 대한 전조를 보거나 영감을 받아 왔다.

하비 콕스(Harvey Cox)가 40년 전에 했던, 본회퍼는 현대 신학의 산 로르샤흐 테스트(Rorschach test, 좌우 대칭의 불규칙한 잉크 무늬를 보고 어떤 모양으로 보이는지를 말하게 해 그 사람의 성격, 정신 상태 등을 판단하는 인격 진단 검사법) 역할을 해 왔다는 말은 지금도 사실로 남아 있다. 영국과 미국 사회에서 주로 '급진적 세속주의자'라는 오명을 받았던 본회퍼는 '사신'(death God) 운동의 마수로부터 완전히 풀려나야 한다.[1] 이에 반해, 본회퍼가 전통적 성경, 신학 어휘와 주제들을 불편함 없이 폭넓게 받아들였지만, 그를 극단적으로 단순화된 보수 복음주의의 틀에 집어넣을 수는 없다.[2]

---

1 1956년에 출간된 John A. T. Robinson의 충격적 책인 *Honest to God*을 보라. 놀랍게도 그는 아직도 그렇게 이해되고 있는데, 심지어는 그의 저서들을 영문판으로 출판한 출판사도 그렇게 생각한다. *Fortress Introduction to Contemporary Theologies* (1988)를 보라.

2 그렇게 연구한 최초의 책은 Georg Huntemann의 *The Other Bonhoeffer: An Evangelical Reassessment of Dietrich Bonhoeffer* (1933)였다.

현대 기독교 신학의 주요 문헌에 들어간 본회퍼의 표현들과 주제들에 너무 익숙하다 보니 그것들의 반문화적 근원에도 쉽게 익숙해지는 경향이 있었다. 그것들은 본회퍼를 그의 동료들과 차별화시킨 감성에 기반을 두었다. 특히 학계에 나타난 '본회퍼 정통 신학'은 본회퍼가 말하고 의미했던 것들을 너무나 잘 알아서, 그가 남긴 문화적 유산으로 당혹스럽게 되고, 사회적, 정치적, 신학적 현상에 대한 본회퍼의 의도된 도전들로 자신들이 존재론적으로 도전받고 있다고 여기는 이들은 거의 없을 것이라고 가정한다.

마침내 완성된 본회퍼 전집[3]과 곧이어 등장한 영어 번역판[4]은 이전에는 읽을 수 없었던 많은 편지, 소론, 설교 원고, 단편 소설, 시, 영적 글, 철학적 사색을 싣고 있다. 여기에는 본회퍼 생전에 출판된 완성본들과 함께, 그의 때 이른 죽음으로 인해 완성되지 못한 채 남겨진 단편적 형태의 글들도 포함되어 있다.

그는 '다음 세대'에게 미묘하고, 때로는 불안감을 주지만, 대단히 구체적이고 목회적으로 실제적인 영성을 남겼다. 그 영성은 뻔뻔스러울 정도로 세속적 함의를 가지고 있으며 지극히 개인적이고 공공연하게 도전적이다. 본회퍼는 여전히 좋은 생각을 떠올리게(evocative) 할 뿐만 아니라 분노를 일으키기도(provocative) 하는데, 단순히 그의 삶과 말이 기독교에 대한 오랜 질문들에 접근하는 새로운 방식들을 제공하기 때문이 아니라, 기독교적 신실함의 조망을 늘 형성해 왔던, 탐구하고 결단하는 정신을 늘 새롭게 하기 때문이다. 본회퍼는 약 70년 전에 저항의 사역을 시작했고, 학자들과 평신도들은 그런 그에게 처음으로 주목했다. 그러나 본회퍼는 그런 그의 과거보다도 더욱 풍성한 미래를 소유한 '현대' 신학자다.

2. 생애와 배경

본회퍼의 생애와 시대와 사상은 심오하게 일치한다. 여기서 그의 이야기를 하면서 종교 사상과 생활에 끼친 그의 영향력을 이해하는 데 필요한 배경을 제공하고자 시도할 것이다. 그러나 이것이 현대 신학과 실천 신학에 본회퍼가 끼친 엄청난 영향력을 충분히 묘사한다고 감히 주장하는 바는 아니다.

---

3   *Dietrich Bonhoeffer Werke*, 16 volumes, 이후로는 "DBW".
4   *Dietrich Bonhoeffer Works*, 이후로는 "DBWE".

본회퍼는 1906년 2월 4일에 쌍둥이 여동생인 자비네(Sabine)를 포함한 8남매 중 여섯째로 태어났다. 그들은 모두 10년 동안에 태어났다. 형인 월터(Walter)는 제1차 세계대전에서 살아남지 못했다. 또 다른 형인 클라우스(Klaus)는 1944년 7월 20일에 히틀러를 암살하려는 계획에 참여했다는 이유로 처형당했다. 본회퍼 자신도 나치즘에 대항하는 저항 운동으로 1945년 4월 9일 플로센부르크 강제 수용소에서 게슈타포에 의해 교수형을 당함으로써 마흔 번째 생일을 맞이하지 못하고 죽었다.[5]

본회퍼의 부친인 칼 본회퍼는 베를린에 소재한 프리드리히 빌헬름대학교(Friedrich Wilhelm University)의 저명한 신경학자이자 정신의학과 교수였다. 대학교에서 교육을 받고 대대로 목사와 신학자, 음악가 집안 출신이었던 본회퍼의 모친인 파울라(Paula)는 자녀들을 집에서 직접 가르쳤다.

본회퍼의 누이인 우르줄라(Ursula)의 남편인 뤼디거 슐라이허(Rüdiger Schleicher)와 본회퍼의 또 다른 누이인 크리스티네(Christine)의 남편인 한스 폰 도나니(Hans von Dohnanyi)도 저항 운동에 가담해서 나중에 처형당했다. 살아남은 다른 형제들로는 물리학자인 형 칼-프리드리히와 누이동생인 수잔(Susanne)이 있었다.

나치즘이라는 폭풍이 몰아치기 전의 고요 속에서 본회퍼 가족은 에버하르트 베트게(Eberhard Bethge)와 레나테 베트게(Renate Bethge)가 묘사했듯이 "위대한 역사적 유산과 문화적 전통의 수호자로서 자각하면서 뿌리 깊은 의무감을 느끼고 있었다."[6] 본회퍼 가족의 집을 방문하는 이들 중에는 대학교의 학자들과 전문가들이 포함되었다. 저녁에 본회퍼 가족은 음악 공연을 하곤 했는데, 본회퍼는 피아노를 연주했다. 그는 피아니스트가 되려는 생각도 했었다.

어린 시절 본회퍼는 운동에서, 나중에는 음악에서 뛰어난 재능을 보였다. 외국어(특히 라틴어와 히브리어, 그리스어)를 배우는 능력도 탁월했다. 청소년 시절에 그의 지적 조숙은 분명해졌다. 그는 17살에 베를린에서 김나지움 과정을 마치고 튀빙겐대학교에 입학했다. 그는 거기서 1923-4년에 공부했는데, 뮌헨 폭동(Munich Putsch)이 일어난 해였다. 아돌프 히틀러(Adolf Hitler)가 감옥에서 『나의 투쟁』(Mein Kampf)을 집필하고 있을 때, 본회퍼는 칸트의 『순수 이성 비판』(Critique of Pure Reason)에 심취해 있었다("나는 이 책을 매우 좋아했다").

---

5 Eberhard Bethge, *Dietrich Bonhoeffer: Man of Vision, Man of Courage*, trans. Eric Mosbacher, Peter and Betty Ross, Frank Clarke, and William Glen-Doepel (New York: Harper & Row, 1967)을 보라. Victoria J. Barnett이 전체적으로 수정하고 새롭게 편집한 번역판이 Fortress Press에 의해 2000년에 출판되었다. Leibholz-Bonhoeffer, *The Bonhoeffers: Portrait of a Family*도 보라.

6 Eberhard Bethge, Renate Bethge, and Christian Gremmels, eds., *Dietrich Bonhoeffer: A Life in Pictures* (Philadelphia, PA: Fortress Press, 1986), 12.

본회퍼는 18살이 되었을 때, 형인 클라우스와 함께 1924년 4월 3일부터 6월 4일까지 로마와 북아프리카를 여행했다. 그가 당시에 쓴 일기는 젊은 개신교도로서 가톨릭교회와의 첫 번째 조우를 보여 준다. 그는 교황 피우스 11세를 알현했을 때 그리 큰 감명을 받지 못했다("컸던 기대가 깨졌다").

그러나 성 베드로 대성당을 봤을 때는 이렇게 말했다.

"그 즉시 압도당했다."

그리고 로마에서 경험한 성 주간 예전(liturgies of Holy Week)은 잊을 수 없는, 기독교 보편성과의 만남이었다. 그는 이렇게 말했다

> 나는 '교회'의 개념을 이해하기 시작했다고 본다.[7]

1924년부터 1927년까지 공부한 베를린대학교에서 본회퍼는 막스 베버(Max Weber)와 에른스트 트뢸치(Ernst Troeltsch), 에드문트 후설(Edmund Husserl)과 프레드리히 슐라이어마허를 읽었다.

그는 아돌프 폰 하르낙의 세미나에 참여했고, 같은 해에 칼 바르트의 저서를 처음으로 접했다. 후자의 그리스도 중심주의와 현대 세계에 대한 기독교의 적절성을 보여 주고자 하는 전자의 관심을 융합하는 것은 본회퍼의 신학 방법론에 큰 영향을 끼쳤다.

베를린에서 본회퍼는 칼 홀(Karl Holl) 밑에서 루터를, 라인홀트 지베르크(Reinhold Seeberg) 밑에서 조직 신학과 윤리학을, 하인리히 마이어(Heinrich Maier) 밑에서 인식론을, 프리드리히 마링(Friedrich Mahling) 밑에서 실천 신학과 교리교육을 연구했다. 그는 라인홀트 지베르트의 지도로 쓴 박사 논문인 『성도의 교제』(The Communion of Saints)가 성공적으로 심사에 통과해 1927년 12월에 신학 박사 학위를 받았다. 칼 바르트는 후에 그 논문을 하나의 '신학적 기적'이라고 묘사했다.

1928년 1월에 본회퍼는 1차 목사고시를 통과해 목사 안수 후보자가 되었다. 1928년 2월부터 1929년 2월까지, 그는 바르셀로나에 있는 독어권 루터교회에서 부목사로서 사역했다.

본회퍼는 1920년대의 국제 금융 위기와 그로 인한 유럽의 사회적 위기를 점점 더 인식하게 되었다. 어떤 사람은 본회퍼가 그의 부유한 교인들에게 그들이 복음과 갈수록 분명해지는 세상의 필요를 연결하는 데 어려움을 겪는 것에 대해 설교할 때, 그들이 어떤 반응을 보였는지를 궁금해한다.

---

7 DBWE 9: 107, 83, 88, 89.

한 설교에서 그는 이렇게 말했다.

> 하나님은 우리 가운데서 인간의 모습으로 돌아다니십니다. 그분은 우리가 마주치는 외국인, 거지, 병자, 심지어는 우리와 가장 가까운 이들을 통해 우리에게 말씀하시면서, 그리스도에 대한 우리의 믿음을 요구하십니다.[8]

본회퍼는 1929년에 베를린대학교로 돌아와 독일 관념론 전문가인 빌헬름 뤼트게르트(Wilhelm Lütgert)의 비서로 일했고, 1929년 여름에 강의를 시작했다. 거기서 그는 교수 자격 논문(Habilitationsschrift)인 『행위와 존재』(Act and Being)를 썼고 그 논문이 1930년 7월 18일에 통과됨으로써 대학교에서 가르칠 수 있는 자격증을 받았다. 그는 2주 후에 자격을 갖춘 대학 교수로서 "현대 철학과 신학에서의 인간"(Humanity in Contemporary Philosophy and Theology)이라는 제목으로 자신의 공식 취임 강의를 했다.

1930년 9월 5일, 그는 뉴욕으로 떠나 유니언신학교(Union Theological Seminary)에서 '슬론 특별 연구원'(Sloane Fellow)으로서 연구했다. 그는 동료 학생들과 교수들을 향해 "신학이 없다"고 평가하므로 독일인다운 오만을 보여주었다.[9]

그렇지만 그는 그곳에서 인생을 변화시킨 친구, 예를 들어 프랭크 피셔(Frank Fisher)를 사귀게 되었다. 그는 유니언의 아프리카계 미국인 학생으로 본회퍼를 할렘에 있는 아비시맨침례교회(Abyssiman Baptist Church)로 데려갔다. 본회퍼는 그 교회의 주일학교에서 가르쳤다. 그러나 더 중요한 것은, 미국의 인종차별에 대해 알게 되었다는 사실이다.

본회퍼는 그곳에서 배운 걸 독일로 가져가 독일의 반유대주의에 적용했다. 그리고 유니언에서 스위스 학생인 어윈 수츠(Erwin Sutz)를 만났다. 그는 본회퍼처럼 피아노를 좋아했는데 나중에 전시 중 절친한 친구이자 연락원이 되었다. 본회퍼는 프랑스 평화주의자인 장 라세르(Jean Lassere)도 알게 되었다. 본회퍼가 1930년대에 평화와 원수 사랑에 관해 쓴 글들에서 그가 끼친 영향력을 볼 수 있다. 그리고 본회퍼는 폴 레만(Paul Lehmann)과 그의 부인인 매리언(Marion)과도 친구가 되었는데, 그들은 본회퍼가 뉴욕을 제2의 고향으로 느끼게 해 주었다. 1939년에 레만 부부와 라인홀트 니버(Reinhold Niebuhr)는 전쟁이 곧 발발할 것이라고 여겨 본회퍼에게 뉴욕에 남으라고 설득했다.

---

8 DBW 10: 472-3. Translation from *A Testament to Freedom*, revd. end., 8, ed. Geffrey B. Kelly and F. Burton Nelson (San Francisco: Harper San Francisco, 1995).

9 DBW 10: 220.

'신학이 없는' 장소였지만, 뉴욕은 본회퍼에게 세상이 교회에 요구하는 것이 무엇인지를 배우고 그의 인생을 변화시키는 곳이었다. 아마도 이런 일들이 본회퍼가 1944년 4월 22일에 베트게에게 쓴 편지에서 언급한 '해외에서의 첫인상'이었을 것이다. 그 편지에서 본회퍼는 이렇게 말했다.

> 나는 어법(phraseology)에서 현실로 방향을 바꿨습니다.[10]

한 가지는 분명하다. 뉴욕 생활 이후 그는 완전히 변해 있었다. 1931년 7월, 본회퍼는 독일로 돌아와서 엄청나게 변화한 학술, 정치, 사회, 경제 환경에 직면했다. 7월 초에 본대학교(University of Bonn)에서 칼 바르트와 처음 개인적으로 만난 후 엄청난 열정을 갖게 된 본회퍼는 8월에 베를린대학교 신학부의 무보수 시간 강사(Privatdozent)가 되었고, 1933년 여름 학기까지 그 직위를 유지했다. 그의 교수 자격 논문(Habilitationsschrift)인 『행위와 존재』가 두 달 후에 출판되었다. 전도유망한 학자로서의 경력이 쌓이고 있었다. 그다음 해에 그는 20세기 조직 신학의 역사, 교회의 본질, 기독교 윤리에 대한 과목들을 가르쳤다.

그러나 더 큰 세상과 교회의 실무 역시 그에게 손짓했다. 1931년 8월과 9월에 본회퍼는 주로 케임브리지에서 열리는 '교회를 통한 국제 우호 증진 세계 연맹'(World Alliance for Promoting International Friendship through the Churches) 컨퍼런스에 참석했다. 이것은 그가 최초로 공식적 에큐메니컬 운동에 참여했던 것이었다. 그의 첫 번째 영국 여행이기도 했다. 그해 11월 15일, 25세의 본회퍼는 베를린에 있는 성 마티아스교회(St. Matthias Church)에서 목사 안수를 받았다. 그는 샤를로텐부르크기술대학교(Technical College at Charlottenburg)에서 교목으로 시작해 1933년까지 사역했다. 그의 에큐메니컬 여행은 1932년 7월과 8월에도 이어졌다. 그는 제네바와 그랑(Gland)에서 열린 에큐메니컬 모임에 참석했고, 체코슬로바키아의 체르노호르스케 쿠펠레(Cernohorské Kúpele)에서 개최된 '청년 평화 컨퍼런스'(Youth Peace Conference)에도 참석했다.

그러나 아돌프 히틀러가 1933년 1월 30일에 독일의 수상이 되었을 때, 본회퍼의 일상적 학문, 교회생활에 관련한 모든 계획은 돌이킬 수 없게 바뀌어 버렸다. 1932년 크리스마스 이브에 칼 바르트에게 쓴 최초의 편지로 남아 있는 것을 포함해서 본회퍼가 1932년 말에 쓴 편지들에는 에큐메니컬 활동에 대한 새로운 관심이 여전히 언급되고 있지만, 1933년 초에 쓴 편지들은 불길한 가능성에 시달리기 시작한다.

---

[10] *Letters and Papers from Prison*, 275; 이후로는 "LPP",

이는 유대인이라는 이유로 독일에서 떠나라는 강요를 받고 있던 아넬리제 스누르만(Anneliese Schnurmann) 같은 친구에게 쓴 편지나 히틀러가 총독이 되고 일주일이 지난 후 라인홀트 니버에게 쓴 편지에서 나타난다.

그의 1932-3년 겨울 학기 과목인 '창조와 죄'는 1933년에 『창조와 타락』(*Creation and Fall*)으로 출간되었다. 그리고 1933년 여름 학기에 가르친 '그리스도론'과 '헤겔철학'은 그가 베를린대학교를 떠나기 전에 했던 마지막 과목들이 되었다. 그의 에너지와 헌신이 그를 다른 곳으로 이끌어가고 있다는 것은 이미 분명했다.

1933년 7월 20일에 국가 사회주의자들(National Socialists)이 교황과 정교 협약(Concordat)에 서명하는 것을 보고, 7월 23일 개신교회 선거에서 '독일 기독교 연맹'(German Christians)이 교회 직책의 70%를 차지하면서 야기된 위기에 충격을 받은 본회퍼는 독일 교회, 그리고 사실은 모든 그리스도인이 신앙을 고백해야 하는 상황(status confessionis), 즉 복음의 요구에 순종하든지 아니면 나치 독재주의의 반대 주장에 복종해야 하는 결단의 순간에 이르렀다는 걸 이해하기 시작했다.

본회퍼는 동료인 마르틴 니묄러(Martin Niemöller)와 함께 '긴급 목사 연맹'(Pastor's Emergency League)이 만들어지는 것을 도왔다. 긴급 목사 연맹은 독일 기독교에 대한 국가 사회주의의 심해지는 통제에 반대하며 1934년 5월에 조직된 고백 교회(Confession Church)의 전신이었다.

본회퍼의 인내력과 에너지는 이 시기에 약해졌다. 그는 칼 바르트에게 쓴 편지에서 '사막에서 얼마 동안 머물 시간'이 필요하다고 말했다. 그리고 그렇게 했다. 1933년 10월, 본회퍼는 런던으로 갔고, 시드넘에 소재한 독일복음교회(German Evangelical Church)와 런던에 있는 세인트폴개혁교회(Reformed Church of St. Paul)에서 목회를 시작했다.

런던에서 본회퍼는 인생의 마지막 12년 동안 그가 걸어갈 길에 크게 영향력을 끼친 두 친구 중 한 명인 조지 벨(Geroge Bell)을 만났다. 그는 캔터베리 주교좌성당의 주임사제를 역임했고, 본회퍼가 그를 알았을 때는 치체스터의 성공회 주교였다.[11]

벨과 본회퍼는 1933년 11월에 처음으로 만났고, 곧 그들의 생일이 같고, 둘은 모두 음악과 예술을 사랑하고, 에큐메니즘에 전념하고 있다는 사실을 알게 되었다. 이 기간에 본회퍼는 교회를 통한 국제우호증진 세계 연맹 컨퍼런스에 참석하기

---

11 벨(Bell)은 '전에 없었던 최고의 캔터베리 대주교'라고 불렸다. 어떤 사람들은 그가 본회퍼와 같은 독일 레지스탕스의 일원들과 가깝게 지냈을 뿐 아니라 독일 시민들에 대한 연합군의 무차별적 폭격에 반대했기 때문에 성공회의 수장 자리에 오르지 못했다고 생각한다.

위해 덴마크의 파노(Fanø)로 갔다. 거기서 그는 고백 교회를 대표해서 탄원했다. 본회퍼는 에큐메니컬 동료에게 이렇게 썼다.

> 늦었습니다. 세계는 무기로 꽉 차 있고, 사람의 눈에 보이지 않는 불신이 두렵습니다. 전쟁 나팔이 내일 울릴지도 모릅니다.
> 우리는 무엇을 기다리고 있는 걸까요?[12]

본회퍼는 에큐메니컬 운동에서 매우 급진적 친구들조차도 쉽게 우유부단해지는 것 같다는 사실에 좌절했다.

> 사람들은 결정해야 한다. 하늘이 신호를 주거나 어려운 문제에 대한 답이 무릎 위로 떨어지기를 영원히 기다릴 수는 없다. 에큐메니컬 운동 역시 결정해야 한다. … 결정을 유보하거나 늦게 내리는 것은 믿음과 소망으로 잘못된 결정을 내리는 것보다 더 악하다. … 믿는다는 것은 결정하는 것이다.[13]

본회퍼는 인도로 가서 간디 밑에서 공부를 할지 아니면 독일로 돌아갈지를 놓고 고민했다. 결국, 그는 고향으로 돌아가는 걸 선택했다. 독일에서 도망갈 때 칼 바르트가 1933년 11월에 그에게 했던 강한 질책을 기억했을 수도 있다.

> 당신의 교회 건물이 불타고 있소.
> 다음 배를 타고 돌아오시오![14]

1935년 4월 29일, 본회퍼는 독일로 돌아왔다. 그는 포메라니아(Pomerania) 지역의 발트해 해안에 있는 징스트(Zingst)에서 얼마 전에 설립되었다가 6월에 핀켄발데(Finkenwalde)로 옮긴 지하 신학교의 교장이 되었다.

고향으로 돌아온 본회퍼는 에큐메니컬 운동에서 그의 지인들, 특히 깊은 우정을 나눈 조지 벨과 계속 연락하면서 나치즘에 대항하는 고백 교회를 위한 지지를 얻고

---

12 DBW 13: 304.
13 Letter of Apirl 7, 1934 to Henry L. Henroid; quoted in Bethge, Bethge, and Gremmels, *Dietrich Bonhoeffer*: A Life in Pictures, 116.
14 Letter of Apirl 7, 1934 to Henry L. Henroid; quoted in Bethge, Bethge, and Gremmels, *Dietrich Bonhoeffer*: A Life in Pictures, 33.

자 노력했다. 그 사이에 베를린대학교에서 강의할 수 있는 본회퍼의 자격이 1936년 8월에 박탈되었고, 핀켄발데신학교는 불법으로 2년간 운영된 후 게슈타포의 명령으로 1937년 9월에 결국 문을 닫게 되었다.

1938년 1월 이후 베를린에서 일할 수 없게 된 본회퍼는 1938년 4월, 히틀러의 50번째 생일 기념 행사에서 히틀러에 대한 충성의 맹세를 거부한 이들 중 하나였다. 그 후 2년 동안 본회퍼는 소위 '공동 목회'(collective pastorates)를 통해 비밀 사역을 계속했다. 이를 통해 본회퍼와 핀켄발데의 학생이었던 사람들은 쾨슬린(Köslin), 슐라웨(Schlawe), 나중에는 시그드쇼프(Sigurdshof)로 옮겨서, 그리고 그로스 슐뢴비츠(Gross-Schlönwitz)에서 비밀리에 사역을 계속했다.

본회퍼는 라인홀트 니버와 다른 친구들의 초청으로 1939년 6월 2일부터 7월 27일까지, 두 번째로 뉴욕을 여행했다. 그들은 본회퍼가 뉴욕에 남기를 원했다. 그러나 1939년 7월에 본회퍼는 조국과 운명을 함께하기 위해 독일로 돌아가는 것을 선택했다. 공동 목회 역시 1940년에 막을 내렸다.

1940년 9월에 본회퍼는 공개 석상에서 이야기하는 것을 금지당했고, 그의 활동에 대해 당국에 정기적으로 보고해야 했다. 그해 11월에 그는 뮌헨에 있는 방첩대(또는 국사정보국) 직원으로 선임되었다. 그곳에서는 그의 매형인 한스 폰 도나니, 빌헬름 카나리스 제독, 한스 오스터(Hans Oster) 소장, 루트비히 베크(Ludwig Beck) 연대장이 이끄는 공모자 그룹이 히틀러 암살을 기도하고 있었다.

뮌헨에 있으면서 본회퍼는 뮌헨 근교 에탈(Ettal)에 위치한 베네딕트수도원(Benedictine Abbey)에서 1940년 11월부터 1941년 2월까지 살았다. 이 직책과 에큐메니컬 운동의 지인들을 통해 본회퍼는 1941년과 1942년 동안 계속해서 여행할 수 있었고, 스위스, 노르웨이, 스웨덴, 이탈리아에서 저항 운동을 위한 연락을 취했다. 1941년 10월, 본회퍼는 방첩대가 계획한 '작전 7'에 참여해 14명의 유대인을 성공적으로 스위스에 밀입국시켰다.

1943년 4월 5일, 본회퍼는 마리아 폰 베데마이어(Maria von Wedemeyer)와 약혼한 지 3달도 안 되었을 때 체포되었다. 그가 독일 밖으로 여행하는 이유와 유대인 구출 작전에 참여했다는 데 혐의가 점점 더 짙어졌기 때문이다. 그는 베를린에 있는 군 심문 교도소로 보내졌다.

처음에는 3층에 갇혔고, 그다음엔 1층에 있는 1.8m x 2.7m (92호) 크기의 감방에 갇혔다. 판자 침대, 선반, 의자, 양동이가 있는 그 방에서 본회퍼는 18개월 동안 갇혀 있어야 했다. 본회퍼는 테겔 감옥(Tegel Prison)에서 그의 약혼녀, 가족, 친구인 에버하르트 베트게에게 편지를 썼다. 그 편지들은 『옥중서신』(*Letters and Papers from*

Prison)에 실려 있다.

1944년 7월 20일, 클라우스 폰 슈타우펜베르트(Klaus von Stauffenberg) 백작의 히틀러 암살 계획이 실패했고, 본회퍼 가족을 유죄로 입증하는 방첩대 문서가 발견되었다. 이로 인해 본회퍼가 저항 운동에 더욱 광범위하게 관여해 왔다는 혐의가 짙어졌다. 1944년 10월에 그의 형인 클라우스, 뤼디거 슐라이허가 게슈타포에 의해 체포됐다. 1944년 10월 8일, 본회퍼는 베를린에 있는 프린츠 알브레히트 슈트라세 케 슈타포 교도소로 이감되었다. 베트게에게 보내는 편지들은 약 1년간 계속되다가 끝이 났다.

1945년 2월 7일부터 4월 3일 사이에 본회퍼는 부헨발트로 옮겨졌고, 4월엔 레겐스부르크(Regensburg), 그다음엔 쇤베르크(Schönberg), 마지막으로는 플로센뷔르크(Flossenbürg) 강제 수용소로 보내졌다. 1945년 4월 9일, 그는 그곳에서 다른 저항 운동 동료들과 함께 히믈러(Himmler)의 명령으로 교수형을 받았다. 같은 날 작센하우젠(Sachsenhausen)에서 한스 폰 도나니가 처형당했다. 1945년 4월 22-23일 밤에 본회퍼의 형인 클라우스와 매형인 뤼디거 슐라이허가 친위대에 의해 총살당했다. (소련의) 적군(Red Army)이 베를린으로 진격한 날이었다. 일주일 후인 4월 30일, 히틀러가 자살했다. 1945년 5월 7일, 유럽에서 전쟁이 끝났다.

3. 주요 저서

본회퍼의 주요 저서 중, 그의 생전에 출간된 것은 두 개의 논문인, 『성도의 교제』와 『행위와 존재』, 그리고 『창조와 타락』(*Creation and Fall*), 『그리스도론』(*Christ the Center*),[15] 『성도의 공동생활』(*Life Together*), 『나를 따르라』(*Discipleship*)이다. 『창조와 타락』과 『그리스도론』[16]은 베를린대학교에서 했던 강의에서 비롯되었다. 『성도의 공동생활』과 『나를 따르라』는 핀켄발데에서 경험한 일과 그곳에서 학생들에게 했던 강의를 토대로 했다.

본회퍼가 1943년 4월에 체포될 때, 『윤리학』(*Ethics*)[17]의 초안이 원고 형태로 남겨졌다가 종전 후에 출간되었다. 『옥중서신』[18]은 친절한 교도관들의 도움, 에버하르

---

15 영국에서는 *Christology*, 미국에서는 *Christ the Center*로 출간되었음.
16 1933년에 출판되었음.
17 1940년과 1943년 사이에 쓰였음.
18 1943년과 1944년 사이에 쓰였음.

트 베트게와 가족의 부지런함, 적잖은 행운으로 인해 남겨졌다.[19]

1) 『성도의 교제』

본회퍼의 실제적 목회에 관한 관심과 철학적, 신학적 탐구와 호기심은 그의 평생에 걸쳐 엮어질 개념적 직물의 씨와 날, 즉 기본적 요소에 불과했다. 본회퍼가 21세였을 때 라인홀트 지베르크의 지도하에 저술했던 『성도의 교제』는 그의 문학적 유산의 받침대 역할을 한다.

본회퍼는 자신의 첫 번째 논문에서 플라톤, 아리스토텔레스, 토마스 홉스(Thomas Hobbes), 헤겔, 막스 슐러(Max Schuller)의 사회 철학만이 아니라 막스 베버, 에밀 뒤르켐(Emil Durkheim), 테어도어 리트(Theodor Litt), 게오르그 짐멜(Georg Simmel), 알프레드 피어칸트(Alfred Vierkandt), 페르디난트 퇴니에스(Ferdinand Tönnies)의 사회 이론 논문들도 다룬다. 그의 대화적 개인주의 접근법은 마틴 부버(Martin Buber)의 『나와 너』(Ich und Du, 1920)와 1920년대에 '나'(I)와 '타자'(Other) 혹은 '당신'(Thou) 사이의 관계에 대해 논한 한스 에렌베르크(Hans Ehrenberg), 페르디난트 에브너(Ferdinand Ebner), 프란트 로젠바이크(Franz Rosenzweig)와 유사하다.

'타자'는 공기 중에 있었고, 본회퍼는 그것을 호흡하면서 공동체의 본질, 즉 개인들의 사회성 혹은 상호 관계성이 우리가 하나님과 우리 자신, 서로를 이해하는 데 있어 가장 중요하다고 저술했다. 본회퍼는 "하나님에 대한 개념은 개인들과 공동체의 관계 속에서 형성된다"라고 쓰면서 '모든 기초적 기독교 개념들의 사회적 목적'(social intentions)을 탐구하길 원했다.[20]

본회퍼는 인간 공동체의 기초가 되는 관계인 나와 너를 단순히 개념적 과제가 아니라 서로를 위한 윤리적 경계를 제시하는 것으로 늘 이해했다. 실제로 인간은 상대방을 책임 있는 행동을 할 수 없게 만드는 한계로서 만나게 된다.

그 결과, 죄는 기초적 신학적 개념이 아니라 하나님과 다른 사람과의 관계를 깨뜨린 것, 즉 우리가 누구인지를 말해 주는 파생된 신학적 범주로 이해된다. 죄는 한계를 위반한 것, 경계를 넘어선 것이고, '다른' 사람을 나의 형상대로 만들려는 욕망으로 '다른' 사람이 우리와 관계를 맺기 위해 그들 자신이 되고자 하는 자유를

---

[19] Bethge, "How the Prison Letters Survived", In Eberhard Bethge, *Friendship and Resistance: Essays on Dietrich Bonhoeffer* (Geneva: WCC Publications: Grand Rapids. MI: William B. Eerdmans, 1995).
[20] *Sanctorum Communio* 22, 21: 이후부터 "SC".

부정하는 것이다.

우리 사회의 전형은 본회퍼가 대리 혹은 대표적 행동(Stellvertretung)이라고 칭한 것으로, 단지 타자가 존재하도록 기꺼이 허용하는 마음이 아니라, 타자의 나에 대한 요구를 떠맡아 그것을 의무로 여기고 그들이 그들 자신이 되고자 하는 자유의 짐을 나에게 지우도록 허락하는 선택이다. 본회퍼는 그러나 '타자의 짐을 지는 것'이 그리스도가 가진 소명의 핵심이라고 생각했다.[21]

그러나 본회퍼는 그러한 급진적 타자를 위해서 존재하는 것을 그리스도의 모습에만 국한해 보지 않았다. 그것은 이기적 자기 중심주의가 극복되고, '기꺼이 이웃의 자리에서 모든 것을 행하고 감당하고, 만일 필요하다면 나의 이웃을 위해 나를 희생하려는 마음'이 나의 도덕적 관심의 중심이라고 주장하는 모든 인간의 행위에서 보아야 한다.

본회퍼는 여기서 '교회는 사회성 이다'라는 확신과 함께 앞으로 평생에 걸쳐 몰두할 연구를 시작한다. 그는 나중에 감옥에서 교회는 '타자를 위해 존재한다'라고 급진적으로 표현할 것이다. 교회는 '그러한 공동체로서 존재하시는 그리스도'이다.

2) 『행동과 존재』

본회퍼의 두 번째 논문인 『행동과 존재』는 관념론적 철학이 질문은 제기했지만 충분하게 답할 수 없었다고 생각했던 경계성과 '타자성'(Otherness)을 설명하기 위해 계시라는 기독교 신학의 범주로 방향을 바꿨다.

본회퍼는 루터의 갈라디아서 주석과 하이데거의 『존재와 시간』(Being and Time) 등 다양한 자료에 의존하면서 지식 그 자체의 도덕적 과정을 비평했는데, 관념론은 그것을 어떤 대상의 진정한 타자성의 가능성에 대한 주체의 영향력과 지배력의 문제로 해석했다.

『행동과 존재』는 루터의 '하나님의 계시와 이웃의 만남에 열린 마음을 갖지 못하게 만드는 자기 안에 파묻힌 마음(cor curvum in se)에서 비롯된 인간의 죄에 대한 통찰력'[22]을 바탕으로, 모든 사고와 행동을 전체주의화하는 것에 대한 지속적인 비판을

---

21 DBW 1: 75, 91ff., 99ff., 121ff., 125, 166, 260, 262. 많은 독자는 Stellvertretung를 그의 Ethik에서 처음으로 접한다(DBW 6: 234, 256-8, 289, 392-3, 408). 그리고 이것이 그의 초기 신학이 아니라 후기 신학에 대한 표현이라고 생각한다.

22 DBWE 2:7; Wayne Whitson Floyd, *Theology and the Dialectics of Otherness: On Reading Bonhoeffer and Adorno* (Lanham, MD: University Press of America, 1988)도 보라.

시작한다. 죄 자체는 결국 타자에게 존재할 권리가 있는지 없는지까지도 결정하면서 타자의 존재를 정의하려는 욕망을 전체주의화하려는 폭력적 강요로서 이해되어야 한다.[23]

3) 『창조와 타락』

본회퍼의 1932-3년 겨울 학기 과목인 "창조와 죄"(Schöpfung und Sünde)는 그의 세 번째 저서인 『창조와 타락』(Schöpfung und Fall)으로 출간되었다.[24] 이 책은 주해가 아니라 신학적 해석이다. 본회퍼는 『창조와 타락』에서 공동체, 창조, 그리스도론, 제자도라는 되풀이되는 일단의 주제들 사이의 상호 의존성을 설명한다.

'이마고 데이'(imago dei), 즉 하나님의 형상과 '하나님을 닮은 인간의 유사성'은 우리 자신을 하나님 '존재' 그 자체와 비교할 때가 아니라(analogia entis, 존재의 유추), 하나님과 우리의 관계와 아버지와 아들과 성령이신 하나님 자신의 상호 삼위일체적 관계 사이의 유사함을 보여줄 때(analogia relationis, 관계의 유추) 가장 잘 이해된다.

> 인간의 피조성(creatureliness)은 … 인간들 사이의 관계로서만 정의될 수 없다.[25]

실제로 본회퍼에게 '타락'은 프로메테우스와 같은 존재가 하나님처럼 행동하고, 신처럼 존재하고, 무한하고, 전능해지고자 시도하는 것으로 그 존재는 타자(the Other)의 한계를 넘어서는 죄로 정의된다. 본회퍼는 가인과 아벨의 이야기가 창세기에서 창조와 타락 이야기를 결론짓는다고 생각한다. 인류 최초의 두 형제 중 하나가 하나님처럼 행동하고 동생의 생명을 취함으로써 자기 자신의 피조성을 부인했기 때문이다.

---

23 Wayne Whitson Floyd, "Transcendence in the Light of Redemption: Adorno and the Legacy of Rosenzweig and Benjamin"을 보라.
24 DBWE 3: *Creation and Fall*, ed. John de Gruchy, trans. Douglas Bax (Minneapolis, MN: Fortress Press, 1997).
25 DBWE 3: *Creation and Fall*, ed. John de Gruchy, trans. Douglas Bax, 114.

4) 『그리스도론』

본회퍼는 "창조와 죄"에 대한 강의를 마친 후, 1933년 여름 학기에 가르칠 "그리스도론"에 관심을 쏟길 시작했다.[26] 『그리스도론』에서 본회퍼는 하나님이 '어떻게' 또는 '왜' 인간이 되고자 선택하셨는지에 대한 사변적 추측에 참여하길 거부한다. 본회퍼에게 중요한 것은 교회가 그리스도를 '누구'라고 주장하는가 하는 질문이다. 그리고 본회퍼에게 그 답은 분명하다. 그리스도는 인간의 호소 안에서 추구했던 한계, 인간의 존재와 역사와 본질의 중심인 탁월한(par excellence) 인간이시다.

> 예수 그리스도는 드러난 하나님의 형상이다.

그리스도의 메시아적 행위는 단순히 세상에 와야 한다는 것이 아니라, 세상에 옴으로써 창조가 하나님이 계셔야 할 적절한 장소라는 것을 보여 주는 것이다. 메시아적 사건은 예수께서 신의 능력을 강탈한 자가 아니라 우리 가운데에 우리의 경계이신 하나님으로 오셨고, 인류가 진정한 인간이 될 수 있도록 하는 창의적 한계를 제시하신다는 사실에 있다.

하나님은 자기 자신에게 폭력이 가해지도록 놓아두시어, 진정한 한계나 경계, 즉 인간의 능력과 지배의 완전한 덧없음이 구체적으로 드러나게 하실 수도 있다. 따라서 본회퍼는 다음과 같이 결론짓는다.

> 만일 예수 그리스도께서 하나님으로 묘사되어야 한다면, 우리는 그분의 신적 존재, 전지전능에 대해선 말하지 않아도, 죄인과 함께 지내신 연약한 인간, 그분의 구유와 십자가에 대해선 말해야만 한다. 만일 우리가 예수의 신성을 다뤄야 한다면, 우리는 그분의 연약함을 반드시 말해야 한다.[27]

그는 옥중서신 중 한편에 그것을 다음과 같이 쓴다.

> 고난받으시는 하나님만 도우실 수 있다.

---

[26] 『그리스도론』은 학생의 노트를 복원한 것으로만 존재한다. 학생의 노트를 바탕으로 전체적으로 새롭게 복원한 것은 DBW 12: 279-348에 있다.

[27] DBWE 3: *Creation and Fall*, ed. John de Gruchy, trans. Douglas Bax, 104.

5) 『나를 따르라』

핀켄발데신학교가 폐쇄된 직후인 1937년에 처음으로 출판된 『나를 따르라』는 마태복음에 기록된 예수의 산상수훈과 대화하면서 그리스도인의 소명에 대한 신학을 전개했다. 논조는 종말론적이고 매우 다급하다.

본회퍼는 교회가 '값싼 은혜', '제자도가 없는 은혜, 십자가가 없는 은혜, 살아 있고 성육신하신 예수 그리스도가 없는 은혜'의 조달자가 되었고, 가지고 있는 힘과 특권, 서로에 대한 지배를 내려놓는 '대가'를 치르고자 하는 의지가 없다고 비난했다. 교회는 전쟁을 후원하고 복수심에 불타는 대량학살에 대한 반대를 거부하면서 '형제의 생명은 우리가 감히 넘어서는 안 되는 경계'라는 사실을 잊고 말았다.[28]

교회는 하나님이 우리의 몸을 입으시고 우리 죄의 짐을 지시며 치르신 '엄청난 희생'을 잊고 말았다. 그리고 우리도 서로와 함께 사는 법을 잊고 말았다. 우리는 다음과 같은 사실을 잊었다.

> 그리스도께서 우리의 짐을 지신 것처럼 우리도 다른 인간의 짐을 져야 한다. … 단지 타자의 피상적 못뿐만이 아니라 … 말 그대로 타자의 죄까지도 짊어져야 한다. 그리고 그 죄를 짊어지는 유일한 방법은 내가 지금 공유하는 그리스도의 십자가의 능력 안에서 그것을 잊는 것이다. … 용서는 그리스도적 고난으로 그리스도인이 감당해야 하는 의무다.[29]

『나를 따르라』에서 본회퍼는 그리스도인들을 '구별'시키는 것, 그리스도인을 '특별'하게 존재하게 만드는 것은 우리의 원수를 사랑하라는 그리스도의 대가가 큰 명령이다.

원수에 대한 사랑은 그리스도의 제자 중에서 가장 '거룩한 자들뿐 아니라' 결국에는 '모든 그리스도인'을 '그리스도인으로' 구별하는 것이다. 본회퍼에게 원수를 사랑하지 않으면 우리는 믿지 않는 자들과 다른 바 없다. 그들도 자신들의 가족과 친구를 사랑하기 때문이다. 예수에게 '사랑은 원수를 사랑하는 것'으로 단호하게 정의된다.[30]

---

[28] *The Cost of Discipleship* (New York: Macmillan 1963), 47.
[29] *The Cost of Discipleship*, 100.
[30] DBWE 4: 162.

1930년대에 '원수를 사랑하라'는 이 주제는 본회퍼의 많은 글에서 점점 더 명확해졌다. 그는 모호한 여지를 남기지 않았다.

> 그리스도인의 사랑은 원수와 다른 사람을 구분하지 않는다. 예외는 있다. 우리의 원수의 증오가 크면 클수록 우리의 원수에게는 더욱 큰 사랑이 필요하다는 것이다. … 우리는 사랑하는 사람을 사랑할 때보다 우리의 원수를 사랑하기 위해 훨씬 더 큰 희생을 치르게 될 것이다.[31]

본회퍼는 감동적이고 신중한 말로 결론을 맺었다.

> 복수하고자 하는 우리의 욕망을 포기하는 것은 그리스도가 우리에게 요구하시는 힘든, 아마도 가장 힘든 희생일 것이다.[32]

그 사실에 집중하면서 그는 이렇게 조언했다.

> 이 땅에서 최초의 인류로서 태어난 첫 번째 사람은 그의 동생을 죽였다. … 형제를 죽이지 않도록 '절대로 자만하지 마라'.[33]

6) 『성도의 공동생활』

1935년 3월, 본회퍼는 머필드(Mirfield)에 있는 수도원 공동체인 성공회 부활 공동체(Anglican Community of Resurrecton)에서 한 주를 보냈다. 그 공동체에서 복음은 '육체를 취했고, 인간이 되었고, 가난한 자들과 소외된 자들과 살았고, 죄인으로 죽었던 그리스도'에 대해 말한다. 머필드의 역사는 공동체의 설립자들에 대해서 묘사한다.

---

31 Geffrey B. Kelly and F. Burton Nelson (eds.), *A Testament to Freedom: The Essential Writings of Dietrich Bonhoeffer* (San Francisco, 1995), 164, 165.
32 Geffrey B. Kelly and F. Burton Nelson (eds.), *A Testament to Freedom: The Essential Writings of Dietrich Bonhoeffer*, 287.
33 Geffrey B. Kelly and F. Burton Nelson (eds.), *A Testament to Freedom: The Essential Writings of Dietrich Bonhoeffer*, 285.

그래서 그들은 수도원 생활을 하기 위해 더럽고 연기가 자욱한 산업도시인 요크셔로 왔다.[34]

이것은 본회퍼는 몇 달 후에 핀켄발데에 도착해 비루터교적 '수도원' 공동체를 실험하면서 세웠던 '형제들의 공동체'의 모델이 되었다.

『성도의 공동생활』은 핀켄발데에서의 일상생활과 그것을 뒷받침하는 공동체 신학을 상기한다.[35] 이것은 세상으로부터의 수도원적 도피가 아니고, 『나를 따르라』가 요구하는 값비싼 은혜에 대한 외면을 의미하지도 않는다. 오히려 여기서 본회퍼는 의도적 공동체에서 머필드에 있는 공동체처럼 '세속적'이고 참여적 영성, 순종하는 신앙을 실천하면서 그의 사회성의 신학을 실행하는 기회를 얻었다.

본회퍼는 『성도의 공동생활』에서 아래와 같이 썼다.

> 타자의 자유를 그저 참는 것이 아니라 즐기는 것이 그리스도인에 대한 가장 큰 요구는 아니다. 그것은 하나님의 방식에 대한 우리의 완전한 신앙을 최소한으로 묘사하는 것이다. … 그것은 하나님이 타자를 내가 만든 방식으로 만들지 않으셨다는 것을 인식하고 기뻐하는 것을 뜻한다. 하나님이 나에게 타자들을 주신 이유는 나로 그들을 지배하고 통제하도록 위함이 아니라 그들을 통해 창조주를 찾을지도 모르기 때문이다. … 하나님은 내가 타자들을 나에게 좋아 보이는 형상으로 만드는 것을 원치 않으신다. 대신 그들의 자유 속에서 하나님은 그들을 자신의 형상으로 만드신다.[36]

그리고 우리를 향한 하나님의 사랑에 대한 최고의 표현은 다음과 같다.

> 하나님의 아들이 육신을 취하셨을 때, 그분은 순전한 은혜로 우리의 존재, 우리의 본성, 우리 자신을 진정으로 온전히 취하셨다. … 이제 우리는 그분 안에 있다. 그분은 어디에 계시든지, 우리의 육신을 지니시고, 우리를 지니신다. 그리고 그분이 어디 계시든지, 우리도 거기에 있다. 성육신 안에, 십자가 위에, 그분의 부활 안에 있다.

---

[34] 머필드 부활 공동체 웹사이트로부터.
[35] 핀켄발데에서는 본회퍼의 설교학 강의들인 "Vorlesung über Homiletik" (DBW 14: 478-527), 설교, 묵상, 성경공부의 견본들(DWB 14: 849-988), 교리문답 강의들인 "Vorlesung über Katechetik" (DBW 14: 530-54), 목회 돌봄에 대한 강의들인 "Vorlesung über Seelsorge"(DBW 14: 554-91)도 만들어졌다.
[36] *Life Together*, 95.

그분 안에 있으므로 우리는 그분께 속한다. 성경이 우리를 그리스도의 몸이라고 부르는 이유이다.[37]

7) 『윤리학』

본회퍼는 1943년 봄에 체포되고 수감 되었을 때, 『윤리학』 초안을 작성하고 있었다. 결과적으로 그의 대표작이 되었을지도 모르는 책은 본회퍼가 죽기 전까지 정리하지 못했던 13개의 원고로 남아 있다. 다뤄지는 모든 주제는 다 중요하다. 그러나 그중 몇 가지는 그 독특성과 함께 이미 시작된 대화를 확대하고 발전시키는 데 있어 두각을 나타낸다.

그중 하나는 공동체 안에서 그리스도인들을 '형성'하는 과정이다. 즉 그리스도인들로 성육신하시고, 십자가에 달리시고, 부활하신 그리스도를 따르게 하는 것이다. 창조물에 대한 하나님의 요구는 부분적이지 않다. 실제(reality)의 어떤 영역은 하나님께 속하고 다른 영역은 속하지 않는 게 아니다. 그와는 달리, 그리스도는 창조되고 타락한 모든 실제에 대한 하나님의 포용으로 인간이 다르게 선택하려고 해도 세상을 하나님과 화해시키신다. 우리는 하나님과 서로의 관계 안에서 그리고 관계를 위해 창조되었다.[38] 형성은 우리가 창조되었던 존재로 만들어지는 것을 뜻한다.

교회는 세상의 대리인(Stellvertreter)이 되어야 한다. 개개인의 죄뿐만이 아니라 깨어진 세상의 죄도 자신의 것으로서 떠맡아야 한다. 교회는 버림받은 자들에 대한 동정심을 보이지 않을 때마다 교회가 되는 데 실패한다.

본회퍼은 다음과 같이 표현한다.

> 교회는 무죄한 자들의 피가 하늘을 향해 외쳤기 때문에 교회는 외쳐야 했을 때 침묵했다.

교회는 하나님께 '그리스도의 이름 아래 행해지는 불의와 폭력을 구경만 한' 죄를 범했다. 세상의 죄를 고백하고 감당하는 소명을 갖는 우리는 정상적이지 않은 상황 속에서 요구되는 영웅적이고 성스러운 엄청난 진술을 듣지 못한다. 그것은 한 사람을 그리스도인으로 만드는 데 필요한 아주 작은 진술이다.

---

37 *Life Together*, 33. 강조하는 내용이 추가되었음.
38 DBWE 6: 92ff.

그의 신학적 경력 전반에 걸쳐 있던 이전의 주제들이 다시 나타나 새로운 의미들과 연결되면서 좀 더 성숙한 신학적 진술로 바뀌었다. '교회 공동체로 존재하시는 그리스도'는 '그리스도께서 진실로 형성해 오신 인류의 집단'으로 이해하게 되는 교회이다.

본회퍼가 거의 십 년 동안 창조라는 주제에 대해 '제한적으로 침묵'해 왔다. '독일 그리스도인들'이 인종차별적 관점에 신빙성을 부여하기 위해 '창조 질서'라는 언어를 선택했기 때문이다. 그러나 이제 자연적 생명이라는 제목으로 재등장한다. 신적 위임(divine mandates)은 보존의 질서(orders of preservation)라는 본회퍼의 개념을 계승한다. 그리고 대리 대표적 행동의 개념은 '책임을 지는 삶의 구조'의 핵심으로 다시 등장한다.

8) 『옥중서신』

본회퍼는 1942년 크리스마스에 친구들과 공모자들에게 보낸 편지에서, 그가 투옥되기까지의 십 년은 악이 빛, 선행, 피와 흙의 충성과 갱신, 국가주의와 권력의 형태로 나타났던 시기라고 서술했다.

> 가능한 모든 대안 역시 참을 수 없고, 불쾌하고, 헛된 것처럼 보였다.[39]

"십 년 후"(After Ten Years)라는 글은 본회퍼의 가까운 과거와 현재에 근거한 『옥중서신』의 관문으로 지금도 여겨진다. 그가 '우리 중에 배신당하는 것을 모르는 이들은 거의 없다'라고 했던 말은 우리를 아프게 한다. 다른 사람들은 지금 우리가 그들이 얄팍하게 감춘 개인적 괴로움을 인식했다는 이유로 우리를 괴롭힌다.

> 시민의 용기는 … 신앙의 대담한 모험 안에서 책임을 지는 행동을 요구하고, 그 모험 안에서 죄인이 되는 이들에게 용서와 위로를 약속하시는 하나님께 달려 있다.[40]

서신의 문체는 우리 마음의 주변 시야로만 알아볼 수 있다. 즉 그것을 인식하려면 행간에서 말해지는 것에 주목해야 한다.

---

[39] LPP 3.
[40] LPP 6, 11-12.

서신들을 교정한 새로운 『디트리히 본회퍼 전집』(Dietrich Bonhoeffer Werke)의 편집자인 크리스티안 그레멜스(Christian Gremmels)가 지적했듯이 말이다.

> 본회퍼는 편지의 날짜에 덧붙여진 일요일에 대한 라틴어 표기법에서 볼 수 있듯이 교회력에 따라 시간을 결정한다. 그리고 본회퍼가 기억을 더듬어 기록했던 음악 표기법에서도 알 수 있듯이, 교회력이 대림절과 성탄절과 부활절 음악, 그리고 하인리히 쉬츠(Heinrich Schutz)의 음악으로 연결되면서, 테겔 감옥에도 음악의 세계는 존재한다. 그리고 성스러운 영역도 크게 초월한다. [41]

그리고 1944년 5월에 기록된 "디트리히 빌헬름 뤼디거 베트게의 세례일에 대한 생각"(Thoughts on the Day of the Baptism of Dietrich Wilhelm Rüdiger Bethge)과 같은 가슴 아픈 글들도 포함되어 있다. 그러한 글들은 본회퍼가 자신을 변호하고 공모에 참여했던 사람들을 숨기기 위해 썼던 편지들 그리고 재판일을 걱정스럽게 기다리며 썼던 편지들과 함께 그가 자신의 가족과 친구들을 얼마나 생각하고 있었는지를 우리에게 다시금 말해 준다.

이 기간에 본회퍼는 한 편의 희곡과 한 편의 소설도 저술했는데, 그것들의 상당한 분량의 단편들이 『테겔 감옥에서 쓴 소설』(Fiction from Tegel Prison)이라는 제목으로 출간되었다.[42] 이 단편들은 약간 꾸며진 자전적 소설로 우리에게 본회퍼의 가족과 그들의 친구들, 그들의 세계관과 인생관에 대한 통찰력을 준다. 아니면 본회퍼가 같은 시기에 베트게에게 보낸 편지에서 썼듯이 '우리의 가족을 통해, 특히 기독교의 관점으로 우리가 알고 있는 중산층의 생활'에 대해 말한다.[43]

그리고 수수께끼 같은 "책에 대한 개요"(Outline for a Book)가 있는데, 교회를 섬김의 공동체(servant community)로 이해하도록 한다. 섬김의 공동체는 "지배하지 않고 도와주고 섬기면서 …. 그리고 그리스도 안에서 사는 것과 타자를 위해 존재하는 것이 무엇인지를 [사람들에게 말해 주면서] 평범한 인생의 세속적 문제들을 반드시 공유해야 한다."[44]

『옥중서신』에는 여러 편의 시가 실려 있는데, '나는 누구인가?'(Who Am I?)와 '한밤중에 들려오는 목소리'(Night Voices in Tegel) 등은 감옥 생활을 반영하고 있다.

---

41 DBW 8: 639.
42 DBWE 7.
43 LPP 129-30.
44 LPP 282-3.

'그리스도이건 이교도이건'(Christians and Pagans)과 '요나'(Jonah), '선한 권능에 둘러싸여'(Powers of Good)를 비롯한 여러 시는 명백히 신학적이고 후기 서신들에서 나타나는 숙고들을 확장한다.

그리고 '자유에 이르는 길 위의 정거장들'(Stations on the Road to Freedom)과 같은 시들은 본회퍼가 자신의 고난을 신학적으로 해석한 내용을 담고 있다. 그리고 '친구'(The Friend)는 자신과 베트게의 관계를 개인적으로 깊게 묵상해 쓴 시다.

그러나 남의 이목을 집중시켰던, 사실은 악명을 얻게 했던 내용은 위의 글들에서 비롯되지 않았다. 1944년 4월 30일부터 에버하르트 베트게에게 급작스럽게 보내기 시작했던 소위 '신학적 서신들'이라고 불리는 일련의 편지들에서 비롯되었다.

1960년대와 1970년대에 본회퍼를 연구한 학생들에게 이 편지들은 그가 전통적 신학에 분개하고 있는 것처럼 보였다. 실제로 본회퍼와 동시대를 살았던 많은 사람이 4월 30일 이후의 편지들을 읽었을 때 매우 놀랐다. 베트게에 따르면, 그중 칼 바르트는 그 편지들에 대해 경고하면서 다음과 같이 말했다.

> 고독한 죄수가 무언가 진리인 것을 '언저리에서 살짝 보고' 이해했을지도 모른다. 그러나 그것은 너무나 '수수께끼 같아서' 이전의 본회퍼를 따르는 것이 더 나았다!**45**

그러나 본회퍼의 반응이 다소 우습기는 했지만, 그조차도 이 편지들에는 무언가 다시 논의할 만한 것이 있다는 것을 인식했던 것 같다. 그는 베트게에게 이렇게 썼다.

> 그런데 자네가 내 신학적 서신들을 버리지 않으면 좋겠군.
> 혹 앞으로의 연구를 위해 그 편지들을 다시 읽을 수도 있을 것 같아서!**46**

우리가 신학과 영성에 관한 연구를 위해 그 편지들을 지금 다시 읽을 때, 우리는 특별히 '신학적 서신서들'의 인상적 언어 속에서 제기되었던 본회퍼의 모든 주제의 다양한 소리뿐만이 아니라 아직 실현되지 않은 미래에 열려 있는 '아직'의 단편들도 들어야만 한다. 이것은 결국 그의 경력이 시작될 때 『행동과 존재』에서 결론을 내린 방식이었다.

그는 다음과 같이 썼다.

---

45 Bethge, *Dietrich Bonhoeffer*, 889.
46 1943년 7월 8일; LPP 347.

이것은 미래의 새로운 인간, 즉 자신들을 되돌아보지 않고 그리스도를 향해 자신들에게서 멀어지는 이들의 새로운 창조물이다. 이것은 세상의 경계에서 벗어나 광대한 하늘에서 탄생한 자들의 새로운 창조물, 즉 원래 그들이었거나 절대 아니었던, 하나님의 창조물, 자녀가 된다.⁴⁷

『옥중서신』의 독일어 개정판 후기에서 크리스티안 그레멜스는 본회퍼의 주제가 1960년대에 그를 '급진적' 또는 '세속적' 신학자로 해석하는 데 사용된 표제어였던 '근대 세계의 성숙함, 이 세상성, 무종교성'이 정말로 아니었다고 설득력 있게 주장한다.

이런 표현들이 일리가 있고 인상적이기는 하지만, 신학적으로 현재에 임하시는 예수 그리스도를 증언하는 일을 돕는 보조적 개념으로만 기능한다.

나를 끊임없이 괴롭히는 것은 기독교가 정말로 무엇인가 혹은 오늘날 우리를 위해 그리스도는 정말로 누구인가에 대한 질문이다.

본회퍼는 '이 세상성'과 '세상성', '자율성'(autonomy)을 주제별로 다룬다. 진정한 주제는 '예수 그리스도에 의해 성숙해진 세상의 요구'이기 때문이다.⁴⁸

본회퍼에 관해 '급진적인' 것은 그리스도론, 창조, 공동체, 값비싼 제자도의 독특한 기독교적 융합 속에서 그가 보는 급진적 함의들이다. '평범한 인생의 세속적 문제들'을 공유하고 '타자를 위한 그리스도'로서 '타자를 위해 존재하는 교회'는 지금 '우리의 기쁨은 고통 속에 우리의 생명은 죽음 속에 감춰져 있다는 것을 확신하고, 이 모든 것 속에서 우리는 우리를 지탱하는 교제 안에 있고', '예수 그리스도 안에서 모든 것에 예와 아멘이라고 말하는 것'을 확신하는 교회다. 이것은 생명 너머가 아니라 생명의 중심에서 구속을 재발견하는 것을 의미한다. 이것은 믿음을 갖는 것, 즉 '고통과 기쁨은 다양한 소리를 내는 인생의 일부라는 사실을 신뢰하는 것'을 뜻한다.⁴⁹ 이것이 바로 본회퍼가 다음과 같이 썼을 때 의미했던 바다.

---

47 DBWE 2:161.
48 Christian Gremmels, "Nachwort der Herausgeber", DBW 8: 652-3; LPP에서 인용.
49 LPP 382ff., 381ff., 391, 336ff., 305.

> 우리는 이 세상에서 전적으로 살아갈 때만 비로소 신앙을 갖는 법을 배운다. … 나에게 이 세상성은 인생의 많은 의무, 문제, 성공과 실패, 경험과 곤혹을 뜻한다. 이를 통해 우리는 우리 자신의 고통이 아니라 이 세상에서 하나님이 겪는 고통을 진지하게 받아들이면서 하나님의 팔에 우리 자신을 완전히 맡긴다. … 그것이 내가 생각하는 신앙이다. 그것이 '메타노이아'(metanoia, 회심)이다. 그리고 그것이 우리가 인간이 되고 그리스도인이 되는 방법이다.[50]

4. 논의와 의제

우리는 본회퍼의 신학에서 방법론적으로 일관된 체계의 발전을 보지 못한다. 그러나 거의 처음부터 그의 글들에서 가장 중요한 특징이 되는 공동체, 창조, 그리스도론, 값비싼 제자도라는 일련의 사안들과 주제들이 일관성 있게 나타나고 있음을 본다. 본회퍼가 확신한 바에 따르면, 우리는 '우리의 관계들'이다. 우리는 아버지와 아들과 성령의 관계이신 하나님의 형상을 반영하는 존재가 되도록 공동체를 위해 '창조되었기' 때문이다.

바울이 '두 번째 아담'이라 칭했던 그리스도 안에서 우리는 하나님이 어떤 존재이신지, 그리고 우리는 누구인지를 본다. 그리고 '하나님-인간'은, 사랑의 보답으로 자유롭고 강요나 스스럼없이 사랑받기를 원하면서 진정한 '타자'와 '자유롭게' 만나고자 하는 것은 우리 자신의 본성일 뿐 아니라 하나님의 본성이라는 것을 말해 준다. 이것에 거스르는 모든 것이 죄다. 구속받는 것이란 하나님과 다른 사람과 온전히 화해하는 것을 뜻한다.

본회퍼는 손쉬운 범주화를 거부한다. 그의 신학 접근법은 비체계적일 뿐만 아니라 원칙적으로 모든 신학적 체계를 반대한다. 따라서 그의 글들이 사상의 연속성을 보여 주는지 아니면 불연속성을 보여 주는지를 결정하는 것으로는 충분치 않다.

더욱 중요한 일은 우리가 그를 종교 사상가와 작가로 좀 더 명확하게 표현하는 방법을 발견해야 한다는 것이다. 따라서 그를 정의했던 주제들과 관점들과 대화하도록 초청하는 것보다 그의 사상을 요약하는 것이 훨씬 더 어렵다.

본회퍼가 인생의 불완전성과 단편성에 대한 은유를 사용했기 때문에, 그의 부족한 체계성은 체계화를 위한 기회가 부족했다는 것, 즉 유한성과 운명이 그저 방해되었

---

50 LPP 370.

다는 것을 반영한다고 아주 쉽게 생각되어 왔다. 그러나 본회퍼의 글들은 '교수'의 '신학' 못지않게 '목사'의 '영성'으로도 가장 잘 접할 수 있다는 것은 시사하는 바가 크다.

다시 말해, 그는 신앙의 신비에 대한 체계적 '답들'을 진술하는 것뿐만 아니라 소명에 대한 '목회'신학을 설명하는 것에도 관심이 있다. 그는 그리스도인이 된다는 것은 '성취'라기보다는 '직무'라고 생각하는 영원한 순례자로서 가장 잘 이해된다.

그는 앞선 위대한 신학자들의 웅장한 목소리들을 활용할 수 있고, 생명을 새롭게 만드는 복음의 변화시키는 능력을 표현할 수 있는 신앙의 문법을 제공하고자 했다. 더글러스 존 홀(Douglas John Hall)이 언급하듯이 말이다.

본회퍼의 체류와 폴 틸리히의 체류를 비교하고 대조하는 베트게는 틸리히가 교회에서 나와 세상을 발견했다면 본회퍼는 세상에서 나와 교회를 발견했다고 말한다.

> 교회를 발견하면서, 본회퍼는 교회가 익숙해져 있는 방식보다 더욱 진지하게 교회를 다루었고, 왜곡된 생명과 정언을 대체하기 위해 좀 더 적절한 형태의 생명과 증언에 대해 쉬지 않고 호소했다.[51]

그 결과, 본회퍼는 전통적 신학적 입장들의 어휘를 사용하는 것에 대해 당황스러울 정도로 '순진한 모습'(naïveté)을 보인다. 이는 지나치게 많이 사용하면서 자연스럽게 익숙해졌기 때문이 아니라, 아직 때를 만나지 못했을지도 모르는 언어의 가능성을 그가 드러냈기 때문이다.

본회퍼는 신학적 논쟁에서 편을 결정하는, 즉 신학을 둘 중 하나(either/or)의 모험(enterprise)으로 보는 것을 거부하는 대신에 대화, 즉 진정한 '타자'로서 우리에게 오는 존재와 만나는 신비 속에서 우리를 고취할 뿐 아니라 분노하게도 만드는 둘 다(both/and)의 접근법을 찾기 때문에 우리에게 좌절감도 안겨준다.

그의 신학적 발전에 대한 하나의 에피소드를 소개하고자 한다.

본회퍼는 핀켄발데에서 실험하는 동안에 그의 학생들이나 독자들에게 하나님의 형상으로 창조된 것의 선함이나 인간 죄의 깊이 중에서, 또는 성육신이나 구속, 구유나 십자가 중에서 또는 칭의와 성화[52](그리고 형성) 중에서, 또는 개인과 공동체 중에서 또는 세상의 화해자라는 그리스도의 독특한 메시아적 소명에 대한 인식과 우

---

51 Douglas John Hall, in Floyd and Marsh, *Theology and the Practice of Responsibility*, 65.
52 동방 정교의 *theosis*를 참조하라.

리가 세상의 죄를 고백하고 책임을 지면서 그리스도의 '대리 대표적 행동'(Stellvertretung)의 사역에 직접 동참하는 것 중에서 한쪽을 선택하라고 요구하지 않았다.

본회퍼의 사상은 아마도 다른 사람들의 신학 연구를 위한 촉매제로 사용될 때 가장 풍성해질 것이다. 그의 독자들의 마음을 먼저 사로잡은 그의 '급진적인' 비전에 익숙하고 둔감해지지 않도록 크게 조심할 필요가 있다. 물론 이것 역시 하비 콕스가 사십 년 전에 비난했던 본회퍼의 '창조적 오용들'의 근원인데, 그러한 해석은 다른 이들의 이기적 이념들(self-serving ideologies)에 몰래 들어가는 트로이의 목마 역할을 할지도 모르기 때문이다. 그러나 한 예로, 본회퍼 자신은 1944년 4월 30일부터 감옥에서 쓰기 시작했던 '신학적 서신들'에서 무언가 '새롭고' 독특한 일이 일어나고 있다는 것을 깨달았음이 분명하다.

이런 이유로, 본회퍼 연구의 역사 전기적 차원과 그의 신학의 '창조적 오용들' 사이에는 늘 변증법이 존재해 그것이 '단순한 역사'의 손아귀에서 벗어나고 건설적 사상으로 다시 소생하도록 한다. 전자는 후자처럼 필요하고, 그 '오용들'과 함께 그의 사상을 좀 더 면밀하게 재평가하고 그 기원의 독특한 역사적 상황을 재발견하도록 만드는 관심의 불씨를 지핀다. 본회퍼를 읽을 때마다 항상 놀라는 이유는 그의 '급진성'이 우리가 예상했던 것보다 다르게 나타난다는 사실 때문이다.

물론 본회퍼 역시 우리가 반드시 간파하고 넘어가야 하는 맹점을 갖고 있다. 아마도 다음과 같은 사실이 가장 중요할 것이다.

> 그의 신학 연구 대부분이 유대교에 대한 전통적 그리스도인의 태도를 반영한다. 당시의 많은 그리스도인처럼 본회퍼는 유대인들에 대한 하나님의 특별한 뜻이 있다고 믿었고, 거기엔 그들이 결국에는 예수를 메시아로 받아들일 것이라는 게 포함되어 있었다.[53]

이런 [반유대주의적이 아닌] 반유대인적(anti-Jewish) 주제에 대한 의식은 유대인 공동체 안에서 본회퍼를 어떻게 생각해야 하는지에 대한 곤란한 상황을 초래했다(우리는 본회퍼에게 '의로운 이방인'이라는 영예를 주어야 하는지에 대한 장기간의 논쟁이 야드바셈에서 있었던 것을 목격한다). 이에 더해 아우슈비츠 이후의 그리스도인들이 미화된 순교자 전기에 반대해야 할 필요성에 대한 경각심을 갖고, 그 대신에 그의 신학뿐만 아니라 그의 전기를 자기 비평적으로 미묘한 차이를 감지하면서 읽도록 했다.[54]

---

[53] Victoria Barnett, online exhibit on the website of the United States Holocaust Momorial Museum.
[54] 본회퍼와 유대인에 관한 질문들에 대해선, Bethge의 "Dietrich Bonhoeffer and the Jews", in John

그러면 나치즘이 발흥하고 그를 정의했던 교회 투쟁(Church Struggle)이 시작된 지 70년이 지난 지금 본회퍼를 어떻게 생각해야 하는가?

만일 '현대성'이 볼프강 후버가 '지금은 우리 뒤에 있는 역사의 제한된 시대'라고 묘사했던 것에 지나지 않는다면,[55] 본회퍼를 '현대 신학자'로 설명하는 것은 그에 대해 말할 수 있는 모든 걸 다 말한 것이다. 그러면 그는 과거로 천천히 그러나 계속해서 흘러 들어가는 인물이다.

그리고 머지 않아 오직 그의 전기만이 우리에게 그의 중요성을 분명하게 나타낼 것이다. 다른 한편으로, 만일 '현대성'이 자유와 책임, 비평과 개정에 대한 자극을 광범위하게 말하면, 본회퍼는 그의 과거만큼 찬란한 미래를 가질 수도 있다.

그리고 『윤리학』과 『옥중서신』이 모두 제시하듯, '현대성'이 본회퍼 자신이 이미 예견하고 있었던 것이라면(그의 예견이 포스트모던 관점으로 정당하게 이해될 수 있다면) 우리는 그가 살아 있을 때조차도 완전하게 정의할 수 없었던 그를 쓸모없는 과거로 비난하지 않도록 주의해야만 한다.[56]

본회퍼의 신학과 영성은 '현대성'에 대한 우리의 정의에 무언가 새롭고 고무적이지만 동시에 불안하게 하는 것을 가져왔다. 아마도 그 급진성이란 결국 그가 자신의 뒤를 따라오는 사람들뿐만 아니라 우리가 이해했던 그의 앞에 있는 '신학과 영성'의 전체 질서를 혼란스럽게 만든다는 것일지 모른다.

T. S. 엘리엇(T. S. Eliot)은 『신성한 숲』(*The Sacred Wood*)에서 다음과 같이 표현한다.

> 새로운 예술 작품이 창조될 때 일어나는 일은 이전의 모든 예술 작품에서도 동시에 일어나는 것이다. 현존하는 기념물들은 자신들 안에서 이상적 질서를 형성하는데, 그것들 안에서 새로운 (정말로 새로운) 예술 작품이 도입됨으로써 변형된다. 현존하는 질서는 새로운 작품이 도착하기 전에 완성된다. 새로움이 발생한 후에 계속되기 위

Godsey and Geffrey B. Kelly, eds., *Ethical Responsibility: Bonhoeffer's Legacy to the Churches* (New York: Edwin Mellen Press, 1981), 43-96을 보라. 그리고 University of Heidelberg dissertation by Christine-Ruth Müller, *Dietrich Bonhoeffer Kampf gegen die nationalsozialistische Verfolgung und Vernichtung der Juden*, 1986; William Peck, "From Cain to the Death Camps: an Essay on Bonhoeffer and Judaism", *Union Seminary Quarterly Review* 28, no. 2 (winter, 1973): 158-76 ("Bonhoeffer's View of Judaism", Christian Attitudes on Jews and Judaism 31-2 [August-October 1973]으로도 출판됨)도 보라.

55 Floyd and Marsh, *Theology and the Practice of Responsibility*, 5.
56 원해체주의자(proto-deconstructionist) 본회퍼에 대해선 Walter J. Lowe, "Bonhoeffer and Deconstruction; Toward a Theology of the Crucified Logos", in Floyd and Marsh, *Theology and the Practice of Responsibility*, 207-21을 보라.

해서는 현존하는 '전체' 질서가, 아주 조금이라도, 바뀌어야 한다. 따라서 전체적으로 각 예술 작품의 관계들, 규모들, 가치들은 조정된다. 그리고 이것은 옛것과 새로운 것의 일치다.

'현대' 신학자 중에서 본회퍼의 급진성은 그가 이전에 있었던 기독교 신학들의 다양한 미래에 열려 있었을 뿐만 아니라, 우리를 위해 과거를 재개했다는 데 있다. 그의 급진성은 우리로 우리보다 앞서 왔던 모든 것에 관한 우리의 관점을 아주 조금이라고 조정하도록 만들고 신앙의 살아 있는 문법의 일부인 공동체, 창조, 그리스도론, 값비싼 제자도의 주제들을 좀 더 신실하게 다루도록 했다.

참고 문헌

1차 자료

Act and Being: Transcendental Philosophy and Ontology in Systematic Theology. Edited by Wayne Whitson Floyd Jr. Translated by Martin Rumscheidt. Minneapolis, MN: Fortress Press, 1996.

Bonhoeffer, Dietrich, and Maria von Wedemeyer. *Love Letters from Cell 92: The Correspondence between Dietrich Bonhoeffer and Maria von Wedemeyer, 1943–1945*. Translated by John Brownjohn. Nashville, TN: Abingdon Press, 1995.

Christ the Center. Translated by Edwin Robertson. San Francisco: Harper & Row, 1978.

Creation and Fall: A Theological Exposition of Genesis 1–3. Edited by John W. de Gruchy. Translated by Douglas Stephen Bax. Minneapolis, MN: Fortress Press, 1996.

Dietrich Bonhoeffer Werke [DBW], 17 vols. Edited by Eberhard Bethge et al. Munich and Gütersloh: Chr. Kaiser/Gütersloher Verlagshaus, 1986–99. English translation: *Dietrich Bonhoeffer Works* [DBWE], 17 vols. Wayne Whitson Floyd Jr., General Editor. Minneapolis, MN: Fortress Press, 1996–.

Discipleship. Edited by Geffrey B. Kelly and John D. Godsey. Translated by Barbara Green and Reinhard Krauss. Minneapolis, MN: Fortress Press, 2001.

Ethics. Edited by Clifford J. Green. Translated by Reinhard Krauss, Charles C. West, and Douglas W. Stott. Minneapolis, MN: Fortress Press, 2005.

Fiction from Tegel Prison. Edited by Clifford J. Green. Translated by Nancy Lukens. Minneapolis, MN: Fortress Press, 2000.

Letters and Papers from Prison [LPP]. Edited by Eberhard Bethge. New York: Simon & Schuster, 1997.

Life Together and *Prayerbook of the Bible*. Edited by Geffrey B. Kelly. Translated by Daniel W. Bloesch and James H. Burtness. Minneapolis, MN: Fortress Press, 1996.

Sanctorum Communio: A Theological Study of the Sociology of the Church [SC]. Edited by Clifford J. Green. Translated by Reinhard Krauss and Nancy Lukens. Minneapolis, MN: Fortress Press, 1998.

2차 자료

Bethge, Eberhard. *Dietrich Bonhoeffer: A Biography*. Revised and edited by Victoria J. Barnett.

Minneapolis, MN: Fortress Press, 2000.
De Gruchy, John W., ed. *Bonhoeffer for a New Day: Theology in a Time of Transition*. Grand Rapids, MI: William B. Eerdmans, 1997.
_____. *The Cambridge Companion to Dietrich Bonhoeffer*. Cambridge: Cambridge University Press, 1999.
Floyd, Wayne W. *The Wisdom and Witness of Dietrich Bonhoeffer*. Minneapolis, MN: Fortress Press, 2000.
Floyd, Wayne W. and Clifford J. Green, eds. *Bonhoeffer Bibliography: Primary Sources and Secondary Literature in English*. Evanston, IL: American Theological Library Association, 1992.
Floyd, Wayne W. and Charles Marsh. *Theology and the Practice of Responsibility*. Valley Forge, PA: Trinity Press, 1994.
Grand Rapids, MI: Brazos Press, 2004.
Hauerwas, Stanley M. *Performing the Faith: Bonhoeffer and the Practice of Nonviolence*. Grand Rapids, MI: Brazos Press, 2004.
Haynes, Stephen R. *The Bonhoeffer Phenomenon: Portraits of a Protestant Saint*. Minneapolis, MN: Fortress Press, 2004.
Kelly, Geffrey B. and Burton Nelson. *The Cost of Moral Leadership: The Spirituality of Dietrich Bonhoeffer*. Grand Rapids, MI: William B. Eerdmans, 2002.
Kelly, Geffrey B. and C. John Weborg. *Reflections on Bonhoeffer: Essays in Honor of F. Burton Nelson*. Chicago: Covenant, 1999.
Kleinhans, Theodore J. *Till the Night Be Past: The Life and Times of Dietrich Bonhoeffer*. St. Louis, MO: Concordia Publishing House, 2002.
Lange, Fritz de. *Waiting for the Word: Dietrich Bonhoeffer on Speaking about God*. Grand Rapids, MI: William B. Eerdmans, 1995.
Leibholz-Bonhoeffer, Sabine. *The Bonhoeffers: Portrait of a Family*. Chicago: Covenant, 1994.
Marsh, Charles. *Reclaiming Dietrich Bonhoeffer: The Promise of His Theology*. Oxford: Oxford University Press, 1994.
Pangritz, Andreas. *Karl Barth in the Theology of Dietrich Bonhoeffer*. Grand Rapids, MI: William B. Eerdmans, 2000.
Plant, Stephen. *Bonhoeffer*. London: Continuum, 2004.
Slane, Craig J. *Bonhoeffer as Martyr: Social Responsibility and Modern Christian Commitment*.
Young, Josiah Ulysses, III. *No Difference in the Fare: Dietrich Bonhoeffer and the Problem of Racism*. Grand Rapids, MI: William B. Eerdmans, 1998.

제3장

폴 틸리히(Paul Tillich)

데이비드 H. 켈시(David H. Kelsey)

1. 서론: 생애

폴 틸리히(Paul Tillich)의 주된 목표는 기독교가 종교적으로 회의적이고 문화적으로 현대적이며 감성적으로 세속적인 사람들에게 이해되고 설득 되도록 만드는 것이었다. 그는 그 역할을 매우 효과적으로 행하게 되었다. 그러나 그렇게 되기까지는 인생에서 두 번의 고통스러운 전환이 있었다.

첫 번째는 제1차 세계대전이었다. 틸리히가 1914년에 독일군에 군목으로 입대했을 때, 그의 인생은 상당히 안정적이었고 신학을 제외한 그의 관점들은 관습적이고 보수적이었다. 1886년에 태어난 그는 보수적인 루터교 목사의 가정에서 성장했다. 그는 베를린대학교와 튀빙겐대학교, 할레대학교에서 공부했다. 그는 1910년에 브레슬라우대학교(University of Breslau)에서 19세기 철학자 프레더릭 셸링(Frederick Schelling)에 관한 논문으로 박사 학위를 취득했다. 셸링의 사상은 틸리히에게 계속해서 깊은 영향력을 끼치게 된다. 그 후 그는 목사 안수를 받았고, 부목사로서 몇 년간 봉직했다. 그러나 노동자 계층 사람들과 대학살로 고통을 함께 한 4년의 경험이 그를 완전히 변화시켰다. 그의 전기 작가들인 빌헬름 파우크(Wilhelm Pauck)와 마리온 파우크(Marion Pauck)는 이렇게 묘사한다.

> 1918년, 그가 군을 떠날 때쯤에 전통적 군주제주의자는 종교적 사회주의자가 되었고, 기독교 신자는 문화적 염세주의자가 되었으며, 억제되었던 청교도 소년은 '거친 남자'가 되었다. 이 기간은 폴 틸리히의 인생에서 중요한 전환점이었다.[1]

---

[1] Wilhelm and Marion Pauck, *Paul Tillich: His Life and Thought* (Chicago, 1976), vol. 1, 41.

그 경험은 그의 소명의식이 분명해지도록 만들었다. 전쟁 후에 베를린에서 그가 처음으로 했던 공개 강의의 제목은 "문화 신학의 관념에 관해"(On the Idea of Theology of Culture)였는데, 평생 그의 신학에서 중심이 된다. 그는 1919년에 베를린으로 돌아와 학자로서의 경력을 시작했다. 당시 베를린은 급진적 정치 사상과 전위예술의 중심지였다.

그는 베를린대학교에서 가르치는 동안에 예술가들과 정치선동가들의 보헤미안 세계에 깊이 빠져들어 상당히 무질서한 생활을 했다. 그 후에 틸리히는 마르부르크대학교(University of Marburg)에서의 명백히 불행했던 세 학기(1924-5년)를 제외하고, 신학 교수로서가 아니라 (1925-9년, 드레스덴공과대학교에서) '종교학' 교수, 혹은 (1929-33년, 프랑크푸르트대학교에서) 철학 교수로 임명되었다.

두 학교에 있으면서, 그는 '경계선에' 서 있는 것, 종교적 전통과 세속적 문화의 주요 운동들 사이의 교차점에 서 있는 것을 기뻐했다. 프랑크푸르트에서 지내는 동안에 틸리히는 독일 학계에서 전국적으로 유명해졌다.

두 번째는 그의 영향력이 정점에 닿았던 그곳에서 일어난 고통스러운 전환이다. 1933년, 나치 당국은 프랑크푸르트대학교의 교수 자리에서 그를 면직시켰다. 그의 저서인 『사회주의자의 결심』(The Socialist Decision)이 나치의 이념을 공격했기 때문이었다. 틸리히가 독일에서 도망쳐야 한다는 게 분명해졌을 때, 미국에 있는 친구들은 그가 뉴욕시에 있는 유니언신학교(Union Theological Seminary)에서 교수로 임명될 수 있도록 주선했다. 1933년 가을, 틸리히는 47세의 나이에 완전히 생소한 분야인 문화와 언어에서 두 번째 학자의 경력을 시작했다.

그 후 15년간 틸리히는 유니언에서 비교적 무명인 상태로 가르쳤다. 1936년에 출판된 자서전적 책인 『경계선에서』(On the Boundary)는 그를 유명하게 만드는 데 그리 도움이 되지 않았다. 그는 학문적 신학자들 사이에서 널리 존경을 받았다.

그러나 영어로 번역된 그의 책들이 그리 많지 않았다. 그는 영어로 효과적으로 쓰게 되었지만, 말을 할 땐 억양이 너무 강해서 이해하기 힘들었다. 그 후 1948년에 신학대학원 채플에서 했던 설교를 모은 작은 설교집이 『흔들리는 터전』(The Shaking of the Foundation)이라는 제목으로 출간되었는데, 모두의 예상과는 달리 베스트셀러가 되었다.

3년 후에 그의 『조직 신학』(Systematic Theology) 제1권이 출판되었다. 그 책은 곧 학계와 교계에서 활발하게 펼쳐진 논의의 주제가 되었다. 언론은 그를 크게 보도했고, 아주 복잡한 이 독일 사상가는 미국에서 지식인 슈퍼스타와 같은 존재가 되었다. 틸리히는 1955년에 유니언에서 은퇴했고, 하버드대학교의 교수직을 받아들였다.

거기서 그는 『조직 신학』 제2권을 1957년에 출간했다. 1962년에 그는 시카고 대학교(University of Chicago)에서 두 번째로 은퇴 이후 교수직을 수락했고, 그곳에서 『조직 신학』 제3권이 1963년에 출간되었다. 틸리히는 1965년에 사망했다. 아마도 그는 미국 역사에서 가장 널리 알려진 신학자일 것이다. 그가 사망한 후 독일 신학계에서는 틸리히를 재발견하고자 하는 활발한 노력이 있었다.

2. 개관: 저서와 접근법, 주제들

500권이 넘는 틸리히의 저서 목록에서 영어로 읽을 수 있는 것들은 다음과 같이 크게 네 개의 그룹으로 나누어진다.

① 세 권으로 구성된 『조직 신학』(Systematic Theology).
② 체제 내에서도 논의되는 개별적 주제들을 다루는 체제 밖의 저서, 특히 『성경적 종교와 궁극적 실재의 추구』(Biblical Religion and the Search for Ultimate Reality), 『사랑, 힘, 정의』(Love, Power, and Justice), 『프로테스탄트 시대』(The Protestant Era), 『문화의 신학』(Theology of Culture).
③ 세 권의 설교집, 『흔들리는 터전』(The Shaking of the Foundation), 『새로운 존재』(The New Being), 『영원한 지금』(The Eternal Now).
④ 종교의 철학에 관한 글, 특히 『존재의 용기』(The Courage to Be).

우리는 여기서 『조직 신학』을 중심으로 틸리히의 신학을 논의한다. 위의 모든 저서는 똑같은 신학적 계획(현대 문화와 역사적 기독교를 '중재하고' 신앙이 현대 문화에 받아들여질 수 없을 필요가 없다는 것)에 대한 변형들로 보일 수도 있다. 즉 그것들은 문화 신학의 활동들이다. 틸리히에게 기독교를 주장하는 것('변증학')은 신학의 한 전문분야가 아니라 모든 신학 분과의 한 측면임을 뜻한다.[2]

틸리히는 『조직 신학』에서 종교와 문화의 연관성을 보여 줌으로써 이런 중재의 작업을 행한다. 그는 둘 사이의 관계가 대화에서 '질문'하고 '답'하는 관계와 비슷하다고 말한다. 아니면 예술 작품에서 '형태'와 '내용'(또는 '본질')의 상관 관계와 비슷하다. 실제로 둘 사이의 연관성을 보여 주는 것은 가능하다.

---

2 Paul Tillich, *Systematic Theology* (Chicago, 1951), vol. 1, 59-66.

현실에서 '종교'와 '문화'는 하나의 통합체로서 '종교의 형태는 문화이고 문화의 본질은 종교'이기 때문이다.[3]

틸리히에 따르면, 인간의 조건은 항상 근본적 질문들을 제기하는 데, 그 질문들은 예술 작품의 지배적 스타일로 다양하게 표현한다. 그리고 종교적 전통들은 그 질문들에 대해 종교적 상징들로 표현되는 답들을 제공한다. 이에 따라 그는 『조직신학』을 제5부로 구성한다. 각 부에서는 하나의 주요한 성경적, 종교적 상징이 현대 문화에 의해 표현된 주요한 인간의 질문에 대한 '답'으로 이어진다.

제1부, '로고스' 상징을 '우리는 어떻게 인간의 중요한 진리를 확신하고 알 수 있을까?'라는 현대 문화의 회의적 질문 형태와 연관시킨다.

제2부, '창조주로서의 하나님' 상징을 '우리는 어떻게 우리의 생명을 분해하려고 위협하는 파괴력을 견뎌낼 수 있는가?'라는 유한성의 질문에 관한 현대 문화의 표현과 연관시킨다.

제3부, '그리스도이신 예수' 상징을 소외의 질문에 대한 현대 문화의 세속적 표현과 연관시킨다. '우리는 어떻게 우리 자신과 이웃으로부터 경험하는 소외감을 치유할 수 있는가?'

제4부, '성령' 상징을 '우리의 도덕성, 종교적 관례, 문화적 자기 표현이 이토록 철저하게 모호한데 우리의 삶이 어떻게 진실해질 수 있을까?'라는 모호함의 질문에 대한 현대 문화의 표현과 연관시킨다.

제5부, '하나님의 나라' 상징을 다음과 같은 질문과 관련시킨다.
'역사는 의미가 있는가?'

3. 내용: 본질(essential nature), 실존적 분리(existential disruption), 현실태(actuality)

이 다섯 쌍의 관련 질문과 답은 틸리히 신학의 주요 주제이다. 그것들은 우리의 생명과 일상적 현실의 '본질', '실존적 분리', '현실태'라고 추상적으로 칭한 것들을 각각 다루는 세 가지 주요 부분을 분석한다. 우리는 틸리히 신학의 내용에 대한 논의에서 바로 이 삼중적 구조를 따를 것이다.

---

3 Paul Tillich, *Systematic Theology*, 63-8.

1) 본질

그의 『조직 신학』의 제1부와 제2부는 우리의 '본질'에 관련된 질문들을 다룬다. '본질'은 가장 기초적인 무언가를 가리킨다. 틸리히의 관점에서 (그저 관념적인 것에 반대되는) 실제적인 것은 세 가지 매우 일반적 특성을 드러낸다.

① 그것은 그 자체로 하나의 완전체다. 우리는 그것을 '체계'라고 부를 수 있다.
② 그것은 다른 구성 요소들과 좀 더 포괄적 전체 중 일부를 구성하면서 다양한 유형의 교류를 한다.
③ 그것은 '유한'하다. 즉 내재적으로 그것 자체가 분해되고 속해 있는 전체로부터 분리되는 것에 취약하다.

틸리히는 우리의 본질에 대한 이런 세 가지 특성을 추상적으로 매우 상세하게 분석한다.

제1부, 우리의 본질을 '인식아'로 다룬다.
제2부, 우리의 본질을 '피조물'로 다룬다.

이 두 가지를 역순으로 살펴보면 그의 분석을 좀 더 명확하게 이해할 수 있다. 제2부는 우리가 삶을 위협하는 것들을 경험할 때 제기되는 문제를 다룬다(덧붙여 말하면, 이것에 중점적으로 초점을 맞추고, 키르케고르와 니체에 의존했기 때문에 틸리히에게는 '실존주의자'라는 꼬리표가 붙었다).
우리는 우리의 삶이 무의미함과 죄책감, 죽음으로 압도당하려는 순간을 경험한다. 추상적으로 말하면, 존재(being)가 비존재(non-being)의 위협을 받는다. 틸리히에게 똑같이 중요한 것은 우리는 이런 위협에 계속해서 저항하는 것도 경험한다는 것이다. 추상적으로 말하면, 우리는 '존재의 힘'이 실재한다는 것을 경험한다. 이것은 다음의 질문을 제기한다.
'비존재의 위협을 저항하는 힘은 어디에서 오는가?'
그 답은 '창조주로서의 하나님'이라는 기독교 상징에서 발견된다.
우리는 그것에 대해 명확하게 하기 전에 우리를 '비존재'의 위협에 그토록 취약하게 만드는 것이 무엇인지에 대해 질문할 필요가 있다고 틸리히는 생각한다. 여기서 우리는 틸리히의 유명한 존재론을 접하게 된다.

'존재론'은 존재하는 것(그리스어로 *on*의 소유격인 *ontos*) 에 대한 사상(그리스어로 *logos*)으로 많은 철학자가 다뤄 온 주제다.

틸리히는 그들로부터 많은 것을 빌리는데, 아마도 마르틴 하이데거(Martin Heiddeger)의 영향을 가장 많이 받았을 것이다. 일부 철학자들은 '존재하는' 것을 신중하게 분석함으로써 하나님의 실재(reality of God)를 나타낼 수 있다고 주장한다.

그러나 틸리히는 그렇게 생각하지 않는다. 그의 존재론적 분석은 우리의 유한성을 보여 주는 데 국한된다(예를 들어 우리는 내재적으로 비존재의 위협을 받는다는 것과 우리는 그 위협을 저항하는 존재의 힘의 원천이 아니라는 것).

틸리히는 우리의 세상과의 모든 상호 작용이 똑같은 기본구조를 보여 준다고 말한다. 그 구조는 세 쌍의 양극성의 요소들(polar elements)로 구성된다. 세상과의 모든 교류에서 우리는 '개별화'와 '참여' 사이, 우리 자신의 개성을 보존하고 키우는 일과 공동체 안에서 나누고 다른 이들과 교제하는 것 사이에서 균형을 유지해야 한다. 균형은 주어지지 않는다. 우리는 계속해서 균형을 맞춰야 한다. 그리고 우리가 언제라도 실패할 수 있다. 분명히 많은 심리적, 사회적 문제는 이런 양극들이 서로 대립하는 상황으로 이해될 수 있다.

다음으로 모든 교류에서 우리는 '역학'과 '형태' 사이에서 균형을 유지해야 한다. 규칙(형태)이 없으면, 교류들은 믿을 수 없고 혼란스럽게 된다. 그러나 창의성과 새로움(역학)이 없으면 그것들은 경직된다. 많은 정치적 혁명은 이런 양극들이 서로 대립하게 된 상황으로 이해될 수 있다.

마지막으로 모든 교류에서 우리는 '자유'와 '운명'이 계속해서 균형을 맞추도록 해야 한다. 세상과 교류하는 순간에 우리는 직접적 상황과 우리가 그 순간까지 해 왔고 겪고 있는 것에 대한 전체 역사에 크게 좌우된다. 그것은 우리의 '운명'인데, 그 순간에 우리가 누구인지를 결정하고 미래를 향하는 어떤 궤도에 우리를 올려놓는다.

그와 동시에 우리는 무엇을 해야 할지 결정하고 그에 대한 책임을 지면서 우리의 자유를 행사해야 한다. 그렇다면 이 분석에서 '존재'한다는 것은 필연적으로 '유한'해야 한다. 그것은 개별화가 참여로부터 분리되고, 역학이 형태로부터 분리되고, 운명이 자유로부터 분리되고, 우리의 존재론적 온전성, 즉 우리가 누구인지를 좌우하는 각 쌍에서의 한 양극이 분해되기 시작하는 세상과의 교류에 단지 우연이 아니며 내재적으로 취약하다.

그러나 우리는 절대 완전히 분해되지 않는다. 비존재의 위협에 저항하는 힘은 어디에서 오는가?

그것은 우리의 '궁극적 관심사'에 대한 질문이다. 틸리히에 따르면, 우리가 궁극적 관심을 기울이는 것은 그것이 무엇이든 간에 우리의 신(god)이다. 따라서 이것은 신에 관한 질문이다. 그 답은 하나님에 대한 기독교 상징들로 주어진다. 그것들은 특히 창조자 하나님에 대한 이미지들과 이야기들로, 특별히 적절한 방식으로 존재의 힘이 실재하는 것에 관한 경험을 표현한다.

'창조자'는 만물의 기원에 대한 이론을 칭하는 게 아니다. 오히려 '하나님은 창조주이시다'라는 상황에 관한 경험을 표현한다. 존재의 힘은 활발하게('하나님은 살아계신다') 계속해서('하나님은 지속하신다') 비존재의 위협 한가운데서 우리 존재의 근거가 된다. 이와 동시에 상징은 경험의 다른 특징을 어렴풋이 표현한다. 힘의 존재는 '불가해하고 묘하게' 경험된다("하나님은 거룩하시다").

존재론적 분석이 확증하듯이 이 힘은 존재 구조의 요소가 아니다. 그것은 전체로서 존재 구조를 칭하는 또 다른 이름도 아니다(예를 들어 개별화/참여, 역학/형태, 운명/자유의 긴장된 양극들로 구성되는 구조). 틸리히는 그것을 범신론의 한 유형으로 거부한다. 이 힘은 신(supreme being)도 될 수 없는데, '모든' 독립체는 당연히 유한하기 때문이다. 따라서 틸리히는 하나님의 '존재'에 대해 말하기를 거부한다. 존재의 힘이나 '존재의 근거'는 모든 것 안에 있지만, 그 무엇에도 절대 영향을 받지 않는 '존재 그 자체'다("하나님은 주시다").

『조직 신학』의 제1부는 이와 같은 분석 패턴을 세상과의 교류의 유형 중 하나인 인지(cognition)에 적용한다. 이것은 인간적으로 중요한 진리를 알고자 노력할 때 끊임없이 겪게 되는 좌절감에 의해 제기되는 회의적 질문을 다룬다. 틸리히는 지식에 대한 매우 풍부한 개념을 채택한다. 아는 것은 지식을 파악하고 형성하는 세상과의 모든 유형의 교류를 아우른다. 이것을 실행하는 우리의 능력은 우리의 의식구조로, 틸리히는 이것을 '존재론적 이성'이라고 칭한다. 그것은 단순한 '기술적 이성'이나 문제 해결 능력들보다 훨씬 더 풍부한 의미이다.

우리는 무의미함이나 불확실성으로 위협받는 현실을 완전히 파악하고 형성하려는 우리의 노력을 끊임없이 발견한다. 그렇다 하더라도 우리는 살아갈 만큼 충분히 알고 있다. 질문은 이것이다.

'그것이 어떻게 위협을 극복한 것일 수 있는가?'

그에 대한 답은 기독교 상징인 '로고스'에 의해 주어진다. 우리는 '로고스'가 우리의 회의론을 어떻게 다루는지 분명히 알기 전에 왜 우리의 알고자 하는 노력이 위협을 받고 있는지에 대한 이유를 물어볼 필요가 있다. 물론 우리의 이성적 노력은 위협을 받는다. 존재론적 이성은 유한하기 때문이다.

세 쌍의 양극 요소들은 우리가 현실을 파악하고 형성하는 데 균형을 반드시 맞춰야 한다. 그리고 그것들은 갈등을 위협한다. 현실에 대한 이성적 파악은 형식의 차원과 감정의 차원을 모두 포함한다.

그러나 우리의 세상과의 인지적 교류에서 형식과 감정은 현실을 위협하는 역할을 하고, 우리는 그것들이 통합시키는 지식의 어떤 유형을 갈구한다. 현실에 대한 이성적 파악은 정적 측면과 역동적 측면의 균형을 맞춰야 한다. 이런 측면들은 계속해서 갈등을 위협한다.

정적 원리들만 일방적으로 강조하는 것은 다른 관점에서 볼 때 보수적 '절대주의'처럼 여겨진다. 구체적 변화만을 일방적으로 강조하면 다른 관점에서 봤을 때 불안정한 '상대주의'처럼 보일 수 있다. '절대주의'와 '상대주의'의 긴장은 충분히 일반적이다. 우리는 절대적인 것과 구체적인 것이 일관되는 지식의 일부 유형을 갈구한다.

내재적으로 회의론에 취약하게 만드는 존재론적 이성의 세 번째 긴장이 있다. 우리는 인지의 최종 권위자로 우리 자신을 의지하는 것('자율성'⟨utonomy⟩, 나⟨auto⟩를 법으로)과 전통이나 현존하는 '막강한 권력'과 같은 다른 것을 의지하는 것('타율성'⟨heteronomy⟩, 타자⟨heteros⟩를 법으로) 사이에서 갈등을 경험한다.

그 갈등은 틸리히가 이성의 '구조'와 '깊이'라고 칭한 것들 사이의 양극에 뿌리박고 있다. 이성의 '구조'는 우리가 현실을 파악하고 형성할 수 있게 만드는 것이다. 그러나 파악하고 형성하는 일은 다른 것보다 좀 더 진실하거나 좋거나 아름다운 것을 판단하는 것을 늘 포함한다. 그러한 판단을 내릴 때 우리는 기준을 사용한다. 더욱이 틸리히는 (아마도 플라톤의 사상을 빌려) 우리가 적어도 암시적이고 자기를 의식하지 않으면서 같은 궁극적 기준들을 의존해야 하거나 '좀 더 진실하거나 좋거나 아름다운' 것이 있다는 것에 동의하면 절대로 안 된다고 여긴다.[4] 이성의 '깊이'는 우리가 의식하지 못할 때조차도 이런 기준들을 고려하면서 이성적 교류들을 한다는 사실을 말한다. 이런 궁극적 기준('진리 자체', '아름다움 자체', '선 자체')이 있다는 것은 마음에 존재('존재 자체')의 힘이 '있다'는 것이다.

그러나 우리는 그것이 있다는 사실을 의식하지 못하기 때문에 우리는 우리 밖에 있는 무언가(전통이나 영향력 있는 사람)를 의존했다가 우리 자신을 의존했다가 한다. 어느 쪽도 충분치 않기에 우리는 그 기준들이 단순히 우리 자신의 의견에 좌우되지 않고 우리에게 맞지 않는 무언가로서 우리에게 지워지지 않게 하는 어떤 지식을 갈망한다.

---

4 Paul Tillich, *Theology of Culture* (New York, 1959), 10-30.

요약하면, 우리의 삶에 의존할 수 있는 의미가 있을 가능성은 형식적이면서 감정적이고, 절대적이면서 구체적인 어떤 유형의 지식에 달려 있다. 그 지식 속에서 이성의 구조와 깊이는 통합된다.

우리는 어디서 그런 방식으로 알게 될 것인가?

그것은 '계시'에 대한 질문이라고 틸리히는 말한다. 그 답은 기독교 상징인 '로고스'로서의 예수와 연관되는 것이다.[5] 그것은 계시에 관한 질문이다. 우리의 궁극적 관심사(삶에서 의미의 근거가 되는 것)의 폭로에 관한 질문이다. 이 폭로는 계시의 사건으로 양면을 가지고 있다. '받는' 쪽은 온전한 전체로 통합된 사건, 감성, 지성에 의해 완전히 파악된 무리의 사람들이다. 이 상태에 있다는 것은 '믿음'의 상태에 있는 것이다. 틸리히는 이것을 황홀경(ecstasy)이라고도 부른다.

그것은 이성이 그 자체를 이성의 깊이, 의미 근거의 자기 의식적 파악에서 초월한 상태를 말한다. 틸리히는 계시 사건에서 '주는' 쪽을 '기적'이라고 칭한다. 그것은 사람들의 인생 속에서 의미의 근거를 제시하게 만드는 표지 사건이나 종교적 상징으로 기능하는 어떤 특정하고 구체적 대상, 사건 또는 인물이다. 예수의 제자들에게 그것은 예수 그분 자체였다. 예수는 제자들에게 의미의 근거를 중재하는 '기적' 혹은 '상징'으로 그들은 황홀경 또는 믿음 안에서 그것을 받았다.

그것은 틸리히가 '본래의' 계시 사건이라고 칭한 것이었다. 제자들은 신약성경에 보존된 예수에 관한 다양한 이야기들과 언어적 이미지들을 사용함으로써 그것이 나타났다는 사실을 '표현했다'. 그 중 '예수는 로고스이시다'라는 이미지가 중심이다. '로고스'(그리스어, 이성, 말)는 예수의 기능을 삶에서 의미의 근거가 존재한다는 것에 관한 구체적인 예시로 표현한 것이다.

그러나 계시 사건을 통해 알려지는 것은 도대체 무엇인가?

유한적 이성에 관한 존재론적 분석은 존재의 근거가 일상에서 '존재의 힘'으로 끊임없이 나타나는 것처럼, 의미의 근거가 모든 인간 이성에서 그것의 '깊이'로 끊임없이 나타난다는 것을 독자적으로 나타내 왔다. 존재의 힘이 세상에서 단순히 또 다른 하나의 항목이 아니듯이, 의미의 근거는 알아야 하는 또 다른 대상이 아니다. 그것은 유한한 이성의 구조를 초월한다. 그것은 내재적으로 '신비'다. 그것은 심지어 계시에서도 신비가 되는 걸 멈출 수 없다.

그렇다면 예수를 통해 그것에 대해 무엇을 알 수 있는가?

틸리히의 주장에 따르면, 의미의 근거가 이성에 끊임없이 실재할지도 모르지만,

---

[5] Paul Tillich, *Systematic Theology* (New York, 1957), vol. 2, 106-59.

사실 우리는 계시가 없으면 그것을 알아차리지 못한다. 매개자(그리스도인들의 경우, 인간 예수)의 구체성은 의미의 절대적이거나 불변하는 근거가 존재한다는 것에 관한 자기 의식을 가능하게 만든다.

그 존재가 전달되는 신비와 유한한 매체 자체를 혼동하지 말아야 하는 것은 아주 중요하다. 그것들을 혼동한다는 것은 유한한 무언가를 마치 궁극적인 것으로 여기는 우상숭배이다. 우리는 여러 종교의 핵심적 상징들이 이것을 얼마나 명확히 구분하는지를 살펴보면서 그것들의 순위를 매길 수도 있다. 틸리히는 그러한 등급에서 예수가 다른 모든 것을 측정하는 기준인 '최종적 계시'라고 주장한다. 의미의 근거를 중재하는 자로서 예수가 하는 중요한 역할은 절대적인 것에 대해 절대적 투명성을 제시하는 것이기 때문이다. 십자가상에서 표현된 그분의 완전한 자기 비움은 알려져야 하는 것은 그분이 아니라 그분의 매체라는 것을 내재적으로 생각하게 한다.

예수를 통해 알게 되는 신비는 이렇다.

첫째, 그것의 현실성(reality)이다.
둘째, 우리가 의식하지 못하는 가운데 우리와 그것이 연결되어 있다는 사실이다.

간략하게 말해, 인간 예수가 '로고스'라는 계시 사건은 우리의 회의적 질문에 답하는 '지식'(knowing)이다. 자율성과 타율성 사이의 긴장을 극복하는 것은 이성의 구조와 깊이의 통합에 대한 인식이다. 받는 쪽 혹은 믿음 안에서, 감정과 형식이 통합되면서 그 긴장을 극복하게 된다. 주는 쪽 혹은 기적 속에서, 구체성과 절대성은 혼돈되지 않은 채 통합되고, 그렇게 함으로써 상대주의와 절대주의 사이의 긴장을 극복한다.

2) 실존적 분리

제3부는 우리의 '실존적 분리'로부터 제기된 질문들을 다룬다. 실존(existence)은 비존재(non-being) '밖에 있는 것'을 뜻한다. 틸리히에게 우리 각자의 밖에 있는 '비존재'는 우리의 잠재력으로 그것이 실현되기 전까지는 단순히 가능성이다. 존재한다는 것은 우리의 본질에서 두드러지면서 멀어지는 것이다.

따라서 틸리히에게 '실존'과 '실존적'은 대개 '본질로부터의 소외감'을 갖는다.[6] 우리의 실존적 상황은 우리 자신과 타자들, 존재의 힘으로부터 소외된 상태다.

---

6 Paul Tillich, *Systematic Theology*, 97-180.

우리의 본질에 대한 존재론적 분석은 왜 우리가 내재적으로 비존재로부터 위협을 받는지 보여 준다. 우리의 실존적 상황에 대한 묘사는 위협이 활발히 실현된다는 걸 보여 준다.

존재의 힘으로부터 소외되면, 실제로 우리는 우리의 세상과의 교류에서 개별화와 참여, 역학과 형태, 운명과 자유의 균형을 맞출 수 없다. 그 결과, 우리의 타자들과의 교류는 결렬되고 우리의 '세상'은 점진적으로 혼란에 빠진다. 이와 동시에 우리의 우리 자신들과의 관계는 깨어지고 우리는 점진적으로 분열된다.

우리는 이 모든 것을 널리 퍼진 죄책감과 외로움, 무의미함으로 경험한다. 이런 상황에 대한 기독교 상징은 '타락'과 '죄'다. 아담과 이브의 '타락' 이야기는 오래된 사건에 관한 기술이 아니다. 오히려 그 이야기는 본질에서 실존적 분리로의 이행이 어떻게 우리의 자유와 운명의 결과인지를 보여 준다. 한편으로 그 이행은 자연적이거나 이성적 전개가 아니다. 그것은 불합리한 중단, 자유가 가능하게 만드는 이해할 수 없는 도약이다. 그것은 각각의 개인에 의해 실제화된다.

'죄'는 소외에 대한 이런 개인적 책임을 표현하는 종교적 상징이다. 다른 한편으로 각 사람은 이미 소외된 사람들의 사회에 참여함으로써 이것을 행한다. 타락은 우리의 운명이다. 이것으로부터 이런 질문이 나온다.

'우리는 어디서 새로운 존재의 힘을 찾을 수 있는가?'

이 '어디서'에 대한 기독교 상징은 '메시아' 혹은 '그리스도'이다(모두 '기름 부음 받은 자'를 의미한다). 두 상징은 모두 한 '기능'을 수행하는 것을 표현한다. 즉 그 소외된 상태 속에서 유한한 인간의 본질에 존재의 힘을 나타내거나 드러내는 기능을 한다. 새로운 존재의 힘에 대한 질문은 '그리스도'에 대한 질문이다.

이 질문에 관련된 해답은 '새로운 존재인 그리스도로서의 예수'라는 기독교 상징으로 표현된다. 여기서 틸리히는 그의 그리스도론을 발전시킨다. 그리스도가 누구이신가에 대한 설명은 그분이 우리를 '구원'하기 위해 무엇을 하셨는가로부터 시작된다. 더욱이 '구원'과 '계시'는 똑같은 실재(reality)의 두 양면을 말한다. '구원'은 '치유'를 의미한다. 실존적 소외의 치유는 존재의 힘과 화해, 그리고 타자들과 자신과의 화해에서 온다. 그것이 바로 계시 상황에서 나타나는 일이다. 물론, 로고스이신 예수를 통해 받는 의미의 힘은 다름 아닌 바로 존재의 힘이다.

존재론적 분석이 보여 주듯이, 존재의 힘이 존재한다는 사실을 설명할 수는 없다. 그것은 선물 혹은 '은혜'이다. 그것은 우리가 그것으로부터 소외된 가운데에 새로운 존재의 힘이 존재한다는 것이다. 하나님은 우리의 분리된 실존적 상황 '안에' 참여하신다. 새로운 존재의 힘은 예수 안에 최고로 임하는데, 예수의 십자가에 못 박히심이 예수의 십자가는 다른 이와의 관계, 하나님과의 관계를 완전히 깨뜨린 사건 가운데서 이 힘의 존재를 구체적으로 드러내기 때문이다.

예수의 죽음은 신적 공의의 이름으로 인간의 죄를 대신해 처벌받는 것이 아니라, 신적 사랑을 드러낸 것이다. 하나님이 우리의 죄와 벌을 없애 주신 것은 하나님이 그것들의 깊이를 간과하셨기 때문이 아니다. 우리를 변화시킬 정도로 깊으신 사랑으로 그것들에 관여하셨기 때문이다.

우리가 믿음으로 새로운 존재의 힘을 받아들이는 것은 통찰력의 순간으로 그때 우리가 이성의 깊이, 즉 의미와 존재의 근거인 절대적 신비와의 연합을 경험한다는 것을 의미한다. 정신 분석에서 치료적 통찰의 순간에서처럼, 그 통찰력에서 우리의 존재론적 붕괴는 치유된다. 그것은 순간적인 사건으로 단편적이고 모호하다. 그것은 실존적 분리의 상황을 없애지 못한다.

예수를 통해 중재되는 건 지속적인 소외 가운데 있는 새로운 존재의 힘이다. 중재의 사건은 항상 반복되어야 한다. 그러나 그 사건의 순간에 그것은 진짜이다. 새로운 존재의 힘에 참여하는 것은 '새로운 탄생' 혹은 '갱생'이다. 어떤 의미로 이것은 우리의 소외에도 불구하고 또는 소외 속에서 우리의 존재가 존재의 힘('하나님')으로 받아들여지는 것, 또는 '칭의'이다. 다른 의미로 이것은 존재의 힘에 의한 우리의 변화 혹은 '성화'이다. 이것들은 단순히 '하나님'과의 화해 또는 '속죄'(atonement, 즉 하나 됨, 재결합)의 다른 측면들이다.

예수는 누구인가는 그가 무엇을 했는가의 결과다. 틸리히에 따르면, 예수 그리스도의 인성과 신성에 관해 이야기하며 표현되는 전통적 그리스도론은 오늘날 기본적 내용은 같지만 덜 호도하는 방식으로 달리 표현될 필요가 있다.

예수는 '인간'이시다라고 말하는 것은 분해와 그로 인한 소외에 대한 취약성을 포함하는 '본질'(essential nature)에 관한 모든 분석이 그분에게도 적용됨을 말하는 것이다. 예수는 '신'이시다라고 말하는 것은 모든 사람에게 항상 있는 존재의 힘이 본질에서 소외되는 가운데 있는 새로운 존재의 힘인 그분을 통해 다른 사람들에게 중재 됨을 말하는 것이다.

그들이 예수 안에서 하나라고 말하는 것은 이 하나의 생명이 실존적 분리 없이(예를 들어 '죄' 없이) 우리의 본질도 특징짓는 영원한 하나님과 인간의 연합을 실제화했음을 말하는 것이다(존재의 힘이 유한한 삶에 이해할 수 없지만, 보편적으로 있음을 상기하라. 이유의 '구조'와 '깊이'의 일치에 대한 분석을 상기하라).

따라서 신앙은 예수의 생애의 역사적 사실성에 큰 부분을 차지한다. 실존적 분리는 한 지점(존재를 전체로 나타내는 개인의 삶)에서 극복될 때만 원칙적으로 정복되는

데, 그것은 '처음에 그리고 힘으로'라는 뜻이다. 우리의 실존적 분리를 치유하는 힘을 어디에서 찾을 수 있는가에 대한 질문의 답은 실존적 분리 없이 인간의 본질을 실제화했던 인간 예수를 가리킴으로써 얻게 되고, 그 결과 치유하거나 구원하는 새로운 존재의 힘을 우리에게 전달할 수 있다.

3) 현실태

『조직 신학』의 마지막 두 부(part)는 우리의 '현실태'에 관련된 질문들을 다룬다. '현실태'는 구체적 삶(concrete life)에 대한 틸리히의 기술적 존재론적 개념이다.
"삶은 존재의 현실태다."

본질(essence)은 어떤 특정한 구체적 삶으로부터 추상적으로 취해진 존재의 중요한 자격(main qualification)을 지정한다. '본질'은 역시 추상적으로 취해지는 다른 중요한 자격도 지정한다. '현실태'는 당신의 삶을 그 '본질'과 '존재'의 구체적 통합 '속에서' 정확하게 가리킨다.[7] 이것이 요점이다.

'통합'(uniting)은 '과정', 즉 잠재성 혹은 '본질'을 실제화하는 과정이다(여기서 틸리히는 아리스토텔레스에게서 빌린다). 그것을 살아 있게, 즉 생명으로 만드는 것은 '현실태'의 역동적 과정성이다. 그것의 유기적이고 무기적 차원들 너머에서 인간의 생명은 '영'의 차원을 갖는다. "영"이라는 말은 '의미들 속에서 생명력(life-power)과 삶(life)의 연합'을 뜻한다. 인생은 순전한 활력(생명력) 외에도, 우리가 우리 자신을 위해 매우 사랑하고 자유롭게 선택하는 사상들과 목적들, 계획들('의미들')에 따라 우리 자신을 규정하는 능력을 포함한다. 인간 현실태의 영적 차원은 이성뿐 아니라 '에로스, 열정, 상상력'을 포함한다.[8]

이런 관찰 속에서 틸리히는 영적 차원과 함께 삶을 만드는 과정에 대한 존재론적 분석을 제시할 수 있다. 그러한 삶은 세 가지 기능을 행한다.

첫째, 당신의 삶은 당신이 겪어 온 새로운 경험들에서 벗어나 그 경험들을 당신의 중심되는 자아에 다시 통합시키는 순환적 움직임인 '자기 통합'(self-integration)을 포함한다. 당신은 '도덕적' 삶 속에서 자기-통합을 한다. 여기서 '도덕적'은 '비도덕적'의 반대의미로 사용되지 않는다. 오히려 그 표현은 당신이 자기 통합으

---

7   Paul Tillich, *Systematic Theology* (New York, 1957), vol. 3, 11-12; 그리고 vol. 2, 28.
8   Paul Tillich, *Systematic Theology*, 31.

로써 당신 자신을 '중심으로' 통합하고 당신이 다른 사람들과 상호 작용하도록 이끄는 기준들과 목표들을 선택하기 위해서는 피할 수 없는 도덕적 책임이 있다는 사실을 강조하기 위해 사용한다.

그러나 도덕적 삶은 매우 모호하다. 한 행동이 어떤 면에서는 '도덕적'으로 보일지라도, 우리는 그것이 우리로 더욱 통합되도록 만들었을지도 모르는 다른 행동들을 희생시켰고 다른 사람들에게 어떤 손실을 끼쳤다는 사실을 알고 있다. 우리의 삶은 내재적으로 자기 통합을 향해 나아가기 때문에, 우리는 모호하지 않은 도덕성을 통해 그것을 성취하는 방법은 없는지 질문한다.

둘째, 당신의 삶의 과정은 '자기 창조'(self-creation), 즉 당신 자신을 끊임없이 가꾸고 변화시키는 시간을 통한 수평적 움직임을 포함한다. 우리는 문화를 구성하고 인생이 '참여하는' '의미들'을 표현하기 때문에 중요한 예술과 행위의 의미 있는 인공물들과 상징들, 양식들을 생산하는 자기 창조에 관여한다. 그러나 우리는 개인적 인공물에서부터 사회가 구성되고 이끌어지는 방식에 이르기까지, 문화의 모든 요소 속에서 새로운 삶을 양성하고 억압하는 모호성을 경험한다. 우리의 삶은 내재적으로 자기 창조의 방향으로 나아가기 때문에, 우리는 모호하지 않은 문화를 통해 자기 창조를 성취하는 방법은 없을지 묻는다.

셋째, 당신의 삶의 과정은 '자기 초월'(self-transcendence), 즉 '숭고한 것을 향해 나아가는' 수직적 움직임을 포함한다. 당신은 종교적 활동에서 자기 초월에 관여한다. 이 기능은 다른 두 개를 가로지르고 통합한다. 늘 도덕적이고 문화적으로 창조적 삶은 자기 초월적이다. 따라서 모든 도덕적, 문화적 행위들에는 종교적 차원이 내재한다.

그러나 자기 초월을 위한 노력이 의례와 신화, 제도적 구조에서 자신을 표현하는 방법들은 본래 모호하다. 그것들은 모두 유한한 것으로 자기 자신을 '초월하는' 방향으로 나아가는, 절대적인 것을 종교적으로 표현하기 위해 기능한다. 이와 동시에 그것들은 절대적인 것에만 적합한 궁극적 관심사를 불러일으킨다. 그래서 그것들은 자기를 '초월'하고자 노력하는 삶을 강력하게 파괴하는 '악마적'인 것이 된다. 우리의 삶은 내재적으로 자기 초월을 향해 나아가기 때문에 우리는 모호하지 않은 종교를 통해 자기 초월을 성취할 방법은 없는지 질문한다. 모호하지 않은 도덕성과 문화, 종교에 관한 질문들과 연관되어야 하는 답들은 두 가지 기독교 상징에서 표현된다.

제4부, 틸리히는 '영적 임재' 상징을 모든 사회의 모호성에 관한 질문과 공시적으로 연관시킨다.

제5부, 그는 '하나님 나라' 상징을 도덕성과 문화, 종교의 전체 역사 속에서의 통시적 모호성에 관한 질문과 연관시킨다.

제4부에서 '영적 임재'는 삶에 '임하시는 하나님'에 대한 계시적 경험을 영의 차원에서 나타내는 기독교 상징이다.[9] '성령'은 절대적인 것에 관한 가장 완전하고 적절한 상징인데, 그 이유는 존재의 절대적 힘이 '살아 있는' 사실을 표현하기 때문이다.

'창조주로서의 하나님'은 우리의 본질적 유한성에 관련해서 우리에게 존재의 절대적 힘의 임재를 표현한다. 그리고 '새로운 존재의 힘인 예수 그리스도'는 우리의 실존적 소외 속에서 우리에게 그것의 임재를 표현한다. 그러나 '성령'은 그것의 임재를 우리의 구체적 실재 속에서 우리의 잠재성을 실제화하는 영적 삶으로서 우리에게 정확하게 표현한다. 우리의 자기 초월에서 우리는 이 임재를 얻고자 노력한다.

그러나 우리는 우리가 먼저 그것에 잡히지 않는 이상 그것을 잡을 수 없다. 그것이 우리를 잡을 때, 우리는 그것의 '모호한 삶의 초월적 통합' 속으로 들어가게 된다. 그리고 그것은 우리 안에서 모호하지 않은 삶을 창조한다.[10] 이런 '본질적이고 실존적 존재의 재결합'의 경험 속에서 '모호한 삶은 자신의 힘으로는 얻을 수 없는 초월을 향해 자기 위로 들려진다.'[11]

틸리히는 그러한 경험들이 항상 사회적이고 단편적이라고 강조한다. 확실히 그것들은 틸리히가 '신비적'이라고 부른 주관적 차원을 갖고 있다.[12] '모호하지 않은 삶의 초월적 통합'에 '의해 잡히는' 존재의 상태로서, 그것은 '신앙'의 상태라고 칭해진다. 초월적 통합으로 들어가는 존재의 상태로서, '사랑'의 상태라고 칭해진다.

그러나 이것은 공동체적 환경에서 일어나면서 틸리히가 영적 공동체(Spiritual Community)라고 부르는 것을 창조한다.[13]

영적 공동체는 그리스도인들의 교회와 동일하지 않다. 영적 공동체는 다른 집단

---

9   Paul Tillich, *Systematic Theology*, 111.
10 Paul Tillich, *Systematic Theology*, 112.
11 Paul Tillich, *Systematic Theology*, 129.
12 Paul Tillich, *Systematic Theology*, 242.
13 Paul Tillich, *Systematic Theology*, 149ff.

들 옆에 있는 하나의 집단이 아니다. 그것은 일부 집단들에 '내재하는 힘과 구조'로, 그 집단들을 종교적으로 만든다. 영적 공동체는 실재하지만, 교회 밖에 있는 많은 '세속적' 공동체 안에는 없다. 그것은 교회들 안에서 때때로 명백하게 나타난다.

이제 삶에 관한 존재론적 분석을 고려할 때, 이것은 영적 공동체가 '발생할' 때 자기 초월을 종교적으로 제정하는 것에 대한 모호성이 극복되었음을 의미한다. 자기 통합과 자기 창조의 모호성은 자기 초월의 모호성을 따르기 때문에 '영적 임재'에 의해 상징되는 경험은 모호하지 않은 문화적 자기 창조성과 도덕적 자기 통합의 순간이라는 것도 뜻한다.

그러한 순간들 속에서 문화적이고 도덕적 활동은 자기 초월적, 즉 종교적으로 된다. 여기서 틸리히의 문화 신학은 신학적 중심과 상황을 갖는다. 틸리히는 그러한 순간들을 신권적(theonomous)이라고 부르는데,[14] 그 기준(nomos)은 우리 자신이나 이질적 '타자'로부터 오는 것이 아니지만, 그 초월성 안에서 우리에게 바로 나타나는 '모호하지 않은 삶의 초월적 통합'(theos)으로부터 오는 살아 있는 사회적 순간들이다.

'영적 임재'는 모호하지 않은 종교와 문화, 도덕성의 가능성에 관한 우리의 질문들에 답이 주어질 때 그러한 순간들을 표현한다. 틸리히는 사회생활에서 그러한 순간들은 단편적이고 역설적이지만 실제로 모든 사회에서 일어난다고 주장한다. 그가 가장 좋아하는 예들은 중세 유럽 문화에서 나온다.

'하나님 나라'는 제4부에서 중점적으로 다루는 사회적 차원보다는 역사적 차원에서 모호하지 않은 삶의 가능성에 관한 질문에 기독교적 답을 나타내는 종교적 상징이다.

'역사에 어떤 의미가 있는가?'[15]

틸리히의 관점에서 개인들이 아닌 집단들이 역사의 전달자들이다. 어떤 삶을 구성하는 세 개의 움직임들도 역사를 구성한다. 역사는 정의와 힘의 조화 속에서 집단들의 중심성을 향해 자기 통합적으로, 사건의 새롭고 모호하지 않은 상태의 창조성을 향해 자기 창조적으로, 그리고 잠재적 존재의 모호하지 않은 완성을 향해 자기 초월적으로 나아간다.

'하나님 나라'는 이것이 두 가지 방식, 즉 내적, 역사적 움직임과 역사를 초월하

---

14 Paul Tillich, *Systematic Theology*, 266.
15 Paul Tillich, *Systematic Theology*, 349.

는 움직임으로 일어난다고 표현한다.[16]

어떤 의미에서 '하나님 나라'는 어떤 집단의 역사 속에서 '영적 임재'의 결정적이고 규범적 예로서 그 집단의 삶에서 일어나는 일을 표현한다. 그것은 그 집단에게 '역사의 중심', 역사의 특정한 시점으로 모든 집단에게 항상 보편적으로 중요하다. 그 이유는 인생의 모호성을 '가장' 충분하게 극복하게 하기 때문이다. 내적, 역사적 의미에서 '하나님 나라' 상징은 이 사건의 발생을 표현한다.

틸리히는 그러한 순간을 '카이로스'(kairos, 시간의 실현)라고 칭한다. 그러한 순간에 한 집단이 카이로스 안에서 모호하지 않은 자기 통합, 자기 창조, 자기 초월을 경험하는 것은 의미, 역사의 시점(the point of history)을 경험하는 것이다.[17]

'하나님 나라'는 모호하지 않은 역사적 삶의 역사를 초월한 현실화(actualization)도 표현한다. 여기서 그것은 다음의 질문과 관련 있다. '역사의 흐름 속에 영구적인 가치나 의미가 있는 것이 있는가?' 같은 질문은 도덕성에 관한 질문으로 개인적으로 종종 표현되기도 한다.

'이 삶에서 내가 가진 것 중 살아남을 게 있을까?'

존재론적으로 이것은 시간의 영원과의 관계에 관한 질문이다. '하나님 나라'는 창조된 시간의 '내적 목표'가 어떻게 유한한 것을 영원한 것으로 높이는지를 표현한다.[18] 따라서 '하나님 나라' 상징의 역사를 초월한 의미에 대한 틸리히의 설명에는 두 가지 뚜렷한 주제가 있다. 창조물에게 그 상징은 '역사 속에서 만들어진 것은 아무것도 없어지지 않지만, 그것은 그 존재 속에서 함께 얽혀 있는 부정적 요소로부터 해방된다'라는 통찰력을 표현한다.

셸링을 따라 틸리히는 이것을 본질화(essentialization)라고 칭한다. 그것은 신의 영(Divine Spirit)의 생명 안에 있는 유한한 삶의 모호하지 않고 '영속적인' 참여에 이르는데, 이에 대한 기독교 상징은 영원한 생명(Eternal Life)이다. 틸리히는 이것은 시기를 특정할 수 있는 시간적 사건이 아니라 항상 일어나는 일이라고 말한다.[19] 반면, 하나님의 관점으로 보게 되면, 그 상징은 우주적 과정을 표현한다. 틸리히는 그 과정을 종말론적 범재신론(eschatological pan-en-theism)이라고 칭한다.[20]

그 안에서 신적 생명(Divine Life)은 자기 소외(self-alienation)와 실존적 분리의 관여

---

16 Paul Tillich, *Systematic Theology*, 357.
17 Paul Tillich, *Systematic Theology*, 369.
18 Paul Tillich, *Systematic Theology*, 397, 399.
19 Paul Tillich, *Systematic Theology*, 399-400.
20 Paul Tillich, *Systematic Theology*, 421-2.

를 통한 움직임으로 그 자체를 인식한다. 그다음에 자기 화해로 돌아가 그것과 함께 창조의 영역을 함께 가져와서 완전히 화해되고, 창조된 영역은 결국('종말론적으로') 신적 생명 내에(within) 완전히 있게 된다(*pan*, '모든 것', *en theos*, '하나님 안에').

4. 영향력과 논쟁

틸리히는 여러 신학적 사안에 대한 논의에 지속해서 영향력을 끼쳐 왔다. 그는 종교의 개념과 종교적인 것이 '궁극적 관심사'라는 면에서 널리 이해되는 방식에 영향을 끼쳤다. 실제로 그는 '궁극적 관심사'라는 표현을 만들면서 종교를 정의하는 새로운 문구를 영어에 도입했다. 그것은 심지어 미국 법에도 포함되게 되었다. 그의 상징과 관련된 이론, 특히 종교 상징 이론도 영향력을 계속해서 끼쳐 왔다.

일반적으로 그의 종교 이론은 두 개의 신학적 영역에서 지속적인 논의에 활기를 띠도록 만들었다. 그의 이론은 종교와 시각예술, 종교와 문학 사이의 관계를 이론화하는 데 계속해서 영향력을 끼친다. 그리고 종교 다원주의의 현상과 세계의 주요 종교들 사이에서 그 관계들을 이해하는 방법에 관한 질문들에 관한 신학적 숙고를 하는 데 계속해서 영향력을 끼친다.

틸리히의 문화 신학에서 관련된 하나의 주제는 미국 목회 신학에도 계속해서 영향력을 끼친다. 그가 독일에서 가르치고 저술했을 때, 문화 신학에 관한 틸리히의 숙고는 사회 이론과 정치에 치중하는 경향이 있었다. 그의 이런 초기 관심은 해방 운동들과 정치 신학들이 중요한 운동들이었던 시대에 학문적 관심을 불러일으켰다.[21]

그러나 틸리히가 미국으로 건너가 낯선 정체 상황을 직면하게 되었을 때, 그의 관심은 종교와 심리학 사이의 관계에 집중되었다. 그가 죄와 구원의 신학적 개념을 '소외'와 '화해'의 관점에서 역동적으로 설명했던 방식은 신학적 개념들을 상담과 목회 돌봄의 실천을 형성해 왔던 역동 심리학의 여러 유형과 통합하는 가능성을 제안했다.

신학적 사고방식과 존재론적 사고방식으로 생각하고자 했던 노력 때문인지는 몰라도 틸리히의 신학은 로마 가톨릭 신학자들에게 관심을 계속 불러일으켜서 애큐메니즘적 신학을 고무시켰다.

---

21 Ronald Stone, *Paul Tillich's Radical Social Thought* (Atlanta, GA, 1980)와 A. James Reimer, *The Emmanuel Hirsch and Paul Tillich Debate* (Lewiston, ME, 1989)을 보라.

그의 신학이 무비판적 관심을 끌지 않은 건 아니었지만, 로마 가톨릭 신학에 끼친 광범위한 '틸리히적' 영향력을 보여 주기는 어려울 것이다. 그럼에도 불구하고, 그는 교회의 본질과 관련하고, 철학 신학의 토마스학파 전통과 프란시스코학파 전통에 관한 유익한 연구 주제가 되었다.[22]

틸리히의 철학 신학 전통은 하나님에 관한 전통적 유일신 교리들을 받아들일 수 없다고 생각하는 여러 개신교 신학자에게 지속해서 영향력을 끼치고 있다. 예를 들어 '행동하시는' 하나님과 실제로 하나님을 '인격'으로 보는 사상을 이해하는 것을 어려워한 랭던 길키(Langdon Gilkey)와 슈베르트 옥덴(Schubert Ogden) 같은 신학자들은, 틸리히의 존재론과 하나님은 '인격'이 아니라는 그의 단호한 주장에서 대체적 신론을 위한 자원을 발견했다.[23]

사실 틸리히의 철학 신학은 어떤 측면에서 놀라울 정도로 찰스 빈키스트(Charles Winquist) 같은 포스트모더니즘주의자(postmodernist)의 방향으로 전개되었다.[24] 내가 '놀라울 정도로'라고 말하는 이유는 한편으로는 틸리히가 다룬 많은 주제가 '모더니즘적' 지향의 고전적 증거처럼 보이기 때문이다.

이성의 깊이라는 개념은 인간의 의식이 다른 모든 신학적 주장들의 기초가 되는 초월성에 대한 즉각적이고 확실하게 접근할 수 있다는 주장의 근거처럼 보이는데, 포스트모던 사상은 그것을 지식에 대한 비토대주의(non-foundationalist) 이론들을 통해 거부한다. 모든 유한한 삶에 의해 행사되는 존재의 힘에서 직접 행사되는 '존재의 근거'로 하나님을 이해하는 것은 포스트모더니즘 사상에 의해 비평되는 존재신학(onto-theology)에 관한 지적 전통의 한 예처럼 보인다.

종말론적 범재신론에서 절정에 달하는 과정에서 하나님 자신을 실제화하는 제5부에서의 하나님의 이야기는 포스트모더니즘 사상이 비평하는 전체주의화하는 거대담론(totalizing metanarratives)의 한 예처럼 보인다.

마지막으로 틸리히의 계시 교리와 종교 상징 이론은 보수적 포스트모더니즘주의

---

22 Monica Hellwig (ed.), *Paul Tillich* (Collegeville, MN, 1994); Ronald Modres, *Paul Tillich's Theology of the Church* (Detroit, MI, 1976); Robert Barron, *A Study of the De Potentia of Thomas Aquinas in the Light of the Dogmatics of Paul Tillich* (San Francisco, 1993); John Dourley, *Paul Tillich and Bonaventure* (Leiden, 1975)을 보라.

23 Langdon Gilkey, *Naming the Whirlwind* (Indianapolis, IN, 1969)와 *Reaping the Whirlwind* (New York, 1976); Schubert Ogden, *The Point of Christology* (New York, 1982).

24 Charles E. Winquist, "Heterology and Ontology in the Thought of PAul Tillich", in *God and Being* (Berlin, 1989); "Untimely History" in *Truth and History* – A Dialogue with Paul Tillich, Gert Hummel (ed.) (Berlin, 1998).

자들이 역사적 기독교의 현상에 대해 인지적으로 공허하고 불충분하다고 비평하는 종교의 '감정적 표현주의'(emotive-expressivist) 이론에 관한 한 예처럼 보인다.

그러나 유한한 삶의 분석에 존재론을 제한하는 것, 보편적이거나 세계적인 역사는 없고 집단들의 역사만 있다고 주장한 것, 존재는 시스템이 아니고 단 하나의 이야기 안에서 이해될 수 없다는 키르케고르의 주장을 수용한 것, 존재의 절대적 힘을 표현할 수 없다고 주장한 것은 모두 포스트모더니즘의 주제들을 가리키는 방식으로 발전될 수 있다.

다른 한편으로 틸리히의 체계에서 어떤 교리들은 지속적인 논란의 대상이 되어 왔다. 그의 하나님에 관한 비유신론적 교리는 결국에 그가 무신론자라는 비난을 받도록 했다.[25] 그의 그리스도론은 예수의 역사적 사실성을 예수의 의의에 관한 신학적 주장에 체계적으로 적절하지 않게 만든다는 이유로 비평받아 왔다.[26]

마지막으로 신앙과 문화를 중재하는 방식으로써 그의 상관 관계 방법은 논란이 되어 왔다.[27] 이 논쟁은 이런 '상관 관계'가 기독교 신앙의 내용을 결국엔 그 내용을 다루고자 시도하는 세속 문화의 가장 깊은 신념으로 해석하는 결과를 가져오지 않을지의 여부에 달려 있다.

쇠렌 키르케고르나 칼 바르트에 의해 영향을 받은 신학자들은 그것이 결과라고 비난한다.[28] 반대로 길키와 데이비드 트레이시(David Tracy)[29] 같은 미국에서 영향을 받은 많은 신학자는 틸리히가 옳았다고 인정하면서 변형된 틸리히의 방법들을 이용하는 신학 프로젝트를 발전시킨다.

25　Leonard F. Wheat, *Paul Tillich's Dialectical Humanism: Unmasking the God above God* (Baltimore, MD, 1970)을 보라.
26　John Clayton and Robert Morgan, *Christ, Faith and History* (Cambridge, 1972)와 David Kelsey, *The Fabric of Paul Tillich's Theology* (New Haven, CT, 1967)을 보라.
27　John Clayton, *The Concept of Correlation* (Berlin, 1980)을 보라.
28　Kenneth Hamilton, *System and the Gospel* (New York, 1963)과 Alexander McKelway, *The Systematic Theology of Paul Tillich* (Detroit, MI, 1964)을 보라.
29　David Tracy, *Blessed Rage for Order* (New York, 1988).

참고 문헌

1차 자료
Biblical Religion and the Search for Ultimate Reality (Chicago, 1956).
Dynamics of Faith (New York, 1957).
Eternal Now (New York, 1956).
Love, Power and Justice (New York, 1955).
On Art and Architecture (New York, 1986).
Systematic Theology, Vol. 1 (Chicago, 1951).
Systematic Theology, Vol. 2 (Chicago, 1957).
Systematic Theology, Vol. 3 (Chicago, 1963).
The Shaking of the Foundations (New York, 1948).
The Protestant Era (Chicago, 1948).
The New Being (New York, 1955).
Theology of Culture (New York, 1959).

2차 자료
Barron, Robert, *A Study of the De Potentia of Thomas Aquinas in the Light of the Dogmatic of Paul Tillich* (San Francisco, 1993).
Clayton, John P., *The Concept of Correlation* (Berlin, 1980).
Clayton, John and Morgan, Robert, *Christ, Faith and History* (Cambridge, 1972).
Dourley, John P., *Paul Tillich and Bonaventure* (Leiden, 1975).
Gilkey, Langdon, *Gilkey on Tillich* (New York, 1990).
_____. *Naming the Whirlwind* (Indianapolis, IN, 1969).
_____.*Reaping the Whirlwind* (New York, 1976).
Hamilton, Kenneth, *System and the Gospel* (New York, 1963).
Hellwig, Monica (ed.), *Paul Tillich: A New Roman Catholic Assessment* (Collegeville, MN, 1994).
Hook, Sidney (ed.), *Religious Experience and Truth* (New York, 1961).
Kelsey, David H., *The Fabric of Paul Tillich's Theology* (New Haven, CT, 1967).
McKelway, Alexander, *The Systematic Theology of Paul Tillich* (Detroit, MI, 1964).
Modres, Ronald, *Paul Tillich's Theology of the Church: A Catholic Appraisal* (Detroit, MI, 1976).
Ogden, Schubert, *The Point of Christology* (New York, 1982).
Pauck, Wilhelm and Pauk, Marion, *Paul Tillich: His Life and Thought*, Vol. 1 (Chicago, 1976).
Reimer, A. James, *The Emmanuel Hirsch and Paul Tillich Debate: A Study in the Political Ramifications of Theology* (Lewiston, ME, 1989).
Rowe, William, *Religious Symbols and God* (Chicago, 1976).
Wheat, Leonard F., *Paul Tillich's Dialectical Humanism: Unmasking the above God* (Baltimore, MD, 1970).

제4장

앙리 드 뤼박(Henry de Lubac)

존 밀뱅크(John Milbank)

1. 서론

우리가 친구들의 도움으로 행한 것은 어떤 의미에서 우리 스스로 한 것이다(아리스토텔레스, 은혜의 역설과 초자연성에 대한 인간의 본질적 지향성과 관련해, 아퀴나스가 인용한 내용).[1]

더욱이 이 순수 본성의 개념은 큰 곤경을 겪게 되는데, 그 가운데 주된 것은 내게, 어떻게 의식적 정신(conscious spirit)이 하나님에 대한 절대적

욕망이 아닌 다른 것이 될 수 있는가 하는 의문이다(앙리 드 뤼박, 1932년 4월 3월에 모리스 브롱델에게 쓴 편지).[2]

다른 이들은 초자연적 질서의 선물을 파괴하는 데, 그들이 말하길 하나님은 지적 존재들에게 지복직관(beatific vision)을 명령하고 청하지 않고서는 그들을 창조할 수 없기 때문이다(『인류』(Humani Generis), 1950년 8월 12일).[3]

초자연적인 것은 정말로 정확하다(Le surnaturel, c'est du réel précis, 로베르 브레송, 영화 감독).[4]

---

1 Aristotle, Ethics iii. 3. Aquinas가 *Summa Theologiae* 1-11 Q. 5 a4 ad 1에서 인용.
2 Lawrence Feingold, *The Natural Desire to see God according to St. Thomas and His Interpreters* (Rome: Apollinare Studi, 2001), 628에서 인용.
3 *Humani Generis* in *The Papal Encyclicals 1939-58*, ed. Claudia Carlen (Raleigh, NC: McGrath, 1981), 175-85, 26.
4 P. Georges Chantraine, "Le Surnaturel: discernement de la pensée catholique selon Henri de Luback" in *Revue Homiste, Surnaturel* special issue, Jan.-June 2001, 31-50에서 인용.

위에서 인용된 문장은 앙리 드 뤼박이 살아온 인생의 신학적이고 인간적인 드라마를 개략적으로 보여 준다.

첫째, 드 뤼박이 회복하고자 했던 초자연성에 대한 교부 시대 및 고대와 중세 시대의 역설을 보여 준다. 하나님이 전적으로 우리를 위해 행하신 일, 즉 은혜에 의한 신화(deification)는 여전히 우리의 최고 행위이이기에 우리의 당연한, 심지어 가장 당연한 행위다.

둘째, 이 역설에 근거해 앙리 드 뤼박의 가장 중요한 신학적 믿음을 요약하는데, 여기서 사적으로 분명하게 진술되지만, 공적으로는 그리 분명하게 진술되지 않는다. 다시 말해, 지복직관에 대해, 즉 신화가 되는 것에 대해 은혜로 명령된 영적이고 지적인(천사나 인간 같은) 존재는 없다.

셋째, 드 뤼박과 다른 많은 이에서 그러한 숨겨진 관점에 대한 교황의 의혹을 나타낸다. 그 의견은 강하게 거부된다. 피우스 12세에 의한 이런 거부에 드 뤼박이 연루되었다는 사실을 부인하는 그의 옹호자들은 확실히 틀리고, 그가 연루되었다고 주장하는 비평가들이 확실히 맞다. 그러나 물론 이것은 그 신학적 쟁점들을 해결하지 않은 상태로 남겨 둔다. 드 뤼박이 80세였을 때 저술한 그의 끝에서 두 번째 책인 『피코 델라 미란돌라』(*Pic de La Mirandole*)는 그의 인생 끝에 교황의 회칙의 이 단락을 은밀히 거부했다는 결론에 도달하지 않고서는 이해하기가 어렵다.

넷째, 드 뤼박의 의견은 아무리 논쟁적이라고 해도 20세기 가톨릭 문화 부흥의 중심에 서 있던 새로운 감성을 알려 주었다는 것을 다시 한번 말해 준다.

2. 앙리 드 뤼박의 생애와 저서들

앙리 드 뤼박은 예수회 신학자로 제1차 세계대전이 발발하기 전에 프랑스와 영국에 있는 예수회 중심지에서 교육을 받았다(그의 일부 동료들과는 달리, 그는 다른 정규 교육을 받지 않았다).

그는 전쟁 중에 머리를 크게 다쳤는데, 이 상처는 살아가는 동안 그에게 어느 정도 영향을 끼쳤다. 양 대전 사이의 기간에 그는 프랑스의 다양하고 새로운 신학적 동향에서 중심적이지만 때로는 그림자처럼 보이는 인물이었다.

당시 동향은 신스콜라철학에 대한 거부, 추측에 대한 학문적 강조의 적격성, 역사, 성경 주해, 예표론, 예술, 문학, 신비주의에 대한 새로운 관심을 요구했다(다른 중요한 인물들로는 장 다니엘루가 있다). 초기 목표는 **근본으로 돌아가기**(ressourcement), 즉 기독교 전통의 풍성함, 특히 1300년 전까지의 풍성함을 회복하는 것이었다.

그러나 궁극적 목표는 계시 표징(revealed signs)에 대한 주해적, 신비적, 예전적 이해에 대한 친밀함을 회복하는 새로운 방식으로 사변적 신학을 갱신하는 것이었다. 1938년에 드 뤼박은 이런 동향의 주요 문헌 중 하나인 『가톨릭주의』(Catholicisme)를 저술했다. 이 책은 개인의 영혼을 구원하는 외부에서 작용하는 기계가 아니라 초기 단계에 있는 진정한 보편적 공동체로 교회를 표현하면서 교회의 사회적 특성을 강조했고,[5] 이에 따라 세상과의 개방적이면서도 비평적 교류를 장려했다. 이미 여기서 드 뤼박 사상의 여러 '역설적인' 축 중 하나가 분명하게 드러났다.

'가톨릭'은 기독교의 분명한 고백 너머로 확장되는 전체 과거와 미래, 모든 공간, 세속적이고 우주적인 모든 것을 아우르는 하나님의 은혜에 도달하는 것을 의미한다. 그러나 이와 동시에 '가톨릭'은 성육신한 로고스의 생명 안에서만 온전히 설명되는 원리를 가진 보편성을 의미한다. 이 조화로운 긴장 속에, 드 뤼박의 처음이자 마지막 스승인 알렉산드리아의 오리겐(Origen of Alexandria)의 영향력을 늘 분명하게 드러난다. 마찬가지로, 예수회 신부의 요점에서 지적 엄격함과 단호함과 융합된 실제적이고 선교적인 관심사는 분명하게 드러난다.

만일 성 이그나티우스(St. Ignatius)를 추종했던 이 사람이 성인이라고 한다면, 매우 공격적 성향을 보이는 성인이었다. 그는 말수가 적었지만, 그의 글들은 교양 없는 반대자들의 기를 죽일 정도로 그들을 품위 있게 경멸하곤 했다. 그리고 학문에 대한 참을성 있고 철저한 헌신을 보여 주긴 했지만, 중요한 목표들을 신중하게 선정하고, 지적 전략을 조직화한 일은 종종 주목을 받았다.

그는 전쟁에 두 차례 휘말렸다.

첫 번째는 종교적 이유로 병역 면제를 해 주지 않았던 프랑스 공화국의 과감한 조치 아래서였다(그에게 지적으로 엄청난 영향력을 끼쳤던 예수회 동료인 피에르 루슬로는 참호에서 전사했다).

두 번째는 제2차 세계대전 동안에 비시(Vichy) 정권과 후에는 게슈타포를 피해 도망을 다닐 때였다.

---

5   *Catholicism: Christ and the Common Destiny of Man*, trans. Lancelot C. Sheppard (London: Burns and Oates, 1937).

그는 (어쩌면 20세기의 가장 중요한 신학 문헌일 수 있는) 『초자연성에 관한 연구』(*The Surnaturel*)를 집필할 당시에 레옹에 있는 예수회학교의 동료들과 함께 드골파 저항군과도 접촉했다.[6] 그의 동료이자 공동 연구자인 이브 드 몽츄일(Yves de Montcheuil)은 게슈타포에 붙잡혀 순교했다.

비시 정권을 지지하고 독일 점령군에게 부역했던 드 뤼박과 드 몽츄일의 가톨릭 우익 반대자들이 **신학적** 반대자이기도 했다는 사실을 이해하는 것은 매우 중요하다. 그들은 드 뤼박과 드 몽츄일의 미심쩍은 신학적 의견과 세속적 개입을 조사해 예수회와 도미니크회 상부와 로마에 보고했다(그러나 프랑스 가톨릭교회 안에 있던 드 뤼박의 적들은 바티칸에 있는 피우스 12세와 그의 조언자들의 보수파였다는 사실은 강조되어야 한다.)

『초자연성에 관한 연구』는 이성과 은혜, 철학과 신학 그리고 둘 사이의 관계에 관한 신스콜라철학의 이해를 겨냥해 커다란 타격을 입힌 책이었다. 그 책은 특정한 신학적 주제에 대한 특정한 관점을 옹호하지 않았다. 오히려 기독교의 지적 성찰의 특성에 대한 가톨릭의 지배적 전제들 전체를 암묵적으로(사실은 거의 간접적 방식으로) 해체했다. 더욱이, 그 책은 혁신의 이름으로 그렇게 하지 않았다. 회복하고자 했던 진정한 전통의 이름으로 그렇게 했다.

교회론, 주해, 타종교와의 대화, 세속적, 사회적 및 과학적 사상과 관련해 초자연성에 관한 연구의 논지를 다루는 드 뤼박의 다른 저술 대부분은 유사한 특성을 띠고 있다. 그것은 교리의 자세한 발전에 직접 영향을 끼치지 않는다. 다른 한편으로 형이상학적이나 기초적 신학에 직접적 영향을 끼치지도 않는다. 오히려 그것은 개인과 공동체 모두를 위한 기독교 이해와 실천의 '문법'과 같은 것을 제공한다. 나는 '문법'이라는 단어가 적절하다고 생각하지만, 앵글로색슨 독자에게는 위험을 제기한다.

실천적인 것과 이론적이고 사색적인 것에 대한 드 뤼박의 이중적 예수회 소명에 따라 그리고 그의 직접적이고 지적인 선구자 모리스 브롱델에 따라 그의 실용적 경향(말하자면 데카르트에 공명하기 위한 그의 "기독교적 독창성의 규정을 위한 동향들")은 예지력 있는 도약(*élan*)에 대한 동등한 판단과 전적으로 연관되어 있었다. 기독교 생활의 문법은 존재론 자체의 다시 상상하기(reenvisaging)에 따라 진행된다. 그러나 그의 연구의 이런 절대적으로 근본인적 측면은 독자의 눈을 피할 수 없다.

어쨌든, 나는 드 뤼박이 형이상학적 교의학도 만들지 않았고, 사색적 교의학도 추구하지 않았다고 말한 적이 없지 않은가?

---

6 Henri de Lubac, *Surnaturel: études historiques* (Paris: Desclée de Brouwer, 1991).

만일 그가 철학적 형이상학도, 신앙에 기초해 개정한 것도 제공하지 않았다면, 여기에 존재론을 위한 여지는 있는가?

그 답은 그가 함축적으로 새로운 유형의 존재론을 제안했다는 것인데, 사실 어떤 의미에서 철학과 신학의 담론 **사이에서** 설명되는 '비존재론'으로 그것들 각각의 자율성은 깨뜨리지만, 그 둘을 느슨하지만 단단하게 묶고자 한다('비존재론'이라는 표현은 필요한 것 같다. 엄밀히 말하면, '존재론'이라는 말은 신에 대한 이해에 앞서 존재에 대한 순수한 철학적 분류를 인지적으로 나타내기 위해 17세기 초에 처음으로 사용되었기 때문이다.)

드 뤼박이 진정한 기독교 담화의 회복으로 봤던 이 '비존재론'은 '기독교 철학'이나 '신성한 교리'로 평범하게 묘사될 수 있었다. (나의 용어인) '비존재론'을 사용할 때, 나는 드 뤼박이 존재론을 거부했다고 말하는 게 아니다. 오히려 그가 한편으로는 철학에 적절하고 순전한 내재적 존재의 영역과 다른 한편으로는 다른 것에 관한 신학에 적절한 계시 사건의 영역 사이에서 존재론을 설명했다는 사실을 의미한다.

이 새로운 존재론적 담론은 신성의 초자연(super-nature)으로 자신 위에 본질적으로 올려진 인간 본성의 역설적 정의에 관한 것이었다. 앞으로 보게 되겠지만, 드 뤼박에게 모든 창조된 자연은 어떤 의미에서 인간 본성을 지향하기 때문에, 이 역설적 구조는 그러한 모든 유한한 존재의 구조로까지 확장되었다.

이 수수께끼는 항상 두 반대 방향으로 똑같이 드 뤼박에게 달려갔다. 창조물 내에서 항상 드러나는 기이함, 초자연성은 평범한 존재의 핵심에 있다. 그것은 브레송이 표현하듯이 "진짜로 진짜인 것"이다.

다른 한편으로 평범한 존재와 그 핵심에 있는 존재는 그 자신 너머를 가리키고, 영적 본성 안에서는 가장 높은 곳을 향해서 열망한다. 은혜는 항상 자기 비움적(kenotic)이다. 자연적 존재는 항상 올려지지 파괴되지 않는다. 그러나 대칭적 역설에 의해, 자연에 의해 요구되는 '더 많은' 것은 하나님으로부터 선물로서만 받을 수 있다.

제2차 세계대전 후, 드 뤼박은 교회론과 성례 신학(『신비체』, 1944), 성경 주해(『중세 주해』, 1959-64)의 영역에서,[7] 그리고 그의 친구인 테야르 드 샤르댕(Teilhard de Chardin)의 진화 이론에 대한 숙고로 은혜에 대한 이런 이중적 역설을 더욱 더 연

---

7   Henri de Lubac, *Corpus mysticum: Peucharistie et l'eglise au moyen age* (Paris: Aubier-Montaigne, 1949). 이 책은 현재 영어로 번역 중이다. Henri de Lubac, *Exégèse médiévale: les quatres sens de l'écriture* (Paris: Aubier, 1940). 이 책은 네 권으로 구성되어 있다. 첫 두 권은 다음과 같이 영어로 번역되었다. *Medieval Exegesis: The Four Senses of Scripture*, trans. Mark Sebanc, Vols. 1 and 2 (Grand Rapids, MI/Edinburgh: Eerdmans/T. and T. Clark, 1998 and 2000). 다른 두 권도 계획 중에 있다.

구했다.

드 뤼박이 지닌 개성에서 가장 매력적 측면 중 하나는 테야르의 입장이 때로는 이단에 가깝다고 생각했음에도, 그를 변호하고 심화시키고자 했던 방식이다. 드 뤼박은 보다 '정통적인' 것들보다 기독교 진리의 핵심에 좀 더 깊이 근접해 있을지도 모르는 주변부 그리스도인이나 비그리스도인 사상가들에게 보였던 이런 동정을 오리겐, 피코(Pico), 프루동(Proudhon) 같은 과거의 사상가들과 불교 철학자들에게도 똑같이 적용했다.

전후 몇 년 동안, 정치적으로 우익인 그리스도인들과의 싸움에서는 이겼지만, 교회적 보수주의는 이기지 못했다. 교황이 처음에는 공감했지만, 그가 속해 있던 수도회의 신스콜라주의 세력은 교황이 그를 의심하도록 만들었다. 교황의 회칙인 『인류』(*Humani Generis*)가 출판된 후 몇 년 동안 그는 가르치거나 출판하는 것을 금지당했다.

그러나 그는 적들이 신신학(*nouvelle théologie*)이라는 별명을 붙인 운동의 동료 주창자들과 함께 단순히 환심을 사려고 돌아가지 않고 오히려 선봉에 섰다. 드 뤼박은 제2차 바티칸 공의회에서 중요한 역할을 담당했지만, 오늘날 학자들은 그 공의회의 공표들을 신신학과 신 토마스학파(neothomism), 현대성에 대한 자유주의의 적응 사이의 해결되지 않은 싸움과 부분적 타협을 반영했다고 본다.

실제로 공의회가 끝난 후, 드 뤼박은 또 한 번 눈 밖에 났다. 이번에는 지역 주교들의 관료적 권한 축소를 비판했기 때문이었다.[8] 그는 말년에야 비로소 추기경이 되었다. 『인류』 이후에 드 뤼박은, 역사에 관한 저서들 밖에서는, 다소 돌려 말하고 단편적으로만 자기 생각을 표현할 수 있을 정도로 말을 더듬는, 어느 정도 정신적 충격을 받은 신학자라는 인상을 준다.

그는 베륄(Bérulle)과 달리 그리스도에 관한 신학적, 역사적, 신비주의적 논문과 계획했던 신비주의의 역사를 저술하지 못했다. 그의 핵심적 연구가 되어야 했을 이 두 책은 그의 주요 **전작**(*oeuvre*)에서 빠져 있다. 그는 어떤 영적 결함이 다른 이들의 관점의 해석을 통해서만 그로 자신의 관점을 표현할 수 있게 만들었다고 천진하게 말했다.

그러나 이런 무능력이 『인류』 이후에 더욱더 고질적으로 되었던 것은 분명하다. 드 뤼박은 자기 자신의 목소리로 특정한 관점들을 계속해서 표현했다. 그러나 앞선 『가톨릭주의』의 경우와는 달리 그의 **중대한** 관점들은 이제 역사적 해석들을 통해 항상 간접적으로 표현되었다.

---

8   Von Balthasar, *The Theology of Henry de Lubac: An Overview* (San Francisco: Ignatius, 1991), 113-14.

그 회칙에 대한 그의 반응은 그 중요성에 있어서 여전히 크게 반박되고 있다. 그리고 (앞으로 살펴보겠지만) 그 반응이 그를 심각한 이론적 모순에 빠지게 했다는 것은 논란의 여지가 있다. 『초자연성에 관한 연구』의 일부 내용은 『어거스틴주의와 현대 신학』(*Augustinisme et théologie moderne*)과 『초자연성의 신비』(*Le Mystère du surnaturel*)로 개정되었다(모두 1965년에 출간되었다).[9]

이 저서들에서, 드 뤼박은 『인류』에 응해, 특히 은혜를 지향하지 않는 영적 본성이 있을 수 있는지에 대한 질문과 관련해서 초자연성에 대한 그의 이해에 어떤 중요한 조건들을 단다. 이제 그는 그러한 본성이 있을 수 있다는 걸 인정한다.

그러나 이것이 어떤 의견의 진정한 변화를 예시한다는 견해는 설득력이 없다. 그 일반적 함의에서 이것은 '기독교는 인본주의이고, 그렇지 않으면 오해를 받는다. 다른 한편으로 세속적 인본주의는 복음의 완전한 정반대다'라고 요약될 수 있다.

드 뤼박의 후기 저서인 『피코 델라 미란돌라』는 이 긴장에 대해 가장 잘 설명하고, 기독교 인본주의에 대한 심도 있는 옹호에는 문화적 배태성(cultural embeddedness)이 아니라, 신앙의 교회적 메시지를 강조할 보수적, 맹목적 사랑이 절대 나타나지 않는다.

질이 떨어진 예전, 관료적 규정, 세속적 기준들에 대한 복종에 반대하는 일부 '보수적인' 교회적 주제에 공감했음에도 불구하고, 드 뤼박은 1950년 이래로 계속되는 트라우마와 노년에도 계속해서 주의가 필요했던 상황 때문에 점점 심하게 방향성을 결여했다.

그러나 드 뤼박이 자신의 목소리로 서술했던 그의 실패(만일 실패로 여겨진다면)에 대한 더 깊은 이유도 있을 것이다. 실제로 『초자연성에 관한 연구』 논문은 현대에 이해되었던 것처럼 교의 신학(dogmatic theology)의 가능성을 **해체한다**.

마치 철학 신학의 가능성이나 심지어는 명확하게 자율적 철학의 가능성을 해체하는 것과 똑같다. 이제 한편으로 교리는 타고난, 즉 근본적으로 주어진 인간 본성에 따라서 해석되지 않는 한 '외래적이고', 독단적이고, 이해할 수 없는 상태로 남아 있다. 신학의 긍정적 토대는 그 결론의 범위를 결정하기에 더 충분하지 않다. 다른 한편으로 이 '주어진' 인간 본성은 역설적으로 자신을 넘어서면서 철학에 주어질 뿐이다.

후에 드 뤼박은 그것이 어떤 명확성과 함께, 이유만으로 주어진다는 것을 부인했

---

9   Henri de Lubac, *Augustinianism and Modern Theology,* trans. Rosemary Sheed (London: Geoffrey Chapman, 1967).

다. 그러면 철학은 초월적 신학의 보충을 요구하는 것처럼 보인다.

그러나 신학도 똑같이 철학의 토대를 요구한다. 그러면 철학은 신학의 초월적 보충을 요구하는 것으로 보이지만, 신학은 똑같이 철학의 기초를 요구한다. 신 토마스학파 비평가들이 당연히 통탄했듯이, 드 뤼박의 역설은 해결할 수 없는 **아포리아**(aporia)보다는 덜 역설인 것처럼 보인다.

폰 발타자르(von Balthasar)는 드 뤼박의 글이 문제가 많은 유예된 중앙(suspended middle)을 차지하고 있다고 매우 정확하게 묘사했다.[10] 그가 저술한 저서들은 그 전개와 지저분함에서 이런 **아포리아**를 반영한다. 드 뤼박은 교의 신학도 철학 신학도 아니었던 '초자연성에 대한 담론'을 자세히 설명했다.

이것이 어거스틴의 '기독교 철학'이나 토마스학파의 **거룩한 교리**(Sacra Doctrina)를 복원한 것이라고 주장했을지 모르지만 말이다. 이것은 대개 (부분적이기는 하지만 분명하게) 역사 신학의 형태를 취한다. 그러한 형태는 불가피하다.

연속적 과정에서 사건과 기호(sign)의 조합이 드 뤼박의 역설적 담론이 차지할 수 있는 유일한 근거로 보일 것이기 때문이다. 드 뤼박은 실제로 신학은 신비주의가 되어야만 하고 신비주의는 본질적으로 기호를 읽는 것이라 선언했다. 1960년대에 그는 심지어 인본주의에 반대해 유행하던 기호학에도 호소했다.

우리는 기호에 의해 지배되기 때문에, 오리겐처럼 누가복음에 나오는 여관 주인들을 천사들로, 그 천사들을 여관 주인들로 의혹을 품고 읽는 것은, 인본주의적 모더니티가 장려하는 것처럼 이성적이다.

다른 한편으로 드 뤼박에게서 교리와 형이상학이 상대적으로 부재한 것은 또한 근본으로 되돌아가는 것에 얽매인 것과 함께 외상을 입고 늘 신중하게 말하도록 강요받았던 사상가의 새롭게 강화된 '추론'(speculation)으로 진행하지 못한 것을 반영한다.

---

10 Von Balthasar, *The Theology of Henri de Lubac*, 15. Von Balthasar가 여기서 요약한 내용은 매우 정확하다. "드 뤼박은 곧 자신의 위치가 유예된 중앙으로 이동했다는 것을 깨달았다. 그곳에서 그는 신학에서 초월성 없이 철학을 실천할 수 없었고, 철학의 본질적인 내적 구조 없이 어떤 신학도 실천할 수 없었다." 질문은 다음과 같다. 폰 발타자르는 그러한 유예를 모든 담론을 동결시키는 **아포리아**로 어느 정도까지 이해했는가? 그는 항상 이런 유예에 머물러 있는가? 아니면 신학 앞에서 어떤 철학을 실천하고, 철학 너머에 있는 '신비적인' 방식으로 일부 신학을 실천하는가? 아래의 토론을 보라.

1) 1946년의 『초자연성에 관한 연구』

드 뤼박의 책 중 가장 유명하고 논란이 많은 책은 이전에 썼지만 하나의 논지로 집중되는 여러 긴 글들을 급하게 모아 놓은 다소 **임시변통적인**(ad hoc) 것이었다. 드 뤼박은 하이퍼퓨에스(hyperphues)와 수페르나투랄리스(supernaturalis)라는 용어의 기원을 추적하면서, 옛 이교에서 그랬듯이, 그 용어들은 알려진 **피지스**(physis, 자연) 위에 있는 신의 영역을 가리켰다는 것을 보여 준다.

우주 내에 있는 신의 침입과 인류의 지위 향상(elevation of humanity)을 나타내는 기독교적 용법은 신적 기원과 심오한 존재론적 관계를 유지하는 인간의 가장 깊은 부분을 뜻하는 새로운 의미(바울과 오리겐을 따른)의 **프뉴마**(pneuma, 영)와 신화 또는 창조되었던 지위와 일치할 정도로 하나님의 형상에 가깝게 존재론적으로 변화되는 것으로 이해되는 구원과 어원이 같다. 이런 개념적 관련성은 중요하다. 드 뤼박은 장 다니엘루(Jean Daniélou)처럼 은혜의 작동에 대한 본래의 정확한 라틴어적 이해(특히 어거스틴의 이해)가 그리스어의 신화 개념과 본질적으로 다르지 않다는 것을 강조하고자 했기 때문이다. 드 뤼박에게 있어, 그러한 이해와의 단절은 중세 말기와 현대 초기의 스콜라철학에서만 일어났다(처음에는 카르투지오수도회의 데니스[Denys the Carthusian], 그다음에는 결정적으로 카예탄[Cajetan]과 함께). 카예탄은 드 뤼박이 은혜에 관련해 아퀴나스를 새롭게 이해하는 데 영향을 끼쳤다. 이 은혜는 이후 그의 모든 신학을 지배하게 되었다.

이런 이해에 따르면, 아퀴나스가 하나님에 대한 천사와 인간의 자연적 열망(desiderium naturale)이나 심지어는 자연의 열망(desiderium naturae)을 여러 부분에서 말할 때, 그 표현은 어떤 숙고에 앞서 지복직관(beatific vision), 일종의 심오한 존재론적 추력(ontological thrust)에 대한 우리의 '타고난' 욕망을 의미하는 것이 아니다.

대신에 그것은 지성에 고유한 호기심으로 생겨나는 것이긴 하지만, **순전히 의지의** 유도된(elicited) 욕망을 단순하게 의미한다. 우리는 단지 모호한 **불완전 의욕**(velleity)에 의한 창조와 욕망의 결과들에 주목한다. 무엇이 그것들의 원인이었는지를 충분히 알기 위함이다. 따라서 우리는 일종의 지울 수 없는 신비주의적 편견에 의해 지복직관의 진정한 실체를 멀리서는 절대 예상하지 못한다.

그러나 좀 더 정확히 말하면, 카예탄은 지적 분할 통치(intellectual dividing and ruling)로 토마스의 '초자연성에 대한 자연적 욕망'을 다뤘다. 한편으로 은혜의 부름에 앞서, '유도된' 자연적 욕망 외에도, 신의 뜻에 대한 인간의 단순한 순종적 능력(potentia obedientiae)이 있다.

다른 한편으로 초자연성에 대한 진정한 자연적 욕망은 은혜가 부여될 때에만 일어난다. 카예탄에게조차도 그것은 타락 전에도, 타락 후에도, **현실성**(*actuality*) 안에 항상 존재했다는 것을 강조하는 것은 중요하다.

그런데도, 카예탄에게 있어서 아퀴나스는 그의 값없는 은혜의 교리와 인간이 본래 해야 할 것과 자유로운 초자연적 추가로 인해 인간에게 축적되는 것에 대한 그의 반복적 구분 모두를 공정하게 다루는 '순수 자연'의 교리를 설명하면서 일관성을 가져야 했다. 따라서 카예탄은 아퀴나스와는 달리 인간 본성은 **현실성에서** 단지 자연적 용어들로도 온전히 정의할 수 있다고 명시적으로 말한다. 이것은 전적으로 자연스럽고 적절한 윤리, 정치, 철학 등이 있을 수 있다는 것을 뜻한다. 인간은 도덕률을 어길 수 있지만, 죄에 대한 직접적 책임은 없을 수 있다.

이후의 모든 스콜라철학은 20세기 초까지 이런 주제들에 대해 본질적 반대 없이 변화들을 주었다. 그러나 드 뤼박은 당시의 몇몇 사람과 함께 이것이 아퀴나스에 대한 진정한 독서라는 것을 『초자연성에 관한 연구』에서 부정했다. 이 사안에 대한 천사 같은 박사의 입장은 오늘날 가장 해석이 어려운 부분으로 남아 있지만, 앞으로 설명될 것처럼 단지 우발적 이유 때문은 아니다.

'초자연성'이라는 말의 의미를 역사적으로 추적하면서, 드 뤼박은 비록 그 단어의 함축적 범위에서 특별히 기독교적 변화가 있기는 했지만, 고대와 중세 시대에 이르기까지 본질적 대조는 **자연적인** 것과 **도덕적인** 것 사이에 있는 게 아니라고 좀 더 상세하게 말했다.

그러나 드 뤼박은 이전의 용법이 초자연성의 개념에 대한 진정한 새로운 기독교적 의미를 반영했다고 주장했다. 한편으로는 창조된 **자연**이 있으며, 다른 한편으로는 자유롭고 지적으로 반사하는 창조된 **영**이 있다. 이 '도덕적' 영역은 어떤 의미에서 창조된 것이 아니라, 신의 좀 더 급진적 각인, 즉 **하나님의 형상**(*imago dei*)을 갖고 있다.

드 뤼박에게 자연적, 도덕적 도식의 지배를 확실하게 틀어지게 만든 것은 아리스토텔레스주의의 침입이었다. 신플라톤주의는 고유의 방식으로 초자연적 신과 물질적 자연 사이에 있는 복잡한 경계를 탐구했고, 교부들로 인해 순조롭게 기독교화 되었다.

그러나 아리스토텔레스주의는, 아랍 철학의 신플라톤주의화된 형태들에서조차도(왜냐하면, 이런 형태들은 신학적이기보다는 특별히 철학적이기 때문에), 인간 본성은 자연적 우주에 속해 있으면서 직관적 사고보다는 엄격히 분석적 사고의 도움을 받아 충분히 파악될 수 있다고 주장하는 경향이 있었다.

이성적 사색이 모든 것의 통합을 직관적으로 파악했던 곳에서도, 이것은 제1원인(first cause)과 같은 초자연적 존재로 들어 올리는 것이 아니라, 우주적이고 도움받지 않은 비전으로 남아 있었다.

그러면 다음과 같은 질문이 생긴다.

아퀴나스는 초자연성의 옛 개념을 유지하면서 아랍 철학의 아리스토텔레스를 이해할 수 있었는가?

드 뤼박에게 있어 아퀴나스에서 분명한 아리스토텔레스적 국면은 프로클루스주의(Procleanism)와 뒤섞인 어거스틴주의(디오니시우스와 아랍 철학에 따라 중재 된)에 종속되어 있다. 드 뤼박은 신플라톤주의적 및 어거스틴주의적 차원을 강조하는 아퀴나스의 중세기 해석을 명시적으로 지지한다. 그러나 이와 동시에 그의 『어거스틴』(Augustine)은 프랑스 전통의 이전 추세보다 훨씬 더 인본주의적이고 '토마스학파적'이다.

그러나 '초자연성의 자연적 욕망'에 대한 대안적 신플라톤주의적 해석에 있어서, 아퀴나스는 매우 중요한 분수령과 (반내러티브적이고 수사적인 신학과 반대되는) 적절한 과학 철학의 시작을 전형적으로 보여 줬다. 아마도 아퀴나스와 그의 동시대 사람들로 인해 구원의 질서 밖에서 인간의 모든 활동을 구성하는 자율적 자연적 영역이 있다는 것이 처음으로 분명하게 받아들여졌을 것이다.

이처럼 본질적 인간의 존엄성과 자율성이 나타나도록 허용되었지만, 이와 동시에 역으로 진정한 값없는 은혜는 하나님과의 우정으로 우리가 은혜롭게 올려짐에 의해 고무된 헌신적 자비의 자연적이지 않은 기사와 함께 두드러진다. 이런 관점에 있어서 드 뤼박의 이해는 세속의 적법한 영역과 이에 대조되는 값없는 하나님의 자유로운 역사를 동시에 타협하는 것처럼 보였다. 다시 말해, '신스콜라철학'이 케케묵고 반계몽적 생각을 제시하는 데 반해, 이 관점은 너무나도 현대적이고 실제로 현대성의 모체이기 때문에 드 뤼박의 어려운, 그러나 고기독교적인(paleo-Christian) 입장보다 일반적 현대의 상식을 훨씬 더 많이 받아들인다는 것은 분명하다.

후자에게 있어 인본주의적 자율성이나 외부로부터 오는 순수한 선물은 모두 바람직하지 않다. 이중적 위험이 있는데, 인간성을 넘어서는 내용이 없는 순전한 인본주의와 은혜에 대한 신스콜라철학의 이해로 만들어진 인간성 없는 종교의 공허한 경건이다. 아퀴나스를 정확히 이해했는가에 대한 질문과는 완전히 별도로, 구원과 은혜에 관한 그리스·라틴적 이해가 상실되었다는 그의 이해는 정확하다고 할 수 있을 것이다. 아리스토텔레스를 통합하려는 시도는 그야말로 재앙이었다고 볼 수 있을지도 모른다.

그렇다면 드 뤼박에게 아퀴나스는 왜 중요했는가?

그에 대한 답은 부분적으로 드 뤼박에게 아퀴나스는 동방과 서방의 종합(어거스틴 + 디오니시우스/다마스커스의 유산)의 가능성을 나타냈다는 것이다. 그리고 더욱 결정적인 것은 아리스토텔레스를 통합하려는 시도가 자연과 세속적 인간 행위의 작용에 대한 고찰을 깊이 고려하는 한에 있어서 긍정적이었다는 것이다.

여기서 드 뤼박의 초자연성에 관한 '역설적' 교리는 다시금 두 방식을 한 번에 잘라낸다. 만일 들어 올려진(elevated) 빛이 새롭게 탐구된 유한한 존재의 어두운 구석들을 끊임없이 비출 수 없다면, **모든 것이** 그 빛의 관점으로 관찰되어야만 한다는 옛 생각은 모든 타당성을 잃게 된다. 이런 지속적인 심화의 과정이 없으면, 들어 올림(elevation) 그 자체가 비본질적으로 될 것이다.

이런 까닭으로 드 뤼박은 '과학'과 과학과의 신학적 대화를 늘 선호했다. 이것이 그가 오리겐을 좋아했던 이유 중 일부다. 그는 오리겐의 장소, 시간, 계절, 측정에 대한 있는 그대로의 관심을 높이 평가했다. 이것은 또한, 그가 후에 쿠사(Cusa)와 베뤌(Bérulle)이 새로운 태양 중심의 우주론에 영적으로 대응하고자 했던 시도를 기리는 이유이기도 하다. 궁극적으로 그가 테야르와 함께 진화론의 의미를 고찰하는 데 그토록 많은 시간을 보냈던 이유다.

그리고 이런 이유로, 드 뤼박은 초자연성에 대한 옛 의미와 아리스토텔레스에 대한 새로운 통합과의 양립을 중요하게 여겼다. 그에게 아퀴나스는 마치 중세 인물이면서 또한 초기 르네상스의 인물로, 자연과 도시 문명에 대한 새로운 관심을 기독교 종합에 통합하는 것에 관심을 가졌다.

드 뤼박과 그를 잘 알았던 앙리 부일라(Henri Bouillard)를 다소간 융합하면 우리는 초자연성과 관련해 그가 아퀴나스를 어떻게 이해했는지 다음과 같이 요약할 수 있다.

첫째, 우리가 살펴보았듯이, 아퀴나스에게 은혜는 외부적인 것이 아니다. 은혜는 기적이 아니기 때문이다. 그것은 자연 질서를 방해하지도 않았고 단순히 그 질서에 더해지지도 않았다. 오히려 자연 질서를 내재적으로 완성했다.

둘째, 천사와 인간 모두에게, 죄에 둔감하거나, 이 조건을 받아들일 수 없다고 여겨질지도 모르는 자연의 단계는 없었다. 아니면 이와는 정반대로 (마치 '자연적'이라는 것이 '죄가 없는 상태'와 동일시되는 것처럼) 만약 죄에 관련되어 죄에 의해 완전히 파괴되었다고 여겨질 수도 있는 자연의 단계도 없었다. 모든 영적 본성에는 **자유**가 스며들고, 그러한 자유는 신법(divine law)과 궁극적 신의 목적과의 관계다.

셋째, 우리 안에 있는 초자연성에 대한 자연적 욕망은 단순히 유도될 수 없다. 왜냐하면, 아퀴나스가 『이교도 반박 철학 대전』(Summa contra Gentiles)에서 우리는 모든 피조물이 하나님과의 연합을 향해 하나님에 의해 움직여지는 것과 **아주 똑같은 방식으로** 지복직관으로 이끌린다고 말했기 때문이다. 그것은 단순히 우리가 **지적** 창조물로서 지적 결합을 향해 지적 방식으로 움직여진다는 것이다. 천사들과 인간들은 **영들로서** 본유적으로 지복직관으로 향해진다. 창조의 결과로 부추겨진 호기심은 그 자체로 에로틱한 호기심이다. 반면에 하나님을 알고자 하는 '유도된' 욕망은 그 자체로 인지적 욕망이다. 드 뤼박은 인간에게서 '의지'는 능력이 아닌 인간성, 즉 뜻과 지성, 감정의 필수적 표현이라고 주장했다.[11]

영에 대한 이런 개념에 따르면, 아퀴나스에게 하나님은 (존재론적인) 작용의 대상이 작용자(operator) 속에 있듯이 영혼 속에 있다. 따라서 초자연성을 향한 자연적 지향은 우리에게 깊은 곳, 즉 우리의 잠재적 신비적 상태에 있는 신의 존재를 가리킨다. 이것은 우리의 본성에 너무나도 고유하다.

넷째, 드 뤼박은 이렇게 질문한다.

만일 은혜가 일종의 추가되는 것을 덧붙이는 것이고 죄가 없는 자연이 존재한다면, 왜 모든 전통에서는, 은혜의 거부를 아는 것이 **상실의 고통**(poena damni)을 반드시 초래해야 하는가?

다섯째, 드 뤼박은 다음과 같이 주장했다. 아퀴나스에게 초자연성에 대한 자연적 욕망은, 신적 공의(divine justice)에서 목적을 향한 자연적 충동은 (비정상이지 않은 이상) 좌절될 수 없다는 아리스토텔레스의 원리를 침해하지 않고서는 실망하게 될 수 없다.

드 뤼박이 초자연성에 대한 진정한 설명의 상실을 목적론의 상실에 연결했듯이, 그는 그것을 의미가 명료한 존재론의 발흥과 실존적 참여의 형이상학에서 분리된 유추(analogy)에 대한 의미론적 설명의 발생에도 연결했다. 드 뤼박은 유추는 단순히 언어적 개념이 갖는 의미의 범위가 아니라 신의 영에 참여하는 영혼의 **판단**(judgment) 범위와 관련된다고 주장했다. 유추에 대해 논쟁하는 이 연결은 우연이 아니다.

폰 발타자르는 바르트에 관한 책에서, 초자연성에 대한 드 뤼박의 설명을 인간 근원으로부터 시작되는 자유주의 신학과 완전히 타락하고 (활동 그 자체의 가운데서 하

---

11 Henri de Lubac, *Pic de la Mirandole* (Paris: Aubier-Montaigne, 1974), 171. 드 뤼박은 여기서 피코(Pico)에게 있어 자유는 능력이라기보다는 '인간의 깊은 본질'이었고, 인간의 자유에 대한 그의 급진성은 후기 스콜라철학의 의지주의(voluntarism)가 말하는 것과 유사하지 않았다고 감탄하며 말한다.

나님에 관한 근본적 수동성이 아니라, 인간 활동에 '반대되는' 수동성이라는 의미에서) 수동적으로만 신에게 열려 있는 자연과 대조되는 계시로 시작되는 바르트 신학 모두에 반대하는 에리히 프츠바라(Erich Przywara)가 복원한 **존재의 유추**(analogia entis)와 결합했다.[12]

양쪽을 모두 반박하고자 할 때, 우리는 유예된 중앙(suspended middle)과 비존재론을 다뤄야 하는데, 유추와 초자연성은 모두 자연 신학과 교리 모두에 속하지 않지만, 이와 동시에 둘 모두에 속하고 둘 모두를 아우르기 때문이다. 하나님에 관한 자연적 유추들은 신의 본질까지도 멀리서 예상하지만, 은혜에 관한 담론은 자연적 유사성을 반드시 효율적으로 계속 사용해야 한다. 그런데도, 상당한 모호함이 남아있다.

초자연성에 대한 자연적 욕망은 **항상** 은혜의 작용인가?
그렇다면 그것이 왜 자연적 욕망인가?
그러나 그것이 만일 이미 작용하고 있는 은혜가 아니라면, 인간 본성에는 외부로부터 오기보다는 마치 씨앗으로부터 펼쳐지는 것을 암시하는 은혜에 대한 **긴박함**(exigency)이 없는 것인가?
그리고 만일 우주가 영들을 통해 좀 더 온전하게 하나님께 돌아온다면, 하나님은 영들을 창조하셔야 했을까?
아리스토텔레스의 주장대로, 동물적 영혼의 기능을 가진 지성의 연속성을 고려할 때, 후자가 지복직관에 지향하게 되어있다는 것은 참으로 불가피한가?
마지막으로 은혜에 대한 지향이 단지 지적 창조물에서 창조성에 의해 취해진 방식이라면 한편으로 창조의 **가장 좋은 선물**(datum optimum)과 다른 한편으로 은혜의 **완전한 선물**(donum perfectum)은 어떻게 구분되는가?

이런 모든 질문은 게슈타포의 뒷모습과 가톨릭 우익 반대자들의 세속적 힘을 본 후 오래도록 드 뤼박을 계속해서 괴롭혔다.

2) 『인류』에 관해

드 뤼박은 그가 다루는 문제의 한쪽 끝에서 초자연성에 대한 자연적 욕망과 은

---

[12] Hans Urs von Balthasar, *The Theology of Karl Barth*, trans. John Drury (New York: Holt, Rinehart, and Winston, 1971).

혜가 역사 속에서 실제로 주어진 것 사이의 관계를 명확하게 해야 했다(비록 그가 타락 직후에 이미 항상 시작했고 유형론적 기대를 통해 모든 인간에게 중재된 것처럼 전통을 가지고 이것을 받아들였다고 할지라도 말이다).[13]

그러나 다른 쪽 끝에서 그는 **순수 본성**(natura pura)에 대한 사안도 명확하게 해야 했다. 우리가 서론의 인용문에서 보았듯이, 『인류』는 그에게 초자연적 지복(supernatural beatitude)의 운명 밖에 영적 존재가 정말로 존재할 수 **없는지**에 대해 설명하도록 도전했다.

이미 그 회칙 이전에(그러나 아마도 그것이 곧 나올 것으로 예상하면서) 저술된 "초자연성의 신비"라는 논문에서, 드 뤼박은 이론상 하나님은 영적 피조물들 없이 우주를 창조하실 수 있었고, 초자연성을 향한 자연적 지향 없이 영적 피조물들을 창조하실 수 있었으며, 후자는 절대 은혜를 강요하지 않는다고 결론지었다(아니면 그 대신에 명확히 했다).

『인류』가 [여러모로 요점을 회피했음에도] 순수 본성의 개념을 받아들였다는 것은 분명하다. 『인류』는 인간 본성에 본질적으로 속하는 것에 반대되는 순수하게 자연적 영들이 창조될 수 있다는 가정만이 값없는 은혜를 보존할 수 있다고 주장한다. 드 뤼박에게 그 가정은 하나님은 이질적 필요성에 의한 은혜의 하나님이 아니라는 것을 보장한다는 의미에서 구속력을 약하게 지닌다. 그러나 피우스 12세에게 그것은 하나님의 은혜의 행위와 창조의 행위를 구분하기 때문에 강한 구속력을 갖는다. 은혜는 값없이 주어지는 선물이다. 본성상(by nature) 우리에게 속하지 않는 걸 우리에게 주기 때문이다. 여기서 본성(nature)은 걸을 수 있는 능력과 말하는 힘, 우리가 쉽게 본질적이고 보편적인 것으로 확인할 수 있는 정치적 조직에 대한 경향과 같은 것을 포함한다.

드 뤼박은 순수 본성에 관한 논문이 값없는 은혜를 보장할 수 있다는 것을 부인한다. 그는 자신의 전작에서 가장 중요한 대목 중 한 곳이자 (우수한) 본래의 논문에서 **선물**의 논리(the logic of gift)와 관련해서 이 점을 다룬다.

그리고 **존재**의 논리(the logic of existence)에 관한 하이데거(Heidegger)와 질송(Gilson)의 질문에 이것을 직접 관련시킨다.[14] 드 뤼박은 신(新)토마스학파가 하나님과 피

---

13 *Catholicism,* 194. 비신자들은 "그들을 신자들과 결합하는 신비한 유대의 힘으로 구원을 … 얻을 … 수 있다." John Milbank and Catherine Pickstock, *Truth in Aquinas* (London: Routledge, 2001), 39도 보라.

14 *The Mystery of the Supernatural,* trans. Rosemary Sheed (New York: Crossroads/Herder and Herder, 1998), 218-99.

조물들에 관해서 서로 경쟁적으로 다투거나 각자가 영향력을 끼치는 영역을 명시하기 위한 협정을 맺는, 동일 평면상에 있는 개별적 존재로서 생각한다고 암시한다. 그들은 [길슨이 지금 그들을 상기시켰듯이] 하나님은 **있는 것**(*ens*)이 아니라 **있음**(*esse*) 그 자체이지만 모든 있는 것(*entia*)의 탁월한 실재(reality)라는 것을 잊고 있다.[15] 그런 까닭에 정확히 말하면 그분은 창조물과 상호 작용하지 않는다.

그러나 이것은 선물의 논리에 영향력을 끼친다. 우리는 불필요한 것들이 의무적인 것이나 본질적인 것과 대조될 필요가 있다고 생각한다. 이것은 실체적(ontic) 영역에 있는 존재들 사이의 상호 작용에만 적용된다. **모든 있는 것**(*entia*)이 **있음**(*esse*)에서 창조적으로 생겨나는 존재론적 차이의 영역에서, 값없는 선물은 필요와 의무 이전에 시작되고, 심지어는 이해되기 위해서 이런 대조도 요구하지 않는다.

창조물로서 그 창조물은 선물의 수령자가 아니다. 창조물이 바로 이 선물이다. 영적 창조물에도 같게 적용된다. 영으로서 그는 선물을 받지 않는다. 그가 바로 이 영의 선물이다. 선행하는 수령자는 없으므로, 그 영은 선물에 선물을 주는 선물이고, 자신에게 자신을 선물로 주는 선물이다. 이것이 의식적으로 **선물로서 살아가고**, 그래서 영이 되는 유일한 방식이다.

드 뤼박에 따르면, 영을 받는 것은 항상 불완전한 받아들이기를 자각하는 것이다. 우리는 가능한 지식과 의지와 느낌이 아니라는 것을 알고 있다. 이에 더해, 이런 것들의 몫이 우리이기 때문에, 우리는 소유물을 받는 사람의 방식에 따라 그것들을 실제로 지배하지 않는다는 것을 안다.

따라서 정하고 알고 느끼는 것은 값없는 선물을 주는 것이다. 그렇지 않으면 우리 자신을 선물로 여기지 않을 것이다. 암묵적 무한한 원천에 대한 그러한 감사는, 감사로서, 이 원천으로부터 무한대로 받은 것에 대해서만 열려 있을 수 있는데, 이는 주는 자를 알기 원하는 욕망에 버금간다. 이런 방식으로 드 뤼박에게 지적 창조물(하이데거가 **현존재**라고 칭했던 것)의 존재에 관한 질문에 열려 있다는 것은 이와 동시에 알려지지 않은 기부자에 대한 영의 감사, 이 기부자를 더욱 이해하고, 그래서 그의 더 나은 신비로운 선물을 이해하고 받고자 하는 욕망이다.

『하나님의 발견』(*Les Chemins de Dieu*)에서 드 뤼박은 **있음**(*esse*)에 대한 길슨의 의문을 자신의 초자연성(또는 영)에 대한 의문과 연결했던 것을 다음과 같이 요약했다.

---

15 Etienne Gilson, *Letters to Henri de Lubac* (San Francisco: Ignatius, 1986)을 보라.

영은 하나님을 이해할 수 있는 진정한 능력이기 때문에 지성은 존재의 능력이다.[16]

따라서 드 뤼박과 특히 클로드 브뤼에르(Claude Bruaire)처럼 이 점에 대해 드 뤼박을 자세히 설명한 사람들에게 있어, 선물로서의 영의 논리는 사연의 영역과 은혜의 영역 모두와 초자연성의 신비인 그 두 영역 사이의 경첩을 좌우한다.

드 뤼박은 만일 순수 자연의 논지를 허용한다면, 그로 인해 은혜의 선물은 입증되지 못했을 것이고, 이미 있지만 '받지 못한'(ungiven) 수령자에게 제공되었던 이 세속적, 실체적 선물에 적합한 유형의 선물만이 입증되었을 것이라고 말한다. 그러나 이 모델은 근본적인 신의 존재론적 선물에는 도달할 수 없다.

실제로 확인할 수 있는 순수 자연의 가정은 사실 신의 선물이라는 표현을 손상했고 역사적으로 그렇게 했음을 보여줄 수 있다. 신화의 선물은 대조 **없이도**, 심지어 창조 없이도, 자연을 신경 쓰지 않아도, 보장된다.

어떻게 선물은, 창조처럼, 이런 영적 예에서, 그 유일한 본성을 유지하기 위해 자기 자신에게 주는 선물에게 선물을 주는 선물이 될 수 있을까?

신화의 선물은 창조보다 훨씬 더 커서 그것을 전적으로 포함한다.

그런데 어떻게 그것이 대조적으로 보장될 수 있을까?

초자연성, 즉 지복직관을 지향하는 궁극적 초자연성 경험에서, 우리의 존재 전체는 신의 빛에 의해 변모된다. 여기서 우리는 이 빛을 받게 **되고**, 이 받음의 '자연적인' 수령자가 이제는 없다.

그러나 이것은 근본적 선물을 보장하고 파괴하지 않는다. 이것이 아마도 드 뤼박 신학의 미묘한 핵심일 것이다. 이런 **논리**에서, 드 뤼박은 선물로서의 영에 대한 새로운 담론의 시작을 알렸다.

그는 초자연성에 관한 옛 언어보다 이 담론을 더 만족스러워했던 것 같다(그는 적어도 이것이 은혜의 역설을 정당화할 수 없다는 것을 말한 적이 있다).[17] 이 담론이 만일 자연과 은혜 사이에서 유예된 중앙을 다룬다면, (브뤼에르의 연구가 보여 주는 경향이 있듯이) 그것은 철학이나 신학 모두에 속하지 않는다.

이에 부합되게, 드 뤼박은 『초자연성의 신비』에서 초자연성에 대한 자연적 욕망은 '자연적'이기는 하지만, 그 자체는 이성만으로는 안 되고 신앙으로만 온전하게

---

16 *The Discovery of God*, trans. Alexander Dru (New York: J. Kennedy, 1960), 75.
17 Henri de Lubac, *Atheisme et sens de l'homme* (Paris: Aubier-Montaigne, 1968), 95; von Balthasar, *Henri de Lubac*, 68을 보라.

인정될 수 있다고 말했다.[18]

3) 드 뤼박의 다른 신학적 주제론과 관련된 초자연성

다른 주제들에 관한 드 뤼박의 다른 주요 신학적 저서들은 그가 문화와 인간 역사의 역설과 동등하게 은혜의 역설을 보았다는 생각을 증명한다. 우리는 이것을 세 가지 특정한 예에서 볼 수 있다. 바로 진화, 성경 주해, 교회론이다.

세 가지 경우 모두에서, 폰 발타자르가 잘 지적하듯이 드 뤼박은 위로부터 선물로서 오고 아래로부터는 불가피하게 펼쳐지지 않는 나중의 필수적 부가물(a later and essential addition)의 논리를 따른다. 따라서 첫째 예에서, 테야르와 함께 그는 진화의 초기 단계들을 목적론적으로 이후의 것들로 향해진 것이라기보다는 '유형학적으로' 그것들을 미리 나타내는 것으로 읽는다.

무신론자의 눈에는 단순하게 나타난 기회와 우연이 나중에 '무작위' 변화(later 'random' mutation)로 보일 수 있는 것이, 신학자에게는 이전에 존재했던 것에 의해 어떤 의미에서 '요구되지만', 놀라운 선물로서 공급되는 완성의 징후로 보인다.[19]

같은 논리가 오리겐이 시작한 전통적 '사중' 주해에 적용된다.[20] 문자적 의미들은 예시된다, 그러나 더 높은 '신비적' 의미나 '종말론적' 의미를 수반하지는 않는다. 드 뤼박은 전통적, 풍유적 해석(allegory)을 주장하면서 피상주의(extrinscism)와 계속해서 싸웠다.

그리스도의 인간 본성은 그의 생애의 문자 그대로의 사건들이 구약의 모든 것과 실제로 선행하는 실재에 대한 풍유적 요약이라는 이중성을 가지지 않는다면, 신적 의인화를 통해 신적 표현 양식(divine idiom)을 나타낼 수 없었다.[21]

인과 관계를 넘어 사건들을 연결하는 풍유적 해석의 거대담론적 수준만이 기독교에 관련되고 기독교를 구성하는 내러티브의 일관성을 유지한다(이것이 드 뤼박이 풍유적 해석을 하는 에라스무스를 칼빈과 루터보다 높이 평가하는 한 가지 이유다).

이 풍유적 내러티브는 우리를 세상의 텍스트 내에(많은 개신교에 대해서 말하자면 해석학적으로 그 텍스트 밖에 '해석자들'로서가 아니라) 위치시켜야 한다. 우리는 그 텍스

---

18 *The Mystery of the Supernatural*, 274-5.
19 *Teilhard de Chardin: The Man and his Meaning*, trans. René Hague (New York: Hawthorn, 1965).
20 *Medieval Exegesis*를 보라. 요약한 내용을 위해선, Henri de Lubac, *Scripture in the Tradition*, trans. Luke O'Neill (New York: Herder and Herder, 1968)을 보라.
21 Medieval Exegesis, Vol. 2, 41-7.

트를 '도덕적 비유적 수행'(moral tropological performance)을 통해 계속해서 서술해야 하는데, 악에 대한 그 반응은 선과 악 너머에 있는 영적으로 해석되는 풍성한 의미에 대한 초도덕적 기대에 의해서만 그 선함 안에서 지속한다(전적으로 선하기 때문이다). 그것은 개인적이고 신비적이고 집합적이고 종말론적이다. (도덕적인 것보다 중요한 신비적인 것에 관한 주장은 다른 곳에서 니체와 불교에 대한 드 뤼벡의 창의적 반응으로 나타난다.)[22]

다른 한편으로 초자연성의 역설에 부합되게, 영감을 받은 이해의 움직임은 전적으로 영적이지 않았고, 앞으로 나아가지도 위로 올라가지도 않는다. 이것을 가정하는 것은 역사적 형태에서 벗어나는 영에 관한 요아킴파(Joachite)의 오류를 범하는 것이다. 드 뤼박이 특히 극악하다고 여겼던 오류이다.[23]

풍유적 해석을 하는 모든 주해는 뒤쪽을 가리킨다. 만일 세례가 홍해를 건너는 것을 '완성'한다면, 그것은 후자를 **대체하는** 게 아니라 부분적으로 후자의 측면에서 해석될 수 있을 **뿐**이다. 기능하고 갱신되는 풍유적 해석을 위해서 우리는 항상 문자적 의미로 되돌려 보내진다. 마치 신비적 길이 택해지기 위해선 우리가 늘 사회적, 정치적, 교회적 존재로 되돌려 보내지는 것과 비슷하다.

문자적 의미 안에 영적 풍요의 원천이 있다. 자연적 존재의 성취로 나타나는 것처럼 말이다. 높은 곳에 더 올라갈수록, 울려 퍼지는 메아리는 더욱 크다.

드 뤼박은 오리겐 이후로, 성경의 역사, 즉 날짜, 시간, 장소, 저자 등에 대한 '과학적' 호기심을 영적 호기심과 함께 가질 수 있었고 심지어는 강화했다는 것을 보여 주면서 자신의 사고방식이 그 전통의 사고방식이라는 사실을 보여 준다. 이에 따라, 성경적 비평과 문학적 감성의 새로운 미래의 종합을 기대했다.

똑같은 구조(아래에서 위로, 그리고 다시 아래로, 뒤에서 앞으로, 그리고 다시 뒤로)가 드 뤼박의 교회론에서 보이는데, 그 구조는 **초자연성**에 대한 주제만큼 그의 **저작**에서 거의 핵심적이다.

드 뤼박은 어거스틴의 자연과 은혜의 통합이 중세 시대 후기에 교황의 신권정치와 영적인 것의 정치화를 부추겼다는 것을 부인하는 데, 이는 그 두 주제를 연결하

---

22 이 주제와 관련해서는, "Tripartite Anthropology," in *Theology in History* (San Francisco: Ignatius, 1996)을 보라.
23 Henri de Lubac, *La Posterité spirituelle de Joachim de Flore*, 2 vols. (Paris: Aubier-Montaigne, 1979-81). 따라서 드 뤼박이 80대에 저술한 마지막 저서는 자연과 세상 모두에서 **영**(*espirit*)이 분리되는 위험을 염려했다. 세속적 유토피아주의와 지나치게 영성화된 경건주의에 대한 동시적 공격은 그의 중심적 역설을 끝까지 지속시켰다. 그것은 또한 '순수 자연'(pure nature)의 치명적 효과에 대한 그의 계보를 '순수한 영'의 똑같게 해로운 결과에 대한 보완적 계보로 보완한다.

는 데 매우 중요하다.

그와는 반대로, 드 뤼박은 로마 자일스(Giles of Rome)의 교황의 강압적 권력에 대한 옹호가 아베로이스설(Averroism)과 연결되었다는 것을 보여 준다. 아베로이스설은 영적 능력까지도 문자적 능력의 준물리적 용어들로 해석했다.

이와는 대조적으로 어거스틴적 관점은 교회의 권력을 국가 원수를 물러나게 하고, 국가의 법을 공포하는 등 국가의 강압적 합법성에 개입할 어떠한 간접적인 권위를 가지고 있지 않은, 절대적으로 영적이고 설득하는 것으로 보았다(드 뤼박은 이것을 과장한다. 그리고 분명히 가톨릭 우익인 **체제유지주의자**[intégristes] 대한 이해할 수 있는 반응으로, 교회를 어거스틴의 『신국론』에서 보여 주는 충만한 사회로 보는 개념을 충분히 이해하지 못한다).

그러나 교회의 권위가 영적이었다고 할지라도, 교회의 관련성은 모든 곳으로 펼쳐져 있었고, 가장 작은 세세한 것에 대한 견해도 가질 수 있었다. 드 뤼박에게, 이것은 어거스틴의 통합을 교회의 간섭이 일반 원칙을 규정하는 데까지만 확장될 수 있는 자율적 세속의 영역에 대한 이후의 개념과 구별한다. 여기에서도 인간의 사회적 본성은 초자연성의 관점에서만 옳게 판단될 수 있다. 그러나 후자는 자연적 인간의 논쟁과 행위를 강탈하는 신권정치를 실행하는 일종의 추가적 '무언가'는 아니다.

교회 내에서 은혜의 권위는 또한 [흔히 트리엔트 이후의 관점인] 이성적 원리들로만 정당화될 수 있는 가시적 교회 구조와는 대비되는, 외적이고 비가시적 무언가도 아니다. 대신, 은혜의 권위는 교회를 '만드는' 성찬의 상징주의와 예전에서 본질적으로 도래한다. 다시 한번 여기서 권위는 [교회의 성직 체계든 아니면 성경이든] 위로부터 그리고 우리를 또한 적법성을 위해 아래로 그리고 과거로도 되돌려 보냄으로써 미래로 나온다.

드 뤼박에 따르면, 약 1300년까지, 성찬은 성직자 권위의 파생물이나 현재의 광경이라기보다는 그리스도의 역사적 몸을 재현하는 것이었다.[24] 초자연적으로 영적인 것은 여기서 시간상으로 앞섰던 것이 아니다. 오히려 성찬의 영적 의미를 개인적으로 소화하는 시간의 거울 안에서 처음으로 생겨났다.

그리고 다시, 이 고상한 순간은 현재에 계속되어서는 안 되었다. 그 '신비적 체험'은 단지 집합적 신비적 **종말**을 예시했기 때문이다. 내적 흡수 후에, 외부적인 것은 그리스도의 문자 그대로의 역사성에 대한 성찬의 반복을 더욱 인식하는 그리스도의

---

24 *Corpus mysticum*을 보라.

몸을 귀하게 세우는 방식으로 이 시간에 다시 한번 온다. 그러므로 교회에서의 권위는 이것이 반종교개혁 교황의 권한이든, 아니면 종교개혁자들에 의해 활자화되고 제본되고 확인된, 주석이 절대 없는 성경이든, 시간을 통한 위계적 흐름이지, 현재에서 먼 공간으로부터 이질적으로 강요되는 것이 아니다.

3. 앙리 드 뤼박의 한계와 명성

앙리 드 뤼박의 사상의 극단적 함의는 서서히 밝혀졌을 뿐이다. 그의 연구의 간접적이고 단편적 특성에도 불구하고, 심지어는 그가 '신학을 하는 것'이나 '철학을 하는 것'에 실패했음에도, 그의 영향력은 이제 한때 유명했던 이름들보다 오래 계속되었다. 거의 틀림없이, 그는, 세르게이 불가코프(Sergei Bulgakov)와 함께, 20세기의 가장 위대한 신학자 두 명 중 한 사람이다. 그러나 그의 연구에서 허점은 권력자들과 싸우면서 부분적으로 형성되었다.

여기에 한편으로 교황의 권위에 대한 그와 폰 발타자르의 형식적 조건부 항복과 다른 한편으로 성찬의 중재자들로서 주교들의 성례전적 영향력이 가장 강력하다고 강조했던 그들의 교회론 사이에는 어떤 모순이 없는가?

또한, 드 뤼박이 인정하듯이 중세 시대의 교황이 가진 권력이 거짓되고 지나치게 사법적이고 영적이지 않은 방향으로 영구히 나아갔는가?

그리고 가부장제에 대한 질문과 남성 계급의 지배를 다루는 데 실패한 것과 여기서 만들어질 어떤 연관성은 없다. 문제는 외부적이 아니라, 유행을 따르는 데서 제기된 것이 아니다.

마지막의 경우, 두 사상가는 평신도와 교회에 관한 질문들을 '여성성'에 관한 질문들과 관련짓는 습관이 있다. 둘은 모두 평신도이고, 수용적이고, 신비적이고, 문화적 성모 마리아적인(Marian) 측면과 좀 더 법적이고, 규정적이고, 지적이고, 추상적 베드로적인(Petrine) 측면을 구분하는 교회의 이원론적 모델을 쓴다.

이 이원성은 초자연성에 관한 드 뤼박의 근본 사상의 내적 구조를 허물고 있지 않은가?

만일 '영원한 여성성'이 초자연성에 대한 자연적 욕망에 가까운 것이라면, 그것은 역설적으로 수동적이며 능동적이고, 근본적으로 가장 능동적인 인간의 행위는 하나님과의 관계에서 수동적이라는 의미에서만 수동적인 무언가여야만 한다.

베드로적 기능은 그 형성하는 기능의 중심에서, (드 뤼박에 따르면) 교회의 몸이 나오는 곳으로부터, 즉 성찬에서 그리스도를 다시 수용적으로 낳기도 한다는 점에서 **그러한** 성모 마리아적으로 될 수 있다. 만일 순전하고 생산적인(seminal) 측면이 정말로 있다면, 이것은 교회로 '흘러들어 오고' 교회 체계의 모든 단계를 알려 주는 비인간 언어와 성례전과 관련 있는데, 그것의 수동적이고 능동적인 정도와 때는 다양하다. 교회의 분명한 '수동적인' 차원은 남성의 생산적 권위의 외부적 영향을 기다리는 일종의 집합적 '초자연적 실존주의'처럼 들린다.

만일 드 뤼박에게 초자연성이 궁극적으로 '영원한 여성성'이고 창조 자체의 아포리아적(aporetic)인 중심이 하나님(창조된 하나님)이 아니라면, 성모 마리아적인 것은 단지 수용적이 아니라, '능동적이고 수용적'이라는 것을 따라야 한다. 마치 천사를 받아들이는 전통적 성수태고지의 그림에서 마리아는 그녀가 정독하는 성경을 능동적으로 해석하는 마리아인 것처럼 말이다.

더욱이, 이 아포리아적 중심은 그 자체로 기부 차이의 상호 작용으로서 하나님의 중심을 하나님의 외부에서 보여 주는 것이다. 이 상호 작용, 이 본질은 또한 능동적이고 수동적인(무한히 역동적이면서 무한히 가득한) **소피아**(*Sophia*)로, 기독교의 하나님을 [그 통일된 본질 안에서] '여신'으로 칭하는 이름이다.

드 뤼박은 특정한 세대에 속했고, 그 세대 안에서 그는 비교할 수 없는 존재였다. 그러나 이 세대는 내가 위에서 언급했던 가부장적 권위의 많은 차원을 다루도록 그를 거의 준비시키지 못했다. 그런데도, 초자연성에 관한 그의 급진주의적 설명은 그것이 그가 상상했던 것보다 더 비판적으로 직시 되어야 함을 암시한다.

이 문제는 별도로 두고, 현대 가톨릭 신학은 드 뤼박이 항상 제안했던 것처럼 초자연성에 대한 자연적 욕망에 대한 진정하고 더 급진적 설명을 회복할 필요가 있다. 만일 자율적 순수 자연에 관한 사상에 근거한 자유주의와 보수주의를 모두 피하고자 한다면 말이다.

참고 문헌

1차 자료

"Nature and Grace" in *The Word in History: The St. Xavier Symposium*, ed. T. Patrick Burke (London: Collins, 1968).

Augustinianism and Modern Theology, trans. Rosemary Sheed (London: Geoffrey Chapman, 1967).

Catholicism: Christ and the Common Destiny of Man, trans. Lancelot C. Sheppard (London: Burns and Oates, 1937).

Corpus mysticum: l'eucharistie et l'eglise au moyen âge (Paris: Aubier: Montaigne, 1949).

Exégèse médièvale: les quatres sens de l'écriture, 4 vols. (Paris: Aubier, 1940). The first two volumes are translated into English as *Medieval Exegesis: The Four Senses of Scripture*, trans. Marc Sebanc (Edinburgh: T. and T. Clark, 1998, 2000).

La Posterité spirituelle de Joachim de Flore, 2 vols. (Paris: Aubier-Montaigne, 1979-81).

Paradoxes et mystères de l'église (Paris: Aubier- Montaigne, 1967).

Pic de la Mirandole (Paris: Aubier-Montaigne, 1974).

Surnaturel: études historiques (Paris: Désclée de Brouwer, 1991).

The Discovery of God [Les Chemins de dieu], trans. Alexander Dru (New York: J. Kennedy, 1960).

The Drama of Atheist Humanism, trans A. M. Riley et al. (San Francisco: Ignatius, 1995).

The Eternal Feminine, trans René Hague (London: Collins, 1971).

The Mystery of the Supernatural, trans. Rosemary Sheed (New York: Crossroads/Herder and Herder, 1998).

Teilhard de Chardin: The Man and his Meaning, trans. René Hague (New York: Hawthorn, 1965).

Théologies d'occasion (Paris: Desclée de Brouwer, 1984). This volume contains in particular "Autorité de l'église en matière temporelle" (pp. 217-40).

Theology in History, foreword by Michael Sales (San Francisco: Ignatius, 1996). This volume contains in particular "The Mystery of the Supernatural" (pp. 281-317) and "Tripartite Anthropology" (pp. 117-223).

2차 자료

Balthasar, Hans urs von, *The Theology of Henri de Lubac: An Overview* (San Francisco: Ignatius, 1991).

Bouillard, Henri, *Conversion et grace chez Thomas d'Aquin* (Paris: Aubier-Montaigne, 1964).

Boulnois, Olivier, "Surnaturel" in *Dictionnaire critique de théologie*, ed. J.-Y. Lacoste (Paris: PUF, 1998).

Bruaire, Claude, *L'Être et l'ésprit* (Paris: PUF, 1983).

Carlen, Claudia (ed.), "Humani Generis" in *The Papal Encyclicals 1939 -58* (Raleigh, NC: McGrath, 1981), 175-85.

Feingold, Lawrence, *The Natural Desire to See God According to St. Thomas and his Interpreters* (Rome: Apollinare Studi, 2001).

Gilson, Etienne, *Letters to Henri de Lubac* (San Francisco: Ignatius, 1986).

Kerr, Fergus, *Immortal Longings* (Notre Dame, IN: Notre Dame University Press, 1997).

_____. *After Aquinas: Versions of Thomism* (Oxford: Blackwell, 2002).

Milbank, John and Pickstock, Catherine, *Truth in Aquinas* (London: Routledge, 2001).

Revue Thomiste, special issue *Surnaturel*, Jan.- June 2001.

Rowlands, Tracey, *Culture and the Thomist Tradition after Vatican II* (London: Routledge, 2003).

제5장

칼 라너(Karl Rahner)

카렌 킬비(Karen Kilby)

1. 서론: 생애

칼 라너(Karl Rahner)는 20세기 신학의 거장 중 한 명이다. 그는 왕성하게 저술했고 폭넓게 강의했다. 로마 가톨릭교회뿐만 아니라 그 밖의 신학에 막대한 영향력을 끼쳤다. 그는 엄청난 지적 능력을 보유해 신학적 주제의 모든 영역에 대해 많은 글을 썼고, 교회에 대한 충의와 현대 사상에 대한 정직한 참여라는 매우 창의적 결합으로 특징지어지는 연구를 계속해서 창출했다.

라너 본인의 설명에 따르면, 그의 삶은 다소 단조로웠다. 그는 독일의 프라이부르크(Freiburg im Breisgau)에서 사는 한 중산층 로마 가톨릭 가정의 일곱 자녀 중 한 명으로 태어났다. 그는 18세에 학업을 마치고 예수회에 들어가 1984년까지 머물렀다.

어떤 이들에게 수도회에 들어가는 일은 급진적 행위였다(토마스 아퀴나스의 가족은 그가 도미니크회의 수도사가 되지 못하도록 그를 일 년 동안 가뒀다고 알려져 있다). 그러나 라너에게 그것은 그리 극적이지 않았다. 그는 자신의 형인 휴고(Hugo)의 뒤를 따르고 있었고, 말년에 왜 그 길을 택했었는지 기억이 나지 않는다고 말했다.

라너는 1924년에 예수회의 수사 수련 기간을 마쳤다. 그 후 12년의 대부분을 철학과 신학을 공부하는 데 보냈고, 그다음에 철학과 신학을 더욱 연구했다. 예수회의 일상적 관행에 따라 그는 3년간의 철학 공부로 시작해, 2년간의 라틴어 과정을 거쳐, 4년 동안 신학을 연구했다.

이 기간에 라너가 학습한 신학은 당시 로마 가톨릭 신학을 지배했던 신스콜라철학(neoscholasticism)이었다. 우리는 그의 생애 전반에 나타나는 이 사상 체계와의 복잡한 관계를 이해하면, 그를 이해하는 데 큰 도움을 얻을 수 있다.

라너는 이런 신학 학습 후 1년간의 제3 수련기(tertianship), 즉 예수회 훈련의 마지막 1년을 보낸 다음에 철학 박사 과정을 밟기 위해 그의 출생지인 프라이부르크로 보내졌다.

박사 과정을 밟도록 라너를 보냈던 그의 상급자들의 의도는 그를 예수회 훈련 과정에서 철학 역사를 가르칠 수 있도록 준비시키는 것이었다. 이에 따라, 라너는 최종적으로 『세계 내 정신』(Spirit in the World)으로 출간된 토마스 아퀴나스의 사상의 측면에 대한 논문을 썼다. 그의 공식적 지도교수는 마르틴 호네커(Martin Honecker)였지만 더 큰 영향력을 끼쳤던 인물은 라너가 프라이부르크에 머물던 당시(1934-1936)에 그가 속했던 연구회의 마르틴 하이데거(Martin Heidegger)였다.

칸트와 후기 칸트파 사상가들의 관점으로 아퀴나스를 해석하고 하이데거로부터 받은 일부 영향을 보여 주었던 그의 논문은 호네커에 의해 통과되지 못했다. 그러나 라너의 미래는 그가 은퇴하는 예수회 사제를 대신해 인스부르크대학교(University of Innsbruck)에서 신학을 가르치기를 원했던 그의 지도교수들에 의해 재고되었다. 여기서 라너는 1년 만에 신학으로 철학 박사를 취득했고, 1937년에 가르치기 시작했다.

그러나 1938년에 오스트리아에 출현한 나치는 인스부르크에서 교수 활동을 방해했다. 라너는 교구 목회 기관에서 일하며 빈에서 몇 년간 머물렀다. 그리고 전쟁의 마지막 해에는 바이에른(Bavarian)의 한 마을에서 교수 사제로 일했다. 그는 1948년에 인스부르크로 돌아갔다. 그곳에서 그는 신학에 관한 왕성한 집필 활동을 시작했다. 이 시기에는 또한 라너의 신학이 여러 부분에서 공식적으로 의혹에 휩싸이기 시작했다.

1951년에 성모 마리아에 관한 방대한 분량의 그의 책이 출판을 거절당했다. 1954년에는 공동 집전(concelebration) 사안에 대해 논의하는 것을 금지당했다. 1962년에는 그의 모든 저서가 감찰관에 의해 검열을 받아야 한다고 당부받았다.

1962년 후반에 시작된 제2차 바티칸 공의회는 최소한 교회에서의 입지 측면에서 그의 경력에 일종의 전환점이 되었다. 라너는 빈의 추기경 쾨니히(König)의 개인 고문 자격으로 공의회에 초대되었고, '페리티'(periti), 즉 신학 자문이라는 공식적 역할을 받았다. 그의 저서들에 대한 특별 검열은 없어졌다. 그는 공의회가 열리는 기간에 매우 활동적이었고, 공의회의 여러 문서에 중대한 영향력을 끼쳤다고 여겨진다.

이런 문서들이 등장하게 된 복잡한 과정과 그 문서들에 나타난 라너의 신학적 요소들을 다른 자료들에서도 찾을 수 있다는 사실을 고려할 때, 이것을 정확하게 측정하기는 쉽지 않다. 라너는 공의회에 끼친 자신의 영향의 정확한 본질에 관해 불가지론적이었다.

그런데도, 제2차 바티칸 공의회가 끝날 무렵에 라너는 분명히 주요 신학자 중 하나로 부상하게 되었고, 의심스러운 신학자에서 (적어도 그 당시에는) 새로운 주류였던 것의 대표적 인물이 되었다. 라너는 공의회가 열리는 도중이었던 1964년에 인스부르크를 떠나 뮌헨대학교(University of Munich) 철학 학부에서 기독교학과 종교철학의 학과장이 되었다.

그는 다시 1967년에 뮌스터대학교(University of Münster)로 옮겼고, 1971년에 은퇴할 때까지 그곳에 머물렀다. 그 후 13년 동안 그는 강의와 집필을 계속했고, 1984년에 사망했다.

많은 경우 우리는 어떤 사상가의 업적을 다른 한 사람이나 두 사람과의 관계 속에서 그들이 영감의 원천이 되었는지 아니면 누가 (또는 양쪽 모두가) 반작용을 일으켰는지를 설명함으로써 이해할 수 있다. 예를 들어 우리는 키르케고르를 헤겔과의 관계에서, 바르트를 슐라이어마허와의 관계에서, 발타자르를 바르트와의 관계에서 생각해 볼 수 있다.

그러나 라너에게는, 그를 확실하게 방해하고 그에게 엄청난 영감을 주었던 특별한 지적 선구자가 없다. 우리가 살펴보았듯이, 라너는 잠시 하이데거의 제자였고, 그의 저서에서 하이데거에게 영향을 어느 정도 받은 언어와 개념, 심지어는 방법까지도 볼 수 있다.

그러나 이런 것들은 신학을 위해 (어느 시기든지) 하이데거의 사상을 체계적으로 채택한 것이라기보다는 비교적 임시변통적 채택으로 보는 게 적합하다.

라너 최초의 주요 저서이자 가장 철학적 역작인 『세계 내 정신』은 이전 세대의 벨기에 예수회 철학자였던 조세프 마레샬(Joseph Maréchal)의 영향을 받은 것이 사실이다. 라너는 초월적 토마스학파의 아버지라고 알려진 마레샬로부터 칸트와 후기 칸트주의 철학의 관점으로 아퀴나스를 해석하는 방법을 배웠다.

그러나 마레샬이 라너의 사상 전체에 결정적 영향을 끼쳤다고 결론을 내리는 것은 옳지 않다. 우리는 『세계 내 정신』을 소위 초월적 토마스학파의 많은 다른 작품과 나란히 놓으면서 그것들을 마레샬의 프로젝트가 다른 방식으로 발전한 것으로 볼 수 있다. 그러나 우리는 이것이 나중에 자신은 철학자가 아니고 어떤 철학도 지니지 않다고 주장했던 사람의 모든 후속 연구의 특징이라고 가정하는 데에는 신중해야 한다.

아퀴나스, 칸트, 마레샬, 하이데거처럼 라너의 사상이 발전하는 데 영향을 끼친 다수의 지식인이 있지만, 그중에 결정적 인물로 여겨지는 이는 아무도 없다.

실제로 라너를 형성하고 그가 대항했던 '다른' 누군가를 찾는다면, 그것은 어떤 한 사람이 아니라 위에서 암시했듯이 그의 사상이 형성되던 때에 우세했던 신(新)

스콜라철학일 것이다.[1]

신스콜라철학은 중세의 사상, 특히 토마스 아퀴나스의 사상에 충성해야 한다고 주장하는 지식 체계였다. 그것은 근본적으로 철학의 현대적 (칸트주의적, 후기 칸트주의적) 움직임에 적대적이었다.

19세기의 후반부에 신스콜라철학은 경쟁자들을 물리치고, 유일하게 승인된 로마 가톨릭의 사상으로 그 지배권을 구축하는 데 성공했다. 신스콜라철학은 여러 세대에 걸쳐 지배적 위치를 유지했고, 포괄적이고 매우 잘 정리된 철학, 신학 체계가 되었다. 그 안에서 질문들은 잘 정의되었고 이해되었다. 받아들여진 질문들의 범위는 특정될 수 있었고, 해답들이 옹호되고 정의되는 방식은 명확했다.

라너만이 이런 자기 폐쇄적 철학과 신학의 체계에 반대한 것은 아니었다. 지난 세기의 많은 사상가도 비록 큰 반향을 일으키지는 못했을지라도 다양한 방식으로 이런 체계에 대항해 싸웠다. 라너 당시의 인물이었던 한스 우르스 폰 발타자르(Hans Urs von Balthasar)는 이 신학이 먼지처럼 건조하다고 불평했고, 수업 시간에 어거스틴을 집중해서 읽기 위해 귀를 막아야 했다고 '알려졌다'.

그러나 발타자르와는 다르게, 라너가 다른 방식으로 신학을 하기 위해 신스콜라철학을 한쪽으로 치워 놓지 않았다는 사실은 중요하다. 라너는 그 체계를 살피고 질문하고, 현대 신학과 연결하고자 하고, 현대 세상에 개방되도록 노력하면서, 그 체계와 함께 상당히 연구했다.

2. 개관

라너 최초의 주요 출판물인 『세계 내 정신』은 그의 철학 박사 논문이자 매우 어려운 글이었다.[2] 그의 다음 책은 1937년의 강의를 토대로 한 『말씀의 청자』(*Hearer of the Word*)였다. 여기서 라너는 계시를 받을 수 있는 조건들을 연구하면서 종교철학에 대한 이해를 약술했다.

---

[1] 또 다른 접근법은 명시적으로 지적 영향력을 살펴보는 것이 아니라 로욜라의 이그나티우스의 영적 수련이 끼친 영향력을 살펴보는 것일 것이다. 라너는 특히 그의 말년에 예수회의 창설자인 이그나티우스가 그에게 가장 중요한 영향력을 끼친 인물이라고 말했다. 그러한 주장을 좀 더 자세히 탐구하려면 Philip Endean, *Karl Rahner and Ignatian Spirituality* (Oxford: Oxford University Press, 2001)을 보라.
[2] 『세계 내 정신』(*Spirit in the World*)은 라너가 쓴 최초의 주요 저서다. 그러나 최초의 저작물은 아니다. 그는 영성의 역사에 대해 많은 논문을 이미 출판했다.

하나님에게서 올 수 있는 계시를 들을 수 있는 존재가 되려면 우리에 대해 무엇이 진실이어야 하는가?

라너는 이 두 책과 어느 정도 거리를 두고자 했다(한 인터뷰에서 라너는 이 책들을 가리켜 '내 젊은 날의 편향된 연구들'이라고 칭했다). 그러나 이 두 책은 그 이후의 모든 책의 '철학적 기초'를 제공했던 것으로 여겨졌다. 만일 다수의 해설자가 그랬던 것처럼, 우리가 『세계 내 정신』과 『말씀의 청자』를 이후의 연구들이 기반으로 삼은 것이고, 따라서 라너의 신학을 크게 형성한 것이라고 이해한다면, 우리는 라너를 이해하는 빠른 방법을 갖는 것이 되겠지만, 그가 보여 줬던 많은 중요한 관심사를 놓친 채 제한적으로만 그의 저서들을 읽게 되는 위험에 빠질 수 있다.

라너의 후기 신학에서 발견되는 똑같은 직관과 관심사의 많은 부분이 두 저서에서 발견되는 건 분명하다. 그리고 라너는 분명히 『세계 내 정신』에서 발전시킨 철학 자료 일부를 이후에 사용했을 것이다. 그러나 그 신학이 단순하게 그 철학에 기초했다거나 그 철학으로부터 흘러나왔다는 관점으로 읽는 것은 권할 만한 일이 아니다.

신학자로서 라너의 특징적 접근법은 신학을 전체적으로 살펴보는 방대한 분량의 책을 집필하는 게 아니었다. 심지어 개별적 교리들을 철저하게 다루는 것도 아니었다. 그 대신에 그는 주로 그리고 최선을 다해 특정한 질문들을 특정한 시각에서 탐구하는, 상대적으로 짧은 분량의 논문을 저술했다. 이런 이유로 라너의 신학을 살펴볼 수 있는 가장 중요한 곳은 영어로 저술된 23권의 논문 모음집인 『신학 연구』(*Theological Investigation*)이다. 그러나 그의 연구는 이 23권에서 멈추지 않는다. 목회 신학에 관한 그의 논문 중 일부는 영어로 된 3권의 『선교와 은혜』(*Mission and Grace*)에 실려 있다. 이에 더해, 라너는 『논의 제기』(*Quaestiones Disputatae*)라는 제목의 시리즈를 혼자서 8권을, 공동 저자와 함께 8권을 집필했다.

『논의 제기』는 라너가 시작하고 편집했던 시리즈로 로마 가톨릭 신학 내에서 일어나는 활발한 논의의 전통을 갱신하는 데 그 목적을 두었다. 그리고 『신학 연구』의 특색 있는 논문들보다는 조금 길었지만, 라너 자신이 여기에 기고한 논문들 역시 역사적이거나 교리적 주제를 철저하게 다루기보다는 특정한 질문들을 탐구했다.

이런 일반적 방식에 대한 한 가지 예외가 바로 『기독교 신앙의 기초』(*Foundations of Christian Faith*)이다. 라너는 그가 70대 초반이었을 때 출간된 이 책에서 그의 신학 전체를 거의 요약했다. 그러나 이 책도 특정한 상황과 구체적 목적을 갖는다. "기독교 사상 입문"(An Introduction to the Idea of Christianity)이라는 부제목이 달린 『기독교 신앙의 기초』는 신학을 세부 전공 분야로 나누기에 앞서서 '반성의 첫 단계'를 제공하고 학생과 숙고하는 그리스도인이 그들의 신앙에 지적으로 정직한 정당성을 부여할 수 있도록 한다. 그러니까 라너는 여기서 그의 모든 신학을 체계적으로 요약하고자 한 것이 아니다. 비록 그가 다른 상황에서 발전시킨 내용의 상당 부분을 의존하거나 어떤 경우엔 일부를 반복했을지라도, 신학 저술의 새로운 장르를 특별히 실험한 것이다.

라너는 많은 책을 집필했던 것 외에도 많은 양의 연구를 편집했다. 『논의 제기』는 라너가 참여했던 수많은 주요 편집 작업 중의 하나였을 뿐이다. 그는 현존하는 저서들을 새롭게 편집하는 책임을 맡기도 했다. 1950년대에 그는 교회의 공식적 가르침에 대한 본문을 담은 덴칭거(Denzinger)의 『신경 편람』(Enchiridion Symbolorum)의 여러 판을 출판했다. 1957년과 1965년 사이에는 헤르더(Herder)의 『신학과 교회 사전』(Lexicon für Theologie und Kirche)의 새로운 편집본을 출간했다. 이 외에도 그는 대개 다른 이들과 협력해 새로운 주요 프로젝트들에 참여했다. 예를 들어 그는 『세상의 성사』(Sacramentum Mundi)와 『사목 신학 편람』(Handbuch der Pastoraltheologie)의 편집자였고, 에드워드 쉴레벡(Edward Schillebeeckx) 외 여러 사람과 국제적 저널인 「콘칠리움」(Concilium)을 창간했다.

라너의 저서 목록은 길 뿐 아니라 폭넓다. 라너는 엄청난 양의 책을 집필했고, 주제의 범위는 매우 넓었다. 그가 건들지 않은 주제는 거의 없었다.

라너의 연구 주제를 무작위로 나열해 보자면, 거기엔 삼위일체, 성육신, 교회, 성찬, 동정녀 마리아, 천사, 면죄부, 이단, 교리의 발전, 부제의 직분, 정욕, 시가, 유년기, 능력, 여가, 수면, 다원주의, 신비, 상징, 노년, 죽음, 예수의 신성한 마음에의 헌신, 성인에 대한 헌신, 금욕주의, 기도, 신학 교육, 성찬 예배, 이그나티우스의 신비주의, 기독교와 마르크스주의, 진화론, 심리학과의 관계, 자연과 은혜의 관계, 성경과 전통과의 관계, 해석학과 신학의 관계, 교황권과 주교단의 관계, 미사와 텔레비전의 관계가 포함된다.

라너는 때때로 자기 자신을 신학적 딜레탕트(dilettante, 학문이나 예술을 취미 삼아 하는 사람-역주)로 묘사하기를 좋아했는데, 이는 단순히 겸손의 표현은 아니었다. 이것은 그가 신학을 자유롭게 연구했다는 느낌을 전달한다.

그리고 그가 무언가 공헌을 하기 전에 이미 잘 정의된 분야에서 연구하고 어떤 사안의 전체적 역사를 자세히 설명하는 학문의 모델을 대개 따르지 않았다는 사실에 대한 느낌을 전달한다.

라너는 근본적으로 조직 신학자도 아니었다. 그의 사상은 일종의 중심, 즉 그가 반복해서 되돌아오는 연결된 몇몇 주제를 갖고 있던 것이 사실이다. 그리고 만일 우리가 『기독교 신앙의 기초』만을 읽었다면, 라너를 상당히 조직적 사상가로 잘못 생각할 수 있다는 것도 사실이다. 그러나 라너의 논문들이 더 큰 체계를 만들어가는 과정의 부분으로 읽혀서는 안 된다. 그 논문들은 당시의 신학적 논쟁이나 목회적 사안들, 교회 당국의 새로운 선언들, 초청 강연, 수련회 인도, 학회 참석 또는 단순히 교직의 의무로 인해 만들어진 것들이었다.

전반적으로 라너는 단순하게 정의 내리기 어려운 인물이다. 그는 많은 양의 책을 썼고, 폭넓은 범위의 주제를 다루었다. 그의 책들은 어렵다. 그의 말년에 했던 인터뷰, 출간된 기도문과 저서들은 이해하기가 조금 더 쉽지만, 전반적으로 그의 책들은 많은 현대 신학자들이 읽기 힘들어한다. 스콜라철학의 범주와 현대 독일 철학 언어의 혼합이 하나의 요인이다.

다른 요인은 그가 글을 썼던 교회적 상황이다. 라너는 창의적이고 대담한 사상가였다. 그는 절대로 당시의 보편적 지식을 단순하게 반복해 주장하지 않았고, 수용된 견해에 대해서도 이의를 제기하곤 했다. 그는 잠재적으로 적대적 교회 환경에서 이런 일을 할 때, 자신이 제시하는 제안의 정통성을 보여야 했다. 그래서 그는 자신의 주장을 지지하고, 방어하고, 증명하기 위해 전통과 가톨릭교회의 가르침의 방대한 지식에 의존했다. 그 결과는 풍부하고 미묘하지만 복잡하기도 하고 때로는 미로와 같은 문장들과 단락들이었다.

저서들의 난해성에도, 라너는 근본적으로 추상적이거나 학문적이 아닌 목회적인 것을 지향했다는 사실을 인식하는 것이 중요하다. 라너의 신학 중 일부만을 묘사하는 좁은 의미의 '목회적'인 면이 있다. 그것은 어떻게 구역을 조직하며, 설교하고, 개인을 상담할 것인가와 같은 목회자가 하는 특정한 일들에 관련되어 있다.

그러나 이 단어에는 좀 더 넓은 의미가 있는데, 그 안에서 라너의 신학 대부분은 삼위일체, 성육신, 이단의 개념, 진화론에 대한 신학의 의미 등과 관련되었을 때에도 목회적이 된다. 라너의 연구가 갖는 반복적 관심사는 '선한 가톨릭교도들'을 포함한 현대인들이 기독교를 무언가 낯설고 이해할 수 없고, 혹 받아들일 수는 있지만, 자신과는 거의 상관없는 이질적인 것으로 여기는 방식에 대항하는 것이고, 이런 이질감을 극복하기 위해 기독교 교리와 기독교 신앙을 새롭게 이해하고자 노력하는 것이다.

만일 세상에 대한 개방성, 신앙에서의 어려움을 직면하는 정직성, 현대 세상을 위해 기독교 신앙을 재고하고자 하는 열망이 신학적 자유의 대표적 가치와 특성처럼 들린다면, 라너의 경우, 이런 것들은 전통에 깊이 몰두하고 로마 가톨릭교회의 가르침에 신실하기 위해 절대적으로 헌신했던 사람에게서 발견된다는 사실을 반드시 명시해야 한다.

3. 내용

라너는 근본적으로 시스템 구축자가 아니다. 그런데도, 그의 사상에는 어떤 반복적이고 어느 정도 서로 맞물리는 요소들이 있다. 그것들을 이해하기 위해서는 라너의 많은 논문을 읽으면서 준비되어야 하지만, 특정하고 구체적 상황들에서 나온 이런 개념들을 라너 신학의 단순한 요약으로 여기는 위험에 빠져서는 안 된다.

라너의 많은 글을 안팎으로 엮었던 두 가지 긴밀하게 연결된 사상은 『존재의 선이해』(*Vorgriff auf esse*)와 초자연적 실존주의이다. 라너는 지식(knowing)과 자발성(willing)에서 비롯된 인간의 모든 행동 속에는 영속적 존재, 즉 하나님에 대한 사전 이해가 있다고 주장했다.

하나님은 직접적으로 알 수 없다. 하나님은 책상이나 의자와 같은 방식으로 알 수 있는 지식 행위의 대상이 절대로 될 수 없다. 그러나 정신이 어떤 특정한 대상을 알거나 어떤 유한한 가치를 바랄 때, 정신은 그 특정한 것을 '단지' 알거나 선택하지 않는다.

그러나 정신은 항상 동시에 그것을 넘어 전 존재를 향해 나아간다. 특정한 대상의 지식과 선이해(Vorgriff)의 관계는 하이데거에게서 가져온 이미지(우리는 무한한 존재를 특정한 것에 대한 우리의 지식을 위한 '지평'으로 인식한다) 또는 아퀴나스로부터 가져온 이미지(개별 대상을 비추면서 우리의 지성이 그것을 붙들 수 있도록 하는 '빛'이다)의 도움으로 이해될 수 있다. 그것은 칸트의 용어로도 이해될 수 있다.

라너에 따르면, 선이해는 지식(knowing)과 자발성(willing)의 가능성에 대한 초월적 상태이다. 칸트에게 있어 우리는 시간과 공간, 세상에서의 이해의 범주를 발견하지 않고, 그것들을 경험으로 추론하지 않지만, 필연적으로 그것들을 경험에 이르게 하듯이 라너에게도 우리는 이 세상에서 무한한 존재를 발견하거나 우리가 세상에서 배운 것으로부터 그 존재를 추론하지 않는다. 오히려 우리는 사전 이해의 배경에 반대하는 것 외에는 세상과 절대 관련될 수 없다.

선이해는 『세계 내 정신』에서 상당히 자세하게 논증되었고, 라너는 그것을 (때로는 다른 이름으로) 그의 신학 저서들에서 다양한 방식으로 활용한다. 선이해가 존재한다는 주장은 분명히 대담한 것이다. 만일 라너가 옳다면, 모든 사람은 자신을 불가지론자, 무신론자 또는 무관심한 사람으로 묘사하든 그렇지 않든 간에 실제로는 하나님을 어느 정도 자각한다. 라너가 하나님의 존재를 증명하는 것에 관여하지는 않았을지라도, 만일 그가 옳다면 그러한 증명은 필요하지 않다. 하나님의 존재를 부인하는 이들은 사실 자기 자신과 모순되기 때문이다.

'초자연적 실존'은 선이해와 긴밀히 연결되어 있다. 그러나 적어도 원칙적으로 선이해와 구별된다. (라너에 따르면) 하나님에 대한 보편적 이해가 있듯이, 그는 은혜의 보편적 경험, 아니면 적어도 받은 은혜에 대한 경험이 있다고 주장한다.[3]

'실존적'(Existential)이라는 표현은 라너가 하이데거에게서 빌린 용어이다. 이 용어는 인간 존재의 근본적 요소를 가리키고, 하나의 경험 대상이나 여러 경험 중 하나의 경험이라기보다는 우리가 하는 모든 경험의 특징 같은 것이다. 라너에 따르면 이것이 은혜의 근본적 특성이다. 이것은 때때로 주어지는 무언가가 아니다. 즉 이것은 특정한 죄에 대한 용서, 한 가지 유혹을 극복하는 갑작스러운 능력, 특별한 상황에서의 특별한 도움, 기도에 대한 정확한 응답과 같은 것이 아니다. 대신에 이것은 우리의 정체성과 우리가 알고 행하는 모든 것에 영향을 끼치는 근본적이고 핵심적인 단계에서 우리에게 주어진, 영원히 존재하는 선물이다.

> 은혜는 … 심지어 죄인이며 불신자일지라도, 그의 존재를 피할 수 없는 환경으로서 언제나 인간을 둘러싸고 있다.[4]

초자연적 실존은 인간이 그 본성을 초월하도록 한다는 점에서 초자연적이다. 이것은 인간이 되는 것의 본능적 부분이 아니다. 인류가 자신의 권리로서 주장할 수 있는 것이 아니다. 라너의 설명에 따르면 인간 본성은 사실상 이런 초자연적 상승(supernatural elevation)이 없으면 절대로 존재하지 않기 때문에 이것은 매우 여린 부분이다.

그러나 인간은 단순히 자연적 수준에서 '존재할 수' 있었고, 따라서 창조의 기본 선물을 넘어선 하나님의 선물인 초자연적 실존은 진실로 무익하다.

라너는 이와는 대조적으로 선이해를 우리 본성에 내재된 것으로 여긴다. 그러나 단순히 우리가 우리 자신의 존재에 대해 실제로 발견한 방식, 즉 실체적 본성에 내재된 것이 아니라 추상적, 신학적 감각 속의 인간 본성에 내재된 것으로 생각한다.

---

[3] 여기에 서술된 초자연적 실존에 대한 설명은 라너의 후기 서신 일부를 근거로 한 것이다. "자연과 은혜 사이의 관계에 관해"(*Theological Investigations* 1)에서 나타난 그 개념에 대한 이전 설명에 따르면, 초자연적 실존은 은혜나 은혜의 제안으로 나타나지 않는다. 은혜와 지복직관을 향한 욕망과 지향으로 나타난다.

[4] *Theological Investigations* 4, 181.

이것은 우리 경험할 수 있는 조건이고, 이것 없이 우리는 절대 인간일 수 없다.

초자연적 실존은 선이해가 경험되는 방식에 영향을 미치는 것으로 여겨질 수 있다. 이는 지평에 대한 우리의 관계를 변화시킨다. 초자연적 실존으로 인해, 하나님은 우리의 모든 노력의 무한히 먼 목표일 뿐만 아니라, '가까이 끌어당기고' '스스로 내어 주는' 목표라고 라너는 말한다. (여기서 이미지는 쉽게 정의되지 않는데, 이는 강조되어야 할 것이다. 목표가 스스로 내어준다고 할지라도, 그것은 우리 경험에서 소유되는 무언가, 즉 우리가 알고 있는 다른 것처럼 우리가 파악하고 이해하고 배가할 수 있는 무언가가 되지 않는다. 그 지평은 비록 가까이 다가올지라도, 지평으로 남는다.)

라너는 인간 본성의 보편적 상승에 대해 논의할 때 모든 사람이 성화의 은혜 상태에 있어서 의롭게 되었다고 선언하고 있지 않는다는 사실은 분명히 해야 할 필요가 있다. 그는 성화의 은혜가 보편적으로 존재하고 모든 사람이 은혜의 상태에 있다는 주장(너무 지나치게 말하는 것이다)과 성화의 은혜가 보편적으론 제공되지만 그런 제안을 받아들이는 자에게만 '주어진다'는 주장(너무 축소해 말하는 것이다) 사이에서 다루기 어려운 방향으로 나아가고자 한다.

그는 은혜란 보편적으로 존재하지만, '제안된 것으로서' 존재한다고 설명함으로써 해결책을 제시한다. 누군가는 그것이 우리의 내면 '그곳에' 있지만, 우리에게는 그것을 받아들이거나 거절해야 하는 역할이 있고, 오직 이것을 받아들일 때, 우리는 의롭게 되고 구원받는 성화의 은혜의 상태에 있다고 말할 수 있다.[5]

라너에 따르면, 초자연적 실존 그 자체와 그것을 수용(또는 거절)하는 것은 '사전 주제적'이라는 것을 인식하는 것이 중요하다. 초자연적 실존은 그것을 반사적으로 인지하지 않고서도 존재할 수 있다. 즉 우리는 그것이 우리 내면 매우 깊은 곳에 있고, 실존적이고, 다른 것들 사이에서 구별될 수 있는 경험의 한 조각이 아니라 영속하고, 분명하게 정의하지 못하고, 쉽게 놓칠 수 있기 때문이라고 말할 수도 있다.

라너는 그의 독자들이 그들만의 경험에서 자신이 이야기하는 것을 알아차릴 수도 있을 것이라고 말한다.

> 만일 [한 사람의] 초월적 경험에 관한 이런 신학적이고 교리적인 해석이 계시의 역사와 기독교에 의해 그 사람에게 제시된다면, 그 사람은 그 안에 있는 자신의 경험을

---

5 심지어 이런 은혜의 수용조차도, 라너는 은혜가 하나님에 의해 '주어지고', 은혜 자체에 의해 가능하게 되었다고 주장하는 것을 조심스러워한다. 이것은 그 사안을 혼란스럽게 하는 것처럼 보일 수 있다. 그러나 만일 라너가 이 점을 주장하지 않았다면, 그는 반(反)펠라기우스주의라는 비난을 받고 있었을 것이다.

자각할 수 있다.[6]

그러나 이것은 매우 신중하게 한정된다. 그 경험 자체는 모호하고 자기 성찰만으로 그러한 결론을 내릴 수는 없다.

선이해의 사상과 초자연적 실존은 '초월적 경험'이라는 개념과 상당히 긴밀하게 연관되어 있다. 초월한다는 의미는 단순히 넘어서는 것을 의미한다. 초월적 경험은 우리가 그들을 알고 선택하고 있고, 사랑하고 있는 때조차도 우리가 알고 선택하고 사랑하는 모든 것을 넘어서는 경험이다. 그리고 우리가 모든 특정한 것들을 넘어설 때, 우리가 향하게 되는 것은, 라너의 설명처럼, 하나님이다.

선이해에서 주어진 하나님에 대한 자각이 우리가 세상을 다루는 것과 동떨어져 그 자체로 존재한 적이 없었던 것처럼 그리고 은혜의 경험이 다른 것들과 분리된 경험이 아닌 실존적 경험인 것처럼, 초월적 경험은 고립되어 일어나는 무언가가 아니다. 이것은 항상 구체적이고 특정하며 유한한 경험 속에서만 주어진다.

라너는 '초월적인 것'과 '범주적인 것'(범주화해 개념으로서 정의되고 붙잡을 수 있는 것들의 영역) 또는 '역사적인 것'을 짝지어 이 점을 특징적으로 표현한다. 초월적인 것과 범주적인 것의 관계는 라너에게 있어 반복되는 주제이고, 이와 관련해 두 가지 사항을 주목할 필요가 있다.

첫째, 초월적 경험은 단순히 역사적이고 범주적인 것에 동반되는 것이 아니다. 라너에 따르면, 초월적 경험은 우리의 일상적 경험의 최상을 따라 생기는 것이 아니라, 애초에 이 '일상적인' 경험을 가능하게 해 주는 것이다(이는 본질적으로 존재의 선이해가 우리의 지식과 자발성에 대한 가능성의 조건이라는 주장을 달리 말한 것이다).

둘째, 라너는 초월적인 것은 항상 어떻게든 범주적인 것 안에서 자기 자신을 분명히 설명하고 표현해야 할 필요가 있다고 주장한다. 물론 정의에 따르면 초월적 경험은 언어로 표현할 수 없는 경험의 영역이다.

우리에게는 한 가지 사물을 다른 것과 구별하고 범주화하는 언어가 있지만, 원칙적으로 사물이 될 수 없으며, 모든 범주를 벗어나고, 그 안에서 구별이 일어나는 무한한 지평을 위한 언어는 없다. 그리고 초월적 경험은 명료히 설명되지 않은 상태로 단지 머무를 수 없고, 항상 그 분류의 범주 내에서 표현하고자 한다. 그 표현은

---

6 *Foundations of Christian Faith*, 131.

절대 완전하게 적절하지 않고 어떤 면에서는 늘 실패할 것이다. 그런데도 그것은 항상 시도되어야만 한다.

선이해와 초자연적 실존은 또한 라너의 기독론 또는 기독론의 일부 측면과 밀접한 관련이 있다. 예를 들어 성육신에 관한 논의에서 라너는 '인간'의 의미를 깊이 생각함으로써 '말씀이 육신이 되어'라는 말씀의 의미를 전달하는 데에 도움을 줄 수 있다고 제안한다.

만일 인간의 본성이 무한한 개방성의 한 유형이 되는 것이라면 유한한 존재와의 만남 속에서 언제나 유한을 넘어 무한을 향해 분투하고 언제나 '이해를 넘어선 하나님을 지칭하는 존재'[7]가 되고자 하는 것이라면, 역설적 칼케돈 교리는 그리 어렵게 보이지 않게 되는 게 당연하다. 라너의 설명에 따르면, 그리스도는 모든 인간에게 있어 진리가 되는 것의 급진성, 최고의 사례로 보일 수 있다. 인간이 되는 건 모든 것을 초월하는 것이고 하나님을 향해 모든 것을 '뛰어넘는' 것이다. 이런 초월, 이런 '뛰어넘음'이 유일하고 최고이며 가장 급진적인 예시로 옮겨질 때, 인간이 되는 것은 단순히 하나님이 되는 것이다. 그러면 그리스도의 신성은 그분의 인성의 모순이 아니라 궁극적 성취로 생각할 수 있다.

라너의 가장 잘 알려진 한 가지 제안은 다른 믿음을 가진 사람들이나 믿음이 절대 없는 사람들이 '익명의 그리스도인'으로 여겨질 수도 있다는 것이다. 그가 이런 개념을 발전시킨 것도 **선이해**의 사상, 특히 초현실적 실존과 관련이 있다. 그는 그리스도인은 하나님의 우주적 구원의 의지를 믿고, 그다음으로 구원에서 그리스도에 대한 믿음과 교회의 구성원 자격의 필요를 믿는다는 사실에서부터 시작한다.

이 둘을 어떻게 조화시킬 것인가?

라너의 추론에 따르면, 만일 교회 구성원의 자격이 구원을 위해 필요하다면 이는 모든 사람에게 가능해야만 하고, 만일 일부 사람들에게 외적 교회 구성원 자격이 절대로 가능하지 않다면 다른 어떤 종류의 교회 구성원 자격이 있어야만 한다는 것이다.

이와 비슷하게, 그리스도에 대한 믿음이 구원에 있어서 필요하지만, 만일 모든 사람에게 외부적으로 공표된 믿음이 진정으로 가능한 것이 '아니'라면, 외부적으로 공표되진 않더라도 여전히 그리스도에 대한 믿음인 무언가가 존재해야만 한다.

그것은 그 경우가 '되어야만' 하는 것이 어떻게 초자연적 실존의 개념에 라너가 의존하는 경우가 '될 수' 있는가에 관한 것이다. 라너는 그리스도인이라고 공표되

---

[7] *Theological Investigations* 4, 108.

지 않은 사람들, 어쩌면 기독교를 절대 접하지 못했을 사람들은, 그런데도 그들의 경험 깊은 곳에서 그리스도의 은혜를 제안받으며, 그것이 그리스도의 은혜가 '된다'는 사실을 절대 인식하지 못한 채 그것을 받아들일 수도 있다. 그렇다면 그들은 익명의 그리스도인들이다.

만일 선이해와 초자연적 실존이 라너의 많은 주장을 탐구하는 시작점을 제공한다면, 그의 상징에 관한 신학은 또 다른 것을 제공한다. 라너에 따르면, 상징, 즉 어떤 경우에서든지 진정한 상징은 단순히 외적 표시가 아니다. 그것은 본질적으로 그것이 상징하는 것과 관련되어 있다.

(라너가 제시한 예는 아니지만) 입맞춤을 예로 생각해 볼 수 있다. 입맞춤은 사랑의 상징으로서 근본적으로 다른 무언가를 대신하는 단순한 신호가 아니다. 본질적으로 사랑과 연관되어 있다. 사랑은 입맞춤으로 자신을 표현하고 더욱 완전해진다. 사실상 라너는 현실의 모든 것이 상징적이라고 생각한다. 그래서 그는 모든 존재가 반드시 '다른 존재'를 통해 자신을 표현하고, 실제로 그러한 자기 표현 속에서 완전히 자기 자신이 되며, 오직 '자기 자신에게 나아온다'라고 생각한다.

이 상징의 개념이 유용하고, 최소한 부분적으로 이 개념이 기초한 게 바로 삼위일체 신학이다. 삼위일체의 첫 번째와 두 번째 위의 관계, 즉 성부와 성자의 관계에 대한 전통적 이해는 성자를 성부의 상징으로 해석하는 진술이 될 수 있다. 상징이 상징되는 것과 완전히 같거나 단순하게 다르지 않은 것처럼, 성자도 성부와 구별된 존재이지만 성부와 하나다.

상징이 그 상징하는 것을 표현하듯이 '말씀'도 성부의 자기 표현이다. 그리고 한 존재가 상징을 통해 자기 자신을 표현함으로써 자기 자신이 되는 것처럼, 성부도 성자 없이는 성부가 될 수 없지만 '성부는 자신과 같은 본질인 이미지와 자신과 다른 위격(person)에 스스로 반대한다는 사실에 의해 성부 그 자신이다.'[8]

성육신도 상징적 용어로 이해될 수 있다. 성육신 안에서 하나님은 자신을 외부적으로 표현하셨다.

특히, '하나님이 값없는 은혜 안에서 세상에 되려고 하셨던 것'을 표현하셨다.[9] 라너는 그리스도의 인성을 단순히 하나님의 도구로, 세상을 향한 메시지를 전달하기 위해 삼위일체의 두 번째 위격에 부여된 도구로 생각하는 경향이 있을 수 있다고 말한다. 그러나 실제로 그리스도의 인성은 하나님의 임재를 나타내기 위해 임의로 선

8　*Theological Investigations* 4, 236.
9　*Theological Investigations* 4, 237

택된 표징(sign)이 아니라 하나님의 진정한 상징(symbol)이다. 그리고 인성은 신성의 상징이 될 수 있기에 예수 자신이 (그리고 예수가 말하고 행동한 것뿐만 아니라) 하나님의 진정한 계시가 될 수 있다. 따라서 그리스도인들은 그리스도 안에서 하나님을 나타내는 어떤 신호만을 찾는 것이 아니라 실제로 하나님을 만나게 된다고 말할 수 있다.

또한, 그리스도의 인성이 하나님의 진정한 상징이라는 사실은 우리가 인성을 어떻게 생각해야 하는지에 대한 심오한 의미를 내포한다. 인간은 하나님이 우연히 창조하기로 선택한 무언가가 아니다. 인성은 '하나님의 자기 구체화'(self-exteriorization) 속에서 (하나님이) 하나님 자신을 넘어 타자에게로 뻗어 나갈 때 '나타나는' 것이다.[10]

라너는 교회에 대해 해야 할 말이 많았다. 실제로 그의 많은 저서 중 반 이상이 교회론에 관한 것이었다.[11] 그러나 여기에서도 한 가지 핵심적이고 의미 있는 주제는 상징의 신학에서 의존한다. 교회는 그 자체가 상징이다.

교회는 '그리스도의 임재, 그리고 세상에서 그분의 완전한 구원 사역에 대한 상징적 현실'이다.[12] 교회의 역할은 성육신의 기능, 은혜를 실제적이고 역사적으로 한정적인(definitive) 것으로 만드는 기능, 은혜를 상징하는 기능을 시간의 흐름에 따라 사회적 형태 속에서 지속하는 것이다.

이것이 교회를 '그리스도의 몸'이라고 부르는 의미다. 은혜는 한정적 방법으로 역사에 들어가 그리스도 안에서 인간의 모습을 입게 되었고, 이제는 사회적으로 조직된 공동체 속에서 구체화 되어야 한다. 따라서 라너에 의하면 교회는 근원적 성례전이다. 일반적 의미에서의 성례전, 즉 일곱 성례전 역시 당연히 상징적으로 이해되어야 하고, 이것은 성례전으로서의 교회의 본성으로부터 흐르는 것으로 이해되어야 한다. 단어의 일반적 의미에서의 성례전은 일차적 성례전, 즉 교회가 구체적으로 자신을 표현하는 특별한 행동이다. 교회가 은혜를 구체적이고 실제적인 것으로 만들고 은혜를 상징하는 맡은 바 사명을 감당할 때 그리고 교회가 이 일을 온전히 그리고 가능한 한 공식적으로 감당할 때, 일상적 의미에서의 성례전이 일어난다.

---

10 *Theological Investigations* 4, 239.
11 Richard Lennan, *The Ecclesiology of Karl Rahner* (Oxford: Clarendon Press, 1995)를 보라.
12 *Theological Investigations* 4, 242.

4. 논쟁

라너에 대한 계속되는 염려는 그가 로마 가톨릭 신학을 현대 철학과 현대 사회 모두에게 개방하고 기독교 교리를 현대인들이 이해할 수 있는 방식으로 재구성하고자 노력하면서 기독교의 특별성과 역사적 뿌리, 구체적 형태에 대한 관점을 잃고, 기독교를 선험적 인류학으로 지나치게 획일화하려는 위험을 초래했다는 데 있다.

이런 염려는 수많은 다른 수준의 반대 너머에 놓여 있다. 라너의 첫 번째 책인 『세계 내 정신』과 다른 중요한 철학 저서에 대한 상당한 비판이 있었다. 라너의 아퀴나스에 대한 해석은 그의 적법성을 여러 차례 의심받도록 했고, 철학적 주장으로 보인 『세계 내 정신』의 주장들도 여러 방면에서 설득에 실패했다.

많은 사람이 『세계 내 정신』을 '기초적인' 연구로 여겼기 때문에, 만일 라너가 여기서부터 잘못 나아가고 있었다면, 이후의 모든 신학 역시 문제시될 것이라고 종종 전제된다.

그러나 라너의 초기 저서와 그의 후기 논문들의 관계를 좀 더 신중하고 복합적으로 살펴보면, 『세계 내 정신』의 철학적이거나 해석적 약점이 그의 신학에 그토록 엄청난 의의를 지녔을까 하는 의구심이 든다.

라너의 '초월적 방법'이나 신학에 대한 초월적 접근법에 대한 똑같은 염려는 때때로 불안으로 표출되었다. 신학 내의 주제에 칸트주의적 전환의 도입을 주장함으로써, 라너는 궁극적으로 환원주의적 프로젝트를 추구한다고 여겨졌다.

실제로 라너의 모든 저서, 아니면 최소한 대부분을 통합하는 하나의 방법이나 기술을 찾는 것은 불가능할지 모른다.

그러나 예를 들어 라너는 다음과 같이 주장한다

> 오늘날 신학은 반드시 신학적 인류학이 되어야만 한다.[13]

라너는 초월적 신학에 대한 '방법'을 논의하면서[14] 때때로 계획에 따른 진술을 했다.

라너가 이 방법(이 방법은 '적용되는 특정한 주제 분야와 상관없이 … 특정한 주제에 대한

---

13 "Theology and anthropology", *Theological Investigations* p. 28, 29.
14 예를 들어 "Reflections on methodology in theology", *Theological Investigations* 11 (London: Darton, Longman, and Todd, 1974)의 두 번째 부분.

지식은 그 주제를 자신이 아는 것 안에서 가능하다는 조건의 문제를 일으킨다')[15]을 따르는데, 이 방법을 가장 근접하게 따른 것으로 여겨지는 주제는 '초월적 기독론'의 제안서에 나타난다. 그러나 이것은 특별한 비판을 받아 왔다.[16]

라너는 여기서 만약 인간이 그리스도에 대해 듣고 그리스도 안에서 믿는 능력을 지녀야 한다면, 인간에게 있어서 무엇이 진실인지에 대해 질문함으로써 시작한다.

> 그리스도의 메시지가 오는 걸 가능하게 하는 인간 내면의 '선험적' 가능성은 무엇인가?

라너는 역사를 가로질러 '절대적 구원자'를 찾는 것이 바로 우리의 본성에 있다고 주장한다. 따라서 우리가 실제로 그리스도에 대해 들을 때 우리는 우리와 절대 상관이 없고 우리에게 진정으로 생소한 무언가를 듣는 것이 아니다.

라너는 우리가 방대한 기독론의 윤곽을 칼케돈 방식을 포함한 이런 초월적 방식으로 재구성할 수 있고, 따라서 그러한 초월적 기독론이 배제된 전통적 기독론 방식은 신화적으로 보이게 되는 위험에 처한다고 생각하는 것 같다.[17] 라너의 초월적 접근법의 환원적 경향에 대해 우리가 얼마나 심각하게 우려하는가는 그의 전작의 전체적 형태를 어떻게 해석하는가의 문제와 다시금 연결될 것이다. 그의 전작이 갖는 다양성에도, 만일 우리가 그것을 초월적 방법의 개념으로 그 본질이 파악되고, 그리스도에 대한 해석이 본질적으로 미리 알 수 있는 것으로서 도달되는 신학의 '한' 비전과 '한' 시스템을 촉진하는 것으로 이해한다면, 기독교 신앙의 구체적이고 역사적인 특정 요소들의 상실에 대한 환원주의의 문제는 아마도 심각하게 보일 것이다.[18]

---

15 Ibid, 87. 이것은 물론 칸트가 '초월적'이라는 용어를 사용한 방식을 폭넓게 말하는 것일 수도 있지만, 라너가 특정 방식으로 칸트의 용법에서 벗어났다는 것은 주목할 가치가 있다. 특히 라너에 따라 조사되어야 하는 것은, 칸트와 마찬가지로, 지식이나 경험의 가능성에 대한 조건이 아니다. 한계가 정해진 어떤 지식, 예를 들어 어떤 특정한 교리에 대한 지식의 가능성에 대한 조건이다.
16 이것은 발타자르에 의해 여러 면에서 비난받았고, 특히 *Christology in Conflict: The Identity of a Saviour in Rahner and Barth* (Oxford: Blackwell, 1987)에서 브루스 마샬(Bruce Marshall)에 의해 비판받았다.
17 그러나 라너는 그러한 초월적 기독론을 분명하고 명확하게 공식화하는 것은 그 사실 즉 예수 그리스도와의 관계가 이미 존재하기 전까지는 불가능하다는 것에도 주목한다(*Foundations of Christian Faith*, 207). 초월적 기독론은 원칙적으로만 '선험적'이다. 실제로는 이미 구체적으로 알게 된 것을 되짚어가는 것이다.
18 만일 이것이 라너의 연구를 상상하는 방식이라면, 그가 신학의 초월적 면뿐만 아니라 역사적

그러나 우리가 이미 살펴봤듯이, 또 다른 가능성이 있다. 초월적 기독론에 관한 라너의 논의를 가장 설득력 있는 제안으로 보지 않고, 단순히 그가 기독론의 영역에서 제시했던 다양한 제안 중 하나로 보는 것이다. 초월적이고 인류학적이고 신학적인 본성에 대한 라너의 견해는 신스콜라철학의 무미건조한 형식성과 피상주의(extrinsicism)로부터 벗어날 필요가 있는 특정한 상황에 대해 갖는 그의 관심 '일부'를 가리키고자 취해졌다. 이 경우에 환원주의는 고유한 기본 원칙들이 아니라 교회의 신앙 안에서 구체적으로 주어진 신학의 근본적 특징은 아니지만, 여전히 라너가 때때로 수반했던 위험으로 보일 수 있다.

라너가 가장 흔히 비판받았던 부분은 익명의 그리스도인에 관한 이론이었다. 특히 이런 비판 중 일부는 앙리 드 뤼박과 한스 우르스 본 발타자르와 같은 사상가들에서 비롯되어 라너의 사상이 환원주의라는 것에 대한 우려를 다시 한번 반영한다. 만일 기독교가 그리스도와 십자가에 대한 외부적 언급 없이도 한 인간 안에 존재한다고 말할 수 있다면, 이는 분명히 내용을 없애 버린 것이다. 발타자르가 이해한 것처럼, 익명의 그리스도인이라는 개념은 그리스도의 사랑의 특수성에 반응하는 고유하고 특정한 삶의 형태인 기독교를 약화시킨다.

그러나 익명의 그리스도인에 대한 개념이 '포용주의'의 전형적인 예시로 받아들여지는 한 다른 여러 비판을 마주하게 된다. 라너는 다른 종교의 진정한 타자성(otherness)을 허용하는 데 실패했다는 비난을 받았다. 그리고 다른 종교를 믿는 이들이 '실제로' 무엇을 믿는지 자신이 더 잘 안다고 생각해 원치 않는 이들을 교회로 데려오는 방법을 찾으면서 그들을 가르치려 한다는 비난을 받았다. 적어도 이런 비판들은 라너의 신학을 그 맥락에서 벗어나게 하고, 그것을 제안했던 그의 목적을 제대로 이해하지 못한 데 기초한다.[19]

다소 다른 방향의 비판은 라너 사상의 개인주의와 관련된다. 선이해, 초자연적 실존의 개념과 함께, 라너는 하나님과 인간의 관계를 각 개인의 의식 깊은 곳에서 일어나는, 일차적으로 개인적 사안으로서 생각한다. 그는 교회의 중요성과 필요성, 그리고 더욱 포괄적으로 인간의 사회적이고 역사적인 본성과 그에 따른 사회적 형태에서 표현되는 초월적 경험의 필요를 분명하게 주장한다. 그는 분명히 교회 안에서, 교회를 위해 일하는 신학자로서 활동했다.

면이 반드시 인식되어야 한다고 주장했던 사실은 안심시키지 못할 것이다.
19 익명의 기독교에 관한 논쟁에 대해 좀 더 자세히 살펴보려면 Karen Kilby, *Karl Rahner: Theology and Philosophy* (New York: Routledge, 2004)의 제7장을 보라.

그런데도, 그가 늘 생각했듯이, 하나님과의 관계는 원래 그리고 근본적으로 개인의 초월적 경험의 단계에서 일어나고, 그다음에서야 사회적 형태에서 표현된다는 인상을 지우기 힘들다.

이것이 퍼거스 커(Fergus Kerr)가 비트겐슈타인(Wittgenstein)의 관점으로 라너를 비판한 부분이다.[20] 그리고 라너의 영향을 많이 받았던 라틴 아메리카의 해방 신학자들을 그와 구별되게 만든 부분이기도 하다.

5. 영향, 업적, 의제

라너의 연구가 갖는 의의는 두 가지 차원으로 고려될 수 있는데, 로마 가톨릭교회 안에서 그의 직접적 영향력과 교회 정치의 변동 속에서 그의 저서들이 끼친 영향과 위치에 대한 질문 그리고 그의 계속되는 업적에 대한 약간은 다른 질문이다.

라너의 즉각적 영향력은 상당했다. 우리가 본 것처럼 그의 목소리는 상당 부분 제2차 바티칸 공의회라는 결과를 형성해 낸 신학적 목소리 중 하나였는데, 어쩌면 가장 두드러진 목소리 중 하나였다.

그의 가르침과 저서들 역시 다음 세대의 미국의 신학자들, 독일의 신학자들과 주교들의 사상을 형성하는 데 상당한 영향력을 끼쳤다. 그리고 라틴 아메리카의 해방 신학과 같은 신학 운동이 부상하는 데에도 일정 부분 공헌했다.

다른 한편으로 교회 정치의 흐름이 변화한다. 교회적 특성이라는 면에서, 라너의 입지는 공의회 직후에 매우 높았다. 그러나 최근에는 (공의회 기간 중 소외당했던) 한스 우르스 본 발타자르의 사상이 로마 문서에서 들려지는 것 같다.

사실 라너와 발자타르는 종종 로마 가톨릭 신학이 갈 수 있는 두 개의 구별된 길로 제시된다. 각각은 학술지(라너는 「콘칠리움」), 신학을 하는 방식, 교회와 세상의 관계에 대한 구별된 태도와 연관된다. 그러나 발타자르와 대조되는 것은, 다른 면에서는 흥미있을지 모르지만, 라너의 지속적인 업적을 평가하는 데 좋은 기반을 제공하지 않는다. 라너의 업적을 발타자르가 (항상 공정하지는 않게) 비판했던 특정한 특성에 지나치게 동일시할 위험이 있다.

발타자르는 그가 라너의 철학에 끼친 독일 이상주의의 영향이라고 여겼던 것(그리고 라너 사상의 출발점이라고 여겼던 철학), 인류학적 전환과 초월적 접근법의 한계,

---

[20] Fergus Kerr, *Theology after Wittgenstein* (London: SPCK, 1997)을 보라.

기독교 신앙을 현대 사회가 이해할 수 있는 무언가로 해석하려고 시도하면서 야기되었다고 그가 믿은 내용의 소실과 왜곡, 이 모든 것의 절정인 익명의 기독교에 대한 이론에 반대했다. 이제 라너가, 이상주의에 영감을 받은 철학으로 시작해 인류학적 전환과 신학의 다양한 질문에 대한 초월적 방법을 방법론적으로 적용하는, 거대한 신학의 체계를 제공한 것으로 이해된다면, 다시 말해, 라너가 기독교를 현대 사회에 제시할 만한 것으로 만들기 위해 현대성의 전제를 체계적으로 채택한 것으로 여겨진다면, '포스트모던'이라는 단어가 언급될 때 라너가 구식으로 보이는 위험에 처했다고 간주하는 것은 부당하지 않다.

그러나 라너에 관해 가장 중요한 것은 사실상 초월적 방법이나 인류학적 전환의 체계적 적용이 아니다. 그러한 방법을 통해 신실하면서도 동시에 창조적 신학, 즉 진정성 있게 전통에 몰두하면서도 현대 세상의 어려움과 통찰에 진정성 있게 열려 있는 신학의 가능성을 보여 준 것이다. 라너는 이런 종류의 신학이 어떻게 만들어져야 할지에 대한 원칙 속에서 연구함으로써가 아니라, 단순히 방대한 범위의 주제를 가로지르며, 반복적으로 그것을 행하는 과정을 통해 이런 신학이 가능하다는 것을 보여 주었다.

참고 문헌

1차 자료

Foundations of Christian Faith, trans. William Dych (New York, 1989).
Hearer of the Word, trans. Joseph Donceel (New York, 1994).
Spirit in the World, trans. William V. Dych (New York, 1994).
Theological Investigations, 23 vols (Baltimore, MD, 1961–9; New York, 1971–92).
The Practice of Faith: A Handbook of Contemporary Spirituality, ed. Karl Lehmann and Karl Raffelt (New York, 1992).

2차 자료

Herbert Vorgrimler, *Understanding Karl Rahner* (New York, 1986).
Karen Kilby, *Karl Rahner: Theology and Philosophy* (New York, 2004).
Leo O'Donovan, ed. *A World of Grace: An Introduction to the Themes and Foundations of Karl Rahner's Theology* (Washington, DC, 1995).
Patrick Burke, *Reinterpreting Rahner: A Critical Study of his Major Themes* (New York, 2002).
Philip Endean, *Karl Rahner and Ignatian Spirituality* (Oxford, 2001).
Richard Lennan, *The Ecclesiology of Karl Rahner* (Oxford, 1995).
William Dych, *Karl Rahner* (Collegeville, MN, 1992).

제6장

한스 우르스 폰 발타자르(Hans Urs von Balthasar)

벤 쿠아시(Ben Quash)

1. 서론과 개관

한스 우르스 폰 발타자르(Hans Urs von Balthasar)의 신학을 '제도권 내의 신학'이라고 규정한다면, 이는 그의 신학의 독특성을 제대로 포착하지 못한 것이다. 그는 대학교에서 재직한 적이 없었고, 학계보다는 교계와 문학계에서 더 많이 활동했기 때문이다. 또한, 그의 견해에 따르면, 자신이 활동할 당시에 의사이며 신비주의자인 아드리엔 폰 슈파이어(Adrienne von Speyr)로부터 가장 크게 영향을 받았다.

1948년 이후 그의 인생은 출판사를 운영하고, 저술하고, 번역과 편집을 했던 시기와 그가 아드리엔과 함께 설립했던 새로운 형태의 수도회인 재속회의 사제로 사역했던 시기로 나뉜다. 그의 신학은 요한과 이그나티우스의 영성 전통에 뿌리를 둔 교회에서 새로운 형태의 삶을 발전시키는 일에 대한 사명감(Auftrag)에서 비롯된 것이다.

1905년에 루체른(Lucerne)에서 태어난 발타자르는 엥겔버그 베네딕트 수도원(the Benedictines at Engelberg)에서 처음으로, 그 후에는 펠트키르히예수회(the Jesuits in Feldkirch)에서 교육받았다. 1923년에는 취리히대학교에 입학했다. 철학과 독일 문학에 관해 연구하던 그는 빈과 베를린으로 가 독일 이상주의에 대한 박사 학위를 받았다. 그의 박사 학위 논문은 세 권으로 구성된 『독일 영혼의 묵시』(Apokalypse der deutschen Seele, 1937-9)로 출판되었다.

1929년, 그는 예수회에 입회했다. 뮌헨에서 가까운 플라흐에서 3년 동안 철학을 공부하면서 그는 에리히 프츠바라(Erich Przywara)를 만나게 되었다. 존재의 유추(analogia entis)에 대한 프츠바라의 연구는 발타자르에게 근본적 영향력을 끼쳤다.

그는 신학 연구를 위해 리옹에 있는 예수회학교에 갔다. 그곳에서 다니엘루(Daniélou)와 페사르(Fessard), 앙뤼 드 뤼박을 만났는데, 그들의 영향으로 교부들을 사랑하게 되었고, 결국 그는 막시무스(Maximus)에 관한 연구인 『우주적 예전』(Kosmische Liturgy, 1941), 닛사의 그레고리에 관한 연구인 『존재와 생각』(Présence et pensée, 1942)을 저술하게 되었다.

또한, 그곳에서 프랑스의 가톨릭 시인인 폴 클로델(Paul Claudel)도 만나 그의 작품을 독일어로 번역하기도 했다.

리옹은 은혜와 자연에 대한 신스콜라주의적 교리에 관해 깊은 의문을 제기했던 '신신학'(nouvelle théologie)의 중심지였다. 이 신학은 인간 본성이 하나님에 대한 환상과 별개로 인식할 수 있다고 이해했다. 그러므로 하나님과의 교제는 인간의 본질이라는 확신을 가지고 교부들에게 호소했다.[1] 이런 연유로 그는 인류가 하나님의 은혜를 완전히 상실했던 적이 없었다고 확신했고, 일생 동안 기독교 전통 밖, 특히 고대 고전의 위대한 전통에 있는 철학자들과 시인들의 작품에 열려있었다.

발타자르는 또한 교부들에게서 (니콜라스가 표현하듯이) '신비주의적 따뜻함'과 '수사학적 힘'[2]이 있으며, 역설에 대한 두려움은 없었던 것을 발견했다. 또한, 그들에게서 순수하게 신앙심이 깊은 신학, 즉 하나님과의 경건한 관계와 그분의 활력과 자유에 대한 감각을 발견했다. 그리고 그들이 그리스도와 관계된 우주 전체에 대한 흥미를 가지고 있었지만, 성경과 관련한 역사비평적 환원주의와 같은 것은 가지고 있지 않았다는 것을 알게 되었다. 그리고 하나님의 계시의 범위에서 개방성과 신학 함에 대한 열정이 있었음을 발견했다. 이 모든 것은 그가 교부들의 원천으로 되돌아가는 신학자들, 특별히 앙리 드 뤼박에게서 영감을 받은 결과이다.

리옹에서 공부를 마친 후, 그는 뮌헨에서 「시대의 음성」(Stimmen der Zeit) 편집장으로 잠시 재직했다. 그 후 교목으로 8년을 바젤에서 보냈는데, 그곳에서 그의 남은 생의 생활 양식이 형성되었다. 여기서 그는 아드리엔 폰 슈파이어를 만나 그녀를 가톨릭교회로 인도했다. 그녀와 함께 그는 구성원들이 세상에서 일반적인 직업을 가지고 생활하며 수도하는 새로운 형태의 수도회를 고안했다.

발타자르는 '요한공동체'(Johannes-Gemeinschaft)를 위해 첫 번째 수련회를 진행했는데, 아드리엔은 이 수련회에서 그녀가 평생 간직하고, 발타자르가 저술할 책들의 중심 주제인 환상을 처음으로 경험했다. 이 내용은 발타자르가 저술하고 출판한 『아드리엔 폰 슈파이어와의 첫 만남』(*First Glance at Adrienne von Speyr*)와 아드리엔이 자신의 묵상과 경험을 적어 놓은 원고에 기록되어 있다.

---

1 Kevin Mongrain, *The Systematic Thought of Hans Urs von Balthasar: An Irenaean Retrieval* (New York: Herder and Herder, 2002)을 보라. 몽그레인(Mongrain)은 폰 발타자르의 신학에 끼친 이레니우스 사상의 특정한 구조적 영향력과 하나님과 인간의 (비대칭적이기는 하지만) 상호적 명령에 대한 그의 송영적인(doxological) 이해의 특별한 중요성에 관해 주장한다. 창조물과 신 사이에는 근본적이고 존재론적인 차이가 있기는 하지만, 각각은 상대에 대한 찬미를 지향한다.

2 Aidan Nicholas, *The Word Has Been Abroad: A Guide Through Balthasar's Aesthetics* (Edinburgh: T. & T. Clark, 1998), xv.

발타자르가 칼 바르트의 연구에 주의를 돌리게 된 곳도 바젤에서였다. 바르트의 연구는 그에게 '포괄적 성경 신학에 대한 비전'을 심어주었다.³ 그와 바르트의 관계가 처음과 달리 차가워졌던 것은 거의 틀림없는 사실이지만, 바르트 신학은 발타자르의 연구 방향에 중요한 기준으로 계속해서 남아 있었다.

그는 바르트 신학을 철저한 가톨릭 신학으로 걸러내기는 했지만, 바르트가 급진적일 정도로 새로운 신앙과 삶에 대한 기독교 계시를 진지하게 요청하고, 그 결과 세상에서 충격을 주고 도전하는 기독교의 특성을 강하게 주장했던 것은 받아들였다. 이에 더해, 그는 바르트에게서 하나님의 '우선성'(과 신적 자유)에 대한 강조를 발견했는데, 이것들은 그가 예수회 멘토인 에리히 프츠바라에게서 얻은 통찰력을 강화했다.

발타자르는 하나님의 주도적 통치권에 대한 바르트의 확언에 의견을 같이했다. 아니 실제로는 깊이 영향을 받았다. 그리고 바르트와 마찬가지로, 그에게 모든 인간의 행위와 지식을 선행하는 하나님의 실재(reality)는 '인격적인'(personal) 실재이다. 즉 본질적으로 관계적이고, 자유롭고, 사랑하는, '그것'이 아니라 '당신'이다.

바르트 신학은 그 자신을, 발타자르가 근본적으로 드라마적이라고 특정하게 될 그 '대상'에 반응하는 관계로 이해했다. 그리고 발타자르는 바르트 신학이 그가 하려고 했던 것, 즉 '모든 세계 내적인(intraworldly) 존재와 본질을 … 구체적이고, 인격적이고, 역사적 로고스로 끌어당기고자 하는 것'을 하고 있음을 보았다.⁴

1950년, 발타자르는 예수회에서 탈퇴했다. 예수회는 그가 재속회와 함께하는 한 회원으로 받아들일 수 없었다. 오랫동안 그는 교회론적으로 광야에 있었다. 그러나 이런 고립되고 냉대를 받는 시기에 그의 주요 저서들이 저술되거나 시작되었다. 그는 문학적 인물들(베르나노스)과 성인들(리지외의 테레사와 디종의 엘리자베스)의 중요한 연구들을 출판했다. 그리고 이때 그의 위대한 삼부작, 곧 『주의 영광』(*The Glory of the Lord*), 『신적 드라마』(*Theo-Drama*), 『신적 논리』(*Theo-Logic*)의 첫 번째 책이 등장하기 시작했다.

제2차 바티칸 공의회 이후에 그는 다시 환영을 받게 되었다. 1967년에 그는 '교황신학위원회'(Papal Theological Commission)의 위원으로 임명되었고, 이제는 특히 여성 안수와 그의 스위스 동료인 한스 큉(Hans Küng)에 관한 발표로 보수적 신학자라는 평판을 얻기 시작했다. 그러나 그러한 꼬리표가 부적당할지도 모른다.

---

3 Balthasar, "In Retrospect", in J. Riches (ed.), *The Analogy of Beauty: The Theology of Hans Urs von Balthasar* (Edinburgh, 1986), 220.

4 Hans Urs von Balthasar, *The Theology of Karl Barth: Exposition and Interpretation* (San Francisco: Ignatius Press, 1992), 341.

발타자르가 『코르둘라』(Cordula)(1966)에 나오는 라너의 '익명의 그리스도인들'이라는 개념을 공격하고, 「콘칠리움」(Concilium)의 경쟁 학술지인 「콤무니오」(Communio)의 창간에 관여함으로써, 라너와 큉과 쉴레벡을 중심으로 하는 학자들과 멀어졌다.

발타자르의 연구는 특히 유럽과 미국의 현대 가톨릭 사상에 큰 영향력을 끼쳤고, 조셉 라칭거(Joseph Ratzinger)와 요한 바오로 2세(John Paul II) 같은 저명한 가톨릭 교사들에게서 많은 존경을 받았지만, 진보적 가톨릭 신학자 다수가 발타자르의 연구를 계속해서 의심스럽게 여긴다. 그러나 각 진영이 서로 배울 수 있는 것은 많다.

발타자르는 1988년에 사망했는데, 추기경으로 임명되기 며칠 전이었다.

2. 내용

1) 유비(Analogy)

발타자르는 그의 접근법을 이렇게 약술한다. 그리스도를 향한 신실함은 모든 신학적 노력의 중심에 있어야 한다. 그러나 다음과 같이 말한다.

> 기독교의 배타성(exclusivity)은 모든 인간적 사유의 포함을 요구한다. … [인간 본성은] 그 모든 형태에서 '로고스'의 본질적 언어(essential language)로 이해된다.[5]

여기서 처음으로 세상에 대한 개방성을 유지하기 위한 발타자르 사상의 깊은 관심을 볼 수 있다. 그러한 관심은 드 뤼박과 마찬가지로 교회를 문화적, 철학적 환경에서 격리해 교회가 자유롭게 구속적으로 세상에 관여하는 것을 막았던 두려움의 진을 완전히 파괴하려는 헌신에서 비롯되었다. 발타자르는 '모든 인간의 생각'을 포용하고 다양한 표현 형태를 통해 '인간 본성'을 찾아내려는, 대담하고 의식적으로 '보편적인' 욕망에서 출발한다.

그런데도 여기에는 발타자르가 분명하게 하고자 했던 중요한 조건이 있는데, 그 조건은 진보적 로마 가톨릭계에서 나타나는 양상에 대한 그의 염려를 점점 더 반영하게 된다.

---

[5] Hans Urs von Balthasar, *The Theology of Karl Barth: Exposition and Interpretation*, 204.

세상에 대한 개방성, 교회 밖에 있는 세속적, 종교적 운동들에 기꺼이 세례를 베풀려는 모습은 정체성, 특히 그리스도인의 소명과 증언의 자각을 상실하게 할지도 모른다.

발타자르는 '기독교의 배타성'으로 '모든 인간의 생각을 포함하는 일'이 일어날 수 있다는 것을 이렇게 표현한다.

> [인간의 생각은] 판단되고(gerichtetes), … 부서지고, 재조정되고, 재설정되는(ab-, aus-, und eingerchtet) 그 무엇으로 [포함된다].[6]

발타자르 신학의 주된 관심은 다음과 같다.

① 인간의 삶과 사상이 다양한 형태의 표현을 찾는 방식에 대한 존중이 있다.
② 신학은 그리스도를 중심으로 하는 계시와 어떤 가능한 '관계'를 맺으면서, 이런 형태들을 진지하게 다루는 것으로 바라보고자 하는 욕망이 있다.
③ 이런 욕망과 함께 각 단계에는 그 관계가 직접적 유사성에 근거하는 것이 아니라 동시적 차이점에 근거한다는 믿음이 있다. 즉 이 차이점은 세속적 형태들을 판단하고 부수는 힘을 갖고 있다.
④ 그러나 이런 판단 너머에는 새로운 형태에 대한 제안이 있다.

신실한 신자는 그 형태에서 신과 인간 사이에서 '재설정된' 어떤 '조화'(harmony)를 직감적으로 이해할 수 있다. 그 형태는 하나님의 값없는 선물이고 세속적 유비들로부터 끌어내기 힘든 '초형태'(supra-form)다.[7]

따라서 한편으로 우리는 발타자르의 연구에서 하나님이 창조하신 질서에 대한 우리의 '자연적' 지식에 적합하게 서구의 형이상학(다양성 안에서의 통일성에 대한 개념과 아름다움, 선함, 진리에 대한 개념)에 형태와 연속성을 제공했던 주제들에 대한 깊은 관심을 발견한다. 발타자르는 이를 옹호해 창조 속에서 발견되고 전적으로 파괴될 수 없는 하나님과 세상 사이의 공통점을 강조한다.

---

6 Hans Urs von Balthasar, *The Theology of Karl Barth: Exposition and Interpretation*.
7 "Supra-"(초-)는 독일어 접두사 "Über-"를 번역한 것으로 발타자르의 연구에서 자주 사용된다. 이에 대한 예를 위해선, *The Glory of the Lord*, Vol. 1, 602을 보라.

모든 진정한 '반대'(contra)는 계속해서 이해될 수 있는 관계를 전제로 한다. 따라서 완전히 무관한 '다른 것'(other)이 아니라 정말로 '반대'(contra)가 되기 위해서는 적어도 최소의 공동체가 전제된다.[8]

다른 한편으로 그는 이 관계가 오직 예수 그리스도 안에서만 세워지고, 완성되며, 신앙의 눈에 진정으로 드러나게 된다고 굳게 믿는다. 창조 질서는 구원 질서와의 연결해 해석될 때 비로소 제대로 해석될 수 있는데, 이는 (하나님과 피조물 모두에게 공통되는) 하나님과 함께하는 공동체는 순수한 선물이며, 분에 넘치고, 예측할 수 없는 것임을 보여 준다(그러나 우리는 그리스도의 형태에 대한 많은 융합을 고대인들, 구약, 문학 그리고 형이상학 전통에서 볼 수도 있다).

이것은 발타자르에게 인간 영혼의 많은 경쟁적 움직임들을 그리스도라는 중심적인 '계시의 인물'(revelation-figure)에 어떻게 올바르게 연결할 수 있는가 하는 과제를 안겨 준다.

기독교 전통은 어떻게 기독론 중심에서 그 영광을 다양하게 묵상하면서 자신의 통일성과 다양성을 제대로 다룰 수 있는가?

이뿐만 아니라 그 전통 밖에서 충족되는 아름다움과 선함, 진리에 대한 풍성한 자각의 통일성과 다양성을 시인들과 철학자들, 신화작가들 안에서 어떻게 제대로 다룰 수 있는가?

그러한 자각의 독창성과 새로움을 기독교 계시 자체의 부적절한 복제본으로 격하시키는 것을 어떻게 피할 수 있는가?

그러한 염려는 발타자르의 삼부작 중 첫 번째 부분인 『주의 영광』 전체에서 그와 바르트의 관계를 특징짓고, 그의 관점은 『오직 사랑』(Love Alone)에서 요약된 형태로 설명된다. 등장한 것(과 발타자르의 위대한 신학 삼부작을 한데 묶는 것)은 독특한 형태의 유비적 사유이며, 그 특성은 프츠바라의 사상과 발타자르가 바르트와 했던 논쟁에서 비롯된 것이다.

---

8 Balthasar, "Analogie und Dialektik", in *Divus Thomas* 22 (1944), 196; Medard Kehl, "Hans Urs von Balthasar: A Portrait" in *The Von Balthasar Reader*, ed. Medard Kehl and Werner Löser (Edinburgh, 1982), 23.

발타자르의 유비 사용은 방법론이라기보다는(그러기에는 지나치게 '임시변통적'이다) 광범위하고 중요한 원칙이다. 그것은 제한적으로 정의된 기독교 전통 밖에 대한 흥미와 거기서 얻은 통찰에 대한 여지를 계속해서 남겨 둔다. 이와 동시에 기독교 계시의 자유롭고 초월적이고 마지막으로는 진리를 전달하는 특성을 강조한다.

발타자르에게 유비는 차이점의 내적 관계와 (한편으로) 인간의 삶과 사상, (다른 한편으로) 신적 계시의 '더 큰 차이점'(*maior dissimilitudo*) 내에 있는 유사성을 인식하는 수단이다. 여기서 (프즈바라처럼) 발타자르의 시금석은 제4차 라테란 공의회(1215)의 유명한 글이다.

> 유사성이 크면 클수록, 창조주와 창조물 사이의 그보다 더 큰 차이점은 보존되어야만 한다.

심미적 아름다움과 드러난 영광 사이, 인간 드라마와 모든 것을 아우르는 신적 드라마 사이, 또는 철학의 탐구와 깊은 신앙의 순종적 숙고 사이에서 작용하든 그렇지 않든, 유비는 발타자르의 신학이 의존하는 중재를 이뤄내기 위해 기능한다. 비록 세밀하게 맞춰진 지적 토의를 포함하고 있기는 하지만, 실제로 이 분야에서 발타자르의 사상은 종교적 전통을 크게 의존한다. 그는 이그나티우스 전통에서 예수회의 일원으로 훈련받았다.

제4차 라테란 공의회가 내린 '더 큰 차이점'의 정의는 폰 발타자르의 큰 관심을 끌고, 그의 신학에서 매우 중요한 요소가 되었다. 그것은 이그나티우스가 가르쳤던 하나님 앞에서의 삶, 즉 사랑은 계속 커지는 경외에 사로잡히는 것을 표현하기 때문이다. 그리고 피조물의 형태와 하나님의 계시 사이의 유사성을 더 큰 차이점 내에서 유보하고 보존하는 이런 유비적 관계의 비전에서 발타자르의 사색적이고, 절충적이고, 매우 광범위한 신학이 탄생했다. 발타자르는 자신의 삼부작 각 부분에서 인간 표현과 경험의 특정한 형태들을 심사숙고했다.

『주의 영광』에서는 아름다움의 형태들과 그 자각, 『신적 드라마』에서는 역사와 문학에서 묘사되고 해석된 인간 행동의 형태들, 『신적 논리』에서는 철학적 통찰력의 형태들을 다룬다.

삼부작이 모든 존재 안에서 드러나는 아름다움과 선함, 진리에 관한 고대의 관심에 답하기 위해 구성되었다는 사실은 발타자르가 형이상학적 성찰이 전통적으로 취해 온 형태(form)를 존중했음을 보여 준다.

발타자르의 신학은 다른 형태들이 그들의 진정한 중심과 근거를 발견하는 계시 형태(그리스도의 형상)를 위해 그리스도론에 집중하고 교회론적 조예(sensorium)에 의존하는 방식으로 세속적 형태들에 관심을 기울이고자 한다.[9] 물론, 유사성과 차이점, 형태와 초형태 사이의 긴장은 유지하기 어려운 것이고, 발타자르의 사상에서 이런 어려움은 앞으로 보게 될 것처럼 더욱 분명해질 것이다.

2) 아름다움과 하나님의 영광

하나님의 진리는 우리를 위해 이 세상에서 형태를 갖춘다. 발타자르에 따르면, 이 형태는 자기를 노출하며 매혹적이다. 그리고 ('그리스도의 형상'인) 이 형태의 자각을 위한 조건은 그것과 함께 그리고 그것 안에서 주어진다. 우리는 그 형태를 '우리'의 연구 대상으로 삼아, '그것을' 직면하지도 않고, '그것에' 의해 형성되지도 않으면서, 즉 '그것의' 대상이 되지 않으면서, 다른 곳에서 얻은 도구들로 그 형태를 분석해서는 안 된다.

하나님의 자기 노출(self-disclosure)에 대한 질문에 다가가는 발타자르의 접근법은 비평적이라기보다는 사색적이고, 추상적이라기보다는 구체적이다. 『주의 영광』 제1권에 실린 발타자르의 연구는 신앙에 특유한 대상을 지각하는 방식으로 신앙의 빛에 대한 개념에 관심을 기울인다. 성경 저자들, 적어도 바울과 요한은 신앙인의 자기 이해를 수정한다는 측면에서가 아니라 신앙의 대상인 그리스도 안에서 하나님을 파악하고 그분과의 관계에 들어가는 특별한 방식으로서의 신앙을 말한다.

논쟁적 측면에서, 이것은 발타자르를 신학적 숙고의 대상인 자기 계시(self-revelation) 안의 하나님을 사색하는 것에서 벗어나 인간의 주관성에 대한 조건과 그 계시를 이해하는 방식을 생각하는 모든 이들과 갈등하게 만든다. 그리고 그의 접근법을 가톨릭의 초월적 신학에서 그랬듯이 불트만의 실존적 해석에서 구별한다.

발타자르가 불트만에서 특별히 선별한 것은 비평적 역사 연구와 인류학적 관점에서 신앙을 결정의 순간으로 축소한 것을 결합한 것이다. 발타자르에게 있어서, 불트만의 비신화화와 성경 문헌의 신화적 개념의 기원에 대한 환원주의적 설명은 그러한 문헌에 대한 그의 실존적 해석과 함께, 모든 신앙의 대상을 똑같이 없애면서 실존적 도덕주의만을 남긴다.[10]

그리고 발타자르의 저서들에는 환원주의적 설명들, 역사적, 심리학적 또는 그 어

---

9 Balthasar, *The Glory of the Lord*, Vol 1, 253.
10 Balthasar, *The Glory of the Lord*, Vol 1, 44ff, 52, 56.

떠한 것을 선택하는 이들에 대한 격렬한 비판이 곳곳에서 되풀이되어 등장하기 때문에, 그들의 연구 대상을 공평하게 다루지 못한다.[11] 발타자르가 독특한 방식으로 유비를 효율적으로 사용한 사례는 『주의 영광』에서 이 대상들을 집중적으로 논의한 부분에서 발견된다. 그는 예술적 측면에서, 자각의 개념이 우선권을 갖는다는 것을 나타내기 위해서 심미적 감상의 세계에서 유비로 방향을 바꾼다. 발타자르에게 아름다움을 지각하는 것은 사물이 존재 곧 실재를 나타내는 방식을 지각하는 것이다. 어떤 예술 작품이 문제될 때, 그 구성 요소들, 예술가의 영향과 상황, 밑그림과 표현법의 현대적 발전에 대한 이해에서 도움을 받을 수 있다.

그러나 홉킨스가 말했듯이, 그 '본질'을 지각할 수 있게 그 작품을 전체적으로 볼 수 있기 전까지는 어떤 것도 제대로 이해할 수 없다.[12] 이런 이해에는 숙고와 감탄이 포함된다.

또 다른 측면에서, 발타자르는 형태와 아름다움에 대한 그러한 관심을 플라톤주의적이라는 비난을 매우 타당하게 거부한다. 그렇다고 그가 영속적이고 영원한 사상의 현시(manifestation)인 사물의 배후를 파고들기를 바라는 것은 아니다. 그는 사물의 차별화된 다양성을 깎아내리길 거부한다.

그것들이 실제적이고 유한한 세부 사항에서 도출하기는 불가능한 방식으로 존재의 광명 또는 '광채'를 볼 수 있게 하는 거의 성례전적 특성을 가진 매개의 역할을 할 수 있기 때문이다. 그는 '물질은 불필요한 껍질이고, 순수한 영적 핵심을 깨달은 진보된 영적 비전을 품은 자들에게는 쓸모없다'는 어떤 관점도 받아들이지 않을 것이다.[13]

그와는 반대로, 발타자르는, 케빈 몽그레인(Kevin Mongrain)이 요약하듯이 "모든 특정하고 유한한 실재는 영의 커뮤니케이션과 존재의 절대적 진리가 될 수 있다"고 생각한다.[14] 예술적 아름다움을 지각할 수 있는 능력을 함양하는 일은 우리에게 오는 형태를 스스로 받아들이는 데 본보기가 되는 성인들의 명상 훈련과 유사하다 (『주의 영광』 제2권과 제3권은 성인들과 관상적 신학자, 성직자, 평신도에 관한 연구를 담고 있다). 이 성인들은 너무나도 기능적 세상에서 우리의 주목을 끌기 위해 자신을 내주는 사물들의 친절함을 인식하도록 우리의 의식을 다시 일깨운다.

여기서 발타자르는 『영적 수련』(Spiritual Exercises)를 저술한 이그나티우스, 예수

---

11 예를 들어 Balthasar, "A Verse of Matthias Claudius" in *Elucidations*를 보라.
12 *The Glory of The Lord*, Vol. 3에서 발타자르 자신의 연구를 보라.
13 Balthasar, *The Glory of the Lord*, Vol. 4, 437.
14 Mongrain, *The Systematic Thought of Hans Urs von Balthasar*, 62.

회, 요한공동체(Johannes-Gemeinschaft)에게 다시 빚을 진다. 그리고 무엇보다도 '이 그나티우스가 요한을 통해 성취한 방식을 보여 준' 아드리엔에게 빚을 진다. 그녀는 그것과 함께 1940년 이후로 발타자르가 출판했던 많은 책의 기초를 마련해 주었다. 그녀와 그의 책은 심리학적으로나 철학적으로 분리될 수 없다. 그 중심에 독특한 토대를 가진, 두 쪽으로 이뤄진 하나이다.[15]

관상적 거룩함(contemplative sanctity)에 대한 업적과 통찰은 하나님의 영광을 보게 되는 성례전적 계시 형상이 더 이상 보이지 않게 된, 발타자르에 따르면, 대개 종교개혁 이후 서방의 신학적, 철학적 발전[16]에 반대한다.[17] 그러한 종류의 신학은 자기의식 속에서만 하나님의 말씀의 메아리를 들을 수 있을 뿐, 끌어당기고 설득하는 힘을 잃고, 구체적이지 않으며, 어떤 것을 지각할 수 없는 조건으로 인식된다. 이와는 대조적으로 성인들의 예 그리고 (아드리엔의 영향을 받은) 발타자르의 신학적 미학의 예는 우리에게 하나님의 영광 앞에서 우리의 인식과 이해를 길러야 함을 상기시킨다.

(옛 언약과 새 언약에 관한)『주의 영광』의 결론 부분은, 발타자르가 모든 세속적 형태들, 즉 (구약에 있는 것들을 포함한) 말들과 사상들은 섬김을 위해 존재한다고 판단했음을 분명하게 보여 준다. 그리스도론적인 '하나님이 말씀하심'(deus dixit)은 성경적 '게슈탈트'(Gestalt, 형태, 형상)의 근본적인 통일성 안에서 우리에게 나타난다. 발타자르가 포괄적 성경 신학에 대한 비전을 갖게 된 큰 이유는 바르트 때문이다. 성경적 말씀, 즉 은혜와 약속의 말씀은 고유한 형태를 보이는데, 그 안에서 인간의 말과 개념은 그리스도 안에서 '새로운' 창조로 사용될 때, 진정한 의미를 부여받는다. 따라서 신약성경의 비신화화는 요구되지 않는다. 오히려 모든 신화가 말씀의 증언으로서 어떻게 그 자체로 구조되고 변화되는지를 발견한다.

지금까지의 논의에서 유비적 틀(과 그것의 '더 큰 차이점')의 개요는 분명하다. 아름다움은 엄밀한 의미에서 영광과 같지 않다. 그리스도의 '영화로운' 형상은 아름다울 뿐 아니라 손상되었다.

그러나 아름다움에 대한 관상적 지각은 하나님의 영광에 대한 유일한 접근법(그

---

15 Riches, *The Analogy of Beauty*, 220.
16 Balthasar, *The Glory of the Lord*, Vol. 1, 45-79.
17 『주의 영광』(*The Glory of the Lord*)의 제4권과 제5권은 서구의 고대와 현대 형이상학의 전체 역사를 통해 존재의 인식에 대한 운명을 (신의 영광에 대한 개방성 안에서) 살펴본다. 현대 형이상학에 대한 발타자르의 이야기는 존재가 무엇인지(하나님의 선물)를 인식할 수 있는 관점에서 주권적 초월성의 영역을 차단하는 위험성에 관한 (헤겔에 의해 실증된) 이야기다.

접근법으로 인해 그 영광의 주권적 독특성과 자유가 강화된다)이며, 하나님의 영광에 대한 무한한 관상의 유비이다.

3) 드라마와 그리스도 사건

교회의 순종적 수용성이 제자도를 탄생시켰듯이, 이그나티우스 영성에서 그 방식이 명상에서 선교로 이행된 이후에, 『주의 영광』은 『신적 드라마』를 탄생시켰다.

유일한 하나님의 말씀에 대한 신자들의 순종은 기독교 교회생활의 많은 측면이 갖는 풍부함과 다양성을 탄생시켰다. 따라서 성인들과 고전적 기독교 신학자들의 삶을 성경 말씀의 변치 않는 진실성에 대한 우리의 견해를 방해하는 흐릿한 모사물로 여겨서는 안 된다.

오히려, 순종하는 신실하고 새로운 삶을 창조하는 것이 말씀의 본질이다. 그러므로 성인들의 삶과 신학자들의 신학을 연구하면서 사람들의 삶을 변화시키는 하나님의 영광을 보고, 우리 자신을 훈련해 그들처럼 순종하는 하는 법을 배울 수 있다.

성인들(그중에서도 발타자르에게는 교회의 원형인 마리아)은 그들의 삶이 나타내고 중재하는 그리스도의 형상을 중심으로 별처럼 모여 있다. 따라서 이들은 '그리스도의 형상'(Gestalt Christi)의 충만함에 참여한다. 다시 말해, 교회에서 구체화하는 삶의 형태들은 (생성력이 있는 말씀에 대한 반응으로) 계시의 전반적 사건에 참여한다. 그리고 발타자르에게 이 계시의 사건은 하나님과 창조물 사이에서 벌어지는 실제적인 드라마의 모든 차원을 포함한다.

그렇다면 드라마는 하나님의 드라마를 알리는 유비의 장이다. 그래서 발타자르는 특유의 방식으로, 하나님과 창조물 사이의 드라마에 대한 구체적이고 교회적인 경험과 구체적이고 신학적인 표현을 숙고하는 데 있어 문학과 극장에서 사색할 수 있는 모든 유비적이고 극적인 표현들을 수용한다.

『주의 영광』이 아름다움의 경험(과 심미적 이해에 관련된 이론들)에 대한 숙고로 시작했던 것처럼, 『신적 드라마』도 드라마의 위대한 (그러나 대부분 서방) 전통에 대한 숙고로 시작했다. 드라마는 인간이 가장 넓은 수준에서 작인(agency)과 사건에 대한 질문을 제기하고, 행동하는 대상들, 그것들의 자유와 상호 작용을 공정하게 다루려고 시도하는 도구다.

아이스킬로스(Aeschylus)에서 브레히트(Brecht)와 이오네스코(Ionesco)에 이르기까지, 드라마는 인간의 자기 해석을 전개한다. 그리고 발타자르에게 드라마의 가치는 『주의 영광』의 양식을 따르면, 더 높은 그리스도론적 의미와 연관되어 있다(판단되고, 부서지고, 재조정되고, 재설정되는, 'gerichtetes, ab-, aus-, und eingerichtet').

발타자르는 모든 드라마가 궁극적으로 드라마적인 것(신적 드라마)에 놓여 있는, 즉 인간적으로 드라마적인 것을 보호하고 변화시키는 기독교적 시야(Christian horizon)를 가리킨다고 가정한다. 그는 『세상의 심장』(Heart of the World)을 그리스도론적으로 숙고하기 시작해, 『파스카의 신비』(Mysterium Paschale)에서 성삼일(성 금요일, 성 토요일, 부활 주일)을 숙고하고, 『신적 드라마』에서 기독교 신앙의 핵심적 신비, 즉 (십자가에서 울부짖은) 영원한 아들의 수난의 드라마, 그 후 지옥으로 내려간 아들 그리고 부활의 생명으로 들어간 아들에 대해 계속해서 묵상한다. 바로 이런 사건들 속에서, 인간의 행동과 모든 창조물의 자유를 위한 조건인 삼위일체 하나님의 내적 생명이 온전하게 상호 작용하면서 드러난다.

여기서 발타자르의 그리스도 인격과 사역에 관한 핵심 교리, 그리고 드라마적 관점이 그것들을 재구성하고 다시 활기를 띠게 만드는 방식이 밝혀진다. 바르트처럼, 발타자르는 그리스도론과 구원론 사이의 유사성을 주장한다. 그것들은 분리되어서는 안 된다고 본다.

드라마에서 등장인물들은 극의 전체적인 흐름 속에서 자신들의 역할과 관련되지만, 배우와 역할 사이에는 해결되지 않는 거리가 항상 있다(발타자르는 사회와 사회적 '역할 수행'에도 마찬가지로 이 거리가 있다고 본다). 이런 거리를 극복하는 역할의 개념에 대한 신학적 유비는 이그나티우스와 요한의 개념인 '사명'(mission, Sendung)이다. 그리스도의 사명 안에서 인간은 나눔을 할 수 있고, 인격과 사역이 완전하게 일치한다.

그리스도는 자신의 사역에 자신의 인격을 완전히 쏟았다. 발타자르는 요한의 방식으로 그를 '보내진 자'(One Sent)라고 칭하고, 그의 핵심적 직무의 측면에서 그의 핵심적 정체성을 명시했다. 하나님과 인간 사이의 새 언약을 시작하고 유지하기 위해 세상의 모든 죄를 책임지는 것을 포함하는 구원 사역은 그 본질에 있어서 '인격'이 제공되지 않는 한 수행될 수 없다.

그리스도의 인격만이 이것을 성취할 수 있다. 그의 인간적인 삶이 사랑과 자기 기증(self-donation)이라는 신적 움직임에 전적으로 바쳐졌기 때문이다. 따라서 발타자르는 다음과 같이 말한다.

[자기는] 완전하고 완성된 제1부(part one)로 이해하고 거리낌없이 구원론적인 제2부(part two)로 넘어가는, 순전히 가역사적이고(extrahistorical), 정적이고, '본질적인' 그리스도론에 빠지지 않게 되었다. … [그리스도의] 사역에 대한 질문은 그의 인격에 대한 질문을 암시한다.
이런 방식으로 행동하기 위해서 그는 '누구여야만' 하는가?[18]

'보내진 자' 또는 '사랑하는 아들'(마 3:17)로서 예수는 행동으로 순종하는 분이었고, 그의 완전한 순종은 인간으로서의 신실함뿐 아니라 그의 아버지와의 인격적이고 직접적 관계의 표현이자 이유이다. 아들로 존재한다 함은 정적 상태에 있음을 말하지 않는다. 이는 인격적 관계 속에 있음을 의미한다.
발타자르는 다음과 같이 말한다.

> 세상의 모든 드라마 작품은 자유와 순종의, 또는 자기 존재와 의식적으로 승인된 의존의 [그리스도론적인] 일치라는 이상적 본질과 관련되고 판단되어야 한다.[19]

발타자르는 성령에 의해 중재된, 아버지의 의지에 대한 이런 완전한 가능성 속에서, 신학이 실체적 일치(hypostatic union), 즉 그리스도의 두 본성인 신성과 인성의 일치라고 칭하는 것의 근거를 본다. 로고스의 아버지로부터의 발현과 아들의 세상으로의 '보내짐'은 예수 그리스도의 하나이자 같은, 본질적 움직임이다. 따라서 그는 실재론자(essentialist)의 방식으로 다뤄지는 교리를 택하고, 그 교리를 현실주의자(actuality)의 방식으로 다루면서 변화시킨다. 실체적 일치의 근거는 두 종류의 물질(stuff)의 결합이 아니다. 한 자식의 동력(filial dynamic) 안에서의 두 '움직임'의 결합이다.

한편, 구원의 교리는 발타자르에게서 대리적(또는 대표적)이고 참여적인 측면을 모두 갖춘 방식으로 발전되었다. 타락 후 만연해진 죄 문제 때문에(창조자와 창조물 사이를 적절하게 유지하는 차이로서의 거리의 부정적 상태), 그리스도는 '우리를 위해' 행동하셔야만 했다. 그리스도만이 죄가 만들어 낸 심연을 가로지를 수 있어서 무한한 하나님의 사랑을 나타낸다. 그러나 이를 통해, 피조물인 인간이 그리스도의 사명('사역의 영역')에 들어갈 수 있게 되었다. 신자는 그리스도가 역사 속에서 행하시는 드라마의 중심으로 옮겨질 수 있다. 즉 그리스도의 삶과 죽음, 부활에 대한 '자

---

18 Balthasar, *Theo-Drama*, Vol. 3, 149.
19 Balthasar, *Theo-Drama*, Vol. 2, 268.

식의 동력'(filial dynamic)이 공유될 수 있다.

그러한 삶의 방식의 효과는 인간들로 자기를 방어하게 하고, 하나님과 타자들을 향해 나아가도록 한다. 그러한 사람은 **자신의 사적 세상에서 스스로 벗어나는 것처럼 느낀다.**[20] 이것은 전통적 신학이 그리스도와 연합 또는 그의 몸의 지체라고 칭하는 것이며, 경건한 사람들(divine persons)의 어떤 관계적 특성에 참여하는 가능성을 제공한다. 우리는 자신을 넘겨줌으로써 하나님의 상호 관계와 교제, 사랑, 즉 창조된 인간을 위한 완전히 새롭고 자유롭게 하는 가능성 안으로 인도될 수 있다.

여기서 특히 발타자르의 구원론과 관련해, 드라마적 관심사가 이 그림을 어떻게 생동감 있게 만들지 분명하다. 그리고 다시 말하지만, 그것은 불가피하게 진행되고 있는 개인적 무언가다. 예수는 인간으로서 구원론적인 목표와 종말론적인 사명을 갖는다. 그리고 그의 구원 사역은 현재에도 계속해서 영향을 끼친다. 그는 계속해서 성경을 통해 인격적 방식으로 일하시며 사람들을 만나시고, 그들을 자신과의 드라마적 관계로 끌어들이시기 때문이다. 따라서 드라마는 교회의 삶으로 바뀐다.

교회의 삶 속에서 그리고 그 삶과의 관계 속에서, 인간은 그 결과로서 그들 자신의 진정한 인간성을 발견하면서, 그리스도의 양식에 따라 그들의 삶을 형성해야 하는 과제를 안고 있음을 깨닫는다. 발타자르의 설명에 따르면, 그리스도의 사역의 포괄적이고 위대한 드라마(그것의 온전한 영향은 로고스의 전투에서 종말론적으로만 미친다)[21]는 진정으로 드라마적 행동의 척도가 사랑의 삼위일체 하나님의 초드라마(supra-drama)에 있음을 드러낸다.

그러나 발타자르가 하나님의 자기 기증과 상호 수용성의 이런 패턴을 인간의 삶과 공동체로 적용하고 계속해서 그 가능성을 주장함은, 그가 초드라마를 가리키는 인간 드라마의 가치를 존중함을 드러낸다. 그는 이것을 고수하기를 간절히 바란다. 초드라마의 개요, 모든 드라마의 척도는 '당신'과 '나' 사이에서 어떤 자유(사랑과 순종, 관용과 포기)를 주고받는 신앙의 눈으로 밝혀질 수 있다.

> (그리스도인의) 신앙은 가장 중요하지 않게 보이는 대인관계 내에서, 영원한 나-너 관계의 '성례전'과 현재화를 알 수 있도록 한다. 이 영원한 나-너 관계는 자유로운 창조의 근거이며, 성부 하나님이 모든 너의 구원을 위해서 사망의 음부로 그분의 아들을 넘겨

---

20 Balthasar, *Prayer*, trans. A. V. Little dale (New York: Paulist Press, 1967), 104.
21 Balthasar, *Theo-Drama*, Vol. 4을 보라.

주신 이유이다.²²

우리는 이 시점에서 발타자르가 위의 인용에서 '사망의 음부'를 다루는 방식을 고찰해야 하는데, 그 이유는 이것이 그의 가장 독창적인 신학적 숙고의 핵심을 제공하기 때문이다. 성자는 지옥, 곧 절대적인 '하나님께 버림받음'(God-forsakenness)으로 내려갔다. 그는 죄악 된 인류의 운명(본질뿐 아니라 상태)을 스스로 떠맡았고, 그 잔을 다 마셨으며, 전적으로 하나님을 반대하는 것을 포용했다. 그럼에도 그는 여전히 하나님이시다.

거의 관심을 끌지 못했던 이 신학적 주제에 관한 탐구는 놀라울 정도로 결실을 맺었다. 그것은 자기 비하 그리스도론(Kenotic Christology)에 대한 관심의 매우 독특한 발전이다. 발타자르에게 성자의 자기 비하는 '사방에 그것을 나타내기' 위해 죄악 된 인간 본성의 모든 상태를 스스로 떠맡겠다는 그의 의지 속에서 완전히 표현된다. 그가 떠맡은 짐의 온전한 의미는 그것이 죽음의 고통뿐만 아니라 죽음의 상태 자체임을 인식할 때 비로소 깨닫게 된다. 여기서 발타자르는 버질(Virgil)과 단테(Dante)의 전통과 아드리엔의 신비주의적 경험에 더욱 의존한다.

죽은 자의 영역은 하나님과 단절된 장소이며, 죽은 자가 하나님을 전적으로 반대하는 실재를 직면하게 되는 곳으로 소망이 없는 곳이다. 그곳으로 들어가는 것은 성자의 성부에 대한 순종의 척도다. 그가 그와 반목하는 영역으로 들어가는 이유는 그 영역이 그의 통치를 다시 받도록 하기 위함이다. 그의 순종의 힘은 그를 이 심연으로 이끈다.

그러나 자신을 반대하는 영역으로 들어가시는 분은 하나님이시다. 하나님에게서 버림받은 지옥에서 이런 하나님의 임재는 성부와 성자 사이의 삼위일체적 구별에 근거해서만 가능하다.

> 창조의 기원('성부')인 하나님과 그 기원에 신실해 궁극적이고 영원한 죽음(perdition)으로 들어간 사람('성자') 사이의 이런 대척, 곧 파괴점까지 다다르는 이 결속은 절대적 사랑의 영('성령')이 보낸 이와 보냄을 받은 이 모두를 채우고 있기 때문이다. 하나님은 하나님으로 하여금 버림받음 속으로 들어가게 하시고, 그 길에서 그의 영과 함께하신다.²³

---

22 Balthasar, *The Glory of the Lord*, Vol. 5, 649.
23 Balthasar, *Elucidations*, 51.

발타자르는 몰트만(Boltmann)처럼, 하나님의 불변성에 대한 전통적 교리를 아들의 죽음에 대한 온전한 삼위일체적 함의를 제시하는 방식으로 재구성했다.

그러나 그는 그 결과로서 하나님의 불변성에 대한 교리를 지속적인 비판의 대상으로 삼지 않는다. 이것은 그의 주요 관심사가 아니다.

그는 오히려, 성자가 무릎쓰는 고난을 위한 하나님의 자유 안에서 존재하는 바, 사랑과 내재적 삼위일체에서 비롯된 초조건(supra-conditions)인 하나님의 보내심과 순종이라는 측면을 강조한다. 발타자르는 그리스도의 행동은 "하나님의 마음에 있는 드라마"를 가리킨다고 말한다.[24]

> 예수의 인격을 정의하는 부분인 드라마적 차원은 그의 존재의 세속적 측면에만 속하지 않는다. 그 궁극적인 전제는 신적 삶 자체에 있다.[25]

몽그레인이 지적했듯이, 발타자르는 몰트만이 "내재적 삼위일체 하나님의 고통과 고통받는 하나님의 소외와 창조 질서 안에 있는 비극을 동일시함으로" 신적 삶을 시간 내의 변화(world process)에 연루시키는 위험이 있다고 우려한다. 그는 몰트만의 삼위일체론이 그 자체가 되기 위해, 즉 그 자체를 '실현하기' 위해 세상을 필요로 한다고 염려한다.

이와는 대조적으로 그의 관점에 따르면, 그 자체가 되기 위해 세상을 요구하는 공간은 이런 삼위일체적 활력에 의해 '필연적인' 것이 아니라 자유롭게 생성된다. 시간 내의 변화 속에서 나타나는 소외는 더 큰 '디아스타시스'(diastasis, 분리) 속에서 유지되는데, 그것은 삼위일체의 삼위 사이의 관계성을 위한, 완전하고 자급자족하는 조건이다.

하나님의 이해할 수 없고 독특한 자신으로부터의 분리는 '그렇게 어둡고 괴롭지 않은 다른 모든 분리를 포함하고 기초가 되는' 초사건이다.[26] 그것은 성령 안에서 성부와 성자 사이에 있고, 하나님의 절대적 사랑에 속하는 '영원하고 완전한 자기 포기'[27]의 최고점이다.

여기서 우리는 삼위일체 하나님의 완전한 사랑 안에서 삼위의 페리코레시스적 자기 줌(self-giving)과 동시적 상호 구성에 대한 발타자르의 비전을 엿볼 수 있다. 예

---

24 Balthasar, *Theo-Drama*, Vol. 3, 119.
25 Balthasar, *Theo-Drama*, Vol. 3, 159.
26 Balthasar, *Theo-Drama*, Vol. 3, 325.
27 Balthasar, *Theo-Drama*, Vol. 4, 323.

수의 삶에 나타난 사건과 행동을 시작으로 그리고 그것들 밖으로 생각하면서, 그는 삼위의 완전한 상호 유출에 대한 매우 드라마적인 그림을 기탄없이 추론한다.

그러나 이것이 하나님의 불변성 교리를 손상하지는 않는다. 확실히 발타자르에 따르면, 성부조차도 성자에게 자신의 모든 것을 주시기 위해 자신을 아낌없이 포기하신다. 그러나 이런 넘겨줌은 완전하고 상호적이기 '때문에'(성자가 성부께 모든 것을 다시 드리기 '때문에'), 하나님의 전체 삶은 역동적인 완전함 속에 그대로 남아 있다. 삼위의 상호적인 자기 줌은 사랑의 영원한 삼위일체적 사건 안에서의 동시적 자기 구성(self-constitution)이다.

이 모든 것에서 발타자르의 유비는 어떻게 활용되는가?

인간의 모든 행동과 기독교 하나님의 초드라마 사이의 관계는 더 큰 차이에서 유예된 유사성의 관계다. 물론 세속적 드라마는 인간의 구조적 수용성과 관계성에 통찰력을 줄 수 있다. 그러나 예수 그리스도의 완전한 관대함과 완전한 순종(또는 자기 포기) 안에서 우리에게 드러나는 삼위일체적 자기 줌과 영원한 충만은 우리의 이해 너머에서 중요한 척도로 남아 있다. 어떤 세속적 드라마도 이런 진리를 표현하기에 충분할 수 없다.

그런데도, 우리가 보았듯이, 발타자르는 이 진리의 참여적, 중재 표현의 특권적 형태가 교회에서 그리고 무엇보다도 마리아에서 형태를 갖출 수 있도록 준비가 '되어 있는데', 마리아의 의지에는 신적 드라마의 '텔로스'(telos, 목적)와 관련해서는 어떤 긴장도, 어떤 저항도 없다. 비록 공식적으로 그리스도의 자기 포기에 의존하기는 하지만, 그녀 자신의 자기 포기는 신적 드라마에 참여하는 인간들이 가장 많이 본받도록 격려되는 특성이다.[28] 그녀의 수용성이 그녀로 성취하게 한다.

여기에서 발타자르의 사상에는 모호한 점이 있다. 노엘 오도노휴(Noel O'Donoghue)는 발타자르가 신앙의 순종을 순수한 수동성으로 여기는 것(바르트의 '단동설')과 하나님의 은혜에 대한 창조적인 응답(쉐벤, 아담 괴르디니, 프르치바라의 협력의 신학)으로 파악하는 것 사이에서 결정을 미루고 있다고 지적했다.[29] 발타자르가 그 특징을 묘사하듯이, 인간 신자의 전형인 마리아의 반응은 이 양극 사이에서 망설이고 있다. 그래서 드라마 은유법을 특정하게 적용하는 발타자르의 방법은 모호함을 결정적으로 해결하지 못한다.

---

28 예를 들어 발타자르에게서 나타나는 창조물의 협력에 대한 이상을 위해선, *The Glory of the Lord*, Vol. 5, 105와 마리아에 대한 실증(e.g., in Balthasar, *First Glance at Adrienne von Speyr*, 52)을 보라.

29 Riches, *The Analogy of Beauty*, 4.

3. 토론

우리가 살펴본 것처럼, 발타자르의 신학은 성경적이고 설명적이다. 대부분은 다른 이들의 연구에 관여하면서 행해졌는데, 그중에는 가톨릭 신학뿐만 아니라 그와 동시대를 살았던 개신교들의 연구도 포함된다.

발타자르의 열망은 '계시된' 신학을 확립하는 틀로 철학 또는 자연 신학을 구성하는 것은 아니었지만(그는 성경과 성례전, 교회의 가르침에 나오는 예수 그리스도로의 계시된 형태로부터 시작했다), 기독교 신앙 밖에서 진리와 생명을 찾는 인간의 오랜 역사에 대해 모든 타당성을 부정하고자 하지는 않는다.

그는 계시된 말씀이 '위로부터' 세상에 삽입된 정점(apex)이라고 독특하게 본다. 그래서 **그리스도 안에서 나타난 하나님의 계시와 그에 대한 선포는 우주와 인간 본성의 기저(base)가 아니라 그 기저의 정점에서 끌어낼 수 있다는 것이다.**[30] 이것은 계시된 말씀과 창조주의 정체성에 대한 믿음에 근거한 주장이다. 바로 이 정체성 때문에, 발타자르는 그 계시가 진리에 도달하려는 세상의 시도에 단순히 영향을 미치는 것이 아니라 그것을 판단하고 성취한다고 주장한다.

바르트는 여기에 전혀 동의하지 않았고, 『칼 바르트 신학』(*The Theology of Karl Barth*) 제2판의 서문에 실린, 그들 사이의 논쟁이 해결되었다는 발타자르의 주장을 기뻐하지 않았다. 그는 궁극적으로 계시의 신학을 지배할 자연 신학의 위험을 계속해서 의심하고 있었다. 그 의심은 창조 질서의 교리를 주창한 브루너(Brunner)와 알트하우스(Althaus) 같은 신학자들과의 논쟁으로 인해 더욱 커졌다.

그러나 발타자르는 다른 곳에서 했던 토론에서 그러한 위험을 충분히 알고 있었다. 그는 자신과 다른 사람들을 위해 싸웠던 세상에 대한 교회의 개방이 기독교적인 특징을 나타내는 것을 쉽게 침식시키는 것을 살아서 목격하게 되었다.

따라서 라너가 발전시킨 '익명의 그리스도인'의 개념에 대해 그는, 특히 『코르둘라』(*Cordula*)에서 격렬한 반응을 보였다.[31] 여기서 그는 사람들이 그들의 내재적인 영적 역동성으로 신적인 것을 파악하고, 믿고, 소망하고, 사랑할 수 있다는 내용에 대한 라너의 강조를 공격했다.

---

30 Balthasar, "Christlicher Universalismus", in *Verbum Caro* (Einsiedeln, 1960), 262.
31 영어 번역본, *The Moment of Christian Witness*.

만일 다른 데서 발타자르가 하나님의 계시의 필요성을 인간의 역동성에 관한 연구로부터 입증하려고 했던 블롱델의 내재의 방법론(méthode de l'immanence)에 공감했다면, 그는 라너가 그러한 자연적, 영적 역동성과 신앙의 삶을 동일시하는 것에서 신적인 것에 대한 사람들의 이해와 하나님의 자기 계시 사이에 있는 차이를 결정적으로 모호하게 했다는 점을 보았다.

따라서 그렇게 말하는 것은, 발타자르의 표현에 의하면, 그가 『주의 영광: 형이상학의 영역』(The Glory of the Lord: The Realm of Metaphysics)에서 매우 민감하게 다뤘던 신적인 것에 대한 암시(intimations of the divine)를 충족하고, 초월하는 하나님에 대한 궁극적인 환상을 궁극적으로 추구해 나가는, 진리에 대한 사람들의 자연스런 탐색을 혼란하게 한다. 그것은 무엇보다도 참된 기독교 신앙이 그리스도의 형상이라는 계시와의 만남에 대한 반응으로서 성장하는 방식을 지나쳐 버리는 것이었다. 따라서 그는 그리스도인의 삶에서 순교와 증언을 강조한다. 그리스도인의 신앙은 '그것을 위해 죽을 수 있는' 신앙이다.[32]

성경 신학과 그에 대한 적절한 방법론에 관한 다른 토론 분야에서, 발타자르의 접근법과 불트만의 접근법을 구별되게 만든 것은 계시 형태와 그 규범력에 대한 똑같은 강조였다.

첫째, 발타자르는 신약성경의 그리스도론적 요소와 구원론적 요소의 원천을 1세기 신화로 환원하는 것을 반대했다.

둘째, 그는 불트만이 신앙을 '나의' 경험이 변화되는, 보이지 않는 결정으로 돌리는 인간학적 환원에 반대했다. 이런 환원을 결합한 결과는 신앙의 그리스도가 '모든 인간의 삶에서 자연적 목적을 호전시키는' '나를 위한'(pro me) '과정'에서만 이해되는 익명의 그리스도(incognito Christ)가 되는 것이다.[33] 이 두 환원은 존 리치스(John Riches)가 보여 주었듯이, 매우 다른 종류의 환원이다.

첫째, 종교사학파 프로그램에 충실한 설명적인(explanatory) 환원이다.

종교적 신념들은 '밖에서', 즉 다른 동시대의 또는 동시대에 가까운 종교적 신념들과 시스템들 안에 있는 원천들에 의해 설명된다.

---

32 Philip Endean, "Von Balthasar, Rahner, and the Commissar" in *New Blackfriars* 79: 923 (1998), 34.

33 R. Bultmann, *The Gospel of John* (Oxford, 1971), 69.

둘째, 개념적인(conceptual) 환원이다.

여기서 단언하는 것은 세상 곧 인간 역사의 어떤 사건에서 하나님의 행위 방식에 대한 진술로 생각될 수 있는 것이 '실제로는' 내가 나의 경험에서 변화를 경험할 수 있는 방식에 대한 진술이라는 것이다. 그렇다면 불트만의 역사적, 신학적 방법에서 이런 두 가지 환원주의 사이에 딱 들어맞는 이음새가 있다는 것은 분명한 사실이다. 그런데도, 그가 자신의 저서에서, 예를 들어 요한복음에 대한 역사적 설명을 합리적, 신학적 재구성으로 바꾸고 있다고 분명하게 말할 수는 없다.

발타자르가 주장하고자 하는 바는 다음의 두 가지이다.

첫째, 그러한 텍스트에 대해 적절히 설명하기 위해서 특정한 교리의 역사적 출처뿐 아니라 저자가 그러한 생각을 옮길 때 이뤄진 종합의 통합에도 관심을 기울여야 한다는 것이다. 이것은 직접적이든 간접적이든 종교사학파에서 비롯된 많은 연구에 전적으로 필요한 교정 작업으로 보인다.

둘째, 두 번째 요점은 상당히 다른데, 그것은 우리가 그러한 텍스트를 읽을 때, 그 텍스트가 우리에게 계시의 형상(Gestalt)을 전달하는 방식, 즉 볼 눈이 있는 자들을 위한 하나님의 영광이 그 속에서 나타나는 방식을 볼 수 있도록 애써야 한다는 것이다. 이것은 충분히 논쟁을 초래할 만하다.

사실 그것은 우리가 그러한 텍스트를 이해할 수 있는 유일한 방법은 그것이 우리에게 실존적 결정으로 직면할 때만이라는 불트만의 주장이 옳은지 그른지와 관련한 미해결 문제이다. 그가 이런 방식으로 텍스트를 읽는 데에는 개념적 환원이 포함되지 않았다고 답변하는 것이 옳을지도 모르겠다. 이것은 실제로 바울과 요한에 의해 그것들이 이해된다고 여겨지는 방식이었다.

발타자르의 '게슈탈트'(형상) 신학이 성경적 연구 분야에서 어느 정도의 가치 있는 교정책으로 보이든지 간에, 이 게슈탈트 신학이 그의 유비적 틀이라는 맥락에서 '더 큰 차이점'이 차지하는 중요한 역할을 압도할 정도로 과도하게 사용될 수 있는지에 대한 질문이 남아 있다.

'더 큰 차이점'은 항상 초형태나 초드라마가 세속적 형태와 세속적 드라마의 매우 크고 포괄적 형태(version)가 되는 걸 막을 정도로 충분히 강력한가?

유사성이 차이점 안에서 적절하게 유예되지 않는 곳에서 사물 전체를 보는 것은 때때로 미진한 부분을 지나치게 정리하는 일을 수반하는 것으로 보일 수 있다.

신학적 미학과 관련해, 조화(harmony)의 은유들과 뒤섞인 화합(concord)에 대한 발타자르의 간헐적 의존은 그의 해석자들에 의해 때때로 그의 신학적 비전에 알맞지 않은 것으로 읽힌다. 그리고 발타자르 자신은 때때로 그러한 해석으로부터 지키는 데 필요한 예방 수단을 취하지 못한다.

마찬가지로, 신학적 드라마 이론과 관련해, 발타자르가 신적 드라마에 귀속시킨 '형식'(shape)은 헤겔의 드라마 이론에서 제시된 훌륭하게 '형상화된'(shaped) 드라마 모델과는 충분하게 구별되지 않는 것으로 보일 수 있다(이 영역에서 헤겔이 발타자르에 끼친 영향은 막대하다). 발타자르는 드라마 형태(심지어는 신적 드라마의 초형태까지)가 갖는 통합력을 강조하기 때문에, 분명한 해결책을 얻는 것이 드라마에서 중요한 일 중 하나이고, 만일 필요하다면, 각 주인공의 '파토스'(pathos)는 이 목적을 위해 희생되어야만 한다는 헤겔의 신념으로부터 거리를 두는 것을 스스로 어렵게 만든다.

화합의 측면에서 말하는 경향이 있는 미학, 분명한 해답을 찾는 경향이 있는 연출법, 모두에 대하여 제안될 필요가 있는 신학적 문제는 다음과 같다.

십자가에 달리신 이의 제자들이 그런 일들을 너무 쉽게 직관적으로 인식하는 것은 적절한가?[34]

분명한 해답을 보려는 경향은 발타자르의 신학이 갖는 마리아 차원과 관련된다. 발타자르는 다음과 같이 서술한다.

> 교회는 성모 마리아적이라고 할 정도로, 그녀는 읽을 수 있고 이해할 수 있는 순수한 형상이다.[35]

성도들로 이루어진 교회와 그들의 모범적인 상호 관계를 포함하는 교회의 이런 마리아적 형상은[36] 초형태의 특권적 중재 때문에 '더 큰 차이점'의 영역으로 침입하는 것처럼 보인다. 성모 마리아의 자기 포기(헤겔의 개인적 '파토스'의 희생 요구를 반영하는 것)는 하나님의 자기 희생 혹은 비하의 유비적 대응물을 나타내며, 신적 드라마에서 인간의 역할을 원형적으로 대변한다.

---

34 드라마에서 분명한 해답을 보여 주는 경향에 대한 예를 위해서는, *Theo-Drama*, Vol. 1, 478에서 셰익스피어에 대한 발타자르의 설명을 보라.
35 Balthasar, *The Glory of the Lord*, Vol. 1, 562.
36 *First Glance*, 82-5에 나타난 성인들의 교제의 수학적 구조와 교회의 신성함을 온전히 형성하는 그 능력에 관한 발타자르의 의구심과 비교하라.

그러나 이 유비(마리아의 자기 포기와 하나님의 자기 희생)가 하나님과 창조물의 행동 사이에서 중재가 되기에는 너무 무비판적이고 너무 무제한적이지는 않은가?

신과 인간의 관계에 대한 모든 유비적 이해는 엄밀히 말하면 일시적이다. 짐작건대, 마리아의 이야기에서 직관된 것들조차도 그러하다. 그러나 이것은 너무 유혹적이어서 시대를 초월한 미덕(그리고 발타자르의 경우, 주로 순종의 미덕)의 구현으로 그녀를 설정하려는 것일지도 모른다. 그래서 여기에는 발타자르가 마리아에게 초점을 맞췄던 것처럼, '흠 없는 교회'(Ecclesia Immaculata)라고 칭한 바가 신학적으로 적합한지에 대한 의문이 있고, 보다 일반적으로는 유비에 대한 바르트의 도전과 유사점을 가진다.

그러나 그러한 접근법들에서 발타자르가 역사를 신학적 통찰력에 실제로 중요하다고 보지 않거나 그 중요성을 경시하지는 않는지에 대한 큰 의문이 있다. 그의 경향은 종종 초역사적 형태들, 즉 역사적 경험의 관점에서 모순에 전적으로 반박할 수 없는 형태들을 직관해야 하는 것처럼 보인다. 그리고 가톨릭 신학의 관점에서 그것들이 이해된다면, 강화나 보충이 필요 없는 것처럼 보인다. 그러한 역사에 대한 배신은 기독교의 진리를 드라마의 전개로 보여 주려는 자신의 깊은 헌신의 일말을 배신하는 일이 될 것이다.

그러나 명백하게 그런 위험에도 불구하고 그는 단념하지 않고 마리아의 수용성과 하나님의 비하 사이의 유비를 신학적으로 크게 강조하는 것 같다. 그리고 이런 유비 아래 남성과 여성의 관계 구성에 대한 그 이상의(그리고 같이 의심스러운) 예표론(typology)이 있는데, 이것이 창조주와 피조물의 관계의 유사성으로서 적용되는데 적합한지는 비평적으로 주의를 기울일 필요가 있는 것 같다. 여기에서도 '형태'라는 개념은, 발타자르가 "견디고, 출산하고, 양육하는 여성 유기체의 능동적 능력은 … 창조하는 하나님과 비교해서 피조물이 본질적으로 여성으로 보이게끔 만든다"라고 진술할 때처럼,[37] '더 큰 차이점'에 관한 우리의 지각에 수반되어야 하는 일시성을 억누르는 '유형'의 지나치게 단호한 정형화에 의해 쉽게 좌우된다.

한편, 발타자르는 마리아의 원형을 중심으로 성인들에 대한 더욱 확장된 예표론을 명령한다. 예를 들어 요한은 (마리아와 함께) '사랑'을, 베드로는 '직무'(office)를 나타내고, 바울과 야고보는 그것들과 함께 교회와 교회의 신학이 기초하는 사중구조를 만든다.[38]

---

37 Kehl and Loser, *The Von Balthasar Reader*, 233; Balthasar, *Neue Klarstellungen*에서 발췌.
38 예를 들어 Balthasar, *The Glory of the Lord*, Vol. 7, 111을 참조하라.

이것은 발타자르의 성경에 대한 보다 일반적 접근법의 경향과 일치하지만, 성경 본문에 대한 일부 명백하게 사변적인 해석에 의존하는 '게슈탈트' 신학을 나타내는 것이다. 예를 들어 베드로와 요한이 예수의 무덤으로 함께 뛰어가는 것은 '교회는 조화로운 긴장을 가진 직무의 교회와 사랑의 교회라는 두 개의 기둥을 가지고' 탄생했다는 증거로 받아들여진다.[39]

발타자르가 '흠 없는 교회'에 대한 자신의 신학을 교회의 훼손되고 죄악 된 측면들, 예를 들어 종교개혁의 상처, 이스라엘의 분열, 교회 역사의 극악과 부패에 대한 강력한 인식과 균형을 맞추려 한다는 것은 인정되어야 한다.[40] 이런 더 비극적인 이 견해가 그의 신학에서 과소평가되어서는 안 된다. 그의 성 토요일 신학(theology of Holy Saturday)과 함께, 그것은 죽음, 배신, 죄의 무게와 결과의 구체적 현실성에 대한 예민한 민감성을 표현한다. 발타자르는 악의 비현실성에 관한 바르트의 교리와 같은 것에 분명하게 저항한다.[41] 그의 견해는 아드리엔 폰 슈파이어의 신비주의적 지옥의 경험(『지옥의 경험』[*Kreuz und Hölle*]에서 명료하게 기록된)이 그의 신학에 끼쳤던 영향력에 부분적으로 빚지고 있다.

사실 지옥에 집중된 숙고를 포함하는 (바울의 증언과 좀 더 분명하게는 요한에게서 발견되는) 하나님의 자기 비하 신학에 대한 그의 독특한 전개는 구원이라는 하나님의 행위가 지옥의 현실성을 포용하지 않는 한, 과거가 된 구속에 대면해 있는 인간의 악의 현실성은 남는다는 것, 그래서 그리스도를 식별할 수 없다는 사실을 강조하기 위해 사용되었다고 주장될 수 있다.

이런 강조는 도널드 맥키넌(Donald MacKinnon)이 발타자르에게 찬사를 보내는 이유를 설명하는 데 도움이 된다. 맥키넌은 1933년부터 1945년 사이에 600만 명의 유대인을 계획적으로 살해한 사건에서 드러난, 압도적이고 만연한 악의 현실을 외면하지 말아야 한다는 것은 모든 현대 신학이 직면한 시험이라고 서술했다. 발타자르는 성 토요일과 십자가 기도처(Stations of the Cross)에 대해 묵상하면서,[42] 그 역사의 극악과 그 구속의 궁극적 문제와 씨름한다.

---

39 Balthasar, *Mysterium Paschale*, 259.
40 특히 Balthasar, "Tragedy and Christian Faith" in *Creator Spirit: Explorations in Theology III* (San Francisco, 1994)를 참조하라.
41 Balthasar, "Christlicher Universalismus", 269.
42 Balthasar, *The Way of the Cross*.

맥키넌이 볼 때, 발타자르는 하나님의 목적과 세상의 관계에 대한 조화롭고 체계적인 모든 견해에 저항하는 구체적인 것에 대한 냉혹한 강조의 증후를 보여 준다.[43]

그러나 이후의 주석가들은 구체적인 것에 대한 이런 강조가 실제로 얼마나 냉혹한가에 대해 질문했다. 발타자르의 '죽음의 사흘'(triddum mortis)과 특히 '지옥으로 내려감'(descensus) 대한 강조는 가장 신화적 시점에서 가장 구체적이기 때문이다.

이것은 인간 역사의 사회적, 물리적 측면을 특징짓는 투쟁과 고통으로에서 주의를 돌리고, 삼위일체적 관계가 우리와 우리의 구원을 위해 역사적 시간 '너머에' 혹은 '밖에' 서 이루어지는 영역을 위해, 죄의 구조적, 정치적 측면을 회피하는 것처럼 보인다. 바로 이 때문에 제라드 오핸런(Gerad O'Hanlon)은 "악의 현실성을 의식하는 사람에게서 현대의 구조적 악에 대한 관여가 이상할 정도로 부족하다"라고 말했다.[44]

4. 업적과 의제

발타자르는 '논쟁적' 신학자가 아니다. 그의 신학은 분석하거나, 이성적 논의를 기초로 신학을 세우거나 체계화하기보다는 기독교 진리를 창의적이고 상상력 있게 표현하는 것을 추구한다. 그는 '매력적이고', 그러한 까닭에 설득력 있는 기독교 신비의 비전을 분명하게 설명하기를 원했다. 단순히 논봉(論鋒) 때문이라기보다는 그의 탁월한 능력을 남김없이 발휘하기 때문에 설득력이 있다. 그리고 피상적으로 '심미적인' 의미에서가 아니라, 모든 다양한 인간의 삶과 사상의 긴장감과 강렬함을 수용하는 (그리고 종종 밀접한 연관이 있게 하는) 능력 때문에 매력적이다.

그 자신이 설정한 가장 중요한 과제는 아드리엔의 명상에서 다시 살아난, 그러나 무엇보다도 성경의 언어와 이미지에 뿌리를 두고 있는 기독교 전통의 위대한 유산에 접근하는 기독교적 신비에 대한 견해를 제시하는 것이다. 그의 업적은 자신의 유럽 문화와 문학에 대한 사랑, 성경과 전통에 관한 탐구, 아드리엔의 신비주의로부터 받은 영향력, 아드리엔과 함께 재속회의 사역을 발전시키고자 했던 소명감을 함께 묶어 심오한 교회 신학으로 만든 것이다.

---

[43] Riches, *The Analogy of Beauty*, 167.
[44] O'Hanlon, "Theological Dramatics" in B. McGregor and T. Norris (eds.), *The Beauty of Christ: An Introduction to the Theology of Hans Urs von Balthasar* (Edinburgh, T. & T. Clark, 1994), 109.

그의 저서가 보여 주는 지적 엄격함은 그의 연구가 (무릎을 꿇고) 만들어진 자기 고백적 신학,[45] 즉 묵상과 기도 그리고 무엇보다도 이그나티우스의 영성에 뿌리를 둔 신학이라는 사실과 연결된다. 기독교 신비에 대한 그의 포괄적인 견해는 그의 뒤를 잇는 이들에게 항구적인 과제를 남겼다. 그 과제는 특정한 시대와 문화 속에 있는 사람으로서 진정으로 가톨릭적이고 보편적인 신학을 창출하는 방법은 무엇인가라는 것이다.

발타자르가 처했던 상황은 라틴 아메리카, 아프리카 등에 있는 교회 신학자들이 처했던 상황이나 서구 신학이 답해야 했던 학문적 상황과는 매우 다르긴 하지만, 그의 신학에 근본적인 영향을 끼쳤다.

그러나 존 리치스가 말했듯이, 발타자르는 어떤 상황에서든 우리가 받은 특정한 소명에 순종한다면 파스카(성 토요일)의 신비로 들어가게 되고 주의 영광을 볼 수 있게 된다고 분명하게 믿는다. 그리고 비록 화해와 변화가 항상 필요하기는 하지만, 우리로 모든 위엄과 고통(grandeurs et misères)으로 세상을 볼 수 있도록 하는 것이 바로 이 비전이라고 그는 믿는다.

이런 의미에서 가톨릭적(catholic, 보편적)이라 함은 드러난 영광의 무궁무진한 충만을 축소하거나 단축하는 것이 아니라 인식하는 것을 뜻한다. 따라서 잃었거나 모호해진 전통의 그러한 측면들을 회복하기 위해 끊임없이 노력한다는 것을 의미한다. 그리고 세상의 아름다움과 위로, 세상의 공포와 장구함(longueurs)에 대한 더 큰 개방성을 의미한다. 이런 의미에서, 신학의 과제는 절대로 끝나지 않는다. 배제하려는 경향, 즉 그 특이성을 절대화하려는 경향과 계속해서 싸울 필요가 있다.

발타자르의 매혹적이고, 드라마적이고, 중대한 삼위일체 신학은 그러한 개방성을 유지하는 원천을 가지고 있다는 것을 살펴봤다. 오핸런이 암시했듯이, 그것은 예술, 음악, 드라마, 철학의 영역을 넘어서 발전할 수 있는 자원을 소유하고 있는 바, 아마도 경제와 정치의 영역에도 참여하기 위함일 것이다(그러한 발전이 발타자르 자신에 의해 잠재력으로 남겨진다면, 그것은 그를 따르는 이들이 풀어야 할 과제의 일부가 될 수 있다).

발타자르가 묘사하듯이 십자가와 부활, 영광의 주로 인해 인간의 대립을 견디고 극복함에 대한 중요한 신비들은 혁명적인 라틴 아메리카의 신학에서 서구 대학의 신학에 이르기까지 모든 상황에서 이루어지는 모든 신학을 필요로 하고 도전한다. 그리고 이런 신적 드라마가 그 요구하는 한, 발타자르의 숙고는 낯설지만 설득력

---

[45] Jakob Laubach, "Hans Urs von Balthasar" in *Theologians of Our Time*, ed. Leonhard Reinisch (Notre Dame, IN, 1964), 146-7.

있는 통찰력을 제공할 것이다. 이 글은 존 리치스와 함께 썼던 이전 글에서 발전한 것으로 그에게 깊은 감사를 표한다.

참고 문헌

1차 자료

A Theology of History (New York, 1963; first published 1959).
Elucidations (London, 1975; first published 1971).
First Glance at Adrienne von Speyr (San Francisco, 1981; first published 1968).
Heart of the World (San Francisco, 1979; first published 1945).
Love Alone: The Way of Revelation (London, 1968; first published 1963).
Mysterium Paschale (Edinburgh, 1990; first published 1970).
The Christian State of Life (San Francisco, 1984; first published 1977).
The Glory of the Lord, 7 vols. (Edinburgh, 1982–91; first published 1961–9).
The Moment of Christian Witness (New York, 1968; first published 1966).
The Theology of Karl Barth (San Francisco, 1992; first published 1951).
The Way of the Cross (London, 1969; first published 1964).
Theo-Drama, 5 vols. (San Francisco, 1988–98; first published 1973–83).

2차 자료

McGregor, B. and Norris, T. (eds.), *The Beauty of Christ: An Introduction to the Theology of Hans Urs von Balthasar* (Edinburgh, 1994).
Mongrain, K., *The Systematic Thought of Hans Urs von Balthasar: An Irenaean Retrieval* (New York, 2002).
Moss, D. and Oakes, E. T., *The Cambridge Companion to Hans Urs von Balthasar* (Cambridge, 2004).
Nichols, A., *The Word Has Been Abroad: A Guide Through Balthasar's Aesthetics* (Edinburgh, 1998).
_____. *No Bloodless Myth: A Guide Through Balthasar's Dramatics* (Edinburgh, 2000).
_____. *Say It Is Pentecost: A Guide Through Balthasar's Logic* (Edinburgh, 2001).
Oakes, E. T., *Pattern of Redemption: The Theology of Hans Urs von Balthasar* (New York, 1994).
O'Donnell, J., *Hans Urs von Balthasar* (London, 1992).
O'Hanlon, G. F., *The Immutability of God in the Theology of Hans Urs von Balthasar* (Cambridge, 1990).
Riches, J. (ed.), *The Analogy of Beauty: The Theology of Hans Urs von Balthasar* (Edinburgh, 1986).

제2부
유럽과 미국의 현대성에 대한 신학적 응답

제7장 독일-볼프하르트 판넨베르크
크리스토프 슈베벨 (Christoph Schwöbel)

제8장 위르겐 몰트만
리처드 보캄 (Richard Bauckham)

제9장 영국-토마스 F. 토렌스
다니엘 하디 (Daniel W. Hardy)

제10장 영국 성공회 신학
피터 세드윅 (Peter Sedgwick)

제11장 미국-리처드 니버
스탠리 하우어워스 (Stanley Hauerwas)

제12장 라인홀트 니버
윌리엄 웨릅홉스키 (William Werpehowski)

제13장 수정주의자들과 자유주의자들
제임스 J. 버클리 (James J. Buckley)

제14장 현시대의 장면: 전통의 재평가-탈자유주의
제임스 포도르 (James Fodor)

제15장 바르트 이후 조직 신학: 융엘, 젠슨, 건톤
존 웹스터 (John Webster)

제16장 제2차 바티칸 공의회 이후 로마 가톨릭 신학
폴 D. 머레이 (Paul D. Murray)

제17장 본문 진리, 의미: 성경 해석
안토니 C. 티슬턴 (Anthony C. Thiselton)

제18장 철학 신학
인콜프 달퍼스 (Ingolf U. Dalferth)

제19장 포스트모던 신학
그레이엄 워드 (Graham Ward)

제2부
유럽과 미국의 현대성에 대한 신학적 응답

    유럽과 미국은 서문에서 현대성이라고 묘사된 복합적 발전에 중심 역할을 해 오고 있는 지역이다. 신학에서 현대성과 씨름하려는 가장 철저한 시도는 슐라이어마허와 베를린대학교으로 시작되는 독일어권 신학 전통일 것이다. 제2부는 이런 전통이 21세기에도 미치고 있는 지속적인 중요성을 보여 주고 있다.
    제1부에서 다룬 내용에 곁들여 별도로, 독일 안에서 20세기 후반의 지도적인 인물은 볼프하르트 판넨베르크(제7장)와 위르겐 몰트만(제8장) 그리고 에베하르드 융엘(제15장)인데, 판넨베르크와 몰트만은 세계의 다른 지역 신학에 광범위하게 관여하고 있다.
    독일 바깥에서는 토마스 토렌스(제9장)와 성공회 신학자들인 마이클 램지, 도날드 맥키논, 스티븐 사익스, 다니엘 하디(제10장), 독일계 미국 신학자들인 니버 형제들(제11장과 제12장), 선도적 수정주의자들, 자유주의자들, 탈자유주의자들(제13-14장), 미국의 로버트 젠슨(제15장), 영국의 콜린 건톤(제15장), 로마 가톨릭 신학자들인 한스 큉, 에드워드 슐레벡스, 니콜라스 레쉬(제16장), 다수의 성경 신학자들과 해석학을 연구하는 사람들(제17장) 그리고 다수의 철학적 신학자들(제18장) 모두가 각자의 학문 분야에서 그리고 철학과 신학에서 독일 전통에 많은 빚을 지고 있다.
    하지만 유럽이나 미국을 21세기의 시작점에서 공시적으로 살펴본다면, 제2부는 다른 그림을 제공해 준다. 가장 창조적인 최근 발전의 일부는 다른 영감의 근원을 가지고 있다. 특별히 폴 리꾀르와 포스트모던 사상가들과 같은 성공회 신학자들과 탈자유주의자들, 철학적 신학자들, 해석학자들을 보라. 조직 신학은 훨씬 더 호감을 얻고 있는 가운데 신학의 내용과 장르 모두가 토론 중이다. 대부분의 유럽과 미국에서 새로운 세기의 신학자들은 더 많은 판넨베르크가 되도록(독일적 전통을 염두에 둔 표현임-역주) 할 것 같지 않은 방식으로 길러지고 있다.
    어떤 이들에게 이런 사실은 유감스러운 것이다. 그래서 고전적 독일의 조직 신학적 전통을 계승하려는 정력적 시도가 있기도 하다. 다른 사람들에게 이런 사실은 해방에 해당한다.
    꼭 그 전통(보통 여전히 이것은 가르쳐야 할 많은 내용을 가지고 있다고 인정된다)'에서' 벗어나는 것은 아니라 하더라도 신학을 생각하는 다양한 다른 장르와 방식을 '위한 '해방으로 간주하고 있다.

독일이라는 심장부 자체는 학생 숫자의 감소와 가르치는 자리의 축소 그리고 개신교와 로마 가톨릭에 한정되는 신앙고백을 요구하는 교회 일치적 압력으로 '안전한' 임용과 이에 따른 실망으로 고통을 겪고 있다.

다른 곳에서는 새로운 종류의 신학이 다른 기관을 배경으로 길러지고 있다. 세계의 여러 곳으로부터 학생들이 자신들의 신학적 사고에 상당한 영향을 미치는 고등학위를 위해 독일로 오고 있다.

그리고 유럽이나 미국에서의 21세기에 대한 전망은 19세기나 20세기에 그러했던 것과 같이 단일한 지배적 전통이 있는 것이 아니라 대화 중인(종종 인쇄물과 면대면으로뿐 아니라 전자우편을 통해) 생동감 있는 신학의 저잣거리와도 같다.

우리의 도전은 고전적 신학적 전통에서 최고의 것을 수립하는 것과 함께 고차원적 사상과 표현 그리고 토론을 전통에 공급해 신학의 다양한 장르를 정교하게 하고 성숙하게 하는 것이다.

제2부는 이런 과제가 이미 유럽과 미국에서 마주하고 있는 것임을 보여 준다. 이런 사실은 이 책의 후반부에서 유럽이나 미국적 요소가 감지될 때 훨씬 더 분명해질 것이다. 현재의 신학의 심한 진통은 특별한 이슈들이나 관련 상황에 강력하게 얽혀 있거나 아니면 과학과 실천 그리고 다른 종교 전통들, 예술 그리고 다른 공공 매체들과의 대화에 신가하게 관여하고 있는 데에서 발견할 수 있다.

제7장

독일-볼프하르트 판넨베르크

크리스토프 슈베벨 (Christoph Schwöbel)

1. 서론

1961년 일단의 젊은 학자 그룹에 의해 출판된 얇은 논문집 하나가 독일에서의 개신교 신학이 다소 정체된 상황에서 상당히 큰 화제를 불러일으켰다. 『역사로서의 계시』(*Offenbarung als Geschite, Revelation as History*)라는 그 논문집의 제목은 새로운 신학적 개념의 표제적 진술로 신학 대중에 의해 바르게 이해되었다.

논문을 저술한 사람들은 곧이어 그 논문집 편집자의 이름 아래 판넨베르크 서클이라고 알려지게 되었다.[1] 그 그룹의 조직 신학자는 볼프하르트 판넨베르크(Wolfhart Pannenberg, 1928-2014)였는데 그의 "계시론에 대한 교의학적 논제들"이라는 논문은 그 논문집의 표제적 성격을 드러내는데 의미심장한 이바지했다. 판넨베르크는 곧이어 현대 신학의 근본적 이슈들에 대한 진정으로 새로운 접근 방법으로 폭넓게 간주했던 이런 신학적 개념과 동일시되게 되었다.

『역사로서의 계시』는 단지 판넨베르크가 자신의 조직 신학적 개념을 발전시켜 간 기초를 제공했을 뿐만 아니라 판넨베르크가 점차 독자적 입장을 확립했던 자신의 초기 발전의 잠정적 결론으로 간주할 수도 있을 것이다. 스테틴(Stettin, 지금은 폴란드에 있다)에서 1928년에 출생한 판넨베르크는 전쟁 이후에 베를린대학교에서 자신의 학업을 시작하기 전 국가사회주의라고 하는 전체주의적 체제의 환경 가운데에서 자라났다.[2]

---

1 롤프 렌로릅(Rolf Rendtorff, 구약)과 클라우스 코흐 (Klaus Koch, 구약) 그리고 울리히 윌킨스 (Ulrich Wilckens, 신약)와 디트리히 뢰슬러 (Dietrich Rössler, 신약) 등의 원 그룹은 나중에 마틴 엘츠 (Martin Elze, 교회사)와 트루츠 렌토릅(Trutz Rendtorff, 사회 윤리)이 가입했는데 판넨베르크와 함께 거의 완벽한 교수진을 구성했다. 이런 학제 간 협력은 교의학과 해석학 그리고 역사 신학의 점증하는 분리에 대항하는 효과적 반대 운동을 이루게 되었다.

2 전기적 묘사를 위해서는 R. J. Neuhaus, "Pannenberg: Profile of a Theologian", in Pannenberg, *Theology and the Kingdom of God*, 9-50를 보라. 또한, Wenz, *Wolfhart Pannenbergs Systematische Theologie*, 9-14를 보라. 판넨베르크 자신의 설명은 Braaten and Clayton, *The Theology of Wolf-*

얼마간의 시간을 괴팅엔에서 보낸 후에 바젤에서 칼 바르트를 만났던 짧은 막간 이후에 판넨베르크는 하이델베르크대학교에서 자신의 신학 공부를 계속했다. 거기에서 판넨베르크는 『둔스 스코투스의 예정론』이라는 자신의 박사 학위 논문(1954년에 출간)을 루터교 바르트주의자였던 에드문트 쉬링크(Edmund Schlink)의 지도로 썼다. 그리고 1955년에는 토마스 아퀴나스에 이르는 서구 사상에서의 유비의 역할에 대한 분석으로 교수자격 논문을 완성했다.

하이델베르크에서 강사로 가르치는 몇 년의 시간을 보내면서 판넨베르크는 현대 신학의 형성에 헤겔의 사상이 지니는 중요성을 발견했다. 그 후 판넨베르크는 부퍼탈(Wuppertal)에 있는 고백교회신학교의 교수가 되었는데 그곳에서 위르겐 몰트만이 그의 동료로 함께 있었다.

1961년 판넨베르크는 마인츠대학교(University of Mainz)에 조직 신학 주임에 임명되었다. 아마도 판넨베르크 그 자신의 신학적 개념은 『역사로서의 계시』에 포함된 기본 생각이 지니는 온전한 함축을 구현해내고 비판자들에 대한 반응으로, 그 주장을 입증하기 위한 충분한 전략을 발견하려는 시도 가운데 발전했다고 말하는 것이 정당할 것이다. 이들 '작업 서클'은 1969년 정기적 모임을 그만두었으며 그 이후로 다른 회원들은 판넨베르크와 현저하게 다른 성경 신학이든 조직 신학이든 자신들만의 신학적 개념들을 제시하고 있다.

판넨베르크가 북미 신학과 만나게 된 것은 판넨베르크 자신의 사상을 조직 신학적으로 정교화하는 중요한 요인 가운데 하나가 되었다. 1963년에 시카고대학교에 방문 교수로 초청된 것을 시작으로 판넨베르크는 미국에 있는 다수의 신학적 학습 센터에서 폭넓게 강연했으며 그리고 과정철학이나 과정 신학을 대변하는 지도자적 사람들과의 지속적인 대화는 판넨베르크 신학의 발전에 상당한 이바지를 했다.

오늘날 판넨베르크는 독일뿐 아니라 미국에서 최소한 현금의 지도자적 신학자의 한 사람으로 폭넓게 인정을 받고 있다. 교회 일치를 위한 신학에 판넨베르크가 관여하고 있는 것은 1967년 뮌헨대학교(University of Munich)의 조직 신학 주임으로 옮겨간 후에 더욱 중요한 의미를 지니게 되었는데 그곳에서 판넨베르크는 1993년까지 에큐메니컬 연구소의 소장으로 또한 재직했다.

이런 에큐메니컬 신학에 대한 판넨베르크의 관심은 자신의 신학적 방법의 적절성과 포괄성을 보여 주고자 시도하면서 신학적 반성의 새로운 영역으로 그를 인도했다. 1988년에서 1993년까지 판넨베르크는 세 권의 『조직 신학』(Systematische Theol-

---

hart Pannenberg, 11-18에서 발견할 수 있다.

ogie)을 발간했다. 이 책은 포괄적 교의학적 개념에 있어서 판넨베르크의 신학적 발전의 다양한 흐름을 종합적으로 제시해 주고 있다.

2. 개요

『역사로서의 계시』에서 판넨베르크는 계시 개념의 구조에 대한 자신의 분석에서 계시가 하나님에 대한 진리를 드러내는 것으로 정당하게 이해될 수 없다는 주장으로부터 시작하고 있다. 계시는 하나님의 자기 계시로 엄격하게 해석되어야만 한다.[3]

신적 자기 계시는 만일 유일하신 한 하나님이 계신다면 단일하고 독특한 계시만이 있을 수 있다는 것을 의미한다(이 점에서 판넨베르크는 바르트와 의견을 같이한다). 이 계시에서 하나님은 계시의 저자인 동시에 중보자이기도 하시다. 계시는 하나님에 대해 필연적으로 망라된 지식은 아닐지 모르지만 진정한 지식을 구성한다.

다음 단계는 성경에서 말하는 전통에 따르면 하나님은 자신을 직접(즉 그의 '말씀'에서) 계시하지 않으시며 역사 가운데서 자신의 행동을 통해 '간접적으로' 자신을 계시하신다는 논제다(그리고 여기에서 판넨베르크는 바르트와 의견을 달리한다).

하나님의 자기 계시로서의 계시에 대한 엄격한 이해에 근거해 본다면 이런 주장은 특수한 역사적 사건이나 일련의 사건들을 지시할 수 없다. 이런 주장은 모든 선행하는 사건과 참으로 실체 전체가 입증되는 역사의 끝에만 적용될 수 있을 것이다. 이런 종말론적 전망은 계시의 보편성을 확보해 준다.

판넨베르크에게는 하나님의 종말론적 자기 입증이 나사렛 예수의 운명, 더 정확하게는 그의 부활 가운데서 선취적으로 실현이 되었다는 사실은 기독교 신앙의 분명한 주장이다. 이스라엘의 이전 역사는 역사 속 하나님의 행동에 대한 이해를 점차 보편화하는 것으로 이해되어야만 한다. 이런 보편화는 역사의 끝이 하나님의 완전한 계시로 기대되는 유대 묵시주의에서 그 최종적 단계에 도달한다. 마지막으로부터(그때 전체적으로 이해된다) 역사의 과정은 하나님의 간접적 자기 계시로 이해될 수 있다. 원칙적으로 이런 자기 계시는 볼 수 있는 눈을 가진 모든 사람에 의해 식별이 될 수 있을 것이다.

이런 기초적 프로그램의 핵심적 논점은 하나님의 최종적 자기 계시로서의 역사의 끝이 예수님의 부활에서 선취적으로 실현되었다는 주장이다. 판넨베르크는

---

3   "Dogmatic Theses on the Doctrine of Revelation" in *Revelation as History*, 125-58 참조.

1964년에 『기독론의 근본 문제』(*Grundzüge der Christologie*, 1968년 『예수-하나님과 인간』으로 영역됨)라는 책 제목으로 발간된 포괄적 기독론인 구상에서 이 주장을 구현하려고 하는 과제를 수행했다. 이런 기독론적 개념구성의 뚜렷하고 많은 논란이 된 특징은 그 방법론에 있다.

이것은 판넨베르크가 기독론의 과제를 예수님이 하나님의 그리스도 되시는 진정한 중요성을 그분의 역사로부터 '확립하는' 것이라고 이해하는 것에서 따라 나온다. 이런 이유로 판넨베르크는 기독론적 반성은 신약성경의 케리그마를 넘어 예수님 자신의 역사적 실체로 나아가 '아래로부터' 시작해야만 한다고 주장한다.

판넨베르크는 이런 다소 애매한 은유를 '위로부터'의 방법과 자신의 방법론의 차이를 가리키기 위해 사용한다. '위로부터'의 방법은 삼위일체의 2위이신 성자의 성육신으로 시작하며 확립하고자 하는 것(즉 예수 그리스도의 신성)을 전제한다. 판넨베르크가 보기에 '위로부터'의 방법은 인간 예수가 살았던 시대의 종교적이고 문화적 문맥에서 이해할 수 있는 인간 예수의 역사적 특수성을 무시하고 인간적으로 불가능한 인식론적 입장을 채택한다.

더 나아가 판넨베르크는 우리를 위한 예수 그리스도의 중요성에 대한 질문으로부터 기독론에 접근하는 방법론을 거부한다. 이런 방법은 판넨베르크가 보기에 사실상 기독론이 '구원론의 기능'이 되는 것(폴 틸리히)을 의미한다. 이런 방법론적 과정은 모든 것이 쉽사리 인간의 구원을 위한 소망을 기독론적으로 투사한 것으로 전락하는 구원론적 이해로 지배될 위험을 감수해야 한다. 예수님이 우리를 위해 지니신 의미는 반드시 그분의 직분에 근거해야만 한다. 그가 누구신지는 단지 역사적 예수의 과거 실체로부터 시작하는 것을 통해서만 바르게 확립될 수 있다.

하지만 '아래로부터'의 출발 지점은 판넨베르크의 기독론이 아래에 머물러 있다는 것을 의미하지는 않는다. 예수님의 신성에 대한 지식은 예수님의 하나님과의 일치가 부활절 이전의 모습에 함축된 주장이 입증되는 그런 방식으로 확립이 되는 부활에 근거하고 있다.

부활이 역사 끝의 선취적 실현으로서 묵시적 기대의 배경에 반대되는 것으로 이해된다는 전제 위에서만 예수를 하나님의 자기 계시로서의 인격 안에서 보는 것이 가능하다. 왜냐하면, 부활에서 예수의 하나님과의 일치 입증은 예수의 부활절 이전의 삶으로까지 소급해 확대된다. 이것은 예수와 성부 하나님 사이의 구별이 이런 구상 어느 지점에서 흐려지는 것을 의미하지 않는다.

하나님과 예수의 계시적 일치의 틀 안에서 예수의 신성은 성자와 성부의 일치로 이해되어야만 한다. 이것은 우리를 바로 삼위일체로서의 하나님에 대한 기독교적 이해로 인도한다. 보다 최근에 판넨베르크는 예수의 십자가와 부활에 함축되어 있던 하나님의 삼위일체론적 생명에서의 이런 자기 구별이 온전한 형태의 삼위일체론을 지지한다고 보다 상세하게 설명하고 있다.

판넨베르크가 하나의 역사적 사건으로 확립하려고 시도하고 있는 부활은 그 개연성이 그 어떤 대안적 설명보다 강력하며 단지 예수의 신성에 관한 주장을 입증하기 위한 결정적 논점이 될 뿐만 아니라 예수의 진정한 인성을 인간 운명의 성취로 이해하기 위한 기초이기도 하다.

판넨베르크는 예수와 하나님 아들의 동일성이 성부 하나님에 대한 절대적 순종의 관계를 통해 간접적으로 확립이 된다고 주장할 가능성을 탐구한다. 이런 의미에서 예수의 영원한 아들 됨은 예수의 성부 하나님과의 관계는 예수의 실존이 지니는 역사적 측면에서 영원한 성자의 성부에 대한 관계를 중재하는 한에서 그의 인성과 변증법적으로 같은 것으로 이해된다.

많은 핵심적 논점에서 이런 기독론적 구상의 타당성은 그 인간론적 전제의 정당화에 의존하고 있다. 예수와 영원한 성자의 일치는 예수의 인성을 통해 간접적으로 확립이 된다는 판넨베르크의 논제는 아버지에 대한 예수의 순종의 특징이었던 하나님에 대한 개방성이 인간 조건의 결정적 특징이라는 것을 전제한다.

방송 담화를 시리즈로 출간한 것을 시작으로(『인간이란 무엇인가?』, 1970년, 독일어판, 1962년) 그리고 판넨베르크의 주요한 저작인 『신학적 관점에서의 인간론』(1985년; 독일어판 1983년)에서의 예비적 결론에 이르기까지 신학적 인간론에 대한 자신의 저술에서 판넨베르크는 기독교 신앙에 대한 자신의 설명을 위해 기초적 원리를 제공하려는 보다 특별한 목표와 기독교의 진리 주장을 위해 인간론적 기초를 명료하게 하려는 일반적 과제를 결합하고 있다. 현대 시대의 무신론적 종교 비판을 따르는 인간론은 판넨베르크에게 신학이 그 주장의 타당성을 보편적으로 입증해야만 하는 전쟁터가 되었다.

20년 이상의 기간에 광범위하게 발전된 결정적 논제는 『인간이란 무엇인가?』의 첫 번째 장에서 이미 소개된 것이다. 현대의 철학적 인간론에 의해 인간 됨이라고 하는 것이 무엇인지에 대한 이해에 관건이 되는 것으로 해석되고 있는 세계에 대한 근본적 개방성은 하나님에 대한 근본적 개방성으로 이해되어야만 한다.

하나님은 인간의 자아 초월적 모든 행동에 암시적으로 전제된 무한한 지평이다. 이런 하나님에 대한 근본적 관계되어 있음은 판넨베르크에 따르면 인간 문화의 모든 구조에 깔린 인간의 종교성의 환원 불가능한 차원을 구성한다. 인간 생명의 근본적 외향성을 부정하는 죄의 자기 중심성에 의해 특징지어지는 실제적 인간 실존과는 대조적으로 인간 됨이 의미하는 것은 인간성의 운명으로 이해돼야만 한다. 이런 인간성은 예수 안에 본질적으로 실현되었지만 모든 인류를 위해 실제적으로 아직 실현되지 않았다.

'인간 본성'(human nature, 인성)이라는 용어는 그러므로 인간의 운명 실현 역사를 지시하는 것으로 이해되어야만 한다.[4] 이런 기초 위에서 판넨베르크는 인류의 공동체적 운명뿐 아니라 자유의 실체에 대한 신학적 설명을 제공하고 있다. 우리의 미래적 부활의 기초로서의 예수의 부활은 하나님의 사랑에 대한 순종의 대상인 개인의 인격이 무한한 가치와 존엄성을 지닌다는 확신에 대한 정당한 근거로 보아야 한다. 이것은 실제적 인간의 실존으로부터는 추론될 수 없는 자유의 토대가 된다. 이것은 그리스도 안에 있는 하나님과의 화해에 의해서만 전달이 될 수 있다.

반면에 세상에 자신을 주신 그리스도의 하나님에 대한 희생적 헌신은 하나님 나라에서 인간성의 공동체적 운명을 미리 실현하고 있다. 하나님 나라는 가장 설득력 있게 성만찬에서 표현되는데 교회에서의 예기적 실현과 상징적 표현을 발견하곤 한다.[5]

이런 시도를 통해 판넨베르크는 하나님 나라에서의 자유와 공동체의 중재를 지시하려고 시도하고 있으며 이런 기초 위에서 하나님 나라의 진정한 '지구촌'(global village)을 표현하면서 교회의 건설적 과제와 궁극적 공동체와 권위의 이름으로 모든 자유의 부정에 대해 항거하려는 비판적 과제를 발전시키고 있다.

이런 전망은 단지 사회 안에서의 교회의 역할에 대한 설명의 기초를 제공할 뿐 아니라 판넨베르크의 교회 일치를 위한 활동에 동기를 제공해 준다. 만일 하나님 나라에서 인간 공동체의 상징적 표현이 모든 다른 과제가 결정되는 교회의 주된 특징이라면 교회의 분리는 신학적으로 명예롭지 못할 것이다.[6] 새로운 성만찬적 경건에 대한 각성은 이런 관점에서 교회 일치를 위한 가장 결정적 표시(sign)와 같다.

판넨베르크가 처음부터 다양한 신학적 분과들을 통합하고 신학적 반성을 다양한 비신학적 학문과 관련지으려고 시도하고 있는 방식은 신학과 그 방법론에 대해 많은 질문을 제기한다. 판넨베르크는 이런 질문을 『신학과 학문 이론』(*Theology and the Philosophy of Science*, 1976년; 독일어판 1973년)에서 학문 이론의 발전에 대한 상세한 기술과 신학의 학문적 특징을 결정하려는 다양한 역사적 시도를 설명하는 배경에 비

---

4 *Human Nature*, 24 참조.
5 "Eucharistic Piety: A New Experience of Christian Community", in *Christian Spirituality and Sacramental Community*, 31-49, 특별히 38이하를 참조하라.
6 또한, "The Kingdom of God and the Church", in *Theology and the Kingdom of God*, 72-101을 보라.

추어 제시했다.

판넨베르크의 모든 저술은 서구의 철학적 전통의 고전적 주제들과 이론들에 철저하게 관계하고 있다. 판넨베르크의 신학은 또한 종종 역사에 대한 헤겔적 형이상학과 같은 기초가 되는 철학적 이론에 대한 신학적 정교화라고 비판을 받곤 한다. 판넨베르크는 일관되게 그러한 비판을 거부하고 있으며 그러면서도 기독교 신학은 그 이해 가능성을 확보하고 보편성을 주장하기 위해 합리적 설명을 제공하기 위한 철학적 반성에 관여해야만 한다고 주장하고 있다.

『조직 신학』의 첫 번째 책이 나온 같은 해에 판넨베르크는 또한 『형이상학과 하나님의 개념』(Metaphysics and the Idea of God, 1988, 영어번역 1990년)이라는 책을 출판했다. 판넨베르크는 역사적으로 철학이 시인들에 의해 묘사된 헬라 종교의 신들에 대한 비판으로부터 발전되었다고 주장한다.

조직 신학적으로 만약 철학이 우리의 매일의 경험이라고 하는 자연적 의식을 초월해 세계와 우리 자신에 대한 우리의 다양한 형식의 총체성과 통일성에 대한 질문을 제기한다면 언제나 철학과 신학 사이의 수렴이 있을 것이라고 판넨베르크는 주장하고 있다. 반대로 신학은 만일 한 하나님이 세계와 세계에 대한 우리의 경험의 통일성에 대한 궁극적 지평이라는 주장을 확인하려고 시도한다면 항상 철학적 사고와 관여해야만 할 것이다.

판넨베르크는 이런 수렴을 절대(the Absolute, 절대자인 하나님을 말함-역주)의 문제에 대한 분석에서 더 심도 있게 탐구하고 있다. 하나님에 대한 진정으로 일신론적 개념은 하나님을 세계와의 관계에 있어 초월하면서 동시에 내재하는 분으로 이해해야만 한다. 헤겔(Georg Wilhelm Friedrich Hegel, 1770-1831)은 이런 측면을 성령의 개념으로 함께 통합하려고 시도했다.

판넨베르크에게 헤겔의 성령에 대한 견해와 삼위일체 개념은 그 모든 성취에도 불구하고 여전히 신학적으로 불충분한 것으로 남아 있다. 왜냐하면, 헤겔의 주장은 종교적 의식의 표상에 대한 완전한 개념화를 제공하는 데 성공하지 못했기 때문이다. 이것은 판넨베르크에게 있어서 절대에 대한 철학적 개념이 기독교라는 종교 전통에서의 하나님에 대한 이해를 해석하기 위한 척도를 제공할 수 있다는 것을 보여준다. 하지만 이런 절대가 하나님에 대한 신학적 개념을 대치할 수는 없다.

의식과 주관성 사이의 관계에 대한 고찰에서 판넨베르크는 윌리엄 제임스(William James, 1842-1910)에 의해 주어졌고 조지 허버트 미드(George Herbert Mead, 1863-1931)와 에릭 에릭슨(Eric Ericson, 1902-94)이 발전시킨 제안을 따르고 있다. 에고(ego)의 통일성에 대한 의식은 세계에 대한 우리의 경험을 통해 전달되며 그래서 자아

(self)는 사회적이고 영적 상호 작용에서 구성되는 것으로 이해될 수 있다는 것이다.

그런 다음 판넨베르크는 이것을 절대에 대한 새로워진 형이상학의 과제 중의 하나로 제시하고 있다. 그 과제는 세계에 대한 경험과 자의식 양자가 절대에 대한 관계에서 그 상호 관계에서 각각의 기초를 가진다는 것을 보여 주기 위한 것이다. 플로티누스(Plotinus, 204/5-270)나 딜타이(Dilthey, 1833-1911) 그리고 하이데거(Heidegger, 1889-1976)와 같은 다양한 자료를 인용하면서 자신이 그들의 단점이라고 보는 것을 수정함으로써 판넨베르크는 유한한 존재의 전체가 영원에 참여하는 것으로 생각해야 한다고 주장한다. 그렇게 함으로 미래는 유한한 존재 전체의 근원으로 생각되며 그들의 존재가 그들의 미래에 대한 예견(anticipation)으로 이해되게 된다.

판넨베르크에게 있어서 모든 개념은 그 개념이 나타내고 있는 실체(reality)에 대한 예견들이다. 모든 사실적 진술은 그것이 표현하는 사태의 나타남을 예견하고 있다. 게다가 개념적 예견은 그것이 예견하는 실체와 아직은 같은 것이 아니다. 하지만 이런 실체가 미래에 온전하게 드러나게 될 것이기 때문에 그것은 비록 부분적이기는 하지만 이미 그 개념적 예견 안에 현존한다.

존재론적으로 인식론적으로 판넨베르크의 철학은 그의 신학의 종말론적 실재론에 상응하고 그 한 부분이 되는 예견의 실재론으로 특징지을 수 있을 것이다. 철학적 반성은 판넨베르크가 보기에 신학을 위해 주로 기초적인 것이 아니라 기준이 되는 기능을 하고 있다.

하지만 역사에서 하나님의 계시에 근거해 하나님의 실체 안에 근거해 모든 실체를 제시함으로 일자 안에서 실체의 통일성을 파악하려는 철학적 기획을 완수하는 것은 신학이었다. 이것은 판넨베르크의 세 권의 『조직 신학』의 통합적 주제가 된다.

『조직 신학』의 결론 이후에 판넨베르크는 자신의 신학적 반성을 주로 세 가지 주된 영역에 집중해 책을 내고 있다.

① 신학과 철학의 관계.
② 자연과학과의 대화에서 발전된 자연의 신학(theology of nature)의 질문들.
③ 에큐메니즘의 주제.

첫째, 『신학과 철학: 그 공통적 역사의 빛 안에서의 관계』(1996년)라는 책에서 표현되었다. 이 책은 신학과 철학 사이의 관계를 역사적으로 조직 신학적으로 명료화하는 작업을 하고 있다. 이것은 또한 『독일에서의 새로운 복음주의 신학의 문제 역

사: 슐라이어마허로부터 바르트와 틸리히까지』(1997년)라는 제목 아래 출판된 판넨베르크의 현대 신학의 역사에서 다루고 있는 주된 주제의 하나이기도 하다.

이 영역은 또한 『조직 신학에의 이바지』라고 불리는 판넨베르크의 새로운 일련의 논문집 가운데 첫 번째 논문집의 주제가 되는 핵심이다. 이 논문집에서 판넨베르크는 신학과 철학의 관계에 대한 이바지를 "철학, 종교, 계시"(1999년)라는 제목 아래에 요약하고 있다.

둘째, 판넨베르크가 자연과학과 나눈 대화인 두 번째 영역은 철학의 영역에서 이루어진 대화인데 신학과 과학의 수렴 영역으로 볼 수 있다. 이것은 『자연의 신학을 향해: 과학과 신앙에 대한 논문들』(1993년)이라는 책에 의해 개진되었다. 이 분야에서 판넨베르크의 보다 포괄적 논문집은 "자연과 인간 그리고 창조의 미래"(2000년)라는 제목을 가지고 있는 『조직 신학에의 이바지』 2집에서 발견된다.

셋째, 에큐메니즘, 특별히 로마 가톨릭과의 대화에 대한 판넨베르크의 관심인 세 번째 영역은 교회 일치를 위한 대화 그룹에 판넨베르크가 참여하게 된 데에서 생겨났다. '세계교회협의회'(WCC)의 『신앙과 직제』에 대한 대화에 참여한 것과 더불어 판넨베르크는 개신교와 로마 가톨릭 신학자 연구 모임의 구성원이 되었다. 로렌츠 카디날 제거(Lorenz Cardinal Jaeger, 1892-1975)와 루터교 신학자인 빌헬름 스텔린(Wilhelm Stählin, 1883-1975)에 의해 2차 세계대전 직후 설립된 이 그룹의 작업은 1970년대 이후 양 교회의 현금의 교리적 가르침의 빛 안에서 로마 가톨릭교회와 루터교회 사이의 상호 파문에 대해 다시금 살펴보는 것에 집중했다.

16세기의 파문은 로마 가톨릭교회와 루터교회의 현금의 가르침에는 적용되지 않는다는 결론에 도달한 이런 재심의는 격렬한 논란을 불러일으킨 '칭의 교리에 대한 연합 선언'(1998년)의 배경을 형성했다. 이 선언은 양 교회의 가르침에서 '분화된 일치'(differentiated consensus)를 형성하려고 했다.

이 영역은 『조직 신학에의 이바지』 제3권 "교회와 경륜"(2000년)에 표현되어 있다. 만일 우리가 이 세 가지 영역 모두에서 발견할 수 있는 그 바닥에 있는 공통적 주제가 무엇이냐고 묻는다면, 우리는 진리의 통일성에 대한 판넨베르크의 관심을 지적해야만 할 것이다.

이런 진리의 통일성은 보편적이라는 판넨베르크가 가지고 있는 개념의 배경을 형성하고 있으며 만일 시간의 과정이 영원에서 완성될 때에만 온전하게 파악할 수 있는 의미의 총체에 대한 배경을 형성하고 있다. 이런 통일성은 진리 자체의 속성은 아니며 이것은 확실히 역사의 자증적 속성도 아니다.

그것이 진리의 통일성이든 그렇지 않으면 의미와 존재의 총체성이든지 관계없이 이것은 단지 만일 하나님의 통일성과 하나님의 행동이 창조에서 모든 통일성과 총체성의 기초로 볼 수 있을 때만 바르게 파악될 수 있을 것이다. 하나님 안에서의 통일성이 하나님의 삼위일체적 존재를 특징짓는 구별 가운데의 일치이기 때문에 이런 신학적 기초는 통일성에 관한 관심이 단일신론적인 것이 되지 않도록 보호해 주며 전체에 대한 관여가 전체주의적인 것이 되지 않도록 보호해 준다.

3. 조직 신학

1988년 봄에 판넨베르크는 교의학 서론과 신론을 담고 있는 자신의 『조직 신학』의 첫 번째 책을 발간했다. 두 번째와 세 번째 책이 1991년과 1993년에 따라 나왔다. 판넨베르크의 이전의 저술들과 비교해 한 가지 독특한 차이점이 즉각적으로 분명하게 드러나게 되었다. 이전의 저술들이 『역사로서의 계시』에서 일목요연하게 소개되었던 신학적 구상의 발전에 있어 이어지는 단계들로 볼 수 있다면 이제는 이런 구상이 온전한 조직 신학적 형태로 제시되게 되었다.

4. 진리와 하나님

판넨베르크는 조직 신학을 엮어주는 주제인 기독교 교리의 진리에 관한 토론으로 시작하고 있다.

첫째, 무엇보다도 판넨베르크는 신학이 신적인 것에 대한 인간의 개념을 표현한 것이라고 적절하게 이해될 수 있다는 생각을 거절한다. 신학은 계시에서의 하나님의 신적 매개에 근거해야만 한다.

둘째, 이것은 교의를 먼저 교회의 의견 일치를 표현한 것으로 이해하지 않으며 하나의 '종말론적 개념'(eschatological concept, 바르트)이라고 이해함을 의미한다. 이것은 역사 끝에 진리가 최종적으로 드러나는 것을 지시한다. 이것은 성경에 제시된 것처럼 그리스도 안에 있는 하나님의 자기 계시에 선취적으로 제시되어 있다.

셋째, 교의 신학은 이미 확립되고 자증적 진리라고 주장하지 않으면서 계시에 근거한 신앙 전통의 진리를 전제해야만 한다는 사실이 뒤따라 나온다.

이런 명확한 딜레마를 극복하기 위해 판넨베르크는 만일 하나님이 정말 하늘과 땅의 창조자시라면 하나님의 실체와 하나님의 계시인 진리가 종말 이전까지는 여전히 논쟁의 여지가 있다는 사실이 그 자체로서 하나님 안에 근거가 된 것으로 이해되어야만 한다고 제안하고 있다.

하나님이라는 형이상학적 개념은 기독교적 하나님 담화를 이해하기 위한 하나의 일반적 조건으로 기능한다. 이것은 철학자들의 하나님이 정말로 성경의 하나님으로 존재하신다는 주장을 하기 위해서 전제되어야만 하는 것이다.

판넨베르크가 보기에 인간 존재 안에는 선천적 하나님에 대한 지식이 존재한다. 하나님에 대한 그러한 지식을 주장하는 것은 판넨베르크가 보기에 인간론으로부터 입증될 수 있으며 '양심'과 '직접적 인식' 그리고 '기본적 진리'와 같은 개념에 대해 언급하고 있는 종교적 사상의 역사에서 토론이 되고 있다.

이런 개념은 판넨베르크에 따르면 인간 존재가 그들 자신의 삶을 실체의 총체와 실체의 신적 근거에 의존한 것으로 이해하는 비주제적 인식 가운데서 그들 자신의 실존의 '외향적 개방성'으로 산다는 사실을 표현해 준다.

비록 이런 인식이 비주제적이며 단지 반성적 해석적 틀에 대한 전망으로부터 하나님을 인식하는 것으로 이해되기는 하지만 이것은 실현을 기다리는 인간의 가능성은 아니다. 이것은 인간 실존이라는 바로 그 사실에서 온전하게 실현된다.

하지만 판넨베르크는 종교적 주장에 대한 보편적 기초를 발견하려는 바로 그러한 시도가 구체적 종교에서의 실체에 대한 해석에 기초해야만 한다고 강조하고 있다. 그러므로 판넨베르크는 종교의 역사를 하나님의 통일성이 나타난 것의 역사로 해석하고 있다.

판넨베르크의 견해에서 하나님의 통일성이 나타난 영역으로서의 역사에 대한 이스라엘의 이해는 종교의 역사에 대한 신학적 해석을 위한 열쇠를 제공해 준다. 왜냐하면, 특수성과 보편성의 중재가 역사 자체에서의 신적 자기 입증의 본질적 특징이기 때문이다.

이런 개념의 틀 안에서 계시 개념은 하나님에 대한 지식의 근원이자 기본적 기준이 된다. 계시에 대한 판넨베르크의 분석은 많은 방식으로 『조직 신학』 첫 번째 책의 핵심 설명이 된다.

첫째, 무엇보다도 계시는 하나님에 대한 인간의 지식이 하나님의 자기 노정에 그 기원과 기초가 있다는 것이 보이는 장소다.

둘째, 실체의 신적 근거에 대한 비주제적 인식이 어떻게 계시에서 명확한 내용을 부여받는지 입증이 되어야만 한다.

셋째, 역사에서의 하나님의 자기 입증이라는 개념이 종교 역사에서의 특수성과 보편성을 중재할 수 있다는 주장의 정당성이 발전되어야만 하는 것이 바로 여기다.

이런 고려들은 『조직 신학』에서의 토론의 구조에 전환점이 된다. 판넨베르크는 하나님 개념과 종교 역사의 주장이 실체에 대한 견해를 위한 기능과 관련해 현상적으로 소개되고 분석되고 있는 외형적 전망으로부터 기독교 계시의 내적 전망으로 방향을 바꾸고 있다. 이런 내적 전망으로부터 기독교 교리의 조직적 재구성이 발전되어 나온다.

판넨베르크의 삼위일체 교리 개념은 아마도 그의 교의적 종합에서 가장 흥미로운 측면일 것이다. 왜냐하면, 판넨베르크는 삼위일체적 반성을 전통적 신론의 구상이 지니는 중요한 몇 가지 문제에 대한 해결을 위한 새로운 방법으로 소개하고 있기 때문이다. 그 결과 신론의 개진을 위한 전통적 구조가 뒤집힌다.

전통적으로 하나님의 존재로부터 출발해, 한 분 하나님의 본질과 속성에 관한 토론으로 나아가고 삼위일체론을 첨가하게 된다. 이런 방법 대신에 판넨베르크는 삼위일체론으로부터 출발해 삼위일체론을 삼위 하나님의 존재와 속성이라고 하는 구상을 위한 해석학적 열쇠로 채택한다. 판넨베르크의 제안은 삼위일체론을 성부와 성자와 성령의 관계가 계시에서 드러나는 방식으로부터 발전시키자는 것이다.[7]

그러므로 신적 경륜에서의 성부와 성자와 성령의 자기 구별은 내재적 삼위일체적 관계의 구체적 형태로 보아야만 한다. 판넨베르크에게 이런 관계에 대한 정당한 묘사의 관건이 되는 것은 예수가 아버지라 불렀던 하나님으로부터 자신을 구별했으며 그 자신을 완전히 포기함으로써 성부의 행동에 대한 여지를 만들어 하나님 나

---

7 Cf. Ibid., 331ff. 판넨베르크는 바르트가 그 자신의 프로그램을 따르고 있지 않다고 (표제로서 같은 방법을 지지하고 있는) 바르트를 비판하고 있다. 왜냐하면, 바르트는 '하나님이 주님으로 자신을 계시하신다'라는 형식적 개념으로부터 삼위일체 교리를 발전시키고 있기 때문이다. 이런 방법론을 통해 바르트는 하나의 신적 주체 안에 '존재 양식'(modes of being)에 대해 말함으로 신적 자기 의식의 '계시'나 '상태'로 삼위일체 하나님의 세 위격을 묘사하려고 있는 헤겔의 구상을 새롭게 하고 있다. 판넨베르크는 이런 전략을 (바르트가 명시적으로 거부하고 있는 삼위일체의 흔적(vestigia trinitatis)이라는 어거스틴의 심리적 이론의 르네상스라고 해석하고 있다. 왜냐하면, 그 해석적 관건이 되는 것은 인간 영혼 안에 있는 삼위일체의 형상이기 때문이다. 계시의 형식적 개념으로부터 시작하는 대신에 판넨베르크는 자신의 삼위일체적 구상을 그리스도 안에 있는 하나님의 계시 내용으로부터 제안하고 있다.

라가 임하도록 했다는 사실이다.

이런 방식으로 하나님은 영원히 그러하신 것과 같이 그 자신을 예수에 대한 자신의 관계에서 드러내셨으며 이것은 하나님의 부성에 대해 영원한 관계가 있는 영원하신 성자이신 예수의 인성의 한 '측면'을 드러내 준다. 성자의 성부로부터의 자기 구별은 성부의 성자로부터의 자기 구별에 상응하며 이것은 하나님의 통치가 전 우주적 승리가 될 때까지 성자가 성부로부터 하늘과 땅의 모든 능력을 받았다(마 28:18)는 사실에 있다. 그때 성자는 성부에게 능력을 돌려드릴 것이다(참조, 고전 15:24, 28).

부활은 판넨베르크의 견해에서는 세 번째 위격에 대한 정당한 이해에 이르는 길이다. 왜냐하면, 부활은 성부와 성자가 자신들의 교통의 수단으로 성령에 의존하고 있음을 묘사하고 있기 때문이다. 그리고 이런 전망으로부터 성부를 영화롭게 하는 성자의 전체 사역이 성령에 대한 의존의 기초 위에서 이해될 수 있다. 이런 방법으로부터 판넨베르크가 서방 교회로 니케아 콘스탄티노플 신경에 첨가한 필리오쿠에(*filioque*)를 거부하고 있다는 사실은 놀라운 일이 아니다.

그 이유는 단지 이런 필리오쿠에를 첨가한 일방적 단계가 정경적이지 않을 뿐 아니라 보다 중요하게는 이것이 삼위 간의 모든 관계는 원초적 관계라는 잘못된 어거스틴의 견해에 의존하고 있기 때문이다. 어거스틴의 견해는 삼위일체론적 관계의 다양한 형태적 특징들을 간과하게 하며 성부와 성자의 교통의 매개인 성령을 정당하게 취급하지 못한다.

이런 방식으로 발전된 삼위일체의 구상은 세 위격이 활동의 세 가지 중심으로 이해되어야만 한다는 것을 의미한다. 각각의 위격은 관계성의 네트워크(network)의 한 초점이 된다. 게다가 삼위의 활동적 관계성의 상호성은 판넨베르크에게 성부의 단일통치(monarchia)가 삼위 모두 협력의 결과로 이해되어야만 한다는 것을 의미한다. 성부의 단일통치의 온전한 실현은 하나님 나라다. 이런 전망으로부터 전체로서의 세계는 삼위 하나님이 유일한 참 하나님이심을 최종적으로 입증하게 되는 역사로 이해할 수 있게 된다.

『조직 신학』의 첫째 책의 마지막 장에서 판넨베르크는 신적 본질의 단일성과 신적 속성이라는 주제를 다루고 있다. 판넨베르크는 신적 본질의 단일성이라는 삼위일체론적 질문을 흔히 삼위일체 교리 이전에 다루어지는 하나님의 존재와 속성에 대한 근본 문제와 연결하고 있다.

판넨베르크가 하나님의 본질과 실존의 관계에 대한 전통적 문제를 형성해 나가는 과정은 신적 속성의 교리에 대한 그의 반성을 위한 배경을 형성한다. 판넨베르크는 정신(nous)으로서의 하나님에 대한 기초적 이해에 뿌리를 박고 있는 이런 영역에서의 많은 난점을 보고 특수한 미립자적 군상 가운데 나타나 있는 보편적 역장이라는 과학적 개념을 영으로서의 하나님에 대한 성경적 유비를 가리키는 것으로 봄으로써 이런 문제들을 해결하려고 시도하고 있다.

이런 움직임은 판넨베르크로 하여금 자기 의식적 주관에 에너지와 역동적 효과 그리고 생명을 돌리지 않으면서 이런 개념들을 유지할 수 있게 한다. 판넨베르크의 대담한 제안은 정신 모델의 용어로서가 아니라 장 (field) 모델의 유비로 신적 본질과 생명을 이해하자는 것이다. 신성은 이런 방식으로 성부 성자 성령 세 위격 안에 나타나 있는 신적 영이나 생명으로 이해되고 있다. 세 위격이 하나의 신적 생명의 존재 양식으로 이해되어야 하므로 세 위격은 삼위 간의 내적 관계를 통해 중개된 흘러넘치는 에너지에 의해 영원히 구성되고 관련 맺어지게 된다.

이런 견해의 기초 위에서 판넨베르크는 성부 성자 성령으로서 삼위는 세계에 능동적으로 현존하시는데 이런 일을 통해 그들 서로에게도 관계한다고 말함으로써 내재적 삼위일체와 경륜적 삼위일체 사이의 관계를 설명하고 있다. 판넨베르크는 성부의 단일통치를 하나님의 행동의 궁극적 '목적'인 하나님 나라와 관련지음으로써 하나님의 행동 통일성을 해석하고 있다.

이런 단일통치는 성자와 성령을 통해 중재 된다. 성자는 하나님의 피조 세계가 하나님 나라에 참여하는 것이 가능하게 하려고 성육신했으며 성령 또한 피조 세계가 성부와 성자의 관계에 참여하는 것이 가능하게 한다. 하나님 나라에서의 성부의 단일통치는 창조와 구속과 구원에서의 모든 신적 활동 그리고 세 위격의 상호 관계의 통합적 초점이다.

판넨베르크에 의하면 하나님의 속성은 두 그룹으로 나누어진다.

첫째, [무한과 영원, 전능 그리고 편재와 같은] 속성을 포괄하는 것이며 인간의 능력을 넘어서는 술어들의 주어가 되는 존재를 알려 준다. 이들 속성의 기능은 이들 속성이 정말로 '하나님'의 속성임을 확인해 주는 것이다.

둘째, [의와 신실함, 지혜, 자비, 인내 등과 같은] 두 번째 속성의 집합은 첫 번째 속성의 집합 때문에 놓인 하나님에 대해 말하기 위한 최소한의 조건에 부합하는 존재에 대한 술어가 된다.

무한이라는 개념은 신적 속성이라는 전체 개념을 규제하는 근본적 개념으로 제시되고 있다. 판넨베르크는 주장하기를 진정으로 무한한 존재는 무한과 유한 사이의 처음 대조를 흐리게 하는 것 없이 그 자체 안에 유한한 모든 존재를 포괄해야만 한다. 그러한 무한으로 하나님을 개념화하는 것의 종교적 중요성을 강조하기 위해 판넨베르크는 하나님의 거룩하심에 대한 성경적 이해를 가리키고 있다. 성경적 의미에서의 하나님의 거룩에 대한 이해는 거룩을 세속적인 것에 반대되는 것으로 보지만 또한 세속적인 것을 하나님의 진정으로 무한한 거룩하심으로의 포함을 통해 파악하기도 한다.

이런 반대와 포함의 패턴은 또한 다른 신적 속성의 개념화를 결정한다. 하나님의 영원성은 단지 시간에 반대되는 것으로만 이해될 수 없으며 그것은 또한 그 전체성에 있어서 시간을 포함하는 것으로 생각되어야만 한다. 하나님은 자신의 시간적 피조 세계와는 대조적으로 그 자신의 미래이며 이것은 완전한 자유를 의미한다. 이 자유는 시간적으로 제한된 현존에 매여 있으므로 제한되지 않는 자유인 것이다.

편재는 신적 전능을 위한 한 조건이다. 완전한 전능은 단지 창조주 하나님의 술어가 될 수 있을 뿐이다. 하나님을 창조주로 보는 것은 하나님의 전능이 자신의 피조 세계의 존재에 반대되는 것으로 이해될 수 없음을 의미한다. 그러므로 전능의 완전한 행사는 판넨베르크에 따르면 창조주와 피조 세계 사이의 소외를 극복하는 신적 활동에 있다. 이런 이유로 성자의 성육신은 하나님의 전능에 대한 최고의 표현으로 이해되어야만 한다.

이런 생각은 이미 삼위일체의 행동 기초 위에서 하나님에 대한 술어가 되는 신적 속성들을 다루는 것에 이르게 된다. 여기에서 신적 사랑은 하나님의 '형이상학적인' 속성들에 대해 무한의 개념이 지니는 것과 같은 통합적이고 규범적 기능을 가진다.

예수의 이야기에 나타난 하나님의 계시에 기초해, 사랑은 세 위격의 관계에 나타나 있는 신적 본질의 통일성의 구체적 형태로 이해되어야만 한다. 그러므로 판넨베르크는 하나님의 선하심, 은혜, 자비, 의, 신실하심, 인내 그리고 지혜를 신적 사랑의 모든 것을 포괄하는 실체의 측면들로 제시하고 있다.

이런 방식으로 사랑에 대한 삼위일체적 개념화는 판넨베르크의 교의학적 종합의 절정이 된다. 『조직 신학』의 이어지는 두 권에서 신적 경륜에 대한 판넨베르크의 설명은 자신의 하나님 개념에 대한 설명을 구원 역사에서의 삼위의 사랑으로 제시하고 있다. 이런 판넨베르크의 설명은 하나님 나라에서의 하나님의 사랑이라는 궁극적 계시로 결론지어진다.[8]

이것은 판넨베르크의 『조직 신학』의 주된 성취 중의 하나이다. 이것은 교의학에서 말해지는 모든 것이 하나님을 삼위일체로 이해하는 틀 안에서 이해돼야만 하는

---

8 제3권, 689-94 참조.

시종일관 삼위일체론적 신학이다.

5. 창조와 그리스도

그러한 철저한 삼위일체론적 설명 때문에 열린 신학적 가능성은 창조론에 대한 판넨베르크의 설명에서 분명히 드러나 있다.[9] 하나님이 하나님 아닌 것과 관계하는 것이 삼위일체의 내재적 관계에 뿌리박고 있는 것으로 보일 수 있는 것은 바로 이런 접근 방법으로부터 가능한 것이다. 판넨베르크는 세계에 대한 관계에서 하나님의 행동 근거가 되는 내재적 행동이라는 용어로 내재적 삼위일체를 묘사하는 서구의 삼위일체론적 전통을 따르고 있다.

판넨베르크의 견해에서 무로부터의 창조로 이끌게 되는 것은 바로 하나님의 창조를 자유롭고 주권적 행동으로 강조하는 것이다. 하지만 창조에서의 하나님의 자유는 사랑의 자유로 이해되어야만 한다. 만일 하나님이 창조에 그 자신의 상대적 독립적 존재와 그 자신의 상대적 영원성을 부여하신다면 이런 자유는 차이와 연합을 포함한다. 헤겔과 같이 판넨베르크는 성자를 삼위일체에 있어서 구별의 원리로 보고 있으며 그래서 하나님으로부터 상대적 독립 가운데 존재하는 피조 된 실체의 생성 원리로써 성자를 보고 있다.

헤겔과 달리 판넨베르크는 성자를 절대의 역사에서 논리적으로 필연적 단계로 해석하지 않고 있지만, 아버지로부터 예수님의 자유로운 자기 구별을 인식의 원리, 즉 예수의 영원한 아들 됨의 인식의 근거로 보고 있으며 이것을 성부로부터 성자의 상응하는 영원한 자기 구별이 피조 세계의 존재를 위한 존재의 근거라는 주장을 위한 기초로 보고 있다. 그러므로 성자는 하나님과의 연합을 성취하는 피조 세계의 운명의 구조적 원형이다.

하지만 이것은 단지 내재적 삼위일체에 있어서 연합의 원리이신 성령을 통해 성취될 수 있을 뿐이다. 그래서 성령은 신적 삼위일체의 생명에 피조 된 생명이 참여하게 되는 매개가 된다.

판넨베르크에게 있어서는 창조 신학의 주장을 세계에 관한 과학적 탐구의 발견에 관련짓는 것은 창조 신학이 지닌 과제의 본질적 측면이다. 신학과 과학 사이의 대화를 위한 판넨베르크 자신의 제안은 영(Spirit)과 역장(field of force)이라는 용어를

---

9 제2권, 15-201 참조.

통한 영의 활동에 대한 자신의 이해에 집중되어 있다. 하지만 다른 사람들은 종말과 관계해 판넨베르크가 과학적 우주론과의 대화에서 착안한 '시작'(beginning) 개념을 포함한다.

삼위일체적 틀은 또한 판넨베르크의 인간론적 반성을 형성하고 있다. **영**(pnuema)을 **지성**(nous)과 동일시하는 주된 전통의 흐름과는 대조적으로 판넨베르크는 영과 지성을 구분한다. 이것은 인간의 물질적 실존만큼이나 인간 이성이 생명을 주는 영에 의존하고 있음을 의미한다.

차이를 분별하는 능력을 갖추고 이성은 성부로부터 성자의 자기 구별을 모든 구별의 근거로 생각하는 반면에 상상력에 있는 의식의 통일성과 그 실존에 있어서 인격적 생명의 총체성을 드러내는 인격의 통일성은 그 종말론적 성취의 원리인 성령에 의해 의식의 통일성과 인격의 통일성 두 가지가 연결된다.

본래의 인간 완전성의 개념과 하나님의 형상 상실로서의 타락 모두를 거부함으로써 판넨베르크는 하나님의 형상을 성육신에서 실현된 하나님의 연합 가운데 살아가야 할 인간의 운명을 위한 역동적 개념으로 해석하고 있다. 하지만 인간 존재는 성부로부터 성자의 자기 구별과 일치되는 가운데 자신의 운명을 성취할 수 있을 따름이다. 그러므로 죄는 인간이 하나님으로부터 명시적으로 자신들을 구별함으로써 자신의 피조된 유한성을 거부하는 것으로 정의된다. 이런 방식으로 인간은 하나님의 자리를 취하려고 시도한다.

『조직 신학』에 있는 기독론[10]에서 판넨베르크는 '아래로부터의' 기독론과 '위로부터의' 기독론의 관계에 대한 광범위한 토론을 제공하고 있다. 예수님의 역사와 운명을 인류의 구원을 위한 삼위 하나님의 행동으로 해석하고 있는 『조직 신학』의 맥락에서는 '위로부터의' 기독론이 조직 신학적으로 발전시킨 진술을 위한 기초를 '아래로부터의' 기독론이 재구성하게 해 주는 한에서 '아래로부터,' 그리고 '위로부터의' 두 기독론은 상호 보완적이다.

판넨베르크에게 기독론의 출발점은 하나님과의 교제 가운데 살아가야 하는 인류의 운명이 하나님에 대한 예수의 아들로서의 관계에서 실체화되었던 그리스도의 독특한 인성이다.

그러므로 성부에게 순종함으로 아버지로부터 자신을 구별하신 것에 뿌리를 박고 있는 예수의 신성은 예수의 인성에 첨가된 이질적 요소가 아니라 예수께서 자신의 존재와 하나님의 영원한 존재에 대해 성부와 가지신 관계로부터의 나온 반성이다.

---

[10] 제2권, 315-439 참조.

판넨베르크의 해석에서 부활은 아들 됨의 권위를 주장하는 예수의 주장이 하나님 아버지에 의해 정당화되는 것이며 이런 방식으로 예수의 메시지의 정당성을 확보해 준다. 이것은 하나님이 예수가 자신의 아버지가 그러하시다고 선포하신 것처럼 영원히 그러하시다는 것을 의미한다. 하나님은 영원히 아들 안에 계시된 아버지이시며 그러므로 아들은 영원히 아버지와의 관계 가운데 있으며 이런 의미에서 선재 한다.

이런 삼위일체론적 틀 안에서 인성은 본질적으로 하나님과의 관계에서 파악되어야 한다. 왜냐하면, 인성은 성자가 차이를 태동하는 발생적 원리이며 피조물의 독립에 대한 특별한 표현이기 때문이다. 그러므로 인성은 성부로부터의 성자의 자기 구별을 표현하는 매개가 될 능력이 있고 차이에서의 연합이 되는 매개가 될 수 있다.

하나님과의 연합 안에 살아가는 것은 시작부터 인성의 피조 된 운명이기 때문에 성육신은 인성으로 이질적인 것이 침투한 것이 아니라 인류의 운명의 현실화라 할 수 있다. 하지만 이것은 단지 성령께서 인성을 그 유한성 너머로 고양하셔서 그 유한성을 받아들이고 성부와 성자의 관계를 표현하는 매개가 되게 하실 때만 가능하다. 반대로 성육신은 비록 영원한 내재적 삼위일체의 관계에서는 아니라 하더라도 세계에 대한 하나님의 관계에서 하나님의 자기 실현 또는 자기 성취이다. 그리고 여기에서 판넨베르크는 바르트와 다르다.

판넨베르크에게 구원론은 기독론의 한 기능이다. 그리스도 안에서의 하나님과 세계의 화해는 배타적으로 하나님의 사역이다. 그런데도 하나님과 세계의 관계는 표현의 '형식'을 가지고 있다. 왜냐하면, 인성은 그리스도 안에서 표현됨으로 이 과정에 참여하기 때문이다. 예수의 죽으심은 이런 표현을 드러내신다. 왜냐하면, 예수는 자신을 정죄하고 그리해 자신들에게 하나님의 심판을 가지고 온 사람들을 위해 죽으셨기 때문이다.

예수의 인성에 대한 표현은 교회의 사도적 사역을 통해 드러나게 된다는 예견적 의미이기는 하지만 단지 십자가를 통해가 아니라 그의 전체 역사와 운명에서 드러나며 모든 인류를 위해 내포적 중요성을 가진다. 그러므로 판넨베르크는 화해의 교리를 다루는 문맥에서 복음 신학적 의미와 성경 영감의 교리를 토론하고 있다.

6. 교회와 하나님 나라

『조직 신학』의 세 번째 책은 판넨베르크의 교회론과 그의 종말론을 포함하고 있다. 교회에 대한 판넨베르크의 토론은 교회 연합을 위한 과정에 판넨베르크가 헌신하고 있음을 보여 준다. 판넨베르크의 특별한 목표는 가능한 대로 개신교와 로마 가톨릭 사이의 교리적 차이를 재평가해 교회라고 하는 보다 큰 가견적 통일성을 성취하기 위해 교리적 방해물을 극복하는 것이었다.

이런 교회 연합을 위한 강조는 교회가 하나님 나라에서의 인간 공동체의 예견이자 표징으로 해석되어야 한다는 판넨베르크의 견해로부터 나온 것이다. 교회를 '하나님 나라의 성례'[11]로 토론하기 위한 이런 종말론적 지평은 어떤 역사적 교회 공동체를 위해 만들어진 모든 배타적 주장들을 상대화하며 그리해 교회론을 위한 판넨베르크의 교회 일치를 위한 해석학의 배경을 형성해 준다. 이런 해석학은 명백하게 모순적 교리적 입장들이 더 포괄적 진리의 상호 보완적 측면으로 보일 수 있도록 고안된 것이다.

판넨베르크는 교회가 성자와 성령에 의해 함께 구성된다고 주장함으로써 전통적 서방과 동방의 강조점을 결합하고 있다. 이런 삼위일체적 접근 방법은 또한 판넨베르크 교회론의 조직 신학적 구조를 형성하고 있다. 판넨베르크는 개별신자들에 의한 구원의 전유(appropriation)에 대해서도 성도들의 연합에 대해서도 우선권을 부여하고 있지 않다.

구원의 개인적이고 공동체적 측면 양자가 모두 성령의 사역의 관련된 차원으로 통합이 된다. 신자들의 인격적 연합은 은혜의 방편으로서의 성례에 참여함을 통해 매개된다. 성례에서의 연합은 판넨베르크에게 있어서 가장 분명하게 드러난다. 그리스도의 몸에 속해 있다는 것은 그리스도와 신자들의 관계를 신자들 서로 간의 관계에 불가분리하게 묶어 준다. 성령은 이런 식으로 교회를 구성하는 여러 다양한 관계의 초점으로 해석된다.

이런 초점은 모든 개별 그리스도인을 하나님과 밀접하게 연결해 주며 그리스도의 몸의 연합에 함께 참여하게 해 준다. 그리스도의 몸 안에서의 교제에서 그리스도인들은 성령 안에서 하나님 나라를 향한 자신들의 근본적 방향성을 부여받게 된다.

칭의에 대한 판넨베르크의 토론은 자신의 교회론에서 교회 연합적 의도로 형성되어 있다. 칭의에 대한 배타적 법정적 이해에 반대해 판넨베르크는 믿음의 의에 대한 개념을 바울이 다루고 있는 것은 의롭다고 선언되는 것이 그 기초가 믿음의 의에 있어야만 한다는 것을 보여 주는 것이지 의롭다 선언되는 것이 믿음의 의를 이루는 것이 아니라고 주장하고 있다.

---

11 제3권, 59 참조.

믿음의 의는 세례를 통해 예수의 죽으심과 부활에 참여함으로써 그리스도와의 연합 가운데 사는 것으로 이해되어야 한다고 판넨베르크는 주장하고 있다. 이런 전망으로부터 종교개혁자들과 트렌트 공의회 사이의 칭의에 대한 교리적 차이는 더 이상 개신교회와 로마 가톨릭교회 사이의 지속적인 분리에 대한 정당한 이유가 될 수 있는 근본적 차이가 아니다.

칭의에 대한 이런 해석을 두고 판넨베르크는 세례와 칭의를 밀접하게 연결시킨다. 세례의 논점은 신자가 그리스도의 죽으심과 부활에 참여하는 것에서 발견되어야 한다. 판넨베르크에게 성찬을 축하하는 것은 부활하신 주님의 현존에서 오는 하나님의 다스림을 상징적으로 예견하는 것이다. 이것은 지역교회의 교회론적 우위성을 주장하는 기초가 된다. 성찬이 행해지는 곳마다 교회가 있다.

판넨베르크는 그리스도의 실재적 임재가 배타적으로 떡과 포도주라고 하는 요소에 위치할 수 없다는 것을 강조함으로써 최근의 에큐메니컬 진영의 성만찬 신학의 주장을 따르고 있다. 그리스도의 임재는 성만찬 예배의 전체적 행위에서 매개되어야만 한다. 회상과 성령 강림을 간구하는 기도 사이의 연결은 지속해서 삼위일체론적 해석을 요구한다. 세계를 변혁시키는 능력으로서의 성령은 우리가 그리스도의 자기를 주시는 사랑의 운동으로 이끌려지는 곳에서 일하시고 있다. 성례는 그리스도 안에 있는 구원의 신비를 지시하기 때문에 그리고 그 표징은 지시되고 있는 실체의 현존을 가리키고 있으므로 판넨베르크는 성례성(sacramentality)이라고 하는 폭넓은 개념을 지지할 수 있다.

만일 성례의 특징이 어떤 것이 그리스도 안에 있는 구원의 신비에 포함돼 있음을 보여줄 수 있든지 아니면 그러한 신비를 지시하는 것이라는 사실에 배타적으로 달린 것이라면 판넨베르크가 주장하고 있는 것처럼 개신교회에 의한 로마 가톨릭교회의 7대 성사에 대한 인정을 다룬 재판 파일이 다시금 공개되어야만 한다고 말할 수 있다.

비슷한 교회 일치 같은 과감한 주장은 판넨베르크의 교회 지도자들에 관한 토론에서도 발견할 수 있다. 모든 형태의 교회 리더십은 판넨베르크가 보기에 사도적 리더십이라고 하는 개념에 뿌리를 박고 있다. 이런 리더십은 교회의 일치를 위해 요청되어 진다.

통일성 또는 일치는 판넨베르크에게 교회의 속성 가운데 최우선적이고 본질적인 것이기 때문에 다양한 수준의 리더십을 지역교회로부터 전 세계적 교회까지 다양한 수준의 교회 일치와 관련지으려고 시도하고 있다.

판넨베르크의 성찰이 전체 기독교를 대표해 행동하는 로마 주교의 역사적 기능에 대한 인정을 요청하는 것으로 결론을 내리고 있는 것은 이런 식의 주장에 부합한다. 하지만 이런 주장은 판넨베르크에게 신적 권리에 호소함으로 정당화될 수는 없다. 그것은 다만 역사적 권위의 문제다. 선택 교리는 판넨베르크에 따르면 교회론과 종말론 사이의 연결고리다. 판넨베르크에게 '하나님의 백성'이라는 성경적 이미지는 선택 교리의 중심적 용어다. 선택 교리는 만일 그것이 교회의 문맥에서만 채택이 된다면 조직 신학적으로 제거되고 만다는 사실을 판넨베르크는 발견했다. 하나님의 백성이라는 개념은 선택을 그 구체적 역사적 환경 가운데서 특수한 백성들이 교회가 되어 전체 인류를 향한 하나님의 구원 의지라고 하는 보편적 특징의 예견적 표현이 되어야 한다는 하나님의 요청으로 보도록 도움을 준다. 판넨베르크는 특수성과 보편성에 대한 이런 중재를 교회 역사에 대한 신학적 해석을 발전시키려고 시도하고 있는 역사에 대한 포괄적 신학을 위한 기초로 보고 있다.

『조직 신학』은 '하나님 나라에서의 창조의 완성'에 대한 토론으로 결론을 맺고 있다.

첫째, 하나님 나라는 무엇보다도 인류 공동체의 완성이며 과격하게 생각해 보면 죽은 자의 부활을 포함한다.

둘째, 기독교 신앙의 맥락에서 하나님 나라는 역사의 폐기나 무로의 변환이 아니라 역사의 끝이며 역사가 하나님의 영원성으로 포함되는 것을 의미할 따름이다.

셋째, 그러므로 하나님 나라는 영원히 시간으로 들어가는 것이다. 이 마지막 측면이 판넨베르크에게 중심적 의미를 지닌다. 종말론에서 모든 것은 시간과 영원의 관계 주변을 맴돌고 있다. 만일 영원성이 만물의 완성 미래로 이해된다면 이 미래는 이들 과정의 목표로서 시간 안에서 발생하는 과정에 현존한다. 시간 안에서 일어나고 소멸하는 모든 것은 모든 시간적 사건들을 포함하는 하나님의 영원성에 보존이 된다. 모든 피조물의 정체성은 그 존재가 하나님의 영원성에 포함된 것을 통해 보존되며 죽음 이후 부활에서 새롭게 구성되어 진다.

판넨베르크의 해석에서 '최후 심판'의 비유는 피조물이 하나님의 영원성에 대한 참여가 피조물의 급진적 변화를 요구한다는 것을 표현해 준다.

그러므로 신적 심판의 논점은 세계의 멸절이 아니라 세계가 하나님의 영원한 생명에 참여하기 위해 하나님 영광의 빛에 의해 정화되는 것이다.

종말론은 또한 기독교 신학의 조직적 구조에서 신정론의 물음이 대답 돼야 하는 장소다.[12] 판넨베르크는 헤겔과 같이 만일 실제적 화해의 역사, 즉 하나님의 통치에 의한 악의 극복이라고 하는 것이 없다면 세계에 존재하는 악을 바라보는 견지에서 하나님에게 정당성을 부여하려는 모든 이론적 시도들이 논점을 상실하고 있음을 강조한다.

이런 화해의 역사는 피조 세계의 종말론적 완성에서 그 절정에 이른다. 하지만 창조의 궁극적 완성은 판넨베르크에게는 창조의 시간에 이미 현존하는 것이다. 왜냐하면, 신적 경륜 전체가 창조의 시간 안에서 하나님의 미래의 자기 선취를 반영하는 것이기 때문이다.

이런 방식으로 신적 사랑은 판넨베르크에 의해 내재적 삼위일체와 경륜적 삼위일체의 구분을 위한 근거와 이들의 통일성의 기초로 이해되고 있다. 하나님의 사랑은 재창조하고 피조 세계를 완성하기 위해 내재적 삼위일체의 생명을 넘어선다.

반대로 구원의 경륜에서 피조 세계는 하나님 자신의 삼위일체적 생명의 통일성에 포함되기 위해 그 자신 너머로 취해진다. 내재적 삼위일체와 경륜적 삼위일체의 구분과 통일성은 종말에 온전히 드러나게 될 것이다. 그러므로 이들 삼위일체의 구분과 통일성은 판넨베르크에게 신적 사랑의 심장 고동이며 피조 세계의 근거요 운명이 되는 것이다.

7. 성취와 논쟁

우리가 판넨베르크의 신학적 구상의 성취에 대해 요약하려고 시도할 때 세 가지 특징이 가장 현저하게 눈에 뜨이는 듯하다.

첫째, 판넨베르크의 신학은 지적 면역이라는 전략에서 안식처를 구하지 않고 비판의 지적 표준과 현대의 문화에 그 편만한 영향에 의해 요구되는 반성적 수준에서 현대 시대의 종교에 대한 무신론적 비판의 도전을 직면하려는 하나의 시도다.

둘째, 판넨베르크는 이런 목표를 성경적 주해의 발견과 밀접하게 접촉하면서 하지만 기독교 전통의 포괄적 분석의 배경에 대비시켜 자신의 신학을 발전시킴으로 실현하려고 노력하고 있다.

---

12 문제는 창조주 하나님에 대한 신앙의 내용에서 제기된다. 제2권, 189-201 참조. 종말론의 문맥에서 대답을 시도하는 것은 가능할 따름이다. 제3권, 679-89 참조.

셋째, 판넨베르크의 신학적 반성의 특징적 요소 중 하나는 인문과학 그리고 어느 정도는 자연과학과도 학제 간 협력의 필요성을 인정하고 있다는 것이다. 이런 다른 학문에서 기독교 신학은 그 시대의 지적 노력과 상호 작용하고 있다.

이 세 가지 특징 모두는 기독교 신학이 지적으로도 그럴듯하며 진정으로 기독교적 포괄적 실체에 대한 견해를 발전시켜 현대적 상황의 복잡성 가운데서 윤리적 지향을 제공해 줄 수 있다면 그 과제를 적절하게 성취할 수 있을 뿐이라는 판넨베르크의 전체적 구상의 바닥에 깔린 확신을 설명해 준다.

판넨베르크가 그 실행을 시도하고 있는 용어로 그 구상의 틀에 관해 수많은 비판적 질문을 일으키고 있는 것이 바로 신학의 과제에 대한 이런 견해다. 기독교 신학에서 실체에 대한 포괄적 견해를 발전시키는 것은 무엇이 존재하며 그 존재하는 것을 어떻게 해석해야 하는가를 설명해 주는 모종의 존재론을 요구하는 듯하다. 만일 어떤 것을 어떻게 해석해야 하는지를 결정하는 활동이 참된 진리 주장으로 귀결될 수 있다면 무엇이 존재하고 있는가에 관한 결정에 반응할 수 있게 해 주는 것이 필요하다.

특별히 판넨베르크의 초기 저작에서 우리는 이 점에서 판넨베르크의 구상에서 이중적 '미확정성'에 부딪히게 된다. '존재하는'(is) 어떤 것은 단지 미래에 '되어가는'(becomes) 어떤 것 안에서만 확립이 된다. 그리고 존재하는 것이 어떻게 해석되어야 하는지를 결정하는 모든 행위는 불가역적 가설적 자격을 가진다.

이것은 기독교 종말론의 필연적 추론인가 아니면 자기를 패배하게 하는 듯이 보이는 미확정성이라는 불필요한 요소를 실체에 대한 기독교적 견해에 도입하고 있는 것인가?

이 문제는 하나님의 창조와 하나님의 미래성이라고 하는 개념에서의 하나님의 자기 계시 양자를 포괄하는 판넨베르크의 제안 때문에 진일보해 설명된다. 만일 하나님의 존재와 본성이 마침내 하나님 나라의 종말론적 자기 증시에서만 최종적으로 확정되고 명백해진다면 세계에 대한 하나님의 관계는 최소한 부차적이기는 하지만 미확정적인 것으로 남아 있는 것처럼 보인다.

『조직 신학』은 판넨베르크가 이런 난점을 인식하고 있음을 입증해 줄 뿐만 아니라 그 문제가 되는 결과를 극복하려는 판넨베르크의 시도를 또한 드러내주고 있다. 이것은 삼위일체론이 하나님에 대한 이해를 위해서 뿐만 아니라 전체 교의학적 구상을 위해서도 결정적 역할을 가진다는 사실을 통해 설명된다.

만일 모든 것이 궁극적으로 자신의 창조에 대한 하나님의 삼위일체적 관계에 근거하고 있다면 그리고 만일 세계에 대한 하나님의 관계가 성부 성자 성령으로 자신의 영원한 존재를 반복 또는 재규정한다면 명백한 미확정성은 삼위 하나님의 영원한 동일성 속에서 정확하게 그 한계를 가지고 있다.

이것은 판넨베르크의 신학 방법론의 매우 중요하고 많은 논란이 되는 특징의 기저에 있는 것처럼 보이는 두 번째 문제로 인도한다. 판넨베르크는 처음부터 그 주장의 충분한 이유를 제시하는 데 실패하고 마는 계시에 근거해 기독교 교리의 '교의학적인' 개진을 시도하는 스킬라(Scylla: 메시나 해협의 이탈리아 쪽 해안의 큰 바위-역주)와 이성만으로 정당화될 수 있는 그러한 진술을 허락할 뿐인 신학에 대한 '합리적인' 취급이라고 하는 카리브디스(Charybdis: 시칠리섬 앞바다의 위험한 소용돌이-역주) 사이의 중간 길을 발견하려고 시도했다.

『조직 신학』은 내적 신앙의 전망과 외적 이성의 전망 사이를 중재하는 판넨베르크의 가장 발전된 시도를 제시하고 있다. 종교적이고 신학적 주장의 묘사로부터 시작해 이런 틀 안에서 계시 개념을 모든 신학적 주장의 대치 불가능한 기초(이 기초에서 계시 내용의 재구성이 나올 수 있다)와 동일시하는 판넨베르크의 방법은 분명 현대 신학에서 이 곤란스러운 문제에 대한 해결책으로 가장 흥미로운 제안들 가운데 하나다.

이런 방법론은 신앙이란 그 자체에 근거하지 않으며 그러므로 자기 정당화로 취급되어서는 안 된다는 판넨베르크의 주장을 증명해 보여 준다. 그리고 이런 방법은 이성의 틀 안에서 지성적이고 합리적으로 가용한 주장을 위한 이유를 제시하려는 확고한 노력을 설명해 준다.

그러나 최소한 어떤 사람들은 판넨베르크가 이로부터 기독교 신학의 구성을 이끌어내는 것에는 동의하지 않을 것이다. 판넨베르크에게 있어서, 신학자는 그러한 틀 안에서 만들어진 보편성에 관한 주장을 지지해 주는 신앙의 전망 바깥에 어떤 기초적 원칙을 확립할 수 있는 것이 필수적이다.

그러므로 판넨베르크는 인성에 대한 사실적 구성에 주어지는 무한에 대한 비주제적 인식의 개념화에서 자연 신학의 전통적 통찰을 재구성하려고 시도하고 있다.

인간론적이고 인식론적 반성을 현대의 신앙의 서문(praeambula fidei)으로 사용하는 것은 이런 고려가 철학을 건설적 신학의 과제를 위해 보조적 역할을 가진 것으로 환원해버리는 훨씬 광범위한 신학적 재해석에 종속되게 할 위험을 일으키는 것 같다.

또한, 이것은 만일 신학자가 비신학적 고려사항을 신학을 위한 기초적 원리로 채택한다면 이성적 전망으로부터 발전해온 범주는 이 신학자가 신앙의 전망으로부터 신앙의 내용을 재구성하기 위해 발전시키고 있는 구상을 위해 결정적 효과를 가지는 것처럼 보인다.

자신의 신학적 구성에서 이성의 전망과 신앙의 전망을 결합하려는 판넨베르크의 시도의 문제점은 다음의 질문으로 요약될 수 있을 것이다.

우리가 신앙의 내용에 대한 설명으로 그 내용이 계시에 근거하고 있는 것으로 나아가기 전에 이 기독교 신앙에 있어서 보편성에 관한 주장을 위한 기초를 이성의 전망으로부터 확립하려고 시도하는 것은 필요한가?

아니면 신학적 진리 주장의 보편성을 신앙의 전망으로부터 그 내용에 대한 합리적 재구성이라는 용어로만 발전될 수 있는 기독교 계시의 함축으로 다루는 것이 더 적절한가?

판넨베르크의 신학은 신학의 미래를 결정하게 될 신학의 유형인가?

학문 분야 내에서의 신학적 협력에서 발전되고 다른 학문과의 학제 간 대화에서 평가되는 실체에 대한 진정으로 기독교적이고 지성적으로 그럴듯한 견해를 제시하는 신학의 과제라는 구상에 관해 많은 신학자가 판넨베르크의 신학적 기획의 영감을 따를 것이라고 기대된다.

그의 사상의 발전에서 입증이 된 판넨베르크의 신학적 사고와 자발성이라고 하는 지적 엄격함은 자신의 논증을 끊임없는 재고하게 한다. 이런 지적 엄격함을 진지하게 취급한다면 우리는 판넨베르크 자신의 연구에서 이런 계획의 실제 수행을 비판하기를 주저하지 않아야 한다. 하지만 판넨베르크의 연구 업적은 또한 그의 비판자들이 부합하려고 하는 기준을 세워줄 것이다.

참고 문헌

1988년까지의 망라된 일차, 이차 자료에 대한 참고 문헌은 볼프하르트 판넨베르크의 60세 생일 기념 논문집인 *Vernunft des Glaubens. Wissenschaftliche Theologie und kirchliche Lehre* (Göttingen: Vandenhoeck & Ruprecht, 1988), 693-718에는 Jan Rohls와 Gunter Wenz가 출간한 하나의 참고 문헌 목록을 수록되어 있다. 이런 참고 문헌은 Friderike Nüssel in the journal *Kerygma und Dogma* 43 (1999), 143-54에 의해 이어진다. 1998년에서 2002년까지의 판넨베르크의 저술목록은 Wenz, *Wolfhart Pannenbergs Systematische Theologie*, 296-300에 수록되어 있다.

1차 자료

"Dogmatic Theses on the Doctrine of Revelation", in Wolfhart Pannenberg (ed.), *Revelationas History* (New York, 1968); also in *Human Nature, Election and History* (Philadelphia, PA, 1977).
An Introduction to Systematic Theology (Edinburgh, 1991).
Anthropology in Theological Perspective (Edinburgh, 1985).
Basic Questions in Theology: Collected Essays, 3 vols. (London, 1970, 1971, 1973). (Volume 3 is also published under the title *The Idea of God and Human Freedom*, Philadelphia, PA,1973.)
Beiträge zur Systematischen Theologie: Band 1: Philosophie, Religion, Offenbarung (Göttingen, 1999). *Band 2: Natur und Mensch – und die Zukunft der Schöpfung* (Göttingen, 2000). *Band 3: Kirche und Ökumene* (Göttingen, 2000).
Christian Spirituality and Sacramental Community (London, 1984).
Grundlagen der Ethik. Philosophisch-theologische Perspektiven (Göttingen, 1996).
Jesus – God and Man (London, 1968).
Metaphysics and the Idea of God (Edinburgh, 1990).
Problemgeschichte der neueren evangelischen Theologie in Deutschland. Von Schleiermacher zu Barth und Tillich (Göttingen, 1997).
Reality and Faith (Philadelphia, PA, 1977).
Systematic Theology Vols. 1-3 (Edinburgh, 1991, 1994, 1998).
The Apostles' Creed: In the Light of Today's Questions (Philadelphia, PA, 1972).
Theology and the Kingdom of God, ed. R. J. Neuhaus (Philadelphia, PA, 1969).
Theology and the Philosophy of Science (London, 1976).
Toward a Theology of Nature: Essays on Science and Faith (Louisville, KY, 1993).
Theologie und Philosophie. Ihr Verhältnis im Lichte ihrer gemeinsamen Geschichte (Göttingen, 1996).
What Is Man? Contemporary Anthropology in Theological Perspective (Philadelphia, PA, 1970).

2차 자료

American Critiques, with an Autobiographical Essay and Response (Minneapolis, MN, 1988). This contains an excellent bibliography.
Carl E. Braaten and Philip Clayton (eds.), *The Theology of Wolfhart Pannenberg: Twelve*
D. McKenzie, *Wolfhart Pannenberg and Religious Philosophy* (Washington, DC, 1980).
E. F. Tupper, *The Theology of Wolfhart Pannenberg*, postscript by Wolfhart Pannenberg (London, 1974).
Gunther Wenz, *Wolfhart Pannenbergs Systematische Theologie. Ein einführender Bericht* (Göttingen, 2003).

제8장

위르겐 몰트만(Jürgen Moltmann)

리처드 보캠 (Richard Bauckham)

1. 서론

　1926년에 태어나 1967년에서 1994년까지 튀빙겐에서 조직 신학 교수였던 위르겐 몰트만(Jürgen Moltmann, 1926-)은 서구 세계뿐 아니라 비서구 세계에서도 그리고 학문적 신학의 영역에서뿐 아니라 폭넓은 교회 단체에서도 현존하는 독일의 개신교 신학자들 가운데 가장 영향력이 있는 신학자 중 한 명이다. 몰트만 자신은 1945년에서 1948년까지 전쟁 포로로 있을 때 하나님의 실체에 대한 자신의 첫 번째 경험에서 자신의 신학의 시원적 자료를 발견했다. 이것은 소망의 능력으로서의 하나님과 함께 고통 가운데 있는 하나님의 현존 양자를 경험한 것이었다.

　1960년대와 1970년대 초반의 몰트만 신학의 두 가지 보완적 측면을 형성했던 것이 바로 그 두 가지 주제였다. 게다가 전쟁 기간과 전쟁 이후에 독일 국민의 집단적 고통과 죄책에 관여하고 있다는 몰트만의 의식은 그가 아우슈비츠의 유산은 말할 것도 없고 공공의 정치적 이슈들에 관여하게 되는 몰트만의 후기 신학적 관심에 이르게 했다.

　몰트만은 전쟁 후 괴팅겐에서 학생으로 바르트 신학을 흡입하게 되었으며 얼마 지나지 않아 몰트만은 바르트 신학을 넘어서야 할 어떤 필요를 보게 되었다.

　몰트만이 움직여간 새로운 방향은 우선 괴팅겐에서의 그의 선생들에게 받은 영감을 통해서였다. 오토 베버(Otto Weber)와 에른스트 볼프(Ernst Wolf), 한스 요아킴 이반트(Hans Joachim Iwand) 그리고 게하르트 폰 라트(Gerhard von Rad)와 에른스트 케제만(Ernst Käsemann) 등이 바로 그들이다. 베버와 이른바 A. A. 반 룰러(A. A. van Ruler)와 J. C. 호켄다이크(J. C. Hoekendijk)의 화란 '사도직의 신학'(apostolate theology)으로부터 몰트만은 오는 하나님의 나라를 향한 교회의 보편적 선교에 대한 종말론적 전망을 얻게 되었다.

몰트만은 디트리히 본회퍼(Dietrich Bonhoeffer,)의 작품을 진지하게 연구한 최초의 신학자 중 한 명이었다. 볼프로부터 뿐 아니라 본회퍼로부터 몰트만은 사회 윤리를 세속적 사회에 대한 교회의 참여에 대한 자신의 관심으로 발전시켰다. 헤겔과 이반트 두 사람은 십자가와 부활에 대한 몰트만의 변증법적 해석을 발전시키는데 지대한 공헌을 했다. 끝으로 폰 라트와 케제만은 몰트만의 초기 신학에 성경 신학의 근거를 제공하는 데 많은 도움을 주었다.

몰트만의 희망의 신학에서 이런 수렴하는 여러 영향과 관심들을 마침내 하나로 모아주는 결정적 촉매가 바로 유대인 공산주의 철학자 에른스트 블로흐(Ernst Bloch)의 작품이었다. 몰트만은 『희망의 신학』을 블로흐의 희망의 철학의 신학적 병행을 이루는 것으로 생각했으며 자신의 신학적 경력을 통해 블로흐와 지속적인 대화를 유지했다.

몰트만은 블로흐의 작품을 유대교 메시아 사상의 막스주의적 유산의 일종으로 보는 것이 가능했기 때문에 기독교 신학 바깥으로부터 몰트만 사상에 미친 여러 가지 결과적 영향이 막스주의적이고 유대교적인 것은 그리 놀라운 일이 아니다. 1960년대에 몰트만은 그리스도인과 막스주의자 사이의 대화에 참여했으며 특별히 1970년대 초반에는 프랑크푸르트 학파로부터 중요한 개념을 취했다. 프란츠 로젠츠바이크(Franz Rosenzweig)와 아브라함 헤셀(Abraham Heschel)과 같은 유대교 신학자들의 영향은 몰트만의 작품에서 여러 방면으로 발견할 수 있다.

막스주의의 영향은 몰트만으로 하여금 나중에 평화 운동과 녹색 운동과 같은 다른 정치적 관심에 이르게 했다.

몰트만은 독일적 상황에서 개신교 신학을 저술한 사람으로 남아 있기는 했지만, 그의 저술은 점차 로마 가톨릭 신학이나 정교회 신학 그리고 제3세계의 해방 신학들과 같은 다른 전통과 운동에 대해서 개방적이다.

고난과 카리스마적 예배 그리고 세계의 많은 부분에서 교회의 정치적 헌신을 포함해 전 세계의 교회를 경험하면서 몰트만은 특별히 자신의 교회론을 형성해 나갔다.

2. 개관: 작품과 주된 개념, 방법론

몰트만의 주요 저술들은 두 가지 구별된 연속물로 분류할 수 있다.

먼저는 초기 제3부작이다. 『희망의 신학』(Theology of Hope, 1964), 『십자가에 달리신 하나님』(The Crucified God, 1972) 그리고 『성령의 능력 안에 있는 교회』(The Church *in the Power of the Spirit*, 1975)가 그것이다. 이 책들은 기독교 신학에 대한 세 가지 보완적 전망을 제시하고 있다.

『희망의 신학』은 종말론에 관한 연구가 아니라 전체 신학의 종말론적 방향성에 관한 연구다. 『십자가에 달리신 하나님』은 루터가 말하는 '십자가 신학'이다. 이것은 십자가에 못 박힌 그리스도를 기독교 신학의 기준으로 보려고 시도한 것이다.

『성령의 능력 안에 있는 교회』는 이 두 가지 접근의 각도를 교회론과 성령론이라고 하는 전망으로 보충하고 있다. 이 세 가지 책은 단일한 신학적 비전에서 상호 보완적 전망으로 읽힐 수 있다.

몰트만은 이런 제3부작을 자신의 두 번째 주요 저술들의 연속물을 위한 예비적 연구로 간주하고 있다. 이 두 번째 연속물은 계획된 순서에 따라 특수한 기독교 교리에 관한 연구를 포괄한다.

이 책들은 비록 '교의학'을 담기는 했지만, 몰트만은 이 책들을 신학적 토론에 대한 '이바지'의 연속물로 부르기를 좋아한다. 제6권의 책이 있다. 『삼위일체와 하나님 나라』(*The Trinity and the Kingdom of God*, 1980), 『창조 안에 계신 하나님』(*God in Creation*, 1985), 『예수 그리스도의 길』(*The Way of Jesus Christ*, 1989), 『생명의 영』(*The Spirit of Life*, 1991), 『오시는 하나님』(*The Coming of God*, 1996), 『신학의 방법과 형식』(*Experiences in Theology*, 2000).

몰트만의 초기 저술에서 가장 중요한 지배적 신학적 개념은 예수님의 십자가와 부활에 대한 자신의 변증법적 해석이다. 이것은 그 이후 몰트만의 후기 저술의 무엇보다 중요한 신학적 원리가 되는 삼위일체론이라고 하는 특수한 형태로 포함되게 된다.

십자가와 부활에 대한 몰트만의 변증법은 『희망의 신학』과 『십자가에 달리신 하나님』 두 책 모두 논증의 근저에 있는 십자가와 부활 양자에 대한 해석이다. 십자가와 부활은 죽음과 생명, 하나님의 부재와 하나님의 현존이라고 하는 상반되는 것을 표현하기 위해 취해진 것이다. 하지만 십자가에 못 박히시고 부활하신 예수님은 이런 전적 모순 가운데서도 같은 예수님이다.

십자가에 못 박힌 예수를 새로운 생명으로 일으키심으로 하나님은 급진적 불연속성 안에 연속성을 창조하셨다. 게다가 십자가와 부활의 모순은 지금 실체가 무엇인가 하는 것과 하나님이 만들기로 약속하신 것 사이에 존재하는 모순과 상응하는 것이다. 자신의 십자가에서 예수님은 세상의 모든 부정성에서 그 현재 실체와 동일시되었다.

세상이 죄와 고통, 죽임에 종속되어 있다는 것 또는 몰트만이 세상의 불 경건, 황폐함 그리고 무상함이라고 부르는 것이 바로 그것이다. 그러나 같은 예수님이 일으킴을 받으셨기 때문에 예수님의 부활은 십자가에 못 박히신 예수님이 나타내주신 실체 전체를 위한 새로운 창조에 대한 하나님의 약속을 구성해 준다. 몰트만의 첫 번째 두 권의 책은 이 기본적 개념으로부터 두 가지 보완적 방향으로 작동하고 있다.

『희망의 신학』에서 십자가에 달리신 그리스도의 부활은 종말론적 전망으로부터 이해되며 변증법적 약속과 희망과 사명이라고 하는 주제들에 의해 해석된다. 반면에『십자가에 달리신 하나님』에서 부활하신 그리스도의 십자가는 신정론적 문제의 전망으로부터 이해되며 변증법적 사랑과 고난 그리고 연대성이라고 하는 주제들에 의해 해석되어진다(이런 주제들은 아래에서 설명될 것이다).

마지막으로『성령의 능력 안에 있는 교회』는 이런 개요를 완성하는 것으로 보는 것이 가능하다. 그 사명이 십자가와 부활의 사건으로부터 나오고 실체를 그 변증법의 해결로 움직이시는 성령은 하나님께 버림받은 세상을 하나님의 현존으로 채우시며 오는 하나님의 나라를 준비한다. 그 나라에서는 모든 세계가 예수님의 부활과 일치하게 변화될 것이다.

십자가와 부활의 변증법은 몰트만 신학에 예수님의 특수한 역사와 동시에 보편적 방향으로 강력한 기독론적 중심을 부여했다. 종말론적 약속으로서의 부활은 신학과 교회를 전체 세계와 그 미래를 향해 열어주는 반면에 불 경건한 자들과 하나님께 버림받은 자들과의 하나님 사랑의 동일시라고 할 수 있는 십자가는 신학과 교회 편에서 그런 사람들과의 연대성을 요구한다.

『십자가에 달리신 하나님』에서 몰트만 신학은 강력하게 삼위일체적인 것이 되었다. 왜냐하면, 몰트만은 십자가를 성부와 성자 사이의 삼위일체적 사건으로 해석했기 때문이다. 이 점으로부터 몰트만은 세계와 하나님의 **삼위일체적 역사** 이해를 발전시켰다. 이런 이해에서는 하나님과 세상의 상호연루가 점차 강조되고 있다. 하나님은 세계와의 역사(a history)를 경험하신다. 이 역사에서 하나님은 세계에 영향을 미치시고 동시에 영향을 받으신다.

그리고 이것은 또한 신적 위격의 공동체로서의 하나님 자신의 삼위일체적 관계성의 역사다. 신적 위격의 공동체는 삼위의 사랑 안에 세계를 포함한다. 이런 삼위일체 교리는 몰트만의 후기 저술을 지배하고 있다.

몰트만의 후기 저술에서는 상호 침투적 사회적 삼위일체로서의 삼위 하나님의 상호 관계성이 하나님과 세계의 상호적 관계성을 이해하기 위한 문맥이 된다. 온전하게 삼위일체적 방식으로 발전된 십자가와 부활의 변증법은 이제 이보다 넓은 삼위일체의 역사 안에서 결정적 계기가 된다.

이 역사는 『희망의 신학』의 종말론적 방향과 『십자가에 달리신 하나님』의 세계와의 하나님의 고통당하시는 연대성을 유지하고 있지만, 또한 신적 경험 안으로 창조와 역사 전체를 취함으로써 그것을 넘어선다. 점차 몰트만은 성령론이 기독론에 종속되는 것을 극복하려고 노력했으며 그 대신 기독론과 성령론을 삼위일체의 틀 안에서 상호 관계성에서 발전시키려 했다.

비록 몰트만이 신학적 방법론의 주제를 자신의 저술의 다양한 곳에서 소개하기는 했지만 몰트만은 종종 명시적으로 보다는 암시적으로 그것을 버려두고 있는데 특징적으로 방법론보다는 내용에 집중하고 있다. 몰트만의 마지막 주요 저술인 『신학에서의 경험』(우리나라 말로는 『신학의 방법과 원리』라는 독일어 제목으로 번역되어 있다-역주)은 방법론에 대해 회고적으로 생각함으로써 부분적으로 이것을 보완하고 있다.

몰트만 신학의 세 가지 주된 방법론적 원칙이 언급되어야만 한다.

첫째, 우리가 위에서 개요를 제시했던 주된 개념들로 함축된 첫째 원칙은 신학은 항상 '공공 신학' 또는 '하나님 나라의 신학'이라는 것이다.

신학은 단지 교회를 소개할 뿐만 아니라 교회를 넘어 세계를 소개하며 세계에 대한 공통적 관심과 세계에 관한 대화라고 하는 다원적 문맥에서 수행되어야 한다. 이것은 몰트만의 후기 저술에서와같이 초기 저술에서도 분명하지만, 그의 초기 저술은 곧 실천에 대한 배타적 강조를 넘어갔다.

둘째, 그러므로 주목해야 할 두 번째 방법론적 원칙은 실천과 송영 모두에 대한 신학의 방향성이다. 『신학과 기쁨』(*Theology and Joy*, 1971)에서 이미 몰트만은 신학을 순수하게 '실천에 대한 이론'으로 보는 것에 불만을 품게 되었으며 관상과 경축 그리고 송영의 요소를 도입하기 시작했다.

실천 자체는 하나님이 하신 일을 위한 것뿐 아니라 하나님이 누구신지에 대해도 하나님의 존재를 향유 함과 하나님에 대한 찬양이 없다면 행동주의로 왜곡된다.

그리고 만일 실천이 새로운 창조라고 하는 종말론적 소망으로 영감을 받고 요청된다면 관상은 하나님을 즐거워하고 그분의 창조에서 하나님의 즐거움에 참여하는 새로운 창조의 목표를 예견한다.

신학에서 실천에 대한 배타적 요청에 대한 이런 거절은 몰트만으로 하여금 그의 후기 저술에서 인식하는 주체가 인식의 대상을 지배하기 위해 그 객체를 통제하는 현대 세계의 실용주의적 사고로부터 신학적 지식을 구별하게 해 주며 주체가 타자에게 경이와 사랑 안에서 그 자신을 개방해 주체가 변화될 수 있는 참여적 지식을 회복할 수 있게 해 준다.

그러한 강조는 삼위일체 내에서 삼위일체와 창조 사이에 그리고 창조 내에서 실체가 상호적이고 비위계적 관계성에 의해 특징지어지는 후기 몰트만의 삼위일체론과 쉽사리 어울린다. 이와 밀접하게 연관 있는 것이 몰트만이 계시와 경험을 양극화하기를 거부하는 것과 한 신학자의 전기가 그의 신학과 통전적으로 연계되어 있다는 몰트만의 인식도 그러하다. 신학은 '전기적 주관성과 자기 망각적 객관성'을 결합해 준다(『신학에서의 경험』, 19).

셋째, 몰트만 신학은 대화에 개방적인 것으로 특징지을 수 있다. 몰트만은 신학적 '체계'(system)를 만들어내려는 생각을 거부하고 있으며 모든 신학적 작업이 잠정적일 수밖에 없음을 강조하고 어떤 신학자는 다만 신학자들의 전(whole)세계교회적 공동체 안에서 이어지고 있는 토론에 이바지할 수 있을 뿐이며 신학자들은 교회의 더 넓은 삶과 사고에 관여하고 세계의 고통과 소망을 다루어야만 한다.

또한, 몰트만 신학은 특별히 과학을 포함한 다른 학문적 분과들과의 대화에 개방적이다. 이런 개방성은 시작부터 몰트만 신학에 본질적 구조적 개방성을 부여한다. 왜냐하면, 몰트만 신학은 자신의 희망의 신학이라는 종말론적 전망으로부터 유래한 것이기 때문이다.

신학은 예수님의 십자가와 부활에서 그 출발점부터 세계의 미래를 위해 세계에 관계하듯이 교회의 선교적 사명을 이루는데 봉사해야 한다. 이런 미래의 진정한 개방성은 신학이 이미 모든 답을 알고 있다는 것을 보증해 주는 것이 아니라 타자들과 실체에 대한 다른 접근 방법을 통해 배울 수 있다는 것을 의미한다.

동시에 미래가 예수 그리스도의 미래라는 빛 안에서 가지는 기독론적 출발점은 기독교 신학이 그 자신의 진리에 충실하도록 해 주며 다른 접근 방법에 질문하도록 허용해 주며 다른 학문과 비판적 대화를 나누도록 허용해 준다.

후기 저술에서 이런 구조적 개방성은 몰트만에게 점점 더 중요해지고 있는 관계성의 원리에 의해 일층 강화되고 있다. 자신의 태도가 다른 사람의 입장과 **상대적이**라는 것을 인정하는 것은 상대주의에 이르게 하지 않으며, 생산적 관계성에 이르게 한다. 전기적 용어로 하면 이런 대화에 대한 개방성은 몰트만 신학적 발전을 미지의 그리고 종종 놀라운 지역으로의 여행이 되게 했다.

3. 내용

1) 종말론

몰트만의 초기 신학의 가장 중요한 성취 중의 하나는 미래 종말론을 회복한 것이었다. 이것은 부분적으로 미래 종말론이 성경적 신앙에 결정적 중요성을 지닌다는 성경 신학의 학문적 성과에 대한 하나의 반응이었다.

슈바이처(Schweitzer, 1875-1965)와 불트만(Bultmann, 1884-1976) 그리고 다른 이들이 만일 실재적 세계의 시간적 미래에 대한 언급을 배제하지 않는다면 성경적 종말론을 현대적 지성들이 받아들일 수 없는 것으로 생각했지만, 몰트만은 1960년대에 몇몇 다른 독일 신학자들과 함께 미래 종말론에서 정확히 현대 세계에 적절한 기독교 신앙을 만드는 길을 보았다.

몰트만은 비록 기독교가 반동적 전통주의나 세계로부터 철수하는 것을 표방한다 하더라도 끊임없는 변화의 과정으로서의 역사에 대한 현대의 경험이 어떻게 새로운 미래를 발견하려는 소망을 가진 탐구에서 교회 때문에 거절될 필요가 없는지 보여 주기를 원했다.

도리어 세계의 미래를 향한 성경적 신앙의 방향 정립은 교회가 현대 세계에서 변화를 위한 가능성에 관여할 것을 요구하며, 교회가 한 자리에 머물러 있으려고 하는 경향에도 반대하도록 격려하며, 오는 하나님의 나라를 향해 나아가게 했다. 복음은 진리가 미래에 놓여있으며 미래의 방향으로 현재를 변화시킴으로 진리 됨을 증명한다는 종말론적 신앙을 통해 오늘날 정확히 적절하고 신뢰할 만한 것으로 입증이 되고 있다.

몰트만에게 기독교적 희망은 철저히 기독론적이다. 왜냐하면, 기독교의 희망은 예수님의 부활로부터 일어나는 것이기 때문이다.

몰트만의 "단지 결론에서만이 아니라 처음부터 마지막까지 기독교는 종말론이며 희망이다"라는 유명한 주장(『희망의 신학』, 16)은 그것이 예수님 부활의 의미에 관한 주장이기 때문에 가능한 것이었다. 이스라엘의 하나님은 미래를 여시는 약속을 하심으로 자신을 이스라엘에 계시하셨기 때문에 십자가에 달리신 예수님을 새로운 생명으로 일으키신 하나님의 행동은 신적 약속의 정점에 있는 분명한 사건으로 이해되어야만 한다.

그 안에서 하나님은 모든 죽은 자의 부활과 모든 실체의 새 창조 그리고 의와 영광의 하나님 나라의 오심을 약속하셨고 이 약속을 예수님의 인격에서 드러내심으로써 보증하신다. 예수님의 부활은 모든 실체의 종말론적 미래를 일으킨다.
　이런 약속으로서의 부활 개념이 몰트만의 십자가와 부활의 변증법에 관계될 때 (위의 논의를 보라) 몰트만의 종말론의 중요한 측면들이 나타난다. 우선 십자가와 부활 사이의 **모순**은 변증법적 종말론을 만들어낸다. 이런 종말론에서는 약속이 현재의 실체와 일치하지 않는다.
　종말론적 왕국은 단지 현재의 내재적 가능성의 실현이 아니라 급진적으로 새로운 미래를 나타내 준다. 죽은 자들을 위한 생명, 의롭지 못한 자들을 위한 의로움, 악과 죽음에 종속된 창조를 위한 새 창조가 바로 그것이다. 하지만 다음으로 십자가와 부활이라고 하는 전적 모순 가운데 예수님의 정체성이 또한 중요하다.
　부활은 죽음에 종속되지 않았던 예수님의 어떤 측면들의 생존이 아니었다. 예수님은 전체적으로 죽으셨고 전체적으로 하나님에 의해 일으켜지셨다. 연속성은 새 창조라고 하는 하나님의 행동에서 주어졌다. 유사하게 하나님의 약속은 **또 다른** 세계에 대한 것이 아니라 그 모든 물질적이고 세속적 실체에 있어서 **이** 세계의 새 창조에 대한 것이다.
　전체 창조가 죄와 고난과 죽음에 종속되기는 했지만, 하나님의 새 창조에서 변혁될 것이다. 그러므로 기독교의 종말론은 세계가 달라질 것이라는 희망이다. 기독교 종말론은 그 성취가 모든 역사의 가능성을 초월하는 하나님의 종말론적 행동으로부터만 올 수 있는 약속으로 야기된다. 왜냐하면, 이것은 만물에 내주하시는 신적 현존의 영광 가운데 모든 악과 고난과 죽음을 끝장내는 것을 포함하기 때문이다. 하지만 그러므로 기독교 종말론은 현재에 영향이 없는 것은 아니다. 반대로 예수님의 부활은 그 약속이 이미 세계에 영향을 미치고 그 미래적 변혁의 방향으로 움직여가는 역사적 과정을 시작하셨다.
　이런 과정은 교회의 보편적 사명이다. 이것은 몰트만의 『희망의 신학』이 교회를 미래뿐만 아니라 세계에 대해 개방되게 했다는 점이다. 진정한 기독교의 희망은 이 세계에서의 사건의 불변성에 체념하는 순전히 차안적 기대가 아니다. 오히려 진정한 기독교의 희망은 이 세계의 미래에 대한 희망이기 때문에 그 영향은 현재의 실체가 **아직** 그럴 수 있고 그렇게 될 것이 **아닌** 것을 보여 주는 것이다.
　세계는 약속된 미래의 방향으로 변형할 수 있다. 이런 방식으로 신자들은 현 체제에 순응하는 데서 해방이 되며 현 체제에 대항해 비판적으로 서게 된다. 신자들은 존재하는 것과 약속된 것 사이의 모순됨으로 고통을 겪는다. 그러나 이런 중요한 거리는 또한 신자들이 종말론적 미래의 방향으로 인도하는 세계 역사의 이들 지금의 가능성을 추구하고 구현하도록 해 준다. 그러므로 **행동하는** 희망을 일으킴으로써 약속은 역사 안에서의 미래적 하나님 나라의 예견을 창조해낸다.

『희망의 신학』이 종말론적 희망의 내용이라기보다는 신학의 종말론적 방향에 대한 것이기는 하지만 『오시는 하나님』은 조직 신학적 종말론이며 개인적이고 역사적이며 우주적 그리고 신적 측면에서 기독교적 희망을 상세하게 개진하고 있다.

주목할 만한 한 가지 특징은 현대 서구의 진보주의에 대해 몰트만이 이제는 훨씬 더 비판적 태도를 보인다는 것이다. 현대 서구는 단지 역사의 진보적 완성으로서만 미래를 보았으며 역사의 메시아적 구속으로는 보지 못했다. 몰트만은 그 지배를 진보로써 정당화함으로 현대 서구가 지니고 있던 해방적 잠재력을 타협했다고 보고 있다.

2) 신정론

처음부터 몰트만 신학은 세계의 고난과 악에 직면해 하나님의 의로우심에 대해 의문을 제기하는 것을 먼저 취급했다. 이 문제에 대한 몰트만의 반응의 첫 단계인 『희망의 신학』에서 몰트만은 종말론적 신정론을 제안했다. 무죄하고 원치 않게 당하는 고난은 마치 신적 목적에 이바지하는 것으로 설명되는 것처럼 정당화되어서는 안 된다.

예수님의 부활에서 주어진 약속은 고난에 대해 아무런 설명도 하지 않는다. 하지만 이 약속은 모든 악과 고난에 대한 하나님의 최종적 승리에 대한 희망을 제공해 준다. 그럼으로써 이 약속은 또한 지금 고난을 극복하는 기독교적 실천에 대한 주도권을 제공해 준다.

『십자가에 달리신 하나님』에서 이 문제에 대한 이런 접근 방법은 세계의 고난에서 하나님이 세계와 사랑의 연대성을 형성하신다는 추가적 주제에 의해 심화한다. 몰트만이 부활에 대한 자신의 초점으로부터 십자가에 대한 보완적 초점으로 옮겨갔을 때 그는 십자가에서의 전통적 구원론적 관심을 "인간의 죄책의 물음과 그로부터의 인간의 해방이라는 물음뿐 아니라 인간의 고난과 그로부터의 인간의 해방이라는 물음 양자"(『십자가에 달리신 하나님』, 134)를 포괄하는 것으로 확대하는 데 관심이 있었다.

몰트만은 하나님에게서 벗어난 상태에서 고난을 겪고 있는 죄인들과 무의미한 고난의 무죄한 희생자들인 사람들 모두의 곤경을 언급하기 위해 "하나님이 없는 사람들과 하나님에게 버림받은 자들"(the godless and the godforsaken)이라는 표현을 사용하고 있다. 이것은 예수님이 십자가에서 동일시하셨던 신적 의로우심의 부재에서의 세계의 곤경이다. 몰트만의 생각이 신적 약속의 사건으로서의 부활로부터 신적 사랑의 사건으로서의 십자가로 움직여 갈 때 몰트만은 다음과 같이 질문했다.

어떻게 약속은 그 약속이 주어졌던 사람들, 불 경건하고 버림받은 자들에게 이르게 되는가?

몰트만의 대답은 약속이 그들의 조건에서 예수님이 십자가에서 자신을 그들과 동일시하심(identification)을 통해 그들에게 도달한다는 것이다. 예수님의 부활은 예수님이 하나님의 부재를 경험하는 고난에서 그들과 동일시되어 그들을 위해 죽으셨기 때문에만 그들을 위한 구원을 나타낸다. 『십자가에 달리신 하나님』의 중심적 생각은 고난 겪는 사람들과의 연대에서 고난 겪는 사랑이다. 이것은 버림받은 사람들의 비자발적 고난을 또 다른 사랑, 즉 자발적 동지적 고난을 가지고 직면하는 사랑이다.

십자가를 분명하게 하나님에 의해 버림받아 고난을 겪고 있는 모든 사람과의 하나님의 사랑의 연대성 행동으로 보는 것은 십자가에 대한 성육신적이고 삼위일체 신학을 요구한다. 십자가의 버림받음에서 하나님의 성육신적 아들로서의 하나님의 현존을 인정함으로 몰트만은 십자가와 부활의 변증법을 하나님 자신의 경험 안으로 가져온다.

십자가와 부활은 하나님에게 상응하지 않는 실체(죄와 고난과 죽음에 굴복하는 세계)와 하나님에게 상응하는 실체의 약속 (하나님의 영광을 반영하게 될 새 창조) 사이의 반대를 보여 준다. 그런데 만일 하나님이 십자가에 현존하신다면 하나님은 그분 자신의 모순 가운데 현존하시게 되는 것이다. 하나님의 사랑은 하나님에게 상응하지 않는 버림받은 실체를 포괄하는 그런 것이다. 그러므로 하나님은 고난을 겪으신다.

하나님의 사랑은 단지 인류를 향한 능동적 자비심만이 아니다. 그것은 그 자신의 모순을 포괄함에서 고난을 겪어야만 하는 변증법적 사랑이다. 물론 이것은 모순을 극복하기 위해 그렇게 하는 것이다. 죄와 고난과 죽음으로 구원하기 위한 것이다.

버림받은 외침이 보여 주듯이, 만일 하나님의 아들인 예수님이 버림받은 자들의 버림받음을 겪는다면, 십자가는 성육신한 성자와 그를 죽게 버려두신 성부 사이의 삼위일체적 사건임이 틀림없다. 십자가는 예수님이 자신의 아버지에 의해 버림받아 죽임 당한 신적 고난의 사건이며 성부는 아들의 죽음을 슬픔 가운데 경험하신다. 그러한 것으로 십자가는 버림받은 세계와의 신적 연대의 행동이다. 이런 행동 안에서 성자는 기꺼이 자신을 사랑 가운데 세계를 위해 내어놓고 성부는 기꺼이 아들을 사랑 가운데 세계를 위해 내어 주신다. 성부와 성자의 가장 심오한 분리의 지점에서 성부와 성자는 세계를 위한 자신들의 사랑 안에서 연합되어 있으므로 성부와 성자를 분리하는 이 사건은 구원을 가져온다. 성부와 성자 사이의 사랑은 하나님으로부터 하나님이 없는 사람들과 하나님에게 버림받은 자들을 분리하고 있는 간격을 이제 메워 주며 그것을 극복한다.

몰트만이 이해하기에 십자가는 고난의 문제를 해결하지 않지만, 고난을 사랑의 자발적 사귐의 고난으로 직면하게 한다. 고난 가운데의 연대성은 우선 고난 겪는 모든 사람과의 십자가에 달리신 하나님의 연대성, 그다음으로 주님을 따르는 자들이 고난을 겪는 사람들과 또한 자신을 동일시하는 것으로 나타난다.

이런 고난 가운데의 연대성은 고난을 철폐하지는 않지만 몰트만이 '고난 가운데서의 고난'이라 부르는 것, 즉 사랑의 부족, 고난 가운데 버림받음을 극복한다. 게다가 고난에의 운명론적 굴복을 조장하는 것과는 아무런 상관이 없는 이런 연대성은 필연적으로 사랑하는 사람들에 대한 고난의 형벌에 대항하는 사랑의 저항을 포함한다. 이것은 신자들이 고난과의 연대를 통해 그들을 위한 해방하는 실천으로 인도한다.

3) 교회

몰트만은 자신의 교회론을 "메시아적 교회론" 또는 "관계론적 교회론"이라고 묘사하고 있다. 두 표현 모두 교회를 세계와의 하나님의 삼위일체적 역사 안에 위치하게 해 준다. 보다 특수하게는 종말론적 하나님의 나라에 이르는 성자와 성령의 사명이라고 하는 길 위에 교회를 위치하게 해 준다. 먼저 몰트만의 교회론은 그의 종말론적 기독론에 뿌리박고 있다.

교회는 예수님의 과거 역사와 역사가 그 충만에 이르게 될 우주적 미래 사이에 살고 있다. 예수님의 과거 역사는 우주적 미래를 향한 사명으로 교회를 인도한다. 그러나 이것은 또한 몰트만의 교회론이 강하게 성령론적임을 의미한다.

삼위일체의 역사에 대한 몰트만의 이해에서 이제 예수님의 역사와 하나님 나라의 도래 사이에서 세계에 종말론적 미래를 중재하는 분은 성령이시다. 만일 교회가 메시아 왕국의 예견이라면 교회가 성령의 사명으로 창조되고 그 사명에 동참하기 때문에 그러한 것이다. 그러므로 교회를 규정하는 특징은 그 자체에 있지 않고 그리스도와 성령의 현존과 활동의 특징이다. 모든 점에서 교회론은 세계와 하나님의 삼위일체적 역사 안에서 운동의 역할에 의해 결정되어야만 한다.

'메시아적 교회론'이 종말론적 목표를 향한 그리스도와 성령의 사명으로 전향된 것으로 교회를 특징지어준다면, '관계적 교회론'은 삼위일체의 역사 안에 있는 교회의 자리 때문에 교회는 그 자체로 그 자신을 위해 존재하지 않고 관계 안에만 존재하며 그 관계 안에서 이해될 수 있을 뿐이다. 교회는 예수님의 메시아적 역사에 참여하며 성령의 능력 현존 안에 살아가며 미래의 우주적 왕국을 위해 하나의 잠정적 실체로서 존재한다. 하나님 나라를 향한 도상에 있는 성령의 사명이 교회를 포괄하지만, 거기에 국한되지는 않기 때문에 교회는 자신을 절대화해서는 안 되며 다른 실체들, 즉 특별히 역사 안에서 자신의 파트너인 이스라엘과 다른 종교들 그리고 세속적 질서와의 개방적이고 비판적 관계에서 그 자신의 메시아적 역할을 성취해야만 한다.

이런 문맥 안에서 교회는 단지 성숙하고 책임성 있는 제자들의 '메시아적 공동체'가 된다면 그 소명을 적절하게 성취할 수 있을 뿐이다. 여기에서 몰트만은 특별히 독일 개신교계를 향해 자신의 시각으로 교회 개혁과 재생을 제안하고 있다. 몰트만의 비판은 교회가 어느 정도는 여전히 사회의 공적 종교, 즉 모든 사람을 **위한** (for) 목회적 교회라는 것에서 나온다. 이런 상황에서는 사회와의 관계에서 비판적 자세를 취하지 못하고 실재적 공동체와 활동적 기독교적 헌신을 불러일으키지도 못한다. 이상적인 것은 메시아적 사명에 책임성 있게 동참하라고 부름을 받고 있는 헌신 된 제자들의 공동체인 사람들**의** (of) 교회라는 것이다. 그러므로 교회의 멤버십은 자발적인 것이 되어야 하며 (여기에서 몰트만의 유아 세례에 대한 비판이 나온다) 신앙에 의해서 뿐만 아니라 제자도와 구별된 생활 양식에 의해도 특징지어져야만 한다.

메시아적 공동체는 또한 평등한 자유로운 사회일 것이다. 왜냐하면, 성령께서 모든 그리스도인을 메시아적 섬김을 위해 자유롭게 하고 능력을 부여하시기 때문이다 (여기에서부터 몰트만의 전통적 목회 교리에 대한 비판이 나온다).

서로 다른 타자에 대한 사랑의 용납이라고 하는 교회의 생명을 몰트만은 "개방된 우정"(open friendship)이라고 특징짓기를 좋아한다. 왜냐하면, 우정은 자유로운 관계이고 우정의 관계라고 하는 교회의 생명은 항상 본질적으로 타자들에게 개방적이기 때문이다.

교회의 개방적 우정은 예수님의 우정 위에 설계되어야 하며 그러므로 특별히 가난한 자들과 연대의 형식을 취해야 한다. 사회에서 현 체제(status quo)를 수용하려는 경향을 가진 목양적 교회와는 달리 헌신 된 제자들의 자발적 공동체로서의 교회는 가장 주변화되고 도움이 필요한 사람들과 자신을 동일시하는 사회적으로 비판적 교회가 되어야 할 자유가 있다.

4) 신론

몰트만의 성숙한 신론은 역동적 관계성이라는 개념에 따라 정해진다고 말할 수 있을 것이다. 몰트만의 신론은 삼위 하나님을 상호 간의 사랑의 관계성 안에 있는 세 신적 주체로 이해한다. 세계에 대한 하나님의 관계는 세계에 대한 하나님의 사랑 안에서 하나님이 세계에 영향을 미치실 뿐 아니라 세계에 의해 영향을 받으시는 상호 관계다. 하나님은 세계를 그 자신의 삼위일체적 경험 안에서 경험하시는 삼위일체로 세계에 관계하신다. 그래서 변화하는 세계에 대한 하나님의 경험은 또한 하나님 자신의 변화하는 경험이다.

삼위일체적 하나님의 역사는 그러므로 세계를 위해서 뿐만 아니라 하나님을 위해서도 실재적 역사다. 이것은 그 자신의 삼위일체적 관계 안에 세계를 포함하는 역사다. 이 모든 것을 몰트만은 하나님이 사랑이라는 기독교의 주장이 지닌 의미라고 이해한다.

몰트만 신론의 뚜렷한 발전은 『십자가에 달리신 하나님』에서 십자가에 대한 몰트만의 해석에서 시작되었다. 거기에서 몰트만은 세 가지 중요한 단계를 밟았다.

첫째, 성자를 성부로부터 분리, 즉 버림을 받음을 하나님이 겪으신 성부와 성자 사이의 한 사건인 십자가는 신적 위격 사이에서 상호 주관적 관계를 강조하는 종류의 삼위일체론적 언어를 요구했다(하지만 성령은 이 단계에서는 보다 덜 분명하다).

둘째, 그것은 또한 하나님이 고난을 받을 수 있다는 좁은 의미에서뿐 아니라 하나님이 자신의 창조로 영향을 받으실 수 있다는 더 넓은 의미에서도 신적 고난 겪음의 교리가 필요했다.

전통적 신적 불가 고난성(divine impassibility)이라는 교리를 거부하면서, 몰트만은 모든 종류의 고난을 심지어 유비적으로 하나님에게 돌릴 수는 없다는 것을 분명히 하는 데 유의하고 있다. 그러나 사랑 안에서 고난받는 이들을 위해 자유로이 취해지는 고난은 몰트만이 사랑으로서의 하나님의 본성에 의해 요구된다고 주장하고 있다. 신적 사랑은 하나님이 자신의 창조에 그토록 깊이 관여해서 창조로 영향을 받으시는 진정으로 양방향의 관계다.

셋째, 몰트만은 내재적 삼위일체와 경륜적 삼위일체 사이의 전통적 구분, 즉 하나님이 영원토록 그 자신 안에서의 존재와 하나님이 세계에서 그 자신 바깥으로 어떻게 행동하시는가 하는 것 사이에서의 구분을 내어버린다. 십자가(와 그리고 확장하자면 세계와 하나님의 여타 역사)는 신적 삼위일체의 경험에 **내재적**이다.

하나님이 사랑이시기 때문에 우리를 위해 하나님이 가지신 신분(what he is)은 그 자신에게도 그러하다. 그러므로 삼위일체 교리는 예수님과 성령의 역사로부터의 외삽(外揷, extrapolation)이 아니다. 그것은 실제로 그 자신 안에서 동시에 세계와 하나님의 변화하는 삼위일체적 관계의 역사로서 단지 이야기 형식을 취할 수 있을 따름이다. 자신의 후기 저술에서 몰트만은 결과적으로 창조를 포함하는 다양한 형식으로 이런 이야기를 설명하고 있다.

이 모든 것에서 몰트만은 그 자신이 하나님의 경험에 대해 말하고 있음을 발견했다. 만일 이것이 우리가 하나님을 경험하는 사랑으로라면 어떤 의미에서 하나님을 경험하면서 우리도 또한 우리에 대한 하나님의 경험을 경험한다. 그리고 만일 그것이 우리가 하나님을 경험하는 삼위일체의 사랑으로라면 어떤 의미에서 우리는 심지어 우리의 역사에서의 하나님의 삼중적 그 자신의 경험을 경험한다. 이런 기초 위에서 몰트만은 온전하게 자신의 사회적 삼위일체론을 발전시켰다.

이것이 가능하기 위해 몰트만은 성령께서 성부와 성자에 대한 관계에서 주체로서 행동하신다는 것을 인정해야만 했다. 이것은 성부와 성자를 영화롭게 하는 성령의 사역이다. 이것은 신적 위격들이 서로에 대한 관계에서 모두 주체이심을 분명히 하는 것이다. 이것은 또한 삼위일체에서는 고정된 질서가 없음을 분명히 해 준다.

전통적 성부-성자-성령의 '내려오는' 질서는 단지 세계와의 하나님의 역사에서 삼위일체적 관계라고 하는 변화하는 패턴의 하나일 뿐이다. 이런 변화하는 관계의 배후, 안에는 지속적인 삼위일체의 교제가 있다. 거기에는 어떠한 종속도 없으며 단지 자유 안에서 상호 사랑하는 것만이 있다. 몰트만은 위격들을 실재적 주관성으로 환원하는 어떤 '유일신론'(monotheism)이나 '단일신론'(monarchianism)에 대해서도 끊임없이 반대한다.

그 대신 몰트만은 하나님의 단일성은 관계에서의 위격들의 단일성(unity of persons)이라고 주장하고 있다. 이에 대해 세 가지를 말할 수 있을 것이다.

첫째, 삼위가 위격인 것은 서로 간의 관계에서다. 삼위는 세 분인 동시에 그들의 상호 내주(페리코레시스)에서 하나이다.

둘째, 하나님의 단일성은 그러므로 사랑이라는 말로 정의되기 때문에 페리코레시스로서 이것은 그 자신을 세계에 개방할 수 있고 그 자체 안에 세계를 포함할 수 있는 단일성이다. 하나님의 삼위일체적 역사의 목표는 만물을 하나님과 연합하고 하나님 안에 연합하는 것이다. 이것은 삼위일체적이고 종말론적 만유재신론이다.

셋째, 몰트만은 '유일신론'을 정당한 통치와 복종의 '단일통치론적'인 관계로 본다. 반면에 사회적 삼위일체론은 자유와 평등의 관계의 기초가 된다. 그 자신 안에서 하나님은 통치가 아니라 사랑의 교제이시다. 세계와의 관계에서 주재권이 아니라 사랑의 교제를 하나님은 원하신다. 그리고 하나님의 '나라'에서 가장 적절하게 삼위일체적 생명을 반영하고 참여하는 것은 자유로운 우정의 관계다.

5) 창조

몰트만의 초기 저술에서 상대적으로 무시되었던 창조론은 『창조 안에 계신 하나님』에서 온전한 주목을 받고 있다. 창조론의 명시적 문맥은 생태적 위기다. 몰트만이 보기에 이것은 자연과 인류를 하나님의 창조로 보는 새로운 이해를 요청하는 자연에 대한 인간의 관계에서의 위기이자 자신의 창조로서의 세계에 대한 하나님의 관계에 대한 새로운 이해를 요청하는 위기다.

이런 위기를 만들어낸 자연에 대한 인간의 관계는 착취적 통치의 관계다. 그 대신에 몰트만은 자연의 독립성을 존중하고 자연과의 상호 관계에 동참하는 자연과 인류의 공동체적 의식을 지지한다. 하나님의 형상으로서 인간은 자연 안에서 특이한 자리를 가지고 있지만, 인간이 자연의 소유자이거나 통치자는 아니다.

인간은 자연과 함께 **창조**로서 인간 중심적이지 않고 신 중심적 창조의 공동체에 속한다. 신학적으로 이런 강조는 창조에서의 상호 관계 위에 근거하기 위해 몰트만은 자신의 신론에 호소하고 있다. 하나님 자신의 삼위일체적 공동체는 상호 관계의 공동체로서 자신의 창조 생명을 위한 모델을 제공한다.

삼위일체 하나님과 그분의 창조가 상호 침투적 공동체일 뿐만 아니라 창조에 대한 하나님의 관계도 상호 내주의 관계다. 하나님은 세계 위에 초월하시기 때문에 세계는 하나님 안에 거하지만, 성령으로서 하나님은 또한 세계 안에 내재하시기 때문에 하나님은 세계 안에 거하신다.

창조 안에 있는 이런 성령의 개념은 몰트만으로 하여금 또한 인간 이외의 창조를 삼위 하나님의 역사라고 하는 자신의 일반적 개념으로 가져올 수 있게 한다. 시작부터 전체 창조는 미래적 목표를 향한 메시아적 지향을 한다. 신적 내주하심을 통한 영화가 바로 그 목표다.

창조 안에 계신 성령은 썩어짐의 종노릇하는 창조와 함께 고난을 받으시며 창조가 하나님에게 개방적으로 되도록 유지해 주며 하나님과 함께 하는 미래를 보장해 준다. 인간의 종말론적 목표는 우리를 물질적 창조 바깥으로 들어 올리지 않고 창조와 함께 하는 우리의 연대성과 관계를 확실하게 해 준다. 이 모든 것 가운데 몰트만은 창조와 구속 사이에 그리고 성령의 창조적 활동과 구속적 활동 사이의 강력한 연속성을 성취하고 있다.

6) 정치적 신학

몰트만은 절대 복음을 정치적 측면으로 환원시키지 않는다. 하지만 몰트만은 일관되게 복음의 정치적 측면을 강조하고 있다. 『희망의 신학』 이후에 즉각적으로 이어지는 몇 년 동안 몰트만은 자신의 사고를 당시 독일에서 그 용어가 사용되었던 의미에서 명확하게 정치적 신학(즉 사회에서의 급진적 변화를 목표로 하는 정치적으로 비판적 신학)으로 발전시켰다.

몰트만의 실천 지향적 변증법적 종말론은 급진적 정치적 변화를 위한 명령법으로 번역하기는 어려웠다. 비록 막시즘에서 몰트만에게 호소했던 것이 막시즘의 경제적 분석이나 혁명을 위한 전략이라기보다는 자유라고 하는 새로운 사회에 대한 비전이지만 말이다.

십자가로의 몰트만의 전환은 그와 함께 희생자들과 연대라고 하는 정치적 실천의 요구를 가져왔다. 이것은 희망의 실천을 심화시키고 있다. 후자는 더 낭만적 혁명에 대한 비전이나 급진적 변화를 염원하는 요구로 부유한 자들의 이념적 낙관론에 대한 혼동의 위험으로부터 구해 주었다. 이런 실천은 사회의 희생자들과의 연대로부터 기인해야만 했고 그들의 실제적 관심에 뿌리박고 있어야 했다.

정치적 관심은 몰트만의 후기 신학에서 계속해서 이어지는 특징이다. 예컨대 사회적 삼위일체론은 (위에서 본 것처럼) 사회에서의 민주적 자유를 위한 신학적 기초를 제공해 준다. 또 다른 중요한 발전은 인권 개념의 두드러짐이었다. 몰트만은 이것을 하나님의 형상으로서의 인류의 피조 된 존엄과 종말론적 운명에 근거시키고 있다.

몰트만의 정치 신학이 특수한 정치적 목표를 형성할 수 있게 되는 것이 바로 인권이라는 개념을 통해서다. 혁명적 희망과 희생자들과 연대라고 하는 두 가지 초기의 주제는 특별히 이런 형식에서 구체성을 얻게 된다. 종말론적 희망은 인권의 실현을 위해 애쓰는 가운데 그 즉각적 적용을 발견한다. 이런 적용의 새로운 차원은 하나님의 왕국에서의 인간 운명의 성취를 향해 역사가 끊임없이 나아갈 수 있도록 빛을 비추어준다. 희생자들과의 연대성은 인간 공동체의 전체 구성원으로서 인간의 권리와 존엄을 확고하게 하려고 시도하는 가운데 정치적 효과를 발휘하게 된다. 인권의 개념은 정치 신학의 구체적 함축을 상술하는 한 가지 방법이다.

이 개념은 불신자들의 정치적 목표와 접촉을 유지하게 해 주는 방법이며 그리스도인들이 해방을 위한 공동의 투쟁에 다른 사람들과 함께할 수 있게 해 준다. 환경과 관련한 녹색 이슈들에 대한 몰트만의 점증하는 관심과 더불어 몰트만은 또한 인권 개념을 동물의 권리와 모든 창조 세계의 권리로 보충했다.

7) 기독론

『예수 그리스도의 길』에서 몰트만은 초기 저술에서의 기독론적 중심으로 돌아가서 더 포괄적 기독론을 발전시킬 수 있게 되었다. 예수님의 역사에 대한 신학적 해석이라고 하는 구약성경과 유대교 틀에 대한 강조와 마찬가지로 십자가와 부활의 변증법은 초기 저술로부터 이어지고 있다. 구약과 유대교의 틀에 대한 강조는 단지 종말론적 형식보다 이제 더 명확하게 메시아적인 것으로 발전되었다.

유대교와 기독교의 대화는 기독론을 메시아적인 것으로 유지해야만 하며 단지 예수님의 과거뿐 아니라 예수님의 미래를 바라보게 하며 이것은 아직 구속함을 받지 못한 세계의 메시아적 미래다.

몰트만의 초기 신학은 예수님의 부활이 세계를 위한 종말론적 미래를 열어놓았던 방식에 대해 초점이 모여 있고 예수님 자신의 재림에 대해선 강조하지 않고 있지만, 이제 몰트만의 기독론의 범위가 오시는 그리스도에게까지 확대되고 있다. '도상에'라고 하는 예수 그리스도의 은유는 다른 일들 가운데 예수님이 메시아적 미래로 나아가는 도상에 있음을 가리킨다.

그러므로 기독론은 필연적으로 고정된 것이거나 정체적인 것이 아니라 잠정적이고 미래에 개방된 도상의 기독론(Christologia viae)이다.

기독론의 종말론적 측면이 지니는 이런 더 명시적 발전과 함께 몰트만의 초기 저술이나 대부분의 기독교에서보다 예수님의 초기 생애와 사역에 대한 훨씬 더 많은 관심이 또한 존재한다.

첫째, 몰트만은 영 기독론(a Spirit Christology)을 발전시키고 있다. 이것은 메시아적 선지자로서의 예수님의 생애와 사역이 성령의 능력 안에서 발생한다는 것을 강조한다. 이런 강조는 세계와 함께하는 하나님의 삼위일체적 역사에 대한 몰트만의 성숙한 견해 안에 속해 있다. 여기에서 삼위일체의 위격은 변화하고 상호적 방식으로 상호 관계한다. 예수님의 역사는 좁게 기독론적으로가 아니라 온전히 삼위일체적 방식으로 이해되어야만 한다.

여기에서 선취적으로 예수님은 자신의 아버지와 성령에 대한 관계 안에 살아간다. 성부와 성령에 대한 예수님의 삼위일체적 관계의 유일성은 이런 영 기독론이 단지 다른 영 기독론의 다른 형태들이 종종 그러한 것과 같이 '정도 기독론'(degree Christology: 예수께서 다른 사람이 아니라 개인적 거룩이나 경건에 있어서 우리와 다른 정도의 경건한 삶의 모델이라고 주장하는 기독론-역주)이 되지 않게 해 준다.

둘째, 몰트만은 일반적으로 기독론에서 예수님이 자신의 제자들을 가르치셨던 독특한 윤리적 삶의 방식을 강조한다. 기독론은 단지 구원론에 불가피하게 관계되어 있을 뿐 아니라 기독교 윤리에도 관계되어 있다. 기독론은 '그리스도적 실천'(Christopraxis, 기독론의 Christology와 대비해서 실천을 강조하는 말임-역주)과 밀접한 연계 하에서 이루어져야만 한다. 그리고 전체적이고 통전적 그리스도의 지식은 그리스도와의 교제에서 그의 제자들의 공동체에서 그의 길을 따르는 삶을 함축하고 있다.

셋째, 통전적 기독론은 통전적 구원론을 요구한다. 덧없음과 죽음의 보편적 폐지와 만물의 새로운 창조라고 하는 비전 안에서 몸과 영혼, 개인과 공동체 그리고 인류와 다른 자연을 포괄하는 구원에 관한 견해가 바로 그것이다. 이것은 몰트만 신학에서 새로운 것이 아니라 인간 이외의 창조를 포함하는 기독론과 구원론의 보편적 측면의 새로운 발전이 이 지구상의 모든 창조가 이제 견뎌야 하는 보편적 위험에 대한 몰트만의 지각으로부터 생겨난 것이다.

핵 위협과 생태계 파괴의 상황에서 세계는 이제 문자적으로 '마지막 때'의 상황에 있다. '큰 묵시적 죽음, 곧 만물의 죽음'이 물론 운명론적 예언으로서가 아니라 인류가 다른 자연을 공통의 위험에 처하게 하는 전례가 없는 위험으로서 나타나고 있다. 이렇듯 묵시적으로 이해된 문맥에서 몰트만은 십자가와 부활의 종말론적 변증법의 새로운 차원을 열 수 있었다. 자신의 십자가에서 예수님은 대속적으로 전체 창조를 위협하는 마지막 때의 고통으로 들어가시고 고통을 당하신다. 예수님은 자신을 버림받은 인간뿐 아니라 죽어가는 자연과 동일시하신다. 예수님은 새 창조의 산고를 겪으신다. 그리고 예수님의 부활은 모든 자연의 종말론적 봄날이다.

8) 성령론

몰트만 신학은 더욱더 강력하게 성령론적이 되고 있으며 『생명의 영』에서 정점에 이르게 발전했다. 이것은 부분적으로 삼위의 상호적이고 변화하는 관계를 강조하고, 성령론을 기독론에 종속하는 것을 거부하는 몰트만의 삼위일체 교리의 결과다. 성령론과 기독론 모두를 위한 원칙은 성령론이 기독론으로부터 배타적으로 발전되어야 하기 보다는 성령론과 기독론이 전체적 삼위일체의 틀 안에서 서로에 대한 관계에서 이해되어야만 한다는 것이다. 이것은 몰트만으로 하여금 서구 신학 전통이 종종 그러했던 것보다 성령 그 자체의 역할에 더 많은 주의를 기울이게 했다. 하지만 성령론에 대한 몰트만의 관심은 또한 몰트만이 창조 안에 성령께서 내재하시는 것을 점점 더 강조하게 되는 것과 상응하기도 한다.

몰트만의 종말론적 만유재신론(하나님이 새로운 창조에서 만물 안에 내주하실 것이라는 희망)이 하나님과 세계가 이미 함께 거하리라는 강조로 점점 더 많이 수반되고 있다. 성령으로서 하나님은 덧없음과 세계의 악을 견디고 있고 만물의 종말론적 재생을 예견하면서 이미 자신의 창조 안에 현존하신다. 몰트만의 발전된 성령론은 성령을 주로 생명의 신적 원천으로 이해한다.

> 영원한 영은 신적 생명의 원천이다. 창조된 생명, 유지된 생명 그리고 매일 새로워지는 생명의 원천이며 마침내 영원한 생명의 원천이다(『생명의 영』, 82).

이런 강조는 여러가지 중요한 목적에 도움이 된다.

첫째, 이것은 바르트 신학의 특징이었던 성령을 계시와 편협하게 연결하는 것을 깨뜨려준다. 그리고는 몰트만으로 하여금 바르트의 입장에 대한 자신의 더 강한 거부의 하나로 신학에서도, 경험에 한 자리를 부여할 수 있게 해 준다. 이것은 삶의 전체에서 하나님을 경험하고 하나님 안에서 만물을 경험하는 것이다. 생명의 영은 하나님 안에서 살아낸 풍성함과 활력 안에서 경험된 하나님이시다. 성령이 모든 생명의 원천이듯이 모든 경험은 하나님 안에서 이런 살아가는 원천의 발견이 될 수 있다.

둘째, '통전적 성령론'은 몰트만의 통전적 기독론과 구원론에 상응한다. 생명의 영으로서의 성령은 육체적이고 물질적인 것에 반대되는 '영적인' 것이나 사회적인 것에 반대되는 개인적인 것에 또는 여타의 창조에 반대되는 인간에게 관계된 것이 아니다. 영은 육체적인 것과 공동체에서 생명 전체의 원천이다. 영 안에서의 생명은 세계로부터 하나님에게로의 퇴각이 아니라 '하나님에게서 나오는 창조적 생명의 활력'이다. 이것은 생명에 대한 사랑과 모든 생명의 확증으로 특징지어진다. 이것은 하나님의 세계에 능동적으로 관여하는 신학을 위한 몰트만의 특징적 관심을 상대적으로 새롭게 표현한 것이다.

셋째, 모든 생명의 신적 원천으로서의 영에 대한 생각은 피조물들이 하나님으로터 멀리 떨어져 있지 않고 하나님의 생명으로 살아간다는 하나님의 생명과 하나님의 창조 생명의 연속성과 또한 성령은 죽음으로 끝나는 허무한 생명과 새 창조의 영원한 생명 양자의 근원이 된다는 점에서 창조와 구원의 연속성 모두를 강조해 준다. 성령은 만물에게 생명을 주며 만물을 생명 안에서 유지해 주며, 만물을 죽음과 죽음의 범위 너머로 재생하게 해 준다.

하지만 마침내 창조와 새 창조의 이런 연속성은 몰트만의 사상에서 항상 열쇠가 되어오고 있는 종말론적 이원론을 배제하는 것으로 이해되어서는 안 된다. 창조는 죽음과 파괴의 능력에 복종하며, 성령은 죽음에 대항해 해방하는 투쟁의 힘이며 죽음으로부터 새로워진 생명의 근원이다. 창조와 새 창조의 연속성은 종말론적으로 초월적 새 창조 안에서 옛 창조를 회복하시는 성령의 활동으로 창조된다. 성령이 십자가에 달린 예수님을 종말론적 생명으로 일으키시는 몰트만 신학의 기독론적 중심이 변증법적으로 여전히 유지되고 있다.

4. 토론

몰트만의 저술에 대한 비판에서 제기되고 있는 몇 가지 주제는 다음과 같다. 몰트만의 초기 작품에 대해 비판하는 사람들은 종종 다른 주제는 희생시키고 몇몇 신학적 주제를 일방적으로 강조한 것에 대해 불평했다. 이런 불평이 『희망의 신학』에서 강조하고 있는 특별히 미래에 대해 말해지곤 했다. 이것은 명백하게 하나님에 대한 모든 오늘날의 경험을 부정하는 것처럼 보였다. 하지만 돌아보면 이런 일방성은 초기 저술에 있어 신학에 대한 보충적 많은 전망을 **차례로** 취하는 몰트만의 방법론의 한 결과로 볼 수 있을 것이다.

전체 삼부작의 문맥에서 각 책의 일방성은 다른 책들에 의해 균형이 유지된다. 『희망의 신학』에서 논쟁적으로 가볍게 다루어지고 있는 하나님에 대한 현재의 경험은 나중의 책에서 온전하게 인정이 되고 있지만 『희망의 신학』의 의도를 유지해 주는 종말론적 정향이 이미 그 가운데 주어져 있다.

비록 이런 정치적 함축들이 온전하게 발전이 되는 나중의 논문들에 합당한 관심이 주어지지 않은 채 있기는 했지만 많은 비판이 『희망의 신학』의 정치적 함축에 맞추어졌다. 라틴 아메리카의 해방 신학자들로부터 오늘날의 예견을 넘어서는 하나님 나라의 종말론적 초월성은 구체적 정치적 운동으로부터 초연한 전형적 유럽 신학자의 한계를 보여 준다는 비판이 나왔다.

더 보수적 신학자들로부터는 몰트만이 종말론을 인간의 정치적 성취로 환원하고 있다는 정반대의 불평이 나왔다. 비록 몰트만의 정치적 신학이 **상대적으로** 구체적 제안이 없다는 해방 신학자들의 비난에 그럴듯한 무엇인가가 있기는 하지만 양쪽의 비판은 몰트만이 종말론적 왕국을 역사 안에서의 그 예견과 관계시키고 있는 방식을 제대로 보지 못하고 있다.

몰트만의 신론에 대한 다양한 비판이 제시되고 있다. 어떤 사람들은 신적 자존성과 불가 고난성이라고 하는 전통적 교리를 거부하면서, 몰트만이 하나님의 자유를 타협해 세계 역사를 하나님이 자기 자신을 실현해가는 과정으로 만드는 '헤겔의' 실수로 빠져들었다고 비판하곤 한다. 어느 정도 그러한 비판은 『십자가에 달리신 하나님』이후에 몰트만이 자신의 견해를 명료화하게 해 주었다. 몰트만은 하나님을 세계 역사로 해체하지 않았고 하나님과 세계 사이의 실재적 상호 작용을 주장했다. 신적 자유의 문제는 몰트만이 하나님 안에 있는 필연성과 선택의 자유 사이의 대조라고 하는 실체를 거부하도록 이끌었다. 하나님의 자유는 하나님의 사랑의 자유이기 때문에 하나님은 본래 세계에 관계하신다.

밀접하게 관계있는 비판은 하나님과 세계의 상호 침투에 대한 몰트만의 후기의 강조가 범신론에 근접하게 했다는 것이다. 하지만 몰트만의 '삼위일체적 만유재신론'에서 상호 침투는 차별성에서의 관계의 운동이라는 것을 인식하는 것이 중요하다.

몰트만의 신론에 대한 세 번째 종류의 비판은 몰트만의 사회적 삼위일체론이 삼신론과 구별하기 어렵다는 것이다. 하지만 이런 비판은 몰트만의 후기 삼위일체론에 대한 저술을 주의 깊게 읽어보면 지지하기 어려운 비판이다. 사실 삼위일체의 위격들이 서로에게 인격적 주체로서 관계한다는 근본적 논점은 하나님을 지고의 개별자로 생각하는 현대적 경향보다는 주류 기독교의 신학적 전통 쪽에 서 있다.

특별히 영미 전통의 많은 비판자는 몰트만의 작품이 철학적 분석과 논리적 열정이 없음을 발견한다. 이것은 신학적 스타일의 문제이며, 몰트만이 신학을 하는 방법은 더 분석적 방법이 결여하고 있는 폭넓은 비전과 같은 다른 장점이 있다.

그러나 몰트만의 작품이 때때로 심혈을 기울였으면 보다 신속하게 극복할 수 있는 개념적 문제들을 모호하게 만들고 있는 것은 사실이다. 이런 비판과 관계된 것이 몰트만은 하나님에 대한 담화가 지니는 필연적으로 유비적 본성에 대해 충분히 알지 못하고 있다는 비난이다. 그래서 몰트만의 신적 경험에 관한 토론은 너무 자주 무의식적으로 신화적인 것이 되곤 한다.

몰트만의 성경적 해석학은 많은 관심을 끌지 못하고 있는 문제가 되는 영역이다. 몰트만의 초기 저작은 현대의 성경 신학의 업적에 주의 깊게 뿌리박고 있는 반면에 후기의 작품에서 몰트만이 성경 자료를 사용하고 있는 것은 역사적이고 비평적 해석을 무시하고 자신의 해석학적 원칙들을 위험스러울 정도로 불분명하게 내버려 두고 있다. 몰트만 자신의 설명은 산만한 비판적 토론이 실제로 성경 본문의 이야기를 듣는 데 방해가 된다는 사실을 발견했고 그래서 몰트만은 그 대신 본문에 대한 보다 직접적이고 소박한 관계를 채택하고 있다고 말하고 있다.

5. 성취

초기 저술에서 몰트만의 가장 큰 성취는 아마도 성경적 신앙을 현대 세계에 관련시키기 위해 해석학적 구조를 열어 준 것이었다. 이런 구조의 장점과 적절성은 그 성경적 기초와 기독론적 중심 그리고 종말론적 개방성에 있다.

이런 요소들은 몰트만 신학에 단지 성경적이고 역사적 기독교 신앙의 중심적 특징을 포기하지 않을 뿐만 아니라 현대적 실체와 관심에 대한 관계에서 이들의 신학적 의미를 찾아봄으로써 훨씬 더 긍정적으로 성취된 현대 세계에 대한 관련성을 부여한다.

변증법적이고 동시에 종말론적 기독론적 중심을 회복함으로써 몰트만 신학은 기독론적 중심과 긴장 관계에 있지 않으며 실제로 기독론적 중심에 의해 요구되는 세계에 대한 개방성을 획득했다. 이것은 보수적이거나 자유주의적 또는 급진적 가치들에 대한 적응이 아니라 비판적 시각을 가지고 사회에서 가장 주변화된 구성원들과 지속적인 연대성을 유지하는 것이다.

몰트만의 후기 저술은 기독교의 신학적 전통에서 성경에서 말하는 역사와 중심적 주제들 모두를 현대적 문맥과의 생산적 관계로 계속해서 가져오고 있다. 그렇게 함으로써 몰트만은 인간의 역사와 같은 실체에 대한 지배적 (신학적이고 비신학적인) 패러다임을 아마도 가장 성공적으로 뛰어넘은 현대 신학자가 되었다. 여기에 몰트만은 지배적 현대 이념들의 반영을 인정하고 있으며 신학적으로 인간 역사와 하나님의 창조 역사로서의 인간 이외의 다른 자연과의 상호성으로 들어가려고 시도했다.

몰트만이 자신의 초기 사상의 구조를 거부하고 대치하기 보다는 오히려 발전시키고 확장할 수 있었다는 것은 몰트만 신학적 비전의 해석학적 풍성함과 새로운 상황과 통찰력에 분명하게 관계할 수 있는 그의 능력을 입증해 주고 있다.

후기 저술의 매우 분명한 특징은 삼위일체적 사랑과 같은 하나님에 대한 기독교적 지각을 전통보다 더 정당하게 나타내기 위해 신론을 재고해 보려는 몰트만의 지속적인 시도라고 할 수 있다.

형이상학적 유신론의 공리들을 의문시함으로 주류의 많은 신학자가 하나님을 능동적일 뿐 아니라 감수성이 있으시며 고난받으시는 분으로 보아야 할 필요를 인정하고 또한 철저한 삼위일체론의 잠재성을 재발견하고 있는 시기에 몰트만의 시도는 그러한 신론의 가장 대담하고 온전한 탐구 중 하나라 할 수 있다. 몰트만의 시도의 장점은 기독교 계시의 심장에 놓여 있는 하나님에 대한 이런 주장을 전적으로 진지하게 취급하려고 시도하는 것에 있다. 몰트만의 시도는 문제가 없는 것은 아니지만 그런데도 이슈가 되고 있는 것은 오늘날의 기독교 신앙의 하나님에 대한 신뢰성 회복을 위해 논란의 여지가 없이 중요한 것들이다.

참고 문헌

1987년에 이르기까지의 몰트만의 작품에 대한 참고 문헌은 이싱(D. Ising), 『위르겐 몰트만의 참고 문헌』(*Bibliographie Jürgen Moltmann* (Munich, 1987)에 실려 있다. 영어 번역으로 된 몰트만의 작품에 대한 업그레이드된 저서목록(이차적 문헌과 함께)은 보캠, 『위르겐 몰트만 신학』(*The Theology of Jürgen Moltmann*, Edinburgh, 1995)에 실려 있다.

1차 자료
Experiences in Theology (London, 2000).
God in Creation (London, 1985).
History and the Triune God (London, 1991).
On Human Dignity (London, 1984).
Theology of Hope (London, 1967).
Theology and Joy (London, 1973).
The Crucified God (London, 1974).
The Church in the Power of the Spirit (London, 1975).
The Trinity and the Kingdom of God (London, 1981).
The Way of Jesus Christ (London, 1989).
The Spirit of Life (London, 1991).
The Coming of God (London, 1996).

2차 자료
Bauckham, R., *Moltmann: Messianic Theology in the Making* (Basingstoke, 1987).
_____. *The Theology of Jürgen Moltmann* (Edinburgh, 1995).
_____. (ed.), *God Will be All in All: The Eschatology of Jürgen Moltmann* (Edinburgh, 1999).
Conyers, A. J., *God, Hope, and History* (Macon, A, 1988).
Meeks, M. D., *Origins of the Theology of Hope* (Philadelphia, PA, 1974).
Müller-Fahrenholz, G., *The Kingdom and the Power* (London, 2000).

제9장

영국-토마스 F. 토렌스(Thomas Forsyth Torrence)

다니엘 하디 (Daniel W. Hardy)

1. 서론

토마스 토렌스(Thomas Forsyth Torrence)는 1913년 8월 30일 중국 서부에서 중국에 있는 많은 성서 공회를 섬겼던 '사랑스럽고 경건한 부모님들'[1]의 여섯 명의 자녀 중 두 번째 아이로 태어났다. 토렌스의 아버지는 스코틀랜드교회의 선교사였고 어머니는 성공회 선교사였다. 이들의 깊이 있는 인격적이고 말씀 중심적 살아계신 하나님을 만나면서 양육이 된 토렌스는 중국에 있는 캐나다 학교에 다녔다.

이후에(1927년부터) 스코틀랜드 벨쉴(Bellshill)에서 한 학교에 다녔고 고대와 현대 철학의 두 권위자인 A. T. 테일러(A. T Taylor)와 노만 켐프 스미스(Norman Kemp Smith, 1872-1958)와 다른 사람들 사이에서 에든버러대학교(1931-4년)에서 고전과 철학을 공부했다. 스코틀랜드는 당시 실업으로 심한 타격을 입었으며 자신의 철학에 관한 관심에도 불구하고 토렌스는 3년 만에(통상적 4년이 아니라) 학위를 마치고는 뉴대학교의 신학부로 옮겨가지 않을 수 없었다. 신학에 대한 토렌스의 관심은 절대 학문적으로 초연한 것이 아니었다. 토렌스는 복음 전도에 활동적이었고 선교사가 되려고 했다.

당시의 통상적 영국의 방식을 따라 토렌스는 처음에 헬라어와 히브리어 그리고 성경 연구에 집중했다. 그리고는 단지 그다음에 토렌스는 조직 신학을 전공하게 되었다. 여기에 두 명의 보다 보수적 교사들이 특별히 토렌스에게 영향을 미쳤다.

H. R. 매킨토쉬(H. R. Mackintosh, 1870-1936; 그를 통해 토렌스는 칼 바르트에 관심을 두게 되었다)와 신학과 근대 과학의 관계에 대해 과학적 배경을 소개해 주었으며 변증학을 가르쳤던 다니엘 라몬트(Daniel Lamont, ?-1950)가 바로 그들이다. 자신의 학부과정 공부의 결론 지점에서 토렌스는 스코틀랜드교회에서 견습 선교사 자격을 얻게 되었다.

---

1 E. M. Colyer ed., *The Promise of Trinitarian Theology*(Oxford, 2001)에 있는 David W. Torrance, 2.

한 장학금 덕택에 토렌스는 바젤에서 바르트와 함께 대학교원 과정을 보낼 수 있었다. 하지만 바르트는 토렌스가 선택한 주제(기독교 교의학의 학문적 구조)에 대해 박사 논문을 쓰지 못하게 말렸고 그 대신에 2세기 교부들의 은혜 교리에 관해 쓰도록 제안했다. 이 논문의 완성은 오래 지연되었다.

1938년에는 뉴욕주 내륙에 있는 오번신학교(Auburn Seminary)에서 신학을 가르친 기간이 있었고(이때 토렌스는 다른 두 자리를 제안받았는데 시카고에 있는 맥코믹신학교와 프린스턴대학교으로부터였다) 1939년에는 옥스퍼드의 오리엘대학교(Oriel College)에서 일 년을 보냈고 1940-1943년에는 퍼트쉬어(Perthshire) 교구에서 안수를 받고 목회 사역을 했다.

마지막으로 (자신이 항상 원하던 바대로) 북아프리카와 중동 그리고 이탈리아에서 군목으로 복무했고(토렌스는 용맹을 떨쳐 MBE를 수상했다) 자신의 교구로 돌아왔다. 결국, 토렌스의 논문은 1946년에 제출되어 방어식을 했다. 그해 말에 토렌스는 마가렛 스피어(Margaret Spear)와 결혼했으며 그들은 두 아들과 한 딸을 낳았다. 토마스(Thomas)와 이안(Iain) 그리고 알리슨(Alison)이 그들이다.

1947년 11월에 토렌스는 애버딘(Aberdeen)에 있는 비취그러브 교회에서 3년의 목회사역을 시작했다. 에든버러(Edinburgh)의 교회사 교수로 선출되기 전에 토렌스는 『칼빈의 인간론』(*Calvin's Doctrine of Man*, 1949년)을 출간했다. 그리고는 교구 목회자에서 대학 교수로 바로 옮겨갔다. 이 일은 비록 토렌스에게 역사 신학(즉 칼빈과 낙스 등등)을 가르치는 것이 허락되었기는 하지만 토렌스는 1952년에 기독교 교의학 교수로 옮겨서 1979년 '은퇴'할 때까지 이 교수직을 유지했다.

에든버러 뉴대학교에서 토렌스의 자리는 생각보다 그렇게 간단하지 않았다. 왜냐하면, 존 베일리(John Baillie, 1886-1960)가 가르치고 있던 '신학'이 다른 곳에서는 '철학적 신학'이라 불리는 것이었고 신론(삼위일체)을 포함했으며 토렌스가 가르친 '기독교 교의학'은 조직 신학 분야를 포함했기 때문이다. 이런 구분은 또한 어떻게 신학에 접근해야 하는가에 대해 베일리와 토렌스 사이의 상당한 전망의 차이를 나타내 준다.

그리고 그 차이는 베일리의 자리를 존 매킨타이어(John McIntyre, 1916-2005)가 이어받으며 대학교의 교의학에 대한 전통적 강조가 사라졌을 때 더욱 커졌다. 이런 일은 토렌스의 교수 사역에 오랜 시기에 걸쳐 영향을 미쳤다. 결과적으로 토렌스는 기독론과 구원론, 교회, 사역과 성례, 교부들의 글에 대한 학부 세미나와 바르트 신학에 대한대학원 세미나 그리고 신학과 과학 등과 같은 '복음주의적인' 주제들에 국한되어 가르칠 수밖에 없었다.

뉴대학교에서의 처음 몇 년 동안 초대교회 신학과 칼빈 그리고 종교개혁자들에 대한 토렌스의 관심은 '세계교회협의회'(WCC, 1948년 암스테르담, 1952년 룬트, 1954년 에반스톤 그리고 1952-62년의 신앙과 직제 위원회)에서 개혁파 전통의 중요한 대변자로 그를 만들어주었다. 그리고 스코틀랜드교회와 영국 성공회, (성찬에 대해) 개혁교회와 로마 가톨릭 그리고 (삼위일체론에 대해) 개혁교회와 정교회 양자 간 대화와 자문에서 토렌스는 중요한 역할을 했다. 각각의 경우에 토렌스의 공헌은 중요했다. 성공회와 로마 가톨릭과의 토론의 문맥에서 토렌스는 교회의 특정한 특징을 미래적 하나님 나라와 동일시하는 것을 인정하지 않음으로써 종말론에 대한 종교개혁의 강조를 회복하려 했다.

동방교회 교부들에 대한 토렌스의 관심은 그리스 정교회에 의해 높이 평가되고 있으며 토렌스를 자신들의 교회의 장로의 한 사람으로 임명했고 제1 장로라는 명예 칭호를 부여했다. 스코틀랜드교회 안에서 개혁교회 전통을 토렌스가 지지한 것은 나중에 토렌스를 1976-1977년 총회의 의장의 자리에까지 이르게 했다.

토렌스의 공헌은 그러한 활동보다 훨씬 더 폭넓은 것이었다. 토렌스는 좋은 신학을 위해 (대학교을 포함해) 단체나 기관들을 설립하거나 새롭게 했으며, 그렇지 않았으면 사용할 수 없었던 칼빈과 바르트의 주요 저작들을 번역하는 일을 시작했다. 토렌스의 철학적이고 학문적 관심이 점점 더 전면에 나타나게 되었던 1960년대 후반, 토렌스는 학문적 종교 국제 아카데미와 과학철학 국제 아카데미에 참여했다.

1979년에 토렌스는 '에든버러왕립협회'의 구성원이 되었으며, 1982년에는 영국 아카데미의 회원이 되었다. 신학과 과학에서 토렌스의 학문적 성취는 1978년 유명한 종교계 진보를 위한 템플턴 상(Templeton Prize)을 받게 했다.

2. 토렌스의 저술

토렌스의 연구와 가르침, 강연과 저술은 항상 강한 확신으로 이루어졌다. 토렌스의 개인적 신앙과 복음주의적이고 개혁파 신앙적 관심, 신학에 대한 칼 바르트의 통찰력을 토렌스가 발전시킨 것, 신학과 과학의 관계에 대한 토렌스의 연구 그리고 토렌스의 인품의 장점 등은 강력한 지지와 반대 모두를 끌어내기에 충분했다. 토렌스의 열정은 신앙과 신학이 바르게 추구되는 방식에 있었고 토렌스의 많은 책은 전체로서의 신학을 회복하고 재정립하려는 시도였다. 문제가 되는 것은 근본적인 것들이었다.

자유주의 신학자들에게 토렌스는 하나님 지식의 가능성과 그리스도와 구원에 대해 너무 강한 확신을 가진 것으로 생각되었으며, 보수주의자들에게는 예수 그리스도의 인격과 사역 안에 있는 하나님의 조건 없는 은혜의 자유를 너무 많이 강조한 것으로 생각되었다. 그러므로 토렌스에게서 우리는 신학에 있어 자유주의와 보수주의 양자의 다양한 경향에 양다리를 강하게 벌리고 서 있고, 과학적 실재론의 고려로 정교화된 신학의 병기고를 가지고 있는 한 신학자를 만나게 된다.

토렌스의 저술은 방대하다(숫자에서는 600개가 넘어선다). 심지어 토렌스의 책은 서가에 가득히 찰 정도다. 대다수는 특별한 경우를 위한 연설과 논문들이다. 그리고 그리스도 안에 있는 하나님으로부터 자연 세계에서의 하나님의 사역에 이르기까지 그 범위가 엄청나게 넓다. 정통 신학이 철학과 다양한 영역의 과학과, 약혼으로부터 교단 연합적 만남에서 개혁파 신학을 대변하는 것으로부터, 학문 사이에서의 신학의 자리를 발전시켜보려는 것(가장 많은 숫자)까지 그 범위가 다양하다.

모든 점에서 철저하다. 토렌스의 신학은 항상 성경과 기독교 사상의 역사 그리고 개혁파 전통, 결과적으로 복음을 소개하기 위해 제공되는 가능성과 관련이 있으며 신학과 교회에서 오류나 한계를 바로잡으려는 시도가 있다.

그 결과 어떤 조직적 양식으로 제시하기에는 매우 어려운 저술의 범위가 되고 만다. 그리고 토렌스는 심지어 자신이 쓴 것 안에 방대한 신학적 진술이 함축되어 있다 해도 그런 체계를 제시하고 있지 않다.[2] 대신에 토렌스는 두 가지 일에 관심을 끌고 있다.

① 기독교 신앙의 중심적 진리를 제시하면서 일관성 있게 정교화하고 그 진리들이 항구적 오류와는 어떻게 다른지를 보여 주는 것.
② 하나의 학문(science)으로서의 신학.

그러므로 토렌스의 신학은 핵심적 기독교 진리가 그 배아적 시기와 사람들에게서 발전한 것과 같이 어떤 것인지 밝혀주고 제시하려는 **선언적 신학**이라고 불릴 수 있다.

---

[2] 이것은 "어떤 교회 전통의 정말로 근본적 특징이 계시되어 있는 그 **신론에서**" 라는 토렌스의 진술을 따라가 보라 (*Incarnational Ministry*, ed. C. D. Kettler and T. H. Speidell (Colorado Springs, 1990, 2). 하지만 기독교 신앙을 조직 신학적 양식으로 제시한 두 권의 책이 있다. *The Trinitarian Faith* (Edinburgh, 1988)와 *The Christian Doctrine of God: One Being, Three Persons* (Edinburgh, 1996).

그리고 토렌스의 신학은 다른 학문 사이에서 신학의 특별한 자리를 보여 주는 관계적 신학이다. 이 둘은 토렌스의 저술에서 절대 분리될 수 없다. 이 둘은 전자가 특별한 관심을 받고 후자를 풍요하게 하며 그리고는 후자가 그 자리를 차지하면 뒤로 물러가는 나선 구조와도 같은 양식으로 상호 작용하고 있다. 그 결과 기독교 진리의 깊이와 이해 가능성의 제시에 있어 토렌스는 점차 꽃을 피우고 있다.

3. 내용

1) 선언적 신학

우리가 본 것처럼 토렌스는 복음주의와 교회에 대해 그리고 스코틀랜드 전통에서의 개혁파 신앙 그리고 선교적 확신에 대해서 처음부터 강한 확신이 있었다. 토렌스의 확신은 자유주의 신학의 널리 스며드는 영향력에 의해 더욱 강화되었다. 토렌스가 생각했던 것과 같이 스코틀랜드 신학은 그가 공부하고 교수가 된 에든버러의 뉴 대학교에서 마저도 존 베일리에 의해 가라앉고 있었다.

이런 경향에 저항해 토렌스의 주된 동맹군은 H. R. 매킨토쉬(H. R. Mackintosh, 토렌스에게 1930년대에 에든버러에서 바르트 연구를 소개했던 토렌스의 초기 멘토)와 박사 논문 지도교수인 칼 바르트 그리고 나중에 토렌스가 과학을 다루면서 만난 마이클 폴라니(Michael Polani, 1891-1976)의 실례 또한 매우 중요했다.

토렌스의 확신은 그의 저술을 통해 계속 존재한다. 토렌스의 중심적이고 포괄적 통찰은 (내 말로 하면) '진정한 대상이신 하나님은 모든 다른 것을 은혜롭게 대상화하신다'라는 것이었다. 하나님은 그 자체로 모든 다른 실체를 만들어내시는 중심적이고 포괄적 실체이시다. 하지만 이것은 하나님이 창조로부터 알려지신다(자연신학의 가정)는 것을 의미하지는 않는다. 그렇지 않았다면, 하나님은 하나님의 지식을 하나님에게 눈멀었을 사람들을 위해 주신다.

바르트처럼 토렌스는 이 일이 단지 하나님의 행동을 통해서 일어난다고 주장한다.

> 하나님의 행동과 인격이 하나인 행동, 이 행동에서 하나님의 현존과 인격적 임재가 그분의 행동 속에 현존하며 그 행동이 그 인격이며 그 인격이 그 행동이다.[3]

---

3 A. E. McGrath, *T. F. Torrance: An Intellectual Biography* (Edinburgh, 1999), 149에서 인용함.

이것은 하나님이 예수 그리스도 안에서 인간이 되실 때 발생하는 행동이다. 이 행동을 통해 인간 삶과 문화 그리고 언어는 마땅히 그러해야 하는 것으로 구성이 된다.

따라서 토렌스는 바르트와 같이 **동일본질**(homoousion)을 하나님에 대한 지식의 중추로 보았다. 하나님의 말씀은 세계에서 예수님 안에 성육신한 하나님 자신이다. 거기에서 인간 존재가 계시되고 재창조된다. 예수님 안에서 하나님의 말씀은 많은 사람이 생각하는 것과 같이 단지 하나님에 대해 상징적이지만은 않다. 이것은 예수님이 완전한 인간이 아니라는 것을 의미하지는 않는다.

> 예수님은 우리가 하나님을 믿는 신앙을 가지고 그를 믿고 신뢰하도록 부름을 받는 실제 상황으로 들어가신다. 예수님은 우리의 자리에서 우리의 불성실함의 심연으로부터 우리 대신에 행동하시며 우리에게 자유로이 우리가 함께 나누고 있는 신실함을 공급하신다.[4]

이것은 결정적으로 하나님과 세계, 하나님과 계시 사이의 이원론을 배격한다. 이런 이원론에 기독교 사상이 종종 오염되기도 한다.

동일본질에 대한 같은 강조는 하나님의 은혜가 인간 존재의 구원을 위해서 그리스도 안에서 개인적으로 자유롭게 주어지는 것을 보게 한다. 이것이 지니는 함축은 심오하다. 하나님과 성육신 그리고 속죄, 성령 사이에 가능한 가장 밀접한 계시가 있다.

하나님의 자유는 성육신 안에 있으며 거기에서 인간 존재는 그리스도에게로 연합되며, 하나님은 모든 인류의 구속을 위해 모든 인류를 대신해 행동하신다. 수여자와 선물 그리고 수납자의 계시는 각각에 내재적이다. 이것은 토렌스가 너무나 많이 서구 신학의 특징으로 발견하곤 했던 (이원론적) 구분을 논파한다.

그러므로 토렌스가 발굴한 것은 그가 기독교 신앙의 내적 논리라고 주장한 것이다. 이것은 토렌스가 이런 진리의 역사에 대한 설명으로 제시하고 있는 것과 상관이 있다. 이 진리는 신약성경의 증언으로부터 뽑아낸 것이며 동방 교부들 (특별히 아타나시우스), 칼빈, 매킨토쉬 그리고 바르트와 같은 배아적 시기와 인물들에게서 찾아낸 것이다.

> 예수 그리스도 안에 육신이 되신 영원한 하나님 말씀의 성육신은 ⋯ 기독교 신학 안에서 우리를 위한 그 고유한 질료와 형식 모두를 규정해 준다. 그래서 전체로서의 그 활

---

[4] *The Mediation of Christ* (Exeter, 1983), 69.

동에 있어서 또는 어느 부분에서의 어떤 교리의 향상에 있어서 기독교 교의학의 전체 내용을 통틀어 나타나게 될 것은 바로 기독론적 패턴이다.

주 예수 그리스도께서는 거룩한 삼위일체로서 구별된 하나님의 자기 계시, 한 존재, 세 위격 등 하나님에 대한 우리의 지식의 중추적 중심을 구성하시지만 모든 기독교 신학이 그 안에서 형성되는 전체적 틀을 만들어준다.[5]

이런 '하나님에 대한 우리 지식의 혁명'은 교회의 '고전적 신학'을 구성하는 것이며 인간 이해의 역사 전체를 통해 탈선에서 벗어나게 해 준다.

광범위한 비판적 관심에서 토렌스는 자신의 저술 전체를 통해 그러한 자료들에 부합하고 있다.[6]

토렌스는 그러한 자료들이 하나님의 실체와의 과학적 신학적 관계 맺음을 통해 통합되고 있으며 하나님 자신의 본성에 적합한 방식으로 하나님을 탐구하고 개념화하는 데 성공함으로써 그렇게 하고 있음을 발견하고 있다. 우리의 역사에서 하나님이 우리를 향하시며 위하시는 것으로부터 그들은 하나님이 먼저 본질적으로 내재적으로 누구이며 어떤 존재인지 분별한다.

다른 말로 '복음주의적 삼위일체', 즉 '그리스도께서 우리를 향해 수행하신 성육신 또는 인간적인 경륜을 통해 우리에게 계시된 복음의 진리 내용'은 **신학적 삼위일체**, 즉 하나님으로서의 '하나님의 영원한 존재와 활동의 진리'에 상응한다.[7]

4. 과학적 신학과 과학

1) 지식으로써 신학

1940년대 이후에 영국의 학문적 세계를 지배했던 실증주의의 문맥에서 신학이 정말로 지식의 형태인가 하는 질문은 매우 중요한 것이었다. 미국에서 1959년에

---

5 *The Christian Doctrine of God*, 1-2.
6 그의 저술은 카메오식 묘사로 장식되어 있다. 가장 포괄적 연구는 *The Hermeneutics of John Calvin* (Edinburgh, 1988)와 *Divine Meaning: Studies in Patristic Hermeneutics* (Edinburgh, 1995) 이다. 이 책들은 해석학적 사고의 역사에 대한 완결되지 않은 세 권의 저작의 한 부분으로 의도되었던 것들이다.
7 *The Christian Doctrine of God*, 7.

이루어진 강연에 기초한 『신학적 과학』(Theological Science, 1969년)이라는 책에서 토렌스는 온전한 응답을 제공했다. 그것은 매우 개인적 응답인 동시에 철학적 신학적 응답이었다.

> 나는 너무나 강력하게 내 경험을 짊어지시는 하나님의 임재와 존재를 발견하기에 하나님이라는 압도하는 실체와 합리성을 확신하지 않을 수 없다. 과학적 신학은 하나님의 실체와 자기를 주심(self-giving)의 요구에 순종해 그러한 하나님에 대한 인지적 관계에 능동적으로 관여한다.[8]

토렌스는 자연과학적 탐구가 수행되는 곳마다 같은 것이 사실임을 발견한다. 지성적인 것은 그 자체와의 지적 관여의 가능성을 제공한다.[9] 둘(신학과 자연과학을 말함-역주)은 비슷하게 신학을 위한 신적 실체의 자기 제시이거나 자연과학을 위한 우유적 실체의 소요이거나 주어진 것에 의존한다.

그러므로 토렌스의 견해로는 신학적 과학과 자연과학은 각각의 영역에서 파악된 실체에 의해 조건 지어지는 **후험적** 활동이며 **선험적** 피상적 인상이나 관례적 개념에 근거하지 않는다.

이들 활동은 가능한 대로 이들 실체의 구성적 요소들을 깊숙이 탐사하며 각각의 학문이 그러하게 해 주는 것을 발견하고 이 둘이 어떻게 관계되는지 발견해야 한다. 이런 의제는 그 자체로 토렌스의 작업의 두 '측면들'을 보여 주며 복음주의 신학과 근대 과학의 실체에 대한 추구와 각각의 학문이 추구되어야만 하는 방법에 관한 탐구를 보여 준다.

두 가지 점에 유의해야 한다.

첫째, 토렌스는 우리가 '실체'(substance)와 '방법'(means)이라고 불러온 것 사이에 그 어떠한 날카로운 구분도 있을 수 없다고 확신했다. 이해에 이르는 방법은 **탐구되는 바의 실체**와 부합되어야만 한다. 형식과 존재가 알려진 것과 분리를 할 수 없는 것처럼 인식론은 존재론을 따라야만 한다.

둘째, 토렌스에게 신학과 자연과학은 심지어 각각의 학문이 그 자신의 구별 가능한 주제적 대상을 가지고 있다고 해도 그 둘 사이에는 궁극적 구분이 있을 수 없다.

---

8   *Theological Science* (Oxford, 1969), ix.
9   *Reality and Scientific Theology* (Edinburgh, 1985), xiii.

이 둘은 궁극적으로 통합적 견해에서 통합되어야 한다. 진정으로 기독교적 실체 개념은 실체에 대한 자연과학의 개념을 지지하며 자연과학은 또한 기독교적 실체 개념을 제시하려고 (시도하지는 않지만) 그 바닥에 가정한다. 방법은 다음과 같다.

① 삼위일체 하나님의 우유적(偶有的, contingent)이고 질서 정연한 우주의 창조에서 그리고 그의 아들 안에서 우주에 대한 하나님의 관계 심연에서 그 하나님의 지적 실체를 탐구하는 것은 자연과학을 위한 우주의 탐구를 위해 수직적이고 수평적 통합을 제공한다.[10]
② 자연과학이 하는 일은 신학이 과학적 방법의 본성을 이해하게 해 준다. 그 각각의 주제 대상의 요구가 그들의 작업을 구분되게 해 주기는 하지만 많은 측면에서 두 학문의 방법은 같다.
③ 자연과학은 피조 된 실체의 구조에 대한 이해를 확장해 준다. 피조 된 세계는 하나님이 그렇게 직접 자신의 창조적이고 구속적 사역에서 관여하시는 시공간의 세계다.
④ 우주에 관한 과학적 탐구가 보다 심오해질수록 과학적 탐구는 우주론적 질문에 더 많이 직면하며 전체로서의 우주에 대한 근본적 태도를 채택하도록 더 많이 요구받고 있다.[11]

결론은 '과학적 문화의 … 토대들을 교의학이 그러한 종류의 구조에 뿌리 내릴 수 있는 그런 방식으로 복음화하려는' 토렌스의 관심으로부터 생겨난다.[12]

2) 신학의 역사와 과학의 역사

토렌스는 신학이나 자연과학이 관여하는 실체에 대한 지적 파악이 신학적이고 자연과학적 진보의 결정적 시기에 성취되었다고 확신한다. 토렌스는 지나간 세기 동안의 일 가운데 성취와 왜곡을 구별하기 위해 과거에 성취되었던 지식에 대해 그리고 그것이 성취된 방법에 대해 **비판적으로 반성함**으로 나아간다. 게다가 토렌스의 반성은 그가 발전시키고 채택한 적극적 입장에 의해 인도된다.

---

10 *Divine and Contingent Order* (Oxford, 1981), 24.
11 *Divine and Contingent Order* (Oxford, 1981), 1.
12 "A Pilgrimage in the School of Christ-An Interview with T. F. Torrance, by I. John Hesselink"", *Reformed Review*, 1984 가을, 제38권 1호, 59.

적극적 입장과 역사적 반성 이 두 가지는 미묘하게 서로 연계되어 있다. 토렌스의 적극적 입장은 토렌스의 역사적 작업에 대한 언급으로 이루어지고 있다. 반면에 토렌스는 자신의 적극적 입장을 채택하는 기준을 가지고 어떤 역사가 중요한지 판단하고 해석하고 있다. 그러므로 토렌스의 방법론에 있어 분명히 드러나는 순환성은 단순한 것이 아니다. 이 순환성은 과거와 현재의 인간 이해를 통해 역사에 현존하시는 하나님의 활동적 진리에 대한 발견으로 인도된다. 역사에서 발견되는 이론은 정당하게 '하나님에게서 온 창조에서의 진리가 빛나고 있는 투명한 노정 방식'이다.[13]

그러므로 그러한 이론은 그 진리가 또한 진리에 대한 통합적 견해에서 빛나고 있는 다른 후대의 이론과 연계해 다시금 자신의 진리를 보여줄 필요가 있다. 그러므로 채택된 이런 접근 방법은 의론이라고 하는 것이 자신의 문화에 상대적 양식으로 진리를 파악하려고 하는 자율적 인간의 산물이라고 가정하는 경향이 있는 대부분의 성경적이고 역사적 해석에 대한 자기 의식적 반대다.

3) 신학과 과학에서 실재론: 주어진 것에 대한 순응

토렌스는 인간이 이해할 수 있는 그러한 방식으로 다양한 신학과 자연과학을 통해 자신을 드러내는 것으로 실체를 이해한다. 그러므로 신학과 자연과학이 앞으로 취할 길은 항상 후험적이고 실재적이라는 것을 인정하면서 실체가 자기를 우리에게 알려지게 하는 것과 같이 실체의 자기 제시로부터 시작하는 것이다. 그들의 일은 그 자체를 제시하는 실체를 알려진 것으로 생각하고 거기에 내재하는 심오한 질서를 발견하는 것이다.[14]

이것은 절대 쉽사리 이루어지지는 않는다. 그리고 이것을 대체물과 혼동해서도 안 된다. 요구되는 것은 계속해서 우리의 생각이 이 실체에 부합하도록 허용하며 그 내적 관계를 발견하려는 지속적인 투쟁에 관여하면서 그 자신을 제시하는 실체에 대한 신뢰이다.

실체의 본성이 그것에 적합한 합리성의 양태를 규정하기 때문에 그러한 일을 **아는** 것이 가능하다.[15] 하나님은 우리를 창조하시고 또한 그리스도를 통해 우리와 하나가 되심에 의해 이런 실체의 최상의 경우이며 하나님은 우리가 그분을 알도록 이끄신다.

---

[13] "A Pilgrimage in the School of Christ-An Interview with T. F. Torrance, by I. John Hesselink"", *Reformed Review*, 1984 가을, 제38권 1호, 63.
[14] *Theological Science*, 186.
[15] *Theological Science*, 9.

하지만 이것은 또한 우유적 실체(필연적 실체이신 하나님과 대응하는 개념임-역주)도 마찬가지다. 왜냐하면, 우유적 실체는 하나님에 의해 그 이해 가능성이 부여되기 때문이다. '실재론자'라는 용어가 토렌스에게 약간의 주의를 필요로 하는 이유가 바로 그것이다. 만일 실재론이 중세 신학에서 '존재의 유비'에 의해 주장했던 것과 같이 실체와 사고 사이의 필연적 일치를 의미한다면 토렌스는 실재론자가 아니다.

하지만 또 다른 아주 정확한 의미에서 토렌스는 실재론자이다. 만일 사고하는 사람이 실체에 의해 제공되는 합리성의 양식에 순응한다면 토렌스의 실재론은 실체와 사고 또는 언어 사이의 현실적 일치가 있다고 제안한다. 그러므로 과학적 지식은 그것을 아는 적합한 양식과 함께 그 안에서 실체가 활동적으로 그 자신을 주는 '이중적 활동' 안에 나아가는 것으로 묘사될 수 있을 것이다. 그리고 우리는 활동적으로 이런 양식에서 그것을 앎으로 반응한다. 단지 그러한 상황 아래에서만이 실체와 사고 또는 언어 사이의 상응(또는 투명성)이 존재한다.

4) 과학적 직관: 주어진 것에 대한 인간의 반응

이해 가능한 실체가 우리를 만나고 그것을 아는 적합한 양식을 부여하는 것과 같이 요구되는 인간의 반응은 **이런 선물에 대한 개방성**이다. 지식은 직면하게 되는 실체에 대한 관계 바깥에서 선험적으로 일어나는 것이 아니라, 우리가 탐구하는 것의 내적 구조의 흔적 아래 있는 우리의 이해에서 모양을 갖추게 되고, 우리가 그 안에 거하고 그 의미에 대해 알게 되는 것과 같이, 우리의 앎과 우리가 아는 것 사이에 일어나는 구조적 유사성 안에서 발전하는 통찰력을 통해 일어난다.

선험적 개념이나 선 개념이 아니라 과학적 탐구가 작동하는 선지식은 우리의 마음 안에서 주제가 되는 대상에 대한 내재적 주장 아래 강력하게 일어나는 지금까지 알려지지 않은 양식에 대한 직관적 예견이다.[16] 토렌스가 마이클 폴라니의 발견 논리가 도움이 된다고 생각하는 대목이 바로 이곳이다.[17]

폴라니는 그 안에 정합성의 양식이 보이는 인간의 지성이 부분에서 전체로 이행하는 발견적 도약을 통한 경험 안에 있는 형태(*Gestalten*) 또는 양식을 알아내는 '암

---

16 *Transformation and Convergence in the Frame of Knowledge* (Belfast, 1984), 113ff.
17 특별히 *Personal Knowledge, Science, Faith and Society, The Tacit Dimension* 그리고 *Knowing and Being*에서 발견되는 것과 같은 사상들의 영향이다.

묵적 능력'을 분석했다. 우리가 개별적 경험의 조각 덩어리로부터 통합적 전체에서 이것들을 융합하는 것으로 움직이게 해 주는 것은 '단서'(clues)가 단일한 양식으로 통합되는 직관적 도약을 통해서다.

폴라니는 이것을 한 쌍의 입체적 그림을 보는 것과 비유했다. 보는 사람 쪽에서 두 그림을 약간 다르게 보는 것은 단일한 세 가지 차원의 그림을 만들어낸다. 이처럼 '선지식'이나 '과학적 직관'은 상호 관련된 전체에 대한 비교할 수 없는 요소들을 통찰력에 대한 인격적이고 비형식적 통합 과정을 통해 형성한다. 그러한 통찰력은 과학적 작업에서 존속하며 분석적이고 연역적 과정을 지닌 그 대안적 과정을 통해 그 대상에 대한 심화 된 인식을 산출한다.

5) 실체와 실재론, 신념

다른 사람들은 '그것이 작동한다'라는 확신으로 유지되는 보다 실용적 방식으로 과학적 지식을 가지고 진행하는 곳에서 토렌스는 과학적 활동의 기초가 실제로는 일종의 신념이라고 제안하고 있다.

어떤 의미에서 신념의 구조는 자연과학의 활동 구조와 같은 것이다. 자연과학의 활동 구조에서 실체는 우리가 실체를 아는 양식을 제공하며 신념의 대상이 우리의 신념을 지배하는 신념의 구조에서는 **사물의 본성의 어떤 중요한 측면에 대한 인식이라고 하는 과학 이전의 근본적 활동 없이 과학적 탐구라고 하는 것은 불가능할 것이다.**[18]

그러한 신념은 지식과 지식의 성립에 꼭 필요하며 신념이 합리적 증명을 요구하듯이 지식과 대조되는 것이 아니다.

신념은 실제로 논박할 수 없으며 증명도 불가능하다. 신념을 증명하거나 부정하려는 시도는 신념을 불러일으켜야만 할 것이다. 신념은 증명되거나 부정될 수 있는 형식으로 제시될 수 없다. 다른 말로 신앙은 이성에 필수적이다.

신앙은 이성이 이해하려고 시도할 때 이성에 의해 채택되는 합리성이라고 하는 바로 그 양식이다. 그리고 신앙은 그 자체로 모든 이어지는 합리적 탐구가 나아가는 지식의 가장 기본적 형식을 구성한다.[19] 그리고 신념은 하나님의 진리로부터 자연 사물에 대한 진리, 인간 지식의 진리에 이르기까지 인도되는 진리의 본성에 비

---

18 *Transformation and Convergence in the Frame of Knowledge*, 195.
19 *Transformation and Convergence in the Frame of Knowledge*, 194.

례한다.

신념과 진리를 잘못 연결하게 되면 어울리지 않는 중요성을 덜 중요한 것에 부여하게 되는 우상숭배를 낳게 된다. 신념/신앙은 로크(John Locke)에게 그러했던 것처럼 인간 판단의 최고 행동이거나 지식의 가능성을 유지하기 위해 욕망이 의지하는 궁극적 피난처다. 토렌스에게 이것은 휴식(repose)의 행동 이상이다.

> 우리의 지성이 객관적 실체 위에 안식하는 것이다. 이것은 사물의 본성이자 진리다.[20]

이것은 통상적 현대적 의미에서 '주관적'이지 않으며 객관적인 것에 대한 인격적 인식이다. 하나님의 객관성에서부터 자연적 사물의 객관성, 인간 존재의 객관성에 이르기까지 다양한 종류의 객관성이 존재한다. 적절한 신념이 그러한 객관성에 대한 우리의 대화적 관계를 유지해 준다. 예수 그리스도 안에 있는 인류를 위한 하나님의 진리의 객관성은 과학적 신학적 활동을 유지해 주며 자연의 진리의 객관성은 자연과학을 유지해 준다.

신념이 그런 방식으로 다르다면 결국에는 신학적 과학과 자연과학의 통일성은 존재할 수 없을 것이다. 그 안에 어떤 형태의 통일성이 있을 수도 있지만, 분명히 그러한 통일성은 자연과학 안에서는 불가능할 것이다. 하지만 궁극적으로 신학적 과학과 자연과학의 통일성을 위한 하나의 신학적 기초가 있다.

진리와 객관성, 신적인 것과 자연적인 것의 다양한 '수준'(levels)은 창조와 예수 그리스도 안에서 하나님이 자신을 주시는 행동으로 다변화되기도 하고 통합되기도 한다. 그리고 이것에 응답하는 신념은 성령 안에 있는 하나님의 행동으로부터 나오는 것이다.

인간 존재는 자신들의 신념에서 인격적 한에 있어서 자신들의 인격을 형성하는 객관성에 반응하고 있다. 우리 인간 자신들의 신념이 궁극적으로 인도되는 하나님은 **한 분 하나님의 존재 안에 세 위격이 상호 내주하신다.**[21] 그리고 이것은 자신들의 신념을 통합할 뿐 아니라 인격화한다. 그들의 신념을 인격화하는 것은 그 신념들에 대한 실용주의적 구성이 아니라 삼위로서의 하나님 자신의 본성으로부터 나오는 것이다.

---

20 *Transformation and Convergence in the Frame of Knowledge*, 195.
21 *The Trinitarian Faith*, 199.

그렇다면 인격적 신념에 있어서 차이를 가져오는 것은 무엇인가?

신념에 대한 토렌스의 견해는 사람들의 신념 또는 '신탁 업무적 틀' 사이에 심오한 차이가 있을 수 있음을 인정한다. 그러한 틀은 신자들의 삶 속에 암시되어 있어서 그들 사이의 차이점은 강제적으로 극복될 수는 없다.

이들 차이는 오래된 틀로부터의 새로운 급진적 회심(메타노이아, metanoia)과 새로운 틀에 대한 화해에 이르게 되는 설득으로 변화될 수 있을 뿐이다. 하지만 이것은 단지 인간의 신념의 한 집합으로부터 또 다른 집합으로의 인간적인 설득이 아니다. 이것은 신적 진리의 주장 아래 발생한다고 보는 것이 정확할 것이다.

6) 과학의 '새로운 객관성'

토렌스는 자신의 견해에서 근대 과학에서 자신이 발견한 일을 통해 격려를 받았다. 아인슈타인의 물리학은 모든 인간적인 개념을 초월하는 실체의 '주권적인' 특성이라고 우리가 부를 수 있는 것을 재발견했다고 토렌스는 말하고 있다.

우주는 이제 세기의 전환점에서 물리학자들이 주장했던 종류의 물리적 실체라고 하는 어떤 최종적 개념을 배제한 포용성의 무한한 심연을 지니고 있다. 우주는 이해할 수 있지만 신비로운 것으로 보인다. 물리적이고 자연적 과학에 따라 발견된 이해 가능성은 또한 우리가 파악할 수 있는 것을 넘어서고 있다.

> 이제는 역동적이고 개방적 구조를 지닌 우주가 열려 있다. 이런 우주에서는 인간의 영이 폐쇄된 인과 관계의 결정론적 체계에 붙잡혀있는 데서 해방이 된다. 이에 상응하는 자유롭고 개방적 구조의 사회가 등장하려 하고 있다.[22]

> 아인슈타인 자신의 상대성 이론은 우리가 우주의 시공간 구조에서 궁극적으로 불변하는 것을 보다 심오하게 관찰하면 할수록 단지 상대성이 우리의 직접적 관찰의 영역 위에 수여되는 한에 있어서 우리는 우주에 대한 우리의 기본적 묘사에서 객관성에 이르게 된다.[23]

질서 있는 우주와 우유적 우주에 대한 신념은 자연과학에서 채택하고 있는 두 가

---

22 *Reality and Scientific Theology*, ix.
23 *Reality and Scientific Theology*, 136.

지 주된 '궁극의 것'이다. 그리고 이들과 함께 자연과학은 질서 있는 세계와 우유적 세계 양자에 관해 탐구하는 관심이 있다. 자연과학은 궁극적 근원과 궁극적 목적을 포함해 그 질서와 변화의 벡타적 특성을 결정해 주는 구조에 관심이 있다. 하지만 우유적 질서의 근원이나 이들 '궁극적인 것'의 합리적 기초를 확립하는 것이 그들의 목적은 아니다. 과학의 계획에는 이론적이고 경험적 한계가 있다. 그리고 이들 한계는 과학이 과학이 되기 위해서는 필수적인 것들이다.

5. 하나님의 피조 세계에서 질서와 우유성(偶有性)의 근원

실체에 대한 과학적 이해에서의 그러한 변혁과 함께, 신학은 다음과 같은 관계를 가진다.

> 신학이나 과학 양자를 위해 가장 멀리 영향을 미치는 중요성에 대한 신학적이고 과학적 개념들 사이에는 숨겨진 거래가 있다 … 여기에서 신학과 과학은 심오한 상호 관계를 하는 것으로 발견되고 있다.[24]

자연과학을 유지해 주는 신념과 함께 자연과학의 새로운 객관성과 그 궁극적 신념이라 할 수 있는 유대 기독교적 전통의 진리와 객관성 사이에는 매우 밀접한 연결이 있음이 분명하다. 헬라의 철학적 전통과 대조되게 유대 기독교의 견해는 우리가 오늘날 자연과학에서 발견한 새로운 이해를 위해 더 적절한 기초를 제공하기 위해 많은 요소를 한 견해 안에 결합한다.

① 자유롭게 자신과 구별된 세계를 창조하고 그 질서를 만드신 초월적 주 하나님에 대한 구약성경의 견해와 하나님과 구별되지만 관계된 인간 존재의 자리.
② 주님이 자신의 창조적 행동에서 신실하며 그래서 자신의 세계를 유지하고 통제하시기 위해 끊임없이 활동한다는 인식.
③ 훨씬 더 급진적 세계에 대한 이해는 그 질료와 형상 모두가 '같게 무로부터 창조되었으며 우주에서 하나의 널리 퍼져있는 우유적 합리적 질서에서 불가

---
[24] *Reality and Scientific Theology*, ix-x.

분리적으로 연합되어 있다'²⁵는 것이다.

④ 하나님 아들의 성육신에 대한 기독교적 이해는 자연 세계에 대한 하나님의 온전한 관계를 보여 주며, 어떻게 하나님의 자기를 내어 주심이 신적 질서와 자연적 질서를 구분해 주고 통합하는지 그리고 실재하는 우주의 실재적 시공간의 구조와 역학에 하나님이 어떻게 깊이 관여하시는지를 보여 준다.

⑤ 성육신은 삼위일체 하나님의 내적 구성과 세계의 내적 구성 사이의 관계 심연을 드러내 주며 어떻게 하나님이 계속해서 세계의 질서와 우유성을 유지하는지를 보여 준다.

이 모든 것은 하나님으로부터 세계의 독립을 하나님에 대한 세계의 의존과 '독특하게' 연결하도록 해 준다. 이것은 세계에 그 본성과 운동을 부여하는 독립이며 (그리고 그것을 알기 위한 자연과학의 자기 포함적 시도를 요구한다) 세계의 본성(그리고 자연적이고 과학적 이해)을 그 자체를 넘어 자유롭게 이해할 수 있으며 창조적 근원에 연결되게 한다(이것은 과학적이고 신학적 이해를 요구한다).²⁶

이것은 각각을 그 고유한 대상으로 인도하는 효과가 있다. 자연과학은 우주의 우유적 질서에 인도되어 그 근본적 구조를 파악하게 한다면 신학적 과학은 삼위일체 하나님의 자기 제시 안에서 우주의 우유적 질서의 근원으로 인도되게 된다.

6. 토론

토렌스의 작업은 신학이 다루고 있고 그렇게 할 힘이 있는 실체들에 대한 지금의 추측들에 대응해 신학과 과학 그리고 역사에 대한 강력하게 통합된 조합을 구성하고 있다. 토렌스는 중심적 기독교적 신념을 뽑아내려는 목표를 가지고 있다. 중심적 기독교적 신념의 내적 논리가 무엇인지를 알아내고 어떻게 이것들이 과학적 이해의 본성과 서로 관련이 있는지를 보여 주려 한다. 그 모든 탁월함과 통찰력과 설득력으로 인해 토렌스의 접근 방법은 수많은 중요한 질문을 제기하고 있다.

토렌스의 접근 방법은 철학적으로 분석된 어떤 종류의 물리적 과학에 심각하게 의

---

25 *Divine and Contingent Order*, 31.
26 이런 주제들은 *Space, Time and Incarnation* (1969)과 *Space, Time and Resurrection* (1976)이 다루고 있는 문제들이다.

존하고 있다. 우리는 토렌스가 이런 물리적 과학의 함축들을 그런 주장을 하는 사람들이 원하는 것 이상으로 취하지는 않느냐는 질문을 옆으로 제쳐둔다고 하더라도(그리고 오늘날 어떻게 현대의 물리적 과학이 지식을 산출하고 있는지에 대해 다양한 견해가 있기는 하지만) 과연 물리적 과학이 모든 '자연과학들'을 대표할 수 있다는 여전히 더 광범위한 질문이 존재한다.

최소한 그러한 접근은 자연과학과 신학을 위해 생물학적이고 사회학적 과학이 가지는 가치에 대한 물음을 결정되지 않은 채로 남겨준다. 이것은 또한 토렌스가 창조의 다양성에 대한 어려운 질문을 옆으로 제쳐두도록 허락한다. 이것은 우리가 생물학적 과학이 지니는 함축을 고려할 때 등장하거나 사회 과학에서 나타나는 함축들이다.

아마도 이것은 물리학과 종종 거기에서 발견되는 실체와 지식 사이의 대응설 양자에 협소하게 근거하고 있으므로 토렌스의 입장은 실재론의 가장 강력한 형태이다. 과학적 활동과 과학적 신념 양자의 실재론인데 이것은 오늘날의 신학 안에서 (그리고 아마도 바깥에서) 가용한 것이다. 만약 이것이 우리가 기대했던 것만큼이나 폭넓은 영향을 끼치지 않는다면 이것은 기독교 신학과 물리학에서의 실재론에 대한 물음에서 생겨나는 것인지도 모른다.

한편으로 대부분 실재론적 견해(보수적 태도를 채택하는 사람들)로 기울어 있는 대부분의 기독교 신학자들은 '피조 세계'나 '자연' 또는 신앙의 개인적 비전에 이것들을 통합할 필요에 강한 우선순위를 거의 부여하지 않는다. 반면에 과학적 문맥에 대한 합리적 반응에 흥미가 있는 신학자들은 '패러다임'에 대한 언급으로 과학적 활동을 설명하거나 사회적 설명을 통해 과학적 발전을 설명하는 과학에 대한 '부드러운' 견해를 선호한다.

다양한 이유로 이들 두 그룹은 그럴 가치가 있는 만큼 심각하게 토렌스의 매우 실재론적 접근 방법을 고려하고 있지 않은 것 같다. 토렌스의 사상에 대한 진일보된 주장이 신학적이고 과학적 이해의 관계와 역학을 산출해야 할 필요에 대한 지속적인 강조로 제기되고 있다.

이것은 두 가지 실제적 문제와 한가지 표현상의 문제 즉 세 가지 난점을 일으킨다.

첫째, 이것은 토렌스로 하여금 이들을 성취하는 방법과 구별되는 종종 복잡한 역사적이고 신학적이고 과학적 과정의 결과에 또는 복잡한 근원의 일의적 의미에 초점을 맞추게 한다.

예컨대 [말하자면] 교부들의 교리가 가지고 있는 규범적 입장을 받아들이는 사람들에게조차 성경의 다양한 가치와 교리와 역사의 역동성에 대한 보다 큰 관심 없이 그러한 '추출'(distillations)에 집중하는 것이 기독교 신학에 충분한가?

둘째, 토렌스는 역사적이거나 신학적 또는 과학적인 것이든 종종 심오하고 복잡한 사물에 대해 이차적 개념 구상을 채택하곤 한다. 그리고 토렌스는 또한 그것들이 마치 더 심오한 것을 지시하는 것이라기보다는 우선적인 것이기라도 하듯이 그 개념들을 사용한다.

예컨대 바르트와 같이 토렌스는 결정적으로 칼빈의 지나치게 논리적 조직화의 한계를 넘어서서 칼빈과 바르트 양자의 가능성을 기독교 신앙에 의해 요구되는 하나님에 대한 지성적 비전을 위해 하나님에 대한 자유로운 과학적이고 신학적 반응 안에서 사용하고 있다.

하지만 토렌스 자신의 작업은 여전히 밀접하고 잘 정형화된 논리적 연계성을 강조하고 있다. 아마도 이것은 자유주의의 '부드러운' 불확정성을 넘어서려는 토렌스의 염려 때문에 이해할 만한 결과다. 하지만 이것은 반대 극단을 재빨리 산출해 버린다. 토렌스의 작업 과정은 신학의 목표에 대해 중요한 물음을 일으킨다.

이것은 밀접한 논리적 진술이나 지혜의 형태에 적합한 것인가?

셋째, 비록 토렌스가 시도하고 있는 포괄적, 과학적, 신학적, 역사적 과제에는 진정한 난점이 연루되어 있고 그 결과를 다양한 청중들에게 전달함에도 마찬가지 난점이 있음에도 토렌스 자신과 다른 사람들의 입장 그리고 그 관계에 대한 토렌스의 설명은 이해 불가능한 점에 있어서 간결하기까지 하다. 신학 안에서 그리고 신학을 넘어서 이론의 간결함을 좋아하고 이론의 중요성을 아는 사람들에게조차 그러하다.

토렌스가 인용하는 개념이 더 정교함과 지지를 해야 하는 때가 많이 있다. 하지만 토렌스가 작업하고 있는 영역이 너무나 광범위하고, 그가 개념들을 연결하고자 너무나 염려하고, 다른 사람들이 이런 관계를 볼 수 있도록 하려는 의도가 있으므로 토렌스는 종종 그러한 간결함으로 빠져들곤 한다.

자신의 견해를 소통함에서 토렌스가 가지고 있는 난점은 그가 채택하고 있는 처지의 성격과 연계되어 있기도 할 것이다. 토렌스의 입장은 사적인 것에 가까우며 공적으로 표현할 수 없다. 토렌스의 관심은 실체에 대한 그리고 실체로부터의 경험적이고 이론적 지식의 발생이라는 의미에서 실제성을 다른 사람에게 투명하게 만드는 것이다(토렌스가 관심이 있는 경험적이고 이론적 지식은 존재와 형상의 대응과 같이 실체의 내적 대응에 부합하는 것이다. 이를 통해 토렌스는 이 둘을 분리하고 있는 사람들의 순진함을 피하고 있다. 토렌스는 사람들이 관찰된 자료로부터 성육신 교리를 연역할 때와 같이 관찰이나 경험으로부터 이론을 연역하려고 시도하고 있는 사람들에 대해 정당한 놀라움을 표하고 있다).

지식에서 실제로 일어나는 것은 실체가 우리의 경험적이고 이론적 이해에 있어 그 자체를 현실화하는 것이며 이것은 우리가 자연적 세계를 통해 그리고 그 안에서 하나님의 자기 지식에 참여하는 방식이다. 게다가 우리는 진리와 객관성이 그런 방식으로 우리를 만나는 신념에 의해 그러한 실제성 안에 유지되는 것이다.

하지만 인식자와 인식이 되는 것, 경험적이고 이론적 지식과 인식되는 것의 존재와 형상 사이의 관계는 그것이 실제로 발생한다는 사실 바깥에서 입증될 수는 없다. 다른 말로 그 일이 발생한 사람들에 의해 발생하는 것은 알려진다.

그리고 그들이 다른 사람들을 위해 할 수 있는 최선은 그들의 말과 개념이 다른 사람들이 볼 수 있는 투명성이라는 그러한 방식으로 말하는 것이다. 토렌스가 말하고 있는 수단은 실체와 신념의 구조에 주의를 기울이고, 인식자와 인식되는 것 사이의 관계를 확인해 주며, 세계가 이런 방식으로 질서가 잡혀있음을 보여 주는 것이다. 그리고 이것은 창조와 성육신에서 자기를 주시는 하나님의 활동적 행동에서 보이는 것과 같이 하나님에 의해 만들어진 또 다른 구조적 관계성에 의해 입증이 된다.

여기에서 발생하는 문제는 우리가 '사실성'이라고 부르는 것의 수준에 머물러 있으려는 경향이다. (이것은 확실히 역동성의 사실성이며) 이런 관계가 발생한다는 **사실**에 만족하고 있다. 토렌스의 위대한 공헌은 기독교적이고 자연과학적 견해로부터 추론된 증거에 의해 지지를 받는 매우 조심스러운 진술에 있다. 이 진술은 그것이 신학과 자연과학에서 발생하는 사실에 대한 것이다.

이 일은 실체의 지식에 관여하고 있는 것과 연결되는 그런 방식으로 발생한다. 결국, 이것은 지식을 산출하는 그런 방식으로 발생한다고 훨씬 덜 확신하고 있는 사람들로부터 토렌스의 입장을 구별해 주는 것이다. 토렌스의 입장을 (말하자면) 기껏해야 '구원을 가져오는 어떤 일'이 일어나리라는 것을 인정하기는 하지만 지식을 제공할 만한 그런 방식으로는 아니라고 생각하는 실존주의자들과 비교해 보라.

실존주의자들에게는 '관계의 사실성'은 존재하지 않으며 지식의 권위도 존재하지 않는다. 단지 '어떤 일'과 인간적인 '해석'만이 존재할 뿐이다. 이런 '사실'의 발생을 주장하는 것은 과거와 현재의 신학과 자연과학의 긍정적 성취 전체에 대한 평가를 가능하게 한다. 이것을 다른 사람들은 부정적으로 또는 훨씬 더 잠정적인 것으로 취급하는 경향이 있다. 훨씬 앞에서 지적한 것과 같이 토렌스는 다른 더 회의적 사람들은 발견하지 못하는 전통적이고 현대적 자료에서 그리고 신학과 '딱딱한' 과학 사이에서 심오한 것과 대응하는 것들을 발견한다.

지식의 '사실' 안에 머무르려는 투쟁 안에는 (이것은 토렌스에게 있어서 가용한 지식을 그 내적 구조를 살펴봄으로써 정화하려는 투쟁이다) 3가지 다른 주제가 있다. 그 하나는 '사실' 안에 사는 사람들에게 부합하는 특권을 지닌 입장이다. 학문의 배후에서 자신들의 입장과 성취한 지식 그리고 이것이 '사실'이라는 신념을 이해하는 사람들이 있다. 물론 그들의 특권은 어떤 의미에서는 절대 그들의 것이 아니다. 그 특권은 그들이 참여하고 있는 심오한 관계의 산물이다. 그 사람들과 그들이 이 관계의 열매를 표현하는 진술은 '투명성'이다. 그런데도 이들은 신학이나 과학의 역사에서 진정한 지식을 제공하는 것으로 취급되고 있다.

하지만 토렌스가 지적 교만을 방지하기 위해 세우고 있는 모든 안전 정체에도 이들은 그토록 지식의 담지자로서 아무런 의심 없이 받아들여질 수 있는가?

토렌스가 보기에 인간 존재에게 천사의 자리에 놓이는 것과 같은 그러한 고도의 '직관적 이해 가능한 판단'²⁷이 주어진 때가 있었다. 이 질문은 많은 사람이 오늘날 그러한 실재론에 대해 제기하곤 하는 바로 그 질문이다.

실체에 의해 제공되는 지식의 사실성 안에 머무르는 것은 또한 토렌스의 신학에서 토렌스가 함께 공유하고 있는 칼 바르트의 실현론적 존재론(actualist ontology)이라 할 수 있는 배타적이고 기회 우연론적 경향을 만들어낸다. 그의 저술 대부분에는 진리에 적절하게 반응하는 사람과 그렇지 못한 사람 사이, 그들이 그렇게 할 때와 그렇게 하지 않을 때 사이의 매우 날카로운 구별이 존재한다.

한편으로 진리에 대한 적절한 반응이라는 '사실'에서 인간존재는 지식을 성취한다. 다른 한편으로 진리에 대한 적절한 반응이라는 '사실' 바깥에 실체에 대한 '자기 의지적이고', '이상적인 것을 왜곡'²⁸하는 사람들이 있다. 이것은 그것이 알려지는 합리성을 제공하는 실체의 조건에 매우 경직되게 그리고 확고부동하게 부합하는 모든 것을 배제하는 것처럼 보인다.

토렌스의 후기 저술에는 비록 여전히 진리에 대한 적절한 반응이라는 '사실' 안이기는 하지만 지식의 우연성에 대한 보다 더한 인식이 있다. '다차원성'(multidimentionality)이라고 하는 것이 '우리 앞에 펼쳐져 있는 지적 구조의 범위'에 의해 우리에게 주어지며 우리는 '조합된 개념의 수준들'²⁹을 통해 일어난다. 이것은 실체의 부요함에 대한 강조를 환영한다.

---

27 R. Hooker, *Of the Laws of Ecclesiastical Policy* (London, 1977), 84.
28 "Divine and Contingent Order", in A. R. Peacocke (ed.), *The Sciences and Theology in the Twentieth Century* (Notre Dame, IN, 1981), 93.
29 *Divine and Contingent Order*, 27ff.

개념 구상은 초기의 견해가 배제하고 있는 것같이 보이는 개념과 실천에 대한 보다 적극적 의견에 길을 열어 준다.
　이것은 덜 배타적 견해가 아니다. 허용 가능한 것은 더 넓어지지만, 그것은 실체에 의해 항상 권위를 부여받아야만 한다. 이것은 인간존재가 성례전에서부터 기술(technology)에 이르기까지 자신들의 삶과 사역 가운데서 사용하는 많은 세상적 장치가 여전히 너무나 많이 평가절하되고 있다는 것을 의미하지는 않는다. 이들은 비록 우연적 구조들이기는 하지만 이루 말할 수 없는 실체에 대한 적절한 반응을 구성할 수 있다.
　진리와 지식 사이의 관계라고 하는 '사실'에 대한 토렌스의 집중으로부터 야기되는 한 가지 최종적 주제가 있다. 이것은 너무나 경험적이고 이론적 지식의 발생에 집중해 역사에 대한 제한된 견해를 산출하는 것이다.
　하나님에 대한 관계에서 공간과 시간의 자리를 변호하고 설명해 신학적이든 자연과학적인 것이든 인간의 지식이 지니는 우유성을 인정하려는 것은 존경할 만한 일이다. 그러나 이것이 역사를 고려하면서 유용한 몇몇 범주를 정당화해 주기는 하지만 신학에 대한 역사적 설명을 제공하는 과제를 위해서는 충분하지 않다.
　우리가 위에서 본 것처럼 토렌스는 진리에 대한 바른 반응으로 과거와 현재의 주요 인물들에 의해 취해진 기본적 결정들을 평가함으로써 신학과 자연과학의 역사에 대한 매력적 설명을 산출했다.
　하지만 토렌스의 설명이 온전히 역사적 설명인지에 대해선 여전히 의문이 존재한다. 역사의 진리는 확실히 진리에 대한 바른 설명을 확립하는 것 그 이상이다.

7. 성취, 영향, 과제

　토렌스는 사고에 대한 보다 덜 인지적 방법론을 받아들이는 '절충적인'(accommodationist) 방식에 의해 기독교 교의학이 심각하게 위협을 받는 상황에서 기독교 교의학을 변호한 주된 인물 가운데 한 사람이다. 역사와 과학과 조직 신학을 토렌스가 종합한 것은 신학이 어떤 강한 의미에서 지식을 제공할 수 없는 것으로 간주하고 기껏해야 경험적이고 역사적이고 문학적 또는 문화적 렌즈를 통해 보이는 시점에 도달했다.
　그리고 토렌스의 방법은 만연한 '자유주의적인' 접근 방법보다 더 강한 어떤 것을 추구하는 사람들 사이에서 비록 그들이 토렌스의 논증에서 상세한 부분을 따르지 않는다 하더라도 매우 영향력이 있는 매우 강력한 대안을 대표한다. 그리고 토렌스의 방법은 다시금 다양한 방식이기는 하지만 새로운 영향력을 발휘하고 있는 것 같다.

10년 전 토렌스의 저술에 대한 직접적 반응은 상대적으로 적었다. 이제 감사하게도 상황이 달라졌다. 비록 토렌스의 저술이 그 자체로 가르쳐지고 있지는 않지만, 그의 저술들이 수많은 주의 깊은 연구의 대상이 되고 있다. 이런 관심은 대부분 조직 신학에 경도되어 주로 신학의 내용에 대한 토렌스의 공헌을 고려하는 사람들에게서 온다. 이 가운데 대부분의 관심은 설명적이고 분석적이다.

토렌스의 방식이나 결론에 도전하지는 않는다. 단지 몇몇 사람이 더 나아가 토렌스의 저술을 자세히 살펴보고 그의 주장에 도전하고 있다. 신학과 자연과학의 실체와 방법론으로 통합된 과학적 방법론에 대해 주의 깊은 통합적 상황에 해당하는 토렌스의 주된 공헌에 관여하고 있는 사람은 거의 없다.

우리는 토렌스가 바르트에게 그러했던 것과 같이 토렌스의 어깨 위에 서서 토렌스가 시도했던 기독교 신학의 기초에 대한 인식론적 설명을 제공할 수 있는 사람을 기다린다. 이런 시도는 과학과 신학 양편에 대한 도전적 이해에 응답하는 것이다(최근 토렌스에 대한 관심은 알리스터 맥그래스에 의해 제기되고 있다. 맥그래스는 과학과 신학 두 방면의 박사 학위를 소지하고 있다-역주).

참고 문헌

1차 자료
Christian Theology and Scientific Culture (New York, 1980).
Divine and Contingent Order (Oxford, 1981).
Reality and Evangelical Theology (Philadelphia, PA, 1982).
Reality and Scientific Theology (Edinburgh, 1985).
Royal Priesthood (Edinburgh, 1955).
Space, Time and Incarnation (Oxford, 1969).
Space, Time and Resurrection (Edinburgh, 1969).
The Ground and Grammar of Theology (Belfast, 1980).
The Trinitarian Faith (Edinburgh, 1988).
The Christian Doctrine of God: One Being, Three Persons (Edinburgh, 1996).
Theology in Reconstruction (London, 1965).
Theological Science (Oxford, 1969).
Theology in Reconciliation (London, 1975).
Transformation and Convergence in the Frame of Knowledge (Belfast, 1984).

2차 자료
Colyer, E. M., *How to Read T. F. Torrance* (Downers Grove, 2000).
_____. (ed.), *The Promise of Trinitarian Theology* (Lanham, MD, 2001).
Luoma, T., *Incarnation and Physics: Natural Science in the Theology of Thomas F. Torrance* (Oxford, 2002).
McGrath, A. E., *T. F. Torrance: An Intellectual Biography* (Edinburgh, 1999).
Morrison, J. D., *Knowledge of the Self-Revealing God in the Thought of Thomas Forsyth Torrance* (New York, 1997).

제10장

영국 성공회 신학

피터 세드윅 (Peter Sedgwick)

1. 서론

영국에서 성공회 신학은 역설적 상황에서 20세기를 시작했다. 한편으로 사회 전반에 팽배해 있던 영국에서의 광범위한 지적이고 문화적 위기가 있었다. 또한, 어마어마한 물질적 부의 한복판에 고질화된 가난과 계층 간의 분열이 있었다.

성공회 신학은 고교회 자유주의 성공회 그룹에 의해 1891년에 쓰여 『세상의 빛』(Lux Mundi)이라는 제목으로 발간된 논문집과 같은 출판물을 통해 이런 위기에 의식적으로 응답하려고 했다.[1] 그러한 성공회 신학은 성공회가 당대의 문화적이고 사회적 위기에 자신을 동일시하게 해 주었던 인간의 고통에 대한 하나님의 성육신적이고 자기 비움적 동일시를 지지했다.

다른 한편으로 성공회 신학은 영국 성공회라고 하는 자기 이해의 한 부분이었으며 이 교회는 단지 설립이 되었을 뿐 아니라 세계 제국을 다스렸던 나라에서 비할 바 없는 특권을 누리고 있었다.

20세기는 이런 제국의 몰락을 보았을 뿐 아니라 영국 사회가 전례가 없는 방식으로 변형되어 논쟁의 여지가 있기는 하지만 이제는 서구 세계에서 가장 세속화된 나라 중 하나가 되고 말았다.

성공회 신학은 먼저 이런 변화에 점진적 방식으로 반응했으며 1940년이라고 하는 운명적 해까지 독일이나 미국의 신학으로부터 문화적 단절을 겪어야 했다.[2] 바로 이 1940년에 36세의 나이에 더램대학교(Durham University)의 신학 교수로 막 임명이 된 마이클 램지(Michael Ramsey, 1904-88)와 도널드 맥키논(Donald MacKinnon, 1913-94)이 유럽에 영향을 미치고 있던 사상과 문화의 위기를 인식하기 시작했다.[3]

---

1 그 철학적 배경에 대해선 "Some Aspects of the Treatment of Christianity by the British Idealists" in D. M. MacKinnon, *Themes in Theology*, 51을 보라.
2 A. M. Ramsey, *From Gore to Temple*을 보라.
3 A. Hastings, *A History of English Christianity 1920-1990*, 259-61(램지에 관해)와 397(1941년

맥키논은 당시 옥스퍼드에서 신학과 철학을 가르치고 있던 젊은이였지만 그의 반응은 50여 년 전의 『세상의 빛』과는 매우 다른 것이었다.

맥키논과 램지, 제3의 성공회 신학자 오스틴 파러(Austin Farrer)는 영국 성공회 학파를 개인적으로나 집단으로 창설하지는 않았지만, 이들은 국가적 생활에 대한 신학적 응답이라는 방식을 만들어내기 시작했다. 또 다른 역설이 따라오고 있었다.

1940년의 정치적 위기를 경험했던 영국 사회와는 매우 달랐던 1960년대의 영국 사회에서 문화적 변화가 발생했을 때 대부분의 영국 성공회 신학의 반응은 존 힉(John Hick, 1922-2012)과 같은 다른 비국교도 신학자들과 함께 대대적 자유주의(존 맥커리)를 포용하는 것이었다.[4] 하지만 이것은 앞에서 언급했던 신학자들의 접근 방법은 아니었다. 특별히 도날드 맥키논은 엄밀한 철학적 기반으로부터 비극과 정치적 활동에 대한 그 자신만의 탐구를 채택했다.

다음에 맥키논(그리고 어느 정도 마이클 램지와 오스틴 파러)은 1960년대의 자유주의보다 오래 살아남을 수 있었던 새로운 신학자 세대를 형성했다. 스티븐 사익스(Stephen Sykes), 다니엘 하디(Daniel Hardy)와 [젊은 세대인] 로완 윌리엄스(Rowan Williams)는 20세기가 끝날 때 영국 성공회 신학의 지배적 목소리들이 되었다.

그렇다면 교회에 가는 것이 소수의 추구가 된 심히 세속화된 나라에서 이들 신학자에 의해 이루어진 현대성에 대한 반응은 무엇이었는가?

그것은 기도와 영성이 가장 중요하고 국가적 문화에 대한 반응에 이르는 바른길(지혜)을 찾는 것이 결정적이었던 '지혜 신학'에 대한 탐구로 특징지을 수 있을 것이다.[5] 그런 신학은 이제 20세기 처음 40년 동안의 문화적 고립을 경험하지 않았으며 하디는 미국에서 왔다는 것도 중요하다.

이 모든 신학자는 북미와 독일의 신학자들과 대화하며 자신들의 연구하는 생애의 많은 부분을 보내고 있다. 하지만 이런 신학은 독일 사상이 지니는 특징인 조직화를 거부하고 있다. 예컨대 온전하게 발전된 형태의 영국 성공회 조직 신학은 존재하지 않으며 그 특징적 스타일은 수필이나 논문의 형태를 띠고 있다.

의 템플과 맥키논이 참석했던 멜버른 컨퍼런스에 관해)을 보라. 또한, O. Chadwick, *Michael Ramsey*, 1936년 램지가 32세였을 때 라인홀트 니버와 에밀 브루너 그리고 윌리엄 템플과 만난 것을 보라.

[4] D. W. Hardy, "Theology through Philosophy", in D. F. Ford (ed.), *The Modern Theologians* (2판, Oxford, 1997; 1판, Oxford, 1991)에 있는 이들 신학자에 대한 개관을 보라 (1판과 2판은 각각 다른 신학자들에 대한 개관을 담고 있다). 또한, 같은 기간에 영국의 성경 신학자들과 역사가들에 대한 개관은 같은 책에 있는 S. W. Sykes, "Theology through History"를 보라.

[5] D. F. Ford, "Theological Wisdom, British Style", *Christian Century*, 2000년 4월 5일: 12, 19.

종교개혁 이후의 여러 세기에 걸쳐 성공회 신학의 부유함과 현대성 이전의 전체 기독교 전통 모두에 대한 심오한 이해가 거기에 있다. 이것은 기독교 역사를 통한 영성뿐만 아니라 교부학에 대한 관심이 있는 윌리엄스에게 특별히 그러하다.

이런 그룹의 신학자들이 이제 직면하고 있는 가장 큰 도전은 영국의 문화적이고 지적 생활에서 신학이 차지하고 있는 위치와 관련이 있다. 영국 신학에서 이들 신학자의 영향은 상당한 것이었으며 그들 자신의 교회와 성공회 이외의 다른 교단 모두의 삶에 다소간의 영향을 미치고 있다.

하지만 1900년과 마찬가지로 현재에도 비록 다양하게 분절화 된 것이기는 하지만 영국의 문화적 삶에 있어 심각한 혼란이 존재한다. 지적인 것으로부터 문화적이고 정치적인 것뿐 아니라 목회적인 것에 이르기까지 많은 다양한 형태의 대화로 분절화 되어있는 그들 주변의 사회와의 이런 오랜 연대와 협력이 궁극적으로 신학의 주변화로 귀결될 것인지는 분명하지 않다. 신학에서 이것은 공적 이해 가능성이라고 하는 어려운 도전을 의미한다.

2. 개관

1960년대에 이르기까지 영국의 대학교에서 신학은 대학교에 소속된 교단이나 교파에 기초해 가르쳐졌다. 유력하게 신학을 가르쳤던 옥스퍼드와 케임브리지 그리고 더램대학교에서 대부분 교수는 성공회 소속이었다. 그런데도 이들 교수진의 강의 계획서에는 어떤 특정한 신학적 방법론이 없었다.

하지만 20세기가 시작되면서부터 이전 시대의 대학교에서의 성공회 독점이 깨어지게 되었다. 이것은 교단적 중립성에 관한 관심으로 발전하게 되었고 교과 과정은 역사적이고 언어적이며 본문적 연구 영역에서 영국 경험론을 반영했던 20세기 초 10년 동안에 계발되었다.[6]

조직 신학은 무시되었으며 그 대신에 성경 본문과 교회 역사에 관한 연구가 이루어졌다. 하지만 20세기에 성경적이고 교의적이며 철학적 신학과 같은 조직적인 것을 다루는 것이 다양한 대체물로 등장했다.

---

6   S. W. Sykes의 *The Integrity of Anglicanism*이라는 책은 20세기 초반의 신학 교육의 내용을 개관하고 있다.

성경 신학은 성경의 밑바탕에 놓여 있는 주제들을 추적했고 1960년대와 1970년대에 매우 커다란 영향을 미쳤다. 교의적 신학은 초대교회의 교의들을 살펴보았다. 철학적 신학은 20세기 전반을 통해 발전되었고 특별히 자유주의적 설득에 노출된 사람들에게 호소했다.

철학적 신학은 하나님과 (인간을 포함한) 창조 사이의 관계를 연구했다. 철학적 신학의 연구 영역은 자유와 불멸성 그리고 섭리를 포함하지만, 종말론이나 구속을 포함하지는 않았다. 20세기의 마지막 30년이 되어서야 영국의 대학교들에서 성공회 신학자들(사익스, 하디, 윌리엄스, 맥파덴)에 의해 조직 신학이 쓰이기 시작했다.

조직 신학이 쓰이기 시작했을 때 인식론적 확실성이나 포괄성에 관한 관심은 없이 이루어졌는데 이것이 나름대로 특징적 성공회적 형식이 되었다. 토렌스(T. F. Torrance)나 건톤(Colin E. Gunton, 1941-2003)에게서 발견되는 조직 신학은 매우 다른 것들이다(두 사람 다 성공회 소속이 아님-역주). 세기 말에 성공회 조직 신학은 위에서 지적한 것과 같이 '지혜 신학'으로 불리게 되었다.

하지만 램지는 자신의 첫 주요 저술인 『복음과 가톨릭교회』(The Gospel and the Catholic Church)라는 책에서 1936년에 일찌감치 '진리'와 '지혜'라고 하는 두 가지 개념의 중요성을 강조하고 있다. 현대의 성공회 신학에는 전근대와 현재 사이에는 엄청난 간격이 존재한다는 것을 부인하는 현대성에 대한 뚜렷한 태도가 또한 존재한다. 영국 문화의 오래된 역사에 대한 인식은 때때로 현대성의 붕괴가 얼마나 큰 것인지 모호하게 할 수 있으며 (특별히 램지와 윌리엄스에게서 발견되는) 교부학에 관한 성공회적 매혹은 전근대적 사고 형태와 지속해서 관여하고 있음을 의미한다.

이런 신학의 마지막 측면은 1930년대에 램지에게서든지 아니면 거의 70년 이후의 21세기의 시작점에서 윌리엄스에게서든지 사회 복지와 문화에 관한 관심이다. 이것은 절대 영국 사회 또는 사회 자체에서의 교회의 위치에 무관심한 신학이 아니다.

그렇다고 신학이 고백적 연구가 된 것은 아니다. 문명의 건강이 중요했다. 그리고 이것은 문학과 나라의 역사 그리고 교회가 정부와 비판적 연대에 있었던 사회적 삶을 포함했다. 이것은 램지의 『복음』의 시작 페이지에서와같이 신학을 쓰는 한 가지 이유는 될 수 있었다. 기독교 신앙은 절대 문명의 힘에 반대하지 않았다.

영국 성공회는 예배와 목회 연구가 가르쳐지는 그 자신의 독립적 신학대학교나 신학교를 발전시켰다. 로마 가톨릭과 개신교의 대학교들도 마찬가지였다. 램지의 첫 책이 매일의 성례전이라고 하는 전통을 지닌 성공회 재단이었던 링컨신학대학교에서 그가 가르치기 시작했을 때 쓰였다는 것은 중요하다.

1940년대에 성경적 이미지에 대한 파러의 책이 비록 이것이 수십 년 동안 그러했던 방식으로 이루어진 것은 아니었지만 20세기 말에 본문적 추론을 지닌 조직 신학적인 것에 관한 관심을 예견했던 방향으로 성경 신학을 채택했다는 것 또한 중요하다.

강의계획서에 조직 신학적인 것을 확립하는 것이 지연되었던 또 다른 이유가 있었을 것인데 그것은 논리 실증주의의 영향이었다. 이 철학은 신학의 진리 주장에 반대했지만 1940년대까지는 영국 신학에 영향을 미치지 못했다. 특별히 A. J. 에이어(A. J. Ayer, 1910-89)와 초기 비트겐슈타인(Ludwig Wittgenstein, 1889-1951)의 저술에서 이루어진 논리 실증주의의 습격 때문에 성공회 신학은 종종 변증적이 되었고 실증적 주장을 경계했다. 감각 경험으로 원칙상 검증될 수 없는 어떤 명제에 대한 만연되어 있던 철학적 회의론은 영국 성공회 신학이 방어적 태도를 보였음을 의미했다.

램지가 48세의 이른 나이에 주교 소임을 수행하기 위해 대학 교수직을 그만두었다는 사실 또한 램지의 적극적 영향이 지적 삶에서 훨씬 축소되었음을 의미했다.

논리 실증주의가 주장하는 것들의 힘을 부정하는 초월의 신학을 발전시킨 것은 도날드 맥키논과 오스틴 파러의 주요한 저술을 통해서였다. 일찍이 논리 실증주의와 대면했던 몇몇 성공회의 주요한 신학적 저술 중 하나가 오스틴 파러의 『유한과 무한』(*Finite and Infinite*)이었다.

다른 사람들은 회의적 철학과 신학의 주장 사이를 중재하려고 시도하는 경향이 있었다. 그중 한 사람이 '우주적 폭로'(cosmic disclosure)에 대한 자신의 설명을 했던 1960년대의 이안 램지였다. 또 다른 사람이 바실 미첼(Basil Mitchell, 1917-2011)이었는데 그도 성공회 신자였고 형이상학파라고 불리는 옥스퍼드에서의 한 단체에서 파러와 다른 사람들과 함께 연구했으며 논리 실증주의의 제한과는 무관한 독립적 신앙에 대한 변호를 발전시키려 노력했다. 미첼에게 신앙은 경험적 함축을 내포하지만, 그 진리 주장은 경험론과는 무관한 것이었다.[7]

3. 마이클 램지

램지는 전통적 기독교 정통의 형태에 대해 극도로 혐오감을 가지고 있는 신학 교수들 가운데서 1920년대에 케임브리지에서 교육을 받았다.

---

[7] B. Mitchell, *The Justification of Religious Belief* (London, 1973)

그 주된 인물이 영국판 하르낙의 자유주의적 현대주의를 주창했던 J. F. 베튠 베이커(J. F. Bethune-Baker)였다. 그는 도덕적 가치와 이신론적 우주론을 강조했다. 이런 우주론은 감당할 수 없는 초자연적 신학의 하나로 기적을 거부한다. 베튠 베이커의 기독론은 그리스도를 단지 정도에 있어서만 인류와 다르다고 보았다.

베튠 베이커는 1921년 현대주의에 대한 케임브리지 컨퍼런스에서 자신의 가장 위대한 탁월성을 발휘했다. 과학은 신적 행동에 대한 기독교적 신념의 그릇됨을 증명했고, 현대주의자들은 헤겔 이후의 내재주의에서 그나마 구할 수 있는 것을 건져 보려고 시도하고 있었다.

램지는 이런 주장이 매우 적합하지 않음을 발견했고 젊은 신학자였던 에드윈 호스킨스(Edwyn Hoskyns)의 영향을 받았다. 호스킨스의 기독론에 대한 1926년의 논문은 복음이 중동의 철학이나 컬트와 종교에 대한 초기 기독교의 반응으로 형성된 것이 아니라 그리스도 자신에 대한 자신의 해석으로 형성된 것임을 주장했다.

호스킨스는 램지에게 칼 바르트(Karl Barth)의 신학을 소개해 주었지만, 주변에서 바르트에 대한 반감이 너무 컸기 때문에 그리고 이 반감은 동료들에 의한 호스킨스에 대한 반감이었는데 이것 때문에 램지는 자기 대학교의 연구 교수 자리에 지원했다가 거부당했다. 대신 램지는 잠깐의 교구 사역 후에 링컨에 있는 신학대학교로 가게 되어 6년을 있게 되었다.

그 영향으로 램지의 주요 저술인 『복음과 보편교회』가 32살의 나이인 1936년에 그곳에서 쓰이게 되었다. 4년이 지나 램지에게 더램의 신학 교수 자리를 줬다. 그 뒤에 램지는 케임브리지대학교의 교수로 48세에 영구히 대학교를 떠날 때까지 재직했다.

이런 영향력 있는 책인 『복음과 보편교회』는 어떠한 책이었는가?

램지는 교회의 적절성이 '사회적이고 국제적 정치에서 지도적 역할을 가지는 능력'에서 발견된다는 생각을 거부했다.[8] 대신에 심판에 대한 강조가 있고 교회의 스캔들에 대한 반복적 언급이 있다. 교회의 실존이 지니는 스캔들적 본성은 부활과 그리스도의 고난이 거기에서 알려지는 방식에 대한 증인 됨에 있는 것이다.

램지는 교회를 신학과 박애 너머를 지시하는 것으로 보았다. 교회는 그리스도 속 죄의 죽음에 대한 공동체적 표현이며 교회를 이해하면서 교리와 역사 모두에 대한 해석을 통제하는 범주는 십자가와 부활이어야만 한다. 세계에서 악의 능력은 그리스도의 죽음으로 깨어졌으며 이것은 하나님의 나라를 확립했다.

---

8   *The Gospel and the Catholic Church*, 3.

죽음은 도덕적 의미와 구속적 능력 둘 다를 가진다. 독일에서의 변증법적 신학을 상기시키는 언어로 램지는 사람을 자기 삶의 한계와 함께 죽음에 대한 두려움에 직면하는 '죽어가는 피조물'이라고 말하고 있다.

성육신의 목적은 그리스도의 죽음이었다(그는 죽기 위해 오셨다. 인간이 되시고 인간 안에 계시고 인간에 속하기 위해 오신 것이다).[9] 그리고 이 죽음은 그리스도의 인류에로의 세례받으심을 통해 그리고 하나님 앞에서의 자신의 권리를 부정하심을 통해 그 안에 교회라고 하는 사실을 포함하고 있다.

램지는 파러가 성육신의 중심적 의미로서 그리스도의 죽으심의 필연성을 강조했던 것보다 훨씬 더 많이 강조하고 있다. 하지만 그리스도의 죽으심에 대한 설명은 항상 부활이라고 하는 사실이 그 뒤를 따라와야만 한다.

두 사건은 시간의 질서로 파고들고 있으며 또한 그리스도를 따랐던 제자들의 삶에도 그대로 적용된다. 이 지점에서 램지는 교회를 죽으셨던 분의 영이신 성령의 코이노니아에 의해 구성되는 것으로 보는 훨씬 더 성령론적 차원을 소개하고 있다. 교회의 사도성과 보편성은 이런 성령론적 실체의 측면들이다. 그렇게 함에 있어서 교회의 외적 질서는 복음에 대해 말하고 있다. 모든 성례전적 질서는 역사적 예수의 내향적 진리와 그의 수난을 지시한다.

램지는 역사적 기록 배후에 있는 신적 행동의 통일성에 대한 바르트의 호소와 그러한 행동이 인간 역사에 결정적이라는 바르트의 신념을 받아들였다. 하지만 램지는 바르트가 이런 통찰력 있는 진리가 유기적 구조에 체현될 수 없다는 신념을 너무 쉽게 받아들였다고 생각했다. 교회는 하나의 기관이 아니라 '하나님의 구속적 사랑의 진술의 한 부분'인 유기적 실체이다.[10]

램지는 신학적 과제에 있어서 진리와 지혜의 중요성에 호소함으로써 자신의 신학을 정당화하고 있다. 『로마서 주석』에서의 바르트의 말을 인용하면서 램지는 진리를 인간의 사고가 아니라 신적 행동과 동일시했다. 그러한 진리는 기독교적 제자도에서 배워지며 그러한 진리를 배우는 것은 모든 피조 된 생명을 통해 역사하시는 하나님의 지혜를 인정하는 것에 이르게 한다.

어떻게 단일한 전체로서의 이런 구속과 교회론에 대한 설명이 영국 사회에 관계되는지 물을 수 있을지도 모른다. 램지의 어머니는 차 사고로 요절할 때까지 노동당의 열렬한 지지자였다.

---

9 *The Gospel and the Catholic Church*, 23.
10 *The Gospel and the Catholic Church*, 66.

그리고 램지는 소년으로서 지도자적 사회주의 정치가들을 많이 만나보았다. 학부 학생으로서 램지는 정치에 활동적이었다.

이런 정치적 관심에 어떤 일이 생겨났는가?

이것은 바르트의 구원론의 여러 측면을 가톨릭의 교회론과 결합한 신학을 창출해낸 열정에 단지 삼켜져 버렸는가?

그 대답은 긍정과 부정 모두다. 비록, 램지는 자연 신학을 부정하지 않고 있고, 자신의 첫 책에서 협력해야 할 선의를 가지고 있는 사람들을 발견하는 것의 중요성을 인정하고 있지만, 『복음과 보편교회』를 읽고 인간 사회의 다른 영역들이 교회라는 실체에 의해 어떻게 영향을 받아야 하는지에 대한 의미를 발견하기가 어려운 것은 확실히 사실이다.

『복음과 보편교회』 이후의 램지의 학문적 저술은 영광과 변형(파러가 훨씬 더 진전시킨 이미지에 관한 관심)에 대한 연구와 『그리스도의 부활』에 관한 책으로 구성되어 있다. 이것은 사회에 대한 램지의 관심을 훨씬 진전되게 하지는 않았다.

하지만 램지가 사회적 신학을 절대 가지고 있지 않았다고 생각하는 것은 잘못일 것이다. 램지는 모리스(Maurice)와 고어(Gore) 그리고 웨스트코트(Westcott)의 신학이 경시되고 있음을 알고 있었다.[11] 1890년에서 1940년까지의 시기에 유행했던 성육신의 신학은 지나갔고 그 대신에 훨씬 더 거친 실존이 있었다. 램지가 추구했던 것은 (그가 항상 존경했던) 윌리엄 템플(William Temple, 1881-1944)[12]의 사회적 통찰을 개조된 구속의 신학과 연합하도록 하는 것이었다.

그러나 이것은 일시적으로 표현된 것이었으며 짧은 논문과 연설과 같은 단편으로 표현된 것이었다. 램지의 보편성의 신학을 사회 질서와 더 충분하게 연계될 수 있는 사회성의 신학으로 발전시키는 것은 맥키논과 후대의 성공회의 신학자들(특별히 하디)에게 남겨졌다. 램지는 토대를 놓았으며 그 이상의 작업을 하지는 않았다.

4. 오스틴 파러

파러와 램지는 절친한 친구였다. 그들은 1926년 옥스퍼드 외곽에 있는 커드선 신

---

11 Ramsey, *Durham Essays and Addresses*, 43.
12 1981년 10월 10일자 *The Times*지에 템플 탄생(1881년 10월 15일) 100주년에 램지가 기고한 것을 보라. 또한, Ken Leech, *The Social Theology of Michael Ramsey* (London, 1988)를 보라.

학대학교(Cuddesdon Theological College)에서 첫날 서로를 만났다. 그리고는 자신들의 남은 생애 동안 개인적으로나 신학적으로 서로에게 빚을 지고 있는 관계를 유지했다.

비록 램지가 교회의 존재에서 표현되는 그리스도의 구원론적 사역의 스캔들을 복원하는 데 더 관심을 기울였기는 하지만 두 사람 다 자유주의의 현대주의를 현대성에 대한 적절치 않은 반응으로 보았다.

사실상 그의 전 생애를 옥스퍼드에서 일했던 파러는 기독교 신앙의 합리성을 입증하기를 좋아했지만, 또한 역설적이지만 이미지와 본문의 추론이 지니는 계시적 힘을 탐구하기도 했다. 램지와 파러는 자신들의 저술을 서로 보완적인 것으로 보았으며 1960년대의 자유주의의 부흥이 자신들의 신학적 세계관에 적합하지 않은 것임을 발견했다.

파러의 신학은 유신론적 신념의 근거와 자유와 악의 본성을 포함해 분명 매우 합리적이었다. 하지만 이런 설명 안에서 파러는 주목할 만한 이미지의 신학을 발전시켰다. 그 안에서 파러는 본문적 추론에 관한 관심을 수십 년 앞서 예견했다.

파러의 제3의 관심은 비록 훨씬 좁은 것이기는 하지만 특별히 기독론에 대한 교리적 저술이다. 파러의 합리적 신학은 1943년에 출간된 그의 주요한 저술인 『유한과 무한』을 포함한다.

파러는 유한의 경험, 특별히 인과율을 분석했으며 변화와 운동 그리고 비본질성 안에서 무한에 대한 간접적 지식을 하나님 자신의 존재 계시로서 발견하려고 노력했다.

이런 유신론의 변호 안에 파러는 또한 의지의 자유에 대한 강한 신념을 포함했다. 이것은 그 제목을 지닌 파러의 나중 책의 주제였다. 그 책은 1958년에 쓰였는데 기포드 강좌를 담고 있다. 파러는 어떻게 신학적 진술들이 사용되었는지 살펴보는 데 관심이 있었고 그 자신 안에 존재하면서 여전히 우리의 창조자이신 하나님의 본성을 발견하려고 했다.

1948년에 쓰인 『비전의 거울』(*The Glass of Vision*)에서 파러는 극적으로 방향을 바꾸었다. 파러의 합리적 신학은 잠깐도 거부되지 않았지만, 이제는 성경적 상징주의와 이미지에 관한 탐구를 위한 서론 격으로 보이게 되었다. 파러는 자신의 관심을 성 요한의 계시인 신적인 것과 그 이미지로 돌렸다. 이것을 파러는 매우 상세하게 조사했다.

사도들의 해석적 작업은 성령을 통해 그리스도의 마음에 참여하는 것으로 이해되어

야만 한다. 사도들은 머리(그리스도를 말함-역주)의 생명이 유입하는 구성원들이다.[13]

이미지는 그리스도의 가르침의 심장에 초자연적 신비를 입혀준다. 거기에는 사건과 해석의 이원성이 존재한다. 그리고 단지 이것을 통해 계시는 성취가 된다.

> 영감의 재료는 살아 있는 이미지이다. 신학은 계시된 이미지에 대한 분석과 비판이다.[14]

각각의 이미지는 그것이 체현하는 모습에 적절한 그 자신의 개념적 규약을 가지고 있다. 이런 계시는 종교적 경험이라는 주관적 형식이나 성경적 형식으로 환원되어서는 안 되는 객관적 실체다.

사람 안에 있는 초자연적 행동은 구원하는 신비의 전체 실체에 대한 미리 맛봄이다. 그리고 이것을 사람은 지복의 비전 가운데 볼 것이지만 그것은 단지 미리 맛봄일 뿐이다. 신학자는 이미지가 묘사하는 대상에 대한 적합성을 따라 이미지를 판단할 수는 없다. 비록 합리적 신학이 (사도들과 같은 방식으로) 이미지가 신자에게 표현하는 전체적 비전을 규제할 수 있기는 하지만 신학자가 할 수 있는 모든 것은 하나의 이미지를 다른 이미지와 대조시키는 것이다. 성육신은 이스라엘의 선지자들에게서 미리 나타나 있는 이미지의 재탄생이다.

> 시와 신적 영감은 이것을 공통으로 가지고 있다. 둘은 해독할 수 없는 이미지로 제시되어 있지만, 그것들 너머에 있는 실체를 알려 주도록 허용되어야만 한다.[15]

형이상학적 대화의 침착한 유비와 시적 이미지의 자유로운 무책임성 사이에는 신적 영감이 서 있다. 또한, 요한의 묵시록에 대한 나중의 저술인 『이미지의 재탄생』(*A Rebirth of Image*)에서 파러는 인간의 상상력과 그 상상력이 가지는 신적 능력에 대한 관계, 이미지를 중재하는 범주에 관해 기술했다. 그러한 이미지는 잠재의식에서 개인의 마음으로 흘러들어온다.

이미지는 그 사람이 처해 있는 사회로부터 취해져서 그 사람의 의지에 가해진다.

---

13 Farrer, *The Glass of Vision*, 4.
14 Farrer, *The Glass of Vision*, 44.
15 Farrer, *The Glass of Vision*, 148.

종교는 그 자체와 종교가 형성된 사회를 이미지를 통한 언어의 변형을 통해 변화시킨다. 그리스도는 그러한 이미지의 원형적 변혁자이시지만 그리스도께서는 신적이었기에 그렇게 하신다. 다른 방식으로 에둘러 그렇게 하지 않으신다.

파러는 기독론을 매우 부수적인 것으로 보았다. 합리적 신학은 하나님이 어떻게 은혜로 역사하시는지 보여줄 수 없다. 하나님의 행동은 우리를 그 자신과의 개인적 연합으로 가져온다. 파러는 성육신이 심지어 인간의 죄가 없었더라도 발생했을 것으로 생각한다.

> 분명히 그리스도는 인간의 희망을 변화시키기 위해 그리고 사람들을 이전 그들이 누릴 수 있었던 것보다 그들의 창조주와의 더 특권적 연합으로 인도하기 위해 오셨을 것이다. 왜냐하면, 하나님의 생명이 우리가 직접적 공감과 개인적 연합을 가지는 형태를 취하고 있는 것은 하나님이 인간에게로 내려오심을 통해서이기 때문이다.[16]

그런데도 성육신의 신비는 신비로 남는다. 무엇보다도 파러는 성육신을 삼위일체 교리의 빛 안에서 보고 있다. 자신의 설교에서 파러는 성자가 삼위일체에서 성부에게서 나오시며 자신을 보내신 성부에 대한 예수님의 언급에서 같은 반응이 성육신 안에서 만들어졌음을 강조하고 있다.

5. 도날드 맥키논

맥키논은 이런 성공회 신학자 그룹에서 한 사람의 평신도였다. 그는 스코틀랜드에서 태어나고 자랐는데 자신의 스코틀랜드 기원을 절대 잊지 않았으며 마침내 은퇴 1994년에 죽기까지 스코틀랜드에서 살았다. 마찬가지로 맥키논은 그들의 숫자에 대해 가장 철학적으로 명민했다.

하지만 그의 관심은 맥키논이 성공회 신학의 두 시대를 연결짓는 방식에 있었다. 맥키논은 칼 바르트를 일찍이 발견했던 경건한 성공회 신자였다.

이런 점에서 맥키논은 자신이 매우 흠모했던 마이클 램지와 조금 달랐다.[17] 그러

---

16 파러의 *Saving Belief*, 111-12를 인용하고 있는 논문 "The Doctrine of the Incarnation in the thought of Austin Farrer" in B. Hebblethwaite, *The Incarnation* (Cambridge, 1987), 114를 보라.
17 맥키논이 편집한 책 *Christian Faith and Communist Faith*에 대한 1952년의 리뷰에서 램지에게 헌정했던 것을 보라. 그 헌사가 MacKinnon, *Explorations in Theology 5*, 24에 실려 있다.

나 램지가 더럼의 주교로 임명되는 제안을 받아들이도록 설득이 되어 1952년 48세의 나이에 학문적 삶을 내어버렸지만 맥키논은 죽음의 순간까지 학문적 연구에 계속해 관여했다. 그러므로 그는 스티븐 사익스의 동료 교수였고 또한 로완 윌리엄스를 가르쳤고 커다란 영향을 미쳤다. 그러므로 맥키논은 두 가지 방식에 관심이 있었다.

한편으로 철학적 엄밀함과 성경적이고 조직적 연구 그리고 문학과 인간의 삶에서의 비극적 차원에 대한 인식과 영국노동당의 활동적 구성원이라고 하는 그 자신의 독특하고 매우 특이한 조합이 존재한다.

또 다른 한편으로 자신의 긴 생애에서 여러 세대에 걸쳐 자신의 신학적 동료였던 사람들의 개성에 대해 지속적인 흥미를 느끼고 맥키논은 1930년대와 1940년대(바르트가 영국에서 처음 이해되었고, 램지가 책을 출판하기 시작하고 파시즘에 대한 투쟁이 극에 달했던 때)의 세계와 나인햄과 맥커리와 같은 사람들의 자유주의에 반대하는 반응이 일어나기 시작했던 1970년대와 1980년대를 통합했다.

맥키논은 역사적이고 비평적 방법이 그 일을 한 이후에 성경에 남겨진 것과 연결된 자아에 관한 인간존재의 탐구에 근거한 사람들의 신학과 신학적 학문 연구의 미래 방향에 대해 반감을 품었다. 맥키논은 그러한 변증가들은 종교를 무의미한 것이라고 거절했던 철학에서의 자신의 무신론자 동료들의 지적 엄밀함이 없다고 느꼈다.

이들 변증가들은 종종 정치적으로 사회적 불의에 도리어 만족하곤 했으며 그리스도의 수난의 진리와 대결해 대륙의 신학자들의 도덕적 능력을 보지 못했다는 것이다. 맥키논은 본 발타자르(von Balthasar, 1905-1988)와 같은 대륙의 가톨릭 신학자들 그리고 또한 독일 개신교의 변증법적 신학 전통 둘 다에 이끌렸다.

맥키논의 관심은 실재론과 관념론 사이의 논쟁에 있었다. 맥키논은 종종 이 논쟁으로 돌아가곤 했다. 맥키논은 언어의 한계에 반대해 1950년대의 논리 실증주의가 허용했던 것 이상으로 우주의 사실성에서 어떤 것을 발견하는 형이상학을 추구했다. 하지만 이것은 실증주의와 대화를 포기하는 것을 의미하지는 않았다. 왜냐하면, 맥키논은 관념론에는 실존이라는 거친 실체로부터의 도피가 있을 수 있다고 느꼈기 때문이다.

인식과 도덕적 선택 그리고 비유적 드라마에서 맥키논은 많은 사람이 허용하는 것보다 훨씬 개방적으로 짜인 세계를 형성하려고 했다.

공적 삶은 정치인들이 어려운 윤리적 질문과 씨름할 때 그리스도의 신비가 그들을 압도하는 실존의 딜레마를 보여 준다. 윤리적 자연주의나 자유주의 신학은 이런 주장에 적절하지 않다.

맥키논은 램지와 바르트 신학을 역사와 공적 삶의 세계로 번역했지만, 도덕적 문제에 대한 논증만을 구성하지는 않았다. 도리어 맥키논은 도덕적 실존의 빛 안에서 형이상학적 토론을 재형성하려고 노력했다. 그의 관심은 윤리적이라기보다는 형이상학적인 것에 머물러 있었다. 이것은 맥키논의 신학에 잠정적이고 탐구적 느낌을 부여했다.

맥키논은 불트만과 같은 관념론자들을 다음과 같이 논박했다

> 실제적이고 역사적 교류에 대한 명제를 개인이나 단체의 영적 삶과 관계있는 명제로 번역할 수 있다고 생각한다.[18]

맥키논은 만일 신학이 세계에 대한 신뢰성을 유지하려 한다면 하나님 앞에서의 침묵에 대한 인식이 필수적이라고 확실하게 주장할 수 있었다. 그리고 (파편적이고 깨어진 그리고 조직적이지 않은 담화와 같은) 말의 가능성이 실체가 되는 것은 바로 이 침묵 안에서라고 주장했다.

맥키논은 교회론적 자기 열중에 대한 엄중한 비판가로 있으면서 힘의 정치과 종교적 신앙의 실체에 대해 많은 내용을 저술했다.

> 교회의 당국이 지나간 시대의 유형을 유지하려는 방식에 대해 (만일 그 현시에 있어서 또한 그토록 냉정하지 않았다면) 거의 감동적 무엇이 존재한다.[19]

하지만 1968년 고어 기념 강연인 『케노시스와 기득권』(*Kenosis and Establishment*)에서 가장 잘 보인 영국 성공회의 기득권층을 부수어보려는 그의 열망은 기독론과 케노시스라고 하는 익숙한 성공회의 주제로부터 절대 멀리 떠나지는 않았다.

마찬가지로 맥키논은 반복해서 성경적 언어로 돌아왔으며 우리가 신적인 것의 본성을 탐구할 수 있게 하는 실재론을 보여 주는 것으로서의 비유의 본성에 대한 것으로 특별히 돌아오곤 했다. 비유, 시원적, 예전적 전통뿐만 아니라 비유적 행동으로서의 성만찬의 본성은 맥키논이 철학적이고 신학적 초월의 주제와 엄밀하게 관여해야 할 필요성으로 돌아가게 했다. 다음으로 성육신에서의 하나님의 자기 변형에서의 하나님의 자기 제한 때문에 삼위일체적 관계의 질문이 고려된다.

---

18 MacKinnon, *Borderlands of Theology and Other Essays*, 88.
19 *The Stripping of the Altars*, 59.

자신의 학생인 로완 윌리엄스와 같이 맥키논은 신학적 용어로서의 케노시스의 남용에 관해 관심이 있었다. 이런 질문과 신학 함의 철학적 방법은 그의 학생들에게 영향을 미쳤다. 그들 중 많은 사람이 지금 영국 신학에서 지도자적 위치를 점하고 있다.

6. 스티븐 사익스

사익스는 역사적이고 현대적 독일의 개신교 신학과 매우 친숙해진 다음에 영국의 성공회 신학에 대한 이바지를 저술하기 시작했다. 이것이 사익스의 저술을 특징지어졌으며 그의 연구 중의 많은 부분이 자신의 동시대인들을 설득해 슐라이어마허와 바르트에게서 발견되는 지적 엄밀성과 자기 인식을 채택하도록 하는 시도로 볼 수 있다. 사익스는 영국의 성공회 신학이 그 자신의 자기 정의에 대해 충분히 엄밀하지 못했기 때문에 성실성이 없다고 설득하려 했다. 그는 성공회 신학의 상태뿐만이 아니라 자신이 거기에 속해 결과적으로 감독의 지위에까지 올랐던 영국 성공회의 상태를 목표로 했다.

사익스는 F. D.모리스(F. D. Maurice, 1805-1872)와 마이클 램지와 같은 이전 세대의 탁월한 성공회 신학자들의 독창성을 잘 알고 있었다. 하지만 사익스는 램지가 느꼈던 것에 대한 찬사가 그 방법론에서 신학적으로 일관성이 없음에 관심을 기울였다. 19세기에 모리스에 의해 발전된 성공회적 포괄성이라고 하는 개념 또한 광범위한 비판을 받아야 했다.

> 많은 사람이 거부했던 하나의 제안, 하나의 성공회 신학이 존재하는가?
> 하나의 성공회 신학이 존재한다는 것을 거부하면서 어떤 사람들이 주장하는 신학에서 하나의 성공회적 방법론이 존재하는가?
> 그리고 어떤 경우에 교회에 대한 성공회 신학의 연구는 현재 어떤 상태인가?[20]

사익스의 첫 번째 책인 『성공회주의의 성실성』(*The Integrity of Anglicanism*)은 조직신학이 "기독교 신앙에 사람들의 지성에 대한 요청을 제시하는 건설적 학문"[21]이라는 기능적 용어로 정의되는 성공회주의 내에서 하나의 신학적 방법론을 지지하

---

20 Sykes, *The Integrity of Anglicanism*, 5.
21 Sykes, *The Integrity of Anglicanism*, ix.

는 주장을 하기 위해 계획되었다.

그러나 이런 탐구 또한 사익스로 하여금 갈등과 교리적 사변의 본성을 고려하게 했으며 예배의식(litergy)을 교회가 그 자체의 정체성을 유지할 수 있는 수단으로 보게 했다. 신학자들의 사변을 넘어서 어떻게 예배의식이 한 세대에서 다른 세대로 전수가 되었으며 그리고 어떻게 이런 예배의식과 교회의 질서가 교회의 자기 이해를 규정했는가 하는 것이 사익스에게 있어 중심적 주제가 되었다.

갈등(conflict)은 부분적으로 기독교의 외적 표현과 내적 표현 사이의 긴장에서 기인했으며 부분적으로 말의 불가피한 부정확성과 시대에 걸친 교리적 재공식화의 필연성 때문이다. 사익스가 보기에 기독교는 '본질적으로 논쟁이 되어온'(essentially contested) 개념이었다.

신학적 토론은 '기독교의 본질'을 알아내려는 시도에도, 기독교에 대한 합의된 정의를 산출하지 못했다. 사익스는 특별히 슐라이어마허와 뉴먼(Newman, 1801-90) 그리고 하르낙(Harnack, 1851-1930)과 바르트와 같은 다양한 신학자들에 의한 진리에 관한 탐구를 평가하려는 시도로 근대의 신학적 사고에 있었던 갈등에 대한 개관을 제공했다. 특별히 영국 성공회주의에는 특유한 갈등이 존재했다.

근대의 자유주의 신학의 영향과 의심을 교리적으로 용인하는 넓이와 다른 감독교회와 병행하지 않는 내적 모순 아래에서 발전한 성공회는 그 예배의식과 표준적 법률에서 하나의 기관으로서 상징하는 것을 분명하게 해 그 내용을 엄밀한 비판에 종속시켜야 하는 긴급한 책임을 지고 있다.[22]

다양한 진리 주장을 함께 지니는 성공회 신학의 포괄성 이론은 왜 경쟁하는 진리 주장이 같은 교회 안에 함께 존재해야 하는지를 정당화하는 데 실패했다. 하지만 내적 갈등은 평온한 것으로 간주될 수 없다. 제한 없는 갈등은 성공회주의와 같은 종교적 전통의 성실성을 파괴할 수도 있을 것이다. 불일치는 교리적 형식의 정확성을 통해 명료해질 수 있지만, 궁극적으로 교단적 성실성을 지닌 신학적 사변이 지니는 다양성의 양립 가능성에 대한 주제가 존재한다. 예전과 성공회법은 이런 성실성을 나타내며 그래서 교회의 권력이 자리하는 곳이 바로 여기였다.

단지 기독교 예배의 현상에서만 엄밀한 논증의 조건이 현대 세계에서 기독교의 정체성을 드러내 주는 데 건설적 이바지를 할 수 있는 것으로 간주할 수 있었다.[23]

---

22 Sykes, *The Integrity of Anglicanism*, 51.
23 Sykes, *The Identity of Christianity*, 265.

이것은 관례화(routinization)라고 하는 개념뿐만 아니라 이런 관념에서 폭넓은 사회적 흥미를 사용해 권력의 신학(theology of power)이 처음으로 영국 성공회에서 길러졌음을 의미했다. 이런 과정을 통해 은사주의적 영향이 교회의 일상적 삶으로 혼합되었다. 신학자들은 교회의 삶에서 자신들의 간섭을 통해 권력을 행사한다.

　그 기원에 있어 기독교 신앙의 진정한 성취는 (트뢸취가 주장했던 것처럼) 물질적 세계에 영적 대용물을 제공하는 것이라기보다는 규범적이고 초월적 공동체를 창조하는 것이었다. 그러한 공동체는 단지 그 기관이 누가 진정으로 그 구성원이 되어야 할지에 대한 규칙을 정교화하도록 허용함을 통해 그리고 그 위계질서에 그 자체를 개조할 수 있는 권력을 부여함으로써만 유지될 수 있다. 사익스는 성공회 주교로서 그러한 임무를 수행했다.

　사익스의 저술에는 또한 예언적 요소가 있었다. 사익스는 서구 문화가 신앙의 실천에 대해 제기하고 있던 점증하는 위협을 인식했다. 권력과 성과 돈의 영역에서 파괴적 개인주의의 내재화된 명령들은 노예화의 형태에까지 이르렀다. 지역 교회가 헬라와 로마 세계에서 그들의 삶에 비견할 만한 은혜와 교제의 삶을 구현했을 때 비로소 해방할 수 있었다. 기독교 신앙이 급속하게 신뢰성을 잃어버리고 있는 나라에서는 만일 세속적 세계의 논증이 저항을 받고 있다면 개개인 그리스도인들이 믿고 있는 것에 대해 분명하게 해야만 했다. 이것은 신자와 기독교 공동체의 삶에서의 예배의 역할을 통해 성취될 수 있을 것이다. 현대 사회의 본성은 되돌릴 수 없을 정도로 다원적이며 여기에서 개개인에게 개방된 역할의 다양성은 종교적 헌신을 약화하고 있다.

　특별히 개신교는 외적 의식에 대해 상대적으로 사소한 관심을 기울이고 그 결과로 정합성을 상실하게 되었다. 그렇다면 이것은 개인적이든 아니면 삶의 사회적 형태이든 기독교 제자도와 사이가 좋지 않은 행동으로 표현된다. 알리스데어 매킨타이어(Alasdair MacIntyre, 1929-)가 묘사하고 있는 것처럼 예배는 자유주의적 개인주의라고 하는 이런 철학에 대한 해독제이다. 신자들이 함께 드리는 공동의 예배 본문이 교리적 탐구가 지니는 필연적으로 잠정적 결론을 상황화 해 주는 곳에서 예배는 그리스도의 제자들에게 기독교의 요구를 제시한다.

7. 다니엘 하디

　다니엘 W. 하디(Daniel W. Hardy, 1930-2007)는 영국에서 자신의 연구하는 생애 대부분을 보낸 미국인이다. 그는 옥스퍼드에서 공부했고 버밍엄대학교에서 가르쳤고 더램대학교에서 신학의 반 밀더트(Van Mildert) 석좌 교수를 역임해냈다. 하디는 5년 동안 프린스턴의 신학 연구센터의 책임자로 봉사했다. 그 후 케임브리지대학교에서 신학부에 기반을 두고 활동적 은퇴를 위해 다시 영국으로 돌아갔다.

하디가 마이클 램지를 기리는 강연에서 사회성(sociality, 인간존재의 근본적 상호 관련성 개념)에 대한 자신의 가장 감동적 설명 가운데 하나를 해설했다고 하는 것은 놀라운 사실이다. 하디는 인간 공동체에 대한 램지의 의견을 상당히 넘어서서 자신의 사상을 발전시켰다. 하지만 하디의 사상은 영국 성공회의 신학 학파가 본질적 정합성을 얼마나 많이 가졌는지를 보여 준다. 하디는 자신의 신학을 예배에서 어떻게 인지적 요소가 세워지는지에 대한 설명으로 발전시켰다. 왜냐하면, 인간을 향한 하나님의 움직임이 하나의 형성된 기독교적 성품의 가능성을 창출하는 반응을 만들 수 있기 때문이다.

예배는 하나님이 자신의 존재에서 인간을 향해 역동적 관계성을 맺으심을 보여 주는 것이다. 이 관계가 모든 우리의 지식과 관계를 구조화해 준다. 하나의 에너지 사건(an energy event)으로서의 하나님은 자신의 사회성을 인간존재가 또한 자신들의 확대된 사회성을 발견하는 방식으로 실행하신다. 그러므로 윤리학은 인지적 지식에서 흘러나온다. 윤리와 인지 모두 예배, 하나님이 창조하시고 기르시고 사랑하시는 세계를 향한 하나님의 자기 움직임에 그 기초가 있다.

> 하나님이 자신의 사회성을 사회적 우주와의 관계로 확대하시는 것처럼 그 사회성은 점점 더 복합적 사회성으로 나누어진다.[24]

하지만 사회적 구조는 근래 몇 세기 동안에 양극화되었으며 이것은 직접 그 도구성에 관계가 있다. 이런 도구성에서 그러한 구조의 근본적 본성은 부를 산출하거나 다른 형태의 사회적 통제를 산출하기 위해 관리되어야 하는 자신들의 능력이 되고 만다.

대규모의 공식적 조직의 복잡성은 파편적이고 비공식적인 것과 나란히 놓이며, 사회에서 지배적 견해는 사회적 관계라는 본디 형태는 없다는 것이다. 그러한 모든 관계는 외적으로 구성된 것이다. 진정한 사회적 정합성의 이런 상실은 사회에서의 하나님의 임재를 배제하는 것에 직접 관계되어 있으며 결과적으로 하나님을 이신론적 용어로 보려는 (만일 볼 수 있기라도 하다면) 경향이 있다.

하디는 이것을 거부한다. 왜냐하면, 고유한 삼위일체적 비전은 '열정적 일치'(성

---

24 Hardy, *God's Way With The World*, 29.

령)를 '그 상호 작용을 지시하는'(성자) 것을 통해 '그 시원적 조건에 충실한'(성부) 것으로 보기 때문이다.[25]

이것은 하디로 하여금 기독교 일반 그리고 특별히 성공회가 어떻게 사회의 복지에 이바지해 대학교의 다른 학문 분과와 대화할 수 있을는지 고려하게 했다. 하디에게 문화적 규범과의 소통은 이렇듯 개방적으로 유지되어서 그러한 실행이 하나님 안에서의 자신들의 온전한 부요함으로 돌아오도록 할 수 있어야만 한다.

자신의 후기 논문집인 『교회를 발견함』(Finding the Church)에서 하디는 전 세계적 성공회를 위해 수행되어온 일련의 작업에 대해 숙고하고 있다. 하지만 이것은 사회성에 관한 자신의 책에서는 묻혀버린다. 그런 논문으로 두 논문을 언급할 수 있을 것이다. "복음주의적 보편성의 사회성"은 『복음과 보편교회』의 출간 후 60년이 지나 마이클 램지를 기념해 헌정된 논문이다. 교회의 사명과 관련한 논리는 삼중적이다.

첫째, 인간 관계의 사회성에 관한 관심이 거기에 있다.
둘째, 하나님이 나라들을 고치시는 것을 예증하는 교회의 성례에서 이것은 구현된다.
셋째, 교회의 구조가 있다. 이 교회의 구조가 세계를 향한 책임을 전파하고 그 구조 안에서 교회의 좋은 질서를 전파한다.

> 교회의 질서는 항상 세계 안에서 세계를 치유하시는 하나님의 풍성한 열정적 치유의 실례로 모여야만 한다.[26]

나머지 한 논문은 이것을 교회에서 이루어지고 있는 현재적 토론의 용어를 가지고 표현하고 있다. 여기에서 하디는 『교회와 국가라는 제도에 대해』라는 자신의 책에서 사회에 대한 콜러리지(Samuel T. Coleridge, 1772-1834)의 분석을 상술하고 있다.

사회를 위한 진정한 목적은 이성이 식별할 수 있고 인간사에서 참조할 만한 표준으로 봉사하는 초월적 관념인가?

그렇지 않으면 사회의 목적은 모든 시민의 선이 그 아래 포함된 실체적 조건인가?

---

25 Hardy, *God's Way With The World*, 186.
26 미간행 논문 "An Anglican View of the Common Good",

성공회주의는 그러한 질문에 고대의 유산과 함께 교회적 형태를 통해 대답한다. 거룩과 보편성이라는 표지를 충족함으로써 교회는 모든 인류 사회를 위해 진정한 가능성을 나타낸다. 영국 성공회의 본성은 보편성에 대한 내향적 견해를 허용하지 않는다. 하지만 하디는 교회와 국가의 관계에 대한 템플의 견해에 비판적이다.

> 바닥에 깔린 가정은 교회로 중재 되는 신학과 국가 사이에 선적 관계가 있는 것처럼 신학적 명제로부터 추론되어 특별한 경우에 적용되는 국가가 추종하는 도덕적 원칙과 이상이 있다는 것이다.[27]

하디는 이런 주장이 적절하지 않다고 생각한다. 정부는 단지 다른 기구들을 주변화할 뿐만 아니라 진정한 사회성의 필요를 인식하는 어떤 기관에도 거의 여지를 주지 않는다. 이런 상황에 대한 반응으로 이제 구별의 실체로 시작해 새로운 상호 작용하는 공동체를 찾아보려는 영국 성공회주의 안에서의 예언적 차원이 존재한다.

사회의 진정한 가능성에 대해 이런 길은 사회적 삶의 진정한 가능성이 상호적이고 서로 교정해 주는 기구에 의해 가장 잘 섬김을 받는다는 견해와는 아무런 상관이 없다. 이런 기구에 의해 인간존재는 자신들의 상호 간의 필요에 대해 역동적 공급을 통해 진정한 사회로 길러지며 이들을 사회가 요구하는 문화화된 시민성 가운데 양육함으로써 이들은 반대로 그리스도의 교회 때문에 교정되고 길러진다는 주장을 한다.[28]

성공회주의는 이제 제도적 요소와 예언적 요소 사이의 활기 넘치는 대화로 이루어져 있다. 둘 다 목적의식과 사회에 대한 언급을 새롭게 한다. 성공회주의 안에서의 위기는 아니지만 이런 우유성(contingency)은 하디로 하여금 새로워진 관심이 하나님의 삼위일체적 존재 안에서 사회적 기구의 존재론적 기초에 주어지는 것이 필요하다고 생각하게 했다.

이것은 '풍요의 정합성'이 성령의 활동을 통해 세계에서 사회적 삶과 형태의 우유성을 발생하게 하는 '질서화된 에너지'로 가장 잘 묘사될 수 있을 것이다. 이런 정부 형태(polity)의 실천적 결과는 사회적 상호 작용과 경제적 분배, 문화적 삶 그리고 사회적 비전이라는 용어로 '만연한 국가통제'에 대항해 사람들의 삶에 대해 새로워진 이상을 가지게 되는 것이다.

---

27 미간행 논문 "An Anglican View of the Common Good", 11.
28 미간행 논문 "An Anglican View of the Common Good", 15.

8. 로완 윌리엄스

로완 윌리엄스(1950년생)는 웨일스의 주교가 되고 나중에는 캔터베리 대주교가 되기 전 옥스퍼드와 케임브리지에서 공부했고 학문적 지위를 가지고 있었다. 윌리엄스 저술의 다양성은 괄목할만하다. 윌리엄스는 기독교 영성, 교부 신학, 설교 그리고 주요 신학적 논문들을 썼다. 이 신학적 논문들을 모은 『기독교 신학에 관해』(On Christian Theology)라는 저술은 그 논증에 있어 하나의 조직적 내적 정합성을 가지고 있다. 논문은 존재론에서 삼위일체, 다원주의 그리고 방법론, 기독론, 성례전, 윤리학과 사회 신학에 걸쳐 있다. 1998년에 이르는 십 년 동안 쓰인 것은 학문적 입장에서 그리고 주교의 관점에서 당대의 신학과 지속해서 씨름한 것을 나타내 보여 준다.

윌리엄스는 그 이름이 그의 저술에서 반복적으로 등장하는 도날드 맥키논과 1995년에 48세의 나이로 죽은 길리안 로즈(Gillian Rose, 1947-95)라는 훨씬 젊은 철학자에게 깊이 빚을 지고 있는 분명한 철학적 입장을 발전시켰다. 로즈는 자기 죽음의 침상에서 영국 성공회 신자로 세례를 받았다.

윌리엄스는 그녀와 절친한 관계를 맺었고 어떻게 기독교가 지금의 영국의 삶이라고 할 수 있는 세속 사회에서 그 스스로 나타낼 수 있는지 살펴볼 때 『애도가 법이 되다. 철학과 표상』(Mourning Becomes the Law: Philosophy and Representation)이라는 그녀의 유고 논문집을 인용했다. 정치에 대한 그녀의 이해는 공산주의와 자유주의를 넘나든다.

자유주의는 그녀에게 주어진 과제에서 개인의 분절화된 견해로 매여 있지만, 공산주의는 공동체에 대한 정태적 설명을 하고 있다.

공산주의와 자유주의 이 둘은 법과 자기 이해를 관련짓지 못하고 있다는 점에 기초해 서로 공모하고 있다. 대신 로즈는 상상이나 교육 또는 교양을 통해 정치적 삶에 동참함으로써 우리가 어떻게 서로를 교육할 것인지에 대한 헤겔의 설명을 제공하고 있다.

> 그러므로 법은 그 현실성에서 '영' 또는 윤리적 삶의 온전한 상호 간의 인식을 의미한다.[29]

역사적 실행에서 공적 토론의 과정은 상호 인식에 대한 우리의 실패를 드러내 주며

---

29 Williams, "Beyond Liberalism", in *Political Theology*, 3.1, 2001 11월, Gillian Rose, *Mourning Becomes the Law: Philosophy and Representation* (Cambridge, 1996), 76을 인용하고 있다.

우리를 진정으로 도덕적 행동을 향해 움직여 준다. 영국의 정치적이고 사회적 삶에 있어서 지배적 이념인 자유주의는 단지 하나의 일에 있어서만 사회적 선에 대한 근본적 일치에 도달했다. 이것은 공적 논증의 역학을 통한 개인적 자율성의 촉진이다.

하지만 이것은 실체적 선이 될 수 없다. 기독교 정체성에 대한 무비판적 이야기 식의 호소는 다른 것을 인식하지 못하는 점에서 공범자들이 될 수 있다. 로즈(그리고 윌리엄스)에게 법은 공동체에서의 폭넓은 범위의 사회적 실천과 대화의 동의어다. 하지만 상호 자기인식의 과정이 다른 것을 보완해 주는 것으로 드러나듯이(윌리엄스는 여기에서 어떻게 로즈가 레비나스의 정치적 윤리학에 불편해했는지 지적하고 있다) 이야기(narrative)는 신학적 통찰력을 위한 공간이 되도록 이해되고 있다.

이것은 또한 그 안에서 인류라고 하는 공통의 기획이 본질적으로 지속해서 학습되는 어떤 것에 이바지해야만 한다. 이런 회합(교회)은 정치적 정책을 만들기 위해 존재하거나 추상적 보편적 정의나 해방에 대해 증언을 하기 위해 존재하는 것이 아니라 자기를 제거하시는 하나님의 이야기를 통해 초대되는 자기 제거와 자기 모험의 형식을 말하고 행하는 것이다. 하나님은 (우유적이고 역사적 인간, 죽어야만 하는 취약함이라고 하는) 타자의 빛 안에 살도록 선택하시는 분이시다.[30]

윌리엄스는 기독교의 이야기가 보편적 유사성의 이상을 보여 주는 실례라고 하는 생각을 거부하고 있다. 윌리엄스는 비극과 아이러니를 포괄하는 이야기(맥키논의 분명한 반향이다)와 또한 (말씀 안에서의 창조 교리를 통해) 인간의 자기인식 가능성을 근거 지워 주는 이야기 그리고 (다시금 십자가에서 정점에 도달한 신적 자기 상실에 의지한) 재형성의 이야기를 하고 있다. 세속주의는 근본주의의 거울에 비친 이미지다.

그렇다면 신학에 대한 철학의 관계에 대한 이들 일반적 언급이 어떻게 윌리엄스가 그 자신의 신학을 개진할 수 있게 해 준 자기 이해로 이행되었는가?

윌리엄스는 경축적이고 의사소통적이며 비판적 세 가지의 신학의 양태를 말하고 있다. 경축적 신학은 '사용된 언어에서 가장 온전한 중요성의 가능한 범위'를 나타내는 '비전의 충만함을 불러일으킨다.' 의사소통적 신학은 여성주의나 막시즘과 같은 중립적 환경을 가지고 대화를 시험한다. 비판적 신학은 철학적 신학뿐 아니라 또한 신비적 신학이나 부정적 신학 전통을 포함해 신학의 내적 비판에 관여한다. 윌리엄스는 역사와 사회적 실천과의 지속적인 대화에 관여하면서 이 모든 것을 가지고 연구한다.

하지만 특별히 『세상의 빛』(*Lux Mundi*)과 같은 과거의 어떤 성공회의 실천에

---

30 Williams, "Beyond Liberalism", in *Political Theology*, 3.1, 2001 11월, Gillian Rose, *Mourning Becomes the Law: Philosophy and Representation* (Cambridge, 1996), 71.

대해 비판적 신학적 실천이 있다. 1989년 웨스트민스터수도원의 고어 강좌(Gore lecture)에서 윌리엄스는 엄중한 비판에 대해 "성육신적 합의"[31]를 표현하고 있다.

윌리엄스는 이런 신학이 성공회주의의 이중적 신학 원칙에 찬사를 보냈던 19세기 중엽 신학자 F. D. 모리스(F. D. Maurice, 1805-1872)에게 빚을 지고 있음을 보았다. 이것은 성육신에서 인간 본성을 하나님이 기르시는 것이었고 하나님의 현존의 영속적 표시로 어떤 물질적 행위와 대상('성례전')을 세우는 것이었다.

그러한 신학은 또한 몰트만의 저술에서 다른 방식이기는 하지만 유사한 형태로 발견할 수 있다(**관계있음이라고 하는 인간적인 형식은 인간존재와 하나님의 연대성에 의해 판단되고 또한 변화돼야만 한다**). 이것은 지난 수십 년 동안 영국 성공회에서의 몰트만이 미친 커다란 영향을 설명해 준다.

몰트만은 명확하게 『삼위일체와 하나님의 나라』(*The Trinity and the Kingdom of God*)에서 성공회의 기독교 사회주의적 신학을 채택했다. 윌리엄스는 이 신학에 찬성하지 않는다. 이것은 현존하는 사회적 질서를 쓸데없이 신성화하는 경향이 있고 이것은 예수님의 이야기라고 하는 우연적 실체로부터 너무 많은 것을 추상한다. 이 이야기는 아브라함의 공동체라고 하는 가정이나 신분 심지어 구성원 자격과 같은 사회적 소속 형태와 투쟁하는 것으로 특징지어진다.

십자가에서의 예수의 소외는 성육신적 신학에 날카로운 질문을 부과한다.[32] 삼위일체적 용어로 윌리엄스는 하나님이 인간이 되시는 과정으로서의 케노시스(kenosis)적 어떤 개념에 대해서도 마찬가지로 회의적이다. 케노시스는 예수님의 역사적 삶에서의 형태이지만 윌리엄스는 인간 예수를 신적인 것의 정태적 초상(static icon)으로 제시하는 것을 피하려고 노력한다.

윌리엄스는 의문과 자유와 역사적 실천의 중요성으로 돌아간다. 윌리엄스가 자신의 박사 학위를 위해 공부했던 로스키(Vladimir Lossky, 1903-1958)의 말로 하면 전통은 교회가 그 전통을 의문시하는 자유를 가지도록 해 주는 것이며 예수님 안에서 살아내어 진 것처럼 하나님의 자유 안에 있는 어떤 부분을 우리에게 부여한다.

가톨릭적 질서와 개신교적 자유 사이에는 어떠한 모순도 없다. (램지가 수십 년 전에 주장했던 것처럼) 이 둘 모두는 십자가의 고통으로부터 생겨난 것이다.

---

31 Williams, *On Christian Theology*, 227.
32 Williams, *On Christian Theology*, 229.

9. 과제

영국 성공회 신학은 1930년대와 현재 사이에 훨씬 더 세련되고 자기 인식적이며 엄격하게 되었다. 성공회 신학은 다른 신학 분과(그리고 물론 그 현재의 주요 과제는 다른 신앙과의 대화다)와 관여했으며 보다 철학적으로 엄격해졌고 주변 문화에 대한 태도도 다양해졌다.

하지만 현대의 영국 성공회 신학자들 가운데 널리 퍼져있는 규범은 서구 기독교는 우리 사회의 주변을 둘러싸고 있는 물질주의와 심각한 불편을 겪고 있는 시기로 진입했으며 그리고 기독교 신앙에 대한 예언적 각도를 재발견하는 것이 필요하다는 것이다.

종교사회학자들에 의해 많이 묘사되는[33] 영국 문화에서 기억의 삭제(excision of memory)는 영국 역사에서 유례를 발견할 수 없는 교회 출석의 급격한 몰락으로 인도했다. 1936년 마이클 램지가 분명하게 했던 심판의 논조가 세기가 끝나가는 때에 영국 신학에 돌아오고 있다. 그런데도 이것은 기독교가 주변 사회에 의해 충격을 받는 유일한 징조는 아닐 것이다.

2003년에 발간된 『성공회주의: 현대성에 대한 대답』(*Anglicanism: The Answer to Modernity*)[34] 그리고 기독교 신앙에 대한 예언적 각도를 재발견하는 것이 필요하다는 확신하고 현대성에 관여하려는 시도가 있다. 만일 현대성이 일련의 질문의 집합이라면 성공회주의는 그 문화와 대화에 들어가려는 시도다. 이런 대화는 방어적이지도 않고 다른 학문 분과와의 신학적 관여라는 용어로 잘못 갖춰지는 것도 아니다.

이것은 어떻게 이 대화가 기도와 지적 학문과 그것이 세워져 있는 사회에 대한 목회적 관심을 통합해 주는 지혜에 관한 탐구에서 계속되어야만 한다는 것을 여전히 보여 주고 있다.

하지만 가장 충격적인 것은 '비판적 연대성'이라고 하는 태도에서 현대성에 대해 응답하기를 구하고 있었듯이 성공회 신학에서 지난 70년이 넘도록 유지되고 있는 연속성이다. 심지어 종교적 실천이 엄청나게 축소되고 있는 사회에서마저도 영국 성공회 신학이 그 전반적 방향을 바꿀 것이라는 어떠한 징조도 보이지 않는다.

---

[33] Grace Davie, *Religion in Britain since 1945: Believing without Belonging* (Oxford); *Religion in Modern Europe: A Memory Mutates* (Oxford. 2000); *Europe: The Exceptional Case. Parameters of Faith in the Modern World* (London, 2002).

[34] D. Dormor, J. McDonald, and J. Caddick, *Anglicanism: The Answer to Modernity* (London, 2003).

참고 문헌

1차 자료

Farrer, A. M., *Finite and Infinite* (London, 1943).
_____. *The Glass of Vision* (London, 1948).
_____. *A Rebirth of Images: The Making of St. John's Apocalypse* (London, 1949).
_____. *The Freedom of the Will* (London, 1957).
_____.*Love Almighty and Ills Unlimited* (London, 1962).
_____. *The End of Man* (London, 1973).
_____. *Saving Belief* (London, 1994).
Hardy, D. W., *God's Ways With The World: Thinking and Practicing Christian Faith* Edinburgh, 1996).
_____. *Finding the Church* (London, 2001).
Ramsey, A. M., *The Gospel and the Catholic Church* (London, 1936).
_____.*The Resurrection of Christ* (London, 1945).
_____. *The Glory of God and the Transfiguration of Christ* (London, 1949).
_____. *Durham Essays and Addresses* (London, 1956).
_____. *From Gore to Temple* (London, 1960).
_____.*God, Christ and the World* (London, 1969).
MacKinnon, D. M., *A Study in Ethical Theory* (London, 1957).
_____. *Borderlands of Theology and Other Essays* (London, 1968).
_____.*The Stripping of the Altars* (London, 1969).
_____. *The Problem of Metaphysics* (Cambridge, 1974).
_____. *Explorations in Theology 5: Donald MacKinnon* (London, 1979).
_____. *Themes in Theology* (Edinburgh, 1987).
Sykes, S. W., *The Integrity of Anglicanism* (London, 1978).
_____.*The Identity of Christianity* (London, 1984).
_____. *Unashamed Anglicanism* (London, 1995).
Williams, R. D., *The Wound of Knowledge* (London, 1979).
_____. *Resurrection: Interpreting the Easter Gospel* (London, 1982).
_____. *Arius* (London, 1987).
_____. *Open to Judgement* (London, 1994).
_____. *Lost Icons* (London, 2000).
_____. *On Christian Theology* (London, 2000).
_____. *The Poems of Rowan Williams* (London, 2002).

2차 자료

Chadwick, O., *Michael Ramsey* (Oxford, 1990).
Ford, D. F. and Stamps, D. L. (eds.), *Essentials of Christian Community: Essays for Daniel W. Hardy* (Edinburgh, 1996).
Hastings, A. *A History of English Christianity 1920-1990*, 3rd edn. (London, 1991).
Hebblethwaite, B., "The Doctrine of the Incarnation in the thought of Austin Farrer", in *The Incarnation* (Cambridge, 1987).
Hebblethwaite, B. and Sutherland, S. (eds.), *The Philosophical Frontiers of Christian Theology: Essays presented to D. M. MacKinnon* (Cambridge, 1982).
Higton, Mike, *Difficult Gospel: The Theology of Rowan Williams* (London, 2004).
Surin, K. (ed.), *Christ, Ethics and Tragedy: Essays in Honour of Donald MacKinnon* (Cambridge, 1989).

제11장

미국-리처드 니버(H. Richard Niebuhr)

스탠리 하우어워스 (Stanley Hauerwas)

1. 서론

H. 리처드 니버(H. Richard Niebuhr, 1894-1962)의 운명은 자신의 형인 라인홀트 니버(Reinhold Niebuhr, 1892-1971)만큼은 '잘 알려지지 않은' 형제로 간주해 왔고 그 사정은 지금도 마찬가지다. 리처드 니버는 그런 운명에 대해 불평하지 않을 것이다. 왜냐하면, 그는 자신의 형을 존경했을 뿐 아니라 운명과 타협하는 것이 그의 저술에서의 주된 경향이었기 때문이다.

운명(fate)이라는 말은 니버가 우리가 우리 자신을 발견하는 역사를 회피할 수 없음을 우리에게 상기시켜 주기 위해 사용하는 말이다. 그러므로 『책임성 있는 자아』(*The Responsible Self*)의 서문에서 니버는 "그리스도인이 된다는 것은 단지 나의 운명 일부가 된다는 것"이라고 고백하고 있다.[1] 이것은 어떤 사람들이 니버에 대한 스피노자(Baruch Spinoza, 1632-77)의 영향을 고려하건대 니버가 결과적으로 우리에게 기독교에 대한 스토아 철학적 설명을 제공하고 있지는 않은지 의심하게 하곤 한다.

라인홀트 니버는 리처드 니버보다 더 잘 알려진 채로 남아 있을는지 모른다. 하지만 리처드 니버의 작업이 현금의 신학에 더 지속적인 영향을 미치고 있다고 주장할 수 있을 것이다.

예컨대 소위 신학의 '예일 학파'(Yale school)라 불리는 신학적 발전은 리처드 니버의 저술을 배경으로 할 때 더 잘 이해할 수 있다. 리처드 니버는 의심할 것도 없이 한스 프라이(Hans Frei, 1922-1988)의 저술이 칼 바르트에게 너무 커다란 영향을 받았다고 생각했을지 모르지만, 프라이에 미친 바르트의 영향은 최소한 프라이가 리처드 니버에게 배웠던 결과였다고 말할 수 있다.[2]

---

1 H. Richard Niebuhr, *The Responsible Self: An Essay in Christian Moral Philosophy* (New York, 1963), x, 43. 니버의 보다 상세한 운명에 대한 설명을 위해서는 같은 책의 112-26을 보라.
2 한스 프라이는 니버에 대한 중요한 두 개의 논문을 썼다. 첫 논문은 니버의 기념 논문집을 위해 쓴 것이었으며 그러므로 프라이의 학문적 저술에서 초기였다. 두 번째 논문은 프라이가

게다가 니버의 '책임성 있는 자아'에 대한 분석은 도덕적 삶에 대한 설명에 있어서 덕의 중요성 회복을 위해 필요한 배경을 제공했다. 또한, 니버는 '이야기'(narrative)에 대한 강조와 기독교 신학과 윤리학에서 교회의 이야기되는 성격(storied character)에 대한 상호 관련 있는 이해를 예견했다. 리처드 니버는 라인홀트 니버가 태어난 2년 후인 1884년 미주리 라이트 시(Wright City, Missouri)에서 태어났다.[3] 니버 형제의 아버지인 구스타프 니버(Gustav Niebuhr)는 독일 복음주의 노회의 목회자였다.

독일어는 니버 형제의 첫 언어였을 뿐만 아니라 하르낙과 같은 독일 신학자들에 대한 자신들의 아버지의 비판적 수용으로 인도되게 했다. 리처드 니버는 형의 교육적 과정을 따라 세인트루이스에 있는 엘름허스트대학교(Elmhurst College, 1908-1912)을 거쳐 에덴신학교(Eden Theological Seminary, 1912-1915)에 진학했다.

엘름허스트와 에덴신학교는 젊은이들을 목회를 위해 훈련하려는 주된 목적이 있던 복음주의 노회 소속의 교단 학교들이었다. 따라서 리처드 니버는 1916년에 세인트루이스에 있는 월넛 파크(Walnut Park) 복음주의 교회의 목사로 안수를 받았다.

라인홀트의 삶의 대단한 보폭과는 대조적으로 리처드 니버의 삶은 교사로서의 행보였다. 리처드 니버는 1919년에 에덴신학교에서 가르치도록 부름을 받았지만 1922년에 예일신학교에서 대학교원 과정을 공부하기 위해 그곳을 떠나야 했다.

하지만 예일로 가기 전에 리처드 니버는 세인트루이스에 있는 워싱턴대학교에서 독일어로 석사학위를 마쳤다. 그는 독일 시인인 리처드 데멜(Richard Dehmel, 1863-1920)에 대한 논문을 썼다. 예일로 가기 전에 리처드 니버는 시카고대학교뿐 아니라 유니온신학교에서 몇 과목을 수강했다.

시카고대학교에서 실용주의 철학자요 심리학자인 G. H. 미드(G. H. Mead, 1863-1931)와의 학업은 니버에 대한 미드의 영향이 니버의 저술의 시작부터 끝까지 분명할 정도로 특히나 중요했다. 니버는 1922년에 예일로 갔다.

거기에서 니버는 1924년에 신학사와 철학 박사 학위를 동시에 받았다. 예일에서의 학위를 마치고 니버는 1927년까지 엘름허스트대학교의 학장이 되었다.

죽기 전에 쓴 마지막 것이었다. 정말로 프라이는 하버드에서의 니버에 대한 학회에서 논문을 읽을 수 있기 바로 전에 죽었다. Hans Frei, "Niebuhr's Theological Background", in *Faith and Ethics: The Theology of H. Richard Niebuhr*, ed. Paul Ramsey (New York, 1957), 9-118과 "H. Richard Niebuhr on History, Church, and Nation", in *The Legacy of H. Richard Niebuhr*, ed. Ronald Thieman (Minneapolis, MN, 1991), 1-23을 보라.

3 Jon Diefenthaler의 *H, Richard Niebuhr: A Lifetime of Reflections on the Church and the World* (Macon, GA, 1986)는 우리가 가지고 있는 니버의 생애에 대한 가장 뛰어난 개관을 제공해 주고 있다.

1927년 니버는 에덴신학교의 교무처장이 되었다. 1930년에 독일에서의 안식년에서 돌아온 후 니버는 예일신학교에서 가르쳐 달라는 초대를 받았고 거기에서 은퇴할 때까지 그리고 그 이후에 1962년 사망할 때까지 가르쳤다.

자신의 생애 동안 리처드 니버는 '단지' 여섯 권의 책만을 출간했지만, 미국 신학에 대한 그의 영향은 엄청난 것이었다. 니버는 20세기 후반의 신학과 윤리학에서 주된 방향을 설정하는 교사 중의 교사였다. 왈도 비치(Waldo Beach)와 폴 램지(Paul Ramsey, 1913-1988), 제임스 거스탑슨(James Gustafson)은 기독교 윤리에서 니버의 학생들이었지만 니버는 또한 자기 아들이었던 리처드 라인홀트 니버뿐 아니라 고든 카우프만(Gordon Kaufman)과 반 하비(Van Harvey)에게 지속적인 영향을 미쳤다.

니버의 저술에서 지속적인 주제 하나는 그가 방어 또는 생존의 윤리학(ethics of defense or survival)이라고 불렸던 것에 대한 비판이다. 이런 윤리학을 통해 우리는 타자의 위협, 특별히 죽음이라 불리는 타자에 대해 현재 상황을 방어함으로써 우리 자신을 보호하려고 시도한다.

니버의 가르침은 그 자신과 자신의 학생들, 교회 또는 신학을 비판으로부터 보호하지 않으려는 결심을 반영했다. 그 결과 니버가 실제로 가르쳤거나 자신의 저술을 통해 가르쳤던 사람들이든지 상관없이 학생들은 여기에 하나님에 대해 그리고 하나님에 대한 우리의 관계에 대해 진지하고 정직하게 생각한다고 믿을 수 있는 한 사람이 있다고 느끼게 되는 것 같다.

우리가 니버의 '정통'(orthodoxy)에 대해 가지게 되는 질문이 무엇이든지 간에 또는 니버는 그런 방향으로부터의 비판에 노출되어 있다고 내가 확실히 생각하든지 간에 상관없이 니버는 하나님에게 매료된 사람이라는 것은 그의 저술뿐 아니라 그의 인격으로부터 부인할 수 없는 분명한 사실이다.

2. 배경과 발전

니버는 에른스트 트뢸취(Ernst Troeltsch, 1865-1923)의 철학적 신학에 대해 박사 논문을 썼다.[4] 니버의 계획을 이해하기 위해서는 니버가 주로 상대주의와 역사주의에 대한 응답을 제공하려고 트뢸취가 시도했다는 점에 흥미가 있었다는 점에 유의하는 것이 중요하다.

---

4   H. Richard Niebuhr, *Ernst Troeltsch's Philosophy of Religion* (New Haven, CT, 1924).

니버의 가장 유명한 책 『그리스도와 문화』(*Christ and Culture*)의 서문에 있는 감사의 글에서 니버는 자신이 트뢸취에 빚지고 있음을 밝히고 있다. 니버는 트뢸취가 "이런 부요한 다양성을 미래 정해진 개념적 틀로 강요해 **신화**(*mythos*)에서 **로고스**(*logos*)를 역사에서 이성을 실존에서 본질을 추구하는 것을 내키지 않았던 기독교 역사에서 인간과 운동의 다중 형태와 개별성"을 존중하도록 가르쳤다고 주장하고 있다.[5]

니버에 따르면 트뢸취는 니버가 역사적 대상뿐만 아니라 심지어는 더 중요한 역사적 주체, 관찰자 그리고 해석자의 상대성을 받아들이도록 도움을 주었다. 니버는 자신이 트뢸취를 "교정한다면 신학적이고 신중심적 상대주의의 빛 안에서 역사적 상대주의"를 이해하려고 시도했기 때문일 것이라고 말했다. 니버는 유한을 절대화하려는 모든 시도가 이성뿐 아니라 신앙의 탈선이고 절대적 하나님의 통치를 부정하는 것이기에 그렇게 했다.[6]

하나님의 절대적 주권은 니버의 삶과 사역의 핵심이었다. 우리를 방어적으로 살고 방어적으로 생각하게 유혹하는 어떤 윤리도 니버가 거부하고 있는 것은 '급진적 일신론'(radical monotheism)이 기독교 신앙의 결정적 특징이라는 니버의 주장과 상관이 있다. 그리스도인들이 하나님의 절대적 주권을 인정하지 못하게 될 때 그들은 교회를 세상에 적응시키는 죄를 범하고 만다. 그러한 적응은 니버가 자신의 첫 책인 『교단주의의 사회적 근원』(*The Social Sources of Denominationalism*)에서 신랄하게 비판하고 있는 주제였다. 사실상 어떻게 미국교회가 경제적 계급과 국가주의에 따라 많은 방식으로 결정되었는지에 대한 니버의 비판은 하나님의 주권의 중요성에 대한 니버의 발견을 위해 필수적 배경을 제공해 주었다.

하지만 『교단주의의 사회적 근원』은 니버가 나중에 하나님의 주권을 강조한 것보다는 사회 복음 운동의 영향을 반영하는 범주들에 의해 보다 더 많이 형성되었다. 예컨대 니버는 『교단주의의 사회적 근원』에서 기독교의 목적은 교회 기구를 세우는 것이나 형이상학적 신조의 선포가 아니라 그 **목적은 아버지의 잠재적 자녀 됨과 그들 상호 간의 가능한 형제 됨을 사람들에게 계시하는 것이다**.[7]

니버의 보다 성숙한 신학적 입장인 하나님의 주권에 대한 강조는 니버가 세계에 대한 교회의 적응에 대해서 점점 별다른 관심을 보이지 않았음을 의미하지는 않는다.

---

5 H. Richard Niebuhr, *Christ and Culture*, 제임스 거스탑슨의 서문 (San Franscisco, 2001), xii.
6 H. Richard Niebuhr, *Christ and Culture*, xii.
7 H. Richard Niebuhr, *The Social Sources of Denominationalism* (New York, 1957), 278. 최초 출간 년도는 1927년이었다. 니버는 같은 페이지에서 기독교는 "신적 사회의 형성을 추구했으며 그리스도와 같은 하나님이라고 하는 형이상학을 전제하고 있다"라고 말하고 있다.

정말로 어떻게 미국이 1931년에 있었던 일본의 만주 침략에 대응해야만 하는가에 대해 리처드 니버와 라인홀트 니버 사이에 있었던 유명한 서신 교환에서 리처드 니버는 그러한 침략에 직면해야만 하는 기독교적 '무위'(nothing)는 정적주의(quietism)가 아니라고 주장했다.

> 도리어 그리스도인들은 각각의 나라에 그들 스스로 국가주의와 자본주의라고 하는 프로그램으로부터 거리를 두고 분열의 국가적이고 계급적 구획을 초월해 미래를 준비하는 보다 높은 충성심을 가지고 연합하는 그러한 사람들의 세포를 세울 수 있다. 오늘날 그러한 기독교적 국제적 기구는 존재하지 않는다. 왜냐하면, 급진적 기독교는 하나의 프로그램으로나 역사철학으로는 아직 도달하지 않았고 그러한 세포는 형성하고 있기 때문이다.[8]

리처드 니버를 미국 신학에서 유력 인사로 세워 주었을 뿐 아니라 자신의 성숙한 상황을 반영해 주었던 책은 『미국에서의 하나님의 나라』(*The Kingdom of God in America*)였다.[9] 니버는 자기가 트뢸취로부터 배웠던 것을 이용해 특별히 우리가 미국의 문화를 이해한다면 역사로부터 신학의 손쉬운 분리는 있을 수 없다고 주장한다.

따라서 니버는 미국이 19세기의 발전을 통해 그리스도의 왕국이 지상에 실현될 수 있으리라는 신념으로 변형된 청교도적 하나님의 주권에 대한 인정에서 기원하는 건설적 개신교에서의 실험을 대표한다고 주장하고 있다. 사회 복음은 최종적으로 기독교의 세속화에 이르게 되는 하나님의 주권을 길들여놓은 것을 보여 주는 실례가 되었다. 니버는 이런 발전을 기억할 만한 문장으로 특징지었다.

> 진노하지 않으시는 하나님이 죄 없는 인간을 심판 없는 왕국으로 십자가 없는 그리스도의 사역을 통해 인도하셨다.[10]

---

[8] H. Richard Niebuhr, "The Grace of Doing Nothing", in *War in the Twentieth Century: Sources in Theological Ethics*, ed. Richard Miller (Louisville, KY, 1992), 10. 밀러의 책은 또한 자신의 동생에 대한 라일홀트 니버의 응답과 리처드 니버의 답변을 담고 있다. 리처드 니버는 이런 주제를 1925년에 "Back to Benedict", *Christian Century* 42 (1925년 7월 2일), 860-1이라는 제목의 논문에서 일찍감치 표명했다.

[9] H. Richard Niebuhr, *The Kingdom of God in America* (New York, 1957). 이 책은 원래 1937년에 출간되었다.

[10] H. Richard Niebuhr, *The Kingdom of God in America* (New York, 1957), 193.

『미국에서의 하나님의 나라』에서의 자유주의 기독교에 대한 니버의 비판뿐만 아니라 하나님의 주권에 대한 강조는 신학에서 잘못 정의된 '신정통주의'적 발전의 편에 니버가 놓여지게 하는 것처럼 보였다.

이런 인상은 단지 『계시의 의미』(The Meaning of Revelation)라는 니버의 책의 서문에 있는 자신이 트뢸취의 비판적 사고와 칼 바르트의 건설적 작업을 결합하려고 시도하고 있다는 말에 의해 도리어 강화되었다.[11] 『계시의 의미』에서 니버는 "만일 계시가 또한 하나님을 의미한다면 계시가 역사를 의미할 수 없다"라고 주장했다.[12]

하지만 기독교 신학은 역사적이고 공동체적 존재로서의 우리의 실존을 통하지 않고는 하나님에 대해 생각할 다른 길이 없다. 그러므로 기독교 신학은 고백적인 것 이상의 어떤 것, 즉 신앙이 그 자체를 이해하려고 하는 자기 비판적 실행을 열망할 수 없다. 그러므로 니버에 따르면 계시는 공동체나 개인이 자신들의 삶에 대한 지적 이야기를 하는 것이 가능하도록 해 주는 이미지와 상징이 공급되는 특수한 경우를 일컫는 것이다. 그러한 통일성은 신앙과 회개 즉 죄의 고백이 가능하게 하는 '내적 역사'다.

트뢸취와 바르트를 결합하려는 니버의 시도 때문에 야기되는 긴장은 『계시의 의미』를 매우 흥미롭고 제안적 책이 되게 했다. 하지만 니버는 자신이 그리스도 일원론(Christmonism)이라고 특징지었던 것, 의심할 것도 없이 바르트를 염두에 둔 것에 대해 점차 비판적이 되었다.

『계시의 의미』의 마지막 장에서 니버는 만일 계시가 예수보다 더 확실한 어떤 것을 지시해야만 한다는 선언을 지닌 하나님을 의미한다면 계시는 역사를 의미할 수 없다는 주장을 끌어낸다.[13]

『급진적 일신론과 서구 문화』(Radical Monotheism and Western Culture)라는 책 제목이 붙은 자신의 논문집에서 니버는 분명하게 급진적 일신론에 대한 자신의 이해가 지니는 함축을 끌어내고 있다.

급진적으로 일신론적 신앙이 우리의 역사에 들어옴을 말하면서 성육신으로 일자에 대한 급진적 신뢰와 존재의 영역에 대한 보편적 충성이라고 하는 총체적 인간의 삶에서의 구체적 표현을 의미하면서 우리는 '성육신'이라는 신학적 말을 사용할 수

---

11 H. Richard Niebuhr, *The Meaning of Revelation* (New York, 1970), xi. 이 책은 1941년에 출간되었다.
12 H. Richard Niebuhr, *The Meaning of Revelation* (New York, 1970), 40.
13 H. Richard Niebuhr, *The Meaning of Revelation* (New York, 1970), 111.

있을 것이다.¹⁴

니버에게 있어서 그리스도인들은 그리스도에 대한 급진적 일신론적 신앙 위에서 자신들의 신앙을 만드는 것처럼 자신들의 신앙을 예수 그리스도에게 너무나 조금밖에는 부여하지 않고 있다. 따라서 니버는 "그의 영혼을 채우고 있던 것은 사랑이 아니라 하나님이었다"라고 말하면서¹⁵ 사랑을 예수님의 삶의 주된 속성으로 만드는 자유주의 신학자들을 비판하고 있다.

3. 리처드 니버의 '윤리학'

리처드 니버는 대개의 경우 20세기 후반의 가장 중요한 기독교 윤리학자까지는 아니라고 하더라도 중요한 기독교 윤리학자 중 한 명으로 간주하고 있다.¹⁶ 하지만 니버의 저술은 신학과 윤리학 사이의 그 어떠한 강력한 구분도 허용하지 않는다.

니버의 신학은 어떻게 그가 도덕적 삶을 생각했는지를 형성시켰으며 그리고 니버가 도덕적 삶에 대해 어떻게 생각했는가 하는 것은 그의 신학에 고스란히 반영되어있다. 니버의 신학이 결정적으로 그의 저술에 영향을 미쳤는가 하는 것은 항상 명확한 것은 아니다. 예컨대 니버의 『그리스도와 문화』라는 책을 읽은 대부분의 독자는 마지막 장에 있는 '결론적 비학문적 후기'의 니버 주장을 받아들인다.

니버는 문화에 대항하는 그리스도, 문화의 그리스도, 문화 위의 그리스도, 역설적 관계의 그리스도와 문화, 문화의 변혁자 그리스도 가운데 어떤 하나의 타입을 "기독교적 해답"으로 간주하는 것은 실수라고 말하고 있다.¹⁷ 그렇게 하는 것은 제임스 거스탑슨이 주장하고 있는 것처럼 니버가 베버(Max Weber)와 트뢸취로부터 배운 모형적 방법을 규범적 추천 형식으로 바꾸는 잘못을 범하는 것이다.¹⁸

---

14 H. Richard Niebuhr, *Radical Monotheism and Western Culture, with Supplementary Essays* (Louisville, KY, 1970), 40. 이 책은 본래 1943년에 출간된 것이다.
15 H. Richard Niebuhr, *Christ and Culture*, 19.
16 기독교 신학과 윤리학에 대한 니버의 영향에 대한 많은 정보를 주는 설명을 위해서는 William Werpehowski, *American Protestant Ethics and the Legacy of H. Richard Niebuhr* (Washington, DC, 2002)를 보라.
17 H. Richard Niebuhr, *Christ and Culture*, 232.
18 James Gustafson, "Preface: An Appreciative Interpretation", in H. Richard Niebuhr, *Christ and Culture*, xiii-xxxv.

하지만 『그리스도와 문화』가 다양한 윤리적 대안들이 평가를 받는 틀이 된 것은 의심의 여지가 없다. 니버는 다섯 가지 유형 각각이 복음의 사회적 함축에 대한 참다운 표현이라고 진정으로 믿었을는지도 모른다.

하지만 '문화의 변혁자 그리스도'는 이 책을 읽는 대부분의 독자에 의해 가장 매력 있는 처지라고 가정되었다. 니버가 '문화의 변혁자 그리스도'에 대한 장을 다른 유형들에 대한 자신의 토론을 마칠 때와 같이 비판으로 마치고 있지 않다는 것은 많은 사람에 의해 니버가 사실상 '변혁적인' 유형을 추천하고 있다는 가정에 대한 상당한 근거를 제공해 주고 있다. 다른 유형에 대한 니버의 비판은 삼위일체를 니버가 어떻게 이해했는지를 보여 주기 때문에 매우 흥미롭다. 니버는 종종 삼위일체를 언급하지만, 성부 성자 성령이라는 언어를 거의 사용하지 않았다.

니버에게 삼위일체는 주로 그리스도인들이 하나님의 사역을 창조주와 통치자와 구속주로 묘사하는 데 도움을 준다. 따라서 니버는 '문화에 대항하는 그리스도' 유형의 대표자들(터툴리안, 톨스토이 그리고 메노나이트 교단)이 하나님은 단지 구속주이실 뿐 아니라 창조주라는 점을 인정하는 데 실패했다고 비판했다. 그러므로 니버는 '문화에 대항하는 그리스도' 유형의 대표자들이 삶을 가능하게 하는 사회적이고 정치적 기구들에 대한 설명을 제공하지 못하고 있다고 주장했다.

'급진적 유일신론'에 대한 니버의 강조는 교회의 중요성과 의미에 대한 열정과 결합했다. 니버는 트뢸취와 함께 교회의 사회적 특징이 신학적 확신의 내용과 형태를 이해하는 데 결정적으로 중요한 요인이라고 생각했다. 따라서 라인홀트 니버와는 강한 대조를 보이면서 리처드 니버는 종종 자신의 관심을 만일 교회가 교회의 소명에 충실하기를 원한다면 교회가 마땅히 그러해야 하는 것에 돌리곤 했다.

1954년에 니버는 다니엘 데이 윌리엄스(Daniel Day Williams, 1910-1973)와 제임스 거스탑슨과 함께 북미에서의 신학 교육에 관한 주된 연구를 지도했다. 『교회의 목적과 그 사역』(The Purpose of the Church and Its Ministry)이라는 니버의 책은 그러한 연구의 결과물이었다. 니버에 따르면 교회의 과제는 "사람들 사이에서 하나님과 이웃에 대한 사랑을 증가시키는 것" 이외의 아무것도 아니다.[19]

니버는 현대 신학의 사랑에 대한 위대한 본문 가운데 하나라고 할 수 있는 글에서 이 목적을 정교하게 표현하고 있다. 사랑이란 사랑받는 이의 단순한 현존으로 즐거워하고 평등할 것을 구하지 않으면서 사랑받는 자의 현존에 감사하며 그들이 가까이할 때조차 우리의 거리를 유지함으로써 사랑받는 사람을 존중하고 그리고는 사랑

---

[19] H. Richard Niebuhr, *The Purpose of the Church and Its Ministry* (New York, 1956), 31.

받는 이가 존재하기를 그치기보다 자아가 파괴되도록 하는 좋은 충성심 가운데 있는 능력을 의미한다.[20]

니버의 가장 중요한 책인『책임성 있는 자아: 기독교도덕철학 논문』(*The Responsible Self: An Essay in Christian Moral Philosophy*)은 사후에 발간되었다.

하지만 우리는 이 책이 단지 니버가 예일에서 수년간 가르쳤던 기독교 윤리학의 첫 부분에서 했던 강좌를 반영하고 있을 뿐만 아니라 이 책은 1960년에 글래스고에서 니버가 했던 로벗슨 강좌와 1962년에 퍼시픽 종교학교의 얼 강좌를 구성하고 있으므로 니버의 가장 발전된 생각을 반영하고 있다고 확신할 수 있다.

게다가 니버의 이전 저술의 지배적 모티프가『책임성 있는 자아』에 여전히 현존하고 있을 뿐만 아니라 이 책에서 그 모티프들의 조직적 발전이 니버가 어떻게 "그 모든 것이 조화를 이루는지" 잘 이해하고 있음을 분명히 해 준다.

니버는『책임성 있는 자아』를 기독교도덕철학 분야에서의 저술로 묘사하고 있다. 기독교도덕철학이란 말로 니버는 단지 그 책이 "자신의 실존 양태와 자신의 동료 인간 존재의 양태를 인간적인 행위자로 이해하고자" 노력하는 그리스도인에 의해 쓰인 것으로 읽히는 것을 의미할 뿐이라고 말한다.[21]

따라서『책임성 있는 자아』에서 니버의 주된 목적은 우리의 삶의 성격뿐만 아니라 하나님과의 우리의 관계성의 성격에 대해서도 정당하게 평가해 주는 우리의 도덕 경험의 현상학을 제공하는 것이다.

니버는 '응답하는 자 인간'의 형상이 시민으로서의 인간이나 제작자로서의 인간의 형상보다 기독교적일 뿐 아니라 인간 존재로서의 우리의 존재를 보다 적절하게 반영해 준다고 주장하고 있다. 제작자로서의 인간을 끊임없이 생각하는 사람들은 법의 수여를 미래의 목표 수여에 종속시킨다. 반면에 우리의 실존을 시민으로서의 형상이라고 하는 것의 도움을 통해 생각하는 사람들은 선을 옳음에 종속시킨다.[22] 이들 형상 각각은 율법의 수여자로서 또는 모든 다른 선이 판단을 받는 일자로서의 선이신 하나님을 설명하는 상응하는 설명을 하고 있다.

"법이 요구하는 것이 무엇인가?"

"행해져야 하는 선은 무엇인가?"

대조적으로 책임성의 형상은 이렇게 묻지 않고 다음과 같이 묻는다.

---

20 H. Richard Niebuhr, *The Purpose of the Church and Its Ministry* (New York, 1956), 35, Josiah Royce와 특별히 로이스의 충성심에 대한 설명은 니버에게 결정적 영향을 미쳤다.
21 H. Richard Niebuhr, *The Responsible Self*, 42.
22 H. Richard Niebuhr, *The Responsible Self*, 55.

"무엇이 이루어지고 있는가?"

이렇게 우리의 관심을 집중하고 있다.

그러므로 니버는 응답자로서의 인간의 형상이 우리가 하는 것만큼이나 중요한 것은 우리가 고통당하고 있는 것이라고 이해하도록 보다 적절하게 도움이 된다고 제안하고 있다.

그런 전망으로부터 윤리학은 우리가 무엇을 해야 하고 하지 말아야 하는지 분별하는 데 도움을 주는 것이 아니라 이해에서 하나의 연습 또는 실행(exercise)이다.

우리의 삶을 응답자로 이해하는 것은 우리의 반응에 대한 그들의 반응을 예견하면서 그들의 행동에 대한 우리의 해석과 일치하게 우리 자신을 다른 행위자에 대한 응답 가운데 존재하는 행위자로 보는 것이며 그리고 이 모든 것을 행위자들의 지속적인 공동체의 부분으로 보는 것이다.[23]

우리의 실존이 지니는 이야기로서의 특징은 일단 우리가 우리의 삶을 책임성이라는 전망으로부터 이해하기만 하면 불가피한 것이다.

책임성이 있기 위해 우리는 무엇이 선이라거나 옳은지 묻지 않고 도리어 무엇이 적절한지를 묻는다. 적절함이라고 하는 것은 우리가 우리 자신을 발견하는 해석의 형태를 형성하고 있는 지속적인 이야기 때문에 결정된다. 시민과 제작자 그리고 반응자로서의 인간의 유형론을 발전시킨 다음 니버는 사회와 시간과 역사 안에서의 자아에 대한 관계에서 절대적 의존에서 그리고 최종적으로 죄와 구원에 대한 관계에서 각각의 타당성을 검사하고 있다. 첫 두 이미지는 우리의 실존의 사회적 성격을 정당하게 다루고 있지 못한다고 니버는 제안하고 있으며 시민이나 제작자로서의 인간의 이미지는 시간 안에서의 우리의 존재보다 중요하게 어떻게 시간이 우리 안에 있는지를 설명해 주지 못한다.

게다가 시민과 제작자의 이미지에 의해 형성된 우리의 의존성을 부인하도록 우리를 유혹해 일관성 있는 삶을 사는 것이 불가능한 것처럼 보이게 하는 혼돈을 두려워하며 우리가 방어적으로 살아가게 만든다. 우리의 관심을 책임성에 모음으로써 우리는 왜 책임성 있게 살아가는 것이 그토록 어려운지를 분명하게 이해할 수 있게 된다.

니버는 묻고 있다.

---

23 H. Richard Niebuhr, *The Responsible Self*, 65. 니버는 이런 책임성에 대한 이해를 형성함에 있어 미드의 지속적인 영향을 인정하고 있지만 니버는 또한 우리가 왜 우리의 도덕적 행동이 사욕 없음에 대한 설명을 요구한다고 바르게 생각하는지 이해하도록 도움을 주는 아담 스미스의 '치우침 없는 방관자'에 대한 이해를 언급하고 있다.

사건들과 사건들에 대한 우리의 이해의 다양성 가운데 하나의 자아가 되는 것이 어떻게 가능한가?

어떻게 자아가 자신들의 행동을 일련의 사건들로 적응하면서, 그 자체로서 책임성 있는 체계의 연속으로 머물러 있는 대신 책임성 있게 될 수 있는가?[24]

이 모든 책임성을 함께 묶어 주어 우리가 존재하고 있는 많은 역할 가운데서 책임성 있는 자아가 있게 해 주는 것은 무엇인가?

니버는 이들 질문에 대해 『계시의 의미』에서 자신의 주장으로 돌아감으로 대답하고 있다.

> 자아가 되는 것은 신을 가지는 것이다. 신을 가지는 것은 역사 즉 의미 있는 형식으로 연결된 사건들을 가지는 것이다. 신과 공동체 안에서의 자아의 역사는 불가 분리적 연합 가운데 함께 속해 있다.[25]

그러므로 책임성 있다는 것은 우리가 다음과 같이 확신할 것을 요구한다.

> 하나님은 당신에 대한 모든 행동 가운데 행동하고 계시다. 그러므로 하나님의 행동에 반응하는 것처럼 당신에 대한 모든 행동에 반응하라.[26]

니버는 우리에 대한 모든 행동에 하나님의 행동으로 반응하는 것이 필수적일 뿐 아니라 두려운 일이라는 것을 잘 알고 있었다.

『책임성 있는 자아』라는 책을 쓴 니버가 2차 세계대전 동안에 "하나님의 심판으로서의 전쟁"과 "십자가로서의 전쟁"이라는 제목의 논문을 썼던 같은 니버라는 사실을 절대 잊어서는 안 된다.[27]

그러므로 니버에게 위대한 도덕적 도전은 우리가 의존하고 있는 일자(the One)에 대한 깊은 불신으로부터 구원될 것이라는 방식으로 특별히 죽음에 직면해 어떻게 살아가는가 하는 것이다.

---

24 H. Richard Niebuhr, *The Responsible Self*, 121.
25 H. Richard Niebuhr, *The Meaning of Revelation*, 59.
26 H. Richard Niebuhr, *The Meaning of Revelation*, 126.
27 두 논문은 Miller, *War in the Twentieth Century*, 47-55와 63-70에서 발견할 수 있다.

그리스도인은 예수 그리스도라는 인물 안에서 삶과 죽음에 대한 우리의 모든 해석에 대한 재해석이 가능하다는 확신을 발견한다고 믿고 있다.

> 삶에 못지않게 죽음은 우리에게 자비의 행동으로 보인다. 단지 우리에게만 자비가 아니라 우리가 그 안에 더불어 위해 사는 사람들에 대한 자비로서 책임성 있고 책임감 있는 실존이라고 하는 위대한 대리적 행동으로도 그러하다.[28]

니버의 '윤리학'은 윤리학이 여러 환경 가운데 무엇을 해야하는지에 대한 지침을 제공해야만 한다고 생각하는 사람들에게 다소 불만족스러울지 모른다. 니버의 책임성에 대한 개념은 의사결정의 과정이 아니라 오히려 '자아'가 되는 것이 무엇을 의미하는지 우리가 어떻게 이해해야 하는지 제안하는 것을 의미한다.

제임스 거스탑슨에 따르면 니버가 자신의 저술을 즐겨 묘사한 방식은 모리스에게서 빌려온 묘사인데 '발굴'(digging)의 방법이었다.[29] 따라서 니버는 기독교 윤리학에 대한 포괄적 설명을 제공하려고 하지 않았으며 도리어 급진적 일신론적 신앙의 함축을 명확히 하기 위해 인간 실존에 대한 풍부한 현상론적 설명을 제공하려고 했다.

『책임성 있는 자아』의 마지막에서 니버는 만일 우리가 그리스도인 또는 단순하게 인간으로서 책임성 있게 살기 원한다면 그가 생각하기에 자기 해석이라고 부르는 것이 요구돼야 하는지 자신은 알지 못한다고 주장하고 있다.

하지만 니버는 비록 그리스도인이 실존에 대한 재해석이 세계로 오게 되었음을 믿는다 하더라도 마찬가지로 그러한 재해석이 **주여, 주여라고 말하는 사람들에게만 국한되어지지 않으며 그들에 의해 가장 잘 표현될 필요도 없는** 경우라고 확신하고 있다.[30]

4. 니버에 대한 응답

니버는 자신을 비판하는 사람들을 더, 덜 관대하게 만드는 논쟁적 사상가는 아니었다. 니버는 인간이란 일반적으로 자신들이 확신하는 것에서는 옳고 자신들이 부

---

28 Miller, *War in the Twentieth Century*, 143-4.
29 H. Richard Niebuhr, *The Responsible Self*, 14에 있는 거스탑슨의 서문.
30 H. Richard Niebuhr, *The Responsible Self*, 144.

정하는 것에서는 그릇되다는 J. S. 밀(J. S. Mill, 1806-73)의 견해에 동의해 칭찬했다.[31]

하지만 나는 존 하워드 요더(John Howard Yoder)의 비판을 믿는다. 그는 니버가 취하고 있는 가정된 객관적 자세에 대해 『그리스도와 문화』를 비판했다. 사실상 요더 이상 그 책을 자신의 신학적 과제를 진전시키기 위해 사용하고 있을 때 그렇게 비판했다.

요더의 비판은 단지 『그리스도와 문화』에만 옳은 것이 아니라 니버의 전반적 입장에도 적용될 것이다. 예컨대 요더 이상 삼위일체에 대한 니케아 이후 설명의 의도가 니버가 원했던 것을 부정하는 것이라고 주장하고 있다. 즉 우리가 삼위일체의 각 위격으로부터 다른 계시를 받는다는 것을 부정하는 것이다.[32]

물론 니버는 자신이 니케아 정통에 집착해야 할 아무런 의무도 느끼지 않았다고 바르게 응답할 수 있었다. 하지만 그런 다음 니버는 기독교 전통에 대한 어떠한 책임성도 인정하지 않으면서 기독교의 언어를 사용하고 활용할 수 있는 이유를 말해야 할 필요가 있다.

요더 이상 또한 니버를 문화에 대한 단조로운 개념을 취했다고 비판하고 있지만 요더 이상 니버의 문화에 대한 설명이 단지 자신의 급진적 일신론적 신앙에 대한 예증으로서 예수님에 대한 자신의 설명 반영이라고 주장하고 있다. 그렇게 이해된 예수님은 단지 우리에게 우리의 신앙을 유한을 유한하게 해 주는 일자 이외의 어떤 것을 신앙하지 못하도록 상기시켜 주는 무의미한 암호에 불과하게 된다. 문화에 대한 단조로운 설명을 채택하고 있으므로 '문화에 대항하는 그리스도' 유형이 짐짓 하나님 창조의 선함을 부정하고 있다는 니버의 비판은 단지 자명한 것에 불과하다.

요더 이상 니버가 '문화에 대항하는 그리스도' 유형의 대표자들이라고 거명하는 사람들이 문화가 전체로서 수용되거나 거절되어야만 한다고 절대 주장하지 않았다고 주장하고 있다.[33] 니버는 자신의 초기 저술에서 교회는 그 안에서 자신을 발견하는 문화에 대한 대안을 구성할 뿐만 아니라 사회의 다른 구성원들로부터 구별될 수 있는 사회적 단체가 되어야만 한다고 생각했다는 사실을 잊어버리고 있는 것 같다.[34]

---

31 H. Richard Niebuhr, *Christ and Culture*, 238.
32 Yoder, "How H. Richard Niebuhr Reasoned: A Critique of Christ and Culture", in Glen Stassen, D. M. Yeager and John Howard Yoder, *Authentic Transformation: A New Vision of Christ and Culture* (Nashville, TN, 1996), 62.
33 Yoder, "How H. Richard Niebuhr Reasoned: A Critique of Christ and Culture", in Glen Stassen, D. M. Yeager and John Howard Yoder, *Authentic Transformation: A New Vision of Christ and Culture* (Nashville, TN, 1996), 52-61.
34 Yoder, "How H. Richard Niebuhr Reasoned: A Critique of Christ and Culture", in Glen Stassen,

요더의 『그리스도와 문화』에 대한 비판은 니버의 '급진적 유일신론'의 설명 때문에 만들어진 신학적 난점을 가리키는 것들일 따름이다. 하나님의 절대적 초월성에 중심을 둔 입장에서 니버의 신학은 주로 왜 어떠한 신앙에 대한 이해가 불가피한지에 대한 인간 중심적 설명이다.[35] 확실히 니버의 현상론적 인간 실존에 대한 설명은 매우 시사하는 바가 크지만 니버의 인간 상황에 대한 이해가 기독교 신앙의 중심적 확신으로부터 거리를 두는 것이 필수적이라고 생각하게 했다고 니버가 생각한 이유는 절대 분명하지 않다.

니버는 종종 현대성에 있어서 신학 작품뿐만 아니라 다른 신학적 대안에 대한 통찰력 있는 평가를 제공했다. 하지만 니버는 자신의 신적 초월성에 대한 설명을 너무나 쉽게 사용해 왜 모든 것이 상대적인지에 대한 그 자신의 설명을 확인하는 효과를 가지고 다른 대안들을 위해 만들어진 진리 주장에 의문을 제기하곤 했다.[36]

하지만 리처드 니버가 자유주의 또는 보수주의라는 신학자들의 정형화를 하기 위해 사용되는 범주에 그렇게 쉽사리 적용되지 않기 때문에 무시되거나 망각되는 것은 심각한 실수가 될 것이라고 나는 생각한다.

니버는 그리스도인과 불신자들 모두를 방어적으로 살려고 하는 유혹으로 결정되지 않도록 도울 수 있는 신학적 표현을 발견하려고 노력했다. 니버는 우리가 신뢰와 개방성의 삶을 살아야만 하고 살 수 있다고 확신했다. 그리고 니버는 어떻게 우리가 그렇게 살 수 있는지 우리가 알도록 우리를 도우려고 무던히 노력했다. 우리는 여전히 그의 '발굴'(digging)로부터 배울 것이 많다.

D. M. Yeager and John Howard Yoder, *Authentic Transformation: A New Vision of Christ and Culture* (Nashville, TN, 1996), 75. 1935년 니버는 빌헬름 파욱(Wilhelm Pauck)과 프랜시스 밀러(Francis Miller)와 함께 『세상을 대항하는 교회』(*The Church against the World*) (Chicago, 1935)라는 제목의 책을 썼다. 이 책의 마지막 장은 니버에 의해 쓰였는데 "교회의 독립성을 향해"(Toward the Independence of the Church)라는 제목을 가지고 있다.

35 니버는 폴 틸리히의 *The Religious Situation* (New York, 1956)에 대해 감사하는 서문을 썼을 뿐 아니라 번역을 했다. 라인홀트 니버의 작품뿐만 아니라 리처드 니버의 작품을 틸리히의 상관 방법의 예증이 되는 신학적 기획으로 읽지 않기는 어렵다. 신앙에 대한 니버의 가장 확대된 설명은 그의 죽음 이후에 그의 아들 리처드 라인홀트 니버에 의해 발견된 원고에서 찾아볼 수 있다. 그 원고들은 지금 *Faith on Earth: An Inquiry into the Scripture of Human Faith*, ed. Richard Reinhold Niebuhr (New Haven, CT, 1989)로 발간되어 있다.

36 Yoder, "How H. Richard Niebuhr Reasoned: A Critique of Christ and Culture", 82. 미국의 민주주의뿐 아니라 다른 신학자들에 대한 니버의 중요한 부수적 논문들 몇몇은 *Theology, History, and Culture*, ed. William Stacy Johnson (New Haven, CT, 1996)으로 출간되었다.

참고 문헌

1차 자료

Niebuhr, H. Richard, "Back to Benedict?" *Christian Century* 42 (July 2, 1925): 860–1.

_____. *Christ and Culture*. With a preface by James Gustafson. San Francisco, 2001.

_____. *Ernst Troeltsch's Philosophy of Religion*. New Haven, CT, 1924.

_____. *Faith on Earth: An Inquiry into the Structure of Human Faith*. Edited by Richard Reinhold Niebuhr. New Haven, CT, 1989.

_____. "The Grace of Doing Nothing", In *War in the Twentieth Century*, edited by Richard Miller, 6–11. Louisville, KY, 1992.

_____. Introduction to *The Religious Situation*, by Paul Tillich. Translated by H. Richard Niebuhr. New York, 1956.

_____. *The Kingdom of God in America*. New York, 1959.

_____. *The Meaning of Revelation*. New York, 1970.

_____. *The Purpose of the Church and Its Ministry*. New York, 1956. H. Richard Niebuhr 203

_____. *Radical Monotheism and Western Culture, with Supplementary Essays*. Louisville, KY, 1993.

_____. *The Responsible Self: An Essay in Christian Moral Philosophy*. With an introduction by James Gustafson. New York, 1978.

_____. *The Social Sources of Denominationalism*. New York, 1972.

_____. *Theology, History, and Culture*. Edited by William Stacy Johnson. New Haven, CT, 1996.

_____. "War as Crucifixion", In *War in the Twentieth Century*, edited by Richard Miller, 63–70. Louisville, KY, 1992.

_____. "War as the Judgment of God", In *War in the Twentieth Century*, edited by Richard Miller, 47–55. Louisville, KY, 1992.

Niebuhr, H. Richard, Wilhelm Pauck, and Francis Miller, *The Church Against the World*. New York, 1935.

2차 자료

Diefenthaler, Jon, *H. Richard Niebuhr: A Lifetime of Reflections on the Church and the World*. Macon, GA, 1986.

Frei, Hans, "H. Richard Niebuhr on History, Church, and Nation", In *The Legacy of H. Richard Niebuhr*, edited by Ronald Thieman, 1–24. Minneapolis, MN, 1991.

_____. "Niebuhr's Theological Background", In *Faith and Ethics: The Theology of H. Richard Niebuhr*, edited by Paul Ramsey, 9–118. New York, 1957.

Werpehowski, William, *American Protestant Ethics and the Legacy of H. Richard Niebuhr*. Washington, DC, 2002.

제12장

라인홀트 니버(Karl Paul Reinhold Niebuhr)

윌리엄 웨릅홉스키(William Werpehowski)

1. 서론

기독교적 신학적 윤리학은 예수 그리스도에게서 결정적으로 드러난 하나님의 실체에 대한 경험에 설명을 제공하려고 하는 지적 학문 분과다. 이 윤리학은 그러한 실체의 생명에 대해 신실하게 증언하거나 참여하는 인간의 성품과 행동이 어떠해야 하는지를 비판적으로 묘사하고 인정하려는 목적을 지닌다.

이 윤리학은 주로 기독교 공동체 안에 그리고 기독교 공동체를 위해 존재하는 학문 분과이다. 하지만 이런 방향성은 이 공동체가 대답하는 주님과 그 구성원들에 상응하는 보편적 책임을 준다면 배타적이지 않다. 신학적 윤리학의 "실천적 의미"는 다음과 같이 설명할 수 있다.

> 그 공동체와 그 구성원들이 하나님이 그들로 존재하고 할 수 있도록 하시고 요구하시는 것을 분별하도록 돕는 것이다.[1]

기독교 윤리학이라는 학문 분과를 차지하고 있는 여러 관심 가운데 5가지가 이번 장의 목적을 위해 두드러진다.

첫째, 신학적 윤리학의 내용은 하나님이라는 전체 실체, 즉 하나님의 창조적이고 심판하시고 다스리시며 구속하시는 종말론적 사역의 통일성과 구별성에 관계할 필요가 있다.

---

[1] James Gustafson, *Can Ethics Be Christian?* (Chicago, 1975), 179.

둘째, 신학적 윤리학의 방법은 근본적 측면에서 이 내용을 반영해야만 한다. 그리스도인들이 믿는 하나님은 특수한 이야기, 즉 이스라엘과 예수 그리스도에 대한 성경 이야기에서 드러난다. 하지만 바로 이 하나님은 모든 창조를 다스리시고 유지하시며 초월적 권위를 지니신 분으로 믿어진다.

그러므로 신학적 윤리학은 뚜렷한 이야기적 성격을 존중해야만 한다. 반면에 또한 그 보편적 범위와 의미를 확보하면서 그렇게 해야 한다. 편협한 신앙주의(fideism)나 무익한 합리주의를 시도하지 않으면서 기독교 윤리학자는 기독교 신앙의 완전한 증거와 드러냄을 고려함과 동시에 더 넓은 "공적"이거나 또는 "보편적인" 목적을 가지고 말해야만 한다.

마지막 3가지 관심은 위에서 생각한 기독교 윤리학의 전략적 적절성에 대한 시험을 확립해 준다.

셋째, 윤리적 설명은 역사 안에서의 인간의 죄라는 사실을 간과하는 감상적 이상론을 회피해야 하며 사회적 삶에서 선을 위한 도덕적 규범이 객관적으로 속박하는 성격에 대해 항복해버리는 냉소주의를 회피해야만 한다.

넷째, 이것과 밀접하게 관련 있는 관심은 다음의 것들에 대한 실천적 반성을 요구한다. 하나님이 우리로 하게 하시고 요구하시는 것은 하나님에 미치지 못하는 어떤 선에 대한 궁극적 신앙적 우상숭배와 어떠한 진정한 선도 마침내 사랑받지 못하고 역사 안에 있는 인간의 삶의 의미로서의 희망으로 신뢰받지도 못한다는 절망을 배제할 것을 요구한다.

다섯째, 기독교회의 윤리학은 이러저러한 문화적 풍조에 엄격하게 종속적 적응, 즉 세상에서의 문화적 삶으로부터의 조건 없는 철수에 대항하는 것이다. 교회의 특수한 역사적 상황은 아마도 여전히 불 신앙이라고 하는 문화적 삶으로부터의 하나님에 의해 지배받는 신중한 동일시 또는 신중한 철수를 요구할 것이다. 그러나 원칙적으로 교회는 엄격하게 "세상적"이거나 "분리적"이어서는 안된다.

하나님이라고 하는 전체적 실체에 대한 라인홀트 니버의 비판적 관심은 피조물의 유한성과 자유라는 용어로 역사의 가능성과 한계 그리고 인간의 타락과 그에 대한 하나님의 심판, 그리스도의 아가페를 통한 구속을 강조하게 했다.

니버는 종종 자신이 "정통주의"나 "자유주의" 기독교라고 부른 것을 그들의 교조적 편협성과 합리주의적 보편주의에 대해 제각기 공격했다. 그리고 니버는 인간 주체의 본성과 경험에 대한 반성을 통해 "성경적 신앙"을 해석하고 부분적으로 "유효함을 입증"하고자 애쓰는 자기 자신의 신학적 윤리를 제시했다. "공적 신학"(public theology)이라고 하는 니버의 윤리는 미국인들의 정치적 삶에 괄목할 만한 영향과 의미를 가지게 되었다.[2]

니버는 감상주의에 반대해 인간사에서 죄 많은 자기 추구에 치료하기 어려운 난치성과 냉소적 자들을 대항해 인간 실존의 최종적 규범으로서의 자기를 주는 사랑을 강조했다. 니버는 우상숭배와 절망에 대해 보호하기 위해 "십자가의 어리석음에 계시된 '하나님의 어리석음'과 '세상의 지혜'에 대비해" 인간 공동체에서 정의를 추구하는 도덕적 행위자라는 견지에서 이 두 가지 주제를 강조했다.

세상 지혜가 삶의 최종적 근원과 목적을 분별하는 데 실패한 것은 한편으로는 세상 지혜가 너무 간단하게 역사적 진리를 보충하고 거기에 반대하지 않는 진리로 하나님을 추구한다는 사실에서 기인한다. 이것은 인간의 덕을 완결시켜주지만 판단하지 않는다. 그리고 이것은 정의에 대한 몇 가지 역사적 형태를 보증해 주지만, 그 운명에 대해 예견하지는 않는다. 또 다른 한편으로 세상의 지혜는 인간의 덕과 지식의 파편적 성격에 너무나 영향을 받았는지도 모른다.

세상 지혜는 삶의 비극과 이율 배반으로 압도되어서 절망으로 가라앉아버리고 삶과 역사에서 아무런 의미도 발견하지 못한다.[3]

이런 행동의 사회적 실체는 정치적 사건들에 있어서 프로그램과 정책에 대해 여전히 비판적으로 머물러 있는 교회이다. 하지만 교회는 순수하게 "세상"으로부터 "분리되어" 있지 않다.

니버의 기독교 윤리학의 타당성은 니버가 다섯 가지 관심을 얼마나 분명하게 성공적으로 소개했는가에 달려 있다고 생각할 수 있을 것이다.

2. 개관

라인홀트 니버 (1892-1971)는 미주리 라이트 시티에서 태어났으며 독일 복음주의 노회(나중에 복음주의와 개혁파 교회라는 교단이 되었다)에서 성장했다. 예일에서 2년 동안 공부한 후 1915년에서 1928까지의 디트로이트에서 목사로서 사역한 것은 니버를 도시 노동자의 삶의 부담과 부정의에 노출했다.

니버는 이런 상황들에 대한 "단순한 몇 가지 도덕적 설교"가 얼마나 명확하게 부

---

[2] M. Himes and K. Himes, *Fullness of Faith* (New York, 1993), 18-19를 보라.
[3] *Faith and History* (New York, 1949), 18-19.

적절한지 직면하지 않을 수 없었다.⁴

『길든 냉소주의자의 노트북으로부터의 휴가』(*Leaves from the Notebook of a Tamed Cynic*)는 디트로이트 경험을 생생하게 이야기해 주고 있다. 거기에서 니버는 "내가 읽을 수 있었던 그 어떤 책보다 더 많은 나의 발전을 결정지었다"라고 말하고 있다.⁵ 그다음 니버는 뉴욕 시티에 있는 유니온신학교(Union Theological Seminary)로 향했고 거기에서 1960년 은퇴할 때까지 가르쳤다.

1930년대에 니버는 워싱턴 글래든(Washington Gladden, 1836-1918)과 월터 라우센부쉬(Walter Rauschenbusch, 1861-1918) 그리고 다른 사람들이 주장했던 "사회 복음"을 비판했다. 산업혁명의 사회적 잔혹성에 응답하기 위한 19세기 개신교 윤리학의 개인주의의 한계를 인식하면서 사회 복음을 주창한 신학자들은 예수님의 윤리를 개인적이고 제도적 삶을 위해 규범적인 것으로 여기고 맞섰다.

여기에서 관건은 하나님 나라에 대한 교리였다. 하나님 나라는 사회적 단체에 의해 나타나는 역사적 가능성으로 생각되었으며 하나님에 의해 창조된 인격의 존엄성에 대한 개인적이고 구조적 공격을 전복하는 것으로 생각되었다. 니버는 사회 복음이 "사랑의 법을 모든 사회 문제에 대한 단순한 해결"로 제시하기 때문에 감상주의적이고 부적절하다고 반대했다.⁶

교회의 사명을 "이기적 사람을 비이기적으로 만들어 최소한 다툼 없이 정의로운 창조를 허용하게 하는 것"⁷이라고 보는 도덕적 경향과 대조적으로 니버는 적절한 하나님 나라의 신학은 역사 안에 있는 죄의 보편성과 인간의 악과 외식에 대한 하나님의 철저한 심판에 대한 이해 없이는 불가능하다고 생각했다.

> 우리는 그 나라를 얻으려고 노력해야 하지만 우리는 그 온전한 실현을 기대하지는 않는다… . 하나님 나라는 역사 가운데 항상 부분적이고 오염되어 있다.⁸

왜냐하면, 역사는 비정상적으로 자기 관심을 기울이는 권력에 대한 투쟁으로 특

---

4 "Intellectual Autobiography of Reinhold Niebuhr", in C. W. Kegley and R. W. Bretall (eds.), *Reinhold Niebuhr: His Religious, Social, and Political Thought* (New York, 1961), 8.
5 *Leaves from the Notebooks of a Tamed Cynic* (New York, 1960), 5.
6 *Love and Justice*, ed. D. B. Robertson (Gloucester, MA, 1976), 25.
7 Ibid., 41.
8 *Reinhold Niebuhr: Theologian of Public Life*, ed. L. Rasmussen (Minneapolis, MN, 1991), 134,

징 지워지며 그리고 "자기 관심과 권력은 제거되기보다는 통제되고 구슬려져야 한다. 다른 말로 도덕적으로 위험한 힘은 그 위험성에도 불구하고 사용되어야만" 하기 때문이다.[9] 비판적 변증법에 유의하라.

우리는 초월적 이상의 용어로 비판을 항상 참아내는 정치적 목표에 대한 책임을 지고 있다. 죄를 무시하는 지나치게 "이상적인" 노력은 실재적 책임을 더럽힌다. 그리고 그러한 책임은 여전히 때 이른 노출을 방해하는 (여전히 "실재적인") 방식으로 하나님 나라의 이상에 호소한다. 니버는 이런 변증법을 정치적이고 도덕적 그리고 신학적 이슈들에 대한 방대한 저술과 광범위한 강좌와 자문 활동에서 다듬었다.

『도덕적 인간과 비도덕적 사회』(Moral Man and Immoral Society, 1932년)는 경제적 실체에 대한 공산주의적 비판에 조금도 의존하고 있지 않다. 그 책은 자유주의적 감상주의와 개인주의라는 일반적 도전에 잘 적응하는 것 같았다.

하지만 니버는 나중에 그 책이 "즉각적 차이에도, 자유주의와 막시즘의 유토피아 사이에 존재하는 궁극적 유사성을 인식하는 데 실패했다"라고 결론 내렸다.[10] 『기독교 윤리에 대한 한 해석』(An Interpretation of Christian Ethics, 1935년)에서 니버는 "그 순수한 사랑의 탁월함이 모든 인간의 삶에 있어서 사랑의 경험에 유기적으로 관계되어"[11] 있으므로 하나님 나라가 역사 안에서 가능한 한 동시에 이기주의의 온전한 박멸과 청렴함의 성취가 불가능하므로 모든 역사적 성취를 넘어서는 선지자적 기독교 신앙을 주장했다.

니버의 기포드 강좌인 『인간의 본성과 운명』(The Nature and Destiny of Man, 1941, 1943년)은 인간의 본성과 역사에 대한 기독교적이고 고전적이고 현대적 개념을 인간의 정치적 행위가 하나님 아래에서의 통회와 정의를 신뢰하는 헌신이라고 하는 두 가지 모두의 문맥에 바르게 세워지는 중심적 신학적이고 윤리적 통찰을 구현하는 방식으로 비교했다.

> 이신칭의의 경험이라는 용어로 … 우리는 정의의 창조적 가능성에 대한 책임을 또한 부인하지 않고 정치의 모호함에 관여하게 되는 죄와 죄책으로부터 우리 자신을 깨끗이 할 수 없다는 것을 알게 될 것이다.[12]

---

9 Love and Justice, 59.
10 "Intellectual Autobiography", 8.
11 An Interpretation of Christian Ethics (New York, 1935), 19.
12 The Nature and Destiny of Man, Vol. 2: Human Destiny (New York, 1964), 284.

본성과 운명의 비전은 니버의 이어지는 저술, 그중에서도 특별히 『빛의 자녀와 어둠의 자녀』(The Children of Light and the Children o Darkness, 1944년), 『신앙과 역사』(Faith and History, 1949년), 『자아와 역사의 드라마』(The Self and the Dramas of History, 1955년) 그리고 『인간의 본성과 그 공동체』(Man's Nature and His Communities, 1965년)에서 중심적 역할을 한다.

3. 내용

니버의 성숙한 신학적 윤리학은 어거스틴(Augustine, 354-430)과 파스칼 (Pascal, 1623-62) 그리고 키에르케고르(Kierkegaard, 1813-55)의 생각들에 많은 빚을 지고 있는 인간의 본성과 그 곤경에 대한 일련의 분석을 통해 사회 복음의 이상론에 응답하는 것으로 나아가고 있다. 이런 분석을 위한 출발점은 유한한 동시에 자유로운 인간 피조물에 대한 생각이다.

유한한 것으로 인간은 자연에 의존적이며 다른 사람에 의존적이며 무엇보다도 하나님에게 의존적이다. 자유로운 존재로서 인간 피조물은 자신의 자연적 환경과 상호 간의 환경을 평가하고 변형하기 위해 이런 환경을 초월할 수 있다.

유한과 자유의 일치는 역사의 가능성을 위한 조건이다. 하지만 이것은 또한 피조물 안에 자신들의 의존과 연약함에 대해 불확실성과 불안전의 형태로 불안을 일으킨다. 자신들의 자유를 알고 인간 피조물은 그들 자신에게 충분한 율법으로 그들 자신을 세우려고 애쓰면서 과도한 자기주장을 통해 자신의 한계와 의존을 부인하려는 유혹을 받곤 한다.

사람들이 죄를 지을 때 그러므로 그들의 "타락"은 불가피하지만, 필수적인 것은 아니다.[13] 그러므로 인간의 역사는 과도하게 자신들의 이해를 추구하는 교만한 사람들의 활동으로 깨어진다. 그들의 자기 고양(self-elevation)의 기초는 불 신앙 또는 하나님에 대한 신뢰의 결핍에서 기인하는 불안전이다.

니버는 인간 실존의 법 또는 규범이 하나님과 이웃에 대한 욕심 없는 사랑이라고 확신한다. 왜냐하면, 그런 사랑에서만 자기 초월이 그 자신을 완성할 수 있기 때문이다. 개인적 인격은 다른 사람들의 복지에 대한 고려에서 사랑 가운데 그들 자신의 이해를 초월할 수 있는 능력을 유지한다. 하지만 대규모의 정치적이고 경제적 집단이 같은 일을 할 것이라는 전망은 비교적 제약을 받는다. 이런 단체들의 대의와 이상은

---

[13] The Nature and Destiny of Man, Vol. 1: Human Nature (New York, 1964), 251.

그 도덕적 민감성이 공통으로 가지고 있는 이해와 자원으로부터 가지고 있는 힘을 인정함으로 무뎌진 구성원들에게 곧잘 우상이 될 것이다.

그들은 "이념적 오점"을 포함하고 있는 자기를 의롭다 여기는 원리를 가지고 슬그머니 자신들과 자신들의 이상을 비판으로부터 보호하면서 자신들의 주장을 위장하곤 한다.[14]

과도한 자기주장이 서로에 대해 경쟁적 주장을 하는 단체의 삶 속에서 확대되기 때문에 질서를 유지하고 이기주의를 제약하는 데 필요한 강제라고 하는 것이 인간의 사회적 삶의 제거할 수 없는 특징이 된다.

역사의 견지에서 여전히 그리고 모든 "상호 사랑은 최고선이다. 단지 다른 사람의 이해에 대한 한 사람의 관심이 고양되고 상호 반응을 불러일으키는 상호 사랑에서만 역사적 실존의 사회적 요구가 충족된다."[15]

니버는 예수 그리스도의 십자가를 인간의 죄와의 관계에서 베풀어진 하나님의 자비로운 사랑을 표현한 것으로 해석하고 있다. 다른 사람들을 위해 완벽하게 자기를 주심과 고통당하시는 사랑 가운데 예수님은 경쟁하고 자기 이해와 관련된 주장과 반대주장이라고 하는 역사적 형식에 참여하기를 거부하셨다.

예수 그리스도의 사랑은 역사에서 절대 최종적으로 정당성이 입증될 수 없는 "불가능한 가능성"이었다. 그 역사적 결과는 비극적으로 끝나는 자기 희생의 삶이었다. 그런데도 "역사에서 그 자체를 유지할 수 없었던" 사랑은 "어떤 사람이 자신의 삶을 그리스도의 심판에 종속시킨다면 시작할 수 있는 새로운 시작과 그토록 완벽한 사랑을 성취할 수 있는 인간의 운명적 무능을 홀로 극복할 수 있는 하나님의 자비 둘 다의 상징이 되었다."[16] 신적 용서의 계시와 새로운 삶의 규범으로서 아가페 또는 십자가에서 자기를 주는 사랑은 상호성이나 상관 관계의 불완전성을 **완성한다**.

우리는 인간의 자기 초월에 주어진 새로운 삶의 규범에 어떠한 고정된 한계를 세울 수 없으며 신적 용서에 자기 이해를 계산하는 것을 억제함을 통해 인간 관계를 온전하게 하려고 아무런 고정된 한계를 세울 수도 없다.

> 원수 사랑과 악행 하는 자를 향한 용서라고 하는 아가페의 가장 순수한 형태조차도 역사적 가능성에 모순되지 않는다.

---

14 *The Nature and Destiny of Man, Vol. 1: Human Nature* (New York, 1964), 182.
15 *Human Destiny*, 69.
16 *Faith and History*, 143-4.

거기에는 항상 사리사욕과 강제와 폭력의 세상에서 질서와 정의에 대한 실제적 관심과 이런 사랑의 어떤 "혼합물"이 존재할 것이다. 역사적 가능성의 감각을 완전히 내버리지 못하면 그 혼합물 안에 존재하는 사랑의 비율에는 제한이 있을 수 없다.

이제 이런 완벽한 사랑은 또한 역사 안에서 가능한 것을 **명료화**하고 **제한해 준다**. 이런 사랑은 "분파주의적이고" "세속화된" 기독교적 완전주의자의 "동정심 어린 착각"에 반대하며 어떤 단체의 이익에 대한 부당한 배반에 이르게 하는 집단적 자기 희생에 대한 탄원에 요청되는 저항을 격려한다.[17]

마지막으로 십자가의 완전성은 참을 수 있는 사회적 삶을 위한 모든 제도를 **교정하거나 심판한다**. 자기주장과 사랑의 어떠한 혼합물은 물론 또한 항상 죄악 된 혼합물이다. 어떠한 (용서하는) 치료의 정의도 또한 변호하는 것이 아닐 뿐만 아니라 어떠한 공동체적 교제도 제국주의에 면제되지 않으며 불편부당한 정의를 위해 힘을 채택하는 그 어떤 것도 그 자체로 편파적이지는 않다. 이 마지막 논점은 인간사에 존재하는 "죄의 평등성"(equality of sin)에 대한 니버의 주장의 한 실례다.

하지만 니버는 또한 죄책이 부정의에서의 죄의 결과가 되는 "죄책의 불평등성"(an inequality of guilt)을 주장하고 있다. 예컨대 다양한 사회적이고 정치적 프로그램 사이에는 그것들이 인간 피조물을 위해 삶의 조건의 평등성을 확고하게 성취해 내는 정도에 따른 **실재적 도덕적 차이**가 존재한다.

> 정의의 이상의 정점으로서의 평등성은 암시적으로 정의의 최종적 규범으로서의 사랑을 지시한다. 왜냐하면, 평등한 정의는 죄의 조건 아래 있는 형제 됨의 근사치이기 때문이다. 더 높은 정의는 항상 보다 평등한 정의를 의미한다.

평등성을 지지하고 반대하는 주장이 "이념적 흔적"을 지닌다는 것이 이런 사실을 극복하지는 않는다.[18] 그리고 이런 단순한 사실은 앞에서 말한 타락을 거의 극복하지 않으며 비판에 대한 책임을 면할 수도 없다.

사회적 질서에 있어서 정의를 추구하는 것은 질서 유지와 자유의 유지에 대한 요구와 긴장 관계에 있다. 게다가 정의와 능력의 불가피한 결합이 주어진다면 그러한 탐구는 어떤 사람의 힘이 다른 사람의 힘으로 억제되어야만 한다는 실제적 확신을 포함해야만 한다. 정치적 힘의 민주적 분산과 균형을 위한 니버의 논증은 이 마지

---

17 *Human Destiny*, 85-6, 88.
18 *Human Destiny*, 254-5.

막 논점에 의지하고 있다.

> 정의를 위한 인간의 능력은 민주주의가 가능하게 만든다. 하지만 인간의 부정의에 대한 경향은 민주주의를 필요하게 만든다. … 만일 인간이 자신의 동료들을 부당하게 다루려는 성향이 있다면 권력의 소유는 이런 경향을 심화시킨다. 이것이 왜 무책임하고 통제되지 않는 권력이 가장 큰 불의의 원천이 되는 이유다.[19]

이러할 때도 있어서조차 니버는 우리의 민주적 이상을 삶의 궁극적 가치와 동일시하는 위험을 경고했다. 추종할 수 없는 이상주의에 대한 "기독교 현실주의적인" 공격은 매우 엄격했지만, 정치적 삶의 영역으로부터 도덕적 가치를 버리려 하는 어떤 윤리에 대한 니버의 공격만큼이나 끈질긴 것이었다.

니버는 역사에서 도덕적 책임을 취해야 한다는 것을 많이 강조했으며 자신의 빛으로 도덕적 순결을 유지하려는 헛되고 무익한 노력으로 도피했던 사람들을 꾸짖었다.

많은 기독교 평화주의자에 대한 니버의 도전은 이런 반평화주의적 노선을 따르고 있으며 이것을 니버는 부적절한 이상론과 죄를 심각하게 취급하지 못하는 것에 대한 자신의 비난과 연결했다. 이들 평화주의자는 단지 만일 사람들이 서로를 사랑하기만 한다면 정치적 질서의 모든 복잡하고 때로는 끔찍한 현실들은 없어질 수 있다고 주장한다.

그들은 자신들의 "만일"이 인간 역사의 가장 기본적 문제를 요청한다는 것을 보지 못하고 있다. 정의가 단지 한편으로 어느 정도의 강제로 성취될 수 있고 다른 한편으로 강제와 독재에 대한 저항으로 성취될 수 있는 것은 사람들이 죄인이기 때문이다.[20]

4. 토론

우리는 이 장의 시작에서 제기했던 다섯 가지 주제에 대한 언급으로 라인홀트 니버에 대한 몇 가지 중요한 비판을 구성할 수 있을 것이다. 하나님의 사역이라고 하는 전체적 실체에 대해 폴 레만(Paul Lehmann, 1886-1972)은 니버의 기독론이 "거의 전적으로 성부와 성자 사이의 관계에 몰두해 성자와 성령 사이의 관계는 배제한" 것이라고 주장하고 있다.

---

19 *The Children of Light and the Children of Darkness* (New York, 1944), xii-xiv.
20 *Reinhold Niebuhr: Theologian of Public Life*, 243-4.

십자가는 역사 안에서의 삶에 대한 새로운 지혜와 능력의 기초로 이해되고 있다. 이들이 작동하고 있고 작동하고 있음이 틀림없는 방식에 대한 상응하는 고려는 없이 말이다. 왜냐하면, 죄는 "단지 '원칙적으로' 극복이 된 것이 아니라 '사실상' 극복이 되었다. 칭의는 단지 의미와 역사적 가능성의 원칙이 아니다. 사람들은 '사실상' 의롭게 되었다. 그리고 성화에서의 신앙의 열매는 비록 미약하기는 하지만 실제적 인간적이고 역사적 실체들이다.[21]

그러므로 니버는 예수 그리스도 안에서의 하나님의 통치가 세계에 주어지고 약속된 새로운 삶, 즉 교회 안에서 뚜렷하게 고백 되는 삶을 제시해 준다는 **사실**을 충분히 드러내는 데 실패했다. 그것은 역사의 모호함과 타락의 와중에서 도덕적 행동에 봉사하는, 참회하는 자기비판 그 이상을 포함하는 새로운 삶이다.

니버는 신앙과 회개에서 파악된 복음의 진리를 취해 그것을 "일반적으로 경험에서 얻어지는 삶과 역사에 대한 진리"와 연결하려고 했다. 상호 관계는 신앙의 진리가 "대안적 해석들보다 더 적절한 삶의 해석 원천이요 중심임을 증명하는 한에서" 그 정당성을 입증해 준다. 왜냐하면, 신앙의 진리는 모든 삶의 이율 배반과 모순을 의미의 체계로 포괄해 주며 삶의 재생에 이바지하기 때문이다.[22] 그러한 과정에서 악명 높은 위험성은 신학을 인간론으로 환원하는 것이다. 인간론에서는 신적 계시의 순간이 단지 자기 단정의 움직임에 불과하며 … 지성이 그 자체에 대해 자신을 규제하고 목적을 구성하기 위해 초월적 '타자'를 상상하거나 세워간다.[23]

니버의 경우에 이야기는 다음과 같이 진행된다. 그가 발전시킨 기독교 신앙은 유한하고 자유롭고 걱정 많고 불가피하게 타락한 사람이 세상에서 책임성 있는 도덕적 실존이라고 하는 의미 있는 기획을 유지할 수 있게 해 주는 근원일 따름이다.[24]

이야기는 계속된다. 그리스도의 아가페인 "사욕이 없는 사랑"(disinterested love)은 감상적 완전주의와 그것이 가져올 수 있는 혼란에 반대하는 비판적 원칙이 된다. 이것은 또한 상호 교환을 위해 자기를 제한하는 계산을 넘어서서 공동체를 확대하라는 비판적 자극이다. 니버의 작업에서 빠져있는 것은 교회 안에서 제자들 사이의 아가페에 대한 사회적 구현, 즉 그리스도 안에서의 삶을 정의해 주는 특별한 실천과 덕성들을 꼼꼼하게 고려해 보는 것이다.

---

21 Paul Lehmann, "The Christology of Reinhold Niebuhr", in C. W. Kegley and R. W. Bretall (eds.), *Reinhold Niebhur: His Religious, Social, and Political Thought* (New York, 1961), 277, 279.
22 *Faith and History*, 165.
23 Hans Frei, *Theology and Narrative*, ed. G. Hunsinger and W. C. Placher (New York, 1993), 224.
24 Stanley Hauerwas, *With the Grain of the Universe* (Grand Rapids, MI. 2001), 113-40.

이것 없이 니버의 윤리는 하나님 앞에서의 실존을 위한 안내라기보다는 안주하지 않고 타락한 세상에서 정의를 "현실적으로" 추구하는 도덕적 원칙을 고수하는 것에 불과하다.

이와 비슷하게 우상숭배와 절망을 극복하는 것은 사람들이 어떤 단체나 민족 또는 국가를 영화롭게 만들려는 자부심을 느끼지 않고 의미에 대한 감각(인간 실존의 법으로서의 사랑)을 가지게 해 준다.

종말론적 견해로부터 역사 안에서의 하나님의 실제적 통치, 즉 우리의 겸손하고 참회 어린 도덕적 노력에 반대하기까지 하는 통치로부터 소외되었기에 정의에 관한 탐구는 어떤 비판자들에게는 주장과 반대주장 사이의 세속적 투쟁에 타협하는 적응을 포함하고 있는 것처럼 보였다.

"이신칭의"는 회개와 용서와 화해에 대한 하나님의 행동하시는 효과적 부르심에 의해 변형된 "습관의 재형성"에 대한 것이라기보다는 이런 조건에 대한 안전한 힘의 균형을 위한 정치적 행위에 힘을 공급한다.[25]

니버에 대한 이런 해석은 존 하워드 요더와 스탠리 하우어워스(Stanley Hauerwas) 그리고 다른 사람들이 날카롭게 거부하는 전망에 근접하고 있다. 즉 그것은 "교회의 사명과 역사의 의미를 죄 많은 사회를 구성하는 국가의 기능과 동일시"하는 것이다.[26]

우리는 많은 점에서 그러한 해석을 의문시할 수 있다. 니버의 상관의 방법에 대해 우리는 그것이 환원주의적이라고 거부할 수 있고 로빈 로윈(Robin Lovin)과 함께 신학적 변증학이 가능하고 필요함을 확인할 수 있다.

> 기독교 신앙을 견지하는 사람들은 단지 바르트의 성경의 이상한 새로운 세계에 살지 않으며 그 가설이 성경을 우리에게 이상하게 만들어주는 현대 세계에 산다. … 만일 우리가 성경을 최소한 우리가 알고 믿는 여타의 것과 합치하는 용어로 잠정적으로라도 설명할 수 없다면 우리는 절대 그 이상함이 우리에게 무슨 의미인지를 알 수 없을 것이다.[27]

게다가 기독교 윤리학과 교회의 실천 사이의 관계에 대한 니버의 상대적 무시는

---

25 H. Richard Niebuhr, "A Communication: The Only Way Unto the Kingdom of God", in R. B. Miller (ed.), *War in the Twentieth Century* (Louisville, KY, 1992), 19-21.
26 John Howard Yoder, *The Royal Priesthood*, ed. M. G. Cartwright (Grand Rapids, MI, 1994), 163.
27 Robin W. Lovin, *Reinhold Niebuhr and Christian Realism* (Cambridge, 1995), 243-4.

우리가 이상적으로 다음과 같은 니버의 희망을 간과해서는 안 된다.

> 기독교 공동체는 열방을 회개와 재생으로 부르는데 어떤 나라나 문화도 최종적으로 삶의 의미를 성취하거나 역사의 목적을 완성할 수 있을 것이라는 잘못된 신념 없이 그렇게 하는 '구원받은 남은 자'.[28]

레만의 분석과 일치하는 남아 있는 질문은 니버에게 있어 부활과 부활의 삶이 역사 안에 서 있는가 하는 것이다. 서 있다면 어떻게 그러한가 하는 것이다.

> 예수 그리스도를 통한 하나님을 믿는 승리하는 신앙이 세상으로 소개되었다.[29]

5. 영향, 성취, 과제

라인홀트 니버에게 있어 이신칭의의 경험이 지니는 함축은 "우리는 또한 정의라고 하는 창조적 가능성에 대한 책임성을 부인하지 않으면서 우리가 정치의 모호함에 연루된 우리 자신의 죄와 죄책을 제거할 수 없다"라는 사실에 대한 우리의 지식이라는 것을 기억하라.

우리는 이런 단언이 많은 20세기 그리스도인들을 한편으로는 순화되지 않은 이상주의와 다른 한편으로는 냉소주의의 다양한 형태에 의해 야기된 도덕적 혼란의 경험으로부터 해방했던 방식에 있어서 니버가 가지는 엄청난 영향의 정도를 발견하게 된다.[30]

만일 그 지도자들이 십자군이 되도록 유혹하는 도덕적 허세를 회피하고자 한다면 그리고 만일 그 백성들이 다른 사람의 이해관계를 받들며 자신들의 삶을 위협하는 숨겨진 권력에 저항하고자 한다면,[31] 기독교 현실주의(Christian realism)라고 하는 니버의 대안은 로빈 로윈에 따르면 그것을 필요로 했던 세기를 맞이했다.

현대의 미국적 문맥에서는 니버의 정치적 변증법이 여전히 자유와 민주주의를

---

28 *Faith and History*, 230.
29 H. Richard Niebuhr, *Theology, History, and Culture*, ed. W. S. Johnson (New Haven, CT, 1996), 99.
30 Gilkey, *On Niebuhr*, 3-15를 보라.
31 Lovin, *Reinhold Niebuhr*, 235.

변호하고 확대하기 위해 권력을 사용하는 것을 지지하는 사람들과 그러한 변호에서 국가적 오만과 제국주의적 야망을 보곤 하는 비판자들 사이에 토론의 조건을 세워줄 수 있을 것으로 보일 수 있다.[32]

다양한 종류의 영향이 기독교 윤리학계에 현존한다. 절대 평화주의자들은 국가에 대한 책임성 있는 기독교적 증거의 의미에 대한 반성을 위해 니버가 제안했던 토론의 조건에 **저항하고** 도발적이고 인상적 반응을 제공한다.[33]

니버의 신학적 변증학(theological apologetics)에 어떠한 신학적 장단점이 있든지 상관없이 니버가 뚜렷하게 기독교적 주제와 경향에 대한 강력한 해설을 제공했다는 것은 부정할 수 없다. 따라서 니버는 자신이 살고 있었던 세계와 그 안에서의 행동을 새롭게 묘사해 주었다.

"문맥 내부성"이라고 하는 이런 실천, 즉 "그 안에서 신자들이 자신들의 삶을 살아가거나 실체를 이해하려고 애쓰는 해석적 틀"을 제공한 것은 비록 논쟁의 여지가 있기는 하지만 상당한 학문적 성취라 할 수 있다. 이것은 많은 방식으로 니버의 신학적 등대였던 어거스틴의 정신에 이질적인 것이 아니다.

어거스틴은 "플라톤주의와 펠라기우스의 문제로부터 로마의 함락까지 모든 것을 성경의 세계에 집어넣으려 애썼던" 사람이다.[34] 니버를 비판하는 그리스도인들은 니버의 기획의 이런 특수한 특징을 취해 예수 그리스도 안에 있는 하나님의 실체라고 하는 빛 안에서 그것을 더 잘 함으로써 니버를 넘어설 수 있을 것이다.

신학적 진보를 위한 과제는 다음과 같다.

① 더 철저한 하나님의 구속 사역에 대한 취급이 필요하다는 것이다. 교회의 실천에는 통회와 희망으로만 세워진 것이 반영되는 것이 아니라 화해와 교회에 주어진 평화에 대한 것도 반영되어야 한다.
② 그 평화를 위해 회개와 회심으로 정치적 행위를 요청함에서 하나님이 세계에서 하시는 일에 대해 온전하게 일관성 있는 설명이 필요하다.[35]

---

32 David Brooks, "A Man on a Grey Horse", www.theatlantic.com/issues2002//09/brooks.htm (2002)을 보라.
33 예컨대 John Howard Yoder, *The Christian Witness to the State* (Newton, KA, 1964)를 보라.
34 George Lindbeck, *The Nature of Doctrine* (Philadelphia, PA, 1984), 124, 117.
35 이에 대해 좀 더 살펴보려면 William Werpehowski, "Reinhold Niebuhr and the Question of Free Political Responsibility", in Peter Scott and William T. Cavanaugh (eds.), *The Blackwell Companion to Political Theology*(Oxford, 2003)를 보라.

참고 문헌

1차 자료

"Intellectual Autobiography of Reinhold Niebuhr", in C. W. Kegley and R. W. Bretall (eds.), *Reinhold Niebuhr: His Religious, Social, and Political Thought* (New York, 1961).
An Interpretation of Christian Ethics (New York, 1979).
An Interpretation of Christian Ethics (New York, 1935).
Faith and History (New York, 1949).
Leaves from the Notebooks of a Tamed Cynic (New York, 1960).
Love and Justice, ed. D. B. Robertson (Gloucester, MA, 1976).
Man's Nature and His Communities (New York, 1965).
Moral Man and Immoral Society (New York, 1932).
Reinhold Niebuhr: Theologian of Public Life, ed. L. Rasmussen (Minneapolis, MN, 1991).
The Nature and Destiny of Man, Volume 1: Human Nature (New York, 1964).
The Nature and Destiny of Man, Volume 2: Human Destiny (New York, 1964).
The Self and the Dramas of History (New York, 1955).
The Children of Light and the Children of Darkness (New York, 1944).

2차 자료

Frei, Hans, *Theology and Narrative*, ed. G. Hunsinger and W. C. Placher (New York, 1993).
Gilkey, Langdon, *On Niebuhr* (Chicago, 2001).
Gustafson, James M., *Can Ethics Be Christian?* (Chicago, 1975).
Hauerwas, Stanley, *With the Grain of the Universe* (Grand Rapids, MI, 2001).
Himes, M. and Himes, K., *Fullness of Faith* (New York, 1993).
Lehmann, Paul, "The Christology of Reinhold Niebuhr", in C. W. Kegley and R. W. Bretall (eds.), *Reinhold Niebuhr: His Religious, Social, and Political Thought* (New York, 1961).
Lovin, Robin W., *Reinhold Niebuhr and Christian Realism* (Cambridge, 1995).
Niebuhr, H. Richard, *Theology, History, and Culture*, ed. W. S. Johnson (New Haven, CT, 1996).
_____. "A Communication: The Only Way Into the Kingdom of God", in R. B. Miller (ed.), *War in the Twentieth Century* (Louisville, KY, 1992).
Werpehowski, William, "Reinhold Niebuhr and the Question of Free Political Responsibility", in Peter Scott and William T. Cavanaugh (eds.), *The Blackwell Companion to Political Theology* (Oxford, 2003).
Yoder, John Howard, *For the Nations* (Grand Rapids, MI, 1997).
_____. *The Royal Priesthood*, ed. M. G. Cartwright (Grand Rapids, MI, 1994).
_____. *The Priestly Kingdom* (Notre Dame, IN, 1987).
_____. *The Christian Witness to the State* (Newton, KA, 1964).

제13장

수정주의자들과 자유주의자들

제임스 J. 버클리 (James J. Buckley)

1. 서론

　수정주의자들과 자유주의자들은 현대 철학과 문화, 사회적 관습과의 대화를 통해서(수정주의자들) 혹은 그러한 것들을 기초로 해서(자유주의자들) 기독교의 의식과 교의를 형성하는 데 헌신적 신학자들의 전통이다(아니면 필자가 그렇게 규정하는 바의 것이다).
　그러나 거의 모든 기독교 신학자들이 그들의 기독교적 유산을 일정한 측면에서 "수정하기"를 꾀하거나 그 결점이나 과실로부터 "그 유산을 해방하기"를 꾀하고 있다. 이런 관점에서 볼 때, "수정주의자"와 "자유주의자"라는 표식은 우리가 현대 기독교 신학자들을 주의 깊게 구별하는 데 있어 도움이 되지 못한다. 여기에 중요한 교훈이 있다.

　　　간결하게 이야기될 수 있는 모든 철학[혹은 신학]은 존재할 만한 자격이 있다.[1]

　"수정주의자"와 "자유주의자"라는 표식은 (다른 모든 신학적 표식들과 마찬가지로) 엄밀하게 제한된 몇몇 목적을 위해서만 유용한 것이다.
　이 글은 "수정주의자"나 "자유주의자"라는 표식의 계보학에 집중하기보다는 네 명의 대표적 신학자 에드워드 팔리(Edward Farley, 1929-), 고든 카우프만(Gordon Kaufman, 1925-), 슈베르트 오그덴(Schbert Ogden, 1928-) 그리고 데이비드 트레이시(David Tracy, 1939-)와 하나의 대표적 흐름(과정 신학)이 네 가지 특정한 주제(진리, 하나님, 삼위일체 그리고 예수 그리스도)에 대해 취하고 있는 상태에 집중하게 될 것이다.

---

[1] Bernard M. Loomer, "Process Theology: Origins, Strengths, Weaknesses", *Process Studies*, 16 (1987), 245-54 (Sidney Harris를 인용하고 있다).

그러나 독자들은 이 책의 다른 곳에서 논의된 수많은 인물과 동향들, 곧 신학 내에서 이루어진 더 새로운 수많은 도전뿐만 아니라, 틸리히(Tillich), 라너(Rahner), 슐레벡스(Schillebeeckx)와 같은 이들 또한 수정주의자나 자유주의자로 간주할 수 있다는 사실을 알아야만 한다. 그뿐만 아니라 논의 대상으로 선정된 신학자들이 받은 영향의 연관이 매우 다르고, 그 때문에 그들을 하나의 단일한 표식 아래 묶거나 하나의 단일한 전통으로 포괄하려는 노력을 지속해서 위협할 것이다. 그들은 '기독교적'이지만, 매우 다양한 방식으로 그러하다.

팔리는 밴더빌트(Vanderbilt)신학대학교의 장로교인이며, 카우프만은 하바드신학대학교의 메노나이트 교도(Mennonite)이고 오그덴은 남감리교(Southern Methodist)신학대학교의 명예교수이며 트레이시는 시카고 신학대학교의 로마 가톨릭 신자다.

원래는 시카고대학교 신학부에 근거지를 두고 있다가 현재는 캘리포니아의 클레어몬트신학대학교원(Claremont Graduate School)에서도 활동 영역을 확보한 과정 신학도 이런저런 교회와 공동체에 대표자들을 보유하고 있다.

그들 모두가 기독교 전통을 해방하거나 기독교 의식과 교의를 현대 문화와 중재하는 데 헌신하고 있지만, 그들은 현대성의 다른 특징들에 초점을 맞추고 있다. 모든 사람이 이 기독교적 사실과 이 현대 문화의 비판적 수정에 헌신하고 있으면서도, 제각기 다른 방식으로 수정을 위한 핵심 사항을 설정하고 있다. 이 수정주의적, 자유주의적 제안들을 개관하려는 이하의 노력은 이들 개별 신학자들과 흐름이 향후 여러 10년에 걸쳐 새로운 저술들을 출판할 것이라는 사실에 의해 더 복잡해진다.

이 모든 것들은 그들의 제안을 음미하려는 이 노력의 한계 가운데 그저 몇 가지만을 말해 주는 것이다. 우리가 몇몇 대표적인 수정주의적 신학과 자유주의 신학을 천착해 나갈 때, 중심적 목표는 그들의 신학을 규명하고, 그로 인해 그 신학 외부의 비판들뿐만 아니라 그 신학 내부의 논쟁들도 더 잘 이해하는 것이 될 것이다.

수정주의 신학과 자유주의 신학에 따라 제기된 한 가지 중요한 문제는 현대에 접어들어 기독교 전통을 수정해야 할 필요성을 제시하기 위해 논의될 필요가 있는 이야기의 성격이다. 현대 철학과 과학 그리고 역사학의 발흥으로 도전을 받았던 한 '자기 해석'과 관련해, 기독교 신학자들은 그 안에 담긴 희망에 관해 새로운 해석을 제시하라는 압력을 받아 왔다.

한편으로 정통 근본주의자들, 경건주의자들은 현대성을 하나의 거대한 위협으로 파악했다. 다른 한편 다양한 방식으로 자유주의자나 현대주의자로 불린 기독교인들은 기독교의 교의와 의식이 자율적 인간 본성의 완성이라는 사실을 보여 주기 위해 노력했다.

"중재적 신학자들"은 그러한 극단의 경계 선상에 서서, 기독교 신앙과 현대성이 평화롭게 공존할 수 있고 또 공존해야 한다고 주장했다. 예컨대, 헤겔과 같은 "자유주의자"가 예수 그리스도에게 초점을 맞추고 있는 신앙이 현대과학의 "논증 가능한 일부분"으로 이해될 수 있다고 주장할 수 있다면, 슐라이어마허와 같은 "수정주의적" 중재자는 후자(현대과학-역주)가 전자(예수 그리스도에 대한 신앙-역주)와 "모순되지 않는다"는 제안을 할 수 있었다.[2]

이 같은 19세기 초 유럽의 사례들과는 대조적으로 미국 내의 "자유주의 신학의 황금기"는 19세기 후반과 20세기 초였다.[3]

하지만 자유주의자들과 중재자들 사이에서 이루어진 논의들은 세기가 전환될 때, 현대 신학의 두 번째 국면에 의해 종종 빛을 잃곤 했다. 대체로 탈유신론적 문화에 직면해, 고전적 기독교('정통')에 대한 몇 가지 참신한 (새로운) 재긍정(reaffirmation)(예를 들어 네오토미즘과 바르트)이 발견되거나 건설되었다.

사실상 현대성에 대한 수정주의적 담론과 자유주의적 담론을 구분하는 한 가지 대략적 방법은 그 담론이 이 두 번째의 '신정통주의적' 국면이 현대 신학에 영구적 (수정주의적) 이바지를 한다고 간주하든지 아니면 일시적 (자유주의적) 이바지를 하는 것으로 간주하는지다.

오늘날의 수정주의자들은 이 두 번째 국면에 의해 남겨진 문제를 앞의 두 국면을 지양하는 세 번째 국면을 창출함으로써 해결하려 한다. 이런 견지에서 신마르크스주의자들과 실존적 현상학자들, 해방 신학자들, 또 다른 사람들이 1970년대와 1980년대에, 개신교에 있어서는 바르트 시절에 가톨릭에서는 토마스주의의 부흥으로 인해 한동안 소강상태를 겪은 이후 19세기 신학의 내재론적, 인본주의적 경향을 재개하고 있다.[4]

---

2   John Clayton, *The Concept of Correlation: Paul Tillich and the Possibility of a Mediating Theology* (New York: Walter DeGruyter, 1980), 7-9; Hans Frei, "David Friedrich Strauss", in Ninian Smart, John Clayton, Steven Katz, and Patrick Sherry (eds.), *Nineteenth Century Religious Thought in the West*, Vol. 1 (Cambridge: Cambridge University Press, 1985), 221.

3   Syndey E. Ahlstrom, *A Religious History of the American People* (New Haven, CT, 1972), 763. 또한, 게리 도리엔(Gary Dorrien)이 기획한 제3권으로 된 백과사전과도 같은 역사서인 *The Making of American Liberal Theology: Imagining Progressive Religion, 1805-1900* (Louisville, KY, 2001)과 *The Making of American Liberal Theology: Idealism, Realism, and Modernity* (Louisville, KY, 2003)를 보라. 이 책들은 내가 여기에서 자유주의자와 수정주의자 사이에 규정하고 있는 구분과는 다른 방식을 제안하고 있다.

4   John Macquarrie, *Twentieth Century Religious Thought: The Frontiers of Philosophy and Theology, 1900-1980*, 개정판 (New York, 1981), 380, 410.

나는 팔리, 카우프만, 오그덴 그리고 트레이시의 초기 저작을 상세하게 다루지는 않을 것이다.[5] 그러나 그 저작들이 신정통주의의 일정 국면이 지닌 내적 불일치에 대한 비판을 포함하고 있다는 사실에 주의하는 것은 중요한 일이다. 아래의 네 번째 절에서 우리는 칼 바르트와 토마스 아퀴나스가 이번에는 협력자로서 20세기 말에 되살아나는 것을 보게 될 것이다.

2. 개관

우리는 미국에서 자유주의 신학의 황금기를 "자연주의" 시대로, 곧 현대의 고유한 방식으로 이루어진 자연과 정신, 유물론과 관념론 간의 특별히 현대적 이분화를 극복하려는 광범위한 학문적, 문화적 흐름의 시대로 특징지을 수 있을 것이다.[6]

이 시대의 어느 한 학자를 따로 떼어 놓는 것은 기만적 사실이지만, 가장 중요한 인물 가운데 한 사람은 영국의 수학자이자 철학자인 알프레드 노스 화이트헤드 (Alfred North Whitehead, 1861-1947)였다.

화이트헤드의 사상을 이해하는 한 가지 방법은 "진정한 발견 방법"이 비행기의 비행과 같다는 그의 제안을 생각해 보는 것이다. 그것은 경험의 대지로부터 시작해서, "상상력을 통한 일반화라는 희박한 대기 속으로" 이륙했다가, "다시 합리적 관찰 때문에 날카로워진 새로운 관찰을 위해 착륙하는 것이다."[7] 비행기가 이륙하는 곳으로부터의 신학적 질주는 신학적 전통의 "새로운 개혁"을 위할 필요를 가리키는 이야기다. 혁명은 플라톤 (특히 강제적이기보다는 설득력 있는 신에 대한 그의 관념), 초대 기독교(특히 "소박한 구유"의 겸손한 힘과 이 힘을 하나님과 세계의 서로에 대한 "상호적 내재"로 이해했던 후대의 해석)와 더불어 시작되었다.

---

[5] Edward Farley, *The Transcendence of God: A Study in Contemporary Philosophical Theology* (Philadelphia, PA, 1960) and *Requiem for a Lost Piety: The Contemporary Search for the Christian Life* (Philadelphia, PA, 1966); Gordan Kaufman, *Relativism, Knowledge, and Faith* (Chicago, 1960) and *The Context of Decision* (New York, 1961); Schubert Ogden, *Christ without Myth: A Study Based on the Theology of Rudolph Bultmann* (Dallas, TX, 1979 [original 1962]); David Tracy, *The Achievement of Bernard Lonergan* (New York, 1970).

[6] Bernard M. Loomer, "Process Theology: Origins, Strengths, Weaknesses", *Process Studies*, 16 (1987), 245-54.

[7] Alfred North Whitehead, *Process and Reality: An Essay in Cosmology*. Gifford lectures 1927-8. Corrected edition by David Ray Griffin and Donald W. Sherburne (London, 1978 [originally published 1929]), 5.

그러나 이 혁명은 [화이트헤드는 말하길] 중세나 프로테스탄트 혹은 가톨릭의 형태로 실패를 맛보았다. 하나님은 여전히 "내적으로 완전한" 이집트나 메소포타미아의 왕과 지나치게 흡사했다.⁸

그렇다면 대안은 무엇인가?

화이트헤드가 개인적으로 공감했던 것은 유니테리언교였다.⁹ 그의 비행기가 상상력을 통한 일반화의 대가를 최고도로 비행하는 것은 "범주적 도식"의 건립이었다. 이 도식 속에서, "하나님은 모든 형이상학적 원리들에 대해 그 원리들의 붕괴를 막기 위해 원용된 예외로 취급될 수 없다. 그는 그 원리들의 최상 예시다." 예를 들어, "모든 현실적 존재들과 유사하게, 하나님의 본성은 양극적이다. 하나님은 원초적 본성과 결과적 본성을 지니고 있다."

만약 하나님이 다른 현실적 존재들과 유사하다면, 하나님은 그 존재들과 유사하면서 다르셔야만 한다. [화이트헤드가 규정하고 있는] "현실적 존재"는 현실 세계를 구성하는 실체들이다.

현실 세계는 하나의 과정이며, 그 과정은 현실적 존재들의 생성(becoming)이다.

나아가 현실적 존재들은 "물리적 극과 정신적 극"을 지닌다. 대략 이야기하면, 그들의 "물리적" 극은 그들이 다른 현실적 존재들과 관계하는 방식이며, 그들의 "개념적" 극은 그들이 현실적이지 않은 (혹은 아직 현실적이지 않은) 것들(즉 "영원한 대상들")과 관계하는 방식이다.¹⁰ 하나님 역시 다른 현실적 존재들, 영원한 대상들과 관계를 맺고 있는 하나의 현실적 존재다. 따라서 하나님 역시 물리적 극과 개념적 극을 갖는다. 다른 현실적 존재들에 대한 하나님의 관계는 하나님의 정체성에 외재적인 것이라기보다는 내재적인 것이다.

하나님이 세계를 초월한다고 말하는 것은 세계가 하나님을 초월한다고 말하는 것처럼 참이다. 하나님이 세계를 창조한다고 말하는 것은 세계가 하나님을 창조한다고 말하는 것처럼 참이다. 하나님과 세계는 창조성이 그것을 통해 자신의 최상의 과제를 성취하는 대비된 대적자들(opposites)이다.

---

8   Alfred North Whitehead, *Adventures of Ideas* (New York, 1967 [originally published 1933]), 167-8; *Process and Reality*, 342.
9   Victor Lowe, *Alfred North Whitehead*, ed. J. B. Schneewind (Baltimore, MD, 1990), 제9장.
10 *Process and Reality*, 18-30, 343, 345, 22, 239.

그러나 하나님과 다른 현실적 존재들 간에 차이가 있다는 것 또한 중요하다. 더 중요한 것은, 하나님의 개념적 극이 (다른 현실적 존재들의 개념적 극과는 달리) "원초적"이라는 것이다(예를 들어 그것은 하나님의 "물리적 극"에 선행한다).

> 주어진 역사의 과정은 [하나님의] 원초적 본성을 전제하지만, 그의 원초적 본성은 그러한 역사의 과정을 전제하지 않는 것이다.

하나님의 "원초적 본성"은 개념적이지만 하나님의 "결과적 본성은 하나님의 물리적 느낌을 그의 원초적 개념들과 직조한 것이다."

화이트헤드가 상상력을 통한 일반화라는 이 비행기를 땅에 착륙시킬 때, 그 결과는 그의 "새로운 개혁"이 추구했던 하나님과 세계의 "상호적 내재"다.

> 이 상호 관계를 이유로, 세계의 사랑은 천상의 사랑이 되고, 그것은 다시 세계 속으로 흘러 들어간다. 이런 의미에서, 하나님은 위대한 동반자, 즉 마음을 이해해 주는 동료 수난자다.[11]

다음 절에서 보게 되겠지만, 자유주의자들의 다음 세대는 화이트헤드와 직접적 대화를 나누었던 신학자들을 그 안에 포함했다. 그러나 다음 세대의 대부분은 "과정 신학"이라고 할 만한 것과 상당한 차이를 보이는 고유한 영역을 개척했다. 이하의 단락은 네 가지의 공통된 주제들이 서로 다른 방식으로 우리의 네 명의 개별적 대표자들인 팔리와 카우프만, 오그덴 그리고 트레이시에 의해 어떻게 다루어지고 있는지를 보여 주고 있다.

첫째, 네 명의 신학자 모두 기독교 신학이 진리 주장을 하고 있으며 그 주장들에 대한 근거를 제시한다는 데 동의한다. 이에 따라, 그들 모두는 기독교 신학이 어떠한 진리 주장도 하지 않는다는 생각과 그들의 진리 주장을 뒷받침하기 위해 단순히 "권위의 전당"(팔리)에 호소한다는 생각을 거부한다.

그러나 기독교 신학은 어떻게 진리 주장을 할 수 있는가?

여기서 그들은 갈라지기 시작한다. 트레이시는 틸리히를 따라 그가 종종 "상호 연관의 방법"(method of correlation)이라고 부르는 것을 사용한다.

---

11 *Process and Reality*, 31-2, 44, 75, 87, 345, 348, 351.

신학의 핵심은 [우리의 전통이나 우리의 상황] 어느 쪽에도 확실한 우위를 두지 않으려는 주의를 기울이고 끊임없이 신학적 진리의 노정을 추구하면서 우리의 전통과 우리의 상황을 "상호비판적인"(mutually critical) 방식으로 연관 짓는 것이다.[12]

오그덴 역시 "적절성(《x는 규범적 기독교의 증언에 적절한가?》과 신뢰성〈x는 '인간의 실존과 더불어 보편적으로 확립된 진리의 관련조건들'을 충족시키는가?》)라는 두 가지 기준"에 종속된, 일종의 "신앙과 인간 실존에 대한 기독교적 증언의 상호 연관"으로 신학을 이야기하고 있다. 그러나 오그덴은 또한 이런 이중적 기준이 기독교적 증언의 특징적 측면들을 지배하고 있으므로, 양극을 "상호 연관 짓는 것"에 관해 말하는 것은 별다른 의미가 없다는 것을 강조하고 있다.[13] 오그덴은 아마도 트레이시나 팔리 혹은 카우프만 이상으로 기독교 신앙과 신학을 구분할 것이다(신학은 비판적 반성과 정당화라는 별개의 행위다).

팔리와 카우프만은 (우리가 보게 될 이유에서) 상호 연관이나 이중적 기준에 대한 모든 담론을 거부하면서도 오그덴, 트레이시와 더불어 기독교의 교리가 "기독교적"일 뿐만 아니라 "참되다"라는 사실을 보여 주는 데 대한 관심을 공유하고 있다. 팔리는 진리 문제가 "진실의 문제"(어떻게 진실이 나타나거나 발생하게 되는가는 명백하다)인 동시에 "기준의 문제"("토대를 증명하는 진실이 어떻게 판단 속으로 떠오르게 되는가")라는 사실을 제시했다.

전자는 진실에 대한 신앙적 파악이기 때문에, 팔리는 후자와 관련된 판단이 "보다 일반적 부류의 구성인자들은 아니"라고 주장한다. 그 판단이 더 일반적 보편개념들과 가지는 차이점과 유사성을 강조하기 위해 그는 후자를 "교회적 보편개념"이라고 부르고 있다.[14]

카우프만에게 "정합성과 인간의 삶에 대한 실용적 유용성의 유일한 기준은" "세계"와 "하나님" 같은 광범위한 개념들에 적절하고 적용할 수 있다.

---

12 David Tracy, *The Analogical Imagination* New York, 1981), 59-62, 88 [note 4]; *On Naming the Present* (New York, 1995), 75.
13 Schubert M. Ogden, *On Theology* (Dallas, 1992), 3; "Doing Theology Today", in John D. Woodbridge and Thomas Edward McComiskey (eds.), *Doing Theology in Today's World* (Grand Rapids, MI, 1991), 424; Review of Hans Frei's *Types of Christian Theology* in *Modern Theology* 9 (1993), 214.
14 Edward Farley, *Ecclesial Reflection: An Anatomy of Theological Method* (Philadelphia, PA, 1982), xiii, 304-5, 310, 338, 343; *Good and Evil: Interpreting a Human Condition* (Minneapolis, MN, 1990), 3; "Truth and the Wisdom of Enduring" in Daniel Guerriere (ed.), *Phenomenology of the Truth Proper to Religion* (Albany, NY, 1990).

그는 자신의 "통전적" 신학을 위해, 즉 **존재하는 모든 것의 원천과 토대와 의미**"에 관한 대화로서의 신학을 위해 "이차원인적", 즉 상호 연관적 신학뿐 아니라 "일차원인적", 권위주의적 신학을 거부하고 있다. "[종교적] 진리는 성격상 본질적으로 대화적(또는 그 때문에 다원주의적) 것으로 이해되어야만 한다."¹⁵

둘째, 네 사람 모두는 물리적이고 사회적이고 역사적 세계 속에 놓여 있는, 근본적으로 모호함과 고통과 악의 위협을 받고, 이런 상황을 극복할 방법을 모색하고 있는 자유로운 주체로서의 인간에 관해 관심을 가진다. 트레이시가 볼 때, 자아는 "근본적 자기 초월"이다. "참되고 어쩌면 모순되기까지 한 자아의 이상"이 존재하지만, 자아는 과정에 있는 주체(self-in progress)이며, **절대 실체가 아니라 하나님과 세계에 의해 영향을 받고 또 영향을 주는 주체다.**

트레이시는 기독교인의 자유를 다음과 같이 말한다.

> 예언자적이고 신비한 과정 속의 행위자로서의 주체(self-as-agent-in-progress)가 지니는 참되지만 제한된 자유.¹⁶

팔리에게 신앙의 이해는 다음과 같다.

> 선(先) 반성적으로(pre-reflectively) 그리고 우리가 교회라고 부르고 있는 구체적 역사적 실존 형태에의 지속적인 참여를 통해 발생한다.

우리의 주관성은 언제나 이야기와 심상 그리고 신화와 교리를 통해, 곧 "상호 인간적인 것"(the interhuman)의 "얼굴" 속에 표현되는 "확실한 상호 주관성"이다.¹⁷

오그덴은 웨슬리와 불트만, 심지어는 해방 신학에서의 다양한 주관성(트레이시)과 상호 주관성(팔리)을 자아가 끊임없이 생성하고, 내적으로 시간, 타자들에 연관된 존재로서 자기 자신을 의식하고 있고 또 그에 대한 책임을 지고 있으며,

---

15 Gordan Kaufman, *Relativism, Knowledge, and Faith* (Chicago, 1960), 94; *An Essay on Theological Method* (Missoula, MT, 1979), 75; *In Face of Mystery: A Constructive Theology* (Cambridge, MA, 1993), 29, 467 [note 6].
16 Tracy, *The Analogical Imagination*, 435–6; *Dialogue with the Other* (Grand Rapids, MI, 1990), 118, 102.
17 Edward Farley, *Ecclesial Man: A Social Phenomenology of Faith and Reality* (Philadelphia, PA, 1975), 127, xiii, 86, 93, 150, 158; *Good and Evil*, 1, 13, 제16장.

아울러 그 자아가 "현실의 통합적 전체"를 구성하는 본질적 단편이 되는 일종의 과정철학 아래 함께 엮어가고 있다.[18]

카우프만에게 있어 인간존재는 "생(生) 역사적(biohistorical) 존재"로, 유기적으로 다른 생명체들과 관계를 맺고 있고 또 자기 반성하는, 사회적 억압과 무질서뿐만 아니라 개인적 불안과 죄에 의해 부패한, 그러나 어찌 되었든 "뜻밖의 발견을 하는 능력을 지닌 우주 내의 지향성을 지닌 운동"에 대한 참여자다.[19]

셋째, 이들 모두는 고전적 유신론의 군주적 하나님(자연과 역사 내에 존재하는 인간의 주관성을 위험에 빠뜨리거나 파괴하는 방식으로 역사 속에서 행위를 하는)이 인간적, 종교적 혹은 특별히 기독교적 경험과 관련을 맺고 있는 하나님(혹은 다른 궁극적 실재)에 의해 대체되어야만 한다는 사실에 동의하고 있다.

오그덴[20]과 트레이시[21]는 우리가 우리의 경험의 한계에 관한 질문들 속에서 마주치는 세계의 영혼으로서, 그 세계 안에 그리고 그 세계 너머에 존재하는, 그러한 하나님을 주장하고 있다. 비록 트레이시가 "어떠한 주의(ism)도 … 하나님을 명명하고 사유하는 데 절대 적절하지 않다"라고 주장하고 있기는 하지만, 이런 입장은 종종, [예컨대 하나님은 만유 안에 존재하고 만유는 하나님 안에 존재한다는] "만유재신론"으로 일컬어진다.[22]

팔리는 하나님에 대한 신앙의 간접적 이해를 주장한다. 그러나 그 하나님은 "세계의 과정에 선택적으로 개입하는 세계-내-존재(in-the-world-being)의 방식으로 사고하고, 의지하고, 반성하고, 성취하는, 신화적으로 표상된" 하나님도 아니고 단순하게 하나의 보편적 종교적 "초월자"도 아니며 "교회의 발전 자체가 그에게 있어서는 역사 안에서의 하나님의 구원 사역"이 되는 그런 하나님이다.[23]

---

18 Schubert Ogden, "Process Theology and the Wesleyan Witness", *Perkins School of Theology Journal* 37 (1984), 18–33.
19 Gordan Kaufman, *In Face of Mystery*, 특별히 8, 15, 제20장.
20 Schubert Ogden, *The Reality of God and Other Essays* (Dallas, 1992).
21 David Tracy, *Blessed Rage for Order* (New York, 1975).
22 David Tracy, "Approaching the Christian Understanding of God" in Francis Schüssler Fiorenza and John Galvin (eds.), *Systematic Theology: Roman Catholic Perspectives* (Minneapolis, MN, 1991), 131–48; "Literary Theory and the Return of the Forms for Naming and Thinking God in Theology", *Journal of Religion* 74 (1994), 308–9; *On Naming the Present* (Maryknoll, NY, 1995), 18.
23 Edward Farley, *Ecclesial Man*, 13, 224, 226; *Ecclesial Reflection*, 156–7; with Peter C. Hodgson, "Scripture and Tradition" in Peter Hodgson and Robert King (eds.), *Christian Theology* (Philadelphia, PA, 1985), 제2장.

카우프만은 다음과 같이 주장한다.

> 하나님의 심상, 개념이 헌신과 방향설정을 위한 초점이나 중심—곧 매우 신화적이고 상징적 심상—사랑하고 염려하는 인격적 존재로서의 하나님-으로부터 모든 인류의 우주적 근거라는 더 추상적 관념에 이르는 하나의 연속체를 바탕으로 표현되어야만 하는 초점으로 기능한다.[24]

넷째, 네 사람 모두, 정확히 어떠한 방식이냐에 관해서는 의견이 분분하지만, 예수라는 특정 인물과 관련된 삶과 사유가 선행 논제들에 의해 형성되었다는 사실에 동의하고 있다. 우리의 네 인물 가운데, 팔리가 일종의 "기독론의 우선성"이라고 부르는 것에 가장 공감하고 있는 사람들은 트레이시와 팔리다.

트레이시가 볼 때, 예수 그리스도 사건과 그의 인격—전통(성경의 내용이 그 표준이 되는)에 의해 전달되고, 역사적이고 문학적이고 사회적 비판을 통해 발전되고 개정된, 우리의 현재 상황과 연관된 경험으로 직접성 속에 존재하는—은 신학적 상상력을 위한 최상의 유비다.[25] 팔리가 볼 때, 나사렛 예수는 교회의 실존 속에 역사적 구원자로 "주어졌다"(appresented). 팔리가 신학적 초상화 법이라고 부르는 것의 과제 중 하나는, 아니 "아마도 중심적 과제"는 "구원하는 능력이 있는 이로 선포된 나사렛 예수에 대한-단순히 과거의 예수가 아니라 현재적 그리스도"에 대한 탐구다.[26]

그러나 만약 트레이시와 팔리가 기독론의 우선성에 가장 공감하고 있는 사람들이라면 오그덴은 "수정적 기독론"을 명시화하는 데 최상의 주의를 기울였다. 오그덴은 "기독론적 물음은 우리에게 대해 예수가 가지는 의미와 관련한 실존적—역사적 물음"이라고 주장한다.

나아가 "기독론적 언명의 주제는 그의 내재적 존재 안에 있는 예수가 아니라, 우리에게 대한 그의 의미 안에 있는 예수다." 적절한 기독론적 술어가 있다면 그것은 예수 그리스도가 "우리를 위한 하나님의 결정적 재현"(re-presentation)—내내 존재해 있다가 바야흐로 "완전히 명백하게 된" 무언가의 재현이라는 것이다.[27]

---

[24] Gordan Kaufman, *The Theological Imagination* (Philadelphia, PA, 1981), 32; *Theology for a Nuclear Age* (Manchester, 1985), 제3장; *In Face of Mystery*, 특별히 제4부와 제27장.
[25] Tracy, *The Analogical Imagination*, 233–41; *On Naming the Present*, 31, 37, 67, 79, 124–5.
[26] Edward Farley, *Ecclesial Man*, 217–19; *Ecclesial Reflection*, xvii, 209, 225.
[27] Schubert Ogden, *The Point of Christology* (Dallas, 1992), 41, 62, 82.

우리의 네 명의 인물 가운데 카우프만은 비록 "예수에 대한 그림과 이야기"가 "인간의 삶에 규범이 되는" "내용과 잠재력"을 제공한다고 주장하고 있기는 하지만 전통적 기독교에 가장 비판적 인물이다.

그리스도라는 범주는 "결정적 방식으로" 여타의 신학적 개념들을 제약한다. "못 박히신 그리스도"는 "비폭력을 위해 부름을 받은 새로운 공동체의 부활에 대한 희망 속에서 십자가에 못 박히는 고통을 당하고 계신" 하나님께 적절한 이미지다.[28]

3. 대표자들

우리의 대표적 인물들을 개별적으로 묘사하는 것은 선정된 문제들에 대한 그들의 공통적 토대를 수반하고 있는 몇 가지 차이점들을 암시해 줄 것이다. 화이트헤드는 신학자가 아니었다. 그의 저술이 지닌 신학적 특징들(위에서 개관한)은 단편적이며, 대답이 주어지지 않은 수많은 질문을 남겨 두고 있다.

예를 들어 다음과 같은 것이다.

하나님과 창조성 간의 관계는 무엇인가?
하나님은 범주적 도식에서 제외될 수 있는가?
하나님은 인류와 같은 현실적 존재들의 복잡한 사회와 어떻게 관계를 맺는가?

과정 신학으로 불리게 된 바의 대표적 인물들은 화이트헤드가 그 일익을 담당했던 "자연주의" 운동 때문에 남겨진 이러저러한 문제들을 떠안고 있다. 과정 신학자들은 그들 간의 차이점을 기술하는 방법에 관해 의견을 달리하고 있다.[29]

---

28 Gordan Kaufmann, *The Theological Imagination*, 116, 189-90; *Theology for a Nuclear Age*, 제4장; *In Face of Mystery*, 7, 25, 제26장.
29 루머(Loomer)는 하트숀(Hartschorne)이 자신에게 "과정 신학"이라는 명칭을 발명한 공을 돌리고 있다고 주장한다. 그리고는 하트숀이 그것을 "내 청소년기의 죄"로 참회하고 있다고 말한다("Process Theology", 245). 또한, Delwin Brown, Ralph E. James, Jr., and Gene Reeves (eds.), *Process Philosophy and Christian Thought* (Indianapolis, IN, 1971); John B. Cobb and David Ray Griffin, *Process Theology: An Introductory Exposition* (Philadelphia, PA, 1976); Kenneth Surin, "Process Theology" in David Ford (ed.), *The Modern Theologians*, Vol. 2 (Oxford, 1989), 103-14; Delwin Brown and Sheila Graves Davaney, "Methodological Alternatives in Process Theology", *Process Studies* 19 (1990), 75-84; Denis Hurtubise, "One, Two, or Three Concepts of God in Alfred North Whitehead's *Process and Reality*", *Process Studies* 30 (2001), 78-100을 보라.

어떤 면에서 화이트헤드 이후의 과정 신학은 우익(수정주의적)과 좌익(자유주의적)으로 갈라진 헤겔 이후의 독일 철학의 역사와 같다.
나는 갈라져 있는 두 가지 중심적 쟁점에 초점을 맞추려 한다.

첫째, 화이트헤드가 생각했던 것보다 더 많은 (혹은 더 적은) 기독교 전통이 회복될 수 있을 것인가?
둘째, 화이트헤드의 "발견 방법"(비행기의 비행 비유)은 합리적인 것인가 아니면 경험적인 것인가?

존 콥 주니어(John B. Cobb, Jr.)와 같은 신학자들은 화이트헤드와 대화하고 있는 기독교 신학의 재해석에 초점을 맞추고 있다. 콥의 『기독교 자연 신학』(*A Christian Natural Theology*, 1964년)은 기독교 신학이 제반 철학을 그것의 내적 탁월성에 의해 뿐만 아니라 그 철학이 "기독교 신앙에 적대적인지" 그렇지 않은지의 여부에 의해도 평가해야만 한다고 주장함으로써, 이를 가장 극명하게 보여 주고 있다. "완전한 합의에 대한 요구는 하나의 환상인 것이다." "배타주의와 보편주의 사이에 존재하는, 기독교의 이 내적 긴장"이 콥의 초기 저작을 특징짓고 있다. 여러 가지 비판에도, 그는 그리스도, 불교-기독교 대화 그리고 공공정책에 관한 그의 최근 저술 속에서 "창조적 변혁"을 천착하고 있을 때도 이런 긴장을 유지하려 노력해 왔다.[30] 콥은 데이비드 그리핀과 마고리 슈초키(Margorie Suchocki)와 함께 클레어몬트대학교원의 과정 신학을 형성해 가고 있다.[31]

---

30 John B. Cobb, Jr., *A Christian Natural Theology* (Philadelphia, PA, 1964); *Christ in a Pluralistic Age* (Philadelphia, PA, 1975); *Beyond Dialogue: Toward a Mutual Transformation of Christianity and Buddhism* (Philadelphia, PA, 1982); *Sustainability* (Maryknoll, NY, 1992); *Transforming Christianity and the World: A Way beyond Absolutism and Relativism* (Maryknoll, NY, 1999); *Postmodernism and Public Policy: Reframing Religion, Culture, Education, Sexuality, Class, Race* (Albany, NY, 2002). See also David Ray Griffin and Thomas J. J. Altizer (eds.), *John Cobb's Theology in Process* (Philadelphia, PA, 1977); David Ray Griffin and Joseph C. Hough (eds.), *Theology and the University: Essays in Honor of John B. Cobb, Jr.* (Albany, NY, 1991).

31 David Griffin, *A Process Christology* (Philadelphia, PA, 1973); "Process Theology and the Christian Good News: A Response to Classical Free Will Theism", in John B. Cobb, Jr. and Clark H. Pinnock (eds.), *Searching for an Adequate God: A Dialogue between Process and Free Will Theists* (Grand Rapids, MI, 2000); *Religion and Scientific Naturalism* (Albany, NY, 2000); *Reenchantment without Supernaturalism: A Process Philosophy of Religion* (Ithaca, NY, 2001); "Being Bold: Anticipating a Whiteheadean Century", *Process Studies* 31 (2002), 3–15. Margorie Hewitt Suchocki, *The End of Evil: Process Eschatology in Historical Context* (Albany, NY, 1988); *God,*

다른 한편으로 버나드 루머(Bernard Loomer, 1912-85년)는 시카고대학교 신학과에서 화이트헤드에 대한 또 다른 해석을 형성했던 사람들 가운데 하나였다. 그는 화이트헤드의 "발견 방법"의 일관된 수행은 "세계의 총체성—곧 모호한 총체성—과 동일시된 하나님"을 산출할 것이라는 견해를 제시했다.

> 모호한 하나님(God)은 명확한 신(deity)보다 더 위대한 위상을 지니고 있다.[32]

헨리 넬슨 위먼(Henry Nelson Wieman) 역시 화이트헤드와 기독교에 대한 근본적 재해석을 제시하게 되었다.[33] 콥이 화이트헤드가 생각했던 것보다 더 많은 기독교 전통이 회복될 수 있다고 생각한다면, 루머와 위먼은 그 부분이 더 적다고—훨씬 더 적다고 생각한다.

이 신학자들이 화이트헤드식의 자연주의와 같은 그 무엇에 비추어 기독교 신학을 수정하든지 아니면 화이트헤드를 기독교 신학에 비추어 수정하든지 간에 두 번째 차이는 그들이 이를 수행해나가는 방식 속에 나타난다. 찰스 하트숀(Charles Hartshorne, 1897-2000) 역시 시카고대학교 신학과에 수년간 적을 두고 있었다. 그는 하나님과 예수 그리스도에 관한 전통적 주장들에 대한 화이트헤드의 회의론을 공유하고 있지만 그러나 그 또한 많은 점에서 화이트헤드와 견해를 달리하고 있다.

예를 들어, 화이트헤드는 하나님을 하나의 현실적 존재로 생각했던 반면, 하트숀은 하나님을 일련의 현실적 계기들(occasions)—초월과 내재에 있어 완전한 하나의 신적 인격과 같은—로 생각하고 있다.

> 나의 자연 신학의 전체 요지는 하나님이 문자 그대로 유한한 만큼 무한하며, 그 역도 마찬가지라는 것, 이런 모순들의 합일이 … '과정 신학'의 정수라는 것이다.[34]

Christ, Church: A Practical Guide to Process Theology, 재판 (New York, 1989); *Divinity and Diversity: A Christian Affirmation of Religious Pluralism* (Nashville, TN, 2003).

32 Bernard Loomer, "Process Theology", 20–1; see W. Dean and L. E. Axel (eds.), *The Size of God: The Theology of Bernard Loomer* (Macon, GA, 1987).

33 Cobb and Griffin, *Process Theology*, 177–8.

34 Charles Hartshorne, *The Darkness and the Light* (New York, 1990), 227; *Man's Vision of God and the Logic of Theism* (Hampden, CT, 1941); *The Divine Relativity* (New Haven, CT, 1948); *The Logic of Perfection, and Other Essays in Neoclassical Metaphysics* (LaSalle, IL, 1962); *Anselm's Discovery* (LaSalle, IL, 1965); *Creative Synthesis and Philosophical Method* (La Salle, IL, 1970); see also Lewis Ford (ed.), *Two Process Philosophers: Hartshorne's Encounter with Whitehead* (Talahassee, FL, 1973). 하트숀의 전기와 그에 대한 심화학습을 위해서는 *Process Studies* 30 (No. 2, winter, 2001) 전체를 보라.

하트숀은 하나님의 존재가 논리적으로 필연적임을 주장하는, 하나님의 존재에 대한 존재론적 증명의 해석으로도 알려져 있다.

다른 한편 헨리 넬슨 위먼과 버나드 루머 같은 과정 신학자들은 이것이 화이트헤드가 이야기한 창조성(앞 절에서 간략히 언급한)의 우선성을 약화하는 "합리주의"라고 주장한다. 오그덴은 하트숀의 철학적 신학을 비판하고 있지만, 그러나 그는 [콥과 마찬가지로] 신학의 철학적 신뢰성뿐만 아니라 성경의 사도적 증언에 대한 신학의 "적절성"을 연구하는 데 하트숀보다 더 많은 시간을 사용해 왔다.[35]

우리가 논의하고 있는 수정주의 신학과 자유주의 신학의 다른 네 명의 대표자들의 특이성을 요약하는 것은 보다 쉬운 일이다. 팔리는 기독교 신학의 주요 주제들에 대한 여러 권의 해석을 집필하고 있다. 처음 두 권은 서론이다.

『교회적 인간: 신앙과 현실의 사회적 현상학』(*Ecclesial Man: A Social Phenomenology of Faith and Reality*)은 "우리가 교회라고 부르고 있는 구체적 역사적 실존 형태" 속에서 발생하는, 현실에 대한 신앙의 이해를 분석한 책이다. 『교회적 반성: 신학적 방법의 해부』(*Ecclesial Reflection: An Anatomy of Theological Method*)는 다양한 층위의 "권위의 전당"을 내부적으로 해체하고 있다. 교회적 반성은 (대략) 역사적이고 성경적 계시(신학적 초상화법), 철학적이고 체계적 계기, 실천적 계기의 세 가지 계기를 지니는 연구다.

팔리는 신학과 관련된 그러한 제안들로부터 구원받은 인간, 하나님, 구속의 역사적 중재(메시아와 교회)라는 이 세 가지 주제들에 초점을 맞추고 있는 "기독교적 패러다임"에 대한 자신의 해석으로 관심을 옮겨가고 있다.

첫 부분은 "개인적, 인격적 행위, 상호 인간적인 것, 사회적 영역"이라는 인간 현실의 세 가지 영역에서 "반성적 존재론"인 『선과 악: 인간 조건의 해석』(*Good and Evil: Interpreting a Human Condition*)과 함께 시작하고 있다. 그는 세 가지 영역이 각각 그 나름의 중요성을 가지고 있기는 하지만, "상호 인간적인 영역은 다른 영역들이 작용하기 위한 기준, 곧 얼굴(엠마뉴엘 레비나스, Emmanuel Levinas)을 창출하는 영역인 까닭에 상호 인간적인 영역이 행위 주체와 사회적 영역에 대해 우선적 영역"이라고 주장한다.

35　35 Schubert Ogden, "The Experience of God: Critical Reflections on Hartshorne's Theory of Analogy", in John B. Cobb, Jr. and Franklin I. Gamwell (eds.), *Existence and Actuality: Conversations with Charles Hartshorne* (Chicago, 1984).

팔리의 중심적 기획의 마지막 책은 『하나님의 감정이입』(*Divine Empathy*)이다. 여기에서 팔리는 "신적 감정이입"에서 절정에 이르는 유대교 철학뿐만 아니라 고전적 가톨릭 신학과 20세기 해체주의 신학들이 견지하는 반유신론(anti-theism)을 살펴보고 있다.

신적 감정이입은 우리의 가장 훌륭한 비유를 포함해 세계를 초월하는 하나님에 대한 비유적 묘사다. 우리는 이런 생각들이 팔리의 『신학』(*Theologia*)이라는 책에서 신학 교육에 적용되고 있는 것을 발견한다. 거기에서 신학은 교회라는 상황 속에 존재하는 특정한 유의 습성(*habitus*)으로 기술되고 있다. 팔리의 신학 전체에 작동하고 있는 광범위하고 심오한 미학적 감수성은 『심오한 상징』(*Deep Symbols*)이라는 책뿐만 아니라 『신앙과 아름다움』(*Faith and Beauty*)이라는 책에서도 잘 드러나 있다.[36]

고든 카우프만의 『조직 신학: 역사주의적 전망』(*Systematic Theology: An Historicist Perspective*)은 "모든 점에서 기독교적인 것에 대한 근본적으로 역사주의적 견해를 제시함으로써" 기독교 신앙의 현대성 결여의 문제를 해결하고자 했다.

논문집 「하나님이라는 문제」(*God the Problem*)는 더 초기의 저작 속에서 부분적으로 시작되고 부분적으로 전제되어 있던 하나님 개념을 해체함으로써, 후일 카우프만으로 하여금 "기술이나 해설이 아닌 건설(그리고 재건) 행위"로서의 신학적 방법에 대한 생각으로 제시하게 하고 있다. 카우프만의 후기 논문들은 이 새로운 방법을 발전시켜 광범위한 주제에 적용하고 있다.

『무저항과 책임 그리고 여타의 메노파적 논문들』(*Nonresistance and Responsibility, and Other Mennonite Essays*)에서 카우프만은 그가 수년간에 걸쳐 메노파적이지만 권위주의적이지 않은 기독교 신앙에 대한 이해를 추구해 왔던 방법들—곧 모든 기술적(technical) 변화에도 "구원의 사랑에 헌신적 인간과 공동체를 형성하는 데 일차적 관심을 두고 있는" 방법들을 보여 주고 있다.

『신비 앞에서: 건설적 신학』(*In Face of Mystery: A Constructive Theology*)은 그의 최근 입장에 대한 가장 철저한 해명이다. 신앙은 [카우프만은 말하기를] 몇 가지 "자그마한 단계들"을 통해 전진한다.

---

[36] Farley, *Ecclesial Man*, 127, 29, 57; *Ecclesial Reflection*, 190; *Good and Evil*, xv–xvi, 28–9, 117–18, 287–92; *Divine Empathy: A Theology of God* (Minneapolis, MN, 1996). See also *Theologia* (Philadelphia, PA, 1983); *The Fragility of Knowledge* (Minneapolis, MN, 1988); *Deep Symbols: Their Postmodern Effacement and Reclamation* (Harrisburg, PA, 1996); *Faith and Beauty: A Theological Aesthetic* (Aldershot, 2001); and Robert R. Williams (ed.), *Theology and the Interhuman: Essays in Honor of Edward Farley* (Valley Forge, PA, 1995).

의미 있는 방식으로 하나님이 고찰 가능하다는 일정의 신앙과 더불어 시작해서, 신학은 "대체로 널리 수용되는 현대의 지식과 이런 지식을 근거 지우는 경험의 양태에 근거해, 하나의 세계상과 세계 내에 존재하는 인간상을 그려냄으로써" 이 신앙을 뚫고, 비판적으로 검토하며, 상상력을 통한 구성으로 나아간다. 그런 뒤에 신학은 나아가 그리스도의 빛 안에서 인간과 세계와 하나님을 새롭게 바라보고 (re-visioning) 하나님의 개념이나 이미지를 구성한다.[37]

슈버트 오그덴의 저작은 신학을 기독교적 증언에 대한 비판적 고찰로 기술하는 내용을 반영하고 있다(위를 보라). 그의 비판적 고찰은 처음에 예수 그리스도는 하나님의 행위이며 실존적 비신화화에 대한 요구라는 불트만의 주장이 지닌 내적 모순에 대한 비판의 형태를 띠고 있었다.

『하나님의 실재성, 기타 논문들』(*The Reality of God and Other Essays*)은 하나님의 행위에 관한 기독교의 주장들을 뒷받침하기 위해 언어학적 분석(툴민, Stephen E. Toulmin, 1922-2009)과 과정철학(화이트헤드와 하트숀)을 원용하면서 하나의 대안을 전개하고 있다. 『신앙과 자유: 해방 신학을 향해』(*Faith and Freedom: Toward a Theology of Liberation*) 는 불트만의 실존주의와 과정 사상 그리고 언어 분석으로 제기된 문제들로부터 "정의와 행동"의 문제에 관한 해방 신학의 도전을 향한 이동을 말해 준다.

『유일한 하나의 참된 종교가 존재하는가 아니면 다수가 존재하는가?』(*Is There Only One True Religion or Are There Many?*)는 다양한 종교의 세계 속으로 들어가서 "다원주의적 포괄주의"(pluralistic inclusivism)를 지지하면서 종교를 다루는 세 가지 표준적 방식(배타주의, 포괄주의, 다원주의)을 반박하고 있다.[38]

데이비드 트레이시의 중심적 신학적 기획은 결국 근본적이고 체계적이며 실천적 신학에 관한 제3부작을 내놓고 있다. 첫 번째 책 『질서를 향한 거룩한 분노』(*Bless-*

---

[37] Kaufman, *Systematic Theology* (New York, 1978), 9; *God the Problem* (Cambridge, 1972); *An Essay on Theological Method*, x, 46; *The Theological Imagination*, 102; *Nonresistance and Responsibility, and Other Mennonite Essays* (Newton, KS, 1979), 9–10; *In Face of Mystery*, esp. chs. 17 and 29. See also *Mennonite Theology in Face of Modernity: Essays in Honor of Gordan D. Kaufman* (North Newton, KS, 1996).

[38] Ogden, "Faith and Freedom", in James M. Wall (ed.), *Theologians in Transition* (Christian Century "How My Mind Has Changed" series) (New York, 1981); *Christ without Myth: A Study Based on the Theology of Rudolph Bultmann* (Dallas, TX, 1962); *Faith and Freedom: Toward a Theology of Liberation* (Nashville, TN, 1989); *Is There Only One True Religion or Are There Many?* (Dallas, TX, 1992). 오그덴에 대한 참고 문헌 목록을 위해서는 Philip E. Devenish and George L. Goodwin (eds.), *Witness and Existence: Essays in Honor of Schubert M. Ogden* (Chicago, 1989) 을 보라.

ed Rage for Order)는 상호 연관의 방법을 종교와 하나님 그리고 삶의 문제에 적용하고 있다.

『유비적 상상력』(*The Analogical Imagination*)은 조직 신학으로 선회하고 있다. 조직 신학은 해석학인데, 다시 말해서 그것은 우리의 역사성과 유한성에 의해 우리에게 주어진 전통에 대한 해석이다. 기본적 예로는 "고전들", 특히 종교적 고전들이 있다.

기독교의 고전은 "예수 그리스도의 사건과 인물"이다. 유비적 상상력은 일차적 유비들을 기초로 해 기능하는 유비적 상상력의 본보기로서 유비들 내에서 그리고 유비와 유비 사이에 존재하는 차이 속의 통일(unity-in difference, 유비의 질서 혹은 조화, 변증법적 부정을 포함한 유비의 다양성과 강도)을 보여 주면서, 이런 유사성과 차이를 공개적 비판에 부치는 자기 노출을 무릅쓰고 있다.

보다 최근에 트레이시는 그러한 수정적 방법들이 "지속해서 비판과 수정에 대해 열려 있어야만 한다"고 주장하면서 그의 수정적 방법들(을 포기하지 않으면서)을 "재고"한 바 있다.

보다 구체적으로 그는 신플라톤 전통(위디오니시우스〈*Pseudo-Dionysius*〉에서부터 에크하르트〈Eckhart〉와 특별히 루이스브로에크〈Ruuysbroec〉에 이르는)과 부정성과 차이에 대한 급진적 포스트모던 사상(데리다〈Derrida〉와 들뢰즈〈Deleuze〉), "불교—더 정확하게 교토 마야하나 불교(Kyoto Mayahana Buddhist)—사상"에 비추어 자신의 방법을 재인식해 왔다. 트레이시는 현재 신론에 대한 주된 기획을 마무리하고 있다.[39]

---

39 Tracy, "Defending the Public Character of Theology", in James M. Wall (ed.), *Theologians in Transition* (*Christian Century* "How My Mind Has Changed" series) (New York, 1981), 113-24; "Theological Method", in Peter Hodgson and Robert King (eds.), *Christian Theology* (Philadelphia, PA, 1985), 35-60; *Plurality and Ambiguity* (San Francisco, 1987); "The Uneasy Alliance Reconceived: Catholic Theological Method, Modernity, and Postmodernity", *Theological Studies* 50 (1989), 548-70; *Dialogue with the Revisionists and Liberals* 227 *Other* (Grand Rapids, MI, 1990); "Kenosis, Sunyata, and Trinity: A Dialogue with Masao Abe", in John B. Cobb and Christopher Ives (eds.), *The Emptying God: A Buddhist--Jewish--Christian Conversation* (Maryknoll, NY, 1990), 135-54; "Approaching the Christian Understanding of God", in Francis Schüssler Fiorenza and John Galvin (eds.), *Systematic Theology: Roman Catholic Perspectives* (Minneapolis, MN, 1991); *The Fascination of Evil* (London, 1998). See also Steven Webb's bibliography in Werner G. Jeanrond and Jennifer L. Rike, *Radical Pluralism and Truth: David Tracy and the Hermeneutics of Religion* (New York, 1991).

4. 논쟁

수정주의 신학, 자유주의 신학과 관련된 논쟁들에 대한 완전한 기술을 위해서는 이런 신학자들을 이 책의 다른 모든 장과 연관 지어 이야기하는 것을 필요로 할 것이다. 여기에서는 좀 더 간소한 언급으로 만족해야 할 것 같다. 나는 수정주의, 자유주의적 기획에 "내재적인" 논쟁들과 "외재적인" 논쟁들을 구분하고자 한다.

내재적 논쟁은 그들 간의 차이가 공동의 토대를 능가한다는 사실에 의해 촉발된다. 이것은 이미 개관했던 과정 신학자들 사이에서의 논쟁에 적용되는데, 즉 화이트헤드의 비행기가 "경험의" 대지 위에서나 혹은 "합리적"이고 사변적 대기 속에서 가장 유용하다고 생각하는 사람들 사이의 논쟁뿐만 아니라, 얼마간 기독교 전통을 복원하기를 바라는 사람들 사이에서의 논쟁에도 적용되는 것이다.

그러나 이것은 20세기 후반에 좀 더 두드러졌던 수정주의적 신학과 자유주의적 신학의 제 형태에 더더욱 해당하는 데, 그것은 그러한 신학의 형태들이 최초로 과정 신학을 낳았던 자연주의보다 철학적으로 훨씬 더 절충적이기 때문이다.

팔리는 후설(Husserl)의 현상학에 따라, [하트숀뿐만 아니라] 오그덴은 언어 분석과 불트만의 하이데거(Bultmann's Heidegger)에 의해, 카우프만은 칸트에 의해, 데이비드 트레이시는 로너건(Lonergan)과 리꾀르(Ricoeur)에 의해 사상적 기반을 얻었다.[40]

차이점이 공동의 토대를 능가한다는 이런 의식은 또한 우리의 네 명의 개별 인물들 사이에서 벌어지는 논쟁(예컨대 트레이시는 카우프만이 현대성을 비판 없이 수용하고 있다고 비판하고, 팔리는 트레이시의 수정주의 이전의 보수주의를 그리고 카우프만은 이 두 사람이 그들의 수정주의적 제안을 통해 실제적 결론에 이르지 못하고 있다고 비판한다)의 단편적이면서 이따금 논쟁적 성격을 설명해 준다.[41]

---

40 오늘날의 세대에 의한 과정 신학에 대한 비판적 평가를 위해서는 Ogden, "The Experience of God"; Tracy, "Theological Method" and "Kenosis, Sunyata, and Trinity", 136-8; Farley, "Theocentric Ethics as a Genetic Argument", in Harlan R. Beckley and Charles M. Swezey (eds.), *James M. Gustafson's Theocentric Ethics* (Macon, GA, 1988), 39-62 and *Good and Evil*, xx; Devaney's and Cobb's reviews of Kaufmann's *In Face of Mystery* in *Religious Studies Review* 20 (1994), 171-81을 보라.

41 이 단락과 다음의 단락들은 위에서 인용한 본문들과 논평 그리고 팔리와 카우프만과 트레이시가 1982년 미국종교학회(American Academy of Religion) 모임에서 서로 다른 사람의 저작에 대해 제시했던 출판되지 않은 일련의 응답 속에서 우리의 대표자들이 서로에 대해 제기했던 논의들과 [보다 빈번하게 이루어진] 간략한 언급들에 대한 요약이다. 논평에는 Edward Farley, "A Revisionist Model [on Tracy]", *Christian Century* 93 (1976), 371-3; Gordan D. Kaufman [Review of Farley's *Ecclesial Man* and Tracy's *Blessed Rage for Order*], *Religious Studies Review*

독자들은 이 내부적 논쟁이 그들을 속여서 그들 가운데 있는 차이점들이 그들의 공통적 토대보다 더 중요하다고 생각하게 해서는 안 될 것이다. 흔한 격언을 쓰자면 가족 내의 논쟁은 때때로 다른 가족과의 논쟁보다 때로 더 격렬할 것이다. 어찌 됐든 이런 논의들은 더 광범위한 논쟁들에 대해 실마리를 제공하고 있다. 예컨대 기독교의 진리 주장의 가능성과 현실성에 대한 논쟁을 생각해 보라.

이 논쟁을 이해하는 한 가지 방법은 그들의 입장을 신앙적 이해가 교회적 보편개념을 산출한다는 팔리의 주장으로부터 트레이시의 상호 연관 방법, 오그덴의 "이중적 기준"을 거쳐 카우프만이 주장하는 진리에 대한 궁극적으로 실용적이고 인간적인 검증에 이르는 스펙트럼에 맞대어 보는 것이다(과정 신학자들 가운데서 하트숀과 위먼이 오그덴과 카우프만에게 좀 더 가까이 서 있다면, 콥과 그리핀은 팔리와 트레이시에게 좀 더 가까이 서 있을 것이다).

이런 스펙트럼은 각 사람이 다른 이들에 관해 수행한 언급들의 배후에 존재하는 하나의 논리를 암시해 주고 있다. 그리해 카우프만은 팔리의 신앙적 이해가 "객관주의적 사고"의 흔적을 지나치게 많이 함유하고 있으며 일종의 "신앙 고백주의"라고 생각하는 반면, 팔리는 전통적 진리 정합론에 대한 카우프만의 비판이 어떻게 우리를 주관주의의 배후로 이끌어갈 수 있는지를 묻고 있다.

팔리가 이를테면 일반적 현상학적 작업 틀을 사용함으로써 기독교의 진리 주장이 구체적 공동체에 특유한 것임을 보여 주려 한다면, 카우프만은 특유의 기독교적 주장들이 그의 실용적 작업 틀과 다른 것을 요구하고 있다. 트레이시와 오그덴은 보편성과 특수성의 미묘한 상호 연관(그리고 그로 인해 그 스펙트럼의 중간에 속해 있는)을 제안한다.

그러나 팔리와 카우프만은 모두 상호 연관의 방법이나 "이중적 기준"을 미심쩍어하는 데, 그것은 그것들이 기독교의 특성을 위협하기 때문이거나(팔리), 그것들이 기독교의 특성을 "본질적으로 의문의 대상이 되지 않는 것"으로 남겨두기 때문이거나(카우프만) 혹은 그것들의 수정적 효력이 중심적인 것인지 아니면 주변적인 것인지를 말하기 어렵기 때문이다.

그 스펙트럼은 트레이시를 팔리에게 좀더 가까운 자리에 서게 하는 데, 이는 팔리의 "신학적 초상화 법"과 트레이시의 해석학적 대화가 그들 중의 어느 누가 오

---

2 (1976), 7-12; "Conceptualizing Diversity Theologically [A review of Tracy's *The Analogical Imagination*]", *Journal of Religion* 62 (1982), 392-401; *In Face of Mystery*, name index under Farley, Ogden, Tracy, and Whitehead이 포함된다. See also the essays in Sheila Greeve Devaney (ed.), *Theology at the End of Modernity: Essays in Honor of Gordon D. Kaufman* (Philadelphia, PA, 1991); Devenish and Goodwin, *Witness and Existence* Jeanrond and Rike, *Radical Pluralism and Truth*.

그덴이나 카우프만에 대해 그런 것보다 서로서로 더 유사하기 때문이다. 아울러 팔리와 카우프만은 트레이시가 상호 연관의 과제를 철학적으로 절충적 "해석학적" 맥락 속에 위치시키는 것에 대해서보다 오그덴의 이중적 기준에 혐의를 덜 두고 있는 것처럼 보인다. 팔리와 카우프만은 트레이시의 해석학적 폭로의 경험이 진리에 대한 까다로운 질문들을(팔리와 카우프만이 다양하게 그것을 정의하고 있듯이) 직면하기보다는 회피하는 것이 아닌가 우려한다.

반대로 트레이시는 오그덴이 종교적 대화의 "시적인"(poetic) 성격을 고려하지 못하고 있는 것은 아닌지 그리고 카우프만은 현대성에 대해 지나치게 무비판적이고 팔리는 단지 암묵적으로만 비판적인 것은 아닌지 우려하고 있다. 다시 한번 말하거니와 이런 대립은 우리가 그들의 공통의 토대를 잊어버리게 해서는 안 된다.

외재적 논쟁은 수정주의자들과 자유주의자들 가운데 존재하는 공통적 토대가 그들이 다른 이들에게서 발견하는 차이점들을 능가한다는 사실에 의해 촉발된다. 예컨대 수정주의적 진리 개념과 자유주의적 진리 개념에 대한 신학적 도전들과 철학적 도전들이 존재한다.

그로 인해 로널드 티이만(Ronald F. Thiemann)은 그가 트레이시와 오그덴(계시와 인간의 상상력 사이에 있는 불안정한 중간적 행로를 걷고 있다는 이유로)뿐만 아니라 카우프만(단순하게 신적 토대를 인간적인 토대로 교환하고 있다는 이유로)에 대한 비판을 가능케 하는 계시개념을 제시하고 있다.[42]

카우프만에 대한 티이만의 비판은 팔리나 트레이시의 비판과 유사하며 트레이시에 대한 티이만의 비판은 팔리와 카우프만의 비판과 유사하다. 더욱 중요한 것은 적어도 몇 가지 측면에서 티이만의 제안이 칼 바르트 신학에 대한 내재적 비판이라는 사실이다.

그것이 "비판"(critique)이 되는 까닭은 티이만이 영미의 "비토대주의적" 철학을 사용해 약속의 계시를 해명하고 있기 때문이다. 그것이 "내재적인" 까닭은 하나님의 "선행"(prevenience), 곧 대지에 도달하거나 이륙하거나 착륙하는 우리의 비행기에 앞서 우리를 먼저 사랑하신 하나님의 선재에 대한 바르트와 유사한 티이만의 주장 때문이다.[43]

---

42 Ronald F. Thiemann, *Revelation and Theology* (Notre Dame, IN, 1985).
43 자유주의자들과 수정주의자들과의 논쟁에 있어 바르트가 새롭게 중요성을 띠게 된 것은 Colin Gunton, *Becoming and Being: The Doctrine of God in Charles Hartshorne and Karl Barth* (New York, 1978); Sheila G. Devaney, *Divine Power: A Study of Karl Barth and Charles Hartshorne* (Philadelphia, PA, 1986); Michael Welker, "Barth's Theology and Process Theology", *Theology Today* 43 (No. 3, October, 1986), 383-97; and *Universalität Gottes und Relativität der Welt*.

하나의 철학적 도전이 기독교의 진리 주장을 조성하거나 정당화하는 것보다는 그러한 진리 주장들을 종교적 공동체의 신조로서 연구하는 데 더 큰 관심을 지닌 종교철학자들로부터 제기된다.

이에 따라 윌리엄 크리스천(William Christian)은 자신의 공인된 신조들을 참되다고 간주하는 공동체에는 모든 진리를 그 공동체의 신조로 간주하는 공동체(카우프만) 혹은 그들 자신의 진리주장과 다른 진리 주장들을 "상호 연관" 지우는 공동체(트레이시)보다 문제가 더 적다고 주장했다.

크리스천의 입장은 카우프만이나 오그덴이나 트레이시의 입장보다는 팔리의 입장과 더 유사하지만, 그는 (비록 팔리의 현상학이 신앙의 실증성과 특질에 중점을 두고 있는 것이기는 하지만) 팔리의 일반 현상학보다는 구체적 공동체의 의식과 교의에 더 호소하고 있는 편이다.[44] 알리스데어 매킨타이어(Alasdair MacIntyre)는 「백과사전」(특별히 브리태니커 백과사전 9판의 "자유주의적인"의 저자들), 계보학(니체), 전통(레오 13세)을 합리적 탐구를 추구하는 다르고 상반된 맥락으로 대조하면서, 특질이라는 방향으로 한 걸음 더 나아가고 있다. 그는 자유주의적 백과사전 주의자들이 현대성에 대한 니체의 계보학적 비판을 진지하게 고려하지 않았다고 주장한다.

이 자유주의적, 허무주의적 막다름은 진리와 선의 추구를 위한 전통의 합리성에 관해 토마스 아퀴나스를 매킨타이어가 새롭게 읽게 하고 있다.[45]

5. 성취와 미래를 위한 질문

수정주의자들과 자유주의자들의 중요한 성과는 진리, 인간, 하나님 그리고 그리스도에 관해 우리가 물려받은 의식과 교의들에 대해 이의를 제기했다는 것이다. 미래를 위한 핵심적인(유일한 것은 아니라고 할지라도) 물음은 수정주의자들과 자유주의

Theologische Kosmologie im Dialog mit dem amerikanische Theologie nach Whitehead (2nd edn. Newkirchen-Vluyn, 1988)를 보라.

44 William A. Christian, Sr., *Doctrines of Religious Communities* (New Haven, CT, 1987).
45 Alasdair MacIntyre, *Three Rival Versions of Moral Enquiry: Encyclopedia, Genealogy, and Tradition*. Gifford lectures 1988 (Notre Dame, IN, 1990). 보다 직접적 토마스주의 관점에서의 과정 신학에 대한 신학적 비판을 보려면 David Burrell, *Aquinas: God and Action* (Notre Dame, IN, 1979), ch. 6; W. Norris Clarke, *The Philosophical Approach to God: A Neo-Thomist Perspective* (Winston-Salem, NC, 1979), ch. 3; and "Charles Hartshorne's Philosophy of God: A Thomistic Critique", in Santiago Sia (ed.), *Charles Hartshorne's Concept of God* (Dordrecht, 1990), ch. 7을 보라.

자들이 제시하고 있는 대안들과 관련이 있다.

이런 이유에서 분명 수정주의자들과 자유주의자들은 "진리"에 대한 논쟁을 거쳐 야기된 문제들(예컨대 진리는 실재와의 일치인가, 실용적 효용성인가, 아니면 밝혀진 일인가, 우리는 진리와 방법에 관한 이론을 필요로 하는가)을 지속해서 논의해야만 한다.

그러나 내재적 비판과 외재적 비판 모두는 아마도 이 문제가 미래에 논의될 문제들까지 지배하도록 내버려 두지는 않을 것이다. 진리 문제의 해결이 우리가 누구인가 혹은 하나님은 어떤 분이신가 혹은 그리스도는 누구인가와 같은 문제들을 해결하지는 못할 것이다.

예컨대 인간(우리 자신과 다른 사람들)에 대한 수정주의적 견해와 자유주의적 견해의 주요 성과는 우리가 물리적이고 사회적이고 역사적 세계 내에 자유로운 주체로서 존재하는 방식에 대한 그들의 의견이다.

그러나 수정주의자들과 자유주의자들은 이런 입장을 제시하는 방법에 있어 자기들 내에서 의견이 나뉘고 있다(화이트헤드나 하트숀이나 카우프만의).

전 우주에 적용 가능한 범주적 도식은 우리 인간 주체들의 구체적 기쁨과 슬픔을 올바로 평가할 수 있는가?

우리의 주체성의 높이와 깊이에 대한 정밀한 분석(팔리의 『선과 악』⟨Good and Evil⟩처럼)이 우리가 우리의 물리적, 사회적, 역사적 세계 속에 계속해서 존재할 수 있도록 해 줄 수 있는가?

트레이시의 신비적, 정치적 선택은 하나의 출구를 보여 주는 것인가, 아니면 단지 문제를 재기술하고 있는 것인가?

수정주의 신학과 자유주의 신학에 대한 내재적 비판자들은 그러한 문제들에 대해 서로 다른 대답들을 제시하고 있다.[46]

외재적 비판자들은 우익적 시각이나 좌익적 시각으로부터 자유주의 정치학은 죽었다고 주장하면서, 수정주의 신학과 자유주의 신학으로부터 유래하는 세속 정치학에 초점을 맞추었다.

그러나 다른 일단의 외재적 비판들은(이 책에서 "탈자유주의자"라고 일컬어지는 사람들을 포함해) 오직 다른 도성(the Other City)으로서 건립된 교회만이 우리의 폭압적 세계를 화해시키는 데 필요한 또 하나의 역사, 또 하나의 윤리, 또 하나의 존재론을 제시해 줄 수 있다.[47]

---

[46] David Kelsey, "Human Being", in Peter Hodgson and Robert King (eds.), *Christian Theology* (Philadelphia, PA, 1985), ch. 6; Fergus Kerr, *Theology After Wittgenstein* (Oxford, 1986); Charles Taylor, *Sources of the Self: The Making of the Modern Identity* (Cambridge, MA, 1989).

[47] John Milbank, *Theology and Social Theory: Beyond Secular Reason* (Oxford, 1990).

수정주의 신학과 자유주의 신학의 또 다른 성과는 하나님에 대한 우리의 주장이 인간의 종교성이라는 더 넓은 세계와 관련을 맺고 있어야만 한다는 의견이다.

그러나 그 두 신학은 이제까지 종교적 세계의 독자적 특성들보다는 그것의 일반적 특징들에 더 주의를 기울여왔다. 예를 들어, 우리가 하나님에 대한 카우프만의 "형식적" 개념이나 오그덴이 초기에 하나님이란 말을 "완전히 보편적 의미"에서 사용한 것이나 아니면 트레이시가 궁극적 실재를 사용하는 것에 주목해 볼 때 그 모든 것들은 많은 부분을 서로 공유하고 있는 것이다.[48]

그러나 이 하나님을 확인하는 것과 관련해 팔리는 명확한 신적 행위에 호소하고 있고, 오그덴과 트레이시는 삼위일체 신학에 따라 수정된 과정적 유신론에 그리고 카우프만은 비행위 주체적 우주적 토대에 호소하고 있다. 이런 것들은 수정주의적이거나 자유주의적 하나의 공통된 신학적 기획의 형성이라기보다는 다른 종교들을 만들어내는 것이다.[49]

물론 수정주의자들과 자유주의자들은 불교와의 신중한 대화도 이미 시작했다. 콥은 기독교와 몇몇 유형의 불교가 만약 그들이 "서로 변화할" 수 있다면 상호보완적이라고 생각하고 있다.

카우프만은 자기비하의 하나님(빌 2:7)이 "모든 것은 공(空, emptiness)의 관점에서 이해되어야 한다"고 가르치는 가운데 불교적 가르침을 "향해 나아가고" 있다고 이해함으로써 한 걸음 더 나아가고 있는 것처럼 보인다.

다른 한편으로 트레이시는 궁극적으로 에크하르트(Eckhart)보다는 루이스브로에크(Ruuysbroec)와 같은 기독교의 삼위일체적 신비주의자와 입장을 같이하고 있기는 하지만, 불교 신자들이 그가 마이스터 에크하르트와 같은 기독교 신비주의자들을 이해하는 데 도움을 주었다고 이야기하고 있다.

오그덴은 불교 속에서 이해하기 힘든 많은 것과 더불어 공통적 토대를 발견하고 있지만, 불교의 공과 자기비하의 하나님 사이의 유비를 위한 논증들은 하나님이 "무한하게 관계할" 수 있으면서 또한 "무한하게 무관계"할 수는 없다고 가정하지

---

48 Kaufman, *Theology for a Nuclear Age*, 32; Ogden, *The Reality of God*, 10; Tracy, *Plurality and Ambiguity*, ch. 5.
49 Thomas F. Tracy, "Enacting History: Ogden and Kaufman on God's Mighty Acts", *Journal of Religion* 64 (1984), 20-36; Kathryn Tanner, Review of Edward Farley, *Divine Empathy*, *Modern Theology* 14 (1998), 555-61을 보라("팔리의 노력은 단지 고전적 유신론보다 덜 절충적 유신론을 만드는 것이다").

만, 기독교인들이라면 그 양자를 모두 고백해야 한다고 여기고 있다.⁵⁰

불교에 대한 기독교의 관계와 관련된, 이 다르고 상반된 견해들은 기독교 신학에 대한 깊은 의견대립의 징후인가 아니면 단순히 아직은 초기 단계인 불교와 기독교 사이의 대화 결과물인가?

그러한 질문을 품고 있을법한 불교 신자들 외에도 하나님의 정체성에 대한 자유주의자들과 수정주의자들로 구성된 또 다른 일군의 외재적 비판자들에게는 삼위일체의 위격(*hypostasis*)에 관한 교의가 양극적 유신론과 마찬가지로 이해할 수 없거나 부적절하며, 또한 삼위일체는 그리스도와 교회 그리고 세계 내에서의 하나님의 초월과 내재를 설명하기 위한 최고의 방법이라고 주장하는 사람들이 포함돼 있다.⁵¹

마지막으로 자유주의와 수정주의자들 간의 한 가지 중요한 논쟁은 삶에 대한 광범위한 그리스도 중심적 해석을 이어나가느냐(슐라이어마허로부터 트레이시를 관통하고 있는 수정주의적 전통과 같이) 아니면 중단하느냐(화이트헤드로부터 카우프만에 이른 자유주의적 전통과 같이)의 여부다.

"광범위"하다는 것이 중요한데 그것은 자유주의 기독론뿐만 아니라 수정주의적 기독론에 대한 핵심적 도전이 "그리스도를 이를테면 더 포괄적 어떤 상황(context) 속에 정의해야 하는 것은 의문의 여지가 없다. 그리스도는 기독교 신학 고유의 상황이다"라고 주장하는 칼 바르트와 같은 이들로부터 비롯되고 있기 때문이다.⁵²

우리의 대표자들은 그 상황이 신앙적 이해인지, 본문에 대한 대회인지, 역사주의적—실용주의적 복잡성 안에 있는 현대 세계인지 등 그 상황이 무엇이 되어야 하느냐에 관해 의견이 일치하지 않고 있다. 그리고 수정주의(자유주의와 대조적으로)의 과제를 예수 그리스도라는 "사건"이나 "인격"("상황"이나 "그리스도")에 절대적 우위를 두는 것이 아니라 "상황"과 "그리스도"를 연관 짓는 것으로 설명하는 것이 더 정확하다.

그러나 특정한 인물인 예수가 어떤 우선적 상황이 적용할 수 있거나 이해 가능

---

50 Cobb, *Beyond Dialogue* Kaufmann, "God and Emptiness", *Buddhist–Christian Studies* 9 (1989), 175-87; Tracy, "Kenosis, Sunyata, and Trinity"; Ogden, "Faith in God and the Realization of Emptiness", in John B. Cobb and Christopher Ives (eds.), *The Emptying God: A Buddhist–Jewish–Christian Conversation* (Maryknoll, NY, 1990), 125-42.

51 예컨대 William Hill, *The Three-Personed God* (Washington, DC, 1982). 고전적 삼위일체 교리와 관련해 자유주의와 수정주의의 제안에 대한 비판은 Bruce C. Marshall, *Trinity and Truth* (Cambridge, 2000)을 보라.

52 Walter Lowe, "Christ and Salvation", in Peter Hodgson and Robert King (eds.), Christian Theology (Philadelphia, PA, 1985), ch. 8; Bruce Marshall, *Christology in Conflict: The Identity of a Saviour in Rahner and Barth* (Oxford, 1987).

한 것을 요구하고 있다는 사실에는 모두가 동의하고 있다.

이런 관점으로부터 수정주의자들과 자유주의자들이 그들의 중재적 선행자들의 인간론과 우주론, 인식론과 관련해 상당한 진척을 이루어 냈지만, 기독론 문제는 많은 부분 그대로 남아 있다. 수정주의와 자유주의적 의제의 광범위함은 각각의 주제에 대한 단편적 비판들을 불가피하게 한다. 하지만 언젠가 그러한 비판들을 이겨낼 날이 올 것이다.

참고 문헌

1차 자료

Cobb, John B., Jr., *A Christian Natural Theology* (Philadelphia, PA, 1964).
_____. *Christ in a Pluralistic Age* (Philadelphia, PA, 1975).
Farley, Edward, *Ecclesial Reflection: An Anatomy of Theological Method* (Philadelphia, PA, 1982).
_____. *Divine Empathy: A Theology of God* (Minneapolis, MN, 1996).
Hartshorne, Charles, *The Divine Relativity* (New Haven, CT, 1948).
_____. *The Darkness and the Light* (New York, 1990).
Kaufman, Gordon, *Theology for a Nuclear Age* (Philadelphia, PA, 1985).
_____. *In Face of Mystery: A Constructive Theology* (Cambridge, MA, 1993).
Ogden, Schubert M., *The Reality of God and Other Essays* (Dallas, TX, 1992).
_____. *On Theology* (Dallas, TX, 1992).
Tracy, David, *The Analogical Imagination* (New York, 1981).
_____. *Plurality and Ambiguity* (San Francisco, 1987).
Whitehead, Alfred North, *Religion in the Making* (New York, 1926).
_____. *Adventures of Ideas* (New York, 1967).

2차 자료

좋은 2차 문헌들이 매우 많아서, 입문을 위한 추천서조차도 다소 자의적인 것이 되고 말았다. 위의 저자들에 대한 계속되는 토론과 논평이 Religious Studies Review, Journal of Religion, Process Studies 그리고 Theological Studies에 수록되어 있다.

Ahlstrom, Sydney E., *A Religious History of the American People* (New Haven, CT, 1972).
Cobb, John B. and Griffin, David Ray, *Process Theology: An Introductory Exposition* (Philadelphia, PA, 1976).
Dorrien, Gary, *The Making of American Liberal Theology: Idealism, Realism, and Modernity* (Louisville, KY, 2003).
Hodgson, Peter and King, Robert (eds.), *Christian Theology: An Introduction to Its Traditions and Tasks*, 2nd edn. (Philadelphia, PA, 1985).
Macquarrie, John, *Twentieth-Century Religious Thought* (New York, 1981).

제14장

현시대의 장면: 전통의 재평가-탈자유주의

제임스 포도르 (James Fodor)

1. 서론

탈자유주의 신학(postliberal theology: '후기 자유주의 신학'으로 번역할 수도 있으나 여기에서는 '탈자유주의 신학'으로 번역한다-역주)은 현대 영어를 사용하는 신학(주로 북미와 영국)에서 일어나고 있는 내적으로 매우 다채로운 운동을 지칭하고 있다.

그 주된 목표는 다음과 같다.

① 기독교 전통의 신실하면서도 창조적 회복.
② 교회의 일치를 위해 개방된 갱신.
③ 세상에 대한 온정적 치료와 복구.

조지 린드벡(George Lindbeck)과 한스 프라이(Hans Frei)는 이런 뚜렷한 신학적 약속의 두 대표자다.
다른 옹호자들은(이들은 대표자일 뿐 망라된 명단은 아니다) 스탠리 하우어워스(Stanley Hauerwas, 1940-), 로날드 티만(Ronald Thiemann, 1946-2012), 제임스 버클리(James Buckley), 조셉 디노이아(Joseph DiNoia, 1943-), 개렛 그린(Garrett Green), 조지 헌싱어(George Hunsinger), 윌리엄 웨릅호프스키(William Werpehowski), 브루스 마샬(Bruce Marshall), 윌리엄 플레처(William Placher, 1948-2008), 케서린 그린-맥크레이트(Kathryn Greene-McCreight), 시린 존스(Serene Jones), 조셉 만지나(Joseph Mangina), 유진 로저스(Eugene Rogers), 케스린 테너(Kathryn Tanner)를 포함한다.

그보다 최근의 발전과 변동에는 그 목록에 한편으로는 존 밀뱅크(John Milbank, 1952-), 캐서린 픽스톡(Catherine Pickstock), 그레엄 워드(Graham Ward)를 포함하고 또 다른 한편으로는 피터 옥스(Peter Ochs),[1] 데이빗 포드(David Ford), 다니엘 하디(Daniel Hardy)를 포함하도록 확대될 수 있을 것이다.

확실히 위에 열거한 모든 사람이 자신을 묘사하는 이름으로 '탈자유주의'를 온전하고 편안하게 받아들이지는 않을 것이다. 이들은 비록 공통적 대의를 진전시키고 있기는 하지만 자신들이 함께 분류돼야 한다고 생각하지도 않을 것이다. 그러므로 탈자유주의의 옹호자들은 궁극적으로 '후기 자유주의'(postliberalism)로 환원되어서는 안 된다. 이것은 그 특징을 "더 큰 전통 안에 있는 급진적 운동"이라고 강조하는 것이다.[2]

학문 용어로 "탈자유주의 신학"은 린드벡의 『교리의 본성: 탈자유주의 시대의 종교와 신학』(1984년)의 등장 이후 곧장 등장했으며 그때 이래로 꾸준히 통용되고 있다. 탈자유주의 신학을 형성하고 활기를 불어넣은 지적 영향은 다양하고 다채롭다. 주된 동력은 다음의 작업을 포함하기는 하지만 국한되지는 않는다.

① 바르트 신학, 마틴 루터(Martin Luther)와 토마스 아퀴나스(Thomas Aquinas, 현대적으로 필요하다는 빛 안에서 성경과 전근대적 전통에 대한 믿음의 원천으로 비판적으로 돌아가려는 가톨릭교회 안에서의 부흥 운동이었던 새로운 신학에 따라 주로 영감을 받았다)에 대한 새로운 평가, 과학 철학에서의 발전, 특별히 토마스 쿤(Thomas Kuhn)과 마이클 폴라니(Michael Polanyi)의 작업.
② 그리고 루드비히 비트겐슈타인(Ludwig Wittgenstein)과 길버트 라일(Gilbert Ryle)에 빚지고 있는 언어 철학에서의 새로운 방향, 주로 피터 버거(Peter Berger)와 로버트 벨라(Robert Bellah) 등으로 대표되는 최근의 사회학적 분석과 통찰력, 특별히 클리포드 기어츠(Clifford Geertz, 1926-2006)로 대표되는 인류학 분야에서의 진보.
③ 문학으로부터의 이야기와 이야기 분석에서의 최근의 작업(에릭 아우어바흐), 성경적 전망(마이클 피쉬베인) 그리고 철학적 전망(알레스테어 매킨타이어)들이 그것이다.

---

1 옥스(Ochs)는 프라이와 린드벡 두 사람에게뿐 아니라 또한 퍼어스의 논리(Peircean logic-실용주의 철학자 찰스 샌더스 퍼어스(Charles Sanders Peirce, 1839-1914)의 철학을 의미함-역주)에도 깊은 흥미를 느끼고 있는 중요한 탈자유주의 유대교 신학자다. 이 두 가지의 합류는 성경을 읽음에 있어 상상력 풍부한 도전을 주었다.
2 Buckley, "Introduction", in Lindbeck, *The Church in a Postliberal Age*, viii.

탈자유주의 신학은 성경 이야기에 대한 중심적 강조 때문에 가끔 문맥 내적인 (intratextual)신학 또는 이야기 신학이라 불리기도 한다. 탈자유주의 신학은 또한 때때로 예일 학파 또는 신학의 새로운 예일 학파라 불리기도 한다. 역사적으로 그 중요한 진원지의 하나인 예일신학교를 가리키는 말이다.

탈자유주의의 신속하고 폭넓은 수용은 그 자체의 진화와 변혁이 비록 탈자유주의가 예일의 신학 전통에 많은 빚을 지고 있음이 사실이기는 하지만 이제는 예일과 직접 덜 관계되어 있음을 의미한다.

탈자유주의 신학이 가지고 있는 통일성과 응집력이 무엇이든지 간에 그것은 하나의 단일한 특징이나 과제에 의해서라기보다 가족 유사성이라는 방식으로 성취된 것이다. 탈자유주의 신학은 학파라기보다는 하나의 운동으로 이해되는 것이 더 정확할 것이다. 왜냐하면, 많은 저술이 개인적이고 '자율적인' 학문 활동을 통해서라기보다 교리적 구성에 대한 상호 관련 있는 기획에 공동 참여하는 것을 통해 진행되기 때문이다.

2. 개관

탈자유주의 신학의 주장을 간략하게 살펴보면 다음과 같다.

첫째, 탈자유주의 신학은 "유산을 회복하기 위한" 탈 비평적 여행(즉 오늘날의 도전에 대응하기 위해 특징적으로 "현대적이지 않은" 방법들에서 전근대적 원천을 다시금 회복하고 새롭게 전개하는 것)을 대표한다.

둘째, 탈자유주의 신학은 [본문과 독자들이 어떻게 상호 작용하는지 분명하게 하려고 특별히 그 설명적 측면에서 사회과학으로부터 이전에는 가용하지 않았던 개념적 도구들을 빌려오고 또한 채택하면서] 그 교회적 배경과의 관계에서 신학의 과제에 대해 관여하며 반성한다.

셋째, 탈자유주의 신학은 내러티브를 관건이 되는 범주로 배치한다. 내러티브를 통해 기독교인의 삶을 사는 실천적 과제에 봉사하며 문맥 내재성에 대한 뚜렷한 기독교적 형태와 사회적이고 교회적 구현의 해석학을 장려한다.

교회적으로 적절한 방식으로 구체적으로 성경을 구현하는 것은 신앙의 "진정한 의미"에 이르는 방식에 관해 본문으로부터 어떤 가르침이나 도덕적 진리를 성경 뒤에 두는 방식으로 "들어 올리려" 시도하는 신학과는 대조적이다. 그러한 신학은 비록 필요하기는 하지만 결국은 없어도 괜찮은 자원이다.

넷째, 탈자유주의 신학은 수행 능력을 약화하고 교회의 정체성을 위협하고 그렇지 않으면 교회가 공동의 증거와 봉사라고 하는 중심적 사명에서 벗어나게 할지도 모르는 다양한 압력(내적이고 외적인)에 직면한 "원어민"의 공동체를 유지하려는 생각으로 그 성경 논리와 교리의 규제하는 역할에 집중하는 기독교 신앙의 특수한 문법을 강조한다.

다섯째, 탈자유주의 신학은 신학에 구성적 기능보다는 주로 교정적 기능을 부여한다. 신학의 목표는 기독교적 언어 게임을 구성하는 것이라기보다 수리하고 고치고 유지하는 것이다.

신학의 목표는 근본적으로 성경이 읽히고 활용되는 방식이나 양식을 바꾸는 것이 아니라 그 대신 "일차적 해석 자체가 지니는 암시적 기준에 의해 오류들을 발견하고 교정하는 것"이다.[3] 언어학자가 그 문법을 정교하게 만들고 선하고 "적절한" 용법에 대한 규칙을 형성하려고 자연언어를 연구하는 것과 꼭 마찬가지로 신학자는 신앙 공동체에서의 성경의 일차적 사용(예배와 기도와 설교와 요리 문답 그리고 경건과 삶)을 탐구해 "이런 실제적 실천을 최대한 느낄 수 있는 이차적 개념과 이론"을 만들어내야 한다.[4]

여섯째, 탈자유주의 신학은 기독교 내부에서 가톨릭이나 성공회 그리고 정교회적 변형에 열려 있기는 하지만 아브라함의 전통(유대교와 이슬람을 염두에 두는 표현임-역주) 가운데서도 화해와 일치를 꾀하는 특성에 관한 비교 연구를 촉진하는 방식으로 뚜렷하게 개신교적 향취를 드러내고 있다.

일곱째, 탈자유주의 신학은 종교에 대한 비본질론적 접근 방법(모든 종교가 공유하는 보편적 "핵심" 또는 "본질"은 없다는 신념)을 지지한다. 종교들 사이에 물질적 특이성과 환원 불가능한 차이가 있음에 주의하는 것은 이런 특이성과 차이를 단일한 공통적인 것으로 "해소하려" 시도하지 않고 한편으로는 대체주의(supersessionism, 기독교가 유대교를 시대에 뒤떨어진 것이 되게 만들어서 "성취하고" 그러므로 초월해 대치한다는 견해)를 향한 경향을 점검하는 데 도움을 주고 다른 한편으로 진정한 상호 교류와 상호 이해를 증진하게 한다.

예컨대 유대교와 기독교의 한 하나님에 대한 공동의 증언에도 불구하고 여전한 차이를 인정하는 것은 기독교 신학자들이 교회를 이스라엘과 같은 공동체로 생각하는

---

[3] Lindbeck, "Atonement and the Hermeneutics of Intratextual Social Embodiment", in Philips and Okholm, *The Nature of Confession*, 224.

[4] Lindbeck, "Atonement and the Hermeneutics of Intratextual Social Embodiment", in Philips and Okholm, *The Nature of Confession*, 222.

이해를 발전시킬 가능성뿐만 아니라 그 필요성을 더욱더 잘 이해하게 도움을 준다.

여덟째, 탈자유주의 신학은 기독교 신앙의 주장들을 "중립적"이고 "객관적인" (즉 틀과 무관한) 방식으로 다가갈 수 있는 짐짓 보편적 원칙이나 구조에 근거시키려고 시도하는 대신 실용적으로 더 뛰어나고 신학적으로 기독교 신앙에 대한 개념적 묘사를 새롭게 시도하는 데 힘쓰면서 비토대주의적, 인식론적 태도를 보인다. 마태복음 7:16("그들의 열매로 그들을 알지니") 말씀을 지도적 통찰력으로 채택한다는 것은 신앙의 합리적 정합성과 믿을만함이 선한 행실과 능력 있는 실행이라는 용어로 더욱 잘 드러난다는 것을 의미한다.

예컨대, 기독교 신앙은 독립적으로 형성된 기준들에 부합하는 것보다 재능이 있는 배우, 기술이 뛰어난 장인 또는 숙련된 작가에게서 더 잘 식별이 되는 것이다.

신앙의 합리적 질이 암묵적이고 비공식적인 기술에 더 유사하고 그 규범이 너무나 풍성하고 미묘해서 어떤 일반적 이성이나 지식의 이론에서 특수하게 드러날 수 없으므로 종교의 지적 내용은 사변적 "해결"보다 실천적 전시(얼마나 효과적으로 신앙 공동체의 모임과 세움에 이바지하는가)를 요구한다.[5]

아홉째, 탈자유주의 신학은 그 주된 과제를 변증법적이라기보다 설명적인 것으로 생각한다. 모든 노력이 기독교적 삶의 내적 구조와 논리를 현대의 통용어와 사고 유형으로 번역하기보다는 그것을 설명하는 데 더욱 모이고 있다. 특별히 만일 번역의 목표가 입증이나 합법화를 요청하기 위한 것이라면 더욱 그렇다. 변증적 관여가 추구되는 때마다 비조직적으로 특별한 양식으로 이루어진다. 경우마다 특별한 주제와 관련해 특수한 문맥에 적절하게 특수한 대담자에 관해 야기된다.

3. 조지 린드벡

아마도 이 구별되는 신학적 약속의 형태에 대해 가장 널리 읽히고 인용되는 설명은 린드벡의 『교리의 본성』이라는 책이다. 몇몇 사람이 그렇게 하는 것과 같이 이 책을 탈자유주의 신학의 선언문이나 대헌장으로 주장하는 것은 근거가 없으며 잘못이다. 기껏해야 이 책은 특수한 방법론적 ("신학 이전의") 주제들에 관해 제한적 "프로그램화된 제안"의 윤곽을 제공하고 있을 뿐이다.

다른 교의학과 비교해 "보다 실질적 연구에 대한 서문"으로 원래 생각되었던 이

---

[5] Lindbeck, *The Church in a Postliberal Age*, 190.

얇은 책은 교회 일치적 기반 안에 단호하게 서 있으며 오랜 기간의 구상 끝에 기독교 교리를 인식하기 위해 수용된 방식에 린드벡이 점점 불만을 느끼게 되면서 등장했다.

역사적으로 나누어진 기독교 안의 다양한 고백의 교리적 화해는 분명히 린드벡의 주된 동기가 된 흥미였다. 그런데도 이 책은 주로 교리의 이론과 종교의 이론 사이에 그려지고 있는 심층적 구조적 유사성 때문에 훨씬 폭넓은 청중에게 호소하고 있다.

기독교 신앙 안과 밖 모두에서 매우 복합적 견해의 배열을 지나치게 단순화할 수 있는 위험에 직면해 린드벡은 삼중적 모형론을 감행한다. 그 각각의 유형은 어떻게 종교적 교리가 실제로 작동하는지를 설명해 주려 노력한다.

현대성을 지배하는 두 가지 방법은 각각 "명제주의적"인 것과 "경험적 표현주의적" 유형이다. 전자는 교리가 "객관적 실체들에 대해 정보를 제공하는 명제 또는 진리 주장"으로 기능한다고 주장한다. 그러므로 교리의 참 또는 거짓됨이 그 말을 하는 사람들의 주관적 성향과 무관하게 어떤 사실이나 사태와 부합하는지에 따라 평가될 수 있다.

"경험적 표현주의적" 유형은 이와 대조적으로 교리를 전적으로 주관적 용어로 "내적 감정이나 태도, 실존적 정향에 대해 비정보적이며 비논설적 상징"으로 해석한다. 린드벡 자신이 선호하는 "문화적 언어적" 유형에서는 어떤 교리의 주된 (유일한?) 기능은 "대화와 태도 그리고 행동에 대한 공동으로 권위 있는 규칙들"을 정교화하는 것이다.[6]

"예수가 주님이다"라는 기독교의 주장을 생각해 보자. 린드벡의 문화적 언어적 유형에서는 이런 교리적 확신이 특별히 전체로서의 기독교적 확신과 일치하는 방식으로 어떻게 바르게 말하고 생각하고 느끼고 행동할 것인가 하는 기독교적 실천을 지도하고 인도하는 이차적 지시라고 할 수 있는 하나의 규칙으로 작동한다.

항상 당신이 염원하고 말하는 바가 무엇이든지 유의해 그리스도의 마음에 당신의 삶이 적합하도록 그렇게 행동하라는 것이 그러한 규칙을 분명하게 표현한 하나의 방식이 될 것이다.

여기에서 "예수가 주님이다"라는 주장은 다른 유형들같이 객관적 사실에 대한 일차적 진술("명제주의적 입장")이나 주관적 감정("경험적 표현주의적 입장")과 같이 해석되고 있지 않음에 유의하라. 비록 "예수가 주님이다"라는 분명 두 가지 모두를 함축하기는 하지만 말이다.

그러므로 그 말의 인식론적/명제주의적 내용을 탐구함으로 그렇게 하든지 그렇

---

6 Lindbeck, *The Nature of Doctrine*, 16, 18, 19.

지 않으면 얼마나 그 말이 그 내적 기분이나 성향을 잘 파악하고 있는지를 보기 위해 그 말을 언명하는 사람들을 살펴봄으로써 "예수가 주님이다"라는 주장의 진실성을 결정하려는 어떠한 시도든지 논리적으로 개념적으로 혼란을 겪고 있다. 하나님과 우리 또는 세계에 대한 하나님의 관계에 관한 참이나 거짓이 되는 주장을 하는 것은 교리의 주된 기능이 아니다.

교리의 주된 기능은 어떻게 그 규칙에 대한 과거 기독교의 남용을 규정하고 수정할 것인지를 포함해 우리의 성향과 행동, 하나님에 대한 우리의 말에 관해 지침과 안내를 제공하는 것이다. 그러므로 "이교도들의 머리를 쪼개는 것을 정당화"하기 위해 "예수가 주님이다"라는 말을 사용했던 기독교 십자군들은 "고난받는 섬김으로 … 구현되는 주재권에 대한 기독교적 이해에 충돌되는"[7] 방식으로 전개되었기 때문에 잘못된 것으로 드러난다.

명제 주의자들은 교리적 항구성을 쉽게 설명할 수 있지만, 교리의 변화는 설명하지 못한다. 경험적 표현 주의자들은 정반대의 문제에 직면한다. 그들은 변화를 잘 설명하지만, 교리적 항구성을 설명하지는 못한다. 문화적 언어적 방법 또는 규칙 지배적 방법은 여러 면에서 장점이 있다.

첫째, 그것은 교리적 문제에 있어서 변화하는 것과 같이 남아 있는 것 사이를 구분함으로써 권위적 교회의 가르침이 지니는 본질적 항구성과 규범성을 보다 정당하게 다루어준다.

둘째, 그것은 신앙을 설명하기 위해 철학적 개념을 사용하면서 어떤 실용적 잠정성을 격려한다. 왜냐하면, 규칙을 따르는 것은 어떤 특수한 형이상학적 전망이나 특수한 존재론적 신념에 대한 충성을 강요하지 않으며 그렇게 함으로 하나님의 자비를 높이거나 받들어주기 때문이다.

셋째, 그것은 교리적 발전의 현상(어떻게 새로운 교리가 시대를 통해 나타날 수 있는지)과 퇴화(devolution, 어떻게 오래된 교리가 주변화되거나 전적으로 잊힐 수 있는지) 그리고 교회 일치를 위한 화해(어떻게 한때 서로 충돌하게 했던 교리가 화해를 이루고 서로 간의 동질성을 확보해 줄 수 있는지)를 더욱더 잘 설명해 준다.

문화적 언어적 설명에서는 종교적 주장이 "참인지", "거짓인지" 판단해 줄 어떤 직접적 방법이 존재하지 않는다. 다른 관점들과는 달리 문화적 언어적 방법은

---

7 Lindbeck, *The Nature of Doctrine*, 64.

한 종교 안에서 종교들이나 구별되는 견해들을 비교할 수 있는 공통적 틀이 없다고 제안한다. 우리는 다만 종교적 언명의 진실성을 "열매가 많음"이라고 하는 실용적 기준에 따라 '간접적', '통전적'으로 판단할 수 있을 따름이다.

어떤 종교적 언어의 "절대적 적절성"은 그것과 상관있는 삶의 형태에 의해 드러나는 "체계 내적 정합성"에 의해 보완되어야만 한다. 이런 기준들이 진리를 위한 전제 조건인 동시에 시험수단임을 인정한다면 이런 기준의 타당성을 결정하는 것은 언어적 과제인 동시에 실천적 과제이기도 하다.

이런 종교의 문법이나 어휘는 결국 그 공동체가 하나님에 대한 보다 풍성하고 더 충만한 삶으로 인도해 주는가?

그렇지 않으면 삶으로 하여금 점점 더 자기 중심적이고 옹색하고 허위적이게 하는가?

확실히 종교적 언명의 체계 내적 진리성은 존재론적 의미를 지닌다. 종교적 언명은 사실 실체를 "언급"하거나 그 실체에 "상응한다." 하지만 그러한 상응의 성격은 그 자체로 고려된 종교적 진술에 본질적 특징으로부터 생겨나는 것이 아니다. 그러한 생각은 명제로 환원할 수 있는 상응에 대한 저속하고 합리주의적 의식을 채택하는 것이다.

상응은 종교적 언명이 "그 자체로 가장 중요하고 궁극적으로 실재하는 존재에 상응하는 삶의 형태를 구성하는 가운데 세계 내에서의 존재의 양식"[8]에서 행하는 역할이라는 용어로 더 잘 해석될 것이다. 그렇다면 린드벡의 문화적 언어적 유형은 (비록 그것이 요구하지는 않지만) 온건한 인지적 실재론을 위한 여지를 만들어준다. 이런 견해는 "사물에 대한 마음의 어울림"으로서의 진리에 대한 견해이다.

하지만 문화적 언어적 유형은 언명과 실체 사이의 구조 동일성이 사실 자연에 있어 근본적으로 드러나며 그러므로 "하나님에 대한 자아의 순응이라고 하는 더 폭넓은 차원의 한 부분이요 한 무더기로 묘사되어야만 한다"[9]는 단서를 가지고 이루어져야 한다. 그러므로 주로 명제적이라기 보다는 절대적 진리에 대한 그 유형의 이해에도, 대응으로서의 진리는 문화적 언어적 유형에서 그 중요성을 간직하고 있다.

최종적 결말은 "포괄적 해석적 틀"을 이야기를 통해 구현하는 것으로 종교를 이해하는 문화적 언어적 유형에서는 진리 주장을 불변적이고 불가피한 것으로 평가하는 것은 특수한 성경 본문의 궤도 안에서 발생한다. 성경은 "삶과 사고의 전체"

---

8 Lindbeck, *The Nature of Doctrine*, 65.
9 Lindbeck, *The Nature of Doctrine*, 65.

를 구조화하며 형성해 준다.¹⁰ 이것은 그리스도인들에게 하나의 유일한 세계는 성경의 세계 그 외의 것일 수 없다는 것을 의미한다.

게다가 성경 본문에 의해 제시되는 실체보다 앞서는 실체가 있을 수 없으므로 신학의 과제는 "문맥 내재적"으로 머물러야 한다. 이것은 "성경을 성경 바깥의 범주로 번역하기보다 성경의 틀 안에서 실체를 대신 묘사해 주는 것이다.

말하자면 본문을 병합하는 것이 세계라기보다는 세계를 병합하는 것은 본문이다."¹¹ 그러므로 진리에 대한 전통적 개념의 특징인 형식적 특징이라고 할 수 있는 기독교 신앙의 포괄성, 중심적 중요성과 초월할 수 없음은 성경 본문이 지니는 전체를 병합하는 능력에 해당하는 것이다. 이런 중요한 지점에서 린드벡의 작업은 의미심장하게 그의 오랜 동료이자 대화 상대인 한스 프라이에게 의존하고 있다.

4. 한스 프라이

탈자유주의 신학에 대한 한스 프라이의 공헌은 비교할 수 없을 정도로 지대하다. 그 가운데 중심적 두 가지는 신학에서 성경적 내러티브의 중요성을 회복한 그의 책이고 동시에 기독론에서 "현존"을 넘어서 "정체성"을 인정한 것이다.

『성경적 내러티브의 일식』(*The Eclipse of Biblical Narrative*, 1974년)에서 프라이는 지난 300년 동안 역사적 의식에서 미묘하지만 심각한 변형이 성경적 내러티브에 대한 전적 소실까지는 아니라고 하더라도 어떻게 은폐되었는지를 상세하게 추적하고 있다.

18세기와 19세기 신학에서의 발전 이전에 그리스도인들이 자기 이해를 하게 되는 압도적 방식은 자신들을 성경이라는 무엇보다 중요한 이야기 안에 위치시키는 것이었다. 이런 18세기와 19세기 신학에서의 발전은 프라이에게 이런 엄청난 커다란 변화에서 최고 수위의 표지를 나타내는 것이다.

교회에 그 기본적 근거의 틀뿐만 아니라 세상에서 그 삶을 살아내기 위해 불가결한 원천(개념적이고 상징적이며 무궁무진한)을 제공했던 것은 창조로부터 시작해 오랜 구속의 나선형 역사를 통과해 그 최종적 성취에 도달하는 성경의 대서사시였다.

교회 역사의 대부분의 기간에 성경은 "그 묘사와 가르침이 그들 자신의 실체를 가

---

10 Lindbeck, *The Nature of Doctrine*, 32, 33.
11 Lindbeck, *The Nature of Doctrine*, 118.

지고 있는 그들 자신의 권리를 가진 일관성 있는 담화의 세계"를 제공하는 것으로 간주했다. 성경은 모든 것이 이러저러한 방식으로 적응하게 만들어지는 하나의 세계였다.[12] 그러므로 기독교적 삶이 "하나의 이야기 안에" 펼쳐졌으며 성경은 하나의 자기를 해석하는 본문으로 문자적으로 상징적으로 모형적으로 읽혔다.

프라이는 성경이 에릭 아우어바흐(『미메시스』(Mimesis, 1953년)에게 빌려온 범주인 "실재적 내러티브"로 읽히는 것이 최선이라고 주장하고 있다. 이런 설명에서 내러티브 형식과 의미는 불가분의 관계이며 그래서 성경이 의미하는 바가 무엇이든 간에 "등장인물과 상황의 상호 작용 기능"으로 등장한다.[13] 의미는 이야기 자체다. 이것은 성경의 내러티브적 구조가 절대 여분의 것이거나 부수적인 것이 아니라고 주장하는 또 다른 방식이다.

이것은 단지 "지적으로 이전에 존재했던 선입견적 원형 또는 이상적 본질"을 드러내 주는 것일 뿐 아니라[14] 그 의미가 "불가결한 내러티브의 망을 형성하는 행위자들, 말, 사회적 맥락 그리고 상황에 대한 상호적이고 특별한 결정을 통해 형성되는" 것이다.[15] 성경의 내러티브적 특징은 그러므로 신앙에 필수적이며 불가결한 것이다.

> 실제적이고 비유적 읽기는 … 독자가 이야기를 통해 접근할 수 있는 세상에 혼합되어서 그 안에 자리 잡게 [허용한다].[16]

확실히 성경의 의미는 비록 그 역사적 지시물로 환원되지는 않을는지 모르지만, 그 지시물을 포함한다. 게다가 성경의 언어는 다른 속담으로 번역할 수 있는 반면에 성경의 의미를 이질적 개념적 틀 속으로 이전시키는 것은 의미심장한 상실이나 왜곡 없이는 이루어질 수 없다. 자신들이 선호하는 해석학적 전략에 상관없이 현대 신학은 변함없이 "더 큰 틀이나 설명의 범주" 안에 설명을 포함하는 것으로 끝마치고 있다.[17]

예컨대 자유주의 신학자들은 하나님과 인류에 대한 초월적 진리 안에서 성경의 "실재적인" 의미를 찾았다. 반면에 보수주의적이고 근본주의적 신학자들은 성경의 "실재적인" 의미를 그 명시적이고 사실적 지시 대상에서 찾았다. 어느 쪽으로 이해

---

12 Frei, *The Eclipse of Biblical Narrative*, 90.
13 Frei, *The Eclipse of Biblical Narrative*, 280.
14 Frei, *The Eclipse of Biblical Narrative*, 280.
15 Frei, *The Eclipse of Biblical Narrative*, 280.
16 Frei, *The Eclipse of Biblical Narrative*, 199.
17 Frei, *The Eclipse of Biblical Narrative*, 220.

하든 우리가 지금 존재하고 있는 세계는 더 성경에서 말하는 이야기들의 세계가 아니다. 그러므로 다양한 신학적 전통에 걸쳐 "커다란 반전"이 일어났다. 해석은 "성경의 이야기를 또 다른 이야기에 맞추는 문제"가 되었다.[18]

성경을 보다 결정론적 틀에 적응시키는 것은 성경을 과거의 사건에 대한 역사적 재구성을 위한 '자료'로 변형시키든지 아니면 성경을 단지 무시간적이고 보편적 상징들이나 인간의 경험에 대한 일반적 특질에 대한 또 다른 '예증'에 불과한 것으로 환원시킴으로써 성경에서 그 자체의 실체를 만들어내는 능력을 효과적으로 빼앗아 가버린다.

성경적으로 신실한 신학은 이와는 대조적으로 성경을 "하나의 문학적 작품으로 그 자체로 일관성 있는 세계인 것과 마찬가지로 그 자체의 언어적 완전성을 가진 세계"라고 인정하는 신학이다. 하지만 한 가지 중요한 단서가 있다.

> 어떤 다른 묘사된 세계와는 달리 [성경]은 우리 모두 살고 움직이고 우리가 존재하는 공통적 세계다.[19]

성경의 실체를 구성하는 능력을 심각하게 고려하는 것은 또한 기독론에도 깊은 함축을 지닌다. 프라이는 『예수 그리스도의 정체성』(*The Identity of Jesus Christ*, 1975년)이라는 책에서 예수 그리스도에 대한 성경의 이야기적 묘사 가운데 있는 성경의 논리를 따르는 것이 어떻게 '현존'(presence)보다 '정체성'에 확실한 우선권을 두는 것인지를 보여 주고 있다.

그 순서가 결정적으로 중요하다. 왜냐하면, 많은 기독론이 그러하듯이 "어떻게 그리스도께서 우리에게 현존하시며 어떻게 우리가 그의 현존을 믿을 수 있는가와 같은 종종 성가시게 하고 귀찮게 하는 질문"으로 시작하는 것은 그리스도인들이 어떻게 예수의 "현존"을 가장 잘 확립할 것인가(즉 신화적으로 아니면 역사적으로)에 대한 아무 열매 없는 토론에 걸려들게 한다. 그러한 기초적 인식론적 선입견은 단지 우리를 오도할 뿐만 아니라 성경의 권위를 깎아내리고 기독교적 자기 이해의 조건을 세우는 데 (이상론적이거나 현상론적 전망 등) 다른 전망을 허용하는 것이기도 하다.[20]

대신에 그리스도인들은 무엇보다도 예수의 현존이 주어지는 복음서 내러티브의 의도와 행동 그리고 주체와 발현의 형식(길버트 라일⟨Gilbert Ryle, 1900-76년⟩)에 주의

---

18 Frei, *The Eclipse of Biblical Narrative*, 130.
19 Frei, *Types of Christian Theology*, 161.
20 Frei, *The Identity of Jesus Christ*, 4.

를 기울여야 한다. 그럴 때만 그리스도인들은 신학적으로 성경적으로 교회 "안에서" 그리고 세계 "안에서" 예수 그리스도의 현존이 무엇을 의미하는지를 확인할 수 있게 된다.

그리스도인들은 예수가 하나님의 현존'이라고' 믿지만, 예수의 정체를 안다는 것은 예수가 현존하는 것이나 예수의 현존 가운데 존재하는 것과 '같다고' 일관되게 믿고 있다. 그러므로 예수의 정체성을 확인하는 것은 그가 현존하는 것과 같은 것이다.

그리고 이것은 예수, 복음서와 관련해 독특하게 그러하다고 프라이는 주장하고 있다. 하나님에 대한 정의를 이해할 수 있으려면 하나님은 존재하셔야만 하는(왜냐하면, 존재는 하나님의 정의에 필수적이기 때문이다) 안셀름의 존재론적 논증의 변형에서 프라이는 만일 복음 이야기를 이해할 수 있으려면, 그들이 그 정체성을 인정하는 분(예수)은 또한 반드시 살아계셔야만 한다고 프라이는 주장하고 있다.

기독론의 문제나 성경 해석 일반에 있어서 프라이는 그리스도인들이 성경을 인용하는 자료로써가 아니라 그 안에 내주해야 하는 본문으로 생각하도록 재교육하고 그런 자세를 유지하도록 해 주는 본문에 대한 충성스러운 습관을 촉진하고 있다.

"성경의 세계에 사는 것"은 성경 외부의 실체들을 그 세계로 받아들이는 것을 의미한다. 그것은 어쨌든 독립적으로 "실체"로부터 시작해, 그 다음에 거기에 성경에 적응하게 하려고 하는 것이라기보다는 성경적으로 우주를 고쳐 쓰거나 표현하는 것이다.

성경의 신실성을 외적으로 그리고 "객관적으로" 확립된 기준에 의해가 아니라 그 내적 기준에 의해 실재적 이야기로 판단하는 것은 성경의 내러티브와 해석자의 "자리 매기는 전망" 사이에 존재하는 구별을 제거하지 않는다. 도리어 그것은 후자에 어떤 자율적 상태를 부여하기를 거부하는 것이다. 본문은 논리적으로 그 해석과 구별된다. 하지만 본문과 해석은 분리해서 다루어져서는 안 된다.

우리가 프라이의 논증이 두 가지 반립적 선택지로 나누어진다고 생각하지 않도록 프라이의 마지막 십 년은 신학적 음계를 넘나드는 다양한 신학들의 복잡한 중복과 교차를 정당하게 취급하려는 노력으로 보내게 되었음을 기억해야만 한다.

신학을 순수하게 학문적 학문 분과의 하나로 생각했던 사람들과 신학을 기독교 신앙에 전적으로 내재적 활동으로 보았던 사람들 사이에 명확한 "이것이냐 저것이냐"를 해결하기를 거부하면서 프라이는 5중의 모형론(한쪽에 고든 카우프만와 다른

"비트겐슈타인류의 신앙주의자들"까지)을 제시했다.[21]

기독교 전통을 통해 성경에 가장 충실했던 종류의 신학은 학문 세계의 요구와 교회의 요구를 다양하게 결합해 균형을 잡으려 했던 사람들이었다. 프라이 자신의 방법이 바르트의 방법과 제휴하는 것은 놀랄 일이 아니다.

바르트는 기독교 공동체에서의 신학의 역할에 대해 온건한 우선권을 부여하는 것에 동의했으며 다른 주장을 취해 변증하는 것은 항상 특별한 경우이고 절대 조직적 방법으로는 가능하지 않다.

하지만 프라이의 보다 놀랄만한 특징 두 가지는 이렇다.

첫째, 어떻게 신학적 스펙트럼이 직선적이라기보다는 더 순환적인 것으로 판명나는가 하는 것이다.

둘째, 어떻게 통상적으로 극단적 반대로 보이는 처지가 사실상 근접한 이웃으로 드러나는가 하는 것이다.

예컨대 프라이의 모형론에서는 칸트주의자들과 비트겐슈타인주의자들 둘 다, 왜 신학이 철학에 주의를 기울일 필요가 없는지에 대한 논증을 제공하고 있는 것처럼 매우 근접해 있다. 마찬가지로 제시된 모든 유형 가운데 슐라이어마허를 추종하는 사람들과 바르트를 추종하는 사람의 역사적 상이점에도 기독교 전통에 대한 가장 유망한 이차적 재진술을 제시하고 있다.

프라이의 새로운 유형론이 지니는 간접적 결과 중 하나는 이 유형들이 중요한 신학자들(존 하워드 요더는 단지 두 가지 실례에 불과하다)을 배치하는 데 도움이 된다. 이 유형들이 아니었다면 이들 신학자는 현금의 지적 지도에 나타나지 않았을 것이다.

5. 스탠리 하우어워스

탈자유주의 신학은 그 근본적 윤리적이고 정치적 함축 일부를 드러내는 데 도움을 주었다는 점에서 스탠리 하우어워스에게 빚지고 있다. 예수의 정체성을 결정하면서 성경적 내러티브의 수위성에 관심을 집중시켰던 프라이를 이어받아 하우어워스는 이런 분석을 세상에서의 그리스도의 현존의 연장 일종으로 교회가 자신을 이

---

[21] Frei, *Types of Christian Theology*, 1–7.

해하는 이런 분석으로 확장했다. 세상에서 그리스도를 구현하는 것은 기독교적 정체성이 [단지 활동을 위한 전제 조건이 아니라] 활동'이라는' 것을 의미한다.

게다가 그 동일성은 단순하지도 단일하지도 않다. 그리스도인들이 단지 저자들이 '아니지만' 그런데도 그 발현에 진정으로 이바지하는 지속적인 "이야기"의 복합적이고 역사적 우연성 안에서 발견되고 형성되는 공동의 성취다.

기독교적 정체성은 분명히 내러티브가 드러나는 것을 요구하지만 이것은 성경에 특유한 것 너머에 있는 내러티브에 대한 일반화된 주장을 변호할 것을 요구하지 않는다.

내러티브의 중요성에 대한 이유는 이렇다.

첫째, 성경적으로 특별한 이유는 성경 내러티브를 떠나서는 기독교적 제자도와 덕의 삶을 살아가는 것이 불가능할 것이기 때문이다.

만일 우리가 우리의 도덕적 선택에서 주도적으로 되기를 원한다면, 어떻게 "계몽주의적 기획"이 "우리가 전통을 버리는 것이 필수적 선결 조건이라고 설득할 수 있는가" 하는 매킨타이어의 설명에 의존해, 하우어워스는 주류 기독교 신학이 우리가 더 결정적 전통을 가지거나 필요로 하지 않는다는 현대 자유주의의 매혹적이지만 잘못된 이야기를 받아들였다고 주장한다.[22]

우리가 아무런 이야기도 가지고 있지 않다는 자유주의의 이야기는 실망스러울 정도로 해로운 것이다. 왜냐하면, 자유의 이름으로 자유주의는 기독교적 도덕적 삶을 살아감에 있어 불가결한 자원에 대한 극히 중요한 연계성을 끊어버렸기 때문이다. 한 공동체의 전통인 논리적이고 개념적이고 상징적이며 상상력 풍부한 자원의 부유함으로부터 분리되어 도덕적 행위자는 그 스스로 내용을 빼앗기고 있는 자신을 발견하게 된다. 그뿐만 아니라 진정한 도덕적 결정을 내리는 데 필요한 기준도 빼앗기고 있다. 그리스도인들을 투옥하고 온전한 합리적 도덕적 선택을 시행하는 것을 부인함으로 그리스도인들을 부자유함에 묶어두기는커녕 전통은 바르게 그렇게 불릴 수 있는 도덕적 자유의 시행을 위한 필수적 조건을 제공하고 있다.

둘째, 내러티브는 도덕적 삶을 위해 매우 중요하다. 왜냐하면, 그것 없이는 기독교적 성품은 표현이나 발전 또는 교정의 수단을 가지지 못하기 때문이다. 성경적 내러티브를 빼앗기고는 우리는 어떻게 성실과 인내, 복종 그리고 용기와 희망과 같은 덕

---

22 Hauerwas, in Berkman and Cartwright (eds.), *The Hauerwas Reader*, 250–1.

성이 교회 내에 그리고 지켜보고 있는 세상 앞에 드러나는지 이해할 수 없게 된다.[23]

기독교적 설교와 요리 문답과 찬양은 이야기되는 세계와 별도로 이해할 수 없듯이 기독교적 도덕적 삶은 그 불가결한 내러티브적 특성과 구조를 빼앗긴다면 내용과 방향과 목적을 상실하게 된다.

그러므로 그리스도인들이 그리스도 안에서 자신들을 부르신 하나님께 세상에서 봉사하기 위해 제공할 수 있는 최선의 것은 세상을 바꾸려고 시도하는 것이 아니라 교회가 되는 것이다. 왜냐하면, 단지 신앙 안에서 진정으로 교회가 되는 것에 의해 세상은 세상으로 그 자신을 인식할 기회를 맞게 될 것이기 때문이다.

이것은 교회와 세상 모두를 위한 구원의 희망이다. 그리스도인들은 세상에서 세상을 위해 살도록 부름을 받고 있다. 다만 세상이 되지 않으면서 말이다.

6. 토론

탈자유주의 신학 안에서의 토론이나 탈자유주의 신학에 관한 토론은 어떤 간략한 정리가 불가능할 정도로 매우 복잡하다. 탈자유주의 신학은 분명 강력한 반대에 부딪혀왔다. 이런 비판이 실제적 불일치를 반영하는지 아니면 단순한 오해인지는 항상 분명한 것은 아니다. 어떤 경우에는 이런 비판을 통해 탈자유주의 신학자들이 그들 서로가 어디에서 의견의 일치를 보지 못하고 있는지 혹은 자신들의 견해가 지닌 함축을 충분히 드러내지 못했던 부분에서 진전된 명료화를 가져오기도 했다. 다른 경우에는 논란이 빛보다 많은 열을 산출했다. 여기에서는 비판의 전 영역을 정당하게 다루고 있는 체하지 않고 다만 힘을 쏟고 있거나 토론이 건설적 발전이라고 하는 대부분의 약속을 유지하고 있는 몇몇 영역을 지적하는 것이 현재의 목적을 위해 충분할 것이다.

7. 내러티브

실제로 모든 탈자유주의 신학의 지지자들은 신학을 위한 성경적 내러티브의 우선성을 강조하고 있다. 성경적 내러티브의 근본적 중요성에 대해선 분명하고 설득

---

[23] Hauerwas and Pinches, *Christians Among the Virtues*.

력이 있지만, 탈자유주의 신학자들은 다음처럼 항상 분명한 것은 아니다.[24]

첫째, 내러티브가 지니는 적절한 인식적 중요성을 그 교육적이고 미학적 장점으로부터 구별함에서.

둘째, 성경이 "거주할 수 있는" 또는 "따를 만한" 본문이 되고 신앙 공동체에 대한 안내자가 되며 그리고 (문학적 형식으로써) 내러티브가 이런 안내의 주된 양식을 구성하는 여러 방식 사이를 구별함에서.

셋째, 어떻게 신앙 공동체가 성경 본문 안에 내주하며 거주하기를 배울 수 있는지를 상술함에서.[25]

넷째, 내러티브의 강점뿐만 아니라 그 한계를 정함에서.

내러티브 자체의 조건 없는 승인(내러티브 형식이 그 자체 특별한 인식적 의미가 있다는 생각)을 바르게 피하지만 탈자유주의 신학자들은 여전히 성경적 내러티브의 불가결성에 대한 자신들의 주장을 약화하지 않으면서 신학에서의 조직적 담화(예컨대 조직 신학을 말함-역주)의 역할을 설명할 필요가 있다. 분명 성경적 내러티브는 다른 방식으로는 효과적으로 표현할 수 없는 사물들을 표현할 수 있다. 하지만 이것은 아직도 성경적 내러티브의 충족성에 대한 논증은 아니다.

교회의 요리 문답적인 [그리고 아마도 또한 변증적인] 필요는 [문학적 형식으로서의] 내러티브만으로는 제공할 수 없는 정확성과 조직화라고 하는 종류와 수준을 요구한다. 그러므로 내러티브와 조직 신학적 담화 사이에 생겨난 긴장은 탈자유주의자들이 유지하는 데 보다 많은 힘을 쓸 필요가 있는 어떤 것이다. 기독교 신앙은 보편적 함축을 지닌 주장을 하므로 [즉 항상 어디에서나 진리이다. 기포드의 어구를 사용하자면 "시간상으로 색인이 붙어 있지 않다"] 신학은 "내러티브적 담화의 치환 불가능한 특수성"을 단지 "조직 신학적 담화의 추상적이고 부자연스러운 도식"의 부수적 현상이라고 해석하지 않고 이 두 가지를 모두 전개할 수 있음이 분명하다.[26]

교리가 '배타적으로' 규제적 기능에만 제한되어야 한다는 린드벡의 제안은 적절한 형이상학적 종류의 물음을 던질 교회의 필요를 파생적인 것으로 해석해 가장 중요한 내러티브에 부속되게 하려는 시도로 보일 수도 있다. 하지만 토대주의를 거

---

24 Griffiths, "The Limits of Narrative Theology", in Yandell, *Faith and Narrative*, 217-36.
25 Nicholas Wolterstorff, "Living Within a Text", in Yandell, *Faith and Narrative*, 202-13.
26 Nicholas Wolterstorff, "Living Within a Text", in Yandell, *Faith and Narrative*, 230.

절하는 것은 조직 신학적 담화의 개진으로부터 물러나는 것을 의미하지 않으며 그러한 개진으로 생겨난 형이상학적 질문을 회피하는 것도 아니다.

형이상학적 질문을 다루는 것은 신학을 형성하는 것이기 때문에 문화적 언어적 방법이 온건한 인식론적 실재론을 '허용'하지만 '요구'하지는 않는다는 사실을 인정하는 것은 전적으로 충분하지는 않을지도 모른다. 탈자유주의 신학은 그러한 인식론적이고 신학적 실재론이 함축하는 바가 무엇인지에 대해 건설적 제안을 제공함에서 더 적극적일 필요가 있다.

관련 있는 도전은 어떻게 성경의 세계가 다른 세계와 관계하는가 하는 것이다. 탈자유주의 신학자들은 세상이 이해하도록 기독교의 가장 결정적 내러티브들을 배치할 수 있는 성경적 상상력을 되살리고 유지해야 할 필요에 대해 매우 설득력 있는 주장을 하지만 이런 "성경의 이상한 새로운 세상"(바르트)이 다른 세상과 어떻게 관계하는지는 분명한 일치가 없다.

어떻게 성경의 내러티브는 성경 "바깥에" 있는 것을 침범하는가?
성경의 내러티브는 전적으로 현대 세계를 대치하는가?
성경 내러티브는 안으로부터 성경 바깥의 내러티브를 조명하고 변화시키는가?
아니면 이들 세계의 대면/조우는 또한 상호 심판과 교정의 기대를 일으키는가?

만일 기독교가 그 뚜렷한 정체성을 유지하려고 한다면, 어떤 수준에서는 성경의 세계가 모든 다른 세계를 "흡수한다"라는 것은 전적으로 이해할 만하고 불가피한 것이다.[27] 그러나 **단선적 방향**은 말할 것도 없고 모든 다른 것이 "흡수되거나" "삽입되는" 통제적 이미지와 같은 틀을 지역적으로 그리고 은근히 정적으로 내어버리는 것은 걱정스럽다.

교회가 세계를 그 자신의 성경에서 말하는 틀 안에서 해석하려고 시도할 때마다, 말하자면 세계를 그 자신으로 "흡수하려고" 시도할 때마다 바라건대 비판적 자기 발견의 순간이 있게 된다.

> 세계를 판단함에서 세계를 그 자신의 극적 대사를 가지고 직면함으로써 교회는 또한 그 자신을 판단한다. 세계에 비판적 진리를 보여 주려고 시도함에서 교회는 또한 그

---

27 Bruce Marshall, "Absorbing the World: Christianity and the Universe of Truths", in *Theology and Dialogue*, 69–102.

자신을 교회로써 보여 준다.²⁸

교회는 세계를 그 자신의 기초가 되는 내러티브라는 용어를 통해 해석할 따름이다. 하지만 종종 무시되곤 하는 것은 해석이라고 하는 바로 그 행동이 세계뿐 아니라 내러티브에도 영향을 미친다고 하는 것이다.²⁹

탈자유주의 신학은 미래에 이런 상호성과 상호 교정을 설명하는 것에 더 많은 관심을 기울여야만 한다. 만일 탈자유주의 신학자들이 더 큰 특이성을 가지고 어떻게 성경의 세계가 흡수하려고 시도하는 세계와의 대면으로 판단 받을 뿐만 아니라 "교정되는지"를 분명히 말하지 않는다면, 만일 그것이 봉사(디아코니아)의 사명으로서의 교회의 사명에 중심적 자리를 부여하지 않는다면—참여와 연대의 형식을 택하는 봉사, 기꺼이 듣고 반응하는 것, 심지어 그리고 특별히 그러한 반응이 회개의 반응이라 하더라도—그 운동은 그 자신의 최선의 통찰력을 배반할 위험이 있다.

교회가 그 자신의 성경적 틀로 세계를 "흡수하려고" 시도할 때 야기되는 비판적 자기 발견의 순간은 교회가 받는 유일한 유익이 아니다. 능동적으로 건설적으로 "세계 흡수"라고 하는 이런 경우들은 또한 관대함과 환대라고 하는 교회의 덕성을 실행하고 확장하는 것이다.

그 자신의 세계가 또 다른 세계에 의해 시험을 받도록 허용하는 것은 부분적으로 다른 담화가 그 자신의 신학에 어울리는지 아닌지와 어느 정도까지 어울리는지를 분별하는 것을 포함한다. 명랑한 성향을 함양하고 환대와 관대함이라는 습관을 기르는 것은 그러므로 탈자유주의 신학에 원료가 된다. "신학적 공동체 바깥에서 전유 되는 그 자신의 유산을 통해 신선하게 성경 본문에 돌아가는"³⁰ 경험은 기독교 신학이 지속해서 열려있어야만 하는 경험이다. 여기에서 하우어워스와 다른 사람들이 주창하고 있는 오래 참음과 용서라고 하는 기독교의 덕성과 "다른 사람의 언어와 행동을 성급하게 기독교적 범주로" 강요하는 것에 대한 성령이 인도하는 과묵함은 특별히 어울린다.³¹

---

28 Rowan Williams, "Postmodern Theology and the Judgment of the World", in Burnham, *Postmodern Theology*, 95.
29 Rowan Williams, "Postmodern Theology and the Judgment of the World", in Burnham, *Postmodern Theology*.
30 Rowan Williams, "Postmodern Theology and the Judgment of the World", in Burnham, *Postmodern Theology*, 111, n. 2.
31 Rowan Williams, "Postmodern Theology and the Judgment of the World", in Burnham, *Postmodern Theology*, 106.

그러한 범주 자체에 대한 우리 자신의 이해는 여전히 성장하고 변화하고 있다는 것을 기억할 때 그렇게 할 수 있을 것이다. 그러한 덕성의 실행 없이는 성경적 내러티브의 동화시키는 능력은 지배적으로 되어 "흡수"의 방식은 무비판적이고 전체적이며 냉담해질 것이다.

이런 불평은 급진 정통주의(Radical Orthodoxy)에 반대해 제시되고 있다. 급진 정통주의는 존 밀뱅크(Alasdair John Milbank)와 캐서린 픽스톡(Catherine Pickstock) 그리고 그래함 워드(Graham Ward)에 의해 선도되고 있는 최근의 (1997년) 운동이다.

이 운동은 탈자유주의의 비토대주의적 방법과 성경적 내러티브의 수위성에 대한 강조를 공유하고 있지만 전 근대적 신학과 포스트모던 철학, 급진적 ("좌파적인") 정치를 특수하게 혼합함으로 탈자유주의 신학과 스스로 구별하고 있다.

성경 본문의 동화하는 능력이 그 "합리성"의 '바로 그' 척도가 되고 "합리성"이 수사학적으로 성경의 세계가 가지고 있는 불변하는 능력이라는 말로 모든 다른 세계를 "이야기해 주거나", "의표를 찌르도록" 새롭게 제시될 때 상호 판단과 교정의 유익을 받는 것은 고사하고 항거를 제시하거나 회개를 드러내기 위해 그 안에 남아 있는 것은 거의 없다라고 비판자들은 주장하고 있다.

8. 본문 또는 독자들의 공동체?

'성경 본문'은 "실재적 내러티브"로 읽혀야 한다는 프라이의 초기 주장은 성경을 읽는 가장 신실한 방법은 '공동체' 안에서만 가능하다는 그의 생애 후반에 했던 주장(즉 오래도록 확립되어 있는 교회적 실행에 일치하는 "문자적 읽기")과 어떤 관련이 있는가?

성경에 대한 권위적 독법은 본문 자체의 어떤 특징의 기능 그 이상인가 그렇지 않으면 성경의 독자들이라고 하는 주된 공동체가 다소간 시대를 넘어서 일관되게 이해했던 어떤 특징의 기능인가?

'후자가 맞다면' 정확히 탈자유주의자들은 어떤 교회 공동체를 염두에 두고 있는가?

린드벡은 "위대한 전통의 교회적 담지자"인 "역사적으로 주류 교회들"이라고 강조하는 것 같다.[32]

---

[32] Lindbeck, *The Church in a Postliberal Age*, 226.

역사적으로 주변화된 기독교 공동체는 성경에 대한 "문자적 읽기"에 어떤 이바지를 할 수 있는가?

내러티브의 상대적 정합성은 분리되어 있지만 관계있는 주제를 제시한다. 해체주의자들과 포스트모더니스트들의 방법은 모든 거대 담론에 대해 도전하고 바로 그 성경의 내러티브에 대한 호소에 의문을 제기하면서 본문의 불안정성과 불확정성을 강조한다.

문학적 장르인 동시에 내적으로 복수적이고 다양한 사회성으로서 내러티브가 지니는 "일치하는 부조화" 또는 "불일치하는 조화"(폴 리꾀르)를 보다 온전하게 설명하는 것은 여전히 탈자유주의 신학에 지속적인 도전으로 남아 있다.

9. 진리

진리의 문제는 탈자유주의 신학에서 매우 중요해 보인다. 기존의 진리 이론에 반대하는 탈자유주의 신학의 논쟁은 확실히 교정과 개혁과 보수라고 하는 폭넓은 과업을 부과한다. 이것은 신학적 진리에 대한 대안적 설명을 수립하는 것을 포함하지 않는다. 그런데도 탈자유주의자들이 한때 그러했던 것보다 이들 문제에 대해 더 분명하게 자신들의 견해를 밝히라고 요구하고 있다.

비록 ,프라이는 역사적 대답이 부활에 대한 온전한 설명이 될 수 없다고 확신하고 있지만, 특별히 "어떤 일이 예수의 부활 시에 일어났는가?"

이같은 존재론적 지시를 포함하는 역사적 질문을 복음에 대해 던지는 일의 타당성을 흔쾌히 인정하고 있다. 이와 비슷하게, 린드벡은 기독교 교리의 진리 주장이 지니는 존재론적 함축과 "온건한 인지주의"에 여지를 남겨둘 필요를 기꺼이 인정하고 있다.

이런 입장은 지시된 것(*significatum*)과 지시하는 인간의 양식(*modus significandi*) 사이를 아퀴나스가 구분한 것에 영감을 받은 진리 개념에 대해 제한적이거나 조건적 상응을 제공하는 것으로 표현된다. 전체적으로 탈자유주의자들은 진리에 대한 보다 온전한 신학적 설명으로 보이는 것에 대해 소극적이다. 이런 방향으로의 중요한 발걸음이 최근에 브루스 마샬(Bruce Marshall)의 『삼위일체와 진리』(*Trinity and Truth*, 1999년)라는 책에서 이루어졌다. 이 책은 탈자유주의적 전망으로부터 진리에 대해 기독론적이고 명제주의적 설명을 구성 원리로 개진했다.

마샬은 어떻게 그리스도인들이 최고의 이교 사상(이 예에서는 분석 철학 전통)으로부터 그러한 사상이 기독교의 개념과 범주를 통해 "완성"을 발견할 것이라는 희망을 품고 교훈을 얻고 배울 수 있는지를 보여 주었다.

마샬에게 있어서 그러한 완성은 무엇보다도 진리를 위한 명확한 기독교적 기준이 꼼짝없이 신앙주의(주어진 신앙을 구성하는 일련의 신념은 그 자체에 대해 외재적 기준으로 평가될 수 없다는 견해)로 끝마치지 않음을 보여 줌으로써 성취된다.

그와는 반대로 진리와 정당성을 위한 기독교적 기준은 단지 외부적 주장과의 관여를 '허락'할 뿐만 아니라 '명령'하기까지 한다. 그러한 관여의 성공 여부는 기독교가 그 오랜 역사를 넘어 이들 범주와 기준에 동화되고 그들로부터 배우면서 이들 범주와 기준을 개진해 왔던 방식에서 증명이 된다.

건설적으로 마샬은 성령의 인식론적 역할을 지지하고 있다. 성령을 통하여 그리스도인들은 자신들에게 "제약 없는 인식론적 우선권"을 가지고 있는 신념들을 이해하고 또 동의하게 된다. 진리에 대한 마샬의 신학적으로 훈련되고 삼위일체적으로 형성된 설명은 진리가 철학적으로 건전한 진리의 이론을 가진 한 인격(예수)이라는 근본적 기독교적 확신을 설득력 있게 통합해낸다.

밀뱅크와 픽스톡(『아퀴나스에게 있어서의 진리』〈Truth in Aquinas, 2000년〉)은 마샬의 설명에 도전한다. 하지만 그와 동시에 생각되고 있는 진리의 의식적이고 미학적 차원을 한 단계 더 발전시킨다. 마샬과는 달리 밀뱅크와 픽스톡은 세속적 이론(타르스키)으로부터 물러서는 대응 이론이 진리에 대한 기독교적 설명에 가장 큰 도움이 된다는 사실에 동의하지 않는다.

정말로 그들은 아퀴나스를 어거스틴적, 플라톤적 틀 안에서 다시 읽고 있다. 그런 틀에서는 신적 조명과 광범위한 논증이 단일한 신앙/이성 연속체에 대한 "다른 강도"를 지닌 목록으로 봉사한다. 그 결과 전적으로 다른 진리에 대한 접근이 되고 만다. 아마도 그 가장 구별되는 특징은 그것이 "예전적 실행 가운데 신적 강림을 마주하는 것과 함께 진리에 대한 이론적 동의의 완성을 요구하는" 방식이다.

하나님의 진리에 참여하는 것은 인간적인 승귀와 신적 하강이 성만찬에서 탁월하게 만나는 것을 의미한다. 성만찬을 통해 사실상 자기도 모르게 우리의 예술적이고 예전적 시도를 통해 하나님을 찬양하려는 우리는 하나님의 진리를 구성한다. 아퀴나스를 따라 충분한 근거로서의 진리는 동시에 목적론적이고 실천적이고 그리고 이론적 미학적 차원을 소개하는 진정한 관계이며 비율 또는 조화다.[33]

---

[33] Milbank and Pickstock, *Truth in Aquinas*, xiii, xiv, 5.

10. 분파주의 또는 이스라엘 됨의 공유?

교회의 근본적, 신학적 실존을 그 실용주의적이고 사회학적 효능으로부터 적절하게 구별하지 못하는 것은 흔히 탈자유주의 신학 안에 있는 "분파주의적 편견"에 대한 가열되고 주로 무익한 토론을 일으키곤 한다. 비판자들은 종종 교회의 인식론적 우선성에 대한 하우어워스의 강조[34]나 급진적으로 비기독교화된 세계에서 교회는 "외부적 세력"에 대항해 자신의 정체성을 유지하기를 원한다면 사회 일반으로부터 날카롭게 구별되어야만 (사회학적으로 분파적이어야) 한다는 린드벡의 주장[35]을 일종의 문화적 고립주의나 정치적 정적주의를 승인하는 것으로 해석하곤 한다.

그러한 태도를 통해 교회는 자신의 사회적 책임을 효과적으로 포기해버린다. 교회의 정체성을 유지하는 것은 좋다. 하지만 사회적 적절성이나 정치적 영향력을 상실해버리는 것은 단지 너무나 높은 귀중한 가치이기 때문에 대가를 치르는 것은 안 되는 것이라고 비판자들은 주장하고 있다.

여기에서 신학적 주제는 최종적으로 선택과 기독교의 특수성에 대한 논란이다. 교회의 "분리된" 삶이 그 특수성에 대한 강조와 함께 논리적으로 종교에 대한 문맥 내재적이고 문화적 언어적 설명에 함축이 된다면 그 토론의 신학적 요점이 이스라엘과 교회에 온전히 드러난 하나님의 질투심 많고 선택적 사랑에 대한 강조에 모일 것이다.

그리스도인들은 스스로 히브리 성경(이것을 기독론적으로 읽으면 교회의 기본적 교회론 관련 교과서가 된다) 안에서 "이스라엘의 이야기로 모형론적으로 형성된 하나님의 메시아적 순례 백성"으로[36] 본다. 유대교와 함께 기독교는 "하나님이 관계없다고 말씀하기를 거절하시는 역사적이고 사회학적으로 연속적 공동체로 함께 묶인, 그래서 특권이 아니라 봉사를 위해 선택된 하나님의 백성"[37]의 일부분이다.

그렇다면 교회를 향한 도전은 "아브라함과 이삭과 야곱 그리고 예수의 보편적이지만 철저하게 특수적 하나님을 이기심 없이 모든 인류를 섬김으로 증거 하라고 어쩔 수 없이 부름을 받은 (불가피하게 실패한) 하나의 백성이라는 정체성을 유지하면서 동등하게 완고하고 유연해야 한다."[38]

심지어 유대교로부터 이스라엘 백성 됨을 충당하거나 만회하는 것과 같이, 교회로

---

34 Hauerwas, in Berkman and Cartwright (eds.), *The Hauerwas Reader*, 90–110.
35 Lindbeck, *The Church in a Postliberal Age*, 97.
36 Lindbeck, *The Church in a Postliberal Age*, 145.
37 Lindbeck, *The Church in a Postliberal Age*, 8.
38 Lindbeck, *The Church in a Postliberal Age*, 156.

부터 대체주의적 성향을 빼앗는 것은 탈자유주의 교회의 불가결한 요구가 된다.[39]

선택과 교회에 적용된 이스라엘 백성 됨이라는 용어로 토론을 재개하는 것은 지속해서 탈자유주의 교회론이 지닌 "부족적이고" "신앙주의적이며" "분파적인" 경향을 문제시했던 제임스 거스탑슨(James Gustafson)과 같은 비판자들의 모든 염려를 덜어주지는 않을지 모른다. 그런데도 그것은 뚜렷한 장점이 있다.

교회의 신학적 청지기 직과 비교하면, 기독교적 분파주의의 특징이 무엇인지를 분명하게 해 준다. 하나님의 선택받은 백성으로 그 신분을 부여받은 교회는 그러므로 자신의 씨를 통해 모든 인류를 축복하시겠다고 약속하시는 하나님에 대한 집단적 증인이 되려는 사명을 [유대주의와 함께] 공유할 수 있다.

교회는 분리된 가운데 그 자신을 위해 추구하는 것이 아니라 세계를 위해 그렇게 한다는 것을 알고 그 자신을 온전히 "분리된 삶"에 드릴 수 있다. 그러므로 봉사의 정신으로 물들어 있을 때 교회는 그 특징에 있어서 편협하게 자기 중심적이고 기만적이며 분리적 분파주의보다 "가톨릭적"이거나 "에큐메니컬"인 분파주의를 진전시킬 수 있는 자유가 있다.

교회의 "분리된 삶"은 그 디아스포라적 신분과 무관하지 않다. 이것은 기독교의 오랜 역사에도 불구하고 예외라기보다는 규칙이 되고 있다.

> 성경은 교회가 마지막 때까지 작은 무리 이외의 어떤 것일 수 있으리라고 예견하지 않는다. 이런 관점에서부터 소수자 신분이 아닌 다수를 점하는 신분은 그리스도인들에게 어울리지 않는다.[40]

현재 상황이 "디아스포라"적 실존을 다소간 그럴듯하게 만들거나 심지어 필수적인 것이 되게 하든지 그렇지 않든지 디아스포라적 실존은 교회를 향해 '열린 가능성'으로 남아 있다.

탈자유주의 신학자들은 어떻게 기독교 국가 시대의 지나감(여기에서는 더 이상 문화적이고 사회적 힘에 대한 기독교의 헤게모니적 통제가 더 이상 이루어지고 있지 않다)이 기독교 국가 시대 자체가 그 자신의 공동체적 삶과 언어에 주의하는 것에 초대교회가 성공함으로 말미암아 의도하지 않았던 결과였음을 상기시켜 준다고 주장하고 있다.

후자의 회복은 디아스포라에서 구체적으로 재학습이 되는 때만 가능할지 모른

---

39 Lindbeck, "What of the Future? A Christian Response", in Signer, *Christianity in Jewish Terms*, 357-66.
40 Lindbeck, *The Church in a Postliberal Age*, 94.

다. 하지만 재학습이 단지 이전의 학습을 상기하는 것만은 아니다. 왜냐하면, "만일 성경에 대한 비평 이전의 해석은 비대체주의적 형식으로 비평 이후에 충당이 될 때만 현대의 다원주의적 분위기에서 유용할 것이다."[41] 이스라엘의 이야기를 복음의 구성 요소로 다시 배우는 것 그리고 특별히 처음으로 그렇게 하는 것은 "교회가 유대교에 대한 교훈으로 제시하기에 점차 중요하게" 될 것이다.

> 왜냐하면, 유대인들은 오랜 포로기 동안 적대적 사회에서 신실하게 생존한 것에 대해 많은 것을 배웠기 때문이다. 그리스도인들은 이제 그들이 스스로 범세계적 디아스포라가 되고 있다는 비교할 만한 교훈을 해야 한다.[42]

이런 중요한 교훈을 다시 배움에 있어 기독교는 또한 희망하건대 다른 종교적 전통들과 관계함을 통해 교정하고 비판하는 목소리를 회복할 수 있다. 아브라함의 전통 안에서 [이 경우에는 유대교와 기독교] 유비적 비교를 하는 것의 뚜렷한 장점 중 한 가지는 구약성경에 대한 이해를 공유된 이스라엘 됨이라고 생각함으로, 교회는 "집단주의와 개인주의, 차안성과 피안성, 전체로서의 인류에 대한 외향적 관심과 택자들의 공동체에 대한 내향적 관심"[43]을 인식하게 될 뿐만 아니라 간접적으로 도전하도록 준비하게 되었다.

거스탑슨과 다른 비판자들은 "전체로서의 인류에 대한 외향적 관심과 택자들의 공동체에 대한 내향적 관심"을 이원화하려는 기독교의 경향을 도전할 수 있도록 그렇게 획득이 된 "가장 중요한 부분"으로 온전히 만족하지는 않을지 모른다. 그런데도 그러한 관여는 거스탑슨이 단순히 규범적인 것으로 간주하는 토론의 조건을 효과적으로 드러내 준다.

즉, 어떤 모든 특수한 삶의 방식 또는 종교적 전통 바깥에 있는 장점을 살려내려고 하는 일원론적 정치적 자유주의가 그것이다. 그러한 양극성을 판단하는 것은 '단지' 그러한 전망으로부터만 이루어진다는 사실을 가정하는 것은 한편으로는 종교적 전통에 내재하는 판단과 분별의 기준들을 최소화하고 불신하는 것이며 다른 한편으로는 비록 그러한 것으로 인식이 되지는 않지만, 또 다른 전통(정치적 자유주의)의 기준을 정하는 것이다.

하나님의 택자들이기 때문에 그 자신의 생존을 확실하게 하려는 필요로 방해받

---

[41] Lindbeck, *The Church in a Postliberal Age*, 225.
[42] Lindbeck, "What of the Future?" 365.
[43] Lindbeck, "What of the Future?" 363.

지 않으면서 교회는 그 자신을 '세상의 조건으로' 정당화시키려는 압력으로부터 해방된다. 확실히 변화를 다수의 신분이나 문화적 명성으로 실행하는 것은 아마도 하나님의 나라를 진전시키거나 기독교의 사회적 적절성과 정치적 영향력을 평가하는 한 가지 방법일 수는 있다.

하지만 그것은 현재 상황에서는 유일한 방법이 아니며, 아마도 최고의 방법은 더더욱 아니다. 선(모든 사람을 위한 정의와 평화 그리고 자유)을 향한 구체적이고 물질적 변화를 진전시키는 것은 분명 교회의 사명에서 중요하다. 하지만 그것은 교회의 충성 됨의 "전제 조건"이라기보다는 "외부 작업"으로써 그런 것이다. 이것은 교회의 사명을 정치적 자유주의의 사회적 효능성에 대한 공리주의적 계산에 맞추기보다 이신칭의라고 하는 공동체적 유비의 용어로 해석하는 것이다. 이것은 구원이 "행위로 말미암지 않고 믿음으로 이루어지는데 그 믿음은 실천적 효능을 위한 신앙이 아니기에 예견할 수 없는 종류의 선행이 바로 성실성에서 흘러나온다"[44]는 것이 개인에게 그러하듯이 종교적 단체에도 사실이다.

수익을 보장하는 것은 종으로서의 증인 됨이라고 하는 교회의 사명의 한 부분이 아니다. 어떤 이는 김을 매고 다른 이는 심고 또 다른 이는 물을 준다. 하지만 하나님만 자신의 때에 "성장을 허락하신다."

교회로부터 "분리된 사람"에 초점을 맞춘 신학적 설명을 지지하는 것은 사회학적 이해를 배제하지 않는다. 오히려 그것은 더욱 폭넓고 더 결정적 신학적 비전 안에서 그것을 다시 자리 잡게 하는 것이다. 여전히 교회의 사회적 윤리를 오늘날의 세계에서 어떻게 가장 잘 드러낼 것인가 하는 과제는 탈자유주의 신학에는 진행 중인 도전이다.

11. 성취와 영향, 과제

탈자유주의 신학의 공헌은 회복과 복구 그리고 재생이라는 말로 가장 잘 이해할 수 있다. 초기 종교개혁자들과 같이 탈자유주의자들은 그들 자신을 대안적 "학파"를 만들려고 하지 않았고 더 폭넓은 신학적 기획에 봉사하는 개혁적 운동으로 생각했다. 그 목표는 주로 교정하는 것이었으며 교회 일치를 위해 재생시키는 것이었다.

그 의도는 대체하고 새롭게 시작하는 것이 아니라 보수하고 개량하는 것이었다.

---

44 Lindbeck, *The Church in a Postliberal Age*, 187-8.

토대주의나 그 유형론에 대한 설명이 [전적으로 그들과 반대 견해를 공정하게 다루고 있든지 그렇지 않든지] 탈자유주의자들은 그런데도 보편적 종교적 경험에 호소하는 위험성을 인식하라고 문제를 제기하는 것에 성공했다. 토대주의적 명제에 근거한 기독교의 자기 이해에 수반되는 왜곡에 대해서도 마찬가지다. 탈자유주의 신학은 기독교 윤리에 엄청난 새로운 활기를 불어넣는 데 이바지했다.

교회의 자기 정체성에 꼭 필요한 성경적 내러티브에 대한 재확신을 통해, 교리를 지혜롭고 고결한 모범을 본받는 것을 통해, 특별히 그러한 형식이 예배적 문맥에서 발생하는 것으로 공동으로 획득된 기술에 근거한 이해 가능성으로 재진술한 것을 통해, 전근대적 자료들(특별히 아퀴나스)에 대한 비평 이후의 회복을 통해, 지난 수백 년 동안 철저하게 공리주의적이고 의무론적 시각에 의해 지배되었던 학문 분과에서 "덕"과 "성품" 그리고 "내러티브"와 같은 언어가 점차 두드러지게 되었다.

탈자유주의 신학은 기독교 교리의 건설적 역할보다는 주로 교정하는 역할을 강조함으로써 어떤 "관대한 정통"을 격려한다. 교리에 대한 문화적이고 언어적 규칙 지배적 접근 방법은 교회가 하나님의 구속이라고 하는 이야기를 미지의 지역에서 다시 말할 수 있는 새로운 길을 열어줌으로 폭넓고 개방적 정통을 불러일으키고 있다.

이런 방법은 다수의 구별되는 (때때로 화해 불가능할 정도로 구별되는) "성경에 대한 실행적 해석들"의 통일성을 해치는 [즉, 차이점을 교회 파괴적 분열로 바꾸는] 다양성을 허용하지 않으면서 인정한다. 기독교 공동체의 담화(과거와 현재) 문법에 주의를 기울이는 것은 탈자유주의 신학자들이 왜곡하고 잘못 인도하며 일관성이 없는 교리적 형식들을 알아낼 수 있도록 해 준다.

"교회가 각각의 기독교 공동체의 삶 안에서 성경을 종교개혁 같이 읽는 방식에 잘못 세워 놓은" 이런 방해물들을 제거하거나 그렇지 않으면 약화하는 것은 "성경 말씀 안에서 하나님의 중재하시는 현존을 드러내는 것에" 도움이 된다.[45]

탈자유주의 신학에 따라 드러난 관대함은 원리적으로 실제 교회를 넘어서 다른 종교에까지 확대된다. 각각의 종교의 구별되는 문법을 설명하는 것, 그것은 짐짓 주장되는 보편적 관용구의 제한에 맞추기 위해 그것을 뒤틀고 왜곡하는 것보다 그 자신의 용어로 이해하는 것은 "다른 종교를 믿는 사람을 개종시키려 하기보다는 분명한 겸손과 대화에 열려있음"을 장려한다.[46]

"본질주의적 견해"에 의해 요구되는 각각의 종교를 가장 낮은 공통의 분모로 번

---

45 Ochs, *Another Reformation*.
46 Lindbeck, *The Church in a Postliberal Age*, 81.

역하는 대신에 각각의 종교의 담화에 있는 문법적 신실성과 문맥 내적 고결함을 새롭게 하는 것에 힘을 쏟고 있다. 각각의 종교를 신봉하는 자들은 그렇게 함을 통해 상호 교정과 조명을 기대하면서 그들 자신의 종교와 다른 종교 사이의 열매가 있는 유비적 비교를 할 수 있도록 갖추어진다.

또한, 상호 유익과 교정은 궁극적 중심성과 포괄성 그리고 능가할 수 없음에 대한 어떤 종교의 주장을 포기할 것을 요구하지 않는다. 하지만 탈자유주의 신학에 특별한 것은 "기독교가 아직 아무것도 알지 못하고 있지만, 그것을 통해 크게 유익을 얻을 수 있는" 중요한 진리와 실체들이 있을 수 있다고 용인하는 것이 아니라 그들 진리와 실체들이 드러나는 성경에서 말하는 추론을 주장하는 것이다.[47]

신학을 위한 성경의 중심성을 회복하면서 탈자유주의 신학은 신학을 성경으로부터 분리해 고립된 장인들에게 내어 맡긴 현대 이전에 신학자들이 또한 거룩한 문서의 박사(*doctores sacrae paginae*)였던 역사적 기독교의 입장을 원래의 상태로 회복하지 않았다. 도리어 성경의 중심성을 회복한 것은 전체로서의 아브라함의 전통을 포함하는 확장 때문에 수반됐다.

유대교와 기독교 그리고 모슬렘 학자들이 각자의 성경에서 말하는 전통으로부터 본문을 함께 읽는 '성경적 추론 협회'(Society of Scriptural Reasoning)는 그 비전과 에너지를 커다란 부분 탈자유주의 신학에 빚지고 있는데, 이것은 기독교 신학 안에서의 토론의 특징을 심각하게 바꾸어놓은 중요한 발전을 대표한다. 이것은 다른 종교의 역할에 대해 뿐만 아니라 항상 바로 그 시작부터 이미 다른 종교에 관계하는 것으로 기독교가 그 자신을 이해하도록 했다.

탈자유주의 신학은 현대성의 양극적 특징의 일단을 극복하는 데 도움을 주었다. 성경을 "전근대적이지만 비평 이후의 방식으로" 읽는 것은 신학을 지난 수백 년 동안의 자유주의와 보수주의 양극단을 넘어 앞서거니 뒤서거니 하며 진보하게 하는 형태(*gestalt*) 이행에 영향을 미쳤다.[48] 현대성의 특징이라고 할 수 있는 이분법과 이원론을 중재하실 수 있는 분은 오직 하나님뿐이라는 주장은 그러므로 탈자유주의 신학의 가장 지속적인 방법론적 통찰력 가운데 하나다.[49]

"좌"나 "우" 모두 역사적 기독교 신앙에 대한 헌신과 함께 탈자유주의 신학의 선구자적 구상의 채택과 적응을 위해 진력하고 있다는 것은 얼마나 자유주의나 보

---

47 Lindbeck, *The Church in a Postliberal Age*, 85.
48 Lindbeck, "Atonement", 240.
49 Ochs, *Another Reformation*.

수주의 모두 현대성의 쇠약하게 하는 이분법 안에 갇혀 있는지(아마도 탈자유주의의 지시된 치료까지는 아니더라도 진단의 정확성)를 잘 보여 준다.

또한, 탈자유주의 신학은 교회와 학문 세계 사이의 불행한 관계로 분명하게 드러난 현대성의 양극성을 극복하는 것에 도움을 준다. 종교에 대한 세속적, 학문적 연구를 지지하는 사람들과 신학이 지니는 고백적이고 교회에 기반을 둔 연구를 주장하는 사람들 사이의 갈등은 두 문화 안에 공통으로 존재하는 이분법에 도전함으로 보다 잘 파악할 수 있다.

그것이 자유주의와 반자유주의 기독교를 향한 교회의 양극적 경향이든지 아니면 토대주의적이고 실증주의적 합리주의와 반실재론적 상대주의 사이의 학문적 세계에서의 투쟁이든지 같은 불가지론적 변증법이 양쪽을 움직인다. 계몽주의의 합리주의와 낭만적 표상주의만으로는 머리 대 마음, 이성 대 감정, 본성 대 정서의 이분법을 대체하기보다는 심화하는 데 봉사한다.

탈자유주의 신학은 "실천의 우선성이 지니는 성령론적 근거"를[50] 인정함으로써 신앙의 합리적 차원과 정서적, 의욕적 차원을 정당하게 다루려고 시도하고 있다. 그러한 재조정은 초점을 변증학에 대한 몰두로부터 묘사에 대한 보다 큰 집중으로 옮김으로 영향을 받는다. 그렇게 함으로 목회적 책임뿐 아니라 신학의 학문성의 문제를 해결한다.

신학의 학문성에 대해선 하나의 학문 분과로 신학이 신앙의 규범적 "문법"에 대한 묘사에 헌신하는 것에 찬사를 보내고 목회적 책임에 대해선 교회의 삶을 형성함에서 성령에 대한 신실성을 실행하는 목회적 실천으로서의 신학의 우선적 의무를 인정하고 있다.[51] 탈자유주의 신학은 "교회와 학문 세계가 자신들의 분리된 정체성과 내적 훈련을 내어버림 없이 받아들일 수 있는" 방법론적 "제삼의 길"을 대표한다.[52]

---

50 Lindbeck, "Atonement", 225.
51 Lindbeck, "Atonement", 226.
52 Ochs, *Another Reformation*.

12. 탈자유주의 신학의 확장과 보완

탈자유주의 신학의 지속적인 결실이 보여 주는 가장 유망한 징후 중 하나는 몇 가지 영속적 통찰력을 확대하거나 보충해 주는 발전에 대한 개방성이다. 예컨대 삶의 특수한 형태와 상관있는 문화적 언어적 규칙이 다스리는 일련의 실천으로 기독교 교리를 구성하는 비트겐슈타인과 같은 방식은 퍼스(찰스 퍼스를 말함-역주) 유형의 논리에 의해 보충될 필요가 있다.[53]

퍼스 유형의 논리는 묘사적 해석이라고 하는 교회의 역사적 실천(모형론과 은유 그리고 유비적 확장을 솜씨 있게 사용하는 것을 포함해-데이빗 버렐을 보라)이 어떻게 성경의 쉬운 의미를 통합하고 확대해 주는지를 보다 충분하게 설명해 주는 성경에서 말하는 추론의 형태를 정교화함을 통해 현대성의 무능력한 양극성을 극복하는 데 도움을 준다. 그러나 쉬운 의미는 읽는 사건 이전에는 결정될 수 없다

> 퍼스의 논리적 용어로는 성경의 쉬운 의미는 온전하게 결정되지 않으며 본래 모호하게 남아 있다. 이것은 일련의 잠재적 특별한 의미를 드러내는 것을 의미한다. 그 정확한 특징 각각은 단지 어떤 미래의 경우에 분명해질 것이다.[54]

> 예컨대, 십자가를 짊어지거나 십자가를 몸에 지니거나 그렇지 않으면 그리스도의 죽음으로 세례를 받음으로 우리는 그와 함께 일으킴을 받는 것과 같은 그러한 사회적, 제의적, 경험적 제정 때문에 완료될 때까지 십자가의 엄격하게 문맥 내재적 의미는 [이 용어에 대한 찰스 퍼스의 의미로 보면] 막연하거나 모호하다.[55]

탈자유주의 신학이 그 자신을 보충해가는 두 번째 방식은 성령이 인도하는 성경에서 말하는 지혜와 사회와 인류의 필요를 봉사하기 위한 분별력의 형태를 발전시킨 것과 관련 있다. 이런 방향에서의 한 단계는 지혜 신학의 윤곽을 제시하려고 한 데이비드 F. 포드(David F. Ford)의 시도다.

본래 관계적이고 공동의 [세대를 뛰어넘는 공동체 안에서 지혜로운 사람의 도제가 되어 배웠기 때문에] 지혜는 특징적으로 전근대적이지만 합리성과 이해 가능성

---

[53] Ochs, *Peirce, Pragmatism and the Logic of Scripture*를 보라.
[54] Ochs, *Another Reformation*.
[55] Lindbeck, "Atonement", 227.

이라고 하는 비평 이후에 회복된 형태를 대표한다. 이것은 성경의 본문에 대한 탈자유주의 신학의 강조에 특별히 순응하지만, 성경의 세계가 어떻게 다른 세계를 합병하는지 물음으로써 이 주제를 진전시키고 있다.

이런 과정은 실천적으로 "집약적 차원"(장수와 지속성)과 "광범위한 차원"(적응성, 유연성 그리고 우연성과 변화에 깨어있음) 모두 포함하는 커다란 지혜를 요구한다.[56] 많은 방식으로 교회의 전근대적 자원으로서의 성경과 더 깊이가 있으며 살아 있는 방식으로 관여하고자 하는 탈자유주의 신학의 약속은 미래적 성취를 기다리고 있다.

가장 유망한 궤도 중 하나는 대학교나 단과대학교, 다른 사회적 구조가 지혜를 구현하는 것이 어떻게 현대성과 포스트모던성에 대해 근본적 염원과 성향, 분별의 방법을 다시금 연결할 수 있는 일종의 신학적 협력을 조장하거나 방해하는지를 설명해 보려는 시도다.

탈자유주의 신학의 이바지를 평가하는 것, 그 마지막 성과를 온전하게 결정하는 것은 단지 회고적으로 종말론적으로 가능할 뿐이다. 그런데도 그 초기의 열매(위에서 간략하게 언급한 것처럼)에 대한 잠정적 표지들은 탈자유주의 신학에 대해 격려가 되고 희망을 품을 이유를 제공해 준다. 만일 성공이 신학적 문제를 해결하는 것으로는 평가할 수 없고 생산적 긴장을 산출했는가로 평가된다면, 앞을 볼 수 있는 미래에 대한 폭넓은 신학적 토론에 봉사하도록 하는 탈자유주의 신학의 전망은 여전히 전도양양하다고 할 것이다.[57]

---

56 David F. Ford, "The Blessing of Theology: God, Wisdom, and the Shaping of Christian Thought and Teaching in the Twentyfirst Century", "Practicing Theology Conference"에서 이루어진 개회 강연", Yale Divinity School, New Haven, CT, 4월 3–5일, 2003년.
57 Buckley, "Postliberal Theology: A Catholic Reading", 96.

참고 문헌

1차 자료

Berkman, John and Michael Cartwright (eds.), *The Hauerwas Reader* (Durham, NC, 2001).
Frei, Hans W., *The Eclipse of Biblical Narrative* (New Haven, CT, 1974).
_____. *The Identity of Jesus Christ* (Philadelphia, PA, 1975).
_____. *Types of Christian Theology* (New Haven, CT, 1992).
_____. *Theology and Narrative* (New York, 1993).
Hauerwas, Stanley and Charles Pinches, *Christians Among the Virtues* (Notre Dame, IN, 1997).
Lindbeck, George A., *The Church in a Postliberal Age*, James J. Buckley, ed. (Grand Rapids, MI, 2002).
_____. *The Nature of Doctrine* (Philadelphia, PA, 1984).

2차 자료

Buckley, James J., "Postliberal Theology: A Catholic Reading" in *Introduction to Christian Theology*, Roger A. Badham, ed. (Louisville, KY, 1996).
Burnham, Frederic B. (ed.), *Postmodern Theology: Christian Faith in a Pluralist World* (San Francisco, 1989).
Dawson, John David, *Christian Figural Reading and the Fashioning of Identity* (Berkeley, CA, 2002).
Frymer-Kensky, Tikva et. al. (eds.), *Christianity in Jewish Terms* (Boulder, CO, 2000).
Green, Garrett (ed.), *Scriptural Authority and Narrative Interpretation* (Philadelphia, PA, 1987).
Griffiths, Paul J., *Problems of Religious Diversity* (Oxford, 2001).
Journal of Scriptural Reasoning, www.etext.lib.virginia.edu/journals/ssr/.
Marshall, Bruce D. (ed.), *Theology and Dialogue* (Notre Dame, IN, 1990).
_____. *Trinity and Truth* (Cambridge, 2000).
Milbank, John and Catherine Pickstock, *Truth in Aquinas* (Oxford, 2000).
Ochs, Peter. *Peirce, Pragmatism and the Logic of Scripture* (Cambridge, 1998).
_____.*Another Reformation: Christian Postliberalism and the Jews* (forthcoming).
Phillips, Timothy R. and Dennis L. Okholm (eds.), *The Nature of Confession: Evangelicals and Postliberals in Conversation* (Downers Grove, IL, 1996).
Signer, Michael A. (ed.), *Christianity in Jewish Terms* (Boulder, CO: Westview Press, 2000).
Webster, John and George Schner (eds.), *Theology after Liberalism* (Oxford, 2000).
Yandell, Keith E. (ed.), *Faith and Narrative* (Oxford, 2001).

제15장

바르트 이후 조직 신학: 융엘, 젠슨, 건톤

존 웹스터 (John Webster)

1. 서론

1920년 후반부터 1960년대 후반까지 바르트는 유럽의 개신교 신학을 지배한 인물이었다. 1968년 그의 죽음 이후 바르트의 저술(상당한 양의 사후 출판물에 의해 수년이 지나자 엄청난 양이 되었다)은 계몽주의 이래 개신교 교의학 사상에 대한 가장 괄목할 만한 문학적 표현이 되었다.

바르트의 사상은 기념비적으로 될 것이어서 그의 후계자들이 심지어는 바르트를 떠날 때조차 "바르트 이후에" 자신들의 신학적 작업을 하고 있다는 점에 거의 아무런 의심이 없었다. 어떻게 바르트가 그런 능력을 획득하게 되었는지 설명하기 위해서는 많은 점을 토론해야 할 필요가 있을 것이다.

그 요소들 가운데 다음의 몇 가지를 지적할 수 있을 것이다. 바르트의 독특한 지적 재능과 개인적 열정이 독일어권 개신교 신학과 교회의 삶에 있어서 변화의 결정적 계기였던 1920년대 초반에 성숙기에 이르게 되었던 방식에 있다. 개혁파 기독교의 교리적 유산에 호소함을 통해 그런 변화를 해석하고 지도해 저항의 자세를 건설을 위한 기회로 변화시킬 수 있었던 바르트의 능력을 말할 수 있다.

그의 저술의 많은 양, 『교회 교의학』에 쏟아부은 짐짓 다할 것 같지 않은 열정, 바르트의 저술이 깊이 묵상 되고, 격정적으로 변호 되며 후회 없이 추구된 [종종 자신을 반대해] 괄목할 만한 설명적 능력을 갖춘 어떤 신학적 원칙에 의존하고 있다는 사실.

그리고 기초로부터 교리적 전통을 다시금 생각하지만 온전한 진지함과 관대함과 열정을 가지고 그 전통을 다룰 수 있는 자유, 성경적이고 역사적이고 교의적 분석을 교회적이고 영적인 것과 정치적이고 인간적인 것과 통합할 수 있는 능력, 특히 자신이 주도하던 시대에 유럽 기독교의 주요 행사의 많은 부분에 바르트가 공식적으로 참여한 것 등을 말할 수 있을 것이다.

이런 이유와 또 다른 이유로 인해 바르트는 독일어권 심장 지대와 다른 곳에서 개신교 [그리고 개신교뿐 아니라] 신학과 교회 생활을 형성할 수 있었다. 직접적으로 가르침과 저술을 통해 그리고 간접적으로 신학자들과 목회자들의 세대들에 대한 자신의 사상의 영향을 통해 그렇게 했다.

상당한 능력을 갖춘 사람들의 경우에 종종 그런 것처럼 바르트의 성취의 중요한 특징은 자신의 인생에서 조직 신학을 하는 것이 쉬운 일이 아님을 증명한 것이다. 물론 조직 신학은 독일 개신교에서는 신학 교과 과정에서 자랑스러운 한 자리를 차지하고 있으므로 위축되지 않고 있다.

바르트의 사후에 수년간 최소 24가지의 수준 높은 포괄적 루터교회와 개혁교회의 조직 신학이 출판되었다. 하지만 바르트는 대단히 확고하게 그 분야를 차지하고 있었으며 그의 견해를 매우 권위적으로 해설했고 그래서 그를 추종하는 사람들은 바르트의 그림자에서 벗어나는 길을 발견해야만 했다. 때때로 이런 일은 강력한 주해적이고 역사적 구성 요소를 지니고, 교회에 어울리는 조직 신학이라고 하는 바르트의 도리어 전통적 19세기 유형 뒤에 남는 것으로 성취되었다.

때로는 이런 일이 신학을 다른 관심의 영역(몰트만의 경우에는 종말론적 정치, 에벨링의 경우에는 신앙의 해석학)으로 인도하는 것으로 성취되기도 했다. 때때로 자료들은 바르트가 유일한 인물이었던 커다랗고 지속적인 전통에서 일함으로 발견되었다(대표적 인물이 쉴링크의 교회 일치를 위한 교의학이다). 그렇지 않으면 바르트 류의 교회 교의학을 간직하고 있는 사람들에게는 매우 다른 구성의 자료와 규범과 교리적 내용을 가지고 작업하는 것이 필수적이었다.

이 마지막 가능성은 판넨베르크의 『조직 신학』에서 예시되었다. 이 책은 분명히 바르트 이후 가장 일관성 있는 개신교의 설명이다. 이들 인물 중 어떤 사람에 대한 평가는 바르트 사후 수년 간의 독일 개신교 신학의 경로를 추적하는 데 많은 도움을 받게 된다(몇몇 사람은 이 책의 다른 장들의 주제이기도 하다).

여기에서 우리는 바르트의 관심 중 몇 가지를 확대한 동시에 매우 독창적 방향으로 움직인 절충적 사상가인 루터교회 조직 신학자 겸 철학적 신학자인 에베하르드 융엘(Eberhard Jüngel)의 작품을 살펴볼 것이다.

최근에 영어로 된 조직 신학은 바르트의 영향을 더 덜 받고 있다. 영국과 북미 모두에서 주류의 학문적 신학의 지배적 총회들은 일반적으로 신앙의 경험적이고 실천적이며 지적 현상들에 더 강한 흥미를 느끼고 있었다.

바르트가 철학이나 종교적 연구들과 같은 비신학적 학문 분과에 호의적이었던 것보다 더 호의적이었으며 고백적이거나 교의학적인 것보다는 신학의 설명적이고 비판적 유형에 더 열중했다.

게다가 북미의 종교적 학문 단체와 그 유사 기관에 광범위하게 퍼져 있는 비판적 사회 이론의 명성은 많은 이로 하여금 바르트를 아마도 고전적 기독교 교리에 대해 잘못을 한 가장 일관성 있는 현대적 실례라고 한쪽으로 밀어놓게 했다. 더욱이 특별히 성경의 본성과 권위에 대한 어떤 주제에 열중하고 있는 북미와 영국에서의 복음주의 신학의 특수한 발전은 바르트가 자연스럽게 접근할 수 있을 것으로 생각된 신학과 교회 생활이라는 그러한 요소에서 서식지를 발견할 수 없었음을 의미한다. 그래서 영어권의 조직 신학은 바르트의 저작과는 비교적 독립적으로 작업이 이루어졌음이 더 쉽게 증명되었다.

그런데도 바르트는 영어권의 개혁 신학(특별히 스코틀랜드와 미국에서)에 상당한 영향을 미쳤으며 폭넓은 정통적이고 교회적 신학을 증진하는 데 관심이 있었던 일련의 전통에 속한 사람들에 의해 심지어 그들이 바르트의 작품을 넘어서 나아가기를 원했을 때조차도 존경의 마음으로 읽혔다.

이런 관련 하에 우리는 두 사람의 영어권 조직 신학자들을 살펴볼 것이다. 이들에게 있어서 바르트와의 비판적 관련은 이들의 신학을 구성하는 데 영향을 미쳤다. 미국의 루터교 신학자인 로버트 젠슨(Robert Jenson, 1930-)과 영국의 개혁파 신학자인 콜린 건톤(Colin Gunton, 1941-2003)이 그들이다.

2. 에베하르드 융엘

최근까지 튀빙겐에서 개신교 신학부에서 조직 신학과 종교철학 교수로 있었던 융엘은 독일민주공화국(동독을 말함-역주) 스탈리니스트에서 자랐났다. 1950년대에 독일 신학의 지도자격인 몇몇 사람 밑에서 공부했으며 튀빙겐으로 옮기기 전에 동베를린과 취리히에서 가르쳤다. 융엘은 신약, 기독교 교리와 윤리학, 루터와 바르트 신학, 철학의 역사 등에 걸쳐 많은 분야에서 폭넓게 저술 활동을 했다.

융엘은 유명한 설교자인 동시에 교회와 공적 삶에 대한 해설자였다. 융엘의 주된 공헌은 삼위일체 교리와 그리스도의 사역 그리고 칭의의 신학 분야에서 이루어졌다. 융엘은 아마도 비공식적인 조직 신학자로 간주하는 것이 가장 좋을 것이다. 융엘은 온전한 교의학이나 개개의 교의학적 항목들을 개관하는 연구서를 출간한 적이 없다.

오히려 융엘의 방법은 대개 근대의 지적이고 도덕적 문화의 측면들에 대한 관계에서 조직 신학으로부터 주제들을 발전시키는 것이었다. 기독교 신앙에 대한 융엘의 설명은 다소 절충적이며 단지 고전적 교의학의 주제나 범주 또는 용어로부터 끌어내지는 않는다.

이 점에서 융엘은 바르트와 차이가 있다. 상당한 자유를 가지고 자신의 교의학을 개진할 때조차 바르트의 마음은 이들 고전적 교의학의 주제와 범주 그리고 용어에 의해 심각하게 영향을 받았다.

융엘은 종종 바르트의 추종자로 간주하곤 했으며 바르트의 저술에 대한 융엘의 해석은 정당하게 칭찬받고 있다. 『하나님의 존재는 되어감에 있다』(*God's Being is in Becoming*)라는 초기의 책은 바르트의 삼위일체 신학의 측면에 대한 괄목할 만한 예리한 연구로 남아 있다. 이후의 융엘의 연구는 바르트의 후기 성례전적이고 윤리적 신학에 대한 깊은 신학적 관심을 설명하기 위해 많은 연구를 했다. 게다가 바르트는 융엘의 사고의 많은 부분에 있어 결정적 영향을 미치고 있다.

무엇보다도 융엘은 바르트에게서 그 자신의 탐구 성실과 적절한 양식을 가진 구별된 분야라는 기독교 신학의 개념을 발견한다. 신학은 신적 계시 이외의 어떤 것에서 토대를 요구하지 않는다. 형식적으로 이것은 융엘로 하여금 인식자 안에 있는 조건이 알려진 대상보다 앞선다고 주장하는 어떤 종류의 신학적 관념론도 거부하도록 했다. 이것은 실제적으로 신학의 중심으로서의 신론 주위에 모든 기독교 신학을 배열하는 것을 의미한다.

또한, 바르트와 같이 다시금 융엘은 하나님에 대한 기독교적 신념의 독특한 특징, 즉 삼위일체적이고 성육신적 내용이 항상 신적 존재의 본성을 결정하면서 염두에 두어야만 한다는 것을 주장한다. 융엘은 이 점에 있어서 하나님의 본질이 하나님의 행위에서 알려진다는 바르트의 강조로부터 많은 것을 배웠다.

왜냐하면, 그러한 강조는 무엇보다도 그리스도의 십자가에서의 하나님의 사역 경륜으로부터 파생되지 않은 하나님의 존재에 대한 사변에 반대하는 방해물을 만들어내기 때문이다.

그리고 특히 바르트의 후기 저술로부터 융엘은 하나님과 세계 사이의 존재 공통성을 제안하는 어떤 일에 대한 상당한 저항을 배웠다. 왜냐하면, 그러한 주장은 하나님과 피조 세계 모두의 원래의 모습을 훼손하기 때문이다. 이 모든 것에서 바르트 신학 작업은 융엘로 하여금 중요하다고 판단하는 질문을 형성하도록 도움을 주었으며 그러한 질문에 대답하는 매우 주된 자료를 제공해 주었다.

하지만 융엘의 신학적 기획은 절대 바르트를 단순히 이어받거나 번안한 것을 의미하지는 않는다. 융엘은 지적으로 상당한 독립성을 가지고 있으며 수년간 매우 뚜렷한 특징을 지닌 신학적 위치를 발전시켰다. 부분적으로 이것은 그에게 바르트를 넘어서는 반성의 영역을 열어주었던 두 가지 다른 주제의 집단 안에 몰두하는 것에서 기인한다.

첫째, 이 가운데서 실존주의 루터 신학의 유산이다. 융엘의 첫 번째 전문분야는 신약 연구에 있었으며 융엘은 자신의 박사 논문 지도교수 에른스트 푹스(Ernst Fuchs, 1903-83년)를 통해 전달된 불트만 학파에서 훈련을 받았다. 푹스는 말씀으로서의 그리스도의 케리그마적 현존에 대한 불트만의 신학을 채택해 그것을 철학자 마르틴 하이데거(Martin Heidegger, 1889-1976)의 후기 저술로부터 끌어낸 언어 이론에 접목했다. 이 이론에서 언어는 실체의 상징이 아니라 그 실제적 현존, 즉 존재론적 발생 또는 "언어 사건"이다.

융엘은 이 견해를 받아들였으며, 비록 그것을 후기의 저술에서 다듬기는 했지만 이런 언어관은 융엘의 사상의 기본 요소가 되었다. 이와 함께 융엘은 게하르트 에벨링(Gerhard Ebeling, 1912-2001)의 역사적이고 조직 신학적 저술에 큰 감명을 받았다. 에벨링은 푹스의 해석학적 관심의 많은 부분을 공유하고 있을 뿐만 아니라 하나님의 의롭다 하시는 말씀과 믿음을 산출함에서 말씀의 영향에 초점을 둔 루터교 기독교에 대한 재진술을 제공했다. 루터의 해석자로서 에벨링의 기념비적 작업에 의해 지지를 받은 이런 관심은 융엘에게 여러 주제에 매혹되게 했다.

말하자면 말씀(십자가에 못 박힌 그리스도를 종말론적 언어 사건으로 선포하는 것), 칭의(죄인의 존재가 재창조되는 하나의 선포로서 인간론적으로 해석된 것), 믿음(말씀의 구원하는 영향을 수동적 수용으로 이해한 것) 등이 그러하다. 그러한 주제들은 융엘의 실존론적 구원론과 인간론에서 흔히 나타난다. 이것은 결과적으로 확실히 도덕적 함축이 있는 바르트의 더 고전적 개혁파적 취급과는 다른 특징을 가진다.

둘째, 융엘은 자신의 대작 『세계의 신비로서의 하나님』(*God as the Mystery of the World*) 대부분에서 근대의 철학적 문화로부터 신학이 소외된 것에 대해 상당한 관심을 기울였다. 부분적으로 그 책은 철학적 도전에 대한 기독교적 반응의 불일치가 어떻게 신학적 실패로부터 기인하는지를 보여 주는 데 할애되고 있다.

기독교 신학은 그 반대자들에 대답하기 위해 기독교 사상의 내적 자료들(무엇보다도 삼위일체적 자료들)을 정리하는 데 실패했다. 이 점에 있어서 융엘은 학문 세계 바깥에서의 대화에 있어서 신학적 정직에 대한 바르트의 관심을 중요한 차이점이 있지만 이어가고 있다고 할 수 있다.

융엘의 근대 문화에 대한 역사 이해는 주로 하이데거로부터 채택이 되었는데 하이데거는 신학이 주의를 기울여야만 하는 주된 에피소드와 인물들(데카르트, 독일 관념주의, 니체)을 융엘에게 제공해 준다. 근대성에 대한 하이데거의 해석은 비극적이다. 그것은 현대 문화를 매우 위험한 상황에 버려두는 진리의 일식에 관한 이야기다.

융엘의 설명은 이런 고민의 일단을 공유하고 있다. 다른 한편, 바르트는 근대성을 하나의 에피소드로 간주했던 대단한 확신을 가진 신학자였다. 이 중요한 에피소드는 반대로 기독교 신학에 영향을 미쳤지만 단지 하나의 에피소드일 뿐 결정적 조건은 아니다.

바르트는 이런 방식으로 현대성을 상대화시킨다. 왜냐하면, 바르트는 전근대적 기독교의 본문과 사상을 훼손된 과거로서가 아니라 동시대적인 것으로 생각했다. 바르트는 현대적 사상에 대한 신학의 관계를 분류함으로써 건설적 신학적 작업을 시작할 강한 필요성을 느끼지는 않았다.

융엘이 특별히 여러 관심을 자신의 방식을 따라 배열한 것은 그 자신이 현대성의 투쟁을 더 날카롭게 느끼고 있음을 보여 준다. 하지만 바르트와 같이 융엘은 변증학을 거부하며 유신론적 신념을 변호하는 과정에서 생성되는 신성(deity)은 해결이 아니라 문제라는 것을 보여 주는 데 열심이었다.

융엘이 가진 관심의 엄청난 다양성으로부터 세 가지 대표적 관심을 확인할 수 있다. 계시와 말씀의 신학, 십자가와 삼위일체 교리 그리고 신학적 인간론에 대한 관계에서의 칭의가 바로 그것이다.

융엘의 신학은 계시적 말씀의 신학이다. 융엘은 하나님에 대해 생각하고 말하는 것을 이전의 신적 의사소통의 행위에 의존하는 것으로 간주한다는 형식적 의미에서와 함께 창조주와 피조 세계의 관계가 신적 말과 인간의 들음에 초점을 준다는 실제적 의미에서 계시적 말씀의 신학이다.

바르트에게 있어서 "말씀"은 대부분 일반적으로 계시를 언급한다. 하지만 융엘에게 있어서 "말씀"이라는 용어의 정확한 대상물은 바르트의 용법에서보다 제한적이다.

바르트에게 있어서 계시의 "말씀"은 창조와 화해와 구속 가운데 삼위일체 하나님의 사역 전체 영역에서 직면할 수 있는 하나님의 의사소통적 현존과 활동이다. 계시는 피조 세계가 생명으로 부름을 받고 온전함으로 데려오게 되는 인격적이고 극적 행동이며 말이다.

융엘에게 있어서 지시 영역은 두 가지 이유 때문에 더 좁다.

첫째, 융엘은 기독론적 요소를 극대화한다. 예수가 하나님의 말씀을 구성한다. 그리고 이스라엘의 역사나 교회의 역사를 말씀의 충만한 부분으로 토론할 여지가 거의 주어지지 않는다.

둘째, 융엘은 말씀으로서의 계시의 언어적 특징에 의해 매혹되고 있으며 어떻게 계시가 신적 언어적 실행이 되는지를 정교화하는 데 많은 생각을 부여하고 있다.

이런 작업을 하는 융엘의 초기의 시도는 『바울과 예수』(*Paulus und Jesus*)에서 주목할 만한데 매우 종말론적 방식으로 하나님의 "말로 오심"(coming-to-speech)이라는 개념에 호소하고 있다. 예수님의 비유는 외부로부터 세상적 실체로 꿰뚫고 들어오는 이상한 침입적 언어 사건으로 보인다. 예수님의 비유는 언어적이고 시간적 연속성을 분리해 하나님을 전체적으로 기적적이고 불연속적 방식으로 현존하도록 한다.

『세계의 신비로서의 하나님』에서 "도래의 유비"를 다루는 것뿐만 아니라 은유와 신인동형론에 대한 만년의 논문은 초기의 모순을 관계에서의 구별로 완화해 준다. 예컨대 은유적 언어는 두 가지 참조의 틀을 함께 엮어 주며 그래서 새로운 실체가 고정된 관련 관계에 대한 지시라기보다는 불러일으키는 하나의 과정으로서의 언어의 역사적 특징을 증거해 준다.

융엘의 많은 저술 같이 융엘이 말해야만 했던 것은 온전하게 작업이 되었다기보다는 제안적이다. 이것은 신적 계시의 변혁하는 잠재성을 묘사해 주는 관용구를 융엘에게 제공해 주는 신학적 인류학에 적용하면서 최선의 장점이 있는 것으로 볼 수 있을 것이다.

그러므로 융엘은 인간의 자기 정체에 대한 기본적 방해와 같은 단어에 대한 자신의 이해와 관련해 종종 시간성이나 자유, 평화 또는 자기 실현과 같은 그러한 주제들을 탐구한다. 인간의 자기 정체를 통해 사람들은 수용성으로 해방이 된다.

그런데도 언어에 대한 이런 견해에 융엘이 헌신하는 것은 융엘의 신학에 어떤 제한(constriction)을 가져온다. 이것은 규범적 기독교 언어를 언어의 한 양식(회귀선)과 동일시한다. 이것의 직접적 영향은 융엘의 작업이 성경 정경 전체 영역에서 성경 전체에 대한 묘사적 주해로부터 흥미로운 거리를 유지한 채 이루어지며 단지 몇몇 [공관복음과 바울의] 중요한 점에만 이끌리는 경향이 있다.

게다가 융엘의 언어 신학에 따라 제기되는 몇 가지 기독론적이고 성령론적 질문이 있다. 말씀의 신학은 정상적으로 그리스도와 성령에 해당하는 거듭나게 하는 능력을 언어에 더 많이 부여하는 경향이 있다. 이것은 아마도 그리스도의 부활하신 현존이나 성령의 기능에 대한 작용적 설명을 발전시킴에 있어서 융엘의 과묵함의 결과일 것이다.

융엘은 이런 특징을 불트만의 전통에 있는 많은 신학과 공유하고 있다. 또한, 이것은 하나님의 역사적 행동의 신학의 흥미로운 부재와 연계되어 있다. 계시는 전개된 드라마라기보다는 수사학적 에피소드의 집합이다. 그래서 계시는 종말론적 언어의 가느다란 섬유에 의해 연결된 하나님과 피조 된 질서와 함께 다소 가현설적 기조를 가질 수 있다.

융엘은 기독교 신론의 기독론적 파생에 대한 바르트의 주장을 신중하게 취해 기독론의 중심을 형성하고 삼위일체 교리의 중심을 형성하고 있는 것이 그리스도의 죽음이라고 주장함으로써 그것을 더 밀고 나간다. 그 신론에서 기독교 신학은 불가고난성과 전능과 같은 무한성과 그 함축으로 특징짓는 가장 효과적으로 완벽한 존재로서 신성에 대한 일반적 개념을 전제하지 않는다.

도리어 신론은 십자가에 못 박힌 예수와 하나님이 자신을 동일시하는 것에 대한 반성으로부터 생겨난다. 『하나님의 존재는 되어감 안에 있다』에서 융엘은 어떻게 이것이 익숙한 바르트주의적 움직임인지를 시험적으로 보여 준다. 하나님의 본질은 자신의 사역에 대한 관심으로 결정되며 하나님의 존재는 그 자체로서 예수의 우연적 역사와 십자가에서의 마지막과 동일시하는 것에 있다.

이와 비슷하게 『세계의 신비로서의 하나님』은 "하나님의 죽음"에 대해 상세히 나누고 있다. "하나님의 죽음"은 문화적 역사에서의 한 사건으로 이해되어서는 안 되며 십자가에 대한 관계를 한 것으로 하나님의 존재를 상술하는 방식으로 이해되어야 한다고 주장하고 있다. 결과적으로 융엘은 하나님이 고난 겪으실 수 있다고 주장한다. 그렇게 하는 융엘의 관심은 신정론을 확립하는 것이 아니라 "신적 존재의 특수한 존재론적 특징"을 확립하는 것이었다. 그러한 특징이 십자가에서 부정되는 것이 아니라 표현되는 것이다.

갈보리는 신적 자기 포기가 아니었다. 왜냐하면, 그리스도의 깊음에서 비록 그리스도의 죽음에서조차 하나님이 뜻하신 바 하나님의 주권적 자유가 실현되었기 때문이다. 그러므로 그리스도의 죽으심은 하나님의 살아계심의 한 유형이 되었다.

융엘의 최고의 저술 가운데 많은 내용이 어떻게 하나님의 생명이 십자가에 달리신 분과 동일시될 수 있는가를 말해 주는 존재론적 범주들을 형성하는 데 할애되고 있다.

부재 가운데 현존하시고, 존재와 비존재 사이에서 투쟁하시며 생명을 위해 생명과 사망을 하나로 만드신다. 여기에서 삼위일체론은 그 저술의 가장 중요한 역할이 부여되는 부분이다. 왜냐하면, 하나님은 그 자신 안에서 주권적 자기 충족이시며 살아 있는 자기 선물이시며 자기 포기의 행동 가운데 자유롭고 그래서 **무 안에서 그 자신으로부터** (*a se in nihilum*) 존재하신다.

삼위일체론에 대한 융엘의 작업은 대개 위대한 수사적 어조를 가지고 표현되는데 바르트의 그리스도 중심주의의 측면들을 루터교회의 전통의 요소, 특별히 신적 고난에 대한 초기 루터의 신학과 그리스도의 인성과 신성 사이의 속성 교류에 대한 강력한 교리와 결합했다. 이런 기초 위에서 예수의 죽음은 남김없이 하나님에게 부여될 수 있었다.

전체적 조직 신학적 설명에서 더 많은 것이 설명될 필요가 있을 것이다. 예컨대 융엘은 종종 십자가에 달린 자에 대한 하나님의 관계를 "동일성"의 관계로 말하곤 한다. 이 용어는 실체에 대한 초기의 언어에 의해 제공된 성육신의 형이상학을 제공할 수 있기 이전에 더 상세한 설명을 해야 한다. 그렇지 않으면, 다시금 융엘의 삼위일체 신학은 주로 성령에 대해선 침묵한다. 예수의 사역이든 피조물의 영역에서든 신이 고난받는다는 다른 설명같이 거기에는 이위일체론으로 나아가는 분명한 경향이 존재한다. 하지만 의심할 여지 없이 융엘의 경우가 지니는 장점은 십자가의 신학을 사용해 유신론뿐 아니라 그 무신론적 그림자로부터 기독교 신앙의 차이점을 구별해 내는 것에 있다.

융엘은 항상 이신칭의 교리를 인간 인격의 분명한 기독교적 존재론의 기초로서 간주하고 있다. 1960년대부터의 몇몇 괄목할 만한 권위 있는 논문에서 융엘은 행위를 통한 자기 실현과 존재의 가능성을 수동적으로 받아들이는 것 사이에 지적된 차이를 통한 칭의의 존재론을 탐구했다.

인간론에 대한 후기의 저술은 "의를 살아내는 것"이라는 주제에 대한 상당한 강조를 칭의의 복음의 빛 안에 있는 인간의 삶에 대한 선한 질서 매김에 근본적인 것으로 삼고 있다. 이것은 종종 현대 문화와 신학에서 실천 이성의 우위성에 반대하는 논쟁으로 인도하곤 했다. 때때로 이런 매우 지시적 은혜의 신학은 융엘이 특별히 신적이고 인간적인 행동 사이의 "상응"에 대한 바르트의 도덕적 신학으로부터 배운 것에 의해 균형이 잡히곤 한다.

하지만 주된 인간론적 주제는 자아실현으로부터 무죄 선고를 받는 것이다. 이런 문제들에 대한 예외적으로 분명하고 잠재적 제출을 하는 1990년대 후반의 『칭의』

라는 책은 배타적 네 가지에 초점을 맞추고 있다.

오직 그리스도, 오직 은혜, 오직 말씀, 오직 믿음. 그 책을 촉발한 원인은 칭의론에 대한 로마 가톨릭과 루터교회 사이의 화해(rapprochement)였다.

이런 가톨릭과 루터교회의 화해는 구원론과 인간론과 교회론 그리고 성만찬 신학에서의 융엘의 매우 기본적 헌신이 열심히 탐구되었던 신학적 저술에 있어서 가장 생동감 있고 논란의 여지가 있는 것 중 하나가 되게 했다. 이 책의 설득력은 하나님과 세계 사이의 적절한 구별의 주제를 추구하는 열정으로부터 도출된다. 이 구별은 모든 융엘의 저술에 있는 구별이다. 바르트는 그러한 구별이 기독교 신학과 실천이 도덕적 내재주의로 표류하지 않게 해 주어야만 했다는 확신을 공유했다.

하지만 바르트의 선택과 성육신과 교회에 대한 부유한 신학은 그에게 인간의 역사적 존재와 행동과 세계에서의 하나님의 방식에 대한 보다 볼품 있고 덜 우연적 감각을 부여했다.

창조와 시간성에 대해선 오히려 침묵하는 신학을 가지고 있기에 어떤 점에서 융엘이 결여하고 있는 것은 은혜의 조직 신학을 발전시키지 못하는 것으로 입증이 될 수 있다. 하지만 융엘의 성취는 다른 곳에 있다.

철학적 주제와 본문에 대한 후회 없는 신학적 질문, 일종의 루터의 교회 구원론과 인간론의 개진, 바르트에 대한 몇 가지 최고의 연구, 때때로 자신보다 바르트를 덜 추종하는 사람들을 괴롭혔던 방어나 원한이나 종결 없이 "적극적인" 신학을 추구한 것 등이 융엘의 진정한 신학적 성취라 할 수 있을 것이다.

3. 로버트 젠슨

미국의 중서부 루터교회에서 성장했고 루터대학교과 루터신학교에서 교육을 받은 로버트 젠슨(Robert Jenson)은 하이델베르크에서 바르트에 대해 박사 논문을 썼는데 바르트의 선택 교리와 그 몇 가지 함축에 대한 비판적이면서도 공감하는 읽기를 시도했다. 젠슨은 처음 루터대학교에서 가르쳤고 다음에 맨스필드대학교, 옥스퍼드에서 가르친 후 미국으로 돌아와 게티스버그에 있는 루터신학교의 교수가 되었다.

거기에서 젠슨은 권위 있는 조직 신학자로서 상당한 명성을 확립했다. 1988년에 젠슨은 성올라프(St. Olaf)대학교에서 10년간의 가르침을 시작했고 그런 다음 프린스턴에서 '신학적탐구센터'와 관련을 맺고 있다.

루터교회의 전통에 대한 재해석자로서 젠슨의 작업에 더해 그는 일련의 급진적 교회 일치를 위한 확신의 주도적 지지자였으며 그의 신학은 전체적으로 복음주의적이고 보편적 교회 갱신으로 모이고 있다.

젠슨은 부분적으로 가톨릭 신학과 복음주의 신학센터, 그 저널인 『프로 에클레시아』(*Pro Ecclesia*)라고 하는 작업을 통해 북미의 신학과 교회의 삶에 폭넓은 영향을 미치고 있다. 1997-1999년에 젠슨은 두 권의 『조직 신학』(*Systematic Theology*)을 출간했다.

융엘과 같이 젠슨의 신학적 작업은 (비록 젠슨은 또한 서방의 가톨릭주의와 동방 정교회의 고전에 몰두하고 있기는 하지만) 루터와 바르트 사이의 대화로 풍성해지고 있다. 피터 브루너(Peter Brunner)와 에드문트 슈링크(Edmund Schlink)와 같은 하이델베르크 대학교의 선생들로부터 젠슨은 1930년대와 1940년대의 불행했던 시절에 있었던 신랄한 토론을 넘어서서 루터교회와 개혁교회 전통 사이의 진정한 상호 교제의 가능성을 이해했다.

루터와 바르트 양자에 대한 젠슨의 독특한 관점은 융엘의 견해와의 대조를 통해 잘 이해할 수 있다. 젠슨은 융엘이 에벨링으로부터 배웠던 칭의 교리에 대한 인간론적 독법과는 매우 거리가 멀다. 그리고 젠슨은 융엘이 기독론과 신론을 위한 구성적인 것으로서의 "십자가의 말씀"에 집중한 것에도 의견을 같이하지 않는다.

이것은 젠슨의 설명으로는 그러한 강조가 발전된 루터교회의 전통에서는 심각한 결함을 보여 주기 때문이다. 루터교회는 이런 결함을 다른 기독교 신앙의 서구적 형태들과 공유하고 있다. 즉 구원이라고 하는 종말론적 실체를 피조 세계의 형식들에 관련짓는 데 실패했고 그 결과 복음을 교회 공동체라고 하는 가시적이고 공적 삶으로부터 분리했다.

루터교 신학 안에 있는 실존주의 전통이 교회에 대한 "가톨릭화 하는" 설명에 대해 매우 의심하고 성만찬 신학과 구원론과 같은 문제들에서 교회 일치적 수렴을 강하게 거부하고 특징적으로 나를 위한 구원으로 개인주의적으로 해석하는 곳에서 젠슨은 근본적 방식으로 교의와 공동체와 성례에서의 복음의 구현이 지니는 함축을 통해 생각하려 했다. 이 점에서 젠슨의 작업은 최근의 핀란드 루터 연구 학파에 속한 사상가들과 맥을 같이한다. 이들은 루터에게서 은혜와 피조성, 신적 사역과 인간의 교제라는 양극성을 극복할 수 있는 한 가지 길을 발견했다.

젠슨의 설명에 있어서 루터교회와 다른 종교개혁 이후의 기독교 형태들에서 교회론적 대립은 하나님과 피조 된 영역에 대한 하나님의 관계가 인식되는 방식에서 깊은 무질서를 나타내 준다. 그의 저술의 많은 곳에서 이런 무질서를 드러내고 근절하려는 시도가 표면에 드러나거나 보이곤 한다.

이 주제들에 대한 젠슨의 본래의 그림은 바르트와의 대화의 과정에서 그려진 것이었다. 『알파와 오메가』(Alpha and Omega)와 『하나님 이후의 하나님』(God after God)에서 대부분이 그려졌다.

바르트의 중요한 성취는 하나님의 존재에 있어서 말씀의 성육신 교리를 깊이 있게 살펴봄으로써 하나님의 시간성을 확증할 수 있었으며 서구의 철학적이고 신학적 문화의 다소 두드러진 경향이라고 할 수 있는 신적 특징과 피조 세계의 특징 사이의 형이상학적 분리를 극복하기 시작했다는 것이라고 융엘은 주장하고 있다. 하지만 바르트의 작업은 단지 시작에 불과했으며 그 자신 여전히 몇 가지 물려받은 분리로 그늘이 져 있었다. 그 그림자는 특별히 바르트의 선택 교리에 현존한다.

하나님의 영원한 작정에 엄청난 무게가 부여되어 나사렛 예수의 경력에서 화해의 지상적 역사가 외적 실현의 시간 이전의 신적 결정으로 해소될 위험이 있다.

> 바르트의 손에서 그리스도의 역사는 강력하게 형이상학적 개념을 닮은 무엇인가로 전환될 위험이 있지 않은가?
> 바르트의 의도와 항의에도 불구하고?(『알파와 오메가』, 167ff).

피조 된 시간의 초월적이고 모든 것을 결정하는 근원에 대한 바르트의 강조는 하나님의 영원한 의지의 성취가 지니는 우연적이고 시간적 특징에 부적절한 공간을 부여한다. 보다 교의학적으로 말하자면, 이것은 기능적 종말론과 성령론(우리가 보겠지만 건톤이 보다 발전시킨 주제들이다)을 결여하고 있다.

그렇다면 젠슨에게 있어서 바르트 "이후에" 신학을 한다는 것은 고대 헬라 종교에 의해 생성된 철학적 사상과 동맹함으로 인해 부과된 제한으로부터 기독교 신학을 자유롭게 하려고 바르트의 기독교 이해가 가지는 구조적 몇몇 결함에서 벗어남과 동시에 자신의 교의학적 본능의 몇 가지를 극단화하는 복음의 교의학을 분명히 하는 것을 포함한다.

성취되어야 하는 가장 중요한 영역은 삼위일체론과 교회론이다. 삼위일체론에 대해 젠슨은 『삼위일체적 동일성』(The Triune Identity)이라는 놀라울 정도로 독창적이고 실용적 책을 썼으며 교회론에 대해 젠슨은 마찬가지로 성례전적 신학에 대한 과제를 부여하는 연구인 『가시적 말씀』(Visible Works)이라는 책을 썼다(두 책으로부터의 자료가 젠슨이 자신의 오랜 동료 칼 브라텐(Carl Braaten)이라는 여러 저자가 쓴 두 권의 조직 신학 책 가운데 포함되어 있다).

하지만 여기에서 우리는 젠슨이 『조직 신학』에서 이들 주제를 다루고 있는 것에 집중하려고 한다. 물론, 그 책에서는 이들 두 주제보다 훨씬 많은 내용이 있지만, 고유의 신학과 교회론은 함께 『조직 신학』이라는 책의 핵심을 이루고 있다.

제1권 전체를 차지하고 있는 삼위일체론은 그 영역 안에 기독론과 구원론 그리고 성령론을 포함하고 있다. 제2권에서는 창조론과 최종적 왕국에서의 만물의 완성에 대한 교리가 교회라고 하는 중심적 교리를 위한 틀을 형성하고 있다. 바르게 순서 지어진 삼위일체와 교회에 대한 교리를 확립하는 것은 그러므로 복음이 신학의 현대적 이력에서 그토록 쓸모없는 것으로 입증이 된 모순들을 논박하도록 하는 기획에서 근본적인 것이다.

『조직 신학』은 의혹을 가시게 하는 작품이다. 그 유행에 맞는 간결하고 때로는 완곡한 산문은 본문의 표면 위에 명확하게 드러나 있는 것보다 훨씬 많은 것을 제안한다. 그 역사적 판단은 특징적으로 간략하며 확대된 논증을 하는 경우가 거의 없다.

또한 비록 복음이 불가역적으로 내러티브적이거나 드라마적이라고 주장하기는 하지만 그 저술의 진술은 묘사적이라기보다는 대부분 경우 분석적이다(본문 주해적 주석의 상대적 간결함에 의해 강화되고 있는 특징이다).

가장 충격적인 것은 그 설명의 순수한 개념적 대범함이며 관습적이지 않은 견해를 지지하고 그러한 견해를 단서조건이나 변증이라는 방식에 많이 의존하지 않고 세우고 있는 담대함이다.

삼위일체 교리(단지 삼위 하나님의 위격 존재와 관계를 포함할 뿐만 아니라 그들의 사역을 포함하는 이 교리에 대한 젠슨의 확대된 이해에 있어서)는 두 가지 근본적 확신 주변에 세워져 있다.

첫째, 하나님의 동일성은 삼위적이다. 신론의 과제는 신적 동일성의 분석, 즉 "하나님은 누구신가?"라는 물음에 대한 대답을 형성하는 것이다. 하나님의 동일성은 "'성부, 성자, 성령'이라는 구절이 동시에 성경이 하나님과 그렇게 규정된 하나님에 대한 인격적 이름을 동일시하고 있는 전체 내러티브에 대한 매우 압축된 이야기라는" 의미에서 삼위일체적이다(『조직 신학』, I:46). 이것은 괄목할 만한 묘사적 확대를 빼버린 바르트의 근본적 의도와 밀접한 관련이 있다.

둘째, 더 논란의 여지가 많기는 하지만 하나님의 삼위적 동일성은 인간 창조와 함께 하는 자신의 역사에서 실현된다.

> 아마도 하나님은 우리나 혹 그가 우리를 위해 만드신 시간에 대한 언급 없이 그리고 그 시간에서의 우리의 이야기를 끝내는 죽음에 직면함 없이도 자신의 동일성에서 확립된 다른 용어로 그 자신이실 수 있으실 것이다 ….
> 사실 하나님의 이야기는 피조물과의 하나의 이야기로 위임되어 있다. 그리고 사실 하나님은 피조물이 향해 살아가고 있는 시간적 끝을 만날 때를 제외하고는 어떤 동일성도 가지실 수 없다(『조직 신학』, I:65).

젠슨이 저항하려고 한 것은 신적 실체를 다른 것이 될 수 있는 초시간적 자유 또는 창조에 대한 자신의 관계와는 독립적으로 존재하는 자유와 동일시하는 것이다. 비판자들은 주권적 하나님의 뜻에 대한 보다 확대된 설명이 없다면 이것은 하나님이 시간성에서 자신을 '계시'하시기보다는 자신을 '실현'하시게 되어 신적 존재가 역사적 과정으로 붕괴할지도 모른다는 점을 재빨리 지적했다.

젠슨의 설명에서 비판은 단지 이스라엘과 교회의 하나 됨의 본성에 대한 깊은 불편함을 보여줄 따름이다. 하나님은 미래를 향한 드라마 같은 움직임의 반립이 아니라 이런 드라마에서 자신의 동일성을 가지는 하나님이다. 삼위일체의 "위격"은 복음 사건 이전이 아니다.

> 도리어 "신적 등장인물, 즉 신적 드라마에서 등장인물들"이다(『조직 신학』, I: 75).

만일 삼위 하나님이 자신의 외적 관계로부터 분리되어 그 신분이 확인될 수 없는 그런 존재라면, 교회의 본질에 대한 질문은 상당한 윤곽을 얻게 된다. 개신교회론의 상당한 결함은 신적 은혜와 인간적인 피조성의 관계에 대한 매우 경쟁적 가정에 있다.

전통에 대한 젠슨의 교정은 부활하신 그리스도와 교회 사이의 관계에 대한 자신의 반성에 가장 분명하게 드러난다.

> 교회는 존재론적으로 부활하신 그리스도의 인간적인 몸이다(『조직 신학』, II: 213).

부활하신 그리스도께서 세상에 유용하신 것처럼 교회 회중에 대해서도 마찬가지다. 무엇보다도 그리스도께서 자신의 몸'으로써' 유용하실 뿐만 아니라 자신의 몸'에도' 유용하시기에 그리스도와 교회의 이음새 없는 동일성을 피할 수 있게 된다. 그러나 그리스도의 현존은 몸 없이 이루어질 수 없다. 왜냐하면, 그리스도께서 부활하시고 그 자신이신 것은 인간으로서 그러하시기 때문이다.

자신의 성례를 두고 교회는 진정으로 우리에 대한 그리스도의 유용성이다. 왜냐하면, 그리스도께서 교회를 그 자신에 대한 자신의 유용성으로 취하시기 때문이다. 부활하신 그리스도께서 그 자신을 발견하기 위해 어디로 돌아가시는가?
그리스도께서는 신자들의 성례전적 회합으로 돌아가신다(『조직 신학』, II: 214).

이런 확신을 이해하는 한 가지 방식은 그것을 속성의 교류라고 하는 루터교회 교리의 교회론적 확장이라고 보는 것이다.

융엘은 신적 불가 고난성이라는 개념으로 소개되었던 하나님과 십자가에 달리신 그리스도 사이의 분리를 극복하기 위해 그 교리에 호소했다. 젠슨은 그 점을 훨씬 더 밀고 나간다.

교회는 부활하신 그리스도의 자아다(『조직 신학』, II:215).

그러한 주장은 어떤 개념, 예컨대 성만찬이나 목회적 질서의 본성에 기독론적 근거를 제공하는 것으로만 해석되어서는 안 된다. 그것은 오히려 그 표현을 가능하게 하기보다는 금지하는 형이상학적 범주들에 대한 복음의 강렬한 수정을 통해 수행하려는 시도다. 『조직 신학』의 수용은 여전히 초기 단계에 있다. 그것은 지난 50년의 기독교 신학에 대한 가장 놀랄만하고 교회 일치적 잠재성을 가진 영어권의 진술임이 입증될 것임은 거의 분명하다. 비록 논증을 펼치는 몇몇 본문의 압축된 상태를 인정한다 하더라도 그 혁신적 특징은 의심의 여지가 없다. 4가지 영역이 그 작업의 평가를 위해 결정적으로 중요한 것으로 언급될 수 있을 것이다.

첫째, 피조 된 공간과 시간에 대한 하나님의 관계를 표현하는 것은 신적 자유를 위험에 빠뜨리는가?
둘째, 그 책의 개념적 자료 몇 가지, 그중에서도 특별히 인격성의 존재론에 대한 충분한 신학적 근거가 제공될 수 있는가?
셋째, 젠슨이 채택하고 있는 교리들의 특별한 윤곽에 관련되어 있는 장점과 단점은 무엇인가?
어떤 교리(내재적 삼위일체와 같은)는 주변으로 밀러나야 하는가?
넷째, 아마도 가장 중요한 것은 복음에 관한 그 책의 신학이 피조 세계를 다루시는 하나님의 성경적 드라마에 대한 안내서로서 그 자체 열매가 있음을 입증할 수 있는가?

4. 콜린 건톤

2003년 갑작스러운 죽음의 시간에 콜린 건톤(Colin Gunto)은 런던 킹스대학교의 기독교 교리 교수였다. 거기에서 그는 1969년부터 가르쳤다. 옥스퍼드에서 교육을 받았고 거기에서 바르트에 대한 박사 논문을 [처음에 젠슨의 지도로] 쓴 건톤은 20세기 마지막 30년 동안에 영국에서의 조직 신학 부흥을 주도한 주요 인물 중 한 명이었다. 그는 건설적 기독교 신학의 많은 주제에 대해, 특별히 삼위일체적 가르침이 창조에 대한 하나님의 관계를 구성하면서 어떤 방식으로 영향을 미쳤는지에 대해 다수의 저술을 남겼다.

그가 죽었을 때 건톤은 계획하고 있던 조직 신학의 첫 번째 책의 초고를 유고로 남겼다. 이 조직 신학은 1960년 중반 존 맥커리의 『기독교 신학의 원리』(*Principles of Christian Theology*) 이래로 영국 신학자에 의한 첫 번째 온전한 설명이 되었을 뻔했다. 건톤이 가지고 있었던 계획의 윤곽은 죽기 전 『기독교 신앙』(*The Christian Faith*)으로 출간되었다.

건톤은 바르트의 교의학적 성취에 깊이 영향을 받았으며 바르트의 많은 특징을 공유하고 있었다. 하지만 건톤은 바르트의 전체적 기독교 교리에 대한 구성에서 불균형으로 생각하게 된 것에 대해 걱정했다. 건톤의 박사 논문을 개정한 『되어감과 존재』(*Becoming and Being*)는 바르트를 과정철학자 하트숀과 비교하고 있다. 『하나님의 존재는 되어감 속에 있다』의 융엘과 같이 건톤은 실체의 초월적 신학과 세계의 과정이라고 하는 내재적 형이상학 양자에 대한 대안을 바르트의 실현주의(actualism)에서 발견한다. 하지만 건톤은 젠슨으로부터 바르트에 대한 비판을 받아들인다. 바르트의 시간 이전의 신적 선택이 세계와 세계 안에서의 하나님의 행동이 지니는 진정으로 역사적 특징을 배제한다.

바르트에게 있어서 신적 역사가 미리 앞당겨 완결되는 것처럼 보이며 그래서 창조가 그 완성을 향해 종말론적으로 이행하는 것이 과거가 하나님이 세계를 다루심에 있어 무게 중심이 되도록 허용하는 것과 같이 타협되고 있다는 것이다. 사실상 신적 시간보다 앞섬이라고 하는 것은 진정한 피조 세계의 시간성을 위협한다. 이런 염려는 종종 바르트에 대한 이후의 저술에서 분명히 드러날 것이다.

하나님과 창조를 관계시키는 보다 만족스러운 방법을 발견하고자 하는 과제가 건톤의 원숙한 건설적 작업의 [아마도 '바로 그'] 주된 임무가 될 것이다. 바르트에 대한 건톤의 염려의 핵심은 삼위일체와 관련이 있다. 바르트는 삼위일체에 대한 어거스틴적 구상에 너무 밀접하게 연결되어 있다.

이런 유의 삼위일체론은 특별한 위격 상호 간의 관계와 위격의 경륜적 행동들을 보다 우선하는 신적 단일성에 종속시킨다고 주장하곤 한다.

성령론은 심각한 문제 목록이다. 건톤의 설명으로는 바르트가 성령의 사역을 성자에 의해 확보된 구원의 혜택에 대한 주관적 적용의 사역으로 제한한다. 그러나 이런 제한된 성령론은 피조물의 동일성과 고결성의 대행자로서의 성령의 독특성에 별다른 무게를 부여하지 않는다. 게다가 이런 성령론은 성령론을 미래(그 종말론적 완전을 향해 움직여 나가는 성령께서 일으키신 창조의 역사)가 아니라 과거(성령에 의해 적용된 성자의 완결된 사역)로 향하게 한다.

이것은 기독론적 문제, 즉 그리스도의 인성이 덜 발달 된 신학과 연결되어 있다. 건톤은 동정녀 탄생과 같은 주제뿐 아니라 예수의 사역에 대한 바르트의 취급이 지나치게 신성에 관심이 있었다고 믿었다. 이런 불균형에 대한 이유는 다시 한번 엷은 성령론(thin pneumatology)이다. 바르트의 삼위일체 신학은 예수의 진정한 인성을 유지하면서 성령에게 아무런 작인(agency)이 부여되지 못하게 한다.

그 결과로 예수는 때로 모든 것을 그 자체로 병합하지만, 역사적 명확함이 없는 플라톤적 형상으로 기능하는 것처럼 보일 수 있다. 이런 것 가운데 어떠한 것도 바르트가 건톤에게 지속적인 위대함을 가진 신학자라는 것을 제한하지는 않는다.

건톤은 그 자신의 조직 신학의 윤곽을 발전시킬 때 스스로 삼위일체적 가르침의 영역을 전개함에서 더 적절하다고 판단한 바르트 이외의 자료들(이레니우스)을 점차 보게 될 것이다.

건톤은 삼위일체 신학을 주변으로부터 회복해 영국 신학의 중심으로 돌이킨 주요 인물이었다. 건톤은 여러 가지 교리적 주제를 넘어서 작동하는 삼위일체라는 교리에 의해 이루어질 수 있는 차이를 드러냄으로써 이 일을 했다. 무엇보다도 건톤은 하나님의 존재와 행동에 대한 삼위일체적 개념이 피조 세계의 질서에 대한 하나님의 관계를 적절하게 기독교적으로 이해하는 핵심에 놓이게 한다고 제안했다 (이 말은 너무 강한 것은 아니다).

물질적이고 역사적 실체에서 하나님의 현존과 행동을 설명하고 있는 것은 하나님의 존재에 대한 설명과 무관한 것은 아니며 기독교적 진정성은 양자가 모두 삼위일체적 고려로 결정될 것을 요구한다. 이 점은 논쟁적으로 건설적으로 이루어진다.

논쟁에서 건톤의 목표는 [다소 단조롭게 생각해 보면] 그 원천이 어거스틴이고 그 마지막 위대한 대표자가 [그 모든 일에도] 바르트인 서구의 신학적 전통이다. 이런 전통에서 성부 성자 성령의 상호 결정적 위격적 관계는 하나님의 존재를 구성하도록 허용되지 않는다.

하나님의 존재는 그 존재론적 근거로서 하나님의 삼위성에 우선하는 것으로 생각이 된다. 어거스틴과 다른 사람들에 대한 독법으로서 이것은 분명히 미완성작이지만 위격들의 공동체로서의 삼위일체라는 건설적 교리에 대한 하나의 장식으로 이해하는 것이 좋을 것이다.

만일 어거스틴이 고유의 기독교 신학에 일원론의 침입을 대표한다면 적절한 삼위일체적 이해는 갑바도기아 교부들에게서 가장 분명하게 드러나 있을 것이다. 특별히 그들의 사상은 현대 동방 신학자 존 지즐라스(John Zizioulas)의 저술 가운데 종합되어 있다.

"갑바도기아"의 교리는 하나님의 삼위적 존재에 대한 완전히 관계적 설명을 제공할 뿐만 아니라 (때로로 별로 도움이 되는 용어는 아니지만 "사회적 삼위일체론"이라고 칭하는 데 건톤 자신은 사회적 삼위일체론과 거리를 유지하고 있다) 피조된 존재와 역사의 본성과 목적에 대해 결론적 가르침을 위한 기초를 형성한다.

그러므로 건톤이 발전시킨 유형의 중심에는 두 가지 주장이 있다.

첫째, 세 신적 위격의 신성은 근본적이며 파생적이지 않다. 하나님의 단일성은 하나님의 삼위성의 기초가 아니라 구별 또는 교제 안에서의 관계, 즉 성부, 성자, 성령 사이의 구체적 단일성이다. 이것은 반대로 개별적 실체로서보다는 "관계 가운데 있는 인격"으로서의 "인격" 개념과 분리할 수 없다. 개별적 실체라는 생각은 어거스틴에게 그 출처가 있는데 특별히 관계없는 지성으로서의 인격에 대한 데카르트적 개념에 스며든 것으로 입증이 되었다.

둘째, 세 위격은 비록 관계되어 있기는 하지만 구별되는 창조와의 관계에서 행위 유형의 대행자들이다. 이런 설명에서 삼위일체의 외적 사역은 분리 불가하다는 서구의 삼위일체론의 격언은 특별한 위격에 행위의 특별한 유형을 전유하는 것이 하나님의 내적 존재에 뿌리박고 있음을 인정하기를 매우 주저하고 있음을 표시한다.

> 반면에 건톤에게 신적 단순성(simplicity)은 우선하는 단일성으로서가 아니라 관계 안에 있는 대행자들 사이의 교제 사건으로 가장 잘 이해된다. 이것은 세계에서의 하나님의 행동에 대한 특수한 설명으로 인도한다. "모든 하나님의 행동은 성부에게 그 시작을 하고 있으며 성자를 통해 효력을 발생하며 성령 안에서 그 성취에 도달한다.

다르게 말하자면 하나님의 행동은 **중재 된다**. 하나님은 자신의 '두 손'인 성자와 성령의 중재하는 행동 때문에 세계를 향하고 세계 안에서 자신의 목적을 통해 이루어가신다"(『행동과 존재』〈Act and Being〉, 77). 특히 후기의 저술에서 "중재"라는 개념은 비록 건톤이 그 개념 가운데 포함된 것에 대한 지속적인 분석을 제공하지는 않고 있지만 중요한 역할을 했다.

일반적으로 말하자면 "중재"는 건톤에게 두 가지 문맥에서 기능하고 있다.

첫째, 신론에서 그것은 성자와 성령이 거룩한 삼위일체의 행동의 원천인 성부에게 관계하고 있음을 가르치고 있다. 하나님의 경륜적 행동을 연속적으로 배열하기(성부는 창조하시고 성자는 화해시키시며 성령은 거룩하게 하신다)보다는 건톤은 모든 하나님의 행동이 성부의 행동, 즉 다른 두 위격의 중재하는 활동을 통해 수행된 성부의 행동이라고 말하기를 좋아한다. 그러므로 차이는 별개의 행동 사이가 아니라 행위의 "형식" 사이의 차이이다. 성자는 피조된 실체 안에서 "내재적으로" 행동하신다. 성령은 창조를 그 목적으로 가져오며 "초월적으로" 또는 "종말론적으로" 행동하신다.

둘째, "중재"의 두 번째 사용은 어떻게 삼위 하나님이 세계 안에서 피조 세계의 중재자들을 통해 행동하시는지를 가리킨다. 이런 강조는 바르트의 시간과 영원성 사이의 변증법에 대한 건톤의 초기의 비판을 반영하고 있다.

건톤은 서구의 신성에 고유한 이런 변증법이 하나님과 창조 사이의 중재적 실체의 위계질서를 개입시킴으로 하나님의 비물질성을 보호했던 신플라톤주의적 사고에 대한 어거스틴의 타협에서 기인하게 되었다고 생각하게 되었다. 신플라톤주의는 그렇게 함으로 신론을 그 자체로 무시간적 초월성으로 던져버리게 되었다. 건톤이 건설한 대안적 전통(그 대표자는 이레니우스이다)은 그리스도와 성령에 대한 교리에서 문제해결의 실마리를 발견한다.

건톤의 기독론은 아마 그가 성육신한 그리스도의 두 본성에 대한 설명에서 신성에 그 주도권을 부여하는 칼빈주의의 특징적 경향을 따르지 않는다는 점에서 그 신학에 있어 최소한의 "개혁 신학적" 측면을 보여 준다. 도리어 건톤은 어떤 성육신의 신학이 그리스도의 인성의 완전한 무결성을 지켜 주어야 하며 이것은 성령론적 가르침을 통해서만이 성취될 수 있다는 점을 강조한다. 가현설적 기독론은 피조 세계에 대한 하나님의 관계에 대한 이원론적 설명을 가정하며 그래서 예수님의 인성을 그 자체로 하나님의 행동 중재로 거의 생각하지 못하게 한다.

반면에 성령론적 기독론에서 성령은 예수를 그 안에서 그 자신으로서 하나님의 행동이 그 자신의 인간적인 진정성을 타협하지 않고 수행된다. 하나님의 삼위적 존재와 행동을 다루는 이런 신학의 몇 가지 결과로 나아가기 이전에, 비록 건톤이 많은 문맥에서 그것을 상술하고 있기는 하지만, 그 문제에 대한 온전하게 분명한 설명을 절대 완료하지는 않았다는 점을 지적할 필요가 있다.

"중재"라는 용어와 함께 "교제"와 "인격" 그리고 "관계"와 같은 용어들은 풍성한 암시를 지니고 사용되고 있지만, 항상 한결같은 의미로 사용되고 있지는 않다. 그 교리의 역사에 대한 다소 대략적 제시를 곁들이게 될 때는 그들은 너무 많은 지면이 너무나 빨리 덮인다고 제안하고 있다. 이것은 사실일 것이다. 하지만 두 가지 다른 요소를 유념해야만 한다.

하나는 건톤의 삼위일체 신학이 1950년대로부터 지도자격인 영국 신학자들이 가지고 있던 본능적 이신론적 배경과 대조해 살펴보아야만 한다는 것이다. 이들 이신론과 비교하자면 건톤의 작업은 훨씬 더 심오하고 풍성하다. 게다가 건톤의 삼위일체 신학의 비옥함은 다른 영역, 특별히 창조 교리와 기독교 형이상학과 문화 이론의 형성에서의 기독교 교리의 건설에 건톤이 그것을 적용하고 있다는 사실을 통해 고려되어야만 한다.

T. F. 토렌스(T. F. Torrance)와 함께 건톤은 피조 세계의 질서에 대한 신학적 묘사를 심각하게 생각했고, 어떤 그런 묘사가 삼위일체적 가르침에 의해 뒷받침을 받아야만 한다고 믿었던 바르트 전통에 서 있는 몇몇 신학자 중 한 명이었다. 건톤의 설명에서 창조론은 유출(emanation)이라는 관용구(이것에 의해 하나님과 창조 양자 모두의 성실성이 잠식되고 만다)나 인과성(causality)이라고 하는 용어에 의해 통제되고 있는 듯한 경향이 있다.

인과성은 근대의 서구 신학에서 우월한 지위를 차지했으며 파괴적인 것으로 드러나고 있다. 왜냐하면, 그것은 재빨리 비인격적 힘으로서의 하나님에 관한 주장이 되기 때문이다. 하나님은 창조에 대해 중재 없는 방식으로 행위를 해 피조 된 실체의 상대적 자율성이 지니는 적절한 의미를 허물어버리는 의지가 되고 만다. 인과성에 반대해 건톤은 세계에 대한 하나님의 자유로운 인격적 관계라고 하는 성육신적 모델과 성령이 피조 된 존재의 "완벽한 원인"이 되는 성령론적 모델을 제안하고 있다.

> 창조주와 창조질서의 관계를 해석하는 삼위일체적 방식을 강조하는 논점은 우리가 하나님과 피조 세계의 질서 사이의 공간을 닫아버리지 않으면서 세계를 향해 과거와 계속되고 있는 창조적 신적 행위자 모두를 이해하게 해 준다.
>
> 창조론은 … 그 자신의 구별된 실체로 타자를 수립하는 것과 관련이 있어야만 한다. 그것은 신적 자기 소통이 아니라 세계가 진정으로 타자이게 하고 그렇게 그 자신이게

하는 신적 제정과 관련 있다(『창조론』, 81ff).

어떻게 창조가 하나님으로부터의 타자성에서 그 자신의 정체를 가지는가에 대한 신학적 설명을 발전시키려는 이런 관심은 건톤의 가장 야심적 책인 『일자, 삼자 그리고 다수』(The One, The Three and the Many)에서 중심적이다. 이 책은 건톤의 1992년 밥톤 강좌로부터 생겨난 것이다.

융엘의 『세계의 신비로서의 하나님』이라는 책과 같이 이 책은 부분적으로 현대 문화의 현저한 측면에 대한 신학적 진단이다(비록 이 책이 문화적 표현의 훨씬 더 큰 영역을 포괄하고 있기는 하지만). 그리고 또한 융엘과 마찬가지로 건톤은 대안적 기독교 비전이 삼위일체 신학으로부터 그 실마리를 취해야만 한다고 주장한다.

건톤이 지적하고 있는 병리의 핵심은 하나님에 대한 서구의 일원론적 신학이 근대 사상과 문화적 실천에서의 합리성의 상실 배후에 놓여있다는 것이다. 콜러리지에 호소하면서 건톤은 다음과 같이 주장한다.

> 삼위일체는 개념 중의 개념이며 어떤 방식으로 한때에 모든 사상과 모든 실체에 대한 단서다"(『일자, 삼자, 다수』, 211).

이런 기초 위에서 건톤은 문화에 대한 삼위일체적 형이상학을 건설하고 있다. 건톤은 삼위일체 교리로부터 하나님의 실체를 반영해 주는 피조 된 존재의 어떤 초월적 구조를 끌어내고 있다. 특별히 건톤은 일자와 다수가 함께 하나님의 존재의 삼위적 교제에 근거한 상호 침투적 특수성에 유지되고 있는 피조적 특수성의 신학을 형성한다.

건톤은 자신의 작업을 기독교 존재론 영역에서의 일련의 논문으로 간주했다. 하나님 되심의 종류를 설명하려고 하는 시도는 피조된 존재를 설명하기 위한 것이다. 건톤은 이런 과제를 묘사적으로가 아니라 논증적으로 수행했다(그의 저술의 관용구는 대개 1차적이지 않고 2차적이다). 교리적 반성의 영역으로 접근함에서 건톤은 특징적으로 어떻게 적절한 무게 분산이 기독교적 가르침의 여러 요소 사이에 유지될 수 있는가를 묻고 있다. 그리고 그 근원이 형이상학적 틀 안에 놓여 있는 복음에 의해 교정되지 않은 채 있는 신학에서의 발전을 알아내고 실행하고자 했다(때때로 건톤은 융엘과 젠슨 양자와 의견을 같이한다).

심지어는 건톤의 기독론과 구원론에서의 저술이 흥미로울 정도로 쉬운 것일 수 있지만, 건톤은 교의학의 영역과 각 부분의 총체적 중요성에 대한 매우 발전된 의미를 지녔다. 건톤의 신학이 설득력을 상실할 때는 대개 건톤이 주해적이거나 역사적 묘사에 대해 충분히 오래 멈추어 있지 않았기 때문이다. 혹은 건톤이 결론을 맺고자 진행하는 자신의 전제와 자신이 받는 압력의 생존 능력을 전제하고 있기 때문이다.

비록, 건톤은 매우 폭넓은 영역의 교리적 문제를 토론의 자리에 가져왔으며 더 넓은 기독교 역사의 영역에서 그것을 토론했지만, [융엘과 마찬가지로] 건톤은 현대 사상의 분석에서 신학적 자원을 개진하는 데 깊이 관여했다. 그의 작업은 그가 자신의 사상에 대해 온전하게 성취된 설명을 제공하기 이전에 중단되긴 했지만, 건톤의 지성의 독립성, 쉼없이 탐구하는 지성 그리고 정확한 교의학적 판단이 그가 그 작업이 지속적인 가치를 지닌 지난 세기의 여러 영국의 조직 신학자들 가운데 그를 자리매김하게 했다.

5. 결론

그렇다면 어떤 의미에서 융엘과 젠슨 그리고 건톤의 신학은 바르트 "이후의" 신학인가?

이들 가운데 어떤 사람도 모방자로 생각되지는 않는다. 하지만 이들 각자는 그 자신의 방식으로 바르트를 매우 신중하게 생각하는 사람들이 종종 몰두하곤 했던 피조성에 대한 신적 은혜의 관계에 관한 문제들을 제기하고 있다. 융엘의 신학은 종종 어떻게 종말론적 신적 행동이 피조된 행위자에게 관여하는가 하는 문제 주변을 돌고 있다.

하지만 융엘은 실제로 불트만의 전통에 빚을 지고 있으므로 젠슨이나 건톤이 창조라고 하는 광범위한 교리를 통해 이 주제들을 탐구하는 것보다는 덜 관심을 기울이고 있다. 융엘의 실존주의적이고 말씀 중심적 루터 신학의 스타일은 융엘로 하여금 이들에게서 멀어지게 할 뿐만 아니라, 하나님과 피조 세계 사이의 언약이라고 하는 성경의 드라마에 대한 바르트의 교의학의 요소들로부터도 멀어지게 했다.

반면에 젠슨과 건톤은 이들이 창조의 성실성은 하나님의 선행적 실체에 근거해야만 한다고 주장했다는 점에서 비록 바르트가 옳았다고 믿었지만, 바르트가 이런 확신을 입증하기 위해 취했던 삼위일체적 가르침에 대해선 불편함을 느꼈다.

왜냐하면, 이들에게는 이런 바르트의 주장이 의도와는 반대의 문제를 일으키기 때문이다. 즉 피조 된 실체의 불안정성이 문제가 되는 것이다.

융엘이 신적 언어의 개입주의적 종말론에 집중해 하나님과 세계에 대한 설명을 시도한 곳에서 젠슨과 건톤은 피조 된 역사에 대한 역사적으로 더 확장된 신학을 제공한다. 그곳에서는 종말론이 세계의 중단이 아니라 시간을 통한 완전을 말한다.

융엘, 젠슨 그리고 건톤은 모두 다른 방식으로 계시의 신학자들이다. 비록 이들에게 "계시"는 주로 신비로운 인식적 교류에 대한 용어가 아니라 세계에서의 하나님의 현존과 활동이 어떻게 신학적 이성(theological reason)을 조건 지워 주고 지도하는지를 말하는 하나의 방식이기는 하다.

그러므로 이들 모두는 신학을 시적 이성(poetic reason)의 작업이라고 간주하지 않으며 그 주된 과제가 하나님에 의해 주어진 실체에 의해 제공된 교훈을 받는 "실증적인" 학문이라는 점에서 신학적 실재론자들이다. 이들 모두가 그들의 교회 공동체의 문제에 영향을 미쳤다는 의미에서뿐 아니라 그들 중 누구도 신학적 이성이 교회의 실천과 분리해 작용할 수 있다고 생각하지 않았기 때문에 이들 모두는 교회의 신학자들이다.

게다가 이들 모두는 그 대부분이 삼위일체와 성육신에 대한 가르침인 복음에 대한 교회의 고백이 신학적 반성보다 우선하며 교회의 고백이 진행해 나가기 전에 신학적 확증을 기다릴 필요가 없다는 가정 위에서 자신들의 작업을 하고 있다.

이들 모두는 어떻게 교회로 고백 되는 복음이 구별되는 기독교 존재론을 발생시키는지 탐구하는 데 관심이 있다. 이 모든 것은 이들을 바르트가 20세기 최고의 예를 보여 준 개신교 신학의 동아리에 확고하게 세워 주고 있다.

참고 문헌

Gunton, Colin, *Enlightenment and Alienation: An Essay Towards a Trinitarian Theology* (London, 1985).
_____. *The Actuality of Atonement* (Edinburgh, 1989).
_____. *Christ and Creation* (Carlisle, 1993).
_____. *The One, the Three, and the Many* (Cambridge, 1993).
_____. *A Brief Theology of Revelation* (Edinburgh, 1995).
_____. *Theology through the Theologians* (Edinburgh, 1996).
_____. *The Promise of Trinitarian Theology* (Edinburgh, 1997).
_____. *Yesterday and Today: A Study of Continuities in Christology* (London, 1997).
_____. *The Triune Creator* (Edinburgh, 1998).
_____. *Intellect and Action: Elucidations on Christian Theology and the Life of Faith* (Edinburgh, 2000).
_____. *Becoming and Being: The Doctrine of God in Charles Hartshorne and Karl Barth* (London, 2001).
_____. *The Christian Faith* (Oxford, 2001).
_____. *Act and Being: Toward a Theology of the Divine Attributes* (London, 2002).

_____. *Father, Son and Holy Spirit* (London, 2003).
Jenson, Robert, *Alpha and Omega: A Study in the Theology of Karl Barth* (New York, 1963).
_____. *God after God: The God of the Past and the God of the Future Seen in the Work of Karl Barth* (New York, 1969).
_____. *The Knowledge of Things Hoped For* (Oxford, 1969).
_____. *Visible Words: The Interpretation and Practice of Christian Sacraments* (Philadelphia, PA,1978).
_____. *The Triune Identity: God According to the Gospel* (Philadelphia, PA, 1982).
_____. *America's Theologian: A Recommendation of Jonathan Edwards* (Oxford, 1988).
_____. *Unbaptized God: The Basic Flaw in Ecumenical Theology* (Minneapolis, MN, 1992).
_____. *Systematic Theology*, 2 vols. (Oxford, 1997, 1999).
Jenson, Robert, and C. Braaten (eds.), *Christian Dogmatics*, 2 vols. (Philadelphia, PA, 1984).
Jüngel, Eberhard, *Paulus und Jesus* (Tübingen, 1962).
_____. **Unterwegs zur Sache. Theologische Bemerkungen* (Munich, 1972).
_____. *Gottes Sein ist im Werden* (Tübingen, 1975) [ET *God's Being is in Becoming* (Edinburgh, 2001)].
_____. *Tod* (Stuttgart, 1971) [ET *Death* (Edinburgh, 1975)].
_____. *Gott als Geheimnis der Welt* (Tübingen, 1977) [ET *God as the Mystery of the World* (Edinburgh, 1983).
_____. **Entsprechungen: Gott – Wahrheit – Mensch* (Munich, 1980).
_____. *Barth-Studien* (Gütersloh, 1982) [partial ET: *Karl Barth: A Theological Legacy* (Philadelphia, PA, 1986)].
_____. **Wertlose Wahrheit* (Munich, 1990).
_____. **Indikative der Gnade–Imperative der Freiheit* (Tübingen, 2000).
_____. *Das Evangelium von der Rechtfertigung des Gottlosen als Zentrum des christlichen Glaubens* (Tübingen, 1998) [ET *Justification* (Edinburgh, 2001)].
_____. *Beziehungsreich. Perspektiven des Glaubens* (Stuttgart, 2002).
_____. **Ganz werden. Theologische Erörterungen V* (Tübingen, 2003).

융엘의 최고의 연구 가운데 많은 부분이 지난 십 년간의 저술을 모은 (위에 *표를 한) 다섯 권의 논문집에 포함되어 있다. 첫 세 권으로부터 발췌한 논문들이 *Theological Essays I*과 *II* (Edinburgh, 1989, 1994)로 출판되어 있다.

제16장

제2차 바티칸 공의회 이후 로마 가톨릭 신학

폴 D. 머레이 (Paul D. Murray)

1. 서론

이 책은 이미 3명의 20세기 로마 가톨릭 신학의 고전적 실례인 헨리 드 루벡(Henri de Lubac)과 칼 라너(Karl Rahner) 그리고 한스 우어스 폰 발타자르(Hans Urs von Balthasar)를 포함하고 있다.

데이빗 트레이시(David Tracy)와 미셸 드 세르토(Michel de Certeau), 장룩 마리온(Jean-Luc Marion) 또한 "수정주의자들과 자유주의자들"과 "포스트모던 신학"에 관한 장들에서 집중적으로 각각 다루어졌다. 이것을 넘어서 많은 다른 중요한 가톨릭 신학자들이 다른 장들에 걸쳐서 두드러지고 있다.

그러므로 이 장은 이들 다른 장들에 있는 적절한 자료들에 대해 피상적이고 반복적 요약을 하려 하지 않을 것이며 또한 이 장은 제2차 바티칸 공의회이후의 로마 가톨릭 신학의 세계를 포괄하는 모든 중요한 개인이나 사상운동에 대한 포괄적 리뷰를 시도하지도 않을 것이다.

더 적절한 목표는 이 시기의 유럽과 북미의 로마 가톨릭 신학의 이야기를 형성하고 있는 주된 요소와 토론 그리고 다양하고 심지어는 충돌하는 신학적 직관과 방법들을 탐구하려는 것이다. 이와 함께 이 장의 목표는 실재적 중요성을 지니는 것이 무엇인지를 알아내고 마찬가지로 어디에 현대 가톨릭 신학의 생생한 주제가 있는지를 살펴보고자 한다.

첫 번째 주된 단락은 현대 가톨릭주의의 이야기가 펼쳐질 수 있는 다양한 방식과 관련된 복잡성이라는 그 무엇을 살펴본다. 이것을 따라 이 장의 핵심은 공의회 이후의 가톨릭 신학에서 변화와 발전의 주된 차원에 대한 세 가지 상호 관련된 개관으로 이루어진다.

첫 번째 단락은 가톨릭 신학의 제도적 문맥에서 괄목할 만한 변화에 집중한다.

두 번째 단락은 인식된 과제와 범위와 방법과 자원에 대한 관계에서 다양한 결정적 발전을 다룬다.

세 번째 단락은 최근의 가톨릭 신학의 이해에서 가장 중요한 실제적 많은 변화를 탐구한다. 결론적 단락에서는 어떤 적절한 구조가 가톨릭주의가 그리스도와 성령 안에서 하나님의 살아 있는 진리를 분별하려는 지속적인 과제를 가장 효과적으로 협의할 수 있는지를 살펴봄으로써 이 모두를 함께 다루어본다.

많은 인물이 여기에서 이야기되는 가운데 등장하는 데 특별히 자주 언급되는 사람은 이 책의 다른 곳에서 집중적 취급을 받지 않은 5명이다. 이들의 저술은 (비록 다양하기는 하지만) 집단으로 제2차 바티칸 공의회 이후 유럽과 북미의 로마 가톨릭 신학의 이야기에서 중요한 많은 것을 나타내 준다.

이들은 캐나다의 예수회 소속 버나드 롱너간(Bernard Lonergan), 벨기에의 도미니칸 에드워즈 슐레벡스(Edward Schillebeeckx), 스위스 교구 주교 신부 한스 큉(Hans Küng,), 폴란드 출신 교황 카롤 보틸라(Karol Wojtyla), 요한 바오로 2세(John Paul II), 영국의 평신도 신학자 니콜라스 래쉬(Nicholas Lash)다.

어느 정도 1957년의 기념비적 책 『통찰: 인간 이해에 관한 연구』(*Insight: A Study of Human Understanding*)와 1972년의 『신학에서의 방법론』(*Method in Theology*)에서 절정에 이른 롱너간의 저술 전체는 철학의 역할을 신학적 분석의 특권적 매개로 유지하고 있는 반면에 20세기 초반의 가톨릭적 이해를 형성했던 신스콜라주의적 체계 안에서 터져 나온 관심을 대표적으로 보여 주는 것으로 취할 수 있을 것이다.

롱너간의 경우에 토마스 아퀴나스의 저술에 대한 꼼꼼한 분석은 특별히 초월적 철학과 인식론 그리고 과학 철학에 따라 제공되었다.[1] 그러한 자료들을 활용함으로써 롱너간은 이전 세대의 전형이었던 것보다 훨씬 커다란 의미를 지닌 역동성과 역사성을 자신의 저술에 통합해 넣었다.

하지만 그의 저술을 둘러싼 해석과 적용의 연구로 판단하자면 어떤 사람들에게는 부분적으로 롱너간의 저술이 가지는 매력은 롱너간이 새롭게 하려고 노력했던 것과도 같은 전체적이고 자기충족적 사고 체계를 여기에서 발견한다는 인식에 놓여 있는 것처럼 보인다.

---

1 롱너간에 대해선 H. Meynell, "Bernard Lonergan", in D. F. Ford (ed.), *The Modern Theologians*, 1st edn. (Oxford, 1989), 205-16을 보라; 또한 F. E. Crowe, *Lonergan* (London, 1992)을 보라.

자신의 초기 교육 과정에서 에드워드 슐레벡스 또한 신스콜라주의적 유산의 건설적 활용을 추구하려는 관심에 몰두했다. 하지만 슐레벡스의 경우에는 루뱅에서 공부하는 동안에 도미닉 드 페터(Dominic de Petter)의 현상학적 관심의 영향이 도미니칸대학교원 과정인 르 솔스와(Le Saulchoir)에서의 역사적 특수성과 현대의 사회적 실체에 주어진 이중적 긴밀한 주의와 결합했다.

그 안에 기독교 전통과 인간 경험 사이에 있는 복잡한 관계성의 특수성을 통해 생각하려는 일정하게 유지된 관심을 심어주었다. 한편으로는 성경과 전통에 대한 역사적 비평적 분석으로 또 다른 한편으로는 분석의 사회 이론적 형태에 의해 형성된 제2차 바티칸 공의회 이후 슐레벡스의 주된 저술은 현대의 기독교 사상과 실천에 대한 관계에서 특징적으로 중요한 교리적 자리에 대한 집중적이고 비판적 동시에 건설적 연구 형태를 취하게 되었다.[2]

어떤 다른 현대의 가톨릭 신학자보다 한스 큉은 아마도 2차 바티칸 이후에 이어지는 수년 동안 두드러지게 되었던 수정주의적이고 진보주의적 정신과 학문적이고 교회적 권위 사이의 적절한 관계에 대해 불가피하게 연결된 긴장을 보다 분명하게 상징적으로 보여 준다.[3]

큉은 자신의 1971년 책인 『무오? 탐구』(Infallible? An Enquiry)에서 가톨릭 실천과 신념을 규정 지워 주는 규칙을 바르게 분별하는 교회의 능력을 의문시하는 것 같았을 때 칼 라너(Karl Rahner, 1904-84)는 큉의 입장이 지닌 함축을 교회의 분별력 있는 지성에 책임을 지는 헌신, 즉 신앙이 수용된 전통 안에서 일하려는 헌신을 내어버린 자유주의 개신교의 입장에 비슷하다고 비판했다.

큉 자신은 이런 해석을 거절했다.[4] 그 지점으로부터 큉은 기독교 신념의 중요한 자리의 많은 것에 대한 주된 논문을 썼으며 더 최근에는 특별히 정의로운 전 지구적 질서를 위해 함께 협력해야 한다는 관점에서 종교 사이의 대화와 협력이라고 하는 더욱 폭넓은 교회 일치를 위한 주제로 자신의 관심을 돌렸다.[5]

---

2   슐레벡스에 대해선 R. J. Schreiter, "Edward Schillebeeckx", in D. F. Ford (ed.), *The Modern Theologians*, 2nd edn. (Oxford, 1997), 152-61을 보라; 또한 Kennedy, *Schillebeeckx* (London, 1993)를 보라.

3   큉에 대해선 W. G. Jeanrond, "Hans Küng", in D. F. Ford (ed.), *The Modern Theologians*, 2nd edn. (Oxford, 1997), 162-78을 보라; 또한 H. Häring and K.-J. Kuschel (eds.), *Hans Küng: New Horizons for Faith and Thought* (London, 1993)를 보라.

4   K. Rahner, "A Critique of Hans Küng: Concerning the Infallibility of Theological Propositions", *Homiletic and Pastoral Review*, 71 (1971), 10-26 (13)을 보라; Rahner and Küng, "A 'Working Agreement' to Disagree", *America*, 129 (July 7, 1973), 11-12와 비교하라.

5   Küng, *Global Responsibility: In Search for a New World Ethic* (New York, 1991).

신학자들 사이에서 로마 교황을 다루는 것이 다소 일반적이지 않기는 하지만 카롤 보틸라와 요한 바오로 2세를 언급하지 않고는 제2차 바티칸 공의회 후의 가톨릭 신학의 이야기를 함에 있어 무언가 불완전한 점이 있다. 교황에 즉위하기 이전에 그 스스로 중요한 목소리였을 뿐 아니라 교황에 즉위한 이후에 자신의 권위 아래 행동하는 다양한 로마의 참사원 조직에 의해 촉진이 된 정책과 더불어 자신의 권위를 가지고 있는 많은 저술은 현대 가톨릭 신학의 과정과 특징을 결정함에 결정적 역할을 했다.

앞에서 언급한 인물들은 각자가 현대적 가치와 이해의 유형에 대한 개방적 자세를 견지하도록 서방의 가톨릭주의에서 다양하게 형성되었던 곳에서 보틸라는 홀로코스트의 공포와 이어지는 억압과 소비에트 체제에서 국가가 지원하는 무신론과 밀접하게 연관된 나라에서 나치 점령 아래 지하 신학교에서 사제직을 위해 신학을 공부했다.[6]

그렇다면 보틸라와 요한 바오로 2세의 사상이 『인간의 구원자』(*Redemptor Hominis*, 1979년)라는 그의 첫 회칙(回勅: 로마 교황이 주교들에게 보내는 회칙-역주)과 그 이후 일관되게 분명히 드러나 있는 것처럼 거룩하고 소망이 가득한 대립의 삶 속에서 증거된 복음의 변혁하는 능력과 직면하고 있는 계몽된 현대성으로 변장한 "죽음의 문화"의 필요에 대해 고양된 감수성에 의해 형성되었다고 하는 것은 거의 놀랄 것이 없다.

게다가 그의 확신은 이것이 단지 교회의 주변부에 있는 선지자적 소수의 하위 문화 소명이 아니라 전투하는 교회 전체의 소명이다. 이런 목적을 위해 그는 사명을 위해 교회를 준비시키는 데 필요하다고 생각하는 훈련을 부과하려고 했다.

비록, 영국의 학문적 전통이라고 하는 보다 순화된 환경 안에 자리하고 있기는 했지만, 니콜라스 래쉬의 작업 또한 전형적으로 인간의 합리성에 대한 "현대적인" 이해에 대한 지속적인 물음으로 특징지어진다.

현대주의는 사실과 가치에 대한 엄격한 분리와 인간의 삶과 피조 된 실체를 보다 일반적으로 원자적이고 환원주의적으로 설명하고자 했다. 인간의 연대성을 관찰하지 못하게 하는 사회적이고 정치적이며 경제적 실체라고 하는 측면을 향해 정교하게 조정된 비판적 자세가 다시금 이와 연결되어 있다.

---

6 보틸라/요한 바오로 2세의 삶과 사상에 대한 공식적 설명을 위해서는 G. Weigel, *Witness to Hope: The Biography of John Paul II* (London, 2001)을 보라.

하지만 현대의 자아 이해와 특별히 신학적 자유주의에 대한 "탈자유주의적인" 질문을 공유하면서 래쉬는 분명히 엄격한 자기비판이라고 하는 기본적 자유주의의 가치를 견지하고 있다.[7]

래쉬에게 있어서 신학적 과제의 본질적 측면은 비판적 이성의 방해에 대항해 설명할 수 있는 신학적 건설과 교회의 삶과 구조를 지탱하려는 관심을 가지고 신앙의 불편한 양심으로 행동하는 것이다.[8] 요한 바오로 2세가 변화에 대한 훈련되고 엄격한 힘을 자극하고 정리한 곳에서 래쉬는 만일 교회가 심각한 수행적 모순에 빠지지 않으려고 한다면 교회 자신의 정치형태가 선포된 사랑의 문명을 말해야 한다고 주장하고 있다.

2. 현대 가톨릭주의 이야기

위에서 제안한 것처럼 현대 가톨릭주의의 이야기는 때때로 생각하는 것보다 훨씬 더 복잡하다. 한때 현대 가톨릭은 **바로 그** 위대한 변화와 극적 요체라고 묘사되고 있는 제2차 바티칸 공의회(1962년에서 1965년 사이에 4번의 회기로 만남)와 함께, 길이에서는 같지 않고 그 개별적 분위기에서는 충격적일 만큼 다른 두 막을 가지고 있는 드라마로 전형적으로 말해지고 있었다.[9] 그렇게 말함에 있어서 제 2차 바티칸 공의회 이전의 가톨릭주의는 일련의 점증하는 반대하는 자세에 의해 정의되곤 했다.

첫째로 16세기부터 개신교의 도전에 반대했고 그다음으로는 현대적 자유주의의 어찌해 볼 도리가 없는 반기독교적 정신으로 인식된 것에 반대했다. 1864년의 "오류의 요목"(Syllabus of Errors)의 마지막 논지가 그것을 표현하고 있듯이 "만일 어떤 사람이 … 로마 교황이 그 자신을 진보와 자유주의와 최근의 문명과 화해시킬 수 있고 화

---

[7] 참조, D. Murray, "A Liberal Helping of Postliberalism Please", in M. D. Chapman (ed.), *The Future of Liberal Theology* (Aldershot, 2002), 208-18.
[8] 래쉬에 대해선 D. W. Hardy, "Theology Through Philosophy", in D. F. Ford (ed.), *The Modern Theologians*, 2nd edn. (Oxford, 1997), 252-85을 보라; 또한 D. Murray, "'Theology Under the Lash'; Theology as Idolatry-Critique in the Work of Nicholas Lash", in S. C. Barton (ed.), *Idolatry* (London, 2005)을 보라.
[9] 이에 대한 세련된 설명을 보려면 E. Schillebeeckx, *Vatican II: The Real Achievement* (London, 1967); L. Gilkey, *Catholicism Confronts Modernity: A Protestant View* (New York, 1975)를 보라; 그리고 사회학적 정보를 담은 설명을 위해서는 B. McSweeney, *Roman Catholicism: The Search for Relevance* (Oxford, 1980)를 보라.

해하게 해야만 한다고 생각한다면 … 저주를 받도록 하라",[10]

각각의 경우에 반대 운동은 뚜렷하게 가톨릭적 실행과 신념과 실체를 바르게 읽을 수 있는 가톨릭교회의 유일하게 특권적 능력에 대한 강화된 강조 형태를 취했다. 이런 반대 운동은 축소된 제1차 바티칸 공의회의 마지막 회기 동안에 이루어진 1870년의 교황 무오설 선포에서 절정에 달했다.

가톨릭주의에서는 그러한 방어성은 "현대주의적인" 헌신의 질병에 의해 감염되는 것으로 간주하는 어떤 학자들을 뿌리 뽑고 억압하는 교황 피우스 10세 (1903-14)에 의해 조장된 정책을 통해 가장 날카롭게 느껴졌다. 이런 정책의 대표적 여파는 그 실제적 장려와 조장 이후 오래도록 지속했다.[11]

현대 가톨릭주의에 대해 생각하고 있는 첫째 막의 개요를 제시할 때 1959년 1월 25일 현대 세계의 문맥에서 가톨릭주의를 새롭게 하려는 관심을 가진 제2차 바티칸 공의회에 대한 교황 요한 23세의 갑작스러운 발표는 다소 사건의 불연속적 전환처럼 보인다.

정말로 만일 『요목』(*Syllabus*)의 마지막 논지가 그렇게 이해된 현대 가톨릭주의의 "제1막"을 상징한다면 『사목 헌장』(*Gaudium et Spes*, 1965년 12월 7일 "현대 세계에서의 교회에 대한 목회적 헌장)을 시작하는 말들은 "제2막"이다.

> 우리 시대의 기쁨과 희망, 슬픔과 고뇌는 … 마찬가지로 그리스도를 따르는 자들의 기쁨과 희망, 슬픔과 고뇌다. 인간적인 어떤 것도 그들의 마음에서 메아리를 발견하는 데 실패할 수 없다.[12]

제2차 바티칸 공의회의 위대하고 지속적인 유산은 최소한 이렇게 이야기를 함에 있어 하나님의 은혜로운 임재의 선행적 편재에 있는 이런 열정적 연대성과 관대한 환대 그리고 확신 있는 신뢰에 놓여있다. 하지만 1978년 카롤 보틸라가 교황 요한 바오로 2세로 선출된 이래로 최소한 논쟁적 제3막이나 보충적 에필로그를 요구하

---

10 피우스 9세의 회칙 *Quanta Cura*와 함께 발행되었다.
11 피우스 10세의 1907년 회칙 *Pascendi Dominici Gregis*에서 정죄 되고 있는 "현대적인" 입장은 얼마나 가톨릭 신앙이 현대 사상과 통합될 수 있는지에 대해 탐구한 가톨릭 지성인들이 즐겼던 다양한 사상의 종합적 구성물이었다. See Lash, "Modernism, Aggiornamento and the Night Battle", in A. Hastings (ed.), *Bishops and Writers: Aspects of the Evolution of Modern English Catholicism* (Wheathamstead, 1977), 51-79를 보라.
12 A. Flannery (ed.), *Vatican Council II: The Conciliar and Post Conciliar Documents* (New York, 1981), 903-1001.

는 보다 복잡한 이야기를 하는 것이 필요하게 되었다.¹³

어떤 사람에게는 가톨릭 사회사상의 인정된 발전에도 불구하고 요한 바오로 2세의 교황직은 본질적으로 제2 바티칸의 중심적 운동에 대한 과격한 반전을 대표한다. 다른 사람에게는 요한 바오로 2세는 2차 바티칸 이후 수년 동안 영향을 미친 제2차 바티칸 공의회에 대한 재앙적 남용에 대한 불가피한 교정을 대표한다. 제2 바티칸은 현대의 자유주의적 가치들이 광범위하게 도전받기 시작하던 바로 그 시점에 현대의 가치들을 순진하게 낙관적으로 포용한 것이라는 것이다.¹⁴

요한 바오로 2세와 제2 바티칸의 적절한 수용에 대한 이런 다른 평가는 현대 가톨릭주의의 이중적 두 단계 내러티브가 중요한 수정을 요구한다는 것을 보여 준다.¹⁵

일반적으로 피우스 9세의 『요목』과 피우스 10세의 반 근대적 운동이 제2차 바티칸 공의회 이전의 교회에서 보편적 의견 상태를 나타내고 있다고 제안하는 것이 부정확한 것처럼 2차 바티칸에서 주교들이 승인된 다양한 문서의 어구와 해석에서 만장일치로 동의했다고 제안하는 것도 마찬가지로 부정확한 일이다.

전자와 관련해 영국에서의 존 헨리 뉴먼(John Henry Newman, 1801-90)과 프리드리히 폰 휘겔(Friedrich von Hügel, 1852-1925)과 이탈리아에서의 안토니오 로스미니(Antonio Rosmini, 1797-1855)가 그렇게 한 것처럼 가톨릭 튀빙겐 학파는 특별한 언급을 필요로 한다.

다시금 20세기의 중반부의 초기에 피우스 10세의 반 근대적 운동의 지속적인 반향에도 불구하고 허용된 지배적 신스콜라주의적 범주들보다 신앙에 보다 부유하고 보다 활력있는 표현을 부여하려고 했던 일에 스스로 용기 있게 인내심을 가지고 상상력 풍부하게 헌신했던 많은 가톨릭 지성인들이 있었다. 이들 가운데 몇 사람만 거명하면 칼 아담(Karl Adam, 1876-1966), 로마노 구아디니(Romano Guardini, 1885-1968), 마리-도미니크 쉐누(Marie-Dominique Chenu, 1895-1990), 이브 콩가르(Yves Congar,

---

13 A. Hastings, "Catholic History from Vatican I to John Paul II", in A. Hastings (ed.), *Modern Catholicism: Vatican II and After* (London, 1991), 1-13; McSweeney, *Roman Catholicism*, 256-61을 보라.

14 첫 번째 부정적 평가에 대해선 Hebblethwaite, "John Paul II", in A. Hastings (ed.), *Modern Catholicism: Vatican II and After* (London, 1991), 447-56을 보라. 두 번째 보다 긍정적 평가를 위해서는 Weigel, *Witness to Hope*, 486-90, 502-5, 846-7; T. Rowland, *Culture and the Thomist Tradition After Vatican II* (New York, 2003), 11-50을 보라.

15 J. Komonchak, "Vatican II as an 'Event,'" *Theology Digest*, 46 (1999), 337-52을 보라. 나는 이 논문을 추천해 준 것에 대해 Philip Caldwell에게 감사한다. 또한, G. Alberigo, J. Jossua, and J. Komonchak (eds.), *The Reception of Vatican II* (Washington, DC, 1987); G. Alberigo and J. Komonchak (eds.), *History of Vatican II*, Vols. 1-5 (New York, 1996-2004)을 보라.

1904-95), 헨리 드 루백, 쟝 다니엘류(Jean Daniélou, 1905-74), 칼 라너가 있다.

정말이지 그것은 그들 가운데 많은 사람이 관여했던 근원으로 되돌아가는 바로 그 일이었다. 그것은 신스콜라주의적 편람의 형성 배후에서 기독교 신앙의 위대한 역사적 자료와 표현으로 돌아가는 일이었다. 그것은 공의회에서 열매 맺게 되었던 것을 위한 기초를 놓는 일이었다.[16] 마찬가지로 이런 새로워진 사고방식은 공의회 기간에 이전보다 더 보편적 승인을 받지 못했다. 요동치는 소수는 계속 반대 견해를 견지했으며 문서들의 마지막 형식은 휘몰아친 타협을 반영하고 있다.

심지어 승인한 다수 가운데서도 (순수하게 강화와 적용이라는 용어로 이해된 바티칸 공의회 후의 과제를 가진) 갱신이나 근대화의 과제를 공의회 기간에 제한되는 것이라고 보았던 사람들과 가톨릭주의의 불가피하게 지속적인 측면으로 그것을 간주했던 사람들 사이에 차이가 있었다. 그러한 긴장은 보틸라가 교황직에 오르기에 앞서 중요하게 되었다. 1972년에 있었던 『코뮤니오』(Communio) 그룹의 신학자들(그중에서도 발타자르, 라칭거)이 『콘실리움』[Concilium]이라는 저널과 연계된 사람들(그중에서도 라너, 콩가르, 슐레벡스 그리고 큉)로부터의 이탈로 상징되었다.

『콘실리움』이라는 저널은 명시적으로 제2차 바티칸 공의회의 일을 확장하려고 했다. 이런 긴장은 유럽과 북미의 가톨릭 신학에서 분명한 세력으로 지속하고 있다. 이것을 세계에 대한 개방성과 격리라고 하는 반대되는 태도 사이의 긴장으로 생각하는 것은 극단적으로 단순화한 잘못된 생각이다. 각각의 저널에 포괄된 주제들이 알려 주는 것처럼 그 차이는 범위에 대한 것이 아니라 논조와 접근 방법에 관한 것이다.

그것은 하나님의 살아 있는 진리를 지속해서 분별함에서 교회 바깥의 자료들로부터 가톨릭주의가 배울 가능성에 부여된 상대적 강조와 관계있다. 그것은 세상의 죄로 어두워진 절반의 진리 인식과 가톨릭이라는 기독교 전통의 빛 안에서 바르게 판단되고 읽혀야 할 필요와 관계있다.

달리 말하자면 그것은 세상으로부터 무엇을 타당하게 배울 수 있는가 하는 빛 안에서 가톨릭 신앙을 새롭게 할 필요와 세상이 그 자신의 자료로 성취할 수 있는 것보다 더 풍성한 이해를 되돌려줄 필요 사이에 유지되는 균형과 관련 있다.

하지만 그것은 또한 교회 자체가 제2차 바티칸 공의회의 『세상의 빛』(Lumen Gentium, 1964년 11월 21일 "교회에 대한 교의적 규약")이라는 문서의 용어로 말하자면 세상의 질병에 대한 완벽한 해독제라기보다는 개혁과 재생의 필요 가운데 있음을 보여

---

[16] M. Schoof, *Breakthrough: Beginnings of the New Catholic Theology* (Dublin, 1970)를 보라.

주는 것으로 생각하는 것이 타당할 것이다.[17]

『콘실리움』과 『코뮤니오』 경향 사이의 관계에 대한 비록 불완전하기는 하지만 더 나은 비유는 더 일반적으로 기독교 신학에서의 수정주의자들과 탈자유주의자들의 잠재적 창조적 긴장이 여기에 해당한다.[18]

이런 고려에서 가톨릭의 슐라이어마허로서의 라너와 가톨릭의 바르트로서의 발타자르 사이에 때때로 이루어지는 비교는 아주 장점이 없는 것은 아니다. 이것은 래쉬에게 불평등한 권력의 분배 문제에 주의를 기울여야 할 필요를 인식하게 하지만[19] 여기에서 지지가 되는 견해는 때때로 이 두 가지 본성의 짐짓 주장되고 있는 화해 불가능성으로 이루어져 있는 불행한 교회-정치적 자본이 이들을 건강한 변증법적 긴장의 두 측면으로 보는 것에 투자되는 것이 더 좋을 것이다.

가톨릭 개종자인 철학자 알레스데어 매킨타이어(Alasdair MacIntyre, 1929- , 덕의 윤리를 주창하고 있는 미국의 대표적 윤리학자-역주)는 "전통은 역동적일 때 투쟁의 연속성을 구현한다"라고 인정하고 있다.[20]

그 자체로서 현대 가톨릭주의에 대한 이중적이고 2막에 걸친 제시에서 진짜 문제는 그것이 전적으로 진리가 없는 것이 아니라고 하는 것이다. 사람들이 어떻게 평가하든지 간에 2차 바티칸 공의회는 엄청나게 중요한 사건이었다.

단지 그 완결성이 2막의 극적 사건들에 대한 보다 최근의 탈자유주의적 반응을 자세하게 이야기해 주는 제3막 또는 에필로그만을 요구하는 것은 아니다. 진짜 문제는 전체적으로 실제로는 훨씬 더 복잡하고 다양하고 심지어는 모순되는 차원들과 압력들, 충동들이 있는 이야기를 그 선적이고 말끔한 모양으로 말하고 있다는 데 있다.

반동적 보수주의자, 진보적 개혁가, 창조적 회복주의자, 조심스러운 통합자 그리고 반문화적 비판자들이 다양하지만 서로 중복되는 관심의 변수로 존재한다.

그들은 가톨릭주의라고 하는 음악이 조화와 불일치 모두의 가능성을 가지고 다양하게 수행되는 다양한 음조를 형성하고 있다. 2차 바티칸 이후의 가톨릭 신학의

---

17 Flannery, *Vatican Council II*, 350-423을 보라. 여기 당혹스러울 정도로 상호점검하는 유형의 토론을 N. M. Healy, *Church, World and Christian Life: Practical-Prophetic Ecclesiology* (Cambridge, 2000)에서 발견할 수 있다.
18 J. Buckley, "Revisionists and Liberals", 제13장보다 앞 장들; 또한 J. Fodor, "Postliberal Theology", 제14장 앞 장들을 보라.
19 Lash, "Theologies at the Service of a Common Tradition", in C. Geffré, G. Gutiérrez, and V. Elizondo (eds.), *Concilium. Different Theologies, Common Responsibility: Babel or Pentecost?* (Edinburgh, 1984), 74-83을 보라.
20 A. MacIntyre, *After Virtue: A Study in Moral Theory*, 2nd edn. (London, 1985), 222.

이야기는 이들 다양한 수행의 이야기, 더 정확하게는 이야기들의 이야기다.

3. 개관 1: 제2차 바티칸 공의회 이후의 가톨릭 신학의 제도적 문맥의 변화

"신학에 따라 물어져야 하는 중요한 질문들"은 "누가 신학을 해야 하며 그리고 어디에서 누구의 관심으로 누구를 위해 신학을 해야 하는가?"[21]라는 요한 뱁피스트 메츠(Johnann-Baptist Metz, 1928-)의 주장을 염두에 두면 "가톨릭 신학자"라는 문구의 모호성에 주의를 기울이게 된다.

공식적으로 그것은 단지 교도권(여기서는 교황과 주교로 이해된다)을 위해 작업하는 신학자들과 또는 가톨릭 기구 안에서 가르치라는 공식적 위임을 받은 신학자들만을 언급한다.[22] 하지만 보다 폭넓은 경험적 양식에서는 더 자연스럽게 문맥에 상관없이 신학적 작업에 종사하고 있는 가톨릭 신자를 언급한다고 보는 것이 더 자연스러울 것이다.

전자의 의미에서 가톨릭 신학의 제도적 문맥에서의 변화의 정도는 상대적으로 가볍지만 그런데도 중요한 변화이다. 공식적 가톨릭 신학은 가톨릭대학교와 신학교 그리고 다양한 교회적 관료적 단체에서 이루어지고 주로 서품을 받은 남자 독신자들에 의해 이루어지고 있기는 하지만 점차 그러한 활동에 종사하는 남녀 평신도가 많아지고 있다. 하지만 이것이 제공하는 확장과 전망이 가톨릭 신학의 미래적 모습에 비교적 공헌할 것인가 하는 문제는 여전히 의문스럽다.

현존하는 가르침에 온전히 공감하는 사람들만이 그러한 접근을 건설적 공헌은 아니지만, 해를 가하는 "반대자"도 아닌 어떤 것으로 간주하는 가운데 수용하고 있다.[23] 만일 공식적 차원에서의 그림이 상대적으로 안정적이라고 한다면 비공식적인 수준에서는 최소한 어떤 지역에서는 엄청난 활력과 다양성을 지니고 있다.

예컨대 영국적 상황에서 지역에서 교리문답을 공부하는 그룹과 평신도를 형성하

---

21 J.-B. Metz, *Faith in History and Society: Toward a Practical Fundamental Theology* (London, 1980), 58.
22 신앙의 교리를 위한 회중(CDF)에 대해선 *Donum Veritatis*, Instruction "On the Ecclesial Vocation of the Theologian" (Vatican City, 1990)을 보라.
23 John Paul II, *Veritatis Splendor*, Encyclical Letter "On the Church's Moral Teaching" (London, 1993), n. 113을 보라.

는 주교관구의 프로그램, 폭넓은 범위의 기관들에서 신학에서 엄청나게 증가하는 정도의 유용성으로부터 중요한 국제적인대학교에서 연구하는 고등 단계에 이르기까지 평신도 가톨릭 신학의 진정한 만개가 제2차 바티칸 공의회 후에 이루어지고 있다.

이런 움직임은 다시 로마 가톨릭주의를 넘어서 많은 영향을 미치고 있다.[24] 중요한 것은 신학적 훈련을 받은 가톨릭 여성들의 숫자다. 이들은 목회적 사역과 신학 교육과 연구에 계속 채용되고 있다.

어떤 사람들은 그 일을 구제 불능으로 남성 중심적으로 판단해 결과적으로 어떤 기독교적 헌신의 형태를 넘어서고 있다. 또 다른 사람들은 현재의 형성되어 있는 교회에 대해 선지자적 반대의 공간으로 움직여가는 상황이다.

이와 관련해 더 주목할 만한 일은 가톨릭주의 안에서 자신들의 본향과 소명을 계속 발견하고 있는 괄목할 만한 숫자의 여성 신학자들이다.[25] 가톨릭주의로 개종하는 여성주의적 공감을 가진 여성들의 실제적 예 또한 주목해야만 한다.[26]

많은 다른 관점같이 여기에서도 엄청나게 다양한 문맥에서 그리고 공식적 수준에서 일반적으로 불가능한 경험의 폭을 가지고 작업하는 비공식적인 가톨릭 신학의 활력과 범위는 잠재적으로 부요한 자원을 나타내 준다. 하지만 적절한 대화와 분별의 구조에서 다시금 공식적인 것과 비공식적인 것을 어떻게 연결하는가 하는 것은 현대 가톨릭주의에 대한 진정한 도전으로 남아 있다.

"교회는 민주주의가 아니다"라는 격언은 교회가 민주주의 이상의 어떤 것이라기보다는 민주주의보다 못한 어떤 것임을 합법화하기 위해 사용될 때 부적절하게 인용이 되는 것이다.

경쟁적 실력 행사와 과반수 투표제가 단지 제한적 역할만을 가지는 것으로 기껏해야 교회의 집단적 안목(*sensus fidelium*)에 있어서만 그런 역할을 가진다고 생각된다면 적절한 경험과 전문가의 의견을 가진 모든 이들은 분명히 이런 과정에서 용인에 의해서라기보다는 권리로서 참여할 수 있어야만 한다.

---

24 J. Milbank, C. Pickstock, and G. Ward (eds.), *Radical Orthodoxy: A New Theology* (London, 1999); compare L. Hemming (ed.), *Radical Orthodoxy? A Catholic Enquiry* (Aldershot, 2000)를 보라.
25 후자를 고려할 때 Anne Carr, Mary Grey, Elizabeth Johnson, Catherine Mowry LaCugna 그리고 Sandra M. Schneiders는 특히 중요하다.
26 예컨대 영국적 상황에서는 Janet Martin Soskice of the University of Cambridge, Tina Beattie of the Roehampton Institute, Sarah Boss of the Marian Studies Institute, Lampeter, and Susan Parsons of the Margaret Beaufort Institute, Cambridge 등이 있다.

4. 개관 2: 제2차 바티칸 공의회 이후의 가톨릭 신학의 과제와 범위, 방법, 자원에 대한 이해의 변화

앞에서 언급한 것처럼 19세기 후반 이래로 지배적이었던 아리스토텔레스의 범주로 가톨릭 신앙을 질서 있게 제시하고 변호하려는 신스콜라주의적 관심은 이미 제2차 바티칸 공의회 이전에 상당한 반발을 사고 있었다.

교황 레오 13세(Leo XIII, 1810-1903; 재임 1878-1903)가 일찌감치 아퀴나스를 탁월한 가톨릭 신학자로 승격시킨 것을 도화선으로 해 에티엔느 질송(Étienne Gilson, 1884-1978)과 마리에 도미니크 쉐누와 같은 역사 학자들이 그의 당대인들과 후대의 스콜라적 해석자들과 비교해 아퀴나스의 독특성을 회복했다.[27]

아마도 여기에서 가장 중요한 것은 피조된 실체가 내재적으로 그 근원이고 유지자이시며 완성으로서의 하나님을 향하는 것으로 보는 견해의 재발견이었다. 이런 일이 드 루백, 라너, 다른 사람들에 의해 다양하게 수행되었다. 이런 견해는 은혜와 자연, 성과 속을 완전히 구별되는 것으로 보는 "외재적" 성향과 대조된다.[28]

보다 일반적으로 가장 뚜렷하게는 콩가르에 의한 역사 신학에 관한 연구는 피우스 12세가 1943년 『성서 연구에 관한 회칙』(*Divino Afflante Spiritu*)에서 가톨릭주의를 성경 연구의 현대적 유형에 대해 개방하게 한 것과 결합해 전통적 역사적 근원과 비교해 점증하는 해석학적 정교함에 대한 필요를 보여 주기 시작했다.

마찬가지로 예전에 관한 연구와 교부들에 관한 연구 그리고 성경에 관한 연구는 신스콜라주의 안에서 지배적이었던 인식적이고 철학적 차원에 대한 보완으로서의 신앙과 신학의 살아 있는 교회적 차원에 더 큰 강조를 하는 데 도움이 되었다.

반대로 현대의 철학 사상은 이미 토마스주의적 유산에 신선한 연결을 제공하기 위해 사용되고 있었다. 특별히 여기에서 주목할 만한 것은 조셉 마리샬(Joseph Maréchal, 1878-1944)의 칸트주의의 영향을 받은 초월적 토마스주의다. 다시금 이런 사상은 다양한 방식으로 여러 사람 가운데 롱너간과 라너에 의해 확대되었다.

신학적 인간론과 피조 된 과정 그리고 다른 사상가들에 대한 다양한 현상학적 생각이 미치는 영향에 대한 그의 반성에서 데야드르 샤르뎅(Teilhard de Chardin, 1881-

---

[27] E. Gilson, *The Philosophy of Saint Thomas Aquinas*, 2nd edn. (New York, 1929)을 보라; M.-D. Chenu, *Aquinas and His Role in Theology* (Collegeville, 2002)는 1959년에 프랑스에서 처음 출간되었다.

[28] S. J. Duffy, *The Graced Horizon: Nature and Grace in Modern Catholic Thought* (Collegeville, 1992)를 보라.

1955)이 인문과학과 자연과학에 종사한 것 또한 중요하다.[29] 다른 방식이기는 하지만 슐레벡스와 보틸라도 마찬가지다.

이런 배경에 반대해 더 성경에 뿌리박고 있으며 그 논조에서 목회적 문서들을 지지해 문서 초안을 주교들이 거절한 것과 함께 요한 23세는 교의학적 정의보다는 목회적 반성과 교회적 갱신을 목적으로 공의회를 소집했다. 이것은 유일하게 타당한 가톨릭의 신학적 반성으로서의 신스콜라주의를 넘어가라는 공식적 인가인 셈이다.[30]

문서를 도출하면서 작동하고 있는 것은 『기쁨과 희망』(Gaudium et Spes)에서 그러한 것과 같이 탁월하게 웅대한 가톨릭 신학의 비전 발견이다.

가톨릭 신학은 모든 특수한 사물의 중요성을 그리스도 안에서의 하나님의 자기 계시에 대한 관계에서 이해하고 이것이 요구하는 다양한 형태의 분석적 이바지에 상호 관계하면서 열려있다.[31]

제2차 바티칸 공의회 이후의 가톨릭 신학을 계속해서 특징 지워 주었던 것이 바로 실천적으로 관여하는 뿌리 깊은 학문적 다양한 신학적 분석과 반성에 대한 이런 비전이었다. 이 비전은 다시금 라너가 진정으로 세계적 교회로서 언급했던 것이 되어야 한다는 의식의 변화 때문에 강화된다.[32]

분석적이고 인격주의적인 것에서부터 보다 자기 의식적으로 역사적 읽기에 이르기까지 토마스주의적 전통을 활용하는 범위가 여전히 중요한 현대 가톨릭의 신학적 장면의 한 부분이기는 하지만 이런 영향이 이제는 전체보다는 정확히 한 부분적(그리고 내적으로 분화된 한 부분의) 특징이다.[33]

---

29 데야르드에 대해선 C. Deane-Drummond, "Theology and the Biological Sciences", 제21장 이하를 보라. Scheler의 인격적 현상학이 보틸라에 미친 영향에 대해선 R. Buttiglione, *Karol Wojtyla: The Thought of the Man Who Became Pope John Paul II* (Grand Rapids, MI, 1997), 117-76 (first published in Italian)을 보라.

30 K. Rahner, "The Abiding Significance of Vatican II", *Theological Investigations XX* (London, 1981), 90--102; B. J. F. Lonergan, "Theology in Its New Context" (1968), in W. F. J. Ryan and B. J. Tyrrell (eds.), *A Second Collection* (London, 1974), 55-67을 보라; 그리고 같은 책에 있는 "The Transition from a Classicist Worldview to Historical-Mindedness" (1967), 1-9을 보라.

31 Aquinas, *Summa Theologiae*, Ia.I, 7을 보라; *Gaudium et Spes*, 각주 22와 비교하라.

32 Rahner, "The Abiding Significance of Vatican II", 91-2; 또한 "Basic Theological Interpretation of the Second Vatican Council", *Theological Investigations XX*, 77-89을 보라.

33 G. McCool, *From Unity to Pluralism: The Internal Evolution of Thomism* (New York, 1987); F. Kerr, *After Aquinas: Versions of Thomism* (Oxford, 2002); F. Kerr (ed.), *Contemplating Aquinas* (London, 2003)를 보라.

그들에게 정보를 주는 것은 기독교 전통과 하나 또는 그 이상의 자연과학과 사회과학의 폭넓은 공간에서의 다른 중요한 흐름과 유사하게 밀접한 관여를 통해 전형적으로 형성된 신학 함의 다양한 다른 유형들이다. 이들은 인문학과 다른 신앙적 전통들 그리고 비유럽적 문화적 문맥에서 작동하고 있는 분석의 다양한 지금의 양식에서 배우고 있다.

가톨릭 신학자들의 작업은 비판적이고 건설적이며, 광범위하고, 질문을 던지는 유형을 지닌 현대 신학 가운데 각각의 중요한 실례들을 중요하게 보여 준다.[34]

이런 변화는 특별히 근본주의적 신학에서 분명하다. 이 근본주의 신학은 가톨릭 신앙의 엄격한 증명을 제시하려고 하는 시도로부터 발전했다. 이런 증명은 가톨릭 신앙의 분별력과 지속적인 적절성을 입증하려는 보다 온건한 시도에 도움이 되고자 폭넓은 해석학적 도구를 활용해 추론하는 연역적 유형에 근거했다.[35]

이런 운동을 강화하는 것은 인간의 합리성에 대한 탈 토대주의적 이해의 신학으로의 동화였으며,[36] 이것은 롱너간이 신학적 이해에 있어서 "개종"에 부여하는 중심적 역할에서 어떤 방식으로 그에 의해 일관되게 수행되지는 않았다 하더라도 예견되었던 발전이다.

방법론과 분석적 도구의 이런 급증은 가톨릭 신학을 크게 풍성하게 했지만 동시에 가톨릭 신학을 결집하고 영역을 넘나드는 상호 건설적 대화에 붙들어 두는 것이 점차 어려워지게 했다.[37] 결과적으로 다양한 신념과 다른 전문분야의 신학자들 사이에 풍성하게 이루어지는 대화를 발전시키고 유지하는 것은 신학자들과 위계질서 사이의 유사한 대화를 위해 기회를 얻게 하는 것만큼이나 가톨릭주의의 건강에 절대적으로 필요하다.

---

34 역사 신학 안에서 전통이 지니는 가치에 대한 신선한 회복의 중요성에 주의할 필요가 있다. 종교개혁에 대한 매우 최근의 수정주의적 독법에 대해선 E. Duffy, *The Stripping of the Altars: Traditional Religion in England, c.1400–c.1580* (New Haven, CT, 1992)와 *The Voices of Morebath: Reformation and Rebellion in an English Village* (New Haven, CT, 2001)를 보라. 내게 이 사실에 대해 상기시켜 준 Janet Martin Soskice에게 감사한다.
35 G. O'Collins, *Fundamental Theology* (New York, 1981); L. J. O'Donovan and T. H. Sanks (eds.), *Faithful Witness: Foundations of Theology for Today's Church* (London, 1989); R. Latourelle and R. Fisichella (eds.), *Dictionary of Fundamental Theology* (New York, 1994)를 보라.
36 F. S. Fiorenza, *Foundational Theology: Jesus and the Church* (New York, 1984); A. Dulles, *The Craft of Theology: From Symbol to System* (Dublin, 1996), 3–15, 53–68; also D. Murray, *Reason, Truth and Theology in Pragmatist Perspective* (Leuven, 2004)를 보라.
37 K. Rahner, "Reflections on Methodology in Theology", *Theological Investigations XI* (London, 1974), 68–114를 보라.

5. 개관 3: 제2차 바티칸 공의회 이후의 실제적 신학적 이해의 변화

가톨릭 사상과 실천의 모든 측면은 근본으로 돌아가기와 갱신이라고 하는 정신, 세계에 대한 새롭게 발견된 개방성, 진정으로 세상의 교회 됨에 대한 증가하는 의식, 신학적 방법과 자료의 확산 그리고 제2차 바티칸 공의회 이후의 가톨릭 신학을 함께 특징지어 주는 문맥과 전망의 다양성이라고 하는 복합적 영향을 받고 있다.

제2차 바티칸 공의회의 목회적이고 교회적 정향과 특별히 그 이후 등장한 교리적 긴장이 이전의 교회론적 관심을 흔히 지시하는 것이라는 사실을 생각한다면 이런 다양한 측면들은 여기에서 **교회, 에큐메니즘, 사역, 영성, 윤리 신학, 정치 신학, 계시와 근본적 기독론, 삼위일체와 구원론**의 순서로 다루어진다.

1) 교회

분명 제도적 요소에만 집중함으로 전달될 수 있는 것보다 가톨릭주의의 특징적 의미와 실천에 관해 말해야 할 것이 훨씬 더 많이 있다. 그런데도 주교들의 협력과 로마의 수위권 사이의 또는 다르게 표현하자면 보편교회를 함께 형성하고 있는 다양한 지역교회와 그 교회 일치의 상징적이고 구조적 기관으로서의 로마라는 특수한 지역의 교회 사이의 적절한 관계에 대한 지속적인 토론은 가톨릭주의 자체의 내적 구조의 형성을 위해서 그리고 세상을 향한 증거의 형식적이고 제도적 차원을 위해서 심오한 의미를 가진다.

가톨릭성(Catholicity)이라는 개념의 핵심으로 바로 들어가는 것이다.[38] 실천적 용어로 그 변화는 미미할 것이다. 주교들의 강력한 신학이 1차 바티칸의 제한 없는 교황의 단일통치에 대한 평형추로서『세상의 빛』에 포함되어 있었던 반면에 주교들의 집합과 교황 사이의 정확한 관계는 해결되지 않은 채 남겨져 있었다.

로마 교황청의 개혁에 대한 어떤 정당한 요구의 결여와 함께 이것은 권력의 균형이 불균형적으로 로마를 지지해 이루어지고 있었음을 의미했다. 주교들은 교황보다는 하위의 지위에 효과적으로 국한되는 것이었다.

---

38 *Lumen Gentium*, nos. 21-7, in Flannery, *Vatican Council II*, 372-84; 또한 A. Dulles, *The Catholicity of the Church* (Oxford, 1985), 106-46; H. Küng, *Structures of the Church* (New York, 1964), 201-304와 *The Church* (Tunbridge Wells, 1968), 444-80을 보라; H. U. von Balthasar, *The Office of Peter and the Structure of the Church* (San Francisco, 1986)와 비교하라.

가톨릭주의의 수행에 있어서 이런 주제의 중심성은 그런데도 그것을 가장 고차원의 수준에서 관심의 초점이 되도록 하는 데 도움이 되었다.

여기에서 보편교회와 지역교회 사이의 관계에 대한 라칭거 추기경과 카스퍼 사이의 출판물을 통한 논쟁을 보편교회의 존재론적 우위성에 대한 라칭거의 논증과 둘 사이의 동시성과 불가피한 상호성을 지지하는 카스퍼의 논증과 비교해 보라.[39]

적절한 통치와 권위에 대한 가톨릭 교인들의 삶의 모든 수준에서 전제를 세움에 있어 그것이 지니는 역할과 아주 무관하게 이 주제는 구조적 형식에서 교회가 반성하도록 요청받고 있는 일치의 성격에 대해 주된 질문을 야기하고 있다.

그 질문은 중앙집권적이고 문맥을 배제한 균일성의 것인지 아니면 내적으로 구별되고 문맥적으로 특수한 교제의 것인지에 대한 것이다.[40]

2) 에큐메니즘

선구자적 공의회 문서인 『단일성의 회복』(Unitatis Redintegratio)에 의해 가톨릭의 의제로 확고하게 자리 잡은 에큐메니컬의 주제는 분명히 앞의 토론과 관계있는 것이다.[41] 그 이후 특별히 중요한 시점이 분열된 교회들 사이에 이미 존재하고 있는 교제의 정도를 인정하는 것이었다.

여러 가지 쌍무적 토론(가장 중요하게 성공회와 로마 가톨릭 국제 위원회) 진행 과정, 로마 가톨릭과 루터교회의 칭의에 대한 공동 선언에서 이루어진 진보 그리고 "화해된 다양성"이라는 생각에 관한 적극적 탐구에 대한 인정이 이루어졌다.

이와 함께 2차 바티칸 이후 이루어진 중요한 진보에 대한 요한 바오로 2세의 1995년 회칙인 『하나 되게 하소서』(Ut Unum Sint)("에큐메니즘에 대한 헌신에 대해")에서의 확신에 찬 개관은 다른 기독교 전통에 속한 교회 지도자들과 신학자들에 대한 주목할 만한 초대에서 절정에 달했다.

---

39 W. Kasper, "On the Church", *The Tablet* (June 23, 2001), 927-30; J. Ratzinger, "The Local Church and the Universal Church: A Response to Walter Kasper", *America* (November 19, 2001), 7-11을 보라.

40 B. Hoose (ed.), *Authority in the Roman Catholic Church: Theory and Practice* (Aldershot, 2002); K. Rahner, "Unity of the Church-Unity of Mankind", *Theological Investigations XX*, 154-72; also R. J. Schreiter, *The New Catholicity: Theology Between the Global and the Local* (Maryknoll, NY, 1997)을 보라.

41 "Decree on Ecumenism", November 21, 1964, in Flannery, *Vatican Council II*, 452-70.

이런 초대는 사도 베드로의 직무와 그와 연관된 구조를 재고할 과제를 가져보도록 도움을 주어 다시금 현재 그러한 분열의 지속적인 중요한 원인보다는 그리스도인의 연합을 위한 수용할 만한 자원이 되게 했다. 하지만 지속적인 긴장은 또한 분명해졌다.

2000년에 『주 예수』(Dominus Iesus)라는 신앙 교리에 대한 교황청 성청에 의한 출간과 함께 절정에 이르렀다. 그 논조는 특별히 다른 기독교 단체들에 대한 언급에서 "자매 교회"라는 구절의 사용을 금지한 주교들에 대한 각주를 가지고 함께 읽혔을 때 많은 사람이 로마의 정책이 거꾸로 가고 있다고 생각하게 했다. 앞으로 우위를 차지하게 될 『하나 되게 하소서』에 의해 입증된 수용적 에큐메니즘에 대한 보다 건설적 정신이 기대된다고 할 수 있다.

3) 사역

제2차 바티칸 공의회 이후에 관심의 초점이 된 또 다른 요소는 평신도의 존엄성과 소명과 사역과 성직자 사이의 관계였다. 그러한 토론의 문맥이 제2차 바티칸 공의회 이후 평신도 사역의 엄청난 발전이라면 평신도와 관련한 문제들을 정리하는 것은 『세상의 빛』 안에서 분명한 긴장이었다.

구조적 우선성이 공통적 세례의 위엄과 교회의 위계 질서적 특징 위에 맡인 제사장직에 주어짐에도 서임을 받은 특별한 사제직은 평신도의 직임과 본질적으로 다르다고 주장된다.[42]

슐레벡스와 큉 그리고 다른 이들은 평신도와 성직자 사이의 본질적이거나 존재론적 구별에 대한 그러한 개념은 전체 "하나님의 백성"에게 성령께서 내주하시며 은사를 부여하시고 그들의 사제적 특징에 대해 정당한 인식을 부여하는 데 실패함으로써 분리된 성직자들의 특권 계급의 영속화를 지지한다고 비판한다.[43] 이에 대한 응답으로 서품받은 제사장직을 평신도들의 것과는 근본적으로 다른 사역을 수행하는 것으로 봄으로써만 우리는 성직이 같은 일에 대한 보다 우월하고 집중적 사역이라고 제안하지 않을 수 없게 된다고 주장하곤 한다.

---

42 *Lumen Gentium*, 각주 10을 보라.
43 H. Küng, *Why Priests? A Proposal for a New Ministry* (London, 1972); E. Schillebeeckx, *Ministry: A Case for Change* (London, 1981)를 보라.

이것과 함께 은혜의 우선성과 역동성은 서품을 단지 사제가 하는 일들만이 아니라 하나님 앞에서의 소명과 존재에 속하는 것으로 볼 것을 요구한다는 인식이 필요하다.

모든 신학적 토론에 있어서 하나의 요인이 되는 교회 정치적 차원은 여기에서 특별히 복잡한 요소였다. 이런 차원은 더 협력적이고 투명하고 책임성 있는 교회에 대한 갈망과 흔히 그들 자신을 투쟁 가운데 있다고 발견하는 서품을 받은 사제 사역의 풍성하고 도움이 되는 신학을 정교화하려는 관심과 같은 강한 가치를 가지고 있다.[44]

결과적으로 실용적 일치를 산출해낼 수 있는 평신도와 서품받은 사제의 통합되고 독점적으로 정교화된 신학에 대한 두드러진 필요가 현대 가톨릭주의 안에 존재한다.

여기에서 앞으로 나아가는 가능한 길은 서품받은 사제직의 "성례전적 특징"(-sacramentality)을 전체 성령으로 충만한 하나님의 백성에게 속하는 하나님이 부여하신 사역의 공적이고 공식적으로 입증이 된 대표적 수행에 있는 것으로 보는 것이다.[45] 그 자체로서 서품받은 사제직의 구별성은 평신도와는 본질적으로 다른 사제직이라는 것에 있지도 않고 같은 사제직의 더 고차원적 종류라는 것에 있지도 않다. 도리어 그 구별성은 모든 세례 받은 사람들이 공유하고 있는 그리스도의 하나의 제사장직의 근본적으로 다른 실행 유형(공적이고 공식적이고 대표적인)이라는데 있는 것이다. 게다가 서품받은 사람들의 특별한 소명을 실행(exercise)의 다른 유형이 정의해 준다.

한 가지 함축은 그 자신의 진정성을 위해 이런 구별된 사역의 실행이 전체 교회의 사역에 대한 진정한 봉사와 책임감에서 수행되어야만 한다는 것이다. 그 이상의 함축은 만일 서품받은 사제직의 구별된 성례적 특징이 정확하게 성령 충만한 은사를 부여한 그리스도의 몸의 대표자가 됨에 있다는 것이라면 서품에 대한 적격성에 관한 규정은 그 몸의 실제적 구성을 반영하는 식으로 바뀌어야 한다.

이 점에 있어서 부제(diaconate)의 자리에 성숙한 기혼자들을 받아들이려는 공의회의 결정(공의회에서 실제로 이루어진 몇 안 되는 구조적 변화의 하나)은 이런 방향에 있

---

44 후자의 관심에 대해선 John Paul II, *Letters to My Brother Priests: Holy Thursday* (1979-1994), ed. J. Socias (Princeton, NJ, 1994); 또한 CDF, Instruction "On Certain Questions Regarding the Collaboration of the Non-ordained Faithful in the Sacred Ministry of Priests" (Vatican City, 1997)를 보라.

45 이 점에 관한 중요한 연구를 위해서는 R. Murray, "Christianity's 'Yes' to Priesthood", in N. Lash and J. Rhymer (eds.), *The Christian Priesthood* (London, 1970), 16-39, 특별히 25-8, 37-9를 보라. 이 논문에 대해 내가 관심을 두게 해 준 Nicholas Lash에게 감사한다.

어서 온건하지만 중요한 발전으로 볼 수 있을 것이다.

4) 영성

부분적으로 종교적 종단이 그 각각의 창설자의 은사에 다시 연결되어야 한다는 공의회의 추천으로 자극을 받고, 부분적으로 거룩에 대한 하나님의 전체 순례 백성의 소명에 대한 『세상의 빛』의 강조 때문에 자극을 받고, 부분적으로 성경 말씀에 대한 기도하는 반성에 대한 필요에 대한 점점 늘어나는 강조로 자극을 받고, 부분적으로 은사주의적 재생에 관여하는 것이 평신도나 성직자를 가리지 않고 수많은 가톨릭 신자들에 미친 영향에 의해 자극을 받는다.

부분적으로 라너가 현대의 그리스도인들이 만일 그들이 세속적 상황에서 살아간다면 그들의 신앙에 경험적 차원을 가져야 할 필요를 인식한 것에 의해 자극을 받고 또한 부분적으로 의심할 여지 없이 인격적 성취에 대한 일반적으로 증가한 서구의 기대로 자극을 받은 그 전체 결과는 그리스도인의 영적 성숙을 향한 성장은 더 단지 몇몇 사람의 괴벽한 추구가 아니라 가톨릭적 삶의 정상적 길이라고 보는 것이다. 형식적 신학의 용어로 이런 변화는 세 가지 방식으로 반영이 되고 있다.

첫째, 영성이 그 자체의 권리를 가진 학문적 주제 영역으로 출현하게 된 영성 신학의 고전과 현대의 학문에서의 학문적 성장이다.[46]

둘째, 그들의 저술이 최소한 부분적으로 그리스도인의 삶의 극적 형성을 향한 방향을 가진 영적 조언과 함께 고차원적 명상적 반성에 대한 명확한 형식을 취하고 있는 신학자들의 등장이다.[47]

셋째, 심지어는 외견상으로는 가장 엄격하게 철학적 신학자들을 기독교적 삶을 살아감에 있어 다소 부차적 양식으로 기독교적 제자도와 교회생활에 도움을 주는 좋은 사고 습관을 정교화하려고 하는 사람들로 보려는 증가하는 관심이다.[48]

---

46 S. M. Schneiders, "Spirituality in the Academy", *Theological Studies*, 50 (1989), 676-97을 보라.
47 여기에서 가장 분명한 실례는 Hans Urs von Balthazar다. 또한, 요한 바오로 2세의 회칙을 통한 가르침도 주목할 만하다.
48 N. M. Healy, "Indirect Methods in Theology: Karl Rahner as an Ad Hoc Theologian", *Thomist*, 56 (1992), 613--34; Endean, *Karl Rahner and Ignatian Spirituality* (Oxford, 2001); 또한 N. M. Healy, *Thomas Aquinas: Theologian of the Christian Life* (Aldershot, 2003)를 보라.

이제 주요한 가톨릭 신학자들 안에 다른 기독교 전통에 속하는 신학자들에 의해 흔하게 보이는 중요한 관심을 설명하는 데 도움이 되는 것은 아마도 이들 가운데 특별히 두 번째와 세 번째일 것이다.[49]

5) 윤리 신학

신스콜라주의적 자연법 이론의 무역사적이고 보편적 본질주의와 제2차 바티칸 공의회의 가르침을 받은 의식의 역할에 주어진 강조 사이에 존재하는 암묵적 긴장을 어떤 방식으로 반성해 보면 많은 후속적 가톨릭의 윤리 신학은 "절대주의적" 헌신의 견해를 밝히는 사람들과 "비례적인" 사고방식에 의해 영향을 받은 사람들 사이의 심각한 불일치로 특징지어질 것이다.[50]

이것을 그리스도 중심적 헌신과 개인적 헌신 사이의 차이로 보는 것은 적절하지 않을 것이다. 가톨릭 절대주의자들은 가톨릭 비례주의자들만큼이나 인격의 만개에 관해 관심이 있다.

그리고 절대주의자들이 각각의 경우에 다른 방식으로 이해되기는 하지만 절대주의자들만큼이나 비례주의자들은 성육신하신 그리스도 안에서의 하나님의 자기 계시에 대한 분별 된 형식을 반영하는 윤리를 정교화하려는 관심이 있다.

그 차이는 인간의 본성과 인간의 행동 목적론이 고정된 본질주의적 용어로 이해되는가 아니면 역사적으로 특수하고 그러므로 본질적으로 특수한 삶의 특이성에서 분별력 있는 판단을 요구하는 다원적 용어로 이해되는가에 더 관련이 있다.

절대주의자들은 비례주의자들을 관대한 상대주의의 혐의가 있다고 비판하는 곳에서 비례주의자들은 절대주의자들을 특별히 인간의 성에 대해 유행에 뒤떨어진 인간론을 가지고 작업하는 사람으로 판단한다.

그러한 인간론은 피조 된 인간의 삶의 실체를 반영하지 않으며 가톨릭의 도덕적 가르침을 완고하고 믿을 수 없고 신앙에 해가 되게 한다.[51]

---

49 예컨대 L. Gardner et al., *Balthasar at the End of Modernity* (Edinburgh, 1999); J. Milbank and C. Pickstock, *Truth in Aquinas* (New York, 2001) 등이 있다.

50 첫 번째 그룹에서 Germain Grisez, John Finnis, John Ford 그리고 John Paul II가 눈에 뛰는 사람들이다. 두 번째 그룹에서는 Bernard Häring, Joseph Fuchs 그리고 Charles Curran 등이 특별한 영향을 미치고 있다. R. A. McCormick, "Moral Theology 1940–1989: An Overview", *Theological Studies*, 50 (1989), 3--24; I. Odozor, *Moral Theology in an Age of Renewal: A Study of the Catholic Tradition Since Vatican II* (Notre Dame, IN, 2003)을 보라.

51 John Paul II, *Veritatis Splendor*, nn. 28-83; cf. C. Curran, *Toward an American Catholic Moral*

제2부 제16장 제2차 바티칸 공의회 이후 로마 가톨릭 신학 433

상징적 척도는 1968년 회칙 『인간의 생명에 관하여』(Humanae Vitae)에 대한 변호나 반대의 형식을 취했다. 그 회칙에서 교황 바오로 6세는 자문 위원회 다수의 결정에 반대해 당시 대주교인 카롤 보틸라에 의해 지지를 받은 소위 말하는 "인공적인" 피임법에 대한 전통적 금지를 재확인했다.[52] 이것은 『인간의 생명에 관하여』에 대한 비판이 일반적이기는 하지만 부적절하게 도덕적 절대주의 자체에 대한 거절로 읽혀지는 불행한 분위기로 흘렀다.

토마스주의의 영감을 받은 덕 윤리에 대한 새로운 호소는 이런 교착상태를 극복하는 한 가지 방식으로 제공되고 있는 것으로 생각할 수 있을 것이다. 여기에서 강조는 단지 절대적인 것으로 바르게 간주하고 있는 규칙의 준수에만 있지 않고 판단이 항상 어떤 사람의 인식된 필요와 환경에 비례해 이루어져야 한다는 요구에만 있지도 않다.

도리어 강조는 규칙에 따라 행동하는 데 이미 숙달된 사람들 사이에서 훈련된 실천을 통해 삶의 특수성에 있어서 적절하고 신중한 판단을 할 수 있을 정도로 덕의 습관에 충분히 길드는 것에 있다.[53]

이런 이해에서 폐기될 수 없는 규정하는 규칙이나 창조적 활동은 서로 반대되는 것이 아니라 진정한 기독교적 자율에 있어서 건전한 윤리적 실천을 위한 필수적 성과물이다.

절대주의적 자세와 비례주의자로 주장되고 있는 자세 사이의 불일치는 그렇다면 보다 정확하게 형식적 교도권이 절대적으로 구속하는 법칙들과 같이 지금 무차별적으로 간직하고 있는 다양한 입장이 정말로 모두 적절하게 그렇게 간주하고 있는 것인지를 살펴보아야 할 필요 용어로 재진술 될 수 있다.[54]

열정적으로 시행된 요한 바오로 2세의 모든 반대 운동에 있어서 가톨릭교회는 여전히 많은 기도하는 구성원들의 기도하며 분별하는 판단이 규칙 책의 수정을 통

Theology (Notre Dame, IN, 1987)을 보라.

52 J. Komonchak, "*Humanae Vitae* and its Reception: Ecclesiological Reflections", *Theological Studies*, 39 (1978), 221-57; J. Ford and G. Grisez, "Contraception and the Infallibility of the Ordinary Magisterium", *Theological Studies*, 39 (1978), 258-312; compare John Paul II, *Veritatis Splendor*, n. 80; 또한 *Familiaris Consortio*, Apostolic Exhortation "On the Role of the Christian Family in the Modern World" (London, 1981)를 보라.

53 H. McCabe, "Manuals and Rule Books", in J. Wilkins (ed.), *Understanding Veritatis Splendor* (London, 1994), 61-8을 보라.

54 R. A. McCormick, "Killing the Patient", in J. Wilkins (ed.), *Understanding Veritatis Splendor* (London, 1994), 14-20을 보라.

제하고 있는 사람들의 판단과 어긋나는 역작용의 상황에 있음을 발견하고 있다.

결과적으로 만일 한때 가톨릭 평신도에게 제공되었던 주문이 "주라, 기도하라! 그리고 복종하라"였다면 많은 사람에게 지금은 그것이 "복종하는 것이 무엇을 의미하는지에 대해 기도하는 것은 준다(이익이 된다는 의미임-역주)"가 되었다.

가톨릭적 교회생활에 대한 부정적 영향과는 전적으로 무관하게 덕의 학파로서의 가톨릭 신자들의 교회생활은 만일 수리하지 않고 내버려 둔다면 이런 권위의 위기는 가톨릭의 도덕적 가르침이 지니는 속박하는 힘의 더 총체적 파기에 이르게 될 것이며 나아가 그것이 반대하고 있는 무지한 자율이라고 하는 덫에 빠지고 말 것이다.

6) 정치 신학

사목헌장인 『기쁨과 희망』과 이후의 라틴아메리카의 해방 신학의 출현이 촉진했던 바뀐 상식은 그들의 사회적이고 정치적 부담을 찾아가는 한 방식으로 가톨릭 신앙의 다양한 차원을 다루려고 하는 점증하는 관심에서 가장 폭넓게 반영되고 있다.[55] 더 특별한 방식으로 중요한 것은 많은 상황적이거나 주제에 기반을 둔 신학, 이제는 "정치 신학"이라는 문구로 일반적으로 포괄되는 신학들에서 이루어진 가톨릭 신자들의 공헌이다. 그러한 신학에는 생태 신학, 흑인 신학, 히스패닉 신학, 게이 신학과 이미 말한 여성 신학이 있다.

여성 신학 자체에는 이제 더 적절하게 여성 해방주의, 흑인 여성주의, 무헤리스타 여성 신학(라틴아메리카의 여성들의 권익을 옹호하는 여성 신학-역주) 등의 하위 범주가 존재한다. 다시금 특별한 관심의 초점이 정치의 분명한 경제적 차원들에 있는 사람들에게는 1989년에 있었던 이전의 소비에트 블록의 나라들에서의 공산주의 국가의 몰락과 시장경제의 결과적 전 지구화라는 신선한 사고의 과정을 요구하고 있다.

비록, 저항과 반대 예견(counter-anticipation)의 선지자적 공동체로서의 교회의 비전으로 촉발이 된 자본주의 체제에 대한 근본적 반대입장을 채택하라는 하나의 열망이 가톨릭 좌파 그룹에 머물러 있지만 전 지구적 경제에 우리가 함께 관여하고 있으며 거기에 의존하고 있다는 의식이 증가하고 있는 것은 더 미묘한 절충에

---

[55] 예컨대 E. Schillebeeckx, *Christ: The Christian Experience in the Modern World* (London, 1977); N. Lash, *A Matter of Hope: A Theologian's Reflections on the Thought of Karl Marx* (London, 1981); N. Lash, *Believing Three Ways in One God: A Reading of the Apostles' Creed* (London, 1992); N. Lash, *Holiness, Speech and Silence* (Ashgate, 2004)를 보라.

이르게 한다.⁵⁶

여기에서 지속해서 중요한 것은 현 체제가 매우 정의롭지 못하고 비인간화시키는 실패를 판단하는 생동감 있는 바로 그 렌즈로서의 "가난한 자들에 대한 우선적 선택"에 대한 인식이다. 이를 보완하기 위해 변혁된 질서에 대해 상상에서 일어나고 복음주의적으로 영감 된 예견에 대한 필요가 있다.⁵⁷ 하지만 지성과 비전을 온전한 방식으로 알아내는데 적용할 필요가 동등하게 중요하다는 것이 이제는 더 일반적으로 인정되고 있다. 이런 방식으로 현존하는 전 지구적 체계가 이들을 성취함에 더 정의롭고 서로 민감하며 압력이 될 수 있다.⁵⁸

신학자가 어느 정도까지 경제적 이론에 관여해야 하는가 하는 문제를 일반적으로 상대적으로 보잘것없는 것이라고 인정한다 하더라도—롱너간과 보다 최근에는 큉이 주목할 만한 예외였다⁵⁹—가톨릭의 정치 신학에서 가장 중요한 일 가운데 많은 부분이 이제 가톨릭의 도움과 발전 수단 안에 있는 신학적으로 지식을 갖춘 분석가들, 주창자들 그리고 운동의 조직가들에 의해 수행되고 있다.

7) 계시와 근본적 기독론

특별히 교리적 이해에서 많은 중요한 전환은 지금까지 개관한 다양한 실제적 발전과 밀접하게 연결되어 있다. 예컨대 많은 후대의 가톨릭 신학에서 기독교적 삶의 역사성에 대한 신선한 강조를 장려하는 계시와 전통에 대한 보다 역동적이고 성령론적으로 통제되고 있는 이해가 제2차 바티칸 공의회의 『하나님의 말씀』(*Dei Verbum*, "신적 계시에 대한 교의적 규정", 1965년 11월 18일)으로부터 나왔다.⁶⁰

---

56 Metz, *Faith in History and Society*, 88-99, 200-4를 보라; 참조, N. Boyle, *Who Are We Now? Christian Humanism and the Global Market from Hegel to Heaney* (Edinburgh, 1998).
57 John Paul II, *Sollicitudo Rei Socialis*, Encyclical Letter "On the Twentieth Anniversary of *Populorum Progressio*" (London, 1987); *Tertio Millennio Adveniente*, Apostolic Letter "Towards the Third Millennium" (London, 1994)을 보라.
58 M. Khor, *Rethinking Globalization: Critical Issues and Policy Choices* (New York, 2001)를 보라.
59 H. Küng, *A Global Ethic for Global Politics and Economics* (London, 1997); B. J. F. Lonergan, *Collected Works of Bernard Lonergan, Vol. 15: Macroeconomic Dynamics: An Essay in Circulation Analysis*, ed. F. G. Lawrence, H. Byrne, and C. C. Hefling (Toronto, 1999); *Collected Works of Bernard Lonergan, Vol. 21: For a New Political Economy*, ed. J. McShane (Toronto, 1998)을 보라.
60 Flannery, *Vatican Council II*, 750-65; cf. Y. Congar, "The Pneumatology of Vatican II", in *I Believe in the Holy Spirit* (London, 1983), 167-73 그리고 "Part One: The Spirit Animates the Church", in *I Believe in the Holy Spirit*, 3--64; G. O'Collins, *Retrieving Fundamental Theology:*

그것을 생각하는 이런 방식에서 물려받은 가톨릭적 이해의 형태를 단지 이차적 방식으로 현대적 경험의 특수성에 적용하는 것은 부적절하다. 심지어 신학에서의 경험의 역할에 대한 린드벡의 영향력 있는 비판을 검토하더라도 기독교 전통 자체의 본질적 역동성은 직면하게 되는 새로운 환경에서 진정으로 신선하기는 하지만 참다운 연결을 온전하게 분별하는 과정을 요구한다.[61]

성서 연구에 있어서 비평적 방법을 사용하는 것에 대한 『하나님의 말씀』에서 주어진 진전된 격려와 결합해 있는 전망에서 이런 근본적 변화들은 교리적 재형성이라고 하는 엄청난 노력을 장려했다. 이런 노력은 어떤 방식으로는 개신교 신학이 19세기 이래로 일해 왔던 과정과 병행한다.[62]

그러한 문맥에서 주된 관심은 어떻게 복음서와 다른 적절한 문서들에 대한 역사적이고 비평적 방법이 그리스도에 대한 전통적 교리와 화해할 수 있으며 현대의 명료화에 적절하게 동화될 수 있는지였다.

잠깐 변증적 관심과 그것이 예수 안에 있는 하나님의 자기 계시에 대한 의미심장하게 신선한 이해를 지지한다는 확신 때문에 동기유발이 된 지배적 방법은 말하자면 "아래로부터"의 견해를 채택해 그에 의해 그리스도로 인정이 되셨던 예수에 대한 설명에 역사적 분석의 기초 위에서 귀납적으로 움직여 나가는 것이다.[63] 부활하신 예수와 성령 안에서 구원하시고 변혁하시는 하나님의 실체와 직면한 경험에 대한 신약성경의 저술 안에 있는 흔적들은 이런 과정에 있어서 버팀목 역할에 전형적으로 일치한다.[64]

하지만 결과적 재구성이 지니는 상대적 연약함과 신학적으로 얇은 구조가 되면서 느껴지는 것에 대한 반응이 가톨릭 신학에서는 발타자르에 의해 예시되었는데 개신교 신학에서는 그 이전에 바르트에 의해 그러했던 것 같이 그 중심적 인물의 정체성에 대한 전통적 교리적 이해 때문에 명확하게 이루어진 방법으로 복음에 대

The Three Styles of Contemporary Theology (London, 1993)를 보라.
61 G. Lindbeck, The Nature of Doctrine: Religion and Theology in a Postliberal Age (London, 1984)를 보라; 참조, Murray, "A Liberal Helping of Postliberalism Please".
62 F. S. Fiorenza and J. Galvin (eds.), Systematic Theology: Roman Catholic Perspectives (New York, 1992)를 보라.
63 W. Kasper, Jesus the Christ (London, 1976); H. Küng, On Being a Christian (London, 1978); K. Rahner and W. Thüsing, A New Christology (London, 1980); E. Schillebeeckx, Jesus, an Experiment in Christology (London, 1979); 또한 R. Brown, An Introduction to New Testament Christology (New York, 1994)를 보라.
64 Schillebeeckx, Jesus, 320-571, 특별히 379-97을 보라.

한 설명을 읽고자 하는 새로운 관심이 등장했다.⁶⁵

그 부분에 있어서 가장 빈틈없는 해석자들은 예수의 인격에 대한 기독교적 이해에서 관건이 되는 이중성에 어울리는 것으로서 두 가지 방법이 사실은 다른 것이 없이는 불균형으로 기울어지는 필수적인 것임을 인정했다.⁶⁶

정말이지 그 안에 『콘실리움』과 『커뮤니오』 양자의 흐름이 흐르고 있다고 말할 수 있는 주류의 가톨릭 신학에서는 이들 접근 방법 사이에 짐짓 주장하고 있는 화해할 수 없는 긴장이라고 하는 개념은 다소 인위적이라는 중요한 인식이 있다.

"아래로부터"의 방법을 채택하고 있는 엄청난 다수의 가톨릭 신학자들에게 예전적으로 형성된 고백적 신앙은 이해의 암묵적 이전의 틀을 제공하는 것으로 생각할 수 있다.

그래서 심지어는 그들의 저술의 분명한 형식과 귀결은 그렇다고 제안하지 않을 때조차도 역사적이고 비평적 방법이 한가지로 성육신한 말씀이신 나사렛의 예수에게 나타난 하나님의 자기 계시의 특성을 이해하는 데 도움이 된다고 보는 것이다. 마찬가지로 역사적 분석은 보다 교의적 기독론에 대한 특별한 시험과 잠재적 부요함을 위해서뿐 아니라 제멋대로의 공상이나 비전의 축소 위험을 방지하는 데 도움을 주기 위해서도 지극히 중요한 보조적 자료를 나타내 준다.

이런 기독론적으로 초점을 맞춘 주제는 그렇다면 더 폭넓은 주제에 대한 특별한 예라고 볼 수 있을 것이다. 『하나님의 말씀』이 명확하게 전통적 정경적 읽기에 대한 지속적인 필요하다고 인정했던 것 안에서 성경적 분석에 대한 다양한 비판적 양식을 어떻게 통합할 것인가에 대해 레이몬드 브라운(Raymond Brown, 1928-98)과 같은 로마 가톨릭의 성경 학자의 저술에 암시되어 있다.⁶⁷ 이런 점에서 신학이 비판적 자료들의 전체 범위에 관여해야 할 필요를 결정적으로 유지해 준 실천적으로 관여하고 실존적으로 뿌리를 내린 탈자유주의에 대한 래쉬의 옹호는 풍부한 가능성을 암시해 준다.⁶⁸

---

65 G. Loughlin, *Telling God's Story: Bible, Church and Narrative Theology* (Cambridge, 1996)와 비교하라.
66 N. Lash, "Up and Down in Christology", in S. W. Sykes and D. Holmes (eds.), *New Studies in Theology 1* (London, 1980), 31–46을 보라.
67 *Dei Verbum*, n. 12, in Flannery, *Vatican Council II*, 758; 또한 the Pontifical Biblical Commission, "The Interpretation of the Bible in the Church" (Vatican City, 1994)를 보라; 참조, S. M. Schneiders, *The Revelatory Text: Interpreting the New Testament as Sacred Scripture*, 2nd edn. (Collegeville, 1999); L. T. Johnson and W. S. Kurz, *The Future of Catholic Biblical Scholarship: A Constructive Conversation* (Grand Rapids, MI, 2002).
68 예컨대 N. Lash, "Performing the Scriptures", in *Theology on the Way to Emmaus* (London, 1986),

8) 삼위일체와 구원론

자연스럽게 근본적 기독론에서의 이런 발전에 수반하는 것은 삼위일체와 구원론의 신학에서의 발전과 관련이 있다. 삼위일체와 관련해서는 특별히 라너의 "경륜적 삼위일체"(구원의 경륜 가운데 드러난 삼위일체)와 "내재적 삼위일체"(하나님의 내적 삼위일체적 생명)의 동일성이라는 원리와 하나님 존재의 세 가지 구별되는 영원한 양식의 행동에서 서로 관계가 있는 단일성이라고 하는 관련된 전통적 원리에 의해 함께 발휘되고 있는 영향이 주목할 만하다.[69]

이들 원리는 예수의 삶과 죽음 그리고 부활을 특징 지워 주었던 양식과 행동과 헌신에서 발견될 수 있는 것이 어떻게 진정으로 하나님을 계시해 주는 것으로 다루어야 할 증대된 관심을 장려했다.[70] 마찬가지로 다른 각도에서 보자면 이들은 교리적으로 이들 양식과 헌신을 하나님의 행동에 있는 영원한 존재**인**(*are*) 역동성이라고 하는 유한한 시간적 실체에서의 제정(enactment)으로 읽으려고 하는 강화된 독법을 장려했다.[71]

보다 최근에 하나님의 존재와 특별히 성령의 역할에 대한 그러한 이해는 다른 신앙 전통의 구별되는 특수성에 (그로부터 그리스도인들이 배울 수 있는 방식으로) 하나님의 임재와 행동의 실체를 진정으로 유지할 수 있는 종교 다원주의 신학을 정교화하려고 하는 문맥 가운데서 이루어지고 있다.

반면에 성육신하신 말씀이신 예수 안에서 보인 것에 일치하지 않는 어떠한 것도 하나님에 대해 알려질 수 없다는 전통적 주장을 또한 유지하고 있다.[72] 제2차 바티칸 공의회 이전의 많은 이해에서 표준적인 것이었던 그리스도 안에서의 언약을 유

37-46을 보라; 참조, W. G. Jeanrond, *Theological Hermeneutics:Development and Significance* (*London, 1991*), 172--80.

69 K. Rahner, *The Trinity* (Tunbridge Wells, 1970), 21-4, 34-8, 45-6, 68-73, 76-7; 또한 W. Kasper, *The God of Jesus Christ* (London, 1983); Lash, *Believing Three Ways in One God*, 30-3을 보라.

70 C. M. LaCugna, *God For Us* (New York, 1991), 21-52, 209-41, 377-417; 또한 Lash, *Believing Three Ways in One God*을 보라.

71 H. U. von Balthasar, *Mysterium Paschale* (Edinburgh, 1990)와 비교하라. 원래 이 책은 1970년에 독일에서 출간되었다.

72 G. D'Costa, *The Meeting of Religions and the Trinity* (Edinburgh, 2000); J. Dupuis, *Toward a Christian Theology of Religious Pluralism*, 2nd edn. (Maryknoll, NY, 2001); M. Barnes, *Theology and the Dialogue of Religions* (Cambridge, 2002)을 보라; 참조, CDF, *Dominus Iesus*, Declaration "On the Unicity and Salvific Universality of Jesus Christ and the Church" (Vatican City, 2000).

대 민족과의 언약을 해체하는 것으로부터 영구한 타당성을 지니는 것으로 이해하려는 것으로 움직이고 있는 것에 특별히 유의해야 한다.[73]

이것은 모든 교회 일치를 위한 신학과 타종교와의 대화에 있어서 중요하다. 이것은 유대 언약과 기독교 언약 사이의 관계에 대해 대치되었다고 보는 설명이 암시하고 있는 것보다 훨씬 미묘하고 정교한 신학을 요구한다.

구원론적 문제로 돌아가 보면 더 세계 수용적 성향과 더 세계 판단적 성향 사이에 최근의 가톨릭 신학에서 다시 일어나고 있는 긴장은 몇 가지 흥미롭지만 별로 도움이 되지 않는 방식으로 여기에서 소진이 되었다.

보다 세계 수용적 전망으로부터의 묘사에 따르면 세계를 판단하는 성향은 성육신에서 성취에 이르게 된 하나님의 은혜가 내주하는 창조의 내재적 선함에 대한 정당한 평가가 없으며 그래서 기독교 하부의 이원론의 한 형태로 기울어지는 경향이 있다.[74]

마찬가지로 더 세계를 판단하는 전망에서 보자면 세계 수용적 경향은 죄의 극단적 정도와 손상하게 하는 효과에 대한 실제적 이해가 없고 십자가와 부활에서 이루어진 죄의 폭로와 구속에 대한 이어질 필요가 없다.[75] 실제로 이들 둘 사이의 차이점은 그 강조점이 제안하는 것처럼 극단적으로 반대되는 것이 아니며 그럴 수 없다.

예컨대 라너는 어떤 의미에서 성육신 자체를 인간 구원의 성취로 본다. 성육신은 창조와 은혜와 죄의 이야기를 그 요점을 반복하고 성취하며 구속하는 방식으로 이루어지는 절대적 반응적 개방성을 가지고 하나님의 절대적 자기 소통이 만나지는 것을 나타내 준다.[76] 하지만 라너는 이것을 단지 정적 사실로 취하지 않으며 예수의 전체 삶, 그의 죽음에서 그 정점에 도달한 삶을 특징지어 주는 역동적 실체와 게다가 다른 사람들이 다시금 이끌려 들어오는 운동으로 간주한다.

마찬가지로 죄의 무질서와 은혜의 질서 사이의 대조를 그가 라너에게서 발견하는

---

73 Vatican II, *Nostra Aetate* ("Declaration on the Relation of the Church to Non-Christian Religions", October 28, 1965), 각주 4, in Flannery, *Vatican Council II*, 738-42; Pontifical Biblical Commission, *The Jewish People and Their Sacred Scriptures in the Christian Bible* (Vatican City, 2002)을 보라.
74 참조, E. Schillebeeckx, *God Among Us: The Gospel Proclaimed* (New York, 1983), 91-6.
75 H. U. von Balthasar, *The Moment of Christian Witness* (San Francisco, 1994)을 보라. 이 책은 처음 1966년에 독일에서 출간되었다.
76 많은 가용한 참고 문헌 가운데 K. Rahner, "Current Problems in Christology", *Theological Investigations I* (London, 1965), 149-200; "Christology Within an Evolutionary View of the World", *Theological Investigations V* (London, 1966), 157-92, 특별히 160-1, 174-5; *Foundations of Christian Faith: An Introduction to the Idea of Christianity* (London, 1978), 181, 197을 보라.

것보다 더 강력한 용어로 묘사하려는 발타자르의 모든 관심은 이와 함께 예수의 십자가에서의 죄에 대한 하나님의 심판을 삼위일체 내에서의 하나의 소외 사건으로 보게 했으며 발타자르는 또한 성육신이라고 하는 전체적 사건을 창조의 면류관이요 성취라고 보고 있다.

다시금 발타자르식의 『코뮤니오』 정향보다는 라너식의 주장에 분명하고 더 큰 공감을 보임에도 정당한 강조가 예수의 삶과 죽음 그리고 부활의 심장부에 있는 반문화적이고 변혁적 역동성에 주어지는 것은 메츠와 슐레벡스와 같은 정치적으로 의식이 있는 신학자들에게서 또한 실제적 관심이다.

게다가 예수 사건의 구원론적 중요성에 대한 정치적이고 문화적 차원에 대한 이런 강조를 하나님의 삼위일체적 실체와 통합하는 것이 가능하다.

이런 사고방식으로 예수의 특별한 이야기를 형성하는 반문화적이고 변혁적 동력은 하나님의 **영원한 존재인**(is) 삶을 가능하게 하는 자기를 주는 동력의 시간적 인간의 삶의 조건 안에서의 극적 수행이라고 보아야 한다.

다음으로 만일 이런 창조적이고 변혁적 동력이 그리스도와 성령 안에 있는 하나님의 구원하시는 행동에 대한 "객관적" 차원을 구성한다면 "주관적" 차원은 자기를 주는 동력과 반대되는 죄의 동력에 의해 표현되는 세계에 계속해서 존재하는 반면에 세계에 참여하고 세계 안으로 자라가도록 이끌리는 것에 있다.[77] 그러한 전망에서 교회의 주된 소명은 세계에서 일하시는 것처럼 교회에서 알려진 하나님의 반문화적이고 변혁적 행동에 대한 설득력 있고 매력적 증인이 되는 것이다.

이와 관련해 만일 지역교회와 보편교회 그 스스로가 자신들이 선포하는 것에 대한 반대표시가 되지 않으려면 지역교회와 보편교회 모두의 삶과 구조의 모든 측면이 심판과 잠재적 구조 변경에 열려있을 필요가 있는 것이 바로 이런 점 때문이다. 이것이 현대의 가톨릭 신학 안에서 지속하고 있는 많은 도전을 위한 자리를 알려준다는 것은 놀랄만한 일이 아니다.

---

77 F. J. van Beeck, "Trinitarian Theology as Participation", in S. T. Davis, D. Kendall, and G. O'Collins (eds.), *The Trinity* (New York, 1999), 295-325와 비교하라.

6. 평가와 결론: 미래를 예견함

제2차 바티칸 공의회 이후 가톨릭 신학에서 발생하고 있는 제도적(개관 1)이고 방법론적이며(개관 2) 실제적 (개관 3) 발전은 그 각각 다양하게 하나인 동시에 보편적 진정한 세계를 위한 교회가 되기 위한 변화를 반영해 준다. 다양성 속에서 일치를 어떻게 다루는가 하는, 적절한 교제 안에서 다원성을 어떻게 유지하는가 하는 근본적 주제는 특별한 신학적 헌신과 방법, 자원의 급증 때문에 한 가지 방식으로 제기되고 있으며 기독교 신앙의 불가역적 역사성과 특수성에 대한 증가하고 있는 존중 때문에 더 널리 퍼져 있는 방식으로 제기되고 있다.

한편으로 전문분야의 급증은 신학을 협력적 실행으로써 보고 전문분야와 다양한 전망을 넘어서는 비판적 건설적 대화를 장려하는 구조를 육성해야 할 이중적 필요를 강조하고 있다.

반면에 기독교적 삶의 역사성에 대한 증가하고 있는 민감성은 역사적 전통을 걸러내고 회복해 오늘날 그 적절한 수행을 분별하는 이중적 과정에서 가톨릭 신학의 공식적 차원과 비공식적인 차원 사이의 상호 비판적으로 구성적 상호 교환에 대한 필요를 강조하고 있다.

이들 논점 각각은 특별히 두 번째 것은 반대로 명시적 관심이 가톨릭적 삶의 다양한 수준에서의 통치의 적절한 구조와 권위의 실행에 관한 핵심주제들에 있을 것을 요구하고 있다.

이와 밀접하게 관계된 것은 가톨릭의 주교단과 비교해 사도 베드로의 직임과 그리고 관련 있는 참사회 관료 정치의 더 합의적이고 상호적이며 덜 독재적 실행을 향해 움직여야 할 필요이다.[78] 지역교회의 성실, 주도권 그리고 잠재적 이바지에 대한 태도와는 별도로 이런 주제는 엄청난 상징적 중요성을 지닌다.

그것은 더 폭넓은 가톨릭적 상식을 그 많은 다른 형식에 있어서 그것이 주교들이든 사제들이든 평신도들이든 상관없이 권위와 교제라는 이중적 사역을 적절하게 행사하도록 형성하는 데 도움이 된다.

다시금 이것은 또한 요한 바오로 2세가 『하나 되게 하소서』에서 인식했던 것처럼 교회일치와 직접 관련이 있는가.

다시금 이와 뒤얽혀 있는 문제는 과연 가톨릭주의가 다른 기독교 전통들의 대안적

---

[78] 또한, M. J. Buckley, *Papal Primacy and the Episcopate: Towards a Relational Understanding* (New York, 1998)을 보라.

교회적 형태와 구조 그리고 실천으로부터 배울 수 있는 것에 진정으로 수용적 자세를 취해서 그 자신의 잠재적 확장과 갱신에 개방적일 수 있는지다.[79]

여기에서 문제가 되는 두 가지 특별한 경우는 의사결정에 있어서 총회의 연합된 역할과 함께 회의체적 구조에 대한 성공회의 경험과 감리교에 깊이 각인된 관련 정신이다. 오래 확립된 관료적 체제에 의해 생겨난 제도적 관성과 자기 보호에 기민하고 그래서 그 자체를 개혁하려는 로마 교황청의 짐짓 무능함에 대해 래쉬는 교황청 관리들과 조언자들로 행동하는 "로마 바깥에서 온 역사가들, 신학자들과 교회법 전문가들"과 함께 "세계의 각 구석으로부터 뽑힌 아마도 40이나 50교구의 주교"로 구성된 교황 자문단의 설립을 하나의 방법으로 제안하고 있다.

간단히 말하자면 "그 구성원들이 교구 주교들이 되고 그 일이 기능을 할 수 있도록 개혁된 참사회의 관리들에 의해 지지를 받는 상설 회의의 설립을 통해 교황과 참사원으로부터 교황과 주교들의 교회로의 통치권의 이전에 대한 제안을 세우자는 것"일 것이다. "그 회의는 단지 통치의 도구로서가 아니라 하나의 행정 서비스로서 기능한다."[80]

평신도와 서품을 받은 사제에 대한 경쟁적이지 않은 신학의 정교화와 관련해 발생하는 가톨릭적 통치의 문화에서의 그러한 중요한 변화가 앞에서 요약되었다면 래쉬가 원하고 있는 것처럼 그 결과는 "보완성의 폭포"일 수 있다.

이와 관련해 이것은 교회의 삶에 있어서 논쟁적 주제들이 토론되는 것을 허용하기를 거부하거나 공식적 이해의 현재 상태에 충성을 맹세한 사람들을 제외한 모든 사람을 참여에서 배제함으로써 그러한 주제들을 토론하는 것이 단지 무의미한 듯한 분위기를 만들어낼 수 있었다.

반대로 어떤 주어진 상황에서 권위적 자리에 있는 사람들이 의사결정의 책임을 정당하게 존중하는 반면에 전제되고 있는 상식은 그리스도의 몸의 선함을 분별하는 일을 함께 감당하기 위해 위계질서의 구성원들과 교회의 관료들과 다른 이들이 만나도록 다양한 전망과 전문 영역의 신학자들을 위한 교회생활의 지역적이고 보편적 수준 모두에서 적절한 공간을 만들 필요를 인식하는 것으로 향해 움직이고 있

---

79 W. Kasper, "The Future of Ecumenism", *Theology Digest*, 49 (2002), 203–10; "Ecumenism: The Way Ahead", *The Tablet* (May 24, 2003), 32–4와 비교하라.

80 N. Lash, "Vatican II: Of Happy Memory – and Hope?" in A. Ivereigh (ed.), *Unfinished Journey: The Church 40 Years after Vatican II* (New York, 2003), 13–31. 이것은 *The Reform of the Papacy* (New York, 1999)에 있는 대주교 John Quinn의 관련된 제안을 다듬은 것이다.

어야 한다.[81]

교회의 지속적인 배움에 도움이 되는 진정한 비판적으로 건설적 대화를 위한 그러한 구조가 공식적 후원을 받아 등장하게 된 것은 제2차 바티칸 공의회의 제도적 수용에서 중요한 새로운 단계를 나타내 준다. 차이와 토론이 문제가 있는 유산으로 간주하기보다는 차이와 토론은 전체의 건강에 정상적이며 필요한 것으로 평가받고 있다.

이것이 정말로 제2차 바티칸 공의회 이후에 가톨릭 신학을 하는 것이 될 것이다. 콩가르가 지적하고 있듯이 가톨릭적 삶의 고대적 총회 지상주의적 [한 사람 교황이 아니라는 의미임-역주] 차원을 회복함으로써 제2차 바티칸 공의회의 유산은 그 발생 자체가 교회 안에 있는 토론의 사실과 공유된 분별의 적절한 구조와 실행에 정당성을 입증하는 방식으로 절대 작은 부분에만 머물러 있는 것이 아니다.[82]

7. 감사

많은 친구와 동료에게 이 장의 초고에 대한 그들의 논평 때문에 감사해야 한다. 그들 가운데 특별히 카렌 킬비(Karen Kilby), 니콜라스 래쉬, 패트리샤 맥도날드(Patricia McDonald SHCJ), 데이빗 맥루린(David McLoughlin), 폴 맥파트란(Paul McPartlan), 월터 모벌리(Walter Moberly), 자넷 마틴 소스키스(Janet Martin Soskice)에 대해선 특별히 언급해야만 한다.

---

81 작고한 시카고의 추기경 Bernardin에 의해 1996년에 시작된 The Catholic Common Ground Initiative는 아마도 여기에서 하나의 역할 모델을 제공해 줄 것이다. Joseph Cardinal Bernardin, *Common Ground* (National Pastoral Life Center, New York, August 12, 1996)를 보라; T. Rausch, "Towards Common Ground in Theology", in *Reconciling Faith and Reason: Apologists, Evangelists, and Theologians in a Divided Church* (Collegeville, 2000), 115-26과 비교하라.

82 Congar, "A Last Look at the Council", in A. Stacpoole (ed.), *Vatican II: By Those Who Were There* (London, 1986), 337-58을 보라. 이 논문을 내게 상기시켜 준 데 대해 Paul McPartlan에 감사한다.

참고 문헌

1차 자료

Flannery, A. (ed.), *Vatican Council II: The Conciliar and Post Conciliar Documents* (New York, 1981).
John Paul II, Pope, *Redemptor Hominis*, Encyclical Letter "Redeemer of Humankind" (London, 1979).
_____. *Crossing the Threshold of Hope*, ed. M. V. Vittorio (London, 1994).
_____. *Ut Unum Sint*, Encyclical Letter "On Commitment to Ecumenism" (London, 1995).
Küng, H., *The Church* (Tunbridge Wells, 1968).
_____. *On Being a Christian* (London, 1978).
_____. *Theology for the Third Millennium: An Ecumenical View* (London, 1991).
Lash, N., *Believing Three Ways in One God: A eading of the Apostles' Creed* (London, 1992).
_____. *The Beginning and the End of 'Religion'* (Cambridge, 1996).
_____. *Holiness, Speech and Silence* (Ashgate, 2004).
Lonergan, B. J. F., *Method in Theology* (London, 1972).
_____. *A Second Collection*, ed. W. F. J. Ryan and B. J. Tyrrell (London, 1974).
Schillebeeckx, E., *Christ: The Christian Experience in the Modern World* (London, 1977).
_____. *Jesus, an Experiment in Christology* (London, 1979).
_____. *Church: The Human Story of God* (London, 1990).

2차 자료

Alberigo, G. and Komonchak, J. A. (eds.), *History of Vatican II*, Vols. 1–5 (New York, 1996–2004).
Hastings, A. (ed.), *Modern Catholicism: Vatican II and After* (London, 1991).
Latourelle, R., *Vatican II: Assessment and Perspectives, Twenty-Five Years After (1962-1987)*, Vols. 1–3 (New York, 1988–9).
McBrien, Richard P., *The Harper Collins Encyclopedia of Catholicism* (New York, 1995).
Stacpoole, A. (ed.), *Vatican II: By Those Who Were There* (London, 1986).
Tracy, D., Küng, H., and Metz, J. B. (eds.), *Toward Vatican III: The Work That Needs to Be Done* (Dublin, 1978).
Vorgrimler, H. (ed.), *Commentary on the Documents of Vatican II*, Vols. 1–5 (New York, 1967–9).

제17장

본문 진리, 의미: 성경 해석

앤소니 C. 티슬턴 (Anthony C. Thiselton)

1. 서론

대략 1750년에서부터 1950년까지 2세기가 넘도록 방법론의 어떤 주제도 어떻게 성경 전문가들이 계몽주의의 영향에 응답할 것인가 하는 것보다 대학교에서의 성경 해석에서 더 핵심적이었던 것은 없었다. 어떤 사상의 흐름은 영국의 이신론에 호감을 느껴 성경을 신적 섭리나 "기적", 또는 유신론적 세계관에 대한 어떤 호소도 배제하는 기초 위에서 해석했다.

다른 사상의 흐름은 존 로크(John Locke, 1632-1704)를 따라 "이성"과 "합리성"에 우선권을 부여하기는 하지만 크게는 유신론적 신학 안에 머물러 있는 전통을 판단의 주된 기준으로 함께 주장하려고 시도했다.

특별히, 몇몇 미국의 보수주의자들 가운데 제3의 흐름은 비록 몇몇 경우에 그들은 성경을 유사과학적 명제들의 집합으로 보았던 점에서 논쟁적으로 그들은 합리주의의 잔재를 회피할 수 없었지만 계몽주의 사고방식의 여러 측면을 거부했다. 사고의 모든 흐름은 역사적 묘사와 신학적 탐구의 적절한 역할을 알아보려고 노력했다.

종종 지나치게 많이 사용되고 있는 용어인 "'바로 그' 역사 비평적 방법"(이들이 유일한 방법이라고 제안한다면 잘못이다)은 두 가지 주된 과제를 수행하도록 고안된 역사적 탐구에 관한 관심과 비평적 판단의 사용을 의미한다.

한편으로, 이것은 교회의 전통이나 개인적 종교적 확신으로부터 도출된 신학적 범주들과 제약이라고 하는 이전에 부과된 제약으로부터 성경 해석을 자유롭게 하려고 했다. 다른 한편으로, 그것은 해석의 과제 안에서 특수한 역사적 상황의 특수성에 우선권을 부여하려고 했다.

성경의 여러 책과 본문은 바로 그런 특수한 상황으로부터 그리고 그런 상황을 위해 쓰인 것이다. 해석은 성경 본문의 저자들이 그들 자신의 시대의 수신인들에게 전달하고자 했던 것으로부터 시작했다. 많은 성경 전문가들은 그들의 과제로부터 이것이 후대 세대들의 독자들에게 공감을 일으킬 것인지에 대해선 무관심했다.

역사 비평적 방법의 본성은 우선 종종 근대 성경 비평의 설립자라고 간주하는 두 사람의 저자, 요한 제믈러(Johann S. Semler, 1725-91년)와 J. D. 미카엘리스(J. D. Michaelis(1717-91년)로부터 분명히 보일 것이다. 제믈러는 독일 경건주의에 신앙적 뿌리를 두고 있었지만, 또한 영국의 이신론과 특별히 계몽주의적 합리주의에 의해도 영향을 받았다.

하지만 제믈러의 합리주의는 반유신론적 합리주의는 아니었으며 유신론적 세계관 안에서 존 로크의 "합리성"에 대한 호소에 더 가까웠다. 이성은 종교적 공상에 반대하는 방어를 제공했는데 단지 종교적 확신의 강도가 진리의 보증은 아니기 때문이다.

제믈러는 할레대학교의 교수였으며 정경에 대한 "자유로운" 탐구에 관한 제4권으로된 논문(『정경의 자유로운 탐구에 관한 논문』[Abhandlung von Freier Untersuchung des Canons, 1771-5년)을 출판했다.

제믈러는 성경 정경의 형성을 신적 섭리나 신적 개입의 직접적 산물보다는 우연적이고 역사적 상황에 대한 오랜 과정에 걸친 인간의 반응으로 보았다. "성서"로 간주하게 된 것은 순전히 '역사적' 질문이 되었다.

제믈러는 본문에 부과된 신학적 가정으로부터 자유로운 소위 말하는 성경에 대한 객관적 해석을 주장했다. 신약성경은 그 자체의 시대적 상황으로부터 이해되어야만 한다. 하지만 '역사적으로 주어진' 성경 본문이 '신학적' 실체로서의 "하나님의 말씀"과 동일시될 수는 없다.

제믈러의 동시대인인 미카엘레스는 괴팅겐의 교수였으며 『신약성경 입문』(Introduction to the New Testament, 1750년, 4판 1791년)에서 그도 또한 성경 연구의 '역사적' 차원을 강조했다.

아마 틀림없이 이것은 성경 전문가들에 의한 새로운 장르의 작품 가운데 첫 번째 개론서였다. 즉 저자, 시대, 목적, 역사적 배경, 통일성, 문학적 장르 그리고 수신자들의 상황과 정체라는 주제를 개진한 "개론"이었다. 미카엘리스는 정경성의 주제를 저자의 문제와 밀접하게 연결했다. 미카엘리스는 또한 독일 바깥에서도 영향력이 있었다.

이런 초기 시기에 요한 가블러(Johann Gabler, 1753-1826)는 심지어 비록 그가 더욱 신학적 탐구의 영역으로서의 "순수한"(reine) 성경 신학을 위한 자리를 또한 허락하기는 했지만 "참다운"(wahre) 성경 신학을 '역사적 설명'만의 항목 아래에 포함했다. 하지만 그의 몇 가지 가정과 연구 영역은 오늘날로 보면 순수한 가치 중립적 "설명"으로서의 자격이 없어 보인다. J. G. 아이호른(J. G. Eichhorn, 1753-1826)과 함께 가블러는 히브리 기자들의 "원시적 동방의 정신 구조"라고 주장하는 많은 부분을 형성했다.

창세기 2-3장에 대한 "참다운" 설명은 성적 차이를 알게 되고, 난폭한 폭풍에 의해 보호해 주는 오아시스로부터 내몰렸으며, 이로부터 자신들의 타락에 대한 신적 심판의 개념을 추론하게 된 남녀가 낭독했다는 것이다. 19세기 중엽까지 데이비드 스트라우스(David F. Strauss, 1808-74년)는 "표상"(Vorstellung)이라는 종교적 언어와 보다 "고차원적인" 철학의 비판적이고 개념적 언어 (Begriff) 사이에 헤겔이 대조시켰던 것에 의존했다.

스트라우스는 히브리 "신화"가 역사적 내러티브를 가장해 '개념들'을 묘사하기 위한 것으로 이해했다. 부분적으로 불트만을 예견하며 스트라우스는 신약성경 본문의 "비신성화"에 이르는 것을 시작했다.

하지만 스트라우스는 제믈러와 미카엘리스의 입장 그리고 마찬가지로 불트만의 입장으로부터 훨씬 떨어져 있는 유사 세속적 전통에 서 있다. 제믈러는 성경 해석에 더 합리적이고 역사적 방법이 진정으로 기독교 신앙에 도움이 된다고 믿었다.

자신의 해석학에서 "신약 개론"과 같은 그러한 역사적 연구 분야가 골동품 같은 것이어서 단지 과거에만 해당하는 것이기는커녕 사실 성경 본문과의 오늘날의 대면과 활동적 관여에 이르는 길의 한 부분(비록 전부는 아닐지 모르지만)을 제공한다는 것을 보여 주는 일이 슐라이어마허에게 맡겨졌다. 우리는 나중에 슐라이어마허의 중요한 업적으로 돌아올 것이다.

한편 20세기 성경 해석에서 두 가지 전환점을 각기 제공했던 두 가지 동향이 19세기 동안 지속했다.

첫째, 성경 본문에 있는 "신화적인" 언어와 짐짓 주장되고 있는 중심적 "개념들" 사이의 대조 영향은 20세기의 첫 20년 동안에 그 정점에 도달했던 자유주의 신학을 성장하게 했다.

"자유주의적" 성경 해석의 절정은 아돌프 폰 하르낙(Adolf van Harnack, 1851-1930)의 자유주의 신학과 함께 왔다. 하르낙은 나사렛 예수가 예수의 가르침, 그래서 기독교의 "본질"을 규정해 주는 중심적 개념의 최소한의 핵심을 가르쳤다고 믿었다.

그것은 다음과 같다.

하나님의 아버지 되심과 인류의 형제 됨과 인간 영혼의 무한한 가치가 바로 그것이다. 이런 "단순한" 핵심적 개념들을 교리라고 하는 복잡한 체계로 뒤바꾼 사람들이 바울과 헬라의 교회였다. 단순한 복음은 그리스 형이상학과의 상호 작용으로 왜곡되었다. 하르낙은 이런 논지를 1899-1900년 강의에서 많은 사람에게 대중화시켰고 『기독교의 본질』(*The Essence of Christianity*)이라는 제목으로 출간했는데 영어로는 『기독교란 무엇인가?』(*What is Christianity?*, 1900)라는 제목으로 번역되었다. 이 책은 엄청난 영향을 미쳤다.

바르트는 개념의 교사로서의 예수에 대한 이런 자유주의 견해에 강하고 격렬하게 반발했다. 예수는 '은혜'와 '심판'이라고 하는 중요한 활동적 신적 말씀'이었다. 불트만 또한 예수가 개인적 결정과 반응을 위해 설교했다고 강조했다.

바르트는 성경 본문을 삶을 바꾸는 도전과 은혜 안에 있는 하나님의 말씀을 중재하는 것으로 여겼던 성경 해석이라는 프로그램을 시작했다. 불트만은 실존주의와 연결된 매우 다른 신학적 전망으로부터 "가치 중립적인" 성경 읽기를 또한 거부했다. 신적 말씀으로서의 성서가 행동으로 작동하기 시작하는 것은 독자들이 본문에 가져오는 질문에 성경이 관여할 때다.

둘째, 20세기 성경 해석 안에서의 두 번째 전환점은 한 날로 알아볼 수는 없다. 하지만 1950년대로부터 지금까지 묘사된 것과 같은 역사 비평 방법의 우세는 더 다양하고 복잡한 유형과 방법으로 파편화하기 시작했다. 분명히 역사적 비평은 역사적이고 신학적 탐구의 제각각의 역할에 관해 토론과 투쟁을 계속해서 일으켰다.

헬싱키의 하이키 레이세넨(Heiki Räisänen)은 이 토론을 효과적으로 새롭게 했다. 그는 단지 "역사적 연구로부터 현재의 적용에 이르는 직접적 길은 없다"(2001: 230)라고 주장했을 뿐 아니라 모든 성경 해석은 엄격하게 "역사적"이어야 한다고 첨가했다.

레이세넨은 소위 말하는 "신약 신학"은 절대 "초대 기독교 역사" 이외의 것일 수 없다는 1897년 브레데(W. Wrede)의 주장에 찬성하며 그 주장을 인용하고 있다(『신약 신학을 넘어서』).

> 주해는 신학에 현대의 신학적 확신의 내용을 결정할 수 있는 기준을 제공할 수 없다
> (레이세넨 2001, "신학에서의 신약", 1995).

동시에 다른 저술가들은 이런 가정을 격렬하게 의문시하고 있다. 피터 발라(Peter Balla)의 『신약 신학에 대한 도전』(*Challenge to New Testament*, 1997)은 레이세넨의 주장에 대한 상세한 비판을 제공해 준다.

크리스토퍼 사이츠(Christopher Seitz), 월터 모벌리(R. Walter L. Moberly), N. T. 라이트(Nicholas Thomas Wright)와 아래에 언급한 많은 사람은 성경 자료에 대한 책임성 있는 해석을 배타적으로 발전적 방법이나 파편화된 주해에 대한 비판과 함께 주장

하고 있으며, 오늘날의 기독교 신학에 대한 성경의 적극적 중요성에 대한 중심적 관심을 유지하고 있다.

게다가 1960년대와 1970년대 이래로 새로운 강조가 성경 해석에 대한 학제 간 연구 방법을 촉진하고 있다. 이것은 한스-게오르크 가다머(Hans-Georg Gadamer)의 철학적 해석학에 따라 길러졌으며, 제임스 바(James Barr)와 조지 케어드(George B. Caird)의 언어학과 의미론에서의 작업으로, 특별히 미국의 성경 해석에서 문학 이론의 영향으로 가장 눈에 띄는 것은 파리와 북미에서 가르친 폴 리꾀르(Paul Ricoeur)의 창조적이고 중요한 작업에 의해 이루어졌다. 리꾀르는 다양한 지적 학문 분과를 끌어들임으로 성경 해석에 새로운 생명을 불어넣었다.

2. 개관: 1919년 이후 신학자들의 성경 해석

1) 바르트

이 책의 제1부는 이미 바르트를 소개했다. 그런데도 바르트의 성경 해석에 대한 진전된 짧은 토론이 여기에서 요청된다. 바르트는 성경을 하나님의 말씀의 삼중적 형태의 한 부분으로 간주한다.

『교회 교의학』의 약 1,400페이지가 "하나님의 말씀 교리"(『교회 교의학』I:1과 I:2; 즉 영어로는 제13권 (또는) 제14권 중 첫 제2권이다)라는 제목을 가지고 있다. 단락 4에서 바르트는 "설교 된 하나님의 말씀"(선포), "기록된 하나님의 말씀" (성서) 그리고 "계시된 하나님의 말씀"(예수 그리스도의 인격)을 구별하고 있다.

> 근본적으로 계시는 … 예수 그리스도의 인격과 다르지 않으며 그분 안에서 성취된 화해와도 다르지 않다(119). 하지만 특별한 의미에서 하나님의 말씀은 "우리가 그것을 계시나 성경 또는 선포 어느 것으로 이해하든 하나이며 같은 것"(120)으로 남아 있다.

이것은 성경을 제믈러 이후의 주류 성경 비평의 영역과는 다른 토론 또는 "세계"의 영역에 성경을 놓는 것처럼 보이며 바르트는 이것을 인정했다. 스위스의 자펜빌에서 목회자로 안수를 받기 위한 바르트의 준비는 빌헬름 헤르만(W. Herrmann)과 아돌프 폰 하르낙(Adolf von Harnack) 같은 성경 교사들의 지도로 이루어졌다. 하르낙의 접근 방법은 우리가 위에서 묘사한 바 있다. 바르트는 회고한다.

> 결국 나는 자팬빌에서 목회자로서 실패했다.

에두하르트 투르나이젠(Edward Thurneysen, 1888-1974)과 함께 바르트는 자신의 "실패"의 원인에 대해 고뇌했다. 결국 바르트는 "우리는 새로운 방향을 가지고 전면적으로 다시 시작해야만 한다"라고 믿게 되었다. 자신의 초기 저작 중 하나에서 바르트는 다음과 같이 말하고 있다.

> 성경의 내용을 형성하는 것은 하나님에 대한 바른 생각이 아니라 사람에 대한 바른 신적 생각이다(바르트 1928: 43). 새로운 세계가 우리의 낡고 일상적 세계로 뚫고 들어온다(41). 이런 "새로운 세계"는 무로부터 창조하시는 하나님의 주권적 은혜에 집중한다. 이것은 인류의 역사가 아니라 "하나님의 역사"다(45).

"나의 독일 선생님들의 거의 모두" 포함하는 93인의 지성인에 의한 1차 세계대전에서의 독일의 역할에 대한 변호는 그들에 대한 바르트의 공감을 철회하게 했다. 바르트는 "주해와 교의학과 설교의 전체 세계가 기초에서부터 흔들렸다"라고 선언했다.

> 인간의 독립은 저울에 올려져 부족함이 드러났다.

30세의 나이에 바르트는 "[로마서를] 전에는 절대로 읽어보지 않았던 것처럼 읽었다 … 나는 읽고 또 읽고 쓰고 또 썼다." 거기에서 바르트는 신적 은혜와 신적 심판의 "새로운 세계"를 발견했고 짐짓 주장된 모든 정도의 인간 성취를 상대화했다. 거기에서 "세계는 세계이고 하나님은 하나님이다."

복음은 "가르침"이 아니라 '새로운 창조'(new creation)다. 1919년 바르트는 로마서에 대한 획기적 주석의 첫 번째 판을 출간했다. 동시에 바울에게 몰두함에 더해 바르트는 또한 덴마크의 사상가 키에르케고르의 저술에 관심을 기울여 하나님과 인류 사이의 무한한 질적 차이라고 하는 키에르케고르의 생각에 집중했다.

1922년 신적 숨겨짐, 타자성, 심판 그리고 거룩한 초월성에 대한 한껏 강한 강조를 지닌 『로마서』 2판이 등장했다. 기독교는 인간 발견과 발전 그리고 "종교적인" '능력의 문제이거나'(either) 하나님의 자유로운 주권적이고 초월적 변혁시키는 '창조적 은혜다'(or).

로마서와 성경은 단지 이들 가운데 후자만을 확인해줬다고 바르트는 선언했다.

바르트의 『로마서』는 모든 측면에서 엄청난 영향을 미쳤다. 독일에서의 많은 신약 성경 학자들은 엄격한 역사 비평적 주해를 실천하지 않았다고 바르트의 『로마서』를 거부했다. 불트만은 주요한 예외였다.

불트만은 기독교 복음이 주로 "가르침"이 아니라 결정에 대한 도전이라는 바르트의 견해를 공유했다. 비록 불트만은 결정적 점에서 바르트와 달랐지만, 해석자는 만일 그들이 단지 가치 중립적 정보를 구한다면 성경을 "이해할" 수 없다는 점에 동의했다.

바울과 함께 바르트와 불트만은 "십자가의 선포"를 불신자들에 대한 "모욕"이라고 인식했다(고전 1:18-25). 이런 확신은 이들의 "말씀의 신학"을 특징 지워 준다.

우리는 여기에서 바르트의 생각에 대해 그의 짧은 선지자적 주석인 『죽은 자의 부활』(*The Resurrection of the Dead*, 1924)로부터 『안셀름: 이해를 추구하는 신앙』(*Anselm: Fides Quaerens Intellectum*, 1931)을 거쳐 『교회 교의학』(*Church Dogmatics*, 1936-67년)을 통한 발전까지 확대해 다룰 수는 없다.

『죽은 자의 부활』에서 바르트는 고린도에서의 오류는 신앙을 "하나님에게가 아니라 하나님과 특별한 지도자들에 대한 그들 사이의 신념에" 두었다는 것이다. 고린도전서의 많은 "은밀한 근원"은 "'하나님에게서 오는' 이것"이었다(〈고전 4:5〉 바르트 1933: 17, 18).

『교의학』(I:1)에서 성경은 하나님의 말씀과 '같지 않다'. 왜냐하면, '그리스도께서는' 주로 하나님의 가장 충만한 말씀이시기 때문이다. 그런데도 성경은 계시를 증언하며 신적 말씀과 분리할 수 없다. 왜냐하면, 하나님의 말씀은 하나님 자신의 행동이며 임재이기 때문이다. 하나님은 말하는 것이 하나님을 기쁘시게 할 때 그리고 하나님을 기쁘시게 하는 곳에서 하나님을 기쁘시게 하는 방법으로 "말씀하신다"(단락 3).

> 하나님은 우리에게 … 꽃이 만발한 관목이나 죽은 개를 통해 말씀하실 수도 있다(55).

성경을 펴는 것이 하나님으로 말씀하시게 할 수 있는 것은 아니다. 그런데도 성경은 교회 위에 "그 자신을 감동하시고" 계속해서 교회로서 그것을 구성하는 기초다. "정경적 본문은" 인간의 주석이나 설교와는 구별되는 "자유로운 능력이라는 특징을 가진다."

무엇이 정경을 정경으로 만드는가?

> 그것은 그 자체로서의 교회 위에 자신을 부과하고 계속적으로 그렇게 하기 때문에 정경이다(단락 4, 107).

교회는 어떤 저술이 정경적인지 '결정하지' 않지만, 어디에서 하나님의 말씀이 그리스도 중심적 영향을 끼치며 계속해서 그렇게 하는지를 '인식했다'. 그러한 접근 방법은 분명 제믈러와 다른 것이다.

바르트는 신적 설명으로서의 성경에 대한 자신의 견해를 삼위일체 교리와 기독론이라는 틀 안에 위치시켰다. 성육신하신 그리스도는 성부의 하나님 되심을 증거하며 성경은 그리스도를 증거 한다. 성령은 성서가 하나님의 임재와 약속을 중재하도록 활성화하고 실현한다.

> 하나님의 말씀은 성경 안에 있는 하나님 자신이다. … 성서는 거룩하며 하나님의 말씀이다. 왜냐하면, 성령으로 인해 성서는 … 신적 계시에 대한 증인이 되었고 될 것이다(II: 2, 단락 19, 457).

교회는 성례를 통제하는 것 이상으로 이 말씀을 "통제하지" 않는다. 교회는 그 생명을 성례로부터 얻는다. 인류는 "자율적이지" 않다.

2) 불트만

불트만은 튀빙겐과 베를린 그리고 마부르그에서 공부했다. 헤르만 궁켈(Herman Gunkel, 1862-1932)은 베를린에서 불트만에게 구약성경 과목을 가르쳤으며 양식 비평의 방법을 그에게 소개했다. 마부르그에서 불트만의 선생님들은 헤르만(바르트와 불트만 두 사람 모두의 선생님이다-역주)을 포함했다.

헤르만은 교리보다는 종교적 경험과 관계성을 강조했고 단순한 "사실"과 "가치"의 영역 사이의 신 칸트적 분리를 주장했다. 19세기 판 루터교 경건주의와 연계해 이런 신칸트주의 인식론은 불트만이 "역사"를 우연적 사실의 영역으로 추방하게 했다.

반면에 신앙은 가치의 영역에 속했다. 그러므로 불트만은 1941년에 다음과 같이 말하고 있다.

> 그리스도의 십자가를 믿는 것은 … 하나의 객관적 사건(*ein objektiv anschaubares Ereignis*)으로서 … 우리 자신에 관여하는 것을 의미하지 않는다. … 그것은 도리어 그리스도의 십자가를 우리 자신의 것으로 삼는 것이요 그리스도와 함께 십자가를 감내하는 것이다(불트만 1964: 36).

신약성경에 대한 불트만의 접근 방법은 역사 비평적 방법을 환영함과 동시에 기독교 신앙을 위한 그들의 부적절성을 전제하는 것이다. 불트만은 우리가 『공관복음 전승의 역사』(*The History of the Synoptic Tradition*, 1921)와 『예수』(*Jesus*, 1926; 영어 『예수와 말씀』)에서 명확하게 보는 것처럼 역사적 재구성의 과제를 위한 급진적 기준을 채택하고 있다.

불트만의 양식 비평은 복음서의 자료 가운데 많은 것이 역사가 아니라 초대 기독교 공동체의 신앙에 대한 신학적 표현이라는 브레데의 『메시아적 비밀』(*The Messianic Secret*, 1901)의 논증을 반영하고 있다.

불트만은 알버트 슈바이처(Albert Schweitzer, 1875-1965)의 『역사적 예수 탐구』(*Quest of the Historical Jesus*, 1906)에서 "실패한" 탐구의 폭로가 이것을 확증한다고 믿었다. 불트만은 말한다.

> 예수의 인격성에 관한 관심은 배제된다. … 우리는 이제 예수의 인격성에 대해선 거의 아무것도 아는 것이 없다. 왜냐하면, 초대 기독교의 자료들은 그 어떤 관심도 보이지 않고 있기 때문이다(불트만 1958; 13-14).

불트만은 예수의 '모든' 역사적 지식을 거절하지는 않는다. 역사는 예수의 "사실적인 것"(das Dass)을 증거한다. 예수는 자신의 제자들이 자신을 따르도록 부르셨고 하나님 나라를 선포하셨다.

하지만 바울과 공관복음의 전통은 마치 예수가 "세계 안의 현상"이듯이 예수의 성품의 "본질"(das Was)에 관여하지는 않는다(불트만 1969: 239). 불트만은 가치 중립적 "사실"에 대한 개념과 언어가 하나님의 말씀 이해를 위한 중재물로 적절하지 않다고 주장했다. 왜냐하면, 하나님은 "세계" 너머에 계시기 때문이다.

신약성경 해석학에서 "가장 주관적 해석은 … 가장 객관적이다. 즉 그들 자신의 실존 물음에 의해 감동한 사람들만 본문이 하는 주장을 들을 수 있다"(불트만 1955: 256). 불트만은 슐라이어마허와 딜타이 그리고 하이데거로부터 "전 이해"라는 개념을 취한다.

> 이해는 특별한 유형의 질문 형성(Fragestellung)을 향해 끊임없이 방향을 정하고 있다. … 항상 주체의 선험적 이해에 의해 지배되고 있다(불트만 1955: 239; 강조는 저자의 것임).

성경 해석은 만일 그것이 순수하게 "객관적이라면"(즉 인격적 관여가 없이는) 시작조차 할 수 없다.

만일 우리가 '음악이나 수학에 대해 알고 있는 모든 것을 억압하기'를 잘한다면 어떻게 우리는 음악이나 수학 본문 이해하기를 '시작할' 수 있겠는가?

이런 해석학과 다른 개념적 틀에 대한 견해는 하이데거의 철학과 긴밀하게 연결되어 있다. 하이데거는 불트만의 동시대인이었으며 그와 함께 불트만은 마부르그에서 함께 연구했다. 제3의 동료인 한스 요나스(Hans Jonas) 또한 제2세기 영지주의의 많은 언어가 "객관적이지" 않았으며 '사태를 표시하는 듯한' 외양 아래 '태도'를 표현했는데 전형적으로 점성술적 사태와 같은 영지주의에서 그러했다고 주장했다.

이 모든 것은 "신약성경과 신화론"(1941년)이라는 불트만의 영향력 있는 논문의 무대를 마련해 주었다.

> 신화는 이 세계의 용어로 다른 세계에 속한 것을 표현하기 위해 이미지를 사용하는 것이다. … 예컨대 신적 초월은 공간적 거리로 표현된다(불트만 1962: 11).
> 더 중요한 것은 신화의 실재적 목적은 있는 그대로의 객관적 세계에 대한 그림을 제시하는 것이 아니라 … 신화는 우주론적으로가 아니라 … 실존적으로 해석되어야만 한다(11).

그러므로 신약성경을 비신화화하자는 불트만의 제안은 주로 '비객관화'의 프로그램인 것이다.

다양한 구별되는 문제들이 지금 혼동되고 심지어 그들이 하나인 것처럼 뒤섞이고 있는 것은 불행한 일이다. '유비'(종교에 있어서 언어의 정규적 수송 수단)로서의 신화의 개념은 "객관화"뿐 아니라 '초자연적 기적'으로 세계에서의 신적 행동의 개념화로서의 신화에 대한 "종교역사" 개념과도 혼동이 되고 있다.

이 마지막은 짐짓 "근대성"과의 충돌을 일으켰다. 왜냐하면, "기적의 개념은 오늘날 우리에게는 불가능하기 때문이다. … 우리는 자연을 '법에 부합하는' (law-ful) 발생으로 이해한다"(63).

많은 사람이 여기에서 불트만의 동기를 오해한다는 것은 놀랄 일이 아니다. 불트만의 우선적 관심은 신약성경 자체가 신화의 해석을 요구한다는 것이다. 왜냐하면, 본문의 "논점"이 세계에 대해 정보를 제공하는 것이 아니라 인간의 태도를 도전하고 변화시키는 것이기 때문이다.

하지만 기적과 "삼층으로 된 우주"에 대한 주제의 침입은 불트만이 "현대인"이 믿거나 믿을 수 없는 것에 대한 고전적 자유주의의 관심을 공유하고 있는 것처럼 보이게 했다. 불트만은 이런 종류의 자유주의를 거절한다.

하르낙과 자유주의자들은 "복음을 종교와 윤리학의 몇 가지 기본적 원칙으로 잘못 환원시켰다." 이 경우에 "케리그마는 케리그마이기를 그치게 되었다"(13).

> 비신화화의 목적은 종교를 근대인에게 더 수용적이게 만드는 데 있는 것이 아니라 … 무엇이 기독교 신앙인지를 보다 분명하게 하는 것이다 (불트만 1964: 182-3).

기껏해야 불트만은 잘못된 걸림돌을 제거하기 위해 그런 방식으로 신약성경 본문의 "논점"을 재발견하려고 했으며 십자가의 선포라고 하는 진정한 걸림돌(고전 1:18-25)을 단지 노출하려는 것이었다. 그런데도 그의 의도가 무엇이었든지 상관없이 불트만은 극복할 수 없는 문제를 남겨두고 있다. 예컨대 성령의 "주어짐"은 "새로운 생명의 가능성"이나 미래에 대한 개방성으로 '남김없이' 번역될 수 없다.

그리스도의 주권은 단지 신자 편에서의 신뢰와 순종의 실존론적 태도만이 아니라 하나님에 의해 부여된 존재론적 상태이기도 하다(롬 1:3, 4).

불트만은 과연 "예수가 하나님이신가"에 대한 '세계교회협의회'로부터의 질문에 분명한 답변을 제공한다. 불트만은 질문을 "그는 하나님의 아들이시기 때문에 나를 도우시는가 아니면 그가 나를 도우시기 때문에 하나님의 아들인가?"(불트만 1955: 280)라고 제시한다. 불트만에게 있어서는 분명하게 후자가 맞다.

> 기독론은 "객관화된 명제"를 제공하지 않는다(281). "예수가 하나님이시다"라고 말하는 것은 단지 "하나님이 그 안에서 그리고 그 안에서만 만나야 한다"는 것을 의미한다(274).

> 이와 비슷하게 십자가의 효능을 믿는 것은 "우리 바깥에서 일어나는 신화적 과정으로 우리 자신에게 관심을 기울이는 것을 의미하지 않는다"(불트만 1962: 36). 그리스도의 부활은 "과거의 한 사건이 아니다." "부활을 믿는 것은 진정으로 십자가의 구원하는 효능을 믿는 것과 같은 일이다"(39).

바르트가 관찰하고 있듯이 부활은 이제 더 이상 기독교 신앙의 기초가 아니라 신앙의 발생과 함께 존재하게 되는 것이다. 부활은 "부활하신 자에 대한 신앙의 향상 이외의 아무것도 아니다"(42).

불트만은 신약성경 본문의 역사성을 변호하려는 보수적 동료들의 시도를 경멸한다. 이것은 잘못된 안전으로 인도한다고 불트만은 주장한다. 신앙은 역사성에 대한 논증이 아니라 오로지 하나님의 적나라한 말씀에 인도되어야만 한다.

그러므로 불트만은 자신의 비신화화 프로그램을 믿음으로만 의롭다 함을 얻는다는 바울과 루터의 교리에 대한 "완벽한 병행"으로 간주하고 있다. 불트만은 신약성경을 하나님이나 단지 과거에 '대한' 정보로서가 아니라 현재에 영향을 미치는 '하나님으로부터의 설명으로' 교정하기를 원하고 있다.

하지만 불트만은 자신이 생각하기에 타당한 전망에 다시금 초점을 맞추기 위해 너무 비싼 가격을 치르지 않았는가?

이런 가격은 필연적인 것인가?

나는 다른 곳에서 오스틴류(Austinian, 언어 행위를 언급하는 말임-역주)의 또는 영미의 "자기 몰입의 논리"에 대한 호소가 역사적 차원에도 불구하고가 아니라 정확하게 사태의 기초 위에서 또는 존재론 위에서 독자 몰입에 대한 불트만의 관심에 도움이 되었다고 주장했다(티슬턴 1992: 272-312). 불트만의『신약 신학』(독일어 1948-53)은 이런 두 가지 측면의 강점과 약점을 반영하고 있다.

불트만은 바울 신학의 실존론적이거나 자기 몰입적 설명을 펼쳐 보였으며 인간 실존을 바울의 중심적 주제로 해석하는 대가를 치렀다. 불트만은 바울의 기독론이나 하나님에 대한 신학에는 별로 관심이 없었다.

3. 케임브리지 전통의 발전: 영국의 주석학 연구

독일에서의 연구는 칸트의 유산과 헤겔과 스트라우스뿐 아니라 제믈러와 가블러와 같은 학자들에 의해 형성되었다.

하지만 영국 이신론의 짧은 영향을 제외하고는 19세기에 영국 학자들은 역사와 신학의 각각의 역할 사이를 덜 구분하는 역사적 방법에 의지했다.

한 예가 B. F. 웨스트코트(B. F. Westcott)와 라이트푸트(J. B. Lightfoot) 그리고 호르트(F. J. A. Hort)의 '케임브리지 3인'이다. 세 명 모두 매우 세심한 본문 탐구를 했으며 세 명 모두 역사적 배경과 문맥의 특수성을 정당하게 취급하는 데 관심이 있었으며 세 명 모두 주해적 정확성을 목표로 했다.

그런데도 이들은 케임브리지의 교수로서 교회를 위한 신학적 중요성에도 착안해 자신들의 연구를 수행했다. 호르트는 성경 본문의 절대적 무오성을 거절했지만 웨스트코트와 함께 신약성경 본문의 상세한 내용을 연구했다.

그는 베드로전서(2:17까지)와 야고보서(4:7까지)의 헬라어 본문에 대한 주석을 출간했으며 계시와 성육신이라는 용어로 제4 복음서의 핵심을 해석했다(『길과 진리요 생명』 강좌, 1908년에 출간됨). 『기독 교회』(*The Christian Ecclesia*, 1897)에서 호르트는 신약성경의 교회론을 추적했는데 "회중"(카할)이라고 하는 구약성경의 개념에서 그 배경을 찾고 후대의 서신에서 "보편적"이고 "사도적" 교회에서 그 절정에 이르렀다.

웨스트코트는 요한복음과 요한 서신, 히브리서, 정경에 관해 책을 썼다. 요한의 로고스는 알렉산드리아의 영향으로부터 온 것이 아니라 창세기 1:1에 대한 탈굼식 해석을 포함하는 유대교와 아람의 배경으로부터 왔다. "말씀이 육신이 되었다"(1:14)라는 말씀은 예수 그리스도의 기적적 수태를 함축한다.

라이트푸트는 갈라디아서와 빌립보서에 대한 주의 깊은 주해적 주석을 출간했다(1865, 1868년). 이 가운데 빌립보서 주석은 "기독교 사역"이라는 박사 논문을 포함했다(마찬가지로 별개의 책으로 출간되었다). 그는 신학적 논점을 주장하기 위해 역사적 연구를 사용했다.

주교들은 계속되는 사도의 직위로부터가 아니라 장로직으로부터 등장했으며 그래서 본래 지역의 장로들이었다. 골로새서에 대한 라이트푸트의 주석(1875년)은 주의 깊은 주해를 유지할 뿐 아니라 신학적 기독론을 명시적으로 자세히 설명했다.

역사적 탐구의 한 모델이기도 한 그의 『사도적 교부들』(*Apostolic Fathers*, 1890년)은 신약성경 시대에 바울과 유대 그리스도인 "파당들"에 대한 바우어의 급진적 이론에 의문을 제기하는 데 도움을 주었다. 라이트푸트와 그다음에 웨스트코트는 연이어 더램의 주교가 되었다.

윌리엄 베어드(William Baird)는 이들 학자들을 "신약 연구에서 대영 제국"의 설립자들로 간주하고 "신장에 있어서 독일인들 가운데 가장 큰 사람들에게 비견하는" 사람들로 간주한다.

> 그들은 신앙과 삶을 위해 성경이 지니는 적절성에 헌신했던 교회의 종들이었다 (Baird 2003, 54, 83).

그들은 영국의 성경 연구에서 지속적인 요소로 남아 있는 유형을 제공했다. 논쟁의 여지가 있기는 하지만 다드(Dodd), 케어드(Caird), 바렛(Barrett), 브루스(Bruce), 보다 최근에는 던(Dunn), 바톤(Barton), 라이트(N. T. Wright)는 그러한 유형을 계속 반영해 준다. 그들은 종교적 가정들에 대한 비판적 질문을 허락하지만, 기독교 유신론의 틀 안에서 비판적 질문을 하고 있고 그들은 이전의 전통을 존중한다.

찰스 다드(Charles H. Dodd, 1884-1973)는 맨체스터와 케임브리지에서 연이어 교수로 재직했다. 케임브리지 3인과 같이 다드는 그의 첫 번째 책인 『오늘날을 위한 바울의 의미』(*The Meaning of Paul for Today*, 1920년)가 지시하고 있듯이 오늘날을 위한 신약성경의 의미에 끊임없이 관심을 기울였다.

『성경의 권위』(*The Authority of the Bible*, 1928년)라는 그의 책은 사도 시대의 신앙에 대한 주된 증거로서의 성경의 책들이 지니는 독특한 권위에 대한 헌신을 "온건한" 성경 비평의 수용과 성경 영감에 대한 "신탁과도 같은" 견해의 거절과 결합했다. 그의 『성서에 따르면』(*According to the Scriptures*)이라는 책은 신약성경의 저자들이 구약성경에 호소하는 일관성을 변호함으로써 이런 적극적 주장을 강화한다.

다드의 가장 폭넓게 알려진 책들은 아마도 『하나님 나라의 비유』(*The Parables of the Kingdom*, 1935년; 또한 1961년 판), 『로마서』(1932년), 『제4 복음서의 해설』(1953년), 또한 『제4 복음서의 역사적 전통』(1963년)이다. 이 책들은 다드의 "실현된"(realized) 종말론에 대한 강조를 반영하고 있다.

하나님 나라는 현존하고 있으며 단지 예수에게는 미래적이지만은 않았다. 왜냐하면, 하나님 나라가 예수 자신 안에서 드러났기 때문이다. 수년 동안의 폭넓은 의견 일치는 이런 강조가 어느 점에서는 도움이 되었지만 다드가 그것을 지나치게 밀고 나가서 희망의 신학을 모호하게 만들었다는 것이다.

조지 케어드(George B. Caird, 1917-84년)는 옥스퍼드의 딘 아일랜드 교수가 되었다. 그는 초대교회에 대한 간결한 역사적 연구인 『사도 시대』(*The Apostolic Age*, 1955년)라는 책과 『성 누가』(1963년), 『성 요한의 계시록』(*The Revelation of St. John the Divine*, 1966; 2판 1985년), 바울의 『옥중 서간』(*Letters from Prison*, 1976년)과 같은 주석서를 출간했다. 케어드는 언어와 문학의 주제들에 대한 엄청난 민감성을 보여 주었다. 자신의 동료인 스테판 울만(Stephen Ullmann, 1914-76년)과의 의미론에서의 대화는 케어드로 하여금 성경의 은유에 대한 더 깊은 이해로 나아가게 했다.

케어드는 이것을 나중에 『성경의 언어와 이미지』(*The Language and Imagery of the Bible*, 1980년, 1997년)라는 책으로 출간이 된 강좌(1965년)에서 해설했다. 케어드는 예수가 미래적 "옴"(coming)의 시점에 대해 "잘못했다"라고 주장하는 것은 문학적 언어를 여러 수준의 은유와 혼동하는 것이라고 주장했다. 그는 또한 70인경 사전편집에 종사했고 『신약 신학』에 관한 작업을 했다(1994년 헐스트에 의해 완결됨).

찰스 킹스리 바렛(Charles Kingsley Barrett)은 더램에서 강사였으며 이어서 교수가 되었다(1958년). 그의 연구는 아마도 주로 주해적이고 언어적이며 역사적인 것이다. 그의 영향력 있는 『요한복음』(1955년, 2판 1978년)을 이어 『요한과 유대주의』(1975

년)와 『요한에 관한 논문』(1982년)이 출간되었다. 바렛의 바울에 관한 주석 시리즈는 『로마서』(1957년, 2판 1991년), 『고린도전서』(1968년, 2판 1971년), 『고린도후서』(1973년) 그리고 『자유와 의무』(*Freedom and Obligation*, 1985년, 갈라디아서에 관한 책)를 포함한다.

최근에 그는 특별히 사도행전에 관해 책을 썼다(『국제 비평 주석』 시리즈의 제1권, 1994년). 바렛은 학문적 열정을 설교와 가르침이라고 하는 개인적 사역과 결합했다. 여기에서 케임브리지 3인의 전통에 대한 언급은 임의적이라 할 수 없다. 왜냐하면, 바렛은 또한 의사 소통자로서의 웨스트코트(1959년)와 주석가로서의 라이트푸트에 대한 책을 썼기 때문이다(1992년).

브루스(F. F. Bruce, 1910-90년)는 고전 연구자로 자신의 학적 경력을 시작했고 쉐필드에서 성경 역사와 문학 교수가 되었으며 그 이후 맨체스터에서 성경 비평에 관한 라이랜즈(Rylands) 교수가 되었다. 브루스는 바울 서신 모두와 사도행전 그리고 히브리서를 포함해 신약성경의 거의 모든 책에 대한 주해적 주석을 썼다.

그의 『신약 역사』(*New Testament History*, 1969년)와 『바울』(1977년)은 영향력 있는 교과서였다. 브루스는 자신이 강의하거나 설교하거나 상관없이 자신의 방법을 바꾸지 않았다고 주장했으며 신약성경의 인물과 사건에 생명을 불어넣으려 했다.

모든 영국의 성경 연구가 이런 전통을 따른 것은 아니다. 구약성경 연구에서 쉐필드의 필립 다비스(Philip E. Davies)와 글래스고우의 로버스 캐롤(Robert Carroll)은 성경 해석을 기독교 신학과 교회로부터 해방하려 했다.

쉐필드의 데이빗 클라인(David J. A. Clines)은 점차 급진적 포스트모던적 방법으로 움직여갔다. 포스트모던적 방법에서는 어떠한 특별한 해석도 다른 해석에 대해 특권을 주장할 수 없으며 어떤 미리 결정된 탐구의 상황과의 관계를 배제하고 연구가 이루어진다. 하지만 옥스퍼드의 존 바톤(John Barton)과 같은 그러한 "온건한" 비판적 유신론적 학자들의 방법은 더 특징적으로 영국의 구약성경 연구를 대표한다고 말할 수 있을 것이다.

제임스 바(James Barr, 1924-2006)는 그 자신의 범주 안에서 특별한 주의를 받을 만하다. 그는 에든버러와 프린스턴신학교, 맨체스터와 옥스퍼드에서 가르쳤으며 1989년부터는 밴더빌트에서 가르쳤다.

히브리어와 구약성경 연구에다가 바는 성경의 본성과 교회에서의 위치에 대해 광범위한 저술 활동을 했다. 그는 날카롭게 근본주의를 비판했으며 소위 말하는 성경 신학 운동의 전제들을 공격했다.

『성경 언어의 의미론』(*The Semantics of Biblical Language*, 1961년)에서 바는 "신학적

토론에서 언어적 증거를 다룸에 있어 어떤 방법을 비판하는 것"(p. 6)을 목표로 했다. 특별히 그는 다음을 공격했다.

첫째, 그가 예컨대 보만(T. Boman)과 키텔(Kittel)의 『신약 신학 사전』(*Theological Dictionary of the New Testament*) 가운데 앞쪽의 책들에서 발견하는 "헬라적" 사고와 "히브리" 또는 "이스라엘의" 사고 사이의 과장된 대조. 헬라적 사상이 항상 정적이고 추상적이며 이원론적인 것도 아니고 히브리적 사상이 항상 역동적이고 구체적이며 통전적인 것도 아니다.

둘째, 단어의 사전편집을 개념의 주제적 토론과 혼동하는 "한 단어/한 개념" 오류(이것은 부분적으로 비트겐슈타인의 단어의 "표면 문법"과 단어의 용법이 지니는 "심층 문법" 사이의 구분과 평행하다).

셋째, 그가 "불법적 전체성 전이"라고 부르는 것(p. 218).

① 이 과정은 특수한 본문에서의 단어의 의미를 알아본다.
② 이 의미를 완전히 다른 본문의 배열로부터 모인 축적된 의미의 연속에 더한다.
③ 이것은 이런 "전체적 개념"을 각각의 '개별적' 본문으로 "읽어 넣는다."

넷째, 단어의 의미와 단어의 역사 사이의 혼동. "어원학"(Etymology)은 나중 시대를 위한 의미를 필연적으로 산출하지는 않는다. 이것은 의미에 대한 공시적 설명이 아니라 단어의 역사에 대한 통전적 설명이다.

케어드와 같이 바는 학제 간 연구의 가치를 알고 있다. 어떤 사람은 바의 예리함은 단지 다른 사람들에 대한 부정적 비판만을 특징적으로 보여 주는 것이라고 주장한다.

하지만 바의 더 최근의 『에덴동산과 불멸의 희망』(*The Garden of Eden and the Hope of Immortality*, 1992년)이라는 책은 불멸의 개념이 많은 사람이 믿고 있는 것보다 이스라엘의 사상에서 그렇게 희귀하지 않음을 적극적으로 보여 주고 있다.

그런데도 바의 가장 강력한 공격은 『근본주의』(*Fundamentalism*, 1977년)와 『근본주의를 넘어서』(*Beyond Fundamentalism*, 1984년)에 등장한다. 그 책들에서 바는 그 자신이 이전에 자신의 학생 시절 초기에 관여한 바 있었던 보수적 지적 전통을 허물어버리려고 시도하고 있다. 바는 이런 이론적 지적 틀이 파괴적이며 온건한 보수적 학자들이 실제로 해석에 관해 수행하고 있는 바로 그 방식과 상충한다고 믿고 있다.

"케임브리지" 전통은 계속해서 번성하고 있다. 그레함 스탠턴(Graham N. Stanton)은 이전에 런던 킹스대학교에 있었고 지금은 케임브리지에 재직하고 있는데 그의 초기의 책인 『신약 설교에서의 나사렛 예수』(Jesus of Nazareth in New Testament, 1974년)에서 초대 그리스도인들이 예수의 인격이나 기본적 역사에 흥미가 없었다는 불트만의 가설에 반대해 의문 부호를 제기했다.

그의 더 최근의 연구는 『복음과 예수』(1989년, 2판 2001년)와 『마태』(1994년)를 포함한다. 더램의 라이트부트 교수인 제임스 던(James D. G. Dunn)은 『로마서』(제2권, 1998년)와 『골로새서와 빌레몬서』(1996년)를 포함해 신학적 의미에 대해 유의하면서 헬라어 본문에 대한 주의 깊은 주해적 주석들을 출간했다.

『신약성경의 일치와 다양성』(1977년, 2판 1990년), 『생성 중인 기독론』(Christology in the Making, 1980년, 2판 1989년), 『사도 바울의 신학』(1998년) 그리고 『기억된 예수』(Jesus Remembered, 2003)는 더욱 폭넓은 신학적이고 역사적 주제들을 소개하고 있다.

톰 라이트(N. T. Wright)는 옥스퍼드에서 케어드 밑에서 공부했으며 옥스퍼드와 케임브리지, 맥길에서 가르쳤으며 『신약성경과 하나님의 백성』(1992년), 『예수와 하나님의 승리』(1993년), 『언약의 정점』(1993년), 『예수의 의미』(1999년), 『하나님 아들의 부활』(2003년)을 포함해 예리한 통찰을 담은 일련의 저술들을 출간했다. 하지만 그는 또한 교회를 위한 대중적 수준에서 수많은 주석을 제공했다. 문서화된 한 인터뷰(1999년)에서 그는 주장했다.

> 성경은 나의 생애의 책이다. 이것은 내가 함께 살고 그것에 의해 살아온 책이며 내가 그것으로 죽기를 원하는 책이다.

하지만 그는 이렇게 덧붙여 말하고 있다.

> 성경의 특별한 독법에 대해 지나치게 방어적 태도를 보이는 것은 항상 우상숭배의 위험이 있다.

라이트는 역사와 신학, 학문과 교회를 함께 연결하고 있다. 라이트푸트와 웨스트코트의 전통에서 그는 더램의 주교가 되었다(2010년 더램 주교에서 은퇴 후 라이트는 현재 스코틀랜드 성 앤드류대학교의 교수로 재직 중이다-역주).

4. 해석학의 재기: 가다머, 리꾀르, 미국의 문학적 접근

이 장의 시작 부분에서 공간의 제약으로 제믈러와 미카엘리스 그리고 가블러와 함께 슐라이어마허를 생략했다. 슐라이어마허는 베를린대학교의 교수였지만, 베를린의 트리니티교회에서 거의 매 주일 설교를 했다.

그의 출간된 제30권의 책 가운데 제10권은 신학에, 제10권은 철학에 그리고 제10권은 설교에 관심을 기울이고 있다. 그는 현대를 위한 정확한 의미를 회복하기 위해서 뿐 아니라 그 자체로서의 더 역사적 정보를 위해서도 "신약성경 개론"의 중요성에 대해 미카엘리스에게 동의했다.

비록 슐라이어마허가 대중적으로 "감정"에 대한 강조와 연계되어 있기는 하지만 이것은 주의 깊게 살피지 않으면 우리를 잘못되게 인도할 수도 있다. 그는 직관적이고 인격적이며 "예견적인" 이해(친구를 이해하는 것과 같은)라고 하는 "여성적인" 차원이라고 부르고 있는 것과 비교하고 비판하는 합리적 설명(과학적 방법과 같은)의 "남성적인" 차원이라고 부르고 있는 것 사이에 균형을 유지하기를 원했다. 그는 계몽주의의 합리적 차원을 높이 평가했지만, 마음속 깊이 기독교 경건주의를 간직했다. 해석학은 단지 "규칙"의 문제가 아니라 "기술"(art)의 문제다.

> 예견적 방법은 개인으로서의 저자의 직접적 이해력을 부여하고자 한다. 비교적 방법은 일반적 유형 아래에 저자를 포괄시킴으로 진행한다(슐라이어마허 1977년: 150).

자기 시대를 앞서 슐라이어마허는 이해가 "본문의 '내용과' 효과의 범위"(151, 강조는 티슬턴의 것임) '양자'를 파악하는 것을 포함한다고 보고 있다.

역사적 학문 분야 없이는 해석자는 "우화 작가"가 되지만 만일 역사적 탐구만을 살핀다면 해석자는 "현학자"로 드러난다(205). 슐라이어마허의 작업은 복잡하고 미묘하다. 딜타이로부터 하이데거까지의 철학에서의 작업과는 별도로 슐라이어마허의 해석학은 주로 무시되어 왔다. 하지만 20세기에 가다머는 전체 해석학의 전통을 자신의 연구과제로 삼았다. 가다머는 하이데거 아래에서 공부했으며 1930년대에 플라톤에 관한 책을 출간했다. 전쟁의 어려운 시기가 지난 후 가다머는 프랑크푸르트와 하이델베르크의 교수가 되었다.

그의 기념비적 『진리와 방법』(*Truth and Method*, 1960년, 4판 1975년)은 20세기 해석학을 전체적으로 재정립했다. 이 책은 철학 안에서의 이성, 신학과 문학 이론에서의 본문에 대한 재평가로 이끌었으며 사회과학에서의 이해에 대해 재평가하게 했다.

그의 『전집』(Collected Works)은 독일어로 제10권에 달한다. 가다머는 "방법"을 진리와 대조되는 것으로 보고 있다. 과학의 일반화는 기술을 본받아 "방법"은 진리가 파악되어야만 하는 조건을 앞서서 결정하는 경향이 있다. 과학에서 "성공적인" 방법에 따라 속아서 해석자는 본문이나 삶 또는 예술을 그 자체로서의 조건으로 자신과 직면하게 하는 대신에 "정통하려고"(master) 시도한다.

도덕성에 대한 올바른 예외를 제외하고 데카르트는 사실상 "모든 진리를 이성에 의해 전체적으로 재구성"할 것을 장려했다(가다머 1989년: 279). 하지만 계몽주의 "방법"은 오해를 받고 있다. 우리는 비코(Vico)와 함께 "오래된 진리 … 공통의 의미로 … 지혜라고 하는 고전적 개념에 현존하는 요소들로"(19) 돌아가야만 한다.

지혜는 지식보다 더 심층적으로 나아가며 사건에서의 진리의 재해석과 현실화를 전달하기 위해 전통에 의존한다. 이것은 단지 "개인을 보편적 범주 아래에 포함하는 것"이 아니다(21).

게임과 같이 또는 예술 작업과 같이 진리는 사건적이고 우연적 "수행"(performance)을 통해 드러나게 된다. 이 가운데 어떤 수행도 다른 수행과 동일시되지 않으며 또는 그것이 하나의 게임이나 예술로서의 수행이 되지 않을 것이다.

예술은 절대 일련의 "미학적 개념"으로 다 설명한다고 해도 "고갈되지" 않는다. 진행 중인 경기는 그 자신의 대상의 네트워크와 성공의 기준에 그 선수를 감싸고 있는 "세계"를 보여 준다. 그것은 선수들이 그 안에서 생각하고 행동하는 지평을 제공해 준다. 여기에서 우리는 "선수의 의식보다 시합의 우위성"을 보게 된다(p. 102). 계몽주의의 합리주의에 따라 시작된 잘못된 길에 대항해 가다머는 슐라이어마허로부터 딜타이와 훗설 그리고 요르크를 거쳐 하이데거에 이르는 해석학적 전통을 추적하고 있다.

하이데거에서 이전에 주어진 "세계"의 지평은 이해를 위한 출발점을 제공한다. 하지만 가다머는 하이데거보다 전통과 그 "효과의 역사"(Wirkungsgeschichte)에 대해 더 적극적 견해를 가지고 있다. 편견과 함께 또한 지혜를 전달해 주는 전통은 "형성하는" "형성"(formation, Bildung)을 허용한다. 특별히 이런 과정은 다른 전통 안에 서 있는 사람들 사이에 상호존중을 통해, 각 사람이 다른 사람에게 귀 기울이는 진정한 "들음"을 통해 대화 가운데 성취된다.

만일 아무도 단지 다른 사람에 관한 주장을 부과하려고 시도하지 않는다면 "'새로운' 어떤 것"이 "등장할지도" 모른다. 그 가운데 진리는 만남의 사건에서 "현실화"된다. 관건은 "자신의 견해를 주장하는 것"이 아니라 변화되는 것이다… . 우리는 이전의 우리로 머물러 있지 않다(379).

신학에서 이것은 우리 자신이 사용하기로 선택한 "표준"과 "방법"으로 우리 자신의 조건을 부과하지 않고 본문에 귀 기울이는 것이 무엇인지 그리고 다른 사람들(또는 하나님)에게 귀 기울이는 것이 무엇인지에 대한 새로운 이해로 우리를 초대한다.

독일의 신약 신학 연구에서 에른스트 푹스(Ernst Fuchs)는 비록 전적으로 가다머에게만 의존한 것은 아니지만 이런 각도에서 접근 방법을 탐구했다. 푹스는 튀빙겐과 마부르그에서 신약을 가르쳤지만, 또한 목사로서 사역했다. 그는 묻는다.

> 만일 우리가 나중에 설교단에서 우리 앞에 본문을 세우기를 원한다면 우리의 책상에서 우리는 무엇을 해야만 하는가? (푹스 1964:8).

슐라이어마허와 가다머와 같이 푹스는 해석이 규칙의 집합으로 환원되어서는 안 된다고 주장한다. 중심적 목표는 우리가 이해하려고 하는 것에 대한 래포, 공명 또는 "공통의 이해" 또는 "공감"(Einverständnis)을 포함한다(푹스 1968: 171-81, 239-43).

초기 하이데거로부터(가다머와 같이) 푹스는 본문에 의해 주어지는 "세계"에 들어간다는 개념을 탐구한다. 특별히 예수의 비유는 "만남의 장소"를 구성하는 세계를 보여 준다. 예수는 자신의 사랑 가운데 일련의 명제들을 "불쑥 말씀하신" 것이 아니라 청자를 감동하게 하는 비유의 "세계"를 보여 주었다. 그래서 "청자가 하나님 편으로 이끌려 하나님의 눈으로 보기를 배우도록 하셨다"(푹스 1964년: 155).

> 그의 길은 진정한 사랑의 길이 아닌가?
> 사랑은 단지 불쑥 말씀하지 않는다. 대신에 사랑은 만남이 발생하는 영역을 앞서서 제공한다(129).

푹스와 그의 협력자인 게하르트 에벨링의 방법을 지시하기 위해 "새로운 해석학"이라는 용어가 종종 사용되었다.

수많은 미국 성경 해석자는 이런 각도의 접근을 진전시켜 탐구하고 있다. 몬타나 대학교의 로버트 펑크(Robert Funk)는 『언어와 해석학 그리고 하나님의 말씀』(Language, Hermeneutic and Word of God, 1966년)에서 푹스가 자신의 문학적 이론과 신학과의 대화를 살찌게 했음을 인정하고 있다.

그는 이런 해석학을 탕자의 비유(눅 15:11-32)에 적용한다. "의인들"은 형의 "세계"에서 그 자신을 발견한다. "은혜라는 단어는 … 청중을 동생들과 형들로 즉 죄인들과 바리새인들로 나누어지게 한다. 이것이 에른스트 푹스가 우리가 비유를 해석하는 것이 아니라 **비유가 우리를 해석한다**고 말할 때 의미한 바다(16: 강조는 원저자의 것임).

심판들이 그 스스로 심판받는 것으로 자신들의 모습을 발견한다. 주체와 객체 사이의 흐름의 방향이 뒤바뀐다. 그러므로 고린도전서 2:6-16에서 "바울은 그 자신과 고린도 교인들을 향한 말씀을 새롭게 들으려고 노력하고 있다"(p. 276).

여기에는 월터 윙크(Walter Wink)와 존 도미닉 크로산(John Dominic Crossan) 그리고 단 오토 비아(Dan Otto Via)의 해석학적 전망에 대한 공감도 또한 존재한다.

폴 리꾀르(Paul Ricoeur)는 그의 해석학에 대해 가다머보다 더 존경을 받아야 한다. 그는 성경 해석과 신학에 더 직접적 영향을 미치고 있다. 그는 소르본느에서 마르셀(Gabriel Marcel)과 공부했으며 스트라스부르그와 파리 그리고 시카고에서 교수로 있었다.

인간의 의지(1950년)와 인간의 오류 가능성(1960년)에 대한 그의 초기 저술은 인간의 인격성에 대한 마르셀의 관심을 반영하고 있다. 그가 독일에서 전쟁 포로로 있었던 기간 동안 리꾀르는 야스퍼스와 훗설 그리고 하이데거를 보다 엄밀하게 공부했다.

야스퍼스의 철학과 정신의학에 대한 이중적 관심은 『악의 상징』(*The Symbolism of Evil*, 1960년, 영어 번역 1969년)에서의 리꾀르의 작업에 활기를 불어넣었다. 상징에 대한 야스퍼스의 적극적 견해를 공유하면서 리꾀르는 상징이 특히 두 가지 수준의 의미를 포괄하고 있으므로 능력으로 작동하고 있다고 주장한다. 예컨대, 죄책은 짐과 굴레 그리고 오점이라는 "이중적 의미"를 지닌다. 개념적 사상으로부터 파생되기는 커녕 "상징은 사상을 일으킨다."

몇몇 프랑스의 지성적 삶은 최초로 구조주의를 계발했으며 그런 다음 그 자체의 자기비판 와중에 후기 구조주의를 주창했다.

리꾀르는 무비판적 "이해"에 대한 점검으로서 "설명" 또는 "비판"에 대해 이들 방법의 측면들을 조심스럽게 활용했다.

리꾀르의 비판적 "의심"과 비판 이후의 "회복"의 "이중적인" 해석학은 『프로이트와 철학』(*Freud and Philosophy*)에 나온다(1965년: 영어 번역 1970년). 그는 "욕망과 언어 사이의 관계"를 탐구한다. 프로이트는 꿈이 숨겨진 욕망의 표현이지만 "위장된 … 표현"(p. 5)이라는 것을 보여 주었다.

속임과 위장은 여러 수준에서 작동한다. 심지어 자아는 그 자신의 진정한 소원에 대해 속기까지 한다. 사람들은 꿈 내용("꿈 사고")과 다른 꿈("꿈 본문")을 '말한다'. 해석자는 꿈을 이해하기 위해 "의심의 해석학"을 필요로 한다. 관건이 되는 설명에서 리꾀르는 주장한다.

> 해석학은 내게 이런 이중적 동기에 의해 고무되는 것 같다. 기꺼이 의심하려 하고 기꺼이 들으려 한다. 엄격함의 맹세, 복종의 맹세(27).

그는 "**상징이 살게 하려고 우상은 반드시 죽어야만 한다**"라고 결론짓고 있다 (531: 강조는 원저자의 것임). 리꾀르는 은유에 특별한 관심을 쏟고 있다. 그는 막스 블랙(Max Black, 1909-88년)의 상호 작용 이론에 의지한다. "집중적인" 이중 의미 표현은 "분열된 참조"를 함축하며 창조적 힘으로 작용한다.

아마도 리꾀르의 모든 작업 가운데 가장 창조적인 것은 『다른 사람으로서의 자신』(Oneself as Another, 1990년; 영어 번역 1992년)과 함께 제3권으로 된 『시간과 내러티브』(Time and Narrative, 1983-5년; 영어 번역 1984-8년)일 것이다. 『시간과 내러티브』는 어거스틴의 시간에 대한 반성으로 시작한다. 시간에 대한 인간의 경험은 기대(미래), 주의(현재) 그리고 기억(과거)으로 차별화를 가능하게 한다.

> 인간의 시간에 대한 경험을 통해 우리는 세계와 우리 자신의 현재를 이해하게 된다 (리꾀르 1984-8년, I: 16).

["인간의" 시간을 위한 근거가 되는 하이데거의 의미에서의] "시간성"은 내러티브와 본문과 삶의 '이해 가능성'을 위해 필요한 조건을 형성한다.

리꾀르는 이것을 아리스토텔레스의 "구상"(plot, *muthos*) 이론으로 보충하고 있다. "구상"은 내러티브의 사건을 '포이에이스'(프랑스어 faire, 만들다는 의미임-역주)를 통해 일관성 있는 전체로 형성해 준다.

> 구상을 만드는 것은 부차적인 것으로부터 이해할 수 있는 도약대를 만드는 것이며 특수한 것으로부터 보편적인 것을 만드는 것이다(p. 22).

이것은 쉽사리 성경의 본문에 적용된다. 몇몇 성경 해석자는 마가복음이 고난이라고 하는 목표를 향해 나가는 성급함을 묘사하기 위한 "시간적 행동을 조직화해 주는" "구상"을 묘사하기 위해 "내러티브 시간"으로서의 "인간의 시간"의 속도에 있어서 변화를 사용하고 있다고 주장한다. 이것은 그다음 마치 느린 동작으로 이루어지는 것처럼 그려지고 있다는 것이다.

리꾀르의 복잡한 책인 『다른 사람으로서의 자신』은 깊이와 강력함에서 심지어 『시간과 내러티브』를 넘어설 것이다. 리꾀르는 흄과 실증주의뿐만 아니라 보다 특별하게는 포스트모더니즘의 변화하며 빨아들이는 모래와도 같은 회의론에 반대해 변화 안에 있는 안정적 인간의 자아 개념을 회복하기 위해 많은 일을 하는 시간적 변화 가운데 있는 동일성으로서의 인격성의 개념을 입증하기 위해 이전의 주제들에 의지하고 있다.

미국에서는 성경 연구에 있어서 문학적 반성의 시작이 논쟁의 여지가 있기는 하지만 호레이스 부쉬넬(Horace Bushnell)에게까지 소급되는 것 같다. 부쉬넬은 종종 미국 자유주의 신학의 설립자로 간주하곤 한다.

그는 계시가 인지적 유사과학적 명제들을 전달해 준다는 주장을 거절했고 속죄에 관한 대리속죄 신학을 거부했다. 그의 논증 가운데 많은 부분이 은유의 인정에 의존하고 있었다. 예수는 "어린 양"이라는 같은 은유적 의미에서만 "희생"이었다.

찰스 하지(Charles Hodge)는 미국에서 보수적 성경 연구를 대표하는 데 성경이 "사실의 보관 장소"라고 주장했다. 움베르토 에코(Umberto Eco)는 나중에 그러한 접근 방법을 문학적이거나 창조적 유형이라기보다는 "엔지니어링" 또는 "핸드북" 유형이라고 불렀다.

뒤돌아보면 미국에서의 보수와 진보 논쟁은 부쉬넬이 "문학적인" 주제들에 대해 가치 있는 선행적 주장을 했지만, 그 주장들이 "자유주의" 신학과 연계되었던 과제로 오도되었다고 하는 것은 불행한 일이다.

이런 불행한 영향은 지금도 살아 있다. 1960년대 후반까지도 "문학적인" 설명을 펑크와 크로산 같은 성경 학자들에게 남겨두는 경향이 있었다. 반면에 더 보수적 학자들은 엄격하게 "역사적인" 접근 방법에 매여 있었다. 그런데도 그러한 그림은 명확하지 않을 수 있으며 많은 미국의 학자들이 신학과 더 확고하게 통합된 "역사적인" 접근 방법을 채택했다.

몇몇 학자는 여전히 유럽의 오스카 쿨만(Oscar Cullmann, 1891-1971)과 연결된 1950년대와 1960년대의 "성경 신학" 운동에 기울어져 있었다. 조지 앨던 래드(George E. Ladd, 1911-82년), 올브라이트(W. Albright, 1891-1971), 그중에서도 특히 조지 언스트 라이트(George Ernest Wright, 1909-74년)는 미국에서의 이런 접근 방법을 대표했다.

라이트의 고전적 "성경 신학" 방법은 『행동하시는 하나님』(God who Acts, 1952년)에 잘 드러나 있다. 성경 신학은 "특별한 역사에서의 하나님의 구속하시는 행동에 대한 고백적 발표회다." 라이트는 구약성경의 특이성을 강조했으며 (쿨만과 래드와 함께) 약속과 성취의 범주를 강조했다.

예일대학교의 브레바드 차일즈(Brevard Childs)는 "정경 비평"과 "케리그마적" 또는 "탈비평적"인 방법 등으로 다양하게 묘사되고 있다. 마지막 용어는 폴 리꾀르의 탈 비평적 독법과 공명한다. 차일즈는 명확하게 해석학적 주제들에 관여한다.

심지어 그의 초기의 책인 『구약성경에서의 신화와 실체』(Myth and Reality in the Old Testament, 1960년)에서도 차일즈는 구약성경의 한때 신화적이었던 이미지의 많은 부분에 대해 "깨어진 신화"라는 범주를 제안함으로써 신화의 형식과 기능 사이를 바르게 구분했다.

또한, 그는 교회에서의 성경 해석의 전통에 관여했다. 『출애굽기』(1974년) 주석에서 차일즈는 아마도 마태복음에 대한 울리히 루츠(Ulrich Luz)를 예견하는 본문에 대한 "탈역사"(post-history), 영향사(Wirkungsgeschichite) 또는 수용 역사를 처음으로 주장했다. 본문의 전통과 전통 안에서의 이어지는 탈역사에 대한 차일즈의 관심은 역사에 대한 발전하는 '전'(pre) 역사로부터 그들의 "정경적 문맥" 안에서의 내적 관계와 영향으로 관심을 재정립하게 했다. 이런 정경적 문맥은 진정하고 창조적 해석학적 공명을 제공한다.

차일즈의 『성서로서의 구약성경 개론』(Introduction to the Old Testament as Scripture, 1979년)과 이어진 『정경으로서의 신약성경』(The New Testament as Canon, 1984년)은 이런 방법을 예증해 준다. 차일즈는 아마도 "본문의 마지막 양식"에 집착한 사람으로 부당하게 비판을 받았다.

자신의 견해를 『정경적 문맥으로서의 구약성경 신학』(Old Testament Theology as a Canonical Context, 1985년)과 『구약과 신약의 성경 신학』(Biblical Theology of the Old and New Theology, 1993년)에서 다듬었다. 바르트와 같이 차일즈는 삶을 형성하는 능력으로서의 성서를 강조했다. 이것은 가다머의 형성(Bildung)에 대한 견해와 전통의 역할에 대한 견해와 공명한다.

그러는 사이에 여러 명의 미국 저자들이 해석학적이고 문학적 방법을 탐구하고 있다. 존 도미니크 크로산(John Dominic Crossan)은 설득력 있게 복음서에서의 역전의 비유들에 대한 해석을 상술했다.

> 신화는 세계를 확립해 준다. 변증은 세계를 변호한다. … 풍자는 세계를 공격한다. 비유는 세계를 뒤집는다(크로산 1975년: 59).

"선한" 사마리아인이라는 바로 그 개념은 사마리아인과 인간의 "선한"이라는 두 가지 가정 모두를 뒤집어엎는다(pp. 106-7). 하지만 크로산의 작업은 순전한 언어

내재적이고 해체적 해석학으로 점차 옮겨가고 있다.

『명확성에 대한 급습』(*Raid on the Articulate*, 1976년)에서 "실체"는 언어적 현상이 되었다. 『폭포의 절벽』(*Cliffs of Fall*, 1980년)에서 크로산은 "성찰"이 "반성"을 대치하는 분명하게 포스트모던적 전망을 주장하고 있다. 비유는 "메타 비유"가 된다. 비유는 세계나 신적 초월의 힌트가 아니라 "그 자체"를 반영해 준다. 데리다와 함께 크로산은 본문의 결정성과 지시론적 표상에 대해, 최소한 문학적 언어에 있어서 회의적이 되었다. 월터 브루그만(Walter Brueggmann)은 폴 리꾀르에 의존한다. 리꾀르의 의심과 회복의 해석학과 같이 브루그만은 역사적 학문 분과와 살아 있는 증거 또는 고백의 변증법을 함께 주장하고 있다.

그의 의심의 해석학은 때때로 권력 구조의 사회적 "관심"에 대한 노만 고트발트(Norman Gottwald)의 작업에 의지하고 있다. 또한, 그는 리꾀르와 마찬가지로 해석에 있어서 긴장과 투쟁, 복수성에 대해 인정하지만 겹치는 안정적 단일성 안에 머물러 있다. 이것은 브루그만에게 있어서는 정경의 기능, 리꾀르에게 있어서는 인간의 자아성과 관계있다. 이와 비슷하게 브루그만은 학제 간 자료들, 특별히 문학적이고 사회적 세계와 관련된 전망 그리고 신학에 의지한다.

5. 성취와 과제, 토론

우리는 이 책의 다른 곳에 포함된 몇 가지 운동을 의식적으로 생략했다. 그렇지 않았다면 우리는 라틴 아메리카의 해방 신학의 해석학, 여성주의와 여성 신학, 흑인 신학의 해석, "사회 세계"와 탈식민주의적 성경 해석(이 책의 제5부를 보라, 제4부의 "동방 정교회 신학"과 "오순절과 은사주의 신학"을 보라)을 포함하려고 시도했어야만 한다.

또한, 우리는 지면의 제약 때문에 이 책의 이전 판(2판)에서 특징적이었던 구약과 신약의 중요한 "신학들"에 대한 토론을 생략했다. 시간과 종말론에 대한 쿨만의 작업은 여전히 연구할 가치가 있지만 우리는 1970년대 어간부터 "성경 신학" 운동이 의제가 되는 결정적 힘을 상실하기 시작했음에 유의해야 한다. 그런데도 신약성경의 통일성의 이슈는 생생한 주제다.

헤이키 레이세넨(Heikki Räisänen)은 그러한 "통일성"의 결여가 우리가 기독교 신학을 성경적 저작들 위에 건설할 수 없는 주된 이유라고 주장하고 있다. 레이세넨의 논지의 핵심은 다음과 같다.

> 만일 성경 연구가 정말 진지하게 취급된다면 신학에서 성경을 사용하는 전통적 방식은 … 불가능하게 될 것이다. [왜냐하면, 주로] 결정적 사건들의 비역사성 [때문만이 아니라] 신약은 신학적 모순으로 가득 차 있는 것으로 판명되었기 [때문이기도 하다] (레이세넨 2001: 227, 229).

레이세넨은 던이 "역사적 예수와 승귀하신 그리스도의 통일성"에서 신학적 통일성을 발견하는 것을 기껏해야 "엷고 이해하기 어려운 결속"이라고 주장한다. "주해가 신약성경의 모순적 다양성을 드러내준다."

"역사적 연구로부터 현시대를 위한 적용에 이르는 직접적 길은 존재하지 않으며" 보수적 신학자들(차일즈나 슈툴마허)은 건전한 연구 규칙을 위협하고 있다. 거기에는 "삶에 대한 통찰력"은 없다(pp. 230, 231).

해방 신학과 같은 운동들은 항상 성경 안에 있는 선별된 전통들에 호소한다. 이런 전통은 다른 전통과 모순된다. 레이세넨은 결론적 논증으로 신약성경의 종말론과 묵시 문학의 해석에 대한 논쟁을 인용하고 있다. 글래스고우의 로버트 캐롤(Robert Carroll)이 『양우리 가운데 이리: 기독교에 문젯거리인 성경』(*Wolf in the Sheepfold: The Bible as a Problem for Christianity*, 1991년)에서 주장하고 있는 것과 몇 가지 공통적 근거가 있다.

레이세넨은 또한 영향사 또는 본문 영향의 역사 개념에 대한 호소를 공격하고 있다. 그는 몇 가지 전통이 억압되거나 왜곡되고 있는 사례들을 지적하고 또한 신앙보다는 불 신앙을 불러일으키는 교회 바깥의 영향들을 지적하고 있다.

만일 레이세넨이 옳다면 우리는 어떻게 "케임브리지 전통"이 다드와 케어드, 바렛, 브루스, 던 그리고 톰 라이트와 같은 사상가들을 통해 유지될 수 있는지 의아해 할 수밖에 없을 것이다.

이들은 비판적 엄격함과 신학적 건설을 결합하려는 공통의 관심이 있다. 무수한 독일과 스위스의 학자들은 광범위하게 비교할 만한 전통 안에서 글을 쓰고 있다. 예컨대 우리는 단지 울리히 루츠, 볼프강 쉬라게, 볼프를 언급할 수 있을 따름이다.

유명한 미국 가톨릭성경 학자인 피츠마이어와 레이몬드 브라운도 언급할 필요가 있을 것이다. 게다가 왓슨은 [암시적으로] 피터 발라는 [명시적으로] 레이세넨이 의지하고 있는 것처럼 보이는 많은 가정을 문제 삼고 있다. 이 주제는 또한 더 폭넓고 지속적인 "역사 대 신학" 논쟁을 다루고 있다. 만일 기독론에서, 더욱더 많은 것이 말해져야 할 필요가 여전히 존재하다 하더라도 던과 스탠톤 그리고 N. T. 라이트와 많은 다른 사람들은 이런 토론의 바탕에 놓여 있는 인위적 많은 전제를 드러내려고 노력하고 있다.

로버트 모건(Robert Morgan)이 자신의 『성경 해석』(Biblical Interpretation, 1988년)에서 암시하고 있는 것에 가까이 다가오고 있는 것처럼 비록 "문학적 전통"이 "역사적 패러다임"에 대한 경쟁자가 아니라 하더라도 해석학적 탐구와 문학적 이론은 이들 주제에 대해 여전히 더 창조적 빛을 던져줄 수 있다. 수용의 역사 또는 본문 영향의 역사에 관한 토론은 시선을 끌기 시작하고 있다. 비록 레이세넨의 주장이 그렇게 하는 것에 대한 신선한 논증은 아니라 하더라도 교회 바깥에서의 영향의 역사를 포함하고 있는 점은 옳았다.

신학자들은 오랫동안 다른 사람들과 같이 자기 흥미와 권력을 위해 본문을 조정할 수 있다는 프리드리히 니체의 주장을 알고 있었다. 하지만 이것은 성경 해석에 있어서 다시 포스트모던과 해체주의적 접근과 밀접하게 관계하고 있다. 결국, 이것은 해석의 윤리에 대한 문제를 제기한다. 이에 대한 점증하는 문헌들이 지금 등장하고 있다. 학제 간 연구의 자료들을 의존하고 있는 현재의 흐름은 해석을 풍성하게 할 수밖에 없다. 교황 요한 바오로 2세로부터의 위임(1994년)을 받은 로마 가톨릭의 교황청 성경 위원회의 보고서 『교회에서의 성경의 해석』(The Interpretation of the Bible in the Church)은 이것을 강조하고 있다.

보고서는 수사적이고 내러티브적이고 기호적이며 정경적 접근(pp. 41-53), 영향의 역사에 관한 연구(pp. 55-7), 사회적 접근(pp. 57-61) 그리고 해석학(pp. 73-7)을 소개하고 있다. 이 보고서는 단지 "근본주의"에 대해서만은 유보조항을 담고 있다.

21세기에 이 모든 학문 분과가 성경 해석에서 점증하는 건설적 부분을 담당하고 있는 것 같다. 역사적이고 신학적 탐구의 각각의 역할은 어떤 사람에게는 여전히 논쟁의 여지가 있는 것으로 남아 있다.

나에게는 두 가지 모두 불가결한 것으로 남아 있다. 기독교 신학의 전통에 관한 관심은 해석의 과제를 좁히는 것이라기보다는 그 폭을 넓혀준다.

참고 문헌

1차 자료
Balla, Peter, *Challenges to New Testament Theology* (Peabody, MA, 1997).
Barr, James, *The Semantics of Biblical Language* (Oxford, 1961).
_____.*Holy Scripture: Canon, Authority, Criticism* (Oxford, 1983).
Barth, Karl, "The Strange New World within the Bible", In *The Word of God and Word of Man* (London, 1928), 28–50.
_____. *The Resurrection of the Dead* (London, 1933).
_____. *Church Dogmatics* I. 2: *The Doctrine of the Word of God* (Edinburgh, 1956).
_____. *Epistle to the Romans* (Oxford, 1975).

Bultmann, Rudolf, *Theology of the New Testament*, 2 vols. (London, 1952-5).
_____. *Essays Philosophical and Theological* [German, *Glauben und Verstehen*, Vol. 2] (London, 1955).
_____. *Jesus and the Word* (London, 1958). Anthony C. Thiselton 304
_____. "New Testament and Mythology", In Hans-Werner Bartsch (ed.), *Kerygma and Myth*, 2 vols. (London, 1962, 1964).
_____. *The History of the Synoptic Tradition* (Oxford, 1963).
_____. *Faith and Understanding I* [German, *Glauben und Verstehen*, Vol. 1] (London, 1969).
Childs, Brevard, *Biblical Theology of the Old and New Testaments: Theological Reflections on the Christian Bible* (Minneapolis, MN, 1993).
Crossan, John D., *In Parables: The Challenge of the Historical Jesus* (New York, 1973).
_____. *The Dark Interval* (Niles, 1975).
Fuchs, Ernst, *Studies of the Historical Jesus* (London, 1964).
_____. *Marburger Hermeneutik* (Tübingen, 1968).
Funk, Robert, *Language, Hermeneutic and Word of God* (New York, 1966).
Gadamer, H.-G., *Truth and Method*, 2nd edn. (London, 1989).
Moberly, R. W. L., *The Bible, Theology and Faith* (Cambridge, 2000).
Räisänen, Heikki, *Challenges to Biblical Interpretation: Collected Essays 1991-2001* (Leiden, 2001).
Ricoeur, Paul, *Freud and Philosophy* (New Haven, CT, 1970).
_____. *Essays on Biblical Interpretation* (London, 1981).
_____. *Time and Narrative*, 3 vols. (Chicago, 1984-8).
Schleiermacher, F., *Hermeneutics: The Handwritten Manuscripts* (Missoula, MO, 1977).
Seitz, Christopher R., *Figured Out: Typology and Providence in Christian Scripture* (Louisville, KY, 2001).
Watson, Francis, *Text, Church and World: Biblical Interpretation in Theological Perspective* (Edinburgh, 1994).

2차 자료

Baird, William, *History of New Testament Research, Vol. 2: From Jonathan Edwards to Rudolf Bultmann* (Minneapolis, MN, 2003).
Barton, John (ed.), *The Cambridge Companion to Biblical Interpretation* (Cambridge, 1998).
Morgan, Robert, *Biblical Interpretation* (Oxford, 1988).
Thiselton, A. C., *New Horizons in Hermeneutics* (London, 1992).
_____ ",New Testament in Historical Perspective", In Joel B. Green (ed.), *Hearing the New Testament: Strategies for Interpretation* (Grand Rapids, MI, 1995), 10-36.

제18장

철학 신학

인콜프 달퍼스 (Ingolf U. Dalferth)

1. 서론

철학 신학에 대한 단일하거나 간단한 정의는 존재하지 않는다. 때때로 철학 신학이란 말은 예를 들자면 시인들의 신화적 신학이나 고대에 도시와 국가의 정치 신학이나 보다 최근에는 유대인이나 그리스도인 또는 모슬렘의 신학과 반대되는 철학자들의 신학을 지칭하기 위해 사용되고 있다.

혹은 철학 신학은 다른 형태의 신학으로부터가 아니라 철학의 다른 분과나 철학의 전문분야, 예컨대 철학적 심리학이나 17, 18세기 합리론에서의 우주론과 구분되는 것으로 이해되곤 했다. 그렇지 않으면 철학 신학은 [기독교] 신학에서 성경적이거나 역사적 도덕적 문제나 주제 또는 탐구 분야보다는 철학적 문제나 주제 또는 탐구 분야를 지칭한다.

혹은 철학 신학은 예컨대 기도와 명상으로 실천되는 신학이나 특수한 종교 공동체와 전통 신앙에 근거한 고백적 신학과는 달리 특별한 철학적 방식으로 신학을 하는 것을 구별하기 위해 사용되기도 한다. 또 다른 경우 철학 신학은 어떤 전통이나 사회에서의 지적 활동의 개념적 틀에서나 또는 이런 활동들이 이루어지는 제도적 배경에서 신학(함)에서 부여하는 특수한 철학적 "자리" 또는 배경을 가리킨다.

이 모든 다양한 의미는 철학 신학에 대한 단일한 형식이나 일관성 있는 정의로 조화를 이루도록 조직화 될 수 없다. 그 용어를 정의하는 대신에 나는 철학 신학을 현대성에서의 일련의 분명한 신학적 문제에 대해 나름 구별된 영역을 가지고 철학적 접근 방법으로 실행되고 있는 철학이나 신학에서의 반성적 활동의 한 범위로서 묘사하고자 한다. 철학적 반성은 인간의 삶과 사고의 모든 영역에서의 문제와 난제를 명료화하는 것을 목표로 한다.

그리고 이것은 철학과 과학에서 수용되고 있는 모든 종류의 분석과 논증으로 가능성을 탐구하고 개념적 대안을 설명하고 토론 중인 분야에서의 견해와 입장의 정합성을 테스트함으로써 그렇게 한다. 철학 신학은 하나님을 믿는 신앙에 의해 부과되는 문제와 난제에 관해 이런 접근 방법을 공유하고 있으며 이런 문제와 난제들을 그 시대의 과학과 문화가 가지는 배경에 대항해 씨름한다.

하지만 이런 의미에서 비록 매우 유사한 신학적 문제가 토론되고 있었지만, 철학 신학이 아직 존재하지도 않았던 시기가 있었다. 비록 철학 신학이 여전히 다양한 방식으로 우리와 함께 있음에도 얼마 전부터는 주로 종교철학 으로 대치되고 있다.

그러므로 철학 신학의 시작은 17세기 근대 과학의 발흥으로 촉발되었으며 철학 신학의 종말은 19세기의 전환기에 등장한 종교철학의 도래와 함께 그 종이 울리게 되었다. 비록 철학 신학은 단지 현재까지 계속해서 실행되고 있을 뿐만 아니라 사실상 새로운 형태와 프로그램 때문에 야기된 상황의 변화에 반응하도록 자극받고 있기는 하지만 이것은 사실이다.

2. 개관

철학 신학은 하나의 구별되는 철학적 기획으로 자신의 현대적 이력을 시작했으며 이것은 큰 틀에서 변함없이 이어지고 있다. 주목할 만한 예외가 있기는 하지만 철학 신학은 기독교 신학의 한 분과가 아니라 철학적 기획으로 이해되고 실행되어오고 있다.

그것은 신앙에 근거한 것이 아니라 이성과 반성 또는 자연이나 경험, 과학에 근거한 것으로 이해되었다. 하지만 철학 신학은 절대 단일한 노력이었던 적은 없었다. 그 형태나 내용 그리고 의제는 다른 철학적 접근과 함께 다양하게 변모하고 있다. 그리고 기독교 사상에 대한 영향은 비판적이거나 심지어 파괴적일 뿐만 아니라 건설적이기도 하다.

때때로 그 일부분으로 잘못 이해되기도 하는 철학 신학의 전 역사는 플라톤적 이원론과 아리스토텔레스적 인과론의 형태와 스토아적 내재주의, 필로의 인격주의, 신플라톤주의적 부정 신학, 소시니안의 반삼위일체론과 같은 다양한 요소들을 포함한다.

가장 오랜 고대의 기원으로부터 서구 전통에 있어서 철학자들의 신학은 고대 그리스에서의 이성과 과학의 흥기와 밀접하게 연결되어 있었다.

신들이 세계를 구성하는 부품이기를 멈추었을 때 하나님(신적 존재)은 전통적 신화적 이야기가 아니라 우주론적 과학과 천문학적 사변, 형이상학적 반성에 근거한 설명적 원리가 되었다.

하나님이라는 개념은 신적 단일성(단지 한 하나님이 계신다)과 신적 초월성(하나님은 세계의 부분도 아니고 전체도 아니다) 그리고 신적 내재성(우주의 질서와 규칙성 그리고 아름다움에서 하나님의 활동적 현존을 분별할 수 있다)이라는 개념을 포함한다.

그리고 비록 이들 차이점을 분명하게 파악하는 데 오랜 시간이 걸리기는 했지만, 신들과 하나님 사이의 유일신론적 차이와 하나님과 세계 사이의 우주론적 차이 그리고 하나님의 초월과 내재 사이의 형이상학적 차이는 철학에서 신학적 반성이라고 하는 지적 탐구에서 중심적인 것으로 남아 있다.

나중에 한편으로는 종교개혁 이래로 다른 한편으로는 현대 철학과 경험과학의 출현과 함께 기독교 신학을 다양한 고백적 전통으로 구별함으로 이성과 신앙 사이 중세의 종합이 무너졌다. 이것은 철학 신학이 처한 상황을 근본적으로 바꾸어놓았으며 그 전 역사로부터 본격적 역사로 나아가게 하는 결정적 발걸음을 내딛게 했다.

철학적 반성은 더 하나님에 대해 계시된 지식에 대한 예비적 서론으로 이해되지 않았다. 오히려 그것은 특수한 종교(기독교, 유대교, 이슬람)적 전통에 대한 언급과 무관하게 그 자신의 권리를 확립하기 시작했으며 이것은 주로 두 가지 이유 때문이었다.

대립하는 고백적 분파들의 신학적 논쟁과 기독교 신앙과 실천에 대한 그들의 고유한 논쟁적 해석에 대한 반발로 철학 신학은 고백적 분파들 사이에서 논쟁이 되지 않았던 기반 위에 근거했던 모든 분파에 공통적 근본적 신념에 대해 합리적 의견 일치의 틀을 형성하려고 시도했다.

그리고 그 고백적 투쟁에 의해서만 아니라 현대역학과 수학적 과학이 지니는 무신론적 함축에 의해도 촉진이 된 현대 무신론의 발흥과 도전에 반응해 그 자체의 근거에서 무신론을 반박하기 위해 철학 신학은 이성과 합리성 그리고 지식에 대한 현대적 표준을 받아들였다.

오래지 않아 철학 신학은 기독교 신학에 따라 완결되기를 기다리는 대신에 기독교 신학이 근거를 제시하기 위해서는 없어서는 안 되는 것으로 주장되었.

계시는 신적 진리에 이르는 유일한 안전한 길일는지 모르지만, 이성은 어떤 일이 정당하게 계시라고 주장할 수 있는지 어떤지를 알게 해 주는 유일한 확실한 길이다.

그러므로 철학 신학의 역사는 베이컨(Bacon, 1561-1626)의 과학적 방법론과 갈릴

레오(Galileo, 1564-1642)의 과학적 발견 그리고 데카르트(Descartes, 1596-1650)의 지식의 확실성에 관한 탐구와 함께 시작한다. 이들은 모두 복잡한 문제들이 분명하고 명석하다고 알려져 있으므로 회의를 넘어 확실한 기본 단위로 쪼개어 져야만 한다고 주장한다. 이들은 신 관념이 근본적으로 분명한 개념 중 하나(데카르트)거나 그렇지 않으면 그 개념들로부터 추론 가능하다고 생각했다.

이것은 18세기 초 뉴턴(Newton, 1642-1726/27)의 과학적 성취와 그 유신론적 해석에서 처음으로 절정에 도달했으며 다시금 20세기의 후반부에 과학(우주론, 생물학)과의 비슷한 토론의 환경 가운데 하나님의 존재에 대해 놀랄만한 일련의 전문적 매우 성취도 높은 유형의 전통적(우주론, 존재론, 목적론)인 논증과 신고전적인(과정철학) 논증 그리고 개연적 (스윈번[Richard Swinburne, 1934- : 영국의 기독교 철학자-역주) 논증에서 절정에 도달했다.

철학 신학은 흄(Hume, 1711-76)과 칸트(Kant, 1724-1804)의 철학적 비판과 종교철학 의 흥기 그리고 헤겔(Hegel, 1770-1831)과 쉘링(Schelling, 1775-1854)의 존재 신학적 대안으로 인해 퇴조하기 시작했다. 20세기 후반의 분석적 유신론의 지속과 심지어 부흥에도 불구하고 그것은 많은 사람에게 종교적으로 쓸모없고 종교적 삶과 실천에 대해 실행 가능한 대안이 아닌 것처럼 보인다.

그 시대의 주도적 과학이 물리학과 천문학으로부터 생물학과 생명과학으로 옮겨 감에 따라 철학 신학은 그 학문적 흥미를 상실했으며 데카르트주의와 초월주의의 종말과 단순한 인식론에 대한 불만족 그리고 현대 철학에서의 현상학적이고 해석학적 생 철학의 점증하는 명성을 통해 그 논점을 상실했다.

그리고 철학 신학은 종교적 신념이 상황과는 상관없는 철학 신학에 의한 정당화의 필요보다는 종교적 실천안에서 근거를 보장받아야 한다는 통찰력으로 그 철학적 설득력을 상실했다. 또한, 철학 신학은 기독교 신앙에 대한 철학적으로 중재된 이해를 가일층 무관심한 대중에게 전달하는 데 실패했기 때문에 그 변증적 가치를 상실했다. 철학 신학은 도덕의 자율성을 훼손함으로 모든 합리적 사람들을 위한 불가피한 진리라는 주장을 빼앗겨 버림으로 그 논증이 싸우려고 하는 종교에서의 바로 그 회의론을 심화시키고 있다는 그럴듯한 비난으로 그 공적 기능을 상실했다.[1]

하지만 이 모든 것은 기껏해야 철학 신학에 대한 부분적 진리일 뿐이며 전체 이야기는 아니다.

철학 신학은 영국(**유신론**)에서 미국(**실재론적 형이상학적 신학들**)에서 그리고 대륙

---

[1] L. Ashdown, *Anonymous Skeptics: Swinburne, Hick and Alston*, Tübingen, 2002를 보라.

(주관적 선험론)에서 매우 다양한 형태에도 불구하고 잘 지내고 있으며 살아 있을 뿐 아니라 그 실재적 역사 또한 훨씬 다양하다.

20세기에 실행되었던 철학 신학의 다양한 형태들은 공통의 뿌리와 공통의 위기를 가진 다양한 계획에 속해 있지만 이런 위기에 대응하는 매우 다양한 방식으로 형성되었다. 이 위기는 자연적이고 합리적 철학적 신학에서 신에 대한 상황과는 무관한 설명을 논박한 데서 절정에 도달했기 때문에 이 위기를 극복하기 위해 철학 신학에 열려있는 두 가지 방식은 그러한 논박을 반박하거나 신에 대한 철학적 설명의 재 상황화를 의도적으로 시도함으로써 반응하는 것이었다.

두 가지 전략은 지난 200년 동안 다양한 방식으로 이루어졌으며 자연 신학과 합리적 신학의 몰락 이후에 현대적 철학 신학의 다양한 프로그램을 설명해 준다.

이제 계몽주의 초기의 상황과는 무관한 신에 대한 설명은 우연적인 것이 아니었다. 그 논점은 17세기 기독교의 고백적 전통에서의 신에 대한 신앙의 논쟁적 형태와는 무관하고 그 자체의 근거에서 현대 무신론의 공격을 퇴치할 수 있는 신에 대한 철학적 이론을 제공하는 것이었다. 이런 영향으로 철학 신학은 다양한 고백적 전통들의 논쟁 여지가 없는 공통적 핵심으로 취한 것에 집중함으로 그러한 고백적 전통의 차이를 넘어서는 방식으로 신을 생각해야만 했다. 철학 신학은 무신론적 비판이 의지하고 있던 바로 그 기초 [즉 오직 자연적 이성과 합리적 논증] 위에 신에 대한 논증을 기초시켜야만 했다. 그 결과는 철학적 유신론 (또는 교의적 철학 신학)이었다.

이런 신에 대한 개념이 사실상 표상했던 것은 신에 대한 기독교 개념의 선별적 측면의 추상적이고 상황과는 무관한 것이었다. 반면에 신에 대한 논증은 보편적 이성과 공통적 경험(즉 인류에게 보편적 이성과 경험)과 수학적이고 기계론적 합리성이라고 하는 논증적 과정(즉 과학과 수학에서의 타당한 논증이라고 하는 인식론적 전략)에 근거하고 있다.

하지만 이런 신에 대한 상황과는 무관한 접근이 자연 신학과 합리적 신학에 대한 흄과 칸트의 비판 아래 몰락했을 때 이것은 철학 신학의 역사를 마감했지만 새로운 시작을 하게 되었고 이런 위기에 대한 반응의 범위가 사실상 현대 철학 신학의 역사를 규정해 주었다.

우리는 계몽주의 유신론의 종말 이후에 철학 신학의 최소한 다섯 가지 주된 발전 또는 프로그램을 구별할 수 있다. 이런 발전은 여전히 20세기에도 작동하고 있다.

첫째, 교의적 철학적 신학(철학적 유신론)
둘째, 비판적 철학적 신학(철학 신학)

셋째, 관념론적 철학적 신학 (선험적 유신론)
넷째, 실재적 철학적 신학 (사변적 유신론)
다섯째, 보다 간접적이고 지속적인 철학적 신학 (종교철학)

이것들은 단지 같은 것의 변형이 아니라 새로운 어떤 것으로의 변혁이었다. 하지만 **교의적** 철학 신학이 사실상 철학 신학에 대한 반론을 반박하려고 시도함으로써 철학 신학의 상황과는 무관한 프로그램을 계속하고 있지만, 다른 4가지 것은 재 상황화의 다른 시도들을 대표한다. 개인이나 특수한 종교적 공동체의 종교적 삶이라고 하는 실천적 상황(**비판적** 철학 신학), 선험적 관념론이라고 하는 근본적 문맥 (**관념론적** 철학 신학), 사변적 만유재신론이라고 하는 존재론적이거나 우주론적 문맥(**실재적** 철학 신학), 경험적이고 역사적 종교의 다양한 문맥(종교철학)에서 재상황화를 시도한다.

이들 각각은 다양한 변형으로 존재하며 각각의 것은 그들의 역사의 한 부분을 형성하고 있는 비판적이고 회의적 반응을 불러일으켰다. **교의적** 철학 신학은 철학적 회의론자들과 과학주의의 주창자들에 의해 우주에 대한 우리의 과학적 지식을 생각한다면 잘못된 것이거나 근거가 없는 것으로 비판을 받고 있다.

A. J. 에이어(A. J. Ayer, 1910-89)나 버트란트 러셀(Bertrand Russell, 1872-1970)이 그렇게 했듯이 "유의미한 유일한 명제는 [어떤 의미에서] 관찰 때문에 검증될 수 있는 것들이다"라고 주장하는 경험론적 논리 실증주의자들에 의해는 잘못된 것이 아니라 무의미한 것으로 무시가 되고 있다. 이런 주장으로는 신에 대한 철학 신학의 명제들에는 많은 기회가 부여되지 않는다.

반면에 **비판적** 철학 신학은 기독교 신앙과 신에 대한 신념에 대해 합리적 기초를 제공하려는 계획적 거부를 위해서 철학적 유신론자들이나 선험적 관념론자들 모두에 의해 공격을 받고 있다. 다시금 관념론적 철학 신학은 타인의 구성적 기능을 무시한 ("선험적 주관성"이라고 하는) 추상적 인식론적 패러다임의 좁은 한계 안으로 움직여간 것에 대해 현상학적이고 해석학적 철학자들에 의해 비판을 받고 있다(부버, 로젠츠바이크, 레비나스).

언어의 역할을 무시했다는 비판(하이데거와 가다머, 비트겐슈타인 그리고 리꾀르)과 역사의 역할을 무시했다는 비판(딜타이와 블루멘버그) 그리고 실제적 삶의 풍성한 문맥의 역할을 무시했다는 비판(제임스로부터 로티에 이르는 실용주의 철학자들)이 제기되기도 했다.

마지막으로 실재론적 철학 신학은 논리의 존재론적 남용에 대해 분석 철학자들이 의문을 제기하고 있다. 키에르케고르와 같은 실존적 또는 실존주의적 사상가들은 주관과 개인의 대체 불가능한 개인성을 부당하게 깎아내리고 있다고 비판하고 있다.

데리다와 같은 현상학적 비판자들은 우리의 경험이나 마리온의 현상학적 반대 움직임 가운데 하나님의 부재의 흔적(부정 신학)을 고려하지 않고 임재의 오도된 로고스 중심적 형이상학을 전개하고 있으며 신의 성례전적 임재와 자기 부여에 개방적이라기보다 부당하게 신을 객관화하고 우상화하고 있다고 비판하고 있다.

그리고 마지막으로 니체의 영향으로 포스트모더니스트들은 실제로 살아가고 있고 경험되고 있는 인간의 삶의 파열과 실패와 고장, 깨어지기 쉬움과 불일치와 심각하게 관여하지 않는 너무 포괄적이고 종합적 거대 담론을 제시한 데 대해 비판하고 있다.

그러므로 철학 신학을 토론함에서 최소한 다섯 가지 이야기를 할 필요가 있다. 그 다섯 가지는 모두 유신론적 기획(즉 기독교 신학과 신앙의 전통과는 무관한 근거에 기초한 신에 대한 순수하게 철학적 설명으로서의 자연 신학과 합리적 신학)으로 시작한다. 이들 모두는 흄과 칸트를 따라 철학적 유신론의 근본적 위기와 부딪힌다. 하지만 그때 이런 위기에 다르게 반응함으로써 이들은 그 찬반에 따라 21세기의 시작 지점에 철학 신학에서 입장의 범위를 여전히 규정해 주는 다양한 프로그램을 발전시키고 있다.

3. 내용, 의제, 토론

교의적 철학 신학 또는 철학적 유신론은 자연 신학과 합리적 신학(즉 전통적 종교에 대한 무신론적 부정에 대한 철학적 반응으로 그리고 동시에 그 시대의 고백적 신학에 대한 철학적 대안으로서)으로 시작한다. 이것은 신 관념이 일관성이 없으며 신 존재를 위한 논증이 타당하지 않으며 모든 대안보다 우월한 우주에 대한 궁극적 설명을 제공한다는 주장이 근거가 없다는 흄과 칸트의 논박을 통해 해체되었다. 대륙의 전통에서는 궁극적 설명에 관한 탐구는 인간의 주관성의 초월적 기초에 대한 철학적 시도나 그렇지 않으면 철학적 [변증법적] 유물론에서 그 자리를 발견한다.

하지만 영어 사용자들의 세계에서는 상황이 매우 다르다. 교의적 철학 신학은 윌리엄 페일리의 자연 신학이 흄의 비판적 논증으로 받았던 그러한 논박 때문에 영향을 받지도 않았고 흔들리지도 않았을 뿐만 아니라 심지어 그것이 오래전에 현대의 다원적 사회를 위한 공통의 유신론적 의견의 일치를 제공해 준다는 본래 목적을 성취하는 데 실패했음에도 [제퍼슨] 종교철학자들을 위한 살아 있는 선택지이며, 주된 전쟁터가 되었다.

때때로 이것은 관찰과 이성으로 접근 가능한 전제들에만 기초하고 있는 **자연** 신학과 가정으로서의 전제들 사이에서 교리적 명제를 받아들이는 철학적 신학을 구별함으로 재 진술되곤 했다.[2]

그리고 이것은 분석적 유신론에서 20세기 후반부에 매우 의미심장한 부흥을 경험하기까지 했다. 분석적 유신론은 이전 그 어느 때보다도 하나님의 존재에 대한 전통적 논증의 더 다양하고 정교한 형태를 산출했다. 하지만 이것은 논리학의 가장 최근의 세부사항에 대한 그 모든 전문적 탁월함과 정교한 관여에도 유신론적 논증에 대한 찬반의 끊임없는 토론이 일반 종교 대중이나 전통적 종교를 믿는 신자들에게 거의 아무런 도움이 되지 않는 철학자들의 이론적 유신론이다.

이것은 인격적이고 영적이며 영원하고 자유로우며 전능하고 전지하며 자애로운 존재로서의 상황과는 무관한 신개념을 변호하거나 공격한다. 하지만 그것이 변호하거나 공격하고 있는 것이 변호하거나 공격할 가치가 있는 것인지 아닌지 생각하기 위해 멈추지는 않는다. 왜냐하면, 그것이 성공한 곳에서조차 그것은 단지 전통과는 무관한 계몽주의의 신개념이 일관성이 있다는 것을 보여 주었을 따름이다.

그리고 그것이 유신론적 논증의 어떤 형태가 타당하다는 것을 보여줄 수 있는 것에서조차 그것은 단지 순수하게 형식적 방식으로(즉 어떤 특정한 논리 체계나 일련의 규칙과 가정 안에서) 그렇게 할 수 있을 뿐이다.[3]

그러므로 이런 계통을 따라 철학적 신학의 이야기는 토대주의에게 형식주의(formalism)로 움직여간다.

그 경력을 자연 신학과 합리적 신학이라고 하는 토대주의적 기획으로 시작한 것이 단지 그러한 조건 안에 형성되어 있는 논증의 형식주의 가정뿐 아니라 규칙이 받아들여지거나 받아들여지지 않거나 하는 어떤 논리적 체계 안에서만 타당한 논증의 형식주의로 변형되고 있다.

논증은 특수한 논리적 체계 안에서의 가능성에 관한 탐구가 된다. 하지만 논증들이 어떤 합리적 사람에게 더 의심의 여지 없이 신의 존재를 "증명함"으로써 무신

---

2 N. Kretzmann, *Our Knowledge of God: Essays on Natural and Philosophical Theology*, ed. K. Clark, Dordrecht, 1992.
3 예컨대 "가장 위대한 것은 예증 되는 것이 가능하다"라는 전제를 받아들이는 플란팅가의 존재론적 논증의 승리적 양상 유형은 단지 S5에서만 타당하고 다른 양상 논리 체계에서는 타당하지 않은 것이 아니라 더 이상의 논증이 없다면 우리는 "가장 위대한 것은 예증 되는 것이 가능하지 않다"라는 것을 받아들이기보다는 앞의 전제를 받아들여야만 한다는 논증을 가정하고 있다. 이것은 S5에서 타당한 논증을 만들어낼 뿐 아니라 반대의 결론에 대해서도 마찬가지다.

론자를 논박했다고 주장할 수는 없다.

합리적 토대주의에 진 것 같이 보였던 것이 철학 신학을 위한 새로운 길을 열어 놓았으며 교의적 철학 신학의 다양한 고백적 형태들이 발전하도록 했다. 만일 유신론적 논증에 사용되고 있는 신개념이 전통과 무관한 자연 신학이나 합리적 신학의 신개념이 아니라 특수한 종교적이거나 신학적 전통(예컨대 토미즘이나 칼빈주의 또는 개혁파 인식론에서와같이 양자의 결합)으로부터 취해진 것이라면[4] 고백적 기독교 신학에 반대한 것은 아니다.

그와 무관하게 시작했던 것이 이제는 특수한 고백적 전통(성공회, 개혁교회 또는 로마 가톨릭, 하지만 원칙적으로 유대교나 이슬람 형태에도 개방되어 있다)에 대한 철학적 반성과 재진술로 변형되고 있다. 이야기가 이제 토대주의에서 형식주의를 거쳐 고백주의로 움직여가고 있다. 그리고 철학 신학은 실제로 (철학적으로 제한된 형태의) 고백적 조직 신학과 구별할 수 없게 되고 있다. 특별히 19세기와 20세기에 걸쳐 영국에서 교의적 철학 신학이 철학 신학의 패러다임으로 봉사하고 있으므로 보다 엄밀하게 분석해 보아야 한다. 원래 교의적 철학 신학은 그 기본 교리가 다음과 같다.

첫째, 신개념의 논리적이지 못하다.
둘째, 신 존재의 의심 또는 부정 그리고 단지 자연법칙에 의해서만이 아니라 우주를 돌보는 지적 존재로 질서 지워진 우주의 부정한다.
셋째, 신에 대한 모든 신념에 반대하는 기본적인 것으로서의 세계에서 경험하는 설명 불가능한 악과 불의에 관한 확인이라고 할 수 있는 현대 무신론에 대한 반발로 등장했다.

이들 각각의 교리는 교의적 철학 신학의 주된 관심과 철학적 선입견이 되었으며 지금도 그것은 여전하다. 교의적 철학 신학은 스윈번에 의해 간략하게 요약되는 신개념을 변호한다. "신"에 의해 유신론자들은 "영원하고 자유로우며 어떤 일이든 할 수 있고 모든 것을 알며 완전히 선하며 인간의 예배와 순종의 고유한 대상이다. 우주의 창조자와 유지자인 몸 없는 존재(즉 영)"와 같은 어떤 것으로 이해한다.[5] 신개념은 유신론의 세 가지 기본 모티프들로부터 생겨난다. 그들 중 두 가지는 무신론의 교리에 반대해 제시되고 있으며 대립하는 종교적 전통들의 특수성에 반대

---

4   A. Plantinga, *Warranted Christian Belief*, New York, 2000, 167-98을 보라.
5   R. Swinburne, *The Coherence of Theism*, Oxford, 1977, 1.

해 제시되고 있다.

첫째, 우주론적 모티프가 있다.
이것은 신을 홉스(Hobbes, 1588-1679)처럼 움직이고 있는 물질이나 에너지 또는 어떤 다른 자연적 힘이 아니라 세계의 궁극적 원인과 설명이 되게 한다.

둘째, 종교적 모티프가 있다.
이것은 신을 우주와 같은 시공간에 있는 것이 아니라 초월적인 것이 되게 하며 경배를 받기에 합당해 세계를 창조하기 위해 행동할 수 있을 뿐만 아니라 창조된 세계에서 활동하실 수 있으며 그래서 기도에 자유롭게 응답하는 인격적 존재가 되게 한다.[6]

셋째, 철학적 모티프가 있다.
이것은 자기모순에 빠지지 않으면서 유대교인이나 기독교인 그리고 모슬렘들이 다르다고 동의할 수 없는 신에 대한 신념의 그러한 측면들에 신 관념을 집중하게 한다.

이 모든 세 가지 모티프들은 신과 세계에 대한 신의 관계를 어떤 사고 유형을 사용함으로 결합하고 있다(예를 들어 인격적 설명은 행동과 의도라는 용어로, 마음과 몸, 주체, 포착하기 어려운 자아나 영, 인격적 행위자 또는 인격적 의사 소통자). 사용된 유형이 무한성, 영원성, 자유, 전지, 전능, 자애, 창조적 활동, 비육체성과 같은 신에게 부여된 신적 속성들을 결정한다.

이들에 근거한 신에 대한 이들 모티프와 유형은 보통 결합하며 유한하지만 자유롭고 창조적 도덕적 행위자로서의 인간 인격과 지고의 창조적이며 자애로운 행위자로서의 신 사이의 유비가 이런 신개념에서 관건이 되는 요소가 된다.

교의적 철학 신학의 두 번째 주된 요소로 이런 신개념의 정합성이 요구된다. 신의 존재를 위한 논증들이 대표적이다. 지고의 창조적이고 자애로운 행위자가 가능하다는 것을 보여 주는 것으로는 충분하지 않다. 그러한 존재가 존재한다고 주장하기 위해 충분한 이유가 있어야만 한다.

그러므로 신의 존재를 지지하고 반대하는 논증들, 특별히 설계로부터의 논증뿐 아니라 존재론적 논증과 우주론적 논증은 교의적 철학 신학의 주된 주제였고 지금도 여전히 그러하다. 다양한 방식으로 이런 논증 모두는 신개념이 일관성이 있으며 그

---

6 V. Brümmer, *What Are We Doing When We Pray? A Philosophical Inquiry*, London, 1984.

러한 지고의 존재의 존재가 가능하다고 주장한다(신의 가능성에 대한 논증).

그것이 절대적으로 그러해야만 해서 그러한 존재가 실제로 존재한다(신의 필연성에 대한 존재론적 논증). 세계의 존재와 특성을 준다면 신은 존재해야만 한다(우주론적 논증과 신의 실재성에 대한 설계로부터의 논증). 세계의 통일성과 단일성이 자연과 역사의 단지 하나의 창조주와 섭리적 주님을 허락하기 때문에 단지 하나의 그러한 존재가 있을 수 있을 뿐이다(신의 단일성에 대한 논증).

신의 가능성과 필연성 그리고 단일성이라고 하는 문제의 삼종 세트는 교의적 철학 신학에서 핵심적이며 지금까지도 여전히 토론의 초점이 되고 있다.[7] 왜냐하면, 신의 가능성에 대한 문제는 의미와 개념의 정합성 그리고 단어의 사용에 대한 근본적 문제를 의미하기 때문이다. 신의 필연성과 실재성의 문제는 논리와 존재론과 우주론 그리고 세계의 특성에 대한 근본 문제들을 의미한다.

신의 단일성의 문제는 세계의 통일성과 복수성에 대해 근본적 문제와 실제 세계와 가능 세계 사이의 차이, 다양한 세계에서 개인의 동일성의 문제를 제기한다. 그러므로 교의적 철학 신학은 실제로는 모든 철학적 주제에 밀접하게 연결된 철학적 토론의 중심에 신을 세워 놓는다.[8]

최근에 앨빈 플란팅가(Alvin Plantinga, 1932-)와 같은 개혁파 인식론자들은 칼빈주의의 신성의 감각을 토마스 리드(Thomas Reid, 1710-96)의 상식적 실재론과 결합해 신을 믿는 신앙은 어떤 개인의식 구조의 기초의 한 부분일 수 있는 고유한 기본 신념이라고 주장했다.

플란팅가에 따르면 신에 대해 가지는 (기독교) 신앙은 합리적이고 타당하며 정당하고 받아들이기에 궁극적 근거가 있다. 왜냐하면, 인간은 대상에 대한 지식을 모을 수 있게 해 주는 지각과 기억 또는 반성과 같은 자연적 인식적 능력을 갖추고 있을 뿐 아니라 우리가 신에 대한 기본적 신앙을 형성할 수 있게 해 주는 자연적 인식 능력도 갖추고 있기 때문이다.[9]

그리고 신개념이 일관성 없다거나 신에 대한 신앙이 근거가 없다거나 어떤 다른 측면에서 결함이 있다는 것이 입증되지 않는 동안에는 신자들은 "유죄가 증명될 때까지 무죄"라는 사법적 원칙에 따라 판단되어야만 한다.

---

7   R. Swinburne, *The Existence of God*, Oxford, 1979; J. Mackie, *The Miracle of Theism*, Oxford, 1982; R. Gale, *On the Nature and Existence of God*, Cambridge, 1991; C. Taliaferro (ed.), *Contemporary Philosophy of Religion*, Oxford, 1998을 보라.
8   I. U. Dalferth, *Die Wirklichkeit des Möglichen*, Tübingen, 2003, 257-335.
9   Plantinga, *Warranted Christian Belief*, 167-353.

우리가 [신앙하기를] 그만두어야 할 이유를 가지지 않는다면 우리의 신앙은 합리적이다. 우리의 신앙은 우리가 믿음에 **대해** 이유가 없다고 해서 비합리적이지는 않다.[10]

신정론이라고 하는 특수한 형식에서 악의 문제는 교의적 철학 신학이 관심을 기울이고 있는 것 가운데 하나이다. 세계에 있는 끔찍한 악과 고통, 고난 그리고 불의는 교의적 철학 신학에 근본적 위협과 극복할 수 없는 걸림돌이 되고 있다. 왜냐하면, 이런 악은 우리로 하여금 신의 본성과 실체를 질문하게 하기 때문이다. 흄은 에피큐러스의 오래된 질문을 다음과 같이 풀어서 설명하고 있다.

> 신은 악을 기꺼이 금하고자 하지만 금할 수 없는가?
> 그렇다면 신은 무능하다. 신이 할 수 있는데 그렇게 하려고 하지 않는가?
> 그렇다면 그는 사악하다.
> 신은 악을 금할 수 있고 기꺼이 그렇게 하려고 하는가?
> 그렇다면 왜 악이 있는가?[11]

이런 식으로 제시된 악의 문제는 신과 세계에 대한 어떤 신념들의 논리적 양립 가능성의 문제로 변형되고 있다. 즉 다음과 같은 신념들이 그것이다.

1) 신은 존재한다.
2) 신은 전능하다.
3) 신은 전지하다.
4) 신은 전적으로 선하다.
5) 세계에 악이 존재한다.

이것은 이론적 문제이며 이것은 수많은 이론적 해결책을 가지고 있다.[12]
만일 우리가 1)나 5)를 빼버린다면 문제는 일어나지 않는다. 만일 우리가 2)에서

---

10 N. Wolterstorff, ""Can Belief in God Be Rational If It Has No Foundations?"" In A. Plantinga and N. Wolterstorff (eds.), *Faith and Rationality: Reason and Belief in God*, Notre Dame, IN, 1983, 135–86.

11 D. Hume, *Dialogues Concerning Natural Religion* (1779), ed. N. K. Smith, London, 1947, 147, pt. X.

12 I. U. Dalferth, *Religiöse Rede von Gott*, Munich, 1981, 538ff를 보라.

4)에 있는 무한성이라는 개념을 포기한다면 문제는 사라진다.

더욱 덜 급진적 해결책은 다양한 방식으로 짐짓 주장되고 있는 양립 불가능성을 거부하려고 시도한다.

그러므로 플란팅가는 1)에서 5)까지의 신념은 신이 악한 행동을 수행할 존재를 창조하지 않았다거나 창조할 아무런 이유가 없다는 것을 함축하지 않는다고 주장하고 있다.

플란팅가는 이것을 신에 대한 신정론(즉 신에 의해 창조된 실재 세계에서 악이라고 하는 사실과 악의 분량에 대한 설명)이 아니라 변호(즉 세계에 있는 악의 실체와 간략하게 제시된 신에 대한 견해가 양립 가능하다는 것)라고 생각한다.[13]

다른 사람들은 약간의 악의 존재가 어떤 종류의 가치와 2차적 질서의 선의 존재를 위해 필수적이라고 주장하거나("자유 의지 변호"), 세계에서의 행위자들 사이와 세상적 행위자와 신 사이에서의 무한한 행동과 상호 작용이 신을 포함한 어떤 개별적 행위자의 통제를 넘어서는 효과를 필연적으로 산출한다고 주장한다(하트숀).

이들 해결책 중 그 어떤 것도 반대가 없지 않으며 문제가 제기되고 있는 이론적 방식은 제안된 모든 해결책이 실천적으로 별다른 가치가 없게 한다. 비록 악과 고통에도 신을 믿는 것이 가능하기는 하지만 이것은 여전히 신자가 어떻게 악과 대처해야 하는지 또는 어떻게 1)에서 5)에 이르는 진리를 확립할 수 있는지를 말해 주지는 않는다.

이론적 반성이 보여 주기를 소원할 수 있는 모든 것은 "그것이 엄청난 선에 이르는 세계의 존재를 필연적으로 함축한다는 요구조건이 충족되는 한 어떤 양의 악도 완전한 신의 존재를 논박하지 않을 것"이라는 것이다.[14] 하지만 우리의 실제적 경험은 이것이 그러하다고 가정할 아무런 이유를 제시하지 않는다.

만일 우리가 신의 존재와 능력과 지혜와 선하심을 믿을 이유가 있다면 우리는 이것이 세계에서의 악과 고난과 양립 가능하다는 점에서 라이프니츠에게 동의할 수 있을 것이다.

하지만 흄은 우리가 세계의 애매한 경험으로부터 이런 믿음을 추론할 수 있는 이유가 거의 또는 절대 없음을 보여 주었고 칸트는 1)로부터 5)까지는 그 진리가 심

---

13 A. Plantinga, "The Free Will Defence", In M. Black (ed.), *Philosophy in America*, London, 1965, 204-20; *God and Other Minds: A Study of the Rational Justification of Belief in God*, Ithaca, NY, 1967, 제5장과 제6장; *The Nature of Necessity*, Oxford, 1974, 제9장; *God, Freedom and Evil*, London, 1975.

14 K. Ward, *Rational Theology and the Creativity of God*, Oxford, 1982, 206ff.

지어 원칙적으로 이론적 이성에 의해 확립될 수 있는 부류의 신념이 아니라는 것을 보여 주었다. 그러므로 교의적 철학 신학은 딜레마에 직면하고 있다. 신에 대한 믿음이 세계에 대한 우리의 경험과 양립 가능하다는 것은 신에 대한 믿음을 정당화하기에 충분하지 않다. 우리는 이런 믿음을 유지하기 위해서 별도의 논증이 필요하다.

하지만 신의 존재를 위한 합리적 신학과 자연 신학의 논증은 시험을 견디지 못한다. 실재 세계로부터 신에게 나가는 자연 신학의 후험적 논증은 악과 고통과 고난을 직면해 신의 완전한 존재와 능력과 지혜와 선하심을 주장하는 것을 정당화할 수는 없다. 그러므로 우리의 세계에서의 질서와 무질서에 대한 우리의 경험에 근거한 설계로부터의 논증은 세계의 애매성에 참여한다. 그리고 우주론적 논증은 세계를 이해할 수 있게 해 주는 자기 설명적 존재에 대한 추론과 무관하게 가정된 세계의 이해 가능성을 정당화할 수는 없다.

신을 불가능하거나 필연적이라고 생각하는 합리적 신학의 선험적 논증은 왜 이런 논증들이 신의 비존재보다 신의 존재 가능성을 가정해야 하는지 정당화할 수 없거나 그렇지 않으면 이런 논증들이 두 번째보다 첫 번째 견해를 가정하기 위해 후험적 논증에 의존해야만 한다.

하지만 가용한 모든 증거가 첫 번째뿐 아니라 두 번째 견해와도 양립 가능하므로 이것은 단지 세계에 대한 불충분한 종교적 전망을 드러낼 따름이다.

간단히 말해서 신의 존재에 대한 설득력 있는 논증이 없다면 교의적 철학 신학은 실패한다. 자연 신학은 악의 사실이 주어지면 우리의 세계가 신을 애매하지 않게 가리키는 방식으로 이해할 수 있다는 것을 증명할 수 없으므로 무너진다. 그리고 합리적 신학은 왜 신이 필연적으로 존재하지 않기보다는 필연적으로 존재해야만 하는지 설득력 있게 설명하지 못하기 때문에 무너진다.

교의적 철학 신학은 신 존재에 대한 논쟁과 함께 서거나 무너진다. 하지만 교의적 철학 신학은 주어진 논리 체계 안에서 타당한 논증을 제시하는 곳에서조차도 그것이 지닌 실제 상황과는 무관한 신개념 때문에 성공할 수 없다. 자신들의 경험적이고 교리적 문맥과는 무관한 신에 대한 신념들을 개념화하는 것은 단지 잘못된 개념에 이르게 할 따름이다.

이것은 신 존재에 대한 교의적 철학 신학의 논증으로 증명이 된다. 이것은 잘못된 위장 아래 신에 대한 기독교의 이해가 가지는 분리된 측면을 대표하지만, 전체적 그림을 곡해한다.

예컨대 존재론적 논증은 신의 실체와 단일성 그리고 최고의 주권에 대한 기독교적 경험을 존재론적 필연성의 용어로 표현한다. 그러나 이것은 [다른 일들 가운데]

우리가 신이 누구인가를 알도록 한다는 의미에서 신의 정체를 결정하는 적절한 수단을 제공하는 데 실패하기 때문에 무너진다.[15]

우주론적 논증은 필연적인 것에 우연적인 것이 형이상학적으로 의존하는 것과 같이 신의 주권적 뜻에 대한 전적 의존에 대한 기독교적 경험을 표현한다. 하지만 이것은 우연성에 대한 다양한 이해를 혼동하고 있으므로 무너진다.[16]

마지막으로 설계로부터의 논증은 자연과 역사의 배후에 있는 목적이 있는 질서로서의 신의 돌봄과 인도에 대한 기독교적 경험을 대표하지만, 이 모든 것은 신에 대한 언급 없이도 설명될 수 있으므로 무너진다.[17]

간단히 말해서 교의적 철학 신학은 추상적인 것으로 시작해 화이트헤드(Whitehead, 1861-1947: 과정철학의 창시자임-역주)가 "오도된 구체성의 오류"라 부른 것을 범함으로 끝이 나기 때문에 실패한다.

그러므로 교의적 철학 신학의 변호자들이 그 논증에 대한 철학적 비판을 정교한 논리적 재구성을 통해 논박하는 것으로는 충분하지 않다.

필요한 것은 교의적 철학 신학의 상황과는 무관한 접근을 중단하고 그 논증을 예컨대 특수한 종교적 전통이라고 하는 문맥 안에 새롭게 자리매김을 하는 것이다.

4. 비판적 철학 신학

비판적 철학 신학은 자연 신학과 합리적 신학의 몰락 이후에 교의적 철학 신학에 대한 칸트의 건설적 대안이다. 교회의 법으로 정한 신앙(*Kirchenglauben*)에 기초한 "성경 학자"(*Schriftgelehrte*)의 "성경 신학"에 대조적으로 "이성의 학자"(*Vernunftgelehrte*)가 제안하는 비판적 철학 신학은 "모든 인간존재의 [실천적] 이성에게서 나올 수 있는 내적 도덕 법칙"에 기초한 "고유한 종교적 신앙"(*Religionsglauben*)을 다룬다.

교회의 신앙은 항상 우연적이고 특수하고 다수인 반면에 종교적 신앙은 필연적으로 보편적이고 독특하다. 하나의 이성, 하나의 신 관념, 하나의 종교.[18] 그러므로 칸

---

15 J. Hintikka, "Kant on Existence, Predication, and the Ontological Argument", In S. Knuuttila and J. Hintikka (eds.), *The Logic of Being: Historical Studies*, Dordrecht, 1986, 249-67을 보라.
16 J. L. Mackie, *The Miracle of Theism: Arguments For and Against the Existence of God*, Oxford, 1982, 84.
17 Dalferth, *Religiöse Rede von Gott*, 532ff.
18 I. Kant, *The Conflict of the Faculties*, in Guyer and A. W. Wood (eds.), *The Cambridge Edition of*

트는 교의적 철학 신학을 지적이고 도덕이며 종교적 정향을 가진 불가피한 필요에서 개인들의 도덕적 삶에 다시금 위치하게 되는 비판적 철학 신학으로 대치한다.

칸트의 비판적 철학 신학은 단지 전통적 철학적이고 "교회적"인 신학의 함정들을 비판하려고 하지 않고 개인에게 종교를 위한 도덕적 논증(또는 오히려 도덕에 대한 종교적 강화라 할 수 있는)을 제공하려고 한다.

하지만 받아들여진 종교의 공적 실천을 방해하지 않으면서 그렇게 한다. 사적이고 공적 종교 사이의 구분에 근거해 그것은 개인이 그 스스로 종교에 대해 무엇을 생각할지 결정하도록 돕는 것을 목표로 하며 종교의 공적 실천에 참여할지 말지를 결정하도록 도움을 준다.

한 세대 이후에 슐라이어마허는 칸트의 비판적 철학 신학을 건설적으로 뒤틀어 새로운 적용을 했다. 『신학 연구의 간략한 개요』(*Brief Outline on the Study of Theology*)에서 슐라이어마허는 신학 연구를 세 가지 분과로 구분한다. 철학적, 역사적, 실천적 신학이 그것들이다. 슐라이어마허는 비판적 철학 신학을 역사 신학과 실천 신학과 함께 하나의 신학적 분과로 생각해야 한다고 제안함으로써 그것을 개신교 신학 안에 다시금 자리하게 했다. 비록 슐라이어마허는 신학 교육의 교수 요목에 대해는 진정으로 성공하지는 못했지만 이런 식으로 개방적 사고방식은 신학에서 철학적 반성의 실천으로 발전되었다(때때로 그것은 "근본적 신학"이라 불렸다).

그 논점은 이중적 과제이다. 그것은 기독교적 삶과 신앙 그리고 실천의 특수한 전통(예컨대 개신교)의 내적 문법과 타당성 구조를 탐구해 펼쳐 보인다. 그리고 이것은 그 시대의 더 폭넓은 문화적이고 과학적 문맥에 그것을 관련짓는다.

이것은 내부로부터 또는 외부로부터 이루어질 수 있다(즉 철학적 신학이나 철학적 신학으로 실행될 수 있다). 전자는 신앙이라고 하는 특수한 공동체적 전통 안에 위치해 거기에 속하거나 참여하지 않은 사람들이 접근 가능한 용어로 그 문법을 탐구하는 신학적 기획이다.

후자는 외부로부터(즉 필연적으로 거기에 참여하지 않으면서) 그것을 보고 그 "문법적" 구조와 개념적 선택지들을 묘사하고 분석해 그것들을 이런 종교적 실천이라고 하는 문화적 문맥에 관련시키는 철학적 기획이다.

첫 번째 길은 전형적으로 비판적 철학 신학의 고백적 유형에서 채택한다면 두 번째 길은 자유주의적 유형에서 채택한다.

이들 양자 사이에 비판적 철학 신학의 여러 유형을 제시했던 20세기의 대다수의

---

the Works of Immanuel Kant, Cambridge, 1996, A43-6.

종교철학자들과 신학자들이 포괄된다. 단지 몇 사람만 언급한다면 틸리히나 니그렌(Nygren)으로부터 맥기논, 카우프만, 트레이시, 래쉬나 브뤼머(Brümmer)가 그들이다.

이들 모두는 비록 매우 다양한 방식으로이긴 하지만 이런 접근 방법의 유형들을 실천했다.

어떤 사람들은 더 건설적으로(틸리히, 카우프만, 브뤼머), 또 어떤 사람들은 더 잠정적이고 탐험적 방식으로(맥키논) 그렇게 했다. 그래서 비판적 철학 신학의 이야기는 교의적 토대주의로부터 개인주의적 도덕론과 집단적 고백주의를 거쳐 반성된 신학적 문화주의로 나아간다.

비판적 철학 신학의 기능은 단지 개별 신자들에게 자신의 도덕적 정향에 대한 비판적 강화를 제공하거나 (칸트처럼) 단지 내부로부터 어떤 고백적 전통의 내적 구조를 철학적 용어로 드러내는 하나의 방식일 뿐만 아니라 특수한 문화적 모체에서 종교와 신학의 자리에 대한 철학적 설명이며 그러한 모체에서 반대 없이 받아들여질 수 있는 선택지들에 관한 탐구다.

5. 관념론적 철학 신학 또는 선험적 유신론

칸트는 철학 신학의 의제를 한 가지 방식보다는 많은 방식으로 재정의했다. 신의 존재에 대한 전통적 존재론적, 우주론적, 목적론적 논증이 결정적이지 않으며 일관성도 없고 지지할 수 없는 전제에 기초하고 있음을 보여 줌으로써 칸트는 비판적 철학 신학뿐 아니라 철학 신학의 다양한 관념론적이고 사변적 형태의 출발점이 되었던 비판적 선험주의로 나아가는 문을 열었다.

그리고 칸트는 더 이상 신이 아니라 종교에 집중하는 현대 종교철학 으로 나아가는 길을 닦았다. 관념론적 또는 주관적 철학 신학은 계몽주의적 교의적 철학 신학에 대한 칸트의 비판을 선험적 주관성의 철학(피히테, Fichte)의 문맥에서 궁극적 설명에 관한 탐구를 계속하는 것과 결합한다.

이것은 칸트가 철학을 형이상학적 사실상의 질문으로부터 선험적 법률적 질문으로 비판적으로 재조정하면서 경험적 나로부터 선험적 나로 움직여간 것을 받아들인다.

관념론적 철학 신학은 또한 신을 경험의 정보나 정보가 될 수 있는 것이 아니라 인간 지식을 통일시켜줌에 있어 불가결한 역할을 하는 인식론적인 것으로 생각한다는 점에서 칸트를 따르고 있다. 이것은 또한 이론 이성에 대해 실천 이성의 우위를 받아들인다.

하지만 이것은 선험적 나를 모든 인간 활동의 창조적 중심으로 취한다는 점에서 칸트를 넘어서고 있다. 선험적 나는 그 자체로 모든 인간 지식과 행동의 자율적 통일적 기반이다.

그리고 그것은 선험적 나에 대한 수행적 설명뿐만 아니라 다양한 형태의 이성(이론적, 실천적, 미학적)에 대한 칸트의 비판적 분별에 대한 관념론적 새롭게 읽기를 제공하고 있다.

그 결과는 신학에서 정당한 것을 선험적 주관성이라는 용어로 확실하게 볼 수 있는 것에 제한하는 관념론적 철학 신학이다.

진리는 확실성으로 대치된다. 그리고 확실성은 우리 자신에 의해 원칙적으로 만들어질 수 있고 그러므로 어떻게 만들어지는지 알려질 수 있는 것에 제한된다.

그리고 확실성은 우리가 즉 신을 우리의 모든 행동과 생각과 믿음의 필연적 조건으로 만듦에 있어 필연적으로 전제된 것에 제한된다.

우리가 믿는 어떤 것도 우리가 그것을 믿는다는 경우를 입증해 주는 그런 것이 아니므로 우리가 믿는 것이 아니라 단지 우리가 어떻게 믿는가 하는 것이 선험적 주관성의 시험을 통과할 수 있게 해 준다.

종교적 문제와 모든 다른 문제에 있어 확실성은 우리가 믿는 것이 아니라 우리가 어떻게 믿는가에 제한되어 있다. 중요한 모든 것은 우리가 신을 믿음이 아니라 신을 믿는 우리의 믿음이다. 그러므로 신의 존재에 대한 모든 유신론적 논증은 단지 논점을 벗어난 것으로 다루어진다.

보여줄 필요가 있는 것은 신이 존재하는가(그렇지 않으면 "신은 존재한다"가 사실인지)가 아니라 도리어 믿는 것에서 정당화되는 것이 필요하다.가 아니라 간단히 말해 믿는 것에서 정당화되는 것이 필요하다.

어떤 것(어떤 우연적이거나 심지어 어떤 필연적 진리)을 믿는 것에서가 아니라 단지 (*tout court*) 믿는 것에서 말이다. 피히테나 허쉬(Hirsch), 로너간, 라너, 베르웨옌(Verweyen), 바르트 또는 뮐러(Müller)와 같은 매우 다양한 사상들이 그들 각자가 다양한 방식으로 주장했던 것처럼 나(the I)는 그 위에 모든 것이 세워지는 바위다.[19]

---

19 이런 견해들에 대한 비판적 토론을 위해서는 Dalferth, *Die Wirklichkeit des Möglichen*, 336–430을 보라.

6. 실재적 또는 사변적 철학 신학

실재적 또는 사변적 철학 신학은 선험적 주관성의 관념론적 철학에 대한 실재론적 반응이다. 이것은 신이라는 용어로 이루어지는 궁극적 설명을 위한 유신론적 탐구와 자연 신학과 합리적 신학의 비판, 관념론적 철학 신학의 인식론적 통찰을 보다 포괄적 실재론적 접근 방법으로 통합하려고 시도한다.

관념론적 철학 신학에서와같이 신은 인간의 의식의 (의도적) 대상 또는 인간 지식의 가능성과 확실성의 필연적 조건으로 간주하지 않는다.

도리어 신은 인식될 수 있는 것(가능한 것)과 인식된 것(현실적인 것), 모든 참되고 선하고 아름다운 것을 주체와 대상의 최종적 종합으로 점진적 변증적 통합 안에서 그 인지 과정 바로 그 자체를 창조함을 통해 인간의 의식에 의해 그 자체가 인지되도록 하는 궁극적이거나 절대적 주체다.

신은 우리를 알고 우리에게 알려진 것으로 이해된다. 헤겔이 표현하고 있는 것처럼 만일 신이 단지 실체(대상)로 인식될 뿐 아니라 신에 대한 모든 지식을 포함해 모든 지식의 진정한 주체로 인식될 때만 신은 단지 인간 사고의 기능적이거나 필연적 대상이 아니라 진정으로 살아 있는 신으로 인정된다.[20] 실재적 철학 신학은 간단히 말하자면 관념론적 철학 신학의 계속(종종 잘못 간주하고 있듯이)이 아니라 그에 대한 실제적 비판이자 교정이다. 이런 실재론적 프로그램은 세계 역사에서 절대정신의 점진적 자기 실현이라고 하는 헤겔의 변증법적 과정의 존재론에서 가장 뚜렷하게 표현되어 있다.

그리고 이런 프로그램은 세계의 진화 과정에서 추상적 존재로부터 구체적 실체로 신이 발전한다는 쉘링의 계시의 철학에서 20세기에 화이트헤드와 하트숀의 과정적 우주론에서 잘 표현되어 있다.

이 모든 사상은 다양한 방식으로 세계에 대한 신의 관계와 신에 대한 세계의 관계에 대한 실재론적이고 전체를 포괄하는 설명을 목표하고 있다.

이 모든 사상은 그 이야기가 교의적 철학 신학을 선험적이고 주관적 관념론적 철학 신학으로 관념론적으로 대체한 것에 대한 실재론적 반응으로부터 모든 것을 포괄하는 만유재신론(panentheism)으로 흘러가는 철학 신학이라고 하는 사변적 프로그램에 속한다.

---

20 I. U. Dalferth, *Theology and Philosophy*, Oxford, 1988, 177-82를 보라.

그리고 그 존재론적 유형(헤겔, 쉘링)과 우주론적 유형(화이트헤드, 하트숀) 모두에서 이것은 실재론적 철학 신학을 주어진 논리적 형식에 대한 실재론적이거나 존재론적 해석에 기초시키는 심각한 문제가 있는 움직임에 의해 성취된다.

그러므로 헤겔은 개념과 판단과 존재론의 삼단논법적 형식에 대한 실재론적 읽기에 의해 자신의 변증법적 존재론에 도달한다. 헤겔은 타당한 연역적 논증에서 참된 전제로부터 참된 결론으로 진리가 전달되는 것을 정으로부터 반을 거쳐 합에 이르는 진정한 진리의 움직임이라고 해석한다.

이런 움직임에서는 결론의 진리가 대전제와 소전제의 부분적 진리를 통합하는 것을 통해 이루어진다. 반면에 화이트헤드는 자신의 과정철학의 형이상학을 『수학의 원리』(Principia Mathematica)의 관계 논리에 대한 실재론적 해석으로부터 추론해낸다. 이런 관계의 논리에서는 실제적 실재가 자기를 실현하는 관계라고 이해되고 있다.

이런 관계 안에서는 "다수가 일자가 되며 그리고 일자에 의해 증가한다."[21] 그리고 하트숀은 마지막으로 신과 세계의 상대성 또는 신에 대한 세계의 의존을 실제로 "함축(entailment)이라고 하는 논리적 관계의 존재론적 상관"으로 해석한다.[22]

비트겐슈타인이 『논리 철학 논고』(Tractatus)에서 논리적 기호와 상수 또는 연결사는 어떠한 것도 표상하지 않는다고 바르게 주장(4.0312)하고 있는 반면에 하트숀의 신고전주의적 철학 신학은 논리적 함축에 대한 존재론적 읽기에 기초하고 있다.

신의 존재는 논리적으로 모든 실제적 존재로 함축된다. 만일 어떠한 것이 존재하기만 한다면 그렇다면 신은 존재한다. 이것은 최소한 두 가지 문제를 일으킨다.

첫째, 이런 종류의 논증이 가지는 힘은 신의 존재가 가능하다는 전제의 진리 여부에 달려 있게 된다는 것이다.

하지만 왜 신의 부재의 가능성이 아니라 신의 존재의 가능성을 논의하는가?

신의 필연적 존재에 대해 어떤 방식 또는 다른 방식의 실재론적 철학 신학의 논증에서 신의 존재가 먼저 설득되지 않고서는 순조롭게 작동하지 않는다.[23]

둘째, 필연적인 것이 우연적인 것을 함축하지 않기 때문에 만일 신이 우주를 설명할 수 있다면 신은 단지 필연적일 수 없다.

21　A. N. Whitehead, *Process and Reality*, corrected edn., ed. D. R. Griffin and D. W. Sherburne, London, 1978, 21.
22　C. Hartshorne, *The Divine Relativity: A Social Conception of God*, New Haven, CT, 1964, 9.
23　I. U. Dalferth, *Gott. Philosophisch-theologische Denkversuche*, Tübingen, 1992, 192–212.

하지만 신이 세계로부터 구별될 수 있다면 신은 단지 우연적일 수 없다. 그러므로 신은 어느 점에서는 필연적 동시에 우연적이어야만 한다.[24]

화이트헤드와 하트숀은 양극적 신개념에서 이런 생각을 포착하려고 시도한다. 자신의 "원시적 본성"에서 신은 필연적이며 변화가 없으며 가능성의 영원한 영역이며, 실현되지 않을 가능성의 총체이다. 자신의 "결과적 본성"에서 신은 실재의 변화하는 영역이며 실재의 전 포괄적 담지자. 신의 두 본성은 세계 과정을 통해 직접적으로가 아니라 간접적으로 관계되어 있다.

하지만 이것은 신을 **세계의 일부**(aliquid mundi), 즉 새로움으로 창조적으로 나아가기 위해 영속적으로 가능성을 제공하며 실재적이 되는 것을 자신의 존재 단일성 안으로 영속적으로 통합하는 세계 과정의 단지 추상적 구조로 축소할 위험이 있다.

그러므로 워드는 다른 해결책을 제안했다. 신은 필연과 우연이라고 하는 양극적 상관 관계가 아니라 도리어 "그 안에서 창조와 필연이 기원하고 그 안에서 화해하는 하나의 자존적 존재."[25] 반면에 스윈번은 만일 우연적 설명을 요구하는 우연적 세계로부터 후험적으로 출발한다. 그러므로 스윈번은 신 안에서 필연보다 우연적인 것에 우위성을 부여한다. "신이 존재한다"라는 명제는 우연적 명제다.

> '신이 존재한다'라는 것이 필연적이라고 말하는 것은 ⋯ 신의 존재가 설명할 수 없다고 말하는 것이다.[26]

스윈번에게 신은 비록 그의 본질이 영원한 본질이라 하더라도 궁극적 우연성이다. 그래서 "만일 신이 어느 때에 존재한다면 그는 항상 존재한다." 이것을 우리는 "사실적으로 필연적 존재"라고 부를 수 있을 것이다.[27]

하지만 세계에 대한 우리의 일상적 정보를 모두 준다면 이에 대한 인격적 설명의 개념은 거의 시원적 개연성을 가지지 않는다.[28]

그리고 우리가 그것을 유일한 가능한 궁극적 설명으로 받아들일지라도 우리는 왜 세계 자체를 인격적 용어로 생각해야만 하는가?

---

24 Ward, *Rational Theology*, 8.
25 Ward, *Rational Theology*, 3.
26 Swinburne, *The Existence of God*, 92.
27 Swinburne, *The Existence of God*, 93.
28 Mackie, *The Miracle of Theism*, 100ff.

문제는 세계에 대한 우리의 유형에 달려 있다. 이런 유형은 우리의 경험에 주어져 있는 어떤 것이 아니라 경험될 수 있는 상호 작용하는 전체성이라고 하는 개념이다. 우리는 이런 생각을 개념화하기 위해 한 사람의 유형을 포함해 많은 유형을 사용할 수 있다. 물론 그러한 유형 모두가 기독교적 창조 이해와 양립할 수 있는 것은 아니다. 하지만 이것은 실재론적 철학 신학이 개념화하려고 애쓰고 있는 생각은 아니다.

7. 종교철학

마지막으로 종교철학 은 교의적 철학 신학에 대한 가장 유망하고 생산적 후예이지만 여기에서는 사실상 그것이 철학 신학의 역사를 대신하고 있으므로 단지 간략하게만 다루려고 한다.

그 기본적 변화는 신으로부터 종교로 철학적 반성의 초점을 재조정하는 것(즉 신의 개념을 연합돼 있는 종교적 실천안에 재배치하는 것)이다. 그리고 이것은 철학을 위해 완전히 새로운 과제를 열어놓았다. 고립된 신(즉 예배와 종교적 믿음의 대상인 것과 별도로 존재하는 신)에 대한 직접적 철학적(합리적 또는 자연적인) 접근은 불가능하다. 그러므로 철학적 반성은 종교(즉 신에 대한 믿음의 공동체적 실천)로부터 시작해야만 한다.

기독교 신학의 교리적 틀로부터 추상화되어 신의 개념이나 그림 또는 은유가 삶에서의 방향성을 제공하는 종교적 실천에서 기능하는 다양한 방식을 무시한 "궁극적 설명"에서 이루어지는 철학적 시도에서 사용되는 상황과는 무관한 신개념으로 시작해서는 안 된다. 하지만 종교적 믿음과 실천의 이런 삶을 지향하는 능력을 설명하는 것은 파스칼과 키에르케고르[29] 그리고 비트겐슈타인과 같은 중요한 사상가들이 보여 준 것과 같이 철학 신학이나 종교철학 의 중심적 과제다.

그러므로 이들의 방식으로 이해된 종교철학 은 종교라고 하는 실제적 삶에서 철학 신학의 전체 의제를 새로운 문맥 가운데 세워보려고 하는 시도로 이해할 수 있으며 이것은 교의적 철학 신학이 몰락한 이후에 철학 신학이 취할 수 있는 정말로 유망한 길인 것처럼 보인다.

---

[29] 키에르케고르가 *Works of Love*에서 이런 일을 하는 미묘한 방식에 대한 탁월한 분석을 위해서는 M. J. Ferreira, *Love's Grateful Striving: A Commentary on Kierkegaard's Works of Love,* Oxford, 2001을 보라.

하지만 종교철학 은 또한 다른 방식으로 이해되고 실행되어오고 있다. 그리고 어떤 의미에서는 철학 신학에서 생겨났던 모든 문제가 새로운 모습으로 다시 반복되고 있다. 정말로 이전의 프로그램 아래 열거되어 있던 몇몇 문제는 또한 종교철학에 이바지할 수 있는 것으로 해석될 수도 있다. 토론되고 있는 시기에 종교철학 의 단지 가장 중요한 발전 또는 프로그램 가운데 몇 가지만을 열거하면 다음과 같다. 그것은 보편적 인간의 현상으로 이해된 종교에 집중한다. 그렇지 않으면 인간 문화의 특수한 형태로서 또는 특별한 역사적 종교로서 또는 종교의 실제적이고 불가역적 복수성으로 이해되어 규범적으로 또는 서술적으로 접근이 된 종교에 집중한다.

종교철학 의 이야기는 주관주의로부터 문화주의와 고백주의 그리고 다원주의를 거쳐 기준학적(criteriological: 논리학의 한 분야를 말함-역주)이거나 문법적 유형에 걸쳐 있다.

즉, 모든 종교의 뿌리에 놓여 있는 것으로 보이는 무한에 대한 유한의 근본적 관계로서의 종교에 대한 보편적 개념에 관한 관심(바르트),[30] 또는 인간 문화의 더 광범위한 문맥에서의 공통적 삶의 특수한 형태로서의 종교에 대한 관심(카시러, 니그렌)[31]으로부터 특수한 종교적 실천과 전통의 내적 합리성에 대한 탐구(로젠츠바이크나 부버의 유대교, 뉴먼의 성공회, 플란팅가의 개혁파 기독교)를 통해 같은 본체적 "실재"를 지시하는 다양한 현상으로서의 종교의 복수성에 대한 인지적 설명(힉)[32] 또는 어떤 주어진 종교를 특징 지워 주는 삶의 정향을 제공해 주는 종교적 신념과 실천의 다양한 방식과 다수의 측면에 대한 서술적 접근(비트겐슈타인과 리즈의 전통에서의 명상적 종교철학)[33]까지 다양한 범위에 걸쳐 있다.

그러한 종교철학 의 반성은 그 자체로 종교적 반성이 아니며 특별한 종교적 확신에 평범하게 기초하고 있는 것이 아니라(비록 그럴 수 있기는 하지만) 항상 종교적 실천과 전통 안에 자리하고 있으며 다른 종교적 정향들을 어떤 곳으로부터가 아니라 그 전망으로부터 보게 한다.

---

30 U. Barth, *Religion in der Moderne. Systematische und problemgeschichtliche Studien*, Tübingen, 2003.
31 C. Richter, *Die Religion in der Sprache der Kultur. Die theologische Bedeutung von Ernst Cassirers Philosophie der symbolischen Formen*, Tübingen, 2004.
32 J. Hick, *An Interpretation of Religion*, New Haven, CT, 1989.
33 R. Rhees, *On Religion and Philosophy*, Cambridge, 1997; *Wittgenstein and the Possibility of Discourse*, Cambridge, 1998. Cf. D. Z. Phillips, *Religion Without Explanation*, Oxford, 1976; *Faith after Foundationalism*, London, 1988; *Religion and the Hermeneutics of Contemplation*, Cambridge, 2001.

8. 미래의 한 가지 과제?

 삶에서 일어나는 수수께끼와 문제들에 직면해 가능한 방향("삶의 선택지")을 탐구하는 것은 철학적 반성의 과제다. 그리고 특수한 종교적 믿음과 실천과 관련해 일어나는 수수께끼와 문제들에 직면해 종교적 방향의 가능성("종교적 선택지")을 탐구하는 것은 종교철학의 과제다.

 그러나 종교적 방향 자체를 제공하는 것이나 그 자신의 철학적 (서술적) 역할을 특수한 종교적 전통 안에 있는 신학적 (규범적) 반성과 혼동하는 것이 그 과제는 아니다.

 철학적 반성은 직접적이거나 근본적이지 않고 서술적이며 정향적이다. 그리고 그것은 삶에서 지시하고 충고를 함으로써가 아니라 사고에서 선택지들과 가능성을 탐구함으로써 방향을 잡아간다.

 그 과제는 종교나 신학의 과제가 아니라 종교 안에서 종교에 대한 철학적 반성의 과제다. 신학은 규범적이지 않음을 통해 그 논점을 놓치지만, 철학은 규범적이려고 시도함을 통해 논점을 놓치고 만다.

 많은 유형에서 철학 신학은 종교적 방향 자체를 제공하려는 잘못된 시도로 실행이 되고 있다. 즉 살아내고 실천된 공동체적 신앙의 특수한 종교적 전통이 짐짓 그렇게 하게 되어있는 것보다 낫고 보다 포괄적이며 보다 합리적이고 더 정당한 방향을 제공하려고 하는 것이다. 그것은 종교철학의 직접적 유형뿐 아니라 철학적 유신론(교의적 철학 신학), 주관적 선험주의(관념론적 철학 신학), 실재론적 만유재신론(실재론적 철학 신학)의 기본적 유형에서 사실이다.

 그러나 오늘날 더 포괄적 문화라고 하는 문맥에서 특수한 종교적 실천의 문법을 서술적이고 명상적으로 탐구하는 것을 그 과제로 이해하고 있는 종교철학의 노선을 따르는 철학 신학만이 실천적 혼란을 벗어나는 가능한 길을 보여 줌으로써 수수께끼와 혼란을 극복하는 데 도움을 줄 수 있는 삶에서의 종교적 정향에 대한 생각에 방향을 제공할 수 있다. 단지 이런 종교적으로 내장된 방식에서만 철학 신학은 미래를 가진다.

 그렇지 않으면 이것은 조직 신학이나 교의 신학과 구별할 수 없게 되거나 어떤 공통적 종교적 삶을 살아가고 그 삶에 참여하는 사람들을 위해서 또는 그렇지 않은 사람들을 위해서 가지는 특별한 의미 없이 자기 포함적 지적 노력으로 남아 있게 된다.

참고 문헌

1차 자료

A. M. Farrer, *Finite and Infinite*, London, 1959.
A. Plantinga, *The Nature of Necessity*, Oxford, 1974.
_____. *God, Freedom and Evil*, London, 1975.
_____. *Warranted Christian Belief*, New York, 2000.
A. Plantinga and N. Wolterstorff (eds.), *Faith and Rationality: Reason and Belief in God*, Notre Dame, IN, 1983.
A. N. Whitehead, *Process and Reality*, corrected edn., ed. D. R. Griffin and D. W. Sherburne, London, 1978.
C. Hartshorne, *The Logic of Perfection*, La Salle, IL, 1962.
_____. *The Divine Relativity: A Social Conception of God*, New Haven, CT, 1964.
_____. *A Natural Theology for Our Time*, La Salle, IL, 1967.
D. Z. Phillips, *Religion Without Explanation*, Oxford, 1976.
_____. *Faith after Foundationalism*, London, 1988.
_____. *Religion and the Hermeneutics of Contemplation*, Cambridge, 2001.
F. Wagner, *Was ist Religion? Studien zu ihrem Begriff und Thema in Geschichte und Gegenwart*, Gütersloh, 1986.
I. U. Dalferth, *Die Wirklichkeit des Möglichen. Hermeneutische Religionsphilosophie*, Tübingen, 2003.
J. Hick, *Arguments for the Existence of God*, London, 1979.
_____. *An Interpretation of Religion*, New Haven, CT, 1989.
K. Ward, *Rational Theology and the Creativity of God*, Oxford, 1982.
R. Rhees, *On Religion and Philosophy*, Cambridge, 997.
_____. *Wittgenstein and the Possibility of Discourse*, Cambridge, 1998.
R. Swinburne, *The Existence of God*, Oxford, 1979.
_____. *Faith and Reason*, Oxford, 1981.
_____. *The Coherence of Theism*, revd. edn., Oxford, 1993.
_____. *Providence and the Problem of Evil*, Oxford, 1998.
V. Brümmer, *Speaking of a Personal God: An Essay in Philosophical Theology*, Cambridge, 1992.
W. Alston, *Perceiving God: The Epistemology of Religious Experience*, Ithaca, NY, 1991.

2차 자료

C. Taliaferro and J. Griffiths (eds.), *Philosophy of Religion: An Anthology*, Oxford, 2003.
E. Stump and M. Murray (eds.), *Philosophy of Religion: The Big Questions*, Oxford, 1999.
H. de Vries, *Philosophy and the Turn to Religion*, Baltimore, MD, 1999.
I. U. Dalferth, *Religiöse Rede von Gott*, Munich, 1981.
_____. *Gott. Philosophisch-theologische Denkversuche*, Tübingen, 1992.
_____. *Theology and Philosophy*, Eugene, OR, 2001. R. Gale, *On the Nature and Existence of God*, Cambridge, 1991.
J. Greisch, *Le Buisson ardent et les lumières de la raison: l'invention de la philosophie de la religion*, 2 vols., Paris, 2002.
J. L. Mackie, *The Miracle of Theism: Arguments For and Against the Existence of God*, Oxford, 1982.
J. Rohls, *Philosophie und Theologie in Geschichte und Gegenwart*, Tübingen, 2002.
L. Ashdown, *Anonymous Skeptics: Swinburne, Hick and Alston*, Tübingen, 2002.

제19장

포스트모던 신학

그레이엄 워드 (Graham Ward)

1. 포스트모더니즘의 다양성

현대(modernity, 대략 16세기 말 자본주의와 기술의 급속한 발전과 개인에 대한 예찬으로 시작된 시기)의 사유가 원, 정육면체, 나선, 이중나선과 같은 매우 확정적 형태에 의해 지배를 받았다면, 탈현대(postmodernity, 곧 보게 되겠지만 시기라기보다는 하나의 조건인)는 근경(根莖, rhizome)에 관한 들뢰즈(Deleuze), 가타리(Guattari)의 사유와 같은 불확정적 형태를 통해 표현된다.

> 하나의 형상으로서 근경은 일자나 다자로 환원되지 않는다… . 그것은 단위가 아니라 차원들로 구성돼 있거나, 그것이 아니라면 차라리 운동 중인 방향성인 것이다. 그것은 시작도 끝도 없고, 언제나 그것이 그로부터 자라나고 넘쳐흐르는 중간[환경, milieu]만을 가질 뿐이다.[1]

질서에 대한 꿈들-뉴턴(Newton)과 라이프니츠(Leibniz)의 진화적 발전의 경제학, 헤겔주의적이고 다원주의적인, 순수한 색과 기하학적 형태들, 칸딘스키(Kandinsky)와 바우하우스(Bauhaus)의 내용-은 근경의 숨겨진 복잡성, 곧 특정한 방향도 없고 감지할 수 있는 규칙성도 없는 근경의 성장 속으로 와해한다.

발전, 진보, 전진, 의미, 심오함 그리고 깊이와 같은 말들은 전이, 불확정성, 유예, 난제, 유혹 그리고 표면과 같은 다른 말들에 의해 밀려난다. 의미는 국지적이고 공동체는 부족적이며 사회는 다원적이고 경제학은 시장의 어용론이다. 이것이 기호(sign)의 시대인 것이다.

---

[1] Gilles Deleuze and Félix Guattari, *A Thousand Plateaus: Capitalism and Schizophrenia*, trans. Brian Massumi (Minneapolis, MN, 1987), 21.

그러한 문화적 공간에서는 단 하나의 포스트모더니즘이 존재하지 않는다고 예상할 수 있다. 고전적 기둥과 평방이 알록달록한 벽돌이나 다채로운 철물과 뒤섞여 있는 포스트모던 건축 양식의 절충주의가 존재한다.

안셀름 키퍼(Anselm Kiefer)의 회화에는 미술 재료에 대한 풍자가 들어 있는데, 그는 빈 공간, 불탄 가장자리, 불에 그을린 천 그리고 종교적 제목들 사이의 긴장을 이용하는 구성 속에서 모래, 흙, 재, 짚, 까맣게 태운 사진 같은 재료들을 활용하고 있다. 다층적 이미지로 구성된 삭막한 사막 풍경을 그린 열여섯 점의 회화는 **이집트에서의 출발**(*Departure from Egypt*)이라는 제목을 달고 있다.[2]

이와 비슷한 풍자(풍자는 언제나 우상 파괴적이거니와)가 토마스 핀천(Thomas Pynchon)의 소설들 속에 나타나는데, 이 소설 속의 등장인물들은 평면적이고 만화적이며, 아울러 이야기는 "이 허구 작가가 허구를 쓰고 있다"(this-fiction-writer-is-writing-fiction)는 자의식적 암시 속에서 끝없이 반복되고 있다. 뿔이라는 상징물과 그 뿔을 로고로 삼고 있는 회사 WASTE로 인해 편집증적 순간에 사로잡힌 채, 핀천의 소설 『제49호 품목의 경매』(*The Crying of Lot 49*)에 등장하는 외디파 마스(Oedipa Mass)는 소스씨(Mr Thoth)를 방문해 그녀 주위에 산더미처럼 쌓여 있는 상형문자들을 해독하려 한다.

소시씨는 어느 날 밤 그를 공격한 적이 있던 한 인디언으로 변장한 사람의 손에서 자신의 할아버지가 벗겨낸 반지를 그녀에게 보여 준다. 놀란 채로, 다시 한번, 외디파는 마치 복잡하게 얽혀져 있는 무슨 수정의 한 가운데 갇힌 사람처럼 주위를 둘러보고, 창문으로 쏟아져 들어오는 햇살에 몸서리치며 이야기했다.

"나의 하나님",
"그런데 나는 어떤 날엔, 그러니까 일정한 기온이 되는 날엔 그를 느낍니다."
소스 씨가 말했다.
"그리고 일정한 기압도 말이죠. 그걸 알고 계셨습니까?
나는 그가 나와 아주 가까이 있다고 느낍니다."
"당신의 할아버지 말씀인가요?"
"아니요. 나의 하나님 말입니다."[3]

---

2 Mark C. Taylor's essay "Reframing Postmodernism" in Philippa Berry and Andrew Wernick (eds.), *Shadow of Spirit: Postmodernism and Religion* (London, 1992), 11-29를 보라.
3 Thomas Pynchon, *The Crying of Lot 49* (London, 1979), 64.

그리고 프랑스의 지성들—그 가운데서도 푸코(Foucault), 라캉(Lacan), 데리다, 레비나스(Levinas), 보드리야르(Baudrillard)—이 있는데 그들의 저술은 역사와 합리성, 표상 그리고 자아에 대한 철저한 비판을 담고 있다. 빈번히 그들이 대변하고 있는 후기 구조주의와 해체는 1968년 이후의 현상으로 간주하고 있다.

그러나 대중들에게 널리 알려진 이 사상가 중 몇몇—블랑쇼(Blanchot), 바타이유(Bataille), 라캉, 레비나스와 같은—은 훨씬 더 일찍 중요한 비판적 저술들을 펴냈다.[4] 이 모든 포스트모던적 기획들이 쉽게 유사한 것이 될 수는 없다.

게다가 찰스 젠크스(Charles Jencks), 클레멘트 그린버그(Clement Greenberg) 그리고 로잘린 크라우스(Rosalind E. Krauss)와 같은 예술 이론가들, 위르겐 하버마스(Jürgen Habermas), 장 프랑수아 리요타르(Jean-François Lyotard), 지아니 바티모(Gianni Vattimo)와 같은 철학자들, 지그문트 바우만(Zygmunt Bauman)과 프레데릭 제임슨(Frederic Jameson) 같은 사회 이론가들은 여전히 모더니즘(모더니즘 그 자체로 그리고 "후기"라는 접두사가 붙은)의 다양한 그림자들의 성격에 관해(왕왕 서로 간에) 논의를 해나가고 있다.[5] 포스트모던의 시대 정신(*Zeitgeist*) 속에는 오직 포스트모더니즘만이 존재할 수 있을 뿐이다.

이와 유사하게 하나의 포스트모던 신학은 존재하지 않는다. (데이비드 레이 그리핀의 저술 가운데 한 책의 제목을 인용하자면) 『포스트모던 신학의 다양성』(*Varieties of Postmodern Theology*)이 존재할 따름이다.[6] 이 글 역시 이런 다양성을 개괄하기도 하겠지만 이런 신학 가운데 어떤 것들은 다른 것들보다 더 철저하게 포스트모던적이라고 주장하고자 한다.

이 글은 포스트모더니즘에 대한 초기의 지지들이 다만 변증론과 상호 연관 그리고 보편적 상황의 국지적 표현 등과 같은 것에 대한 지속적인 자유주의 신학의 관심이었다는 사실을 지적하는 가운데 자유주의적 포스트모던 신학과 보수적 포스트모던 신학 사이에 구별을 두어야 한다는 사실을 주장할 것이다.

---

[4] 자크 라캉의 *Écrits*는 1966년에 처음 출판되었으며 1948년에서 1960년 사이에 이루어진 강연으로 이루어져 있다. 에마뉘엘 레비나스의 *Totality and Infinity*는 1969년에 처음 출판되었다. 토마스 핀천의 *The Crying of Lot 49*는 1966년에 처음 출판되었다.

[5] 포스트모더니즘의 본질과 그것이 모더니즘, 고등 모더니즘과 가지는 관계에 대해 이론가들과 예술 비평가들 사이에서 수행된 논의의 탁월한 개요로는 Ingeborg Hoesterey (ed.), *Zeitgeist in Babel: The Postmodernist Controversy* (Bloomington, IN, 1991)가 있다.

[6] 포스트모던 신학의 범위는 내가 편집한 책 *The Blackwell Companion to Postmodern Theology* (Oxford, 2001)의 내용을 살펴보면 잘 알 수 있다.

그로 인해 포스트모던 신학의 몇몇 주창자는 조지 스테이너(George Steiner)가 자유주의 문화의 정원이라고 부르는 것 속에서 바커스 예찬자적 허무주의를 꿈꾸고 있는 것으로 보인다.[7] 이런 사상가들은 그들이 속해 있는(아울러 그들에게 고용과 일정한 수입을 제공하는) 유한 사회(leisure society)로 인한 쉴 새 없는 유전(effervescent flux)에 자기를 내어 맡김으로써만 자유를 주창할 수 있다.

만약 자유주의가 자유 방임(laissez-faire)의 정치학과 경제학을 진작시킨다면, 그들의 저술은 그러한 문화의 표현이지 그에 대한 비판이 아니다.[8] 물론 이런 신학자들 가운데 일부는 다른 사람들보다 더 자유주의적이지만 그러나 이들 모두는 관념론자들(색다른 표현을 쓰자면 부르주아)이다.

보수적 포스트모더니즘 신학자들에 관해 이야기하자면, 그들은 포스트모던 사상의 통찰과 분석을 기초적 기독교 본문들을 새롭게 읽기 위해 그리고 성경과 예전, 신조와 관련해, 포스트모더니즘의 주변부 안에서, 그 주변부를 통해 그 주변부에서 새로운 신학을 구축하기 위해 사용하는 경향이 있다.

점차 이들 신학은 단지 기독교적이지만은 않다. 여기에 성장하는 유대교적 포스트모던 신학이 있다.[9] 이들 신학자는 그들의 저작이 논구하고 있는 전통에 대한 이차적 포스트모던적 상황에 선행하는 신앙, 기독교적 전통의 장(場) 속에 자리해 있다.

이 신학자들의 저술은 후기 구조주의나 해체를 신학의 생명에 최후의 일격을 가하는 것으로 해석하기보다는, 포스트모더니즘 사상 그 자체 내에 신학적 지평을 개방하고 있다. 이 신학자들은 포스트모더니즘이 1960년대에 시작된, 모더니즘의 종언에 즈음한 하나의 신기원을 묘사하고 있지 않다는 것 또한 인정한다. 오히려 포스트모더니즘은 모더니즘 안에 있는 하나의 계기이며, 모더니즘은 이 계기를 주변으로 밀어내고 발전의 주기와 직선적 진보, 전체와 부분의 조화를 구축하기 위해 억압하고 있다.

이런 의미에서 프로이트의 정신 분석학적 관점에서 기술된 포스트모더니즘은 억압된 것의 귀환을 보여 주고 있다. 그것은 모더니즘의 억압된 "타자"다. 이것이 장 프랑수아 리요타르가 이해하고 기술했던 포스트모더니즘이다.

7　George Steiner, *In Bluebeard's Castle: Some Notes Towards a Redefinition of Culture* (London, 1971), 14.
8　자유주의와 자유 방임주의의 결합에 대해선 *England in the Nineteenth Century* (London, 1950)에 있는 빅토리아 시대의 영국에서 이루어진 아담 스미스(Adam Smith)와 제레미 벤담(Jeremy Bentham)의 생각들의 발전에 대한 David Thomson의 설명을 보라.
9　Robert Gibbs, Stephen Kepnes, Elliot R. Wolfson, and Edith Wyschogrod의 저술을 보라.

포스트모더니즘은 최후가 아니라 발생기에 있는 모더니즘이며, 이 발생기적 상태는 거듭 재현된다.[10]

포스트모더니즘은 모더니즘 속에서 표상 자체 내에 표상할 수 없는 것을 불러일으키는 것이며, 올바른 형상들의 위안을 거부하고, 불가능한 것을 좇는 향수에 대한 보편적 경험을 허락하는 취향의 합치를 거부하며, 새로운 표상을 모색하는 것이라고 할 수 있을 것이다.

그러나 그것은 그러한 것들 속에서 즐거움을 취하기 위함이 아니라, 표상할 수 없는 어떤 것이 존재한다는 느낌을 더 나은 방식으로 산출하기 위함이다. … 포스트모던(postmodern)은 장래의(post) 앞서 있는(modo) 것이라는 역설에 따른 이해라고 할 수 있을 것이다.[11]

포스트모던은 탈 세속화의 상태를 조장한다.[12] 그렇다면 포스트모던적 계기는 인식의 담론으로부터 혹은 다양한 학문을 규제하는 질서와 그 학문을 단속하는 권위로부터 배제돼 있거나 그것을 넘어서 있는 것으로 구성된 것이다.

인문과학과 자연과학, 학과의 분리가 이루어져 있는 대학교는 권위의 한 사례다. 이런 측면에서 포스트모던적 사유는 여러 체계(철학적, 제도적, 정치적)의 선제적 따돌림에 주의를 기울임으로써 신학적 사유를 위한 새로운 공간을 강제적으로 개방하는 것이다.

지워버릴 수 없는 불안, 불확실성, 불가지론, 회의론, 허무주의에 대한 심층적 철학적, 심리학적 논구를 통해, 신학적 물음은 현대의 사유 속으로 다시금 부상해 그 속으로 스며들기 시작했다. 그리해 데리다가 차연(差延, différance)이라는 자신의 개념과 관련해 에크하르트와 부정 신학에 관해 설득력 있는 방식으로 글을 쓰고 있는 것을 보게 되더라도 놀라운 일은 못 되는 것이다.[13]

---

10 Jean-François Lyotard, *The Postmodern Explained*, trans. Don Barry et al. (Minneapolis, MN, 1993), 13.
11 Jean-François Lyotard, *The Postmodern Explained*, trans. Don Barry et al. (Minneapolis, MN, 1993), 15.
12 그런데도 우리는 탈 세속화를 종교에 대한 긍정적 전환으로 착각해서는 안 된다. 탈 세속화는 실제로 더 종교에 대한 상품화라고 할 수 있다. See my *True Religion* (Oxford, 2003).
13 13 See "How to Avoid Speaking: Denials", trans. Ken Frieden. In Stanley Budick and Wolfgang Iser (eds.), *Languages of the Unsayable: The Play of Negativity in Literature and Literary Theory* (New

크리스테바(Kristeva)는 기독교적 담론의 "사랑"이 정신 분석학적 담론의 근원적 자기도취에 대해 만들어내고 있는 비판적 차이점을 구분하고 있고, 아울러 **십자가 신학**(*theologia crucis*)은 그녀가 코라(*khora*)라고 부르는, 영락한 혼돈의 타자를 재통합할 필요성에 대한 그녀의 사유 중심에서 기능하고 있다.[14]

헤르만 코헨(Herman Cohen)과 프란츠 로젠츠바이크(Franz Rosenzweig)를 만들어 낸 전통으로부터 움직이고 있는 유대인 철학자 레비나스는 하나님을, 그가 타자성(*illeity*)이라고 부르는, 전적 타자에의 우리의 근원적 책임에 대한 자신의 설명으로부터 분리할 수 없다. 선, 곧 윤리적 하나님은 존재 너머에 있지만, 우리 모두를 타자에 대한 끝없는 책임을 위해 선택한다.[15]

성적 차이에 대한 이리가라이(Irigaray)의 저작은 거듭해서 신적 존재에 대한 여성적 상징과 육신을 입었다는 것이 무엇인가에 대한 진전된 개념("부활에 있어서나 혈과 육의 변용에 있어, 우리를 통해 하나님을 소생시키는 것")을 요구해 왔다.[16]

보다 최근에 출판된 리요타르의 저술 속에서 전체성에 대한 투쟁을 수행하고 표상할 수 없는 것을 증언하는 것에 대한 그의 관심은 그가 숭고한 것에 대한, 숭고한 것의 체험과 숭고한 것의 규정에 대한 상세한 분석을 가하게 했다.[17]

식수(Cixous)는 우리가 "영혼"에 대한 우리의 이해를 재고하고, 사랑과 케노시스의 근본적 윤리를 선포해야 한다고 역설하면서, 그녀의 저작 전체를 통해 하나님의 얼굴과 성경 그리고 우리의 불멸성을 언급하고 있다.[18]

세 가지 특별한 신학적 [그리고 윤리적] 지평들이 이 포스트모던적 사유에 의해 개됐다.

York, 1989), 3–70.
14 Kristeva's books *Tales of Love*, trans. Leon Roudiez (New York, 1987) and *In the Beginning Was Love*, trans. Arthur Goldhammer (New York, 1988)를 보라.
15 레비나스의 원대한 저술은 *Totality and Infinity: Essay on Exteriority*, trans. A. Lingis (Pittsburgh, PA, 1969)와 *Otherwise than Being or Beyond Essence*, trans. A. Lingis (The Hague, 1981)가 있다.
16 See Irigaray's books *An Ethics of Sexual Difference*, trans. Carolyn Burke and Gillian C. Gill (London, 1993) and *Sexes and Genealogies*, trans. Gillian C. Gill (New York, 1993).
17 See Lyotard's books *The Inhuman*, trans. Geoffrey Bennington and Rachel Bowlby (Cambridge, 1993) and *Lessons on the Analytic of the Sublime*, trans. Elizabeth Rottenberg (Stanford, CA, 1994).
18 See Cixous' books "*Coming to Writing*" *and Other Essays*, trans. Sarah Cornell et al., ed. Deborah Jenson (Cambridge, MA, 1991) and *Reading with Clarice Lispector*, trans. Verena Andermatt Conley (Hemel Hempstead, 1990).

첫째, 이야기되고 표상된 모든 것들을 구성함과 아울러 해체하는, 말할 수 없는 것과 표상할 수 없는 것의 역할

둘째, 분열되고 복잡한 혹은 헤아리기조차 힘든, 그래서 절대 자기 완결적이지 않으며 자체의 자기 이해를 넘어서는 존재(단지 하나의 행위 주체와 사유 주체가 아니라)를 향해 언제나 열려 있는 자아

셋째, 미래의 소유 외부에 그리고 미래의 소유를 위해 존재하는바, 오늘날의 의식의 합리적 층위들에 선행함과 아울러 그 층위들 속으로 모여질 수 없는 타자에 의해 시작되고 조장되는 욕망의 운동

이런 세 가지 지평이 한데 섞여 있는 곳은 바로 "몸"(body)이다. 즉 이런 지평들은 텍스트와 사회적 현실 그리고 그것들을 형성하거나 표현하는 제도들로부터 절대 추상화될 수 없다. 그러한 것으로서, 몸/영혼, 몸/정신, 형식/내용, 기호/기의 분할에 대한 포스트모더니즘의 비판은 구체화 해 있는 것, 육신을 입었다는 것이 무엇인가에 대한 새로운 이해와 상상력을 요구한다. 그래서 비록 "십자가", "부활", "영혼", "불멸성", "하나님"이 언제나 이런 철학적 담론들 속에서 수사학적으로 채용되고 있기는 하지만, 그러한 말들은 언제나 그것들이 유대-기독교적 전통에(심각하게 의존하고 있지는 않다고 해도) 깊은 영향을 받은 것임을 보여 주고 있다.

더욱이 그러한 말들은 신학자들이 이 말들에 대한 축자적 지시 관계를 찾으려 할 때 의미하고 있는 것이 무엇인가를 묻고자 한다.

사회학자인 지그문트 바우만이 "탈근대적 사유는 근대의 사유가 불손하게 제거했던 것을 세계에 되살리고 있는 것으로 곧 근대의 사유가 세계가 벗어나게 하려고 분투했던 미망을 다시 들쒸우는 것으로 간주할 방법"을 역설했던 것은 이런 지평을 토대로 한 것이다.[19]

---

[19] Zygmunt Bauman, *Intimations of Postmodernity* (London, 1992), x. 바우만은 탈근대성을 막스 베버(Max Weber)가 세계에 대한 미망에서 벗어나는 것이라고 이해했던 것과는 상관없는 사회학적 운동이라고 주장하고 있다.

2. 자유주의적 포스트모던 신학

최근까지 북미에서 가장 대중적이고 잘 알려진 포스트모던 신학의 대표자들은 마크 C. 테일러(Mark C. Taylor), 토마스 J. H. 알티저(Thomas J. H. Altizer), 로버트 샬레만(Robert Scharlemann), 찰스 윈퀴스트(Charles Winquist) 그리고 데이비드 레이 그리핀(David Ray Griffin)이었다.

영국에서 가장 대중적이고 잘 알려진 대표적 인물은 돈 큐피트(Don Cupitt)였다. 이 저술가들 모두에게 의미심장하게도, 그들의 기획은 앞서 그러한 기획들과 씨름했던 옛 자유주의 신학의 급진화로부터 유래하고 있다.

틸리히와 불트만의 실존적 관심, 알프레드 화이트헤드의 과정철학은 신의 죽음과 은유의 유동적 무리로서의 진리에 관한 니체의 선언들만큼이나 중요한 것으로 남아 있다. 이 포스트모던 신학자들의 기획은 같은 것은 아니다.

데이비드 레이 그리핀은 탈 현대성의 일정한 특성들-특별히 계몽주의적 합리론과 데카르트의 사유 주체(*cogito*)의 탈중심화에 비추어 과정 신학을 재해석하는 데 관심을 보여 왔다. 그는 양자역학에 대한 검토를 통해, 바위로부터 인간에 이르는 세계 내의 모든 것들이 창조적 에너지를 구현하고 있다고 주장하는 포스트모던적 물활론의 개념을 전개하고 있다.

포스트모던의 자연주의적 유신론이 등장하고 있다.[20] 이 기획에는 자신의 사유를 특징짓고 있는 철학을 개관하면서, 이를 생철학(*Lebensphilosophie*)으로 묘사하고 있는 돈 큐피트의 최근 저작과 연관된 일정 측면들이 존재한다. 큐피트 역시 "일원론적이고 자연주의적 전망"을 주장하면서[21] 생물학적이고 사회 구조적 삶의 흐름에 호소하고 있다. 큐피트가 데이비드 레이 그리핀과 견해를 달리하는(그리고 마크 테일러, 찰스 윈퀴스트에게 더 가까이 다가서는) 곳은 그가 쟈크 데리다, 미셸 푸코 그리고 질 들뢰즈와 같은 프랑스의 포스트모던철학자들로부터 자신에 대한 지지를 끌어내고 있다는 것이다.

이 사상가들의 저작은 큐피트와 테일러가 지지하고 하는 반토대론과 반실재론에 대한 철학적 분석, 논증과 함께 이 두 사람이 주창하는 반신학(a/theology)을 위한 근거를 제공해 주고 있다.

---

20 David Ray Griffin, *God and Religion in the Postmodern World: Essays in Postmodern Theology* (Albany, NY, 1989).
21 Don Cupitt, *The Last Philosophy* (London, 1995), 63.

특히 큐피트와 테일러의 저작은 이 두 사람이 데리다와 다른 사람들이 상술하고 있다고 믿고 있는 언어학적 관념론이 신학에 대해 가지는 의의를 개진하고 있다.[22]

테일러의 책 가운데 묵시적 성격을 지닌 장인 "텅 빈 거울"(The Empty Mirror, 그의 책 『신학의 해체』(Deconstructing Theology) 안에 있는)의 요지는 우리가 실재를 발견하는 것이 아니라 구성한다는 것이다. 우리는 끝없이 자기 동일성을 유예하는 가변적 기표들의 그물망 속에 포획될 뿐만 아니라 그 그물망에 의해 구성된다. 우리는 의미를 다루는 것이 아니라 해석을 다룬다.

큐피트와 마찬가지로 테일러는 우리가 우리에게 우리의 세계를 드러내 주는 수사와 은유의 행렬을, 끝없는 환영의 물결을 누리라고 부추긴다. 우리는 사멸한 권위들(신, 진리 그리고 자아의 권위)을 애도하지 말고 놀이와 다원성을 포용하라는 권고를 받는다. 그것은 "텅 빈 거울 속을 들여다 본 사람은 절대 하나님이나 자아를 그가 전에 그랬던 것처럼 생각할 수는 없기 때문이다."[23] 신의 죽음은 자기 동일성과 진리를 안정시키는 초월적 기표의 죽음이다. 그것은 자기 동일성과 목적(telos)의 죽음이며, 그리해 다만 국지적이고 실용적 의미에서의 의미의 죽음인 것이다.

그 죽음은 내재적 유전, 질료적인 것, 몸과 그것이 가진 욕망—그 모든 것들은 "더 높은" 혹은 "저 밖의" 어떤 것이 존재한다는 것을 부인한다—에 대한 새로운 강조로 귀결됐다. 그리핀과 큐피트 그리고 테일러에게 있어서는 무엇이 됐든 그것은 근본적으로 허무주의적 존재론으로부터 비롯되는 종교적 문제들이다.

틸리히를 좇아 현대 문화와 기독교 신앙 간의 관계를 검토하고 있는 토마스 알티저의 기획이 염두에 두고 있는 것은 신의 죽음에서 비롯되는 논리적 결과들이다. 이어 알티저는 틸리히가 우선사항으로 삼았던 것들을 전복시킴으로써 문화를 하나님의 궁극적 계시로 판단하는 것이 아니라 현대 문화의 암흑 속에서 하나님을 판단하고 있다.

틸리히와 신의 죽음은 찰스 윈퀴스트의 신학적 기획에서도 방향설정의 중요한 중심점이 되고 있다. 그의 『신학을 열망하며』(Desiring Theology)라는 책에서 윈퀴스트는 명백하게 틸리히의 신학적 과업을 포기하는 것이 아니라 확장하는 것에 관해 말하고 있다.[24]

---

22 데리다 자신은 언제나 그가 언어학적 관념론을 주창하고 있다는 생각에 이의를 제기해 왔다. See here his interview entitled "Afterword" in *Limited Inc.*, trans. Samuel Weber (Evanston, IL, 1988), 111-54, and my book *Barth, Derrida and the Language of Theology* (Cambridge, 1995).
23 Mark C. Taylor, *Deconstructing Theology* (Chicago, 1982), 103.
24 Charles Winquist, *Desiring Theology* (Chicago, 1995), 63.

윈퀴스트의 기획은 알티저의 신학으로부터 영향을 받고 있다. 윈퀴스트는 알티저가 금세기가 저물어가는 몇 해 동안에 신학적으로 사고한다는 것이 무엇을 의미하는 것인지에 관한 가장 중요한 진술 가운데 하나를 제시했다고 간주한다.[25]

광범위하게 볼 때 신학자들에게 그들이 다만 글을 쓰고 있다는 사실을 환기함으로써 윈퀴스트가 신학의 요구를 해체하는 형태는 알티저의 기획이 결여하고 있는 근본적 신학을 제공하고 있다. 그것은 윈퀴스트의 저술이 신학적 텍스트의 본문에, 의미와 욕망의 변증법으로서의 언어에, 표상과 수사에 대한 신학의 불가피한 의존으로부터 비롯되는 진리의 끝없는 유예에, 모호성을 한정하는 것이 아니라 양산하고 합리적 진보를 저해하는 논리적 논증 속에 존재하는 상처와 균열에 주의를 환기하고 있기 때문이다.

그의 기획은 중심을 응시하는 신학적 탐구다. 그는 몸소 신학적으로 생각하는 것이 아니라, 오히려 (그가 직접 진술하고 있는 것처럼) "신학에서의 해체가 신학적 사유를 가능케 하는 조건들을 찾고 있는 이차적 비판과 유사성을 띠고 있다."[26]

그런데도 신학적 담론의 텍스트 표면이 완전히 분해되어 샅샅이 검토된다 해도 "종교적 체험"의 우선성에 대한 틸리히와 자유주의의 강조는 여전히 건재하다. 간격(gaps)과 난제(aporias)—신학적 담론의 텍스트 본문에서 이야기되고 사유 된 것 가운데 이야기되지 않고 사유 되지 않은 채로 있는 것—는 "어둠의 현현"과 간격의 하나님을 지시하고 있다.

자유주의적 포스트모던 신학과 보수적 포스트모던 신학 사이에서 이루어진 구별과 관련해 이 신학자들이 그들이 후원자로 삼고 있는 프랑스 철학자들이 부재와 비동일성 그리고 모든 것이 수사와 표면이 되는 존재의 참을 수 없는 가벼움을 역설한다고 이해하고 있다는 사실은 중요한 의미를 지닌다.

아울러 포스트모던철학과 이 급진적 신학자들의 기획이 맺고 있는 관계가 부수적 현상이라는 것 또한 중요하다. 그들의 신학이 포스트모던철학에서, 곧 포스트모던철학의 통찰과 방법론으로부터 유래하는 것은 아니다. 포스트모던철학은 (그들이 해석하고 있는 것처럼) 현대 문화와 관련된 그들의 주제를 실증해 주고 있다. 예컨대 알티저와 큐피트의 신학적 기획은 데리다나 푸코 혹은 리요타르, 들뢰즈가 그들의 후기 구조주의 철학을 기술하기 수년 전부터 이미 진행하고 있었다.

---

25 Charles Winquist, *Desiring Theology* (Chicago, 1995), 108.
26 Charles Winquist, *Desiring Theology* (Chicago, 1995), xi.

그런데도 이 사상가들이 마크 테일러와 다른 이들에게 있어 그들이 신학을 통해 다루고자 하는 포스트모던적 경험을 표현하고 있고, 또 테일러와 다른 사람들이 믿고 있는 식으로 니힐리즘의 대변요 전파자가 아니라면, 자유주의적 포스트모던 신학은 아마도 다시 한번 생각을 해 봐야 할 것이다.

현재로서는 이 모든 포스트모던의 신학적 기획들이 마치 테일러의 말처럼 "근본적으로 새로운 신학, 세속적 탈교회(post-ecclesiatical)신학"을 건립하려는 시도에 있어 하나로 뭉쳐 있다는 것을 개관하는 것으로 충분하다.[27]

각각의 기획들은 이런 시도를 수행하면서 신학과 인간학이 구분할 수 없는 것이 되고, 종교적 연구들이 문화적 연구와 심지어는 미학의 부분집합이 되며, 초월의 문제는 오직 내재 속에서만 존재한다는 사실을 알고 있다. 이로부터 테일러의 신조어인 "반신학"(a/theology)이 비롯된 것이다.

이 신학자들이 기독교의 특수성을 세계정신 속으로 해소하고 있는 것과는 달리, 샬레만의 신학은 거기까지 가지는 않는다. 샬레만의 신학은 여전히 슐라이어마허, 틸리히 그리고 불트만의 유산을 번갈아 가며 사용하고 있지만, 그에게는 그리스도 사건의 특수성이 독자적 방식으로 범례적인 것으로 남아 있다.

그의 신학은 마르틴 하이데거의 실존적 분석에 크게 의존해 있다. 구원론은 자아의 관점에서, 즉 "실존적 나"의 개념을 전개하는 관점에서 개진된다. 이 나는 부활한 나, 곧 샬레만이 "추종적 이성"(acoluthetic reason)이라고 부르는 바의 —곧 그리스도를 좇는, 그리스도를 본받아 따르는 이성의 방법에 따라 코기토의 내면성에서 벗어난 나이다. 그리스도는, 원형적 범례로서, 타인을 위해 자기를 넘어 살아가는 사람, 타인을 위해 자기를 비우는 사람으로서의 실존적 나를 예시한다.[28] 샬레만이 적고 있는 것처럼 "만약 실존적 나가 하나님에 대한 상징이라면 … 하나님이 존재하는 것은 그러한 실존적 나로서다. 실존적 나는 하나님의 본질(what God is)이 아니라 하나님이 계신 자리(where God is)다."[29]

---

27 Taylor, *Deconstructing Theology*, xix.
28 케노시스 개념은 신 죽음의 신학에서 중요한 자리를 차지하고 있다. 그것은 전통적 교리라기 보다는 개정된 바울의 빌립보서에 있는 **그리스도의 찬송시**(*carmen Christi*)에 바탕을 둔 개념이다. 세계로부터의 하나님의 완전한 부재는 하나의 종교인 기독교의 역사적 발전을 통해 이루어졌던 세계에 대한 그리스도의 긍극적 동일시하는 관점에서 이해된다. 기독교 자체는 여기서 해소된다. 케노시스는 기독교의 초월적 하나님의 이런 역사적 발전과 최종적 소멸을 위한 은유로써 채용된다.
29 Robert Scharlemann, *The Reason of Following: Christology and the Ecstatic I* (Chicago, 1991), 198.

샬레만의 저술은 대단히 분석적이고 철학적이며, 또 그는 (어쩌면 윈퀴스트와 같이) 테일러와 알티저 그리고 큐피트에게 빠져있는 초월을 용인하고 있다. 그의 기독론은 로고스 기독론의 복원이며, 사도직의 윤리학과 신학에 대한 그의 중점적 호소는 교회론에 무게를 실어주고 있다. 그러나 그의 분석과 철학은 탈현대보다는 현대의 기획에 더 의존하고 있는 것이 사실이다. 다른 사람들보다 더 샬레만은 이 "포스트모던 신학자들"이 전정으로 현대의 신학자라는 사실을 예증해 보인다.

그들의 신학은 자유주의적 전통의 해체(그들이 아무리 "해체"라는 말을 사용하고 있다 하더라도)가 아니라, 자유주의적 전통의 미화인 것이다. 이 인물들 가운데 대부분은 때때로 그들이 줄곧 포스트모던적이지 않다는 사실을 강조하고자 했다. 그러나 그들 모두의 신학은 모든 주제 가운데 가장 포스트모던적인 것, 곧 표상의 위기에 대한 착념(着念)을 특징으로 해 왔다.

우리는 잠시 이 신학들의 자유주의적 뿌리로 되돌아가 그들이 빈번하게 의존하곤 하는 후기 구조주의 철학과 해체철학이란 맥락에서 이 신학들을 고찰할 필요가 있다. 각 신학자는 그 나름의 방식으로 상호 연관, 근원적 일원론 그리고 인간의 해방에 대한 전형적 추구에 기초해 있는 신학적 변증론을 지속해서 기술한다. 각 사람이 취하고 있는 것은 알티저가 "전적으로 새로운 역사적 시대"[30]의 여명이라고 표현하는, 요컨대 "포스트모던적"이라고 이야기될 수 있는 중요한 문화적 변동인 바, 그들의 자유주의적 선조들과 마찬가지로, 신학이 근본적으로 변화해야만 하는 것은 이 새로운 문화와 관련해서다.

중요한 것은 "포스트모던"이라는 말이 여기서 하나의 시기 개념으로 즉 "역사의 종말", "자율적 인간의 종말", "표상의 종말", 그리고 합리적 논증의 치명적 부상에 즈음한 하나의 문화를 지칭하는 묵시적 개념으로 빈번하게 사용되고 있다는 사실이다. 알티저는 이런 사실을 『묵시로서의 역사』(History as Apocalypse)라는 자신의 작은 책에서 분명하게 보여 주고 있다.

그는 포스트모던 문화 역사 발전이 우리에게 가져다 준 것이라고 주장한다. 이로 인해 우리의 새로운 상황은 우리의 사유에 하나의 혁명을 요구하고 있다. 과거의 본문들은 그 본문들이 현대 사회 속에서 달리 말할 수 있도록 재기술되어야 한다. 그러한 것으로서 포스트모더니즘은 탈현대(postmodernity, 즉 우리가 사는 시대의 특성을 기술하는 사회학적 개념)와 교환 가능한 것이 된다.

---

30 Thomas J. J. Altizer (ed.), *Towards a New Christianity: Readings in the Death of God Theology* (New York, 1967), 315.

그러나 리요타르가 포스트모더니즘에서 이 'post'의 용법과 관련해 지적했던 것처럼 "이 신적 연대기에 입각한 개념 자체는 완전히 '현대적'인 것이다."[31] "진보", "발전", 그리고 "진화"와 같은 함의—인류의 해방을 향한 자유주의적 희망의 토대인-는 이 신학자들에 의해 채용되고 있는 "포스트" 모더니즘이라는 몸통 주위에 은닉된 것이다. 이것이 이 글의 중심적 내용이므로 이것을 좀 더 명확하게 이야기해 보도록 하자. 이 신학자들은 사실상 신학의 과거와의 깨끗한 결별이 가능하며 또 새로운 해방과 새로운 휴머니즘을 위해 그러한 결별이 필요하다는 믿음이 존재했던 "모더니즘"에 전형적인 것으로 나타나는 신학의 위기를 계승해 나가고 있다.

그들의 우상 파괴주의는 알티저가 "행복의 새로운 전체성"이라고 표현하는 보다 근원적 일원론의 이름으로만 존재하고 있다.[32] 그러므로 그들은 분리될 수 없는 방식으로 일정한 역사 개념(대단히 비포스트모더니즘적 부분과 전체의 메타 담론)과 연결돼 있다. 아울러 이것은 역사주의, 낭만적 관념론 그리고 19세기 신경험론의 직접적 유산이다. 알티저는 다음과 같이 쓰고 있다.

> 오늘날의 급진적 신학자들은 기독교의 역사적 전진 운동이 하나님의 은폐나 침묵으로 귀착되었다는 사실을 인정하는 가운데 기독교의 진화적 발전에 대한 19세기 가톨릭과 개신교의 신학적 개념들을 물려받고 있다.[33]

이 자유주의적 신학에 중요한 의미를 지니고 있는바, **감추어진 하나님**(deus absconditus)과 **죽은 하나님**(deus mertuus) 사이에는 하나의 차이가 존재한다. 그들의 신학 속에는 최전면에 드러나고 있는 것은 역사 내에서의 하나님의 죽음이지 하나님이 감추어져 있음(칼 바르트와 한스 우어스 폰 발타자르처럼)이 아니다.

그러한 하나님의 죽음은 끝없이 심화하는 성육신 운동의 일부를 이루는 것이다. 부정성과 비움을 강조하는 헤겔과 케노시스 기독론이 기본적 출처가 된다.

그리스도는 창조 세계와 더불어 하나가 된다. 알티저가 진술하고 있는 것처럼 "세속화 운동은 궁극적으로 신앙의 결과 곧 우리의 미래에 서 계신 그리스도를 신앙한 결과며 급진적 신학자들은 새롭고 더욱 보편적 그리스도의 몸을 향해 구체적

---

[31] Lyotard, *The Postmodern Explained*, 76.
[32] Altizer, *Towards a New Christianity*, 318.
[33] Altizer, *Towards a New Christianity*, 12.

이고 다양한 공동체로 구성된 신앙 집단을 개방하는 데 관여하고 있다."³⁴

교회가 아니라 창조 세계(creation)가 이제 그리스도의 몸이 된다. 교회와 같은 제도들, 교회의 가르침, 예전과 같은 역사적 전통의 내용은 그러한 자유주의적 "포스트모던" 신학 속에서는 자리를 얻지 못한다.

하나님의 죽음이 깊으면 깊을수록 더더욱 그리스도는 깨어져 세상이 향기를 발하게 하려고 부은 바 되는 것이다. 일체의 초월을 벗어던진 신학은 기독교적 무신론이 등장하는 지점에서 성육신한 것이 된다.

나의 질문은 이 신학이 과연 정확하게 포스트모던 신학으로 기술될 수 있을 것인가의 여부다. 이 사상가들은 각기 다양한 정도로 포스트모더니즘과 결합한 일단의 개념들에 호소하고 있다. 우리는 그러한 개념 군을 다섯 가지로 구분할 수 있다.

첫 번째(큐피트, 테일러 그리고 윈퀴스트에게 일차적 중요성을 지니고 있는)는 20세기 첫 몇십 년 동안에 이루어진 언어학적 전환이 도처에 존재하는 텍스트성(textuality)의 확장된 표면으로 변형해 왔던 방식이다. 이 표상의 위기에 다른 네 가지 위기-형이상학의 종언, 역사의 종언, 주체의 종언 그리고 휴머니즘의 종언이 결합한다.

그러나 의미심장하게도 이 다섯 가지의 포스트모던적 위기와 더불어 자유주의 자체의 종언이 강력하게 공표된다. 근본주의와 탈자유주의는 포스트모더니즘의 파편화된 문화를 특징짓고 있다.

국지적이고 비변증적 정체성의 고립과 구축, 여러 신앙의 고립과 구축은 서양의 세계화에 근본적으로 대립하는 것이었다-이것이 마누엘 카스델스(Manuel Castells), 어네스트 겔너(Ernest Geller), 아크바 아흐메드(Akbar Ahmed) 같은 사회학자들이 강조한 탈현대의 특징이다.³⁵ 이로부터 이런 자생적 포스트모던 신학과 포스트모더니즘 자체 간에 문화적 [민족지학적인 것이 아니라면] 철학적 긴장이 존재하는 것이다.

각각의 신학들은 보편적 "생명의 힘"(life-force)에 대한 그들의 헌신에서 비롯되는 철학적 일원론으로 인해 차이나 타자성을 근절하려 하고 있다.³⁶ 그들은 각기 니체의 영원회귀를 동일성과 차이의 해소로 해석하고³⁷

이런 해소는 차이가 대접을 받는 포스트모던의 얼굴을 향해 날아가는 것이다. 허

---

34 Altizer, *Towards a New Christianity*, 13.
35 See Manuel Castells, *The Information Age: Economy, Society and Culture, Vol. 2: The Power of Identity* (Oxford, 1997); Ernest Gellner, *Postmodernism, Reason and Religion* (London, 1992); Akbar S. Ahmed, *Postmodernism and Islam* (London, 1992).
36 이것은 큐피트의 용어다.
37 Altizer, *Towards a New Christianity*, 315를 보라.

무주의는 그 자체로 무관심이다. 아울러 이 신학자들에 대한 흔쾌한 긍정은 실존의 순전한 우연적 무의미성을 끌어안는 것으로부터 비롯된다.

자기 묘사적 포스트모던 신학자들의 신학이 절대 포스트모더니즘적이지 않다면 우리는 어디서 '포스트모던 신학'을 찾고 있는 것인가?

한 가지 가능성은 포스트모더니즘을 하나의 시기 개념으로 보지 않는 것임을 우리는 보았다. 또 다른 가능성은 이 신학자들에게 포스트모더니즘이 하나의 소여, 분명하게 세속적 하나의 소여라는 사실을 인정하는 것이다.

달리 말해서 이 사상가들은 포스트모더니즘의 신학적 지평을 검토하는 것이 아니라 그러한 포스트모더니즘이 신학적 과업에 대해 가지게 될 세속적 함의들(비판의 견지에서)을 검토하는 것이다.

다시 그들의 기획이 지니는 '근대적' 성격이 점점 더 명확해진다. 포이어바하, 뒤크르하임 그리고 프로이트의 다양한 기획은 모두 같은 취지-각각 신칸트적 인간학, 사회학 그리고 심리학이라는 보다 합리적이고 포괄적 해명의 개진을 통한 신학의 세속화라는 취지와 연관돼 있었다. 그 자체로서 '포스트모더니즘'은 신학이 옹호해야만 하고 그 주제를 거기에 맞게 조정해야 하는 틀 속에서 이 신학자들에게 또 하나의 웅장한 해명적 담론을 제공하고 있다.

그러한 것으로서 신학은 파산했고 신학의 은유는 뿔뿔이 흩어졌으며 그것의 성스러운 공간은 테마파크로 전용되고 있는 것이 지금 벌어지고 있는 일들이다. 그러나 우리는 이 자유주의적 분석의 논리를 역전시킬 수 있다.

우리는 신학을 재판석으로 소환하는 포스트모더니즘이 아니라, 포스트모더니즘이 주의를 환기하고 있는 철학적인 것의 한계와 해명적 담론의 한계를 천착할 수 있다. 그때 신학은 포스트모더니즘이 그 자체의 신학적 성격을 천명하도록 요구할 수 있다.

사실 철학을 넘어서 있는 신학적 지평들(포스트모더니즘이 개방하고 있는)은 신학이 그에 대한 논구를 끊임없이 자신의 과제로 삼아왔던 인간적인 것, 세속적인 것, 형이상학적인 것의 신학적 혁파, 재형성으로 해석될 수 있다.

그렇다면 데리다, 크리스테바, 이리가라이, 레비나스, 라캉 그리고 다른 이들의 저작 속에서 우리의 주의에 들어오는 것은 다시 그들 자신의 것과 같은 그러한 해석과 더불어 시작되는 신학적 전통으로 해석될 수 있다. 나는 우리가 더 정확하게 명명된 포스트모던 신학인 보수적 포스트모던 신학을 자리하게 하는 곳이 바로 여기라고 제안하는 바다.

3. 보수적 포스트모던 신학

영미계 저술 가운데 우리는 이 자리에서 클리포드 기르츠(Clifford Geertz)의 사회인류학, 특정한 언어적 관심이나 게임으로부터 비롯되는 비트겐슈타인(Wittgenstien)의 의미 개념에 많은 빚을 지고 있는 문화-언어학적 종교 모델에 의존한 조지 린드벡(George Lindbeck)의 영향력 있는 저술인 『교리의 본질』(*The Nature of Doctrine*)에 나타난 탈자유주의를 언급할 수 있을 것이다.[38]

보다 최근에는 특별히 존 밀뱅크와 캐서린 픽스톡의 포스트모던적 어거스틴주의가 일련의 급진 정통주의인 저작들이 존재해 왔다.[39] 신학의 과제는 로완 윌리엄스(Rowan Williams)[40]와 성인됨(sainthood)에 대한 에디스 위쇼그로드(Edith Wyschogrod)의 저술,[41] 나 자신의 포스트모던적 바르트주의[42]에 의해 더욱 의심스럽고 복잡한 것이 되었다.

그러나 보수적 포스트모던 신학은 에티엔느 질송(Étienne Gilson), 앙리 드 뤼박(Henri de Lubac) 그리고 장 다니엘루(Jean Daniélou)의 금세기 가톨릭 유산에 영향을 받은 그리고 더 직접적으로 그들이 실존적 현상학으로부터 비롯된 까닭에 후기 구조주의 철학과 해체철학에 영향을 받은 프랑스 사상가들에 의해 더 많은 발전을 보았다.

이 신학자들 가운데 두 이름이 영국과 북미의 신학계에서 점점 더 두각을 나타내고 있는데 그 한 사람은 장 뤽 마리온(Jean-Luc Marion)이고 다른 한 사람은 미셸 드 세르토(Michel de Certeau)다. 드 세르토의 주요 저작 가운데 상당 부분은 현재 영어로 번역이 되고 있으며, 마리온의 『존재 없는 하나님』(*God without Being*)의 번역으로 인해 야기된 지적 술렁임의 여파에 힘입어 마리온의 대부분 책이 현재 영어로 번역

---

38 George Lindbeck, *The Nature of Doctrine: Religion and Theology in a Postliberal Age* (London, 1984).
39 이런 포스트모던적 어거스틴주의는 존 밀뱅크의 첫 주요 저작인 *Theology and Social Theory: Beyond Secular Reason* (Oxford, 1990)의 첫 번째 장에 분명하게 나타나 있다. 일련의 **급진 정통주의**적 저작들이 이런 어거스틴적 강조점을 발전시키는데 이바지하고 있다. 나의 책 *Cities of God* (London, 2000), James K. A. Smith, *Speech and Theology: Language and the Logic of Incarnation* (London, 2002) and Michael Handby, *Augustine and Modernity* (London, 2003)을 보라. 이들 저작은 또한 아퀴나스의 개정에 착수해 그 일을 진행하고 있다. See John Milbank and Catherine Pickstock, *Truth in Aquinas* (London, 2000) and Conor Cunningham, *Genealogy of Nihilism* (London, 2002).
40 Rowan Williams, *Arius: Heresy and Spirituality* (London, 1987)의 마지막 장을 보라.
41 See Edith Wyschogrod, *Saints and Postmodernism: Revisioning Moral Philosophy* (Chicago, 1990) and, more recently, *An Ethics of Remembering: History, Heterology, and the Nameless Others* (Chicago, 1998).
42 Graham Ward, *Barth, Derrida and the Language of Theology* (Cambridge, 1995)를 보라.

되고 있다.

좀 더 "진정한" 포스트모던 신학이 바로 이들 신학자의 저술을 통해 등장하고 있다.[43]

4. 장 뤽 마리온

낭테르대학교의 철학 교수인 장 뤽 마리온은 데카르트의 저작에 대한 분석으로 학문적 명성을 확립했다. 마리온을 통해 근대의 제일가는 장인들 가운데 한 사람으로서 빈번하게 인용되는 철학자보다 더 미묘한 빛깔을 띠고 있는 데카르트가 등장한다.

우리 근대 세계의 선구자로 간주하는 데카르트의 저작 속에서 강조되고 있는 것은 **코기토**(cogito), 곧 그것의 의식과 관념의 창조를 통해 모든 대상의 본질을 규정하는 나(the I)에 대한 데카르트의 사유다. 그러한 존재로서 우리는 무신론을 거쳐 인간학에 이르는 도상에 있는 것이다.

그러나 마리온의 데카르트는 하나님과 영원한 진리에 대한 물음에 의해 괴롭힘을 당한다. 마리온의 저술은 데카르트에게 있어서의 코기토의 시선은 두 번째 시선과의-곧 하나님의 시선과의 조화와 갈등 속에 존재한다는 사실을 보여 주고 있다. 조화 속에서 그것은 독립적이다. 환원 불가능한 양면성(ambivalence)이 코기토에 대한 데카르트의 분석 속에서 나타나는데, 그것은 데카르트가 세계에 대한 의식의 작용을 인간학이나 신학으로 환원하기를 거부하기 때문이다. 그리해 데카르트는 인식론적이고 존재론적 토대에 대한 물음, 곧 "무한과 미지의 존재에 관한 물음"을 개방하고 있다.[44]

마리온의 의도는 근대성의 철학적 기원으로 되돌아가 그것의 양면성을 지적하려는 것처럼 보인다. 그의 친구이자 동료인 장 프랑수아 쿠르탱(Jean-François Courtine)처럼 마리온은 신학적 사유의 형이상학적 사유를 구분하고자 했다.

하나님에 관한 형이상학적 사유가 스페인의 르네상스시대의 철학자인 프란시스코 수아레즈(Francisco Suarez)의 아리스토텔레스에 관한 저서로부터 비롯되는 근대의

---

[43] "진정한"이라는 말로써 나는 다만 마리온과 세르토의 저술이 프랑스의 후기 구조주의적 사유의 신학적 지평과 철학적 방법론을 취해 그 안에 자리해 있다는 사실을 말하고자 할 뿐이다. 이들 가운데 누구도 명백하게 자신을 포스트모던적이라고 부르지는 않는다.

[44] Jean-Luc Marion, *Sur la théologie blanche de Descartes: analogie, création des vérités éternelles, fondement* (Paris, 1981), 23.

산물이라는 것이 승인된다.

수아레즈와 더불어 하나님, 존재, 이성은 한데 뒤섞여 그 후 라이프니츠와 헤겔 그리고 마침내는 하이데거를 통해 발전한 존재 신학(onto-theology)의 기획으로 귀결된다. 여기서 잊혀왔던 것―이해를 추구하는 신학에 대한 그들의 강조에도 불구하고, 안셀름, 아퀴나스에 의해는 절대 잊히지 않았던―은 존재와 인간 이성을 넘어서 있는 신앙과 하나님의 우선성이다. 마리온은 신학적 사유가 다른 경로와 별개의 논리를 따라 진행된다는 사실을 재확인한다.

마리온이 자신의 신학적 저술을 통해 해명하고자 하는 것은 철학의 논리를 넘어서 있는 신학의 논리다.[45] 마리온은 데카르트주의에 관한 그의 연구에 앞서 그리고 그 연구 전체를 통해 신학과 씨름하고 있다.

처음에 간행된 그의 글들을 보수적 프랑스 가톨릭 저널인 「부활」(*Résurrection*)에 게재된 불트만과 어거스틴, 고백자 막시무스와 위디오니시우스(Pseudo-Dionysius) 그리고 계시와 예전에 관한 기고 논문들이다. 마리온은 그 후로도 『가톨릭 국제 친교 비평』(*Revue catholique internationale Communio*)이라는 저널에 정기적으로 기고를 했다.

자신의 신학적 연구들 속에서 마리온은 교부 시대 사상가들에게 크게 의존하고 있다. 그는 여기서 가톨릭의 신(新) 교부주의 신학자들인 장 다니엘루와 앙리 드 뤼박 그리고 한스 우어스 폰 발타자르의 발자취를 따라가고 있다.

마리온은 거듭해서 위디오니스우스와 캅바도키아 교부들의 저작을 인용한다. 그는 의식과 대상의 구성에 관한 그의 철학적 관심을 토대로 시종일관 성상의 혹은 더 일반적으로 말해서 가시성의 현상학을 시도해 왔다.[46]

이 현상학을 토대로 그는 그가 가시적인 것 내에 존재하는 비가시적인 것의 선물로 이해하는 바의 신학적 함의를 향해 나아간다. 이런 선물과 이런 선물 수여의 본성이 계속해서 마리온의 흥미를 끌고 있다.[47]

우리는 그가 『존재 없는 하나님』(*God Without Being*)에서 수행하고 있는 지적 움직임을 관찰할 수 있다. 이 책에서 그는 우상(그것의 창조자를 그대로 반영하는 동시에 자율적으로 가시적인), 비가시적이고 무한한 것(그것의 가시성이 타자의 선물이 되는)에 대

---

[45] 철학적 사유와 그리스도적 논리 사이의 구별은 마리온에게 상당한 영향을 미쳤던 한스 우어스 폰 발타자르의 저작에 기본적인 것이다.

[46] 가시성과 비가시성에 대한 마리온의 현상학적 설명은 프랑스 철학자 모리스 메를로 퐁티(Maurice Merleau-Ponty, 1908-61)의 저서에 많은 빚을 지고 있다.

[47] Jean-Luc Marion, *Reduction et Donation* (Paris, 1989) and *Etant donne: essai d'une phenomenology de la donation* (Paris, 1997)을 보라. 두 권 모두 지금은 번역되어있다.

한 환상을 불러일으키는 성상(icon)에 대한 현상학적 해명의 개관과 더불어 시작하고 있다.

유한하고 가시적인 것을 가로지르는 가운데 나타나는 무한한 것의 이 선물이나 계시를 마리온은 근대 형이상학을 초월하는 것으로 해석한다.

우리는 성상의 이해 "저 밖에 있는" 실재의 조건에 따라 인간의 관념에 의해 인간 의식 속에 창조된 하나의 세계 너머로 고양된다. 성상은 인간 의식이 세계를 표상하는 방식과 대립하고 있는 다른 존재 양식을 제시해 준다. 존재론적 차이는 무한에 의한 유한의 이 가로지름에 의해 드러낸다. 여기서 마리온은 비록 그가 자신의 저술이 하이데거의 그것보다 더 멀리 나아가고 있다고 생각하고 있기는 하지만 하이데거에게서 도움을 받고 있다.[48]

이런 근본적 차이는 신학적으로 해석된다. 존재를 가로지르는 선물은 말씀이 세계 속에서 십자가에 못 박힘을 의미한다. 십자가는 실재의 눈에 띄지 않는 수위표(watermark)로 해석된다. 표상의 위기 속에서, 우상숭배가 성상적인 것에 의해 가시적인 것이 비가시적인 것에 의해 관통될 때, 신적 거리의 계시, 존재와 의식의 철학을 넘어선 계시가 발생한다.

마리온은 이런 계시 양식이 십자가상에서 이루어지는 성자의 자기 포기에 기원을 두고 있는 것으로 해석한다. 그리스도의 못 박힘과 더불어 세계 속에는 성자 안에서 계시된 성부의 자기비하적 사랑을 보기 위한 공간이 열리게 된다.

십자가에 못 박힘은 하나님의 자기 계시를 위한 자리가 되는 것이다. 마리온은 존재와 유한의 이 가로지름—그리고 그것이 계시하는 아가페적 선사—에 대한 신학적 이해를 존재가 존재를 넘어선 하나님 곧 사랑의 하나님에 의해 문제 제기의 대상이 되는 것으로 인식되는 구약성경과 신약성경의 구절들에 대한 성경 주석을 통해 개진한다.

> 오직 사랑만은 존재할 필요가 없다. 그리해 하나님은 존재 없이 사랑하는 것이다.[49]

교회적 측면에서 성체는 마리온의 성상 신학을 위한 특별한 자리―하나님이 자

---

[48] 마리온의 하이데거에 대한 이해는 어려운 부분이다. 나의 논문 "Theology and the Crisis of Representation", in Gregory Salyer and Robert Detweiler (eds.), *Literature and Theology at Century's End* (Atlanta, GA, 1995), 131-58과 Laurence Hemming, "Reading Heidegger: Is God Without Being?" *New Blackfriars*, 76 (July/August 1995)을 보라.
[49] Jean-Luc Marion, *God Without Being*, trans. Thomas A. Carlson (Chicago, 1991), 138.

기 자신을 내어 주고 그리해 말씀(the Word)이 가시적 요소의 깨어짐 속에서 발화되는 그러한 자리가 된다.

다소 반어적으로 마리온이 성직자가 아니라는 점을 생각한다면 그는 사제와 주교가 그리스도의 성상인 성례전에 참여하는 한 그들이 그러한 신학의 일차적 해설자들이라고 주장하고 있다.

그러한 신학적 포스트모더니즘은 그 신학의 교회론적 보수주의 속에 그리고 표상과 자기 동일성의 위기, 타자, 이름 지을 수 없는 것, 대답 될 수 없는 것 그리고 형이상학의 해체와 같은 포스트모더니즘적 주제들 속에 놓여있다.

그의 초기 저서인 『우상과 거리』(L'Idole et la distance)에서 마리온은 하이데거의 사건과 퇴각의 개념, 존재의 조건을 넘어서는 동시에 그 조건을 제공하는 무한한 거리에 대한 레비나스의 분석, 부재와 현존을 넘어선 흔적의 경륜의 윤곽을 그리고 있는 데리다의 차연(différance) 개념을 기초로, 자비(charité)의 원리[50]와 성자를 통한 성부의 자기비하적인, 저술가들에 의해 다른 포스트모던 사상가들이 허무주의로 해석했던(레비나스나 데리다 그리고 어쩌면 하이데거 역시 그렇게 해석하지는 않았지만) 거리, 부재, 난제, 무질서 속에 파악된 삼위일체의 하나님을 긍정하면서 그의 기획을 이 포스트모던 사상가들과의 관계 속에 정위하고 있다.

그러므로 포스트모던적 비판은 누구도 주장한 적이 없는 기독교 신앙에 대한 접근을 제시하거나 그러한 신앙에 의해 구성되고 있다. 아니 그렇다고 추정되고 있다.

존재 없는 하나님에서 철학의 논리와 신앙의 논리가 화해할 수 없다는 차별화(하이데거에 의해 최초로 선언된)를 바탕으로 마리온은 계시가 자기를 현시하는 두 장소인 성경, 성체와 더불어 "요한의 로고스가 신앙에 대해 열어 보이는 계시의 영역"[51]을 단적으로 긍정한다. 포스트모던적 통찰과 접근은 존재론, 유비론과 관련된 신학적 논의 속에서 채용되고 있다.

---

50 마리온의 자비와 사랑의 본성에 관한 관심은 *Prolegomena to Charity*, trans. Stephen Lewis and Jeffery L. Kosky (New York, 2002) and *Eros* (Paris, 2003)에 보다 잘 개진되어 있다.
51 *Prolegomena to Charity*, trans. Stephen Lewis and Jeffery L. Kosky (New York, 2002) and *Eros* (Paris, 2003), 63.

5. 미셸 드 세르토

데카르트에 관한 초기 저술 속에 나타나는 마리온처럼 미셸 드 세르토는 우리는 16, 17세기의 근대적 정신의 부활로 되돌아가게 하고 있다.[52]

역사에 그리고 특정 공동체를 창출하고 유지하는 힘에 관심을 가진 기독교 사상가로서 세르토는 서양이 (여행과 제국 건설 사업을 통해) 외래적 혹은 타자적인 것에 자기를 개방하고 결국은 그것을 식민지화했던 방식의 관점에서 반종교개혁 시기의 신비적 저술들을 분석하고 있다.

그는 근대적 사유, 합리주의의 초기 단계에 만연했던 혼란과 모호함 그리고 타자성의 과잉에 주목한다. 이런 것들은 모두 결국에는 발전 일로에 있던 과학주의와 경제적, 기술적, 정치적 진보의 이름으로 이루어진 종교적인 것의 정치화에 의해, 요컨대 "자본주의적이고 정복 지향적 사회"[53]에 의해 압도당하게 됐다.

중세 시대에 대한 다소 관념적 생각과 더불어, 세르토는 17세기의 교회들이 "비록 그들이 현세적 권력을 정당화해 주는 일종의 '종교성'을 표현하고 있기는 하지만, 군주제로부터 그들의 모범과 권리를" 받아들이기 시작했다고 진술하고 있다.[54] 17세기와 18세기가 지나면서 현세적 권력은 점차 종교적 가치와 영예 그리고 한때 교회의 독점적 자산이었던 신비를 자기 자신에게로 이양한다.

세속적 이성이 자기를 알리는 것은 바로 이 이양과 더불어서다. 새로운 공간화─곧 다양한 학문의 진보를 통한 지식의 공간화, 제도법으로 인한 세계의 공간화가 출현한다. 이 공간화─서양의 신식민주의, 제국주의에 상응하는─는 타자적인 것의 정복과 예속화를 목적으로 한다. 발전을 거듭하는 지식의 집적물이라는 관점에서 이루어지는 이 공간화는 저술(그리고 텍스트)의 양산을 토대로 한다. 세르토가 볼 때 현대는 "문서의 시대"이자 "저술의 시대"다.

이 시대에 앞서 거룩한 문서는 하나의 음성이며 그리해 "이 저술(성경)은 말을 하는 것이다."[55] 현대는 "이 이야기된 말씀이 더 들리지 않는다는 사실 이 말씀이 본문의 타락과 역사의 권화(권화, avatars)에 의해 변해 버렸다는 사실"을 발견함으로써 형

---

52 세르토 사상의 신학적 본성을 다루고 있는 탁월한 책이 등장했다. Daniel Bogner, *Gebrochene Gegenwart: Mystik und Politik bei Michael de Certeau* (Mainz, 2002).
53 Michel de Certeau, *The Practice of Everyday Life*, trans. Steven Rendall (Berkeley, CA, 1984), 136.
54 Michel de Certeau, *The Mystic Fable*, trans. Michael B. Smith (Chicago, 1992), 182.
55 De Certeau, *The Practice of Everyday Life*, 137.

성된다.[56] 이제 경청과 동화는 일(working)이 되고 권력에의 의지가 된다.

세르토는 "기호가 되려는 이 열정에 대립해 있는 유일한 힘은 외침, 곧 일탈이나 무아경, 반란이나 비상, 곧 몸 안에서, 이름 지어진 것의 법칙으로부터 달아나는 것의 비상과 같은 외침이다."[57]

기술된 것의 논리에 대한 이 일탈과 혁파는 세르토가 볼 때 신비적 이야기함의 방식 속에서 모범적 방식으로 명백하게 나타나는 포스트모던주의적 계기다. 미셸 드 세르토의 마지막 저서인 『신비로운 우화』(The Mystic Fable, 1986년 세르토가 사망하기 4년 전인 1982년에 처음으로 출판된) 마지막 몇 지면 속에서, 우리는 다음과 같은 구절을 발견한다.

> 그렇다면 우리는 다시 한번 **신비주의자들**을 통해 지나가면 더 이상 그것이 만들어내는 언어가 아니라 그 속에서 말하고 있는 '몸'을-사회적(혹은 정치적) 몸, 삶의 내용이 되는(성애적이며/혹은 병리적인) 몸, 성경적 몸(성경 문신 같은), 서사적 몸(수난 이야기), 시적 몸('영광스러운 몸')을 천착해야 한다. 저 타자(the Other)를 위한 몸들의 발명을.[58]

이 말에서 세르토의 저작이 보여 주는 독자적 특징과 의의가 분명해진다. 그것은 세르토가 "몸의 시학"(a poetics of the body)이라고 부르는 것을 말해 주고 있다.[59]

여기서 몸은 저 밖에 있는 하나의 대상이 아니며, 자신의 몸을 지닌 주체도 아니다. 모든 몸은 몇 가지 영역(종교적, 심리학적, 사회인류학적, 정치적, 교회적, 문학적, 예전적)을 가로질러 분산된다. 각 영역은 상징 속에서 왕래하며 자기 정당화의 담론 속에서 순회를 가로질러 분산된다. 각 영역은 상징 속에서 왕래하며 자기 정당화의 담론 속에서 순회한다.

세르토에게 있어 이런 담론의 영역은 타자(the Other)의 불가능한 몸, 타자가 언제나 부재하고, 배제되고, 또 그것을 기술하고 정의하기 위해 고안된, 그러나 사실상 그것을 대신하고 있는 상징적 암호로부터 배척당해 있으므로 불가능한 그 몸을 정위(定位)하려는 욕망의 주위로 몰려든다.

신비주의자들(영적 사람들의 집합이 아니라 새로운 인식론적 형태를 드러내고 새로운 인식

---

56 De Certeau, *The Practice of Everyday Life*.
57 De Certeau, *The Practice of Everyday Life*, 149.
58 De Certeau, *The Mystic Fable*, 293.
59 De Certeau, *The Mystic Fable*, 295.

의 영역을 선언하는 영적 텍스트의 집합으로 이해됨)[60]은 세르토에게 "어떻게 그 '차이' 가 사회적으로 현시될 수 있는지, 또 어떻게 그 차이가 그에 대한 억압으로부터 떨쳐 일어나 다른 곳으로 나아가게 되는지를" 드러내 주고 있다.[61] 그는 자신의 저술에서 믿어지고 있는 것은 물론, 믿어지고 있는 것이 어떻게 믿을 수 있는 것이 되는가를 천착하고자 한다.

그리해 세르토는 종교적 표상과 그 표상을 믿거나 믿지 않는 사회 조직 간의 관계를 검토한다. 신학적(그리고 교회적) 검토는 프로이트와 라캉의 정신 분석을 부르디외(Bourdieu)의 사회적 인류학과 푸코의 지식의 정치학 분석 속으로 끌어들이는 혼합적 방법론에 따라 수행된다, 그는 또 무비판적 방식으로는 아니지만 데리다의 초기 저술 속에서 개진되고 이야기된 것과 기술된 것의 철학적 특성에 대한 통찰의 일부를 수용하고자 한다.

새롭게 등장하고 있는 비판적 역사를 토대로 세르토는 이어 믿음과 교리, 경험과 제도 간의 차이와 틈에 대한 하나의 상을 구축한다.

> 경험된 것(설명을 제시해 주거나 놀라움을 안겨주는)에 대한 의뢰는 끊임없이 표상된 것(공식적인, 받아들여진 혹은 부과된)과 경험된 것의 관계라는 문제를 폭로한다.[62]

신적 타자에 대한 경험은 욕망의 산물이자 촉진자인 언어에 대한 세르토의 이해의 중심에 놓여있다. 타자는 소리쳐 부른다. 그것은 "이름에 의해 구체화할 수 없고 우리의 말의 용법을 변화시키는 내면의 음성과 같은 몸속에서 메아리친다."[63]

예수회 수사인 세르토에게 "부르심"과 "순종"은 다른 예수회 신학자 폰 발타자르에게만큼이나 중요하다. 그는 성령의 신학, 곧 욕망에 대한 정신 분석학적 설명을 통해 해석된 성령론을 구성하고 있는 것 속에서 부르심의 언어학과 정치학을 추적하고 있다.

> 누구든지 부르심에 의해 '붙들리거나' 혹은 '사로잡힌' 사람은 신들린 언어로 이야기하기 시작한다. 미지의 현으로부터 흘러나온 음악은 새로운 실존의 리듬을 펼치기 시작한다. … 그것은 사고의 내부로부터 주의력을 빼앗아 버리는 동시에 사고의 질

---

60 De Certeau, *The Mystic Fable*, 16.
61 De Certeau, *The Mystic Fable*, 242.
62 Michel de Certeau, *The Writing of History*, trans. Tom Conley (New York, 1988), 129.
63 De Certeau, *The Mystic Fable*, 297.

서정연한 흐름을 교란하며, 새로운 공간을 열거나 해방한다. 부르심 없는 신비주의는 없다.[64]

신비적 발화는 의식적으로 자체의 논리를 파괴하려고 애쓰고 있는 언어 속에서 모습을 드러내는 타자적 존재(an Other), 이름 지을 수 없는 존재에 대한 예증이 된다.

> 신비주의는 반 바벨탑이며, 그것의 붕괴 이후에 존재하는 공동의 언어를 향한 탐색이고, 인간 언어의 분산을 보상해 줄 '하나님의' 언어나 '천사의' 언어의 창안이다.[65]

그 자체로 지식은 욕망으로서의 언어의 산물이다. 타자에 대한 진정한 인식(라캉을 따라 세르토가 실재라고 부르는)은 어거스틴과 안셀름에 따를 때 기도의 영역에 자리해 있다. 신비주의자는 다른 자리로부터 이야기하고 이것을 수용 가능한 어법으로 옮기고자 한다.

그 어법을 수용 가능한 것으로 만드는 수단은, 그 어법에 권위를 부여하는 타자성을 전적으로 순화시키지는 않지만, 그것을 문화적 정치학 속에 하나의 저술과 나아가 역사 속에 연루시킨다.

그러므로 몸은, 곧 모든 지식의 몸은, 모든 사회적 제도는 타자의 이런 부름에 의해 '채워져 있는' 것이다. 교회라고 하는 그리스도의 몸은 그것의 토대가 되는 체험과 그것의 사회적 실재성 사이에서 불확실한 하나의 길을 열어나가야 하지만, 그 길을 읽어낼 수 있는 사람들에게는 세상의 성례전(*sacramentum mundi*)이 존재하는 것이다. 성육신은 욕망의 창시자인 타자의 부름에 의해 확립된 사랑의 노래다.

그러나 역사가인 세르토가 그려 보이는 현대의 발전이 이루어지는 내내 이 타자에게 가해진 단속이다. 그는 새로운 과학과 지식이 중세 시대의 "신학이라는 일원적 건축 양식"[66]과 관계없이 스스로 확립하는 16세기와 17세기의 접경지를 탐험한다.

이로부터 "글쓰기에 대해 가지는 역사가의 관계에서 신비주의가 담당하는 결정적 역할"이 비롯되는 것이다.[67] 그것은 신비주의와 더불어 특정한 문화의 패권이 비판을 받기 때문이다. 여기서 사료편찬(historiography)은 고도로 발달한 명백한 역

---

64 De Certeau, *The Mystic Fable*.
65 De Certeau, *The Mystic Fable*, 157.
66 De Certeau, *The Mystic Fable*, 104.
67 De Certeau, *The Mystic Fable*, xiv.

사 신학 내에서 기능하고 있다.

그러나 그것은 통합된 역사, 곧 모든 시간이 절대정신의 웅장한 표현 속으로 휩쓸려 들어가는 헤겔주의적 역사 관념이 아니다. 이것은 단절된 역사이며, 획일적이고 범세계적인 것에 대한 저항의 역사, 우리에게 다른 과거, 역사의 의미와 관련된 다른 선택권들을 개방하는 역사다. 그것은 원인과 결과의 연쇄 속에 바탕을 두고 있는 것이 아니라, 상징적 생산의 제반 영역들과 이런 영역들 사이에서 그리고 이 영역들 내부에서 기능하는 권력의 관계 속에 바탕을 두고 있다.

난제는 역사에 대한 이론 속에서 모습을 드러낸다. 역사학을 점유하고 있는 사건들은 우리의 기획들, 정치학과 온갖 이데올로기 속에 속수무책으로 사로잡혀있는 것으로 이해된다.

사건들은 상징적 관계의 영역들 속에서 발생한다. 그리해 사건은 정신 분석학이 "타자적 현장"(the other scene)이라고 표현하는 것을 구성하는 동시에 모호하게 하는 고도로 암호화된 텍스트다. 타자의 현장은 라캉의 실재(réal), 즉 표상 때문에 매개되지 않은 세계, 곧 인식 체계를 통해 여과되기 이전의 경험적 질료다. 이 "타자의 현장"은 문화적인 것이 파열될 때 취해질 수 있으며, 이런 사건은 성령이 이야기할 때 발생한다.

신비적 담론은 누가 말하고 있으며 그가 어디에서 말하고 있느냐는 질문을 영원히 묻고 있다.[68] 일상 속에서 이루어지는 실재(réal)의 성취를 세르토는 황홀경(ravissenment)이라 부른다.

이것은 신비적 함의를 지닌 말이지만, 바르티스(Roland Barthes)의 후기 구조주의적 "희열"(bliss)과 라캉, 푸코, 이리가라이 그리고 크리스테바의 열락(jouissance)과도 많은 유사성을 지니고 있다. 이 점에서 숭고한 존재에 대한 리요타르의 분석과도 유사성이 존재한다.[69]

세르토의 신학적 기획이 보여 주는 포스트모더니즘은 최근 데리다가 "불가능한 것에 대한 모종의 불가해한 체험"으로 묘사했던 것을 검토하는 가운데 다시 타자의 지평을 발전시켜 나가는 것에 주력하고 있다.[70]

이를 수행하면서 세르토는 신 중세적 교회론을 옹호하기 위해 라캉, 부르디외 그리고 푸코의 포스트모더니즘적 방법론을 채용하고 있다. 그가 자신의 강의에서

---

68 De Certeau, *The Mystic Fable*, 178.
69 숭고한 것의 체험으로서의 "현존"에 대한 리요타르의 저술을 보려면 각주 17을 보라.
70 Jacques Derrida, *Aporias*, trans. Thomas Dutoit (Stanford, CA, 1998), 15.

"어떻게 기독교는 오늘날 사유 가능한 것일 수 있는가?"를 역설하고 있는 것처럼 말이다.

> 기독교 신앙은 현재 활동 중이면서 객관적 안전장치들의 상실을 경험하고 있는 공동체들이 발견한 **살아계신** 하나님 이외에 다른 안전장치를 지니고 있지 않다. … 하나님이 존재하는가는 이제 알지 못하는 것, 그러나 기독교 공동체로서 존재하고 있는 것, 이것이 최초의 문제인 것이다.[71]

이런 강조로부터 세르토는 욕망과 실천의 신학 곧 신비적 체험에 바탕을 둔 하나의 성령론을 전개하고 있다. 마리온의 포스트모던 신학이 하나의 기초 신학(교의학과 종교철학 을 아우르는 가톨릭적 신학 개념에서)으로 표현될 수 있다면, 세르토의 신학은 사료편찬의 주제가 되는 종교적 관습과 종교적 집단들을 다루는 것에 그치는 것이 아니라 역사를 주제로 한 하나의 신학을 전개하는 역사 신학을 제시하는 것이라고 할 수 있다.

역사라는 텍스트는 어떠한 해명의 원리도 포용할 수 없는 복잡한 제도작업인 동시에 실제의 운동이다. 그리해 역사의 의미는 역사 기술에 대해 언제나 완결되지 않은 것으로 또 그것을 넘어서는 것으로 남아 있다. 6세기 알렉산드리아의 거리에 있던 **아바스 다니엘**(*Abbas* Daniel)에 대한 세르토의 기술처럼 말이다.

> 상징적 제도들 속에서 이미 대중들에게 알려진 하나의 타자성과 또 그 대중들이 언제나 '망각하고' 있다는 사실을 뒤쫓는 것, 이것이 그의 '신학적' 과제인 것처럼 보인다.[72]

6. 결론

포스트모더니즘은 어떤 이들에게 대단히 반종교적인 것으로 치부돼왔다. 부분적으로 이것은 의미의 유예와 정치적, 문화적, 생리학적, 경제적, 심리학적 다양한 힘들의 무한한 다원성에 대해 포스트모더니즘이 보이는 관심에 대한 잘못된 이해에

---

71 Michel de Certeau, "How is Christianty Thinkable Today?" *Theology Digest*, 19 (1971), 344-5.
72 De Certeau, *The Writing of History*, 43.

기인한다. 포스트모더니즘은 대중적으로 상대주의, 허무주의 그리고 언어적 관념론(언어의 구성물이 아닌 것은 존재하지 않는다는)에 대한 두려움을 불러일으키고 있다. 자유주의적 포스트모던 반신학들은 이런 대중적 개념에 아무런 이의를 제기하지 않는다. 사실 자유주의적 포스트모던 신학자들은 신의 죽음과 폭력의 존재론 그리고 실존의 제어할 수 없는 유전(flux)에 대한 강조를 통해 그러한 개념을 창출하는 데 일조해 왔다.

마리온, 세르토와 더불어 포스트모던 신학은 종교적 물음들이 어떻게 포스트모던적 사고에 의해 제기되는지(종결되거나 폐지되는 것이 아니라)를 설명해 주고 있다. 포스트모던적 하나님은 분명 사랑의 하나님이며, 사랑의 경륜은 자기비하적인 것이다.

차이와 변화 그리고 거리를 통해 유일하게 가능한 것은 욕망이 창조의 하부구조라는 것이다. 욕망은 초월을 가능한 것으로 만드는 동시에 필연적인 것으로 만든다.

특정한 기독교 공동체들-그리스도의 삶과 사역에 관한 이야기에 의해, 교회의 교리적 가르침과 예전적 의식에 의해 정의되고 창조되는 공동체-내에서 이 사랑의 작용은 삼위일체 하나님과 구원의 경륜에 대한 재진술을 허락해 준다. 신학적으로 해석된 포스트모더니즘은 신적인 것의 말소가 아니다.

오히려 그것은 신적인 것이 고려의 대상이 되는 공간을 설정한다. 신적인 것은 무한한 질문의 제기-레비나스의 "수수께끼", 식수의 "신비"-와 더불어 도래한다.

유대인으로서 데리다의 제자이자 『여성적 글쓰기』(Écriture feminine)[73]의 공동발행인인 엘렌 식수는 다음과 같이 고백하고 있다. "후일 내가 글쓰기를 중단할 때, 내가 110살이 되었을 때, 내가 한 모든 것들은 결국 신의 초상을 그리는 일이 될 것이다. 하나님은 우리로부터 달아나고 우리를 놀라게 만드는 것이며, 우리가 알지 못하지만 느끼는 것이며, 우리를 살아 있게 만드는 바로 그것이다."[74]

---

[73] 이 운동에 대한 간략한 입문과 이 운동이 지지하는 것을 알기 원하는 사람은 Toril Moi, *Sexual/Textual Politics: Feminist Literary Theory* (London, 1985), 108–26을 보라.

[74] Cixous, *"Coming to Writing" and Other Essays*, 129.

참고 문헌

1차 자료

Altizer, Thomas J. J. (ed.), *Towards a New Christianity: Readings in the Death of God Theology* (New York, 1967).
_____. *History as Apocalypse* (Albany, NY, 1985).
Certeau, Michel de, *The Mystic Fable*, trans. Michael B. Smith (Chicago, 1992).
_____. *The Certeau Reader*, ed. Graham Ward (Oxford, 2000).
Cupitt, Don, *The Long-Legged Fly* (London, 1987).
_____. *Last Philosophy* (London, 1995).
Griffin, David Ray, *God and Religion in the Postmodern World: Essays in Postmodern Theology* (Albany, NY, 1989).
Marion, Jean-Luc, *God Without Being*, trans. Thomas A. Carlson (Chicago, 1991).
Scharlemann, Robert P., *The Reason of Following: Christology and the Ecstatic* (Chicago, 1991).
Taylor, Mark C., *Deconstructing Theology* (Atlanta, GA, 1982).
_____. *Erring: A Postmodern A/theology* (Chicago, 1984).
Ward, Graham, *The Blackwell Companion to Postmodern Theology* (Oxford, 2001).
Winquist, Charles, *Epiphanies of Darkness: Deconstruction in Theology* (Chicago, 1986).
_____. *Desiring Theology* (Chicago, 1995).

2차 자료

Berry, Philippa and Wernick, Andrew (eds.), *Shadow of Spirit: Postmodernism and Religion* (London, 1992).
Hoesterey, Ingeborg (ed.), *Zeitgeist in Babel: The Postmodernist Controversy* (Bloomington, IN, 1991).
Lyotard, Jean-François, *The Postmodern Explained*, trans. Don Barry et al. (Minneapolis, MN, 1993).
Vattimo, Gianni, *The End of Modernity*, trans. Jon R. Snyder (Cambridge, 1988).

제3부
신학과 과학

제20장 신학과 물리과학
필립 클레이튼(Philip Clayton)

제21장 신학과 생물학
실리아 딘-드럼몬드(Celia Deane-Drummond)

제22장 신학과 사회과학
리처드 로버츠(Richard Roberts)

제3부
신학과 과학

"신학과 그 무엇"이라는 말은 빠르게 발전하고 있는 이론 신학(academic theology)의 한 측면이 되어 왔다. 문화적이고 지적 세상은 더욱 다양하게 차별화되어 많은 학과와 갖가지 형태의 문화적이고 종교적 표현들을 확산했다.

그리고 동시에 현대 교육(특히 세계적 고등 교육의 엄청난 발전)과 커뮤니케이션 덕분에, 더 많은 사람이 이런 지적이고 상상력이 넘치는 삶의 다양함을 인식할 수 있었다.

우리는 어떻게 하나님이 이런 삶과 관계를 맺는다고 생각할 수 있을까?

창조된 세계, 인류, 성(gender), 기관들, 악과 죄, 성경, 윤리, 미래 등을 이해한 결과는 무엇인가?

기독교 사상은 어떤 식으로 그런 삶의 질적 향상과 비판과 변화에 책임 있게 관여할 수 있는가?

이런 폭발적 생명력의 복잡함은 엄청나며, 분명히 과거에 약간 타당성을 지녔던 일반화와 반응 습관 그리고 결론들은 적절하지 않다고 생각될 것이다. 신학의 처지에서 볼 때, 각 분야의 특수한 부분들에 온전히 관여하기 위해 지적으로 책임이 따르는 대안은 절대 없다.

제3부는 물리과학과 생명과학과 사회과학과 관련해 이 작업을 시도한다.

이 분야들은 자연, 사회 세계의 현실과 생명력에 깊이 관여해 왔다. 그것들은 현대문명을 변화시켜 온 방식들로서 에너지와 지식, 이해에 초점을 맞춘다. 필립 클레이튼(Philip Clayton)과 실리아 딘-드럼몬드(Celia Deane-Drummond)는 신학과 자연과학에서 일어나고 있는 일을 설명하고, 그들이 향후에 유익한 방법이라고 생각하는 것에 여러 지침을 제공한다.

리처드 로버츠(Richard Roberts)는 신학이 사회과학과 관계를 맺어 온 방식의 유형을 배열한 다음, 자기 나름의 매우 다른 접근 방법을 그 모든 것들에 대한 대안으로 제시한다.

제20장

신학과 물리과학

필립 클레이튼(Philip Clayton)

　기독교 신학자가 결국 자연 세계는 신학 영역의 밖에 있다고 선언하려는 것이 상상할 수 없을 정도이다. 신학의 과제는 하나님에 의한 "하늘과 땅"의 창조부터 시작한다. 그리고 우리는 남자와 여자의 창조 결과로 신학적 인간학의 모든 것을 이 창조의 처음 행위라는 맥락 안에서 이해해야 한다.

　종교개혁 이후부터 20세기에 들어설 때까지 인간 주체가 의미와 가치의 유일한 원천이요, 진리의 유일한 조정자임을 천명하는 근대적 전회(modern turn)로 말미암아 신학은 불구가 되고 말았다. 단지 최근 들어서 신학자들은 그 전제들에 의문을 제기하기 시작했는데, 그것은 수 세기 동안 신학적 성찰의 영역을 인위적으로 축소했고 수많은 개별적 교리들 사이의 균형 관계를 깨뜨렸으며, 종합적 노력으로서의 조직 신학의 완수를 위협했다.

　최근에 물리과학과 대화하면서 생겨난 자연 신학의 부활은 하나님과 세상, 창조와 구원, 신학적 인류학과 자연 신학(*theologia naturalis*) 같은 주요 교리들 사이에 있었던 전통적 균형을 회복시킬 것이라는 희망을 준다. 그 과정에서 신학자들은 우리가 자아와 타자와 세상에 대해 져야 할 책임의 성격뿐 아니라, 인간과 나머지 피조물 사이의 관계도 재고할 수밖에 없을 것이다.

　이 단원에서 우리의 과제는 자연 신학의 몰락을 초래한 현대 신학의 위기를 탐구하는 것, 어떤 변화들이 최근에 물리과학과의 대화에 관한 신학적 관심의 재탄생을 가능하게 했는가를 이해하는 것, 자연과학 안에서 최근에 발생한 돌파구에 진짜로 반응하는 자연 신학의 유형을 최소한 개략적으로라도 윤곽을 그려보는 것이다. 우리는 이런 더 폭넓은 배경을 통해서만 '신학과 학문'이라는 하위 분야를 이해할 수 있다.

1. 현대 사상에 있어 자연 신학의 몰락

루터의 사상에서 교회의 토마스주의 신학과 교권과 자연철학(philosophia naturalis)을 결합한 것은 개혁을 위한 그의 추구를 가로막는 난공불락의 요새가 되었다. 참된 기독교 신학이라면 새로운 토대가 필요했을 것이다. 루터는 **오직 성경**(sola scriptura), **오직 믿음**(sola fides)에 호소하면서 하나님과 개인적 관계의 직접성(immediacy)에 관심을 가졌다.

그러나 그가 얻은 것은 값을 치르고 얻어졌다. 곧 예를 들어 물리적 세계와 교회의 전통적 가르침 안에서 표현된 대로 하나님 '중재의 손'(the mediated hand of God)이 모호해졌으며, 계시로서의 그 상태에 문제가 발생하게 된 것이다. 칼빈의 개혁과 신학도 '자연의 빛'(lumen naturalis)을 하찮은 보조역할로 격하시키고 말았다.

자연 안에 아무런 계시가 없다면, 대다수 사람은 하나님을 거부한 책임을 떠맡지 않을 것이다. 또 성령의 직접적 구원의 영향이 없으면 자연의 빛은 좀처럼 효력을 발휘하지 못할 것이다. 인간의 지성은 죄로 인해 너무 어두워져서 그 지식에 긍정적으로 반응하지 못한다. 그래서 칼빈은『기독교 강요』앞부분에서 다음과 같이 표현한다.

> 비참한 인간이 하나님을 구할 때 그들은 마땅히 해야만 하는 대로 자신보다 더 높이 올라가는 대신 그들 자신의 육체적 어리석음으로 하나님을 평가한다. 그리고 단호한 의문을 무시한다.

개신교 스콜라주의와 존 웨슬리, 그 밖의 사람들과 관련된 성화 운동 그리고 조나단 에드워즈의 경건주의와 19세기 후반의 윤리 신학에서 이와 같은 강조가 반복해서 표현되었다.

또 다른 근대의 개혁자는 인간의 주관성을 신적인 것이 계시 되는 주요 장소로 전환했다는 이유로 자주 비난을 받는다. 일반적 이해에 따르면, 르네 데카르트(Rene Descartes)는 인간의 모든 지식의 기초를 인간 주체의 확실성 위에 놓음으로써, 인류를 궁극적 형이상학적 단계로 격상시키려고 노력했다.

하지만 이 마지막 주장은 거짓이다. 데카르트의 형이상학은 분명히 무한하게 완전한(infinita perfectio) 신개념에 근거를 두고 있으며, 인류는 그에 의해 창조되었고 인

간 본성에 관한 모든 성찰은 신을 본떠 만들어져야 한다.[1]

그런데도, 데카르트가 '명석 판명한 관념들'이라는 새로운 방법에 의지함으로써 스콜라주의의 과도함(excesses)을 교정할 수 있으리라고 생각했던 것은 사실이다. 그리고 또한 그가 쓴 작품의 직접적 결과로 주관적 확실성의 개별적 의미가 역사상 그 이전의 어떤 시점보다도 현대 신학에 더욱더 큰 역할을 하게 되었다는 것은 사실이다.

지식과 형이상학을 인간 주체에 초점을 맞추는 과정은 임마누엘 칸트(Immanuel Kant)의 선험적 철학에서 절정에 달했다. 칸트에게 지각이 있는 존재들(sentient beings)은 일련의 "오성의 범주들"을 그들의 지각이나 감각 자료 위에 부여함으로써 경험세계를 만들기 때문에 인간 인지자(knowers)는 지식을 정의하고 참된 신념과 거짓된 신념(또는 정당화된 신념과 정당화되지 않은 신념) 사이를 판결하는 권위의 **사실상**(de facto) 소재지가 된다.

인간학이 자연 신학보다 위에 있고 이런 식으로 한계가 설정되는 한, 어떤 자연 신학도 우선 인지자와 인지 대상 안에서 인지자의 역할을 분석하지 않고서는 진행될 수 없다. 19~20세기 초반에 신학에 미친 칸트의 거대한 영향력은 프리드리히 슐라이어마허(Frederick Schleiermacher)의 손으로 칸트철학에 세례를 줌으로 인해 더 배가되었다.

그러나 신학자들과 철학자들이 근대에 신학과 과학 사이의 결별에 대해 모두 평가받을 자격이 있는 것은 아니다. 상당히 영향력이 컸던 것은 이 시기에 그들 대부분의 연구에 연료를 공급해 준 '자기 이해'(self-understanding)와 결합한 물리과학의 성공이었다.

프란시스 베이컨(Francis Bacon)이 중세 사상의 네 가지 '우상들'을 비판하면서 아주 강력하게 표현했던 대로, 신학이나 형이상학의 통제로부터 자연과학이 독립한 것은 불행하게도 과학이 지식의 원천인 신학의 자리를 빼앗았다는 주장으로 부풀려지게 되었다.

천문학과 기초 물리과학의 엄청난 발전을 낳았던 같은 방법론은 그로 인해 환원주의적 형이상학적 입장을 자극하는 힘이 되었다. 토마스 홉스(Thomas Hobbes)는 『리바이어던』(Leviathan) 서문에서 만물은 "운동하는 질료"(matter in motion)라고 주장했다. 그래서 현대 과학자들에게 남아 있는 유일한 과제는 어떻게 모든 것이 이

---

[1] Philip Clayton, *The Problem of God in Modern Thought* (Grand Rapids, MI: Eerdmans, 2000), 제2장.

핵에서 나올 수 있는지에 대한 세부 항목들을 자세히 설명하는 것이 되었다.

예를 들어 추상적 개념들에 대한 지식은 물질적 감각 자료로 소급되어야 한다(참고. 본래 관념에 대한 로크의 공격). 또 합성 유기체와 체계에 대한 설명은 기초 물리과학의 법칙과 역동성으로 환원되어야 한다. 그리고 또한 비물질적 모든 것—천사에서 영혼과 도덕과 기관에 이르는—은 물질적 차원에서 폐기되든지 재구성되어야 한다.

분명히 이런 전제들이 군림하는 동안, 신학자들은 자연과학에 물리 세계를 적법한 영역으로 양도하는 것에 신중히 처리했고, 자신들의 공헌을 도덕성과 미 그리고 주관적 감정의 영역들로 제한해 버렸다.

그러나 신학을 이런 방법으로 제한하는 움직임은—그 운동이 '감성'(샤프스베리 경과 흄)의 깃발 아래에서든지, '내부의 도덕법'(칸트)의 깃발 아래에서든지, '절대 의존 감정'(슐라이어마허)의 깃발 아래에서 전진하든지—확고한 자연 신학의 후퇴를 의미했다. 20세기에 잘 안착한 우리는 여전히 신학자들이 몇몇 형태의 환원주의적 물리주의를 신학을 위한 적절한 배경으로 수용하고 있는 것을 발견한다.

신학자들에게 남아 있는 유일한 결정은 다른 어떤 독립적(비과학적) 지식의 영역을 신학의 정당한 영역으로 보존하기 위해 노력하든지, 물리과학의 인식적 궁극성에 동의하고 지식에 대한 자기주장을 잃어버린 신학이 물리과학과 일관된 상태로 남아 있을 것을 단지 보여 주려고 노력하든지를 결정하는 것으로 보이게 되었다.[2]

2. 환원주의적 프로그램의 붕괴

20세기 말까지 환원주의적 프로그램이 격심하고 어쩌면 치명적 좌절을 겪었다는데 널리 동의한다. 중요한 것은 신학자들이 환원주의라는 풍차와 계속 투쟁하지 않기 위해 이런 변화를 이해한다는 것이다.

더 나쁜 것은 풍차가 승리했고 그 영역에서 물러났다고 그들이 생각하는 것이다. 이 놀라운 변화의 원인은 무엇인가?

제일 먼저 물리과학은 세계의 모든 현상의 기원이 될 수 있는 단일한 설명 체계

---

[2] 후자의 범주에서 우리는 다른 사람들 가운데 고든 카우프만에 대해 생각한다; 예를 들어 다음의 책을 보라. *In Face of Mystery: A Constructive Theology* (Cambridge, MA: Harvard University Press, 1993).

에 대한 꿈을 영구적으로 제한하는 것으로 보였던 것과 마주하게 되었다.

그 방해는 다양했고 결정적이었다. 곧 상대성 이론은 광속을 속력(velocity)에 대한 절대적 한계(absolute limit)로 도입했고 그 결과 우주 안의 전달과 인과 작용을 위한 일시적 한계(temporal limit)로 도입했다.

하이젠베르크(Heisenberg)의 불확정성의 원리는 수학적 한계를 미립자의 위치와 운동량에 대한 지식 가능성에 두었다. 그리고 코펜하겐의 이론가들은 양자역학의 비결정성이 일시적 인식의 문제일 뿐만 아니라, 물리 세계 자체의 "내재적" 비결정성을 반영했다는 놀라운 결론에 이르게 되었다.

소위 카오스 이론이 보여 주는 바에 따르면 (기상관측체계와 같은) 복잡계(complex system)의 미래 사태는 처음의 상황을 민감하게 의존하기 때문에 빠르게 측정할 수 없다. 이것은 아주 민감한 의존이기 때문에 유한한 인지자(knower)가 절대 그 체계의 발전을 예측할 수 없을 것이다(그것은 자연 체계의 백분율로 비추어 볼 때 무질서한 행위를 보여 주는 어마어마한 한계다).

쿠르트 괴델(Kurt Gödel)은 한 유명한 증명[3]에서 수학이 완전할 수 없고 … 그 목록이 쉽게 확장될 수 있다는 것을 보여 주었다.

환원주의적 프로그램의 붕괴는 과학 자체 내의 발전의 결과일 뿐 아니라 과학철학 안에 있는 전체론적 구성 요소들에 대한 증가한 강조와 과학사와 과학사회학의 탄생, 인식론에 있어 "토대론"(foundationlism)의 붕괴, 자연계 안의 창발성(emergence)을 지지하는 새로운 자료들(이것에 대해선 아래에서 다룰 것이다), 과학 실습에 대한 형이상학적 전제들의 영향에 대해 증가하고 있는 인식 때문에 생겨났다.

환원의 방법들은—즉 그것의 구성 요소들, 원인, 그 행동을 결정하는 법칙들의 관점에서 자연 현상들을 이해하려는 시도—여전히 과학의 매일 실습을 특징짓고 미래에도 계속해서 그렇게 할 것이다. 그러나 환원주의의 원리는 자연과학과 다른 분야들 사이의 상호 관계에 대한 새로운 깨달음을 설명하면서 과학도들 사이에 놓이기 시작했다. 물론 환원주의라는 지옥은 아직 완전히 함몰되지는 않았다.

큰 지역은 여전히 그 불꽃으로 타오르고 숲은 여전히 물리 소립자들과 물리적 원인의 재로 분해되고 있다. 과학자들과 스티븐 와인버그(Steven Weinberg)와 리처드 도킨스(Richard Dawkins) 같은 과학 작가들은 소화해야 하는 옛 철학의 섬광을 대표한다.

그리고 중재하는 태도를—우리는 E. O. 윌슨(E. O. Wilson)의 『일치』(Consilience)와 J. 구드(J. Gould)의 『시대의 바위』(Rocks of Ages)에 대해 생각한다—공식화하려는 몇몇

---

[3] 이 유명한 논증은 괴델의 '존재론적 증명'을 가리킨다(역주).

시도는 같은 옛 철학을 새로게 한 형태보다도 사실상 덜 새롭다.

그런데도, 상당히 많은 과학자와 철학자들이 몇 세대에 걸쳐 참이라고 인정된 후기 환원주의적 패러다임을 갖고 연구하고 있다.

그래서 신학자들에게 위험스러운 것은 그들이 환원주의적 물리주의와의 싸움에서 지게 될 것이라는 점이 아니라, 그들이 수 세기 동안 벌여온 전투가 주요한 전기를 맞게 되었다는 것을 알아차리지 못할 것이라는 점이다.

특히 인식론에 있어 토대론(foundationalism)의 붕괴를 포함한 변화들이 축적되어 현재 포스트모더니즘으로 널리 언급된 새로운 분위기가 창출되었다. 종합하면, 이런 변화들은 결국 신학자들과 일반 형이상학자들이 인간의 지식과 신념의 다양한 파편들을 체계화하는 임무를 새롭게 착수하도록 초청한다.

이 새로운 초청의 협정(terms)은 지식에 대한 절대주의의 주장을 배제한다. 그리고 승인되어야 할 다른 인식의 제약이 있다. 그런데도, 가장 큰 비극은 신학자들이 바람의 변화를 주목하지 못하고 예전의 방향으로 계속해서 항해하려고 노력하는 것이리라.

3. 신적 행위와 자연 신학

과학과 신학 간의 모든 논쟁에 스며든 것은 신적 행위에 관한 질문인데, 그것은 단연코 신학에 대한 과학의 제일 큰 도전으로 대변될 수 있을 것이다. 돌이켜보면, 우리는 이전에 하나님의 세상 내 간섭을 설명한 많은 것이 해당 자연 과정에 대해 그 당시에 통용되었던 인간의 지식에 기초했음을 깨닫는다.

과학이 이 과정들을 통제하는 법칙들을 이해하고 매우 정밀하게 결과를 예측하기 위해 배우면 배울수록 신학적 설명과의 충돌은 꾸준히 증가해 왔다. 게다가 신학자들은 비록 사실이라 할지라도 타당한 과학적 설명이 어떤 영역에서는 불가능하다는 점을 암시하는 태도를 [정확히 말하자면] 내심 크게 견지하지 않았다.

비록 신적 행위에 관한 논쟁 전체를 여기서 요약할 수는 없지만, 적어도 주요 입장 8가지를 확인할 수 있다.[4] 필자는 과학과의 예상되는 점증하는 충돌의 순서로

---

[4] 트레이시의 책에서 탁월한 요약을 찾아볼 수 있다(David Tracy, ed., *The God Who Acts* [University Park: Pennsylvania State University Press, 1994]). 그 문제에 관해 단연 제일 좋은 논문 모음집은 "신적 행위에 관한 과학적 관점들" 시리즈이다.

그것들을 나열한다.

1) 자연주의와 물리주의 신학
2) 다양한 형태의 이신론
3) 모든 역사가 단일한 신적 행위를 나타낸다는 견해(모리스 와일즈)
4) 하나님과 자연적 원인 모두 모든 사건의 결과를 결정한다는 '이중 작인'의 입장들(오스틴 파러와 A. N. 화이트헤드)
5) 자연적 원인의 끈을 손대지 않고 위배하지 않은 채로 남겨두는 신적 행위에 대한 '포괄적인' 설명들(아더 피콕)
6) 신의 개입이 구원사적이거나 '초역사적'이거나 신비적 진리로서만 언급될 수 있기에 과학과 충돌하지 않다는 주장들
7) 하나님이 평상시에 자연 질서의 보전을 존중하지만 적어도 한번은 그것을 바꾸셨다는 주장들(부활)
8) 신의 개입과 기적의 결과를 조화시킨 확고한 주장들(C. S. 루이스, C. 존 콜린스)

보그(Marcus Borg)와 라이트(N. T. Wright) 간의 논쟁에서 두드러졌고, 예수 세미나 모임에서 미디어용으로 제작된 소위 역사적 예수에 관한 제3의 탐구는 과학과 종교 간의 충돌이 어떻게 신적 행위에 대한 신학적 주장에게 영향을 주었는지에 대한 단 하나의 표지로 보일 수 있다.

신적 행위의 성격과 위치에 대해 과학이 낳은 논쟁은 구성적 자연 신학의 과제에 어떻게 이바지할 것인가?

한 가지 유익한 예가 최근에 저술된 책[5]에 과학자들과 함께 투고한 개신교, 가톨릭, 동방 정교 신학자들에게서 기인한다. 대부분 신학자는 전통적 신적 행위 이론들이 현재의 과학이 물리 세계에 관해 설명하는 것과 양립될 수 없다고 주장한다.

그러나 그들은 기독교 유신론자들로서 세상에 미치는 하나님의 영향력을 전제하고 또 그들은 신학자들로서 그것을 명확하게 말하고 싶은 자극을 받는다.

신학은 어떻게 하나님과 세계와의 관계를 진술해야 하는가?

신과 세계를 단순히 일치시키는 것은 문제가 된다. 유신론은 하나님이 세상의 근원이 돼야 하는 것을 요구하기 때문이다.

---

5   Philip Clayto and Trthur Peacocke (eds.), *In Whom We Live and ZMove and have Our Being: Panentheistic Reflections on God's Presence in a Scientific World* (Grand Rapids, MI: Eerdmans, 2004).

그러나 만일 신적 행위가 자연 세계 밖에서 온다면, 그것은 자연법칙과 충돌을 일으키며, 폐쇄된 물리계 안으로 새로운 에너지를 도입할 것이다.

이 두 가지 모두 신학이 자연과학의 전제와 방법과 결과물과 다투게 한다. 만일 이와 반대로 하나님이 세상과 더 가깝게 관계한다고 생각된다면 신적 영향력은 그 에너지와 인과적 구조를 활용하면서 세상 사건들의 부가물로 이해될 수 있다. 많은 사람은 범재신론(panentheism)—비록 신이 세상보다 더 크겠지만 세상이 신 안에 존재한다는 신학적 견해—의 자원들을 활용함으로써 이 세 번째 옵션을 채택한다.

범재신론자들은 그들이 '내부의'(within) 관계를 이해하기 위해 어떤 모델을 사용하는가에 대해 의견이 다르다. 하나님과 세상과의 관계가 사람의 마음과 신체와의 관계와 부분적으로 닮아있다는 견해인 '범재신론적 유비'(panentheistic analogy)에 대해 어떤 사람들은 인정하고 다른 사람들은 부정한다.

만일 우리가 이 유비를 사용하면 그리고 만일 우리가 마음을 물리적 과정을 둘러싸면서 또한 그것을 뛰어넘는다고 이해한다면(창발론자들이 이해하는 것처럼) 신적 행위의 설명을 위한 흥미로운 가능성이 생겨난다.

하나님은 신적 행위를 위한 수단으로 자연 과정—물리 법칙, 생명체의 형태와 구조, 개별적 자극 그리고 문화 진화를 모두—을 활용할 수 있을 것이다. 마음이 그것을 구성하는 물리적 과정보다 더 많이 남아 있는 것처럼 신적 행위는 우주 안에 있는 물리적 과정의 총합보다 더 많이 이바지한다.

4. 신학과 과학 간의 논쟁에서 사용되는 주요 용어들

두 영역 사이의 밀도 있는 탈환원주의적 대화라는 이 새로운 시대에 과학이 신학자들에게 어떤 자료들을 제공하는가?
과학은 계속해서 어떤 도전을 일으키는가?
오늘날의 과학은 어느 지점에서 전통 신학과 일치하는가?
그리고 개정과 혁신이 필요한 곳은 어디인가?

마지막으로 신학과 자연과학 사이의 새로운 논의는 어떻게 자연 신학의 부흥에 이바지하고 그것을 통해 전체 신학의 재구상(reconception)에 이바지할 수 있는가?
이 질문들은 신학자들과 자연과학자들이 현대에 논쟁하고 있는 다섯 가지 주요 주제를 고찰함으로써 가장 잘 답변할 수 있다.

1) 우주론과 창조

우주론의 발전은 항상 신학적으로 큰 의미가 있었고 20세기도 예외는 아니었다. 20세기 초에 허블(Hubble)이 멀리 떨어진 행성과 은하계에서 나오는 빛의 붉은 변화를 관찰한 것이 우주 만물을 생겨나게 한 '빅뱅'(big bang)이라는 생각을 지지했을 때 신학자들은 재빨리 이런 형태의 기원이 정확히 우주가 하나님에 의해 창조되었다면 우리가 찾기를 기대하는 것이라고 지적했다.

마찬가지로 빅뱅이론을 반대하는 편도 신학적으로 자극을 받아 왔다. 프레드 호일(Fred Hoyle)이 더 중요한 대안, 즉 '정상우주론'(Steady State Theory)를 소개했을 때 그는 그 가설의 주요 동기가 빅뱅이론이 제공한 창조론에 대한 명백한 옹호를 제거하는 것이라는 점을 분명히 했다.

호일 이론의 실패는 그다음에 신학자들에 의해 창조 교리를 위한 승리로 선포되었다.

사실상 문제는 더 복잡하다. 빅뱅은 우주가 하나의 단일점(singularity), 즉 물리 법칙들의 관점에서 설명할 수 없는 하나의 물리적 사건 안에 그 기원이 있다는 것만을 의미한다.

빅뱅의 원인에 대해 말하는 것은 물리적으로 의미가 없으므로 어떤 사람들은 최근의 우주론이 자연 신학에 대한 패배를 상징한다고 생각했다. 왜냐하면, 만일 빅뱅이 지식의 마지막 장벽을 의미한다면 아무도 우주의 존재로부터 우주의 창조주이신 하나님까지 주장할 수 없기 때문이다. 더욱이 적어도 몇몇 우주 의론은 해간 어떤 최초의 순간이나 "t=0"이 있다는 것과 결과적으로 하나님이 창조하셨을 어떤 "순간"(하틀과 호킹의 가설, the Hartle-Hawking hypothesis)도 없었다는 것을 모두 부정한다.

그러나 자주 인용되는 논문에서 로버트 러셀(Robert Russell)은 t=0이라는 순간이 없이도 현대 우주론은 여전히 실제 우주의 우연성을 옹호하는 데, 그것이 창조 교리 배후에 있는 신학의 핵심 원리라고 주장을 한다.[6]

자연 신학의 두 번째 형태는 우주의 "미세 조정"(fine tuning)에 초점을 맞춘다. 상당히 많은 물리적 제약들과 물리 법칙들은 생명이 출현하기 위한 올바른 가치를 갖고 있다. 양성자 덩어리와 물리적 힘의 강도가 미량에 의해도 달라졌다면 생명이 생겨나는 것은 물리적으로 불가능했을 것이다.

---

6 로버트 러셀의 다음 논문을 보라; Russell et al. (eds.), *Quantum Cosmology and the Laws of Nature* (Vatican City: Vatican Observatory Press, 1993).

생명을 불가능하게 하는 데 충분하며, 우리가 알다시피 여러분이 생명의 최대 비개연성에 대해 어느 정도 알고 있는 불일치(variance)로 인한 그러한 제약들의 수를 나누어 보라.

여전히 우리는 존재한다. 많은 주요 과학자들과 신학자들은 이런 사실 속에서 하나님의 섭리적 손길의 증거와 지적 생명체를 창조한 신적 의도의 증거를 본다.

"지적 설계"(intelligent design) 논증으로 알려진 여전히 더 강한 태도의 논증에서 윌리엄 뎀스키(William Dembski)와 같은 자연 신학자들은 지적 생명체를 산출(産出)할 필요가 있었던 복잡성의 단계가 지적 행위자에 의해 창조될 수 있었을 뿐(could only have been created)이라고 주장한다. 여기서 조동사 could는 수학적 필연성의 힘을 갖는다.[7] 그러나 그러한 주장들 또한 물의를 일으키는 것으로 판명되었다.[8] 과학은 우리가 사는 우주와 약간 다른 어떤 우주에서도 최초에 있던 어떤 관측자들도 없을 것이라고 가르친다.

그래서 우리와 같은 관측자들을 포함하는 우주는 저 관측자들이 존재하는 데 필요한 어떤 물리적 가치들이라도 분명히 드러내야 한다.

이런 반응—이것은 '약한 인류의 원리'(weak anthropic principle)라고 불리게 되었다—은 좀처럼 건전한 자연 신학을 제공하지 못한다.

더욱이 만일 다수의 우주가 있다면, 어떤 과학자들이 생각하는 것처럼 아마도 무한하게 많은 우주일 수도 있겠는데, 그러면 통계적으로 적어도 우리가 생명이 출현하도록 허용하는 근본적 가치들의 올바른 조합을 갖게 되리라는 것은 놀랍지 않다.

그리고 분명히 관측자들은 그러한 우주 안에 있는 자신을 발견할 수 있을 것이다! 안드레 린드(Andre Linde)와 마틴 리브스(Martin Reeves) 그리고 폴 데이비스(Paul Davies)와 같은 주요 우주론자들은 이런 종류의 '다중우주' 이론들이 진지하게 취급되어야 한다고 주장한다.

---

7   Wiliam Dembski, *The Design Inference: Eliminating Chance Through Small Probabilities* (New York: Cambridge University Press, 1998); *Intelligent Design: The bridge Between Science and Theology* (Downers Grove, IL: InterVarsity Press, 1999); *No Free Lunch: Why Specified Complexity Cannot be Purchased without Intelligence* (Lanham, MD: Rowan and Littlefield, 2002); and Dembski (ed.), *Signs of Intelligence: Understanding Intelligent Design* (Grand Rapids, MI: Brazos Press, 2001). 지적 설계 논증은 다음의 책에 잘 요약되었다; Del Ratzsch, *Nature, Design and Science: The Status of Design in Natural Science* (Albany, NY: State University of New York Press, 2001).
8   그들이 운동 전체나 '지적 설계' 또는 'ID' 학파에 불을 지폈지만, 뎀스키가 제안한 것들이 매우 논쟁적인 것으로 판명되었다. 로버트 페녹(Robert Pennock, *Tower of Babel: The evidence Against the New Creationism* [Cambridge, MA: MIT Press, 1999])의 책에서 날카롭게 비판한 것을 보라.

그런데도 필자는 물리과학자들이 신의 창조와 일관된 우주론을 산출하는 것이 신학적으로 의미 있는 일이라고 제안하는 바다.

그 증거가 **자연 신학**(natural theology)—하나님의 존재에 대한 연역적이고, 과학에 기초한 논증—을 지지하기에 충분하지 않을 수도 있지만, 강제적 방식으로 자연에 관한 신학(theology of nature)으로 통합될 수 있다. 이런 구별은 그 분야에서 기본적인 것이 되었는데 신학자들이 한편으론 물리과학에 대한 경멸을 피하도록, 다른 한편으론 신 존재에 대한 물리과학에 기초한, 새로운 증거들에 대해 지나치게 낙관적 평가를 피하도록 도와줄 수 있는 신학과 과학 간의 논쟁을 위한 방법론을 제안한다. 더욱이 현대 우주론은 신학자들이 공헌할 수 있는 설명에 도움이 되는 문제들을 진정으로 제기한다.

예를 들어 만일 다중우주론(the multiverse theory)에 의해 단정된 우주들의 총체에 걸쳐 보존되는 법칙들이 있다면 이런 규칙들(regularities)에 대해 어떤 해명을 해야 한다. 그리고 하나님이라면 그런 해명을 제시할 것이다.

우리는 또한 이 모든 우주의 존재에 대한 설명을 요구할지도 모른다. 모든 것이 독립적으로 창조되었거나-그것은 단 하나의 우주를 창조하는 위대함보다 더 하나님의 창조 능력을 거대하게 확장할 것이다-모든 우주가 하나님이 또한 창조주이었을 수도 있는 원시 우주(Ur-universe)로 소급될 수 있다.

2) 양자물리과학: 성령, 자유, 비결정성, 상보성

20세기를 여는 수십 년 동안 소립자의 세계에 대한 우리의 이해를 변화시켰던 혁명적 대약진과 거의 동시에 과학자들과 철학자들은 물리과학을 뛰어넘는 그 중요성에 대해 논쟁하는 데 관여했는데, 신학자들은 그리 뒤에 처지지는 않았다. 비록 계속 이어지는 토의가 확대되고 복합해졌을지라도,[9] 신학을 위한 주요 주제들의 연관성을 요약하는 것은 어렵지 않다.

첫째, 신학자들은 물리 세계가 양자의 차원에서 비결정적이라는 발견에 펄쩍 뛰었다. 하이젠베르크의 불확정성의 원리에 의하면 미립자의 정확한 위치와 운동량이 동시에 알려질 수 없다.

---

[9] 좋은 표본으로 다음의 책을 보라; Robert J. Russell et al. (eds.), *Quantum Mechanics: Scientific Perspectives on Divine Action* (Vatican City: Vatican Observatory Press, 2002).

양자역학에 대한 코펜하겐의 해석은 오랜 기간 주도해 온 해석인데, 이 비결정성이 우리의 현재 지식뿐만 아니라 **세계 자체 내의 근본적 존재론적 개방성**에도 제한을 가한다고 주장한다. 그러므로 만일 물리과학이 심지어 물리적 세계에 대한 완벽하고 결정적 설명으로 방해를 받는다면 많은 사람은 모든 지식이 근본 물리과학으로 환원될 것이라는 희망이 꺾여야 한다고 주장한다.

라플라스(Laplace)가 상상한 마귀-현재 물리적 사태에 대한 철저한 지식을 고려하면 [라플라스가 상상했던] 마귀는 우주 안에 있는 미래의 모든 대상과 사건들을 예측할 수 있었다-의 업적은 원칙적으로 불가능하다.

둘째, [내 생각에] 많은 사람은 양자역학에 대한 코펜하겐 해석이 자유 의지와 도덕적 책임성에 대한 논쟁에 적절하다고 생각했었다. 물론 인간이 자유로운 도덕적 행위자인 것이 양자의 비결정성에서 나온 것은 아니다. 따라서 결론짓는 것은 신학자들이 피하려고 시도해 왔던 또 다른 입장의 환원주의적 오류를 범하는 것이리라.

왜냐하면, 그것은 물리과학에 직접 기초를 두려는 것이기 때문이다. 그런데도 물리 세계 내의 비결정성이 인간의 (혹은 다른) 자유 의지를 위한 필요조건이라고 결론짓는 것은 정확해 보인다. 대신 그 역(逆)을 생각해 보라.

만일 모든 사건이 물리적 차원에서 결정된다면 세상은 의식 있는 행위자들이 점점 진화해 사건들의 결과에 영향을 미칠 여지를 남겨두는 인과적 개방성의 모양을 나타내지 않을 것이다.

이런 의미에서 비결정성과 자유 의지에 대한 논쟁은 과학과 신학 간의 관계를 위한 전형이 된다. 즉 물리과학은 신학적 논쟁의 결과에 영향을 미치지 않지만, 물리적 결과물들은 그 논쟁에 제약을 가한다. 그런데 그것들은 구체적 신학적 제안들의 그럴듯함을 증가시키거나 감소시킨다.

셋째, 본 바이츠제커(Von Weizsäcker)가 발전시킨 유명한 "상보성 논제"(complementarity thesis)는 재빠르게 기독론에서 적용점을 찾았다. 바이츠제커는 빛이 어떤 때에는 파동으로 다를 때는 입자들(광자들, photons)의 흐름으로 가장 잘 설명된다는 것을 보여 주었다.

두 개의 다른 설명은 비록 개념적으로 절충할 수 없는 것처럼 보이지만 실제로는 상보(相補)적이며, 둘 다 물리적 현상을 완벽히 이해하는 데 필요하다. 마찬가지로 신학자들이 성육신에 관해 주장했던 것처럼 예수 그리스도라는 한 인격은 "완전한 하나님"이면서 동시에 "완전한 사람"이라고 적절하게 표현될 수 있다.

비록 두 표현이 절충되지 않는 것처럼 **보이지만** 두 가지 표현 모두 그 현상을 완

전히 이해하는 데 필요하다.[10]

해가 지나갈수록 상당히 많은 신학적 긴장들이 하나님과 세상과의 관계, 삼위일체의 세 위격, 인간적이면서 동시에 신적 교회의 성격 그리고 여타의 많은 것을 포함해 상보성 원리에 대한 호소 때문에 "해소되었다."

되돌아보면 좀 많은 여비수당(mileage)이 기껏해야 암시하는 유비(a suggestive analogy)라고밖에 할 수 없는 것에 지불된 것으로 보인다. 게다가 역 유비들(disanalogies)은 좀처럼 인정되지 않았다.

즉 양자물리과학은 빛에 대한 단 하나의 수학적 셈을 갖고 있는데, 그 타당함에 대해선 아무런 논의가 없다. 그리고 상보적 언어가 소개되는 것은 단지 물리 이론들에 대해 비수학적 해석을 할 때뿐이다.

넷째, 양자물리과학에 있어 관찰자의 역할이 신학적으로 중시됐다. 양자역학은 슈뢰딩어의 파동 방정식(wave equation)에 기초한 것인데, 그것은 연속 함수(continuous function)다. 그러나 우리가 양자 측정을 할 때 관찰하는 것은 이산적 결과들(discrete outcomes)이다. 이런 변화는 정통 양자 역학에서 파동 함수의 붕괴로 언급되고 그 붕괴는 관찰자의 측정 행위 때문에 야기되었다고들 한다. 그래서 슈뢰딩어(Erwin Schrödinger)는 한 유명한 사고실험(thought-experiment)[11]에서 방사성 붕괴(radioactive decay)와 같은 양자 사건으로 움직여지는 실험 기구 안에 있는 한 마리의 고양이를 상상했다.

표준적 측면에서 볼 때 양자 사건은 관찰자에 의존적이다. 즉 만일 이 사건이 실험자에 의해 관측되지 않았더라면 그것은 발생하지 않았을 것이다. 슈뢰딩어는 만일 방사성 붕괴가 독소(a poison)의 투여와 결부되었다면 그 고양이는 그 기구가 열리고 관측될 때까지 죽음과 생존 사이에서 정지되었을 것이라고 제안했다.

많은 사람은 이 결과에 대해 실재 자체가 부분적으로 관측자의 행위의 산물이라는 것을 함축한다고 생각해 왔고, 어떤 사람들은 심지어 의식이 있고 의도적 관측자만이 양자의 비결정성으로부터 거시 물리적 세계의 결정성에 이르기까지의 변화를 일으킬 수 있다고 제안해 왔다.

---

10 크리스토퍼 카이저(Christopher Kaiser)가 상보성에 관해 쓴 논문("Quantum Complexity and Christological Dialectic", in Wesley Wildman and W. Mark Richardson [eds.], *Science and Religion* [New York: Routledge, 1996])을 보라.

11 사고실험이란 이상적 장치를 사용해 이상적 조건으로 발생할 것으로 생각되는 현상을 이론에 근거해 사고적으로 추구하는 것을 말한다. 여기서 슈뢰딩어의 유명한 실험은 '고양이 역설'에 해당한다(역주).

분명히 이런 결과는 신학에 엄청나게 중요할 것이다. 왜냐하면, 그것은 **물리과학 자체 내에** 의식적이고 합리적이고 자유로운 사람의 행위의 존재론을 단단히 묶어 두기 때문이다. 그것은 또한 유사 관념론적 형이상학을 지지하는 것처럼 보이는데, 그것은 신학에 적합할 것이다.

불행하게도 그 옹호자들에게 이 주장은 최근에 "결어긋남"(decoherence) 이론에 대한 근거가 증가하면서 약화했는데, 이 이론은 규모의 증가만의 힘으로 우리가 관측하는 하나의 거시 물리 세계 안에 "붕괴"를 초래하는 데 충분하다고 주장한다.

다섯째, 양자 이론은 물리적 현상 세계의 근저에 있는 "심층적 실재"(deeper reality)의 형이상학을 향하게 한다는 것이 빈번하게 논의됐다. 프랑스 물리과학자 베르나르 데스파냐(Bernard d'Espagnat)가 주장한 것처럼 양자 분야는 에펠탑과 비슷하기보다는 우리가 에펠탑에서 관측하는 특질들, 즉 탑의 높이나 크기나 모양과 같은 특질들과 더 비슷하다. 그러면 우리는 이 특질들이 무엇의 특질들인지 물어야 한다.

데스파냐에 따르면 유일하게 가능한 답변은 양자역학의 속성들이 좀 더 깊은 근저에 있는 실재의 속성들이라는 것이다. 우리는 이 실재가 어떻게 우리에게 자신을 나타내는지 알고 있으므로 물리과학은 그것이 측정되지 않았을 때 그것이 "실제로 무엇과 같은"지에 대해 우리가 말하는 것을 금하기 때문에 데스파냐는 그것을 "베일에 가려진 실재"(veiled reality)라고 말한다.[12]

관측된 대로의 세상은 근원적 실재(underlying Real)의 현시(顯示)다. 흥미를 자아내는 대비가 이 견해와 하나님을 궁극적 실제(the ultimate reality, esse subsistent)로 보는 신학 사이에 존재하는 데, 거기서 세상은 신적 존재의 현시가 된다. 양자 분야의 이론에 근거한 이런 존재론적 논증은 실제로 양자물리과학이 제공할 수 있는 신학과의 가장 강력한 관계를 설명할 수도 있다.

필자는 양자물리과학의 사례들을 약간 세부적으로 다루어왔다. 그것들이 과학-신학 간 대화의 흥분과 위험성을 아름답게 설명하기 때문이다. 여기 네 가지 특징들을 생각해 보라.

첫째, 각각의 예에서 과학 이론들은 철학적 해석을 요청하고 물리과학자들은 이미 그 가능성을 논의하는 데 말려들었다.

---

12 Bernard d'Espagnat, *In Search of Reality* (New York: Springer-Verlag, 1983).

둘째, 진정한 함의는 물리 이론들이 실제로 특수한 철학적 입장과 신학적 입장을 지지하고 약화할 수 있다는 것이다.

셋째, 과학 이론들은 절대 홀로 충족되지 않는다. 그 이론들은 새로운 신학적 성찰에 대한 대체물들이 아닌 신학적 성찰의 필요를 나타낸다.

넷째, 좀 더 일반적 형이상학적 논증으로 매개된 물리와 신학의 관계는 데스파냐(d'Espagnat)가 든 예 같이 특수한 하나의 과학 이론 위에 아주 일직선으로(too directly) 세워진 신학들보다 변화하기 더 좋게 지속한다. 여하튼 신학자들이 전 분야를 물리적 형이상학이나 물질적 형이상학에 권리를 양도할 필요는 없다.

3) 자연과 목적

우주론에 대해 논의할 때 우리는 어떤 신학자들이 '지적 설계'(intelligent design)에 호소해 왔던 것을 보았는데, 그것은 우리가 우주에서 발견하는 질서에 대해 유일하게 가능한 설명이라고 주장한다.

'지적 설계 운동'(ID movement) 논쟁의 저편에 "우주가 빠르게 이해되는 것처럼 보일수록 우주는 또한 무의미해 보인다"라는 스티븐 와인버그(Steven Weinberg)의 주장이 있다. 슬프게도 대중적 토론은 종종 두 개의 가장 극단적 견해를 유일한 두 개의 선택 사항으로 다루어왔다. 즉 과학은 의미 없고 목적 없는 우주를 전제하는 반면, 종교는 정반대로 가르친다.

우리는 진화론에 대한 대중 종교의 풍자만화 속에서 이런 이분화를 본다. 과학적 진화는 암암리에 결정론적이고 역학적이고 환원주의적이고 운명론적이고 모든 가치나 신앙이나 종교의 문제와 반대된다.

종교인 비판자들은 주장하기를 맹목적 역학적 힘과 우연은 함께 과학 안에 있는 모든 결과물, 즉 최초의 자기 재생 분자들로부터 셰익스피어의 작문에 이르기까지의 모든 것을 결정한다. 인간은 원숭이의 수준으로 격하되었다. 이와 반대로 하나님 편에 서서 우리는 목적과 가치와 미와 영혼을 찬성한다.

슬프게도 많은 신학자-영국에서보다 미국에서 더 그리고 대륙에서는 개신교 신학자들보다 가톨릭 신학자들 사이에서 더-이 이분법을 받아들여 왔다. 그런 급진적 대립을 지지하는 몇몇 과학철학자―『우연과 필연』(*Chance and Necessity*)을 쓴 자크 모노(Jacques Monod)와 더 급진적 작품들을 쓴 리처드 도킨스(Richard Dawkins)와 같은 자들―이 있다.

그러나 오늘날 더 많은 과학자는 아무래도 우주 진화에 대한 창발적 이해를 받아들일 것이다. 그것은 비결정적이고, 비환원적이고, 의식과 문화의 창발에 열려있는 것이다(우리는 아래에서 창발론으로 돌아간다).

게다가 많은 과학자와 신학자들은 기독교 유신론과 그것의 근본적 양립 가능성을 보여 주는 방식으로 우주 진화의 과정을 기술해 왔다.

『인간의 요소들』(The Human Factors)이라는 영향력 있는 책에서 필립 헤프너(Philip Hefner)는 인간을 하나님과 함께하는 '피조 된 공동 창조자들'(created co-creators)로 묘사하는 데, 그들은 자신의 자유 안에서 자신의 도덕적이고 종교적 결단으로 무제한의 진화 과정을 통해 하나님의 창조 의도를 지원하는 것을 선택할 수 있다.

최근의 템플턴 수상자인 홈즈 롤스톤(Holms Rolston)은 『유전자, 창세기, 하나님』(Genes, Genesis, and God)이라는 책에서 어떤 다윈주의자들 사이에 있는 반종교적 난폭함에 대해 효과적 대응을 제공한다. 아마도 진화와 기독교의 신학을 가장 영향력 있게 종합한 인물은 아더 피콕(Arthur Peacocke)일 것이다.

피콕은 "과학에 따라 드러난 세상의 자연적 과정 '안에/과 함께/아래에 있는' 창조주인 하나님의 내재성을" 강조한다.[13] 이런 견해에 비추어 보면 이렇다.

> 하나님은 세상이 존재하는 매 순간에 세상 물질의 영구적으로 부여된 창조성을 통해 창조하고 있다. … 이것이 의미하는 바는 우리가 어떤 특별한 가상의 틈이나 하나님이 살아 있는 세상 안에서 창조주로 활동할 예정인 기제를 찾을 필요가 없다.[14]

신학과 신학적 성찰에 대한 새로운 도전은 과학적 설명을 인간의 행동과 인간의 도덕성 그리고 인간의 신념 형성의 영역으로 최근에 확장한 것에서 기인한다. 인간 행동의 생물학적 기초는 사회생물학자들에 의해 개략적이면서도 (아주 논쟁적인) 형태로 먼저 탐구되었다. 그들은 최근에 진화심리학이라는 새로운 분야에서 더 세련된 대우를 받아 왔다.

우리에게 있는 다른 고등 영장류와 유전적으로 매우 유사한 것들과 우리의 공통적 진화의 유산을 가정하면 우리 행동의 요소들이 생물학적 관점에서 설명할 수 있어야 한다는 것은 놀라운 것이 아니다.

---

13 Arthur Peacocke, *Paths from Science Towards God: The End of All Our Exploring* (Oxford: One World, 2001), 136.

14 Arthur Peacocke, *Paths from Science Towards God: The End of All Our Exploring* (Oxford: One World, 2001), 137.

성적이고 공격적 행동뿐만 아니라 사회적 행동들, 장기간 짝짓기의 성격(그리고 거기서 벗어나는 성향들), 화해 행동들 그리고 심지어 이타적 행동들까지도 생물학적 뿌리를 갖고 있다. 따라서 신학과 진화심리학에 관한 최근의 모음집에서 마이클 채프먼(Michael Chapman)은 다음과 같이 주장한다.

> 인간은 [생물학적으로] 칠거지악―폭식, 탐욕, 색욕, 허영, 질투, 분노, 태만―으로 성문화된 나쁜 행위들을 하는 경향이 있다.[15]

더 논쟁적으로 데이비드 윌슨(David Sloan Wilson)은 기독교 공동체―그가 보여 준 주요 실례는 칼빈의 제네바―의 성공 사례들이 진화론의 입장에서 동물 세계의 다른 협력 공동체와 유사한 점들을 통해 주로 설명될 수 있다고 주장한다.[16]

그런데도 그것은 인간의 협동이나 이타주의나 하나님의 존재에 대한 믿음이 그 생물학적 기초와 "다름 아닌 것"(nothing more than)으로 귀결되지 않는다. 진화심리학이 만들고 있고 앞으로 계속해서 만들게 될 격정 속에서 신학자들은 인간과 다른 동물들 사이에 강한 유사점들을 인정하면서 과학자들의 주장들에만 이의를 제기함으로써 중요한 역할을 할 수 있다.

4) 신경과학과 양심

현대 신경과학에 비추어 본 마음이나 의식에 관한 논쟁은 과학과 신학 간의 모든 논쟁에서 가장 매혹적이고 활발하고 중요한 영역 가운데 하나이다. 인간 안에 있는 영혼의 표지는―신약성경의 '삼분설적 인간론'(육, 혼, 영, *sarx, psyche, pneuma*)에서든지, 서양사상의 많은 부분을 지배해 온 더 많은 이분법적 견해(사유하는 것, 연장된 것, *res cogitans, res extensa*)에서든지―오랫동안 인간 안에 있는 '하나님의 형상'(*imago dei*)의 증거로, 다른 모든 생명체와 인간을 뚜렷하게 분리하기 위한 정당화로 그리고 하나님의 존재와 창조 의도의 증거로 여겨져 왔다.

---

15 Michael Chapman, "Hominid Failings: An Evolutionary Basis for Sin in Individuals and Corporations", in Philip Clayton and Jeffrey Schloss (eds.), *Evolution and Ethics: Human Morality in Biological and Religious Perspective* (Grand Rapids, MI: Eerdmans, 2005).

16 David Sloan Wilson, *Darwin's Cathedral: Evolution, Religion, and the Nature of Society* (Chicago: University of Chicago Press, 2002). 윌슨의 입장에 대한 다양한 비판에 대해 앞의 각주에서 인용한 작품을 보라.

이런 역사에 비추어 대부분 새로운 두뇌 화상 기법 덕분에 20세기에 두뇌에 대한 새로운 지식의 폭발은 신학에 대한 정면 공격이요, 아마도 치명적 공격으로 간주해 왔다. 무엇이 그 도전을 심각하게 해 주는가를 이해하는 것이 중요하다. 길버트 라일(Gilbert Ryle)이 도발적으로 표현한 바와 같이 만일 '기계 안의 혼령'이 있다면 뇌 안에 있는 이런 영의 활동은 과학적 연구를 허용하지 않을 뿐만 아니라 (신경과학의 측면에서 볼 때) 그것의 임의적이고 설명하기 힘든 활동 역시 인간의 사고와 정서에 관해 뇌를 기반으로 한 설명과 관련이 없음을 내포할 것이다.

그러나 신경과학은 사고의 근저에 있는 기제(機制)에 대한 세부적 설명과 증가하는 예측 능력을 포함해 인간의 인식에 대해 점점 더 힘 있게 설명을 해 왔다.[17] 두뇌의 기능과 정신 상태(mentality)의 상호 연관성의 정도는 우리가 현재 상상하는 것보다 훨씬 더 큰 것으로 판명될 것이다.

화상 기법으로 이런 이론들을 입증할 증대하는 능력에 의해 유지된 두뇌의 분산 시스템의 입장에서 인간의 사고를 이해하는 데 있어 놀라운 발전을 고려하면, 우리는 결국 인간의 인지 기능이 신경생리학적 입장에서 완벽하게 설명될 것이라고 결론을 내려야 하는가?

기독교 신학자들과 신학적 인간학에 가장 중요한 것을 보호하는 하나의 반응이 있다. 그러나 그것은 비용이 든다. 논쟁에 참여한 대부분 학자는 별개이지만 상호작용을 하는 두 개의 실체들이라고 이해된, 엄격한 데카르트주의의 심신 이원론을 보전할 수 있다고 더 이상 믿지 않는다.

문제는 "대안은 무엇인가?" 하는 것이다. 더 근본적 신학적 반응들이 유명한 신경과학자 마이클 아르빕(Michael Arbib)이 1984년 기포드 강연에서 매리 헤세(Mary Hesse)와 공동으로 개발한 입장과 결부된다.[18] 아르빕은 관념들(ideas)이 비록 우리가 더 이상 그것들이 초자연적 실재들을 언급한다고 생각할 이유가 없을지라도 그것들이 두뇌 내부의 물리적 절차와 완전히 상호 관계를 맺어온 후조차 신학적으로 유용할 수 있다고 주장한다. 우리가 하나님의 창조 목적과 행위의 결과라는 신념을 단념하지 않은 채 인간의 인격(the human person)이 "비환원적 물리주의"의 입장에서 이해되어야 한다는 낸시 머피(Nancey Murphy)의 제안은 약간 덜 급진적이다.

---

17 이곳은 그 문헌을 요약하는 장소가 아니다. 우선적 고찰을 위해 다음의 책을 보라. Robert Russell et al. (eds.), *The Neurosciences of the Person* (Vatican City: Vatican Observatory Press, 2000).

18 Mary Hesse and Michael Arbib, *The Construction of Reality* (New York: Cambridge University Press, 1986).

머피와 『영혼에 무슨 일이?』(Whatever happened to the Soul?)의 공동 저자들 가운데 많은 이가 주장한다. 우리는 혼과 영에 대한 담화를 포기하고 인간의 인격에 대한 물리주의적 해석을 설명하면서 기독교 인간학을 존속시킬 수 있다.[19]

그러나 아마도 그러한 급진적 해결책은 필요하지 않을 수도 있다. 우리는 인식에 대한 "최종" 이론이 무엇이 될지 미리 알지 못한다. 그리고 그것이 배타적 물리과학적, 신경생리학적 입장에서 형성될 수 있다는 것 또한 그렇다. 알지 못하는 상태에서 우리는 하나의 결과나 또 다른 결과에 내기를 걸 수밖에 없다.

방금 언급했던 사상가들은 그 답변이 물리주의의 핵심 전제들과 일관될 것이라고 보증한다. 창발론(the theory of emergence)은 다른 내기를 위한 근거를 제공한다.[20] 그것은 각각의 새로운 실재의 차원에서 설명의 원리와 원인이 독특하고 환원될 수 없다는 것을 암시한다.

창발에 대한 증거는 사고가 더 낮은 차원의 과정 입장에서 절대 완벽하게 설명되지 않을 것이라는 증거이다. 환경의 영향과 함께 신경생리학적 절차는 정신 상태로 알려진 거대하게 복잡한 현상에 속한다.

창발론자들은 정신 상태가 그것에 독특한 요소들과 그것이 이바지하고 있는 원인의 관점에서 설명할 수 없는 요소들을 포함할 것이라고 보증한다.

게다가 또 창발론자들은 인간의 종교성이 인간의 정신 상태에 대해 완벽하게 이해하더라도 설명되지 못할 것이라고 덧붙여 말한다. 그것은 인간을 뛰어넘는 세력과 차원으로 "위를 향해 열려 있다." "뛰어넘는"이란 것이 무엇을 내포할 수 있는지는 기독교 신학자들이 할 말이 많은 주제다. 그러므로 필자는 신학적 인간학이 의식이나 마음의 출현 이론의 맥락에서 과학과 가장 잘 종합될 수 있다고 제언하는 바이다. 인간은 사고와 신념과 종교적 경험에 대한 물리적이고 생물학적이고 신경생리학적 억제를 파악하지 않은 상태에서 절대 완벽하게 이해될 수 없다.

그런데도 우리는 항상 이런 압박을 넘어서고 과학만이 예측할 수 없는 '목적'(telos)을 향해 항상 열려 있다. 기독교 신학자들에게 그 '목적'은 처음부터 항상 암묵적이다.

우리가 다가서려고 애쓰는 일자(the One)는 또한 우리를 나오게 했던 일자다. 그리고 우리를 창조하신 일자를 이해하는 것은 곧 우리의 최정점(final culmination)을 이해하는 것이다.

---

19 Nancey Murphy et al. (eds.), *Whatever Happened to the Soul? Scientific and Theological Portraits of Human Nature* (Minneapolis, MN: Fortress Press, 1998).
20 Philip Clayton, *Mind and Emergence* (Oxford: Oxford University Press, 2004).

5) 종말론과 물리적 우주의 운명

신학과 과학 간의 논의는 최근에 쏟아져 나온 출판물들과 더불어 종말론으로 옮겨가기 시작했다.[21] 그들의 목표는 분명히 우주의 종말에 대한 성경의 가르침과 과학의 예측을 나란히 놓은 것이었다.

그러나 여기서 화해(rapprochement)의 가망성은 매우 희박해 보인다. 우주의 미래 과정은 우리가 현재 알고 있는 것으로부터 직선적 연장(extrapolations)에 의해서만 과학적으로 예측될 수 있다.

그것은 절대 제로(absolute zero)보다 몇도 높은 영원한 상태인 우주의 마지막 '열사'(熱死, heat death)에 대한 예측을 산출한다. 그러나 성경의 가르침은 어떤 점에서 하나님이 "새 하늘과 새 땅"(계 21:1)을 세우실 것이라는 점이다. 사실상 기독교 종말론이 우리가 현재 우주에 대해 알고 있는 것으로부터의 연장에 기초해야 한다는 전제는 캐스린 태너(Kathryn Tanner)와 캐서린 켈러(Catherine Keller)와 같은 신학자들의 '실현된 종말론'의 입장의 근거가 된다.[22] 만일 종말론의 핵심이 과학이 기대하는 것과 신앙이 예측하는 것 사이의 차이에 있다면 과학은 기독교 종말론의—아마도 "상태가 이대로 영원히 계속될 수 없다"라는 관측을 뛰어넘음을—내용을 평가하는 데 별 도움이 되지 못할 것이다.

5. 업적과 의제

이 장에서 살펴본 신학자들 사이에서 함께 공유하는 것은 무엇인가?

무엇보다도 우리는 접근 가능한 모든 지식과 대화하면서 신학 함에 대한 책무를 인지한다. 어떤 신학자들에게 그 결과는 기독교의 하나님 존재를 추론할 만한 새로운 근거를 제공해 주는 새로운 형태의 자연 신학이다.

---

21 John Pokinghorne and Michael Welker, *The End of the World and the Ends of God: Science and Theolgy on Eschatoloty* (Harrisburg, PA: Trinity Press, 2000); John Poliinghorne, *The God of Hope and the End of the World* (New Haven, CT: Yale University Press, 2002).

22 Kathryn Tannner, "ESchatology Without a Future?" in Polkinghorne and Welker (eds.), *The End of the World*; Catherine Keller, " Pneumatic Nudges: The Theology of Moltmann, Feminism, and the Future", in Miroslav Volf et al. (eds.), *The Future of Theology: Essays in Honor of Jurgen Moltmann* (Grand Rapids, MI: Eerdmans, 1996).

그러나 다른 많은 신학자에게 과학의 결과는 진실에 대한 필연적 증거가 아니라 신학적 성찰을 위한 기준과 시금석을 제시한다. 자연 신학자들과는 달리 우리는 신학과 과학 간의 현대적 논의에 이성의 능력에 대한 계몽주의적 낙관주의가 침투해 있다거나 이 논의가 과학적 지식을 성경의 계시나 특별 계시의 대체물로 사용하려 노력한다고 말 수 없다.

설령 있다손 치더라도 소수의 학자만이 자연의 연구를 통해 하나님을 알 수 있는 것이 종교적 삶에 적절한 기초를 제공해 준다고 주장할 뿐이다. 그러나 이 신학자들은 우리가 특별 계시로부터 배우는 모든 것과 우리가 그것으로부터 끌어오는 모든 추론이 자연 세계의 전문 연구의 결과와 일관성이 있어야 한다는 점에서 동의한다. 신학적 방법론의 한 논점으로서 신학자들은 과학 안에 있는 지식의 엄밀한 기준이 신앙의 삶에 상반될 필요가 없다고 주장한다.

정말로 많은 사람이 과학에서 육성된 개방적이고 비판적 탐구의 자세가 신학적 탐구를 위한 모델로서 역할을 할 수 있고 해야만 한다고 제언해 왔다. 이런 의무를 자세히 설명한 방식이 T. F. 토랜스(T. F. Torrance)의 『신학적 과학』(*Theological Science*)에서 볼프하르트 판넨베르크(Wolfhart Pannenberg)의 『신학과 과학철학』(*Theology and the Philosophy of Science*)의 가언적 실재론에 이르기까지 전 영역을 포괄해도 말이다.

비록 이 분야의 저자들이 옹호한 신학적 입장들이 약간 다채로울지라도 이 분야의 이바지를 위한 확실한 기준들이 지금 등장하고 있다. 우리는 표준 교과서들과 필수 문학(core literature)인 한 권의 정경 주요 차이점들과 적어도 부적절한 입장들에 관한 광범위한 교감—즉 달성하기 약간 더 어렵지만 가장 훌륭하고 종합적 신학적 반응에 관한 교감—을 발견한다.

신학의 이런 하부 분야의 증가하는 영향의 표시로 우리는 모든 스펙트럼의 신학 분야를 통틀어 최근에 나온 작품들 안에 과학적 이론과 자료에 대한 언급들이 점점 증가하고 있는 것을 주시한다. 꽤 고무적인 것으로 이 분야가 '구조적 고유 신학'(constructive theolgy proper)에 구체적 이바지를 하기 시작하고 있다.

참고 문헌

Barbour, Ian G. *Religion in an Age of Science*. Gifford lectures 1989–91. London: SCM Press, 1990.

Clayton, Philip. *Explanation from Physics to Theology: An Essay in Rationality and Religion*. New Haven, CT: Yale University Press, 1989.

_____.*God and Contemporary Science*. Edinburgh: University of Edinburgh Press; Grand Rapids, MI: Eerdmans, 1997.

Davies, Paul. *The Mind of God: The Scientific Basis for a Rational World*. New York: Simon and Schuster, 1992.

Moltmann, Jürgen. *God in Creation: A New Theology of Creation and the Spirit of God*. San Francisco: Harper San Francisco, 1991.

_____. *Science and Wisdom*, trans. Margaret Kohl. London: SCM Press, 2003.

Murphy, Nancey and George F. R. Ellis. *On the Moral Nature of the Universe: Theology, Cosmology, and Ethics*. Minneapolis, MN: Fortress Press, 1996.

Pannenberg, Wolfhart. *Toward a Theology of Nature: Essays on Science and Faith*, ed. Ted Peters. Louisville, KY: Westminster/John Knox Press, 1993.

Peacocke, Arthur. *Theology for a Scientific Age: Being and Becoming – Natural, Divine, and Human*, enlarged edn. Minneapolis, MN: Fortress Press, 1993.

Polkinghorne, John. *The Faith of a Physicist: Reflections of a Bottom-up Thinker*. Gifford lectures 1993-4. Princeton, NJ: Princeton University Press, 1994.

Russell, Robert J. (gen. ed.). *Scientific Perspectives on Divine Action* series (Vatican City: Vatican Observatory Press; Notre Dame, IN: Notre Dame University Press): Vol. 1: *Quantum Cosmology and the Laws of Nature*, ed. Russell, Nancey Murphy, C. J. Isham (1993); Vol. 2: *Chaos and Complexity*, ed. Russell, Nancey Murphy, Arthur Peacocke (1995); Vol. 3: *Evolutionary and Molecular Biology*, ed. Russell, William R. Stoeger, Francisco J. Ayala (1998); Vol. 4: *Neuroscience and the Person*, ed. Russell, Nancey Murphy, Theo C. Meyering, Michael A. Arbib (1999).

Russell, Robert J., William R. Stoeger, and George V. Coyne (eds.). *Physics, Philosophy, and Theology: A Common Quest for Understanding*. Vatican City: Vatican Observatory Press, 1988.

Russell, Robert J., Philip Clayton, Kirk Wegter- McNelly, and John Polkinghorne (eds.). *Quantum Mechanics: Scientific Perspectives on Divine Action*. Vatican City: Vatican Observatory Press, 2002.

제21장

신학과 생물학

실리아 딘 드럼몬드(Celia Deane Drummond)

1. 서론

새 천 년 기의 공개 토론에서 가장 인기 있는 영역 중 한 분야가 응용 생물학의 전망과 위험 요소로 예측한 사람은 거의 없었을 것이다. 반세기 전인 1953년에 제임스 왓슨(James Watson)과 프란시스 크릭(Francis Crick)이 유전 암호(genetic code)를 발견함에 따라 생물학적 생명 개념에 고요한 변혁이 있었다. 1970년대부터 인구의 증가와 산업화로 인해 인간과 다른 종의 생존을 위협하는 환경 훼손이 발생했다는 깨달음이 증가하게 되었다.

목회적이고 실제적 문제들에 관여한 신학자들이라면 더 신학과 생명 과학 간의 관계를 무시할 수 없을 것이다. 하지만 생명과 자연이 신학적 관점에서 이해되어야 하는 방식은 파란만장한 역사를 지니고 있다. 오늘날 연구가들이 다음의 질문을 잘 할 수 있을 것이다.

즉 신학은 생물학과 무슨 관계가 있는가? 어떤 의미에서 하나님의 손이 자연 세계에서 활동하는 것으로 상상하는 것은 매우 오랜 역사를 지니고 있다. 초기 교부 시대에 전 자연 세계는 하늘의 영역을 상징하는 것으로 간주했으며, 신학적 진리들의 증거가 되었다. 중세는 대자연(Nature)이 성경책과 나란히 읽혀야 할 책이라는 개념을 불러일으켰다. 이것은 자연 세계에 대해 더 면밀하게 관찰하도록 길을 열어주었는데, 그 세계는 토마스 아퀴나스와 같은 작가들 안에서 아리스토텔레스 철학이 재발견됨에 따라 강화되었다. 그러나 새로운 종류의 자연 신학—실험자가 창조 세계 안에서 하나님의 설계를 발견하는 것으로 간주했던 신학—이 출현했던 것은 단 한 번 실험과학이 17세기에 유행하게 되면서였다.

1695년에 출간된 식물학자 존 레이(John Ray)의 책 『창조 사역에 드러난 하나님의 지혜』(*The Wisdom of God Manifest in the Works of Creation*)는 1세기 이상 인기가 있었고 1835년까지 10판을 거듭했다. 종교적 개념에 비추어 그 관찰을 해석했던 다른 작가들과 달리 레이는 경험에 기초해 자연사(natural history)를 세우려고 결심했다.

하지만 자연사에 대한 열의는 단지 과학적 호기심이 아니었다. 오히려 그것이 인류를 섬기는 데 사용되고 궁극적으로 하나님께 영광을 돌려드릴 수 있도록 자연 세계에서 경험적 진리를 찾는 것은 종교적 의무가 되었다.

17세기 역시 초자연적 개념의 붕괴를 목격한 결과 가장 극단적 예로 부활은 그냥 또 하나의 자연적 과정에 불과했다. 자연을 위협으로 간주하는 대신에 다른 사람들 가운데서 프란시스 베이컨(Francis Bacon)은 자연세계가 과학적 추론의 통제 속에 놓여야 할 필요가 있다고 믿었다. 자연 세계에 대한 유신론적 이해에 전념한 사람들을 계속 끌어들이는 수많은 질문이 표면화되었다.

어떤 의미에서 하나님은 자연 세계에서 보여질 수 있는가?
우리는 어떻게 자연적 과정에 드러난 고통을 설명할 것인가?
경험과학은 어떻게 초자연적인 것들과 타협할 것인가?
자연 세계에서 인류가 해야 할 역할은 무엇인가?

그러나 훨씬 더 도발적 과학적 발전은 찰스 다윈의 『종의 기원』(Origin of Species, 1865)—이 책은 그의 진화 이론의 윤곽을 소개했다—의 출판과 함께 종교 단체를 고대하는 것이었다.

요컨대, 이것은 다양성이 한 개체군(population) 안에 존재하고 환경에 가장 적합한 개체들이 더 오래 살아남고 그 결과 더 많은 자손을 갖게 될 것이라고 진술한다. 이것은 이 개체들의 특징이 자연선택으로 알려진 한 과정을 통해 다음 세대로 전수된다는 것을 보장한다.

오랜 기간에 걸쳐 점차 새로운 종이 등장한다. 그의 이론은 자연 신학에 의미심장한 도전을 제기했다. 이제 새로운 종은 예상된 계획(preconceived plan)에 더 고정되지 않고, 신적 창시자의 사역에 꼭 관여되지 않은 상태에서 등장할 수 있으리라. 더욱이 인류는 더 특별한 위치를 차지하지 못했고 오히려 성공적 유인원(hominid, 사람과)의 한 갈래에서 파생된 한 종에 불과했다.

물론 지금처럼 그 당시의 신학자들도 다윈의 이론을 고찰하기 위해 신학적 해명을 재설계하는 데 능숙했었다. 신학적 정당화(theological justification) 작업은 수없이 가능한 노선을 취할 수 있을 것이다. 우리는 다윈주의가 창조주에 대한 기독교 믿음을 반대하는 과학 이론이라는 이유로 공공연히 거부할 수 있다.

소위 성경의 이해에서 나온 "과학적" 설명과 더불어 창조론적 사고의 출현은 신학자들과 과학자들이 모두 거부하는 일종의 대중적 타협을 나타낸다.[1] 대안적으로 진화론적 사고와 창조주를 믿는 것을 결합하는 어떤 형태의 유신론적 진화는 받아들여진다.

이신론적 대안에 의하면 하나님은 단순히 진화의 과정을 출발시키고 자연에 그 과정 자체를 남겨두거나 아니면 하나님이 자연 세계의 과정 안에서 그리고 그 과정과 함께 고통을 겪으면서 처음부터 그 과정에 뒤섞여 관여한다. 그에 대한 두 번째 대안이나 여러 변종은 이번 장의 핵심인데, 20세기에 더 영향력이 있다.

과학 집단은 몇 가지 제한 조건에도 불구하고 주로 다윈의 진화론을 수용한다. 그레고리 멘델(Gregory Mendel)의 식물 재배 실험의 재발견은 불연속적 돌연변이의 중요성을 부각했다.

1930년대와 1940년대에 대부분 생물학자는 다윈의 통찰력과 돌연변이 유전 이론을 결합한 신다윈주의(neo Darwinianism)를 수용하게 되었다. 다윈은 유전된 변이가 어떻게 세대 사이에 전수되었는지 또는 그러한 변이가 어떻게 발생했는지를 명확히 알지 못했다.

실험조사는 환경이 돌연변이율에 영향을 미칠 수 있다는 것을 보여 주었다. 만일 정해진 돌연변이 유전자를 소유한 어떤 개체들이 같은 개체군의 다른 개체들과 비교해 생존을 더 잘 할 수 있다면 한 개체군 안에서 유전자들의 균형이 바뀔 것이다. 이것은 자연선택이라는 자연스러운 유전학의 결과다.

더 임의적인(random) 과정들(genetic drift, 유전적 부동)을 통한 것과 같이 유전자 저장고(gene pools)가 변할 수 있는 다른 방식들이 있다. 진화생물학자인 존 엘드리지(John Eldredge)와 스티븐 구드(Stephen Gould)는 중단된 평형 상태를 발견했는데, 거기서 진화적 변화의 빠른 단계가 훨씬 더 느린 단계와 함께 분포되었다. 그 결과들이 자연선택을 통한 진화를 보충한다.[2]

유전자들의 새로운 결합은 변이를 낳을 수 있고 물리적 현상(phenotype, 표현형)의 차이는 심지어 같은 유전자 조직(genotype, 유전자형)으로까지 보일 수 있다.

---

[1] 이런 움직임은 미국에서 큰 영향을 미치지만 석의적으로(exegetically) 과학적으로 보증되지는 않았다.

[2] 구드 역시 복합생명체가 출현할 개연성이 매우 낮다고 제안한다. 시몬 모리스(Simon Conway Morris)는 같은 화석 기록에 근거해 그 개연성이 높다고 주장하면서 구드의 결론에 이의를 제기했다; C. Southgate (ed.), *God, Humanity and the Cosmos* (Edinburgh: T & T Clark, 1999), 150-1.

게다가 유전자 제어(gene regulation)의 변화는 한 유기체의 전체 구조나 형태학(morphology)에, 그 결과 다양성에 영향을 미치는 것으로 보인다. 돌연변이를 "변화" 사건이라고 말하는 것은 다소 호도될 위험이 있다. 왜냐하면, 무작위적으로 보이는 극미한 사건들이 물리적이고 화학적 사건들의 결과며, 결국 미시적 차원에서 법칙과 같은 특성들이 되기 때문이다. 유전형질(genetic inheritance)이 분자의 수준에서 일하는 방식에 관한 완전한 설명은 왓슨(James Watson)과 크릭(Francis Crick)이 DNA(Deoxyribonucleic Acid)의 구조에 대한 발견을 기대하게 했다.[3]

2. 개관

DNA의 구조를 발견하자마자 "생명의 비밀"을 발견했다고 외쳤던 20세기의 개척자들에 대해 너무 모질게 평가하는 것은 성숙하지 못한 행동일 것이다. 수많은 갈래의 분자 생물학과 의료 유전학의 급성장은 인간 게놈을 완전하게 화학적으로 배열시키려는 목표와 함께 수백만 달러에 해당하는 '인간 게놈 프로젝트'(Human Genome Project)에서 그 절정을 이루면서 이 과학기술의 장래성을 시사해 준다.

유사한 주장들이 인간 복제를 지지하기 위해 사용됐다.[4] 지지자들은 일반적으로 과학기술의 의료적 이점들과 인간의 고통(苦痛, suffering and pain)의 경감 가능성을 강조한다. 하지만 눈부시게 보이는 과학의 중요성은 계속해서 논쟁의 주제들이 되는 수많은 사회적, 정치적, 신학적 그리고 윤리적 문제들을 모호하게 할 수 있다. 이 중요한 시기에 신학은 더 윤리적이고 목회적 관심사에서 분리된 채로 남아 있을 수 없다.

만일 하나님이 피조물의 창시자라면 자연의 유전적 조작에 한계가 있는가?

진화의 과정에서 인류의 역할은 무엇인가, 우리는 우리 자신의 발명품을 통해 "조작되고"(fabricated) 있는가, 또는 우리는 더 나은 미래를 위해 일하시는 하나님의 공동 창조자들인가? 예를 들면 누가 과학기술로부터 가장 많이 얻을 수 있는가?

유전자의 변화에 대한 욕구가 더 불길한 우생학(eugenics)을 가장하는가?

---

3 유전학 개론에 관해서는 다음의 책을 보라; Southgate, *God, Humanity and the Cosmos*, 143-50.
4 기독교 신학자들은 비록 질병들을 취급하는 "임상" 복제에 관한 견해가 나누어질지라도 주로 재생적 복제(reproductive cloning)를 거부한다. 전통적 로마 가톨릭과 동방 정교회 신학자들은 모든 형태의 복제가 인간의 존엄성에 대한 부적절한 존경을 표하는 것이라고 거부한다.

인체 유전학에 있어 주요 쟁점은 인류가 가문과 성장(nature and nurture)의 오랜 논쟁을 생각나게 하는 유전자 조직에 의해 결정되는 정도와 관계된다. 대중적 한 견해에 의하면 우리는 단지 유전적으로 프로그램되었고, 그 유전적 구성에 대한 발견은 "자아"를 정의하기 위해 실제 필요한 전부라는 것이다.

수많은 신학자는 소위 이 "유전자 신화"에 도전하지만, 오해가 유전자 조작의 위험성에 대한 근거 없는 두려움이 된다고 믿는다. 예를 들어 테드 피터스(Ted Peters)는 인간의 자유를 강력하게 옹호하는 사람이다. 우리가 우리의 선택에 유전적으로 속박된다고 해도 이것은 유전적 "프로그래밍"에 해당하지 않는다. 그러므로 그는 유전학의 용도와 적용이 책임 있게 사용되는 한, 오히려 그것이 인류에게 주신 하나님의 선물인 것 같다고 주장한다.[5]

유전학을 비인간의 영역에 적용하는 것은 수없이 중요한 문제들을 제기한다. 예를 들어 동물의 복지, 잠재적 환경 훼손 그리고 인류가 얼마나 그리고 어느 정도 자연 세계를 재배치하는 데 보증하는지와 같은 더 일반적 질문들이다. 그 질문은 인간이 아닌 존재들과 비교된 인류의 상대적 가치에 대해 제기한다. 세속적 분석에서 결과는 보통 신학적 관점에서 어떤 행위가 옳은지 그렇지 않은지를 판단하는 치수지만, 창세기의 설명에 의하면 모든 피조물은 선하며 하나님께 속한다는 생각을 포함해 다른 가치들이 작용하기 시작한다.

인류에게 지구를 "다스리라"라는 명령을 해석해 보면, 베이컨과 같이 통제에 대한 강조가 되거나, 아니면 그 대신에 인간의 돌봄과 책임 있는 청지기 직에 대한 강조가 될 수 있다.

인간(인간중심주의)이든, 모든 생물학적 종들(생물중심주의, biocentrism)이든 어느 하나의 가치에 대한 강조 사이에 놓인 철학적 긴장은 실험과학에 동물들을 사용하는 것이 얼마만큼 옳은지, 위험에 빠진 종들을 보호하는 데 주어진 상대적 중요성 등등에 대한 논쟁들 속에 반영된다.

인간의 권리를 동물들에게 확대하기를 원하는 사람들은 동물 권리 운동의 옹호자들이다. 피터 싱어(Peter Singer)는 동물들이 지각력이 있으므로(sentient) 보호받을 가치가 있다고 믿는다. 신학자들은 싱어가 지각이 없는 사람들은 중요하지 않으며, 도덕적 가치가 절대 없다고 넌지시 암시하는 것 같다는 점에서 싱어의 주장에 이의를 제기해 왔다.

---

5   그러한 한계를 설정하는 방법이 더 어렵다. 다음의 책을 보라: C. Deane-Drummond, *Creation Through Wisdom: Theology and the New Biology* (Edinburgh: T & T Clark, 2000).

톰 레이건(Tom Regan)은 동물의 권리를 위해 운동을 하고 동물이 한 생명의 개별 "주체"라고 주장한다. 신학자 앤드류 린제이(Andrew Linzey)는 하나님이 동물들을 인간의 사육(domestication)을 받도록 창조하셨기 때문에 동물들이 어린이들과 동등한 보호를 받을 가치가 있다고 제안함으로써 신의 권리(theo-rights) 접근 방식을 정당화한다.[6]

우리는 가치를 정하기 위해 생물학적 특징들을 사용해야 하는가, 아니면 인간의 인격성이 비인간들과의 비교를 뛰어넘는가?

싱어와 같은 부류의 작가들은 인간에게 더 높은 우선권을 주는 것에 대한 어떤 정당성에도 이것을 "종 차별"(speciesism)이라고 부르면서 흥분한다. 스티븐 클락(Stephen Clark)은 비록 그가 다윈의 이론을 너무 손쉬운 승인에 대해 주저할지라도 유전학을 이용해 인간이 동물과 의미 있을 정도로 다르지 않다는 그의 주장을 지지한다. 그러한 조사는 기독교 인간학에 이의를 제기한다.

즉 인간의 유전자 조직이 영장류 조직의 98%에 달하는 생물계에서 인간이라는 것은 무엇을 의미하는가?

물론 이 중요한 때에 우리는 유전학만이 인간의 행위에 책임이 있는 것이 아니고 작은 유전자의 변화들이 결과적으로 큰 변화를 일으킬 수 있다는 것을 상기할 필요가 있다.

진화학이 계속해서 성장하고 발전함에 따라 생물학과 연계해 연구하는 신학자들은 그 개별적 도전을 충족시키고자 상당한 주의를 기울여 왔다. 고생물학자이자 예수회 신부인 피에르 테이야르 드 샤르댕(Pierre Teilhard de Chardin, 1881-1955)은 이 분야를 연구한 선구자들 가운데 한 사람이었다. 그는 진화적 사고와 기독교 신학 사이의 종합을 만들어낼 수 있다고 믿었는데, 우주의 그리스도화(化)(Christofication)에 대한 거대한 비전에서 그 절정에 이른다.

이안 바버(Ian Barbour)와 존 호트(John Haught)과 같은 과정 신학자들은 특히 미국에서 상당한 영향력을 끼쳐 왔는데, 그 신학은 철학자 알프레드 화이트헤드(Alfred North Whitehead)의 작품에서 실재에 대한 과정적 시각을 끌어와 각색했다. 다른 신학자들은 자연에 대한 과학 이론들이 왜곡을 낳지 않고 기독교 신학의 뼈대로 합병될 수 있다는 것을 덜 확신한다.

6　성경의 자료로부터 동물들 안에 성령이 임재 한다고 주장하려는 그의 시도는 설득력이 없다. 논의를 위해 다음의 책을 보라; C. Deane-Drummond, *The Ethics of Nature* (Oxford: Blackwell, 근간 예정).

토마스 F. 토랜스(Thomas F. Torrance)는 신학에 대한 바르트의 접근을 옹호했지만, 과학적 경험주의의 방법론을 따랐다. 달리 말하자면 그는 하나의 과학적 신학(a scientific theology)을 개발한다. 앨리스터 맥그라스(Alister McGrath) 역시 과학적이고 신학적 종합을 목표로 삼는다고 주장한다.

그러나 과학의 유행(vagaries)은 그 임시성(provisionality)에 있어 매우 불안정해 그에게 어떤 실제적 확신도 줄 수 없다는 것이 곧 분명해진다. 그래서 그는 신학적 통찰에 본질적인 것으로 과학적 경험주의에 대한 애착을 선택한다.[7] 그러한 방법론이 과학 안에서 얼마나 많이 보편적인지는 다소 의심의 여지가 있다. 예를 들어 물리 과학에 공통된 반증 가설(falsification hypothesis)은 생태학에서 절대 사용되지 않는다.

많은 신학자는 리처드 도킨스(Richard Dawkins)의 작품과 진화론적 사고를 생명체에 대한 해명으로 진전시킬 뿐만 아니라 과학적 "실재론"(realism)의 이름으로 종교적 경험을 기각시키려는 그의 의제가 제기한 특별한 도전에 반응해 왔다. 그는 그가 쓴 『이기적 유전자』(*The Selfish Gene*)라는 책으로 잘 알려져 있다.

유전자가 각 세대를 통해 자신을 보존하려는 특별한 성향을 강조하기 위해 이 표현을 사용하고 있다고 그가 주장했을 때 도덕적 함의는 명확했다. 매리 미드글리(Mary Midgley)는 도킨스가 "세포들 안에 있는 한 초라한 찐득이(goo)를 악의적이고 전능한 행위자"로 격상시킴으로써 시도하고 있던 그 수사적 표현을 재빨리 지적했다.[8]

그녀는 태도가 상징 기호와 상상력이 구체화하는 형태에 영향을 미친다고 주장한다. 그녀는 도킨스가 유전자들을 "제1의 정책 입안자들"(primary policy makers)로 표현하고 이타주의를 여전히 기본적으로 이기적 행동으로 특징 지우는 데 있어 숨겨진 종교 의제가 있다고 주장한다.

E. O. 윌슨(E. O. Wilson)과 같은 다른 사회생물학자들은 유전학에 관한 신화를 공식화하려는 도킨스의 운동에 합류해 왔다. 비록 그가 진화학의 업적을 기술하기 위해 종교적 언어를 사용하는 것에 대해 신경을 덜 썼지만 말이다. 미드글리는 사회생물학자들에 의해 사용된 많은 언어 안에 있는 이기주의와 운명주의를 강력하게 반박한다. 그런데 그는 그러한 언어가 궁극적으로 "경쟁심이 인간의 본성에 중심적이라는 비현실적 수용"에서 비롯된다고 믿는다.[9]

---

[7] 예를 들어 다음의 책을 보라; A. McGrath, *A Scientific Theology: Nature,* vol. 1 (Edinburgh: T & T Clark, 2001), 45-9.
[8] M. Midgley, *Evolution as a Religion* (New York: Methuen, 1985), 123.
[9] M. Midgley, *Evolution as a Religion* (New York: Methuen, 1985), 140.

케이쓰 워드(Keith Ward)는 진화론에 따라 제기된 세 분야의 도전을 특징 지움으로써 그 논쟁에 추가해 왔다.

첫째, 우주 안에 궁극적 목적이 절대 없다는 것
둘째, 생명체가 단순히 경쟁적 무자비함을 통해 진화한다는 것
셋째, 마음이 유전자 생존에 "부속물"(adjunct)로 발생한다는 것[10]

오늘날 많은 생물학자와 같이 그는 자연선택 스스로 복합적 의식이 있는 생물형(complex conscious life forms)의 출현을 보장할 수 없다고 믿는다. 그도 역시 왜 지적 생명체가 출현했는지에 대한 의심을 스티븐 클락과 공유한다. 왜냐하면, 그러한 능력(capacity)이 아무런 합리성도 갖고 있지 않은 사람들과 비교해 필연적으로 더 큰 생존율을 갖게 될 것이라고 암시하는 것은 아무것도 없기 때문이다.[11]

물론 문화를 만드는 데 이바지하는 다른 "고등의" 인간적인 특징들은 재 생산적 이점을 통해 단순히 설명할 수 없다.[12]

워드의 주장에 있는 한 가지 난제는 만일 우리가 마음의 출현에 대한 자연적 개연성이 매우 낮다는 것을 받아들이고, 그 결과 신적 목적에 호소한다면 우리는 과학이 설명하는 데 실패한 곳을 채워 주는 공백(gaps)의 하나님에게 그 책임을 남겨 둔다는 것이다.

도킨스의 확신과 워드의 답변은 비록 그 자신의 용어로, 즉 인류가 자연적 과정을 통해 출현했을 가능성을 통해 도킨스와 대면하는 것이 중요할지라도 있을 법한 논쟁의 스펙트럼을 설명할 수 있다. 게다가 진화생물학 내에 지구의 조건을 고려하면 인간과 같은 것의 진화는 실제로 필연적이라고 주장하는 다른 소리가 있다.

시몬 모리스(Simon Conway Morris)는 리처드 도킨스와 비교해 종교에 덜 적대적이지만 진화의 수렴은 인간과 유사한 종들이 "우연"의 결과라기보다 필연적 과정의 결과임을 내포한다고 여전히 주장하는 생물학자의 좋은 표본이다.[13]

---

10 워드의 책을 보라; Ward, *God, Chance and Necessity* (Oxford: Oneworld, 1996), 64.
11 이 논의에 관해서는 다음의 책을 보라; Stephen Clark, *Biology and Christian Ethics* (Cambridge: Cambridge University Press, 2000).
12 워드는 문화 구성물이나 밈들(memes, 문화유전자)이 비유전적 수단을 통해 전수될 가능성을 다루지는 않았다.
13 S. Conway Morris, "The Paradoxes of Evolution: Inevitable Humans in a Lonely Universe?" in N. A. Manson (ed.), *God and Design: The Teleological Argument and Modern Science* (London: Routedge, 2003).

동시에 그는 생명을 낳는 우리 태양계에서 발생하는 특별한 조건이 흔치 않다고 제안한다. 그리고 우리는 우리가 다른 유인원류의 종들을 만나지 않을 것 같은 외로운 우주에서 살고 있다. 콘웨이 모리스(Conway Morris)는 만일 인간이 우주의 "표류자들"(castaways)이라면 우리는 이것이 타락에 대한 생물학의 억지 해석이라고 생각할 수도 있으리라 추측한다.

믿음을 가진 자들은 필연적으로 우주적이고 진화적 사건들 안에서 신적 목적을 보려 할 것이다. 실제로 과학만을 통해 본 지구의 궁극적 운명은 다소 냉랭한 종말론 그리고 기독교 신학자들이 부정하려는 종말론을 묘사한다. 그러나 이것은 진화학에 대한 우리의 제한된 이해가 만족스러운 입장에 도달하기 위해 하나님을 개입시킬 필요가 있다는 것을 의미하지 않는다.

자연 세계에 관심이 있는 신학자들은 일반적으로 환경 문제에 특별하게는 생태학에 관련 있는 사람들을 포함한다. 많은 사람이 과학적 문제들만큼이나 실제적이고 정치적이고 윤리적이고 사회적 문제들과 관계된 논쟁을 하게 되었다. 다윈의 경쟁심 이미지들 대신에 생태학적 조직에서 과정의 공생(symbiosis), 협동(cooperation) 그리고 통합(integration)과 같은 생물학적 과정은 인간 행위에 영감을 주는 모델이 된다. 여성주의자들은 미국의 로즈마리 래드포드 류터(Rosemary Radford Ruether)와 샐리 맥페이그(Sallie McFague), 영국의 앤 프리마베시(Anne Primavesi), 룻 페이지(Ruth Page), 매리 그레이(Mary Grey)와 같은 뛰어난 여성주의 작가들을 포함해 '생태여성주의'(ecofeminism, 환경친화적 여권 신장)를 통해 특별히 영향을 끼쳐 왔다.[14]

페이지는 진화 내의 고통의 정도에 관심을 두고 하나님의 내재성(immanence)이 피조물 안에서보다는 오히려 피조물과 함께 하는 것으로 표현되는 것을 선호한다. 대부분의 환경 여성주의자들은 여성과 지구를 동일시하는 그럴듯한 이점이 뜨겁게 논의되고 있을지라도 지구의 압제와 여성의 압제 사이의 연결고리가 있다고 믿는다.

캐롤린 머천트(Carolyn Merchant)는 그 대신에 자연 세계와의 관계적 접근을 주장하면서 자연을 통제하라는 베이컨식의 촉구와 여성의 압제를 연결해 왔다. 과학과 성 차별주의(sexism) 사이의 연결에 따른 자연스러운 결과로서 페미니스트 저자들은 새로운 종류의 과학, 즉 통제보다는 돌봄에 더 초점을 맞춘 과학을 강력히 추진해 왔다.[15]

---

[14] 에코페미니즘에 대한 더 자세한 논의를 위해서는 다음의 책을 보라; C. Deane-Drummond, "Creation", in S. Parsons (ed.), *The Cambridge Companion to Feminist Theology* (Cambridge: Cambridge University Press, 2002).
[15] 힐러리 로즈(Hilary Rose)는 이 점에 있어 주요 저자이다. 이 논의를 위해서는 다음의 책을 보

류터는 그녀의 신학과 자연을 재구성하는 데 가이아(Gaia)-가이아는 율법과 언약의 하나님을 보완하는 자연 내의 신이다-의 이미지들을 포함해 왔다.

프리마베시는 가이아의 계보를 따라 재정립된 신학을 주장하기 위해서 제임스 러브록(James Lovelock)의 단일 유기체(가이아)로서 기능하는 지구의 모델을 채택해 왔다. 가이아 가설을 사용하는 신학자들은 이 이론에 내재한 협동의 측면들을 강조할 때, 세부적인 것들을 더 자세하게 주목하면 가장 과격한 형태로 그것은 인류의 위치를 재설정하는 것을 구상해 인류가 더 창조의 정점이 아니라 지상에 있는 약간 불필요한 기생동물에 불과하다는 것을 볼 수 있다.

가이아에 내재한 긴장감은 모든 양상의 생태 신학(ecotheology)을 특징짓는 더 일반적 문제, 즉 개인주의/인간중심주의와 전체주의/생물중심주의 사이의 선택을 반영한다. 레오나도 보프(Leonado Boff)와 션 맥도나(Sean McDonagh)와 같은 해방 신학자들은 또한 가난한 자들에 대한 압제와 환경 문제들 사이의 연결고리의 윤곽을 세우는 데 있어 매우 도움이 되었다.

지금까지의 논의는 생태 신학자들이 신학에 접근하면서 상당히 진보적이라는 것을 내포할 수도 있다. 이것은 절대 사실과 다르다. 환경 문제에 관한 관심은 스티븐 바우마 프레디거(Stephen Bouma Prediger)와 마이클 노트콧(Michael Northcott)과 같은 복음주의 작가들로부터 존 지지울라스(John Zizioulas)와 같은 동방 신학자들에게 이르기까지 신학적 스펙트럼 전반에 걸쳐 보편적이다.

개혁파 신학자인 위르겐 몰트만은 삼위일체와 생태학 안에 있는 공동체 관계를 강조하면서 녹색 사고를 그의 신학에 통합시켰다. 게다가 몰트만은 생태학적 사고를 활용해 그의 기독론과 종말론을 발전시킨다. 그리스도는 자연 세계와 구속의 목적을 결합해 지구와 함께 고통을 겪는 분이시다. 몰트만이 쓴 글들의 주된 목적은 환경 문제에 대한 절박한 깨달음에 말을 거는 신학을 발생시키는 것이다. 그는 과학으로서의 생태학에 세부적으로 관여하는 일에는 관심이 덜 하다.

과학적 생태학에 관해 좀 더 최근에 쓰인 작품은 안정되고 상호 연결된 체계의 입장에서 바라본 생태학 개념은 더 수용되지 않는다는 것을 보여 주었다. 생태학자들은 이제 변동(flux), 역동적 교환 그리고 생태학적 변화에 있어 인간의 관여에 더 초점을 맞추는 것 같다. 안정된 상호 관계의 입장에서 생태학 모델을 활용하려고 부추겼던 신학자들은 이것이 생태과학이기보다는 이상화된 철학에 불과하다는 것을 깨달을 필요가 있다.

라; C. Deane-Drummond, *Biology and Theology Today* (London: SCM Press, 2001), 184-207.

3. 주요 인물들

1) 피에르 테이야르 드 샤르댕

테이야르 드 샤르댕(Pierre Teilhard de Chardin)은 그의 고생물학적 연구로 진화하는 두개골의 용량이 도구제작보다 앞서 출현했다는 다윈의 가정에 이의를 제기했던 총명한 과학자였다. 그는 대신에 진화와 도구제작이 함께 발전했다고 주장했다. 그 다음 세대의 사회생물학자들과 같이 그는 진화가 신체적 특징들뿐만 아니라 모든 사회·문화적 역사에 대해서도 책임이 있다고 믿었다.

그러나 그것은 그가 자신의 과학적 견해와 대부분의 논쟁을 일으켰던 신학적 비전을 결합했던 방식이었다.[16] 그는 다윈의 본래 논제의 특징인 물질주의에 집착하지 않았다. 그 대신에 그는 물질이 정화(靈化, spiritualization) 속에서 계속 증가하고 있다고 제안했다. 아마도 테이야르 드 샤르댕의 가장 영향력 있는 작품이었을 『인간 현상』(The Human Phenomenon, 1940)은 물질과 정신, 사고와 행위, 개인주의와 집단주의, 복수성과 단일성의 통합을 촉구했다.

그의 초기 작품인 『신적 환경』(The Divine Milieu, 1920)은 창조에 대한 진화론적 설명으로 알려진 기독교 신비주의라는 바로 그만의 별칭에 더 집중했다. 그의 존재론적 일원론에 대한 헌신은 매우 명확하다. 즉 신의 내재적 성격은 우주적 그리스도의 차원에서 이해되었다. 그의 복잡성/의식의 법칙은 의식의 출현을 설명하려고 시도했다. 테이야르 드 샤르댕은 인간 진화의 중요성을 강조했는데, 그 결과 인간이 진화에 영향을 미칠 뿐만 아니라 진화를 지도할 수 있었다.

곧 전쟁은 과학과 과학기술의 업적을 통해 마침내 자라게 될 성인이 된 인류의 성장통일 뿐이다. 유기적 진화는 물질과 정신의 통합 목표를 향해 발전하고 있는 거대한 유기체와 같이 작동했다. 그는 각 단계의 진화를 하나의 임계점(critical threshold)에 대한 개별적 도약을 의미한다고 이해했다.

첫째, 우주의 기초 미립자(elementary corpuscles)의 형성

둘째, 생물권(biosphere)의 형성

---

16 그는 『창조적 진화』(Creative Evolution, 1907)에서 자연 속에 있는 모든 정신이 '생의 약진'(an élan vital)으로 나타난다고 주장했던 앙리 베르그송(Henri Bergson)의 사상을 발전시켰다.

셋째, 인종(human species)의 형성

죽음에 이르러 인간 안에 있는 영원한 의식의 중심은 지구 둘레에 초 의식(super-consciousness)이라는 행성층을 형성하기 위해 화합해 결국 진화의 끝인 오메가로서의 신과 일치된다.

테이야르 드 샤르댕의 거대한 종합은 체계적이라기보다는 오히려 대담하고 낙관적이며 용감무쌍하고 신비적이다. 비록 그가 아주 존경을 받는 고생물학자였고 1947년에 프랑스 과학 훈장을 받았을지라도 과학적 관점에서 그의 작품을 비판하는 것은 어렵지 않다.

그가 인간에게 허락한 위상과 중요성은 다윈의 이론에 분명히 드러나 있지 않은데, 다윈의 이론은 가지를 뻗은 진화 경로에 배치했다. 테이야르 드 샤르댕의 진화 임계점이나 진화에서의 정신적 활동의 구체적 중요성에 대한 아무런 증거도 없다.[17]

그런데도 어떤 과학자들은 테이야르 드 샤르댕이 보다 많이 과학에 허락한 수위성이 주의 결핍이 설명해야 할 것을 변상하는 것 이상이라고 믿으면서 그의 사상에 호감을 느꼈다. 신학적 관점에서 볼 때 그의 논제가 가진 문제점들을 발견하기는 역시 쉽다.

그의 비전은 오늘날 더 적은 수의 지지자들을 찾아볼 수 있다는 점에서 낙관적이고 인간 중심적이다. 게다가 그의 부활에 대한 묘사는 신빙성의 한계를 뛰어넘는 상상력이 넘치는 사색이 된다.

그러나 그의 비전 역시 다양한 구성 요소들 안에서 예언적이다. 예를 들어 그가 지구를 유기적으로 묘사한 것은 많은 생태 신학자 사이에 유명한 가이아 이론에서 채택되어 발전되었다. 그가 과정(process)과 최종선(final goodness)을 강조한 것은 역시 과정 신학과 오늘날 과정 신학의 과학과의 연계의 특징이다.

그가 의식의 중요성에 주목한 것은 진화론의 관점에서 볼 때 잘못 방향을 잡은 것이었지만 점차 증가하는 논쟁의 영역이 되었다. 마음과 뇌의 통합, 의식이 우리의 영장류 조상들에게서 나온 방식과 영혼의 관계는 아직 해결되지 않은 상태이다.

더욱이 의미 있게도 테이야르 드 샤르댕은 마치 신학에 과학이 필요했던 것처럼 만일 과학이 '머리'뿐만 아니라 '마음'도 가지려 한다면 과학도 신학이 필요했다고 주장했다.

---

17 지성적 삶이 진화적 관점에서 필연적인지 아주 개연적인지는 계속 논쟁이 되는 문제다.

2) 아더 피콕(Arthur Peacock)

아더 피콕은 그의 생애 초반부를 DNA의 화학 구조를 연구하는 데 할애했다. 신학자가 된 생화학자로서 그는 생물학과 신학 안에 있는 쟁점들의 공적 윤곽을 세우는 데 도움을 주었다. 특히 그는 현대 생물학과 진화론의 사상에 비추어 신학적 사상을 손질했다.

램프(G. W. Lampe)와 젠킨스(David Jenkins) 같은 더 진보적 영국 국교회 작가들의 영향은 그의 논의 속에서 명확히 드러난다. 토랜스와 같이 그는 과학적 방법이 신학과의 용무 속에서 비판적이라고 생각한다.

그러나 그는 접근 방식이 더 급진적이다. 그는 과학적 "증거"에 의해 달리 증명되지 않으면 신앙의 어떤 항목이라도 잠정적인 것으로 여길 준비가 되어있다. 그는 특별히 과학자로서 연구하는 경험이 인류에게 하나님과 세상과의 상호 작용을 이해하도록 도와준다고 주장한다.

이해하는 것은 전통적 방식으로 신앙을 통해 오지 않고 그 반대로 온다. 세계 안에 있는 미완성 형태의 의식을 믿었던 테이야르 드 샤르댕과는 다르게, 피콕은 창발 개념을 선호한다. 곧 그것은 우리가 점점 증가하는 복합성의 단계에서 더 낮은 단계의 조직화에 따라 예측하지 못하는 새로운 속성들이 출현하는 것을 발견한다. 게다가 그는 행동을 빼놓고 가장 성공적 종(species)이 반드시 가장 복잡한 것은 아님을 제안한다.

그러나 그는 인류가 또 다른 동물에 불과하지만, 더 정확히 말하면 다른 종들과 마찬가지로 인종의 독특한 특징들이 있다고 조심스럽게 말한다. 달리 말하자면 그는 지상 위의 생명체에 대한 전인적 접근 방식(a holistic approach), 즉 유전자들을 분리할 뿐만 아니라 행위와 생물학과 심리학과 종교의 더 넓은 특징들을 참고하는 방법을 찬성한다. 피콕의 기독론은 비록 그가 세상에 육화된 신적 로고스와 같은 더 추상적 개념들에 관심을 가졌을지라도 완전한 인간으로서의 그리스도 개념에서는 진보적이다. 피콕에게 있어 하나님은 지구의 진화를 허용할 때 우연과 필연의 상호 작용을 통해 일하신다. 하지만 그는 하나님의 행위를 미시적 수준에서 진화에 놓으려는 작가들과 거리를 둔다.

그러나 오히려 하나님의 행위는 "상-하"(top-down) 혹은 "전체-부분"(whole-part)의 상호 작용을 통해 이루어진 결과 "하향식"(downward)으로 행동하는 수준의 사슬을 통해 그 영향력은 간접적이다. 과정 신학자들처럼 그는 성례전적 우주 개념을 보유하고 있을지라도 만유재신론(panentheism)을 옹호한다.

그는 인류의 타락과 같은 고전적 개념들을 거부하면서 하나님이 허락하신 가능성을 완수하기 위해 실패의 차원에서 재해석하는 것을 선호한다. 몰트만을 의지해 그는 고통을 당하고 연민을 느끼며 자신을 비운 하나님 개념에 반한다. 그 하나님은 인간뿐만 아니라 모든 피조물의 고통을 함께 나누신다. 인류는 창조 행위 안에서 하나님과 공동 창조자요 동역자요 공동 탐험자다.

소수의 과학자는 피콕이 사회생물학을 신랄하게 반박한 것이 놀라움으로 다가오겠지만 그가 신학을 형성해 온 방식에 반대한다. 그의 신학적 입장, 특히 하나님이 과학적 탐구를 통해 그려질 수 있다는 그의 주장은 더 논쟁의 여지가 있다.

예를 들어 니콜라스 래쉬(Nicholas Lash)는 과학이 과학적 관찰을 통한 신학적 진리의 중재자라고 추정하는 것은 거짓이라고 믿는다. 왜냐하면, 그것이 현대 실험과학(experimental science)의 부활과 함께 서양의 상상력을 주도하게 된 실재에 대한 인간적인 관여의 관찰자 모델(a spectator model)을 향한 변화에 기초해 있기 때문이다.[18]

그의 비판은 또한 과학적 경험주의를 신학 담론에 합병시킨 맥그라스와 같은 좀 더 보수적 신학자들과 단절하게 했다. 특별히 래쉬는 하나님에게 접근하는 방식의 다양성은 그 파편적 통찰력과 함께 자아와는 별개로 거대한 질서와 비교된 하나님에게 더 특징적이라고 믿는다.

그러나 과학적 이론들이 그런 독립적 실재의 표상을 가질 수 있지만, 실제로 과학은 더 유동적이고 분명치 않다 피콕은 후자인 창조적 과학에 더 끌리는데, 그것은 래쉬(Lash)가 암시한 것보다 음악이나 예술과 더 많은 공통점을 갖고 있다. 그러나 우리가 여전히 과학적 담화를 통해 신학적 지식을 얻는 방법에 전념하느냐가 논쟁의 주제다. 자연 세계는 하나님을 찾기에 모호한 곳이다. 믿음의 눈으로만 자연세계 안의 경이로움이 하나님의 영광을 참되게 반영하는 것으로 보일 수 있다는 것이 더 적절한 것 같다.

---

18 N. Lash, *The Beginning and End of Religion* (Cambridge: Cambridge University Press, 1996), 79-80.

3) 존 지지울라스(John Zizioulas)

지지울라스는 동방 정교의 사상을 서방에서 쉽게 이해할 수 있는 언어로 번역하는 데 상당한 에너지를 쏟아온 저명한 동방 정교회 신학자다.

또한, 인류에게 허락한 하나님의 선물로서 지구를 돌보는 중요성을 믿는 동방 정교회 공동체 내의 더 큰 운동은 참으로 그다운 일이다. 동방 정교회의 관점은 '자연'이 인간을 포함한 것으로 보고 하나님과의 근본적 차이가 피조물과 '다른 것'으로 보는 견해다.

하나님과 세상은 둘 사이의 근본적 차이를 잃어버리지 않고 어떻게 연관될 수 있는가?

지지울라스는 하나님과 세상과의 관계가 인류를 통해 가능하다고 주장한다. 그러나 그는 합리성을 인간의 탁월함으로 강조하는 것을 부정한다. 왜냐하면, 진화론의 연구가 다른 동물들이 이런 능력을 갖추고 있다는 것을 보여 주고 이것이 이기적 개발을 위해 세상의 합리화를 위한 근거가 될 수 있기 때문이다. 대신에 그는 자유가 인간의 가장 중요한 차원이라고 주장한다. 자유는 타락 이야기에서 확연히 드러난 것처럼 다양하게 왜곡된 방식으로 사용될 수 있다.

> 세상을 그의 손에 잡고 창조적으로 보전하고 하나님께 위임함으로써 인간은 피조물을 그 규제에서 해방하고 참으로 존재하게 한다.[19]

그리스도는 인류와 세상과 완전한 관계를 위한 모범으로 활동하신다. 그래서 마치 떡과 포도주가 성만찬에 제공되는 것과 같이 하나님으로부터 주어진 선물로서 모든 피조물의 원천은 명확해진다. 하나님과 피조물이 다시 한번 올바른 관계로 이끌려지는 것은 바로 예전 행위들(liturgical acts)을 통해서다. 신성한 자연은 다시는 죽음의 위협 아래에 있지 않지만, 인간의 자유로운 선택을 통해 영생에 들어간다(enters life). 교회의 가르침에 신실한 이런 성례전적 삶은 하나의 사회 기조(an ethos), 즉 지지울라스가 생태 위기의 핵심이라고 생각하는 이기심에 반대되는 생활 양식을 불러일으킨다.

---

[19] J. D. Zizioulas, "Preserving God's Creation: Three Lectures on Theology and Ecology", *King's Theological Review* 13 (1), 1990, 5.

지지울라스의 글은 현대 진화생물학과 과학의 발견을 무시하지 않으면서 성경 해석에서는 전통적이다. 그는 이것들을 그의 신학에 전형적인 것이 되게 하지 않으면서 진화 사상의 통찰에 귀를 기울일 준비가 되어있다.

또한, 생태학적 위기와 같은 실제적 문제에 있어 인류에게 직면한 문제가 과학적 경험주의에 대한 신학의 승인으로는 해결될 수 없다고 그가 믿는 것은 옳다.

오히려 그는 특별히 예전적 비전을 요청하는 데, 그 비전은 그 언어와 이야기가 분열과 전문화로 향하는 현대의 경향을 과학적으로 설득하는 것과는 다른 것이다.

그가 자유의 중요성을 강조한 것은 생물학과 신학의 공통 영역, 특히 유전학과 같은 분야들에서 연구하고 있는 다른 작가들과 함께 파문을 일으킬 것이다. 환경 윤리에서 인간중심주의로부터 모든 피조물과 더 큰 의미의 유사함을 향한 쪽으로의 변화가 있었다는 점에서 피조물의 제사장이라는 인간 개념은 더 문제가 된다.

그러나 그가 생태학적 관심을 재구상된(reenvisaged) 인간학 앞에 놓은 것은 옳다. 생태의 보존이 지속하리라는 희망이 열매 맺게 되는 것은 단지 인류가 그 행위와 태도를 바꾸기 위해 배우는 한에서다.

4. 신학과 생물학-하나의 가설적 안건

생물학과 연계해 연구하고 있는 어느 신학자에게나 계속되는 어려움 중 하나는 과학적 발견과 경향에 뒤지지 않고 따라가는 것이다. 신학이 자연보다는 역사에 집중하는 것은 생명과학을 포함한 과학 안에 있는 지식과 정보의 과잉 결과로 이해할 수 있다.

그 분야의 주요 공헌자들 대부분이 자연과학에서 어느 정도 훈련을 받아 왔다는 것은 또한 분명하다. 그러나 만일 생명과학이 신학 내에서 논쟁을 위한 진지한 쟁점으로 간주해야 한다면 공교롭게도 두 직업을 결합해 왔던 단 한 명의 엘리트에 의한 것보다는 오히려 더 많은 신학자가 생물학적 쟁점들을 진지하게 취급할 필요가 있다.

그러한 가능성은 만일 신학이 공유된 과제라면 상호 접촉과 연대가 일어나는 곳에서 실현될 수 있을 뿐이다. 그러한 과제를 시작하기 위해서 신학자들은 그들이 과학과 공학기술의 위치에 대한 논쟁에 제공해야 하는 것을 더 많이 확신할 필요가 있다. 신학자들이 과학의 엄청난 실제적 성공에 직면했을 때 겁에 질리거나 철학적으로 소박한 경험적 제국주의에 열중할 때 과학을 버리기 쉽다. 그 대신에 존경을 표하는 경청, 즉 모든 신학적 기획의 중심부에 있을 필요가 있는 주의력은 신학자들이 생물학적 발견에 접근하는 방식을 실현하기 위해 도움이 되어야 한다.

그러나 이것은 과학적 분석에서 나오는 사고의 승인이나 착복이 될 필요가 없다. 오히려 과학의 통찰력이 교환과 해석의 창조적 과정에서 활용될 수 있는 것은 주의 깊은 성찰과 분별을 통해서다.

생물학적 이해의 지평을 무시하는 것은 다시는 가능하지 않지만, 성경적이고 신학적 해석이 교차하는 방식은 지속적인 노력을 요구한다. 이 과제를 달성하는 한 가지 방법은 좀 더 통일된 방식의 연구를 통한 것이고, 그 결과 교환은 다른 분야들 안에 있는 전문적 식견을 가진 사람들 사이에서 촉진된다. 일반적으로 인문학은 그런 실습을 시작하기에 비교적 느렸지만, 생물학에서 협동 작업은 그 목적을 달성하기 위해 본질적인 것으로 당연시된다. 그런 교환이 열매 맺는 특별한 방식은 대화에 참여하려고 하는 사람들의 특별한 관심에 달려 있을 것이다.

첫째, 첫 번째 임시 목표는 신학과 생물학의 다른 분야들 사이에 존경을 표하는 주의를 위한 준비로 요약될 수 있다.

이렇게 경청하는 절차에 더해 일반 시민들에게 관심이 있는 실제적 쟁점들에 공헌할 채비를 어느 정도 갖추는 것은 이런 경계선에서 일하는 신학자의 임무에 속한다. 신학적 윤리학에 종사하는 것은 유전학, 환경 문제 그리고 새로운 의학 개발과 관련된 발전과 같은 주제들에 본질적이다.

이 공통 영역에서 일하는 사람들에게 실제적 문제들을 뒤로하고 절박한 사회적 관심사들과 거리가 먼 하나님과 진화의 이론들을 공식화하려는 유혹이 항상 있다. 그러한 이론화는 그것이 대체하려고 하는 신학들보다 더 많은 영향을 주지 않는다. 다시 말해서 과학적 실재론이 세상을 다루는 데 있어 작용하기 때문에 그런 실재론을 고려해 넣는 신학이 자연에서 실제적이라고 주장하는 것은 잘못된 명확함이다.

둘째, 두 번째 목표는 실제적 의사결정과 윤리학에 있어 그러한 교환의 함의들을 이해하기 위한 책임감을 수용할 준비로 요약될 수 있다.

셋째, 생명과학과 접촉하는 조직 신학의 다양한 분야들은 창조 신학이—물론 중요하기는 하지만—단순히 제한받지 않는다. 오히려 신학에 대한 생물학의 함의들을 철저히 연구하는 데 고유한 전 영역의 가능성이 가장 폭넓은 의미에서 고려될 필요가 있다.

예를 들어 위르겐 몰트만은 창조, 하나님, 기독론, 구원론, 종말론 그리고 인간론과 같은 주제들에 대해 논의할 때 그가 생태학에 대해 이해한 것을 포함한다. 이것은 생물학이 신학의 발전을 이루는 데 전형이 된다는 것을 의미하지 않는다. 그러나 생물학을 통해 얻은 통찰력들을 고려하고 그러한 도전에 합리적 답변을 제시하는 것은 중요하다. 예를 들어 예수님의 부활은 세속 생물학자의 관점—이 관점은 죽음이 뒤집힐 수 없다고 주장할 것이다—에서 보면 불가능할 것이다.

이 딜레마는 신학자들 가운데 단연코 가장 유능한 자들에게까지 무거운 짐을 지워 왔다.[20] 하지만 이것은 부활에 대한 신앙이 이제 더 이상 가능하지 않다거나 그리스도가 죽은 자들 가운데서 살아나지 않았다는 것을 의미하지 않는다. 그가 부활한 신체의 형태는 복음서의 설명에 따르면 모호하다.

그는 먹을 수도 있었고 문을 통과할 수도 있었다. 우리는 과학에 따라 정상적으로 진술되지 않은 실재를 다루고 있는 것 같다. 이것은 세 번째 목표로 안내한다. 즉 그것은 생물학적 경험주의를 신학의 최종 권위자로 꼭 받아들이지 않고서도 신학의 모든 분야에서 생물학의 도전을 수용할 준비다.

넷째, 일단 생명과학이 신학의 동료가 되면 과학에 대한 신학의 통찰력과 과학의 실습이 약해지는 위험이 있다. 오랜 훈련이나 관계를 통해 과학 분야에 입회한 신학자들은 신학이 과학에 가져올 수 있는 선물일 뿐만 아니라 그 반대일 수도 있다는 것을 깨달을 필요가 있다. 이것은 생물공학(biotechnology) 안에 생물학을 적용하는 것을 포함해 생물학의 어떤 측면이 개발될 필요가 있는지에 대해 의사를 결정하는 데 있어 사실이다. 그러므로 과학적 조사를 위한 우선권을 분별하는 것은 신학자들을 포함한 모든 시민의 과제가 된다.

신학자들이 과학의 내용을 변화시킬 수 없고 그들이 그렇게 노력하는 것이 틀렸다고는 해도 그들은 자금 조달 정책(funding policy)에 영향을 미칠 수 있다. 생명복제(cloning)와 약을 만들기 위한 유전학적 변화의 용도 그리고 태아의 지위에 대한 상담 자료들은 모두 이 분야에서 공공정책에 대한 상당한 논쟁을 불러일으켰다. 이것은 네 번째 목표로 안내한다.

그 목표는 생물학에서—여기서 그런 기회들이 이용할 수 있다—세우는 방침에 몰두할 준비다. 또한, 유전학과 환경학에 생물학의 가능한 적용을 좇아서 생각해볼 만한 좀 더 광범위한 사회적 문제들이 있다. 전자가 생물학의 확실한 테두리를 반영하는 반면, 후자는 우리가 지구 전체를 다루는 데 있어 인간의 한계를 더 많이 깨닫게 한다.

두 분야에서 [사회정의와 같은] 특수한 문제들은 신학자들에게 흥미롭다. 이것은

---

20 볼프하르트 판넨베르크의 신학이 이런 긴장감을 분명히 보여 준다.

위에서 약술한 두 번째 목표에서처럼 윤리적 참여를 단순히 옹호하는 것 그 이상이다. 오히려 그것은 특별한 분야들이 그 적용 안에 있는 철학적 난제에 대한 이론화뿐만 아니라 생물공학을 적용한 간접적 결과로서 부당함을 받는 편에 있는 사람들과의 계약을 요구한다는 것을 암시한다.

이것이 모든 생물공학이 포악하다는 것을 의미하지 않고 오히려 신학자의 임무가 이 진상의 위치를 인식하고 그렇게 하려고 그의(혹은 그녀의) 분수에 맞게 그 상황을 완화하려고 연구하는 것임을 의미한다.

다섯째, 생물학의 적용이 사회적 부정의를 불러일으켜 온 상황들을 인식하고 그 개선을 위해 일할 준비가 될 것이다.

다른 가능한 시나리오들이 지명될 수 있어 그 목록은 절대 총망라될 수 없을 것이다. 그러나 아직도 상당히 많이 계속 확대되고 있는 하나의 연구 분야라는 것이 행해져야 할 연구의 영역을 보여 준다.

결론을 대신해 비록 신학이 생물학과의 관계를 통해 그 지평을 상당히 확장했을지라도 여전히 그 전통의 풍성한 자원을 탐구하고 발견될 수 있는 곳이라면 어디서나 지혜를 찾을 필요가 있다. 하지만 그것은 궁극적으로 하나님에 대한 지식과 사랑 그리고 하나님의 창조에 근거한 지혜다.

참고 문헌

Berry, R. J. *The Care of Creation: Focusing Concern and Action* (Leicester: Intervarsity Press, 2000).
Boff, L. *Cry of the Earth, Cry of the Poor* (Maryknoll, NY: Orbis Books, 1994).
Bouma-Prediger, S. *For the Beauty of the Earth: A Christian Vision for Creation Care* (Grand Rapids, MI: Baker Academic, 2001).
Clark, S. *Biology and Christian Ethics* (Cambridge: Cambridge University Press, 2000).
Clark, S. R. L. *How to Think About the Earth: Philosophical and Theological Models for Ecology* (London: Mowbray, 1993).
Conway Morris, S. *Life's Solution: Inevitable Humans in a Lonely Universe* (Cambridge: Cambridge University Press, 2003).
Deane-Drummond, C. *Creation Through Wisdom: Theology and the New Biology* (Edinburgh: T. & T. Clark, 2000).
_____. *Biology and Theology Today: Exploring the Boundaries* (London: SCM Press, 2001).
_____. *The Ethics of Nature* (Oxford: Blackwell, 2003).
Edwards, D. (ed.). *Earth Revealing, Earth Healing: Ecology and Christian Theology* (Collegeville: Liturgical Press, 2001).
Futuyama, D. *Evolutionary Biology*, 3rd edn. (Sunderland: Sinauer Associates, 1998).
Haught, J. F. *God After Darwin: A Theology of Evolution* (Boulder, CO: Westview Press, 2001).
Lash, N. *The Beginning and End of Religion* (Cambridge: Cambridge University Press, 1996).
Linzey, A. *Animal Theology* (London: SCM Press, 1994).
McDonagh, S. *To Care for the Earth: A Call to a New Theology* (London: Geoffrey Chapman, 1986).
McFague, S. *Supernatural Christians: How we Should Love Nature* (London: SCM Press, 1997).
McGrath, A. *A Scientific Theology, Vol. 1: Nature* (London: T. & T. Clark/Continuum, 2001).
Merchant, C. *The Death of Nature: Women, Ecology and the Scientific Revolution* (London: Wildwood House, 1982).
Midgley, M. *Evolution as a Religion* (New York: Methuen, 1985).
Moltmann, J. *God in Creation: An Ecological Doctrine of God* (London: SCM Press, 1985).
Northcott, M. *The Environment and Christian Ethics* (Cambridge: Cambridge University Press, 1996).
Page, R. *God and the Web of Creation* (London: SCM Press, 1996).
Pannenberg, W. *Towards a Theology of Nature: Essays on Science and Faith*, ed. T. Peters (Westminster: John Knox Press, 1993).
Parsons, S. (ed.). *The Cambridge Companion to Feminist Theology* (Cambridge: Cambridge University Press, 2002).
Peacocke, A. *Creation and the World of Science* (Oxford: Clarendon Press, 1979).
_____. *Theology for a Scientific Age*, enlarged edn. (London: SCM Press, 1993).

_____. *Paths from Science to God: The End of All Our Exploring* (Oxford: Oneworld, 2001).

Peters, T. *Playing God: Genetic Determinism and Human Freedom* (London: Routledge, 1997).

_____. *Theology and the Natural Sciences* (Basingstoke: Ashgate, 2003).

Primavesi, A. *Sacred Gaia: Holistic Theology and Earth Systems Science* (London: Routledge, 2000).

Ruether, R. Radford, *Gaia and God: An Ecofeminist Theology of Earth Healing* (London: SCM Press, 1993).

Ruse, M. *Can a Darwinian be a Christian? The Relationship between Science and Religion* (Cambridge: Cambridge University Press, 2001).

Santmire, H. *Nature Reborn: The Ecological and Cosmic Promise of Christian Theology* (Minneapolis, MN: Fortress Press, 2000).

Southgate, C. (ed.), *God, Humanity and the Cosmos* (Edinburgh: T. & T. Clark, 1999).

Teilhard de Chardin, *The Human Phenomenon*, trans. S. Appleton-Weber (Brighton: Sussex University Press, 1999).

Torrance, T. F. *Theological Science* (Edinburgh: T. & T. Clark, 1996).

Ward, K. *God, Chance and Necessity* (Oxford: Oneworld, 1996).

Zizioulas, J. D. "Preserving God's Creation: Three Lectures on Theology and Ecology", *King's Theological Review* 13 (1) (1990), 1-5.

제22장

신학과 사회과학

리처드 로버츠(Richard Roberts)

1. 서론

사회과학자의 관점에서 볼 때, 첫눈에도 신학과 사회과학의 관계는 다소 장래성이 밝아 보이지 않는다. 사회과학의 역사는 종교 자체, 서양 문화에 중심이 존재한다는 생각으로부터의 이탈에 관한 이야기이자 그것에 대한 극복으로 모습을 드러낸다.

근대성(Modernity, Neuzeit)은 신학이 문화와 사회 속에서 수행했던 중심 역할에 대해 오래된 또는 때로 에두르는 포기를 목격했다. 사실상 "거대 이론"(grand theory)으로 이해된 사회학은 어떤 의미에서 "모든 학문의 여왕"(queen of the sciences)인 신학의 진취적 계승 분야로 그럴싸하게 이해될 수도 있을 것이다.

일찍이 모든 것을 알고 있는 신학자의 정신(mentalité)에서부터 야심 찬 현대 사회과학자의 정신(mentallite)으로 이어지는 자연스러운 진행 같은 것이 존재하는 데, 그는 인간의 생활 세계에 대한 포괄적 해석뿐만 아니라 그 자체로 계몽된 근대성의 대리인으로서 사회과학이 수행하는 해방의 역할을 진작시키는 것을 목표로 한다. 이에 반해, 신학자는 이제 세속화된 적대적 현실에 직면해 있는 위축되고 소외된 잔류 지역을 차지하고 있는 것으로 보인다. 그러한 신학은 쇠락한 상황 속에서 살아가고 있다.

물론 이것은 지나친 단순화라고 할 수 있다. 왜냐하면, 특히 주류의 종교 신학들이 현재 다양한 형태를 띠고 있는 포스트모더니즘과 뉴에이지의 종교 영역에 대한 재편에 직면해 있기 때문이다. 17세기 초 스콜라철학이 데카르트적 합리론과 경험론의 방향으로 움직였던 초기 자연과학, 철학을 마주함에 따라 신학적 잔여물도 점점 감소해 갔다. 이에 걸맞게 19세기 초 이후로 사회과학, 인문과학의 분과들이 분화되었고, 이로 인해 신학적 사유의 영역이 더 많이 침탈당하게 되었다.

경험론과 관념론의 추상적 병치(juxtaposition)에 대한 허무주의적 함의를 피하기 위한 칸트(Kant)의 당당한 시도는 혹자들이 주장하는 것처럼 이제 그 사용한계에 도달했다.

허무주의 시대에 신학의 가능성은 극단적이고도 모순된 것처럼 보이거니와 그것은 우리가 일부 해석자들을 신뢰할 수 있다면 신학과 세속 사상 간에 공동의 토대가 존재할 수 없기 때문이다. 그와 같은 강경한 태도로부터 출발하는 사람들은 매개적이고 자유주의적 모든 신학을 오류가 있거나 심지어는 부당한 것으로 간주하고 이 책에서 검토된 신학 대부분을 거의 존중하지 않는다.

이상에서 개관한 것을 배경으로 할 때, 두 가지 접근경로에 따라 신학과 사회과학의 관계를 논구하는 것이 가능하다. 한편으로 자신들의 신학에 사회학적 통찰을 반영하고자 했던 에른스트 트뢸취(Ernst Troeltsch)와 디트리히 본회퍼(Dietrich Bonhoeffer) 이후의 수많은 신학자에 의해 수행된 노력이 존재한다.

그러나 다른 한편으론, 본질적으로 복잡하고 대조적인(아울러 많은 면에서 대립적인) 두 가지 사유 전통의 분기, 추후 관계가 다른 요소들이 고려된 후에 어떻게 이해되어야 할 것인가에 관한 더 광범위한 물음이 존재한다. 그러므로 우리는 다음의 절차를 밟을 것이다.

첫째, 간략한 개관, 유형론을 통해 우리는 신학과 사회과학의 관계를 발전시키고자 노력해 왔던 대표적 신학자들이 채택한 다섯 가지 협상 전략을 개관한다.

둘째, 핵심 논제들을 끌어내고 이를 현대에 대한 대조적 반응에 비추어 신학과 사회과학의 관계에 대한 보다 일반적 평가를 위한 토대를 제공하는 현행 논쟁들과 연관시킨다.

결론 부분에서는 사회과학과 관련된 신학의 시험적 의제가 제시된다. 이것은 해방을 위한 "인문과학"으로 여겨진 신학의 인식(*episteme*) 틀의 규정과 이런 갱신이 어떻게 진행될 수 있는지에 대한 제안들 모두를 포함할 것이다.[1]

전반적으로 신학과 사회과학 간의 연대는 비교적 일방적이었다. 어떤 신학자들은 사회과학적 통찰을 사용하는 데 열심이었던 반면, 사회과학자들은 규범적 사고 유형에 독자적 방식으로 저항했고, 궁극적이거나 선험적 물음에 관한 관심과는 상반되는 것으로서, 비판적이고, 해석적이며, 양적이고, 이론적 기술(skills)의 가치를

---

[1] "인문과학"이란 용어는 사회과학뿐 아니라 다른 분야들, 특히 담론, 법, 역사, 문예 이론 그리고 문학 등도 포함한다. R. H. Roberts and J. M. M. Good, *The Recovery of Rhetoric* (Charlottesville, VA, 1993)의 서론을 보라. 장래의 의제에 관해서는 Roberts, *A Critique of the Social-scientific Study of Religion* (Cambridge, 2005)을 보라.

정립해 주는 합리성의 양태를 선호해 왔다.

고전적으로 전개된 사회학적 상상력은 종교적이고 신학적 주장들을 밑바닥에서부터 와해시킨다.

그러나 최근에, 즉 20세기 역사의 말엽에 이르자, 수많은 사회학자는 더 명백한 윤리적이고 규범적 성찰을 하게 되었다.[2] 게다가 다시 살아난 종교와 신앙들, 민족적 부활과 "외부지향적인" 사회 질서의 포괄적 성격은 종교사회학이라는 하위 분과의 한계들을 훌쩍 넘어서는, 종교에 대한 사회과학적 관심의 부활을 일으켰다.

탈구조주의 문화이론, 연관된 사회학적 사상 내부에서 이루어진 여타의 이론적 발전은, 명백히 신학적이지는 않더라도, 분명 준 신학적 성격을 띠고 있는 문제 제기를 유발하고 있다.

전근대적, 근대적 그리고 탈근대적인 것으로 해석할 수 있는 인간 조건에 대한 표현 역시 신학과 사회과학의 관계 해석에 상당한 의미를 지니고 있다. 자기방어적이고 교조적 대립적 자세는 더 이상 적절하지 않겠지만, 이제 어떠한 대안적 양식의 지적 공존이 더 적합한지는 논란의 대상이 될 것이다.

2. 개관

기독교 교회와 학문적 신학의 측면에서, 몇몇 신학자는 양자가 사회과학을 의존하지 않고는 효과적으로 기능할 수 없다는 사실을 오랫동안 인정해 왔다. "실천 신학"이나 "목회 신학" 분야에서는 때때로 그 통찰과 방법론의 선택적 전용이 발생하고, 또 목회 상의 임무와 교회의 지속적인 삶에 대한 유용한 통찰을 증대시키는 실용적 종합이 이루어지곤 한다.

더욱이, 신구약성서학, 교회사, 기독교사회윤리와 같은 영역에서는, 사회과학으로부터 도출된 소재들의 사용이 갈수록 보편화하고 있다.

그러나 우리가 조직 신학과 관련해 사회과학의 역할을 고찰할 때에는 훨씬 더 어려운 문제들이 발생한다. 왜냐하면, 사회학적 사고의 내재적 비판과 상대주의가 주어진 사회·문화적 상황 속에서의 전통(들)의 재정립(혹은 심지어 재창조)과 충돌을 일으키는 곳이 바로 조직 신학이기 때문이다.

---

2 Z. Bauman, *Modernity and the Holocaust* (London, 1989)와 *Postmodern Ethics* (London, 1993)를 보라.

탈전통적(post-traditional)이거나 "탈전통화된"(de-traditionalized)³ 사회적 상황에서는 전통이라는 개념 자체가 문제가 있는 것으로 간주하지만, 전통은 다른 사람들에게 여전히 필수불가결한 것으로 남는다.

마르틴 루터(Martin Luther)에 의해 시작되고 그 이후의 신학자들, 특히 프리드리히 슐라이어마허(Friedrich Schleiermacher)에 의해 진전을 보았던 "주체로의 선회"는 "외적이고" 물리적 세계에 대한 신학적 설명의 지배력을 이완시키는 한편, 종교적 체험은 강화했다.

그러한 발전은 개인주의, 근대의 자기 동일성(self identity) 성장을 위한 서곡 역할을 한다.⁴ 개신교 신학은 이처럼 종교적 의식의 강화를 향한 선회에 있어 사회·문화적 공간을 기꺼이 허용했지만, 근대를 상대로 한 개신교 신학의 투쟁은 대체로 다른 곳에서, 특히 역사 비평적 방법, 역사주의의 영향들을 상대로 한 오랜 싸움을 통해 치러졌다.

더 개인주의적이고 주관적 역할을 사회적 현실 속에 받아들이고(경건주의 역사를 통해 가장 일관되게 수행된 선택이었던) 난 후, 개신교 신학은 성경적 원리, 그 원리를 위해 선별된 본문 상의 토대가 사실상 붕괴하는 현실을 경험해야 했다.

가톨릭의 제도적 교계에 의해 제공된 통시적 안정성이 없기는 했지만, 문화적 측면에서 독일의 개신교 신학자들은 발생 초기이자 성장 과정에 있던 독일을 위해 종교적 합법화를 제공할 수 있도록 허락을 받았다.

이런 신학적이고 문화적 역할은 진보의 시대 조류와 양립할 수 있는 종교 의식의 변화, 계몽된 여러 가지 종교적 내면성(슐라이어마허가 개척한)의 발전에 기초하고 있었다. 그다음에는 개신교 자유주의가 교회와 국가 사이의 사회·문화적 계약(아울러 비스마르크의 문화정치 결과가 마침내 가톨릭교회를 포함하게 되었을 때와 같은)의, 곧 제1차 세계대전이 종결되면서 독일이 참담하게 붕괴했을 때까지 지속했던 합의의 근본적 특징이 되었다.

바이마르공화국⁵ 문화의 "최초의 탈근대성"(first postmodernity)은 20세기 개신교 신학뿐만 아니라 그 밖의 수많은 사상 조류(특히 마르크스주의와의 대화 속에서 수행된 것들)의 온상이었다.

---

3   P. Heelas, S. Lash, and Morris, *Detraditionalization: Critical Reflections on Authority and Identity* (Oxford, 1995)을 보라.

4   C. Taylor, *The Sources of the Self* (Cambridge, 1989)를 보라.

5   R. H. Roberts, "Barth and the Eschatology of Weimar", in R. H. Roberts (ed.), *A Theology on its Way: Essays on Karl Barth* (Edinburgh, 1991), 169-99를 보라.

바이마르의 지성들, 곧 그 가운데 히틀러의 집권 이후에 뿔뿔이 흩어지게 된 유대인들에게 있어, 마르크스주의는 희망의 사자나 다름없었다.

그러나 이제 공산주의-오랫동안 순수성을 완전히 잃어버린 이데올로기로 간주했을지라도-가 붕괴하고 소위 "포스트모던적 조건"[6] 속에 서 있는 시점에서, 오늘날의 공백을 반영하고 있다. 이 두 가지 맥락에서 인간은 빠른 경제적, 기술적 변화와 사회·문화적 불안정에 직면하게 되었다. 바야흐로 진보된 혹은 고도의 자본주의적 배경 아래 인간은 인간의 정체성이 상품이 되는 경쟁 시장에서 생활 방식의 선택을 위해 구매행위를 해야 하는 것으로 보인다.[7]

종교개혁과 계몽주의의 결과로, 가톨릭과 개신교 신학들은 나름의 방식에 따라 축소와 퇴각을 경험했다. 가톨릭교회에 대해 말하자면 스콜라 신학의 총체화(化) 야망은 결국 내재주의적 사고의 위협에 대한 응답으로서 교황 레오 13세의 권위를 힘입은 신스콜라주의적 토마스주의를 통해 축소된 형태로 다시 태어났다.

개신교 내의 사변적이고 추상적 신학적 사유는 독일의(특히 헤겔의) 관념론 속에서 일종의 부흥을 경험했다. 지식의 총체화를 향한 서양의 계몽주의적 열망-괴테의 『파우스트』(Faust)와 이것의 철학적 대체물인 헤겔의 『정신현상학』(Phenomenology of Mind) 안에 전형적으로 표현된-은 마르크스주의와 사회과학에 전달되었다. 미셸 푸코[8]에 의해 한 치의 양보도 없는 명료함으로 기술된 신흥 인문·사회과학의 제 분과 사이에서와 그 분과들 내에서 일어났던(그리고 계속되고 있는) 인식(episteme)을 향한 투쟁 속에서, 종교와 신학은 문제가 있는 위상을 지니고 있다.

가장 일반적으로 말해서, 종교와 신학은 문제가 있는 위상을 지니고 있다. 아주 흔한 표현을 쓴다면, "종교"와 "성스러움'"은 주변화와 이주를 경험했으며, 미학과 "숭고"의 역사는 이런 과정을 이해하게 해 주는 한 지점이 되고 있다. 의미심장하게도, 20세기 초에 빌헬름 딜타이(Wilhelm Dilthey)가 신학과 관련해서 인문과학(Geisteswissenschaften)을 규정한 일 속에서 반복적 일이 일어났다.[9]

역설적으로(재정적 기반이 비할 데 없이 튼튼한 독일의 상황을 고려할 때), 신학의 문화적 고립의 정도는 신약학자인 케제만(käsemann)이 신학 사상의 위상을 유럽문화의 "자연 보호구"라고 기술할 수 있을 정도였다. 이 표현은 적절할지 몰라도 염려가 되는 모습이다.

---

6 J.-F. Lyotard, *The Postmodern Condition* (Manchester, 1984)을 보라.
7 A. Giddens, *The Consequences of Modernity* (Cambridge, 1990)를 보라.
8 M. Foucault, *The Order of Things* (London, 1970).
9 W. Dilthey, *An Introduction to the Human Sciences* (London, 1988).

앞에서 지적한 것처럼, 문제는 신학과 사회과학의 관계다. 그리해 우리는 첫 번째 단계로서, 신학자들에 의해 수행될 수 있는 사회학의 다섯 가지 전용 전략을 개괄하고 또 매우 단순화된 형태로 고찰한다.

첫째, 근본주의적 전략은 근대성에 대한 거부와 그에 상응하는 역행의 형태들을 포함한다.

둘째, 신학은 사회과학적 관점에 환원적으로 흡수되는 경향을 띨 수 있다(Ernst Troelch).

셋째, 신학자는 사회학적 범주들을 본질적으로 신학적 자신의 기획 일부로 원용할 수 있다(Dietrich Bonhoeffer, H. R. Niebur).

넷째, 신학적 범주와 사회학적 범주들은 총체적 "삶의 형태"나 "생활 세계" 혹은 근대적 물음과 일정한 거리를 두고 있는 "전통의 현상학"(Edward Farley)의 상호 내재적 측면들로 간주할 수 있다.

다섯째, 신학자는 사회학을 이단적 세속적 사상으로 거부하고 기독교적 문화 언어학적 관습에 대한 헌신이라는 설득력 있는 선택을 제시할 수 있다(John Milbank).

아래 단락들을 통해 지적하겠지만, 현대의 저술가들은 이런 전략들 가운데 그 어느 것도 있는 그대로 적절한 것으로 간주해서는 안 된다고 생각하고 있다.

1) 근본주의: 신학은 사회과학을 거부한다

근본주의를 전근대적 사유라고 혼동하는 것은 잘못이다. 근본주의는 대부분 근대성이나 근대적 조작에 대한 거부를 포함한다. 그리해 최근의 연구들을 통해, 길스 케펠(Gilles Kepel)과 마틴 리제브로트(Martin Riesebrodt)는 범세계적 근본주의를 세계의 재정복과 가부장적 저항 운동에 대한 시도로 묘사한 바 있다.[10]

성경 문자주의(scriptural literalism), 일관된 하위 문화의 창출, 남성과 여성에 대한 다른 성 역할의 부여 등과 같은 것들이 전형적 실례다. 하지만 근본주의와 근대성의 갈등을 식별하는 것은 능동적 보수주의와 소위 "탈근대성"의 갈등을 식별하기보다 더 쉽다.

---

10 G. Kepel, *The Revenge of God* (Cambridge, 1994); M. Riesebrodt, *Pious Passion: The Emergence of Modern Fundamentalism in the United States and Iran* (Berkeley, CA, 1993).

분열을 특징으로 하는 탈근대적 상황에서 합리적 선택은 어떠한 궁극적 헤게모니도 인정하지 않는 담론의 수사학에 의한 "유혹"에 무릎을 꿇는다. 이로 인해, 이상하게도 단순한 개신교 근본주의와 다섯 번째 우리 전략가들의 세련된 유사 근본주의와의 구별은 좀 더 의식에 관한 문제로 향한다. 전자는 근대의 완전한 함의를 의식하지 못하고 있지만, 후자는 의식하고 있으면서도, 배타적 대안들 사이의 양자택일에 기초한 결정들을 집요하게 요구한다.

만약 근본주의가 사회과학을 만난다면, 또 만나게 될 경우 그 만남은 십중팔구 근본주의가 사회심리학적이거나 혹은 여타의 기술들을 회심과 그 밖의 종교적 체험을 촉진하기 위해 도구적으로 사용하는 곳에서 이루어진다.

응용과학에서 채택되는 도구적 이성과 근본주의적 신념들의 기능적 친화성은 (예컨대) 후자가 침략적 서구 본위의 근대성에 즈음한 사회적 격려의 수단으로 이바지하는 곳에서 여지없이 입증된다.[11] 포스트모던적 근본주의나 유사 근본주의는 아래에서 논증되고 있는 것처럼 너나 할 것 없이 더욱 문제가 된다.

2) 에른스트 트뢸취: 사회학이 신학을 극복한다

박식한 사회학자이자 신학자 겸 역사학자인—아울러 막스 베버[Max Weber]의 가까운 동료인—에른스트 트뢸취는 기독교의 기원에 관한 연구에 사회학적 방법을 적용한 선구자였다.

이로 인해 교리사—하르낙[Harnack]에 의해 전형적으로 대변되었던 바와 같이—는 교회의 변화된 사회 윤리적 가르침과 강한 종말론적 신념을 지닌 모호한 종교적 소수집단으로서의 위상으로부터 후기 로마 제국의 국가 종교의 독점으로 성장한 조직의 변화하는 사회정치학적 상황 사이에 존재하는 상호 의존적 관계에 대한 사회학적 해석의 모범이 되었다.[12] 트뢸취의 사상은 역사주의에 맞서 지적이고 개인적 오랜 투쟁에 큰 영향을 받았다.

이런 역사 개념은 사건들의 연계 안에 존재하는 인과 관계의 보편성을 역설하고, 객관적 역사적 연구로부터 종교적 신앙에 필수적 선험적(*a priori*) "절대적 진리들"을 배제한다.

---

11 Kepel, *The Revenge of God*을 보라.
12 E. Troeltsch, *The Social Teaching of the Christian Church* (London, 1931); M. Mann, *The Sources of Social Power*, Vol. 1 (Cambridge, 1986).

본질적으로 트뢸취는 근대적 역사 관념이 비판적 사료 분석, 심리학적 유비에 의존하며, 역사는 민족과 문화의 발전, 문화의 발전과 문화의 구성 요소들에 대한 것이라고 주장했다.

이런 접근 방법을 따를 때, 모든 교리는 특별한 역사적 가정들을 기초로 우선적 지위를 부여받지 않는 사건들의 흐름 속으로 용해된다. 역사가는 포괄적 설명을 향해 나아가기 위해 증거로부터 도출된 자료의 조합을 통한 적절한 비교에서 출발한다.[13]

트뢸취가 심각한 신앙의 위기를 경험하고 난 다음에, 학부를 바꾼 것은 잘 알려진 일이다. 그는 기독교적 가치에 대해 남아 있는 개인적 헌신과 함께 모든 역사적 진리는 상대적이고 조건적이라는 과학적 신념을 여전히 지니고 있었다. 트뢸취에게 있어, **역사주의**(Historismus)의 엄격한 구속들로부터 위기의 변증법으로 또한 역사적 질서의 틈 속에서 실존적으로 파악된 초역사적 **순간들**(Momente) 안에서 말씀의 재출현으로 피해 들어갈 탈출구(바르트에게서처럼)는 존재하지 않았다. 그 결과 20세기의 수많은 개신교 신학자들은 하나의 딜레마에 직면했다.

곧 그들이 트뢸취와 역사주의의 엄격함을 선택해야 하는지, 아니면 변증법적 노선 위에 있는 바르트를 따르면서 말씀의 신학을 재협상해야만 하는가?[14]

실제로 이 딜레마는 근대성의 매개자인 역사주의에 지나치게 지배적 역할을 부여하고 있다. 아래에서 논의되는 바와 같이, 기독교 신학은 근대와의 좌절되고 만족스럽지 못한 만남을 경험했기 때문이다. 이것은 적어도 부분적으로 앵글로 색슨계 내에서의 신학의 고립을 조성했던 제도적 장치들의 산물이다. 에른스트 트뢸취와 그의 친구이자 동료인 막스 베버는 공동으로 조직적 유형론, 곧 종교조직들의 사회적 구조를 신념, 종교적 행위와 연관시켰던 유명한 교파 구분(church-sect distinction)의 창시와 발전에 원인을 제공했다. 베버와 트뢸취에 의해 정식화된 이분법은 전체 서양 기독교 전통에 관한 체계적 연구에서 사용돼왔다.

뒤이어 계속된 이런 이론적 접근의 세련화(化)는 분화된 북미 개신교와 종교적 교파들 그리고 새로운 종교적 운동들에 관한 연구에서 특별히 유용한 것으로 입증됐다. 근래에는, 교파 유형론과 사회층 이론이 신약성격의 교회에 관한 연구에 적용됐다.

---

13 E. Troeltsch, *The Absoluteness of Christianity and the History of Religion* (London, 1972).
14 현대 개신교 신학사에서 결정적으로 중요한 이 시기를 훌륭하게 설명한 내용을 참고하려면, C. Gestrich, *Neuzeitliches Denken und die Spaltung der dialektischen Theologie* (Tubingen, 1977)를 참고하라.

H. R. 니버(H. R. Niebuhr)[15]는 베버식의 교파 유형론을 채택해 이를 어떤 면에서 볼 때 신학자들에 의해 수행되는 실용주의적 전용에 전형적으로 나타난다고 볼 수 있는 교파 성장 분석에 적용했다.

니버의 본문이 신학 문헌들 내에서 거듭해서 인용되고 있지만, 대조적으로 사회운동에 대한 이후의 사회학적 논의는 신학으로 이어지는 데 대체로 실패했다는 사실은 의미심장하다.

이로부터, 이 후자의 논의가 종교적 집단 행동의 역학을 이해하는 데 상당한 중요성을 지니고 있고 그에 따라 현대 신학과의 연관성을 지니고 있기는 하지만, 그것은 대체로 종교사회학의 영향권 내에 머물러왔다. 그러한 특수한 상황 속에서 학문적 분화와 그에 따른 학문 분과들(과 종교사회학 같은 하위 분과들)의 방어적이고 이해 타산적 전략들은 이상적으로 더 포괄적이고 통합된 접근이 되어야 하는 것을 왜곡하고 파편화할 수 있다.

그러한 유대의 좌절은 신학의 계속된 과업에 대해서 뿐만 아니라, 종교에 관한 전문적 연구에도 영향을 미쳤다. 한 가지 특별한 사례로서, 프랑스 사회학자인 알랭 투렌(Alain Touraine)의 새로운 사회운동과 "후기 산업사회" 연구는, 예컨대, 사회학자 제임스 벡포드(James Beckford)에 의해 수행된 "선진 산업사회" 내의 새로운 종교운동 연구에 중요한 의의를 지니고 있었지만, 그러한 연구를 신학의 영역에서 적용하는 심화 단계는 달성하기 더 어렵다는 사실이 밝혀졌다.[16]

베버의 영향은 많은 인용이 이루어진 "개신교 윤리"에 관한 주제들과 『경제와 사회』(Economy and Society) 제1권의 경제사회학의 범위를 훌쩍 넘어서고 있다. 두 가지만 예를 들자면, 미국 사회학자 탈코트 파슨스(Talcott Parsons)의 이론적 작업과 영국 사회학자 앤터니 기든스(Anthony Giddens)의 구조화 이론은 둘 다 베버에게 크게 빚을 지고 있다. 총괄적 이론이라는 사회학적 전통은 비교적 최근까지 신학의 현장에 미미한 영향을 끼쳤다.

네 번째 유형, 곧 신학적 범주와 사회학적 범주 상호 간의 융화는 상당 부분 파슨스식 체계 이론의 전용을 표현하고 있는 것이 사실이지만, 또한 곧 분명해지겠지만, 이것은 현상학적이고 체계적 묘사를 위해 신학의 본질적 내용을 경시하는 대가로 이루어진다.

---

15 H. R. Niebuhr, *The Social Sources of Denominationalism* (New York, 1975; first published 1929).
16 다음의 책들을 보라. A. Touraine, *The Post-Industrial Society* (London, 1974); J. A. Beckford, *Religion and the Advanced Industrial Society* (London, 1989).

실제로 근대성과의 대결은 더 높은 대가를 요구하며, 이런 사실은 아마도 다른 어떤 곳에서보다 말씀의 신학을 기독교 공동체의 사회적 존재에 대한 설득력 있는 분석과 연관시키려 했던 디트리히 본회퍼의 시도 안에 가장 분명하게 나타날 것이다.

3) 디트리히 본회퍼: 신학은 사회학을 보충한다(recruit)

디트리히 본회퍼는 독일의 문화적 삶의 최상의 중심지에서 자라나 당대의 주요한 신학적이고 문학적 영향들을 흡수했다. 그는 일찍이 목사로서의 삶을 경험한 후에 그리스도인들이 적대적 사회적 현실 속에서 효과적이고 독자적 방식으로 행동할 수 있도록 가르쳐 주지 못하는 것처럼 보이는 신학에 심각한 결함이 존재한다고 확신하게 됐다.

더 문제가 된 것은 이 신학이 후에 독일 그리스도인들에 의한 정치적 남용에 저항하지 못한 것으로 드러났다는 데 있다. 본회퍼는 그의 박사 학위 논문인 『성도들의 사귐』(*Sanctorum Commumio*, 1930)에서 기독교가 사회학적으로 정의할 수 있는 본질을 지니고 있는가에 관한 질문과 씨름했다. 그는 페르디난드 퇴니스(Ferdinand Toennies)의 유명한 **공동체**(*Gemeinschaft*)와 **단체**(*Gesellschaft*)의 범주를 채택해, 교회가 어떻게 탈 유기적이고 관념적 현대의 상황 속에서 정립될 수 있을지를, 게다가 자신이 (K. L. 슈미트와의 논쟁 속에서) 아가페적 공동체의 본질로 규정했던, 사회학적으로 정의할 수 있는 본질을 교회가 지니고 있는지를 이해하려고 했다.

『성도들의 사귐』은 선구적 저술이지만, 특별히 사회학적 개념을 말씀의 신학의 테두리 안에서 적용했던 비교적 독보적 사례였다. 내용과 방법론의 두 측면에서 볼 때, 이 본문은 본회퍼의 못다 이룬 신학적 성과 속에서 이례적이고 미숙한 요소로 남아 있다.

"성도들의 사귐"이란 용어 외에도, 기독론에서의 "형성으로서의 윤리학", "임재", 신학적 윤리학에서의 "종교 없는 기독교", "궁극적인 것"(ultimate), "부차적인 것"(penultimate)과 같은 용어들은 제2차 세계대전 이후 유럽과 북미의 신학적 성찰로 전수되었다.

전체주의적 사회 체제의 만연에 대한 본회퍼의 민감성은화(化)바르셀로나의 독일 이주민 사회에 대한 관찰 속에 처음 분명히 드러났고, 나중에 나치와 대결하면서 발전되었다화(化)여전히 커다란 연관성을 지니고 있다. 이것은 특히 남아프리카의 인종 차별 정책(apartheid)에 맞선 투쟁 속에서 증명되었다.

그러나 현재 자본주의가 효과적 비판이나 제재를 받지 않는 탈공산주의 시대에 하나님의 궁극성을 맞서는 모든 것들의 부차성에 대한 본회퍼의 주장은 새롭고도 시의적절한 관련성을 획득하게 되었다.[17]

본회퍼의 신학적 유산이 지닌 두 번째 중요한 측면은 1960년대의 이른바 "세속화 신학"을 일으켰을 뿐만 아니라 전후에 이루어진 사회학적 종교 연구를 상당 부분 지배했던 문제에 버금가는 또 하나의 문제를 제시하고 있는, 서구 사회나 문화의 점진적 세속화에 대한 그의 대항 속에 존재한다.

『옥중서신』(Letters and Papers from prison)에서 많이 인용되는 구절들을 통해, 본회퍼는 그가 신학과 관련해 대단히 역설적 결과를 초래하는 것임에도 세속화의 함의들을 수용하고 받아들였던 계기가 된 논제를 상술했다. 과학, 종교, 철학, 정치학, 자연법에 기원을 둔 세계 자율성의 등장이 하나의 불가피한 현실이라는 것은 본회퍼에게 분명한 사실이었다.

그는 "도덕이나 정치학 혹은 과학의 작업가설로서의 하나님은 극복되고 폐기됐다"라고[18] 결론지었다. 이에 따라 중세 시대의 잃어버린 황금기에 대한 갈망은 유아적 동경에 가려진 절망에 불과한 것이 된다.

본회퍼는 타율성(heteronomy)에서 출현한 성숙에 대한 칸트(Kant)의 비판을 매우 진지하게 취급하고, 사페레 아우에(sapere aude, 감히 알고자 하라)라는 본회퍼의 명령은 특히 그리스도인들에게 당연한 책무다.

본회퍼는 바르트(본회퍼는 그의 존재론을 『행위와 존재』에서 비판했다)나 니체(Nietzsche)를 지지하는(그리해 신학적 언어 전체를 포기하는) 것이 아니라, 세속화되는 현대의 현실을 인정하고 그것을 신학적으로 해석하기 위해 노력한다.

비록 하나님이 존재하지 않는다 하더라도(esti deus non daretur) 우리가 세계 속에서 살아야 한다는 사실을 인정하지 않는 한 우리는 성실해질 수 없다. 그리고 이것이 우리가 인정하고 있는 바로 하나님 앞에서 인정하고 있는 바다! 하나님 자신이 우리가 이 사실을 인정하도록 강제한다.

그래서 우리는 하나님 앞에 있는 우리의 상황에 대한 참된 인정을 통해 성년에 이르게 되는 것이다. 우리와 함께하는 하나님은 우리를 버리는 하나님이다(막 15:34). 우리가 하나님이라는 작업가설 없이 세계 안에서 살게 하는 하나님은 우리가 끊임없이 그 앞에 서 있는 하나님이다.

---

[17] R. H. Roberts, *Religion and the Resurgence of Capitalism* (London, 근간)을 보라.
[18] D. Bonhoeffer, *Letters and Papers from Prison*, 3rd edn. (London, 1967).

하나님 앞에서 그리고 하나님과 함께 우리는 하나님 없이 살아간다. 하나님은 자처해 세계로부터 십자가 위로 떠밀려 나셨다. 그는 세계 안에서 약하고 무기력하지만, 그것이 바로 그가 우리와 함께하고 또 우리를 도우시는 방법, 함께하고 도우시는 유일한 방법이다. 마태복음 8:17은 그리스도가 그의 전능에 의해가 아니라, 그의 약함과 고난을 통해 우리를 돕는다는 것을 분명히 하고 있다.[19]

세속화에 대한 본회퍼의 응답이 전후의 주류 사회학자들의 연구나 이론적 작업에서 대단한 임무를 수행할 수 있는 것처럼 꾸미는 것은 무익한 일이겠지만, 그의 설명은 소위 비종교적 복음과 철저한 세속성이 그 자체로 신학적 향유(*jouissance*)의 기초를 제공해 줄 수 있는 "세속 도시" 개념에 천착하고자 했던 신학자들이 만들어낸 의제를 설정했다. 무엇보다도 그가 사용했던 상대적으로 시대에 뒤떨어진 사회학적 이론의 성격에도, 디트리히 본회퍼는 현대성(modernity)에 직면해 비판적이고 책임 있는 반사성(reflexivity)에 대한 영구적, 신학적 원형을 제공해 주고 있다.

앞으로 이 장의 결론에서 논의되겠지만, 사회과학적으로 정초 된, 오늘날의 신학적 과업에 대한 재구성의 중심적 특징이 되어야만 하는 것은 바로 그러한 반사성의 발전과 강화다. 트뢸취는 자신이 이해한 현대성에 무조건 항복하고 본회퍼는 대결하는 가운데 긴장을 유지하는 변증법적 공존을 창안하려고 했다는 것은 이미 확인한 대로지만, 우리의 다음 사례인 에드워드 팔리의 연구는 신학(전통과 권위에 근거한)과 사회과학(현대성의 사자인)의 실직적 칼날을 무디게 하는 상호 간의 흡수를 제안한다.

4) 에드워드 팔리: 상호 융합된 신학과 사회과학?

에드워드 팔리의 신학적 제안들을 상세히 분석 평가하는 것이 우리가 설정한 현재 목적은 아니다. 여기서 주된 관심은 이 대표적 사상가가 어떻게 사회과학적 통찰들을 흡수했고 그것들을 논란의 대상이 돼왔던 신학과 사회과학의 경쟁적 마찰을 극복하는 것처럼 보이는 방법을 상호적이고 내재적 측면들로 만들었는가 하는 것이다.

팔리는 신학적 이론건립의 매개물이 되는 윤리적이거나 정서적 경험이라는 하나의 범주를 고수하고 확장하는, "신앙"과 "종교"를 분열시키는 바르트적 경향, 재건주의(reconstructionist)신학으로 기울어 있는 탈계몽주의적 편향성 전체를 역전시키는 신학적 제안들을 지지한다. 이런 입장을 고수함에서 그는 광범위한 현상학적 방법들에 직접적 도움을 받는다.

---
19 Ibid, 360–1.

『교회적 인간』(*Ecclesial Man*, 1975)에서 에드워드 팔리는 토대의 문제, 곧 실재들이 신학의 선(先) 소여성(pre-given) 방식들과 씨름했던 반면, 『교회적 성찰』(*Ecclesial Reflection*, 1982)에서는 판단, 곧 그러한 실재들이 진리에 대한 소유권을 주장하는 방식들에 관심을 두고 있다. 팔리에 따르면, 토대적 과업은 "신앙, 신앙 세계, 실재적 소여성(reality-givenness)의 모체인 신앙 공동체(교회적 실존)를 기술하는 작업이다."[20]

『교회적 성찰』에서 상술 된 "기준론"은 존재론의 역사에 대한 하이데거(Heidegger)의 비판과 유사한 "신앙의 전당"의 "고고학"과 더불어 시작된다. 게다가 팔리는 "전통의 현상학"을, 즉 "교회의 발전과정과 그 과정의 담지자들"의 현상학을 제안한다.[21] 이런 현상학의 함의가 무엇인지는 분명하게 드러나며 또 그것은 직접 우리의 해석과 관련된다. 토대와 선 소여성으로부터 신학적 판단으로의 이동은 단순히 종교철학 으로의 이동이 아니며 신앙의 결단으로부터 일반적 수준의 존재론으로의 이동도 아니기 때문이다.

신학적 판단들은 확정적 상징의 그물망을 통해 전달된 확정적 집단적 기억을 지닌 역사적 신앙 공동체로부터 수행된다. 그러한 역할의 본질은 권위에 의해가 아니라 교회의 발전과정 그 자체의 구조에 의해 정립된다. 이것이 전통의 현상학과 심지어는 전통의 사회학이 이 서론에서 중심적 부분을 담당하고 있는 이유다.[22]

이런 종류의 접근은 신학을 역사주의의 제약으로부터 해방하고 개신교와 가톨릭에서 대대로 이어져 내려온 권위의 "전당"에 의해 사용된 대안적 원리들로부터 제기된 난점들을 극복하고자 한다. 더 심각한 것은, 이런 접근이 표면적으로 신학을 "권위의 전당"으로부터 해방하고는 있지만, 그럼으로써 권력에 대한 비판을 회피하고 있다는 것이다.

신학은 교회 공동체의 문헌이 지닌 "의미, 고유 기능"과 "교회성(ecclesiality)의 본질, 장시간에 걸친 그것의 존속" 사이에 이루어지는 상호 연관의 자리에 존재하게 된다.[23] 그러므로 신학적 반성은 "교회성의 기술(초상화법), 진리 문제 그리고 반성적 실천" 속에 존재한다.[24] 실제로 교회 집단의 "사회적 지속"(Pitirim Sorokin)의 의미에 관한 기술과 분석은 시대에 뒤떨어진 용납 불가능한 전통의 규범적 역할을 대체한다.

---

20 E. Farley, *Ecclesial Reflection* (Philadelphia, PA, 1982), xiv.
21 E. Farley, *Ecclesial Reflection* (Philadelphia, PA, 1982), xv.
22 E. Farley, *Ecclesial Reflection* (Philadelphia, PA, 1982).
23 E. Farley, *Ecclesial Reflection* (Philadelphia, PA, 1982), xvii.
24 E. Farley, *Ecclesial Reflection* (Philadelphia, PA, 1982), xviii.

그것은 그러한 접근이 어째서 "교회적 존재"에 대한, 대단히 일반적이고, 나아가 구체화한 기술에 대립한 독자적 기독교 신학으로 귀결되어야 하는지에 관한 미결상태의 문제인 것이다. 여기에서 의도는 이 세련된 사회학적이고 현상학적 종합 자체의 적절성을 판단하는 것이 아니라, 신학과 사회과학의 괴리에 대한 광범위한 맥락으로부터 발생하는 물음들을 제기하는 것이다.

이로 인해 팔리에 의해 이용된 현상학적 접근은 적절한 사회학적 개념을 충분하고도 자유롭게 사용하고 있지만, 신학으로서 그것은 종교적 색채를 띤 "초상화법" 이상의 것이고, 그리해 단순히 하나의 종교 현상학일까?

조지 린드벡(George Lindbeck)의 "문화 언어학적 관습" 개념은 어떤 면에서 팔리의 것과 유사하다. 양자는 모두 미국의 실용주의를 배경으로 가능하다. 현상학적 접근과 최근에 이루어진 언어의 기원, 본질에 대한 이론을 매개로 한 기독교 신학의 재해석 사이에는 어떤 유사성이 존재한다.[25] 양자는 신학적 반성을 계몽주의 비판으로부터 해방하는 것처럼 보이는 건설적 제안들을 위한 토대로써 이론을 사용한다.

그러나 계몽주의적 원리를 그렇듯 쉽게 추방해 버릴 수 있을까?

기술적(記述的)인 현상학적 접근(혹은 사실상 언어학적 방법)은 어떤 면에서 일종의 회피가 아닐까?

이런 질문들에 대한 우리의 대답은 다음 단락에서 다뤄지는 신학과 사회과학의 관계에 영향을 미치는 광범위한 논제들 가운데 일부를 논구하는 것과 더불어 시작될 것이다.

5) 포스트모던적 유사 근본주의(존 밀뱅크)

신학과 사회과학의 관계에서 문제가 되는 것들의 전체에 대한 과감하고도 유력한 한 가지 대응은 영국의 신학 사상가인 존 밀뱅크가 자신의 기념비적 저술[신학과 사회 이론](Theology and Social Theory)에서 주장한 것이다. 밀뱅크는 기독교적 진리에서 벗어나 단호한 양자택일(either-or)을 제시하는 세속적(즉 사회학적) 사상이라는 '이단'에 대한 광범위한 "고고학"을 제시한다.

세속적 사회 이론과 기독교는 사실상 서로 모순 속에 서 있다. 세속적 사회 이론의 모든 주요 구성 요소들은 기독교와(대개 기원적인) 관계를 지니고 있으며, 밀뱅크의 저술은 대부분 이런 연관을 규명하는 데 할애되고 있다.

---

25 G. Ward, *Barth, Derrida and the Language of Theology* (Cambridge, 1995)를 보라.

기독교의 주장과 세속적 이성의 주장을 구분하기 위한 궁극적 근본적 토대가 합리성 안에는 존재하지 않기 때문에 그 기획은 "회의적 상대주의 내의 실천" 속에 존재한다. 궁극성은 합리적 선택의 문제가 아니다.

기독교적 관점은 **설득력 있는 것**이면 "인간 이성의 변증적 매개"를 통해(즉 좀 더 소박하게 표현하자면, 논증 자체를 통해) 전달되는 것이 아니다. 이에 따라, **니체적 탈근대성** 속에서 기독교적 관점은 신학자들에게 건설적 전용을 위해 제공되는 것이다.

그리해 밀뱅크에 의하면 메타 담론이자 문화 언어학적 관습으로서 '기독교'는 내재적 우상숭배(역사나 심리학 혹은 선험 철학으로부터 유래하는 '어떤 유한한 우상의 수수께끼 같은 목소리')로 이해된 근대적(즉 자유주의적)신학을 상대화한다. 세속적 이성의 부속물로 해석된 모든 '자유주의' 신학은 하나의 딜레마에 직면한다.

즉 그것은 인식의 특정한 내재적 영역과 우상숭배적으로 융합하거나, 사실상 소외되어 "형언할 수 없는 숭고함에 대한 암시로 국한된다."[26] 후자의 의미에서 보자면, "형언할 수 없는 숭고함"으로서의 신학은 합리적 이해에 개방된 자율적 세속적 영역을 부정적 방식으로 긍정하고 있다(밀뱅크의 관점에서는 의심스러운 방식으로).

그러나 상황은 또 다른 문제로 인해 한층 더 복잡해진다. 신학은 세속적 이성과 동일시될 수 없지만, 신학은 "기호와 형상의 암호화" 속에 담겨 있는 전적으로 우연적 역사적 구성물이다(달리 말하자면 신학의 지평은 언제나 문학 언어학적 관습의 지평들이다). 이런 사태는 용인과 지지를 받고 있다.

즉 근대 이전에 기독교가 지니고 있던 입장으로의 회귀나 그러한 입장의 복원은 존재할 수 없다. 기독교는 사회적 현실 속에서 기독교에 분명하게 남겨져 있는 공간에 적응하거나 순응하지 말아야 한다. 그러한 관련 방식은 신앙과 근본적 실천으로서의 기독교를(잘못된 방식으로) 공동의 근거를 탐색함으로써 약화하는 것이다.

밀뱅크가 근본적 억측을 지적하고 있는 것은 바로 이런 연관에서, 곧 포스트모던 시대에 존재하는 신학의 필요성과 관련해서다. 니체는 모든 문화적 연관이 권력에의 의지로 소급될 수 있음을 보여 주었다.

나아가 니체는 산화가 권력에의 의지를 은폐하고 있으므로 모든 사회적, 경제력 권력의 기초는 "종교적"이라는 사실을 지적한다. 이로 인해 사회 이론과 신학은 같은 토대 위에 존재한다.

니체를 넘어서는 것은 "비록 그것이 내재적 과정에 존재하는 항구적 요소로 위장

---

[26] J. Milbank, *Theology and Social Theory* (Oxford, 1990), 1.

하고 나타날 때조차도, 모종의 메타 서사의 필요성과 그것의 무(無) 근거적 성격을 즉 어떤 특권적 초월적 요소를" 인정하는 것이다.[27]

종교가 궁극적으로 초월적인 것이기 때문에 종교와 신학에 대한 의미 있는 '사회학적' 표현은 존재할 수 없다. 모든 형태의 세속적 이성은(그리해 사회과학은) 고고학적으로 그것의 신학적 선조로 소급될 수 있고 나아가 해체될 수 있다. 이것은 근대성(modernity)의 "적법성"에 대한 한스 블루멘베르크(Hans Blumenberg)의 설명(인간의 호기심에 대한 기독교의 심술궂은 훼방과 반대되는 것으로서)을 **역전시킨 것**(단지 재해석한 것이 아니라)으로 이해될 수 있다.[28] 그와 같이 이해된 까닭에, 세속성과 세속적 담론은 정통 기독교와 관련해 이단이며, 그리해 고고학적 탐구는 모든 "과학적" 사회 이론이 사실상 위장한 "신학 혹은 반신학"(anti-theologies)이라는 것을 보여줄 것이다 여기서 우리는 서양문화 속에 존재하는 두 "목소리"를 듣는다.

첫째, 고전적이고 중세적인 것으로서, 플라톤-아리스토텔레스-어거스틴-아퀴나스의 언어로 이야기하는 알라스데어 맥킨타이어(Alasdair MacIntyre)의 목소리다.[29]

둘째, 허무주의적인 것으로서, 역사화를 통해 "객관적인 것으로 가정되는 모든 추론이 단지 그것이 차이점만을 조장할 뿐이며, 그것의 유일한 밑바탕인 권력을 감추고 있다"라는 사실을 보여 주고자 하는 니체의 목소리다.[30]

최종적 분석에서는 첫 번째인 "기독교적 덕목"의 목소리가 승리한다. 그러한 상황, 곧 서양의 전통 전체에 대한 해석을 포함하는 하나의 기획 속에서, 기독교는 전적 독창성을 거듭 주장한다.

그러나 기독교는 어떠한 근원적 충돌도 인정하지 않는다. 기독교는 무한자를 카오스로 해석하는 것이 아니라, 총체화를 좇는 모든 이성의 규정 능력을 넘어선 조화로운 평화로 해석한다. 평화는 이제 자기 동일인 것으로의 환원에 의존하지 않으며, 오히려 조화를 이룬 차이의 사회성을 의미하는 것이다. 기독교는 선험적 차이를 평화로 암호화하는 것이다.[31]

마지막 순간에 기독교는 "차이, 존재의 비총체와, 불확정성이 필연적으로 자의성

---

[27] J. Milbank, *Theology and Social Theory* (Oxford, 1990), 2.
[28] H. Blumenberg, *The Legitimacy of the Modern Age* (Cambridge, MA, 1985)를 보라.
[29] A. MacIntyre, *After Virtue* (London, 1981).
[30] Milbank, *Theology and Social Theory*, 5.
[31] Milbank, *Theology and Social Theory*, 5–6.

과 불일치를 함축한다"라는 니체의 주장을 타파하고 폭로한다.[32]결론적으로 밀뱅크는 사실상 하나의 "선택"이나 다름없는, 곧 다른 암호화에 상반되는 하나의 암호화에 의한 효과적 유혹이나 다름없는 앞서 "논증"을 추구하는 "제3의 목소리"를 상정한다.

이것은 교회적 대체라고 할 만한, 곧 그것을 통해 "역사주의적이고 실용주의적이지만, 신학적으로 실재론적인" 입장이 진전을 보게 되는 하나의 지양이다. 이 안에는 객관적 사회적 현실을 "표현한다"라는 주장이 절대 존재하지 않는다. 도리어 옹호되고 있는 사회적 지식은 다만 교회적 관습의 연속이며, 합법적 불일치조차도 넘어서 있는, 평화롭고 화해를 이룬 사회 질서의 기능 속에 존재하는 상상력일 뿐이다.[33]

"진리는 사회적이다"라는 가정에서 볼 때, "체험된 이야기"(lived narrative)는 "차별화된 관계를 통해 이루어지는 초월적 평화"[34]인 삼위일체 하나님을 투영하고 "표현한다." 이것이 궁극적 "사회과학"이며, 신학을 정립하고 "하나님" 개념에 내용을 부여하며 실천을 통해 세계에 영향을 미칠 수 있는 유일한 시도다.

신학이라는 메타 담론은 우리를 허무주의로부터 유일하게 구원해 줄 수 있는 "비지배의 담론"(discourse of nonmastery)이다. 최종적 분석에서 이것은 모든 "신학"과 신화, "종교"(그리고 그것들이 은폐하고 있는 허무주의적 인간 조건)에 대한 신학적 재평가다. 사회과학은 아무리 좋게 보더라도 파국적 일탈을 일으켰던 뿌리들에 대한 푯말이며, 또 아무리 나쁘게 보더라도 이단적 악용이다.

밀뱅크는 "신학"과 "사회과학"의 남용을 수반하는 그릇된 대안들의 추상적이고, 준(準) 마니교적인(그러나 서로 뒤얽힌) 반론을 상정한다. 사실상, "신학"과 "사회 이론"은(사회과학에 대한 현재의 의미와 동일한) 어떤 면에서 니체의 관점주의(perspectivism)를 보편화하는 문화적 관습들 속에 각인돼 있고 또 그러한 관습들을 표현하고 있는 수사학으로 환원된다.

그러나 이런 조처는 선험적 엄폐를 통해 합리성과 인식론적 전략(특히 귀납) 그리고 이런 지적 활동의 영역들을 특징짓는 인식적 결단의 광범위한 다양성을 배제한다. 이처럼 해석될 때, 신학의 평형 상태 부과, 곧 신학을 인간 조건의 실재적 갈등과 불의 속에 터를 잡은 마음 깊은 곳의 은혜 중심적 반성으로 무력화시키는 결과를 유발하는 퇴행적(rearward-looking) 해석이 된다.

---

32 Milbank, *Theology and Social Theory*, 5.
33 Milbank, *Theology and Social Theory*, 6.
34 Milbank, *Theology and Social Theory*.

미래로부터의 능동적 신학적 사유, 성령의 예기적 의식은 배제된다. 다소 지나치기는 하지만 전적으로 그릇되지는 않은 방식으로 표현하자면, 존 밀뱅크는 다시금 "신학"으로 살아남기 위해 자기를 버리고 이동하는 이성의 무한한 간계를 정의하는 것으로 이야기될 수 있다.

하나의 학문 분과로서의 사회학은 세속적 이성의 뒤틀린 메타 서사의 관점에서 환원적이고 배타적으로 해석되어서는 안 된다. 사회학과 사회과학은 또한 (밀뱅크가 주장하고자 했던 것처럼) 이를테면 필연적이고 전체주의적 질서의 폭압(violence of order)을 증진하는 데 동반자라기보다는, 고전적 방식으로 인문학적 영역의 유지에 필요한 사회 조직의 유형들에 대한 비판적 표현이자 해명으로 해석될 수도 있을 것이다.

신학과 사회학의 과제는, 적어도 신학과 사회학이 탐험적이고 해석적 관점에서 인간의 조건을 다루고 있는 만큼 상호적인 것이며, 모든 것을 (아무리 특유한 방식으로 일지라도) 서양의 세속적 이성의 죽음과 전체주의적 논리가 추는 춤 속으로 포섭하지는 않는다.

더욱이, 상대에 관한 관심을 구체화하는 사회학과 신학은 민족 지학, 곧 인간의 삶 속에서 실제로 벌어지고 있는 것에 대한 효과적 표현과 해석을 소홀히 여기거나 경멸할 수 없다. 신학과 사회과학 모두는 그들 나름의 방식으로 삶과 사물들이 존재하는 방식에 관심을 가져야만 하는 것이다.

사회과학과 신학의 근접성과 협상, 동화 방식을 척도로 할 때, 근본주의는 근대성을 (그럼으로써 사회과학을) 피해 달아나는 경향이 있지만, 그러한 가운데 근본주의는 회심의 경험을 촉진하기 위해 사회과학적 통찰을 도구적 방식으로 이용하는 유혹을 받을 수도 있다.

트릴취는 신학적 문제들을 역사주의와 초기의 사회과학 속으로 흡수하는 경향을 보였고, 본회퍼는 [특히 칼 바르트의 영향 아래] 신학적 범주들과 사회학적 범주들의 변증법적 공존을 견지하고자 했다.

또 에드워드 팔리는 교회적 존재의 현상학의 철저한 전용의 관점에서 신학을 표현했다. 존 밀뱅크는 신학과 사회과학을 이간시키면서 우리가 모든 순응에 저항하고 역설적으로 세련 있게 된 절망적 포스트모던적 유사 근본주의와 다름없는 것 가운데서 이것이나 저것을 결정할 것을 요구한다.

신학과 사회과학의 관계를 형성하는 가능한 방식들에 대한 이런 묘사는 절대 모든 방식을 총망라하는 있는 것은 아니지만, 위험한 분쟁지역 내에서 가능한 전략들의 범위를 대변해 주고 있다.

5)신학에 의한 사회과학의 활용: 몇 가지 견해

독일의 사상과 문화에서 개신교 신학이 차지하는 이례적일 만큼의 높은 위상은, 세계에서는 아닐지라도, 유럽에서는 단연 독보적인 것이다. 더구나, 기독교 신학 내의 하위 분과 중 많은 것이 계몽주의 이후의 시기를 통해 독일에서 발원했거나 아니면 결정적 자극을 받았다. 이처럼 광범위하게 퍼져있고 또 그로 인해 보편화 돼 있는 신학적 전통의 상황적 특성이 고려에서 제외될 수는 없다.[35] 지도적 역할이 미국으로 건너간 것처럼 보이는, 그 결과 특별히 미국적 관심과 통찰의 흡수를 기대해 봄 직한 것은 최근의 일일 뿐이다.

미국 신학의 우세는 북미에서 일어난 개신교 신학, 남미에서 일어난 가톨릭 해방신학 모두와 관련해 주목할만하다. 차별화된 양상을 보이기는 하지만, 이렇게 성장하는 신학적 주도권은 페미니즘 신학, 여타의 특별한 관심을 다루고 있는 신학과 공산주의 신학의 확산 가운데서도 분명하게 나타난다.

이런 발전양상은 커다란 중요성을 지닌 사회적 변화를 반영하고 있다. 대체로 독일적 영감을 지닌, 총괄적이고 패권적 신학들의 전형적으로 "남성적인" 패러다임에서 벗어나 성, 인종, 민족성, 성적 정형성, 가난 등등에 관해 제반 신학들이 보여주고 있는 현대의 다원주의를 향한 관심의 이동은 미국이라는 인종적 "도가니" 속의 주요 위기와 때를 같이하고 있다.[36]

그러나 그러한 신학들의 책임 있는 사용은 신학적 반성의 각 유형이 먼저 관여하는 요소들을 규정하는 사회과학적 통찰의 정당하고 지적 전개와 분리된 상태로는 불가능한 것이다.

"세계화의 지역화가 동시에 이루어진"(glocalized, 롤랜드 로버트슨) 세계 속에서, 자유주의적 가치들과 보편적 인간의 권리 개념, 보편성을 함축하는 신학들은 이제 총체적 위기를 만나기에 십상이며, 탈식민주의적 주도권이나 문화적 신제국주의 혹은 역행적 가부장제로 쉽게 비난을 당한다.

인간의 보편적 특성을 표현하는 효과적 방법 없이는 특별한 집단들의 관심 이외에 다른 관심들을 표현하는 것이 불가능해질 위험이 있다.

---

35 이 전통이 지닌 주요 요소의 수용에 대한 간(間) 문화적(cross-cultural) 설명을 참고하려면, R. H. Roberts, "The Reception of the Theology of Karl Barth in the Anglo-Saxon World: History, Typology and Prospect", in Roberts, *A Theology on its Way*, 95-168을 보라.
36 이것은 새뮤얼 헌팅턴(Samuel Huntington)에 의해 드라마 형식으로 표현되었다("The Clash of Civilizations" in *Foreign Affairs* (1993), 22-49).

종교적 통찰과 신학적 통찰이 다시 한번 중요한 자원이 되는 것은 바로 이런 맥락에서다.[37] 이 장의 앞부분에서 제시된 간략한 유형론과 위에서 언급된 현대 신학 내의 분화, 다원주의는 기독교 신학과 사회과학 간의 변화하는 관계가 드러내는 여러 가지 특징들을 조명해 준다.

더 추상적 차원에서 우리의 관심을 끄는 것은 영국의 사회학자인 안토니 기든스가 근대성(modernity)은 본질적으로 사회학적이라고 주장할 때 그가 의도하고 있는 것의 함의다.[38]

바꿔 말해서, 사회학적(즉 전통의 지배를 받는 것에 반대되는 의미에서 반사적인) 자기 이해가 근대성의 결정적 특징이라면 신학은 사회과학과의 관계에 대한 광범위한 협상에 착수해야 할 필요에 직면해 있는 것이다.

해방 신학의 몇몇 형태는 그것들이 마르크스주의적 통찰에 영향을 받아 (그리해 문제 있는 동맹의 결과들을 일으키면서) 상황적 신학적 토대를 구축하고자 했던 까닭에 이것을 시도했을 수도 있지만, 서양의 참여는 단편적이고 불완전한 것이었다.

그러나 근대성, 그에 대한 신학적 응답의 중재는 신학과 사회과학의 관계의 여러 측면이 그것을 중심으로 무리 지어 있는 가장 중요한 문제인 것이다. 기독교 신학은 여전히 교회나 공동체와 관련을 매고 있는 신학으로 남아 있으며, 또 마땅히 그러한 신학으로 남아 있어야만 한다. 학문적 정당성을 획득하고 보유하기 위한 기독교 신학의 수많은 불명료한 (그리고 대체로 성공적인) 시도에도 불구하고, 때때로 신학적 사유는 세속화뿐만 아니라 근대화와 근대성의 한층 더 강렬한 충격을 고려해야 할 필요로부터 신학적 사유를 멀찍이 때어 놓는 사회적이고 경제적 상황 속에 머물러 있다.

그 자체가 상당한 논란의 대상이 되는 개념이 "근대성"은 "전통"과 대립을 이루어왔다. 일부 사회과학자들에게 "전통"이란 개념은 본질적으로 문제가 있는 것으로 이해될 뿐만 아니라, 폐지된 전근대적 조건의 일차적이고 본질적 특징으로 이해된다.[39]

---

[37] 다원주의가 증가하는 상황에서 보편적 가치들을 재진술하려는, 중요한 상쇄적 시도는 스위스 출신의 독일 신학자인 한스 큉에 의해 정리되고, 1993년에 시카고에서 개최된 세계종교회의(Parliament of the World's Religions)에서 공포된 세계적 윤리다. R. H. Roberts, "Globalized Religion? The Parliament of the World's Religions (Chicago, 1993) in Theoretical Perspective", *Journal of Contemporary Religion*, 10 (1995), 121-37를 보라.

[38] Giddens, *The Consequences of Modernity*를 보라.

[39] Giddens, *The Consequences of Modernity*.

현대의 문화와 사회는 이로 인해 탈전통적인 것으로 간주할 수 있다.⁴⁰ 다른 사회학자들은, 예컨대 부분적으로 쉴의 언명들을 지지하는 방식으로 전통 개념의 지속적인 영향력을 주장해 왔다.⁴¹

우리가 현재 대면하고 있는 상황을 대단히 복잡하게 만드는 것은 두 가지 다른 요소들이다. 한편으로 사회적 현실은 정적 상태로 머물러 있지 않았다. "성스러운 것"은 예컨대 조지 스테이너(George Steiner)가 암시적으로 "종교의 사후의 삶"(after-life of religion)이라고⁴² 표현했던 것 속에서 근대성과의 화해에 도달하는 가운데 모호한 대체와 변형을 경험했다.

다른 한편으로 "종교"에 대한 바르트적 비판과 신학, 종교에 관한 학문적 연구 간의 분리는 종교의 부활, 그것의 모호한 "내세"와 화해할 수 있는 전자의 능력을 무력화시키는 경향을 보여 왔다.

사회과학에 대한 논구를 경험하지 못한 신학이 "급진적"이고 정교한 형태의 "잘못된 의식"으로 존속하는 것은 당연한 일이겠지만, 그러나 그것은 독일의 개혁 신학인 위르겐 몰트만(Jürgen Moltmann)이 언젠가 "실제적인 것의 변증법"이라고 언급했던 것으로부터 위험한 거리를 둔 상태에서 그렇게 될 것이다.⁴³ 이 "실재적인 것"은 이제 일련의 새로운 가능성과 도전을 포함하고 있다.

예를 들어 신학(혹은 반신학)의 후기 구조주의적 암시,⁴⁴ 뉴 에이지의 "자아 종교"(self religion),⁴⁵ 세계화된 영성,⁴⁶ 여신 중심의 신(新) 이교도(neo-paganism),⁴⁷ 다양한 형태의 근본주의⁴⁸와 생태학적 신앙 모두는 주로 쇠퇴 일로의 내부정치에 관심을 가져왔던 피로한 기독교 신학의 허를 찌르는 경향을 보인다.

이로 인해 기독교 신학은 근대성의 수용에 있어 부분적 좌절에 직면해야만 할 뿐 아니라, 그에 상응해 전 세계에서 인간의 종교적 필요를 충족시키는 새로운 전개양상들에 대한 두려움과 무지에 직면해야만 하는 것이다.

---

40 Heelas, Lash, and Morris, *Detraditionalization*을 보라
41 E. Shils, *Tradition* (London, 1981)을 보라.
42 G. Steiner, *In Bluebeard's Castle* (London, 1977).
43 J. Moltmann, *The Crucified God* (London, 1976).
44 P. Berry and A. Wernick, *The Shadow of Spirit* (London, 1992)을 보라.
45 P. Heelas, *The Sacralization of the Self* (London, 근간)를 보라.
46 Roberts, "Globalized Religion?"을 보라.
47 M. Sjöö and B. Mor, *The Great Cosmic Mother* (San Francisco, 1991)를 보라.
48 Kepel, *The Revenge of God* and Riesebrodt, *Pious Passion*을 보라.

그뿐만 아니라, 기독교 신학은 성과 권력 그리고 자연의 위상과 관련된 민감하고도 심각한 문제들, 곧 기독교 신학이 전근대성(premodernity, 기독교 신학의 기원에 놓여있는)과 근대성(modernity, 기독교 신학이 커다란 손상을 입은), "포스던모던적 조건"(postmodern condition) 혹은 논란의 여지가 덜 한 방식으로 표현하자면, 일상적 토대 위에서 새로운 가능성이 모습을 드러내고 있는 "고도로 발달 된"(high) 현대나 "후기" 현대의 결합에 즈음해 성공적으로 자기 자신을 재정의한다고 가정할 때에야 비로소 그것을 이해하는 일을 적절하게 시작하게 될 그러한 문제들과 대결해 타협점을 찾아내야만 하는 것이다.

"전통"의 개념과 실재는 변증법적으로 공존하고 있는 이런 차원들을 이해하고 처리해야만 한다.[49] 만약 신학이 이 일을 달성하지 못한다면, 신학은 자금 조달이 이루어지는 동안은 **자기 기만**(*mauvaise foi*)으로 존속할 수 있겠지만, 인문 사회과학의 역사, 현황에 의해 제기된 도전에 대답해 주지는 못할 것이다. 이런 도전과 기회들에 대해선 다음에 다시 한번 간략히 살펴보게 될 것이다.

이 글을 통해 지금까지 다루어졌던 논의가 사회학자들과 신학자들 간의 효과적 합력이 절대 이루어지고 있지 않다는 것을 의미하는 것은 아니다.[50] 그러나 우리의 주장은 그러한 협력이 시종일관하기보다는 불연속인 것을 특징으로 하고 있을 뿐만 아니라, 협력과 갈등의 근저에 해결되지 않은 주요한 문제들이 존재한다는 것이다.

이런 문제들은 학문 분과의 역사적 분화, 현대화, 세속화 그리고 계몽주의적 기획의 본질과 관련된 적응 과정으로부터 비롯된다. 그러므로 신학과 종교사회학 그리고 주류 사회 이론 간의 괴리가 더 잘 이해되고 실현 가능한 효과적 관계가 정립되기 위해서는 신학 내부에서의 철저한 방법론적 쇄신(특별하게 활동적 신학자들에 의해 간헐적으로 이루어지는 지적 이전이 아니라)이 필요할 것이다.

3. 신학과 사회과학, 인문과학: 하나의 의제

『현대 신학자 연구』 제2판에 기고한 글에서, 필자는 수많은 기독교 신학이 사회과학의 거대한 발전과는 동떨어졌었다고 주장했다.

---

49 Shils, *Tradition*를 보라.
50 R. Gill, *The Social Context of Theology* (London, 1975); D. Martin, J. Orme-Mills, and W. S. F. Pickering, *Sociology and Theology* (Brighton, 1980)를 보라.

이것은 특히 계몽주의 후기에 베를린대학교의 설립 과정에서 각 분야가 빌헬름 훔볼트(Wilhelm von Humboldt)와 프리드리히 슐라이어마허와 같은 인물들에 의해 배후에서 조종되어 인문학과 신학의 교수진들로 분할된 결과였다. 몇몇 신학자는 그런 불화(alienation)의 해로운 결과들을 인식해 왔고, 필자의 목적은 그런 반응들의 대표 유형을 발전시키는 것이었다. 이렇게 신중한 작업은, 이를테면, 출현하는 사회적 전통들과 거리를 두고 있는 신학적 담론들의 "내부 관계들"에 대한 한정된 역사적 윤곽이었다.

후자는 다음의 전제 위에 자의식적으로 서술되었는데, 그 전제는 "신학"과 "신앙"과 "전통"이 엄밀한 의미에서 전근대적 잔재—임마누엘 칸트의 영감을 따라서 그것에 대한 비평이나 해석이 인간 성숙의 필수 조건(sine qua non)이었다—였던 현상의 국부적 측면이었다는 것이다.

지금까지 본 장은 제2판을 약간 개정한 것이었다. 곧 이것은 엉성한 결말을 고치고 초점을 예리하게 하는 것에 지나지 않았다. 본 장의 기본 전제—현대의 주류 기독교 신학이 대부분 그 자신의 생존을 확보하는 데만 몰두해 왔다. 사회과학의 도전에 직면해 이런 지속적인 정체성을 얻으려는 내부 전략을 발전시켜 왔다는 점—는 변하지 않은 채 그대로 남아 있다. 그래서 신학은 실제로 적지 않게 걱정되는 상황과 운명적 결별을 한다. 한편으로 인문과학과 전략적 **판단 중지**(*epoche*)에서 계속되는 "위기"가 있었고, 일군의 과학적 실험 계획안의 관심에서 지식을 제외해 오고 있다.

이것은 에드문드 후설(Edmund Husserl)의 『유럽 학문의 위기와 선험적 현상학』(*Die Krisis der europäischen Wissenschaften und die transcendentale Phänomenologie*, 1935-7)에서[51] 고전적으로 묘사되었다. 다른 한편, 미셸 푸코(Michel Foucault)는 그가 쓴 인문과학의 "고고학"(archeology)에서 지식(episteme)과 "하나님"과 "인간"의 "죽음"에 대해 20세기 후반에 설명한 것 또한 허무주의를 마주해 체계화한다.[52]

그리해 후설과 푸코는 현대에 "신학"과 "종교 연구"의 담론들을 병기 해 놓은 것을 둘러싼 몇 가지 난제들을 구성한다. 이렇게 다양한 위기들에 대한 가장 날카롭고 진정 극단적이며, 정통한 반응은 소위 "급진적 정통주의"와 이 사상이 사회 이론에 대한 "이단적 담론들"의 "타자"에 관해 설명한 것으로 대변된다. 1996년에 이 투고가 처음 완성되었을 때, 필자는 다음과 같이 주장했다.

---

[51] E. Husserl, *The Crisis of European Sciences and Transcendental Phenomenology: An Introduction to Phenomenological Philosophy* (Evanston, IL, 1970), 135-7, 248, 256-7을 보라.
[52] Foucault, *The Order of Things*, 384ff.

우리는 광야에 살고 있지만, 그 어딘가에는 어루만지면 자양이 흘러나올 반석이 존재하고 있다. 그러한 가능성을 알고 있는 각 사람은 그들 자신의 신앙적 전통 내부로부터 여러 원천을 찾을 수 있을 것이다. 에큐메니즘은 이제 단순히 어떤 주어진 전통 내의 여러 신념체계의 에큐메니즘이 아니라, 제반 종교들의 에큐메니즘이 되어야 한다.

근대성 이전에는 접경지역이 전적으로 명백했다는 것은 사실이 아니며, 반성이 현대의 유일한 특권이라고 생각하는 것 또한 옳지 않은 일이다. 아울러 우리는 종교와 신학이 세속화된 근대성의 변두리에서 소멸할 것이라고 믿어야 하는 것도 아니다. 실제로 종교와 종교성의 부활은 그러한 천진난만함을 일찌감치 배제하고 있다.

우리 시대의 신학적 과제는 단지 잃어버린 과거를 되찾으려는 시도들(그것이 아무리 정교하다 할지라도) 속에만 존재해서는 안 될 것이다. 자원으로서의 '전통'은 다른 모든 문화적 유물들이 그러한 것만큼이나 탈현대(혹은 '후기 현대') 속에서도 다시금 기능할 수 있다.

이 재전용이 어떻게 책임 있는 방식으로 수행될 수 있는가는 우리가 겨우 배우기 시작한 하나의 과제다. 상속받은 신념체계 내의 조목들에 불과한 것으로서의 기독교 교리를, 마치 그간에 아무 일도 없었다는 듯이 기계적으로 반복하는 것은 옹호할 수 없다.

신학적 과제의 재형성은 근대성의 추이 가운데 존재하는 사회과학과 인문과학의 역사, 발전으로부터 출현하는 정체성의 변증법에 대한 몰입이 필요하다. 종교와 종교의 비판적이고 책임 있는 반성의 표현인 신학은 이 정체성의 수수께끼를 다루기 위해 방법론적으로 채비를 갖출 수 있다. 그러나 그들은 개인적인 것과 집단적인 것, 상대적인 것과 절대적인 것 그리고 내재적인 것과 초월적인 것의 절대적 대비와 기꺼이 대결하면서 그렇게 해야만 할 것이다.

이 장에서 언급된 이러저러한 우연적 요소들은 인간존재로서의 우리의 조건에 본유적인 것이다. 이것은 모든 신학이 상황적이어야만 하며, 그것이 기초적 공동체의 차원에서든 아니면 범세계적 조건의 차원에서든 인간의 필요와 관련돼야만 한다는 것을 의미한다. 아울러 신학은 사정이 지금과 달라질 수 있다는 분명한 희망에 의해 시동이 걸려야 한다.[53]

---

[53] R. H. Roberts, *Hope and its Hieroglyph: A Critical Decipherment of Ernst Bloch's "Principle of Hope"* (Atlanta, GA, 1990)를 보라.

그보다 못한 것은 모두 하나의 왜곡이다. 이해는 반드시 그러한 상호 연관 속에 근거해야 하지만, 이런 유의 공동책임이 지성에 대한 경멸을 함축한다고 가정하는 것은 잘못된 것이다. 안토니오 그람시(Antonio Gramci)가 사회주의를 외쳤던 것처럼, 사회과학과 인문과학에 정통한 신학을 위해, 신학자 또한 유기적 지식인이자 모험을 무릅쓰는 사람이 되어야 한다.

오늘날의 인간 조건에서 규범을 이루는 접경지역의 경계들을 가로지르려는 사람들을 위협하는 조직적 경계에 기꺼이 저항하는 정신을 지닌 인도적 기업가가 되어야만 한다. 이 단락에서 작가는 자신을 텅 빈 현재 시점 위에 올려놓고, 과거와 단절하지만, 여전히 새로운 생명이 어디선가 발견될지도 모른다는 다소 구슬픈 희망을 표현하고 있다. 이와 반대로, 필자는 이제 상황적이고 육체적 신학, 즉 관계하는 구현의 내성적이고 상호 의식을 논변하려고 한다.

그런데 이것은 후자가 점점 세계화되고 긴장된 "새로운 세계 질서" 속에서 새로움을 추구하기 때문에 신학의 "외적 관계들"에 대해 설명하는 과정에서 나타날 수도 있다. 이것들이 의미하는 바는 현대의 주류 사회 이론에 중심이 되는 세계-지역 간의 긴장이 연속적 선택적 유사성과 인류가 살아남기 위해 노력하는 (물리적, 심리 사회적, 인간적) "생태학"을 둘러싸고 가르치는 유비들에 근거해 탐구되고 개작될 수 있다는 것이다.

우리는 문제가 되는 이런 노력의 분야 간의 무 관계성을 제외하고, 현재 주류 신학과 학술적 종교 연구 둘 다의 내적 구성들이 어느 쪽도 우리가 예시한 복잡한 상황에 관여하기에 부적합하다는 점을 이 장 전체에 걸쳐 논증했다.

만일 우리가 "탈근대성의 조건"(아직은 완전히 토의되지 않은 "조건")에서 일어나는 "정치적인 것의 손실"(the loss of the political)에 대한 데이비드 하비(David Harvey)의 통찰력들을 종교와 신학의 영역에 적용한다면, 어떤 비판이 "근대성"과 상호 연관적 "포스트모던적 조건"이 스스로 이루어 온 조건들을 명확히 표현하고 질문하기 위해서 이 학문적 이분법 배후에 있는 방법을 찾을 수 있게 요구됨은 분명해진다. 바꿔 말해서, "근대성"에 대한 선험적 비판은 앞서서 근대성이 종교적 요소를 재현하는 것에 대한 비판이 수반되어야 한다.

그러면 우리는 어디서 그런 비판을 시작하고, 더 나아가 어디서 지레의 작용점을 찾을 것인가?

첫 번째의 경우에 필자의 답변은 우리가 성육신 교리에 호소하고 급진적으로 만들고 법제화하며, 이것을 오늘날 재구성하고 있는 종교적-영적 분야인 "먼 나라"에서의 구현으로 재해석하는 것이다.

"탈 인간 조건"(post-human condition)과, 교육, 건강, 사회 서비스 그리고 일탈 행위의 관리 안에서 인간의 생산에 대한 우스꽝스러운 상품화에 대한 정치적이거나 문화적 효과적 비판이 없는 상태에서, 우리는 즉시로 아무런 위안도 가져오지 않을 난제들을 짊어지고 먼저 우리 자신의 육체적 경험의 활동 무대로 들어가야 한다.

"시각에서 촉각으로", 사변적 이론에서 급진적 구현으로의 이런 변화는 우리가 세계적 주도권과 개별적 몸, 즉 우리 자신의 몸의 사회적, 생물학적 구성 사이에 긴장하면서 암초에 부딪힐 수도 있다. 이것은 하나의 몸 신학, 장소의 특수성 안에 깊이 심어진 하나의 연구의 방식, 하지만 동시에 우리가 잘 알려진 방식으로 행동하기 위해, 분열, 공황, 공포의 시대에 규범적 판단을 되찾는 헌신적이지만 비평적 담론을 촉진하기 위해 전체를 충분히 이해하려는 이론적 노력을 수반하는 하나의 의식이 될 것이다.

매우 상황화 되어있는 우리는 기독교 신학이 심오한 사회화의 원시적 과정과 세계적으로 분할되었지만 동등하게 억압받는, 예를 들어 상처받은 치유자의 무속적 의식 속에 나타난 전통 이전 경험의 차원들과 계속 재구성의 상태에서 파편화된 종교적-영적 분야의 주요 요소들과의 재연결을 모색해야 한다고 주장할 수 있다.

그래서 "몸"(somatic)신학은 새롭게 재분석된 의식의 영역들 안에서 통합의 담론으로 표현되고 제정될 수 있을 것이다. 이어서 육체적 전환은 교회론의 본질에서 서로 교류하면서 의심할 여지 없이 논쟁적 변화들과, "만인 제사장직"이라는 개인의 한계를 초월하는 기독교 공동체에서 사역을 촉진하는 역할을 함의한다.

필자가 지금 이 상황을 파악한 대로, 탈전통화된 근대성 안에서 학문적으로 정통한 복음의 사회적 재심기(reembedding)는 이 안에서 인문과학의 "위기"와 "하나님"과 "인간"의 "죽음"과 유익하게 다시 관여하는 것을 준비할 수도 있다. 이것은 인간 조건의 심오하고, 지속적이고, 진화론적으로 필연적이며 문화 간의 공통점들을 인식한 기초 위에서 시행될 수 있을 것이다. 그리고 그것은 육체적(somatic)이고, 개인의 한계를 초월(transpersonal)하고 변형적인(transformatory)신학이 될 것이다.[54]

---

[54] 이런 최종적 관찰들 안에 간단히 암시된 입장은 편집자들이 다시 쓰인 형식으로는 『현대 신학자들』 제3판에 적합하지 않다고 느낀, 기독교 신학과 인문, 사회과학과의 관계에 대한 변화된 접근 방식을 가리킨다. 이런 편집 결정에 반대하지는 않지만, 그런데도 필자는 적절한 시기에 다른 곳에서 출간되리라고 믿는데, 더욱 완전하게 발전된 관점에 대한 필자의 소유권을 기록하고 싶다.

참고 문헌

Bauman, Z., *Modernity and the Holocaust* (London, 1989).
_____. *Postmodern Ethics* (London, 1993).
Beckford, J. A., *Religion and Advanced Industrial Society* (London, 1989).
Berry, and Wernick, A., *The Shadow of Spirit: Postmodernism and Religion* (London, 1992).
Blumenberg, H., *The Legitimacy of the Modern Age* (Cambridge, MA, 1985).
Bly, R., *Iron John: A Book About Men* (Shaftesbury, 1991).
Bonhoeffer, D., *Act and Being* (London, 1962).
_____. *Sanctorum Communio: A Dogmatic Enquiry into the Sociology of the Church* (London, 1963).
_____. *Letters and Papers from Prison*, 3rd edn. (London, 1967).
Bourdieu, and Wacquant, L. J. D., *An Invitation to Reflexive Sociology* (Chicago, 1992).
Dilthey, W., *Introduction to the Human Sciences: An Attempt to Lay a Foundation for the Study of Society and History* (London, 1988).
Entemann, W. F., *Managerialism: The Emergence of a New Ideology* (Madison, WI, 1993).
Farley, E., *Ecclesial Man: A Social Phenomenology of Faith and Reality* (Philadelphia, PA, 1975).
_____. *Ecclesial Reflection: An Anatomy of Theological Method* (Philadelphia, PA, 1982).
Foucault, M., *The Order of Things: An Archaeology of the Human Sciences* (London, 1970).
Giddens, A., *The Consequences of Modernity* (Cambridge, 1990).
Gill, R., *The Social Context of Theology: A Methodological Enquiry* (London, 1975).
Habermas, J., *The Philosophical Discourse of Modernity* (Cambridge, MA, 1987).
Harvey, V. A., *The Historian and the Believer* (London, 1968).
Heelas, P., *The New Age Movement* (Oxford, 1990).
Heelas, P., Lash, S., and Morris, P., *Detraditionalization: Critical Reflections on Authority and Identity* (Oxford, 1995).
Husserl, E., *The Crisis of European Sciences and Transcendental Phenomenology: An Introduction to Phenomenological Philosophy* (Evanston, IL, 1970).
Kepel, G., *The Revenge of God: The Resurgence of Islam, Christianity and Judaism in the Modern World* (Cambridge, 1994).
Lyotard, J.-F., *The Postmodern Condition: A Report on Knowledge* (Manchester, 1984).
MacIntyre, A., *After Virtue: A Study in Moral Theory* (London, 1981).
Maffesoli, M., *The Time of the Tribes: The Decline of Individualism in Mass Society* (London, 1995).
Mann, M., *The Sources of Social Power, Vol. 1: A History of Power from the Beginning to AD 1760* (Cambridge, 1986).
Martin, D., Orme-Mills, J., and Pickering, W. S. F., *Sociology and Theology: Alliance or Conflict* (Brighton, 1980).
Mestrovic´, S. G., *The Barbarian Temperament: Toward a Postmodern Critical Theory* (London, 1993).
Milbank, J., *Theology and Social Theory: Beyond Secular Reason* (Oxford, 1990).
Moltmann, J., *The Crucified God: The Cross of Christ as the Foundation and Criticism of Christian Theology* (London, 1976).
Niebuhr, H. R., *The Social Sources of Denominationalism* (New York, 1975).
Novak, M., *The Spirit of Democratic Capitalism* (London, 1991).
Riesebrodt, M., *Pious Passion: The Emergence of Modern Fundamentalism in the United States and Iran* (Berkeley, CA, 1993).
Ritzer, G., *The McDonaldization of Society: An Investigation into the Changing Character of Social Life* (London, 1993).

Roberts, R. H., *Hope and its Hieroglyph: A Critical Decipherment of Ernst Bloch's "Principle of Hope"* (Atlanta, GA, 1990).

_____. "The Reception of the Theology of Karl Barth in the Anglo-Saxon World: History, Typology and Prospect", In R. H. Roberts (ed.), *A Theology on its Way: Essays on Karl Barth* (Edinburgh, 1991), 95–168.

_____. "Barth and the Eschatology of Weimar", In R. H. Roberts (ed.), *A Theology on its Way: Essays on Karl Barth* (Edinburgh, 1991), 169–99.

_____. "Globalized Religion? The Parliament of the World's Religions (Chicago, 1993), in Theoretical Perspective", *Journal of Contemporary Religion*, 10 (1995), 121–37.

_____. *Religion, Theology and the Human Sciences* (Cambridge, 2001).

_____. (ed.), *Religion and the Transformations of Capitalism: Comparative Approaches* (London, 1995).

_____. *A Critique of the Social-scientific Study of Religion* (Cambridge, 2005).

Roberts, R. H. and Good, J. M. M., *The Recovery of Rhetoric: Persuasive Discourse and Disciplinarity in the Human Sciences* (Charlottesville, VA, 1993).

Schutz, A., *The Phenomenology of the Social World* (London, 1972).

Shils, E., *Tradition* (London, 1981).

Sjöö, M. and Mor, B., *The Great Cosmic Mother* (San Francisco, 1991).

Steiner, G., *In Bluebeard's Castle* (London, 1971). Taylor, C., *The Sources of the Self: The Making of Modern Identity* (Cambridge, 1989).

Touraine, A., *The Post-Industrial Society: Tomorrow's Social History, Classes, Conflicts and Culture in the Programmed Society* (London, 1974).

Troeltsch, E., *The Social Teaching of the Christian Church* (London, 1931).

_____. *The Absoluteness of Christianity and the History of Religion* (London, 1972).

Ward, G., *Barth, Derrida and the Language of Theology* (Cambridge, 1995).

제4부
신학과 기도, 실천

제23장 신학과 영성
마크 맥킨토쉬 (Mark McIntosh)

제24장 목회 신학과 실천 신학
스테판 패티슨(Stephen Pattiso) 고든 린치(Gordon Lynch)

제4부
신학과 기도, 실천

에바그리우스 폰투스(Evagrius Pontus, 345-399)에 따르면 "신학자는 기도하는 사람이다." 그리고 마크 맥킨토쉬가 제4부에 기고한 글에서 지적하고 있는 것처럼 오랜 기독교 역사에서 신학과 기도와 실천 사이의 관계는 이런 종류의 책에서는 분리된 관심이 필요하지 않았다.

신학적 작업과 영적 형성 사이의 관계는 지난 세대에는 불가분리였을 뿐만 아니라 기독교 공동체 안에서의 신학적 연구가 가지는 실천적 함축에 주의해야 할 필요는 오래도록 인정되고 있었다.

이 책의 다른 부분의 연구들은 20세기의 신학적 연구가 목회적 활동과 관심을 포함한 신학자들의 기독교 영성과 실천으로 형성되고 있는 많은 방식을 드러내 줄 것이다.

하지만 기도와 실천에 대해 신학이 가지는 상호 관계는 그 자체적 중요한 질문을 일으키고 있다. 이런 질문들은 특징적 신학적 반성에 대해 제기하는 질문들이다.

스테판 패티슨과 고든 린치는 어떻게 목회 신학이라고 하는 발전하고 있는 분야가 인문과학과 현대 신학의 "인간에로의 전환"의 결과와 상호 작용하고 있는지 보여 준다.

그들은 특수한 살아 있는 경험의 신학적 의미를 이해하게 하려고 목회 신학과 실천 신학에서의 헌신이 지니는 중요성을 보여 주고 있으며 어떻게 이런 헌신이 자유주의와 신전통주의(neo-traditional) 그리고 해방 신학적 접근에서 등장하고 있는지 추적하고 있다. 마크 매킨토쉬(Mark Macintosh)는 대조적으로 20세기와 이어지는 발전에서 사이먼 베일과 한스 우어스 폰 발타자르와 같은 이토록 다른 두 명의 사상가들의 작품에서 보이듯이 계몽주의 이후의 신학의 몇 가지 강조점으로부터, 즉 "영성"을 인간론으로 환원하는 인간에 대한 이해로부터 그리고 신학과 영성의 새로운 통합을 향해 움직여가고 있는 것을 발견한다.

제23장

신학과 영성

마크 맥킨토쉬 (Mark McIntosh)

1. 서론

우리는 오늘 간단한 이유로 신학과 영성 사이의 **관계성**을 이야기해야만 한다. 대부분의 현대성에서 신학과 영성은 사실상 따로 존재해 왔다. 하지만 기독교 사상이라는 폭넓은 역사를 통해 이런 분리는 비정상적인 것이다. 게다가 신학과 영성의 관계에 대해 이전 시대는 매우 이해하기 어려운 수수께끼 같은 표현들이 등장하게 되었다.

예를 들면 클레르보의 버나드(Bernard of Clairvaux, 1090-1153)에게는 신학적 탐구의 살아 있는 대상인 하나님과의 실재적 만남의 실천으로부터 괴리되어 있는 어떤 주제에 대한 심화 된 신학적 이해를 추구할 수 있다는 것은 생각조차 할 수 없는 일이었다.

말하자면 시에나의 케서린(Catherine of Siena, 1347-80)에게는 어떤 사람이 실천적 신자들의 공동체적 신학적 가르침으로부터 괴리된 영적 성숙을 향한 성장을 추구하는 것은 마찬가지로 생각조차 할 수 없는 일이었다. 그러므로 우리는 역사적 재발견을 해야 하는 처지에 있다.

신학이 지니는 영적 통합성이 회복될 때 신학이 과연 어떤 것이어야 하는지에 대한 점증하는 관심이 있다. 만약 우리가 매우 간략하게 신학과 영성 사이의 이런 통일성의 뿌리를 회상한다면 그리고 이런 통일성에 대한 통찰력이 어떻게 사라지게 되었는지를 간략하게나마 살펴본다면 우리는 최소한 부분적으로 이것이 결과적으로 어떠해야 할지 파악할 수 있을는지도 모른다.

초기 기독교는 하나님의 놀랄만한 생동감에 대한 어떤 특징적 의미들을 통해 표현되는 하나님에 대한 인식을 보여 주고 있다. 복음서에 있는 예수님의 가르침은 흔히 숨겨진 풍성함과 기대하지 않았던 역전의 이미지를 채택하고 있다.

마찬가지로 치유와 먹이시는 이야기는 죽음으로부터의 예수 자신의 새로운 풍성한 부활의 이야기와 함께 절정에 도달하는 것처럼 보이는 변혁과 해방의 능력을 말하고 있다.

사도 바울에게 있어 하나님의 생명의 이런 변혁하고 재창조하는 능력은 예수의 죽음과 부활을 통해 세상 안에서 역사하고 있으며 [로마서 제6장을 보라] 이런 하나님의 생명 능력이 예수께서 아바라 부르신 분과의 관계에서 분깃을 갖도록 성령께서 역사하듯이 그리스도를 따르는 자들 안에 부어지고 있다(로마서 8장). 고전적 형식으로 바울은 말하고 있다.

> 내가 율법으로 말미암아 율법에 대해 죽었나니 이는 하나님에 대해 살려 함이라 내가 그리스도와 함께 십자가에 못 박혔나니 그런즉 이제는 내가 사는 것이 아니요 오직 내 안에 그리스도께서 사시는 것이라 이제 내가 육체 가운데 사는 것은 나를 사랑하사 나를 위해 자기 자신을 버리신 하나님의 아들을 믿는 믿음 안에서 사는 것이라 (갈 2:19-20).

우리는 여기에서 신학과 영성의 완벽한 통일성을 볼 수 있다. 왜냐하면, [그리스도의 자기를 주시는 사랑 가운데 역사하는] 하나님의 구원하시는 행동에 대한 **신학적** 비전은 그리스도의 숨겨진 또는 신비적 임재로부터 끊임없이 솟아나는 바울의 정체성과 그 새로운 삶에 대한 영적 변혁과 분리할 수 없기 때문이다("오직 내 안에 그리스도께서 사시는 것이라").

이들 두 측면이 어떻게 상호 작용하고 있는지 주목할 만한 가치가 있다. 하나님이 그리스도 안에서 성취하신 것에 대한 진정한 신학적 이해를 허용하는 것은 바로 그리스도의 임재가 가져오는 변혁시키는 영적 능력이다.

반대로 그리스도 안에 있는 하나님의 행동에 대한 공동체적 신학적 반성이 그 안에서 신자가 제자도에 대한 영적 실천을 통해 어떻게 성숙하게 되는지를 배우게 되는 주변적 환경을 만들어낸다.

숨겨져 있고 변혁시키는 신적 충만함이라고 하는 이런 주제는 요한의 문헌에서 강력하고 새로운 분명한 모습을 보여 준다.

성령 안에서의 진정한 나눔, 성부와 예수의 관계에서의 진정한 나눔이 그리스도 안에 있는 진리의 더 심화 된 드러남을 주관하실 수 있다는 것이 여기에서 훨씬 더 분명해진다. 요한복음에서 예수님은 제자들에게 말씀하신다.

내가 아직도 너희에게 이를 것이 많으나 지금은 너희가 감당하지 못하리라 그러나 진리의 성령이 오시면 그가 너희를 모든 진리 가운데로 인도하시리니 그가 스스로 말하지 않고 오직 들은 것을 말하며 장래 일을 너희에게 알리시리라 그가 내 영광을 나타내리니 내 것을 가지고 너희에게 알리시겠음이라 무릇 아버지께 있는 것은 다 내 것이라 그러므로 내가 말하기를 그가 내 것을 가지고 너희에게 알리시리라 했노라(요16:12-15).

신자들에게 생기를 불어넣으시러 오신 성령은 공동체적 삶 안에서 자신을 위한 성부의 사랑을 밝혀줌으로써 그리스도를 영화롭게 하신다. 성령은 바로 가장 탁월한 신학자시다. 여기에는 신학적 이해의 진전과 이런 심화 된 이해가 분명하게 되는 공동체의 변화하는 영적 생명 사이에 아무런 분리의 여지가 없다.

알렉산드리아의 아타나시우스(Athanasius of Alexandria, 296/8-373)나 히포의 어거스틴(Augustine of Hippo, 354-430) 또는 보나벤쳐(Bonaventure, 1221-74)와 같은 후대의 저술가들에게서 영적 성장과 신학적 이해의 이런 통합은 그들의 저술 전체를 떠받치고 있다.

여기에 가이사랴의 '위대한 바실'(Basil the Great)은 "세상"이 성령을 알지 못할 것이라고 예수님이 언급하고 있는 요한복음 제14장의 한 본문에 대해 주석하면서 전형적으로 이런 관점을 표하고 있다.

> "세상"에 의해 … [그리스도께서는] 물질적이고 육체적 생명에 의해 묶여 진리를 자신들의 눈으로 본 것에 제한하려는 사람들을 가리키신다. 그들은 부활을 믿기를 거부하고 있으며 자신들의 마음의 눈으로 주님을 볼 수 없다. … 육적 사람의 마음은 명상의 훈련이 되지 않았다. 육적 탐욕의 진흙에 매몰되어 있으며 눈을 들어 진리의 영적 빛을 보기에 무력하다. 그래서 "세상"—육적 정욕의 노예가 되어있는 삶—은 더 이상 약한 눈이 태양광선의 빛을 볼 수 없듯이 성령의 은혜를 받을 수 없다. 먼저 주님께서 자신의 제자들 삶을 자신의 가르침을 통해 거룩하게 하시고 나서 주님께서는 그들에게 성령을 보고 명상할 수 있는 능력을 부여하셨다.[1]

다시 한번 우리는 적절한 신학적 비전과 영적 치유와 성숙 사이의 본질적 관련을 볼 수 있다.

---

1 St. Basil the Great, *On the Holy Spirit*, trans. David Anderson (Crestwood, NY: St. Vladimir's Seminary Press, 1997), 95.

이런 시대의 그리스도인들에게 참된 신학은 하나님 자신의 지혜와 실체에 대한 지식을 공유하는 것이었다. 이것을 그들은 "명상"으로 언급하고 있다. 말할 필요도 없이 그러한 지식의 내용은 단지 영적 형성과 성장이라고 하는 견습 생활을 통해 바실이 말하고 있는 것처럼 "눈을 들어 진리의 영적 빛을" 볼 수 있는 사람들의 삶 안에서만 실현될 수 있다.[2]

과도한 단순화의 위험을 무릅쓰고 아마도 우리는 방법과 형성 사이의 중요하지만, 쉽사리 간과되는 차이점을 지적할 수 있을 따름이다. 한편으로 우리는 지식을 탐구함에서 사람들의 분명한 곡해하는 역할을 피하고자 고안된 일련의 과정으로서의 방법에 대한 현대적 확신이 있다(현대 사상에서 신학을 포함해 과학적 방법의 전형적 영향을 생각하라).

그리고 다른 한편으로 이런 방법이 현대 신학에서 채택이 될 때 우리로부터 어떻게 그것이 형성에 대한 이전의 개념과는 정말 다른지가 우리에게서 가려져 버린다.[3] 왜냐하면, 방법은 인격적인 것을 제거하도록 고안된 것이지만 형성은 인격적인 것을 인간 실존 전체를 하나님에게 노출함으로써 인격적인 것을 포괄하고 변혁시키려 한다.

상상컨대 우리가 신학적 탐구자의 영적 변혁과는 동떨어진 상태에서 진정으로 기독교적 신학이 융성할 수 있을 것인지에 대해 오늘날 토론할 수 있을는지 모르지만 그러한 가능성은 이전의 시대에는 절대 있을 수 없었을 것이다. (그 시대로부터 기독교 교사들이 채택했던) 고대 지중해 세계의 표준적 교훈적 틀은 우리가 지혜를 명상할 수 있는 성숙에 도달하기 전에 도덕적 성장과 영적 실행이라고 하는 꼭 필요한 단계를 인정했다.[4]

그러므로 예컨대 아리스토텔레스는 아이들이 수학을 잘 할 수 있지만 별로 지혜롭지 못할 수 있다고 주장했다(『니코마코스 윤리학』 6.8). 왜냐하면, 삶의 원칙과 그 적절한 적용에 대한 심화 된 이해(지혜)는 상당한 경험과 성숙을 요구하기 때문이다.

---

2 신학에 대한 고대 기독교의 영적 기반에 관한 유용한 연구를 위해서는 Olivier Clément, *The Roots of Christian Mysticism: Text and Commentary*, trans. Theodore Berkeley (Hyde Park, NY: New City Press, 1995)를 보라.

3 Louis Dupré, *Passage to Modernity: An Essay in the Hermeneutics of Nature and Culture* (New Haven, CT: Yale University Press, 1993); Stephen Toulmin, *Cosmopolis: The Hidden Agenda of Modernity* (New York: Macmillan, 1990)를 보라.

4 Pierre Hadot, *What is Ancient Philosophy?*, trans. Michael Chase (Cambridge, MA: Belknap Press of Harvard University Press, 2002)를 포함한 Pierre Hadot의 중요한 연구를 보라.

그러한 견해는 거룩한 지혜로서의 신학에 대한 초기 기독교의 개념과 전적으로 합치한다. 기독교는 삶에 관한 담화(또는 가르침)인 동시에 삶의 방식이며 이런 주장은 고대의 견해에서는 실천과 절대로 분리될 수 없었다.

아마도 그러한 분리의 가장 이른 증상은 유럽 도시들에 나타나고 있던 성당의 학교들이 점차 대학으로 발전할 때 등장했다. 이런 새로운 배움을 위한 장소가 가지는 학문적 사명은 수도원 학교들과는 매우 다른 것이었다. 수도원 학교들에서는 그리스도인의 지식에서의 성장이 삶의 한 방식으로서 기독교를 실천하는 문맥에서 발생했다.

새로운 대학교들에서 기독교적 담론은 성경 본문에 대한 주해적 명상으로부터 논리적 명제들에 대한 합리적 논증으로 옮겨갔다. 이것은 더 방대한 지적 전환의 사소한 실례일지 모르지만 지금 우리가 당연시하는 신학과 영성 사이의 구별이라고 하는 바로 그 요체를 보여 주고 있다.

[고대 기독교로부터 전수된] 수도원적 유형에서는 신학적 탐구가 정확하게 성경 언어가 지니는 신비로운 아름다운 형식과 탐구자의 오래 참는 도제와 같은 관심 사이의 만남에서 발생한다. 신학적 탐구의 단일한 수단으로서 논리적 논증에로의 학술적 전환은 그 자체만으로 탐구자에게 있어서의 영적 변혁의 중단을 의미하지는 않는다.

하지만 그것은 그러한 변혁을 멈추고 소외되어 있고 때로 경건한 종교적 사고라고 하는 조심스럽게 분리된 범주로 나아가게 했다.[5]

역설적으로 신학적 노력에 있어서 인격적 영적 변혁에 대한 약간의 목소리를 회복할 것으로 기대되었던 주관에로의 현대적 전환은 거의 그렇게 하지 않았다. 최소한 진정으로 영성이 지니는 신학적 중요성을 드러내 주는 방식에서는 그렇지 않았다.

이런 이유는 정확히 현대성에 의해 상상된 자아라고 하는 개념이 일종의 신학적 유아론에 기울어졌다는 것이다.

---

5 영성과 신학의 관계에서 중세기 변화에 관한 중요한 연구는 *The Presence of God: A History of Western Christian Mysticism* (New York: Crossroad/Herder, 1991–)라는 제목으로 Bernard McGinn가 쓴 여러 권의 서구 신비주의 역사에 관한 책과 Grace Jantzen, *Power, Gender, and Christian Mysticism* (Cambridge: Cambridge University Press, 1995) 그리고 Denys Turner, *The Darkness of God: Negativity in Christian Mysticism* (Cambridge: Cambridge University Press, 1995)에서 발견할 수 있다. 또한, McIntosh, *Mystical Theology: The Integrity of Spirituality and Theology* (Oxford: Blackwell, 1998)의 제2장을 보라.

이런 유아론에서는 [고전적 기독교적 영성에 있어서 중심적인] 신적 대화 상대자의 목소리가 주관적 자기의식의 다양한 상태로 환원되고 만다.[6]

신학에서 영적 회심의 역할에 대해 동정적 사상가들에게 있어서조차도 이런 "내적인" 것이 지니는 특권은 진정으로 신적인 것에 대한 진정한 의미를 회복하는 것을 어렵게 만들었다.

기독교 영성을 해석할 때는 이야기가 달라진다. 하지만 다양한 형태의 해방 신학과 여성 신학이라고 하는 지나간 현대성에서의 발전은 중요한 인식을 불러일으켰다.

즉 인격적 변혁은 진정으로 해방하시는 신적 타자와의 대화적 직면으로부터 분리될 수 없다. 그리고 이것은 근대적 자아의 구성에 대한 관계적 해석에 자신을 다시금 개방했다. 모든 신학적 통찰력을 인류학의 의미로 환원시키도록 위협할 필요가 없었다.

2. 개관

20세기의 처음 50년 동안 다양한 사상의 발전적 흐름이 신학과 영성 사이의 관계를 한편으로는 모호하게 하고 또 다른 한편으로는 회복하는 데 엄청난 영향을 미쳤다. 윌리엄 랄프 잉게(William Ralph Inge, 1860-1954), 에블린 언더힐(Evelyn Underhill, 1875-1941), 커트버스 버틀러(Cuthbert Butler, 1858-1934)와 같은 중요한 영국 사상가들의 노력은 (아래에서 살펴볼) 다른 운동과는 다소 동떨어진 것이었다.

이들 사상가는 수많은 저술에서 자신들의 책을 읽는 독자들에게 기독교 영성의 전통이 지니는 신학적이고 철학적 중요성을 상기할 것을 요청했다. 이들은 불가피하게 윌리엄 제임스(William James, 1842-1910)의 엄청나게 영향을 미친 『종교 경험의 다양성』(*Varieties of Religious Experience*, 1902년)이라는 책이 드리운 오래된 그림자 가운데서 저술을 했다.

그 책에서 윌리엄 제임스는 종교적 경험을 연구하면서 우리는 믿음과 해석의 문제를 배제할 수 있다고 주장했다. 이런 접근 방법이 지니는 엄청난 대중성은 그들의 전통적 종교 문화로부터 편의에 따라 추상해낸 영적 체험을 비교하는 가치 중립적 분석을 허용하는 것처럼 보이는 데 분명한 영향을 미치고 있다.

---

6 이런 경향을 더듬어 본 연구를 위해서는 Fergus Kerr, *Theology after Wittgenstein* (Oxford: Blackwell, 1988)을 보라.

영적 체험으로부터 신학적이고 철학적 요소들을 생략함으로 제임스의 접근 방법은 기독교 영성에 대한 신학적 증거를 매우 급진적으로 침묵시키는 경향이 있으며 "내재성"에 대한 현대의 편애를 강화하는 듯하다.[7]

하지만 언더힐과 같은 작가들은 특별히 자신의 후기 저술을 통해 강사로서 그리고 수련회 인도자로서 대중적 지성 앞에서 많은 시대로부터 취사 선택한 기독교적 영성 저자들의 분명한 신학적 개념들과 이미지를 매우 일관되게 주장했다. 기독교 신비주의자들에 관한 자신의 연구의 많은 부분을 요약하면서 언더힐은 주장했다.

> 기도의 생명은 진실로 거기 계시며 우리를 만지시고 부르시고 이끄시는 우리 자신을 넘어서 있는 실체와 더 심화 된 교제에 있으므로 그 실체에 대해 우리가 믿는 것이 그 실체에 대한 우리의 관계를 통제할 것이다. … 우리가 우리 자신, 우리의 작은 느낌과 필요, 개념과 능력과 더불어 시작할 때 종교에서의 우리의 실수의 첫 번째이자 가장 큰 실수를 범하는 것이다. [신앙 고백적인] 신경은 우리를 이끌어 이 모든 것을 지나 하나님에게 이끌어간다.[8]

언더힐은 그리스도인들이 하나님에 대해 믿고 있는 것이 단지 무관심의 문제나 우리 "자신의" 영성에서 더 만족할 만한 내적 성향에 이르는 길에 장애가 아니라고 제안하고 있다. 기독교 영성 작가들에 대한 그녀의 묘사는 그들의 영적 여정에 방해가 되기는커녕 그들의 신학적 헌신이 지속해서 그들의 "막연하고 희석되고 자기에 사로잡힌 영성"을 시험해 그들이 "이런 실체에 대한 최고의 비전"에 열려 있도록 해 주었다.

그리고 이것은 다시금 그들의 영성이 그들이 자신들이 믿는 신앙의 신비와 인격적으로 직면하도록 더욱 더 심층적으로 인도했다.

---

7 제임스의 생각과 그 여파에 대한 전망과 비판적 분석을 위해서는 Nicholas Lash의 저술, 특별히 *Easter in Ordinary: Reflections on Human Experience and the Knowledge of God* (Notre Dame, IN: University of Notre Dame Press, 1988)과 *The Beginning and the End of Religion* (Cambridge: Cambridge University Press, 1996)을 보라.

8 Evelyn Underhill, *The School of Charity* (orig. edn., 1934; Harrisburg, PA: Morehouse Publishing, 1991), 6.

우리는 우선 우리가 어떤 것을 믿기 때문에 기도한다. 아마도 그 단계에서는 매우 막연하고 조야한 어떤 것일 것이다. 그리고 기도와 인내심 어린 수련이 깊어지면서 우리가 우리의 믿음의 대상인 실체와 우선적 교제로 들어갈 때 믿음의 풍성함과 확장이 따라온다.[9]

유럽 대륙의 사고에 있는 소위 "토마스주의의 내적 진화"라고 일컬어지는 것 안에 이상하게도 이와 유사한 딜레마가 존재했다.[10] 다양한 방식으로 칸트와 제임스 유의 경험과 해석 사이의 분리가 여전히 지배적이었다.

심지어 레지날드 가리구 라그렝(Réginald Garrigou-Lagrange, 1877-1964)과 같은 합리적 신스콜라주의자들과 조셉 마레칼(Joseph Maréchal, 1878-1944)과 같은 초월적 토마스주의자들 사이의 극적 대조 안에서도 이런 분리는 활개를 치고 있다.

신학자들이 자신들의 체계를 인간의 주관이나 의식에 대한 분석을 통해 학구적으로 건설하면 할수록 기독교 영성의 진정한 신학적 음성을 듣는 것을 지속하기 점점 더 어려워질 것이다.[11]

그것이 영혼의 자연적 기능으로부터 신적 관여를 완전히 분리했던 신스콜라주의적 "자연 신학에 대한 분석이든지 **그렇지 않으면** 인식을 구성하기 위해 (칸트에 의해 선언된) 선험적 조건 너머에 있는 경험에 대한 분석에 신학을 근거시킴으로써 (슐라이어마허와 같이) 칸트의 비판을 받아들여 그것을 넘어가려고 하는 초월적 토마스주의 유의 것이든 상관없이 신학적 함축에 대한 이런 이상한 모호성은 아마도 불가피할 것이다.

신스콜라주의의 경우에는 기독교 영성의 신학적 함축이 매우 이상한 심리적 상태가 엷어지게 된 영역으로 떨어져 나간다. 그리고 초월적 토마스주의의 경우에 영적 경험은 주로 칸트의 범주 배후에 있는 초월적 경험의 전제에 대한 한 조각의 증거로서 흥미를 끈다. 그러한 경험이 숨어 있을 수 있는 신학적 언어가 무엇이든지 간에 그것은 궁극적으로 이차적인 것이다.[12]

---

9   Ibid, 6-7.
10 Gerald A. McCool, *From Unity to Pluralism: The Internal Evolution of Thomism* (New York: Fordham University Press, 1992).
11 Fergus Kerr, *After Aquinas: Versions of Thomism* (Oxford: Blackwell, 2002)에 있는 탁월한 분석을 보라.
12 Grace Janzten은 이런 경향을 칸트와 제임스 라인 안에서 매우 설득력 있게 *Power, Gender, and Christian Mysticism* (Cambridge: Cambridge University Press, 1995)에서 살피고 있다.

어떤 경우이든지 신학과 영성의 통합은 설득력은 차치하고라도 감지할 수 없다.

진정한 영성과 신학 사이의 대화를 보다 어렵게 만드는 문제는 상황이 그 시대의 "영성 신학" 쪽에서도 마찬가지로 문제가 있기 때문이었다. 문제의 한 부분은 20세기 초기에 (특별히 프랑스에서) 그 방향에 있어 매우 신스콜라주의적 상당한 양의 그리고 영향력 있는 글들이 영성 안에서 개인적 영혼의 진보적 상태에 매우 좁게 주의를 기울였다는 것이다.[13]

"신비주의"는 하나님에 대한 직접성이라고 하는 주의 깊게 제한된 경험 상태와 연결되게 되었다. 그러한 견해는 고대와 중세 기독교 신비주의의 이해(즉 창조와 교회의 공통적 삶과 예배 그리고 무엇보다도 성경에 숨겨져 있는 손짓하시는 하나님의 현존)와는 동떨어진 것이었다. 다시 한번 내적 인식과 경험으로부터 시작하는 것이 최고라고 조언을 받은 지 아니면 구체적 실존과 역사로부터 시작하는 것이 최선이라고 조언을 받은 지 긴장이 발생했다. 그리고 균형은 다시 한번 전자를 지지했다.

이런 영적 삶과 "신비주의"에 좁은 개념화가 주어지면 초월적 토마스주의적 접근방법을 발전시킨 칼 라너와 버나드 롱너간과 같은 후대의 거인들마저도 여전히 자신들의 묵상을 인간의 자기 초월과 인식적 내향성에 집중하게 했다.

이런 발전의 결과는 그들의 매우 창조적이고 영향력 있는 신학이 인간 개인의 인식론적 역동성에 의해 매우 깊이 영향을 받고 있다는 것이다. 그리고 이것은 창조 안이나 성경의 말씀에, 그렇지 않으면 교회의 생활이라고 하는 대화적 구조에 또는 역사적 인간 실존의 더 일반적으로 정치적이고 성별을 반영한 관계적 차원에 숨겨져 있는 하나님의 임재를 살펴보고 있는 신비주의적 작가들의 진정으로 신학적 통찰에 귀 기울이는 것을 보다 어렵게 만드는 방식으로 이루어진다.

하지만 또 다른 더 적극적 흐름이 헨리 드 루백, 헨리 부이라드(Henri Bouillard, 1908-81), 장 다니엘류, 마리 도미니크 체누, 앙드레 마리 두발(André Marie Dubarle), 이브 콩가르, 로이스 부예르(Louis Bouyer, 1913-2004)와 같은 사람들의 작품에서 등장했으며 **새로운 신학**(*nouvelle théologie*)이라 이름하게 되었다.

아퀴나스의 사상을 존중해 작업하지만, 결정적으로 고대와 중세 초기의 기독교 자료에 돌아가고 있는 이들 사상가는 더 이상 체험에 대한 내적 개인 상태 또는 자기 초월에 대한 분석에 국한될 수 없는 신학과 영성 사이의 대화 가능성을 새롭게 했다.

---

13 이들 작가와 그들의 토론에 대한 간략하지만 명쾌한 설명을 위해서는 Bernard McGinn, *The Foundations of Mysticism*, Vol. 1 of *The Presence of God*, 부록, "Theoretical Foundations: The Modern Study of Mysticism", 특별히 277-80를 보라.

이런 관점의 초기의 중요한 선구자인 베네딕트 수도원의 안셀름 스톨츠(Anselm Stolz)는 이미 신비적인 것이 주로 이상한 심리적이거나 인지적 상태에 관계된 것이 **아니라는** 주장을 (1936년에 출간된 작품에서) 했다.[14] 새로운 신학이 강조하고 있는 바로 그러한 교부들의 작품에 의지해 스톨츠는 조직 신학과 영성 신학이 근대 초기에 분리되었을 때까지 대부분 인식되지 않고 있지만, 최소한 세 가지 결정적 전환이 발생했다고 주장했다.

첫째, 영적 삶은 신자들의 예전적이고 공동체적 삶이라는 용어보다는 [지성에 대한 아리스토텔레스적 분석으로부터 추론된] 거의 전적으로 스콜라주의적 능력 심리학의 범주 안에서 [바로 위에서 지적한 것과 같이] 분석되게 되었다.

둘째, 이것은 하나님의 우주적 구원 계획의 표지로서의 하나님과 공동체 사이의 만남이라고 할 수 있는 대화의 언어에 익숙한 이미지와 개념을 상실하게 했다. 궁극적으로 스톨츠는 이것이 기독교적 영적 생명의 근본적으로 삼위일체적이고 관계적 구조의 상실을 의미한다고 제안했다.

> 초기의 신학자들에게 있어서 피조물의 완전성은 … 본질적으로 성부의 온전한 완전성을 그 자신 안에 간직한 첫 번째 형상인 신적 위격으로서의 성자에의 동화이다. 신적 생명을 피조물에게 나누어 주는 성령의 직분은 사람을 사로잡아 그 안에 성자의 형상을 새겨 넣는다. 성자에 대한 동화의 기초는 성육신이다.[15]

하지만 이런 관계적이고 삼위일체적 영성 개념—신학과의 상호 작용에 매우 잘 어울리는 개념—은 그 개념구성의 전체 방식이 "지적 영혼이나 욕구적 영혼의 하나님 존재에 대한 벌거벗은 동화"[16]라고 하는 신스콜라주의적 용어로 바뀌자 거의 알아볼 수 없게 되었다.

스톨츠는 "하나님과의 신비적 합일이 그 전체에 있어 본질적으로 삼위일체적이라고 이해된다"라는 것을 기억하는 것이 구원의 실제적 신적 경륜에는 더 분명하게 될 것이라고 제안하고 있다.

---

14 Anselm Stolz, *The Doctrine of Spiritual Perfection* [*Theologie der Mystik*], trans. Aidan Williams (1936; New York: Crossroad/ Herder, 2001), 제9장, "Mystical experience", 전체.

15 Anselm Stolz, *The Doctrine of Spiritual Perfection* [*Theologie der Mystik*], trans. Aidan Williams, 226.

16 Anselm Stolz, *The Doctrine of Spiritual Perfection* [*Theologie der Mystik*], trans. Aidan Williams, 227.

왜냐하면, 신비적 삶은 전적으로 성자와 말씀의 구체적 역사적 사명에 의존하고 정확하게 신적 위격들의 관계에 통합되는 것을 목표로 하기 때문이다.

> 진정한 신비주의는 항상 삼위일체적이다. 즉 개별적 위격들에 대한 분명한 관계를 함축한다. 하나님과의 합일은 단지 하나님이 실제로 무엇인가에 대해 상응하는 합일로서만 성취될 수 있다.[17]

그렇다면 스톨츠의 견해에서 신비주의적 삶은 "성령 안에서 성자에 대해 통합되어서 우리가 성자에 의해 성부에게로 인도된다는 사실에" 있다.

> 이것은 신비주의의 궁극적 기초로서의 그리스도와의 합일에 대한 관계에서 성례전 특별히 성만찬에 대해 말해지는 모든 것으로 돌아간다.[18]

물론 이것은 영성이 다시 한번 계시와 구원과 구속 그리고 예전적 기도와 삼위일체적 삶이라고 하는 중심적 신학적 주제와의 대화에 있다는 것을 의미한다.

이 모든 것은 스톨츠가 주장하고 있는 세 번째(그리고 어떤 방식으로 가장 난해한) 논점을 지시한다(정말로 드 루백이 나중에 이런 견해를 훨씬 심오하게 발전시켰다고 강하게 정죄 되었다).

삼위일체적 이미지와 전망을 지워버리는 것은 관련 없는 작용인과 같은 것이라기보다는 자연과 은총을 **분리시키고** 단순하게 은총을 하나님에 의해 실현된 것으로 이해하는 견해와 함께 진행된다고 스톨츠는 주장했다. 한번 이런 자연과 은총에 대한 외적 그림이 채택된다면 신학은 드러나는 삼위일체적 방식에 참여하는 것으로서의 은혜에 대한 오래된 견해와의 접촉을 완전히 상실하고 만다. 은혜는 말씀과 성령 안에서 영원히 알려지고 사랑받는 만물에 대한 신적 "개념들"과의 관련을 통해 창조와 역사 전체를 형성하고 변혁한다.

문제는 이런 은혜에 대한 오래된 견해(삼위일체의 역동성이라는 용어로)가 정확하게 신학과 영성이 서로 대화하고 서로 빛을 비춰줄 수 있는 본질적으로 대화적 구조를 제공했다는 것이라고 스톨츠는 말하고 있다.

---

17 Anselm Stolz, *The Doctrine of Spiritual Perfection* [*Theologie der Mystik*], trans. Aidan Williams, 227-9.
18 Anselm Stolz, *The Doctrine of Spiritual Perfection* [*Theologie der Mystik*], trans. Aidan Williams, 228.

하지만 대조적으로 자연과 은혜의 구분이라고 하는 현대 초기의 외재적(extrinsicist) 견해는 스톨츠의 판단에서 신학과 영성의 통합성이 인지될 수 있는 개념적 틀을 거의 전적으로 무너뜨렸다.[19]

세례에서 시작된 그리스도에 대한 닮아감을 향한 여정이라는 용어로 영성을 새롭게 생각함으로 스톨츠와 신약성경 저자들은 신학과 영성이 만날 수 있는 삼위일체적이고 대화적 근거를 회복하기 시작했다. 이어지는 아래 단락에서는 이런 새로이 회복된 풍경에 대한 두 명의 개척자들의 탐구를 살펴본다.

3. 두 명의 주된 인물

1) 시몬느 베일

런던에서 자신의 고국 프랑스 해방을 위해 일하고 있는 동안 시몬느 베일(Simone Weil)은 자신의 생애 마지막 해에 작성한 노트에서 다음과 같이 말하고 있다.

> 단지 선한 것을 사랑하는 사람들과 공모하고 있는 우주에는 신비로운 어떤 것이 있다.[20]

데카르트와 칸트에 대한 자신의 초기 연구 시간으로부터 베일은 현대 사상을 자세히 살펴 분석했지만, 항상 선에 대한 이런 신비적 이끌림에 대해 개방성을 가지고 있었다.

광범위한 고대와 민간전승 문학에 대한 베일의 관심은 1938년 솔레슴의 프랑스 베네딕토회 수도원에서 보낸 고난주간에 전환점에 이르게 했다. 이 시간 동안에 자신의 고통스러운 편두통의 와중에 베일은 예수님의 죽음과 부활에 대한 새로운 이해에 도달했다.

---

19 Anselm Stolz, *The Doctrine of Spiritual Perfection* [*Theologie der Mystik*], trans. Aidan Williams, 165–80.
20 Simone Weil, *First and Last Notebooks*, trans. Richard Rees (Oxford: Oxford University Press, 1970), 355.

이런 봉사의 과정에서 그리스도의 고난에 대한 생각이 영 단번에 내 존재에 들어왔다.[21]

이 경험이 자신을 위한 영적이고 지적 열매를 맺게 되면서 베일은 자신이 "사랑"이라는 조지 허버트(George Herbert, 1593-1633)의 시(이 시의 "사랑은 나를 환영하게 했지만 내 영혼은 뒤로 물러간다"라는 주제는 베일 자신의 경험에서 분명히 자기 의심과 고통스러운 과묵함이라고 하는 심층적 차원을 소개했다)를 꼼꼼히 읽고 있는 동안 때때로 그것 자체를 새로운 방식으로 드러내었다고 말했다. 이런 계기의 한순간에 그녀는 그리스도와의 심오한 친밀감을 경험했다.

> 나는 아름다운 시로서 그 시를 단지 암송하고 있다고 생각하곤 했다. 하지만 내가 알지도 못한 채 그 시의 암송은 기도의 덕을 가지고 있었다. 그리스도 자신께서 내려오셔서 나를 취하셨던 것이 … 이런 암송을 하는 가운데 이루어졌다. … 내 감각이나 내 상상력은 어떤 부분도 없다. 사랑하는 사람의 얼굴에 나타나 있는 미소를 읽을 수 있는 것과 같이 나는 단지 나의 고통 가운데 사랑의 임재를 느꼈다.[22]

이런 신비적 직면의 윤곽에서 우리는 베일의 신학적 이바지의 중심적 특징을 볼 수 있다. 그것은 세상에 숨겨진 하나님의 임재요 영적 고행에 근거한 신학적 인식론이며 실체의 심연에서의 삼위일체적 자기 비하에 대한 심오한 인식 등이다.

고통받는 사람들과의 연대(그녀는 현장 노동자들, 공장 근로자들 그리고 스페인에서 반프랑코 세력들과 함께 일하려고 시도했다)에서 대단히 헌신 된 학자이자 교사요 지성인으로서의 그녀의 고등 문화적 배경은 그녀가 사회적 질문과 인간 조건의 참담한 한계에 대해 매우 비판적 전망을 하게 했다.

그리고 1938년부터 그리고 나중에 자신의 가정이 프랑스를 강제적으로 떠났을 때 [동화된 유대인의 가정으로부터 베일의 부모님들은 그녀의 소망과는 정반대로 그녀를 미국으로 데려가려고 애썼다], 베일은 결국 고통의 와중에 인류에게 비밀스럽게 임재하시는 하나님에 대한 신학을 표현하기 시작했다.

---

21 Letter 4, "Spiritual Autobiography", in Simone Weil, *Waiting for God*, trans. Emma Craufurd (New York: Harper Collins, 2001), 26.
22 Letter 4, "Spiritual Autobiography", in Simone Weil, *Waiting for God*, trans. Emma Craufurd, 27.

베일의 전망은 철저하게 값비싼 신적 자기 부여에 대한 감수성과 창조에 대한 사랑의 초대로서의 순전한 감사에 의해 표현되었다. 바르트와 라너, 폰 발타자르[그리고 나중에 해방 신학자들 가운데서 특별히 레오나르도 보프]와 같은 권위적 인물들의 사상에서의 후대의 발전을 매우 뚜렷하게 보여 준다[그리고 여전히 어떤 방식으로든 타의 추종을 불허한다]. 베일은 말씀과 모든 피조물 안에 그것을 넘어서는 신적 말씀에 대해 반응하는 지성의 운동으로서의 신학에 대한 숨겨진 영적 소명으로 간주하는 것을 만들었다.

오리겐(Origen)과 사막의 교부들 그리고 중세 여성 신비주의 저술가들(예컨대 마게리트 포레테)과 십자가의 요한(John of the Cross, 1542-91)과 같은 인물들에 대해 그녀의 후기 노트에 자주 중요하게 언급이 되고 있는데 그녀가 34살의 나이에 죽지 않았다면 그녀의 신학적 통찰력이 어떻게 심도 있게 발전되었을지 단지 추측만 할 수 있을 따름이다. 베일의 견해에서 우주는 신적 포기라고 하는 지속적인 행동, 즉 진정으로 타자에 대해 여지를 만들려고 하는 신적 욕망을 통해 존재한다. 단지 하나님[삼위일체] 안에서의 타자뿐 아니라 피조계의 타자이기도 하다.

그러나 타자를 위한 길을 만들면서 삼위일체적 생명이 항상 사랑하는 자유로운 행동을 통해 존재하는 것과 마찬가지로 이런 같은 대화적 실존의 양식은 모든 피조물의 심층 구조로서 약동하고 있다.

그리고 정말로 베일은 어떤 피조물이 또 다른 존재에게 관심을 부여하는 이런 과정을 인식하고 동의하는 순간(심지어는 때때로 자아에 대해 커다란 비용을 치르고라도)이 피조물의 생명이 신적 자기 부여의 삶을 공유하라고 하는 소명을 성취하기 시작하는 순간이다. 그러한 순간에 창조를 근거 지워 주는 삼위일체적 자기 부여라고 하는 바로 그 같은 형식이 어떤 인간적인 인격의 또 다른 피조물에 대한 사랑의 관심이라고 하는 행동에 신비적으로 현존하게 되는지 우리는 알 수 없다(다음의 본문에서 그녀는 바로 선한 사마리아 사람의 비유에 대해 언급했다).

> 하나님은 고통 가운데 있는 사람들에게 내려오시기를 갈망하신다. 어떤 영혼이 동의하려고 하자마자 비록 그것이 마지막이고 가장 비참한 것이고 영혼 가운데 가장 망가진 것이라 하더라도 하나님은 그것을 통해 고통당하는 사람들을 바라보고 그들에게 귀 기울이기 위해 그 자신 그 영혼 안으로 나아오신다. 단지 시간이 지나가면서 그 영혼은 하나님이 거기 계심을 인식하게 된다.[23]

---

23 Weil, "Forms of the Implicit Love of God", in *Waiting for God*, 93.

이런 신적 근원에 사람들을 투명하게 해 주는 자기를 주시는 같은 행동이 가장 세속적 과제를 통해 숭고한 예술적이고 과학적 작업에서 사람의 많은 다른 형태들 가운데 무엇보다도 "삼위일체에 속해 있고 하나님의 바로 그 본질인 근원적이고 완벽한 우정의 형상"인 "순수한 우정"을 통해 하나님에게 제공될 수 있다.

> 두 인간존재가 만일 하나님이 그들 각자 안에 임재하지 않는다면 그들을 갈라놓는 거리를 신중하게 존중해 주면서 하나가 되는 것은 불가능하다.[24]

이런 이질적 행동이 공통으로 가지고 있는 것은 이런 사랑 어린 관심을 타인에게 제공하기 위해 [인간의 죄의 왜곡된 행동에서 벗어나기 위해 제자들을 사랑하셔서 자신을 십자가에서 아버지에게 드리시는 어떤 길을 만드시는 그리스도의 투쟁에서] 심지어는 필연성의 구속을 어떻게 사용하는지를 아는 자유이며 행함이다.

인간 존재에게 이것은 인간 실존의 자연적 생물학적 충동이 도덕적 상상력을 자아 중심적 전망에 제한하기 때문에 특별히 어렵다. 하지만 베일이 인간의 인격성이 본질적으로 관계적이라고 [삼위일체의 자기를 부여하시는 관계성에 근거하고 있다고] 믿기 때문에 베일은 역설적으로 자아가 하나님과의 신비적 자유와 교제로 들어간 것으로 생각하는 것 이상으로 성장하기 위해서 숨겨진 가능성이 있다고 주장하고 있다. 하지만 자아는 이런 변혁을 경험한다.

그리고 이것은 하나님이 모든 피조물에 그들 자신의 자연법칙을 따라 존재할 자유를 주시기 때문에 그러하다. 또는 자연적으로 충동을 받아 취하게 된 것이라기보다는 자유롭게 주는 관계성을 향해 기적적으로 바로 그러한 법칙을 통해 그 법칙을 넘어서 존재할 자유가 있다. 우리는 이것이 차이를 분열로 고착하도록 허용하기보다는 차이를 유지하고 그것을 수단으로 대화를 향해 나아가는 문제라고 말할지도 모른다.

그러므로 요구되는 것은 자연의 고통스러운 필연성을 견디고 그 필연성에 의해 사로잡히지 않고 그 필연성 안에서 신적 부여자의 심오한 질서 있는 사랑을 어떻게 읽을 수 있는지를 배우는 충분한 믿음(그리고 미숙한 자아 중심성으로부터의 자유)이다.

차이는 소외가 아니라 관계성에 대한 여지로서의 차이이다. 예술가는 사심 없는 시선으로 바위나 나무 또는 그림이나 소리에 의해 발견할 수 있는 미를 느끼기를 배운다. 과학자는 사물의 물질 안에 있는 심층적 논리적 구조를 읽는 것을 배운다.

---

24 Weil, "Forms of the Implicit Love of God", in *Waiting for God*, 137.

그럴 때 구경하는 사람은 실체를 축소할 필요로부터 단지 자아의 필요로 느낄 수 있고 파악할 수 있는 허식으로 자유롭게 된다. 대신에 명상적 주의력(도덕적 상상력이 지닌 열정적이고 창조적 주의와 매우 유사한)은 지성을 숨겨진 임재에 개방하게 한다.

> 과학의 대상은 우주에 현존하고 있는 지혜이다. 우리가 그 형제인 그리스도의 임재의 지혜는 세계를 구성하고 있는 물질을 통해 표현된다.[25]

말씀이 모든 창조의 입자 안에 있는 신적 질서를 말하는 데 동의하고 성육신에서 그 사랑스러운 순종을 구현하는 것과 같이 인간 존재는 상호 만물 안에 있는 그러한 심오한 신적 질서에 반응해 그것에 대한 명상을 통해 그것이 생겨난 신적 자기 나눔에 참여하는 곳으로 나아가기를 시작할 수 있다.

"하나님과 하나님 사이의 무한한 거리"(삼위일체의 위격들의 공간 만들기)는 그 자체 안에 그 자율성을 심술 굳게 쓰라린 소외로 바꾸는 우주의 타자성을 주관할 수 있는 여지를 만든다.

> 하나님은 사랑을 통해 그리고 사랑을 위해 창조하셨다. 하나님은 사랑 그 자체를 제외하고는 아무것도 창조하지 않으셨다. … 하나님은 모든 가능한 거리로부터 사랑할 수 있는 존재를 창조하셨다. 하나님과 하나님 사이의 무한한 거리, 이 숭고한 서로 찢어져 나누임, 모든 타자를 넘어서는 이런 고뇌, 사랑의 이런 경이는 십자가다. … 그 위에 숭고한 사랑이 숭고한 연합의 끈을 놓고 있는 이런 찢어짐은 나누어져 있으나 하나로 녹아드는 두 개의 음표와 같이, 순수하고 가슴이 터질 것 같은 조화와 같이 침묵 가운데 우주를 가로질러 영속적으로 울려 퍼지고 있다. 이것은 하나님의 말씀이다. 전체 창조는 단지 그 떨림에 지나지 않는다.[26]

베일의 삼위일체적 사상은 그 자체로 심화 된 분석의 가치가 있지만 지금 이 장의 목적을 위해 두 가지 최종적 논점이 중요하다.

첫째, 베일에게는 모든 형태의 반성이 그 안에 모든 창조가 포괄된 신적 자기표현을 발견하는 피조물의 지성의 움직임이라는 매우 실제적 의미가 있다.

---

[25] Weil, "Forms of the Implicit Love of God", in *Waiting for God*, 108.
[26] Weil, "The Love of God and Affliction", in *Waiting for God*, 72.

이것은 단지 모든 사고가 궁극적으로 하나님을 그 대상(진리 그 자체로서)으로 가진다는 것이 아니라 형식적 용어로 하나님은 또한 지성이 **수단**으로 해 생각할 수 있는 형태이기도 하다.

이것은 모든 피조물이 [지성을 포함해] 자유롭고 사랑스러운 신적 자기 타자성이라고 하는 같은 행위 때문에 그 자율적이고 구별되는 실존을 부여받게 되기 때문에 그러하다. 이런 신적 타자성을 통해 말씀은 영원히 성부의 사랑을 성령을 통해 표현한다. [또는 베일이 말하고 있는 것을 그대로 인용해 보면] "전체 창조는 그것의 [말씀의] 떨림에 지나지 않는다."

실재적 지성과 이해의 모든 행위가 지니는 본질적이고 필연적 변혁의 계기가 이와 상호 관련되어 있다. 왜냐하면, 진리의 여정은 본질상 모든 진리가 존재하는 수단이 되는 삼위일체적 생명을 나누는 여정이기 때문이다.

그리고 이것은 물론 분명 특별히 신학 자체를 위해 진리임을 주장할 것이다. 그러므로 영성과 분리된 진정한 신학을 상상하는 것은 베일이 보기에는 일종의 난센스가 될 것이다.

이것은 우리가 여기에서 반드시 살펴보아야만 하는 두 번째 논점에 의해 확인된다. 즉 베일은 [실체의 신적 근원에 대한] 이런 피조물의 인식 과정을 금욕적 수습 기간으로 설명하고 있다.

둘째, [자연적으로] 자기 중심적 사고와 행동을 내어버리는 금욕을 통해 우리는 타자에 대한 보다 깊은 주의를 위해 자유롭게 된다. 그리고 이것은 다시금 지성이 만물 안에서 깊은 공명, 그들을 근거 지워 주는 신적 말씀의 메아리를 느낄 수 있도록 개방해 준다.

> 우리가 책을 읽거나 무역을 하는 것을 배워야만 하는 것처럼 우리는 모든 만물 안에서 먼저 거의 유일하게 하나님에 대한 우주의 순종을 느끼기를 배워야만 한다. 이것은 진실로 수습 기간이며 이것은 시간과 노력을 요구한다. … 자신의 수습 기간을 끝마친 사람이면 누구든지 사물과 사건을 모든 곳에서 항상 같은 신적이고 무한히 달콤한 말씀의 진동으로 인식한다.[27]

분명 신학적 탐구의 노력은 탐구자를 영적 형성의 길을 향해 초대한다.

---

27 Weil, "The Love of God and Affliction", in *Waiting for God*, 78.

2) 한스 우어스 폰 발타자르

스위스의 로마 가톨릭 신학자인 폰 발타자르(Hans Urs von Balthasar)에게서 우리는 진정으로 신학적 삶이 지니는 내재적 영적 계기에 대해 같은 통찰력을 발견한다(이 책의 다른 장에서 직접 발타자르를 다루고 있으므로 지금 이 장에서는 보다 좁혀서 영성과 신학의 관계에 대한 그의 견해만을 집중적으로 다룬다).

베일과 같이 발타자르는 신적 사랑에 의한 창조라고 하는 용어로 우주를 이해한다. 하지만 인류가 어떻게 사랑의 표현적 형식을 보다 공개적으로 "읽을 수" 있게 되었는지에 대한 발타자르의 해석은 말씀의 자기표현에 변혁적으로 참여하는 것에 대한 짐짓 신학자인 사람들의 극적 헌신을 보다 공개적으로 선언하고 있다.

베일의 생각은 알렉산드리아의 오리겐(Origen of Alexandria, 184/185-253/254)과 그의 위대한 학생이었던 에바그리우스(Evagrius, 345-399)에 의해 묘사된 위를 향한 금욕적 명상적 여정에 가장 가깝다면 발타자르의 견해는 항상 여러 해 동안 예수회 교도로서 힘을 공급받고 로욜라(Ignatius of Loyola, 1491-1556)의 『영적 훈련』(*Spiritual Exercises*)에 윤곽이 제시된 영적 형성이라고 하는 이그나티오스의 길을 따라 인도를 받는다. 평신도들을 위한 종교 공동체의 영적 책임자와 설립자로서의 자신의 오랜 경험을 통해 발타자르는 특별히 개인적 부르심과 소명이라는 주제에 맞추어져 있었으며 그리스도의 화해하시는 사역을 나눔을 통해 자신의 소명을 발견하고 책임성 있게 발전시키는 데 주력했다.

그러므로 우리는 발타자르가 예수님이 자신의 모든 삶의 순간에 자신을 향한 아버지의 부르심의 진리를 듣고 반응하려는 투쟁 안에서 고전적 기독교적 명상의 여정을 재정립했다고 말할 수 있을 것이다.[28] 이것은 신학적 과제가 상호 관계적으로 신학자들이 신적 소명의 은혜에(비슷하게 예수님에) 반응할 때 그 자신의 고유한 성취를 향해 이끌릴 수 있을 따름임을 의미한다.

발타자르가 독일어권에서 박사 과정 연구를 하고 새로운 신학의 교부 시대 자료로의 회귀에 그 자신이 노출되어 그러한 통찰력을 서로 풍성하게 한 결과로 발타자르는 고대 기독교의 영성 본문의 미학적 형식 안에 있는 신학적 깊이를 탐구하는 데 능숙했다.

---

[28] 여기에 대해 더 살펴보려면 M. A. McIntosh, *Christology from Within: Spirituality and the Incarnation in Hans Urs von Balthasar* (Notre Dame, IN: University of Notre Dame Press, 2000)를 보라.

오리겐과 니사의 그레고리(Gregory of Nyssa, c. 335-395) 그리고 특별히 고백자 막시무스(Maximus the Confessor, c. 580-662)에 대한 자신의 중요한 초기 연구를 통해 발타자르는 영혼 본래의 신학적 통찰력을 신적 만남으로 이끌려가는 것으로 묘사하려고 애썼다. 이런 전망은 괄목할 만한 넓이를 가진 "영성" 작가들에 관한 후대의 연구를 통해 발전되었다[단지 몇 명만 거명한다면 위(僞)디오니시우스(Pseudo-Dionysius)와 보나벤추어, 에크하르트(Eckhart, 1260-1328)와 루이스부로엑(Ruuysbroec, 1293/94-138), 십자가의 요한으로부터 리시우스의 테레사(Thérèse of Lisieux, 1873-97)에 이르기까지]. 이 모든 사람으로부터 발타자르는 영적 소명과 신학적 비전 사이의 상호 작용을 분명하게 배웠다.

발타자르에게 주체에로의 현대성의 전환에 대한 올바른 반응은 인간의 주체성에 대한 초월적 [신적인] 조건을 탐구함으로써 단지 이런 전환을 받아들이는 것이 아니라 구체적 역사적 인간 실존의 제약 안에서 그 자신을 감동하게 하는 객관적 신적 형태를 어떻게 분별하는지를 배우는 것이었다.

그리고 발타자르에게 있어서 신적 "개념"의 가장 분명하고 가장 인지할 수 있는 표현은 인간적인 인지적 상태가 절대 아니라 정확하게 객관적이고 역사적으로 연기된 거룩한 삶, 즉 성자와도 같은 교사들이다. 거기에서 신적 의미는 구현된 음성을 발견할 수 있다.

> 성자들은 그들의 영웅적 능력으로 인해 존경하라고 우리에게 주어진 것이 아니라 우리는 그리스도의 내적 실체에 대해 그들에 의해 계몽되어야만 한다. 믿음에 대한 우리의 더 나은 이해뿐 아니라 그에 의해 사랑 가운데 우리가 살아가는 것을 위해서도 마찬가지로 그러하다. … 성자들의 삶은 실천 가운데 있는 신학이다.[29]

발타자르가 여기에서 마음에 가지고 있는 것은 복음의 심오한 의미를 다양한 성스러운 자료들로부터 읽어내는 일종의 연산이 아니라 신자들이 그리스도의 삶에 이끌려갈 때 그들은 복음과 동시대를 살아가고 있는 것과 같은 것이라고 발타자르는 주장한다. 이런 상태에서 그리스도인들은 예수님 "자신의 비전과 지식"을 나누게 된다.[30]

---

29 Hans Urs von Balthasar, "Theology and Sanctity", in *The Word Made Flesh*, Vol. 1 of *Explorations in Theology*, trans. A. V. Littledale with A. Dru (San Francisco: Ignatius Press, 1989), 204.
30 Hans Urs von Balthasar, "Theology and Sanctity", in *The Word Made Flesh*, Vol. 1 of *Explorations in Theology*, trans. A. V. Littledale with A. Dru, 203.

중세 후기와 근대 초기 시대 이래로 기독교의 전문적 교사들이 끊임없이 다양한 형태의 계시로부터 어떤 진리를 추상하려고 시도하는 합리주의에 사로잡히게 된 비극이 연출되고 있다. 그들은 영적으로 그러한 형식으로 살아감으로 인해 그 역사적 개진에 참여함을 통해 신학적 진리를 발견하려 하지 않는다. 이것은 발타자르가 보기에 신학과 영성 양자 모두에 심각하게 해로운 결과를 가져왔다.

> '학문적인' 신학은 점점 기도와 분리되게 되었으며 그래서 우리가 무엇이 거룩한 것이라고 말해야만 할 때 가져야 하는 강세와 어조를 상실했다. 반면에 '정서적인' [종종 오늘날 "영성"이라고 불리는] 신학은 점차 공허하게 되어 종종 번지르르하고 낡은 경건으로 타락하곤 한다.[31]

발타자르는 그 진리가 믿음의 공동체의 삶을 형성하고 그 자체에 맞추어가는 것처럼 신적 가르침의 진리를 알게 하는 신학을 마음속에 가지고 있다. 이것은 물론 매우 현저하게 영적 과정이다. 왜냐하면, 이것은 신학적 정당성이 주제가 되는 대상에 대한 그 신학자의 거장다운 파악(어떤 사람에게 그 완벽한 이해 가능성을 개진할 수 있는 것)에 달려 있다는 생각을 거부하고 그 대신 하나님의 변혁하시는 사역에 대해 열려 있는 공동체의 신학적 생명을 붙잡으려고 애쓰기 때문이다.

때때로 발타자르는 "마리아의" 용어로 이해된 신학, 즉 그 자체에 말씀을 간직하고 있는 인간적인 신학적 숙고로서의 신학 개념을 구성하고 있다. 말씀의 온전한 의미는 세상에서 말씀이 드러나는 사명에 대한 유효성에 헌신 된 삶을 통해서만 실현될 수 있다. 이런 의미에서 "영성"은 자기 초월성에 관한 개인적 탐구라기보다는 단지 신자의 공동체적 삶 안에서의 신적 신비에 대한 구체적 드러남일 것이다. 영성은 믿음과 소망과 사랑의 삶 안에서 실재적이 되는 것과 같은 신적 가르침의 변혁시키는 인상이다. 그리고 "신학"은 그때 기독교적 삶에 생기를 불어넣고 형성하는 "하나님의 오묘한 일들"을 [때로는 명확하게 때로는 변증적으로 때로는 명상적으로] 표현하려는 시도일 것이다. 발타자르는 신학과 영성의 이런 내적이고 변혁하는 통일성의 상실을 치명적 전환으로까지 추적한다.

[영성과 신학의 고전적 통일성은] 교부들과 심지어 12세기의 중세인들에 의해 신비적 신학(*theologia mystica*)으로 알려져 있었다.

---

31 Hans Urs von Balthasar, "Theology and Sanctity", in *The Word Made Flesh*, Vol. 1 of *Explorations in Theology*, trans. A. V. Littledale with A. Dru, 208.

신비라는 말이 그 현대적 의미로 쓰이게 된 것은 스페인 저술가들이 신비에 대한 주관적 경험에 대해 훨씬 더 강한 강조를 했을 때뿐이었다. 그리고 기독교의 진리에 대한 인간의 주관적 관계성 전체를 구성하기 위해서는 금욕(askesis)이라는 개념으로 보충되어야만 했다.

결과적으로 영성 신학은 다소 단순화라고 하는 의심스러운 과정에 의해 특별히 19세기에는 금욕적이고 신비적인 신학으로 알려지게 되었다. 이런 신학에서는 금욕주의가 개인의 적극적 활동을 의미하며 신비주의는 신적 일들에 대한 점차적 수동적 경험을 의미한다.

이런 실용적이고 심리적 접근 방법의 결과로 계시 내용은 주관적 틀로 바뀌게 되어서 항상 옛날의 영성 또는 신비적 신학에 있는 신랑으로서의 말씀(the Word as Bridegroom)이라는 생각은 거의 전적으로 상실되었다.

이것은 주관으로부터 분열되어 그 자체로 향하게 되는 "교의적 신학"과 거기에 반대해 서 있는 심리학적 주관 사이의 치명적 분열을 산출했다. 그리고 이 둘이 서로 만날 수 있는 중심이 없으므로 그 분열은 지속했다.[32]

발타자르에게 있어서 "이 둘이 서로 만날 수 있는 중심"은 그리스도이다. 발타자르가 보기에 모든 인간 존재의 가장 심오한 영적 소명은 개개인들이 그리스도의 생명을 나누게 되었을 때 가장 완전하게 명백해진다. 그런 다음 그리스도의 사명은 신적 말씀 안에서의 **드러남과 동시에** 모든 사람이 자신들의 영적 생명의 완성을 발견하는 영역이 된다.

그러므로 요한의 관점에 의지해 발타자르는 신학과 영성 양자를 신앙 공동체의 심장 안에서 성자의 진리를 표현하는 성령의 지속적인 사역으로 보고 있다.

발타자르의 이해 바다에 깔린 삼위일체적 근거는 여기에서 결정적인 것이다. 다시 한번 시몬느 베일과 공통으로 발타자르는 영성과 신학의 통일성을 신적 생명의 삼위일체적 형태로부터 발현하는 것이라고 이해한다. 이것은 신적 삼위일체가 신적 생명을 표현하고(그리고 성스러운 가르침과 신학의 자료도 그러하다) 또한, 신적 생명을 구성하고 완성하기(그리고 인격성의 영적 소명의 자료도 그러하다) 때문에 그러하다.

두 가지 행동은 모두 물론 신적 위격들의 영원한 삼위일체적 자기 부여의 형식일 따름이다. 또는 다른 방식으로 표현하면 삼위일체 하나님은 신적 위격들이 영원히 서로에게 자신을 "주시는" 바로 그 같은 수단에 의해 신적 신비의 진리를 나누고 있다. 그래서 영원히 상호 간에 열매 맺음을 기뻐하는 것이 가능하게 되었다.

---

[32] Balthasar, "Spirituality", in *The Word Made Flesh*, 213.

제2차 세계대전 직후에 쓰인 작품에서 발타자르는 인간 삶이 조직과 이데올로기와 논리적 형식 그리고 권력에 대한 흥미에 파괴적으로 몰입하고 빠져들 것에 대해 염려했다.

> 인간의 자유가 존재와 그 특질에 가할 수 있는 모든 도착은 항상 한 가지를 목표로 한다. 그것은 존재의 심오한 차원을 파괴하는 것이다. 존재의 심오한 차원 덕택에 존재는 심지어 그것이 드러나는 가운데서도 정확히 신비로 남아 있다.[33]

모든 실체에 내재하는 이런 연약하지만 지속하는 광채와 신비는 발타자르에게 그 기적적 자료의 위대한 징표였다. 이것은 창조자에게서 나오는 창조와 같이 자유롭게 부여된 은사였다. 신학은 그것이 무엇이든 어떤 종류의 진리의 이런 심층적 자원을 끊임없이 회상하는 한 진리일 수 있을 따름이다.

> 인식 가능한 것 안에 내재하는 신비적 특징의 궁극적 근거는 우리가 모든 가능한 지식의 대상이 피조물이라는 것을 인식할 때에만 드러난다. 다른 말로 그 궁극적 진리는 창조주의 마음에 숨겨져 있다. 창조주만이 사물의 영원한 이름을 말할 수 있다.[34]

이런 의미에서 신학이라고 하는 지식의 종류는 발타자르에게 다른 지식과 다르지 않다. 왜냐하면, 신학은 하나님을 단지 그 대상으로 가져야만 할 뿐 아니라 그것을 수행하는 주체로 그 교사와 그 기쁨 그리고 그 말씀과 그 성령으로서 가져야만 하는 지식이다.

4. 토론과 과제

우리는 두 가지 축을 상상하고 그것을 지도자적 사상가들에 대한 매우 부정확한 분류를 제공하기 위해 사용함으로써 현재 토론하고 있는 이야기에 대해 어떤 감을 얻을는지 모른다.

---

[33] Balthasar, *Truth of the World* (orig. published 1947), Vol. 1 of *Theo-Logic: Theological Logical Theory*, trans. Adrian J. Walker (San Francisco: Ignatius Press, 2000), 16.

[34] Balthasar, *Truth of the World* (orig. published 1947), Vol. 1 of *Theo-Logic: Theological Logical Theory*, trans. Adrian J. Walker, 17.

수평적 축이 더 실용적으로 정향 된 기둥으로부터 더 이론적으로 정향 된 기둥으로 옮겨가고 있다고 상상해 보라. 더욱 실천적 끝에는 신학적 함축에 많은 관심이 있는 저술가들이 거의 없다. 하지만 우리가 이 축의 중심으로 나아가게 될 때 거기에는 디오게네스 알렌(Diogenes Allen, 1932-2013)과 엘렌 차리(Ellen Charry), 산드라 쉬나이더스(Sandra Schneiders, 1936-), 필립 쉘드레이크(Philip Sheldrake)의 저술이 있다. 이들은 영적 삶이 함축하고 있는 구체적 변화와 그들의 신학적 토대, 어떻게 가장 잘 영성을 학문적으로 공부하고 가르칠 수 있는가 하는 질문들에 대해 엄청난 반성을 하고 있다.

그런 다음 수직적 축이 더 역사적으로 정향 된 기둥으로부터 더 건설적으로 정향 된 기둥으로 옮겨가고 있다고 상상해 보라. 매우 거칠게 전자에서 후자로 움직이면서 우리는 버나드 맥긴(Bernard McGinn, 1937-)과 앤드류 류스(Andrew Louth), 데니스 터너(Denys Turner, 1942-), 그레이스 젠첸(Grace Jantzen, 1948-2006), 로완 윌리엄스(Rowan Williams, 1950-), 올리버 데이비스(Oliver Davies, 1956-), 사라 코크리(Sarah Coakley, 1951-)와 같은 중요한 학자들을 발견하게 된다.

이들 모두는 영성과 신학 사이의 통합을 회복하는 데 두드러지게 이바지하고 있다(그리고 이들 가운데 여러 사람은 흥미롭게도 발타자르를 영어로 번역하는 데 공헌했거나 발타자르의 사상을 주의 깊게 연구했다).

코크리와 윌리엄스는 현재 중심적 난관을 넘어 특별히 창조적 방식을 제공하는 것으로 지목될 수 있을 것이다. 작금의 토론을 분석함에서 맥긴과 쉘드레이크 그리고 보다 최근에는 에드워드 호웰스(Edward Howells)는 모두 다 이런 중심적 문제로 간주할 수 있는 것을 알아내는 데 도움을 주고 있다.

한쪽 극단에는 종교적 경험으로 추정되는 보편성에 대해 질질 끄는 제임스류의 본질주의가 있을지도 모른다. 그리고 또 다른 극단에는 영적 저술에 존재하는 모든 신학적이거나 철학적 가르침이 단지 문화적 숙어로 분석되는 명확하게 환원주의적 구성주의가 있을지도 모른다.[35] 이들 두 견해 각각에 있어서 신학과 영성 사이의 연결은 다시금 갈라지고 만다. 하지만 코크리와 윌리엄스는 일관성 있게 이런 분리를 극복하는 중심적 상호성을 드러내 준다. 기독교 영성은 삼위일체의 위격들의 자기를 주시는 자유에 근거한 것으로 묘사되고 있다.

---

35 특별히 부록 "Theoretical Foundations", to McGinn's *Foundations of Mysticism* Philip Sheldrake, *Spirituality and Theology: Christian Living and the Doctrine of God* (London: Darton, Longman and Todd, 1998); Edward Howells, "Mysticism and the Mystical: The Current Debate", *The Way* Supplement ("Christianity and the Mystical") 2002/102: 15-27을 보라.

그리고 반면에 기독교 신학은 내재적 신학적 압력으로부터 발전해 하나님의 실체를 교회가 직면하는 중심에서 질문을 던지는 것으로 간주하고 있다.

코크리는 영성 저술가들의 문화적이고 정치적이며 인종적이고 성적 특수성이 어떤 추정되고 있는 더 보편적 경험을 지지해 거의 버려질 수 없다는 사실을 솜씨 있게 지적하고 있다.

우선 첫째로 이렇게 짐짓 보편적 경험은 종종 그 남성 우월적 가정을 드러내 준다. 그리고 또 다음으로는 가장 창조적이고 생동감 있는 통찰력이 특별히 신학을 포함해 종종 받아들여지는 것은 정확하게 이런 특수성을 통해서다.[36]

게다가 영적 실천과 영적 저술 그리고 신학 사이의 때때로 숨겨진 교차점에 집중함으로 코클리는 단지 공동체의 기도하는 삶 속에서 어떤 교리, 말하자면 기독론에서 어떻게 발전되었는지를 나타낼 뿐만 아니라 건설적 신학 자체가 현재 새로운 이해의 수준으로 움직여갈 수 있는 중요한 개념적 모체를 제공할 수 있다고 주장하고 있다.[37]

유사한 주제가 종종 윌리엄스의 사고에 계몽적으로 존재한다. 즉 기독교 신학은 영적 여정으로부터 얻을 수 있는 통찰력을 가지고 있을 뿐만 아니라 신학은 그것이 견뎌내야만 하는 신적 "탐구"에 가장 유용한 데서 가장 참되다는 생각을 회복하고 있다.

> 하나님에 대한 언어는 하나님의 이름으로 그 자체에 향해 그 자체를 하나님에게 넘겨주는 정도에서 정직하게 유지되고 있다. 말해지고 있는 것이 여전히 하나님이라고 하는 것을 어떻게 알 수 있는지가 가능하게 되는 것은 바로 이런 방식에서 그러하다. 하나님은 인간 세상을 도덕적 단위로 유지하신다.[38]

윌리엄스는 종종 자신의 독자들에게 많은 그리스도인 선조들에게 있어서 "신학"이 가장 고차원적 의미에서 전문적 솜씨 좋은 학문적 기술에 의해 주로 성취되는 어떤 것이 아니라 도리어 **하나님에 의해 가르쳐지는** 실제 지식임을 지적하고 있다.

---

36 Sarah Coakley, *Powers and Submissions: Spirituality, Philosophy and Gender* (Oxford: Blackwell, 2002), 특별히 89-105.

37 Ibid, 1-39. 또한, Coakley, *God, Sexuality and the Self: An Essay "On the Trinity"* (Cambridge: Cambridge University Press: 출간예정)를 보라.

38 Rowan Williams, "Theological Integrity", in *On Christian Theology* (Oxford: Blackwell, 2000), 8.

하지만 (우리가 위에서 살펴본 것과 같이) 근대 초기의 해석자들은 이런 신비적 신학의 "초자연적인" 주입을 의식의 일련의 고도로 비정상적 경험 상태에 제한하는 경향이 있는 반면에 윌리엄스는 자신의 독자들이 공동체적 틀과 그리스도와의 연대에 주의하도록 한다. 그 안에서 이런 종류의 신비적 신학은 열매를 맺게 된다.
요청되는 것은 다음을 포함한다고 윌리엄스는 주장하고 있다.

> 어떤 그런 예외적 상태를 통해 그리고 그 상태를 넘어서서 출현하는 특수한 비정상적 의식의 상태에 관한 연구를 인간의 반성과 행동의 유형에 대한 평가에 종속시키는 것이다. 만일 '신비적인 것'이 궁극적으로 신적 행동(창조적 사랑, 자기를 비우는 성육신)의 특수한 형태의 수용을 의미한다면 그 검사는 전체로서 보이는 인간의 삶에서의 그러한 유형과 같은 어떤 것이 현존하든지 부재하든지 한다는 것이다.[39]

다양한 조짐이 우리가 이 장에서 모두 너무 겉핥기식이기는 하지만 살펴보았던 많은 저술가에게서 영성과 신학의 통합을 가리키고 있다. 이들 중 모두가 종종 학문과 교회의 이중적 압력 아래에서 쉽사리 관찰할 수 있는 것은 아니다.

학문적 삶은 때때로 신학을 일종의 살아낸 영성과의 불편으로 유인하는 조종할 수 있는 합리성의 보편적 표준을 향해 압박하는 것처럼 보인다. 그렇지 않으면 편의적으로 일들을 순수하게 심리적이거나 사회적 분석으로 옮김으로 영성의 진정한 신학적 이바지를 피해간다.

하지만 교회의 삶은 그에 상응하는 문제가 있는 압력을 가지고 있다. 경건한 효능과 목회적 유용성을 지지하는 중요한 기독교적 가르침을 서둘러 [그리고 종종 당혹스러워서] 무시하려는 경향이 있는 것이다.

만일 신학과 영성의 대화를 회복하는 것이 이런 종류의 가능성에 대한 때 이른 압류를 피하고자 하는 것이라면 신학은 신적 가르침에 책임을 지고 그 가르침을 정말로 유용하게 해 주는 길을 발견하도록 해야만 할 것이다.

---

39 Williams, *Teresa of Avila* (London: Continuum, 1991), 145. 또한, Williams, *The Wound of Knowledge: Christian Spirituality from the New Testament to St. John of the Cross*, 2nd edn. (London: Darton, Longman and Todd, 1990)에 있는 영성과 신학에 대한 일관성 있는 통합된 접근 방법을 보라.

참고 문헌

1차 자료

Allen, Diogenes. *Spiritual Theology: The Theology of Yesterday for Spiritual Help Today*. Cambridge: Cowley Publications, 1997.

Balthasar, Hans Urs von. *Explorations in Theology, Vol. 1: The Word Made Flesh*. Translated by A. V. Littledale with A. Dru. San Francisco: Ignatius Press, 1989.

Basil the Great, St. *On the Holy Spirit*. Translated by David Anderson. Crestwood, NY: St. Vladimir's Seminary Press, 1997.

Charry, Ellen T. *By the Renewing of Your Minds: The Pastoral Function of Christian Doctrine*. Oxford: Oxford University Press, 1997.

Coakley, Sarah. *Powers and Submissions: Spirituality, Philosophy and Gender*. Oxford: Blackwell, 2002.

_____. *God, Sexuality and the Self: An Essay "On the Trinity"*. Cambridge: Cambridge University Press, forthcoming.

Davies, Oliver. *A Theology of Compassion: The Metaphysics of Difference and the Renewal of Tradition*. London: SCM Press, 2001.

Jantzen, Grace. *Power, Gender, and Christian Mysticism*. Cambridge: Cambridge University Press, 1995.

Louth, Andrew. *Theology and Spirituality*. Oxford: SLG Press, 1978.

McIntosh, Mark A. *Mystical Theology: The Integrity of Spirituality and Theology*. Oxford: Blackwell, 1998.

Sheldrake, Philip. *Spirituality and Theology: Christian Living and the Doctrine of God*. London: Darton, Longman and Todd, 1998.

Stolz, Anselm. *The Doctrine of Spiritual Perfection* [*Theologie der Mystik*]. Translated by Aidan Williams. New York: Crossroad/ Herder, 2001.

Turner, Denys. *The Darkness of God: Negativity in Christian Mysticism*. Cambridge: Cambridge University Press, 1995.

Underhill, Evelyn. *The School of Charity*. Harrisburg, PA: Morehouse Publishing, 1991.

Weil, Simone. *Waiting for God*. Translated by Emma Craufurd. New York: Harper Collins, 2001.

Williams, Rowan. *The Wound of Knowledge: Christian Spirituality from the New Testament to St. John of the Cross*, 2nd edn. London: Darton, Longman and Todd, 1990.

_____. *Teresa of Avila*. London: Continuum, 1991.

_____. *On Christian Theology*. Oxford: Blackwell, 2000.

2차 자료

Clément, Olivier. *The Roots of Christian Mysticism: Text and Commentary*. Translated by Theodore Berkeley. Hyde Park, NY: New City Press, 1995.

Dupré, Louis. *Passage to Modernity: An Essay in the Hermeneutics of Nature and Culture*. New Haven, CT: Yale University Press, 1993.

Howells, Edward. "Mysticism and the Mystical: The Current Debate", *The Way* supplement ("Christianity and the Mystical") 2002/102: 15-27.

Kerr, Fergus. *After Aquinas: Versions of Thomism*. Oxford: Blackwell, 2002.

Louth, Andrew. *The Origins of the Christian Mystical Tradition: From Plato to Denys*. Oxford: Oxford University Press, 1981.

McCool, Gerald A. *From Unity to Pluralism: The Internal Evolution of Thomism*. New York: Fordham University Press, 1992.

McGinn, Bernard. *The Presence of God: A History of Western Christian Mysticism*. Multiple volumes. New York: Crossroad/Herder, 1991-.

Schneiders, Sandra. "Theology and Spirituality: Strangers, Rivals or Partners?" *Horizons* 13/2 (1989): 253-74.

Toulmin, Stephen. *Cosmopolis: The Hidden Agenda of Modernity*. New York: Macmillan, 1990.

제24장

목회 신학과 실천 신학

스테판 패티슨(Stephen Pattison), 고든 린치(Gordon Lynch)

1. 서론

1) 오늘날의 실천 신학

광범위한 신학 연구 분야 안에서 하나의 구별된 연구 분야로서의 실천 신학의 프로필은 2차 세계대전 이후에 중요하게 발전했다. 주로 현대 신학을 다루는 이런 교과서에서 이 장을 포함하려고 하는 결정은 목회적이고 실천적 신학이 중요한 연구 분야라는 점증하는 인식을 반영해 준다.

목회 신학과 실천 신학의 증하는 중요성과 자율성은 지난 20년 동안 국제실천신학학술원(the International Academy of Practical Theology)과 목회신학협회(the Society for Pastoral Theology, 미국), 영국과 아일랜드의 '실천신학협회'(the British and Irish Association of Practical Theology)와 같은 전문적 학문적 단체의 형성에도 반영이 되고 있다.

목회 신학과 실천 신학은 점차 더 많은 학생의 관심을 끌고 있다. 영국에만 이 분야에 전문화된 대학교원 과정의 연구를 제공하는 50개 이상의 과정이 있다.[1] 게다가 몇몇 조직 신학자는 이제 자신들의 작업의 실천적이거나 목회적 의미를 강조하고 있다고 할 수 있다.[2]

목회 신학과 실천 신학은 지난 50년간 스스로 새로운 모습을 갖추어 재정립했다.[3]

---

1 Paul Ballard, *Practical Theology: Proliferation and Performance* (Cardiff, 2001)를 보라.
2 실례를 들자면 Al McFadyen, *Bound to Sin? Abuse, Holocaust and the Christian Doctrine of Sin* (Cambridge, 2001)과 Paul Fiddes, *Participating in God: A Pastoral Doctrine of the Trinity* (London, 2000) 등이 있다.
3 Paul Ballard, "The Emergence of Pastoral and Practical Theology in Britain", in James Woodward and Stephen Pattison (eds.), *The Blackwell Reader in Pastoral and Practical Theology* (Oxford, 2000), 59–69; John Patton, *From Ministry to Theology* (Nashville, TN, 1990)를 보라.

제2차 세계대전 이전에 이들 분야는 목회자들과 사제들을 위한 유용한 힌트와 도움과 함께 경험에 근거한 실천적 지혜를 전달하는 것에 지나지 않는 것으로 이해되었다.

지금 목회 신학과 실천 신학은 더욱 광범위한 학문적 신학의 맥락 안에서 더욱 분명하고 보다 자율적이며 보다 믿을만한 정체성을 확보했다. 강령으로 표현하자면 목회 신학과 실천 신학은 힌트와 도움으로부터 해석학으로 움직여가고 있다. 목회 신학과 실천 신학은 이론적으로나 실천적으로나 훨씬 더 정교화되었다.

일반적으로 학문적 분야를 서로 넘나들며 20세기는 매일의 살아낸 경험에 대한 이론적이고 경험적 연구에 점증하는 흥미를 보인다.[4] 그러므로 실천 신학은 현대의 인간 경험을 일관성 있는 분석과 비판적 반성의 가치가 있는 것으로 다루는 더욱 폭넓은 학문적 운동의 한 부분으로 이해될 수 있다.

신학 안에 있는 하위 분과의 하나로서 실천 신학은 그 목표와 관심 그리고 방법에 있어서 일반적 "인간에로의 전환"을 공유하고 거기에 초점을 모으고 있다. 이런 인간론적 운동은 지난 세기 동안 일반적으로 서구 신학의 주된 특징 가운데 하나가 되었다.[5] 실천 신학자들은 일반적으로 계속해서 기독교의 전통과 관여하는 데 매우 헌신 되어있는데 이런 관여는 특징적으로 그러한 전통과 현대의 경험 사이의 비판적 대화의 형태를 취하고 있다.

2) 몇 가지 역사적 배경

목회 신학과 실천 신학은 유대교 전통과 기독교 전통 안에 오래되고 확고한 역사가 있다. 종교적 공동체 안에서 적절한 목회적 관계성을 발전시키고 어떻게 그러한 관계성이 폭넓은 신학적 개념을 반영하는가에 대한 흥미를 발전시키려는 관심은 히브리성경의 제사장적 전승과 선지자적 전승 그리고 지혜 전승에서 분명하다.[6]

비슷하게 수많은 연구는 교회 역사에서 다양한 점에서 신학적 관심이 성직자들이 자신들의 돌봄 안에 있는 사람들에게 지속적이고 화해적이며 치유적이고 인도적 관계를 제공하는 것이 무엇을 의미하는지에 대한 이해와 어떻게 연결되어 있는지를 탐구했다.

---

4   Ben Highmore, *Everyday Life and Cultural Theory* (London, 2002)를 보라.
5   여기에 대해선 Alfredo Fierro, *The Militant Gospel* (London, 1977)을 보라.
6   Charles Gerkin, *An Introduction to Pastoral Care* (Nashville, TN, 1997)에서 토론된 것과 같다.

목회적 관심의 주제에 대한 신학적 반성과 인도로서 폭넓게 이해된 목회 신학은 기독 교회 초기 세기로 거슬러 올라가는 역사를 가진다.[7]

하지만 첫 시도들 가운데 하나가 개신교 신학자인 프리드리히 슐라이어마허(Friedrich Schleiermacher, 1768-1834)에 의해 실천 신학을 하나의 구별된 신학적 분과로서 규정하고 이론화한 것은 비로소 18세기에 이르러서 가능했다. 실천 신학은 모든 신학적 연구의 고유한 종착점이라고 슐라이어마허는 주장했다. 실천 신학은 교회의 생명과 사명을 위하는 기독교 신학의 작용을 나타내주었다. 슐라이어마허는 나무의 유비를 사용해서 실천 신학이 가지는 다른 중요한 신학 분과에 대한 관계를 설명했다.

신학은 철학 신학으로 그 "뿌리"에서 적절하게 시작한다. 이것은 기독교 전통의 역사적이고 주해적이고 교의적 연구의 "몸통"으로 발전한다. 철학적이고 역사적 신학으로부터 얻은 이해는 마침내 적용 가운데서 구체적 표현을 발견한다. 실천 신학이라고 하는 "가지"는 개인과 전체 공동체 모두에 대한 관계에서 교회의 지도력과 통치에 관여한다.[8] 실천 신학에 대한 슐라이어마허의 이해를 통해 실천 신학은 신학 분과 안에서 더 분명한 정체성을 부여받았다. 하지만 현대적 전망으로부터 보면 슐라이어마허의 이해는 몇 가지 문제가 있다.[9]

슐라이어마허가 비록 실천 신학의 중요성을 신학적 지식의 구체적 작용으로 강조했지만 이런 신학적 지식의 내용은 실천 신학 자체나 현대적 교회의 경험에 어떠한 것도 빚진 것이 없다. 실천 신학은 오로지 철학적이고 역사적 신학으로부터 나왔다. 슐라이어마허의 모델은 **적용론적인**(applicationist) 것이다.

그것은 이론에서 실천으로부터 한 방향으로만 움직여간다. 그렇게 이해된 실천 신학의 역할은 교회를 조직하고 그 구성원들을 돌보기 위해 다른 신학적 자원과 방법으로 끌어낸 신학적 개념에 대한 매우 편협한 연역적 적용이다.

많은 전후의 자유주의 개신교 목회 신학과 실천 신학은 결정적으로 이런 적용론적 모델과 그 연역적 방법에서 벗어나서 우리가 간단하게나마 보다 상세하게 다루어볼 경험적이고 귀납적 방법으로 옮겨가고 있다.

---

[7] William Clebsch and Charles Jaekle, *Pastoral Care in Historical Perspective* (New York, 1967); Gillian Evans (ed.), *A History of Pastoral Care* (London, 2000); John McNeill, *A History of the Cure of Souls* (New York, 1977); Thomas Oden, *The Care of Souls in the Classic Tradition* (Philadelphia, PA, 1984)을 보라.

[8] Friedrich Schleiermacher, *Critical Caring: Selections from Practical Theology* (Philadelphia, PA, 1988).

[9] 예컨대 Emmanuel Lartey, "Practical Theology as a Theological Form" in Woodward and Pattison, *Blackwell Reader in Pastoral and Practical Theology*, 28-34를 보라.

이런 과정을 통해 목회 신학과 실천 신학은 이제 다른 신학적 분과에 전적으로 의존적이지 않은 신학적 탐구의 한 자율적 분야로서의 자신의 신분과 방법을 분명하게 하기 시작했다. 미국의 신학적 시워드 힐트너(Seward Hiltner)와 돈 부라우닝(Don Browning)의 저술들이 이 점에 있어 매우 중요하다.

이 장에서 우리는 목회 신학과 실천 신학이 그 자신을 최근 수십 년에 한 분과로서 규정하게 된 방식들을 살펴볼 것이다. 우리는 이런 운동 안에 있는 몇 가지 긴장과 애매성을 살펴볼 것이며 미래에 직면하게 될 몇 가지 전망과 도전을 생각해 보려고 한다.

2. 개관: 무엇이 목회적이고 실천적 신학인가?

이 지점에서 무엇이 목회적이고 실천적 신학을 신학 연구의 한 형태로 특징 지워주는지에 대해 몇 가지 언급을 하는 것이 중요하다. 하지만 이 학문 분과의 이런 핵심적 요소를 토론하기 전에 "목회적"이고 "실천적"이라는 용어에 대해 무언가 말하는 것이 도움이 될 것이다. 어떤 저자들에게 있어서는 "목회 신학"과 "실천 신학"이라는 용어는 실제로 동의어다.

하지만 두 용어 사이에는 몇 가지 중요한 근본적 차이가 남아 있다. 자칭 목회 신학자들은 교회생활, 특별히 교회 안에서의 어떤 형태의 목회적 사역의 형태를 실행하고 있는 사람들의 사역과 경험에 대한 관계에서 맺게 되는 신학적 반성에 관한 관심이 있는 경향이 있다.[10]

목회 신학은 "목회적 관심"(예를 들어 신학적 개념이 목회적 상담의 실천을 위한 적절한 틀을 제공하는 것이나 신학적 주제가 선천성 면역 결핍증이 있는 사람들에 관한 관심과 관련해 일으키는 것)의 실천으로부터 출현하는 질문과 관심에 초점을 맞추는 경향이 있다.

실천 신학은 일반적으로 더 폭넓은 초점을 가진다. 비록 여전히 현대 세계의 교회 생활과 사명의 틀 안에서 작동하고 있기는 하지만 실천 신학은 현대적 주제의 더 폭넓은 범위를 소개한다. 그 가운데 많은 주제는 개인적 목회적 간병인의 사역을 넘어서 있다(예를 들어 발전하는 세계에서의 경제적 부채 또는 유전과학에서의 새로운 기술 등이다).

목회 신학과 실천 신학을 구별하는 것은 몇 가지 타당한 측면이 있기는 하지만 그 구별이 너무 강조되어서는 안 될 것이다.

---

10 예컨대, Patton, *From Ministry to Theology*를 보라.

예컨대 목회적 실천은 더 좁게 사람들 사이의 상호 관계에 관한 주제뿐만 아니라 더 광범위한 사회적이고 정치적 주제들에 관한 관심을 적절하게 포함한다는 목회적 관심에 대한 점증하고 있는 인식이 저술에서 나타나고 있다.[11] 그러므로 목회 신학은 단지 개인적 관심의 관계에서 나오는 문제만을 소개하는 것으로 간주해서는 안 된다.

또한, 실천 신학의 의미에 대해 지역마다 다소 간의 차이가 있다. 네덜란드와 유럽의 몇몇 다른 곳에서 실천 신학은 목회적 배경에서 유용할지 모르는 발견을 만들어내는 사회과학의 연구 방법 사용을 포함한다.[12]

독일에서는 많은 실천 신학자들이 교회 치리와 지도력, 교육에 관한 학문으로서의 실천 신학에 대한 슐라이어마허의 이해에 여전히 헌신 되어있다. 점점 더 세속화되어 가는 영국에서는 몇몇 저술가들이 단지 기독 교회의 개념과 가치와 신념에 의존하지 않는 현대적 문화와 경험에 만연한 행동을 지도하는 세계관과 가설과 행동에 대한 규범적 분석과 비판의 실천을 묘사하기 위해 실천 신학을 사용하고 있다.[13]

이런 차이에도 불구하고 대다수 목회 신학과 실천 신학은 엄청난 부분을 함께 공유하는 특징들이 있다. 이런 특징들은 다음과 같다.

첫째, 살아낸 현대적 경험에 대한 반성
둘째, 학제 간 연구 방법을 채택
셋째, 신학적 규범과 현대적 경험 사이의 비판적 대화
넷째, 자유주의적이거나 급진적 신학 모델에 대한 선호
다섯째, 이론적이고 실천적 변혁을 위할 필요

---

11 Peter Selby, *Liberating God: Private Care and Public Struggle* (London, 1983); Stephen Pattison, *Pastoral Care and Liberation Theology* (Cambridge, 1994)를 보라.
12 Johannes van der Ven, *Practical Theology: An Empirical Approach* (Kampen, 1993)에서와 같다.
13 Elaine Graham, *Transforming Practice: Pastoral Theology in an Age of Uncertainty* (London, 1996); Gordon Lynch, *After Religion: "Generation X" and the Search for Meaning* (London, 2002)에서와 같다.

3. 살아낸 현대의 경험에 대한 반성

목회적이고 실천적 신학은 살아낸 현대적 경험에 대한 반성에 방법론적 우위성을 부여한다. 특수한 목회적이거나 실천적 신학 연구의 초점이 무엇이든지 간에 그 출발점은 그 특수한 주제에 대한 어떤 종류의 경험이라는 가정이 있다. 이것은 신학자 자신의 경험일 수도 있다.[14]

그렇지 않으면 그것은 사람들이 다른 사람에게 말하는 것을 통해 [때때로 구조화된 경험적 탐구 계획을 통해] 또는 사람들의 경험에 대한 다른 설명을 읽는 것을 통해 배운 경험일 수도 있다.[15] "현재의 본문"인 경험은 신학적 탐구의 출발 지점을 제공해 주며 그에 비추어 그 발견과 가치가 평가받아야 하기도 한다.

살아낸 경험(lived experience)의 신학적 연구의 우선적 중요성은 미국에서 목회적 교육 발전의 주된 인물이었고 치유 목회 교육운동의 설립자였던 안톤 보와센(Anton Boisen, 1876-1965)에 의해 처음으로 강조되었다.[16]

정신적 고통을 개인적으로 겪은 자신의 경험뿐 아니라 병원에서 정신 건강을 위해 일한 목사로서의 자신의 경험으로부터 보와센은 병원과 같은 치료시설에서의 목회적 교육에 대한 새로운 접근 방법을 발전시켰다.

목회자들은 다른 사람에 대한 목회적 배려를 제공하는 그들 자신의 경험에 대해 심층적으로 반성해 보도록 초대되었다. 그러한 반성은 목회자들이 어떻게 하면 보다 효과적 목회적 지지를 제공할 수 있는지에 대해 더 잘 알 수 있게 해 주는 데 도움이 되었다. 여기에서 더 나가 보와센은 내담자의 경험에 대한 주의가 인간의 조건과 하나님에 대한 인간의 관계 본성에 대해 새로운 이해를 발생하게 해 새로운 신학적 통찰력을 제공할 수 있다고 주장했다.

보와센은 사람들을 "살아 있는 인간적인 문서들"이라고 보았다. 사람들은 역사적 기독교적 전통으로부터 나온 어떤 쓰인 본문만큼이나 신학적 학습을 위한 심오한 자원일 수 있다.[17]

---

14 Stephen Pattison, *Shame: Theory, Therapy, Theology* (Cambridge, 2000).
15 James Newton Poling, *The Abuse of Power: A Theological Problem* (Nashville, TN, 1991); Gordon Lynch, "Exploring the Client's View: An Agenda for Empirical Research in Pastoral Care and Counselling", *Contact: The Interdisciplinary Journal of Pastoral Studies*, 128 (1999), 22-8.
16 Gerkin, *Introduction to Pastoral Care*, 60-3; John Patton, "Introduction to Modern Pastoral Theology in the United States", in Woodward and Pattison, *Blackwell Reader in Pastoral and Practical Theology*, 49-59을 보라.
17 Charles Gerkin, *The Living Human Document: Re-Visioning Pastoral Counseling in an Hermeneuti-*

4. 학제 간 접근 방법의 채택

학제 간 접근 방법은 현대적 경험에 관한 연구를 위해서 채택되고 있으며 그리고 특별히 신학적 분석에 예비적인 것으로 채택되고 있다. 살아낸 경험에 대한 비판적 관여는 단지 현대적 경험이나 주제에 대한 특별한 설명이나 이야기를 가지고 작업해 신학적 개념과 전통에 그것들을 관계시키는 것만을 요구하지 않는다.

그것은 또한 그 경험이 이해될 수 있는 더 광범위한 이론적 문맥을 제공하는 비신학적 학문적 분과를 사용하는 것을 포함한다. 심리학이나 사회학, 인류학 또는 정치적 학문과 같은 인문과학을 특별히 사용하며, 더 폭넓은 관점을 제공하기 위해 점점 더 문화적 연구가 사용되고 있다.

5. 신학적 규범과 현대의 경험 사이의 비판적 대화

많은 목회 신학과 실천 신학은 신학적 규범과 현대적 경험 사이의 비판적 대화를 시작하려고 시도하고 있다. 보와센을 따라 슐라이어마허의 연역적이고 적용론적 접근 방법과는 반대로 경험에 관한 관심은 단지 선재 하는 신학적 개념이 부과되는 장소라기보다는 신학적 이해를 귀납적으로 직접 제공하기 위해 사용될 수 있는 중요한 자료를 제공할 수 있다는 것이 전제되어 있다.

목회 신학자와 실천 신학자들은 전통적 신학적 규범이 특별한 경험이나 주제를 이해하는 데 도움을 줄 수 있는 것에 관심이 있다.

하지만 그들은 똑같이 현대적 경험이 신학적 개념의 개정이나 신앙 공동체에서의 다른 관련된 실천의 개정으로 이끌 방법이 있는지 없는지를 보려는 관심이 있다.

그러므로 현대 세계에서 결혼이나 성적 관계에 대한 사고에 실천적 신학적 접근 방법은 신학적 전통에 대해서뿐만 아니라 현대의 인문과학과 경험으로부터 알려진 것에 대한 주의를 요청할는지도 모른다.[18]

---

cal Mode (Nashville, TN, 1984); Donald Capps, *Living Stories: Pastoral Counseling in a Congregational Context* (Minneapolis, MN, 1998)와 비교하라.

[18] 예컨대 Jo Ind, *Memories of Bliss: God, Sex and Us* (London, 2003)를 보라.

그 활동의 학제 간 본성이 인정되고 나면 목회적이고 실천적 신학은 그러므로 현대적 살아낸 경험, 신학적 규범과 전통, 우리가 그러한 경험을 알아차리는 데 도움이 되는 다른 학문적 본문과 사이의 제3의 비판적 대화로서 특징지을 수 있을 것이다.[19]

이런 활동은 전형적으로 이 학문 분과 안에서 하나의 신학적 반성의 과정으로서 묘사되고 있다. 어떻게 신학적 반성이 실행되어야만 할 것인가에 대한 분명한 의견 일치가 항상 존재하는 것은 아니다.

하지만 신학적 반성에 대한 광범위한 헌신은 목회 신학과 실천 신학에서 많은 학문적 프로그램이 공유하고 있는 규정 같은 특징 가운데 하나다.[20]

6. 자유주의 또는 급진적 신학 모델에 대한 선호

현대적 인간의 경험이 신학적 개념을 형성하면서 주된 역할을 가지는 것이 허용되기 때문에 목회적이고 실천적 신학자들은 보수적 신학보다는 자유주의적이거나 급진적 신학 유형(예컨대 해방 신학, 흑인 신학)을 채택하는 경향이 있다.[21]

이런 학문 분과에서 일하고 있는 사람들은 경험에 대해 선재 하는 개념을 부과하기보다는 현대적 경험과 신학적 규범 사이에 비판적 대화를 격려하는 데 더 큰 관심이 있는 경향이 있다.

이것은 이 분야에서 큰 영향을 미친 보수적 복음주의 신학자들이 상대적으로 별로 없는 한 가지 이유이다. 슐라이어마허처럼 그들은 지금의 경험보다는 그 신학적 전통과 그 적용에 우위성을 부여하기를 더 좋아한다. 여기에 대한 주된 예외는 토마스 C. 오덴(Thomas C. Oden, 1931-)이다. 나중에 우리는 그의 작품으로 돌아갈 것이다.[22]

---

19 Laurie Green, *Let's Do Theology: A Pastoral Cycle Resource Book* (London, 1990); Stephen Pattison, "Some Straw for the Bricks: A Basic Introduction to Theological Reflection", in Woodward and Pattison, *Blackwell Reader in Pastoral and Practical Theology*, 135-45.
20 Ballard, *Practical Theology*를 보라.
21 Pattison, *Pastoral Care and Liberation Theology* Emmanuel Lartey, *In Living Colour: An Intercultural Approach to Pastoral Care and Counselling* (London, 2003)을 보라.
22 그러나 Derek Tidball, *Skillful Shepherds: An Introduction to Pastoral Theology* (London, 1986); Roger Hurding, *Pathways to Wholeness: Pastoral Care in a Postmodern Age* (London, 1998)를 또한 보라.

7. 이론적이고 실천적 변화에 대한 필요

실천적이고 목회적 신학자들은 종교적 이해와 실천에 있어서 차이를 만들어내는 것을 목표로 한다. 실천 신학은 일상적 사람들의 관심과 경험으로부터 괴리되어 단지 학문의 규범과 실천에 관심을 기울이는 학문 분과인 것은 아니다. 실천 신학은 그 자신을 위한 연구도 아니다.

궁극적으로 위에서 급진적 신학자들이 선호했던 것과 같이 그 옹호자들은 더 사려 깊고 건강하며 진정한 삶의 형식을 격려하기 위해 사물들이 이해되고 실행되는 방식에 영향을 미치기를 원한다.

많은 지지자는 비록 필연적으로 자신들의 정치적 동정심에 있어 좌파일 필요는 없지만 포이에르바하에 대한 카를 마르크스의 11번째 테제에 대해 공감하는 것 같다.

> 철학자들은 단지 세계를 다른 방식으로 이해하려고만 했다. 중요한 것은 세계를 변화시키는 것이다.[23]

8. 실행 중인 실천 신학의 실례

위에서 언급된 핵심적 특징들 각각은 아동 학대라는 이슈에 대해 반응하기를 추구하는 목회적이고 실천적 신학 안에서 증가하고 있는 문헌을 언급하는 것으로 이해될 수 있을 것이다.[24] 몇몇 이의 연구는 육체적이고 성적 학대의 생존자들을 만나 그들과 함께 일하며 그들의 이야기를 들었던 신학자들과 목회적 보호자들에 의해 쓰였다. 다른 연구들은 공공의 영역 안에 있는 생존자들의 경험에 대한 글로 쓰인 설명으로부터 더 많은 것을 끌어왔다.

어떻게 이들 생존자가 자신의 경험을 이해하고 있는지 듣는 것에 더해 이들 저술가는 종종 인문과학의 자료들을 사용하고 있으며 아동 학대와 관련된 주제들에 대한 우리의 이해를 확대해 준다.

---

23 Pattison, *Pastoral Care and Liberation Theology*, 32를 보라.
24 Poling, *The Abuse of Power* McFadyen, *Bound to Sin?* Hilary Cashman, *Christianity and Child Sex Abuse* (London, 1993).

이것들은 학대의 유행에 관한 사회학적 연구와 학대의 본성과 결과에 관한 심리학적 연구 그리고 학대받는 사람들에 대한 치료 실행에 대한 사회복지 사역과 심리치료를 포함한다.

이런 경험들과 학대에 대한 보다 폭넓은 인문과학에 귀 기울이는데 덧붙여 이들 저술가는 또한 신학적 개념과 규범들에 관여하고 있으며 이런 개념과 규범들이 학대의 경험에 대해 적절한지를 탐구하고 있다.

학대받고 생존한 사람들의 현대적 살아낸 경험을 신중하게 취한 한 가지 결과는 날카롭고 어려운 질문이 종교적 신념과 실천의 본성에 대해 제기될 수 있다는 것이다. 교회 안에 생존자 지원네트워크가 존재하는 것은 어떤 사람들에게는 종교 공동체가 육체적이거나 심리적 또는 성적 학대를 경험했던 주된 장소라는 사실을 알려 준다.

예컨대 만일 용서가 기독교 전통 안에서 영적 삶의 중요한 한 부분이라면 이것은 성적이고 육체적 학대의 생존자들에게는 무엇을 의미하는가?

그들은 자신들을 향해 그토록 으름장을 놓았던 사람들을 용서하도록 격려받아야만 하는가?

어느 정도까지 이런 용서는 학대를 한 사람 편에서의 회개에 의존하고 있는가?

생존자의 삶에서 한탄이나 격분은 적절한 역할을 가지고 있는가?

우리는 자신들을 학대한 사람들을 용서하라는 다른 사람들의 압력을 받음으로 상처를 입고 있는 생존자들의 경험으로부터 용서에 대해 무엇을 배우는가?

어떤 용서의 신학이 학대가 교회 당국에 의해 종종 무시되거나 부정되거나 숨겨지곤 했던 교회 문화에서 어느 정도까지 이념적 기능을 하고 있는가?

이런 질문들은 학대를 당한 사람들을 위한 적절한 목회적 돌봄을 위한 많은 제안을 하게 했다. 학대의 생존자들이 그것에 더욱 접근할 수 있게 하려고 예전적 내용과 실천을 바꾸고 생존자들을 소외시키고 감정을 상하게 하는 가부장적 언어와 개념에 도전하라는 제안이 이루어졌다. 후자는 학대가 더욱 가능하게 되는 위계 질서적 사회적 관계를 다시금 강화할 수도 있다.

아동 학대에 대한 실천 신학 문헌은 실행 중인 실천 신학의 주된 요소를 나타내 준다. 이런 실례에는 현대적 경험의 특권적 위치, 그러한 경험을 이해하기 위한 학제 간 방법의 사용, 신학과 경험 사이의 비판적 대화, 현대적 불의를 부각하고 의문시하는 자유주의적이거나 급진적 신학적 방법론의 채택 그리고 이해와 실천에 변화를 가져오려는 필요 등이 있다.

9. 내용과 토론: 목회 신학과 실천 신학의 세 가지 스타일

이 학문 분야에 대한 시원적 개관을 제공했기 때문에 그다음으로 우리는 이 장이 그들의 저술이 가장 영향력이 있는 두 명 또는 세 명의 지도자적 목회적이고 실천적 신학자들에 관한 토론으로 진행하리라 기대했다.

누구에게 우리가 초점을 맞출 것인지 생각하면서 우리는 가장 중요한 사람으로 누구를 지목하는지 알아보기 위해 비공식적으로 영국과 미국에서 목회적이고 실천적 신학 작업을 하는 10개의 학문 단체에 대해 여론조사를 했다. 응답자들은 다음의 이름들을 제안했는데 몇몇 이름은 한 번 이상 등장했다.

> 미국: 안톤 보와센, 돈 브라우닝, 하워드 클린벨(Howard Clinebell), 찰스 거킨(Charles Gerkin), 시워드 힐트너, 헨리 나우웬(Henry Nouwen), 제임스 포링(James Poling).
> 영국: 알래스테어 캠프벨(Alastair Campbell), 던칸 포레스터(Dunca Forrester), 엘레인 그레험(Elaine Graham), 에먀뉴엘 라르티(Emmanuel Lartey), 스테판 패티슨(Stephen Pattison), 로날드 프레스톤(Ronald Preston).
> 또 다른 곳: 레엣 본스 스톰(Riet Bons Storm), 파울로 프리에레(Paulo Friere).

우리의 작은 비학문적 표본집단은 16명의 사람의 이름을 만들어내었다. 다른 사람들이 논쟁의 여지가 있기는 하지만 마찬가지로 영향력이 있는 사람으로 포함될 수도 있었다(예컨대 존 패튼). 이런 개관은 목회적이고 실천적 신학에 대해 두 가지 중요한 점을 제안하고 있다.

첫째, 위에서 언급한 핵심적 요소들과 관련해 형성되는 경향이 있기는 하지만 목회 신학과 실천 신학은 분명한 학문적 경계를 하고 있지 않다. 열거된 목록의 대다수 신학자는 스스로 목회 신학자나 실천 신학자로 [때로는 둘 다로] 규정하기도 하지만 던칸 포레스터와 로날드 프레스톤은 보다 흔하게 사회 신학자와 정치 신학자로 간주하고 있다.

파울로 프리에레는 교육 이론가였지 어떤 전통적 의미에서는 절대 신학자가 아니었다. 만일 목회 신학과 실천 신학이 현대적 경험에 대한 폭넓은 신학적 반성의 스펙트럼을 포함한다면 잠재적으로 그 경계는 신학적 윤리학자들이나 사회적 신학자들과 같이 스스로 이 학문 분과에서 일하고 있다고 간주하지 않는 사람들을 포함할 수 있다.

둘째, 목회적이고 실천적 신학은 중심이 없이 주변적 모든 것에 의해 특징 지워지는 산만한 학문 분과다. 이것은 목회적이고 실천적 신학이 여전히 그 정체성과 관심을 확립하고 있는 그래서 여전히 상대적으로 작은 새로운 신학적 학문 분과라는 사실을 통해 잘 드러나 있다.

어찌 되었든지 지금으로서는 이 학문 분과의 중심적 기반을 지배하고 있는 단일한 인물이나 소그룹은 존재하지 않는다. 힐트너와 브라우닝은 목회적이고 실천적 신학의 방법론을 실제로 명료하게 해 주고 있는 영향력 있는 저술가들이다. 이들은 우리의 개관에서와 마찬가지로 이 학문 분과를 토론할 때면 다른 사람들보다 더 자주 인용되곤 하는 것 같다.

하지만 비록 목회적이고 실천적 신학자들이 자신들의 사역에서 어떤 공통적 방법론적 가설을 공유하고 있는 듯하지만, 이들의 열심 대부분은 이 학문 분과의 핵심에 있는 어떤 공통적 이론적이거나 신학적 의제보다는 자신들이 관여하고 있는 특별한 이슈나 주제에 초점이 모이고 있다. 이 학문 분과의 산만한 본성에 대한 더욱 분명한 그림은 최근에 일련의 영국의 목회적이고 실천적 신학자들에 의해 출간된 책에서 고려되고 있는 몇몇 영역을 열거하면 될 것이다.

- 수치심 [스테판 패티슨, 『수치심: 이론, 치유, 신학』(*Shame: Theory, Therapy, Theology*)]
- 목회 신학에 대한 여성주의적 접근 [엘레인 그레험, 『실천을 변혁하기』(*Transforming Practice*), 조 베넷 무어(Zoe Bennett-Moore), 『목회 신학에 대한 여성주의적 전망을 소개하기』(*Introducing Feminist Perspectives on Practical Theology*)].
- 영성과 정신 건강 [존 스윈튼(John Swinton), 『인격을 부활시킴』(*Resurrecting the Person*)].
- "X 세대" 영성과 대중 문화의 종교적 중요성 [고든 린치(Gordon Lynch), 『종교 이후』(*After Religion*)].
- "탈 인본주의적" 기술 [엘레인 그레험, 『탈 인본주의의 표상』(*Representations of the Post/Human*)].
- 현대적 경영 이론과 실천의 신념과 가치 [스테판 패티슨, 『경영자들의 신앙』(*The Faith of the Managers*)].
- 목회적 돌봄의 신학적 특징 [데이빗 리알(David Lyall), 『목회적 돌봄의 온전성』(*The Integrity of Pastoral Care*)].
- 목회적 윤리 [고든 린치, 『목회적 돌봄과 상담』(*Pastoral Care and Counselling*)].

- 포스트모던 이론과 목회 신학 [그레험, 『실천을 변혁하기』, 폴 굿리프(Paul Goodliff), 『혼동된 문화에서의 돌봄』(Care in a Confused Climate).
- 정의와 사회 정책 [던칸 포레스터, 『인간적인 가치에 대해』(On Human Worth)].

이들 주제 사이에는 다소 중첩되는 부분이 있다. 하지만 마찬가지로 함께 다루어지는 상당한 범위의 영역이 존재하는 것도 사실이다. 목회적이고 실천적 신학자들이 집중하고 있는 특별한 주제들은 그들의 이전의 사역 경험으로 영향을 받을 수도 있다(많은 사람은 안수받은 목회자들이며 몇몇 사람은 건강 관련 직종이나 상담사 또는 심리치료사로서 훈련을 받았다).

또는 그들의 특수한 이념적이고 신앙적 헌신이나 폭넓은 영역의 다른 현존하는 흥미와 경험으로 영향을 받기도 한다. 목회적이고 실천적 신학은 어떤 의제나 상세한 방법론 또는 모두에게 공통적 하나님에 대한 견해 보다는 그 안에서 일하고 있는 그들 개개인에게 흥미롭고 중요한 특별한 주제를 탐구하는 데 집중하는 학문 분과다.

이런 복잡한 다양성을 인정한다면 만일 우리가 지금 두 명이나 세 명의 개별적 목회적이고 실천적 신학자들을 토론하는 것은 그림을 너무 단순화하는 것이 될 것이다. 그러므로 우리는 이 영역에서 일하고 있는 세 가지 다른 유형을 고려함으로써 현대적 목회적이고 실천적 신학을 보다 심도 있게 탐구할 것이다.

어떤 저술가들은 분명히 이들 유형 각각을 대표할 것이지만 이 분야의 또 다른 저술가들은 분류하기가 쉽지 않을지도 모른다. 그들은 한 가지 이상의 분야에서 일하고 있을 수도 있다. 이들 세 가지 다른 유형은 이 학문 분과에서의 몇몇 새롭게 등장하고 있는 주된 경향과 긴장들을 분명하게 해 줄 것이다.

10. 자유주의적 합리적 접근 방법

자유주의적 합리적 접근 방법은 목회적이고 실천적 신학에서 명료하고 합리적이며 학문적으로 정당하고 믿을만한 방법론을 발전시키는데 관심을 끌고 있다. 폴 틸리히(Paul Tillich, 1886-1965)에 의해 발전된 상관의 방법의 영향을 크게 받은 이들 방법론은 미국의 저술가들인 시워드 힐트너와 돈 브라우닝의 책에 가장 잘 드러나 있다.

시워드 힐트너(Seward Hiltner, 1909-84)는 미국장로교 목회자이며 학문적 목회 신학자다. 힐트너는 시카고와 프린스턴신학교의 목회 신학 교수가 되기 전에 다양한 교회 단체에서 다양한 직함을 가지고 있었다.

힐트너의 사상은 폴 틸리히의 신학적 방법론에 따라 형성되었으며 안톤 보와센(우리가 위에서 지적했던 "살아 있는 인간적인 문헌"의 가치에 대한 보와센의 강조)의 지도 아래서 목회학을 배우는 학생이 되었다. 인간의 경험으로부터 신학적으로 배울 가능성은 힐트너 자신의 접근 방법에서 근본적 한 부분이 되었다. 그것은 신학적 전통과 현대적 경험을 상관 짓는 틸리히의 개념으로 신학적 정당성을 부여받았다.

힐트너는 20세기에 목회 신학의 본성과 방법론에 대한 첫 주요 저작 가운데 하나를 썼다. 이 책은 지금까지도 이 학문 분과에 매우 영향력이 있는 목회 신학을 위한 기본 원칙을 제안했다. 『목회 신학 서문』(Preface to Pastoral Theology, 1958년)에서 힐트너는 목회 신학과 다른 신학 분과 사이의 관계를 명확하게 해 목회 신학자가 된다는 것이 무엇을 의미하는지에 대한 특별한 이해를 제공하려고 했다.

목회 신학에 대한 힐트너의 저술은 신학의 본성에 대한 보다 폭넓은 이해의 기초를 따라 진행한다. 힐트너는 신학을 폭넓은 범위의 성경 신학과 역사 신학, 교의 신학과 윤리학, 목회 신학, 교육 신학과 같은 하위 분과들로 구성된 것으로 이해했다. 완전히 분리되어 자율적 방식으로 기능한다기보다는 이들 하위 분과는 서로 연결되어 있으며 각각의 하위 분과에서의 사역이 다른 하위 분과에서 이루어지는 사역에 어떤 영향을 미친다고 힐트너는 믿었다.

이런 폭넓은 범위의 하위 분과 안에서 힐트너는 "논리 중심의" 학문 분과와 "작용 중심의" 학문 분과 사이의 진일보된 구분을 했다. 논리 중심의 신학 분과는 주로 본문이나 이론적 초점을 가지는 성경 신학이나 조직 신학과 같은 분야를 포함했다. 이와는 대조적으로 "신학적 결론이 … 주로 특수한 전망으로부터의 행동이나 사건 또는 기능에 대한 반성으로부터 나타나는"[25] (목회 신학을 포함해) 작용 중심의 학문 분과들도 있다.

힐트너는 목회 신학이 "목양적 전망"이라고 하는 실천적으로 유익한 관점으로부터의 통찰력을 산출해내기 때문에 그 자체적으로 신학의 하위 분과를 대표한다고 주장했다. 목회 신학은 단지 성경적이거나 역사적 또는 교의적 신학에서의 이론적 토론을 통해 얻은 통찰들을 적용하는 것으로 구성되지 않으며 틸리히를 따라 경험을 신학과 상관 짓는 것으로 구성된다.

---

25 Stewart Hiltner, *A Preface to Pastoral Theology* (New York, 1958), 20.

> 목회 신학은 목양적 전망을 교회와 목회자의 모든 작용과 기능과 관련짓는 신학적 지식과 탐구의 분야 또는 분과이다. 그렇게 해서 이들 관찰에 대한 반성을 통해 신학적 질서가 있는 결론을 도출한다.[26]

"목양적인"이라는 말은 목자가 자신의 양무리를 돌보는 것과 같은 목회적 돌봄의 은유를 말한다. 즉 교회의 삶과 돌보는 실천에 근거한 은유다. 하지만 힐트너는 단지 목양을 아픈 사람들을 심방하고 목회적 상담을 제공하거나 사별한 사람들을 위로하는 것과 같은 목회적 돌봄이라고 하는 명시적 행동과 일치시키지는 않았다.

오히려 힐트너는 목양이라고 하는 것을 목회자와 교회의 사역 모두에 제공해야만 하는 더 기본적 태도로 보았으며 때때로 이것은 돌봄이라고 하는 특별한 행동에서 적절한 표현을 발견하곤 했다.

이런 태도는 목회자나 교회가 근본적으로 근심이나 상실의 경험으로 인해 고통당하며 혼란스러워하거나 어려운 결정에 직면한 개개인들을 치유하고 지지하고 인도하는 데 관심을 기울이는 태도다. 힐트너에게 있어 목회 신학은 이런 목양적 전망이 목회자와 교회로 개별적 인간의 고통과 불확실성에 부여되도록 할 때 일어나는 일들을 반성하는 과정이다.

특수한 경험에 대해 반성함으로써 [보와쌘이 목회적 경험에 대한 반성을 지지했던 것과 꼭 마찬가지로] 교회생활에서의 신학적 반성의 더 폭넓은 사역을 위해 가치 있는 새로운 신학적 질문과 통찰이 등장할 수 있다.

힐트너의 방법은 돈 브라우닝(Don Browning)의 저술에서 발전되고 확장되고 있다. 최근까지 브라우닝은 시카고대학교 신학부에서 학과장으로 있었다. 브라우닝은 '국제실천신학학회'(the International Academy of Practical Theology)의 발족에 지도자 격인 인물이었다.

브라우닝은 아마도 지난 50년간 이 분야에서 가장 영향력 있는 인물이었을 것이다. 브라우닝의 『근본적 실천 신학』(*A Fundamental Practical Theology*, 1991년)은 최근 10년 안에 쓰인 실천 신학의 본성과 방법론을 규정한 가장 내실 있는 저술이었다.

브라우닝은 경험과 신학 사이의 비판적 대화를 격려하는 힐트너의 기본적 방법 위에 자신의 이론을 세워나갔다. 힐트너가 목회 신학을 학문적 신학의 더 광범위한 구조 안에서의 하위 학문 분과로 보았다면 브라우닝은 전체로서의 신학이 궁극적으로 본성상 실천적이어야 함을 주장했다.

---

[26] Stewart Hiltner, *A Preface to Pastoral Theology*.

브라우닝에게 있어서 신학은 "근본적 실천 신학"이다. 신학은 서술적 (descriptive) 신학과 역사 신학, 조직 신학 그리고 전략적 실천 신학(이것으로 브라우닝은 그것이 목회적 사역과 교회 조직의 문제들에 대한 질문과 관련 있는 것으로서의 실천 신학을 가리켰다)과 같은 하위학문 분과로 이루어진다.

의미심장하게도 브라우닝은 실천 신학에 대한 이해를 인지적 학문 분과 안에 있는 더 광범위한 경향 안에 위치시킨다. 그는 자신의 저술과 알레스데어 맥킨타이어의 신(新) 아리스토텔레스적 도덕 철학, 리처드 로티와 리처드 번스타인(Richard Bernstein)의 신실용주의 사상 사이에 분명한 연결을 짓고 있다. 이들 저술가 사이의 공통적 연결점은 "실천적 사고가 인간 사고의 중심이다"라는 생각이다.[27] 이런 생각은 실천적 학문 분과로서의 신학 방법론에 대한 브라우닝의 토론을 위한 기초가 되었다.

그다음에 브라우닝에게는 신학적 탐구의 합당한 결과는 기술적 (technical) 지식이라기보다는 "실천적 지혜"(phronesis)다. 신학적 연구는 그것이 우리가 우리의 특별한 현대적 정황 가운데에서 건설적으로 그리고 도덕적으로 살아가는 데 도움이 되는 정도에 의해 평가될 수 있을 것이다.

브라우닝은 신학적 탐구를 위한 자신의 방법을 "개정된 상관의 방법"이라고 지칭한다. 이 방법은 특별히 폴 틸리히와 데이비드 트레이시(David Tracy, 1939-)의 저술에 영향을 받았다. 이런 개정된 상관의 방법을 따른 신학적 탐구는 세 가지 단계로 이루어질 수 있을 것이다.

첫 번째 단계는 "서술적 신학"의 단계다. 여기에서의 과제는 특별한 주제(종교적 문제이든지 그렇지 않든지 상관없이)에 대한 현대적 반응을 이해해 특별히 이런 반응에 영향을 미치는 기본 가정과 이론을 알아보는 것이다. 그러므로 이런 첫 단계는 특별한 상황이나 특별한 주제와 관계해 현대적 삶의 "지평"에 대한 보다 나은 파악을 하려고 시도하는 것이다.

두 번째 단계는 "역사 신학"의 단계다. 이 단계는 "이미 우리의 실제적 역사의 한 부분이 된 규범적 본문들이 우리가 이 본문들을 가능한 대로 정직하게 직면한다면 **진정으로** 우리의 실천을 위해서 무엇을 의미하는가?"[28]라는 질문을 던지는 것

---

[27] Don Browning, *A Fundamental Practical Theology: Descriptive and Strategic Proposals* (Minneapolis, MN, 1990), 8.
[28] Don Browning, *A Fundamental Practical Theology: Descriptive and Strategic Proposals*, 49.

을 포함한다. "역사 신학"의 단계는 규범적 기독교적 근원들이 고려 중인 특별한 문맥이나 주제에 대한 관계에서 무엇을 말해야만 하는지에 대해 더욱 분명한 이해를 얻게 되는 과정으로 특징지어진다. 이 단계는 기독교적 규범의 "지평"을 분명하게 하려고 시도한다.

세 번째 단계는 "조직 신학"의 단계인데 "현대적 실천에 함축된 비전과 규범적 기독교 본문들의 실천에 함축된 비전 사이의 지평 융합"[29]이 바로 그것이다. 기독교의 전통에 관한 관심과 가치와 신념과 함께 현대적 문화에 분명히 나타나 있는 관심과 가치와 신념을 비교함으로써 이 단계는 우리의 현대적 삶과의 관계에서뿐만 아니라 기독교 전통 그 자체에 대한 우리의 이해에서도 새로운 통찰을 얻는 것이 가능할 것이다. 그러므로 이런 세 번째 단계에서 생겨나는 두 가지 근본적 질문은 어떤 새로운 의미의 융합이 이들 두 가지 "지평"을 함께 묶어놓았을 때 발생하는 것과 어떻게 우리가 이런 새로운 의미의 타당성을 우리의 신앙 공동체 내부에서뿐만 아니라 더욱 폭넓은 공공 사회 영역에서 증명할 수 있는지다.

힐트너와 브라우닝과 같은 자유주의적 실천 신학자들의 작업은 실천 신학적 반성을 위해 분명하고 합리적 방법론에 헌신 되어있으며 특별히 브라우닝의 경우에 더 폭넓은 시민 사회에서 공적으로 이해할 수 있고 변호할 만한 신학적 입장을 발전시키는데 헌신 되어 있는 것으로 특징지어진다.

대조적으로 목회적이고 실천적 신학의 또 다른 가닥은 특별히 이런 학문 분과의 고백적 기초를 강조하며 어떻게 교회의 특별한 전통과 영성이 현대적 신학적 반성을 제공할 수 있는지를 탐구하려고 한다.

11. 신 정통적 고백적 접근 방법

실천 신학에 대한 최근의 고백적 접근 방법 안에서는 주된 강조점이 신학자의 개인적 영성이나 기독교 전통 안에 드러나 있는 진리와의 참된 관계에 대한 추구의 중요성에 주어진다. 목회적이고 실천적 신학에 대한 현대적 고백적 접근 방법에 있어서 가장 중요한 두 명의 저술가들은 헨리 나우웬(Henri Nouwen, 1932-96)과 토마스 오덴이다.

---

[29] Don Browning, *A Fundamental Practical Theology: Descriptive and Strategic Proposals*, 51.

1932년에 네덜란드에서 태어난 가톨릭 신부이자 신학자인 나우웬은 1970년대부터 1996년 사망할 때까지 목회 신학과 기독교 영성에 대한 일련의 책들을 출간했다. 이 기간에 나우웬의 관심과 저술 형식에는 1969년 『긴밀함』(Intimacy)에 발표된 자신의 논문에서의 학문적이고 심리학적 접근 방법으로부터 『심정의 길』(The Way of the Heart, 1981년)과 『탕자의 귀환』(The Return of the Prodigal Son, 1994년)과 같은 기독교 영성에 대한 더 대중적 책들로의 분명한 전환이 있었다. 목회 신학에서 나우웬의 가장 영향력 있는 책은 미국에서 1976년에 처음 발간된 『상처 입은 치료자』(The Wounded Healer)였다.

나우웬은 인문과학에 관여하던 데에서 기독교 전통, 특별히 현대적 삶을 위한 종교적이고 영적 경험의 적절성에 대한 보다 강한 강조를 두는 것으로 움직여갔다. 그래서 『심정의 길』은 현대적 영성을 위해 사막 교부들의 적절성에 대한 일련의 묵상을 제공하고 있다.

『예수에 대해 마크에게 보내는 편지』(Letters to Marc about Jesus)에서 나우웬은 오늘의 세계를 위해 복음서 이야기의 적절성을 그 자신의 특별한 독법을 통해 제안하고 있다. 나우웬의 저술 양식에서 또 하나의 놀랄만한 발전은 그 자신의 전기를 신학적 반성을 위한 기초로 점점 더 기꺼이 사용하고 있다는 점이다.

몇몇 그의 책은 나우웬이 그 자신에 대한 이해와 자신의 영성에서의 변화를 추적하고 있는 일기이다. 트라피스트(Trappist)수도원에서 보낸 시간으로부터 라틴 아메리카의 빈민가 사목실에서 그리고 최종적으로 장 바니에(Jean Vanier, 1928-)에 의해 설립된 라르쉬(L'Arche) 공동체에 점차 관여하게 되면서 겪게 된 이야기를 담고 있다.

나우웬에 의해 산출된 본문의 양식과 예를 들자면 브라우닝에 의해 산출된 것 사이에 존재하는 대조적 면은 놀랄만하다. 브라우닝은 실천 신학과 도덕적 반성을 위해 대단히 중요한 방법론을 발전시키려 했다.

나우웬의 저술은 자신의 기독교 전통에 대한 이해를 외로움과 성, 폭력과 사회 정의와 같은 현대적 경험의 주제와 분투에 관계시키기 위한 보다 개인적이고 파편적 시도를 나타내 준다. 브라우닝의 작업은 전형적으로 신학과 철학, 해석학과 윤리학 분야에서의 다른 현대적 사상가들과 이론적 관여를 하고 있다.

나우웬은 사막의 교부들을 인용하기를 더 많이 하거나 그 자신이 경험한 이야기에 대해 묵상하곤 한다. 브라우닝이 단지 더 학문적이고 현학적 사상가라고 주장할 수는 없을 것이다. 무엇보다도 나우웬은 신학과 심리학 박사 학위를 가지고 있었으며 예일과 하버드대학교 신학부에서 목회 신학 주임 교수직을 가지고 있었다.

도리어 이들은 목회적이고 실천적 신학에 대해 똑같이 열정적이었지만 아주 다른 접근 방법을 가졌던 것으로 특징짓는 것이 더 나을 것이다. 한 사람은 학문적으로 기반을 두어 분석적이고 조직적이며 합리적 정향을 가지고 있다. 또 다른 한 사람은 영적 훈련에 기초한 실천적 지혜에 관심이 있어서 종교적 소명 가운데 살아가는 과정에 대한 명상적이고 창조적 통찰에 기울어져 있다.

나우웬의 저술에서 목회 심리학에 대한 상세한 관여로부터 기독교 전통의 개념과 실천에 대한 초점으로 움직여간 것은 또한 미국 목회 신학자 토마스 오덴의 저술에도 반영되어 있다. 1960년대에 오덴은 기독교 신학으로부터의 통찰과 상담심리학을 통합하려고 시도한 지도자적 저술가였다. 『케리그마와 상담』(Kerygma and Counseling, 1966년)에서 오덴은 근본적 효과적 심리요법은 기독교 복음에 명시적으로 드러나 있는 숨겨진 가정이라고 주장했다. 내담자를 용납하고 공감하고 진정으로 함께 하는 상담자의 사역은 성육신과 신적 본성의 합당한 자기 계시를 통해 인류를 위한 사랑을 받아들여 인류와 공감적으로 관여하는 하나님의 선행적 행동들의 본성을 반영한다.

칼 로저스(Carl Rogers, 1902-87)와 같은 세속적 인본주의자의 상담심리학은 그러므로 기독교 전통에서 선포하고 있는 창조에 대한 하나님의 관계 진리를 함축하는 것으로 해석될 수 있을 것이다. 오덴의 신학적 관심이 분명하긴 하지만 상담심리학은 목회 사역의 본성에 대한 그의 이해에 있어 중요한 자원으로 남아 있었다.

1970년대를 통해 오덴은 현대적 삶과 사역을 위해 역사적 기독교의 전통이 지니는 적절성을 탐구하기 위해 일종의 개종을 경험했다. 오덴은 "인간적인 것에로의 전환"을 거절하게 되었으며 현대의 실천 신학의 많은 부분을 특징지어 주는 규범적인 것으로서의 현대적 경험의 특권적 지위를 거부했다.

대신에 오덴은 기독교 전통을 통해 계시된 신적 진리의 중요성에 대한 강한 강조로 전환했다. 다른 말로 오덴은 상관적 접근 방법으로부터 현대적 경험에 초점을 맞춘 신학으로 움직였으며 인문과학을 사용하는 것으로부터 기독교 전통의 자원을 사용하는 것에 초점을 맞추는 훨씬 더 적용론적 접근 방법으로 전환했다.

그의 중요한 『고전적 전통에서 영혼의 돌봄』(The Care of Souls in the Classic Tradition, 1984년)이라는 책에서 오덴은 목회적 돌봄에 대한 힐트너와 하워드 클라인벨(Howard Clinebell, 1922-2005)과 같은 현대적 저술가들의 저술이 지그문트 프로이드나 칼 로저스 또는 에릭 번(Eric Berne)과 같은 세속적 치유 이론가들을 자주 언급하고 있지만, 키프리안(Cyprian, c. 210-258)이나 존 크리소스톰(John Chrysostom, 347-407), 어거스틴이나 그레고리 교황(Gregory the Great, c. 540-604)에 의해 쓰인 목회적 돌봄에 대한 고전적 본문은 절대 언급하고 있지 않은 것을 알게 되었다.

목회적 돌봄에 있어서 주된 역사적 기독교의 본문을 배제하고 현대적 치유 이론을 이렇게 사용하는 것은 수 세기를 통해 축적된 목회 신학적 반성을 통한 지혜를 송두리째 상실해버린 위험스러운 일이라고 오덴은 주장했다.

그러므로 오덴의 작업은 현대의 목회와 신학적 반성을 위해 인문과학에 관여하는 것으로부터 기독교 교리와 특별히 교부들의 신학의 적절성을 탐구하는 것을 향해 움직여간 것으로 볼 수 있다.[30]

나우웬과 오덴 양자에게 있어 목회 신학과 실천을 이끌기 위해 인문과학(특별히 상담심리학)에 관여해 그 목소리를 듣는 것으로부터 역사적 기독교 전통의 통찰과 개념에 우선적 중요성을 부여하는 쪽으로 움직인 것이 있다. 이들 두 저술가 사이에는 확실히 중요한 차이점이 있기는 하지만 두 사람 모두 자신들의 역사적 기독교 전통에 대한 이해를 현대적 경험에 관계시키는데 헌신하고 있다.

흥미롭게도 교회 안에 있는 학문적이지 않은 청중들에게 접근 가능한 방식으로 글을 쓰는 그러한 고백적 실천 신학자들 가운데 더 큰 기민함이 존재하는 것 같다. 오덴의 저술, 특별히 나우웬의 저술은 힐트너와 브라우닝의 저술보다 학문적이지 않은 문맥에서 훨씬 더 잘 알려져 있다.

그래서 실천 신학에 대한 자유주의적 합리적 접근 방법과 고백적 접근 방법의 이런 대조는 그러한 신학이 누구를 위해서 수행되며 어떤 청중과 독자들을 끌어들여 그로부터 유익을 얻게 하는 한 걸음 더 나아간 질문을 제기하고 있다.

12. 급진적이고 해방적 접근 방법

목회적이고 실천적 신학에 대한 광범위한 접근 방법의 세 번째 유형은 이 방법이 현대적 해방 신학들을 특징지어 주는 다음의 세 가지 기본적 관심을 반영한다는 점에서 급진적이고 해방적 접근 방법이다.

첫째, 해방적 실천 신학은 사회적 상황에 강한 강조점을 둔다. 특별히 성과 인종, 성적 정향 그리고 그러한 상황에서의 무능력 또는 능력과 같은 사회적 범주의 적절

---

[30] Thomas Oden, *The Living God: Systematic Theology, Vol. 1* (New York, 1987); *Classical Pastoral Care* (Grand Rapids, MI, 2003)를 보라.

성에 강조점을 둔다.

그러므로 해방적 실천 신학은 의식적으로 어떤 형태의 사회적 억압이나 배제로 형성된 전망으로부터 쓰이곤 한다. 이런 실례는 여성적 실천 신학,[31] 흑인 실천 신학,[32] "한(恨)"이라고 하는 한국적 경험으로 출현하는 실천 신학,[33] 또는 장애의 경험으로부터 나오는 실천 신학[34]을 포함할 것이다. 힐트너와 브라우닝의 자유주의적 방법론은 실천적 신학적 반성을 수행하는 사람들의 사회적 위치에 대해선 거의 관심을 기울이지 않고 있다. 이와는 대조적으로 해방적 접근 방법은 사회적 경험이라고 하는 특정한 형태로부터 생겨난다. 전형적으로 이들 신학자는 그러한 특수한 상황에서 억압과 배제에 적절한 신학의 형태들에 대한 필요를 주장한다.

둘째, 해방적 실천 신학은 전형적으로 특별히 사회적 문맥에서 권력의 구조와 역학을 의식하고 있다. 권력의 본성과 남용에 대한 제임스 폴링(James Poling)의 연구는 어떻게 권력이 특수한 문맥에서 기능하게 되는지를 시험해 보는 신학적 기획의 한 예가 된다. 때로 권력이 사람들의 심리적이고 육체적이며 영적 행복의 손상에 미치는 영향을 살펴본 것이다.

우리는 위에서 브라우닝이 실천 신학의 우선적 과제를 어떤 형태의 현대적 경험에 관련이 있는 질문과 신념 그리고 실천을 이해해야만 하는 것으로 특징짓고 있는 것을 보았다. 해방적 전망으로부터 이런 우선적 탐구는 특별히 어떻게 권력이 그러한 문맥에서 기능하는가, 어떻게 그러한 권력이 유지되는가, 어떤 악영향을 미치는 결과가 그러한 권력의 실행에 관여할 수 있는가 그리고 그러한 권력에 대한 어떤 형태의 저항을 알아낼 수 있는가 하는 질문에 민감할 것이다.

셋째, 해방적 실천 신학은 궁극적으로 인간 해방과 행복의 증진에 관심을 기울인다. 그러므로 해방적 실천 신학은 특별한 문맥에서 사람들의 심리적이고 육체적이며 영적 행복의 향상으로 인도되는 생각과 실천을 자극하는 만큼 그 자체적 조건에

---

31 Elaine Graham, *Making the Difference: Gender, Personhood, Theology* (London, 1995); Zoe Bennett-Moore, *Introducing Feminist Perspectives on Pastoral Theology* (Sheffield, 2002); Bonnie Miller-McLemore and Brita Gill-Austern (eds.), *Feminist and Womanist Pastoral Theology* (Nashville, TN, 1999)를 보라.

32 Edward Wimberley, *African American Pastoral Care* (Nashville, TN, 1991); Lartey, *In Living Colour*를 보라.

33 Chung Hyun Kyung, *Struggle to be the Sun Again: Introducing Asian Women's Theology* (London, 1991)를 보라.

34 Nancy Eiseland, *The Disabled God: Towards a Liberatory Theology of Disability* (Nashville, TN, 1994).

서 효과적인 것으로 판단될 수 있다.

역사적 기독교 전통의 진리 주장을 유지하고자 하는 관심이 있는 오덴의 고백적 목회 신학과는 대조적으로 해방적 실천 신학은 주로 특별한 신학적 입장과 담화가 지닌 실천적이고 사회적 함축에 관심을 기울이고 있다. 그러므로 해방적 실천 신학은 하나님이나 창조 또는 새로운 생명에 대한 전통적 담화보다는 인간의 해방을 위해 더 큰 잠재력이 있을지도 모르는 새로운 언어와 은유를 탐구하는 데 개방적이다.

목회적이고 실천적 신학에 대한 세 가지 광범위한 접근 방법에 대한 위의 설명은 망라된 것도 상호 배타적인 것도 아니다. 나우웬은 예컨대 어떤 해방적 생각에 따라 상당한 영향을 받았고 그런 생각에 동조한다. 이런 접근 방법들은 이런 학문 분과 안에서 작동하고 있는 몇 가지 중요한 한계에 대한 이해를 제공한다. 이런 접근 방법들을 알아보는 것은 이 장의 시작 부분에서 알아보았던 광범위한 원칙들 너머에 있는 목표와 방법에 대해 강한 의견 일치가 없는 학문 분과로서의 목회적이고 실천적 신학에 대한 이해를 증진한다.

목회적이고 실천적 신학에 대한 이들 세 가지 다른 접근 방법을 열거함을 통해 이들 접근 방법 각각이 목회적이고 실천적 신학의 지속하고 있는 형성에 대해 제기하고 있는 주된 질문과 토론 몇 가지가 가시적인 것이 되게 된다.

자유주의적이고 합리적 접근 방법은 실천 신학 연구를 수행하기 위해 분명하고 이해할만하며 방법론적 과정의 중요성을 강조하고 있다. 브라우닝과 같은 작가들은 같은 기본적 종교적 확신을 공유하지 않을지도 모르는 보다 폭넓은 대중적 청중에게 강력하게 실천 신학적 결론을 변호하고 정당화할 수 있음의 중요성을 또한 주장했다.

더 고백적 목회 신학자들의 전망으로부터 이들 공적이고 학문적 유형의 신학에 대한 이런 자유주의적 헌신은 하나님에 대한 인격적 헌신이나 특별한 종교적 전통에 대한 헌신이 현대적 삶과 사상에 미치는 차이에 대한 보다 기본적 질문이 지닌 통찰을 잃어버릴 위험이 있다.

이에 대한 응답으로 자유주의적 실천 신학자들은 이 학문 분과에 대한 몇몇 고백적 접근 방법에 있는 방법론적 명료성의 정도에 대한 질문을 제기할는지도 모른다.

해방적 전망과는 대조적으로 이 학문 분과를 위해 중요한 방법론을 발견하려는 자유주의적 시도는 목회적이고 실천적 신학의 실행을 위해 어떤 사람의 사회적 지위가 가지는 중요성을 인정하기에 실패하는 정도까지 의심스러운 것으로 보일 수 있다.

그것은 예컨대 백인 남성이며 이성애자로 아무런 장애가 없는 신학자들에 의해 발전된 것과 정확하게 같은 비판적 수단과 도구를 사용할 수 있는 없는 여성이나 유색 인종의 사람 또는 게이나 레즈비언들을 위해 정당한가?

다시 고백적 전망은 해방적 접근 방법이 인간의 행복에 관여하는 것이 충분한지 그렇지 않으면 목회적이고 실천적 신학이 진리의 더 고차원적 질서에 대한 관계에서 그리고 신적인 것에 대한 관계에서 그 자신을 정의함에 더 관심을 기울여야 하는지 그렇지 않은지에 대한 질문을 제기할 수 있다.

그래서 이들 세 가지 방법 사이에는 서로 빌려온 개념이나 도구들이 있을 수 있지만, 이 학문 분과의 고유한 본성에 관한 토론을 위해 지속해서 초점을 제공하는 것은 이들 사이에 있는 분명한 긴장이다.

13. 영향과 성취, 의제

『구별』(*Distinction*, 1984년)이라는 책에서 프랑스 사회학자 피에르 부르도(Pierre Bourdieu, 1930-2002)는 20세기 후반부에 일어난 서구의 학문적 기관들 안에서의 중요한 전환을 지적했다. 새롭게 자라나고 있는 중산층이 이들 기관에 더 쉽게 접근한다는 것은 대학교들이 학문적 연구의 적절한 분야를 구성하는 것이 무엇인지에 대한 자신들의 견해를 이미 수정하기 시작했다는 것을 의미했다.

예술과 문학 그리고 다른 문화적 활동의 고전적 "법규집"(canons)에 대한 연구에 경의를 표하는 것은 대중 문화와 미디어와 같은 이런 새로운 학생들의 매일의 일상적 삶에 더 가까운 주제들에 의해 대치되기 시작했다.[35] 최근 수십 년 동안에 하나의 학문 분과로서의 실천 신학의 성장은 학문적 신학의 영역 안에서 이루어진 상당한 개정의 과정으로 간주할 수 있을 것이다.

전통적 신학적 학문 분과의 대치를 한탄하는 비판자들이 있을 것이다. 하지만 실천 신학의 성장은 새로운 세대의 신학도들이 자신들의 특별한 관심과 경험을 학문적 연구의 무대로 가져올 수 있도록 허용했다.

이 학문 분과의 가장 커다란 성취 중 하나는 자신들의 신앙 전통과의 관계에서 자신들의 살아낸 경험에 대해 비판적으로 반성하기를 원하는 사람들을 위한 공간과 일련의 방법을 제공했다는 것이다. 이것은 특별히 다양한 형태의 종교적 사역에

---

35 Pierre Bourdieu, *Distinction: A Social Critique of the Judgement of Taste* (London, 1984).

종사하고 있는 사람들에게 중요했다. 이들은 예컨대 교의 신학에서 나온 이론적 개념을 사람들과 함께 살아가고 일하고 있는 자신들의 실천적 경험에 관련시킬 수 있는 의미 있는 방법을 발견하려고 노력했다.

기껏해야 실천 신학은 신앙 공동체 안에 있는 건설적 실천의 형태와 신학적 상징과 개념들에 대한 새로워진 이해를 산출해 내는 방법에 있어서 사람들이 자신들의 경험과 자신들의 특별한 전통 사이에 창조적이고 변혁적 연관을 짓게 해 주었다. 이것은 힐트너가 신학의 "논리 중심적"(Logic-centered) 분과라고 언급했던 것에서 항상 소중하게 생각되었던 어떤 것은 아니다.

신학과 살아낸 경험 사이를 관련지어 주는 실천 신학의 강점은 학문적 학문 분과가 가지는 가장 의미심장한 약점 중 한 가지와 연결되어 있다. 실천 신학에서 진전된 연구를 수행하는 사람들은 전형적으로 주어진 상황 가운데에서의 자신들의 경험이 지니는 의미를 신학적으로 분별하려는 갈망으로 동기를 부여받기 때문에 그러한 연구의 결과는 그들의 개인적 발전과 실행에 매우 적절한 경향이 있다.

이런 종류의 연구가 보다 일반적으로 실천 신학에서의 이론적이고 방법론적 사고의 지적 발전에 상당한 공헌을 하는 책이나 논문을 만들어내는 경우는 매우 드물다. 실천 신학의 최근의 이론적 기초는 튼튼하다. 특별히 브라우닝은 실천적 신학적 반성을 위한 중요하고 세련된 이론적 틀을 정교화했다(보다 포스트모던적 방식으로 엘레인 그레이험(Elaine Graham)에 의해 또한 지속하고 있는 과정이기도 하다).

하지만 만일 실천 신학이 지속해서 이론적 연구를 만들어내는 방법을 발견하지 않는다면 더 폭넓은 학문적 신학 활동으로부터 분리될 위험이 있으며 신학적 개념과 상징, 내러티브의 건설에 공헌하는 것이 약화할지도 모른다. 그렇게 되면 실천 신학은 그 자체로서 신학적 한 분과로서 신학에 대해 근본적 자율적 공헌을 할 수 있을 것이라는 힐트너와 다른 사람들에 의해 표현된 소망을 이행하는 데 실패할 것이다.

실천 신학은 미래에 수많은 도전에 직면할 것이다. 그 가운데 한 가지는 하나의 학문적 분과로 계속 발전해 신학계 신데렐라로 머물지 않는 것이다. 또 다른 도전은 더 폭넓은 신학적 무대 안에서 동료들에 의해 인정을 받는 신학에 대한 근본적이고 가치 있는 공헌을 하는 것이다. 지금으로서는 실천 신학의 현대적이고 실천적 강조는 그 발견들이 수명이 짧고 재빨리 구식이 되는 것처럼 보이게 할 수 있다.

추가적 도전은 실천 신학이 실제로 차이를 만들어낼 수 있으며 그래서 추구할 가치가 있다는 것을 지속해서 보여 주는 것이다. 이런 도전들은 실천적이고 목회적 신학이 더 학문적으로 세련되고 보다 신학적으로 빛을 비추어주는 것이 될 필요가 있다고 말함으로 요약될 수 있을 것이다. 동시에 실천적이고 목회적 신학은 더 적절하고 보다 실천적이며 전문적 사역자들에게 더 도움이 되어야 한다. 아무리 보아도 이것은 모순적이고 부담이 큰 일련의 명령이 아닐 수 없다. 실천 신학이라는 분과의 본성으로부터 바깥을 보면 추가적 도전이 무엇인지 알게 된다.

많은 다른 학문적 분과에서와 마찬가지로 실천 신학자들은 현대적 인간 경험에 대해 세계화가 가지는 함축에 대한 질문에 직면하게 되었다. 2001년 9월 11일의 사건은 우리가 어떤 한 곳에서 단체가 가지는 태도와 개념과 신념이 다른 곳에 있는 사람들에게 극적 영향을 미칠 수 있는 전 세계적 공동체에 살고 있다는 점을 상기시켜 준다.

매일의 삶은 단지 순수하게 하나의 지역적 사건이 아니다. 그것은 세계를 돌아가게 했던 관계와 구조와 다양한 인종적 조직과 실천의 촘촘한 네트워크에 의해 영향을 받고 있다. 실천 신학의 반성 초점은 지역적 경험이나 관심의 수준에 머물러 있을 수 없다. 그 초점은 [예컨대 그 해방적 유형에서] 어떻게 인간 해방과 행복이 이들 현금의 국제적 구조와 관계로 증진되거나 저해가 되는지를 물어야만 한다.

인간 실존의 세계적 차원의 중요성에 대한 점증하는 인식은 지역적 경험과 흥미의 중요성에 대한 새로워진 이해로 이끌었다. 세계적 자본주의의 상징과 구조와 기구들이 현존하는 것은 점차 전 세계적으로 느낄 수 있을지 모르지만, 인간의 삶은 모든 상황과 문화에 걸쳐서 균등화되지 않았다. 오히려 인간 실존은 이제 "세방화"(glocal: 'global' 과 'local'의 합성어로 범세계적이면서 지역 실정도 고려한다는 의미임 – 역주)의 문맥에 사는 것으로 더 잘 이해되고 있다. 복잡하고 독특한 환경이 우리의 지역적 문화와 최근에 생겨난 세계적 문화 사이의 상호 관계를 통해 생겨났다.[36]

이것은 실천 신학이 세계적 관심을 유지할 필요가 있을 것이지만 실천 신학의 보편적 이론과 유형은 적절하지 않다는 것을 의미한다. 도리어 우리는 세계적 이슈와 관계를 인식해 이들을 우리 자신의 지역 문화와 전통이 지니는 특별한 경험과 신념과 상징과 가치에 대한 관계에서 탐구하는 세계적 실천 신학이 있어야 할 것이다.

그러한 세계적 실천 신학의 실례는 아프리카와 아시아와 그리고 라틴 아메리카에서의 새롭게 등장한 상황적 해방 신학에서 이미 분명해졌다. 이런 예들은 또한 특별한 문화적 문맥에서의 적절한 목회적 돌봄의 본성에 대한 늘어나는 문헌에서 발견이 될 수 있다.[37]

---

[36] Gargi Bhattacharyya, John Gabriel, and Stephen Small, *Race and Power: Global Racism in the Twenty-First Century* (London, 2002)를 보라.

[37] 예컨대 Abraham Berinyuu, *Pastoral Care to the Sick in Africa* (Frankfurt, 1988); Lartey, *In Living Colour*를 보라.

세방화 실천 신학(glocal practical theology)이라는 개념은 또한 미국과 서구 유럽 사이의 문화적 차이가 실천 신학을 위해서 지니는 중요성에 대해 우리의 관심을 돌리게 할지도 모른다.

예컨대 이 학문 분과가 점점 더 탈기독교 또는 탈종교적 듯 보이는 영국 사회와는 대조적으로 여전히 공공연하게 종교적 미국적 문화라는 상황에서 실행이 될 때 이것은 실천 신학의 이론과 실천을 위해서 어떤 차이를 만드는가?

이 후자의 질문은 여기에서 우리가 고려하게 될 실천 신학에 대한 최종적 도전을 제기해 준다. 서구 유럽의 대부분이 세속화의 분명한 징후를 보이지만 세계의 많은 부분은 종종 근본적 형식을 띠는 종교적 신념과 제휴의 르네상스를 증거로 제시해 주고 있다. 신앙과 종교적 집착이라고 하는 세계적 동향은 어떻게 우리가 우리의 종교적 전통을 평가하고 거기에 관여해야 하는지에 대한 근본적 질문을 제기해 준다.

실천 신학은 주로 기독교적 전통을 통해 계시된 신적 진리를 현대 세계에 의사소통하는 데 관심을 기울여야만 하는가?

아니면 실천 신학은 종교적 전통이 현대적 경험의 빛 안에서 새로워지고 새롭게 형성되는 수단이 되려고 시도해야만 하는가?

하나의 학문적 분과로서 실천 신학은 지금까지 거의 전적으로 국한되어 있었던 교회를 넘어 공헌해야 할 어떤 유용한 기능을 하고 있는가?

이런 질문이 소개되는 방식은 단지 하나의 학문적 분과로서의 실천 신학을 위해서뿐만 아니라 우리가 새롭고 불확실한 미래로 들어갈 때 신앙 공동체와 더 광범위한 사회의 형성을 위해서도 중요한 결과를 가져올 것이다.

참고 문헌

Bonnie Miller-McLemore and Brita Gill-Austern (eds.), *Feminist and Womanist Pastoral Theology* (Nashville, TN, 1999).
Counselling (London, 2003).
Derek Tidball, *Skillful Shepherds: An Introduction to Pastoral Theology* (London, 1986).
Don Browning, *A Fundamental Practical Theology: Descriptive and Strategic Proposal* (Minneapolis, MN, 1991).
Elaine Graham, *Transforming Practice: Pastoral Theology in an Age of Uncertainty* (London, 1996).
Emmanuel Lartey, *In Living Colour: An Intercultural Approach to Pastoral Care and*
Edward Wimberley, *African American Pastoral Care* (Nashville, TN, 1991).
Friedrich Schleiermacher, *Critical Caring: Selections from Practical Theology*, trans. James O. Duke (Philadelphia, PA, 1988).
Gordon Lynch, *After Religion: "Generation X" and the Search for Meaning* (London, 2003).
Hilary Cashman, *Christianity and Child Sex Abuse* (London, 1993).
Henri Nouwen, *The Wounded Healer* (London, 1994).
John Patton, *From Ministry to Theology* (Nashville, TN, 1990).
James Newton Poling, *The Abuse of Power: A Theological Problem* (Nashville, TN, 1991).
Johannes van der Ven, *Practical Theology: An Empirical Approach* (Kampen, 1993).
James Woodward and Stephen Pattison (eds.), *The Blackwell Reader in Pastoral and Practical Theology* (Oxford, 2000).
Laurie Green, *Let's Do Theology: A Pastoral Cycle Resource Book* (London, 1990).
Nancy Eiesland, *The Disabled God: Towards a Liberatory Theology of Disability* (Nashville, TN, 1994).
Paul Ballard, *Practical Theology: Proliferation and Performance* (Cardiff, 2001).
Stephen Pattison, *Pastoral Care and Liberation Theology* (Cambridge, 1994).
_____. *Shame: Theory, Therapy, Theology* (Cambridge, 2000).
Stewart Hiltner, *A Preface to Pastoral Theology* (New York, 1958).
Thomas Oden, *The Care of Souls in the Classic Tradition* (Philadelphia, PA, 1984).
William Clebsch and Charles Jaekle, *Pastoral Care in Historical Perspective* (New York, 1967).
Zoe Bennett-Moore, *Introducing Feminist Perspectives on Pastoral Theology* (London, 2002).

제5부
특수 신학

제25장 페미니즘과 성(Gender) 그리고 신학
  라헬 뮤어스(Rachel Muers)

제26장 흑인 해방 신학
  드와이트 N. 홉킨스(Dwight N. Hopkins)

제27장 라틴 아메리카 해방 신학
  레베카 S. 촙(Rebecca S. Chopp), 에트나 레이건(Ethna Regan)

제28장 아프리카 신학
  티니코 삼 말루리키(Tinyiko Sam maluleke)

제29장 남아시아 신학들
  펠릭스 윌프레드(Felix Wilfred)

제30장 동아시아의 상황 신학
  아키 이 지정(Archie Chi Chung Lee)

제31장 탈식민지적인(postcolonial) 성경 해석
  R. S. 수기르타라야(R. S. Sugirtharajah)

제5부
특수 신학

모든 신학이 편향적이고 특수한 이유는 신학이 신학자들이 이해당사자에 해당하는 역사적, 사회적 그리고 정치적 상황 속에서 발생하며, 그 상황에 말하고 있기 때문이다.

그러나 20세기는 자의식적으로 편향적이고 특수한 신학의 발전이 "주류" 신학에서 이전에 소외되고 배제되었던 입장을 수용하고, 그 결과 주류 자체를 제한하는 것에 관심을 끄는 것을 보았다.

제5부에서 논의된 특수 신학들은 그래서 이 책 안에 있는 단지 "특별한"(particular) 신학들로서가 아니라 모든 신학자의 특수성(particularity)-성, 인종, 문화, 경제-을 20세기와 21세기를 위한 의제로 제시하는 신학들로 읽혀야 한다.

결국, 오늘날 이 세상의 그리스도인 대부분은 북미와 서유럽 밖에 거주하고, 백인 그리스도인은 세계적으로 소수이며, 당연히 이 세상에 있는 그리스도인들 가운데 적어도 절반은 여성이다. 여기서 논의된 신학들을 단지 최소한 혹은 전문적으로 관심이 있는 사람이라면 누구나 이 점들을 명심해야 한다.

신학의 특수성뿐 아니라 그 편향성에 대해 말하는 것은 이 신학들에 따라 강조된 차이점들이 흠이 있다는 것을 우리에게 알려 준다. 그것들은 종종 매우 대립적이고 세계적이고 지역적 힘의 불균형을 유지하는 데 근거하고 있다. 정치적이고 사회적 변화들-식민지의 독립, 시민권 운동들, 여성의 지위 변화들-은 이런 신학들의 상황에 속하지만, 신학자들은 단순한 관찰자가 아닌 참여자들이다.

해방 신학-압제당하는 자들이나 가장 무력한 자들의 편에 그 '편향성'을 두는-으로의 초청은 라틴 아메리카(레베카 춥과 에쓰나 레간이 쓴 장들을 보라)에서 발생했다. 그것은 또한 남미와 남아프리카(드와이트 홉킨스와 티니코 말루레키가 보여 주는 바와 같이)의 흑인 신학을 위해서, 아프리카와 아시아 신학들(티니코 말루레키와 펠릭스 월프레드, 아키 리가 논의한 것처럼)을 위해서 그리고 여성 신학(레이첼 무어스가 쓴 장)을 위해서도 엄청 중요하다.

탈식민 이론(특히 R. S. 슈거사라자가 쓴 장을 보라)의 활용 덕택에 신학자들은 신학과 기독교가 식민지주의와 제국주의의 관점에서 정의됐던 상황에서 그리스도인들이 "해방"에 대해 어떻게 말할 수 있는지에 대해 더 완전한 설명을 발전시킬 수 있었다.

특수성을 강조하는 신학자들에게 더 중요한 쟁점은 신학과 문화 사이의 관계다.
 기독교의 텍스트와 실천 그리고 주장이 넓은 범위의 문화적 상황 속에 존재한다는 것은 무슨 의미인가?
 티니코 말루레키는 아프리카의 문화와 아프리카의 전통 종교가 구심점이 되어 아프리카 신학이 계속 발전해 가고 있는 상황에 관해 쓴다.
 그리고 아키 리는 한편으론 동아시아 철학과 문화, 다른 한편으로는 기독교 신학 사이의 관계를 세우는 다양한 방법을 기술한다.
 펠릭스 윌프레드 역시 남아시아의 종교 다원적 배경에 맞서 "토착화"(inculturation)의 가능성과 한계에 대해 논한다. 또 신학과 문화의 쟁점들에 대한 이 단원의 관심은 "주류" 신학에 속하는 독자들에게 그 문화적, 역사적 특수성을 깨닫도록 일깨워준다.

제25장

페미니즘과 성(Gender) 그리고 신학

라헬 뮤어스(Rachel Muers)

1. 서론

여성의 목소리와 페미니스트의 관심 그리고 성 분석의 등장은 20세기 신학에서 가장 뜻 깊은 사건들 가운데 하나였다. 그렇다고 해서 이 말이 20세기 이전에는 어떤 여성도 신학적으로 사고하지 않았다든가 신학적 글을 쓰지 않았다는 것은 아니다. 오히려 많은 여성이 그렇게 했고 다음 세대들에게 큰 영향을 끼쳐 왔다.

이것은 또한 20세기 이전에 이성(sex)과 성(gender)에 관한 쟁점들이 중요하지 않았다는 말도 아니다. 오히려 정반대다. 20세기에 등장한 새로운 사건은 여권 신장 운동이라는 상황 속에서 그 이전의 신학이 조직적으로 여성들을 침묵하게 했고 그러한 억압에 이념적 근거를 제공하려 했던 측면들에 대해 분명히 인식한 것이었다.

여성 신학은 아주 다양한 여성들의 목소리 안에서 발생해, 기독교 복음의 "좋은 소식"이 여성과 남성 모두에게 좋은 소식—또한 죄로부터의 해방에 대한 약속은 페미니스트적 사고와 행동으로 확인되고 도전받는 성 차별주의라는 구조 악을 언급한다—이라는 선포로 지속한다.

20세기의 후반기는 "제2의 물결 페미니즘"으로 알려진 '페미니스트 캠페인 운동'과 이론 작업의 강화를 봤고, 신학자들이 처음부터 이 운동에 중요한 역할을 해 왔다. "제2의 물결"인 여성 신학에서 특수한 상황에 부닥친 여성들에 대한 사회적이고 정치적이고 성적 억압을 분석한 것은 앞선 신학들에 대한 비판과 여성들의 완전한 번영에 더 도움이 되는 신학과 영성을 구성하려는 시도와 나란히 배치된다. 페미니즘과 이성, 성이라는 개념들이 더 문제가 되고 복잡한 것처럼 "여성 신학" 또한 더 복잡해져 왔다. 하지만 윤리적이고 정치적 강한 헌신이 이런 쟁점들에 대한 신학적 참여의 주요 특징으로 남아 있다.

이때 여성 신학을 하는 것은 신학적 담론을 비판하고 변형시키기 위해 분석의 도구들을 자주 활용하는 것인데, 그것들은 명시적으로 신학적이지 않은—실은 명시적으로 반신학적일 수 있는—페미니스트 이론에서 발전되었다.

그러나 그것은 또한 "페미니즘"과 여성 신학의 한계에 대해 신학적으로 성찰하는 것이다. 많은 기독교 여성 신학자들은 성 의식 연구와 윤리학 그리고 종말론—단지 몇 영역만 이름 대자면—등의 신학적 담론에 대한 그들의 지식을 오늘날의 페미니스트 논쟁에 쏟아붓는다. 유럽과 북미에서 여성들이 고등 교육과 공공생활의 참여에 더 많은 기회를 얻은 것은 20세기에 여성들이 신학 분야에 참여하는 것을 가능하게 만들었다. 동시에 많은 교회 안에서 여성들에게 리더십의 역할과 목사 임직을 허용하는 동향은 이전에 여성들을 배제했던 신학들이 논쟁의 초점이 되게 했다.

탈식민지 신학과 해방 신학, 토착화 신학과의 비판적 대화 내에서 그리고 그 안에서 아프리카와 아시아 그리고 라틴 아메리카에서 여성 신학의 발전이 북미에서의 이런 발전과 함께 위치해야 한다. 여성의 목소리는 기독교 신학이 처음에 가져와서 가르친 북미 선교사들의 언어가 아니라 현재 그것을 실행했던 사람들의 언어와 경험으로 행해질 수 있다는 주장에 있어 남성의 목소리와 하나가 되었다. 그들은 또한 신학이 불공정한 세계 교역의 구조라는 새로운 식민정책을 포함해 식민지 압제로부터 해방을 장려하고 가난한 자들과 연대하라고 외치는 소리에 함께해 왔다.

그러나 이 여성들의 음성은 독특한 소리—가부장적이고 식민지 사회 안에서 여성들이 당한 다양한 압제들을 상기시키는 것과 식민정책과 성 차별주의 사이의 관계를 분석하는 것 그리고 기독교와 문화에 대한 여성들의 독특한 경험을 말하는 것—를 냈고 계속해서 소리를 낸다. 여성 신학이 가진 강점들 가운데 한 가지는 사회·문화적으로 매우 다른 상황에 속해 있는 신학자들 사이에서 공통 관심사에 관해 전 세계적 대화의 장려였다.

2. 개요

여성 신학에 대한 개요는 그 내용만이 아니라 그 접근 방식과 출처와 규범에 관한 차별성을 설명해야 한다. 여성 신학이나 성(gender)의 문제를 진지하게 취급하는 신학의 가장 중요한 과제 중 하나는 윤리적이고 정치적 행위로서 '신학 함'(the doing of theology)을 충분히 생각하는 것이었다.

이런 비평적 성찰의 상황에서 발생한 신학 내에서 다양한 주제들이 등장한다. 그것들 가운데 차이와 복수성에 대한 신학적 중요성, 특히 죄와 인간의 구현(embodiment)에 대한 문제들을 둘러싼 신학적 인간학의 교정 그리고 아마도 중요한 문제가 될 하나님을 명명하기(naming) 등이 있다.

1) 차이를 생각하기

'특수 신학'에 관해 다루는 이 부문에서 서술된 다양한 운동들과 함께 여성 신학은 신학자들에게 그들이 무엇을 말하고 누가 그것을 말하고 어떻게들 말하는가에 대한 윤리적이고 정치적 함의를 양심적으로 상기하게 했다. 페미니스트들과 그들 가운데 있는 여성 신학자들에게 단순히 이론적 "중간 관점"(view from nowhere)이 절대 없거나 있을 수 없는 것이 아니다. 오히려 "중간 관점"을 갖고 있다는 주장은 그것이 다른 사람들의 소리와 관심사들을 억압하기 위해 활용한다는 점에서 윤리적으로 정치적으로 문제의 소지가 있다. 소리의 복수성, 관점의 다양성 그리고 인간적인 차이의 피할 수 없는 현실은 여성 신학의 중요 주제로 등장한다.

여성 신학은 특별히 북쪽에서 더 폭넓은 사회만큼이나 교회와 신학교에 퍼져있는 우상숭배 행위들(idolatries)에 대한 비판으로 자신을 표현해 왔다. 주로 여성 신학은 가부장제 이데올로기를 지지하는 남성 하나님에 대한 우상숭배와 여성 신학자들이 주장하곤 하는 다양한 다른 형태의 압제를 공격한다(아래에서 더 논의하겠지만 성 차별주의와 이런 다른 형태의 압제의 상호 연관성이 여성 신학 내부에서 의문시될지라도).

그래서 하나님에 대한 남성 이미지—예를 들어 샐리 맥페이그(Sallie McFague)의 책과 다른 책들 안에 나오는 **부성애**에 대한 "근본적 은유"(root metaphor)—의 배타적 사용에 대한 한 비판은 여성의 육체적이고 문화적 예속(subjugation)에 대한 분석과 기독교 신학이 관여하는 데 실패했던 더 광범위한 정치적 문제들에 대한 분석과 나란히 놓여질 수 있다.[1] 로즈마리 류터(Rosemary Radford Ruether)는 그녀의 건설적 신학적 기획의 선봉으로 기독교의 가부장적 "우상숭배"에 대한 광범위한 분석에 착수한다.

신학적 과제 내부에 반 우상숭배에 대한 이런 강조는 다른 해방론자의 신학적 기획들과 공유된다. 그런 모든 기획안에서 그것은 (단지 페미니스트적/실용적인 것보다는 차라리)신학적 주장—하나님의 본성이 일군의 명칭들과 이미지들을 통한 이해의 가능성을 능가한다는 것—에 의존한다는 것을 주목하는 것이 중요하다. 전근대적(premodern)이고 탈근대적(postmodern)인 두 모습 속에 이런 "성상 파괴적"(iconoclastic) 성향의 여성 신학과 부정 신학(negative or apophatic) 간의 분명한 유사성이 있다.

---

1 Sallie McFague, *Models of God* (London, 1987).

하나님과 관련해 "반우상적인" 운동은 주류/가부장적 신학과 초기 여성 신학 안에 공히 작용하고 있는 "여성" 개념의 해체에 비견된다.

"여성들의 경험"에 대한 단 하나의 이해를 주장하려는 시도는 실제로 모든 여성 위에 백인, 중류층, 북미 혹은 유럽의 이성애(heterosexual) 여자를 투영시켰었다는 말이 있다.

여성 신학자들의 국제적 대화가 여성들의 경험 자체의 다양성을 신학적 사고의 회피할 수 없는 주제로 삼았을 때 쟈클린 그랜트와 캐티 캐논, 다른 사람들은(글로리아 왓킨스와 같은 이론가들의 작품에 의존함) 백인 여성 신학의 인종 몰이해(race-blindness)를 드러냈다.[2]

초기 여성 신학의 보편화 된 "여성"은 실상 주권적 "하나님"의 보전(retention)— 심지어 혹은 아마도 특별히 거기에 "여성들의 경험"에 명확하게 더 적합한 "하나님"을 명명하는 것에 대한 강조가 있었다—에 은밀하게 의존했다고 명시적으로나 암묵적으로 언급되고 있다.

비(非) 페미니스트 기독교 여성들의 사고와 습관의 문제에 관한 매리 M. 풀커슨(Mary M. Fulkerson)과 다른 사람들의 작품은 학구적 페미니스트의 소리가 어떻게 "가부장적인" 구조 내에 종교적이고 정치적 기능을 행사하는 여성들의 소리와 결부되는지 물어봄으로써 상황을 더 까다롭게 한다.[3]

초기 여성 신학 안에 있던 일정한 경향들에 대한 이런 비판은 신학의 수행이 정치적이라는 조언을 수반한다. 그 이유는 신학 텍스트의 내용이 정치 질서를 지지하거나 뒤엎기 위해 사용될 수 있기 때문이기도 하고 더 중요하게는 신학적 담론이 공인되고 그에 대한 접근이 승인되거나 부인되는 방법들이 권력의 구조 안에 심어졌기 때문이다.

위에서 제시했던 것처럼 여성 신학은 여자들의 신학적 발언이 조직적으로 배제되거나 유린되어 온 방식들에 대해 항거함으로써 시작한다.

여성 신학자들은 단순히 그들 자신의 목소리와 규범들을 이전에 신학을 통제했던 것들로 대체하면서 어떻게 똑같은 패턴을 반복하는 것을 피할 수 있는가?

---

2 북반구 백인 여성 신학의 "성격에 맞지 않게"(against the grain) 의도적으로 제시된 신학의 몇몇 중요한 실례에 관해서는 다음의 책을 보라; Jacquelyn Grant, *White Woman's Christ and Black Woman's Jesus* (Atlanta, GA, 1996); Ursula King (ed.), *Feminist Theology from the Third World: A Reader* (London, 1994).

3 Mary McClintock Fulkerson, *Changing the Subject: Women's Discourses and Feminist Theology* (Minneapolis, MN, 1994).

많은 여성 신학자는 그들 자신의 관점의 한계를—그들 자신의 위치를 개별 집단의 회원들로 인정하면서—명확히 해 주는 방식들을 쓰기로 선택한다.

특별한 기준점에 대한 이런 명료한 채택을 다루는 더 공개적 한 가지 정치적 접근 방식은 압제당하는 자들의 공동체에 대한 신학자들의 **책임성**(accountability)을 강조하는 것이다. 책임성은 신학적 방법론에 대한 탈식민지적 성찰과 특별히 탈식민지 여성 신학의 주요 주제다. 예를 들어 그것은 미국에 있는 라틴계들 가운데 아다 이사시-디아즈(Ada Maria Isasi-Diaz)의 작품뿐만 아니라 한국에 있는 정현경의 작품의 기조(key)이기도 하다.

그런데 그 생각은 그들이 나온 공동체가 그것들을 사용하는 것에 대해 지속해서 비판하는 질문이 없이 가난한 자들이나 여성들의 경험을 그것들로부터(제국주의 운동을 반복하면서)신학적 "원재료"(raw material)로 간주하는 것을 피하는 것이다.

그 신학자의 "책임성 있는 공동체들"(communities of accountability)은 그녀의 작품에 대한 비판인 동시에 그 규범들—신학이 어떻게 식민지나 가부장 사회에 있는 가난한 여자들의 번영에 이바지하는가?—의 원천이다. 신학과 책임성이 있는 개별 공동체와의 연결이 그 신학의 진실 됨(truthfulness)에 대한 요구를 단념하는 것을 의미할 필요까지는 없지만, 신학적 진리 주장들이 그들 자신의 사회적, 성적 위치를 인정하지 못한 탓이라고 주장하는 것을 의미한다.

특수성에 대한 이런 강조는 우리에게 여성 신학이 더 일반적 페미니스트사상과 같이 "근대"(modern)와 "탈근대"(postmodern)의 사고틀—평등성과 권리 그리고 개인의 자율에 관한 "근대의" 강조에서 발생하지만 동시에 "근대성"(modernity)에 이의를 제기한 운동에 공헌한—간의 교차점에서 출현한다는 것을 일깨운다.

"탈근대"로 분류된 유럽과 북미의 사상은 종종 성 문제에 대한 지속적인 관심을 포함해 왔고 또한 페미니스트 사상가들과 여성 신학자들에 의해 다양하게 도용됐다.

차이와 다양성에 대한 강조, 차이를 무시하려는 텍스트와 담론들 내에 작용하고 있는 힘의 역학에 대한 폭로 그리고 "인류"(humanity)에 대해 보편적 주장을 하려는 시도에 대한 문제 제기 등은 여성 신학들에게 환대를 받아온 탈근대철학의 모든 견해다.[4]

---

4   탈근대성(postmodernity)에 대해 특별한 주요 철학자들과 폭넓은 대화를 하면서 발전시킨 여성 신학의 예들은 다음과 같다; Sharon D. Welch, *A Feminist Ethic of Risk* (Minneapolis, MN, 1999)-푸코(Foucault)와 대화하면서; Ellen T. Armour, *Deconstruction, Feminist Theology and the Problem of Difference: Subverting the Race/Gender Divide* (Chicago, 1999)-데리다(Derrida)에 대해.

탈근대적 사상의 이런 도용이 여성 신학자들이 하기 원하는 방법론적이고 구체적 많은 운동에 이론적 기초를 제공해 주는 데 도움이 되지만, 그것은 또한 어려움이 뒤따른다.

"차이"를 인정하는 것은 실제로 정치적 서약(책임)을 잃어버리거나 약하게 할 위험이 있는가?

마치 여성들이 신학적 맥락과 다른 맥락에서 자신을 주체들과 작인들로 이해할 수 있다고 된 것처럼 "주체"(subject)와 "작인"(agency)의 범주들에 의문을 제기하는 것은 여성들에게 실제로 도움이 되는가?

이 논쟁들은 페미니스트 이론 내에서 전체적으로 지속한다. 여성 신학 내에서 그것들의 구체적 중요성은 아마도 여성 신학자들에게 "신학은 근대 이후에 어디로 가야 하는가?"

이에 관한 다양한 논쟁에 대해 독특한 한 관점을 제공하는 것일지도 모른다.

내가 뒷부분에서 좀 더 살펴보겠지만 많은 여성 신학자들은 계몽주의의 "이성적 인간"(man of reason)에 대한 의문 때문에 탈근대적 텍스트에서 자료들을 찾는다. 하지만 동시에 그들은 페미니스트들로서 가부장제와 남성중심주의가 근대에 시작되지 않았다-그 반대로 페미니즘이 시작되었다-고 인정할 것이다.

페미니스트 철학과 비평주의의 도구를 사용해 신학적 전통에 속하는 교재들을 비평적으로 다시 읽는 것은 물론 성경을 읽는 것으로 확대되었다.

현대 페미니스트의 성경적 학식은 『여성 성경』(Woman's Bible)부터 시작되었다고 할 수 있는데, 그 때문에 엘리자벳 C. 스탠튼(Elizabeth C. Stanton)은 모든 여성 성경 신학자들을 끌어모아 여성들이 등장하거나 언급되는 모든 성경 텍스트에 대해 주석하도록 했다.[5] 『여성 성경』의 접근 방식과 내용은 차후의 페미니스트 성경 해석을 형성해 온 수많은 관심사와 논쟁들을 확립하는 것으로 보일 수 있다.

만일 우리가 여성들에 대해 언급하는 본문들을 읽는다면 이런 행위는 본문을 만들고 보존했던 공동체에서 여성의 위치를 감추거나 훼손하려는 시도들과 결탁하는 것인가?

예를 들면 이것을 마음에 두고 엘리자베스 S. 피오렌자(Elizabeth S. Fiorenza)가 신약 본문을 다룬 작품은 여성들이 최대 기독교에서 중요했었다는 전제에서 시작하고 그 본문들이 어떻게 그들의 종교적 삶을 드러내고 숨기는지를 추적한다.

---

[5] Elizabeth Cady Stanton (ed.), *The Woman's Bible* (New York, 1898).

여성들이 등장하는 본문에 집중하는 것은 많은 페미니스트 주석가들이 여전히 그러는 것처럼 우리를 여성들의 복종과 배제 그리고 폭행에 대한 노출—본문이 기록할 뿐만 아니라 반복하고 있으며, 이 본문들을 읽는 사람들의 삶에서 반복될 수 있는 실재들—에 대한 기록을 마주하게 한다.

필리스 트리블(Phyllis Trible)이 히브리성경 안에 나타난 "테러의 본문들"을 다룬 작품은 이것을 제시하고 기독교 여성 신학자들에게 강한 질문을 제기한다.

즉, "테러 본문들"이 거룩한 본문으로 어떻게 읽혀질 수 있는가?

성경 본문을 가부장 문화—그것이 무엇일지라도—의 산물로 인식하는 것은 여성들의 복종에 대해 명백히 말하는 본문들을 버리거나 무시하라는 요청에서부터 여성들의 억제된 목소리들과 이야기들을 회복시키기 위해 "그 자체에 맞서"(against itself) 성경을 읽는 것까지 독서 전략의 영역을 발생하게 한다.

성경의 권위라는 관념 자체가 페미니스트 사상가들에게는 문제가 되는 영역이다. 그것이 몇몇 상황에서 제시된 것처럼 여성들 스스로가 남성 하나님과 그 남성 대변자들(성경 기자들과 권위를 부여받은 그들의—남성 주도적인—해석자들)에 의해 지배받도록 허용하는 요구의 재진술로 보이기 때문이다.

해석상의 맥락에서 텍스트와 독자 간의 상호 작용을 강조하고 성경 해석의 윤리적이고 정치적 외적 실천(outworkings)을 우선하는 성경적 권위의 모델들은 성경 텍스트에 대한 페미니스트의 교정을 위해 중요했다.

2) 성(Gender) 분석: 여성 / 신체 / 본성[6]

신학적 전통에 대한 페미니스트의 비평적 다시 읽기는 성(gender)의 범주를 폭넓게 활용한다.

성이란 무엇이고 그 신학적 중요성은 무엇인가?

아주 간단하게 말해서 그 용어는 남성과 여성 혹은 남성성(maleness)과 여성성(femaleness)을 구별하는-그리고 "남성"과 "여성"이 유일한 두 가능성이 아닌 상황에 있는 사람들 사이에 동등하게 구별하는—원리들을 조직하는 추세를 나타낸다. 명확한 구분이 생물학적 "성"(sex)과 문화적으로 규정된 "성"(gender) 사이에 가능했던 영어로 된 초기 문헌들에 들어있는 암시는 지금은 일반적으로 기껏해야 지나친

---

[6] "여성/신체/본성"이란 용어는 로즈마리 래드포드 류터가 *Sexism and God-Talk* (London, 1983)의 후기에서 사용한다.

단순화라고 인식된다.

그것은 실상—여성들과 여성성은 문화와 정신의 남성적 영역들과 상반되는 것으로서 전통적으로 자연과 물질과 결합했었다는 점에서—스스로 생겨난 "자연/문화" 또는 "물질/정신"의 구분에 기초해 있다.

이것을 인식하는 것은 이미 성의 파급(pervasiveness)—사람들 사이의 관계와 위계 질서뿐만 아니라 우리의 문화계와 "자연"계의 형성을 규정하는 배열 원리로서—을 인식하는 것이다. 성(gender)의 관점에서 신학에 대해 생각하는 것은 신학적 텍스트와 상징 체계들 속에서 이것을 인식하는 것이다.

신학자들은 그들이 과거와 현재의 신학 교재들에 대한 그러한 성 분석을 추구할 때 무엇을 발견하는가?

한편으로 그들은 여성에 대한 신체적 억압을 지지하는 상징적 구조들을 발견해 드러낸다. 페미니스트의 초기 분석은 이 텍스트들이 어떻게 여성들과 여성성이 죄성(sinfulness), 무질서(chaos)와—부정적으로 이해된 "육체"와 형상보다는 질료와 신적 이성보다는 무질서한 감정과—결합한 이원론을 세우는지 연대순으로 기록한다. 그것은 하나님을 남성으로 명명하는 것이 억압의 구조를 적소에 위치시키기 위해 사용되는 방식들에 주의한다.

매리 데일리 다른 수많은 사람에 의해 뽑혀 온 표어에서 "만일 하나님이 남성이라면 남성은 하나님이다"라고 썼다. 만일 최고의 가치와 가치의 원천이 오직 또는 주로 남성의 관점에서 그려진다면—주장이 그렇게 흘러간다—여성성의 훼손과 실제 여성들의 억압은 피할 수 없다.

그러나 신학적 사고에 대한 성별을 반영한 이원체제들(gendered binaries)—남자/여자, 영/질료, 이성/감성, 혼/육—의 결과는 여성 신학자들이 이해한 것처럼 여성의 압제에 제한받지 않는다. 여성 신학의 주요 관심사들 중 하나는 몸과 구체화(embodiment)에 대한 신학적 재평가를 위한 것이었다.

신의 **성육신**에 집중된 종교는 그런 재평가를 해야 하지 않았을 것이라 추정되었을지도 모른다. 그러나 20세기에 수많은 비평적 토론들은 몸, 특히 여성의 몸의 창조와 구속을 진지하게 취급하기 위해 기독교 신학 내에 끊임없는 실패가 있다는 것을 제안해 왔다.

이 토론들이 "육체"와 "영", 초기 금욕주의, 독신생활(celibacy)의 이상, "내향성"(inwardness)에 대한 프로테스탄트의 초점, 합리적 인식 때문에 기독교에 대한 계몽주의적 다시 쓰기에 대한 바울의 텍스트들을 강조하든 말든—짧게 말해서 기독교가 발전하는 과정에서 문제가 위치한 어떤 지점에서든지—새로워진 몸의 신학이 현대 기독교에 매우 중요하다고 널리 동의되었다.

철학적, 신학적 담론을 형성해 온 성별을 반영한 이원체제들에 대한 분석들은 몸에 대한 재평가와 특히 페미니스트의 한 가지 관심사로 중요한 자연에 대해 재평가를 하는 것으로 보이는 복잡한 경향을 보여 준다.

여성들과 문화 이전의 "자연" 혹은 형상이 없는 질료(the unformed matter)와의 널리 퍼져있는 동일시, 자연이 여성으로("어머니 자연", "어머니 지구", "베일에 가려진 여신") 생겨난 것, 여성들의 종속적 지위를 결정하는 신체적 차이에 대한 초점이 있다. 신학적 텍스트들의 승계에 대한 페미니스트적 읽기가 시사하는 바와 같이 여성들은 그 신체성(bodiliness)에 의해 정의된 남성들보다 더 크게 이해됐다.

육체에 대한 신학적 재평가는 페미니스트주의자들에게 중요한데, [특히] 기독교 사상과 신학 내에서 여성의 신체에 대한 지각된 모독 때문만이 아니라 초기 페미니즘에서 보인 몸에 대한 유사한 모독 때문이기도 하다.

성별이 없는(sexless) "이성"의 호소를 통해 여성들의 육체적 삶을 초월하려고 노력했던 초기 "자유주의" 페미니즘에 대한 신학의 도전들은 실상 전통적인, 종종 전근대적 많은 기독교 자료들을 참고할 수 있었다. 현대 신학자들은 성별이 있는 몸을 하나님의 구속적 활동의 위치로 보는 글쓰기 전통들을 재발견해 왔다.[7]

기독교의 몸 신학이 예수의 몸에 초점을 맞추는 이런 상황에서 그것은 무엇을 의미하는가?

기독교 사상에 있어 이 "남성의 몸"의 불가피성은 특히 예수의 몸의 남성성(maleness)이 여성 사제직과 사역을 둘러싼 논쟁에서 사용되었던 방식의 맥락에서 보였는데, 이것은 스스로 "탈기독교" 페미니스트들로 묘사한 많은 사람이 기독교를 거절하는 데 있어 주요 요인이었다.

그래서 예를 들면 다프네 햄슨(Daphne Hampson)의 기독교에 대한 반대는 "특수성의 문제"(scandal of particularity)에 초점을 맞춘다. 남성성을 포함한 예수의 특수성은 불가피하게도 기독교에 중심이 되는데, 그런 이유로 햄슨이 주장하기를 기독교 신학의 틀 안에서 남성의 우위를 피할 수 없다고 한다.[8] 햄슨의 도전에 대한 광범위

---

7   예를 들어 *Powers and Submissions: Spirituality, Philosophy and Gender* (Oxford, 2002)에서 사라 코클리(Sarah Coakley)의 금욕 실행에 대한 재고를, *Fragmentation and Redemption: Essays on Gender and the Human Body in Medieval Religion* (New York, 1994)에서 캐롤린 W. 바이넘 (Caroline Walker Bynum)의 중세 여성들의 경건에 관한 작품을 보라.

8   Daphne Hampson, *Theology and Feminism* (Oxford, 1990)을 보고 일군의 여성 신학자들이 햄슨의 입장에 대해 논의한 것은 다음의 책을 참고하라; Daphne Hampson (ed.), *Swallowing a*

한 반응들은 여성 신학과 동일시 될 수 있는데, 그 모든 것이 예수의 몸이 남성성이 고정되고 규범적 중요성을 갖고 있다는 내포된 주장을 다양한 방식으로 의문을 제기한다.

예수의 특수한 구현 자체(per se)의 중요성을 훼손시키지 않고 이것을 하는 것이 중요하고 일반적으로 여성 신학자들에 의해 그와 같이 간주한다.

예를 들어 자넷 M. 소스키즈가 "상징들을 바꾸기"에 관해 쓴 작품은 예수의 몸과 "여성적" 특성들—생명을 주는 피, 피와 물의 흐름을 통한 새로운 생명의 탄생—과의 결합을 나타낸다.

매우 다른 실례가 머시 A. 오두요예(Mercy Amba Oduyoye)가 아프리카 여성들의 기독론에 관해 쓴 것인데, 그 작품은 신체를 고쳐주고 음식을 먹이고 신체의 행복을 회복시킨 예수의 행위에 초점을 맞추는 한 문맥에서 예수의 남성성에 대한 의문의 부적절함을 분명히 한다. "몸을 생각하는 것"에 대해 여성 신학의 몰두하는 것은 단순히 신학적 주제 안에 있는 한 가지 변화만이 아니다. 오히려 그것은 의미 있는 정치적 함의들과 더불어 하나의 방법론적 조치를 반영한다.

버지니아 파벨라(Virginia Fabella)와 머시 오두요예(Mercy Oduyoye)가 편집하고 남반구에서 발행된 유명한 여성 신학 논문 모음집의 제목—『수난과 긍휼』(*Passion and Compassion*)—이 이런 움직임을 연상시킨다. "수난"과 더불어 신학 하는 것은 신학이 그 신학자의 구현된 위치(embodied location), 즉 그녀의 욕구와 고난—신학적 사고의 활동을 그 신학자의 전 생애와 분리하는 것이 아니라—을 표현하도록 허용하는 것을 의미한다.

"긍휼"은 고통받고 있는 신체의 줄일 수 없는 실재에 주목하게 하는 데, "가난한 자들에 기쁜 소식"을 선포하려는 어떤 신학적 시도도 그것과 마주한다. 신학을 수행하면서 "수난과 긍휼"에 대해 언급하는 것은 또한 예수 그리스도와 "여성적" 특성들—따라서 수난과 긍휼을 나타내고 있는 여성들이 그리스도의 형상의 담지자들이라는 측면들—과의 결합에 관심을 끈다.

많은 기독교 여성 신학자들은 그들의 연구와 "에코 페미니스트"라고 불리는 다양한 운동들—여성들의 권한 부여와 가부장제의 폐지에 대한 요구와 자연환경의 보호에 대한 관심사와 옹호할 수 없는 개발의 종료와 결부된 운동들—간의 친밀한 관계를 본다.

실제로 여성 신학자들, 그중에 『새로운 여성 / 새로운 지구』(*New Woman/New Earth*)

Fishbone? Feminist Theologians Debate Christianity (London, 1996).

에서 로즈마리 R. 류터(Rosemary R. Ruether)가 눈에 띄는데, 여성들의 압박과 자연의 붕괴 사이의 관계를 이론화한 최초의 인물들 가운데 있다.

"영적 에코페미니즘"은 여성들과 그들의 정치적 활동을 형성하는 지구와의 관계라는 의미를 표현하고 생성시키기 위해서 에코 페미니스트 운동을 위한 의식과 신화 그리고 형상을 추구하고 고안해 왔다.

일반적으로 자신을 "에코 페미니스트"라고 표현한 사람들은 기독교 전통—돌이킬 수 없을 정도로 가부장적이고 반 자연적이라고 여겨진—이 아니라 그런 의식을 형성하는 데 영감을 주는 토착민들의 종교 전통들에 관심을 표해 왔다.

그러나 기독교 전통 내에서 활동하는 많은 신학자는 한편으론 여성들의 삶과 경험의 재확인과 다른 한편으론 인류와 비인간적인 자연 사이의 올바른 관계의 회복이 조화된다는 에코 페미니스트의 주장을 공유한다. 여성 신학의 연구의 일부로서 기독교 신학자들은 생태학적으로 의식이 있는 신학과 영성에 대한 그들 자신의 전통—인간을 그("남성적") 영장과 소유자라며 자연과 분리하지 않고 오히려 인간을 물질적 실재에 대한 의존과 그것과 관계하면서 존재하는 구현된 존재(embodied being)로 자연 안에 위치시키는 전통—안에 있는 자원들을 재강조해 왔다.

남반구 출신의 여성 신학자들은 그 삶이 환경 붕괴(degradation)의 결과로 가장 영향을 받아 온 사람들과 연대해 말하면서, 또 종종 지구와 자연이 중심이 되는 종교 사상의 전통에 의지하면서 이런 기독교 에코페미니즘의 최선봉에 있었다.

구현(embodiment)과 자연에 대한 초점을 따라서 여성 신학은 남성 주도적 신학에서 과소평가되었다고 느껴지는 특징들을 우선시하려고 노력해 왔다. 중요한 실례는 수많은 여성 신학 안에 있는 공동체와 관계에 대한 강조이다. 격리되고 상처 입지 않는 자아—격리되고 주권적 하나님을 모방한 것인가?—에 비해 여성 신학자들은 그것이 관계에 가장 개방될 때 그것이 속한 관계들과 공동체들 안에서 그리고 그것들을 통해 형성된 자아의 모양을 설정해 왔다.

계급적 관계에 대한 비판과 신학과 교회 구조가 더 광대한 사회에 존재하는 위계질서들을 강화하는 방식들은 공동체에 관한 여성 신학의 글들과 다양한 측면의 여성 신학의 실행 안에 모두 현존한다. 서구에서 20세기에 삼위일체 신학에 관한 관심의 부활은 몇몇 여성 신학자에 의해 공동체와 관계성에 대한 이런 관심이 어떻게 신학적 전통의 중심부에서 발견될 수 있는지에 대한 징후로 취급됐다.[9]

---

9 예를 들어 다음의 작품을 보라; Elizabeth Johnson, *She Who Is* (New York, 1994); Janet Martin Soskice, "Trinity and the Feminine 'Other,'" *New Blackfriars* 75 (1994), 2-17.

수많은 (특히) 탈계몽주의 신학의 개인주의에 대한 페미니스트의 비판은-그들이 그것을 보는 것처럼—신학의 "주체"—신적 주체와 인간 주체 모두-를 변화시키려는 더 폭넓은 관심과 밀접하게 결부된다.

3) '인간'은 무엇이며 하나님은 무엇인가?

필자는 이미 여성 신학의 성찰이 어떻게 하나님을 명명하고 묘사하는 질문-가장 주목해야 할 것은 하나님을 남성적 관점에서 명명하고 묘사하는 것은 예배의 오도(misdirection)와 인간 관계의 왜곡(distortion)을 낳기 때문에 우상숭배적이라는 의식이다-을 낳는지에 대한 몇몇 관심사를 언급한 적이 있다. 매리 데일리(Mary Daly)의 작품은 기독교에 대한 페미니스트 비판의 최전방에서 또다시 기독교가 종종 여자들과 대항하는 것으로 보였던 "대부"(Godfather, 하나님 아버지)—폭력으로 강화된 남성 권력의 신격화(apotheosis)—의 형상을 묘사한다.

이런 측면의 하나님을 명명한 것에 대한 더 자세한 분석과 비판은 여성 신학의 중요한 모습이었다. 그러나 필자는 또한 여성 신학이 반 우상숭배(anti-idolatry)에 비판적 운동에 제한받지 않았다고 제안한 바 있다. 삼위일체 신학에 대한 페미니스트의 도용은 기독교 신학의 전통이 스스로 반대한 하나님의 형상(image)보다 그 전통의 외연(breadth)에 더 정확하다고 동시에 주장할 수 있는 "대부"를 타파하는 방법을 제공해 왔다.

또한, 신적 지혜(잠언 제8장과 제9장)의 성경적 표현—창조 행위만이 아니라 인간 사회, 관계의 올바른 질서와 인간과 자연 질서 안에 그리고 (몇몇 여성 신학자가 강조해 온 것처럼) 후에 기독교가 예수 그리스도와 함께 성찰한 것 안에 존재하는 신적 임재와 더불어 밀접하게 관련된 표현—에 대한 재 도용(re-appropriation)은 여성 신학의 연구에 중요했었다.

대등한 반영이 또한 여성으로 묘사된 쉐키나, 즉 하나님의 백성들과 함께한 하나님의 임재에 대한 반영을 취한다.[10] 어떤 경우도 하나님을 여성으로 이미지화한 것은 남성을 대체하려는 의도가 아니었다.

여성 신학자들의 그것을 이해한 대로 그 연구는 성과 성의 관계-기독교의 신 이해가 그래야만 한다고 주장되는 것처럼-에 대한 기존의 이해를 진정으로 뛰어넘곤 했

---

10 지혜와 기독론에 대해선 다음을 참고하라. Elisabeth Schüssler Fiorenza, *Jesus: Miriam's Child, Sophia's Prophet* (New York, 1994).

던 신에 대한 더 풍성하고 더 다양한 언어에 관한 것이다. 그동안 소홀히 취급된 하나님을 명명하는 성경에서 말하는 혹은 전통적 방식들을 도용하고 성찰하면서 여성 신학자들 역시 그들이 여전히 가부장적 전통 내에서 연구하고 있다는 것을 인식하면서 비판을 한다.

하나님을 명명하는 것을 다루는 텍스트를 읽을 때, 하나님의 여성적 이미지가 배제되거나 남성에 종속되어 온 운동에 특별히 주목된다.[11]

"여신"을 신봉하는 고대, 현대 종교와 기독교 여성 신학과의 관계에 대한 계속되는 논쟁은 기독교가 부분적으로 하나님의 여성 형상들에 대한 거부를 전제한다는 인식의 맥락 속에서 발생한다.

하나님은 어느 정도 진술하게 성이 중립적이라고 "생각되지만"(supposed) 실제로는 남성으로 추정됐다. 마찬가지로 여성 신학자들은 신학의 인간 주체가 남성으로 생각돼 왔다고 주장했다. 북반구 여성 신학의 "제2의 물결"을 위해 가장 중요한 논문들 중 하나는 발레리 S. 골드슈타인(Valerie Saiving Goldstein)이 쓴 「인간의 상황: 페미니스트의 한 관점」(The Human Situation: A Feminine View)이었다.

골드 슈타인은 하나님의 남성 이미지 문제보다는 차라리 추정 상 신학의 성 중립적 인간 주체에 대한 눈에 띄지 않는 남성성에 더 관심이 있다. 그녀는 신학적 죄론이 일관되게 교만이라는 죄-하나님의 경쟁자로 자신을 세우려는 시도인 지나친 주제넘음-를 강조했고 이것이 "게으름"(sloth)으로 더 잘 묘사될 수 있을, 가부장 사회 안에 있는 여자의 특징적 "죄성"(sinfulness)을 중점적으로 다루지 못했다-자아가 성숙하지 못함, 그 자신의 행위에 대해 책임지지 못함, 확인을 위한 타인 의존도를 극복하지 못함-고 주장했다.

세이빙 골드슈타인의 작품은 활발하고 지속적인 논쟁을 일으켰는데, 신학이 남성적 규범-그 가운데 "그"나 "남자"가 양성을 상징하게 될 수 있는 예전(liturgy)이나 성경 번역 혹은 신학적 글 안에 있는 가정이 가장 널리 퍼져있는 예들 가운데 단 하나에 불과하다-이라는 생각을 강화할 수 있는 다양한 방법에 대한 깨달음을 일으킨다.

일단 신학의 인간 주체에 관한 성의 중립성(gender-neutrality)이 문제가 되고, 규범적 인간이 더 이상 남자의 관점으로 해석되지 않는다면 여성성뿐만 아니라 남성성

---

11 예를 들어 유대교 여성 신학자 주디스 플래스코(Judith Plaskow)의 연구는 또한 기독교 여성 신학자들을 위해 중요했는데, 그녀는 *Standing Against at Sinai: Judaism from a Feminist Perspective* (San Francisco, 1990)에서 **쉐키나**와 하나님을 가리키는 다른 여성적 이미지가 어떻게 일관되게 무관한 것이 되어 왔고, 남성적 이미지에 종속됐는지를 추적한다.

도 신학적 성찰이 가능한 주제가 된다.

페미니즘과 여성 신학에 대해 신중하게 반응해 발전된 남성성에 대한 신학적 설명들은 지금까지 그 수는 얼마 안 되지만 그 존재가 의미 있다.

그것들은 "신학 내의 성 차별"(gender difference in theology)과 "신학 내의 여성의 목소리"(women's voices in theology)의 문제들을 결합하는 것은 결국 여성 신학이 비판하는 운동-남자를 "규범"으로 여자를 "별난 것"(the different)이나 "다른 것"(the other)으로 만드는-을 반복하게 된다는 인식을 반영한다. 게이와 레즈비언 그리고 "동성애" 정체성에 대한 신학적 성찰은 더 발전되었고 여성 신학과 더 복잡한 관계를 맺고 있다.

3. 주요 인물들

여성 신학의 반개인주의적 강조는 내가 언급했던 바와 같이 신학적 방법론과 신학적 양식-그래서 주축 혹은 대표적 개별 신학자들의 어떤 명단도 처음부터 의심한다-에 대한 비평적 분석에 이르기까지 확장된다. 필자는 페미니스트의 신학 작품의 이런 예들을 제시할 때 각각의 사상가가 어떻게 과거와 현재의 더 폭넓은 집단과 대화하는지를 보여 주려고 시도해 왔다.

1) 정현경

정현경은 그녀가 "오소서 성령이여! 모든 피조물을 새롭게 하소서!"라는 총회 주제로 '세계교회협의회'(WCC, World Council of Churches)에서 연설했던 1991년에 전 세계의 다양한 청중을 주목하게 되었다. 그녀가 성령이 "그리스도의 여성적 이미지"였음을 시사하며 성령을 구상하기 위해서 동아시아의 자비와 지혜의 여신, 관음(觀音, Kwan-Yin)의 이미지를 사용한 것은 엄청난 논쟁을 일으켰다. 정현경의 신학에서 진전되고 있는 몇 가지 주제는 그녀가 관음을 사용한 데서 보일 수 있다.

첫째, 탈역사화된 "종교적 경험"이 아니라 기독교 신학자가 유대를 보이라고 요청받는 사람들 가운데 발견되는 종교적 관습과 표현의 형태들 안에 신학의 기초를 놓으려는 그녀의 헌신이 있다. 그녀는 그런 다음에 동아시아 여성들의 살아 있는 경험—그들이 신을 상상하는 방법을 포함해—을 자신의 신학을 위한 영감(inspiration)이자 그 타당성의 원천으로 주목한다. '세계교회협의회'에서 그녀가 행한 연설과 그녀의 출간된 책들은 분명히 그녀가 책임지려고 노력하는 집단들의 대표자들로 소개되었던 많은 신학적 목소리들의 회합(a gathering)이다.

그녀가 "모으는" 행위의 중요하고 논의의 여지가 있는 측면들 중 하나는 그녀가 시도한 모험인데, 그녀는 자신을 기독교 신학자라고 인정하면서 자신이 혼합주의(syncretism)—그녀가 일반적으로 아시아의 영성 그리고 특수하게는 아시아 여성들의 영성에 근본적인 것으로 보는 종파 간의 교환(interfaith exchange)—로 기꺼이 표현한 것에 있어 명확했다.

둘째, 성령의 상징인 관음은 하나님의 여성적 이미지인데, 여성이 하나님의 형상으로 창조되었다는 생각은 정현경의 핵심 사상이다. 특히 아시아에서 그녀가 이해한 대로 여성 신학의 핵심적 과제는 여성이 완전한 인간이요 (그러므로) 신적 형상의 완전한 담지자로 인정하는 것이다. 그 연구는 아시아 여성들의 고통에 대한 진실에 대해서 그리고 그들에게 그 고통을 극복하도록 힘을 주시는 하나님에 대해 말하는 신학—여성들이 "십자가에 처형된 사람들" 안에 하나님의 형상을 가진 "상한 몸에서 나온" 신학—을 위한 것이다.

셋째, 정현경은 한(恨, han)의 변형과 제거라는 맥락에서 관음에 대해 말한다. 한은 해방과 구원의 의미를 이해하기 위한 그녀의 신학적 개념이다. 그것은 화, 부당하고 원한이 남아 있는 고통에 대한 분노, 절망 그리고 체념의 개인적이고 집단적 축적을 가리킨다. 정현경은 한의 제거인 한풀이(han-pu-ri)라는 전통에 호소하는데, 그 안에 무당들-그들 중 대부분이 여성이다-의 행위와 다른 대표적 인물들을 통해 한을 불러일으킨 과거사가 들리고 사회적 변화가 초래된다.

그녀는 여기서 한민족의 종교적 문화적 유산 내에서 유대관계를 찾는데, 자신의 신학이 자기 민족에게 영적이고 물질적 해방을 위한 포괄적 희망에 대해 말할 책임이 있다고 여긴다. 이것은 특별한 "페미니스트" 운동으로 보이지 않을 수도 있지만, 그녀는 여성들이 그 억압을 표현할 어떤 수단도 부여받지 못한, 다양한 억압의 희생자들인 여성들이 전형적 한의 소지자들(bearers)이라고 넌지시 언급한다.

넷째, 관음의 형태로 묘사된 생명을 부여하는 성령은 인간의 생명만이 아니라 모든 피조물의 생명과도 관계가 있다. 그녀는 자신의 신학이 주목하는 공동체의 대중적 종교성을 또다시 의존하면서 지구에 집중되고 자연의 상관성에 집중된 영성에 한목소리를 내려고 노력한다.

2) 로즈마리 래드포드 류터

로즈마리 래드포드 류터는 아마도 북대서양의 신학적 대화에서 가장 잘 알려진 여성 신학자일 것이다. 그녀의 오랜 경력은 가부장적 사회 구조, 군국주의, 환경 붕괴―그리고 이런 관계들을 주장하거나 숨기는 역할을 하는 신학들―사이의 관계를 밝히려는 계속된 관심으로 특징지어졌다. 신학적 전통에 대한 페미니스트 입장에서의 비판과 함께 류터는 인류와 자연의 번영을 촉진하기 위해 예언과 지혜 전통을 의존하는 기독교 신학에 관해 설명하려고 한다.

예언과 지혜 차원의―그리고 여성 신학의 두 가지 특징적 주제들의―상호 작용은 그녀의 사상 속에 가이아와 하나님 안에서 분명히 드러나는데, 거기서 인류와 자연의 상호 관계성 안에 내재하는 신으로서의 "가이아"가 주어진 관계를 초월하는 신적 요구로서의 "하나님"과 나란히 위치한다. 류터는 두 주제 모두 오용의 가능성이 있다는 것을 인정한다.

그녀는 성경과 기독교의 신학적 전통 안에―하지만 가이아에 대한 호소가 암시하듯이 거기에만 국한되지 않았다―반영된 두 주제의 해방적 측면들을 발견한다.

류터의 기독론은 히브리성경의 예언 전통에 초점을 맞추는데, 그녀는 그 안에 예수를―예수보다 앞섰던 선지자들과 같이 권력가들에게 말과 행동으로 자신의 부정한 행위를 설명하라고 요청하는 분, 가난한 자들과의 연대를 실천하고 하나님 나라 안에서 그들이 먼저임을 말하는 분 그리고 일관되게 자신을 가리키지 않고 "하나님의 나라"와 "그를 보내신 자"를 가리킨 분으로―위치시킨다.

예수의 예언사역은 그분을 따르는 공동체의 예언적 사역을 불러일으킨다. 이것은 예수님이 힘입어 행동했던 같은 예언의 영의 능력 안에서 행하는―그래서 여성 신학과 기독교 공동체에 대한 페미니스트의 재구성은 "예수의 본을 따르는 것"이기보다는 "예수의 사역을 계속하는 것"―것이다.

그런 까닭에 "남성 구세주가 여성들을 구원할 수 있는가?"라는 질문에 대한 류터의 답변은 해방 신학을 따라서 "구원"이 이런 상황에서 무슨 의미가 있고 예수의 생애 가운데 어떤 측면들이 그의 구원의 "의미"에 중심이 되는가에 대해 재고(reconsideration)해 나온 것이다. 여성 신학자들인 류터와 다른 많은 사람은 그의 생애와 가르침을 강조하는 다른 몇몇 기독론이 그렇게 하려는 경향이 있을지라도 단순히 예수의 "규범성"에 호소할 수 없다고 주장하곤 한다. 비록 예수님이 "페미니스"라고 불린다 하더라도 남성의 규범에 대한 호소는 여전히 남성의 권위 구조를 강화하려 할 것이다.

3) 엘리자벳 S. 피오렌자

피오렌자의 독창적 작품 『그녀를 기념해』(*In Memory of Her*)라는 여성 신학적 성경 비평이라는 '제2의 물결'의 선두에 서 있다. 피오렌자의 접근 방식에 대한—여성주의자들과 다른 사람들로부터의—수많은 도전에도 그녀는 성경 본문과 관련해 '혐의의 해석학'(hermeneutic of suspicion)을 여성주의의 입장에서 적용하는 가장 중요한 조음자들(articulators, 똑똑하게 발음하는 사람들) 가운데 한 사람으로 남아 있다.

피오렌자는 역사 비평 방식의 많은 도구를 채택하지만 [오드르 로드가 인용하곤 했던 것처럼] '주인의 집'(master's house)을 파괴하기 위해 사용한다. 위에서 주목한 와 같이 그녀가 초대교회 여성의 역할을 재건한 것은 명백하게 여성들의 의미 있는 현존에 근거를 두는데, 그것은 성경 본문과 정경의 남성 중심적 구성으로 부분적으로 감춰져 왔다. '여성의 역사'에 대해 쓴 조안 스콧과 다른 작가들과 그 기획을 같이해 피오렌자는 단순히 회복시킬 수 없고 변경할 수 없는 과거**의** 역사를 쓰는 것이 아니라 부당함에 대한 현재의 투쟁을 위한 역사를 [그녀의 후기 작품이 분명히 하는 것처럼] 쓰기 시작했다.

그녀는 교회사의 주된 작업의 정치적이고 교회적 결과물을 무시 받게끔 해 온 '역사적 객관성'이라는 주장을 부정한다. 그녀는 성경 본문이 그것들 내부에 사회와 인간 관계를 구성하는 양자택일의 방식의 증거를 포함한다고 주장하기 원한다. 그런데 뒤따르는 번역과 해석은 종종 경시됐다. 하지만 동시에 그녀는 현재의 해방 행위에 힘을 불어 넣어줄 분명한 의도를 갖고 이런 주장을 한다. 그렇게 함에 있어 그녀는 "성경 연구"의 지침에서 나온 비평을 순순히 받아들여 왔다. 그 반면에 몇몇 여성 신학자에게는 동시에 정경과 "무슨 일이 일어났는지에 대한 참된 그림"에 대한 역사가의 질문 모두에 아주 가깝다.

피오렌자는 그녀의 후기 작품에서 페미니스트의 비판을 위한 대상으로 "가부장제"(patriarchy)보다 "영주제"(kyriarchy)라는 용어와 페미니스트의 비판과 재구성을 수행하는 사람들의 관심 속에 있는 집단을 위해 "여/남자"(wo/men)라는 용어를 선호해 왔다. 영주제는 영주의 지배 체제를 언급한다.

퀴리오스(kyrios, 주인)는 집안의 남자 가장이고 교회나 국가의 지도자이며, 식민 정책을 펴는 대영주인데, 그에게 예속된 자들에 대한 힘은 종교적이고 국가적이고 여타 다른 이데올로기들에 의해 강화된다. 영주제를 거명함에서 피오렌자는 성(gender)만이 힘의 불평등을 구축하는 데 있어 유일한—때때로 가장 중요한—요소가 아니라는 사실을 여성 신학 내에서 고려하려고 노력한다.

예를 들어 백인 여자들은 수 세기 동안 흑인 남자들과 여자들을 지배해 왔고, 비록 그들이 그 힘을 유지하고 행사했던 방식이 그들의 성(gender)에 의해 제한받지 않을지라도 "가부장제"는 그들의 힘을 영속시키는 부정의(injustice)를 거명하지 않는다. 피오렌자는 영주제에 관해 언급하면서 어떻게 지배(또 다른 유사어 dominus, 주인) 체제들이 들어서고 유지되는지에 대한 더 근본적 문제를 믿고 또 그 문제에 주목하도록 도움을 준다.

피오렌자의 사상은 류터의 사상과 함께 '여성-교회'라는 생각—비록 이 주제에 대한 두 사상가의 견해가 미묘하게 다를지라도—을 발전시키는 데 있어 주목할 만했다. 피오렌자는 자신이 저술한 신약성경 관련 작품에 의지해 "에클레시아"(ekklesia)에 대해 여자와 남자가 하나님의 해방행위에 응답하라는 소명을 받은 대로 실존하는 능력의 구조들 밖에서 발생하는 근본적 민주적 장소라고 쓴다. 그녀는 에클레시아의 자취—그녀가 종종 "여/남자 에클레시아"(ekklesia of wo/men)로 묘사하는 것—를 발견하지만 주로 현대 세계에 가능한 공간으로서의 에클레시아—새로운 여러 신학과 정치학이 등장할 수 있는 상상의 한 장소—에 관심이 있다.

그녀는 앞서 언급한 "영주제"에 대한 논의가 보여 주는 것처럼 특별히 "여성만"(women-only)의 공동체나 심지어 "여성 주도"(women-led)의 공동체 설립에 관심이 있는 것은 아니다. 오로지 성(gender)에 의한 분리는 모든 차원의 포악한 관행이 도전받았다는 것을 보증할 수 없기 때문이다. 피오렌자가 여/남자의 에클레시아 덕분에 할 수 있는 것은 그 예언적 사명 안에서 보편적 연관성을 주장할 수 있는 교회의 비전을 제시하는 것이다.

4) 머시 A. 오두요예(Mercy A. Oduyoye)

머시 A. 오두요예는 가나의 신학자로서 그녀의 작품에 아프리카 그리스도인들의 삶과 신학을 아프리카 전통 사회와 식민정책(colonialism) 그리고 국가 독립운동 간의 상호 작용이라는 상황에 배치한다. 그녀는 "교회가 아프리카 여성에게 해방을 가져왔다는 교계의 신화"가 있다고 쓴다.

기독교가 아프리카 여성에게 해방을 의미할 수 있다는 그녀의 확신은 그 해방을 이미 성취된 것으로 간주하는 식민주의적 설명에 대한 비판과 함께 표현된다. 남반구의 많은 여성 신학자와 더불어 그녀는 남반구 출신 여성들의 목소리가 그들 자신의 말-북쪽의 페미니스트들이나 남쪽의 남성들에 의해 대변되는 것이 아닌-로 들려져야 한다고 거듭 요구해 왔다.

그녀가 처한 아프리카의 상황에서 이것은 아프리카 기독 여성 신학의 공개(종종 문어체보다 구어체로 보존된)를 의미해 왔다. 이야기체는 이런 신학—아프리카 여성들이 관계하는 스토리텔링을 공경하는 것과 여성들 자신의 이야기들을 해 주는 것 모두를 총망라하는 "스토리텔링의 사역"—의 표현을 위한 중요 범주다. 그녀의 신학적 작품은 "사회 문제에 관심이 있는 아프리카 여성 신학자들 동아리"(Circle of Concerned African Women)의 모임과 여성 신학자들로 구성된 다양한 집단들을 보존하기 위한 계속된 헌신을 포함해 왔다.

오두요예의 아프리카 전통 종교에 대한 비판적 도용(appropriation)은 그녀의 신학에 아주 의미심장하다. 그녀의 글은 여성들의 삶을 그려주는 성경 본문과 현대의 설명과 함께 아프리카의 많은 문화에서 가져온 이야기들(narratives)과 교훈들(proverbs, 그녀가 신학에 아주 중요하다고 인정하는 다른 주요 전통 장르)이 뒤섞여 있다.

하나님의 인정을 삶의 원천이자 보존자로 취급하면서 그녀는 예수 그리스도를 생명의 수여자요 모든 고통(afflictions, 물리적이고 사회적이고 정치적인)의 치유자로 말하는 아프리카 여성들의 소리를 듣고 그들에 대해 성찰한다.

많은 여성 신학자와 마찬가지로 그녀는 "모든 충만함 속에 있는 생명"이 신학의 중심 주제이고 "육체의 부활"이 아프리카 여성들 사이에 광범위한 치유와 해방을 위한 소망의 표현이라고 생각한다.

그녀가 아프리카 전통 종교에서 발견한 신의 전능성과 우주의 통일성에 대한 강조를 간직하고 발전시키면서 오두요예는 여성 신학자들에게 문화의 압제적 측면들에 대해 비판을 하도록 요청한다.

5) 루스 이리가레이(Luce Irigaray)와 그녀의 신학적 대담자들

루스 이리가레이를 기독교 신학자라고 부르는 것은 논쟁의 여지가 있을지도 모른다. 그녀가 철학자이자 정신 분석가이며, 20세기 "프랑스 페미니즘"의 대변자—성의 상징과 "여성"(the feminine)에 대한 사고, 프로이트와 라깡, 이들에 대한 페미니스트 비평가들로부터 배운 교훈들에 관심이 있는—로 더 쉽게 특징 지워지기 때문이다.

그러나 성 차별(sexual difference)에 대한 신학적 함의들에 관심이 있는 북미와 유럽(거기만은 아니지만)의 신학자들은 최근 몇십 년에 걸쳐 이리가레이를 대단히 중요한 대화 상대자로 발견했다. 유독 그녀가 기독교 신학의 내러티브와 이미지에 대한 광범위하고 자극적 관여를 했기 때문이다.

이리가레이는 신성(divinity)이 어떻게 사고 되고 상징화될 수 있는지에 대한 방식에 끊임없이 관심이 있으므로 의심할 여지 없는 한 명의 "여성 신학자"다.

이리가레이의 주요 신학적 관심사는 그녀의 「신적 여자들?」("*Divine Women?*")이라는 논문에서 요약되었는데, 바로 하나님에 대한 여성적 표상(representation)에 관한 것이다. 그녀가 제기한 문제는 "만일 하나님이 남성이라면 남성은 하나님"이라기보다 오히려 하나님의 여성적 이미지가 없으면 여자는 남성 주관성의 부정이나 부재나 승인되지 않은 근거로밖에 생각되지 않을 것이다.

어딘가 다른 곳에서 그녀는 가부장 사회에는 유일한 **하나의** 성(sex)밖에 없다고 주장해 왔다. 여자들은 항상 "같은 것의 나머지"(the other of the same), 남성이 아닌 것 또는 예정된 남성성의 필요한 보완물(결국, 같은 것이 된다)이 되기 때문이다. 이런 주장이 갖는 신학적 함의들은 먼저 포이어바흐(Feuerbach)의 사상과의 분명한 관계 속에서 해결된다.

포이어바흐에게 있어 인간은 하나님의 형상을 그들이 실현해야 할 인간의 가능성 투영으로 필요로 했다. 그런데 이리가레이에게 있어 여자들(과 남자들)은 여성적 주관성이 가능해지기 위해 하나님의 여성적 형상이 필요하다.

이것은 신학—어떤 형상이든지 여자들에게 적합한 것을 활용하는 페미니스트적 투영의 도움으로 만들어진 신학들—을 환원적으로 읽는 것을 가리키는 것으로 보일 수 있지만, 이 논문에서 그리고 이 논문을 뛰어넘어 개발된 이리가레이의 사상은 상당히 더 복잡하다. "감각할 수 있는 초월"(the sensible transcendental)에 대한 그녀의 생각, 즉 구현된 존재들이 어떻게 그들의 구체적 실존 안에서 그리고 그것을 통해 자신을 초월할 수 있는지에 대해 생각하려는 시도는 그녀 스스로가 깨달은 대로 성육신 신학과 깊이 결부된다. 그녀는 성육신의 의미를 결정해 주는 중대한 시점으로 빈번하게 수태고지(Annunciation, 눅 1:26) 이야기로 되돌아간다.

이것은 남성적 자아를 위한 용기이며 재생산의 수단-아버지의 말씀의 담지자(bearer)-과 다른 것이 될 수 있는 여자의 역량을 결정적으로 억압한 것인가?

이리가레이는 묻는다.

아니면 초월을 향한 여자들의 구체적 실존의 공개가 타자와의 사랑의 관계로 들어가는 것을 통해 명확해지는 시점인가?

이리가레이는 전자가 기독교 신학의 역사의 실례였다는 것을 확신하지만 후자의 가능성—그녀의 사상을 활용해 신학적 전통을 페미니스트 관점에서의 읽기를 발전시키려고 해 온 많은 신학자가 그런 것처럼—으로 인해 당혹해했다.

여성 신학의 이리가레이와의 대화는 강조점이 가지각색이다. 다른 많은, 특히 북미 페미니스트들이 그녀에게 의혹—"여자"(women)와 "여성"(the feminine)의 범주에 대해 그녀가 강조한 것과 남성/여성 커플에 그녀가 몰두한 것—의 시선을 갖게 했던 사상적 특징들은 종종 그녀가 쓴 작품의 신학적 도용(appropriation) 안에 있는 중요한 요소들이었다.

아리가레이가 자신에 대해 그러는 것처럼 스스로에 대해 "기독교 신학"에 한정되었다고 여기지 않는 페미니스트 철학자/신학자들은 그녀가 여성 이미지에 대해 그리고 여자로 되어감에 있어 여자에게 힘을 부여하려는 방식으로 하나님을 다시 상상하는 것에 대해 요청하는 것을 강조하는 경향이 있었다.

기독교 신학 내에서, 특히 가톨릭 사상가들—그들 가운데 자넷 소스키즈(Janet Martin Soskice)와 수잔 파슨즈(Susan Frank Parsons) 그리고 티나 베티(Tina Beattie)가 있다—은 성적으로 차별화된 인류에 대해 "은총을 받은 자연"(graced nature)과 종말론적 방향설정으로 그녀가 설명한 것을 기독교 신학을 둘러싼 신학적 대화와 성(gender)의 의미에 있어 매우 중요하다는 것을 발견해 왔다.

4. 게이와 레즈비언, 동성애 신학

성 차별주의(sexism)과 동성애 공포증(homophobia) 간의 연결이 문서로 잘 입증되었다. 성 차별주의나 가부장제에 대한 담론은 남성과 여성 간의 명확한 구분의 유지와 남성의 영역에서 "여성적" 특징들—남자들과의 성적 관계를 포함해—을 배제하는 것에 달려 있다.

가부장적 문화가 루스 이리가레이가 제안한 것처럼 여자들에게 남성으로 규정되지 않은 어떤 정체성도 허용하지 않는다는 점에서 "동성애적"(homosexual)이라 할 수 있다고 해도, 예정된 형태의 양성 간의 관계에 맞추지 못한 남자나 여자는 역시 사회적 관계의 성에 기초한 질서에 대한 도전을 주장한다.

비이성애적 정체성과 관계가 있는 신학적 함의들에 대한 숙고는 여성 신학과 밀접한 관계가 있지만, 그 자신만의 독특한 궤도를 따랐다. 다른 한편 신학과 교회 안에서 게이와 레즈비언들을 희생시키는 것은 독특한 문제를 일으키고 독특한 역사가 있다는 것을 인식해야 할 필요가 있다.

게이와 레즈비언 신학은 신학과 윤리학에서 호색적인 것과 성적인 것을 훼손시키는 구체적 비판에 대해 신체에 대한 신학적 재평가의 요구를 넓혀나갔다.

카터 헤이워드(Carter Heyward)와 엘리자벳 스튜어트(Elizabeth Stuart)와 같은 사상가들은 이성애적이거나 가부장적 추정을 하는 것이 일반적으로 성적 욕구와 특별하게는 여자들의 성적 욕구를 신학 텍스트에서 배제되기를 허용한다고 주장해 왔다. 카터 헤이워드가 하나님이 인간 관계 안에서 그리고 인간 관계를 통해 일하시는 것을 지칭하기 위해 "에로스"(호색)를 사용한 것은 그녀가 에로스에 대한 신학적 주변화로 본 것에 대한 직접적 도전이다. 그런데 그것은 차례로 호색적 사랑에 대한 표현으로 기정 질서를 무시하는 사람들의 주변화—아니면 훨씬 더 나쁜—와 결부되어 있다.

게이와 레즈비언의 "경험"에 뿌리를 둔 신학의 발전은 특히 미국의 여성 신학 안에서 "여자들의 경험"으로의 선회를 생각나게 한다. 그리고 필적할 만한 논쟁이 그러한 "경험"의 정수화(essentialization), 신학의 전통들과 다른 규범들과 그 연관성, 특별히 게이나 레즈비언의 "정체성"(identity)의 안정성에 대한 그 가정들에 대해 일어난다.

더 최근에 발전한 동성애 신학에 따르면 안정된 정체성에 대한 이런 의존은 이의 제기를 받는다. 쥬딧 버틀러(Judith Butler)와 다른 사람들의 동성애 이론-번갈아가며 푸코의 성욕에 대한 설명에서 끌어오는데-에 의존하고 있는 동성애 신학은 텍스트와 사회를 조직하기 위해 성의 이원체를 사용하는 것이 어떻게 사람들(persons)의 안정된 범주화를 위태롭게 하려는 "비정상적인"(deviant) 성적 욕구를 억압하는 방법이 되는지를 추적한다.

동성애 신학은 이성애적 정체성과 관계의 "자연성"을 전제하는 신학적이고 교회적 상황에 대해 규범적 이성애(실은 이성애에 단 하나의 의미를 돌림으로써)가 우상숭배의 가능성이 있음을 인식하라고 도전한다. 그것은 잠정적으로 하나님의 구속 목적에 참여하는 것으로 인정받기 위해서 욕구의 다양성과 그 표현을 요구한다. 이런 상승곡선 안에 있는 유진 로저스(Eugene F. Rogers)와 같은 몇몇 신학자는 "삼위일체 하나님에게 들어가는 몸의 길"(the body's way into the Triune God)에 대해 사고하는 동성애 신학의 통찰력들과 오랜 신학적 전통 간의 밀접한 조화를 본다.

동시에 마르셀라 알타우스리드(Marcella Althaus-Reid)가 라틴 아메리카의 해방 신학을 "동성애"의 관점에서 다시 읽은 것은 동성애 이론을 이용해 강압적으로 활용된 정통 신학을 불안정하게 할 가능성을 가리킨다.

6. 논쟁

여성 신학 내에서와 그 신학을 둘러싼 논쟁들과 성 문제와 관계있는 신학은 어느 정도 비신학적 상황 안에서의 논쟁을 반영한다. 예를 들어 여성 신학에서 논쟁의 여지가 있는 한 가지 문제는 성 이원체—예를 들어 남성성과 마음 혹은 정신에 대비한 신체와 여성성의 연합과 같은—의 발견에 대한 건설적 반응에 집중한다.

우리는 한시적으로든 아니면 그 반대이든 신체와 여성성의 연합을 수용하고 둘 모두의 상징적이고 물질적 "해방"(emancipation)을 시도하는가?

또는 이것은 단지 여자들이 남자들보다 "더" 본질적으로 구현되었다는 함의를 추가로 지지하면서 원래의 이원체 안에서 반영된 위계적 질서를 강화하는가?

"여자들"의 범주—내가 제안했던 바와 같이 여권신장 운동(여성 신학을 포함해)의 정치적 효과에 중요하지만, 탈식민지 페미니스트 담론들과 동성애 이론 모두가 미심쩍다고 여겼던—둘러싼 지속적인 논쟁은 이것과 결부된다.

신학에서 "여자들의 경험"이나 "여자들의 관심사"에 대해 말하는 것은 가능한가 아니면 적절한가?

그렇지 않다면 심지어 "여성 신학자들"을 결합하는 것이 있는가?

그리고 그렇지 않다면 기독교 공동체 내에 있는 성 차별적 관습들과 구조들에 대한 지속적인 도전을 포함해 여성 신학의 실제 업적들이 상실될 위험이 있는가?

"여성 신학"을 반대하는 자들은 종종 더없이 염려해 그것과 그것이 [아마도] 기독교 신앙에 제기한 위협들에 대해 일반화하지 못한다.

여성 신학자들 간의 연대, 즉 다원성이 여전히 인정될 수 있는 연대를 위할 필요성은 그런 반대의 맥락에서 더 절박한 것처럼 보인다. 그러나 차별 속에서 그런 연대가 특별히 권력과 부의 거대한 세계적 불균형의 맥락에서 어떻게 생각되고 행동되는지에 대해 모두 논하는 것은 계속해서 어려워진다. 성에 대한 쟁점을 진지하게 취급하는 신학이라고 해서 모두가 "여성 신학"으로 분류될 수 없다.

그러나 "여성 신학"보다 오히려 "성과 신학"에 대해 말하는 것은 내가 이 장에서 여러 번 언급했던 것처럼 이미 논쟁을 불러일으킬 여지가 있다. 파괴적 관행인 신학이라고 고소당한 "여성 신학"이 페미니스트의 관심사를 증진하려고 했던 곳에서 "성과 신학"은 근본적으로 불변하는 신학교 내에서 연구의 많은 부차적 논제들 가운데 하나로 축소되는 것처럼 보인다. 이것은 현대 신학 안에 있는 실제 쟁점이다.

성(gender)이 신학적 담론에 침투하고 그것이 신학적 윤리학의 부차적 논제가 아닌 모든 신학적 연구를 위한 주요 관심이라는 주장을 하고 그 주장을 진척시키는 것이 가능할 것인가?

아니면 그러한 주장이 단지 세계 여러 곳에서—기독교 세계를 포함해서—여성들에 대한 지속적인 물리적이고 문화적 압제를 다시 한번 보여줄 수 있을 것인가?

이런 질문들은 성 문제에 대한 참여가 "주류"(mainstream)신학 안으로 이동하기 때문에 더 중요해진다. 그것들은 단지 정치적 전략의 문제만이 아니다. 오히려 그것들은 한편으로 "여자들 교회"(women church)와 여자들의 신학적 공간 사이의 관계, 다른 한편으론 전통적으로 남성 지배의(male dominated) 교회와 학술기관 간의 관계에 대한 논쟁들과 인접한다.

그 관계가 원래 내적 비판의 관계인가?

아니면 대안 공동체의 예언적 창조 관계인가?

이미 드러난 바와 같이 전통과 정경 그리고 권위에 대한 태도는 그 초기부터 여성 신학 내부에서 그리고 그 신학을 둘러싸고 상당한 논쟁을 불러 일으켜왔다. 기독교 여성 신학자들과 "탈기독교"(post-Christian) 또는 비기독교(non-Christian) 페미니스트들 간의 대화가 계속됨에 따라 전자는 정경의 본문과 남성 중심의(androcentric) 기원을 반영하는 사고와 관습의 전통에 대한 헌신의 성격을 설명해야 한다.

동시에 페미니스트의 헌신 성격은 권위 있는 문서들을 읽는 것에 페미니스트가 전념하는 것의 소개가 그 문서들에 대한 권위의 훼손이라고 간주하는 신학자들에게—"다른 쪽"으로부터—도전받는다. 문서들과 대립하는 상호 작용에 초점을 맞춘 독서—"기질에 반하는 독서"(reading against the grain)—에 대한 접근 방식들은 내포적이고 해방하는 읽기를 "부활"시키려는 접근 방식들과 약간 긴장 관계에 있다.

이런 긴장은 성경과 전통적 문서들을 읽는 것뿐만 아니라 전통적 상징들, 특별히 성경에서 유래한 것들의 도용(appropriation)이나 거부 속에서도 드러난다. 한 페미니스트가 하나님을 아버지라고 부를 수 있는지—쟈넷 소스키스(Janet Martin Soskice)가 잘 알려진 논문의 제목에서 묻는 것처럼—의 여부(어떤 환경 아래에서는)는 여전히 논쟁의 여지가 있다.

많은 그리스도인 페미니스트가 주장해 온 것처럼 하나님을 아버지라고 부르는 것은 실상 가부장제를 불안정하게 하는 데 도움을 준다는 것이 정말 사실인가?

하나님에 대한 "여성적" 이미지들과 상징들을 찾는 것은 중요한가?

만일 그렇다면 이것들은 어디에서 찾아야 하는가?
그리고 그것들은 무슨 근거로 규범적이라고 주장될 수 있는가?

과연 여성 신학이 시작했고 여전히 논쟁 가운데 있는 주요 쟁점들 중 하나는 종교 언어 자체의 문제다. "하나님의 형상"과 온 인류로부터 여자들을 배제했다는 것을 근거로 신학 문서들—하나님을 언급하고 인류를 둘 다 언급하는—안에 있는 남성적 언어에 대한 전통적 용도에 이의를 제기했었더라면 우리는 하나님에 대해 언급하는 특수 언어의 용도를 무엇이 정당화시킬 수 있는지를 물어야 한다.
기준은 실용적인 것인가?
남자와 여자들이 그것을 사용하고 그 사용으로 인해 형성된 공동체에 거주하기 때문에 그들의 삶에 대한 이 언어의 효과는 무엇인가?
실용적 기준은 아마도 그 자체로 신학적으로—언어가 인류의 완전한 복지를 향한 신적 운동으로 형성되었기 때문에 "그 열매들로" 판단되는 언어 자체—정당화될 수 있을 것이다. 그러나 하나님을 다시 이름 짓는 것에 관한 비평적 제한은 미해결의 문제로 남게 될 것이다.
게이와 레즈비언 신학은 적어도 교회 집단들 내에 받아들여지기 때문에 종종 그 이름에 좀처럼 걸맞지 않은 "논쟁"을 촉발한다. 동성애자들과 동성애 관계의 지위를 둘러싸고 수많은 세계적 신앙 공동체들 내에서 벌어지는 논쟁들의 참혹함은 변화의 조짐을 별로 보여 주지 못한다.
여기서 다시 크게 부상한 더 넓어진 논쟁들은 성경적 권위의 성격과 특히 "윤리적 문제들"과 연관된 성경적 해석의 절차—그리고 이것과 결부되어 더 폭넓은 문화적 맥락에 연관된 교회 공동체 자체의 성격—에 관계된다.
어떻게 그리스도의 생명이 구체적 정체성을 변형시키는지에 대한 더 넓은 범위의 질문들에 주목하라는 동성애 신학으로부터의 소리는 "게이 문제"에 초점을 둔 싸움에도 불구하고 아직 들려오지 않고 있지만, 그것은 적어도 이 논쟁에 대해 아직도 완전히 인식되지 못한 자료들이 있다는 것을 암시한다.

7. 업적과 안건

신학과 여권 신장 운동, 페미니스트의 분석 도구들과의 조우가 신학의 형세를 바꿨다고 말하는 것은 절대 과장이 아니다. 페미니스트들은 이런 변화가 단지 "외관상"(face)의 변화—근본적으로 같은 신학적 구조로 남아 있는 표면적 변경—에 불과하다는 그 한계와 더 깊은 변화가 가능한지 아니면 바람직한지에 대해 이의를 제기할 수도 있다. 그러나 적어도 여성 신학의 연구 결과로 성에 기초한(gender-based) 지배 방식들 안에 있는 신학적 함의에 대한 질문은 피할 수 없게 되었다. 속죄 신학에 대한 논의들은 한 가지 중요하고 논쟁이 될 만한 실례를 제시하면 여성 신학이 제시한 다양한 도전들로 인해 중대하게 영향을 받아 왔다.

이런 도전들은 속죄 신학이 교회의 관습과 가르침을 통해, 또 더 넓은 사회적 맥락에서 부정에 맞서지 못함을 통해 여자들의 삶에 영향을 주는 방식들에 대한 성찰로부터 생겨났다.

물론 여성 신학자들은 신학의 윤리적이고 정치적 함의들에 대한 질문을 제기한 최초의 집단이거나 유일한 집단이 아니다. 그러나 그들은 꾸준히 성(gender)의 의식 연구(symbolics)를 통해 사람들의 삶에 대한 신학적 "대본 쓰기"(scripting)의 특별히 만연된 측면에 주의를 끌어왔다.

신학적 인간학에서 신체와 호색적인 것에 새로운 관심을 끌게 하는 이런 일의 중요성은 또한 평가절하돼서는 안 된다.

레베카 촙이 주장했듯이 그 자체의 관점에서 볼 때 여성 신학의 "업적들" 이미 만들어진 텍스트와 발전된 생각들을 통해서만이 아니라 여자들과 남자들의 삶에 일어난 해방의 변화를 통해도 평가되어야 한다.[12]

여성 신학은 신학적 사고와 영성 그리고 정치학 간의 관계를 명확하게 하려고, 또한 신학자들이 책임져야 할 많은 공동체에 대한 그들의 깨달음을 일으키려고 노력해 왔다.

그렇게 함에 있어 그것은 역시 신학적 "업적"을 위한 기준을 넓혀왔다. 여성 신학이 발표한 문제들에 관한 보고서의 한 가지 표식은 1997년의 「여성과 연대 10년」(Decade of Solidarity with Women)이라는 '세계교회협의회'의 최종 보고서였다.[13]

---

12 Rebecca Chopp, "Feminist Womanist Theologies" in D. F. Ford (ed.), *The Modern Theologians*, 2nd edn. (Oxford, 1997), 389-404.
13 World Council of Churches, *Living Letters: A Report of Visits to the Churches during the Ecumenical Decade of Churches in Solidarity with Women* (Geneva, 1997).

이 보고서들은 20세기 말에 기독 교회들 안에서 그리고 이 교회들과 관계해 여자들의 삶에 대해 혼합해 묘사했다. 한편 사고와 태도에 중요한 변화들이 있었고 특별히 북반구 여성들이 세상의 3분의 2가 되는 여자들과의 연대를 법제화할 필요성을 깨달음에 있어 의미심장한 성장이 있었다(여성 신학을 둘러싼 주변화의 일부 문제들을 산뜻하게 요약하고 있는 그 보고서는 "여자와 연대 속에 있는 여성들의 10년"은 무엇이었는가에 대해 말했다).

다른 한편 여자들에 대한 폭력과 여자들의 가난은 긴박하게 필요한 반응들—신학적 반응들을 포함해—에 엄청나게 증대하는 관심사들로 남아 있다. 신학과 "여성 문제" 그리고 세계 정치의 다른 주요 관심사 간의 상호 관계에 대한 「여성과 연대 10년」의 연구는 페미니스트 이론과 여성 신학 그리고 목회적이고 정치적 행동 사이의 관계들을 상실하는 것은 역효과를 불러오리라는 것을 암시한다.

필자는 "여성 신학자"라는 용어가 이미 페미니스트의 관심사를 증진하기 위해 일하는 사상가들과 행동가들의 어떤 집단과 하나님에 대한 사고하는 어떤 집단과 전통(아무리 경쟁 관계에 있다 할지라도)에 대한 이중적 헌신을 내포한다고 제안해 왔다.

그러한 이중적 헌신 때문에 피오렌자가 제안했던 바와 같이 여성 신학자는 그녀가 속한 공동체 어느 한쪽이나 양쪽에 "거류 외국인"(resident alien)이 되기에 십상이다. 그리고 거류 외국인의 관점은 양편에 의해 만들어진 신(the divine)에 대한 진술의 자증성(self-evidence)에 문제를 제기하게 할 수 있으므로 엄밀히 우리가 신학을 하려고 시도할 때에 특별히 많은 결실을 가져올 수 있다.

이것은 거류 외국인의 위상을 낭만적으로 표현한 것이 아니다. 오히려 최근 여성 신학의 연구 결과물이 보여 주는 바와 같이 그 외부에서만큼이나 "여성 신학" 내에 소중히 간직한 정통 교리들에 대한 많은 정치적 투쟁들이 있다.

그러나 가장 좋은 상태에서 여성 신학은 어떤 경계선들이 더 쉽게 그어질 수 있는 공간을 제공한다. 다양한 신앙 전통의 실패와 상징과 이야기의 불가결성(indispensability)에 주의를 기울이는—다시 말해 다른 것들을 자기 자신의 가장 중요한 이야기 안에 놓으려는 시도나 종교적 특수성을 도외시하는 온화한 상대주의(bland relativism)로 환원되는—"종파간"(interfaith) 대화는 가능하다.

여성 신학은 관점이 근본적으로 다른 사람들과 더불어 그 자신의 특수성을 부정하지 않거나 의심할 여지 없는 전통의 안전에 의지하지 않으면서 하나님에 대해 말하는 다양한 방식을 찾을 수밖에 없었다. 이것을 함에 있어 여성 신학은 하나님에 대해 생각하고 말하는 더 폭넓은 상황에 중요한 이바지를 한다.

참고 문헌

1차 자료

Althaus-Reid, Marcella. *Indecent Theology* (London, 2000).
Chung Hyung Kyung. *Struggle to be the Sun Again: Introducing Asian Women's Theology* (Maryknoll, NY, 1990).
Daly, Mary. *Beyond God the Father: Towards a Philosophy of Women's Liberation* (Boston, MA, 1973).
Fabella, Virginia and Oduoyoye, Mercy Amba (eds.), *With Passion and ompassion: Third World Women Doing Theology* (Maryknoll, NY, 1988).
Fiorenza, Elisabeth Schüssler. *Jesus: Miriam's Child, Sophia's Prophet* (New York, 1994).
_____. *In Memory of Her: A Feminist Theological Reconstruction of Christian Origins* (London, 1995).
Hampson, Daphne. *Theology and Feminism* (Oxford, 1990).
Heyward, Carter. *Touching our Strength: The Erotic as Power and the Love of God* (San Francisco, 1989).
Isasi-Diaz, Ada Maria. *En la Lucha, Elaborating a Mujerista Theology: A Hispanic Woman's Liberation Theology* (Minneapolis, MN, 1993).
Johnson, Elizabeth. *She Who Is: The Mystery of God in Feminist Theological Discourse* (New York, 1994).
Joy, Morny, O'Grady, Kathleen, and Poxon, Judith L. (eds), *French Feminists on Religion: A Reader* (London, 2002).
King, Ursula (ed.). *Feminist Theology from the Third World: A Reader* (London, 1994).
McFague, Sallie. *Models of God: Theology for an Ecological Nuclear Age* (London, 1987).
Oduyoye, Mercy Amba. *Daughters of Anowa: African Women and Patriarchy* (Maryknoll, NY, 1995).
Rogers, Eugene F. *Sexuality and the Christian Body: Their Way into the Triune God* (Oxford, 1999).
Ruether, Rosemary Radford. *New Woman, New Earth: Sexist Ideologies and Human Liberation* (New York, 1983).
_____. *Sexism and God-Talk: Towards a Feminist Theology* (London, 1983).
Soskice, Janet Martin. "Can a Feminist Call God 'Father?'" In T. Elwes (ed.), *Women's Voices: Essays in Contemporary Feminist Theology* (London, 1982).
_____. "Trinity and the Feminine 'Other,'" *New Blackfriars* 75 (1994), 2–17.
Soskice, Janet Martin, and Lipton, Diana (eds). *Feminism and Theology* (Oxford, 2003).
Trible, Phyllis. *Texts of Terror: Literary-Feminist Readings of Biblical Narratives* (Minneapolis, MN, 1984).
Williams, Delores. *Sisters in the Wilderness: The Challenge of Womanist God-Talk* (Maryknoll, NY, 1993).

2차 자료

Chopp, Rebecca. *The Power to Speak: Feminism, Language, God* (New York, 1989).
Grant, Jacquelyn. *White Woman's Christ and Black Woman's Jesus: Feminist Christology and Womanist Response* (Atlanta, GA, 1996).
Hampson, Daphne (ed.). *Swallowing a Fishbone: Feminist Theologians Debate Christianity* (London, 1996).
Jones, Serene. *Feminist Theory and Christian Theology: Cartographies of Grace* (Princeton, NJ, 2000).
Parsons, Susan. *Feminism and Christian Ethics* (Cambridge, 1996).
_____.(ed.). *The Cambridge Companion to Feminist Theology* (Cambridge, 2002).
Stuart, Elizabeth. *Gay and Lesbian Theologies: Repetitions with Critical Difference* (Aldershot, 2003).

제26장

흑인 해방 신학

드와이트 N. 홉킨스(Dwight N. Hopkins)

1. 서론

흑인 신학은 아프리카계 미국인들(African American people, 이후로 미국의 흑인으로 번역함, 역주)이 믿고 실천하려는 신앙에 대한 그들의 지적 일관성과 실제적 책임감에 문제를 제기하는 자기 성찰의(self-reflexive) 분야다. 방법론적으로 말하자면 신학적 성찰은 두 번째 단계다. 그것은 교회와 공동체 조직들 안에서 흑인들이, 그들과 하나님의 만남을 확언하는 특수한 만남을 촉진하는 일에 참여하고 개인적이고 조직적 파산과 상처를 재조직하는 현실을 전제한다.

흑인 신학은 이런 지속적인 역동성으로부터 생겨나서 신앙을 가진 사람들에게 잠시 멈춰 서서 그들이 믿고 증명하고 있는 것이 과연 그들이 모든 인류를 위한 궁극적 희망과 최종적 비전으로 고백하고 있는 것인지에 대해 비판적으로 사고하도록 도전한다. 특별히 흑인 신학은 신앙과 관련해 인종과 문화의 정체성 개념을 연구한다.

미국 흑인들의 원천들―여기서 흑인 신학이 출현한다―의 특수성은 이런 형태의 해방 신학에 있어 "흑인의" 범위를 규정한다. 이 주장은 바로 아프리카계 사람들이 무수히 많은 영역에서 드러난, 꽤 분명하게 규정된 (확실하게 유일무이한 것이 아닐지라도) 인종차별의 경험들을 겪어왔고 계속해서 접한다는 것이다. 그러므로 흑인 신학의 첫 번째 원천은 아프리카, 특히 미국의 흑인들 대다수가 유래된 아프리카 서부 해안 출신의 계보적(genealogical) 토대를 놓는 것에 달려 있다. 오늘날 흑인 신학자들은 현재 미국의 흑인 시민들에게 아프리카가 미친 영향력의 범위에 대해 각각 다른 견해가 있다.

신학의 전 영역이 아프리카 중심주의자들(Afrocentrists)―즉 흑인의 신앙과 사상, 윤리의 중심지로 유럽을 아프리카로 대체하기를 바라며, 아프리카계 사람들을 역사의 객체가 아닌 주체로 설정하고 있는 학자들―로부터 유럽의 신학자들과 유럽의 아메리카 신학자들―즉 유럽에서 온 사상 체계를 통합하면서 흑인의 역사와 문화에 의존하는―에게서 보편적 가능한 교훈들에 개방적 사람들에게까지 걸쳐있다.

옹호자들 가운데 공통 분모는 정도야 어찌 됐건 흑인 서민이 아프리카 사람들이라는 인식이고, 그래서 1990년대에 통칭 "아프리카계 미국인들"의 인구수가 증가했다.

게다가 모든 이는 아프리카의 영향이 "나는 공동체의 복지 때문에 존재한다"라는 신학적 세계관을 지시하고, 그래서 모든 아프리카계 사람들을 하나로 묶어주는 흑인 단체 의식을 불러일으킨다는 것에 동의하곤 한다.

두 번째 원천 역시 기초적인데, [유럽 그리스도인들의] 아프리카인들 노예무역에 대한 강조와 북미에서 [백인 그리스도인들이] 흑인들을 노예로 삼은 1619-1865년의 시기다. 분명히 이 중대한 사건들 또한 아프리카인들과 미국의 흑인들을 절대 깨어지지 않는 관계로 맺어준다.

그러나 노예 기간의 열쇠는 흑인 해방 신학을 위한 최고 원천으로서 그것이 아프리카계 미국인들이나 흑인 미국인들이라 불리는 새로운 인간 피조물을 낳는 것이다. 노예 제도에 앞서 흑인 서민들은 존재하지 않았다. 이런 의미에서 노예 제도는 오늘날 신앙이 있는 흑인들의 복잡한 기원과 친밀감 형성에 대한 근원적 표시다.

이 새로운 사람들은 어떻게 태어났는가?

그리고 그들은 어떻게 인류 역사에서 가장 잔혹인 종교적 탄압들과 인부들의 엄청난 노동력 착취들 가운데 하나인 사건의 와중에서 부단한 신앙을 유지했는가?

일반적 말로 표현하자면, 흑인 신학자들이 이 중요한 시기를 연구하고 깨달은 바는 미국의 흑인들이 하나님과 동역해 노예 고용주 신학(slave master theology, 즉 "노예가 당신의 주인들에게 복종한다"라는 말이 "하나님은 최고의 권위다"가 되었다)에 대한 재해석인 아프리카의 성스러움(sacredness)에 대한 기억들로부터 스스로 세웠다는 것과 축적된 일반 상식적 민간의 지혜가 일상의 생존으로부터 추측된다.

한마디로 노예 제도는 흑인들의 인종과 문화와 신앙의 정체성 연합을 암시한다. 흑인들의 온전한 인간을 위한 투쟁의 공동 유산에 대한 의식은 세 번째 원천을 뒷받침한다. 이것은 흑인 해방 신학이 기독교 안팎과 교회 안팎을 다스리는 하나님의 자유의 은총의 권세를 진지하게 취급한다.

미국의 흑인들, 특히 노동자 계층의 가난한 서민들이 온전한 인간이 되기 위해 그들의 전체적 삶에 있어 인종차별적 문화적 측면들을 자유롭게 시위함으로써 투쟁하는 곳이면 어디서나 흑인 신학은 하나님이 그들과 함께 계심을 인식한다.

그리해 흑인 신학은 마커스 가비(Marcus Garvey)와 그의 6백만 흑인 회원을 가진 세계 흑인 인권 향상 협회(Universal Negro Improvement Association), 미국 흑인들의 만화경 같은 문화적 공헌들—1960년대의 흑인 예술 운동, 음악적 표현, 물질문명의 형태, 춤, 스포츠, 유머 그리고 다른 유형들을 아우르는 할렘 르네상스를 포함해—미국 흑인 이슬람교 조직(Nation of Islam, 가장 중요한 실례가 맬컴 엑스이다), '전미유색인지위향상협회'(National Association for the Advancement of Colored People, NAACP), 미국의 제도, 출판, 노동 운동을 개조하려는 급진적 조직, 범아프리카주의의 주기적 부활, 지적이고 학문적 공헌들 그리고 그밖에 훨씬 더 많은 것의 풍성하고 창조적 패러다임들에 의존한다.

히브리성경에서 야웨에 의해 세워지고, 기독교 성경에서 예수로 마련된 투쟁, 희망, 해방 그리고 최후의 자유의 수직선(plumb-line)은 미국의 흑인들이 자신을 발견하는 곳이면 어디서나 흑인이 자유로워지기 위해 하나님의 능력 편재로 인해 보충된다.

흑인 해방 신학의 네 번째 원천은 건강하고 전체적 성(gender) 개념을 식별하는 것이다. 하나의 가능성은 주로 소설, 독신 지도자들 또는 제도화된 운동들과 같은 미국 흑인 여성들의 출처들에 의존함으로써 흑인 신학을 발전시키는 것이다.

즉각적으로 해리엇 터브만(Harriet Tubman), 파니 루 해머(Fannie Lou Hamer), 여성 클럽 운동, '학생비폭력협력위원회'(SNCC, Student Non-Violent Coordinating Committee)와 '흑표범당'(Black Panther Party) 등에서 여성의 역할들, 조라 닐 허스튼(Zora Neale Hurston), 흑인 여성 노예의 노동 그리고 오늘날 노동 계층의 그리스도인 여성들 가운데 민속 지학 분야(ethnographic field)의 연구 등의 생각이 떠오른다. 오늘날 여성들의 목소리를 듣고 교류하는 것도 또 다른 방법일 수 있겠는데, 그 방법은 그들의 비판에 주의하고 건설적 비판을 제공해 공동의 입장을 세우는 것이다.

세 번째 방법은 접근과 인정의 공평한 기회를 제공하는 데 도움 주는 것을 수반할 수도 있다. 여기서 흑인 신학이 등장하는 곳마다 흑인 여성 신학이 인용되고 지지를 받는다. 그리고 네 번째로, 흑인들은 새롭고 발전적 [그들 각자의 성적 지향성으로부터] 이성과 동성의 남자 성을 다시 개념화할 수도 있을 것이다. 후자의 방향으로의 전환이 아마도 체계적 성 능력의 비대칭을 균등하게 함으로써 남성의 구조적 능력에 대한 인식과 여성들에 대한 억압을 경감시킬 필요성을 보증할 것이다.

그러나 우리는 미국 흑인들의 삶을 위해 성경을 중심으로 해 흑인 신학의 근본적 원천을 확인한다. 성경의 능력은 이런 신학을 위해 본문에서 히브리적 요소들과 기독교적 요소들 모두에 퍼져있는 널리 인정된 줄거리 안에 있다.

속박에서 자유에 이르는 노예들의 해방은 가장 중요한 해석의 기준이 된다. 따라서 압제당하는 자들에게 새로운 현실을 가져오기 위한 선포를 동반한 예수님의 성육신은 흑인 신학의 기초 규범을 결정한다.

노예가 된 아프리카인들과 북미의 미국 흑인들은 그들의 곤경과 그에 따른 소망을 히브리 노예들과 같지 않지만 대등한 것으로 보았다. 백인 그리스도인들이 그들을 아프리카 본토에서 낚아채고, 설교와 교리문답과 수업을 통해 신학적으로 정당화된 노예 제도를 의식했음에도 불구하고, 노예가 된 흑인 노동자들은 히브리인들의 포로 생활과 구원에 대한 "기적적인" 많은 이야기 속에서 희망을 유지했다.

이렇게 막 시작된 흑인 신학의 성경 읽기와 결과물은 현대 흑인 신학의 발전에 계속 공급된다. 궁극적 자유와 물질적으로 가난하고 아픈 사람들을 위한 치유가 되는 예수를 믿는 믿음 또한 마찬가지다. 즉 자유는 예수의 존재 자체를 정의하고 예수는 구조적 가난 속에서 사는 사람들과 다른 노동자들에게 자유를 제공하신다.

게다가 성경과 밀접한 관련이 있는 기독 교회들은 흑인 해방 신학과 연계하고 그 신학을 인도하며 정비하기 위한 최상의 장소가 된다. 흑인교회는 미국 흑인들이 만들고 소유한 가장 오래된 기구로 지속한다. 그것은 블랙 파워(black power, 흑인의 조직화 된 정치·경제력 또는 이것을 이용한 흑인들의 지위 향상 운동을 가리킴-역주)의 가장 분명한 예들 가운데 하나로 위치한다.

이런 사회적이고 정치적이고 경제적 사실보다도 더 중요한 것은 자유를 실천하기 위한 해방의 정신에서 나온 흑인 신학의 소명이다.

분명히 제도적으로 흑인교회는 북미 사회와 정말로 세계 안에서 예언적 역할을 해내야 한다는 믿음의 책무들에 의해 속박된다. 정의에 대한 성경적 근거들은 미국 흑인들의 무리(도시 안이든 교외든)가 신학적 교훈들과 흑인 신학을 위한 사회적 위치를 제시하는 곳마다 흑인교회의 제일 위치와 결합했다.

2. 개요 A: 기원들

[성경을 참고한] 예언적 동인들(prophetic vectors)과 [미국 흑인의 마음속에 존재하는] 도시의 위치들에 대한 미국 흑인교회의 지도력이 현대 흑인 해방 신학을 낳았다는 것은 절대 우연이 아니다. 1966년 7월 31일에 미국 흑인 성직자들은 「뉴욕 타임스」 신문에 "블랙 파워" 성명을 발표했다.

그 안에서 그들은 국가 지도자들과 백인 교인들과 흑인 시민들과 언론 매체에 호소했다. 가장 주목할 만한 것은 그들이 쇠퇴하고 있는 시민 권리 운동에 소속된 젊은 구성원들에 의해 명확히 진술된 블랙 파워를 위한 최근의 외침을 확인했다는 것이다.

그리고 이 목회자들은 어떻게 백인들이 양심 없는 무절제한 힘을 가지고 있고 흑인들은 힘이 없는 과도한 양심을 경험했는지를 인식하는 것이 바로 도전이었다고 설득력 있게 표명했다. 이 하나의 문서는 현대 흑인 신학의 시작을 가리킨다.

그러나 역사 속에서 변경할 수 없는 모든 변화와 같이 블랙 파워에 대한 이런 신학적 확인은 미국 흑인들의 자유를 위한 구체적 투쟁이 크게 확산함으로 인해 따라왔다. 한마디로 흑인 신학은 인종 운동과 문화 운동에서 비롯된 국가적이고 국제적 사태들을 갑자기 생겨나게 했다.

1966년 6월에 '학생비폭력조정위원회'(Student Non-violent Coordinating Committee이 대표였음)은 마틴 루터 킹(Martin Luther King, Jr.)의 모든 방법을 동원한(by-any-means-necessary) 구호인 비폭력과 결별했고, 카마이클과 킹은 Meredith March Against Fear 동안에 미시시피의 삼림 지대를 가로지르는 행진을 이끌었다. 6월 16일에 미시시피의 그린우드에 있는 미리 지정된 장소에서 카마이클은 킹에게 알리지 않고 블랙 파워를 요구하는 구호 외치기를 시작했다.

시민권을 가진 노동자들과 시골의 지방 흑인들의 무리는 카마이클을 지지하며 응답했다. 지역과 전국과 전 세계 언론의 보도 덕분에 블랙 파워를 위한 호전적 요구는 전 세계에 울려 퍼진 외침이 되었다. 블랙 파워를 위한 요구는 순식간에 퍼져나갔는데, 그 이유는 이 요구가 가난한 노동 계층의 흑인들 대다수와 중산층과 상류층 흑인들의 중요한 집단 안에 이전부터 깊이 존재했던 감정을 반영했기 때문이다.

블랙 파워는 압도적 다수의 흑인이 닫힌 문 뒤에서 무엇을 생각해 왔고 혼잣말로 중얼거렸는지를 공공극장(public theater)에서 상징화했다. 즉 모든 백인의 민족 집단은 집단의 권력과 그들의 재정적·정치적·경제적·인종적 권력을 이용해 그 집단의 이익을 증가했다. 진정 블랙 파워의 관점에서 볼 때, 백인들은 전체적으로 민족적 기원과 관계없이 흑인 민중에 맞서 규합하는 것에 있어서 그리고 백인의 집단적 이익을 위해서는 견고한 인종 장애물로 결합했다. 이런 의미에서 블랙 파워 프로그램은 미국적 현상이었다.

게다가 블랙 파워는 백인 공동체의 거짓 주장들—미국 흑인들의 시민권과 인권을 획득하기 위한 어떤 객관적이고 규범적 수단들이 있다—이라고 인식한 것을 반박했다.

이와 반대로 블랙 파워의 옹호자들은 누가 규정하고 규정들을 집행하는 권력을 가졌는지가 여전히 핵심 문제라고 진술했다. 그들이 보기에 백인들은 자신들의 권력을 이용해 가난한 흑인들과 노동자 계층의 흑인들 해방을 위한 객관적이고 규범적인 것을 규정했다.

SNCC의 젊은 창설자들은 모든 진리 주장들과 객관적 입장들이 지닌 사회·문화적으로 결정되고 시간에 구속되는 성격을 주장했다. 그들에게 있어 결정적 문제는 권력 소유의 유무였다. 백인 미국인들이 매우 감정적이고 치명적 방식으로 팔을 움츠렸다고 뻗어 쳤던 것은 권력 문제에 대한 반응에 있었다. 시민권 운동을 하는 흑인들이 권위를 가진 백인들에 의해 생각된 틀을 받아들이는 한, 그들은 선한 미국인들이었다.

그러나 흑인들이 백인들의 규정에서 독립해 스스로 흑인 남자와 여자로 바꾸고 이름 짓기의 우선권과 자원 소유권의 독점화와 권력의 재분배에 이의를 제기했을 때, 미국의 흑인들은 반미 성향(un-American)으로 되었다. 블랙 파워에 대한 즉각적 반발은 대부분의 백인 목회자들에 의한 압도적 비난이었다. 그런데도 그러한 반발은 미국에서 흑인 권리의 불필요함을 가리키는 최초의 징후가 아니었다.

이런 본능적 부정적 견해는 시민권에 대한 백인들의 자유로운 지원이 점점 감소하는 것, 린든 B. 존슨(Lyndon B. Johnson) 대통령의 빈곤과의 전쟁(War on Poverty)을 취소한 것, 적어도 1964년 초에 시작한 하계 도시 저항 또는 폭동 행사, 남부 시민권 운동의 헛된 결과에 대한 북부 도시 내 흑인들의 조바심, 우파 기독교 단체들(예, KKK)의 강화된 공격들, 시카고 시장 리처드 데일리(Richard Daley)가 1966년에 일어난 마틴 루터 킹의 시민권 캠페인을 좌절시킴으로 인해 공개적으로 드러난 백인들의 전국적 비타협적 태도 등으로 생겨났다.

마찬가지로 미국에 있는 신학교와 신학대학교원과 신학대학교는 백인교회들의 보수적이고 점점 증가하는 진보성향의 반발을 반영했다. 백인 학술기관과 학교 관리자들과 여기에 속한 기관 이사회는 인종차별의 한 유형을 대변했다.

실제로 보편적 신학 교과 과정으로 설립된 이 학교들은 특별히 "유럽식" 또는 "구미식"(European American) 종교 고등 교육대학교원으로 생각될 수 있었다. 심지어 소수의 흑인신학교까지도 유럽 중심의 강의계획서와 졸업 요건을 유지했다. 1966년에 공인된 신학교의 교수에 박사 학위를 지니고 종신 재직한 흑인들의 수는 아마도 한 손으로 계수될 수 있었을 것이다. 만일 한 미국 흑인이 캠퍼스에 초청받았다면, 그것은 대개 간구, 마무리 기도, 설교하는 것이거나, 학교 담장 밖에서 흑인들을 화나게 하려고 실제 무슨 일에 벌어지고 있는지에 대해 말하는 것이었다.

그러나 교수진(the teaching arm), 집행부 그리고 평 의원단은 여전히 백인들이었다. 가르치는 보다 광범위한 민간의 영역에서 논하는 담론과 같이 제도적 신학 지식은 백인들의 홍밋거리들과 진리를 정의하기 위한 세력으로 빽빽하게 가득 찼다. 그것은 또한 화이트 파워의 독점에 관한 것이다.

3. 개요 B: 창립 세대

1966년 7월 31일에 발표한 블랙 파워 성명서의 서명자들인 '전국흑인성직자임시위원회'(the ad hoc National Committee of Negro Churchmen)는 미국 흑인들이 신학적으로 사고할 권리를 가지고 있으며, 모든 신(神) 담화(God-talk)가 본질적으로 인종의 파워 개념들을 개선했다고 선포했다.

1969년 3월에 제임스 콘(James H. Cone)이 지은 『흑인 신학과 블랙 파워』(*Black Theology and Black Power*)는 해방 신학에 대해 출판된 최초의 서적이었다. 미국 흑인들의 경험 관점을 사용해 그는 예수 그리스도에 의해 전형적으로 표현된 성경의 핵심 메시지가 물질적으로 가난한 자들의 해방이었다고 주장했다.

따라서 교회의 형성, 교육 현장 그리고 시민 사회는 사회 안에 있는 지극히 작은 자들—상한 마음을 가진 자들, 상처 입은 자들, 노동자들, 추방당한 사람들, 소외된 자들, 학대받는 사람들 그리고 구조적 가난에서 살아남은 사람들—의 해방에 초점을 맞추라고 하나님에게 부르심을 받았다. 성경 신학의 기준에 기초해 제임스 콘은 백인교회들과 미국 흑인교회들은 그들의 믿음과 증언에 관한 소명의 임무를 져버렸다고 주장했다.

이 본문은 사회 대다수의 홍밋거리인 해방의 문제, 인종 문화의 정체성, 새로운 지상의 세속적 왕국과 관련해 최초로 승인된 신학적 주장을 제공했다. 그의 후속 출판물들과 더불어 이 선구자적 작품 덕택에 일반적으로 제임스 콘은 국가적으로 물론 전 세계적으로 현대 흑인 해방 신학의 아버지라고 인용된다.

그러나 신학적으로 일관되고 설득력 있는 견해 표명에 대한 필요를 채움에도 불구하고, 콘은 소규모의 제1세대 흑인 신학자들 사이에 이루어진 날카롭고 정곡을 찌르는 논쟁의 도래를 알렸다. 이제 신에 관한 담화가 공개되었으니 미 흑인들의 아주 다양한 목소리가 나오기 시작했다.

그것은 권력을 가진 백인들의 북미 교육에 대한 지역적 입장과 불공정한 통제에 대항했을 뿐 아니라, 콘이 주장하는 노선을 비판하기도 했다. 앨버트 클리지(Albert

Cleage)는 흑인의 관점에서 성경의 증언을 재해석했다.

그는 성경을 문자 그대로 표현되는 흑인 예수와 억압하는 백인, 즉 로마(유럽)의 식민지배 사이에 공연된 연극으로 인용했다. 예수는 검은 피부를 지닌 열심당원이 되었는데, 그의 유일한 목표는 모든 수단을 동원해 전국적 해방의 투쟁을 해 억압받는 흑인 이스라엘 국가를 유럽의 백인 식민지배자들로부터 해방하는 것이었다. 콘이 예수님은 흑인이라고 언급했던 이유는 메시아의 업무가 바로 압제당하는 자들이 해방을 위해 싸우고 있는 자리에 함께하는 것이었기 때문이다.

예수의 존재는 해방 자체다. 가난한 흑인들은 해방을 위해 조직한다. 그리해 공동체 가운데 들어가 거주하기 위해 예수는 흑인이 되어야만 했다. 이와 대조적으로 클리지는 예수의 소명과 사회적 위치에도 불구하고 예수가 단지 신학적 근거 때문이 아니라 그가 속한 국가의 생물학적 피부색 때문에 흑인이었다고 진술했다.

백인 예수는 절대로 존재하지 않았기에, 그림들과 다른 성상에 예수를 그런 색으로 그리는 것은 신성모독이자 적그리스도적 행위다. 게다가 미국 흑인교회에 대한 도전은 국가 건립을 위한 지상 혁명의 중추가 되는 것이다. 그것이 국가의 때다. 그리고 공동체의 지도력은 미국 흑인 교회론을 결정했다.

J. 데오티스 로버츠(J. Deotis Roberts)는 좀 더 목회적 입장에서 흑인 해방 신학을 접근했다. 그는 콘의 견해를 너무 귀에 거슬린다고 비난했다. 그리해 로버츠는 백인 압제자들에게 화해의 화목 제물을 제공했다. 실제로 그는 해방과 화해를 동등하게 긴장하며 유지하려고 시도했다.

그에게 있어 흑인의 인권을 위한 공격적 캠페인은 [예수의 위임명령과 선교가 해방이기 때문에] 백인의 정치제도에 가해져야 할 뿐 아니라 동시에 화해의 손이 백인 우월주의자들에게 나가야 한다. 게다가 해방·화해의 원동력은 기독론과 밀접한 관계가 있다.

로버츠는 흑인 민중이 주로 심리적이고 위생적 이유로 인해 예수를 흑인으로 상상할 권리가 있다고 믿었다. 미국의 흑인들이 자기 혐오(즉 자기들의 검은 마음에 있는 깊은 방에서 미국의 흑인들은 실제로 백인이 되기 원한다)라는 우물에서 매우 많이 마셨기 때문에, 그들은 해방을 가져오는 자기애의 심오하고 근본적 치유를 요청했다.

그래서 그들은 정신 건강과 갱생(rehabilitation)과 정서적 재안정화(restabilization)를 위해 생물학적 흑인으로 그려진 예수를 필요로 했다. 동시에 로버츠에 의하면 백인들은 백인 예수 그리스도를 상상하고 묘사할 권리를 가지고 있다. 하지만 참된 화해는 결국 양 진영이 무색의 그리스도를 예배할 때 비로소 오게 될 것이다.

세실 콘(Cecil Cone)은 흑인 신학에서 절대 다른 궤도를 정밀하게 고안했다. 그의 독특한 태도는 흑인 신학 안에 있는 심각한 신학적 위기에 대한 묘사부터 시작한다.

이 학술 분야는 블랙 파워 운동의 세속적 실존주의와 정치(예, 제임스 콘)와 백인 사상 체계에 의한 전적 침면 행위를 너무 많이 의존했다.

세실 콘에게 있어 진정한 흑인 신학은 원시 시대부터 밑에 깔린 전능한 아프리카의 힘 있고 주권적 신에 기인한다. 아프리카인들과 미국 흑인들이 북미에서 노예가 되었을 때, 그들은 아프리카의 성스러운 세계관과 영적 외형들과 단순히 채택된 기독교 형상들을 보존했다. 설령 있다손 치더라도, 흑인 민중은 기독교를 아프리카적인 것으로 전환했다. 결과적으로 오늘날의 흑인 신학은 백인들의 종교와 다른 아프리카화 된 기독교와 블랙 파워의 저항하는 실체에서 나와야 한다.

이와 비슷한 논조로 게이라우드 S. 윌모어(Gayraud S. Wilmore)는 미국 흑인들의 종교 경험에 대한 제임스 콘의 제한된 표현에 이의를 제기했다. 윌모어에게 있어 흑인 신학에 앞서 여러 겹을 걷어 올려서 좀 더 총괄하는 흑인 종교 사상 개념을 발견해야 한다.

흑인 종교 사상은 해방을 위한 궁극적 비전과 실제적 투쟁을 표현하는 아프리카의 역사와 오늘 안에 있는 시위운동에 머문다. 윌모어는 신학자들이 기독교 선언과 신학적 범주들 그리고 교회의 형성을 뛰어넘으라고 부추긴다.

흑인 민중(즉 가난한 사람들이나 문맹자들이나 일반 서민들)이 자유를 위한 노력을 시작하는 곳마다, 우리는 흑인 신학을 표면화한 흑인 종교 사상의 신성한 실재를 분별한다. 흑인 종교 사상은 북미에 있는 아프리카인들의 모든 투쟁에 힘을 부여해 온 해방하는 민중의 욕구를 반영한다.

윌모어를 뛰어넘어 발전하고 있는 찰스 H. 롱(Charles H. Long)은 아주 다른 해체-재건(deconstructive-reconstructive) 작업을 선택한다. 그는 기독교와 신학 모두 패권을 지닌 언어적 힘을 너무 과도하게 결정된 방식으로 구현한 제국주의적 담론이라고 느낀다.

달리 표현하면 그들의 언어 용법과 언어 범주들을 채택한 사람은 이미 유색 인종이나 제3세계 사람들을 학대하는 성격을 지닌 절차에 묵인했다. 기독교와 기독교의 정당성을 뒷받침하는 전투 부대(즉 신학)의 등장에 앞서, 이미 토착민 공동체들 사이에 매우 흥미롭고 유익한 종교 관행들이 있었다고 롱은 주장한다.

그리해 기독교와 기독교의 하나님 담화는 정의상 제국주의적이다. 그 둘은 자동으로 타자를 반대하고 넘어서는 현상들(over against others)이 된다. 그래서 우리는 기독교를 선택할 때, 압제자들의 언어 구조에 의해 억압받는 것을 자발적으로 선택한다.

제임스 콘이 기독교와 신학 둘 다를 이용하기 때문에, 그의 기획은 백인의 종교적 사고 구조, 체계를 반영하는 모방 게임으로 손해를 본다. 롱이 볼 때, 콘의 흑인 신학은 충분히 흑인적이지 않고, 그것은 단지 존재하는 하얀 구조물에 검은색을 칠한 것에 불과하다.

그것은 또한 엄밀히 미국 흑인들의 원천들로부터 흑인 신학의 부족함을 보여 준다. 이와 반대로 롱은 종교적 궁극성(the ultimate)을 지향한다. 그래서 흑인들이 특히 비기독교적 형태(예를 들어 재즈 가수들이나 흑인 공인 대변인들 혹은 다른 그러한 원천들)로 궁극성을 추구할 때마다, 우리는 흑인의 특수화된 성스러운 언어적 사고 구조들을 위한 가능성의 조건들을 경험한다.

4. 개요 C: 이후 세대들

1970년대 후반에 다른 세대의 흑인 신학자들이 출현했다. 재클린 그랜트(Jacqueline Grant)가 쓴 1979년 논문인 "흑인 신학과 흑인 여성"(Black Theology and the Black Woman)은 미국의 흑인 여성들의 종교적 경험에 대한 우발적 명명은 흑인 여성 신학과 윤리학이라고 알렸다.

그의 개척자적 논문에서 그랜트는 흑인 신학의 일관성이 없는 내적 논리를 그 자신의 규범에 따라 조정된 것으로 해결한다.

만일 흑인 신학이 억압받은 사람들의 해방에 기초한 해방 신학의 시원자 가운데 하나라면, 미국 흑인교회와 공동체에서 학대받는 자 중에 학대받는 자들이 흑인 남성의 경험에 지각되지 않을 때, 그것이 어떻게 진정한 하나님 담화가 될 수 있는가? 다시 말해서 흑인 여성들은 기껏해야 흑인 신학 안에서 보이지 않고 적어도 미국 흑인 남성들에 의해 의도적으로 이용당한다. 초기 흑인 여성 신학의 소산인 흑인 여성 신학과 윤리학은 자기를 (백인) 여성 신학—백인의 우월성으로 인해 부분적으로 무능력해진 담론—과 (남성) 흑인 신학—부분적으로 가부장적 헤게모니의 경향이 있는 담론—과 다르게 위치시킨다.

좀 더 긍정적으로 말해서, 그것은 미국 흑인 여성들에게 하나님의 편 드심과 관련해 적극적 흑인 여성들의 자원들을 탐구하고, 교회와 사회에서 흑인 여성들의 다차원성(multidimensionality)과 위치성(positionality)을 부각한다.

아마도 흑인 신학의 구조 변경을 주장하는 첫 번째 책은 델로리스 S. 윌리엄스가 쓴 『황야의 자매들: 흑인 여성 신학의 신에 대한 담화의 도전』(Sisters' in the Wilderness: The Challenge of Womanist God-Talk, 1993)일 것이다. 윌리엄스는 아프리카 여성 노예인

하갈과 그녀의 아들인 이스마엘과 같은 성경 인물과 그들과 하나님의 만남을 꼼꼼하게 조사한다.

해방을 인간의 수수께끼에 대한 하나님의 답변 안에 있는 주요 주제로 분별하는 대신에, 윌리엄스는 이중 초점의 신학적 동력을 공개한다. 즉 그 이중 초점은 생존과 삶의 질이다. 이와 마찬가지로, 하나님은 비참한 곤경에 처한 미국 흑인 여성들을 만나주시고, 매일의 생존 속에서 그들을 도와주신다.

그리고 하나님은 흑인 여성들과 그들의 상황과 유산에 어울리는 질 높은 삶을 세우기 위해 동역한다. 하나님과 흑인 여성들과의 관계를 상징하는 것으로서, 하나님은 아프리카 여성 노예인 하갈에게 해방을 허락하지 않는다. 분명히 윌리엄스의 패러다임 전환은 재공식화(reformulation)에 따른 흑인 신학의 구체적 관심사에 이의를 제기한다.

게다가 윌리엄스는 흑인 신학의 기독론에 관한 새로운 신학적 관점들을 제기한다. 몇 가지 관점에서 흑인 신학의 최대 약점은 "해방자 예수 그리스도"—그 주요 특징이 십자가와 부활로 강조된 신(the divine)—였다. 신앙의 동의와 합리적 주장은 다음에 기술하는 것을 구성했다. 사단은 그의 왕국에서 나온 악한 세력들과 함께 해방자 예수를 없애려고 시도했다. 그러나 십자가의 죽음에서 반대 행동은 억압에 대한 예수의 투쟁과 예수의 승리를 암시한다. 아울러 부활절에 연이어 그가 일어난 것은 최종 승리와 새로운 사회로의 상승을 묘사한다.

이와는 철저히 대조적으로 윌리엄스는 십자가 사건 안에 구원시켜주고 해방해 줄 만한 것이 아무것도 없다고 단언한다. 예수의 삶 속에서 이 사악한 순간은 문자적으로 사람들이 예수 한 사람에 대해 행한 악을 보여 준다. 그런데 그의 능력은 십자가의 죽음에서 나오지 않고 그가 이 세상에서 거니셨을 때 그가 삶에 대해 가졌던 사역의 비전을 통해 온다.

따라서 매일의 생존과 삶의 질은 해방을 수반한다. 여성 흑인 신학자들은 성과 인종과 계급에 대한 그들의 통합된 정체성을 유지함으로써, 신중하고도 비판적으로 흑인(남성)신학의 전체 작업에 대한 근본적 의문들을 종합했다.

게다가 두 번째 세대의 남성 흑인 신학자들은 1960년대 창립 세대부터 공통되지만 분리된 흔적들을 만들었다. 그리고 '흑인 종교연구협회'(Society for the Study of Black Religion)는 1970년에 출범한 이래로 여전히 토론과 발전을 위한 최고의 조직으로 남아 있다.

목회 신학은 그 분야의 선배들이 답보 상태로 남겨놓은 전망 좋은 진로가 되었지만, 이제는 다양한 방향으로 발전한다. 흑인 목회 신학은 해방의 어조를 개인적 구원, 정서적이고 영적 치유와 결합한다.

에드워드 윔벌리(Edward Wimberly)와 앤 S. 윔벌리(Anne Streaty Wimberly)는 그들의 혁신적 책인 『해방과 인간 전체』(Liberation and Human Wholeness: The Conversion Experiences of Black People in Slavery and Freedom, 1986)에서 이전에 노예로 지냈던 미국 흑인들의 자서전과 인터뷰를 종합적으로 연구하는 가운데 포스트모던 구조물에 대한 해석학적 질문과 감상을 전개한다.

후자는 인간 전체를 암시하고, 마음, 몸, 환경, 사회 기구, 타인 그리고 근본적으로 기독교 하나님과 깊은 관계 등을 포함한 합리성을 암시한, 종교적 회심 때의 이미지들을 출현시켰다. 노예의 유산이 오늘날 미국 흑인들과 진정으로 모든 그리스도인에게 남겨진 것은 하나님의 해방하는 행위―즉 개인적 죄책과 죄로부터 정치·경제적 사회적 물질적 억압으로부터, 내적 심리적 동요로부터 그리고 문화적 타락으로부터―의 전인적 실재다.

흑인교회의 원로목사인 제임스 해리스(James H. Harris)는 『목회 신학: 흑인교회의 관점』(Pastoral Theology: A Black-Church Perspective, 1991)에서 자신의 목회 신학을 해방 신학이라고 분명히 설명한다. 그가 보기에 진정한 복음주의 사역은 구체적 변화와 해방을 가져온다.

그러므로 미국 흑인교회는 그리스도 안에서 하나씩 영혼 구원 얻는 것을 뛰어넘어 자신을 확장해야 하고, 사회적 변화와 해방을 세우는 교회적 부르심을 가정해야 한다. 이런 적법한 기준에 따르면, 흑인교회는 예수가 존재하고, 설교하고 실천하라고 부르신 일에 게을렀다.

부정과 억압으로부터의 자유라는 복음 메시지가 제도적으로 현시(顯示)한 흑인교회의 주요 임무는 인종차별의 종식을 추구하는 것과 평등을 실현하는 것에 달려 있다. 그리스도인의 자유는 결국 피부색과 상관없이 우리가 우리를 하나님의 창조하신 의도와 다르게 만드는 이 세상의 정신적, 물질적인 것들에 의해 절대 방해받지 않음을 의미한다.

리 H. 버틀러 주니어(Lee H. Butler, Jr.)가 쓴 『사랑하는 가정―미국 흑인들의 결혼과 가정을 돌봄』(A Loving Home: Caring for African American Marriage and Families, 2000)은 우리가 법인체 안에 있는 치유되고 재창조된 관계들의 전조로서 우리 몸의 영성(sexuality)과 성(sexuality)을 통합시킬 필요성을 마주 보게 한다.

버틀러는 그의 주장을 미국 흑인들의 경험 안에 설정하고, 해방을 자유와 힘으로의 변화로 보는 새로운 각도를 제공하고, 치유를 갱신된 관계들을 위한 초석으로 제공하면서, 2원성(twoness), 가정의 비유(metaphor), 미국식 영성의 토대인 공공성

(commonality), 복잡해진 가정 구조에 관한 하갈의 성경 이야기, 서로를 악으로 분류하는 남녀가 어디나 존재 함(omnipresence), 자아와 하나님과 타인 사이의 건강한 관계 안에 있는 영성과 성의 통합을 나타내는 적극적 작업 등의 개념들을 갖고 작업을 한다.

흑인 신학은 끊임없이 자신을 아프리카에 있는 "거리가 먼 사촌들"과 연대하고, 제3세계(즉 아프리카, 아시아, 카리브해, 라틴 아메리카 그리고 태평양 군도들)의 해방운동들과 신학들과 함께하는 것으로 인식해 왔다. 이 작업은 제2세대와 더불어 지속한다.

노엘 어스킨(Noel Leo Erskine)은 『탈식민지 신학: 카리브해의 관점』(Decolonizing Theology: A Caribbean Perspective, 1981)이라는 책에서 미국의 흑인 신학과 제3세계의 해방 신학자들과 특별한 통찰력을 갖고 자메이카-카리브해의 사회 종교적 진화를 강구(resource) 한다. 카리브해에서 시행된 유럽의 기독교 노예 제도는 실존적 정체성 위기의 유산을 육성했다.

그리스도인이 되는 것은 유럽이나 백인 카리브해 사람을 의미했다(그리고 지금도 여전히 그것을 가리킨다). [아프리카 혈통의] 카리브해 흑인 대다수는 신앙과 문화와 자유의 역설을 겪어왔다.

한편, 그들은 아프리카와 흑인에게서 유래한 영성과 문화의 풍성한 보고(reservoir)를 누린다. 다른 한편, 그리스도인이 되기 위해서 그들은 유럽과 북미령(領) 기독교의 지역 예배의 한 확장으로 살아가야 한다. 다시 말해서 유럽과 북미의 선교사들에 의해 도입된 하나님을 경험하는 것은 억압받는 자메이카와 카리브해 사람들의 참된 정체성과 의식을 가려버린다.

그리해 흑인의 정체성을 모색하는 가운데 갖게 되는 깊은 공통성이 미국의 흑인 신학과 카리브해의 신학을 하나로 이어준다. 더욱이 어스킨의 목소리는 카리브해에 있는 흑인 민중 신학의 탈식민화를 겨냥한다.

곧 이것은 다른 세상으로의 구원과 자유의 사유화로 표시되는 신과 인간의 만남에 대한 성찰을 가리킨다. 그의 사회 종교적 위치 안에서 어스킨은 어떻게 그러한 마귀적 개인주의가 흑인 가족의 연대의식을 파괴했는지에 대해 추측한다. 그가 보기에 흑인들의 종교는 하나님이 해방을 넘어선 자유로 인식되었을 때 신학적 탈식민화를 착수했고, 이런 통찰력을 아프리카-카리브해의 문화와 종교의 토착적 출현과 결합했다.

필자가 쓴 『미국과 남아프리카의 흑인 신학』(Black Theology USA and South Africa, 1989)은 각 나라에서 8명씩 해서 16명의 흑인 신학자를 분석한다. 그것은 특히 정치 문화와 문화 정치학을 다루는 신학 분야에서 더 많은 공통점으로 인해 희미해진 독특한 차이점들을 발견한다.

이 관통하는 변증법은 두 흑인 신학에서 찾아낸 역사적-현대적이고, 신학적이고, 규범적이고, 공통적 자원의 대등한 것들로 정의된다. 그래서 이렇게 공유된 문화와 정치학의 변증법은 4개의 대등한 것들로 설명되어 미국과 남아프리카 신학을 통합할 가능성을 위한 조건으로 작용한다.

조지 C. L. 커밍스(George C. L. Cummings)가 쓴 『공통 여행: 미국의 흑인 신학과 라틴 아메리카의 해방 신학, 1993』은 유사한 방법론적 탐구를 받아들인다. 북미의 신학자들에게 있어, 해방은 주로 종교 문화적 표현으로 나타나는데, 이에 반해 라틴 아메리카인들은 사회·경제적 의미를 강조한다.

둘 다 가난한 자들의 상황 조직에 연대해 더 많은 초점을 맞추고, 이런 조건이 교회를 복음화하도록 허용하고, 사회적 분석의 윤곽을 채우고, 성령의 해방하는 사역과 예수 그리스도에 대한 우리의 이해를 더 긴밀하게 연결함으로써 공통된 여정을 경험할 수 있다.

죠시아 영(Josiah Ulysses Young)의 『범아프리카 신학』(Pan-African Theology, 1992)은 아프리카 후손들을 위한 세계적 신학을 탐구한다. 그의 작품은 19세기 흑인 조상들의 통찰력, 미국 흑인 하층민과 아프리카 소작인의 신분, 아프리카의 전통적 흑인 종교들 그리고 흑인 음악을 추구한다.

이런 원천들에 근거해, 그는 [역사적으로 조상들 안에서 육화된] 하나님의 섭리가 직접 현재 아프리카 디아스포라를 위한 해방의 실용성(practicalities)과 얽혀있다고 추정한다. 제2세대 흑인 신학의 미국 흑인 성경 학자들은 히브리 기독교 성경에 대한 우세한 석의와 널리 용인된 해석학을 붕괴시키는, 논증이 훌륭한 판단과 학적 증거로 입증된 평가를 제공해 왔다. 카인 H. 펠더(Cain H. Felder)가 지은 『고통을 주는 성경의 물』(Troubling Biblical Waters, 1989)은 성경 전체에 널리 퍼져 존재하고 있는 아프리카인들의 요구를 구체화한다.

더욱이 그의 책은 아주 신랄하게 말해서 정의에 대한 성경의 위임명령에서 정점에 달하는 계급의식과 자유 간의 상호 작용을 가리키는 성경의 영역을 나타낸다. 펠더에 의하면 가장 지배적 성경 지식은 그런 비난이 존재한다는 점을 무시하거나 부정한다.

성경 안에 있는 인종과 계급에 대한 재조사를 따라서 펠더 이상 가족의 실례들을 활용한다. 성경의 그림은 현대의 신념과 관행보다 훨씬 더 폭넓은 범위로 가족의 지위를 보여 준다. 실제로 성경 본문은 흑인 여성들의 안수를 지지하고, 핵가족의 규범성을 부정하는 가족생활을 묘사하고, 화해와 정의를 밀접하게 연결하는 인간의 가족을 요청한다.

펠더의 편집본인 『우리가 밟은 돌길』(Stony The Road We Trod, 1991)은 성경분석과 해석의 유럽중심의 정치학을 해체함으로써 이 노선을 따라 더 많이 강조한다. 11명으로 구성된 일군의 흑인 학자들은 공식학교의 교육과 교회에서 성경 연구가 어떻게 유럽, 유럽식 미국 문화의 편향된 성격을 보여 주는지를 묘사하고 증명한다.

이와 반대로 펠더의 책은 이론적이고 실제적 해독제로서 다양한 인종과 종족에 대한 고대의 성경적 세계관을 다시 소개한다. 이제까지 가장 권위 있는 흑인의 성경 전문지식인 이 종합적 저술은 미 흑인의 특별한 성경 해석방법론과 해석과 석의의 근거들은 변형하는 개별적 성경과 성경 밖의 자료들(미 흑인들의 설교와 노동가와 심지어 좌우명들과 같은)에 대한 통찰력을 제안한다.

흑인 여성들이 성경을 듣고 읽는 독특한 분별력은 또한 이 혁신적 본문 안에서 뛰어난 역할을 발견한다. 게다가 이 책은 성경 안에 있는 인종과 고대 아프리카를 더 자세히 분류하면서, 심지어 어떻게 고대의 흑인들이 히브리인들과 다른 동료 집단에 의해 희망과 부와 지혜의 대상으로 인식되었는지를 밝혀준다.

브라이언 K. 블룬트(Brian K. Blount)는 그의 세 번째 책인 『속삭임이 육신을 입을 때』(Then the Whisper Put on Flesh, 2001)에서 미국 흑인의 성경적 담론에서 신선하고 새로운 소리를 계속한다. 여기서 그는 흑인 기독교, 성경 윤리 그리고 신약의 문화해석을 독창적으로 결합한다.

그는 주로 미국에서의 노예 기간에 흑인 민중이 성경에 윤리적으로 참여한 것을 끌어옴으로써 학대받지 않는 자들이 학대받는 자들의 상황과 조건을 통해 기독교 성경을 읽도록 시작점을 제공한다. 방법론적으로 말해서 블룬트는 문화와 상황이 본문 읽기에 영향을 준다는 점을 강조하고, 해방이 신약의 각 저자에게 결정적 주제의 통일성으로 존재한다고 설득력 있게 추론한다.

미국 흑인 윤리학자들은 이와 마찬가지로 그들이 속한 분야의 다양한 의문들을 글로 써왔다. 테오도르 워커 주니어의 『사람들에게 권능을 부여함』(Empower the People, 1991)은 미국 흑인 정치철학자들, 사회학자들, 심리학자들, 음악학자들, 해석학자들, 흑인과 흑인 여성 신학자들을 해방 투쟁이라는 블랙 파워 선언과 결합한다.

좀 더 정확하게 말해서 워커에게 있어 진보 정부도 관용도 아닌 흑인교회의 권력이 근본적 반대행위들을 제재해야 하며, 미국 흑인 공동체에 희망을 불어넣는 가능성을 제공해야 한다. 윤리적 의제가 모두 고갈되지는 않았지만, 마약, 범죄, 혼전 섹스, 흑인 가족들, 경제, 교육, 음악, 흑인 남녀 관계, 춤, 미국 흑인교회의 지도력 그리고 정부 정책을 포함한다. 요약하자면, 워커는 그가 흑인 파워 철학 내지 흑인 신학이라고 칭한 것으로부터 점유된 (교회를 위한) 흑인 신학의 사회윤리를 주장한다.

『출애굽』(Xodus, 1996)에서 가르트 베이커-플레처(Garth Kasimu Baker-Fletcher)는 해방윤리를 미국 흑인 남성의 자아-흑인교회가 다루지 못했던 낮은 자긍심, 낮은 자존감, 자기 이미지의 위기들을 겪고 있는 자아-를 철저히 재건하는 것으로 옮긴다. 엑소더스는 포괄적 비(非) 성 차별자, 해방주의의 흑인 여성 신학자들과의 제휴, 흑인 단체들에 대한 재평가로 색칠된 심리 사회적 공간을 한다.

맬컴 엑스의 노선을 따르는 엑소더스의 새로운 실재는 흑인들을 촉구해 백인의 우월성과 잘못된 충돌을 추구하게 한다. 마틴 루터 킹 주니어의 꿈이 하나님의 정의와 모든 인류에 대한 조건 없는 사랑에 근거를 둔 다문화 사회의 실현을 재촉할 때, 엑소더스의 공간은 궁극적으로 우주적이고 생태학적이다.

모든 창조물이 베이커-플레처에게 있어 서아프리카에서 계시와 신적인 것을 입증하는 지구의 먼지에서 출현하기 때문이다. 엑소더스의 남성 공간으로의 여행을 따라 미국 흑인교회의 형성은 전체 미국 흑인들에게, 특히 가난한 여성들과 젊은이들에게 전체론으로(holistically) 말하는 엑소더스의 흑인교회로 바꿀 필요가 있다.

흑인들이 서로 인사하는 다양한 방법으로부터 어떤 윤리적 효과들이 나올 수 있는가?

리긴스 R. 얼 주니어(Riggins R. Earl, Jr.)는 『어두운 인사말』(Dark Salutations)에서 미국의 남녀 흑인들 가운데 있는 기독교적이고 이슬람 국가(Nation of Islam)적이고, 대중적 거리문화에서의 인사말들을 탐구한다.

한 마디로 "형씨"(brotherman), "흑형"(blackman), "언니양"(sistergirl), "영혼의 누이"(soul sister)와 같은 흑인들의 일상적 인사말은 그들의 인간적인 권위의 필수 강령으로서 형제 관계와 자매 관계에 대한 미국 흑인들의 반사성(reflexivity)에 관해 윤리적으로 사려 깊다는 것을 전달한다. 얼은 좀 더 건강한 다른 인종 간의 사회적 증언을 위해서도 중요한 흑인의 인사 해방윤리학을 추진한다.

조직 신학과 구성 신학은 제2세대 (남성) 흑인 신학자들이 속해 있는 신학 분야들을 모두 포함하는 이런 개관을 상세히 설명한다. 제임스 에반스 주니어의 『우리는 신자들이었다: 미국 흑인의 조직 신학』(We Have Been Believers: An African-American Systematic Theology, 1992)은 흑인의 신앙과 자유의 관점에서 기독 교회의 주요 교리들을 재해석—종말론으로의 계시/해방—한다.

그의 체계적 연구는 성경, 성경 주석, 제1세대 흑인 신학자들, 아프리카의 종교 전문지식, 중요한 흑인 사상가들(두 보이스), 백인 페미니스의 글들, 내러티브 신학 그리고 매우 영향력이 있는 유럽의 사상가들(칼 바르트와 폴 틸리히)을 참고로 한다.

윌 콜먼(Will Coleman)의 『종족의 담화: 흑인 신학, 해석학 그리고 아프리카식/아메리카식 이야기하기』(Tribal Talk: Black Theology, Hermeneutics, and African/American Ways of "Telling the Story", 2000)는 이런 선구적 고찰-즉 흑인 신학은 단지 기독교적이어야 하는가?-을 집중적으로 다룬다. 『종족의 담화』는 흑인의 해방하는 종교성을 지닌 모든 대담자가 아프리카 디아스포라고 불리는 종족 가운데서 담화를 나눌 수 있도록 세대 간/내의 흑인 신학적 확장을 촉구한다. 콜먼은 그의 사례를 약간은 연대기적으로 입증한다.

서아프리카의 이야기 우주론(대부분 아프리카인을 위한 출발점)부터 시작해서, 우리는 아프리카 전통 신앙의 신념들과 민간전승으로 들어가는데, 그것은 노예들이 "신세계"로 가는 중간 항로(the Middle Passage, 아프리카 서해안과 서인도 제도를 잇는 대서양의 항로를 가리킴, 역주)를 통과한 후에 아프리카 생존자들을 위한 기초를 놓는다.

첫째, 노예가 된 흑인들은—콜먼은 남북 캐롤라이나주가 아프리카인들의 새로운 배들을 계속해서 받아들인 장소였기 때문에 그곳의 노예 이야기들에 주목한다—아프리카의 생존자들과 미국 흑인들의 종교적 신성함의 혼합물인 후두(hoodoo)를 창안했다.

둘째, 노예가 된 흑인들은 그들 나름의 민속적 영성, 비기독교적 영성, 그런 다음 재 사유화된(reappropriated) 성령론을 양성했다. 마지막으로 『종족의 담화』는 미국 흑인교회들 안에 존재하는 흑인 기독교의 일관된 출현을 비판적으로 검토한다. 기독교의 정통 교의학을 반박하고 흑인의 삶의 다의성을 인식하면서, 콜먼은 흑인 신학을 정의하는 결정적 방법을 위해 미국 흑인들에 관한 복수의 (서아프리카, 비그리스도인 그리고 그리스도인의) 이야기들을 옹호한다.

드와이트 N. 홉킨스(Dwight N. Hopkins)가 쓴 『아래, 위 그리고 넘어-노예종교와 흑인 신학』(Down, Up, and Over: Slave Religion and Black Theology, 1999)은 노예가 된 아프리카인과 미국 흑인의 종교적 경험들에서 신학을 구성한다. 개신교와 미국 문화에서 종족의 종교 형성은 흑인 민중들 사이에 현대 해방의 영을 상황화 한다.

오늘날 흑인의 종교는 역사적 사실성(historicity)과 함께 더 잘 이해될 수 있다. 말하자면 종교의 자유를 추구하는 유럽인들은 자기 방식의 백인 우월의 기독교를 가져왔고, 노예가 된 아프리카인들은 소위 신세계로 그들의 전통 종교들을 가져왔다.

마침내 흑인 민중은 하나님(우리를 위한 영), 예수(우리와 함께하는 영) 그리고 인간의 목적(우리 안에 있는 영)으로 표현된 해방의 영 안에서 신앙을 발전시켰다.

부수적으로 이런 해방 정신은 흑인들이 이전에 노예 상태였던 자아를 언어, 정치·경제, 인종의 문화적 정체성, 매일의 의식들의 수준으로 재창조하도록 움직였다. 해방의 영은 궁극적으로 회개(metanoia)—즉 새로운 영적, 정서적, 심리적 인간 존재의 탄생과 이 세상 하나님의 모든 부를 공동으로 소유/관리하는 새로운 사회의 건설—를 요구한다.

그러나 제2세대 흑인 신학자들 모두가 흑인, 해방, 기독교의 전제들에 흔쾌히 동의했던 것은 아니다. 빅터 앤더슨(Victor Anderson)의 『존재론적 흑인 됨을 넘어서』(*Beyond Ontological Blackness*)는 [흑인 신학에서] 흑인 됨이 단지 [그리고 비극적으로] 백인 됨(whiteness)의 고안물에 불과한지에 대해 의심한다. 앤더슨은 우리가 영웅적 흑인 천재에 대한 숭배를 뛰어넘게 하면서, 흑인의 정체성에 관한 비본질주의적 개념, 즉 미국 흑인들 가운데 다양한 공동체 내의 정체성을 명명해 자유롭게 하는 데 더 적합한 것과 씨름하며 옹호한다.

앤서니 B. 핀(Anthony B. Pinn)의 『왜요, 주님?』(*Why Lord?*, 1995)은 왜 하나님이 흑인들의 고통을 끝내지 않으셨는지에 [그리고 어쩌면 정말로 그 고통을 인정하지 않으셨을지] 대해 숙고한다. 핀은 흑인들의 고통 안에 구속적인 것이 절대 없다고 진술한다. 그리해 그의 대안은 하나님의 존재를 부정하고 해방하는 강한 인본주의—흑인들이 그들의 자유를 위해 더 열심히 싸울 필요가 있는 촉진제—를 선택하는 것이다. 예수의 십자가 고통과 노예가 된 흑인들의 억압으로부터 신정론을 추구하면서, 데이비드 E. 고틀리(David E. Goatley)의 『너 거기 있었는가』(*Were You There: Godforsakenness in Slave Religion*, 1996)는 그들의 하나님의 유효성에 대한 자기검증을 받기 위해 기독교 진영 내에 남아 있는 자들에게 묻는다.

그는 역설적으로 심지어 하나님이 숨어 계실 때에도 하나님이 억압받는 자들을 해방한다고 결론을 내린다. 마크 채프먼의 책 『심리 중인 기독교』(*Christianity On Trial*, 1996)에 대한 관심은 고통과 정의로운 하나님 개념보다는 기독교 자체의 전체적 노력이다.

흑인들이 백인 우월주의 그리스도인들에 의해 전향된 신앙을 받아들인다는 것은 무슨 의미인가?

기독교가 흑인의 해방이나 학대를 일으키는가?

블랙 파워(1966) 이전과 이후의 주요 흑인 종교 인물들에 관한 그의 연구로부터, 그는 흑인 기독교의 살아남아 있고 예언적 성격이 백인 인종차별주의적 기독교에 대한 지속적이고 철저한 비판들과 흑인교회에 내적 무자비한 비판에 따라 결정된다고 생각한다.

흑인 신학의 저술들은 압도적으로 개신교적 게 많은데, 이런 사실만으로 흑인 로마 가톨릭 신학자들과 여성 신학자들에게서 나오는 지적으로 더 창조적 일부 작품들을 가려버릴 수 있다. 로마 가톨릭교회의 미국 흑인 회원들은 3중의 위험을 견디어 낸다. 즉 그들은 흑인 신학 내에서, 미국 흑인 공동체 안에서 그리고 가톨릭교회 안에서 소외(marginalization)를 당한다.

그러나 그들의 목소리는 현대 흑인 신학이 발전해가는 학문 분야에서 항상 현존해 왔다. 로렌스 루카스(Lawrence Lucas)는 1970년에 그의 책 『흑인 사제 백인교회』(*Black Priest White Church*)를 출간해, 유년기에서 사제직을 수행하는 기간까지 뉴욕시에 있는 로마 가톨릭교회 안에서 겪은 그의 여정에 관해 자전적 진술을 제공했다.

그의 유리한 입장에서 주기적으로 반복되는 하나의 주제는 그가 속한 교회의 완고한 백인 우월성이다. 구조적이고 교회적 인종차별의 부정행위에 더해, 루카스는 로마교회가 흑인 빈민자와 다른 사람들이 씨름하는 실존적 딜레마를 강조하지 못한 점을 예로 든다.

곧 흑인이면서 로마 가톨릭에 속하는 것은 가능한가?

타는 듯한 고통과 솔직한 화에도 불구하고, 그는 희망 아니면, 미국 흑인들이 교회를 버릴 것이라고 주장한다. 어떤 의미에서 그런 유기를 피하려고 루카스 이래 모든 책은 흑인 로마 가톨릭의 문제를 해결하려고 노력해 왔다.

키프리안 데이비스(Cyprian Davis)의 『미국 흑인 가톨릭의 역사』(*The History of Black Catholics in the United States*, 1990)는 미국 내의 미국 흑인 가톨릭교도들의 현존과 공헌에 대한 명확한 증거를 제공한다. 과연 그는 장래에 미국에 있는 첫 번째 그룹의 아프리카인들이 스페인어를 말하는 로마 가톨릭교도들이었다는 점을 증거 서류로 입증한다.

그래서 영어권 식민지로 끌려온 20명의 노예 신분의 아프리카인들이 1619년에 버지니아 제임스타운에 도착한 것보다 시기적으로 앞섰다. 이 흑인 로마 가톨릭교도들은 북부 플로리다에 있는 세인트 어거스틴이라는 식민지에서 1565년에 스페인의 지배를 받았다. 다이애나 L. 헤이즈(Diana L. Hayes)의 『하갈의 딸들-흑인 여성 신학자가 세상에서 존재하는 방식』(*Hagar's Daughters: Womanist Ways of Being in the World*)이 1995년에 출간됨으로 인해 흑인 여성 신학의 사상을 해석하기 위한 로마 가톨릭의 첫 번째 연구서가 생겨났다.

이후에 제이미 T. 펠프스(Jamie T. Phelps)는 『흑인과 가톨릭』(*Black and Catholic*, 1997)을 편집했는데, 이것은 미 흑인 학자들을 함께 모아 신학, 성경 연구, 윤리학, 역사, 종교교육 그리고 방법론, 맥락에 대한 흑인 가톨릭의 재평가에 관해 글을 쓴 최초의 책이다.

　M. 숀 카페런드(M. Shawn Copeland)가 쓴 마지막 논문은 로마 가톨릭 흑인 신학에 필요한 기본 특징들을 약술한다. 진정으로 흑인 신학이면서 진실로 로마 가톨릭 신학을 위한 뼈대는 미국 흑인의 종교적 경험과 의식에 근거하는 것, 모든 차원의 흑인 존재를 긍정하는 것, 흑인 문화 속에서 하나님의 말씀을 이해하는 것, 흑인의 종교적 경험에서 결점들에 직면하는 것, 오늘날 예수 시대의 임무들을 이해하고 이행하는 것, 간(間) 학제적 연구를 육성하는 것 그리고 미학을 관념적 명확함과 통합시키는 것을 포함한다.

　1998년에 요셉 A. 브라운(Joseph A. Brown)은 『반석 위에 서는 것-흑인 가톨릭의 정체성』(To Stand on the Rock: Meditations on Black Catholic Identity)을 저술했다. 브라운은 그가 흑인 가톨릭교회라고 부른 것이 여러 가지 측면에서 그 성숙함을 인식하도록 권고한다. 미국 흑인의 종교 지도력은 흑인의 문화적 환경, 즉 미국 흑인의 치유와 변화의 특이성으로 특징을 이루는 환경에서 훈련받고 교육받아야 한다.

　문화적 요청을 동반하는 것은 지도력이 흑인 가톨릭 공동체로부터 경제적 지원을 받아야 할 책무다. 따라서 미국 흑인 사제들과 주교들은 자신을 흑인들의 영성과 문화적 성분을 돌보는 자로 인식해야 한다.

　결과되는 한 가지 역동성은 지도력이 공동체에서 나오고, 그 시점(始點, point of origin)에 고마움을 느끼고, 사람들에게 책임이 있고, 흑인 가톨릭교도들에게 승인을 받는다는 점이다. 브라운은 두 개의 추가적 조언들로 끝을 맺는다. 곧 하나는 평신도가 흑인 가톨릭교회 내에서 자신을 제도화함으로써 더 많은 지도력을 떠맡으라는 초대이고, 다른 하나는 미국 흑인 전례 학자들 사이에 있어야 할 더 많은 일치에 대한 간청이다.

　『우리의 하프를 내려놓음』(Taking Down Our Harps, 1998)에서 다이애나 L.헤이즈와 키프리안 데이비스는 계속 등장하고 있는 흑인 가톨릭 신학에 중대한 논문집을 모았다.

　헤이즈의 논문은 흑인들이 가진 신앙이 참된 기독교이기에 전체 로마 가톨릭교회는 가장 깊은 곳에서부터 존재론적으로 흑인이 되라는 위임명령을 받았다고 선언한다. 그 이유는 예수님이 학대받는 미국 흑인들 가운데 거하시기 때문이다.

　제이미 T. 펠프스의 공헌은 미국 흑인들에게 개혁된 선교 업무를 제안하면서, 미국 흑인들의 온전한 인간성을 심리적으로 치료하고 관찰하는 일과, 열정적 교회 내 영적 성장에 에너지를 집중한 포괄성에의 헌신의 성격에 대한 교회의 엄격한 자기비판을 보여 준다.

그리고 흑인 가톨릭 신학에서 건설적 방법론을 지속하면서, M. 숀 카페런드의 논문은 '상호 관계 방법론'(예, 기독교 복음은 순수한 방식은 아닐지라도 오늘날 인간의 문화에서 나온 질문들에 답변한다)의 진지한 활용을 택하는 데, 이 방법론은 (본문과 전통에 대한) 비판, (소외된 흑인들과 흑인 가톨릭 역사의) 회복, 학문적 사회 분석(예, 사회 이론들) 그리고 건설(예, 흑인 가톨릭 신학의 특수성을 향상하는 것)에 밀접하게 결부된다.

1980년 이래 이렇게 넘쳐나는 흑인 신학의 다양함과 발전 속에서, 창립 세대의 구성원들은 흑인 신학 분야를 지탱하는 데 필요한 작품들을 계속해서 출판한다. 찰스 쉘비룩스(Charles Shelby Rooks)는 신학 교육 기금의 역사에 관해 썼는데, 이것은 1960년대 초부터 1990년대 초까지 어떤 종교 분야의 박사 학위를 취득한 대다수의 미국 흑인들을 고용하고/거나 출자한 조직을 가리킨다. 그의 책인 『시온의 혁명』(*Revolution in Zion*, 1990)은 미국의 신학 교육에서 흑인들에게 생겨난 일(what happened to blacks)에 관한 이야기와 미국 흑인교회들에 대한 도전들 그리고 폭넓은 미국 사회에서 폭발하기 쉽고 인종차별적 드라마에서 갑자기 튀어나오는 중심 주제들과 통합한다. 이렇게 다양한 수준의 연대기는 흑인 해방 신학을 표면화시킨 흑인 신학 공동체의 탄생을 해부한다.

폭넓은 공동체가 없다면, 흑인 신학은 오늘날의 모습과 같지는 않았을 것이다. 그런 까닭에 룩스의 설명은 "독특한 아메리카 분과의 형성"이라는 부제를 붙여도 좋을 것이다.

덧붙여야 할 두 명의 원로 학자들로서 피터 J. 패리스(Peter J. Paris)와 J. 데오티스 로버츠(J. Deotis Roberts)는 미국 흑인들의 신학 학문과 아프리카 연구나 아프리카중심성(Africentricity, 유럽인들보다 아프리카인들의 감성에 특권을 부여하는 개념)의 특징들을 연계시킨 작품들을 써왔다.

패리스의 『아프리카인들의 영성』(*The Sprituality of African Peoples*, 1995)은 아프리카의 전통 종교들에 퍼져있고 아프리카 디아스포라의 종교적이고 도덕적 가치에 가득 차 있는 공통된 영성을 식별한다. 원로 미국 흑인 윤리학자인 그는 비교종교 연구와 아프리카와 캐나다는 물론 미국에서 보낸 수년 동안의 여행과 삶을 통해 아프리카인들의 생존을 구체화한다.

그 첫 번째 유형에 해당하는 패리스의 학적 움직임은 신과 공동체와 가족과 인간이 상호 의존하는 가운데 공통되는 도덕 담론이 범 아프리카인들에게 출현한다는 그럴듯한 논증을 명료하게 표명한다. 그리고 이렇게 공유된 (그래서 대륙의 아프리카인들과 디아스포라가 자연과 영과 역사를 전체적으로 통합한) 도덕 철학은 아프리카의 여러 전통 우주론에서 유래한 다양한 요소들로부터 발생한다.

곧 아프리카인들에게 최고의 목적은 다양한 형태를 지닌 공동체의 보존과 조성이다. 아울러 다른 것들 가운데 이 목표를 달성하는 데 요구되는 중요한 도덕적 특성은 좋은 도덕적 품성이다. J. 데오티스 로버츠는 블랙 아메리카의 중대한 분열 전체에 걸쳐 지배하고 있는 아프리카 중심의 복고운동을 다룬 첫 번째 완간 신학책을 만들어냈다. 그가 쓴 『아프리카 중심의 기독교』(Africentric Christianity, 2000)가 겨냥하는 청중은 흑인교회다. 그의 연구 질문은 아프리카 중심성(Africentricity)—로버츠에 있어 "Afro"보다는 "Afri"가 어원적으로 아프리카에 더 충실하다—이 기독교적 개념들과 어울리는지에 집중한다.

아프리카 중심의(Africentric) 기독교적 믿음과 의식들을 비교할 작정으로 로버츠는 먼저 문화(예, 아프리카 중심성)와 신앙(예, 기독교) 간의 근본적 구별을 입증한다.

전자는 미국 흑인들의 영광스러운 아프리카의 유산을 고양해 흑인의 자기 진가(self-worth)를 촉진하는 반면, 후자의 의도는 구속(redemption)이기에 천국의 입성을 확보한다. 그런 특별한 경고와 더불어, 그는 두 현상 간에 이루어지는 유익한 상호작용을 기대한다.

아프리카 쪽에서 나온 크완자(Kwanzaa)와 그리스도인들에게 해당하는 크리스마스와 같은 의식들은 서로를 보완해 줌으로써 아프리카 중심성의 해방하는 종교 문화적 차원들과 해방자 예수 그리스도—흑인교회의 더 진실한 증언과 사역을 위한 총체—에 대한 핵심 신앙 모두를 더 좋게 고양한다.

우리는 우리가 다루기 시작한 사상가와 함께 흑인 신학의 지적 형세를 이렇게 도해하는 것을 끝맺는다. 제임스 콘의 10년에 걸친 마틴 루터 킹과 맬컴 엑스에 관한 혁신적 연구는 미국 흑인들이 주기적으로 믿음과 인종적이고 문화적 의미를 추구하면서 이 두 근원적 인물에 대한 비교 종교적 연구를 시작한다. 콘의 주제는 킹과 맬컴 각각에 대한 꿈과 악몽의 비유를 엮고, 다음의 질문을 통해 구분된다.

북미에서 한 사람과 한 공동체의 아프리카 후손이 된다는 것은 무엇을 의미하는가?

격찬을 받는 그의 책 『마틴과 맬컴과 아메리카』(Martin & Malcolm & America, 1991)는 미국 사회에 대한 각 사람의 입장을 동정적이지만 비판적으로 탐구하는 것에 집중하게 한다. 독특한 형태의 사회주의, 흑인 여성들, 가난한 사람들, 국제적 지역, 흑인 리더십의 특징들에 대한 그들의 동향, 대중적 오해에도 불구하고 콘이 보기에 두 사람은 억압받는 자들을 위한 유사한 자유의 영성을 나타냈다. 그들은 그들의 생애 말에 정치적으로 문화적으로 서로를 향해 성큼성큼 걷고 있었다.

5. 의제

흑인 신학의 다음 단계는 이어지는 실천에 기초한, 강화된 이론적 작업을 필요로 한다. 만일 해방이 다채롭고, 다양하고, 애매하고, 복수의 모든 정의에도 내적 중심 기준으로 지속한다면, 이 분야에서 억제되고 잠잠해진 부분들, 흑인 가족과 교회, 더 큰 미국의 흑인 공동체는 전문적 공청회를 요구한다.

보다 특수하게 흑인 신학 안에서 젊은 게이와 레즈비언의 목소리에 관한 탐구는 학문과 인간의 삶을 위한 인식적 전망을 한층 더 열어놓을 수 있는 선구자적 작업의 전조가 된다. 레니 L. 힐(Renee L. Hill)과 호레이스 그리핀(Horace Griffin)은 그 학적 탐험에 착수해 왔다.

마찬가지로 흑인 신학은 흑인 페미니스트와 더 가까이 협력하기 위해 더 단정적 조처를 해야 한다. 카렌(Karen)과 가르트 베이커-플레쳐(Garth Baker-Fletcher)와의 공동 저술은 고무할 만한 전형적 하나의 모델이 된다.

간(間) 학제적(interdisciplinary) 방법론과 다(多) 학제적(multidisciplinary) 방법론은 질서가 잡혀있고, 대학교의 다양한 학과들과 다른 조합들과 상호 작용하며 연결되었다. 흑인 신학은 언제나 편협한 지식적 제한을 초월해 왔다.

그러나 이 분야에 대한 역사적 기억은 인식론과 학문적 탐구가 제도화된 고등 교육의 문밖에서 이루어지는 시민들의 대화에서 비롯된다는 것을 우리에게 알려 준다. 그리해 종교 연구와 신학은 그 연구 대상(즉 미국의 흑인들과 전 세계인들의 상호 작용)과 이전에 교육받은 엘리트들을 뛰어넘는 그 봉사에서 하나가 된다. 그래서 흑인 신학의 전통은 교육이 상아탑을 넘어서서 공동체에 봉사한다는 심오한 의미를 깨닫는다.

이런 점에서 흑인 신학은 어떻게 신앙 단체들, 공동체 집단 그리고 지역 정부의 발의권과 협력하는가?

정의로운 일에 중점을 둔 종파 간 프로젝트 안에 어떤 가치가 있는가?

가난한 자들은 누구며, 우리는 소외되고 목소리를 내지 못하는 사람들 가운데 물질적 변화와 정신적 치료 둘 다를 위할 필요를 어떻게 명료하게 하는가?

그리고 흑인 신학은 가난한 자들과 생태학(ecology)에 대해 무슨 말을 해야 하는가?

마지막으로 해로운 이 지구화의 시대에 흑인 신학은 흑인 신학자들의 국제적 연결망과 아프리카, 아시아, 카리브해, 라틴 아메리카 그리고 태평양 군도 출신의 공동 대담자들과의 유대를 세울 필요가 있다. 아주 특별하게도 이들은 '제3세계 신학자 에큐메니컬 협회'에 속해 있다.

미국 흑인들의 경험과 사회적 위치를 넘어서는 의식적 접촉이라는 특수성을 통해 아마도 새로운 인간과 사회의 윤곽이 우리 가운데서 표면화될 것이다.

참고 문헌

Anderson, Victor. *Beyond Ontological Blackness: An Essay on African American Religious and Cultural Criticism*. New York: Continuum, 1995.
Baker-Fletcher, Garth Kasimu. *Xodus: An African American Male Journey*. Minneapolis, MN: Fortress Press, 1996.
Baker-Fletcher, Karen and Garth Kasimu Baker- Fletcher. *My Sister, My Brother: Womanist and Xodus God-Talk*. Maryknoll, NY: Orbis Books, 1997.
Blount, Brian K. *Then the Whisper Put on Flesh: New Testament Ethics in an African American Context*. Nashville, TN: Abingdon Press, 2001.
Brown, Joseph A. *To Stand on the Rock: Meditations on Black Catholic Identity*. Maryknoll, NY: Orbis Books, 1998.
Butler, Lee H., Jr. *A Loving Home: Caring for African American Marriage and Families*. Cleveland, OH: Pilgrim Press, 2000.
Chapman, Mark L. *Christianity On Trial: African- American Religious Thought Before and After Black Power*. Maryknoll, NY: Orbis Books, 1996.
Cleage, Albert. *The Black Messiah*. New York: Sheed and Ward, 1968.
Coleman, Will. *Tribal Talk: Black Theology, Hermeneutics, and African/American Ways of "Telling the Story"*, University Park: Pennsylvania State University Press, 2000.
Cone, Cecil Wayne. *The Identity Crisis in Black Theology*. Nashville, TN: African Methodist Episcopal Church, 1975.
Cone, James H. *Martin & Malcolm & America: A Dream or a Nightmare?* Maryknoll, NY: Orbis Books, 1991.
_____.*Black Theology and Black Power*. Maryknoll, NY: Orbis Books, 1998.
Cummings, George C. L. *A Common Journey: Black Theology (USA) and Latin American Liberation Theology*. Maryknoll, NY: Orbis Books, 1993.
Davis, Cyprian. *The History of Black Catholics in the United States*. New York: Crossroad, 1990.
Earl, Riggins R., Jr. *Dark Salutations: Ritual, God, and Greetings in the African American Community*. Harrisburg, PA: Trinity Press International, 2001.
Erskine, Noel Leo. *Decolonizing Theology: A Caribbean Perspective*. Maryknoll, NY: Orbis Books, 1981.
Evans, James H., Jr. *We Have Been Believers: An African-American Systematic Theology*. Minneapolis, MN: Fortress Press, 1992.
Felder, Cain Hope. *Troubling Biblical Waters: Race, Class, and Family*. Maryknoll, NY: Orbis Books, 1989.
_____. (ed.). *Stony The Road We Trod: African American Biblical Interpretation*. Minneapolis, MN: Fortress Press, 1991.
Goatley, David Emmanuel. *Were You There? Godforsakenness in Slave Religion*. Maryknoll, NY: Orbis Books, 1996.
Grant, Jacquelyn. "Black Theology and the Black Woman", In *Black Theology: A Documentary History, Vol. 1: 1966-1979*, 323-38. Edited by James H. Cone and Gayraud S. Wilmore. Maryknoll, NY: Orbis Books, 1993.
Griffin, Horace. "Giving New Birth: Lesbians, Gays and the 'Family': A Pastoral Care Perspective",
Harris, James H. *Pastoral Theology: A Black- Church Perspective*. Minneapolis, MN: Fortress Press, 1991.
Hayes, Diana L. *Hagar's Daughters: Womanist Ways of Being in the World*. Mahwah, NJ: Paulist Press, 1995.

Hayes, Diana L. and Cyprian Davis (eds.). *Taking Down Our Harps: Black Catholics in the United States*. Maryknoll, NY: Orbis Books, 1998.
Hill, Renee L. "Who Are We for Each Other?: Sexism, Sexuality and Womanist Theology", In *Black Theology: A Documentary History, Vol. 2: 1980-1992*, 345-51. Edited by James H. Cone and Gayraud S. Wilmore. Maryknoll, NY: Orbis Books, 1993.
_____. "Disrupted/Disruptive Movements: Black Theology and Black Power 1969/1999", In *Black Faith and Public Talk: Critical Essays on James H. Cone's Black Theology and Black Power*, 138-49. Edited by Dwight N. Hopkins. Maryknoll, NY: Orbis Books, 1999.
Hopkins, Dwight N. *Black Theology USA and South Africa: Politics, Culture, and Liberation*. Maryknoll, NY: Orbis Books, 1989.
_____. *Down, Up and Over: Slave Religion and Black Theology*. Minneapolis, MN: Fortress Press, 1999.
Journal of Pastoral Theology (summer 1993): 88-98.
_____. ",Revisioning Christian Ethical Discourse on Homosexuality: A Challenge for the 21st Century", *Journal of Pastoral Care* (summer 1999): 209-19.
_____. "Their Own Received Them Not: African American Lesbians and Gays in Black Churches", *Journal of Theology and Sexuality* (spring 2000): 88-100.
Long, Charles H. *Significations*. Minneapolis, MN: Fortress Press, 1986.
Lucas, Lawrence. *Black Priest White Church: Catholics and Racism*. New York: Random House, 1970.
Paris, Peter J. *The Spirituality of African Peoples: The Search for a Common Moral Discourse*. Minneapolis, MN: Fortress Press, 1995.
Phelps, Jamie T. (ed.). *Black and Catholic: The Challenge and Gift of Black Folk. Contributions of African American Experience and Thought to Catholic Theology*. Milwaukee, WI: Marquette University Press, 1997.
Pinn, Anthony B. *Why Lord? Suffering and Evil in Black Theology*. New York: Continuum, 1995.
Roberts, J. Deotis. *Africentric Christianity: A Theological Appraisal for Ministry*. Valley Forge, PA: Judson Press, 2000.
Rooks, Charles Shelby. *Revolution in Zion: Reshaping African American Ministry, 1960- 1974*. New York: Pilgrim Press, 1990.
Walker, Theodore, Jr. *Empower the People: Social Ethics for the African-American Church*. Maryknoll, NY: Orbis Books, 1991.
Wimberly, Edward and Anne Streaty Wimberly. *Liberation and Human Wholeness: The Conversion Experiences of Black People in Slavery and Freedom*. Nashville, TN: Abingdon Press, 1986.
Williams, Delores S. *Sisters in the Wilderness: The Challenge of Womanist God-Talk*. Maryknoll, NY: Orbis Books, 1993.
Wilmore, Gayraud S. *Black Religion and Black Radicalism: An Interpretation of the Religious History of the African Americans*. Maryknoll, NY: Orbis Books, 1998.
Young, Josiah Ulysses, III. *A Pan-African Theology: Providence and the Legacies of the Ancestors*. Trenton, NJ: African World Press, 1992.

제27장

라틴 아메리카 해방 신학

레베카 S. 촙(Rebecca S. Chopp), 에트나 레이건(Ethna Regan)

1. 서론: 특징과 기원, 영향력

라틴 아메리카의 해방 신학은 현대사의 희생자들 가운데서 행하신 하나님의 활동과 변화시키는 은혜에 대한 성찰이다. 가난하지 않은 독자는 정중한 돌봄의 마음을 갖고 신에 대한 이런 담론(this logos of the theos)에 접근해야 한다. 그래서 그것은 공통된 인간 경험에 대한 하나의 해석, 하나의 이차적 성찰로 받아들여지지 않고 어떻게 하나님이 활동하시고, 삶을 살아가고 기독교가 가난한 자들 가운데서 행해지는가에 대한 하나의 방해와 난입으로 수용될 것이다.

이 장은 그 독자들이 후대에 해방 신학으로 언급된 라틴 아메리카의 해방 신학의 주체들인 가난한 자들이 아니라고 가정한다. 그리해 이 장은 해방 신학이 자신의 목소리로 말하게 하려고 노력한다. 하지만 하나님에 관한 이런 지식이 제1세계의 현대 신학으로 직접 약분할 수 없음에도 불구하고 그 자신의 통합성을 갖고 있고, 이해를 추구하는 신앙이라는 고대의 신학적 과제의 또 다른 줄기를 대변한다고 주장하는 해석가들과 그렇게 한다.

해방 신학은 하나님이 역사의 가난한 사람들 안에 현재한다고 말한다. 왜냐하면, 그것은 하나님에 대한 그들 자신의 경험, 즉 구스타보 구티에레즈가 역설했던 대로 하나님이 가난한 사람들 안에서 당신의 자아를 계시하기로 선택하셨다는 것에 기초한 경험에서 나왔기 때문이다.[1] 해방 신학은 모든 인간의 변화를 역사의 인간들과 비인간들, 가난한 자들과 부유한 자들을 나누는 구조에 근거한 방식이 아니라, 인간다움(being human)의 새로운 방식으로 이끌기 원한다.[2]

---

1 .Gustavo Gutierréz, "Theology and Spirituality in a Latin American Context", *Harvard Divinity Bulletin*, 14 (June-August 1984).
2 .해방 신학에 대한 공통적 반대가 그것이 가난한 자들을 부유하게 만드는, 단순히 말해 일군의 압제자들을 다른 집단으로 교체하는 결과를 낳을 것에도 불구하고, 해방 신학은 가장 초

많은 요소는 라틴 아메리카에서 해방 신학의 독특한 목소리에 이바지한다. 가장 중요한 요소는 어마어마한 불평등과 가난의 상황 속에 있는 맥락이다. 가난한 자들은 종종 자기 아이들이 적절한 음식과 건강 관리 그리고 위생 시설이 없어 죽는 것을 지켜본다. 그들은 빈번하게 실업을 겪고 직장을 얻더라도 임금이 버젓이 생활해 나가기에는 턱없이 부족하다. 여러 중남미 나라는 수십 년간의 독재 정권과 내란에서 벗어나고 있고 민주주의가 크게 발전하는 동안 세계에서 사회적으로 경제적으로 가장 불평등한 지역으로 남아 있다.

이런 현 상황은 중남미의 "현대"사, 즉 "신대륙의 발견" 이래로 압제와 식민지화로 점철되어 온 역사에 기인한다.[3] 스페인과 포르투갈은 신대륙에 정착해 정복자들에게 노예를 만들어주고 "이교도들"을 기독교로 교화하기 위해 원주민의 문화를 짓밟았다. 심지어 19세기 초에 많은 라틴 아메리카 국가들의 출현과 함께, 신식민지주의, 즉 경제 보호령과 탐험의 체계가 이 국가들과 제1세계 국가들, 곧 먼저는 대영 제국과 나중에는 미국 사이에 존재했다. 1950년대와 1960년대는 국제 협약이 속국들이 미국 같은 제1세계 국가들과 같이 되도록 발전시키는 것을 보았지만 이런 움직임은 이때 군사 독재(military oligarchies)와 다국적 회사들(multinational corporations)을 통해 의존 관계를 증대시켰을 뿐이었다.[4]

1980년대에 최고 나쁜 상황이었던 중남미의 외채가 이런 의존상태를 예시했고 채무이행의 부담은 주로 가난한 사람들에게 주어졌다.

해방 신학의 발전에 있어 주요 요소는 1950년대와 1960년대에 로마 천주교와 개신교가 취한 정의와 평화에 대한 견해들이었다. 이것들 가운데 가장 중요한 것은 인간의 존엄성과 사회적 변화의 필요에 관한 제2차 바티칸 공의회의 사회적 가르침이었다.

기 작품들로부터 가난한 자들과 부유한 자들 간의 엄청난 불균형을 제거하기 위한 사회 구조의 변화를 옹호해 왔고, 모든 사람에게 인간다움(being human)의 새로운 방식을 강조하는 변화의 인류학을 제공해 왔다.

3 . 남미의 역사에 관한 훌륭한 입문서로는 다음의 책들을 보라. George Pendle, *A Hisory of Latin America* (New York, 1963); Hubert Herring, *A History of Latin America from the Beginnings to the Present* (New York, 1961); Enrique D. Dussel, *A History of the Church in Latin America: Colonialism to Liberation (1492-1979)* (Grand Rapids, MI, 1981).

4 . 다음의 책들을 보라. José Comblín, *The Church and the National Security State* (Maryknoll, NY, 1797); Robert Calvo, "The Church and the Doctrine of National Security", in Daniel H. Levine (ed.), *Churches and Politics in Latin America* (Beverly Hills, CA, 1979).

중남미 주교들은 1968년에 콜롬비아의 메데인(Medellín)에서 만나 라틴 아메리카에 준 제2차 바티칸 공의회의 영향에 대해 논의했다. 그때 주교들에 의해 채택된 논문들은 해방 신학의 기초 문서들이 되었다.[5] 메데인에서 해방 신학을 이끌 변화를 위한 투쟁이 촉발되었는데, 그 투쟁은 가난한 사람들이 상류층과 외국의 독점사업으로 대표되는 "돈의 국제적 제국주의"의 결과로 겪는 제도화된 폭력에 맞선 투쟁을 말한다.

새로운 신앙의 비전은 가난한 자들이 역사 속에서 활동하는 인간 주체들이라는 관점에서 표현되었다. 이 비전은 가난한 자들이 그들 자신의 운명을 결정하고 그들이 의식 제고와 의식 키우기 운동에 참여했을 때 그들의 신앙을 표현할 수 있는 작은 민중 공동체에 있었다.

이 역사적 사건들 외에도 다른 세 가지 영향을 주지해야 한다. 즉 정치 신학, 마르크스주의 그리고 민간 종교(pupular religion). 정치 신학은 중간 계급층의 반역사적 진정성에 대한 현대 기독교의 관심에 대한 비판과 대학살(Holocaust)과 같은 엄청난 고통의 사건들에 의한 기독교 신학의 재처방(reformulation)으로 서독에서 생겨났다.

위르겐 몰트만(Jürgen Moltmann)과 존 M. 메츠(John Baptist Metz)와 같은 정치 신학자들의 작품은 민영화(privatization), 압제, 이데올로기, 해방과 같은 새로운 신학 용어들을 제안했다. 메츠가 사회적이고 정치적 새로운 인간학을 제안했던 반면, 몰트만은 고통의 실재 안에서와 그 실재를 통한 하나님 이해를 고안했다. 두 신학자 모두 기독교를 사회의 비판적 증인으로 언급했다.[6]

마르크스주의는 두 가지, 즉 사회 분석의 이론적 도구와 역사철학으로 해방 신학에 영향을 미쳤다.[7] 사회 분석의 도구로서 마르크스주의는 기능적이기보다는 변증법적 분석을 제공해 왔다. 그런데 그 분석은 균형이 있어야 하는 유기체인 사회의 이데올로기 내에 그런 세력을 숨기는 대신에 한 사회의 힘과 세력의 관계에 중점을 두었다.

---

5 .Joseph Gremillion (ed.), *The Gospel of Peace and Justice: Catholic Social Teaching since Pope John* (Maryknoll, NY, 1976).

6 .두 신학자의 대표작은 다음과 같다. Jurgen Moltmann, *Theology of Hope: On the Grounds and Implications of a Christian Eschatology* (New York, 1967)와 The Crucified God: The Cross of Christ as the Foundation and Criticism of Christian Theology (New York, 1973); Johann Baptist Metz, *Theology of the World* (New York, 1969)와 *Faith in History and Society: Toward a Practical Fundamental Theology* (New York, 1980).

7 .해방 신학에서 활용된 마르크스주의의 비판적 용도에 관해서는 다음의 책들을 보라. Jose Miguez Bonino, *Christians and Marxists: The Mutual Challenge to Revolution* (Grand Rapids, MI, 1976); Juan Luis Segundo, *Faith and Ideologies* (Maryknoll, NY, 1984).

역사철학으로서 마르크스주의는 다른 철학 분야와 함께 사회적으로나 역사적으로 세워진 인간 주체, 변화와 변형에 개방된 역사 그리고 사회의 생산적 관계들을 통해 조직된 압제와 소외에 대한 한 견해를 세우는 데 공헌해 왔다. 해방 신학자들 특히 초기에 마르크스주의로부터 몇 가지 용어와 통찰력을 비판적으로 채택했다. 하지만 그들은 이 통찰력과 용어를 단지 그들 자신의 신학적 성찰로 변형시킴으로 그렇게 했다.

더 최근에 상당히 이색적 영향은 민간 종교의 영향이다. 신학자들이 점차 "가난한 자들을 위한 옵션"을 하나의 생활 방식으로 초점을 맞춤에 따라 민간 종교의 영향은 크게 부상하게 되었다. 민간 종교는 다양한 중남미 사람들의 문화적 특수성 진지하게 취급하고 독특한 종교 의식들을 가질 수 있는 아메리카 인디언들, 흑인들, 여성들, 다른 사람들의 특수성에 대한 성찰을 요구한다.

그것은 기독교의 여러 사상과 의식이 어떻게 토착 종교 의식들 가운데 정착했는지 검토한다. 일반적으로 해방 신학자들은 대중 종교가 어떻게 원주민의 전례들, 아프리카계 종교들, 정령 숭배 전통들, 마술 의식, 다양한 종교 전통들의 기독교적 혼합을 포함했는지 점점 더 인식하게 되었다.

마지막으로 민간 종교는 가난한 자들 가운데 생존 의례(survival practices)뿐만 아니라 변혁을 위한 잠재적 자원들에 대한 이해를 제공한다. 예를 들어 마리아에 대한 헌신은 과달루페의 모렌티아(Morentia of Guadalupe), 흑인 아파레시다(Aparecida), 퓨리시마(Purisima)와 자비의 동정녀와 같은 인기 있는 여성 인물들에 대한 기도를 포함하는 데, 사람들은 그들에게 생존을 위해 기도한다. 신학적 성찰과 실천적 지혜(praxis)는 또한 구세주의 어머니에 대한 이런 표현들을 모든 사람을 위한 희망의 상징으로 만들어준다. 빙게머(María Clara Bingemer)는 다음과 같이 고찰해 왔다.

이 작품에서 새로운 것은 그것이 본이 되어야 할 미덕의 모델 차원에서 더 이상 개인주의적으로 간주한 마리아가 아니라, 집단적 상징으로 신실한 사람들의 한 형태로 마리를 드러낸다는 것이다.

그 안에서 하나님의 성령이 비옥한 땅이 새로운 창조를 개시할 천국의 씨앗인 새로운 민족을 재배하는 것을 발견한다.[8]

---

8 .María Clara Bingemer, "Women in the Future of the Theology of Liberation", in Marc H. Ellis and Otto Maduro (eds.), *Expanding the View: Gustavo Gutiérrez and the Future of Liberation Theology* (Maryknoll, NY, 1990), 185.

2. 개요

최근에 해방 신학이 괄목할 정도로 체계화해 오는 동안 그것은 주로 학술적 논쟁을 위한 담론보다는 기초 기독교 공동체의 상황 속에 있는 교회 신학이다. 이것은 그리스도인들이 그들의 역사적 상황에서 기독교적 증언을 형성하고 현실화하려고 애쓰는 민중 공동체다. 그래서 해방 신학의 첫 번째 자리는 학교가 아닌 교회이고, 그 특징은 기독교의 이론적 의미에 대한 부차적 해석학적 성찰이 아니라 실천적 지혜에 대한 성찰과 그 안내라고 할 수 있다.

가난한 사람들의 현실에 대한 이런 실천적 신학적 담론은 레오나르도 보프(Leonardo Boff)와 클로도비스 보프(Clodovis Boff)가 표현한 해방 신학의 삼 단계 가운데 제1단계 혹은 대중적 단계다. 두 번째 단계는 목회인데, 그것은 주로 목회 사역에 집중하는, 신학적으로 훈련받은 주교들, 목회자들, 사역자들이 종사하는 것을 의미한다. 이것들은 종종 대중적 단계와 전문 신학자들의 세 번째 단계 사이를 연결해 주는 가교다.

해방 신학은 현대 기독교와 부유한 자들과 대부분 동일시하는 것을 포함해 가난한 자들이 생겨나는 구조와 기구들에 대한 비판이다. 이것을 하기 위해 해방 신학은 철학뿐만 아니라 사회과학 분야와 대화에 참여한다.

가난한 자들과 연대한 비판과 변혁의 신학적 담론으로서 해방 신학은 정치적 신학적 인간학, "해방"이라는 용어를 통해 특징지을 수 있는 기독교에 대한 해석 그리고 사랑과 압제당하는 자들과의 연대의 실천적 지혜로서의 기독교에 대한 비전을 제공한다. 해방 신학에서 인간 실존의 이미지(그리고 언제나 신학적 인간을 지배하는 언제나 하나의 이미지)는 가난한 자들이다. 1979년에 푸에블라(Puebla) 회합에서 중남미 주교들은 가난한 자들의 얼굴을 해방 신학의 주제로 확인했다.

> 출생하기 전에 가난 때문에 급사한 어린아이들의 얼굴, … 원주민들의 얼굴 그리고 왕왕 비인간적인 환경에서 무시 받는 삶을 살아가고 있는 아프리카계 사람들의 얼굴, … 소작농들의 얼굴, 특별한 집단에 속하는 그들은 우리 대륙 전역에서 거의 타향살이를 하고 있다. … 무시 받고 혼잡해진 도시 거주자들의 얼굴, 그들의 물질적 재산의 부족은 사회의 다른 구획에 의한 부의 화려한 과시와 필적한다. 또한, 노인들의 얼굴, 그들은 매일 더 수많이 자라고 있고 생산에 참여하지 못한 사람들을 완전히 무시하는 발전 지향적 사회에서 빈번하게 무시 받는다.[9]

---

[9] .John Eagleson and Philip Scharper (eds.), *Peublo and Beyond: Documentation and Commentary*

이런 인간의 실재, 지상의 가난하고 무시 받는 자들의 실체에 대한 현실은 해방 신학에서 세 가지 특별한 의미를 지닌 "실천적 지혜"라는 용어를 통해 이해된다.

첫째, 프락시스는 인간이 정치-역사적 실재를 통해 구성된다는 것을 의미한다. 사람이 살아가는 곳에서 사회·경제적 계층의 지위는 어떤 종류의 힘이 활용 가능할지라도 모두가 인간의 실재를 이해하기 위한 분명한 고찰들이어야 한다.

둘째, 프락시스는 인간의 실재가 상호 주관적이라는 것, 곧 인간이 언어를 통해 타자와의 관계에서 그들의 독특한 본질을 표현하는 반역사적 "주체"(I's)가 아니라 모든 주체성이 인간들 간의 간(間) 주관적 관계들로부터 생겨난다는 것을 의미한다.

셋째, 인간의 실재에 대한 이해로서의 프락시스는 인간이 의도적으로 역사를 창조해야 하고 창조할 수 있다는 것을 의미하며, 그 결과 인간적인 번영의 향상을 위해 현실을 변혁시키고 형성한다.

프락시스를 통한 인간 실재에 대한 이런 이해는 해방이라는 중심 주제를 통한 기독교의 상징들에 대한 하나의 해석, 하나의 개혁으로 인해 결합한다.

"해방"이라는 주요 용어는 신학에서 내용적 규범(material norm)으로 역할을 하는 어떤 주요 개념처럼 긴장을 일으키는 하나의 은유(a tensive metaphor)로, 하나님의 통치와 본성, 역사의 규범적 비전, 그리스도의 사역과 인격, 교회의 증언과 선교 등에 이름을 붙인다.[10] 해방 신학이 일종의 윤리나 사회적 증언뿐만 아니라 하나의 조직 신학으로 기독교 신앙 자체에 대한 급진적 새로운 해석과 변혁으로 아주 명확하게 이해되는 것은 이 용어의 중추적 역할과 성경과 기독교 전통에 대한 매우 풍성한 독서 때문이다.

예를 들어 해방 신학에서 죄는 개인적 도덕 행위나 실존적 분리와 절망을 통해 뿐 아니라 주로 사회 구조의 측면에서 숙고한다. 죄는 고통을 낳고, 그 부담은 재삼재사 역사의 가난한 자들에 의해 지워진다. 죄는 하나님과 어떤 부족한 관계가 아니라 모든 실재, 특히 하나님이 우리에게 살도록 수여한 역사-정치적 세계의 근본적 왜곡이다.

상관적으로 구속은 물론 단순히 하나의 해방하는 행위와 동일시될 수는 없지만, 해방과 관련해야 한다. 만일 구속이 인류와 하나님 간의 화해와 죄로부터의 구원과

(Maryknoll, NY, 1979), 32-9.
10 .우리는 긴장을 일으키는 은유라는 용어를 사용해 해방이라는 용어 안에 해방 신학의 여러 가지 의미와 체계적 축이라는 것을 제안한다. 이것은 신학의 내용적 규범에 대한 틸리히 식의 개념을 표현하는 수사적 방식이다. Paul Tillich, *Systematic Theology* (Chicago, 1951), Vol. 1, 47-50.

관계가 있다면, 그것은 우리의 현역사의 실재와 관련해야 한다. 과연 해방 신학에서 그리스도에 관한 많은 독본-정치적 모반자 그리스도, 이 땅의 징계받는 자들로 고통당하는 그리스도, 가난한 자들과 압제당하는 자들과 연대한 그리스도-가운데 중심이 되는 분은 해방자로서의 그리스도시다. 즉 그는 실제로 변혁을 초래하는 분이시요, 인간다움의 새로운 방식들을 가져오는 분이시다.

인간의 현실에 대한 이런 이해와 기독교 상징들에 대한 해석의 자리 안에서 기독교는 가난한 자들과의, 가난한 자들을 위한 연대의 프락시스가 된다. 그것은 모든 사람을 위한 해방과 변혁을 위해 일한다. 기독교는 자유의 증언을 상징한다. 그것은 꼭 새로운 정치적 질서를 제공할 필요도 없고 새로운 신정국가를 제안할 필요도 없다. 오히려 기독교는 하나님이 지상의 가난한 자들과 무시당하는 자들의 편에 선 편을 들면서 자유와 해방을 증명한다. 기독교는 하나님을 따른다. 그리고 구스타보 구티에레즈가 지적한 바와 같다.

> 하나님의 사랑은 값없는 선물이다…. 가난한 자들을 즐겨 사랑하고 그렇게 할 때 하나님은 이 선물(gratuity)을 계시하신다. 그리고 예수님의 제자들로서의 영향력으로 우리 역시 가난한 자들을 위한 이 우선권을 행사해야 한다.[11]

이런 식으로 그리스도인들에게 신앙과 사랑은 분리될 수 없고 확실히 정의와 구별될 수도 없다. 기독교는 문화에 자신이 순응해서도 안 되고 과격한 분리주의 종파가 되어서도 안 된다. 오히려 기독교는 가난한 자들 가운데에서의 하나님의 활동을 분별해야 하며, 모든 사람이 새로운 인간 주체가 될 수 있도록 사회 구조의 근본적 변혁을 위해 일해야 한다.

따라서 해방 신학을 신앙의 특별한 프락시스에 기초한 새로운 장르의 신학으로 생각하는 것이 가장 좋다. 해방 신학이 다른 신학들과 몇 가지 공통되는 자료들을 공유하더라도 그 조직 방법, 성경과 전통을 읽는 그 기준, 그 과제와 목적과 의도 등은 가난한 자들 가운데 있는 기독교 프락시스에만 아주 특별한 것이다.

해방 신학자들은 기독론과 교회론과 같은 논제들에 관해 글을 쓰고, 사회과학의 자원들을 활용하는 방법에 관해 연구하고, 민간 종교와 해방 신학의 관계를 탐구하거나 성경 주제들과 이야기 전개들을 해석한다.

라틴 아메리카의 해방 신학자들을 개관하기는 어렵다. 해방 신학이 비교적 생긴

---

11 .Gutiérrez, "Theology and Spirituality in a Latin American Context", 4.

지 얼마 안 되는 기획이고 스페인어나 포르투갈어로 쓴 인물들의 많은 작품이 아직 영어로 번역되지 않았기 때문이다. 영어로 이용할 수 있는 주요 인물들과 그들의 책 중에 일부에 대해 알파벳 순서로 간단하게 개괄하는 것은 해방 신학 안에 있는 쟁점들과 관심들의 범위를 보여줄 수 있다.

아래 언급된 신학자들은 라틴 아메리카에 있는 대부분 그리스도인과 같이 주로 로마 가톨릭 소속이다. 개신교회들 안에서 유사한 운동이 있었지만, 해방 신학은 주로 라틴 아메리카에 있는 로마 가톨릭교회의 배경 안에서 발생했다. 이런 개관을 마친 후에 우리는 더 깊은 해석을 위해 한 명의 개인적 로마 가톨릭 신학자와 한 명의 개신교 신학자를 고찰할 것이다.

휴고 애스만(Hugo Assmann)은 고의 고향인 브라질과 독일과 코스타리카에서 가르쳐왔다. 그가 쓴 『노마드 교회를 위한 신학』(Theology for a Nomad Church)은 해방의 맥락에서 신학적 방법론의 실제적이고 이론적 성격을 고찰한다. 다른 해방 신학자들과 같이 애스만의 연구는 신학적 성찰을 위한 주요 원천으로 사회학을 이용하고 영원한 절대자들이 아닌 역사적 프락시스와의 비판적 연대와 그에 대한 해석을 통해 신학적 방법론의 기초를 형성한다.

또한, 브라질의 신학자인 클로도비스 보프(Clodovis Boff)는 신학적 성찰의 본질과 방법에 관심을 가졌는데, 그의 책 『신학과 프락시스-인식론적 기초들』(Theology and Praxis: Epistemological Foundations)은 해방 신학 안에 있는 인식론적 전제들을 철저하게 다룬다. 민간 종교에 주의를 기울이는 그는 또한 브라질의 서북 지역에서 행한 그의 선교 사역을 기록한 일기문인 『도상의 신학: 브라질 여행』(Feet-on the-Ground Theology: A Brazilian Journey)을 출간했다.

그의 형제인 레오나르도 보프는 그의 기독론, 『해방자 예수 그리스도』(Jesus Christ Liberator)로 매우 유명하다. 보프의 기독론은 라틴 아메리카의 압제 상황에 기반을 두고 있고 정통(orthodoxy)보다 변형 교정(orthopraxis)의 우선성을, 기독론 안에서 교회론적 요소보다 인간학적 요소의 우선성을 강조한다.

최근에 보프의 연구는 제도적 교회와의 대화와 논쟁으로 전환되었다. 그의 책 『교회와 카리스마』(Church: Charism and Power: Liberation Theology and the Institutional Church)은 해방 신학과 관계하는 제도 교회의 관심사들을 표명할 뿐만 아니라 새로운 모델의 교회를 제안하려고 노력한다.

이 새로운 모델은 성령론적 교회론인데, 그리스도인의 생활 안에 있는 공동체와 협동과 신에게 부여받은 능력 등의 원시적 요소들을 상기시킨다.

『새롭게 탄생하는 교회』(Ecclesiogenesis: The Base Communities Reinvent the Church)에서

보프는 기독교의 기초 공동체들의 경험에 근거한 교회의 새로운 이상을 제시한다.

호세 콤블린(José Comblin)은 『교회와 국가 안보국』(*The Church and the National Security State*)에서 국가 안전 이론을 검토했다. 그 이론은 라틴 아메리카가 내부 전복을 억제하고 마르크스주의를 없애기 위해 군사 지도력이 필요하다고 주장한다.

교회가 종종 안보에 대한 국가적 필요에 사로잡히게 되었을 때, 그 책은 또한 이런 정권들의 억제 아래서 그리스도인의 복음에 대한 신실함을 입증한다. 벨기에 사람이자 브라질 사람인 콤블린은 그의 최근 작품들에서 해방 신학에 대한 대담한 비판에 참여하고, 그가 제안한 것이 지난 세대의 주요 쟁점, 즉 혁명이 아니라 도시화라는 것에 대한 답변의 적절함에 관해 이의를 제기한다.

엔리케 듀셀(Enrique Dussel)의 『라틴 아메리카 교회사』(*A History of the Church in Latin America*)는 라틴 아메리카의 교회사, 즉 승리자들의 눈을 통해서만 무시되거나 해석되었던 역사를 재해석하는 데 중요한 이바지를 해 왔다. 멕시코에서 사는 아르헨티나 천주교 신도인 듀셀은 철학자이자 신학자로서 해방 신학을 위한 철학적 범주를 발전시켜왔다. 그는 안토니오 드 몬테시노(Antonio de Montesinos)와 바돌로매 드 라스 카사스(Bartolomé de Las Casas)와 프란시스코 드 빅토리아(Francisco de Victoria)의 정복에 대한 비판을 최초의 명시적 해방철학으로 근대성에 대한 최초의 반대 담론으로 간주한다.

해방철학에 관한 그의 최근 연구는 레비나스(Levinas)에게서 태어난 존재론에 대한 비판과 자본주의에 대한 마르크스주의의 비판을 결합하고, 또한 다른 제1세계 철학자들과 대화에 참여하고 있다. 그는 정치와 경제의 상호 연관성을 강조하고 개조(alterity)의 현상에 구심점을 제공하는 윤리학을 강조한다. 그 안에서 "타자"는 곧 가난한 자들이다.

교회론과 더불어 성경은 해방 신학자들을 위한 주요 관심사였는데, 그들이 성경의 가난과 압제와 해방에 대한 관심사들을 해석하려고 노력할 때와 해방하는 활동으로서의 성경을 읽는 능력에 대해 성찰할 때였다. 호세 미란다(José Miranda)가 쓴 『마르크스와 성경-억압의 철학에 대한 한 비판』(*Marx and the Bible: A Critique of the Philosophy of Oppression*)과 『존재와 메시아』(*Being and the Messiah*)와 같은 책들은 죄와 구속과 같은 주제들에 대한 새로운 성경적 해석뿐만 아니라 성경을 읽는 새로운 방법을 제안한다.

우루과이의 후안 루이스 세군도는 신학에서 성경을 사용하는 것에 관여한다. 세군도의 『신학의 해방』(*The Liberation of Theology*)은 신학에서 해석학적 순환을 재해석하는 가운데, 성경이 어떻게 과거의 교리들을 반복할 뿐 아니라 현재의 역사적 상황에 대해서도 말하고 변혁시키는 방법으로 해석될 수 있는지를 다룬다.

해방 신학에 관한 가장 탁월한 저자 중 한 사람인 세군도는 유럽의 방식으로 하는 신학적 성찰의 형태에서 라틴 아메리카의 상황에서 하는 신학적 성찰을 재형성하는 것으로 이동해 경력의 과정에서 해방 신학자들이 "된" 많은 신학자를 대표한다. 해방 신학이 출현하기 시작했을 때 쓰인 세 군도의 다섯 권짜리 총서, 『새로운 인간성을 지닌 숙련공들을 위한 신학』(A Theology for Artisans of a New Humanity)은 사실상 더 오랜 유럽식의 신학과 해방 신학 배후에 있는 관심사들과 자극들 사이의 과도기적 부분들로서 읽힐 수 있다.

『나사렛 예수의 어제와 오늘』(Jesus of Nazareth Yesterday and Today)이란 제목을 붙인 그의 총서는 『신학의 해방』의 방법론적 연구를 계속하고 현대 기독론을 발전시킨다. 세 군도의 연구는 해방 신학의 풍성함과 넓이를 시사한다.

엘살바도르에 대한 존 세 군도의 연구는 기독교와 해방 신학이 대변하는 신학의 근본적 개혁을 나타낸다. 소브리노의 『기로에 선 기독론』(Christology at the Crossroads)은 [예수가 압제당하는 자들의 편에 있었다고 주장하면서] 라틴 아메리카에서의 착취와 불의와 압제의 배경에 맞서 역사적 예수를 다시 읽는 것과 연관된 기독론을 제시한다. 소브리노는 이렇게 폭넓게 읽은 본문에서 우리가 예수를 따름으로써만 예수를 알게 된다고 주장한다. 그런데 그것은 압제에 맞선 투쟁과 해방을 위한 투쟁 속에서 예수를 따르는 것을 의미한다.

교회론을 차별 없이 철저하게 다룬 것이 소브리노의 『참 교회와 가난한 자들』에 제시되었는데, 그것은 해방 신학과 유럽 신학의 차이를 추적함으로 시작하고 계속해서 복음에 필수적 정의의 실행, 가난한 자들이 속한 교회 안에서의 하나님에 대한 경험, 교회의 박해에 대한 신학적 중요성, 교회의 선교로서의 복음화와 같은 교회론적 쟁점들을 고찰한다. 그가 쓴 『자비의 원리』(Principle of Mercy: Taking the Crucified People from the Cross)에서 소브리노는 "십자가형을 받은 사람들"(crucified people)의 실존을 제시하고 자비의 신학을 역설한다. 순교라는 주제가 『갈림길에 선 기독론』의 초기 헌정사로부터 "엘살바도르에 있는 하나님의 왕국을 위해 순교한" 두 사제에게로, 중앙아메리카의 순교자들에게 헌정된 『해방자 예수』(Jesus the Liberator)에 이르기까지 소브리노의 연구를 구성하고, 라틴 아메리카의 무고하고 이름 없는 순교자들에 대한 그의 변치 않는 관심을 형성한다.

개신교 신도인 엘사 타메즈는 그녀가 쓴 『은혜의 대사-라틴 아메리카의 관점에서 바라본 이신칭의』(Amnesty of Grace: Justification by Faith from a Latin American Perspective)라는 책에서 가난한 자들을 위한 선택권의 맥락 안에서 기독교의 기본 교리들에 대한 재해석을 계속한다.

타메즈는 칭의가 하나님이 모든 인간을 위한 삶을 인정하는 것을 드러내고, 그래서 동시대의 현실 속에서 가난과 압제와 무시를 통한 인간의 유죄 선고(condemnation)에 대립하는 인간화(humanizaiton)를 의미한다고 재해석한다. 타메즈, 이본 게바라(Ivone Gebara), 마리아 필라 아퀴노(María Pilar Aquino) 그리고 다른 사람들은 해방 신학 내의 페미니스트 운동에 속해 있다.

1980년대 후기 이전에는 라틴 아메리카의 "빈곤층"(the poor)을 구성했던 자들의 다양성에 관한 관심이 별로 없었다. 그때 이후로 여성들과 흑인들과 아메리카 인디언들의 신학적 목소리는 해방 신학에서 들리기 시작했고, 그 이상과 비판을 크게 넉넉하게 한다.

해방 신학은 라틴 아메리카의 기독교적 증언에 대해 대담하고 새로운 해석을 착수해 왔다. 고찰된 쟁점들의 폭과 사용된 다른 많은 접근 방법, 신학 자체의 재형식화 때문에 두 명의 특별한 신학자들 검토하고 그들의 개별적 관심사와 자료들과 방법론들의 발전을 추적하는 것은 중요하다. 이 두 학자는 페루 출신의 로마 가톨릭 신도인 구스타보 구티에레즈와 아르헨티나 출신의 연합 감리교 신도인 호세 미구에즈 보니노다.

3. 두 명의 해방 신학자들

1) 구스타보 구티에레즈(Gustavo Gutiérrez)

아마도 모든 해방 신학자 중에 가장 영향력 있는 신학자인 구티에레즈는 가난한 자들의 관점에서 글을 쓴다. 『해방 신학』(The Theology of Liberation), 『역사 속에 있는 가난한 자들의 능력』(The Power of the Poor in History), 『우리는 우리 자신의 우물에서 마신다』(We Drink From Our Own Wells), 『욥에 관해』(On Job)와 같은 영어로 번역된 그의 책들은 성경, 기독교 신앙, 역사 그리고 역사의 억압받는 자들, 희생자들의 시각을 통해 본 주체성을 해석한다.

구티에레즈가 가난한 자들의 관점에서 신학을 하나님의 언어로 표현한 것에 두 개의 식별할 수 있는 단계가 있다.

첫 번째 단계에서 가난한 자들은 신학적 성찰의 핵심으로 이것은 역사 속에 가난한 자들이 급증한 것에 대한 논증에 근거한다.

이 단계에서 구티에레즈는 역사철학을 신학적 성찰의 기초로 제시했다. 즉 현대의 역사는 개인주의와 산업적이고 발전적 제1세계를 만들기 위해 합리주의에 의존하고 있는 역사적 프락시스가 특징을 이루었다. 그러나 이 역사적 프락시스는 단단한 사회·경제적 모순덩어리들, 가난한 자들의 배면을 의지하는 모순덩어리들 위에 세워졌다. 구티에레즈는 역사적 프락시스가 가난한 자들의 해방하는 프락시스에 의해 급증된 것으로 주장한다.

역사의 이런 변증법적 전복은 마르크스가 프롤레타리아의 계급 혁명을 의지한 것과 마찬가지로 구속과 해방의 시각에서 역사와 정치를 해석하는 것뿐만 아니라 출애굽과 약속의 상징들에 대한 의존과 함께 구티에레즈의 연구 속에 나타난다.[12] 그는 해방과 구속이 세 가지 수준으로 관계된다고 주장한다. 즉 개별적 행위들, 역사의 기획, 최종적 구속. 구티에레즈의 신학적 성찰의 이 단계는 근본적 변혁을 위한 현재의 가능성들에 중점을 두고 "역사" 자체를 이런 조류를 따라 확장해가는 것으로 이해한다.

구티에레즈 역시 영성과 복음 전도 생활에 기초해 교회와 가난에 대해 다시 읽을 것을 제안한다. 교회는 하나님의 은혜의 한 성례이고 하나의 성례로서 교회는 라틴 아메리카에 예언자적 증언을 제공한다. 하지만 교회 역시 근본적 기독교 공동체들의 소재지이다. 구티에레즈는 그 안에서 무상의 영성(sprituality of gratuitousness)이 번영한다고 지적한다.

두 번째 단계에서 표면화된 것은 이 세 번째 주제인 하나님의 값없는 사랑이다. 해방하는 프락시스를 세상을 변화시키기 위한 자율적 세력으로 객관화하는 것은 제거된다. 이제 감금과 고통과 유배는 지배적 주제들이 된 것 같다.

구티에레즈가 가난한 자들의 관점에서 보는 것은 살아남기 위해 그들이 오래도록 겪은 투쟁 안에 있는 하나님의 사랑과 임재다. 가난한 사람들 가운데 있는 하나님과 신실함과 사랑은 이제 특수한 역사철학 대신에 신학적 성찰의 핵심이 된다.[13] 가난한 자들은 신학의 진정한 주체들이다. 그들이 어떤 필연적 역사적 세력을 표현하거나 지니고 있어서가 아니고 다름 아닌 하나님의 임재 때문이다. 구티에레즈의 논증은 이 지점에서 강조할 만한 가치가 있다. 곧 가난한 자들을 위한 선택권이 역사의 해석에 달려 있지 않고 하나님 자신의 선택에 의존한다는 것이다.

---

12 . 이것은 구티에레즈의 『해방 신학』(*A Theology of Liberation*)에서 발전된다.
13 . 구티에레즈의 작품들 안에 나타난 이 두 단계 개념은 그의 신학의 주요 분기점을 의미하는 것으로 생각되어서는 안 된다. 오히려 그것은 그의 신학적 성찰이 역사철학에서 하나님에 대한 논증으로 확실히 이동한 것을 시사한다.

첫 번째 단계가 현대 역사철학에 대한 교정으로 해석될 수 있는 반면에 이 두 번째 단계는 더 근본적이고 구성적이다. 다시 말해서 근대성(modernity)과 기독교의 구성에 대해, 한 인간 주체란 무엇인가에 대해, 하나님의 사랑을 경험하는 것은 무엇인가에 대해, 역사의 타자가 말하는 소리를 실제로 듣는 것은 무엇인가에 대해 여기서 더 문제가 된다. 이 단계는 또한 마르크스에 대해 더 미묘한 차이를 갖고 읽는 것과 종속 이론의 부적절함을 인정하는 것이 두드러진다.

종속 이론은 더 가난한 국가들의 미개발 상태를 더 부유한 국가들 발전의 역사적 부산물로 보고, 그 결과 그 해결책으로 개발보다는 해방을 옹호하는 이론을 말한다. 구티에레즈는 이 이론이 나라들의 내적 역동성을 충분히 인정하지 않는다고 말한다. 이 두 번째 단계 역시 『해방 신학』(*A Theology of Liberation*)에서 처음 언급된 해방의 영성 발전을 본다. 민간 종교와 영성에 대한 강조는 특히 구티에레즈의 작품들인 『역사 속에 있는 가난한 자들의 능력』(*The Power of the Poor in History*)과 『우리는 우리 자신의 우물에서 마신다』(*We Drink From Our Own Wells*)와 『진리가 너희를 자유롭게 할 것이다』(*The Truth Shall Make You Free*)에서 강하다.

가난한 자들을 위할 뿐 아니라 그들과 연대함으로부터 신학 함(doing theology)에 대한 구티에레즈의 강조와 라틴 아메리카에 민간 종교를 신봉하는 가난한 자들의 특수성에 대한 상관적 강조(correlative insistence) 역시 바돌로매 데 라스 카사스(Bartolomé de Las Casas)에 엄청난 역사적 연구를 낳았다.

구티에레즈의 『라스 카사스: 예수 그리스도의 가난한 자들을 찾아서』는 해방 신학을 위한 영웅적 인물의 생애뿐 아니라 가난한 자들과의 연대로부터, 또 그 연대를 통한 하나의 역사적 해석을 다룬 독본이다.

라스 카사스가 원주민들에게 전도하는 관심을 역설한 것, 그가 구원과 정의를 결합한 것, 그가 인류를 이해하는 한 방법으로 차이(difference)와 다름(otherness)을 강조한 것 등은 모두 라틴 아메리카의 역사와 현재 실황에 대한 주제들이다.

라스 카사스는 조직적 불의와 역사의 "타자들"에 대해 행해지는 압제하는 문화적 관행과 맞서 싸웠다. 구티에레즈에게 라스 카사스를 이해하는 것은 해방 신학 배후의 한 "전통"을 주장하는 것뿐 아니라 현재 실황을 고발하는 것이다.

> 라스 카사스의 증언은 남미 사람들이 오늘 반드시 해야만 하는 자기발견을 위해 특별히 중요하다.[14]

---

14 .Gustavo Gutierrez, *Las Casas: In Search of the Poor of Jesus Christ*, trans. Robert R. Barr (Maryknoll, NY, 1993), 456.

해방 신학에 대한 최고 해석자 가운데 한 사람인 구티에레즈는 또한 성숙을 돕는 해방 신학에 대한 진지하고 관련 있는 비판들을 인정한다. 그의 연구는 기독교에 대해 급진적으로 새로운 해석을 하는 방향으로 움직인다.

그는 기독교의 기본적 상징들을 취해 가난한 자들 안에 있는 하나님의 임재(presence)를 경험하는 가운데 그것들을 철저하게 재생산했다. 게다가 그는 이런 기독교의 고전적 상징들을 이용해 역사 속에 있는 가난한 자들의 경험을 토로했다.

그렇게 함에 있어 구티에레즈는 우리 가운에 많은 사람에게 우리의 기초적 신학 신념들에 내재하는 권세와 지배와 불의의 전제들을 폭로해 왔다.

현대 신학이 역사 속에 있는 비신자들을 너무나 염려한 나머지 태반의 가난한 사람들을 단순히 무시하는 것은 무엇을 의미하는가?

진보적 신학이 반역사적 종교의 영역을 격리하는 데 너무나도 몰두한 결과 인간을 부유한 자와 가난한 자로 분리하는 역사 구조들을 간과한다는 것은 무엇을 의미하는가?

비판적 동시에 건설적으로 구티에레즈는 끊임없는 여행 때문에 죄를 고발하고 은혜를 선언하는 하나님의 새로운 언어를 제공한다.

2) 호세 미구에즈 보니노(José Miguez Bonino)

『변혁의 상황에서 신학 하기』(*Doing Theology in a Revolutionary Situation*)와 『사람이 되기 위한 기회』(*Room to be People*), 『기독교 정치 신학 서설』(*Toward a Christian Political Ethics*)과 같은 책들에서 보여 준 보니(José Miguez Bonino)의 연구는 해방 신학이 역사를 하나님의 활동 무대로 이해하는 것을 예시했다. 역사는 그 중심이 개인의 역사성이나 이 세상에서 부르주아 계급의 점진적 실현에 있지 않고 인간이 살아가고 하나님이 지속해서 활동하는 사회·정치적이고 경제적 전체 상황에 있다.

보니노의 작업은 역사가 사회학적 분석뿐 아니라 하나님이 역사 속에서 활동한다는 신학적이고 영적 근거들에 기초한 사회정치적 결정자들을 갖고 있다고 설명한다. 정말로 그는 우리가 성경을 하나님이 역사 속에서 활동하시는 이야기로 이해해야 하고 비유적으로 현재 상황에 적용해야 한다고 제안한다. 하나님이 역사 속에서 다른 시기에 다양한 방식으로 활동하시지만, 하나님은 언제나 역사를 하나님의 왕국으로 변혁시키기 위해 사랑을 갖고 활동하신다.

미구에즈 보니노에 의하면 역사와 왕국의 관계는 중요하다. 이것은 성경에서 하나님이 계시가 되는 방법이기 때문이다.

우리는 우리 자신의 정치적 목적을 위해 왕국과 역사를 연관시키지 않는데, 그 이유는 하나님이 성경에서 끊임없이 역사를 왕국으로 변혁시키고 있기 때문이다. 불행하게도 이런 중요하고 긴장감이 있는 관계는 빈번하게 오해받는다.

왕국과 역사를 분리하는 경향, 즉 미구에즈 보니노가 이원론(dualism)으로 특징지운 입장이 있는데, 그것은 역사 안에 계신 하나님에 대한 성경의 기본적 신뢰를 부정한다. 또 단지 왕국을 역사로 또는 더 좋게는 역사 속에서 특정한 시간과 장소로 환원시키는 경향, 즉 일원론적 해결책이 있는데, 그것은 기독교의 선교를 부인하고 기독교와 세계 사이의 불일치를 허물려고 위협한다. 오히려 역사와 왕국의 관계는 변혁의 과정, 즉 몸의 부활에 비유될 수도 있는 과정으로 유지되어야 한다. 그것은 부인하거나 부정하지 않고 완수하고 완성한다.[15]

미구에즈 보니노 역시 역사와 하나님의 왕국을 종말론적으로 관계시킨다. 일에 대한 바울의 가르침과 같이 역사는 그것이 하나님의 왕국을 기대하기 때문에 그 충만함과 의미를 떠맡는다.

신학은 단순히 철학적이거나 유물론적 의미가 아니고 단연코 신학적 의미를 지닌다. 우리는 하나님이 행동하시기 때문에 역사 속에서 행동한다. 또는 더 엄밀하게 말해서 하나님은 왕국을 가져오기 위해 사랑을 통해 역사 속에서 행동하시고 우리의 순종 속에서 우리는 왕국을 가져오기 위해 그리스도의 사랑을 통해 행동한다.

신학을 위해 크게 외치는 것은 이 순종의 프락시스다. 프락시스는 계속해서 성경의 주제들에 근거한, 역사 안에서의 하나님의 행위를 해석해야 하고, 하나님의 역사 행위를 경험하는 것에 비추어 성경을 이해해야 한다. 이 "해석학적" 활동은, 즉 역사 속에서의 하나님의 활동을 그리스도인의 순종의 프락시스로 분별하고 해석하고 전유하는 활동은 그 자신의 명확성을 깨달음으로써 시작된다.

다시 말해 그것은 또한 역사적으로 묶여있고 특별한 한 역사적 상황에서 이용 가능한 범주들과 조건들 밖에서 반영할 수 없다. 따라서 모든 신학은 놓여있고 정치적이다. 여기서 놓여있다는 말은 그것이 특정한 역사적 상황에서 행해지기 때문이고 정치적이라는 말은 다른 모든 삶의 양상처럼 성찰이 온전한 사회정치적 실재로부터 자라기 때문이다.

그러나 신학자들은 단지 사회정치적 상황만을 반영시켜서는 안 된다. 오히려 그들은 기독교 프락시스에 대한 그들의 순종에 근거해 자신을 배치해야 한다.

---

15 .José Miguez Bonino, *Doing Theology in a Revolutionary Situation* (Philadelphia, PA, 1975), 136-43.

또는 미구에즈 보니노가 말한 것처럼 "우리는 실제로 안전하기 위해—역사적으로 지리학적으로 문화적으로 대부분 모든 집단과 계급 쪽으로—치되지만 우리는 그 상황과 관련해 우리 자신을 다르게 배치할 수 있다."[16] 그리해 신학은 하나님의 해방행위에 근거해 역사적 상황을 분석하고 비판하고 변혁하기 위해서 사회과학과 조심스럽게 대화하기를 배워야 한다.

미구에즈 보니노의 연구는 해방 신학 안에 있는 역사의 중심성과 사회정치적 역사관 모두를 드러낸다. 사회정치적 역사가 이해의 축이라고 강조하는 것은 중요하다.

모든 지식이 역사적으로 조건 지워졌다는 사회학적 논증들 때문만이 아니라 역사가 하나님의 활동—사랑을 통한 역사의 변혁이 되는 활동—무대라는 성경의 주장들 때문이다. 미구에즈 보니노의 신학은 인간이 역사에 책임이 있다고 부른다. 즉 하나님의 사랑에 반응하는 데 있어 책임이 있고 그들의 역사와의 관련성에 책임이 있다.

그는 또한 해방 신학이 단연 사회정치적 성격을 갖고 있다는 것을 우리에게 보여준다. 다시 말해 그것은 역사적 변혁을 옹호하고, 하나님의 해방행위를 식별하며, 분석과 해석과 전유(appropriation)를 위해 사회과학을 활용한다.

4. 논쟁

해방 신학은 상당히 많은 논쟁과 더불어 제1세계 신학자들 사이에서 수용되었다. 어떤 신학자들은 그들 자신의 신학적, 정치적 입장의 기본 윤곽과 책임을 재고함으로써 반응했던 반면, 다른 신학자들은 해방 신학을 부적절한 신학적 성찰 혹은 종교를 이용한 일종의 정치학이라는 이유로 추방한다.

논쟁은 세 가지 폭넓은 영역에 집중되었다.

첫째, 해방 신학에서 해방과 구속을 균등하게 보는 것
둘째, 인간적인 삶의 본래 위치가 정치라는 해방 신학의 변화
셋째, 윤리학과 사회 이론과 연관된 해방 신학의 이론적 논변들 등이다.

많은 제1세계 신학자들에게 있어, 구속과 해방의 균등(equation)은 하나의 정치적

---

[16] .José Miguez Bonino, *Toward a Christian Political Ethics* (Philadelphia, PA, 1983), 44.

원인의 시각에서 하나님의 통치에 대한 예고, 즉 일종의 한시적 메시아 신앙을 부추긴다.[17] 이것은 전제주의 운동을 무척이나 생각나게 하는 것으로 보인다. 그것은 또한 비성경적인 것으로 간주한다.

그것은 부유한 자들에 반대해 하나님을 가난한 자들의 편에 위치시키는 것으로 보이기 때문이다.[18] 물론 다른 공식들은 다양한데, 어떤 것은 정치 영역으로 이동하는 암시를 주면서 실존주의 신학을 옹호하는 반면, 다른 것은 예수님조차 가난한 자들이 항상 우리와 함께 있을 것이라고 말씀하셨다는 것을 가리키면서 더 실재적 힘의 기초를 옹호한다.

이런 논증들은 또한 구속과 해방이 어떤 관련이 있는지에 대해 해방 신학 안에 있는 불일치와 가난한 자들을 위한 선택권의 지위에 대해 언급한다. 우리가 이미 살펴본 것처럼 미구에즈 보니노는 어떤 해방 신학자들이 구별하는 견해를 옹호하는 일원론적 해결방식을 따른다고 비판했지만, 구티에레즈는 구속과 해방 사이의 3단계의 관계를 옹호한다.

구티에레즈가 제안했듯이 가난한 자들에 한한 선택권은 하나님의 호의에 대한 진술이지 가난한 자들을 낭만적으로 묘사한 것이 아니다. 이것은 또한 해방 신학자들 간의 민간 종교에 대한 논쟁-그것이 의식의 신비화인지 아니면 진정한 종교적 프락시스인지-과 연관된다.

두 번째는 이런 비판과 관련된 것인데, 해방 신학은 인간의 삶을 정치 영역으로 축소해 왔다는 점이다.[19] 여러 해 동안 로마 가톨릭 신학자들은 충돌 없게 분리되어야 하는 두 영역-종교와 정치-을 구분했다.

제2차 바티칸 공의회는 교회와 세상의 관계에 대한 새로운 이상과 함께 사회 정

---

17 .예를 들어 해방 신학이 복음을 "정치화한다"(politicizes)는 데니스 맥칸의 비난을 보라. Dennis McCann, "Practical Theology and Social Action: or What can the 1980s Learn from the 1960s", in Don S. Browning (ed.), *Practical Theology: The Emerging Field in Theology, Chruch, and World* (San Francisco, 1983), 105-25.
18 .예를 들어 1984년에 신앙교리성(the Congregation for the Doctrine of the Faith)에서 발행한 "Instruction on Certain Aspects of the Theology of Liberation"이란 논문은 "어떤 형태의" 해방 신학이 성경을 잘못 해석하고 마르크스주의를 비판 없이 활용한다고 비판했다. 1986년에 발행된 "Instruction on Christian Freedom and Liberation"이란 논문은 덜 비판적이었다. 그리고 사회·경제적 해방보다 개인적이고 영적 자유를 중시했을지라도 이 논문은 해방 신학의 주요 신학적 개념들 가운데 많은 것을 채택했다.
19 .예를 들어 옥덴(Schubert Ogden)은 그의 책(*Faith and Freedom: Toward a Theology of Liberation* [Nashville, TN, 1979])에서 해방 신학자들이 구속과 해방을 동일시하는 것에 대해 비판해 왔다.

의와 정치에 대해 새로운 신학적 성찰을 하도록 자극했다.

해방 신학자들은 정치적인 것을 삶의 기초로 폭넓게 이해했다. 정치학은 국가경영에만 관계된 것이 아니라 우리의 삶이 어떻게 조직되고 표현되는가에 대한 문제와 우리가 어떻게 우리의 주체성을 실현하는가에 관한 문제와도 연관된다. 정치학은 인간 주체에 대한 정의에 있어 본질적이며, 단순히 간접적으로 표현하는 것에 그치지 않는다.

이때 복음은 정치 운용의 개별 이론을 제공하는 데 있어 정치적이지 않지만, 인간적인 삶의 성취를 약속하고 요구한다는 측면에서 정치적이다. 해방 신학자들 역시 다른 모든 형태의 사상과 같이 신학이 언제나 정치적이라고 답한다. 신학이 특수한 인생관을 옹호하고 인간의 번영에 대한 이상을 내포한다는 점에서 그렇다.

그러나 비록 우리가 몇 가지 방식에서 구속과 해방이 관련이 있다는 것과 정치학이 종교를 이해하는 필연적 차원이라는 것을 인정할지라도, 여전히 해방 신학의 이론적 공식들(theoretical formulations), 더 구체적으로 말해서 그 윤리이론과 사회 이론의 상대적 적합성에 대해 문제가 제기될 수 있다.

해방 신학은 인간의 의식과 사회 구조 간의 관계에 대한 적절한 사회 이론이 없고 있다.[20] 그러나 최근에 윤리학 분야에서, 비록 그 작품 중 많은 것이 영어로 이용할 수는 없지만 중대한 발전이 있었다. 해방 신학의 기원이 윤리적 분개(ethical indignation)에 있기에, 윤리학은 해방 신학의 본질적 차원에 속한다. 해방 신학은 가난한 자들과 압제당하는 자들에 관한 관심을 그 윤리학의 중심에 두었다.

철학적 윤리학 분야의 발전은 엔리케 두셀(Enrique Dussel)과 후안 스캐노네(Juan Carlos Scannone)가 쓴 글들에서 보이는 바와 같이 라틴 아메리카에서 기독교 윤리학의 번영으로 인해[21] 자신을 꼭 해방 신학자라고 밝히지 않을 수도 있는 많은 신학자에게 필수적 해방 신학적 관점과 조화된다.

해방윤리학은 인권, 페미니즘, 생명윤리, 생태학 등의 관심사를 포용하지만, 개인의 자유와 양심과 같은 분야의 더 많은 발전이 필요하다. 연대(solidarity)는 그 기본 주제어로서, 북미권의 "공동체" 사상보다 더 폭넓고 포괄적 공동체적 인간상에 기초해 가난한 자들과 압제당하는 자들의 관점에서 개인주의를 세우는 것을 가리킨다.

---

20 . 예를 들어 다음의 책을 보라. Rebecca S. Chopp, *The Praxis of Suffering: An Interpretation of Liberation and Political Theologies* (Maryknoll, NY, 1986), 144-8.

21 . Dean Brackley and Thomas L. Schubeck, "Moral Theology in Latin America", *Theological Studies* 63 (2002), 123-60. 이 책은 이 분야에서 최근의 발전을 보여 주는 뛰어난 개론서다.

5. 업적과 의제-해방 신학의 미래

해방 신학의 "업적들"에 대한 평가는 무엇이든지 가난한 자들의 목소리이며, 역사의 희생자들 가운데 계시는 하나님의 현존과 능력에 대해 언급하는 이 신학의 의도와 전망부터 시작해야 한다. 해방 신학의 방법론적 엄정함이나 그 이론적 세련됨과 같은 관심사들은 중요하지만, 이 신학의 단절하는 태도에 버금간다. 그것은 심지어 현대 신학의 개념들 가운데 많은 것을 강화하고 변화시켰을 때에도 그 담론 가운데 많은 것을 단절시켜왔다. 현대 신학의 주체로의 전환은 무신론에 직면한 중산층 주체를 상정하는 경향이 있었지만, 해방 신학의 주체는 비인간적인 것이다.

해방 신학의 첫 번째 업적은 우리에게 가난한 자들의 목소리를 듣게 하고 그 소리가 우리의 가치와 신념에 도전하도록 허용하는 것이다. 심지어 그것이 다른 사람들을 압제하는 구조와 제도에 우리가 참여한 것을 부각할 때도 말이다.

그러나 해방 신학의 제1의 의무는 부유한 자들을 회심시키는 것이 아니라 가난한 자들로부터 가난한 자들을 대변하는 것으로 하나님, 사랑, 죄, 은총 그리고 종말론에 대한 새로운 이해를 표명한다.

해방 신학의 두 번째 업적은 인간, 공동체, 정의, 우리가 사는 세상의 구조들 그리고 미래의 희망에 대해 말하는 새로운 방식을 공개한다.

해방 신학의 세 번째 업적은 해방 신학의 방법론적 중요성과 연관된다. 라틴 아메리카의 해방 신학자들은 흑인 해방 신학자들과 페미니스트 해방 신학자들과 더불어 모든 지식의 상황성(situatedness)에 대해 명백한 사유를 만들어왔다.

이 업적은 세 가지 영역을 지닌다.

(1) 모든 지식의 상황성
(2) 신학에서 이데올로기 비판의 내포
(3) 신학의 위치성(positionality)을 위한 논증, 즉 지식의 수사학적 책임들

해방 신학자들은 다양한 방식으로 사회 제도 안에 있는 지식과 권익(interest) 그리고 힘의 왜곡을 누설하기 위해서 이데올로기 비판을 신학적 과제에 본질적인 것으로 포함한다. 지식과 권익 그리고 힘의 관계에 대한 후기 구조주의의 주장들이 제1세계 학술 단체들에서 인기를 얻기 몇 년 전에, 중남미의 신학자들은 이성(reason) 자체가 항상 역사의 산물이라고 주장했다.

해방 신학자들은 (후기 구조주의자들이 종종 하지 않은 방식으로) 건설적 시야, 가난한 자들의 새로운 주체성으로부터 구상된 세계, 인간 의식과 사회 구조 간의 새로운 관계를 추구한다.

이런 업적들과 그 분명한 성숙에도 불구하고 해방 신학이 1990년 이래로 위기에 빠졌다는 일반적 동의가 있다. 그 운동의 지지자들은 방향의 상실과 급진적 사회·경제적 비판의 약화를 비탄해야 했다.

반대자들은 사회주의의 종언이 해방 신학을 한물가게 하거나 실패하게 했다고 넌지시 말하고, 해방 신학의 새로운 강조점들을 영성으로 "퇴보한 것"(retreat)으로 해석한다. 베를린 장벽이 무너진 것을 해방 신학의 초석을 파괴한 것으로 보는 것은 잘못된 것이다. 가난한 자들에 대해 우선권이 있지만 배타적이지 않은 선택권은 —마르크스주의가 아니라—항상 해방 신학의 진수였다.

그러나 가난한 자들을 위한 이런 선택권은 새로운 세계 경제 안에서 상이하고 복잡한 도전들에 직면한다.

다양한 수준의 회의론을 지닌 대부분 해방 신학자는 시장의 적극적 역할을 인식하면서 신자유주의(neoliberalism)의 영향을 걱정한다. 시장에 대한 절대주의적 관점과 환원주의적 인간론을 가진 신자유주의는 인간을 단지 수입을 낳는 단위로만 본다.

경제적 여건이 중남미에서 향상됐지만, 태반의 극빈자들이 중산층 중에 새로이 빈곤해진 사람들에 의해 합류되었다. 미래의 경제 성장은 가난한 자들과 천연자원의 파괴를 희생해 일어날 수 없다. 해방 신학은 구조적 변혁과 참여 민주주의에 대한 강조를 유지하면서, 비판과 건설적 시각을 통해 이 새로운 경제적, 정치적 실재를 심각하게 연동할 필요가 있다.

해방 신학에 출현했던 다양한 목소리는 가난한 자들의 복잡성과 압제의 복잡성 모두의 정체를 폭로해 왔다. 자본주의는 유일한 형태의 압제가 아니며, 그것과 인종차별주의와 성 차별주의와 다른 형태들의 억압 간의 상호 관계성이 있다. 사회 분석의 이런 확장은 해방 신학에 필수 불가결했던 사회·경제적 비판을 둔화시킬 수 있다고들 한다. 후안 카를로스 스카노네(Juan Carlos Scannone)는 사회·경제적인 것에서 사회·문화적 관점까지 "축의 변동"(axial shift)을 표현하는 데, 그것은 대체에 있지 않고 관점의 심화에 있는 변화다.[22]

---

[22] "'패러다임의 전환' 대신에 '축의 변동'"에 대해선 다음의 책을 보라. Georges De Schrijver (ed.), *Liberation Theologies on Shifting Grounds: A Clash of Socio-Economic and Cultural Paradigms* (Leuven, 1998), 91.

해방 신학을 비판하는 사람들은 비록 해방 신학이 가난한 자들을 선택했지만, 그들은 나중에 오순절파(Pentecostalism)를 택했다고 말한다. 1980년대 이래로 중남미에서 오순절파 개신교의 급성장은 단지 최근에 학자들에 의해 진지하게 취급되어 온 현상이다.

업무 구역에 있는 몇몇 사람은 그 현상을 중남미에서 개신교 종교개혁의 출현, 그 노동 윤리가 경제 발전에 대한 문화적 장애를 극복할 시작으로 인식한다. 많은 가톨릭 신도들이 오순절주의가 사회적 관심이 부족하다고 비판하는 반면, 다른 사람들은 개신교 "종파들"(sects)의 확장이 가톨릭교회의 전통적 역할에 대한 위협으로 본다.

일반적 인식은 오순절주의가 외부에서 들여온 것인데, 그것은 북아메리카에 있는 종교의 권리와 강력한 연계를 유지하면서 반정치적 기독교를 지지한다. 자유 민주주의의 가치를 지지했던 북미의 역사적 형태의 개신교와 달리, 오순절주의와 억압하는 몇몇 정권 간에 명확한 연합이 있었다.

하지만 실제로는 "오순절주의"는 하나의 상위 용어(an umbrella term)로서, 그 구성의 차원에서와 그것과 정치학과의 관계의 차원에서 둘 다 복잡함을 특징으로 하는 하나의 현상을 포괄한다. 특히 도시의 극빈자들 가운데서 그것의 급성장과 회심이든 양자 삼기의 차원에서든 그것의 매력은 특히 교회론의 영역에서 진지한 신학적 성찰과 대화를 할 만한 가치가 있다.

우리가 해방 신학을 20세기에 출현한 가장 의미심장한 신학 운동이라고 간주하든지 않든지 간에 해방 신학이 돌이킬 수 없을 정도로 신학적 지형을 바꿨다고 인정받아야 한다.

비록 "해방 신학"이라는 용어가 지속하지 않을지라도, 그 신학적 원리들은 기독교 신학에 타당한 상태로 남아 있으며, 그 근본적 도전들은 계속해서 교회와 학술 단체들이 가난한 자들의 외침을 경청하게 하며, 우리 시대에 밑바닥에서 사는 자들과 연대해 하나님과 하나님의 통치에 대해 말하도록 촉구할 것이다.

참고 문헌

1차 자료

Alves, Ruben, *Tomorrow's Child: Imagination, Creativity, and the Rebirth of Culture* (New York, 1972).
Aquino, María Pilar, *Our Cry for Life: Feminist Theology from Latin America*. (Maryknoll, NY, 1993).
Assman, Hugo, *Theology for a Nomad Church* (Maryknoll, NY, 1976).
Boff, Clodovis, *Feet-on-the-Ground Theology: A Brazilian Journey*, trans. Phillip Berryman (Maryknoll, NY, 1987).
_____. *Theology and Praxis: Epistemological Foun- dations* (Maryknoll, NY, 1987).
Boff, Leonardo, *Jesus Christ Liberator* (Maryknoll, NY, 1978).
_____. *Church: Charism and Power: Liberation Theology and the Institutional Church* (New York, 1985).
_____. *Ecclesiogenesis: The Base Communities Rein- vent the Church* (Maryknoll, NY, 1986).
Comblin, Joseph, *The Church and the National Security State* (Maryknoll, NY, 1979).
_____. *Called for Freedom: The Changing Context of Liberation Theology*, trans. Phillip Berryman (Maryknoll, NY, 1998).
Dussel, Enrique, D., *Ethics and the Theology of Liberation* (Maryknoll, NY, 1978).
_____. *A History of the Church in Latin America: Colonialism to Liberation (1492–1979)* (Grand Rapids, MI, 1981).
_____. *Philosophy of Liberation* (Maryknoll, NY, 1985).
_____. *The Underside of Modernity: Apel, Ricoeur, Rorty, Taylor, and the Philosophy of Liberation*, trans. and ed. Eduardo Mendieta (New York, 1998).
Ellacuría, Ignacio and Sobrino, Jon (eds.), *Mysterium Liberationis: Fundamental Concepts of Liberation Theology* (Maryknoll, NY, 1993).
Gutiérrez, Gustavo, *A Theology of Liberation: History, Politics and Salvation* (Maryknoll, NY, 1973, 1988).
_____. *The Power of the Poor in History: Selected Writings* (Maryknoll, NY, 1983).
_____. *We Drink From Our Own Wells: The Spiritual Journey of a People* (Maryknoll, NY, 1984).
_____. *On Job: God-talk and the Suffering of the Innocent* (Maryknoll, NY, 1987).
_____. *The Truth Shall Make You Free: Con- frontations*, trans. Matthew J. O'Connell (Maryknoll, NY, 1990).
_____. *The God of Life* (Maryknoll, NY, 1991).
_____. *Las Casas: In Search of the Poor of Jesus Christ*, trans. Robert R. Barr (Maryknoll, NY, 1993).
Miguez Bonino, José, *Doing Theology in a Revo- lutionary Situation* (Philadelphia, PA, 1975).
_____. *Toward a Christian Political Ethics* (Phil- adelphia, PA, 1983).
_____. *Faces of Jesus: Latin American Christologies* (Maryknoll, NY, 1984).
Miranda, José, *Marx and the Bible* (Maryknoll, NY, 1974).
Munoz, Ronaldo, *The God of Christians* (Maryknoll, NY, 1990).
Segundo, Juan Luis, *The Community Called Church* (Maryknoll, NY, 1973).
_____. *Graceand the Human Condition* (Maryknoll, NY, 1973).
_____. *Our Idea of God* (Maryknoll, NY, 1973).
_____. *The Sacraments Today* (Maryknoll, NY, 1974).
_____. *Evolution and Guilt* (Maryknoll, NY, 1974).
_____. *The Liberation of Theology* (Maryknoll, NY, 1976).
_____. *Jesus of Nazareth Yesterday and Today, Vol. 1: Faith and Ideologies* (Maryknoll, NY, 1982).
_____. *Signs of the Times: Theological Reflections* (Maryknoll, NY, 1993).

Sobrino, Jon, *Christology at the Crossroads: A Latin American Approach* (Maryknoll, NY, 1978).
_____. *The True Church and the Poor* (Maryknoll, NY, 1984).
_____. *The Principle of Mercy: Taking the Cruci- fied People from the Cross* (Maryknoll, NY, 1994).
Tamez, Elsa, *The Amnesty of Grace: Justification by Faith from a Latin American Perspective*, trans. Sharon H. Ringe (Nashville, TN, 1993).

2차 자료

Alcoff, Linda Martín and Mendieta, Eduardo (eds.), *Thinking from the Underside of His- tory: Enrique Dussel's Philosophy of Liberation* (Lanham, MD, 2000).
Berryman, Phillip, *Liberation Theology* (Oak Park, IL, 1987).
Brown, Robert McAfee, *Theology in a New Key: Responding to Liberation Themes* (Philadelphia, PA, 1978).
Candelaria, Michael. *Popular Religion and Lib- eration* (Albany, NY, 1990).
Chopp, Rebecca S., *The Praxis of Suffering: An Interpretation of Liberation and Political Theologies* (Maryknoll, NY, 1986).
De Schrijver, Georges (ed.), *Liberation Theologies on Shifting Grounds: A Clash of Socio-Economic and Cultural Paradigms* (Leuven, 1998).
Eagleson, Jon and Scharper, Philip (eds.), *Pueblo and Beyond* (Maryknoll, NY, 1979).
Ellis, Marc H. and Maduro, Otto (eds.), *Ex- panding the View: Gustavo Gutiérrez and the Future of Liberation Theology* (Maryknoll, NY, 1990).
Fabella, Virginia and Torres, Sergio (eds.), *Irruption of the Third World: Challenge to Theology* (Maryknoll, NY, 1983).
Freire, Paulo, *Pedagogy of the Oppressed* (New York, 1970).
Gibellini, Rosino (ed.), *Frontiers of Theology in Latin America* (Maryknoll, NY, 1974).
Gottwald, Norman (ed.), *The Bible and Lib- eration: Political and Social Hermeneutics* (Maryknoll, NY, 1983).
Lamb, Matthew, *Solidarity with Victims: Toward a Theology of Social Transformation* (New York, 1982).
Lernoux, Penny, *The Cry of the People: The Strug- gle for Human Rights in Latin America – the Catholic Church in Conflict with US Policy* (New York, 1980).
Metz, Johann Baptist, *Theology of the World* (New York, 1969).
_____. *Faith in History and Society: Toward a Practical Fundamental Theology* (New York, 1980).
_____. *The Emergent Church: The Future of Chris- tianity in a Postbourgeois World* (New York, 1981).
Moltmann, Jürgen, *Theology of Hope: On the Grounds and Implications of a Christian Eschatology* (New York, 1967).
_____. *The Crucified God: The Cross of Christ as the Foundation and Criticism of Christian Theology* (New York, 1969).
Sigmund, Paul E., *Liberation Theology at the Crossroads: Democracy or Revolution* (New York, 1990).
Stewart-Gambino, Hannah W. and Wilson, Everett (eds.), *Power, Politics and Pentecostals in Latin America* (Boulder, CO, 1997).

제28장

아프리카 신학

티니코 삼 말루리키 (Tinyiko Sam maluleke)

1. 서론

우리가 아프리카 신학을 찾고 있을 때 우리는 사람들이 잠자리에 들기 전 동시에 소리 내는 기도를 듣기 위해 먼저 들로, 마을 교회로, 그리스도인들의 가정으로 가야 한다. 우리는 전통 종교가 기독교와 마주하는 학교로, 접경지역으로 가야 한다. 우리는 고 농치는 북소리와 독립교회들 안에서 노래하는 즉흥곡을 수반한 박수 소리에 귀를 기 울여야 한다… . 아프리카 전역에서 상황이 발생하고 있다. 그리스도인들은 대화하고, 노래하고, 설교하고, 글을 쓰고, 논쟁하고, 기도하고, 토론하는 가운데 있다.
이 모든 것이 텅 빈 쇼라는 것이 과연 가능한가?
그것은 불가능하다. 이것이 바로 아프리카 신학이다.[1]

50년 넘게 아프리카의 그리스도인 사상가들은—신학자들과 비신학자들 모두— 의식적으로 심사숙고해 그들 특유의 기독교 신학을 명확히 표명해 왔다. 일반적으로 이런 결과물은 그동안 성격상 범교회적(ecumenical)이고, 협의적이고, 문어체 형식이었다.

1950년대 이전까지의 아프리카 기독교 신학(그때부터 아프리카 신학으로만 언급됨)은 주로 좀 덜 신중했고, 좀 덜 협의적이었고, 좀 덜 범교회적이었고, 거의 문어체가 아니었다.

글로 쓰인 신학만이 타당한 신학이라는 것을 내포하지 않는다. 그러한 제안은 지난 20여 년에 걸쳐 해방 신학, 여성 신학 그리고 상황 신학에서 이룬 발전에 공공연히 덤벼드는 것이리라. 아주 중요하게도 신학이 글로 쓰인 신학뿐이라고 제안하는 것은 아프리카를 많은 신학에서 강탈하는 짓이리라.

---

1 Henry Okullu, *Church and Politics in East Africa* (Nairobi: Uzima Press, 1974), 54.

이 때문에 아프리카를 다룬 많은 것 가운데 신학을 쓰기보다 신학을 춤추고, 노래하고, 연주하고, 살아간다. 따라서 아프리카 신학자들은 자신들의 삶의 맥락을 잘 파악하는 것만큼이나 여러 책도 잘 읽어야 한다. 이 장에서 우리의 주안점은 우리가 소집할 수 있는 만큼의 아주 다양한, 글로 쓰인 아프리카 신학이 될 것이다. 그러나 이런 처분의 선택은 필연적이라기보다는 실제적이다.²

우리는 아프리카교회 기구와 힘찬 아프리카 기독교의 구두 신학을 선택할 수도 있었지만, 우리 초점의 영역과 범위에 한계가 있다. 문어체의 아프리카 신학에 대해 이렇게 분명한 경계가 잘 설정된 초점조차도 하나의 논문으로 적절하게 다루기 힘들 정도로 광범위하고 역동적 분야가 되었다. 이 장에서 사용된 접근 방법의 실용적 성격에 맞추어 우리는 연대기적이기보다는 주제별로, 종합적이기보다는 선별적으로 진행해 나갈 것이다.

2. 아프리카, 아프리카 신학, 흑인 신학

아프리카는 광대하고 복잡하고 분화되었다. 우리는 절대 아프리카의 모든 것에 대해 대표하듯이 종합적으로 말하는 체해서는 안 된다. 마치 아프리카가 한 나라였던 것처럼 말하려고 하는 것—아프리카에서 벌어진 사건들을 관찰한 일부 유럽인들과 일부 아프리카인들 모두에게 널리 퍼져있는—은 도움이 안 된다.

첫째, 아프리카의 광대함, 분할, 유사상 그리고 다양성을 의식하는 것이 중요하다. 아피아는 그가 쓴 『내 아버지의 집에서』(*In My Father's House*)에서 지적하기를, 아프리카는 단 하나의 방이 아닌 복잡다단한 많은 방이 있는 집과 같다고 한다.

---

2   Josiah U. Young, African Theology: A Critical Analysis and Annotated Bibliography (Westport, CT: Greenwood Press, 1993), 6 이하를 보라. 그는 자기가 "아프리카 신학의 조상들"이라고 부르는 자들, 곧 알렉산드리아의 클레멘스, 오리게네스, 아타나시우스, 테르툴리아누스, 키프리아누스, 히포의 아우구스티누스 그리고 킴파 비타 또는 도나 베아트리스 같은 자들의 신원을 확인한다. 또한, John Parratt, *Reinventing Christianity: African Theology Today* (Grand Rapids, MI: Eerdmans, 1995); Marie-Louise Martin, Kimbangu, *An African Prophet and His Church* (Oxford: Oxford University Press, 1975); David J. Bosch, "Currents and Crosscurrents in South African black theology", in *Black Theology: A Documentary History, 1966-1979*, ed. Gayroud S. Wlmore and James H. Cone (Maryknoll, NY: Orbis Books, 1979); Kwame Bediako, *Theology and Identity: The Impact of Culture Upon Christian Thought in the Second Century and Modern Africa* (Oxford: Regnum Books, 1992)을 보라.

둘째, 우리는 아프리카 구성의 관념적이고 수사적 측면을 인식해야 한다. 이런 의미에서 아프리카는 하나의 발명(invention)이다. 그리고 발렌타인 무딤베(Valentine Mudimbe)와 같은 학자들은 고고학의 여러 측면과 이 발명의 역사를 분석하려고 시도해 왔다.

아프리카는 그냥 지리적 실재가 아니라 식민지와 탈식민지 모두의 어법 안에서 특정한 기능들을 지닌 이데올로기적 실재다. 따라서 아프리카 신학에 대한 담화는-복잡한 다양성의 견지에서 그리고 그 개념의 이데올로기적 역할의 견지에서-아프리카라는 개념 안에 있는 신념(baggage)을 깨달아야 한다. 그러므로 아프리카 신학은 복잡하고 다양한 측면을 지닌 기획이다.

약 10년 전까지 아프리카 신학 지형은 아프리카 신학(주로 림포포 강 북부의 아프리카)과 남아프리카 흑인 신학(주로 남아프리카와 아마도 짐바브웨와 보츠와나)의 각도에서 특색을 이루었다.

이 구분은 신학적 방법론과 우선순위가 다른 것을 가리키기 때문에 유용한 것이 되었다. 일반적으로 말해서 우리는 아프리카 신학 안에 문화 해방의 문제들이 두드러지지만, 남아프리카의 흑인 신학은 정치·경제적 해방의 문제들을 부각하는 경향이 있다고 말할 수 있으리라.

최근에 다양한 이유로, 이런 구별은 긴장을 고조시켰다. 오랫동안 두 유형이 적절히 다룰 수 있는 것보다 훨씬 더 많은 신학적 다양성과 혁신이 있었던 대륙에서 너무 환원주의적이라 사실이 발견되었다. 예를 들어 순수 아프리카교회(African Initiated Churches)가 일으킨 신학적 대소동은 이 두 신학적 기획 가운데 어느 쪽에 의해도 딱히 관심을 받지 못했다.

성장세에 있는 아프리카 여성 신학도 마찬가지였다. 아프리카 신학/흑인 신학의 분열에 대해 불만을 표하는 또 다른 이유는 두 신학의 차이점들이 스스로 과장되었다는 것이었다. 그것은 두 신학이 다른 의제를 갖고 있기보다는 오히려 그 신학들이 똑같이 객관적인 것을 폭넓게 고려하지만 다른 유형의 질문들이 있고 같은 의제에 접근한다는 것이다.

오늘날 아프리카 신학의 상황을 예리하게 관찰한 사람들은 별로 흑인 신학과 아프리카 신학 간에 격식 없는, 인위적인, 전형적 차이를 두지 않을 것이다. 오늘날 대부분의 학자들은 두 신학 모두 문화와 정치와 관계가 있다는 것과 실상 정치와

경제와 문화가 복잡하게 얽혀있다는 사실에 동의한다.[3]

이데올로기적 차원에서 우리는 많은 논의와 토론이 "아프리카"와 "블랙"이라는 개념들의 의미와 역할에 치우쳤다는 것을 주목한다. 1970년대까지 토론은 형용사 "아프리카의"가 논쟁의 주요 뼈대라는 것과 더불어 여전히 "아프리카 신학"의 공식문서(bona fides)에 대해 휘몰아치고 있었다. 대부분의 문제는 기독교 신학이 아프리카적이 될 수 있다고 제안하는 것의 "위험성"(risk)에 집중되었다.

존 음비티(John Mbiti)는 "종종 아프리카 신학이 어떻게 행해져야 하는가에 대한 조언으로 판명되는 실체 … . 모든 종류의 논문들과 참고서들"로[4] 위치할 수 있는 하나의 큰 기치로서 "아프리카 신학"이라는 용어를 사용하는 것에 관한 관심을 표명했다.

정말로 1970년대 중반까지 아프리카 신학자들이 여전히 아프리카 신학 기획을 다방면에 걸쳐 활발하게 변호하는 일에 종사했다. 이런 "변호"는 아프리카 신학을 정의하는 문제들을 다루고 있는 몇 편의 논문들과 책들로 특색을 이루었다.

아프리카 신학을 옹호하는 하나의 근본 논증은 이 기획이 아프리카 그리스도인들을 이 특별한 방식으로 그들의 종교성을 형성해 온 지난 문화적, 종교적 "과거"를 지니고 있다는 실재를 존중하라는 것이었다. 비교적 좀 더 최근에 이렇게 아프리카 신학을 옹호하는 전문적 성명서가 크와메 베디아코(Kwame Bediako)에 의해 제시되었다.[5]

남아프리카 흑인 신학은 똑같이(훨씬 더 많지는 않을지라도) 이데올로기적 지향점과 정의상의 명료성에 대한 문제점들에 몰두해 왔다. 그 결과 정의들에 관한 관심, 밀고자들(informants)과 상반되는 흑인 대담자들의 개념, 흑인 신학의 결과물 안에 있는 그런 대담자들의 역할, 검정(blackness)에 대한 질문과 그 위치, 성(gender)과 연관된 검정, 사회·경제적 분석 도구들의 위치와 역할 그리고 성경의 이데올로기적 중대함(weight)뿐만 아니라 아프리카 신학에서 늦게나마 인상적 성(gender) 분석의 출현 등이 두드러졌다.[6]

---

3 Tinyiko Sam Maluleke, "Black Theology Lives! On a Permanent Crisis", *Journal of Black Theology in South Africa*, 9:1 (May 1995), 1-30을 보라.
4 John S. Mbiti, "The Biblical Basis for Present Trends in African Theology", in *African Theology an Route: Papers from the Pan-African Conference of Third World Theologians, Accra, December 17-23, 1977*, ed. Kofi Appiah-Kubi and Sergio Torres (Maryknoll, NY: Orbis Books, 1977), 90.
5 Kwame Bediako, *Theology and Identity* (London: Regnum, 1993).
6 Tinyiko Sam Maluleke, "African Ruths, Ruthless Africas: The Reflections of an African Mordecai", In *Other Ways of Reading*, ed. Musa Dube (Atlanta, GA: Society of Biblical Literature;

이 논쟁에서 흑인 신학이 단지 흑인들에 의해서만 행해진 모든 신학이 아니라는 사실이 또한 등장했다. 그것은 묘사적 범주일 뿐 아니라 신학적이고 이데올로기적 지향점 가운데 하나이기도 하다.

검정(blackness)은 피부색을 포함하기는 하지만 그보다 훨씬 더 많은 뜻으로 파악된다. 그것은 마음의 조건과 신학적 우선성에 대한 구체적 선택을 가리킨다.

이 장에서 아프리카 신학이라는 용어는 흑인 신학을 포함한 아프리카 신학의 다양한 강조점들과 유형들이 있는 포괄적 개념으로 사용될 것이다. 하지만 그것들이 주장의 명료함을 위해 필요하다고 여겨지는 곳에서는 구별이 될 것이다.

3. 아프리카 신학의 의제와 과제들

아프리카 신학에서 가장 거스르는 —외부 관찰자의 관점에서—특징들 가운데 한 가지는 겉보기에 실용적이고 특수한 성격이다. 여기에 특별한 사람들과 기독 교회의 특수한 부문에 봉사할 목적으로 신중하면서 염치없게 제시된 신학적 기획이 있다.

라틴 아메리카 해방 신학조차 —해방 신학은 한 장소나 한 민족의 입장에서 그 자체를 공공연하게 이름 지으려는 유혹을 피했다 —이렇게 특별하지 않았다. "라틴 아메리카 해방 신학"이라는 호칭도 이데올로기적이기보다는 묘사적인(종종 외부 관찰자들에 의해 사용됨) 것에 가까웠다.

그러나 아프리카 신학과 남아프리카 흑인 신학에서 "아프리카"와 "흑인"이라는 말은 문제가 되는 신학들의 지리적 위치나 인종에 대한 설명이라기보다는 주로 지향점과 접근 방식을 가리키는 이데올로기적 개념들이다.

폭넓게 말해서 아프리카 신학 내의 많은 "내부" 논쟁들 가운데 특별한 장소와 때에 특수한 민족을 섬겨야 할 필요성에 대한 문제점은 좀처럼 논의되지 않았다. 아프리카 신학을 비판하는 사람들은 이것을 하나의 문제로 제기하려는 경향이 있었다.

아프리카 기독교 신학이 아프리카에 있는 교회를 섬겨야 하는 것은 좀처럼 의심하지 않았다.

Geneva: WCC, 2001), 237-51. Tinyiko Sam Maluleke, "The 'Smoke-Screens' Called Black and African Theologies-The Challenge of African Women's Theology", *Journal of Constructive Theology* 3: 2 (December 1997), 39-63도 보라.

아프리카 신학의 주요 임무들 중 하나는 교회에 영감을 불어넣어 교회가 "미리 만들어진 신학과 의식들과 전통들"을[7] 의지하는 것을 멈추고 "외래종이 아니라 그 토양에 토착적 식물"이[8] 될 수 있는 그 자신의 신학을 개발할 수 있게 하는 것이다.

훨씬 더 솔직한 것은 신학이 억압받고 소외된 흑인 민중들을 위한 해방의 투쟁에 참여하는 "무기"로 세워져야 한다는 남아프리카 흑인 신학의 주장이었다. 따라서 흑인 신학의 진정성과 유효성이 판단 받아야 했던 것은 교리적이고 철학적 정통성의 영역이라기보다는 오히려 실제 삶의 투쟁의 도가니 속에서였다.

여기서 정말로 아프리카 신학과 아프리카교회 사이에 긴장감이 있었다. 교회에 대한 봉사와 백성에 대한 봉사는 그들이 원하는 것을 "백성과 교회에 주는 것"을 절대 의미하지 않았다. 아프리카 신학자들은 교회와 다투라는 부름을 받았다고 느꼈던 때가 있었다. 1985년 남아프리카 카이로 문서 —교회와 국가 모두를 비판함 —는 그런 한 번의 순간이었다. 이투멜렝 모살라(Itumeleng Mosala) —남아프리카 흑인 신학의 지도자 —가 흑인 신학은 "절대 기구(Establishment)에 의해 천거된 적이 없다.

어떤 교회도 흑인 신학을 남아프리카에서 신학 하는 적법하고 올바른 방법이라고 공식적으로 인정한 적이 없다. 심지어 남아프리카교회 위원회조차 흑인 신학을 공인하지 않았다."[9]고 주장해 가끔 아프리카 신학과 교회 기구 사이에 그런 긴장이 감돌았다.

그리해 교회와 신학적 산물은 아프리카에서 서로 연관됐지만, 교회와 신학적 공동체 간의 관계는 항상 일치하는 것은 아니었다. 정말로 신학적이고 이데올로기적이고 전략적인-1970년대에 모라토리엄(moratorium) 토론을 거쳐 발생 된 논쟁과 같은-차이점들은 때로는 교회 공동체를 위협해 분열시켰다.

하지만 아프리카 신학의 결과물이 학교보다는 교회의 자궁에서 더 많이 생겨났다는 사실은 여전히 남아 있다. 대부분의 아프리카 신학자들은—대부분의 급진적 신학자들까지도—교회들이나 교회 단체들과 가까운 관계를 유지해 왔다. 남아프리카 흑인 신학 자체는 교회의 총회와 운동과 조직 안에서 시작되었고 번성했다.[10]

---

7   Harry Sawyerr, *The Practice of Presence: Shorter Writings of Harry Sawyerr*, ed. John Parratt (Grand Rapids, MI: Eerdmans, 1996), 39-63.
8   James Johnson, Sawyerr, *The Practice of Presence*, 86에서 인용됨.
9   Itumeleng J. Mosala, "Spirituality and Struggle: African and Black Theologies", In *Many Cultures, One Nation: Festschrift for Beyers Naud*, ed. Charles Villa-Vicencio and Carl Niehaus (Cape Town: Human and Rousseau, 1995), 81.
10 Tinyiko Sam Maluleke, "'A Morula Tree Between Two Fields': The Commentary of Selected Tsonga Writers on Missionary Christianity", D. Th. dissertation (University of South Africa,

아프리카의 범교회적이고 신학적 자문들 대부분은 교회들이나 교회 기구들 그리고 기독교 협회들에 의해 시작되었다.[11] 하지만 아프리카교회 현장은 나열된 성가신 도전들로 괴롭힘을 받아 왔다. 그러한 도전들은 "초교파주의와 종교 간의 경쟁",[12] 별난 형태의 북미 은사주의적/오순절주의적 공동체를 위한 "쓰레기 매립지"(dumping ground)로서 아프리카의 격하, 교회 오순절주의, 독립주의의 발흥과 "역사적 선교 교회의 회원권"의[13] 동반 쇠퇴, 계속 성장하는 도시화[14] 등을 포함한다.

그뿐만 아니라 아프리카 여성들에 대한 문화적, 정치적, 경제적, 성적 그리고 교회적 억압도[15] 여기에 포함된다.

이런 일군의 도전들로는 느긋하고 마음에 드는 신학적 작품을 만들어 낼 수 없었다. 최근에 위에서 기술된 아프리카 신학의 특수성은 훨씬 더 근본적으로 깊어졌다. 이것은 세계화 시대에 성에 대한 쟁점들과 더 새로운 형태들의 억압과 다른 도전들의 강력한 난입으로 인해 가능하게 되었다.

1995).

11 J. N. K. Mugambi, "The Ecumenical Movement and the Future of the Church in Africa", In *The Church in African Christianity: Innovative Essays in Ecclesiology*, ed. J. N. K. Mugambi and Laurenti Magesa (Nairobi: Initiatives, 1990), 14–0; *Claiming the Promise: African Churches Speak*, ed. Margaret S. Larom (New York: Friendship Press, 1994)을 보라.

12 D. W. Waruta, "Towards an African Church: A Critical Assessment of Alternative Forms and Structures", in Mugambi and Magesa, *The Church in African Christianity*, 33.

13 David B. Barrett, *World Christian Encyclopedia: A Comparative Survey of Churches and Religions in the Modern World AD 1900–2000* (Nairobi, 1962); Anderson and Otwang, *Tumelo*.

14 Aylward Shorter, *The Church in the African City* (London: Geoffrey Chapman, 1991)을 보라.

15 다음을 보라. *With Passion and Compassion*, ed. Virginia M. M. Fabella and Mercy Amba Oduyoye (Maryknoll, NY: Orbis Books, 1988); *Talitha, Qumi!: Proceedings of the Convocation of African Women Theologians 1989*, ed. Mercy Amba Oduyoye and Musimbi R. A. Kanyoro (Ibadan: Day-star Press, 1990); *The Will to Arise: Women, Tradition and the Church in Africa*, ed. Mercy Amba Oduyoye and Musimbi R. A. Kanyoro (Maryknoll, NY: Orbis Books, 1992); Oduyoye, "Christianity and African Culture", 77–0; *Daughters of Anowa: African Women and Patriarchy*; *Women, Violence and Non-Violent Change*, ed. Aruna Gnanadason, Musimbi R. A. Kanyoro, and Lucia Ann McSpadden (Geneva: WCC, 1996); *Women Hold up Half the Sky: Women in the Church in Southern Africa*, ed. Denise Ackermann, Jonathan A. Draper, and Emma Mashinini (Pietermaritzburg: Cluster, 1991).

4. 아프리카 신학적 논쟁에서 아프리카 종교의 위치

아프리카의 문화와 아프리카의 종교는 오랫동안 아프리카 기독교 신학이 태어나야만 하고 태어났던 또는 태어나야 하거나 태어났던 자궁으로(때론 마지못해 그랬을지라도) 인식됐다. 다양한 표정들을 보이며, 아프리카 그리스도인들은 아프리카의 교회와 그 신학이 아프리카의 표를 지니고 있어야 한다고 주장했다.

이것이 의미하는 바는 아프리카 종교와 문화가 아프리카 기독교 신학을 위한 중요한 해석 틀로 제안되었다는 것이다. 하지만 아프리카 전통 종교들과 아프리카 문화 모두에 대한 언급들은 아프리카 신학의 구성에 위험이 많은 시도로 여전히 남아 있다.

다른 어떤 문제도 아프리카 종교와 기독교 신학—아프리카 신학 안팎 모두—의 관계만큼 똑같은 양의 논쟁을 일으키지 못했다. 아프리카의 문화와 아프리카의 종교 모두 기독교의 메시지를 위한 일종의 예비 단계라는 입장을 옹호하는 사람들은 아프리카 종교와 문화에 대해 주로 긍정적이지만 거만한 견해를 취하는 경향이 있다.

거만한 요소는 기독교가 출현하기까지 아프리카 종교와 문화가 다소 불완전했다는 점이 내포되거나 심지어 공개적으로 암시될 때 등장한다. 무엇이 절대 적절히 설명되지 못했느냐는 질문은 왜 불완전한 아프리카 문화와 종교가 그것을 수행하게 된 것에 전적으로 양도하기 위해 서양의 기독교 문화로 인해 완전히 가로막히지 않았느냐고 묻는 것이다.

가장 솔직한 신학적인, 이데올로기적 형태로, 그 제안은 기독교의 등장—서양이 매개한 대로—이전에 아프리카인들이 하나님을 절대 몰랐고 종교 개념이 절대 없었다는 진술의 모습을 취한다. 그런 전제의 신학적 역할은 겉보기에 복음주의적인 것이다.

그러나 이데올로기의 역할은 아프리카인들—틀림없이 종교나 신개념이 없는 민족은 그들이 "구원받을" 수 있도록 폭력을 포함해 상상할 수 있는 모든 비상수단을 요구한다—을 적법하게 정복하는 것이다. 필자가 보기에 아프리카 신학이 아프리카 종교와 아프리카 문화를 진지하게 받아들일 때까지 그 토론은 계속해서 인위적이고 생색을 내게 될 것이다.

이것이 의미하는 바는 아프리카 기독교 신학이 아프리카 종교와 문화를 연구하기 위해 단지 고전적 기독교 신학의 방법론들과 동기들만을 채택할 수 없다는 것이다.

만일 이런 노력이 의미 있고 건설적으로 수행될 수 있다면 아프리카 신학이 판단과 복음주의적 동기를 제외할 필요가 있을 것이다. 아프리카에서 점점 다원주의화 되어가는 상황은 우리가 우리 자신들이 헌신 된 그리스도인들이 되기를 멈추지 않은 채 숨겨진 복음주의적 동기 없이 다른 종교들의 소리를 더 신중하고 존중하며 "경청하라"라고 요구한다. 우리는 고(故) 데이비드 보쉬의 표현 속에서 다음과 같이 간주해야 한다:

> 대화와 선교에 우리가 참여하는 것을 위험을 감수할 준비가 되어있는 모험으로 간주한다. … 예기된 놀라움을 성령이 우리를 더 온전하게 이해하도록 인도하는 것으로 간주한다. 이것은 불가지론을 택하지 않고 겸손을 택한다. 하지만 그것은 대담한 겸손-겸손한 대담함-이다. 우리는 다만 부분적으로 알지만 우리는 진정 안다. 그리고 우리는 우리가 고백하는 믿음이 진실하고 정의로우며, 선포되어야 한다고 믿는다. 하지만 우리는 재판관이나 변호인이 아니라 증인으로서, 군인이 아니라 평화의 사절로서, 고압적 판매원이 아니라 종이신 주님의 전권대사로서 이것을 한다.[16]

5. 기독교 신학을 넘어서

아프리카 신학이 절대 그냥 기독교 신학이 아닌 적이 있던 깊은 의미가 있다. 초창기부터 문자로 된 아프리카 신학은 언제나 아프리카 종교와 문화와 대화하려고 했을 뿐 아니라 아프리카의 종교와 문화의 복잡한 세계를 이해하려고 노력해 왔다.[17]

따라서 엄밀히 말하자면 지금까지 순수하게 "아프리카 기독교 신학"과 같은 그런 것은 없었고, 그런 신학의 추구는 무익한 시도였다. 대다수의 아프리카 신학자들은 그들 자신을 위해서나 교회를 위해서 특별히 "아프리카 기독교 정체성"에 별로 관심이 없었다.

이것은 약점인가?

아프리카 신학은 전향하는 신학보다 낫기를 바라면서 언제나 간(間)종교적(inter-religious)이었다.

---

16 다음의 책에서 인용됨. *Mission in Bold Humility: David Bosch's Work Considered*, ed. Willem Saayman and Klippies Kritzinger (Maryknoll, NY: Orbis Books, 1996).
17 Bolaji Idowu, *African Traditional Religion: A Definition* (London: SCM Press, 1973); Sawyerr, *The Practice of Presence*.

다른 말로 하면, 아프리카 기독교 신학자들은 "왜 우리는 계속해서 아프리카의 전통 종교에 헌신한 자들을 기독교로 개종시키려고 노력하는가?"에[18] 대해 스스로 질문해야 했고 다른 사람들에게 질문받아야 했던 것은 아주 당연하다. 이것은 21세기의 모든 아프리카 신학을 위해 중요한 질문이다.

필자가 보기에 우리는 도달되지 않은 아프리카인들을 "개종하려고" 하거나 그런 임무를 수행하는 자들을 지원하려는 것을 뛰어넘어 우리 신학의 역할을 다시 규정해야 할 것이다. 세티론(Setiloane)은 이 질문을 다음과 같이 대답했다.

> 나는 마법에 걸렸던 사람 같다. 그리고 나는 내가 사로잡혔던 그리스도인 마술사와 관계를 끊는 것이 어렵다고 생각한다. 나는 내가 있는 곳을 반드시 좋아한다고 말할 수 없다. 나는 그리스도인이 되기 위해 내가 서양 신학의 세부사항을 모두 채택할 필요가 없다는 견해를 취함으로써 나의 입장을 합리화한다.[19]

이것은 아프리카 신학이 따라올 몇 가지 선례들을 제공할 수도 있다.

제1세대 아프리카 신학자들에게 가능했던 것보다 요즘 독점적으로 아프리카 기독교 신학을 하는 것은 가능할 것인가?

필자는 그것이 의심스럽다. 만일 있다손 치더라도, 아프리카에서 성장하고 있는 복수의 상황은 훨씬 더 넓고 활발한 간(間) 종교적 접근을 요구할 것이다. 아프리카 기독교 신학자들과 그들의 교회는 타종교인들에게 말을 건네고 그들과 관계 맺는 새로운 방법을 배워야 할 것이다.

우리는 프비텍과 다른 이들과 같은 (명백히) 비기독교도인 아프리카인들에 의해 아프리카 기독교 신학에 가해졌던 비판들을 새롭게 경청해야 할 것이다.[20]

이런 경청과 대화는 "아프리카 기독교" 신학자들/지식인들과 "아프리카의 비기독교" 지식인들 간의 엄격한 분리에 기초해서—크와메 베디아코와 같은 학자들이 그가 쓴 『아프리카의 기독교』(Christianity in Africa)에서 때때로 하는 경향이 있는 것

---

18 Gabriel Setiloane, "Wher Are We in African Theology?" In Appiah-Kubi and Torres, *African Theology en Route*, 64를 보라.
19 Gabriel Setiloane, "Wher Are We in African Theology?" In Appiah-Kubi and Torres, *African Theology en Route*.
20 J. N. K. Mugambi, *Critiques of Christianity in African Literature* (Nairobi: East African Educational Publishers, 1992)을 보라.

처럼 행해져서는 안 된다.²¹ 실제로 그런 구별은 유지하기 어렵다. 우리는 전체 스펙트럼, 형태의 아프리카 종교 담론을 신학적 문헌과 다른 형태의 문헌에 세워진 것으로 설명해야 할 것이다.

6. 성경

아프리카의 종교와 아프리카 문화의 다른 측면들과 더불어, 성경은 아프리카 신학 안에서 훌륭한 신망과 지위를 누려 왔다. 음비티(Mbiti)는 여러 해 전에 "생명력이 있는 신학이라면 틀림없이 성경적 기초가 있어야 한다"고 선언했다.²² 이와 마찬가지로 파숄 룩(Fashole Luke)은 다음과 같이 주장했다.

> 성경은 아프리카 기독교 신학의 발전을 위한 근본적이면서 제일 중요한 원천이다.²³

음비티는 계속해서 다음과 같이 말했다.

> 아무것도 성경을 대체할 수 없다. 아무리 많이 아프리카의 문화 종교적 배경이 성경의 세계에 가까울지라도, 우리는 "지금까지 쓰이지 않았던 아프리카 구약성경"과 같은 언급들이나 아프리카의 종교 유산에서 하나님의 최종적 계시를 보는 생각들에 대해 경계해야 한다.²⁴

부족한 것은 아프리카(와 비아프리카)신학자들이 문화와 정체성과 아프리카 종교에 대해 가졌던 활발한 논쟁과 유사한 성경 해석학에 대한 활발한 논쟁이다. 정말로 "성경적 토대"의 결여는 거의 통제의 수단으로 다양한 형태의 아프리카 신학에 대해 빈번하게 퍼부어 왔던 비난이다. 불행하게도 이것은 다음과 같은 상황을 가져왔다.

---

21 Kwame Bediako, *Theology and Identity* (London: Regnum).
22 John S. Mbiti, *Concepts of God in Africa* (London: SPCK, 1979), 90.
23 Edward W. Fashole-Luke, "The Quest for African Christian Theologies", In *Mission Trends No.3: Third World Theologies*, ed. G. H. Anderson and T. F. Stransky (New York: Paulist Press; Grand Rapids, MI: Eerdmans, 1976), 141.
24 Mbiti, *Concepts of God in Africa*, 90.

아프리카 전역에 성경이 절대시 되어 왔고 계속 절대시 된다. 즉 그것은 우리가 즉각적 해결책과 답변을 위해 자문하는 신탁들 가운데 하나다.[25]

성경을 거의 열광적일 정도로 애착-특히 아프리카 개신교에서-하는 것에 대한 다른 사회 종교적 이유가 있을 수 있다. 의식들과 상징들을 잃어버렸기 때문에 (아프리카 문화와 아프리카 종교들에 대해 주로 생색을 내는 성향으로 인해 더 나빠진 상황), 아프리카 개신교인들에게 성경밖에는 아무것도 없다.

일단 그들의 "크고 검은 책"에 대한 애착이 공격받으면, 그들에게 그밖에 고수할 것이 절대 없어진다. 하지만 대체로 그리고 실제로 아프리카 그리스도인들은 그들이 겉으로 보이는 것보다 성경의 도용(appropriation)하는 데 있어 훨씬 더 혁신적이고 파괴적이다.

1980년대 초부터 남아프리카 흑인 신학, 라틴 아메리카 유형의 해방 신학들 그리고 성경 해석학 분야의 아프리카 신학 내에서 이루어진 발전은 우리에게 희망을 준다.[26] 여러 번의 시도가 창조적 성경 해석학의 방법론을 개발시킬 뿐 아니라 아프리카 그리스도인들이 성경을 "읽고" 보는 방법을 관찰하고 분석하기 위해 행해지고 있다.

해명하는 한 논문에서 자블론 은탐부리(Zablon Nthamburi)와 더글라스 와루타(Douglas Waruta)는 아프리카 그리스도인들의 성경 해석학의 특징을 이루게 될 일군의 공통 주제들을 제안한다.

---

25 Oduyoye, *Daughters of Anowa*, 174.
26 다음을 보라. Simon S. Maimela, "Black Theology and the Quest for a God of Liberation", in *Theology at the End of Modernity: Essays in Honour of Gordon Kaufman*, ed. Sheila Greeve Devaney (Philadelphia, PA: Trinity Press, 1991), 141–59; Itumeleng J. Mosala, "The Use of the Bible in Black Theology", in *The Unquestionable Right to Be Free*, ed. Itumeleng J. Mosala and Buti Tlhagale (Johannesburg: Skotaville Press; Maryknoll, NY: Orbis Books, 1986); Itumeleng J. Mosala, *Biblical Hermeneutics and Black Theology in South Africa* (Grand Rapids, MI: Eerdmans, 1989); Takatso Mofokeng, "Black Christians, the Bible and Liberation", *Journal of Black Theology in South Africa* 2, No. 1 (May 1988): 34–42; Gerald O. West, *Biblical Hermeneutics of Liberation: Modes of Reading the Bible in the South African Context* (Pietermaritzburg: Cluster, 1991); Tinyiko Sam Maluleke, "Black and African Theologies in the New World Order: A Time to Drink From Our Own Wells", *Journal of Theology for Southern Africa*, No. 96 (November 1996): 3–19; Hannah W. Kinoti and John M. Waliggo (eds.), *The Bible in African Christianity: Essays in Biblical Theology* (Nairobi: Acton Publishers, 1997).

그 주제들을 열거하면, 구원/치유와 무흠(wholeness)의 추구, 인간 소외에 대한 예리한 자각, "일을 바로잡는" 하나님의 약속에 대한 인식, 영적 세계를 취급하는 방법을 알려고 하는 욕구, 입회식에 중요성을 두는 것, 짓밟힌 사람들을 하나님이 변호하는 것에 대한 인식, 가시적 공동체에서의/에 대한 소속감, 사회의 도덕성에 대한 헌신, 그것을 뛰어넘는 생사에 대한 강렬한 관심[27] 등이다.

남아프리카 흑인 신학의 성경 해석학의 원리들은 이렇게 요약될 수 있을 것이다. 즉 성경의 지위와 내용과 용도를 의심하고 비판하는 견해, 흑인 노동자들과 여성들이 문화적 전투에 헌신한 것에 영감을 받은 "본문의 배후"를 읽기에 전념하는 것, 마지막으로 성경을 흑인들과 노동자들과 여성들의 손에 들려진 "전투의 무기"로 보는 것(또는 성경이 그렇게 될 필요성) 등이다.

7. 현재와 미래-아프리카 신학 내 차이점 재고하기

우리는 "흑인" 신학과 "아프리카" 신학을 "형제들"(siblings), "먼 사촌들", "보수파"(old guard)나 "개혁파"(new guard),[28] "정부(情夫)나 적대자",[29] 또는 "토착화와 해방"의[30] 신학들로 구분하는 전통적 구별이 더 이상 적절하지 않다고 이미 암시한 바 있다.

이런 구별들은 더 이상 아프리카 신학들의 역동적으로 출현하고 있는 다양한 조류들 간에 가상의 유사점들이나 차이점들을 충분히 설명하지 못한다. 세계의 변화하는 이데올로기의 지도와 아프리카 대륙 자체에 휩쓸고 있는 변화들과 더불어, "아프리카의 토착화 신학들"을 "아프리카의 해방 신학들", 남아프리카 흑인 신학과 상반되는 것으로 칭해 온 것의 의제들은 더 가깝게 이동하고 있다.[31]

---

27 Zablon Nthamburi and Douglas Waruta, "Biblical Hermeneutics in African Instituted Churches", In Kinoti and Waliggo, *The Bible in African Christianity*, 40.
28 Josiah U. Young, *Black and African Theologies: Siblings or Distant Cousins?* (Maryknoll, NY: Orbis Books, 1986); Young, *African Theology*를 보라.
29 Desmond Tutu, "Black Theology and African Theology: Soulmates or Antagonists?" In *Third World Liberation Theologies: A Reader*, ed. Dean William Ferm (Maryknoll, NY:Orbis Books, 1986), 256-64.
30 Emmanuel Martey, *African Theology: Inculturation and Liberation* (Maryknoll, NY: Orbis Books, 1993).
31 Mokgethi G. Motlhabi, "Black or African Theology? Toward an Integral African Theology", *Journal of Black Theology in South Africa* 8, No. 2 (November 1994): 113-41을 보라.

"아프리카의 문화"에 대해 말하는 것을 주의했었기 때문에—아마도 아프리카의 문화를 반투스탄 제도(Bantustan system, 남아프리카 공화국에서 인종 격리 정책에 의해 설정되었던 흑인 주민의 자치구, 역주)로 인종차별 정책의 상태로 조작한 것 때문에—남아프리카 흑인 신학자들은 이제 문화에 대해 더 자유롭게 말하기 시작했다.[32] 이것은 또한 남아프리카의 수많은 지적 논쟁들 속에서 **우분투**(ubuntu, 아프리카식의 개성) 개념에 대한 언급이 늘어나는 것에 의해 설명된다.

아프리카 신학의 의제들을 화해하는 것은 이 신학들 안에 있는 특별한 강조점들 가운데 어떤 것이 불필요하게 되고 곧 단계적으로 제거되는 의미로 해석되지 않으며, 또 해석되어서도 안 된다.[33]

이것은 좀 더 새롭고 확정적 아프리카 신학들 혹은 신학적 패러다임들을 세우기 위한 열의로 종종 이루어진 공통된, 신속한 결론이다. 심히 다른 의제들을 화해하는 것이 진정 의미하는 것은 우리가 더 이상 엄격하게 다양한 아프리카 신학들을 서로 분리하지 못한다는 것이다.

더욱이 아프리카 신학의 기존의 "분열들"은 더 이상 아프리카 기독교 안에서 그리고 아프리카 기독교 신학들 사이에서 발생하고 있는 다양성과 생생한 분열에 대한 적절한 표시가 아니다. 그래서 우리는 아프리카 신학을 다르게—좀 더 대화적이고 협의적이고 제한이 없는 방법으로—"말하고 하기"(speak and do) 시작해야 한다.

우리는 이제 출현하고 있는 몇 가지 아프리카 신학의 모델들을 요약할 것이다. 이것은 단지 몇 가지 새로운 조류들을 설명할 뿐이며, 절대 종합적이지는 않다.

8. 아프리카 독립교회(African Independent Churches, AICs)의 신학

몇 명의 학자들—벵트 순드클러(Bengt Sundkler, 그는 AICs에 대한 최초의 깊이 있는 연구서들 가운데 하나를 저술했다), 크리스천 배타(Christian Baeta), 데이비드 바렛(David Barrett), 마르티누스 대닐(Martinus Daneel) 그리고 해럴드 터너(Harold Turner)[34]—은 AIC

---

[32] Tinyiko Sam Maluleke, "African Culture, African Intellectuals and the White Academy in South Africa", *Religion and Theolgy* 3, No. 1, 1996: 19-42를 보라.

[33] Tinyiko Sam maluleke, "Theology in (South) Africa: How the Future has Changed", In Macglory Speckman and Larry Kaufman (eds.), *Towards an Agenda for Contextual Theology: Essays in Honour of Albert Nolan* (Pietermanritzburg: Cluster, 2001), 364-89.

[34] 다음을 보라. Bengt G. M. Sundkler, *Bantu Prophets in South Africa* (Oxford: Oxford University

연구의 급증에 있어 그들이 한 선구적 역할과 아프리카 기독교와 아프리카 신학을 위한 이런 교회들의 중요성을 연이어 발표한 것에 대해 구체적 언급을 할 가치가 있다. 학자들의 연구를 따라서 AICs에 관한 다량의 논문들과 서적들이 출현했다.[35]

많은 AICs 학자의 기본 제안은 이 교회들의 지혜(praxis)가 이제 아프리카 기독교에 대한 가장 좋은 설명뿐 아니라 "규정된", "구두의", 또는 "내러티브의" 아프리카 신학—문자로 된 아프리카 신학 못지않게 타당한 신학의 한 유형—으로 간주해야 한다는 것이다.

이런 방법으로 AICs는 한 번에 동시에 아프리카 신학의 일면에 첨가하고 있고 그 일면이 되어가고 있다. 게다가 이런 교회들의 수적 성장은 그 교회들이 아프리카 일부에서 주류 교회들이 된다는 것을 의미한다. 이런 교회들은 다른 주요 협회들 가운데 비슷한 기독교 운동들과 더불어 "동방 정교회, 로마 가톨릭교회, 프로테스탄트 종교개혁, 은사주의 교회에 이어 5번째에 해당하는 주요 기독 교회의 유형으로 보일" 수 있다.[36]

아프리카 신학은 아프리카 기독교에서 AICs의 신학적 중요성을 더 이상 무시하거나 추방할 수 없을 것이다. 하지만 이런 교회들은 다른 아프리카교회들—소위 주류 교회들을 포함해서—과 격리되어 공상적으로 표현해서도 안 되고 그렇게 연구되어서도 안 된다. 한 아프리카 신학이 주류 교회들에 대한 언급에만 기초했던 것과 똑같은 방식으로 아프리카 신학 역시 오로지 아프리카 독립교회들에 기초하고 있다.

AICs를 가장 진정성 있는(유일하게 진정성 있는 것은 아닐지라도) 아프리카교회들로 간주하려는 경향은 종종 AIC의 지혜가 문자로 된 학술적 아프리카 신학보다 좀 더 아프리카적이고 좀 더 대중적이고, 좀 더 지역적이고, 좀 더 진실하다고 생각되는 좀 건강하지 못한 신학적 경쟁—특히 아프리카 그리스도인들보다는 신학자들 사이에서—을 불러일으킨다.

Press, 1948); *The Christian Ministry in Africa* (Liverpool: Charles Birchal, 1962); *Zulu Zion* (Oxford: Oxford University Press, 1976); C. G. Babta, *Prophetism in Ghana* (London: SCM Press, 1962); David B. Barrett, *Schism and Renewal in Africa: An Analysis of Six Thousand Contemporary Religious Movements* (Nairobi: Oxford University Press, 1968); *World Christian Encyclopedia*; M. L. Daneel, *Old and New in Southern Shona Independent Churches* (New York: Mouton, 1971); *Quest for Belonging* (Gweru: Mambo Press, 1987); H. W. Turner, *History of an African Independent Church* (oxford: Clarendon Press, 1967).

35 Tinyiko Sam Maluleke, "Theological Interest in African Independent Churches and Other Grass-Root Communities in South Africa: A Review of Methodologies", *Journal of Black Theology in South Africa* 10, No. I (May 1996): 18-48을 보라.

36 Bosch in Daneel, *Quest for Belonging*, 9.

그러한 주장들은 도움이 되지 못했었고 그것들이 의도된 목적을 어긋나게 하는 경향이 있다.[37] 이 문제들은 대체로 20세기에 권위 있는 AIC 학자들은 월등하게 백인 선교사들이었고, 아프리카인들 자신은 뒷자리에 앉아있었다는 사실로 인해 더 복잡해진다.

그러나 AICs에 대한 아프리카의 침묵이 해독되고 숙고할 필요가 있는 **장전되고 웅변적인** 것일 수도 있다. AIC 연구에서 백인 선교사가 우세한 이유는 AICs의 출현이 거의 예외 없이 처음에 하나의 문제, 즉 선교 사역의 실패에 대한 반성으로 간주했다는 사실 때문일 수도 있다.

아프리카의 많은 식민지국에서 AICs는 처음에 의혹에 찬 시선을 받았다. 왜냐하면, 그것들이 종교 복장을 한 정치 운동(Ethiopianism, 에티오피아주의)이거나 정치적 의제를 지닌 교회운동으로 여겨졌기 때문이다.

아프리카 기독교와 아프리카 기독교에 대한 문헌을 서로 구별하라는 요청은 단지 우리가 여기서 필요로 하는 것일 수 있다.[38] 그래서 AICs에 대한 성찰과 연구가 아무리 탁월하고 권위가 있을지라도, 절대 AICs의 실제 지혜(actual praxis)와 동일시 되어서는 안 된다.

하지만 진지한 아프리카 신학이라면 언급된 연구들이나 AICs에 표시된 아프리카 기독 교파들을—비록 불완전할지라도 연구와 현실이 항상 서로를 비춰줄 것이기 때문에—무시할 수 없을 것이다.

9. 아프리카 은사주의 / 복음주의 신학

아프리카 기독교는 동향이 은사주의적이지 않으면 대개 복음주의적일 뿐만 아니라 아프리카 신학의 신학 조류를 대변한다고 할 수 있는 상당히 큰 문헌 군(群)과 행사들도 있다. 아프리카 전역에 걸쳐 복음주의자들은 조직된 고백적 공동체 안에 존재한다.

---

37 Maluleke, "Theological Interest in African Independent Churches", 를 보라.
38 Bediako, "Five Theses on the Significance of Modern African Christianity", 21; *Christianity in Africa: The Renewal of a Non-Western Religion* (Maryknoll, NY, 1995), 264.

물론 그들은 아프리카 "에큐메니컬" 그리스도인들보다 신학적 전망에 있어 덜 이질적이지 않다. 남아프리카 안에서 레이 맥컬리(Ray McCauley)의 레마 교회와 그 유사단체들, 마이클 캐시디(Michael Cassidy)의 아프리카 기획 그리고 최근까지 의식 있는 복음주의자들로 불렸던 그룹에 대해 생각할 수 있다.

그리고 이것들은 단지 대양에 있는 물 한 방울일 뿐이다. 또한, 범아프리카 그리스도인 지도자 회의(Pan African Christian Leadership Assembly, PACLA)와 같은 운동들도 있다.[39] 주로 복음주의적 PACLA와 좀 더 에큐메니컬적 범아프리카교회협의회(All Africa Conference of Churches, AACC) 간의 긴장 관계와 아마도 정당화될 수 있는 의혹들이 있었고, 긴장 관계는 아프리카 전역에 걸쳐 복음주의와 에큐메니즘의 많은 분파 사이에 여전히 남아 있다.

21세기는 우리에게 이런 긴장 관계를 무시하거나 제거하도록 허락하지 않을 것이다. 우리가 직면한 도전들 중 하나는 아무리 부적절하고 의혹이 될지라도 우리가 진지하게 대화하는 신학적 성찰로 드러낼 수 있도록 아프리카 신학과 기독교의 모든 표현을 찾아내는 것이다.

우리가 아프리카 내의 복음주의자들과 에큐메니컬 주의자들 간의 긴장 관계를 봐 왔다는 점을 고려하면, 아프리카의 많은 나라 안에서 이런 단체들 사이에 행동과 신학적 대화에 있어 연대의 사례들도 있다. 이것들은 더 나은 신학적 대화와 제휴를 위한 뼈대 역할을 할 수 있다. 아프리카 신학은 그것을 위해 더 풍성하게 될 것이다.

10. 번역 신학

다른 곳에서 필자는 이런 신학들을 라민 사네(Lamin Sanneh)와 크와메 베디아코(Kwame Bediako)의 이름과 연결했다.[40] 하지만 이것은 사네와 베디아코가 우리에게 아주 똑같은 의제를 선사하는 것으로 여겨져서는 안 된다. 그들 모두 사고가 아프

---

39 Michael Cassidy and Gottfried Osei-Mensah, *Together in One Place: The Story of PACLA, December 9-19, 1976* (Nairobi: Evangel Publishing House, 1978).

40 다음을 보라. Mauleke, "Black and African Theologies in the New World Order"; Tinyiko Sam Maluleke, "Recent Developments in the Christian Theologies of Africa: Towards the 21st Century", *Journal of Constructive Theology* 2, No. 2 (December 1996), 33-60; Lamin Sanneh, *Translating the Message: The Missionary Impact on Culture* (Maryknoll, NY, 1989); Bediako, *Theology and Identity and Christianity in Africa*.

리카 신학에 중대한 영향을 끼칠만한 중요하고 혁신적 대변자들이다.

10년에 걸쳐 그의 『메시지를 번역함』(Translating the Message)에서 절정을 이루고 있는 일련의 작품들에서 사네는 아프리카 기독교와 20세기 선교의 기획 모두를 열정적으로 옹호하는 주장을 했다.[41]

그의 논변의 요점은 20세기에 아프리카 기독교의 거대한 성장의 실마리가 기독교의 메시지나 복음을 아프리카의 자국어로 번역할 수 있다는 논리다. 이것은 성경을 자국어로 번역하는 역사적 필연성 속에서 가장 유력하게 드러난다.

아프리카 기독교에 책임을 지는 것은 선교사들의 주선(agency)보다는 이런 복음의 번역 가능성이다. 그러므로 우리의 초점은 선교의 소홀, 기독교와 식민주의 간의 가상 연결고리에 대해 몰두한 것에서 "소재의 핵심"(heart of the matter), 즉 복음의 번역 가능성으로 옮겨야 한다. 베디아코는 사네와 함께 아프리카 대부분을 아주 광대하게 기독교화했던 것은 다른 무엇보다 복음의 번역 가능성이라는 확신을 공유한다.

그는 아프리카 그리스도인들과 신학자들이 공히 복음을 "그 자신의 권한을 가진" 아프리카의 상황에 말을 건네게 해야 한다고 주장한다. 베디아코는 기독교가 아프리카에 이국적이라는 것을 그들의 신학 연구에 가장 기본적 전제로 추정한다고 주장하는 아프리카 신학자들에게 매우 비판적이다.

그는 대신에 복음이 본질적으로 번역될 수 있으므로 그리고 세계의 대다수 그리스도인이 현재 남반구에 존재하기 때문에, 기독교를 "이국적"이고 서구적이라고 말하는 것은 더 이상 말이 되지 않지만, 우리는 기독교를 엄청난 부흥을 경험하고 있는 "비서구적인" 종교로 간주해야 한다고 주장한다.[42]

동등하게 필수적 임무는 아프리카의 그리스도인들과 신학자들과 비그리스도인 지식인들을 모두 기독교의 "허깨비 같은"(phantom) 이질성(foreignness)을 몰아내도록 도와주는 것이다. 사네와 베디아코가 제안한 것들의 담대함과 객체화(projectiveness)는 논의의 여지가 없다.

하지만 필자는 그들이 낭만화된 번역 개념을 갖고 일하려고 한다고 생각한다. 번역은 그들이 인정하려는 것보다 훨씬 더 불안정한—심지어 자기 멋대로인—인간의 노력이다.

---

41 Maluleke, "Black and African Theologies in the New World Order",를 보라.
42 Philip Jenkins, The Next Christendom: The Coming of Global Christianity (Oxford: Oxford University Press)를 보라.

11. 아프리카 페미니스트 / 흑인 여성 신학

우리는 1980년대 중반 이후부터 아프리카 여성들의 신학 행사들과 단체와 출판이 급증하는 것을 목격해 왔다. "여성들의 문제점"은 '제3세계신학자협의회'(Ecumenical Association of Third World Theologians, EATWOT), '범아프리카교회협의회'(AACC), '지역기독교협의회'의 의제에 그리고 1980년대 초부터 유사교회(para-church) 단체 안에 들어있었다.

하지만 여성들의 문제점이 즉각적으로 아무 거리낌 없이 받아들여지지 않았던 것은 아프리카 남성 신학의 심각한 제재 때문이다.

남아프리카 내에서 흑인들이 주류를 이룬 첫 번째 '페미니스트협의회'는 1984년에 하만스크랄(Hamaskraal)에서 개최되었는데, 바로 같은 해에 남아프리카대학교에서 백인들이 주류를 이룬 '페미니스트협의회'가 잇따라 열렸다. 하만스크랄 협의회는 "여성들이 차별받는 자들의 대다수를 이루고 있지만 우리는 흑인 신학이 여성들을 진지하게 취급하지 않고 신학을 남성의 영역으로 여겼던 것을 애도하며 주목한다"라고[43] 언급했다.

같은 해에 케이프 타운에서 열린 한 '흑인신학협의회' 참가자들은 신중하기는 하지만 그들의 최종 성명서에서 다음과 같이 협력했다.

> 흑인 공동체와 교회 안에 선천적 여성 차별 구조들이 분명히 존재한다.[44]

이런 불확실한 초기 단계부터 페미니스트/흑인 여성 신학은 아프리카에서 성장해오고 있었다.[45] 대륙 간에 그리고 국제적으로 아프리카 페미니스트/여성 흑인 신학을 위한 최초의 의미 있는 자극제들 중 하나는 제3세계신학자협의회였다. 그 시작부터 '제3세계신학자협의회'는 언제나 일반 회원 안에 강력한 여성 파견단을 지녀 왔다.

---

43 D. Ramodibe, "Women and Men Building Together the Church in Africa", In *With Passion and Compassion: Third World Women Doing Theology*, ed. Virginia M. M. Fabella and Mercy Amba Oduyoye (Maryknoll, NY: Orbis Books, 1988).

44 Ramodibe, "Women and Men Building Together the Church in Africa", 20.

45 Bulletin for Contextual Theology in Southern Africa & Africa, Vol. 4, No. 2 (July 1997)는 남아프리카의 페미니스트/흑인 여성 신학에 할애했다. 거기에 또한 남아프리카 페미니스트/흑인 여성 신학 작품들에 대해 주석을 단 참고 문헌이 들어있다.

그러나 여성들은 "우리가 잘 보임에도 불구하고 우리의 목소리가 들리지 않았다… . 우리의 소리가 들려지기를 요구했다. 그 결과는 '제3세계신학자협의회' 내에 여성위원회의 창설하는 것이었다."라고[46] 느꼈다.

WCC 내에서 오두요예는 "WCC가 교회와 사회에서 여성과 남성의 협력 문제를 다루기 위한 분과를 세우는 데 설립 시기부터 7년이 걸렸다"는[47] 사실을 주목한다. WCC의 "여성들과 연대하는 교회들의 10년"에 대해 특별한 언급이 있어야 하는데, 그것은 공식적으로 1998년 8월에 끝났다.

1987년에 [10년 동안 특별한 주의로 책정된] 몇몇 대상 분야들은 여성들, 여성들과 가난, 여성들과 인종차별주의 그리고 여성들에 대한 폭력에 대한 교회의 가르침들이었다."[48] 이런 발기들로 인해 전 세계적으로 일련의 지역 자문 기구들, 행사들 그리고 출판물들을 나오게 되었다.

제3세계의 여성들에 대한 의미 있는 조사가 멕시코의 오악스테펙(Oaxtepec)에서 1986년에 '제3세계신학자협의회'의 주최로 열렸다. 이 행사의 결과들 중 하나는 『열정과 동정으로』(*With Passion and Compasssion*)의 출판이었다.

아프리카 대륙에서 의식 있는 여성들의 신학 모임(Circle of Concerned Women in Theology)은 격년으로 열리는 아프리카 여성들의 '종교와문화연구소'(Biennial Institute of African Women in Religion and Culture)와 더불어 가나의 아크라에서 1989년에 창설되었다.[49] 아크라 모임에서 읽은 몇 편의 논문들은 『소생하는 의지』(*The Will to Arise*)라는 책으로 출판되었다. 그때 이후로 의식 있는 여성 신학자들의 모임(Circle of Concerned Women Theologians, CIRCLE)으로 불리는 전 대륙의 다수의 종교를 포용하는 여성 조직—처음에 가나의 오두요예의 지도를 받다가 케냐의 무심비 카뇨로(Musimbi Kanyoro)에게 승계되었고 최근에는 말라위의 이사벨 피리(Isabel Phiri)가 실권을 잡고 있다—이 만들어졌다.

CIRCLE의 구체적 하나의 목표는 아프리카 페미니스트/흑인 여성 신학의 문헌의 제작이었고 이런 점에서 그들의 결과물은 인상적이었다. 그리고 그들의 자문 기구와 직접 연결된 출판물들에만 CIRCLE의 영향력을 제한하는 것은 실수일 것이다.

---

46 Fabella and Oduyoye, *With Passion and Compassion*, x.
47 Mercy Amba Oduyoye, ⊠ *Will Roll the Stone Away? The Ecumenical Decade of the Churches in Solidarity with Women* (Geneva: WCC, 1988), 3.
48 Oduyoye, *Daughters of Anowa*, 187.
49 Oduyoye, "The Circle", in *Talitha Qumi!*을 보라.

CIRCLE이 그동안 해 왔던 것은 아프리카 여성들이 대화하고 출판할 공간과 영감을 창출하는 것이다.

흑인 신학과 아프리카 신학이 지난 반세기 동안 아프리카 기독교의 타당성과 아프리카 문화의 적법성에 옹호하는 반면, 아프리카 페미니스트/흑인 여성 신학은 새로운 방법을 계획하고 있다.

이 신학은 아프리카 신학들이 기존에 행할 수 없던 방식으로 아프리카 문화와 아프리카 기독교에 대한 비판을 시작하고 있다. 이런 신학들로부터 우리는 진실로 아프리카적이면서도 아프리카 문화의 여러 측면을 비판하는 방법을 배울 수 있다. 아프리카의 흑인 여성 신학자들은 우리에게 아프리카의 문화를 훼손하지 않으면서 비판하는 방법을 가르쳐주고 있다.

필자의 예측에 의하면 21세기는 성별을 훨씬 더 잘 반영한 아프리카 신학을 제시할 것이다. 모든 신학자와 아프리카교회들은 충고를 잘 받아들여 신경 쓰기 시작할 것이다.

12. 재건(reconstruction)의 신학들

여기서 이 무리를 이끄는 것은 케냐의 제시 무감비(Jesse Mugambi)[50]와 남아프리카의 찰스 빌라-비센치오(Charles Villa-Vicencio)인데, 빌라-비센치오는 더 이상 자기 자신을 신학자로 여기지 않는다. 필자는 다른 곳에서 그들의 접근 방식을 자세히 논의한 적이 있어 여기서는 다만 그들의 독창적 주장들 몇 가지를 부각할 수 있을 뿐이다.[51]

빌라-비센치오의 작품이 먼저 출판되었지만,[52] 무감비는 이미 AACC 심의회와 관련해서 1990년대 초에 재건 신학에 대한 생각을 유포시키고 있었다.[53]

---

50 J. N. K. Mugambi, *From Liberation to Reconstruction: African Christian Theology After the Cold War* (Nairobi: East African Educational Publishers, 1995).
51 Tinyiko Sam Maluleke, "Review of: Mugambi, J. N. K. 1995. *From Liberation to Reconstruction: African Christian Theology After the Cold War*. Nairobi: East African Educational Publishers", *Missionalia* 24, No. # (November 1996): 472-3을 보라.
52 Charles Villa-Vicencio, *A Theology of Reconstruction: Nation-Building and Human Rights* (Cape Town: David Philip Publishers; Cambridge: Cambridge University Press, 1992).
53 다음의 책들을 보라. A. Karamaga, *Problems and Promises of Africa: Towards and Beyond the Year 2000* (Nairobi: All Africa Conference of Churches, 1991); J. N. K. Mugambi, "The Future of

무심코 구소련의 붕괴를 가져오고 재건 개념을 대중화하는 데 이바지한 것은 물론 페레스트로이카(perestroika, reconstruction, 개혁)였다. 무감비에게 있어 아프리카 신학이 착수되었던 토착화(inculturation)와 해방의 패러다임 모두 냉전 이후의 아프리카 신학을 행하기에 더 이상 적합한 체제가 아니다.

토착화와 해방 모두 더 이상 획득하지 못하는 범교회적이고 식민지적 굴레의 상황에 반응했다. 토착화—해방의 패러다임—이것은 주로 "반작용"을 나타낸다-의 자리에서 우리는 "선행적인"(proactive) 재건 신학을 세워야 한다. 토착화보다 해방의 우위나 그 반대-아프리카 신학에서 잘 되풀이된 "게임"-를 요구하는 대신에, 무감비는 양자를 혁신적으로 초월하는 것을 요구한다.

빌라-빈센치오는 냉전 후 (아프리카)신학이 인간의 삶의 질을 향상하기 위해 민주주의, 인권, 입법, 국가 건립 그리고 경제와 진지한 대화에 임하라고 호소한다.

필자가 무감비와 빌라-빈센치오 두 사람에 대해 주로 비판하는 것은 냉전의 종식이 일반 아프리카인들에게 직접적 의미를 지니며, 소위 신세계 질서(New World Order)가 아프리카인들에게 진실로 "새롭고" 진실로 "질서정연"하다는 그들의 분명한 가정이다.

그러나 다른 문제들이 있다. 아프리카 신학이 출애굽 모티브에 대해 몰두하는 것에 대한 그들의 모든 관심사에도 불구하고 재건의 신학은 너무 빨리 애굽에서 가나안으로 포로기에서 포로 후기로 도약하는 것—광야에서 구불구불한 길과 오랜 여정을 건너뛰는 것(이 사건에 대한 성경 이야기의 역사성이 아무리 신화적이고 전설적이라 할지라도)—으로 보인다. 여러 아프리카 국가는 독립한 이후에 광야에서 오랜 시간을 지내왔다. "새롭게 발견한 땅"에서 재건하고 개조하려고 돌진할 때 이런 경험을 건너뛰는 신학들은 전후 관계에 놓여있는 본질적 실재와 방법론적 주요 단계를 놓친다.

13. 결론: 역동성과 혁신

1980년대 초부터 아프리카 신학과 교회들이 그들 자신의 눈앞에서 벌어지고 있는 패러다임의 전환을 인식하든지, 아니면 몇몇 패러다임의 전환 자체를 가져와야

---

the Church and the Church of the Future Africa", in *The Church of Africa: Toward a Theology of Reconstruction* (Nairobi: AACC, 1991); Tinyiko Sam Maluleke, "The Proposal for a Theology of Reconstruction: A Critical Appraisal", *Missionalia* 22, No. 3 (November 1994): 245-58.

한다는 요청들이 증가했다.[54] 이렇게 요동치는 창조성(creativity)은 아프리카 신학과 기독교가 당장 사멸하지 않을 것이라는 반가운 징후다. 이와 반대로 아프리카 그리스도인들은 상황화(contextualization)와 활력(dynamism)과 혁신(innovation)을 위한 놀랄만한 솜씨를 보여 주고 있다.

1990년대에 저술된 아프리카 신학에 대한 주요 저술들은 아프리카 기독교 신학이 골동품(a museum piece)으로 퇴보하지 않게 할 것이라는 징후를 나타냈다. 그것은 역동적이고, 성장하며, 광범위하고, 변증법적 운동으로 상황화와 끊임없는 자기성찰 위에 통시적으로(diachronically), 공시적으로(synchronically) 세워졌다.

아프리카 신학이 성장해 의미 있는 패러다임의 전환을 가져오기 위해서는 이미 포착된 근거를 사려 깊게 주목해야 한다. 이것은 아마도 무한한 수로 "새롭게 투영하는" 아프리카 신학들을 마구잡이로 생산하는 것을 방지할 수도 있는데, 그 신학들이 항상 이전에 행해진 것에 의해 철저히 다 알려지는 것이 아니다.

퀘시 딕슨(Kwesi Dickson)은 10년이 훨씬 지난 시기에 똑같은 점을 지적하면서, "여러 회담에서 반복해서 이루어진 공헌들은 이미 그 주제에 관해 알게 된 통찰력 위에 세워질 정도는 아니었다"라고[55] 경고한 바 있다.

아프리카 신학/기독교의 구성과 혁신과 상황화는 전적으로 각각의 신세대 아프리카 신학자들의 손에 맡겨서는 안 된다. 마치 아프리카 신학이 아프리카 그리스도의 삶이나 이전의 아프리카 신학들과 분리된 경솔하고 단순히 지적 활동에 불과했던 것처럼 말이다.[56] 오늘날 아프리카 신학은 빠르게 변화하고 있는 세상 속에서 새로운 도전들에 직면해 있다.

인체 면역 결핍 바이러스(HIV)/후천성 면역 결핍증(AIDS) 유행병과 세계화의 역효과가 아주 중대한 문제로 대두된다. 지난 50년 넘게 다양한 모든 유형의 아프리카 신학은 미래의 도전과 씨름할 정도의 견고한 토대를 세워 왔다는 것이 필자의 확신이다.

---

54 David J. Bosch, *Transforming Mission: Paradigm Shifts in Mission Theology* (Maryknoll, NY: Orbis Books, 1991)은 패러다임의 전환이라는 개념을 사용해 선교 신학이 수 세기에 걸쳐 변화해 온 방식을 설명한다. 그것은 과학자 토머스 쿤(Thomas Kuhn)에게서 빌려온 개념이다.
55 Kwesi A. Dickson, *Theology in Africa* (Maryknoll, NY: Orbis Books; London: Darton, Longman and Todd, 1984), 8.
56 Malukeke, "Black and African Theologies in the New World Order"; "Recent Developments in the Christian Theologies of Africa",을 보라.

참고 문헌

1차 자료

Alves, Ruben, *Tomorrow's Child: Imagination, Creativity, and the Rebirth of Culture* (New York, 1972).
Aquino, María Pilar, *Our Cry for Life: Feminist Theology from Latin America*. (Maryknoll, NY, 1993).
Assman, Hugo, *Theology for a Nomad Church* (Maryknoll, NY, 1976).
Boff, Clodovis, *Feet-on-the-Ground Theology: A Brazilian Journey*, trans. Phillip Berryman (Maryknoll, NY, 1987).
_____. *Theology and Praxis: Epistemological Foundations* (Maryknoll, NY, 1987).
Boff, Leonardo, *Jesus Christ Liberator* (Maryknoll, NY, 1978).
_____. *Church: Charism and Power: Liberation Theology and the Institutional Church* (New York, 1985).
_____.*Ecclesiogenesis: The Base Communities Reinvent the Church* (Maryknoll, NY, 1986).
Comblin, Joseph, *The Church and the National Security State* (Maryknoll, NY, 1979).
_____. *Called for Freedom: The Changing Context of Liberation Theology*, trans. Phillip Berryman (Maryknoll, NY, 1998).
Dussel, Enrique, D., *Ethics and the Theology of Liberation* (Maryknoll, NY, 1978).
_____. *A History of the Church in Latin America: Colonialism to Liberation (1492-1979)* (Grand Rapids, MI, 1981).
_____. *Philosophy of Liberation* (Maryknoll, NY, 1985).
_____. *The Underside of Modernity: Apel, Ricoeur,*
Ellacuría, Ignacio and Sobrino, Jon (eds.), *Mysterium Liberationis: Fundamental Concepts of Liberation Theology* (Maryknoll, NY, 1993).
Rorty, Taylor, and the Philosophy of Liberation, trans. and ed. Eduardo Mendieta (New York, 1998).
Gutiérrez, Gustavo, *A Theology of Liberation: History, Politics and Salvation* (Maryknoll, NY, 1973, 1988).
_____. *The Power of the Poor in History: Selected Writings* (Maryknoll, NY, 1983).
_____. *We Drink From Our Own Wells: The Spiritual Journey of a People* (Maryknoll, NY, 1984).
_____. *On Job: God-talk and the Suffering of the Innocent* (Maryknoll, NY, 1987).
_____. *The Truth Shall Make You Free: Confrontations*, trans. Matthew J. O'Connell (Maryknoll, NY, 1990).
_____. *The God of Life* (Maryknoll, NY, 1991).
_____. *Las Casas: In Search of the Poor of Jesus Christ*, trans. Robert R. Barr (Maryknoll, NY, 1993).
Miguez Bonino, José, *Doing Theology in a Revolutionary Situation* (Philadelphia, PA, 1975).
_____. *Toward a Christian Political Ethics* (Philadelphia, PA, 1983).
_____. *Faces of Jesus: Latin American Christologies* (Maryknoll, NY, 1984).
Miranda, José, *Marx and the Bible* (Maryknoll, NY, 1974).
Munoz, Ronaldo, *The God of Christians* (Maryknoll, NY, 1990).
Segundo, Juan Luis, *The Community Called Church* (Maryknoll, NY, 1973).
_____. *Grace and the Human Condition* (Maryknoll, NY, 1973).
_____. *Our Idea of God* (Maryknoll, NY, 1973).
_____. *The Sacraments Today* (Maryknoll, NY, 1974).
_____.*Evolution and Guilt* (Maryknoll, NY, 1974).
_____. *The Liberation of Theology* (Maryknoll, NY, 1976).
_____.*Jesus of Nazareth Yesterday and Today, Vol. 1: Faith and Ideologies* (Maryknoll, NY, 1982).
_____. *Signs of the Times: Theological Reflections* (Maryknoll, NY, 1993).

Sobrino, Jon, *Christology at the Crossroads: A Latin American Approach* (Maryknoll, NY, 1978).
_____. *The True Church and the Poor* (Maryknoll, NY, 1984).
_____. *The Principle of Mercy: Taking the Crucified People from the Cross* (Maryknoll, NY, 1994).
Tamez, Elsa, *The Amnesty of Grace: Justification by Faith from a Latin American Perspective*, trans. Sharon H. Ringe (Nashville, TN, 1993).

2차 자료

Alcoff, Linda Martín and Mendieta, Eduardo (eds.), *Thinking from the Underside of History: Enrique Dussel's Philosophy of Liberation* (Lanham, MD, 2000).
Berryman, Phillip, *Liberation Theology* (Oak Park, IL, 1987).
Brown, Robert McAfee, *Theology in a New Key: Responding to Liberation Themes* (Philadelphia, PA, 1978).
Candelaria, Michael. *Popular Religion and Liberation* (Albany, NY, 1990).
Chopp, Rebecca S., *The Praxis of Suffering: An Interpretation of Liberation and Political Theologies* (Maryknoll, NY, 1986).
De Schrijver, Georges (ed.), *Liberation Theologies on Shifting Grounds: A Clash of Socio-Economic and Cultural Paradigms* (Leuven, 1998).
Eagleson, Jon and Scharper, Philip (eds.), *Pueblo and Beyond* (Maryknoll, NY, 1979).
Ellis, Marc H. and Maduro, Otto (eds.), *Expanding the View: Gustavo Gutiérrez and the Future of Liberation Theology* (Maryknoll, NY, 1990).
Fabella, Virginia and Torres, Sergio (eds.), *Irruption of the Third World: Challenge to Theology* (Maryknoll, NY, 1983).
Freire, Paulo, *Pedagogy of the Oppressed* (New York, 1970).
Gibellini, Rosino (ed.), *Frontiers of Theology in Latin America* (Maryknoll, NY, 1974).
Gottwald, Norman (ed.), *The Bible and Liberation: Political and Social Hermeneutics* (Maryknoll, NY, 1983).
Lamb, Matthew, *Solidarity with Victims: Toward a Theology of Social Transformation* (New York, 1982).
Lernoux, Penny, *The Cry of the People: The Struggle for Human Rights in Latin America – the Catholic Church in Conflict with US Policy* (New York, 1980).
Metz, Johann Baptist, *Theology of the World* (New York, 1969).
_____. *Faith in History and Society: Toward a Practical Fundamental Theology* (New York, 1980).
_____. *The Emergent Church: The Future of Christianity in a Postbourgeois World* (New York, 1981).
Moltmann, Jürgen, *Theology of Hope: On the Grounds and Implications of a Christian Eschatology* (New York, 1967).
_____. *The Crucified God: The Cross of Christ as the Foundation and Criticism of Christian Theology* (New York, 1969).
Sigmund, Paul E., *Liberation Theology at the Crossroads: Democracy or Revolution* (New York, 1990).
Stewart-Gambino, Hannah W. and Wilson, Everett (eds.), *Power, Politics and Pentecostals in Latin America* (Boulder, CO, 1997).

제29장

남아시아 신학들

펠릭스 윌프레드(Felix Wilfred)

남아시아는 현대에 가장 상상력이 풍부한 신학 지대 가운데 하나로 점점 전 세계적 관심을 끌고 있다. 남아시아 신학자들은 측량할 수 없는 하나님의 신비와 같은 신비의 창을 열어주는 인간의 가장 깊은 경험들을 마주하는 미지의 지역과 길을 경험하고 탐험함으로써 신학적 통찰력과 방침을 개발해 왔다. 그들은 체계(systems)의 면에서 신학들에 비판적이었다.

그때 모든 종류의 남아시아 신학에 단편적인(fragmentary) 의미가 있다. 이런 단편적 성격은 또한 그들이 신선한 반응을 불러일으키는 언제나 새롭고 도전적 상황들에 대처하려고 노력하기 때문에 남아시아 신학의 창조적 요소로 판명되었다.

현대에 역사의 범주는 서양 신학의 발전에 상당한 중요성을 띠었다고 잘 알려졌다. 우리는 여기서 성경 해석을 하는 역사 비평의 방법을 통해 하이데거의 『존재와 시간』(Sein und Zeit)과 같은 신학적으로 의미 있는 철학적 작품을 통해 서양에 들어온 역사의식의 난입을 상기할 수 있을 것이다.

만일 시간성(temporality)이 서양에서 아주 많이 중요하다는 것을 발견한다면, 남아시아 신학은 그 부분에 있어 인간 실존의 다른 차원-공간성(spatiality), 즉 그것은 진리에 대한 접근, 따라서 신학에 대한 접근에도 상당히 중요하다-을 강조하려고 노력했다. 남아시아 신학은 정신과 본질과 지향에 있어 상황적(contextual)이다.[1]

공간이나 맥락은 다양한 방식으로-매우 명백하게 구체적 문화, 전통, 언어 등등의 관점에서-기술될 수 있다. 이런 차원은 남아시아 신학이 소위 토착화(inculturation)의 문제 관여하게 했다.

---

1 다음의 논문들과 책들을 보라. Felix Wilfred, *On the Banks of Ganges: Doing Contextual Theology*, ISPCK, Delhi, 2002; "Die konturen kontextueller Theologie aus der Dritten Velt", in *Jahrbuch fuer Kontestuelle Theologien*, Missionswissenschaftkichtes Institut, Aachen, 1976, 157-73; "Indian Theologies: Retrospect and Prospects. A Sociopolitical Perspective"; 이 논문은 2003년 4월 24-29일에 인도 신학협회 연례모임에서 발표된 논문임(출간 예정).

그러나 맥락은 또한 특정 민족이나 사회의 지배적 쟁점들과 관심사들-그런데 이 모든 것들은 그 신학적 분위기와 지향점을 형성한다-로 특징을 이룬다. 그러므로 남아시아 내에서 20세기의 지난 수십 년간 다양한 상황 신학(contextual theologies)이 출현했다.

예를 들어 소외된 민족들의 문제에 중점을 두고 있는 **종족 신학**(tribal theology)과 남아시아의 사회적 지위를 박탈당한 사람들의 고통 경험을 통해 복음을 재해석한 것에 기인하는 **달릿 신학**(dalit theology) 등이 있다.[2] 이런 다양한 상황 신학들에 의해 표현된 관심사들은 종교 신학의 형성에 이바지했고, 남아시아 해방 신학과 선교 신학 등등에 공헌했다.

그러한 신학들 안에서 맥락에 대한 더 깊은 이해가 또한 일어났다. 즉 맥락이 단순히 복음이 해석되어야 하는 배경이 아니라 오히려 문화와 사회정치적 상황이 새로운 신학의 원천들과 신학 논제(loci theologici)가 된다.

남아시아 신학을 이해할 수 있기 위해서 우리는 그 지역의 사회정치적 조건뿐만 아니라 복수의 종교적 상황(multi-religious situation)을 고려할 필요가 있다. 이 두 조건은 구체적 삶 속에 뒤얽혀 있고 남아시아 기독교 신학의 열쇠로 보일 수 있다. 이 장은 지면이 허락하는 내에서 몇 가지 중요한 쟁점들을 다루고 그 지역 출신인 4명의 신학자를 아주 간단하게 제시하려고 할 것이다.[3]

1. 신학과 남아시아의 종교적 전통들

남아시아는 공통적 인도의 문명과 역사를 공유하고 있는 지역이다. '인딕'(Indic)은 문명을 가리키는 개념이지 현대 인도의 국가 정부와 같은 것이 아니다. 인도는 중요한 지형적 위치에도 불구하고 그 선거구들(constituents) 가운데 하나에 해당한다.

---

2 상당히 많은 남아시아 그리스도인들은 달릿 계층(이전에는 "최하층 천민들"[untouchables]로 알려짐)이다.
3 참고. Robin Boyd, *An Introduction to Indian Christian Theology*, ISPCK, Delhi, 2000; Felix Wilfred, *Beyond Settled Foundations: The Journey of Indian Theology*, Department of Christian Studies, University of Madras, 1993. 최근에 나온 매우 추천할 만한 책으로 남아시아 신학에 관한 풍부한 정보를 담고 있는 것을 원한다면 다음의 책을 보라. John C. England, jose Kuttianimattathil et al. (eds.), *Asian Christian Theologies: A research Guide to Authors, Movements, Sources*, Vol. 1, Orbis Books, Maryknoll, NY, 2002.

만일 인도와 네팔에서 신학을 고려할 때 기독교와 힌두교와의 관계를 이해하는 것이 중요하다면 스리랑카에서는 불교를, 파키스탄과 방글라데시에서는 이슬람을 이해하는 것이 똑같이 중요하다. 물론 스리랑카에 주목할 정도로 많은 힌두교도와 인도에 수많은 이슬람교 인들이 현존하지만, 필자는 여기서 다양한 국가의 지배적 종교 전통들에 대해 말하고 있다. 다음의 단락들에서 필자는 다른 종교 전통들과 만남으로 생겨나는 신학 발전의 역동성을 탐구할 것이다.

1) 기독교 신학과 힌두교

인도의 기독교 신학의 발전과정에서 힌두교와의 관계가 중요해졌다. 그 관계는 복잡한 관계였고 그 논쟁은 오늘날까지 계속된다.

우리는 이 관계 내에 있는 세 개의 다른 패러다임을 구별할 수 있다.

(1) 고전 힌두교(classical Hinduism)를 통해 본 기독교 신학

국가독립을 위한 투쟁은 또한 20세기 초기에 수십 년 동안 기독교의 토착화(indigenization)에 대한 각성을 가져왔다. 힌두교의 범주들을 통해 기독교의 진리를 표현하기 위한 여러 시도가 이루어졌고, 나중에 기독교 신학과 의식들을 힌두교를 통해 해석하려는 시도들이 행해졌다.

이런 종류의 접근 방식이 벵골인 회심자인 브라마반다브 우파드야야(Brahmabandhab Upadhyaya 1861-1907)에 의해 개척되었다.[4] 후에 요한스(P. Johanns 1882-1955)와 같은 신학자들은 "베단타(Vedanta, 인도철학의 한 부류로 관념론적 일원론을 주창하는 학파, 역주)를 통해 본 그리스도"라는 일련의 작품들을 통해 우파드야야의 추진력을 진척시키려고 노력했다.

그 후 내내 이 전통을 따르는 많은 추종자가 있었다. 여기서 주요 관심사는 힌두교의 범주들로 기독교 진리들을 표현하는 것인데, 그 과정에서 그들이 공식화한 기독교의 진리들이 당연시된다. 그 체계적 공식화와 역사적 조건에 대한 비판적 문제 제기는 절대 없다.

예를 들어 앞에 언급한 저자들 둘 다의 경우에 당연시된 기독교 진리들은 신학풍의(neoscholastic) 용어로 공식화된 것들이었다.

---

[4] 참고. Julius J. Lipner, *Brahmabandahab Upadhyay: The Life and Thought of a Revolutionary*, Oxford University Press, Delhi, 1999.

더 철저한 접근은 "인도에서 재고하는 기독교"(Rethinking Christianity in India) 단체로 알려진 개신교 사상가들에 의해 주도되었는데, 벵갈라 챠카라이(Vengala Chakkarai), 첸치아(Chenchiah), A. J. 아파사미(Appasamy) 등과 같은 사람들로 구성되었다.[5] 보다 최근에 라이몬 파니카(Raimon Panikkar)와 스탠리 사마르타(Stanley Samartha)와 같은 사상가들은 더 큰 통찰력과 정력을 갖고 힌두교와의 이상적 대화를 진척시켰다. 평가 기준으로 간주 된 힌두교 학파의 종류에 의존하는 기독교의 접근 방식에는 여러 차이점이 있었다.

어떤 부류는 기독교 신학을 중세 철학자인 산카라(Sankara)에 의해 대표되는 **불이일원론**(不二一元論, *advaita*, 힌두교의 Vedanta 학파 중의 하나로 브라만의 존재만을 주장하고 현상계는 무지에 기초한 환영에 불과하다고 주장함, 역주) 혹은 비(非) 이원론적 가르침(non-dual doctrine)과 관계시킨 반면, 다른 부류는 visishtadvaita(엄격한 비이원론, Vedanta의 한 학파로서 브라만의 존재만을 인정하면서도 다양성이라는 특징을 가진다-역주)가 인격적 하나님과 은혜와 사랑의 헌신에 대한 인정과 더불어 기독교 유신론에 더 가깝다고 생각했다. 또 다른 부류는 평가 기준으로 **카르마**(*karma*, 업보)나 행동을 갖고 인도의 기독교 신학을 발전시켰다.

힌두교의 상징 체계와 의식들을 기독교 예술, 건축, 예배 등등에 통합하기 위한 여러 시도가 행해지는 까닭에 그 관계 역시 실제적 형태를 취해 왔다. 이것은 또한 힌두교의 양식에 따라 **아슈람**(*ashram*)을 모방하기 위한 기독교의 노력으로 보일 수 있다.

아슈람의 이상과 그것이 나타내는 환경은 아주 신선하게 하는 종류의 신학을 탄생시켰다. 새로운 예를 열거하기 위해 우리는 프랑스 선교사 율레스 몽카닌(Jules Monchanin)의 발의권을 가지고 있는데, 그는 남인도의 타밀라두(Tamilnadu) 주에 속한 트리우치라팔리(Triuchirapalli) 시의 변두리에 있는 카우-베리(Caubery) 제방에서 아슈람을 시작했다.

이 전통은 신비주의자인 아비스힉타난다(레 사욱스, Abhishiktananda)와 스와미 다야난다(베대 그리피스, Swami Dayananda)에 의해 지속했다. 후자는 성공회 회심자에서 천주교인이 되었는데, 그는 프링카쉬 사원(Prinkash Abbey)에 있는 베네딕토 수도원(the Benedictines)에 입회한 다음 인도로 순례를 했고 **산야시**(힌두교의 은둔자, *sannyasi*)의 삶을 선택했고 수십 년 동안 신비주의자로 살았다.

---

5 그 명칭은 탐바람(Tambaram 1938)에서 국제 선교사 WCC가 열리기 바로 직전에 같은 이름으로 출판된 책에서 기인한다.

기독교 **아슈람**과 연관된 이 사람들과 다른 사람들의 작품은 남아시아 신학의 주요한 원천으로 남아 있다.[6]

(2) 신학과 힌두교에 대한 비판

여기서 주요 초점은 가장 경멸스러운 말투로 힌두교에 대해 말하는 많은 선교사에 의해 행해진 비판의 유형-기독교 변증학과 기독교의 주장들이 **참 종교**(vera religio)라는 맥락 속에 놓여야 한다는 비판-이 아니다. 고전 힌두교에서 양육된 기독교 신학의 유형에 도전해온 남아시아의 달릿 그리스도인들에 의한 비판이 더 중요하다. 그들에 의하면 그들이 수 세기에 걸쳐 겪어온 억압과 카스트제도의 차별은 힌두교에 의해 규정되었다.

그러면 그들은 어떻게 힌두교의 개념과 기호로 표현된 신학에서 해방에 관한 기독교의 메시지를 발견할 수 있을 것인가?

더욱이 달릿 계층은 힌두교 자체가 현대에 구성되었다는 점과 그것이 아주 다양한 남아시아 종교 전통들로 이루어졌다는 점을 지적한다. 이런 의미에서 그들은 힌두교와 같을 수도 없고 같아서도 안 되는 하층민의 종교 전통을 가지고 있다고 주장한다. 이런 종류의 신학적 지향점은 달릿 계층 대 힌두교 전통의 일반적 정치적 입장에 긴밀하게 결합했는데, 그 최초의 대변자는 달릿의 지도자 암벳카(Ambedkar)였다.

(3) 양날 검-힌두교에 대한 비판과 기독교에 대한 비판

세 번째 패러다임이 있는데, 그것은 더 좋은 용어가 없음에도 불구하고 그 성격과 접근에 있어 세속적이라고 그 특성을 기술할 수 있다. 이런 접근 방식의 주창자들은 가난한 자들과 압제당하는 자들의 해방을 희생하고 가져온 기독교와 힌두교 간의 어떤 **화해**(rapprochement)도 의심의 눈초리로 바라본다. 예를 들어 우리는 세바스챤 카펀(Sebastian Kappen)과 사무엘 레이언(Samuel Rayan)과 같은 신학자들을 소유하고 있다. 그들의 비판은 인간의 해방 문제에 관한 한 제도적 교회만큼이나 힌두교에 적용된다.[7]

---

6 다음의 책들을 보라. Jules Monchanin, *Ermites du saccidananda*, Castermann, Tournai, 1956; Abhishiktananda, *La Montée au fond de coeur: Le journal intime noine chrétiensannyasi hindou 1948-1973*, OEIL, Paris, 1986; Bede Griffiths, *The Cosmic Revelation: The Hindu Way to God*, Templegate, Springfield, 1983; Griffiths, *Return to the Centre*, Templegate, Springfield, 1976.

7 참고. Sebastian Kappen, *Jesus and Cultural Revolution: An Asian Perspective*, BUILD, Bombay, 1983.

이와 관련해 남아시아에서 신학화(化)하는 중요한 원천은 민중 운동을 하는 헌신 된 개별 그리스도인들과 단체들의 참여라는 점이 지적될 필요가 있다. 그 사회의 현실과 일상생활과 투쟁의 경험들에 몰입하는 것은 그들이 종교단체의 긴장과 충돌과 폭력을 생성하는 데 있어 여러 종교에 의해 수행되고 있는 부정적 역할을 깨닫게 했다.

그들은 과거와 현재의 유럽 중심의 신학에 비판적으로 문제를 제기하고 이런 신학들이 남아시아의 문제들에 답할 가능성을 논박한다. 같은 맥락에서 민중 운동을 한 사람들은 교회의 조직들과 기관들을 비판적 검토의 대상이 되게 한다.

2) 불교와 이슬람과 관계한 신학

비슷한 입장들이 앞서 힌두교와 관련해 언급된 바와 같이 불교에 관해서도 확인될 수 있다. 스리랑카와 같은 불교 국가에서 이루어진 신학의 발전을 이해할 수 있기 위해서 우리는 남아시아에 존재하는 중요한 공통 요소를 명심할 필요가 있다.

성직자와 목회자를 배출해 내는 신학교들과 다른 기관들은 신학적 추구를 위한 가장 창조적 시설들이 아닐 수도 있다. 실제로 그런 기관 중 많은 곳은-칭찬할 만한 곳들은 제외하고-다소 표층적 수준에 머무는 상황화의 일부 시도들과 함께 서양의 신학적 접근 방법들을 반복하는 것처럼 보인다. 대신에 깊은 통찰력과 독창적 지향점들은 다양한 연구 기관들과 대화로부터 나오고 있다. 이것은 기독교 신학과 불교와의 관계에서도 마찬가지다.

스리랑카에서 우리는 초대 센터장인 린 A. 드실바와 함께하는 종교와 사회 연구 센터와 잘 알려진 신학자인 알로이시우스 피에리스가 이끄는 툴라나 연구센터와 같은 기독교-불교의 만남을 추진하는 많은 시설을 가지고 있다. 기독교-불교 간(間) 종교적 접근과 해방의 취지(liberational thrust)를 결합하려고 노력하는 다른 센터들이 있다.

오랫동안 불교는 기독교 선교사들에 의해 부정적 구원론으로 기독교의 진리들에 도전하는 무신론적 철학 체계로 비쳤다. 불행하게도 요한 바오로 2세가 『희망의 문턱을 넘어서』(Crossing the Threshold of Hope)라는 책에서 그러한 언급을 반복했을 때, 그런 견해들은 지속해, 특히 스리랑카에서 격렬한 논쟁을 불러일으켰다.[8]

---

8 John Paul II, *Crossing the Threshold of Hope*, Alfred A. Knopf, New York, 1994, 84-94.

또한, 두 창시자 중에 어느 쪽이 최고였는지에 관해 그리스도인들과 불교도들 간의 논쟁이 있었다. 그 관계에 있어 새로운 발전은 다양한 방식으로 궁극적 실재와 세계와 우주를 밝혀주는 이런 전통들의 부유함에 대한 서로의 발견 중 하나다. 게다가 사회에서 일어나는 동란들(convulsions), 특히 1971년에 스리랑카에서 일어난 젊은이 폭동은 해방운동을 위해 마르크스주의자들과 함께 공동의 대화를 나눌 때 그리스도인들과 불교도들을 함께 끌어들였다.

남아시아에서 기독교와 이슬람 간의 관계에 대한 이해는 우리에게 먼저 기독교와 마찬가지로 이슬람이 특정한 국가 역사와 문화와 전통들에 의해 다양한 방식으로 형성되었다는 점을 인식하도록 요구한다. 비록 기독교와 이슬람교와의 관계가 인도의 아크바르(Akbar) 황제의 집권기였던 17세기로 되돌아간다면,[9] 현대에 힌두교의 대화에 견줄 만한 인도의 이슬람교와의 지속한 대화는 없었다. 그러나 우리는 1930년에 본래 라호레(Lahore, 현재 파키스탄 지역에 속함)에 세워졌고 지금은 인도의 하이더라바드(Hyderabad)에서 활동하고 있는 헨리 마틴 연구소에 의해 수행된 중요한 역할을 뽑아낼 필요가 있다. 틀림없이 파키스탄과 방글라데시에서 이슬람교와의 대화는 상황 신학의 발전에 중요한 하나의 원천이 되었다.

이슬라의 환경에서 기독교 신학을 발전시킬 때, 우리는 또한 루이스 마스카렌하스, 안와르 M. 바르캇 그리고 찰스 아마드-알리와 같은 파키스탄 신학자들과 라왈핀디(Rawalpindi)에 있는 기독교 연구센터와 물탄(Multan)에 있는 목회 연구소와 같은 시설들 그리고 **알-무쉬르**(*Al-Mushir*)와 **포커스**(*Focus*)와 같은 언론사들에 의한 공헌들을 뽑아낼 필요가 있다.

유사한 노력이 방글라데시에서 확인될 수 있었는데, 그것은 이슬람교가 주도했고 그 상황은 파키스탄과 비슷했다. 게다가 방글라데시 신학자들은 그들의 사역에 영향을 주기 위해 힌두교의 **바크티**(*Bhakti*, 브라만에 이르는 수단으로서의 사욕이 없는 신앙-역주)라는 오랜 벵갈 전통과 하나님께 대한 사랑의 헌신을 가져온다.

이슬람교와의 대화는 교리적 신조들의 문제만이 아니라-최근에 아주 분명해진 것처럼-정치적 분위기와 상당히 많은 관계가 있다. 이 점에 관해서 파키스탄 그리스도인이 2003년 미국이 주도한 이라크 전쟁을 반대하는 데 있어 어떻게 이슬람교도들과 연대했는지, 기독교 지도자들이 이슬람교도들과 결속하는 공동 목회 서신을

---

[9] Arnulf Camps, *Jerome Xavier SJ and the Muslims of the Mogul Empire: Controversial Works and Missionary Activity*, (Nouvelle Revue de Science Missionnaire, Fribourg, 1957)을 보라.

발표했는지 지적될 수 있다.[10] 이슬람교도들과 그리스도인들 가운데 더 폭넓은 이해와 대화에 이바지하는 것은 아주 구체적 조치들과 결정들이다.

2. 종교 신학

기독교와 다양한 종교 전통들과의 상호 연관성과 지속적인 대화는 또한 종교 신학의 발전을 낳았다. 남아시아 종교 신학은 가장 통찰력 있고 원대한 몇몇 입장을 나타내는데, 그것은 불행스럽게도 아시아 밖에서 충분히 알려지지 않았다.[11]

이런 종교 신학의 중요성을 이해하기 위해 인도에서 몇십 년 동안 살며 가르쳤던 자크 듀푸이(Jacquew Dupuis)가 남아시아의 성장하고 있는 종교 신학을 로마에서 목소리를 내려고 노력했다는 점을 상기하는 것으로 충분하다. 곧 그 내용이 너무나도 불온한 것으로 밝혀져 그는 21세기로 전환하는 즈음에 신학계에서 폭풍의 눈이 되고 말았다.

20세기 초에 파르쿠하르(J. N. Farquhar)와 같은 사람들은 성취 이론(the theory of fulfillment)을 제안함으로써 (그때까지) 널리 만연된 타종교에 대한 부정적 태도를 극복하고자 노력했다. 이 이론은 "왕관"이요 성취인 기독교와 함께 다른 종교들 안에 있는 긍정적 가치들을 인정했다.[12]

이 종교 신학은 수많은 지지자를 얻어왔고 지금도 계속해서 지지자들이 나오고 있다. 그러나 남아시아에서 뒤따르는 발전은 그 이론들을 폐지하고 새로운 지평을 열어놓았다.

다른 신앙을 가진 사람들과 상호 작용하고 대화하는 경험은 그리스도인들이 종교의 경계를 초월해 인류 전체를 향한 하나님의 단일한 보편적 계획, 다른 종교들의 기관과 기호와 표현 안에서의 성령의 활동 그리고 대체로 하나님 나라에 대한 훨씬 더 광범위한 이해 등과 같은 근본 진리들을 더 깊이 깨닫게 해 준다.

---

10 지도자들은 다음을 주목했다. "이라크에서 전쟁의 재앙이 불쑥 나타날 때, 우리는 이 전쟁이 우리 모두의 종교에 광범위하고 비참한 결과를 가져올 것이라는 점을 인식한다. 우리는 선제공격에 대한 전체적 비난을 표현함에서 우리 모슬렘 형제들과 선의를 지닌 모든 사람의 관심을 공유한다." *Lahore Link Newsletter*, Lahore Archdiocese, January/February 2003, No. 37을 보라.
11 그 발전을 개괄적으로 다룬 다음의 책을 보라. Jose Kuttianimattathil, *Practice and Theology of Interreligious Dialogue*, Kristu Jyoti Publications, Bangalore, 1995.
12 J. N. Farquhar, *The Crown of Hinduism*, Oxford University Press, Oxford, 1913.

이것은 그리스도와 하나님과 교회의 신비와 구원의 의미를 이해하고 표현하는 데 훨씬 명료하게 해 주었다.

기독교 신앙의 이 모든 실재는 다른 종교 전통들을 적대하는 것이 아니라 그들과의 관계 속에서 명료해진다. 그러한 접근은 또한 자연스럽게 전통 신학과 그 조직적 체계들에 대한 비판을 수반한다.

예를 들어 몇몇 남아시아 신학자들은 유일성(uniqueness)과 같은 범주들에 호소할 필요 없이도 그리스도의 신비가 이해될 수 있으리라고 믿는다. 또한, 그들은 칼케돈 신조가 그리스도의 신비를 가장 잘 표현한다고 생각하지도 않는다.

남아시아에서 새로운 사고의 소동은 바티칸 공의회와 WCC, 아시아 주교 협회 연맹(Federation of Asian Bishops' Conferences)의 문서들과 같은 공식문서들의 입장을-주저하지 않은 것은 아니지만-채택함으로 인해 서양의 길을 찾아갔다.

그것은 인도에서 살았거나 방문해 이 신학에 몰두해, 서구식의 자유로운 정신과 용어로 종종 표현된 그들의 작품들 안에서 서양 세계에 그것을 제시했던 서양 신학자들의 길을 찾아갔다. 불행하게도 그들이 자신의 종교 신학 안에 남아시아에 빚지고 있는 것이 무엇인지에 대한 인식이 절대 없다는 것이다.

종교 신학은 남아시아에서 기독론적 해석의 중요한 위치를 차지한다. 다른 존재들과 구별하고 유일무이하게 만들어주는 것과 관련해 예수 그리스도를 해석하는 지배적 경향에 반해, 남아시아인들은 예수와 다른 존재들과 관계시키는 것과 관련해 예수를 해석한다.

이것은 기독론과 구원론 등등의 성격과 지향점을 형성하는 관점 상의 중대한 차이점이다. 우리가 "예수는 그리스도이다. 하지만 그리스도는 예수만이 아니다"라는 진술의 의미를 이해할 수 있는 것은 바로 이런 관점으로부터다.[13] 그리스도는 그리스도인 단체의 독점물이 아니다. 그래서 다른 신앙을 가진 사람들이 예수를 그들 자신의 종교적 경험을 통해 그리고 그들의 특수한 배경으로부터 해석한 것을 보는 일은 그리 놀랍지 않다.

남아시아에는 "비그리스도인들의 기독론"이라고 표현될 수 있는 것이 존재한다. 우리는 여기서 마하트마 간디(Mahatma Gandhi)와 비베카난다(Vivekananda) 등과 같은 주요 인물들의 해석과 진술들을 상기할 수도 있다.

---

[13] Raimon Panikkar, "Man and Religion: A Dialogue with Panikkar", *Jeevadhara* 11 (January-February 1981), 25.

위대한 힌두교 신비주의자 라마크리슈나 파라마함사(Ramakrishna Paramahamsa)는 예수 그리스도와 동정녀 마리아에 대한 신비체험을 한 적이 있었다고 주장했다.

그의 제자에 의해 설립된 라마크리슈나 수도회에서 크리스마스는 매년 마다 매우 엄숙하고 의미 있게 거행된다는 것은 사실이다. 다른 신앙을 가진 사람들이 예수 그리스도에게 접근하는 방식들은 남아시아에서 아직 개발되지 않은 신학적 원천으로 남아 있다.

마찬가지로 남아시아 신학에서 교회에 대한 이해는 그리스도인 공동체나 지역교회와 보편교회와 같은 문제들에 제한받지 않는다. 오히려 그 관심은 **일반 공동체**(universal community)에 있는데, 다른 신앙과 이데올로기를 가진 사람들의 더 큰 공동체와 관계를 세우지 않은 채 진실로 "인간 공동체"나 "왕국 공동체"를 조직하는 것은 실현될 수 없다.

비록 구원에 대한 이해가 종종 인과율과 만족설의 범주에 의해 좌우된다고 할지라도, 남아시아인들은 구원을 소명과 관계와 자유와 응답에 근거해서 볼 필요가 있다고 생각한다.[14] 이런 의미에서 구원은 어느 한 종교 전통에 배타적으로 좁혀지거나 제한될 수 없다. 집합적 실재들(collective realities)로서 모든 종교는 이런 관계의 수단과 매개로서 역할을 하고 진정으로 하나님의 보편적 구원 계획에서 한 자리를 차지할 수 있을 것이다.

3. 선교 신학

남아시아의 종교 신학은 선교에 대한 새로운 관점들과 밀접한 관계가 있다. 그리스도인들로 이루어진 소수 종교단체, 남아시아 지역에서 정치, 사회, 문화 영역의 발전들의 상황은 이 지역에 거주하는 그리스도인들이 선교 신학을 재고하도록 촉구했다. 설교와 회심과 세례로 이해한 다소 단순한 (널리 퍼져있는) 선교관은 진지한 구령(soul searching)을 요구했다.

18세기 말과 19세기 초에 영국에서 발생한 복음주의 부흥은 선교를 인도와 남아시아의 다른 나라들의 이방 종교들을 정복하고 압도하는 것으로 특별한 이해를 하도록 했다.

---

[14] Michael Amladoss, "The Multi-Religious Experience and Indian Theology"을 보라. 이 논문은 2003년 4월 24-29일에 방갈로어(Bangalore)에서 열린 인도 신학협회 모임에서 발표되었다.

20세기 남아시아의 신학은 구원이나 천벌에 근거해 선교를 이해하는 것으로부터 선교가 다른 종교 전통들을 대적하는 것이 아닌 관계를 맺는 것으로 이해하는 쪽으로 변화를 일으켰다. 이와 관련해 우리는 또한 선교와 대화 간의 관계에 관해 남아시아에서 일어난 논쟁들을 주목해야 한다. 남아시아 신학들은 선교의 도구로서의 대화-서양의 많은 신학계에서 널리 공인되었던 입장-를 거부해 왔다.

그 대신에 그들은 대화와 선교가 그들 나름의 독특한 성격과 목표를 지니고 있으며, 하나가 다른 하나를 추종해서는 안 된다는 점을 밝히려고 노력했다. 남아시아의 선교 신학은 새로운 성경 해석을 통해 그 영역이 확대되는 것을 경험해 왔다.

이와 관련해 조지 소아레즈-프라부(George Soares-Prabhu), 파쓰라팡칼(Pathrapankal) 등과 같은 학자들의 공헌은 상기되어야 한다. 그들은 선교의 지상명령을 상대화하려고 노력해 왔고 예수의 다른 많은 명령과 권고들에 비추어 선교를 읽는 중요성을 부각해 왔다.

선교 신학에 대해 말할 때 우리는 남아시아가 에큐메니즘에 이바지한 유일한 공헌을 부각할 필요가 있다. 처음으로 우리는 단일 교회 연합을 조직하기 위해 세 교회가 결합하는 것을 보았다.

1947년에 남인도교회(the Church of South India)의 설립은 에큐메니컬 역사상 획기적 사건이다.[15] 이것은 고백적 분리가 기독교의 증언에 걸림돌이 되었다는 깨달음을 통해 실현되었다. 남인도 교회의 출현은 또한 국가주의의 도전에 대한 신학적 응수로 간주할 수 있을 것이다.

4. 남아시아 해방 신학

아시아의 해방 신학이 라틴 아메리카 해방 신학의 확장이라고 생각한 사람이 있다면 완벽한 오해일 것이다. 비록 해방 신학의 전문용어가 사용되지 않았을지라도 그것은 20세기의 지난 몇십 년 이래 남아시아에서 발생해오고 있다는 사실이다. 그 선구자들은 노동운동, 학생운동과 함께 민중 운동에 관여한 사람들이다. 폴 카스퍼스(Paul Casperz)와 티사 발라수리야(Tissa Balasuriya)와 같은 사람들을 통해 개시되어 발의한 횟수는 비라틴 아메리카 해방 신학에 낯설은 사람들을 깜짝 놀라게 할 것이다.

---

[15] Bengt Sunkler, *Church of South India: The Movement towards Union 1900-1947*, (United Society for Christian Literature, Lutterworth Press, London, 1965)을 보라.

스리랑카의 마이클 로드리고(Michael Rodrigo)는 그가 해방에 쏟은 헌신과 사회의 해방을 위한 공동 연대로 다른 신앙을 가진 사람들을 소집한 것 때문에 순교의 죽임을 당했다. 해방 신학은 정치 운동들과 관련된 투쟁들의 열매인 동시에 같은 것을 위한 영감이었다.

인도에 많은 예가 있다. 세바스챤 카펀, 사무엘 레이언, M. M. 토마스(Thomas) 등과 같은 신학자들은 성경을 읽는 것을 통해 사람들의 투쟁에 반응하고 문맥 속에서 그것들을 해석함으로써 그들의 영감을 도출했다. 그것은 또한 구원에 대한 새로운 이해와 예수에 대한 새로운 상(image)을 나타냈다.

알료시우스 피에리스(Aloysius Pieris)는 예수 안에서 가난한 자들과 맺은 하나님의 변호 서약을 본다.[16] 예수의 신성을 특징 지우는 속성들과 직함들에 대해 강조하는 대신에, 이들 남아시아 해방 신학자들은 예수의 신비에 대한 인간적인 차원, 예수의 수난과 죽음 그리고 예수가 가난한 자 중에 가장 가난한 자에게 제공하는 희망을 본다.

단순히 예수를 그의 신적 직함들로 환원하려는 것은 그를, 예를 들어 수백만의 힌두교 신들 가운데 하나 이상의 신에 불과한 것으로 만드는 것이리라. 예수의 인성(humanity)은 남아시아가 몹시 필요로 하는 것이다.

남아시아 해방 신학의 독자적 특징은 거의 변함없이 해방의 쟁점을 종교와 문화의 문제-라틴 아메리카 신학이 민간 종교와 문화와 같은 주제들에 초점을 맞추어 그 두 번째 발전 단계에서 수행하려고 노력했던 것[17]-와 결부시켰다.[18]

더욱이 남아시아 신학은 경제와 종교 문제들뿐만 아니라 카스트 층별의 매우 구체적 사회적 현실을 직면해야 했다. 특히 달릿 층(the dalits, 전통적 카스트제도에서의 최하층민-역주)의 다양한 사회적 억압과의 충돌은 복음을 다시 읽게 했다. 달릿 층의 그리스도인들은 자신의 처지와 긴밀한 관계가 있는 것으로 예수의 인격과 고통을 해석하게 되었다.[19]

---

16 Aloysius Pieris, *God's Reign for God's Poor: A Retrun to Jesus-Formula*, Tulana, Kelaniya, 1999.
17 Juan Carlos Scannone, *Weisheit and Befreiung. Volkstheologie in Lateinamerika*, (Patmos Verlag, Düsseldorf, 1992)을 보라.
18 Ignatius Jesudasan, *Gandhian Theology of Liberation*, (Guajarat Sahitya Prakash, Anand, 1987)을 보라.
19 필자는 여기서 내가 지도한 한 달릿인의 훌륭한 박사 논문을 언급하고 싶다. A. Maria Arul Raja, *Dalit Encounter with their Sufferings: An Emancipatory Interpretation of Mark 15: 1-47 from a Dalit Perspective* (미출간 박사 논문, University of Madras), Chennai, 2000.

마르크스주의의 분석 도구들은 그 사회 상황을 올바르게 평가할 수 없었기에, 남아시아 신학은 브라만의 주도권에 대한 비판을 이끌면서 카스트 조직을 고려하는 사회 분석을 발전시켰다.[20]

남아시아의 특정한 상황은 조지 소아레즈-프라부 등과 같은 사람들로부터 매우 날카롭고 독창적 성경적 이바지를 하도록 이끌었다.[21]

5. 몇 명의 남아시아 신학자

1) 알로이시우스 피에리스(1932-)

피에리스는 많은 자원을 이용해 그의 신학 비전을 만들어내는 매우 독창적 신학자다. 특별히 그는 그의 숙달된 불교 학식을 기독교의 신학 사상과 해석에 제시한다. 그는 자주 언급되는 배타주의와 포괄주의와 다원주의의 유형론과 거리를 두는 하나의 종교 신학을 제안한다.

아시아의 종교 전통들에 대한 그의 해박한 지식은 그를 이런 형태의 체제에서 벗어나게 해 주고 아시아의 문화와 전통들과 더 조화되는, 또 하나의 패러다임을 요청하게 한다. 그는 또한 별로 진전이 없는 피상적 비교의 유형을 찬성하지도 않는다.

오히려 그는 이런 종교 전통 간의 핵심 대 핵심 대화(core-to-core dialogue), 즉 서로를 풍성하게 해 줄 대화를 제시한다. 이 종교 고유어들의 만남이 두 종교 전통들 안에서 최상의 것을 낳고 서로의 변화를 가져올 것이다.

예를 들어 그는 비록 불교와 기독교가 지혜와 사랑을 중시하더라도 불교에서는 지혜를, 기독교에서는 사랑을 두드러지게 하는 고유한 경향이 있음을 보여 준다.[22]

---

20 다음의 책들을 보라. James Massey (ed.), *Indigenous People: Dalits. Dalit Issues in Today's Theological Debate*, IXPCK, Delhi, 1998; Arvind Nirmal (ed.), *A Reader in Dalit Theology*, Department of Dalit Theology, Madras, n,d; Paul Puthenangady (ed.), *Towards an Indian Theology of Liberation*, NBCLC, Bangalore, 1986.

21 George Soares-Prabhu의 *Biblical Themes for a Contextual Theology Today*와 *A Biblical Theology for India*를 보라. 두 권 모두 Jnana-Deepa Vidayapeeth Theology Series[Pune, 1999]에서 출간되었음(저의 기고문들을 포함하고 있는 책들은 사후에 편집되어 출간되었다).

22 Aloysius Pieris, *Love Meets Wisdom: A Christian Experience of Buddhism,* Orbis Books, Maryknoll, NY, 1988.

그리해 피에리스는 피상적 비교를 뛰어넘어 종교 전통들을 공생 관계로 이끌게 할 성경의 간(間) 텍스트 읽기(intertextual reading)를 주장한다. 피에리스가 한 성찰들은 불교가 매우 큰 영향력을 발휘해 온 아시아의 다른 많은 지역에서 울림을 주었다.

피에리스는 라틴 아메리카에서 해방 신학이 절정기일 때 국제적 신학 무대에 등장했다. 그는 그 신학이 어떻게 여전히 서구의 개념 세계에 연대 되었는지를 보여 주었고, 종교 문화계와의 열정적 대화를 해방의 의제로 가져올 필요성을 지적했다. 그에게 있어 이것은 특별히 아시아에서 중요하다. 그에 의하면 이것은 그 심오한 종교성과 끝없는 가난이라는 특징을 갖고 있다.

그의 신학적 노력은 이 두 기둥을 연관시키는 것이었고 그 과정에서 아시아형의 해방 신학을 만들어냈다.[23] 이런 패러다임 속에서 자발적 가난과 이기심을 반대하는 저항 그리고 인도의 종교 전통들에 의해 강력하게 옹호된 탐욕 등은 해방하는 연대(liberative engagement)를 통해 물질적 가난을 극복하는 일에 투입된다. 그래서 영적 싸움과 물질적 가난에 맞선 교전은 같은 해방의 의제의 일부가 되기 위해 만나고 합병된다.

2) 라이몬 파니카(1918-)

이 독창성이 풍부한 사상가는 20세기의 종교 신학에 매우 의미 있는 공헌을 했던 인물로서 인도의 고전 힌두교 전통과 서양의 헬라와 라틴 전통에 모두 정통하다. 그의 신학적 입장은 어떤 철학적 전제들에 근거한다. 그는 인도 전통의 우주 중심적 세계관과 현대 과학과 과학기술에 의해 강화된 서양의 인간 중심적 세계관에 대해 모두 비판적이다.

모두의 중요성과 함정들을 강조하면서 그는 실재에 대해 가슴 뛰게 하는 **우주-인간적**(cosmotheandric) 시각을 제안하는 데, 그것은 그 본성에 있어 전체적(holistic)이며, 우주적이고, 신적이고 인간적인 차원들을 구성한다. 이 전체적 전망은 또한 그를 모든 실재의 근본적 관계성이나 관계적 특징을 인정하게 했는데, 그것은 인식론적 상대주의와 같은 것이 아니다.[24]

---

23 Aloysius Pieris, *An Asian Theology of Liberation*, Orbis Books, Maryknoll, NY, 1988.
24 Raimon Panikkar, *The Cosmotheandric Experience: Emerging Religious Consciousness*, Orbis Books, Maryknoll, NY, 1993.

이런 통합적이고 관계적 실재는 로고스의 도구들을 통해 뿐만 아니라 뮈토스의 언어를 통해도 더 적절하게 표현된다. 이런 이론 체계는 그를 비교문화의 기획을 요구하게 하고, 그 가운데 종교 간 대화는 통합적 부분이다. 이 점에서 그의 공헌은 괄목할만했다.

그에 의하면 인류의 다른 종교 전통들은 신적인 것으로 보이는 거의 무한한 수의 색깔과 같거나 단순히 실재의 흰 빛이 인간 경험의 프리즘에 비친다. 그것은 셀 수 없는 전통들과 교리들과 종교 제도들로 굴절시킨다. 녹색이 노란색이 아니듯이 힌두교는 불교가 아니다. 그리고 가장자리에서 우리는 인위적으로 그것을 가정하는 것을 제외하고 어디서 노란색이 끝나고 녹색이 시작되는지 알 수 없다.[25]

우주-인간의 시각에 비추어 파니카는 그리스도의 신비를 모든 실재의 수렴 점과 통합 점으로 해석하는 데, 그것은 역사적 예수 안에서 고갈되지 않는다. 힌두교에 대한 깊이 있는 지식으로부터 파니카는 또한 삼위일체의 신비에 대한 새로운 인식과 해석을 만들어낼 수 있었다.[26] 인권, 생태학, 기술 문명, 평화 그리고 "문화의 무장해제"(cultural disarmament)와 같은 현대의 세계적 쟁점들에 그가 공헌한 것들은 확실히 의미가 있었다. 그런데 그 모든 것들은 실재에 대한 그의 기본적 시야에서 나왔다.[27]

2) M. M. 토마스(1916-96)

M. M. 토마스는 지도적 평신도 신학자였는데, 그의 영향력은 특히 아시아 기독교 협의회(the Christians Conference of Asia, CCA)와 관계를 통해 대륙 전역에 확대되었다. 그는 세계교회운동(ecumenism)의 구현이었고, WCC 역사의 중대한 시기(1968-75)에 중앙위원회 의장으로 WCC에 활동적으로 관여했다. 그는 종종 "신학자"라는 이름을 거절했다. 아시아에서 정치적이고 사회적 과정들을 연구하는 것과 그리스도의 메시지가 그것들에 의미 있게 영향을 미치도록 하는 것이 그의 관심사였다.[28]

---

25 Raimon Panikkar, *The Intrareligious Dialogue*, Paulist Press, New York, 1978.
26 Raimon Panikkar, *The Trinity and the Religious Experience of Man: Icon-Person-Mystery*, Orbis Books, Maryknoll, NY, 1973.
27 Raimon Panikkar, *Cultural Disarmament: the Way to Peace*, John Knox Press, Philadelphia, PA, 1995.
28 M. M. Thomas, *The Secular Ideologies of India and the Secular Meaning of Christ*, CLS, Madras,

이것은 그가 그리스도의 인격과 메시지가 19세기 이후로 인도의 르네상스 시대의 지도자들과 사상가들에게 행사한 영향력의 범위를 연구하게 했고, 인도의 세속 이데올로기들에 관해 예수 그리스도의 의미를 발견하게 이끌었다.[29]

그의 신학은 그리스도인의 정치 참여와 그 결과 기독교 관점으로 본 정치윤리와 관련이 있다. 그는 다른 훌륭한 인도 신학자였던 폴 데바난단(Paul Devanandan, 1901-62)과 함께 연구하면서 발견한 것들을 세우면서 「종교와 사회」(Religion and Society)라는 잡지를 통해 그의 견해를 피력했다.

비록 그의 친구들과 비판자들에게 토마스가 어떻게 그의 "우파" 기독교와 그의 "좌파" 사회정치 사상을 조화시킬 수 있었는지는 이해할 수 없는 일이었지만, 모든 신학적 기획안에서 보인 토마스의 접근 방식은 그리스도 중심적이었다.

그는 인도와 세계의 다른 곳들에서 벌어진 사건들의 공개로 인해 감동했고 지적으로 자극을 받았다. 그는 인간적이고 신학적 큰 감수성을 갖고 거기에 반응했다.[30] 그의 취지와 지향점은 해방주의적이었는데, 해방 신학이 생겨나기 아주 오래전의 일이었다. 주류 교회들이 공산주의에 대한 두려움에 아주 많이 사로잡혀 있던 어려운 시기에도 M. M. 토마스는 그가 사회주의 사상과 행동에서 발견한 정의와 노예 해방을 위한 관심에 이끌렸다. 그의 생애가 끝나갈 무렵에 그는 대다수가 부족 그리스도인들로 구성되고, 인도 북동부 접경지대에 있는 나갈랜드(Nagaland) 주의 주지사로 임명받았다. 그것은 곧 사회적이고 정치적 문제들에 대해 그가 평생에 걸쳐 쏟은 관심을 인정해 준 것이었다.

3) 판디타 라마바이(1858-1922)

대부분 19세기에 살았어도 라마바이는 남아시아 사회와 그 가부장제와 더불어 투쟁하고 있는 현재의 남아시아 여성 신학자들의 관심을 앞질렀던 한 명의 여성 신학자로서 여전히 오늘날 아시아의 신학계에 중요하다. 정통 브라만 가정에서 태어났지만, 그 전통에 대항했고, (여성들에게 금기시됐던) 산스크리트어를 배웠고,

---

1976.
29 M. M. Thomas, *The Acknowledged Christ of Indian Rennaissance*, SCM Press, London, 1969.
30 Samuel Rayan, "M. M. Thomas-Response-ability", in K. C. Abraham (ed.), *Christian Witness in Society: A Tribute to M. M. Thomas*, Board of Theological Education-Senate of Serampore (Bangalore, 1998)을 보라.

스스로 독립해 영적이고 지적 여행을 시작했던 한 명의 여성이 여기에 있다.[31]

라마바이의 여행은 그녀를 기독교로 인도했는데, 그것은 그녀에게 종착점이 아니었다. 그녀가 기독교로 개종했을지라도 그녀는 선교사들과 다른 사람들에 의해 재단된 기독교를 따르지 않았지만, 자신의 지속적인 영적 탐구를 하는 가운데 비전통적 방법들로 재해석했다.

그녀는 자신이 성공회 전통으로부터 기독교를 알고 있었기 때문에 기독교를 비판하는 데 있어 혹독했다. 교회 당국과 구조들에 대한 그녀의 곤혹스러운 비판은 그녀가 잠시 영국에서 함께 머물렀던 수녀회와의 교류와 충돌 속에서 그리고 그녀의 영적 어머니인 제랄딘(Geraldine) 수녀와의 서신 교환 속에서 보여질 수 있다.[32]

라마바이의 신학은 예속된(subjugated) 인도 여성들의 주장에 그녀가 가담하고 헌신한 것으로부터 태어났는데, 그녀는 젊은 과부들을 위해 집을 만들어주는 것과 같은 행위들을 통해 그들의 곤경을 개선하려고 노력했다.[33] 그녀는 또한 고뇌와 고통으로 얼룩진 개인사를 지니고 있다.

곧 그녀는 부모를 아주 일찍 여의었고, 짧은 결혼 생활 후에 과부가 되었고, 그녀의 독녀인 마노라마바이(Manoramabai)가 그녀의 무릎 위에서 죽는 것을 보았다. 라마바이는 많은 사람에게 반동주의자라는 인상을 줄 수도 있지만, 그녀는 자신의 대담한 결심을 통해 인도/남아시아 여성 신학의 미래가 조성되도록 길을 열었다. 남아시아 그리스도인 여성들은 종교의 종교적 전통들과 기독교 둘 다에 의해 정당화된 이중적 억압의 상황에 응수해야 한다. 현세대는 판디타 라마바이 안에 매우 가슴 뛰게 하는 선구자를 지니고 있다.

---

[31] Uma Chakravarti, *Rewriting History: The Life and Times of Pandita Ramabai*, Kali for Women, Delhi, 1998를 보라; Gauri Viswanathan, *Outside the Fold: Conversion, Modernity and Belief*, Oxford University press, Delhi, 1998, 118-52.
[32] A. B. Shah (ed.), *The Letters and Correspondence of Pandita Ramabai*, Mahrashtra State Board for Literature and Culture, Bombay, 1977을 보라.
[33] Meera Kosambi, "Women, Emancipation, and Equality: Pandita Ramabai's Contrivution to Women's Cause", *Economic and Political Weekly*, October 29, 1988: WS 38-49를 보라.

6. 논쟁과 토의를 위한 쟁점들

이런 개관은 세계적 관점에서 보인 신학에 대해 일반적 의미가 있는 많은 의문을 불러일으킨다.[34]

1) 연속성과 불연속성

우리는 남아시아에서 기독교를 어떻게 해석해야 하는가?
그것은 서방 기독교의 확장과 연속인가 아니면 남아시아 기독교와 서방 기독교 전통 사이에 중간휴지(a caesura)에 대해 말할 여지가 있는가?
비록 우리가 둘 중 어느 한쪽으로 결정하지 않을지라도 어느 정도 연속성이 있고 어느 정도 불연속성이 있는지 여전히 논쟁할 여지가 있다. 연속성에 무게를 두려고 하는 사람들은 "토착화"(inculturation)와 같은 범주들을 의지해-제2차 바티칸 공의회 이후에 로마 가톨릭교회에서 행해지고 있는 거처럼-그 문제를 해결할 수 있다. 하지만 그때 문제는 그런 범주들이 연속성과 불연속성이라는 근본 문제를 타협하기에 적절한지 아닌지다.
나에게는 토착화가 그 맥락의 문화적 요소들을 기독교 안에 병합시킴으로써 근본적으로 탈식민 사회에서 기독교를 의미 있게 만드는 노력인 것으로 보인다. 이와 반대로 필자는 우리가 남아시아 기독교를 남아시아 사람들 자신의 대리행위(agency)를 통한 기독교의 재점유(reappropriation)로 인해 생성하고 있는 것으로 보는 것이 중요하다고 믿는다.
그것은 그리스도인들뿐만 아니라 제도적으로 기독교에 소속되어 있지 않은 사람들도 포함하겠지만, 같은 역사와 전통과 문화를 공유하고, 삶과 생존을 위한 유사한 기회들과 위험들을 직면한다.
이것은 기독교의 자기 이해 속에서 새로운 패러다임을 도입하고, 그 결과 신학에서도 새로운 패러다임을 도입한다. 연속성과 불연속성의 문제는 또한 전통과 성경의 역할과 같은 질문을 제기한다. 전통적 많은 가정과 전제들은 재검토될 필요가 있다.

---

34 참고. Felix Wilfred, "Asiatische Theologie an der Wende zum neuen Jahrhundert. Unbeantwortete Fragen und neue Horizonte", in *Informationen. Evangelisches Missionswerk in Deutschland*, No. 119, February 1999.

2) 성육신과 예언의 변증법

맥락이 한 특정한 종교 안에서 기독교의 특이성을 규정하기 때문에 기독교 신앙과, 현장의 사회정치적 과정과 훨씬 더 큰 통합이 있어야 하는 것이 중요하다. 그러나 즉각적으로 제기될 수도 있는 질문은 실제로 기독교가 어느 정도까지 자신과 그 상황을 통합시킬 수 있는가다. 성육신의 원리뿐만 아니라 예언의 도전도 있다.[35]

통합과 몰입은 하나의 타협으로 판명될 수 있으리라. 여기서 예언의 차원의 중요성이 나온다.

기독교가 그 토양 속에 뿌리내리지 못할 때, 소위 제3세계의 많은 사회의 식민지 역사를 고려하면, 그리스도인들은 계속 외국인들로 비춰지고 취급될 것이다. 만일 그리스도인들이 문화와 전통 그리고 토양 속에 뿌리박히지 않은 채 존재하는 권력을 행사한다면 그들의 예언적 행사는 절대 날카로움을 갖지 못할 것이다.

그 도전은 예언적인 것이 "뿌리박힘"(rootedness)에서 유래하고, 뿌리박힘은 예언을 희생하지 않는 방식으로 이 두 차원을 변증법적 관계로 가져오는 것이다. 제3세계의 다른 지역들뿐만 아니라 남아시아에서 신학은 이 변증의 고찰에 이바지하는 중요한 과제를 가지고 있다.

3) 교회-사회 간의 관계

수 세기에 걸쳐 사회와 정치 분야를 대하는 그리스도인들의 자세가 신학적 방침들을 결정해 왔고 그 반대도 역시 사실이다. 남아시아의 경험은 우리에게 이 관계 안에 있는 또 다른 문제들과 쟁점들로 안내한다.

당장 현실은 남아시아 기독교가 다른 종단(파키스탄과 방글라데시의 이슬람, 스리랑카의 불교, 인도와 네팔의 힌두교)과 비교해 소종파에 속한다. 예를 들어 파키스탄은 공식적으로 이슬람 국가인데, 기독교 공동체는 작은 종단이며, 가장 낮은 카스트 그룹에 속한다는 이유로 이중의 억압을 당한다. 우리는 여기서 단지 파키스탄의 존 조셉 주교가 그 나라의 차별법, 특히 신성모독 관련법에 저항한 자살을 상기할 필요가 있다.[36] 이런 배경 속에서 교황과 황제, 두 도시(하나님의 도시와 세상의 도시), 성

---

[35] 셈족 전통은 예언으로의 어떤 방향설정을 발전시켰는데, 그것은 다른 민족들과 문화들과 공명하지 않을 수도 있다. 예를 들어 "죄와 죄책의 문화들" 간에 차이가 있고, "수치의 문화들"이 있다(일본, 중국, 한국 등).

[36] Anwar M. Barkat, "Church-State Relationships in an Ideological Islamic State", *Ecumenical Re-*

과 속이라는 서양식 모델은 상황의 새로움과 그 복잡성과 타협할 수 없다.

예를 들어 서양 '기독교'의 기획이라고 판단되었던 2003년에 벌어진 이라크 전쟁 때문에 파키스탄의 그리스도인들이 보복적 괴롭힘과 죽임을 당했다. 기독교는 서양과 매우 깊이 연관돼 있어 파키스탄과 방글라데시의 그리스도인들은 서양과 이슬람 국가 간에 정치적 충돌이 있는 경우에 목표가 된다.

그때 종교의 자유를 둘러싼 질문들이 존재한다. 많은 서양인에게 회심의 가능성이 종교적 자유의 필요한 부분으로 간주하는 반면, 많은 힌두교도는 그것을 심각하게 문제 삼을 것이다. 그들에게 종교의 자유는 자신의 신앙을 고백하고 그것을 전파하는 것을 포함하지만 회심하는 것은 포함하지 않는다. 몇 가지 예들이 보여 주는 바와 같이 신학은 교회와 사회의 관계 속에서 새로운 길과 패러다임을 개발시킬 필요가 있다.

4) 근본주의적 신학(fundamental theology)

우리가 제기해 온 몇 가지 의문과 쟁점들은 우리로 하여금 다른 시각으로 근본주의 신학을 이해하게 해 준다. 고전적 근본주의 신학은 신앙과 이성에 관한 의문을 제기하지만, 남아시아의 경험은 근본주의 신학이 다른 문제들과 관계될 수도 있다는 점을 더욱 많이 보여 준다.

고전적 근본주의 신학은 신앙의 전 단계(praeambula fidei)에 관여하고 조직 신학이나 교의 신학의 내용을 위한 무대 설정을 하고 정당화를 평가한다. 남아시아 신학들이 지적하는 것으로 보이는 것은 우리가 관심을 가질 필요가 있는 질문들이 원래 신학의 제일 원리들(first principles)이 아니고 오히려 삶의 근본적 특징들(primordial features)이라는 것이다.

신학이 하나의 학(logos)일지라도-그래서 인식론의 규범적 질문이 있다-신학은 삶의 현실을 언급할 필요가 있고 그 장려와 변호에 이바지해야 한다. 그래서 음식, 물, 거주지, 공평, 자유 그리고 연대의 문제들은 남아시아와 같은 상황에서 신학에 가장 중요한 주제가 되는데, 거기서 삶이 이런 기본적 인간의 필요를 부인함으로 위협을 받는다.

---

view 29: 1 (1977); The Islamization of Pakistani Law and Christian Theological Responsibility", *Al-Mushir* 3 (1978).

5) 패러다임의 전환: 종교 신학

남아시아의 상황과 맥락에 몰두하면 우리는 종교 신학이 다양한 종교단체 간의 관계 안에서 현실정치(realpolitik)와 분리될 수 없다는 것을 알 수 있다.[37] 틀림없이 기독교 안에서 종교 신학을 발전시키기 위한 큰 노력이 있었다.

하지만 이런 노력 중에 많은 것이 기독교를 그 잠에서 깨우고, 종교의 다양성을 감수하는 방법에 대해 그리스도인들이 자기들끼리 대화하도록 끌어들이는 쪽으로 전환되었다.

남아시아 종교 신학은 종교 단체들 가운데 있는 매일의 관계의 구체적 현실과 이런 관계들이 직접 표현하는 사회정치적 과정을 향한 변화를 요청한다. 대화를 통해 발생하는 종교 신학을 위한 출발점이 여기에 있다.

그러므로 일상생활의 대화가 종교 신학을 위한 출발점이 된다. 그런데 이것은 기독교의 계시와 신앙에서 종교 신학을 추론하려는 시도와는 다른 접근이다. 다시 한번 우리는 어떻게 종교 신학이 배타주의와 포괄주의와 다원주의와 같은 모델들로 환원될 수 없는지를 깨닫는다. 남아시아 신학은 사회정치적 과정들과 부단한 대화를 하면서 우리를 종교 신학의 방향으로 인도한다.

7. 결론

무지와 오해는 남아시아 신학의 외적 이미지를 특징짓는다. 이 지역에서 추구되고 있는 신학은 많은 면에서 서양과 세계의 나머지 지역에 별로 알려지지 않았다. 남아시아의 종교계와 문화와 역사는 매우 낯설어서 많은 사람이 감히 그 영역에 들어가지 못한다.

다른 한편 그것이 알려진 곳에서 그것은 종종 몇몇 남아시아 신학자들과 바티칸 공의회와의 충돌이 폭로한 대로 의혹을 받고 오해를 받는다. 남아시아 신학자들 사이의 일반적 분위기는 그들의 신학이 기획하는 이미지에 대한 상대적 무관심 가운데 하나이다.

그들은 그들이 해야 하는 질문들에 사로잡힌 것처럼 보인다. 그 질문들은 지나는

---

[37] 예를 들어 서양의 특수한 국가에서 이슬람인들과 그리스도인들 간의 관계는 이민과 망명 등에 대한 국가 정책과 많은 관련이 있다.

기독교 역사 속에서 아무 선례들이나 본보기들이 없는 것들이다.[38] 그들의 모험 속에서 그들은 그들의 맥락의 현실을 통해 계시된 것으로서의 복음과 진리에 대한 충성심보다 정통과 이단의 쟁점들에 관심을 덜 가졌다.

세계적 신학자들 관점에서 남아시아 신학과의 진지한 대화가 오랫동안 무르익었다. 주요 변화들과 새로운 방침들이 출현하고 있는데, 그것은 신학의 미래와 전체적으로 기독교를 위해 광범위한 결과가 있다.

기독교의 위기인 이 시대에-다른 대륙 안에서 다른 요소들[39] 때문에-우리는 기독교의 미래의 진로를 만들기 위해 기독교에 대해 근본적으로 새로운 해석이 필요하다. 남아시아는 이 세계적 기획에 제공해 줄 만한 많은 것을 갖고 있을 수 있다.

---

38 Felix Wilfred, *Asian Dreams and Christian Hope*, 2nd edn. ISPCK, Delhi, 2003.
39 이 주제에 관해 존 소브리노(Jon Sobrino)와 테레사 오쿠레(Teresa Okure)와 펠릭스 윌프레드가 편집한 *Concilium* 특별호가 준비 중이다.

참고 문헌

Abeyasingha, N., *The Radical Tradition: The Changing Shape of Theological Reflection in Sri Lanka* (Colombo, 1985).

Adhikari, K. P., "New Hopes in Nepal", *Japan Mission Journal* 45: 1 (1991).

_____ ",300 Years of Christianity in Nepal", *Japan Mission Journal* 46: 1 (1992) and 46: 2 (1992).

Amaladoss, M. et al. (eds.), *Theologizing in India* (Bangalore, 1981).

Amalorpavadoss, D. S. (ed.), *The Indian Church in the Struggle for a New Society* (Bangalore, 1981).

Amjad-Ali, Christine (ed.), *Developing Christian Theology in the Context of Islam* (Rawalpindi, 1996).

Anwar, Gill Esther, "The Role of Women in Pakistan Theology", *Al-Mushir* 35: 2 (1993)

Asi, Emmanuel, "Liberation Theology: A Pakistani Perspective", *Logos* 28 (1989).

Balasuriya, Tissa, *The Eucharist and Human Liberation* (London, 1979).

_____. *Mary and Human Liberation* (Colombo, 1990).

Barton, Mukti, *Scripture as Empowerment for Liberation and Justice: The Experience of Christian and Muslim Women in Bangladesh* (PhD dissertation, University of Bristol, 1998).

Boyd, Robin, *An Introduction to Indian Christian Theology* (Delhi, 2000).

Chakravarti, Uma, *Rewriting History: The Life and Times of Pandita Ramabai* (Delhi, 1998).

Channan, James, "Christian-Muslim Dialogue in Pakistan", in J. Paul Rajashekar and H. S. Wilson (eds.), *Islam in Asia: Perspectives for Christian-Muslim Encounter: Report of the Consultation Sponsored by the Lutheran World*

Clarke, Sathiananthan, *Dalits and Christianity: Subaltern Religion and Liberation Theology in India* (Delhi, 1998).

Dornberg, Ulrich, *Searching Through the Crisis: Christians, Contextual Theology and Social Change in Sri Lanka in the 1970s and 1980s* (Colombo, 1992).

England, John C., Jose Kuttianimattathil et al. (eds.), *Asian Christian Theologies: A Research Guide to Authors, Movements, Sources* (New York, 2002).

Federation and the World Alliance of Reformed Churches (Geneva, 1991).

Kuttianimattathil, Jose, *Practice and Theology of Interreligious Dialogue* (Bangalore, 1995).

Lipner, Julius, *Brahmabandahab Upadhyay: The Life and Thought of a Revolutionary* (Delhi, 1999).

McCahill, Bob, *Dialogue of Life: A Christian Among Allah's Poor* (New York, 1996).

McVey, Chrys, "A Survey of Theological Developments in Pakistan", in *Jahrbuch für Kontextuelle Theologien* (Frankfurt, 1995), 217-31.

Minderhoud, Jan, *Contemporary Nepalese Christianity: Churches Without Tradition?* (PhD dissertation, University of Utrecht, 1987).

Moghal, Dominic (ed.), *A Christian Church in Pakistan: A Vision for the 21st Century* (Rawalpindi, 1999).

Panikkar, R., *The Intrareligious Dialogue* (New York, 1978).

_____. *The Unknown Christ of Hinduism: Towards an Ecumenical Christophany* (London, 1981).

_____. *The Trinity and the Religious Experience of Man: Icon–Person–Mystery* (New York, 1973).

_____. *Cultural Disarmament the Way to Peace* (Philadelphia, PA, 1995).

Parapally, Jacob (ed.), *Theologizing in Context: Statements of the Indian Theological Association* (Bangalore, 2002).

Pieris, Aloysius, *An Asian Theology of Liberation* (New York, 1988).

_____. *Love Meets Wisdom: A Christian Experience of Buddhism* (New York, 1988).

_____. *Fire and Water: Basic Issues in Asian Buddhism and Christianity* (New York, 1996).

_____. *God's Reign for God's Poor: A Return to the Jesus-Formula* (Kelaniya, 1999).

Shah, A. B. (ed.), *The Letters and Correspondence of Pandita Ramabai* (Bombay, 1977).

Soares-Prabhu, George, *Biblical Themes for a Contextual Theology Today* (Pune, 1999).

_____. *A Biblical Theology for India* (Pune, 1999).

Thomas, M. M., *The Secular Ideologies of India and the Secular Meaning of Christ* (Madras, 1976).

_____. *The Acknowledged Christ of Indian Renaissance* (London, 1969).

Viswanathan, Gauri, *Outside the Fold: Conversion, Modernity and Belief* (Delhi, 1998).

Wilfred, Felix, *Beyond Settled Foundations: The Journey of Indian Theology* (Madras, 1993).

_____. *On the Banks of Ganges: Doing Contextual Theology* (Delhi, 2002).

제30장

동아시아의 상황 신학

아키 이 지정(Archie Chi Chung Lee)

1. 동아시아 신학-개관

    동아시아의 상황 신학은 민중의 삶의 실재를 진지하게 취급하는 여타 다른 진정한 신학과 마찬가지로 역사적으로 문화적으로 좌우된다. 그러한 신학적 구성은 그 지역에 필수적 종교 문화적 전통에 의해 이루어진다. 동아시아에서 유교와 불교는 혼합주의적 믿음과 무속적 제의를 포함한 다양한 토착 종교들에 더해 문화적 중심부를 구성한다. 근대화의 과정 역시 기독교가 도입되었고 발전해오는 상황을 형성했다.
    개신교의 선교 활동뿐 아니라 가톨릭의 활동도 대부분 제국주의의 정복과 동시에 발생했다. 기독교의 도래는 아마 16, 17세기에 중국과 일본에서 가톨릭 신앙이 출현한 초기의 경우를 제외하고 19세기에 서양 식민지 개척자들과 얽혀있다.
    따라서 동아시아의 상황 신학적 사고는 서양의 진출과 과세라는 사회정치적 배경에 맞선 기독교와 동아시아의 문화적 전통 간의 상호 작용 때문에 채색된다. 이 고대 문화로 들어가는 문은 아무리 그들이 모험가들, 무역업자들, 외교관들, 군사들 또는 선교사들이라 할지라도 외국 침략자들의 무력에 의해 개방되었다. 아편 전쟁(Opium Wars, 1841-60)의 굴욕과 그에 수반된 불평등 조약들은 주로 중국인들의 참혹한 경험이었지만 동아시아 민족들의 역사적 운명을 대표한다. 기독교는 서양 권력의 대포알과 군사적 승리와 함께 전수되었다.
    그러므로 동아시아의 신학적 과정이 반(反) 서양 감정을 제거하는 것을 어렵다고 생각하는 것은 절대 놀랄만한 일이 아니다. 아시아 신학의 어떤 해체와 재구성 작업이든지 이런 강한 적대적 분위기를 수긍해야만 한다. 역사적 제한을 뛰어넘는 것은 동아시아의 신학적 모험에 대한 고통스러운 탐색이다. 많은 사람이 아직도 이 역사적 부담감에 사로잡혀 있다.
    탈식민지 비평의 도전들에 직면해 신학적 의제를 초기화하라는 홍콩의 신학자들의 긴박한 요청이 있다. 홍콩의 혼합된 경험은 동서의 문화적 역동성 안에서 자신을 재배치하고 지성의 이분법적 대결 구도를 넘어서는 신학을 결정할 공간을 제공한다.

이 탈식민지적 상황은 아시아의 현실의 다양성과 복수성을 포용할 만한 큰 가능성을 넉넉하게 해 주고 열어 준다.

서양의 식민지정책에 차치하고서 동아시아 나라들은 그 지역 내부에서부터 제국주의적 군사력을 다루어야만 했다. 일본은 한국(1910-45)과 대만(1895-1945)을 지배했고 중국(1937-45)과 홍콩(1942-5)을 침략했다. 일본의 패배(1945), 중국의 공산주의화(1949), 중국국민당(Nationalist Chinese Party, KMT, 1945)에 의한 대만 지배, 남한과 북한의 분리(1953), 모택동에 의한 중국의 문화혁명(1966-76), 영국의 홍콩 식민지배(1842-1997) 그리고 1997년에 중국에 주권 이양 등은 동아시아에서 여러 신학의 분명한 표현에 언급된 정치적 사건들 가운데 일부이다.

이런 역사적 사건들 가운데 이 지역에 또 하나의 의미 있는 발전이 등장하는 데, 그것은 국가주의의 성장과 민족성의 발생이다. 과거 20~30년에 걸쳐, 동아시아 국가들의 경제 발전과 세계적 세계화의 성장은 그 사람들의 삶과 사회에 엄청난 영향을 끼쳐 왔다. 사회적 불의, 경제적 착취 그리고 정치적 억압은 동아시아 사회에서 약탈당하고 가난한 사람들 가운데 경험하는 더 커진 고통의 원인이 되었다. 우리는 동아시아의 정치적 상황과 시장 경제에서 미국에 의한 역할을 눈감아주어서는 안 된다.

동아시아의 신학적 노고의 또 다른 특징은 문화적이고 종교적 주요 전통들을 전유한 것이다. 신학이 어떻게 유교와 불교 그리고 지역, 국가 종교들을 다룰 수 있는가의 문제는 절박한 질문이다. 현대화의 과정에서 전통에 대한 비판은 필요하다.

예를 들어 페미니스트 사상가들은 가부장적 구조와 전통적 권위주의적 정신을 비판해 왔는데, 그러한 비판은 동아시아 사회 안에 있는 다양한 차별적 요소들을 폭로했다. 그런데 그것들은 주로 유교와 불교와 도교와 신토 사상에서 비롯되었다.

전통적 문화적 체계화의 이런 재충당(reappropriation)과 구조 변경(reconfiguration)의 과정에 의해 보인 동아시아 신학은 아시아의 사회적 기구에 대한 비판적 평가와 구체적 사회정치적 환경의 맥락 안에서 문화적 자원들을 위한 공간을 결정하려는 의식적 노력을 표현한다.

아시아 신학과 문화를 위한 프로그램(the Programme for Theology and Cultures in Asia, PTCA 1983-)이[1] 착수한 "아시아의 자원들로 신학하기"(Doing Theology with Asian re-

---

[1] 새로운 명칭(Programme for Theologies and Cultures in Asia)이 2001년에 소개되었다. "신학"(theology)이라는 단어가 복수형으로 바뀌면서 「아시아의 신학과 문학 저널」(Journal of Theologies and Cultures in Asia, JTCA)이라는 새로운 잡지가 등장했으며 다원주의 신학에 관한 양질의 연구를 위한 참여가 있었다.

sources)는 동아시아의 신학 함에 대한 근본적이고 [적절한] 접근이다.

아시아 신학이 그 신학적 구성에 있어 영감을 위해 끌어온 자원들 가운데 없어서는 안 될 자원 하나는 민중에 관한 이야기들이다. 그 이야기들은 과거의 문화에서 취해질 수 있거나, 해방과 정의를 위한 현재의 사회정치적 투쟁에서 나온 해설들일 수도 있다. 민중 신학(한국)과 고국 신학(대만)은 신학 과정에서 이야기들을 병합하려는 이런 공동의 취지를 함께 한다.

민중 신학자들은 이야기를 민중에 대한 사회적 전기를 형성하는 것으로 해석하고, 또한 민중의 살아 있는 경험을 **한** 한(恨 오랫동안 억압받은 분노와 화의 감정)의 신학에 합병시킨다. 학대받은 자들과 약탈당한 자들에 대한 이 신학은 추상적 관념으로 이루어진 조직적 체계를 목표로 삼지 않고 전체적으로 사회 질서의 갱신을 위한 해방의 프락시스(liberative praxis)를 목표로 삼는다. 몇 사람만 인용한다면, 서남동, 안병무, 김용복 그리고 서다윗은 이런 방식을 꾸준히 따른다.

대만의 고국 신학자들(homeland theologians)은 성경과 대만 사람들의 역사적 해설을 모두 읽고 그들의 신학적 의제를 세운다. 성경의 내러티브는 채택과 해석(예를 들면 왕 후시엔 치와 황 포 호의 연구에서)이라는 신학적 과정에서 해체와 비판적 평가를 통해 해독되었다.

동아시아 지역은 광대하고 그 거대한 지리적 크기는 종합적 보도를 하려는 어떤 시도도 허용하지 않는다. 본 장은 주로 중국, 대만, 일본, 한국 그리고 홍콩을 다루는데, 이 지역은 대부분 그 문화적 환경이 유교권이고 전통적 유교 체제에 대한 신학적 비판과 각색이 신학적 과정의 중요 부분을 차지한다. 이 책의 목적에 맞게 필자는 영어로 쓰인 저작들을 산출한 신학자들에 초점을 맞춰왔다.

그래서 이 지역의 많은 신학자 가운데 모국어로 글을 쓴 신학자들은 여기서 언급되지 않는다. 공간상의 제약 때문에 가톨릭 신학은 여기서 제한적으로만 다루어진다. 보도된 신학자들 가운데 성비의 불균형은 뚜렷하며, 그것은 아시아의 역사와 신학적 현실을 반영한다.

여성들의 더 폭넓게 교육받고 신학 분야에서 적극적 활동가가 되고 여성 신학이 동아시아 신학계에서 힘을 얻고 있는 것은 아주 최근의 일이다. 지난 세기에 홀대받던 여성들에 대한 재발견을 다룬 쿽 푸이란의 연구는 여기서 의의가 있다. 그는 탁월한 두 명의 동아시아 신학자에 관한 논의부터 시작하는 데, 그들은 일본과 대만이라는 그들의 모국의 상황을 뛰어넘었고 그들의 신학은 더 광범위한 아시아의 지평에서 나온 신학적 쟁점들을 다루려 시도한다.

2. 송천성(Choan-Seng Song, 1929-)와 고수케 고야마(Kosuke Koyama, 1929-)

송천성과 고야마 두 학자의 신학적 수고는 기본적으로 그 지향점에 있어 문화적이다. 그들은 미국에서 가르치지만 그들의 신학 여정에서 아시아를 상당히 많이 여행했고 개인적으로 그 사람들과 아시아의 현장에 마음을 쏟으며, 아시아와 아메리카 간의 문화적이고 사회정치적 선구자들을 넘나들었다.

송천성은 남성과 여성과 아이들의 경험을 이해하기 위해 그의 "이야기 신학"을 발전시키는데, 그것은 내러티브의 형태로 구체화 된다. 그에게 있어 이야기들은 일반적으로 신학적 주제들을 깊이 깨닫게 하려고 다소 유비적으로 취해진다. 고야마는 상상력이 풍부하게 이야기들을 채택한다.

이야기들은 마음을 자극하고 열고 편다. 동요된 마음은 해방되어 인간의 실재 한 가운데서 신에게 도달하기 위해 멀리 여행한다. 그들은 전통적 그리스와 서양의 개념적이고 추론적 접근 방식에 대안적 방식의 신학 함을 제공한다.

아시아 신학과 문화 프로그램(Programme for Theology and Cultures in Asia, PTCA)의 초대 학장인 송천성은 아시아의 자원들을 갖고 신학 하는 일에 깊이 헌신한다. 그는 아시아의 이야기에 신학적 공명을 일으키는 것에 중점을 두고 신학적 방법론을 개발하는 다작의 작가다.[2]

논쟁의 여지가 있지만 그럼에도 의미가 있는 송천성의 신학적 입장은 "이스라엘에서 아시아로의 점프"[3]를 위한 제안인데, 그것은 아시아를 위한 신학적 공간을 만들고 아시아 역사에 전략적 신학적 영역을 개발하려고 의도했다.

아시아의 신학적 구성은 서양의 신학적 공식들에 제한받을 필요가 없다. 하나님의 통치와 고통받는 사람들의 이야기인 신적 신비를 풀고, 아시아인들의 이야기와 히브리 성서의 이야기들을 위한 신학적 공간을 여는 열쇠다. 예수의 이야기는 신학적 이야기 축제가 제공되고 이 이야기들은 서로 침투해 '아시아 이야기 신학'을 생

---

2 송천성의 작품들은 다음과 같다. *Third-eye Theology* (1979), *The Compassionate God* (1982), *Tell Us Our Names* (1984), *Theology from the Womb of Asia* (1986), *The Cross in the Lotus World*의 삼부작(1: *Jesus, the Crucified People*, 1990; 2: *Jesus and the Reign of God*, 1993; 3: *Jesus in the Power of the Spirit*, 1994) 그리고 *The Believing Heart: An Invitation to Story Theology* (1999).

3 Choan-Seng Song, "From Israel to Asia-A Theological Leap", *Mission Trends* No. 3: *Third World Theologies*, ed., Gerald H. Anderson and Thomas F. Stransky, New York: Paulist Press; Grand Rapids, MI: Eerdmans, 1974, 211-22.

성한다.

성육신은 아시아인들의 문화와 역사 그리고 삶의 경험 속에 하나님의 계시가 구현된 것으로 재해석된다. 기독론의 추상적 공식화에 집중하는 신학적 핵심 대신에, 송천성은 그의 관심을 창조주 하나님과 하나님의 피조물로 바꾼다.

아시아의 자원들에 대한 하나님의 끊임없는 요구는 새로운 기초를 세우는 데 성공할 뿐만 아니라 계시의 가능성을 소유한 신학 안에서 아시아의 문화적, 역사적 자원들의 지위 향상을 위해 노력한다. 아시아의 창조 이야기들(송찬성이 가장 좋아하는 자원들)은 신학적으로 읽힌다.

아시아의 상황과 자원들에 대한 이런 비판적 헌신은 우선 전략적이지만, 미래 세대의 아시아 신학자들은 아시아의 신학적 노고를 깊어지게 하려고 상반되는 견해를 뛰어넘어야 한다.

1960년대에 신학 교사로 태국의 치앙마이에서 일했던 고수케 고야마(Kosuke Koyama)는 태국 농부의 맥락을 그의 신학적 성찰의 출발점으로 삼는다. 『물소 신학-태국의 신학 노트북』(*Waterbuffalo Theology-A Thai Theological Notebook*)은 그 구체적 사회정치적, 문화적 환경 안에서 인류의 일상생활 속에 있는 평범한 경험을 연관시킴으로써 고야마의 신학 여정을 묘사한다.

고야마의 신학은 십자가에 집중하는 데, 그것은 누구도 붙잡고 통제할 손잡이가 없다. 십자가는 아시아의 종교 다원주의 전통을 전유하는 기준이 된다. 하지만 그의 "이웃 관계학"(neighborology) 개념은 인간의 현실 속에서 하나님의 임재에 자리를 내어 주고, 그리스도인들의 믿음과 실천 속에 자주 나타나는, 그가 "십자군 지성"(crusading mind)이라고 부르는 것을 보호한다. 그는 그리스도인의 "십자가에 못 박힌 지성"(crucified mind)을 고양해 하나님과 다른 문화와 신앙을 가진 사람들에 대한 진정한 개방성을 교육했다.

고야마의 신학 의제는 절대 공표되지 않았으며, 체계적이고 방법론적 뼈대를 세우는 것은 그의 의도가—송천성의 의도도 아니다—아니다. 그의 외부 세계에 대한 상상력 있고 독창적 관찰은 그가 아시아에서 개인적으로 폭넓게 경험한 것들 덕분일 수 있다.

시속 3마일의 인간의 속도로 한가롭게 거니는 신의 이미지는 상상력이 풍부한 그의 신학적 지평의 좋은 예다(『시속 3마일의 하나님』). 『십자가 위에 아무런 손잡이가 없다』(*No Handle on the Cross*)는 위대한 신학적 독창성으로 가득한 또 하나의 그림 같고 비유적 신학 작품이다.

송천성과 같이 고야마도 성경의 이미지들과 주제들, 특히 구약에 나오는 것들을 좋아하며, 그것들을 아시아의 문화적 토양에 호소하는 신학적 기술뿐 아니라 문학적 기술을 지니고 있다.

『후지산과 시나이산-우상들에 대한 비판』(Mt. Fuji and Mt. Sinai: A Critique of Idols)은 아시아의 환경과 성경적 기호에 신학적으로 말을 거는 맥락적 노력을 보여 주는 적절한 예다. 신학계에 범 교단적으로 알려졌을지라도, 고야마는 일반적으로 일본 신학에 이바지한 인물로 알려지지 않았다. 왜냐하면, 그가 일본 밖에서 살고 있기에 일본인이 아닌 그리스도인들을 위한 대상으로 일본을 다룬다고 생각되기 때문이다.

그러나 고야마의 신학 여정은 그가 속한 일본의 문화적 뿌리들뿐만 아니라 더 의미심장하게도 일본인으로서의 그의 정체성과 타협해야 한다는 그의 구체적 주장으로 특징을 이룬다.

3. 일본의 신학

1945년에 전쟁의 패배와 일본의 항복은 제국주의와 국가주의 그리고 신토 신앙과 제의 안에 있는 황제의 신성으로 구성된 옛 체계의 몰락을 일으켰다. 일본의 전통과 서양문화에 관한 관심에 대한 도전은 지식인들 사이에서 급속도로 거세졌다.

일본 신학은 "독일의 속박"(Germanic Captivity)에서 "출애굽 하는 하나의 사건"(an exodus)이 필요하다는 역사의식을 획득했다.[4]

카조 기타모리(Kazoh Kitamori)의 독창적 책인『하나님의 고통의 신학』(Theology of the Pain of God)-이 책은 영어권에 소개된 최초의 일본 신학 서적이라고 주장했다-일본 불교의 환경과 사회적 경험의 맥락에서 기독교의 하나님과 인간의 상황을 연결하려고 노력한다.[5]

그가 끊임없이 부인했음에도 불구하고 기타모리의 하나님 고통의 신학은 항상 성부고난설(說)(patripassianism)로 비난받아 왔다.[6] '실체 개념'과 '관계 개념' 사이를 구별하지 못하는 것은 기타모리의 '하나님의 고통'과 성부 수난설을 혼동하는 비평자들의 성향 때문이다. 그에 의하면 하나님의 고통의 신학은 그 고통을 하나님 안에 실체로서 존재하는 것으로 간주하지 않고 인류와 관계하시는 "하나님의 중재

4　Yasuo Furuya (ed.), *A History of Japanese Theology* (Grand Rapids, MI, 1997), 132.
5　Kazoh Kitamori, *Theology of the Pain of God* (Richmond, VA, John Knox Press, 1965). 이 책은 제5 개정판에서 일본어로 번역되었다(*Kami No Itami No Shigaku* [Tokyo: Shinkyo Shuppansha, 1958], 7-8).
6　기타모리의 제5판 서문과 115쪽 참고.

적이고 중보적 사랑"을 강조한다.[7]

나중에 개정된 그의 책 서문에서 기타모리는 자신이 그 수용을 경험한 것을 숙고하고 '하나님의 고통'에 대한 인식에 관해 신학적 배경의 변화를 관찰한다. 그는 자신의 비(非)서양 신학이 [서양의] 정통 교의 전통이 좌지우지한 신학의 "문밖에, 도시 밖에" 있는지를 논의한다.[8]

제3판(1951)의 서문에서 기타모리는 자신의 책이 교회 밖에서 큰 관심을 북돋워 왔지만, 교회 내에서는 생산적 대화가 또한 시작되었다고 기쁘게 보고한다. 기타모리는 제2차 세계대전 후 분리 상황에서 통합을 위한 큰 필요성을 관찰하고 통합을 위한 초석이 "고통 속에 계신 하나님"과 "포옹 받아서는 안 되는 사람들을 완전히 포옹하시는 하나님"에 있다고 주장한다.[9]

하나님의 고통은 외관상 모순되어 보이는 하나님의 사랑과 하나님의 진노라는 주제들의 조화에 열쇠를 제공해 준다. 그것은 또한 기타모리의 십자가 신학을 풍부하게 해 주는 데, 그의 십자가 신학은 인류의 죄 많은 세상과 화해하시는 하나님의 초월적 고통에 대해 말하고 있다.

기타모리의 신학적 구성을 위한 두 가지 자원은 전시에 개인적으로 고통을 경험한 것과 고통에 대한 일본 불교의 전통, 특히 사랑(tsurasa)으로 시작된 자발적 속량의 고통 개념을 도용한 것이다. 하나님은 당신 자신에게 고통을 가함에 있어 죄인들에 대한 진노를 이겨내는 사랑을 갖고 계신 것으로 인식된다.

기타모리는 고통을 겪지 않으시는 존재론적 신적 존재를 거부하고 해방 신학의 하나님을 비판한다. 그분의 사랑은 고통이 없는 즉각성이다. 인간의 고통과 신의 고통은 유비적으로 이해된다.

그 둘이 공통적인 것을 공유하고 고통 안에 신과 인간의 신비적 통합이 있기 때문이다. 비록 무교회 교인들이 그의 사상을 수용했을지라도[10] 그는 일본의 전통이

---

7   제5판 서문과 16-17쪽 참고.
8   영어판 서문의 8쪽; 제2판 서문의 9쪽 참고.
9   제3판의 서문 11쪽 참고.
10 무 교회운동은 20세기 초 간조 우찌무라에 의해 창립되었다. 그것은 현존하는 화석화된 형태의 교회가 없고 "교회의 고유한 형태"의 생성에 열려 있는 그리스도인들의 집회를 옹호한다. 교회 건물들, 성직, 성례 그리고 기구들이 모두 없어질 때, 성경은 그리스도인의 삶에 중심이 되고 유일한 원천으로 생각된다. (무 교회 신봉자들은 "양반다리를 한"[cross-legged] 그리스도인들이라고 우스꽝스럽게 언급된다. 서양식의 신도 석에 앉는 대신 "그들이 가정과 공장과 학교와 -교회를 제외하고- 어디서든 밀짚 방석 위에 다리를 포개고 앉아 성경을 공부하기 때문이다.") 성경을 해석하는 행위 속에서 모든 사람은 같고 누구도 다른 사람보다 더 많은 권위를 갖고 있지 않다. 비록 성경이 교회의 정경이 아니더라도 무 교회 그리스도인들은 교회의

광범위하게 공격을 받았고 바르트 신학이 지지를 받던 전후 시대에 유명하지 않았다. 그러한 역사적 순간에 기타모리가 일본 불교에 호소하고 바르트를 비판한 것은 당시의 신학적 추세를 거슬렀다.

4. 한국의 민중 신학

한국이 기독교에 신학적으로 이바지한 것에 대한 어떤 설명도 민중(Minjung)신학의 힘찬 활력에 대해 적절하게 인식하지 않으면 완벽할 수 없다. '민중'은 압제당하고 착취당한 사람들의 곤경과 열망에 연동하는 신학적 구성안에 있는 필수적 관점을 나타낸다. 한국 신학자들의 괴로운 경험 속에 세부적 신학적 용법은 한국의 경제 성장과 전후 근대화라는 맹렬한 야만성에 직면해 민중 신학의 주요 관심을 구성한다.[11] 안병무와 서남동은 주요 개척자로서 그들의 작품을 영어로 쉽게 찾아볼 수 있는 데이비드 서광순과 김용복에 더해 여기서 제시된 제1세대 민중 신학자들에 포함된다.

서남동(1918-84)은 보통 사람들의 생존을 위한 투쟁 그리고 정치적 해방과 경제적 정의를 위한 싸움의 맥락에서 성경을 재해석해야 한다고 강조한다. 그에게 출애굽 사건과 예언의 말씀, 십자가의 사건은 풀리지 않은 분노의 깊은 감정인 '한'(han)으로 가득 차 있는 민중의 구원을 위해 유물론적으로 이해되어야 한다.[12]

서남동은 누가복음 18:3-5의 과부가 변호를 요청하는 장면을 '한'을 해결하는 것으로 새롭게 한국적으로 표현한 것으로 옹호한다. 그는 "한국의 존재 자체가 한으로 이해됐고 여성의 존재는 한 자체였다"라고 믿는다.[13] 서남동은 한을 신학 주제로 취급하라고 한국의 신학자들에게 호소한다.

권위 아래에 있지 않고 성경에 전념한다. 그리스도는 유일한 권위이시다. 성경에 대한 개인주의적 해석의 위험성에 대해 그들의 대답은 합독(communal reading)에 대한 강조다. "우리는 그것을 하나의 단체로 읽는다."
11 Jin-ho Kun and Sookjin Lee, "A Retrospect and Prospect on Korean Modernity and *Minjung Theology*", *JTCA*, 1, 2002, 156-75를 보라. 이 논문은 **민중** 신학의 변명과 비판에 대한 훌륭한 요약을 제공한다.
12 Suh Nam-dong, "Towards a Theology of Han", in *Minjung Theology: People as the Subject of History*, 51-66. 공장 노동자들과 농부들의 고통의 예는 이 논문에서 인용된다. 서남동은 또한 예술적이고 문예적 작품들을 언급한다.
13 Suh Nam-dong, "Towards a Theology of Han", in *Minjung Theology: People as the Subject of History*, 54.

만일 우리가 민중의 한의 조짐을 듣지 못한다면 우리는 우리의 문을 노크하시는 그리스도의 음성을 들을 수 없다.[14]

서남동의 신학은 세 가지 평가 기준에 기초하는 데, 그는 그것들을 "계시"라는 단어 속에 표현된 전통 신학적 교의(tenet)보다 더 선호해 옹호하고 그 교의와 대조해 변호한다. 출애굽과 십자가-부활이라는 두 가지 역사적 사건들, 교회의 역사 그리고 한국사에서의 민중 운동은 그들 자신의 역사와 운명의 주체가 되기 위한 노력 속에서 민중의 정체성을 증진하려는 목적으로 "민중의 사회적 전기"에 대한 적절한 이해와 구성을 위해 문헌의 사회학적 접근 방식을 통해 해석되어야 한다.[15]

출애굽의 경우에 그 혁명은 특별한 역사적 순간에 단 한 번만 발생했던 반면, 십자가-부활 사건은 영구적 혁명을 목표로 삼았다. 한 번의 혁명일 때 민중은 구원(외부로부터의 구원)의 대상이다. 영구적 혁명의 경우에 민중은 구원(자립의 구원)의 주체가 된다.

모세는 백성의 절규(열망)의 답했지만, 예수는 백성 자신의 바로 그 절규(열망)였다. 이런 의미에서 예수는 단지 민중을 위한 것이 아니라 진실로 민중의 일부였다. 예수는 민중의 화신이었고 그들의 상징이 되었다.[16]

서남동은 설명을 위한 민중에게 역사적 과정을 제시하고 민중 계보학에 대한 역사의식의 발전을 윤곽으로 나타낸다. 그는 그러한 의식을 "오늘을 위한 적절한 정치적 해석학"으로 나타내고 실현할 필요를 믿는다.[17]

예속되고 희생당한 민중은 역사적 주체로서 역사 속에서 그들의 해방을 위해 투쟁해 왔다. 서남동에게 복음이나 계시의 중심을 구성하는 것은 "상부 구조"(suprastructure, 서남동이 송천성의 계시 이해를 특징지을 때 사용하는 용어)이기보다 계시의 하부 구조(infrastructure)이고, 관념들의 개념적 영역이기보다 민중의 사회적 역사이다.

또 다른 탁월한 민중 신학자, 안병무(1921-97)는 신약학자로서 민중 신학을 위한

---

14 Suh Nam-dong, "Towards a Theology of Han", in *Minjung Theology: People as the Subject of History*, 65.
15 Suh Nam-dong, "Towards a Theology of Han", in *Minjung Theology: People as the Subject of History*, 157.
16 Suh Nam-dong, "Towards a Theology of Han", in *Minjung Theology: People as the Subject of History*, 159.
17 Suh Nam-dong, "Towards a Theology of Han", in *Minjung Theology: People as the Subject of History*, 173.

성경 해석의 기초를 세우는 데 이바지를 했다. 공관복음서에 대한 그의 집중적 연구를 통해 그는 성경 안에서 민중의 전통을 확인한다. 그는 예수를 그가 살던 시대의 무리들(ochlos), 곧 민중에 의해 둘러싸였던 역사적 인물로 본다. 다른 한 편 하나님의 선택받은 사람들인 백성(laos)은 예수와 거리를 유지했다. 민중과 예수의 역할은 해방과 정의를 위한 투쟁에서 한국의 민중을 이해하는 데 핵심 논점을 구성한다.[18]

1960년대 한국의 군부독재가 융성해가는 시기에 안병무는 한국의 억압당하는 자들과 예수가 친밀하게 관계를 맺은 마가복음의 군중들을 동일시했다. 그는 복음 이야기가 민중 중심의 설명이기에 민중의 사건이며, 그것은 예수의 민중에 의해 정치적 소문들이 전파된 것이라고 주장한다.

성경의 쓰인 텍스트와 민중의 사회적 텍스트는 작동하기 시작해 서로에게 빛을 비춰주는 방식으로 상호 작용을 한다. 이런 접근 방식은 한국의 민중 신학이 성경의 전통과 연결되고 그 전통에 기반을 두게 할 공간을 열어놓는다. 성경과 민중의 두 이야기는 오늘날 민중의 해방에 이바지하기 위해 합류되어야 한다.

김지하의 희곡 금관 예수의 생각에 기초해 안병무는 그리스도를 기독교의 교리에 갇혀있는 것으로 해방된 예수를 가난한 자들과 비참한 처지에 있는 자들 그리고 학대받는 자들과 하나가 되신 것으로 묘사한다. 안병무는 예수의 수난사 사건과 바울과 교회 안에서 발전된 그리스도-케리그마를 대조한다. 수난의 이야기를 다른 형태로 이야기함을 통해 민중은 악과 불의한 권력을 폭로하고 그것에 저항할 힘과 용기를 얻는다.

김용복과 서광선의 이바지를 주목하는 것이 적절한데, 이들은 민중 신학의 기본 주제들을 설명하고 더 나아가 발전시킨 인물들이다. 그들은 또한 민중 신학을 에큐메니컬 단체와 국제 신학계에 소개한다.

김용복은 민중의 사회적 전기에 대한 묘사를 다루고, 서광선은 한국 민중의 종교적 전통들에 대해 몰두한다. 불교와 무속신앙의 종교적 경험들은 한국 민중의 종교적 현상들의 형성의 근간인 것으로 생각된다. 김용복은 역사 속에서 민중의 주체성을 인정하고 계속해서 사람들의 사회정치적 전기를 제공한다.[19]

서광선은 한국의 기독교가 무속화 되었다고 믿고, 가난한 자들과 압제당하는

---

18 안병무의 논문들 가운데 두 편은 CTC Bulletin에서 영어로 출간되었다. "The Transmitter of the Jesus Event" (Vol. 5-6, 1984-5)와 "Jesus and People (*Minjung*)" (Vol. 7, 1987).

19 Kim Yong Bock, "Messiah and Minjung: Discerning Messianic Politics over against Political Messianism", in *Minjung Theology: People as the Subject of History*, 185-96.

자들 그리고 사회적으로 소외된 자들의 깊이 뿌리 내린 영성을 신학적 성찰에 반영한다.

한에 사로잡힌 민중은 해방을 외치고 바라는 전투적 영성을 구체화한다. 이것은 특별히 굿(gut)이라는 무속의식에 분명히 드러나는데, 그것은 삶을 위협하는 모든 악과 해로운 영들을 몰아냄으로써 공동체의 삶의 에너지와 활력을 변화시키고 새롭게 한다.[20]

5. 중국의 신학

차오 치첸(Zhao Zichen, 1888-1979)는 20세기에 중국에서 가장 특출난 신학자들요 교회 지도자들 가운데 한 사람이었다. 그의 신학 작품들은 영어와 중국어로 많이 출간되었다. 1948년에 선출된 WCC 의장 가운데 한 사람인 차오는 1951년에 한국 전쟁에 대한 WCC 성명서에 반대해 사임했다. 시적 재능을 부여받고 그의 뛰어난 중국어 구사력으로 인해 시의 세계에 끌린 차오는 그의 신학적 작품들 속에 시와 산문을 아주 자연스럽게 혼합한다.[21] 대화는 그가 복잡한 신학적 개념들을 명료하게 표현하는 데 있어 그가 가장 좋아하는 문학 형식이다.[22]

차오는 문화를 유동적인 것으로 이해하고, 기독교와 중국 문화의 만남 속에서 새로운 현대 문화가 강력하게 영향을 주고받는 과정에서 출현할 것이라고 믿는다. 기독교는 중국의 사회적 변혁과 국가 건립에 있어 수행할 긴요한 역할을 가지고 있다. 그런데 그것은 그리스도인 학자들과 차오와 동시대에 살던 중국의 다른 지식인들의 주요 관심사였다. 유교와 불교는 모두 중국의 문화를 변화시키는 역할을 해 왔다. 성경을 불교식으로 중국어로 번역한 것, 불교식 해석의 오랜 역사 그리고 중국의 그림과 문화 유물에 미친 불교 예술의 영향은 차오에 의해 많이 평가를 받았다.

외국의 종교인 불교는 성공적으로 안착해 중국 문명에 분리될 수 없고 통합된

---

20 David Kwong-sun Suh, The Korean Minjung in Christ, Hong Kong: Commission in Theological Concerns, CCA, 1991. 또 다음의 논문을 보라. "Shamanism and *Minjung* Liberation", in *Asian Christian Spirituality: Reclaiming Traditions*, ed. Virginia Fabella, Peter K. H. Lee, and David Kwong-sun Suh, Maryknoll, NY: Orbis Books, 1992, 31-36.
21 이런 시적 재능은 차오의 책(*My Experience in Prison*, Shanghai: Association Press of China, 1948, 2) 서문에서 Y. T. Wu에 의해 인정과 축하를 받는다.
22 걸출한 한 예는 그가 쓴 『기독교 철학』(*Christian Philosophy*)이다.

부분이 되었다. 그것은 중국 문화의 종교적이고 영적 차원에 이바지한다. 근대화와 국가 쇄신을 위해 중국이 모색하는 가운데 윤리적 사회적 참여를 지향하는 새로운 종교 문화가 요구된다. 차오는 예수의 "성품과 정신"(renge jingshen)에 초점을 맞춘 살아 있는 중국 기독교를 주장한다. 차오가 기대하는 것은 바로 "영적 그리스도"(jinshen de Jidou)다.

차오에게 있어 토착화(indigenization)는 두 가지 차원, 곧 중국 문화의 "내재적 그리스도"(innate Christ)에 발견과 기독교 자체에 비판적 전유의 과정인데, 부정적 부분들을 제거하고 타당하고 의미 있는 요소들만 선택한다.

1920년대에 중국에서 일어난 반기독교 운동에 응해 차오는 중국의 토종 리더십, 신학, 전례, 정체(polity), 조직 그리고 건축을 갖춘 중국 교회 세우기를 제안했다. 그는 중국의 신학 사상의 명료한 소리를 이끌고 형성할 지식인들을 끌어당기고 신장시키는 것을 크게 강조한다.

그는 중국에서 불교가 성공한 것이 주로 새로 헌신한, 박식한 불교 승려들 덕택이라고 한다.[23] 중국 지성인들의 마음에 대고 말하는, 건전하고 심오한 중국의 토착 신학을 세우는 것은 중국에 몹시 필요한 장기간의 수고이자 다른 흐름의 중국 문화와 기독교 신앙의 합류를 대표하는 신학이다.

차오에게 예수와 그의 도덕적 성품은 중국사회의 변혁과 완전한 인간이신 예수의 인격(personality)에 기초한 중국 그리스도인의 성품 형성에 이바지해야 하는, 중국 기독교 신학의 분명한 표현의 토대를 구성한다.[24]

이상적 인격과 내적 자아에 대한 전통적 중국의 탐구는 예수의 위격과 그리스도인의 삶에서 차지하는 예수의 자리에 대한 인식으로 인해 차오의 신학을 위한 큰 함의가 있다.

중국의 지식인들은 마음과 자아의 함양에 대한 유교의 가르침에 인간 예수가 이바지한 중대한 신학적 공헌을 인정해 왔다. 예수의 인격과 성품은 중국 기독교 신학자들(몇 사람만 거명하면, 우 레이추안, 차오 치첸, Y. T. 우 등이 있다)뿐 아니라 중국의 초기 마르크스주의자들 가운데 한 사람이었던 첸 둑시우(Chen Duxiu)에게도 영감을 주었다.

첸 둑시우는 심지어 예수의 위대한 성품/인격과 인간에 대한 그분의 깊은 관심

---

[23] T. C. Chao, "The Chinese People and Christianity", *Truth and Life*, 9;5-6, 1935, 268-85을 보라.
[24] T. C. Chao, "Christianity and Chinese Culture", *Truth and Life*, 2/9-10, 1927, 247-60.

을 내면화하라는 요청을 제안하기까지 했다.[25]

인간과 자연의 상호 관계성에 대한 중국인들의 사고는 차오가 그의 신학적 성찰에서 중시하는 또 하나의 문화 요소다. 중국의 전통적 사고는 자연의 길과 하늘의 길(*Tian Dao*) 속에서 인간의 길(*Dao/Tao*)[26]을 인식한다.

실재의 하나임(oneness)과 통일성(unity)은 자기와 다른 것, 주체와 객체 사이의 구분을 제거한다. 개성(personhood)은 전통적으로 하늘과 자연에 기인하지 않는다. 인격적 하나님과 예수 그리스도 안에 육화된 인격과 성품에 대한 강조는 자연스럽게 중국인의 마음에 크나큰 도전을 준다.

차오 치첸가 수련과 교육을 통한 인격의 형성을 거쳐 사회의 점진적 변화 속에서 그의 신학적 조직을 만든 반면, 그의 동시대 사람인 Y. T. 우(Wu Yaozong, 1893-1979)는 실행 중인 사회의 급진적 재구성에 대한 사회적 프로그램을 옹호한다.

그가 기독교를 인본주의적으로 진술한 것은 중국을 위한 정치적, 사회주의적, 신학적 제안에 이바지한다. 지상에 하나님 나라의 실현은 예수 그리스도 안에 있는 새로운 인성(humanity)을 통해 이루어질 수 있다.

우는 삼자 개혁 운동(Three-Self Reform Movement)을 창시했고 1951년에 그리스도인 성명서를 입안해 제국주의에 맞서 싸우고 애국심을 진작시키기 위해 그리스도인의 헌신을 요청했다. 우는 중국 교회를 사회주의에 조화시키려는 여러 방법을 주도적으로 모색함으로써 중국에서의 새로운 공산주의 리더십에 부응했다. 그에게 있어 공산주의에 따라 성취된 중국 인민들의 해방은 교회로 인정받아야 한다.

우의 노선을 따르고 있는 K. T. 팅(Ding Guangxun, 1915-)은 중국이 1978년에 문화 대혁명 운동 후 문호를 개방한 이래 중국기독교협회(China Christian Council, CCC), 삼자 애국 운동(Three-Self Patriotic Movement), 난징 유니온신학교 등에서 단연코 가장 영향력 있는 교회 지도자요 신학자로서, 사회주의 이데올로기, 중국의 공산주의 현실과 타협하려고 시도한다.

팅 주교는 특별히 비그리스도인들에게 개방적일 것을 주장하며, 공산주의라는 사회적 상황에서 그들의 선한 행위에 대해 큰 감사를 표시한다. 그는 정당 지도자

---

[25] 중국어 원본으로 된 논문, 즉 Nanjing Theological Review 3, 1999, 42-46에서 왕 웨이편은 위에 언급된 첸 둑시우와 중국 그리스도인 지성인들을 짧게 소개한다. 영어번역은 *Chinese Theological Review* 3, 1999, 8-18에 나온다. 영어번역에 있어 불일치를 지적하기 위해 하나의 주해가 첨가되어야 한다. 중국의 *renge* 개념은 "인격/성격"의 일상적 어법 대신에 "특징들"로 표현돼 왔다(16-18쪽).

[26] 전통적으로 Tao를 Dao로 표현하는 것을 자역(transliteration)하는 것이 본 장에서 채택된다.

들과 각료들에게 기독교를 설명해 주고, 기독교 신앙을 실천할 수 있는 더 넓은 공간을 위해 협상하려고 노력한다. 팅이 자신이 처한 상황에 관여하는 것은 그의 사랑의 신학과 "우주적 그리스도"에 대한 사고를 낳는다.[27] 이 개념에 대한 신학적 취지는 그 도덕적 선과 헌신의 정신이 인상적 여러 공산주의 혁명들을 그가 개인적으로 직접 접했기 때문이다. 공산주의의 무신론적 맥락에서 진, 선, 미에 대해 표현하는 것은 우주적 그리스도의 다양한 차원과 구현의 증거가 된다.

하나님의 존재에 본질 자체인 사랑으로 살아가는 것에 관해 말하자면 신념체계는 그리스도인들과 비그리스도인들 사이에 어떤 구분 선도 제공하지 않는다. 그리스도는 전 역사를 포용하고 인간의 모든 실존을 아우르고, 우주적 차원에서 현존하신다. 그러므로 중국의 그리스도인들은 그리스도가 다스리는 영역의 보편적 범위를 확인해야 한다.

창조의 한 과정인 구속은 오직 교회에만 국한된 것으로 이해되어서는 안 된다. 그것은 우주 전체 안에 있는 모든 피조물을 위해 작정되었다. 따라서 이신칭의는 중국의 상황에서 꼭 필요한 사랑 개념 때문에 재고되어야 한다. 팅 주교는 "이신칭의 교리를 덜 중시할 것을" 요청한다.

팅 주교는 사랑이 하나님의 제일 속성이요 최고의 속성이라고 주장하다. 그리스도인들과 비그리스도인들 모두 하나님의 자녀들로서 사랑 안에서 살고 행동한다. 그러나 그리스도인들은 하나님의 바로 이 사랑, 즉 하나님이 우주를 운행하는, 그리스도를 닮은 사랑을 증명하라고 부름을 받는다. 화해는 동료 그리스도인들과 비그리스도인들에 대한 사랑의 표현인데, 그것은 문화 대혁명 직후에 고통과 고소의 경험 속에서 긴박하게 요청되었다.

그리스도 안에서 하나님은 가장 큰 애인(Lover)으로서 세상과 화해한다. 화해에 대한 강조는 사람들에 의해 경험된 큰 고통 때문에 팅 주교를 비판한 많은 사람에 관한 관심의 원인이었다. 히브리성경의 예언 전통은 1980년대에 교회가 재건된 이후 처음 몇 년에 걸쳐 중국 기독교 사상을 위한 초점이 아니었다. 최근에 10년간보다 예언적 목소리들이 일어났고 이제 문화 대혁명 기간에 당한 더 참혹한 경험들에 대한 진지한 신학적 성찰들이 있다.[28]

팅 주교의 대학교 동료들 가운데 한 사람인 왕 웨이판(1928-)은 신학에 대한 다

---

27 K. T. Ting, "The Cosmic Christ", in Wickeri and Wickeri, *A Chinese Contribution to Ecumenical Theology*, 100.
28 Francis Ching-wah Yip, *Chinese Theology in State-Church Context*, 136_57을 보라.

른 접근 방법을 개발시킨다. 그는 고전 문헌 안에 있는 중국의 문예 전통과 중국 사람들의 정신 안에 깊이 새겨진 종교심을 통합해 기독교 신앙을 양성한다.

그는 특별히 중국과 서양의 원천 안에 있는 신비적 유산을 좋아한다. 그의 확신은 하나님이 유대와 헬라의 경계를 넘어선 문화 속에서 육체가 되신다는 것이다. 그는 유대의 문화를 충족시키는 예수의 본을 따르고 문화가 놓인 사회정치적 맥락의 긍정을 주장한다.

왕 웨이판이 신학에 이바지한 주요 공헌은 하나님을 피조물 안에서 생명의 근원이 될 뿐만 아니라 끊임없이 낳고 갱신하는 생명력이신 "항상 낳는(ever-generating) 하나님"으로 이해하자는 제안이다. 그는 이런 신개념을 위징(Yijing, *The Book of Change*)에서 끌어온다.[29]

왕 웨이판은 경교(Nestorianism)는 CE 635년에 중국에 도입되었다 - 의 전통 속에서 중국 그리스도인들에 의해 무엇이 형식화되었는지와 중국 원나라의 "복된 자의 가르침"(Teaching of the Blessed, *Yelikewan*)을 재차 시인한다.[30] 신학적 중심 사상은 생(life)에 집중된다. 하나님은 생생—첫 번째 생은 동사("낳다")로 사용되고 두 번째 생은 명사("생명")으로 사용된다—의 하나님, 곧 생명을 낳는 하나님으로 이해된다. 지속해서 산출하는 하나님은 생명을 낳을 뿐 아니라 생명을 유지하고 보호하는 살아 있고 역동적 하나님이다.[31]

왕 웨이판은 생명을 부여해 주는 신개념과 도(Dao)의 진동하는 특징을 가진 도교의(Daoist) 활기 개념을 능숙하게 뒤섞는다. 순환적이고 전후로 복귀하는 도는 묵상과 영성의 지속적인 성찰의 성격과 동시에 발생한다.[32]

지속해서 생명을 부여하시는 하나님은 우리 안에서 하나님에 대한 사랑을 강화하기 위해 끊임없이 진동하는 도(Dao)를 통해 일하신다. 왕 웨이판에게 신앙과 윤리의 균형은 중국에서 신학적 토론을 구성하고 온전한 삶의 열쇠는 인품(personal

---

29 왕 웨이편의 『중국 신학과 그 문화적 뿌리』(*Chinese Theology and its Cultural Root*)는 중국어로 쓰인 그의 주요 신학 저서다. 그의 논문 몇 편이 *Chinese Theological Review*에 번역되어 출간되었다. 성경 학자인 왕 웨이편은 또한 고린도전·후서와 목회 서신서들 그리고 레위기에 관한 주석서들을 집필했다.
30 원나라 그리스도인들에 의해 수행된 종교에 대한 중국명은 "복 받은 자"(the blessed one)를 의미한다.
31 Wang Weifan, "Chinese Traditional Culture and Its Influence on Chinese Theological Reflection", *Chinese Theological Review* 13, 1999, 8-18.
32 Wang Weifan, "Reversion is the Movement of the Dao", *Nanjing Theological Review* 3, 1999, 149-51.

character)의 양육이다. 그는 종교적 심성(zhong jia xin)의 중요성을 강조하는 데, 그것은 현세와 내세의 삶을 모두 포용하는 종교심을 가리킨다.

왕 웨이판은 중국 신학을 세우는 데 필요한 네 가지 구성 요소들, 즉 계시, 전통, 문화 그리고 프락시스(또는 경험)을 인정한다. 복음은 문화적 형태로 표현되어야 한다. 왕 웨판에게 그것은 기독교 신앙의 구현이다.

중국의 문화에 관해 이야기하는 것은 단순하지 않다. 그 유구한 역사는 복수와 다양성을 특징으로 하는 하나의 복잡한 혼합물을 생성해온 것만이 아니다. 곧 격렬한 5.4 운동(1919)과 성상 파괴적 문화 대혁명(1966-77)은 중국 문명의 근간을 흔들었고 그것을 재정의하게 한다. 전통적 형태의 중국 문화는 이 두 가지 신기원을 이루는 역사적 사건들의 폭력적 효과를 진지하게 취급하지 않고서는 이해될 수 없다.

왕 웨이판은 개인적으로 경험했던 문화 대혁명(Cutural Revolution)에 대해 성찰하면서 다음과 같이 논평을 한다.

> 그 가혹함은 단순히 셀 수 없이 귀중한 보고들과 역사적 유물 그리고 희귀한 책들에 홍위병(Red Guards)이 행한 손실의 문제가 아니었다. 그 모든 분파 안에서 중국 문화의 윤리와 가치 체계에 대한 광범위하고 비판과 철저한 거부는 훨씬 더 진지했다.[33]

과거로부터 이 두 가지와 함께 세 번째 도전은 1978년 이래 개혁과 근대화의 현 방침인데, 그것은 중국의 영적 빈곤을 드러낸다. 중국의 전통에 대한 진지한 성찰과 세련된 중국 문화에 관한 탐구가 요구된다.

중국 문화의 원천인 고전들—그것은 여전히 중국 신학을 위해 뭔가를 보존한다—에 더해 "중국인들의 문화적 심정" 역시 문화적 원천을 구성할 것이다. 그런 심정에서 나온 신학은 중국의 색깔과 리듬을 가지고 있을 것이다.[34] 왕 웨이판은 여전히 중국 문화에 대해 큰 기대를 하고 있고 새롭게 정화된 문화의 정수가 기독교와 상호 작용하기 위해 출현할 것이라고 기대한다.

---

33 Wang Weifan, "Reversion is the Movement of the Dao", *Nanjing Theological Review* 3, 1999, 80.
34 Wang Weifan, "Reversion is the Movement of the Dao", *Nanjing Theological Review* 3, 1999, 84.

6. 대만의 신학

대만의 신학은 주로 동일시(identification)의 양식으로 구성된다. 즉 하나님은 이스라엘 백성들과 동일시하고 예수 그리스도를 통해 억압받는 대만 사람들의 고통과 희망과 동일시한다. 대만의 장로교회는 대만의 사회정치적 현실과 권리를 박탈당한 원주민들의 곤경에 적극적이고 시의적절하게 반응해 대만에서 상황 신학이 태어나는 데 중요한 역할을 했다.

1970년대의 그 자극적 진술들은 계속되는 열띤 논쟁과 교회와 신학교에 있는 신학적 입장들의 합병에 좋은 신학적 강령을 제공한다. 그 맥락에서 생겨난 신학적 자극에 반응하기 위해 신학적 공식들이 작성되고 실제적 조치가 취해졌다. 이런 신기원을 이루는 공식 진술문들은 다음과 같다. "우리 국가의 운명에 대한 진술"(1971), "우리의 호소"(1975) 그리고 "인권 선언"(1977). 그것들은 대만에서 개신교 선교 백 주년 축제에 뒤따라오는 신학의 갱신 과정에서 명확한 신학적 표현을 구현한다.

대만 사람들의 정체성(identity)은 대만 신학의 중심 논제다. 그것은 식민지화와 독재 통치로 지배받은 역사적 경험에서 나왔다. 사람들의 미래와 운명을 결정할 권리에 관한 탐구는 "모국 신학"(homeland theology)과 **추웃 타우 틴**(*Chhut Thau Thin*, "머리를 들어 올리는 날") 신학의 핵심이다.

왕 흐시엔 치(Wang Hsien Chi)는 대만의 모국 신학의 설립자로 인정받는데, 그것은 대만의 문화적 자원들과 대만 사람들의 역사적 경험들과 협력해 히브리성경의 정복과 왕족의 전통들을 비판적으로 재도용한다.

이런 신학적 연구의 정치적 함의는 대만의 사회정치적 현실의 맥락 안에서 엄청나게 크다. 추웃 타우 틴의 신학은 후앙 포 호(Huang Po Ho)에 의해 제안되었는데, 그는 그 목적을 "푸른 하늘을 보고 봄날의 공기를 호흡하기 위해 자신의 머리를 어둠에서 들어 올리는 것"으로 정의한다.[35]

전통적 대만의 격언을 표현하는 추웃 타우 틴은 지역 문화에 대한 호소와 대만의 밝은 미래를 위한 사람들의 투쟁의 해방하는 힘을 발휘하기 위한 노력을 나타낸다.

---

35 Huang Po Ho, "Taiwanese Theologies", in *Dictionary of Third World Theologies*, ed. Virginia Fabella and R. S. Sugertharajah, Maryknoll, NY: Orbis Books, 2000, 195-6.

7. 동아시아의 여성 신학

이박순애(Sun Ai Lee Park)가 설립한 「하나님의 형상으로」(*In God's Image*)는 아시아 여성들이 그들의 신학적 관심사와 생각들을 표현하는 주요 잡지다. 다른 아시아 국가 출신의 여성 신학자들은 신학을 구성하는 데 있어 지배와 차별에 대한 그들의 사회적 현실과 역사적 경험을 진지하게 취급한다. 가부장적이고 계급적 사회 구조들은 뚜렷한 남성 중심의 문화적 양식과 더불어 공격받고 있다. 동아시아에서 유교 전통의 예속시키는 요소들이 확인되고 자세히 검토된다.

교회의 성경적이고 교리적 전통들도 같이 적용된다. 성경과 교회 안에 있는 가부장적 관행들은 해체되어야 한다. 아시아 여성들의 경험 맥락에서 그리고 그들에 관한 이야기의 구두 전승과 결합해 성경을 다시 읽는 것은 신학적으로 중요한 노력이다.[36]

한국 여성 신학자들에게 토속적 종교성과 영성은 충당될만한 강력한 자원들이다. 무속의 종교 전통은 한국 여성들의 신학적 과정에 있어 그녀들을 지원한다. 그런 식으로 읽을 때 예수는 **한**의 사제로 보이는데, 그는 부당한 고통과 억압의 결과로서 분노와 내부의 화의 감정을 다루는 데 도움을 준다.[37]

가톨릭의 여성 신학자들 역시 그들이 지닌 문화적 자원들과 해방하는 힘을 제공하는 가톨릭 전통을 찾으려고 열심히 연구한다. 여신들(Goddesses)이 비판적으로 재평가받고 있고 마리아의 공동 구속자로서의 역할은 한층 더 신학적으로 논의되고 온전한 인간의 해방을 위해 활용된다.

박순경은 한국의 여성들 교회의 목회자이며, '제3세계신학자협의회'(EATWOT)를 주도하는 아시아 여성 신학자인데, 아시아 여성들이 겪는 이중 또는 삼중의 억압을 강조한다. 그녀는 여성들을 혹독한 압제에서 해방을 쟁취하기 위해 투쟁하는 민중의 민중이라고 부른다. 진정한 여성성(womanhood)과 영성을 위한 아시아 여성들의 투쟁에 있어 신학에 대한 접근 방식의 근본적 변화로 인해, "그리스도중심주의(Christocentrism)에서 생명 중심주의(life-centrism)로 이동하자"라는 정현경의 제안은 동서양에서 모두 기독교에 대한 남성 주도적 해석으로 인해 억압받고 있는 아시아 여성들의 실재를 다루려는 시도다.

---

[36] Kwok Pui-lan, *Discovering the Bible in the Non-Biblical World*, (Maryknoll, NY: Orbis Books, 1995)을 보라.

[37] Chung Hyun Kyung, *Struggle to be the Sun Again: Introducing Asian Women's Theology*, (Maryknoll, NY: Orbis Books, 1990)을 보라.

텍스트-콘텍스트의 패러다임을 전환하려는 그녀의 제안은 아시아 여성들의 곤경을 다루는 데 있어 의미 있는 조치다. 여성들의 경험과 이야기는 우선권을 얻어야 한다. 성경과 그리스도인의 전통이 여성들의 마음을 어루만질 때 그것들만이 의미 있게 된다. "우리는 텍스트다"라는 말은 정현경에 의해 전략적으로 선포된다.[38]

아시아 여성 신학은 미국에서 가르치는 홍콩 출신의 신학자인 퀵 푸이란(Kwok Pui-lan)의 주요 관심사인데, 그녀는 아시아의 원천들과 자원들을 갖고 신학적 해체와 구성을 수행해오고 있다.

성경은 아시아의 비성경적 세계에서 훼손되어서는 안 되지만, 그것은 아시아 여성들의 여성 신학적 의식의 관점에서 해석되어야 한다.

구체적 상황들 안에서 벌어진 그리스도인 여성들의 투쟁에 대한 광범위한 역사적, 신학적 분석에 근거해, 퀵이 쓴 『중국 여성들과 기독교』(*Chinese Women and Christianity, 1860-1927*)는 아시아 여성 신학에서 그녀의 연구를 위한 기초를 놓았다. 그녀가 쓴 『아시아 여성 신학 소개하기』(*Introducing Asian Feminist Theology*)는 그녀 자신의 여정에 대한 좋은 요약을 제공한다.

기독론은 아시아 여성들의 관점으로부터 신적인 것에 대한 인식과 성별과 영성의 개발에 더해 아시아 여성 신학의 논쟁들에서 중앙 무대를 차지한다. 교회와 아시아의 종교 전통들 모두에 있는 아시아의 가부장제에 대한 퀵 푸이란의 비판은 아시아 여성들을 해방하는 대안에 대한 모색의 핵심을 찌른다.

일본 출신의 신약학자인 히사코 키누카와(Hisako Kinukawa)는 엄격히 성별을 반영하는 예수 시대의 사회 구조와 가부장제를 지향하는 일본 사회의 관점으로 마가복음에 등장하는 여성들과 예수 사이의 만남을 읽는다. 출혈하는 여인, 수로보니게 여인, 가난한 과부, 기름 붓는 여인 그리고 예수의 여자 제자들 모두 예수와 상호작용하기 위해 성적이고 인종적이고 의식적 장벽들을 넘어서는 것을 시작함으로써 엄격한 사회적 비난을 무릅썼다.

그들은 감히 가부장 사회에서 그들의 소외된 위치에서 탈출했다. 예를 들어 여성들의 피에 관한 정결법은 혈루증을 앓는 여인의 움직임으로 도전받았다. 예수 역시 가부장적 전통 안에 있는 한 남자인데, 이런 여성들의 창시하는 행위들로 인해 크게 도전받았다.

그는 자신의 해방하는 능력과 생명을 부여하는 능력을 드러냄으로써 교제와 사회적 통합을 모색하는 여성들의 경계를 허무는 행위들에 반응했다.

---

[38] Chung Hyun Kyung, *Struggle to be the Sun Again: Introducing Asian Women's Theology*, 109-14.

키누카와가 마가복음에 등장하는 여자들과 예수에 대한 해석에 독특하게 이바지한 것은 아시아 사회의 가부장적 편견과 예수 시대의 것에 주목하게 함으로써 여성 신학 구성에 있어 새로운 맥락적 성경 읽기를 개시한다.[39]

8. 결론

동아시아 신학은 분명 발전하고 있는 신학이다. 이 지역의 신학 단체들은 빠르게 발전해 동아시아 안팎에서 신학적 성찰과 재건에 영향력을 행사하고 있다. 젊은 학자들과 신진 학자들은 현재 해외 기관들뿐만 아니라 다양한 지역대학교들과 신학원에서 훈련을 받는 중이다. 아시아의 맥락 속에 철저하게 뿌리를 내린 신학에 관한 탐구는 다양한 동아시아 지역에서 공유된다. 이런 신학이 취한 형태는 다양하고 다원주의적이다.

그 지역의 오랜 문화적 토양에 복음을 문화적으로 변용하는 것을 목표로 하는 토착화 모델(indigenization model)은 종종 철학적 개념들과 정적이고 화석화되고 동질의 단일한 문화 형태에 대한 단순한 비교 연구를 초래한다. 토착 문화는 기독교 신앙에 의해 낭만적으로 묘사되든지 논쟁적으로 묘사된다.

다른 한편, 고전 작품에서 구현된 사람들의 문화적이고 종교적 전통들, 민간설화와 축제에서 드러난 사람들의 이야기들 그리고 한 사회의 상징 체계 속에서 표현된 종교성이 신학적 과정에서 소외된 상태로 남겨질 때 동아시아 신학의 과제는 심각하게 방해를 받았다.

기독교 주장의 배타적 성스러움을 지지하기 위해 보여 준 소위 "이방 세계"와 이방인의 풍습들에 대한 초기 선교 운동의 경멸스럽고 모욕적 태도는 아시아의 종교계에 의미심장한 손상을 입혔다. 동아시아에서 신학적 연구는 종교적-문화적 형태의 고유 자원들을 확인하기 위해 급진적 입장을 비판적으로 취해 왔다.

동아시아의 다신론적 의식(consciousness)은 다양한 표현과 다양한 이름을 가진 신성의 다양한 측면에 익숙하다. "일과다"(the one and the many)의 관점에서 신성을 개념적으로 표현하는 것은 수사적 의미가 있는 것으로 가장 잘 이해될 수 있지만, 수치로는 절대 정확하지 않다.

---

[39] Hisako Kinukawa, *Women and Jesus in Mark: A Japanese Feminist Perspective*, Maryknoll, NY: Orbis Books, 1994.

아시아의 풍성한 혼합주의적 종교 전통의 표현은 틀림없이 아시아의 종교성에 대한 대단한 심오함을 강력하게 과시한다.

동아시아 신학은 그 신학을 더 높은 차원의 작용과 더 깊은 차원의 실존으로 이끌기 위해 미래의 방향을 결정하는 가운데, 여전히 갈림길에 서 있다. "맥락 속에 있는 신학"(theology in context)에 대한 전통적 이해는 더 이상 타당하지 않다. 왜냐하면, 아시아가 단지 복음을 토착어로 번역시킴으로써 아시아인들에게 이국적 복음을 이해할 수 있게 하는 것에만 여념이 없는 선교 지역이 아니기 때문이다. 텍스트를 문예적이고 언어적이고 사회정치적 콘텍스트에 놓는 것으로 보는 상황화(contextualization)는 매우 제한되고 도전받아 마땅하다.

소통의 양식을 뛰어넘어 진정한 신학 함의 구성단계로 이동하는 첫 단계는 동아시아 역사 안에서 신의 활동을 인식하는 것이다. 송천성이 동아시아의 문화에 계시적 지위를 기꺼이 부여한 것은 바람직한 것뿐 아니라 필연적 단계로 간주해야 한다. 동아시아 사람들의 이야기와 역사와 현재의 경험들은 단지 콘텍스트만이 아니다.

그들은 기독교의 텍스트와 함께 신학적으로 읽히고 해석되어야 할 텍스트들이다. "비교텍스트해석학"(cross-textual hermeneutics) 안에 있는 많은 자극을 주는 두 텍스트의 만남은 기초적 신학 방법론으로 채택될 수 있다. 동아시아의 문화적 텍스트들과 사회정치적 텍스트들은 진지하게 취급되어야 한다.

그것들은 또한 만연되어 있지만 신비스러운 신의 현존을 실현할 수 있고 동아시아인들의 살아 있는 신학에 공헌할 수도 있다. 비교텍스트 읽기(cross-textual reading)는 동아시아의 복수의 성경(multi-scriptural)과 복수의 문화(multicultural)가 공존하는 실재를 인식하는 하나의 도구다.

그것은 성경 텍스트와 풍부한 아시아의 자원들 모두에서 깊이 새겨진 두 세계의 종교체험을 끌어들이는 것과의 비교 연구와 비교하는 것보다 한 단계 더 나아가려고 한다.

텍스트 A(아시아 텍스트)와 텍스트 B(성경의 텍스트)는 아시아 신학을 행하기 위한 과정을 촉진하기 위해 진정한 상호 작용과 대화 안에서 합쳐져야 한다. 방법론적으로 신학적 의미가 생성될 수 있는 곳은 기독교 전통들과 아시아의 자원들이 미치는 영향력의 바로 그 중심에 있다.[40]

---

[40] Nam-Dong Suh, "De-theological Reflection on Folktales", in *The Search for Minjung Theology*, Seoul: Hangilsa, 1983, 275-312을 보라.

서양이 더 이상 아시아 신학의 상황이 되어서는 안 된다. 홍콩 출신의 젊은 신학자인 시몬 콴은 이항대립에 대한 탈식민지적 비판으로 이런 신학적 입장을 요약한다.[41]

콴은 또 다른 홍콩의 학자인 안젤라 웡(Angela Wai-Ching Wong)의 열정적 소리를 되풀이한다.[42] 서양 신학을 '신학적 타자'로 여기고 반(anti) 서양 정서를 구현하고 있는 반신학(counter-theology)은 어떤 면에서 그 자신의 상황 밖에서 일어나고 있는 의제에 의해 지시받는다.

아시아의 다원적이고 통합적이고 혼합된 실재는 아시아의 남녀를 위한 살아 있는 풍성한 신학을 구성하기 위한 자산이다.

---

41 Simon Shui-man Kwan, "A Discursive History of the Asian Theological Movement-A Critique of its Binarism", *JTCA*, 1, 2002, 93-133.
42 Angela Wai-Ching Wong, "Asian Theology in a Changing Asia: Towards and Asian Theological Agenda for the 21st Century", Proceeding of the Congress of Asian Theologians (CATS) May 25-June 1, 1997, Suwon, Korea, ed. Dhyanchand Carn and Philip Wickeri, 30-9.

참고 문헌

Abraham, Dulcie, et al. (eds.). *Asian Women Doing Theology*, Singapore: Asian Women's Resource Centre for Culture and Theology, 1987.
Chao, T. C. (Zhao Zichen). "The Appeal of Christianity to the Chinese Mind", *Chinese Recorder*, 49, 1918, 287–96.
_____. "Christian Renaissance in China", *Chinese Recorder*, 51, 1920, 636–9.
_____. "The Message of the Cross for China", *Chinese Recorder*, 67, 1936, 135–42.
_____. "Christianity and the National Crisis", *Chinese Recorder*, 68, 1937, 5–12.
Chung, Hyun Kyung. *Struggle to be the Sun Again: Introducing Asian Women's Theology*, Maryknoll NY: Orbis Books, 1990.
Coe, Shoki. "Contextualizing Theology", in *Third World Theologies, Mission Trends* No. 3, ed. Gerald Anderson, New York: Paulist Press, 1976.
Fabella, Virginia and Sun Ai Lee Park (eds.). *We Dare to Dream: Doing Theology as Asian Women*, Hong Kong: AWRCCT; Manila: EATWOT, 1989.
Furuya, Yasuo (ed.). *A History of Japanese Theology*, Grand Rapids, MI: Eerdmans, 1997.
Germany, Charles H. *Protestant Theologies in Modern Japan: A History of Dominant Theological Currents from 1920–1960*, Tokyo: IISR Press, 1965.
Gluer, Winfried. *Christliche Theologie in China: T. C. Chao 1918–1956*, Gutersloh: Gutersloher Verlagshaus Gerd Mohn, 1979.
Kim, Heup Young. *Wang Yang-ming and Karl Barth: A Confucian–Christian Dialogue*, Lanham, MD: University Press of America, 1996.
Kitamori, Kazoh. *Theology of the Pain of God*, Richmond, VA: John Knox Press, 1965.
Koyama, Kosuke. *Waterbuffalo Theology*, London: SCM Press; Maryknoll, NY: Orbis Books, 1974. 25th anniversary revised and expanded edition, Orbis Books, 1999.
_____. *No Handle on the Cross*, London: SCM Press; Maryknoll, NY: Orbis Books, 1976.
_____. *Three Mile an Hour God*, Maryknoll, NY: Orbis Books, 1980.
_____. *Mt Fuji and Mt Sinai: A Critique of Idols*, London: SCM Press; Maryknoll, NY: Orbis Books, 1985.
Kwan, Simon Shui-man. "A Discursive History of Asian Theological Movement: A Critique of its Binarism", *JTCA*, 1, 2002, 93–133.
Kwok, Pui Lan. *Introducing Asian Feminist Theology*, Cleveland, OH: Pilgrim Press, 2000.
Lee, Archie C. C. "Biblical Interpretation in Asian Perspective", *Asia Journal of Theology*, 7, 1993, 35–9.
Lee, Jung Young (ed.). *An Emerging Theology in World Perspective: Commentary on Korean Minjung Theology*, Mystic, CT: Twenty-Third Publications, 1988.
Lee, Oo-chung, et al. (eds.). *Women of Courage: Asian Women Reading the Bible*, Seoul: AWRC, 1988.
Michalson, Carl. *Japanese Contributions to Christian Theology*, Philadelphia, PA: Westminster Press, 1960.
Minjung Theology: People as the Subjects of History, ed. by the Commission of Theological Concerns of the Christian Conference of Asia (CTC-CCA), Maryknoll, NY: Orbis Books, 1983.
Mullins, Mark R. and Richard Fox Young. *Perspectives on Christianity in Korea and Japan: The Gospel and Culture in East Asia*, Lewiston, ID: Edward Mellen Press, 1995.
Song, C. S. "From Israel to Asia – A Theological Leap", in *Third World Theologies, Mission Trends* No. 3, ed. Gerald H. Anderson and Thomas F. Stransky, New York: Paulist Press, 1974.

_____. *Third-eye Theology: Theology in Formation in Asian Setting*, Maryknoll, NY: Orbis Books, 1979.
_____. *The Compassionate God*, London: SCM Press, 1982.
_____. *Tell Us Our Names: Story Theology from an Asian Perspective*, Maryknoll, NY: Orbis Books, 1984.
_____. *Theology from the Womb of Asia*, Maryknoll, NY: Orbis Books, 1986.
_____. *Jesus, the Crucified People*, New York: Crossroad, 1990.
_____. *Jesus and the Reign of God*, Minneapolis, MN: Fortress Press, 1993.
_____. *Jesus in the Power of the Spirit*, Minneapolis, MN: Fortress Press, 1994.
Suh, David Kwong-sun. *The Korean Minjung in Christ*, Hong Kong: Commission on Theological Concerns, CCA, 1991.
Ting, K. H. (Ding Guangxun). *Christianity with a Chinese Face*, Cincinnati, OH: Forward Movement Publications, 1989.
_____. *No Longer Strangers*, ed. Raymond L. Whitehead, Maryknoll, NY: Orbis Books, 1989.
_____. *Love Never Ends* (English edition of *Ding Guangxun wenji*), ed. Janice Wickeri, Nanjing: Yilin Press, 2000.
_____. ",Fourteen Points", in *A New Beginning: An International Dialogue with the Chinese Church*, ed. Theresa Chu and Christopher Lind, Toronto: Canada China Program, 1983: 104-8. Wang Hsien-Chih. *Tai-wan hsiang tu shen hsueh lunwen chi pien chu* (Homeland Theology in the Taiwanese Context), Taiwan Homeland Theology Research Papers, Vol. 1. Tainan: Tainan Theological College, 1988.
_____. "Some Perspectives on Homeland Theology in the Taiwanese Context", in *Frontiers in Asian Christian Theology: Emerging Trends*, ed. R. S. Sugirtharajah, Maryknoll, NY: Orbis Books, 1994.
Wang, Weifan. "Changes in Theological Thinking in the Church in China", *Chinese Theological Review*, 1986.
_____. "The Pattern and Pilgrimage of Chinese Theology", *Chinese Theological Review*, 1990.
_____. *Chinese Theology and Its Chinese Cultural Root* (in Chinese), Nanjing: Nanjing Theological Seminary, 1997.
_____. ",Chinese Traditional Culture and Its Influence on Chinese Theological Reflection", *Chinese Theological Review*, 1999.
Wickeri, Philip L. *Seeking the Common Ground: Protestant Christianity, the Three-Self Movement, and China's United Front*, Maryknoll, NY: Orbis Books, 1988. Wickeri, Philip L. and Janice Wickeri (eds.). *A Chinese Contribution to Ecumenical Theology: Selected Writings of Bishop K. H. Ting*, Geneva: WCC, 2002.
Wong, Angela Wai-Ching. "Asian Theology in a Changing Asia: Towards an Asian Theological Agenda for the 21st Century", *Proceedings of the Congress of Asian Theologians* (CATS), 1997, 30-9.
_____. "The Poor Woman": A Critical Analysis of Asian Theology and Contemporary Chinese Fiction by Women, New York: Peter Lang, 2002.
Wu, Y. T. (Wu Yaozong). *Meiyou ren kanjianguo shangdi* (No One Has Seen God), Shanghai: Association Press, 1943.
_____. ",Christianity and China's Reconstruction", *Chinese Recorder*, 67, 1936, 208-15.
_____. "Whither the Chinese Church", *Chinese Recorder*, 67, 1936, 71-4.
_____. *Talks on Christianity*, Shanghai: Association Press, 1950.
_____. "The Contemporary Tragedy of Christianity", in *Documents of the Three-Self Movement*, ed. Wallace C. Merwin and Francis Jones, New York: NCCCUSA, 1963.
Yip, Francis Ching-wah. *Chinese Theology in State-Church Context: A Preliminary Study* (in Chinese), Hong Kong: Christian Study Centre on Chinese Religion and Culture, 1997.

제31장

탈식민지적인(postcolonial) 성경 해석

R. S. 수기르타라야(R. S. Sugirtharajah)

1. 서론: 배경과 영향력

외래의 이론들은 언제나 성경을 설명하기 위해 활용되었다. 가장 최근에 공헌한 것은 탈식민 비평이다. 이론 대부분처럼, 탈식민 비평도 성경 연구 분야 내에서 출발하지 않고 다른 분과에서 시작되었다. 처음에 그것은 대영 제국에 속한 연합 국가들의 문학 작품들을 자세히 조사한 문예 연구의 무기로 등장했다.

이런 비판적 실천은 주로 이전 식민지의 문학 작품들이 서구의 대도시 중심부에서 만들어지고, 시장거래가 되고, 전달된 방식들에 집중되었다. 그러나 이제 탈식민 비평은 중세 연구에서 음악과 사회학 그리고 스포츠—스스로 탈식민의 관심사와 중대사에 쉽게 내주지 않는 분야들—에 이르는 다양한 분야에 있는 자신을 발견한다.

이런 다양한 분야들은 식민주의의 가혹한 영향력을 시인하고 세계화의 형태로 지속하는 새로운 식민지화의 세력을 인식한다. 그러한 시나리오에서 탈식민주의는 모든 형태의 식민지배를 드러내는 데 도움을 주는 대안 이론이 되었다.

그러면 "언제", "어디서", "누가"와 "무엇"이 탈 식민적인가?

이 모든 질문은 전문적이고 복잡한 답변들은 물론 단순하고 직접적 답변들도 포함하고 있다.

"언제"에 대한 질문이다.

탈식민 운동은 언제 출범했는가?

마지막 영국 국기(Union Jack)가 이전 식민지에서 내려졌을 때 시작되었는가, 아니면 신생 독립 국가에서 그 국기와 국가와 영공(airline)을 획득했을 때 시작되었는가?

이 질문에 대한 가장 간단한 답변은 역사적이고 시간적 의미에서 탈식민주의는 제국의 역사적 종말 이후에 나타난 사회적, 문화적, 정치적 상황을 가리킨다는 것이다. 그러나 탈식민 담론에서 사용된 바와 같이 그 용어는 좀 더 미묘한 어감을 갖고 있다.

아주 명백한 것은 탈식민주의가 "시기"(periods)나 "시대"(eras)나 "영겁"(aeons)의 연대기적 이정표에 관한 것이 아니라는 점이다. 오히려 그것은 영토의 식민지배가 공식적으로 종결되기 전후에 새로운 의미의 국가의 긍지와 목적을 세우기 위해 착수된 일련의 반식민 저항 운동에 대한 것이다. 그것은 세계화의 형태 속에서 신식민주의 아래 직면한 좀 더 새로운 곤경만큼이나 제국의 절정기에 느꼈던 시련에 관한 것이다.

탈식민지적인 것의 "어디서"는 장소나 위치에 대한 문제를 제기한다. 분명한 답변은 여러 나라가 한때 이전의 식민 권력에 의해 지배받았지만, 이제는 그 공간이 개방되어 바로 제국주의적의 중심부—여기서 흑인들과 아시아인들의 존재가 과거의 제국들에 대한 획일적이고 고정된 견해에 이의를 제기한다—를 포함한다는 점이다.

"누가" 탈식민주의에 가담할 수 있는지에 대한 질문은 과거에 식민지배를 받았던 일부 사람들에 의해 답변이 이루어지는데, 그들은 그들의 피해 의식(victimhood)이 탈식민주의를 보상하는 이론적 도구로 활용하는 유리한 위치를 그들에게 제공하는 것을 본다. 거대 도시 중심부에 있는 어떤 학교들은 그런 사상과 몰래 결탁하고 과거에 식민지배를 받았던 나라들에 그 담론의 적용을 위임한다. 이런 방식으로 그들은 이론의 효능을 제한하고 그 영향력을 고립시킨다. 식민주의의 조직을 해체하는 것은 한때 식민지배를 받았던 자들에 의해서만 단독으로 착수되는 것이 아니다.

식민주의는 식민자와 피식민자 모두를 혼란에 빠뜨리고 동일하게 탈식민화하는 과정 역시 양자와 연루된다. 탈식민 담론의 목적은 사람들과 문화들이 어떻게 침해 받지 않았는지를 조사할 뿐만 아니라, 그런 잔악한 행위들(atrocities)을 후원하고 시인하고 유지한 유럽, 북미 권력의 함정(entanglement)과 침해(entrenchment)를 조사하는 것이다.

피식민자가 억압하는 구조로부터 스스로 해방하는 반면, 식민자는 처음에 그런 불평등한 체계를 지속시켰던 바로 그 구조를 직면해야 한다. 피식민자(the colonized)와 식민자(the colonizer) 모두 과거의 부정과 현재의 불균형을 해명함에서 깊은 이해관계에 있으므로, 식민 비평의 범주는 양자에게 도움이 되는 도구다.

마지막으로 "무엇이" 탈식민지적인가?
본문인가?
이론적 실천인가?
심리적 조건인가?
구체적 역사 과정인가?

어쩌면 이 모두일 것이다. 우리는 탈식민주의가 다수의 지적이고 텍스트적 실천들을 가리고 있는, 그 의미가 부정확하다고 알려진 용어라는 점을 인정해야 한다. 각 분야는 그 자체의 정의를 제시해야 한다. 본질적으로 이런 이질적 분야들을 통합시키는 것은 다음의 실제들(practices)이다.

첫째, 타자(the Other)를 아는 지식에 대한 서양식 구성을 제거한다.
둘째, 저항 운동을 드러내고 은폐하는 종속적이고 연대기적 형태들의 역사를 재청구한다.
셋째, 서양이 타자들을 구분했던 이원 모델들을 거부하고 초월한다.
넷째, 식민지 타자의 산출에 있어 힘과 지식 간의 연결을 폭로한다.

탈식민 이론은 사회적, 문화적, 정치적 탈식민지화 과정과 그 영향에 비판적 관점의 범위를 가리키기에 알맞은 표지로 출현했다. 그것은 본질적으로 식민지배적 끊임없는 가정들과 이데올로기들에 "답장하고" 파괴하려는 반대 담론이다.

방법론의 영역과 의도는 유연한 자유주의에서 급진적 사회주의에 이르기까지 반체제적(anti-establishment)이고 진보적 정치 안에서 필연적으로 정치적일 수밖에 없다. 탈식민주의는 그것을 이론으로 활용하는 해석자들의 입장 안에 존재하는 정치적이고 이데올로기적 헌신을 함의하고 고발한다. 바꿔 말하면, 탈식민 비평가들은 반식민 프락시스, 이론에 가담하고 지속한다.

우리는 탈식민 이론과 탈식민 비평을 구별해야 할 필요가 있다. 학문 공동체에서 지금껏 등장해 상한가를 치고 있는 것은 에드워드 사이드(Edward Said), 가야트리 스피박(Gayatri Spivak) 그리고 호미 바브하(Homi Bhabha)의 연구와 동일시된 탈식민 이론이다.

이 학자들 가운데 아무도 그들의 글에서 탈식민지적인 것을 상세히 설명하지 않는다는 점이 강조되어야 한다. 그들이 탈식민 이론의 발기인 겸 옹호자로 보이게 된 것은 단지 이론화(theorizing)가 매혹적이고 필연적 도구가 되었을 때와 이런 학자들이 식민지배를 받는 타자들의 중대한 관심을 인식하고 표현했을 때만 그랬다. 이 이론의 두 가지 전조가 있었다.

하나는 국가주의 운동들 안에 있는 저항 담론이었고, 다른 하나는 소설, 시 그리고 예술의 형태로 된 독창적 문학 창작이었다. 국가주의적 투쟁의 결과로 등장한, 박력 있는 반식민 해방주의 담론이 있었다. 이런 글들은 저항 담론과 해방 문학 모두 그들 나름대로 식민주의의 약탈하는 성격과 그것이 초래한 심리적이고 정치적 대혼란(havoc)을 부각했다.

이론가들 사이에서 주도적 인물들은 프란츠 파논(Frantz Fanon), C. L. R. 제임스, 앨버트 멤미(Albert Memmi), 에이미 쎄자르(Aimé Césaire), 몇 명만 언급하자면 느구기 와 티온고(Ngugi wa Thiongo), 마드하바이아(A. Madhavaiah), 치누아 아케베(Chinua Achebe)와 같은 소설가들이었다.

이런 문학 작품들은 너무 복잡해 단 한 번의 독서로 한정할 수 없다. 이 작품들이 서로 다른 식민지 배경과 이데올로기적 필요로부터 생겨나기 때문이다. 하지만 요지는 탈식민 비평이 거대 도시의 학술기관들이 인정한 이론이 되기 오래전부터 선행했던 식민주의에 대한 비평의 역사를 지니고 있다는 점이다.

비록 사이드, 스피박 그리고 바브하의 작업이 성경 연구와 관련이 있다고 할지라도, 성경 자체는 그들의 저술들에서 단지 최소한의 역할만 할 뿐이다. 몇 가지 급습(forays)이 있다. 사이드 자신은 출애굽의 내러티브를 가나안 사람의 관점으로 읽었고, 바브하는 성경을 식민지의 한 소산으로 이론화시켰다.

사이드의 책, 『오리엔탈리즘』(Orientalism)은 분명히 성경 연구에 적용될 수 있다. 사이드가 의미하는 오리엔탈리즘은 하나의 "오리엔트"를 생산하는 서양의 다방면에 걸친 능력을 말하는 데(그것은 다른 식민지에 첨가될 수도 있다) "그것에 대한 견해들에 권위를 부여하고, 그것을 가르침으로 그것을 표현하고, 그것을 대변함—짧게 말해서 그것을 지배하고, 재구성하고, 권위를 행사하는 데 적합한 양식으로 식민화된 세계를 나타냄—으로써 오리엔트를 생산한다."[1]

오리엔탈리즘은 서양 사람들이 다른 민족들을 오보하고 허위 진술한 것인데, 그들이 통제하고 세금을 부과하기 위해 이 민족들을 별개의 독특한 인종의 혈통이나 근간으로 분류한다. 바브하의 혼성(hybridity)과 모조품(mimicry) 개념들은 명백히 성경적으로 적용된다.[2] 혼성은 혼합주의—선교 단체에서 몹시 싫어하는 개념이다—가 아니다. 혼합주의에서 하나의 좀 더 강한 문화가, 일반적으로 현대의 서양 문화나 기독교 문화가, 더 약한 것을 삼켜버린다.

다른 한편, 혼성은 다른 문화들이 새로운 문화 사이의 형태들을 조성하기 위해 상호 작용을 하는 한 과정이다. 종속된 사람들이 말하도록 하는 일(예, 피식민 타자를 위한 소리를 찾는 것)에 대한 스피박의 관심은 "타자"를 대신해 말하려는 자들에게

---

1 Edward W. Said, *Orientalism* (London: Penguin Books, 1985).
2 Homi K. Bhabha, *The Location of Cultures* (London: Routledge, 1994).

분명한 비상 경고다.³

탈식민 성경 해석은 해석학 분야에 즉석에서 출현하지 않았다. 제3세계의 실천가들이 보기에, 그것은 다양한 단계를 거쳐 자연스럽게 발전했다. 즉 (힌두교, 불교와 유교 사회의 고급문화에서 그리고 토착민들의 사고 세계에서 성경에서 말하는 사상들과 개념들을 모색하는) 상속자에서 [해방의 관점에서 성경을 읽는] 해방주의자에게 [어떤 것이 내부적 반대, 즉 소수인종들—인도의 달릿, 일본의 부락 구민들(burakumins), 종족들 그리고 여성들—의 관심사와 이익들의 주의를 끌게 했는지를 읽고 있는] 반대자에게, 현재의 탈식민지 단계에 이르기까지 말이다.⁴

그러면, 탈식민 성경 비평이 목적하는 바는 무엇인가?

(1) 그것은 식민주의를 성경과 성경 해석의 중심에 위치시키려고 노력한다. 성경은 다양한 식민지 배경—애굽, 앗시리아, 페르시아, 헬라와 로마—의 문학적 산물로 출현했다. 탈식민 비평은 이런 담화들을 살펴보고, 식민지배의 전제, 제국주의의 충동, 권력의 관계, 주도권 쟁탈의 의도, 종속된 자들에 대한 처우, 여성들과 소외된 자들에 대한 낙인 찍기, 토지 점유 그리고 소수민족의 문화에 대한 폭력 등의 원인을 알고자 그 담화들을 연구하려고 노력한다. 이런 텍스트들을 읽으면서, 그것은 침묵당한 소리와 묶여진 문제들과 잃어버린 송사들을 회복시키고 개선하려고 노력한다.

(2) 그것은 성경 해석을 자세히 살피고 중립을 지킨다는 표면적 주장 뒤에 감춰진 이데올로기적 내용을 드러내려고 한다. 탈식민 성경 비평을 하는 것은 성경 담화들과 성경 해석 모두를 규정하는 중심 세력으로 확장과 지배와 제국주의의 전체 문제에 중점을 두는 것이다.

(3) 그것은 탈식민지적 관심사와 상황들-다원성, 혼성, 복수 문화주의, 국가주의, 디아스포라, 피난민들 그리고 망명 요청(asylum seeking)-에 비추어 성경을 다시 읽으려고 한다. 성경은 식민주의의 결과로 발생한 문제들에 대해 처방을 하고 있으므로 도용되지 않는다. 오히려 그것은 성경이 이런 담화들의 주요 관심사가 아니었던 문제들에 반응해 알맞은 하나님의 말씀으로 적합하게 이끌어 낼

---

3   Gayatri Chakravorty Spivak, "Can the Subaltern Speak?" In Patrick Williams and Laura Chrisman (eds.), *Colonial Discourse and Postcolonial Theory* (New York: Harvester Wheatsheaf, 1993), 66-111.

4   R. S. Sugirtharajah, *Postcolonial Criticism and Biblical Interpretation* (Oxford: Oxford University Press, 2002), 43-73.

수 있는지를 보는 것이다.

지난 400년 넘게 서양의 성경 지식은 개신교 종교개혁의 가치 간의 충돌과 그 분야를 규정하고 형성하는 데 있어 계몽주의의 효과에 의해 도전받고 절충되었다. 성경 학자들은 텍스트를 여는 열쇠로 합리적인 것을 사용하는 근대주의적 개념으로 주로 훈련받고 영향을 받았다.

제국주의를 성경 담화나 성경 해석 모두에 내재하는 한 구성 요소로 표현하려는 일부 서구 성경 학자들에게 두드러진 저항이 있었다. 전통적 성경 지식은 성경 담화의 종교적, 신학적, 사회·경제적 배경들을 많이 강조하고, 그 안에 있는 식민주의의 존재를 무시하려는 경향이 있다.

탈식민 성경 비평이 하려고 하는 것은 이것을 전복시키고, 식민주의를 성경 소재와 지식의 중심에 놓는 것이다. 일반적 인식은 성경 해석이 오늘날 실천되는 바와 같이 전체적으로 비효과적이 되었다는 점이다. 왜냐하면, 성경 해석이 일상생활에서 사람들이 직면하는 문제들을 표현하기 싫어하기에, 사회적 변화의 진두에 서지 못했기 때문이다. 탈식민주의는 페미니즘과 해방해석학 같은 동맹자들과 함께 이런 연약해진 형상(image)을 바로잡을 수 있다.

2. 개요

탈식민주의는 이 무대에서 상대적으로 신참자이고 극소수의 학자들만이 그 실천에 종사한다. 성경과 관련해 탈식민 비평을 하는 두 부류의 이용자들이 있다. 성경 연구 범위 내에서 작업하는 자들과 이 분야 밖에 있는 자들이다.

외부 출신의 학자들은 퀵 푸이란(Kwok Pui Lan)의 경우에 조직 신학, 로라 도널드슨(Laura Donaldson)의 경우에는 영문학 연구와 같은 유사 분야 출신이다. 이 분야 내에 있는 학자들 가운데, 우리는 두 개 이상의 단체들을 조사할 수 있다. 염치없게도 탈식민성(postcoloniality)과 동일시하는 성경 전문가들, 특히 그 유산을 경험했고 텍스트와 해석 안에 놓인 식민지배의 가정들을 조사하려고 이용하는, 과거 식민지 출신의 학자들이 있다.

여기에 페르난도 세고비아(Fernando Segovia), 무사 두베(Musa Dube), 스티븐 무어(Stephen Moore)와 필자가 속한다. 또한, 제국의 계승자들과 과거의 비행과 불화를 바로잡으려고 애쓰는 식민지 정착자 공동체 출신들도 있다. 그들은 이전 세대를 괴롭혔던 죄의식의 짐을 갖고 있지 않고, 절대 그 체제에 속하지 않았었기 때문에 그 체제를 비판하는 타고난 두려움을 갖고 있지 않다.

그들은 서양 학문의 영역 안에서 발견된 식민지의 이데올로기적, 정치적 입장을 드러냄으로써 보상한다. 롤랜드 보어(Roland Boer), 에린 루니온스(Erin Runions), 리처드 호슬리(Richard Horsely), 샤론 린지(Sharon Ringe), 케이쓰 휫램(Keith Whitelam), 마이클 프라이어(Michael Prior) 그리고 해블러 목스네스(Havlor Moxnes) 등이 여기에 속한다. 아래에서 논의되겠지만, 그 도구를 유익하게 활용하는, 성경의 영역 밖에 있는 세메이아(*Semeia*) 팀과 같은 것들도 있다. 위에 언급된 이런 작가들의 문학 작품은 앞에서 설명된 세 가지 목표를 구체화한다.

우리는 이런 해석자들의 문학 작품에서 다음의 특징들을 확인할 수 있다.

첫째, 그들의 저작은 성경 담화의 식민지배 맥락을 살핀다.

워렌 카터(Warren Carter)의 『마태와 가장자리들』(*Matthew and the Margins*)은 첫 번째 복음서와 유대주의와의 관계에 중점을 둔 대다수의 마태 연구와는 달리, 로마 제국의 제국주의 권력과 마태복음과의 관계를 다룬다. 그는 가장자리와 저항의 문제를 제기하고, 여러 가치와 의제들 그리고 로마 제국의 권력, 교회 관계기관의 헌신에 대해 반대의견을 말하는 반대 담화로 첫 번째 복음서를 다시 읽는다. 특별히 카터의 마태복음은 하나님 제국의 최종적 설립에 대한 비전들을 제공한다.[5]

리처드 호슬리는 성경 텍스트 안에 여전히 묻혀있거나 잊혀진, 파괴적 물질적 부와 반패권 운동들의 증거를 발굴하는 데 성공했다. 호슬리는 탈식민 읽기를 유럽-북미 성경 지식—본질적이고 정치와 무관한 읽기—의 부정적 측면을 뛰어넘는 방법으로 추천하면서, 지금까지 신약성경의 저작들 배후에 있는 억압되고 잠재된 예수 운동의 역사를 해방하는 것을 자신의 임무로 여긴다.

그는 계속해서 과거에 숨겨진 이런 예수 운동들과 바울 공동체들의 역사를 탐구하는 데, 그것들은 서양 기독교의 거대한 담화들의 희생양이 되었다. 그는 마가와 바울을 본질주의적이고, 개인주의적이고, 정치와 무관한 서양식의 읽기에서 구해주고, 어떻게 마가와 바울이 그들의 글에서 지배적 제국의 문화를 조사하고 저항하는지 뿐만 아니라, 어떻게 그들이 제국주의 질서의 대안 공동체들을 세우는 데 가

5　Warren Carter, *Matthew and the Margins: A Sociopolitical and Religious Reading* (Maryknoll, NY: Orbis Books, 2000), 41.

담하는가의 구조를 변경한다.[6]

페르시아 제국은 모살라와 버퀴스트의 저작들 안에서 특별한 관심을 받는다. 이투멜렝 모살라(Itumeleng Mosala)가 에스더서에서 페르시아 제국이 미친 영향력을 보여 주었지만, 존 버퀴스트(Jon Berquist)는 히브리성경의 정경화의 초기 단계들을 페르시아 제국의 제국주의 담론에 속하는 것으로 간주했다. 그는 바로 그 정경 안에 있는 텍스트와 운동이 어떻게 페르시아 제국의 제국화 하는 경향에 맞서는지를 설명해 왔다. 그런 본문 하나가 이사야 66:1-5인데, 이것은 제국주의의 집행을 반대해서 말한 페르시아 제국 시대에 나온 담화다.[7]

둘째, 탈식민 성경 해석의 두 번째 특징은 서구 성경 해석의 배후에 숨겨진 식민지배의 의도들을 폭로하는 것이었다.

해블러 목스네스(Havlor Moxnes)는 어떻게 식민주의, 국가의 정체성, 민족성 그리고 인종이 19세기 유럽의 성경 지식에 학문상의 갈릴리 건설에 큰 영향을 미쳤는지를 보여 주었다.

그는 특별히 슐라이어마허, 슈트라우스 그리고 레넌의 글 속에서 이것에 관심을 끌었다. 그의 주장은 이 학자들이 갈릴리—역사적 예수가 머무신 곳—를 아리안의, 비유대적 한 영토로 구성하고, 예수를 한 명의 비유대인으로 구성하는 데 성공했다는 것이다.[8] 그는 또한 20세기의 몇몇 건축물 안에서 이런 사고의 잔재들을 확인한다. 이때, 독일의 국가주의는 이스라엘의 국가주의로 대체되었는데, 그것은 팔레스탄인들의 존재를 효과적으로 지워버렸다.

마찬가지로 그는 어떻게 조지 아담 스미스(George Adam Smith)의 갈릴리에 대한 대중적 묘사가 국적과 인종과 민족성의 프리즘을 통해 보인 독일과 프랑스의 해석들과 대조적으로 영국의 두 계급적 가치들, 곧 빅토리아 시대의 가정과 가족을 반영했는지를 보여 주었다. 전자는 사생활의 보호받고 있는 장소, 즉 도시의 악덕들에 맞서 봉인된 지역을 제공했고, 후자는 남성적이고, 훈련되고, 빈틈없는 중류사회의 국가적 특징을 거듭 가르쳤다.

---

6 Richard A. Horsley, "Submerged Biblical Histories and Imperial Biblical Studies", In R. S. Sugirtharajah (ed.), *The Postcolonial Bible: The Bible and Postcolonialism 1* (Sheffield: Sheffield Academic Press, 1998), 152-73.

7 Jon L. Berquist, "Postcolonialism and Imperial Motives for Canonization", *Semeia* 75, 1996, 15-35.

8 Halvor Moxnes, "The Construction of Galilee as a Place for the Historical Jesus: Part I", *Biblical Theology Bulletin* 31 (1) 2001, 26-37.

마찬가지로, 숀 켈리(Shawn Kelly)는 현대 미국의 성경 지식에 대한 학문의 역사가 인종의 범주에 의해 영향을 받고 절충되었는지를 보여 주었다.[9]

그러한 영향은 때론 세련되고, 때론 솜씨 있게 다룬다. 켈리가 보기에, 현대 성경 지식, 특히 미국에서 신해석학 운동(New Hermeneutic movement)의 절충된 입장은 헤겔과 하이데거와 낭만주의의 철학적이고 지적 전통들에 대한 의존 때문이었다. 신해석학 운동의 발기인들(practitioners)은 그것을 묻지 않거나 완화하지 않은 채, 독일의 학식에 얽혀있는 근본적 함의들(overtones)을 도용했다.

케이쓰 휘트램(Keith Whitelam)은 사이드의 『오리엔탈리즘』을 성경 지식을 비판하는 방법으로 사용한다. 그에게 있어, "성경 연구는 동양학자의 담론 일부였고, 여러 면에서 그 담론의 확대였다."[10] 정통적 기독교 신학과 시온주의의 영향을 받고, 유럽의 과거를 탐구하고 있고, [후에 현대 이스라엘의 뿌리들을 조사하고 있는] 성경 학자들은 후기 청동기 시대에서 로마 시대까지 팔레스타인 역사의 모든 측면의 소리를 없앨 뿐만 아니라, 팔레스타인 사람들이 단결된 하나의 국가적 의식, 질서 그리고 도덕성이 부족하다고 제시했다. 이 모든 것은 온당한 언어와 이탈의 요구로 표현된다.

휘트램의 제안은 만일 팔레스타인 역사가 성경 지식의 폭정에서 벗어나려면, 그것은 성경이나 신학 연구 분과들에서 더욱 그 밖의 모든 곳에 위치되어야 하고, 인도의 「하층민 연구」(Subaltern Studies)와 유사한 그 자체의 이론적 틀을 전개하도록 허용되어야 한다. 그런데 그것은 "지배적"이고 "공식적인" 역사 문헌들에 대해 이의를 제기하고 전복시켜 오고 있다.

마이클 프라이어(Michael Prior)에게 해석학의 임무는 유럽이 라틴 아메리카, 남아프리카, 팔레스타인으로 영토를 확장한 제국주의의 과거와 화해하는 것과 성경의 짜 맞춰진 민족 중심적이고, 외국인 혐오증을 갖고, 군국주의적 성격이 어떻게 그런 야비한 기획에 정당성과 영감을 제공했는지를 보여 주는 것과 관련이 있다.

그에게 1947년에 이스라엘의 건립 이후에 그리고 1967년 전쟁 이후에 출현한 땅의 문제와 관련된 모든 학식은 실제로 이 땅의 토착 거주민들의 곤경에 별로 관심을 쏟지 않았다.

셋째, 『경계를 넘어선 해석』(Interpreting Beyond Borders)에 포함된 논문들은 우리 시

---

9 Shawn Kelly, *Racializing Jesus: Race, Ideology and the Formation of Modern Biblical Scholarship* (London: Routledge, 2002), 5.
10 Keith Whitelam, *The Invention of Ancient Israel: The Silencing of Palestine History* (London: Routledge, 1996), 234.

대에 출현하고 있는 탈식민지적 관심사들 가운데 하나를 표현한다.

곧 정치적 박해에서 경제 발전에 이르기까지 다양한 이유 때문에, 여러 대륙을 가로지르는 사람들의 엄청난 이주와 거대한 이동을 가리킨다.

그런 이주는 성찰과 해석을 위한 이점이 되어 온 전위(dislocation)와 이동(displacement)을 산출했다.

이 책은 과거에 식민지 출신이면서 지금은 서양에서 거주하며 일하고 있는, 부상하고 있는 성경 학자들에 초점을 맞추고 있다. 그런데 그들은 자신의 다양한 정체성을 조사하고 있고 소외와 민족성과 그들의 향수를 탐구하고 있다. 성경의 이야기 중에, 요셉 이야기는 망명과 소외, 상실과 기만의 이야기로서 수 세기에 걸쳐 많은 디아스포라를 소중히 보호하는 역할을 했다.[11]

이런 글들 이외에, 탈식민 성경 해석을 추구하는 세 가지 문집들이 있다. 여기에 무사 두베와 제프리 스탤리가 편집한 『요한과 탈식민주의』(*John and Postcolonialism*)와 주제별로 된 「세메이아」 두 권인데, 하나(「세메이아」 75, 1996)는 로라 도널드슨이 편집했고 다른 하나(「세메이아」 88, 2001)는 롤랜드 보어가 편집했다.

이 모든 것들은 위에서 개관한 대로 탈식민 성경 해석의 분위기, 의도, 목적을 사로잡는다. 요한과 탈식민주의는 비평적 기술과 감수성을 갖고 급속한 지구화, 늘어난 여행, 치솟는 디아스포라 공동체들 그리고 신식민주의의 문제들을 검토한다. 그것은 미국과 캐나다의 이주민 공동체들에서 요한복음의 도용, 아프리카와 아시아와 라틴 아메리카 그리고 뉴질랜드의 식민화에 있어 요한의 사용과 같은 주제들을 탐구한다.

이 논문들은 요한의 문헌이 어떻게 다른 나라의 침략을 정당화하기 위해 사용되었는지 그리고 같은 텍스트가 어떻게 탈식민화와 해방을 위해 읽힐 수 있는지를 보여 준다.

「세메이아」 88호는 주로 오스트레일리아의 이주자들, 토착민의 관심사들과 관계가 있지만, 태평양 군도와 인디아에 관한 문제들을 포함한다. 이런 선집은 문학과 역사와 문화연구 분야에서 연구하는 학자들에 의한 외부 간섭의 한 예다. 검토된 문제들은 성경이 식민주의자의 종교의 토템 문헌으로 토착민들에게 소개된 복

---

11 다음을 보라. Francisco Garcia-Treto, "Hyphenating Joseph: A View of Genesis 39–41 from the Cuban Diaspora", In Fernando F. Segovia (ed.), *Interpreting Beyond Borders: The Bible and Postcolonialism 3* (Sheffield: Sheffield Academic Press, 2000).

잡한 방법들을 포함한다.

여기에 그 소리가 제국의 사료보관소에 일부만 기록된 토착민들에 의한 성경의 재발견, 영국 문화에서 일상적이고 더 안전한 환경으로부터 성경의 파괴, 국가주의의 발흥에 있어 성경의 위치, 문학 작품들을 통한 공적 영역에서 성경의 간접적 강력한 임재, 회심을 위한 교육 도구로서 성경 사용의 결과, 국가 형성을 위한 제 나라 말로 번역한 것에 대한 인식 그리고 모세와 예수 모두에 의해 표현된 성경적 일신론 그리고 일신론에 대항해 전 세계적이고 여러 층으로 된 다신론의 재개 등이 있다.

3. 주요 인물

1) 페르난도 세고비아

페르난도 세고비아(Fernando Segovia)는 내쉬빌의 반더빌트대학교에서 가르치는 쿠바계 미국인이다. 그의 주된 공헌은 탈식민 성경 비평을 위한 이론적이고 방법론적 토대를 도입해 효력을 낸 것이었다. 이 작업은 지적이고 경험적 다양한 원천들에서 나왔다. 그는 탈식민 성경 비평을 특히 이데올로기 비판의 견지에서 문화연구 분야 내에 위치시킨다.

그는 세 가지 탈식민지적 "선택 사항들"을 확인하는 데, 유대교와 초기 기독교의 생성 안에 드리운 제국의 그림자들, 서양식의 해석을 옮기는 식민지배의 욕구들 그리고 텍스트들과 지배적 읽기 모두를 전복시키려고 노력 중인 제3세계 성경 비평가들의 출현 등이다.

세고비아에게 있어, 성경 비평가들은 두 개의 그룹으로 분류된다. 즉 고도의 제국주의 단계부터 시작해 계속해서 신제국주의의 현 단계로 이동하고 있는 제국주의 전통과 관계가 있는 서양의 엄청난 다수의 비평가와 제국주의의 탈식민 단계에서 그들의 목소리를 높이고 있는 과거 식민지 출신의 소수 비평가다.

세고비아가 보기에, 성경 연구에 대한 탈식민지적 참여는 분명히 저항과 해방의 담론이다. 제국과 식민지, 중심부와 주변부 사이의 지정학적 관계는 텍스트의 수준에서뿐 아니라, 해석의 수준과 독서와 텍스트의 독자들의 수준에서도 해석하는 독서의 렌즈와 이론적 스펙트럼을 제공한다. 탈식민지화와 해방을 고려해, 탈식민 성경 비평이 하는 것은 중심부보다 주변부(periphery)를 강조하는 것이다.

세고비아에게 그러한 모험은 "세계적 정책의"(cosmopolitical) 노력이다.¹² 바꿔 말하면, 저항과 해방의 탈식민지적 참여는 마르크스주의와 페미니즘과 같은 유사한 해방적 실천과 연관된 다른 반대 담론들과 함께 착수되어야 한다.

동시에 세고비아는 그런 협력의 과제가 이런 다방면의 실천들에 대한 지저분한 바퀴 자국을 명심해야 한다. 스탈린-레닌식의 마르크스주의는 다른 어떤 서양의 제국만큼 제국주의적이었고, 그 역사는 인권의 침해로 어질러졌다. 서구의 페미니즘은 인종차별주의를 공개했고, 유럽-북미의 문화적 실세 밖에 있는 여성들을 소외시켰다.

세고비아의 가장 혁신적 공헌은 디아스포라의 해석학—타자성(otherness)과 참여(engagement)에 대한 미국 히스패닉 해석학—을 만들어낸 데 있었다. 이 담론의 중요한 표지는 텍스트의 문맥에 대한 승인이다. 마찬가지로, 독자는 문화적으로 사회적으로 조건 지워진 것으로 보일 수 있다.

세고비아에게 그런 해석학은 히스패닉 공동체 내에서뿐 아니라, 다른 디아스포라들 안에서도 그 다양성을 반영해야 한다. 그렇지 않으면 디아스포라해석학은 보편화하는 추세와 함께 하나의 거대 담화(master narrative)를 산출함으로써 그 해석학이 거부한 바로 그것을 반복하는 것으로 마치게 될 것이다.¹³

2) R. S. 수기르타라야

현재 버밍엄대학교를 본거지로 하는 스리랑카 사람인 필자는 1996년에 「아시아 신학 저널」(*Asia Journal of Theology*)에 실린 한 논문에서 성경 연구에 탈식민 비평을 최초로 소개했다.

이론가이자 게시자로서 필자의 연구는 "진리"로 침전된 지배적이고 국가적이고 토착민의 그 해석들을 확인하고, 윤곽을 그리고, 이의를 제기하고, 폭로하려고 노력했다.

필자의 논점은 성경 해석의 역사가들이 현재 성경 분야를 계몽주의의 자랑스럽

---

12 Fernando F. Segovia, *Decolonizing Biblical Studies: A View from the Margins* (Maryknoll, NY: Orbis Books, 2000), 141.
13 Fernando F. Segovia, "Toward a Hermeneutics of the Diaspora: A Hermeneutics of Otherness and Engagement", In Fernando F. Segovia and Mary Ann Tolbert (eds.), *Reading from this Place*, Vol. 1: *Social Location and Biblical Interpretation in the United States* (Minneapolis, MN: Fortress Press, 1995), 57–73.

고 행복한 성과와 근대성(modernity) 탓으로 돌리기 원하지만 그 분야의 성장과 발전은 근대성의 오염된 한 측면, 즉 식민주의로 거슬러 올라갈 수 있다는 것이다. 이런 연관 관계들을 추적하는 과제는 역사적 동시에 해석학적이다.

다시 말해 식민지 공문서 기록들을 자세히 조사하고 성경 해석의 제국주의적 전제들과 의도들은 물론 그것들을 반대하는 사람들까지도 파헤친다는 의미에서 역사적이고, 혼성(hybridity), 인종, 디아스포라 그리고 다문화주의(multiculturalism)와 같은 탈식민지적 관심사들에 비추어 성경 담화들을 다시 읽으려고 노력한다는 의미에서 해석학적이다.

필자의 역사적 읽기는 대영 제국의 구속적 성격을 굳게 믿은 자로서, 그의 해석하는 노력으로 줄루 문화(Zulu culture, 남아공 Natal 지방의 줄루족 문화-역주)를 진지하게 취급했고 인종차별주의 시대관을 변화시킨 존 콜렌소(John Colenso)의 복위(rehabilitation); 성경의 의미 통제에 대한 존 마쉬맨(John Marshman)과 람모훈 로이(Rammohun Roy) 간의 논쟁; 자유로워진 노예로서 노예제 폐지에 가담했던 올라우다 에퀴아노(Olaudah Equiano)의 잊혀진 성경 작업; 그리고 성경 번역에 있어 판디타 라마바이(Pandita Ramabai)의 선구적 노력을 포함한다.

필자가 보기에 다음의 5개의 해석학적 관심사들이 가장 중요하다.

첫째, 탈식민의 하나의 저항하는 실천 행위(oppositional practice)다.

그것은 단지 반대를 위해 반대하는 것이 아니라, 문제들을 제기하는 것을 의미하고, 억압되거나 간과된 기억들과 사건들과 본문들을 회복시키고 만회하려고 노력하는 재고조사(stock-taking)의 한 과정을 가리킨다. 그것은 성경 해석을 주도해 왔던 유럽 중심, 선교적 사고를 전체주의화하는 형태들을 비판하는 하나의 방법이다.

예를 들어 구체적 신약성경 본문들은 식민주의와 식민지 선교를 지탱하고 공모하기 위해 동원되었다. 마태복음 28:19와 같이 고정된 본문은 선교 기획을 지지하기 위해 부활했고, 사도행전에 나오는 바울의 선교 여행을 구성하는 것은 18세기와 19세기에 유럽 선교협회들과 서양 상인 회사들의 출현과 동시에 발생했다.

둘째, 오리엔탈리즘은 식민 시대의 성경 지식과 현재 성경 지식 모두에 있어 타자(the Other)에 대한 서양의 그릇된 보고(misrepresentation)다.

예를 들어 요아킴 예레미야스(Joachim Jeremias)의 『예수의 비유들』(*Parables of Jesus*)과 같은 고전에 가까운 책은 많은 세대의 제3세계 신학생들에게 희망을 주었던 책인데, 거기서 발견된 석의적 결론 일부는 "객관성"에 대한 요구에도 불구하고 유럽 중심주의의 흔적들을 지니고 있다.

빚을 청산하는 종의 행동에 대한 예레미야스의 주해(눅 16:1-9)는 냉정한 한 성경 학자의 진지한 판단보다 타블로이드판 신문을 더 잘 따르고 있다. (예레미야스가 보기에 이런 빚 청산은 동양인들이 회계나 부기를 절대 모르기 때문이었다.)

셋째, 식민주의와 번역 사이에 하나의 관계가 있다.

성경 번역이 착수된 선교적 맥락에서 성경 언어들과 유럽의 언어들과 고유 언어 간의 불균형이 이용되었다. 모든 성경 번역은 이상하게도 모체, 해외 교회들의 교회적이고 선교적 전통들에 의해 그리고 그 시대에 널리 퍼진 교파 신학에 따라 영향을 받았다. 다른 한편, 고유어로 번역된 판들은 "토착민들"로 하여금 그들 스스로 관리받지 않는 "번역 반대 운동들"(counter-translations)을 제안하게 할 수 있을 것이다. 그것은 본래 성경 기자들이 예기치 않은 의미들을 낳았고, 선교사들의 힘을 동요시켜 의미들을 조작했다.

넷째, 대위법 독서(contrapunctal reading)는 장려되어야 한다.

그런 텍스트 간(間) 독서(intertextual reading)는 서양이 이룬 업적들과 공헌들을 들어 올리고 축하하는 문학의 우세와 일면적 성격을 극복하기 위한 실제적 전략이다.

에드워드 사이드가 제안한 틀 위에 세우고 순응할 때, 그런 독서의 실천은 우리가 주류와 주변의 경험을 동시에 연구하게 하고 여러 수렴과 부재와 불균형을 설명하게 할 것이다. 대위법 독서는 전 세계적인 것과 토착적인 것의 상호 신학적이고 문화적 힘들을 인식하는 데 도움이 되는 전략이다.

다섯째, 영국인 소유해 온 서사시적 작품에 가장 가까운 영어 성경(킹제임스 판)의 명성과 위치에 대한 물음이다.

그 성경의 영어다움에 대한 재평가는 영국 국가주의와 그것의 관계, 그 일부가 백인들의 신화를 생성하는 것, 제국을 확장하는 데 있어 그것이 차지하는 중추적 역할, 서양 문화의 주변에 있는 현재의 위치 등을 강조한다.

그 "영국의 책"을 이렇게 개념화하는 과정에서, 우리는 단일한 기호와 복수의 기호들을 갖고 있고, 열려 있는 동시에 닫혀 있으며, 또한 현대문화에서 하나의 "신성한" 텍스트라는 무엇을 의미하는가에 대한 생각을 계속해서 보존하고 개정하는 "책"이라는 개념에 강하게 끌린다.

3) 무사 두베(Musa Dube)

보츠와나 출신의 무사 두베는 페미니스트의 관심사들, 특히 아프리카 여성들의 관심사들을 통합한 탈식민 성경 비평을 고안해 낸 선구자다. 그녀의 임무는 이중적이었다. 그녀는 그들이 인물들, 지리, 여행객들, 성 관계(gender relations)를 묘사할 때, 어떻게 식민주의를 정당화했고, 식민자와 피식민자의 위치를 합법화해 의존을 계속했는지를 이해하기 위해서 성경 텍스트의 문학적 구성의 기능을 좀 더 자세히 살펴본다.

그녀는 또한 백인 남성과 여성 주류 해석가들이 역사 비평에서 문예적 수사와 사회과학에 이르기까지 다양한 비판적 실제들을 사용하면서, 어떻게 독자들이 성경 기자들의 세계와 그들의 구원사와 우주적 선교에 대한 언어의 세계에 들어가도록 격려하는지를 조사한다.

두베가 보기에, 이런 작가들은 그들 자신의 견해를 탈식민지화하거나 성경 텍스트 안에서 황제의 존재와 제국주의 맥락을 인정하지 않고 그렇게 한다. 그들은 그들 자신과 독자들 사이의 세력 관계들을 문제화하거나 그들의 성, 계급 그리고 인종의 특권을 밝히지 않는다. 그녀의 목표는 텍스트가 해방의 목적을 위해 개발될 수 있기 전에 성경 텍스트들과 그들의 해석 모두를 탈식민지화하고 가부장제에서 벗어나게 하는 것이다.

그녀의 수많은 해석학적 수고 가운데, 두베의 가장 놀랄만한 개입은 신약성경의 중심이 되고 여성들을 주연으로 하는 선교 관련 텍스트들을 탈식민지화하고 가부장제에서 벗어나게 하는 것이었다. 그녀는 어떻게 의심스러운 윤리적 입장과 지위를 가진 여성 인물들이 다른 민족의 나라와 영토 안으로 선교와 침입을 기대하는 포교 이야기들에서 우세한 특징을 이루는지를 보여 주었다.

이 세 명의 주요 여성 인물들은 기생 라합, 요한복음의 사마리아 여인(요 제4장) 그리고 마태복음의 가나안 여인(마 15:21-28)이다. 이 여성들은 정결하지 않거나 연약하고 부적당한 특징을 갖고 있고, 또한 그들이 속한 백성들의 무력함을 상징하기에, 개입과 예속을 정당화한다.

두베의 관심은 이런 성경의 여성들이 그들의 주도권과 독립성과 기지(wit)에 대한 백인 페미니스트의 거대 담론에서 기념되는 것인데, 그것들은 텍스트에서 제국주의적 욕구들을 무시한다. 몇몇 페미니스트 해석가들 가운데 이방인 선교가 해방의 기획이라는 하나의 전제가 있지만, 두베가 보기에 그런 전제는 식민지 팽창의 약탈하는 성격을 간과한다.

그녀에게 있어, 이런 패러다임들은 식민지배 권력을 유지하는 데 도움이 되는 제국적 구성물들이다.[14] 두베가 주장하는 것은 인종과 문화와 성 사이에 상호 의존성을 해방하는 관계다.

두베가 달리 몰두(preoccupation)한 것은 식민지 번역 활동을 탈식민지 조사에 종속시키는 것이었다. 그녀의 특별한 관심은 성경 번역과 사전 제작과 같은 주요 식민지 기획을 재검토하는 것이었는데, 그것은 식민지의 현존과 권력을 지지했다. 예를 들어 그녀는 신과 인간 사이의 중재자들로 활동하지만, 다양한 성경 사전과 번역본에 나오는 악마들과 귀신들과 악한 영들로 변화된 바디모(Badimo)—조상의 혼령들[신성한 인격체들]—의 운명을 설명했다.

이런 번역들은 예를 들어 세츠와나(Setswana)의 언어가 어떻게 식민지의 목적에 맞게 이용되었는지를 보여 준다. 그녀는 가나안 여인, 거라사 광인, 제자들의 위임이 들어있는 복음서의 주요 단락들에서, 다양한 세츠와나 번역본들이 바디모를 이용해 부정적 그림을 만들어냈는지를 목록으로 만들었다. 가나안 여인은 그녀의 딸이 "높으신 자들" 또는 "조상들"에게 사로잡혔다고 예수님에게 말한다.

거라사 광인의 사건에서 신성한 바디모는 예수에게 홀로 내버려달라고 간청하는 불안정한 인물로 등장하고, 훨씬 더 안 좋게도 예수님은 바디모를 돼지떼 속으로 쫓아내신다. 위임 담화(the commissioning narrative)에서 제자들은 예수님에게 바디모를 쫓아내라고 가르침을 받았다. 바디모를 신적 존재들로, 예수의 적극적 협력자들로 보는 대신에, 그들은 악마들과 귀신들과 동일시되었다.

두베에 의하면 그런 오역의 의도는 기독교 신자들이 세츠와나의 신념들로부터 떨어져 있는 것을 경고하는 것인데, 이 신념들은 치명적이고 위험한 것으로 그려진다. 놀랍게도, 두베는 "토착민들"이 단순히 식민지 번역을 수동적으로 받아들이는 자들이 아니라, 바디모를 악마들과 귀신들로 만드는 번역들을 타도하는 저항의 전략들을 고안했었다는 것을 찾아냈다.

그들은 그들의 문화적 관점에서 성경의 구조를 변경했고, 그것을 점치는 도구 상자(a divining kit)로 보고 전통적인 것을 대체했으며 또한 그것을 바디모와 접촉하는 수단으로 보았다. 그래서 그 스승의 책은 회심자들을 그들의 세츠와나 문화로부터 떼어놓을 계획이었는데, 이제 바로 그 문화와 재결합하는 도구로 사용되고 있고, 관계들을 발전시키고 촉진하는 것으로 보인다.

---

14 Musa W. Dube, *Postcolonial Feminist Interpretation of the Bible* (St. Louis, MO: Chalice Press, 2000), 157–84.

여기서 발동된 것은 토착주의(nativism)에 대한 의지다.[15] 두베의 해석학적 실천은 마음과 문화를 탈식민지화하자는 은구기 와 티옹고(Ngugi wa Thiongo)의 요청 안에 서 있는 동시에 또한 그것을 찬성한다.

4) 다른 주요 인물

오스트레일리아 출신의 롤랜드 보어(Roland Boer)는 성경적이고 탈식민지적 담론에 마르크스주의자의 도움이 되는 개입을 옹호하는 몇 안 되는 성경 학자 중 한 사람이다. 현재 자본주의의 승리에도 침착한 보어는 마르크스의 이론적 범주가 과거 식민지배의 약탈과 현대 세계의 폭력을 비판하는 데 아주 적절하다고 주장한다.

그에게 있어 지배적 독서 실천의 붕괴와 탈식민주의에서 사회주의의 약속의 실현은 주로 성경 연구와 특별히 마르크스 문예 이론, 실천 간에 창조적 제휴에 달려 있다. 보어는 식민지 담론 분석에 탐험 해석 개념을 도입했다. 이것의 기원은 19세기에 오스트레일리아 섬을 탐험한 백인 탐험가들이 성경적이고 신학적 범주들을 이용했던 방식에 있다. 이 선구적 탐험가들이 쓴 일기는 그들에게 완전히 낯선 지역에서 그들의 믿음과 그리스도인의 실천에 대한 증언이었다.

이 일기들은 창조주, 전능자, 그들을 만드신 조물주에 대한 그들의 믿음을 열거하는 데, 그분은 분쟁과 시련의 시기에, 그들의 탐험의 섭리적 성격과 식민 기획의 계획안에 있는 그들 자신의 부르심과 소명에 대한 그들의 이해에 있어, 그들의 반석과 피난처가 되신다.

보어는 또한 그들의 분해된 낙서들 안에 있는 성경적 이미지와 암시의 뛰어남을 주목해 왔다. 이것들은 호주 원주민들의 "낯설고 이국적인" 몇몇 관습을 설명하기에 편리한 구조를 제공했다. 이스라엘-원주민의 연결고리는 애도와 매장 풍습, 산 봉우리에서 연기 신호를 사용하는 것(렘 6:1), 장로에 대한 존경, 사냥하는 방법들(사 24:17, 특히 도끼와 그물과 창을 사용하는 것), 끈 모양의 털 팔찌를 끼는 것과 같은 몸의 장신구들(삼하 1:10), 요리를 위해 돌 대신에 딱딱한 흙더미(고분)를 사용하는 것(창 31:46), 마법의 돌들, 어린이들을 어깨에 태우고 옮기는 방법(사 49:22), 원주민들을 모세의 진짜 자녀들로 만드는 할례 등을 포함했다.

---

[15] Musa W. Dube, "Consuming a Colonial Cultural Bomb: Translating Badimo into 'Demons' in the Setswana Bible (Matthew 8: 23-34; 15: 22; 10: 8)", *Journal for the Study of the New Testament* 73, 1999, 33-59.

이 탐험가들이 보기에, 토착민들은 "암묵적 이스라엘인들"이 되었다. 보어의 특별한 관심은 어떻게 이 성경적이고 신학적 생각들이 미리 알려지지 않은 땅에 대한 식민지배의 "시선"(gaze), 감시 그리고 관찰의 역할을 하는지를 바라보는 데 있다. 이 탐험가들은 광대한 배경과 전경을 찾고 있다.

보어의 연구에서 구체적으로 관심을 받은 다른 쟁점들은 출애굽과 바벨론 포로기와 방랑 생활의 모티브들과 오스트레일리아의 탈식민지적 상황에서 성경의 이스라엘과 호주 원주민들과 유럽인들의 정체성과 본질주의에 관한 문제들이다.[16] 코넬 대학교에서 영어를 가르치는 로라 도널드슨(Laura Donaldson)은 성경의 담화들을 조절하는 것과 아메리카 토착 여성들의 관심사들을 강조하는 탈식민지적 관점들을 적용하는 것에 대한 두드러진 확신을 보여 준 성경 분야 외부 출신의 몇 안 되는 분들 가운데 한 분이다.

그녀에게 있어, 탈식민 성경 해석학은 그녀가 일신론적 독서(monotheistic reading), 즉 "단 하나의 원리로 아주 단단하게 구성되어 있어서" 담화 안에 잠재해 있는 다른 모든 해석 가능성을 제외하는 독서라고 부르는 것을 뛰어넘어야 한다. 그녀는 이론적으로 미묘한 차이를 주는 아주 다양하며, 억압되거나 간과된 메시지를 끌어낼 전략들을 옹호한다.

도널드슨의 석의 작업 중에 두 가지 작업이 그런 입장을 예시한다. 하나는 그녀가 룻기를 읽는 방식이다. 체로키(Cherokee, 북미 인디언의 체로키족-역주) 여성인 도널드슨은 아메리카 토착 여성이 처한 상세한 문화적, 역사적 곤경에 비추어 룻의 역할을 다시 개념적으로 해석하려고 노력한다.

소수민족이 백인 위주의 아메리카 문화에 통합시키고 흡수하자는 끊임없는 요청에 직면해, 도널드슨은 종종 지워지고 해석되지 않는 또 다른 토착적 인물인 오르바(Orpah)를 파헤친다. 오르바는 룻의 형님으로 룻과 달리 자기 어머니의 집으로 돌아간다.

도널드슨은 오르바의 결심 속에서 이스라엘인 아버지와 함께하는 이국의 가정보다는 차라리 그녀의 어머니가 있는 모국의 가정에 정착하는 것을 선호하는 한 현지인의 대담한 자기주장과 공동체의 주장 행위를 본다. 희망을 상징화하고 체로키 여성들에게 해방의 가능성을 주는 인물은 바로 오르바이다. 왜냐하면, 자신의 토착성(indigeneity), 씨족(clan) 그리고 문화를 포용하는 사람이 바로 그녀이기 때문이다.

---

16 Roland Boer, *Last Stop Before Antarctica: The Bible and Postcolonialism in Australia: The Bible and Postcolonialism 6* (Sheffield Academic Press, 2001), 60–87.

오르바의 행동에 비춰 볼 때, 룻은 다른 인물이 된다. 도널드슨은 또한 사사기 제19장과 제20장을 다시 읽는다. 그녀는 어떻게 사사기 제19장에서 한 미지의 여성에게 가해진 흉악한 범죄를 부각하는 주류 백인 여성 신학자들이 피쿼트 족(the Pequot)에 대한 전쟁에 성경적 근거를 제시했던 사사기 제20장을 살펴보지 못하는지를 보여 주었다.

도널드슨에 의하면 그러한 부주의는 식민주의와 학자들 스스로 해석 기획안에 식민주의와 얽혀있는 관계에 대해 페미니스트 성경 학자들이 보여 준 "교란하는 근시안"(disturbing myopia) 때문이었다.

4. 논쟁

현대 이론들 가운데 탈식민주의는 안팎으로부터 논쟁 되어 왔다. 이 논쟁들 가운데 일부는 성경 비평과 직접적 연관성을 갖고 있지 않다. 그러나 탈식민 성경 비평의 출현은 해방해석학과 페미니스트 담론과 어쩌면 그 이론에 대한 과도한 의존과 같은, 해방에 도움이 되는 다른 비평의 실제들과의 관계에 대해 의문을 제기해 왔다.

1) 해방해석학과 탈식민주의

해방해석학과 탈식민 비평은 특정한 공통의 방법론적 연대를 맺고 있다. 둘 다 여전히 해방과 공동체의 조화와 같은 모더니즘의 특정한 거대 담화들을 소중히 여긴다. 그들은 이것들이 여전히 타당한 해석학적 효능과 가치(purchase)를 가지고 있다고 생각한다. 왜냐하면, 사람들이 계속해서 구조적이고 개인적 억압을 경험하는 수많은 공동체와 국가들에서 그리고 민족의 침해로 인해 찢어진 공동체에서 분명히 알 수 있듯이, 이 둘의 잠재성이 완전히 실현되지 않았기 때문이다.

해방해석학과 탈식민 비평 모두 여성들, 가난한 사람들, 달리트(dalits), 부락 구민들(burakumins) 또는 부족들과 같은 종속된 "타자"의 열망과 품위를 진지하게 취급한다. 어느 쪽도 하나의 텍스트를 편견 없이, 객관적으로 중립적으로 보편적으로 읽는 체하지 않지만, 둘 다 두 개의 초점을 가진, 염치없게도 편견 있는 해석에 얽매인다.

하나는 거부하고 해방하는 것이고, 다른 하나는 지배적 서구의 해석학적 담론을 그것을 편협하게 함으로써, "응시를 반대로 하는 것"에 의해 중단시키는 것이다. 어느 쪽도 정치적 견해를 밝히는 것과 윤리적 방향과 도덕적 이상을 제공하는 것을 주저하지 않지만, 항상 그런 규정들의 위험성을 인정한다.

비록 해방해석학과 탈식민 성경 비평이 유사한 정신을 갖고 있을지라도, 수많은 쟁점에 대해 의견을 달리한다. 이렇게 거리 두기를 하는 주요 이유는 해방해석학과 모더니즘의 이상과의 뿌리가 깊은 연대에 있는데, 모더니즘은 해방해석학이 그 해방의 동기 때문에 포스트모더니즘의 몇몇 강점을 붙잡지 못하도록 한다.

포스트모더니즘의 파생물들(spin-offs) 가운데 하나인 탈식민주의는 지배 담화와 텍스트의 결정성(determinancy)에 대한 반대를 공유하지만, 역사에 대한 평가절하, 텍스트와의 놀음 그리고 마지못해 정치적 개입을 하는 것 등과 같은 포스트모더니즘의 양상들로부터 결정적으로 자신을 분리한다.

해방해석학과 탈식민 성경 비평 사이의 중매 결혼(arranged marriage)이 긴장을 느끼는 네 영역이 있다.

첫째, 성경의 지위(status)와 입장(standing).

해방해석학은 서구 성경 지식의 남성 중심적이고, 사상적으로 편향되고, 빈곤을 적대시하는 해석에 성공적으로 이의를 제기했지만, 성경 본문 자체의 권위에 마지못해 질문해 왔다. 다른 한편, 탈식민 성경 비평은 주도권을 잡은 성경 해석뿐만 아니라 성경 자체에 주어진 입장과 우선권에도 도전한다. 탈식민 성경 비평은 성경 담화들 안에 묻혀있는 불일치(gaps)와 침묵(silences)과 모호함(ambiguities)과 복잡함(complexities)을 탐구한다. 성경의 효능과 의미가 끊임없이 질문을 받는 데 반해, 해방해석학은 성경의 권위를 강화하는 다시 읽기의 훈련에 몰두한다.

해방해석학에 있어, 문제는 성경이 아니라 성경을 해석해 온 방식이다. 다른 한편, 탈식민주의는 성경을 문제와 해결책 둘 다로 보고, 성경의 해방 메시지는 훨씬 더 비결정적이고 복잡한 것으로 보인다. 성경은 해방(emancipation)과 무기력화(enervation) 모두의 본문으로 보인다. 탈식민지적 읽기는 텍스트와 해석의 모두의 수준으로 지배적 이데올로기의 영향으로부터 성경의 해방을 옹호한다. 탈식민주의에 있어, 비판적 원리는 성경에서 유래될 뿐만 아니라, 맥락적 필요와 다른 근거들에 의해 결정된다.

그것은 오직 성경만을 해방하는 많은 텍스트 가운데 하나로 본다. 해방해석학은 가난한 자들에 대한 그 충실함을 포기하거나 낮추지 않는다면 탈식민주의에 따라 옹호된 일부 통찰력을 유용하게 활용할 수 있을 것이다.

둘째, 특정한 성경 모티브에 특권을 부여함.

이채로운 한 가지 적절한 경우가 엑소더스 패러다임이다. 해방 신학의 초창기 행복하던 시절에 엑소더스 담화는 기초 텍스트가 되었다. 로마서 1:16이 종교개혁을 위해 그랬던 것처럼 말이다.

억압받는 사람들의 관점에서 읽고 있는 해방해석학은 이 담화 안에서 아주 많이 투자한 나머지 팔레스타인 사람들, 호주 원주민들, 뉴질랜드 마오리족, 아메리카 원주민, 인디언 부족들과 같이, 해방행위를 받아야 하는 쪽에 있던 토착민들의 운명과 자기 나라에서 분열과 분산을 직면했던 자들에게 그런 해석이 미칠 영향력을 간과했다.

해방해석학은 또한 그런 해방의 행위로 인해 일군의 사람들을 편들고 다른 사람들의 권리를 무시하는 분은 어떤 하나님인지에 관한 곤란한 질문을 제기하지 못한다. 출애굽의 하나님은 유대인들을 해방하는 동시에 애굽인들과 가나안인들을 속박하는 하나님이다. 게다가 해방에 초점을 맞추고 있는 해방해석학은 스스로 아주 고집스럽게 장려한 엑소더스 패러다임 안에 놓여있는 노예 상태의 요소들을 간과한다.

애굽에서 해방한 이후에 이스라엘 백성들이 즉각적으로 취한 행위 중 하나는 노예 매매를 규정하는 것이었다(출 21:1-11). 다른 한편, 탈식민 성경 비평은 엑소더스 담화가 가진 양면성(the ambivalent nature)에 주의를 기울인다. 탈식민주의는 성경이 해방(emancipation)과 노예 상태(enslavement) 모두를 승인하는 것으로 간주한다. 성경의 시대는 물론 현시대에 살아가는 추방자들과 망명자들에게 예민함이 있어야 한다.

셋째, 가난한 자들에 대한 초점.

해방해석학의 가난한 자들에 대한 견해는 제한적인 것이며, 때로 우상화와 유사하다. 해방해석학은 주로 가난한 자들에 대한 개념을 경제적으로 혜택을 받지 못한 것으로 한정한다. 탈식민주의가 다른 점은 그것이 다수의 억압을 인식한다는 것이다. 해방해석학과 달리, 탈식민주의는 "타자"를 통일된 범주로 인식하지 않고, 계급, 성별(sex), 민족성(ethnicity), 성(gender)에 기초한 다양한 정체성을 인정한다.

그들이 선호하는 선택 사항을 보면, 해방해석학 안에 가난한 자들을 공상적으로 표현하려는 성향이 있다. 예를 들어 해방해석학은 마가복음에 나오는 과부를 이상적 경건의 표본으로 투영하려고 한다(막 12:41-44).

그녀의 경건과 제물은 율법학자의 믿음과 부자들의 얕보는 행위의 헛됨과는 별개인 태도로 보인다. 과부의 적은 연보(mite) 이야기에 대해 읽으면서, 탈식민주의는 예수가 기부의 모델로 칭찬하는 것으로 과부를 묘사하지 않고, 그녀가 소유한 적은 것을 바치는 제도에 의해 훈련되고 기만당한 가난한 과부로 묘사한다.

이 담화가 말하는 내용은 그녀의 행위를 승인하는 것이 아니고 성전 재정기관이 휘두른 권력의 남용을 비난하는 것이다. 만일 우리가 과부의 각도에서 그것을 본다면, 예수는 그녀의 행위를 칭찬하는 것이 아니라 착취하는 기관을 공격하는 것이었다. 복음서는 예수가 불평등한 사회구조를 낳은 성전 제도의 파괴를 선포하셨을 때 많은 사례를 기록한다. 게다가 미묘한 방법론적 차이와 그 언어의 혁신성에도 불구하고, 해방해석학의 목표는 식민 시대에 있던 것과 유사한 것—가난한 자들을 복음화하는 것—이었다.

다른 한편, 탈식민 성경 비평은 포교하는 어조를 초월하려고 노력하고, 성경의 전문지식을 비선교적이고 덜 변증적 상황에 놓는 것을 목표한다.

넷째, 해방해석학의 기독교 중심적 성격.

해방해석학이 로마 가톨릭이 우세한 대륙인 라틴 아메리카에서 등장했기 때문에, 그 도덕적 이상은 주로 성경에 의해 형성되었다. 사회적 변화를 위한 해방해석학의 요구는 성경에 의해 제공된 세계관에 기초하고 있어 기독교 이외의 다른 자료들을 무시한다.

해방해석학이 설명하는 도덕적 이상은 거의 배타적으로 기독교에 의해 형성되는 반면, 탈식민 성경 해석은 성경은 물론 다른 주요 종교 전통들에 의해도 형성된다. 기독교는 숭배되지 않는다. 기독교는 계시를 계속되는 과정으로 간주하는 데, 그것은 기독교에만 제한되지 않는다.

해방해석학과 탈식민주의는 서로의 의제와 목표를 공유하고, 현행 제도들에 대한 대안을 희망하고 그것을 지향해 노력한다.

만일 해방해석학이 가난한 자들—그런데 그것은 다른 구성물들, 그 단조로운 성경주의(biblicism), 해석상의 의제를 지배하는 경향이 있는 다른 종교 전통들에 대한 의식의 결여와 불편하게 동석한다—의 균질화(homogenization)를 포기할 수 있다면, 그것은 우리가 사는 곳으로부터 다른 세상을 위해 일하려는 탈식민지적 사고를 갖고 힘을 합칠 수 있어야 한다.

2) 페미니스트의 탈식민 성경 해석과 페미니스트의 해석

서양의 페미니즘과 달리, 탈식민주의는 개인의 성취를 표현하는 수단으로나 자기발견의 수단으로 등장하지 않았고, 식민지 지배를 받은 타자에게 행해진 불법 행위를 해결하고 바로잡기를 원했다.

탈식민주의와 페미니스트 해석 간에 지적이고 직업적 공동 업무가 있다고 할지라도, 제3세계 페미니스트들은 세 가지 면에서 자신을 서양 페미니스트들의 작업과 거리를 둔다.

(1) 대부분의 제1세계 페미니스트들에게 가부장제는 그들의 해석에 핵심에 속하고 그들의 목표는 가부장제가 초래한 파괴를 검토하는 것이다. 제3세계 페미니스트들에게 식민주의와 가부장제는 함께 해석의 중심에 있다.
(2) 제3세계 페미니스트들은 식민주의와 가부장제가 동일하지 않고 그것들은 양자의 혜택을 받는 대상이 되었다는 사실에 주의를 끌어왔다. 가부장제는 남성이 여성을 학대하는 반면, 식민주의에서는 남녀 모두 다른 사회의 남녀를 학대한다고 그들은 지적한다.
(3) 두베(Dube)와 도널드슨(Donaldson)과 같은 탈식민지 페미니스트 성경 학자들은 위에서 주목한 바와 같이 제1세계 성경 학자들이 그들의 석의 작업과 초대교회를 재건함에서 종종 이런 성경 재료들의 식민주의적 맥락과 내용을 양보하고 간과한다.

3) 이론의 활용

어떤 학술 단체에서는 이론에 지치는(theory-fatigue) 순간이 있으며, 심지어 탈 이론 단계(post-theory stage)에 관한 이야기도 있다. 이론을 사용하는 것에 대해 일반적 거부감이 있다. 이론이 단순한 독서의 기쁨을 죽이고 본문과 본문의 언어와 의미에 대해 과거에 당연시된 상식적 접근 방식을 손상하기 때문이다. 이론은 허세를 부릴 수 있고, 단지 지적이고 학문적 존경을 얻기 위한 수단, 단지 유행하는 이용에 불과할 수 있다.

그러나 이론의 오랜 위업은 비록 주류 해석자들이 그것을 거부하고 싫어했음에도 불구하고 학문적 담론 안에 정치와 문화와 이데올로기의 취하게 만드는 음료를 주입하는 것이었다.

이론은 그동안 소수파와 다수파 지식의 불평등한 지위를 복잡하게 하고 혼란에 빠뜨리는 데 있어서, 정체성과 주체성과 성적 기호(sexual orientation, 특히 동성애)에 대한 문제를 상세히 설명하는 데 있어, 제국과 식민주의에 대한 태도를 수정하고 바꾸는 데 있어 유용했다. 더 적절하게 말하자면 이론의 사용은 읽기와 해석이 종종 판명되는 만큼 그렇게 해가 없고 안전한 추구가 아니라는 점을 분명히 보여 주었다.

5. 업적과 미래의 의제

　탈식민주의(postcolonialism)의 원대한 해석학적 업적들을 축하하는 것은 너무 이르다. 탈식민주의가 산들을 옮기지 못할 수도 있지만, 저항의 범주로서 탈식민 비평(postcolonial criticism)은 그 나름의 신중한 방법으로 여러 해에 걸쳐 서양식의 국가주의적 작품들 안에 있는 오역(misinterpretation)과 오보(misrepresentation)를 축적해 온 본문들과 문화들과 종속 상태들(subalternities)을 전복하고 쩔쩔매게 하고, 바꾸어 놓고 회복시킬 수 있었다.

　탈식민 비평은 지금까지 유지된 많은 확고한 반대 견해들-즉 식민지배자들은 악하고 피지배자들은 무고하며, 서양인은 탐욕스럽고 동양인은 자애로우며, 유럽은 지적이고 동방은 영적이다-을 신성화하려는 유혹을 저항해 왔다. 그것은 "우리"와 "그들"이라는 그런 이중 구조를 피해 왔다. 그런 범주화는 너무 단순해 양자 사이의 뒤얽힌 상호 연결을 반영하지 못한다. 탈식민주의는 더 복잡하게 가로지르는 사고방식을 장려해 왔다. 탈식민주의는 서양을 마귀적이라고 인식하는 대신에, 상호 교환과 변화를 중시하는 비판적 대화를 수립하려고 노력한다. 현재 기획에 대해 독특한 점은 그것이 자신을 이전의 식민지배자와 현재 해방된 자 사이에 맺어진 복합 관계의 필연적 결과로 본다는 것이다.

　이런 절대화를 뛰어넘는 움직임으로 인해 탈식민주의는 하나의 진보라고 주장할 수 있다. 식민지 지배 기간에 저항 운동이 식민지주의자들이 설정한 지침에 의해 영향을 받고 제한을 받았지만, 현재의 탈식민지 담론은 그 자신을 양자의 논쟁을 불러일으키는 구조 변경의 산물로 제시한다.

　그것은 이원적 배타성의 장벽을 뛰어넘었고, 그 정체성을 제1세계에도, 제3세계에도 신세를 지고 있지 않다. 이런 새로운 탈식민지적 공간은 제3세계 해석자들을 해석의 정리함-그들이 물러설 수밖에 없고 그들에게 말하라고 했던 국가적이고 민족적 게토-에서 해방해 주었다.

　탈식민 비평가들은 지역에서 세계로, 자기 고장에서 전 세계적으로 서로 다른 다양한 관심사와 정체성과 지지층을 대표하고 중재할 수 있음을 입증해 왔다.

　탈식민 비평은 창조적으로 취사 선택(eclectic)하도록 고무하고, 담론과 방법론이 정의로운 해방의 동기를 채택하고 추진하는 한, 모든 담론과 방법론을 활용하도록 격려한다.

　달리 표현하자면, 이른 세대의 제3세계 해석자들을 괴롭혔던 걱정이나 향수(nostalgia) 없이 해석의 임무에 가담할 수 있다.

미래의 임무에 관해서는 이렇다.

첫째, 성경 지식은 아직 식민주의를 지원하고 강화하는 일에 스스로 휘말리는 것을 비판하는 데 성공하지 못했다. 숀 켈리(Shawn Kelly)와 할보르 목스네스(Halvor Moxnes)는 예외다.

이런 시도는 성경 지식에 대한 소중한 업적들—역사 비평과 다른 사람들의 본문에 대한 관리—을 다양하게 문제화한 것에 뿌리를 두어야 한다. 이런 재검토는 오랫동안 기다려온 것이다. 수많은 탈식민 연구는 문예 작업과 본문 해석에 집중해 왔다. 배타적 형태의 텍스트 실천(textual practice)과 이야기 형태와 내용에 대한 온당치 않은 집중은, 그것들이 아무리 중요할지라도 사회적 관심을 희생하고 행해진 것이라면, 해방의 담론(liberative discourse)이라는 탈식민주의 주장의 흥을 깰 것이다.

단순한 문예적 저항만으로 충분하지 않다. 한 이론의 신용(credibility)은 희생시킴(victimization)과 희생자들에 대해 흐뭇해하고 거만한 사회구조들을 흔드는 능력에 의해 판단을 받는다.

둘째, 이전에 탈식민주의의 호소와 유인(attraction)의 많은 부분은 창의성이 풍부한 허구적 글쓰기였다. 그것은 이 장르를 되찾아야 하며, 그 자체의 이론적 수완의 경이적 일들을 보고 놀라기보다는 상상력이 풍부한 해석학을 제시해야 한다.

셋째, 탈식민주의는 이전에는 절대 없었던 불 침범의 역할을 가지고 있다. 최근에 공개담론에서 정치인들과 정치 평론가들에 의해 이루어진 새로운 제국에 대한 담화가 있었다.

황제가 집권하던 시기는 지나가 버렸지만, 아메리카는 새로운 로마로 보인다. 2001년 9.11 후에 서양, 특히 미국은 독재자들이 지배하는 나라들 안에 민주주의와 자유와 인권의 씨앗들을 심는다는 고상한 수사적 표현을 동반한 제국주의적 의제를 통과시킬 기회를 잡았다.

공개담론에서 이런 제국적 개입은 종종 도덕적 동시에 전략적 목적에 공헌하는 인도주의적 지원과 자유주의의 기획으로 재정의된다. 인도주의적 지원과 다른 사람들 위에 한 사람의 가치를 부과하는 것 사이에 가는 선이 있다.

이런 새로운 위협을 고려해, 탈식민해석학은 과거의 난폭함을 일깨우고, 다수의 경쟁하는 이데올로기들과 종교적 주장들로 가득 채운 현재를 다루는 데 있어 지속적인 역할을 한다.

탈식민주의의 영구적 교훈들 중 하나는 그것으로부터 물질적으로 정치적으로 또는 관념적으로 얻을 것이 없다면, 아무도 다른 사람의 일에 참견하지 못한다는 것이다. 에이메 세제르(Aimé Césaire)가 오래전에 표현한 바와 같이, "아무도 무고하게 식민지화하지 못한다."[17]

---

[17] Aimé Césaire, *Discourse on Colonialism* (New York: Monthly Review Press, 1972).

참고 문헌

Postcolonial biblical interpretation

Boer, Roland, *Last Stop Before Antarctica: The Bible and Postcolonialism in Australia: The Bible and Postcolonialism 6* (Sheffield: Sheffield Academic Press, 2001).

Carter, Warren, *Matthew and the Margins: A Sociopolitical and Religious Reading* (Maryknoll, NY: Orbis Books).

Dube, Musa W., *Postcolonial Feminist Interpretation of the Bible* (St. Louis, MO: Chalice Press, 2000).

Dube, Musa W. and Jeffrey L. Staley, *John and Postcolonialism: Travel, Space and Power: The Bible and Postcolonialism 7* (Sheffield: Sheffield Academic Press, 2002).

Horsley, Richard A. (ed.), *Paul and Empire: Religion and Power in Roman Imperial Society* (Harrisburg, PA: Trinity Press International, 1997).

_____.*Jesus and Empire: The Kingdom of God and the New World Order* (Minneapolis, MN: Fortress Press, 2003).

Jian Dao: A Journal of Bible and Theology 8, "A Postcolonial Discourse" (1997).

Journal for the Study of the New Testament 73, "Postcolonial Perspectives on the New Testament and Its Interpretation, ed. R. S. Sugirtharajah (1999).

Kelly, Shawn, *Racializing Jesus: Race, Ideology and the Formation of Modern Biblical Scholarship* (London: Routleldge, 2002).

Prior, Michael, *The Bible and Colonialism: A Moral Critique* (Sheffield: Sheffield Academic Press, 1997).

Segovia, Fernando F., *Decolonizing Biblical Studies: A View from the Margins* (Maryknoll, NY: Orbis Books, 2000).

_____.(ed.), *Interpreting Beyond Borders: The Bible and Postcolonialism 3* (Sheffield: Sheffield Academic Press, 2000).

Sugirtharajah, R. S. (ed.), *The Postcolonial Bible: The Bible and Postcolonialism 1* (Sheffield: Sheffield Academic Press, 1998).

_____. *Asian Biblical Hermeneutics and Postcolonialism: Contesting the Interpretations* (Sheffield: Sheffield Academic Press, 1999).

_____. *The Bible and the Third World: Precolonial, Colonial and Postcolonial Encounters* (Cambridge: Cambridge University Press, 2001).

_____. *Postcolonial Criticism and Biblical Interpretation* (Oxford: Oxford University Press, 2002).

Whitelam, Keith, *The Invention of Ancient Israel: The Silencing of Palestine History* (London: Routledge, 1996).

Semeia 75, "Postcolonialism and Scriptural Reading", ed. Laura Donaldson (1996).

Semeia 88, "A Vanishing Mediator? The Presence/Absence of the Bible in Postcolonialism", ed. Roland Boer (2001).

Postcolonial theory

Adam, Ian and Helen Tiffin, *Past the Last Post: Theorizing Post-Colonialism and Post- Modernism* (Hemel Hempstead: Harvester Wheatsheaf, 1993).

Ashcroft, Bill, Gareth Griffiths, and Helen Tiffin, *Key Concepts in Post-Colonial Studies* (London: Routledge, 1998).

Goldberg, David Theo and Ato Quayson (eds.), *Relocating Postcolonialism* (Oxford: Blackwell, 2002).

Loomba, Ania, *Colonialism/Postcolonialism* (London: Routledge, 1998).

McLeod, John, *Beginning Postcolonialism* (Manchester: Manchester University Press, 2000).

Mongia, Padmini (ed.), *Contemporary Postcolonial Theory: A Reader* (London: Arnold, 1996).

Moore-Gilbert, Bart, *Postcolonial Theory: Contexts, Practices, Politics* (London: Verso, 1997).

Moore-Gilbert, Bart, Gareth Stanton, and Willy Maley, *Postcolonial Criticism* (London: Longman, 1997).

Quayson, Ato, *Postcolonialism: Theory, Practice or Process?* (Cambridge: Polity Press, 2000).

Said, Edward W., *Orientalism* (London: Penguin Books, 1985).

_____. *Culture and Imperialism* (London: Chatto and Windus, 1993).

Schwarz, Henry and Ray Sangeeta (ed.), *A Companion to Postcolonial Studies* (Oxford: Blackwell, 2000).

Young, Robert J. C., *Postcolonialism: An Historical Introduction* (Oxford: Blackwell, 2001).

제6부
범세계적 참여

제32장 에큐메니컬(Ecumenical) 신학
메리 테너(Mary Tanner)

제33장 동방 정교회 신학
로완 윌리엄스(Rowan Williams)

제34장 오순절과 은사 신학
엘른 엔더슨(Allan Anderson)

제35장 복음주의 신학
데이비드 F. 웰즈(David F. Wells)

제6부
범세계적 참여

21세기 신학은 전에 없이 범세계적 대화 속에서 그리고 범세계적 대화로 수행된다. 제6부에서 논의된 신학들은 기독교인의 삶과 실천의 중요한 부분을 국제적으로 반영하고 있으며 범세계적, 상호문화적 참여를 통해 발전된다. 그 신학들은 서유럽과 북미의 신학 연구에서 종종 무시되었지만, 현대 신학에 상당히 계속된 중요성을 지닌다.

에큐메니컬(ecumenical) 운동은 아마 신학적 대화를 "범세계화"하는 20세기의 가장 분명한 징조 중 하나일 것이다. 매리 테너(Mary Tanner)는 에큐메니컬 운동의 신학적 성취들을 추적한다–그는 이런 성취들을 이것들이 제기하는 독특한 문제들과 가능성을 가지고 특히 신학적 방법과 교회론 영역에서 추적하는 데, 이런 영역들은 하나님의 정체성과 인간의 소명에 대한 폭넓은 물음들과 분리되지 않는다.

A. M. 올친(A. M. Allchin)과 피터 C. 보우텐느프(Peter C. Bouteneff)가 본서를 위해 다시 개정한 로완 윌리엄스(Rowan Williams)가 쓴 정교회 신학(Orthodox theology) 장은 러시아를 대부분의 20세기 정교의 지적 삶의 핵심으로 집중해 다루는 것으로 시작한다. 여기에서 철학자와 신학자로 전향한 마르크스 경제학자 S. N. 불가코프(S. N. Bulgakov)와 "부정 신학"의 영향력 있는 옹호자 V. N. 로스키(V. N. Lossky)와 G. V. 플로로프스키(G. V. Florovsky)가 구체적으로 논의된다.

현재 '동방 정교회 신학'(Eastern Orthodox theology)에 대한 광범위한 실측(final survey)은 이 신학이 서유럽과 동유럽 그리고 전 세계에서 성장한 점을 강조한다. 엔더슨(Allan Anderson)은 자신이 쓴 오순절 신학 부문에서 20세기에 세계적 명성을 얻었고 전 세계적 영향 하에 계속해서 빠르게 성장하는 신학에 대한 접근을 다루고 있다.

오순절(Pentecostal)과 은사주의(charismatic)신학은 엔더슨이 그것을 묘사한 것처럼 "성령 하나님과의 개인적(personal) 만남에 대한 경험"에서 시작해 이런 경험은 성령론뿐만 아니라 성경과 종말론 그리고 신앙의 삶에 대한 독특한 신학적 설명으로 이어진다.

마지막으로 데이비드 F. 웰즈(David F. Wells)는 '오직 성경'(sola scriptura)과 '오직 예수'(solus Christus)—"현실(reality)이 해석될 수 있는 규범적 해석적 틀"로서의 성경과 "형벌적 대속론"의 관점에서 이해되었던 그리스도 십자가의 필수적 중심성—이라는 핵심적 종교개혁의 통찰을 포스트모던 시대에서 이해할 수 있도록 주장하고 만들기 위해 전 세계적 복음주의 신학자들의 노력을 논의한다.

제32장

에큐메니컬(Ecumenical)신학

메리 테너(Mary Tanner)

1. 서론

에큐메니컬 신학은 일치(unity)의 목적을 지향하는 신학적 숙고의 결과다. 다시 말하면 하나님 나라의 관점에서 교회의 일치와 인류의 일치와 창조의 일치다. 에큐메니컬 신학은 지역적, 국가적, 종교적 그리고 국제적 다양한 맥락에서 수행되었다.

지난 백 년 동안 모든 대륙과 많은 교회 전통에서 점점 더 다양한 남성과 여성 그룹은 에큐메니컬 신학적 숙고의 과정에 가담했다. 신학적 사고의 주요 경향들—성경 신학, 역사 신학, 조직 신학, 여성 신학, 자유주의 신학—은 에큐메니컬 신학에 영향을 주었다.

이 분야에서의 주도적 신학자들이 에큐메니컬 기획에 직접 연루되었다. 그들 가운데 몇몇만 열거하면 이렇다.

> 칼 바르트(Karl Barth)와 폴 틸리히(Paul Tillich), 레이몬드 브라운(Raymond Brown), 제프리 램프(Geoffrey Lampe), 이브 콩가(Yves Congar), 칼 라너(Karl Rahner), 볼프하르트 판넨베르크(Wolfhart Pannenburg), 위르겐 몰트만(Jürgen Moltmann), 존 지지울라스(John Zizioulas), 구스타보 구티레즈(Gustavo Gutierrez), 미구즈 보니노(Miguez Bonino), 레티 러셀(Letty Russell), 엘리자베스 S. 피오렌자(Elisabeth S. Fiorenza), 필리스 트리블(Phyllis Trible).

서방(Western)전통교회는 고전적, 합리적, 지성적 접근으로 에큐메니컬 기획을 이끌었으며 동방(Eastern) 전통교회는 경험적, 비지성적, 비합리적, 성례적, 부정적 방식으로 신학 하는 것을 사용해서 그 기획을 이끌었다. 지난 세기의 몇 가지 가장 창의적 신학적 사유는 일치가 주된 관심인 이런 풍부하고 다양한 에큐메니컬 운동에서 나왔다. 간략한 에큐메니컬 운동사를 아는 것이 에큐메니컬 신학을 이해하는 데 도움이 된다.

2. '세계교회협의회'(WCC, World Council of Churches) 국제 공동체 내에서의 에큐메니컬 신학

현대 에큐메니컬 운동은 그 기원을 19세기 말엽과 20세기 초기에 있었던 선교 운동에서 갖는다. 그 시기에 주류 프로테스탄트 교회는 선교적 노력을 같이했다. 처음에 교파적 차이는 상대적으로 중요하지 않았다. 중요한 것은 선교적 활동의 경쟁보다 협력이었다.

미국 성공회 주교 브렌트(Brant)가 한때 분리의 원인이었던 이런 영역에서 교파들이 자신들의 차이를 극복하고 합의를 찾을 필요성을 지적한 것은 다름 아닌 에큐메니컬 운동의 시발점으로 종종 묘사되는 1910년 에든버러(Edinburgh)에서 있었던 '세계선교협의회'(World Mission Conference)였다.

이것이 1927년 스위스의 로잔(Lausanne)에 있었던 '첫 신앙과 직제 세계협의회'(First World Conference on Faith and Order)를 초래했는데, 이 협의회가 교회분리문제를 탐구하기 위해 프로테스탄트와 성공회, 루터파 그리고 다른 정통파 기독교인들을 모이게 했다. 로잔협의회 2년 전에 모든 교회의 또 다른 협의회, 삶과 봉사(Life and Work) 운동이 스웨덴 스톡홀름의 세계협의회에서 모였다. 참여자들은 그리스도인들이 함께할 수 있는 방식이 신앙과 직제의 문제에 대한 불일치에 합의하는 가운데 사회적, 산업적, 정치적 문제를 함께 작업하는 것이라고 확신했다.

에큐메니컬 활동의 이런 세 가지 흐름(세계선교협의회, 신앙과 직제협의회, 삶과 봉사 운동-역주)은 1948년에 발족 된 '세계교회협의회'(WCC)에 토대를 놓는 운동들이 된다. 처음에 신앙과 직제 협의회와 삶과 봉사 운동이 통합되었다. 그런 다음 1961년에 선교 운동(협의회-역주)이 그것들에 가입한다. WCC가 1948년에 설립 이후 많은 변화가 있었지만 세 가지 흐름이 여전히 현재 프로그램과 활동에서 인식될 수 있다.

처음부터 하나의 긴장이 두 유형의 세계교회주의(ecumenism) 사이에서 분명하게 나타났다. 즉 한 유형은 교회의 가시적 일치를 위한 충분한 요구와 신앙의 합의를 지향하는 '숙고'(reflective)와 다른 유형은 선교에서든지 아니면 세계가 필요한 것에 반응하는 것이든지 행동의 통일을 확립하는 '실천'(practical)이다. 60년 이상 이런 긴장은 계속되었다.

에큐메니컬 노력의 여러 흐름에 대한 다양한 통찰과 활동을 결합하는 일관된 에큐메니컬 신학을 분명하게 표현하기 위해서 WCC는 고군분투했으며 아직도 고군분투하고 있다.

이런 노력은 점점 더 다양해지는 에큐메니컬 공동체 내에서 계속되고 있다.

대개 유럽과 북미 공동체에서 시작된 것이 이제 모든 문화적 맥락에서 온 그리스도인을 포용한다. 교회 일원들의 수가 또한 증가했으며 그들 각자는 자신의 고유한 특징적 전통을 가지고 오고 있다.

제2차 바티칸 공의회(Vatican II) 이후 로마 가톨릭교회는 WCC의 신앙과 직제 위원회(Faith and Order Commission)에 가입했지만 많은 프로그램과 연구들을 지지하면서 그 공의회 밖에 남아 있다. 거의 백인, 남성, 학문적 성직자 그룹으로만 시작된 것이 이제 여성과 일반 신자, 다양한 나라와 교회 전통에서 온 젊은 대표자들을 포용한다. 이런 점점 더 다양한 공동체는 신학적 일치에 대해 숙고하는 흥미로운 토론회를 마련한다. 에큐메니컬 운동에 피할 수 없는 긴장이 있음에도 불구하고 WCC는 에큐메니컬 신학에 참여하는 잠재적으로 가장 창조적 토론회다.

WCC가 1948년에 처음 설립되었을 때 그것의 토대는 기독론적이었다.

> 세계협의회는 우리 주 예수 그리스도를 하나님이며 구원자로 수용하는 교회의 회원입니다.

그러나 성령의 사역을 강조하는 동방 정교회(Orthodox churches)의 점증하는 참여의 결과로 부분적으로 1961년 뉴델리 총회(New Delhi General Assembly)는 성령에 대한 언급을 포함하고 삼위일체적 관점에서 그리스도 중심적 토대를 놓는 확충된 토대를 수용했다.

> WCC는 성경에 따라 주 예수 그리스도를 하나님과 구원자로 고백하고, 한 분 하나님이신 성부와 성자와 성령에게 영광을 돌리는 교회의 공동 부르심을 함께 이루어 가려고 노력하는 교회의 일원입니다.

뉴델리 총회는 또한 에큐메니컬 운동의 목적 교회의 일치에 대한 조건들과 표현들을 간략하게 기술하려고 시도한 최초의 회의였다. 일치의 근거는 "성령의 하나 됨(unity) 속에서 성자에 대한 성부의 사랑"으로라는 총회의 보고서에서 확인된다. 교회는 그리스도인이 이미 신적 삼위일체의 삶을 공유하는 방식으로 이해되었다.

이런 삼위일체적 관점에서 그 보고서는 교회의 통일과 인류의 통일 그리고 창조계의 통일을 함께 주장하며, 성자의 완전한 하나 됨 속에서 성부와 함께 성령의 능력을 통해 모든 것의 완성을 생각한다.

그 보고서는 교회의 일치에 대한 정확한 정의와 또한 그것을 달성하는 수단들에 대한 차이점들이 아직 남아 있다는 것을 거리낌 없이 인정한다. 하나님의 목적들에 대한 명확한 삼위일체적 성령으로 가득 찬 이해와 교회의 본질과 임무로의 이동은 에큐메니컬 신학의 중요한 단계를 나타낸다.

이런 이동은 많은 것을 정통 신학자들, 그들 가운데 알렉산더 슈메만(Alexander Schmemann), 메이엔도르프(John Meyendorf), 니시오티스(Nikos Nissiotis), 지지울라스가 준 영향에 은혜를 입고 있다. 그런데도 WCC는 하나님의 나라 관점에서 세계와 교회의 관계성을 신학적으로 설명하기 위해 계속해서 고군분투했으며 여전히 고군분투하고 있다.

교회의 일치에 주요한 관심을 가진 자들은 사실상 존재하지도 않았던 일치된 교회의 황금 시기를 회상하는 편협한 안건 때문에 비난을 받아 왔다. 즉 일치를 향한 지나친 관심으로 인해 다양성이든 정의, 평화 그리고 창조 계를 돌보기 위한 고군분투의 관심이든 어느 한쪽을 위한 여지가 거의 없는 일치를 촉진하는 것처럼 보이는 안건 때문에 비난을 받아 왔다.

다른 한편으로 사회적, 정치적, 경제적 고군분투에 참여하는 사람들은 교회의 본질과 일치 그리고 은혜로운 삶을 일축해버리며, 세계의 안건을 떠맡고 단지 또 다른 인도주의적 단체들이 되는 것 때문에 때때로 비난을 받았다.

그런데도 가끔은 WCC의 삶과 봉사라는 흐름에서 본래 나온 어떤 프로그램은 교회의 일치에 대한 이해를 풍요롭게 하는 중요한 통찰력을 생산했다. 예를 들어 제임스 콘(James Cone), 티싸 발리수리아(Tissa Ballisurya), 데스몬드 투투(Desmond Tutu)와 같은 자유주의 신학자들에 의해 고무된 1970년대 '인종차별 투쟁사업'(Program to Combat Racism)은 교회가 "선지자적 징후"와 이 세계의 투쟁에 "효과적 도구"가 되어야 했다면 교회는 교리적 차이를 극복해만 할 뿐만 아니라 우리 자신의 삶 속에 있는 분리와 차별의 모든 형태를 극복하는 것이 필요하다는 것을 분명하게 보여 주었다.[1]

일치와 갱신은 분리될 수 없다. 즉 함께 속해 있다. 같은 교훈이 『교회에서의 여성

---

1 *Breaking Down the Walls: Statements and Actions on Racism*, 1948-85, A. van der Bent (ed.) (Geneva, 1986).

과 남성 공동체』(*The Community of Women and Men in the Church*)² 란 연구에서 나왔다. 처음에 세속적 여성 운동에서 이어받은 여성의 해방 투쟁(women"s liberation struggle)처럼 보였던 것이 교회의 삶, 그 교회의 예전(liturgical) 언어, 신학을 하는 교회의 방식, 교회의 성례와 사역의 함의뿐만 아니라 신론, 하나님의 형상으로 창조되고 구속받은 남성과 여성에 관한 이해의 함의를 가진 심도 있는 신학적 연구로 나타났다.

학계 출신인 러셀, 피오렌자, 트리블, 엘리자베스 몰트만-웬델(Moltman-Wendel)과 같은 많은 여성 신학자들은 에큐메니컬 신학에서의 이런 발전에 이바지했다. 유사한 방식으로 좀 더 최근에 정의, 평화, 창조계의 온전함은 "도덕 공동체"로서의 교회에 대한 새로운 생각을 일으켰고 일치는 "소중한(costly) 일치"로 이해되었으며 동시에 복음에 대한 헌신은 "소중한 헌신"으로 이해되었다.³

1998년 켄버라(Canberra) 총회는 성령의 세 번째 위격(person)을 주제로 한 첫 번째 총회였다.

> 오, 성령이여 오셔서 모든 창조물을 갱신하소서.⁴

개회 때 발표한 두 개의 신학 발제들도 거의 다르지 않았다. 그것들은 에큐메니컬 공동체의 신학적 입장에서 끊임없는 긴장을 강조하는 역할을 했다. 알렉산드리아와 전 아프리카 총대주교(Patriarch)인 정교회 신학자 파르테니오스(Parthenios)는 정교회 전통 내에서 깊이 있는 주제에 대해 심오한 숙고를 제공했다. 그의 발제는 교회의 일치에 대한 필요를 역설하며 삼위일체적 관점에서의 성령론에 놓여있었다. 왜냐하면, 일치 없는 성령의 사역은 교회 내에서 방해받게 되며 선교와 인류를 향한 봉사 그리고 창조물에 대한 책임이 약해지기 때문이다.

그는 교회에서의 성령의 사역을 교회 바깥 세계 속에서의 성령의 사역과 연결했다. 이 발제에서 성령의 은사로서 교회의 일치가 에큐메니컬 신학의 핵심에 놓여있으면서 동시에 교회와 그 교회의 일치가 모든 인류와 창조계의 일치와 분리되지 않는다.

한국 여성 신학자 정현경(Chung Hyan Kyung)의 두 번째 발제는 총회 주제를 음악

---

2 *The Community of Women and Men in the Church: The Sheffield Report,* C. Parvey (ed.) (Geneva, 1983).
3 *Ecclesiology and Ethics,* T. Best and M. Robra (eds.) (Geneva, 1997).
4 *Signs of the Spirit: Official Report of the Seventh Assembly of the WCC,* M Kinnamon(ed.) (Geneva, 1991). Chung Hyun Kyung, *Struggle to be the Sun Again: Introducing Asian Women's Theology*

과 드라마로 페미니스트적 한국의 모티브를 가지고 해석했으며 혹자에게는 한국 문화의 '한'(恨)이 지배하는 정신을 성령과 동일시하는 것으로 보였다.

총회의 주제에 대한 이런 두 개의 매우 다른 도입은 전통의 관점에서 주로 수행된 신학적 숙고와 특정한 문화적 맥락에서 시작하는 신학적 숙고 간의 주요한 차이점을 강조했다.

신학적 숙고의 방식, 전통의 역할 그리고 맥락적 특수성의 역할에 대한 예리한 물음들이 암암리에 제기되었다. 다른 물음들도 있었다.

많은 영(spirits) 가운데서 단지 한 성령인가?
성령은 교회의 현실과 떨어져 세계 속에서 사역하는가?
선하고 긍정적 모든 것은 기독교 하나님에게 돌려져야만 하는가?
그리고 모든 문화는 그리스-로마 문화로서의 그리스도교 신앙을 이해하도록 도와주는 데 동일하게 정당할 수 있는가?
따라서 총회의 주제는 복음과 문화 간의 관계에 관한 예리한 방식의 질문으로 개막했다. 매우 다른 문화적 맥락에서 구현된 교회 간의 가시적 교제(communion)가 가능할 수 있는가?
매우 다양한 문화적 맥락은 일치를 방해하는가?

두 개의 발제는 더 많은 영향을 끼쳤다. 몇몇 정교회와 복음주의 참여자들은 이 같은 전통에 대해—삼위일체 하나님, 구원, 복음의 기쁜 소식 그리고 교회에 대해—급진적(radical) 물음들을 가진 교회의 일원에 더 이상 속할 수 있는지를 자신들에게 묻지 않을 수 없었다.

두 정교회는 이윽고 WCC를 떠났으며, 정교회와 다른 교회 회원들 간의 7년간의 토론 후에 WCC는 회원 교회들이 WCC의 삼위일체적 토대에 대한 헌신과 WCC 안건의 핵심에 놓여있는 교회론에 대한 헌신을 재확인해야만 하는 취지를 지지했다.

1993년에서 2003년까지 WCC 총서기(General secretary)를 지낸 콘라드 레이저(Konrad Raiser)는 현재의 에큐메니컬 운동을 과도기 세계교회주의로 묘사했다.[5] 그는 에큐메니컬 운동에서의 패러다임(paradigm)의 변화, 즉 세 가지 주요한 강조로의

---

5 Konrad Raiser, *Ecumenism in Transition: A Paradigm Shift in the Ecumenical Movement?* (Geneva, 1989).

변화를 다음과 같이 규정한다.

(1) 신의 실재에 대한 삼위일체적 이해와 하나님과 세계와 인간 간의 관계에 대한 삼위일체적 이해
(2) (역사 대신에) 핵심적 참고 점(point of reference)으로서의 삶, 즉 상호적 관계성의 망(web)으로 이해되는 삶
(3) 각 장소와 모든 장소에 있는 하나의 교회를 서로 다른 사람들의 한 공동체라는 의미에서 하나의 단체(fellowship)로 이해하는 것.

이런 변화는 에큐메니컬 신학이 "오이쿠메네"(oikumene)로 시작한다는 것을 함의하며, 이런 오쿠메네는 무한하게 다양한 사람과 사회 그리고 인간 세계와 창조물 간의 연결을 가진 하나님에 의해 창조되고 보호되는 가족의 삶으로 이해된다. 이런 패러다임의 변화는 그리스도 중심에서 삼위일체적 관점으로의 이동을 지지하며, "페리코레시스"(περιχώρησις, 각 위격 간의 상호 침투) 개념, 즉 다른 위격들(persons)의 교제(communion)를 사용해서 (몰트만과 보프를 따르는) 사회적 삼위일체론을 강조한다.

동시에 이런 패러다임의 변화는 한 분 하나님의 영광과 세계를 위해 세례의 일치를 나타내면서, 신앙과 성례, 성직에 하나 되는 한 교회라기보다는 오히려 정의와 평화 그리고 창조물의 완전성을 심의하는(conciliar) 과정에서 동료의식(fellowship)을 가진 결속된 다양한 교회가 되는 것으로 에큐메니컬 운동의 목적을 강조한 것 같다.

그 목적은 구별된 상태로 남아 있는 다양한 교회 지체들의 한 단체(fellowship)인 것 같다. 교회의 이상(vision)은 화해된 다양성을 가진 하나이며, 그래서 그곳에서 일치보다 다양성은 가장 중요한 특징이다. 이런 패러다임의 변화가 에큐메니컬 운동을 궁극적으로 지배할 변화인지는 두고 볼 일이다. 레이저는 몇 가지 근본적 물음들을 제기하는 데 도움을 주었다.

3. 에큐메니컬 신학적 대화 다자간 대화의 성취

에큐메니컬 신학적 숙고가 WCC의 다양한 프로그램 내에서와 사이에서 수행되었지만, 신앙과 직제 위원회(Commission)는 지속적인 에큐메니컬 신학적 숙고에 대한 특별한 책임을 지고 있다. 로마 가톨릭교회와 어떤 보수 복음주의적 교회가 협

의회(Council) 자체가 아닌 그 위원회에 가입해 왔다는 사실이 신앙과 직제를 에큐메니컬 신학을 할 수 있는 가장 포괄적 회의(forum)로 만들었다.

신앙과 직제의 신학적 대화를 위한 안건은 첫 세계협의회(First World Conference)에서 주로 정해졌다.

그 위원회의 강점 중 하나는 75년 이상 동안 그 안건에 대한 위원회의 인내심 있는 발전이었다. 그 안건은 신앙 고백의 문제들과 교회의 본질, 성례, 성직, 전세계 그리스도교(Christendom)의 일치를 포함했다. 시카고 입안(立案), 즉 1888년 람베스회의(Lambeth Conference)에서 성공회 주교들에 의해 만들어진 시카고-람베스 4강령(the Chicago-Lambeth Quadrilateral)은 에큐메니컬 안건에 상당한 영향을 주었다.

4대 강령은 일치를 위한 4가지 특징을 강조한다. 즉 규율과 신앙의 궁극적 기준으로서의 성경, 고백과 가르침에 충족한 사도신경과 니케아 신경(Nicene Creeds), 두 가지 그리스도의(dominical) 성례로서 세례와 성찬, 통일된(unifying) 성직으로 지역에서 채택된 역사적 주교직을 강조한다.

1927년 신앙과 직제 협의회에서 참여자들은 교회가 고립에서 벗어나 그 교회의 차이점을 알게 되는 시기에 적절한 비교(comparative) 방법을 사용하면서 자신들의 주제를 탐구했다. 그들은 어떤 다양성이 실제로 본질적 화합과 일치를 이룰 수 있는지와 무엇이 교회를 분리하는 것으로 남아 있는지를 발견하는 데 목표를 두었다.

에큐메니컬 신학을 향해 나아가는 주요 단계는 1963년 몬트리올(Montreal)에서의 네 번째 세계협의회(Fourth World Conference)에서 있었는데, 그때 에큐메니컬 방법의 변화가 에큐메니컬 신학의 새로운 시기를 위한 길을 열어주었다.

몬트리올 협의회를 통해 교회들은 신학을 하는 데 있어서 '오직 성경'(sola scriptura)의 원리를 단언하는 것 같은 사람들과 교회의 전통에 의해 지도받은 사람들 간의 대립을 극복하는 데 도움을 받았다. 몬트리올 협의회는 한 전통이 성경 속에서 증언되며 교회를 통해 성령에 의해 전달되고 개별 교회들의 다양한 전통 내에서 그 표현들을 찾는다고 주장했다.

이런 이해를 통해 몬트리올 협의회는 다른 교회 전통에 의해 거론된 해석학적 기준이 사실상 적절하게 함께 속해 있다는 것을 제시함으로써 단지 성경에만 호소하는 사람들과 교회의 전통에 호소하는 사람들 간의 분리를 극복하는 것을 도왔다. 성경 자체는 교회의 전통 내에 있으며 전통은 다양한 강조를 하고 모든 교회의 전통 내에서 전수된다.

이것은 에큐메니컬 신학의 비교 방법으로부터 일치/통합(convergence)의 방법으로 이동하는 에큐메니컬 공동체의 길을 열어주었다. 주 자료들로 함께 되돌아감으로써 복음의 전통은 성경에서 증거되고 교회 안에서 교회로 전수되었으며, 교부의 자료에 대한 특별한 강조를 사용해서 다양한 교회의 신학자들은 신앙과 교회, 성례, 성직에 대한 공동 이해를 함께 확립했으며 그들이 고대 전통에서 발견한 주목할 만한 합의 내에서 새로운 방식으로 불일치를 바라볼 수 있었다.

이런 새로운 방법론에 대한 가장 중요한 결과로 1982년에 『세례와 성찬 그리고 성직』(Baptism, Eucharist and Ministry)이 출판되었다. 아마 이 책은 20세기 가장 폭넓게 배포된 에큐메니컬 문서일 것이다.[6] BEM은-가톨릭과 정교회, 복음주의 그리고 오순절의-다양한 전통 출신의 신학자들이 세례와 성찬, 직제적(ordained) 성직에 관해 일치할 수 있었다고 믿었던 바를 기록한 통합 문서(convergence text)다.

첨부주석들은 극복되었던 역사적 차이점을 기록하며 화해에 필요한 논쟁된 문제들을 규명한다. BEM은 폭넓게 연구되었고 신앙과 직제위원회가 반응한 것에 대한 반응뿐만 아니라 교회에서 나온 공식적 반응인 제6권의 책이 출판되었다.[7]

동시에 이런 보고서들은 귀중한 에큐메니컬 신학의 자료이다. 이 보고서들은 이해의 돌파구가 어디에서 발생했는지를 보여 준다. 예들 들어, 성찬이 십자가상에서의 그리스도가 당한 영 단번(once-for-all)의 희생에 대한 반복이 아니라 "공허한 상기"가 아닌 상기이며 그리스도의 수난의 혜택이 성찬 공동체를 위한 선물, 즉 은사가 현실이 되는 것을 확신시켜주는 것으로 희생을 간주하는 방식을 이해하기 위해 '아남네시스'(anamnesis)라는 성경적 개념을 사용하는 데 있어서 이해의 돌파구가 발생했다는 것을 보여 준다.

발전은 성찬의식 전체에서의 성찬과 빵과 포도주가 있는 성찬에서 그리스도가 실제로 임재 한다는 것을 이해하는 데서도 이루어졌다.

> 성찬에서 그리스도의 실제적 임재는 개인의 신앙에 달린 것이 아니지만 그리스도의 몸과 피를 분별하기 위해 신앙이 요구된다는 것에는 모두가 동의한다. 빵과 포도주가 그리스도의 몸과 피라는 성찬의 징표가 되는 것은 다름 아닌 그리스도의 살아 있는 말씀과 성령의 능력에 의해서다. 빵과 포도주는 교제의 목적을 위해 그렇게 남아 있다.

---

6   *Baptism, Eucharist and Ministry,* Faith and Order Pater 111 (Geneva, 1982).
7   *Churches Respond to EBE,* Vols. 1-6, M. Thurian (ed.), Faith and Oder Papers 129, 132, 135, 137, 143, 144 (Geneva, 1986-8); *Baptism, Eucharist and Ministry* 1982-1990, Faith and Orer paper 149 (Geneva, 1994).

세례 부분에서는 유아와 성인 둘 다를 세례 주는 사람들과 단지 성인들만 세례 주는 사람들을 조율하는 데 오랜 시간이 걸리고 있다. 성직 부분에서는 삼중(threefold) 성직에 대한 이해로 진전을 보이며 삼중 성직은 일치의 징표와 일치로 가는 방식임을 제시한다. BEM은 에큐메니컬 신학의 주목할 만한 결과다.

그 문서에 반응해 교회가 제기한 문제 중에는 그 문서 배후에 일관적이고 일치된 교회론이 있는가이다. 1970년대 즈음에 신앙과 직제(Faith and Order) 토론회는 가시적 일치를 위한 세 가지 요건들을 규명했다. 즉 사도적 신앙에 대한 공동 고백서와 공동 성찬과 성직 그리고 함께 결정하고 권위로 가르치는 방식들이다.

이미 이루어진 성찬과 성직에 대한 실질적 작업을 가지고 그 위원회는 첫 항목인 신앙고백에 관심을 돌렸다. 니케아-콘스탄티노플 신경(Nicene-Constantinopolitan)을 가장 오래되고 가장 폭넓게 쓴 신경으로 받아들이면서, 그 위원회는 어떻게 그 신경이 성경의 신앙을 압축하고 있는지와 또한 오늘날의 그 신앙에 대한 주요한 도전, 즉 다른 신앙 공동체와 세속주의 그리고 현대 과학적, 기술적 진보에 대한 믿음뿐만 아니라 모든 존재에게서 나오는 도전이 무엇인지를 탐구했다.[8]

『한 신앙을 고백함』(Confessing the One Faith)에서 그 위원회는 성경에 토대를 두고 니케아-콘스탄티노플(역주) 신경에서 제시된 교회의 사도적 신앙에 대한 에큐메니컬 설명을 제공한다. 그 위원회는 이런 설명이 교회들이 함께 고백하기 위해 한 사도적 신앙을 인식하도록 도울 수 있기를 희망했다.

그 보고서는 창조자이신 하나님과 하나님의 아버지 되심(fatherhood), 성육신 그리고 성령이 나오심(procession)에 관한 중요한 숙고들이다. 이런 후자 문제들에 대해 그 보고서는 본래 형태의 니케아-콘스탄티노플 신경에 있는 성부로부터 성령이 나오심에 대한 장황한 에큐메니컬 논의와 서방 전통에 의해 첨부된 문구, "그리고 아들"(filioque 문구)의 함의에 대한 논의를 요약한다.

그것은 성부와 성자 간의 관계를 표현하기 위해 서방 그리스도인이 "필리오꾸에"란 용어를 도입하는 것으로 인해 형성된 논쟁에도 불구하고 서방과 동방 그리스도인은 성령이 성부에서 나오신다는 그 신경의 단언에 충실하기를 원했다는 것을 시사해 준다. 그들은 성령이 성자에게 종속된다는 어떤 인상을 주지 않고서도 성부와 성자와 성령의 친밀한 관계가 단언 될 수 있다는 것에 동의한다.

월터 카스퍼(Walter Kasper), 판넨베르크, 진 틸라드(Jean Tillard), 니콜라스 로스키(Nicholas Lossky), 제프리 와인라이트(Geoffrey Wainwright) 그리고 현재 콘스탄니노플의

---

8   *Confessing the One Faith,* Faith and Order paper 153 (Geneva, 1991).

에큐메니컬 총대주교(His All Holiness the Ecumenical Patriarch of Constantinople)인 칼케돈의 메트로폴리탄 바르톨로뮤(Metropolitan Dr. Bartholomew of Chalcedon)을 포함해 많은 주도적 성경 신학자와 조직 신학자들은 에큐메니컬 신학의 이런 야심 찬 연구에 이바지했다.

'첫 신앙과 직제위원회'는 일치를 위한 세 번째 요건에 관한 주요 연구—함께 결정하고 권위로 가르치는 방식들—을 아직 생산해내지 못했다. 그 위원회는 교회의 일치에 필요한 세 가지 요건들을 작업하는 데서 교회론 연구로 전환했다. 1993년 산티아고 데 콤포스텔라(Santiago de Compostela)의 신앙과 직제에 관한 다섯 번째 세계협의회(Fifth World Conference)의 주제 -'신앙과 삶 그리고 증인 속에서의 코이노니아를 향해'-는 코이노니아로서의 교회의 본질, 교회의 신앙, 거룩한 삶, 성직 그리고 세계 속에서 교회의 증인에 대한 이해를 함께 유지하기 위한 신학적 틀을 제공했다.[9]

"교제(communion)", "참여", "공유", 그리고 "공동체"로 다양하게 번역되는 코이노니아의 성경적 개념은 교회와 그것의 일치에 관한 창의적 생각을 위한 가장 바람직한 주제로 판명되었다. 코이노니아는 교회의 신학을 코이노니아이신 삼위일체 하나님의 삶에 근거를 둔다. 그 협의회를 통해 어떤 종류의 교회가 그리스도인들이 세례를 통해 하나님의 삼위일체적 교제의 삶 속에서 가질 수 있는 참여를 숙고했는지가 탐구되었다.

지지울라스가 교제 신학(theology of communion) 속에서 모든 삶과 교회의 구조가 관계가 있어야만 한다고 주장했을 때 그의 통찰력은 그런 논의에 영향을 주었다. 그 주제는 교회의 일치성과 다양성, 지역교회와 보편교회와의 관계, 공동체 위에서가 아니라 공동체 내에서 실행되는 감독성직(ministry of oversight) 그리고 성찬식(service of communion)에서의 성직의 권위에 대한 새로운 통찰력을 열어주었다.

그 협의회 이후에 그 위원회는 계속해서 교회론에 공을 들였으며, 1998년에 연구 문서, 『교회의 본질과 목적』(The Nature and Purpose of the Church)을 출판했다.[10] 그 보고서가 교회를 '말씀의 창조물'(creatura verbi)과 '성령의 창조물'(creatura spiritu)로 시작했을지라도 교회를 코이노니아로 이해하는 것은 그 보고서 본문의 핵심이다. 교제(communion)는 삼위일체의 삼위가 수행하는 사랑의 삶을 가리킨다. 창조에서의 하나님의 의도는 하나님과 인류와 창조물 전체 간의 교제를 확립하는 것이다.

---

9   *On the Way to Fuller Koinonia,* T. Best and G. Gassmann (eds.), Faith and Order paper 166 (Geneva, 1994)
10 *The Nature and Purpose of the Church,* Faith and Order Paper 181 (Geneva, 1998)

따라서 교제는 창조 자체의 질서, 가족과 친족, 부족과 부족민의 자연스러운 관계 그리고 창조의 선한 것에 토대를 두고 있다. 교회에서 교제의 삶이 창조 질서 속에서의 코이노니아를 확립하고 변혁시키지만, 절대 완전히 대신하지는 않는다.

교회의 가시적 코이노니아는 하나님이 인류와 창조물 전체를 위해 의도하신바—하나님 나라를 맛보는 것—를 입증하는 것이다.

그 보고서는 교회가 어떻게 교제의 삶을 유지하고 보살피는지를 탐구하며 교회가 부분적 교제에서 전체적 교제로 이동하는 데 무엇이 필요한지를 시사한다.

그 보고서는 BEM이 성례와 성직을 위해 했던 것처럼 교회론 분야에서의 통합을 진술하려는 최초의 시도다. 이런 작업이 진전할 때 이것이 교회가 수용하게 될 교회론을 제공할 것인지는 두고 볼 일이다.

신앙과 직제는 1970년대 이후로 교회에 대한 이해와 인류의 일치에 대한 광의적 틀 내에서의 교회의 일치를 예상했던 것보다 더욱 어려웠을지라도 계속해서 주장하려고 노력해 왔다. 그 보고서인 『교회와 세계』(*Church and World*)는 하나님 나라의 관점에서 교회의 소명과 세계의 운명 간의 본질적 연결을 탐구한다.

『교회와 세계』는 세계 안에서와 세계를 향해 하나님 나라를 "맛보는 것"과 그 나라의 "신비", 그 나라의 "선지자적 징후"로서의 교회의 소명을 더욱 강조한다.

이런 더욱 폭넓은 관점이 없다면 교회 분리의 원인이었던 신학적 차이들을 극복하는 과제는 자기성찰(inward looking)로 보일 위험에 놓여있다. 즉 세계의 관계단절(brokenness)과 불의 앞에서 호사를 누리는(luxury) 것처럼 보일 위험에 놓여있다.

4. 쌍방 간의 신학적 대화

1968년에 끝난 제2차 바티칸협의회(Second Vatican Council)가 에큐메니컬 신학의 발전에 끼친 영향을 과대평가하기는 어렵다. 교황 비오 11세(Pius XI)의 회칙 '모르타리움 아니모스'(Mortalium animus, 1928)는 진일보하고 있는 에큐메니컬 운동에 로마 가톨릭이 참여하는 것을 금했다.

그러나 불과 40년 이후 만에 그 협의회의 개회 연설에서 교황 존 23세(Pope John XXIII)는 모든 그리스도인 사이에서 "진리 속에서 완전한 가시적 일치"를 위해 적극적으로 활동하는 교회의 의무를 강조했다.

세계교회주의 칙령, "유니타티스 레딘테그라티오"(Unitatis redintegratio)는 비록 로마 가톨릭교회와 "불완전한 연합"일지라도 다른 그리스도인들이 그리스도와 세례

의 신앙에 의해 어느 정도의 교제가 있다는 것을 인정했다.[11]

게다가 하나의 그리스도 교회가 로마 가톨릭교회에서 "존재하지"만 또 다른 교회들과 교회 공동체는 "구원의 신비 안에서 중요하다." 그 협의회를 따르면서 로마 가톨릭 신학자들은 에큐메니컬 신학의 발전에 주요한 이바지를 한다.

로마 가톨릭교회가 에큐메니컬 운동에 참여하는 것 때문에 쌍방 동반자 관계 속에서의 집중적 신학적 대화의 시기를 초래했다. 로마 가톨릭교회는 정교회(Orthodox)와 감리교(Methodist), 성공회(Anglican), 루터파(Lutheran) 그리고 개혁파(Reformed) 동반자들과 대화를 시작했으며 다음으로 그들은 서로 쌍방간의 대화로 들어갔다.

동방 정교회(Oriental Orthodox)와 구 가톨릭(Old Catholics), 침례교(Baptist), 사도교회(Disciples), 복음주의 그리고 재림파(Adventists)와 함께 하는 대화의 수는 급격히 늘어났다. 이런 대화에 대한 보고서가 두 개의 책, 『합의의 진전 I과 II』(*Growth in Agreement I and II*)로 출간되었다.[12] 이런 책들은 1970과 2000년 사이에 있었던 대화에 대한 보고서를 담고 있으며 에큐메니컬 신학의 풍부한 자료다.

그 대화들은 로마 가톨릭-동방 정교회(Roman Catholic--Eastern Orthodox)와의 대화의 경우에서처럼 대화의 목적이 충만한 교제를 재확립하는 것인지 아니면 단순히 침례교-루터파(Baptist-Lutheran)와의 대화의 사례에서처럼 교제를 증진하기 위해 차이점을 명확히 하는 것인지에 따라 다르다.

대화에서 다루어진 주제들은 비록 성공회-로마 가톨릭(Anglican--Roman Catholic) 간의 대화가 도덕에 관한 주제들에 대해 씨름해 왔을지라도 대개 교리 문제들이다. 즉 신앙, 교회론, 성례, 성직, 전통 그리고 권위 문제들이다. 주제 선택은 분리의 본래 원인에 의해 주로 결정된다.

이런 많은 대화는 몬트리올협의회의 업적이 성경과 전통에 미친 영향을 보여 준다. 그 대화는 성경과 교회의 옛 전통으로 되돌아가는 방식으로 작업하고 과거 분리의 논쟁을 통해 얼룩진 것이 아닌 새로운 언어로 신앙을 함께 표현하려고 한다.

그러나 어떤 대화는 신학과 방법 둘 다에 대해 동반자들 사이에서 차이가 있다는 것을 인정한다. 예를 들어 로마 가톨릭과의 대화에서 침례교는 그들이 성령의 인도

---

11 *Unitatis redintegratio*, in *Decrees of the Ecumenical Councils*, N. Tanner (ed.) (Washington, 1990), 908-20.

12 *Growth in Agreement: Report and Agreed Statements of Ecumenical Conversations on a World Level*, H. Meyer and L. Visher (eds.) (New York, 1984); *Growth in Agreement II: Report and Agreed Statements of Ecumenical Conversations 1982-1998*, J. Gros, H. Meyer, and W. Rusch (eds.), Faith and Order paper 187 (New York, 2000).

하에 해석된 개혁파 원리인 '오직 성경'에 의존한다는 것을 보여 준다.

하지만 가톨릭은 성령에 의해 인도되는 공동 진행(communal process) 속에서의 교학권(Magisterium)의 지도(leadership)를 받은 전통에 비추어 해석된 성경으로 이동한다.

다자간의 대화와 마찬가지로 많은 보고를 연결하는 개념은 교회의 근본적 실제로 이해되는 코이노니아의 성경적 개념이다.

감리교-로마 가톨릭(Methodist--Roman Catholic) 보고서가 주장하는 것처럼 코이노니아는 단순히 교회의 또 다른 모델이 아니다.[13] 코이노니아는 많은 성경의 비유들(images)-"그리스도의 신부", "하나님의 가족", "포도나무", "주님의 성전"-이 가리키는 근본적 실재다. 신학적 대화에서의 코이노니아의 강조는 새로운 길을 열어주었다.

첫째, 그것은 분리된 교회가 하나님 자신의 삶과 사랑의 교제 속에서 함께 연결되어 있다는 것을 깨닫도록 해 준다. 그래서 성공회와 로마 가톨릭은 이미 "실제적이지만 불완전한 교제" 속에 있다는 것을 단언하며 그들 내에서와 사이에서 "어느 정도의 교제"를 인식할 수 있다. 오순절파와 로마 가톨릭은 그들을 서로 묶어주는 "확실하지만 불완전한 교제"를 인정하며, 이것이 어느 정도의 공동 선교를 가능하게 만든다.

둘째, 이미 기존의 어느 정도의 교제에 대한 인정 때문에 일치로 가는 한 단계 한 단계의 접근 가능한 길이 열린다. 이런 단계적 여정에서 가장 구체적 작업은 흥미로운 루터파-로마 가톨릭의 보고서, '일치를 향해'(Facing Unity)에서 나오는데, 이 보고서는 부분적 교제에서 완전한 교제로 가는 도중에, 받아들여질 수 있는 다양한 단계와 도달할 수 있는 다양한 단계를 구체적으로 묘사한다.[14]

셋째, 코이노니아에 대한 강조는 차이가 남아 있는 영역들을 바라볼 수 있는 신학적 틀을 제공해 준다.

코이노니아의 주제가 많은 보고서에 공통적이지만 교회 삶의 어떤 특징들이 전적으로 가시적 교회의 교제에 적절하게 속하는지에 대한 의견의 차이는 있다. 성공회-로마 가톨릭 보고서, 『교제로서의 교회』(Church as Communion)는 교제의 구성적

---

[13] *Growth in Agreement II*, 587.
[14] *Growth in Agreement II*, 443-84.

요소들이 다음과 같다는 것을 제시한다.

같은 도덕적 가치들과 인류에 대한 같은 이상, 만물의 최종적 극치에 대한 희망을 수용하면서, 성경에서 계시가 되었고 가톨릭(Catholic) 신경에서 확립된 사도적 신앙에 대한 공동의 고백, 공통적 세례, 하나의 성찬 기념, 지역교회가 모든 지역 교회와 교제 하도록 유지하는 감독(episcopate)에게 맡겨진 감독하는 사도직의 지도, 사제적(collegial), 대주교적(primatial) 표현들을 가진 감독직(ministry of oversight), 하나님의 뜻을 찾는 데 있어서 공동체의 참여가 개방된 것 등이다.[15] 그 보고서는 이런 가시적 교제의 특징들에다가 가시적 일치의 핵심으로 보편적 주교직을 추가한다. 이런 것들은 분리된 항목이 아니라 전적으로 가시적 교회의 교제에 속한 상호 관련된 일관(package) 프로그램이다.

동방 정교회-로마 가톨릭(Eastern Orthodox-Roman Catholic) 보고서, 『신앙과 성례 그리고 교회의 일치』(Faith, Sacraments and the Unity of the Church)은 훨씬 더 강력하게 다양한 구성적 요소 간의 상호 관계를 강조한다.[16] 그래서 신앙의 교제는 성례적 교제로 증가한다. 왜냐하면, 모든 성례는 교회의 신앙을 전제하고 표현하기 때문이다.

성직은 신앙과 성례에 나타난 교제의 성장을 유지하고 굳건하게 한다. 따라서 가시적 교제는 교회가 신앙과 성례 그리고 공동 성직을 가지고 있을 때만 가능하다. 이것과 함께 후속적 보고서에서는 협의로 모일 가능성과 대주교직을 포함해 사도적 계승을 가진 삼중 성직이 추가되었다.

반대로 개혁파 교회들의 보고서는 그것들이 동의한 것에 가시적 통일을 위한 필수적 조항이 있다는 것이 다르다. 예를 들어 개혁파-루터파(Reformed--Lutheran) 보고서, 『교회의 유대를 향해』(Towards Church Fellowship)는 복음의 올바른 가르침/설교와 성례의 올바른 시행에서의 완전한 일치가 교회의 참된 일치를 위해 필연적이고 충분하다는 것을 확언한다.[17] 그러나 그 보고서는 성직 구조와 교회 조직, 교회를 구성하는 신앙의 요소들과 성례 간의 구별이 있어서는 안 된다는 것을 계속 제안한다. 그러나 단일한 성직, 감독제의 계승 또는 사제적, 대주교적 특징들이 "완전한 교제"의 구성 요소가 된다는 제안은 없다.

가시적 일치를 구성하는 것에 다른 이해가 있는 것 같지만 가시적 일치에 속하는 몇 가지 특징들을 이해하는 데에는 합일이 있다.

---

15 *Growth in Agreement II*, pp, 324-43.
16 *Growth in Agreement II*, 660-8.
17 *Growth in Agreement II*, 233-47.

신앙의 분야에서 기독론에 대해 로마 가톨릭과 동방 정교회(Oriental Orthodox churches)[18]뿐만 아니라 동방 정교(Eastern Orthodox)와 동방 정교회 간의 합의가 있다.

정교와의 많은 대화에서 삼위일체론은 종교적 사유와 삶의 핵심으로 다시 주목받았다. 다자간의 토론에서처럼 니케아 신조(Nicene Creed) 서방 설명(version)에 있는 '필리오쿠에'(filioque) 문구는 더 이상 분리의 문제가 아니며 그 결과 어떤 교회는 그 문구를 예배 의식에서 생략했다.

개혁파와 정교는 삼위일체에 대한 그들의 합의가 과거 오류가 있는 분열된 성삼위일체론의 견해에도 해당한다고 여기며, 그것에 따르면 라틴(Lain)신학은 하나님의 유일성(oneness)에서 성부와 성자, 성령의 삼위들로 이동했지만 그리스(Greek)신학은 성부와 성자, 성령에서 하나님의 유일성으로 이동한다.

그들의 현재의 진술은 일체의 삼위(Trinity in unity)와 삼위의 일체(unity in Trinity)로서 하나님의 삼위-일체(tri-unity)에 대한 탁월한 진술이다.[19] 신앙에 대한 공동 선언을 향한 세 번째 주요한 진전은 칭의론(doctrine of justification) 분야에 있다. 가장 주목할 만한 발전은 루터파-로마 가톨릭의 대화 속에서 발견된다. 오랜 연구의 결과가 1999년 『칭의론에 관한 공동 선언』(Joint Declaration on the Doctrine of Justification)[20]에서 요약되어 있는데, 그것은 루터파와 로마 가톨릭이 다음과 같다는 것을 진술한다.

> 루터파와 로마 가톨릭은 하나님의 은혜로 얻어지는 이신칭의에 대한 공동 이해를 이제 분명히 설명할 수 있다. 그 이해는 양쪽 교회가 칭의에 대해 가르치고 있는 전부를 다루지 않는다. 그것은 칭의론의 기본적 진리에 대한 동의를 아우르며 칭의론을 설명하는 데 있어서 남아 있는 차이점이 더 이상 교리적 정죄를 위한 경우가 될 수 없다는 것을 보여 준다.[21]

개혁파 분리의 핵심에 놓인 문제에 대해 이 같은 합의에 이르게 된 것은 에큐메니컬 신학의 주목할 만한 성취다.

---

18 Oriental과 Eastern은 동의어다. Oriental Orthodox churches는 the First Council of Nicaea, the Council of Constantinople 그리고 the First Council of Ephesus 세 가지 회의만 인정하는 Eastern Orthodox christian churches의 신앙을 말한다. 그들은 AD 451년에 개최된 Chalcedon Council of Chalcedon Oriental의 규정을 거부하며 이런 Oriental Orthodox churches를 Old Oriental church라고도 부른다-역주.
19 *Growth in Agreement II*, 287.
20 *Growth in Agreement II*, 566-82.
21 *Growth in Agreement II*, 566-7.

성례와 성직을 다룰 때 많은 쌍방 간의 보고서는 BEM에서 발견되는 합의를 단언한다. 이것은 대화에서 일관성을 유지하는 데 도움을 준다. 그런데도 이런 세 분야 각각에 일부 파트너 사이에서 차이가 있는 영역이 남아 있다.

예를 들어 침례교와 로마 가톨릭은 개인적 신앙의 증거로 세례를 주는 침례교와 성인과 유아에게 세례를 베푸는 가톨릭 간(그리고 다른 교파 간)의 차이를 확인한다.

그러나 여기에 있는 상태들조차도 정태적인 것으로 간주하지 않고 그 보고서는 신앙이 오로지 개인적 반응인지에 대해 좀 더 함께 숙고할 필요성을 인식한다.[22] 사도교회와 로마 가톨릭은 그들이 성찬의 이해에 대한 큰 합의를 가진다는 것을 "대체로"(on the whole) 믿고 있지만, 성찬에서 그리스도의 임재의 성질과 진정한 의식(celebration)에 필요한 제도로서의 주교에 대해 여전히 좀 더 심도 있는 토론을 해야 한다.[23]

감독 제도(episcopacy)에 대한 물음은 주교(bishops)를 가진 이런 교회들과 그렇지 않은 교회들 간의 문제를 남겨놓는다. 그러나 그 토론의 핵심은 유익한 방식으로 바뀌었다. '감독'(episcope, 관리)직이 다양한 "유형"-개인적, 주교적, 공동적-으로 실행될 수 있다는 합의와 다양한 교회가 다른 유형이 아닌 하나의 유형을 강조한다는 합의가 있다. 모든 교회가 하는 물음은 세 가지 차원들이 교회의 일치 역할을 하기 위해 그것들 간의 올바른 균형이 얼마나 회복될 수 있는가다.

감독 제도와 사도성(apostolicity)과의 관계, 교회의 계승(succession)은 많은 대화 속에서 토론된 또 다른 문제다. 한편으로 교회의 가시적 일치를 위해 주교가 '시네 쿠아 논'(필수 불가결, sine qua non)하다고 주장하며, 사제를 사도들의 계승자로서, 즉 교회의 보편성과 사도성의 신실한 보증자로 묘사하는 이런 교회들(특히 동방 정교와 로마 가톨릭)과 다른 한편으로 이것을 주장하지 않는 사람들 간의 차이가 있다.

정교-가톨릭의 대화에서 사도성과 계승의 논의는 성공적이다. 그것은 머리 위에 손을 올려놓는 촉감적(tactile) 계승으로 사도적 계승을 바라보는 것과는 무관하다. 사도적 계승은 따로 떨어진 개인의 계승을 통해서라기보다 주교가 임명된 지역교회를 통해 전달된 사도의 가르침과 임무에 계속해서 충실하게 있는 것으로 묘사된다.

사도적 계승은 사도적 신앙의 증언자인 다른 교회들과 교제 속에서 같은 사도적 신앙을 증언하는 교회의 계승이다.[24]

---

22 *Growth in Agreement II*, 384.
23 *Growth in Agreement II*, 397.
24 *Growth in Agreement II*, 677, 679.

사도적 가르침과 임무를 충실하게 계승하는 것에 대해 강조하는 것은 사제를 신앙의 공동체로부터 분리하지 않는다는 것과 더불어, 주교를 역사적 계승으로 인정하는 교회와 그렇지 않은 교회 간의 열매 있는 미래의 토론을 위한 길을 열어놓고 있다. 마치 사도성과 계승에 대한 미래의 대화에 발전의 징후가 있는 것처럼 역시 보편적 대주교직을 이해하는 것에 대한 유사한 희망의 징후가 있다. 감리교와 성공회, 정교, 구 가톨릭, 사도교회, 루터파는 동반자인 로마 가톨릭과 그 주제에 접근해 왔고 교회의 일치에 집중할 수 있는 한 사람의 성직의 중요성에 동의해온 사람들이다.

그러나 그들이 수용할 수 없는 것은 교구의 일을 임의로 개입하는 것, 보편적 관할권을 주장하는 것, 사제 권한의 평등성(collegiality)이 아닌 대주교직(primary)을 실행하는 것 혹은 무오류설(infallibility)을 주장하는 대주교(primate)의 자율적 권리다. 많은 사람은 무오류설이 하나님에게만 적용되는 것으로 간주했다.

성공회-로마 가톨릭 위원회에서 나온 더욱 최근의 보고서, '권위의 은사'는 전 교회의 삶의 맥락 내에서와 대주교직도 절대 예외가 될 수 없는 모든 주교의 권한이 평등한 것 내에서 로마 가톨릭 주교직을 탐구한다. 무오류설의 가르침은 비록 로마의 주교가 대학교 내에서 교회의 정신과 성경과 일치해 신자가 수용할 그런 가르침을 때때로 분별하고 선언할지라도 모든 교회의 과제다.[25]

이런 보고서들은 보편적 대주교직에 관한 중요한 대화의 시작을 나타낸다. 미래의 토론은, 교황(Pope John Paul)이 교회의 일치를 위한 예배에 자신의 성직을 이해하는 데 도움을 주기 위해 교황 회칙 "우트 우눔 신트"(Ut unum sint, 하나 되게 하소서)를 보낸 모든 교회에 방문하는 것을 통해 도움을 받을 것이다. 로마 가톨릭교회가 로마의 주교직이 완전한 교회의 가시적 일치에 필수적이라고 주장할 때, 이것은 틀림없이 쌍방과 다자간의 신학적 대화를 위한 중요한 주제가 된다. 이런 신학적 대화의 원인이 되는 동기부여의 힘은 1927년 신앙과 직제에 관한 첫 세계협의회(First World Conference on Faith and Order)의 부름에 놓인, 지속해서 하나가 되고자 하는 것이다. 즉 교회의 선교를 위한 교회의 일치이다.

특히, 로마 가톨릭교회와 복음주의자들 그리고 오순절주의자들 간의 두 개의 대화에서의 선교, 복음주의 그리고 개종(proselytism)에 대한 숙고가 관심을 불러일으킨다. 두 대화는 그리스도인들이 서로 알게 되고 서로 존중하게 될 때 그들의 목적이, 가시적 일치는 아니며 교리 부분에서 큰 차이점이 남아 있을지라도, 복음의 메시지에 나타난 공동 신앙을 토대로 해 함께 증언할 가능성이 여전히 있다는 것을 보여 준다.

---

25 *The Gift of Authority: Authority in the Church III* (New York, 1999)

5. 수용

에큐메니컬 신학적 대화의 결과들은 절대 도서관 선반에 있는 문서로 남겨놓으려고 의도되지 않았다. 그 목적은 그 결과들이 서로 공유된 신앙의 삶과 성례 그리고 선교에서 교회들이 서로에게 친밀할 수 있는 도구로 역할을 해야 한다는 것이다. 근래에 와서 많은 관심은 교회의 상호적 삶이 갱신되고 그 교회와 다른 교회와의 관계가 깊이 있게 되는 그 같은 방식으로 어떻게 교회가 신학적 대화의 결실을 수용할 수 있는지에 쏠렸다.

신학적 합의가 이루어진 성명서에 교회가 공식적으로 반응한 것과 이런 합의를 갱신된 삶과 변화된 관계성으로 흡수하는 것 사이의 유용한 구별이 만들어졌다. 이 두 가지 구별은 수용의 과정이라고 불렸던 것에 적절하게 속해 있다.

『세례와 성찬과 성직』(*Baptism, Eucharist and Ministry*) 보고서가 교회들에 보내졌을 때, 주의 깊게 공들여진 물음들이 제기되었다. 첫 번째 물음은 교회가 그 보고서에 나온 "대대로 내려오는 교회의 신앙"을 인정할 수 있는지였다. 교회는 우선 그 물음을 자신의 고백적 진술과 비교하도록 요청받는 것이 아니라 오히려 성경과 교회의 전통과 비교하도록 요청받았다. 교회들에 두 가지 추가적 물음들이 제기되었다.

첫째, 교회는 신학적 합의 속에서 교회의 신앙을 인정할 수 있는지와 교회가 그런 신앙과 일치해 살기 위해 교회 자신의 내적 삶 속에서 어떤 변화를 만들 필요가 있을지를 고려하도록 요청받았다.

둘째, 교회는 그 보고서에 나타난 교회의 신앙을 또한 인정할 수 있었던 사람들에게 어떤 변화들이 적절한지를 고려하도록 요청받았다.

유사한 방식으로 『성공회-로마 가톨릭위원회의 최종 보고서』(*The Final Report of the Anglican-Roman Catholic Commission*)가 두 가지 물음과 함께 두 교회에 보내졌다. 첫 번째 물음은 합의된 진술이 "성공회/로마 가톨릭의 신앙과 실질적으로 일치하는지"와 만일 그렇다면 어떤 "구체적 단계"가 그 합의에 근거해 취해질 수 있는지를 고려하도록 교회에 요청한 것이었다.

BEM과 ARCIC의 물음에 반응해, 교회는 거의 모든 그들의 관심을 신학적 물음에 몰두했고, 갱신된 삶과 변화된 관계성의 신학적 합의를 수용하는 것에 대한 보다 더 난해한 물음에 답하는 것은 회피했다.

그러나 1990년대에 수용 부분에서 어떤 의미심장한 발전이 있었다. 수년간의 신학적 대화의 결과, 즉 루터파 세계 연방(the Lutheran World Federation)과 로마 가톨릭 교회 간의 1999년 '칭의에 대한 연합선언서'(Joint Declaration on Justification)의 경축으로 인해 이런 두 종교단체는 상호 비방에 대한 기억을 화해하는 것이 가능하게 되었다.

유럽과 북미의 루터파와 성공회 사이에 새로운 관계성이 확립되었다. 신학적 대화의 결과가 서로의 삶 속에서 예수 그리스도 교회의 임재를 인정하는 토대뿐만 아니라 신앙과 선교의 밀접한 삶을 공유할 수 있는 구속력 있는 헌신을 만들기 위한 기초도 형성해 주었다. 그래서 루터파 성공회(Anglicans with Lutherans)와 독일의 개혁파 연합교회는 마이센(Meissen) 합의에 들어갔으며 가시적 통일로 가는 새로운 단계를 만들었다.

감독 제도와 계승에 대해 남아 있는 차이점이 가시적 통일로 가는 것을 막고 있지만, 이런저런 문제들에 대한 논의는 계속되고 있다. 영국과 아이랜드(Britain and Ireland) 성공회는 연합했고 북유럽 발트해 루터파 교회와 '포르부 연합'(Porvoo Communion)을 이루었다.

마이센 합의와 포르부 합의 둘 다는 다자간, 쌍방 간의 신학적 합의에 이 두 가지가 합의가 의존하고 있다는 것을 인정한다. 두 합의는 어떻게 신학적 합의가 신앙과 삶과 선교의 친밀한 연합 속에서 서로를 수용할 수 있게 하는지를 보여 준다.

예를 들어 미국과 영국(Great Britain)의 감리교와 성공회간의 또 다른 동반관계는 에큐메니컬 신학적 합의에 따라 가능하게 된 단계적 '화해'(rapprochement)의 유사한 길을 계속 가고 있다. 이런 신학적 합의에 근거한 단계적 '화해'로 인해 다른 교회들은 신학적 대화에서 변화된 관계로 이행하는 것을 고찰할 수 있는 도전을 받는다. 변화된 삶과 관계성을 수용하는 과정에서 계속 진전이 없다면 신학적 대화는 단지 몇몇 교회만의 전유물로 남을 것이며 교회의 일치와 선교에 미치는 영향은 없을 것이다.

6. 미래의 안건(Agenda)

20세기에 우리는 친밀한 교제로 가는 어떤 실천적 이행과 더불어 에큐메니컬 신학의 주목할 만한 성취를 목격했다. 신학적 대화의 복잡한 관계(web)는 계속될 것이며 대면하게 될 몇 가지 당면 문제를 탐구하는 것이 가능할 것이다.

첫째, 에큐메니컬 방법 그 자체의 내용은 의문을 포함하고 있다.

네 번째 몬트리올 세계협의회(Fourth World Conference)는 성경과 전통과 전통들을 다룬 하나의 전환점이었고, 대화들을 통해 비교 신학에서 합일과 일치된 진술을 생산하는 데로 전환하는 것을 가능하게 해 주었다.

성경적, 교부학적 근원으로의 회복에 대한 몬트리올의 강조는 근대 역사 비평 혹은 유형학적(typological), 비유적 독법의 전근대적(premodern) 방법을 통해서든지 아니면 독자들의 경험을 통해서든지 어떻게 이런 근원들이 그 자체로 접근될 수 있는지의 물음을 불가피하게 제기한다. 또한, 문화적 맥락이든지 해방 신학적 맥락이든지 생태학적 논쟁과 같은 현대의 특정한 문제에서든지 신학을 맥락에서 하자는 도전이 있어왔다.

산티아고 세계협의회(World Conference in Santiago)에서 한 그룹의 젊은 에큐메니컬 신학자들의 조언은 "어떻게 우리가 에큐메니컬 담화를 수행할 수 있는 언어와 개념의 공통적 틀을 발견하고 개발할 것인가?"

이런 물음에 직면하게 될 때 방법론적 접근을 확대하자고 제안하는 것이었다.[26]

그들은 맥락에 맞는 융합과 비교를 통한 접근 간의 대화를 위한 미래를 고대했으며, 이런 다른 방법론적 접근은 반대하는 상호 배타적 선택이 아니라 상보적 선택이라고 설명했다. 이에 반응해 신앙과 직제위원회는 에큐메니컬 해석학 연구를 시작했으며 첫 번째 성명서인 『질그릇에 담긴 보물』(*A Treasure in Earthen Vessels*)[27]을 생산해냈다. 해석하는 과정에 대해 함께 이해하는 것이 미래의 에큐메니컬 신학에 중요하다.

둘째, 에큐메니컬 신학적 대화가 발생하는 전반적 준거 틀(frame of reference)과 관련한다.

삼위일체 신학으로의 이행은 동방과 서방이 훨씬 더 친밀하게 화합하면서 많은 창의적 길을 열었다. 그러나 명확하지 않았던 것은 삼위일체 각 위의 독특한 활동의 본질과 상호 관련성이며, 또한 그리스도의 몸인 교회와의 관계에서뿐만 아니라 인류와 창조물 전체와 관계해 어떤 평가도 성자의 구원 사역에 주어지지 않았다.

캔버라 회의는 그리스도 중심적 보편주의를 주장하는 데 혹자가 가질 수 있는 어려움을 드러냈고 대신에 교회 밖 세상 속에서 사역하시는 성령의 활동을 강조하는 것을 선호했다. 인류의 구원은 창조된 질서의 보존에 관한 관심으로 인해 무색하게

---

26 *On the Way to Fuller Koinonia*, 162.
27 *A Treasure in Earthen Vessels*, Faith and Order Paper 182 (Geneva, 1998).

되는 경향이고 복음 전도는 다른 신앙과의 대화에 자리를 내어 주며, 교회의 일치는 사치이며 소수만의 관심이다.

셋째, 교회론 문제가 있다.

교회와 그것의 일치 본질을 이해하는 데 매우 중요한 코이노니아의 개념은 그 개념의 성경적 뿌리를 유지하는 것보다도 교회론 안건에 더 비중을 두어야 한다고 말하는 사람들에 의해 물음이 제기된다. 만일 이런 물음 제기가 옳은 것이라고 판명된다면 그것은 이미 한 합의에 심각한 결과를 가질 뿐만 아니라 여성의 성직 서임(ordination)과 같은 외관상 다루기 힘든 문제와 인간의 성적 취향(sexuality)의 분야에 있는 어떤 문제가 교제(communion)의 교회론 내에서 해결될 것 같다는 희망에 심각한 결과를 가질 것이다.

또한, 교회의 교제를 지속하고 육성하는 이런 것들에 대해 수행될 더 많은 작업이 있는데, 특히 가시적 일치 속에서 어떻게 그리스도인이 조언을 받고 결정하고 함께 가르쳐야 하는지를 말이다. 구조적 일치라고 부르는 것을 매도해 버리며, 이런 안건에 거의 관심을 보여 주지 않는 사람들도 있다. 다른 사람들은 개인적, 사제적, 공동적, 심지어 대주교적 측면에서의 일치를 유지하는 것과 효과적 선교를 위해 어떤 종류의 구조가 절대적으로 필요하다고 주장한다. 앞으로 주어진 과제는 구조를 말한다는 것이 엄격한 통일성이나 위계적, 강압적 모델을 함의하지 않는다는 것을 제시하는 것인데, 이런 모델에는 일반 성도의 목소리나 '신자들의 신앙 감각'(sensus fidelium)이 나타날 여지가 없다.

아마도 가장 흥미를 불러일으키는 물음은 이것이다.

에큐메니컬 대화에 동기를 부여하는 일치의 목적은 무엇인가?

많은 모델이 그 목적, 즉 "유기체적 일치", "통일된 그러나 흡수되지 않은", "화해된 다양성", "충만한 교제" 등을 묘사하기 위해 사용됐다.

오늘날에는 교파를 포기하고 가시적 통일을 믿는 사람들과 교파들이 식별할 수 있고 실행할 수 있게 계속해서 남아 있다.

하지만 그들 사이에서 교제가 확립될 수 있는 모델로 화해된 다양성을 간주하는 사람들 사이에 주요한 분리가 있는 것처럼 보인다.

이런 물음에 대한 대답은 교회가 에큐메니컬 신학의 결과로 나온 확고한 토대에 근거해 한 단계 한 단계씩 조정된 '화해'(rapprochement)의 복잡한 관계 속에서 조처하고 새로운 단계에 도달했을 때 무엇이 나오는지를 볼 수 있도록 남아 있어야만 할지도 모른다.

그러나 한때 레슬리 뉴비긴(Lesslie Newbigin)이 제안한 바처럼 그 목적을 설명하지 않고는 일치에 헌신하는 것이 불가능하다.

참고 문헌

에큐메니컬 운동사와 개관(History and overview of the ecumenical movement)

Fey, H., *The Ecumenical: The Ecumenical Advance: A History of the Ecumenical Movement, 1948-68,* Vol. 2 (Geneva, 1993).

Lossky, N., Bonino, J. M., Pobee, J., Stransky, T. F., Wainwright, G와 Webb, (eds.), *Dictionary of the Ecumenical Movement*, 2nd den. (Geneva, 2002).

Rouse, R.와 Neil, S. C. (eds.), *History of the Ecumenical Movement 1517-1948,* Vol. 1, 3rd edn. (Geneva, 1986).

에큐메니컬 문서들

A Treasure in Earthen Vessels, Faith and Order Paper 182 (Geneva, 1998).

Baptism, Eucharist and Ministry, Faith and Order Paper 111 (Geneva, 1982).

Best, T와 Robra, M. (eds.), *Ecclesiology and Ethics* (Geneva, 1997).

Confessing One Faith, Faith and Order Paper 153 (Geneva, 1991).

Decree on Ecumenism (Second Vatican Council) in Tanner, N. (ed.), *Decrees of the Ecumenical Councils* (Washington, DC, 1990)

Ehrenstrom, N와 Gassmann, G. (eds.), *Confessions in Dialogue* (Geneva, 1975).

Gassmann, G. (ed.), 1963–1993 *Documentary History of Faith and Order 1963-1993*, Faith and Order Paper 159 (Geneva, 1993).

Gros, J., Meyer, H와 Rusch, W. (eds.), *Growth in Agreement II: Reports and Agreed Statements of Ecumenical Conversations on a World Level, 1982-1998* (Geneva, 2000).

Mey, H와 Vischer, L. (eds.), *Growth in Agreement: Report and Agreed Statements of Ecumenical Conversations on a world Level* (New York, 1984). *The Nature and Purpose of the Churches*, Faith and Order 181 (Geneva, 1998).

Parvey, C (ed.), *The Community of Women and Men in the Church: The Sheffield Conference* (Geneva, 1982).

The Unity of the Church and the Renewal of Human Community, Faith and Order Paper 151 (Geneva, 1990).

Ut unum sint, Encyclical Letter of the Holy Father John Paul II, On Commitment to Ecumenism (Boston, MA, 1995).

Vischer, L. (ed.), *A Documentary History of Ecumenical Movement 1927-1963* (St. Louis, MO, 1963).

개인 저자들

Congar, Yves M. J., *Divided Christendom: A Catholic Study of the Problem of Reunion* (London, 1939).

Cullmann, O., *Unity through Diversity: Its Foundation, and A Contributions to the Discussion Concerning the Possibilities of its Actualisation* (Philadelphia, PA, 1988).

Evans, G. R., *Method in Ecumenical Theology* (Cambridge, 1996).

Jenson, R., *Unbaptised God: The Basic Flaw in the Ecumenical Movement* (Minneapolis, MN, 1992).
Kinnamon, M., *The Vision of the Ecumenical Movement and How it has been impoverished by its Friends* (Missouri, 2003).
Meyer, H., *That All May Be One: Perceptions and Models of Ecumenicity* (Cambridge, 1999).
Raiser, K., *Ecumenism in Transition* (Geneva, 1989).
Rusch, W., *Reception: An Ecumenical Opportunity* (Philadelphia, PA, 1988).

제33장

동방 정교회 신학

로완 윌리엄스(Rowan Williams)

1. 서론: 배경

대부분 20세기 정교회 신학의 이야기는 1917년 이전의 러시아 자체 안에서뿐만 아니라 이후에 이민 생활에서 있었던(특히 파리에서) 러시아 신학의 이야기다. 19세기 후반 러시아의 지적 삶의 이례적 활력은 역사적으로 다른 정교회 사회에 유례가 없을 정도였다-부분적으로 다른 그러한 사회가 몇 세기 동안 실제적 문화적 독립을 누리지 못했다는 단순한 이유로 말이다.

심지어 그리스가 마침내 오스만의 굴레(Ottoman yoke)에서 벗어 난 후에 하나의 국가로서 등장하게 되었을 때조차 그리스의 지적 정신(ethos)을 자랑하기 시작할 수 있었던 것은 여러 해가 지나서였다.

그러나 정교회 세계의 지도자(standard bearer)에게 익숙했던 러시아는 전통 정교회 신학과 계몽주의와 탈계몽주의(post-Enlightenment) 사유 간의 첫 번째 진지한 만남을 위한 무대였다. 그리고 그것은 마치 서방 기독교 사유가 발전한 3백 년(3세기)이 러시아에서는 몇십 년으로 단축되어야만 하는 것과 같았다. 만일 러시아의 종교적 사유가 때로 서방의 눈에 기이하고 소박하고 터무니없이 보인다면 우리는 그것이 상대적으로 짧은 시기 동안에 몰려든 사회적, 지적 자극을 가진 전례 없는 새로운 인상의 강렬함에 대한 반응이라고 기억해야만 한다.

현대(modern) 러시아의 종교 사상을 이해하는 하나의 중요한 요인은 헤겔(Hegel)의 역할이며 체계를 형성하는 데는 쉘링(Schelling)의 역할이 더 크다. 헤겔의 작품은 우크라이나(Ukraine)의 신학교들을 통해 처음 러시아에 알려졌다.

프로클로스(Proclus)¹의 후기 신플라톤주의(late neoplatonism)에 대한 헤겔의 관심으로 인해 위(僞) 디오니시우스(Pseudo-Dionysius)의 작품(위 디오니시우스의 작품은 프로클로스의 영향에 의해 눈에 띄게 되었다)에 큰 권위를 부여했던 신학에 반향을 불러일으켰다는 것이 매우 그럴듯하게 제시되었다.

그러나 또한 두 가지 다른 요인들을 명심해야 한다. 독일 관념론은 독일 신비주의-중세와 후기 중세 라인 지방(Rhineland)의 가톨릭 신비주의와 야코프 뵈메(Jakob Böhme)의 유사 신비적(quasi-hermetic) 프로테스탄트 두 가지-와 긴밀한 연관 속에서 러시아에 들어왔다. 19세기 초기 10여 년에 독일에서 나온 새로운 철학적 사고는 독일 신비주의와 절충적 경건주의(eclectic pietism)가 제공한 단순한 또 다른 형태의 새로운 종교적 내면성(interiority)의 이미지로 나타났다.

바꿔 말하자면 처음에 관념론은 러시아에서 종교철학으로 수용되었는데, 이런 관념론이 비록 정교회 관점에서 애매하기는 할지라도 전통 신앙을 위해 작업 될 수는 있었다. 뵈메를 쉘링과 헤겔과 조합시키는 것은 세계를 유기체로의 형이상학, 지식에 대한 참여적, 직관적 설명 그리고 자율적이고 유한한 자아 관념의 상대화(relativization)로 가는 길을 열어놓은 것처럼 보였다. 러시아의 종교적 사상에 걸림돌이 되지 '않았던' 하나의 문제가 지나친 이원론(excess of dualism)이라고 말하는 것은 정당하다.

그러나 이것 말고도 러시아 역사 자체가 헤겔에게 이끌리도록 하는 데 도움을 주었을지도 모른다. 러시아의 역사-비잔틴과 유럽 문명의 키예프(Kievan) 시대에서 점증하는 문화적 고립 속에 있었던 몽골과 모스크바 세기들과 18세기 지배계급의 친(親) 프랑스적(Francophile) 프랑스어권 문화에 이르기까지-는 폭력적으로 교체된 역사였다.

그리고 나폴레옹에 대항한 전쟁으로 인해 "거룩한 러시아"(Holy Russia)라는 모스크바의 이상에 대한 깊은 감정적 회복이 수반되었다. 문화적이고 정치적으로 러시아는 과거의 모순적 유산을 해결하고, 그런 역사의 거대한 분열 때문에 야기된 상처를 치료하려는 정체성을 찾으려고 노력했다. 따라서 1917년까지(그리고 그 이후로 계속) 많은 러시아의 지성적 역사는 국가를 정의하려는 다양한 상반된 "노력"(bids)

---

1   AD 412에 콘스탄티노플에서 태어나 반그리스도교적 아테네학파에 속한 그리스 신플라톤주(Neoplatonism)의 철학자 중 한 사람이다. 시리아학파 신플라톤주의자인 이암블리코스(Iamblikos)의 사상을 수용해 비잔틴과 이슬람과 로마에 신플라톤주의 철학을 전파했다. 후에 위디오니시우스를 통해 프로클로스의 견해는 그리스도교 신학에 영향을 주었다(박규철,『그리스 계몽주의와 신플라톤주의』(서울: 한국학술정보, 2017), 126-역주

과 관련한다.

유럽 "주류"의 역사에 합류함으로써 그 긴장을 해결하는 것이 러시아의 운명인가?

또는 러시아가 목격하고 있는 매우 다른 정책과 정치가 있는가?

네루(Nehru)인가?

또는 간디(Gandhi)인가?

혁명적 마르크스주의에 대한 가장 두드러진 것 중 하나는 그것이 이런 두 가지 반대되는 충동을 혼합하는 데 성공했다는 것이다. 그러나 19세기 초기 10여 년 동안 이런 종류의 안건을 가진 사회에게 역사적으로 지향된 형이상학을 호소하는 것은 분명하다.

헤겔은 종교적인 것과 철학적인 것 그리고 정치적인 것을 함께 혼합하려는 특징적 러시아의 경향을 확인했으며 러시아의 종교철학 전체 기획이 이런 혼합을 반영한다. 그러나 이런 프로그램을 수용하면서 여전히 헤겔을 극복해야 한다고 믿고 있는 사람들이 있었다. 이반 바실리에비치 키레프스키(Ivan Vasilievich Kireevsky, 1806-56)는 그가 죽은 해에 "철학의 새로운 토대의 필요성"에 관한 수필을 출판했는데, 그 수필은 헤겔은 하나의 특정한 스타일의 철학이 가진 결정적 목적을 제시했으며, 그 목적은 다음과 같이 베이컨과 데카르트에게서 기원했다고 논의했다.

철학의 근본적 문제는 "사유란 무엇인가?"이고 이것을 관찰과 논쟁의 과정을 분석하는 관점에서 다루는 것이다. 키레프스키는 그보다는 오히려 파스칼에 의해 제시된 대안적 전통(또한 키레프스키는 슐라이어마허에게 감명받았다)과 주지주의적(intellectualist)이거나 주의주의적(voluntarist)이지도 않은 관점인 행위와 관계에서의 역사적 인격 형성론, 다시 말하면 통합적 인간관을 찾으면서, 동방 교부 특히 수도원 작가들의 인류학에 방향을 돌렸다.

이 같은 관점에서 사유한다는 것은 구체적이고 헌신적인 것이지 비역사적(ahistorical)이지 않다. 그리고 우리는 정신과 자연의 관계에 대한 '비극적' 이상이 절대적으로 지배하는 것에서 벗어나게 된다. 키레프스키의 문학적 유산은 단편적이고 작지만, 독자는 하이데거와 같은 사유뿐만 아니라 키에르케고어와 같은 사유, 즉 로고스 형이상학에 반대되는 해석학을 놀랄만하게 엿볼 수 있을 것이다.

블라디미르 세르그레비치 솔로비요프(Vladimir Sergreevich Soloviev, 1853-1900)는 가장 극적 반대 접근, 즉 형이상학적 구성과 체계화를 위한 열정을 제시한다. 그의 중요성은 그가 주로 신적 지혜, 영원한 페미닌(Feminine)인 '소피아'(Sophia)의 특징에 핵심을 둔 유사(quasi)-신화론적 우주론에 대해 상술했다는 점이다.

솔로비요프에게 절대자는 존재뿐만 아니라 생성으로도, 초월적 통일(unity)뿐만 아니라 그 통일로 자신을 표현하고 관계할 수 있는 전체적 양태(modes)로 존재한다. 그리고 이런 후자의 절대자 형태(초월적 통일, 전체적 양태-역주)는 그것이 항상 통일 지향적 운동을 보존하는 한, 유기체적 전체(organic whole)이다. 이것이 경험적 우주에서 분열되지만, 여전히 하나님 안에서 하나로 있는 '소피아'다. 이런 관점에서 신의 말씀이 육신이 된다는 것은 우주를 "재통합하는 것"의 핵심적 행위이며, 육신이 된다는 것의 열매는 교회 안에서 실현되고 인간의 인격(personality)은 우주 전체("전체 통일")로 통일된다.

그 인격은 유한한 제한성에서 해방되고 물질과 다른 주체로부터의 소외에서 해방된다. 정교회는 로마 가톨릭교회(communion)가 하는 것처럼 외부적, 법률적, 권위적 체계에 의해 작동하지 않으며 프로테스탄트의 개인주의를 지지하지도 않는다. 그러므로 정교회는 전도유망한(promise) '소피아적' 인간성, 즉 "신적 인간성"(bogochelovechestvo), (또는 종종 표현되는 것처럼 '신인성')을 담지하기에 독특하게 적합하다.

정교회 사회의 목표는 법적으로 강요되는 것이 아니라 유기적으로 진화하는 '자유로운 신정체제'(free theocracy)가 되는 것인데, 이것은 다른 국가들을 교회이면서 국가인 보편적(universal) 그리스도교회(Christian communion)로 이끌 것이다.

솔로비요프는 초기 작가 알렉세이 스테파노비치 호먀코프(Alexei Stepanovich Khomyakov, 1804-60)의 일부 생각들을 발전시켰는데, 특히 교회의 유기체적 양식(models)을 사용해서 그리고 교회(정교회 특히 슬라브)의 초(supra)-개별적 의식을 위한 특정한 이름으로 '보편성'(catholicity)에 해당하는 러시아어 "소보르노스트"(sobornost) 개념을 상술해서 자기 생각을 발전시켰다.

그러나 소피아의 이상은 보편적 관점에 대한 열정적 주장처럼 새롭다. 솔로비요프는 틀림없이 그 시대의 단일한 가장 영향력 있는 러시아 종교 작가이며(도스토예프스키에 끼친 그의 영향은 분명하다), 혁명(러시아-역주)까지 거의 모든 주요한 동방 사상가들은 어떤 식으로든지 그와 대화하고 있었다. 그러나 그의 체계는 키르에프스키가 시사한 문제에 매우 날카로운 집중을 하고 있다.

즉 이런 실제적 '우연'(contingent)의 역사 속에서 역사의 역할은 무엇인가?

그리고 매우 포괄적, 거의-결정적 도식(scheme)에서 개인의 정체성과 자유에 대해 무엇이 언급될 수 있는가?

솔로비요프의 마지막 작품들은 그의 형이상학에서 해결할 수 없는 긴장이 있다는 것을 그가 인정했다고 제시하는 이상한 한편의 묵시적 소설('적그리스도 이야기')과 비극적 반란과 불연속의 가능성을 포함한다.

그의 유산은 오리겐의 유산만큼 논쟁적, 다면적일 수 있다는 것이 드러났다. 그를 존중하는 많은 사람의 많은 작업은 그의 많은 작품을 관통하고 있는 범신론과 결정론의 요소 없이 '지혜학'(sophiology)을 재진술 하는 하나의 시도다.

20세기 러시아 신학은 대개 폭넓게 말해서 솔로비요프의 유산에 만족함을 느끼는 사람들과 더 의식적으로 전통적, 교회 중심적 형식을 옹호하며 솔로비요프의 유산을 거부하는 사람들 간의 논쟁 중 하나다. 솔로비요프의 유산을 거부하는 사람들은 신학적 인류학의 일반 원리를 초기 시기의 교부들을 해석하는 데서 도출해내려고 한다. 일반적으로 솔로비요프를 거부하는 것은 또한 호먀코프(Khomyakov)의 신학에 대한 회의를 동반한다.

전형적 전근대적 특히 슬라브 사회와 유사한 뚜렷한 교회의 공동 의식 개념에 호소하는 것은 성령 안에서의 초자연적 교제의 실재가 자연적 교제로 환원되는 것으로 여겨졌다. 따라서 20세기 러시아 신학은 매우 논쟁적 가장 창의적 시기(대략 1925-55)에 있었다. 더 젊은 세대가 솔로비요프와 다른 사람들을 거부하는 것은 독일에서 새로운 말씀(Word)신학이 자유주의적 프로테스탄트와의 대화를 단절하는 것과 비슷하다.

이 두 논쟁에서 인간이 아는 것과 관계하는 것 전체를 재구성하는 계시의 역사적 특정한 시점의 성격인 소여성(givenness) 의식을 회복하기 위해서, 관념주의 철학의 유산을 벗어버리려는 시도가 있으며, 신앙을 "심리적으로 분석하는 것"과 "도덕적으로 설명하는 것" 그리고 "자연의 법칙을 따라 설명하는 것"(naturalizing)에서 벗어나려는 시도가 있다. 물론 차이점은 계시를 역사적으로 "중재하는" 신학, 즉 전통 신학을 추구하려는 끊임없는 정교회의 시도다. 그 분야의 많은 학생에게 이것은 현대 신학 논의에서 정교회가 바라는 가장 지속한 흥미 있고 열매 있는 공헌 중에 하나로 남아 있다.

오늘날의 정교회 신학의 더 넓은 분야를 조사하고 평가하기 전에 다음 세 명의 신학자 불가코프(Bulgkov), 로스키(Lossky), 플로로프스키(Florovsky)를 약간 상세하게 논의할 것이다.

2. 세 명의 정교회 신학자

1) S. N. 불가코프

좀 더 수용 가능한 형태로 솔로비요프의 주제들을 다시 작업하려고 했던 사람들 사이에서 가장 중요한 사람은 세르게이 니콜아예비치 불가코프(Sergei Nikolaevich Bulgakov, 1871-1944)이다. 그는 학생으로서 정교회에서 나온 후 상당한 국제적 명성을 가진 마르크스주의 선생이 되었으며, 변증법적 유물론에서 떠나기 전에 처음엔 칸트적 도덕주의를 지향했고 그런 다음 헤겔을 지향했다. 그는 마침내 20세기 초기에 교회와 화해했고 1917년에 사제가 되었다.

1923년 러시아에서 추방된 후 그는 새롭게 형성된 세인트-세르게 단체(Instiut Saint-Serge)인 '망명자'(emigre) 러시아인을 위한 신학교 학장으로-그리고 매우 사랑받는 사제와 영혼의 관리자로-대부분 그의 남은 시간을 파리에서 보냈다. 그는 다작의 작가였다. 그의 복잡하고 미사여구적 스타일은 그를 대부분 자신의 동료 정교회 신학자와 구별시켜 주는 놀라운 개념적 대담함을 감추고 있다. 그가 1935년에 이단자로 모스크바 총대주교에게 고소당했을 때, 러시아 '망명자 집단'의 소수 교회 '유명 소송사건'(cause celebre)을 일으켰으며 그의 신학은 총대주교 '직무 대행'(locum tenens), 부주교 세르기(Metropolitan Sergii)에 의해 정죄를 받았다.

그러나 그의 신학은 자신의 교회 선배들에게 지지를 받았다(이 당시에 모스크바와 그의 관계는 어쨌든 적대적이었다). 그의 작업은 그가 에큐메니컬 운동에 잘 알려진 인물이었기 때문에 부분적으로 정교회 세계 밖에서 관심을 불러일으켰지만, 그의 많은 작품은 러시아에서만 사용되었다.

불가코프가 마르크스주의를 거절한 것은 그가 1903년과 1911년 사이에 몇몇 수필에서 탐구한 주제와 상당한 관계가 있다. 즉 사회적, 정치적 윤리학의 토대로서 '호모 이코노미쿠스'(homo economicus)가 부적절하다는 주제와 관계가 있다.

경제적으로 결정 가능한 요소들의 관점에서 인간의 욕구에 대한 설명은-역설적으로-역사적인 것과 물질적인 것으로부터의 소외로 이어지는데, 왜냐하면 그 욕구는 '개인적' 투쟁과 성장에서 나오는 방식과 창의성을 위태롭게 하는 방식을 추구하기 때문이다. 그 욕구는 역사적 논리(마르크스주의)에 의해 아니면 시장의 법칙(자본주의)에 따라 확립되는 경제적 이윤과 기계론적 대립(mechanical opposition)을 만들며, 아니면 두 해결책(마르크스주의와 자본주의-역주)은 공동체의 창조 안에서와 공동체의 창조를 통해 물질세계를 변화시키는 특별한 인간의 과제를 회피한다.

예술적, 경제적 활동—사물, 즉 의미로 채워진 물질의 "종말론적" 변화를 무상으로(gratuitous) 표현하는 것으로서의 예술과 인간의 욕구를 위해 세계를 기능적으로 지배하는 경제학—은 이것에(인간의 과제-역주) 동일하게 필요하다. 예술과 경제학 중 고립된 어느 한쪽은 파괴될 것이다.

불가코프를 순수 헤겔주의 뿐만 아니라 솔로비요프와도 구별시켜 주는 것은 다름 아닌 세계를 인간화하는 '작업'에 그가 가졌던 관심이다(그는 마르크스주의를 받아들였던 사람조차도 추상적 혹은 수동적 관념론적 변증법의 견해를 진지하게 수용할 수 없다고 한때 발언했다). 그러므로 그가 소피아 이야기(myth)를 수용한 것은 솔로비요프 견해에 대한 상당한 소질을 나타내는 것이며(이것을 통해 그는 강제 노동 수용소에게 많은 영향을 받았다) 이런 수용은 불가코프의 모든 작업을 통해 계속해서 수정되고 개선되고 있다.

소피아는 신적 본성, 즉 하나님이 아닌 것 속에서 신적 삶을 살려는 하나님의 자유 측면에서 고려되는 하나님 자신의 삶 '이다.' 삼위일체 하나님은 "나누어 주는"(giving away) 영원한 운동, 즉 이동(displacement)이다.

그래서 하나님의 신성은 그 자체를 넘어 은사와 사랑의 대상이 거기 있다는 가능성을 전제한다. 불가코프는 소피아가 (플로렌스키와 자신의 초기 작업을 수정한) "위격"(hypostasis)[2]이 아니라는 점을 (특히 1917년과 1925년 사이에서) 주의 깊게 명료화시키며 어떤 남아 있는 범신론을 제거한다. 즉 신의 소피아는 대상화된 세계-영혼이 아니라 사물 속에서 조화와 질서를 지향하고 조직의 복잡한 통일을 지향하는 충동이다.

---

2 영어 person은 인격(인품), 사람, 개성, 기독교에서는 위격 등의 여러 가지 의미로 사용된다. person이라는 낱말은 동·서방교회가 사용한 라틴어 persona와 헬라어 프로소폰(πρoσωπoν)의 의미이며 휘포스타시스(ὑπόστασις)로 대체된다(물론 서방교회는 ὑπόστασις보다는 라틴어 persona를 선호했다). 삼위일체의 역사를 살펴보면 ὑπόστασις가 본질을 의미하는 우시아(οὐσια)와도 서로 대체되며 사용되기도 했다. 통상 하나님의 실체나 본질을 의미할 때 동방교회에서는 substantia, essentia(영어 substance, essence), 서방 교회에서는 οὐσια로 표현했다. 삼위의 세 위격을 표현할 때는 동방에서는 ὑπόστασις, persona, subsistentia로 서방에서는 ὑπόστασις, πρoσωπoν으로 표현했다(Herman Bavinck, *Reformed Dogmatics: God and Creation*. trans John Vriend. 2vols [Grand Rapids: Baker, 2008, 279-334]). 정리하면 서방교회에서는 세 위격 안에 한 분 하나님을 표현할 때는 one essence or substance in persons(ὑπόστασιες), 동방교회에서는 one οὐσια in personae로 표현했다(John Thompson, *Modern Trinitarian Perspectives* [New York, Oxford: Oxford Univ. Press, 1994], 124-133). 본서에서는 성부, 성자, 성령의 세 위격과 관련해서는 person을 위격으로 번역했으며 이 개념이 확장되어 인간에게까지 적용될 때는 맥락에 따라 인격이라고 번역했다-역주.

불가코프는 이런 충동을 세계의 "에로스"라고 말하며 이런 언어는 우리에게 불가코프의 지혜학이 이론이기보다는 훨씬 더 지속적인 은유라는 것을 상기시킬 것이다.

불가코프는 물질-영혼 이원론을 거부하지만, 그가 자주 작업한 본질-인격(hypostasis) 이원론을 통해 자신이 피하고자 한 몇 가지 위험 요소를 소개한다. 그가 인간 주체의 인격을, 즉 개별적 정체성을 범주화할 수 없는 핵심이 "창조되지 않았"거나 "절대적"이라고 말할 때 그의 관심은 개별적 정체성이 관찰 가능한 규정된 '사물'이라는 것을 주로 부정하는 것이다.

그러나 그런 말은 불가코프가 강렬하게 이끌리고 신학적으로 만족스럽지 못하다고 발견한 독일의 비전(秘傳, hermetism)을 떠올리게 한다. 그는 인간 심리학 안에 직접적이고 '자연적으로' 하나님에게 참여하는 차원이 있다는 것을 함의(含意)하는 것이 계속 있다고 본다. 이것은 정교 신학적 전통이 대개 적대적으로 간주해 왔던 견해이다. 따라서 인간의 자유에 대한 그의 설명은 역사적 관계와 창의성에서 구성되는 것처럼 자유에 대한 강력한 중요성과 자유가 우주적 신적 '근원'(Urgrund)이라는 더욱 일원론적 개념(즉 모든 개인에게 공통적 초월이라는 신비스러운 영역에 있는 하나님의 형상) 사이를 왔다 갔다 한다.

그러나 그가 후기에 분명한 신학적 작업에서 신적 형상의 물음을 말할 때 중요한 역할을 하는 것은 다름 아닌 인간 주체의 '능동적' 역할이다. 인간 존재자는 우주에서 의미 있는 행위자이다. 왜곡된 자기애가 지혜 전체를 상호 배제하는 파편들로 부서질 때 말씀과 성령이신 하나님의 구속 사역이 우리를 또다시 일과 예술과 성례 속에서 사태 전체(wholeness of things)를 드러낼 수 있도록 가능하게 할 수 있다.

이것은 단지 순종하라는 명령의 문제가 아니라 다음과 같은 프로그램이 따라 나온다. 구속은 영적 자기-인식의 변화에 실제로 영향을 준다. 그래서 우리는 타자 자아들과의 나눔 속에서'만' 자아로 존재할 수 있다는 것을 안다. 여기에서 "보편적" 의식에 대한 19세기 주제, '소보르노스트'가 다시 나타난다. 즉 불가코프가 말하기를 원했던 교회는 단순한 사회가 아니라 인간의 "동질성"(consubstantiality)이라는 사실이다. 그것은 "생성의 과정에 있는 지혜"다.

그러나 창조의 이상적 형태인 교회에 대해 사용된 말은 오해를 일으킬 수 있다. 불가코프는 경험적 교회가 결점이 있고 교회의 사역은 불완전하고 교회의 결정은 임시적이고 위험하며 기존의 한계는 "추상적이 아니라 실용적"이라는 것을 매우 분명히 한다. 이것은 그가 목사 혹은 성직자의 위계적(hierarchical) 권위 신학을 거의 가지지 않은 이유를 설명해 주며 그는 어떤 상황에서든지 상호 교제(intercommunion)를 열정적으로 지지하는 자였다.

교회는 성찬에서 드러나는 것처럼 하나님 사랑의 존재론적 연결로 결합 된 본질적으로 성령의 공동체(fellowship)이며 나머지는 조건화된 역사적 결정과 정책의 문제다.

아마 당연히 그는 교회론에 있는 그리스도중심주의를 비판한다. 만일 교회의 정체성이 성령 안에서 동질적, 보편적 삶의 질보다도 오히려 그리스와의 관계에만 있는 것으로 만들어진다면 교회는 그리스도를 대신하는 자—무오류의 교황, 무오류 성경—를 찾거나 사람들을 '구원자'와의 개인적 관계에 집중하는 경향을 지닐 것이다.

그러나 삼위일체 사역은 근본적으로 케노시스(kenosis, 예수님의 비하=낮아지심-역주)에 의해 특징지어진다. 케노시스는 불가코프의 모든 작품의 핵심적 주제이며 특히 1920-1930년대의 신학 작품의 핵심적 주제다. 즉 그러므로 그리스도는 자기 자신에게 관심을 집중하며, 편재하는 개인으로 교회 안에서 활동하는 것이 아니라 새로운 의식을 형성하는 성령을 통해 행위 하신다.

결국 이 의식은 "비하적으로" 사역하며 우리가 성부에게 향하도록 하고 항상 성부와 함께 일하고 절대 창조된 자유와 반대되지 않는다. 따라서 불가코프가 그리스도중심주의를 의심했다는 것은 기독론이 핵심적, 규범적 위치를 지키고 있지 않다는 것을 의미하지 않는다.

즉 여기 예수의 삶과 죽음 속에서 비하적 패턴이 해명된다. 그 자체로 불변의 말씀인 신적 자아는 예수의 인간적인 자아가 이제 객체가 된 주체이다. 다시 말하면, 말씀은 "나"(I)란 의식인데, 예수의 인간성은 "나를"(me)이란 물질적 자기-의식이다. 이것은 불가코프가 좀 더 구체적으로 작업하지 못한 복잡한 생각이지만 어떤 형태의 영어식 비하(kenoticism) 보다 더욱 개념적 정교함(sophistication)의 흔적이라는 것을 보여 준다. 여기에서 모든 인간 존재자의 "창조되지 않은" 인격에 대한 그의 학설은 그에게 좋은 도움을 준다. 즉 그는 철저한 아폴리나리우스설(Apollinarianism, 4세기 라오디게아 사제 아폴리나리스가 그리스도의 고유한 인간성을 부인했던 주장을 추종하는 학설-역주)을 피하면서 그리스도의 궁극적 주체성을 하나님의 말씀과 동일시한다.

그러나 그의 이런 모든 사유의 영역은 난해하고 명확하지 않다. 그러나 그의 기독론에 대한 주된 관심은 어떻게 그리스도가 창조되지 않고 창조된 소피아가 하나가 되는 지점이 될 수 있는지를 보여 주는 것이다. 즉 조건 없는 자기-망각의 신적 삶은 같은 질을 가진 창조된 역사적 삶을 발생시키는데, 그 속에서 타락한 창조물의 상호 고립과 거부가 극복된다.

성육신적(incarnate) 자아(selflessness)로서 성육신적 말씀은 우주적 관계와 우주적 접근 가능성에 열려 있다.

즉 그런 관계가 성령 안에서 우리의 관계가 될 때 우리의 고립은 종결되며 새로운 창조물의 '소보르노스트'가 확립된다.

불가코프의 업적은 주목할 만하다. 그의 작업은 넓은 영역에 펼쳐있으며 반복적, 비조직적, 종종 매우 모호하지만 통일된 신학적 형이상학을 추구하는 보기 드문 시도다. 교회의 본질에 대한 많은 그의 통찰력은 에큐메니컬 운동에서 일반적으로 통용되었으며, 몇 세대의 성공회 작가들에게 지대한 영향을 주었다.

그러나 그의 작업에 대한 다른 측면은 거의 알려지지 않는 채로 남아 있다. 그는 세계 안에 있는 하나님의 관념(ideality) 교리를 범신론(pantheism)과 구별하기 위해 범재신론(panentheism)을 사용하고 발전시킨 첫 번째 신학자 중 한 사람이다. 그가 비록 무비판적 남성/능동성과 여성/수동성이나 수용성을 분리하는 작업을 했을지라도 그는 분명히 신성을 향한 여성의 이미지에 매력을 느꼈다. 그는 구속에서처럼 창조에서 하나님에 관한 '모든' 언어에 중요하고 규범적 개념으로서 케노시스를 사용한 20세기의 유일한 신학자이다; 그리고 다른 방식에서처럼 이런 식으로 그가 유대교 신비적인(Cabbalistic) 이미지('짐쥼')를 사용하는 것은 매우 도발적이다.

비록 현재 유럽에서뿐만 아니라 미국에서 불가코프의 작품에 새로운 관심을 가진 분명한 징후가 있을지라도 서방 신학은 그를 전적으로 진지하게 수용해야 한다. 20세기 모든 주요한 정교회 사상가 중에서 불가코프가 아마 가장 의식적으로 광범위하게 탈계몽주의 사상(그리고 서방의 성경 학계)에 몸담은 사람일 것이다. 비정교회 작가 가운데 아마 [언급된 주제에서 그러나 또한 농후한 은유적 어법에서] 그에게 가장 가깝게 서 있는 사람은 다름 아닌 한스 우어스 폰 발타자(Hans Urs von Balthasar)일 것이다.

2) V. N. 로스키

1935년과 1936년에 불가코프의 작업에 대한 맹렬한 논쟁으로 인해 유명한 (약간 관념론자적)철학자의 아들인 젊은 역사학자 블라디미르 니콜아예비치 로스키가 혜성처럼 등장했다. 로스키는 이미 [죽을 때까지 간헐적으로 그를 몰두하게 했던 작품] 마이스터 에크하르트(Meister Eckhart)에 대한 연구를 시작해 왔으며 파리의 성 포티우스(Photius)의 형제단(Brotherhood), 즉 슬라브인의 특정주의와 성 러시아의 신비감을 매우 비판한 형제단을 확립하는 데 중요한 역할을 했다.

그러나 그는 또한 이민집단에서의 더욱 공격적 반(反)소비에트적 요소와 메트로폴리탄 에브롤기(Evlogii)에 모였고 콘스탄티노플의 총대주교와 연결된(니콜라이 베르디예프와 같은 철학자와 불가코프와 같은 철학적 신학자들 포함해) 자유 그룹과는 대조적으로 모스크바의 총대주교의 교회법적(canonical) 권위에도 충실했다. 그 형제단은 불가코프를 비난하는 데 적극이었으며 로스키는 1936에 모든 문제에 대한 상당한 양의(90페이지) 팸플릿을 썼다. 여기에서 그는 불가코프의 절충주의를 공격했고 그의 신학의 많은 실수와 불균형을 찾았다.

다시 말하면 불가코프의 기독론에 있는 비밀-아폴리나리우스(crypto-Apollinarian)의 요소, 솔로비요프의 결정론적, 일원론적 유산을 제거하지 못한 것, 무엇보다도 불가코프가 위격(person), 의지, 본성을 혼동한 것을 비판했다. 케노시스는 "본성적"일 수 없으며 하나님의 본성'일' 수 없다. 왜냐하면, 케노시스는 하나님 안에서와 우리 안에서 항상 자유로운 활동이기 때문이다. 만일 사랑이 본성이라면 그것은 혁신적이거나 창조적일 수 없으며 인격의 영역에 속하지 않는다.

인격(person)과 본성 간의 구별은 로스키의 모든 작품의 핵심이다. 그러나 1936년 수필에서 주목할 수 있는 중요한 점은 그가 보았던 것처럼 러시의 전통에 대한 철학적 문학 예술 애호주의(dilettantism)에서 벗어나 "진정성 있는" 교부학에 근거한 정교에 강력하게 전념했다는 것이다(그는 도스토예프스키에 대한 깊은 혐오감을 느끼고 있었다).

신학자로서 나머지 그의 아주 짧은 경력은 교부학적 종합을 세우는데 헌신하는 것이었다-이것은 그의 방대한 1944의 영향력 있는 작은 책(영어로 1957년에 *The mystical theology of the Eastern Church*으로 번역된), *Essai sur la théologie mystique de l'église d'Orient*에서 고전적으로 표현되었다. 그가 지난 몇십 년간 살아오며 강의했던 요약판이 자신의 학생, 올리비에 클레멘트(Olivier Clément)가 편집해 사후에 출판되었다.

작업하는 동안 그의 주요한 추진력(impulse)은—솔로비요프보다 키레프스키의 전통에서—해석학적이다. 그의 기획은 서방 기독교의 긴장을 정교에 해결하는 실마리를 제공하도록 해 주는 일종의 핵심적, 규범적 요소를 교부 전통에서 발견하는 것이다. 이것이 그를 약간 의심스러운 역사적 판단을 하도록 했으며(비록 그의 성숙한 작품 특히 에크하르트(Eckhart)에 대한 위대한 책이 이런 균형을 바로 잡는데 크게 효력이 있을지라도) 그의 초기 작품에서 토마스적 접근과 서방 영성의 많은 측면에 대해 지속적인 불공평으로 나타난 것을 일으켰다.

그러나 그의 미출판된 전시(wartime) 저널은 프랑스 가톨릭 문화와 중세와 근대(modern)에 대한 애정이 얼마나 깊은지를 보여 주며 그는 강디야크(de Gandillac)와 질송과 같은 토마스 학자와 '새 신학'(nouvelle théologie)의 위대한 이름, 뤼박(de Lubac)과 다니엘루(Daniélou)와 함께 친근한 관계에 있었다. 부이에(Bouyer)와 콩가르(Congar)에 준 그의 영향은 분명하다.

그리고 그는 또한 그 당시 성공회 학자들과 특히 E. L. 마스칼(E. L. Mascall)과 온정 있는 관계를 즐겼다. 그의 논쟁적 활력은 슬라브인의 특정주의는 말할 것도 없이 비잔틴의 이상 속에서 실행되지 않았고 진정한 '그리스도'인이 무엇인지에 대한 심도 있게 주장된 확신을 변호하는 데서 실행되었다.

불가코프와의 논쟁 이전에 그의 가장 초기의 신학 작업은 위디오니시우스의 "부정 신학"의 주제를 다루었으며 이것은 1944년 많은 '에세이'(Essai)의 토대를 형성한다. 부정 신학은 로스키에게 하나님에 관한 긍정적 확신을 발전된 유비론으로 다룰 수 있도록 해 주는 구두적 기술, 즉 변증법적 조치가 아니다. 그것은 '근원적인' 신학적 운동, 즉 제거하고 폐기하는 운동이다.

신학은—지성에 어긋나는 명제에 의해가 아니라 완전하게 할 수 없는 것과 만남으로—지성에게 충격을 가하고 지성을 마비시키는 것으로 시작한다. 디오니시우스와 그의 선구자 카파도키안 교부들이 사용한 "빛"과 "어둠"의 변증법적 이미지는 우리가 불가지론(하나님이란 존재는 궁극적으로 접근 불가능하다)과 주지주의(intellectualism, 하나님이란 존재는 유한 지성과 그 지성의 자연적 대상과 유사하다)을 넘어설 수 있도록 고안되었다.

즉 부정 신학을 뒷받침하는 실재는 "엑스터시"(ecstasy, 탈혼)인데, 이것은 특정한 종류의 개별적 신비적 체험이 아니라 하나님이 우리를 만날 때 개념적 분석이 필요 없고 그 자체로 닫힌 의식적 "본성적"(natural) 개별성(individuality)의 삶을 넘어선 단계로 진보하는 냉철한 인식이다. '인격적'(personal) 존재가 태어나는 것은 다름 아닌 이런 (하나님과의-역주) 만남과 이런 인식 속에서다. 어떤 본성(nature)을 지닌 개별적 삶은 그 자체로 어떤 인격(person)의 삶이 아니다.

즉 개별성은 '반복 가능한' 본성적 특징의 특정한 구조이다. 반면에 인격은 하나님이 자기를 주는 것(self-gift)에 반응하는 영적 창조의 행위에서만 나온다. '에크타시스'(ekstasis, 탈혼)와 케노시스 즉 자기—초월과 자기—망각 속에서 서로 다른 개별자들을 규정하는 상호 배타적 경계를 극복하는 것이다.

삼위일체론이 "부정 신학"의 핵심이라고 로스키가 주장한 것은 다름 아닌 이런 맥락에서다. 삼위일체론은 논리적 수수께끼를 단순하게 제공하는 데 있어서가 아니라 우리의 가장 기본적 범주인 개별성에 대한 우리의 이해를 전복시키는 모든 실재의 근원에 대한 이미지를 우리에게 제공하는 데 있어서 "지성을 위한 십자가"다.

하나님은 하나의 개별자도 세 명의 개별자도 아니다. 하나님이신 신적 위격들(hypostases)은 사랑과 은사 그리고 반응의 관계로 전적으로 규정되기 때문에 하나님은 위격(personal)의 최고 전형(paradigm), 즉 '에크타시스'(탈혼)와 케노시스 속에서 사시는 삶이다.

우리가 우리 자신의 소명을 인격적(personal) 존재로 포착하게 되는 것은 다름 아닌 신적 위격(person)의 전형에서 나온다.

따라서 로스키는—포착되고 대상화될 수 있는—"본성"의 수준에 집착하는 모든 신학자를 공격한다. 그가 서방 스콜라주의를 격렬하게 비판하게 된 것은 서방 신학 전통이 신적 본질을 신적 위격들로부터 구분해(살아 있는 하나님에 대한 추상적 신성을 고양하고) 인간 본성에 은혜가 추가적 '것'으로 덧붙여진 그런 본성의 인위적 개념에 토대를 둔 법률적, 외부적 도덕성을 작동시킨다는 확신 때문이었다.

서방 신조에 있는 '필리오꾸에'(filioque)에 대한 그의 비판은 탈(post)아우구스티누스적 전통 신학이 성령의 삶에 대한 원천을 아버지의 위격이 아닌 아버지와 아들에 의해 공유된 추상적 본성으로 만든다는 것이다.

(이런 비판에서 그는 대부분의 정교회 전임자들보다 훨씬 더 많이 나아가지만, 20세기의 전환점에서 '필리오꾸에'에 대한 볼로토프의 작업에 또한 자신의 스승 중 한 사람인 카르사빈이 작업한 교부와 중세 연구에 특별한 빚을 졌다).

그러나 로스키는 또한 스콜라적 가톨릭주의에 반대하는 반응이 균형 잡히지 않은 것 같다고 주장한다. 즉 균형 잡히지 않은 것처럼 보이는 것은 "본성"이 없는 위격, 즉 주의주의(voluntarism)와 주관주의(subjectivism)다. 프로테스탄트의 실수는 하나님과 만남으로 영향을 받은 실제적 존재론적 변화를 외면한 것이다.

그래서 기독교의 삼위일체주의가 두 가지 잘못 인도된 단일신론(monotheism)의 형태인 헬라의 추상적 일원론(monism), 히브리적 신인동형론과 주의 사이를 중재하는 것처럼 정교는 가톨릭 본질주의(essentialism)와 프로테스탄트의 실존주의 사이를 중재한다.

서방에 대한 비판은 또한 14세기 신학자인 신비주의자 그레고리 팔라마스(Gregory Palamas)의 생각에 대한 로스키의 관심을 불러일으켰다. 팔라마스는 하나님의 본질은 불가해한 상태로 남아 있지만, 하나님 자신의 활동을 통해 확실하게 알려지며 "참여한다"라는 것을 주장하기 위해 하나님의 "본질"과 "작용"(energies) 혹은 "활동들"을 구별했다.

로스키는 이런 구분을 하지 않는 것이 주지주의나 불가지론을 또다시 받아들일 수 없는 선택으로 이끈다고 믿었다. 하나님은 본질로, '정의'(definitions)로 알려지든지 아니면 전적으로 알려지지 않든 지다. "작용" 교리는 실제적이고 궁극적으로 알 수 없다는 것과 신적 삶을 실제적 공유할 수 있다는 것 둘 다를 허용한다.

팔라마스에 대한 관심을 또다시 불러일으킨 것은 로스키가 처음이 아니다. 불가코프가 그를 사용했으며 1930년대에 러시아의 바실 크리보쉐인(Basil Krivoshein)과 로마의 두미트루 스타니로아에(Dumitru Staniloae)가 중요한 학문적 연구를 출판했다.

그러나 로스키의 작업은 팔라마스를 비잔틴 신학의 핵심적 인물로 확고히 했으며 과거 30년 동안 유럽과 미국에서 팔라마스 학문의 두드러진 발전을 자극하기 위해 많은 일을 했다.

로스키에게 키에르케고어적 경향(그가 프랑스 키에르케고어 학자 장 발에 대해 많이 생각했다는 것은 놀랍지 않다)이 있지만, 주의 깊게 작업했던 교회론에 의해 균형을 이룬다.

교회는 "본성적", "인격적" 수준, 즉 그리스도 안에서 객관적으로 회복된 인간 본성과 성령에 의해 독특하게 변화된 각각의 인격(human persons) '둘 다'로 존재한다.

따라서 제도적, 정경적 규범들이 중요하다(수십 년간 많은 어려움을 통해 약해지고 거의 존경심이 없어진 모스크바의 총대주교직에 대한 정경적 권위에 로스키의 확고한 충실함은 이것을 웅변적으로 표현한다). 그러나 총대주교는 중앙집권적 절대권력(despotism)과 영적 성장의 통일된 모델을 도입하기 위해 그 직위에 있는 것은 아니다.

제도적인 것과 은사적인 것은 삼위일체 안에서 말씀과 성령만큼 분리되지 않고 함께 연결되어 있다. 교회의 "전통"은 단지 편협한 교리적 전달 과정이 아니라 각기 독특한 방식으로 모든 유산을 성경과 직무, 성례, 성상 연구(iconography) 그리고 거룩성의 훈련을 통해 실현시키는 성령의 교회론적 사역 '전체'다.

그리고 보편성(catholicity)은 깊은 감정적 연대감, 즉 감상적 '소보르노스트' 그 이상이다. 이것은 충만한 하나님의 은사를 받고 살기 위한 신자들 각자와 각 회중에 있는 능력이다.

로스키는 아마 모든 현대 정교회 작가 중에 가장 잘 알려져 있고 가장 영향력이 있다. 그의 논쟁은 때때로 빗나갈 수도 있다. 그리고 그는 자신이 애써 인정하고 싶었던 것보다도 19세기 러시아 전통 내에서 더욱 확고하게 남아 있다.

그러나 동방 교부를 해석하는 데 있어서 그의 독창성과 상상력은 20세기 신학자들 사이에서 그에게 확고한 위치를 보장해야만 하며 특히 과거 수십 년이 지난 모든 동방 정교회 교회론은 이런 도식을 출발점으로 취했다.

3) G. V. 플로로프스키

러시아 신학에서 슬라브적 신비감의 영향력과 싸우고 슬라브적 '소보르노스트'에 대한 미사여구를 고양하는 데서 교회의 보편성을 구하려고 노력한 것은 로스키만이 아니었다. 게오로기 바실리에비치 플로로프시키(Georgii Vasilievich Florovsky, 1893-1979)는 "신(neo)교부적 종합"을 찾는 데 있어서 같은 과정을 추구했다.

비록 그가 철학적 물음—(자연과학 연구를 단념한 이후의) 형이상학과 인식론의 근본적 문제들을 말한 그의 가장 초기의 글들—과의 더욱 직접적이고 의식적 관계 속에서 그렇게 했을지라도 말이다.

이런 글에서 그는 절대 관념론을 거부하고, 대상들이 그들 스스로에게 접근 불가능한 현존(presence)을 누리기 때문에 그 자체로 대상 인식에 관한 어떤 것을 단언하는 것과 부정하는 것의 불가능성을 주장하며, 이런 것을 토대로 해 우주에 관한 근본적 인과 관계적 미결정론, 즉 물질적 질서 속에서의 일종의 "자유 의지"를 논증한다.

그는 관념론적 인식론(참 명제 집합이 함의하고 그 집합들로 함의되는 각각 특정한 명제)과 일종의 결정론 간의 연결을 매우 명확히 보았으며, 불가코프의 지혜학에 대해 그가 나중에 반대한 것은 전쟁 전 시기와 1920년대 초기의 이런 글에서 그 뿌리를 가지고 있다.

1920년대에 그는 또한 러시아 '망명자' 사이에서의 "유라시아"(Eurasian) 논쟁, 즉 어디에 러시아가 문화적으로 "위치될 수 있는지"에 관한 (또 한 번의) 논쟁과 연루되었다. 여기에서 그의 반슬라브적 상황이 표명되었으며 그는 이미 교부적, 비잔틴적 뿌리를 가진 "기독교 헬레니즘"의 이상을 바라보고 있었다. 1930년대 초기에 플로로프스키는 잠시 파리에서 불가코프와 함께 작업했다(그는 1931년에 사제서품을 받는다). 그러나 그의 의견 차이가 첨예하게 되었으며 1931년에 바르트와의 접촉 때문에 더욱 첨예화되었을지도 모른다.

이런 시기에서 그의 신학적 글들은 계시의 우선성에 대한 공격적 주장과 교부적 범주와 논의에 대한 점차적 사용을 보여 준다. 1931과 1931년에 그는 자신의 18세기까지의 동방 신학에 대한 두 개의 권위 있는 개론(surveys)을 출판하며 1936년과 1938년 두 개의 중요한 글에서 러시아 신학이 탈계몽주의 철학에 속박되어 있다는 것을 혹평했다.

기독교 신앙을 "다시 헬라화(化)하기"라는 자신의 프로그램을 알리게 되었고 기독교 신학 그 자체는 세속화되지 않은(baptized) 교부의 헬레니즘과 비잔틴 세계에 전념하는 것을 심화시킴으로써만 회복될 수 있다고 논증한다. 그는 서방의 종교적,

세속적 사유와 많은 러시아의 민족 종교에 반대해 신학의 그리스적 성격에 대한 이런 충실함을 확고히 했다.

1937년에 그는 슬라브적 기독교에 대한 끈질긴 적대적 설명을 구체화했고 교부로 돌아가자는 분명한 메시지로 결론 내린 뛰어나고 백과사전적 러시아의 기독교 사상사라 할 수 있는 『러시아 신학의 길』(Ways of Russian Theology)을 출판했다.

이런 많은 작업이 보여 주는 것처럼(비록 1931년에 어떤 러시아 서평자가 구속에 대한 플로로프스키의 글을 교부를 사용하는 데 있어서 "탈무드적"이라고 묘사했을지라도) 플로로프스키의 교부적 열정은 보이는 것만큼 소박하거나 실증적이지 않다.

플로로프스키의 철저한 비결정론(indeterminism)은 그를 지식'사'(history in knowledge)의 핵심적 의의—우리가 사람들(persons)과 만나는 우연적 행위 전체와의 만남—을 강조하는 경향을 보이게 했다. 무엇보다 역사적 지식에서 우리는 "객관적" 통달할 수 없다는 것을 인식해야만 한다. 즉 역사적 탐구는 개인적이고 헌신 된 안건을 가져오며 개인적 기록들인 독특한 관점을 찾는다. 관점이 아닌 역사적 근원은 없으며 관점으로부터 수행되지 않는 역사적 연구도 없다.

역사적 "사건"은 행위이며 더 많은 해석의 행위로 중재된다(콜링우드가 이런 관점에 해당된다). 그리고 역사의 의미는 종말론적 투영(projection)이다. 의미의 문제를 해결하려는 우선적 노력에 반대해(헤겔, 마르크스, 니체) 기독교는 종결되지 않고 종결할 수 없는 역사적 활동의 특징을 진지하게 받아들이므로 독특하고 헤아릴 수 없는 행동하는 '인격'(person)의 특징이다.

그러나 이것은 또한 기독교가 역사 속에서 우연적 사실의 문제로 구성되었던 것에 돌이킬 수 없이 몰두한다는 것을 의미한다. 다시 말하면 우리가 "헬레니즘"으로부터 우리 스스로가 자유롭다거나 케리그마가 무시간적(timeless) 내면성(interiority)에서 그리고 내면성으로 지향될 수 있는 척할 수 없다는 점이다.

그러므로 교부적 방법들과 주제들이 우선시 되어야 하지만 이런 우선성이 우리가 단지 앵무새처럼 구호를 흉내 낸다든가 멀리 떨어진 문화 양식을 모방한다는 것을 의미하지는 않으며 단지 '이런 것들'이 우리의 출발점이며 '이것'이 기독교 언어가 구체적으로 일정한 형태를 갖춰온 방식이다. 만일 우리가 기독교 언어를 계속 말하기를 원한다면 우리는 이런 식의 결정론을 무시하거나 분해하려고 하지 말아야 한다.

불가코프에게 더욱 호의적 어떤 러시아 비평가가 주목한 것처럼 플로로프스키는 교부 신학의 격동하는 변증법적 성질을 정당하게 평가하지 못했으며 대화 일부분만이 될 수 있었던 것을 종결된 전체로 다루는 경향이 있었다(가다머의 최근 신학적 사용과 비교하는 것이 유익하다).

그러나 (1959년 틸리히의 『기념 논문집』을 위한 논문에서 쉽게 접근할 수 있게 정리된) 역사적 지식에 관한 플로로프스키의 정교한 논의는 매우 흥비롭게도 러시아의 종교적 사유에서 우리가 "해석학적" 대안의 목소리라고 불러왔던 것에 관한 가장 자세한 설명이며 교리적 수도사적 전통과 단절된 형이상학에 회의적이다.

역사적 창조성에 관한 강조, 즉 자유로운 행위의 패턴으로서의 역사는 자연스럽게 역사적 예수를 과소평가하는 모든 신학에 대한 비판을 초래한다.

다시 말하면 플로로프스키에게 (거의 "성취"와 심지어 "위업"과 동일하며 수도사적 성인을 말할 때 보통 사용되는) '포드비그'(podvig)의 범주는 모든 인간의 행위를 이해할 때처럼 그리스도를 이해하는 데 핵심적이다. 예수의 전 '존재'는 만일 우리가 적합한 역사적 행위를 위해 자유롭기를 원한다면 세계 속에서 자유의 승리가 되어야만 한다. 따라서 그의 죽음은 어떤 점에서 그의 '행위'여야만 하지 단지 우연히 그렇게 한 것이 아니다.

플로로프스키는 무죄하고 타락하지 않은 인간성을 소유한 예수가 죽을 '필요가 없었다'라는 후기 교부적 개념을 놀랍게 부활시킨다. 그리고 예수가 죽음 자체를 창조된 자유의 범위 내에서 가져왔다는 점에서 타락하지 않은 삶의 가능성이 그의 인간성에 심겨 있다.

가사성(mortality)과 붕괴(disintegration)의 형태에서 필연성은 자유—그리스 안에 있는 신적이고 인간적인 자유의 혼합—에 의해 정복된다는 것이 제시된다. 우리는 죽을 것이지만 부활하신 예수의 영광된 인간성이 성찬을 통해 우리에게 주어지는 것처럼 우리 인간 본성은 여전히 죽음을 뛰어넘어 자유롭다는 것을 이제 알고 있다.

그러므로 성찬(Eucharist)은 또한 참된 교회론적 '소보르노스트'의 토대다. 성찬에서 우리는 서로뿐만 아니라 하늘에 있는 모든 무리와 모든 우주와 유대감(fellowship)을 공유하게 된다.

이렇게 할 수 있는 이유는 우리가 여기에서 평범한 개인의 한계로부터 자유로운 인간성, 즉 우리의 역사에 속한 인간성이지만 죽음에 의해 과거 안에 봉쇄되지 않은 인간성과 접촉하기 때문이다. 그리고 성찬의 유대감 속에서 "인간의 불 침투성(impermeability)과 배타성"이 극복되는 것처럼 인간 공동체는 신적 형상이 된다. 즉 (개인이 아니라) 교회는 '삼위일체의 형상'(imago Trinitatis)이 된다. 플로로프스키는 비록 교부적 증거를 얻는 것이 더욱 어려울지라도 사 복음서에 나타난 고별 담론(Farewell Discourses)의 맥락에서 많은 점을 진술한다.

그는 다양한 도그마의 '도덕적 이상'에 관한 논문들의 저자인 매우 다른 신학자

(혁명 이전에 키예프의 메트로폴리탄) 안토니 크라포브스키(Antonii Khrapovitsky)의 인도를 따르며, 알렉산드리아의 키릴로스(Cyril of Alexandria)와 푸아티에의 힐러리(Hilary of Poitiers)를 언급한다.

그러나 단일성 속에서의 복수성(plurality in unity)을 가진 신적 삶을 형상화하는 교회의 개념은 교부들보다는 직접 19세기 러시아 정신(ethos)에 빚을 지고 있다.

이런 신적 삶의 형상화가 교부학 주제의 정당한 발전일지도 모르지만 플로로프스키는 로스키처럼 슬라브적 관심이 희미하게 가미된 모습을 통해 교부를 읽지 않을 수 없었다.

플로로프스키의 기량과 학식의 범위는 비록 전체 작품이 로스키의 훨씬 더 적은 '전체 작품'(oeuvre)보다 고르지 못할지라도 인상적이다. 많은 철학적 정교함과 독창성은 때때로 고 문체를 쓴(archaizing) 경직된 신학적 어휘이다. 자유에 대한 그의 주장은 몇몇 그의 작품에서 오히려 ~주의적 기미를 보여 주며, 불가코프와 로스키에게 있는 케노시스의 두드러진 사용과 비교할 수 있는 신적, 인간적인 사랑의 일을 통합한 분명한 범주는 없다. 그러나 방법론적으로 그는 가장 명쾌하고 조직적이며 이 분야에서 그의 작품은 훨씬 더 진지한 관심을 받을 만하다.

3. 현 정교회 신학의 조망과 평가

러시아인 이민 때문에 많은 다른 중요한 인물, 특히 로스키와 플로로프스키에서 나온 많은 주제(성찬의 중심성인 '삼위일체의 형상')를 개발한 교회론에 대한 주요한 작업의 저자 니콜라이 아파나시예브(Nikolai Afanasiev), 융(Jung) 그리고 엘리아드(Eliade) 뿐만 아니라 동일하게 로스키와 불가코프에게 빚을 졌던 예전(liturgy)과 신학, 영성의 상호 관계에 관한 책을 설득력 있게 다작한 작가 파벨 에브도키모브(Pavel Evdokimov)가 배출되었다.

제2차 세계대전 동안 그리고 그 이전의 몇 년 동안 파리에 있는 러시아인의 진영에서 두드러진 인물은 작가이자 시인이며 수도사적 예언자이고 활동가인 마리아 스콥트소바(Mother Maria Skobtsova)이다. 메트로폴리탄 이브로기(Evlogi)가 도와주고 지지해 준 니콜라이 베르디예프(Berdiaev)의 친구인 그녀는 프랑스에서 나치 점령 기간에 유대인 피난민을 도왔으며 전쟁 마지막 날 라벤스브뤼크(Ravensbruck)에서 또 다른 사람을 위해 자신을 삶을 희생했다.

망명자 첫 세대가 죽었을 때 러시아의 신학적 부흥의 영향은 슬라브적 정교회를 넘어서 확신했다. 그리스어를 말하는 신학자들은 점점 더 그 도전을 수용했다. 1950년대까지 그리스 신학은 오히려 스콜라적 유형―첨부된 교부의 주석 집을 가진 교리적 '카피타'(capita)―에서 만들어지는 경향이 있지만 로스키와 플로로스키의 영향이 적어도 그리스 교회의 어떤 영역에서 이런 상황을 바꾸어 놓았다.

존 로마니데스(John Romanides)는 교회와 정치사의 매우 개인적 견해와 병행된 강렬한 반-아우구스티누스적 신학을 발전시켰다. 그의 심오한 교부적 학문은 신학적 대화 특히 서방 정교회와 동방(비칼케돈적)정교회 간의 신학적 대화에 대한 중요한 방식에 집중되었다.

크리스토스 얀나라스(Christos Yannaras)는 독일의 하이데거를 연구했으며 로스키의 신학을 하이데거의 형이상학과 연합하는 괄목할 만한 일련의 책들을 생산했다. 그는 오늘날의 정교회에서 가장 탁월하게 창의적 목소리 중 하나로 평가됨에 틀림이 없다.

'파루시아로서의 우시아,' 즉 "임재로서의 존재"의 관점에서 본질과 작용을 구분하는 그의 재작업과 인격적인 것을 이해하는 데 근본적인 것으로 '에로스'의 범주를 구체화하는 것은 주요한 유럽 철학적 관심이 의식적이지만 비판적 전통 신학으로의 중요한 동화를 나타낸다. 얀나라스는 또한 정치와 생태학 그리고 윤리학의 작가로서 상당한 이름을 남겼다.

그의 『도덕성의 자유』(The Freedom of Morality)와 다른 작품에서 그는 기독교 윤리에 대한 새로워진 숙고에 도달하기 위해 다양한 근원에 몰두했다. 그리고 그것은 현대 윤리적 쟁점에 대한 사려 깊은 책을 저술하도록 존 브렉(John Breck)과 스텐리 하라카스(Stanley Harakas)와 같은 사상가들을 자극했다.

(어떤 비판이나 개선이 없는 것이 아니지만) 교회론에 대한 (메트로폴리탄) 존 지지울라스(John Zizioulas)의 작업은 아파나시예브의 주제를 '본질적으로' 관계적인 것으로 존재하는 삼위일체적 형상에 중점을 두는 관계의 전(whole) 형이상학과 연결한다.

다시 말하면 모든 실재의 원천은 "하나"(a)의 실체가 아니라 관계적 체계이기 때문에 가장 큰 철학적 실수는 고립된 비역사적 실체를 찾는다는 점이다. 성찬과 주교 그리고 단일성(unity)에 관한 지지울라스의 박사 논문은 에큐메니컬 신학에 중요한 영향력이 있었다.

사실상 그가 서방의 환경에서 가장 폭넓게 읽혀진 정교회 신학자라는 점이 가능하다(정교회의 영성과 현대 문화 두 가지와 더욱 완벽하게 관련된 갱신된 신학에서 작업해온 사람들 가운데 파나요티스 넬라스는 언급할 만하다).

미국에서 예배와 성례 신학에 관한 많은 작품(무엇보다 작은 고전-재판되고 이제는

『세계의 삶을 위해』(For the Life of the World)라고 더 잘 알려진 『성례로서의 세계』[The World as Sacrament])을 쓴 알렉산더 쉬메만(Alexander Schmemann)과 팔라미즘, 비잔틴 신학, 역사에 관한 몇 개의 중요한 책과 교회론에 관한 책을 쓴 존 메이엔도르프(John Meyendorff)는 러시아 망명자의 유산을 새로운 세대로 전달했다.

특히 쉬메만은 정교회 예배(그리고 특히 성찬)를 갱신하는 것에 앞장서 있었다. 여러 방식에서의 이런 갱신은 서방 기독교 국가의 성찬과 예배 운동과 유사하며 두 세계를 더욱 분명한 조화로 이끌었다. 미국에서의 주요 정교회 신학교 성 블라디미르(St. Vladimir)와 홀리 크로스(Holy Cross)는 중요한 신학적 학술지를 생산하며 다수의 영어책을 출판한다.

세인트 세르게 단체는 파리에 계속 있고 몇 개의 정교회 그룹이 거기에서 신학 저널을 출판한다. 프랑스에 있는 정교회는 이제 압도적으로 프랑스어권이며, 그 정교회의 주도적 건설적 신학자 올리버 클레멘트는 프랑스 태생이다.

로스키의 친구이자 학생인 그는 서방 유신론의 추상적 토대에 대한 로스키의 비판을 발전시켰으며 살아 있는 하나님의 이상(vision)을 회복하는 단계로 유럽 무신론에 대한 변증법적 필요성을 기술해 오고 있다. 그는 주류 서방 유럽 문화와 매우 깊게 관계된 정교회 신학을 건설하는 데 성공했으며 비잔틴의 향수나 슬라브적 향수에서 벗어나 있다.

또 다른 뛰어난 성 세르게(St. Serge)신학교의 대표자는 보리스 보브린스키(Boris Bobrinskoy)며, 그는 교부의 전통에 뿌리내려진 방식으로 그러나 큰 자유와 서방 신학적 관점에 대한 민감성으로 고전 신학적 주제(예를 들어 삼위일체와 성령)에 대해 계속해서 작업해 오고 있다.

영국에 있는 주교 칼리스토스 와레(Kallistos Ware)는 영어권 세계에서 정교회 신학적 전통의 중요한 해석자가 되었다. 그의 주요한 활동은 옥스퍼드의 스승으로 있었던 것이며 그곳에서 많은 졸업생이 그와 함께 작업했다. 현재에 교부 신학과 영성을 해석한 그의 많은 중요한 논문들은 일련의 책 출판을 위해 수집되고 있다.

그는 또한 필로칼리아(Philokalia)와 예배 본문을 영어로 번역하는 값진 역할을 해왔다. 그는 에큐메니컬 일, 특히 성 알반(St. Albans)과 성 세르기우스(St. Sergius) 수도회의 일에 활동적으로 참여해 오고 있다.

엘리자베스 베르 시겔(Behr Sigel)은 또 다른 사람인데, 그녀의 신학적 작품은 서방 신학적 동향과 건설적 대화를 계속해서 관계해 오고 있다. 그녀는 정교회의 영성에 대해 저술해 왔으며, 수십 년 동안 정교회에서의 직무의 본질, 특히 여성의 본질에 관한 중요한 숙고들을 생산했다. 그녀는 정교회 편에서 불가코프와 로스키,

레브 질레트(Lev Gillet), 안토니 블룸(Anthony Bloom)과 성공회 편에서 마스칼(Mascall)과 어스틴 파레(Austin Farrer) 그리고 토른톤(Thornton)과 같은 사람들과 함께 성 알반과 성 세르기우스 수도회와 관계를 맺었다.

이런 단체의 일 때문에 가장 최근에 신학적 연맹의 한 부분인 '케임브리지 정교회 기독교 신학 기관'(Orthodox Christian Theological Institute)의 설립에서 보여 줬던 정교회 기독교인과 영국 서방 기독교 인간의 특별한 열매 있는 관계가 나오게 된다.

베르시겔은 또한 지난 20년 동안 성(gender)의 물음에 관한 새로워진 사유의 전선에 있었다. 베르나 헤리슨(Verna Harrison)과 발레리 카라스(Valerie Karras), 웬디 로빈슨(Wendy Robinson)은 그 방식을 교부학에 근거하고 실용적으로 표현된 성 신학으로 탐구하기 시작했다(정교회의 평신도 신학자들의 위치를 인정한다는 사실 때문에 이런 다른 분야의 현저한 발전이 가능하게 되었다).

칼리스토스 와레와 (메트로폴리탄) 안토니 블룸 그리고 토마스 홉코(Thomas Hopko)가 또한 이 분야에서 중요하고 종종 도전적 공헌을 해 왔다.

1969까지 동유럽 공산주의 나라의 신학적 작업은 몇몇 두드러진 예외는 있겠지만 대개 역사적 학계(scholarship)로 제한되었다. 이런 사람 중에서 가장 중요한 사람은 루마니아의 Fr. 두미트루 스타니로아예(Dumitru Staniloae)인데, 대단한 위상을 지닌 건설적 신학자일 뿐만 아니라 교부적 전통(그는 그레고리 팔라마스와 막시무스 콘페서에 대한 실질적 연구를 썼다)과 전통적 수도원의 영성(그는 필로칼리아의 루마니아 판을 편집했다)에 대한 주요한 해석자다. 스타니로아예의 신학적 작업은 세 가지 주요한 분야에 집중되었다.

첫째, 우리가 본 거처럼 필로칼리적(philokalic) 전통의 부흥이다. 그는 막시무스와 신(New)신학자 시미온(Symeon) 그리고 팔라마스의 많은 부분을 루마니아 필로칼리아에 포함시켰으며 상당한 신학적, 역사적 주석(notes)을 가진 책을 제공했다.

둘째, 조직 신학의 부흥에 그의 주요한 관심이 있었다. 여기에서 그는-위격들(persons)의 생생한 나눔에 토대를 둔 교회론에 대한 그의 주목할 만한 관심에서-로스키와 플로로프스키와의 많은 공통점을 가지고 있다. 그러나 그는 자신이 로스키에서 발견한 지나친 도식적 모델을 비판하며 플로로프키보다 현대 비정교 사상에 훨씬 더 많은 열정을 지닌다.

그의 가장 독창적 공헌은 아마 창조 신학, 즉 하나님의 역동적이고 결정적 행위로서 인식된 하나님의 "말씀"에 의존하는 세계에 대한 막시무스의 통찰을 발전시킨 데에 있다. 그 결과 세계는 신의 일을 대행하는(agency) 도구, 그리스도와 교회의 삶에 빛과 완성을 가져다주는 대행소다.

스타니로아예의 (이제 영어 번역으로 나타난) 『조직 신학』(dogmatic theology)은 계시, 기독론 등에 관한 충분히 많은 현대적 생각들을 논의하며 바르트에 관한 통찰력 있는 관찰을 하고 있다.

셋째, 스타니로아예의 신학적 작업의 세 번째 요소는 신학과 현대 문화 간의 대화에 대한 지속적인 관심이었는데, 특히 한쪽에서는 자기 나라의 문학적, 시적 전통에 나타난 신학과 현대 문화 간의 대화에 관한 관심이며 또 한쪽에서는 루마니아의 지적 세계와 자신과 많은 접촉을 통해 공산주의 독재 국가 동안에서도 가능할 수 있었던 20세기 과학적 가설이 발전하는 것에 그의 관심에 나타난 신학과 문화 간의 관계였다.

두드러지지만 무계획적 방식으로 막시무스의 사유에 나타난 가장 심도 있는 패턴과 관계한 스타니로아예와 같은 저자의 신학적 관심은 탁월한 많은 서방 학자들과 역사가들 그리고 신학자들, 그들 가운데 발타자르, 라르스 턴베르그(Lars Thunberg) 그리고 (현재 정교회인) 야로스라프 펠리컨(Jaroslav Pelikan)을 대신해 기독교 서방과 동방이 사이가 좋은 시기에 있었던 7세기 사상가를 재발견하는 것과 일치했다. 따라서 잠재적으로 보편적 의의를 지닌 첫 번째 천 년(1세기~10세기-역주) 동안의 신학의 특징이 3천 년(21세기~-역주)을 시작하는 데에 새로운 삶과 새로운 접근 가능성이 되었다. 유사한 것이 주요한 다른 비잔틴 신학자의 업적이 서방에서 종종 무시되어져 왔던 사례에서 발생했다.

성 존 다마스커스(St. John Damascene)에 관한 앤드류 루스(Andrew Louth)의 권위 있는 연구는 이것에 대한 탁월한 예다. 그레고리 팔라마스에 관한 존 메이엔도르프의 작업은 이미 1950년대에 이런 작가가 현재와 관련한다는 측면에서 서방에서 새로운 관심을 불러일으켰다.

신 신학자 시미온에 대한 대주교 바실 크리보쉐인의 작업과 비숍 힐라리온 알페예브(Bishop Hilarian Alfeyev)을 포함해서 더 많은 최근 작가의 작업은 이런 경향에 대한 또 다른 예를 제공해 준다. 신학과 영성 두 가지 측면에서 기독교 전통인 동방과 서방의 상호 작용에 관한 생생하고 비판적 평가뿐만 아니라 더욱 전체적이고 균형 잡힌 평가가 가능하게 되기 시작했다.

서방에서는 예상할 수 없었던 마운트 아토스(Mount ethos)에 대한 수도사적 삶의 부활과 성 실루안 안토니트(St. Silouan the Athonite)의 작품들과 그의 제자 스타레츠(Staretz) 소프로니 사카로프(Sophrony Sakharov)가 했던 그 작품의 설명에서 제시된 새로운 수도원 신학의 시작을 알리는 것은 또한 이와 관련해 의의가 있다.

마찬가지로 기대하지 않았던 이집트 사막에서 비칼케돈 수도자적 삶의 전통이 부활했다.

여기에 마타 엘 메스킨(Matta El Meskin)과 총대주교 쉐노우다(Shenouda) 3세 두 인물이 상당한 대조적 영향력이 있었다.

동유럽에서의 큰 변화가 시작되었을 때 신학 교육은 (순조롭든지 그렇지 않든지) 빠르게 발전해 왔으며 몇 세기 동안 진행됐던 것보다도 어떤 영역에서는 더욱 활력이 있었다. 러시아의 수석 사제 알렉산더 멘(Archpriest Alexander Men)의 비범한 영향력이 모든 러시아의 지식인 세대, 특히 "반체제"(dissident) 배경을 가진 사람들에게 나타났다. 그의 많은 서적은 건설적 신학에 대한 공헌보다는 신학 지침서에 대한 프로그램에 더 많이 이바지한 것으로 나타난다.

그래서 그의 책은 비판적이지만 성경을 충실하게 읽는 것과 신학적으로 정보를 주는 다른 신앙과 만남에 대한 기본적 원리들을 제시하며, 솔로비예프와 그의 제자들의 러시아적 사변적 전통에 깊게 빚을 지고 견고한 성례론에 기반을 둔 교회론에 대한 이상을 제시하고 있다.

1990년대 초기에 그의 영향력은 많은 연구 진영과 러시아의 도시에 있는 종교와 신학 "협회"를 형성하는 데 결정적 역할을 했다. 상트 페테르부르크(Saint Petersburg) 종교와 철학 고등학부(Higher School of Religions and Philosophy)는 특히 활동적이었으며 학교의 저널들에 탁월한 흥미 있는 작품을 생산했다.

여기에서 여러분은 문학비평 논문과 문화사 연구뿐만 아니라 레비나스와 보에겔린(Voegelin)을 러시아어로 번역과 함께 있는 교부학, 현상학 그리고 포스트모던에 대한 글들을 찾을 수 있을 것이다. 이 모든 일은 혁명 이전 시기(pre-Revolutionary period)의 위대한 러시아 사상가들의 작업을 훌륭하게 계승하고 있으며 현대 러시아를 위한 그런 계승의 의의는 과장 되지 않았다.

건설적 방식으로 이런 지성적 창의성이 다시 일어나는 것에 러시아 교회의 지도력이 반응할 수 있는지가 여전히 제시되어야 하지만 더 큰 신학교들에서 새로운 삶의 어떤 징후들이 있다.

현대 에큐메니컬 대화의 제약과 긴장 때문에 (두드러진 몇 가지 예외를 갖지만) 과거 몇십 년 동안 정교회 세계에서의 탐구적, 창의적 신학이 대체로 장려되지 못했으나 유럽과 미국뿐만 아니라 제3세계에서 장려되고 있다는 많은 징후가 있다. 정교회 신학은 최근 서방 신학(전통과 성령에 관해서는 콩가르에게, 삼위일체에 대해선 몰트에게 그리고 교회에 대한 많은 저자)에게 상당한 영향을 주었으며 점차 학술적 진지함으로 연구돼왔다. 공산주의 몰락의 여파로 초보수주의(ultra-conservatism)를 지향하는 분명한 경향에 직면해 또한 상호 교환의 새로운 가능성을 만드는 신학적 경향이 있다. 역사적이고 체계적 많은 연결이 만들어지고 있다.

철학적 전선에서 지지울라스의 최근 작업은 관련 없는 실체의 형이상학과 소원하거나 중립적 주관주의의 신화에 근거한 인식론을 비판하는 가운데, 이런 종류의 교회론과 "포스트모던"이나 "탈자유주의"(postliberal)의 계획에 대한 여러 서방 사회의 시도 간의 유용한 상호 작용의 가능성을 제시하고 있다.

정교회 신학자들은 기꺼이 하이데거(Heidegger)와 관계하려는 것을 보여 주었지만 그것은 아마 한편으로는 가다머 또 한편으로는 비트겐슈타인(Wittgenstein)과의 필적할 만한 관계를 맺는 시간이었다(루마니아 소설가 페드루 두미트리우는 기독교인의 헌신에 대한 자신의 발견에서 비트겐슈타인의 중요성을 웅변적으로 시험했지만, 그가 한 것은 "주류" 정교회 신학 내에서 매우 분명하게 들려지는 목소리는 아니었다).

진전하는 이런 종류의 발전을 위해 정교회 신학은 서방의 철학 세계에 대한 어떤 의구심(최악의 경우에는 경멸하는 것)을, 즉 이 세기 초기에 러시아인 이주에서 물려준 논쟁 일부였던 의구심을 일반적으로 극복해야만 했다. 클레멘트와 얀나라스 그리고 뉴델리의 메트로폴리탄 파울로스 마르 그레고리오스(Metropolitan Paulos Mar Gregorios of New Delhi)의 인상적 예들은 그리스 교부적 시각에 의해 형성은 되었지만, 거기에 제한되지는 않았던 관점에서 철학적일 뿐만 아니라 과학적이고 정치적 유럽의 지성적 삶의 주류에 맞섬으로써 성취될 수 있었다는 것을 보여 주었다.

그리고 만일 이런 것이 성공한다면 러시아의 종교-철학적 전통에 공헌한 것, 즉 솔로비에프와 불가코프에 대한 어떤 주제를 회복하고 재작업하는 것에 대한-아무리 그것이 여전히 비판적일지라도-새로운 평가가 또한 필요할지 모른다. 불가코프와 그의 친구 파벨 플로렌스키의 많은 작품이 번역으로 이용될 수 있는 것처럼 그들의 작품에 관해 새로운 관심을 보이는 실제적 뚜렷한 징후가 있다.

특별히 1917년 러시아 혁명의 결과와 다른 동방 유럽 지역에서 그 혁명으로부터 나왔던 결과들로 인해 정교회는 20세기 놀라운 격변의 시기를 겪었다. 많은 맥락 속에서 체계적 학문적 종류의 신학적 교육은 절대 실행할 수 있지 않았다.

이런 상황에서 정교회 사상은 주목할 만한 회복과 자기를 갱신하는 힘을 보여 주었다. 동유럽에서의 신학적 활동의 이런 새로운 활기, 서방 정교회 사상가들 사이에서의 지속적인 생산성 그리고 그들 간의 최근 상호 교환은 밝은 전망을 수행하는 경향들이다.

본서의 세 번째 장과 참고 문헌은 상당히 재수정되었으며 A. M. 알킨(Allchin)과 피터 C. 보우테니프(Bouteneff)에 의해 확장되었다.

참고 문헌

1차 자료
Bulgakov, S. N., *The Wisdom of God* (London, 1937).
_____. *Du verbe incarne* (Paris, 1943).
_____. *Le Paraclet* (Paris, 1946).
_____. *Philosophy of Economy: The World as Household*, trans., ed., and Catherine Evtuhov (New Haven, CT, 2000).
_____. *The Bride of the Lamb*, trans. Boris Jakim (Grad Rapids, MI, 2002).
Florensky, Pavel, *Iconostasis*, trans. Donald Sheehan and Olga Andrejev (Crestwood, NY, 1996).
_____. *The Pillar and Ground of the Truth*, trans. Boris Jakim (Princeton, NJ, 1997).
Florovsky, Georges, *The Collected Works of Georges Florovsky* (Belmont, MA, 1972-9).
Lossky, V. N., *The Mystical Theology of the Eastern Church* (Cambridge, 1957).
_____. *Orthodox Theology: An Introduction* (Clemet's digest of Lossky's lectures) (Crestwood, NY, 1959).
Plekon, M. (ed.), *Tradition Alive: On the Church and the Christian Life in Our Time/Readings from the Eastern Church* (New York, 2003).
Staniloae, Dumitru, *Theology and the Church* (Crestwood, NY, 1980).
_____. *The Experience of God* (Orthodox Dogmatic Theology, Vol. 1: Revelation and Knowledge of the Triune God) (Boston, MA, 1998).
_____. *The Experience of God* (Orthodox Dogmatic Theology, Vol. 2: The World, Creation, and Deification) (Boston, MA, 2000).
Willams, Rowan (ed., trans., intr., and commentary), *Sergii Bulgakov: Towards a Russian Political Theology* (Edinburgh, 1999).

2차 자료
Arjkovsky, Antoine, *La Generation des penseurs religieux de lemigration Russe: La Revue LaVoie* (Put), 1925-1940 (Paris, 2002).
Blane, Andrew (ed.), *Georges Florovsky: Russian Intellectual and Orthodox* (Crestwood, NY, 1993).
Clément, O., *Questioins sur l'homme* (Paris, 1972).
Dumitriu, P., *To the Unknown God* (London, 1982).
Evdokimov, P., *L'Orthodoxie* (Neuchâtel, 1965).
Gregorios, Paulos Mar, *The Human Presence* (Geneva, 1978).
Lelouvier, Y. N., *Perspectives russes sur leglise. Un théologien contemporain: Geoges Florovsky* (Paris, 1968).
Nichols, Aidan, *Light From the East* (Edinburgh, 1995).
Read, C., Religion, *Revolution and the Russian Intelligentia, 1900-1912* (London, 1979).
Roberts, E. and Shukman, A. (ed.), *Christianity for the Twenty-First Century: The Life and Work of Alexander Men* (London, 1996).
Schmemann, A., *The World as Sacrament* (London, 1966), *For the Life of the World: Sacrament and Orthodoxy* (Crestwood, NY, 1973), 수정 확장판.
Valliere, P., *Modern Russian Theology: Bukharev, Soloviev, Bulgakov: Orthodox Theology in a New Key* (Grand Rapids, MI, 2000).

Ware, K., *The Orthodox Way* (London, 1979).
_____. *The Inner Kingdom: The Collected Works, Vol. I* (Crestwood, NY, 2000); 더 많은 근간 서적들.
Williams, G. H., "Georges Vasilievich Florovsky", *Greek Orthodox Theological Review* (1965), 7-107.
Willams, R., "The Via Negativa and the Foundations of Theology: An Introduction to the Thought of V. N. Lossky", in *New Studies in Theology I,* ed. Stephen Sykes and Derek Holmes (London, 1980), 95-117.
Yannaras, Christos, *The Frerdom of Morality* (Crestwood, NY, 1984). *Elements of Faith* (Edinburgh, 1991).
Zernov, N., *The Russian Religious Renaissance of the Twentieth Century* (London, 1963).
Zizioulas, J., *Being as Communion: Studies in Personhood and the Church* (Crestwood, NY, 1985).

제34장

오순절과 은사 신학

엘른 엔더슨(Allan Anderson)

1. 서론

오순절주의(Pentecostalism)는 세계 거의 모든 나라에서 발견되는 가장 빠르게 성장하는 기독교 일부로 거의 20세기 초반에 나왔다. "전통" 오순절파(classical Pentecostal denominations, 1906-8년 로스앤젤레스의 아주사거리부흥운동에 뿌리를 두고 있는 20세기 1분기에서 시작된 종파), (대략 1960년 이후로) "역사적" 교회 내에서의 은사 운동 그리고 (대략 1975년 이후로) 더 새로운 은사적(Charismatic) "제3의 물결"(Third Wave) 독립교회 간의 구별이 있다.

그러나 이런 뒤에 나온 운동들(역사적 교회의 은사 운동과 제3의 물결 독립교회-역주)은 전통 오순절주의에 의해 영향을 받았으며 본질적으로 동일하게 다루어질 것이다. "은사적"(Charismatic)이란 용어, "오순절"(Pentecostal)이란 용어 그리고 "오순절주의"란 용어는 구분할 필요가 있을 때를 제외하고 이런 다양한 표현들을 언급한다.

20세기 초기에 다양한 독립적, 복음주의적 "거룩성"(Holiness) 그룹은 서방 세계에서와 세계의 종말이 성령의 세계적 분출 때문에 성취된 특별한 기대를 한 프로테스탄트 선교 분야에서 존재했다. 전 천년 세대주의와 찰스 피니(Chales Finney), 페베 팔머(Phoebe Palmer) 그리고 드와이트 무디(Dwight Moody)와 같은 대중적 19세기 설교자의 부흥 신학 그리고 영국에서 병 고치는 복음주의자와 케스윅(Keswick)의 "고차원적 삶"(higher life)의 운동은 이런 생각을 부추겼다.

이런 생각은 성령세례로 알려진 회개와는 분리된 결정적(crisis) 경험이 "능력이 부여됨"(enduement with power)을 받은 모든 그리스도인에 의해 받아들여져만 한다는 것을 드러내었다. 이전의 켄사스(Kansas), 토페카(Topeka)의 감리교 설교자 찰스 파햄(Charles Parham)은 방언으로 말하는 것이 동반되는 새로운 성령세례론을 만드는 것과 1901년에 "사도적 신앙"(Apostolic Faith) 운동을 창시하는 것의 책임자였다.

휴스턴 출신의 아프리카계 미국 설교자, 윌리엄 시모어(Seymour)는 이런 메시지를 가지고 1906년에 로스앤젤레스로 갔으며 그가 이끌었던 아주사부흥운동(Azusa

Street Revival)은 오순절주의 탄생과 국제 운동으로의 변모를 보여 주었다.[1] 다른 세계 여러 지역에서 오순절주의는 북미에서의 사건과 무관하게 발생했던 다양한 부흥 운동을 흡수할 수 있었으며 2년 내 이미 40개 이상의 나라에 도달했다.

오순절주의의 두 번째 단계는 1950년대 후기와 1960년대에 시작되었으며 그때 구 개신교회(older Protestant churches)의 사역자와 회원들은 그들 스스로 오순절 경험을 추구하기 시작했으며 가장 잘 알려진 1960년의 성공회 목사 데니스 베네트(Episcopalian vicar Dennis Bennett)의 경험이 『타임지』와『뉴스위크지』에 보도되었다.

1967년에 오순절주의가 데이비드 윌커슨(David Wilkerson)의『십자가와 칼』(The Cross and the Switchblade)과 같은 영향력 있는 오순절 출판물과 오럴 로버츠(Oral Roberts)와 같은 병 고치는 복음주의자와의 접촉을 통해 가톨릭교회에 들어갔다.

가톨릭 은사주의 운동은 그 이후로 오순절 신학의 특정한 성례의 형태를 가지고 범세계적 오순절주의 내에서 가장 큰 힘이 되었다. 그러나 이것은 가톨릭 신학의 범위 내에서 유지되었기 때문에 여기에서 다루지 않을 것이다.

1970년 중기에 오순절주의 운동의 세 번째 단계가 교파적 오순절주의(denominational Pentecostalism)와 은사주의 운동과 느슨한 관계만 맺었던 독립교회의 형태로 일어났지만, 초기 운동들의 특징인 성령 은사에 대해 같은 뚜렷한 강조를 하고 있다. 이런 "신(新)오순절적"(Neopentecostal) 제3의 물결 교회들은 20세기 말엽에 세계에서 몇몇 가장 큰 "거대교회"(megachurches)를 포함하며 세계적 오순절주의 내에서 가장 빠른 성장 영역이었다.

이런 세 단계의 오순절주의는 엄격히 말해서 서방 세계에서만 관계하는 너무 지나친 단순화이며 우리가 고려하려고 하는 강조는 독특한 아프리카의 "성령의 교회"와 중국 농민 기독교를 포함해 모든 다른 형태의 오순절주의에 속해 있다. 오늘날 오순절주의는 문자적으로 수천 가지의 운동과 단체, 종파로 구성된다.

평범한 사람들로 구성되었고 최근까지 전통 신학으로 훈련받은 학자들을 가지고 있지 않은 운동들이기 때문에 오순절주의에서 눈에 띄는 대표적 신학자들을 찾기란 어렵다.

그래서 본 글은 지금까지 나타났던 많은 인기 있는 출판물과 최근 오순절 학자들의 작품을 수집할 것이다. 이런 대부분 출판물은 오순절주의가 나오는 철저한 복음주의적 "거룩성" 신학을 반영한다.

---

1 이것에 대해 Allan Anderson, *An Introduction to Pentecostalism: Global Charismatic Christianity* (Cambridge, 2004)를 참조.

2. 성령의 경험

첫 번째 오순절파는 전 세계를 향한 "충만한 복음"(full gospel)에 대한 설교를 동반하는 마지막 때의 "영혼의 추수"에 들어가기 위해서 성령이 그들에게 쏟아 부어진다고 믿었다. 그들의 결실은 성령이 이 같은 모든 활동 배후에서의 동기력이라는 확신에 토대를 두며, 방언을 말하는 징조를 가진 성령세례는 그들에게 다른 세계어를 주었다.

오순절파의 주요한 강조는 "성령에 의해 보내심을 받은" 것에 있으며 형식적 구조로 묘사되는 것 보다 성령의 인도하심으로 묘사되는 것에 더 많이 의지한다. "선교사"로 부름을 받은 사람들은 그 일을 하는 데, 이는 성령이 그들에게 그 일을 지시했기 때문이며 종종 예언, 꿈 또는 환상과 같은 어떤 영적 계시를 통해, 심지어 하나님의 목소리로 인식되는 들려지는 음성을 통해 그 일을 한다.

오순절파의 지도자, J. 로즈웰 플라워(J. Roswell Flower)는 1908에 "성령이 우리의 가슴에 올 때 선교적 정신이 성령과 함께 오며, 성령과 선교사 정신은 불가분의 관계다… . 이런 다른 땅에 있는 배고픈 영혼에 복음을 전달하는 것은 자연스러운 결과다"[2]라고 기록했다. 오순절 선교사는 때가 짧다고 믿으며 서둘러서 그 일을 계속한다. 선언된 '사도적 신앙'(Apostolic Faith)은 다음과 같다.

> 이것은 전 세계적 부흥이며 우리의 예수로 데려오는 마지막 오순절의 부흥입니다. 교회는 교회가 사랑하는 사람을 만나기 위해 교회의 마지막 행진을 하고 있습니다.[3]

그들의 선교 활동은 이런 전 천년 종말론에 토대를 두고 있으며 그래서 그들의 신학은 활동적 신학이다.

오순절주의에 대한 다양한 표현은 하나의 공통된 경험과 뚜렷한 주제를 가지고 있다. 즉 예배를 위해 사람들에게 권능과 능력을 부여하는 하나님의 성령과의 개인적 만남, 다시 말하면 성령 안에서 (또는 함께 하는) 세례로 종종 불리는 경험이다.

오순절주의는 "하나님이 우리와 함께하심"이라는 분명한 증거로 "징조와 경이로움"이 이런 만남에 동반된다는 것을 종종 선언한다. 은사주의는 성령의 경험을 통해 하나님의 내재성(immanence)을 감지할 수 있다. 다양한 은사주의는 정확한 성

---

2 *The Pentecost 1: 1*(Indianapolis, IN, August 1908), 4
3 *Apostolic Faith 1: 1* (Los Angeles, September 1906), 4

령 신학의 형식과 일치하는 것은 아니지만 신과의 만남과 그 결과로 초래된 삶의 변화에 대한 강조는 항상 성령 신학에 있다.

이런 사실이 은사주의를 아마 기독교의 어떤 다른 현대적 형태보다도 더욱 신비주의 전통에 비유하게 해 준다. 대부분의 초기 오순절파는 이런 경험에 대한 갈망을 말하며, 동시에 "세례" 때이든지 아니면 그 차후이든지 극단적 육체적 감각과 기쁨 그리고 대개 방언을 말할 때 나오는 절정이 따라 나온다.

그들은 일반적으로 이런 중요한 경험을 말하며 많은 사람은 이런 성령세례가 방언을 말할 때 대개 동반된다고 믿는다. 아주사 거리 신문인 '사도적 신앙'(Apostolic Faith)의 첫 번째와 그 이후 발행은 그들의 공식적 입장을 다음과 같이 선언했다.

> 성령세례는 거룩한 삶에 부어지는 능력의 은사입니다. 그래서 우리가 그것을 받아 새로운 방언을 말할 때 제자들이 오순절에 받은 것과 같은 증거를 가집니다 (행 2:3-4).[4]

방언을 말할 때 동반되는 성령세례의 "축복"은 초기 오순절파와 다른 철저한 거룩성 운동의 사람들(Holiness people)을 구별시키는 교리다. 틀림없이 방언을 말하는 것은 초기 오순절 경험의 가장 뚜렷하고 중심적 지속적인 생각이다.

윌리엄 시모어와 대부분의 초기 오순절파는 방언을 말하는 것은 복음이 "마지막 세대"에 지구의 종말을 설교하는 '외국어 방언들'(xenolalia)의 은사라고 믿었다. 선언된 '사도적 신앙'(Apostolic Faith)은 다음과 같다.

> 성령세례는 여러분을 세상 끝까지 증인으로 만들어 준다. 그것은 여러분에게 나라들의 언어를 말하는 능력을 줍니다.[5]

이 신문이 만든 몇 개의 발행물은 아주사 거리에서 성령세례를 받은 자에게 외국어가 주어졌으며 그 언어를 통해 그들의 선교지를 확인받았다고 주장했다. 선교적 복음주의를 위한 방언 회복의 믿음은 오순절주의가 시작되기 이전 적어도 20년 동안 거룩성 운동과 복음주의적 운동에 있었지만 이것은 그런 기대의 성취로 간주했다.

---

4   *Apostolic Faith* 1: 1 2.
5   *Apostolic Faith* 1: 4 1.

많은 오순절 선교사는 그들의 청중이 그들의 방언을 이해하지 못할 때 나중에 환멸을 느꼈지만, 대부분은 그들의 신학을 '제노랄리아'(xenolalia) 대신에 "알 수 없는" 방언들, 즉 '글로소랄리아'(glossolalia)에 대한 신념에 맞추었다.

전통 오순절파는 대개 두 개의 구별된 교리인(방언을 말하는 것이 성령세례의 결과 혹은 주요한 증거라는) "결과" 혹은 "처음의 증거"(성령세례가 회개로 가는 확고한 차후의 경험이라는)와 "차후"(subsequence)를 믿도록 가르침을 받았다. 결과나 처음 증거 교리는 아마 방언을 말하는 것과 성령세례 간의 신학적 연결을 만들었던 찰스 파햄에 의해 1901년에 처음 공식화되었을 것이다. 그 교리는 아주사 거리 선교로 강조되었고 그 이후로 북미 오순절주의의 특징이 되어 왔다. 그리고 그 교리는 그것의 초기 출판물에 스며들어 있었으며 서방 세계에서 대부분의 전통 오순절파의 계속된 근본 믿음이 되었다. 차후 교리는 초기 기원을 19세기 거룩한 운동에서 가지고 있었다.

존 웨슬리(John Wesley)의 가르침에 대한 거룩성 운동의 해석은 그가 회개 다음에 "완전한 사랑"이나 "성화"로 불리게 되는 "두 번째 은혜 사역"을 가르쳤다고 여겨졌다는 점이다. 오순절파는 이런 경험을 성령세례와 연결했다.

전통 오순절파는 대개 사도행전, 특히 오순절 경험(행 2:4)과 사마리아 사람의 경험(행 8:4-19), 고넬료(행 10:44-8), 모든 기독교인을 위한 규범적 모델로 에베소에서의 제자들(행 19:1-7)을 언급함으로써 결과와 차후 교리를 지지한다.

이런 구절들은 회개한 후 어떤 시기에 성령을 받는 경험이 있다는 것과 각 경우에 명시적으로나 암묵적으로 성령을 받은 사람이 방언을 말했다는 점을 지적하고 있다고 언급된다.

오순절파는 모든 고린도 신자가 방언을 말하기를 소망했고 "여러분 모두보다 더 많이" 방언으로 말한 것을 하나님께 감사했던 바울의 경험(고전 14:5, 18)을 좀 더 지적한다.

전통 오순절파는 [성령세례의 증거로 "징조"로서의 방언과 [교회 모임에서 모든 신자가 사용하지 않는] "은사"로서의 방언을 구별함으로써 모두가 방언을 말하지 않는다는(고전 12:30) 바울의 함의된 진술을 고려해 왔다. 그들은 이런 성경 구절을 토대로 해 성령세례의 규범적 패턴은 "처음의 증거"인 방언을 말하는 것이라고 주장한다.

북미 상호 교파적 단체 '오순절 은사주의 교회'(interdenominational organization Pentecostal and Charismatic Churches of North America)의 신앙 진술은 다음과 같이 확언한다.

완전한 복음은 성령이 발화를 줄 때 다른 언어로 말하는 증거로 마음과 삶의 거룩성과 몸을 고치는 것 그리고 성령세례를 포함한다고 우리는 믿는다.[6]

어떤 은사주의는 특히 그 운동의 초기 은사주의는 방언을 말하는 것이 "성령을 받은 결과로 일어나는 첫 번째 활동"이라고 말한 장로교 학자, 로드만 윌리엄스(J. Rodman Williams)처럼 이런 가르침을 따른다.[7] 대부분 오순절파에게 성령세례는 구원 이후에 나오는 뚜렷하고 분리된 경험이다. 그래서 그들에게 어떤 그리스도인은 "구원" 받을 수 있지만 아직은 성령으로 채워지지 않았다는 것이 결과적으로 따라 나온다.

결과와 차후 교리는 특히 최근에 뜨겁게 논쟁 되었다. 제임스 던(James Dunn)은 차후의 주제에 대해 오순절파와 진지한 논쟁에 끼어든 가장 영향력 있는 복음주의적 학자 중 한 사람이다. 그의 주된 논의는 성령 은사(또는 성령세례)는 주로 회개와 관련된 경험이며 그리스도인들이 추구하도록 장려받아야만 하는 구별된 차후 증거가 아니라는 점이다. 다시 말하면 그의 견해에서 성령세례는 회개와 동의어다. 그는 다음과 같이 말한다.

> 간단히 말해서 그리스도인이 되는 것은 그리스도의 영, 즉 성령을 받는 것이다. 오순절파가 하나님 사역을 두 가지 사역으로 분리하려고 하는 것은 한 가지 신적 행위다.

몇몇 오순절 은사주의 학자들은 이에 대한 대답으로 차후 교리를 변호하는 데 긴 논문들을 써왔으며 그것의 본질은 바울의 성령 신학이 주로 (회개에서의 성령의 역할을 강조하는) 구원론적, 시작 단계라는 던의 주장에 동의하지만 누가 신학은 선교를 위해 능력을 부어주신다는 것을 강조하면서 은사적, 예언적이라는 점이다. 그러므로 그들은 던이 바울 신학을 누가의 설명으로 읽고 있다고 주장한다.[8]

---

6   J. Rodman Williams, "Baptism in the Holy Spirit", in S. M. Burgess and E. M. van der Mass (eds.), *New International Dictionary of Pentecostal and Charismatic Movements* (Grand Rapids, MI, 2002), 354-5를 참조.
7   J. Rodman Williams, *Renewal Theology (2): Salvation, the Holy Spirit, and Christian Living* (Grand Rapids, MI, 1990), 211.
8   How Ervin, *Conversion-Initiation and the Baptism in the Holy Spirit: An Engaging Critique of James D. G. Dunn's Baptism in the Holy Spirit* (Peabody, MA, 1984); James B. Shelton, *Might in Word and Deed: The Role of the Holy Spirit in Luke-Acts* (Peabody, MA, 1984); Robert Menzies, *Empowered for Witness: The Spirit in Luke-Acts* (Sheffield, 1994).

전통 오순절 신학의 또 다른 핵심 교리인 결과 교리는 또한 전통 오순절주의 내부에서도 도전을 받아 왔다. 아주사 부흥 운동이 시작된 해(1906) 만큼 오래 인도 판디타 라마바이(Pandita Ramabai)의 무크티(Mukti) 선교의 미국 미니 아브람스(Minnie Abrams)는 방언을 말하는 것이 성령세례는 "대개"지 "반드시" 따라 나오지는 "않는다"고 썼다.

시모어와 초기 몇몇 유럽 오순절 지도자들 그리고 (칠레 오순절 운동의 창시자) 윌리스 후버(Willis Hoover)는 또한 "처음의 증거" 교리를 의문시했다. 1918년에 병 고치는 복음주의자와 초기 하나님의성회 중역인 F. F. 보스위스(F. F. Bosworth)는 그 문제가 있는 동안에 그 종파를 사임했으며 방언 은사는 많은 가능한 성령세례의 증거 중 하나라고 말했다.

처음의 증거에 대한 생각에 도전한 더욱 최근의 첫 번째 전통 오순절파 중에 한 사람은 유명한 신약학자이며 가장 큰 오순절파, '하나님의성회'(Assemblies of God) 사역자인 고든 피(Gorden Fee)였다. 그는 비록 오순절파가 방언을 말하는 것을 "반복 가능한 것"으로 묘사할지라도 그것이 "규범적"(normative)이라고 주장하지 않는다고 제안했다.[9]

'하나님의성회' 신약학자 로버트 멘지스는 오순절파는 이런 입장에 분명한 신학적 지지를 제공할 수 있었다고 말하면서 "증거가 될 수 있는 방언"에 관한 문제를 변호했다.

> 증거가 되는 오순절파의 방언 교리는 누가의 성령론에 대한 예언적 특징(그리고 더욱 구체적으로 오순절 은사)과 방언의 사적 표명을 고양하고 잠재적으로 보편적 특징에 대해 바울이 단언하는 데서 끌어온 적절한 추론이다. 그러므로 우리가 오순절 은사를 받을 때 방언이 드러나는 것을 기대해야만 하며 방언의 이런 표명은 우리가 은사를 받았다는 것을 독특하게 드러내는 징조(증거)다.[10]

미국 하나님의성회는 성령세례가 "회개 차후에 오는 뚜렷한 경험"이라는 점과 방언을 말하는 것이 이것에 대한 "처음의 물리적 증거"라는 점을 선언하면서 1991년 그들의 총회(General Council)에서 전통 오순절 교리에 대한 자신들의 믿음을 재

---

9 Gorden D. Fee, *Gospel and Spirit: Issue in New Testament Hermeneutics* (Peabody, MA, 1991), 98.
10 Menizes, *Empowered for Witness*, 246, 245-5.

확언했다.[11]

똑같은 해에 고든 피는 『복음과 성령』(Gospel and Spirit)이라는 책을 출판했다. 그 책에서 그는 차후 교리는 신약성경에서 분명하게 가르쳐지지 않으며 규범적인 것으로 간주하지 말아야 한다고 주장했다.

그는 성령에 대한 오순절의 경험은 정당한 경험이라고 진술했지만, 오순절 신학에 대한 그의 비판은 강한 반응을 일으켰는데, 왜냐하면, 아마 특히 그가 가장 잘 알려진 학자 중의 한 사람인 전통 오순절주의 출신이기 때문일 것이다.

예를 들어 멘지스는 고든 피의 분석이 오순절파는 신학적으로 더 넓은 기독교 세계에 제공할 새로운 것이 아무것도 없다는 것을 의미했으며 이것은 매우 깊은 수준에서 성령세례에 대한 오순절파의 이해에 도전한 것이며 오순절 신학의 중요한 측면을 약화했다고 비난했다.

어떤 은사주의는 성령세례에 대한 뚜렷한 경험을 인정하면서 방언은 이런 경험 다음에 오는 것일지 모르지만 세례의 필연적 증거는 아니라고 생각한다. 다른 은사주의는 성령세례를 회개하는 과정의 일부(또는 마지막 단계)인 시작하는 경험으로 간주하며 (방언을 포함해) 성령 은사가 모든 신자에게 주어진다고 보고 있다.

여전히 다른 특히 가톨릭 은사주의는 성례 기간의 성령세례를 세례 때 이미 주어진 성령의 나오심으로 간주한다. 이런 견해는 구교회 전통의 신학적 입장과 많은 일치를 추구한다.

성령의 온전한 경험은 은사주의 신학의 정수이지만 서방 오순절주의 형태와 세계 다른 지역에서의 형태를 구분하는 것이 또한 필요하다. 아프리카와 아시아, 태평양 그리고 라틴 아메리카에 있는 은사주의 교회에서 모두를 아우르는 성령은 개인과 공동체 삶의 모든 측면과 관련된다.

이것은 특히 뛰어난 성령의 남자 또는 여자인 예언자적 또는 은사적 지도자들 개인에게서 분명하다. 신학은 의례(rituals), 예전(liturgies) 그리고 이런 오순절파의 일상적 경험을 철학화(化)는 것보다 오히려 실행에 옮기는 것이다. 그러므로 성령론은 이런 교회에서 가장 뛰어난 규정된 신학 일부다. 은사주의적 성령론은 역동적, 맥락 의존적 성경 계시의 표현이다.

기독교 예배에서 감정을 반대하고 무시하려는 경향은 어떤 서방 형태의 기독교를 매력이지 못하게 만들었지만, 성령론에서 성령에 대한 강조는 기독교에게 새로운 반향과 적절성을 부여해 주었다. 많은 사람은 어쩌면 오순절주의에서(특히 제3세계에서)

---

11 Menizes, *Empowered for Witness*, 246.

나타난 겉보기에 이상하고 불편한 현상들을 오해해 왔을지도 모른다.

그리고 많은 사람은 또한 성경에서 묘사되는 본질적, 역동적, "영적" 기독교의 본질을 상실하고 있으며 그것을 합리적으로 신학화하는 것에서 배제했다.

성령은 많은 은사적 교회에서 발생하는 모든 일에 칭송을 받는 분이다. 성령은 사람들이 성령을 "받고" 예언하고 방언을 말하며 병 고치고 귀신을 내쫓고 비전과 꿈을 갖고 "거룩한" 삶을 살도록 하신다. 그리고 일반적으로 성령은 이런 교회의 삶과 예배, 성령의 모든 활동의 "지도자"를 이끄신다.

때때로 성령의 거짓된 현상을 통한 가장(play acting)과 조작이 있을지 모르지만, 세계에 뻗어 있는 기독교는 거짓 예언자와 그들의 뜻을 시행하기 위해 종교적 승인을 사용하는 사람들을 가지고 있다. 그렇다 하더라도 종종 오순절파를 정당하게 겨냥하는 어떤 비판은 때때로 성공과 능력의 신학이 십자가 신학을 희생시키면서까지 상세하게 설명되고 있다는 점이다.

성령이 인간의 고통과 궁핍에 빠른 해결책으로 간주할 때 어려움이 해결되지 않은 것처럼 보이는 기독교 신자들의 삶 가운데 나타난 고통의 역할이 폄하되는 경향이 있다. 사람들은 기독교의 승리로 확신 받을 뿐만 아니라 시험을 인내하는 것에 의해도 확신을 받는다. 성령은 또한 온유한 비둘기이며, 겸손과 인내 그리고 온순함의 영이시며 사랑과 희락 그리고 평화의 영이시다. 성령의 능력에 대한 지나친 강조는 그 능력이 분명하고 즉시 나타나지 않을 때 종종 쓰디쓴 실망감과 환멸감을 안겨준다.

오순절 성령론은 능력이 결핍되어 있을 때 그 능력을 제공해야만 할 뿐만 아니라 인생의 비극과 실패를 통해 특히 외관상 성공이 눈에 보이지 않을 때도 또한 사람들을 살아가 수 있도록 해야 한다.[12]

제3세계 오순절교회는 역동적, 맥락 의존적 성령론에 실제적이고 중요한 공헌을 해 왔다. 신학에 대한 서방식 접근의 문제는 육체적인 것, 영적인 것 그리고 개인적인 것 사회적인 것을 통합하는 전체적 세계관을 적절하게 이해하지 못하는 이원론적 합리화(dualistic rationalizing)이다. 왜냐하면, 두 개의 추정된 상호 침투가 있기 때문이다. 소위 "맥락 의존 신학들"(contextual theologies)은 서방 신학의 한도(parameters) 내에서 종종 설명된다.

그 결과로 나타난 신학적 진공 상태는 종종 제3세계 대중(grassroots)신학에 따라

---

12 좀 더 Allan Anderson, *Moya: The Holy Spirit in an African Context* (Pretoria, 1991), 41-6, 104-20; *Zion and Pentecost: The Spirituality and Experience of Pentecostal and Zionist/Apostolic Churches in South Africa* (Pretoria, 2000), 239, 244-55을 참조.

채워졌으며 그것은 실제로 서민층에서 온 신학이며 사람들의 신학이다. 오순절교회는 존재론적 수준에서 토착적 세계관과 종교 그리고 기독교 간의 대화를 가능하게 했다.

대부분의 세계에서 성경과 인간의 경험 두 가지는 종종 설명이나 합리성을 초월해 있고 묘사하기가 불가능하다. 아프리카는 이런 긴장의 실례가 된다. 그곳에서 많은 사람은 "신학"을 논리적으로 제시하는 서양 선교사를 아프리카인이 경험했던 실제적, 전체적 세계와 접촉하지 않은 것으로 간주했다.

아프리카인들이 가장 깊게 느꼈던 요구가 언급되지 않았으며 그들의 물음은 대답 되지 않았다. 반대로 은사주의 교회는 육체적, 감정적 그리고 영적 아프리카의 요구를 충족시키려는 욕구로 동기 부여를 받았으며 인생의 문제에 대한 해결책과 위협적, 적대적 세계에 맞서는 방식을 제공해 준다.

그들의 목사와 예언자 사제 그리고 복음주의자들은 사람들을 진짜 문제를 가진 것으로 수용하며 의식적으로 그 문제들의 해결점 찾으려고 노력하는 가운데, "영혼"을 구원하시는 같은 하나님이 또한 몸을 치료하시고 인간의 공포와 불안에 응답을 제공하는 데 관심을 가지신 "좋으신 하나님"이라는 점을 선언했다.

죄를 용서하시는 하나님은 또한 빈곤과 질병, 황폐함, 악령의 억압 그리고 인간의 고통과 노예의 모든 형태로부터의 자유에 관심이 있다. 이런 메시지는 오순절주의를 이런 맥락에 있는 사람들에게 매력을 제공한다.

인생은 전체이며 거룩한 것과 세속적인 것 간의 궁극적 분리가 있을 수 없고 종교는 모든 인간의 문제에 집중되어야만 한다는 아프리카와 다른 제3세계 사회의 통찰력은 서양에게 준 그들의 위대한 공헌이다. 즉 그 통찰력은 세속화가 일으킨 파괴에 직면해 이제 서양이 필요로 하는 신념과 신앙이다.[13]

3. 오순절파와 성경

대부분 오순절파에게 신학은 자신들의 핵심적 메시지를 찾고 있는 성경과 분리되지 않는다. 비록 성경의 권위에 근거해 "복음주의" 입장과 대부분 동일시하려 할지라도 오순절파는 대개 성경의 통일성과 영감, 다른 신학적 세부 상황과 같은 격렬한 문제들에 몰두하지 않는다.

---

13 Anderson, *Moya*, 104-4를 참조.

성경을 읽을 때 그들의 목적은 거기에서 그들이 느낀 요구와 유관한 것으로 경험될 수 있는 것을 찾는 것이다.

어떤 오순절파 교수가 성경에 대한 "보수적 복음주의적 접근"과 그들 자신을 더욱 밀접하게 동일시해 왔던 것은 주로 서양(특히 미국)에서 이다. 거기에서 더욱 크게 강조하는 것은 "정확한" 성경 해석(성경을 "바르게" 해석하기)과 저술된 신학에 있었다.

그러나 대부분 오순절파는 성경을 문자적으로 이해하는 것보다 오히려 경험에 의존하며 그러므로 성경 본문만을 해석하는 논의는 매우 유의미하지 않다. 오순절파는 영적 조명, 즉 성경을 "살아 있게"하는 그래서 그 성경을 어떤 다른 책들과 구별시키는 성령을 직접 경험하는 것(experiential immediacy)을 믿는다.

그들은 성경 본문에 다양한 의미를 부과하며 설교자들은 종종 그것에 성령의 도움으로만 인식될 수 있는 "더 깊은 의의"를 부과한다. 세계 전역에 많은 오순절 가르침은 이런 원리의 실례가 되며 그곳에서는 소수만 이해하는 이론적 원리들보다 오히려 이야기와 예증 그리고 증거가 설교의 내용을 지배한다.

모든 그리스도인은 자신들의 고유한 전제를 가지고 자신 삶의 상황과 경험으로부터 그들 스스로 성경의 의미를 확장하며 결정한다. 오순절 문자주의(literalism)는 거룩성 운동과 병 고치는 운동의 그 뿌리와 매우 일치하는 데 이런 운동에 문자적, 법률적 접근이 동일하게 있다.

그러나 오순절주의는 설교자들이 계속해서 현대의 삶을 성경과 상호 작용하고 성경 본문을 경험 일반에 대한 숙고로 제시할 때 근본주의(fundamentalism)와는 절대 동일시 될 수 없다. 오순절파는 성경을 그대로 받아들이며 현실적 삶의 상황에서 일반적 토대를 찾는다. 이런 일치를 찾자마자 그들은 하나님이 그들에게 말씀하고 계시며 그들을 위해 같은 것을 할 수 있다고 믿고 있다. 그러므로 성경은 삶의 경험에 즉각성과 관련성을 가진다. 오순절파는 지역교회 공동체에서 기적과 같은 특이한 사건을 끊임없이 강조함으로써 이런 일상적 삶의 상황에 하나님이 개입하고 있다는 것에 주력한다.[14]

오순절파와 은사주의파는 대개 문자적 낱말에 대한 평범한 혹은 관습적 이해를 주로 사용하는 방식으로 성경을 해석한다.

"어떻게 성경은 우리의 일상적 경험과 관련하는가?"

이는 오순절 해석학 배후에 있는 암묵적 물음이다. 이것은 맹신적(slavish) 문자주

---

[14] Kenneth J. Archer, "*Pentecostal Hermeneutics: Respect and Prospect*", (1996a), 63-81 참조.

의가 아니다-성경은 대개 현실적 삶의 공동체와 오순절파와 은사주의파가 있는 공동체의 구체적 상황과 고립되어 읽히지 않는다.

대부분 오순절파는 사회·경제적으로 무(無) 특권적(underprivileged) 노동자들과 자급자족하는 농부들 또는 실직자들이며 기능적으로 문맹인들이다. 강한 공동체 의식으로 오순절파는 성경을 신자들의 공동체 속에서 대개 읽는데(또는 오히려 '듣는'데), 공동 예배의식 동안에 이곳에서 성경을 읽고 듣는 것이 공동체가 마주치는 현실적 문제들과 종종 직접 관련하게 된다.

성경에 대한 이런 경험적 해석은 이것이 오순절교회의 예배 때에 기도되고 노래가 불리고 춤춰지고 예언되고 설교 되는 것처럼 사회 밑바닥층에서 성경을 이해한다는 것을 함의하는 데, 그 사회에서 보통 사람들은 성경을 자신들의 경험과 노력의 관점에서 해석할 수 있다.

아마도 다른 어떤 것보다도 먼저 성경은 "질병과 빈곤, 배고픔, 압제, 실업, 외로움, 악령 그리고 주술과 같은 "이런 세계의" 어려움을 위한 해답이 담겨 있다고 여겨진다. 세계 전역에 오순절파는 대개 성령으로 말미암는 기적과 같은 하나님의 개입으로 간주하는 것을 통해 개인적 병 고침과 악한 능력으로부터 구원, 깨어진 결혼 회복, 일과 벤처 사업의 성공 그리고 잘 해결되는 다른 어려움에 관한 이야기를 말할 것이다.

이 모든 경험은 명시적이든 암묵적이든 성경적 지지나 하나님이 계시했던 것에 의해 종종 뒷받침된다. 그러므로 성경은 "초자연적" 경험의 현실을 확인하는 것뿐만 아니라 인간의 요구에 기적과 같이 대답하는 근원적 책이 된다. 오순절파는 복음에 대한 자신들의 이해를 성경이 묘사하는 사건에 대한 자신들의 개인적 경험과 분리하지 않는다.

그들의 의례에서 이야기나 "증거"를 말하는 것은 중요한데, 그곳에서 사람들은 회중이 좀 더 해학적 과정에 참여하고 이런 경험을 일상의 삶으로 가져오기 위해 자신의 신적 개입에 대한 경험을 관련시킬 수 있으며 설교자는 자신들의 설교에 현실적 삶의 예증으로 맛을 더한다.

오순절 해석학의 특징은 다양하다. 왜냐하면, 오순절파는 자신들의 공식적 신앙고백서에도 불구하고 성경의 의미에 대해 다양한 결론에 이르게 되기 때문이다. 그들은 대개 자신의 편견과 한계를 인식하지 못하며 때때로 도덕적 문제에 성경의 원리를 적용하기 위한 부적절한 해석학을 가지고 있다.

그들은 성경의 어떤 부분들을 문자적으로 받아들이고 그런 다음 나머지를 영적으로 해석하거나 풍유적으로 해석하기 위해 선택적으로 결정한 실용적 해석학을 가지고 있으며, 그들은 그들의 증거에 있는 경험과 설교 그리고 가르침을 주해하는 경향이 있다.

그러나 오순절 해석학의 강점은 그것이 성경의 본문과 인간의 경험 두 가지에 주는 진지한 역할에 놓여있다.[15] 오순절파는 성경을 "성령의 은사" 특히 병 고치는 것과 방언을 말하는 것 그리고 예언하는 것으로 성령의 사역을 경험하는 것에 대한 핵심적 강조를 설명하기 위해 사용한다. 성령의 '은사'는 복음이 참되다는 증거다.

그러나 우리는 오순절파의 "충만한 복음"이 본질적으로 그리스도가 핵심적 구원자와 치료자, 세례 주는 자 그리고 다가오는 왕이신 기독론적 구성체(construct)라는 점을 기억해야만 한다.

오순절파는 이런 완전한 복음이 모든 삶의 문제 특히 질병이 만연하고 적절한 건강 관리에 접근하는 것이 사치인 개발도상국 사회와 관계된 문제들을 위해 좋은 소식을 담고 있다고 이해한다. (때때로 "완전한 구원"이라고 불리는) "구원"은 모든 것을 포괄하는 용어인 대개 죄와 악으로부터의 구원에서뿐만 아니라 질병과 빈곤, 불운으로부터의 자유에서 입증되는 복지 의식의 의미이다.

질병으로부터의 치료와 악한 능력으로부터의 구원은 오순절파의 삶 속에서 주요한 주제이며 복음의 정수(essence) 일부로 간주한다. 이런 실행을 지지하기 위해서 그들은 구약의 예언자와 그리스도 자신 그리고 병 고치는 신약의 사도들을 언급한다.[16]

"충만한" 또는 "견고한"(foursquare) 복음은 예수님이 사람들을 죄에서 구원하신 구원자일 뿐만 아니라 질병으로부터의 치료자와 사탄의 힘으로부터 사람들을 구원하는 자임을 의미한다.

이런 구원론적, 기독론적 강조에 성령론적, 선교론적 차원이 더해진다. 다시 말하면 예수 그리스도는 마지막 때를 증거가 되기 위해 보통 사람에게 능력을 부어주시는 성령 안에서의 세례자시다.

이런 사실에 네 번째로 종말론적 강조가 더해진다. 즉 예수는 그의 통치를 위해 교회가 준비하는 곧 오실 왕이다. 완전한 복음은 성경과 성령 간의 상호 관계성을 함의한다. 왜냐하면, 성경은 성령의 경험을 설명할 뿐만 아니라 아마 더욱 중요하게 성령의 경험은 사람들이 성경을 더 잘 이해하도록 가능하게 해 주기 때문이다. 성령은 그 과정에 실제로 나오게 된다.[17] 오순절파는 자신들의 메시지가 모든 어려움에 부닥친

---

15 Walter Hollenweger, *Pentecostalism: Origins and Developments Worldwide* (Peabody, MA, 1997), 307-21를 참조.
16 이에 관한 좀 더 많을 것을 위해 *Anderson, Zion and Pentecost,* 137-41을 참조.
17 Archer, "Pentecostal Hermeneutics: Retrospect and Prospect", 63-81를 참조.

인류와 관련하시는 전능하고 온정적 하나님을 드러낸다고 믿고 있다.

사제와 목사, 예언자, 사역자, 복음주의자 그리고 평범한 교회 회원들은 그들이 성경의 하나님에 의해 받았다고 믿는 그 권위를 실행한다. 성령의 능력에 의해 강화되기 때문에 그들은 죄와 질병 그리고 황폐로부터의 구원과 사회적 압제와 실업, 빈곤 그리고 주술을 포함해 모든 인지할 수 있는 악의 형태로부터의 구원에 대한 좋은 소식을 알린다.

4. 전천년과 "실현된" 종말론

초기 오순절파는 자신들의 선교 일부가 예수의 임박한 재림을 준비하는 것이라고 믿었다. 그들이 받았던 성령세례와 방언은 무엇보다 마지막 날이 왔다는 징조였다. 그들의 종말론은 전 천년 세대주의였으며 그것은 처음부터 자신들의 복음주의에 대한 촉구를 재촉했다.

마리아 우드워쓰-에터의 설교와 같은 복음주의적 설교와 초기 정기간행물은 종말론적 주제로 채워졌으며, 이런 주제는 아마 가장 뛰어난 초기 오순절파의 설교와 가르침의 부분이었을 것이다.[18] 예수의 임박한 재림에 대한 믿음은 그늘을 드리우게 해 모든 선교적 활동에 동기를 부여했고 오순절파를 빈약한 전략가로 만들고 다른 대륙과 문화에서 고된 삶을 준비시키지 못하게 하는 경향이 있었다. 마지막이 기대한 것처럼 오지 않았을 때 오순절파는 복음주의 선교 전략에 맞추고 적응했다. "종말론적 희망"은 그 운동의 형성기를 지배했으며 "마지막 때"와 "충만한 복음"과의 연결은 오순절 운동이 다른 복음주의와 결별하는 패러다임의 변화였다.

'사도적 신앙'(Apostolic Faith) 신문은 이런 전 천년 주제로 가득 채워졌으며 많은 예언과 이상들(visions)이 이런 결과로 보고되었다.

이것은 "마지막이 오기 전"이란 복음주의의 강조 배후에 자극이 되었으며, 방언을 말하는 것과 예언 그리고 병 고치는 것과 같은 더 많은 볼만한 징조들이 포함되어 이런 강조를 확인해 주었다. 오순절 메시지의 설교에 동반되는 징조와 경이로움은 마지막 때의 증거로 간주했다. 새 오순절 운동은 그리스도의 재림에 앞서 "마지막 날"에 성령이 쏟아붓는 "늦은 비"(Latter Rain)였다고 여겨졌다.

---

18 Maria Woodworth-Etter, *Sings and Wonders* (New Kensington, PA, 1916, 재판 1997), 483-4; *The Holy Spirit* (New Kensington, PA, ca. 1918, 재판 1988), 259-9.

그것은 예언, 특히 요엘 2:28-32 예언의 성취였다.[19] 이것은 영성의 특정한 유형을 일으키는 "묵시적 이상"이었다. 하나님의 교회(Church of God)신학자인 스티븐 랜드(Steven Land)가 설명한 바처럼 교회는 "성령의 능력과 성령의 실증(demonstration) 속에 있는 우주적 선교의 종말론적 공동체"다.[20]

그리스도의 임박한 재림은 복음주의와 세계 선교에 주요한 동기였는데, 세계 선교는 본질적으로 세계를 그리스도에게 회개시키는 것(복음주의)이 아니라 마태복음 21:14의 성취로 그리스도의 재림을 재촉하는 활동(복음화)에 종사하는 것으로 간주했다. 아주사 거리(Azusa Street)에서 보낸 첫 번째 선교사 중 한 사람인 A. G. 가(A. G. Garr)는 1909년 홍콩에서 편지를 다음과 같이 썼다.

> 그분의 사랑의 깃발이 모든 나라에 펄럭일 것이며 그분의 이름을 위해 민족을 불러 일으키면서 그분의 영광스러운 복음이 앞으로 나아갈 것이며 우리의 왕이 곧 오실 것입니다.[21]

그러므로 전통 오순절파 선교는 항상 특정한 종말론적 구원사 관점에 토대를 두고 있다.

대부분의 초기 오순절파가 따랐던(그리고 여전히 많은 "전통" 오순절파가 오늘날도 따르고 있는) 다가올(futurist) 전 천년의 틀(framework)이 플리머스 브레드런(Plymouth Brethren)의 설립자, 존 넬슨 다비(John Nelson Darby)에 의해 전파되었다.

1970년대까지 영어권 세계의 오순절파가 쓰고 있는 가장 대중적 권위를 가진 킹 제임스버전성경, 『스코필드 참조 성경』(The Scofield Reference Bible, 1909)은 좀 더 이런 틀을 촉진했다. 이런 것들이 대부분의 20세기 동안 북미 오순절주의와 근본주의를 지배한 좁은 의미의 전 천년 세대주의의 근원이며 대중적 묵시 문학에 나오는 미래와 현 세계 사건에 대한 정교하고 기발한 해석을 초래했다. 비록 오순절파의 관행과 불 일치하는 세대주의의 요소들이 있을지라도 미국 오순절 신학과 정치적 태도는 이런 종말론에 깊게 영향을 받았다.[22]

---

[19] 더 많은 오순절파 종말론을 위해 D. Willam Faupel, *The Everlasting Gospel: The Significance of Eschatology in the Development of Pentecostal Thought* (Sheffield, 1996)을 참조.
[20] Steven J. Land, *Pentecostal Spirituality: A Passion for the Kingdom* (Sheffield, 1993), 59-63.
[21] *Confidence* 2: 11 (Sunderland, 1909), 260.
[22] Faupel, *The Everlasting Gospel*를 참조.

불신자들에게 임박한 심판(doom)으로 그리스도가 "곧" 오신다는 오순절파의 믿음은 세계 복음화의 과제를 촉구했다. 그러나 오순절 운동의 구체적 전 천년 종말론은 증가하는 오순절파의 제도화로 그리스도의 임박한 도래에 대한 더 많은 신학적 설명이 절실하다고 느꼈던 몇 년 뒤에 일어났다. 전 천년주의는 전통 오순절주의에서 매우 폭넓게 확산해 스티븐 랜드는 그것을 영성의 본질적 부분으로 간주했다. 로버트 앤더슨은 '제노랄리아'(xenolalia)에 대한 믿음과 재림에 대한 오순절파의 기대가 서서히 사라져 가기 시작했기 때문에 종말론은 북미 오순절 신학의 핵심적 특징인 방언을 말하는 것("처음의 증거")으로 대체되었다고 지적했다.[23]

게다가 초기 오순절주의 천년왕국의 열정은 오늘날 더 많이 번성한 오순절파 사이에서 약화됐다. 랜드는 세계가 좀 더 부유한 현대 북미 오순절파에게 약간 좋게 보일 때 "사회, 경제적 신분 상승"(upward social mobility)은 분명히 묵시적 열기와 촉구에 영향을 주고 있다는 점과 증언자에게 종말론적 희망과 열정은 "급성장하는 제3세계 오순절파 사이에서 거의 새로운 상태로" 발견된다는 점을 지적했다.[24]

오순절파가 강조한 종말론의 또 다른 결과는 마지막 때의 임박에 대한 그들의 믿음은 "영혼 구원"이 더 중요하기 때문에 사회적 문제에 관심을 가질 시간이 없다는 점이었다.

그러나 본질적으로 오순절주의의 다양한 강조점들은 "이미"(already)와 "아직 아님"(not yet) 간의 종말론적 구별과 긴장을 희석하는 경향이 있었다. 성령의 약속은 예언의 성취와 마지막 날의 징조일 뿐만 아니라 마지막 날이 이미 왔다는 실질적 증거이다. 왜냐하면, 새 시대는 이미 성령의 능력을 통해 왔기 때문에 병 고침의 혜택과 구원, 번영은 이제 가난한 사람들과 압제 받는 사람들 그리고 추방당한 자들이 이용할 수 있다.

긍정적 고백(Positive Confession) 혹은 신앙의 말씀(Word of Faith) 운동은 20세기 후반 미국 독립 오순절 목사들에게서 나타났으며 오순절파의 "실현된 종말론"으로부터의 간접적 발전이 있었다. 침례교 목사인 E. W. 케년(E. W. Kenyon)은 "하나님 말씀의 긍정적 고백", 즉 예정된 신적 원리들로 작동하는 "신앙의 법칙"(law of faith)과 병 고침은 어떤 증거라도 믿음에 의해 받게 되는 모든 이를 위한 그리스도의 완전한 사역이라는 것과 의학은 신앙과 불일치하다는 것을 가르쳤다.

---

23 Robert M. Anderson, *Vision of the Disinherited: The Making of American Pentecostalism* (Peabody, MA, 1979), 96.
24 Land, *Pentecostal Spirituality*, 76.

그 운동의 발전은 윌리엄 브랜햄(William Branham), 오럴 로버츠, 현대의 대중적 텔레비전 전도자 그리고 은사주의 운동과 같은 병 고치는 복음주의자의 가르침에 의해 자극받게 되었다.

그것은 이제 전 세계 오순절, 은사주의 교회의 두드러진 가르침이다. 신앙 운동의 아버지로 폭넓게 간주하는 케네스 해긴(Kenneth Hagin)은 케년의 가르침을 대중화시켰으며 모든 기독교 신자는 선택된 성경 인용구에 의해 지지가 된 가르침인 육체적으로 건강하고 물질적으로 번영하고 성공해야 한다고 말했다.

해긴은 성경이 말하고 있는 것을 믿는 것으로는 충분하지 않다고 말했다. 성경은 또한 고백 되어야만 하고 어떤 사람이 고백하고 말한 것은 발생할 것이다. 그러므로 혹자는 "증상"이 여전히 거기 있을 때조차도 치료를 고백해야만 한다. 수천 명에 달하는 해긴의 졸업생들은 그의 신앙의 말씀 메시지를 전 세계에 전파해 왔으며 해긴의 책과 비디오 그리고 테이프는 유례없이 팔렸다.

그러나 이런 유형의 신앙의 가르침은 비록 덜 개발된 형태일지라도 1950년대 병 고치는 복음주의자, 특히 해긴과 그를 따르는 사람들에 의해 자주 인용되는 오럴 로버츠와 T. L. 오스본(T. L. Osborne) 시기 이후로 적어도 오순절주의의 일부가 되어 왔다. 해긴의 가르침은 케년의 책에 토대가 되었으며 상황들 혹은 증상들에도 불구하고 "신앙의 말씀"에 대한 중요성, 병 고치는 우리의 신앙에 대한 긍정적 고백을 강조한다.

케네스 코플랜드(Kenneth Copeland)는 해긴의 가르침을 금전적 번영에 대한 더 큰 강조로 발전시켰으며 건강과 부를 추구하는 자들에 의해 지켜질 수 있는 "번영의 법"을 형식화했다. 빈곤은 신앙을 통해 극복되어야 할 저주로 간주했다. "신앙-힘"을 통해 신자들은 그들의 상황에 대해 그들의 정당한 신적 권위를 회복한다. 신앙의 말씀 운동은 ("감각 지식"과 구별된)—긍정적으로 참되게 고백 되는 "레마 말씀"(Rhema word)—은 대개 성경 문구의 특별한 계시에 대한 지식을 통해 육체적 병 고침과 물질적 번영을 가르친다. 그 가르침은 기독교가 이런 레마 말씀을 믿고 고백할 때 그것은 작동하고 유효하다고 단언하며, 이 말씀을 하나님으로부터 받는 것을 초래한다.

사람들은 고백해 왔던 것을 받지 못할 때 그것은 대개 부정적 고백과 불신 또는 신적 법을 따르지 못한 것 때문이다. 어떤 신앙 교사는 연약한 신앙의 증거인 의술의 사용을 거절하며 하나님의 목적 속에 있는 고통과 박해, 빈곤의 역할을 간과하거나 최소화한다.

은사주의 진영에서 전파되었을 뿐만 아니라 전통 오순절파에게도 영향을 준 신앙의 말씀 운동은 미국 오순절주의의 가장 대중적 운동 중 하나였다. 이런 가르침은 자본주의 아메리칸 드림을 장려하고 성공 윤리를 촉진한다는 사실과는 별개로 그 가르침의 훨씬 더 의심스러운 특징들 가운데 인간의 신앙은 하나님의 주권과 은혜보다 위에 놓일 가능성이 있다.

신앙은 하나님의 행하심을 위한 조건이며 신앙의 힘은 결과로 측정된다. 물질적, 경제적 번영과 건강은 때때로 영성의 증거로 간주하며 박해와 고통의 긍정적, 필연적 역할은 종종 무시된다. 성령은 성공과 번영이 성취되는 의사 마법적 능력으로 격하되며 그 메시지의 유효성은 육체적 결과에 따라 결정된다. 어떤 비판가는 신앙의 말씀 운동 가르침을 노먼 빈센트 필(Norman Vincent Peale)의 적극적 사고와 이원론적 유물론 그리고 심지어 19세기 신 사유 기독교 과학과 연결하려고 했다.

그러나 오순절주의와 오순절주의의 병 고침을 강조하는 맥락 내에서 이 운동을 보는 것이 더욱 도움이 될 것이다. 스미스 위글레스워쓰(Smith Wigglesworth)와 같은 초기 오순절파 설교자들은 신앙을 강조했으며 오래전 1924년에 신앙의 말씀 운동 설교자들에 의해 자주 인용된 말씀—"나는 내가 본 것에 의해 감동하지 않습니다. 나는 내가 믿은 것에 의해 감동합니다"[25]—을 기록했다. 신앙의 말씀 운동 메시지에 대한 비판들은 모든 인간의 요구를 제공하는 것과 하나님'과' 그의 은사를 즐거워함을 만들면서, 성경은 물질적 필요에 대한 물음에 전적으로 침묵하지 않는다는 사실과 그리스도의 구원이 전체적이라는 사실을 생각해야만 한다.

구원은 인간 삶의 전체성을 의미한다. 그 속에서 인간은 하나님과 교제하며 신적 은사를 즐거워한다. 하나님은 자신의 자녀에게 축복을 베풀어 주시기를 바라시며 이런 축복은 그들의 모든 요구를 제공한다는 것을 포함하는 것처럼 보인다.

그러나 이런 생각은 성경 어디에서도 선생님들이 가리키는 "번영처럼 변경 불가능한 인과 법칙이라고 묘사하고 있지 않다. 항상 "아직 아님"을 "이미"로 간주하는 "실현된 종말론"은 "아직 아님"을 항상 "아직 아님"으로 간주하는 실현된 종말론보다는 나쁜 것이 아니다.

제3세계에서 독립 오순절교회가 출현하고 있는 것에 대한 이유 중 하나는 거기 있는 많은 사람이 기존의 기독교 선교를 삶 이후의 영혼에 대한 구원인 "아직" 아님으로만 관계하는 것으로 간주한다는 점과 오순절주의가 다루고 있는 현재의 삶, "지금 여기"의 문제에 대한 절박한 요구를 위해서 수행되는 것이 거의 없다는 점이다.

---

[25] Smith Wigglesworth, *Ever Increasing Faith* (Springfield, MA, 1924, 개정판 1971) 30.

5. 병 고침과 귀신 내쫓기(Exorcism)

오순절파에 따르면 복음주의 말씀의 가르침은 징조와 경이로움이 동반되어야 한다고 이해하며 특히 신적 병 고침은 없어서는 안 되는 복음주의의 전략적 부분이라고 이해한다. 실제로 종교 전문가 혹은 "하나님의 사람"이 아픈 자를 치료하고 악령과 귀신을 물리치는 능력을 지닌 세계의 많은 문화에서 오순절주의에 의해 제공되는 병 고침은 주요한 매력 중 하나였다.

이런 문화에서 사람들은 오순절주의를 인간의 필요를 충족시키는 "능력 있는" 종교로 간주한다. 오순절 선교사와 복음주의자에 의해 보고되는 수많은 병 고침은 하나님의 말씀이 진리이며 하나님의 능력이 분명하게 자신들의 사역에 있다는 것을 확언시켜 준다.

그리고 그 결과는 많은 사람이 그들의 옛 믿음을 버리고 그리스도인이 되도록 설득된다는 점이다. 오순절파는 신약성경에 나온 기적의 능력이 믿지 않는 자들을 그리스도로 인도하려고 현시대에 회복되었다고 믿는다.

이것은 특히 현대화와 세속화 그리고 과학적 합리주의에 따라 덜 영향 받은 세계 지역에서 유효하다. 병 고치는 것이 줄 수 있는 중심적 역할은 아마도 더 이상 두드러진 서양 오순절주의의 특징이 아니라 나머지 세계에서도 질병과 악의 문제는 모든 공동체에 영향을 주고 사적, 개인적 목양 또는 단순한 병원 진료로 격하되지 않는다.

이런 공동체는 건강을 지향하는 공동체이며 그들의 전통 종교에서 병 고침과 보호를 위한 전례는 중요하다. 오순절파는 고대의 영적 가치를 무심코 파괴하기 시작했던 서양의 합리적 기독교 형태에 의해 남겨진 공허감을 그들이 경험했던 것에 대응했다.

오순절파는 병 고침과 악마로부터의 보호에 대한 성경적 전통을 회복했던 메시지를 선언했으며 그들은 이런 전통에 대한 실천적 노력을 보여 주었고 그렇게 함으로써 정말로 유의미한 기독교의 사자(heralds)가 되었다.[26] 그러나 애석하게도 이런 능력의 메시지는 많은 경우에 가장 연약한 상태에 있는 사람들을 착취하는 사례가 되었다.

전 세계의 오순절주의의 특징을 이루고 있는 "성령 안에서의 자유"라는 방식은 다른 많은 맥락에서 이런 운동을 호소하는 것에 틀림없이 이바지해 왔다. 대부분의 구교회(older churches)의 전례(liturgy)가 주로 구두와 이야기라는 것과는 다르게 자발

---

26 Anderson, *Zion and Pentecost*, 120-4를 참조.

적 전례는 성령을 통한 하나님의 직접적 경험에 대한 강조를 수행한다.

이런 경험은 세상의 일상적 잡다한 일에서 새로운 탈혼(ecstasy)의 영역으로 들어가게 되는 평범한 사람들이 있을 수 있다는 가능성을 초래한다.

이런 탈혼의 영역으로 들어가게 되는 것은-모든 일반적 전례적 도구인-방언을 말하고 크고 감정적 자극적 기도, 기쁨에 찬 노래, 박수, 손 올리기, 하나님이 보시는 앞에서 춤추기에 대한 강조로 도움을 받는다. 이런 관례들은 오순절파 예배를 다른 문화적 맥락으로 특히 하나님에 대한 직접적 경험(a sense of divine immediacy)이 당연시되는 곳으로 더욱 쉽게 동화되도록 만들어 주었다.

그리고 이런 전례는 대부분의 다른 기독교 형태의 주된 특징인 성직자에 의해 집례 되는 합리적이고 문서화 된 전례와 첨예하게 대조된다. 게다가 이런 전체적 참여는 모든 사람이 이용할 수 있으며, 구교회에서의 남성 목사 또는 사역자가 지배적 역할을 담당했던 것과는 대조적으로 여성과 일반 신자의 관여가 오순절 예배의 가장 중요한 특징이 된다.

비록 많은 새로운 은사주의 교회가 핵심적 특징으로 사역자의 말씀 설교에 대한 전통적 프로테스탄트적 강조를 회복시켰을지라도 오순절주의가 구교회의 경우보다 일반 회원이 훨씬 더 많은 교회 예배에 관여하는 것을 허락하고 있다고 말하는 것은 여전히 진실이다.

성령은 오순절파에게 병 고침과 축사(deliverance)의 대리자이며 대부분이 신적 병 고침—그들은 대개 이 용어를 "병 고치는 신앙"보다 더 좋아한다—을 믿는데, 이런 믿음은 하나님이 직접 개입하는 행위로 인해 병 고침을 경험했던 사람들 자신의 증거에 의해 종종 강화된 믿음이다.

"하나님이 병을 고치심"(divine healing)과 "구속에서의 병 고침"(healing in the atonement)의 교리가 이미 19세기 거룩성 운동에서 널리 퍼져 있었고 또한 그 생각들은 초기 감리교에서 존재했던 것처럼 현대의 병 고치는 행위는 초기 오순절주의에서 기원하지 않았다.[27] 질병은 그 기원을 인간의 죄에서 갖는다고 추정된다. 20세기 초반에 징조와 경이로움은 성령이 쏟아 부어짐을 동반하고 기대와 병 고침이 십자가상의 그리스도 사역과 연결된다는 믿음을 동반하는 기대감이 있었다.

병 고침은 모든 형태의 고통에 대한 그리스도의 승리와 모든 삶의 문제를 아우르는 전체적 구원을 보여 주었다. 이런 징조와 경이로움이 나타나는 것은 하나님 나

---

[27] Donald W. Dayton, *Theological Roots of Pentecostalism* (Metuchen, NJ, 1987), 22, 115-41을 참조.

라의 도래가 실현된 것이다.

오순절파에게 성령의 은사 특히 병 고침, 귀신을 내 쫓음, 방언을 말함 그리고 예언을 말함은 복음이 참되다는 증거들이다.

초기 오순절파는 병을 고치는 것이 그리스도가 자신의 구속 가운데서 제공하는 일부임을 강조했으며 그들은 또다시 이사야 53:4-5과 마태복음 8:16-17과 같은 본문에 토대를 두고 있는 거룩성 운동에서 나왔던 주제를 따른다. 데이톤은 "구속에서의 병 고침"에 대한 생각이 "대개 죄 그 자체뿐만 아니라 죄의 결과(즉 질병)가 구속에서 극복되며 이런 삶 동안에 정복된다는 즉각적 성화의 거룩성 운동 교리의 근본화"(radicalization)에서 나왔다고 간주했다.[28]

영국 오순절파 헤럴드 호톤(Harold Horton)은 현대 의술을 거절한 대부분의 초기 오순절파를 대표했다. 그의 전통적 출판물 (1934년에 처음 나타난) 『성령의 은사』(The Gifts of the Spirit)에서 그는 "어떤 종류의 자연적 수단이 없는 질환과 질병의 초자연적 치료를 위한" 병 고치는 "은사"에 대해서 말한다.

그는 "하나님이 병을 고쳐주는 것"은 "신자들에게 열려 있는 병 고치는 유일한 방식"이며 "성경에 의해 권한을 부여받은 것"이라고 말한다.[29] 많은 오순절파는 어떤 전통적, 현대적 의술 사용을 거절했다. 왜냐하면, 의술의 사용은 "연약한" 신앙의 증거로 간주했기 때문이다.

나는 누군가가 우리에게 믿으라고 하는 것처럼 의학의 승리가 병을 고치는 대안적 형태를 불필요하게 만든다고 확신하지 않는다. 세계 곳곳에서 이런 의학 전문지식은 대개 이용할 수 없고 감당할 수 없다. 클라우디아 베리쉬 오블라우(Claudia Währisch-Oblau)가 중국에서 목격한 것처럼 기독교 사역에서 병 고침을 위할 필요가 의학 자원을 활용할 수 없는 것과 공중 위생 체계의 단절과 정비례한다.

병 고침을 위한 기도는 "그들이 대안적 선택을 볼 수 없는 상황에서 필사적 행위"다. 그녀는 병든 자를 위한 기도와 병 고치는 경험이 모든 중국 개신교회에서는 일반적이며 병 고침이 거기에서는 "정상적인" 것으로 간주한다는 것을 알았다. 자신들 스스로가 병 고침을 받았다고 믿는 사람들에게 복음은 고통을 빈번하게 경험하는 것에 능력 있는 치료책이며 고통받는 사람에게 좋은 소식이다.[30]

---

28 Dayton, *Theological Roots*, 127-30, 174.
29 Harold Horton, *The Gift of the Spirit* (Nottingham, 1976), 99, 101.
30 Claudia Währisch-Oblau, "God Can Make Us Healthy Through and Thought: On Prayers for the Sick and Healing Experiences in Christian Churches in China and African Immigrant Congregation in Germany", *International Review of Mission* 90: 356/357 (2001), 87-102.

세계에서 가장 큰 교회 목사는 한국의 서울에 있는 데이비드 조용기다. 질병과 병 고침에 대한 그의 가르침은 전형적으로 오순절파다. 육체적 치료는 그리스도의 구속 일부로 간주하며 질병은 "마귀로부터 온 것"이고 "저주"이며 하나님은 모든 백성이 치료받기 원하신다. 대부분의 오순절 설교자처럼 조 목사는 자신의 신학을 실증하기 위해서 광범위한 개인적 경험 혹 "증거"를 사용한다.

이것은 특히 병 고치는 것과 관련해 조 목사가 자신의 질병과 어떻게 그가 치료를 받았는지를 종종 언급하고 사람들에게 자신이 사역하면서 치료받은 사람의 증거를 제시할 때 두드러진다. 조 목사는 "다시 태어나게" 되는 경험을 중요하게 여기며 그의 모든 책은 강한 구원론적, 그리스도 중심적 어조를 가지고 있다. 그의 구원에 대한 전체적 관점은 전 세계의 오순절파의 견해와 일맥상통하며 오순절파 메시지가 어려움에 부닥친 사람들 사이에서 빠르게 확산했던 이유 중 하나다.[31]

악마로부터의 구원 혹은 귀신을 내쫓는 것은 오순절파 실천(Praxis)의 항상 두드러진 부분이었으며 다양한 절차를 보여 준다. 대부분 오순절파는 인격적(personal) 마귀(사탄)에 대한 성경적 입장과 귀신들이나 악령들로 알려진 마귀의 사자들(messengers)을 믿는다. 이런 어두운 영적 세계의 현실과 이것에서 해방하는 기독교의 해결책이 존재할 필요성은 악마의 보이지 않는 힘이 매우 창궐할 것으로 믿어지는 이런 세계의 지역과 특히 관련이 있다.

귀신을 내쫓는 것 혹은 오순절주의에서 매우 잘 알려진 바처럼 "축사"(deliverance)는 신약성경 전통과의 연속성으로 간주하며, 병 고치는 복음주의자들 사역의 특징이었고 "축사사역"의 특별한 은사를 가진 것으로 간주하는 것들이다. 비록 서방 오순절주의에서 축사의 발생 정도가 아마 줄고 있을지라도, 세계의 어떤 지역에서 예를 들면 가나와 서부 아프리카의 다른 지역에서 그것은 매우 두드러진 활동이 되었으며 그곳에서 "기도 캠프"(prayer camps)가 마법에 걸린 희생자를 위해 귀신을 내쫓는 장소를 제공할 목적으로 특별히 세워져 왔다.

어떻게 "귀신들림"이 이루어지는지에 대해선 차이점이 있다. 어떤 사람들은 모든 사고와 질병은 사탄이나 그의 악령들의 일이라고 믿는다. 반면에 다른 사람들은 단지 어떤 정신적 질병의 유형만을 사탄에게 원인을 돌린다.

---

31 David Yonggi Cho, *Salvation, Health and Prosperity* (Altamonte Spring, FL, 1987), 115-56; (헤럴드 호스테틀러와 함께) *Successful Home Cell Groups* (Seoul, 1997), 41-7; *How Can I be Healed?* (Seoul, 1999), 15-20.

귀신 내쫓기와 관계하는 또 다른 일반적으로 주장된 관행은 "영적 전투", 즉 신자들이 적극적으로 몸담으며 개인과 공동체, 도시 그리고 나라를 통제하는 "사악한 영적 힘"을 대항한다고(에베소서 6:12과 유사한 본문에 근거해) 믿어지는 강렬한 기도 활동이다. 이런 강렬한 기도 시기 동안에 오순절파는 때때로 며칠 동안 금식한다.

매우 다른 오순절파와 은사주의 운동들은 중요한 공통점을 가지고 있다. (혹자가 주장한 것처럼) 현실도피자가 행위 하는 표현들과는 다르게 그 운동들은 모든 삶의 경험과 고통을 포함하는 구원을 선언하며 경축한다. 그리고 존엄성의 의식을 제공하는 능력과 삶에 대처하는 기술을 제공하며, 이런 사실은 그들의 사자에게 이런 좋은 소식을 가능한 한 많은 사람과 공유하도록 격려한다.

수천 명의 설교자는 병 고침과 축사, 예언, 방언을 말하는 것 그리고 다른 오순절파의 현상을 통해 신적 능력이 드러나는 것을 강조해 오고 있다. 인간의 필요를 충족시키기 위해 성령의 능력을 받는 이런 은사주의적 설교자가 선언한 메시지는 능력의 결핍이 매일 첨예하게 느껴지는 사회에서 환영받았다.

제3세계에서 오순절주의의 주된 매력은 여전히 병 고침과 악으로부터의 축사에 대한 강조이다. 지금 필요하다고 느꼈던 해결책을 약속하는 메시지를 설교하는 것, 즉 오순절파 설교자들의 "충만한 복음"은 손쉽게 수용된다. 오순절파는 그들이 확신 받는 것이 기존의 교회 아니면 전통적 의식이 제공했었던 것보다도 마법(sorcery)에 대항한 강력한 보호와 질병으로부터의 더욱 효과적 병 고침이라는 것을 선언함으로써 옛 관점에 맞서고 있다.

6. 오순절파 여성

오순절주의자들은 인종과 계급 또는 성(gender)과는 무관하게 완벽한 참여를 제공해 현재 상황에 대한 항의, 즉 기독교가 민주화되는 결과를 가져왔다. 윌리엄 시모어의 성령세례에 대한 이해는 하나님의 가족 안에서 인종적, 사회적 성 평등의 차원과 표면적으로 드러나는 것을 초월하는 모든 사람을 향한 사랑의 차원을 포함했다. 그러나 오순절주의는 몇십 년 동안 인종적 화해를 위한 많은 신학적 정당성을 제공해오지 못했으며 그와는 반대 상황이 종종 있었다.

은사주의적 은사를 가진 여성을 사용하는 것이 오순절주의 도처에 퍼졌다. 이것이 그 당시 어떤 다른 형태의 기독교에서보다도 오순절파의 성직자에 훨씬 더 높은 여성의 비율을 초래했다. 이것은 여성을 성직자로 들어가는 것을 막거나 심지어 공적 예배에 참석하지 못하게 했던 구교회에 널리 퍼져있는 관행과 대조해, 제3세계의 많은 전통적 종교적 의례에 나타난 여성의 중요성과 잘 일치한다.

오순절파, 특히 북미 복음주의에 따라 대부분 영향을 받은 오순절파는 세계 대다수의 교회를 형성하는 이런 가장 중요한 여성 성직(ministry)을 제한하고 억제하는 것에 대해 경고할 필요성을 느꼈다. 초기 오순절파는 남자에게 기름을 부어준 같은 성령이 또한 여성에게 능력을 부어 주었다고 선언했다.

미국 오순절주의의 가장 초기 여성 설교자 중 한 명인 마리아 우드워쓰에터는 설교자로 "부르심을 받고 임명될 수 있는" "복음에서의 여성의 권리"를 변호하기 위해 성경적 선례를 사용했다.

그녀는 1916년에 "여성이 자신들의 빛을 비추도록 허락하고" 그동안 녹슬어 사라져 버린 그들의 재능을 발휘하며 하나님의 영광을 위해 그들을 사용하도록 허락하며, 그들의 손이 찾은 것을 그들의 힘으로 할 수 있도록 허락할 좋은 시기며 '나는 절대 너희를 떠나지 않을 것이다'라고 말씀하신 힘을 위해 하나님을 신뢰한다고 선언했다.[32] 그러나 여성의 탁월성(혹은 다른 점)은 그 이야기들을 누가 말했는지에 종종 의존했다. 어느 여성 아프리카 미국인 작가는 아주사거리 부흥 운동 배후에 주된 영감을 준 것은 윌리엄 시모어가 아니라 다름 아닌 루시 페로우(Lucy Farrow)였다고 제안했다. 그러나 이런 자유는 남성 지배적 사회에서 마지못해서 주어졌다.

1914년에 이런 자유가 형성된 이후 '하나님의성회'의 사역자 3분의 1과 선교사 3분의 2는 여성이었다. 그러나 여성은 새롭게 형성된 총회에서 투표권이 없었으며 그들은 복음 전도자와 선교사가 될 수 있었지만, 장로는 될 수 없었다. 완전한 직제(ordination)는 1935년에 그 교파의 여성에게 주었다. 그러나 제한이 너무 많아 여성들은 거의 직제를 청할 수 없었다.

이런 많은 제한은 2003년에 사라지게 되었다. 그런데도 하비 콕스(Harvey Cox)가 관찰한 것처럼 "남성보다 더 많은 여성은 지구의 네 구석에서 오순절파 복음의 주요한 전달자가 되었습니다."[33] 1936까지 미국 오순절교회 회원의 3분의 2와 설교자와 선교사 절반은 여성이었다.[34]

---

32 Woodworth-Etter, *Signs and Wonders*, 202.
33 Harvey Cox, *Fire from Heaven: The Rise of Pentecostal Spirituality and the Reshaping of Religion in the Twenty-first Century* (London, 1996), 124-5.
34 Grant Wacker, *Heaven Below: Early Pentecostals and American Culture* (Cambridge, MA, 2001), 159-61.

여성의 탁월성은 미국의 오순절 운동에서 더욱 분명한 사실이었으며, 그 운동은 여성들의 업적들이 전설적이었던 초기에 그들의 성직을 장려했다. 프로렌스 크러포드(Florence Crawford)는 사도적 신앙(포트랜드)을 설립하기 위해 1908년에 시모어를 떠났으며 메리 브라운(Marie Brown, 니 버제스)은 뉴욕, 맨해튼의 글래드 티딩스 타버너클(Glad Tidings Tabernacle)을 시작했다.

캐리 쥬트 몽고메리(Carrie Judd Montgomery)와 마리아 우드워쓰 에터는 미국 전역에서 '대중 치료 부흥 운동'(mass healing revivals)을 개최했다. 아마도 가장 중요한 미국 오순절파 여성은 그 당시 세계에서 가장 큰 오순절 모임 장소를 혼자서 지었고 1927년에 번성한 오순절 분파인 견고한 복음 국제 교회(International Church of the Foursquare Gospel)를 설립한 에이미 샘플 맥퍼슨(Aimee Semple Mcpherson)이다. 해외 오순절주의 설립과 관계한 많은 저명한 초기 오순절 선교사는 여성들이었다. 캐스린 쿨만(Kathyrn Kuhlman)은 1960년대와 1970년대에 피츠버그와 로스앤젤레스에서 그녀의 병 고치는 예배로 목격자들을 놀라게 했다. 그곳에서 질병은 공개적으로 확인되었고 "능력 아래 넘어지는 것" 또는 "성령으로 퇴치되는 것"의 발생 정도가 규칙적으로 발생했다.

북미와 그 밖의 다른 곳에서의 초기 시대 오순절 운동 동안에 여성들이 사역자와 설립자로 예배에 효과적으로 동원되었으며 오순절파 여성 사역자는 오늘날에도 세계의 많은 지역에서 계속되고 있다.

그러나 여성의 사역에 대한 초창기 강조는 후에 전통 오순절 선교에서 공식적으로 사라졌으며 여성 사역자들의 삶 속에서 성령세례를 경험하는 중요성은 "교회와 사회의 일반적 가부장적 구조에서 뒷전이 되어야 했다."[35] 셰럴 존스(Cheryl Johns)는 "오순절 이야기는 여성의 의식화 운동 이야기", 즉 "자유와 동료애와 희망의 상징으로 풍성한" 이야기를 포함한다고 말한다.

그녀는 초기 오순절주의에서 어떻게 성령세례가 새로운 차원의 자유를 일으켰는지를 보여 주며 거기에서 여성은 설교하며 방언을 말하며 해석을 하며 아픈 자에게 치료를 위해 손을 내밀며 선교사가 되고 교회와 심지어 모든 운동을 이끌었다. 성령세례와 하나님의 부르심은 성직을 위한 유일한 자격이며, 이것은 "사회적 규범을 점유였고 성직의 패턴을 수용했다."

---

[35] Willem A. Saayman, "Some Reflections on the Development of the Pentecostal Mission Model in South Africa", *Missionalia* 21: 1 (1993), 40-56.

존스는 "사람들을 비인간화하는 문화적, 경제적 그리고 사회적 힘으로부터 해방하는" 오순절과 성령의 출현을 말한다. 그녀 계속해서 많은 오순절파는 "우리의 혁명적 선교로 흡수되어 문화에 수용되었다"라고 말을 한다. 오순절 운동은 사회적 악을 다루지 못했으며 가끔은—특히 성과 인종 그리고 계급과 관련해—문화적 억압을 계속해서 선택하고 있다. 그래서 "위계적 남성 성직자와 고도의 제도주의(institutionalism)에 의해 특징되는" 그 당시 질서(적어도 미국에서)가 이제는 "풍부한 성직자"(priestly) 오순절주의다.[36]

7. 업적과 안건

오순절 신학은 성장해 오고 있다. 그 신학은 그 설립자들의 이상을 숙고하고 그 신학의 과거를 다루어야만 했는데, 그 신학의 설립자들은 상아탑과 수도원의 이론적 신학자보다는 오히려 신앙과 행위를 수행한 남성과 여성이었다. 이것은 신학에 대해 이론화하는 것만큼 신학을 실천하는 것이 적어도 중요하다는 것을 설명해 준다. 세계의 많은 지역에는 구시대적, 합리적 그리고 오히려 무력한 철학적 기독교에 의해 거의 충족되지 않은 셀 수 없이 많은 요구가 있다.

오순절주의의 혁명적 기독교는 존재론적 어려움을 지닌 대중적 세계관을 진지하게 받아들이며 실천적, 맥락 의존적 신학에 귀중한 공헌을 한다. 오순절 신학은 기독교 신앙이 확신의 위기를 경험하고 있었던 시대에 특히 서양 세계에서 "하나님을 위한 위대한 일"을 초기의 충실한 일꾼들이 성취하도록 불을 붙이는 열정으로부터 떠나는 것을 인정해야만 할지도 모른다.

오순절 신학은 복음주의적 과거를 인정해야만 하지만 한편으로 그 신학의 자유롭고 자발적 영성과 상충하는 근본주의로 가는 위험을 피해야만 하고 다른 한편으로 변화하고 있는 상황에 변화하기 위한 그 신학의 이전의 유연성을 억압하는 제도주의로 가는 것을 피해야만 한다. "구원자와 치료자, 세례를 주는 자 그리고 곧 오실 왕인 예수 그리스도"에 대한 옛 "충만한 복음"의 메시지는 전 세계를 통해 오순절교회에서 여전히 크고 분명하게 울려 퍼진다.

---

36 Cheryl B. Johns, "Pentecostal Spirituality and the Conscientization of Women", in H. D. Hunter and D. Hocken (eds.), *All Together in One Place: Theological Papers from the Brighton Conference on World Evangelization* (Sheffield, 1993), 153-65.

이런 신학적 강조는 성경적 문자주의가 하는 것처럼 그들을 "보수적"이게 만든다. 그러나 유사성에도 불구하고 이것은 근본주의의 형태에 해당하지 않는다. 왜냐하면, 오순절주의는 맹종적 성경 문자주의를 따르기보다 오히려 성령의 계시와 자유를 통한 직관적이고 감정적인 것을 강조하기 때문이다.

미래와 관련해 하비 콕스와 다른 사람들은 어떻게 오순절의 영성이 21세기 종교의 본질을 다시 형성하고 있는지를 보여 주었다. 오순절, 은사주의적 교회 그리고 개신교와 가톨릭 특히 제3세계(Majority World) 구교회의 "오순절화(化) 운동"(Pentecostalization)의 급격한 성장이 우리 시대에 하나의 사실이다.

오순절주의의 수그러들지 않는 발전은 영원한 쇠퇴기 상태에 있는 것처럼 보이는 대부분의 기독교의 다른 현대적 현상(expressions)들과 대조해 멈추지 않은 것처럼 보인다. 기독교 자체의 미래와 기독교와 다른 신앙 간의 해후는 오순절주의에 깊이 있게 영향을 받는다. 오순절주의는 계속해서 확장되고 세계의 모든 기독교의 유형에 계속해서 영향을 주고 있다.

점점 더 이런 영향과 상호 연결은 세계적일 뿐 아니라 다양하다. 창의적 방식으로 오순절과 은사주의는 지역의 상황과 접촉을 상실하지 않는 기독교를 세계화하는 것을 촉진해 왔다. 그래서 적어도 예견할 수 있는 미래를 위해 은사주의적 기독교의 계속된 활력이 아마도 장담 될 것이다.

모든 기독교 교회는 이것이 사실이라는 것에 대해 감사할지도 모른다. 왜냐하면, 은사주의적 기독교의 계속된 활력이 다음 세기에 감소하고 결국 잊히는 기독교 자체의 구원을 의미할지도 모르기 때문이다.

참고 문헌

1차 자료
Apostolic Faith 1: 1 (Los Angeles, September 1906).
Confidence 2: 11 (Sunderland, 1909).
The Pentecost 1: 1 (Indianapolis, IN, August 1908).

2차 자료
Anderson, Allan, *An Introduction to Pentecostalism: Global Charismatic Christianity*. Cambridge: Cambridge University Press, 2004.
Anderson, Robert M., *Vision of the Disinherited: The Making of American Pentecostalism*. Peaboy, MA: Hendrickson, 1979.
Burgess, S. M. and van der Mass, E. M. (des.), *New International Dictionary of Pentecostal and Charismatic Movements*. Grand Rapids, MI: Zondervan, 2002.
Cox, Harvey, *Fire from Heaven: The Rise of Pentecostal Spirituality and the Reshaping of Religion in the Twenty-first Century*. London: Cassell, 1996.
Dayton, Donald W., *Theological Roots of Pentecostalism*. Metuchen, NJ: Scarecrow Press, 1987.
Faupel, D. William, *The Everlasting Gospel: The Significance of Eschatology in the Development of Pentecostal Thought*. Sheffield: Sheffield Academic Press, 1996.
Fee, Gordon D., *Gospel and Spirit: Issues in New Testament Hermeneutics*. Peabody, MA: Hendrickson, 1991.
Hollenweger, Walter, *Pentecostalism: Origins and Development Worldwide*. Peabody, MA: Hendrickson, 1997.
Horton, Harold, *The Gifts of the Spirit*. Nottingham: Assemblies of God Publishing House, 1976.
Land, Steven J., *Pentecostal Spirituality: A Passion for the Kingdom*. Sheffield: Sheffield Academic Press, 1993.
Menzies, Robert P., *Empowered for Witness: The Spirit in Luke-Acts*. Sheffield: Sheffield Academic Press, 1994.
Wacker, Grant, *Heaven Below: Early Pentecostals and American Culture*. Cambridge, MA: Harvard University Press, 2001.

제35장

복음주의 신학

데이비드 F. 웰즈(David F. Wells)

복음주의 지지자들은 범세계적으로 가톨릭교회 회원의 절반이지만 그리스 정교회보다 2배인 거의 5억명 가량이 있다. 그들은 "다국적으로 다양한 단체"(constituency), "맥동하는 에너지의 거대한 네트워크"이고 "문화의 형태들에 끊임없이 적응하는" 종교적 세계라고 J. I. 패커(J. I. Packer)는 썼다.[1]

그것은 또한 역사 속에서 뿌리가 매우 깊게 내려진 가장 최근의 폭발적 나무의 성장이다. 두 말할 필요도 없이 이 모든 것을 신학적으로 묘사하기에는 상당한 어려움이 있다. 그래서 필자는 필자의 초점을 제한할 필요가 있다.

첫째, 필자는 20세기 복음주의 신학만을 고찰할 것이며 실제로는 주로 20세기 후반에 초점을 둘 것이다.

복음주의는 분명히 복음주의 자체를 18세기 웨슬리와 16세기 종교개혁가들 그리고 그들 이전에 첫 5세기의 교부들이 시작했던 것과 같은 초기 전통과 중요한 연속성이 있는 것으로 간주한다. 그러나 우리가 오늘날 아는 바처럼 복음주의는 2차 세계대전 후 유럽과 아메리카에서 실제로 추진력을 모으기 시작했던 급성장한 영적 발전의 결과가 아니다.

이것은 최근에 복음주의적 진영에서 나왔던 성경적, 역사적 작업에서 분명하며 이것 중 많은 것은 그 기원을 영국 대학교의 박사 과정 연구에서 찾았고[2] 이것은 결국 이제 신학 작업의 새로운 세대를 알리고 있다.

---

[1] Kenneth Tanner와 Christopher A. Hall가 편집한 *Ancient and Postmodern Christianity: Paleo-Orthodoxy in the 21st Century* (Downers Grove, II, 2002)에 J. I. Packer, "A Stunted Ecclesiology?", 121.

[2] Mark A. Noll, *Between Faith and Criticism: Evangelicals, Scholarship, and the Bible in America* (San Francisco, 1986), 7-8, 122-41을 참조.

초기 복음주의 신학은 개인들-제임스 데니(James Denny)와 T. 포르시스(P. T. Forsyth), 제임스 오르(James Orr), B. B. 워필드(B. B. Warfield) 그리고 더욱 최근에 G. C. 벨카우어(G. C. Berkouwer)와 칼 헨리(Carl Henry)—에게서 절정에 달한 것 같다. 그러나 이런 새로운 작업은 하나의 "학파"처럼 보였다.[3]

초기 세대들의 최고의 절정기가 때때로 더 축소되었지만, 또한 더욱 많고 더욱 다양한 범위로 보강되고 있었다.

복음주의 신학은 규범적, 해석적 틀인 성경에 기반을 두고 있으며, 이 성경에 의해 실재가 이해되며 이 계시의 중심에는 그것을 주신 하나님이 있다.

지난 세기 초에 제임스 데니는 신학은 하나님이 핵심이며 조직 신학은 그런 이해를 조직적으로 제시하는 것이라고 말했다.

그러나 그는 신론은 세계관을 수행한다고 계속해서 말했다. 왜냐하면, 그가 설명한 바처럼 신학은 "하나님으로 말미암는 세계관 일반을 포함하고" 있으며 "우리의

---

[3] 본 장에서 인용된 작품들 외에도 다음과 같은 복음주의적, 보수적 조직 신학은 지난 반세기에 나타났으며 이런 생각의 "학파"를 구성한다. James Oliver Buswell, *A Systematic Theology of the Christian Religious*, 2 Vols. (Grand Rapids, MI, 1962-3); Kenneth E. Geiger (ed.), *The World and the Doctrine: Studies in Contemporary Wesleyan-Arminian Theology* (Kansa City, KS, 1965); Herman Hoeksema, *Reformed Dogmatics* (Grand Rapids, MI, 1966); John Murray, *Collected Writings of John Murray*, 2 Vols. (Edinburgh: Banner of Truth, 1977); Millard J. Erickson, *Christian Theology*, 3 Vols (Grand Rapids, MI, 1983-5); Thomas N. Finger, *Christian Theology: An Eschatological Approach*, 2 Vols. (Scottdale, PA, 1989); James M. Boice, *Foundations of the Christian Faith* (Downers Grove, IL, 1986); Bruce Demarest와 Gordon Lewis, *Integrative Theology*, 3 Vols. (Grand Rapids, MI, 1987-94); John M. Frame, *The Doctrine of the Knowledge of God: A Theology of Lordship* (Phillipsburg, KS, 1987); J. Rodman Williams, *Renewal Theology: Systematic Theology form A Charismatic Perspective* (Grand Rapids, MI, 1991); Alan F. Johnson와 Robert E. Webber, *What Christians Believe: A Biblical and Historical Summary* (Grand Rapids, MI, 1989); Paul King Jewett, *God, Ceation, and Revelation: A Neo-Evangelical Theology* (Grand Rapids, MI, 1991)와 *Who We Are: Our Dignity of Human: A Neo-Evangelical Theology* (Grand Rapids, 1996); Gordon J. Spykman, *Reformational Theology: A New Paradigm for Doing Dogmatics* (Grand Rapids, MI, 1992); Alister E. McGrath, *Christian Theology: An Instruction* (Oxford, 1994); Rousas John Rushdoony, *Systematic Theology*, 2 Vols. (Valllectio, CO, 1994); Morton H. Smith, *Systematic Theology*, 2 Vols. (Greenville, SC, 1994); Robert L. Reymond, *A New Systematic Theology of the Christian Faith* (Nashville, TN, 1998); J. I. Packer, *Concise Theology: A Guide to Historic Christian Beliefs* (Wheaton, IL, 1993). 물론 특정한 신학적 주제나 문제들에 관한 많은 책이 이 목록에서 생략되었다. 또한, Paul House의 *Old Testament Theology* (Downers Grove, IL, 1998), George Eldon Ladd의 *A Theology of the New Testament* (Grand Rapids, MI, 1974)와 Donald Guthrie의 *New Testament Theology* (Downers Grove, IL, 1984)와 같은 신학을 하는 것과 관련한 유사한 분야의 책들이 생략되었다.

지식으로 들어가는 모든 것과 관계하기" 때문이다.[4]

이런 세계관은 단지 성경 밖의 분야에서 나오는 지식을 전용하는 데서 나오는 것이 아니라 신학이 그 자신의 고유한 권리로 말할 수 있는 것을 가지고 있기 때문이며 이것이 구별된 세계관을 주는 것이다.[5]

둘째, 물론 이 모든 것을 묘사하는 것이 매우 짧은 에세이에는 너무 큰 일이기 때문에 필자는 개혁파 진영 못지않게 웨슬리안 진영에서와 침례교뿐만 아니라 성공회에서 복음주의 신학의 핵심에 놓인 두 가지 핵심적 원리들만을 살펴봄으로써 필자의 초점의 범위를 제한할 필요가 있다.

두 핵심 원리는 종교개혁의 공식적,[6] 내용적 원리들, 즉 한 쌍의 확신들인데, 첫째는 하나님이 교회에게 말씀하신 계시로서의 성경의 규범적 권위이며, 둘째는 형벌적 대속론(penal substitution)의 관점에서 개인적 회개의 필요성과 그리스도의 십자가와의 상호 관련성으로 이해되는 그리스도의 십자가의 필수적 중심적 역할이다.

1. '오직 성경'(Sola Scriptura)

오직 성경이라는 종교개혁의 원리는 하나님의 기록된 말씀이 성령의 영감에 의해 교회에 주어진 하나님의 말씀이기 때문에 권위적 원천이며, 기독교 신학을 위한 결정적 기준이다. 성경의 영감은 하나님이 성경 저자들의 말을 통해 자신의 본성과 뜻 그리고 의도들을 드러내시려고 선택했다는 것을 의미하도록 이해된다.

하나님은 "그들의 말과 자신 간의 동질감을 일으키셨기" 때문에 "우리가 하나님의 마음을 이해할 수 있는 방식은 만일 그것을 표할 수 있다면 그들의 말을 통해서다.

---

[4] James Denny, *Studies in Theology* (London, 1907), 1. 더욱 최근에 세계관이 복음주의 신학에서 기능해 왔다는 방식에 대해서 David K. Naugle, *Worldview: History of a Concept* (Grand Rapids, MI, 2002), 5-31을 참조.

[5] Thomas Oden, *Systematic Theology*, 3 Vols. (San Francisco, 1989), Vol. 1, 329.

[6] 공식적 원리에 대한 오덴(Oden)의 이해는 그가 웨슬리의 사변형(웨슬리 신학의 원리인 성경과 전통, 이성 그리고 경험을 말한다-역주)을 지지한다는 점에서 더욱 복잡하다. 그러나 그는 성경이 신학이 "전적으로 의지할 수 있는 원천이며 규범"이고(Ibid, 335), 전통, 경험 그리고 이성이 성경의 진리에 신실한 반응을 할 때 이것들만이 신학을 하는 데 있어서 정당한 기능이 있다고 단언한다. 이런 점에서 오덴은 분명히 웨슬리주의 밖에 있는 다른 복음주의자들의 대표자이며 다른 방식으로 전통과 심지어 성경의 의미를 이해하는 데 있어서 경험의 역할을 바라보는 다른 복음주의자들의 대표자다.

하나님에 대한 그들의 생각과 담화는 하나님의 자기-증언을 구성한다"라고 패커는 썼다.⁷ 왜냐하면, 우리가 성경에서 가지고 있는 것은 다름 아닌 '하나님'의 자기 계시이기 때문에 성경은 이미 참되어야 하며⁸ 그러므로 데이비드 트레시(David Tracy)가 이런 종류의 접근을 주목한 바처럼 "현대(modernity)의 주장들이 어떤 내적인-신학적 타당성을 갖는다고 이해되지 말아야 한다."⁹ 그러므로 성경은 어떤 차후의 문화에서 나온 인식적 규범의 관점에서가 아니라 성경의 고유한 방식으로 해석된다. 그리고 성경의 많은 문학적 형태와 그 계시가 주어진 문화적 맥락들에도 성경은 그 자체로 일관적이다.

게다가 이런 계시와 이런 일관성을 생산하기 위해 성경 저자들 안에서 사역하시는 성령은 그 성경의 일차적 해석자이다. 성경에 대한 어떤 해석도 만일 그것이 성경 그 자체에 의해 인정될 수 없다면 옹호될 수 있는 것으로 여겨질 수 없다. 그러므로 "특히 성경의 단일한 해석자인 교회와 계시의 '제2 원천'인 전통을 포함해 다른 모든 기준은 거부되어야 한다고 벨카우어는 주장한다.¹⁰

칼 헨리가 최근에 이런 일반적 입장에 대해 가장 포괄적으로 다시 진술했다. 그의 논증에 관해 눈에 띄는 것은 다음과 같다.

첫째, 성경의 권위에 대해 자신이 이해한 신 중심성(theocentricity).

둘째, 하나님의 진리가 포착되는 도구로 이성을 특히 중요하게 여기는 것.

그에 따르면 계시는 "하나님이 자신의 가면을 벗는 개시(disclosure)의 의지적 행위"며 이 개시는 "인간을 하나님과 분리하는 절대적 경계를 넘어 있는 영원성에서" 나온다.

---

7 James I. Packer, "Biblical Authority, Hermeneutics, and Inerrancy", *In Jerusalem and Athens: Discussions on the Theology and Apologetics of Cornelius Van Til* (Nutley, NJ, 1971), 147.
8 조지 린드벡(George Lindbeck)의 도식화에서 이런 접근은 그가 "인식적-명제적" 위치라고 부르는 것이다. 즉 성경 교리를 "객관적 실재들"에 관한 정확한 정보를 제공하는 것으로 간주하는 것이며 이런 교리의 상태가 진리-주장의 상태이다. George Lindbeck, *The Nature of Doctrine: Religion and Theology in a Post-Liberal Age* (Philadelphia, PA, 1984), 129를 참조. 그러나 순수하게 인식적인 것으로서의 이런 지위에 대한 린드벡의 묘사는 부정확하다는 것을 주목해야 한다.
9 David Tracy, *Blessed Rage for Order: The New Pluralism in Theology* (San Francisco, 1988), 24.
10 G. C. Berkouwer, A Half Century of Theology: Movement and Motives (Grand Rapids, MI, 1977), 107. 그는 이런 이해를 자신의 *Studies in Dogmatics: Holy Scripture,* 번역. Jack B. Rogers (Grand Rapids, MI, 1975), 105-38에서 확장했다.

따라서 하나님 자신은 자신의 고유한 "영원히 혼자 있는 상태"(privacy)를 깨셨다.[11] 이런 놀라운 예상 밖의 방식으로 하나님은 자기 자신이 알려지도록 낮추신다.

그러므로 유대-기독교 종교는 "자신의 말씀에서 자신이 계시 되는 살아 계신 하나님에게 최대한으로 중점을 두고 있으며 이런 성경적으로 입증된 말씀은 의미 있는 문장들로 알기 쉽게 전달된다."[12]

왜냐하면, 하나님의 지식은 하나님 자신의 자기 계시에 의존하기 때문이며, 그가 이런 식으로 알려지도록 선택했던 것 이외에 그에 대해 많은 것이 알려질 수 없기 때문이다. 그리고 그가 계시했던 것은 성경의 언어를 통해 중재 된 개인적 발언의 형태로 온다.

성령의 조명으로 인해 그 발언이 들려지기 때문에 성령의 조명은 성경 말씀을 조명하는 것이며 어떤 종류의 유사한 추가적-성경 계시가 아니다.[13] 이 자기 계시 때문에 그는 자신을 자신의 백성에게 알리신다. 그러므로 이런 식으로 계시된 것이 신학의 전제이며 신학은 단지 하나님이 자신을 알리신 것에 대한 설명이다.[14]

그러므로 이 개념은 본질적으로 연역적 신학 방법론을 이끈다.[15] 신학은 '선험적으로'(a priori) 이런 계시에서 나오는 합리적 구성물이다. 왜냐하면, 이런 계시가 제일 먼저 그 자체를 발언하는 것은 다름 아닌 이성에게 하기 때문이다. 비록 하나님의 지식에서 인지적 차원만이 주어진다고 생각하는 것이 옳지 않을지라도 말이다.[16]

그러나 성경 진리를 공식화 하는 데 있어서[17] 논리적 일관성과 내적, 합리적 정합성은 그런 작업을 정당화할 수 있는 전제이다. 왜냐하면, 하나님은 비정합적 하나님이 아니라 명료하시고 일관되시며 질서가 있으신 하나님이시기 때문이다.

헨리의 입장은 전반적으로 복음주의자들의 입장처럼 하나님이 성경 말씀을 통해 전달했던 진리가 실제로 독자들에 의해 접근될 수 있다고 생각했음에 틀림이 없다.[18]

---

11 Carl F. H. Henry, *God, Revelation and Authority,* 6 Vols. (Waco, TX: Word, 1979), II, 17.
12 Carl F. H. Henry, *God, Revelation and Authority,* 6 Vols. I, 27.
13 Carl F. H. Henry, *God, Revelation and Authority,* 6 Vols. IV, 256-315.
14 Carl F. H. Henry, *God, Revelation and Authority,* 6 Vols. I, 125.
15 Peter Berger, *The Heretical Imperative: Contemporary Possibilities of Religious Affirmation* (New York, 1979), 66-94에서 이런 종류의 신학 방법론에 대한 그의 묘사를 참조.
16 Henry, *God, Revelation and Authority*, II, 225.
17 Ibid, II, 238-41.
18 케빈 밴 후저(Kevin Van Hoozer)는 자신의 책 *Is There A Meaning in This Text?: The Bible, the Reader, and the Morality of literary Knowledge* (Grand Rapids, MI, 1999)에서 포스트모던적 회의주의에 반대해 이런 필요성을 옹호해 왔다.

초기 시기에 이것은 문제가 많은 것처럼 여겨지지 않았지만, 분명히 계속해서 힘을 가지고 있었던 계몽주의는 이런 점에 관해 의문을 제기했고 포스트모던 시기에 훨씬 더 급진적 방향을 취했다. 이제 이런 물음들이 다소 불길하지만, 학계를 통해 목소리가 나오고 있다.

1957년에 루돌프 불트만(Rudolf Bultmann)은 어떤 많은 영역이 신학이 되도록 무대를 설치한 짧은 에세이를 썼다.[19] 그는 모든 현대적(contemporary) 주해는 현대적(modern) "선이해"(preunderstanding)를 텍스트로 이끈다는 것, 텍스트 자체는 "열려 있고" 유동적이라는 것, 그 텍스트의 의미가 다소 고정되지 않았다는 것, 텍스트가 의미하는 바는 존재론적 만남의 순간에 발생한다는 것을 주장했다. 불트만에게 성경 텍스트의 의미는 현대적 의식의 내적 맥락 내에서 가능할 수 있는 것에 의해 의미심장하게 결정된다.

왜냐하면, 이것은 말씀이 오늘날 들려질 수 있는 유일한 맥락이기 때문이다. 그러나 성경의 수신인이 가지고 있는 선취(preoccupation)는 전형적으로 신학을 인류학으로 바꿔 말한다고 헬무트 틸리케(Helmut Thielicke)는 반박했다. 문제는 "내가 창조적 말씀을 나의 자기-의식으로 끌어 오든지" 그 경우에 창조적 말씀은 단념되며, 아니면 "창조적 말씀을 통해 내가 그 말씀이 주는 영역으로 이끌려지든지" 인데 이 경우에 나는 "나 자신 밖에 있는 어떤 것에게 관련되는" 것이라고 틸리케는 주장했다.[20]

틸리케는 필수 조건(qualifications)으로 후자를 선택했으며 이런 신적 개입과 이런 인지적 해방은 수용적 의식, 즉 새로운 자기-이해를 성령이 수신인 안에서 형성할 때 이루어진다. 그러나 틸리케의 작업에는 이런 의식이 계시된 말씀과 어떻게 정확히 관련되고 성경 말씀이 이런 새로운 다른 인식을 만들기 위해 성령에 의해 어떻게 적용되는지 분명하지 않다. 이것은 복음주의 신학에서 주기적으로 발생하는 말씀과 성령을 관련시키는 일종의 어려움을 보여 준다.

이런 문제는 종교개혁 시기에 표면화되었다. 칼빈은 성경의 권위를 주장했을 뿐만 아니라 성경의 진리가 수용되어야 한다면 성령의 조명하는 역할의 필요성도 주장했다.

그러나 이것을 이루시는 성령의 증언은 정확히 무엇인가?

---

[19] Rudolf Bultmann, *Existence and Faith: Shorter Writings of Rudolf Bultmann*, 번역. Shubert M. Ogden (New York, 1960), 289-96.

[20] Helmut Thielicke, *The Evangelical Faith*, 3 Vols., 번역. Geoffrey Bromiley (Grand Rapids, MI, 1974-7), Vol. 1, 193-4.

분명히 칼빈에게 이런 조명하는 성령의 사역은 이미 성경에 주어진 계시를 마치 어떤 다른 정당성이 필요한 것처럼 진짜라고 입증하는 또 다른 계시로 이해되지 말아야 한다. 또한, 성령의 조명하는 역할은 성경을 통해 주어지는 것과 무관한 계시가 아니다.

대신에 성경을 통해 다시 말씀하시고 성경 말씀에 계시된 하나님의 진리를 수용하기 위해 마음을 여는 것은 성령이시다. 그는 "성령의 조명" 없이는 "말씀은 아무 것도 할 수 없다"라고 선언했다.[21] 그는 성경론과 관련해 우리는 "하나님이 성경의 저자라는 것"을 의심 없이 설득되어야 한다고 말했다.[22] 성령이 하는 것은 다름 아닌 이런 설득이며 그 결과 신앙은 더 이상 인간 경험에 자연스러운 의심과 흔들림으로 괴로움을 당하지 않는다.

"프로테스탄트 원리"의 한 부분이 되는 것은 다름 아닌 성령의 사역에 대한 이런 견해다. 버나드 램(Bernard Ramm)이 말하기를 이 원리는 영감 된 성경이 권위로 기능하는 '외적' 원리이며 성경이 가지고 있는 권위를 증거 하는 성령의 증언은 '내적' 원리다. "말씀과 성령의 '이중성'이 주장되어야 한다. 왜냐하면, 권위에 대한 프로테스탄트와 기독교 원리가 존재하는 것은 다름 아닌 이런 이중성 속에서이기 때문이다"라고 그는 선언했다.[23] 그런데도 두 가지 원리들을 주장하는 것과 서로(두 가지 원리들-역주)의 관계 속에서 이것들이 작용한다는 것을 주장하는 것이 어렵다는 것이 드러났다.

두 가지 원리의 스펙트럼과 관련해 더욱 보수적 견해에서 가장 일반적으로 강조하고 강화했던 것은 외적, 객관적 원리다. 이런 강조는 아마 이런 외적, 객관적 원리가 주관적 직관으로 대체될 때 계몽주의의 합리주의에 대한 어떤 종류의 의존보다는 신학에서 발생할 수 있는 건강한 두려움과 관련되어 있을 것이다.

신학을 구성하는 것과 관련해 객관적 원리의 강조는 때때로 성령의 조명을 축소하는 데로 이끌었다. 웨인 그루뎀(Wayne Grudem)의 신학은 성령의 조명을 축소한 경향을 설명하고 있는데, 왜냐하면 그는 먼저 성경의 권위에 말하지만, 성경 말씀과 관련해 많은 양의 지면을 성령의 사역에 대해서는 거의 말하고 있지 않다는 것에 할애하고 있기 때문이다.

---

21 Calvin, *Institutes*, I, vii, 4.
22 Calvin, *Institutes*, I, III, ii, 15.
23 Bernard Ramm, *The Pattern of Authority* (Grand Rapids, MI, 1957), 30.

그는 이런 권위에 의해 "성경의 어떤 말씀을 믿지 않거나 불신하는 것은 하나님을 믿지 않거나 불신하는 것이라는 그와 같은 방식으로 성경에 있는 모든 말씀은 하나님의 말씀이다"라는 것을 의미했다.[24] 그는 계속해서 성경의 명료성—성경의 주요한 가르침이 명료하다—과 필요성 그리고 충족성을 단언한다. 내적 원리, 즉 성령의 조명은 부정되는 것이 아니라 단락에서 전달되며 성경 말씀과의 성령의 조명의 기능적 관계에서는 실제로 절대 발전되지 않는다.

그러나 이런저런 방식으로 성령을 말씀에서 이탈시키는 매우 명시적 표현들이 다른 입장의 신학적 스펙트럼에 있다. 예를 들어 도날드 블러쉬(Donald Bloesch)는 "성경의 문자와 신적 계시 간의 절대적 동일성을 놓는 것"을 거부했지만, 대신에 성경 말씀만이 "예수 그리스도의 자기 계시"를 가리키고 있다고 주장했는데, 이것이 계시가 놓인 곳이다.[25] 블러쉬는 하나님에 대한 어떤 지식을 수용하는 모든 다른 가능적 수단을 제거함으로써 오는, 말하자면 바르트가 했던 같은 방식처럼 위에서부터 오는 이런 계시적 통찰들을 옹호한다.

블러쉬는 역사 속에서 하나님의 행위는 "초역사적"이라고 말한다. 하나님의 행위는 "역사 속에서의 하나님의 사역이지 단순한 역사 그 자체가 아니다."[26] 블러쉬가 염두에 두고 있는 역사는 인과 관계(이것은 이성에 의해 탐구된다)로 연결된 지상에서 발행하는 사건들의 관계(network)가 아니라 오히려 탐구의 지배를 받지 않고 이성이 아니라 신앙에 의해 포착되는 신적 행위의 차원이다. 그리고 바르트처럼 그는 자연 계시의 여지를 마련하지 않으며 그 개념은 포기되어야 한다고 생각한다.

블러쉬는 신앙의 주변에 있는 모든 발판을 이것이 자연과 역사, 아니면 이성에서 오든지 제거해 버린 후 "신앙의 결단은 신앙의 진리에 대한 확실성을 우리에게 주는 계시의 사실 만큼 중요하다"라고 주장하는 견해에 있다.[27] 또 다른 곳에서 그는 본래 성경이 하나님의 말씀인 것과 반대해 기능적으로 성경이 하나님의 말씀인 것을 구별한다.

그는 "하나님의 말씀은 그 자체로 신적 계시가 아니다. 왜냐하면, 그 계시의 상태는 그 자체로 보통 말하는 표현에 있는 것이 아니라 말씀을 의미와 능력으로 채우시는 하나님의 성령 안에 거하기 때문이다"라고 주장한다.

---

24 Wayne Grudem, *Systematic Theology: An Introduction to Biblical Doctrine* (Leicester, 1994), 27.
25 Donald G. Bloesch, *Essentials of Evangelical Theology,* 2 Vols. (San Francisco, 1978-9), Vol. 1, xi.
26 Donald Bloesch, *A Theology of Word and Spirit: Authority and Method in Theology* (Downers Grove, IL, 1992), 187.
27 Ibid, 21.

그것은 하나님의 말씀인데, 왜냐하면 "그 저자들이 하나님에 의해 영감 되었기 때문이다; 하나님이 친히 예언자적, 사도적 증거를 통해 말씀하실 때 그것은 하나님의 계시된 말씀이 되며 이런 증거의 진실을 우리의 마음에 인치 신다."[28] 블러쉬의 신앙 지상주의(fideism)가 의미하는 바는 진리를 수용하는 것이 발생할 때까지 진리는 실제로 주어지지 않는다는 점이다.

성경은 그 자체로 계시가 아니다.[29] 성경은 본래 계시적이지 않다; 그것은 단지 잠재적으로 계시며 그 잠재성이 실현될 수 있는지는 그리스도가 어떤 사람을 성경 말씀을 통해 만날지 선택하는 것에 달려 있다.

스탠리 그랜츠(Stanley Grenz)의 작업에서 교회 권위의 기능으로 말씀과 성령을 연결하는 어려움은 훨씬 더욱 확대되었다. 블러쉬처럼(그리고 그 점에 대해선 바르트도 마찬가지다) 그랜츠는 계시와 성경을 구분한다. "우리는 하나님의 계시를 성경과 절대 동일시할 수 없다"라고 그는 단언한다.[30]

따라서 그는 하나님의 말씀과 성경의 말씀들을 구분한다. 전자는 "예수님에 관한 복음을 알리는 성령인데, 교회는 어떤 말씀을 성령의 능력 안에서 성령의 권위로 말한다"라고 믿는다.[31] 다른 곳에서 그는 성령이 말씀하시는 것은 텍스트의 주해적 의미에 의해 제한되는 것이 아니라 그가 오늘날 교회에게 그 교회의 특정한 맥락에서 말할 때 그 텍스트를 초월한다고 주장한다.[32]

---

28 Donald G. Bloesch, *Holy Scripture: Revelation, Inspiration, and Interpretation* (Downers Grove, IL, 1994), 27.
29 바르트와 비슷한 흔적이 또한 가르리엘 팩크레에서도 들을 수 있다. 그는 성경 말씀은 모든 신학적 단언들이 판단 되어야 하는 "권위의 원천"이라고 말함으로써 시작한다. 그런데도 권위의 원천(성경)을 위한 기준은 다름 아닌 그리스도시다. 성경은 "어떻게 그것이 그리스도의 증거를 담지하고 있는지" 보여 주기 위해 읽는다. Gabriel Fackre, *The Christian Story: A Pastoral Systematics*, 2 Vols. (Grand Rapids, MI, 1978-87), Vol. 2, 52. 다소 진전되지 않는 채 남아 있는 것은 살아 있는 말씀과 기록된 말씀 사이의 관계가 무엇인가이다. 그러나 분명히 성경 말씀이 그리스도에 대한 "증거"라는 사실은 그리스도가 개별적(personal) 만남에서 포착되는 계시의 일차적 형태이며 성경은 계시의 이차적 형태라고 제안한다. 다른 각도에서 무디(Dale Moody)는 유사한 관점에 도달한다. Moody에게 특별계시는 "하나님을 용납할 준비가 된 사람들에게 그가 자신을 계시하신 사건"이라고 말하도록 이끈 것은 다름 아닌 경건인데, 만일 용납이 없다면 하나님은 자신을 계시하실 수 없으며 그에 대해 어떤 계시도 하지 않았다는 것과 권위의 외적 원리가 내적 기능 없이는 존재하지 못한다는 것을 제시한다. Dale Moody, *The Word of Truth: A Summary of Christian Doctrine Based on Biblical Revelation* (Grand Rapids, MI, 1981), 38을 참조.
30 Stanley J. Grenz, *Theology for the Community of God* (Nashville, TN, 1994), 514.
31 Stanley J. Grenz, *Theology for the Community of God*.
32 Stanley J. Grenz와 John R. Franke, *Beyond Foundationalism: Shaping Theology in a Postmodern*

그랜츠는 권위의 위치를 말씀에서 성령으로 분명하게 이동시켰는데, 이것을 그는 어떤 종류의 근본주의를 피하려고 한 것이다. 결과적으로 특별 계시에 대한 그의 논의는 그의 조직 신학 서두에 위치하는 것이 관례이지만 거기에 위치하지 않고 끝에 놓이게 된다. 이곳에서 특별계시는 그가 교회의 삶 속에 나타난 성령의 역할을 논의하는 부분에 포함된다. 이것이 그가 거부하는 것일지라도 실상은 슐라이어마허의 자유주의로 결국에는 이끌게 했던 것은 다름 아닌 이런 종류의 경건주의 (pietism)에서다.

게다가 그는 해석학적 장소(locus)를 그 자체를 해석하는 자격을 가진 성경에서 성령에 의해 만들어진 신앙 공동체로 이동했다. 종교개혁자들은 이런 종류의 입장을 수용할 수 없는 것으로 간주했다. 왜냐하면, 그들은 이것이 가톨릭교회의 가르치는 권위에 의해 하나님의 말씀이 좌지우지되었고 그 결과로 교회를 지휘하고 개혁하는 성경의 능력은 교황권(Magisterium)의 동의 없이 불가능했다고 믿었기 때문이다. 그랜츠는 비록 그가 염두에 둔 신앙 공동체가 가톨릭 교황권에 의해가 아니라 지역 신앙 공동체에 의해 인도되었을지라도 종교개혁자들이 거절한 것을 다시 사용했다.

그렇다면 더욱 최근 복음주의 신학에서 프로테스탄트 원리가 다양하게 이해되고 있다는 것은 분명하다. 그러나 어떻게 내적 원리가 외적 원리와 관계하는가에 대한 논쟁이 전통 복음주의 세계의 중심에서가 아니라 변방에서 더욱 많이 발생하고 있다고 말하는 것은 사실인 것 같다.

이것은 "전례 규정적(rubric) '권위'는 그 권위의 동료인 '해석'과 분리될 수 없다"라는 팩크레의 소견을 지지한다.[33] 왜냐하면, 성경과 같은 권위가 어떻게 실제로 작용하는지는 그 권위가 권위적 기능을 이행하기 위해 어떤 신학적 이해의 틀이 확립되는지에 전적으로 달려 있기 때문이다.

2. '오직 그리스도'(Solus Christus)

종교개혁 구호의 가장 중요한 발전은 낱말"만"이 아니다. 종교개혁자들은 하나님을 수용하는 것이 그리스도를 통해'만' 될 수 있고 하나님의 은혜로'만' 될 수 있으며 신앙을 통해서'만' 수용될 수 있다고 보게 되었다.

Context (Louisville, KY, 2001), 75.
[33] Fackre, The Christian Story, Vol. 2, 63.

그리스도의 십자가상의 대속 사역을 통해 하나님을 수용하는 것이 오로지 하나님의 은혜 때문이라면 이것이 의미하는 바는 죄인들이 자신들의 구원에 유일하게 공헌할 수 있는 것은 그들 자신이 죄가 있다는 점이다. 하나님을 수용하는 것은 오직 그리스도 안에서 될 수 있다면 어떤 것도 그가 행한 것에 추가될 수 없으며 실제로도 어떤 것이 추가될 수도 없다.

그들은 하나님이 그리스도를 통해 우리의 구원에 무언가를 이바지하셨고 미완성으로 남겨진 것을 선한 행위, 교회에 순종하는 것 혹은 참회(penance)를 통해 우리가 완성하도록 남겨졌다는 모든 형태의 신인 협력설(synergism)을 거절한다.

비록 이런 통일성(unity)을 둘러싸고 있는 다양한 표현과 강조가 있을지라도 일반적으로 복음주의 신학으로 들어왔던 것은 다름 아닌 이런 이해를 통해서다. 결국, 그리스도의 죽음 그 자체에 대한 신약의 가르침은 다양한 사유를 통해 표현된다.

성경의 저자들은 그리스도의 죽음에 대한 의미를 포착할 수 있는 낱말들과 이미지들을 위한 자신들의 어휘(칭의, 화해, 속죄 제물, 구원, 희생 그리고 속죄와 같은 낱말들)를 탐구했으며 다각적(multilateral) 이해가 그 결과로 나타났다. 신약의 교리를 세우는 데 있어서 이런 언어는 신론과 죄론이 그 언어와 관련해 수행되어야 했다.

다른 이해를 만드는 것은 다름 아닌 이런 과정을 통해서다. 좀 더 일반적으로 말해서 벨카우어는 "일반적 합의를 명령하는 그리스도의 다각적 사역의 한 국면은 거의 없다"라는 것을 주시했다.[34] 그런데도 이해에 대한 중심적 핵심이 있는데, 이것은 종교개혁과 일치했고 그 종교개혁에 복음주의 신학은 전념했고 이것에 복음주의 신학은 계속해서 동의했다.

그러면 이런 일치는 어떤 것인가?

중심적 생각들이 일련의 단순한 명제들로 요약될 수 있다. 이 명제들은 그리스도가 죄인을 위해 죽으셨다는 것과 그가 죄인들을 아버지와 화해시키기 위해 죽으셨다는 것, 그들의 죄를 감당하지 않고는 그들을 화해시킬 수 없었다는 것 그리고 그들의 죽음을 대신 죽으시지 않고는 그들의 죄를 질 수 없었다는 것이다.[35]

이런 단순한 명제들은 그리스도의 죽음을 단지 인간의 비극이 아니라 신적 거룩성이 만족되고 죄의 형벌이 만족 된 결과인 신적 사랑이 제공되는 것으로 간주하는 신약 신학의 이해에서 나왔다. 그러므로 사도들이 십자가에 대해 기록했을 때 그들이 어떻게 그리스도가 루터가 나중에 죄와 죽음 그리고 악의 "힘 있는 능력"이라

---

34 G. C. Berkouwer, *The Work of Christ* (Grand Rapids, MI, 1965), 9.
35 John Stott, *The Cross of Christ* (Leicester, 1986), 63-7을 참조.

고 불렀던 것을 정복했었는지에 대해 기록하고 있었다.

그리스도의 죽음에 대한 이런 사도의 설명에서 우리는 또한 하나님의 자기-칭의 (self-justification), 즉 어떻게 그가 타락한 죄인들을 의롭다고 할 때조차도 의로우셨는지에 관한 설명을 들을 수 있다. 이런 점이 현대 시대에서도 계속되었던 복음주의 신학과 다양한 자유주의적(liberal) 사유 사이에 분기점(the watershed)을 놓게 했다.

복음주의적 개념의 출발점은 하나님의 인자하신 선한 뜻에서가 아니라 그의 거룩한 사랑에서인데, 왜냐하면 죄인들의 화해는 만일 하나님의 사랑이 자신의 거룩성이 요구하는 만족을 제공하지 않았다면 불가능하기 때문이다. 그것이 발생했을 때 그의 자비는 그의 심판을 이기는 것으로 여겨졌다.

이런 과정은 그리스도가 우리의 죄를 담당하셨을 때 시 공간과 역사의 구조에서 일어났다.

> 그리스도가 우리의 죄를 '담당하셨다'라고 말하는 것은 그가 우리의 죄를 위해 '죽으셨다'라고 말하는 것과 정확히 같은 것이다.[36]

그 이유는 그가 그들을 위해 죽으시지 않고는 그들을 감당할 수 없었기 때문이라고 데니(Denney)는 선언했으며 신약의 가르침은 다른 해석을 허락하지 않는다고 덧붙였다.

포시쓰(P. T. Forsyth)는 계속해서 거룩성은 "사랑에서 나오고, 죄인을 은혜 안에서 찾으며, 죄를 심판함으로써 그의 죄에 대해 반응할 때에 비로소 거룩성이다"라고 설명한다.[37] 같은 방식으로 그 사랑이 죄인들과 예수의 동일성을 초래한다면 그 사랑은 희생적일 수밖에 없는데, 그 이유는 죄인과 동일시되는 것이 그가 죄인들의 죽을 수밖에 없는 정죄 속에서 그들과 함께한다는 것을 의미하기 때문이다.

따라서 그가 거룩성의 진노로 들어가는 것은 다름 아닌 사랑 때문이었다. 그런데도 그의 행위는 성부와 성자 그리고 성령이 존재가 하나이기 때문에 하나님의 행위였다. 신성이 아들의 사역을 통해 죄와 죽음 그리고 어둠의 세력들을 전복시키는 공동 사역으로 연합된 것은 다름 아닌 이런 방식이었다. 아버지의 거룩성을 고백하고 그분의 행위와 죄에 대한 그분의 심판을 감당하는 데 있어서 그리스도는 하나님만이 할 수 있었던 것을 하셨다.

36　Denny, *Studies in Theology*, 104.
37　P. T. Forsyth, *Positive Preaching and the Modern Mind* (London, 1909), 254.

예수님 안에서 우리는 하나님에 대해 듣는 것이 아니라 하나님을 만난다. 예수님은 단지 하나님을 계시하는 것이 아니라 그분이 계시 안에 있는 하나님이시며 계시된 영광스러운 하나님이시다.[38]

그러므로 십자가상에서의 그리스도의 죽음은 신성 자체 내에서 그 죽음의 첫 번째 효과를 가지는데, 왜냐하면 그리스도가 죽으셨을 때 그는 하나님에게 맞서는 인간의 적대감을 담당하셨을 뿐만 아니라 그 적대감에 맞서는 하나님의 의로운 진노를 담당하셨기 때문이다. 속죄 제물에 대한 성경의 개념은 예측할 수 있지 않고 변덕스러운 아버지를 아들이 달래고 유화시켜야만 하는 것처럼 이교도의 의미로 이해될 수 없다. 오히려 자신을 속죄 제물로 제공하는 분은 다름 아닌 아버지이다. 그래서 그리스도의 죽음은 하나님에 의해 하나님에게 드려진 제물이다.

블러쉬가 그것을 진술한 바처럼 "거룩한 하나님은 자신에게 자기 아들 예수 그리스도의 인격(person)에서 자기 자신의 진노 대상을 만드셨으며"[39] 그리해 죄인들에게 수행되는 의로운 심판에서 그가 벗어날 수 있도록 가능하게 했다. 그러므로 십자가에서 하나님의 사랑과 그분의 거룩성이 나타났는데, 왜냐하면 십자가가 죄에 대한 그분의 심판과 죄인들에 대한 그분의 사랑을 표현하기 때문이다.

이것의 결과는 복음주의 조직 신학들의 글을 통해 반향을 불러일으킨 많은 이미지가 나타난 신약에서 설명된다. 예를 들어 하나님에게서 소원해져 있었던 사람들은 복음을 통해 화해될 수 있다고 언급된다.

이런 소원(alienation)은 두 측면일 수 있는데, 그 이유는 하나님이 자신의 의로운 불쾌감에 의해 죄인과 소원해지고 죄인들은 자신들의 죄에 의해 하나님으로부터 소원해졌기 때문이다. 그리스도 안에서 그의 진노는 제거되며 죄의 형벌은 없어진다.

또한, 죄에 의해 사로잡힌 자들과 어둠의 세력들에 의한 그 죄의 배후는 십자가상에서 죄의 지배를 파괴할 뿐만 아니라 악의 배후를 부숴버렸던 그리스도를 통해 구속받고 해방된다. 게다가 그들의 죄가 그리스도에게 전가된 사람들은 이제 오직 은혜로 오직 신앙을 통해 그리스도의 의가 전가 되어 이미 의롭게 되었다고 언급된다.

---

38 P. T. Forsyth, *Positive Preaching and the Modern Mind*, 253.
39 Bloesch, *Essentials,* Vol. 1, 160.

종교개혁의 시기에 '오직 예수' 교리는 교회론 맥락 내에서 발전되었다. 이것은 로마 가톨릭이 널리 유포시킨 것에 대한 대안적 이해로 제시된 것이다. 그러나 오늘날 새로운 물음이 그리스도의 유일한 중재적 역할에 대해 제기되었으며 이런 인식은 근대(modern) 시기의 다른 종교에서 점차 성장해 온 것이다.

실제로 유일한 진리라고 주장하는 권위적 원천에서 세워진 모든 종교는 어떻게 다른 종교를 바라볼 수 있는지에 관한 물음에 직면하게 된다. 유대주의와 마찬가지로 이슬람이 이런 경우이며 심지어 힌두교에도 동일하게 적용된다.

그러면 그리스도 안에서만 하나님이 우리와 만나시며 그 안에서만 구원이 발견될 수 있다는 것은 사실인가?

우리가 존 힉(John Hick)의 사례에서 보는 것처럼 이런 물음의 해결은 개인적 신학의 의미를 변형시키는 힘을 가지고 있다. 힉은 대학생일 때 개인적 회개를 했으며 "강력한 복음주의, 실제로 근본주의 기독교인"이 되었다고 우리에게 말해 준다.[40]

그러나 몇 년 후에 그는 자신이 다루어야만 하는 딜레마가 유일한 참된 종교가 있다는 사실과 다른 종교의 타당성에 대해 점증하고 있는 자신의 믿음을 어떻게 화해시킬 수 있었는지였다고 결론 내렸다.[41] 결국, 그의 결론은 모든 종교가 같은 신적 실재에 토대를 두고 있다는 것이며 모든 종교는 어느 정도 참일 뿐만 아니라 거짓일 수 있다는 것이다. 결과적으로 그는 종교들의 "신 중심적" 관점, 즉 모든 종교가 같은 비삼위일체적(non-trinitarian) 하나님에 뿌리내려져 있다는 것을 주장하게 되었다. 이것의 결과는 그리스도가 더 이상 성육신하신 유일한 하나님으로 간주하지 않았다는 점이다.

힉은 신적 언어가 형이상학적 방식이 아닌 은유적 방식으로만 그에게 사용된다고 생각하게 되었다. 그래서 그리스도가 신성에 참여한다는 것은 종류(kind)에서가 아니라 정도(degree)에서 다른 것들과 다르다. 이것은 전통적 슐라이어마허의 자유주의가 재연되는 것이었다. 그는 폴 니터(Paul Knitter)와 함께 1987년 그들의 책, 『기독교의 유일성의 신비』(The Myth of Christian Uniqueness)에서 계속해서 그러한 사실을 선언했다. 분명히 힉은 이제 그가 대학교생 있었을 때 처음 복음주의의 관점과는 거리가 멀었다. 한두 가지의 예외가 있을지라도 이것은 복음주의자들이 걸어가기 위해 매우 갈망했다는 것을 보여 주었던 길이 아니다.

---

40 John Hick, *God Has Many Names* (Philadelphia, PA, 1982), 14.
41 John Hick, *God and the Universe of Faiths* (Oxford, 1973), x.

주목할 만한 사람 중에 클락 피녹(Clark Pinnock)이 있다.[42] 피녹의 제안은 제2차 바티칸 공의회(Second Vatican Council)가 발전시켰던 것과 매우 유사하다.

그 핵심에는 두 가지 원리가 있다.

첫째, 그는 구원의 보편적 접근을 주장했다. 예를 들어 이것은 그리스도가 "모든 사람"의 구원자이시며(딤전 4:10), 그리스도가 모든 사람을 비추시는 빛이시며(요 1:9), 하나님이 어떤 사람도 멸망해야 한다고 바라지 않으신다(벧후 2:9)고 진술하는 성경 본문에 토대를 두었다. 이런 본문들은 구원의 잠재적인, 보편적 유용성을 선언하는 것으로 가장 일반적으로 읽혔다. 그러나 피녹은 이런 본문들을 구원의 보편적 '접근'을 말하는 것으로 이해했다.

둘째, 피녹은 힉이 말했던 것과 대조해 구원에 대한 그리스도의 필수 불가결성에 관한 전통적 견해를 재확언했다. 그러면 어떻게 이런 두 원리가 서로 일관될 수 있는가? 피녹이 했던 것은 일반 계시와 특별계시 간의 구별을 흐리게 했다는 점이다. 그래서 그는 하나님이 자신의 존재를 자연 속에서 드러내시고 도덕성의 실재를 모든 사람 안에 드러내신 곳에서 성령에 의해 중재 된 구원하시는 은혜의 요소를 발견한다(롬 1:18-20; 2:14-15; 행 17:24-28). 사정이 그렇다면 신앙의 의미는 그리스도를 신앙의 대상으로 가질 필요가 없으므로 바뀔 수밖에 없다.

게다가 구원에서 성령의 사역은 또한 그리스도에 대한 지식과는 별개의 것이다. 그리스도에 대해 듣지 못한 사람이나 타종교에서 알게 된 사람에게 신앙은 단지 하나님에 대한 신뢰로 정의된다. 하나님은 그들의 신앙을 받아들이며 그리스도가 그들에게 알려지지 않았을지라도 그들에게 그리스도의 죽음의 공로를 입히신다.

그러나 이런 해결이 힉의 "신 중심적" 접근과 실제로 어떻게 다른지 궁금해 왔던 사람들이 있다. 피녹은 힉이 주장하지 않은 하나님의 성육신이신 그리스도의 인격(person)에 대한 전통적 견해를 분명히 주장한다.

---

42 피녹은 이 주제를 *A Wideness in God's Mercy: The Finality of Jesus Christ in a World of Religions* (Eugene, OR, 1992)에서 탐구했다. 존 샌더스(John Sanders)는 거의 같은 제안을 하는 데, 이것은 *No Other Name: An Investigation into the Destiny of the Unevangelized* (Grand Rapids, MI, 1992)에서 제시되었다. 초기에 J. N. D. 앤더슨(Anderson)은 *Christianity and World Religions: The Challenge of Pluralism* (Leicester, 1984)에서 전통적 기준으로 이 주제에 관한 비범한 몇 가지 생각을 제공했다.

그러나 기능적 입장에서 그리스도는 말하자면 두 가지 기획(proposals) 속에서 강등되었다. 피녹에게 그리스도는 복음을 듣지 않고 하나님을 의지하는 자들에게 알려지지 않은 상태로 있지만 힉에게는 물론 그리스도가 필수적이지 않다.

그리스도가 이런 '인식하지 못하는'(incognito) 방식 속에서 구원론적으로 기능할 수 있다는 피녹의 제안은 복음주의 사유의 틀 내에서 매우 많은 긴장과 어려움을 산출해 대부분의 복음주의 신학자들은 이처럼 그것을 수정하려는 시도보다는 이 문제에 대한 교회의 역사적 입장이 문제가 없다고 결정했다.

복음주의자들을 단결하게 했던 것은 특히 제2차 세계대전 이후에 '오직 성경'과 '오직 예수'라는 두 가지 원리이다. 이것은 이런 두 원리가 항상 주장되어 왔으며 정확히 같은 방식으로 표현되었다는 것을 분명하게 의미하지는 않지만, 복음주의 세계의 중심에서 이 문제에 대한 실질적 합의가 있었다. 교회 통합(ecumenicity)의 형태를 낳은 것은 다름 아닌 이런 합의였다.

이것은 공식적으로 조직되지 않은 교회 통합이다. 교회 통합의 활동을 명령할 본부는 없다. 그런데도 정밀하지 않은 비공식적인 방식으로 전 세계의 복음주의자들이 서로 의사소통을 가능하게 하고 기회가 올 때 함께 일하는 것을 가능하게 한 것은 인종과 문화 그리고 교파의 분리를 넘을 수 있었던 교회 통합이다. 이것이 이런 교회 통합의 표현 중 하나이며 이제 필자가 교회 통합으로 화제를 바꿀 것이다.

3. 범세계적 연결들

복음주의자들에게 수적 무게 중심은 서양 밖에 놓여있지만, 신학적 핵심은 비록 신학적 문헌이 이제 아시아에서 나올지라도 여전히 서양에 있다. 복음주의 신학이 다른 맥락 내에서 현재 수행되고 있다는 것과 그 신학이 다른 맥락 안에서 말할 필요가 있다는 것이 많은 결실 있는 문화 상호 간의 교환을 낳게 했다.

물론 서양은 이제 매우 현대화되었고 그 인구가 거의 전적으로 도시로 집중되었으며 자본주의가 진보했고 번창했고 기술이 뛰어나고 혁신적이며 재정과 교통 그리고 정보의 전례 없는 분야로 서로 연결된 사회이다. 이런 사회 구조와 이런 현대화된 세계는 오랫동안 계몽주의 이데올로기에 편안한 안식처를 제공해 주었다. 이런 생각들과 이런 생각들에 매우 많은 개연성을 주었던 사회적 맥락이 "현대(modern) 의식"의 부흥을 촉진 시켰다. 그러나 계몽주의 확실성은 근래 몇십 년간 불확실하게 되었으며 현대성(modernity)에 상당한 인지적(cognitive) 위기를 낳게 되었다.

오늘날 포스트모던 상황 속에서는 더 이상 어떤 객관적 의미에서 참되다고 언급될 수 있는 실재에 놓일 수 있는 구조들(constructions)은 없다. "거대서사"(metanarratives)는 사라졌다. 인지적 최고 한도(cognitive ceilings)는 실패하고 있다.[43]

이런 산업화하고 도시화 된 서양에서 수행된 복음주의 신학은 이것이 사실이라면 이런 맥락을 말해야 한다. 그러나 그렇게 할 때 비록 현대성(modernity)이 빠르게 전 세계적 현상이 되어가고 있을지라도 복음주의 신학의 선취(preoccupations)가 개발이 덜 된 세계의 여러 지역에서 전형이 된다는 것과는 절대 다를 수 있다. 서양에서 신학은 대개 빈곤과 비정의, 궁핍, 질병, 이데올로기적, 종교적 갈등, 심각한 권력 남용, 조직적 정부의 부패에 대해 지속해서 숙고하는 것과 관련해 추진되지 않았다.

서양 밖에서 이것들은 종종 현대적 의식의 특징들인 불안과 심리적 정처 상실(homelessness), 절대성의 상실, 의미의 붕괴, 자아 강박증(obsession)보다 훨씬 더 강한 압박이 있는 현실들(realities)이다. 상호문화적 대화를 간절히 필요로 하는 것은 이런 매우 다양한 삶의 경험이며 이것이 없다면 신학은 쉽게 편향적이며 문화 폐쇄적이고 피폐하게 될 것이다.

제기될 수 있는 물음은 이런 몇 가지 문제들을 다루고 성경적 신앙의 충만함을 회복해 복음 전파에 더욱 충실하기 위해서 어떻게 복음주의자들이 문화와 국가의 경계를 넘어서 하나가 될 수 있는지다. 따라서 괄목할 만한 대화가 시작되었다. 1974년에 2,700명의 복음주의 교회 지도자들과 학자들이 세계복음전도국제대회(International Congress on World Evangelization)를 위해 스위스, 로잔(Lausanne)에서 모였다.[44] 그들은 150개의 나라에서 왔다. 절반은 제3세계에 왔으며 많은 사람은 비서양 세계에 유럽 제국을 건설하게 된 지 4백 년 말엽에 식민지 지배하에서 1950대와 1960년대 경에 벗어나게 된 나라에서 온 사람들이었다.

참여자들은 성경의 맥락 내에서 보이는 것처럼 복음의 본질에 대해 함께 숙고하게 되었으며 현대 세계에서 그 결과로 일어난 기독교의 의무를 새롭게 이해하게 되었다.

---

[43] Peter L. Berger, *The Heretical Imperative: Contemporary Possibilities of Religious Affirmation* (New York, 1979), 1-31.

[44] 그 회의에서 나온 발표들이 J. D. Douglas (ed.), *Let the Earth Hear His Voice: The Compendium of the International Congress on World Evangelization, Lausanne, Switzerland* (Minneapolis, MN, 1975)에 있다. 로잔협약 자체에 대해 John Stott (ed.), *Making Christ Known: Historic Mission Documents from the Lausanne Movement, 1974-89* (Grand Rapids, MI, 1996), 1-55를 참조. 또한, C. Rene Padilla (ed.), *The New Face of Evangelicalism: An International Symposium on the Lausanne Covenant* (Downers Grove, IL, 1976)을 참조.

세계복음전도국제대회는 사실상 19세기 후반부에 주목받았고 그 당시에 가장 중요한 1910년 에든버러협의(Conference)의 전임자들이었던 국제선교사협의의 초기 전통을 계속 이어 가고 있었다. 에든버러협의에서 일어났던 것이 적절한 시기에 '세계교회협의회'(World Council of Churches)와 1961년에 연합한 국제선교사협의회 (International Missionary Council)가 되었다. 그런 다음 구조적 관점에서 그 입장의 연속성은 에든버러에서 WCC로 이어진다.

그러나 '신학적' 관점에서 그 입장은 에든버러에서 로잔으로 이어진다. 에든버러에서 제시되었던 복음주의적 충격이 1968년 웁살라(Uppsala)에서의 서양 선교에 대한 일시 정지(moratorium)를 요구했던 WCC에서보다는 로잔 대회의 상황에서 훨씬 더 쉽게 퍼졌다.

그 대회가 승인한 로잔협약은 전통 복음주의 신학을 재확언 했다. 로잔협약은 복음주의를 영감 된 권위적 성경 내에서 주어진 명령에 토대를 두었다. 그 협약은 사회를 인간화하는 대안적 개념보다는 그리스도를 통한 하나님의 용서 관점에서 복음을 정의했고 이 모든 것을 종말론적으로 구성했으며 이렇게 함으로써 세계사의 진보나 정치적 유토피아 운동에 대한 사유로부터 돌아섰다. 대신에 그 협약은 하나님만이 가져올 수 있었던 하나님의 나라 침투를 말했다.[45]

로잔 대회가 있었던 15년 후 1989에 3천 명 이상이 두 번째 대회를 위해 마닐라에서 모였다.[46] 그들은 그 당시 미국에서 집계한 것보다 더 많은 수였던 170개의 다른 나라에서 왔다. 이 두 대회는 전 세계의 복음주의자들 간의 연결을 구축하는 것을 도왔으며 다양한 성경 주제들에 대한 새로운 생각을 촉진했다.

1974년의 로잔 대회를 따르면서 더 작은 많은 국제 모임들은 다양한 주제를 탐구하려고 개최되었다. 여기에서는 그중에 몇 모임만 언급할 것이다. 예를 들어 1982년에 국제협의(consultation)가 복음주의와 사회적 책임 간의 관계에 관련해 미국 그랜드 래피즈(Grand Rapids)에서 개최되었다. 이것은 또한 미국의 역량(resources)에 의해 가속화된 실용적 미국 복음주의와 복음주의가 더 가난한 세계의 지역에서 실천될 수 있는 방식 간의 관계에 관한 협의이다.

---

[45] Peter Beyerhaus, "Evangelicals, Evangelism and Theology: A Missiological Assessment of the Lausanne Movement", *Evangelical Review of Theology*, 11: 2 (April, 1987), 169-74.
[46] 그 대회에서 나온 발표들이 J. D. Douglas (ed.), *Proclaim Christ Until He Comes: The Compendium of the Second International Congress on World Evangelization, Manila, Philippines* (Minneapolis, MN, 1990)에 있다.

어떤 미국인들은 새로운 사회 복음 운동이 태어날지 모른다는 두려움 때문에 복음주의와 사회적 책임을 실행하는 것을 연결하는 것에 실제로 저항했다. 제3세계에서 온 많은 사람은 질병과 굶주림 그리고 비(非)정의로 고통당하는 사람을 위한 동정의 부재로 복음이 손상되었기 때문에 그 연결이 구축되어야 한다고 주장했다. 발의된 진술은 이런 대립적 관점들을 다루고 해결하는 데 성공했다.[47]

두 개의 다른 협의는 기독교와 문화의 문제를 다루었다.

첫 번째 1978년에 베르무다에(Bermuda)서 개최되었으며

두 번째 협의는 1993년 스웨덴, 웁살사에서 개최되었다.[48] 두 번째 협의는 현대성이 진리, 권위, 신론, 인류학, 도덕성 그리고 종말론에 대한 생각에 미친 영향을 고찰했다.

전반적 평가에서 이 협의 중 두 번째 협의는 적어도 전통적 형식에서 기독교 신학의 전망에 관해 그 자체를 유지할 수 있으면서 약속되어 있었고, 현대적 맥락에서 21세기가 시작되었을 때 기독교 신앙을 위해 이제 다소 정당화된 것으로 여겨지는 하나의 약속(reserve)이 어디에서든지 그러나 현대화된 서양에서 성장하고 있다. 마지막으로 두 협의는 성령의 사역과 회개를 고찰하려고 개최되었다.

첫 번째는 1985년에 노르웨이 오슬로(Oslo, Norway)에서 개최되었으며 두 번째는 1988에 홍콩에서 개최되었다. 이 협의들은 로잔 대회와 세계복음주의협의회(World Evangelical Fellowship)에 의해 연합적으로 지지를 받았다. 그 참여자들이 다른 많은 나라와 다른 문화적 상황에서 왔을지라도 기독교인의 회개 관한 독특한 것과 이것을 일으키는데 성령이 수행하는 역할과 기독교와 타종교 간의 접촉점을 이해하는 것과 같은 다양한 문제들에 대해 실질적 합의에 도달했다.[49]

지난 반세기를 되돌아볼 때 그 기간에 복음주의 신앙에서의 이런 놀라운 성장이 발생했으며 이 기간에 그 성장이 새로운 성숙에 이르렀으며 한 가지 사실이 다른 모

---

47 이 기록은 Stott, *Making Christ Known*, 165-213에서 발견될 수 있다.
48 이 협의는 *The Willowbank Report* (Stott, Making Christ Know, 73-113을 참조)를 발행했다. 그 협의에서 나온 논물들은 나중에 John Stott와 Robert Coote (eds.), *Down to Earth: Studies in Christianity and Culture* (London, 1981)로 출판되었다. 웁살라에서 나온 논문들은 Philip Sampson, Vinay Samuel과 Chris Sugden (eds.), *Faith and Modernity* (Oxford, 1994)로 출판되었다.
49 이 두 가지 협의의 결과는 나중에 출판되었다. David F. Wells, *God the Evangelist: How the Holy Spirit Works to Bring Men and Women to Faith* (Grand Rapids, MI, 1987); David F. Wells, *Turning to God: Biblical Conversion in the Modern World* (Grand Rapids, MI, 1989)를 참조.

든 것보다 눈에 띄는 것처럼 보인다. 그것은 복음주의 신앙이 성장해 왔으며 그것의 정체성을 보존했다는 것인데, 왜냐하면, 복음주의 신앙이 그 형태를 교리로 만들려고 노력했으며 그것의 실체가 성경적으로 되도록 노력했기 때문이다.

어떻게 복음주의자들이 장소와 문화와 인종의 분리를 넘어서 매우 결실 있게 함께 작업할 수 있었는지를 설명할 수 있었던 것은 다름 아닌 이런 사실 때문이다. 만일 복음주의자들이 미래에 흔들린다면 그들이 이런 과정에 머무를 수 없었기 때문에 이 흔들림은 거의 분명할 것이다.

복음주의 신학의 정체성은 여러 가지 방식들로 위험에 처할 수 있지만, 위험에 처할 수 있는 방식 중에 주된 것은 비록 포스트모던 정신(ethos)이나 서양 밖에서 성장해 왔던 이해의 패턴들일지라도 문화 속에 널리 퍼져 있는 것과는 매우 다른 세계관을 유지하는 것을 수행하는 어려움이다.

그런 이유로 서양에서 성경적 세계관에 머무는 사람들은 소수 집단의 신분이 가져오는 동반된 모든 고통을 지닌 인지적 소수 집단(cognitive minority)의 사람들이다.

그러나 이런 경우에 이런 신분은 전적으로 자발적이기 때문에 이 신분을 양보하려는 유혹들이 상당하다. 비록 성경적 세계관이 학계와 더욱 폭넓은 사회 속에 있을 지라도 그 세계관을 지키는 것은 복음주의 신학이 직면한 가장 큰 과제이며 이것을 실천하는 일터에서 이 세계관은 자신의 가장 큰 취약성을 만날 것이다.

참고 문헌

Bebbington, David. *Evangelicalism in Modern Britain: A History from the 1730s to the 1980s.* Grand Rapids, MI, 1992.
Bloesch, Bonald. *The Evangelical Renaissance.* Grand Rapids, MI, 1973.
Blumhofer, Edith L와 Carpenter, Joel. *Twentieth-Century Evangelicalism: A Guide to the Sources.* New York, 1990.
Johnston, Robert K. (ed.). *The Use of the Bible in Theology: Evangelical Options.* Atlanta, GA, 1985.
Ramm, Bernard. *The Evangelical Heritage: A Study in Historical Theology.* Grand Rapids, MI, 1973.
Yates, Timothy. *Christian Mission in the Twentieth Century.* Cambridge, 1994.

제7부
종파 간 신학

제36장 종교 신학
가빈 드코스타(Gavin D'Costa)

제37장 유대주의와 기독교 신학
피터 옥스(Peter Ochs)

제38장 이슬람과 기독교 신학
아타울라 싯디쿠이(Ataullah Siddiqui)

제39장 불교와 기독교 신학
폴 O. 잉그램(Paul O. Ingram)

제7부
종파 간 신학

    기독교 신학은 암묵적으로나 명시적으로 비기독교 종파와의 관계없이 착수되지 않는다. 가빈 드코스타(Gavin D'Costa)가 제36장에서 쓰는 것처럼 종교가 다원화된 세계에서의 실존은 항상 기독교 신학자들이 다루어 와야만 했던 현실 일부였고 신학적 대화들이 종파 내에서와 그 종파에 대해서 뿐만 아니라 "종파 간에" 생겨난다.

    20세기는 드코스타가 개관한 바와 같이 기독교와 비기독교 종파 간의 관계를 이해하기 위한 다양한 전형들의 발전을 보았다. 드코스타는 또한 그 자신의 영향력 있는 유형론, 즉 배타주의와 포괄주의 그리고 다원주의를 제시하면서 21세기에 그것을 뛰어넘는 방법을 제안한다. 그는 아울러 "기독교 밖의"(extra-Christian)신학적이고 종교적 조우들의 특수성에 대한 새로운 관심과 함께 종교 신학에 대한 강도 높은 "기독교 내부의"(intra-Christian) 작품을 요구한다.

    제7부의 다른 세 장은 기독교 신학과 세 가지 주요 세계적 종파들과의 관계에 집중함으로써 후자의 실례들을 제공한다("기독교 밖의" 종교적 조우에 관한 관심을 보여 주는 더 많은 예가 제5부의 28, 29, 제30장에서 발견될 수 있다). 피터 옥스(Peter Ochs)가 보여 주는 바와 같이 유대교와 유대-기독교의 관계에 대한 기독교의 신학적 숙고는 20세기 후반 세기에 빠르게 발전했고 다양한 많은 방향으로 계속해서 발전한다.

    옥스는 탈자유주의 신학들(postliberal theologies) 안에서 유대교의 새롭고 적극적이며, 기독교적 신학들의 기초가 될 수 있는 "성경으로의 비대체주의적 회귀"(non-supersessionist return to scripture)를 본다. 비교해 보면 21세기 초에 그 중요성이 명백해졌을지라도 기독교 신학과 이슬람의 관계는 비교적 미개발된 상태이다. 아타울라 시딧퀴(Ataullah Siddiqui)는 이슬람에 대한 기독교의 이해와 오해를 추적하는데, 신 이해와 마호메트의 선지자 직(職), 성경의 해석을 둘러싼 심오한 쟁점들을 갖고 아직은 전적으로 교전하고 있지 않지만, 대화를 위한 출발점을 한스 큉(Hans Küng)과 같은 신학자들의 작품 안에서 찾고 있다.

    폴 O. 잉그램(Paul Ingram)이 불교와 기독교 신학을 다룬 장은 여러 차원—개념적이고 사회적으로 연루되고 "내부적인"—에서 국제적이고 간 문화적이고 학제 간의 다양한 대화를 기록한다. 잉그램은 종교 간의 대화에 대한 정치적이고 사회정치적 의도들과 합의들에 특별한 주의를 끈다.

제36장

종교 신학

가빈 드코스타(Gavin D' Costa)

1. 서론

기독교는 종교 다원적 세계에서 태동해 지금까지 일관되게 하나의 종교로 존속해 왔다. 사회 안에서 그 자신의 사회 경제적 정치적 입장뿐만 아니라 지구 구석구석까지 가서 복음을 전파하라는 명령은 타종교와의 복잡한 관계와 반응을 초래했다.[1] 현대에, 특별히 서양에서 기독교는 그 자신의 독자적 본성에 대해 확신할 수 없는 상황에 부닥쳐 있으며 다양한 제국주의적 착취에서 기독교가 지니는 함의를 깊이 의식하고 있다.

현대 세계에서 살아가고 있는 그리스도인들은 타종교의 존재를 무시할 수 없다. 범세계적 통신, 광범위한 교통, 이주, 식민주의 그리고 국제 무역은 모두 파괴적이면서도 창조적 방식으로 여러 종교를 서로 더 가까이 만나게 한 요소들이다.

이 통계에 대한 해석만큼이나 통계의 신뢰성이 문제 되기는 하지만, 몇 가지 통계를 잠깐 살펴보는 것이 도움이 될 것이다. 예컨대, 1491년과 1991년의 차이점을 비교해 보라. 1491년에는 대략 세계 인구의 19%가 그리스도인이었고 비기독교 세계의 2%만이 기독교와 접촉을 하고 있었으며, 79%는 기독교의 존재를 새까맣게 모르고 있었다.

전 그리스도인의 약 93%가 유럽에 사는 백인들이었다. 이 수치를 세계 인구의 33%가 그리스도인이고 비기독교 세계의 44%가 기독교에 대해 알고 있으며, 23%만이 그리스도인들, 복음과 아무런 접촉도 없는 1991년과 비교해 보라.

기독교의 인종적 구성 역시 근본적으로 변화를 일으켜 가장 큰 규모의 기독교 사회는 이제 라틴 아메리카에서 찾아볼 수 있으며, 유럽이 그다음이고 아프리카가 세 번째(그러나 유럽보다 훨씬 더 빠른 성장을 보인다)이며, 그 뒤를 북아메리카와 남아시아가 따르고 있는 형편이다.

---

1 F. Sullivan, *Salvation Outside the Church?* (London, 1992)을 보라.

더 폭넓은 이해를 얻으려면 세계 종교의 수치상의 판도와 관련된 1991년의 통계를 간략하게 개관하는 것이 도움이 될 것이다. 그리스도인들(대략 10억)의 뒤를 이어 이슬람교도가 가장 큰 종교 집단(9억 6천 2백만)을 이루고 있고, 그다음이 힌두교(7억 2천 1백만) 그리고 불교도가 힌두교의 절반에 약간 못 미치는 숫자(3억 2천 7백만)를 형성하고 있다.

분류하기가 어렵기로 소문난 신흥 종교들은 약 1억 1천 9백만을 헤아리고 있으며, 딱히 분류하기가 어려운 형태의 부족 종교들이 대략 9천 9백만을 이루어 그 뒤를 따르고 있다. 끝으로 서양인들의 의식 속에서 훨씬 더 널리 알려진 종교들인데, 시크교도가 거의 1천 9백만에 달하고 유대교인들이 거의 1천 8백만에 달하고 있다.[2]

그리스도인들은 타종교의 존재를 무시할 수 없다. 더욱이, 그들의 존재에 대한 의식과 함께 수많은 신학적, 철학적, 방법론적, 실제적 문제들이 제기된다.

예컨대, 불교의 명상 단체들에 교회의 회관을 사용하도록 허용해야 할까?

종교교육은 어떻게 가르쳐져야 하는가?

어떤 종류의 사회정치적 협력이나 대립이 다른 신앙을 가진 사람들에게 적합한 것일까?

아울러 현안이 되는 근본적 신학적 문제들 또한 존재한다. 만약 구원이 그리스도/기독교 밖에서 가능하다면, 그리스도의 유일무이성과 교회의 보편적 선교는 의문의 대상이 되는 것일까?

또는 구원이 그리스도/기독교 밖에서 가능하지 않다면, 사랑의 하나님이 왕왕 그들 자신의 잘못이 아닌 일로 인류의 대다수를 멸망에 붙이시고자 한다는 사실이 믿을 수 있을 만한 것일까?

그리스도인들은 다른 신앙으로부터 배울 수 있을까?

그들은 이 만남으로부터 희석되거나 오염되는 것이 아니라 더 풍요로워질 수 있을까?

분명, 타종교들 역시 종교 다원주의적 관점에서 자문을 경험하고 있지만, 그러나 그것은 또 다른 문제인 것이다.[3]

---

2 D. Barrett, "The Status of the Christian World Mission in the 1990s", in G. Anderson, *Mission in the Nineteen Nineties* (Grand Rapids, MI, 1991), 72–3.

3 예를 들어 Griffiths (ed.), *Christianity Through Non-Christian Eyes* (New York, 1991); H. Coward, *Pluralism: Challenge to World Religions* (New York, 1985)을 보라.

세계 종교들에 대해 여러 가지 다른 기독교적 대응이 존재해 왔다. 범위를 현대로 제한하는 것이 얼마간 일을 쉽게 해 줄 것이다. 어떠한 범주군도 이 주제의 복잡성을 분석하고 다루는 데 적합하지 않지만, 다만 새로운 발견을 꾀한다는 취지에서 타종교들에 대한 신학적 응답의 세 가지 유형을 분류하는 것이 도움이 될 것이다.

물론 같은 '진영'에 속한 신학자들 간에는 상당한 차이점이 존재하며 다양한 접근 방법 간에는 중첩되는 수많은 특징이 존재한다.

필자는 이런 접근 방법들을 다음과 같이 칭하고자 한다.

다원주의: 모든 종교는 하나의 신적 실재에 이르는 동등하고 타당한 경로이며 그리스도는 동등하게 중요한 수많은 계시 가운데 하나의 계시가 된다.

배타주의: 오직 선포된 복음을 듣고 그리스도에 대한 신앙을 명시적으로 고백하는 사람들만이 구원을 받는다.

포괄주의: 그리스도가 하나님에 대한 규범적 계시가 되며, 비록 구원은 명백한 기독교 교회의 외부에도 존재하지만, 이 구원은 언제나 그리스도로부터 말미암는다.

다양한 전제들이 종종 기독론과 신론과 교회론과 인간론의 주변을 선회하면서, 각각의 접근법을 뒷받침한다.

2. 개요

1) 다원주의

다원주의는 기독교 내에서 거의 전적으로 최근에 나타난 현상이며, 이런 유의 접근은 종종 '자유주의적 기독교'라 일컬어지는 것 안에 많은 지지자를 보유하고 있다. 다원주의는 비록 영미계 단체들 내에서 두드러지게 나타났지만, 이런 입장을 지지하는 신학자들의 수는 아시아에서도 증가추세에 있다.

그러나 신학자들이 이런 결과에 도달하는 방식은 매우 다양할 뿐 아니라 때때로 모순되기도 한다.

어떤 이들은 모든 종교가 왕왕 세계 종교의 신비주의적 전통 내에서 역사적으로 확인될 수 있는 공동의 핵이나 본질을 지니고 있다고 주장한다.[4] 신비주의에 대한 이런 강조는 다른 종교들 내에 신봉자들을 보유하고 있는 '영원의 철학'(perennial philosophy)으로 표현되는 것에 의해도 공유되고 있다.

여기서 종교들에 대한 고지식한 역사적 비교가, 그들 자신의 전통이 지닌 신비적 깊이를 꿰뚫어 봄으로써 신과 영혼의 비이원성, 곧 모든 언명을 초월하는 하나의 통일성을 발견한 '비교적'(esoteric) 신자들 가운데 발견되는 이 공동의 본질을 보여주지는 않을 것이라는 주장이 제기된다.

'통속적인' 신자들은 그들의 상징과 신조를 절대화하고 다양한 종교의 초월적 통일성을 꿰뚫어 보지 못하는 것이다. 이에 따라, 통속적 신자들은 그리스도와/나 교회가 구원의 유일한 길이라고 주장한다.[5]

다른 형태의 다원주의는 역사적 상대성의 고찰로부터 시작한다. 여기서 모든 전통은 균등하게 제한되고 상대적 다른 구원의 길들에 대해 우월성을 주장할 수 없다고 주장된다.[6] 다른 이들은 모든 종교가 중요하고 본질적 역사적 차이점을 지니고 있으며 공동의 본질에 대한 견해는 그 전통의 한 측면만을 강조함으로써 각각 특정한 전통이 지닌 전일성을 절충할 위험이 있다고 주장한다.

종교의 진정한 통일성은 교리나 간 종교적 체험, 비교적(esoteric) 교리 속에서가 아니라 구원이나 해방에 대한 공동의 체험 속에서 발견되는 것이다.[7] 이 후자는 스위스 로마 가톨릭 신학자인 한스 큉에 의해 그리고 전자는 해방 신학에 영향을 받은 신학자들에 의해 발전되었다. 분명 이런 정치적 관점 안에서 우리는 특히 세계 종교들 내에서 여성들의 해방 문제에 중점을 두는 페미니스트 종교 신학에 대한 유사한 역할을 찾아볼 수 있다.[8]

---

[4] W. James, *The Varieties of Religious Experience* (London, 1902).

[5] A. Huxley, *The Perennial Philosophy* (New York, 1945); H. Smith, *Essays on World Religions*, ed. D. Bryant (New York, 1992); and S. H. Nasr, *Knowledge and the Sacred* (New York, 1981).

[6] E. Troeltsch, *The Absoluteness of Christianity and the History of Religions* (London, 1972).

[7] 먼저 Knitter, *One Earth Many Religions* (New York, 1995) and *Jesus and the Other Names* (New York, 1996)을 보라. 그 다음으로 H. Kung, *A Global Ethic for Global Politics and Economics* (London, 1997) (which is in some sense a return to the Kantian position on ethics in religions)과 A. Pieris, *An Asian Theology of Liberation* (New York, 1988)을 보라.

[8] M. O'Neill, *Women Speaking, Women Listening* (New York, 1990); R. Ruether", Feminism and Jewish-hristian Dialogue", in J. Hick and Knitter (eds.), *The Myth of Christian Uniqueness* (New York, 1987), pp. 137-48; Cooey, W. Eakin, and J. McDaniel (eds.), *After Patriarchy: Feminist Transformations of the World Religions* (New York, 1993).

영국의 종교철학자인 존 힉(John Hick)과 같은 사람들은 주로 전통적 서양 철학과의 대화를 통해 자신의 견해를 개진해 왔다. 위의 접근법들 가운데 나타난 강조점들을 결합하고 있는 힉의 입장을 자세히 살펴보는 것이 도움이 될 것이다.

2) 존 힉(John Hick)의 다원주의

처음에 힉은 배타주의자들이 주장하는 유일하신 그리스도(solus Christus)라는 가정(구원은 오직 그리스도로 말미암는다는)이 모든 사람을 구원하기를 원하시는 하나님에 대한 기독교의 가르침과 모순된다고 주장했다. 신약성경 시대 이전과 이후에 자신의 잘못이 아님에도 불구하고 그리스도에 대해 절대 들어본 적이 없는 수백만의 사람들, 곧 어쩔 수 없는 무지자들(the invincibly ignorant)이 존재한다. 그러므로 하나님이 "오직 소수의 사람만이 사실상 이 구원을 받게 되는 방식으로 인간이 구원을 받아야만 하도록 예정하셨을 것"[9]이라고 생각하는 것은 비기독교적인 것이다.

힉은 모든 종교가 그것을 향해 움직이는 그리고 그 종교들의 그들이 가진 구원의 효력을 얻는 대상은 기독교나 그리스도가 아니라 하나님이라고 주장했다. 그리해 힉은 기독교 역사를 지배해 왔던 그리스도 중심적이거나 교회 중심적 입장에서 벗어나 신 중심적인(theo-centric) 혁명을 제안한 것이다.

그러나 그렇다면 그리스도는 어떻게 되는가?

힉은 성육신 교리가 신화적으로 이해되어야 한다고 주장했다. 즉 이 교리는 이 특정한 장소와 특정한 사람에게서, 곧 나중에 예수 그리스도라는 "신-인"으로 일컬어지는 존재 안에서 하나님이 유일무이하고 확고하게 자신을 드러내기로 선택하셨다는 존재론적 주장이 아니라, 그리스도인들의 경건과 헌신의 표현으로 이해되어야 하는 것이다.[10]

힉은 유일하신 그리스도의 원리에 대해 모든 것을 사랑하는(all-loving) 하나님의 원리를 강조했다. 힉의 입장에서 한 가지 중요한 추후의 발전은 그의 신학적 혁명이 여전히 신 중심적이고 그럼으로써 비유신론적 종교들을 배제한다는 비판에 대한 응답 속에서 비롯됐다. 일반적으로 다원주의적 입장은 자신의 주장을 진지한 고려의 대상이 될 수 있도록 하기 위해서는 이와 같은 문제들을 해명해야만 한다.

---

9   J. Hick, *God and the Universe of Faiths* (London, 1977), 122.
10 J. Hick, *God and the Universe of Faiths*, 165-79.

힉은 그가 '영원한 존재'라고 부르는, "그것에 대한 인간의 지각과 무관히 그것의 외부에 존재하는" 신적 실체적 실재와 사실상 영원한 존재에 대한 인간의 다양한 응답과 다름없는, "우리 인간의 의식에 드러나는 바와 같은 세계인" 현상계 간의 칸트적 형태의 구분을 제시했다.[11] 이런 답변들은 그리해 유신론적 동시에 무신론적인 것으로 간주한다(예컨대 하나님이나 알라 그리고 열반이나 초월적 브라만). 이런 방식으로 힉은 모든 근원적 유신론적 본질주의를 극복하고자 한다.

위의 논의들은, 종합적으로 볼 때 그리스도인들이 기독교에 대해 특별한 주장을 하지 않으면서 종교의 역사를 영원한 실재의(하나님의) 행위의 역사로 의미 있게 바라볼 수 있다는 암시를 주고 있다. 타종교에 대한 기독교의 태도는 회심에 대한 바람이나 우위성에 관한 주장에 의해가 아니라, 배우고 진리를 향해 함께 성장해 가려는 의지로 규정되어야 한다. 선교는 종교 서로 간이 아니라 세속적 세계에 대해 제 종교들에 의해 공동으로 수행되어야 한다. 힉은 배타주의와 포괄주의가 종교 간 대화를 위해 그 같은 결실 있는 조건들을 제공할 수 없다는 견해를 피력한다.

종교 다원주의에 대한 힉의 철학적 접근은 폴 니터(Paul Knitter)나 아시아의 로마 가톨릭 신학자인 알로이시우스 피어리스(Aloisius Pieris)와 같이 해방 신학에 깊은 영향을 받은 사람들이 채택하고 있는 대단히 실용적 접근과 대조될 수 있을 것이다. 피어리스는 종교가 지니는 해방의 힘을 진진성의 유일한 기준으로 강조함으로써 이 논쟁을 미혹하고 있는 신 중심적, 그리스도 중심적 그리고 교회 중심적 문제의 극복을 역설한다.

이런 관점에서 그는 불교의 금욕생활(강요되지 않은 자발적 가난과 함께)과 신비적 직관을 통한 고통의 중지에 대한 묵념이 "열반의 자유에 이르는 길에 따라 여기 이 땅 위에 있는 인간 실존의 심리-사회적 재구성이라는 적극적이고 실천적 기획에의 참여"를 가능하게 한다고 보고 있다.[12] 이에 따라 종교들은 이 공동의 대의를 위해 함께 일해야 하며 이에 피어리스는 서양 제국주의의 여러 형태와 다름없는 기독교의 유일무이성, 교회의 성취 신학에 관한 주장들을 포기하고 있다.[13]

종교 신학에 대한 다원주의적 접근은 여러 가지 이유로 매력적이다. 전쟁과 부정, 거만함(arrogance)과 제국주의, 강한 자만심(self-importance)과 과시(pomp)의 원인이 되는 종교에 질려버린 사람들에게, 이런 접근법은 하나의 대안을 제시한다.

---

11 J. Hick, *An Interpretation of Religion* (Basingstoke, 1988), 233-52.
12 A. Pieris, "Black Flags for the Pope", cited by R. Cruz, *The Tablet*, January 14, 1995, 36-7.
13 Pieris, *Asian Theology*, 35-40, 47, 60.

다원주의 역시 서구 사회의 계속 그 수가 증가하는 세속화된 무 교회적이거나 "종교적인" 불가지론자들을 유혹한다.

게다가 그 철학적 배경이 양자택일(either/or)의 명료함, 즉 신적 신비가 가진 모든 특징에 대한 무정한 존재론적 엄밀함에서 떼어놓음의 중요성을 제안하는 자들에게, 다원주의는 역사적으로 오래된 막다른 골목에서 벗어나는 지적 방법이다.

3) 배타주의

몇몇 사람은 문화와 문명의 침범이 때때로 배타주의적 선교 신학으로 무장한 기독교의 이름으로 정당화되곤 했다고 주장한다.[14] 더욱이 인종차별주의와 식민주의적 제국주의는 왕왕 기독교 선교와 거의 동일시되고 있다. 복잡하고 모호한 것이긴 하지만, 이 곡절 어린 역사를 부인할 수는 없다.

이에 우리는 많은 선교사역이 사실상 제국의 건설과 제휴해 추진된 것이 아니며, 실제로는 그것에 저항했었다는 설득력 있는 논증들에 주목해야만 할 것이다.[15] 다른 사람들은 '번역'이라는 문제의 측면에서 선교사들에 의해 이루어진 풍부한 문화적 공헌들을 변호하고 선교사역과 관련해 '서양의 복합적 범죄 행위'를 비판했다.[16]

필자는 다양한 신학적 태도들이 현실과 밀접하게 연관된 방식들을 보여 주기 위해 이런 문제들을 강조해 왔다. 그런데도 배타주의의 저변에 놓인 심각한 문제들이 존재한다. 어떠한 주요 조직 신학자도 엄격한 배타주의를 주장하지 않는바, 이에 필자는 이 단락에서 구체적으로 거명된 신학자를 세밀하게 주목해 보지 않으면서 하나의 입장을 개관할 것이다. 배타주의적 입장(루터교, 칼빈주의 진영에서 가장 흔하게 찾아볼 수 있는)은 근본적으로 두 가지 핵심적 통찰을 단언하고자 한다.

첫째, 하나님이 세상에 구원을 가져다주기 위해 자기 아들인 예수 그리스도를 보냈고 또 이 구원이 하나님에게서 철저히 멀어진 모든 인간에게 심판이자 자비가 된다는 것이다. 그리해 구원은 그리스도에 대한, 오직 이 한 사람-**유일하신 그리스도**(solus Christus)에 대한 신앙으로부터 말미암는 것이 된다. 이 점에서 수많은 포괄주의자 역시 이런 단언을 공유하고 있다.

---

14 J. Morris, *Heaven's Command: An Imperial Progress* (London, 1973).
15 B. Stanley, *The Bible and the Flag* (Leicester, 1990).
16 L. Sanneh, *Encountering the West* (London, 1993); "Christian Mission and the Western Guilt Complex", *Christian Century*, April 8, 1987, 330–4, respectively.

둘째, 그리스도로 말미암아 얻은 이 구원은 회개와 세례와 그리스도 안에 있는 새로운 생명의 수용을 요구하는 선포된 복음을 들음으로써 말미암는 그리스도에 대한 명시적 신앙(fides ex auditu)을 통해서만 가능한 것이 된다. 뒤에서 보게 되겠지만, 포괄주의자들이 배타주의자들과 부분적으로 견해를 달리하는 것은 이 두 번째 공리의 맥락에서다.

첫 번째 원리와 관련해 대부분 배타주의는 인간의 본성을 타락하고 죄악 된 것으로 간주한다. 이에 따라 인간은 우상숭배만을 할 수 있을 따름인 바, 그것은 하나님께 이르려는 인간의 모든 시도가 바로 그러한 것이기 때문이다. 인간은 살아 계신 하나님을 포획하려 하는 것이다. 이것은 위대한 스위스 개혁파 신학자인 칼 바르트의 입장이었다.[17] (필자가 바르트를 인용하고 있긴 하지만 바르트는 배타주의자요 포괄주의자인 동시에 보편주의자인 까닭에 이런 범주들을 무색하게 만들고 있다!)

이에 대해선 다음에 더 이야기하자. 여기에 모든 우상숭배 행위에 대한 하나님의 심판이 놓여있거니와 모든 인간의 행위는 궁극적으로(미묘하게나 미묘하지 않게나) 그들 자신이 만든 하나님을 창조하는 가운데 하나님의 권능을 찬탈하는 것이기 때문이다.

어떤 종교가 아무리 영감을 불러일으키고 지적이며 또 인간적이라 하더라도 그러한 종교들은 밖으로 또 위로 뻗어 나가려는 시도를 통해 그들 자신의 상황을 조성하고 있는 타락한 인간의 소상 그 이상이 절대 아니다. 그들은 하나님이 그리스도의 인격 속에서 인류를 향해 아래로 또 안으로 다가오셨던 길에 대해선 맹목이다. 사실상 죄성의 범위는 인간이 근본적으로 타락해 있는 그들 자신의 상황을 진정으로 깨닫지 못할 정도의 것이며, 죄가 가장 분명하고 완전하게 그 본연의 모습—교만과 오만(hubris)—그대로 나타나 보이는 것은 그리스도에 비추어 봄으로써만 가능한 것이다.[18]

인류가 처한 곤경을 고려할 때 이런 신학 유형의 논리는 구원이 전적으로 은혜의 선물이며, 전적으로 우리에게 과분한 것임을 불가피한 사실이 되게 한다. 배타주의자들은 하나님 역사의 특수성에 분개하는 것이 아니라(다원주의자들처럼), 하나님의 선물을 경외하고 감사해야 한다.

---

17 K. Barth, *Church Dogmatics* (Edinburgh, 1970), Vol. 1.2, 17. 또한, 이 책의 제1장을 보라.
18 K. Barth, *Church Dogmatics* (Edinburgh, 1956), Vol. 4.1, 60.

그의 자비와 구원은 우리가 공로로 얻은 어떤 것이 아니며, 이 선물의 특수성은 그런데도 의미와 제공에 있어 보편적이며, 그리해 배타주의자들은 여기에 의문을 제기하는 것이 아니라 다만 겸손하게 이 진리를 선포할 수 있을 따름이다. 이에 따라 선교와 복음의 전도가 대화보다 더 적절한 것이다.

교리상으로 오직 믿음으로(sola fide)와 들음에서 나는 신앙(fides ex auditu)의 원리는 지상의 것인바, 그 이유는 그 이외의 다른 것들이 성육신과 구속과 그의 피조물을 향한 하나님의 구원행위를 손상하기 때문이다.[19] 어떠한 배타주의자도 비그리스도인들이 불행하기를 바라거나 그들이 멸망 당하는 것을 바라지 않을 것이다.

오히려 그들은 의심할 바 없이 비기독교 종교들 속에서 발생하는 구원의 가능성에 대한 부적절한 사변에 시간과 노력을 들이는 것보다 전 세계의 복음화의 긴급함과 필요성을 강조하고자 할 것이다. 그러나 어떤 사람들은 1960년 시카고에서 열린 세계 선교 회의의 선언문에서 볼 수 있는 것처럼 이런 접근의 명백한 결과들을 대담하게 진술하는 데 힘을 쏟고 있다.

> 전쟁이 끝난 후 여러 해 동안, 10억이 넘는 영혼이 영면했고 이 가운데 절반이 넘는 사람들이 예수 그리스도에 대해, 그분이 누구신지 혹은 그분이 왜 갈보리의 십자가 위에서 돌아가셨는지에 대해 절대 들어보지도 못하고 지옥 불의 고통에 떨어졌다.[20]

또 다른 사람들은 다양한 이유에서 비그리스도인들의 소산과 운명에 대해 추측하는 것을 거부하고 있다는 것도 이야기돼야 한다. 첫째로 해야 할 일은 우리가 비그리스도인들의 운명을 알 수 없으며, 우리는 다만 하나님의 자비와 정의를 신뢰해야만 한다고 제안하는 것이다.[21] 이에 따라 이런 배타주의자들은 비록 그것이 어떻게 일어날 수 있는가에 대해선 더 이상 생각하기를 거부하기는 하지만, 구원이 어쩔 수 없는 무지자들에게 제공될 수 있음을 기꺼이 인정한다.

---

19 H. Lindsell, *A Christian Philosophy of Religion* (Wheaton, PA, 1987); D. Strange, *The Possibility of Salvation Among the Unevangelised* (Carlisle, 2002); D. Carson, *The Gagging of God* (Leicester, 1996).
20 J. Percy (ed.), *Facing the Unfinished Task* (Grand Rapids, MI, 1961), 9.
21 L. Newbigin, "The Basis, Purpose, and Manner of Inter-Faith Dialogue", in R. Rousseau (ed.), *Interreligious Dialogue* (Montrose, 1981).

다른 한편으로 그리스도인 된다는 것은 문화-언어학적 실재 속에 포함되는 과정임을 강조하는 조지 린드벡은 만약 기독교가 하나의 학습된 삶의 형태라면 "교회 밖에는—아무런 구원이 없는 것과 마찬가지로—아무런 저주도 없다. 달리 말하자면 사람은 그가 고의로 그것을 거부하고 그럼으로써 멸망을 할 만할 만큼 그 메시지에 관해 충분히 알 수 있기 이전에 신앙의 언어를 배워야만 한다"는[22] 결론이 따라 나온다고 주장한다.

린드벡(이것은 제유형론을 무색하게 했던 바르트에 대한 앞서 언급을 떠올리거니와)은 신학적 근거를 바탕으로 사실상 모든 이들의 구원에 대한 희망을 제시하면서 비그리스도인들에 대한 책임을 위해 그리스도와의 사후 대면(이로써 들음에서 필자는 신앙의 원리를 충족시키는)을 제안하고 있다.[23]

로마 가톨릭교도로서 린드벡의 제자인 조지프 디 노이아(Joseph Di Noia)는 연옥에 관한 교리(그리스도인들이 겪는 정화의 과정)를 이미 그들의 삶 속에서 하나님께 긍정적으로 응수했던 비그리스도인들이 삼위일체적 지복직관에 대한 기대 속에서 정화를 받는 방편으로 채택함으로써 이런 가능성을 가일층 상세화했다.[24]

세 번째이자 다소 획기적인(혹자는 이교적이라고 말할 수도 있겠지만) 전략은 어쩔 수 없는 무지자 문제를 해결하기 위해 그들이 "마땅하게" 죽기 전에 최소한 한 번쯤은 복음을 들을 기회를 가질 수 있도록 환생을 상정하는 것이었다.[25]

이로써 이 후자 형태의 배타주의와 포괄주의의 몇몇 형태 사이에 있는 경계선이 희미하고 어렴풋하다는 사실이 분명해진다.

배타주의는 종종 기독교 담론과 실천을 통해 생성된 존재론적이고 인식론적 주장들에 엄밀하게 관심을 표명한 자들을 매혹해 왔다. 그래서 그들은 그 주장들이 세속적 근대성이든 자유주의적 유대교든 힌두교든 비기독교적 담론에나 알맞은 그런 주장들을 [그들이 그것을 보는 바와 같이] "단념하기"를 거부했다.

불확실성과 변화가 많은 사람을 당혹케 하는 시대에 그것은 또한 기독교를 현대에 맞선 보루로 간주하고 싶은 사람들을 매혹했다.

---

22 G. Lindbeck, *The Nature of Doctrine: Religion and Theology in a Postliberal Age* (Philadelphia, PA, 1984), 59.
23 G. Lindbeck, *The Church in a Postliberal Age*, ed. J. Buckley (London, 2002), 제6장과 제14장.
24 J. DiNoia, *The Diversity of Religions: A Christian Perspective* (Washington, DC, 1992).
25 O. Jathanna, *The Decisiveness of the Christ Event and the Universality of Christianity in a World of Religious Plurality* (Berne, 1981).

4) 포괄주의

은혜가 가시적 교회의 범위 밖에서도 작용한다고 인정돼왔다는 점에 있어서 포괄주의는 기독교 전통 내에 하나의 계보를 지니고 있다. 수많은 로마 가톨릭교도와 정교회 신자 그리고 개신교인들은 다양한 차이점을 수반한 채 이런 접근을 공유하고 있다. 주된 차이점은 비기독교 종교들이 구원을 베푸는 구조(salvific structures)를 지니고 있다고 이야기될 수 있는지, 아울러 궁극적으로 한 사람이 그리스도에 대한 신앙의 명시적 고백과는 별도로 구원에 이를 수 있는지에 관한 물음을 중심으로 선회하고 있다.[26]

두 번째 사항과 관련해 포괄주의자들과 배타주의자들 사이에 매우 불분명한 경계선이 존재한다. 포괄주의자들은 비그리스도인들이 은혜에 응답하는 장소와 시간이 어디이고 또 언제이든지 간에 이 은혜는 삼위이신 하나님의 은혜라는 주권 논점에 관해 의기투합하곤 한다. 이 점에서 포괄주의는 왕왕 복음의 준비(preparatio evangelica)라는 고대의 전통에 기반을 두고 있는 성취의 신학과 연계됐다.

5) 칼 라너(Karl Rahner)의 포괄주의

독일 예수회 수사인 칼 라너는 아마도 20세기의 가장 영향력 있는 포괄주의 신학자일 것이다. 그가 가톨릭 교리로부터 자신의 견해를 개진하고 있기는 하지만 라너의 신학적 인간학은 그의 포괄주의의 대명사가 되고 있다.

라너는 유한한(범주적) 인식의 전제 조건이 하나님—무한한 존재—에 대한 주제화되지 않은 전반성적(prereflective) 의식인 존재에 대한 무제약적 개방성(선취)이라고 주장한다. 존재에 대한 우리의 초월적 개방성은 우리의 실존의 중심에 놓여있는 은혜가 감추어져 있음과 주제화되기 이전의 현존을 이루고 있다. 그러므로 인간은 역사 안에서 이 감추어져 있는 은혜의 범주적 폭로를 찾고 있다.

하나님에 대한 예수의 절대적 자기 양도, 그의 삶과 죽음과 부활을 통한 예수의 절대적 '긍정'(Yes) 속에서 예수는 은혜의 정점이자 최상의 중재자로 정립된다. 그러므로 기독교의 계시는 사람들이 예컨대 은혜의 능력을 통해 신뢰 어린 사랑과 자기 희생에 혹은 희망과 자비의 행위에 이르게 될 때 존재의 깊이 속에서 암암리에

---

[26] 다른 교파들의 반응에 관련해 포괄주의에 대한 옹호와 그 발전을 알려면, 벨기에 예수회 수사, J. Dupuis, *Towards a Christian Theology of Religious Pluralism* (New York, 1997)을 보라.

경험하는 은혜에 대한 명시적 표현이다.

라너는 그리스도가 세계 안에 존재하는 구원의 유일한 근거지만, 그러나 이 구원의 은혜가 그리스도와의 명시적 만남 없이도 역사 안에서 매개될 수 있다는 주장을 제시하기 위해, 유일하신 그리스도(solus Christus)의 원리를 하나님의 보편적 구원 의지와 균형을 이루도록 하려고 시도하고 있다.[27]

그러한 내용은 라너가 그리스도 시대에 이전에 존재한 '합법적 종교'라고 부르는 이스라엘의 역사 안에 사실로 존재한다. 라너는 이스라엘의 역사가 역사적으로 그리고 실존적으로 복음과 만난 적이 없는 사람들에게 합법적 종교로 남아 있다고 주장한다.

이로써 라너가 의미하는 것은 비록 어떤 사람이 복음이 역사적으로 선포되는 것(말하자면 방탕하고 부정직한 삶을 살아가는 사람에 의해)을 들을 수 있다 하더라도, 그 사람은 갖가지 이유(제시 방법의 측면에서 이 메시지의 의미를 이해하는 일의 어려움 등)에서 실존적으로 아무런 말도 듣지 않은 것일 수 있다는 것이다. 이로 인해, 이 사람은 실제로 복음을 '듣고' 그것을 거부했다고 볼 수가 없다.

다시 본론으로 돌아와, 만약 이스라엘이 일정한 맥락에서 하나의 '합법적 종교'를 지니고 있었다면 세계의 여타종교들에서도 원칙상 이것은 사실일 수 있지 않을까?

라너는 만약 구원의 은혜가 가시적 교회 밖에 존재한다면, 그가 믿고 있는 것처럼 이 은혜는 이스라엘의 역사 안에, 아울러 창조 세계와 양심 속에도 존재하며, 나아가 이 은혜는 인과적으로 그리스도(언제 어디서나-최상의 중재자인), 그의 교회와 연관된다고 주장한다.

라너는 그리스도가 역사적으로 교회를 통해 매개되기 때문에, 기독론과 신론은 교회로부터 분리될 수 없다고 역설한다. 이것은 라너가 구원의 매체인 교회의 성원 자격, 구원의 은혜가 역사적으로 확인 가능한 교회의 경계 밖에서 매개되는 가능성을 조화시켜야만 한다는 것을 의미한다. 그는 교회에 대한 서원(votum ecclesiae, 교회에 속하고자 하는 바람)과 관련한 가톨릭의 전통적 교의 노선에 따라 이 일을 수행한다(비오 12세의 『그리스도의 신비 체(體)』(Mystici corporis Christi)와 관련해 이 문제에 대한 라너의 견해의 초반부를 보라).[28]

---

27 K. Rahner, "Christianity and the Non-Christian Religions", in *Theological Investigations* (London, 1966), Vol. 5, 115-34.
28 Rahner, *Theological Investigations* (1963), Vol. 1, 1-89.

더욱이 인간의 사회역사적 본질을 고려할 때, 은혜는 역사적이며 사회적으로 매개되어야 한다. 성육신은 이에 대한 범례가 된다. 이에 따라 비그리스도인들이 은혜에 응답한다면(그리고 응답할 때), 비록 불완전하더라도 이 은혜는 비그리스도인의 종교를 통해 매개되어야만 한다.

이로부터 기독교 이외의 종교들은 이스라엘에 부여된 것과 같은 자격을 지닌 '합법적 종교'가 될 수 있다. 이로 인해 라너는 '익명의 그리스도인'(이것은 응답의 대상이 되는, 구원의 은혜의 원천인 그리스도를 가리킨다)이라는 말과 '익명의 기독교'(이것은 교회를 통한 결정적 역사적, 사회적 표현을 향한 그것의 역동적 지향성을 가리킨다)라는 말을 만들어내고 있다.²⁹

하나님이 이미 기독교 이외의 종교들 내에서 활동해 오셨기 때문에 그리스도인들은 비그리스도인 동료들을 통해 하나님에 관해 배우는 일에 열린 마음을 가질 수 있다. 더 나아가 그리스도인들은 적절하다고 생각될 때는 적극적 사회정치적 협력에 자유로이 동참할 수 있다.

이로 인해 포괄주의자들은 결실 있는 대화를 위한 확고한 신학적 기반을 지니고 있다. 은혜는 반드시 스스로의 객관화를 추구해야 한다는 라너의 생각을 고려할 때 선교는 분명 중요하다. 이에 따라 라너는 타종교들이 잠정적 구원의 자격을 보유할 수 있음을 주장함과 동시에 기독교가 단 하나의 참된 종교임을 단언할 수 있다.

포괄주의는 종종 전통 신앙의 존재론적이고 인식론적 교의들(tenets)을—그것들을 발전시켜서 개방적이고 포괄적 형태로 현대 세계와 적극적으로 연관시키면서—지키려는 사람들에게 매력적이다.

게다가 세상에 존재하는 비기독교에 대한 긍정적 경험을 고려하면, 더 새로운 경험들과 더 많은 고대 전통들을 올바르게 평가하는 것으로 보이는 것은 바로 신학적 접근 방식이다.

---

29 Rahner, *Theological Investigations*, Vol. 5, 제5장; Vol. 6, (1969), 제16장과 제23장; Vol. 12, (1974), 제9장; Vol. 14 (1976), 제17장; Vol. 16 (1979), 제4장과 제13장; Vol. 17 (1980), 제5장.

3. 논쟁

1) 다원주의에 대한 반론

특히 힉의 논제에 대한 수많은 반론이 존재해 왔고 그 가운데 일부는 다원주의가 지닌 보다 일반적 문제들을 지시하고 있다.[30] 먼저 그리스도 중심성이 무시된 것처럼 보이는 방식에 대한 반론들이 존재한다. 힉의 초기의 신 중심적 혁명이 위태로운 전제 위에 기초해 있다는 주장이 제기됐다. 그는 유일하신 그리스도가 비그리스도인들에 대한 선험적 저주로 귀결된다고 생각하는 까닭에 이를 거부한다. 우리는 위에서 꼭 그럴 필요가 없다는 사실을 확인했다.

더욱이 힉이 그리스도보다는 하나님을 강조하자고 제안할 때 그는 기독론을 존재론으로부터 단절시키고 그럼으로써 어떤 특정한 계시와도 절연한 상태에 있는 부유하는 하나님을 끌어들이는 위험에 처해 있는 것이다. 사실상 유대교와 기독교 그리고 이슬람교는 모두 그들의 설교와 의식을 위해 계시의 패러다임에 집중하는 경향을 보여 왔다.

힉의 신중심주의는 역사적 특수성의 중요성과 유신론적 담론의 근거설정에 별다른 주의를 기울이지 않는다. 사실상 그가 한 제안(만인을 사랑하는 하나님이라는)의 신학적 토대는 힉이 이 원리—원래 힉에게 있어서는 그리스도를 통한 하나님의 계시—가 기초해 있는 계시적 사건에 규범적 존재론적 지위를 부여할 수 없다면 그 근저로부터 위협을 받게 된다. 또 그가 실제로 그랬던 것처럼 '만인을 사랑하는 하나님'이 유대교와 이슬람교에서 발견될 수 있다고 응수한다고 해도 이런 주장을 불교나 유교를 통해 근거 지우는 것은 확실히 문제가 있는 것이다.

이와 관련된 반론은 바로 유신론의 이 외관상의 우선화(化)에 대한 힉의 대응으로부터 비롯되고 있다. 비평가들은 만약 '하나님'의 의미가 힉의 신중심주의에서 특유성이 모자라고 있었다면, 인격적 사랑의 창조자 '하나님'이 분명 비인격적이고 비창조자이며 비유신론적 술어에 의해 규정될 수 있는 '영원한 존재'의 한 양상으로 간주하고 있는 그의 최근 저술 속에서는 더더욱 상대화돼 있는 것처럼 보인다고 주장한다.

---

[30] 힉에 대한 비판적 논쟁(1994년 이전)과 힉의 답변을 다룬 훌륭한 참고 문헌으로 다음을 보라. *The Rainbow of Faiths* (London, 1995); 더 자세한 내용은 Chris Sinkinson, "The Nature of Christian Apologetics in Response to Religious Pluralism: An Analysis of the Contribution of John Hick" (PhD thesis, University of Bristol, 1997).

힉은 그러한 술어들이 모두 인간의 관점에서 비롯되고 있으므로 그것들은 문자적 의미에서 영원한 존재에게 적절하게 적용될 수 없다고 주장한다. 이에 따라 비평가들은 '하나님'이 어떤 고유한 존재론적 의미에서 인격적이거나 사랑을 베푸는 존재로 이야기될 수 없다고 응수한다. 칸트적 실체는 현상과 물자체 간의 일치를 제공하지 못한다는 점에서 유사한 문제에 부딪혔다. 힉은 선험적 불가지론자에 가까운(즉 아무런 특성도 지니지 않은 초월을 긍정하고 있는) 것처럼 보인다.[31]

해방된 삶의 양식에서 구원중심주의(soteriocentricism)에 대한 힉의 강조에도 그는 사람들을 실제로 구원하고 해방하는 하나님(혹은 영원한 존재)의 본질에 대한 문제를 올바르게 다룰 수 있는 것일까?

그렇지 않다면 그의 '신론'은 모든 특수성을 수용하기 위해 일체의 특수성을 회피할 우려가 있는 것일까?

다시 힉의 대답은 우리가 영원한 존재 '그 자체'를 오직 '우리와 관련해' 절대 완전하게 기술할 수 없다는 기조를 유지하고 있다. 분명 이런 논쟁의 결과는 미결된 상태로 남아 있지만 다른 신앙에 관한 논의에 있어 기독론과 신론의 신학적 중심성을 부각하고 있다.

그리스도중심주의, 신중심주의 그리고 교회 중심주의의 문제를 우회하려는 피어리스(Pieris)의 시도는 존경스럽게도 아시아 사회 내의 정의와 공의로움에 대한, 특별히 아시아 종교들 간의 평화에 대한 열망으로부터 비롯된 것이다. 그러나 비평가들은 피어리스가 실제로 그리스도, 하나님 그리고 교회라는 범주 없이 해방의 문제를 다룰 수 없다고 주장해 왔다.[32]

해방의 결정적 의미가 발견될 수 있는 곳은 바로 그리스도와 그리스도 안에 있는 삼위일체의 계시인 것이다. 피어리스가 그러한 구체성으로부터 더 멀리 벗어나려 하면 할수록 그는 다만 진술되지 않은 또 다른 일단의 가정에 더 가까이 갈 뿐이다. 그는 어디로부터 '해방'의 의미를 끌어내고 있는 것일까?

---

31 G. D'Costa, "John Hick and Religious Pluralism: Yet Another Revolution", in H. Hewitt (ed.), *Problems in the Philosophy of John Hick* (London, 1991), 102-16. 그리고 힉의 답변이 이어진다.

32 G. D'Costa, "Nostra Aetate –Telling God's Story in Asia: Problems and Pitfalls", in L. Kenis and M. Lamberigts (eds.), *Vatican II and Its Legacy* (Leuven, 2002), 229-350; on Knitter, see G. D'Costa, *The Meeting of Religions and the Trinity* (Edinburgh, 2000), 30-47; J. Milbank, "The End of Dialogue", in G. D'Costa (ed.), *Christian Uniqueness Reconsidered* (New York, 1990), 174-91.

어째서 그러한 의미는 모든 종교 이상으로 특권화되고 고양되며 또 그 종교들에 대한 재판관으로 동원돼야 할까?
이것은 새로운 형태의 제국주의가 아닐까?

이 논쟁에 있어 근본적인 것은 행위에 대한 이해다. 위에 열거된 비판은 모든 행위가 언제나 그것을 형성하고 특징짓는 하나의 이야기 형태 속에서 줄거리를 가지게 되며(emplotted), 그리해 인간은 마치 그 행위들이 서로 다른 이야기 공간을 점유하고 있지 않은 것처럼 유사한 행위들(가난한 자들을 먹이는)로 환원될 수 없다는 주장으로부터 유래하고 있다.

스탠리 하우어워즈(Stanely Hauerwas)는 이런 날카로운 비판을 구티에레즈의 해방신학에 대해 제기한다.[33]

분명 이런 정치적 관점 안에서 우리는 특별히 세계 종교들 내에서의 여성들의 해방이라는 문제에 초점을 맞추고 있는 페미니즘 종교 신학의 유형에 관해서도 유사한 역할을 볼 수 있다. 이 논쟁은 분명 계속될 것이며, 사람들은 수많은 쟁점의 복잡한 상호 관계를 볼 수 있을 것이다.

2) 배타주의에 대한 반론

필자가 개괄했던 배타주의란 유형은 수많은 난관에 직면해 왔다. 힉은 이 입장이 기독교의 중심에서 밝혀진 사랑의 하나님과 양립 불가능하다고 비판했다. 세계선교회의 성명서를 인용하면서 힉은 그러한 결과가 특히 어쩔 수 없는 무지자들을 고려할 때 신학적으로 받아들여질 수 없다고 주장한다.[34]

배타주의의 응답에는 두 가지 중요한 논점이 존재한다.

첫째, 몇몇 배타주의자가 볼 때 힉은 하나님의 방법들이 부당하다는 문제 제기에 있어 지나치게 많은 것을 전제하고 있다.

오히려 인간의 죄성(罪性)을 생각할 때 우리는 하나님이 도대체 누군가를 구원하

---

[33] S. Hauerwas, "Some Theological Reflections on Gutierrez's use of Liberation Theology", *Modern Theology*, 3, 1986, 67–76. 필자는 다음의 논문에서 큉의 견해를 숙고하는 이런 접근 방식을 발전시켰다. Hans Kung, "Postmodernity and Religious Pluralism: Is a Common Global Ethic Possible or Desirable?" in G. Ward(ed.), *The Blackwell Companion to PostmodernTheology* (Oxford, 2001), 131–43.

[34] Hick, *Universe of Faiths*, 121–2.

신다는 사실에 놀라워하는 것으로부터 출발해야만 한다. 여기서 문제가 되는 것은 인간의 본성과 관련이 있다.

둘째, 수많은 배타주의자는 그들의 잘못이 아님에도 불구하고 복음에 대해 들어 보지 못한 사람들의 문제를 진지하게 생각해 왔다. 이런 전개양상은 위에서 대략 설명됐다.

배타주의자들을 겨냥한 또 다른 비판은 기독교적 전통 내에서 은혜가 그리스도와의 명시적 만남에 전적으로 제한돼 있지 않다는 것이다.[35] 이 주장은 수많은 논증을 기초로 하고 있다. 전통적 기독교 신학에서 그리스도 시대에 이르기까지의 유대교는 확실히 계시적 지위를 부여받아 왔다.

이로 인해 그리스도 이외에 아무런 계시도 인정하지 않는 기독교의 배타주의자는 구약성경을 신약성경 일부로 사용하는 것에 대한 해명에 굉장한 압력을 받을 것이다. 역사적 예수라는 특정 사건의 외부에 존재하는 구원의 은혜를 증언하고 있는 이스라엘의 역사 외에도 신약성경에는 의롭게 사는 일의 중요성을 강조하는 수많은 구절이 존재한다.

예컨대 만약 어떤 사람의 용감한 자기 희생적 사랑이 그의 종교 안에 있는 특정한 요구들을 수행해야만 한다면 은혜에 응답하는 이런 행위들이 그러한 은혜의 중재자로부터 분리될 수 있을까?

또는 까뮈(Camus)의 『페스트』(*The Plague*)에 그토록 생생하게 그려져 있는, 타인을 위한 인도주의자의 자기 희생적 사랑이 "네 형제중 가장 작은 자 가운데 하나에게 한 것이 곧 내게 한 것"(마 25:40)이라는 예수의 함축적 교훈과 무관한 것일 수 있을까?

배타주의자는 다양한 방식으로 응수할 수 있을 것이다.[36] 먼저 이스라엘이 받은 계시가 줄곧 그리스도를 향해 있었고 또 그 계시가 그리스도를 통한 목적론적 완성에 의해가 아니면 그 자체로는 합당하게 구원을 베풀어 줄 수 없다는 사실을 지적하는 것이다. 이에 따라 여기서 진정한 그리스도에 대한 함축적 신앙이 그것만으로 구원을 위해 충분한 것인지 혹은 그 신앙이 일정 단계에서 명시적 신앙을 필요로 한 지인 것이다. 중요한 포괄주의 신학자인 라너 역시 죽음에 관한 그의 초기 저서에서 그리스도와의 사후 대면이 우리의 삶의 완성을 위해서나 지복직관을 위한 준

---

35 Rahner, *Theological Investigations* (1966), Vol. 4, 165–89.
36 Strange, *The Possibility Of Salvation*은 매우 확고한 답변을 제공한다.

비에 있어 본질적인 것이라고 주장했다.³⁷

더욱이 구원의 은혜가 명시적 신앙과는 별개로 창조와 역사를 통해 획득 가능하다면, 이런 사실은 구원을 위한 예수 그리스도의 필요성을 문제 삼고 있는 것이 아닐까?

배타주의자들은 덕행을 바탕으로 한 논증에 의존하는 것은 **오직 믿음으로/그리스도로**(sola fide/Christus)의 원리와 결별하는 것이며, 펠라기우스에 동의하는 것이라고 응수할 수도 있다. 분명 논쟁은 격해지겠지만, 그러나 다시금 우리는 중심적 문제들이 기독론과 하나님, 의식(儀式)과 인간의 본성 그리고 교회의 주위를 선회하고 있는 것을 보는 것이다.

3) 포괄주의에 대한 반론

라너는 다원주의자와 배타주의자들 모두에게서 비판을 받고 있다. 다원주의자들은 '익명의 그리스도인'이라는 말이 비그리스도인들에게 대단히 모욕적인 것이며 다른 이름(익명의 힌두교인, 익명의 회교인 등)을 부르고 있는 측과의 대화에서 교착상태를 일으킨다고 주장한다.³⁸

한스 큉(Hans Kung)은 라너가 저항하는 비그리스도인들을 뒷문을 통해 기독교 교회 속으로 몰아넣기 위해 용어상의 구별을 만들어내고 있다고 비판했다.³⁹ 라너는 그의 이론이 오직 기독교의 내부적 소용을 위한 것임을, 즉 그것이 교의학 내의 문제이며, 신앙 간의 대화를 목적으로 한 성찰이 아님을 분명히 했다.

그는 다만 비그리스도인들이 이미 하나님과 만난 상태일 수도 있으며, 만약 그렇다면 '하나님'은 그리스도에 의해 계시된 하나님과 같은 하나님임이 틀림없다는 가능성을 고찰하고 있다.

물론 다원주의자들은 이런 주장이 언제나 다른 어떤 사람들보다 하나님에 관해 더 많이 알고 있다고 주장하고 있는 까닭에 여전히 제국주의적인 것이며, 아울러 "다른 사람들"을 전적으로 기독교에 대한 그들의 견해를 통해 바라보고 있는 것이라고 응수한다. 후자의 비판은 또한 포스트모던주의자들에 의해 발전되었다.⁴⁰

---

37 K. Rahner, *Theology of Death* (London, 1965).
38 Hick, *Universe of Faiths*, 131–2; A. Race, *Christians and Religious Pluralism* (London, 1983), 45–62; A. Pieris, *Love Meets Wisdom* (New York, 1988), 3–4, 131.
39 H. Kung, *On Being a Christian* (London, 1976), 77–8.
40 G. D'Costa, "Trinitarian *differance* and World Religions: Postmodernity and the 'Other,'" in U.

다원주의자들은 또한 라너가 그리스도가 **알려지지 않은 타종교들** 내에서 은혜가 중재 된다는 것을 사실상 인정할 때 그가 모든 은혜를 기독론적으로 매개된 것으로 만들고자 하는 방식을 비판하고 있다. 그들은 이것이 실제로는 정반대의 것을 시인하는 하나님에 대한 언어적 소유권이나 다름없음을 주장하고자 한다. 라너는 분명 그의 주장이 존재론적 인과율에 관한 것이며, 특정한 역사적 매개에 관한 것이 아니라고 응수할 것이다. 라너 역시 다원주의에 반대하면서 라너의 신학 속에서 특정한 다원주의적 경향들을 보는 사람들로부터 호된 비판을 받고 있다.[41]

그 일례로 라너는 유일하신 그리스도의 원리를 근본적 방식으로 양보한다. 구원은 그리스도에 대한 승복 없이도 가능한 것이 되고 이것은 불가피하게 구원의 경륜에 있어 그리스도를 불필요한 존재가 되게 한다.

만약 구원이 여하한 명시적 신앙도 필요로 하지 않는다면 이것은 교회가 역사·사회적 공동체 안에서 진정한 신앙을 형성하고 또 육성한다고 주장하는 견해를 위험한 방식으로 모호하게 만드는 것이다.

문화·언어학적 접근으로부터 린드벡은 라너가 경험과 해석의 관계에 대한 매우 불완전한 견해와 더불어 움직이고 있다고 비판한다. 투박하게 말해서 경험은 모든 해석에 선행하는 것으로 이해되며, 이것은 표현이 경험을 뒤따라야 한다는 것을 내용으로 하는, 린드벡이 '경험적 표현주의'라고 부른 것으로 귀결된다.

이것은 경험이 대부분 경험자의 해석상의 전통에 의해 형성된다고 주장하는 문화-언어학적 모형과 대조를 이룬다. 이로부터 라너의 견해에 있어 기독교는 그로 인해 다른 종교들 가운데 존재하는 은혜에 대한 같은 경험의 더 나은 해석이 되는 것이다.

그러나 기독교 신앙은 확실히 이 이상의 무엇인 것일까?

기독교 신앙은 교회라는 특정한 공동체 내의 관여로 특정한 그리스도 형상적(Christformic) 방식으로 형성되는 중인 것이다. 이로부터 라너에 대해 다음과 같은 질문이 제기된다.

신앙의 관점에서 볼 때 익명의 그리스도인과 명시적 그리스도인 사이의 차이는 무엇인가?

King (ed.), *Faith and Praxis in a Modern Age* (London, 1998), 28-46.
41 M. Ruokanen, *The Catholic Doctrine of Non-Christian Religions* (Leiden, 1992); H. van Straelen, *The Catholic Encounter with World Religions* (London, 1966); DiNoia, *Diversity of Religions* Lindbeck, *Nature of Doctrine*.

라너의 가시적 교회는 비성경적이며 교회의 성원 자격을 위한 기준인 명시적 신앙 고백의 중요성을 손상하고 있다.⁴² 익명의 그리스도인에 대한 그의 신학을 뒷받침하고 있는 라너의 신학적 토대는 그의 로마 가톨릭 동료로서 라너의 선험적 인간학 속에서 자연과 은혜를 융합하고 계시를 선결된 인간학적 체계로 환원하는 위험을 보았던 한스 우어스 본 발타자르(Hans Urs von Balthasar)에 의해도 문제시됐다.⁴³

발타자르는 라너가 초자연적 은혜가 인간 본성의 일부를 이루고 있다고 간주함으로써 그가 그리스도 안에서 발해 필자는 주님의 영광이 지닌 변화의 능력과 라너의 빈곤한 십자가 신학을 설명해 주는 죄와 비극의 특질을 경시하고 있다는 사실을 우려한다.

라너는 이런 비판들에 대해 응답을 했지만, 필자는 그가 좀 더 보수적 비평가들에게 맞서 구원이 전적으로 그리스도에 대한 신앙으로부터 온다는, 아울러 그리스도의 삶과 죽음 그리고 부활이 존재론적으로(연대기적으로가 아니라) 세계 속에 결정적 방식으로 구원을 가져왔다는 근본적 교의(배타주의자들이 공유하는)에 대한 어떠한 타협도 존재하지 않는다고 주장했다는 것을 간략히 이야기하는 것 외에는 이 자리에서 그 복잡한 논쟁을 추적해 갈 수는 없다.

라너는 그가 단지 구원이 어쩔 수 없는 무지의 비그리스도인들에게 획득 가능한 것이라는, 교회가 견지해 온 교의에 대한 하나의 해명을 제시하고 있을 뿐이며, 그가 조건 없이 기독교 이외의 종교들 자체의 가치를 신학적으로 지지하고 있는 것이 아님을 역설하고 있다.

4) 세 가지 유형론에 대한 반론들

네 번째 유형을 주장하거나 이 세 가지 유형과 모두에(그래서 어떠한 네 번째 유형에 대해서도) 만족하지 못하는 사람들이 있다. 네 번째 유형을 제안하는 사람들과 관련해,⁴⁴ 디 노이아(DiNoia)는 배타주의의 정의를 그리스도에 대한 신앙을 현세의 삶 속에서 명시적으로 고백하는 사람들만이 구원을 받을 것이라는 규정으로 제한하

---

42 Lindbeck, *Church in a Postliberal Age*, 제6장.
43 H. U. von Balthasar, *The Moment of Christian Witness* (New York, 1969); R. Williams, "Balthasar and Rahner", in J. Riches (ed.), *The Analogy of Beauty* (Edinburgh, 1986), 11–34.
44 DiNoia, *Diversity*; S. M. Heim, *The Depth of the Riches: A Trinitarian Theology of Religious Ends* (Grand Rapids, MI, 2001); S. Ogden, *Is There Only One True Religion or Are There Many?* (Dallas, TX, 1992).

고 있다.

이로부터 그의 연옥설이 이른바 네 번째 유형이 되는 것이다. 옥덴(Ogden)의 경우 그의 네 번째 유형은 다원주의자들이 타종교들이 구원을 매개하는 방편**이 된다**(are)고 주장하는 반면, 그는 타종교들이 구원을 매개하는 방편이 될 수도 있다고 주장하고자 한다는 차이를 근거로 하고 있다.

전체 기획에 대한 도전들은 일차적으로 다원주의에 맞서 대응하는 동시에 전체 기획들에 개재된 문제들을 찾고 있는 케네스 서린(Kenneth Surin)과 존 밀뱅크(John Milbank)에 의해 가장 설득력 있게 제시돼왔다.[45]

서린의 비판은 본질적으로 정치적 동시에 계보학적(미셸 푸코<Michel Foucault>로부터 유래하는)인 것으로서 추상적이고 탈역사적이며 비정치적 방식으로 종교적 통일성에 관한 이론들을 제시하기보다는 구체적 현장 속에 놓여있는 종교 간의 사회적, 정치적 관계와 권력 관계에 실제적 주의를 기울여야 한다고 제언한다.

신학적 담론은 대개 유물론적 체제 내에서의 권력의 집행이 정당성을 부여하는 신학 함이 수행되는 상부 구조에 대한 이해의 열쇠가 되는 현실 영역을 확인하기보다는 모호하게 하는 데 이바지해 왔다. 이에 따라 다원주의 신학은 현실적 문제들로부터 주의를 돌림으로써 현존하는 현상(現狀)을 영속화한다. 서린의 비판은 설득력 있고 예리하지만, 현실 영역을 지나치게 급진적으로 재기술함으로써 의미 있는 신학적 문제들이 절대 남아 있지 않게 될 위험이 있다.

이 유물론적 환원주의는 통찰력이 있는 것이지만 궁극적으로 그것은 모든 신학적 담론을 계보학적 기원으로 환원함으로써 신학을 사회정치 이론가들의 수중으로 완전히 넘겨주는 것이다.

밀뱅크는 서린과 많은 것을 공유하고 있으면서도 상당히 다른 신학의 역할을 제시하고 있다. 밀뱅크는 대화가 진리에 대한 더 나은 접근을 허락해 준다는 믿음에 대해서 뿐만 아니라 '종교' 관념에 대해서도 깊은 혐의를 두고 있다. 오히려 그는 기독교가 교회 내에 존재하는 특정 형태의 의식을 통해 자신의 이상을 단적으로 선포해야만 한다고 역설한다.

교회는 그 이외에 다른 일을 할 수 없으며, 그러한 노력을 해야 할 의무도 없다. 서린과 밀뱅크가 명백하게 수행하고 있는 것은 모든 신학이 정치적, 사회적 연관 속에

---

[45] K. Surin, "A Politics Of Speech: Religious Pluralism in the Age of the Macdonald's Hamburger", in G. D'Costa (ed.), *Christian Uniqueness Reconsidered* (New York, 1990), 192–212; Milbank, "The End of Dialogue"; D'Costa, *The Meeting of Religions*.

서 결합해 있다는 사실을 환기하고 있다. 이 점에 대해선 나중에 다시 살펴보게 될 것이다.

끝으로 필자는 이 장에서 기술된 세 가지 범례를 깨달음을 얻기 위한 취지에서 채택했음에도 불구하고 그에 대한 몇 가지 단서를 밝혀 두어야겠다. 우리는 급진적 형태의 포괄주의와 온건한 형태의 배타주의 사이에 희미한 분계선이 있다는 것과 온전한 형태의 포괄주의와 일정 형태의 다원주의에서도 사태는 마찬가지라는 것을 이미 보았다.

유형론은 언제나 부적절하다. 더욱이 여러 가지 유형론들은 쉽게 프로크루스테스의 침대로 굳어져 다양한 제재들을 안이하게 설정된 자리매김 속으로 밀어 넣을 수 있다. 이 모든 것들로부터 우리는 경각심을 가져야만 한다.

그러나 가장 심각한 것은 이런 표현들(다원주의, 포괄주의, 배타주의)을 사용함에서 우리가 실제로 다루고 있는 것이 또 다른 형태의 배타주의라는 사실을 우리가 숨기고 있는 것이 사실일 수도 있다는 것이다! 다원주의는 왕왕 타종교의 진리에 대해 더 관대하고 보다 개방적이며 더 긍정적 태도를 보이는 데 있어 고결한 근거를 요구한다. 이 유형론은 수사학적으로 이런 그릇된 자기기술을 재확인하는 것이다.

필자가 다른 곳에서 다루었던 것과 같은 다원주의는 관대하지도 개방적이지도 않은 그늘진 면을 지니고 있는데, 그것은 다원주의가 효력을 발휘할 수 있으려면 그것은 반드시 "진리"와 "하나님" 그리고 "구원"을 식별할 수 있는 기준과 더불어 움직여야 하기 때문이다.[46]

그렇게 함에 있어 다원주의는 자연히 이런 기준들에 합치하지 않는 것은 모두 배제하게 될 것이다. 그러므로 이 논쟁의 저변에 깔린 까다로운 **기준적인**(criteriological) 문제들은 비록 이런 유형론이 위에서 본 것처럼 이 도식들 내에 존재하는 차이점들을 말해 주고 있는 그러한 기준들의 선택과 사용을 의미한다고 하더라도 이런 유형론에 따라 언제나 화려한 조명을 받는 것은 아니다.

신학적으로 말해서, 필자는 그리스도인들이 "타자"를 고정하는 전체 종교 신학을 피하면서 다른 종교들과의 특별한 포용을 숙고하기 위해 삼위일체 신학의 자원들을 사용할 것을 제안한다. 단편적 공통성과 연속성뿐만 아니라 차이점과 불연속성 모두 신학과 실천이 이런 비판적 참여를 통해 성장하도록 허용하는 가운데 긴장이 유지되어야 한다.

---

[46] D'Costa, *Meeting of Religions*, 19-52.

4. 성과와 의제

현대의 논쟁이 이룩한 성과는 타종교의 문제가 이제 21세기에 접어들고 있는 기독교 신학에서 여전히 논의의 대상으로 남아 있을 수 있다는 것이다. 이것은 기독교의 신뢰성이 부분적으로 현대 세계를 특징짓는 당황스러운 다원성에 응답할 방법에 따라 좌우될 것이라는 의미에서 하나의 성과로 간주할 수 있다. 이것은 적어도 두 가지 측면에서 효과가 있다.

만약 기독교가 스스로 어떤 의미에서든 독자적이고 유일무이한 것으로 바라볼 수 없다면 기독교는 아마도 세계에 대해 특별한 이상을 품고 있다고 느끼는 전통들에 의해 동화되고 흡수될 것이다.

사람들은 무엇에 의해도 특별히 흥미를 느끼거나 도전을 받지 않는 것이다!

다른 한편으로 만약 기독교 신학이 수백만의 사람들이 지닌 풍부한 유산을 모욕한다면, 그것은 그 자신의 신조 안에서 확인된 창조 세계의 전적 선함을 존중하는 데 실패할 것이며, 어리석게도 타종교 내에서 발견되는 수많은 가치와 영광에 등을 돌리게 될 것이다.

타종교의 중재로 제기되는 신학적 난제들을 직시함으로써, 우리는 다만 다양한 교회가 언젠가 더 건설적 방식으로 그러한 난제에 직면해 있는 복잡한 현실을 다룰 수 있기를 바랄 수 있을 따름이다.

현대의 논쟁은 종교의 본질, 종교 간 만남의 사회정치적 상황, 예수 그리스도의 인격, 하나님의 본성, 교회의 성격과 사명에 관한 문제들로부터 뻗어 나온, 시간이 지날수록 확장되고 새롭게 변화될 하나의 안건을 제시했다. 문제의 중심에 "너희는 나를 누구라 하느냐?"는 질문이 놓여있다고 말하는 것이 옳을 것이다.

그리스도인들이 타종교와 관계 맺는 방식은 그들이 예수 그리스도와 관계 맺는 방식에 의해 크게 영향을 받으며, 그로 인해 앞으로의 안건이 기독교 내적 동시에 기독교 외적인 것임을 보여 주고 있다. 기독교 내적이라는 말로서 필자는 신학의 다양한 발전이 본질적으로 타종교 문제에 영향을 줄 것이라는 사실을 말하고 있다.

이것은 방법의 문제, 신학적 내용 모두와 연관이 있다. 예컨대, '자유주의적' 기독교 단체들, 특히 '하나님'과 사회정치적 해방을 강조하는 그러한 단체들 내에서, 우리는 종교 간의 만남에 앞서 예견할 수 있는, 타종교에 대한 대응의 일정한 본보기를 발견할 수 있을 것이다. 다른 한편으로 이야기나 담화와 같은 범주들을 활용하고 있는, 대단히 그리스도 중심적 신학들은, 아마도 기독교적 메시지의 특수성, 특별한 이야기를 통해 사람들을 형성하는 능력을 강조할 공산이 더 크다.

그러한 신학들은 아마도 자유주의적 접근이 반드시 더욱 미심쩍게 여길 것이다. 더욱이, 최근에 이루어진 삼위일체 신학들의 회복은, 그것이 때때로 등한시되었던 기독론에 풍부함을 더해 주는 까닭에, 이 논쟁에 새로운 활력을 불어넣어 줄 것이다.[47]

우리는 해방 신학이 이 논쟁에 영향을 미쳐왔던 방식을 어느 정도 살펴보았거니와, 미래의 페미니즘 신학, 생태 신학, 포스트모던 신학, 아시아 신학, 라틴 아메리카 신학, 아프리카 신학, 그 밖의 수많은 신학 유형들은 모두 그들 나름의 독자적 통찰들을 기독론과 하나님, 교회, 타종교 문제에 더 완전하게 쏟아부을 것이다. 그러한 신학들의 성과를 예측하기는 어렵지만, 그리스도와 하나님 그리고 교회가 타종교 문제와 신학적으로 씨름하고자 하는 진지한 시도 속에서 어떻게 간과될 수 있는지를 아는 것 또한 어려운 일이다.

기독교 외적이라는 말로서 필자는 다른 많은 것 가운데서도 이처럼 부족한 지면에서 다루어질 수 없는 하나의 쟁점을 명시하고자 한다. 우리는 종교 신학이 온갖 종류의 만남에 수반되는 특성을 주제로 삼고 있는 특정한 만남의 역학을 다룰 시간이 없었다.

예컨대, 유대교-기독교 대화에서 전통적 기독론 내의 반유대주의는 "언약"과 관련된 하나님의 약속 본질과 더불어, 가장 고통스럽고 혼란스러운 방식으로 전면에 등장한다.[48] 아울러, 거론이 덜 되기는 하지만, 유대인과 그리스도인 모두에게 외면당하고 거부당해 왔던 예수를 구세주로 시인하는 유대인, 히브리 그리스도인들에 관한 문제가 존재한다.

분명히 이 두 번째 영역의 쟁점들은 기독교가 불교와 같은 근본적으로 비유신론적 전통, 곧 제국주의적 맥락이 깊이 연관돼 있고 또 그것이 때때로 고통스럽다고는 하더라도 서로 형제를 죽이는 그런 관계를 지니고 있지는 않았던 그러한 전통과 만날 때 제기되는 쟁점들과는 매우 다른 것이다. 이로 인해 불교와의 논쟁은 다음과 같은 다른 쟁점들에 걸쳐 수행되었다.

불교라는 명백한 비유신론, 부정 신학(apophatic theology)의 관계, 자비와 사랑 속에서 행할 수 있는 자유를 가져다주는 불교의 명상기법 그리고 예컨대 빅토리아 시대

---

47 예를 들어 다음의 책들을 보라. D'Costa, *Meeting of Religions*; N. Smart and S. Konstantine, *Christian Systematic Theology in a World Context* (Minneapolis, MN, 1991); R. Panikkar, *The Trinity and the Religious Experience of Man* (London, 1973).
48 J. Pawlikowski, *What are They Saying about Jewish-hristian Relations?* (New York, 1980). 그리고 이 책 제7부에 있는 나머지 세 장을 보라.

의 불교 해석과 같은 불교에 대한 서양의 묘사에 대한 문제.[49] 이로부터 이 논쟁에 있어 기독교 외적 자리는 아마도 예기치 못한 온갖 종류의 발전을 낳을 것이다.

나아가 이런 특정한 만남은 종교에 대한 신학과 특정한 만남으로부터 발생하는 신학 간의 관계에 대한 문제를 제기한다. 어떤 이들은 후자가 전자에 대해 우위를 지닌다고 주장하며, 또 어떤 이들은 한 걸음 더 나아가 후자가 전자의 수행을 전적으로 무효로 한다는 제안을 하고자 한다.[50]

우리는 수많은 교회, 특별히 아시아와 아프리카의 교회들에 문화는 다양한 비기독교 종교들에 의해 형성되고 있는 까닭에, 우리의 주제와 밀접하게 연결된 문화와 문제도 건드리지 않았다. 이로 인해 우리가 위에서 피어리스를 통해 보았던 것처럼, 진정으로 아시아적 교회의 문제가 불교와 힌두교에 대해 서양 신학에서 전통적으로 그래왔던 것과는 전적으로 다른 태도를 요구할 수도 있다.

아시아에는 『바가바드 기타』(*Bhagavad Gita*)나 『우파니샤드』(*Upanishads*)와 같은 힌두교 경전의 문선(文選)이 예전을 통해 구체화하고 있는(일반적으로 구약성경보다 우선하고 때로는 구약성경을 대신해-그리해 포괄주의의 성취 신학을 반영하고 있는) 교회들이 이미 존재하고 있다.

그러한 교회들 속에서 우리는 왕왕 서양의 그리스도인들이 인도적 원천에 깊이 뿌리를 두고 있음을 알아차리기 어려울 수도 있는 예전과 생활 양식을 볼 수 있다.

아울러 거기에는 힌두교적 그리스도인으로 자처하는 '브라마반다브 우파디아이'(Brahmabandhab Upadhyay)와 같은 사람들도 있거니와 이런 사실로부터도 온갖 종류의 새롭고도 흥미로운 물음들이 야기되고 있다.

신학에서 이루어지는 다양한 발전들이 아마도 이런 문제에 접근하는 방법을 결정할 것이라고 필자가 말했을 때, 때때로 이 같은 극적 종교적 다원성에 직면해 있는 교회의 신학자들이 아마도 미래의 종교 신학의 주요 수행자들의 될 것이라는 사실은 분명한 일이다. 아울러 조직 신학과 종교 신학의 관계, 교회와 신학교 내에서의 종교 연구라는 문제도 존재하고 있다.

어떤 이들은 제도권의 반동에도 불구하고 이 영역을 조직 신학에 필수불가결한 것으로 이해하는 반면,[51] 다른 이들은 급진적이고 광범위한 함의를 지닌, 보다 야심

---

49 Pieris, *Love Meets Wisdom*; R. Panikkar, *The Silence of God* (New York, 1989); W. Lai and M. von Bruck, *Christianity and Buddhism* (New York, 2001); Almond, *The British Discovery of Buddhism* (Cambridge, 1988).
50 M. Barnes, *Theology and the Dialogue of Religions* (Cambridge, 2002).
51 G. D'Costa, *Theology and Education: The Virtue of Theology in a Secular World* (Cambridge,

찬 비(非) 교파적 보편 신학이나 세계 신학을 주장해 왔다.[52] 이 전체 쟁점은 이 탐구를 통해 줄곧 암시되었던 다음과 같은 문제를 제기하고 있다.

우리의 신학적 방법이 타종교에 관한 물음에 대해 던지는 우리의 대답을 많은 부분 결정할 것인가?

궁극적으로 종교 신학이 우리가 성부, 성자, 성령 가운데서 알려진 은혜롭고 거룩한 '타자'에 대해서 뿐만 아니라 그 '타자'를 다루는 방식에 대해서도 같은 주의를 기울여야만 한다는 것은 수긍할 수 있을 만한 것인가?

참고 문헌

Almond, P., *The British Discovery of Buddhism* (Cambridge, 1988).
Balthasar, H. U. von, *The Moment of Christian Witness* (New York, 1969).
Barnes, M., *Theology and the Dialogue of Religions* (Cambridge, 2002).
Barrett, D., "The Status of the Christian World Mission in the 1990s", in G. Anderson, *Mission in the Nineteen Nineties* (Grand Rapids, MI, 1991).
Barth, K., *Church Dogmatics* (Edinburgh, 1956-70), Vols. I.2 (1970) and IV.1 (1956).
Carson, D., *The Gagging of God* (Leicester, 1996).
Cooey, P., Eakin, W., and McDaniel, J. (eds.), *After Patriarchy: Feminist Transformations of the World Religions* (New York, 1993).
Coward, H., *Pluralism: Challenge to World Religions* (New York, 1985).
D'Costa, G., *Theology and Religious Pluralism* (Oxford, 1986).
_____. "Christ, the Trinity, and Religious Plurality", in G. D'Costa (ed.), *Christian Uniqueness Reconsidered: The Myth of a Pluralistic Theology of Religions* (New York, 1990), 16-29.
_____. "John Hick and Religious Pluralism: Yet Another Revolution", in H. Hewitt (ed.), *Problems in the Philosophy of John Hick: Critical Studies of the Work of John Hick* (Basingstoke, 1991), 102-16.
_____. ",Trinitarian *différance* and World Religions: Postmodernity and the 'Other,'" in U. King (ed.), *Faith and Praxis in a Modern Age* (London, 1998), 28-46.
_____. *The Meeting of Religions and the Trinity* (New York, 2000).
_____. ",Postmodernity and Religious Pluralism: Is a Common Global Ethic Possible or Desirable?" in G. Ward (ed.), *The Blackwell Companion to Postmodern Theology* (Oxford, 2001), 131-43.
_____. "Nostra aetate - Telling God's Story in Asia: Problems and Pitfalls", in M. Lamberigts and L. Kenis (eds.), *Vatican II and Its Legacy* (Leuven, 2002), 229-350.
_____. *Theology and Education: The Virtue of Theology in a Secular World* (Cambridge, 2005).
DiNoia, J. A., *The Diversity of Religions: A Christian Perspective* (Washington, DC, 1992).
Dupuis, J., *Towards a Christian Theology of Religious Pluralism* (New York, 1997).
Griffiths, (ed.), *Christianity through Non-Christian Eyes* (New York, 1991).
Hauerwas, S., "Some Theological Reflections on Gutiérrez's Use of Liberation as a Theological

---

2005); Smart and Konstantine, *Christian Systematic Theology*.
52 W. C. Smith, *Towards a World Theology* (Philadelphia, PA, 1981); L. Swidler and Mojzes, *The Study of Religion in an Age of Global Dialogue* (Philadelphia, PA, 2000).

Concept", *Modern Theology*, 3 (1986), 67–76.
Heim, S. M., *The Depth of the Riches: A Trinitarian Theology of Religious Ends* (Grand Rapids, MI, 2001).
Hick, J., *God and the Universe of Faiths* (London, 1977).
_____. *An Interpretation of Religion* (Basingstoke, 1988).
_____ ",Straightening the Record: Some Responses to Criticism", *Modern Theology* 6 (1990), 187–95.
_____. "Responses", in H. Hewitt (ed.), *Problems in the Philosophy of John Hick: Critical Studies of the Work of John Hick* (Basingstoke, 1991).
_____. *The Rainbow of Faiths* (London, 1995).
Huxley, A., *The Perennial Philosophy* (New York, 1945).
James, W., *The Varieties of Religious Experience* (London, 1960).
Jathanna, O., *The Decisiveness of the Christ Event and the Universality of Christianity in a World of Religious Plurality* (Berne, 1981).
Knitter, P., *One Earth Many Religions* (New York, 1995).
_____. *Jesus and the Other Names* (New York, 1996).
Küng, H., *On Being a Christian* (London, 1976).
_____. *A Global Ethic for Global Politics and Economics* (London, 1997).
Lai, W. and von Brück, M., *Christianity and Buddhism* (New York, 2001).
Lausanne Statement, *Christian Witness to the Jewish People* (1980).
Lindbeck, G., *The Nature of Doctrine: Religion and Theology in a Postliberal Age* (London, 1984).
_____. *The Church in a Postliberal Age*, ed. M. Buckley (London, 2002).
Lindsell, H., *A Christian Philosophy of Religion* (Wheaton, IL, 1949).
Milbank, J., "The End of Dialogue", in G. D'Costa (ed.), *Christian Uniqueness Reconsidered* (New York, 1990), 174–91.
Morris, J., *Heaven's Command: An Imperial Progress* (London, 1973).
Newbigin, L., "The Basis, Purpose and Manner of Inter-Faith Dialogue", in R. Rousseau (ed.), *Interreligious Dialogue* (Montrose, 1981), 13–31.
Ogden, S., *Is There Only One True Religion or Are There Many?* (Dallas, TX, 1992).
O'Neill, M., *Women Speaking, Women Listening: Women in Interreligious Dialogue* (New York, 1990).
Pannikar, R., *The Trinity and the Religious Experience of Man* (London, 1973).
_____. *The Silence of God: The Answer of the Buddha* (New York, 1989).
Pawlikowski, J., *What are They Saying about Jewish- Christian Relations?* (New York, 1980).
Percy, J. (ed.), *Facing the Unfinished Task: Messages Delivered at the Congress on World Mission* (Grand Rapids, MI, 1961).
Pieris, A., *An Asian Theology of Liberation* (New York, 1988).
_____. *Love Meets Wisdom* (New York, 1988). Gavin D'Costa 644
_____. "Black Flags for the Pope" (Robert Crusz citing Pieris), *The Tablet*, January 14, 1988, 36–7.
Race, A., *Christians and Religious Pluralism* (London, 1983).
Rahner, K., *Theological Investigations* (London, 1963-80), Vols. 1, 5, 6, 12, 14, 16, 17.
_____. *Theology of Death* (London, 1965).
Ruether, R. R., *Faith and Fratricide: The Theological Roots of Anti-Semitism* (New York, 1974).
_____. "Feminism and Jewish-Christian Dialogue", in J. Hick and Knitter (eds.), *The Myth of Christian Uniqueness* (London, 1987), 137–48.
Ruokanen, M., *The Catholic Doctrine of Non- Christian Religions According to the Second Vatican Council* (Leiden, 1992).
Sanneh, L., "Christian Mission and the Western Guilt Complex", *Christian Century*, April 8, 1987, 330–4.

_____.*Encountering the West: Christianity and the Global Cultural Process: The African Dimension* (London, 1993).

Sinkinson, C., "The Nature of Christian Apologetics in Response to Religious Pluralism: An Analysis of the Contribution of John Hick", PhD dissertation, Bristol, 1997.

Smart, N. and Konstantine, S., *Christian Systematic Theology in a World Context* (Minneapolis, MN, 1991). Smith, W. C., *Towards a World Theology* (Philadelphia, PA, 1981). Stanley, B., *The Bible and the Flag* (Leicester, 1990).

Strange, D., *The Possibility of Salvation Among the Unevangelised: An Analysis of Inclusivism in Recent Evangelical Theology* (Carlisle, 2002).

Surin, K., "A Politics Of Speech: Religious Pluralism in the Age of the Macdonald's Hamburger", in G. D'Costa (ed.), *Christian Uniqueness Reconsidered* (New York, 1990), 192–212.

Swidler, L. and Mojzes, P., *The Study of Religion in an Age of Global Dialogue* (Philadelphia, PA, 1990).

Troeltsch, E., *The Absoluteness of Christianity and the History of Religions* (London, 1972).

Van Straelen, H., *The Catholic Encounter with World Religions* (London, 1966).

제37장

유대주의와 기독교 신학

피터 옥스(Peter Ochs)

1. 서론

지난 10여 년간 유대교를 연구하는 가장 중요한 기독교 신학은 네 가지 주제를 발전시킨다.

첫째, 기독교 신학의 토대인 성경으로의 회귀.
둘째, 기독교 회복의 조건으로서의 비대체주의(non-supersessionism).
셋째, 기독교 신학 자체의 (관례)로서 유대교-기독교 신학적 논의.
넷째, 성경에 기초를 둔 아브라함의(유대교-기독교-모슬렘)신학적 연구.

이 네 가지의 논제는 "탈자유주의 기독교 신학자들"의 운동으로 온전히 전개되고 통합되었다.

학문적으로 교육을 받은 학자들의 목표는 "충실하지만, 기독교 전통의 창의적 회복과 에큐메니컬적으로 교회의 회복에 열려 있는 것 그리고 세상에 대한 회복과 온정적 치유"를 포함하고 있다.[1]

"현대" 또는 "자유주의" 신학자들은 쇼아(Shoah, 나치에 의한 유대인 대학교살) 이후에 유대교-기독교 간 논의에 기초를 놓았고 계속 교회로부터 반(反) 유대교를 제거하기 위한 대중적 노력을 조성하고 있지만, 최근에 유대교 자유주의 신학자들은 이전 세대의 양식을 재현하려는 경향이 있다.

탈자유주의 신학자들은 이런 구조가 너무나 인간 중심적이어서 유대인들과 그리스도인들이 더 깊은 대화의 수준, 즉 하나님의 말씀에 대한 그들의 공통된 신념인 성경에서 말하는 뿌리를 회복하는 수준으로 인도하지 못한다고 생각한다.

---

1 James Fodor, 이 책의 제14장.

지난 10년의 기간은 "급진적 정통주의" 운동에서 나타난 대체주의의 재개(renewed openings)와 새로운 "후기 탈근대적"(post-postmodern) 기독교 신학에서 보인 반유대교적 경향이 두드러졌다. 여기서 사용된, "대체주의"는 하나님이 예수 그리스도 안에서 성육신하신 사건과 더불어, 하나님과 이스라엘 백성의 언약이 그리스도의 몸 된 교회 안에 드러난 하나님의 임재로 대체되었다는 기독교 신앙을 가리킨다. 바꿔 말해서, 교회에 대한 하나님의 사랑이 이스라엘 백성을 향한 하나님의 사랑을 대신했다는 것이다.

학문적 신학의 경계에서 벗어나, 이 기간에 또한 구소련에서 등장한 민족주의 그리스도인들의 반유대교 정신, 미국과 개발도상국에서는 새로운 보수적 기독교 운동들 가운데 등장한 강력한 대체주의, 이스라엘 국가에 대한 몇몇 그리스도인의 비평 가운데 정치 신학적 반유대교(a theo-political anti-Judaism)라 칭할 수 있는 것 등의 재출현을 보았다.

2. 개요

1950~60년대가 시작되면서, 유대교-기독교 간 논의(대화)에 처음으로 이바지한 것은 자유주의 프로테스탄트와 가톨릭 신학자들이다. 이들의 주요한 관심은 수 세기 동안 이어져 온 반유대주의에 대한 회개였다. 로이 & 앨리스 엑카르트(Roy and Alice Eckardt), 에드워드 플래너리(Edward Flannery), 프랭클린 리텔(Franklin Littell), 존 폴리코스키(John Pawlikowski), 로즈 테링(Rose Thering)과 같은 많은 신학자는 미국, 유럽 내에서 유대인의 시민권을 위해 열심히 노력했고 쇼아 사건 이후에 대체주의뿐만 아니라 반유대주의의 모든 방식을 포기했다.[2] 이 그룹 내에서 좀 더 급진적 신학자들은 전통적 기독교 교리의 중심부에서 돌이킬 수 없는 실수의 증거로 유대인에 대한 그리스도인의 오랜 학대를 확인했다.

로이 에크하르트가 보기에, "오늘날 기독교의 죄는 유대인 대학살이 일어났을 때 종식하기를 거부했던 계속된 반 유대주의의 죄다."[3]

---

2 많은 사람이 이전에 볼티모어에 있다가 지금은 보스턴에 있는 기독교 학자 모임(Christian Scholar's Group)에서 함께 일했다.
3 Eckardt, 1993, 55.

로이는 이에 대한 유일한 해결책으로 "이방인에게 절대적으로 필요한 유대교"로서 기독교를 재규명해야 한다고 결론지었다.[4]

『신앙과 동포 살해』(Faith and Fratricide)라는 책에서, 로즈마리 류터(Rosemary Ruether)는 "반 유대적 신화는 기독교 사상에 있어서 피상적인 것도 부가적 요소도 아니라고 주장했다.

반 유대적 사고의 기초는 신약성경에 나타나 있다. 반유대적 사고는 기독교 신학의 고전적 시대에서 발전되어 지속해서 끔찍한 결과를 만들어낸 태도와 관행에 대한 기초를 놓게 되었다."[5]

치유책은 대체주의에 대한 잠재성을 제거하기 위해 고전적 기독론의 신화성을 없애는 것이다. 더 최근의 연구에서, 류터는 이스라엘이 —이스라엘 국가와 민족이—예언자적 심판을 다른 이들에 대해서 뿐만 아니라 자기 자신에 대해서도 채택해야 한다고 주장했다.

1970년대와 80년대의 해방 신학자들은 유대교와 땅과 율법의 관계에 대해 비견할 만한 비평을 했다. 예를 들면 레오나르도 보프(Leonardo Boff)는 해방 신학자들이 "모든 해방의 패러다임으로서 출애굽"(Exodus)을 채택하지만, "해방의 주체는 현재 새 이스라엘에 주어진 것이다. 곧 하나님은 더 이상 모세오경(토라)에 나오는 옛 하나님이 아니라 무한히 선하신 하나님이시다. … 하나님은 율법에 따라 명시되거나 정해진 그 어떤 것을 뛰어넘어 은혜로 이끄시는 분이다."[6]

이런 성서주의적 근본적 비평을 거부하면서 폴리코스키, 밴 뷰런, 크리저 슈텐달(Kriser Stendahl)과 다른 학자들은 현대 자유주의 또는 탈자유주의 신학의 중재적 형태로서 나타나고 있는 비대체주의 신학을 제안했다. 폴리코스키는 예를 들어 몇몇 학자의 시도에 대한 가톨릭의 비판을 제시했다.

판넨베르크, 몰트만, 한스 큉, 구티에레즈, 소브리노, 보프와 보니노가 유대교와 전형적이고 부정적 대조를 함으로써 예수 그리스도의 정체성—이 때문에 기독교의 독특함이 된다—을 부여하려는 전통적 기독교의 유혹에 굴복한다 … 그는 예수 그리스도의 독특함에 너무 많은 것을 양도함으로 인해 다른 극단으로 치우치는 신학자들을 반박한다. 류터, 밴 뷰런, 에크하르트, 쉔벨트(Schoenveld)와 헬빅(Hellwig)이 여기에 속한다.[7]

---

4 Pawlikowski, 1982, 57에서 인용됨.
5 Ruether, 1974, 226.
6 Boff, 1978, 284; Pawlikowski, 1982, 72에서 인용됨.
7 Hawk, 1992, 130-1.

밴 뷰런(Van Buren)은 반유대주의와 반기독론적 신학의 두 위험성에 대한 프로테스탄트의 비평을 제안했다. 부분적으로 E. 샌더스(E. Sanders)의 신약적 전문지식에 따르면, 예수 그리스도를 이스라엘의 잃어버린 양을 구하기 위해 보내진 사람으로 … 이방인을 이스라엘의 하나님에게 모으는 자로 묘사했다.

에크하르트와 달리 밴 뷰런은 이 분(this One)을 십자가에 달려 돌아가시고 부활하신 하나님의 아들인 그리스도와 동일시했다. 이 부활하신 그리스도는 유대주의 사랑(philo-semitism)에 절대 방해 거리가 되지 않고, 오히려 "삼위일체의 신비 자체가 역사적 사건의 신비로서, 이 사건은 이방인 교회를 이스라엘 하나님을 예배하도록 모으는 일이다."[8]

아래에서 자세히 설명하겠지만, 탈자유주의 신학자들은 신학의 자유주의 모델과 거리가 있는 부가적 설명을 택했는데, 그들은 이 모델에 대해 개념적 구조를 성경과 교리적 전통의 권위로 대체하려는 노력이라고 비판했다. 이들이 주장하는 것은 성경과 교리의 말씀이 선험적으로 규정될 수 있는 방식이 아니라, 다만 교회의 삶과 위기라는 직접적 상황 속에서만 규정될 수 있는 방식으로 행동을 지시한다는 것이다.

그들이 보기에, 신학의 목적은 교회가 분열하는 추세를 회복하도록 돕는 데 있다. 신학자들은 이런 교회 분열의 경향들이 주어진 시대에 어떻게 나타나는지 분별함으로써 그리고 이를 개혁하는 적합한 방식을 추천함으로써 도움을 제공해 주고 있다.

이런 제안은 개혁을 위한 지침의 자료로서 신학자들의 성경, 교리 연구에서 나타나고 있다. 탈자유주의 신학자들에 따르면, 대체주의는 오늘날 교회의 연합을 위협하는 경향들 가운데 하나다. 대체주의는 세 가지 면에서 이 연합을 위협한다.

첫째, 이는 교회에 잠재하는 이교적(heretical) 행동을 불러일으켜 교회 교리를 오해하는 것으로 나타낸다.
둘째, 잠재적 이교적 성경 해석은 잘못된 성경 해석학의 산물이다.
셋째, 교회와 이스라엘 백성 사이에 존재하던 원시교회의 분열을 강화한다.

탈자유주의적 개혁의 명시된 목적은 교회 안에 분열을 치유하는 것이고, 이 노력은 유대교-기독교 간 신학적 대화를 위한 놀라운 약속을 고수하려고 등장한다.

---

8   Van Buren, 1980, 92.

이 놀라움이란 교회를 연합시키고 기독론적 선교와 삼위일체의 교리를 재확인하는 데 몰두하는 탈자유주의 신학 역시 바로 이런 노력을 통해 다른 기독교 운동에서 비할 데 없는 방식으로 이스라엘의 종교를 재확인하는 것으로 보인다.

더 저명한 탈자유주의 신학자들은 다음과 같다.

미국: 스콧 베이더-사예(Scott Bader-Saye), 마이클 카트라이트(Michael Cartwright), 제임스 버클리(James Buckley), 제임스 표도르(James Fodor), 더글러스 해링크(Douglas Harink), 스탠리 하우어워스(Stanley Hauerwas), 케빈 휴즈(Kevin Hughes), 로버트 젠슨(Robert Jenson), 스테이시 존슨(Stacey Johnson), 그레고스 존스(Gregory Jones), 조지 린드벡(George Londbeck), 브루스 마샬(Bruce Marshall), 에프라임 라드너(Ephraim Radner), 러스티 레노(Rusty Reno), 유진 로저스(Eugene Rogers), 켄달 소울렌(Kendall Soulen), 로버트 윌킨(Robert Wilken), 데이비드 예고(David Yeago)

영국: 니콜라스 아담스(Nicholas Adams), 올리버 데이비스(Oliver Davies), 데이비드 F. 포드(David F. Ford), 다니엘 하디(Daniel Hardy), 벤 쿼시(Ben Quash)

독일: 요한 가우드(Johan Goud), 버톨드 클래퍼트(Bertold Klappert), 프리드리히 마쿼트(Friedrich Marquardt), 게하르트 자우터(Gerhard Sauter), 마르틴 슈퇴어(Martin Stöhr), 페터 폰 데어 오스텐-작켄(Peter von der Osten-Sacken)

하지만 탈자유주의 신학이 대체주의를 비평함에서 도가 지나쳤다고 생각하는 현대 신학의 또 다른 비평가들이 있다. 곧 급진적 정통주의 운동과 스스로 후기 포스트모던(post-postmodern)이라고 표현한 기독교 사회주의자들로 이루어진 좀 더 다채로운 운동에 가담한 신학자들이다.

두 운동 모두 기독론을 타자의 필요에 양도하는 윤리로 이해된 케노시스(kenosis)로 환원시키려는 포스트모던적 노력뿐만 아니라 (사랑이나 정의나 공감과 같은) 어떠한 개념적 부류 아래 기독교를 통일시키려는 근대의(modern) 노력도 비판한다. 이들에 대한 치유책은 개념적 중재자들을 그리스도의 순수한 존재성에 대해 제거하는 것이다.

교회의 관례, 특히 예배에 있어서 그리스도는 지성적 직관의 직접 대상이 되었고 따라서 개인, 사회, 교회의 관례뿐만 아니라 이성의 규율에 대한 직접적 안내가 되었다. 그리스도가 신약의 증인들에 의해 세상에 소개되는 동안, 만일 성경이 성경의 언어적 특수성이 그리스도의 진리를 이해하기 어렵게 한다면 성경은 문제가 되는 중재자로 기능할 수 있다.

성경에서 말하는 이스라엘 민족은 예수 그리스도의 이야기 속에 그 지위를 가지고 있지만, 이스라엘의 언어, 관습, 역사 등 개별적인 것들은 그 지적 증언보다는 오히려 복음의 소재적 텍스트성(material textuality)에 속하는 것이다.

게다가 그리스도의 지성(noesis)은 보편적으로 말하며, 이 때문에 유대인과 이방인 또는 유대인과 헬라인 사이에 아무런 차별도 없다는 점을 알고 있다. 그러므로 랍비유대교(Rabbinic Judaism)는 기독교 신학의 연구 안에 어떠한 특권적 위치를 차지하지 못한다.

여느 다른 민족과 같은 하나의 민족인 유대인들은 정의와 연민으로 대우받아야 하지만, 그들의 종교적 주장은—진리의 하나 되고 보편적 기준에 따르면—그들이 그리스도의 진리라는 측면들을 기대하거나 그것들과 교류하는 정도에서만 사실이다. 더군다나 랍비의 율법이 지역적 관습 이상의 것을 나타내기를 원한다면 그것은 율법을 위배하는 것이다.

지역의 특정성, 중요성이 신성한 자기 계시의 통로로서 기능하는 것을 가로막기 때문이다. 급진적 정통주의와 관련된 신학자들 가운데, 이와 같은 일반화는 존 밀뱅크(John Milbank)의 글에서 더 명백하게 나타나고 있으며 프레드릭 바우어슈미트(Frederick Bauerschmit), 필립 블론드(Phillip Blond), 윌리엄 카바노(William Cavanaugh), 마이클 핸디(Michael Handy), 데이비드 하트(David Hart), 캐서린 픽스톡(Catherine Pickstock), 그레이엄 워드(Graham Ward)와 같은 사람들의 글에서 단편적으로 제시돼 있다. 우리가 "기독교 사회주의자 후기 포스트모더니스트들"로 명명한 사람 중에서 알랭 바디우(Alain Badiou), 슬라보예 지젝(Slavoj Zizek), 필립페 라쿠 라바르테(Philippe Lacoue-Labarthe) 등이 있다.

2. 저명한 신학자들

1) 바르트와 마쿼트, 오스텐 작켄: 탈자유주의적 비대체주의로 이행

얼핏 보기에, 바르트의 비타협적 그리스도중심주의는 기독교 비대체주의를 지지하는 출처가 아니다. 바르트에게 있어서 율법이란 그리스도 안에서 성취되었고, 거기에 있는 이스라엘의 고집은 사악함의 표지다. 『교회 교의학』(*Church dogmatics*)에서, 바르트는 그리해 회당을 "현재 주어진 약속의 성취 가운데 어떤 부분도 없는

… 모든 시대의 불순종하고 우상숭배 하는 이스라엘"로 언급한다.[9] 그런데도 바르트는 가장 중요한 공로를 이스라엘의 영원한 언약이라는 탈자유주의적 기독교의 재확인으로 돌리는 것을 입증시켰다.

위쇼그로드(Wyschogrod)는 설명하기를 "성경 그대로 읽었기 때문에 [바르트는] 하나님과 인간의 관계에 있어서의 이스라엘의 중심성과 세상을 향해 기독교가 외치는 메시지를 인식하게 되었다"라고[10] 한다. 그가 인간의 말을 하나님의 말씀으로 대체하지 않기 때문에, 바르트는 전통적 유대인들이 하나님의 말씀을 배웠던 방식에서처럼 신성한 역사 속에서 이스라엘의 역할을 배우고 따라서 이스라엘의 영원한 선택을 인정하게 되었다.

> 아무 의심도 없이 유대인들은 오늘날까지 하나님의 선택된 백성이고 이는 구약, 신약에서 이야기하는 것처럼 처음부터 그들은 선택된 백성이라는 것이다.[11]
> 반 유대적(anti-Semitic)이거나 심지어 단지 비유대적(asemitic)으로 된 교회는 조만간 그 목적을 잃어버림으로써 믿음의 상실을 겪게 된다.[12]

설사 그렇다 하더라도, 선택된 백성은 그리스도가 없으면 계속해서 돌이킬 수 없는 죄 가운데 남게 된다. 요컨대, 바르트는 이스라엘의 언약을 재확인해 주거나 그 언약을 비판하는 근거를 제공해 주고 있다. 하지만 바르트의 제자들은 비난을 극복하는 한 가지 방법을 찾고, 바르트의 기독론과 바르트주의자이면서 후기 바르트주의자의(Barthian-yet-post-Barthian) 비대체주의 이론을 재확인한다.

독일에서 일어난 이런 움직임 가운데 가장 눈에 띄는 지지자들은 프리드리히 마쿼트(Friedrich Marquardt)와 페터 폰 데어 오스텐 작켄(Peter von der Osten Saken)이었다. 마쿼트는 기독교와 반유대주의 사이의 관계를 깨뜨리려고 했다. 그는 유대 역사의 한 부분으로서 예수의 삶에 관한 연구를 제안하면서, 토라에 대한 예수의 지속적인 충실함을 설명하고 있다.

위쇼그로드에 따르면, 마쿼트의 가장 위대한 공헌은 폰 발타자르의 관점에서 본 "형식적 기독론"[13]으로 이스라엘을 이해한 것이다. 이는 이스라엘의 성경적 역사

---

[9] Barth, 1936–69, II.2, 234.
[10] Wyschogrod, 1972, 111.
[11] Barth, 1954, 200.
[12] Barth, 1936–69, II.2, 234.
[13] Wyschogrod, 1992.

와 함께 기독교 신학의 연속성을 보여 주기 위한 것이다.

예를 들면, 하나님이 이스라엘 백성 안에 내재하심을 보여 주면서 어떻게 성육신이 그 자체로 유대적 개념인지 보여 주는 것이다. 마쿼트는 예수 그리스도를 거부하면서 세상이 아직 구원받지 못했고 이스라엘이 증거 하는 창조 안에서 기다리고 있다는 사실에 관심을 기울인다고 주장한다.

오스텐 작켄은 "비록 그것이 예수 그리스도를 거부할지라도, 하나님이 이스라엘의 선택을 고수하신다"라고[14] 주장하면서, 이에 필적하는 방법으로 이스라엘의 "부정"을 발전시켰다. 복음에 대한 거부로 유대인들은 반역이 아닌 "하나님을 향한 열정에 의해 결정된"(롬 10:2) 순종을 보여 주고 있다.[15]

이런 "부정"은 이방인들에게까지 구원이 연장되는 결과로 이어졌고 절대 유대인을 거부하고 있음을 암시하고 있지 않다.[16] 역사 비평 연구와 신약성경에서 반유대주의적 내용을 제거하기 위한 실용주의적 관심에 주목하게 된, 오스텐 작켄은 예수 그리스도의 유일성은 그의 경건에 있는 것이 아니라 중재적 역할에 있다고 결론을 내렸다. 예수는 이방인을 하나님과 교제하도록 이끌고 유대인을 이방인과 교제하도록 하는, 유대인과 이방인을 화해시키기 위한 메시아다. 물론 그리스도인이 되지 않으면서 말이다.[17]

더 최근에 시도한 연구에서 오스텐 작켄은 "탈자유주의"적 대의를 채택했고 바르티안 이후의 바르티안(Barthian-post-Barthian)의 기독론적 근거로서 예전적이고 성경에서 행하는 것에 초점을 맞추고 기독교 비대체주의 근거로서 성경과 예전에 관한 비교 연구에 힘쓰고 있다.

2) 린드벡과 소울렌, 마샬: 성경적이고 삼위일체적 비대체주의

비대체주의를 반대한 원형적 탈자유주의적 주장은 조지 린드벡과 한스 프라이(Han Frei)의 대화 속에서 소개되었다.[18] 린드벡은 자신의 탈자유주의 신학을 『교리

---

14 Von der Osten Sacken, 1986, 163.
15 Von der Osten Sacken, 1986, 165.
16 Von der Osten Sacken, 1986, 166.
17 Von der Osten Sacken, 1986, 58.
18 잘 알려진 대로, 린드벡의 최초 대화 상대자는 한스 프라이였는데, 프라이는 비대체주의적 특징을 갖고 있을 뿐만 아니라 탈자유주의의 주창자들 가운데 또 한 사람이다. 경제적 보고를 위해 우리는 여기서 린드벡과 젠슨의 최신 작품에 중점을 둔다. 이 책의 제14장도 보라.

의 본질』(*The Nature of Doctrine*, 1980)에서 일반 대중에게 소개했다.

그는 최근에 자신의 글에서 어떻게 탈자유주의 신학이 비대체주의를 요구하고 있는지 분명하게 알려 주었다.

논점은 다음과 같다.

첫째, 탈자유주의 신학은 현대 신학자들이 교회 내에서 분열하는 경향을 회복하도록 하는 개혁적 운동이다.

둘째, 개혁의 방법은 오직 성경으로(*sola scriptura*) 라는 개혁주의 교리를 잘못 해석하지 않기 위한 지침으로서 성경을 다시 읽는 것이다.

셋째, 이 지침은 어떻게 복음 안에서 이스라엘 백성의 변하지 않는 위치를 간과하지 않는가이다. 사실 이교도들은 하나님과 이스라엘의 영원한 언약에 관해 간과했다.

넷째, 이교도와는 상관없이, 그리스도인들은 복음을 예수 그리스도의 삶의 이야기로서 또 이스라엘의 역사 이야기로 읽을 것이다. 이는 성경의 한 본문을 읽는 것이란 성경의 또 다른 본문을 다시 읽어보는 것을 의미한다. 구상적 읽기는 복음에 있어 고유한 것이다.

다섯째, 이와 같은 방식으로 읽을 때 그리스도인들은 성경 읽기의 실천이 고전적 랍비유대교의 읽기와 비슷하다는 것을 발견하게 될 것이다. 현자 랍비에 따르면, 모든 성경 본문은 "일반적 의미"와 "해석된 의미"를 지니고 있다고 한다. 일반적 의미는 모든 독자에게 명백해야 하지만 절대 전체의 이야기를 해 주지는 않는 것이다. 정해진 시간과 장소에서 일반적 의미는 해석된 의미의 부가적 차원을 설명해 주는 것이다.

예를 들면 5세기 바빌론 시대 또는 12세기 스페인의 삶의 맥락 속에서 어떻게 토라의 명령이 규정되는지에 대한 것이다. 이와 유사하게 기독교 독자들은 복음의 일반적 의미가 새로운 의미를 모두 드러낸다고 알게 될 것이다.

예를 들면, 어떻게 4세기의 로마 또는 17세기의 독일에서 그리스도의 삶을 모방하는지에 관한 것이다.

여섯째, 이와 같은 방식으로 글을 읽는 그리스도인들은 성경을 그리스도의 삶을 배우고 연구하는 지침으로서 성경을 읽을 것이다.

이 지침이 현대 삶의 패턴과 연구에 도전을 주고 있음을 알게 될 것이다. 프라이가 『성경의 서사성 상실』(*the Eclipse of Biblical Narrative*)에서 언급하고 린드벡이 『교리의 본질』(*the nature of Doctrine*)에서 주장했듯이, 이 지침은 어떠한 가치를 표현하는 것으로서 또한 성경 이야기에서만 독립적으로 다루어질 수 있는 어떤 신념을 나타냄으로써 성경 본문을 읽는 현대적 성향에 도전장을 내미는 것이다.

이런 방식으로 읽는 것은 어떠한 상징을 숭배하는 것이고 마치 성경의 이야기가 상징의 파생물이라고 생각하는 것이다. 그러므로 마치 그리스도인의 삶은 그리스도의 삶과 이스라엘의 삶의 세세한 이야기들과는 독립되어 권위적인 것으로만 실행될 수 있다. 린드벡의 관점에서, 이런 현대적 경향들은 이중적 측면에서 이교적이다.

먼저 그들은 신성한 권위를 상징과 성경에서처럼 드러나지 않은 그리스도의 삶이라고 알려진 명제에 부여한다. 두 번째로 상징과 명제는 이스라엘의 삶에서 예수 그리스도의 삶에 관한 이야기 배경을 가리고 있기 때문이다. 그것들이 스스로 자유주의적 아니면, 정통주의적으로 표현되든지 간에, 그러한 경향성은 결국 구원의 역사에서 이스라엘의 지위를 가린다.

일곱째, 이런 현대적 경향에 대한 수정조치로, 린드벡은 교리적 개혁을 제안했다. 곧 오직 성경으로(*sola scripura*)라는 개혁주의 교리는 반드시 비대체주의를 포함하고 있어야 한다는 것이다. 이는 린드벡의 탈자유주의 신학의 가장 의외의 주장으로 이어진다. 가톨릭-프로테스탄트 간의 분열을 회복하기 위해, 탈자유주의 개혁가들은 유대교-기독교 간의 분열을 먼저 회복할 필요가 있다고 한다.

이는 이방인 교회와 이스라엘 백성의 언약을 의미하는 것이 아니라 오히려 예수 그리스도의 복음이 이스라엘의 언약이라는 성경적 이야기의 연속성과 성경을 다시 읽는 것을 통해 해석된 것이다. 이는 가톨릭과 프로테스탄트들이 예수 그리스도의 몸에 참여하는 공통된 수단을 재발견하는 것을 통해 해석학적으로 설명이 된다. 이런 해석을 통해, 그리스도인들은 어떻게 랍비유대교가 이스라엘의 성경적 이야기의 연속성과 비교할 만한 다시 읽기를 제공해 주는지를 알게 될 것이다.

『이스라엘의 하나님과 기독교 신학』(*the God of Israel and Christian Theology*)에서 켄달 소울렌은 탈자유주의적 비대체주의를 옹호하는 자신의 논변들을 소개했다. 곧 성경 전체의 명백한 의미는 이스라엘의 하나님으로서 하나님의 정체성이 유대 민족의 선택을 떼놓고 생각할 수 없다고 가르친다는 것이다.

그런데도, 소울렌에 의하면 기독교 신학은 전통적으로 하나님과 이스라엘의 상호 작용에 죄와 구원의 경륜 내에서 초보적 기능을 부여해, 그리스도 안에서 하나님의 구속 사역의 전조가 되게 했다. 이는 이중으로 불행한 결과다. 다른 한편 그리스도인들은 유대인과 이방인 사이의 차이를 그리스도의 구원 목적을 이루는 수단으로 이해했다. 그 이후에 유대인의 존재는 하나님의 계획에서 어떤 의미가 모자라게 되었을 것이다. 또 다른 면에서 그리스도인들은 "창조와 완성"이라는 주제를-이스라엘의 이야기를 죄로부터의 불완전한 구원의 하나로 해석하면서 죄로부터의 구원이라는 성경적 주제에 부합하도록 하는 경향이 있다.

반복되는 잘못된 해석의 결과는 "존재론의 수준에서 영지주의를 반대하지만, 언약의 역사적 수준에서는 거부하지 않는" 기독교 사상의 반(反)영지주의적 왜곡이다.

> [영지주의] … 창조의 내재적 선하심을 무효로 하고 그리스도의 구원을 창조 질서에서 온 구원으로서 잘못 해석하는 것이다. [기독교 대체주의]는 그리스도의 구원을 이스라엘과 하나님의 역사로부터의 구원으로 잘못 해석하고 있다.[19]

이런 내용에 반해, 소울렌은 열방의 축복을 위해 하나님이 이스라엘을 선택하셨다는 정경 전체의 이야기라는 관점에서 표현된, 창조와 완성의 더 큰 경륜 안에서 죄와 구속의 경륜을 재 상황화 한다. 하나님이 완성하시는 사역의 성취와 끝은 이스라엘과 열방들 사이의 차이를 무효로 하는 것이 아니라 "상호 관계"와 샬롬(욥 5:22-24; 시 29:1; 128편)이라 불리는 상호 의존적 관계로 이끈다.[20]

이런 맥락 안에서 소울렌은 그리스도를 이스라엘을 위한 하나님의 초기 구원 사역의 결정적 요소로서 묘사하고 있다. 이는 이스라엘뿐 아니라 유대인과 이방인 사이의 상호 축복을 위해서다. 요약하면 이렇다.

> 기독교는 인간 창조의 완성자로 이스라엘과 열방과 하나님의 역사가 하나님의 영원한 매개체임을 인정해야 한다. 그리고 그것은 예수 그리스도에 대한 복음의 영원한 맥락 안에 있는 것이다.[21]

더 최근에 쓰인 글에서, 소울렌은 "구원의 완성 경륜"이라는 자신의 논제를 삼위일체의 비대체주의적 교리의 결과를 분석하면서 확장했다.[22] 린드벡과 젠슨의 최근 연구에 동조해 소울렌은 하나님을 나타내는 YHWH 4자가 예수 그리스도가 기도한 하나님의 이름에 남아 있다고 했다. 그는 그리스도인들이 어떤 면에서 "YHWH는 삼위일체 하나님"이라는 사실을 언제나 긍정하지만, 구약과 신약의

---

19 Soulen, 1996, 110.
20 Soulen, 1996, 131.
21 Soulen, 1996, 110.
22 Soulen, 2003.

틀에 따라서 YHWH이신 하나님의 정체성이 과거에 사라졌다는 결과를 가지고 이런 주장을 두 가지 측면으로 해석했다.

이것을 대신해서, 그는 그리스도인들이 두 가지 측면의 언급이 과거와 현재와 미래에 관해 이야기하고 있다는 결과와 함께 "YHWH는 삼위일체 하나님"이라는 고백을 "예수는 그리스도"라는 논리에 따라 해석한다고 주장했다.[23]

『삼위일체와 진리 안에서』(In Trinity and Truth)와 관련된 글에서, 마샬은 비대체주의에 대한 탈자유주의적 논쟁을 옹호하고 명확하게 하려고 분석철학의 도구를 사용했다. 그는 소울렌과 함께 "대체주의를 막는 삼위일체 신학의 필요성에 관해 동의한다." 그러면서 그는 이것을 이루는 약간 다른 수단을 제시한다.[24]

마샬의 관점에 따르면, 소울렌은 "이스라엘의 하나님"과 "삼위일체 하나님"이라는 두 가지 정체성이 하나이며 같다는 의미로 "이스라엘의 하나님은 삼위일체의 하나님이다"라고 주장했다. 철학적 이론에 근거해 마샬은 이런 정체성이 "같은 독립체"를 가리킨다고 생각했을지 모르지만, 다른 "의미"를 지닌다고 주장했다. 교회는 이스라엘의 하나님과 삼위일체 하나님을 경배한다고 동의하면서, 마샬은 이스라엘이 이스라엘의 하나님을 예배할 때, 이것은 삼위일체 하나님을 예배하는 것이 아니고 이스라엘이 이스라엘의 하나님으로서 삼위일체 하나님을 인정하지 못할 때 이스라엘 하나님을 예배하는 데 실패한 것이라고 주장하고 있다.

두 경우 모두, 예배는 우리 신학자들이 한 분 하나님을 가리키는 것으로 알고 있는 다른 정체성들(identities)에게 향하게 된다.[25] 사실 좀 더 근자에, 소울렌은 비슷한 접근 방식을 제안했는데, 예를 들면 주기도문에서 "우리 아버지"와 "그분의 이름"(YHWH)이라는 단어는 "예수의 하나님 신분이라는 서로 해석해 주고 절대로 필요한 양극(two poles)을 가리킨다."[26]

3) 젠슨과 바더-사예: 구현된 교회와 교회적 비대체주의

로버트 젠슨(Robert Jenson)에 따르면, 신학이 지속해서 해야 할 일이란 교회가 교회적 연합을 회복하도록 돕는 것이다. 하지만 현대 신학은 이와 같은 일을 할 여력을 잃어버렸다. 이유인즉 현대 신학 자체가 그리스도의 실제적 몸인 교회의 삶-복

---

23 Soulen, 2003, 52.
24 Marshall, 2001, 236, n. 3.
25 Marshall, 2001, 236, n. 3, 262-3.
26 Soulen, 2003, 31.

음 연구와 예배의식에서부터 일상적 죄의 행위와 신앙적 행위에 이르기까지-에서 분리되어 있기 때문이다.

젠슨은 현대 신학이 이런 실제적 행위 대신에 개념과 이론에 관심을 기울였다고 한다. 이렇게 경고하면서, 젠슨은 역사, 성경 그리고 이스라엘의 언약에 대해 그가 관심을 기울이는 기독론적 뿌리가 무엇인지 보여 주고 있다.

기독교 신학이 그리스도의 몸을 기념할 때, 이스라엘 역시 기억해야 한다는 것이다. 왜냐하면, 그리스도의 몸이란 유대인의 몸을 입고 오신 예수("부활하신 유대인, 나사렛 예수)이기 때문이다.[27] 그리고 육신이 된 말씀 역시 토라의 말씀("토라가 되었고 토라이신 육신)이기 때문이다.[28] 그리고 육신이 된 토라는 성육신하신 이스라엘의 하나님이기 때문이다. 따라서 예수 그리스도의 복음 또한 이스라엘의 이야기를 읽는 것이기 때문이다.

젠슨에게 있어, 현대 기독교의 개념들에 대한 의존은 그리스도의 체현된 삶을 막고 있으므로 이스라엘의 삶을 가로막고 있다. 근대 이전의 교회 전통에서 벗어나 현대 신학을 보수하기 위한 최근의 노력들을 극찬했지만, 젠슨은 현대 개념론(conceptualism)으로의 선행조건이 거기서, 또한 삼위일체 신학을 초시간성(timelessness)과 완전성의 그리스 존재론에 맞추려는 일부 교부와 중세의 경향들 안에서 발견될 수 있다고 경고한다.

이것들은 육체 없는 영혼의 존재론이며, 기독교 신학이 육을 잃어버릴 때 그리스도의 몸을 보수하도록 돕는 능력을 상실한다고 그는 주장한다. 따라서 삼위일체에 대한 믿음은 신성한 위격들의 어떤 **숫자**에 대한 것이 아니다. 기독교 신앙은 근본적으로 하나님이 예수 그리스도로 성육신하신 것인데, 이는 신약과 구약이 하나님에 대해 말하고 있는 것 외에 우리가 알고 있는 다른 어떤 특징도 하나님에게 없다는 것을 믿는 것이다.

> 삼위일체 교리는 다만 [이집트에서 이스라엘을 건지신] 하나님이 죽은 자들로부터 그의 종들 가운데 한 사람을 일으켰다는 일반적 부활에 앞선다고 믿는 상황에 대한 이스라엘의 신앙을 설명할 뿐이다.[29]

---

[27] Jenson, 1982, 13.
[28] Jenson, 1982, 12.
[29] Jenson, 1997, 63.

요컨대, 신학은 존재의 영원한 진리에 대한 것이 아니라, 이 세상에서 하나님과 교회를 결속시키는 관계에 대한 것이다.

예언적이고 신비적 환상을 제외하고 그러한 관계는 이 세상 속에서 우리의 눈에 보이는 가시적인 것이다. 젠슨은 교회와 하나님의 관계가 영원(eternal)하지만 초시간적(timeless) 관계는 아니라고 한다. 이스라엘의 하나님 영원성은 역사적 시간으로 들어오는 영원성이기 때문이다. 그것은 이스라엘과 하나님의 언약을 거쳐 들어오는데, 그 열매들 가운데 하나님이 이스라엘을 노예의 신분에서, 따라서 죽음으로부터 구속하신 것이 있다. 또한, 그것은 나사렛 예수 안에서 하나님의 성육신을 거쳐 들어가는데, 그 열매들 가운데 제3일에 발생한 예수의 부활이 있다.

『기독교 세계 이후의 교회와 이스라엘』(The Church and Israel After Christendom)에서, 스콧 베이더-사예는 교회 자체의 교회론과 정치학에 관한 비대체주의의 결과를 탐구한다. 그는 그리스도인들이 구원의 경륜 안에 이스라엘의 언약 위치를 막으려고 노력하면서 어떤 교리들을 왜곡시켰는지를 묻는다.

만약 기독교가 유대인이 몸으로 구현된 그리스도를 기억하기 시작한다면, 교회의 삶은 어떠한 차이를 만들어낼 것인가?

베이더-사예의 가장 괄목할 만한 결론은 교회 안에서 선택과 공동체의 위치에 관한 것이다. 엄격히 말해서 그는 유대교의 내용과 선택이라는 공동의 신학에 반대하는 답변으로 주장했다. 교부들은 "개별화되고 영적인" 육체와는 구별된 사회의 "정신"(영혼)으로서 교회 교리를 양성했다.

하지만 그것이 더 이상 "유대인의 몸"에 이런 식으로 저항하지 않을 때, 교회는 정치적 조직으로서 자신의 정체성을 개선해가는 가운데, 이제 교회 자체의 선택에 대한 공동체적이고 물질적 차원들을 인식해야만 한다.[30] 이것은 물론 여러 국가의 정치학과는 다른 정치 조직이 될 것이다.

베이더-사예는 주의주의(voluntarism)와 현대 국가-거기서 자유는 선택을 의미하고 폭력은 세상에 필요한 방식과 연관된다-의 폭력을 선택된 자들의 자유와 비폭력의 특색을 갖춘 교회의 정치적 증언과 대조시킨다.

그는 에베소서 제2장을 다음과 같이 읽는다.

---

[30] 베이더-사예는 데이비드 노박(David Novak)과 마이클 위쇼그로드(Michael Wyschogrod)의 글에서 유대인의 선택에 대한 자신의 이해를 끌어낸 다음, 이런 이해를 교회의 선택에도 확대한다.

하나님의 언약에 있어서 이스라엘과 교회의 연합에 대한 놀라운 증거는 다음과 같다. 예수 그리스도를 모른 채, 이스라엘과는 상관없이, 약속의 언약에는 생소한 채로 이방인인 당신이 태어나던 때에 하나님 없는 세상에서 어떠한 희망도 없지만, 그리스도 안에서 당신은 아득한 저편에서 그리스도의 피로 말미암아 오게 되었다.[31]

베이더-사예는 교회는 이스라엘과 함께 하나님의 선택된 사람들로서, 하나님의 이스라엘 선택을 모든 참된 정치를 세우는 행위로써 증언하면서 … 선택의 정치를 구현하라고 부름받았다라고 결론을 내린다.[32]

4) 요더와 카트라이트, 하우어워스: 비폭력적 교회는 유대인들과 어떻게 관계할 것인가?

메노파 신학자인 존 하워드 요더(John Howard Yoder)는 그의 생애 후반기에, 탈자유주의적 비대체주의의 범위와 한계를 모두 보여 주는 유대교-기독교 간의 관계를 연구했다. 그의 사후에 출간된 『유대교-기독교의 분열에 대한 재고』(*The Jewish-Christian Schism Revisited*)는 비대체주의에 반대하는 주장을 다음과 같이 발전시킨다.

유대교-기독교 간의 분열은 고전적 기독교가 바벨론 유수 때에 이스라엘의 신학에 따라 요약되기 때문에 분열될 필요가 없었다는 것이다. 요더가 보기에, 이 신학은 예레미야의 "보냄을 받은 도시의 평화를 빌라"(렘 29:4-7)는 권고에 정확히 담겨 있다. 즉 이 도시는 바벨론 유수 때에 거주하던 도시를 가리킨다. 한편으로는 분열이 있을 필요가 없었다. 왜냐하면, 콘스탄틴주의와 반유대교에 의해 오도될 때까지, 기독교는 바벨론 유수 때의 유대교에서 그 모델을 찾았기 때문이다.

예레미야 이후에, 이 유대교는 요더가 초기 랍비유대교의 평화주의적 종교 추구에 땅, 왕, 성전과 제사장이 없다고 간주한 것으로 요약되었다. 다른 한편, 그것은 분열이 있을 필요가 없었다. 왜냐하면, 이런 유배 윤리와 더불어, 랍비들이 기독교의 반유대주의에 반대하면서 보편적 개종주의의 관행을 폐기하고 유대교를 민족 특정 종교로 재정의할 때까지 초기 랍비유대교는 기독교와 완전히 일치했기 때문이다.

이 과정에서 현자 랍비들은 그들의 더 깊은 유배 선호사상을 약화하고 성지(the Land)에 기반을 둔 유대교의 유토피아적 모델을 채택해 유대교 신정국가로 통치했다. 바꿔 말하면, 고전적 기독교와 유대교는 이는 급진적 재세례파 기독교와 유배

---

[31] Bader-Saye, 1999, 112.
[32] Bader-Saye, 1999, 148.

유대교인 비시온주의자들의 목표를 예측했던 하나의 유배 신학을 공유할 **가능성**이 있었다.

요더의 선집을 편집했던 마이클 카트라이트(Michael Cartwright)는 기독교 대체주의에 대해 요더가 제시한 대안의 약점과 장점에 관한 논평을 첨가했다. 가장 큰 장점은 요더가 쇼아 사건에 대한 반응에서가 **아니라** 그리스도인들이 기독교를 이스라엘 없이 이해하게 될 때, 성경을 읽을 능력을 잃어버렸기 때문에 유대-기독교 간의 관계를 재고했다는 것이다.

요더에게 있어서, 급진적 종교개혁은 이미 그리스도인들에게 이런 능력의 회복을 위해 시험 결과 믿을 만한(tried and true) 한 모델을 제공했다. 왜냐하면, "16세기 재세례파는 '신약성경이 구약성경의 연장과 발전으로 읽혀야 한다고 주장했던 종교개혁자들 가운데 유일했기'" 때문이다.[33] 하지만 요더의 주장 역시 큰 약점을 드러낸다. 카트라이트가 보기에, 이것은 성경의 의미를 과도하게 결정하려는 풍조인데, 이스라엘의 전체 담화의 역사 의미를 명백한 용어로 확인할 수 있다고 주장한다는 것이다. 요더가 보기에, 이런 의미는 예레미야 제29장에 나타나는데, 그것은 땅 중심적 민족에서 유배, 평화주의 그리고 보편적 섬김으로 규정된 민족으로 이스라엘의 "예레미야적 선회"(Jeremianic turn)의 원형으로 읽힌다.

이 "선회"의 위치를 제2성전과 랍비유대교의 한 요소로서 인정하면서, 카트라이트는 이 한 부분을 전체로 일반화함으로써 유대교의 다른 모든 차원을 제거하려는 요더의 노력에 문제를 제기한다.

그러한 제거는 대체주의자들의 독서를 보여 주는 오랜 표징이다. 카트라이트의 관심은 "[요더가] 보여 준 해석학적 논리가 유대교-기독교 간의 대화를 조성하고" 대체주의를 극복하려는 "그 자신의 목표에 모순된다는 점이다."[34]

요더의 재세례파식 개혁을 모방하면서, 스탠리 하우어워스(Stanley Hauerwas)는 요더가 기독교 보편주의의 두 가지 잘못된 모델이라고 생각하는 것을 반박했다. 두 모델은 세속 권력의 상황에 교회를 순응시키는 콘스탄티주의 모델과 그리스도를 본받음을 분리된 일군의 보편화 될 수 있는 도덕적 원리들에 대한 순종과 동일시하는 현대 자유주의의 모델이다.

콘스탄틴주의 모델에 맞서, 그는 요더와 더불어 기독교란 "나라들을 반대"하고 "세속 권력의 도구를 통해 세속 권력을 추구하는 것을 반대하는" 예수의 가르침에

---

33 Yoder, 2003, 109.
34 Cartwright, 2003, 218.

대한 증언이라고 주장한다. 현대적 모델에 반대해, 그는 다시 요더와 더불어 예수 그리스도 한 분의 인격이 그리스도를 따르는 것이 무엇을 의미하는지에 대한 범례라고 주장한다.

그리스도가 누구인지를 배우는 것은 복음의 증거를 연구하고 그리스도의 몸을 나타내는 성찬과 사회적 관습을 함께 공유하는 것이다. 하우어워스는 요더와 함께 성경을 행동하도록 지시하는 원천으로 읽지만, 이런 지시사항이 어떠한 별개의 [도덕적이거나 기독교적인] 원리들 일치하는 것이 아니라 [그리스도를 본받는 데 있어] 미덕의 삶을 형성할 수 있는 능력이 있는지를 검토한다. 분명히 누군가는 모범이 되는 그리스도인의 삶에 대해 실패냐 성공이냐를 판단할 필요가 있다. 하지만 하우어워스는 그러한 판단을 교회라는 살아 있는 공동체에 의존하는 데, 이는 공동체가 교회의 전통들을 수용하고, 그 시대의 도전들에 맞서 그것들을 검토하기 때문이다.

이런 식으로 그는—요더가 의지한 것처럼—하나의 판단할 수 있는 규율, 합리성과 미덕의 구체적 원리로 잘 알려진 합리적 일관성에 의존할 필요가 있음을 반박한다. 그렇게 함으로써 하우어워스는 요더의 자유주의 신학에 대한 비평에 한 걸음 더 나아가는 것으로 보인다.

다시 말해 교회의 권위와 관계가 있는 것으로서뿐만 아니라 기독교 신학의 추론 실제에 대한 원형으로서 성경으로 돌아가는 것을 말한다. 요더가 성경을 다양한 ["예레미야적 선회"와 같은] 개혁적 **원리들**에 대한 권위 있는 출처라고 칭했던 곳에서, 하우어워스는 성경적 [예전적] 관례를 더 예측 불가능하고 특정 맥락적 판단의 생산 능력이 있는 출처로 연구하는 제자들을 양성했다.

하우어워스의 실천은 비대체주의에 대해 직접적이고, 간접적 두 가지 방향을 만들어낸다. 간접적 방향은 그가 개념주의에 대해 비판한 데서 시작된다. 그는 요더가 그리스도인 됨과 유대인 됨의 "필수적" 덕목들을 분리해야 한다고 강요했던 만큼 멋지게 그럴 필요가 없다고 주장한다. 왜냐하면, 그러한 덕목들은 오직 그리스도인 성도들이 살았던 삶 속에서만 드러나고 제자들의 공동체인 교회의 심판을 통해 검증되기 때문이다.

기독교의 "본질"이 일군의 보편적 원리들을 통해 규정될 때, 기독교와 유대인의 정체성 사이의 관계는 예측 불가능한 성경적 요구들보다는 예측 가능한 철학적 배중률(law of excluded middle)에 의해 결정될 것이다.

유대교의 정체성은 기독교의 정체성에 동화되거나 비기독교로 미리 규정되기에 인류의 보편적 원리들에 상반되는 것이다. 이것들은 고전적 대체주의에 의해 제기된 선택 사항들이다. 비대체주의에 대한 하우어워스의 간접적 방향은 복음서 담화로 시작된다. 하우어워스는 다른 탈자유주의 신학자들과 더불어 이스라엘의 언약을 대신하는 그리스도를 본받음(*imitatio Christi*)의 관례에서 아무것도 찾지 못한다.

이스라엘의 삶이 언제나 예수 그리스도의 삶의 일부분이기 때문에, 신학자들은 단지 언제 어디서 이것이 잊혔는지 모르지만, 그 사실을 분리할 필요가 있다.[35]

5) 하디와 포드: 비대체주의로 가는 성령의 길인 영국 성공회의 탈자유주의

린드벡과 프라이가 나눈 대화는 "예일 학파"의 탈자유주의를 설명하는 데 도움이 됐던 것처럼, 다니엘 하디(Daniel Hardy)와 데이비드 F. 포드(David F. Ford)가 나눈 대화는 비대체주의에 대해 서로 다르지만, 상호 보완적 방향을 취하는 영국 성공회의 탈 자유주의의를 설명하는 데 도움이 되었다.

루터파 탈자유주의 신학자들이 현대 기독교 신학을 보수하기 위한 조건으로 오직 성경(*sola scriptura*)을 개혁하고자 하고, 자유교회 소속의 탈자유주의 신학자들이 그리스도 중심의 관례에 더 날카로운 초점을 부가하는 반면, 영국 성공회의 탈자유주의 신학자들은 성령론에서 최고의 방향을 끌어낸다. 그들은 "성경으로 돌아가는 것"에 공유하지만, 언제나 성경을 "성령과 함께" 읽는다.

하디와 포드가 보기에, 자유주의 개념론은 교회를 성령론적 삶에서 분리함으로써 오류를 범한다. 성령론을 회복하는 것은 하나님과의 직접적 대면과 별개로 제공되었을 때, 신학적 주장들이 단지 개념적 구성물에 불과하다는 것을 인식하는 것이다. 하지만 하디와 포드는 그러한 만남이 반드시 두 가지 방법으로 훈련되어야 한다고 충고한다. 한편으로 하나님의 임재에 대한 직접적 언급들은 엄격하게 예증적이어야 한다. "하나님이 여기 계시다"는 주장은 대면되는 것에 대한 성상의 표상(iconic representation)이 없어야 한다.

다른 한편으로 그런 "지적"(pointing)은 적절한 것으로 다루어질 수 없다. 신학자들은 하나님에 대해 정보를 제공하는 무엇인가를 언급해야만 한다. 이런 두 가지 규율을 합하는 것은 신학적 주장들이 단지 믿음과 실천으로 받아들여진 전통의 맥

---

[35] 예를 들어 하우어워스는 망각(the forgetting)에 대한 답변으로 그의 연속 출판물인 *Radical Traditions: Theology in a Postcritical Key*를 기독교 신학뿐만 아니라 비변증적 유대교, 이슬람 신학을 출판하는 데 헌정한다.

락 안에서 그런 만남을 해석하는, 일시적으로 확장된 추론 과정의 산물로서만 제안될 수도 있음을 의미한다.

이런 "받아들여진 전통"은 사회정치적 모든 세부 사항들 안에 있는 기독교의 성경 해석, 교리적 숙고, 예전 의식과 구원사의 축적된 기록을 포함한다. 그러한 만남을 "해석하는" 것은 특정한 교회의 친교와 역사적 순간과 연관 지어 그것들을 읽는 것을 의미한다.

하디와 포드에 따르면, 이런 성령론적 규율에 인도를 받은 신학적 주장들은 상대주의를 불가능하게 한다. 왜냐하면, 신학적 주장들 자체가 신적 임재와 특정 기독교 공동체 사이의 어떤 실제적 관계의 표지기 때문이다. 이런 주장들은 또한 오류를 범하기 쉬운 해석의 과정과 관련되어서만 하나님에 대한 긍정적 주장을 해서 교조주의를 불가능하게 한다.

그러므로 영국 성공회의 탈자유주의에 대한 부정적(apophatic) 차원이 있지만, 그것은 급진적 부정(apophasis)은 아니다. 우리가 하나님을 알게 된 방식은 형식적으로 우리가 "거기 밖에 다른" 어떤 것을 알게 된 방식과 다르지 않다.

우리는 모든 감각과 관계와 접촉하는 **만남**을 통해서만 다른 어떤 것을 알고 있다. 이런 의미에서, 하디와 포드는 "지혜 성령론"(sapiental pneumatology)-세상에서 우리의 삶과 관련해 하나님에 대한 지혜로 가는 길-에 동의한다. 지혜 성령론은 비대체주의에 대한 두 가지 상관적 경로, 곧 관계적(relational)이고 인식론적(epistemological)인 경로를 만들어낸다. 관계적 경로는 삼위일체 하나님에 의해 양측의 모든 관계가 또 다른 제3자에게 공개될 것을 기대하도록 인도되는 것이다. 다시 말해서, 아버지께로 이끄는 말씀이 또한 성령에게 열려 있게 할 것을, 사랑하는 공동체 역시 다른 공동체들에 열리게 할 것을, 어떤 신학적 개념도 그것 자체가 목적이 아니라 또 다른 것에 개방됨이라는 것을 기대하도록 한다.

인식론적 경로는 성령에 의해 하나님과의 모든 만남을 수반하는 신비로 그리고 각각의 신비에 의해 개방된 끝없는 발견의 활동으로 인도되는 것이다. 관계적 관점에서, 이런 "끝이 없음"(endlessness)은 단순한 형체 없음(formlessness)이 아니라, 세 부분으로 이루어진 관계의 끝없는 반복이다. 거기서 모든 발견("X는 Y다.")은 그것과 관계하는 제3자에 열려 있다.

곧 "'X는 Y다.'라는 것이 Z(와 관련이 있다)이지만, 'Q는 Z이다.' 등이다." 그래 지혜 성령론은 인식론적 관용을 낳는다. 즉 기독교 신학자들은 하나님의 삼위일체적 정체성을 발견하지만, 그들은 다른 만남에 대한 다른 증거들로부터 더 많은 것을 배우는 것을 가로막는 정확성과 궁극성을 지닌 정체성을 인식하지 못한다.

하디와 포드가 보기에, 기준은 있지만 언제 어떻게 이런 증거들이 나타날지를 규정해 줄 만한 명석 판명한(clear and distinct) 공식은 절대 없다.

이 기준은 하나님의 정체성을 각각 설명하는 "희미한 가장자리"에서 형성이 된다. 그 결과 하나님의 정체성에 대한 각각의 특성은 이미 보인 것(또는 그래서 교리적인 것)과 모순되는 가능성에 여전히 닫혀 있고 아직 보이지 않은 새로운 차원에 여전히 개방되어 있다.

하디와 포드의 유대교에 관한 연구는 두 가지 성령론적 경로를 반영한다. 한 경로에 따르면, 그리스도이신 말씀(the Word)은 그리스도의 유대인 몸 안에 체현되었는데, 그 몸은 토라인 말씀과 관계하면서 살고, 토라는 이스라엘 백성의 삶 속에서 드러난다. 그러므로 그리스도인들은 만일 그들이 유대인과 토라를 알게 되면 성육신하신 그리스도에 대해 더 많이 알게 될 것이다. 나머지 다른 경로는 더 예측할 수 없는 결과들로 이어진다.

이 성공회 신학자들은 신적 임재에 대한 설명이 자신들의 설명과 여러 면에서 겹치는 유대인들을 **공교롭게도 만났을지 모른다**. 만일 그렇다면, 이 유대인들과 그리스도인들이 어떤 형태의 신학적 대화를 모색한다면 그리 놀라운 일은 아닐 것이다. 만약 이 대화가 성경 연구를 포함한다면, 이 그리스도인들이 그들의 성경 전통이 유대인들의 영원한 언약을 존중한 방법을 발견한다면 그리고 한 걸음 더 나아가 이 유대인들이 그들의 성경 전통이 이스라엘의 하나님에 대한 기독교의 증거를 존중한 방법을 발견한다면 그것은 그리 놀라운 일은 아닐 것이다. 이런 경로들은 또한 하디와 포드가 신학적 대화를 유대교 공동체를 뛰어넘어 확장하도록 이끌었다. 그들은 성경적 사고 협회(Society for Scriptural Reasoning)의 공동 설립자인데, 이 기관은 유대교와 기독교의 성경 학자들과 해석학 학자들뿐만 아니라 모슬렘 사이에서 신학적 대화를 장려한다.[36]

6) 밀뱅크와 급진적 정통주의: 탈자유주의적 비대체주의에 대한 도전들

급진적 정통주의 운동의 창시자인 존 밀뱅크는 탈자유주의적 비평과 여러 면에서 겹치는 현대 개념론에 대한 비평을 제시한다. 하지만 그는 탈자유주의 신학의 대체주의에 대한 철저한 비판을 공유하지 않고 있어, 대체주의에 대한 두 운동의 불일치

---

[36] 다음을 보라. *Journal of Scriptural Reasoning*, www.etext.lib.virginia.edu/journals/ssr/.

가 또한 성경적 담론의 권위에 대해 조금은 덜 분명한 불일치를 암시할 수도 있다.

밀뱅크의 최근 은사 신학은 이렇게 불 일치하는 점들에 대한 한 가지 실례를 제시한다. 밀뱅크가 보기에, 신적 은사에 대한 그리스도 중심적 이해만이 신과 인간의 교류에 대한 현대적 설명과 포스트모던적 설명에 들어있는 약점을 바로잡는다. 그는 두 가지 설명이 만일 "하나님"이 존재 그 자체의 선물을 기부하는 자를 말한다면, 하나님의 완벽하게 베풀어 주심은 호혜성과 양립할 수 없다.

그 결과 인간과의 실제적 관계와 양립할 수 없어야 한다는 같은 순수주의적 가정에 의해 오도되었다고 주장한다. 근대의(현대적인) 설명은 민속사회 안에 있는 선물 교환에 관한 인류학적 연구들로 대표된다고 그는 말한다. 여기서 한 선물은 적당히 지연된 후에 기부자도 역시 답례로 선물을 받을 것이라는 암묵적 가정과 함께 제공된다.

현대주의자들은 선물을 주는 것이 불가피하게 호혜적이기 때문에 그것은 엄밀히 인간적인 일이어야 한다고 결론을 내린다. 우리는 우리 자신의 존재에 대해서만 알고 있기 때문이다. 하지만 포스트모던주의자들은 이렇게 아는 것조차 알지 못하는 것이라고 주장한다.

예를 들어 데리다(Derrida)는 근대의 설명이 모든 선물 제공에 존재하는 기만을 드러낸다고 주장한다. 한편, 어떤 선물이라도 어떤 형태의 이기심과 함께 온다. 다른 한편으로 우리는 선물 없이 지낼 수 없다. 왜냐하면, 주고 싶은 욕구가 "윤리적 충동 자체"이고 인간 사회가 그것 없이는 기능할 방법이 절대 없기 때문이다.[37] 데리다가 보기에, 결론은 인간 사회가, 주는 것이 주는 것이 아니라는 모순과 기만을 살아야 한다는 것이다.

밀뱅크가 이해한 바에 따르면, 레비나스(Levinas)와 같은 포스트모던 신학자들은 데리다가 추론한 결과들을 법제화했다. 곧 하나님만이 선물 수여자이지만, 우리가 존재라는 하나님의 선물을 주어진 것으로 혹은 존재로 알 수 없으므로, 우리는 오직 우리와 다른 사람들과의 관계의 비존재(non-being) 안에서만 그것을 만난다.[38] 그러나 밀뱅크는 레비나스가 "타자"라고 부르는 것이 결국 오직 내 안에 투영된 "나"(I)의 대상을 나타낼 수 있을 뿐이고, 따라서 진실로 자기 중심주의를 방해할

---

[37] Milbank, 1995, 30.
[38] 장 뤼크 마리용(Jean-Luc Marion)은 이 지점에서 레비나스의 급진적 부정주의(apophaticism)를 비판한다. 하지만 밀뱅크가 불쾌하게 언급하자, 마리용조차도 선물, 즉 존재를 뛰어넘는 선물은 받을 때 "대우(reception)와는 무관하게" 제공되어야 한다고 결론짓는다.

수 없다고 주장한다.³⁹

순수한 선물로 도달한 것만이 그것을 이룰 수 있다고들 한다.⁴⁰ 그리고 순수한 선물은 오직 그리스도 안에서만 계시가 되었는데, 그 안에서 하나님의 사랑이라는 선물은 순수하며 상호적이다.

"우리에게 주어진, 육체를 입은 하나님 자신의" 성만찬 "선물"은 "언제나 앞서는 선물 교환의 선물"인데, 그것은 아버지와 아들 사이에, 스스로 존재(Being)와 존재자들(beings) 사이에 그리고 그리스도와 교회 사이에 이루어지는 사랑의 교환이다.⁴¹ 그리해 그리스도에 참여함으로써 인간은 받는 것뿐만 아니라 주는 선물을 받는다.

밀뱅크는 "이스라엘의 율법"과 그리스 정치철학 모두가 이기주의(egoism)를 초월하는 베푸는 능력을 갖추고 있다고 간주한다. 이스라엘은 하나님이 이스라엘에 제한 없이 주는 것을 이해했다. 그 결과 이스라엘 역시 제한 없이 자신을 하나님께 드릴 수 있었고 베풂에 있어, 다른 사람들에게 "순전한 용서"(sheer forgiveness)를 공개한다.

하지만 밀뱅크는 이스라엘이 이런 용서를 모세의 "피 언약" 안에 있는 다른 유대인들을 포함해 이스라엘 내에만 국한했다고 주장한다. 바울은 그리스도 안에서 이 피 언약과 거기에 수반되는 용서가 모든 인류에게 확장된다는 점을 보여 주었다. 즉 "인간들 사이에 이루어진 무한한 교류와 ⋯ 언약으로 맺어진 '한 피'의 이야기에 대한 완전한 깨달음"이다.⁴² 이런 까닭에, 밀뱅크는 아마도 비공식적인 논문으로 "모순되고 시대착오적으로 탈성서적 랍비 율법과 일종의 연합을 추구하는 기독교의 '언약을 초월함'을 깎아내리려는 현대 신학 내의 유감스러운 경향에 대해"⁴³ 썼을 것이다. 이것은 필시 자유주의적 교회에 대한 비판과 함께 비대체주의를 통합하려는 기독교 탈자유주의 신학의 경향성을 언급하는 것이다.

밀뱅크는 이스라엘의 율법이 그리스도 안에서 완전히 드러나게 된 선물의 이해에 대해 한 걸음 나아갔지만, 이 계시에 비추어 랍비 율법은 하나님이 주신 사랑의 선물을 개별화하고 보편적인 것을 개별화하려는 노력으로 등장한다고 결론짓는 것으로 보인다.

그래서 그는 랍비유대교를 이스라엘의 영원한 언약의 표현으로 설정함으로써,

---

39 Milbank, 1997, 38.
40 Milbank, 39.
41 Milbank, 1995, 150-2.
42 Milbank, 1995, 149.
43 Milbank, 2002, 313.

탈자유주의 신학이 기독론을 "일관성이 없고 시대착오적인" 것으로 만들었다고 결론짓는 것으로 보인다. 만일 그렇다면, 탈자유주의와 급진적 정통주의는 유대교에 대해서 뿐만 아니라 성경에 대한 접근법에서도 서로 다를 것이다.

3. 논쟁

세 가지 질문은 유대교를 연구하는 기독교 신학에서 현재 일어나고 있는 주요 논쟁들을 포착한다.

1) 지난 10년에서 얻은 질문:
유대주의에 대한 바르트적 접근인가, 탈자유주의적 / 자유주의적 접근인가?

이 질문은 특별히 학문적으로 여전히 신학적 논쟁을 불러일으킨다. 한편으로 놀라울 정도로 많은 자유주의 신학자들이 여전히 "바르트주의자들"과 "교리적"이고 대체주의적 성경의 사용을 연계시킨다.

이에 반해, 이 장에서 언급된 탈자유주의적 신학자들은 그들이 말하는 "성경으로의 회귀"가 이 세대에 대체주의를 제거하고 근대적이거나 반 근대적 개념적 교조주의를 약화하는 수단이라고 주장한다. 자유주의적 신학자들이 기독교 대체주의의 가장 활발한 개혁주의자들 가운데 남아 있는 동안, 유대교-기독교 간 대화의 다음 단계는 그들에게도 유대교의 종교성을 유형화하는 텍스트에 근거한 추론에 더 깊이 가담하라고 부를 것이다.

2) 현재의 10년을 위한 질문:
유대-기독교 간 신학적 대화에 대한 탈자유주의적 접근인가, "급진적 정통주의적" 접근인가?

탈자유주의 신학의 "성경으로의 회귀"는 유대교-기독교 간 신학적 대화의 부흥을 불러일으켰다. 급진적 정통주의 신학자들에게 있어 이런 대화의 측면은 그리스도 안에서의 하나님의 자기 계시의 명료성과 동떨어져 있는 듯하다.

밀뱅크의 은사의 신학에서 나타난 것처럼, 그 차이점은 성경에 대한 다양한 접근법을 반영할 수도 있다.

탈자유주의 신학자들에게 있어, 복음은 그리스도의 죽음과 부활이라는 사실에 대한 증언으로서 그리고 이스라엘의 구원 이야기를 이해하는 것으로 그리스도의 이야기를 읽는 특별한 실천에 대한 증언으로서 권위가 있다. 따라서 이런 독서는 언제나 세 부분으로 나누어지는데, 어떤 신학적 교리를 복음에 대한 이해와 함께 구약의 이해를 연결하는 것이다.

그래서 이스라엘의 언약은 두 가지 방식으로 기독교 신학을 시작한다. 이 언약은 적어도 구약을 읽는 데 있어 명백한 하나의 주제가 된다. 그리고 세 가지 유형의 독서는 언약 자체의 한 측면이다.

그것은 곧 한 말씀으로써 다음과 같다.

첫째, 하나님의 뜻이 (그 말씀을 통해).
둘째, 주어진 시간에 이스라엘의 삶이라는 구체적 배경 속에서.
셋째, 하나님의 백성들에게 전해진다.

이런 까닭에 린드벡은 교회를 이스라엘로 표현한다. 즉 이스라엘이라는 유대교의 정체성을 대신하는 것이 아니라, 그 정체성을 말씀이 전달되는 기독교 공동체의 유형으로 받아들이는 것이다.

급진적 정통주의 신학자들은 복음을 이해하는 세 가지 관례에 동의하지 않는 듯하다.

첫째, 그들은 구약을 이해하는 것을 복음을 이해하는 데 필수적인 것으로 간주하지 않는다.
둘째, 그래서 그들은 예수 그리스도의 이야기인 복음을 세 가지 측면으로 이해한다기보다 두 부분으로 이해하는 것을 허용한다.

곧 거기서 그리스도에 관한 이야기는 주어진 시간과 장소에서, 하나님의 말씀을 전하는 것보다는("그리스도만이 하나님의 거저 주는 사랑의 선물이다"라는 것과 같은)신학적 진리를 그의 백성들에게나 교회에 계시할 수도 있다.

급진적 정통주의 신학자들은 이렇게 두 부분으로 된 이해를 탈자유주의적 상대주의를 수정한 것으로 옹호할 수 있다.[44] 탈자유주의 신학자들은 이렇게 두 부분으

---

[44] Milbank, Pickstock, and Ward (1999)을 보라.

로 이해하는 것을 또 다른 형태의 개념주의와 동일시할 것이다.⁴⁵

3) 다음 10년을 위한 질문:
성경의 연구가 아브라함 종교의 상호 관계들을 위한 기초인가?

이어지는 10년은 이 질문에 대한 세 가지 다른 답을 생성할 것이다. 자유주의 신학자들은 그리스도인, 유대교인, 모슬렘들이 인간의 권리, 정의, 평화의 보편적 원리의 이해관계 안에서 그들의 성경을 재해석해야만 한다. 급진적 정통주의 신학자들은 보편적 평화가 평화이신 그리스도 안에서 드러나게 된 진리를 통해서만 확실해질 수 있다고 주장한다. 탈자유주의 신학자들은 성경의 아브라함 연구가 세 가지 아브라함의 신앙 전통들 각각을 강화하고 세 가지 전통들 가운데 협동하는 논증을 위한 성경 규칙들을 나타내야 한다고 주장한다.⁴⁶

4. 영향력과 업적, 의제

2001년에 다섯 명의 유대교 신학자들은 『다브루 에멧-그리스도인과 기독교에 관한 한 유대인의 진술』(*Dabru Emet: A Jewish Statement on Christians and Christianity*)이라는 5페이지짜리 보고서를 2백 명 이상의 랍비들에게 서명을 받고 「뉴욕 타임즈」에 실었다. 신학자들 또한 10명의 기독교 신학자들과 20명의 유대교 신학자들의 논평과 함께 『유대인의 관점에서 본 기독교』(*Christianity in Jewish Terms*)라는 주제를 다룬 전문적 책을 공동 편집했다.

이 프로젝트는 매릴랜드 주의 볼티모어 시(市)에 있는 기독교 유대교 연구소의 후원을 받았고 별도의 토론 그룹을 위한 자료집도 함께 출간했다.

『다브루 에멧』은 기독교와 유대교가 같은 하나님을 예배하고 믿음과 윤리에 대해 공통되는 성경 자료를 의존한다는 주장들을 포함해, 기독교를 연구하는 유대교 신학을 제안했다. 이 저자들은 그들의 작업이 쇼아 사건 이후 몇십 년 동안 기독교 관행에서 반유대주의를 제거하려는 자유주의와 탈자유주의 기독교 신학자들의 노력 때문에 고무되었다고 기록했다.

---

45 Harink (2003), Radner (1998) 그리고 Reno (2002)를 보라.
46 Children of Abraham Institutewebsite, www.childrenofabrahaminstitute.org를 보라.

그들은 또한 그리스도인 동료들로 인해 격려를 받았는데, 그들은 유대교 연구를 장려했고 현대 세속주의와 반 현대적 종교 승리주의의 짝을 이루는 도전에 응수해 함께 성경적 종교를 옹호했던 자들이다.

이런 저자들이 보기에, 유대-기독교 간 신학적 대화는 유대교 관행의 구역을 넘어 세상 속에서 하나님의 일을 강화해 주는 것만큼이나 쇼아 사건 이후에 유대교의 믿음을 강화한다.

이 대화는 기독교의 믿음도 강하게 만들어주는가?

그리스도인들이 이 질문에 대답하는 방식은 어떻게 그들이 다가오는 10년 동안 기독교를 개혁하려고 노력할 것인지를 암시해 줄 것이다. "성경으로의 회귀"를 통해 현대교회를 개혁하는 그리스도인들은 유대교와의 신학적 대화에 참여할 것으로 보인다.

그 대화를 반대하는 그리스도인들 또한 너무 "문자적인" 성경으로의 복귀-성경 연구를 계속적으로 실천하는 것보다 성경에 근거한 진리들 위에 신학을 세우는 것-를 반대할 것으로 보인다. 자신의 신학을 주로 성경 밖의 자료에 의존하는 그리스도인들은 유대인들의 권리에 관심을 가질 수 있지만, 성경적 유대교나 랍비유대교에 대해선 제한된 관심을 가질지도 모른다.

5. 감사

필자는 이 장의 초고를 검토하고 아주 중요한 안내를 해 준 몇 분의 학자들인 마이클 카트라이트, 데이비드 F. 포드, 스탠리 하우어워스, 브루스 마샬에게 감사를 드린다. 또한, 특별히 스콧 베이더-사예와 켄달 소울렌에게서 받은 세심한 지원에 감사를 드린다.

참고 문헌

Bader-Saye, Scott, *Church and Israel after Christendom: The Politics of Election* (Boulder, CO, 1999).

Barth, Karl, *Church Dogmatics*, trans. G. W. Bromily, T. F. Torrance et al. (Edinburgh, 1936-69).

_____. "The Jewish Problem and the Christian Answer", in *Against the Stream* (London, 1954).

Boff, Leonardo, *Jesus Christ Liberator* (Maryknoll, NY, 1978).

Brooks, Roger, *Unanswered Questions: Theological Views of Jewish-Catholic Relations* (Notre Dame, IN, 1988).

Cartwright, Michael, Introduction and afterword, in John Howard Yoder, *The Jewish-Christian Schism Revisited* (Grand Rapids, MI, 2003), 6-29, 205-40.

Eckardt, A. Roy, *Christianity and the Children of Israel* (New York, 1948).

_____. *Reclaiming the Jesus of History: Christology Today* (Minneapolis, MN, 1992).

_____. *Collecting Myself: A Writer's Perspective* (Atlanta, GA, 1993).

Fisher, Eugene (ed.), *Visions of the Other: Jewish and Christian Theologians Assess the Dialogue* (Mahwah, NJ, 1994).

Ford, David F., *Self and Salvation* (Cambridge, 1999).

Frei, Hans, *The Eclipse of Biblical Narrative* (New Haven, CT, 1974).

_____. "The 'Literal Reading' of the Biblical Narrative in the Christian Tradition: Does it Stretch or Will it Break?" in Frank McConnell (ed.), *The Bible and the Narrative Tradition* (New York, 1986), 36-69.

Frymer-Kensky, T., D. Novak, Ochs, D. Sandmel, and M. Signer (eds.), *Christianity in Jewish Terms* (Boulder, CO, 2000).

Gunton, Colin E., *Trinity, Time, and Church: A Response to the Theology of Robert W. Jenson* (Grand Rapids, MI, 2000). Hardy, Daniel W., *Finding the Church* (London, 2001).

Harink, Douglas, *Paul Among the Postliberals* (Grand Rapids, MI, 2003).

Hauerwas, Stanley, *With the Grain of the Universe* (Grand Rapids, MI, 2001).

_____. *The Hauerwas Reader*, ed. J. Berkman and M. Cartwright (Durham, 2001).

Hawk, Matthew Comer, "Root, Branch, and Rhetoric: Judaism and Christian Self-Understanding After the Holocaust" (PhD dissertation, Yale University, 1992).

Jenson, Robert W., *The Triune Identity: God According to the Gospel* (Philadelphia, PA, 1982).

_____.*Systematic Theology, Vol. 1: The Triune God; Vol. 2: The Works of God* (New York, 1997, 1999).

_____. "Toward a Christian Theology of Israel", *Pro Ecclesia* 9, 1 (1999), 43-59.

Klein, Charlotte, *Anti-Judaism in Christian Theology* (Philadelphia, PA, 1978).

Levinas, Emmanuel, *Otherwise Than Being or Beyond Essence*, trans. A. Lingis (The Hague, 1981).

Lindbeck, George, *The Nature of Doctrine, Religion and Theology in a Postliberal Age* (Philadelphia, PA, 1984).

_____. "Postmodern Hermeneutics and Jewish- Christian Dialogue: A Case Study", and "What of the Future? A Christian Response", in *Christianity in Jewish Terms*, ed. T. Frymer-Kensky et. al. (Boulder, CO), 106–113, 357–366.

_____. *The Church in a Postliberal Age*, ed. J. Buckley (Grand Rapids, MI, 2003).

Littell, Franklin, *The Crucifixion of the Jews* (New York, 1975).

Manuel, Frank, E., *The Broken Staff: Judaism through Christian Eyes* (Cambridge, MA, 1992).

Marquardt, Friedrich-Wilhelm, *Die Entdeckung des Judentums fur die Christliche Theologie, Israel in Denkens Karl Barths* (Munich, 1967).

_____. *Das christliche Bekenntnis zu Jesus, dem Juden: Eine Chistologie*, 2 vols. (Munich, 1990–1).

Marshall, Bruce, "Israel", in *Knowing the Triune God: The Work of the Spirit in the Practices of the Church*, ed. J. Buckley and D. Yeago (Grand Rapids, MI, 2001), 231–64.

_____ ",Do Christians Worship the God of Israel?" in *Knowing the Triune God*, ed. James J. Buckley and David S. Yeago (Grand Rapids, MI, 2001), 236, n. 3.

_____. *Trinity and Truth* (Cambridge, 2000).

Milbank, John, "Can a Gift be Given? Prolegomena to a Future Trinitarian Metaphysic", *Modern Theology* 11, 1 (January 1995), 119–61.

_____. *The Word Made Strange* (Cambridge, MA, 1997).

_____ ",Sovereignty, Empire, Capital, and Terror", in *Dissent from the Homeland: Essays after September 11*, ed. S. Hauerwas and F. Lentricchia, *South Atlantic Quarterly* 101, 2 (spring 2002), 305–23.

Milbank, John, Catherine Pickstock, and Graham Ward (eds.), *Radical Orthodoxy, A New Theology* (New York, 1999).

Mussner, Franz, *Tractate on the Jews: The Significance of Judaism for Christian Faith*, trans. Leonard Swidler (Philadelphia, PA, 1979).

Novak, David, *Jewish-Christian Dialogue: A Jewish Justification* (New York, 1989).

_____. *The Election of Israel: The Idea of the Chosen People* (Cambridge, 1995).

Ochs, Peter (ed.), *The Return to Scripture in Judaism and Christianity* (Mahwah, NJ, 1993).

_____ ",Recovering the God of History: Scriptural Life after Death in Judaism and Christianity", in *Jews and Christians, People of God*, ed. C. Braaten and R. Wilken (Grand Rapids, MI, 2003), 114–37.

_____. "Trinity", in *The Cambridge Dictionary of Jewish-Christian Relations*, ed. E. Kessler (Cambridge, 2004).

Pawlikowski, John, *Christ in the Light of the Christian–Jewish Dialogue* (New York, 1982).

Radner, Ephraim, *The End of the Church: A Pneumatology of Christian Division in the West* (Grand

Rapids, MI, 1998).

Reno, R. R., *In the Ruins of the Church: Sustaining Faith in an Age of Diminished Christianity* (Grand Rapids, MI, 2002).

Rothschild, Fritz A. (ed.), *Jewish Perspectives on Christianity* (New York, 1990).

Ruether, Rosemary R., *Faith and Fratricide: The Theological Roots of Antisemitism* (New York, 1974).

Ruether, Rosemary R. and Herman J. Ruether, *The Wrath of Jonah: Religion and Nationalism in the Israeli–Palestinian Conflict* (San Francisco, 1989).

Sanders, E. P., *Jesus and Judaism* (Philadelphia, PA, 1985).

Sonderegger, Katherine, *That Jesus Christ was Born a Jew: Karl Barth's "Doctrine of Israel"* (University Park, PA, 1992).

Soulen, R. Kendall, *The God of Israel and Christian Theology* (Minneapolis, MN, 1996).

_____. "Hallowed Be Thy Name! The Tetragrammaton and the Name of the Trinity", in *Jews and Christians: People of God*, ed. C. Braaten and R. Wilken (Grand Rapids, MI, 2003).

Thoma, Clemens, *A Christian Theology of Judaism*, trans. Helga Croner (New York, 1980).

Van Buren, Paul M., *A Theology of the Jewish– Christian Reality*, Parts 1–3 (San Francisco, 1980, 1983, 1988).

Von der Osten Sacken, Peter, *Christian–Jewish Dialogue: Theological Foundations*, trans. M. Kohl (Philadelphia, PA, 1986).

_____. *Martin Luther und die Juden* (Stuttgart, 2002).

Ward, Graham, *Barth, Derrida and the Language of Theology* (Cambridge, 1995).

World Council of Churches, with Allan Brockway et al., *The Theology of the Churches and the Jewish People: Statements by the World Council of Churches* (Geneva, 1988).

Wyschogrod, Michael, "Why, Was and Is the Theology of Karl Barth of Interest to a Jewish Theologian?" in *Footnotes to a Theology: The Karl Barth Colloquium of 1972*, ed. M. Rumscheidt, *SR Supplements* (1972), 95– 111.

_____. "A Jewish Perspective on Karl Barth", in *How Karl Barth Changed My Mind*, ed. Donald K. McKim (Grand Rapids, MI, 1986), 156–61.

_____. *The Body of Faith: God in the People Israel* (San Francisco, 1989).

_____. "Review of Friedrich-Wilhelm Marquardt, *Das Christliche Bekenntnis zu Jesus, dem Juden. Eine Christologie*", *Journal of Ecumenical Studies* 29, 2 (1992), 275–6.

Yoder, John Howard, *The Jewish–Christian Schism Revisited*, ed. M. Cartwright and Ochs (Grand Rapids, MI, 2003).

제38장

이슬람과 기독교 신학

아타울라 싯디쿠이(Ataullah Siddiqui)

이슬람에 대해 신학자들이 설명하고 분석한 것과 선교학자들이 선별하고 해석한 것 사이의 구분이 상당히 중복된다.[1] 연구의 동기와 방향은 주로 이슬람에 대한 과거의 관계와 인식에 의해 이루어졌다. 그 결과 신학은 역사에 따라 투과되고 덧입혀졌다. 이것은 원칙적으로 인류학적 방법에 의존하는 선교학자들의 접근 방식에도 똑같이 적용된다.

신학자들과 선교학자들이 이슬람교를 연구할 때마다 그들은 자신의 확신과 문화에 맞서는 것으로 그것을 평가했고, 어느 정도 기독교의 역사적 "공공의 적"으로 다시 만들었다. 항상 예외는 있는 법이고 그것은 나중에 연구하겠지만, 신학에 대한 그들의 창의적 재검토는 이제 막 출범했다. 새로운 사회정치학적 현실(국가 내부와 국가 간의 가까운 이웃에 속한 복수의 공동체)에 걸맞은 새로운 신학을 구성하는 임무는 위압감을 주는 과업이다. 이 장에서 필자는 이슬람의 믿음과 관행과 관련해 그리스도인들을 위해 주된 질문 몇 가지를 살펴볼 것이다.

첫째, 이슬람의 유일신교, 즉 하나님의 유일성(oneness)에 대한 모슬렘의 이해로부터 만들어지는 것은 무엇인가?

둘째, 이슬람 윤리의 중심과 지평이 되는 후기 성서학적 선지자로부터 만들어지는 것은 무엇인가?

셋째, 미래에 그 의미를 형성하는 데 있어 이슬람의 계시(코란)와 세속적-역사적 학문의 역할로부터 만들어지는 것은 무엇인가?

---

[1] 필자는 이슬람과 실제로 다른 종교에 대한 접근이 주로 간문화적 교류, 인류학 그리고 신학과 같은 분야들을 활용하는 기독교 선교의 실천에 의해 동기부여를 받았다는 의미에서 "선교적"(missiological)이란 말을 사용한다.

넷째, 미래의 종교 간 관계에서 이런 쟁점들을 다루기 위해 대화로 무엇을 할 것인가?

우리가 종교 간 관계를 위한 대화와 종교 간 관계에 관한 대화를 만드는 방법은 위에서 세 가지 질문으로 드러난 신학적 관심의 핵심 쟁점들과 만남의 특질에 달려 있으므로, 그러한 쟁점들, 즉 하나님, 하나님의 메신저 그리고 하나님의 책에 대해 간략하게 개관하는 것부터 시작하는 것이 가장 좋다.

이슬람교는 이전의 모든 계시를 완성하고 어느 정도 수정하면서 그것들과 일치한다고 친히 선포한다. 그것은 특히 기독교(유대교에 대해서도 마찬가지로)의 신적 기원을 긍정하지만, 기독교의 핵심 교리와 거리를 유지하고 정말로 그것을 비판한다. 대부분 가교가 있어야 하는 이슬람교와 기독교 사이의 분열은 그들이 하나님과 하나님과의 관계에 대해 서로 다르게 이해하는 데서 비롯된다.

이슬람교의 관점에서, 인류에 대한 하나님의 "돌봄", 그들의 "구원"에 대한 하나님의 "관심"이 창조와 계시라는 쌍을 이룬 기적에서 표현되는데, 함께 인간들이 그들이 지닌 선에 대한 잠재성을 실현할 수 있게 하고, 죄와 비행에 대한 잠재성을 극복할 수 있게 한다.

하나님은 명령하시고 인간들은 순종한다. 하지만 그들은 그러한 명령들을 내면화함으로써 자유 의지를 통해 순종한다. 그 명령들은 선해야 하고 선을 행해야 하므로 본질적으로 매력적이다. 또한, 그 명령들은 즉시 내면화된다. 왜냐하면, 그것들이 타고난 기질("그들의 자아 안에 있는 표시들")에 일치하기 때문이고, 외부 세계("한계에 대한 표시들")의 이해, 조화, 유용성에 의해 지지가 되기 때문이다. 그런 다음, 믿음의 행위가 성숙해감에 따라, 순종은 언제나 하나님의 통제 아래 있는 의식인 은혜로 보답을 받는다. 이것은 또한 성품을 안정시키고 하나님에 대한 순종을 깊어지게 하는 훈련들(믿음의 행위)을 강화한다.

주류 이슬람교에서, 이런 하나님에 대한 의식은 절대 "인간들 간의 대인관계와 유사한 어떤 형태 안에 있는 "교제"나 "친밀감"으로 생각하지 않는다.

모슬렘들이 보기에, 그러한 추정은 타우히드(tawhid, 하나님의 유일성, 초월성 그리고 타자성)를 위배하는 것이고 하나님의 진노에 대한 위험을 감수하는 것이다—인간은 스스로 자연의 힘과 사건에 나약하게 의존적이라고 생각하든지, 아니면 강력하게 독립적이어서 더 많은 힘을 갈망하고 공격적으로 자기 중심적이라고 생각한다. 그러므로 이슬람교의 관점에서, 하나님의 초월적 유일성은 타협할 수 없으며 타협될 수도 없다.

이슬람교의 유일신교에 대한 기독교의 접근은 대부분 이슬람교가 삼위일체 교리를 반대하는 것으로 판단하려고 노력해 왔다. 그리스도인들은 모슬렘들이 그러한 용어에 사용하는 조심스러운 역 콤마 없이 인간 구원에 대한 그분의 돌봄과 관심이 기념될 수 있도록 하나님의 "위격"을 강조한다.

그러한 주의는 **타우히드**가 "최고의 영화"(a glorification of the number one)나 다름없다는 것으로 일축해버렸을 정도로 풍자됐다.[2] 그러한 풍자는 건설적 관계에 장애가 된다. 마치 그리스도를 너무 직접 창조자요 심판자이신 하나님과 동일시해 지나치게 단순화시키는 기독교 교리의 이해처럼 말이다.

이슬람교의 관점에서, 하나님의 뜻은 계시를 통해서만 계승하는 선지자들과 사자들(messengers)에게 직접 전달되고, 마호메트 선지자에게서 절정에 달하고 결말에 이르렀다. 마호메트의 생애 마지막 23년 동안에 그에게 계시가 된 것은 전 반세기로 거슬러 올라가 이슬람의 성전 내에 변화와 분열에도 굳건하게 신뢰할만하고, 안정적이며 불변하는 본문인, 코란(문자적으로 "복창"을 의미함)이라 불리는 하나님의 경전에 섬세하게 보존되었다.

경전을 어떻게 이해하고 적용하는지 알기 위해서, 경전은 모슬렘에게 그 선지자의 순나(*Sunnah*, 행동과 관례)에 의존하도록 명령하는 데, 그 선지자의 개성과 성격은 경전을 "체현하는"(embodying) 것으로 숭배된다.

이슬람교의 신실한 실행, 의식, 영성, 윤리, 율법, 개인적 혹은 집단적 삶을 위한 역동성 등은 코란과 **순나**에 초점이 맞추어져 있다. 선지자에 대한 자기위탁(self-referral)은 이슬람교에게 있어 행동뿐만 아니라 정체성에서도 매우 중요하다. 왜냐하면, 그들의 신앙과 세계관은 그의 증언에 기반을 두고 있기 때문이다. 그러므로 이슬람교와 이슬람 세계에 대한 기독교 접근법들에 수 세기 동안 만연했던 그의 삶과 인격에 대한 허위 진술들을 극복하는 것이 건설적 대화의 (목표뿐만 아니라) 우선순위가 되어야 한다.

21세기에 처음 맞이한 십년의 기간 이후로 그리스도인들은 모슬렘을 포함한 타종교인들과의 관계를 재고하려고 애써오고 있다. 그 노력은 선교와 에큐메니컬적 관심에 대한 기독교 내의 논의와 함께 시작되었다. 전쟁 때문에 가로막힌 이 노력은 제2차 세계대전 이후에 바로 다시 시작되었다. 비서구권 교회들은 서구 식민주의의 유산인 새로운 독립 국가들에서 인식된다는 도전에 직면했다. 이 교회들은 지역의 문화적 상황에 대해 더 혁신적이고, 역동적이고 민감하게 되었다.

---

2   Karl Barth, *Church Dogmatics*, Vol. 4 (Edinburgh: T. & T. Clark, 1964), 183.

비서구권 교회들은 (모슬렘이 대다수인 여러 지역에서) 스스로를 위해 지역의 적소를 찾았고, 서구 기독교와 관계를 단절했고, 지역 역사와는 가능한 한 과거로 거슬러 올라가서 연계했다.

서구의 그리스도인들은 이슬람 세계와의 지난 과거의 관계에서의 태도와 방식을 재평가하며 후회하기 시작했다. 그들은 대화를 제안했고 간청했다. 그들이 그렇게 한 이유는 정치적 안정기에 접어들었고 그것을 투영하는 새로운 문화, 경제 능력의 수단이라는 새로운 고지에 도달했기 때문이다. 당시에 이슬람 세계는 비길만한 자신감을 누리지 못했다.

식민지 통치를 제거한다는 행복감은 재빨리 사라졌다. 식민지적 통치로 악화한 나라와 사회 사이의 갈라진 틈은 독립으로 치유되지 않았다. 새로운 국가 정부에 의해 이어받게 된 정치적 경계와 경제, 행정 구조는 과거 식민 권력의 역사, 문화, 경제에 대한 방향성을 유지했다. 민족주의나 사회주의나 봉건 군주제 모두 그들의 이슬람 전통과 건설적 접촉을 하지 못했고, 권력 체제들과 일반 주민 사이의 거리는 상호 불신으로 귀착되었다.

이슬람의 학문과 교육과정은 하나의 저항 현상-진실하지만 편협한 경건을 지니며, 종교 문화적 정체성을 유지하기 위한 방향으로 설정된-과는 달리 스스로 세우기 위해 공공 서비스의 영역에서 너무 오랫동안 배제되었다. 해튼, 모슬렘 국가 인구의 많은 부분은 일상적 생존 문제-매우 많은 사람이 과거에도 현재도 여전히 전쟁이나 압제나 빈곤으로 인한 난민들이다-에 너무 사로잡혀 있어 과거의 유산과 건설적으로 다시 연결할 수 없다.

요컨대, 1954년에 레바논의 바함돈(Bahamdoun)에서 그리스도인들에게 공개하기 위해, 인간사(human affairs)에서 종교를 추방하는 것에 맞서 공동 전선을 펼 희망을 조사하기 위해, 그리스도인들과 새로운 관계를 위한 요청을 듣기에 가장 알맞은 시기는 아니다. 심지어 기꺼이 대화를 기꺼이 시작하려고 했던 사람 중에서도, 그들이 생각하는 기대와 우선순위는 그들의 대화 상대인 그리스도인들과 달랐다.

1. 개요

1) 신학적 관심에서 이슬람교

우리는 칼 라너(Karl Rahner, 1904-84)부터 시작하려고 하는 데, 그는 이슬람교와 유대교와 기독교를 이스라엘의 종교들로 간주했고, 유대교와 이슬람교는 "정확히 삼위일체 교리의 모습으로 나타나는" 일신론에 "도달하지 못했다"라는 것을 제외하고, 그것들 모두 일신론을 고백한다고 인정했다. 그는 이렇게 어려운 아주 가까우면서도 아주 먼(so near yet so far) 이슬람과의 관계를 그의 동료 그리스도인들에게 설명해 주려고 애를 썼다. 그는 또한 분명하고 확고하게 "하나님의 유일성에 대한 기독교의 명제가 하나의 구체적 절대성을 가리킨다"라는 견해를 견지했다.

자기가 절대 이슬람 신학의 전문가가 아니며, 그렇게 간주해서도 안 된다는 점을 솔직히 인정하면서, 라너는 그 핵심 교리를 유창하게 기술했고, 이슬람을 구체적 일신론으로 판정했다. 그는 상상력을 발휘해 삼위일체 대 이슬람교의 일신론을 "한 분의 삼중성"(three-foldness)으로 탐구했다. 그는 두 종파 간의 결정적 난제가 "위격" 개념에 대한 기독교의 이해에 있다고 생각했다.

그는 이 개념을 일신론의 "급진화"라고 불렀지만, 이 급진화가 무엇을 의미하는지는 설명하지 않았다. 라너의 글을 보면, 인간의 대리행위를 통한 하나님의 소통에 대한 암묵적이지만 확고한 포기(dismissal)가 있다. "중재 자체는 반드시 하나님이어야만 하고 피조물의 중재가 될 수 없다"라고 라너는 주장했다.³

라너의 "익명의 그리스도인"(anonymous Christians) 개념은 아마도 이 상황에서 도움이 될 것이다. 그는 절대 "진보적"이지 않았다. 오히려 그는 기독교를 "모든 인류를 위한 절대 종교로" 이해했다. 그에게 있어 타종교들은 인간이 제정한 종교이며 구원에는 무익한 종교였다. 하지만 그는 이 문제를 독특한 방식으로 검토했다. 그는 다음과 같이 질문했다.

"절대 종교"는 한 인간의 삶에서 언제 시작되었는가?
세례를 줄 때 시작되는가, 아니면 "절대적 종교"에 대해 인식하고 신중히 생각하는 경우에만 그런가?

---

3   Karl Rahner, *Theological Investigations*, Vol. 18 (London: Darton, Longman and Todd, 1984), 116.

이제 이 질문은 다른 사람들을 위해 답변될 수 없기 때문에, 그것은 그럴 필요도 없다. 곧 그리스도인은 다른 사람들을 비그리스도인이 아닌, [어쩌면 더 친절하게 표현해서] "익명의 그리스도인들"로 마주하게 될지도 모른다. 이 익명성(anonymity)은 모슬렘들, 이슬람교와의 관계에 있어 일종의 진척으로 여겨질 수 있을 것이다.

칼 바르트(1886-1968)의 『교회 교의학』(Church Dogmatics)은 이슬람교의 그 선지자의 소리를 공평하게 들을 기회를 절대 제공하지 않는다. 칼 바르트는 그 선지자의 메시지와 일신론이 "'이교'(paganism)와 절대 다르지 않다"라고 생각한다.

그것은 이슬람교가 추종자들 안에, 바르트가 일신론과 동일시하는 "심원한 본질"(esoteric essence)을 불어넣을 수 있었기 때문에 더욱더 위험한 이교였다.[4] 이슬람교와 관련해, 바르트는 미래에 저항하면서 과거에 갇혀 역사에 몰두한 신학자였다. 비슷한 성향이 있는 다른 신학자들 가운데, 우리는 다른 종파에 대해 확고한 입장을 견지했던 에밀 브루너(Emile Brunner 1889-1966)을 포함할 수 있을 것이다. 예수 그리스도는 "중재자, 계시자, 화해자로서 '율법의 완성'이기 때문에 … 그분은 더 많은 청자(hearers)를 소유하기를 절대 원하지 않고 그분의 뜻을 행하는 제자들을 갖기를 원하신다."[5]

이슬람교와의 대화를 위한 선택 사항이 무엇이든 방해를 받는다. 폴 틸리히(Paul Tillich, 1886-1965)는 기독교가 정확히 동방 정교회의 어깨 위에서 태어난 지역에서의 이슬람의 성공에 대해 책망을 하는 데, 그는 그것을 주로 "성례전적 미신적 형태"로 묘사했다. 일단 그것이 그 순수한 성향을 잃어버리면, 그것은 필연적으로 이슬람에 의해 압도되고 정복되었다.[6]

---

4   그는 또한 이슬람의 일신론이 "신 없이도 세워질 수 있다고" 끊임없이 주장했다. 그가 보기에, 이슬람의 신은, 주어지고 계시된 것으로 간주할 수 없는 "날조된(invented) 방식"으로 예언자가 채택하고 적용한 전략적 장치였다. Karl Barth, *Church Dogmatics*, Vol. 2.1 (Edinburgh: T. & T. Clark, 1964), 448을 보라. 바르트 역시 그의 논박을 히틀러의 국가 사회주의와 이슬람에 대한 정치적 의제의 무자비한 강요에 비유하는 데 매우 유용하다는 것을 알았다. "그것[국가 사회주의]이 저항을 경험하는 지점에서, 그것은 신에게 속한 힘과 권리를 갖고 단지 부서뜨리고 죽일 수 있다!" 그는 히틀러의 국가 사회주의에서 **새로운 이슬람**, 새로운 알라인 그 신화 그리고 이 새로운 알라의 예언자인 히틀러를 보았다. Karl Barth, *Church and the Political Problem of Our Day* (London: Hodder and Stoughton, 1939), 43을 보라.

5   Emile Brunner, *The Mediator: A Study of the Central Doctrine of the Christian Faith* (London: Lutterworth Press, 1952), 591.

6   Paul Tillich, *A History of Christian Thought* (New York: Simon and Shuster, 1967), 87.

틸리히는 성경에 대한 역사적 접근이 "기독교 역사에서 위대한 사건"이라고 믿고 있고, 개신교가 그것을 자랑스럽게 여길 수 있다고 믿는다. 그는 이슬람교가 정통 유대교와 같이 역사 비평에 대한 경험이 절대 없어서 자기만의 "편협한 영적" 세계에 빠져들어서 결국 영적 삶의 창의적 발전을 놓쳐버리게 된다고 지적한다.[7]

2) 선교적, 선교학적 관심에서 이슬람교

모슬렘들 사이에서의 선교는 특히 지난 100년에 걸쳐 종교 간의 관계에 있어 확실히 가장 어려운 쟁점이 되어 왔다. 20세기 초엽에 기독교의 접근은 개종을 의도했고, 종전과는 아주 다르게 모슬렘의 영혼과 마음을 얻기 위해 (주로 개신교와 성공회 선교사들에 의해) 더 집결하고 협력했다. 1906년에 모슬렘 전도를 위한 카이로 대회에서 그 어조와 성격을 결정했다. 관련자들이 이용할 수 있는 보고서들과 문헌들은 분명한 목적과 통합적 주제를 확인시켜 주었는데, 이는 이런 상황에서 그리스도인들을 기다렸던 기회였다.

뒤따른 접근 방법은 이중트랙 정책이었는데, 이것은 선교의 목적을 성취하는 데 필요한 인력의 준비와 교육과 구호 프로그램을 통한 모슬렘 사회의 세속화 또는 서구화를 말한다.

던컨 맥도널드(Duncan McDonald, 1863-1943)는 학문적 관심을 지닌 스코틀랜드 선교사였으나 모슬렘들 사이에서 살아본 경험이 거의 없었다. 그는 서구 기독교 학문에서 그 선지자에 대한 소개를 인식하고 관심을 가졌다. 그는 "모슬렘들과의 관계를 시작하기를 바라는 그리스도인들은 그들이 마호메트에 대해 어떻게 생각하고 느끼는지 알아야 한다"고[8] 확신했다. 그는 그 선지자를 충격을 받아 불안정한 성격을 지닌 것으로 보는 자신의 이해를 해명해 줄 수 있는 사회 심리학적 환경을 그려보았다.

예를 들어 마호메트가 고아로 성장한 것은 그가 악마와 천사와 정령들(jinns)을 보는 것으로 이어졌을 것으로 추측했다. 그는 또한 부분적으로 그런 일들에 대한 책임을 마호메트가 시리아 사막을 통과하는 여정 동안에 동굴과 감방에서 만난 수도자들과 은둔자들의 탓으로 돌렸다.

---

7 Paul Tillich, *Systematic Theology*, Vol. 2 (London: James Nisbet, 1957), 124–5.
8 Duncan Black Macdonald, *Aspects of Islam* (New York: Macmillan, 1911), 89ff.

맥도널드가 보기에, 그 선지자는 사회적 조건과 심리학적 불안의 산물이었다. 또 그는 마호메트가 메디나(Madinah)에서 세상의 유혹에 굴복했다고 믿었다. 맥도널드는 마호메트는 구약 선지자들의 계보에 속하지만, 이사야나 아모스와 같은 역량은 없었다고 믿었다.

핸드릭 크래머(Hendrik Kramer 1888-1965)는 그보다 앞선 수많은 전임자처럼 선지자가 메카(Makkah)에서 이주한 후에 권력의 유혹에 굴복했다고 믿었다. 그는 이슬람교를 "거의 아무런 질문도 대답도 없고", 따라서 인간의 문제들을 다룰 수 없는 "피상적 종교"로 보았다. 그는 인도네시아에 머물면서 경험한 것으로 모슬렘의 개종에 대한 강력한 저항이 "엄청나게 완고하고 진정성이 없는 신학적 사고" 속에서 특별히 코란에 의해 고착된 사고방식에 기인한다고 보았다.[9]

이슬람교는 기독교가 죄와 구원을 신앙의 주요 주제로 여기는 것을 다루지 않았기 때문에 깊이 생각하지 않고 해산된다. 이슬람교에 대한 크래머의 판단은 결국 믿음과 종교적 관행의 모든 주요 측면들에 관해 얕고 피상적인 것이다.

선교학적 헌신에 있어서 그는 이슬람에 대해 대립적이며 "공격적"이었다. 하지만 그가 선호한 방식은 그가 비(非) 그리스도인들이 종교적 추구의 실현으로 이끌 수 있는 "동정적인" 접근 방법을 따르는 것이었다.

즈웨머(Zwemer)가 아주 열렬히 옹호했던 모슬렘 사회에 대한 인류학적 접근은 이후 세대의 선교사들에 의해 입수된 유산을 남겼다. 그러한 하나의 접근법은 이슬람교에 대한 맥락적 접근으로 널리 알려져 있다.[10]

로마 가톨릭 공동체들 가운데 이런 접근의 관례는 "토착화"(inculturation) 과정에 비견될 수 있다. 이런 노력의 주된 초점은 모슬렘 신앙에서 "민간 이슬람교"(folk Islam)로도 알려진 모슬렘 문화로 이동한다. 이 선교적 적응(adaptation)과 수용(accommodation) 기술은 압도적 모슬렘 사회에서 기독교 메시지의 소통을 위한 유일한 수단이 되었다.

상황화(contextualization)라는 기치 아래, 수많은 활동이 지역적 차원에서, 국제적 차원에서 모두 시작되었다. 그 목표는 "수용적 공동체에 대해 복음의 영향을 극대화하는 것"이다. 국제적 차원에서, 모슬렘 공동체에 이해하기 위한 일련의 대회들이 1970년대 중반에 주최되었는데, 지금은 로잔언약으로 알려져 있다.

---

[9] Hendrik Kramer, *The Christian Message in a Non-Christian World* (London: Edinburgh House Press, 1938), 216–17.

[10] Phil Parshall, *New Paths of Muslim Evangelism: Evangelical Approaches to Contextualization* (Grand Rapids, MI: Baker Book House, 1980)을 보라.

1978년에 "복음과 이슬람교" 대회는 비슷한 경향을 가진 사람들이 이런 접근법을 집단으로 고려해 보도록 했다. 오늘날 그러한 모험을 위한 지적 토대는 미국 패사디나(Pasadena)에 위치한 사무엘 즈웨머 연구소와 같은 선교 훈련센터들에 의해 제공된다.

3) 신비적이고 영적 이슬람교

이런 관계와 평가를 위해 노력을 하는 핵심인물은 의심할 여지 없이 루이스 마시그논(Louis Massignon, 1883-1962)이다. 외교관 겸 학자인 그는 카이로대학교에서 이슬람 철학을 가르치는 강사로 자리를 잡기 전에 팔레스타인에 있는 프랑스 고등 판무관(French High Commissioner)에서 조교로 1917에서 1919년까지 복역했다.

마시그논은 이슬람교를 하나의 도전으로 간주했다. 그리스도인들이 모슬렘 신앙의 중심에 들어가서 이런 도전에 직면하는 것은 바로 그리스도인의 의무였다. 그 선지자는 유대인들과 그리스도인들이 더 넓은 가족의 일원이 되는 하나님 중심의 세계에 존재하기를 갈망했던 사람으로 마시그논에게 호소했다. 이슬람 중심의 성격에 대한 이런 태도는 용감하고 통찰력 있는 것이었다.

마시그논은 거짓 선지자라는 비난으로부터 그 선지자를 변호했던 반면, 이슬람교의 선지자 직(職)이 중재의 기능이 부족하다고 간주하고 기독교의 안전한 거리를 유지했다. 마그시논은 "진짜의"과 "거짓의"라는 용어 보다, "진정한 예언의 두 가지 속성"을 구분하기 위해 "긍정적"과 "부정적"이라는 용어를 선호했다.

하나는 "인간의 가치들을 뒤집고 도전하고", 나머지 다른 하나는 훨씬 더 종말론적인데, 거기서 그 선지자는 "악과 선의 최종적 분리"를 증언한다. 다른 사람들(즈웨머나 크랙)과는 다르게, 마그시논은 그 선지자의 메디나 기간을 강력하게 옹호했다. 그는 그 선지자가 정치적 화해에 가담한 것을 "해결되어야 할 구체적 문제점을 그의 믿음이 그의 마음에 지시한 것과 대조시킨 것을 간결하게 반영한 전체 정치학"으로 간주했다.[11] 마그시논은 성령이 역사해 이슬람교를 기독교 신앙에 더 가깝게 이끌어 갈 것이라는 점을 강력하게 믿었다.

---

11 David Kerr, "'He Walked in the Path of the Prophets': Toward Christian Theological Recognition of the Prophethood of Muhammad", in Y. Y. Haddad and W. Z. Haddad (eds.), *Christian-uslim Encounters* (Gainesville: University of Florida), 429.

그의 강력한 기독교의 책임감은 바들리야(badliya, "대체") 운동 개념에서 드러난다. 그는 그리스도인들로 이루어진 단체들이 모슬렘들의 죄를 스스로 떠맡기도록 격려하는 데 도움이 되었다. 그는 그렇게 함으로써 그리스도인들이 그들의 삶을 동료 모슬렘들을 위해 하나님께 자신의 삶을 드렸으며, 이때 모슬렘들은 그리스도와 연합해 구원을 이룰 수 있다고 믿었다.

모슬렘을 개종시키려는 일반적 태도와 모순되는 과격한 출발은 틀림없이 반대에 직면했다. 그러나 주로 모슬렘에 대한 그의 동정적 접근 방법은 마그시논에 대해 상당히 많은 존경심을 낳게 했다. 그것은 또한 유사한 비전을 공유했고, 로마 가톨릭교회 내의 수많은 다른 학자들이 이런 견해를 갖게 하는 데 도움이 되었던 일군의 사람들에게 반복해 가르쳤다. 우리는 다른 사람 중에서 긴리오 바세티사니 신부(Father Ginlio Basettisani)와 찰스 레딧(Charles Ledit), 제아-마호메트 압델 잘릴(Jea-Muhammad Abd-el-Jalil)를 이 그룹에 포함해야 한다.

4) 에큐메니컬 관심에서 이슬람교

에큐메니컬적 노력의 일환인 세계교회협회회(WCC)의 기원은 에든버러(1910)와 예루살렘(1928)과 탐바라(1938)에서 열린 초기 선교 운동들에 있다. 세계선교협의회는 마침내 1948년에 생기게 되었다. 세계선교협의회는 그리스도인들 간에 다른 종교와의 관계에 대한 활기찬 논의와 교회들의 연합과 협력에 대한 심도 있는 토론을 위해 한 포럼을 제공했다.

개신교회뿐만 아니라 WCC 역시 동방 정교회를 회원으로 포함했다. 다른 종교들과의 관계에 대한 논쟁은 WCC 초기 사역에 다양한 대화를 끌어내었다. 인도 출신의 스탠리 사마르타(Stanley J. Samartha)와 레바논 출신의 조지 코드르(George Khodr)—둘 다 다원주의 사회에서 직접 살아본 경험이 있다—의 공헌은 다른 종교와의 관계를 위한 WCC의 지침에 실질적 요소를 제공해 주었다.

코드르는 그리스도가 배타적으로 교회에만 한정되어서는 안 되고 교회 밖에서도 발견돼야 한다고 주장했다. 왜냐하면, 성령의 구원 사역은 교회에만 국한되는 것이 아니기 때문이다. 사마르타는 진리에 대한 성경적 이해가 "명제적이지 않고 관계적이며, 홀로 하는 명상 속의 고립이 아니라 하나님과 인간, 인간과 인간 사이의 살아 있고 인격적 대면 속에서 추구되어야 한다"고 주장했다.[12]

---

[12] Stanley J. Samartha (ed.), *Living Faiths and the Ecumenical Movement* (Geneva: WCC, 1971),

이런 인간적이고 인도주의적 관심에 근거한 인류와 관계들에 대한 공통의 관심은 이슬람교와 기독교가 평등과 개방과 같은 일에 참여할 수 있을 필요한 많은 공간을 제공해 주었다.

좀 더 최근에 WCC는 정치적 사건들과 운동들—구소련의 붕괴, 걸프전, 종교적/정치적 테러, 전통과 이슬람 율법(shariah)으로의 회귀를 위한 요구로 표현된, (정치적, 경제적 독립뿐만 아니라) 문화적 독립에 대한 요구의 증가—의 배경을 반대하는 두 집단의 현재 관계를 강조하기 시작했다.

5) 역사적이고 현상학적 관심에서 이슬람교

이슬람교에 대한 몽고메리 와트(Montgomery Watt, 1909-)의 접근은 주로 "역사적 전문지식"에 근거하고 있다. 그가 지은 두 권짜리 그 선지자에 대한 전기문은 대개 아랍인들 가운데 마호메트와 같은 사람을 낳았던 사회 경제적이고 정치적 요소들 안에서 설명의 효능을 찾는다.[13]

비록 그는 "과학적" 접근법을 채택했지만, 그의 연구는 그 선지자에 대한 신학적 판단을 가능하도록 고안했다. 그는 그 선지자의 경건한 생각을 계시와 하나님과의 관계를 위한 기능을 무시하고 있는 사회·경제적 열망의 투영으로 파악한다.

후기의 저술들에서, 와트는 더욱 확고하게 신학적 관심사들로 옮겨갔다. 그는 마호메트를 "하나님이 인간들에게 그분 자신에 대한 진리를 전달하기 위해 마호메트를 사용하셨다는 의미에서 진정한 선지자"라고 묘사했다. 『마호메트의 메카-코란 속의 역사』(Muhammad's Mecca: History in the Quran)의 첫 페이지에서, 와트는 그의 개인적 견해를 다음과 같이 진술한다.

> 나는 마호메트가 그에게 계시로서 온 것이 자신의 일부에 대한 의식적 생각의 산물이 아니라고 믿기 때문에 그가 진정한 선지자였음을 확신한다. 마호메트가 진정한 선지자였다고 생각하고 우리 그리스도인들은 "열매로 그들을 알지니라"는 기독교의 원리에 근거해 이 사실을 인정해야 한다고 생각한다. 수 세기에 걸쳐 이슬람교는

---

154. 또한, George Khodr, "Christianity in a Pluralist World –the Economy of the Holy Spirit", in Stanley J. Samartha, (ed.), Living Faiths and the Ecumenical Movement (Geneva: World Council of Churches, 1971), 131–42을 보라.

13 Montgomery Watt, *Muhammad at Mecca* (Oxford: Clarendon Press, 1953) and *Muhammad at Medina* (Oxford: Clarendon Press, 1956).

많은 올바르고 성자다운 인물들을 배출했다. 만약 그가 선지자라면, 또한 성령이 선지자들을 통해 말씀하셨다는 기독교 교리와 일치해 코란은 신성한 기원에 속하는 것으로 수용될 수도 있다.**14**

와트의 접근은 그가 유대-기독교의 전통, 특히 "창세기, 출애굽기로부터" 그리고 "유대교의 외경 자료들"에서 받은 영향을 두둔했다는 점에서 모슬렘의 입장에 대해 여전히 회의적이었다.

캔트웰 스미스(Cantwell Smith, 1916-2000)는 특히 서구사회에서 계시와 성경에 대한 태도의 변화에 관심을 둔다. 신구약성경은 소유욕이 강한 당파적 방식으로 계시라고 불리는 유일한 본문으로 더 이상 간주할 필요가 없다. 그 용어는 이제 다른 공동체에서 신성시하는 다양한 종류의 본문에 적용될 수도 있다. 비록 그런 본문들이 그리스도인들에 의해 거부될지라도 말이다. 스미스는 그리스도인들, 특히 서구의 그리스도인들에게 모슬렘들이 어떻게 자기 경전의 중심점을 바라보는지를 이해하도록 초청했다.

> 모슬렘들은 코란을 읽고서 그것이 신성하다고 결론을 내리지 않는다. 오히려 그들은 코란이 신성하다고 믿고 그런 다음에 그것을 읽는다. 이것은 엄청난 차이를 낳는다. 그래서 필자는 그리스도인들이나 코란을 배우는 세속 학생들에게 다음과 같이 강조한다. 만일 그들이 코란을 종교 문서로 이해하고 싶다면, 이런 정신으로 코란에 접근해야 한다는 것이다.**15**

스미스는 매우 신중하게 그 선지자에게 접근한다. 곧 그는 주장하기를, "마호메트의 성격은 본래 무관하다." 왜냐하면 "그가 선지자라는 것을 받아들이는 것은 코란을 속박(binding)으로 받아들이는 것"이기**16** 때문이다. 스미스가 설명한 것을 보면, 그 선지자의 영감은 아랍 문화의 환경 밖에서 왔다. 그것은 유대교와 기독교에 개혁이 필요했다는 확신에서 시작했지만, 결국 아랍인들에게 유일신 신앙을 건네주는 것으로 종결짓게 되었다.

---

14 Montgomery Watt, *Muhammad's Mecca: History in the Quran* (Edinburgh: Edinburgh University Press, 1988), 1.
15 Cantwell Smith, *Questions of Religious Truth* (London: Victor Gollancz, 1967), 49.
16 Cantwell Smith, *Islam in Modern History* (New York: New American Library, 1957), 27; 각주 18번을 보라.

스미스는 다음과 같이 언급한다.

> 본래 이슬람교가 제시된 민족의 토착적 종교 전통의 개혁으로부터가 아니라, 역사적으로 발생한 세상에서 유일한 종교 운동인 것으로 보인다. 그 선지자의 메시지는 아랍인들에게 주로 그들 자신의 우상숭배적이고 종교적 전통이 아니라, 유대인과 그리스도인의 전통에 대한 재처방(reformulation)으로 전달되었다.[17]

2. 심층 연구

1) 즈웨머

사무엘 즈웨머(Samuel Zwemer, 1876-1952)는 미국에 있는 개신교의 회원이며 뉴브런스윅(New Brunswick)에 있는 신학교에서 훈련을 받았다. 그의 소명은 이슬람의 중심지에 들어가 모슬렘들 가운데서 사역하는 것이었다. 그가 기독교적으로 이해한 바에 의하면 이슬람교는 그리스도에 대한 신앙을 파괴하기 위해 태어난 종교이기에, 반기독교적 종교였다.

그는 모슬렘 사람들을 알기 위해 이슬람교를 연구했는데, 그들은 이슬람의 저주에서 해방될 필요가 있었다. 그는 모슬렘들을 가리켜 "거짓 선지자의 멍에 아래 놓여있는 수백만 명의 사람들"로[18] 언급했다. 그가 그리스도인들이 모슬렘의 문화적 배경 속에서 일반 모슬렘의 신앙과 의식과 문화-만약 그들이 그렇게 할 수 있다면, 복음서의 메시지를 전달하는 데 절대 어려움 없을 것이다-에 접촉하기를 원했다는 점을 고려하면, 그의 접근법은 주로 인류학적이었다.

그는 여러 글에서 율법의 중요성, 모슬렘들의 삶 속에서 그 선지자가 차지하는 구심점 그리고 모슬렘을 위한 지침서인 코란을 강조했다. 그는 그리스도인이 말하는 믿음, 진리 그리고 계시에 어울리지 않았던 것에 대해 강력한 어조로 비난했다.

『모슬렘의 신론』(The Moslem Doctrine of God, 1905), 『마호메트냐 그리스도냐』(Mohammed or Christ, 1916), 『최후의 종교, 기독교』(Christianity the Final Religion, 1920),

---

[17] Cantwell Smith, *Meaning and End of Religion* (New York: New American Library, 1964), 98, 99.
[18] Samuel Zwemer, *The Moslem World* (Young People's Missionary Movement of the United States and Canada, 1908), 9.

『십자가의 영광』(*the Glory of the Cross*, 1928), 『초승달 위에 있는 십자가』(*the Cross Above the Crescent*, 1941) 그리고 『이슬람의 배교 율법』(*The Law of Apostasy in Islam*, 1923) 등은 몇 가지 제목에 지나지 않지만, 기독교에 대한 이해가 만연하고 모슬렘 신앙이 사라질 것이라고 보는 그의 바람을 반영한다.

그는 또한 이슬람 형성에 "영향을 끼쳤던" 것, 즉 대중적 아랍의 문화적 상황 안에서 이슬람교를 묘사하고 싶어했다. 『이슬람교에 미친 물활론(物活論)의 영향』(*The influence of Animism on Islam*, 1920)과 『민간 이슬람의 연구』(*Studies of Popular Islam*, 1939)는 우리가 이슬람교를, 진지하게 받아들여서는 안 되고, 확실히 기독교와 동등한 수준이 아닌 종교로 간주하도록 설득하려는 그의 결심을 보여 준다.

식민화 기간의 절정기에 연구하고 있던 즈웨머는 서구기독교의 가치들이 여기에, 특히 자신이 함께 사역했던 사람 중에 남아 있다고 확신했다. 이런 제국주의적 선교 비전은 모슬렘들 가운데 교회를 세움으로써 기독교의 확장을 위한 기회라는 측면에서 그들을 보았다.

그는 수 세기 동안 존재했었고 다양한 방식으로 지역사회의 문화적 환경에 이바지했던 지역교회들에 별로 주목하거나 돌보지 않았다. 그 대신에 그는 교회 특히 그가 속해 있는 미국의 개혁파 교회(Reformed Church of America)가 이슬람의 중심부에 뿌리를 내리게 하는 데 열심이었다. 그는 제국주의적 위치에서 이슬람 세계를 경시했고, "점령되지 않은 지역"으로 보았다.

그는 1910년에 에든버러 선교 대회에서 그리스도를 따르는 자들에게 "점령되지 않은 지역이 있으면 안 된다"고 대회 참석자들에게 열심히 설득했다. 경제적 상황, 모슬렘의 지적 삶의 정복, 정치 권력의 불균형 등 이 모든 것이 그의 책 『이슬람교의 분열』(*The Disintegration of Islam*, 1916)에 기고했다. 그가 보기에, 이 불가피한 분열은 모슬렘 땅의 복음화를 위한 "하나님의 준비"일 것이다.

즈웨머는 모슬렘을 위한 그 선지자 마호메트의 구심점을 인식했다. 그는 역사 속의 마호메트와 민간 모슬렘의 헌신 속 마호메트를 구별했다. 그는 전자를 강력하게 공격했고, 후자를 호소와 접근을 위한 수단으로 사용했다.

마호메트에 관한 카알라일(Carlyl) 작품과 아놀드(Arnold)의 이슬람에 대한 글을 잘 알고 있었지만, 그는 일반적으로 휴 브러튼(Hugh Broughton)의 그 선지자에 관한 설명을 의지하기로 채택했다.[19] 그는 칼 바르트와 같이 회교도와 그리스도인들의 하나님은 같은 하나님이라고 인식할 준비가 되어있지 않았다.

---

[19] *The Muslim World*, Vol. 4, January 1914, 64-8을 보라.

정말로, 그는 그런 견해가 터무니없다고, "아무것도 진리에서 더 멀어질 수 없다"라고 주장했다.

이슬람의 신은 "부정적인" 신이고 "에너지(Force)의 범신론"이다.[20] 그는 세속화의 확산과 점점 증가하는 서구의 엘리트 계층이 기독교 교회들의 연맹이 될 것이며, "교육받은 모슬렘들"이 "기독교 선교사들"의[21] 언어로 이야기하게 될 것이라는 바람을 마음에 품었다. 그 바람은 존 모트(John Mott)와 같은 후대의 선교사들에게 울려 퍼졌다. 즈웨머에게 있어서, 이슬람은 『믿음에 대한 도전』(Challenge to Faith, 1907), 즉 그의 전 생애를 점유했던 도전이었다. 그는 이슬람교와 모슬렘들에게 너무 집중해서 근대성(modernity)의 도전과 기독교 자체에 미친 그 영향력을 완전히 등한시했다.

그는 강력한 유산을 남겼고 다음 세대의 선교사들에게 영향을 미쳤는데, 그들은 로잔언약, 상황적 선교(필 파샬), 패사디나의 사무엘 즈웨머 연구소, "민간 이슬람"(folk Islam) 연구의 지지자들과 같은 다양한 기치 아래서 연구하고 있다.

2) 크랙

캐네쓰 크랙(Kenneth Cragg 1913-)은 이슬람이란 "모슬렘들이 그렇다고 생각하는 것"이라고 여긴다. 즈웨머 이후에 크랙은 신선한 바람의 숨결 같다. 크랙의 전공은 이슬람을 이슬람 내부에서 바라보고, 그리스도인들에게 그것을 이해시키는 것이다. 그는 유창한 해석가다. 그의 해석적 노력의 핵심은 복구(retrieval) 개념이다.

그가 이것으로 의도한 바는 그리스도인들과 모슬렘들이 두 종교 간의 역사적 오해를 넘어서고 기독교의 믿음을 이해시키려는 것이다. 그래서 그리스도인이 되는 것에 대해 이슬람적 이유를 제공하기 위해 코란과 이슬람의 사상들을 적용(복구)한다. 크랙은 기독교의 핵심적 개념들에 대한 이슬람의 반대에 아주 많은 관심이 있다.

즉 "이슬람의 기독교에 대한 경시 속에 기독교적인 것과 코란의 문서들을 잘못 알아 온 것들이 여전히 너무 많이" 있다. 이슬람의 "문서들"에 관해, 그는 "이슬람 신학 내에 기독교 신앙을 위한 긍정적 효과들"이 있으며, 그것들은 "중대해, 반드시 무슨 수를 써서라도 창의적으로 충성스럽게 복구되어야 한다"고 주장한다.[22]

---

20 Samuel Zwemer, *The Cradle of Islam* (Edinburgh: Oliphant Anderson and Ferrier, 1900), 171, 173을 보라.

21 Samuel Zwemer, *The Disintegration of Islam* (New York: Fleming H. Revell, 1916), 197을 보라.

22 Christopher Lamb, "Kenneth Cragg's Understanding of Christian Mission to Islam", in David

크랙은 이슬람 연구에 있어 여전히 "창의적"인 반면, 기독교 신앙과 선교에 대한 그의 "충성심"을 계속 유지했다.

크랙의 접근법에서 많이 되풀이되는 주제들은 우리가 그가 이슬람의 연구에 있어서 진보적이지만 서구의 역사적 전문지식에 깊이 뿌리를 두고 있음을 연상하게 한다. 이 전문지식은 인류학적이고 역사 비평학적 전문지식의 기준에 맞서거나 혹은 선교지로 이슬람을 평가했다. 크랙은 두 방향으로 모험을 하는 것으로 보인다. 그는 그 선지자의 마음이 두 가지 요소의 산물이라고 제안한다.

첫째, 그를 메카라는 도시에서 떠나서 명상한 히라의 동굴에 자주 가도록 이끌었던 내적 갈등; 그가 고아로 자란 것, 자연과 출산 그리고 아주 절망스럽게 지켜본 부정행위들의 만연에 대한 그의 놀라운 통찰들;

둘째, 메카의 번영에 대한 그의 인식과 그 번영이 메카인들에게 가져온 명성과 권력 그리고 아주 많은 순례자를 매년 이끌었던 카바(Kabah)의 중심적 역할 등이다.

이런 두 가지 요소가 라술리야(*Rasuliyyah*, 전령직)를 생기게 했다. 전자가 그를 신비적이고 영적 방향으로 이끌었던 반면, 후자는 아랍인들을 위한 "연합의 근원에 대한 열망"이자 충동을 발견했고, "성경과 성경 학자(scriptuarist)가 되는 이상과 생각"을 발견했다.[23] 크랩은 "당연히 그의 마음을 사로잡은 것은" 메카의 권력과 명성이고 메카의 경제라고 말한다. 우리가 크랙의 글에서 알게 된 그 선지자의 이미지는 그 마음이 선지자가 되기 이전 기간의 영성, 신비체험 그리고 그가 메카에서 예언사역을 하는 동안에 적용했던 것에 사로잡혀 있는 한 사람의 모습이다.

코란이 그를 묘사하는 대로, "그 경고자"(the Warner)의 생각과 그가 한 명의 선지자가 되어가는 과정에 관해, 크랙이 제시하기를, 이것들은 주로 유대인들과 그리스도인들을 통해 신구약성경의 가르침들에 의해 제공되었다.

메카에서의 마호메트는 핍박과 비방을 당한 예수와 같은 한 명의 마호메트였고, 한 명의 피 흘리는 "고난받는 종" 선지자였다. 히즈라(Hijrah)는 이슬람교와 그 선지자에게 전환점이었다.

메디나로의 이동은 모슬렘들을 "하나의 군대로 이루어진 집단에서, 믿음의 공동

Thomas and Clare Amos (eds.), *A Faithful Presence: Essays for Kenneth Cragg* (London: Melsende, 2003), 130.

[23] Kenneth Cragg, *The House of Islam* (Belmount, CA: Dickenson Publishing, 1969), 23.

체에서 권위의 질서로" 변화시켰다.²⁴ 크랙은 히즈라의 사건을 지하드의 개념과 연결하고, 그 선지자가 품은 동기의 본질에 대해 다음과 같이 질문한다.

> 이슬람교가 히즈라에서 잠재적으로 보편화 된 곳에서, 이슬람교는 지하드에서 본질적으로 정치화되었다. 믿음을 가지고 메카로부터 이주한 것은 믿음을 위해 메카를 반대해 이주한 것의 전조가 된다. 그러한 과도기에, 히즈라는 미래의 관련성 속에서 시행되었을 뿐만 아니라, 이슬람교도 역시 그 본질적 특징 속에서 규정되었다.

그는 다음과 같이 질문한다.

> 진리와 힘의 관련성이 무엇인가?²⁵

이 질문은 크랙이 상황에 따라 변화무쌍한 이슬람교에 관해 쓴 모든 글에 나타난 일관된 주제다. 아주 최근에 아무런 간섭을 받지 않고 이슬람의 모든 기본적 요구사항을 준수할 자격을 부여받고, 상대적으로 안전하고 편안한 곳에서 소수민으로 사는 모슬렘의 상황을 조명했다. 그는 다음과 같이 질문한다.

> 모슬렘들이 처음에 받았던 박해가 없었다면, 그들은 메카의 환경으로 돌아가지 않겠는가. 메디나보다 메카의 우선성은, 권력과 군사보다 신앙과 경건의 우선성은 이슬람교의 규정(definition)에 대한 모든 근거에 기초해 논란의 여지가 없는 것인가?²⁶

메디나와 메카의 분리는 크랙에게 그가 모슬렘들이 표현하기를 바라는 "비본질적 소재"로 남아 있다. 크랙이 마호메트를 판단하는 기준은 그가 정직하게 "그리스도-기준"이라고 칭하는 것이다. 적극적 그리스도인의 반응에 대한 중요 장애물은 "원조 이슬람교의 군사적 측면들"에 있고, "정치적 무장의 자유로운 수용은 분명히 그리스도인들이 마호메트에게 긍정적으로 반응하는 것을 막는 결정적 요소들이다."²⁷

---

24 Kenneth Cragg, *The Event of the Quran* (London: George Allen and Unwin, 1971), 129.
25 Kenneth Cragg, *The Event of the Quran*, 134.
26 Kenneth Cragg, *Am I Not Your Lord?* (London: Melisende, 2002), 12-13.
27 Kenneth Cragg, *Muhammad and the Christians* (London: Darton, Longman and Todd, 1984), 31, 145.

이런 의미에서 크랙은 전통적 기독교가 결과적으로 영혼의 평화, 자기 자신의 사악함에 대한 개인의 사적 승리에 대한 빈약해진 이해로 인해 율법과 정치, 검의 평화에 집착하는 것으로 이슬람을 바라보는 것에서 멀리 이동했다. 이것은 그 선지자의 특징과 업적이나, 이슬람 문명의 특징과 업적들에 대한 모슬렘의 이해를 격려하는 것 같은 견해가 아니다. 더구나 그런 이해를 만족하는 것 같은 견해도 아니다. 그러나 그것은 모든 교파에 걸쳐 한 세대의 그리스도인들 사이에 매우 큰 영향력을 끼쳐 왔다.

이슬람교에 대한 접근법의 차이점들에도 불구하고 그들의 신학과 선교적 관심에서, 그것들은 모두 그들 나름의 모슬렘에 대한 이해를 비교하고 조사하고 평가하기 위해 크랙의 "코너"에서 만난다.

3) 큉

한스 큉(Hans Küng, 1928-)은 다른 종교에 대한 기독교적 이해와 기독교에 대해 자신의 발자취를 남긴 가장 영향력 있는 현대 신학자들 가운데 한 명이다. 짧게 설명했듯이, 큉은 개신교적 성향이 있는 로마 가톨릭 신학자다. 그는 오랫동안 특히 그의 박사 논문인 『칭의』(*Justification*)를[28] 출간한 이후에 바티칸과의 성가신 관계로 인해 논쟁이 되는 인물이 되었다.

그의 박사 논문의 주제는 칼 바르트에 관한 것이었는데 이것은 아무래도 그의 교회관을 형성하는 데 영향을 미쳤을 것이다. 하지만 그는 다른 종교에 대한, 특히 이슬람교에 대한 바르트식 교리의 영향력에서 여전히 자유로웠다.

큉은 이슬람교과 모슬렘 사상을 매우 진지하게 취급한 신학자다. 그는 이슬람교에 대한 그리스도인의 이해는 항상 이슬람과 서양의 현재 관계와 과거의 만남에 어길 것이라고 인식한다. 그는 다음과 같이 말한다.

> 다음의 사실을 인정합시다. 이슬람교는 본질적으로 외부적으로 불교나 힌두교보다 정치적으로나 경제적으로 더 위협적이게 우리를 지속해서 공격하고 있습니다. 어쨌든 이 현상은 우리가 이해하기 어려운 것입니다.

---

[28] Hans Küng, *Rechtfertigung: die Lehre Karl Barths und eine katholische Besinnung* ["Justification: The Doctrine of Karl Barth and a Catholic Reflection"] (Einsiedeln: Johannes Verlag, 1957).

이어서 큉은 이것이 정확히 에큐메니컬적 기독교 신학의 임무라고 강조한다. 곧 이 임무는 "이슬람의 도전에 직면해 상호 이해를 위해 연구하는 것"을 가리킨다.[29] 즈웨머와는 달리, 큉은 그리스도인들과 모슬렘들이 같은 창조주와 보존자 하나님을 믿고 있다고 받아들이고, 이슬람교를 거기에 맞춰 접근한다.

큉은 이슬람교를 더 넓은 기독교 신학적 관점 내에 둔다. 그는 그 선지자 마호메트의 본성에 접근하고 구약성경의 프리즘을 통해 그를 기독교 신학적 배경으로 복위시킨다. 큉은 마호메트를 지리학적으로 아라비아에, 신학적으로 아라비아 부족이 유대교와 기독교를 접한 지점에 위치시킨다. 바로 거기에 이슬람교의 하나님 사상과 다양한 형태의 경건이 흘러나온 근원이 있다. 그 선지자에 대한 큉의 평가가 인류학적 판단에서 벗어나지 않지만, 그는 분명하게 "그 선지자가 독창성이 부족했다"라고 말하는 것은 "심각한 오해"라고 생각한다.[30]

하지만 이 독창성은 모슬렘이 믿는 것처럼 그가 하나님으로부터 받은 것 때문인가, 아니면 권위와 권력에 대한 어떤 야망 때문인가?

이 질문은 큉의 연구에서 아직 연구되지 않은 상태로 남아 있다. 하지만 그는 그 선지자를 구약의 선지자들 나란히 배치하고 싶어한다. 그는 온전히 상기시켜주는 데 도움이 되는 일곱 가지의 유사점들을 제공해 주는 데, 이것이 아마도 그 선지자 마호메트가 아주 많이 특출나게 특색을 갖춘 현대 기독교의 신학적 평가에 있어 처음일 것이다.

> 이스라엘의 선지자처럼 마호메트는 그의 사역을 공동체나 권위에 의해 그에게 주어진 어떠한 지위가 아니라 특별하고 개인적 하나님과의 관계에 근거하고 있다. 이스라엘의 선지자처럼 마호메트는 강한 의지를 가진 자로 자신을 신성한 소명을 받은 자로 이해하고 전적으로 하나님의 요구에 사로잡힌 오직 선교에만 빠져있는 자로 간주했다. 이스라엘의 선지자처럼 마호메트는 종교적이고 사회적 위기 가운데서 거리낌 없이 말했다. 그의 열정적 신앙과 혁신적 설교와 함께 부유한 통치 계급과 전통에 저항했다. 이스라엘의 선지자처럼 마호메트는 자신을 주로 오직 하나님의 말씀만을 말하고 선포하기를 원하는 "예언자"라고 부른다. 이스라엘의 선지자처럼 마호메트는 다른 신을 용인하지 않는 한 분 하나님이자 동시에 창조주이시며 자비의 심판자 되시는 하나님께 영광을 돌렸다.

---

29 Hans Küng, *Christianity and World Religion* (London: SCM Press, 1986), 19.
30 Hans Küng, *Christianity and World Religion*, 25.

이스라엘의 선지자처럼 마호메트는 조건 없는 순종, 헌신 그리고 "항복"(문자 그대로 이슬람의 의미)을 한분 하나님께 요구했다. 그는 모든 감사와 인간을 향한 관용을 요구했다. 이스라엘의 선지자처럼 마호메트는 유일신주의를 인본주의와 관련시키면서 한분 하나님에 대한 믿음과 그의 사회정의를 요구하는 심판: 심판과 구원, 불평등에 대항하는 사람들은 지옥에 가고 정의를 약속하는 사람들은 하나님이 계신 천국에 들어가게 된다.[31]

이런 일곱 가지의 유사점들로부터 그리고 마호메트를 통해 부여받은 믿음으로 살아가고 있는 모슬렘들의 배경 속에서, 큉은 "아라비아의 남녀를 위해 결국 마호메트는 진실로 과거에도 그랬고 현재에도 종교개혁가, 입법자, 지도자다. 곧 순수하고 소박한 유일한 선지자"라고[32] 결론짓는다.

엄밀히 말하자면 이슬람에서 선지자 직의 본질과 구약성경에서 선지자들에 대한 설명은 양립할 수 없다. 후자의 선지자들은 도덕적 성품이 오류가 있고 연약한 것으로 보인다. 이슬람교는 비록 그들의 인간성과 연약함을 인정하지만 하나님의 지도로 그들의 연약함이 수정되고, 그들의 인간성이 완전해지는 것으로 여긴다. 이는 코란이 그의 추종자들에게 본받으라고 명령하는 그 선지자의 특성이다.

또 다른 주제는 그 선지자가 전 인류를 위한 전령이라는 사실이다. 그래서 그의 선교와 사역을 "아랍의 남녀들"에게 배타적으로 부여하는 것은 모슬렘의 관점과 상반된다.

이슬람교에 대한 기독교 신학적 이해로 그 선지자를 복귀시킨 것에 관한 논의에 큉이 이바지한 것을 평가함에서, 모슬렘들은 그의 강력하고 담대한 행보를 인정하겠지만, 그가 충분히 더 나아가지 않는 한 여전히 회의적일 것이다.

또 다른 어려움은 큉의 코란에 대한 평가다. 모슬렘들에게 있어 그것은 마호메트에게 축어적으로 계시된 하나님의 말씀이다. 큉은 단지 모슬렘들이 여러 세대에 걸쳐 "공적이고 사적 삶 속에서 말씀을 통해 힘과 용기와 위로를 얻어왔기"[33] 때문이라면, 이것이 "진지하게 고려되어야 한다"고 제안한다.

지금까지는 괜찮지만, 그는 다음과 같이 진술한다.

---

31 Hans Küng, *Christianity and World Religion*, 25-6.
32 Hans Küng, *Christianity and World Religion*, 27.
33 Hans Küng, *Christianity and World Religion*, 33.

아랍어로 번역된 성경은 없었다. 만약에 있었다면 성경과 관련된 코란에 글들이 더 명확하고 더 정확하고 덜 단편적이었을 것이다.

여기에 함축된 것은 인간이 코란을 저술했다는 것이다. 큉은 유대기독교 전통으로부터 가져온 것들을 계속 상세하게 설명해간다. 그는 그리스도인들이 경험한 것(본문 비평과 해체)을 모슬렘들 또한 경험하고 받아들여야 할 것이라는 것을 상기시키면서, 모슬렘들과 그리스도인들이 이런 주제에 대해 계속 논의를 하도록 촉구한다.

가정에 의하면 이슬람 세계는 서구세계를 많이 따라잡았고, 이런 과정에서 그들의 그리스도인과 유대인 상대방과 같은 패턴을 따르게 될 것이다. 특별히 그는 "성경의 역사 비평적 연구가 마침내 하나의 현실로 허용되기를" 바란다.[34]

그것을 따르면서 큉은 어쩌면 하나의 "개혁된 이슬람교"가 등장해 모슬렘의 강력한 정통주의적 기질을 다루는 것뿐만 아니라, 계몽된 기독교 교리와의 타협을 지지할 수 있기를 기대할 수도 있다. 그것 역시 하나의 "세계 윤리"를 위한 큉의 소망의 근거가 된다.

4) 비기독교에 대한 선언, 교회에 관한 교의 헌장, 이슬람

「비(非) 기독교에 대한 선언」(Nostra Aetate, 1965)은 로마 가톨릭교회의 이슬람, 모슬렘들과의 관계에 이해에 있어 하나의 분수령과도 같다. 이 문서는 교회의 중심 무대를 다른 종교에 대한 도전에 두었다. 이것은 또한 여러 면에서 이슬람교에 대한 교회의 부당한 처우를 다룬 과거의 기록에 대한 인정이었는데, 이 부당한 처우가 두 공동체 사이의 더 좋은 관계에 큰 방해가 되었다.

이 문서는 "한 분 하나님을 예배하는 것"과 같은 신앙의 공통 영역들을 강조했고, 그 자체로 크게 진일보했다. 그것은 또한 "아브라함, 예수, 마리아"와 같은 다른 공통요소들을 지적했고, 모슬렘들이 "하나님의 보상과 심판의 날"을 기다리는 것을 지적했다. 이 문서의 중요한 부분은 그리스도인들과 모슬렘들에게 "과거를 잊자"라는 간청을 포함하며, 그것은 "평화, 자유, 사회정의와 도덕적 가치를 촉진할 목적으로 "진정한 노력이 모든 인간의 유익을 위해 상호 간의 이해에 도달하기 위해 이루어져야 한다"고 촉구한다.

---

34 Hans Küng, *Christianity and World Religion*, 35.

이런 고상한 이상들은 이슬람교나 다른 어떤 종교와도 절대 갈등을 일으키지 않고, 또한 그래서도 안 된다. 하지만 공통 요소들에 대한 이 문서의 선택은 그것들에 대한 기독교적 강조에서 기인하며, 기도와 구제를 선택했지만, 순례 또는 금식이 비록 이런 관습이 기독교에 있어 중요한 부분이긴 하지만 포함되지 않았다는 것은 주목할 만하다.

더 중요하게는 이 문서가 이슬람교의 중심인물인 마호메트를 명명하고 인식하는 것에서 (「비기독교에 대한 선언서」에 대해 큉이 언급한 말들을 사용하자면) "회피했다." 그것은 또한 모슬렘들에게 매우 중요한 "이슬람교"의 이름을 사용하기를 회피했다. 이런 약점들에도 불구하고, 이 문서는 교회가 수많은 이슈에 관해 다양한 차원에서 기꺼이 모슬렘들과 관계 맺고자 하는 모습을 나타낸다. 이보다 훨씬 더 적극적 성명서는 「비기독교에 대한 선언」(Nostra Aetate)과 같은 기간에 발의되었는데, 소위 「교회에 관한 교의 헌장」(Lumen Gentium)이라고 불린다.[35]

이것은 아마도 "구원의 계획 역시 먼저 회교도들 가운데서 창조주를 인정하는 자들을 포함한다"라는 생각을 공공연하게 받아들임으로써, 다양한 사람들 안에 있는 쓰린 상처를 만져주었을 것이다. 물론, 이것은 교회가 이제 이슬람교를 기독교와 대등한 것으로 받아들였다는 것을 의미하지 않는다. 이 문서는 하나님을 구원의 계획에서 모슬렘들을 배제하지 않는 분으로 언급하고 있으며, 그 계획은 교회 안에 손상되지 않은 채 남아 있다. 이런 입장조차 매우 신중하게 구성되었음에도 교회 내의 많은 사람을 만족하게 할 수 없었다. 이것은 대화의 목적에 대해 구원과 선교의 문제를 제기했던 교회 구성원 중에서 핵심적 논쟁이 되었을지도 모른다.

교회의 견해를 분명히 밝히기 위해, 바티칸의 종교 간 대화 사무국은 때때로 『다른 종교의 추종자들에 대한 교회의 태도』(the Attitude of Church Towards the Followers of Other Religions, 1984) 라는 주제 아래 그런 생각들을 발표했다.

1991년에 교황 요한 바오로 2세는 자세한 해설서가 『대화와 선포』(Dialogue and Proclamation, 1991)이라는 주제 아래 종교간 대화 사무국과 민족들의 복음화를 위한 모임에 의해 공동으로 출간된 직접적 결과물로, 하나의 회칙을 발행했다. 「비기독교에 대한 선언」(Nostra Actate)은 다른 교회들에도 영감을 불어넣었고, 도전했다. 이 것은 특히 유럽의 여러 도시에서 사는 수많은 모슬렘의 상황 속에서, 모슬렘들과 이슬람교에 대한 새로운 방식의 이해를 가져왔다.

---

35 두 선언문을 모두 보려면, Austin Flannery, *Vatican Council II: The Conciliar Documents* (New York: Costello Publishing, 1988)을 참고하라.

가톨릭의 "이슬람교 위원회"발기는 1969년에 출간된 『모슬렘들과 그리스도인들 간의 대화』(*Dialogue Between Muslims and Christians*)를 위한 지침들로 이어졌다. 유럽 교회 협의회(The Council of European Churches, CES)는 "목회와 신학적" 관심을 가진 교회들을 돕기 위해 "유럽 내 이슬람교"에 관한 자문협의회를 설립했다.

1987년까지 개신교와 가톨릭교회는 인력과 재정적 자원을 모아서 "유럽 내 이슬람 위원회"를 공동으로 창립했다. 유럽 내에 존재하는 이슬람교에 대한 신학적 고찰은 일관되게 다루어졌지만, 그 위원회는 점차 모슬렘 국가들 안에 존재하는 기독교-모슬렘 관계의 상태에 매혹되었다.

5) 이슬람교에 대한 새로운 신학적 접근

유럽, 남아시아, 동남아시아 그리고 아프리카에서 사는 모슬렘들과 그리스도인들 사이에 점점 증가하는 상호 작용은 기독교 신학자들이 탈식민주의와 다원주의적 환경에서 이슬람교를 바라보도록 격려하고 있다.

존 매쿼리(John Macquarrie), 모리스 와일즈(Maurice Wiles), 존 힉(John Hick) 그리고 케이스 워드(Keith Ward)는 그러한 도전들을 다루고 있다.[36] 여기서 필자는 이런 새로운 신학의 예로서 케이스 워드의 접근법에 대해 아주 간단하게 언급하려고 한다.

워드는 다른 종교들과 관계하기 위해 "열린 신학"(open theology)이라는 것을 제안한다. 그는 "자기 전통이 표현하지 않는 계시의 형태들이 있다"라고 제안한다. 그는 이슬람교를 "하나님의 목적과 본질에 대한 독특한 증거"로 간주한다. 워드는 각각의 전통이 그 자체 내의 상황에서 보여질 필요가 있고, 신앙에 대한 그 문구와 표현이 확언되어야 한다고 (캔트웰과 스미스 그리고 다른 신학자들이 그랬던 것처럼) 강조한다.

기독교 신학은 바르트와 브루너의 입장으로부터 어느 정도 멀리 떨어져 나왔지만, 다른 종교에 여전히 좀 더 가까이 다가갈 필요가 있고 또 다가설 수 있다. 워드는 기독교가 다른 종교들과 조화되어 "공통의 위치"로 이끌어 오려고 노력하지만, 그렇다고 해서 반드시 다른 종교를 위한 "공통의 구조"를 세우려고 하지 않는다.

---

[36] John Macquarrie, *The Mediators: Nine Stars in the Human Sky* (London: SCM Press, 1995); Maurice Wiles, *Christian Theology and Inter-religious Dialogue* (London: SCM Press, 1992); John Hick, *The Metaphor of God Incarnate* (London: SCM Press, 1993)을 보라. 또한, (이슬람에 대한 힉의 견해를 보려면) Adnan Aslan, *Religious Pluralism in Christian and Islamic Philosophy: The Thought of John Hick and Seyyed Hossein Nasr* (London: Curzon Press, 1998)을 참고하라.

"공통의 위치"란 다른 종교들과 일반적 유대감을 가정하는 것이다.[37] 그는 그들의 종교에 대한 다른 종교들의 인식으로 인해 생기는 불필요한 논쟁을 경고하고, 유대감의 더 높은 목표로 수행해 갈 수 있도록 제공된 "가장 낮은 공통 분모들" 접근법으로 안심한다.

워드는 이슬람교를 유대 전통 안에 위치시킨다. 그는 "이슬람교가 유대교를 보편화시킨다"라고 주장하지만, "하나님의 자기 계시에 관한 관심이 거의 없기" 때문에 이슬람교는 기독교와 조화되지 못한다.

코란과 관련해서, 그는 코란이 히브리성경에 적용된 대로, "하나님에 의해 숨이 내뱉어진", 즉 영감을 받은 하나님의 호흡(*theopneustos*)이라는 사상과 유사한 "신적 영감을 받은" 책이 될 수 있다고 주장한다. "하나님에 의해 호흡 된"은 히브리성경과 코란에서 인간의 부재를 만들어낸다. 만약 전자(히브리성경)가 거룩한 영감을 받은 책으로 인정받을 수 있다면, 왜 코란은 거룩한 영감을 받을 책으로 불릴 수 없는지에 대해 그는 질문한다.

3. 평가

그리스도인들-신학자들과 선교학자들-은 그들 나름의 역사를 이룬다. 즉 그들은 자신이 직면하는 환경과 도전들에 반응해 의도적으로 그리고 의식적 의도 없이 그들 자신의 사상을 형성한다. 지난 백 년 동안의 신학적 발전은 이슬람교와 모슬렘들에 대해 많은 갈등을 일으키는 반응을 보여 준다. 결국, 각각의 반응은 과거를 반영하지만, 또한 그리스도인들이 어떻게 관계를 맺기 원하는지 그리고 (다른 종교 안에) 관계 맺어야 할 것이 무엇인지에 대한 구체적 표본에 호소한다. 이 과정에서 각각의 반응은 부분적으로 또는 무심코 본 장의 처음에 열거된 일련의 질문들과 만났다.

1) 하나님에 대한 이해

큉과 워드와 같은 신학자들과 또한 성장하는 선교학자들의 세대는 하나님에 대한 이슬람의 신개념이 그들 자신의 개념과 다르지 않다는 사실을 인식하고 있다. 하지만 모슬렘의 신으로서의 알라에 대한 옛 인식은 여전히 논객들에 의해 표현된다.

---

[37] Keith Ward, *Religion and Revelation* (Oxford: Clarendon Press, 1994), 337.

아마도 기독교와 이슬람교에서 말하는 하나님의 본질이 서로 비교되고 인식될 때, 어려움이 발생할 수도 있을 것이다. 모슬렘들의 하나님은 초월적인데, 피조물들에 대한 그의 돌보심은 여러 계시와 자비와 정의의 약속을 통해 중재 된다. 그리스도인들의 하나님은 인류를 위해 고난을 겪고 있는 인간으로 계시가 된다.

2) 선지자 마호메트

그 선지자 마호메트에 대한 모슬렘의 믿음과 마호메트의 선지자 직에 대한 기독교의 이해는 언제나 논쟁을 초래하는 이슈가 될 것이다. (예를 들어 크랙에) 선지자들의 역할에 대한 기독교의 이해는 구약성경에 의해 형성되었고 모슬렘들이 "재고찰하고 재고하기"(reconsider and rethink)를 기대한다.

그런 어려운 문제가 해결되지 않았지만, 이슬람교의 그 선지자를 새롭고 좀 더 긍정적 관점에서 바라보아야 한다는 기독교의 인식이 증가하고 있다. 마틴 포워드(Martin Forward)와 카렌 암스트롱(Karen Armstrong)이 쓴 마호메트에 대한 짧은 전기문은 이런 새로운 방향성을 나타낸다.[38]

3) 성경과 세속적-역사적 학문

거의 모든 신학자나 선교학자들은 비록 다른 이유이긴 하지만 일반적으로 코란과 이슬람의 계시에 대한 자기 비판적 평가를 고대한다. 한 가지 이유는 이슬람이 "중세의 옷장"에서 출현하는 것을 보고 싶은 욕구와 현대 세계가 그것들을 편안하게 여기고 그것들은 현대 세계를 편안하게 여기곤 하는 그런 태도들을 발견하고 싶은 욕구 때문이다. 이런 측면에서 회교 율법(shariah) 아래에서의 삶에 대한 모슬렘의 갈망은 퇴보하는 것으로 보인다. 물론 모슬렘들은 변화된 새로운 환경에 적응할 수 있는 이즈티하드(ijtihad)의 메커니즘을 가지고 있고 그들은 그것을 활용하고 있다.

하지만 압력들, 현대 세계의 변화 속도, 현대 문화의 공격성 그리고 그 특별한 침략성은 너무 잔인할 정도로 눈에 거슬려서 말할 필요가 없는 정치와 경제 현실과 더불어, 전통과의 충성스럽고 위엄 있는 관계를 유지하면서, 변화를 장려하고 가져오는 것을 어렵게 만든다.

---

[38] Martin Forward, *Muhammad: A Short Biography* (Oxford: One World Publications, 1997) and Karen Armstrong, *Muhammad: A Biography of the Prophet* (London: Victor Gollancz, 1991).

4) 대화의 역할

두 종교 집단 간의 대화는 지금까지 주로 사회적이고, 공동체적이고, 일반적 종교적 문제들에 집중해 왔다. 난해한 신학적 문제들은 좋은 예절을 유지하기 위해 연기되어 왔다. 분명히 대화는 민감한 부분의 경계를 넘어가기 전에 서로 간의 충분한 존중과 신뢰를 만들어내야 한다.

하지만 적극적 관용이 그리스도인들과 모슬렘들 사이에 실현되려면, 두 집단은 어떤 단계에서는 이런 문제들에 심각하고 진지하게 맞서야만 한다. 역사적 유산과 현시대의 사회정치적 현실에 비추어, 그것은 이미 아무런 갈등이 없는 상태, 즉 일종의 선의의 무관심에 도달하기에 상당히 어려워 보일 수도 있다.

4. 업적과 의제

21세기에 걸쳐 그리스도인들은 (특히 서양에서) 이슬람교를 포함한 다른 종교들에 대한 그들의 접근법을 상당히 변화시켰다. 이슬람 세계는 더 이상 정복을 기다리는 점령되지 않은 "선교현장"이 아니라 "호의"와 "친절함"의 덕목들을 위한 시험장으로 간주해야 한다. 이런 변화는 신학적이고 사회적 관점에 상응하는 변화를 수반했다. 모슬렘에 대한 증거의 구심점을 잃어버리지 않으면서, 강조의 균형이 섬김과 대화 쪽으로 옮겨갔다.

「비(非) 기독교에 대한 선언」을 통해 로마 가톨릭교회는 모슬렘들을 긍정적으로 이해하는 데 필요한 격려를 많이 했다. 종교 간 대화를 위한 폰티피칼위원회(The Pontifial Council for Interreligious Dialogue)가 출범했고, 가톨릭의 회원들이 모슬렘과 "이주자들과 난민들", **다와**와 선교" 그리고 "환경" 문제와 같은 공통의 관심을 가진 다양한 영역에서 모슬렘들, 그들의 조직체들과 활발하게, 지속해서 관계하도록 교육하는 노력을 유지했다. 함께 수고하는 노력은 조지아대학교과 앙카라신학대학교의 교수들 사이에서 서로의 교수진들 안에서 기독교와 이슬람교를 가르치고자 한 교환 협정 때문에 잘 예시된다. 1년에 단 한 학기(semestera)에 불과했지만, 다른 교과 과정에 그렇게 등록한 것은 양 진영을 위한 중요한 돌파구를 보여 준다.

'세계교회협의회'(the World Council of Churches)는 종교간 대화에 관한 직무(Office on Interreligious Dialogue)를 통해, 그들이 계획하고 현실화하는 데 있어 종종 모슬렘들과 함께 일하면서 대화를 위해 몇 차례 후원했다.

선교와 기독교의 증거에 대한 주요 관심에서부터 법과 사회, 종교의 자유, 개인과 공동체의 권리, 세계에서 벌어지는 기독교-이슬람교 간의 긴장 상태와 같은 문제들에 대한 더욱 요청되고 있는 관심으로 WCC에 의한 눈에 띄는 변화가 있었다.

1990년대를 거쳐 금세기에 개최된 일련의 대화들은 모슬렘들과 그리스도인들 간의 관계가 성숙했음을 보여 준다. 대화를 정착시키기 위한 모슬렘 진영에서의 노력은 1970년대와 80년대에 세계 이슬람 사명 공동체(World Islamic Call Society)와 같은 단체들에 의해 시작되었다. 이 노력은 1994년에 '종교 간 연구를 위한 왕립연구소'(Royal Institute of Interfaith Studies)를 세운 '알 알바이트 재단'(Al al-Bait Foundation)과 더 최근에는 시카고에 기반을 둔 종교간 관계를 위한 세계 모슬렘 협의회(World Council of Muslims for Interfaith Relations, WCMIR)와 같은 다른 기관들에 의해 계속 이어져 왔다.

WCMIR은 대화의 주제가 대다수의 모슬렘 가운데 더 이상 금기(taboo)가 아니라고 주장한다. 하지만 대화로서 중요하고 필요한 것은 비록 어려운 이슈들이었지만 그러한 이슈들을 축소하지도 말고 피하지도 말고자 하는 노력이 있었음에도 지금까지 주로 학문적, 종교적 그리고 종교적 리더들에 국한되어 왔다. 즉 이것은 아직도 모슬렘들이나 그리스도인들의 일반적 종교적 양심에 뿌리를 내리지 못하고 있다.

후자는 대체로 전자보다 이것과 관련해서 더 나은 진보를 이루어왔다. 상황이 여전히 다소 취약하다는 것을 고려하면, 그리스도인들은 다른 종교들과 그 종교들에 대한 동정적 이해에 알려지는 것을 포함하는 신학적 담론과 신학교의 교과 과정들 안에서 구조적 변화라고 불릴 수 있는 것을 만들기 시작했다.

이와 대조적으로 동서양에 있는 모슬렘들은 자신들이 아직 같은 일을 하지 않았고, 그것을 할 필요성을 인식했지만, 아직 그것을 하려고 시작하지는 않았음을 인지했을 뿐이다. 모슬렘들이 다니는 신학교(와 모슬렘 학교수업은 일반적으로) 다른 종교들에 대한 이해를 그들의 교과 과정에 통합시킬 필요가 있다.

종교가 무엇인지, 그것이 무엇인지 혹은 무엇을 위해 존재할 수 있는지에 대한 유럽인들의 인식은 기독교에 의해 형성되었다. 종교의 역할-거기서 종교가 사회의 생활과 권위의 능력을 시작한다-은 유럽에 있는 기독교의 역사적, 문화적 경험들에 따라 판단된다. 똑같은 역사적이고 문화적 경험들은 종교가 무엇인지 그리고 그것이 무엇인지 혹은 그것이 무엇을 위해 존재할 수 있는지의 모슬렘의 인식에 대한 기독교의 평가를 형성해 왔다.

동등하게, 기독교에 대한 모슬렘의 판단은 자기 나라에서 존재한 유럽인들에 대한 그들의 경험으로 알려져 왔다.

의미 있는 대화를 시작하는 것은 모슬렘과 기독교가 다른 시각으로 바라볼 가능성과 새로운 관점에서 역사의 파편을 제거하기 위한 기회(틀림없이 책임감)를 얻고 그들 자신과 상대방의 전통을 경험할 가능성을 제공해 준다.

「비기독교에 대한 선언」은 확실히 두 종교 간의 상당히 많은 호의를 일으켰고 또 그럴 수 있었다. 하지만 그것은 여전히 이슬람교와 그 선지자를 인식하는 측면에서 다소 침묵하고 있다. 물론 모슬렘들은 모슬렘이 아닌 사람들로부터 그 선지자와 이슬람교의 신앙에 대한 긍정을 기대하지는 않는다.

그러나 그들이 요구하는 것은 수 세기에 걸쳐 교회 관계 당국에 의해 알게 모르게 인가를 받았던, 일반적으로 그 선지자 마호메트와 이슬람에 반대하는 부당한 진술들에 대한 공식적 반대와 거부다. 대화는 먼저 거리를 두기 위해 노력한 다음에, 그러한 성명서들을 무효화시켜야 한다. 이 문제를 다루기 위해 또 다른 바티칸 공의회를 기다릴 필요가 없다. 이것은 회칙에서 다루어지되, 애매한 표현이 없이 다루어질 만큼 아주 긴박하다.

계속된 대화에도 불구하고, 우리는 여전히 다른 종교의 이미지들을 옮기는데, 우리는 단지 그 가운데 몇 가지를 대화 속에서 상대방과 공유하고 공개적으로 논의할 수 있다. 또 다른 것들은 독점되거나 버려지는데, 그렇더라도 동료 광신자들이 존재할 때에만 그러하다.

또한, 그 전보다 더 공개적이고 분명하게 논의될 필요가 있는 문제들-성경에 대해, 선교에서 사용되는 도구들과 전략들에 대해, 역사적 이야기들에 대해, 사회생활 안에서 종교의 역할, 종교와 정부의 관계 그리고 물질적 풍요에만 가치를 투자하는 것으로 보이는 경제 구조, 제도와 종교의 관계에 대해-의 범위가 있다. 만약 종교 간 대화(interfaith dialogue)와 더불어, 종교 내 대화(intrafaith dialogue)가 다른 종교에 대한 가치와 존엄성을 인식하는 데 있어서 그 신봉자들의 성실성과 선한 의도들을 인식함에서 더 활발하고 정직하지 않으면, 그것들은 효과적으로 논의되지 못할 것이다. 더 큰 여유와 을 가지고 다른 종교의 "타자성"(otherness)을 탐구하는 종교 내 대화는 종교 간 대화를 위해 꼭 필요한 준비단계로, 그 성공이 좌우하는 상호 신뢰를 가능하게 한다.

참고 문헌

Cragg, Kenneth, *The House of Islam* (Belmont, CA, 1969).
_____. *The Event of the Quran* (London, 1971).
_____. *Christian and Other Religions: The Measure of Christ* (Oxford, 1977).
_____. *Muhammad and the Christians* (London, 1984).
_____. *The Call of Minaret* (Oxford, 2000).
_____. *Am I Not Your Lord?* (London, 2002).
Flannery, Austin (ed.), *Vatican II*, Vol. 1 (New York, 1998).
Gaudeul, Jean-Marie, *Encounters and Clashes: Islam and Christianity in History* [Vol. 1 Survey and Vol. 2 Texts] (Rome, 1990).
Goddard, Hugh, *Christians and Muslims: From Double Standard to Mutual Understanding* (London, 1995).
_____. *A History of Christian-Muslim Relations* (Edinburgh, 2000).
Kerr, David, " 'He Walked in the Path of the Prophets': Toward Christian Theological Recognition of the Prophethood of Muhammad", in Y. Y. Haddad and W. Z. Haddad (eds.) *Christian-Muslim Encounters* (Gainesville, FL, 1995).
Kramer, Hendrik, *The Christian Message in a Non-Christian World* (London, 1938).
Küng, Hans, *Christianity and World Religion* (London, 1986).
Macdonald, Duncan Black, *Aspects of Islam* (New York, 1911).
Mitri, Tarek (ed.), *Religion Law and Society: A Muslim-Christian Discussion* (Geneva, 1995).
Neill, Stephen, *Christian Faith and Other Faiths: The Christian Dialogue with Other Religions* (Oxford, 1970).
Race, Alan, *Christians and Religious Pluralism: Patterns in the Christian Theology of Religions* (London, 1993).
Rahner, Karl, *Theological Investigations*, Vol. 18 (London, 1984).
Samartha, Stanley J. (ed.), *Living Faiths and the Ecumenical Movement* (Geneva, 1971).
Siddiqui, Ataullah, "Fifty Years of Christian- Muslim Relations: Exploring and Engaging in A New Relationship", *Islamochristiana* (Vol. 26, 2000).
Smith, Cantwell, *Islam in Modern History* (New York, 1957).
_____. *Meaning and End of Religion* (New York, 1964).
_____. *Questions of Religious Truth* (London, 1967).
Ward, Keith, *Religion and Revelation* (Oxford, 1994).
Watt, Montgomery, *Muhammad at Mecca* (Oxford, 1953).
_____. *Muhammad at Medina* (Oxford, 1956).
_____. *Islam and Christianity Today: A Contribution to Dialogue* (London, 1983).
_____. *Muhammad's Mecca: History in the Quran* (Edinburgh, 1988).
_____. *Muslim-Christian Encounters – Perceptions and Misperceptions* (London, 1991).

제39장

불교와 기독교 신학

폴 O. 잉그램(Paul O. Ingram)

1. 서론

그리스도인들은 기원후 1세기 이후부터 불교도들을 만났다.[1] 그러나 이때부터 16세기에 프란시스 자비에르(Francis Xavier)가 소속된 예수회의 일본 선교에 이르기까지 그리스도인들은 불교 전통과 그 의식에 관해 아는 것이 별로 없었다. 불교에 대한 지식이 점차 서방에 전파됨에 따라 기독교와 불교의 만남은 두 전통만의 독특한 문화적이고 역사적 이유로 대화보다는 1인 독백의 형태를 더 많이 띠게 되었다.

자신의 견해에서 불교를 이해하려고 하는 서방의 진지한 시도들은 19세기에 이르러 종교의 역사(religionswissenschaft) 분야에서 학술 연구가 등장하고 나서야 시작되었다. 그 분과는 기독교가 일반적으로 세계 종교들과 개별적으로 불교와 만나기 위한 토대를 제공했다. 최근까지 기독교 신학이 불교에 관해 성찰한 대부분의 의제는 기독교 신앙과 그 의식이 인류 구원의 유일한 수단으로서 우위에 있음을 논증하고 있었다.

그러나 1980년 여름에 하와이대학교에서 데이비드 채펄(David Chappell)이 조직한 "제1회 동서양 종교 간의 회합" 이래로 불교에 대한 기독교 신학의 사고 구조는 적어도 진보 진영의 현대 가톨릭 사상과 개신교 사상 안에 신학적 독백으로부터 대화의 만남으로 천천히 변해 왔다.

처음 동서양종교의 만남은 이제 불교-기독교 간 연구를 위한 협회(Society for Buddihist-Christian Studies, SBCS)라는 상설 기구로 조직되었다.

---

1   기독교 자료들 속에서 불교에 대한 최초의 언급은 약 200년경에 알렉산드리아의 클레멘스가 스트로마타(*Miscellany (Stromateis*)에서 등장한다. 클레멘스는 기독교의 영지(*gnosis*)가 다른 모든 형태의 지혜보다 우수하다는 점을 보여 주려고 했다. "그리고 인도에 붓다의 계명을 따르는 자들이 있는데, 그들은 붓다의 엄청난 성스러움(holiness) 때문에 하나의 신으로 공경한다"(Hans Küng, *Christianity and the World Religions* [Garden City, NY: Doubleday, 1986], 307에서 인용됨).

이 협회와 「불교와 기독교 연구」(Buddhist-Christian studies)라는 저널은 현재 그리스도인과 불교도 사이에 일고 있는 지속적인 대화를 세계적 차원에서 지지하기 위한 주요 국제 포럼으로 발전했다.

2. 개요

현대 기독교와 불교의 만남은 이 만남이 그 자체로 다원주의적이라는 점에서 포스트모더니즘의 다양성과 후기 기독교 문화와 종교적 다양성을 반영한다고 혹자는 주장하곤 한다. 이 다원주의는 1세기 이래로 세계 종교들과 기독교 만남의 역사, 즉 다른 종교적 전통을 고찰하기 위한 제한된 수의 신학적 선택 사항들이 존재했던 한 역사에 뿌리를 내리고 있다.

그것들은 그리스도인들이 다른 종교들의 추종자들 개종을 통해 그것들을 대체하고자 한 결과, 우상숭배적이라고 거부될 수도 있었다. 헬레니즘 이교는 이런 식으로 보였다. 또는 그리스 로마 철학자들은 기독교 안에서 성취되고 완전해지는 제한된 선과 진리를 소유하고 있는 것으로 보일 수 있었다. 신플라톤주의에 대한 기독교의 반응은 이런 가능성을 보여 주고, 그 결과 그리스도인들은 신플라톤주의자들을 기독교로 개종시키려고 노력하면서도 동시에 이런 전통의 업적들을 보존했다. 때때로 다른 전통은 비종교적인 것으로 간주했고, 그러한 경우에 기독교와 나란히 지속하도록 허용될 수 있었다. 17세기에 중국의 예수회 선교사들은 유교를 이와 같은 방법으로 대했다.

20세기 후반기에 일부 자유주의 진영 내에서 기독교 종교 신학은 새로운 노선을 택했는데, 그 당시에 많은 신학자는 비기독교의 종교적 전통을 나름대로 가치 있는 것으로 인식했다. 비기독교적 종교들을 다룬 기독교 학문의 많은 에너지는 종교들에 관한 비교 연구를 위해 중립적 방법론을 개발하려는 노력으로 이어 갔다.

관용은 중요한 신학적 미덕이 되었다. 이런 경향에 대해 부분적으로 부정적 반응을 한, 신정통주의 사상은 기독교 신앙이 다른 종교들 가운데 한 종교가 아니라, 실은 절대 종교가 아니라고 제안했다. 그리해 칼 바르트, 에밀 브루너와 디트리히 본회퍼는 기독교를 포함해 "종교"를 인간의 활동으로 규정하지만, 기독교 신앙에서 중요한 것은 예수 그리스도를 통해 세상에 대한 하나님의 결정적 행위와 응답이다. 그리스도 안에서 하나님의 행위에 대한 반응은 "믿음"이지, "종교"가 아니다.

제2차 세계대전에 뒤이은 개신교 신정통주의 신학의 영향 때문에, 신학과 종교들의 역사는 학문 간의 접촉은 거의 없이 전문 학술 분야로서 서로에 대해 독립적으로 발전했다.

개신교 신학에서 "교회밖에 구원은 없다"라는 말은 일반적으로 구원이란 교리적 명제들에 대한 분명한 기독교 신앙과 헌신과 별도로 어떤 구원도 없음을 의미했다. 바르트가 "종교란 변덕스럽고 제멋대로인 하나님 앞에 인간 스스로 의롭게 되고 거룩해지려는 시도"를[2] 의미하는 "불 신앙"이기 때문에, 기독교 신앙은 "종교"가 아니라고 글을 썼을 때, 그는 특수하게 불교에 대한 개신교 신정통주의의 접근과 일반적으로 비기독교의 종교적 전통들의 필수 사항들을 설정했다.

즉 어떠한 진리를 가진 하나의 "종교"로 이해되는 기독교를 포함해 어떤 "종교"도 사람들을 구원으로 인도할 수 있는 절대 가지고 있지 않다. 왜냐하면, 모든 "종교"는 사악한 인간들에 의한 고안품들로, 그들은 그들 자신의 수단들을 써 하나님과의 구원 관계를 세우려고 노력했기 때문이다.

"종교"의 반대는 기독교의 신앙인데, 그것은 하나의 "종교"가 아니라, 다른 실재, 곧 "우리를 향한 하나님의 겸손"이라는 다른 실체에 대한 "증언"(witness)이다. 기독교의 신앙은 언제나 그리스도이신 역사적 예수의 삶과 죽음과 부활을 통해 존재의 조건들을 깨뜨리신 하나님의 우선적 행위에 의존한다.

불교와 관련해, 바르트는 한때 기독교와 일본의 정토 불교(Pure Land Buddhist)의 전통들 안에 있는 은혜와 믿음의 교리들 사이의 유사성에 주목했다. 하지만 그는 불교 교리의 이런 측면을 그리스도인들이 그리스도를 믿는 믿음을 통해 경험하는 것에 대한 좀 더 열등한 표현으로 일축해버렸다.[3]

대부분 그리스도인이 기독교의 믿음과 행위에 참여하는 것이 구원의 유일한 수단이라고 이해해 온 것은 분명하지만, 이것이 항상 비그리스도인을 위한 하나님의 구원 행위의 부재 또는 비기독교의 전통에서 인식된 진리를 기독교의 자기 이해로 통합할 수 없음이나 통합을 꺼림을 내포하지는 않았다.

하지만 콘스탄티누스 대제의 통치 이래로 교회가 그리스도인들과 비그리스도인들의 삶에 대해 종교적이고 세속적 권위를 주장하는 신성한 기관으로 스스로 변화하기 시작했을 때, 오늘날 "종교 신학"이라고 불리는 것은 강경한 배타주의를 취했다.

---

2   Karl Barth, "The Revelation of God and the Absolutism of Religion", in *Church Dogmatics* (Edinburgh: T. and T. Clark, 1956), Vol. 1, part 2, section 17.
3   Karl Barth, "The Revelation of God and the Absolutism of Religion", in *Church Dogmatics* (Edinburgh: T. and T. Clark, 1956), Vol. 1, part 2, section 17, 340–4.

이는 모든 인간이 하나님과의 구원의 관계 속으로 들어가기 위해서는 그리스도인이 되어야 한다는 것이다.

이 사상은 후에 플로렌스 공의회(Council of Florence, 1438)에 의해 "교회밖에 구원이 없다"(*extra ecclesiam nulla salus*)는 교리로 공포되는데, 고전적 형태의 기독교 신학적 배타주의다.

제2차 바티칸 공의회 이전에 로마 가톨릭 종교 신학에서, "교회밖에 구원이 없다"라는 구호는 가톨릭의 성례와 윤리적 가르침에 참여하지 않으면 아무 구원도 없음을 의미했다. 제2차 바티칸 공의회가 1964년과 1965년에 각각 「교회 교리헌장」(*Dogmatic Constitution of the Church*)과 「비기독교와 교회와의 관계에 관한 선언」(*Declaration of the Relationship of the Church to Non-Christian Religion*)을 출간했을 때, 로마 가톨릭 종교 신학과 로마 가톨릭교의 불교와의 대화는 좀 더 포괄적 특징을 드러냈다.

개별적으로 바르트의 배타주의자의 종교 신학과 일반적으로 개신교 신정통주의 신학은 세계 종교들을 신학적 고찰의 대상들로 심각하게 취급하지 않았다. 하지만 제2차 세계대전 이후에, 세계 종교들에 좀 더 비판적 주의를 기울였다는 여러 발언이 개신교와 가톨릭 진영 내에서 나왔다.

이와 관련해 두 명의 중요한 과도기적 개신교 신학자가 폴 틸리히(Paul Tillich)와 위르겐 몰트만(Jürgen Moltman)인데, 이 둘은 모두 불교와 다른 종교적 전통과의 신학적 만남의 발전을 위한 중요한 선례를 만들었다.

틸리히가 일본에서 주요 불교 철학자들과 만나고 『기독교와 세계 종교들의 만남』(*Christianity and th Encounter with the World's Religions*)이라는 책을 출간한 이후에, 그는 자신의 "상관 관계 방법론"(method of correlation)이 비기독교 전통들의 진리를 판단하기에는 부적합하다고 결론을 내렸다.

쇠렌 키에르케고르(Søren Kierkegard)의 실존주의 철학에 깊은 영향을 받은 틸리히의 상관 관계 방법론은 모든 인간이 존재의 의미에 대해 가진 보편적 질문들이 기독교 계시로 가장 완벽하게 답변한다고 주장했다. 그는 이런 보편적 질문들에 대해 더 적절한 불교나 힌두교나 이슬람교의 답변이 있을 가능성을 진지하게 받아들이지 않았다. 그러나 일본에서 틸리히의 경험은 이와 같은 질문들에 대한 기독교적 답변들보다 존재의 구조에 더 적절하게 상관시킬 수 있는 질문들과 답변들이 불교의 전통 안에 있을지 모른다는 점을 가르쳐주었다.

결과적으로 틸리히는 기독교와 종교 다원주의의 만남이 어떻게 기독교 신학과 기독교의 경험 모두를 심화시킬 수 있는지에 대해 성찰하기 시작했다.

불행하게도, 틸리히는 그의 진화하는 통찰력들을 체계적 종교 신학으로 발전시키기 전에 죽음을 맞이했다.[4] 이와 마찬가지로, 몰트만은 기독교의 갱신뿐만 아니라 비기독교의 갱신 수단으로 기독교와 세계 종교들의 만남의 필요성에 대해 글을 썼다. 그러나 그리스도인들이 비그리스도인들과 대화를 시작하기 전에, 기독교와 세계 종교들과의 상호 작용을 지배하는 두 가지 역사적 편견, 곧 교회의 절대주의와 기독교의 절대주의가 분명히 버려져야 한다.

몰트만의 종교 신학은 의식적으로 포괄주의적이다. 그에게 있어, 인류와 과거/현재/미래의 존재 전체를 위한 하나님의 행위에 대한 신뢰인 신앙은 신학적 체계와 기관들에 대한 신앙이 아니라-비그리스도인들과의 대화를 가능하게 할 뿐만 아니라 신학적으로도 필요하게 해 준다.

몰트만의 종교 다원주의에 대한 이해는 의미심장한데, 그 이유는 그가 기독교와 비그리스도인들과의 상호 작용에 대한 신약성경의 이해로 되돌아왔기 때문이다. 따라서 그의 신학은 그리스도인들이 그리스도이신 역사적 예수의 삶과 죽음과 부활 가운데 만나는 실재가 또한 비그리스도인들의 경험과 관례를 통해 사람들을 만났다고 확언하기 때문에 포괄주의적이라고 할 수 있다.[5] 보수적이고 근본주의적 개신교 신학자들이 본래 불교를 포함한 비기독교에 대해 배타적 입장을 취해 왔기 때문에, 본 장에서 인용된 개신교 신학자들은 틸리히와 몰트만의 세계 종교들의 만남에 의해 만들어진 선례들을 따랐던 진보 분야의 신학적 스펙트럼을 다양한 방식으로 나타내고 있다.

제2차 바티칸 공의회 이후의 로마 가톨릭 종교 신학은 일반적으로 자유주의 개신교 쪽에서 발견했던 것보다 로마 가톨릭과 불교의 만남에 좀 더 신학적 통합을 부여하는 포괄주의적 접근법으로 특징지어진다.

종교 다원주의에 관한 현재 가톨릭 신학의 생각을 말해 주는 가장 중요한 두 사람은 칼 라너(Karl Rahner)와 한스 큉(Hans Küng)인데, 그들의 종교 신학은 대부분의 현대 가톨릭 신학과 불교의 만남을 위한 토대를 제공해 준다.

---

4 Paul Tillich, *Christianity and the Encounter With the World's Religions* (New York: Columbia University Press, 1963) 그리고 *Systematic Theology* I (Chicago: University of Chicago Press, 1951), 3–68.

5 Jurgen Moltmann, *The Church and the Power of the Spirit* (New York: Harper and Row, 1971), 151ff. 또 다음의 책들을 보라. Richard J. De Martino (ed.), "Dialogue East and West: Paul Tillich and Hisamatsu Shin'ichi", *Eastern Buddhist* 4 (October 1971): 39–107 and *Eastern Buddhist* 5 (October 1972): 107–28.

라너의 종교 신학은 "익명의 기독교"(anonymous Christianity) 개념에 집중하는 데, 그것에 따르면 독실한 불교도들, 모슬렘들, 힌두 신자들 또는 시크교도들은 그리스도인들이 그리스도를 믿는 믿음을 통해 만나는 같은 실재를 경험하고 그것을 깨닫지 못할 뿐이다.

그들은 그것을 깨닫지 못하는 그리스도인들을 의미하는 "익명의 그리스도인들"(anonymous Christians)이다. 따라서 교회의 선교적 과제는 익명의 그리스도인들을 교회의 가르침과 성례의 참여로 개종함을 통해 명시적 그리스도인으로 삼는 것이다.[6] 그런 까닭에, 큉은 로마 가톨릭교회 이외의 모든 종교적 전통을 의미하는 세계의 종교 전통들이 "인간 구원의 특별한 방법"으로서 이해되어야 한다고 결론을 내린다. 하지만 가톨릭교회는 "평범한 방법"이다. 그러므로 사람들은 그들이 처한 역사적, 문화적 환경 내에서 그들에게 접근 가능한 특별한 종교 전통들을 통해 구원에 이를 수 있다.

왜냐하면, 하나님은-그분의 가장 온전한 자기 계시가 그리스도를 통해 이루어진다. 비기독교의 가르침과 관례들의 특별한 방법들 안에서도 역사하기 때문이다. 하지만 큉이 보기에, 구원의 특별한 방법들과 비교해 교회 때문에 주어진 구원은 그리스도를 통한 하나님의 자기 계시의 가장 완전한 표현으로 보인다.

큉도 라너도 비기독교의 종교적 전통들을 그들 나름대로 구원의 진리에 이르는 타당한 길이 아니라, 오히려 "복음을 위한 준비"로서 평가하기 때문에, 교회는 비기독교적 전통들의 진리를 인식하는 동시에 비그리스도인들을 대한 선교적 노력을 착수해야 한다.[7]

불교도들과 그리스도인들이 종종 다른 이유로 대화에 참여하기 때문에, 지난 20년에 걸쳐 불교도-그리스도인의 만남으로 발전해온 대화의 주요한 세 가지 형태, 즉 "개념적 대화", "사회 참여적 대화", "내적 대화"를 설명하는 게 유용하다. 이런 세 가지 대화의 형태를 구분하는 경계는 항상 명확한 것은 아니다.

대부분 신학자가 불교와의 만남에 있어서 개념적 대화를 강조하는 반면, 점점 더 많은 수가 사회 참여적 대화를 강조한다. 또한, 명상과 묵상과 같은 영적 훈련에 관심을 가진 그리스도인들은 내적 대화에 초점을 맞춘다.

---

6 Karl Rahner, *Theological Investigations,* Vol. 5 (Baltimore, MD: Helicon Press, 1966), 131. 또 *Theological Investigations*의 다른 책들, 특히 제6권, 제9권, 제12권 그리고 제14권에 들어있는 논문들을 보라.

7 Hans Küng, *On Being a Christian* (New York: Pocket Books, 1978), 89–116.

각 대화의 형태가 실은 상호 의존적이기 때문에, 대화 안에서 경험한 그리스도인들은 일반적으로 개념적, 사회 참여적, 내적 대화를 통합하려고 노력한다. 비록 그들이 보통 불교의 전통과 대화하는 가운데 한 가지 특별한 형태의 대화를 강조할지라도 말이다.

3. 개념적 대화

개념적 대화의 초점은 교리적이고, 신학적이고, 철학적이다. 그것은 어떤 종교 전통의 자기 이해와 세계관에 관한 것이다. 개념적 대화에서 불교도들과 그리스도인들은 궁극적 실재, 인간의 본성, 고통과 악, 기독교 신앙에서 그리스도의 역할과 불교의 관습에서 붓다의 역할, 그리스도인과 불교도들이 서로에게서 배울 수 있는 것과 같은 문제들에 관해 신학적이고 철학적으로 체계화한 것들을 비교한다.

세 명의 서구 신학자들, 두 명의 개신교, 한 명의 로마 가톨릭교도, 한 명의 종교사가 그리고 세 명의 아시아 신학자들은 불교와 기독교의 개념적 대화의 표본들이 될 것이다.

과정 신학자인 존 B. 캅 주니어(John B. Cobb, Jr)보다 개념적으로 불교에 더 체계적으로 참여하고, 불교의 사상을 그 신학 안에 더 의도적으로 통합시킨 개신교 신학자들은 거의 없다. 실제로 캅(Cobb)은 종교의 역사라는 학문을, 특히 불교와 관련해 신학적 고찰의 대상으로서 적합하게 한 최고로 중요한 개신교 신학자들 가운데 한 사람이다. 그가 나눈 불교와의 대화는 종교 간 대화가 "대화를 뛰어넘어"(beyond dialogue)[8] 가는 개념적 과정이라는 이해에 근거한다. 대화를 뛰어넘어 간다는 것은 대화의 행위가 멈출 필요가 있음을 의미하는 것이 아니다. 왜냐하면, 신학적 성찰이 그 자체로 대화의 과정이기 때문이다.

차라리 "대화를 뛰어넘어 가는 것"(passing beyond dialogue)은 개념적 신학적 대화의 참여 과정을 기독교 신앙에서 누군가의 지속된 성장에 이바지하는 요소로 지명한다. 캅은 같은 과정이 기독교 전통과의 대화를 넘어서는, 불교의 전통에 신실한 불교도들에 대해서도 발생한다고 생각한다.

---

[8] John B. Cobb, Jr., *Beyond Dialogue: Toward the Mutual Transformation of Christianity and Buddhism* (Philadelphia, PA: Fortress Press, 1982), 제2장.

캅이 보기에, 대화는 두 가지 상호 의존적 움직임을 포함하고 있는 신학적 행위 자체다.

첫째, 불교도들과의 대화 속에서, 그리스도인들은 의도적으로 기독교 전통의 통례적 경계를 떠나서 불교의 사상과 경험으로 들어가야 한다.

둘째, 이어서 풍성해지고, 새로워지고, "창의적으로 변화된" 기독교 신앙의 고향으로의 복귀가 수반되는데, 이것은 캅이 의미하는바 "대화를 넘어가는 것"에 속하는 것이다.

그리스도인을 위한 종교 간 대화의 목표는 "창의적 변화"에 있다. 그런데 이것은 대화로부터 알게 되어 자신의 신앙과 행위로 삼는 것은 무엇이든지 비판적으로 전유하는 과정으로 정의되는데, 이로 인해 자신의 신앙이 도전을 받고 풍성해지고 새롭게 된다. 그리스도인들에게 있어 창의적 변화의 형상은 바로 그리스도이다. 그는 명확히 현시대의 종교 다원주의를 특징짓는 많은 의미 중심들을 조화되게 하는 통합의 초점을 제공해 준다.

캅이 어떤 진리도 그리스도를 믿음으로 생겨난, 그리스도인들이 경험하는 진리에 대해 이질적일 수 없다고 생각하기 때문에, 그리스도인들은 인간의 다른 "종교적 방식"의 "존재의 구조"에 개방될 수 있고 또 개방되어야 한다.[9] 하지만 불교의 교리들을 신학적 성찰로 전유하는 것은 불교의 경험에 이질적 기독교적 의미들을 강요하는 것을 뜻하지 않는다. 기독교 신앙의 창의적 변화로 이끄는 개념적 대화는 기독교의 경험도 불교의 경험도 위조해서는 안 된다.

캅이 불교와의 대화에서 추구하는 창의적 변화의 특정한 형태들은 알프레드 노스 화이트헤드(Alfred North Whitehead)의 과정 형이상학 대한 그의 헌신과 서로 관계가 있다. 예를 들어 캅은 불교와의 대화가 그리스도인들이 신학이 얼마나 부적절하게 하나님의 비실체적 특성을 반영해 왔는지 이해하도록 도와줄 수 있다고 믿는다.

이것을 강조하기 위해서, 그는 대승불교의 "비움"(emptying, 산스크리트어, *sunyata*)과 "무아"(non-self, 산스크리트어 *anatman*)의 가르침들을 그의 신론에 통합시킨다. 불교 철학이 어떤 한 사건(예, 인간 경험의 순간)이 "비어있다"라고 가르칠 때 그것은 무엇을 의미하는가?

---

[9] John B. Cobb, Jr., *Christ in a Pluralistic Age* (Philadelphia, PA: Westminster Press, 1975), 21, 58.

캅이 이 불교의 가르침을 정확히 해석할 때, 그것이 의미하는 바는 다음과 같다.

첫째, 경험은 실재의 비움이다. 그래서 한 사람의 경험의 순간들은 시간을 통해 계속해서 자아 동일적 영구한 "나"(I)에 의해 통합되지 않는다.
둘째, 경험은 모든 소유가 없다. 그것을 구성하는 것은 무엇이든지 거기에 속하지 않기 때문이다.
셋째, 경험은 그 구성 요소에 부과하는 어떤 형태를 가지고 있지 않다.
넷째, 경험은 영구한 존재가 없다. 모든 사건이 "자기 존재"(svabhava)가 "없음"으로 인해 "무아"에 의해 구성되기 때문에, 영구한 "대상들"은 절대 없다.

캅은 이런 불교 개념들과 화이트헤드의 "하나님의 결과적 본성" 교리 그리고 성경의(특히 바울 서신) 하나님과 인간 자아의 형상들 사이에 주목할 만한 유사성이 있다고 주장한다. 하나님의 "결과적 본성"은 하나님이 시간적 과정에 전적으로 관련된 것을 칭한다. 그것은 적절한 시기에 모든 가능성을 구체적으로 실현하려는 하나님의 목표다.[10] 캅에게 있어서 이것은 하나님이 "자아"가 "비었다"라는 것을 의미한다. "자아"가 "다른" 대상들과 사건들을 배제함으로써 보존될 수 있는 본질로 이해되는 한에서 말이다.[11]

그가 보기에, 신학은 성경에서 말하는(특히 바울 서신의) 가르침을 재도용함으로써 그리스 철학에 뿌리를 둔 관념들, 즉 불변하는 실체인 신과 인간 영혼의 불멸성 관념들을 거부해야 한다.

바꿔 말해서, 불멸의 영혼이라는 교리와 함께 불변하는 실체적 본질로서의 신에 대한 전통적 기독교 가르침들이 성경의 전통과도 기독교의 경험 "구조"와도 조화되지 못한다는 점을 고려하면, 화이트헤드의 과정철학을 통해 중재된 불교와의 대화가 신학적 사고를 성경의 전통과 더 가깝게 협력하도록 한다.

불교와의 대화를 통해 창의적으로 변화될 수 있는 것은 기독교의 전통만이 아니다. 불교와 기독교가 다른 "존재 구조"이기 때문에, 그리스도인들과의 개념적 대화에 있어 불교도들을 위한 창의적 변화의 과정은 불교도들에게 다르게 경험될 것이다. 이 과정의 구체적 특징이 스스로 결정하는 불교도들에게 달렸지만, 캅은 불교도들이

---

10 Alfred North Whitehead, *Process and Reality* (New York: Macmillan, 1967), 31.
11 John B. Cobb, Jr. and David Ray Griffin, *Process Theology: An Introductory Exposition* (Philadelphia, PA: Westminster Press, 1976), 136–42를 보라.

기독교로부터 배울 수 있는 부분들이 있다고 제안한다. 예를 들면, 일본 정토 불교 (jodo shinshu 또는 True Pure Land School)에서, 아미다 붓다는 자비가 풍성한 지혜로 체현된(personified) 궁극적 실재로서, 모든 감각이 있는 존재들을 어떤 존재의 "자기 능력"에 상관없이 "외부의 힘"(other-power)을 통해 정토(Pure Land)로 들어오게 한다.

캅은 "오직 은혜를 통한 믿음으로 말미암은 칭의"라는 바울-어거스틴-루터로 이어지는 전통과의 대화가 이런 형태의 종교적 경험에 대한 불교의 이해를 심화시킬 수 있고, 이로 인해 그 자체의 전통의 개인적 차원을 심화시킨다고 말한다. 여기 "은혜를 통한 믿음"의 경험과 아미다 붓다의 자비가 풍성한 "외부의 힘"의 경험은 불교와 기독교의 대화를 위한 공통적 경험의 시작점을 제공해 준다.[12]

게다가 불교도들은 기독교의 성육신 교리로부터 많은 것을 배울 수 있다. 곧 로마 제국의 변두리에서 2천 년을 사는 한 인간의 삶과 죽음과 부활 속에서, 인간들은 역사적 실존의 거친 것과 황폐한 것 안에서 성육신하신 하나님을 만났다. 그리스도인들에게 있어, 이것은 신앙의 경험과 신앙의 교리적 해석들이 역사적으로 맥락화 된 것을 의미한다.

불교도들, 특히 일본에 있는 불교도들은 역사적 연구를 불교의 사상으로 통합하기 시작하고 있다. 하지만 캅은 정토 진종의 불교도들(Jodo Shinshu Buddhists)이 아직 역사와 신앙의 관계 문제를 통해 연구한 적이 없다고 주장한다.

캅의 표현에 따르면, 불교도들은 "정말로 고타마 자신과 불교의 역사 안에서 그것을 지지하는 많은 것을 발견"할 수 있다.… "하지만 인도와 동아시아에서만 필요한 역사를 발견할 필요성으로 이끄는 불교의 자기 이해에 관한 것은 절대 없다."[13] 기독교와 같이, 불교는 보편성을 의도하고, 기독교처럼 불교도 만물에 대한 포괄적 시야가 필요하다.

오늘날 그러한 시야는 세계의 역사를 포함해야 한다. 세계의 역사는 이스라엘과 예수의 역사를 포함하고 있다. 그러므로 기독교가 그 나름의 특수한 역사 속에서 하나님의 은혜로우심에 대한 기독교의 주장들을 뒷받침하는 역사를 포함하는 것은 지지한다. 그것이 아미다 붓다로서 체현된 궁극적 실재의 특징을 이루는 보편적 자비와 지혜에 대한 정토 진종의 주장들을 보편화하기 때문이다. 아마도 불교 사상의 범주들을 통해 기독교 신학을 재해석하려는 가장 급진적 시도는 기독교 전통을

---

12 John B. Cobb, Jr., *Beyond Dialogue: Toward a Mutual Transformation of Christianity and Buddhism* (Philadelphia, PA: Fortress Press, 1982), 128-43.
13 John B. Cobb, Jr., *Beyond Dialogue: Toward a Mutual Transformation of Christianity and Buddhism*, 139.

그리스도에 대한 신약성경의 이해를 명확하게 하는 수단으로 대승불교 철학, 특히 가장 이상적 유가행파(Yogacara, 요가의 길)의 형이상학과 마드야미카(Madhyamika, "중도")의 인식론의 렌즈들을 통해 시도한 존 키난(John Keenan)의 해석일 것이다.

키난은 이것을 실재에 대한 모든 규범적 주장들의 상대성에 대한 포스트모던적 경험과 관련된 방법들로 믿음을 표현할 수 있는, 새로운 형태의 기독론 사상을 발전시키는 수단으로 간주한다. 결과적으로 키난의 연구 목표는 어떻게 역사적 예수로 성육신했던 그리스도가 또한 야고보서, 바울 서신, 사복음서, 요한복음에서 드러난 "지혜의 마음"인지를 보여 주는 데 초점을 맞춘 "대승 기독론"의 창조와 옹호다.

키난이 의미하는바, "지혜의 마음"은 존재의 구조들이 상호 의존적이라고 파악하는 것을 가리키는데, 이것은 그가 불교의 전통과 성경의 전통 모두의 핵심이라고 믿는 것이다. 키난이 주장하는 대승 기독론의 분명한 목표는 전통을 종교 다원주의로 특징을 이루는 포스트모던적이고, 탈기독교적 시대와 영적으로 연관된 방식으로 성경적 의미와의 접촉을 정통 기독론적 전통을 재해석하는 수단으로 회복하는 것이다.

키난이 주장하는 대승 기독론의 논제는 그리스도가 하나님의 지혜라는 것인데, 그 본문의 뿌리는 히브리성경의 지혜 전통들과 성육신한 하나님의 지혜(요 1:1-14)이신 그리스도에 대한 기독교의 경험에 있다. 대승불교는 이런 지혜를 가리켜 "비움" 또는 *sunyata*라고 부르는데, 이것은 불교 전통에서 유신론적 의미를 절대 내포하고 있지 않다.

그런데도 키난의 논제는 대승철학이 "지혜"-이것은 모든 대상과 사건들의 상호 의존성을 의존적이고 영원한 자기 존재나 "자신의 존재"(own-being, *svabhava*)가 텅 빈 것으로 파악하는 것을 의미한다-로 묘사하는 것이 그리스도를 하나님이 세상을 창조하시고 다스리는 지혜로서 간주하는 기독교의 신비로운 가르침과 철학적으로 경험적으로 유사하다. 이런 의미에서, "지혜" 또는 **로고스**는 예수 그리스도 안에서뿐만 아니라, 시공간의 모든 순간에 우주의 모든 대상과 사건들 안에서도 육화되셨다. 바꿔 말하면, 상호 의존성과 무아에 대한 불교의 가르침들은 상호 의존성에 대한 기독교의 경험과 영원한 "자신의 존재"의 모든 대상과 사건들의 "비움"(emptiness)을 분명히 한다.

키난이 어떻게 대승철학을 기독교 신학의 사고에 도움이 되도록 적용하는지에 대한 한 예는 어떻게 역사적 예수가 로고스로 육화하는지에 대한 그의 설명이다. 역사적 예수에 대한 그의 대승론의 해석에 따르면, 예수는-모든 현상적 대상들과 사건들처럼-예수와 동일시할 수도 있고, 예수의 존재, 즉 시간을 통해 자아 동일적 상태로 남아 있는 "예수 자아"(Jesus-self)에 대한 불변하는 정의로 역할을 할 수도 있는 변하지 않는 본질이 비어있다.

이것은 우리가 예수가 어떤 분이었는지에 대한 관념을 형성할 수 없다는 것을 의미하지 않는다. 복음서 전승과 바울의 글들이 분명히 신원을 확인할 수 있는 한 사람을 가리키고 있기 때문이다.

하지만 역사적 예수는 성경 본문에 기록된, 예수가 의존적으로 함께 일어나는 말과 행위를 뛰어넘어 분명하게 신원을 확인할 수 있는 자아를 조금도 소유하고 있지 않다. 예수 그리스도에게 영원한 자아는 절대 없다. 왜냐하면, 인간을 포함해 모든 대상과 사건들은 대승철학과 성경의 전통에 따라 영원한 자아가 비어있기 때문이다.

신원을 확인할 수 있는 형이상학적 본질의 측면에서, 예수를 그리스도로 이해하는 것을 모색하는 것보다, 예를 들어 니케아와 칼케돈 신조에서 행해졌던 것처럼, 키난은 비움과 무아라는 주제들에 집중함으로써, 기독론적 사고 안에 있는 본질주의적 형이상학을 벗어던지는 것이 가장 좋다고 생각한다. 복음서에 묘사된 예수는 그 어디에서도 영원한 자아를 고집하지 않는다. 요한복음과 공관복음, 바울 서신과 야고보서는 특별히 예수와 지혜를 동일시하면서, 지혜가 아버지(아바)이신 하나님에 대한 직접적 깨달음을 의미하는 것으로 이해한다.

마태는 지혜에 대한 수용성을 영원한 자아를 절대 고집하지 않는 것과 결부된 학습으로 해를 입지 않은 어린아이와 같은 성향과 동일시한다(마태 18:1-10). 또는 대승불교 사상의 렌즈를 통해 이해된 대로, 복음서, 바울 서신, 야고보서의 제일 모티브는 유일한 교리적 입장을 지닌 신앙을 성령의 받아들임으로 인해 아버지이신 하나님을 인식하는 마음과 동일시하려는 표적에 매여 있는 마음에서 떠나라는 회심에 대한 요청이다. 그런데 키난은 이것이 "기독교의 지혜"의 핵심이라고 믿는다.

> 예수는 그가 선포하는 실재 속에서 사라진다. 선불교의 관점에서 그는 달을 가리키고 있는 손가락과 같은 존재다.[14]

캅과 키난과는 달리, 한스 큉의 불교와의 개념적 대화는 창의적으로 변화하는 기독교 전통의 수단으로 불교의 교리들을 자신의 신학에 합병하도록 이끌지 않는다. 이는 큉의 불교에 대한 신학적 해석이 제2차 바티칸 공의회의 종교 신학을 전제하고 있기 때문이다.

---

14 John Keenan, *The Meaning of Christ: A Mahayana Theology* (Maryknoll, NY: Orbis Books, 1989), 228.

특별히 큉은 제2차 바티칸 공의회 이후의 가톨릭교가 돌이킬 수 없을 정도로 세계 종교들과의 대화에 전념해 왔다는 점을 주목하면서, 불교 전통들과의 신학적 관계 속에서 비교 방법론을 사용한다.

불교-기독교 간의 대화에 개인적 참여뿐만 아니라 불교 연구의 전문지식에 의존하면서, 큉의 방법론은 비교할 수 없을 정도의 차이점뿐만 아니라 기독교와 불교의 교리들과 관례들 사이의 유사점들이 있다고 그가 인식하고 있는 것을 지적하고 있는 것과 관계가 있다. 그의 목적은 주로 불교도들이 기독교를 더 명확하게 이해하도록 돕는 동시에, 그리스도인들이 기독교 신앙에 대해 더 잘 이해하도록 돕기 위해서 차이점들을 명확하게 하는 것이다.

그가 불교와 대화를 나눈 출발점은 역사적 예수와 역사적 붓다의 비교이며, 기독교와 불교 전통 안에서의 예수와 붓다의 역할이다. 큉은 먼저 "그들의(예수와 고타마 붓다의) 행위뿐만 아니라, 그들의 메시지 안에 있는 한 가지 근본적 유사점"을 주목한다.[15] 즉 두 사람 모두 그 권위가 궁극적 실재에 대한 그들의 경험에 있는 교사였으며, 각각의 내용이 다르긴 했지만, 두 사람 모두 사람들에게 근본적 태도와 행동의 변화를 요구한 긴박한 메시지를 가지고 있었으면, 누구도 세상에 대한 철학적 설명을 제공할 의도가 없었고, 기존의 법적, 사회적 구조들을 변화시키려고도 하지 않았다.

두 사람 모두 세상이 일시적이라는 생각을 하고 일했으며, 두 사람 모두 모든 인간이 구속과 변화가 필요하다는 점을 가르쳤으며, 두 사람 모두 인간의 이기주의와 자기 추구와 자기 중심성 안에서 인류의 구속받지 못한 상태의 뿌리를 보았으며, 두 사람 모두 구속의 길들을 가르쳤다.

하지만 큉이 종교들의 역사에서 역사적 인물들인 예수와 붓다 사이에서 인식한 유사점들에도 불구하고, 그가 "웃고 있는 붓다"와 "고난받는 그리스도"로 특징을 지은 것은 기독교와 불교 간에 비교할 수 없는 차이점뿐만 아니라, 불교도들이 기독교의 가르침과의 대화를 통해 표현할 수도 있는 불교 자체 안에 내재하는 여러 "긴장감"을 드러낸다. 큉이 초기 불교의 역사를 해석하면서, 고타마가 깨달음(Awakening)을 얻은 후에, 그는 이어지는 40년의 생애를 세계 종교의 역사상 최초의 수도원을 형성하기 위해서 사적 제자 공동체를 가르치고 모으는 데 보냈다.

이 수도원(*samgha*)은 성장했고 성직을 받지 못한 남녀로 이루어진 더 큰 평신도 공동체에 의해 후원을 받았다.

---

[15] Hans Küng, *Christianity and the World Religions* (New York: Doubleday, 1986), 322.

붓다는 거칠고 소란스러운 정치적, 사회적 실존으로부터의 분리를 가르치면서, 그의 수도승들에게는 뒤로 물러나 명상 훈련을 함으로써 깨달음을 추구하도록 그리고 평신도들에게는 미래의 삶에 더 나은 환생이 이루리라는 소망을 갖고 적극적 업보를 얻기 위해 가능한 한 비폭력적으로 사회 속에서 살아가도록 조언했다. 붓다는 그의 생애에 있어 꽤 성공적 삶을 살았고 수도원을 형성하고 가르치다가 40년 후에 평안하게 숨을 거두었다.

예수는 완전히 달랐다. 그의 공생애는 기껏해야 3년 동안 지속했고 폭력으로 끝이 났다. 그의 전 생애는 그의 생애에 있어 성공의 흔적이 절대 없는 고통의 삶이었다. 예수가 죽었을 때 그는 혼자였고 가장 가까운 그의 제자들에게조차 버림을 받았으며, 단순하고 순수한 고통 받는 자의 모습을 초기 기독교 공동체는 인류를 향하신 하나님의 사랑을 보여 주는 최고의 자기 희생적 행위로 해석했다.

예수는 수도원 제도의 선생이 아니었고 그는 그의 제자들이 가난하고 억압받는 자들을 향한 동정과 이웃에 대한 사랑에 근거해 세상 가운데 있는 부정과 억압의 세력과 사회적으로 교전하는 삶을 착수하라고 요구했다. 예수는 수도승이 아니었고 그의 제자들을 위한 중요한 경로로 수도원을 만들지 않았다.

비록 여전히 몇 가지 다른 형태의 기독교 전통에서 실천되고 있지만, 수도원 제도는 하나님 나라에 대한 예수의 가르침에 주된 것도 아니고, 기독교 신앙을 위해 중심적인 것도 아니고, 구원을 위해 필요한 수단도 아니다. 구원은 하나님 나라의 영원한 삶이고, 거기서 모두를 향했던 예수님의 이타적 사랑의 길을 따르는 모든 사람이 환영을 받는다.

수난자 예수는 동정심이 넘칠 뿐만 아니라 그의 길을 따르는 공동체를 규정하는 표현으로 동정을 요구하기 때문이다. 고타마 역시 그의 첫 번째 고명한 진리(Noble Truth)-모든 존재는 고통(*duhkah*)을 겪고 있다-였던 고통을 알고 있었다. 그는 고통으로부터 해방하기 위한 핵심이 인간 안에 있다고 가르쳤다. 살아 있는 어떤 대상에 대한 비폭력의 수행과 명상의 수행에서 자기 수양은 깨달음의 획득을 위한 유일한 요구조건들인데, 깨달음의 성취는 윤회의 고통이라는 영역에서 더 이상의 환생으로 이끌지 않는다. 깨달은 자들, 즉 붓다들은 결국 "소멸하고" 존재를 구성하는 환생의 주기 안에 더 이상 포함되지 않는다. 이에 따라 붓다는 하나의 패러다임, 즉 그의 제자들이 깨달음에 대한 자신들의 진보를 측정하고 검토하기 위해 가르침을 받는 것과 반대되는 하나의 모델이다.

불교의 수행 강조는 자기 노력이지, 자신의 자기 노력 밖의 힘에 의존하는 것이 아니다. 즉 붓다의 본을 따름에 있어, 누구나 붓다처럼 된다는 것이다.

불교도들에게 있어 붓다는 깨달음으로 가는 길을 보여 주는 사람이다.

그러나 그리스도인들에게 있어 그리스도이신 역사적 예수는 바로 그 길이다. 즉 예수는 예수의 삶과 죽음과 부활에서 명시된 하나님 나라의 영원한 생명을 의미하는 구원의 길이 되었다. 구원은 명상을 통해서라기보다 사랑과 정의에 기초한 인간 공동체를 만들려는 투쟁 속에서 세상과의 적극적이고 사랑하는 사회적 관계를 통해 표현된 예수를 그리스도로 믿는 믿음으로 인해 오는 것이다.

이 공동체의 모델은 하나님의 나라인데, 부분적으로 교회라고 불리는 믿음의 공동체 안에서 실현되고 하나님이 창조 가운데 의도한 것을 마침내 성취하실 미래에 완성된다. 그래서 기독교 전통 속에 있는 "구원"과 불교의 전통 속에 있는 "깨달음"은 같은 개념 또는 경험이 아니다. 비록 그리스도인들이 명상의 수행을 통해 많은 것을 배울지라도 말이다. 따라서 불교도들이 진정으로 "구원"을 경험한다는 것을 큉이 믿지만, 그들 가운데 일부가 깨달음에 도달하는 것은 신실한 불교도들의 전통들과 수행 통해 그리스도가 "특별하게" 역사하심으로 말미암는다. 그리스도인들이 불교의 경험에 열려 있을 수 있고 또 열려야 하며, 상호 의존성과 고난과 고난의 원인에 관한 불교의 통찰들로부터 많은 것을 배울 수 있지만, 통상적 구원의 방법은 예수를 그리스도로 믿는 믿음을 통한 것이다.

윈스톤 킹(Winston L. King)은 종교 사가로서 이 학문 분야에서 그가 이룬 학문적 업적은 불교와의 신학적 만남의 토대가 되었다. 수년간 불교연구에 학문적으로 몰두하고 불교-기독교 간의 대화에 참여한 것에 의지해, 그의 최고의 신학적 관심사는 진정한 종교간 대화의 목적을 명료화하는 것이었다. 그에게 있어 대화의 목적은 사회적 문제들을 해결하는 신앙의 전통들 가운데 인도적 협력을 의미하는 "대화의 행동"-불교도들이 현재 "사회 참여"라고 부르는 것에 대한 그의 칭호-이 아니었다. 대화는 "내적 대화"(interior dialogue)의 관행 안에 있는 영적 기교들을 공유하는 것도 아니다.

두 형태의 대화의 중요성을 인식하면서, 불교-기독교간 대화, 즉 일반적으로 세계 종교들과 기독교의 대화의 본질적 목적은 종교 전통 간에 교리적 "장애들"(sticking points)을 다루는 것이다. 따라서 킹은 불교-기독교 간의 개념적 대화가 불교의 개념들을 기독교의 신학적 사고에 통합시키는 것을 수반하지 않는다고 기록했다.

진정한 종교 간 대화는 참여자들이 자신의 종교 전통에 헌신 되어야 하는 동시에, 자신의 대화 상대자의 종교 전통에 개종의 가능성을 계속해서 열어두어야 함을 요구한다. 그러한 대화는 단순한 우정과 다른 관점에 대한 관용 이상의 것이다.

대화는 깊은 변화에 대한 개방성이 있어야 하는 데, 그것은 킹에게 있어서 자신의 불완전성에 기꺼이 대면하는 것을 함의했다. 이런 까닭에, 그는 소수의 사람만이 종교 간 대화에 진지하게 참여한다고 생각했다. 그러므로 교리적 문제들이 종교 간 대화의 핵심이기 때문에, 킹은 불교-기독교 간 대화의 중심에 "협상할 수 없는" 차이점들을 발생시키는 세 가지 교리적 문제를 지적했다. 그런데 이것은 두 전통에 매우 필수적이어서 도전에 개방적이지 않은 핵심적 가르침들을 의미한다.

첫째, 킹은 기독교 유신론이 대부분 불교도에게 이바지하는 부분이 계속해서 많을 것이지만, 궁극적 실재에 대한 불교의 비(非) 신론적인(non-theistic) 가르침은 그리스도인들에게 그리 많이 호소하지 못할 것이라는 점을 미심쩍어했다.

둘째, 인간의 자아에 대한 기독교와 불교의 개념들 역시 같은 기준으로 비교할 수 없다.

셋째, 세 번째 영역, 즉 "종교적으로 영감을 받은 사회적 행동"에 관련해, 킹은 기독교 전통이 불교의 전통보다 인간적이고 환경적 불의에 맞선 투쟁에 사회적으로 훨씬 더 많이 참여하기에, 그리스도인들은 불교도들에게서 그리 배울 것이 많지 않다고 생각했다.

그리해 그는 기독교 신앙과 관행이 불교의 가르침이나 관행이 하는 방식과는 다르게 세상에 관해 관심을 집중하기 때문에 열반(Awakening)이 명상으로 역사적 시공간의 현실 유입을 초월하는 초시간적인(timeless) 순간으로 경험된다는 불교의 가르침 때문에 그리스도인들과 대화하는 불교도들은 자기 역사의식을 심화시켜서 불교도들이 사회적 참여를 위해 더 잘 준비되도록 도울 수도 있다고 주장했다.[16]

수많은 동남아시아의 신학자들은 그들의 문화의 사고 형태 안에서 기독교 신앙을 재해석하는 수단으로 불교와의 신학적 대화에 참여해 왔다. 가장 분명한 소리를 낸 사람 중에는 세이치 야기(Seiichi Yagi), 마사키 혼다(Massaki Honda) 그리고 린 드실바(Lynn A. de Silva) 등이 있다. 야기와 혼다는 불교의 형상과 이상으로 가득한 문화에서 사는 일본인 신학자들이고, 그들의 신학적 사고는 기독교 신앙과 관행이 낯선 문화 안에 있는 불교의 창의적 존재에 대한 응답이다.

---

16 Winston L. King, "Interreligious Dialogue", in *The Sound of Liberating Truth: Buddhist-Christian Dialogues in Honor of Frederick J. Streng*, ed. Sallie B. King and Paul O. Ingram (London: Curzon Press, 1999), 41-56 그리고 *Buddhism and Christianity: Some Bridges of Understanding* (Philadelphia, PA: Westminster Press, 1972).

캅과 키난이 한 것처럼, 야기와 혼다는-비록 방식은 다르지만-교회의 선조들이 기독교의 경험을 그리스 철학의 렌즈를 통해 걸러냈던 것과 같이, 불교의 렌즈를 통한 해석에 자신들의 기독교적 경험들을 의도적으로 노출한다. 그리해 두 사람 모두 헌신 된 일본인 그리스도인으로서, 기독교 신앙과 의식을 비서구권 문화 전통에 더 일관성 있게 통합시키려는 노력으로 불교의 사고와 의식의 범주들을 통해 신앙의 가장 깊은 단계들을 해석하는 데 초점을 맞춘다.

야기는 성경 학자로서, 바울의 종교적 의식과 신란(Shinran, 13세기 정토 진종 또는 정토 불교 학파의 설립자)의 종교 의식을 비교하고, 역사적 예수의 의식과 선사들(Zen masters)의 의식을 비교하기 위해 문예 역사 비평의 기술을 사용하는 것으로 잘 알려져 있다.

세 가지 종류의 종교적 경험(공동체적, 개인적 그리고 개인 상호간)을 상술함으로써, 그는 초월적인 것에 대한 기독교적 경험의 해석을 발전시키고, 그에 따라 바울이 경험한 다양한 단계들이 신란의 경험들과 상호연계시키는 반면, 하나님에 대한 예수의 인식과 분명한 표현은 더 이상 일반적 자아에 관계된 관심들에 대한 이원론적 깨달음도, 집중도 없는 선(Zen)의 진술들에 필적한다. 그는 기독교와 불교의 경험 구조들이 유사하다고 결론짓는데, 그것이 서양철학의 일반적 범주들을 뛰어넘어 아시아의 신학적 사고를 위한 토대를 세운다고 그는 주장한다.[17]

야기가 불교에 관한 신학적 사고를 위해 성경 연구와 비교 방법론을 사용하고 있지만, 혼다는 자기 신학의 기초를 기본적 기독교 교리들, 특히 그리스도의 양성 교리, 삼위일체 교리 그리고 무로부터의 창조(creation ex nihilo) 교리에 둔다.

그는 그리스 철학과 데카르트 인식론의 인식론적 가정들을 거부하면서, 일본의 선불교 철학자인 기타로 니시다(Kitaro Nishida)의 범주들, 특히 니시다의 "위상 논리"(topological logic) 또는 혼다가 "불교의 소쿠(soku) 논리" 내지 "동일하지 않고 다르지 않음"이라고 부른 것을 통해 이런 기독교의 핵심 교리들을 재고하고 있다.

그리해 그는 불교와 기독교의 "영적 사실"의 구조가 세상에 대한 달마(Dharma)와 하나님의 동시에 되돌릴 수 없으면서 되돌릴 수 있는 관계는 동일하다고 주장한다.

---

[17] 다음의 책들을 참고하라. Seiichi Yagi, "Paul and Shinran, Jesus and Zen: What Lies at the Ground of Human Existence?" In *Buddhist-hristian Dialogue: Mutual Renewal and Transformation*, ed. Paul O. Ingram and Frederick J. Streng (Honolulu: University of Hawaii Press, 1986), 197–215 and (with Leonard Swindler) *A Bridge to Buddhist-hristian Dialogue* (New York: Paulist Press, 1988), 1–제4장. 또한, Seiichi Yagi, "Buddhist-Christian Dialogue in Japan: Varieties of Immediate Experience", *Buddhist-hristian Studies* 14 (1994): 11–22를 보라.

이런 이유로, 하나님, 우주의 기원들 그리고 자아에 대한 가장 깊은 인식을 표현하는 데 있어, 기독교의 진리 주장은 소쿠에 대한 깨달음에서 표현되어야 하고, 따라서 완전히 이해하거나 명확히 표현하려는 교리들의 영역을 넘어서 표현되어야 한다. 결과는 기독교 신학에 대한 변화된 시각(vision)으로 그것은 그리스도에게 여전 헌신적이지만, 불교의 경험과 교리의 통찰들을 전유한다.[18]

스리랑카의 테라바다(Theravada, 상좌부, 소승불교의 부파 이름) 불교 전통은 드실바(de Silva)신학의 문화적 맥락을 제공해 주었다. 혼다와 야기와 마찬가지로, 그의 신학적 사고를 이끌었던 질문은 어떻게 기독교 신앙이 서양철학의 범주에서 벗어나 남아시아 그리스도인들에게 의미 있는 형태로 분명히 표현될 수 있느냐이다. 테라바다 불교가 스리랑카뿐만 아니라 남아시아 전 지역-대승불교가 지배적 베트남을 제외하고-의 문화를 받쳐주고 있으므로, 드실바는 그가 속해 있는 문화의 불교 전통의 렌즈를 통해 기독교의 경험을 해석했다.

그렇게 함에 있어, 그는 자신이 기독교의 전통을 왜곡하지 않는다고 믿었다. 그가 보기에, 남아시아인들에게 기독교 전통을 왜곡하는 것은 다름 아닌 서양문화의 규범들과 사고 형태들을 남아시아 그리스도인들에게 기독교 신앙을 해석해 주는 수단으로 도입하는 것이다.

드실바와 불교와의 관계는 "자아의 문제"에 초점을 맞추고 있다. 그에 따르면, 불교의 "무아"(팔리어로는 *anatta*, 산스크리트어로는 *anatman*) 교리는 현대과학은 물론 히브리성경과 신약성경과도 일치하는 인간 실존에 대한 진리를 간직하고 있다. 불멸하는 영혼의 사상이 대부분 그리스도인에게 자리 잡은 믿음이지만, 그것은 성경의 본문에 의해 지지받지 못한다. 게다가 자아에 대한 성경의 이미지들은 불교의 무아 교리에 의해 뒷받침된다.

바꿔 말해서, 불교의 무아 교리는 성경 본문에 나오는 자아의 의미 — 성경 본문이 그리스 철학의 영혼 개념들에 여과되어 읽힐 때 사라지는 의미들 — 를 드러낸다. 성경의 전통에서 자아는 불교의 자아 분석과 매우 유사한, "마음"(*psyche*), "육신"(*sarx*), "영혼"(*pneuma*)으로 이루어진 상호 의존적 영육 통합체이다. 결과적으로 불교와 성경의 자아에 대한 견해는 시간을 거쳐 자아 일체적 영원성을 계속 유지하는 불멸의 영혼이 절대 존재하지 않는다는 점에 동의한다.

---

[18] Mahaaki Honda, "The Encounter of Christianity with the Buddhist Logic of *Soku*: An Essay in Topological Theology", in Ingram and Streng *Buddhist–hristian Dialogue*, 217–30.

불교의 무아 개념은 성경적 자아 개념들을 명확하게 해 줄 뿐만 아니라, 부활의 교리 또한 분명하게 밝혀준다. 만약 사람들이 무아로 이루어진다면, 사후에 무엇이 지속하는가에 대한 질문이 남게 된다. 불교의 환생 교리에 반해, 성경의 답변은 부활에 대한 가르침이다. 부활은 불멸의 영혼이나 재구성된 시체의 생존을 의미하지 않는다. 왜냐하면, 만일 무아의 교리가 실재와 상응한다면, 무상함(transience)과 죽을 운명(mortality)은 죽음이 존재의 끝이라는 우주적 사실이 된다. 하나님이 새로운 존재를 재창조하지 않는 한, 사후의 생존은 있을 수 없다. 드실바에 따르면, 이것이 바로 무아 교리의 렌즈를 통해 해석된 성경적 부활의 가르침이라는 진리다. 부활은 바울이 "영적 몸"이라고 불렀던 것을 하나님이 창조하시는 하나님의 행위를 가리킨다.

드실바는 영적 몸의 의미를 설명하기 위해 "복제 이론"(a replica theory)을 사용했는데, 이 이론에 따르면 죽음의 순간에, 하나님이 "죽은 사람과 똑같은 영육 복제품"을 창조하신다. 그것은 다름 아닌 새로운 창조다. 하지만 그건 재창조이기 때문에 영적 몸은 지상의 육신 안에 존재했던 자아와 동일하지 않다. 그것은 똑같은 영육 복제품인 것이다. "복제"(replication)로서의 부활 교리는 "무아(anatta)라는 사실을 받아들이는 장래"를 의미 있게 재고하는 방식이라고 그는 믿었다.[19]

4. 사회 참여적 대화

비록 불교도들이 개념적 대화보다 그리스도인들과의 사회 참여적 대화를 더 많이 강조할지라도, 불교들과 나누는 기독교의 개념적 대화 역시 사회정의, 환경 정의, 경제 정의, 성 정의의 쟁점들과 불교적 사고와 수행과의 관련성에 관한 관심을 불러 일으켜왔다. 이런 쟁점들이 체계적이고, 세계적이고, 상호 연결되고, 상호 의존적이기 때문에, 그것들은 특정한 종교나 문화가 아니다.

모든 종교 전통에 가담한 자들은 이런 형태들의 압제를 경험해 왔다. 따라서 그리스도인들과 불교도들은 세계적 조직적 압제 세력으로부터 인간과 자연을 해방하기 위해 함께 일하는 공통의 경험들과 자원들을 파악해 왔다.

"사회 참여"란 용어는 1963년에 베트남 선불교의 수도승 틱낫한(Thich Nhat

---

[19] Lynn de Silva, *The Problem of the Self in Buddhism and Christianity* (New York: Barnes and Noble, 1979), 7.

Hahn)에 의해 베트남에서 불교 반전(anti-war) 운동의 표현으로 처음 만들어졌고, 지금은 불교의 행동주의(activism)를 묘사하는 아주 흔한 명칭이 되었다.[20] 일부 기독교 해방 신학자들 또한 이 용어를 그들의 신학적 사고에 도용해 왔다. 불교의 사회 참여 전통의 핵심은 상호 의존과 비폭력의 가르침들이다.

"상호 의존"(pratitya-samuptpada 또는 의존적 상호 발생)이란 시공간의 매 순간에 모든 사물과 사건들이 다른 모든 사물과 사건들과 맺은 그 상호 관계로 구성되어서 아무것도 다른 사물들과 사건들로부터 분리되어 존재할 수 없다는 가르침이다. 모든 사물과 사건들은 이런 상호 관계망에 의해 서로 공동으로 만들어졌다.

이런 관계들이 항상 변화와 과정의 상태에 있으므로, 모든 사물과 사건들은 변화와 과정이라는 지속적인 상태에 있다. 그러므로 비영구성은 존재의 구조 자체 내에 있는 한 구성 요소라 할 수 있다. 이것은 어떤 사물이나 사건도 절대 다른 어떤 사물과 사건으로부터 분리되지 않는다는 것을 의미한다. 그래서 모든 사물과 사건들은 공동의 상호 관계망 안에서 결합한다.

"열반"(또는 해탈, Awakening, *nirvana*)의 부분적 의미는 의존적 상호 발생의 경험적 인식을 가리키는데, 그것은 또한 모든 지각 있는 존재들에 대한 "자비"(compassion, *karuna*)를 불러일으킨다.

자비는 서로 상호 의존적 우주 안에 존재하는 다른 사람의 고통이 모두의 고통이라는 깨달음인데, 그것은 또한 지각 있는 존재들을 고통으로부터 구제하기 위한 행동에 활력을 준다. 그다음으로 자비는 불교의 사회적 행동주의의 윤리적 핵심인 비폭력을 낳는다.

사회 참여적 불교도들은 비폭력을 실행하는 데 있어 타협이 없고, 이것은 그리스도인들에게 정의에 대한 의구심을 불러일으켰다. 정의는 그리스도인들에게 있어 중요한 신학적 범주에 속하지만, 정의의 개념들은 불교에서 동등한 역할을 하지 않았다. 기독교 전통은 정의를 세우기 위한 기초로서 세상과 사랑의 관계에 우선권을 부여한다.

---

20 Kenneth Kraft, *Inner Peace, World Peace: Essays on Buddhism and Nonviolence* (Albany, NY: State University of New York Press, 1992), 18. 이 책에 따르면, 틱 낫 한은 1963년에 이 제목으로 책 한 권을 출간했다. 필자가 이 본문이나 그것을 학술적으로 언급한 곳을 어디서도 보지 못했던 반면, 크리스토퍼 퀸(Christopher S. Queen)은 "정치적으로 발언하는"이나 "정치적으로 가담한"을 의미하는 프랑스어 앙가쥬(*engage*)가 1960년대 훨씬 이전부터 프랑스령 인도차이나에서 활동하는 지식인들에게 널리 알려졌다는 점을 주목한다. Queen, "Introduction", *Engaged Buddhism: Buddhist Liberation Movements in Asia*, ed. Christopher S. Queen and Sallie B. King (Albany, NY: State University of New York Press, 1996), 1–44를 보라.

그래서 그리스도인들에게 문제가 되는 것은 모든 지각이 있는 존재를 향한 비폭력의 동정이, 심지어 사람들로 이루어진 모든 공동체에 위해를 가하는 공격자들에게도, 그 자체로 어느 정도까지 불의에 해당하는 경우가 되는지에 관한 것이다.[21] 정의가 복수와 동일하지 않지만, 기독교의 사회정의 전통들은 해를 가하는 사람들이 그러고도 교묘히 빠져나가지 못하게 요구하는 데, 그것은 정의의 확립이 폭력적 수단의 사용을 필요하게 만들 수도 있음을 의미한다.

결과적으로 불교의 사회 참여를 위한 윤리적 규범으로서 비폭력적 자비의 실천이 그리스도인들이 강제로 사회적 행동주의 안에 있는 사랑과 정의와 폭력 사이의 관계를 재검토하게 하지만, 정의를 위해 싸우는 가운데 세상과의 관계로서의 사랑은 불교도들이 비폭력적 자비와 정의의 실천 사이의 관계를 살펴보도록 활력을 제공한다.

하지만 그리스도인들과 불교도들 모두 정의의 문제를 해결하기 위해 함께 노력하는 것이 가능할 뿐 아니라 필요하다는 점에 동의하는 것 같다. 비록 불교의 사회 참여와 기독교의 사회 행동주의 전통들의 토대들이 같지 않을지라도 말이다.

비록 많은 신학자가 불교의 사회 행동주의 전통들과 대화하는 가운데 있을지라도, 아마도 폴 니터(Paul F. Knitter)가 현재 불교도들과의 대화에 사회적으로 참여하고 있는, 가장 잘 알려진 기독교 사상가일 것이다.

니터는 다른 종교 전통-이 경우에는 기독교와 불교-에 속하는 종교적 인물들이 대화를 시작할 수 있고 또 시작해야 하는 "공통 맥락"(common context)의 존재를 가정한다. 기독교의 해방 신학에 의지해, 그는 이런 공통 맥락을 "세상의 희생자들과 함께 일하고 또 그들을 위해 일하려는 선택을 의미하는 **가난한 자와 차별받는 자를 위한 우선적 선택권**"으로 인정한다.[22]

결과적으로 정의를 위한 이 세상에서의 싸움 가운데 가난한 자와 억압받는 자들에 대한 헌신과 동일시와는 별도로, 그리스도인들과 불교도들 간의 개념적 대화는 여전히 압제 받는 자들의 삶과 거의 관련이 없는 엘리트주의의 기획으로 남아 있다.

---

21 참고. Cobb, *Beyond Dialogue*, 4-제5장 and John Keenan, "Some Questions About the World" and "The Mind of Wisdom and Justice in the Letter of James", in King and Ingram, *The Sound of Liberating Truth*, 181-99, 이것은 비폭력적 자비와 사회정의에 대한 기독교 전통의 핵심 문제인 사랑 사이의 관계를 놓고 벌이는 현대 기독교와 불교의 대화에서 찾아볼 수 있는 두 가지 중요한 예다.

22 Paul F. Knitter, "Towards a Liberation Theology of Religions", in *The Myth of Christian Uniqueness: Toward a Pluralistic Theology of Religions*, ed. John Hick Maryknoll, NY: Orbis Books, 185.

게다가 그리스도인들과 불교도들은 가난과 억압을 인간들이 거기서 해방을 해야 하는 공통된 문제들로 인식해 왔다. 따라서 불교-기독교 간의 대화는 모든 형태의 압제로부터 인간의 해방을 위한 공동의 헌신으로 발전할 필요가 있다.

해방을 위한 공동 투쟁에 있어, 그리스도인들과 불교도들은 그들이 서로 듣게 하고, 그 과정에서 서로 변화될 수 있게 하는 "공동의 근거"를 공유하고 있다. 따라서 그리스도인들과 불교도들이 개념적으로 참여하는 것은 중요하지만, 그러한 대화는 가난한 자와 차별받는 자를 위한 우선적 선택권에 근거한 사회 참여적 대화와는 별도로 엘리트주의적이고 현실성이 없다.[23]

5. 내적 대화

불교와 대화하는 대부분 그리스도인의 작업에서, 개념적 대화는 사회 참여적 대화에 관한 관심을 불러일으키고, 두 형태의 대화 모두 몇몇 그리스도인과 불신자들을 "내적 대화"로 이끌어 왔다. 내적 대화는 기독교와 불교의 영적 실천과 기술에 참여하는 것과 그 결과로 생기는 경험들을 반영하는 것에 집중한다. 내적 대화의 주요 관심사들은 두 전통의 관례적 전통들에서 직접 나온다.

영적이고, 수도원적 수양이 계속해서 가톨릭의 체험에 활력을 불어넣기 때문에, 수도원 생활과 관상기도와 같은 수양들이 루터시대 이래로 여러 형태의 "행위로 말미암은 의"(works righteousness)로 간주했고, 결과적으로 개신교 전통에서 경시됐던 반면, 로마 가톨릭은 불교도들과의 내적 대화에 매우 개방되어 있었다.

수많은 가톨릭의 수사들, 수녀들 그리고 평신도들은 불교와의 이런 형태의 만남에 관심을 가졌지만, 토마스 머튼(Thomas Merton)이 달라이 라마와 다른 티벳 승려들 그리고 태국의 불교 승려들과 선불교의 가르침과 관례들과 만난 것은 다른 가톨릭 사상가들을 위한 하나의 패러다임이 되었다. 머튼의 불교에 대한 특별한 관심은 그가 트라피스트회(Trappist, 1664년에 프랑스의 라 트라피 수원에서 창립된 시토 수도회의 일원-역주) 수도사로 있을 때, 가톨릭 수도원 제도의 상태에 대해 느낀 절망감에서부터 시작되었다.

그의 생애 끝에, 그는 기독교 수도원 전통들이 기독교-불교의 명상 기법들과 경

---

23 Paul F. Knitter, "Towards a Liberation Theology of Religions", in *The Myth of Christian Uniqueness: Toward a Pluralistic Theology of Religions*, ed. John Hick Maryknoll, 185-6.

험들의 상호 참여와 공유를 통해 불교의 승려들과 비구니들과의 대화로 개혁되어야 한다는 결론에 이르렀다.[24] 그가 지금은 "내적 대화"라고 불리는 것을 언급할 때, "관상 대화"(contemplative dialogue)의 목적은 기독교와 불교 사상의 교리적 차이점들에도 불구하고 기독교와 불교의 경험 안에 있는 유사점들(similarities)과 유비들(analogies)이 존재하는지를 발견하는 것이다.

그는 교리적 차이점들이 항상 기독교와 불교의 전통들을 구별 지으려고 하지만, 그것들은 관상기도와 명상과 같은 기독교와 불교의 수도원적 수양으로 생겨난 경험들의 실존적 유사성을 무효로 만들지 못한다는 결론에 도달했다. 왜냐하면, 그리스도인들과 불교도들 모두에 의해 발견된 진실은 완전한 방법으로 한정하고 상술하는 교리의 능력을 뛰어넘기 때문이다.[25]

방콕에서 수도원 생활을 주제로 개최된 대회에 참석했던 1968년 12월 10일에, 머튼의 갑작스러운 죽음으로 인해 그의 통찰력을 체계적 수도원 경험 신학으로 발전시킬 수 없었다. 하지만 다른 가톨릭 신학자들은 머튼의 선례(lead)를 따랐는데, 그들 가운데 라이문도 파니카(Raimundo Panikar)가 있었다. 힌두교 연구를 거쳐 불교로 왔기 때문에, 파니카의 불교에 대한 이해의 깊이는 기독교 신학자들 가운데서 좀처럼 발견되지 않았다. 인도의 종교사에 대한 그의 심오한 지식과 존중 때문에, 기독교와 불교의 양 진영은 그에게 불교-기독교 간 대화의 쟁점들을 분석하도록 허락했다.

『하나님의 침묵, 붓다의 답변』(the Silence of God, The Answer of the Buddha)이라는 책에서, 파니카는 기독교의 유신론과 불교의 "비신론"(non-theism) 사이의 근본적 비교 불가함(radical incommensurability)을 그리스도인들이 구미의(Euro-American)신학적 전통의 전통적 범주들의 한계를 뛰어넘어 하나님에 대한 새로운 의미들을 찾도록 도와주는 수단으로 탐구했다.

캅(Cobb)의 원래 불교와 나눈 개념적 대화와는 달리, 파니카의 불교와의 만남에서의 강조는 "내적 대화"를 개념적 대화와 결합한다. 이런 관심은 한 명의 예수회 사제로 받은 파니카의 훈련을 반영한다.

가톨릭 수도원 신학과 신비주의 신학의 전통들에 근거하고 있는 예수회 사제로

---

24 Thomas Merton, "Monastic Experience and East-est Dialogue", in *The Asian Journal of Thomas Merton*, ed. Naomi Burton et al. (New York: New Directions Books, 1968), 309-25.

25 Thomas Merton, "Marxism and Monastic Disciplines", in Burton, *The Asian Journal of Thomas Merton*, 332-42. 또한, Lawrence S. Cunningham, *Thomas Merton and the Monastic Vision* (Grand Rapids, MI: Eerdmans, 1999), 155.82를 보라.

서, 그의 계획은 그리스도인들이 기독교 신앙의 대상이 기독교 교리들을 포함해 신학적 사고의 경계들을 넘어서 있는 하나의 실재라는 점을 합리적으로 이해할 뿐만 아니라 경험하도록 돕는 것이다.

따라서 그리스도인들은 교리적 표현의 한계들, 특히 기독교 신학의 한계들조차 뛰어넘는 "하나님의 실재인 침묵"에 들어가는 수단으로 "붓다의 답변"-붓다가 무아(無我)적이고 언어와 상징을 초월하는 것으로 깨달았던 궁극적 실재뿐만 아니라, 무아, 비영구성, 고통의 원인이 되는 영구성, 특히 종교적 교리들에 천착함에 대한 붓다의 가르침-을 들을 필요가 있다.[26]

머튼이 표현했던 대로, "침묵에 들어가는 것"은 항상 가톨릭 수도원의 수행 목표였으며, 기독교 신비 신학의 핵심이다. 그에 의하면 교리들은 문자적 묘사가 아니라, 상징적 지표들이다. 하나님에 대한 한 교리를 고수하는 사람만이 하나님에 대한 한 교리를 가지고 있다. 교리들이 교리의 정의를 넘어선 실재를 가리키는 상징적 지표들이라는 점을 이해하는 자는 신학적 사고가 하나님에 대해 존재하거나 존재하지 않다고 상상할 수 있는 것을 뛰어넘는 하나님이신 침묵(Silence)에 들어가기 위한 수단을 갖고 있다.

그래서 붓다의 "답변"의 비신론은 그리스도인들이 기독교적 관상기도의 수행을 통해 "하나님의 침묵"으로 경험된 기독교의 유신론의 비인격적(non-personal) 차원들을 상기시켜 줄 수 있다. 신학적으로 불교와 연관된 가톨릭 그리스도인들 가운데, 루벤 하비토(Ruben Habito)는 다음의 두 가지 점에서 독특하다.

첫째, 그는 예수회 사제로 일본에서 지내는 몇 년 동안 야마다 콘 로쉬(Yamada Koun Roshi, 1907-89) 밑에서 선 명상을 수련했고, 야마다 로쉬의 "달마 계승자"로서 그의 "승인"(seal of approval, *inko*)을 받았다.

둘째, 그는 불교와의 내적 대화와 개념적 대화 모두에 관심이 있다. 따라서 하비토의 불교와의 신학적 만남의 초점은 선불교의 실천적 전통들과의 내적 대화인데, 그는 이것을 이런 내적 대화에 비추어 기독교의 신학적 범주들의 재조정과 더불어, 자신의 특별한 형태의 명상기도에 통합했다.

이런 면에서 그는 필립 존스톤(Philip Johnston), 토마스 머튼, 토마스 키팅(Thomas

---

26 Jonathan Montaldo (ed.), *Entering the Silence: The Journals of Thomas Merton, Vol. 2: 1941-952* (San Francisco: Harper San Francisco, 1996) and Raimundo Panikkar, *The Silence of God, The Answer of the Buddha* (Maryknoll, NY: Orbis Books, 1989), 제10장.

Keating)을 포함하고 있는 로마 가톨릭의 불교와의 내적 대화 전통들에 뿌리를 두고 있다.[27]

하비토가 불교와의 대화에 제기한 주요한 신학적 질문은 해방이라는 질문에 집중한다. 기독교와 불교의 관행이 모두 해방을 경험하는 방법들이기 때문에, 하비토는 십자가에 달린 그리스도이신 예수와 깨달음의 나무 아래에서 붓다의 깨달음 경험으로 상징화되는, 불교와 기독교의 정체성의 핵심에 관심이 있다.

예를 들면, "죽은 자들의 부활과 영원한 삶—미래의 기독교에서 실현된 기독교까지"라는 제목의 한 에세이에서, 하비토는 사도신경에 있는 두 개의 조항-"나는 … 몸의 부활과 영생을 믿습니다"-을 "미래의 관점"(future outlook)과 선불교의 가르침에서 한 구절을 빌려온, 기독교 경험의 "실현된 관점" 사이에 발생하는 상호작용이라고 그가 인식하는 것에 대한 근원들로 지적한다.

두 관점 모두 상호 의존적이고 예수의 삶과 죽음과 부활(미래의 측면)에서 드러난 영생의 약속에 대한 신뢰로서의 믿음을 전제하고 있지만, 몸의 부활과 영생은 동시에 지금-여기서 그리스도를 영접하는 자라면 누구에게나 열려 있는 현재의 실현(실현된 측면)이다. 따라서 기독교 신앙의 실현된 측면은 지금-여기서의 신앙 체험의 순간에 영생과 부활의 경험을 수반한다. 지금-여기서의 경험의 순간에서 깨달음의 해방하는 통찰을 경험하는 것에 대한 선 불교의 강조는 그리스도인들이 기독교의 해방 경험의 실현된 측면을 보다 온전하게 인식하도록 도울 수 있다.

이런 결론에 대해 하비토가 제시한 성경적 근거는 마태복음 23:31-46절에 나오는 최후의 심판 장면인데, 그것은 예수를 그리스도로 믿는 신앙이 우리의 이웃의 필요에 열려있는 생활 방식을 수반한다는 점과, 그에 상응하는 행동은 지금-여기서 깨달은 경험이 실현된 순간에 경험된, 미래의 영생으로 들어가는 문이라는 점을 선포한다.[28]

---

[27] 다음의 책들을 보라. Philip Johnston, *Silent Music: The Science of Meditation* (New York: Harper and Row, 1974); Thomas Keating, *Open Mind, Open Heart: The Contemplative Dimension of the Gospel* (New York: Continuum, 1997) and *Invitation to Love: The Way of Christian Contemplation* (New York: Continuum, 1997); and Thomas Merton, *Mystics and Zen Masters* (New York: Dell Publishing, 1967) and Burton, *The Asian Journal of Thomas Merton* (New York: New Directions, 1973), 211-56, 297-304, 309-17.

[28] Ruben L. F. Habito, *Zen Breath, Healing Breath: Zen Spirituality for a Wounded Earth* (Maryknoll, NY: Orbis Books, 1993) 그리고 "The Resurrection of the Dead, and Life Everlasting: From a Futuristic to a Realized Christianity", in King and Ingram *The Sound of Liberating Truth*, 제19장을 보라.

6. 평가

공간상의 이유로 인용되지 못한 다른 신학자들뿐만 아니라 본 장에서 인용된 신학자들은 기독 신학이 불교와의 만남에 의해 깊이 영향받았다는 것을 증언한다. 더욱이 불교와 대화를 나누는 신학자들은 불교의 신앙과 수행에 대해 깊이 존중하고 탄복을 한다.

누구도 불교를 근절되어야 할 오류로 취급하지 않는다. 비록 칼 라너(Karl Rahner)나 한스 큉(Hans Küng)과 같은 일부 신학자들은 독특한 불교의 교리들을 기독교에서 성취된 불완전한 진리로 간주할지라도 말이다. 또 대부분의 기독교와 불교와의 대화에서 숨겨진 선교적 의제가 있지도 않다. 하지만 대화를 통한 그리스도인들과 불교도들 서로의 창조적 변화의 가능성에 대한 바로 그 개방성은 현재 불교와 기독교의 지속적인 만남을 위한 의제를 설정하고 있는 쟁점들과 궁금증들을 밝히 드러낸다.

네 가지 쟁점들과 출현하고 있는 한 가지 합의가 특별히 논평할 가치가 있다.

첫째, 그리스도인들은 불교와의 개념적 대화를 통한 창의적 변화에 불교도들이 기독교와의 개념적 대화에서 해 온 것보다 더 열려 있는 경향이 있었다.

실제로 불교의 기독교 신학과의 개념적 관계는 현대 불교 사상의 발전에 긍정적이거나 부정적 영향을 별로 끼치지 않았다. 그 이유는 불교가 기독교 전통보다 훨씬 더 한정된 세계관(world view-specific)이라는 점이다. 즉 어떤 사람은 마르크스, 실존주의, 플라톤, 아리스토텔레스 또는 신플라톤주의 등의 세계관들을 전유할 수 있다. 캅에 따르면,[29] 어떤 사람은 토마스주의자나 신(新) 토마스주의자, 과학자나, 심지어 불교도가 될 수 있고, 또한 그리스도인이 될 수도 있다.

하지만 비영구성과 무아와 의존적 상호 발생의 가르침들은 불교도의 신앙과 수행의 구조에 너무나 필요하므로 불교는 기독교와의 개념적 대화를 통한 창의적 변화에 개방적이지 못하다.

따라서 이렇게 규정하는 불교 교리들의 창의적 변화에 대해 생각하는 것은 적절해 보이지 않는다. 왜냐하면, 교리는 2,500년 동안 불교의 신앙과 수행에 필연적이었기 때문이다.

이렇게 규정하는 교리들이 없으면, 불교는 "불교적"(Buddhist)이기를 멈춘다. 그

---

[29] John B. Cobb, Jr., "Can a Christian be a Buddhist, Too?" *Japanese Religions* 10 (December 1978): 1–20.

리해 "이해를 추구하는 믿음"으로서의 신학은 불교의 경험 안에 서로 관련된 것이 하나도 없다. 이런 사실이 기독교의 우월성과 불교의 열등성의 증거로 해석되어서는 안 된다.

불교의 자기 이해에 따르면, 교리들은 대승불교에서 "비움" 또는 **공**(空, sunyata)이라고 불리고, 개념들과 상징들을 절대적으로 초월하는 궁극적 실재에 대한 깨달음을 희망하면서 명상의 수행을 인도하는 "도구들" 또는 "지침들"을 가리킨다.

이런 사실은 현재 기독교-불교 간의 개념적 대화가 공통의 교리들과 경험들에 대한 그 초기의 연구를 뛰어넘어 발전하도록 촉구해 기독교와 불교 교리들 사이의 비교할 수 없는 차이점들로 보이는 것의 "어려운" 문제들에 더 집중하도록 했다.

즉 그 차이점들로는 불교의 비신론과 기독교 유신론, 기독교에서 예수의 역할과 불교에서 붓다의 역할; 기독교의 믿음과 은혜에 대한 강조와 불교의 명상 수행에 대한 초점; 불교에서 명상의 역할과 비교되는 기독교에서 관상기도의 위치 등이 있다.

이런 형태를 띤 현대의 개념적 대화의 이면에 있는 중요한 질문은 기독교와 불교 사이의 교리적 차이점들이 기독교와 불교의 경험 아래에 있는, 궁극적 실재를 가리키는 모순적 개념들인지, 아니면 보완적 개념들인지에 대한 것이다. 지금까지 어떤 합의도 이 질문에 관심을 가진 그리스도인들과 불교도들 가운데서 나오지 않았다.

둘째, 두 번째 쟁점은 기독교-불교의 만남을 오직 전문 신학자들, 철학자들, 목사들, 사제들, 수사들 그리고 수녀들에게만 엘리트적 지적 관심의 기획을 남겨놓는 것을 막는 방법과 관련이 있다.

해결책은 그 대화를 확장해 종교 공동체에서 활동적인, 관심 있는 그리스도인들과 불교도들을 평범한 그들의 실제적 종교적 경험에 대해 적절한 인식이 없을 수도 있는 지식인들의 교사이자 청자로서 그 토론에 포함하는 것이다. 그리스도인들에게 있어, 목표는 교회의 창의적 변화다. 불교도들에게 있어, 질문은 불교의 세계관을 규정하는 특정한 교리적 내용을 고려할 때, "창의적 변화"가 무엇을 의미하는가에 관한 것이다.

하지만 전체 기독교 공동체(교회)와 전체 불교 공동체(승가, samgha)는 이 토론으로 끌어들일 필요가 있다. 정확히 그렇게 하는 방법은 기독교 신학자들과 불교 교사들 사이의 계속된 대화의 문제다.

셋째, 내적 대화는 현재 기독교-불교 간 대화에 활력을 주고 있는, 어려우면서 아직 해결되지 않은 수많은 질문을 소생시켰다.

기독교의 관상기도 또는 불교의 명상 수련으로 생겨난 특정한 경험들에 대한 신학적이고 철학적 개념들 사이의 관계는 무엇인가?

어떻게 신학적 기대가 관상기도와 불교의 명상을 통해 얻은 경험들에 영향을 미치는가?

카르멜 수도회 수녀들은 관상기도의 실천을 통한 그들의 경험을 시공간의 모든 순간에 모든 존재를 구성하는 불성(the Buddha Nature)과 하나 됨으로 평범하게 해석하지 않는다. 명상하는 선불교의 비구니들도 일반적으로 그들의 경험을 신랑 되신 그리스도와의 연합으로 해석하지 않는다.

기독교의 신학적 가정들에 의해 인도된 불교의 명상 훈련을 실천하는 그리스도인들은 한 불교도가 불교적이라고 인식할 수 있는 경험들을 얻게 되는가?

불교의 세계관에 의해 안내받은 기독교의 관상기도를 실천하는 불교도들은 기독교적 경험을 얻는가?

개념적 신학적 사고와 불교의 교리는 본질적으로 기독교와 불교의 영적 훈련에 속하는가?

누군가의 전통이 개념적으로 받아들이기를 기대하면서 훈련하는 것을 종교적 훈련으로부터 받아들이지 않는가?

개념적 대화와 내적 대화 사이의 관계들은 무엇인가?

넷째, 일부 그리스도인들과 불교도들은 현재 자연과학과 사회과학을 개념적 대화에 있어 "제3의 파트너"로 포함할 가능성에 관해 고려하는 중이다.

자연과학이 우주에서 작용하는 물리적 과정들에 대해 드러내고 있는 것은 틀림없이 기독교와 불교의 자기 이해와 실천과 관계가 있다.

모든 자연과학과 사회과학은 기독교와 불교 전통, 특히 기독교 유신론과 불교의 비신론의 주요 교리들을 위한 빅뱅 우주론, 상대성 이론, 양자 물리학의 영향들에서부터, 환경 문제들에 대한 기독교-불교 간 사회 참여를 위한 생물학과 생태과학의 영향들에 이르기까지, 기독교와 불교의 관상-명상 훈련들의 실천을 위한 심리과학의 영향에 이르기까지, 사회과학, 특히 경제학을 가난과 경제적 불평등에 대한 기독교-불교 간 사회적 참여로 도입할 필요까지—현대의 불교—기독교 간 대화에 아직도 공헌해야 할 부분들을 가지고 있다.

다섯째, 마지막으로 중요한 합의가 현대의 기독교-불교 간 만남에서 비롯되었던 것 같다. 개념적, 사회 참여적, 내적 대화는 상호 의존적이다.

또는 야고보서를 알기 쉽게 바꾸어 말하면, "행함 없는 믿음은 죽은 것이다"와 같은 근거로 "사회 참여적 대화를 떼어 낸 개념적 대화와 내적 대화는 죽은 것이다."

즉, 기독교나 불교의 신앙 실천 주요 요점은 떨어져 있든 대화 가운데 있든, 억압과 부정의 세력으로부터 모든 인간과 자연 속의 모든 피조물의 해방이요, 자연과 일치하는 인간들의 상호 창의적 변화다. 깨달음에 의해 생겨난다고 불교가 확언하는 지혜와 기독교의 창조와 성육신 교리들은 둘 다 시공간의 모든 순간에 있는 모든 사물과 사건들의 전적 상호 의존성—개별적으로 과학적 측면에서 현대 물리과학과 생물학에 따라 또한 확언 된 개념—을 지칭한다.[30]

계속해서 상호 의존성에 대한 인식은 사회 참여를 낳는다. 왜냐하면, 상호 의존성과 사회 참여에 대한 인식은 그것들 자체가 상호 의존적이기 때문이다. 그리해 우리는 다른 사람의 고통을 우리의 고통으로 다른 사람의 억압을 우리의 억압으로 다른 사람의 자유를 우리의 자유로 경험한다. 그 결과 우리는 사회 참여를 위한 권한을 부여받게 된다.

결과적으로 모두 세 가지 형태의 불교-기독교 간 대화는 특정한 종교나 문화가 아닌 실제적 문제들에 초점을 맞출 필요가 있는데, 이는 사람들이 어떤 종교적 또는 세속적 상표를 걸치고 있는지에 상관없이 모든 인간이 직면하는 문제들을 의미한다.

이것은 불교-기독교 간 대화의 주요한 원리가 되어 왔고, 마르틴 루터, 마틴 루터 킹, 마더 테레사와 같은 그리스도인들, 베트남의 승려인 틱낫한과 태국의 불교 평신도인 술락 시베락사(Sulak Siveraska), 힌두교의 현자 겸 운동가인 마하트마 간디와 일치한다.

그뿐만 아니라 이것은 우리가 토라에게 순종하고, 코란이 안내하는 알라에게 복종해 정의를 위해 투쟁한다는 유대교와 이슬람교의 주장과도 일치한다. 곧 이 주장은 종교의 신앙과 의식이 우리를 세상과 분리하지 않는다는 것이다.

기독교-불교 간 대화는 그리스도인들과 불교도들을 평화와 정의를 위한 세상의 거칠고 혼란스러운 투쟁 가운데로 몰아넣는다.

불교-기독교 간의 대화는 현재 모든 지각 있는 존재들의 해방을 위한 관심으로 인도된다. 기독교와 불교의 가르침이 공동으로 인정함에 따라, 우리 모두 이것을 함께하기 때문이다.

---

30 물리적 우주의 상호 의존적이고 상호 연결된 구조에 관해 현대 과학자들 사이에 이루어진 합의를 훌륭하게 요약한 내용을 보려면 다음의 책을 참고하라. Arthur Peacocke, *Theology For a Scientific Age* (Minneapolis, MN: Fortress Press, 1993), 39–43.

상호 의존적으로 되어가는 우주에서 다른 길은 절대 없으므로, 독특하게 기독교적 의식과 독특하게 불교적 의식은 절대 있을 수 없을 것이다.

참고 문헌

1차 자료

Barth, Karl. "The Revelation of God and the Absolutism of Religion", *Church Dogmatics*, Vol. 1, part 2, section 17 (Edinburgh, 1956).
Cobb., John B., Jr. *The Structure of Christian Existence* (Philadelphia, PA, 1967).
_____. *Christ in a Pluralistic Age* (Philadelphia, PA, 1975).
_____. "Buddhist Emptiness and the Christian God", *Journal of the American Academy of Religion* 45 (1977): 11-24.
_____. "Can a Christian Be a Buddhist, Too?" *Japanese Religions* 10 (December 1978): 1-20.
_____. *Beyond Dialogue* (Philadelphia, PA, 1982). de Silva, Lynn A. *The Problem of the Self In Buddhism and Christianity* (New York, 1979).
Dumoulin, Heinrich. *Christianity Meets Buddhism* (La Salle, IL, 1974).
Habito, Rubin L. F. *Healing Breath: Zen Spirituality for a Wounded Earth* (Maryknoll, NY, 1993).
Keenan, John *The Meaning of Christ: A Mahayana Theology.* (Maryknoll, NY, 1989).
_____. *The Gospel of Mark: A Mahayana Reading.* (Maryknoll, NY, 1995).
King, Sallie B. and Paul O. Ingram (eds.) *The Sound of Liberating Truth: Buddhist-Christian Dialogues in Honor of Frederick J. Streng* (London, 1999).
King, Winston L. *Buddhism and Christianity: Some Bridges of Understanding* (Philadelphia, PA, 1962).
_____. *In Hope of Nibbana* (La Salle, IL, 1964).
Küng, Hans. *Christianity and the World Religions* (Garden City, NY, 1986).
Merton, Thomas. *Mystics and Zen Masters* (New York, 1967).
_____. *The Asian Journal of Thomas Merton* (New York, 1973).
Panikkar, Raimundo. *The Silence of God, The Answer of the Buddha* (Maryknoll, NY, 1990).
Tillich, Paul. *Christianity and the Encounter With the World's Religions* (New York, 1963).
Yagi, Seiichi. "Buddhist-Christian Dialogue in Japan", *Buddhist-Christian Studies* 14 (1994): 11-22.
Yagi, Seiichi and Leonard Swindler. *A Bridge to Buddhist-Christian Understanding* (New York: Paulist Press, 1988).

2차 자료

Adeny, Francis. "How I, A Christian, Have Learned from Buddhist Practice, or 'The Frog and the Lily Pad . . . Not Waiting,'" *Buddhist- Christian Studies* 21 (2001): 33-6.
Amore, Roy C. *Two Masters, One Message: The Lives and Teachings of Gautama the Buddha* (Nashville, TN, 1978).
Corless, Roger and Paul F. Knitter. *Buddhist Emptiness and the Christian Trinity: Essays and Explorations* (New York, 1990).
De Martino, Richard J. (ed.) "Dialogue East and West: Paul Tillich and Hisamatsu Shin'ichi", *Eastern Buddhist* 4 (October 1971): 39-107.
_____. "Dialogue East and West: Paul Tillich and Shin'ichi Hisamatsu", *Eastern Buddhist* 5 (October 1972): 107-28.

Fonner, Michael. "Toward a Theravadin Christology", *Buddhist-Christian Studies* 13 (1993): 3-14.
Gross, Rita M. and Terry C. Muck (eds.) *Buddhists Talk About Jesus, Christians Talk About the Buddha* (New York, 2000).
_____.*Christians Talk About Meditation, Buddhists Talk About Christian Prayer* (New York, 2003).
Ingram, Paul O. *The Modern Buddhist-Christian Dialogue* (Lewiston, IL, 1988).
_____ ",Buddhist-Christian Dialogue and the Liberation of Women", *Buddhist-Christian Studies* 17 (1997).
_____. *Wrestling With the Ox: A Theology of Religious Experience* (New York, 1997).
_____. "On the Practice of Faith: A Lutheran's Interior Dialogue with Buddhism", *Buddhist-Christian Studies* 21 (2001): 43-52.
_____. "A Christian Theological Reflection on the Buddha", *Studia Missionalia* 51 (2002): 379-95.
Ingram, Paul O. and Frederick J. Streng (eds.) *Buddhist-Christian Dialogue: Essays in Mutual Transformation* (Honolulu, 1986).
Keating, Thomas. *Invitation to Love: The Way of Christian Contemplation* (New York, 1997).
_____. *Open Mind, Open Heart: The Contemplative Dimension of the Gospel* (New York, 1997).
Lefebure, Leo. *The Buddha and the Christ* (Maryknoll, NY, 1993).
Lopez, Donald S., Jr. and Steven C. Rockefeller (eds.) *The Christ and the Buddha* (Albany, NY, 1987).
Mitchell, Donald W. and James Wieseman (eds.) *The Gethsemani Encounter* (New York, 1998).
Muck, Terry C. *Spirituality and Emptiness* (Mawah, NJ, 1992).
_____. "Readiness: Preparing for the Path", *Buddhist-Christian Studies* 21 (2001): 51-6.
Prabhu, Joseph (ed.) *The Intercultural Challenge of Raimundo Panikkar* (Maryknoll, NY, 1996).
Pye, Michael. "Skillful Means and the Interpretation of Christianity", *Buddhist-Christian Studies* 10 (1990): 17-21.
Streng, Frederick J. *Emptiness: A Study of Religious Meaning* (Nashville, TN, 1967).

제8부
신학과 다양한 미디어

제40장 신학과 시각예술
  존 W. 드 그뤼시(John W. de Gruchy)

제41장 신학과 음악
  제레미 S. 벡비(Jeremy S. Begbie)

제42장 신학과 영화
  졸리온 미첼(Jolyon Mitchell)

제8부
신학과 다양한 미디어

하나님을 추론하는 학문인 신학이 활자라는 산물에만 국한되지 않는다는 것은 자명하다 하더라도 수많은 여러 미디어 매체에 담긴 신학적 사고는 간과하기가 쉬운 편이다.

비언어적 매체 속의 신학적 결과물은 그 안에 매우 다른 정황들과 그에 대한 수용성을 갖고 있지만, 제8부의 여러 장에서 보듯이, 주로 활자로 작업에만 치중하는 신학자들의 경우 질적으로 저하되게 된다. 20세기 들어서 필름과 같은 새로운 매체의 급격한 성장뿐만 아니라 음악과 시각예술 분야에서 다양한 변화와 실험을 목격하게 된다.

각 장은 한편으로는 많은 매체 속에서 어떻게 신학 체계가 이루어졌는지 그리고 음악, 미술 그리고 영화 분야가 어떻게 독창적이고 창의적 신학적 내용을 전달하는 수단이 될 수 있는지를 찾아간다. 존 W. 드 그뤼시(John de Gruchy)는 신학과 시각예술(the visual arts) 양쪽에서 가장 중요한 구현(embodiment), 표현(representation), 미(beauty)를 주제별로 고찰한다.

제레미 벡비(Jeremy Begbie)는 삼위일체 신학과 기독론 그리고 성령론을 살펴보는 방법의 하나로 "세상을 인식하는 도구"로써 음악에 대해 논의한다. 졸리온 미셸(Jolyon Mitchell)은 잉그마르 베르히만(Ingmar Bergman), 프란시스 포드 코폴라(Francis Ford Coppola) 그리고 (가장 논란이 되는) 멜 깁슨(Mel Gibson)의 영화 속에 담긴 신학적 의미가 있는 영상들을 살펴본다.

반면에 각 매체를 논의하면서 신학자들이 참여한 비평이나 주석들 또한 각 장에 기록되어있다. "망설임과 의혹"(벡비)은 미술, 음악, 영화에 대한 많은 신학적 반응들을 반영하지만, 그럴 뿐만 아니라 신학자들이 예술과 교제하면서 20세기 전반의 여러 요점을 배울 방법들을 찾아가는 것 모두를 담고 있다.

드 그뤼시는 예술가들이 어떻게 20세기 신학자들이 "새로운 눈으로 사물을 보도록" 할 수 있는지를 존 딜렌버거(John Dillenberger)와 다른 이들의 작품에 참여함을 통해 보여 주지만 벡비는 칼 바르트(Karl Barth)와 디트리히 본회퍼(Dietrich Bonhoeffer)의 저작을 위한 음악의 중요성을 검토한다.

미셸은 영화 속의 부패한 인물 혹은 도덕적 성장에 대한 논의를 넘어서서 점차 성장하고 있는 "영상 비판 신학"(theological film criticism)의 가능성과 성과를 검토한다.

제40장

신학과 시각예술

존 W. 드 그뤼시(John W. de Gruchy)

1. 서론

수 세기 동안 시각예술 분야는 인류의 정신 세계를 강력하게 뒤흔들었음에도 신학자들은 대다수 예술가를 도외시했다. 그러나 칼 라너(Karl Rahner)가 "신학은 적절해질 때까지는 절대 완전해질 수 없다"라고 논한 것처럼, 비언어적 "예술이 신학의 본질적 속성이 되기 전까지는 그것만으로 완전하거나 독자적일 수가 없다."[1]

만일 우리가 신학을 "언어적 신학"으로 축소한다면, 우리가 "하나님이 당신의 계시를 드러내시기 위해 사용하시는 예술의 능력의 범위"를 제한하고 있는 것은 이치에 맞지 않는다.

다행스럽게도 신학을 하면서 시각예술의 중요성을 깨달은 신학자들의 수가 증가하고 있고 이에 따라서 기독교 미학에 대한 새로운 관심도 높아지는 등 20세기 후반부를 지나는 동안 상황이 크게 변했다. 신학자들이 시각예술을 포함한 작업을 하는지와는 무관하게 시각예술은 기독교 역사 속에서 비록 경쟁적 역할이긴 했지만, 상당히 중요한 역할을 했다. 여러 시대에 걸쳐서 예전에 맞는 그리고 교육학적으로 적합한 미술은 무엇인지에 대한 신학적 고민이 있었다.

그러나 이런 신학적 고민은 시각예술과 대화하면서 신학적 작업을 하는 것과는 다르다. 또한, 신학적 미학에 관련된 것도 아니고, 그리스도인의 신앙과 관련된 예술의 의미와 중요성을 탐구해가는 특정한 신학적 훈련 역시 아니다. 신학적 미학은 시각예술을 연구하는 대체물이 아니라, 기독교 전통, 다른 신학적 훈련들 그리고 미술의 역사와 이론이란 측면에서 하나의 해석 체계 속에서 자신들이 위치할 수 있도록 돕는다.

시각예술에 관여하는 현대 신학자들 대부분은 교회생활 내에서 시각예술의 역할과 폭넓은 문화적 중요성에 대해 논평을 한다.

---

1 Karl Rahner, "Theology and the Arts", *Thought* 57, No. 224 (March 1982): 24.

시각예술이 믿음 혹은 절망의 산물이던지, 신자 혹은 불신자의 작품이던지, 아니면 예배당, 화랑 혹은 광장을 위해 의도했든 간에, 그들에게 시각예술이란 모든 비극적 추한 모습들을 아름다움으로 변형시키는 실재(reality)에 대한 감각을 일깨우는 잠재력을 보유하고 있다.

시각예술이 제공하는 즐거움은 삶의 질을 향상할 수 있지만, 더욱 특별한 것은 신선하면서 종종 특별한 방법을 통해 가시적으로 감추어졌을지도 모르는 것을 바라볼 수 있도록 도울 수 있다는 것이다. 이런 방식들을 통해 시각예술은 우리의 인간다운 모습이 정제되고 갱신되도록 돕는다.

"시각예술"이란 용어가 장치, 조각 그리고 회화뿐만 아니라 건축, 영화 그리고 관련 매체를 포함하고 있다고 이해할 필요가 있다. 비록 논의해야 할 내용의 다수가 관련성이 넓은 분야이지만 우리는 그래픽 아트(graphic arts)에 초점을 맞출 것이다.

시각예술과 관련해서 자주 사용하는 구체적 차이점들이 있는데, 예를 들면 "순수(fine)예술", "고급(high)예술", "대중(popular)예술", "나이브(naïve)아트", "민속(folk)미술", "원시(primitive)예술" 등이 있다. "순수" 혹은 "고급"과 같은 용어들은 특정한 예술의 전통에 있어서 "고전"임을 분명히 하도록 종종 사용되었지만, 다른 이들의 기호를 폄하하는 용도로 사용하지 않도록 주의해야 한다. 신학자 중에는 "순수" 혹은 "고급"예술에만 주로 관심을 두고 서방의 시각예술에만 흥미를 갖는 성향이 있는 이들이 있다.

또한, 사람들의 믿음과 의심, 소망과 두려움을 표현하는 데 "대중(popular)예술"이란 용어를 종종 사용한다. 아마도 온전한 상태를 의미하는 좋은 미술(good art)과 평범하고 속되다는 뜻의 키치(kitsch-그 자체가 파악하기 힘든 용어) 사이를 구분하는 데 더 유용한 표현일 것이다.

또 다른 구분은 "독실한", "영적" 그리고 "세속적인" 예술 사이에서 자주 발생한다. 이것은 너무 비슷한 가치를 갖고 있지만, 또한 미심쩍은 부분도 있다. 신학과 시각예술에 관해서 이야기할 때, 시스티나 성당이나 렘브란트의 많은 걸작이 명백한 종교적 주제를 갖고 있다고 하더라도 우리가 그런 작품들만을 염두에 두는 것은 아니며, 그래서도 안 된다. 우리는 당연히 "세속적"으로 분류될 수 있는 여러 작품이 신앙과 실천의 영역에서 우리가 도전과 깨달음을 주는 실제적 방법들을 인식하도록 도울 수 있다는 점도 염두에 두어야 한다.

본 장은 세 부분으로 나뉜다.

첫째, 성화상 논쟁(Iconoclastic Controversy)과 관련된 중요성을 중심으로 기독교 전통 안에서 시각예술의 역사적 기능에 대한 간략한 조사결과를 제공한다.

둘째, 20세기 들어서 몇몇 신학자가 신학을 하면서 시각예술에 어떻게 반응해야 하는지를 제시한다.

셋째, 현재 진행되고 있는 신학적 과제들에 대한 의제를 정하는 데 있어서 특별히 중요한 몇 가지 이슈들을 정리한다.

2. 역사적 개요

히브리 성서는 우상숭배를 금하고 있음에도 불구하고, 예루살렘 성전의 건축과 비품에 대한 묘사들은 상당히 많은 미학적 관심을 보여 준다. 물론, 하나님에 대한 묘사는 가려져 있지만, 제의적으로 눈에 보이는 것의 중요성을 증명할 수 있는 것들이 성전 내부에 가득했다.

마찬가지로, 바빌론 유수 이후의 유대교 회당에서 발견된 작품들은, 그레코-로만 문화의 영향을 받은 시각예술을 예로 들자면, 첫 번째 계명을 어긴 것이 아니라 적절한 장식품으로 여겨지는 것으로 볼 수 있다.

콘스탄티누스 황제 이전의 기독교의 시각예술의 예는 특히 로마 시대 카타콤에서 찾아볼 수 있지만, 기독교가 로마 제국의 공인을 받게 된 이후에서야 기독교 미술은 전성기를 맞이했다.

기독교가 헬레니즘 문화와 상호 교류하면서 그들의 사고방식을 인정해 주었듯이, 기독교는 또한 자신들의 신앙을 가시적으로 묘사하는 수단으로 로마와 그리스의 고전 양식을 빌렸다. 이런 작업으로 인한 위험성이 너무나 분명하므로 신학자들과 주교들은 우상숭배에 대해서 지속해서 경고했다.

하지만 그리스도인들이 예수, 마리아, 순교자들 그리고 성인들에 대한 성경 이야기나 주제에 대한 그림들을 그리거나 자신들의 믿음을 가시적 상징으로 나타내는 일들을 막지는 못했다. 더 많은 교회가 들어서면서 도상학(iconography)이 급증했는데, 이것은 글을 읽지 못하는 대중들이 신앙심을 유지하도록 일깨워 주었기 때문이다. 성상은 복음서의 이야기를 전달해 주며 헌신을 독려하는 "다섯 번째 복음서"가 되었다. 8세기 무렵에 성상들이 급증하면서 성상에 대한 논란으로 한자리에 모인 신학자, 성직자, 정치 세력들이 비잔틴 제국 내의 교회를 따로 분리하겠다고 경고하기에 이르렀다.

성화상 논쟁(The Iconoclastic Controversy)은 기독교 역사적으로 결정적 순간이었으며, 그 일이 있고 난 뒤, 서방 세계에서는 시각예술이 발달했다. 하나님을 가시적으로 묘사하는 것이 우상화로 이어질 수 있다는 점에서 금지해야 한다는 것은 모든 진영에서도 동의했다. 하지만 성상 파괴주의자들(iconoclasts)은 보통 황실과 연관이 되어있는데, 예배당 내에서는 어떤 형상이라도 사용하기를 거절했다.

반면에 주로 수도원에 모여 있던 성상 애호가들(iconophiles)은 많은 시각예술이 부적절하지만, 그리스도, 동정녀 마리아 그리고 성인들에 대한 성상은 교회의 삶과 예배에 필요하다고 주장했다. 동방 정교회에서는 성상이 예전과 영적 삶에서 필수적 역할을 한다는 이유로 성상 애호가들이 승리했다.

기독교와 시각예술 사이의 관계에 있어서 역사적으로 상반되는 두 신학이 가장 흥미로운 부분이다. 성상 파괴주의는 히브리 성서로 이어지는 뿌리 깊은 전통을 반영하며, 이것은 또한 이슬람에서도 강력하게 표출되었는데, 비잔틴 제국의 국경이 위협받고 있던 즈음에 새로운 종교 운동은 급속하게 확산했다.

성상 파괴주의자들은, 그리스도인, 유대인 혹은 모슬렘이든 간에, 하나님을 시각적으로 표현하려는 그 어떤 시도라도 진리를 왜곡하는 것이고 하나님을 경외하지 않는 것이라고 주장한다.

게다가 상징들을 사용하는 것이 반드시 꼭 필요한 것이 아니므로 그들은 우상숭배로 이어질 가능성이 있으므로 상징과 같은 시각적 형상들을 거부하고, 거의 말씀의 중요성만을 강조한다. 성상 애호가들은 성육신을 전제로 반대의견을 제시한다. 예수 그리스도 안에서, 하나님은 세상을 구속하기 위해서 신적 속성을 인간이라는 제약 속에 거하도록 하셨다.

> 태초부터 있는 생명의 말씀에 관해서는 우리가 들은 바요 눈으로 본 바요 자세히 보고 우리의 손으로 만진 바라(요일 1:1).

이 말씀은 우리의 모든 감각을 통해 성육신된 말씀을 경험하는 데 있어서 여전히 적절하다. 이런 이유로, 늘 기도하면서 신실하게 만든 성상들은 진리와 소통하는 능력이 있고 은혜의 수단이 된다. 비록 동방에서 성화상 논쟁의 결론이 문제를 해결했음에도 불구하고, 서방 교회는 상황이 좀 달랐는데, 로마 가톨릭교회 그리고 나중에 개신교 종교개혁 진영의 교회들 내에서 여전히 갈등이 표면화되었다.

마르틴 루터(Martin Luther)와 존 칼빈(John Calvin)은 각자 자신의 전통을 따른 입장이 있었다. 루터는 시각예술에는 대체로 무관심했으며, 음악에 더 많은 흥미를 나타냈다.

칼빈은 시각예술이 기쁨을 제공한다는 점에서 그 가치를 인정했지만, 그 역시 예배당 내에서 그런 예술을 허용하지 않았다. 따라서 개신교인들은 로마 가톨릭보다 시각예술에 관해서는 훨씬 더 조심스러우며 때로는 엄격한 성상 파괴적 입장도 존재한다.

그러나 트렌트 공의회(1545-63) 역시 시각예술의 위험성에 대해 매우 민감했으며, 무엇이 적절한지 규칙을 정했다. 개신교의 성상 파괴주의와 반대로 트렌트 공의회는 교회생활에서 예술을 고무시키려고 애를 쓰면서, 동시에 시각예술을 후원한 다수가 교황들, 추기경들 그리고 주교들이었던 르네상스 동안 교계 내에서 예술을 번성하게 이끈 국면을 억제할 필요성을 느꼈다.

예술가와 시각예술에 대한 개신교와 가톨릭 양 진영의 태도로 인한 어느 정도의 결과 때문에 르네상스 이후 유럽의 교회로부터 소외감을 느낀 예술가들이 많았고, 이는 19세기 보헤미안 미학 운동(the Bohemian aesthetic movement)으로 대표되는 "예술지상주의"(art for art's sake)를 강조하는 인문주의를 낳았다.

그런데도 기독교와 종교개혁 이후 시각예술 사이의 관계에서 예를 들면 바로크 시대와 19세기 낭만주의에 역사적으로 상당히 중요한 시점들이 있었다. 새로운 국면에 접어든 기독교의 세계 확산으로 둘 사이의 관계 또한 영향을 받았는데, 이것이 유럽 문화보다는 기독교 신앙을 반영하는 시각적 묘사로 이어졌다. 이와 비슷하게 20세기 에큐메니컬과 예전 운동들이 교회생활에서 예술의 역할에 관한 관심을 되찾도록 고무시켰다.

많은 그리스도인이 그들의 신앙을 예술을 통해 표현하고 싶다는 주체할 수 없는 갈망과 점차 예술가들과의 소외감을 부분적으로라도 극복하려고 노력하면서 결과적으로 교회 내에서 시각예술을 사용하는 새롭게 유행했다. 이런 국면에서 부수적으로 따르는 것은 시각예술에 대한 신학적 관심이 재개된 것이다.

3. 현대 신학과 시각예술

영어로 말하는 신학자 중 특히 개신교인들, 20세기라는 전환점에서 우리의 주제에 관심이 있거나 관련된 사람은 거의 없다. 단 한 명의 예외가 있는데 스코틀랜드 회중교회 신자였던 피터 테일러 포사이스(P. T. Forsyth, 1848-1921)인데, 일찍이 영국에서 신학 교수로 근무했으며 시각예술이 갖는 신학적이고 종교적 중요성을 인정한 사람이다.

1887년 포사이스는 일련의 강좌들을 최근 『예술과 종교』(Religion in Recent Art)라는 이름으로 처음 책을 냈는데, 영국에서 라파엘 전파 운동(the pre-Raphaelite movement)를 다루었고, 나중에 『파르나소스산 위의 예수』(Christ on Parnassus, 1911)라는 책에서는 보다 폭넓게 예술에 대해 다루고 있다.

한 사람의 칼빈주의자로서 포사이스의 관심은 예배당 안의 시각예술이 아니라 종교와 삶에서 예술의 필요성에 있고 "종교가 예술을 장려하지 않는다면 참된 종교가 될 수 있다"[2]는 말은 아니라고 주장했다. 포사이스는 낭만주의와 라파엘 전파 운동에 대한 상세한 지식과 종교와 문학에 관한 두 시기의 중요성을 신학적으로 성찰할 수 있는 능력을 보여 줬다. 그는 위대한 예술과 성경 모두에서 자연의 아름다움 속에서 삶의 비극이란 관점을 영민한 감각을 가지고 포착했으며, 도덕적 원칙에 따라 복음의 능력을 희망의 땅으로 바꿔서 강조했다.

폴 틸리히(Paul Tillich 1886-1965)는 1차 세계대전 당시 독일의 루터교 목사였으며 서쪽 전방에 있는 참호들 속에서 직접 끔찍한 경험을 했지만, "그의 여가를 예술을 공부하는 것에 헌신함으로 인해"[3] 몽둥이질로부터 한숨을 돌릴 수 있었다.

결과적으로 예술은 단지 열정뿐만 아니라 또한 인간의 본성의 상태를 드러내며 궁극적 실재(ultimate reality)를 시사하는 신적 계시의 하나의 출처이기도 하다. 하지만 포사이스가 라파엘 전파 운동에서 이것을 발견했지만, 틸리히의 경우 부르주아 사회에 관한 예언적 비평을 제공한 표현주의 작가들의 작품에서 발견했는데, 그 작품은 부르주아 사회의 공허함과 볼품없음 그리고 잘못을 폭로하는 동시에 구속과 희망의 가능성을 억지로 열어버렸다.

틸리히가 예술가의 예언적 역할을 강조하면서 우아함과 치유를 전달하던 그들의 역할을 잃어버렸다. 하지만 친체스터의 성공회 주교였던 조지 벨(George Bell)은 1940년에서 1950년 사이 영국에서 신학과 문화에 대한 교회, 시각예술을 연결하는 일에 대한 예술가들의 공헌이 지대했다고 강력하게 주장했다. 그는 전통적 성육신의 개념에서 벗어나 기독교의 직물적 성격을 강조하면서 교회들이 잠재적 사역과 신적 소명을 깨달아서 예술가들과 동역하는 관계에 참여할 것을 주문했다.[4]

벨은 많은 예술가가 신자가 아니라는 것도 사실이고, 또한 예배당에서는 어떤 예

---

2   P. T. Forsyth, *Religion in Recent Art* (London:Hodder and Stoughton, 1905), 145.
3   James Luther Adams, *Paul Tillich's Philosophy of Culture, Science and Religion* (New York: Schocken Books, 1965), 66.
4   G. K. A. Bell, *Christianity and World Order* (London: Penguin Books, 1940), 57.

술 작품도 복음을 부정해서는 안 된다는 그의 확신도 사실이라는 점이 위험을 안고 있다는 것을 알고 있었다.

여전히 벨에게는 모든 진정한 예술은 그만의 진실성을 갖고 있고 하나의 성례적 방식으로 기능한다. "정의와 진실, 자비와 사랑, 미술과 시 그리고 음악"은 쉽게 부서지지 않는 성질이 있다고 믿는 모든 이들 사이에는 공통적 유대감이 있다고 벨은 주장했다.[5]

예술에 대한 벨의 관심은 영국 국교회(Church of England)에 지속적인 영향을 가져 왔고, 예술가들의 역할에 대한 성례전적 이해는 우리가 다룰 주제에 대한 성공회 신학자들의 하나의 특별한 공헌이 된다.[6] 많은 교구교회와 특별히 대성당들은, 더럼(Durham)이 훌륭한 예인데, 시각예술의 중요성을 강조하며, 예술가들이 교회생활에 이바지하도록 독려하는 전통을 이어가고 있다.

그러나 미국에서는 신학과 시각예술과의 대화는 대부분 학문적으로 진전되고 있는데, 이것인 특별히 1939년 나치로부터 도망해 뉴욕에 이민을 온 폴 틸리히의 존재와 영향력 때문에 특히 그러했다. 1957년 발행된 『기독교 신앙과 현대 예술』(Christian Faith and the Contemporary Arts)에 대한 에세이를 다루는 학술 토론회와 이후 5년 동안 3번이나 재발행된 점이 이런 학문적 진전을 반영한다.

시카고대학교의 나단 스코트 주니어(Nathan Scott, Jr.)는 시작하는 글에서 현재의 문화적 경험은 신학자들에게 "거의 지금까지 모든 현대 예술 분야와 협업을 시도하지 않았지만, 이제는 함께 참여할 것"을 요구하고 있다고 논평했다.[7] 틸리히로부터 영향을 받은 사람 중 한 사람인 존 딜렌버거(John Dillenberger)는 모든 주요 신학자들에게 자신을 학생처럼 소개한 이는 틸리히가 유일했다면서 "그는 인류에 대한 전방위적 감각을 그의 신학에 녹여냈다."[8]고 훗날 증언했다.

딜렌버거는 신학과 시각예술 사이의 소통하고 교회들이 이런 감각을 회복할 수 있도록 하는 데 중요한 공헌을 했다. 1981년 캘리포니아 버클리에 있는 유니언신학대학원(Graduate Theological Union)의 시각예술 학과를 위한 제인과 존 딜렌버거 기

---

5 Ibid, 146ff.

6 David Brown and Ann Loades (eds.) *The Sense of the Sacramental: Movement and Measure in Art and Music, Place and Time* (London: SPCK, 1995).

7 Nathan Scott, Jr., "Art and the Renewal of Human Sensibility in Mass Culture", in Finley Eversole (ed.), *Christian Faith and the Contemporary Arts* (New York: Abingdon, 1957), 21-9.

8 John Dillenberger, *A Theology of Artistic Sensibilities: The Visual Arts and the Church* (London: SCM Press, 1986), x.

금(Jane and Jone Dillenberger Endowment)을 설립한 것은 신학과 예술 분야를 위한 많은 프로그램 중 단연 첫 번째였으며, 지금도 미국의 신학교들 가운데 남아 있다.

영국 케임브리지대학교의 제레미 벡비 교수도 유사한 목표를 가지고 "예술을 통한 신학"이란 프로그램을 지도하고 있다. 딜렌버거의 연구 자료인 *A Theology of Artistic Sensibilities: The Visual Arts and the Church*(1986)는 우리의 주제에 심대한 공헌을 남겼다. 비록 1980년대까지 상황이 개선되기는 했음에도 "전반적으로 시각예술을 포함해 예술에 대한 보다 깊은 이해로 인해 신학자들이 바뀌지 않는다면, 그들 자신의 과목들이 얼마나 더 풍성해질지 그들은 아직도 모르고 있다"[9]는 딜렌버거의 견해에 대한 논쟁은 여전하다. 여기엔 여러모로 사정이 있다.

딜렌버거는 그 주제에 대한 네 가지 주요 접근법들과 우리의 토의를 위한 유용한 틀을 제공하는 자신의 유형 체계 이론(typology)을 규정했다.

첫째, 거의 대부분 칼 바르트(Karl Barth)와 관련이 있는데, 그는 하나님의 말씀(the Word of God)이 새로운 생명을 개혁주의 전통과 그 너머 속으로 불어넣었다는 신학의 장본인이다.

비록 바르트가 모차르트의 음악을 특별히 여기고 시각예술을 공감하지만, 칼빈이 교회생활 속에서 시각예술의 사용을 금한 것을 바르트는 옹호했다.

그러나 바르트나 다른 이들에게는 우상화의 위험이나 "말씀"의 탁월함이 신학 함에 있어서 시각예술의 역할을 일반적으로 불가능하다는 것이 사실이지만, 이것이 그들이 아무런 제공도 하지 못한다는 것이 아니라 의미적으로 적합할 수 있다. 완전히 반대되는 내용이 종종 사실인 경우가 있는데, 필자는 바르트와 디트리히 본회퍼(Dietrich Bonhoeffer)에 대한 참고 문헌을 가지고 다른 곳에서 증명하려고 노력했다.[10]

둘째, 틸리히와 다른 이들과 관련이 있는데, 그들은 예술과 신학 사이의 관계에 긍정적이며, 심지어 문화를 신학을 위한 하나의 자료처럼 여긴다.

그러나 딜렌버거가 언급한 것처럼, 현대 예술에 대한 틸리히의 "현혹적 신학적 해석"은 많은 이에게 영감을 주었는데, 아이러니하게도 그의 해석은 "예술 작품 자체에 대해 충실하지 않고 신학적 관점에 기초했으며" 따라서 "비평가들과 미술사가들에게는 설득력이 없다."[11] 신학 스스로 예술을 도입하면서 그에 따라 그들의

---

9 John Dillenberger, *A Theology of Artistic Sensibilities: The Visual Arts and the Church*, 248.
10 John W. de Gruchy, *Christianity and the Modernization of South Africa*, Christianity and the Social History of South Africa, Vol. 2 (Cape Town: David Philip, 2000), 111–21.
11 Dillenberger, *A Theology of Artistic Sensibilities*, 221.

특성을 잘못 이해하는 위험이 항상 존재한다.

신학 함에 있어서 미술사가들에게 무엇이 필요하냐는 그리 만족스러운 질문이 아니며, 우리의 이해를 도와주는 그들의 역할은 분명 중요하지만, 오히려 우리 자신의 정황들 속에서 그들이 실존적으로 말을 걸고 있는 것처럼 시각예술로 인해 등장한 현재의 도전에 즉각 대응하는 것이 그들에게 더 필요하다. 시각예술과 소통하면서 신학을 한 틸리히와 다른 이들에 대한 보다 심각한 비평은 그들의 관심이 거의 전적으로 "순수"예술과 "고급"예술에 한정되었다는 점이다.

셋째, 예술을 신학적 작업을 위한 모델처럼 간주하는 것이다. 딜렌버거가 이 범주에 속한 인물로 규정한 사람들은 가톨릭 신학자 한스 우어스 본 발타자르(Hans Urs von Balthasar), 칼 라너(Karl Rahner) 그리고 데이비드 트레이시(David Tracy)이다.

발타자르와 라너가 신학과 시각예술을 관련시키는 데 공헌했음에도 불구하고 두 사람 모두 실제로 많은 도움을 주지 못했다는 딜렌버거의 관점에 필자는 전적으로 동의하지는 않는다. 하지만 트레이시는 시각예술을 신학 함에 있어서 "우리의 감성을 지지하고 확장하는" 역할로 인식했는데 이것은 분명히 하나의 유용한 모델을 제공하는 것이며,[12] 필자는 서구 신학과 예술이란 패러다임을 뛰어넘어 우리가 어떻게 시각예술과 관계를 맺을 수 있을지를 보여 준다는 점에서 추천하는 바다.

20세기의 모든 신학자 중에서 본 발타자르는 특별히 그의 권위 있는 대작인 *The Glory of the Lord*에서 신학 미학을 하나의 주제로 확고하게 다져놓았다. 게다가 그는 미(美)의 개념을 신학적 논의 안으로 되돌려놓았는데, 이것은 19세기 이래로 신학, 철학적 미학, 미술 비평으로부터 심한 홀대를 받아 왔다.

그의 접근법에 대한 비판적 의견이 있는데, 미술 작품 스스로 말할 수 있도록 허용하는 부분이 덜하지만, 그의 중요한 신학적 틀에 끼어 맞추는 경향은 더 많다는 것이다. 이것은 기독교 신앙, 보다 구체적으로 말하면 로마 가톨릭교회라는 틀 안에서 미술의 참된 의미와 목표를 발견한다는 그의 변증적 의도를 반영하는 것이다.

하지만 이 과정의 끝에서, 본 발타자르는 유럽 역사와 문화에 대한 그의 엄청난 지식에서 비롯된 풍부한 혜안뿐만 아니라, 교부 시대의 성육신 신학에 이르기까지 깊이 있는 신학적 감각도 우리에게 전해 준다. 요컨대, 그의 미술에 대한 성찰은, 그것이 신자의 것이든 아니든, 가톨릭이든 개신교든지 간에, 우리에게 특정 지역에 대한 하나의 역작(tour de force)을 제공할 뿐만 아니라 우리 자신의 신학적 신념들이

---

[12] Dillenberger, *A Theology of Artistic Sensibilities*, 226-7.

나 시각예술에 대한 지식에 기초해서 우리가 독자적 판단을 한 것을 요구한다.

만일 본 발타자르의 의도가 변증적이었다면, 독일 출신의 신칼빈주의 학자인 한스 로크마커(H. R. Rookmaaker)도 역시 그러한데, 딜렌버거가 언급하지는 않았지만, 그의 책 *Modern Art and the Death of a Culture*(1970)은 좀 더 보수적 복음주의 계열에서는 하나의 고전이다.

암스테르담 자유대학교의 미술사를 가르치는 교수인 로크마커는 20세기 초반의 수십 년 동안 시각예술의 진전된 사항들이 "문화의 역사에서 새 시대"의 개시를 선언했다고 주장했다.[13]

그러나 현대 예술이 서구 문화의 종말을 인지하고 묘사하는 동안에, 기독교적 관점으로부터 인간의 본성과 운명을 분석하는 데는 실패했다. 세계 제2차 대전 동안 기독교로 개종한 로크마커는 현대 미술에 대한 폭 넓은 식견을 활용해 복음의 참 의미를 해석해 어떻게 하면 예술이 새롭게 되어 복음주의 기독교와 만남을 통해 갱신의 원천이 될 수 있는지를 제시한다.

로크마커의 영향력은 20세기 후반 내내 복음주의 계열 내에 광범위하게 미쳤으며, 해당 지역에서는 예술에 관한 관심이 주목할만했다. 그의 발자취는 미국의 신칼빈주의 예술가들과 학자들 사회 속에 남아 있다.

그들 중에서 걸출한 두 사람의 철학자들이 있는데, 한 사람은 니콜라스 월터스토프(Nicholas Wolterstorff, 전 예일대 교수)이고 다른 한 사람은 캐나다인 칼빈 시어벨트(Calvin G. Seerveld)가 있다. 두 사람 모두가 "고급" 예술과 "대중" 예술 사이의 간극을 메워서 인간다움이 무엇인지에 필수요소로써 예술의 역할을 되찾고, 그리스도인으로서 온전한 삶을 살 필요성을 인식한다. 게다가 월터 스토프에게는 삶을 이해하고, "행동하기 위한 수단과 대상으로"[14] 예술 작품들을 분간하는 데 필요한 것이 예술을 이해하는 것이다.

월터스토프와 시어벨트 모두가 주장하듯이 단지 즐거움이나 명상 그리고 (뭔가 매우 중요한) 큰 기쁨뿐만 아니라 하나님을 영화롭게 하고 사회를 변화시키기 위한 하나의 원천으로써 기독교 미학과 예술에 대한 감사가 회복되어야 할 필요성이 존재한다. 따라서 미술, 미학, 감성, 찬가, 독창성은 그리스도인의 일상에서 필수적 요소들이다.

---

13 H. R. Rookmaaker, *Modern Art and the Death of a Culture* (Wheaton, IL: Crossway Books, 1994), 131.

14 Nicholas Wolterstorff, *Art in Action* (Grand Rapids, MI: Eerdmans, 1980), 69.

딜렌버거의 유형 체계 이론으로 돌아가 보면, 그는 네 번째 신학적 모델을 특별히 "대안"이라 명명했는데, 해방과 여성 신학들을 그 속에 포함했다. 비록 그가 단지 대충 언급하고 지나갔더라도, 이것은 서구의 20세기 신학만이 유일한 우월한 모델이 아니라는 것을 상기시켜 준다. 이런 이유라면 "대안"이란 묘사가 적절한 용어는 아닌데, 왜냐하면 예술과 신학 자체의 관계뿐만 아니라 그들에 대한 가정이 하나의 유럽 중심적 설정으로 전달되기 때문이다.

만일 우리의 주제를 공평하게 다루기로 한다면, 우리는 금세기 들어 최고조로 확산이 된 다수의 신학적 접근법들을 고려해야만 하며, 그들 대부분은 서구 신학과 예술의 경계와 각자의 기준을 배경으로 하고 있다.

이런 점을 염두에 둔다면 우리는 21세기 동안 신학과 시각예술에 관한 내용이 지금까지 우리가 말했던 바와 상당히 다를 수도 있다는 점을 조심스럽게 말해야 할지 모른다. 따라서 이미 나타난 윤곽 일부에 대해 고려를 해 보면 아마도 신학과 시각예술의 관계라는 측면에서 새로운 국면이 조성될 것 같다.

4. 쟁점들과 하나의 의제

1) 참여

신학자들이 그들의 저작에 있어서 시각예술을 고유한 영역으로 여겨달라는 요청에 주의를 기울이고 미학의 중요성을 인지하기 시작했다는 고무적 현상들이 있다. 예를 들면, 신학 함에 있어서 철학이나 사회과학에 참여하는 만큼이나 시각예술이 필수적 요소가 되기까지는 가야 할 길이 아직 멀다. 따라서 이런 참여가 다양한 상호 보완적 차원들에서 어떻게 발전할 수 있을지에 대한 언급은 필수적이다.

첫째, 신학자들이 보통 여러 훈련방법이나 연구와 실천 분야에 대한 지식을 습득하기 위해 노력하는 것처럼 시각예술에 대해서도 동일하게 실천하는 것이다. 여기에는 최소한 하나의 과목으로 신학 교육 과정 일부에 포함이 될 필요가 있다.

둘째, 예술가들과 그들의 작품을 가지고 대화에 참여하면서 그들 자신과 더 넓은 사회를 위한 상호 관심사를 알아보는 것이다. 이렇게 함으로써 신학자들과 예술가들은 각자의 역할이 아주 다르지 않다.

특히 예지적 평론과 치료의 행위자로서 종종 서로에게 힘이 된다는 것을 제대로 인식할 수도 있다.[15]

셋째(further level), 교회생활 속에서 창의성과 미학적 감각을 증진하도록 독려해 참여하도록 하는 것이다. 그것이 필요한 이유는 단지 시각적 감각을 일깨우거나 예술을 감상하는 것이 아니라 신학자들이 시각예술에 어떻게 참여해야 할지를 파악하는 것이 공적, 교회적 담론 모두에 있어서 신학을 하는 데 도전이 되고, 정보를 얻어 질을 높이기 때문이다. 이런 일이 발생하기 위해서는 이것이 신학적 예술지상주의(theological aestheticism)를 향한 엘리트주의의 도피가 아니라 또 다른 관점-시각뿐만 아니라 다른 분야의 예술에 의해 열어 젖혀진 관점-으로부터 실재(reality)와 관계하는 방법이라는 것을 깨닫는 것이 중요하다.

예술가들은 신학자들이 새로운 시각으로 사물을 다르게 보도록 할 수 있다. 그러나 참여는 편향적이지 않다. 만일 신학자들이 미술사가나 비평가들이 시각예술에 대해 하는 말만을 반복한다면 그들은 기독교 신앙에서 기인한 독창적 공헌을 논의하는 데 실패한 것이다. 예를 들어 시각예술에 관한 대담에서 신학자들이 논의에 가지고 오는 인간의 본성에 대한 이해는 모든 면에서 비뚤어졌고 대화에 비판적 영향을 미칠 가능성이 있다.

어떤 지시나 추정 없이 신학자들은 현대 사회를 위협하는 여러 주제에 관한 대화에 예술가들을 참여시킬 필요가 있다. 이것은 특히, 소비 지상적 세계 경제 속에서 광고의 힘을 빌려 폭발적 이미지 생산이 발생하는 시대에서는 상당히 시급한 과제다. 신학자들이 시각예술을 그들의 저작에서 명쾌하게 다루지 않는다는 사실이 이번 과제를 위한 논의에서 그들이 이바지할 가능성이 적다는 것을 반드시 의미하는 것은 아니다. 예를 들어 자유주의 그리고 여성 신학자들은 시각예술을 다루는 대화에는 직접 관련되지는 않는데, 왜냐하면 그들은 예술에 대해 아무런 감사함도 갖지 않으며 자신들만의 주제를 인식하는 방식이 있기 때문이다.

그러나 예술과 정의에 대한 투쟁 사이, 추함과 빈곤 사이, 미와 구속 사이, 창조성, 갱신과 변화 사이, 구현, 표현과 정체성 사이에 연관성이 한번 맺어지게 되면, 앞서 언급한 신학들이 우리가 다루는 사안들에 하나의 새로운 역동성을 불어넣는다. 해당 관련성이 어떻게 상호 간에 도움이 될 수 있는지를 보기 위해 이런 주제들 중 몇 가지에 간략하게 집중해 보기로 하자.

---

15 Deborah J. Haynes, *The Vocation of the Artist* (Cambridge: Cambridge University Press, 1997).

2) 구현

신학과 시각예술의 연결 고리라는 점에서 구현은 매우 중요한 항목이며 따라서 신학자들, 화가들, 건축가들 그리고 조각가들에게도 그러하다. 시각예술가는 매체를 통해 소통을 하므로 실제 물질로 체화(incarnation)되는 구현(embodiment)을 통해 예술가의 상상을 경험한다.

마찬가지로 우리는 하나님이 구현하신 그리스도를 통해, "또 다른" 몸인, "육신을 입으신 그리스도"를 경험하면서, 그리스도께서 우리와 대면하시는 그 육체를 통해 그리고 우리 자신의 몸과 감각을 통해 하나님의 실재를 경험한다.

시각예술과 대화 가운데 오늘날 신학과 교회에 어떤 의미가 있는지 찾아보는 것은 성육신과 실제 성찬의 성격뿐만 아니라 인간의 삶의 고뇌와 환희의 의미와 중요성에 관한 새로운 관점과 통찰을 제공한다. 그러나 구현은 단순히 물질에 대한 것이 아니라, 그 물질에 생명을 불어넣어 빚어내는 창조적 정신에 관한 것으로 모든 위대한 조각들이 그 증거이다.

신학적으로 말하자면 우리는 영혼과 몸이라는 그릇된 이원론에 맞서 그 몸을 축복하고 있으나, 기독교는 또한 몸에 집착하는 것을 거부하는 데, 이것은 마치 현대 문화가 몸에 생명을 불어넣는 창조적이고 구속적 성령을 거부하는 것과 같다. 바로 이런 이유로 구현은 애매하며 우리는 몸의 제약과 부패할 수밖에 없음을 무엇보다도 잘 알고 있다. 이런 모호함을 짚고 넘어가려고 의미 있는 질문들이 제기된다.

예를 들어 매우 많은 사람이 그들의 타고난 감각적 능력을 사용할 수 없게 된 세상에서 우리는 시각 또는 어떤 감각의 중요성을 어떻게 추구해야 할까?[16]

아름다움이 연약과 고통, 그것 때문에 육체를 초월한다는 점에서 눈에 띄기보다는 "아름다운 몸"과 더 자주 연관되는 정도를 놓고 보면 우리는 아름다움을 무엇이라 이해하고 있는가?

또는, 신학이나 시각예술을 하면서 누가 그리고 어떻게 "다른 것"을 표현할 것인가?

이제 마지막 질문들에 대해서 곰곰이 되돌아보도록 하자.

---

16 T. J. Gorringe, *The Education of Desire* (London: SCM Press, 2001).

3) 표현

표현에 대한 의문은 시각예술가들이나 신학자들에게 모두 중대한 사항이다. 예를 들어 오랜 소비지상주의 혹은 민족 간, 종파 간의 관심이든지 "다른 것" 혹은 "선한 것"을 표현하는 이미지들이 미디어상에서 거부되는 방식에 대해서 생각해 보라. 또는 사람들이 "다른 것"을 식민 문학이나 미술, 신학 논문들 그리고 논증에서 일반적으로 표현하는 방식을 숙고해 보라.

과대 선전에서처럼 허위 진술은 시각적 남용, 즉 인간성 말살과 종속에 시각적 기법을 사용한다. 허위 진술은 우상숭배로, 그것은 하나님의 실재뿐만 아니라 인간과 피조물 속에 담긴 하나님의 형상을 왜곡한다. 십계명에서 하나님의 형상을 거짓되게 만드는 것을 금지한 데에는 "다른 것"과 피조물을 오용하지 말라는 전제가 있다.

그러면, "전적으로 다른", "다른 몸"을 어떻게 하면 왜곡하지 않고 표현해, 그러므로 그 신성을 우리 자신의 목적들에 종속시키지 않는 것인가?

성화상 논쟁이나 그 이후 가톨릭과 프로테스탄트 사이의 논증을 거치면서 취하게 된 신학적 입장들은 예외 없이 문화 관련 쟁점들이나 그 당시의 사회적 영향력과 관계가 되었는데, 이것은 현재의 권력 관계들이나 이념들을 반영한다.

이 점은 성상 파괴주의자들이 항상 우려해 왔던 것으로 그들은 시각예술품들이 교회 내부로 들여놓는 것을 두고 논쟁을 했는데 특히 그리스도에 대한 묘사들이 교회가 복음서를 어떤 특정한 문화적 해석에 국한되기 쉽다는 것이다.

예를 들어 동방교회의 성상들은 비잔틴이라는 특정한 문화적 전통을 반영한다. 어떤 문화적 표현들의 경우, 예를 들면 예수에 대한 반유대주의적 표현들, 기독교 복음의 기반을 분명히 약화하며 심각하게 왜곡한다. 그러나 시각적 표현을 거부한다고 이념적 왜곡과 와전을 반드시 극복하는 것은 아닌데, 성상 파괴주의자들은 성상 애호가들만큼이나 위험한 성향이기 때문이다.

공상가나 선전원의 손에 달린 수사학이나 시각예술은 똑같이 위험하다. 모든 신학과 마찬가지로, 모든 예술은 특정한 문화적 환경 안에 자리하고 있으나 역설적으로 그것의 보편적 의의는 다른 어떤 것만큼이나 엄연한 사실로부터 유래한다. 복음은 그 의의에 있어서 보편적이지만, 우리의 특정한 전후 사정이나 문화와 관련이 있을 때만 우리에게 중요할 수 있다.

교회와 사회 내에서 이런 과정이 발생 가능하도록 한다는 점에서 시각예술이 그래서 중요한데, 왜냐하면 구현하고 표현할 수 있는 그들의 능력 때문이다. 예술가들의 측면에서는 진리와 진실성에 대한 우려를 예상한다.

성상 애호가들은 성육신 개념이 그리스도의 형상을 창작하는 데 합법성을 주며, 성인들은 신앙과 전통에 의해 인지된 진리를 표현해 제공한다고 주장한다. 우리의 화폭은 비잔틴의 것보다 반드시 넓어야 하지만, 진리와 관련된 이미지를 창작하는 문제가 계속 남아 있다.

오늘날 우리의 충성심을 요구하도록 시도하는 상충하는 이미지들 사이의 갈등 속에서 우리는 어떻게 그리스도를 표현하는가?

"종교적" 또는 "세속적" "그 밖의" 관계가 얽힌 현시대에서 우리는 어떻게 그리스도를 나타내는가?

그러나 더 나아가서, 억압받고 있는 사람들의 고통과 희망을 표현하는 예술가, "다른 이"가 우리에게 어떻게 그리스도를 제시하는가?

시각예술과 관련된 신학자들이 우리가 실제 모습을 깨달을 수 있도록 해줘야만 하는 것이 있는데, 고통과 압제를 당하거나 우리와 여러 면에서 다른 사람들의 관점에서 바라본 현실이다. 시각예술은 문화에 대한 안테나 역할을 하며, 상호 작용이 늘어나고 있는 전 세계의 많은 문화에게 우리가 더 큰 감사를 표명할 수 있도록 한다. 서구 신학자들이 잘 기억해둬야 할 것이 있는데, 신학과 예술 모두의 몇몇 위대한 진보는 문화 간에 상호 작용하는 결과로 일어났다는 것이다.

기독교 선교가 각기 다른 문화적 상황 내부로 확장하면서 발생하는 중대한 부작용 하나는 그들 문화에서 사용하는 어휘 속에 믿음, 화해, 소망의 의미뿐만 아니라 성경 이야기를 표현하는 선한 종교적 예술의 전성기라는 점이다. 이것은 오늘날 문화와 종교 다원주의에 대한 언급을 시도하는 신학적 성찰에 중요한 자료이며, 그들의 예술작품들을 통해 타 문화와 종교 전통을 풍부하게 탐험할 수 있는 절호의 기회가 신학자들에게 제공된 것과 같다.

그렇게 함으로써, 예술가들과 마찬가지로 신학자들은 취향과 아름다움이 의미하는 바를 재고해야만 하는 데, 즉 그들은 심미적 판단을 어떻게 발휘할 수 있는지 배울 필요가 있다.

4) 취향과 미

감성을 깨웠다는 것은 좋은 취향이 발전한 것이라고 볼 수 있다. 이것은 일반적으로 신학자들이 언급하는 주제도 아니며, 프랭크 버치 브라운(Frank Burch Brown)이 상기시킨 것처럼, 설교자들은 나쁜 취향(bad taste)이 죄악이라는 것을 제대로 알아채지도 못한다.[17]

이런 개념은 기이하면서 엘리트주의적인 것처럼 보이지만 악취미에 대한 고찰이 아직도 도덕적 책무지만 좋은 취향(good taste)은 인간 공동체를 만들고 우리가 하나님의 영광을 표현하도록 돕는 것으로 바르게 이해했다.[18]

브라운이 우리의 이해를 도와준 것처럼, 나쁜 취향은 태만, 자만심, 편협함, 우상숭배와 유사하지만, 좋은 취향은 우리가 거룩함과 치유를 경험하는 것과 유사하다. 따라서 좋은 취향을 만들어가는 것은 단지 서구 전통 속의 "순수"미술에 감상한다고 개발되는 것이 아니라, 상투적 기고 평범함을 넘어선 좋은 미술을 감상해 발전한다는 것을 의미한다.

이것은 시각예술과의 대화 속에서 신학 함의 필수적 요소로써 적절한 신학적 미학을 계발하는 것이 중요하다는 것을 알려 준다. 앞서 우리가 주목한 것처럼, 두 과제는 이제 뚜렷한데, 에드워드 파알리(Edward Farley)가 *Faith and Beauty*에서 상기시킨 것처럼, 신학적 미학이 예술을 무시했다면 그것은 덜 이상했을 일이다.[19]

파알리가 해당 논의에서 공헌한 점은 아름다움과 윤리적 자기 초월(ethical self-transcendence) 사이의 관련성을 강조한 것과 교회의 이익을 도모하기 위해 예술을 단순히 교육용 교재로 활용하는 것에서 벗어날 수 있도록 어느 정도 역할을 했다는 것이 특히 중요하다. 미학 이론에서 가장 중요한 범주로써 아름다움의 중요성은 20세기 동안 발견되었고, 주로 폰 발타자르의 영향을 통해 신학적 논의에 다시 참여했다.

이것은 현대 문화 속에서 아름다움을 흉내 낸 것이 자명한 것들과는 완전히 다른 본래의 특징을 우리가 알아차리는 데 도움을 준다. 참된 아름다움은 물질적이고 세속적 내부에서의 초월을 암시하면서, 완전히 변형시켜 인간다워지는 방식으로 우리를 끌어들인다.

---

[17] Frank Burch Brown, *Religious Aesthetics: A Theological Study of Making and Meaning* (Princeton, NJ: Princeton University Press, 1989), 136.
[18] Frank Burch Brown, *Religious Aesthetics: A Theological Study of Making and Meaning*, 146.
[19] Edward Farley, *Faith and Beauty: A Theological Aesthetic* (Aldershot: Ashgate, 2001), 110.

위조된 미는 인간성을 말살시키고 파괴하는 양식으로 우리를 유혹한다. 진정한 미(beauty)는 선(goodness)과 진(truth) 양쪽과 불가분의 관계에 있으며, 플라톤이 초월들(transcendentals)이라고 명명한 이들은 다른 대상들을 필요로 한다.

미가 없는 진과 선은 우리를 끌어들여 구하는 힘을 잃어버리지만, 윤리적 자기초월이 없는, 진과 선이 없는 미는 유혹적이며 파괴적이게 된다. 예술을 통해 전달됨으로써 미는 하나님과 대면하는 하나의 방법이 될 수 있다.[20]

만일 십자가에 달린 예수가 아름다움이 아닌지 그리고 사망으로 연관된 한 이미지가 기독교 신학의 중심에 있다고 한다면 그리고 만일 믿음의 눈을 위해서라면 십자가 사건은 구원하는 사건이 되므로 인해 아름다우며, 그때 우리의 아름다움에 대한 이해는 근본적으로 바뀌어야 한다.

많은 현대 미술은 유혹적 아름다움에 대한 저항을 해 왔고 이런 이유로 그것의 새롭지 못함과 위험을 알리고자 추함을 이용하는 방법으로 우리를 충격에 몰아넣었다.

그러나 추한 자체로는 삶과 인간다움을 구원해 새롭게 하는 아무런 힘이 없으며 그것은 저항을 위한 도구로는 유익할 수는 있지만, 치유 목적으로 유용하지 않다. 기독교 신학적 미학의 중심은 십자가 신학이며 이것은 사악함을 가리키는 추함, 그 때문에 저항에 초점이며 그리고 구원을 나타내는 아름다움, 그 때문에 복음과 전 세계 교회의 증인들에게 필수적인 것 사이의 관계를 우리가 알아차리는 것이 가능하도록 한다.

아름다움이 기쁨을 줌에도 불구하고, 그렇게 하는 것이 늘 이해가 되어야만 하므로, 타인의 곤경과 아픔에 대해 분명히 기쁨은 아니지만, 열정을 일으키는 기쁨은 상당한 기쁨이다.

5) 창조성, 예술, 변혁

모든 사회 계층에는 많은 사람이 자신의 가난함이 험악한 환경에서 벗어나지 못하게 발목을 잡아서 그들의 몸이 으스러지듯이 창조성도 짓밟히게 되며, 재정이나 교육의 기회가 부족해서 그들이 미술을 감상하며 발전하지 못하게 막고 있다. 동시에, 그들이 창조적 능력을 발견함을 통해 사람들은 각자의 상황을 넘어설 수 있게 되며 자기 자신의 행복뿐만 아니라 공동체의 치유에도 이바지하게 된다.

---

20 Richard Viladesau, *Theology and the Arts: Encountering God Through Music, Art and Rhetoric* (New York: Paulist Press, 2000).

이런저런 방법들로 예술은 사회 해방과 변혁에 공헌할 수 있는데, 남아프리카공화국에서 인종 차별정책에 반대하며 투쟁하는 모습을 보여 줬고 지금은 전국적으로 유행하는 에이즈(HIV/AIDS)에 사람들이 대응할 수 있도록 하고 있다. 마찬가지로, 미학에 관한 관심과 창의성의 개선은 교회생활 속에서 삶, 증인 그리고 갱신에 필수적 요인이다.

교회의 갱신은 언제나 성령 하나님의 역사이다. 성령은 창조적 영이시며, 하나님의 백성들의 삶 속에서 은사를 불러일으키시고 사용할 수 있도록 하신다. 그러한 관점에서 본다면, 창조력과 미학적 감각을 일깨우는 것은 교회가 성령 하나님과 그분이 시작하실 갱신에 열린 마음을 가질 때 드러나기 시작한다.

이것은 예술에 관한 관심을 불러일으키는 것과는 다르다. 오히려, 다양한 예술 양식들을 인정하고 교회생활 속에서 조직적으로 발전시키도록 허용하는 방식으로 창조력과 미학적 인식을 자각한다. 그렇지 않으면 가능성이 절대 없는 예전적 일관성과 신학적 의미가 있고 시각예술은 이렇게 해 교회의 예배와 설교에서 필수적 부분으로 자리를 잡는다. 그러나 미학적 인식과 창조력을 일깨우는 것은 교회 자신의 이익에 있어서 단순히 예술품을 만드는 것 이상의 가치이다. 그리스도인 작가들의 작품을 만드는 일은 사회의 행복에 공헌할 것이다.[21]

앞서 언급한 사안들은 시각예술에 관련된 신학자들에게 그리고 목사, 신부, 교회라는 신학적 연대 전체에게 상당한 영향을 미칠 수 있다.

교회와 관련된 시각예술의 가장 분명한 형태는 건축인데, 왜냐하면 벽돌과 회반죽, 콘크리트, 철근과 유리로 구현됨을 통해 마을, 도시 등의 다른 건축물들 사이에서 교회는 그 존재를 가시적으로 증명하기 때문이다. 이런 의미에서 교회 건물은 예식과 광장 사이를 중재하는 하나의 구조다. 물론, 그 교회는 "하나님의 백성"으로서 여러 가지 방식으로 사회 속에서 가시적으로 존재하는 데 왜냐하면 이 교회는 "하나님의 백성"이 예배하는 보통 말하는 그런 교회 건물이 아니기 때문이다.

그런데도 둘 사이는 연결이 되어있는데, 예전을 드리는 건물은 이벤트를 위한 내부 공간과 일어난 이벤트의 성격과 의미에 대한 표상으로써의 외적 측면을 제공한다. 건물이 교회를 살아 있고, 외부 세상에 증언하는 공동체로 어떻게 묘사하느냐는 교회가 자신의 존재성을 세상에게 표명하기 위한 시도의 일환이다.

예전이 행해지는 내부 공간을 만드는 일도 똑같이 중요하고, 한 걸음 더 나아가서,

---

21 Hilary Brand and Adrienne Chaplin (eds.) *Art and Soul: Signposts for Christians in the Arts* (Carlisle: Paternoster Press, 1999).

적절한 예술작품을 배치해 고려해볼 수 있다. 이것은 교회의 신학자들과 예술가들 간의 대화에서 중요한 쟁점이다. 예술작품들은 성도들의 삶 안으로 수입하지 않아도 되며, 유명한 전문 작가들이 작업한 것일 필요도 없다. 교회생활에서 적절한 예술은 신앙과 증인의 삶 자체를 유발한다. 교회 건물은 미술 전시장이나 박물관의 의미가 아니라 예배 공간이며 따라서 경배하고 복음을 설교할 수 있어야 한다.

이제, 타당한 범위 내에서, 당대에 훌륭한 작가들의 작품을 위한 중요한 공간이 있으므로 상당수의 작가가 교회로부터 경험하는 소외감을 극복할 필요가 있다. 이런 소외를 넘어서도록 돕는 것이 신학자들이 할 수 있고 또 핵심 역할을 해야만 하는 하나의 과제다.

참고 문헌

Apostolos-Cappadona, D. (ed.) *Art, Creativity, and the Sacred* (New York: Crossroad, 1995).
Begbie, J. S. *Voicing Creation's Praise: Towards a Theology of the Arts* (Edinburgh: T. & T. Clark, 1991).
Brown, F. B. *Religious Aesthetics* (Princeton, NJ: Princeton University Press, 1989).
De Gruchy, John W. *Christianity, Art and Transformation* (Cambridge: Cambridge University Press, 2001).
Dillenberger, J. *A Theology of Artistic Sensibilities* (London: SCM Press, 1986).
_____. *Style and Content in Christian Art* (New York: Crossroad, 1988).
Finney, C. (ed.) *Seeing Beyond the Word: Visual Arts and the Calvinist Tradition* (Grand Rapids, MI: Eerdmans, 1995).
García-Rivera, A. *The Community of the Beautiful: A Theological Aesthetics* (Collegeville, MN: Liturgical Press, 1999).
Hammond, *Liturgy and Architecture* (London: Barrie and Rockcliff, 1960).
Haynes, D. J. *The Vocation of the Artist* (Cambridge: Cambridge University Press, 1997).
Morgan, D. *Visual Piety* (Berkeley: University of California Press, 1998).
Ouspensky, L. *Theology of the Icon* (Crestwood, NY: St. Vladimir's Seminary Press, 1978). Rookmaker, H. *Modern Art and the Death of a Culture* (Leicester: Intervarsity Fellowship, 1970).
Schloeder, S. J. *Architecture in Communion* (San Francisco: Ignatius Press, 1988).
Seerveld, C. *Rainbows for a Fallen World* (Toronto: Tuppence Press, 1980).
Viladesau, R. *Theology and the Arts* (New York: Paulist Press, 2000).
Von Balthasar, H. U. *The Glory of the Lord*, 3 Vols. (Edinburgh: T. & T. Clark, 1982-6).
Walker, K. *Images or Idols?* (Norwich: Canterbury Press, 1996).
Wolterstorff, N. *Art in Action* (Grand Rapids, MI: Eerdmans, 1980).
Zuidervaart, L. and Luttikhuizen, H. (eds.) *Pledges of Jubilee: Essays on the Arts and Culture, in Honor of Calvin G. Seerveld* (Grand Rapids, MI: Eerdmans, 1995).

제41장

신학과 음악

제레미 S. 벡비(Jeremy S. Begbie)

1. 서론: 주목할 만한 침묵

현대 신학에서 음악의 부재는 뚜렷하다. 신학과 문학 간의 접점은 잘 기능하고 있으며 다른 예술 양식들에 동일하게 적용하는 추세가 점차 증가하고 있는데 특히 시각예술이 그러하다. 그러나 음악은 거의 주목을 받지 못했다. 비록 많은 음악학 연구가들이 대담하게 신학으로의 진출을 노렸으나[1] 이에 화답한 신학자들의 수는 많지 않다.[2]

신학에 대한 끝없는 관심, 모든 문화에서 발견되는 음악의 보편성, 서구 음악의 전례 없는 가능성과 독창성, 교회 예배 속에서 지속하는 음악, 음악에 큰 관심을 나타내는 철학자들, 음악에 담긴 정치, 사회학, 심리학에 관한 문헌의 증가, 최근 부상하고 있는 음악 인류학 그리고 자연과학자들에 의한 음악적 비유의 전개를 고려하면 아마도 음악에 무관심한 신학자들은 여러 면에서 수수께끼이다. 게다가 음악에 대한 큰 관심을 보여 왔는데, 어거스틴, 루터, 칼빈이 확실한 예다.

그런데도, 대체로 그리고 근대에 들어서는 분명하게, 음악에 대한 신학자들의 견해는 망설임과 의심으로 특징지을 수 있는데, 그 결과로 음악에 보여 준 신학적 관심은 윤리와 음악의 이런저런 형식에 관한 도덕적 적절성으로 자연히 끌리었다.

거의 틀림없이 본 장에는 사실상 모든 예술 분야에 적용되는 요인들이 있는데, 그것은 우상숭배에 대한 교회의 두려움, 예술의 물질성에 관한 분노, 삶과 죽음과 같이 더 긴급한 쟁점들과 비교하면 외견상 사소하게 보이는 예술과 관련된 사항들, 교회가 더 이상 예술의 갱신을 돕는 주요한 대리자가 아니라는 사실 예술의 종교적 상징성의 명백한 쇠퇴, 예술을 고립시켜서 인간 활동의 다른 영역에서도 그들을 보

---

[1] 예를 들면, Wilfrid Mellers, *Bach and the Dance of God* (New York, 1981); *Beethoven and the Voice of God* (London, 1983).
[2] 바르트와 본회퍼는 가장 주목할 만한 두 명의 예외적 인물(아래에서 논의됨)이고, 우리는 나머지 다른 사람들 가운데 몇 사람을 다룰 것이다.

잘것없는 존재로 만들려는 마음씨 등이다.

특히 음악에 관해서는, 감정적으로 강하게 호소하는 점이 여전히, 특히나 그리스도인들 사이에서는, 큰 두려움의 원인으로 자주 지목된다. 정확하고 안정적으로 음악 외적 대상이나 사태를 다루는 데에 음악의 악명 높은 무능함에 많은 이가 음악에 "진실을 함유할" 능력이 있는 것인지 의구심을 갖게 한다.

게다가 음악의 일시적임 점은 또한 신학적으로 문제가 많은 것처럼 보이는데(마지막 화음이 그칠 때 교향곡은 어디에 있는가?), 특히 신학이 오래가고 변치 않는 문제들을 다룬다고 여기는 점에 있어서 말이다.

이런 모든 사항에 더해서, 음악을 충분히 평가하도록 호소해 진정으로 새로운 빛을 비추는 방향으로 음악에 대해 언급하는 것 자체만으로도 어려운 일이다. 역사적으로 음악과 언어 사이의 길지만 쉽지만은 않았던 결혼은 둘 사이의 친밀함과 언어의 제한적 면을 그 즉시 드러낸다.

기독교가 말에 전념한다는 점을 고려해 볼 때, 음악은 신학에 귀찮은 도전이 되는데, 왜냐하면 음악이 그리스도인의 인상적 대화 수단이 될 수 있지만 동시에 언어상으로 완전히 장악되는 것에는 완고하게 저항하기 때문이다. 조지 스타이너(George Steiner)가 관찰한 것처럼 "음악을 직면한 언어의 경탄은 또한 불만이기도 하다"[3]

2. 최근의 두 가지 공헌

이유가 무엇이든 간에, 현대의 "음악 신학"-즉 기독교 신학의 틀 내부에 음악을 위치시키려는 지속적인 시도-은 여전히 쓰이고 있다. 하지만 최근에 이 방면에 어떤 움직임이 일어나고 있다.

앨버트 블랙웰(Albert Blackwell)은, South Carolina의 Furman University의 종교학 교수, 다방면에 충실한 그의 저작 *The Sacred in Music*에서 음악의 "성찬의 가능성"을 증명하려고 노력하고 있다.[4] "성찬의"란 용어는 "어떤 유한한 실재를 통해 감지된 신성이 드러나서 소통하게 되는 것이며, 그 신성에 대한 인간의 반응 역시 그 실재를 바탕으로 어느 정도 구조와 형태를 추정하게 된다"고 적용해볼 수 있다.[5]

---

3 George Steiner, *Errat a: An Examined Life*(London, 1997), 65.
4 Albert Blackwell, *The Sacred in Music* (Cambridge, 1999).
5 Albert Blackwell, *The Sacred in Music*, 28.

블랙웰은 책의 논지를 요약하면서 루터를 인용했다.

> 음악 속에서 우리는 절대 이해할 수 없는 그 하나님의 지혜를 통해 경이로움을 맛볼 수도 있다.[6]

기독교의 성례적 전통은 크게 두 가지로 설명할 수 있다.

첫째, 피타고라스식(Pythagorean)이다.
둘째, 성육신적(Incarnational)이다.

전자는 지적 감상에 강조를 두었는데, 비가시적 물체에 대한 우리의 이해뿐만 아니라 자신이 생각하는 대상을 숙고하면서 하나님의 은혜를 발견하는 것이다. 고대 피타고리안 음악의 꿈은 본질적으로 수학과 지성에 있었는데 비율과 균형으로 표현될 수 있는 우주의 조화를 마음이 감상하도록 음악이 조력한다는 것이다.

음악이 세상 속에 심어진 소리의 원리에 근거를 두는 한, 블랙웰에게 음악은 근본적 "우주질서 안의 신뢰"를 이끌어낼 수 있으며, 그 신뢰는 기독교적 용어로는 "제2 위격, 로고스를 신임하도록 이바지한다." 이런 점에서 음악은 중재할 수 있고 신성을 나타낼 수도 있다.

"성육신적" 전통은 신성을 드러내는 물질성을 감지하는 것을 강조한다. 여러 감각을 통해 인식된 물질세계 속의 신성을 만나는 과정을 통해 성장하는 데, 현실을 느끼는 수단으로서의 인지 가능한 음악 소리는 신성을 만나는 매개체로 기능한다. 블랙웰은 첫 번째 전통의 침묵, 관념적 그리고 지적 명상(contemplation)이란 특징에 대해서 본질적으로 "균형을 잡아준다"라고 생각한다.

반드시 알아야 할 것이 있는데, 성례전에 대한 그의 폭넓은 관점은 인생의 어두운 차원을 간과할 수도 있는데, 몰락을 반추하는 연장 선상에서, 블랙웰이 주장하기를 음악은 죄가 만들어내는 모호함을 만회하는 것뿐만 아니라, 삶의 "끔찍한 단면"을 표현하기 위해 음조의 긴장이나 화성적 불협화음, 음향 간섭 그리고 단조 음계 등의 독특한 자원들을 처리하기도 한다.

게다가 그는 음악의 아름다움은 "몰락하는 세상을 구원하도록 조력한다"라고

---

6 Albert Blackwell, *The Sacred in Music*, 165.

생각한다.[7] 음악과 진, 선, 미 사이에 쉽고 간단한 연결선을 그리는 것의 위험성을 인정하는 동안에 이것이 사실이라는 주장이 있었다.

음악은 하나님의 일반적 은혜의 선물로써 축복받은 것이며(하나의 자연 발생적 소리 현상의 결과로써), 특별한 은혜의 선물이며(인간의 창조성의 매개체로써) 그리고 구원하는 은혜의 선물이기도 하다(인간 구원을 위한 하나의 도구). 블랙웰의 책 마지막 장에는 기독교 전통의 신비적 경험(그뿐만 아니라 슐라이어마허에게 빚진 점도)에 대해 그가 남긴 깊이 있는 유산을 소개하고 있는데, 그는 음성 언어를 앞질러서 예배에서 하나의 "성례적 그릇"으로 기능을 할 능력이 있는 음악의 중요성을 증명한다.

본 장을 저술하는 제레미 벡비가 다수의 저작에서 시도하고 있는 것은 넓은 우주적 영역을 다루는 점에서 블랙웰과 유사하지만, 다소 신학적 면에 더 집중된 비전을 제시하는 것이다.[8] 필자는 기독론과 삼위일체적 맥락 안에 음악을 집어넣기를 바라고 있으며, 이것이 현재 (포스트)모던 분위기에 매우 필요하다고 믿는다. 나에게는 무에서 유를 창조한 교리와 피조물의 자유에 대한 강조, 그러나 정렬된 [그리고 아름다운] 특이함이 중요하다.

창조는 하나님의 값없는 사랑에서 흘러내리며, 필자는 그것을 하나님이 아니며(따라서 경배의 대상이 아닌) 혼란스런 상황도 아닌(그 때문에 스스로의 역동적 질서 정연함을 존경하게 됨) 자신만의 독특한 통합을 포함한 또 다른 실재라고 받아들인다. 피조 세계에 대한 하나님의 조건 없는 수고는 성자께서, 만물이 그로 말미암았고, 인간의 육신을 취하신 성육신을 통해 근본적으로 재확인된다. 이런 분명한 육체적 삶 속에서, 문제를 떠안으시고, 심판받으시며, 셋째 날에 새로운 존재로 부활하시며, "새 하늘과 새 땅"을 예시하셨다.

이런 하나님의 창조와 피조 세계에 대한 지지는 세상이 즐기고 탐험하기에 적절하고 의미 있는 환경이며, 주목하고, 경작하며, 가꿀 가치가 있는 곳으로 대하는 음악가들에게는 엄청난 격려가 된다. 이런 환경 속에서, 곡을 연주한다는 것은 세상 속에서 하나님의 형상을 품은 존재들로서 "창조된 목소리로 찬양"하고 피조물이 이미 하나님을 노래하던 찬양을 확장하고 정교하게 만들어내기 위한 인간의 소명 일부로 비칠 수 있다.

죄는 하나님을 찬양하기를 거부하는 것으로 창조주보다 피조물을 높이는 일이

---

7 Albert Blackwell, *The Sacred in Music*, 159.
8 다음을 보라. Jeremy S. Begbie, *Music in God's Purposes* (Edinburgh, 1988); *Voicing Creation's Praise* (Edinburgh, 1991); *Theology, Music and Time* (Cambridge, 2000).

다. 진정한 찬양은 성육신하신 성자를 통해 회복되어 새로운 단계로 높여졌고 그분은 우리 중 하나로서 십자가에 달려 죽으시는 순간까지도 끊임없는 찬양으로 생명을 드렸고, 그곳에서 인간이 하나님께 불순종한 죗값이 다 치러져서 제거되었다.

하나님의 형상을 닮은 존재들로서 우리의 본래의 소명은 이제 구속적 관점을 가지고 다시 진보할 수 있다. 인간은 부활하신 그리스도를 통해, 성령 안에서, 하나님의 영광을 위해 피조 세계와 상호 교감할 수 있게 되었는데, 물리적 실재는 무시하거나 간과되어서는 안 되며, 만물의 재창조를 기대하면서 바라건대 새롭고, 더 풍부하며, 의미 있는 형태로 수용할 수 있게 된다.

내 생각에 음악은 다른 무엇보다도 하나님께 찬양을 올려드리는 구별된 방법이다. 필자는 비전을 담은 실제적 약간의 결과물들을 내놓는다.[9] 그 비전은 최소한 세상의 "음의 질서" 즉 소리들의 물리적 통합과 그들 간의 역동적 밀접한 관계를 준수하며 직관적으로 신임하는 태도를 불러일으키게 한다. 그리고 우리들 각자의 몸을 통과한 음악의 중재를 진지하게 받아들이도록 고무시킨다.

또한, 음악을 신격화하는 위험성을 경계하는 데(근대에서 계속 반복되는 유혹, 특히 예배에서), 음악은 하나님의 소리가 아니라 하나님을 높이는 목적으로 창조된 소리이기 때문이다.[10] 왜냐하면, 그것이 십자가와 부활을 중심으로 하는 비전이기 때문이며, 매우 심각한 근본적 악-음악적 감상주의, 저속한 물건 그리고 노출을 줄임으로써 끔찍한 충격을 줄이거나 재빨리 혼연일체가 되도록 하는 어떠한 시도-과 동시에 타락한 창조 세계의 갱신하는 (잠재적인) 하나의 방안으로써의 음악, 따라서 궁극적 변화의 전조로 바라보는 것을 수반한다.[11]

1. 두 명의 음악 신학자

비록 음악에 관한 신학 체계가 부족할 수 있지만, 상세하게 음악을 다뤄본 적이 없고, 자신들의 활동을 더욱 풍부하게 하려는 의도로 음악을 자연스럽고도 폭넓게 끌어낸 적이 없는 신학자들이 있었다.

이것은 명확히 기술되고 이미 알려진 어떤 신학적 사실을 윤색하는 것을 훨씬 넘

---

9 Jeremy S. Begbie, *Resounding Truth* (Grand Rapids, MI, 근간)을 보라.
10 Begbie, *Theology, Music and Time*, 277.
11 Begbie, *Voicing Creation's Praise*, 204-32.

어설 수 있는 일이다. 그들의 이차적 담화에 음악을 활용하는 것은 신학적 발견과 표현을 독창적이고 효과적으로 전달하는 매개체 역할을 할 수 있다.[12]

이 점에 있어서 현대에서 가장 두드러지게 뛰어난 두 인물이 바로 칼 바르트(Karl Barth)와 디트리히 본회퍼(Dietrich Bonhoeffer)이다.

1) 칼 바르트

> 만일 내가 천국에 가게 된다면, 제일 먼저 모차르트(Mozart)를 찾을 것이고, 그다음에야 아우구스티누스(Augustine), 성 토마스(St. Thomas), 루터(Luther), 칼빈(Calvin) 그리고 슐라이어마허(Schleiermacher)에게 질문할 것이라고 고백해야만 한다[13]

모차르트에 대한 바르트의 과도한 애정은 거의 집착으로 보일 만큼 유명했다. 그가 『교회 교의학』(Church Dogmatics) 저술을 꾸준히 쌓아가는 동안에 무슨 주제이든 일을 시작하기 전에 모차르트 음반을 감상하며 매일 묵상하는 시간을 보냈다.

바르트는 왜 모차르트가 신학, 특히 창조론과 종말론에서 중요한 위치를 차지할 자격이 있다고 믿었을까?[14]

천사들이 하나님을 찬양할 때 바흐뿐만 아니라, 함께 가족같이(en famille) 모차르트를 연주하고 하나님이 특별한 기쁨 가운데 들으셨다고 확신하게 된 이유는 무엇일까?[15]

바르트는 『교회 교의학』 제3부 제3권에서 모차르트를 다루면서 최상의 방법을 제시한다. 여기서 그는 모차르트의 음악이 하나님의 창조, 제한적이고 유한한 존

---

12 바르트와 본회퍼에 더해, 예를 들어 삼위일체 신학과 관련해 데이비드 커닝햄의 다중음성 (polyphony)에 대한 논의에 대해 언급되어야 한다. David Cunningham, *Three Are One: The Practice of Trinitarian Theology* (Oxford, 1998), 127ff.; Jon Michael Spencer's "theomusicology" in *Theological Music: Introduction to Theomusicology* (New York, 1991), *Theomusicology* (Durham, NC, 1994); 프랜시스 영(Frances Young)의 해석학적 연구에 대해서, *The Art of Performance: Towards a Theology of Holy Scripture* (London, 1990); 래쉬와 바튼(Nicholas Lash and Stephen Barton)의 "상영"(performance) 개념의 개발에 대해서, Nicholas Lash, "Performing the Scriptures", in *Theology on the Way to Emmaus* (London, 1986), 37-46, and Stephen C. Barton, "New Testament Interpretation as Performance", *Scottish Journal of Theology*, 52/2, 1999, 179-208.

13 Karl Barth, *Wolfgang Amadeus Mozart*, trans. Clarence K. Pott (Grand Rapids, MI, 1986), 16.

14 Karl Barth, *Church Dogmatics*, trans. and ed. G. W. Bromiley and T. F. Torrance, Vol. III: 3 (Edinburgh, 1960), 298.

15 Barth, *Wolfgang Amadeus Mozart*, 23.

재로 정확하게 만들어진 창조에 대한 찬양을 그대로 본 떠 만든 목소리를 구현해 제공한다고 주장한다. 모차르트에 대한 지나친 찬사는 우주의 어두운 면 shadow side(Schattenseite)에 관한 논의 중에 나타난다.[16]

그는 여기서 이 "어두운 면"이 무엇인지 전체적으로 정확하게 말하지는 않지만, 다음 단락과 비교를 해 보면 예상이 가능한데 그는 유한성과 그 모든 영향(죽음을 포함한), 무에서 창조되고 있는 존재의 특징(quality), 그에 따라 항상 벼랑 끝에서 부(不) 존재(non-existence)속으로 무너지고 있음을 염두에 두고 있는 듯하다.[17]

바르트는 악(evil)과 어두운 면을 구별하는 데 특별한 관심을 기울였다. 이것에 실패한 것은 악의 파괴적 본성을 가리는 것이며 인간의 유한성이 본질적으로 실패할 수 있다. 그 어두운 면이란 하나님의 "선하신 뜻과 선택 그리고 역사하심"의 표현이다.[18]

이런 맥락 속에서 모차르트의 음악은 어두운 면을 포함한 우주의 "총체적 선"을 노래하며 나타낸다. 그 음악이 "부정"을 포함하고 있는 것은 맞지만, 그러나 이것이 어두운 면에 속한 "부정"이지, 악은 아니다.[19]

바르트가 묻기를, 만일 모차르트가 한 "무명용사"처럼 고통 가운데 죽었다 할지라도 그게 무슨 상관이며, "삶이 단순하면서 수수하게 그것을 허용할 때, 하나님의 선한 창조를 차분하고, 확실하며 인상적으로 표현하는 것 또한 인간의 제한과 종말을 포함하고 있느냐?"[20]

모차르트는 창조의 하모니를 들었는데, 그것은 "어두운 면은 암흑이 아니며, 결핍은 실패가 아니고, 슬픔은 절망이 될 수 없으며, 문제는 절대 비극을 낳을 수 없으며 제한된 우울감은 모두를 지배하는 궁극적 힘이 아니다"는 것이다.[21] 심지어 모차르트는 죽음의 한계를 인식했다. 그러나 그는 음악의 깊은 감동과 인상을 무시하면서 긍정과 함께 있는 부정적 면만을 들었는데, 바르트에게는 그것이 피조물에 대한 전능하신 하나님의 "긍정"이다. 여기서 피조물은 유한한 범주 내에서 하나님을 찬양하므로 진정으로 참된 예배가 무엇인지를 보여 준다. 나중에 바르트가 이것을 확인하면서 어두운 면과 악(Das Nichtige)의 차이를 말했는데, 피조물이 유한의

---

16 Barth, *Church Dogmatics*, III: 3, 297ff.
17 Barth, *Church Dogmatics*, III: 3, 349ff.
18 Barth, *Church Dogmatics*, III: 3, 350.
19 Barth, *Church Dogmatics*, III: 3, 297ff.
20 Barth, *Church Dogmatics*, III: 3, 298ff.
21 Barth, *Church Dogmatics*, III: 3, 298.

"경계를 넘어설" 때, "피조 세계에 실재하는 공허에 이른다."²² 이것은 모차르트 음악이 의도하지 않았다. 그의 음악은 신성함을 의도하지 않았다.

모차르트는 "자아도취"(mania for self-expression)²³에 빠지려 하지 않았고, 청중에게 어떤 "메시지"를 강요하지도 않았다.²⁴ 그는 "하나님을 높이 찬양하려는 의도가 아니었다. 말하자면 하나님이 지으신 세계로부터 그에게 밀려들고, 차오르며, 그에게서 비롯된 것이 분명한- 그가 듣는 것을 우리가 들을 수 있도록 그 자신은 단지 악기"라는 겸손한 태도를 보인다.²⁵

> 대수롭지 않은 금관과 현을 가지고도 만물이 노래하는 것처럼 섬기는 안내자로서 그야말로 그 자신을 드린 것이다.²⁶

이것은, 바르트의 관점에서, 모차르트 음악이 주는 "자유로움"이고, 자연스러운 간결함이다.²⁷ 만약 우리가 『교회 교의학』 제4권 제3장에 나오는 "천국 비유"와 창조의 "빛들"에 관한 큰 논란이 된 단락들을 대할 때, 이런 성찰이 더욱 풍성하게 이해되고 폭넓은 의미를 알아볼 수 있게 된다.²⁸ 여기서 바르트가 주장하는 것은 참된 하나님 말씀이신 예수 그리스도께서 성경과 교회뿐만 아니라 하나님을 인식하기 어려운 영역에서도 그의 증언하는 "비유들"을 통해 그 자신과 그의 화해 사역에 대해 입증한다는 것이다.

이런 "표적들"과 "증거들"은 먼저 계시와 그리스도 안에서 화목을 독창적, 전형적, 종말론적으로 암시하는 잠정적이며 부차적인 것들이다. 데이비드 모즐리(David moseley)는 『교회 교의학』의 이런 부분들과 모차르트에 대한 바르트의 관점이 상호 이해를 돕는다는 점에서 모차르트가 이런 논의에서 제외된 점을 잊을 수 없다며 설득력 있게 논의한다.²⁹ 바르트가 "비유들"에 대한 글을 쓰고 있을 당시

---

22 Barth, *Church Dogmatics*, III: 3, 350.
23 Barth, *Church Dogmatics*, III: 3, 298.
24 Barth, *Wolfgang Amadeus Mozart*, 37.
25 Barth, *Wolfgang Amadeus Mozart*, 38.
26 Barth, *Church Dogmatics*, III: 3, 298.
27 Barth, *Wolfgang Amadeus Mozart*, 47ff.
28 Karl Barth, *Church Dogmatics*, trans. and ed. G. W. Bromiley and T. F. Torrance, Vol. IV: 3 (Edinburgh, 1961), 69. 2를 보라.
29 필자는 이전에 케임브리지대학교원 학생이었던 모슬리 박사에게 그가 쓴 훌륭한 논문으로 인해 크게 빚을 졌다("'Parables of the Kingdom': Music and Theology in Karl Barth" [미간행 박사 학위 논문, University of Cambridge, 2001]).

에 그는 모차르트 200주년 기념 작업도 병행하고 있었는데, 거기에서 그는 모차르트 음악의 신학적 위상을 묘사하기 위해 "천국 비유" 방식을 사용했다.

게다가 바르트의 "천국 비유"와 함께 모차르트에 관한 그의 논평을 읽는 것은 『교회 교의학』 후반부에서 "자연 신학"으로 회귀는 없으며, 바르트의 관점에서 본 세상에는 어떤 음악도(심지어 모차르트의 것도) 그것 자체가 규범이기는커녕 독자적 계시의 원천인 적이 한 번도 없었다.

비록 바르트가 모차르트의 음악을 "신학", "계시"와 유사한 하나의 "놀라운" 현상, 변함없는 우주의 찬양을 "전달"하는 모습으로 표현을 했더라도, 그는 이것을 오직 성경을 따르며 복음을 선포하는 내에서만 가능하게 된다고 이해했다. 화해하시는 하나님의 그리스도 안에서 자기 개방에 담긴 방법론적 우선성은 그의 초기 저작만큼이나 강력하다.

게다가 모즐리는 바르트의 음악적 경험이 자유, 놀이, 피조물의 현실(creaturely reality) 그리고 시간에 대한 그의 전반적 의식의 형성했다고 주장했다.[30] 그다음, 음악이 바르트 신학에 매우 심오한 방식으로 "엮여있음"을 제시하는 증거가 있다. 바르트가 모차르트에 실제로 반대의 관점이었는지 아닌지를 너무 오랫동안 논의하는 것은 이보다 더 중요한 점을 놓치게 되는 위험이 있다. 엄격한 방법론에 대한 그의 열정을 줄이지 않는다면, 음악(특히 모차르트의 것)은 본연의 특정한 종류의 신학적 증언을 그리스도 예수 안에서 하나님의 은혜로 전해 주도록 허락될 것이다.

2) 디트리히 본회퍼

바르트와 다르게, 본회퍼는 기량이 뛰어난 음악가였고, 비록 그가 아무런 자서전이나 음악에 관한 책을 남겨 놓지는 않았지만, 그의 음악과 관련된 내용이 작품들 여기저기에 흩어져있다.[31] 그러나 음악이 가장 빈번하게 나타나는 것은 그의 마지막 기록에서다. 히틀러를 암살하려는 계획에 참여한 일로 투옥된 그는 오늘날 우리

---

30 Karl Barth, *Church Dogmatics*, trans. and ed. G. W. Bromiley and T. F. Torrance, Vol. IV: 제7장.
31 음악에 관해 본회퍼를 훌륭하게 다룬 것을 참고하려면 다음을 보라. Andreas Pangritz, *Polyphonie des Lebens: zu Dietrich Bonhoeffers "Theologie der Musik"* (Berlin, 1994), and "Point and Counterpoint –Resistance and Submission: Dietrich Bonhoeffer on Theology and Music in Times of War and Social Crisis", in Lyn Holness and Ralf K. Wustenberg (eds.), *Theology in Dialogue: The Impact of the Arts, Humanities, and Science on Contemporary Religious Thought* (Grand Rapids, MI, 2002), 28–42; John De Gruchy, *Christianity, Art and Transformation: Theological Aesthetics and the Struggle for Justice* (Cambridge, 2001), 제4장.

에게 그리스도는 누구이며 그리스도에게 확고한 순종을 하게 하는 것이 무엇이며, 복잡한 그의 시대에서 받아들여야 하는 것이 무엇인지에 대한 고민하고 여러 책 사이에 고민의 흔적이 남아 있다. 음악은 그의 의문 속에서 반복적으로 부상한다.

그는 라디오나 축음기는 하나도 없었다. 감옥 안과 밖은 음악이 들리기엔 너무나 먼 곳에 있었는데, 그는 기억 속에 있는 소리만을 의식했는데:

> 우리가 마음속으로 듣는 음악은, 만일 우리가 실제로 그것에 집중하기만 하면, 우리가 물리적으로 듣는 것을 능가한다.[32]

부친에게 보낸 편지는 그가 기억하는 음악의 중요성과 그 영향을 보여 준다.

> 나는 몇 년째 마치 성 금요일에 마태 수난곡을 듣는 것처럼, 특별한 이 날[회개의 날 Repentance Day, 11월 17일]에 [바흐의 미사곡 B단조]를 가까이하고 있다. 내 기억으로 이 음악을 처음 들었던 때가 저녁이었다. 내가 18세이던 때에 하르낙(Harnack)의 수업에서 막 돌아왔던 때, 거기서 그는 나의 첫 수업 에세이에 대해 매우 친절하게 논의해 주었다. 나는 교회사에 전문가가 되고 싶다는 희망을 품었다. 그 바람은 내가 필하모닉 공연장 안으로 들어갔을 때 더욱 커졌는데, 그 위대한 키리에 엘레이손(Kyrie Eleison-주여 불쌍히 여기소서)가 막 시작했으며, 그와 함께 나는 그 외 모든 것을 잊어버렸고 그 감동은 형언할 수가 없을 정도였다. 오늘도 나는 한 소절씩 마음속으로 음미하고 있으며, 슐라이허(Schleichers)도 들을 수 있기를 바라는데, 바흐의 음악 중에서 가장 좋아하는 곡이기 때문이다.[33]

그러나 음악은 그에게 기억을 제공하기보다는 빈약한 상황에서 삶을 지탱할 수 있게 한다. 전형적 삶의 차원에서 본회퍼는 교회가 회복되어야 한다는 것을 믿었음을 보여 준다.

본회퍼는 그의 초기 작품에서 그리스도와 세상의 관계를-노동, 혼인, 정부, 교회[34]-네 가지 신성한 "위임들" 또는 계명들로 설명했는데 음악은 노동의 의무 아래 포함되어있다. 『옥중 서간』(*Letters and Papers from Prison*)에서 그는 음악을 예술, 문화,

---

[32] Dietrich Bonhoeffer, *Letters and Papers from Prison*, ed. Eberhard Bethge (New York, 1972), 240.
[33] Dietrich Bonhoeffer, *Letters and Papers from Prison*, ed. Eberhard Bethge, 126ff.
[34] Dietrich Bonhoeffer, *Ethics* (London, 1965), 179.

우정 그리고 놀이를 포용하는 "자유의 대지"로 격상시켰다.

그의 표현은 다음과 같다.

> 내가 궁금한 것은 자유의 영역(예술, 교육, 우정, 놀이)에 대한 이해를 제공하는 것으로서 교회의 이상이 회복되어 키르케고르의 미적 실존(aesthetic existence)이 교회의 영역에서 추방되지 않고 그 안에서 재건될 수 있도록 하는 것이 가능한지다.[35]

본회퍼는 교회의 미적 특질을 되살리기를 원했고 그를 크게 감동하게 한 것이 교회의 자선이었다. 그것은 우리가 강조하는 "자유"의 영역에 속한 것이지, 어떤 특정한 목표를 달성하기 위한 것이 아닌데, 왜냐하면 그들이 필요하지만 실천하는 즐거움을 위한 것이기 때문이다. 물론 이것이 하나의 현실 도피적 미적 형태로써 이해될 수 있다.

만일 우리가 옥중서신에서 그의 음악에 대한 가장 깊은 관심을 고려하는 것으로 넘어간다면 본회퍼가 그런 것을 염두에 둔 것이 아니라는 것은 분명한데, 그는 특정 유형의 신학적 담론을 음악이 격려할 수 있게 허용했을 때, 게다가 그는 종종 음악적으로 사고하는 것처럼 보였다.[36]

이제 정치적 대혼란에서 벗어나서, 그의 삶의 차원에서 중요한 열쇠는 기억을 통해 내면화하는 것인데, 그것은 그의 신학을 전달하고 형성하는 데 있어서 매우 독특한 역할을 하도록 허용했다.

이것은 그가 폴리포니(다성음악)를 음악적 비유로 만들어서 사용하는 것에서 특히 분명하다. 그는 전시 독일의 단편적 특성과 그리스도인으로서 책임감 있게 살기 위해 치열한 투쟁에 대해 곰곰이 생각했는데 "우리가 우리의 직장과 가정으로부터 근절되는 시간이 길어질수록, 우리는 우리 부모들의 삶과 비교해볼 때, 우리의 삶이 얼마나 단편적인지를 더 많이 느끼게 됩니다."[37]

> 그러나 이런 완전히 부서진 상태가 사실은 인간의 달성 가능한 업적을 뛰어넘으려는 성취를 가리킬 수 있다는 점을, 특히 나의 소중한 어린 학생들 다수의 희생을 목

---

[35] Bonhoeffer, *Letters and Papers*, 193.
[36] 안드레아스 팡크리츠(Andreas Pangritz)는 본회퍼의 음악 경험이 그의 최종적이고 가장 잘 알려진 신학적 성찰들을 위한 길을 예배하는 데 결정적 역할을 했다고 믿는다. Pangritz, "Point and Counterpoint", 을 보라.
[37] Bonhoeffer, *Letters and Papers*, 219.

격하면서, 나는 그것을 명심해야만 한다. 외압으로 인해 우리의 삶이 부서지긴 하지만, 마치 폭탄이 집에 떨어지듯이, 우리는 모든 일이 얼마나 신중하게 계획된 바인지를 최선을 다해 살펴보아야만 한다.[38]

한 개인의 파편화에 대해 그는 이렇게 적었다.

오늘날 가장 중요한 것은 우리가 깨어진 삶으로부터 전체가 얼마나 잘 마련되었고 계획되었는지 그리고 그것이 어떤 것들로 이루어져 있는지를 분별해낼 수 있어야만 한다는 것이다. 왜냐하면, 실제로 거기에는 쓰레기통에 버릴 만한 파편들만 있으니까.

그러나 다른 "중요한 것들이 수 세기 동안 지속한 이유는 그 완성이 오직 하나님만을 고려했기 때문이며, 그래서 내가 생각하기에 푸가의 기법 등과 같이 미완성임이 틀림없는 것들은 단편적인 것들이다."[39]

바흐는 이 다성 음악적 역작의 완성을 앞두고 사망했다. 그것은 격렬한 복잡함을 음악적 태피스트리로 짠 것이지만, 결과적으로 빈 종이로 소멸했다. 본회퍼는 초기 편지들에서 이런 관련성에 대해 언급을 했다. 본회퍼가 잘 알고 있던 하인리히 쉬츠의 음악에 대해 옥중서신에서 많이 암시했다.

쉬츠가 작곡한 성가인 "오 선하신 예수"(*O bone Jesu*, 본회퍼가 장례식에 사용해 달라고 부탁할 정도로 매우 중요한 성가)에 관한 글을 남기면서 편지에 몇 가지 음악 관련 메모를 적었는데 "순결한 헌신과 연결된 그 열광적 갈망 속에서, 이 단락은 모든 세속적 욕구를 다시 끄집어내는 것처럼 생각되지 않는가?"라고 물었다. 여기서 암시하는 것은 에베소서 1:10의 "아름다운 상상, 충만한 안식"[40]을 그리스도 안에서 만물을 모으는 것의 실현을 예상하게 된다.

무가치한 것은 결국 사라질 것이지만 만물은-우리의 세속적 갈망, 열망, 동경을 포함해서-어떻게든 자신들의 적절한 변형을 발견할 것이다.

이제는 죽음을 향해 나아가는 성년이 된 본회퍼와 그의 "부서진" 옥중서신들은 이런 통렬함으로 가득하다. 거기에 지금 그의 삶의 미완성된 특성에 대한 분노를 완화하는 하나님이 부여하실 완성, 따라서 어느 정도 이치에 맞는, 감성이 있다.

---

[38] Bonhoeffer, *Letters and Papers*, 215.
[39] Bonhoeffer, *Letters and Papers*, 219.
[40] Bonhoeffer, *Letters and Papers*, 170ff.

푸가의 기법과 마찬가지로, 만일 우리가 최소한 잠깐이라도 풍부한 주제들을 모으고 그들을 처음부터 끝까지 대위법을 유지하듯 매끄럽게 조합한다면, 갑작스러운 분리가 일어날 때, 마침내 우리는 더 이상 "은혜의 보좌 앞에서"(I come before thy throne)를 합창 이상의 것을 노래할 수 있어서 파편화된 삶을 한탄하기보다는 그 안에서 기뻐할 수 있을 것이다.[41]

그 밖에 그는 정선율(a *cantus firmus*)에 중점을 둔 "다성적 삶"(polyphony of life)이란 용어(핵심은 하나의 중세 다성음악을 통해 일관성을 제공하고 다른 부분들을 풍성하도록 하는 바람을 일으키는 것이다)도 만들었다.

하나님은 우리가 우리의 전심을 다 해 영원토록 사랑하기를 원하시는데 – 우리의 세속적 사랑이 약해지는 방법이 아니라, 대위법을 전하는 삶의 여러 화음에 하나의 정선율을 전하는 것이다. 대위법에 관한 주제 중 하나가… . 세속적 영향이다. 우리가 가진 성경의 아가조차 실제로 누군가는 거기에 묘사된(7:6을 보라) 것이 열렬하고, 격정적이며, 관능적 사랑이 아니라고 상상한다. 그리스도인은 감정을 자제해야 한다고 믿는 사람들 앞에 성경에 그 책이 있다는 게 다행이다.

만일 정선율이 안전하다면, 우리는 다른 화음을 겁낼 필요가 없다.

정선율이 맑고 분명한 곳에서, 대위법은 그것을 깊은 범위까지 확대할 수 있다.

본회퍼가 정선율 – 하나님의 사랑 – 과 주위의 대위법 – 세속적 영향 – 사이의 맥락을 읽은 것은 칼케돈 공의회에서 "그리스도의 신성과 인성은 분리되거나 차이가 있을 수 없다"라는 차원에서이다. 그가 묻기를 "다성음악의 매력과 중요성이 그리스도론적 사실과 게다가 우리의 그리스도인의 삶에 관한 음악적 성찰함에 있을 수 있지 않나요?" 사랑과 욕망의 다양성은 견고한 정선율 주위에 넘쳐날 수 있고 모든 것이 제자리에 정선율을 놓는 것에 달려 있다.

나는 당신이 좋은, 분명한, 정선율을 가지고 있으라고 말하고 싶은데, 그것은 하나의

---

41 Bonhoeffer, *Letters and Papers*, 219. 『푸가의 기술』(*Art of Fugue*)은 결론으로 "내가 보좌 앞에 옵니다."라는 성가곡과 함께 전수되었다.

풍성하면서 완벽한 소리를 위한 유일한 방법이며, 대위법이 확실하게 받쳐줄 때 음이 떨어지거나 이탈할 수 없고, 혼자 힘으로 온전한 차이를 유지할 수 있다. 오직 동류의 다성이 삶에 일체감을 심어줄 수 있으며 동시에 우리가 정선율을 계속 유지하는 동안에는 무엇도 재앙을 초래할 수 없음을 확고하게 할 수 있다.

이튿날 서신에서 그는 삶의 다성적 두 요소로써 고통과 기쁨에 대해 논했다. 그리고 훨씬 더 나은 자유와 기회를 즐기고 있던 베트게(Bethge)에게 이렇게 썼다.

나는 네가 소유한 것에 기뻐하길 원해, 그것이 실제로 다성적 삶이거든[42]

후기 서신들에서도 유사한 생각들이 등장하는 데 그는 동료 죄수들이 모순되는 감정들을 동시에 품는 것이 얼마나 어려운지를 목격했다.

폭격기가 다가올 때, 모두가 두려워하며, 맛있는 무언가가 놓여있을 때도 모두가 절망하며, 성공할 때도 그들은 다른 무엇도 생각할 수 없다. 그들은 삶의 풍성함을 잊고 있다. 모든 주체도 객체도 분해가 되어 파편으로 남는다. 동시에 이와는 대조적으로 기독교는 우리를 매우 다양한 삶의 차원으로 인도한다. … 삶은 일차원으로 되돌아가는 것이 아니라 다차원과 다성적 삶을 유지하는 것이다.[43]

이때 본회퍼 삶 자체가 매우 풍성한 다성적—마리아와 약혼, 친구들, 가족들, 간수들과 수감자들과 관계—이었음을 생각하기란 어렵지 않다. 그는 신학 외에도 또한 소설, 드라마, 시를 썼고 역사, 시, 과학, 소설, 철학 그 외에 다양한 분야의 독서를 했다. 그리고 그는 계속 신학 작업을 하고 있었다. 결론적으로 본회퍼는 음악을 경험하면서 수년간의 수감생활로 매우 염려하던 그가 그리스도인의 삶의 비전을 세우고 분명히 표현하며 구체적이고 현실적이며, 확신과 기쁨, 다차원적 삶을 외면하기를 거부하며 그곳에서 폭넓은 흥미와 관심, 열정적 활동들로 하나님의 사랑-정선율 주위를 풍성하게 했다.

---

[42] Bonhoeffer, *Letters and Papers*, 305.
[43] Bonhoeffer, *Letters and Papers*, 310, 311; 이텔릭체는 필자의 강조임.

3. 음악 신학

바르트와 본회퍼는 신학으로부터 얻은 이로움만큼이나 음악이 신학에 이바지할 수 있다는 것을 잘 보여 준다. 두 가지 사례 모두, 음악이 풍부한 개념적 자원들을 유발해 제공한다. 경제학자 자크 아탈리(Jacques Attali)는 "음악은 연구의 대상이라기보다는 오히려 세상을 인식하는 하나의 방식이다"라고 선언했다.[44]

이것은 신학자들에게 상당히 중요한 의제가 열린 것인데, (바르트나 본회퍼가 이해한 것보다 훨씬 광범위하게) 음악을 이런 방식으로 대할 때 혹은 표현이나 소통하는 것 이외에 밝혀진 사실과 인식하는 것이 가능한 하나의 현실적 도구로 접근될 때 그러하다. 공간은 추가적 탐구할 가치가 있는 세 영역을 가볍게 지나치는 것을 금하며, 지난 300여 년 동안 서구 음악을 지배했던 "음조"의 전통을 집중적으로 다룰 것이다.

1) 음악적 시간과 구원

서구, 특히 17세기 이후로, 모든 종류의 음악은 일반적으로 목적론적 원리에 맞게 운영했다. 다시 말하면, 그것은 전형적으로 방향성을 느끼거나 인식하는 동적 순서를 가지고, 어떤 목표(들)로 이어진다. 우리는 그것을 "어딘가로 가는 중"이라 느낀다. 그것은 우리가 앞으로의 음악을 원하게 하거나, 최소한 그들을 기대하게 한다. 이런 목적론적 역동성은 한 쌍의 긴장과 해소를 통해 주로 발생한다. 긴장의 형성은 어떤 형태의 해소가 필요하다(아무리 그 해소가 확대되거나 늦더라도).

긴장과 해소를 배치하는 일들은 매우 다른 복수의 방식과 단계에서 동작하는 데, 종종 음악의 모든 변수–멜로디, 음보, 음의 높이, 음색과 관련된다. 긴장과 해소가 조화를 이루는 가장 흔한 그것 중 하나는 특정 코드들(예를 들어 7번째 딸림음)이 일종의 미완성과 기대를 불러일으키는 데 이용하곤 하는 데, 이런 긴장은 더욱 안정적 코드들로 인해 없어진다.

이런 패턴의 신학적 울림은 어째서 교회가 하나님의 구원 사역을 높이는 일에 음악을 종속시키는 것이 만연했는지를 설명하는 과정에서 최소한 두드러진 유익함이 있다. 예를 들어 음악은 우리가 해소를 기다리도록 만드는 방식으로 동작하기 때문에, 우리가 인내라는 성경에서 말하는 기법에 집중하도록 교육할 수 있다. 작곡가의 결정적 기술 중 하나가 긴장과 해소 사이의 역동적 "공간"을 배열하는 것인데, 그것

---

[44] Jacques Attali, *Noise*, trans. Brian Massumi (Manchester, 1985), 4.

은 확실한 해소 가운데 희망을 유지하는 방식으로 만족감을 미루는 것이다.

이스라엘의 믿음은 비록 긴장감을 참아내는 다양한 상태에도 불구하고, 반복적으로 수 세기에 걸친 하나의 거대한 긍정적 모습으로 특징지을 수 있겠다. 신약성경에서 긴장은 그리스도 안에서 해소되기도 하지만 고조되기도 하는 데, 성령을 통해 우리는 최종적 결말을 알고 있지만, 아직 최고조에 이르지 않아 기다리게 된다.

> 피조물이 고대하는 바는 하나님의 아들들이 나타나는 것이니… . 만일 우리가 보지 못하는 것을 바라면 참으므로 기다릴지니라(롬 8:19, 25).

이 기다림은 약속과 성취"사이"에 실재하기 때문에, 소망으로 채워진 "중간 시간"은 공허하거나 무의미해질 필요가 없는 것이다. 음악은 우리에게 부여한 "중간 시간"은 어떤 단조롭고, 동질의, 비활성 상태나, 어떤 체념이나 절제된 시기가 아니라, 지나칠 정도로 풍요로운 상태이다. 음악은 가장 좋은 상태에서 우리가 매우 긴 기다림 속에서 극대화되고 깊어지는 일종의 인내를 발견할 수 있도록 초대하는데 특이하게 대부분의 교회 음악들이 이것에 실패했다.

실제로 음악이 우리에게 말하는 것은 "거기에는 당신이 이 과정을 통해서만, 관계와 변혁의 연속 가운데 발견됨을 통해서만 배울 수 있는 것들이 있다."[45] 신약성경에서, 인내는 종종 강한 반대를 겪는 과정에서 인내를 통해 충성과 믿음이 성장하는 것과 연결이 된다(예를 들어 히브리서 제11장을 보라). 구원을 위한 적절한 인내의 과정에서 다른 방법으로는 절대 배울 수 없는 새로운 무언가를 배우게 된다.

또한, 음악은 다양한 실현들을 통해 심화해진 소망의 경험을 제공하는 데 큰 유익함이 있다. 그래서 하나의 음악이, 성경에서처럼 모든 해결이 지연되지 않았다면 우리는 쉽게 인내와 흥미를 잃어버렸을 것이다.

우리는 다양한 안정 됨에 대해 부분적 해결들만을 갖고 있다. 이런 일시적 자각은 기대나 갈망을 절감시키는 것이 아니라 해결들을 강화하도록 돕는다. 그 형식은 음악 박절(metre)에서 가장 분명하게 보인다(음악의 기본적 박자 형식). 박절은 긴장과 해소의 수직적 파동들을 만들면서 다른 단계들에서 동작한다. 한 단계상에서 해소를 향한 이동은 더 높은 단계에서 더 높은 파동 위에 긴장을 증대시킬 것이다.

그러나 어느 특정한 단계에서는 해소의 강도가 셀 수도 있는데, 추가적 해소를 힘껏 추구하게 하면서 긴장을 높이는 모든 해소 과정과 비교하면 거기에는 항상 보

---

[45] Rowan Williams, *Open to Judgement: Sermons and Addresses* (London, 1994), 247.

다 높은 단계(혹은 단계들)가 있을 것이다. 이것은 음악이 우리가 음악을 "더 원하도록" 만드는 방법이다. 유대와 기독교적 소망의 특성과 이것 사이의 상응들은 주목할 만하며 따로 언급할 필요가 거의 없다. 성취는 긴장을 완화하게 하고 해소를 강화한다.

메시아의 도래가 이스라엘 공동체의 소망 차원에서 해소라면, 또 다른 차원에서, 그것은 하나님의 원대한 목적 중 가장 중요한, 아브라함에게 주어진 약속의 최종적 해소를 더 열렬히 갈망하도록 하는 역할을 한다.

거의 틀림없이, 종말론의 무수한 문제들은 선형 모델들에 과도하게 의존하면서 다 차원의 일시적 과정에 대해선 생각하지 못하기 때문에 발생한다(그 좋은 예로 "성취"가 단 하나의 사건만으로도 적절하게 일어날 수 있다는 대중적 믿음을 들 수 있다).

음악의 운율 구조에서, 기독교의 소망이 갖는 다 차원적 특성이 제정되고, 소리상으로 구현되고, 명료함을 반영하게 되는데, 결국 이것은 지나친 선형 모델들의 과용보다 성경에서 말하는 소망의 형상에 훨씬 더 충실하게 생각하도록 격려할 수 있다.[46]

2) 음악적 장소: 삼위일체적 기독론

우리가 듣는 대부분 음악의 또 다른 기본적 특징은 음악이 두 개 이상의 음조(notes)를 결합하는 것이다. 확실히 역사 속의 많은 음악-예를 들어 그레고리오 성가(Gregorian plainsong)-는 그 음조들을 혼합하지 않았다. 그런데도, 대다수의 오늘날 우리가 서양에서 접하는 음악은 한 번에 연주되거나 불리는 두 개 이상의 음조들을 포함한다. 두 개의 음을 인식하는 뚜렷한 특징은 그것들이 우리의 청각 계(aural field)에 있는 경계 지역(bounded zones)을 차지하지 않는다는 점이다.

한 공간에서 두 가지 색으로 볼 수 없는 두 개의 색깔과 달리, 소리는 지각적으로 구별되는 가운데 서로의 안에서 그리고 서로를 통해 들릴 수 있다. 두 개의 음조는 똑같이 들리는 "공간"을 채우지만, 우리는 그것들을 두 개의 음조로 들을 수 있다. 그것들은 서로를 숨길 필요도 없고, 합병할 필요도 없다.

소리를 지각하는 데 있어 이런 동시성(simultaneity)은 많은 음악을 지배하게 된 습관적 몇몇 사고방식, 특히 시각에 과도하게 의존하는 것들에 강력한 도전을 제기할 수 있다. 칼케돈 공의회의 기독론에 관한 진술(AD 451)이 적절한 실례다.

---

[46] Begbie, *Theology, Music and Time*, 제4장을 보라.

그 장점이 어떻든 간에, 칼케돈에 대한 공통된 비판은 그것이 너무 "정적이며", 단 하나의 개별적 예수 그리스도 안에서 불안하게 나란히 놓여있는 상태로 서로 나란히 앉아 있는 두 "본성"-신성과 인성-의 그림을 제시하고 있다는 것이다. 그 장점이 무엇이든, 칼케돈에 대해 매우 적절하게 만들어진 특징이 무엇이든, 어떻게 무한하고 편재하고 전지하신 하나님이 제한된 인간과 동거할 수 있는지에 관한 물음은 약화하기보다는 강화되는 것 같다.

특별히 그 진술이 주로 공간을 상상하는 시각적 방법을 통해 해석된다면 말이다. 그것은 위험한 정통주의-두 배의 무게가 나가는 막대기(a double-weighted bar)와 같이 완전한 평형 상태를 이루고, 마치 인성과 신성이 하나가 많아지면 다른 하나가 적어지듯이 서로 맞서고 있는 것처럼, 이설(heresy)보다는 높은 균형을 유지하는 "균형 잡힌" 인성과 신성-를 낳는 것으로 보인다.

그리스도의 신성이 (그가 하나님의 일종의 "축소된"(scaled down) 비전이었다는) 식으로 감소했거나, 예수의 인성이 비록 사실일지라도 사실상 하나님의 압도적 임재를 타개하게끔 조절되었다고 생각함으로써 사태를 완화하려는 시도들은 단지 신약성경의 증언을 왜곡시키는 것처럼 보일 뿐이다.

물론 여기서 문제가 되는 더 광범위한 문제는 우리가 세상에서 하나님의 임재를 상상하는 방식이다. 만일 공간이 시각적으로 그 "안에" 두 개의 대상이 같은 공간에 동시에 있을 수 없고, 한 대상이 두 공간에 동시에 있을 수 없는 일종의 그릇(container)으로 해석된다면, 하나님을 세상에서 활동하는 동시에, 공간과 시간의 우주를 지탱하고 있는 하나님으로 완전히 생각하는 것은 어렵다.

그리고 만일 하나님이 세상에서 상호 작용하는 개념이 유지되려면, 하나님이 세상에서 더 활동적일수록, 세상이 점점 더 제한받을 것이고, 점점 더 적은 "공간"을 차지하게 될 것이라는 결론을 거부하기 어렵다.

근대성-하나님이 세상에서 더 활동적일수록, 세상이 점점 더 작은 "공간"을 차지하게 되며, 인류가 점점 더 번영할 수 없게 될 것으로 생각하는 것-의 영속적 경향은 이것과 좀처럼 놀라지 않는 어떤 형태의 신-인 "합병"(merger)으로의 일반적 미끄러짐과 조화된다.[47] 그러나 이런 "제로섬"(zero-sum)신학은 만일 우리가 함께 들리는 두 개의 음조에 차원에서 생각하기 시작한다면 더 피하기 쉽다. 즉 여기서 우리는 같은 공간을 놓고 경쟁하는 두 실재가 아니라, 둘 다 동일하게 들리는 "공

---

[47] Colin Gunton, *Yesterday and Today: A Study of Continuities in Christology* (London, 1997), 제6장을 보라.

간"에서 상호 배제와 합병이 없는 공존(co-presence)을 마주하게 된다.

더욱이 한 음조가 다른 음조와 공명하고 그것을 "돋보이게 하는" 경우에, 세상과 친밀하게 상호 작용하되, 그 특수성을 억누르지 않고 그것을 해방하는, "그것을 돋보이게 해서" 더 충만하게 하나님이 애초에 창조하셨던 세상이 되게 하는 하나님 개념이 열릴 수 있다.

같은 음악적 개념 성(conceptuality)은 삼위일체적 방향으로 강조될 수 있다. 아마도 우리가 삼위일체를 본질적으로 문제가 있는, 즉 지적이고 근본적으로 수학적 수수께끼로 다루려는 고질적 성향은 대부분 시각적 공간 개념들에 대한 과도한 의존 때문에 자극받았을 것이다.

그런데 그것에 의하면 "하나 안에 셋"은 항상 심각한 문제를 낳을 것이다. 세 개 음의 화음이라는 순수한 단일성은 서로 "안에서"/"통해"(perichoresis) 훨씬 더 자연스럽게 성부, 성자, 성령의 개념들을 조장한다.

그리고 기독론에도 마찬가지다.

우리는 그리스도의 인성이 한 "공간"에 공존하면서(경쟁하면서?) 영원한 신의 아들과 나란히 어색하게 앉아 있는 것을 볼 필요가 있는가?

삼위일체의 포개지는 역동적 공간들 안에서 어느 편의 손실도 없이 신의 공간과 인간의 공간의 "겹침"(overlapping)에 대해 생각하는 것이 신약성경에 더 진실 되지 않은가?

예수 그리스도 안에서, 성부와 영원히 교제 중에 계시는 성자는 인성과 육체와 피를 입기 위해 우리 세상과 아주 친밀하게 관계하신다. 그리고 절대 타협됨이 없이, 그분 안에서 인성이 그 의도된 운명에 도달한다. 즉 성령의 작용을 통한 성부와의 함께하는 생명이다.

여기서 우리는 절충이 없는("혼잡 없이, 변화 없이") 신의 공간과 인간 공간의 가장 친밀한 상호 작용("구분 없이 분리 없이")에 대해 삼위일체의 위격 간의 관계 모체 내에 있는 모든 것을 생각하기 시작할 수 있다.

칼케돈 신조의 기독론-너무 정적이고, 위격보다는 "본성"에 고정되었고, 기독론의 삼위일체적 배경을 공정하게 다루지 못한-에 대해 쏟아졌던 공통된 비난들이 이제는 모두 훨씬 더 시들해진 것 같다.

그리고 만일 우리가 음조보다도 차라리 동시에 나는 멜로디의 각도에서 삼위일체 하나님과 인류 사이의 상호 교류의 드라마를 생각하기 시작한다면, 이것은 훨씬 더 약화한다. 물론 만일 우리가 이 문제에 대해 확대한다고 하더라도, 우리는 많은 자질을 만들 필요가 있을 것이다.

삼위일체의 내적 관계들은 아들과 그리스도의 인성 사이의 관계와 같지 않다. 그리고 우리는 우리가 그 자체 안에 있는 시각적 사고방식들-고질적이고 많이 논의된 개신교의 성향들-을 공격하고 있지 않거나, 성육신과 삼위일체에 대한 웅장한 시각적 표현들이 일부 있었다는 사실을 무시하고 있다는 점을 강조할 필요가 있다.

여기서 요점은 만일 우리가 다른 것들을 희생하고서 한 가지 의미를 너무 깊이 또는 배타적으로 의존할 때, 심각한 어려움이 발생한다는 점과 동시에 소리 나는 음조의 세계가 기독론을 위해 아직 개발되지 않은 풍성한 자원들을 제공한다는 점을 제안하는 것이다.[48]

3) 음악의 즉흥곡: 교회와 영, 몸

최근에 음악학자들(musicologists)의 갑작스러운 관심에도 불구하고 수많은 음악가들(musicians)은 "연주할 때 소리의 동시적 착상과 제작"을[49] 의미하는 즉흥곡을 의혹과 심지어 경멸하는 태도로 취급한다.

그러나 명백한 것은 실제로 모든 문화의 모든 음악 안에 즉흥곡의 요소가 있을 뿐 아니라, 즉흥곡에서 나오지 않았거나 본질적으로 그것에 영향을 받지 않은 음악적 기교나 작곡의 형태가 거의 없다는 것이다.

이것이 암시하는 바는 엄밀하게 기록되고 대부분 계획되는 음악을 기준으로 즉흥곡을 부적절한 왜곡이나 부수 현상(epiphenomenon)으로 간주하는 대신에, 그것을 뒤집을 뿐만 아니라 즉흥곡이 엄격한 암송과 표기의 관행에 현저하게 구속된 전통에서 쉽게 잊힌 음악적 창조성의 근본적 양상들을 우리에게 보여 주는지를 묻는 것이 더 계몽적일 수 있다는 점이다.

그렇다면, 신학과 음악의 대화는 즉흥곡을 매우 진지하게 취급해야 한다. 게다가 우리는 놀랄만한 신학적 함의들이 즉흥곡에 관한 어느 연구에서나 등장한다는 점을 신속히 발견한다.[50] 우리는 단 두 개의 교리 분야, 곧 교회론과 성령론만을 언급

---

48 Jeremy S. Begbie, "Through Music: Sound Mix", in Jeremy S. Begbie (ed.), *Beholding the Glory* (London, 2000), 138-54를 보라.
49 Roger Dean, *Creative Improvisation* (Milton Keynes, 1989), ix.
50 예를 들어 아더 피콕과 같은 저자들은 하나님이 세상과 자유롭게 상호 작용하는 것을 설명하기 위해 창조론과 관련해 즉흥곡의 모형을 효과적으로 활용해 왔다. Arthur Peacocke, *Theology for a Scientific Age* (Oxford, 1993), 175 이하를 보라.

함으로써 이것을 강조할 수 있다.[51] 최근에 즉흥곡을 다룬 많은 문헌은 암묵적 사회적, 심지어 정치적 도발들을 강조해 왔다. 특별히 그것은 "작곡가"와 "연주자"와 "청중" 사이에 놓인 전통적 장벽들을 붕괴시킨다. 왜냐하면, 즉흥 연주자가 보통 이 세 위치를 동시에 갖고 있기 때문이다.

즉흥곡은 음악가들 간에 도움이 되는 "대화적 상호 관계"(dialogical interrelations)라는 보기 드문 기회들을 제공하는 것 같다.[52] 좀 더 형식화된 음악회 연주에서, 소통(communication)은 외부의 작용, 즉 악보(the score)에 의해 간섭을 받는다. 결과로 나타난 텍스트보다 차라리 사회적 과정에 관심을 바꿈으로써, 즉흥곡은 틀림없이 가장 매혹적 특징들 가운데 하나인 인격적 교환의 특별한 즉각성을 권장한다.

이런 방법으로 즉흥곡은 알리스테어 맥파디엔(Alistair McFadyen)이 "왜곡되지 않은 소통"이라고 표현했던 것을 주목할만하게 구현할 수 있다.[53] 개인은 "독백"(-monologue) 속에서 조종하거나 조종당한다. 즉 한 사람은 다른 사람이 자기 확증적(self-confirmatory)이 될 정도로, 다른 사람을 목적을 위한 수단으로 취급한다. 다른 사람의 타자성은 "이전에 사적으로 대등해진 이해의 반복"이 된다.[54] "대화"(왜곡되지 않은 소통)에서, 다른 사람의 특수성은 우리 자신의 기대와 의도들의 가능성이 거부되어야 한다고 고려할 정도로 다음과 같이 인정된다.

> 다른 사람의 자유에 반응해 인식하고 의도하는 것은 그 반응의 형식과 내용이 응대하는 태도(the address)에 의해 중복해서 결정될 수 없음을 인식하는 것이다.[55]

"이에 반응해 우리를 변화시키는 다른 사람들의 요구들을 허락할 준비 상태"가 있다.[56] 이것은 우리가 다른 사람에 대한 우월성이나 대화 상대자 간의 양적 평등을 생각하는 것을 의미하지 않는다. 프랜시스 왓슨(Francis Watson)은 맥파디엔의 작품을 설명하면서 다음과 같이 쓴다.

---

51 훨씬 더 자세한 논의를 위해, Begbie, *Theology, Music and Time*, 7-제9장을 보라.
52 E. Prevost, "Improvisation: Music for an Occasion", *British Journal of Music Education*, 2/2 (1985), 177-86.
53 Alistair McFadyen, *The Call to Personhood* (Cambridge, 1990), 제4장.
54 Alistair McFadyen, *The Call to Personhood*, 26.
55 Alistair McFadyen, *The Call to Personhood*, 119.
56 Alistair McFadyen, *The Call to Personhood*, 121.

유사한 것은 바울 서신의 몸으로서의 교회 이미지에 의해 제시되는데, 거기서 이것들이 독백적 차원보다는 엄밀히 호혜적 차원에서 이해되는 한, 위계 질서적 요소들을 고려하는 다양한 역할들 내에서… 성령에 의한 다양한 은사와 역할의 배정은 형식적 평등을 확립한다.[57]

즉흥곡에 대해서도 아주 많은 부분이 똑같이 진술될 수 있을 텐데, 그 안에 음악적 대화를 통한 개인적 특수성의 성장이 있을 수 있다. 상호 "원음에 충실한 교제"(undistorted communication)—이것은 교회를 친교 하는 개인들(persons in communion)로 단정해야 한다—을 촉진하는 모든 기술은 매우 강화된 형태로 존재한다.

예를 들면, 조심스러운 신중함을 통해 타인에게 "공간"을 제공하는 것, 참을성 있게 침묵하면서 경청하는 것, 그들에게서 받은 것을 "최대한 이용함"으로써 타인들의 성장에 이바지하는 것 등은 그들이 참여, 민감한 결정, 반응의 유동성, 변화를 시작하는 것, 역할 바꾸기, 충돌을 일으키고 거기서 이익을 얻는 것 등을 지속하도록 격려를 받는다.

구어 본문과 전통적 구어 의사전달의 중재가 없으면, 이런 기술들은 음악적 선법으로 학습되어서 어떤 의미에서는 다시 사고 되고 다시 학습되어야 한다. 이것은 당연히 다른 분야에서 더욱 자유로운 소통에 이바지할 것이다. 만일 우리가 집중된 대화 행위의 과정에서 타자에 의해, 타자를 통해 매개된 것으로 보는 교회의 자유에 대해 적절한 신학적 설명을 발전시키고 싶다면 여기서 참고로 할 것이 많이 있다.

그리고 그 대화 행위에서 다른 사람들에 대한 구속은 본질적으로 억압하는 것으로 경험되지 않고, 박탈할 수 없는 특수성과 독특함(uniqueness)을 수여하고 인준하는 것으로 경험된다. 스스로 결정하고 스스로 설정하는 근대적 개인 개념이 연관될 뿐만 아니라, 자기 동일성(self-identity)의 해체(dissolution) 역시 포스트모더니즘 안에 내포된다.[58] 의미심장하게도, 재즈 안에 소리의 균등성(homogeneity)이 들어갈 자리는 거의 없다.

> 재즈에서의 소리는 … 시드니 베쳇(Sidney Bechet)의 소프라노 색소폰에서 나오는 느리고 표현력이 풍부한 진동음(vibrato)이요, 콜먼 호킨스(Coleman Hawkins)의 음량이

---

57 Francis Watson, *Church and World: Biblical Interpretation in Theological Perspective* (Edinburgh, 1994), 112.
58 Francis Watson, *Church and World: Biblical Interpretation in Theological Perspective*, 제6장.

풍부하고 에로틱한 테너 색스폰 소리와 킹 올리버(King Oliver)의 흙으로 만든 코넷(cornet)의 소리요, 부버 마일리(Bubber Miley)의 '정글'의 소리다.[59]

우리는 두 번째 영역인 성령론으로 이동한다.

즉흥곡은 시인 피더 라일리(Peter Riley)가 "기회의 탐험"(exploration of occasion)[60]이라고 불렀던 것을 대부분 수반한다. 많은 부분이 연주의 구체적 맥락에 특수성에 의존한다. 예를 들어 건물의 음향, 하루 중의 시간대, 참석자들의 수, 그들의 기대감과 경험, 연주가 진행되어감에 따라 그들이 경청하는 반응 그리고 적지 않게 동료 즉흥 연주자들에 의해 만들어진 음악 등이 있다. 이런 요소들은 그 결과물에 우연적이 아니라, 본질적이다.

"주어진" 재료-연속 화음이나 한 소곡(piece)의 일치된 형태나 그 무엇이든-를 소생시킬 때, 유능한 즉흥 연주자는 그런 상황적 요소들에 민감해지려고 할 뿐만 아니라, 즉흥곡이 이런 시간과 장소에 "참되고" 진실하도록 그것들을 즉흥곡 안에 합병하려고 시도한다. 더욱이 대규모의 개방성과 더불어, 특수화하는 이런 과정은 기대와 희망의 강렬한 의미, 즉 "좀 더 바람"(wanting more)의 의미를 낳는다는 점이 흔히 인정된다.

성령론에 대한 새로운 관심이 일어날 때, 즉흥곡의 이런 차원은 성령론 안에 있는 새로운 개념성들(conceptualities)을 탐색하면서 이바지할 것이 많을 수 있다. 성령은 신실함(faithfulness)의 영, 즉 예수 그리스도 안에서 하나님의 자기 선언의 주어짐에 성실함(fidelity)의 영이다. 그러나 이 "주어진 것"을 단순히 반복하는 것과 달리, 성령은 각 시간과 장소의 특수성에 참여하고 그것을 성취하는 방법으로 끊임없이 그것을 실현하신다.

이제 가끔 말해지는 것처럼—그리고 여기서 최근의 많은 성령론이 서양 전통에서 문제가 되고 심지어 해로운 측면들을 제거하려고 시도하고 있다—비록 사람들과 사물들을 함께 통합하고 묶어주는 것이 성령의 사역이라 할지라도, 이런 활동은 특수성과 독특함(distinctiveness)에 대한 인식과 발전을 그것 안에 그리고 그것과 더불어 포함한다.

---

[59] Joachim E. Berendt, *The Jazz Book: From New Orleans to Jazz Rock and Beyond* (London, 1983), 144. "바람직한 사회적 관계"의 모형을 만들기 위한 재즈의 윤리적 효과는 특별히 "현대적인"(progressive) 재즈와 인종 관계에 관해 캐슬린 마리 히긴스에 의해 활발히 탐구된다. Kathleen Marie Higgins, *The Music of our Lives* (Philadelphia, PA, 1991), 170-80을 보라.

[60] Dean, *Creative Improvisation,* xvi에서 인용됨.

오순절 날에, 성령은 하나의 획일적 언어를 만들지 않고, 사람들이 "자기 자신의 방언으로"(행 2:6, 11) 서로의 소리를 듣도록 해방했다. 오순절은 틀림없이 신적 "시간의 탐험"이었다. 게다가 이런 특수화하는 활동은 성령의 종말론적 사역의 한 역할이다.

즉 이미 그리스도 안에서 실현된 성부의 최종적이고 종말론적 바람을 항상 새롭게 지금 여기서 고대하는 것이다(고후 1:22; 엡 1:14; 롬 8:23). 특수화하는 것은 희망을 낳는다.

따라서 성령 안에 있는 생명은 과거에 대한 신실함의 결합을 포함하고, 미래에 대한 기대로서 현재에 수용된 것을 특수화한다. 이것이 음악적 즉흥곡의 역동성이다.

만일 많은 사람이 주장하는 것처럼 해석학에서 성경에 대한 사도적 증언의 신실함뿐만 아니라 현재의 특수성을 완전히 고려하고,[61] 선교와 목회 신학에서 예수의 생애와 사도적 교회에 대한 과도한 과거 지향성을 피하는 성령의 사역 모형들을 우리가 필요로 하는 것이 사실이라면, 공유된 한 전통에 통제가 잘 된 성실함(fidelity)과 상황의 특이함(singularity)에 관한 관심이 희망의 역동성 안에서 엮어지는 방법을 고려할 때, 즉흥곡은 제공할 것을 많이 갖고 있다.

4. 종결부

균형 잡힌 박자, 불규칙한 리듬, 상호 작용들, 소리 위에 소리의 겹침, 생명의 반항들이 안정된 상태의 주제를 동요시키고 있다; 이런 반복 악절들과 겹침, 소음 속에 있는 일탈, 우리의 기원에 대한 애착이 말이다.[62] 신학자들이 음악에 의해 제공된 기회들, 즉 우리가 단지 위에서 엿보았던 기회들을 얼마나 더 활용하는지 보인다. 그러나 이 시인이 우주의 역동성과 창조를 환기하려고 음악의 잠재성에 대해 이루어 놓은 발견-그리고 그는 즉흥곡에 관해 쓰고 있다-은 지난 금세기에 아주 많은 신학이 아주 적은 음악으로 그럭저럭 만족했다는 것이 어떤지에 대해 우리를 놀라게 하고 의아하게 하는 모든 종류의 방법들 안에서 반복되리라는 것은 당연하다.

---

61 성경 해석학에서 즉흥적 모델의 확장을 보기 위해 다음의 책을 참고하라. N. T. Wright, *The New Testament and the People of God* (London, 1992), 139ff.

62 From "Cosmos", in Micheal O'Siadhail, *Hail! Madam Jazz: New and Selected Poems* (Newcastle, 1992), 149.

참고 문헌

Augustine, *Confessions*, ed. Henry Chadwick (Oxford, 1991).
Bailey, D., *Improvisation: Its Nature and Practice in Music* (London, 1992).
Barth, Karl, *Church Dogmatics*, III: 3, trans. and ed. G. W. Bromiley and T. F. Torrance (Edinburgh, 1960).
_____. *Wolfgang Amadeus Mozart*, trans. Clarence K. Pott, (Grand Rapids, MI, 1986).
Begbie, Jeremy S. (ed.), *Voicing Creation's Praise: Towards a Theology of the Arts* (Edinburgh, 1991).
_____. *Beholding the Glory* (London, 2000).
_____. *Theology, Music and Time* (Cambridge, 2000).
_____. (ed.) *Sounding the Depths: Theology Through the Arts* (London, 2002).
_____. "Unexplored Eloquencies: Music, Religion and Culture", in Sophia Marriage and Jolyon Mitchell (eds.), *Mediating Religion* (Edinburgh, 2003), 93–106.
Blackwell, Albert L., *The Sacred in Music* (Cambridge, 1999).
Bonhoeffer, Dietrich, *Letters and Papers from Prison*, ed. Eberhard Bethge (New York, 1972).
Campling, Christopher R., *The Food of Love: Reflections on Music and Faith* (London, 1997).
Chafe, Eric, *Tonal Allegory in the Vocal Music of J. S. Bach* (Berkeley, CA, 1991).
Cunningham, David S., *These Three Are One: The Practice of Trinitarian Theology* (Oxford, 1998).
De Gruchy, John W., *Christianity, Art and Transformation: Theological Aesthetics in the Struggle for Justice* (Cambridge, 2001).
Dean, Roger, *Creative Improvisation* (Milton Keynes, 1989).
James, Jamie, *The Music of the Spheres: Music, Science and the Natural Order of the Universe* (New York, 1993).
Jones, Ivor H., *Music: A Joy for Ever* (London, 1989).
Juslin, Patrick N. and Sloboda, John A., *Music and Emotion: Theory and Research* (Oxford, 2001).
McFadyen, Alistair E., *The Call To Personhood: A Christian Theory of the Individual in Social Relationships* (Cambridge, 1990).
Mellers, Wilfrid, *Bach and the Dance of God* (New York, 1981).
_____. *Beethoven and the Voice of God* (New York, 1983).
Moseley, David, "'Parables of the Kingdom': Music and Theology in Karl Barth" (unpublished PhD dissertation, University of Cambridge, 2001).
Nattiez, Jean-Jacques, *Music and Discourse: Toward a Semiology of Music*, trans. Carolyn Abbate (Princeton, NJ, 1990).
O'Siadhail, Micheal, *Hail! Madam Jazz: New and Selected Poems* (Newcastle, 1992).
Peacocke, Arthur, *Theology for a Scientific Age* (Oxford, 1993).
Pelikan, J., *Bach Among the Theologians* (Philadelphia, PA, 1986).
Pike, Alfred John, *A Theology of Music* (Toledo, OH, 1953).
Sloboda, John, *The Musical Mind* (Oxford, 1983).
Steiner, George, *Real Presences: Is There Anything in What We Say?* (London, 1989).
Sudnow, D., *Ways of the Hand: The Organisation of Improvised Conduct* (London, 1978).
Watson, Francis, "Theology and Music", *Scottish Journal of Theology* 51 (1998), 435–63.
Williams, Rowan, *Open to Judgement: Sermons and Addresses* (London, 1994).
Young, Frances, *The Art of Performance: Towards a Theology of Holy Scripture* (London, 1990).
Zuckerkandl, Victor, *Sound and Symbol: Music and the External World* (London, 1956).
_____. *Man the Musician* (Princeton, NJ, 1973).

제42장

신학과 영화

졸리온 미쉘(Jolyon Mitchell)

1. 서론

교회는 극장과 갈등 관계인가?

여기 자주 인용되는 잘 알려진 내용이 있는데,[1] 영화 <시네마 천국>(Cinema Paradiso, 1988)에서 중년의 한 사제가 조그마한 이탈리아 마을의 상영관에 홀로 앉아 있는 장면이 있다. 그가 영화를 관람하는 동안에 매번 포옹하는 커플 신이 나올 때마다, 그는 조그만 벨을 성나게 울린다.

그러면 영사 기사는 영화 감개(reel)에서 문제가 된 프레임을 표시했다가 나중에 영화 속 키스 장면을 편집하곤 한다. 영화 후반부에 이런 검열을 목격했던 작은 소년이 중년의 영화감독으로 재등장하는 데, 오래된 영화 얼개 하나를 발견한다. 그는 재미를 위해서 잘린 필름 모두를 찾아서 키스 장면이 연속으로 나오도록 이어 붙인다.

현재 영화 비평(film criticism)에 관여하는 신학자들은 가톨릭과 개신교 진영에서 곤혹함과 매력이 뒤섞인 채로 검열을 했던 시도들을 자주 되돌아보곤 한다. 영화에 반대하는 영국 국교회 사제들의 검열이 더욱 산발적으로 진행됐지만, 특정 영화에 도덕적으로 격분하는 그리스도인들의 이미지는 새로운 이야기로 계속 반복되고 있다.

몬티 파이선(Monty Python)의 <라이프 오브 브라이언>(Life of Brian,1979) 혹은 <그리스도 최후의 유혹>(The Last Temptation of Christ,1988)과 같은 영화들에 반대하는 시위는 대중의 인식을 강화하는 데, 많은 개신교와 가톨릭 신자들은 영화가 관객들을 타락하게 할 능력이 있다고 여겨지는 영화에 대해 여전히 깊은 불안감을 느끼고 있다.[2]

---

1 다음 내용을 찾아보라, F. Walsh, *Sin and Censorship* (New Haven, CT, 1996), 1. 검열에 대한 더 자세한 논의를 알아보려면 다음의 책을 보라. G. Black, *Hollywood Censored* (New York, 1994) and M. Bernstein (ed.), *Controlling Hollywood* (London, 2000).

2 그리스도 최후의 유혹에 대한 개신교의 대조적 입장은 다음 내용을 찾아보라 M. Medved, *Hollywood vs. America* (New York, 1992), 38–49 and M. Miles, *Seeing and Believing* (Boston,

활동사진(motion picture)에 반대하는 시위들은 절대 새로운 현상이 아니다. 1907년 같은 초창기에 영국의 우스터시에서 가톨릭 소식지(*Catholic Messenger*)는 영화를 "악마의 하수인"이라며 맹렬히 비난했으며, 그 시간 같은 도시에서 스웨덴의 복음적 교회의 교역자들은 영화관에 모이는 것을 심각한 죄로 여기며 비난했다. 극장을 반대하는 그들의 묘사가 너무나 강경해서 "몇몇 청소년은 극장 곁을 지나가는 것조차 두려워하는 병적 증세를 보이기도 했다."³

교계가 극장과 늘 갈등 관계에 있었다고 상정하는 것은 그들의 상호 작용한 역사를 전체적으로 무시하는 것이다. 예를 들어 1910년대 교황 비오 10세(Pius X)가 가톨릭 성당에서 영화 상영을 금지한 것이나 질서 유지 위원회(Legion of Decency)가 특정 영화들을 "구제 불능"이라고 하는 등 강경히 반대하던 시절이 분명히 있었다.⁴ 이와 반대로, 활동사진의 태동기로 거슬러 가보면 상호 간에 관여했던 시절이 있었다.

필름이 만들어진 첫 십여 년부터, 영화 산업과 갈등이 있기 한참 전까지, 일련의 그리스도인들은 창의적으로 영화를 이용하거나 심지어 만드는 것을 돕기도 했다. 예를 들어서 19세기 말 활동사진이 등장한 이후로 각색된 예수의 수난극들은 영화의 회생을 책임졌다.

프랑스의 한 종교 출판사인 라본 프레스(La Bonne Presse)는 예수의 삶을 주제로 하는 초기 영화 중 하나에 재정을 지원했다. <수난곡>(La Passion)이란 영화는 1897년 여름 파리에서 만들어졌다. 이 조용한 흑백 활동사진은 재생 시간이 5분 정도였지만, 라본 프레스를 영화 제작사로 만들 만큼 충분한 인기를 얻은 작품이었다.

안타깝게도, 초창기 영화관의 영화들이 그랬던 것처럼, 그 작품도 역시 오래가지 못했다. 예수의 수난극을 영화로 한 초창기 작품들의 예는 많이 있다.⁵ 예를 들어 리치 홀라맨(Rich Hollaman)과 앨버트 이브스(Albert Eaves)가 <오버아머가우 수난극의 신비>(*The Mystery of the Passion Play of Oberammergau, 1898*)를 제작했다.

이 영화 제목은 "오리지널 오버아머가우 수난극"(*The Original Oberammergau Passion Play*)이라고 잘못 알려졌다.

MA, 1996), 33–40. 두 영화에 대해선 다음 내용을 찾아보라, L. Baugh, *Imaging the Divine* (Kansas City, KS, 1997), 48–71.

3   R. Rosenweig, "From Rum Shop to Rialto: Workers and Movies" in G. A. Waller (ed.), *Moviegoing in America* (Oxford, 2002), 36–7.

4   Ronald Holloway, *Beyond the Image* (New York, 1977), 26 and James M. Skinner, *The Cross and the Cinema* (Westport, CT, 1993), 그림. 10 and 11, and 193–4.

5   Charles Musser, "Passions and the Passion Play: Theatre, Film, and Religion in America, 1800–900", *Film History* 5 (1993): 419–56.

이것은 예수의 생애를 소재로 영화 제작을 시도한 북미 최초의 작품 중 하나이며, 오버아머가우(Oberammergau)가 아니라 뉴욕에 있는 그랜드 센트럴 팔라스 호텔의 옥상에서 찍었다.

홀라맨의 작품은 상영 시간은 19분이며 23개의 장면을 담고 있으며, 베들레헴의 목자들 등장을 시작으로 예수의 승천으로 끝이 난다. 늦은 가을에 찍기 시작한 이 영화는, 다수 장면의 배경에 눈이 보이는 유일한 예수 관련 영화 중 하나다. 개봉한 후 일주일이 지나서 촬영 현지 정보가 실제로는 오버아머가우가 아닌 맨해튼에서 찍었다는 사실이 공개되었지만, 그것이 관객들의 발걸음을 단념시키진 못했다. 한 순회 전도자는 심지어 구매해서, 마을마다 돌아다니는 부흥 집회에서 그것을 사용했다.

전도 집회에 모인 이들에게 설교하고 영화를 상영하는 것이 점차 일반적 사례가 되었다. 주로 그리스도의 삶과 죽음에 관한 장면들을 담은 짧은 분량의 영상들은 청중을 모으고 메시지를 이해하기 쉽게 하려고 실제로 전도자들이 제작하기도 했다.

한 예로, 20세기 초반 구세군 창설자의 아들인 헐버트 부스(Herbert Booth)는 "십자가의 군병들"(*Soldiers of the Cross*)이라는 "멀티미디어" 발표 일부분으로 순교자들과 십자가의 고통 가운데 그리스도에 관한 장면들을 특별히 영화화해 사용했다. 이 일은 종교와 비종교 평론 양쪽으로부터 찬사를 받았다.[6]

영화 초창기의 20여 년 동안, 많은 이들이 필름이라는 진보적 매체의 잠재력에 몰두했다. 영화를 지지하는 많은 그리스도인 중의 하나였던 허버트 점프(Herbert Jump) 목사는 회중 교회 소속의 교역자이며, 그가 쓴 소책자 『활동사진의 신학적 가능성』(*The Religious Possibilities of the Motion Picture*, 1910)은 영화에 대한 가장 오래된 신학적 해명서 중 하나이다.

그는 선한 사마리아인의 비유를 그의 논증의 기초로 삼았다. 폭력 사건의 경험과 실제적 묘사에 뿌리를 둔 이 흥미로운 "강도 이야기"는 영화를 교훈적으로 사용하는 선례를 남겼다. 점프 목사가 농담 삼아 제안한 것은 이 비유를 성공적 활동사진으로 바꾸는 데 필요한 단 한 가지는 "예루살렘 상인의 모험"(The Adventure of the Jerusalem Merchant)이라는 새로운 제목뿐이라고 했다.

영화(films)는 위대한 설교자들의 어록을 담은 사진들, 그림 슬라이드로 된 수업들, 대성당 미술과 같은 복음적 색채를 담을 수 있다. 활동사진은 "15세기 인쇄술의 발명 이래 현존하는 가장 환상적 발명"이다.

점프 목사는 그 매체에 담긴 어떤 위험들을 인식했지만, 전체적 면에서 교회의 우방이라고 여겼는데, 필름은 하나의 오락기구, 주일학교 교육용 교재, 국내외 선교사

---

6 R. Johnston, *Reel Spirituality* (Grand Rapids, MI, 2000), 32.

역을 알려 주는 출처, 빈민에게 사회교육을 해 주는 교사역할 그리고 설교자에게는 확실한 예화로써 도울 수 있다.[7]

"7번째 예술"(seventh art, 영화 제작)의 처음 몇십 년 동안, 영화는 지속적인 신학적 분석을 받지 않았을 수 있지만, 점프 목사는 목회적 이유로 영화를 사용하는 것을 개요를 그린 이들에게는 가장 중요한 대표자다. 영화의 이후 역사에서 더욱 분명하게 나타나겠지만, 당시 초기 단계에서는 경제적 필요성이 영화를 어떻게 만들고 내놓을 것인지에 관해서 상당히 중요한 역할을 했다. 영화 제작자들은 점차 잠재 고객들의 서로 다른 욕구들에 귀를 기울이기 시작했다.

최초의 영화 카탈로그 중 몇몇은 구매자들에게 예수의 수난사 영화의 선택 장면들 일부를 제공했다. 더 나아가 어떤 이들은 가톨릭 극장주에게 성모 마리아에 더 더 집중한 장면들을 담은 수난극 버전을 제공할 것을 보장하기도 했다.[8]

특히 복음서의 이야기들의 삽화적 특성은 청중에게 짧은 장면들을 제공하던 초창기 영화 제작 방식에 적합했다. 나중에 무성 영화들에서는 타이틀 카드들로 연결이 되었다. 관객들이 알고 있는 성경 이야기들의 경우, 제작자들이 이야기를 잇는 너무나 당연한 연결 고리를 제공할 필요 없이 장면에서 장면으로 직접 전환하는 것이 가능했다.

의미 있게도, 성경 이야기들(디킨스의 영화 버전과 같은)을 묘사하는 것은 한 시대에 존경할 만한 준비된 도구들을 제공했는데, 당시엔 많은 영화 제작자들이 영화가 더 더러워지는 양상들을 떨쳐내기에 열심이었다. 이것은 영화가 그저 자극적이기보다는 교화시킬 수 있다는 것을 보여 주려는 의도가 있다. 새로운 매체들을 통한 경험과 예상하지 못한 광경을 만들고자 하는 바람이 있는 것도 사실이다.

수난극에만 의존하지 않고 성경 전체에 기초한 초창기 영화를 만든 조르주 멜리에스(Georges Méliès)는 프랑스 영화의 선각자 중의 한 사람이며, 특수효과를 발전시키며 활용했다는 면에서 획기적 감독이었다. 영화 <물 위를 걷는 예수님>(Le Christ Marchants Sur Les Flots, 1899/1900)은 단지 마지막 35초일지 모르지만, 멜리에스는 트릭 촬영기법(단순한 이중 노출)으로 관객들을 놀라게 했는데, 갈릴리 바다를 걸으시는 예수님에서 관객들은 자신들의 눈앞에서 벌어지는 기적을 보게 된다.

멜리에스의 전체 시리즈 중 단지 한 작품의 놀라운 "효과"로 인해, 몇몇 관객은 그렇게 보여 주는 것이 신성한 기적의 품위를 저하한다고 믿었다.

---

7 H. Jump, "The Religious Possibilities of the Motion Picture" in T. Lindvall (ed.), *The Silents of God* (Lanham, MD, 2001), 55–78. 또한, *Film History* 14: 2(2002)를 보라.

8 L. Baugh, *Imaging the Divine* (Kansas City, KS, 1997), 7–8.

멜리에스의 작업 대다수는 분명하게 종교적 주제를 다루는 것이 아니라, 관중들이 회색 스크린에서 본 것에 의해 어떻게 매료될 수 있었는지를 그의 작품에 대한 반응들로 보여 주려 했다. 참신하면서 또한 순수한 그 장면은 시선을 사로잡았고, 기쁨을 주었으며 또한 놀라운 것이었다.

본 장에서 필자는 그리스도인들이 한 세기 동안 영화에 어떻게 반응해 왔는지를 조사하면서 먼저 세 가지 중요한 해석적 실례들을 개괄적으로 다룬다. 이런 뼈대를 통해 필자는 역사적 개관을 제공하는 데, 그것은 빠르게 확장하고 있는 문학의 세계 안으로 들어가는 실마리를 제공한다.

2. 개요: 영화에 대한 신학 비평

지난 백여 년 동안, 영화에 대한 신학적 참여에 대해 상호 간에 동의된 패턴이 나타난 경우는 절대 없다. 단지 분열과 다양한 접근법들로 점철되었을 뿐이다. 『현대 신학자들』의 대부분이 신학적 신념들의 다양성, 방법들, 관행들을 성찰한다는 것은 놀랄 일이 아니다. 주류 영화에 관한 연구는 신학적이고 종교적 영화 비평을 거의 무시해 왔다.[9]

그런데도, 신학과 영화가 교류할 수 있는 다른 방법들에 착수한 여러 가지 유용한 분류 체계가 이미 존재한다.[10] 예를 들어 존 메이(John May)는 지난 40여 년 동안 신학자들이 어떻게 영화에 관여해 왔는지에 대한 하나의 전환이 있었다고 믿었다. 이것은 다음의 다섯 단계를 지나왔다.

첫째, 차이(discrimination), 특정한 묘사에 대한 도덕적 면에 주목함이다.
둘째, 가시성(visibility), 종교적 모습이나 주제를 어떻게 표현할 것인지에 집중함이다.
셋째, 대화(dialogue), 특정 영화와 관련한 신학적 소통을 증대함이다.
넷째, 인문주의(humanism), 영화가 어떻게 인간의 진보와 번영을 증진할 수 있는지를 검토함이다.

---

9   한 가지 예외는 Krzysztof Jozajtis, *Religion and Film in American Culture: The Birth of a Nation* (unpublished PhD thesis, Stirling, 2001), 98에서 찾아볼 수 있다.
10 라인홀드 니버의 **그리스도와 문화**의 분류 체계 항목들에 영향을 받은 인쇄술에 관해서는 다음을 보라. the introduction by Clive Marsh in C. Marsh and G. Ortiz (eds.), *Explorations in Theology and Film* (Oxford, 1997).

다섯째, 미학(aesthetics), 초자연적인 것을 영화에서 어떻게 나타낼 것인지를 궁극적으로 분석함이다.[11]

메이 자신도 수긍한 것처럼, 이런 분류 체계에는 모호한 면이 불가피하기 마련이다. 로버트 존스톤(Rob Johnstons)은 그의 저서인 『영화와 영성』(Reel Spirituality)에서 분명하게 준비한 기반(matrix)을 가지고 의도적으로 하나의 상호 보완적 틀을 제시한다. 그는 메이의 저작과 유사한 점들을 발견했고, 마찬가지로 그 또한 영화가 지향하는 바에 대한 교회의 신학적 대응을 고찰한 다섯 개의 기본 체계를 제시하는 데, 그것은 회피(avoidance), 주의(caution), 대화(dialogue), 책정(appropriation), 신적 대면(divine encounter)이다.[12] 이런 편성은 다양한 신학자들이 제시하는 관점의 범위를 강조한다.

이것은 극장을 멀리해야 한다는 의견에서부터 영화를 관람하는 것이 신과 대면하는 기회가 실제로 일어날 수 있다는 지지 견해까지, 저자들의 전체적 시각을 반영한다. 존스톤이 관찰한 바에 따르면 영화에 대해 매우 비판적 반응을 촉진하는 많은 신학자가 오로지 신학 일색의 대화로 시작해 특정 영화(movie)에 들이댄 윤리적 추정들을 기준으로 종종 영화 산업(films)을 판단한다.

이와 대조적으로 모르는 것을 알게 하는 영화의 잠재성을 높이 평가하는 사람들은 영화를 해석하기 위해 신학적 자료들을 활용하기 전에, 그들 스스로 영화 세계와 미학적 특성에 몰두하는 경향이 있다. 영화에 대한 존스톤의 독자적 접근법은 본문과 책의 부제인 신학과 영화의 대화(Theolgy and Film in Dialogue)를 통해 명료해진다.

메이와 존스톤 양쪽에서 서술한 접근법들 몇몇 이면에 놓인 추정들이 다양한 것은 예상했던 대로다. 어떤 비평가들은 영화를 도덕적으로 사회적으로 그리고 교리상으로 오염시킬 수 있는 매체라며 피해오지만, 다른 이들은 신학적 탐색을 위한 하나의 기폭제로써 혹은 심지어 잠재적 초월성을 가진 하나의 예술 양식으로써 받아들였다.

오염, 탐색 그리고 조명은 다음 논의를 위한 구조를 제공한다. 이것은 서로 다른 영화 제작자들의 비전과 영화에 대한 관객들의 다양한 반응을 고려하는 방향으로 이끌어준다.

---

[11] John R. May, "Religion and Film: Recent Contributions to the Continuing Dialogue", *Critical Review of Books* in *Religion* 9 (1996), 105–21.
[12] Johnston, *Reel Spirituality*, 41–62.

1) 영화가 타락시킨다?

1920년대 영화에 대한 의구심이 깊었는데, 할리우드에서 연이어 추문이 터지면서 영화 산업이 본질적으로 타락했다는 두려움이 사실이었음을 확인해 주면서 긴장이 고조되었다.

1923년 복음주의자인 잭 린(Jack Linn)이 주장하기를 영화는 "사탄의 인큐베이터"이며, "도덕성이나 영성에는 도움이 되지" 않는다고 했다. 린에게 "그리스도인이 극장에 발을 들여놓는 것과 동시에 그리스도와 친밀해지는 것은 절대 가능하지 않다"(sic).[13] 린의 목소리는 절대 외롭지 않았다.

존 라이스(John Rice)의 *What is wrong with the Movies?*(1938)는 극장을 반대한 가장 노골적 개신교 논쟁 중 하나였다. "상업 영화는 가장 노골적 저주"라며 그도 린과 비슷하게 "영화의 영향이 너무나 불쾌하므로 그리스도인 그 누구라도 극장 안에 발을 들여놓아서는 절대 안 된다"고 믿었다.

그는 "영화는 학교와 교회의 경쟁자며, 욕망의 공급처이고, 도덕을 왜곡하며, 탐욕의 도구요, 범죄의 학교이며, 무죄함을 배신한 것"이라고 확신했다.[14] *What's Wrong with the Cinema?*(1948)를 쓴 영국 침례교 목사인 모간 더햄(Morgan Derham)은 20세기 중반 많은 개신교회들이 영화에 대해 느꼈던 깊은 불안감을 비슷하게 드러냈다. 더햄 목사는 영화가 "인간의 감정과 이성을 뒤흔들 수 있는 다방면의 심리학적 도구"와 결합해 관객의 근간을 뒤흔들 능력이 있다고 생각했다.

더햄 목사에게 영화 산업은 "악의 축이며" 영화 제작자들은 "쾌락주의에 빠진 돈벌이 꾼"에 지나지 않았다. 더햄 목사가 그리스도인들에게 촉구하기를 "상업 영화 조직을 떠나라. 그것은 원래 인간의 눈을 가리고 심장을 멈추게 하는 사탄을 숭배하는 시스템 일부에 속해 있다"라고 했다.[15]

허버트 점프(Herbert Jump)와 같은 영화를 지지했던 초기 개신교인들과는 다르게, 린, 라이스 그리고 더햄이라는 남성 트리오는 교회와 직접적 갈등 관계 속에서 영화를 바라보는 이들의 대표적 예이다.

관객을 타락시키는 영화의 힘에 대한 분노가 또한 버넷과 마르텔(Burnett and Martell)의 책 『악마의 카메라』(*The Devil's Camera*, 1932)에서 드러내는데, 이 책은 "백색

---

13 C. H. J. Linn, "The Movies – the Devil's Incubator" in T. Lindvall (ed.), *The Silents of God* (Lanham, MD, 2001), 279.
14 John Rice, *What is Wrong with the Movies?* (Wheaton, IL, 1938), 14.
15 Morgan Derham, *What's Wrong with the Cinema?* (London, 1948), 17-18.

인종의 최고의 정신"(ultimate sanity of the white races)과 반유대주의 정서를 저버리는 데 전념하고 있다. 그들은 주장하기를 "전체적으로 볼 때, 영화는 삶을 완전히 잘못 전달하고 있으므로 우리 시대에 최대의 거짓말이다"라고 했다.[16]

영화에 비판적 초기 인사들처럼 그들은 "사탄이 근대 영화 제작에 온 힘을 다해 영적으로 관여하고 있다"라며 사탄의 영향으로 받아들인 내용을 강조했다. 또한, 그들은 화면 위에 묘사되는 우상숭배에 주목하면서 "금송아지는 영화의 신이다"라고 했다.[17]

『악마의 카메라』의 지배적 주제는 "영화의 독"이 "상상할 수 없는 해로움"을 일으키며, 최악의 감정들을 불러일으키고 "세상 사람들의 상상"을 부추긴다는 것이다.

버넷과 마르텔은 영화의 영향력을 무시하거나 묵살하는 교회 지도자들에게 비판적이다. 그런데도 그들은, 영화에 대해 거의 독설에 찬 반응을 보이는 이들과는 대조적으로 그 책의 마지막 장에서, "하나의 놀라운 장비"라며 영상 기술을 높였는데, 그것이 가르치고, 즐겁게 하고, 교회를 세워갈 수 있는 잠재성을 갖고 있기 때문이다.[18]

영화가 도덕을 타락시키고 신학적 시야를 왜곡한다는 신념은 또한 영화에 관한 초기 가톨릭 문서들에 특히 만연했다.

예를 들어 영화에 대한 교황의 첫 회칙인, 교황 비오 11세의 「깨어있는 관심」(*Vigilanti Cura*, 1936년 6월 29일 자)에는 깊은 분노가 표출되어있는데 활동사진(motion picture)이 어쩌면 "타락의 학교" 즉 "국가의 도덕심을 파괴하는 곳"일 수 있다는 것이다.[19]

그 회칙은 추정하기를 영화가 사람의 행동과 믿음을 바꿀 수 있는 충분한 능력이 있어서 "오늘날 영화보다 더 강하게 대중에게 영향을 미칠 수단은 존재하지 않는"다고 했다. 이것은 선과 악 둘 다 될 수가 있다.

영화의 선한 잠재력에 관한 글 중에는 축하하거나 희망찬 분위기가 있다.

나쁜 활동사진들(motion pictures)이 영혼에 피해를 주거나 "죄를 짓는 기회들"이 될 수 있지만, 선한 활동사진들은 보는 이들에게 심오한 도덕적 영향을 경험할 수 있게 한다.

이런 이유로 "활동사진은 단순히 하나의 오락 수단, 여가를 이용한 가벼운 휴식이어서는 안 되며, 그 훌륭한 능력을 갖추고 빛을 전달하며 선한 길로 인도하는 긍정적 안내자가 되어야 한다." 질서유지위원회(the Legion of Decency)의 성과를 축하하

---

16 R. G. Burnett and E. D. Martell, *The Devil's Camera* (London: 1932), 71.
17 R. G. Burnett and E. D. Martell, *The Devil's Camera*, 108–9.
18 R. G. Burnett and E. D. Martell, *The Devil's Camera*, 116–17.
19 이 부분에 대한 *Vigilanti Cura*와 다른 가톨릭 문서를 보려면, Vatican website 또는 Franz-Josef Eilers (ed.), *Church and Social Communication: Basic Documents*, 2nd edn. (Manila, 1997)를 보라.

면서, 우선 먼저 미국 내 가톨릭 계층과 그다음 전 세계 주교들에게 보내졌는데, 그것은 가톨릭 신도들이 다음과 같은 "가톨릭의 도덕 규칙들 또는 적절한 삶의 규범들에 위협적 그 어떤 활동사진(motion picture)에 각자가 참여하지 않겠다는 구속력 있는" 서약에 서명하도록 독려했다.

20여 년이 지나서 교황 비오 12세는 「깨어있는 관심」의 몇 가지 주제들을 발전시켜 활동사진들, 라디오, 텔레비전에 관한 회칙, 「하나님의 선물」(Miranda Prorsus, 1957년 9월 8일자)을 발송했다. 예를 들면, 회칙에서는 매스컴위원회(Catholic film critics)가 도덕적 쟁점들에 조처를 하며 독자들이 수용할 필요가 있는 도덕적 입장에 대해 지도를 하는 등 위원회의 중요한 역할을 설명했다. 검토위원들과 나란히 관객 스스로가 "양심의 자유"(duty of conscience)를 갖고 있으며, 투표할 때와 비슷하게 그들은 매 순간 "입장권을 사는 것이다."

두 문서 모두 엄격한 그리스도인의 영화에 대한 반응이라며 묘사했을 내용을 담고 있는데, 그것이 가정하는 것은 활동사진들(motion pictures)이 관객의 도덕적이며 신학적 범위를 형성하는 데 상당한 영향력을 가지고 있다는 것이다.

그 실제적 목적은 그리스도인들이 영화에 대해 바짝 경계해야 하고, 수상쩍은 영화들은 조심스럽게 살펴보며, 몇몇 영화는 아예 피하도록 독려하는 데 있다.

위원회의 영향이 최고조일 때, 만일 한 영화가 심의 규정을 위반했다면, 부정적 심사평보다 훨씬 더 안 좋은 것들을 받게 될 텐데, 수천 명의 위원회 회원들이 극장에서 떨어져 있을 것이다.

제2차 세계대전 이전의 미국에서는 맹렬한 반유대주의가 유대인들이 할리우드를 점령했다느니, 개신교회들의 권한을 훨씬 넘어선 일이 되었으며, 따라서 이에 저항할 필요가 있다는 인식을 고조시켰다.[20] 영화를 통해 악마의 영향을 받을 가능성이 있다거나, 할리우드가 새로운 바빌론이라거나, 영화 제작자들이 아이들을 타락시킨다는 등 뿌리 깊은 의혹이 오늘날까지 계속되고 있어서, 몇몇 종교 지도자들은 자신의 지지자들에게 의심스러운 영화는 피하라고 권하고 있다.

예를 들면, 인도 남부지역 케랄라에서는 극장에 가는 것은 여전히 다수의 마르토마 종파(Marthomite Christians)에 의심의 눈초리를 받고 있다. 북미 일부 지역에서는, 한 예로 영화에서 노출, 욕설, 성적 농담 또는 불필요한 폭력이 있으면 경고장이나, 관람을 강하게 반대하는 이메일이나 웹사이트를 접하게 된다. 많은 경우에 영화의 전체 이야기의 흐름이 받아들일 수 없는 어떤 장면에 의해 가려지기도 하는 데, 영

---

20 Steven Carr, *Hollywood and Anti-Semitism* (Cambridge, UK, 2001).

화 <쉰들러 리스트>(Schindler's List)에서 "불필요한 노출"과 같은 윤리적으로 받아들일 필요가 없다고 간주하는 장면이 그러하다.[21]

2) 영화가 분석한다?

몇몇 신학자는 영화가 기쁘고, 즐겁고, 산만할 가능성도 있지만, 심오한 신학적 궁금증이나 도덕적 난제들을 탐색하기 위한 커다란 잠재력도 역시 갖고 있다고 인식하기에 이르렀다. 이런 이해의 결과로, 특히 20세기 후반에, 그리스도인의 영화에 대한 덜 부정적 응답들의 수가 늘었다.

파솔리니 감독의 영화 <마태오의 복음서>(The Gospel According to Saint Matthew, 1964)는 제2차 바티칸 공의회를 위해 로마에 모인 800명의 주교로부터 박수갈채를 받았다. 심지어 앞서 다뤘던 가장 비판적 가톨릭 저서 중 일부는 영화의 가치의 양면성을 실제보다 축소해서 다루었다.[22] 더욱 최근의 공식적 가톨릭 문서들의 일부에서는 전체적으로 영화에 대해 의구심이 줄어든 태도를 반영했다.

예를 들면, 사목 훈련지인 「일치와 발전」(Communio et Progressio, 1971년 5월 23일 자)은 "인간의 진보 혹은 영적 가치들"에 관한 주제를 강렬하게 다룰 수 있는 예술작품들로써 영화들을 높이었다. 게다가 가톨릭교회 내부의 어떤 기관들은 영화의 제작과 재정 양쪽에 포함되어있으며, 그 영화에는 질서유지위원회가 크게 문제 삼았을 장면들도 가끔 포함되었다(예, 로메로, 1989). 1928년 헤이크에서 영화를 주제로 열린 세계 가톨릭 회의에서 가톨릭 영화인들의 모임(the Office-나중에 Organization Catholique International du Cinéma, OCIC)이 출범했다.

교황 비오 11세가 설립을 지원했으며, 초기에는 "도덕적 영화들"을 홍보하고 영화 산업에서 그리스도인들이 근무하도록 도우려는 의도가 있었다. 제2차 세계대전 이후에 국제적 영화상을 마련했다. 과거 영화를 검열했던 가톨릭 단체가 당시 몇몇 영화, 특히 "인간의 도덕과 영적 진보에 가장 많이 이바지할 수 있는" 것들을 기리는 것을 열망했다.[23]

---

21 미국 통신위원회의 최종심의(January 11, 2000)는 1997년 2월 23일 Thomas B. North의 고소, 즉 쉰들러 리스트의 연결 묘사에 포함된 알몸 노출이 소송할 정도로 외설적이라는 내용에 대해 기각했다.
22 Pius XI, *Vigilanti Cura* (1936), II.
23 Gaye Ortiz, "The Catholic Church and Its Attitude to Film as an Arbiter of Cultural Meaning", in Jolyon Mitchell and Sophia Marriage (eds.), *Mediating Religion* (London, 2003), 179-88.

OCIC 상은 존 포드(John Ford)나 프란시스 포드 코폴라(Francis Ford Coppola)등과 같은 감독들에게 수여되어 왔다. OCIC(지금은 시그니스SIGNIS)는 상품 수여와 나라별 영상위원회(national film offices)의 성장을 도울 뿐만 아니라, 가톨릭 영화 평가단을 조직해서, 세계적 주요 영화제들에서 에큐메니컬 평가단과 함께 계속해서 섬기고 있다. 어떤 종류의 영화라도 수상할 수가 있다. 때로는 이런 일이 평가단과 가톨릭 조직과 갈등을 초래했다.

가장 칭송받은 경우가 파솔리니 감독의 "테오레마"(*Teorema*, 1968)였는데, 이 영화는 1968년 베니스 영화제에서 최우수상을 받았지만, 영화와 평가단에게만 그랬을 뿐, 나중에 로마 교황청으로부터 비난을 받았다. 이런 불일치에도 불구하고, 영화 평가단은 여전히 자율적이며 그들이 적합하다고 여기는 누구에게든지 그들의 상을 수여하는 것이 허용된다.

수많은 다른 종교적 상들이 베리만(Bergman), 브레송(Bresson) 그리고 펠리니(Fellini) 감독의 영화들에 수여되었다.[24] 파솔리니가 무신론자, 마르크스주의자였을지도 모르지만, OCIC는 1964년 <마태오의 복음서>(The Gospel According to Saint Matthew, 1964)를 올해의 최우수 종교 영화로 선정했으며, 그들은 파솔리니가 "우리의 신앙을 공유하지는 않았음"에도 그가 "심오한 감동을 전달한 기독교 영화"를 만들었다는 것을 인정했다.[25] 어쨌든, 이제는 인식이 높아져서 영화들이 훌륭한 깊이, 능력, 예술가적 기교, 도덕적 딜레마 그리고 신학적 의문점에 대해 분석할 수 있다.

호주의 예수회 신부인 피터 말론(Peter Malone)은 그의 저술과 강의 경력의 대부분을 어떻게 영화가 종종 신학적이고 도덕적 의미를 상기시키는가를 보여 주는 일에 헌신해 왔다. 말론의 책『영화의 가치』(*Film and Values*, 1984)는 "현대 영화들의 대부분은 오염되지 않았다는 가정"을 바탕으로 썼고, 실제로 영화는 이야기를 통해 자주 인간사의 핵심이 무엇인지 분석하고 표현한다.

그가 제안하기를 영화는 변화무쌍한 이야기처럼 기능할 수 있고 "우리가 가진 기준들에 이의를 제기하거나, 그렇게 행동해야 한다고 주장하는 가치들을 테스트"할 수 있는 그런 잠재력이 있다고 한다.[26] 말론의 저작은 영화들과 표현하고 있는 개성들을 신중하게 분석하는 성향을 보인다.

이것은 그의 저서『기독 영화와 적그리스도 영화』(*Movie Christs and Antichrists*, 1990)에서

---

24 Ronald Holloway, *Beyond the Image* (New York, 1977), 29.
25 L. Baugh, *Imaging the Divine* (Kansas City, KS, 1997), 97.
26 Peter Malone, *Film and Values* (New York, 1984), 3, 43.

분명하게 나타나는데, 영화 속에서 예수와 그리스도의 모습을 구분한 초창기 자료 중 하나다. 전자는 영화 <왕 중 왕>(The King of Kings, 1927)이나 <가장 위대한 이야기>(The Greatest Story Ever Told, 1965)와 같이 스크린 위에 예수 자신을 표현하는 방식이었다.

후자는 영화 <폭력탈출>(Cool Hand Luke, 1967)이나 <페일 라이더>(Pale Rider, 1985)의 주인공처럼 그리스도의 생애와 죽음을 상기시키는 모습의 인물을 그리는 방식이었다. 여타 작가들이 영화 속에서 예수와 그리스도의 모습을 구분하는 이런 방식을 광범위하게 활용해 왔는데, 로이드 보(Lloyd Baugh)의 책 *Imaging the Divine*(1997)을 예로 들 수 있다. 로이드 보와 여타 평론가들이 아는 것처럼, 영화 주인공을 그리스도 역할로 이해하는 것은 이야기 자체보다는 연기자에 더 집중한다는 것을 드러내는 것일 수 있다.[27]

신학적 관점에서의 영화 비평이 초창기이던 시절에 말론은 예외적 인물인데, 알다시피 1960년대와 1970년대 선구적 저작 대부분이 북미 학자들에 의한 것이기 때문이다. 니일 헐리(Neil Hurley), 존 메이(John May) 그리고 제임스 월(James Wall)과 같은 작가들이 이런 탐험을 이끌었다.[28]

헐리가 쓴 영화에 관한 책 세 가지는 영화들 다수의 특정한 내용과 비친 영상에 대한 감독의 영향을 모두 다룬 매력이 돋보인다. 헐리는 *Theology Through Film*(1970)에서 "영화에 관한 신학"(cinematic theology)에 착수했다.

그는 "영화는 대중을 위하지만, 신학은 엘리트를 위한다"라는 주장을 펼침으로 명성을 얻기 시작했다. 그는 스크린 위에서 은혜의 흔적들을 확인하는 것이 가능하다고 생각해 예를 들면, 다수의 현대 영화들을 통해 초월성을 추적하는 시도를 했다.

헐리와 마찬가지로, 영화를 신학적으로 이해하는 월의 방법은 몇 년간 진보해 왔으며, *Christian Century*의 편집자로 근무하는 동안 비평 글과 기사들을 쓰면서 특히 그러했다. *Church and Cinema*(1971)에서 월은 계시의 통로로써 세상에 대한 감독의 시점에 집중했다.

헐리와 월처럼, 메이는 각각의 영화마다 다른 관점을 형성하는 데 있어서 감독의 역할을 강조한다. 예를 들어 그는 "대부"(The Godfather) 제3부작을 얘기하면서, 코폴라 감독의 의도를 고전 영화를 이해하는 시금석으로 활용했다고 한다. 헐리, 메이 그리고 월은 감독의 시점에 상당한 강조를 함으로써, 자신들이 작가주의(*auteur* theory)의 요소들

---

27 Paul Coates, *Cinema, Religion and the Romantic Legacy* (Aldershot, 2003), 79–82.
28 이외 여러 접근에 대한 비판적 해설은 다음 자료를 보라. Steve Nolan, "Towards a New Religious Film Criticism: Using Film to Understand Religious Identity Rather than Locate Cinematic Analogue", in Mitchell and Marriage, *Mediating Religion*, 169–78.

에 호의적이라는 것을 보여 준다. 이것은 감독의 관점을 영화 이면에서 번뜩이는 구성력을 발휘하는 "작가"처럼 특혜를 주는 것이라는 영화 비평 접근법과 관련이 있다.

3) 영화가 조명한다?

영화가 신학적이며 윤리적 궁금증을 유발하는 잠재력이 있을 수 있지만, 성경 본문을 조명하는 내재성을 갖고 있을까? 최근에, 일련의 성경 신학자들이 이 질문에 긍정적으로 답변해 왔다. 아들레 레인하르츠(Adele Reinhartz)는 저서 *Scripture on the Silver Screen*(2003)에서 "성경적 문해"(biblical literacy)의 발전을 돕는 사이에, *Screening Scripture*(2002)에서 다양한 시도가 "성경과 영화 사이의 상호 텍스트적(intertextual) 연결점"이 어떻게 가능한지를 보여 주었다.

이 책들은 예상보다 이른 선례들을 갖고 있다. 예를 들어 래리 크라이처(Larry Kreitzer) 교수는 성경 학자로 훈련받았지만, 그는 영화와 소설이 성경 본문을 조명할 수 있다는 방법을 찾아 나섬으로 유명하게 되었다. 지금까지, 크라이처는 네 개의 책을 썼는데 "성경 본문과 위대한 문학 고전들 그리고 영화, 가장 설득력 있는 현대 예술 양식 사이에 대화가 일어나는 것"이 가능하도록 하는 것이 목표다.

그는 이 과정을 "해석학적 흐름 바꾸기"라고 표현한다. 본질적으로 이런 삼중적 접근은 성경 본문들 위에 새로운 빛을 조명하는 방식으로 고전 문학 작품들과 영화적 관점에서의 해석방법들을 사용하려는 의도다. 예를 들어 브램 스토커의 드라큘라(Bram Stoker's Dracula)의 다른 버전들, 소설(1987)과 코폴라 감독의 영화(1992) 양쪽을 조심스럽게 읽어볼 것을 제의하는 데, 바울의 고린도전서에서 피의 모티브를 이해하기 쉽게 밝히기 위해서이다.

크라이처의 사례 연구들은 보통 고전적 소설들과 영화들에 주목하는 데 예를 들면, <지킬 앤 하이드>(Dr. Jekyll and Mr. Hyde), <스파르타쿠스>(Spartacus) 그리고 <벤허>(Ben Hur)가 있다. 그는 신약학자의 노련한 솜씨를 빌어 관련 본문들을 처리했다.

크라이처의 삼중적 접근 방식은 점차 인정을 받고 있지만, 작가의 의도에 몰두한다는 비판을 받아 왔다.[29] 그런데도, 크라이처의 저작들은 신학과 영화에 관계된 연구 분야들을 빠르게 발전시켰다는 중대한 공헌을 했다.

---

[29] Steve Nolan, "Towards a New Religious Film Criticism: Using Film to Understand Religious Identity Rather than Locate Cinematic Analogue", in Mitchell and Marriage, *Mediating Religion*, 173–4.

로버트 주잇(Robert Jewett)은 영화 비평의 세계에 몰두한 또 다른 성경 학자다. 그가 언급한 동기와 방법은 크라이처의 것과는 다르다. 영화에 관한 그의 첫 번째 두 책에서는 바울을 영화를 소재로 대화를 하는 상대방으로 그리는데, 바울의 선교사적 바람이 모든 사람의 필요를 채워 주려는 것으로 생각해서, 만일 그의 시대에 영화가 있었다고 한다면, 바울 또한 영화 비평에 관여했을 것이라고 주장한다.

주잇은 크라이처의 삼중적 접근법 대신에 쌍방향의 "해석학적 아치"(interpretive arch)를 사용하는 데, 그것은 성경텍스트와 필름텍스트 공히 성서 해석적(exegetical) 측면에서 다루는 것이다. 그는 필름텍스트의 세계로부터 독자를 성서텍스트의 세계로 옮기고 되돌리기를 자주 한다.[30]

주잇과 크라이처의 접근법 공히 우려할 점이 한 가지 있다. 영화 이론의 풍부한 자원들, 예를 들어 정신 분석이나 관찰자 중심(spectator-led)의 다양한 접근법들을 수용하기보다는 영화 비평의 문예적 모델들에 의존하려는 의식적 경향에 관한 것이다.[31] 영화를 "읽어서" 원래 자신이 아닌 하나의 기록된 텍스트로 바꾸려는 시도는 위험하다. 영화를 분석하기 위해서 한낱 단어들로 바꿀 수는 없다.[32] 영화를 해석하기 위해서는 시각적 세심함과 같은 다른 능력들이 필요하다.

여러 작가는 신학과 영화에 관해서 심지어 크라이처나 주잇보다 한발 더 나아가며 영화가 성례적으로 기능할 수 있다고 주장한다. 피터 프레이저(Peter Fraser)는 그의 저서 Image of the Passion(1988)에서 자신이 생각하기에 그리스도의 수난을 가장 잘 표현하는 영화들을 검토하고는 그것들을 성례적 영화들이라고 말했다.

프레이저는 "성례적 영화가 종교 저술가들이 찾던 영적 임재의 전유(appropriation)를 일반적 경험의 측면에서 고려한다."[33] 각 장에 특정한 영화 한 편에 대한 설명을 제공하는 데, 예를 들면 <갈리폴리>(Gallipoli, 1981), <미션>(The Mission, 1986) 그리고 <블랙 로브>(Black Robe, 1991)이며 프레이저는 만일 영화 <어느 시골 사제의 일기>(Diary of a Country Priest, 1950)가 브레송 감독(Robert Bresson)의 의도대로 받아들여졌다면, 관객들이 "살아계신 하나님과 함께하는 성례적 경험 속으로 인도되었을 것"이라 주장한다.[34]

---

30 Bernard Brandon Scott, *Hollywood Dreams and Biblical Stories* (Minneapolis, MN, 1994).
31 Nolan, "Towards a New Religious Film Criticism", 169–78.
32 T. M. Martin, Images and the Imageless: A Study in Religious Consciousness and Film (Lewisburg, PA, 1981), 122.
33 Peter Fraser, *Images of the Passion: The Sacramental Mode in Film* (Trowbridge, 1998), 5.
34 Peter Fraser, *Images of the Passion: The Sacramental Mode in Film*, 11.

이것은 확인하기 어려운 주장이지만, 영화가 관객들을 조명할 수 있다는 믿음의 전형적 예이다. 프레이저에게 성례적 영화는 "신비적 관상"(mystical contemplation)의 대상이 될 수 있으며, 아마도 미래에는 영화가 "그리스도인의 경건에 널리 사용되어 보다 중요하게" 될 것이라고 예상했다.[35]

이 예언이 책으로 나오는 데는 그리 오랜 시간이 걸리지 않은 것 같은데, 피터 말론과 로즈 파카테(Rose Pacatte)가 만든 책,『영화로 읽는 성구 집(集)』(*A Movie Lectionary*)이란 부제를 단 『카메라, 신앙을 비추다』(*Lights Camera...Faith!*, 2001, 2002, 2003)가 출간되었다. 이 세 권의 책은 가톨릭 성구 집의 복음서를 낭독하면서 특정 영화들을 주제로 이야기를 나눈다.

교회 지도자들이 영화를 예배라는 맥락 아래서 설교의 일부 혹은 영성체 후의 기도로써 쓰이도록 격려하는 것이 제3부작의 이면에 놓인 비전 일부다. 마태, 마가, 누가, 요한복음에 묘사된 예수의 가르침과 행하심의 개별 요소들을 대조하거나 조명하기 위해 가져온 각각의 영화가 한 책마다 70여 편이 넘는다.

전체적 영화의 장르들을 살펴보면 <E.T>와 <라이언 킹>(The Lion King) 같은 가족 영화에서부터 <엑소시스트>(The Exorcist)나 <드라큘라>(Bram Stoker's Dracula)까지, <쇼생크 탈출>(Shawshank Redemption)과 <데드 맨 워킹>(Dead Man Walking)과 같은 감옥 이야기에서부터 <라이언 일병 구하기>(Saving Private Ryan) 같은 전쟁영화, <유령과의 사랑>(Truly Madly Deeply)과 같은 분위기 있는 드라마까지, 널리 회자 된 영화 <바베트의 만찬>(Babette's Feast)에서부터 잊을 수 없는 영화 <식스 센스>(The Sixth Sense)까지 인용한다.

다양하게 모은 것은 신학적 그리고 영화적 시야를 넓혀서 모두의 마음에 들도록 하려는 의도가 있다. 영화를 예배 일부에 포함하려는 격려가 20세기 초반에 교회 모임에서 활동사진들을 활용했던 것을 연상시킨다. 게다가 이 책들은 요즘 어떤 이들이 어떻게 영화를 기도의 잠재적 촉매제, 헌신하는 곳, 계시의 장소로써 인식하게 되었는지를 반추한다.

가톨릭 작가이며 영화 비평가인 앤드류 그릴리(Andrew Greeley)는 영화가 "대중 문화"의 일부로써 하나의 신학적 장소(*locus theologicus*), 즉 "누군가 하나님을 직면할 수 있는 현장"[36]이라고 주장하는 견해를 지지한다. 그릴리는 하나님이 "대중 문화의 '이야기들'이 발견되는 장소에 숨어계신다"라고 말한다.[37] 그는 영화 속의 하나님(*God in the Movies*)에서 그런 관점들을 보다 명쾌하게 전개하고 있는데, 영화는 관

---

35 Peter Fraser, *Images of the Passion: The Sacramental Mode in Film*, 6.
36 Andrew M. Greeley, *God in Popular Culture* (Chicago, 1988), 9.
37 Andrew M. Greeley, *God in Popular Culture*, 121.

객들이 성스러움을 만날 수 있는 장소라고 주장한다.[38]

최근에 다른 작가들이 "영화 속의 하나님"을 기대하며 심지어 찾는다고 주장하는 반면, 이것이 마치 빛을 붙잡으려는 노력과 유사한, 힘든 일이라는 것을 변함없이 인정한다.[39]

감독이면서 작가인 폴 슈레이더(Paul Schrader)는 모르는 것을 알게 하는 영화적 기능에 대한 수준 높은 설명을 제시한다. 할리우드 출신이 아닌 세 명의 감독들(오즈)에 대한 연구에 기초해서, 슈레이더 이상 그들의 현실적이며 또한 드문 영화 스타일을 통해 신성함을 마주하는 것이 가능하다는 것을 제시한다.[40]

3. 영화 속 장면들: 연출자 관점의 신학

영화는 실재(reality)에 관한 다른 차원의 모습들을 제시할 수 있다. 영화 <스타워즈>(Star Wars)를 만든 조지 루카스(George Lucas)는 자신의 영화를 통해 하나의 종교를 만들거나 해답을 제시하길 원한 것이 아니다.

그가 원한 것은 젊은이들이 신비(mystery)에 대해 생각하고 "신이 있긴 한 거야? 신은 어떻게 생겼는데? 신의 소리는 무엇과 비슷할까? 신의 감정은 어떤 걸까? 우리가 어떻게 신과 관계하는 거지?" 등을 묻는 것임을 분명히 했다. 그는 "젊은이들의 어떤 영적 실체를 일깨우기 위해" 영화 스타워즈에 포스(the Force)라는 에너지를 집어넣음으로 그가 "신비"로 묘사한 대상에 물음을 던지기 시작했을 것이라고 주장한다.[41]

루카스는 그의 스타워즈 영화가 관중들이 신의 존재와 본성에 대해 궁금증을 이끌어주길 희망했다. 신학을 깊게 연구한 연출자들은 적으며 신학적 주제들을 작품을 통해 분명하게 표현하려고 의식적으로 시도하는 이들도 많지 않다. 설사 있다 하더라도, 그들의 의도가 명쾌하게 신학적 경우는 드물다.

---

38 Albert Bergesen and Andrew M. Greeley, *God in the Movies* (New Brunswick, NJ, 2000).
39 Roy M. Anker, *Catching Light: Looking for God in the Movies* (Cambridge, UK, 2004) 그리고 Catherine M. Barsotti and Robert K. Johnston, *Finding God in the Movies* (Grand Rapids, MI, 2004)를 보라.
40 Paul Schrader, *Transcendental Style in Film: Ozu, Bresson, Dreyer* (Berkeley, CA, 1972). 그가 사용하는 용어들의 정의를 알아보기 위해서는 3–13쪽을 보라.
41 George Lucas, "Interview with Bill Moyers", in *Time*, April 26, 1999.

그러나 특정한 장면들, 영화 또는 연출적 표현에 주의를 기울임으로써 연출자들도 스스로 창의적 신학자처럼 표현할 수 있는지를 깨닫는 것이 가능하다. 연출자들이 신학적 쟁점들을 가지고 새롭고 독창적 방식으로 씨름하는 시각적 이야기꾼처럼 비춰질 수 있다. 그들의 기교는 텍스트 중심적이거나 논리적 논거에 뿌리를 두지 않고, 오히려 이야기를 만드는데 필요한 이미지, 소리, 대화를 솜씨 좋게 병치(juxtaposition)하는 것에 일정 부분 달려 있다. "나는 이미지 메이커에서 이야기꾼으로 전환했다"라고 독일 출신 연출자인 빔 벤더스(Wim Wenders)는 말한다.

> 오직 이야기만이 의미와 도덕률을 이미지에 전달할 수 있다.[42]

연출자들은 폐쇄적 연구나 조용한 도서관 안에서가 아니라, 영화 업계의 큰 전문가들 그룹 사이에서 작업한다.

예를 들면, 대략 십계명을 기반으로 처음에는 폴란드 텔레비전용 영화였던 <십계>(The Decalogue, 1988)를 만들기 위해 크쥐시도프 키에슬로프스키(Krzysztof Kieślowski) 감독은 영화 제작은 본질적으로 협동 생활이라는 그의 믿음을 그의 영화팀을 통해 보여 준다. 필자는 연출자의 역할에 초점을 맞춤으로써 다른 회원들인 시나리오 작가, 프로듀서, 촬영감독, 편집자, 작곡가, 캐스팅 감독, 연기자와 같은 역할이 간과될 수 있다고 생각한 것은 아니다.

연출자의 역할, 창작들 그리고 배경에 주목하는 것은 전문가들이 공유하는 선천적 특성을 무시하는 것이 아니고, 영화 제작자들이 마주하는 경제적 제약이나 사회적 압력들을 외면하는 것도 아니라, 영화 제작과 내용의 신학적 중요성을 비평적으로 성찰하려는 가치 있는 접근법이기 때문이다.

1) 잉마르 베리만

스웨덴 출신인 잉마르 베리만은 영화계의 거장으로 널리 인정받는 사람이며, 20세기 선도적 감독 중 한 명이다. 그는 샤르트르 대성당이 어떻게 소실되었고, 그러고 나서 어떻게 수천 명의 무명 기능공들에 의해 재건축되었는지에 강한 흥미를 나타냈다. 영화 <제7의 봉인>(Det Sjunde Inseglet, 1956)의 영화 대본을 소개하면서, 그는 스스로 무명의 건축업자들과 동일시했다.

---

[42] Geoffrey Nowell-Smith (ed.), *The Oxford History of World Cinema* (Oxford, 1996), 625.

> 만일 내 영화의 일반적 목적이 무엇이 되길 원하느냐고 누가 묻는다면, 위대한 평민들이 쌓아 올린 대성당에 이바지한 예술가 중 하나가 되고 싶다고 말하겠습니다. 저는 용의 머리나, 천사, 악마 또는 어쩌면 성인을 돌로 조각하고 싶습니다. 무엇이든 상관없습니다, 만족감을 느끼는 것이 중요하니까요. 내가 믿는지 아닌지, 그리스도인 여부와 상관없이, 대성당이라는 집합 건물에 속한 내 역할을 맡겠습니다.[43]

베리만은 스웨덴의 루터란 목사의 아들로 경건한 집안 분위기 속에서 성장했고, 그것은 그의 자기 이해와 신학적 궁금증을 형성했고, 결국 그의 영화 제작에도 영향을 미쳤다. 베리만은 20세기 후반 "소외를 다룬 영화, 차압 당한 개별성, 타락한 후기 기독교 세상을 다룬 영화"에 생생하게 이바지했다.[44] 신의 부재 속에서 안락과 안내를 찾으며 살아가는 인간에 대해 절망적으로 그린 제3부작, <거울을 통해 어렴풋이>(Through a Glass Darkly, 1961), <겨울빛>(Winter Light, 1962), <침묵>(The Silence, 1963) 그리고 그가 예수의 수난을 다룬 <외침과 속삭임>(Cries and Whispers, 1973)과 같은 영화는 이런 주제들을 여러 차례 분석한다.

예를 들어 겨울빛에서, 한 스웨덴 목사는 자신의 신앙을 잃어버리고 자신을 둘러싼 신의 죽음을 마주했음에도 불구하고, 여전히 예배한다. 다른 한편으로 자신의 신앙을 잃어버린 이 목사와 같은 누군가로서 자신을 본 베리만은 이제 그 예술가는 "그의 고독, 그의 주관성, 그의 개성을 거의 경건하게 고민한다"라고 고백한다.[45] 그 예술가는 자기 자신의 외로움 속에 갇혔고, 주위를 빙빙 돌고 있으며, 타자의 존재를 인지할 수가 없다.

반면, 1950년대와 60년대 초반에 베리만은 창작하는 과정에서 하나님의 역할에 대한 이해를 쉽사리 떨쳐낼 수 없는 듯 보였다. 그의 "제7의 봉인" 소개 글에는, 자신이 일찍이 예술가의 개인주의를 한탄했을 뿐만 아니라 "예술이 예배로부터 분리된 순간 기본적 창의적 동력을 잃어버렸다"라고 주장한다.

명백하게 나타나지 않는 하나님과 씨름했던 자신의 경험을 고려해볼 때, 이런 분리가 마치 탯줄을 잘라내는 것 같다고 그가 믿고 있음은 놀라운 것이다.

> 예전에 그 예술가는 작품이 하나님께 영광인 것을 모르고 지냈다. 그는 다른 장인들보다 더 혹은 덜 중요할 것 없이 살다가 죽었는데 "영원한 가치", "불멸", "명작"이

---

43 Ingmar Bergman, introduction to *The Seventh Seal* script (London, 1968, revised 1984).
44 Melyvn Bragg, *The Seventh Seal*, BFI *Classics* (London, 1993), 11.
45 Bergman, introduction to *The Seventh Seal*.

란 용어들은 그에게는 해당하지 않았다. 창작할 수 있는 능력은 선물이었다. 꿋꿋한 자신감과 타고난 겸손이 그와 같은 세상에 넘쳐났다.[46]

베리만은 소개 글을 쓸 때 절대 알려지지 않은 인물이 아니었다. "제7의 봉인"은 그가 연출한 열일곱 번째 영화였고 가장 널리 알려진 작품으로 남아 있다. 이 영화에서 여러 번 빛이 났던 것은 기사(블로크)나 그의 시종(욥)이 아니라 의인화된 죽음의 사자이다. 영화의 배경은 전염병이다.

죽음이란 주제가 영화에 스며들어있으며, 서로 다른 인물들이 그들 자신에게 임박한 죽음에 어떻게 반응하는지를 살펴보고 있다. 십자군에서 돌아오는 길인 기사가 체스를 두면서 혹시 죽음에서 벗어날 수 있을지도 모르지만, 그는 절대 승리하지도 탈출하지도 못할 것이다.

이 영화를 만든 이후에, 그는 여전히 죽음에 대해서 생각은 하겠지만 그것이 더 이상 죽음은 아니어서, 영화에서의 탐험으로 후련하다고 고백했다. 베리만은 그의 신학적 고뇌를 스크린 위에 반복해서 표출하는 감독이다.

특히 영화 제작하는 첫 20여 년 동안 그러했다. <제7의 봉인>에서 블로크의 여행은 베리만 자신의 경험, 죽음과 인간적인 사랑 모두를 직면하면서 침묵하고 있는 신을 찾는 것으로 가득했다.[47]

그가 작품으로 "하나님께 영광"을 돌렸다고 분명하게 말할 수는 없다고 하더라도, 스크린을 통해 만들고 분석해 깊이 있는 신학적 의구심을 불러일으키는 그의 재능은 분명히 (신이 주신) 선물이다.

2) 프란시스 포드 코폴라, 대부

코폴라 감독의 영화들의 여러 특정 장면들은 각기 다른 신학적 의문들을 불러일으킨다. 그것들은 코폴라의 이탈리아 유산과 가톨릭적 양육방식을 반영한다. 영화 <대부>(Godfather, 1972)는 영화 제작의 고전으로 널리 인정받는 세례 장면을 담고 있다.[48] 그 연속적 장면들은 점점 최고조에 이르는데 마이클 콜레오네가 교회에서

---

[46] Bergman, introduction to *The Seventh Seal*.
[47] J. Kalin, *The Films of Ingmar Bergman* (Cambridge, 2003), 57-67.
[48] Naomi Greene, "Family Ceremonies", in Nick Browne (ed.), *Francis Ford Coppola's The Godfather Trilogy* (Cambridge, 2000), 144; 그리고 John R. May, "The Godfather Films: Birth of a Don, Death of a Family", in John R. May (ed.), *Image and Likeness: Religious Visions in American Film*

대부가 되고, 각기 꼬인 세 이야기가 폭력적 대단원을 향해 치닫는다.

회개의 용어, 마귀를 끊어버리겠다는 세 번의 고백 그리고 신앙 고해가 콜레오네가 촉발한 총구의 불 속에서 산산이 조각났다. 세르게이 에이젠슈타인(Sergei Eisenstein) 감독의 <전함 포템킨>(Battleship Potemkin, 1925)의 오데사 계단 장면과 비슷한 스타일이 반복되지만, 그보다 훨씬 더 앞서갔는데, 코폴라는 강력하면서 극적 아이러니한 장면들을 만들었다.

장면들 사이에 다른 장면을 삽입하는 기법은 모순적이면서 시각적 여운들을 남기는 하나의 시리즈로 탄생했는데, 예를 들면, 사제가 물을 가지고 아이에게 성호를 긋는데, 이발사가 면도 크림으로 마피아 고객에게 바르고, 밖으로 나가 살인을 준비하는 장면을 삽입했다.

콜레오네가 여동생의 아이에게 대부가 되는 중에 냉혹한 살해들을 교사하면서 동시에 그가 흘린 피를 통해 마피아의 대부가 된 장면들을 병치한 것은 특히 훌륭했다.

영화 초반부에 마이클의 이상주의적 모습은 사라져버리고, 새로운 대부 콜레오네가 대신했다. 교회 안의 세례식과 잇따른 마피아의 살인 사이의 편집 기법은 영화가 1972년 처음 상영된 이후로 여전히 수많은 영화가 흉내를 내고 있다.

그렇더라도 코폴라 감독은 주인공 마이클 콜레오네에 대한 관객의 반응에 실망했는데, "나는 <대부> 1편의 마지막에서 마이클이 모든 정적을 죽이고 아내에게 거짓말을 하고 문을 닫을 때, 마피아와 그 힘에 대한 혹독한 평가를 만들고 있었다고 느꼈다. 그러나 많은 사람이 내 의도를 알아차리지 못한 것은 명확했다."[49] 그를 도덕적으로 불쾌한 인물로 알아채기보다는, 많은 이가 알 파치노의 강렬한 인상과 폭력을 통해 무자비한 힘을 행사하는 것에 매력을 느꼈다.

두 편의 <대부> 후속작품들에서 코폴라는 이런 오해를 바로잡으려는 시도로 이해가 될 수 있다. 예를 들어 <대부> 1편의 세례 장면을 연상시키는 "대부" 3편(1990)의 클로징 장면은, 오페라 카발레리아(Cavalleria)의 부활절 장면 사이에 암살에 관한 연속장면들이 삽입되었고, 마이클을 살해 시도하는 절정을 향해 나아간다. 암살자가 실수하는 바람에 마이클의 딸이 대신 총을 맞는다.

피에타(Pieta)의 가슴 아픈 장면이 도치되는 가운데, 팔레르모 대극장의 계단 위에서

Classics (Mahwah, NJ, 1992). 이 부분에서 필자는 특별히 메이의 논고에서 많은 도움을 받았습니다.

49 메이의 언급을 인용함 "The Godfather Films", 65.

마이클이 딸 메리의 시체를 껴안는다.

누군가는 코폴라 감독이 마이클을 모터보트 사고로 22살의 나이에 죽은 친아들 기안 카를로(Gian-Carlo, Gio)와 동일시해서 영화 속 메리의 역할을 친딸 소피아로 정한 것이라고 주장한다. 마이클이 비통함을 담은 정적에 잠긴 외마디 비명은 영화 역사상 가장 가슴을 뭉클하게 하는 순간 중 하나다.[50] 폭력이 구원한다는 근거 없는 믿음을 지지하는 것과는 다르게, 주인공 마이클 콜레오네는 쓸쓸히 노년을 보내는 황혼에 접어들었다.

3) 멜 깁슨과 패션 오브 크라이스트

예수 생애 마지막 12시간을 다룬 멜 깁슨(Mel Gibson)의 영화는 개봉하기도 전에 논란을 불러일으켰다. 반(反) 인종주의 연맹(Anti-Defamation League, ADL)은, 영화 속에서 유대인에 대한 고정관념에 대응할 목적으로 20세기 초기에 처음 설립된 단체로, 그 영화가 반(反) 유대적 장면들을 피하도록 요청하고자 유대인과 가톨릭 학자들로 구성된 특별 위원회와 힘을 합쳤다.

그들이 우려한 것은 예수의 수난극 역사에 대한 의식이 높아지는 것이다. 중세 유럽에서 반 유대적 정서가 가장 격렬했던 상황은 성(聖) 주간(Holy week) 드라마들 이후였고, 때때로 유대인을 "그 결정"에 대한 총괄적 책임을 져야 할 대상으로 묘사했다.[51]

영화 시사회 후에, 반(反) 인종주의 연맹(ADL)이 논평하기를 "우리는 그 영화에 대해 심히 우려를 표명하는 데, 만약 현재 상태로 개봉을 한다면, 많은 중진 교회들은 물리치기 위해 열심히 일해 왔던 혐오와 심한 편견 그리고 반 유대주의 정서에 기름을 끼얹은 격"이라 했다.[52]

이와 같은 우려에 대해 반응으로 멜 깁슨은 주장하기를 "<패션 오브 크라이스트>(The Passion of the Christ, 이하 패션)는 반 유대주의를 담고 있지 않다"라면서 대

---

[50] "The Godfather Films", 75.
[51] 개봉 후에도 논란은 계속되었다. Marvin Perry and Frederick M. Schweitzer, "The Medieval Passion Play Revisited", in S. Brent Plate, *Re-Viewing the Passion* (New York, 2004), 3-19; 그리고 Karen Jo Torjesen, "The Journey of the Passion Play from Medieval Piety to Contemporary Spirituality", in J. Shawn Landres and Michael Berenbaum (eds.), *After the Passion is Gone* (Walnut Creek, 2004), 93-104.
[52] ADL press release, August 11, 2003.

신에 "믿음, 소망, 사랑 그리고 용서"에 관한 영화라고 했다.[53]

다른 많은 공식 평론들은 멜 깁슨이 반 유대적 감정들을 자극하려는 의도가 없다는 것을 분명히 했다. 세실 데밀(Cecil B. DeMille)이 불편함에 대한 반응으로 <왕 중 왕>(The King of Kings, 1927)에서 여러 변화를 준 것과 다르게 멜 깁슨은 비평적 입장에서 큰 변화 없이 <패션>(The Passion)을 다루었다.[54]

그 영화를 보기 위해 6억 2천 달러 이상을 지급한 전 세계의 거대한 관객들의 반응들을 조정할 수 있는 어떤 방법도 깁슨은 갖고 있지 않다. <패션>은 "전 세계 흥행수익 역사상 가장 높은 수익을 기록한 역사적 서사시"가 되었다.[55]

게다가 <패션> DVD를 출시한 지 일주일 안에 거의 9백만 장 가까이 팔렸는데, 이는 <반지의 제왕>(The Lord of the Rings)조차 앞지르는 것이다. 어떤 관객들은 영화에서 반 유대주의를 발견하지 못하지만, 다른 이들은 유대인 등장인물의 상당수가 대단히 문제가 있는 것으로 묘사가 됨을 찾아냈는데, 미국 가톨릭 주교들이 수난사를 각색하는 부분에 대해 정한 지침들을 무시했다고 주장했다.[56]

이런 다양한 반응들은 연출자의 의도와 관객의 수용 사이에 격차가 있음을 보여준다. 영화상의 강렬한 표시들은 연출자와 제작팀이 만들기 바랐던 것에 개의치 않는 무궁무진한 방식으로 관객들에 의해 해석될 것이다.

재판과 채찍질의 무대장치(미장센, mise-en-scene)에는 화려한 의상들을 입고서 단호한 표정을 한 유대 지도자들이 간접적으로 책임이 있는 고통에는 무관심한 태도를 보인다. 대부분 영화처럼, <패션>은 예를 들면 신약의 내용이나 해석들 자체가 얼마나 반 유대적인가와 같은 본문에 관한 논쟁을 회피할 수 있었다. 왜냐하면, 부분적으로 영화가 풍부한 시각적 세목들을 제시할 수 있기 때문이며, <패션>은 1세기 유대인들이 요한복음에 등장하는 "유대인들"보다 더 이질적 존재로 묘사할 잠재력이 있다.

여러 비평에 따르면, 영화는 이런 기회를 살리는 데 실패했고, 대신에 많은 유대인을 동정심이 없고 가학적인 것으로 묘사하는 영화적 고정관념에 기대했다. 인정

---

[53] ABC's Prime time에서 Diane Sawyer와 Gibson의 인터뷰 인용, February 14, 2004.
[54] 마 27:25를 근거로 그 절에 가장 중요한 변화가 있었고, 거기서 백성이 대답하기를 "그 피를 우리와 우리 자손에게 돌릴지어다" 원래 구절이 영화에는 남아 있고, "원래" 언어로는 말했으나, 자막에서는 지워졌다.
[55] 예를 들어 John Dominic Crossan의 리뷰를 보라, "Hymn to a Savage God", at www.beliefnet.com Kathleen E. Corley and Robert L. Webb (eds.), *Jesus and Mel Gibson's The Passion of the Christ* (London, 2004)가 출간되었다. 또한, National Conference of Catholic Bishops, *Criteria for the Evaluation of Dramatizations of the Passion* (1988)을 보라.
[56] Leonard Klady, "The Passion and the Profits" in *Screen International*, December 3, 2004, 56.

하건대, 유대 지도계층과 군중 내부의 약간은 예수에게 던져진 폭력의 무게로 심히 불안해하는 모습이었지만, 영화는 유대교 제2성전 내에서 보이는 확신의 차이에 대한 표현에 불과했다.

멜 깁슨의 영화가 어떤 식으로 해석이 되든지 간에, <패션>은 반-유대주의 표현들을 둘러싼 상당한 논의들을 불러일으켰으며, 상당히 문제가 있는 사항에 대한 인식을 돌이키는 데 이바지했다.[57]

영화가 개봉된 이후에는 다른 부분에서 논란이 일어났다. 폭력적 장면이 힘들었고 특히 채찍질하는 장면은 모든 것을 다 보여 주었다. 어느 정도는 컴퓨터 그래픽(CGI, computer generated imagery)으로 만들어졌지만 여러 명의 로마 병사들이 잔혹하면서 가혹하게 후려치는 통에 예수의 속살이 다 벗겨져 드러나는 모습을 보여 주었다.

어떤 관객들은 마치 "포르노 그래픽"[58]처럼 해당 묘사를 바라보았고, 다른 이들은 수난극을 사실적으로 표현할 것을 주문했다. 비록 멜 깁슨과 촬영감독인 칼렙 데이셔넬(Caleb Deschanel)이 카라바조(Caravaggio)의 그림들을 주의 깊게 연구했다고 할지라도, 난자당한 예수의 몸에 대한 묘사는 상대적으로 예수를 아무 탈이 없게 두었다는 점에서 카라바조의 그림 「예수 책형」(Flagellation of Christ, 1607)보다는 마티아스 그뤼네발트(Matthias Grünewald)의 1515년 작품인 「이젠하임 제단화」(Isenheim Altarpiece)에 더 가깝다. 관객에 대한 배려는 거의 보이지 않는데, 영화는 우리를 영화 속 고난의 길(Via Dolorosa)로 데려가면서, 피투성이가 된 예수가 비틀거리고, 넘어지고 그 후, 20여 분이 지나서 십자가 위에서 몹시 고통스러운 죽음을 맞는 예수를 보여 준다.

한 가지 의아한 것은 많은 보수적 그리스도인들이 매우 충성스럽게 추종을 한다는 것이다. 그들은 종종 할리우드 영화들에서 발견되는 폭력성을 가장 크게 비난한 부류다. 쿠엔틴 타란티노(Quentin Tarantino)의 영화 <킬 빌>(Kill Bill: Volume 1, 2003)과는 대조적으로 멜 깁슨은 만화책 폭력에 대한 어떤 암시도 피했고, 대신에 관객들에게 "어떠했는지"의 영화 속 묘사를 제공한다. 심지어 깁슨 자신도 영화의 "잔혹한 강렬함"을 알고 있어서 2005년 부활절에 <패션 리컷>(The Passion- Recut), 6분 분량의 가장 폭력적 장면들을 삭제한 버전을 내놓았을 정도다.

왜 이렇게 폭력적으로 그렸을까?

<매드 맥스>(Mad Max, 1979)나 <리셀 웨폰>(Lethal Weapon, 1987)을 보고 자란 시

---

[57] Terry Goble, "When Lightning Strikes Twice: Signal Graces, Mel Gibson and *The Passion of the Christ*", *Borderlands: A Journal of Theology and Education*, Issue 3 (summer 2004), 46-9.

[58] James Caroll, "An Obscene Portrayal of Christ's Passion", *Boston Globe*, February 24, 2004.

청자들에게 아람어와 라틴어를 사용하는 인물들이 더 이해하기 쉬운 드라마 그리고 항상 (이해하기가) 명쾌한 전쟁영화들로 만들려는 시도였을까?

영화 <패션>의 현실주의적 폭력은 진위에 관한 주장뿐만 아니라, 또한 어떻게 관객들과 연출자들 모두가 훼손된 팔다리와 피투성이인 상처들을 응시하는 게 점점 더 익숙해졌는지를 표출하는 데 있다. 깁슨이 설명한다.

> 나는 충격적이길 바랐어요. 그리고 또한 그게 극단적이길 원했지요. 관객들을 벼랑 끝까지 몰아붙이길 원했어요… . 그들이 엄청난 희생, 그 심각함을 깨닫고 누군가를 보길 원하는 데, 그분은 극심한 고통과 괴로움 그리고 조롱에도 불구하고 그것을 견딜 수 있고 여전히 사랑과 용서로 돌아오실 수 있는 분이죠.[59]

멜 깁슨의 <브레이브 하트>(Braveheart, 1995)에서 윌리엄 월레스가 참수되는 장면은 충격과 제물로 바쳐진 순교를 보여 주려는 열망을 시사한다. 여러 신학자는 "패션"의 극단적 폭력성과 대리속죄(substitutionary atonement)의 신학에 상당히 관련된 표현 모두에 반대를 해 왔다. 이것은 세 번째 논란의 요소: 영화적으로 표현된 멜 깁슨의 신학에 주안점을 둔다.

영화 "패션"이 확고하게 대변하고 있는 멜 깁슨의 신념은 제물로 드려진 예수의 죽음의 본질에 대한 강조를 중요시하는 것에 있다. 1세기 당시의 유대를 재현하려는 영화의 이런 시도는 사복음서의 요소들, 중세 이후 유럽의 로마 가톨릭 신학의 부분들과 아우구스티누스 수도회의 독일인 수녀이면서 신비주의자인 앤 에머리히(Sister Anne Emmerich, 1774-1824)의 저술들을 한데 섞어 놓은 상태 그대로다.[60]

다른 많은 예수 영화들처럼, <패션> 또한 시각적으로 신학을 표현하려는 기독교의 오랜 전통을 이용하고 있다. 전부는 아니더라도, 그리스도의 수난을 나타내는 14곳의 그림들(the 14 stations of the cross) 다수가 멜 깁슨의 영화에서 꽤 자주 예술적 영상으로 표현된 것을 발견한다.[61]

이 영화는 개인주의적 경건으로 가득 찼는데, 그것은 신자가 오로지 그리스도의 고통, 상처들 그리고 죽음에 전념하도록 이끈다. 이 희생적 죽음은 세상의 죄 못지않

---

[59] ABC's Primetime에서 Diane Sawyer와 Gibson의 인터뷰 인용, February 14, 2004.
[60] *The Dolorous Passion of Our Lord Jesus Christ from the Meditations of Anne Catherine Emmerich* (Rockford, IL, 1994).
[61] David Morgan, "Catholic Visual Piety and the Vision of the Christ", in S. Brent Plate (ed.), *Re-Viewing the Passion* (New York, 2004), 85–96.

게 관객 개인의 죄를 위해서이기도 한다. 영화가 부활에 관심이 적다는 사실은 기독교 경건과 신학이 십자가와 부활을 틀어지게 하는 경향이 있음을 반향 한다.

또 다른 의아한 점은 많은 근본주의자뿐만 아니라 복음주의적 그리스도인들까지도 전적으로 이 영화를 받아들였다는 점인데,[62] 많은 교회가 극장 전체를 사전 예약을 하면서, 또한 바로 이 모임들은 또한 깁슨이 묘사한 가톨릭 신학이 깊은 결함이 있다고 확신한다는 것이다. 이 특이한 연합이 영화 "패션"을 전 세계 영화 순위에서 1위에 올려놓았다.

전 세계적으로 여러 신문이 <위대한 생애>(The Greatest Story ever Sold)로 묘사했다.[63]

영화의 "진실성"과 가혹한 비평을 강조하며, 심지어 연출자가 마주했던 "고뇌"와 "종교적 박해"조차도 영화에 대한 지지를 높이는 좋은 효과로 사용되도록 능숙하게 홍보했다. 연출자 관점의 신학은 어떤 이유에서든 필연적으로 선택적이게 된다. 칼 데오도르 드라이어(Carl Theodor Dreyer), 로베르 브레송(Robert Bresson) 또는 안드레이 타르코프스키(Andrei Tarkovsky)와 같은 감독들의 신학적으로 풍부한 작품을 여기서는 고려하지 않는다.

유명한 영화 감독 중에서 단지 베리만, 코폴라, 멜 깁슨 세 명이 신학적 서술과 주제들을 영화상으로 표현했다. 예를 들어 드밀(DeMille)의 종교적 장편 서사 영화인 <십계>(The Ten Commandments, 1923), <왕 중 왕>(The King of Kings, 1927), 그의 발성영화 <인 사인 오브 더 크로스>(The Sign of the Cross, 1932)는 멜 깁슨의 <패션>과는 매우 다른 방식으로 관객들을 이야기 속으로 끌어들인다.

그의 작품은 교훈적 설교적 분위기를 가졌는지 모르겠지만, 또한 매혹적 그림들을 관객들에게 전달하는 데, 예를 들어 영화 <왕 중 왕>에서 가릴 듯 말 듯 옷을 입은 막달라 미리아(Mary Magdalene)가 그녀를 흠모하는 남성들에게 둘러싸인 모습이나 <사인 오브 더 크로스>에서 황후 포페아가 우유 목욕을 하는 장면이 그러하다.

성인 코미디와 종교적 주제들을 섞은 드밀의 방식은 흥행에서 대성공을 안겨주었지만, 또한 가톨릭과 개신교회 양쪽은 반대했다. 그의 70편이 넘는 전작에 관한 연구는 감독 자신의 신념들과 배경이 실제로 어떻게 영향을 미쳐서 최종 작품으로 형성하는지를 정확하게 알아차리기가 얼마나 복잡한 과정인지를 강조한다.[64]

---

62 Leslie E. Smith, "… Understanding Evangelical Support for *The Passion of the Christ*", in J. Shawn Landres and Michael Berenbaum (eds.), *After the Passion is Gone* (Walnut Creek, 2004).
63 The Age, (Melbourne, Australia, February 25, 2004).
64 여러 시도에도 불구하고, 그의 정확한 정도를 규명하기가 점점 더 어려워지며, 히치콕의 가톨릭주의가 죄에 대해 묘사와 그의 영화 "wrong man"에서 무죄함을 형성하는 데, 거기서 부당

또한, 마틴 스콜세지(Martin Scorsese) 감독의 경우도 있는데, 그는 신학교에서 훈련을 받았으며 14세에 뉴욕에 있는 Cathedral College에서 1년간 보냈는데, 이것은 그의 영화를 이해하는 하나의 열쇠로써 가끔 사용된다. 그는 8세부터 본격적 사제가 되기로 했고, 이탈리안 뉴욕에서 가톨릭적 훈육을 받은 것이 그의 영화 제작에 심대한 영향을 끼친 것으로 보인다. 그는 더 이상 실천적 가톨릭교도가 아닐 수도 있지만, 죄, 폭력, 구속이란 주제들은 그의 영화에서 절대 떨어져 본 적이 없는데, 예를 들어 <택시 드라이버>(Taxi Driver, 1976), <성난 황소>(Raging Bull, 1980), <케이프 피어>(Cape Fear, 1991)가 그것이다.

그의 초창기 작품인 <비열한 거리>(Mean Streets, 1973)는 중요한 등장인물이 나타나는데, 그는 교회에서 그가 듣고 행하는 것과 총이 지배하는 거리에서 그가 발견한 것 사이의 갈등에 힘겨워한다. 영화 <패션>에서 표현된 신학과 <그리스도 최후의 유혹>(Last Temptation of Christ, 1988)과 카잔차키스(Kazantzakis)의 소설을 원작, 현저하게 대조가 되는 것은 전적 유혹과 전적 인간성을 지닌 의심하는 인성으로써 그리스도의 본성을 스스로 해결하려고 씨름했다는 것을 반영한다.[65]

스콜세지, 베리만 그리고 깁슨조차 신학적 사고의 근거를 인정하는 감독들의 실례며, 코폴라와 드밀은 더욱 드문 경우지만, 반면에 대다수 감독은 공식적으로 명명하지는 않지만, 신학적 주제들을 표현하려는 경향이 있다. 그 주제는 이야기에서부터 나타나는데 왜냐하면, 이야기에는 가장 근원적 두려움, 염원 그리고 성향들이 나타나기 때문이며, 그것은 의식적으로 심어지지 않기 때문이다. 이번 장에서 나의 견해는 감독 관점의 신학이 특정 영화와 관련된 신학적 의미를 만들면서 제작팀과 청중 양쪽의 더 넓은 역할을 인정하는 가능성이 있다는 것이다.

4. 영향력과 논쟁, 의제

지난 10여 년간 신학과 영화에 관해 출간된 서적들이 눈에 띄게 증가했다. 그런데도 여타의 신학적 연구물들과 비교해 볼 때 신학적 입장에서의 영화 비평은 아직도 걸음마 단계에 있다. 지난 90여 년 동안 강조점에 있어서 한 가지 중요한 변화가 있었는데, 그것은 영화의 영향력이나 이득에 대한 목회적 염려로부터 좁은 독자층을 위해 종종

하게 고소를 당한 한 사람이 자기 이름을 지우려고 시도한다. Eric Rohmer and Claude Chabrol, *Hitchcock: The First Forty-four Films* (New York, 1978)을 보라.

65 좀 더 자세한 논의를 위해서는 Jeffrey Mahan, "Celluloid Savior: Jesus in the Movies", *Journal of Religion and Film*, 6: 1, April 2002를 보라.

저술 활동을 하는 신학자들이 지속해서 제기하는 비평적 분석으로의 변화한 것이다.

점진적으로 신학자들은 신학적 주제들이나 논의들이 풍성하게 보이도록 영화를 하나의 자원으로 활용하고 있다. 최근의 사례를 들면, 그레고리 존스(L. Gregory Jones)는 *Embodying Forgiveness* (1995)라는 저서에서 영화 <용서받지 못한 자>(Unforgiven, 1992)를 실례로 폭넓게 사용했고, 데이비드 브라운(David Brown)은 *Tradition and Imagination* (1999)에서 예수 영화들을 간결하게 분석한 내용을 담고 있다.

그레이엄 워드(Graham Ward)는 *Cities of God* (2000)에서 영화 <매트릭스>(*The Matrix*)에 대해 논의했고, 데이비드 커닝햄(David Cunningham)은 *Reading is Believing* (2002)에서 사도신경을 설명하기 위해 영화를 이용했다.

제라드 러글린(Gerard Loughlin)은 Alien Sex (2003)에서 외계인 영화들을 분석했고, 데이비드 제스퍼(David Jasper)는 *The Sacred Desert* (2004)를 통해 사막을 다룬 영화에 관심을 나타냈다. 이런 저작들에서 영화는 삽화로 사용되거나 주제를 폭넓게 다루는 데 도움을 준다. 이제 영화는 논의할 필요가 있는 문제라기보다는 염두에 둘 필요가 있는 하나의 자원으로 자주 묘사된다. 이런 신학자들은 도덕적 비평의 관점을 넘어서서 다른 영화들로부터 불거지는 신학적 쟁점들에 참여하고 있다.

그들이 보여 주고자 하는 것은 신학적으로 가장 흥미로운 영화들 일부는 내용에 있어서 반드시 종교색이 분명할 필요는 없다는 점이다. 많은 그리스도인이 극장에 가고, 비디오나 DVD를 시청하고, 영화평을 읽거나 쓰는 것이 이제는 일상적이라는 사실은 교회 차원에서 대단히 비판적 역할이 잊혀진 지 오래되었다는 것을 방증한다. 어떤 면에서는 영화에 대한 통념을 타파하는 접근들이 인정되지만, 궁극적으로 무시되고 있다. 영화에 관한 신학적 탐색은 학문과 교회 모두의 영역에서 한결 자신감 있는 역할을 감당하고 있다. 신학적 영화 비평은 극장에 가는 것이나 특정 영화를 관람하는 것의 적절함을 옹호하는 차원을 넘어서 실제로 영화가 어떻게 윤리적 쟁점들이나 신학적 주제들을 분석하는지를 세세하게 분석하는 부분으로 변화하고 있다.

그리스도인 신학자들에게는 영화로의 회귀가 다수의 중요한 궁금증을 유발한다. 예를 들어 영화 분석을 위한 특별한 신학적 방법이 있거나 그리스도인들이 스스로 신학적 목적을 위해 영화 비평적 요소를 간단하게 이용하는가?

많은 신학자가 영화에 대해 텍스트 분석적 논의나 작가적 접근들에 몰두하는 것으로 보인다.

> 종교를 진지하게 다루는 영화에 대한 저술이 사회적, 문화적 그리고 역사적으로 더 넓은 환경과 그 속에서 생산되고 소비되는 영화들을 크게 무시해 왔다는 것을 알고

는 다소 실망했다.⁶⁶

<멋진 인생>(It's a Wonderful Life, 1946), <워터 프론트>(On the Waterfront, 1954), <데드 맨 워킹>(Dead Man Walking, 1995), <도그마>(Dogma, 1999)와 같은 영화들은 신학적 의문점들을 불러일으키는 데도 유익했을 뿐만 아니라, 또한 그 당시의 특정 상황에서의 문화적 시대 정신(*Zeitgeist*)에 대한 척도로써 값어치가 있다. 예를 들어 "반지의 제왕" 제3부작과 "해리 포터"(Harry Potter) 영화들에서 발견되는 판타지 영화에서의 즐거움이 현세대에 관해 무엇을 말하는가?

그 영화에 대한 많은 신학적 반응들은 그들이 에드윈 포터(Edwin Porter)의 <대 열차 강도>(The Great Train Robbery, 1903)의 장면과 닮았다는 생각을 토대로 하는 데, 영화에서 강도의 리더인 반즈(Barnes)가 관객을 향해 총구를 겨누고 발포한다. 영화계 원로들은 극적 결과를 생각했는데, 어떤 관객들은 비명을 지르고, 몸을 숨기고 귀를 막고 또 어떤 이들은 어쩌면 극장에서 도망쳐야 한다고 믿을 정도로 말이다.

이것은 아마도 초창기 영화를 회고하면서 아마도 낭만적으로 묘사하는 것 같은데, 아마도 1895년에 뤼미에르 형제의 영상에서 움찔했을지도 모르기에, 1903년의 관객들은 이미 약삭빠르고 의심 많은 이들이었다. 그런데도, 예상보다 이른 영역들 속에서 논의된 다양한 접근법들이 언급하지 않은 가정은 영화들을 통해 이야기 서술을 담은 총알이 관객에게 발사가 되어서 청중에게는 강한 인상을 남긴다는 것이다.

이것은 대중 매체 효과이론에서 "마법의 탄환이론"(magic bullet theory)이라고 하는 것으로 지금은 지지를 받는 일이 드물지만 발사된 메시지에 흠뻑 젖은 수동적 청중에 대한 생각이 영화에 대한 많은 기독교 문서들이나 신학적 반향들 속에 예상보다 오랫동안 남아 있다는 것이 놀랍다. 신학과 영화를 포함하는 논의를 풍성하게 하는 한 가지 방법은 수동적 수용체 패러다임(a passive receptor paradigm)은 잊어버리고 더 복잡한 이해력을 가진 청중으로 바꾸어 능동적 수용체의 자격으로 교체하자는 것이다. 다시 말하면, 영화가 청중에게 무엇을 하느냐 뿐만 아니라 청중이 영화를 가지고 무엇을 하느냐에 대해서도 투자를 해야 한다.⁶⁷

지금까지의 신학적 영화 비평은 대체로 서구에서 발현했고 서구의 청중을 가정하는 경향을 보였다.⁶⁸ 이것은 현재 영상 소비의 중요한 요소를 무시하는 것이다.

---

66 Jozajtis, *Religion and Film in American Culture*, 98.
67 Clive Marsh, *Cinema and Sentiment: Film's Challenge to Theology* (Carlisle, 2004).
68 S. B. Plate (ed.), *Representing Religion in World Cinema* (New York, 2003).

예를 들어 가나의 아크라(Accra)지역에는 극장과 비디오 가게가 가득 찼는데, 종교적 상징주의로 가득 찬 현지 생산된 가나 혹은 나이지리아 영화를 보려는 이들로 만원이며, "능동적 청중"(active audience)이란 용어에 새로운 의미를 가져다주었다.

관객들은 거의 침묵하지 않으며, 그들은 종종 적극적으로 등장인물들을 위해 응원하고, 비난하고 또는 크게 기도한다.[69]

이런 경험은 할리우드 영화가 상영하는 서구 극장에서 훨씬 조용한 경향의 관객들이 앉아 있는 모습과 크게 대조가 된다. 가끔 기침하거나, 사탕 포장지가 바스락거리거나, 팝콘을 오도독거리는 경우를 제외하고는 보통 어떤 말도 "조용히" 해야 하고, 감탄사도 거의 드물며, 웃거나 공포 영화나 스릴러를 보면서 비명을 지르거나 한숨을 쉬는 것은 이례적이다. 서구 청중의 침묵은 다른 곳에서는 대단히 흥미로운 이야기다.[70]

보이는 것에 현혹될 수 있다. 이 침묵이 그 청중이 전적으로 수동적이라고 의미하지는 않는다. 지난 20여 년 동안 연구자들은 시청자가 소비하는 영화들이나 다른 영상물에 깔린 의미의 복잡한 패턴들을 어떻게 능동적으로 엮는지를 분석해 왔다.

이것은 더 나아갈 수 있는데, 다른 문화적 맥락 속의 청중들이 시청하는 무언가로부터 신학적 의미를 정교하게 만드는 것인가?

그들이 특정 영화를 이해하도록 돕는 데 있어서 그들의 지역교회, 기도하기 또는 신학적 사고가 얼마나 중요한 요인인가?

그들이 바라보는 것을 처리하는 방식처럼 형태와 색깔에 따른 경험의 연결은 어디까지인가?

영화가 종교적 상징들과 신학적 의미를 제공하는 역할로 구제하는 교회를 대체했다는 주장을 소수의 학자가 실제적 테스트를 해 왔다. 여기에는 영화들이 초월적 요소들 또는 심지어 계시의 통로들 기능을 할 수 있다는 주장에 맞춰 실증적 조사와 개념적으로 아주 분명할 필요가 다분하다. 영화가 직면한 문화적 저항은 공훈, 고정관념 또는 훼손 등 여러 형태로 다가온다.

예를 들어 셰릴 엑섬(Cheryl Exum)이 저서 *Plotted, Shot and Painted* (1996)에서 성경 속의 여성들에 대한 문화적 묘사를 고찰하면서 저항의 전략을 제안했는데, 그것은 자의식적으로(self-consciously) "젠더 정치의 표현과 해석에 대해 신중하게 다루는 것이다."[71]

---

69 Jolyon Mitchell, "From Morality Tales to Horror Movies", in Horsfield et al., (eds.) *Belief in Media*(Aldershot, 2004), 107–20.

70 Lawrence W. Levine, *Highbrow/Lowbrow: The Emergence of Cultural Hierarchy in America* (Cambridge, MA, 1988).

71 J. Cheryl Exum, *Plotted, Shot and Painted: Cultural Representations of Biblical Women* (Sheffield,

이런 접근 방식들은 어떻게 남성적 시선이 여전히 많은 영화의 제작과 소비 모두를 지배하는 경향이 있는지에 주안점을 둔다. 다른 작가들은 영화를 제작하는 세계적 문화산업계의 인식 가능한 맹습에도 불구하고 독특한 언어와 해석적 공동체인 기독교 사회가 구축된 것을 살펴본다.[72]

그러나 이것은 단순하게 세속적이고 불결한 영화와 거룩하고, 성스러운 신자들 사이를 확연히 구별하는 문화적 퇴보의 또 다른 형태일지도 모른다. 그것은 "서부전선 이상 없다"(*All Quiet on the Western Front*, 1930)와 같은 영화들이 스스로 예리한 문화적 평론을 분명히 표현할 수 있다는 가능성을 무시한다. 영화는 신학에서 정보를 얻을 수 있다. 교회는 예언자적 성격의 특정 영화들로부터 배울 것이 많다.

그런데도 영화 산업에는 미묘하지만, 자성적 평가가 여전히 필요하다. 상업주의와 소비지향의 대리인 역할이 어디까지인가?

영화 산업이 독자적 종교적 시공간, 주관적 예전과 시성식 관람을 활용한 하나의 대안적 교회로 어디까지 진행되었는가?

인격 형성과 사회 돌봄을 위해 부의 축적과 유명 인사를 얼마나 홍보해야 하는가?

영화 산업이 세상의 실제적이고 고질적 폭력으로부터 시선을 돌릴 수 있는 영화를 어느 정도 만들었는가?

많은 영화가 영웅적 인물이나 낭만적 사랑 또는 구원은 폭력으로 온다는 신화들을 높이지만, 다른 영화들은 반체제 문화적 기능을 하며, 예수의 가장 도발적 가르침 몇몇을 연상시키는 방식으로 현재 상황에 도전한다. 영화뿐만 아니라 TV, 비디오, DVD의 혼합(crossover)을 시청하는 전 세계적 증가는 이런 질문들의 중요성을 높인다. 영화의 도움을 목격하는 것은 <시네마 천국>(*Cinema Paradiso*)에서 연기한 끝없는 검열을 통해가 아니라 공동의 예배, 구제의 실천 그리고 사색하는 교육을 통해 장려될 수 있다.

참고 문헌

A. Clarke and Fiddes (eds.), *Flickering Images: Theology and Film in Dialogue* (Macon, GA, 2005).
A. Gibson, *The Silence of God: Creative Response to the Films of Ingmar Bergman* (New York, 1969).
A. Greeley, *God in Popular Culture* (Chicago, 1988).
A. Reinhartz, *Scripture on the Silver Screen* (Louisville, KY, 2003).

1996), 53.

[72] M. Budde, *The (Magic) Kingdom of God: Christianity and Global Culture Industries* (Boulder, CO, 1997).

B. Babington and W. Evans, *Biblical Epics: Sacred Narrative in the Hollywood Cinema* (Manchester, 1993).
B. Godwa, *Hollywood Worldviews: Watching Films With Wisdom and Discernment* (Downers Grove, NY, 2002).
B. Stone, *Faith and Film: Theological Themes at the Cinema* (St. Louis, 2000).
C. M. Barsotti and R. K. Johnston, *Finding God in the Movies* (Grand Rapids, MI, 2004).
C. Deacy, *Screen Christologies: Redemption and the Medium of Film* (Cardiff, 2001).
_____. *Faith in Film: Religious Themes in Contemporary Cinema* (Aldershot, 2005).
C. Marsh, *Cinema and Sentiment: Film's Challenge to Theology* (Carlisle, 2004).
C. Marsh and G. Ortiz (eds.), *Explorations in Theology and Film: Movies and Meaning* (Oxford,1997).
D. S. Cunningham, *Reading is Believing: The Christian Faith through Literature and Film* (Grand Rapids, MI, 2002).
D. Jasper, *The Sacred Desert: Religion, Literature, Art, and Culture* (Oxford, 2004).
D. J. Leab (ed.), "Film and Religion" issue of *Film History: An International Journal*, Vol. 14, No. 2 (London, 2002).
E. Christianson, Francis, W. Telford (eds.) *Cinéma Divinité: Religion, Theology and the Bible in Film* (London, 2005).
E. Ferlita and J. May, *Film Odyssey: The Art of Film as Search for Meaning* (New York, 1976).
E. L. Graham, *Representations of the Post/Human: Monsters, Aliens and Others in Popular Culture* (Manchester, 2002).
E. McNulty, *Praying the Movies I and II: Daily Meditations from Classic Films* (Louisville, KY,2001 and 2004).
E. Runions, *How Hysterical: Identification and Resistance in the Bible and Film* (New York, 2003).
G. Aichele and R. Walsh (eds.), *Screening Scripture: Intertextual Connections Between Scripture and Film* (Harrisburg, PA, 2002).
G. Higgins, *How Movies Helped Save My Soul* (Lake Mary, FL, 2003).
G. Loughlin, *Alien Sex: The Body and Desire in Cinema and Theology* (Oxford, 2004).
G. Ward (ed.), "Film and Religion" issue of *Literature and Theology*, Vol. 12, No. 1 (Oxford, 1998).
H. A. Jump, *The Religious Possibilities of the Motion Picture* (New Britain, CT, 1910).
I. Butler, *Religion in the Cinema* (London: 1969).
J. Cunneen, *Robert Bresson: A Spiritual Style in Film* (New York, 2003).
J. S. Landres and M. Berenbaum (eds.), *After the Passion is Gone: American Religious Consequences* (Walnut Creek, CA, 2004).
J. Lyden, *Film as Religion: Myths, Morals, and Rituals* (New York, 2003).
J. W. Martin and C. E. Ostwalt, Jr. (eds.), *Screening the Sacred: Religion, Myth and Ideology in Popular American Film* (Boulder, CO, 1995).
J. R. May (ed.), *Images and Likeness: Religious Visions in American Film Classics* (Mahwah, NJ, 1991).
_____. (ed.), *New Image of Religious Film* (Kansas City, KS, 1997).
_____. *Nourishing Faith Through Fiction: Reflections of the Apostles' Creed in Literature and Film* (Franklin, MA, 2001).
J. R. May and M. Bird (eds.), *Religion in Film* (Knoxville, TN, 1982).
J. Mitchell, *Media and Christian Ethics* (Cambridge, forthcoming 2006).
J. Mitchell, "*From Morality Tales to Horror Movies: Towards an Understanding of the Popularity of West African Video Film*", in Horsfield, M. E. Hess, and A. M. Medrano (eds.) *Belief in Media: Cultural Perspectives on Media and Christianity* (Aldershot, 2004).
J. Mitchell and S. Marriage (eds.), *Mediating Religion: Conversations in Media, Religion and Culture* (London, 2003).
J. Pungente and M. Williams, *Finding God in the Dark: Taking the Spiritual Exercises of St. Ignatius to the Movies* (Ottawa, Ontario, 2004).
J. R. Rice, *What is Wrong with the Movies?* (Murfreesboro, TN, 1938).
J. M. Wall, *Church and Cinema: A Way of Viewing Film* (Grand Rapids, MI, 1971).
K. E. Corley and R. L. Webb (eds.), *Jesus and Mel Gibson's The Passion of the Christ: the Film, the Gos-*

pels and the Claims of History (London, 2004).
K. L. Billingsley, *The Seductive Image: A Christian Critique of the World of Film* (Westchester, IL, 1989).
L. Baugh, *Imaging the Divine: Jesus and Christ- Figures in Film* (Kansas City, KS, 1997).
L. and B. Keyser, *Hollywood and the Catholic Church: the Images of Roman Catholicism in American Movies* (Chicago, 1984).
L. J. Kreitzer, *The New Testament in Fiction and Film* (Sheffield, 1993).
_____. *The Old Testament in Fiction and Film* (Sheffield, 1994).
_____. *Pauline Images in Fiction and Film* (Sheffield,1999).
_____. *Gospel Images in Fiction and Film: On Reversing the Hermeneutical Flow* (Sheffield, 2002).
M. L. Bandy and A. Monda, *The Hidden God: Film and Faith* (New York, 2003).
M. Wright, *Religion and Film: An Introduction* (London, 2005).
M. R. Miles, *Seeing and Believing: Religion and Values in the Movies* (Boston, MA, 1996).
N. Hurley, *Theology Through Film* (New York, 1970); reprinted as *Toward a Film Humanism*(New York, 1975).
_____. *The Reel Revolution: A Film Primer on Liberation* (New York, 1978).
_____. *Soul in Suspense: Hitchcock's Fright and Delight* (London, 1993).
P. Coates, *Cinema, Religion and the Romantic Legacy* (Aldershot, 2003).
P. Fraser, *Images of the Passion: The Sacramental Mode in Film* (Trowbridge, 1998).
P. Malone, *Movie Christs and Antichrists* (New York, 1990).
P. Schrader, *Transcendental Style in Film: Ozu, Bresson, Dreyer* (Berkeley, CA, 1972).
R. M. Anker, *Catching the Light: Looking for God in the Movies* (Grand Rapids, MI, 2004).
R. A. Blake, *After Image: The Indelible Catholic Imagination of Six American Filmmakers* (Chicago, 2000).
R. G. Burnett and E. D. Martell, *The Devil's Camera: Menace of a Film-Ridden World* (London: 1932).
R. Jewett, *St. Paul at the Movies: The Apostle's Dialogue with American Culture* (Louisville,KY, 1993).
_____. *Saint Paul Returns to the Movies: Triumph over Shame* (Grand Rapids, MI, 1999).
R. Holloway, *Beyond the Image: Approaches to the Religious Dimension in the Cinema* (New York, 1977).
R. K. Johnston, *Reel Spirituality: Theology and Film in Dialogue* (Grand Rapids, MI, 2000).
_____. *Useless Beauty: Ecclesiastes through the Lens of Contemporary Film* (Grand Rapids, MI, 2000).
R. Kinnard and T. Davis, Divine Images: A History of Jesus on the Screen (New York, 1992).
R. Walsh, Reading the Gospels in the Dark: Portrayals of Jesus in Film (Harrisburg, PA, 2003).
R. Stern, C. Jefford, and G. Debona, Savior on the Silver Screen (New York, 1999).
R. Riley, Film, Faith and Cultural Conflict: The Case of Martin Scorsese's The Last Temptation of Christ (London, 2003).
S. Faux, Finding Meaning at the Movies (Nashville, TN, 1999).
S. B. Plate (ed.), Representing Religion in World Cinema: Filmmaking, Mythmaking, Culture Making (New York, 2003).
_____. (ed.), Re-viewing the Passion: Mel Gibson's Film and its Critics (New York, 2004).
S. B. Plate and D. Jasper (eds.), Imag(in)ing Otherness: Filmic Visions of Living Together (Atlanta, GA, 1999).
T. Cawkwell, The Filmgoer's Guide to God (London, 2004).
T. Lane, What's Wrong With the Movies? (Los Angeles, CA, 1923).
T. Lindvall, The Silents of God: Selected Issues and Documents in Silent American Film and Religion, 1908-1925 (Lanham, MD, 2001).
T. M. Martin, Images and the Imageless: A Study in Religious Consciousness and Film (Lewisburg, A, 1981).
T. Sanders, Celluloid Saints: Images of Sanctity in Film (Macon, GA, 2002).
W. Blizek (ed.), "Special Issue on The Passion of the Christ", The Journal of Religion and Film, www.unomaha.edu/jrf/previous.htm#Passion, Vol. 8, No. 1 (Nebraska, April 2004).
W. D. Romanowski, Eyes Wide Open: Looking for God in Popular Culture (Grand Rapids, MI, 2001).
W. B. Tatum, Jesus at the Movies: A Guide to the First Hundred Years (Santa Rosa, CA, 1997).

에필로그

21세기의 기독교 신학을 위한 열두 주제

데이비드 F. 포드(David F. Ford)

『현대 신학자 연구』 제2판의 에필로그는 책의 목차가 보여 준 하나님의 풍성함에 대한 축하와 함께 새 천 년의 전기를 맞이했다.

> 기독교 신학에 대한 전 세계적 관심의 고조는 공동체들이 잇따라 그 소리를 발견해 온 대로 하나님에 대한 음성 다중적 풍성함을 보여 주는 증언으로 이해될 수 있다.[1]

그것은 신학 분야의 건강함에 대해 계속해서 일련의 질문들을 쏟아냈다. 그 질문들은 다음과 같다.

* 하나님과 관계된 그 밖의 모든 것을 진실로 입증하는 방법은 무엇인가?
* 신학은 많은 영역에서 사려 깊게 책임을 감당하기 위해 어떻게 노력을 기울일 수 있는가?
* 학원(academy)은 진정한 신학이 있는 장소가 될 것인가?
* 교회는 진실로 신학에서 가르쳐진 공동체가 될 것인가?
* 누가 신학을 하는가?
* 새 천 년(millennium)을 축하하는 방법은 무엇인가?

그때 이후로 몇 년 만에 전 세계적 다중음성이 집중됐고 그 질문들이 계속해서 연관됐다. 이 에필로그는 이 질문들을 보완하기 위해 12개의 논제들(구호 또는 금언)을 개인적 후기로 제시한다. 그것들은 세 번의 편집과 지난 세기의 기독교 신학을 설명하려고 애쓴 이 기획을 놓고 거의 20년 동안 대화하고 서신을 교환했던 경험들로부

---

1 David F. Ford (ed.), *The Modern Theologians: An Introduction to Christian Theology in the Twentieth Century* (Oxford, 1997), 721.

터 다듬어졌다.

그것은 나의 신학 교육에 있어 중요한 요소가 되어 왔을 뿐만 아니라 신학의 미래에 대한 몇 가지 생각을 형성하도록 이바지해 왔다.

이 논제들은 이 책에서 최고의 가치가 있는 기독교 신학을 생각하고 말하고 표현할 21세기의 독자들—비록 이 논제들에 동의하지 않을지라도—을 자극하는 촉매제로 역할을 할 수 있기를 바라면서 별다른 설명 없이 제시된다.

1. 하나님은 지혜안에서 축복하고 사랑하시는 분이다.
2. 신학은 하나님과 하나님의 나라를 위해 행해진다.
3. 기도의 외침은 신학의 시작이요 반주(accompaniment)요 마침이다. 오소서, 성령님! 할렐루야! 그리고 마라나타!
4. 성경에 관한 연구는 신학의 핵심이다.
5. 하나님에 근거해 실재를 기술하는 것은 기초적 신학 훈련이다.
6. 신학은 창조와 역사의 우연성과 복잡성과 모호성에 몰두하면서도 하나님의 목적을 바라고 구한다.
7. 신학적 지혜는 많은 상황과 수준과 소리와 분위기와 장르와 제도와 책임감을 올바르게 평가하려고 노력한다.
8. 신학은 대화하면서 그리고 무엇보다도 우정 속에서 합의 하에 실천된다. 그리고 성도의 교제를 통해 그것은 동시에 전근대적이고 근대적이고 탈근대적이다.
9. 신학은 예술과 인문학 그리고 과학과 일반 상식 각각을 확인하고 비판하고 변혁시키는 지혜를 위한 중개자다.
10. 우리가 사는 종교적이고 세속적 세상은 학파와 대학교 내에서 종교에 관한 연구와 함께 신학이 필요하다.
11. 성경을 둘러싼 대화는 종파 관계의 본질이다.
12. 신학은 하나님에 대해서 그리고 하나님과 관계하는 실재에 대해서 알려는 모든 이를 위한 것이다.

용어 해설

선험적(아프리오리, a priori): 원인에서 결과로, 추상적 개념에서 그 결과로, 추정된 원리들로부터 추론하는 것의 특징을 묘사하기 위해 사용되는 라틴어 어구. 어떤 증거나 보증(예, 수학적 진리)과 독립된 것으로 알려진 지식의 또는 그 지식에 속하는.

아브라함의(Abrahamic): 성경의 족장 아브라함의 또는 아브라함이나 아브라함의 신앙과의 연계성을 주장하는 종교적 전통들(유대교, 기독교, 이슬람교).

절대정신(absolute Geist): 모든 존재의 영적 토대이거나, 영적 단일체로 보이는 사물들 전체로 이해되는 조건 없는 실재의 개념으로 철학자 셸링(1775-1854)과 헤겔(1770-1831)과 연관된 개념임.

절대주의(absolutism): 하나의 요소, 텍스트, 인물, 이데올로기 또는 실재를 모든 것과 연관 지어 최고로 혹은 절대적으로 만드는 입장. 또는 절대적인 것(궁극적 실재)이 독립적이거나 무조건 존재하는 것으로 이해하는 사상.

추상적인(abstract): 이상적인. 질료와 행위와 개별자들과 분리된.

현실성(actuality): 실재(reality). 실제로 존재하는 상태.

특별한(임시의, ad hoc): "이 한도까지"를 의미하는 라틴어 표현 다른 어떤 일반적 기준들이 아니고 고려 중인 특별한 목적을 위해서만 착수된 논증이나 전략이나 관행에 대해 사용되는.

재림주의자들(Adventists): 예수 그리스도의 재림을 즉시 기대할 수 있다고 모두가 신봉하는 기독교의 여러 단체.

심미적 실존(aesthetic existence): 쇠렌 키에르케고어의 작품인 『이것이냐 저것이냐』에서 이것은 삶을 미의 향유 쪽으로 향하게 하는 태도를 나타낸다. 윤리적 실존)의 반대어.

미학(aesthetics): 미(美)의 철학. 미에 대한 지각과 연관된 느낌, 개념 그리고 판단에 관한 연구. 신학적 미학은 특별히 종교적 전통의 사상, 예배 그리고 행위의 미적 차원을 가리킴.

아가페의(agapic, agapeic, agapaic): 예수 그리스도 안에서 표현되고 사람들 사이에서 천거된 하나님의 사랑을 묘사하기 위해 신약에서 사용된 '사랑'을 가리키는 헬라어, 아가페의 특성이 있는.

행위자의(agential): 행위자 혹은 작인(作人, agency)의.

불가지론(agnosticism): 일정한 명제나 명제들의 진릿값을 알 수 없다는 믿음. 신학에서는 누구도 하나님의 존재 여부를 진정으로 알지 못하거나 알 수 없다는 믿음을 가리킴.

알라(Allah): 이슬람에서 절대자나 신에 대한 최고의 이름. 인간이 인격적으로 요청할 수 있게 하는 신에 대한 고유명이자 진실한 이름.

이타주의(altruism): 다른 사람들을 위해서만 그들을 이롭게 하는 것. 이기주의(egoism, 자기 자신만을 위한 행위)의 반대어. 다른 사람들의 선에 관한 관심이 행동 원리로서 더 일반적으로 사용되는.

유비(analogy): 사물 간의 유사성과 상대적 비(非) 유사성의 정도가 정확한 측정이나 정의상의 문제가 되지 않고, 또 유사성이 일의적으로 해석될 수 없는 사물 간의 비례(주로 은유적 비유의 관점에서).

존재의 유비(analogy of being): 하나님에 대한 피조물의 존재론적 의존으로 인해 "존재"가 하나님과 피조물에 대해 유비로 진술된다는, 토마스 아퀴나스(1225-74)와 특별히 관련돼 있고 칼 바르트(1886-1968)에 의해 공격받은 주장으로서, 그 이유는 첫째로 하나님이 피조물 안에 있는 존재의 원인이기 때문이며, 둘째로 하나님과 그분의 실존 간의 관계와 피조물과 그 실존 간의 관계 사이의 더 큰 차이 안에 있는 유사성 때문임.

신앙의 유비(analogy of faith): 하나님이 우리에게 알려지지 않을지라도 그런데도 하나님은 신자에게 신앙을 통해 당신의 자기 지식을 나누어 줘 주신다는 칼 바르트(1886-1968)와 관련된 주장인데, 그것에 의해 성경의 언어가 은혜로 하나님에 대한 적절한 증언으로 표현됨.

분석철학(analytic philosophy): 언명들(statements)이나 사고의 복잡한 체계들을 분해(석)해 더 간단한 요소들로 구분함으로써 그것들에 대한 평가를 포함하는 연구 방법으로 철학을 실행하는 학파. 체계나 언명에 대한 정당화인, 그 요소들의 규범적 관계들이 검토될 수 있다고 봄.

성공회(Anglican): 1534년 헨리 8세가 로마 가톨릭교회로부터 분립해 나온 것에서 유래한 교회들과 교회의 구성원들에 관한. 그리고 현재 영국 성공회에 구성원들에 관한.

영국 성공회파(영국 성공회 고교회파의, Anglo-catholic): 성례전, 사도들에게서 기인한 감독 제도, 초대교회와의 연속성 그리고 국가와의 궁극적 독립 등의 높은 가르침(high doctrine)을 강조하는 영국 성공회 내의 한 줄기.

물활론(animism): 영적 생명과 생명이 없는 대상들이 결합한 문화적/종교적 체계들. 또 그 영적 존재들의 만신전(萬神殿)과 연관된 그러한 체계들.

성 수태고지(annunciation): 가브리엘 천사가 동정녀 마리아에게 그녀가 예수를 낳을 것이라고 선포한 것과 마리아가 찬동해 반응한 것.

인간 중심의(anthropocentric): 인간 혹은 인간의 본성에 대한 이해에 중점을 둔.

인간학(anthropology): 인간 혹은 인류의 본성에 대한 이론이나 연구.

인간학적 전회(anthropological turn): 인간학적 질문에 초점을 맞추기 위한 현대사상 내의 운동.

신인동형론(anthropomorphism): 인간의 지닌 속성들과 특징들에 따라 어떤 존재나 존재들, 특히 신에 대해 생각하는 것.

반(反) 기초주의(anti-foundationalism): 어떤 보편적이거나 규범적 기준들이 존재할 뿐 아니라 그것들이 모든 철학적 주장들과(/또는)신학적 주장들에 기초를 제공한다는 전제를 부정하는 사상.

반실재론(anti-realism): 특수한 형태나 일반적 형태의 연구와 관련해서 마음과 독립한(mind-independent) 인지 가능한 사실들(knowable facts)이나 대상들이나 특성들이 있다는 생각을 거부하는 사상.

반유대주의(anti-Semitism): 일반적으로 유대인들을 의미하는 셈족들(Semites)에 반하는 편견과 적대감을 표현하는 용어.

묵시의(apocalyptic): 문자적으로 감추어져 있거나 가려져 있는 것의 폭로를 의미하는 말. 종종 꿈, 풍류, 정교한 상징 체계를 포함해 최후에 벌어질 일들과 세상의 종말을 다루는 문학 장르.

아폴리나리우스주의(Apollinarianism): 아폴리나리우스(Apollinarius, 310-90 AD)에 의해 주창된 대로 신적 로고스가 그 임무를 수행했다는 것을 근거로 그리스도 안에 인간의 혼이 있다는 것을 거부한 주장. 이 견해는 A.D. 381년에 콘스탄티노플 공의회에서 이단으로 정죄 받음.

변증학(apologetics): 비판과 대안적 관점에도 불구하고 일반적으로 온당하거나 참된 것에 대한 공동의 근거나 기준을 찾음으로써 비판자들의 질문과 반대에 대항하려고 하면서 정통 기독교 교리를 옹호하는 일과 관련된 신학 분과.

부정의(apophatic): 말로 표현할 수 없는 것의. 특별히 모든 인간의 언어와 범주들에 대한 하나님의 초월성을 강조하고 하나님의 본질이 아닌 것을 말하는 지시 형태들을 선호하는 부정 신학의 방법과 관련된.

아포리아(aporia): 어떤 관점이나 체계 안의 해결할 수 없는 모순을 나타내는 "어려움"을 의미하는 그리스어.

사도신경(Apostles' Creed): 사도적 기원이 있는 것이 아니라 7세기나 8세기부터 서방 교회에서 널리 사용된 신념들에 대한 옛 진술들.

사도적 계승(apostolic succession): 기독교회의 사역이 사도들로부터 유래되어 일반적으로 주교들에게 계속 승계되었다고 믿게 하는 수단.

사도성(apostolicity): 주교들의 승계와 교리의 연속성에 의한 사도들의 교회와 연속해 있거나 사도들의 신앙에 연속해 있는 상태나 특질.

신격화(apotheosis): 인간을 신으로 동화시키는 것. 비범하거나 신적 능력 혹은 미덕에 대한 가정. 성인들의 시성식(諡聖式, canonization)과 관련된 영화(glorification)나 고양(exaltation).

원형(archetype): 복사본을 만드는 원형 내지는 거푸집.

아리스토텔레스의(Aristotelian): 철학자 아리스토텔레스(Aristotle, B.C. 384-322)나 그의 사상 혹은 그의 제자들의 사상과 관련된.

금욕(ascesis): 자기훈련의 실천.

금욕주의(asceticism): 종교적 이유로 종종 악덕과 싸우기 위해 혹은 미덕을 격려하기 위해 사용되는 자기훈련의 원리들이나 실천들.

아쉬람(ashram): 종종 한 도사와 함께하는 종교 공동체의 은둔. 보다 일반적으로 말해서 한 성인(holy person)의 은둔 생활을 가리키는 대중 용어.

신학(a/theology): 세상이나 언어 안에 하나님의 철저한 부재 혹은 신적 의미에 대해 진술된 종교 담론을 가리키는데, 그 부재는 십자가에 처형당하신 그리스도 안에서 신의 완전한 자기 비움을 통해 표시되고 보이고 실행된다고 봄.

무신론(atheism): 하나님이 존재하지 않는다는 신념. 어떠한 신도 존재하지 않는다는 신념.

속죄(atonement): 문자적으로 하나 됨(하나인 상태, at-one-ment)을 뜻함. 세계를 하나님과 화해시키는 십자가상에서의 예수 그리스도의 사역. 그리스도의 구원 사역에 대한 교리.

어거스틴의(Augustinian): 주교이자 신학자요 성인인 히포의 어거스틴(Augustine of Hippo, 354-430)과 그의 사상과 그에게 영향을 받은 자들의 사상과 관련된.

자율(autonomy): 스스로 결정하는, 독립적인.

바커스 축제의(Bacchanalian): 바커스(Bacchus) 신을 기리는 로마의 축제인 바커스 축제(Bacchanalia)와 관련된. 그 축제는 일반적으로 시끄럽게 술 마시고 술에 취해 떠드는 특징을 지님.

베이컨의(Baconian): 프란시스 베이컨(1561-1626)의 사상과 관련된. 베이컨은 과학기술로 자연을 능숙하게 다루는 데 사용될 수 있는 확실한 지식의 구조를 얻기 위해서 증거에서 나온 귀납법에 기초해 과학탐구의 새로운 실험 방법을 주장함.

세례자(Baptist): 세례를 주는 자. 더 통속적으로 말해서 국가 교회에 분리되고 단지 믿음을 가진 성인들에게만 완전한 침수로 세례를 주는 교파인 침례교회의 한 회원.

바르트의(Barthian): 프로테스탄트 신학자 칼 바르트(1886-1968)의 사상과 관련된. 가장 흔하게는 엄격한 그리스도중심주의와 자연 신학에 대한 반대와 연관됨.

지복직관(beatific vision): 기독교 신학에 따르면 구속받은 자들의 최종적 운명이자 천국의 으뜸가는 기쁨인 삼위일체에 대한 비전.

존재(being): 실존 그 자체. 추상적으로 고찰된 모든 실존.

베네딕트의(Benedictine): 수도사의 생활과 그것을 따르는 수도회들, 특히 베네딕트 수도회-그 규칙을 따르는 수도원 연맹-를 위한 누르시아(Nursia)의 성 베네딕트(480-547)의 규칙에 관련된.

성경 신학(biblical theology): 성경에서 그리고 지속해서 성경에 관해 진술된 신학. 성경 역사와 개념들에서 유래된 신학을 만드는 20세기 신학자들 사이에서의 운동. 전자(성경 역사)는 계시의 매개체로 일반적으로 신빙성이 있다고 여겨졌고 후자(성경 개념들)는 성경에 독특하고 신학에 만족하며 서로의 관계에서 통일성이 있음.

빅뱅이론(big bang theory): 우주 역사에 대한 모델로서 이에 따르면 우주가 무한하게 밀집한 상태에서 시작된 다음 급속히 팽창했고 그 이후로 줄곧 팽창됐다고 함.

이항대립론(binarism/binarity): 한 영역을 두 개의 구별된 범주나 대립으로 구분한 것(예를 들어 고기를 날것과 요리된 것으로 구분함). 때때로 문화 모든 양상을 그런 대립으로 분석하는 구조주의 학풍을 경멸하는 용어로 사용됨.

이위일체론(binitarianism): 하나님 안에 단 두 분의 신적 위격 밖에 없다는 교리.

부르조와(bourgeois): 중간 계급의 일원, 자본주의자, 프롤레타리아(proletariat, 한 사회에서 가장 낮은 계급, 근로자들)를 착취하는 사람을 의미하는 프랑스어. 또한, 사회적으로 미적으로 판에 박힌 사람.

브라만(Brahmin): 또는 브라만(Brahman). 브라마교 사제의 일원 - 힌두교 전통의 사제 카스트.

비잔틴(Byzantine): 비잔티움 - 동로마 제국 - 과 비잔티움의 정치 문화와 관련된. 동방 정교회와 그 신학의. 때로는 지나친 관료주의를 경멸하기 위한 말로 사용되는데, 이 때문에 비잔티움이 고통을 겪었다고들 함.

카발라의(Cabbalistic): 유대교 신비주의와 영성의 다양한 조류를 가리키는 명칭인 카발리즘(Cabbalism)이나 카발라(Kabbalah)를 언급하는. 사적이거나 신비적 의미를 가진.

종규(宗規, canon law): 교회 규칙이나 교회법의 본문.

종규의(canonical): 규칙이나 기준, 특히 교회 종규와 성경의 공인된 책들에 의해/따라서 규정된.

시성식(諡聖式, canonization): 정경이나 교회 성인들의 명부에 대한 정식 승인 행위. 성인으로 인정함.

칸테나(cantena): "연쇄"(chain)에 해당하는 라틴어로서 더 오래된 주석에서 전 각 절을 주석한 것을 발췌해 나열한 성경 주석의 한 형태를 신학에서 표시하는 것을 말함.

카피타(capita): 표제를 의미하는 라틴어(예를 들어 장을 시작할 때)

자본주의(capitalism): 생산수단(자본)의 집중과 통제가 사적(즉 비정부의) 소유자들의 수중에 있는 산업화한 사회 내의 경제 제도. 자원과 부는 자유시장의 작동을 통해 획득된다. 그리고 이윤의 극대화가 경제 성장의 주요 동인이 됨.

가파도기아 교부들(Cappadocian Fathers): 나지안주스의 그레고리(Gregory of Nazianzus, 329-89), 가이사랴의 바실(Basil of Caesarea, 330-79), 니사의 그레고리(Gregory of Nyssa, 330-95)로 구성된 가파도기아(오늘날의 터키) 출신의 세 명의 주교 신학자들을 가리킨다. 특히 예수 그리스도와 성령 그리고 삼위일체에 관한 그들의 신학은 제1차 콘스탄티노플 공의회(AD 381)에 의해 지지를 받음.

데카르트의(Cartesian): 르네 데카르트(René Descartes, 1596-1650)의 철학과 관련된. 이것은 종종 주체와 객체, 인식주체와 대상의 분리를 가리키며, 사고하는 개별적 자아가 철학을 위한 최상의 출발점이라고 단언함.

데카르트주의(Cartesianism): 르네 데카르트의 작품에서 시작된 철학적 원리들의 경향.

범주의(categoreal, categorial): 일정한 수의 기본적 범주들과 함께 그리고 범주들에 의해 작용하는. 범주와 관련된.

보편적인(catholic): 일반적이거나 포괄적인. 종종 처음 다섯 세기의 기독교 신조들과 신앙의 연속성을 긍정하는 교회들을 지칭하기 위해 사용됨.

가톨릭 신조(Catholic Creeds): 교회의 공의회들-즉 제1차 니케아 공의회(325, 니케아 신조)와 제1차 콘스탄티노플 공의회(381, 니케아-콘스탄티노플 신조)-에 의해 작성된 신앙의 진술들.

보편성(catholicity): 일반성. 일반적 특성 또는 가톨릭 신조에 표현된 대로 처음 다섯 세기의 나뉘지 않는 온 교회적 신앙의 연속성을 긍정하는 특성.

인과성(causality): 원인과 결과의 관계 또는 작용.

칼케돈의(Chalcedonian): 칼케돈 공의회(451)와 특별히 그것이 제1차 니케아 회의(325)와 제1차 콘스탄티노플 회의(381)의 신조들에 부가했던 고백에 관련된. 그리고 거기서 그리스도의 완전한 인성과 신성 그리고 그분의 한 신적 인격 안에 두 개의 다른 본성이 혼동이나 변화나 구분이나 분리가 없이 연합한 것을 지지함.

선 불교(Ch'an Buddhism): 디야나(Dhyana) 혹은 차안(Jhann)의 중국식 발음에서 비롯됨. 명상과 단순한 행동 속에서 직접적 경험에 집중하고 깨달음-붓다의 본성 내부에 대한 즉각적 인식-에 방해가 된다고 간주하는 산만한 사고에 반대하는 불교의 한 학파.

카오스 이론(chaos theory): 복잡하고 예측할 수 없는 행동을 보여 주는 수학적으로 단순한 체계들에 관한 과학적 연구.

은사주의의(charismatic): 일반적으로 성령의 교회 사역의 또는 그 교회 사역에 속하는. 그리고 개별적으로 성령의 은사들, 특히 예언, 신유, 지혜의 말씀, 영 분별, 방언, 통변에 관련된. 또한, 1960년대에 시작된 기독교 운동(때때로 신(新) 오순절 운동이라 칭함)을 지칭하는 데, 성령의 은사들 발휘를 격려함.

시카고 람베스 4개 조항(Chicago-Lambeth Quadrilateral): 또한 람베스 4개 조항이라고 불림. 1886년에 시카고에 있는 감독파 교회의 총회에 의해 처음으로 공식화되어 1888년에 람베스 협의회에 의해 개정되고 승인된 진술 문인데, 4개 조항을 보면 영국 성공회의 관점에서 하나의 재결합된 기독교회를 위한 필수 사항들을 진술함.

그리스도중심주의(Christocentrism): 하나님이 오직 예수 그리스도 안에서만 자신을 계시하신다고 여기는 신학 체계의 특징. 그리스도의 인격에 중점을 두는 종교적 신념이나 신학의 경향.

기독론(Christology): 예수 그리스도의 인격, 사역에 관한 교리와 연관된 신학 분과.

그리스도 일원론(Christomonism): 일반적으로 예수 그리스도를 가장 중요한 규정 원리로 이용하며, 상대적으로 다른 교리들을 배제하는 신학 체계를 기술하기 위해 헐뜯는 의미로 사용됨.

영국 국교회(Church of England): 영국에 있는 서방 교회의 분파로서 특별히 로마의 주교와의 교섭을 통해 승계된 이후에 시작됨. 영국의 성공회.

고전적인(classical): 표준으로 공인된 어떤 것의 정식화에 관련된 또는 뒤따르는 것들에게 하나의 전형(paradigm)이 된 것과 관련된. 보다 구체적으로 고대 그리스 로마의 시대와 문명 그리고 사상을 지칭함.

고전적 유신론(classical theism): 하나님을 절대적이고 불변하며 세계를 초월하는 존재로 이해하는 견해로 중세에 하나님에 대한 고전적 표현에 영향을 줌.

코기토(cogito): "나는 생각한다, 고로 나는 존재한다."를 의미하는 라틴어 구(cogito ergo sum)의 약어. 코기토는 신빙성이 있는 지식에 대한 의심할 수 없는 전제로서 르네 데카르트(1596-1650) 철학 체계의 출발점이다.

집산(集産)주의(collectivism): 땅과 생산의 수단이 집합적으로 곧 공동으로 소유되어야 한다는 신념. 개인보다 집단을 우선시하는 실천이나 원리.

친교(communion): 함께 나누거나 소유하는 것. 교제(fellowship). 인간들의 유기적 연합.

공산주의(communism): 생산하는 모든 재산이 공동으로 소유되어야 하고 사회가 개인의 재산이 없이 배열되어야 한다는 신념. 공공선이나 초월적 선을 위해 또는 그 자체를 위해 경쟁보다는 협동을 강조하는 사상.

공산 사회주의(communitarianism): 어떤 공동체에 소속되는 것의 심리 사회적이고 윤리적 중요성을 강조하고, 윤리적 판단들은 공동체의 전통들로부터 나오는 추론 과정 안에서만 정당화된다고 주장하는 철학적 입장들의 특징.

공동 집전(concelebration): 많은 사제에 의한 성찬식의 공동 집행. 제2차 바티칸 공의회에서 복원된 고대 의식.

탐욕(concupiscence): 감각적 인식에서 기인해 창조된 선이나 유한한 선을 바라는 무절제한 욕망.

고백적인(confessional): 신앙의 개별적 고백이나 진술(일반적으로 종교개혁 진술 문(文) 가운데 하나)에 기초한 신학적 입장(때로 고백주의라고 불림)을 언급함. 또는 더 광의적으로 현상학 또는 외부로부터의 관찰과 별개로 내부로부터 채택된 자세나 입장을 언급함.

유교(Confucianism): 공자(BC 6-7세기)의 영향이 핵심인 윤리적, 종교적, 정치적 가르침들을 포함한 중국 전통의 한 복합체를 가리키는 서구식 명칭. 모든 생명체에 대한 감동적 관심과 형식적 행동 규칙의 준수에 명시된 타인들을 존경하는 태도 그리고 변화하는 상황에 알맞은 행동의 사려깊은 개발을 포함한 공통 윤리 이상을 특징으로 함.

결과주의(consequentialism): 모든 행위가 오직 그 결과에 의해서만 옳거나 그릇되며, 선한 행동은 어떤 가치 있는 결과들을 극대화하는 행동이라고 주장하는 철학적 입장.

구성주의(constructivism): 하나 또는 여러 분야 안에 있는 규범들이나 신념들 혹은 지식이 객관적 실재 때문에 결정되기보다는 오히려 한 공동체(예를 들어 과학자들의)에 의해 산출된다고 주장하는 견해.

동일본질의(consubstantial): 같은 실체나 존재를 지닌 또는 같은 실체의. homoousios라는 그리스어를 라틴어로 번역한 것에서 비롯된 것으로 그것은 하나님과 예수 그리스도의 관계를 나타낼 목적으로 니케아 공의회(325년)에서 신조에 합병됨.

소비자 중심주의(consumerism): 공개시장에서 한정된 재화를 구매하는 소비자로서 개인의 욕구와 필요에 집중하는 사회적 행동이나 사회관을 말함.

묵상의(contemplative): 기독교적 의미로, 묵상의 또는 묵상과 관련된. 예전과 은밀한 기도와 관련된 합리적 이해력을 뛰어넘어 하나님을 강렬하게 그리고 직접적으로 이해하는 은총의 상태.

상황화(contextualization): 어떤 특수한 배경 안에서 조망하거나 물색하거나 고찰하는 것. 특수한 형태의 삶과 종교적 사상과 기호 그리고 한 공동체의 사회·문화적이고 경제적 상황에 책임감을 느끼고, 대화하면서 신학을 실천하는 것을 가리킴.

우연성(contingency): 한 사건이나 존재의 비필연성이라는 우연적 특징.

연속 함수(continuous function): 수학에서 그래프 위에 표시되었을 때 연속하는 곡선으로 나타나는 변수 간의 관계를 말함.

대응설(correspondence theory \<of truth\>): 만일 그것에 대응하는 한 실재가 있다면 언명들이 참이라고 제안하는 이론. 따라서 언명들의 참은 (언명들이) 실재와 일치하는 비율의 특성이 됨.

우주적 그리스도(cosmic Christ): 테이야르 드 샤르댕(Pierre Teilhard de Chardin, 1881-1955)에 따르면, 그리스도는 우주와 그 용적의 존재, 진화의 기원과 원리일 뿐 아니라 그의 육화(incarnation) 역시 하나님이 우주를 자신에게 유기적으로 연합시킴으로써 우주를 정화시키고 채우시는 "그리스도화(化)"(Christification)의 과정을 시작해 왔다.

우주론(cosmology): 코스모스나 우주에 관한 연구 혹은 그것에 대한 사변적 이론.

대위법(counterpoint): 초기 음악에 관한. 동시에 소리 나는 두 가지 혹은 그 이상의 선율선(melodic lines)으로 구성된. 주어진 선율이나 정선율(定旋律, plain song)에 맞추어서 첨가된 선율.

반종교개혁(Counter-Reformation): 16세기 중엽에서 17세기 중엽에 걸쳐 일어난 로마 가톨릭교회의 부흥과 개혁 운동을 가리킴. 이 시기에 교황의 권력 강화와 새로운 종교적 의식의 제정 그리고 개신교 종교개혁에 맞선 더 엄격한 교회 훈련과 규정된 교리의 적용 등에 의한 남용 사례들을 취급함.

무로부터의 창조(creation ex nihilo): 문자적으로 무로부터의 창조. 창조론을 보라.

창조론(creationism): 임신 시에 인간 각 개인에 대해 하나님이 무로부터 한 영혼을 창조하신다는 교리. 보다 일반적으로 말하자면 세계가 선재(先在)하는 물질이 절대 없이, 따라서 무로부터(ex nihilo) 하나님에 의해 창조되었다는 교리를 말함. 성경의 창조 이야기에 대한 문자적 해석을 우주와 생명 그리고 인종의 기원을 정확히 묘사한다고 여기는 일종의 교리.

신조(creed): 기독교 교리의 핵심 사항들에 대한 간결하고 공식적이고 권위있는 진술. 일종의 종교적 신념 체계 혹은 어떤 주제에 관한 원리 체계.

다윈주의의(Darwinian): 찰스 다윈(Charles Darwin, 1809-82)이나 그의 추종자들의 사상, 특히 다윈의 진화론 혹은 그 사상과 관련된.

신의 죽음(death of God): 현대 신학에서는 십자가상의 그리스도에 의해 드러나거나 수행된, 역사의 유한한 영역으로 들어가기 위해 신의 입장에서 초월성을 포기하고 분산시킨 것을 가리킴. 그들의 행위에 대해 전적으로 책임지기 위한 인간의 종교 폐지(니체). 초월하는 신의 존재에 대한 믿음 없이 기독교를 명확히 표명하려는 또는 기독교에 의문을 제기하려는 신학들을 가리키는 칭호.

해체(deconstruction): 내적 비판을 통해 본문을 구성하는 것과 사고, 말 또는 행위의 양식을 구축하는 것 둘 다에서 개재되는 자의성, 조작 혹은 편견을 폭로하고, 그것들의 논리가 어떻게 그 자체에 대한 논박을 불러들이는지를 입증하는 불안정한 분석과 기술의 방법.

신격화(deification): 창조된 본성에 내재적으로 매우 불가능한 삼위일체의 생명으로의 참여가 하나님에 의해 신자에게 인간 본성의 성취로서 은혜롭게 부여되는 행위나 과정.

이신론(deism): 하나님을 창조주로 이해하되 창조된 질서에 신적 관여나 개입을 지속하는 것을 부인하는 태도.

비(非) 신화화(demythologization): 전통적 본문들의 지속적인 실존적(existential) 혹은 실천적 관련성이 그 신화적 표현에도 불구하고 파악될 수 있음을 보여줄 목적으로 신화적인 것(해당 본문들이 유행에 뒤떨어진 혹은 신화적 세계관의 차원에서 그 의미를 표현하고 있다는 의미에서)으로 간주한 전통적 본문을 해석하는 절차.

교파(denomination): 기독교 내의 자치적(self-governing)이며, 교리적으로 자율적 종교 단체들이나 교파들.

결정론(determinism): 모든 역사적 사건들이 전적으로 어떤 선행하는 원인이나 원인에 의해 이해될 수 있으며, 그러한 원인의 필연적 결과들이라는 이론. 신학적으로 말해서 결정론은 때때로 하나님의 주권(sovereignty) 교리의 결론으로 간주함.

데우스 압스콘디투스(Deus absconditus): 인간의 지각(perception)으로부터 숨어계신 하나님.

데우스 모르투스(Deus mortuus): 죽으신 하나님.

다마(Dharma): 힌두교에서 대상들에게 그 본성을 부여하는 우주적 규칙을 가리킴. 인간의 차원에서 사회 질서와 정의-생명에 대한 네 가지 근본적 추구들 가운데 하나-에 필요한 사회 관습을 가리킴. 불교에서는 특히 붓다에 의해 선포된 보편적 진리나 법을 말함.

집사직(diaconate): 교회 안에 있는 집사의 직무. 집사직의 기간. 집사들의 모임.

변증법(dialectic): 결론이 두 대립 명제 간의 긴장으로부터 나오는 추론 방법(때때로 변증법적 방법이라고 불림). 혹은 역사를 갈등을 거쳐 일정한 형태의 절정을 향해 움직이게 하는, 역사 내에서 작용하는 것으로 이해되는 하나의 힘. 십자가와 부활 사이의 근본적 긴장이 종종 변증법적 관점에서 다루어진다(예를 들어 위르겐 몰트만에 의해).

변증법적 신학(dialectical theology): 제1차 세계대전 이후의 신학(주로 칼 바르트의 『로마서 주석』에 의해 시작된)을 말하는 데, 그것은 하나님을 알고 하나님과 관계하는 일체의 인간적인 방법(무엇보다도 십자가형과 관련해)을 철저하게 부정했고, 계시 안에 있는 하나님의 주도권에 상응하는 필요성을 역설했음. 또한, 교회와 세상에 대한 하나님의 심판(그리스어 krisis)을 강조했기 때문에 위기의 신학(crisis theology)으로도 알려져 있음.

대화체의(dialogical): 대화 성격의 또는 대화 성격과 관련된. 특히 이 대화는 자아가 시작이나 끝도 없이 타자와 대화적으로 소통하기 위해 존재하는 인류의 실존적 조건을 가리킴.

디아스포라(diaspora): 이방인들 가운데로 유대인들이 흩어짐. 이스라엘 영토 밖에서 살아가는 유대인들. 부연하면 고국 밖에서 사는 민족 집단의 분산을 가리킴. 고국 밖에서 살고 있거나 살아갈 수밖에 없었던 민족 집단.

분리(diastasis): 분리를 의미하는 그리스 단어. 성자의 발생에 있어 성부와 성자(삼위의 공통적 사랑인 성령에 의해 매여 있는) 사이에 있는 삼위일체 안에서의 거리에 대해 말하기 위해 발타자르(Hans Urs won Balthasar, 1905-88)에 의해 사용됨.

차연(差延, différance): 언어의 제1 조건을 지칭하기 위해 데리다(Jacques Derrida, 1930-2004)에 의해 만들어진 프랑스 신조어.

1) 서로에게서 기호들의 차별은 대상을 구별할 수 있게 한다.
2) 기호들은 절대 그것이 가리키는 초월적 의미나 현존을 공략하지 않으면서 서로를 지시하거나 서로에게 맡긴다.

가현설(docetism): 예수의 인성과 죽음이 진짜로 실재하지 않았고 로고스가 취한 외관에 불과하다는 신념. 이 견해는 초대교회에 이단으로 정죄 됨(이 용어는 그리스어 동사 dokeo에서 나온 것으로 그 의미들 중 하나는 "~인 것 같다 혹은 ~을 가정하다").

교의적인(dogmatic): 교리들과 교리들을 해석한 것의 또는 그것들과 관련된.

교의학(dogmatics): 기독교 교리에 관한 연구, 연결로서, 때로 신학에 대한 더 체계적 접근 방법과 구별됨.

박사 지도교수(doktorvater): 독일 신학에서 학문적 멘토상(mentor-figure).

도미니크회의(Dominican): 성 도미니크(St. Dominic, 1170-1221)에 의해 창설되고 설교 수사들로 구성된 로마 가톨릭의 종교 수도회의 구성원 혹은 그 수도회와 관련된.

기증한(donative): 선물을 무료로 수여하는 혹은 그와 관련된.

이원론(dualism): 선과 악, 물질과 정신 혹은 자연과 은혜 같은 궁극적으로 구별되는 두 가지 원리나 영역이 존재한다고 주장하는 세계관.

교회의(ecclesial): 교회의 혹은 교회와 관련된(그리스어 ecclesia 또는 집회에서 나옴).

교회론(ecclesiology): 교회에 대한 이해나 교리.

절충적(eclectic): 여러 가지 다양한 원천이나 장르(genres)를 아우르는.

에큐메니컬(ecumenical): 에큐메니즘과 관련된. 분리를 뛰어넘거나 그 이전의 전체 교회의 또는 그와 관련된.

에큐메니즘(ecumenism): 사람이 사는 온 세상이라는 그리스어에서 유래한 용어. 기독교에서 이것은 기독교회 간의 세계적 일치를 위한 운동을 가리킴. 때로 종교 간의 협력에 대해 사용되기도 함.

평등주의(egalitarianism): 모든 인간이 평등하고 동등하게 대우받아야 한다는 신념.

선택(election): 하나님이 구원을 위해(그리고 어떤 전통들 내에서는 저주를 위해) 민족을 선택하신다는 교리. 특히 구원이나 저주에 관한 하나님의 선택.

용어 해설 1151

경험론(empiricism): 감각 경험이 모든 인식의 원천이자 평가라는 지식 이론.

회칙(回勅, encyclical): 현대 로마 가톨릭 교리에서 교황이 모든 로마 가톨릭교도들에게 전 세계적으로 보내는 회람 서신을 가리킴.

계몽주의(Enlightenment): 전통적(종교적 혹은 다른) 권위보다는 인간의 이성과 경험 그리고 개인의 자율성을 전형적으로 강조했던 (18세기에 그 절정에 달한) 유럽의 사조.

계몽주의적 합리론(Enlightenment rationalism): 보편적 인간의 합리성이 있다는, 계몽주의와 관련된 사상가들의 신념. 이 보편적 합리성은 우리 권리의 근거가 되고 그 행사는 어느 행동에서나 우리 자유의 조건이 되며, 참된 형태의 모든 대상들을 발견할 수 있게 한다고 봄.

우발 징후(epiphenomenal): 단지 우발적 방식으로 어떤 절차나 사태를 수반하는 것. 그리고 그 자체로 아무런 결과를 갖지 못하는 것.

감독제(주교제, episcopacy): 감독들에 의한 교회 정치 제도.

감독제의(episcopalian): 궁극적 권위가 한 지도자나 일반적 구성원들에게보다는 주교단에 속한다는 교회 정치의 한 형태인 감독제주의의 또는 그와 관련된. 보다 구체적으로 말하면, 스코틀랜드와 미국 그리고 다른 몇몇 나라 안에 있는 성공회인들, 성공회를 지칭하는 말.

인식적인(epistemic): 지식의 구조와 관련된.

인식론(epistemology): 그 기초들과 형태들 그리고 기준들과 관련된 인간의 앎에 대한 이론이나 연구.

신기원의(epochal): 신기원의 특징이 있거나, 형태를 보이거나 최종적인. 한 주기의 시간.

에로스(eros): 사랑이나 욕망을 뜻하는 그리스어.

종말론(eschatology): 종말(eschaton)이나 세계의 궁극적 운명에 관한 이해 또는 교리.

본질(essence): 한 사물의 존재(being)나 본성(nature) 안에 있는 제1의 혹은 근본적 요소. 그것 없이는 그 사물이 그것이 될 수 없는 바의 것.

본질주의(essentialism): 본질의 각도에서 대상들에 대해 이해하는 것을 가리킴. 이것은 그것이 그것인 바에 본질적 특성들과 그것이 아닌 것들(우유들) 사이를 구별함.

영겁 회귀(eternal recurrence): 우주가 사건들의 정확히 같은 과정을 재현하기 위해 되돌아오는 끊임없는 순환. 수많은 그리스 사상의 한 주제이자 니체가 『권력에의 의지』(The Will to Power)에서 우리 행동의 회귀에 대한 기쁨의 긍정이라며 채택한 주제어.

영원성(eternity): 근본적으로 시간과 다른-예를 들어 시작이나 끝이나 순간의 분리가 없는-존재 방식. 고전적 기독교 신학에서 영원성은 하나님에게만 고유한 존재 방식이며, "측량할 수 없는 생명"으로 이해됨(보에티우스, 480-525).

윤리적 자연주의(자연주의 윤리설, ethical naturalism): 자연적 혹은 생물학적 원리들에 근거한 윤리적 입장.

민족지학(ethnography): 인간 사회와 문화에 관한 연구. 문화 인류학이라고도 함.

성찬식(Eucharist): 예수 그리스도의 살과 피의 기호로 떡과 포도주를 축복하고 분여하는 것과 관련된 성례나 주의 만찬의 축전('감사기도'를 의미하는 그리스어에서 유래)을 가리킴.

성체찬미가(eucharistic devotion): 성찬식의 떡과 포도주 안에서 그리고 그와 함께 육체적으로 현존하는 예수 그리스도에 대한 헌신 혹은 존경을 표함.

복음주의의(evangelical): 신약성경의 복음이나 그 복음을 전도하려는 바람과 관련된. 아울러 독일과 스위스의 개신교 교파를 지칭하는 말, 또한 성경의 최종적 권위, 십자가상의 그리스도에 의해 성취된 속죄의 중심성, 복음전도 그리고 개인의 구원,

성결에 특별한 관심을 지닌, 수많은 개신교회와 단체들을 엮어주는 다양한 운동을 지칭하는 말.

복음주의 부흥(evangelical revival): 18세기와 19세기 초에 영국과 미국에서 발생한 운동-위에서 마지막 의미에서의 복음주의의-으로 교회 출석의 성장, 복음주의적 영성의 가르침, 정치적이고 사회 경제적 관심사들(예를 들어 대영 제국의 노예 제도 폐지)의 발기, 해외 선교사역의 확장과 연관됨.

진화론(evolutionary theory): 특수한 환경에서 종 내에 그리고 종 간에 발생한 유전 변형과 돌연변이의 산물들에 대한 자연선택을 통해, 최초 생명체들에서부터 변형과 더불어 유전된 산물들이라고 지상에 있는 생명체들의 기원과 다양성을 설명하는 이론.

배타주의(exclusivism): 하나님이 기독교회 밖이나 그리스도에 대한 신앙의 외부에 있는 사람들에게 구원을 허락하지 않을 것이라는 신념.

석의(exegesis): 본문-신학, 대개 성경 본문 안에서("설명하다"를 의미하는 그리스어에서 유래)-을 설명하는 행위

실존적인(existential): 개인의 실존, 주관성의 또는 그와 관련된. 인간의 삶과 행위 그리고 세계를 향한 방향설정에 특유한 존재 방식을 기술함.

실존주의(existentialism): 개인의 실존과 주관성에 중점을 둔 사상운동으로 실존이 본질에 앞선다(특히 어떤 사람의 가상의 본질적 본성보다는 우연적 사건들에 대한 한 개인의 결정과 응답이 그 사람의 본질적 사람됨을 구성한다는 의미에서)고 주장하며, 따라서 의지의 자유와 다른 어떤 것으로도 환원 불가능한 그 자유의 속성을 지지함. 이 사조는 불안과 공포, 비본래성, 무의미성, 소외, 죄책감, 죽음에 대한 얘기 그리고 절망과 같은 인간의 곤경의 측면들과 맞서 싸운다.

외재주의(extrincism): 종교의 교의는 단지 받아들이는 것이지 입증될 수 없다는 견해.

반증 가설(falsification hypothesis): 과학의 장점은 증거에 의해 반박될 수 있는 가설들을 제안함에 있다고 칼 포퍼(Karl Popper)가 제시한 개념.

파시즘(fascism): 사회적 단결과 강한 지도력 그리고 국가 문화의 부흥 필요성을 강조하는 정치 이념. 이런 이념을 지지하는 정치 운동과 정체(政體). 또한, 매우 권위주의적 생각들이나 개인들이나 제도들이나 관행들에 대해 경멸하는 말로 사용되기도 함.

페미니즘(feminism): 여성들의 존엄성과 권리들 그리고 해방, 이것이 인류에 대해 가지는 함의들과 관련된 운동.

여성 신학(feminist theology): 페미니즘의 관심사를 공유하고 있는 신학. 기독교에서는 특히 가부장적 전통에 대한 비판과 비가부장적 관점에서 그 전통을 재인식하는 것에 집중함.

유한한(finite): 특히 자연의 질서에 제한된. 일정한 경계를 초월할 수 없는.

유한성(finitude): 유한한 것의 조건.

형식의(formal): 어떤 현상의 형상을 추상하는 것과 주목하는 것. 예를 들어 형식 논리는 어떤 주장의 논리적 형태를 추상하고 분석한다.

형식주의의(formalist): 형식은 어떤 것 안에서도 중요한 것이라고 주장하는 견해.

기초주의(foundationalism): 타당한 철학적, 신학적 진리 주장이 자명한 명제들이나 경험적 진리(혹은 그 양자의 조합) 위에 세워진다는 견해.

프로이드의(Freudian): 심리분석의 창시자인 지그문트 프로이드(1856~1939)와 그의 제자들의 사상과 관련된.

근본주의(fundamentalism): 기독교에서 축자적으로 해석된 무오한 성경의 권위에 관해 일단의 기본적 신념들을 일반적으로 긍정하는 다양한 운동.

계보학(genealogy): 세계(담론)에 대한 사고방식이나 사고 개념의 기원들과 발전을 설명하는 것. 한 개인이나 민족 혹은 문화에 대한 조상대대로의 뿌리들을 설명하는 것.

독일 관념론(German Idealism): 인간의 지성이나 정신의 자발성과 자율성에서 지식과 윤리의 원리들을 끌어내는 칸트의 기획을 완성하려는 시도로 시작했던 독일 철학 내의 운동. 예를 들어 피히테나 헤겔 등에 의해 대표됨.

세계화(globalization): 세계의 다양한 지역과 민족과 그들의 정치 제도, 경제 그리고 문화가 점차 긴밀하게 상호 관계를 맺게 되는 과정. 주로 기술 문명의 발전 때문에 촉진된 무역을 통해, 때로는 군사 정복이나 식민지 패권에 의해 세워지고 해당 모든 관계자의 이익을 꼭 수반하지는 않음.

그노시스(gnosis): 지식을 의미하는 그리스어. 고대 후기에 다채로운 한 무리의 종교 운동들 안에서 그노시스는 물질적 인간 조건의 우주적 기원들에 관한 특별하고 은밀한 지식과 그 조건으로부터의 자유가 한 엘리트에게 획득될 수 있는 방식을 의미한다. 몇몇 기독교 단체들은 유사한 견해를 지지했고 이단으로 정죄를 받았다. 이 단어는 또한 정통 기독교의 용례들을 가지고 있다(예를 들어 알렉산드리아의 클레멘트 신학에서).

점진주의(gradualism): 변화가 작은 폭으로 꾸준하게 연속해 천천히 증대된다는 견해.

그레고리오 성가(Gregorian plainsong): 단어들의 억양에 맞추어 중세의 방식(음악에 기초가 되는 음색)과 자유로운 리듬으로 불렸던, 소리를 동반하지 않는 음악.

습성(habitus): 어떤 대상의 조건이나 상태를 의미하는 라틴어. 사회학에서 사고와 실천을 조절하는 지리학적이고 사회 경제적이고 문화적 환경.

조화의 불일치(harmonic dissonance): 두 개 혹은 그 이상의 음색을 함께 내는 불협화음을 가리키는데, "듣기 거북함"(roughness)을 갖고 있거나 긴장 관계에 있다고 알려짐. 화음의 반대말-작은 정수(small whole numbers)의 단비(simple ratios)에 근접한 다른 주파 음파들의 공명(sympathetic vibration).

헤브라이즘의(Hebraic): 히브리인들의 사고 형성과 언어 그리고 종교와 문화의 또는 그것에 관련된.

헤게모니(hegemony): 주도권이나 패권. 종종 한 개인, 계급, 문화 혹은 이념이 다른 것들에 대해 가지는 패권을 지칭함.

헬레니즘(hellenism): 알렉산더 대왕(Alexander the Great, 356-323) 이후의 시기에 그리스 이외의 지역에 영향을 미쳤던 그리스 문화와 사상들.

단일신교(henotheism): 다른 신들을 배제하거나 다른 신들보다 선호하는 가운데 한 신만을 숭배함.

이단(heresy): 한 종교단체의 공식 교리나 실천에 대한 형식적 부인 혹은 회의. 기독교의 경우에는 기독교 교파 간의 논쟁 주제의 성격, 범위 그리고 공식적 가르침들에 대한 형식적 부인이나 회의를 가리킴.

해석학(hermeneutics): 해석과 의미에 관한 연구.

신비주의(Hermetism): 신비의 인물인 헤르메스 트리스메기스토스(Hermes Trismegistos)와 특히 그의 것으로 간주하는 서기 1세기에서 3세기 사이에 알렉산드리아에서 만들어진 일반적으로 영지주의적 성격의 문서집과 관련된 사상 전통. 르네상스 시대에 이루어진 그의 재발견은 후대의 비교(秘敎, esoteric) 철학과 마술 그리고 다양한 형태의 우주론, 신비주의 영성과 관련해 큰 영향을 미쳤음.

이단(heterodoxy): 정통으로 여겨진 것에서 벗어남. 잘못된 견해. 정통에서 벗어난(비정통적인) 성질.

헤지라(Hijrah): 이주를 의미하는 아랍어로써, 이슬람에서는 마호메트가 AC 622년 7월에 메카에서 메디나로 이주 혹은 도주한 것을 지칭함.

힌두교(Hinduism):

역사 비평(historical criticism): 본문의 의미를 본문의 최초 형태와 문맥 속에서 그것이 의미했을 바에 비추어 규정하고 신념과 제도 그리고 관습을 그것들이 역사적 조건과 사건들에 의해 산출된 방식의 관점에서 이해하려는 접근 방법.

역사적 예수(historical Jesus): 1세기 팔레스타인의 유대 사회와 종교의 맥락에서 역사적 개연성(그럴싸함, plausability)의 기준에 대비해 그의 생애와 가르침의 원천들과 가설적 재구성을 비평적으로 평가함으로써 나사렛 예수를 이해하려는 시도.

역사 신학(historical theology): 현대 이전의 신학에 관한 연구로서 다양하게 정의되는데, 종종 그 표현을 역사적 맥락 안에서 두려고 하며, 그 역사적 맥락들을 통한 그 발전의 과정을 이해하려고 함.

역사주의(historicism): 자연사(natural history)와 인간의 근본적 분리를 긍정하고 모든 인간의 활동과 지식의 역사성(즉 특수한 역사적 환경에서의 그 우연성)을 강하게 역설하는 접근 방식.

역사 문헌(historiography): 역사에 대한 저술. 일반적으로 역사적 설명을 가리킴.

설교(homily): 종교적 담론이나 설교. 특별히 영적 교화를 의도한 담론.

사람과(hominid): 인간과 몇몇 화석 형태가 속하는 사람과(Homonoid family)의 영장류. 인간과의 특징이 있는.

사람과에 속하는(hominoid): 인간을 닮은 인간 형상의. 인간을 닮은 동물. 인간과 유인원(anthropoid apes)이 속한 인간 상과의(Hominoidea super family) 영장류.

호모 에코노미쿠스(homo economicus): 경제적 인간. 재화 교환의 경제에 관여한 인간들.

인문주의(humanism): 인간의 삶을 상위의(신적인) 권위에 의존함 없이 이해하려는 르네상스에서 비롯된 운동. 보다 광의적으로 인간에 대한 존중과 인간의 가능성에 대한 신뢰를 장려하는 세계관.

혼성화(hybridization): 새로운 형태의 이주자나 소수민족 담론의 산출을 나타내는 탈식민지 이론에서 사용하는 용어로서, 그것은 근대와 탈근대 시기의 디아스포라들(diasporas) 안에서 번성하고 이항대립(binaryopposition)을 둘러싸고 세워진 동일성(identities)과 차이(differences)를 불안정하게 한다.

휘포스타시스(hypostasis): "실체"(substance)를 포함해 본래 다양한 의미를 지닌 그리스어. 기독교 신학에서 가파도기아 교부들 이래로 이것은 예수 그리스도와 삼위일체와 관계해 본성의 구체적 실재가 내재하는 개별 주체, 즉 속성들의 주체를 의미하게 되었다.

성상(聖像, icon): 그리스도나 동정녀 마리아 혹은 성인들이나 때로 성경의 장면들을 나타내는 평면 그림을 가리키는데, 몇몇 기독교 전통에서는 묘사된 것의 현존을 상징적으로 매개한다고 주장됨. 성상들은 하나님의 구원 경륜 속에서 묘사된 것들에 의해 행해진 역할 때문에 공경을 받는다. 그리스도의 경우에 신성은 그려질 수 없으므로 공경받는 것은 그분의 인성이다.

성상 파괴주의(iconoclasm): 문자적으로 성상의 파괴를 의미함. 기독교에서는 종교적 이미지들과 성상들에 대한 반대를 가리키는데, 그것은 그런 이미지들을 파괴하는 것과 관련될 수 있다. 보다 광의적으로 확립된 신념들이나 관념들 혹은 관례들에 대한 경시나 반박을 의미함.

도상학(iconography): 시각적 이미지들과 상징들을 통한 도해나 묘사(성상학과 구별됨. 이미지와 상징에 관한 연구와 해석).

관념론(idealism): 플라톤에게서 기원한 철학적 전통으로 정신, 관념 혹은 영혼을 실재에 근본이 되는 것으로 이해함. 현대 기독교 신학에 가장 큰 영향력을 미쳤던 관념론의 형태들은 칸트의 선험적 관념론과 피히테, 쉘링, 특히 헤겔의 절대 관념론(absolute idealism)이었다.

이데올로기(ideology): 일군의 사람들의 행위, 이해를 지배하는 개념들과 신념들의 구조. 때때로 기득권의 이익이나 억압적 체계, 관습을 정당화하는 합리화로서의 신념, 관념을 표현하기 위해 경멸하는 의미로 사용됨.

우상(idol): 표현될 수 없는 하나님에 대해 그릇되게 시도된 묘사. 또한, 바꾸어 말하자면 하나님과 피조물 간의 차이를 위반해 피조물의 특성들과 속성들을 신적 본성에 문자적으로 귀속시키는 것을 의미함. 당연히 하나님에게만 돌려져야 할 지위와 영예를 피조물에게 귀속시키는 것.

우상숭배(idolatry): 문자적으로 우상들에 대한 숭배를 가리키는데, 그것은 정의상 방향이 잘못된 결과 그릇된 예배를 의미함. 하나님보다 열등한 것 혹은 하나님과 다른 어떤 것(결국 같은 것이 되는 것)에 대한 숭배나 그것을 궁극적인 것으로 취급하는.

이그나티우스식의(Ignatian): 예수회의 설립자인 로욜라의 이그나티우스(Ignatius of Loyola, 1491-1556)에 의해 가르쳐진 사상이나 삶 혹은 영적 훈련들의 또는 그와 관련된.

이즈티하드(Ijtihad): 이슬람에서 법적이거나 신학적 질문에 관한 그리고 이슬람 율법의 해석과 적용에 기초한 독립적 판단을 가리킴(노력을 의미하는 아랍어에서 유래함).

하나님의 형상(image of God): 창조 시에 부여받고 어떤 설명에서는 죄의 타락으로 손상되었다고 간주되는 인간의 특성을 말하는 데, 하나님의 형상 덕택에 인간이 삼위일체와의 친밀한 관계를 위한 적성을 지니고 있다고 함. 고전적으로 자유 의지와 합리성과 같은 영혼의 속성들 안에 있다고 이해됨.

이마고 데이(imago dei): 하나님의 형상에 가리키는 라틴어.

이마고 트리니타티스(imago trinitatis): 삼위일체의 형상을 가리키는 라틴어. 기억과 이해 그리고 의지의 상호 작용과 상호 의존 안에 삼위일체의 구별 안에 일치를 희미하게 반영하는 것으로 영혼을 이해(어거스틴에게서 처음 발견된)하는 것. 어거스틴은 영혼이 지복직관(beatific vision) 속에서 삼위일체에 가장 완벽하게 참여할 때 영혼이 가장 참되게 삼위일체의 형상이 된다고 주장한다.

하나님의 내재성(immanence, divine): 일상적 사건과 상황을 포함한 세상 속에서의 하나님의 현존.

내재주의(immanentism): 세계 내에 존재하는 어떤 사건이나 현상도 세계 안에 존재하는 다른 사건이나 현상에 의해 설명할 수 있다는 견해인데, 그로 인해 하나님이나 다른 초자연적 힘에 의한 어떤 직접적 작용도 배제시킴. 혹은 하나님의 초월(transcendence)보다는 오히려 세상 안에 하나님의 내재(immanence)나 내주(indwelling)를 강조하는 하나님에 관한 견해.

인 누케(in nuce): 단 한 마디로(in a nutshell)를 의미하는 라틴어 표현. 간결하거나 미숙한 형식의.

성육신(Incarnation): 문자적으로 육신이 됨을 의미함. 하나님의 아들이 예수 그리스도 안에서 인성을 취하신 사건.

성육신 신학(incarnational theology): 성육신의 지배적 중요성을 강조하고 그 교리에 비추어 다른 쟁점들을 이해하는 신학.

포괄주의(inclusivism): 한 특정 정교가 타종교의 진리를 부인하기보다는 도리어 포함함으로써 구원의 진리를 제공해 준다고 주장하는 태도.

비교 불가의(incommensurable): 서로를 평가하기 위해 혹은 동의를 위해 어떤 공통 근거도 공유하지 않는 두 개 이상의 문화, 종교, 제도 또는 사고의.

문화적 토착화(inculturation): 그것이 도입될 때 문화적으로 조건 지워진 한 종교의 형태와 그것을 도입한 문화의 형태들 사이에 존재하는 어떤 문화에서 한 종교의 수용에 내적 협상 절차.

비결정론(indeterminism): 어떤 결과적 사건들(종종 구체적으로 말해 양자 사건들을 가리킴)이 아무 원인들을 갖고 있지 않다는 견해. 그것들은 그냥 우연히 발생할 뿐이고 세상의 이전 사태에 있던 어떤 것도 그것들을 설명하지 못한다는 견해.

인도의(indic): 인도와 그 민족과 문화의 또는 그와 관련된. 인도 유럽 어족의 혹은 인도 유럽 어족과 관련된.

토착화(indigenization): 현지화하는 것. 현지인 우선 채용.

개인주의(individualism): 본질적으로 사회적이지 않고 자율적 존재로 이해되는 개인들의 권리나 가치 혹은 구원을 일차적으로 찬성하는 태도나 입장.

면죄부(indulgences): 죄로 인한 일시적 형벌을 하나님을 대신한 교회로 수여된 사면을 가리킴. 교회에서 그 죄는 그리스도와 성인들의 공로에 의해 용서를 받았음.

무류성(infallibility): 실수할 수 없는 무오성. 보다 구체적으로 교황의 성좌선언은 오류가 없다는 로마 가톨릭의 교리.

주지주의(intellectualism): 특히 구원이나 성화에 대한 설명에 있어 지성의 역할에 특권을 부여함. 의지에 특권을 부여하는 ~주의(voluntarism)와 상반되는 강조.

상호 주관성(간주관성, intersubjectivity): 내재성(interiority)을 지닌 인간 주체로 이해된 개인들 사이의 관계하는 방식.

직관적인(intuitive): 직관-제일 원리들이나 경험적 증거로부터의 사전 추론 없이 마음에 의한 진리를 파악하는 행위의 또는 직관적 행위와 관련된.

풍자화(ironization): 어떤 것을 풍자적(반어적)으로 만드는 것. 어떤 것을 풍자적(반어적)으로 사용하는 것을 가리킴.

예수회 수사(Jesuit): 1534년 로욜라의 성 이그나티우스(Ignatius of Loyola)에 의해 세워진 로마 가톨릭 예수회의 한 구성원.

지하드(Jihad): "성전"(Holy War). 이슬람에서 비이슬람 지역들(the dar al-harb 혹은 투쟁의 장소)로 이슬람을 확장하거나 위험으로부터 이슬람을 방어하기 위해 신이 임명한 전쟁을 가리킴.

정령(精靈, jinns): 이슬람에서 우리의 물질계를 액체로 잠그고 있는 신비한 비물질적 세계 혹은 신비하게 물질적 세계의 거주자들을 지칭함. 어떤 정령들은 자유 의지와 합리성을 지니고 있지만 어떤 정령들은 그렇지 않다.

요한복음의(Johannine): 전통적으로 사도 요한에게 기인하는 것으로 알려진 신약의 제4 복음서와 그 신학의 혹은 그와 관련된.

주이상스(jouissance): 존재(Being)의 충만함에 관계해 자신을 초월함(a going beyond of oneself)을 기술하기 위해 쟈크 라깡(Jacques Lacan, 1901-81)에 의해 개발된 개념. 평정의 상태로 끝나지 않는 황홀경.

의롭다함(justification): 의롭다고 선포되거나 의롭게 됨. 예수 그리스도의 죽음과 부활을 통해 당신 자신과 인간들 사이에 화해를 가져온 하나님의 행위.

이신칭의(justification by faith): 어떤 사람이 수행했을 수도 있지만, 그/그녀를 의롭게 하는 데는 아무 쓸모가 없는 선행의 공로와는 별개로, 의로움(righteousness)이 그/그녀를 구원해 주시는 예수 그리스도를 믿는 자에게 전가된 하나님 앞에서의 신분(status)이라는 종교개혁 교리.

업보의(karmic): 행동을 의미하는 산스크리트어, 카르마(karma)에 관련된. 힌두교와 불교에서는 카르마가 반복된 출생의 경험들을 통해 보존할 가치가 없는 이기적 행동의 형이상학적 잔여물을 가리킴.

케노시스(kenosis): "자기 비움-"(self-emptying)을 가리키는 그리스어로, 완전한 인간이 되기 위해 예수 그리스도가 일정한 신적 속성(예를 들어 영광과 전능과 같은)을 내어버린 것을 기술하기 위해 신학 분야에서 사용되는 표현. 때때로 유사한 모든 자기 비움에 대해 보다 광범위하게 사용됨.

케노시스 기독론(kenotic Christology): 케노시스를 수반하는 예수의 성육신에 대한 이해를 가리킴.

케리그마(kerygma): 선포를 의미하는 그리스어. 예수가 전한 메시지. 예수 그리스도에 대한 초대교회의 선포. 기독교의 실존적 메시지.

키에르케고어 철학의(Kierkegaardian): 쇠렌 키에르케고어(Søren Kierkegaard, 1813-55)의 철학과 관련된.

하나님 나라(Kingdom of God): 구약성경에서 예견되었고 예수 그리스도의 가르침과 사역에서 선포, 예시되었고 세상의 궁극적 운명이나 종말에 완벽히 실현되리라고 기대하는 가운데 교회생활에서 어느 정도 실현된, 하나님의 정의와 피조물에 대한 애정이 있는 목적들의 현시를 가리킴.

코이노니아(koinonia): 친교(communion)나 교제(fellowship)를 의미하는 그리스어. 에큐메니컬 신학에서 삼위일체의 위격들과 그리스도의 몸인, 특히 성만찬에 의해 제정된 교회의 생명과 예전 속에서 서로와 함께 하는 그리스도인들의 친교를 가리킴.

평신도(laity): 한 교회의 구성원들(백성을 의미하는 그리스어 laos에서 유래함). 때때로 성직자와 구별됨.

성구낭독(lectionary): 매년 매 날 매 예배를 위해 규정된 한 교파 내의 공예배를 위한 반복적 읽기. 그리고 교회력의 예전 절기들을 반영함.

라이프니츠 철학의(Leibnizian): 독일의 합리주의 철학자 라이프니츠(Gottfried Wilhelm Leibniz, 1646-1716)와 그 제자들의 사상과 관련된.

자유주의(liberalism): 자신이 원하는 대로(그것이 타인의 동등하고 적법한 자유를 침해하지 않는 한) 각 개인이 행동할 자유를 보장하는 데 관련이 있으며, 다원주의를 찬양하고 개인의 자율성을 존중하는 도덕적 혹은 정치적 사조. 신학에서는 신학을 현대의 경험과 세계관 그리고 기준들 그리고 특별히 여타 학문 분야들의 공헌에 대해 개방하고자 하는 운동을 가리킴. 보다 구체적으로 19세기 자유주의 신학은 기독교를 복구시킴에 있어 종교적 체험과 역사의식 그리고 전통적 교의(dogma)와 체제로부터 자유에 대한 필요성을 강조하는 경향을 띠었다.

해방 신학(liberation theology): 정치적이고 경제적 억압의 상황 속에서 1960년대 라틴 아메리카에 연원을 둔 신학 학파로서, 기독교 신앙을 가난하고 착취당하는 자들의 필요라는 관점에서 적용하고자 함.

언어적 관념론(linguistic idealism): 언어 안에 있는 모든 주관성을 진지하게 중재한다는 관념론자의 사고.

언어의 전회(linguistic turn): 사고와 경험의 필연적 언어적 성격 – 우리가 언어 안에서 "살고 움직이고 존재하는" – 을 강조하는 현대 철학과 다른 분야들 내의 운동.

예전(liturgy): 하나님에 대한 공동체의 예배(백성의 행위를 뜻하는 그리스어에서 유래). 보다 협의적으로 규정된 공예배의 다양한 측면들을 가리키는 표현.

로키 떼올로지키(loci theologici): 신학적 탐구나 교리적 정의의 영역들.

대리인(locum tenens): 부재 시 또 다른 사람의 전문적 직무들을 떠맡는 사람. 임시로 사무실을 지키는 사람.

논리 실증주의(logical positivism, logical empiricism): 감각 경험으로부터 확인할 수 있거나 그러한 주장들로부터 추론할 수 있는 주장들만이 유의미하다고 주장하는 철학 또는 이런 입장보다 좀 더 약한 견해.

로고스(Logos): 넓은 의미론적 범위(말, 이성, 이야기, 논증, 설명)를 가진 그리스어. 고대철학에서, 특히 스토아 철학에서 어떤 것이나 전체로서의 실재 안에 존재하는 합리적 원리나 질서의 원리를 가리킴. 기독론에서 로고스는 하나님의 영원하고 실체적인(hypostatic) 자기표현 혹은 말씀(Word)을 나타내는데, 예수 그리스도 안에서 육화된 창조의 궁극적 원리로 종종 이해됨. 로고스 기독론을 보라.

로고스 기독론(Logos Christology): 모든 것들을 창조한 영원한 신적 로고스에 대한 역사적 표현으로 이해되는 예수를 그 핵심 개념으로 하는 기독론.

주의 만찬(Lord's Supper): 죽기 이전에 마지막 만찬 석상에서 예수 그리스도에 의해 제정된 의식적 식사. 또한, 성만찬(Eucharist)을 보라.

루터교의(Lutheran): 마틴 루터(Martin Luther)에 의해 시작된 종교개혁 전통에서 유래한 교회나 전통이나 신학의 혹은 그것들과 연관된.

교도권(Magisterium): 로마 가톨릭의 공식 교권을 가리키는 것으로 평상시에는 신자들의 교육, 때로는 교황의 엄숙한 선언, 교황에 의해 승인받은 주교 회의에서 실행됨.

대승 불교(Mahayana Buddhism): 대자대비(大慈大悲)의 가르침을 특징으로 하는 극동 아시아에 퍼져있는 불교의 한 형태. 수행자는 다른 모든 존재가 복을 받게 될 때까지 자신의 열반(nirvana)을 미루어야 할 정도로 감각이 있는 모든 존재를 측은히 여겨야 함(반대말. 소승 불교).

마르크스주의(Marxism): 칼 마르크스(Karl Marx, 1818-83)에게서 유래한 사상이나 운동.

유물론(materialism): 물질을 유일하고/거나 궁극적 실재로 주장하는 입장.

메논파의(Mennonite): 유아 세례, 맹세하는 것, 군 복무 그리고 공직 근무를 반대한, 메노 시몬스(Menno Simons, 1496-1561)에 의해 세워진 기독교 교파의 또는 그와 관련된.

메시아(messiah): 유대 국가의 약속된 구원자. 그 약속의 성취자이자 인류의 구원자인 예수. "기름 부음을 받은"(anointed)을 뜻하고 하나님의 목적을 위해 구별된 자를 내포하는 히브리 단어에서 유래함.

메타서사(metanarrative): 다른 이야기들을 이해하거나 포함하거나 혹은 설명하려고 하는 가장 중요한 이야기나 설명.

형이상학(metaphysics): 실재의 본성(nature)과 구성(constitution) 그리고 구조(structure)에 대한 철학적 연구(비교. 존재론).

감리교도(Methodist): 존 웨슬리(John Wesley, 1703-91)에 의해 창설된 개신교 교단의 구성원 또는 그 교단과 관련된.

방법론(methodology): 어떤 주제나 분야에 대한 체계적 접근 방법을 심사숙고하는 것.

모더니즘(modernism): 20세기 전반기에 예술과 문화 분야에서 일어난 운동으로서 예술 안에 있는 기존의 전제들과 관습들 가운데 많은 것을 거부했음(예를 들어 음악의 선율과 조화. 시각예술의 회화와 관점. 문학의 전통 사실주의). 철학에서는 정초주의적, 본질주의적, 실재론적 사상을 가리킴.

근대성(modernity): 과거와의 분리와 격차라는 의미로 구별되고, 인간이 노력하는 모든 분야에서 발전에 의해 강조되는 근대적인 것의 조건이나 특성.

음계(modes): 음악에서 음악의 선택을 위한 주음(主音, 으뜸음)의 토대가 되며, 그 특징을 정의하는 데 도움이 되는 음계를 배열하는 방식을 말함(똑같은 음조에서 시작하고 마치는 음조의 상승하거나 하강하는 반복진행).

수도원 생활(monasticism): 하나님을 찾고자 하는 열망으로 동기 부여를 받아 종교 규칙을 따르는 금욕적 공동체 생활의 실행. 종종 종신 소명을 가리킴.

일원론(monism): 하나의 규정적 원리가 우주를 지배한다는 견해. 또한, 모든 실재가 하나라는 견해 혹은 모든 실재가 하나의 근본 요소를 통해 설명될 수 있다는 견해.

일신론(monotheism): 오직 한 신만을 궁극적 실체로 믿는 것.

도덕주의(moralism): 도덕성의 자연적 체계에 대한 실천. 도덕적 실천을 구성하는 종교 혹은 도덕적 실천으로 환원되는 종교.

신비(mystery): 계시되어야만 하고 인간의 이해를 초월하며, 어쩌면 신성모독을 막아야 하는 실재(예를 들어 성경에 묘사된 하나님의 행위들이나 성만찬 혹은 세례).

신비 신학(mystical theology): 신적 조명에 의해 가능해진 신학적 성찰로서 여기서 지성은 상상할 수 없을 정도로 삼위일체와의 연합으로 끌린다. 그런 연합의 가능한 조건들을 옹호하거나 설명하는 데 관련된 신학. 특정한 부류의 신비주의에 근거를 두고 해석하는 신학.

신비 전통(mystical tradition): 신비주의나 신비 신학에 관련된 기독교 내에 있는 글들의 모음.

신비주의(mysticism): 수많은 종교에서 경험을 통한 신이나 초월적 존재에 대한 인식을 강조하는 흐름으로서, 종종 직접적 직관이나 다른 직접적 소통이나 합일 의식의 형태로 이루어지고, 종종 그러한 경험에 대한 적절한 언어적 전달의 가능성을 부정함. 때때로 추론이나 경전 혹은 전통과 같은 간접적 수단을 통한 신인식과 대조됨.

신화(myth, mythos): 신학에서 대개 이야기나 상징을 통해 종교적 의미를 표현하는 것을 가리키고, 종종 전근대적 세계관을 사용함.

신화학(mythology): 신화들에 관한 연구나 신화들의 수집.

서사주의(marrativism): 기독교 신학을 성경의 설화(narrative), 특히 예수 그리스도에 관한 이야기에 근거한 것으로 보는 이해. 어떤 서사주의자들은 인간의 경험과 자기이해가 성격상 환원할 수 없이 서사적이라고 주장함으로써 이런 접근 방식에 근거를 둠.

이슬람 국가(Nation of Islam): 미국의 흑인 회교도들(Black Muslims of America)로 널리 알려진 분파에 대한 옛 명칭으로서, 이 단체는 흑인종의 우월성을 가르쳤고 미국 내의 흑인들을 위한 독립주를 옹호했음. 이 단체는 맬컴 엑스의 지도로 국제적 명성을 얻었다. 1975년에 설립자 엘리야 무하마드(Elijah Muhammed)의 사후에 그리고 맬컴 엑스의 본을 따른 무하메드의 아들인 월레스(Wallace)는 그 분파의 대다수를 정통 이슬람으로 이끌었다. 루이스 파라칸(Louis Farrakhan)이 이끈 다른 분파가 이 명칭과 그 단체의 백인을 적대하고 분리적 원래의 주장들을 보유하고 있음.

국가주의(nationalism): 국가와의 일체감과 그 헌신을 표명하는 이해와 실천. 공통 언어와 문화 그리고 때로 민족의 기원과 정체성에 기초한 한 정치 집단.

국가 사회주의(National Socialism): 소위 아리안 종족의 인종적이고 문화적 우월성과 생활공간에 대한 그들의 승리의 운명과 권리를 신봉하는 독일 형태의 파시즘을 가리킴. 아돌프 히틀러에 의해 옹호되고, 1933년에서 1945년 사이에 그가 독일에서 이끈 악명 높은 통치로 실행됨.

자연철학(natural philosophy): 이제 과학의 하위로 분류된 자연 세계와 코스모스에 대한 몇 가지 노선의 탐구를 가리키는 이름.

자연선택(natural selection): 생물학적 진화의 구조들 가운데 하나. 특수한 환경에서-특히 자원들로 인한 경쟁이 맹렬한 곳에서-생존하고 기르는데 가장 잘 적응된 생명체들이 덜 최적화된 것들을 희생시켜서 생존하며, 그들의 유전자를 후대에 전수하는 자연 과정.

자연 신학(natural theology): 신적 계시 없이 자연과 인간의 추론을 통해 신에 대해 그리고 신과 세계의 관계를 인식하고자 하는 신학.

자연주의(naturalism): 일반적으로 유물론적 방식으로 이해된, 자연적 질서를 초월하는 어떠한 설명 요소에 의존하지 않고도 (특히 자연과학을 통해) 세계를 이해할 수 있다고 주장하는 입장.

나투르비쎈쉪텐(Naturwissenschften): 자연과학을 의미하는 독일어.

부정 신학(negative or apophatic theology): 우리가 가진 개념들은 그것들을 이해하는 대로 하나님에 대해 적절하게 서술될 수 있다는 점을 부인하는 신학. 이 신학은 따라서 하나님에 대한 주장들을 그 주장들에 대한 부정으로 한정하고, 신인식(the knowledge of God)이 인간의 이해나 말을 초월해 있으며, 그 결과 지성의 신적 조명에 의해 획득되는 것으로 이해하고, 그것에 대한 담론보다 침묵과 어둠이라는 부정적 언어를 더 선호한다.

신경험론(neo-empricism): 경험론(empiricism)에 대한 새로운 혹은 되살아난 관심으로부터 비롯된 운동으로서, 감각 경험 때문에 참이라고 관측될 수 있는 것과 지식을 결부시키고자 하는 철학내의 흐름.

신칸트주의(neo-Kantianism): 헤겔의 관념론 쇠퇴 이후 칸트철학에 대한 새로운 관심에서 비롯된 동향. 신학에서는 특별히 칸트에 의한 순수 이성과 실천 이성 간의 구별을 종교와 신학의 타당성에 대한 과학의 도전을 충족시키기 위한 수단으로 강조했다.

신정통주의(neo-orthodox): 바르트, 에밀 부르너(Emil Brunner) 그리고 라인홀드 니버(Reinhold Niebuhr)와 관련된 개신교 신학 운동에 적용되는 용어. 신학을 종교개혁의 개신교의 원리들 위에 다시 근거를 둠으로써 '비정통적인'(unorthodox) 19세기의 자유주의 신학을 반박하려는 그들의 시도와 관련됨.

신 플라톤주의(neoplatonism): 플로티누스(Plotinus, 205-69 AD)와 그의 추종자들의 종교철학. 플라톤에게 많은 영향력을 받았으며 일자 혹은 모든 실재를 통합하는 절대자와의 합일을 목적으로 하는 합리적 영성을 제시함.

신스콜라주의/신 토미즘(neoscholasticism, neothomism): 토마스 아퀴나스의 신학과 철학을 부흥시키고 그것을 다른 모든 신학과 철학을 판단하는 규범으로 삼았던 19세기와 20세기 로마 가톨릭의 운동.

네스토리아니즘(Nestorianism): 칼케돈 공의회에서 정죄된 이단으로 예수 그리스도 안에 두 위격-신적 위격과 인적 위격-이 있어 실제로 두 본성을 나눈다고 주장함. 네스토리아니즘은 한때 콘스탄티노플의 주교였고 이 견해의 창시자로 간주했던(아마 틀릴 수도 있음) 네스토리우스(Nestorius, 381-452)의 이름을 따라 지어졌다.

뉴튼의(Newtonian): 과학자, 연금술사, 수학자, 신학자 그리고 만유인력의 법칙의 창시자요 미적분의 발명자였던 아이작 뉴튼 경(1642-1727)의 사고의 또는 그와 관련된.

니케아 신조(Necene Creed): 특별히 예수 그리스도가 성부 하나님과 하나의 실체나 본질 혹은 존재(그리스어, homoousios)를 지니고 있다는 주장으로 유명한 제1차 니케아 공의회(AD 325)에서 정식으로 공식화된 신조.

니케아 콘스탄티노플 신조(Nicene-Constantinopolitan Creed): 제1차 콘스탄티노플 공의회(381)에서 공포된 신조. 니케아 신조를 확언했고 호모 우시우스에 대한 니케아의 설명을 삭제하면서 그리스도의 위격, 성령의 지위와 사역, 교회, 세례, 부활 그리고 영원한 생명에 대한 소재를 첨가했음.

허무주의(nihilism): 인생의 어떤 측면들이나 모든 측면들(예를 들어 도덕적 판단들)과 인생의 중요성을 죄다 부정(negation)하거나 거부(rejection)하거나 부인(denial)하는 철학. 모든 것이 궁극적으로 무로 환원된다는 신념. "무"(nothing)를 가리키는 라틴어에서 유래함.

지성의(noetic): 정신이나 지성 또는 사고나 인식 절차의 혹은 그와 관련된. 순전히 지적 기초를 가진 것("정신"을 의미하는 그리스어 nous에서 유래함).

무교회운동(Non-Church Movement): 비교적 미조직된 기독교 모임을 선호하는 가운데, 일본 기독교 내에 존재하는 서양문화의 지배와 서양 교파들이 상세한 교회론에 둔 높은 가치에 반대하는 일본 그리스도인들에 세워진 무 교회(Mukyokou) 운동.

신(新)신학(nouvelle théologie): 현대 로마 가톨릭 신학 안에 느슨하게 연관된 운동에 적용된 새로운 신학을 의미하는 프랑스어. 로마 가톨릭의 가르침과 실천 그리고 수 세기 동안의 초기 기독교 기간과 중세 시기에 존재했던 기독교의 원천들에 관해 비판적 연구를 통한 되돌리기로 에큐메니컬 대화를 갱신하려고 노력함.

수습 기간(novitiate): 초보자의 지위(한 종교 단체의 견습생). 어떤 사람이 그 상태에 있는 기간. 한 무리의 초보자들.

객관주의(objectivism): 세계가 그것에 대한 우리의 이해와 독립해 그 자체로 존재한다는 이론. 혹은 인식이 사물들을 있는 그대로 묘사하며, 과학과 추론의 객관적 방법에 따라 발견되는 사실 증거에 기초한 이론. 혹은 유일하게 참된 인식은 감각 경험으로부터 도출되고/거나 확증되는 것이라는 이론. 가치와 관련해서는 가치가 그에 대한 우리의 이해와 독립해 존재하지만, 인간의 판단과 행위를 위한 원리로써 발견되고 알려질 수 있으며, 또 그렇게 사용되어야 한다는 이론.

반(反) 계몽주의(obscurantism): 개혁과 계몽에 상반되는 말.

오클로스(ochlos): 신약에서 사용되는 군중을 가리키는 그리스 단어.

고(古) 가톨릭주의자(Old Catholics): 종교개혁 이래 다양한 시기에 로마의 주교와의 친교에서 분리되었던 그리스도인들로 구성된 작은 국가 교회 단체(개신교인들은 아님). 때론 영국의 로마 가톨릭주의자들을 일컫기도 함.

전지성(omniscience): 모든 것에 대해 완전한 지식을 소유한 상태를 말함.

존재론(ontology): 가장 근본적이고 포괄적 형태의 존재 혹은 실재에 관한 연구와 관련된 철학 분과(비교. 형이상학).

존재 신학(onto-theology): 대개 경멸하는 용어로, 하나님에 관한 물음을 존재에 관한 물음과 동일시하는 신학에 적용됨.

성직(orders): 로마 가톨릭과 동방 정교 그리고 영국 성공회가 이해한 교회 내의 다양한 종류의 사역. 보통 주교들, 사제들, 집사들 그리고 수도사들과 수녀들을 가리킴.

성직 임명(ordination): 어떤 사람이 기독 교회의 수도회에 입문하는 의식.

동방 정교회(Oriental Orthodox): 칼케돈 공의회의 정의, 특히 "두 본성 안에"라는 구절을 거절했던 그 동방교회들을 현대에 지칭하는 말.

동방 정교회(Orthodox, Eastern): 완전한 친교에 의해 단일 교회를 구성하고 있으며, 사도들의 교회와 7개의 에큐메니컬 공의회에서 나온 직접적 혈통을 주장하는 교회 집단.

정통(orthodoxy): 공식적으로 정의된 신앙의 본질적 교리들에 대한 올바른 신념과 그 교리의 고수. 혹은 보수적이거나 전통적 신념.

중복결정의(overdeterminded): 한 가지 방법 이상으로-필연적인 것 이상으로-인과적으로 결정된.

이교도(paganism): "이교도들"(pagans)의 신념들과 관습들. 주로 하나 이상의 신을 숭배하지만, 엄밀히 말해 단일신론자는 아닌 사람들을 가리켜 사용되는 용어.

팔라미즘(Palamism): 그레고리 팔라마스(Gregory Palamas, A.D. 1269-1359)와 관련된 가르침으로 특별히 헤시캐즘(hesychasm)이라고 불리는 신비적 기도 형태를 옹호하고 그 옹호에서 미지의 신적 본질과 신적 작용이나 힘 간에 선을 그어 구별함. 이것은 신격화되는 은총(deifying grace)으로 직접 경험될 수 있다고 봄.

고생물학(paleontology): 화석에 관한 연구.

범아프리카주의(Pan Africanism): 아프리카 거주하는 모든 토착민의 정치적 연합에 대한 생각 혹은 옹호.

범재신론(panentheism): 신의 초월성에 대해 부정하지 않으면서 세계가 신 안에 존재한다고 보는(신이 세계 안에 존재하는 동시에 세계 너머에 존재한다는) 입장. 또한, 종종 세계와 신이 그들의 완성을 위해 서로에게 상호 의존한다고 주장함.

범신론(pantheism): 아무 조건 없이 혹은 세계를 신적 유출(emanation)이나 구현체(body), 발전태(development), 현상(appearance) 혹은 양태(modality)라고 간주하며, 신과 세계를 하나로 보는 견해.

교황권(papacy): 로마 가톨릭교회의 지도자인 로마 주교나 교황의 직무. 로마 가톨릭의 이해에 있어 교황이 이끄는 로마 가톨릭교회의 중앙 통치 체계를 가리킴. 신의 임명으로 교황이 모든 기독교계에 대해 보편적 권위를 갖고 있다는 주장.

비유의(parabolic): 하나님의 나라에 관한 잠언, 수사, 알레고리 그리고 이야기들을 포함한 나사렛 예수의 다양한 종류의 말씀들을 나타내기 위해 공관복음에서 사용된 용어.

패러다임(paradigm): 하나의 패턴. 사고, 탐구 그리고/또는 실천을 형성하는 일단의 전제들이나 습관들.

패러다임의 전환(paradigm shift): 한 특수한 분야에서 탐구를 결정하는 전제들의 틀 안에서 발생하는 변혁을 가리키기 위해 토마스 쿤이 만든 용어.

배타주의(particularism): 우리가 보편자들에 대해 아는 것과 아는 방법을 설명하는 데 있어 또는 보편자들을 배제한 상태에서 특정자(개별자)에게 특권을 부여해 주는 것을 말함.

특수성(particularity): 특별하고 한정적이며, 독특한 것. 흔히 보편적이거나 추상적 진술에 대해 우연적이고 역사적 실재에 대한 언급이 가지는 우선성을 암시함.

수난극(passion play): 중세에 번창했던 일상적 종교 드라마로서, 예수 그리스도의 수난과 부활을 묘사함.

수동주의의(passivist): 어떤 사건 혹은 특히 성화 속에 있는 신자의 과정 안에서 주체의 수동성이나 최소의 역할을 강조함.

가부장제(patriarchy): 남자들이 그 가족들과 공동체들을 이끄는 사회 조직. 페미니즘에서는 더 광범위하게 사회에서 여자들에 대한 남자들의 주도권을 지칭함.

성부고난설(patripassianism): 아버지 하나님이 예수 그리스도의 수난 속에서 고통당하셨다는 교리. 그래서 함축적으로 어떤 경우에 삼위일체의 위격들이 한 하나님의 일체성의 다양한 양식의 표상이나 활동이라는 교리를 가리킴(그 밖에 양상론으로 알려짐).

교부의(patristic): 교회의 "교부들"-동방과 서방의 주류 기독교의 근본적 성격을 형성시킨 교회 지도자들과 신학자들-과 그들이 2세기부터 7세기 말까지 글을 썼던 기간에 관련된.

바울의(Pauline): 바울 사도와 그의 글, 사상, 실천에 관련된.

오순절의(Pentecostal): 오순절(유대인의 칠칠절(Festival of Weeks)과 성령께서 예루살렘에 있는 초기 교회에 강림하셨던 때를 가리키는 그리스식 명칭)과 관련된. 오순절주의는 교회 안에서 성령의 힘 있고 구속받지 않는 역사와 사도 세대에 받은 것과 같은 성령의 은사들을 받는 것의 중요성을 강조하는 기독교 운동을 말함.

완벽주의(perfectionism): 그리스도인들이 이생에서 완전에 이를 수 있고 그렇게 되도록 노력해야 한다는 신념.

페리코레시스(perichoresis): 삼위일체 세 위격의 상호 내주(mutual indwelling)나 상호 내속(co-inherence)을 가리키는 그리스어 용어(라틴어 동의어는 circumincessio).

인격주의(personalism): 19세기에 시작된 철학 동향으로 자아를 의식하는 행위자들(사람들)의 궁극적 존재론적 도덕적 중요성, 사회에서 보이는 그들의 상태와 특징들 그리고 보통 최고 인격이신 하나님에 대한 의존으로 승인된 영혼의 불멸성 등을 고수함.

사도 베드로의(Petrine): 사도 베드로와 관련된. 특히 그리스도의 사도들 수장으로 그에게 수여되었고 로마 교황으로 그의 모든 계승자에게 전달되었다고 하는 권위와 관련된.

현상적(phenomenal): 현상과 관련된 혹은 인간 관찰자에게 보이는 바와 관련된.

현상학(phenomenology): 기술적이고 과학적 방법을 통해 철학을 정초시키고자 하는 철학적 동향으로 종교, 다른 현상들을 그것들이 스스로 의식에 드러낸 대로 비환원주의적(non-reductionist) 관점에서 이해하고, 특별히 그 지향적 성격을 강조하면서 인간 의식의 특유 법칙을 찾고자 함.

실존적 현상학(existential phenomenology): 의식에 대한 기술철학(descriptive philosophy)을 가리킴. 이것은 목적을 발견할 필요와 행동을 결정하는 의지를 갖췄다고 생각하고 믿고 바라고 염려하고 욕구하는 존재로서 자신의 상황과 자아에 대한 개인의 직접적 경험에 특별히 초점을 맞추고 있음.

표현형의(phenotypical): 표현형들의 또는 그와 관련된. 곧 관찰 가능한 특징들에 의해 다른 것들과 구별할 수 있는 유기체 혹은 그 유전자형과 그 환경의 상호 작용에서 기인하는 개별자의 속성들의 총체를 가리킴.

필로칼리아(Philokalia): 두 개의 다른 작품에 대한 제목. 곧 하나는 358-9년에 바실 대제와 나지안주스의 그레고리에 의해 수집된 오리겐(185-254)의 작품 선집이고, 나머지 다른 하나는 4세기에서 15세기까지, 헤시캐즘(hesychasm, 침묵기도)의 가르침들(성산에 대한 성 마카리스 노타렌과 니고데모의 필로칼리아)에 중점을 둔 금욕적이고 신비적 글들의 모음집이다. 미에 대한 사랑을 의미하는 그리스어에서 유래함.

물리주의(physicalism): 모든 실재가 진짜 물리적이라고 주장하는 태도.

경건주의(pietism): 원래 합리주의(rationalism)와 기독교의 인격적이고 헌신적이며, 실천적 측면을 강조하는 루터교 정통(Lutheran orthodoxy)의 엄격함에 맞서 일어난 17, 18세기의 개신교 운동. 더 폭넓게 말해서 깊은 감정과 개인 구원과 성결에 대한 강조와 신학 교육을 위한 관심의 결핍을 결합한 신앙 형태.

플라톤의(Platonic): 그리스 철학자 플라톤(Plato, 427-347 BC), 그의 가르침들 혹은 그의 사상에 영향을 받은 사람들의 또는 그와 관련된.

다원주의(pluralism): 서로 다른 문화, 가치, 관념, 종교 혹은 개별적으로 타당한 것으로 보이는 여타 주요 요소들의 다양성을 포괄하는 상황이나 이해.

성령론(pneumatology): 성령의 교리를 다루는 신학 분과.

정치 조직(polity): 조직된 공동체나 국가. 정부의 한 형태. 한 국가의 시민 질서나 행정.

다중 음악(polyphony): 동시에 소리 나는 여러 선율의 병치(juxtaposition, 또한 대위법을 보라).

다신론(polytheism): 여러 가지 신들의 존재를 믿는 신론의 형태.

실증주의(positivism): 과학적 지식과 기술 그리고 이성과 인간의 무신론적(atheist) 종교라는 "실증의" 단계에서 절정을 이루는 필연적 진보(progress)의 관점에서 역사를 바라보았던 오귀스트 콩트(Auguste Comte, 1798-

1857)와 연관된 19세기의 동향. 20세기의 논리 실증주의는 경험적(empirical) 검증과 자연과학적 방법 그리고 형이상학에 대한 거부를 강조하는 철학 사조였음.

후기 칸트주의의(post-Kantian): 임마누엘 칸트(1724-1804)의 사상에 빚을 진 학파들을 넘어서려고 하는 철학과 신학의 또는 그와 관련된.

탈 식민의(postcolonial): 식민지화와 식민지화된 곳들의 문화에서 시작하는 기간의 또는 그와 관련된. 그러한 문화들, 특히 그 문화에 관한 연구와 관련된.

탈 자유주의(postliberalism): 신학 분야에서 1980년대 이래로 특별히 예일신학대학교, 듀크대학교와 관련된 사조인데, 그 특징으로는 기독교의 정통교리(orthodoxy)를 긍정하고 인간의 경험에 대한 자유주의적(liberal) 의존을 비판하며, 공동체적 전통의 개념을 신학에 대해 통제하는 영향-특히 기독교 공동체의 자기 이해 안에 있는 가장 중요한 성경적 서사의 구성적 역할-으로 교정함.

포스트모더니즘(postmodernism): 특별히 진보된 자본주의 사회 내에서 현재의 지적, 문화적 상황의 상당 부분을 근대성과 불연속적인 것으로 간주하는 태도. 이것은 보편적이고 합리적 원리들의 가능성에 대한 확신의 쇠퇴에서 유래하며, 진보, 객관적이거나 과학적 진리 혹은 고정된 의미에 관한 회의주의를 통해 드러냄. 종종 절충주의(eclecticism)와 자의식적 모방(parody)의 특징을 갖고 있음.

탈 근대성(postmodernity): 사회 경제적 변화와 과학기술의 변화를 포함한 근대성의 조건에 대한 반응들과 그 조건의 발전들에 대한 총복합체(sum complex)를 가리킴. 그러한 변화들은 인터넷의 출현, 소비 사회, 대중 매체의 우세와 그 엄청난 영향력과 정치적으로 자극받아 조작되기 쉬움. 그리고 자본주의의 계속된 성장 등이 있는데, 또한 그 특징은 예를 들어 거대한 설명 도식에 대한 회의, 권위에 대한 의혹, 전통과 기호의 사용에 관한 조롱 그리고 힘차고 매우 절충적 다원주의 등이다.

후기 구조주의(poststructuralism): 구조주의가 주장한 것처럼 진리에 대한 모든 인식, 개념 그리고 주장이 언어로 구성되지만, 그것들이 일시적이며, 구조적 법칙을 따르지 않는 (사회적이고 심리학적인) 상황들의 산물이라고 보는 입장.

포텐티아 오베디엔티얼리스(potentia obedientialis): 인간 본성의 "순응하는 잠재성"(obediential potency)을 의미하는 라틴어 어구. 하나님의 은총에 "순응하는" 잠재성을 가리키는데, 그 이유는 가능태의 실현에 대한 하나님의 선한 기쁨에 의존하기 때문.

신앙 이전의 단계들(praeambuli fidei): 신앙의 전제들이나 예비 단계들. 인간에 의해 이해되고 받아들여지게 하는 하나님의 자기 소통을 위한 조건들.

실용적인(pragmatic): 유용성과 효용성을 목적으로 하는 실제적인. 철학에서는 실용주의와 관련된.

실용주의(pragmatism): 이익과 가치에 의해 규정된 실제적 목적을 위해 경험, 실험으로부터 도출된 지식을 강조하는 태도. 진리 주장은 실험을 (즉 실제적 효용성, 결과에 의해) 시행한 목적을 성취함으로써 정당화됨.

실천적 지혜(praxis): 행위나 실천하는 능력 혹은 실천을 뜻하는 그리스어 용어. 억압적 상황의 변혁을 목적으로 행위와 반성을 하나로 결합하는 것을 지칭하기 위해 마르크스주의(Marxism)에서 사용되고 라틴 아메리카 해방 신학(liberation theology)에서 채택됨.

예시하다(prefigure): 미리 나타내다 혹은 미리 가리킨다. 예를 들어 신약의 인물들과 사건들을 앞에서 가리키고 또 그(것)들에 의해 답변이 이루어지기 때문에 구약의 인물들과 사건들에 대해 사용됨.

전근대적인(premodern): 전근대성의 또는 전근대성과 관련된. 또한, 16, 17세기에 근대 사상의 도래에 앞선 사고 유형들, 신념들, 문화, 관습들 그리고 체계들의 또는 그와 관련된.

장로교의(Presbyterian): 특별히 칼빈주의에 따라 영향을 받고 장로들에게 권위가 집중돼 있는 개혁파 교회의 전통인 장로제도(Presbyterianism)의 또는 그와 관련된.

전주제적인(pre-thematic): 범주 안에서 해석되기 이전의 주관적 상태와 경험들의 또는 그와 관련된. 범주적인(categoreal)의 반대말.

영장류(primate): 사람과 유인원 그리고 원숭이와 원(原) 원류(prosimians)을 포함한 포유목(mammalian order), 영장류(primates)의 일원

대주교의(primatial): 한 교회 혹은 교회 공동체의 주교들 사이의 대주교 또는 지도자의 역할에 관련된.

과정철학(process philosophy): 알프레드 화이트헤드(Alfred North Whitehead, 1861-1947)에 의해 세워진 견해로서, 데카르트주의자의 실체 범주를 사실 계기(actual occasion)로 대체함으로써 인식론적 회의론을 피하려고 시도한다. 사실 계기는 생성의 과정이나 과거의 유산을 함께 엮음을 나타낸다. 사실적 존재(actual entity)는 그 과거에 대한 통합된 한 관점이 되는 과정에 있다.

과정 신학(process theology): 과정철학을 따르는 신학 동향으로서, 존재나 실체보다는 운동과 생성(과정) 개념을 강조하고, 하나님의 양극성(dipolarity), 피조물에 의해 영향받는 포용력(capacity), 절대적 능력보다는 설득의 능력을 강조하고 과정에 대한 하나님의 참여를 인정함.

발현(procession): 기독교의 삼위일체 교리에서 성부로부터 성자와 성령이 유래(derivation, proceeding)한 것을 가리킴.

프로클루스주의(Procleanism): AD 5세기 신플라톤주의 철학자인 프로클루스(Proclus)와 그의 추종자들의 철학.

프로크루스테스식의(procrustean): 논증이나 실천에 있어 신화 속의 인물인 프로크루스테스("들것")를 닮은. 그는 두 개의 침대, 즉 짧은 것과 긴 것을 가지고 있었는데, 그것들이 모든 사람을 맞출 것이라고 자랑했다. 프로크루스테스는 짧은 침대에 비해 키가 너무 작은 자들을 (죽더라도) 펼침으로써 그리고 긴 침대에 비해 키가 너무 큰 사람들의 발이나 다리를 절단함으로써 그가 자랑한 것을 옳다고 입증했다. 예를 들어 만일 어떤 사람이 한 이론을 맞추기 위해 증거를 왜곡시키려고 한다면 그는

프로크루스식의 행동을 한 것이다.

프로그램의(programmatic): 연구 프로그램의 미래 절차나 어떤 관점의 정교화를 설계하는 것을 가리킴.

프롤레고메나(prolegomena): 더 완전한 처리를 제공하기 위해 준비하고 소개하는 성격을 지닌 연구.

개신교의(Protestant): 종교개혁 시기에 로마 가톨릭교회로부터 분리된 그리스도인들과 교회를 그리고 그것들로부터 전래된 다른 교회들과 단체들을 가리키는 명칭. 그러한 그리스도인들과 교회들 그리고 개신교의 또는 그와 관련된.

개신교 스콜라주의(Protestant scholasticism): 중세 학교들의 방식과 닮은 방식으로 개혁자들의 신학을 체계화하고 정교하게 하는 데 관심을 가졌던 종교개혁후(post-Reformation) 개신교 신학자들의 접근 방식과 신학을 말함.

섭리적인(providential): 세상과 인간사에 대한 하나님의 통치인 섭리의 또는 그와 관련된.

정신 분석(psychoanalysis): 꿈과 문학 그리고 일상생활의 해석과 결부해 한 주체의 심리적 문제들을 진찰하는 접근 방식을 말함. 프로이트의 정신 분석은 스스로 부모의 형체에서 도출되고 자아나 다른 사람들 위에 투영된, 이질적이고 환상적 이미지들에 의해 야기된 사랑과 증오 간에 벌어지는 충돌의 관점에서 노이로제를 설명한다.

심리치료(psychotherapy): 심리적 방법으로 인격이나 감정의 질환에 대한 치료를 지칭함.

정토 불교(Pure Land Buddhism): 부처 아미타불(阿彌陀佛, Amitabha)에 집중하는 불교의 수양 형태. 그는 부처의 땅을 세웠고 그곳의 지도자가 되었다. 그가 알려진 대로 죽음의 순간에 아미타에 대한 호소나 10번의 순간에 아미타에 대한 집중 혹은 부처에게 드린 헌신 맹세의 효험에 대한 신앙은 악행에 대한 업보의 결과들을 소멸시키고 정토에서 갱생을 낳는다고 주장된다. 정토에서는 모든 것이 불교의 깨달음에 도움이 된다.

양자 역학(quantum mechanics): 양자-파동이나 입자(예컨대 빛)의 형태로 된 에너지의 불연속적 소립자 양-의 동작을 기술함. 여타의 사람들 가운데 막스 플랑크(Max Planck, 1858-1947), 닐스 보어(Nils Bohr, 1885-1967), 어네스트 쉬뢰딩거(Ernest Schrödinger, 1887-1961)와 연관된 이론.

쿠란(Quran): 또는 코란(Koran). 아랍어의 형태로 마호메트에게 계시된 알라의 말씀으로 이해된 이슬람의 성서. 마호메트가 기록하고 그의 사후에 정리됨.

근본적인(radical): 행동이나 변화 혹은 어떤 관념의. 기원이나 뿌리로 가는. 범위에 있어 근본적이고 광범위한 것과 관련된 혹은 그것에 영향을 미치는.

근본악(radical evil): 악의 기원이나 본성에 대한 설명으로서 다른 원리들의 각도에서 악한행동이나 사건을 설명하려는 시도들에 맞서 악의 실재성을 강조함.

합리성(rationality): 가지성, 일관성, 정합성, 질서, 논리적 구조, 완전성, 검증가능성 그리고 단순성과 같은 사고의 특성을 고수하면서 이성과의 합치를 특징으로 하는 바의 것.

실재론(realism): 보편적 범주(예컨대, 동물)가 그 개별적 현 시태들(예컨대, 사자, 소) 밖에 그리고 인간의 의식과 독립해 한 실재를 가지고 있을 수 있다고 인정하는(유명론과 대립하는) 철학적 입장. 혹은 실재가 인간 인지자와 독립해 존재한다고 인정하는(관념론에 대립하는) 철학적 입장.

이성(reason): 논증이나 입증 추론을 할 수 있고 도덕적 행위와 일반 행동의 문제들(실천 이성)을 판단하는 데 사용된 마음의 신중한 기능을 가리킴. 진리를 확인하는 것과 연관되고, 이해의 기능에 더해 제1 원리들을 직관적으로 파악하고 그 이해의 활동을 규정하는 마음의 기능. 이성의 기능은 이 두 가지 종류의 이성 통합이나 혼성(hybrid)으로 간주할 수 있다.

복원설(recapitulation): 예수 그리스도의 생애와 죽음 그리고 부활을 통한 구원사에서 발생한 과거 사건들의 요약과 성취를 말함. 그들의 머리인 그리스도 아래에 모든 것들을 모으는 것.

구속(redemption): 문자적으로 되사는 것을 의미함. 속죄(atonement)나 화해(reconciliation) 혹은 구원을 위한 재정적 차원의 은유(원래 몸값을 치르고 노예를 사는 것과 관련됨). 속박(기독교 신학에서 죄, 사망, 율법, 악마, 세상으로 다양하게 묘사됨)으로부터의 해방을 일으키는 행위나 과정.

환원주의(reductionism): 복잡한 자료를 부적절하게 단순한 표현들로 설명하는 것. 신학에서는 종종 하나님의 실재를 추정하지 않는 관점에서(예컨대 심리학적, 사회학적, 철학적 등등의 관점에서) 신념들을(예를 들어 하나님과 관련된) 설명하려는 시도를 지칭함.

지시(reference): 언어 사용과 세상 사이에 속하는 관계. 예를 들어 이름과 이름 붙여진 대상 사이의 관계.

종교개혁(Reformation): 로마 가톨릭교회의 개혁을 위한 운동으로써 16세기에 시작되어 독립한 개신교회들의 형성으로 귀결됨.

개혁파(Reformed): "제2의 종교개혁"에서 기인하고 존 칼빈의 신학과 그의 연구를 발전시킨 사람들(칼빈주의자들)에게 특권을 부여하는 교회들의 또는 그와 관련된. 칼빈과 칼빈주의의 전통에 있는 신학과 실천의 또는 그와 관련된.

상대주의(relativism): 최종적이고 영원한 진리나 가치의 획득이 불가능함을 주장하고 개인들과 집단, 여러 문화와 시기 가운데 존재하는 다양성을 강조하는 태도. 또한, 때로는 진리 주장들과 가치들의 비교를 제외시킴.

상대성 이론(relativity theory): 알버트 아인슈타인(1879-1955)의 특별 상대성 이론으로 구성됨. 이 이론에 따르면 다른 속도로 균일하게 움직이는 관찰자들은 빛의 같은 속도를 측정하는 데, 아인슈타인은 거기에서 추론해서 한 조직의 길이가 줄어들고 그 시계들이 빛의 조직에 접근하는 속도가 줄어든다고 했다. 그리고 그의 일반 상대성 이론에 의하면 시공간의 기하학은 장소에 따라 다양-굴곡을 통해 움직이면서 시계들을 느리게 하고 광선을 굽힐 수 있는 중력장(gravitational fields)의 현존과 연관된 변동이나 굴곡-할 수 있다.

종교성(religiosity): 특별히 감명을 받을 때 갖게 되는 종교적 감정이나 신념.

표현의 위기(the crisis of representation): 모더니즘과 연관된 예술에서 실재에 대해 참된 표현을 할 수 있다는 신뢰의 붕괴를 가리킴.

억압(repression): 프로이트의 심리분석에서 금지된 것들을 자극하려는 기억이나 지각 혹은 감정을 의식적 마음에서 무의식적 마음마저 추방하는 방어 기제.

계시(revelation): 이전에 알려지지 않았던 것의 폭로. 신학에서는 대개 하나님이 인간에게 자신의 본성이나 구원 혹은 의지를 드러내는 것을 의미함. 특별계시는 죄악된 조건에서 인간에게 감춰진 하나님에 대한 진리들이 특별한 수단들에 의해 드러난 것을 가리킴.

낭만적 관념론(Romantic idealism): 독일 관념론을 보라.

신성화하다(sacralize): 성스럽게 하다.

성례(sacrament): 피조물들이 하나님의 행위, 약속에 대한 통로이자 상징이 되는 행위나 의식(로마 가톨릭에서는 세례, 성체, 견진, 혼인, 신품, 고해, 종부성사를, 개신교에서는 대개 세례와 성찬식을 의미함). 보다 광의적으로 하나님과 구원의 현존이 행위와 물질적 실재를 통해 전달되는 방법들을 지칭하는 데 사용됨. 예수 그리스도는 이런 활동에 대한 최고의 예시가 됨.

성례의(sacramental): 성례나 성례의 본질에 관련된. 고유한 성례로 간주되지 않는 성례와 유사한 표지(예를 들어 십자가의 표지나 식사 때에 은총을 말하는 것).

주님의 성례(dominical sacraments): 예수 그리스도(주님(the Lord)-"dominical"은 "주"[Lord]를 의미하는 라틴어 domninus에서 유래함)에 의해 제정된 성례. 곧 세례와 성찬을 가리킴.

사크라멘툼 문디(sacramentum mundi): 문자적으로 "세상의 성례"를 가리킴. 신의 축복과 은총의 표지로 보이는 창조된 전체 질서.

예수의 성심(Sacred Heart of Jesus): 성심에 대한 로마 가톨릭의 헌신 전통에서 그분의 구속적 사랑의 상징인 예수 그리스도의 육신의 심장을 가리킴. 그 전통은 이 사랑에 대해 범해진 유린에 대한 "배상"(reparation)을 강조한다. 종종 헌신적 대중예술의 주제를 가리킴.

윤회의(samsaric): 아시아 종교에서 행위의 결과로 인한 탄생과 죽음의 순환(업보의 인과적 원리)을 의미하는 윤회(samsara)의 또는 그와 관련된. "방황하는"을 의미하는 산스크리트어에서 유래함.

성화(sanctfication): 거룩한 상태에 이르게 되는 과정.

성화 운동(Sanctification movement): 거룩의 추구를 조장하는 개신교의 경건한 복음주의 내의 운동.

산스크리트어의(Sanskrit): 고대 인도유럽어. 힌두교와 불교 전통에서 그 언어로 종교 문헌들이 기록됨.

만족설(theory of satisfaction): 캔터베리의 안셀름(1033-1109)에 의해 처음 제시된 속죄론. 거기서 하나님과 인간이신 그리스도의 죽음은 무한하신 하나님에 대해 인간이 저지른 죄의 무한한 위법에 대해 다만 완벽한 만족을 제공하는 무한한 공로의 희생제물로 이해된다.

스콜라주의(scholasticism): 종종 중세의 대학교수로 불려지는 13세기의 기독교 사상가들, 후대의 추종자들의 교육, 방법 그리고 신학. 그들은 철학적, 의학적, 법적, 신학적 본문들 안에 있는 모순된 진술들 간의 근원적 일치를 보여 주기 위해 그리고 그 본문이 증거로 제시했던 내부의 핵심 진리를 획득하기 위해 신학에 논리를 적용시킨 것으로 유명하다. 스콜라주의는 1850~1960년에 로마 가톨릭에서 부흥을 경험했다. 신스콜라주의를 보라.

과학주의(scientism): 보통 경멸하는 용어로, 과학에 따라 인식된 탐구 방법들과 대상들이 철학적 탐구나 다른 탐구의 유일하게 고유한 요소들이 된다는 견해를 기술함.

이차 언어(second order): 1차(first-order) 담론-즉 언어 공동체의 일상 언어(일례로 교회의 언어를 들 수 있는데, 그리스도인들은 기도하고 찬양하고 예수 그리스도에 관해 주장한다.)-의 문법이나 구조 또는 논리를 기술하는 담론의 또는 그 담론과 관련된.

제2차 바티칸 회의(Second Vatican Council): 바티칸 II를 보라.

세속주의(secularism): 국가와 사회 기관들 그리고 현실을 총괄해 이해하면서 종교적 영향력의 제거를 옹호하는 태도.

세속화(secularization): 종교적 영향력이 점진적으로 국가와 사회 기관들 그리고 현실에 대한 설명에서 제거되는 과정.

기호의(semiotic): 기호들의 또는 기호들과 관련된.

반(半)펠라기우스주의(semi-Pelagianism): 보통 펠라기우스주의-인간들이 그들 자신의 노력으로 하나님 앞에서 어떤 공로를 얻으라고 요구되고 그 결과 얻을 수 있다는 신념-에 가까운 입장들을 묘사하기 위한 경멸적 용어.

신학교(seminary): 신학의 연구와 기독교 사역이나 사제직을 지망하는 자들의 훈련을 위한 교회 설립.

믿는 신자들의 감각(sensus fidelium): 신실한 자들의 감각-기독교 신자들이 전체적으로 기독교 신앙과 일치하는 주장들과 실행들에 대해 가진 직관적 이해-을 가리키는 라틴어.

지각력이 있는(sentient): 지각적 인식을 할 수 있는.

샤머니즘(shamanism): 시베리아와 내륙 아시아(혹은 중앙아시아)에 세워진 사회의 주술 종교적 삶의 형태인데, 그것은 황홀경(ecstasy)의 대가인 무당(Shaman)이라는 사람에게 집중한다. 샤머니즘은 황홀경의 기법인데, 일반적으로 다른 형태의 마술과 종교가 공존하지만, 그것들에 의해 정의되지는 않는다. 무당은 영혼이 몸을 떠나 하늘로 올라가거나 지하세계로 내려간다고 믿는 몽환(夢幻)의 상태를 전문적으로 다룬다.

회교 율법(Shariah): 코란과 전승(Hadith: 마호메트와 그 교우들의 언행을 기록한 전승 이야기 중 하나*)에 진술되고 다양한 학파의 법리학자들(jurists)에 의해 분석적 원리들로 정교하게 다듬어진 이슬람의 계시가 된 율법.

신도(神道, Shinto): 수호신들(tutelary deities)에 집중된, 일본 고유의 종교적 신화들과 의식들의 복합체. 나중에 재해석되고 어느 정도 불교와 결합 됨. 두 개가 공식적으로 1868년에 분리되었지만 실제로는 계속해서 새로운 일본 종교들 안에서 결합한다.

모조품(simulacrum): 사람이나 사물의 물질적 재현. 외관만 지니고 있지 그것이 나타내는 것의 실체들이나 고유한 특질들이 없는 대상. 현혹하는 위조품.

친(親)슬라브파(slavophil): 슬라브 민족과 문화를 사랑하는 또는 그와 관련된.

사회 신학(social theology): 사회적 맥락 안에서 인간의 경험과 문제들에 대해 신학적으로 성찰하는 것.

사회주의(socialism): 생산, 자본, 토지 그리고 재산의 수단들에 대한 공동소유권과 통제를 옹호하는 정치 경제 이론. 마르크스주의 이론에서 자본주의의 전복과 공산주의(communism)의 실현 사이의 과도기적 상태.

사회성(sociality): 사회적 상태나 그 특질. 사회적 상호 작용. 사회 형성의 기질(disposition)이나 현실화(actualization).

사회생물학(sociobiology): 사회적 행위의 생물학적이고 생태학적이고 진화론적 측면들에 관한 연구로서, 이것은 생물학적 요인들과 기법들(mechanisms)의 각도에서 인간 사회의 구조들과 현상들을 설명함.

솔라 피데(sola fide): 종교개혁의 구호였던 sola fide Christi-"오직 그리스도만을 믿음으로"-의 약어.

솔라 스크립투라(sola scriptura): "오직 성경"을 가리키는 라틴어. 종교개혁자들의 또 다른 원리로서, 전통이 아닌 오직 성경만이 교회를 위한 권위였음을 의미함.

소피아(Sophia): 지혜를 가리키는 그리스어. 지혜의 화신. 하나님의 지혜의 실체(hypostasis)로서 종종 기독교 신학에서 로고스나 말씀 또는 아들과 동일시됨.

구원론(soteriology): 구원(화해나 속죄 혹은 구속)의 교리와 관련된 신학의 분과.

공간화(spatialization): 현실의 추상적이고 순전히 내재적 질서를 시간의 차원과 시간의 영원에 가담하는 것으로 대체함. 일시성과 영원성보다 추상성에 특권을 부여함.

사변 신학(speculative theology): 확실한 신학적 근거들 속에서 명백히 주장된 것을 뛰어넘는 있을 법한 설명들을 제시함으로써 정통 기독교 신념들에 대해 더 광범위한 이해를 추구하는 신학.

국가 통제주의(statism): 종교적 사안에 있어 정치적 편의에 복종하는 것. 국가에 의한 통치, 특히 중앙집권화된 국가 행정과 통치.

정상 우주설(우주 무한 팽창설, steady-state theory): 대규모로 관찰될 때 물질이 우주의 팽창을 방해하기 위해 계속해서 생성되기 때문에 우주가 등방성(等方性, isotropic; 같은 물리적 특성들을 모든 방향으로 지닌)이 있고 본질적으로 불변한다고 제안하는 우주 이론.

스토아주의(stoicism): 아테네에 있는 스토아(또는, "회당의 복도"-강당)에서 제논(Zeno, 335-263 BC)에 의해 세워지고 가르쳐진 철학 학파. 신을 자연세계에 충만해 그것을 유지하는 힘으로 그 세계를 질서 지우는 합리성이나 로고스(logos)로 보고 이 자연의 질서를 따르는 삶을 역설하는 유물론적 범신론(materialist pantheism)의 한 형태. 자족과 냉정에 관한 관심 속에서 욕망과 정념으로부터의 초연함을 가르친 것으로 가장 잘 알려져 있음.

주관주의(subjectivism): 인지자의 정신적 구조, 상태가 인식에 미치는 영향을 강조하고 객관적으로 진리를 확인할 가능성을 부정하면서, 인식되는 대상이 아니라 오히려 인식의 주체에 중점을 두는 인식에 대한 접근 방법. 혹은 제반 가치가 개인의 감정과 태도 그리고 반응 등의 반영이며, 독립적이거나 객관적 타당성을 절대 갖고 있지 않다고 역설하는 미학과 윤리학에 대한 접근 방식.

주관성(subjectivity): 자기 존재를 의식하고 사고하는 주체의 상태. 또는 사람의 지각과 이해가 그 자신의 개인적 경험이나 특성들에 연관되도록 직접 관여한 상태.

숭고미(sublime): 18세기 미학에 깊이 각인된 개념으로서, 우리의 지각, 상상에 의한 이해를 초월하는 것, 광대하고 기분을 북돋우며 장엄한 것 그리고 자부심과 경외와 때로 공포를 불러일으키는 것을 묘사함. 칸트에 의한 도덕적 자유의 실현과 결부됨.

실체(substance): 특성들이나 속성들이 내재하는 대상의 영구적 본성. 특별한 한 종류의 질료.

초자연적인(supernatural): 자연의 질서를 초월하는 것으로 혹은 은총의 도움을 받지 않은 자연을 초월하는 것으로 파악되는 것과 관련된.

초자연주의(supernaturalism): 자연의 질서를 초월한다고 생각되는 것을 다루는 사상.

공생(symbiosis): 가까운 물리적 관계를 맺으며, 특히 서로 유익을 주며 살고 있는 두 개의 다른 기관들 간의 상호 작용.

상징(symbol): 유비적 속성들을 소유해서이든 연합에 의해서든 다른 어떤 것을 대변하거나 상기시키는 것을 가리킴.

상징의(symbolic): 상징의 또는 상징과 관련된. 탈구조주의에서 주관성이 실현되고 표현되는 언어적 기호들에 의해 구성된 세계를 가리킴.

상징 체계(상징주의, symbolism): 상징들에 대한 사용. 상징으로 사용되는 것의 의미.

혼합주의(syncretism): 다른 종교나 철학적 전통들이나 교의들이나 의식들의 혼합 내지는 절충의 시도를 가리킴.

공관의(synoptic): 마태와 마가 그리고 누가 복음서들을 지칭함. 보다 일반적으로 어떤 것에 대한 결합한 혹은 포괄적 견해나 표현을 묘사함.

조직 신학(systematic theology): 한 종교의 교리들, 그것들의 상호 관계에 대해 합리적으로 정돈된 광범위한 설명을 제시하려고 하는 신학의 형태.

탈무드(Talmud): 미쉬나(대략 AD 200년경에 완성된 유대교의 법과 신학 체계)의 내용에 대해 세밀하게 주석하고 정교하게 마무리한 본문. 종종 랍비들의 논쟁과 대화의 형식으로 이루어짐.

목적론(teleology): 어떤 현상들이나 행동들이 그 자신의 목적(telos)이나 의도 또는 의향에 의해 설명될 수 있다는 이론. 그런 각도에서 설명.

텔로스(telos): 목적론을 보라.

일시성(temporality): 시간 안에 있는 상태.

본문 추론(textual reasoning): (본문들이) 전통, 특히 어느 한 종교적 전통에서 읽히는 방식(그것들의 "쉬운 의미")에 따라 그 전통의 권위 있는 본문들과의 밀접한 상호 작용으로 형성된 실천의 문제에 관한 추론. 특별히 탈무드의 본문과 관계해 현대 유대인 학자들과 철학자들에 의해 실행되는 방식.

텍스트성(본문성, textuality): 개별 본문이나 담론의 독특한 특질. 한 본문의 동일시하는 특성들.

유신론(theism): 신이 존재한다는 신념이나 신에 대한 신념의 형태.

주제로 분류된(thematized): 논제나 주제의 각도에서 명백한 성찰과 이해에 이르게 함(<비교> 범주의).

신정주의(theocracy): 문자적으로 신에 의한 통치. 그 종교적 제도에 의해 통치되는 기관이나 사회.

십자가 신학(theologia crucis): "십자가의 신학"을 가리키는 라틴어 표현. 십자가에 달리신 하나님-십자가에 달리신 예수님-이라는 역설적 계시에 따라 하나님과 인간에 대한 모든 주장들을 판단하는 신학.

신(神) 수난설의(theopaschite): 예수 그리스도의 신성이 십자가상에서 고난을 겪었다는 견해인데, 원래 6세기에 한 단체가 예수님은 성육신할 때 신성과 인성이 연합된 이후에 한 본성을 갖게 되었다고 주장했음. 더 나아가 하나님의 고난을 주장하는 신학들을 지칭함.

토미즘(Thomism): 토마스 아퀴나스(1226-74)의 신학을 가리키는 용어. 그리고 그의 사상에서 나온 사상 학파들을 지칭하는 용어.

삼중 사역(threefold ministry): 감독과 성직자 그리고 집사의 직분들로 이루어진 초대 교회의 모델을 좇아 세 가지 직분으로 조직한 교회의 임명 사역.

티타니즘(Titanism): 기독교에서 예수 그리스도 안에서 제공되었다고 이해되는 풍성한 성취가 타고난 가능성(inherent possibility)인 인성(human nature)에 기인함을 나타내기 위해 발타자르(Hans Urs von Balthasar, 1905-88)가 만들어 낸 이름.

토라(Torah): 유대교에서 모세 율법 안에 계시된 하나님의 뜻을 가리킴.

전통(tradition): 정확한 교리에 대한 사회적으로 구현된 논증 그리고/또는 장기간 연장된 최선의 관습. 받아들여진 교리나 관습에 양도하는 것을 가리킴.

전통주의(traditionalism): 과거 형태의 종교나 문화 혹은 다른 형태의 신념이나 이해나 혹은 행위에 호소하는 입장. 보다 구체적으로 종교 지식이 인간의 이성이나 경험이 아니라 오직 전통을 통해 전달되는 신적 계시에 대한 믿음을 통해서만 도출된다고 주장하는, 모더니즘과 계몽주의에 대한 반작용을 가리킴.

초월(transcendence): 너머에 존재하거나 너머에 가거나 너머로 인도하는 것. 하나님에 대해선 그분이 피조된 모든 실재를 넘어서 있음을 지칭함. 자아에 대해선 앎이나 의도 혹은 여타 방식의 의식으로 인해 현재의 상태를 넘어서는 것을 가리킴.

선험적 조건(transcendental condition): 그 경험의 가능성에 대해 필요조건이 되는 주관적 경험을 초월하는 어떤 것을 가리킴.

선험적 방법(transcendental method): 경험과 해석을 선험적 조건들에 의해 가능해지는 것으로 이해하는 것에서 시작하는 철학적 접근 방식.

선험 철학(transcendental philosophy): 일반적으로 임마누엘 칸트(1724-1804)와 그의 추종자들의 철학을 말함.

선험 신학(transcendental theology): 임마누엘 칸트(1724-1804)에게 영향을 받은 신학으로서, 하나님을 경험 안에 있는 주체의 자기초월적 운동의 궁극적 지평과 경계로 이해함.

선험적 토미즘(transcendental Thomism): 선험적 조건들의 각도에서 토미즘을 표현하려고 노력하는 신학.

변형/변모(transfiguration): 외모나 형체의 변화-종종 더 영광스럽거나 고양된 상태로의 변화. 특히 공관복음에서 설명된 대로 다볼 산(Mount Tabor)에서 예수님의 외모에 있어 영광스러운 변화를 가리킴.

3일 동안의 죽음(triduum mortis): 목요일 저녁 세족식과 성 토요일 마지막 사이의 3일을 가리키는데, 교회는 그 안에서 예전을 통해 그리스도의 수난과 죽음 그리고 지옥 강하를 상기함.

삼위일체(Trinity): 기독교의 이해에 있어 각 위격 안에 온통 존재하는 하나의 분할되지 않는 신적 본성을 공유하고 있는 신적 세 위격들-아버지와 아들 그리고 성령. 내재적 삼위일체는 세 위격의 상호 관계 안에 본질적으로 있다고 여겨지는 삼위일체를 가리킴. 삼위일체에 대한 사회적 교리는 삼위일체를 상호인격적 차원에서 세 분의 교제(society)로 생각함.

세 폭 그림(triptych): 세 개의 서판(書板, writing tablets)을 함께 연결한 세트. 세 개의 연결된 화판 위에 놓이고 종종 제단의 장식 부분으로 사용된 그림이나 조각이나 양

각. 주제별로 연결되거나 함께 혹은 연달아서 수행하기로 의도된 세 종류의 예술품으로 이루어진 한 세트.

삼위일체의(Triune): 삼위일체 하나님의 또는 삼위일체 하나님에 관한.

수사 어구의(tropic): 수사(a trope)의 또는 수사에 관련된. 정상적 용도이지만 다른 의미로 단어나 어구의 사용을 구성하는 비유적 표현.

예형론(豫型論, typology): 가장 중요한 이야기로 간주한 특히 성경 안에 있는 한 이야기의 흐름과 구별해 두 사건이나 사람 간의 역사적 혹은 본문의 관계들을 추론하는 것인데, 그것에 의해 이전의 사건이나 사람("유형")이 제한된 정도로만 형태에 있어 혹은 두 대상 안에서 볼 수 있는 신의 행동에 있어 나중의 사건이나 사람("대형")과 닮은 것으로 보이고, 그것은 나중의 사람이나 사건 안에서 더 완벽하게 실현된다. 범주들이나 유형들에 의한 분류.

과소결정(underdetermination): 모든 성과가 처음부터 존재하는 조건들의 필연적 결과가 아닌 어떤 체계나 사태를 생기게 하는 것. 따라서 어느 정도의 자유나 선택을 허용함.

유니테리언의(Unitarian): 일신교(Unitarianism)의 또는 일신교에 속하는. 삼위일체 교리에 대한 거부와 관련된 이해와 종교 운동으로서, 하나님 안에 있는 위격들에 대한 구별된 이해를 부정하고 예수 그리스도와 성령의 신성을 부정함.

보편주의(universalism): 궁극적으로 모든 사람이 구원받을 것이라는 신념을 포함한, 구원의 포괄적 성격에 대한 견해.

근원자(Urgrund): 어떤 실재의 제일 기초.

제2차 바티칸(Vatican II): 로마 가톨릭교회(1962-5)의 제2차 바티칸 공의회(1962-5). 이 공의회는 바티칸에서 개최되었고 특징적으로 교회의 문화적이고 에큐메니컬적 환경에 새롭게 개방된 태도와 법·제도(laws and institutions)를 그 시대에 맞추려고 하는 욕구와 관련됨.

약한 의욕(velleity): 그 실현을 향해 어떤 노력이나 행동도 하지 않는 무언가에 대한 최소의 또는 낮은 정도의 의지력.

참된 종교(vera religio): 참된 종교를 가리키는 라틴어 표현. 세상의 다채로운 모든 종교적 제의 중에 기독교는 하나님이 그 안에 분명히 당신 자신을 계시해 오셨고 구원을 제공하는 종교가 된다는 개념.

그리스도인의 생명(vita Christiana): 그리스도인의 생명을 나타내는 라틴어 표현.

~주의(voluntarism): 행동과 행위를 결정하고 인간의 자유를 강조함에서 의지의 역할에 집중해 인간의 행동을 이해하려는 경향. 구원에 있어 인간 의지의 역할을 또는 창조와 구속에 있어 신적 의지의 압도적이고 절대적 역할을 강조하는 신학.

지혜 신학(wisdom theology): 신학이 하나님의 신원과 목적들에 따라 추구되고 미래를 지향한 삶과 공동체에 관해, 의미와 해석 그리고 진리와 관계있다고 생각하는 것. 추구하는 신학 우리를 변화시킬 수 있는 하나님의 지혜를 추구하는 사고와 해석 그리고 실천의 명백하게 구별되고 상반된 양상들과 철저하게 협력해 연동시키려고 하는 신학.

흑인 여성 신학(womanist theology): 흑인 여성의 관점에서 종교와 종교적 경험에 대해 성찰한 것.

말씀(Word): 예수 그리스도 안에서 육화된 신적 로고스 또는 삼위일체의 제2위. 개혁파 신학에서 성경을 읽고 설교하는 것을 통해 말씀하시는 하나님의 현존. 하나님과 인간의 소통 혹은 그 소통의 수단으로서의 성경.

야훼(Yahweh): 그 발성을 가장 잘 나타낼 것 같이 생각되는 모음들을 첨가한 히브리어 4글자(Hebrew Tetragrammaton, 출애굽기 3:14에서 모세에게 제시된 하나님의 이름).

시대 정신(Zeitgeist): 시대의 정신을 의미하는 독일어 표현. 특별한 시기에 살아가는 한 민족의 분위기, 풍조 또는 심미적이고 도덕적이고 정치적이고 지적 본능들.